Kursbuch 20. Jahrhundert
Der synchronoptische Überblick

Kursbuch
20. Jahrhundert
Der synchronoptische Überblick

Chronik Verlag

Abbildungen auf dem Umschlag
(von links oben nach rechts unten):
Mao Zedong, Golfkrieg (1990), Nelson Mandela
Attentat auf Erzherzog Franz Ferdinand am
28.6.1914; Versorgung West-Berlins durch
die »Luftbrücke« 1948; Israels Premier Yitzhak
Rabin und PLO-Führer Jasir Arafat; die »Beatles«

© Chronik Verlag
im Bertelsmann Lexikon Verlag GmbH,
Gütersloh/München 1996

Autor: Dr. Wolfgang Westphal
Lektorat: Gabriele Intemann
Redaktionelle Mitarbeit: Elke Eßmann
Satz und Gestaltung: Böcking & Sander, Bochum
Lithographie: Boesser, Dortmund
Druck und Bindung: Wiener Verlag, Himberg bei Wien

ISBN 3-577-14516-1

Hinweise zur Benutzung

Ein kompaktes, modernes Informationsmedium muß sich seinem Benutzer auf Anhieb erschließen. Das »Kursbuch 20. Jahrhundert« – Der synchronoptische Überblick bietet dem Leser eine gewaltige Fülle an Daten und Fakten.

Synchronoptische Aufteilung

Jahr für Jahr wird das Weltgeschehen dieses Jahrhunderts nach sechs großen Themenbereichen aufgeschlüsselt: Internationale Politik; Deutsche Politik; Wirtschaft und Wissenschaft; Kunst, Literatur und Musik; Theater und Film sowie Gesellschaft.
Die Einträge beginnen mit der Nennung des Datums, bei der Sparte Internationale Politik zusätzlich mit Ländernamen, in der Spalte Wirtschaft und Wissenschaft mit der Nennung der Disziplin. Nicht genau datierbare Meldungen schließen sich der letzten Datumsmeldung an. Werktitel sind in den Kulturspalten kursiv ausgezeichnet.

Jahrzehntübersichten

Zehn doppelseitige Übersichtskapitel, die dem jeweiligen Chronik-Teil vorangehen, stellen das Dezennium in seinen großen Entwicklungstendenzen vor.

Chronik-Kästen

Zusätzliche Informationen sowie Eindrücke des Zeitkolorits vermitteln in den Datenteil eingeblendete Chronik-Kästen: Chronik Zitate, Chronik Statistik, Chronik Sport sowie Chronik Nobelpreise. Chronik Zitate und Chronik Nobelpreise sind durch Verweise (▷) mit der entsprechenden Meldung verknüpft.
Am Ende eines jeden Jahres werden in einer Übersicht bedeutende Persönlichkeiten, die in dem Jahr geboren oder gestorben sind, aufgeführt.

Personen-, Sach- und Werkregister

Ein umfassendes Register ermöglicht es, die Informationsfülle unter verschiedenen Fragestellungen zu erschließen.

Inhalt

Europa beherrscht die Welt	6
Chronik 1900–1909	8
Weltkrieg und Revolution	50
Chronik 1910–1919	52
Die goldenen zwanziger Jahre	102
Chronik 1920–1929	104
Aufstieg der Totalitarismen	154
Chronik 1930–1939	156
Zweiter Weltkrieg und Neuordnung	208
Chronik 1940–1949	210
Kalter Krieg und Wiederaufbau	262
Chronik 1950–1959	264
Weltweiter Wertewandel	308
Chronik 1960–1969	310
Zweifel an der Zukunft	358
Chronik 1970–1979	360
Wende im Ost-West-Konflikt	412
Chronik 1980–1989	414
Aufbruch ins 21. Jahrhundert	464
Chronik 1990–1996	466
Sachregister	498
Personenregister	513
Werkregister	551
Bildrechte	572

Europa beherrscht die Welt

Die Macht Europas erreicht im ersten Jahrzehnt des neuen Jahrhunderts ihren Höhepunkt. Das Streben nach Weltgeltung und die Suche nach neuen Absatzmärkten haben die Mächte des Alten Kontinents weit über ihre Grenzen hinausgetrieben. Es ist eine Zeit des Wohlstands und der Bildung. Patriotismus, aber auch die Anbetung der Revolution spiegeln sich im Zeitgeist. Tiefgreifende Umbrüche kündigen sich an: Das Fortschreiten der Industrialisierung verändert die Gesellschaft, die Arbeiterbewegung erkämpft sich ihre Rechte, und die alten Machtstrukturen bröckeln. Das Zeitalter der Moderne beginnt unaufhaltsam und wird begleitet von Höhepunkten in der technischen, wissenschaftlichen und kulturellen Entwicklung.

Der imperialistische Wettlauf stößt zu Beginn des neuen Jahrhunderts an seine natürlichen Grenzen, denn die Welt ist weitgehend aufgeteilt. Mit dem Ausgreifen Japans nach dem ostasiatischen Festland seit 1895 und der Expansion der USA in den Mexikanischen Golf und in den Pazifik seit 1898 hatte sich das europäische System schon in den letzten Jahren des 19. Jahrhunderts zu einem Weltsystem erweitert. Bestrebungen der nachdrängenden Kolonialmächte führen nun zu Konflikten. Jede der großen Nationen entwickelt ein Sendungsbewußtsein, das koloniale Erwerbungen gegenüber humanitären Einwänden rechtfertigt. So vermischen sich wirtschaftliche, machtpolitische und ideologische Motive der Expansion. Die gemeinsame Expedition der Kolonialmächte 1900 zur Niederwerfung des Boxeraufstands in China kann über das Konfliktpotential nicht hinwegtäuschen. Die Verständigung einzelner Staaten schafft nur vorübergehend Entspannung. So vertieft die Einigung Großbritanniens und Frankreichs über Kolonialfragen in der »Entente cordiale« (1904) indirekt zugleich die Spaltung Europas in zwei Machtblöcke: Gegen das Bündnis des Deutschen Reichs mit Österreich-Ungarn von 1879 formieren sich Großbritannien, Frankreich und Rußland auf der Gegenseite.

Das Deutsche Reich kann seine Großmachtstellung unter Kaiser Wilhelm II. weiter ausbauen. Sein Ziel ist nicht nur der Erwerb zusätzlicher Kolonien, sondern auch eine Neuordnung des europäischen Machtgefüges. Es zeigt sich allerdings, daß Deutschland politisch zunehmend isoliert ist. Die Verständigungsversuche mit Großbritannien scheitern am deutschen Flottenausbau der im Rahmen des allgemeinen Wettrüstens als Bedrohung wahrgenommen wird. Die erste Marokkokrise führt das Deutsche Reich 1905 beinahe in einen Krieg gegen Frankreich. Gestützt auf die Entente cordiale beginnt Frankreich mit der »friedlichen Durchdringung« Marokkos. Das Deutsche Reich hat das Nachsehen. Seine Isolierung vollendet sich 1907 durch die britisch-russische Verständigung. Dem Reich bleibt damit als einziger Partner die Donaumonarchie, während der Dreibundpartner Italien bereits als unsicherer Kantonist gilt. Als Österreich-Ungarn 1908 die Herzegowina und Bosnien annektiert, verhärten sich die Gegensätze der europäischen Großmächte, und die Kriegsgefahr wächst. Innenpolitisch erstarken in Deutschland Sozialdemokratie wie Gewerkschaften und fordern politische Gleichberechtigung. Der Kaiser schwankt zwischen einer Aussöhnung mit der Arbeiterschaft durch Arbeiterschutzgesetzgebung und scharfen Erklärungen gegen die SPD. Zu einer tatsächlichen Verständigung kann es daher nicht kommen.

Die Wirtschaft floriert weltweit. In diesem Bereich überholt Deutschland wegen seiner moderneren Struktur und Dynamik die westeuropäischen Staaten, die früher mit der Industrialisierung begonnen hatten. In der Industrieproduktion und im Außenhandel steht das Deutsche Reich an dritter Stelle hinter den USA und England. Die technische Entwicklung gibt Wirtschaft und Gesellschaft zunehmend entscheidende Impulse: Der erste Flug eines Zeppelins glückt zur Jahrhundertwende, die ersten theoretischen Grundlagen für den Bau von Flugzeugen werden gelegt. Die Radiotechnik eilt mit Riesenschritten voran. Aber bedeutender noch als

1900–1909

Flugzeug oder Radiotechnik verändern Entwicklungen in der Physik und Chemie die Welt: Röntgen-, Oszillographen- und Elektronenröhren werden bereits in Massen produziert. Das Zeitalter der Kunststoffe beginnt. Schwerindustrien, Rüstungsindustrien und Kapital verflechten sich international. Die Wissenschaft schreitet unaufhaltsam voran. Sven Hedin beseitigt durch seine Forschungsreisen in Zentralasien (1905 bis 1908) einige der letzten weißen Flecken von der Landkarte. Die Biologie erkennt die Chromosomen als Träger der Erbanlagen (Boverie 1904), und die Medizin verbucht entscheidende Siege, als sie die Erreger der Schlafkrankheit und ein Mittel gegen die Syphilis entdeckt.

In der Kunst ereignet sich eine Revolution. Bei Pablo Picasso und Georges Braque explodieren die überlieferten Formen im analytischen Kubismus (1907). In Deutschland schließen sich Ernst Ludwig Kirchner, Erich Heckel und andere Maler zur Künstlervereinigung »Die Brücke« zusammen und bereiten den Weg für den Expressionismus. Zugleich verändern die neuen technischen Möglichkeiten den Umgang mit den darstellenden Künsten: Kunst wird reproduzierbar und damit – theoretisch – für jedermann zugänglich. Farbdrucke und Lichtbilder werden nahezu perfekt. Die ersten Schallplatten tragen die Musik vom Konzertsaal in die Wohnzimmer. Die aufkommenden »Groschenhefte« erreichen ein breites Lesepublikum. Kennzeichnendes Beispiel für Literatur zu künstigen Preisen ist in Deutschland die viele tausend Bände umfassende, bereits 1867 gegründete Reclam Universal-Bibliothek. Ähnlich wie in der Malerei schwanken Literaten und Komponisten zwischen romantischen Traditionen, Impressionismus und Expressionismus. Unsicherheit und Leid werden zu Themen der Zeit und durchziehen Romane wie Thomas Manns »Tristan« und »Tonio Kröger«. Arnold Schönbergs atonalen Zwölfton-Kompositionen, die Freiheit und Gesetz neu verbinden wollen, überfordern zunächst die Hörer. Die vitalen Rhythmen des Jazz werden, aus Amerika kommend, auch in Europa populär.

Der Film schlüpft aus den Kinderschuhen und beendet sein Dasein als Jahrmarktattraktion. Erstmals gelingt es Filmtüftlern um 1900, Film und Ton synchron laufen zu lassen. Bis zum Tonfilm ist es noch weit, doch deuten sich die Möglichkeiten des neuen Mediums bereits an, das Geschäft mit dem Film beginnt. Bis 1907 entstehen in den USA rund 100 Filmverleih-Unternehmen, neue Produktionsfirmen werden gegründet und kämpfen um Marktanteile. Die Filmemacher wagen sich auf neues Terrain: Neue dramaturgische Mittel werden eingesetzt und neue Genres entdeckt, wie z.B. der Science-fiction-Film und der Western. Sie verhelfen dem Kino zu einer immer größeren Popularität.

Naturalistische Strömungen beherrschen das Theater. Stücke von Erich Hartlieb und Gerhart Hauptmann feiern glänzende Erfolge; sechs Jahre nach der deutschen Erstaufführung findet eine rein naturalistische Inszenierung des Ibsen-Dramas »Die Gespenster« statt. Das Theatersystem wird flexibler, und es entwickelt sich eine moderne Spielweise. Die Bühne nimmt endgültig Abschied vom barocken Kulissensystem. Die Entwicklungen signalisieren allgemein eine neue Auffassung vom Theater als Kunstform.

Das Erstarken der sozialistischen Bewegung prägt im ersten Jahrzehnts des neuen Jahrhunderts nicht nur die innenpolitischen Auseinandersetzungen in den Industriegesellschaften. Sozialdemokratische Parteien und Organisationen sowie Gewerkschaften verschiedener Couleur, die auch international einen starken Zusammenhalt suchen, nehmen kulturell immer stärkeren Einfluß auf ihre jeweiligen Gesellschaften. Die erste Russische Revolution (1905–1907) gibt einen Vorgeschmack auf die Labilität der monarchischen Systems in Europa, in dem sich die Machtstrukturen langsam, aber stetig verändern. Auch der Aufbruch der Frauen fällt in die Zeit des ersten Jahrzehnts. Sie kämpfen – wie die Suffragetten in Großbritannien – um das Wahlrecht und damit um politische Mitbestimmung. 1908 öffnen sich in Deutschland die Universitäten endgültig für das weibliche Geschlecht.

1900

Internationale Politik

1.1., Österreich-Ungarn. Die Krone wird ausschließliche Währung in Österreich-Ungarn.
30.1., Irland. Unter John Edward Redmond wird die gespaltene Home-Rule-Partei wieder vereinigt.
5.2., Rußland. Die zaristische Regierung in St. Petersburg verfügt die Zwangsverpflichtung oppositioneller Studenten zum Dienst in der Armee.
27.2., Großbritannien. Die Vorläuferorganisation der Labour Party, das Labour Representation Committee, wird in London gegründet.
31.3., Österreich-Ungarn. Der tschechische Politiker Tomáš Garrigue Masaryk gründet in Prag die gegen den politischen Panslawismus gerichtete Tschechische Volkspartei.
4.4., Belgien. Bei einem Attentatsversuch in Brüssel bleibt der Prinz von Wales unverletzt.
29.4., Hawaii. Hawaii erhält eine neue Verfassung als Territorium der Vereinigten Staaten von Amerika.
31.5., Südafrika. Mit der Besetzung von Johannesburg durch britische Truppen ist der Burenkrieg zwischen Großbritannien sowie Transvaal und Oranjefreistaat entschieden.
9.6., Österreich-Ungarn. Die tschechischen Abgeordneten protestieren gegen die Sprachgesetzgebung, die die Tschechen benachteiligt.
20.6., China. Während des Boxeraufstands ermorden fremden- und christenfeindliche Chinesen in Peking den deutschen Gesandten Klemens Freiherr von Ketteler.
15.7., Goldküste. Niederwerfung eines Aschanti-Aufstands durch britische Truppen.
29.7., Italien. König Umberto I. wird in Monza von einem Anarchisten ermordet.
6.9., Rußland. Im Zuge seiner Emigration läßt sich der russische Revolutionär Wladimir I. Lenin vorübergehend in München nieder.
27.9., China. Der preußische Generalfeldmarschall Alfred Graf von Waldersee übernimmt den Oberbefehl über das internationale Expeditionsheer, das den Boxeraufstand in China niederschlagen soll.

Deutsche Politik

1.1. Das Bürgerliche Gesetzbuch (BGB) und das Handelsgesetzbuch (HGB) treten in Kraft.
1.1. An die Stelle der Invaliditäts- und Altersversicherung von 1889 tritt ein Invalidenversicherungsgesetz.
5.1. In Preußen wird die Dienstzeit für Eisenbahner neu geregelt. Danach dürfen Lokomotivführer täglich nicht länger als 16 Stunden arbeiten.
6.2. Der Deutsche Reichstag verabschiedet die Paragraphen der umstrittenen sog. Lex Heinze. Danach soll u.a. die Verbreitung von Bildern und Schriften, die das Schamgefühl verletzen, unterbunden werden.
7.3. In einer Reichstagsrede setzt sich der SPD-Abgeordnete August Bebel für die Gleichberechtigung der Frauen ein. ▷Chronik Zitat
27.3. Gegen die Stimmen der konservativen Partei genehmigt der Deutsche Reichstag die Zahlung von »Anwesenheitsgeldern« an die Abgeordneten.

August Bebel über die Frauen
Chronik Zitat

Der SPD-Abgeordnete August Bebel vertritt im Reichstag die Auffassung, »daß eine besonders intelligente, energische, geistreiche und gesunde Frau auch fähig sei, Staatsrat oder Minister zu sein«.
Aus den Protokollen des Reichstags

9.4. Im Deutschen Reich tritt zum Wochenbeginn ein Gesetz in Kraft, das die »Entziehung elektrischer Arbeit« unter Strafe stellt.
12.6. Das vom Reichstag angenommene 2. Tirpitzsche Flottengesetz verfügt die Verdopplung der deutschen Kriegsflotte.
24.7. Kaiser Wilhelm II. verordnet den Ausschluß der Öffentlichkeit bei Hauptverhandlungen von Militärgerichtsverfahren.
27.7. In seiner »Hunnenrede« in Bremerhaven fordert Kaiser Wilhelm II. die Soldaten auf, bei der Niederschlagung des Boxeraufstandes in China keine Gefangenen zu machen.

Wirtschaft und Wissenschaft

März, Biologie. Der niederländische Botaniker Hugo de Vries, der Österreicher Erich Tschermak von Seysenegg und der Deutsche Carl Erich Correns entdecken jeweils unabhängig voneinander die Mendelschen Vererbungsregeln neu.
23.3., Archäologie. Der Brite Arthur Evans beginnt mit der Ausgrabung von Knossos auf Kreta.
2.7., Luftfahrt. In Friedrichshafen am Bodensee startet Graf Ferdinand von Zeppelin die erste Versuchsfahrt mit dem lenkbaren Starrluftschiff »LZ 1«.
1.9., Technik. Mit einem Depeschenwechsel nehmen Kaiser Wilhelm II. und US-Präsident William McKinley die erste deutsche transatlantische Kabellinie in Betrieb.
14.12., Physik. Auf einer Sitzung der Physikalischen Gesellschaft in Berlin trägt Max Planck ein Modell vor, mit dem er die Quantenphysik begründet.
1900, Technik. Als erstes deutsches Kraftwerk wird das Elektrizitätswerk Elberfeld mit einer Dampfturbine ausgerüstet.
1900, Verkehr. Der deutsche Fahrradhersteller Fichtel & Sachs bringt eine Freilaufnabe (Torpedo-Nabe) für Fahrräder auf den Markt.
1900, Chemie. Der britische Chemiker Frederic Stanley Kipping entdeckt die Familie der Silikone.
1900, Technik. Der französische Metallurge Edmond Fouché entwickelt das Autogenschweißen.
1900, Verkehr. Panhard-Levassor bringt als erster Hersteller ein Auto mit Lenkrad auf den Markt.
1900, Psychologie. Die psychoanalytische Abhandlung »Die Traumdeutung« von Sigmund Freud erscheint.
1900, Physik. Der Franzose Paul Ulrich Villard entdeckt die Gammastrahlen.
1900, Technik. Die ersten Browning-Revolver werden produziert.
1900, Pädagogik. Die schwedische Reformpädagogin Ellen Key veröffentlicht ihr Hauptwerk »Das Jahrhundert des Kindes«.
1900, Medizin. Der Österreicher Karl Landsteiner entdeckt die menschlichen Blutgruppen.

Kunst, Literatur und Musik

14.1. Giacomo Puccinis Oper *Tosca* erlebt im Teatro Constanzi in Rom ihre Weltpremiere.

22.2. Mit der Märchenoper *Cenerentola (Aschenbrödel)* hat in Venedig Ermanno Wolf-Ferraris Erstlingswerk Weltpremiere.

25.8. Im Alter von 55 Jahren stirbt in Weimar der deutsche Philosoph Friedrich Nietzsche. ▷Chronik Zitat

22.11.–15.12. In der Pariser Galerie Durand-Ruel stellt Claude Monet seine Seerosen-Bilder aus.

25.12. In der Weihnachtsbeilage der »Neuen freien Presse« wird die Erzählung *Lieutenant Gustl* von Arthur Schnitzler veröffentlicht.

1900 Die Firma Pathé Frères betreibt in Paris einen Salon Phonographique, in dem Wachszylinder mit Musikaufnahmen gekauft werden können.

1900 Franz Lehár komponiert den Marsch *Jetzt geht's los* und den Walzer *Gold und Silber*.

1900 Das Lied *O sole mio* von Edoardo di Capua kommt heraus.

1900 Schlager des Jahres im Deutschen Reich ist *Im Grunewald ist Holzauktion* von Otto Teich.

1900 Clara Viebigs Romane *Das Weiberdorf* und *Das tägliche Brot* erscheinen in Berlin.

1900 Paul Claudel veröffentlicht seine Prosagedichtsammlung *Erkenntnis des Ostens*.

Nietzsches »Übermensch«

Zitat

»Irgendwann ... muß er uns doch kommen, der erlösende Mensch ..., der der Erde ihr Ziel zurückgibt, dieser Antichrist und Antinihilist, dieser Besieger Gottes und des Nichts.«
Friedrich Nietzsche, Genealogie der Moral

1900 Arthur Schnitzlers zehn Dialoge *Reigen* werden als Privatdruck veröffentlicht.

1900 Maxim Gorki veröffentlicht *Drei Menschen*.

1900 Jakob Christoph Heers Roman *Der König der Bernina* erscheint.

Theater und Film

3.2. UA: Die Komödie *Schluck und Jau* von Gerhart Hauptmann im Deutschen Theater Berlin.

26.2. UA: Die Komödie *Rausch* bzw. *Verbrechen und Verbrechen* von August Strindberg im Königlichen Dramatischen Theater in Stockholm.

15.3. UA: *Der junge Aar*, historisches Versdrama von Edmond Rostand, im Théâtre de la Porte-St.-Martin in Paris.

April Die französische Theaterzeitschrift »Le Theatre« veröffentlicht eine Szene des neuesten Theaterstückes mit Sarah Bernhardt.

16.4. UA: *Meister Oelze*, Drama des naturalistischen Dichters Johannes Schaaf, in Magdeburg.

21.4. Am Deutschen Theater Berlin inszeniert Otto Brahm das Stück *Gespenster* des norwegischen Dramatikers Henrik Ibsen.

24.5. Vor der Kulisse der Bayerischen Voralpen wird das alle zehn Jahre stattfindende Oberammergauer Passionsspiel aufgeführt.

31.5. UA: *Wie die Blätter*, Schauspiel von Giuseppe Giacosa, im Teatro Manzoni in Mailand.

15.9. Als größtes deutsches Theaterereignis zu Beginn des 20. Jahrhunderts wird in Hamburg die Eröffnung des Deutschen Schauspielhauses gefeiert.

15.9. Am Berliner Alexanderplatz wird die Berliner Secessionsbühne mit einer Aufführung von Henrik Ibsens *Komödie der Liebe* eröffnet. Die Secessionsbühne versteht sich als Vorkämpferin des Jugendstils.

3.10. Im Deutschen Theater Berlin kommt die Offiziersoper *Rosenmontag* von Otto Erich Hartleben erstmals auf die Bühne.

5.10. UA: Die litauische Bauerntragödie *Johannisfeuer* von Hermann Sudermann im Berliner Lessing-Theater.

31.10. Der deutsche Filmpionier Oskar Meßter gründet in Berlin die Firma Projection GmbH zur Herstellung filmtechnischer Geräte und kurzer Filme.

10.11. Ruggiero Leoncavallos *Zazá* kommt im Teatro Lirico in Mailand erstmals auf die Bühne.

Gesellschaft

5.1. In Berlin wird die Gesellschaft für soziale Reform gegründet, die u.a. eine Ausweitung des gesetzlichen Arbeiterschutzes und den Ausbau des Koalitionsrechts anstrebt. Erster Vorsitzender der Gesellschaft wird der Sozialpolitiker Hans Hermann Freiherr von Berlepsch.

16.2. Das preußische Abgeordnetenhaus lehnt die Zulassung der freiwilligen Feuerbestattung ab.

28.2. Das Großherzogtum Baden erläßt eine Verordnung, die Frauen das Hochschulstudium ermöglicht.

1.4. Mit Inkrafttreten der neuen Fernsprechgebührenordnung im Deutschen Reich kostet ein Dreiminutengespräch bis 25 km Entfernung 20 Pf, über 25 km 25 Pf, bis 100 km 50 Pf.

Olympia-Sieger

Sport

Leichtathletik:
100 m:
Francis Jarvis (USA)	11,0 sec

200 m:
Walter B. Tewksbury (USA)	22,2 sec

Marathon:
Michel Theato (F)	2:59:45 h

Diskuswurf:
Rudolf Bauer (H)	36,04 m

Kugelstoßen:
Richard Sheldon (USA)	14,10 m

14.4.–12.11. 47 Millionen Menschen besuchen die Weltausstellung in Paris.

24.4. Zwischen Stralsund und Rügen wird eine neue Fährverbindung mit einem sog. Trajektschiff aufgenommen, das einen ganzen D-Zug samt Passagieren transportieren kann.

27.4. Ein Großteil der kanadischen Hauptstadt Ottawa wird durch einen Großbrand vernichtet.

1.5. Als Vertretungen des Handwerks werden im Deutschen Reich 53 Handwerkskammern gegründet.

20.5. Die Schweizer verwerfen in einer Volksabstimmung die von der Regierung geplante Einführung einer obligatorischen Kranken-, Unfall- und Militärversicherung.

1900

Internationale Politik

16.10., China. Im Jangtse-Abkommen einigen sich das Deutsche Reich und Großbritannien auf das Prinzip der »offenen Tür« in China: freier Handel aller Nationen bei Wahrung der chinesischen Integrität.
25.10., Südafrika. Großbritannien annektiert die Republik Transvaal.
4.11., Schweiz. Das schweizerische Volksbegehren zur Einführung des Verhältniswahlrechts für die Wahl des Nationalrats wird von den Eidgenossen ebenso abgelehnt wie das Volksbegehren zur Einführung der Wahl des Bundesrats durch das Volk.
6.11., USA. Der Republikaner William McKinley wird zum zweiten Mal zum Präsidenten gewählt.
1.12., Schweiz. In Bern fällt der Bundesrat das Schiedsurteil in der zwischen Frankreich und Brasilien umstrittenen Guayana-Frage.
24.12., China. Die chinesischen Unterhändler in Peking erhalten die Friedensnote der Kolonialmächte.
31.12., China. Der chinesische Soldat, der am 20. Juni den deutschen Gesandten Klemens Freiherr von Ketteler ermordet hat, wird hingerichtet.

Deutsche Politik

31.7. Das preußische Kultusministerium verordnet, daß der Religionsunterricht in der Provinz Posen nicht mehr in polnischer, sondern nur noch in deutscher Sprache erteilt werden soll.
3.8. Das preußische Kriegsministerium verbietet den Soldaten den Besitz und die Verbreitung von sozialdemokratischen Schriften.
21.8. Fürst Ferdinand von Bulgarien stattet Wilhelm II. einen Besuch ab.
24.9. Ein Streik der Hamburger Hafenarbeiter bricht zusammen. Bereits im Februar streiken sächsische, thüringische und Aachener Bergarbeiter.
17.10. Als Nachfolger von Chlodwig Fürst zu Hohenlohe-Schillingsfürst übernimmt Bernhard Graf von Bülow das Reichskanzleramt.
10.11. Im Reichstag verurteilt August Bebel das deutsche Vorgehen bei der Niederschlagung des Boxeraufstands in China.
2.12. Paulus »Ohm« Krüger, Präsident der von Großbritannien annektierten Burenrepublik Transvaal, hält sich zu einem Besuch in Köln auf.
16.12. Wilhelm II. empfängt in Berlin aus China rückkehrende Soldaten.

Wirtschaft und Wissenschaft

1900, Technik. Die amerikanischen Ingenieure Frederick Winslow Taylor und Maunsel White entwickeln den Schnelldrehstahl, eine Stahllegierung mit Titan, Wolfram und Molybdän.
1900, Physik. Der Deutsche Otto Walkhoff entdeckt, daß radioaktive Strahlung biologisches Gewebe zerstören kann.

Preise im Deutschen Reich
Statistik

Einzelhandelspreise (Mark):	
Butter, 1 kg	2,08
Weizenmehl, 1 kg	1,70
Schweinefleisch, 1 kg	2,12
Rindfleisch, 1 kg	2,38
Eier, 1 Stück	1,05
Vollmilch, 1 l	1,00

1900, Technik. Der Glastechniker Reinhold Burger erhält ein deutsches Patent auf die Thermosflasche.
1900, Technik. Auf der Pariser Weltausstellung wird die erste Rolltreppe vorgeführt.

1900 Geborene und Gestorbene

Geboren:
5.1. Paula Ludwig (†27.1.1973), österreichische Lyrikerin.
11.1. Valeska Gert (†15.3.1978), deutsche Tänzerin.
22.1. Franz Salmhofer (†22.9.1975), österreichischer Komponist.
5.2. Karl Blessing (†25.4.1971), deutscher Bankfachmann.
22.2. Luis Buñuel (†29.7.1983), spanischer Filmregisseur.
2.3. Kurt Weill (†3.4.1950), deutscher Komponist.
15.3. Wolfgang Schadewaldt (†10.11.1974), deutscher Philologe.
23.3. Erich Fromm (†18.3.1980), amerikanischer Psychoanalytiker deutscher Herkunft.
5.4. Spencer Tracy (†10.6.1967), amerikanischer Filmschauspieler.
17.4. Willy Burkhard (†18.6.1955), schweizerischer Komponist.
28.4. Bruno Apitz (†7.4.1979), deutscher Schriftsteller.
12.5. Helene Weigel (†6.5.1971), deutsche Schauspielerin.
29.5. Richard Oelze (†27.5.1980), deutscher Maler und Zeichner.
6.6. André Chamson (†9.11.1983), französischer Schriftsteller.
4.7. Walther Kiaulehn (†7.12.1968), deutscher Schriftsteller.
4.7. Louis Armstrong (†6.7.1971), Jazztrompeter und -sänger.
14.8. Margret Antonie Boveri (†6.7.1975), deutsche Publizistin.
14.9. Erich Ebermayer (†22.9.1970), deutscher Schriftsteller.
3.10. Thomas Wolfe (†15.9.1938), amerikanischer Schriftsteller.
26.10. Karin Maria Boye (†24.4.1941), schwedische Schriftstellerin.
8.11. Franz-Josef Wuermeling (†7.3.1986), deutscher CDU-Politiker.
8.11. Margaret Mitchell (†16.8.1949), amerikanische Schriftstellerin.
19.11. Anna Seghers (†1.6.1983), deutsche Schriftstellerin.
3.12. Richard Kuhn (†31.7.1967), deutsch-österreichischer Chemiker.
14.12. Erich Schneider (†5.12.1970), deutscher Nationalökonom.

1900

Kunst, Literatur und Musik

1900 Der Amerikaner Mark Twain bringt die satirische Erzählung *Der Mann, der Hadleyburg verdarb* heraus.
1900 Stefan Georges Gedichtzyklus *Der Teppich des Lebens oder die Lieder von Traum und Tod* erscheint.
1900 In Wien wird das erste europäische Phonogrammarchiv eröffnet.
1900 In Deutschland werden 2,5 Mio. Schallplatten verkauft.
1900 Die Oper *Ein Heldenleben* von Richard Strauss wird in Frankfurt am Main uraufgeführt.
1900 Paul Cézanne malt das *Stilleben mit Zwiebeln*, das in Paris viel Aufsehen erregt.
1900 Die enge Freundschaft zwischen den Künstlern André Derain und Maurice de Vlaminck beginnt.
1900 Die theologische Vorlesungsreihe *Das Wesen des Christentums* von Adolf Harnack erscheint.
1900 Der spanische Maler Pablo Picasso richtet ein Atelier in Paris ein.
1900 Wassily Kandinsky und Paul Klee arbeiten als Schüler in der Klasse Franz von Stucks an der Kunstakademie München.

Theater und Film

21.12. In dem Drama *Michael Kramer*, das im Deutschen Theater Berlin uraufgeführt wird, thematisiert Gerhart Hauptmann das Verhältnis zwischen absolutem Kunstanspruch und der verständnislosen Mittelmäßigkeit der bürgerlichen Gesellschaft.
1900 Die amerikanische Ausdruckstänzerin Isadora Duncan tritt in Londoner Intellektuellenzirkeln auf.
1900 In seinem Film *Angriff auf ein Missionshaus in China* verwendet der britische Regisseur James Williamson erstmals Einstellungswechsel als dramaturgisches Mittel.
1900 Mit *Großmutters Leselupe* dreht der britische Regisseur Albert Smith den ersten Film, der Groß- und Nahaufnahmen nebeneinandersetzt.
1900 Film gilt in dieser Zeit vor allem als Jahrmarktvergnügen. Arbeiter und Kleinbürger, denen Theater und Konzertsäle verschlossen sind, versorgen sich durch die »Lebenden Bilder« für wenig Geld mit Sensationen, Nachrichten und »großen Gefühlen«. Die Filmwelt ist für alle verständlich, sie bietet Technik, Phantasie sowie Neuigkeiten und Sensationen.

Gesellschaft

23.5. Der Deutsche Reichstag genehmigt die Gewerbeordnungsnovelle, die u.a. die Geschäftszeiten betrifft: Alle Läden müssen von 21 Uhr bis 5 Uhr morgens geschlossen bleiben.
16.6. In Lübeck wird der Elbe-Trave-Kanal eingeweiht.
30.6. Bei einer Brandkatastrophe im Hafen von Hoboken bei New York kommen 300 Menschen ums Leben.
14.7. Erste Internationale Automobilausstellung in Frankfurt/Main.
19.7. In Paris wird die erste, 10,6 km lange Teilstrecke der Metro in Betrieb genommen.
9.8. Im Großherzogtum Baden wird das steuerfreie Existenzminimum von 500 Mark auf 900 Mark angehoben. Jährliches Durchschnittseinkommen in Handwerk und Industrie: 843 Mark.
3.9. Frauen erhalten in Österreich-Ungarn Zugang zum medizinischen Doktorat und zum Apothekerberuf.
13.9. In Leipzig gründen 20 Ärzte den späteren Hartmannbund.
12.11. Immer mehr Frauen studieren an der Berliner Universität. Von 40 Hörerinnen 1896 wuchs ihre Zahl auf 371 im Wintersemester 1900/01.

Geborene und Gestorbene

Gestorben:
11.1. James Martineau (*21.4.1805), britischer Theologe und Philosoph.
20.1. John Ruskin (*8.2.1819), britischer Schriftsteller, Kunstkritiker und Sozialphilosoph.
22.1. David Edward Hughes (*16.5.1831), angloamerikanischer
1.2. Johann Bernhard Altum (*31.12.1824), deutscher Forstzoologe.
23.2. Ernst von Jauner (*14.11.1832), österreichischer Schauspieler und Theaterleiter.
6.3. Gottlieb Daimler (*17.3.1834), deutscher Ingenieur und Erfinder.
6.3. Karl Bechstein (*1.6.1826), deutscher Klavierfabrikant.

15.3. Elwin Christoffel (*10.11.1829), deutscher Mathematiker.
1.4. Hermann Böhlau (*7.9.1826), deutscher Verlagsbuchhändler.
3.4. Joseph Bertrand (*11.3.1822), französischer Mathematiker.
13.6. Peter Nikolaus Friedrich (*8.7.1827), Großherzog von Oldenburg.
5.7. Henry Barnard (*24.1.1811), amerikanischer Pädagoge.
27.7. Umberto I. (*14.3.1844), König von Italien.
7.8. Wilhelm Liebknecht (*29.3.1826), deutscher Politiker.
12.8. Hermann Riegel (*27.2.1834), deutscher Schriftsteller.

25.8. Friedrich Nietzsche (*15.10.1844), deutscher Philosoph.
25.9. Eduard Albert (*20.1.1841), österreichischer Chirurg.
9.10. Heinrich von Herzogenberg (*10.6.1843), österreichischer Komponist.
28.10. Friedrich Max Müller (*6.12.1823), britischer Indologe, Sprach- und Religionswissenschaftler deutscher Herkunft.
8.11. Anna Vorwerk (*12.4.1839), deutsche Frauenrechtlerin.
30.11. Oscar Wilde (*16.10.1854), anglo-irischer Dramatiker, Erzähler und Lyriker.
4.12. Wilhelm Leibl, (*23.10.1844), deutscher Maler.

1901

Internationale Politik

1.1., Australien. Die Gebiete Westaustralien, Südaustralien, Queensland, Victoria, Tasmanien und Neu-Südwales bilden den Bundesstaat Australien.
23.1., Großbritannien. Edward VII. wird neuer britischer König.
26.1., Vatikan. Die Enzyklika zur christlichen Demokratie von Papst Leo XIII. wird veröffentlicht.
15.2., Italien. Nach dem Rücktritt der Regierung Giuseppe Saracco bildet Giuseppe Zarnadelli ein neues Kabinett, in dem der Innenminister Giovanni Giolitti die nach ihm benannte Reform-Ära einleitet.
27.3., Philippinen. Mit der Gefangennahme und späteren Hinrichtung des Rebellenführers Emilio Aguinaldo konsolidieren die USA ihre Herrschaft auf den Philippinen.
30.3., Frankreich. Das französische Parlament billigt das Assoziationsgesetz, das sich besonders gegen den Einfluß der katholischen Kirche im Bidungswesen richtet.
3.4., Dänemark. Nach ihrem Wahlerfolg wird die liberale Venstre-Partei erstmals in ihrer Geschichte an einer dänischen Regierung beteiligt.
13.4., Niederlande. In Den Haag konstituiert sich das Internationale Büro des Ständigen Schiedshofes als Organ zur friedlichen Schlichtung internationaler Krisenfälle.
25.5., Norwegen. Norwegen führt als erster europäischer Staat das allgemeine kommunale Wahlrecht für Frauen ein.
12.6., Kuba. Die neue kubanische Verfassung räumt den USA Stützpunkte und Interventionsrechte auf der Insel ein.

Burenkrieg-Kritik

Chronik Zitat

»Wir haben 40 Millionen Gründe für unseren Mißerfolg, aber nicht eine einzige Entschuldigung ... Wir haben eine Lektion in Imperialismus erhalten, sie wird uns ein Imperium einbringen.«
Rudyard Kipling in der »Times«

Deutsche Politik

1.1. Der Deutsche Flottenverein, Lobby der imperialistischen Kräfte im Deutschen Reich, zählt 270 000 Einzel- und 1010 korporative Mitglieder.
1.1. Der »Gesamtverband der Christlichen Gewerkschaften Deutschlands« nimmt seine Arbeit auf.
26.1. Der preußische Ministerpräsident Bernhard von Bülow zeigt sich weiterhin entschlossen, die Getreideschutzzölle zu erhöhen.
4.2. Im preußischen Abgeordnetenhaus beginnt die Debatte über die heftig umstrittene Kanalvorlage der Regierung, die den Bau des Mittellandkanals vorsieht. Die Regierung kann sich jedoch erst 1905 gegen die Agrarier durchsetzen.
12.2. Die Sozialdemokraten Eduard Bernstein und Julius Motteler kehren aus ihrem Londoner Exil ins Deutsche Reich zurück.
18.3. Zwischen Großbritannien und dem Deutschen Reich beginnen neue Bündnisgespräche, die durch die deutsche Flottenrüstung erschwert werden. Nach dem Scheitern der Verhandlungen wendet sich Großbritannien Japan, Frankreich und Rußland zu.
15.4. Zum neuen Gouverneur des deutschen Kolonialgebietes in Ostafrika wird Gustav Adolf Graf von Götzen ernannt.
25.4. Kaiser Wilhelm II. akzeptiert die Wahl des freisinnigen Politikers Gustav Kauffmann zum Berliner Bürgermeister nicht, weil dieser wegen seiner liberalen Ansichten frühzeitig aus dem Militärdienst ausscheiden mußte.
4.5. Der Deutsche Reichstag in Berlin nimmt das Reichsinvalidengesetz an, das die Versorgung von Kriegsinvaliden und -hinterbliebenen sichert.
8.5. Mit großer Mehrheit stimmt der Reichstag für den Antrag auf Einführung von Diätenzahlungen für die Abgeordneten.
16.6. In Anwesenheit von Kaiser Wilhelm II. wird in Berlin das Bismarck-Denkmal feierlich enthüllt.
27.6. Das preußische Innenministerium erleichtert im Zuge der Germanisierungspolitik die Eindeutschung polnischer Namen.

Wirtschaft und Wissenschaft

2.1., Psychologie. Sigmund Freud veröffentlicht den kulturwissenschaftlichen Aufsatz »Zur Psychopathologie des Alltagslebens«.
25.2., Wirtschaft. Der Bankier John Pierpont Morgan begründet mit der US Steel Corporation den größten Stahlkonzern der Welt.
25.3., Verkehr. Die Daimler-Motorengesellschaft stellt den ersten »Mercedes«-Vierzylinderwagen vor.
30.6., Biologie. Als Sensation gilt die Entdeckung des Okapi in Zentralafrika. Das bisher unbekannte Säugetier entstammt der Giraffen-Familie.

Wissenschaftler geehrt

Chronik Nobelpreise

Chemie: Jacobus H. van't Hoff (NL)
Medizin: Emil von Behring (D)
Physik: Conrad Röntgen (D)
Frieden: Henri Dunant (CH) und Frédéric Passy (F)
Literatur: Sully Prudhomme (F)

11.8., Luftfahrt. Anläßlich einer wissenschaftlichen Ballonfahrt erreichen die deutschen Meteorologen Arthur Berson und Reinhard Süring eine Höhe von 10 800 m.
14.8., Luftfahrt. In Bridgeport (US-Bundesstaat Connecticut) führt Gustave Whitehead mit seinem Gleitflugzeug »Nr. 21« den ersten Motorflug der Luftfahrtgeschichte durch.
Dezember, Biologie. Der britische Tropenarzt Joseph Everett Dutton entdeckt den Erreger der Schlafkrankheit.
10.12. Nobelpreise. In Stockholm und Oslo werden erstmals die Nobelpreise verliehen, die auf eine testamentarische Stiftung des schwedischen Chemikers Alfred Nobel zurückgehen. ▷Chronik Nobelpreise
12.12., Physik. Der italienische Physiker Guglielmo Marconi empfängt die ersten drahtlos über den Atlantik geschickten Funkzeichen.
1901, Medizin. Der belgische Mediziner und Bakteriologe Jules Bordet beschreibt die sog. Komplementbindungsreaktion.

1901

Kunst, Literatur und Musik

12.1. Der Architekt Heinrich Kayser wird Vorsitzender des Vereins Berliner Künstler.
17.1. Pietro Mascagnis Oper *Die Masken* wird gleichzeitig in Mailand, Rom, Turin, Genua, Venedig und Verona uraufgeführt.
22.2. Leo N. Tolstoi wird wegen seines Eintretens gegen staatliche und religiöse Autoritäten aus der russisch-orthodoxen Kirche ausgeschlossen.
12.3. Im Haus der Berliner Secession wird die Ausstellung *Die Kunst im Leben des Kindes* eröffnet.
15.3. Mit Werken Vincent van Goghs eröffnet die Pariser Galerie Bernheim-Jeune die erste Retrospektive des niederländischen Malers.
23.3. UA: Siegfried Wagners Oper *Herzog Wildfang* in München.
31.3. UA: Antonín Dvořáks Oper *Rusalka* in München.
29.4. In Paris hat Alfred Bruneaus Oper *L'Ouragan* (Der Sturm) Weltpremiere. Das Libretto schrieb Émile Zola.
15.5. Auf der Darmstädter Mathildenhöhe zeigt die Bau- und Kunstausstellung Architektur und Kunstgewerbe des Jugendstils.
1.6. In Wien wird der Musikverlag Universal Edition gegründet.
24.6. Die Pariser Galerie Vollard präsentiert zum ersten Mal eine Ausstellung mit Bildern Pablo Picassos.
22.7. Cosima und Siegfried Wagner inszenieren die Bayreuther Erstaufführung des *Fliegenden Holländers* von Richard Wagner.
15.8. Die von dem russischen Maler Wassily Kandinsky begründete Künstlergruppe »Phalanx« eröffnet in München ihre erste Ausstellung.
9.9. Auf Schloß Maromé in der Gironde stirbt 36jährig der französische Maler Henri de Toulouse-Lautrec. ▷Chronik Zitat, S. 15
23.10. UA: Camille Saint-Saëns Oper *Les Barbares (Die Barbaren)* in Paris.
9.11. UA: Hans Pfitzners Oper *Die Rose vom Liebesgarten* in Elberfeld.
21.11. UA: *Feuersnot*, eine Oper von Richard Strauss, in Dresden.
18.12. Das Pergamonmuseum auf der Berliner Museumsinsel wird eröffnet.

Theater und Film

18.1. Das erste literarische Kabarett im Deutschen Reich, das »Bunte Theater Überbrettl«, eröffnet in Berlin sein Programm.
31.1. UA: Anton Tschechows Drama *Drei Schwestern* in Moskau unter der Regie von Konstantin S. Stanislawski.
9.3. UA: August Strindbergs Passionsspiel *Ostern* im Schauspielhaus in Frankfurt am Main.
21.4. Das renomierte Wiener Hofburgtheater zeigt mit *Der böse Geist Lumpazivagabundus* erstmals ein Stück des österreichischen Volksdichters Johann Nepomuk Nestroy.
20.8. In München wird das drei Millionen Mark teure Prinzregenten-Theater eröffnet.
14.9. Edwin S. Porter wird Hauptkameramann für die Aktualitätenfilme der Edison Company.
1.10. Max Reinhardt gründet in Berlin das Kabarett *Schall und Rauch*.
11.10. UA: Frank Wedekinds Stück *Der Marquis von Keith* im Berliner Residenztheater. Wedekind saß in den Jahren 1899/1900 wegen »Majestätsbeleidigung« in Festungshaft. Die Aufführungen seiner Stücke im Deutschen Reich werden häufig durch die Zensur behindert.
9.11. Die französische Schauspielerin Réjane gastiert in Berlin.
22.11. UA: *Alt-Heidelberg* des deutschen Schriftstellers Wilhelm Meyer-Förster in Berlin. Das Rührstück entwickelt sich zu einem großen Publikumserfolg.
9.12. UA: *Francesca da Rimini* des italienischen Dichters Gabriele D'Annunzio in Rom. Das Werk ist der italienischen Schauspielerin Eleonora Duse gewidmet.
27.12. UA: *Der rote Hahn* des deutschen Schriftstellers Gerhart Hauptmann im Deutschen Theater in Berlin.
31.12. Das Filmproduktionsunternehmen Pathé Frères führt in seinem Jahresbericht 70 Produktionen auf.
1901 Die amerikanische Tänzerin Isadora Duncan erlebt in Paris ihren Durchbruch.
1901 Ungewöhnliche Popularität erlangt in Deutschland der Heimatroman *Jörn Uhl* von Gustav Frenssen.

Gesellschaft

1.1. Die Große Berliner Straßenbahn führt auf ihrem Streckennetz einen Einheitstarif von 10 Pf ein.
1.1. In Berlin wird der Reichsgesundheitsrat gegründet.
10.1. Die erfolgreiche Spindletop-Bohrung bei Beaumont im US-Bundesstaat Texas markiert den Beginn der texanischen Erdölindustrie.
7.2. In Den Haag heiratet die 21jährige niederländische Königin Wilhelmina den Herzog Heinrich von Mecklenburg-Schwerin.
27.2. Obwohl das britische Parlament in London mit knapper Mehrheit die Einführung des Achtstundentages für Bergarbeiter billigt, kommt ein entsprechendes Gesetz erst sieben Jahre später zustande.
1.5. Die zweite Handelshochschule Deutschlands öffnet in Köln ihre Tore. Die Gründung geht zurück auf eine Initiative des Großkaufmanns Gustav von Mevissen.

Geschwindigkeitswettstreit
Chronik Zitat

»Diese seit neuem um sich greifende Leidenschaft, andere im Geschwindigkeitswettstreit zu überbieten, um sich schließlich noch mit schnellen Eisenbahnzügen zu messen, gefährdet nicht nur mit Mutwillen das Leben der Fahrer, sondern auch das der übrigen Verkehrsteilnehmer.«
Carl Benz, Automobilhersteller

17.6. Die Delegierten der deutschen Bundesstaaten und Österreich-Ungarns beschließen in Berlin zur Vereinheitlichung der deutschen Rechtschreibung Neuerungen, die für das Deutsche Reich, Österreich-Ungarn und die Schweiz gültig werden. So wird aus »th« meist »t«, das »c« (z.B. »Curs«) wird in der Regel durch »k« ersetzt.
28.9. In Dresden findet der erste Deutsche Kunsterziehungstag statt. Hauptredner sind Alfred Lichtwark und Konrad Lange, Vertreter der deutschen Kunsterzieherbewegung.

1901

Internationale Politik

29.7., Großbritannien. In der »Times« kritisiert der Schriftsteller Rudyard Kipling die Burenkrieg-Politik seines Landes. ▷Chronik Zitat, S. 12

25.8., Rußland. Bei einem Bombenattentat auf Ministerpräsident Pjotr A. Stolypin in St. Petersburg kommen 24 Menschen ums Leben. Stolypin selbst bleibt unverletzt.

6.9., USA. Der republikanische Präsident William McKinley wird in Buffalo bei einem anarchistischen Attentat schwer verletzt und erliegt am 14. September seinen Verletzungen. Neuer Präsident wird der bisherige Vizepräsident Theodore Roosevelt.

7.9., China. In Peking wird das internationale Boxerprotokoll zwischen den Besatzungsmächten und China unterzeichnet. Es sieht hohe Reparationen Chinas vor und beendet offiziell die Auseinandersetzungen im Rahmen des Boxeraufstandes.

22.9., Schweiz. Auf dem Sozialistenkongreß in Solothurn wird die Vereinigung von Grütliverein und Sozialdemokratischer Partei vollzogen

2.-5.11., Österreich-Ungarn. Auf ihrem zweiten Gesamtparteitag verabschieden die Sozialdemokraten das sog. Wiener Programm. Mit ihm rückt die Partei einen deutlichen Schritt nach rechts.

18.11., USA/Großbritannien. Die USA und Großbritannien schließen in Washington einen Vertrag, der den USA das Alleinrecht für den Bau des Panamakanals einräumt.

Deutsche Politik

30.6. Der preußische Kultusminister Konrad Studt erläßt Grundsätze für die Geschichts-Lehrpläne in höheren Schulen. Danach soll den Schülern »die Verderblichkeit aller gewaltsamen Versuche der Änderung sozialer Ordnungen« dargelegt werden.

9.7. Eine deutsch-französische Kommission trifft in Paris zusammen, um den Grenzverlauf zwischen den Kolonien Togo und Dahomey (heute Benin) zu klären.

4.9. Kaiser Wilhelm II. empfängt in Berlin die sog. chinesische Sühnegesandtschaft unter Leitung von Prinz Tschun.

22.9. Den SPD-Parteitag in Lübeck beherrscht der Konflikt um die Position des Theoretikers Eduard Bernstein (»Revisionismusstreit«).

13.11. Die bayerische Abgeordnetenkammer in München billigt einen Gesetzentwurf für die Bereitstellung verbilligten Wohnraums für Beschäftigte der Staatsbahn.

14.11. Vor der Strafkammer des Landgerichts Gnesen (Provinz Posen) beginnt ein Prozeß gegen 25 Teilnehmer einer Demonstration gegen die Germanisierungspolitik in der preußischen Provinz Posen. Das Urteil, u.a. mehrjährige Freiheitsstrafen, wird im In- und Ausland heftig kritisiert.

19.11. Deutsche Truppen unterdrücken in der zentralafrikanischen Kolonie Kamerun gewaltsam einen Aufstand der Fulbe.

Wirtschaft und Wissenschaft

1901, Technik. Der deutsche Physiker Karl Ferdinand Braun führt den geschlossenen Schwingungskreis in die Funktechnik ein.

Preise im Deutschen Reich
Statistik

Einzelhandelspreise (Mark):

Butter, 1 kg	2,33
Weizenmehl, 1 kg	0,35
Schweinefleisch, 1 kg	1,42
Rindfleisch, 1 kg	1,29
Kartoffeln, 1 dz	5,14

1901, Technik. Das erste Dampf-Fernheiz- und Elektrizitätswerk Europas geht in Dresden ans Netz.

1901, Medizin. Jokichi Takamine und Thomas Bell gelingt unabhängig voneinander die Isolation des Hormons Adrenalin.

1901, Medizin. Ilja I. Metschnikow veröffentlicht »Immunität bei Infektionskrankheiten«.

1901, Chemie. Wilhelm Ostwald veröffentlicht grundlegende Studien über die chemische Katalyse.

1901, Astronomie. Der Brite Edward Charles Pickering verfeinert die Einteilung der Sterne nach ihrem Spektrum (»Harvard-Klassifikation«).

1901, Technik. Der Amerikaner King Camp Gillette erfindet einen Rasierapparat mit auswechselbarer Stahlklinge.

Geborene und Gestorbene

Geboren:

16.1. Fulgencio Batista y Zaldivar (†6.8.1973), kubanischer Politiker.

27.1. Willy Fritsch (†13.7.1973), deutscher Filmschauspieler.

31.1. Marie-Luise Kaschnitz (†10.10.1974), deutsche Schriftstellerin.

1.2. Clark Gable (†16.11.1960), amerikanischer Filmschauspieler.

27.3. Erich Ollenhauer (†14.12.1963), führender SPD-Politiker der Bundesrepublik Deutschland.

7.5. Gary Cooper (†13.5.1961), amerikanischer Filmschauspieler.

7.6. Gustav Knuth (†1.2.1987), deutscher Filmschauspieler.

23.11. Marieluise Fleißer (†2.2.1974), deutsche Filmschauspielerin.

5.12. Walt Disney (†15.12.1966), amerikanischer Filmproduzent.

5.12. Werner Heisenberg (†1.2.1976), deutscher Physiker.

27.12. Marlene Dietrich (†6.5.1992), deutsch-amerikanische Filmschauspielerin und Sängerin.

1901

Kunst, Literatur und Musik

1901 Karl Lorens schreibt das beliebte Lied *Jetzt trink ma noch a Flascherl Wein*.
1901 Der berühmte Baß Fjodor I. Schaljapin gastiert an der Mailänder Scala als Mephistopheles.
1901 Weltpremiere der Operette *Die drei Wünsche* von Carl M. Ziehrer in Wien.
1901 Otto Julius Bierbaums Gedichtband *Irrgarten der Liebe* wird zum Bestseller.
1901 Thomas Manns Roman *Buddenbrooks. Verfall einer Familie* erscheint.
1901 Börries von Münchhausen veröffentlicht die Anthologie *Balladen*.

Meister des Plakats

Zitat

»Toulouse-Lautrec ... wollte nicht nur ein Meisterwerk schaffen, er hat sich als tiefer und kraftvoller Psychologe offenbart. Seine Lehr' ist traurig, aber sie ist wahr.«
»Journal de Paris«, 10.9.1901

1901 In Paris erscheint unter dem Titel *Monsieur Bergeret in Paris* der vierte Band des Zyklus *Die Romane der Gegenwart* von Anatole France.
1901 Rudyard Kipling veröffentlicht seinen erfolgreichsten Roman *Kim*.
1901 Der Roman *Die ersten Menschen im Mond* des Briten Herbert George Wells erscheint.

Theater und Film

1901 Ferdinand Zecca, Starregisseur der Firma Pathé Frères, dreht mit *Geschichte eines Verbrechens* den ersten ernstzunehmenden Kriminalfilm, in dem er die Rückblende benutzt, um einen Mord so zu rekonstruieren, wie ihn der Täter vor Gericht erzählt.
1901 Der französische Regisseur Georges Méliès verwendet in seinem Film *Der Mann mit dem Gummikopf* erstmals die Fahrtaufnahme.
1901 George Albert Smith experimentiert in seinem Film *Der große Schluck* mit Kamerabewegung und Großaufnahmen. Ein Mann bewegt sich auf die Kamera zu und verschlingt sie. Danach verschluckt er auch den Mann hinter der Kamera.
1901 Der *Generalkatalog* der Firma Lumière weist 1299 Kurzfilmtitel aus.
1901 Das Versdrama *Die Hochzeit* des polnischen Künstlers Stanislaw Wyspianski erlebt in Krakau seine Uraufführung.
1901 Der Regisseur Ferdinand Zecca dreht eine erste Version des polnischen Bestseller *Quo vadis* von Henryk Sienkiewicz.
1901 Der »Zauberer der Filmkunst« Georges Méliès entwickelt Flug- und Versenkungsmaschinen für die Filmproduktion. Darüber hinaus gilt er als Entdecker des Trickfilms.
1901 Mit *Überfall auf die Missionsstation* realisiert der Brite James Williamson erstmals einen Film mit einem stringenten dramaturgischen Handlungsablauf.

Gesellschaft

19.10. In Leipzig tagt die deutsche Anti-Duell-Liga. Ziel der Organisation ist die Abschaffung des Duellwesens. Duelle sind im Deutschen Reich zwar offiziell verboten, doch gelten sie in gehobenen Kreisen als praktikable Form männlicher Konfliktlösung.
24.10. Zur Produktion von Kameras und fotografischem Zubehör wird die Eastman Kodak Co. in Trenton/New Jersey (USA) gegründet.
4.11. In Steglitz (heute zu Berlin) wird der »Wandervogel. Ausschuß für Schülerfahrten e.V.« gegründet. Das Datum markiert den Beginn der deutschen Jugendbewegung.
8.11. Der Automobilhersteller Carl Benz beklagt, daß schnelle Autos immer öfter die übrigen Verkehrsteilnehmer gefährden. ▷ Chronik Zitat, S.13
18.12. In Anwesenheit Kaiser Wilhelms II. wird die Berliner Siegesallee feierlich eingeweiht.
1901 Preußen erläßt die erste polizeiliche Vorschrift zur Regelung des Kraftverkehrs in Deutschland.
1901 Durchschnittlich telefoniert jeder Deutsche zehnmal pro Jahr.
1901 Der Tischtennis-Sport erobert von England aus die Welt.
1901 Auf der Internationalen Kunstausstellung in Dresden werden in der Abteilung »Frauenkleider nach Künstlerentwürfen« sieben Modelle von Reformkleidern gezeigt. Die Reformkleid-Bewegung wendet sich gegen die gesundheitsschädliche Sans-Ventre-(Ohne Bauch)-Linie.

Geborene und Gestorbene

Gestorben:
16.1. Arnold Böcklin (*16.10.1827), Schweizer Maler.
22.1. Königin Victoria von Großbritannien und Irland (*24.5.1819).
27.1. Giuseppe Verdi (*10.10.1813), italienischer Opernkomponist.
10.2. Max von Pettenkofer (*3.12.1918), deutscher Hygieniker.
11.2. Milan I. (*22.8.1854), ehemaliger König von Serbien.
4.7. Johannes Schmidt (*29.7.1843), deutscher Indogermanist.
19.7. Jan ten Brink (*15.6.1834), niederländischer Schriftsteller.
27.8. Rudolf Haym (*5.10.1821), deutscher Philosoph und Literaturhistoriker.
9.9. Henri de Toulouse-Lautrec (*24.11.1864), französischer Maler.
23.10. Georg von Siemens (*21.10.1839), deutscher Bankier.
25.11. Joseph Rheinberger (*17.3.1839), deutscher Komponist.
28.12. Franz Xaver Kraus (*18.9.1840), deutscher Kunst- und Kirchenhistoriker.

1902

Internationale Politik	Deutsche Politik	Wirtschaft und Wissenschaft

7.1., China. Der kaiserliche Hof kehrt nach einjährigem Exil in Pekings Verbotene Stadt zurück. Die Kaiserinwitwe Tz'u Hsi, die bisher die fremdenfeindliche Geheimorganisation der Boxer unterstützte, distanziert sich nun von ihr.
20.1., Großbritannien. Kolonialminister Joseph Chamberlain weist die internationale Kritik an britischen Internierungslagern in Südafrika zurück.
30.1., Japan/Großbritannien. Japan und Großbritannien unterzeichnen einen Bündnisvertrag mit dem Ziel, den Status quo im ostasiatischen Raum zu erhalten.
27.3., Europa. Vertreter Deutschlands, Frankreichs und Großbritanniens unterzeichnen mit Portugal einen Vertrag über die Schuldenrückzahlung des iberischen Staates, der u.a. die Kontrolle der portugiesischen Finanzwirtschaft durch die Gläubigerländer vorsieht.
29.3., Vatikan. Papst Leo XIII. verteilt in einer Enzyklika die »modernen Irrlehren« und die Ehescheidung.
8.4., Rußland/China. Im Mandschurei-Abkommen erkennt Rußland die chinesische Oberhoheit über die Mandschurei an, China garantiert die russischen Eisenbahnkonzessionen. Der vereinbarte Abzug der russischen Truppen aus der Mandschurei wird jedoch nicht vollzogen.
10.4., Belgien. Zur Durchsetzung des allgemeinen Wahlrechts rufen die belgischen Sozialisten den Generalstreik aus. Bei einem Straßenkampf zwischen sächsischen Arbeitern sowie Polizei und Armee werden elf Menschen erschossen.
11.4., Großbritannien. Der russische Revolutionär Wladimir I. Lenin siedelt von München nach London über.
▷ Chronik Zitat, S. 18
15.4., Rußland. In St. Petersburg wird der russische Innenminister Dmitri Sipjagin Opfer eines Attentats. Die Unruhen in Rußland richten sich gegen das soziale Elend der Arbeiter und Bauern und das diktatorische Zarenregime.
17.5., Spanien. Der erst 16jährige Alfons XIII. besteigt den spanischen Thron.

8.1. In einer Rede vor dem Deutschen Reichstag bezeichnet Reichskanzler Bernhard von Bülow die finanzielle Lage des Reiches als ungünstig.
17.1. Im Reichstag fordert der sozialdemokratischer Abgeordnete Franz Zubeil von der Reichsregierung Maßnahmen zur Unterstützung der Arbeitslosen und schlägt eine Arbeitslosenversicherung vor.
25.1. Das Abgeordnetenhaus des Königreichs Württemberg genehmigt das mit der Reichsregierung geschlossene Postübereinkommen, das die Einführung der im übrigen Deutschen Reich einheitlichen Postwertzeichen vorsieht. Nur Bayern hat jetzt noch eigene Briefmarken.
1.2. Das preußische Abgeordnetenhaus diskutiert einen Gesetzentwurf gegen die Verunstaltung landschaftlich schöner Gegenden durch Reklame und beschließt die Einsetzung einer Expertenkommission.
10.2. In Berlin protestiert der Bund der Landwirte mit etwa 8000 Anhängern gegen die Zollpolitik der deutschen Reichsregierung.
6.3. In Konstantinopel werden die Bedingungen für den Bau der Bahnstrecke von Konya über Bagdad nach Basra festgelegt. Im Januar war die Konzession für den Weiterbau der das Osmanische Reich durchquerenden Bagdadbahn an ein Konsortium unter Leitung der Deutschen Bank vergeben worden.
7.3. Die sächsische Regierung verwirft die Einführung einer Warenhaussteuer zum Schutz des Kleinhandels. Entsprechende Abgaben führten zuerst Bayern (1899) und Preußen (1901) ein.
29.3. Vierzig polnische Kinder der katholischen Schule im preußischen Wreschen werden wegen ungenügender Leistungen und mangelnder Reife nicht versetzt. Sie hatten sich geweigert, im Religionsunterricht auf die Fragen des Lehrers in deutscher Sprache zu antworten.
17.4. Das preußische Abgeordnetenhaus debattiert über ein Schulgesetz, das den Staat verpflichtet, den Religionsunterricht zu honorieren.

16.1., Wirtschaft. Die Kosten für den Ausbau der Bagdadbahn in Höhe von etwa 450 Mio. Mark werden zu 60% von der Deutschen Bank finanziert.
15.2., Verkehr. Das erste Teilstück des Berliner Hoch- und U-Bahnnetzes wird in Betrieb genommen.
15.2., Wirtschaft. Die deutschen Schiffahrtsgesellschaften Hapag aus Hamburg und der Norddeutsche Lloyd aus Bremen einigen sich mit Managern des amerikanischen Morgan-Trusts über einen Kartellvertrag.
27.2., Wirtschaft. Seit Beginn des Jahres werden in der Lüneburger Heide täglich 400 Barrels Erdöl gewonnen.
5.3., Wirtschaft. Großbritannien, das Deutsche Reich, Österreich-Ungarn, Frankreich, Belgien und die Niederlande unterzeichnen in Brüssel die internationale Zuckerkonvention, die u.a. die Abschaffung der Ausfuhrprämien für Zucker regelt.

Preise im Deutschen Reich
Chronik Statistik

Einzelhandelspreise (Mark):

Butter, 1 kg	2,30
Weizenmehl, 1 kg	0,35
Schweinefleisch, 1 kg	1,50
Rindfleisch, 1 kg	1,34
Kartoffeln, 1 dz	4,50

12.6., Medien. Der deutsche Physiker und Erfinder Otto von Bronk meldet in Berlin ein Patent für das Farbfernsehen an. Dieses Patent wird in den 20er Jahren wieder aufgegriffen und weiterentwickelt.
August, Verkehr. Die Transsibirische Eisenbahn zwischen Moskau und der bedeutenden russischen Hafenstadt am Pazifik Wladiwostok nimmt ihren Betrieb auf.
4.9., Verkehr. Die Veltlinbahn in Italien wird auf einer Strecke von 100 km mit Drehstrom betrieben. Sie bildet die Stammlinie des ersten großen Drehstromnetzes und markiert den Übergang von Gleichstrom auf Drehstrom bei der Eisenbahn.

1902

Kunst, Literatur und Musik

15.2. UA: Felix von Weingartners Oper *Orestes* in Leipzig.
18.2. In Monte Carlo findet die Weltpremiere von Jules Massenets Oper *Der Jongleur de Notre-Dame* statt.
11.3. Die Oper *Germania* von Alberto Franchetti wird an der Mailänder Scala uraufgeführt.
20.4. In Dresden beginnt die Internationale Kunstaustellung. Gezeigt werden vorwiegend Bilder in traditioneller Malweise, moderne Kunst akzeptierte die Jury kaum.
30.4. Die Oper *Pelleas und Melisande* von Claude Debussy nach dem gleichnamigen Drama von Maurice Maeterlinck wird in der Pariser Opéra Comique uraufgeführt.
19.5. In Turin öffnet die erste Internationale Ausstellung für moderne dekorative Kunst ihre Tore. Gezeigt werden Arbeiten der europäischen Moderne, u.a. von Joseph Maria Olbrich, Charles Rennie Mackintosh und Henry van de Velde. Besonderen Erfolg haben auch Gläser von Louis Comfort Tiffany.
27.7. Mehrere tausend Mitglieder von Gesangsvereinen treffen sich in Graz zum Deutschen Sängerbundfest.
6.9. Das Kölner Opernhaus wird mit dem dritten Akt von Richard Wagners *Meistersingern* eröffnet.
6.10. UA: In Dresden die Oper *Das war ich* von Leo Blech.
1.11. In Prag stellt der Kunstverein Manes Werke französischer Künstler aus, darunter Bilder der Maler Auguste Renoir, Claude Monet und Edgar Degas.
6.11. Bei der Uraufführung von Francesco Cileas Oper *Adriana Lecouvreur* am Teatro Lirico in Mailand singt der italienische Tenor Enrico Caruso die Partie des Maurizio.
12.11. UA: *Dornröschen*, Märchenoper von Engelbert Humperdinck.
1902 Enrico Caruso nimmt für den britischen Produzenten Fred Gaisberg Arien auf Schallplatte auf.
1902 UA: Paul Linckes Operette *Lysistrata* in Berlin.
1902 Victor Hollaender schreibt *Die Kirschen in Nachbars Garten*.

Theater und Film

4.1. *Lebendige Stunden*, ein Einakter-Zyklus von Arthur Schnitzler, wird im Deutschen Theater Berlin uraufgeführt.
5.1. In der Neuen freien Volksbühne im Belle-Alliance-Theater in Berlin findet die Uraufführung von Georg Büchners Revolutionsdrama *Dantons Tod* statt. Die Zensur hatte die Uraufführung seit 1835 verhindert.
5.1. Das bisher von der Zensur verbotene Stück *Frau Warrens Gewerbe* von George Bernard Shaw erlebt in der Londoner Stage Society seine erste Aufführung.
1.2. UA: Hermann Sudermanns Drama *Es lebe das Leben* im Deutschen Theater Berlin.
22.2. UA: Frank Wedekinds Theaterstück *So ist das Leben* im Münchner Schauspielhaus thematisiert in seinem anti-naturalistischem Werk das Mißverhältnis von Kunst und Staatskrise.
2.4. In Los Angeles im US-Bundesstaat Kalifornien eröffnet das Electric Theatre als erstes Dauerkino der Stadt. Es bietet 200 Zuschauern Platz.
8.4. Das Moskauer Künstlertheater unter der Leitung von Konstantin Stanislawski bringt Maxim Gorkis Schauspiel *Die Kleinbürger* in St. Petersburg zur Uraufführung.
9.4. Die französische Medizinzeitschrift »La Tribune médicale« beklagt die kommerzielle Ausnutzung medizinischer Eingriffe durch die Filmwirtschaft. Clément Maurice hatte die operative Trennung siamesischer Zwillinge durch den Chirurgen Eugène-Louis Doyen gefilmt.
2.5. Die US-Filmgesellschaft Vitagraph nimmt ihre Produktion wieder auf, nachdem sie einen patentrechtlichen Prozeß gegen die Edison Company gewonnen hat. Dank ihrer relativ leichten Kameras bringen die Vitagraph-Gründer James Stuart Blackton und Albert E. Smith die Aktualitäten-Reportage zu früher Meisterschaft.
7.5. UA: Maurice Maeterlincks historisches Drama *Monna Vanna* im Nouveau Théâtre in Paris.
23.6. In Berlin gründet Jules Greenbaum die Filmgesellschaft *Deutsche Bioscop*.

Gesellschaft

1.1 In Berlin wird ein Licht-Luft-Sport-Institut eröffnet, eine Initiative von Lebensreformern, deren Ziel die seelische und körperliche Gesundung des einzelnen ist.
1.1. Lida Gustava Heymann und Anita Augspurg gründen in Hamburg den Verein für Frauenstimmrecht.
2.1. Die lokale Schulkommission in München diskutiert die Frage, ob geschiedene Frauen, die vor der Eheschließung als Lehrerinnen tätig waren, wieder in den Dienst aufgenommen werden können. Sie entscheidet, daß kinderlose Frauen auf eine Wiederanstellung hoffen können.
13.1. Im Bürgersaal des Roten Rathauses von Berlin wird mit einer Festveranstaltung die »Freie Hochschule«, die erste Volkshochschule, gegründet.
6.2. Wilhelm II. erörtert mit dem Berliner Polizeipräsidenten Ludwig Windheim das Problem des Spiritismus und Gesundbetens. Der deutsche Kaiser verdeutlicht dabei seine ablehnende Haltung gegenüber jedem Mystizismus.
25.2. Alice Roosevelt, Tochter des amerikanischen Präsidenten, tauft in New York die neue Jacht des deutschen Kaisers Wilhelm II. auf den Namen »Meteor«.
5.4. Während des Fußball-Länderspiels Schottland–England im Ibrox-Park von Glasgow werden beim Einsturz einer Zuschauertribüne 25 Menschen getötet und 340 verletzt.
8.5. Fast 30 000 Menschen sterben auf der französischen Antilleninsel Martinique, als der Vulkan Mt. Pelée ausbricht.
3.6. Die Delegierten des Internationalen Textilarbeiterkongresses in Zürich fordern in einer Resolution die Abschaffung der Akkordarbeit.
1.7. Im Fernsprechverkehr zwischen Dresden und Berlin wird der Nachtdienst eingeführt.
3.9. Der 43. Genossenschaftstag in Bad Kreuznach schließt 99 Konsumvereine wegen ihrer »sozialdemokratischen Ansichten« aus dem Allgemeinen Verband deutscher Erwerbs- und Wirtschaftsgenossenschaften aus.

1902

Internationale Politik

20.5., Kuba. Tomás Estrada Palma wird erster frei gewählter Präsident der neugegründeten Republik Kuba. Der Inselstaat steht seit 1898 unter starkem US-Einfluß.
31.5., Großbritannien/Transvaal. Vertreter Großbritanniens und der Burenrepubliken Transvaal und Oranjefreistaat unterzeichnen den Friedensvertrag von Vereeniging, der die britische Oberherrschaft festschreibt.

Berufsrevolutionäre
Chronik Zitat

»Keine einzige revolutionäre Bewegung kann ohne eine stabile und die Kontinuität wahrende Führerorganisation Bestand haben, ... eine solche Organisation muß hauptsächlich aus Leuten bestehen, die sich berufsmäßig mit revolutionärer Tätigkeit befassen.«
Wladimir I. Lenin

10.7., Frankreich. Die Regierung verfügt die Schließung aller nicht genehmigten 2500 Ordensschulen.
11.7., Großbritannien. Arthur James Balfour übernimmt die Regierungsgeschäfte von seinem 72jährigen Onkel, Lord Salisbury, der aus Altersgründen als Premierminister zurücktritt.
15.9., Rußland. In der zu Rußland gehörenden polnischen Stadt Czenstochau werden bei einem Pogrom 15 Juden ermordet.
26.10., Schweiz. Bei den Nationalratswahlen wird die freisinnige Mehrheit bestätigt. Die Sozialdemokraten stellen künftig sieben von 167 Abgeordneten.
1.11., Frankreich/Italien. Frankreich und Italien schließen ein Geheimabkommen, das Italien zur Neutralität im Falle eines Angriffs von oder gegen Frankreich verpflichtet. Im Gegenzug ist Frankreich bereit, die italienischen Annexionsbestrebungen in Tripolis nicht zu behindern. Der Vertrag unterläuft den Dreibundpakt zwischen dem Deutschen Reich, Österreich-Ungarn und Italien.

Deutsche Politik

5.5. In einer Debatte über die Rolle der Frau im öffentlichen Leben verweigert die preußische Regierung den Frauen die politische Betätigung.
10.5. Anläßlich eines Besuchs in Straßburg verkündet Wilhelm II. die Aufhebung des Diktaturparagraphen für Elsaß-Lothringen.
5.6. Im Rahmen der Germanisierungspolitik stockt das preußische Abgeordnetenhaus den sogenannten Polenfonds für den Ankauf polnischer Ländereien in den deutschen Ostprovinzen von 200 auf 350 Millionen Mark auf.
28.6. Nach zähen Verhandlungen wird der Dreibund zwischen dem Deutschen Reich, Italien und Österreich-Ungarn erneuert.
22.7. Aus politischen und sachlichen Gründen lehnt die bayerische Abgeordnetenkammer eine Erhöhung des Haushaltes für Wissenschaft und Kunstpflege ab.
8.9. Vor Haiti versenkt das deutsche Kanonenboot »Panther« das haitianische Schiff »Crête à Pierrot«. Im Zuge des auf der Halbinsel tobenden Bürgerkriegs hatten Haitianer zuvor die Hamburger »Marcomannia« gekapert, weil der Dampfer Waffen für einen haitianischen Präsidentschaftskandidaten geladen hatte.
14.9. Der 13. Parteitag der SPD in München bestätigt August Bebel in seinem Amt als Parteivorsitzender.
10.10. Im Berliner Reichstag beginnt der erste Deutsche Kolonialkongreß auf dem Politiker, Ökonomen und Kaufleute über die Zukunft der deutschen Kolonien beraten.
23.10. Der Deutsche Reichstag genehmigt die von der Zolltarifkommission festgesetzten Hafer-, Gerste- und Pferdezölle.
4.11. Kaiser Wilhelm II. hält vor dem Berliner Schloß eine Rede vor Rekruten, die er zur Selbstzucht, zum unbedingten Gehorsam und zu christlicher Gottesfurcht ermahnt.
13.12. Deutsche und britische Schiffe beschießen die venezolanische Stadt Puerto Cabello, um ihrer Forderung nach Schadenersatzzahlungen Nachdruck zu verleihen.

Wirtschaft und Wissenschaft

10.12. Nobelpreise. In Stockholm und Oslo werden zum zweiten Mal die Nobelpreise verliehen. ▷Chronik Nobelpreise
1902, Astronomie. Der amerikanische Astronom George E. Hale gründet bei Los Angeles das Mount-Wilson-Observatorium.
1902, Chemie. Die Chemiker Emil Fischer und Carl Harries entwickeln die Vakuumdestillation.
1902, Verkehr. Das Fünfmastvollschiff »Preußen«, eines der größten Segelschiffe aller Zeiten, läuft in Geestemünde vom Stapel.
1902, Technik. Der deutsche Konstrukteur Paul Mauser verbessert seine 1896 erfundene Repetierpistole.
1902, Technik. Die Optischen Werke von Carl Zeiss in Jena bringen das »Tessar«-Objektiv auf den Markt.
1902, Technik. Die Firma George Blickensderfer in Connecticut (USA) baut die erste elektrische Schreibmaschine.
1902 Technik. Bei der britischen und der deutschen Marine werden die ersten Funkstationen für den drahtlosen Nachrichtenverkehr mit Seeschiffen eingerichtet.

Wissenschaftler geehrt
Chronik Nobelpreise

Chemie: Emil Fischer (D)
Medizin: Ronald Ross (GB)
Physik: Hendrik A. Lorentz (NL)
Frieden: Élie Ducommun (CH) und Charles Albert Gobet (CH)
Literatur: Theodor Mommsen (D)

1902, Technik. Der schwedische Ingenieur Ernst Danielson erfindet den Synchronmotor.
1902, Physik. Der britische Physiker Ernest Rutherford und sein Mitarbeiter Frederick Soddy machen die sensationelle Entdeckung, daß aus Uran ein neues Element entsteht, wenn es ein Alphateilchen abgibt.
1902, Verkehr. Dürkopp baut den ersten Sechszylindermotor für Personenwagen.

1902

Kunst, Literatur und Musik

1902 Wegen des rückläufigen Walzengeschäfts nimmt die Columbia die Produktion von Schallplatten auf.

1902 Die Literatursatire *Die Blechschmiede* von Arno Holz erscheint in Leipzig.

1902 Ricarda Huch veröffentlicht den Roman *Aus der Triumphgasse*.

1902 André Gide veröffentlicht den Roman *Der Immoralist*.

1902 Alfred Jarrys Zukunftsroman *Der Supermann* erscheint.

1902 Von Arthur Conan Doyle kommt der Kriminalroman *Der Hund von Baskerville* heraus.

1902 Unter dem Titel *Taifun* erscheinen vier Erzählungen von Joseph Conrad.

1902 Peter Rosegger bringt den Bestseller *Als ich noch ein Waldbauernbub war* heraus.

1902 Unter dem Titel *Das Buch der Bilder* veröffentlicht Rainer Maria Rilke Gedichte.

1902 Die Erzählung *Der Abgrund* von Leonid N. Andrejew erscheint.

1902 Pablo Picasso fertigt seine erste Skulptur, die *Sitzende Frau*.

1902 Wassily Kandinsky eröffnet in München eine Kunstschule. Außerdem wird er Präsident der Künstlergruppe »Phalanx«.

1902 Paul Cassirer stellt in Berlin Werke des österreichischen Graphikers Alfred Kubin aus.

1902 Gustav Klimt vollendet sein Gemälde *Emilie Flöge*.

1902 Max Klinger vollendet sein Beethoven-Denkmal aus Marmor, Elfenbein, Bronze und Glas. Es wird auf der diesjährigen Ausstellung der Wiener Secession gezeigt.

1902 Michail A. Wrubel stellt den *Gestürzten Dämon* fertig, die letzte Fassung seiner 1890 begonnenen Gestaltungsversuche des Teuflischen.

1902 Zum Gedenken an den im Vorjahr verstorbenen Maler Henri de Toulouse-Lautrec finden in Paris mehrere Ausstellungen statt.

1902 Der Kunsthändler und Verleger Paul Cassirer gründet die Zeitschrift »Kunst und Künstler«, die Sprachrohr des Impressionismus und Neoimpressionismus in Deutschland wird.

Theater und Film

August Charles Urban gründet die *Charles Urban Trading Company*, die sich auf Aktualitäten-Reportagen spezialisiert, aber auch Expeditions- und Lehrfilme produziert.

2.8. UA: *Kater Lampe*, sächsische Dialektkomödie aus dem erzgebirgischen Spielzeugmachermilieu von Emil Rosenow.

1.9. Mit seinem international erfolgreichen 16-Minuten-Film *Die Reise zum Mond*, einer Parodie auf Jules-Verne-Romane, begründet Georges Méliès den Science-fiction-Film.

27.10. Die berühmte französische Schauspielerin Sarah Bernhardt tritt erstmals im Deutschen Reich auf. Am ersten Abend des siebentägigen Gastspiels im Königlichen Schauspielhaus Berlin spielt sie die Fedora in dem gleichnamigen Stück des französischen Autors Victorien Sardou.

30.10. Mit der Aufführung des Schauspiels *Iphigenie auf Tauris* von Johann Wolfgang von Goethe wird das Alte Schauspielhaus in Frankfurt am Main geschlossen.

1.11. Friedrich Schillers Drama *Wallensteins Lager* eröffnet das Neue Schauspielhaus in Frankfurt am Main.

16.11. Zu einem großen Erfolg wird die Aufführung von Oscar Wildes *Salome* in dem von Max Reinhardt im August gegründeten Kleinen Theater in Berlin. Das Stück kann jedoch nur in einer geschlossenen Nachmittagsvorstellung gezeigt werden, da die Zensur es für die Öffentlichkeit nicht freigibt.

29.11. UA: Gerhart Hauptmanns Drama *Der arme Heinrich* wird im Wiener Burghoftheater uraufgeführt.

1902 Eine der aufsehenerregendsten deutschen Filmproduktionen des Jahres ist *Salome* von Oskar Meßter. Der Tanz der Herodias-Tochter findet wegen seiner schlichten erotischen Ausstrahlung begeisterte Zuschauer im In- und Ausland.

1902 Émile Zolas sozialkritischer Roman *Der Totschläger* war Vorlage für den Film *Die Opfer des Alkohols* von Ferdinand Zecca, der eine Geschichte aus dem Leben des Pariser Proletariats erzählt.

Gesellschaft

21.9. In Österreich schließen sich die »Motorfahrer« im Allgemeinen Motorfahrer-Verband zusammen.

5.10. In München endet das Oktoberfest mit einer Schlägerei.

28.10. In einer Petition an die französische Regierung fordern die Pariser Modistinnen Urheberrechtsschutz für ihre Modellhüte.

9.11. Polnische Bergarbeiter gründen in Bochum eine eigene berufliche Interessenvertretung.

10.11. Kurz vor der Vollendung wird in New York die Williamsburg-Brücke über den East River bei einer Brandkatastrophe stark beschädigt.

Fahrrad-Fahrschule
Zitat

»Ich fuhr ähnlich wie beim Schwimmenlernen, fest an den Gurt genommen und von dem nebenherfahrenden Lehrer um die Bahn geschleift. Zuerst hing ich mehr in seiner Faust, als daß ich im Sattel saß, aber schon nach wenigen Runden konnte er den Griff lockern.«

Der Philologe Viktor Klemperer in seinen »Erinnerungen«

22.11. Unter mysteriösen Umständen verstirbt im Alter von 49 Jahren der Stahlindustrielle Friedrich Alfred Krupp. Selbstmordgerüchte werden von der Familie dementiert. Wenige Tage zuvor hatte der sozialdemokratische »Vorwärts« von den homosexuellen Neigungen des Millionärs berichtet.

Dezember In Großbritannien wird Frauen das Fußballspielen untersagt.

17.12. Die Stadt Ansichan in Turkestan wird bei einem Erdbeben fast völlig zerstört. Die Naturkatastrophe fordert 2500 Menschenleben.

1902 Die ersten elektrischen Christbaumkerzen, hergestellt von General Electric, kommen in New Jersey (USA) auf den Markt.

1902 Der Brite Sir Henry Lunn organisiert die ersten Winterpauschalreisen in die Schweiz.

1902

Internationale Politik	Deutsche Politik	Wirtschaft und Wissenschaft
18.12., USA. Die amerikanische Regierung erklärt sich bereit, in dem Konflikt zwischen Venezuela und dem Deutschen Reich, Großbritannien und Italien zu vermitteln. **27.12., Marokko.** Der Sultan von Marokko, Abd Al Asis, entsendet gegen die aufständischen Berberstämme 10 000 Soldaten.	**14.12.** Der Reichstag verabschiedet ein Zollgesetz, das eine mäßige Erhöhung der Abgaben für Getreideeinfuhren vorsieht. Die Agrarier können sich mit ihren extremen Schutzzoll-Forderungen nicht durchsetzen. **1902** Gegen Boden- und Preisspekulation in Frankfurt am Main erläßt Preußen ein Sondergesetz.	**1902, Verkehr.** Packard erhält ein Patent für die »H«-Anordung bei der Kfz-Gangschaltung. **1902, Medizin.** Der schweizerische Arzt Maximilian Bircher-Benner gründet in Zürich sein Sanatorium »Lebendige Kraft«, das 1904 eröffnet wird. Bircher-Benner wurde durch Heilerfolge mit Rohkostdiät bekannt.

1902 Geborene und Gestorbene

Geboren:
4.2. Charles A. Lindbergh († 26.8.1974), amerikanischer Pilot.
27.2. John Steinbeck († 20.12.1968), amerikanischer Schriftsteller.
7.3. Heinz Rühmann († 3.10.1994), deutscher Schauspieler.
6.5. Max Ophüls († 26.3.1957), französisch-deutscher Filmautor und Regisseur.
13.5. Erik Wolf († 13.10.1977), deutscher Rechtshistoriker.
23.6. Mathias Wieman († 3.12.1969), deutscher Film- und Bühnenschauspieler.
1.7. William Wyler († 27.7.1981), deutsch-amerikanischer Filmregisseur.
10.7. Kurt Alder († 20.6.1958), deutscher Chemiker.
29.7. Ernst Glaeser († 8.2.1963), deutscher Schriftsteller.
6.8. Margarete Klose († 14.12.1968), deutsche Opernsängerin.
17.9. Hugo Hartung († 2.5.1972), deutscher Schriftsteller.
2.10. Roy Campbell († 22.4.1957), englischer Schriftsteller.
18.10. Pascual Jordan († 31.7.1980), deutscher Physiker.
9.11. Anthony Asquith († 21.2.1968), englischer Spielfilmregisseur.
29.11. Carlo Levi († 4.1.1975), italienischer Schriftsteller.
11.12. Harald Kreuzberg († 25.4.1968), deutscher Tänzer.

1903

Internationale Politik	Deutsche Politik	Wirtschaft und Wissenschaft
20.1., Österreich-Ungarn. In Wien scheitert die Verständigungskonferenz über die Sprachenregelung zwischen Deutschen und Tschechen. **14.2., Venezuela/Großbritannien.** Nach einer Verständigung über die Rückzahlungsmodalitäten des verschuldeten Venezuelas heben das Deutsche Reich, Großbritannien und Italien ihre im Dezember des Vorjahres begonnene Seeblockade auf. **3.3., USA.** Verbrecher, Geisteskranke, Prostituierte und Personen, die »dem Gemeinwesen zur Last fallen« dürfen nicht mehr in die USA einreisen. **2.4., Rußland.** Mit steuerlichen Erleichterungen hofft die russische Regierung, die Unzufriedenheit der Bauern zu besänftigen und Aufstände zu verhindern.	**17.1.** In einer Denkschrift fordert die Heeresverwaltung die Einrichtung einer militärtechnischen Hochschule. **27.1.** Die bayerische Zentrumspartei bekräftigt in München ihre Opposition gegen die Bevormundung durch das preußische Kaiserhaus. **31.1.** Der Reichsrat genehmigt das Gesetz über die gewerbliche Kinderarbeit. Die Schutzbestimmungen werden auch auf Betriebe ausgedehnt, die nicht als Fabriken gelten. **3.2.** Mit der Befürwortung einer Änderung des Jesuitengesetzes löst Reichskanzler Bernhard von Bülow eine heftige Diskussion aus. **7.2.** Im preußischen Abgeordnetenhaus kritisiert der Abgeordnete Theodor Barth die im Deutschen Reich praktizierte Theaterzensur.	**12.2., Technik.** In der Technischen Hochschule Berlin verfolgt Kaiser Wilhelm II. die erste Vorführung des Schnelltelegraphen von Pollak und Virag. **25.2., Wirtschaft.** In Berlin wird der Verband deutscher Waren- und Kaufhäuser gegründet. **Preise im Deutschen Reich** **Chronik Statistik** Einzelhandelspreise (Mark): Butter, 1 kg 2,31 Weizenmehl, 1 kg 0,35 Schweinefleisch, 1 kg 1,42 Rindfleisch, 1 kg 1,37 Kartoffeln, 1 dz 4,93

1902

Kunst, Literatur und Musik	Theater und Film	Gesellschaft
1902 Die Balladendichterin Lulu von Strauß und Torney versammelt in ihrem Werk *Balladen und Lieder* Themen und Helden aus verschiedenen Epochen der Weltgeschichte. **1902** Der in Paris erscheinende Roman *Dingleys Ruhm* von Jerome und Jean Tharaud wird 1906 mit dem Prix Goncourt ausgezeichnet.	**1902** In *Das Leben eines amerikanischen Feuerwehrmannes* verbindet Edwin S. Porter gestellte Szenen mit dokumentarischen Aufnahmen. Er arbeitet u.a. mit Parallelmontagen. **1902** Oskar Meßter verwendet in Projektionsgeräten erstmals die Dreiflügelblende, die eine flimmerfreie Projektion ermöglicht.	**1902** Dank steigender Produktionszahlen wird das Fahrrad für breitere Bevölkerungsschichten in Deutschland erschwinglich, doch ist die neue Fortbewegungsart gewöhnungsbedürftig. ▷Chronik Zitat, S. 19 **1902** In Berlin wird die letzte Pferdebahn von der elektrischen Straßenbahn abgelöst.

1902 Geborene und Gestorbene

Gestorben:
22.1. Otto Scholderer (*25.1.1834), deutscher Maler.
23.3. Kálmán Tisza (*10.12.1830), ungarischer Politiker.
26.3. Cecil Rhodes (*5.7.1853), britisch-südafrikanischer Unternehmer und Politiker.
28.5. Adolf Kußmaul (*22.2.1822), deutscher Mediziner.
10.6. Auguste Schmidt (*3.8.1833), deutsche Frauenrechtlerin.

17.6. Johan Siegwald Dahl (*16.8.1827), norwegisch-deutscher Maler.
19.6. John Dalberg Acton, Baron von Aldenham (*10.1.1834), britischer Historiker.
6.7. Maria Goretti (*16.10.1890), katholische Heilige.
21.7. Carl Christian Gerhardt (*5.5.1833), deutscher Mediziner.
7.8. Rudolf von Bennigsen (*10.7.1824), deutscher Politiker.

5.9. Rudolf Virchow (*13.10.1821), deutscher Mediziner und Politiker.
29.9. Emile Zola (*2.4.1840), französischer Schriftsteller.
25.10. Frank Norris (*5.3.1870), amerikanischer Romancier.
26.10. Elisabeth Cady Stanton (*12.11.1815), US-Frauenrechtlerin
22.11. Friedrich Alfred Krupp (*17.2.1854), deutscher Industrieller.
11.12. Matthias Hohner (*1833), deutscher Musikinstrumentenbauer.

1903

Kunst, Literatur und Musik	Theater und Film	Gesellschaft
11.1. Im Berliner Kunstsalon Schulte wird eine Ausstellung mit Werken des Münchener Künstlers Franz Stuck eröffnet. Insgesamt sind 22 Bilder und sieben plastische Arbeiten zu sehen. **17.1.** In der Wiener Friedrichstraße wird die XVI. Ausstellung der Wiener Secession eröffnet. Besondere Aufmerksamkeit schenken die Besucher den hier gezeigten Bildern der französischen Impressionisten. **4.4.** Die Berliner Secession eröffnet im kleinen Haus in der Kantstraße ihre siebente Ausstellung, der erstmals die Münchener Secessionisten fernbleiben. Beachtung finden die Bilder Max Liebermanns, Max Slevogts, Walter Leistikows, Wilhelm Trübners und Lovis Corinths.	**7.1.** Anläßlich ihrer Auftritte im Königlichen Schauspielhaus gibt die amerikanische Tänzerin Isadora Duncan dem *Berliner Tageblatt* ein Interview, in dem sie ihren Tanzstil erläutert, der in ausdrucksstarken Bewegungen Empfindungen versinnbildlichen soll. **1.2.** UA: *Tal des Lebens* von Max Dreyer im Deutschen Theater Berlin. Bereits im Vorfeld hatte es heftige Pressedebatten gegeben, da der Schwank von der Zensurbehörde verboten worden war. Die Premiere findet als geschlossene Vorstellung statt. ▷Chronik Zitat, S. 23 **7.2.** UA: *The Light That Failed (Erloschenes Licht)* in London nach der gleichnamigen Novelle von Rudyard Kipling.	**14.1.** Der Student Fritz Ruff wird in Stuttgart zu dreieinhalb Jahren Festungshaft verurteilt, weil er einen Kommilitonen im Duell getötet hat. **18.1.** Der Ausschuß der Deutschen Turnerschaft lehnt die Teilnahme von Frauen und Mädchen an den Deutschen Turnfesten ab. **2.2.** In Großbritannien wird die »Gesellschaft zur Förderung der weiblichen Gleichgültigkeit gegen Männer« gegründet. **1.3.** Die Polizei in Dresden führt in ihrem Erkennungsdienst die Daktyloskopie ein. Die Methode ermöglicht es, Täter anhand von Fingerabdrücken zu identifizieren. **7.3.** In der Charlottenburger »Flora« eröffnet Prinz Heinrich von Preußen die Deutsche Automobilausstellung.

1903

Internationale Politik

2.4., USA. Präsident Theodore Roosevelt betont, daß die Monroe-Doktrin weiter Grundlage der amerikanischen Außenpolitik bleibe.
5.4., Dominikanische Republik. Der sich ausbreitende Bürgerkrieg im Karibikstaat provoziert die Landung von Kriegsschiffen aus Deutschland, den USA, Italien und den Niederlanden in Santo Domingo.
19.4., Rußland. Bei einem Progrom in der bessarabischen Stadt Kischinew (Kischinjow) werden 49 Juden getötet und mehrere hundert verletzt.
4.6., Rußland. Juden wird verboten, Land oder Immobilien außerhalb ihres Gouvernements zu erwerben oder zu nutzen.
11.6., Serbien. In Belgrad werden König Alexander I., dessen Ehefrau Draga und Ministerpräsident Demeter Zinzar Marcović von serbischen Offizieren ermordet. Bei dem Attentat wird der Anführer des Putsches, Dragutin Dimitrijević, ein Nationalist und Verfechter eines großserbischen Reichs, schwer verletzt.
23.6., Schweiz. Die Schweiz beschließt die Neubewaffnung der Artillerie mit Krupp-Geschützen.
29.6., Großbritannien. Die britische Regierung protestiert bei der belgischen Regierung offiziell gegen Grausamkeiten gegen die einheimische Bevölkerung im Kongo, einer Privatkolonie des belgischen Königs.
10.7. Großbritannien. Mit großer Mehrheit genehmigt das Unterhaus den Bau eines Militärhafens an der Nordsee.
9.8., Vatikan. Kardinal Giuseppe Sarto tritt als Pius X. die Nachfolge des am 20. Juli im Alter von 93 Jahren verstorbenen Leo XIII. an.
23.8., Rußland. Die Sozialdemokratische Arbeiterpartei Rußlands (SDAPR) spaltet sich auf ihrem Exilkongreß in London in Bolschewiki (»Mehrheitler«) und Menschewiki (»Minderheitler«).
3.10., Rußland/Österreich-Ungarn. Rußland und Österreich-Ungarn fordern vom Osmanischen Reich Reformen für Makedonien, um die Unruhen in der Provinz zu beenden.

Deutsche Politik

11.2. Die württembergische Kammer genehmigt die Novelle zum Volksschulgesetz, die u.a. die geistliche Oberschulaufsicht beibehält.
23.2. Hermann Budde, preußischer Minister für öffentliche Arbeiten, verbietet in einer Rede vor dem preußischen Abgeordnetenhaus dem Eisenbahnpersonal jegliche sozialdemokratische Agitation.
21.3. Während einer Debatte im Reichstag um koloniale Fragen kritisiert der sozialdemokratische Abgeordnete Karl Wilhelm Stolle die Haltung von Hausklaven in den deutschen Kolonien. Der Gouverneur in Deutsch-Ostafrika, Adolf von Götzen, hatte zuvor erklärt, daß er gegenwärtig gegen die Sklaverei nicht ankämpfen könne.
29.3. In einer Resolution fordern Vertreter katholischer Organisationen die Aufhebung des seit 1872 bestehenden Jesuitenverbots.
17.4. In Oberschlesien beschließen deutsche und polnische Sozialdemokraten die Aufstellung gemeinsamer Kandidaten für die Reichstagswahl im Juni.
30.4. Der Reichstag verabschiedet eine Novelle zum Krankenversicherungsgesetz, die nach Ansicht der Sozialdemokraten ungenügend ist.
16.6. Stärkste Fraktionen nach den Reichstagswahlen sind die katholische Zentrumspartei (100 Sitze) und die Sozialdemokraten (81 Sitze). Die SPD gewann 25 Sitze hinzu. Reichskanzler Bülow kann sich weiterhin auf eine Mehrheit von konservativen Parteien und dem Zentrum stützen.
13.9. Auf dem Parteitag der SPD in Dresden verurteilen die Delegierten in einer vom Parteivorsitzenden August Bebel angeregten Resolution den auf Reformen statt auf Revolutionen zielende «Revisionismus« Eduard Bernsteins.
11.10. Die liberale Landespartei Elsaß-Lothringens fordert die Gleichstellung ihres Landes mit den übrigen deutschen Bundesstaaten.
20.11. Die preußischen Landtagswahlen enden mit einem Sieg der Konservativen. Aufgrund des Dreiklassen-

Wirtschaft und Wissenschaft

17.5., Wirtschaft. Die 1902 vom Allgemeinen Verband deutscher Erwerbs- und Wirtschaftsgenossenschaften wegen ihrer sozialen Ziele ausgeschlossenen Konsumvereine gründen in Dresden den »Zentralverband Deutscher Konsumvereine«.
1.7., Wirtschaft. Die Firma Krupp wird zu einer Aktiengesellschaft umgewandelt; die Aktien in Höhe des Grundkapitals von 160 Mio. Mark gehören der 16jährigen Bertha Krupp.
28.10., Verkehr. Auf der Teststrecke zwischen Marienfelde und Zossen fährt ein Versuchswagen der AEG mit 210,2 km/h einen Geschwindigkeitsweltrekord.
10.12., Nobelpreise. In Stockholm und Oslo werden die Nobelpreise verliehen. ▷ Chronik Nobelpreise
17.12., Verkehr. Der erste gesteuerte Motorflug gelingt in Kitty Hawk im US-Bundesstaat North Carolina den Brüdern Wright.
1903, Verkehr. Spyker in den Niederlanden baut das erste Automobil mit Vierradantrieb.
1903, Medizin. Der russische Physiologe und Tierforscher Iwan P. Pawlow stellt in Madrid seine Forschungen zum bedingten Reflex vor.

Wissenschaftler geehrt
Chronik Nobelpreise

Chemie: Svate Arrhenius (S)
Medizin: Nils Ryberg Finsen (DK)
Physik: Antoine Becquerel, Marie und Pierre Curie (F)
Frieden: William R. Cremer (GB)
Literatur: Björnstjerne Björnson (N)

1903, Biologie. In Warschau entdeckt der russische Biologe Michail Zwet die Möglichkeit der Chromatographie, mit der sich kleinste Mengen organischer Stoffe aus Gemischen abtrennen und bestimmen lassen.
1903, Verkehr. In einem deutschen Turbinenschnellschiff wird der von Ernst Otto Schlick erfundene Schiffskreisel zur Dämpfung von Schlinger- und Rollbewegungen eingebaut.

1903

Kunst, Literatur und Musik

4.5. Die Galerie Weill in Paris eröffnet eine bis zum 31. Mai dauernde Ausstellung, auf der u.a. Bilder von Henri Matisse zu sehen sind.

1.10. Der Pariser Juwelier René Lalique eröffnet im Berliner Hohenzollern-Kunstgewerbehaus eine Ausstellung moderner Goldschmiedekunst. Die Räume wurden nach Entwürfen des belgischen Künstlers Henry van de Velde ausgestattet.

3.10. Der Kunstmäzen Karl Ernst Osthaus kauft für sein im Vorjahr eröffnetes Folkwang-Museum in Hagen Bilder des französischen Malers Paul Gauguin an; damit sollen sich erstmals Gemälde des Künstlers im Besitz eines deutschen Sammlers befinden.

31.10. Einer der größten deutschen Zeitungsverlage, Ullstein, gründet seinen Buchverlag.

15.11. Eugen d'Alberts Oper *Tiefland* erlebt im Deutschen Theater in Prag ihre Weltpremiere.

15.12. Vertreter der Secessionen aus Berlin, Karlsruhe, München und anderen Kunstzentren gründen den *Deutschen Künstlerbund*.

19.12. UA: Umberto Giordanos Oper *Siberia* in Mailan.

1903 Arnold Schönberg stellt seine *Gurrelieder* vor und komponiert die sinfonische Dichtung *Pelleas und Melisande*.

1903 Der 21jährige Igor F. Strawinsky wird Schüler von Nikolai A. Rimski-Korsakow.

1903 Der tschechische Komponist Josef Suk, Schüler und Schwiegersohn von Antonín Dvořák, legt sein *Phantastisches Scherzo* für Orchester und seine *Phantasie für Violine und Orchester* vor.

1903 Die vom französischen Impressionsimus beeinflußte Opernkantate *Die Sage von der großen Stadt Kitesh* des Russen Sergei N. Wassilenko erlebt in Moskau ihre Uraufführung.

1903 Jakob Knudsens Bauernroman *Anders Hjarmstadt* erscheint.

1903 59 Neuauflagen innerhalb eines Jahres erlebt der Briefroman *Briefe, die ihn nicht erreichten* von Elisabeth von Heyking.

Theater und Film

13.2. Mit einer Neuinszenierung von *Tristan und Isolde* zum 20. Todestag Richard Wagners beginnt die Zusammenarbeit des Wiener Hofoperndirektors Gustav Mahler mit dem Bühnenbildner Alfred Roller.

22.2. Der Österreicher Max Reinhardt, Direktor des Neuen Theaters in Berlin, engagiert den Maler Lovis Corinth als künstlerischen Beirat. Die erste Inszenierung unter Mitwirkung Corinths wird *Pelléas und Mélisande* von Maurice Maeterlinck.

29.8. Der Filmpionier Oskar Meßter führt im Berliner Apollo-Theater die ersten »Ton-Bilder« vor, bei denen Filmprojektor und Grammophon miteinander gekoppelt sind, um Opern- und Tanzszenen vorzuführen.

25.9. Das neue Stadttheater in Bern wird mit einer Aufführung von Richard Wagners *Tannhäuser* eröffnet.

8.10. In Dublin kommt der Einakter *Der Schatten im Tal* von John Millington Synge erstmals auf die Bühne.

30.10. UA: *Elektra* von Hugo von Hofmannsthal im Kleinen Theater Berlin. Regie führt Max Reinhardt.

31.10. UA: *Rose Bernd* von Gerhart Hauptmann im Deutschen Theater Berlin, Regie hat Otto Brahm.

7.11. Der Erfinder und Filmproduzent Léon Gaumont präsentiert in Paris seinen Chronographen. Das Gerät koppelt durch einen Elektromotor Filmprojektor und Grammophon und ermöglicht so die Vorführung von Tonfilmen.

Zensur durch Innenminister

Zitat

»Ich kann nicht zugeben, daß die Behandlung eines solchen Gegenstandes für eine Theateraufführung geeignet ist, denn die große Masse der Besucher gehört nicht zur Elite der gebildeten Menschen, die nur die künstlerischen Schönheiten des Werkes und nicht den Stoff ins Auge fassen.«

Der preußische Innenminister Hans Freiherr von Hammerstein

Gesellschaft

1.4. Im Deutschen Reich tritt das am 8. Juni 1900 beschlossene Fleischbeschaugesetz in Kraft.

27.5. AEG und Siemens gründen die Gesellschaft für drahtlose Telegraphie (später Telefunken).

Geregelte Schuldisziplin

Zitat

»Damit jede Störung des Unterrichts unmöglich gemacht werde, hat der Lehrer darauf zu halten:
a) daß alle Schüler gerade und in Reihen hintereinander sitzen ...
b) daß jedes Kind seine Hände geschlossen auf die Schultafel legt ...
c) daß die Füße parallel nebeneinander auf dem Boden gestellt werden ... Die Kinder haben die betreffenden Lernmittel in drei Zeiten heraufzunehmen und hinwegzutun.«

C. Kehr, Wegweiser zur Führung einer geregelten Schuldisziplin, Gotha 1903

23.7. In Detroit verkauft Henry Ford das erste Auto der Ford Motor Company. Das »Modell A« kostet 950 US-Dollar (rund 3800 Mark).

10.8. Bei einem Brand in der Pariser Metro kommen über 100 Menschen ums Leben.

9.9. Die Engadinbahn, die von Chur über Tiefencastel nach Spinas führt, wird feierlich eingeweiht.

20.9. In München präsentieren Frauenvereine eine »Ausstellung zur Verbesserung der Frauentracht«, um für Reformkleider zu werben.

5.–7.10. Die Versammlung des Deutschen Vereins für das höhere Mädchenschulwesen befürwortet die Umorganisation der Bildungseinrichtungen, damit die Mädchen die Berechtigung für ein Universitätsstudium erhalten. Abgelehnt wird eine gemeinsame Erziehung beider Geschlechter.

10.10. Mit dem Ziel, das Wahlrecht für Frauen in Großbritannien durchzusetzen, gründen Emmeline Pankhurst und ihre Tochter Christabel in Manchester die National Women's Social and Political Union.

1903

Internationale Politik	Deutsche Politik	Wirtschaft und Wissenschaft
6.10., Schweiz. In Olten beschließt der Parteitag der Sozialdemokraten einen verstärkten Kampf gegen den Militarismus. **3.11., Panama/Kolumbien.** Mit Unterstützung der USA forcieren Separatisten die Unabhängigkeit der kolumbianischen Provinz Panama. **1903, Japan/Rußland.** Konflikte zwischen Japan und Rußland über die Einflußnahme in Ostasien spitzen sich gegen Jahresende zu. **1903, Marokko.** Auseinandersetzungen zwischen Angehörigen der Berberstämme aus dem Inneren des Landes und Truppen des Sultans Abd Al Asis erschüttern Marokko.	wahlrechts, das die besitzenden Schichten bevorzugt, erhalten die Sozialdemokraten trotz eines Stimmenanteils von 19% keinen Sitz im Landtag. **29.11.** Der Stamm der Bondelswarts in Deutsch-Südwestafrika erhebt sich gegen die deutschen Kolonialherren. Der Aufstand wird nach einigen Wochen blutig niedergeschlagen. **3.12.** Angesichts des seit August andauernden Weberstreiks in der sächsischen Stadt Crimmitschau und wachsender Auseinandersetzungen zwischen Arbeitern und Polizei wird über die Stadt der Belagerungszustand verhängt.	**1903, Medizin.** Walter Sutton stützt in der Schrift »Die Chromosomentheorie der Vererbung« seine Vermutung, daß die Chromosomen die Träger der Gene sind, durch eingehende Untersuchungen. **1903, Physik.** Der Niederländer Willem Einthoven entwickelt das Saitengalvanometer für die Messung von elektrischen Herzströmen. **1903, Technik.** Konstantin Ziolkowski schlägt vor, für Weltraumflüge flüssigen Sauerstoff für den Antrieb zu verwenden. **1903, Medizin.** Die Firma Merck bringt das Schlaf- und Beruhigungsmittel »Veronal« auf den Markt.

1903 Geborene und Gestorbene

Geboren:
6.1. Boris Blacher (†30.1.1975), deutscher Komponist.
13.2. Georges Simenon (†4.9.1989), französisch-belgischer Schriftsteller.
21.2. Anaïs Nin (†14.1.1977), amerikanische Schriftstellerin spanisch-französischer Herkunft.
27.2. Grethe Weiser (†2.10.1970), deutsche Schauspielerin.

22.3. Jochen Klepper (†11.12.1943), deutscher Erzähler.
3.4. Peter Huchel (†30.4.1981), deutscher Lyriker.
13.5. Reinhold Schneider (†6.4.1958), deutscher Schriftsteller.
10.6. Theo Lingen (†10.11.1978), deutscher Schauspieler.
25.6. George Orwell (†21.1.1950), englischer Schriftsteller.

11.7. O.E. Hasse (†12.9.1978), deutscher Schauspieler.
28.8. Bruno Bettelheim (†3.3.1990), amerikanischer Psychologe.
11.9. Theodor W. Adorno (†6.8.1969), deutscher Philosoph.
7.11. Konrad Lorenz (†27.2.1989), österreichischer Verhaltensforscher.
12.12. Yasujiro Ozu (†12.12.1963), japanischer Filmregisseur.

1904

Internationale Politik	Deutsche Politik	Wirtschaft und Wissenschaft
2.1., Rußland. In St. Petersburg beginnt der Gründungskongreß des liberalen Befreiungsbundes, eines Zusammenschlusses bürgerlicher Oppositionen gegen das Zarenregime. **3.1., Irland.** John Edward Redmond, Führer der irischen Nationalisten, fordert die Unabhängigkeit Irlands von Großbritannien. **8.2., Rußland/Japan.** Mit einem Angriff auf russische Kriegsschiffe vor Port Arthur löst Japan den Russisch-Japanischen Krieg um die Mandschurei und Korea aus.	**1.1.** Das 1903 verabschiedete Gesetz über die Einschränkung der Kinderarbeit im Deutschen Reich tritt in Kraft. **12.1.** In Deutsch-Südwestafrika rebelliert der Bantu-Stamm der Hereros gegen die Verdrängung durch deutsche Siedler. In der Schlacht am Waterberg (August 1904) werden die Hereros von General Lothar von Trotha vernichtend geschlagen. **16.1.** In Zwickau wird die SPD-Politikerin Rosa Luxemburg wegen Majestätsbeleidigung zu einer dreimonatigen Gefängnisstrafe verurteilt.	**1.1., Wirtschaft.** Dem Zentralverband deutscher Konsumvereine gehören 1915 Konsumvereine mit mehr als 1 Mio. Mitgliedern an. **21.1., Wirtschaft.** Unter Vorsitz der Deutschen Bank gründen mehrere Großbanken die Deutsche Petroleum Aktiengesellschaft (DPAG). **21.1., Wirtschaft.** Mitteleuropäischer Wirtschaftsverein (Berlin) gegründet. **27.2., Wirtschaft.** Die Elektrokonzerne Allgemeine Elektrizitäts-Gesellschaft (AEG) und Union-Elektrizitäts-Gesellschaft fusionieren.

1903

Kunst, Literatur und Musik

1903 Von Eduard Graf von Keyserling erscheint die Schloßgeschichte *Beate und Mareile*.
1903 Unter dem Titel *Tristan* bringt Thomas Mann sechs Novellen heraus.
1903 Die Romantrilogie *Die Göttinnen oder Die drei Romane der Herzogin von Assy* von Heinrich Mann erscheint.
1903 Franziska zu Reventlow veröffentlicht den Entwicklungsroman *Ellen Olestjerne*.
1903 *Der Weg allen Fleisches* von Samuel Butler erscheint.
1903 Der amerikanische Schriftsteller Jack London veröffentlicht den Roman *Der Ruf der Wildnis*.

Theater und Film

27.11. Im Münchener Residenztheater wird die musikalische Komödie *Le donne curiose (Die neugierigen Frauen)* des Deutsch-Italieners Ermanno Wolf-Ferrari uraufgeführt.
19.12. Im Neuen Theater in Berlin gelangt Max Halbes Schauspiel *Der Strom* zur Uraufführung. Die Hauptrolle spielt Agnes Sorma.
1903 Die Brüder Harry J. und Herbert Miles gründen in den USA das erste selbständige Filmverleihunternehmen.
1903 Für die amerikanische Edison Company dreht Kameramann und Regisseur Edwin S. Porter mit *Der große Eisenbahnraub (The Great Train Robbery)* den ersten Western.

Gesellschaft

3.12. Eine internationale Konferenz in Paris verabschiedet anläßlich der Pestepidemie in Indien eine Konvention über konkrete Hilfsmaßnahmen bei Pest, Cholera und Gelbfieber.
30.12. Bei einem Großfeuer im Chicagoer »Iroquois«-Theater kommen 600 Menschen ums Leben.
1903 Eine Kältewelle im Südosten des Deutschen Reiches fordert 194 Menschenleben.
1903 In Gotha erscheint ein »Wegweiser zur Führung einer geregelten Schuldisziplin«. ▷Chronik Zitat
1903 Bei Stürmen an den deutschen Küsten sinken 83 Schiffe. 223 Seeleute kommen ums Leben.

Geborene und Gestorbene

Gestorben:
1.2. Georg Gabriel Stokes (*13.8.1819), britischer Mathematiker.
22.2. Hugo Wolf (*13.3.1860), österreichischer Komponist.
14.3. Moritz Lazarus (*15.9.1824), deutscher Philosoph und Völkerpsychologe.
28.4. Josiah W. Gibbs (*11.2.1839), amerikanischer Naturwissenschaftler.
8.5. Paul Gauguin (*7.6.1848), französischer Maler.
11.6. Alexander I. Obrenović (*14.8.1876), König von Serbien.
17.7. James Abbott McNeill Whistler (*10.7.1843), anglo-amerikanischer Maler und Grafiker.
20.7. Papst Leo XIII. (*2.3.1810).
8.8. Onno Klopp (*9.10.1822), österreichischer Historiker.
13.9. Carl Schuch (*30.9.1846), österreichischer Maler.
23.10. Gustav von Moser (*11.5.1825), österreichischer Schriftsteller.
1.11. Theodor Mommsen (*30.11.1817), deutscher Althistoriker.
8.12. Herbert Spencer (*27.4.1820), englischer Philosoph.

1904

Kunst, Literatur und Musik

20.1. UA: Franz Lehárs Operette *Der Göttergatte* im Wiener Carl-Theater.
21.1. UA: Leoš Janáčeks Oper *Její pastorkyňa (Ihre Ziehtochter/Jenufa)* in Brünn.
29.1. UA: *Der Kobold*, Oper von Siegfried Wagner, im Stadttheater Hamburg.
15.2. Der Roman *Peter Camenzind* von Hermann Hesse erscheint. Dem 26jährigen Autor gelingt mit dem Werk, das im Verlag von Samuel Fischer in Berlin herauskommt, der endgültige literarische Durchbruch.

Theater und Film

20.1. Das Cinema Moderno eröffnet als erstes Kino Roms. Im selben Jahr entstehen die ersten italienischen Filme des Optikers Arturo Ambrosio.
17.1. UA: *Der Kirschgarten* von Anton P. Tschechow am Moskauer Künstlertheater.
1.2. UA: *Die Büchse der Pandora* von Frank Wedekind am Intimen Theater in Nürnberg. Eine zweite Vorstellung wird von der Polizei verboten, da der Charakter einer »geschlossenen« Veranstaltung bei der Uraufführung angeblich nicht gewahrt wurde.

Gesellschaft

6.1. Als Markenzeichen für ihre Teerfarben läßt die chemische Fabrik Bayer aus Leverkusen das sog. Bayer-Kreuz registrieren.
11.1. Eine Verordnung der schwedischen Regierung gesteht unverheirateten Ärztinnen das gleiche Recht auf Einstellung in den Gesundheitsdienst zu wie ihren männlichen Kollegen. Bei Heirat müssen sie allerdings den Posten räumen.
17.1. Nach 21 Wochen beenden die Arbeiter erfolglos ihren Streik in der Textilindustrie von Crimmitschau.

1904

Internationale Politik

8.2., Sumatra. Auf Sumatra beginnen niederländische Kolonialtruppen einen Feldzug zur Unterwerfung des Sultanats Aceh.
8.4., Frankreich/Großbritannien. Frankreich und Großbritannien verständigen sich über ihre Einflußsphären in Asien und Nordafrika. Mit der »Entente Cordiale« verändert sich das Kräfteverhältnis in Europa zum Nachteil des Deutschen Reiches.
26.4., Australien. Der Labor-Politiker John-Christian Watson wird Premierminister. Damit stellt zum ersten Mal eine Arbeiterpartei in Australien die Regierung.
16.6., Rußland/Finnland. Aus Protest gegen die Russifizierungspolitik des Zarenregimes erschießt der finnische Beamte Eugen Schauman in Helsinki den russischen Generalgouverneur Nikolai I. Bobrikow.
28.7., Rußland. Der reformfeindliche russische Innenminister Wjatscheslaw K. Plewe wird bei einem Bombenanschlag der Sozialrevolutionären Partei in St. Petersburg getötet.
30.7., Frankreich/Vatikan. Aufgrund der antiklerikalen Pariser Politik bricht Frankreich die diplomatischen Beziehungen zur römischen Kurie ab.
3.8. Tibet/Großbritannien. Eine britische Militärexpedition besetzt die tibetische Hauptstadt Lhasa und erzwingt so die Zustimmung Tibets zu einem Vertrag, der Großbritannien weitgehenden Einfluß in dem Himalajastaat einräumt.
22.8., Japan/Korea. Ein Vertrag mit Korea sichert Japan weitreichenden Einfluß auf die koreanische Innen- und Außenpolitik.
21.9., Serbien. König Peter I. Karadjordjević wird in Belgrad gekrönt. Sein Vorgänger Alexander I. war 1903 ermordet worden.
3.10., Spanien/Frankreich. Ein Geheimvertrag zwischen Spanien und Frankreich sichert Spanien einen Küstenstreifen im nördlichen Teil Marokkos zu. Ansprüche auf den nominell unabhängigen Staat erheben Frankreich, Großbritannien, das Deutsche Reich und Spanien.

Deutsche Politik

16.2. Die im Reichstag vertretenen Parteien kritisieren indirekt Kaiser Wilhelm II., der eigenmächtig Bilder der Secessionisten aus der Auswahl für die Weltausstellung in St. Louis (USA) ausgeschlossen hatte.
8.3. Nach der Wiederzulassung katholischer Schülervereine im Januar beseitigt die Reichsregierung auch bestimmte seit 1872 bestehende Repressalien gegen den Jesuitenorden.
21.4. Der Reichstag debattiert über die Zechenstillegungen durch die Kohlensyndikate im Ruhrgebiet.
9.5. Mitglieder der Deutsch-Konservativen Partei, der Freikonservativen Partei und der Nationalliberalen gründen den Reichsverband gegen die Sozialdemokratie (RgS).
9.5. Der Reichstag beschließt ein Reformgesetz, das durch Neuverteilung der Zoll- und Steuereinnahmen zwischen Reich und Bundesstaaten das Haushaltsdefizit des Reiches abbauen soll. Die Reichsschuld beträgt 1904 rund 3 Mrd. Mark.
25.6. Anläßlich seiner Teilnahme an der Flottenschau der Kieler Woche empfängt Wilhelm II. an Bord der »Hohenzollern« König Eduard VII. von Großbritannien.
14.7. Das neue preußische Wildschongesetz, das längere Schonzeiten für Jagdwild vorsieht, tritt in Kraft.
28.7. In Berlin wird der neue Handelsvertrag zwischen dem Deutschen Reich und Rußland unterzeichnet.
10.8. Ein weiteres Ansiedlungsgesetz diskriminiert die polnischen Landwirte in den preußischen Ostprovinzen. Die antipolnische Politik des Deutschen Reiches erreicht einen neuen Höhepunkt.
24.8. Das Gesetz zur Wahlrechtsreform in Baden sieht die direkte, allgemeine und geheime Wahl der Abgeordneten der zweiten Kammer vor.
5.9. In Anwesenheit von Kaiser Wilhelm II. finden bei Hamburg die diesjährigen Herbstmanöver statt.
3.10. In der deutschen Kolonie Südwestafrika erheben sich unter Führung von Häuptling Hendrik Witbooi mehrere Stämme der Nama gegen die deutsche Kolonialherrschaft.

Wirtschaft und Wissenschaft

30.4., Technik. Christian Hülsmeyer entwickelt einen Vorläufer des Radargeräts.
24.5., Wirtschaft. Der 7. Internationale Kongreß für gewerblichen Rechtschutz in Berlin berät über Fragen des internationalen Schutzes von Erfindungen und Gebrauchsmustern.
6.6., Medizin. Auf dem 33. Kongreß der Deutschen Gesellschaft für Chirurgie in Berlin demonstriert Ferdinand Sauerbruch das von ihm erfundene Druckdifferenzverfahren bei Lungenoperationen, das die Toraxchirurgie ermöglicht.
15.6., Medien. Die erste drahtlose Musikübertragung gelingt dem Ingenieur Otto Nussbaumer an der Technischen Hochschule in Graz.
28.7., Wirtschaft. Der Versuch des preußischen Staates, die Zeche »Hibernia« zu übernehmen und dadurch Einfluß auf das mächtige Rheinisch-Westfälische Kohlensyndikat zu erhalten, scheitert am Widerstand von Schwerindustrie und Großbanken.
30.9., Wirtschaft. Daimler beschließt die Verlegung des Firmensitzes von Cannstadt nach Untertürkheim (heute Stuttgart).

Preise im Deutschen Reich
Statistik

Einzelhandelspreise (Mark):

Butter, 1 kg	2,34
Weizenmehl, 1 kg	0,35
Schweinefleisch, 1 kg	1,32
Rindfleisch, 1 kg	1,38
Kartoffeln, 1 dz	0,32

23.11., Wirtschaft. Die Chemieunternehmen Bayer und BASF gehen eine »Interessengemeinschaft« ein und schaffen damit die Basis für den spätern IG Farben-Konzern.
10.12., Nobelpreise. In Stockholm und Oslo werden die diesjährigen Nobelpreise feierlich verliehen. ▷Chronik Nobelpreise, S. 28
1904, Technik. Der Deutsche Arthur Korn baut den »Bildtelegraphen« zur Fernübertragung von Fotografien.

1904

Kunst, Literatur und Musik

17.2. Die Uraufführung der zweiaktigen Urfassung von Giacomo Puccinis Oper *Madame Butterfly* an der Mailänder Scala ist ein eklatanter Mißerfolg. Am 28. Mai akzeptiert das Publikum das zum Dreiakter umgearbeitete Bühnenwerk in Brescia begeistert.
17.9. Das neue Dortmunder Theater wird mit Richard Wagners Oper *Tannhäuser* eingeweiht.
24.9. UA: Die tragische Komödie *Traumulus* von Arno Holz und Oskar Jerschke im Lessing-Theater in Berlin.
30.11. UA: *Risurrezione* (Auferstehung), Oper von Franco Alfanos, im Turiner Teatro Vittorio Emanuele II.
13.12. Als Auftragsarbeit für Kaiser Wilhelm II. kommt Ruggiero Leoncavallos Oper *Der Roland von Berlin* in Berlin erstmals auf die Bühne.
1904 Der französische Komponist Claude Debussy vollendet sein impressionistisches Klavierstück *L'Isle joyeuse*.
1904 Im Alter von 17 Jahren tritt der polnisch-amerikanische Pianist Arthur Rubinstein erstmals in Paris auf.
1904 Azoríns autobiographischer Roman *Bekenntnisse eines kleinen Philosophen* kommt heraus.
1904 Jack Londons Bestseller *Der Seewolf* erscheint.
1904 Alexander von Zemlinsky und Arnold Schönberg gründen die Vereinigung Schaffender Tonkünstler.
1904 Josef Suk komponiert die sinfonische Dichtung *Praga*.
1904 Auf der Leipziger Frühjahrsmesse werden erstmals beidseitig bespielbare Schallplatten vorgeführt.
1904 Postum wird Karl Millöckers Operette *Jung-Heidelberg* uraufgeführt.
1904 Der Finne Jean Sibelius komponiert sein Violinkonzert d-Moll op. 47.
1904 Der 20jährige Max Beckmann siedelt nach Berlin über, wo er als freier Künstler arbeitet.
1904 Die fauvistische Phase des bedeutenden französischen Malers und Grafikers Georges Braque beginnt.
1904 Der Franzose Marcel Duchamp malt impressionistische Landschaften und Porträts.

Theater und Film

13.2. UA: *Der einsame Weg* von Arthur Schnitzler unter Leitung von Emil Lessing am Deutschen Theater Berlin.
2.3. Im Teatro Lirico in Mailand wird die Schäfertragödie *Die Tochter des Iorio* des italienischen Dichters Gabriele D'Annunzio uraufgeführt. Das Publikum stört sich vor allem an der künstlichen Sprache des Stückes.

Von der Sonne abhängig
Zitat

»Bei diesem Glasatelier mußten natürlich die Dekorationen jedesmal umgebaut werden, wenn die für Vormittag angesetzten Aufnahmen erst Nachmittags stattfinden konnten, weil die Sonne dann nicht mehr im Osten stand. Das veranlaßte mich, ernstlich in Erwägung zu ziehen, ob ich auf dem Rummelsburger See ein schwimmendes, nach der Sonne drehbares Atelier errichten sollte.«
Oskar Meßter, Filmregisseur

28.4. UA: Die Burleske *Berliner Luft* mit der Musik von Paul Lincke und dem Text von Heinrich Bolten-Baeckers im Berliner Apollo-Theater.
30.4. Auf der Weltausstellung in St. Louis führt der deutsche Filmpionier Oskar Meßter seine »Ton-Bilder« erstmals einem internationalen Publikum vor. Meßter drehte dafür eigens einige Filme in englischer Sprache, u.a. *The Whistling Bowery Boy*.
22.7. Die amerikanische Ausdruckstänzerin Isadora Duncan leitet die Choreographie bei der *Tannhäuser*-Neuinszenierung in Bayreuth.
31.7. Die französische Firma Pathé Frères eröffnet in New York eine Filiale, die den Vertrieb von kinematographischen Apparaten und Filmen auf dem amerikanischen Markt übernehmen soll. Bereits im Februar eröffnete Pathé eine weitere Filiale in Moskau. Bis 1905 folgen Niederlassungen in Brüssel, Berlin, Wien, St. Petersburg und Singapur.

Gesellschaft

23.1. Ålesund an der Westküste Norwegens wird durch ein Großfeuer fast vollständig vernichtet. 12 000 Menschen werden obdachlos.
1.3. Erstmals erscheint die illustrierte Monatsschrift »Wandervogel«, herausgegeben von Fritz A. Meyen.
7.-10.3. In Berlin findet der erste Allgemeine Heimarbeiterschutz-Kongreß statt.
15.3. Wilhelms II. Vorliebe für die Marine beeinflußt auch die Modeschöpfer. Gleichzeitig werden kurze Röcke modern. ▷Chronik Zitat
16.3. In Berlin konstituiert sich die Gesellschaft zur Bekämpfung der Säuglingssterblichkeit.
30.3. In Dresden wird der Bund für Heimatschutz gegründet.
April Preußen läßt Frauen für das Oberlehrerexamen zu.
12.4. Ein Teil der deutschen Arbeitgeberverbände schließt sich zur überregionalen Hauptstelle Deutscher Arbeitgeberverbände zusammen.
1.6. Dem Deutschen Schwimmverband nahestehende Politiker initiieren eine Eingabe an den Reichstag gegen die fortschreitende Verschmutzung der Flüsse.
15.6. Bei einem Brand auf dem Ausflugsdampfer »General Slocum« sterben in New York mehr als 1000 Menschen.
10.10. Die Gründung des Vereins der Lehrlinge und jugendlichen Arbeiter Berlins legt in Berlin die Grundlage für die Entstehung der proletarischen Jugendbewegung in Deutschland.

Röcke werden kürzer
Zitat

»Die Kürze der Röcke läßt allerdings nichts zu wünschen übrig, aber es wäre überflüssige Höflichkeit, verschweigen zu wollen, daß, so kurz wie es hier getragen wird, für starke Damen, aber auch für solche mit nicht tadellosen Figuren, mit skeptischen Augen betrachtet sein will.«
»Illustrierte Frauenzeitschrift«, 15.3.1904

1904

Internationale Politik	Deutsche Politik	Wirtschaft und Wissenschaft

4.10., Niederlande/Portugal. Die Niederlande und Portugal einigen sich über die Grenzfestlegung auf der Insel Timor (heute zu Indonesien).
22.10., Rußland/Großbritannien. Russische Kriegsschiffe beschießen auf der Nordsee britische Fischkutter, die sie für japanische Torpedoboote halten. Der Vorfall sorgt für eine erhebliche Verschlechterung der russisch-britischen Beziehungen.
20./21.11. Schweiz. Die Sozialdemokratische Partei der Schweiz gibt sich in Zürich ein klassenkämpferisches Programm.
6.12. USA/Lateinamerika. Mit einem Zusatz zur Monroe-Doktrin bekräftigt US-Präsident Theodore Roosevelt in der sog. Corollary das Recht der USA, internationale Interessen vor allem in den Ländern Lateinamerikas zu vertreten.

3.11. Die vom Bundesrat genehmigte »Eisenbahn-Bau- und Betriebsordnung« sieht u. a. die Erhöhung der zulässigen Höchstgeschwindigkeit auf Eisenbahnhauptstrecken von 80 km/h auf 100 km/h vor.
14.11. Die Kanalkommission des preußischen Abgeordnetenhauses genehmigt den Bau des Rhein-Weser-Hannover-Kanals.
6.12. Unter Vorsitz des Berliner Oberbürgermeisters Martin Kirschner tagt der 6. preußische Städtetag in Berlin. Um die Mißstände auf dem Wohnungssektor zu beheben, spricht sich die Versammlung einstimmig für ein Eingreifen des Staates aus.
28.12. Hauptthema auf dem 1. Parteitag der preußischen Sozialdemokraten in Berlin ist die Vorgehensweise im Kampf gegen das preußische Dreiklassenwahlrecht.

1904, Technik. Richard Kühn entwickelt die Quecksilberdampflampe mit Quarzglas, die von der Firma W. Heraeus hergestellt wird.

Wissenschaftler geehrt
Chronik Nobelpreise

Chemie: William Ramsay (GB)
Medizin: Iwan P. Pawlow (RUS)
Physik: John W. S. Rayleigh (GB)
Frieden: Institut für Internationales Recht (B)
Literatur: Frédéric Mistral (F) und José Echegaray (E)

1904, Medizin. Der deutsche Internist Josef Arneth führt das Blutbild als Bestandteil der medizinischen Diagnostik ein.

1904 Geborene und Gestorbene

Geboren:
15.1. Oscar Fritz Schuh (†22.10.1984), deutscher Regisseur und Theaterleiter.
18.1. Cary Grant (†29.11.1986), amerikanischer Filmschauspieler.
20.2. Alexej N. Kossygin (†18.12.1980), sowjetischer Politiker.
1.3. Glenn Miller (†16.12.1944), amerikanischer Jazzmusiker.
6.4. Kurt Georg Kiesinger (†9.3.1988), deutscher Politiker.

22.4. Robert J. Oppenheimer (†18.2.1967), amerikanischer Physiker.
2.5. Harry L. (Bing) Crosby (†14.10.1977), amerikanischer Filmschauspieler und Sänger.
11.5. Salvador Dalí (†23.1.1989), spanischer Maler.
2.6. Johnny Weissmüller (†20.1.1984), amerikanischer Olympiasieger und Filmschauspieler.
26.4. Peter Lorre (†23.3.1964), deutscher Schauspieler.

12.7. Pablo Neruda (†23.9.1973), chilenischer Dichter.
1.10. Vladimir Horowitz (†5.11.1989), russischer Pianist.
2.10. Graham Greene (†3.4.1991), englischer Schriftsteller.

Gestorben:
7.1. Friedrich von Hefner-Alteneck (*27.4.1845), deutscher Ingenieur.
8.2. Emil Rosenow (*6.3.1871), deutscher Schriftsteller.

1905

Internationale Politik	Deutsche Politik	Wirtschaft und Wissenschaft

22.1., Rußland. Eine Demonstration von 30 000 Arbeitern in St. Petersburg wird vom Militär brutal aufgelöst. Etwa 1000 Menschen kommen dabei ums Leben. Der »Blutsonntag« löst Streiks, Kundgebungen und Attentate im ganzen Land aus.

4.1. Deutsche Kolonialtruppen erobern in Deutsch-Südwestafrika die Nama-Festung Groß-Nabas. Es ist für beide Seiten die verlustreichste Schlacht im »Hottentottenkrieg«.
22.2. Der Reichstag verabschiedet die neuen Handelsverträge mit mehreren

3.3., Biologie. Der deutsche Zoologe Fritz Schaudinn entdeckt in Berlin den Syphilis-Erreger.
17.3., Physik. Albert Einstein veröffentlicht einen Aufsatz, in dem er den Fotoeffekt erklärt und das Lichtquant postuliert.

1904

Kunst, Literatur und Musik

1904 Die deutsche Grafikerin und Bildhauerin Käthe Kollwitz arbeitet in der Bildhauerklasse der Pariser Académie Julian.
1904 Die Bilder des Niederländers Piet Mondrian lösen sich allmählich vom Naturvorbild und werden einer stärkeren Rhythmisierung unterworfen.
1904 Pablo Picassos Atelier im Pariser Bateau Lavoir wird Treffpunkt der künstlerischen Avantgarde.
1904 In der Pariser Galerie Vollard hat Henri Matisse seine erste Einzelausstellung.
1904 Pablo Picasso malt das Bild *Die Frau mit dem Raben*.
1904 Arno Holz veröffentlicht unter dem Titel *Dafnis. Lyrisches Portrait aus dem 17. Jahrhundert* eine Sammlung von »Freß-, Sauf- und Venusliedern« eines lebenslustigen Studenten.

Theater und Film

27.12. *Peter Pan oder Das Märchen vom Jungen, der nicht groß werden wollte* von James Matthew Barrie erlebt im Duke of York's Theatre in London seine Uraufführung.
1904 In seinem Berliner Glasdach-Atelier verfügt der deutsche Filmregisseur Oskar Meßter über eine Schwebebühne mit Motorantrieb. ▷Chronik Zitat, S. 27
1904 *Die Reise durch das Unmögliche* heißt in diesem Jahr der erfolgreichste Film des französischen Science-fiction-Regisseurs Georges Méliès.
1904 Die amerikanische Ausdruckstänzerin Isadora Duncan gründet in Berlin eine eigene Tanzschule.
1904 Auf der Weltausstellung in St. Louis betreibt George Hale ein Kino, in dem er *Blitzreisen um die Welt* vorführt.

Gesellschaft

22.10. Im Berliner Ullstein-Verlag erscheint die erste Nummer der Zeitung »B.Z. am Mittag«.

Olympia-Sieger Sport

Leichtathletik:
100 m:
Archie Hahn (USA)   11,0 sec
400 m Hürden:
Harry Hillman (USA)   53,0 sec
Marathon:
Thomas Hicks (USA)   3:28:53 h
Weitsprung:
Myer Prinstein (USA)   7,34 m

1904 In den Vereinigten Staaten sterben in diesem Jahr insgesamt 87 Schwarze durch Lynchjustiz.

Geborene und Gestorbene

20.2. Adolf Buchenberger (*18.5.1848), deutscher Politiker.
23.2. Friederike Kemper (*25.6.1836), deutsche Schriftstellerin.
5.3. Alfred Graf von Waldersee (*8.4.1832), preußischer Generalfeldmarschall.
24.4. Friedrich Siemens (*8.12.1826), deutscher Industrieller.
1.5. Antonín Dvořák (*8.9.1841), tschechischer Komponist.
30.5. Friedrich Wilhelm (*7.10.1819), Großherzog von Mecklenburg-Strelitz.
3.7. Theodor Herzl (*2.5.1860), jüdischer Schriftsteller.
14.7. Paulus »Ohm« Krüger (*10.10.1825), südafrikanischer Staatsmann.
15.7. Anton Tschechow (*29.1.1860), russischer Schriftsteller.
6.8. Eduard Hanslick (*11.9.1825), österreichischer Musikkritiker.
9.8. Friedrich Ratzel (*30.8.1844), deutscher Geograph.
18.9. Herbert Fürst von Bismarck (*28.12.1849), deutscher Politiker.
29.9. Niels Ryberg Finsen (*15.12.1860), dänischer Mediziner und Nobelpreisträger.
4.10. Frédéric-Auguste Bartholdi (*2.4.1834), französischer Bildhauer.
11.10. Ludwig Adalbert von Hanstein (*29.11.1861), deutscher Schriftsteller und Redakteur.

1905

Kunst, Literatur und Musik

20.5. Eine Ausstellung mit Gemälden des niederländischen Malers Vincent van Gogh in Berlin erregt Aufsehen.
7.6. Erich Heckel, Ernst Ludwig Kirchner, Karl Schmidt-Rottluff und Fritz Bleyl gründen in Dresden die Künstlervereinigung »Die Brücke«.

Theater und Film

21.1. UA: *Das gerettete Venedig*, Trauerspiel von Hugo von Hofmannsthal, am Berliner Lessing-Theater.
27.1. UA: *Der silberne Schleier*, Drama von Aspazija (Elza Rozenberga), im Neuen Theater in Riga gilt als Aufruf zur Befreiung vom Zarenregime.

Gesellschaft

26.2. Die Frauenrechtlerin Helene Stöcker gründet den »Bund für Mutterschutz«, der sich vor allem um unverheiratete Mütter kümmert.
13.3. Theodore Roosevelt appelliert im US-Kongreß an die Mutterpflichten. ▷Chronik Zitat, S. 31

1905

Internationale Politik

30.1., USA. Der Oberste Gerichtshof erklärt den »Beef trust« (Rindfleisch-Trust) für illegal.
27.5., Rußland/Japan. In der Seeschlacht von Tsuschima in der Korea-Straße fällt die Entscheidung im Russisch-Japanischen Krieg: Von 38 Schiffen der russischen Baltikumflotte werden 20 versenkt. Japan steigt zur Großmacht auf.
7.6., Norwegen/Schweden. Durch Beschluß des norwegischen Parlaments und eine Volksabstimmung kündigt Norwegen die Union mit Schweden auf und wird souverän.
27.6., Rußland. Mit der Meuterei auf dem russischen Panzerkreuzer »Knjäs Potemkin« weiten sich die sozialen Unruhen im Zarenreich auf die Streitkräfte aus.
19.8. Rußland. Der Zar kündigt die Einführung einer Verfassung an.
▷ Chronik Zitat
29.8., Japan/Rußland. Unter Vermittlung des amerikanischen Präsidenten Theodore Roosevelt einigen sich Rußland und Japan auf einen Friedensvertrag.

Verfassung für Rußland

Chronik Zitat

»Zu diesem Zwecke wird den höheren staatlichen Behörden eine besondere beratende Körperschaft zur Seite gestellt werden, welche die Aufgabe hat, die Gesetzesvorschläge vorläufig auszuarbeiten und zu beraten und das Staatsbudget zu prüfen. Aus diesem Grund haben wir für gut befunden, eine Reichsduma einzusetzen.«
Zar Nikolaus II.

29.10., Schweiz. Bei den Wahlen zum Nationalrat bleibt die freisinnige Mehrheit bestehen. Die Sozialdemokraten erringen nur zwei Sitze.
31.10., Rußland. In den südwestlichen Gouvernements Rußlands finden Judenpogrome statt. Bei den Ausschreitungen kommen etwa 1000 Menschen ums Leben.

Deutsche Politik

europäischen Staaten, die eine Abkehr von der liberalen Handelspolitik bedeuten und besonders der deutschen Landwirtschaft durch Schutzzölle Vorteile bringen.
7.3. Deutschland und Abessinien (Äthiopien), neben Liberia das einzige unabhängige Land Afrikas, schließen einen »Freundschafts- und Handelsvertrag«.
20.3. Theobald von Bethmann Hollweg wird Nachfolger des verstorbenen erzkonservativen preußischen Innenministers Hans von Hammerstein-Loxten. In Preußen beginnt eine Ära liberalerer Innenpolitik.
31.3. Der Besuch Wilhelms II. in Tanger löst die sog. Marokkokrise aus, die an den Rand eines deutsch-französischen Krieges führt.
1.4. Der Reichstag beschließt die Erhöhung der Friedensstärke des deutschen Heeres auf über 500 000 Soldaten innerhalb von vier Jahren.
24.5. Der Reichstag verabschiedet gegen die Stimmen von SPD, Freisinnigen, Polen, Wirtschaftlicher Vereinigung und Reformpartei die Zivilprozeßreform.
25.7. Kaiser Wilhelm II. und Zar Nikolaus II. unterzeichnen vor der Insel Björkö ein Defensivbündnis, das jedoch nicht ratifiziert wird.
11.8. In Deutsch-Ostafrika beginnt der Maji-Maji-Aufstand gegen die Kolonialmacht, der bis 1906 niedergeschlagen wird.
26.8. Die Zeitschrift »Die Zukunft« zitiert den in Deutsch-Südwestafrika kommandierenden General Lothar von Trotha: »Innerhalb der deutschen Grenze wird jeder Herero erschossen. Ich nehme keine Weiber und Kinder mehr auf, treibe sie zu ihrem Volk zurück und lasse auf sie schießen.«
17.9. Auf dem SPD-Parteitag in Jena erklärt August Bebel den politischen Generalstreik in einer Situation der politischen Notwehr für zulässig.
24.9. Auf der Generalversammlung des »Vereins für Socialpolitik« in Mannheim warnt der Nationalökonom Gustav Schmoller vor einer Dominanz der Kartelle.

Wirtschaft und Wissenschaft

16.4., Chemie. Der Chemiker Alfred Einhorn erhält ein Patent für das Procainhydrochlorid, das unter dem Namen »Novocain« in den Handel kommt und bei der Lokalanästhesie den Ersatz für das Kokain bildet.
7.5., Medizin. Der deutsche Bakteriologe Robert Koch trifft in Deutsch-Ostafrika ein, um das Rückfallfieber zu erforschen.
13.6., Wirtschaft. Die dem Arbeitgeberbund für die Baugewerbe in den rheinisch-westfälischen Industriegebieten angehörenden Geschäfte und Unternehmen entlassen rund 30 000 streikende Arbeiter.
15.6., Wirtschaft. In Deutsch-Ostafrika gibt die Deutsch-Ostafrikanische Bank die ersten Kolonialbanknoten heraus.
3.8., Luftfahrt. Dem Verein für Luftschiffahrt in Straßburg gelingt es, einen unbemannten Registrierballon in 25 800 m Höhe aufsteigen zu lassen.
10.12., Nobelpreise. In Oslo und Stockholm werden die Nobelpreise verliehen. ▷ Chronik Nobelpreise
1905, Psychologie. Sigmund Freud veröffentlicht die kulturwissenschaftliche Untersuchung »Der Witz und seine Beziehung zum Unbewußten«.
1905, Medizin. William Bateson zeigt, daß gewisse Merkmale nicht unabhängig voneinander vererbt werden.
1905, Technik. J. Edwin Brandenburger erfindet das Cellophan.
1905, Medizin. Clarence McClung entdeckt, daß weibliche Säugetiere zwei X-Chromosomen haben, männliche dagegen ein X- und ein Y-Chromosom.
1905, Medizin. Ernest Henry Starling prägt den Begriff »Hormon«.

Wissenschaftler geehrt

Chronik Nobelpreise

Chemie: Adolf Ritter von Baeyer (D)
Medizin: Robert Koch (D)
Physik: Philipp Lenard (D)
Frieden: Bertha von Suttner (A)
Literatur: Henryk Sienkiewicz (PL)

1905

Kunst, Literatur und Musik

22.9. Die österreichisch-ungarische Hofzensur verbietet die Uraufführung des Musikdramas *Salome* von Richard Strauss an der Wiener Hofoper.
Oktober Im Pariser Herbstsalon stellen die »Wilden« (Fauvisten) einen neuen, kraftvollen Stil in der Malerei vor. Zu ihnen gehören u.a. Henri Matisse, André Derain und Maurice de Vlaminck. ▷Chronik Zitat

Farben wie Dynamit
Zitat

»Die Farben wurden für uns zu Dynamitpatronen, sie sollten Licht entladen. Die Idee in ihrer Frische war wundervoll, daß man alles über das Wirkliche hinausheben könnte. Das große Verdienst dieses Versuchs war die Befreiung des Bildes von jedem nachahmenden und konventionellen Zusammenhang.«
André Derain, Fauvist

10.10. Edmund Eyslers Operette *Die Schützenliesl* im Carl-Theater in Wien.
13.10. UA: Siegfried Wagners Oper *Bruder Lustig* in Hamburg.
12.11. UA: Die Oper *Flauto solo* von Eugen d'Albert im Deutschen Theater in Prag.
28.12. UA: Die Operette *Die lustige Witwe* von Franz Lehár am Theater an der Wien.
1905 UA: Claude Debussys Komposition *La mer. Sinfonische Skizzen* wird bei der Uraufführung ausgepfiffen.
1905 Als 8jähriger wird Sidney Bechet, später führender Jazz-Sopransaxophonist, Schüler des Kornettisten George Baquet.
1905 Der spanische Komponist Manuel de Falla erringt mit *La vida breve* den ersten Preis beim Opernwettbewerb der Madrider Academia de Bellas Artes.
1905 Béla Bartók und Zoltán Kodály beginnen mit der Erforschung des ungarischen Volksliedgutes.
1905 Maurice Ravel komponiert die Sonatine für Klavier *Miroirs*.

Theater und Film

28.1. Der erste »Prix Fémina« wird an die Schriftstellerin Myriam Harry für ihren 1903 erschienenen Roman *Die Eroberung Jerusalems* vergeben. Der Preis war 1904 von der Zeitschift »La Vie heureuse« (Glückliches Leben) gestiftet worden. Die Jury setzt sich aus nur Frauen zusammen.
4.2. UA: *Die Quelle der Heiligen*, Drama des irischen Schriftstellers John Millington Synge, in Dublin.
18.2. Als geschlossene Veranstaltung findet im Münchner Schauspielhaus die Uraufführung von Frank Wedekinds Schauspiel *Hidalla oder Sein und Haben* statt.
4.3. UA: *Elga*, Drama von Gerhart Hauptmann, am Lessing-Theater in Berlin.
4.3. Die deutschen Übersetzungen von Werken der französischen Schriftsteller Guy de Maupassant, Alfred de Musset und Octave Mirabeau, die im Wiener Verlag erschienen sind, werden auf Anordnung des österreichischen Justizministeriums beschlagnahmt, weil sie »höchst anstößige, unzüchtige und pornographische« Schriftsteller seien, deren Werke in einem katholischen Land nicht weiterverbreitet werden sollten.
16.3. UA: *Amica*, lyrisches Drama von Pietro Mascagni, im Théâtre du Casino in Monte Carlo.
1.4. In Paris erscheint die erste Nummer der Filmzeitschrift »Phono-Gazette« (später »Phono-Ciné-Gazette«).
23.5. UA: *Mensch und Übermensch* von George Bernard Shaw im Royal Court Theatre in London.
19.6. In Pittsburgh öffnet das erste »Nickel-Odeon-Theater«. Für einen Nickel, eine Fünf-Cent-Münze, kann der Besucher in den ersten Kinos der USA »lebende Bilder« bestaunen.
29.9. UA: *Totentanz*, Schauspiel von August Strindberg, im Alten Stadttheater in Köln.
8.10. UA: *Stein unter Steinen* von Hermann Sudermann im Berliner Lessing-Theater.
28.11. UA: *Major Barbara*, Komödie des irischen Dramatikers George Bernard Shaw, im Royal Court Theatre in London.

Gesellschaft

1.5. In Preußen tritt eine Regelung in Kraft, wonach auf Nebenstraßen ein Tempolimit von 50 km/h gilt.
12.5. Der Deutsche Reichstag debattiert über die Bekämpfung der Unsittlichkeit in Literatur und Kunst. Einige Parlamentarier wollen eine strengere Anwendung des Sittlichkeitsgesetzes aus dem Jahr 1900 erreichen.
Juni In den USA brechen die bisher blutigsten Streikunruhen aus, nachdem Unternehmer mehrere Arbeiter aus den Südstaaten nach Chicago gebracht haben, um den dortigen Streik der Transportarbeiter zu brechen.

Mutterpflichten angemahnt
Zitat

»Welche wahre Mutter würde ihre Erfahrungen in Freud und Leid austauschen gegen ein Leben in kalter Selbstsucht, in stetem Vergnügen, und nur um der Vermeidung jeder Sorge willen, gegen ein Leben, das die höchste Bequemlichkeit und Luxus bietet, aber keinen Raum für Kinder hat? Die Männer und Frauen verdienen nur tiefe Verachtung.«
Theodore Roosevelt, US-Präsident

6.6. In Berlin heiraten der deutsche Kronprinz Wilhelm und Herzogin Cecilie von Mecklenburg-Schwerin.
19.6. Im städtischen Freibad Würzburg tritt eine Verordnung in Kraft, wonach protestantische Mädchen Montags, Mittwochs und Freitags, katholische Mädchen an den anderen Tagen baden dürfen.
27.8. Im Osten Preußens wird die Weichsel für »verseucht« erklärt. Die Badeanstalten an dem Fluß werden wegen Choleragefahr geschlossen. Neben der Cholera breitet sich in den preußischen Ostgebieten auch Typhus aus. Innerhalb von zwei Wochen werden 258 Fälle gemeldet.
6.9. Zur Behebung der Fleischnot fordern 2000 Fleischer aus dem gesamten Deutschen Reich in Berlin die Öffnung der Grenzen für die Einfuhr ausländischen Schlachtviehs.

1905

Internationale Politik

4.11., Rußland/Finnland. Zar Nikolaus II. stellt die Verfassung und damit die Autonomie des Großfürstentums Finnland wieder her. Die finnische Revolution hat ihr Ziel erreicht.
27.11., Osmanisches Reich. Eine internationale Flotte besetzt die Inseln Lesbos und Lemnos, um die Regierung in Konstantinopel zur Annahme des Befriedungsprogramms für Makedonien zu zwingen.
4.12., Großbritannien. Nach dem Rücktritt der konservativen Regierung und der Amtsübernahme von Premierminister Henry Campbell-Bannerman regieren nach zehn Jahren wieder die Liberalen.
11.12., Frankreich. Die Abgeordnetenkammer verabschiedet ein Gesetz zur Trennung von Staat und Kirche.

Deutsche Politik

17.11. Die Reichsregierung legt in Reaktion auf die englische Flottenrüstung (»Dreadnought«) die dritte Novelle zum Flottengesetz vor.
6.12. Reichskanzler Bernhard Fürst von Bülow gesteht in einer Grundsatzrede indirekt ein, daß Deutschland außer Österreich-Ungarn keinen Verbündeten hat. Das Deutsche Reich müsse auch allein seine Stellung als Weltmacht behaupten können.
26.12. Der scheidende preußische Generalstabschef Alfred Graf von Schlieffen legt letzte Hand an den sog. Schlieffen-Plan zur militärischen Niederwerfung Frankreichs und Rußlands, der einen Zweifrontenkrieg vorsieht. Dieser Plan enthält die Strategie mit der Deutschland in den Ersten Weltkrieges geht.

Wirtschaft und Wissenschaft

1905, Psychologie. Der französische Psychologe Alfred Binet u.a. entwickeln den Intelligenztest.

Preise im Deutschen Reich
Statistik

Einzelhandelspreise (Mark):

Butter, 1 kg	2,46
Weizenmehl, 1 kg	0,35
Schweinefleisch, 1 kg	1,55
Rindfleisch, 1 kg	1,44
Kartoffeln, 1 dz	6,05

1905, Geographie. Daniel Barringer äußert die Vermutung, daß der große Krater in Arizona durch einen Meteor entstanden ist.

1905 Geborene und Gestorbene

Geboren:
7.2 Paul Nizan (†23.5.1940), französischer Schriftsteller.
14.3. Raymond Aron (†17.10.1983), französischer Journalist, Soziologe und Politikwissenschaftler.
15.3. Berthold Graf Schenk von Stauffenberg (†10.8.1944), deutscher Jurist und Widerstandskämpfer.
16.3. Elisabeth Flickenschildt (†26.10.1977), deutsche Schauspielerin.
23.3. Lale Andersen (†29.8.1972), deutsche Sängerin.
26.4. Jean Vigo (†5.10.1934), französischer Regisseur.
16.5. Henry Fonda (†12.8.1982), amerikanischer Schauspieler.
21.6. Jean-Paul Sartre (†15.4.1980), französischer Philosoph und Schriftsteller.
29.7. Dag Hammarskjöld (†18.9.1961), schwedischer Staatsmann und UNO-Generalsekretär.
18.9. Greta Garbo (†15.4.1990), schwedische Schauspielerin.
12.12. Manès Sperber (†5.2.1984), deutsch-französischer Schriftsteller.
22.12. Pierre Brasseur (†14.8.1972), französischer Schauspieler.

Gestorben:
3.1. Anton Braith (*2.9.1836), deutscher Maler.
14.1. Ernst Abbe (*23.1.1840), deutscher Physiker.

1906

Internationale Politik

10./11.1., Schweiz. Der sozialdemokratische Parteitag in Olten bekennt sich zum Volksheer und grenzt sich damit von den Anarchisten ab.
16.1., Spanien. In Algeciras beginnt die Konferenz zur Beilegung der Marokkokrise, die mit einer diplomatischen Niederlage des Deutschen Reiches endet.

Deutsche Politik

17.1. Im ersten politischen Massenstreik protestieren rund 80 000 Arbeiter in Hamburg gegen Wahlrechtseinschränkungen.
5.2. Die bayerische Kammer der Reichsräte (München) nimmt das Gesetz über die Wahlrechtsreform an. Die Reform führt die Direktwahl ein und gliedert das Land in 163 Wahlkreise.

Wirtschaft und Wissenschaft

3.3., Physik. Der österreichische Physiker Robert von Lieben erhält das Patent für seine Glühkathodenröhre (Lieben-Röhre), die wegweisend für die Funk- und Radiotechnik ist.
26.5., Luftfahrt. Mit einem lenkbaren Luftschiff absolviert der deutsche Ingenieur August von Parseval in Berlin-Tegel die erste erfolgreiche Fahrt.

1905

Kunst, Literatur und Musik	Theater und Film	Gesellschaft
1905 Von Gustav Frenssens Trivialroman *Hilligenlei* werden innerhalb eines Jahres 120 000 Exemplare verkauft. **1905** Heinrich Manns Roman *Professor Unrat oder Das Ende eines Tyrannen* findet zunächst kaum Beachtung. **1905** Von Christian Morgenstern erscheint im Verlag Cassirer in Berlin unter dem Titel *Galgenlieder* eine Sammlung lyrischer Grotesken. **1905** Edward Morgan Forster bringt den Roman *Engel und Narren* heraus. **1905** Rubén Daríos Gedichtsammlung *Gesänge von Leben und Hoffnung* erscheint. **1905** In Leipzig kommt Rainer Maria Rilkes *Stundenbuch* heraus. **1905** Jack Londons Roman *Wolfsblut* erscheint.	**Dezember** Im Studio von Feng Tai in Peking wird der erste chinesische Film gedreht: *Der Berg Ting-Kiung*. **17.12.** UA: *Der Jude von Konstanz*, Trauerspiel von Wilhelm von Scholz, am Dresdner Hoftheater. **1905** *Die Eroberung Roms* von Filoteo Alberini heißt der erste italienische Spiel- und Kostümfilm. **1905** In dem Film *Das Leben Harlekins* von Ferdinand Zecca tritt erstmals der Komiker Max Linder auf, der später als Serienheld »Max« zu einem der berühmtesten Helden des Stummfilms avanciert. **1905** Die russische Tänzerin Anna Pawlowa tritt im Rahmen eines Wohltätigkeitsbasars erstmals als »Sterbender Schwan« auf, den Michail Fokin für sie choreographierte.	**8.9.** Mehr als 2000 Menschen kommen bei einem Erdbeben in der italienischen Region Kalabrien ums Leben. **11.10.** Die Städte Duisburg, Ruhrort und Meiderich werden zur Stadt »Duisburg« vereinigt. Die Großstadt mit der größten Binnenhafenanlage der Welt hat 192 346 Einwohner. **15.11.** In Berlin nehmen die ersten motorgetriebenen Omnibusse im öffentlichen Nahverkehr ihren Liniendienst auf. **1905** Erstmals wandern innerhalb eines Jahres mehr als 1 Mio. Menschen in die USA ein. Die Immigranten kommen überwiegend aus Süd- und Osteuropa. **1905** Zwischen Bad Tölz und Lenggries wird die erste deutsche Post-Omnibuslinie in Betrieb genommen.

1905 Geborene und Gestorbene

1.2. Heinrich Lanz (*9.3.1838), deutscher Unternehmer.
2.2. Adolf Bastian (*26.6.1826), deutscher Ethnologe.
9.2. Adolph von Menzel (*8.12.1815), deutscher Maler.
11.2. Otto Erich Hartleben (*3.6.1864), deutscher Schriftsteller.
15.2. Lewis Wallace (*10.4.1827), amerikanischer Schriftsteller.
15.3. Amalie Skram (*22.8.1847), norwegische Schriftstellerin.

24.3. Jules Verne (*8.2.1828), französischer Schriftsteller.
4.4. Constantin Meunier (*12.4.1831), belgischer Maler und Bildhauer.
8.6. Fürst Leopold von Hohenzollern-Sigmaringen (*22.9.1835).
10.6. Heinrich Denifle (*16.1.1844), österreichischer Theologe und Kulturhistoriker.
26.6. Max Hirsch (*30.12.1832), deutscher Politiker.

11.7. Muhammad Abduh (*1849), islamischer Reformer.
4.8. Walter Flemming (*21.4.1843), deutscher Mediziner und Zellforscher.
6.10. Ferdinand Freiherr von Richthofen (*5.5.1833), deutscher Geograph und Forschungsreisender.
17.11. Großherzog Adolf von Luxemburg (*24.7.1817).
30.11. Ernst Ziegler (*17.3.1849), deutscher Pathologe.

1906

Kunst, Literatur und Musik	Theater und Film	Gesellschaft
10.3. UA: *Don Procopio*, Oper von Georges Bizet im Théâtre du Casino in Monte Carlo. **19.3.** UA: *I quattro rusteghi (Die vier Grobiane)*, Oper von Ermanno Wolf-Ferrari, am Münchner Hoftheater. **24.9.** Die Künstlergemeinschaft »Die Brücke« veranstaltet in Dresden ihre erste Jahresausstellung.	**19.1.** UA: Im Berliner Lessing-Theater das Schauspiel *Und Pippa tanzt!* von Gerhart Hauptmann. **2.2.** UA: *Ödipus und die Sphinx*, Drama von Hugo von Hofmannsthal unter der Regie von Max Reinhardt, im Deutschen Theater Berlin. **24.2.** UA: *Der Ruf des Lebens*, Drama von Arthur Schnitzler, in Berlin.	**1.1.** Im Deutschen Reich wird das Kinderarbeitsverbot gelockert. Die Beschäftigung von Kindern unter zehn Jahren in familieneigenen Betrieben ist erlaubt. **7.1.** In Österreich-Ungarn werden die ersten Kennzeichen für Kraftfahrzeuge ausgegeben: Es sind weiße Tafeln mit schwarzer Beschriftung.

1906

Internationale Politik

10.2., Großbritannien. In Portsmouth läuft das derzeit größte Kriegsschiff, die »Dreadnought«, vom Stapel. Die »Dreadnought«-Klasse forciert die internationale Flottenrüstung.
2.5., Korea. In dem seit 1905 weitgehend von Japan beherrschten Land häufen sich Aufstandsversuche gegen die Besatzung.
10.5., Rußland. In St. Petersburg eröffnet Nikolaus II. die Reichsduma, das erste gewählte Parlament Rußlands, das jedoch kaum Kompetenzen hat. ▷Chronik Zitat
22.6., Norwegen. In Trondheim wird das Königspaar Haakon VII. und Maud gekrönt.
6.7., Schweiz. Vertreter von 36 Staaten unterzeichnen in Genf die revidierte Genfer Konvention zum Schutz der Verwundeten im Felde.
12.7., Frankreich. Das Kriegsgerichtsurteil gegen den jüdischen Offizier Alfred Dreyfus wegen Landesverrats (1894) wird aufgehoben. Damit endet ein Politskandal, der die 3. Republik erschütterte.
21.7. Rußland. Zar Nikolaus II. löst die Reichsduma aufgrund oppositioneller Haltung auf.
17.8., Kuba. Auf der Insel bricht ein bewaffneter Volksaufstand für demokratische Rechte und nationale Unabhängigkeit von den USA aus.
10.9., Rußland/Polen. In der russisch-polnischen Gouvernementsstadt Siedlce ermorden Regierungssoldaten mehr als 100 Juden, nachdem zuvor zwei Soldaten von Attentätern erschossen worden waren.

Staatsrechtlich ebenbürtig
Chronik Zitat

»Ich aber werde die von Mir gewährten Institutionen unerschütterlich bewahren ... eingedenk dessen, daß für die Größe und das Wohlergehen eines Staates nicht nur Freiheit nötig ist, sondern auch Ordnung auf der Grundlage des Rechts ...«
Zar Nikolaus II. bei der Eröffnung der Reichsduma

Deutsche Politik

10.2. Nach einer amtlichen Meldung aus der deutsch-südwestafrikanischen Hauptstadt Windhuk beträgt die Zahl der Kriegsgefangenen in der deutschen Kolonie 13 040. Von den 10 677 gefangenen Hereros sind 2720 Männer, von 2300 gefangenen Nama 730 Männer.
13.2. Für Schulen in Deutsch-Ostafrika bewilligt die Budgetkommission des Reichstags 106 200 Mark. In der Debatte kritisiert der Zentrumsabgeordnete Peter Spahn, daß auch Muslime die Regierungsschulen besuchen dürfen: Der »Mohammedanismus« sei keine Kulturstufe, die das Deutsche Reich fördern müsse.
1.3. In einem Zeitschriftenartikel fordert der Zentrumspolitiker Julius Bachem die Erweiterung der katholischen Zentrumspartei zu einer interkonfessionellen Partei. Die orthodoxe »Berliner« Fraktion wirft ihm daraufhin »Modernismus« vor.
21.3. Die Budgetkommission des Deutschen Reichstags lehnt die Umwandlung des Kolonialamts in ein Staatssekretariat ab und beschließt seine Umwandlung in ein Unterstaatssekretariat. Die Ablehnung führt zu einer »Kanzlerkrise«.
30.3. Der preußische Kriegsminister Karl von Einem gibt vor dem Reichstag zu, daß es zahlreiche Fälle von Mißhandlung in der Armee gebe. 1905 wurden wegen Mißhandlung 665 Vorgesetzte bestraft.
2.5. Der Reichstag nimmt den Toleranzantrag der Zentrumspartei an, nach dem jedem Bürger volle Glaubens- und Gewissensfreiheit innerhalb des Reichsgebiets garantiert wird.
8.5. Im Rahmen der großen Reichsfinanzreform verabschiedet der Reichstag das Gesetz zur Einführung der Zigarettensteuer.
6.6. Der deutsche Kaiser Wilhelm II. stattet dem österreichischen Kaiser Franz Joseph I. einen Besuch ab. Zentrale Themen der Kaisergespräche sind der Dreibund und Italien.
1.8. Im Deutschen Reich tritt die Fahrkartensteuer in Kraft. Der Fiskus rechnet mit Mehreinnahmen von etwa 50 Mio. Mark jährlich.

Wirtschaft und Wissenschaft

7.6., Verkehr. Als größtes Passagierschiff der Welt läuft die britische »Lusitania« in Clydebank vom Stapel.
1.7., Wirtschaft. In Duisburg gründet Peter Klöckner die Eisenhandelsgesellschaft Klöckner & Co.

Preise im Deutschen Reich
Chronik Statistik

Einzelhandelspreise (Mark):

Butter, 1 kg	2,50
Weizenmehl, 1 kg	0,35
Schweinefleisch, 1 kg	1,69
Rindfleisch, 1 kg	1,54
Kartoffeln, 5 kg	0,22

19.8., Technik. In Nauen bei Potsdam wird die Großfunkstelle der Gesellschaft für drahtlose Telegraphie (Telefunken) in Betrieb genommen.
19.9., Physik. Auf der 78. Versammlung deutscher Ärzte und Naturforscher in Stuttgart verteidigt Max Planck die spezielle Relativitätstheorie Albert Einsteins.
8.10., Technik. Der Deutsche Karl Ludwig Nessler stellt einen Dauerwellenapparat vor, der für eine Dauerwelle sechs Stunden benötigt.
19.10., Geographie. Der Norweger Roald Amundsen trifft nach der ersten Durchfahrt der Nordwestpassage durch den nordamerikanischen Subkontinent in San Francisco ein.
5.11., Physik. Die Physikerin Marie Curie hält ihre Antrittsvorlesung als außerordentliche Professorin an der Sorbonne in Paris.
4.12., Wirtschaft. Der neue Hauptbahnhof in Hamburg und mit ihm die derzeit größte Bahnhofshalle der Welt wird eröffnet.
10.12., Nobelpreise. In Oslo und Stockholm werden die diesjährigen Nobelpreise verliehen. ▷Chronik Nobelpreise, S. 36
24.12., Medien. Dem kanadischen Physiker Reginald Aubrey Fessenden gelingt die drahtlose Übertragung eines gesprochenen Textes. Die Funkstation in Massachusetts/USA strahlt damit die erste Radiosendung aus.

1906

Kunst, Literatur und Musik

8.12. UA: *Der Moloch*, Oper von Max Schillings, in Dresden.

11.12. UA: *Das Christ-Elflein*, Märchenoper von Hans Pfitzner in München.

1906 Als erste Operngesamtaufnahmen auf Schallplatte erscheinen Giuseppe Verdis *Ernani* (23 Platten) und *Der Troubadour* (20 Platten).

1906 Der tschechische Komponist Josef Suk vollendet seine sinfonische Dichtung *Asrael*.

1906 Robert Stolz vollendet die Operette *Manöverliebe*.

1906 Franz Lehárs Operettenlied *Da geh ich zu Maxim* wird populär.

1906 Leo Blech wird Kapellmeister am Königlichen Opernhaus Berlin.

1906 Regisseur Max Reinhardt inszeniert im Neuen Theater Berlin Jacques Offenbachs Operette *Orpheus in der Unterwelt*.

1906 Maurice de Vlaminck malt die *Straße in Marly-le-Roy*.

1906 Edvard Munch entwirft das Szenenbild für Max Reinhardts Inszenierung der *Gespenster* von Henrik Ibsen an den Berliner Kammerspielen.

1906 Paula Modersohn-Becker porträtiert Rainer Maria Rilke.

1906 Max Slevogt malt das *Selbstbildnis – Kopf mit Strohhut*.

1906 Gustav Mahler komponiert die *Sinfonie der Tausend* für acht Vokalsolisten, zwei Chöre, Kinderchor und Orchester.

1906 Arnold Schönberg vollendet die Urfassung seiner 1. Kammersinfonie E-Dur für 15 Soloinstrumente.

1906 Hermann Hesses Roman *Unterm Rad* kommt heraus.

1906 Unter dem Titel *Mein braunes Buch* veröffentlicht Hermann Löns »Heidebilder« aus Niedersachsen.

1906 Der Niederländer August Vermeylen veröffentlicht seine romantische Erzählung *Der ewige Jude*.

1906 Robert Musils Erstlingsroman *Die Verwirrungen des Zöglings Törleß* wird von der Kritik überwiegend positiv aufgenommen.

1906 Von Rainer Maria Rilke kommt die Prosadichtung *Die Weise von Liebe und Tod des Cornets Christoph Rilke* heraus.

Theater und Film

21.3. Vorrangig Lichtspieltheater baut die »Allgemeine Kinematographen-Theater Gesellschaft, Union-Theater für lebende und Tonbilder GmbH«, die in Frankfurt am Main entsteht.

31.3. UA: *Totentag*, Einakter von Georg Trakl, im Salzburger Stadttheater.

24.4. UA: *Die Kronbraut*, Schauspiel von August Strindberg, im Svenska Teater in Helsinki.

Mai UA: *Barbaren* von Marim Gorki, in Kursk und anderen Theatern Rußlands.

13.6. *Berlin im Omnibus* heißt das Stück, mit dem das Apollo-Theater seinen Stammgästen über die heißen Sommerabende hinweghelfen will. Die Burleske gipfelt in einer auf der Bühne dargestellten Omnibusfahrt.

11.7. Zusammen mit Arnold Nielsen gründet der dänische Kinobesitzer Ole Olsen die Nordisk Film Compagni, die zu einem der erfolgreichsten Filmkonzerne Europas avanciert. Bedeutendster Regisseur des Unternehmens ist Viggo Larsen.

14.7. UA: *Der Arzt am Scheideweg*, Schauspiel von George Bernard Shaw in London.

August Die amerikanische Filmgesellschaft Vitagraph eröffnet ein Großstudio im New Yorker Stadtteil Brooklyn.

1.10. Mit dem Laemmle Film Service gründet der deutschstämmige Filmproduzent Carl Laemmle in Chicago eine eigene Verleihgesellschaft.

8.11. Die Berliner Kammerspiele eröffnen mit einer Inszenierung von Henrik Ibsens Drama *Gespenster* unter der Regie von Max Reinhardt.

20.11. UA: *Frühlings Erwachen*, Tragödie von Frank Wedekind, unter der Regie von Max Reinhardt in den Berliner Kammerspielen.

24.11. UA: *Feinde*, Drama von Maxim Gorki, unter der Regie von Victor Barnowsky am Kleinen Theater in Berlin.

26.12. Im australischen Melbourne feiert der erste abendfüllende Film Premiere: *Die Geschichte der Kell-Bande* der Brüder Tait zeigt Szenen aus dem australischen Alltag.

1906 Filmpionier Oskar Meßter dreht den Stummfilm *Fra Diavolo* nach

Gesellschaft

2.4. Dortmunder Bürger gründen die »Gartenbaugesellschaft 1906«, die sich um die Anlage von Schrebergärten bemüht.

18.4. Ein Erdbeben und nachfolgende Brände zerstören einen Großteil der kalifornischen Stadt San Francisco. 450 Menschen kommen ums Leben. ▷Chronik Zitat

26.5. Buffalo Bill (eigentlich William F. Cody), der »Letzte des Wilden Westens«, gastiert mit seiner Truppe im Wiener Prater.

7.6. Auf dem 17. evangelisch-sozialen Kongreß in Jena fordert Gertrud Bäumer u.a. die rechtliche Anerkennung der hauswirtschaftlichen Arbeit der Frau.

28.6. Im Rahmen der Sittlichkeitskampagne wird Kritik an der Berliner Meierei Bolle laut. Die halbwüchsigen Bolle-Mädchen trügen die Inschrift »Meierei Bolle« genau an einer Stelle, wo sich einmal ein Busen entwickeln könnte.

San Francisco verwüstet
Chronik Zitat

»Erst dachte ich, es sei eine gewöhnliche Erschütterung ... dann begannen die Dachkanten der Gebäude abzubrechen ... Erst darauf kam das furchtbare Senken und Heben, Senken und Heben. Die Stadt wurde wie eine Feder im Sturm umhergeschleudert.«

Aus dem Bericht eines Augenzeugen

26.7. Das Gesetz über die Sonntagsruhe in Belgien verbietet, »andere Personen als die Angehörigen der eigenen Familie, soweit dieselben mit dem Arbeitgeber zusammenwohnen, und die Hausbediensteten an mehr als sechs Tagen in einer Woche zur Arbeit heranzuziehen«.

7.8. Die konservative Presse rügt das in den Schulen aufgehängte Porträt der deutschen Kaiserin Auguste Viktoria als anstößig: Der Blick in das Dekolleté der Kaiserin könne das Zartgefühl von Knaben verletzen.

35

1906

Internationale Politik	Deutsche Politik	Wirtschaft und Wissenschaft
6.10., Persien. In Teheran wird das erste Parlament in der Geschichte des Landes eröffnet. Am 30.12. wird Persien konstitutionelle Monarchie. **2.11., Rußland.** Der russische Revolutionär Leo Trotzki wird zum zweiten Mal nach Sibirien verbannt. **11.12., Bulgarien.** Das bulgarische Parlament in Sofia genehmigt eine Regierungsvorlage zur Beschränkung der Auswanderung nach Nordamerika und ein Gesetz gegen die Ansiedlung russischer Juden. **14.12., Großbritannien/Frankreich/Italien.** England, Frankreich und Italien schließen einen Vertrag über Abessinien. Die Unabhängigkeit Abessiniens wird aufgrund des Status quo und des Prinzips der offenen Tür garaniert.	**27.10.** Der Herausgeber der Wochenschrift »Die Zukunft«, Maximilian Harden, setzt mit der Behauptung, der Berliner Stadtkommandant Kuno Graf von Moltke sei homosexuell, eine Kampagne gegen die innersten Entscheidungszirkel am Hofe in Gang. **4.11.** Immer mehr polnische Schüler weigern sich, in die Schule zu gehen bzw. werden von ihren Eltern daran gehindert. Sie protestieren dagegen, daß Deutsch als ausschließliche Unterrichtssprache vorgeschrieben ist. **28.11.** Reichskanzler von Bülow stellt im Reichstag Bernhard Dernburg als neuen Leiter des Kolonialamts vor. **13.12.** Reichskanzler von Bülow löst den Reichstag auf, nachdem der Nachtragshaushalt für Deutsch-Südwestafrika abgelehnt wurde.	**1906, Technik.** Die Deutsche Akustik-Gesellschaft entwickelt das erste tragbare elektrische Hörgerät. **Wissenschaftler geehrt** **Chronik Nobelpreise** Chemie: Henri Moissan (F) Medizin: Camillo Golgi (I) und Santiago Ramón y Cajal (E) Physik: Joseph John Thomas (GB) Frieden: Theodore Roosevelt (USA) Literatur: Giosuè Carducci (I) **1906, Medien.** Techniker in Rußland und Deutschland testen die ersten Fernsehsysteme unter Bedingungen im Laborbetrieb.

1906 Geborene und Gestorbene

Geboren:
4.2. Dietrich Bonhoeffer (†9.4.1945), deutscher evangelischer Theologe.
19.3. Karl Adolf Eichmann (†1.6.1962), deutscher NSDAP-Parteifunktionär.
13.4. Samuel Beckett (†22.12.1990), irischer Dramatiker.
25.4. Sally Salminen (†18.7.1976), finnisch-schwedische Schriftstellerin.

26.4. Renate Müller (†7.10.1937), deutsche Schauspielerin.
8.5. Roberto Rossellini (†3.6.1977), italienischer Fimregisseur.
3.6. Joséphine Baker (†12.4.1975), amerikanische Tänzerin.
26.6. Stefan Andres (†29.6.1970), deutscher Dichter.
11.7. Herbert Wehner (†19.1.1990), deutscher Politiker.

23.7. Wolfgang Gentner (†4.9.1980), deutscher Kernforscher.
25.9. Dmitri Schostakowitsch (†9.8.1975), russischer Komponist.
9.10. Wolfgang Staudte (†19.1.1984), deutscher Filmregisseur.
14.10. Hannah Arendt (†4.12.1975), deutsch-amerikanische Politologin.
30.12. Carol Reed (†25.4.1976), englischer Schauspieler.

1907

Internationale Politik	Deutsche Politik	Wirtschaft und Wissenschaft
19.1., Persien. Als Nachfolger seines am 8. Januar verstorbenen Vaters Mossafar Od Don wird Mohammad Ali zum Schah von Persien gekrönt. **8.2., Rumänien.** Bauernunruhen richten sich gegen Großgrundbesitzer und Juden. Bei ihrer Niederschlagung werden 11 000 Menschen getötet. **23.2., Transvaal.** Der Burengeneral Louis Botha wird erster Premierminister der britischen Kolonie.	**1.1.** Der deutsche Reichskanzler Bernhard von Bülow bekräftigt im »Silvesterbrief« die deutsche Unberechenbarkeit in der Außenpolitik, die geradewegs in die internationale Isolation führt. ▷Chronik Zitat, S. 38 **8.1.** Um das »Verständnis für Kolonial- und Weltpolitik« zu stärken, gründen Vertreter aus Politik, Wirtschaft und Kultur in Berlin das »Kolonialpolitische Aktionskomitee«.	**7.3., Wirtschaft.** Infolge eine Panik an der New Yorker Wall Street läßt den US-Aktienmarkt zusammenbrechen. Der Börsenkrach leitet eine Weltwirtschaftskrise ein. **10.6., Technik.** Der französische Chemiker und Fabrikant Louis Jean Lumière und sein Bruder Auguste veröffentlichen in der Zeitschrift »L'Illustration« die ersten Farbfotografien.

1906

Kunst, Literatur und Musik	Theater und Film	Gesellschaft
1906 In Jena erscheint Carl Spittelers Roman *Imago*. **1906** Mit dem Roman *Der Dschungel* über die Ausbeutung in der Chicagoer Fleischindustrie gehört Upton Sinclair zu den führenden »Muckrackers« (Mistharker), eine Gruppe von Journalisten und Schriftstellern in den USA, die gesellschaftliche Mißstände anprangern. **1906** Selma Lagerlöf veröffentlicht ihren Roman *Die wunderbare Reise des kleinen Nils Holgersson*. **1906** Das letzte Gemälde des am 22. Oktober verstorbenen Paul Cézanne ist das *Bildnis des Gärtners Vallier*. **1906** Pablo Picasso porträtiert Gertrude Stein. Für das Bild muß die amerikanische Schriftstellerin mehr als 80 mal Modell sitzen.	Daniel F. Esprit Auberts Oper *Fra Diavolo ou L'Hôtellerie de Terracine*. **1906** Georges Méliès dreht den burlesken Episodenfilm *Die vierhundert Streiche des Teufels*. **1906** In dem Streifen *The Dream of a Rarebit Fiend* verwendet Edwin S. Porter erstmals Doppelbelichtung und Einzelbildanimation. **1906** Der Brite James Stuart Blackton dreht in den USA den ersten Animationsfilm: *Das Spukhotel*. **1906** Die Regisseurin Alice Guy-Baché dreht *Das Leben Christi*. Der Film ist ein wegweisender Beitrag zur filmischen Inszenierung von Passionsspielen, die um die Jahrhundertwende einsetzt und den Übergang vom Unterhaltungskino zur Kunstform Kino markiert.	**16.8.** Bei einem schweren Erdbeben in Chile kommen mehr als 10 000 Menschen ums Leben. **20.9.** Ein kaiserlicher Erlaß verbietet in China – nach einer Übergangszeit von zehn Jahren – das Opiumrauchen. **3.10.** Die britische Marconi Co. und die deutschen Telefunken-Gesellschaft einigt sich auf das »SOS« als internationales Notsignal. **16.10.** Der arbeitslose Schuster Wilhelm Voigt läßt – verkleidet als Hauptmann – den Bürgermeister von Köpenick verhaften und beschlagnahmt die Stadtkasse. **16.10.** In der Münchner Strafanstalt Stadelheim tritt Ludwig Thoma, seit 1899 Redakteur beim »Simplizissimus«, eine mehrwöchige Haftstrafe wegen Kirchenbeleidigung an.

1906 Geborene und Gestorbene

Gestorben:
29.1. Christian IX. (*8.4.1818), König von Dänemark.
10.3. Eugen Richter (*30.7.1838), deutscher Politiker.
13.3. Susan Brownell Anthony (*15.11.1820), amerikanische Frauenrechtlerin.
14.5. Carl Schurz (*2.3.1829), deutsch-amerikanischer Politiker.

23.5. Henrik Ibsen (*20.3.1828), norwegischer Dramatiker.
24.7. Ferdinand von Saar (*30.9.1833), österr. Schriftsteller.
24.8. Alfred Stevens (*11.5.1823), belgischer Maler.
25.8. Max von Eyth (*6.5.1836), deutscher Ingenieur und Schriftsteller.
5.9. Ludwig Boltzmann (*20.2.1844), österreichischer Physiker.

23.9. August Bondeson (*2.2.1854), schwedischer Schriftsteller.
22.10. Paul Cézanne (*19.1.1839), französischer Maler.
7.11. Heinrich Seidel (*25.6.1842), deutscher Erzähler.
7.12. Elie Ducommun (*19.2.1833), schweizerischer Schriftsteller.
30.12 Josephine Butler (*13.4.1828), englische Sozialreformerin.

1907

Kunst, Literatur und Musik	Theater und Film	Gesellschaft
20.2. UA: In St. Petersburg die Oper *Die Sage von der unsichtbaren Stadt Kitesch und der Jungfrau Fevronia* von Nikolai Rimski-Korsakow. **2.3.** UA: *Ein Walzertraum*, Operette von Oscar Straus, in Wien. **10.5.** UA: *Ariane et Barbe-Bleu (Ariane und Blaubart)*, Oper von Paul Dukas, an der Pariser Opéra Comique. **27.7.** UA: *Der fidele Bauer*, Operette von Leo Fall, in Mannheim.	**26.1.** Die Tragikomödie *Der Held der westlichen Welt* von John Millington Synge wird im Abbey Theatre in Dublin uraufgeführt. **2.2.** Mit einem Skandal endet die Uraufführung des Lustspiels *Die Jungfern vom Bischofsberg* von Gerhart Hauptmann im Berliner Lessing-Theater. Lärmende Kundgebungen richten sich gegen die schlechte Qualität des Stücks.	**6.1.** Die italienische Ärztin und Pädagogin Maria Montessori eröffnet in einer römischen Arbeitersiedlung ihr erstes »Kinderhaus«, in dem sie ihr Prinzip der »selbsttätigen Erziehung« an nicht schulpflichtigen Kindern erproben will. **14.1.** Bei einem Erdbeben in der britischen Kronkolonie Jamaika kommen mehr als 1000 Menschen ums Leben.

1907

Internationale Politik

5.3., Rußland. In St. Petersburg wird die zweite Duma eröffnet. Die erste Duma hatte Zar Nikolaus II. 1906 aufgelöst, weil in ihr die antizaristische Opposition die Mehrheit hatte. In der noch radikaleren zweiten Duma dominieren die Sozialisten.
21.3., Großbritannien. Die britische Regierung spricht sich gegen die geplante Tunnelverbindung zwischen Großbritannien und Frankreich aus.
8.4., Japan. Die letzten japanischen Truppen räumen die Mandschurei.
12.4., Nicaragua/Honduras. Im Krieg zwischen Nicaragua und Honduras erobern die Truppen Nicaraguas den Hafen Amapala.
11.5., Portugal. Mit der Auflösung des Parlaments in Lissabon durch König Karl I. beginnt die sog. Königsdiktatur in Portugal.
25.5., Finnland. In dem ersten nach allgemeinem Wahlrecht von Frauen und Männern gewählten Landtag in Helsinki übernehmen erstmals Frauen ein politisches Mandat.
16.6., Rußland. Zar Nikolaus II. löst die oppositionelle Volksvertretung, die Duma, auf und erläßt eine neues Wahlgesetz, das den konservativen Kräften des Landes die Mehrheit im nächsten Parlament sichert.
17.6., Österreich-Ungarn. Das erste aus allgemeinen und gleichen Wahlen für Männer hervorgegangene Parlament tritt zusammen. Stärkste Kraft sind die Sozialdemokraten mit 87 Abgeordneten vor den Christlichsozialen mit 66 Sitzen.
1.7., USA. Ein neues Einwanderungsgesetz versucht die Zahl der Einwanderer – in diesem Jahr über 1,2 Mio. Menschen – insbesondere aus Osteuropa zu reduzieren.
1.7., Deutschland, Österreich-Ungarn, Italien. Der Dreibund, der durch die Annäherung Italiens an Großbritannien ausgehöhlt ist, wird stillschweigend bis 1914 verlängert.
19.7., Japan/Korea. Mit der erzwungenen Abdankung des koreanischen Kaisers Ni-höng zugunsten des Kronprinzen Nitschök gewinnt Japan die Kontrolle über die ostasiatische Halbinsel.

Deutsche Politik

11.1. Die Unterzeichnung des deutsch-dänischen Optantenvertrags beendet den Streit um die Staatsangehörigkeit der in Nordschleswig lebenden Bevölkerung.
25.1. Aus den Wahlen zum zwölften Deutschen Reichstag gehen Konservative, Nationalliberale und Freisinnige gestärkt hervor. Die Zentrumspartei baut ihre Position aus, während die SPD Verluste hinnehmen muß.

Internationale Isolation?

Chronik Zitat

»Es ist deutsche Eigenart, deutsches Schicksal, daß wir unsere politische Stellung bis zur Stunde der Gefahr lieber nach Gefühlen und allgemeinen Begriffen als nach realen Interessen und nationalen Zielen nehmen.«

Aus dem »Silvesterbrief« des deutschen Reichskanzlers Bernhard Fürst von Bülow

11.2. Der Bund der Landwirte fordert von der Regierung eine konsequente Schutzzollpolitik.
31.3. Der Kriegszustand in der Kolonie Deutsch-Südwestafrika wird offiziell aufgehoben.
1.5. Die Hauptforderung der Arbeiterschaft auf den Maikundgebungen lautet: Einführung des achtstündigen Normal-Arbeitstages.
31.5. Bei der ersten Direktwahl des bayerischen Landtags gewinnt die SPD 12 Mandate hinzu.
23.6. In Heidelberg gründet sich der »Nationalverein für das liberale Deutschland«, der sich vor allem der Mitwirkung bei der Lösung der Arbeiterfrage widmen will.
7.7. Die sächsische Regierung will das bisher geltende Dreiklassenwahlrecht durch ein Mehrheitswahlrecht ersetzen.
16.9. Auf dem Parteitag der Sozialdemokratischen Partei in Essen erklärt Gustav Noske, im Falle eines Angriffs auf Deutschland werde die SPD nicht weniger »vaterlandsfreundlich« sein als das Bürgertum.

Wirtschaft und Wissenschaft

20.6., Wirtschaft. Die Schweizer Nationalbank (Bern und Zürich) wird eröffnet.
13.9., Luftfahrt. Der französische Ingenieur Paul Cornu hebt in einer von ihm gebauten Flugmaschine zum ersten bemannten Hubschrauberflug ab.
November, Wirtschaft. Das Rheinisch-Westfälische Kohlensyndikat ist das mächtigste Kartell im Deutschen Reich. Es kontrolliert fast 80% der gesamten deutschen Steinkohlenförderung und diktiert die Preise.
10.12., Nobelpreise. In Oslo und Stockholm werden die Nobelpreise verliehen. ▷Chronik Nobelpreise
1907, Technik. Der Ingenieur Everett MacAddam erfindet einen elektrischen Lichtpausapparat.
1907, Chemie. Emil Hermann Fischer gelingt die für die Eiweißchemie wegweisende Synthese eines Proteins aus 18 Aminosäuren.
1907, Physik. Der britische Physiker Francis William Aston entdeckt den nach ihm benannten Astonschen Dunkelraum bei der Glimmentladung von Gasen.
1907, Technik. Sven Wingquist erfindet das zweireihige Pendelkugellager, das sich rasch durchsetzt.
1907, Chemie. Adolf Windhaus synthetisiert das gefäßerweiternde Gewebehormon Histamin.

Wissenschaftler geehrt

Chronik Nobelpreise

Chemie: Eduard Buchner (D)
Medizin: Charles L. Laveran (F)
Physik: Albert A. Michelson (USA)
Frieden: Ernesto Teodoro Moneta (I) und Louis Renault (F)
Literatur: Rudyard Kipling (GB)

1907, Wirtschaft. Eine Betriebszählung belegt einen gewaltigen Konzentrationsprozeß in der deutschen Industrie. Die Zahl der Beschäftigten hat sich in den vergangenen 25 Jahren verdoppelt, während die Zahl der Industriebetriebe im gleichen Zeitraum leicht zurückgegangen ist.

1907

Kunst, Literatur und Musik

15.10. Gustav Mahler beendet seine Direktionszeit an der Wiener Oper mit der Aufführung von Ludwig van Beethovens *Fidelio*. Nachfolger wird Alexander von Zemlinsky.
17.12. UA: *Die Försterchristl*, Operette von Georg Janos, im Wiener Theater in der Josefstadt.
22.12. UA: *Der sterbende Schwan* von Michail Fokin im Petersburger Marientheater. Anna Pawlowa tanzt den Schwan.
1907 Sergei S. Prokofjew schreibt die erste von neun Klaviersonaten, für die er Jugendkompositionen verarbeitet.
1907 Ferruccio Busonis musiktheoretische Schrift *Entwurf einer neuen Ästhetik der Tonkunst* erscheint.
1907 Belá Bartók wird Professor für Klavier an der Musikakademie Budapest.
1907 Die *Harmonielehre* des österreichischen Komponisten Ludwig Thuille wird veröffentlicht.
1907 Jean Sibelius vollendet sein 3. Sinfonie C-Dur.
1907 Georges Braque lernt Pablo Picasso kennen und begründet mit ihm den Kubismus.
1907 Im Pariser Herbstsalon findet eine Gedächtnisausstellung für den im Vorjahr verstorbenen Paul Cézanne statt.
1907 Henry-David Kahnweiler eröffnet in Paris seine erste Kunstgalerie.
1907 Der Österreicher Gustav Klimt malt *Mohnwiese*.
1907 Der Schriftsteller Jean Giraudoux wird Lektor an der Harvard Universität in den USA.
1907 Der erste große Erfolg des Flamen Stijn Streuvels ist sein Roman *Der Flachsacker*.
1907 Henry van de Velde veröffentlicht seine kunsttheoretische Schrift *Vom neuen Stil*.
1907 Unter dem Titel *Der siebente Ring* erscheinen Gedichte des Neuromantikers Stefan George.
1907 Carl Hauptmann, Bruder von Gerhart Hauptmann, bringt seinen Künstlerroman *Einhart der Lächler* heraus.
1907 Heinrich Manns Roman *Zwischen den Rassen* erscheint.

Theater und Film

14.2. Die französische Schauspielerin Sarah Bernhardt wird Professorin am Pariser Konservatorium.
21.2. UA: *Romeo und Julia auf dem Dorfe*, lyrisches Drama von Frederick Delius nach der gleichnamigen Novelle von Gottfried Keller, in Berlin
22.2. UA: *Das Leben des Menschen*, Drama in fünf Bildern von Leonid Andrejew, in Petersburg.
16.3. In Zürich eröffnet der Filmunternehmer Karl Fischer das erste feste Lichtspieltheater.
17.4. UA: *Ein Traumspiel*, Schauspiel von August Strindberg in Stockholm.
▷Chronik Zitat
22.4. In Paris entsteht die Filmgesellschaft *Eclair*, die mit dem Serienheld Nick Carter großen Erfolg hat.
30.5. Der Kinematograph Ottomar Anschütz, Erfinder des elektrischen Schnellsehers (»Tachyskop«), stirbt in Friedenau. Seine Erfindung gilt als Meilenstein der Kinotechnik.
1.7. Die größte Filmgesellschaft der Welt, die Pariser Pathé Frères, stellt vom Verkauf auf den Verleih von Filmkopien um.

Das Leben – ein Traum?

Zitat

»Der Verfasser hat in diesem Traumspiel ... das zusammenhanglose und scheinbar logische Muster des Traums nachzuschaffen versucht. Alles kann geschehen, alles ist möglich und wahrscheinlich. Zeit und Raum existieren nicht. Vor dem belanglosen Hintergrund der Wirklichkeit spinnt die Einbildungskraft ihre Fäden und webt an neuen Mustern: Eine Mischung von Erinnerung, Erlebtem, frei Erfundenem, Ungereimtheiten und Improvisationen.«
Über August Strindbergs *Ein Traumspiel*

4.10. In Berlin wird die Kinematographische Reformvereinigung gegründet, die sich die Zurückdrängung verderblicher Einflüsse des Kinos zum Ziel gesetzt hat.

Gesellschaft

19.2. Mit der »Akademischen Freischar« wird in Göttingen der erste studentische Bund gegründet, der die Vorstellungen des Wandervogels vertritt und sich von der schlagenden Verbindung abgrenzt und Alkohol sowie Nikotin verachtet.

Weltrekorde

Sport

Leichtathletik:	
3000 m:	
Edvard Dahl (S)	8:55,0 min
5000 m:	
John Svanberg (S)	15:13,5 min
Stabhochsprung:	
Walter Dray (USA)	3,79 m
Kugelstoßen:	
Ralph Rose (USA)	15,12 m
Diskus:	
Wilhelm Dörr (D)	43,86 m
Speerwurf:	
Eric Lemming (S)	56,55 m

März 600 Suffragetten versuchen in London das Parlament zu stürmen, um ihrer Forderung nach Frauenwahlrecht Ausdurck zu verleihen. Dabei werden 57 Frauen verhaftet.
7.5. Carl Hagenbeck eröffnet in Stellingen bei Hamburg einen Tierpark, der sich durch seine Freigehege von den herkömmlichen Zoos grundsätzlich unterscheidet.
29.7. Der britische General Robert Stephenson Smyth Baden-Powell veranstaltet auf der Insel Brownsea Island das erste Pfadfinderlager – der Beginn der Pfadfinderbewegung.
August. Der Lehrer Richard Schirrmann begründet das Jugendherbergssystem: In den Sommermonaten richtet er in seiner Schule in Altena Schlafstellen aus Strohsäcken her und bietet wandernden Jugendlichen preiswerte Übernachtungen.
25.9. Als Skandalhochzeit des Jahres gilt die Trauung der seit 1903 wegen Ehebruchs geschiedenen Kronprinzessin Luise von Sachsen mit ihrem Liebhaber, dem Pianisten und Komponisten Enrico Toselli.

1907

Internationale Politik

5.8., Marokko. Französische und spanische Marinesoldaten marschieren in Casablanca ein, um die dort lebenden Europäer vor Übergriffen christenfeindlicher Araber zu schützen.
31.8., Rußland/Großbritannien. Großbritannien und Rußland verständigen sich über die Abgrenzung ihrer Einflußgebiete in Persien, Afghanistan und Tibet. Das Abkommen erweitert die britisch-französische Entente cordiale zur Tripelallianz zwischen Großbritannien, Frankreich und Rußland.
8.9., Vatikan. Papst Pius X. erläßt in Rom die Enzyklika gegen den »Modernismus«.
5.10., Frankreich. Mit Ausweisungen reagiert die französische Regierung auf antimilitärische Propaganda von Ausländern.
12.11. Frankreich/Marokko. Der französische Außenminister Stéphan Pichon verteidigt das militärische Eingreifen Frankreichs in Marokko.
10.12., Schweiz. Die Räte nehmen das Eidgenössische Zivilgesetzbuch an, das am 1.1.1912 in Kraft tritt.
28.12., Rußland. Das russische Parlament in St. Petersburg bewilligt einen Kredit in Höhe von 15,2 Mio. Rubel zur Unterstützung hungernder Menschen in Notstandsgebieten.
1907 Die Zweite Haager Friedenskonferenz verabschiedet insgesamt 13 Abkommen, die u. a. die friedliche Beilegung internationaler Streitigkeiten, die Landkriegsordnung und die Erweiterung der Genfer Konvention auf den Seekrieg betreffen.

Deutsche Politik

23.9. Bei der Enthüllung des Nationaldenkmals in Memel betont Kaiser Wilhelm II., das Deutsche Reich habe seine hervorragende Stellung in der Welt dem Walten der göttlichen Vorsehung zu verdanken.
7.10. Der deutsche Außenminister Heinrich Leonhard von Tschirschky und Bögendorff wird Botschafter in Wien. Neuer deutscher Außenminister wird Wilhelm von Schoen, bisheriger Botschafter in Petersburg.
12.10. Das Reichsgericht verurteilt den Sozialdemokraten Karl Liebknecht wegen »Vorbereitung eines hochverräterischen Unternehmens« durch seine Schrift »Militarismus und Antimilitarismus« zu eineinhalb Jahren Haft.
20.10. Der Publizist Maximilian Harden wird in der sog. Eulenburg-Affäre um homosexuelle Neigungen kaiserlicher Vertrauter freigesprochen.
26.11. Mit der Enteignungsvorlage, die die Möglichkeit der Enteignung polnischen Grundbesitzes in den preußischen Ostprovinzen vorsieht, erntet der preußische Ministerpräsident Bernhard Fürst von Bülow im In- und Ausland schärfsten Protest.
8.12. Die Sozialdemokraten veranstalten in Sachsen Versammlungen für die Einführung des allgemeinen, gleichen, direkten und geheimen Wahlrechts.
9.12. Bei der Erörterung des Reichsvereinsgesetzes kommt es im Reichstag zu heftigen Auseinandersetzungen. Frauen sollen ab 1908 auch politischen Vereinen beitreten können.

Wirtschaft und Wissenschaft

1907, Medizin. Der Physiologe Willem Einthoven nutzt sein 1903 entwickeltes Saitengalvanometer zur Registrierung des Herzschalls.

Deutsche Großstädte
Chronik Statistik

Rangfolge nach der Einwohnerzahl (Stand 1905):

Berlin	2 040 148
Hamburg	802 793
München	538 983
Dresden	516 996
Leipzig	503 672
Breslau	470 904
Köln	428 722
Frankfurt am Main	334 978

1907, Wirtschaft. Der Architekt Peter Behrens wird künstlerischer Berater der AEG.
1907, Wirtschaft. 13 örtliche Einkaufsgenossenschaften gründen in Hamburg die EDEKA.
1907, Wirtschaft. Der deutsche Elektrokonzern AEG und die amerikanische General Electric Company einigen sich über die Abgrenzung ihrer Einflußbereiche.
1907, Chemie. Der österreichische Chemiker Carl Freiherr Auer von Welsbach und der Franzose Georges Urbain finden das Element Lutetium.
1907, Medizin. In London wird mit der British Society for the Study of Orthodontia die erste kieferorthopädische Gesellschaft gegründet.

1907 Geborene und Gestorbene

Geboren:
21.2. Wystan Hugh Auden (†28.9.1973), anglo-amerikanischer Schriftsteller.
11.3. Helmuth James Graf von Moltke (†23.1.1945), deutscher Widerstandskämpfer.

15.3. Zarah Leander (†23.6.1981), schwedische Schauspielerin.
13.8. Alfried Krupp von Bohlen und Halbach (†30.7.1967), deutscher Unternehmer.
16.10. Roger Vailland (†12.5.1965), französischer Schriftsteller.

14.11. Astrid Lindgren, schwedische Schriftstellerin.

Gestorben:
13.2. Marcel Alexandre Bertrand (*2.7.1847), französischer Geologe

1907

Kunst, Literatur und Musik

1907 Lulu von Strauß und Torney veröffentlicht den historischen Roman *Lucifer*.

1907 Henri Bergsons philosophische Abhandlung *Die schöpferische Entwicklung* findet einen breiten Leserkreis und hat erheblichen Einfluß auf die französische Literatur des frühen 20. Jahrhunderts.

1907 André Gides Erzählung *Die Rückkehr des verlorenen Sohnes* erscheint.

1907 Der Roman *Geschwister Tanner* ist Robert Walsers erzählerisches Erstlingswerk.

1907 Mit *Die Erziehung des Henry Adams von ihm selbst erzählt* kommt die Autobiographie des Historikers und Schriftstellers Henry Adams in die Buchläden.

1907 Der 21jährige Künstler Oskar Kokoschka freundet sich mit dem Architekten Adolf Loos an und wird Mitglied der Wiener Werkstätte.

1907 Die Radierfolge *Bauernkriege* von Käthe Kollwitz erscheint.

1907 Der »naive« französische Maler Henri Rousseau malt *Die Schlangenbeschwörerin*.

1907 Mit seinem Gemälde *Les Demoiselles d'Avignon* setzt Pablo Picasso den Anfang für den Kubismus.

1907 Der deutsche Kunstkritiker Wilhelm Uhde kauft mehrere Werke des französischen »Naiven« Henri-Julien Rousseau.

1907 André Derain vollendet seine Skulptur *Der Kauernde*.

1907 Wassily Kandinsky malt *Das reitende Paar*.

Theater und Film

26.11. UA: *Der Scheiterhaufen*, Kammerspiel von August Strindberg, in Stockholm.

5.12. UA: *Die Brandstätte*, Kammerspiel von August Strindberg, in Stockholm.

9.12. In Madrid wird *Der tugendhafte Glücksritter oder Crispin als Meister seines Herrn*, eine Komödie von Jacinto Benavente y Martínez, im Teatro de Lara uraufgeführt.

30.12. UA: *Wetterleuchten*, Kammerspiel von August Strindberg, im Intima Teatern in Stockholm.

1907 In den USA kommt der Film *Ben Hur* nach dem gleichnamigen Bühnenstück von W. Young auf die Leinwand. Ein vom Autor angestrengter Urheberrechtsprozeß endet mit der Verurteilung der Filmproduzenten. Die US-Justiz wendet hier erstmals die Prinzipien des Urheberrechts auf das neue Medium an.

1907 Der erste große Erfolg für die 1906 gegründete dänische Filmfirma Nordisk Film Compagni ist der Streifen *Löwenjagd in Ellore* von Regisseur Viggo Larsen.

1907 In seiner burlesken Phantasie *Der Tunnel unter dem Kanal oder Der anglo-französische Alptraum* parodiert Georges Méliès zeitgenössische Pläne zur Untertunnelung des Ärmelkanals.

1907 Mit *20 000 Meilen unter den Meeren* legt Georges Méliès seine zweite Jules-Verne-Verfilmung vor.

1907 UA: *Der Gott der Rache*, jiddisches Schauspiel von Schalom Asch, in St. Petersburg.

Gesellschaft

6.10. Der Deutsche Werkbund, eine Vereinigung von Künstlern, Industriellen und Handwerkern, wird in München gegründet. Sein Ziel ist eine Modernisierung der handwerklichen und industriellen Produktion.

8.11. Der französische Bildhauer Auguste Rodin äußert sich in einem Interview ungehalten über den technischen Fortschritt.

9.11. Die Deutsche Gesellschaft zur Bekämpfung von Geschlechtskrankheiten gibt bekannt, daß nach einer Erhebung in Berlin 25% der Studenten geschlechtskrank ist.

Ausladende Damenhüte
Chronik Zitat

»Fürchterliche Geschöpfe unter ihren von einem Vogelhaus oder einem Gemüsegarten bedeckten Hüten«.

Der französische Schriftsteller Marcel Proust über die Damenmode 1907

1907 Die 87jährige britische Krankenpflegerin Florence Nightingale wird für ihre Verdienste als Sanitäterin im Krimkrieg als erste Frau mit dem britischen Verdienstorden ausgezeichnet.

1907 Ausladende Damenhüte sind in der diesjährigen Mode der auffallendste Blickfang; in der Modemetropole Paris werden Rockhosen für Frauen vorgestellt. ▷Chronik Zitat

1907 Die Amerikanerin Ann Jarvis propagiert den »Muttertag«.

Geborene und Gestorbene

12.5. Joris-Karl Huysmans (*5.2.1848), französischer Schriftsteller.
30.5. Ottomar Anschütz (*16.5.1846), deutscher Fotograf.
14.7. William Henry Perkin (*12.3.1838), englischer Chemiker.

4.9. Edvard Grieg (*15.6.1843), norwegischer Komponist.
7.9. René-François-Armand Sully Prudhomme (*16.3.1839), französischer Dichter.
28.9. Friedrich I. (*9.9.1826), Großherzog von Baden.

11.10. Adolf Furtwängler (*30.6.1854), deutscher Archäologe.
20.11. Paula Modersohn-Becker (*8.2.1876), deutsche Malerin.
17.12. William Thomson (Lord Kelvin) (*26.6.1824), englischer Physiker.

1908

Internationale Politik

4.1. Marokko. In Fes wird Abd Al Hafis, der Bruder des regierenden Sultans Abd Al Asis, zum neuen Herrscher ausgerufen.

30.1., Indien. Der Rechtsanwalt Mohandas Karamchand (Mahatma) Gandhi wird in Transvaal aus der Haft entlassen.

1.2., Portugal. Auf dem Höhepunkt des erbittert geführten Verfassungskampfes zwischen der diktatorischen Regierung und der republikanischen Linken ermorden Republikaner in Lissabon König Karl I.

20.2., Rußland. Ein Kriegsgericht in St. Petersburg verurteilt den ehemaligen Kommandanten von Port Arthur, Anatol M. Stössel, zum Tod, weil er im Russisch-Japanischen Krieg die Festung nach langem Widerstand an die Japaner übergeben hat.

18.3., Rußland. Die russische Landesverteidigungskommission lehnt den Bau neuer Linienschiffe ab.

4.4., Rußland. Zar Nikolaus II. hebt den finnischen Landtag wegen »staatsfeindlicher Gesinnung« auf. Das russische Großfürstentum ist seit 1905 autonom.

6.4., Großbritannien. In der neuen liberalen Regierung unter Herbert Henry Asquith ist Winston Churchill Handelsminister.

Mai, Indien. An der Grenze zu Afghanistan erhebt sich der Stamm der Mahmond gegen die britische Kolonialherrschaft. Die Briten schlagen den Aufstand blutig nieder.

7.5., Portugal. König Manuel II. leistet im Parlament (Cortes) den Eid auf die Verfassung.

25.5. Großbritannien/Frankreich. Der französische Präsident Armand Fallières besucht den britischen König Eduard VII., der die Entente cordiale bekräftigt.

12.6., Österreich-Ungarn. Anläßlich des 60jährigen Thronjubiläums von Kaiser Franz Joseph I. findet ein Kaiserhuldigungsfestzug über die Wiener Ringstraße statt.

21.6., Großbritannien. An der bisher größten Demonstration für das Frauenstimmrecht nehmen in London 25 000 Menschen teil.

Deutsche Politik

3.1. Wegen Beleidigung des Berliner Stadtkommandanten Kuno Graf von Moltke, dem er homosexuelle Neigungen vorgeworfen hatte, wird der Publizist Maximilian Harden zu vier Monaten Gefängnis verurteilt. ▷Chronik Zitat

Politik und Privatleben
Chronik Zitat

»*Ich bin kein politischer Schriftsteller und habe darum nicht zu untersuchen, ob Männer der Politik ihren Geschlechtstrieb auf Röcke oder Hosen eingestellt haben.*«
Karl Kraus, Schriftsteller, in der »Fackel«

10.1. Für die Einführung des allgemeinen Wahlrechts in Preußen demonstrieren in Berlin Zehntausende.

21.1. Gegen die Stimmen der Sozialdemokraten genehmigt der Reichstag in Berlin in zweiter Lesung eine Gesetzesvorlage über die Bestrafung bei Majestätsbeleidigung. Ein Antrag der Sozialdemokraten, den Straftatbestand der Majestätsbeleidigung abzuschaffen, wird abgelehnt.

27.1. Die deutschen Bischöfe erlassen einen Hirtenbrief an den Klerus in dem sie sich gegen den Modernismus aussprechen und ihre Zustimmung zur päpstlichen Enzyklika »Pascendi dominici gregis« erklären.

18.2. Der Staatssekretär des neu eingerichteten Reichskolonialamtes, Bernhard Dernburg, erklärt die Prügelstrafe in den Kolonien für »nicht entbehrlich«.

3.3. Das preußische Abgeordnetenhaus in Berlin nimmt das umstrittene »Gesetz über Maßnahmen zur Stärkung des Deutschtums in den Provinzen Westpreußen und Polen« an, das u.a. die Enteignung polnischer Grundeigentümer ermöglicht.

27.3. Der Reichstag in Berlin nimmt eine Novelle zum Flottengesetz an, die eine Verdoppelung des Baus von Schlachtschiffen der »Dreadnought«-Klasse von zwei auf vier Schiffe jährlich vorsieht.

Wirtschaft und Wissenschaft

22.1., Wirtschaft. Die Zechenunternehmen des Ruhrgebiets schließen sich zu einem Zechenverband zusammen, um Streiks zu verhindern und durch Aussperrung zu bekämpfen.

10.7., Technik. In Hildesheim wird das erste automatische Fernsprechwählamt Deutschlands in Betrieb genommen. Die Anlage wurde vom Reichspost-Ingenieur August Krukkow in Zusammenarbeit mit Siemens & Halske gebaut.

7.8., Archäologie. Bei Ausgrabungen in Niederösterreich wird die jungsteinzeitliche »Venus von Willendorf« gefunden. Die Steinfigur, ein Fruchtbarkeitsidol, ist ca. 30 000 Jahre alt.

12.8., Verkehr. Die amerikanische Ford Motor Company beginnt mit der Produktion des bald weltberühmten Modell T in Detroit.

1.11., Wirtschaft. Der in Hannover gegründete Deutsche Lärmschutzverband (Antilärmverein) widmet sich der Bekämpfung »aller Formen von Lärm im öffentlichen wie privatwirtschaftlichen Leben«.

14.11., Physik. Vor drei Hörern hält der 29jährige Physiker Albert Einstein an der Universität Bern seine erste Vorlesung über Strahlentheorie.

Dezember, Wirtschaft. Melitta Bentz, Erfinderin des Kaffeefilters, gründet zusammen mit ihrem Mann die Melitta-Werke in Dresden.

Konfessionen in Deutschland
Chronik Statistik

Christen	60 016 213
katholisch	22 109 644
evangelisch	37 646 852
sonstige	259 717
Juden	607 862
andere; ohne Konfession	17 203

10.12., Nobelpreise. In Stockholm und Oslo werden die Nobelpreise verliehen. ▷Chronik Nobelpreise, S. 44

31.12., Luftfahrt. In Le Mans stellt Wilbur Wright einen sensationellen Flug-Weltrekord auf: In 2:25,23 min legt er 124,7 km zurück.

1908

Kunst, Literatur und Musik

1.1. Felix von Weingartner, Edler von Münzberg, wird Nachfolger Gustav Mahlers als Direktor der Wiener Hofoper.
2.1. UA: *Ein Wintermärchen*, Oper von Karl Goldmark, in Wien.
25.1. UA: *Baldie*, Oper in drei Akten von Jan Blockx, in Antwerpen.
3.2. In New York wird eine Ausstellung von acht Malern eröffnet, die sich lapidar »The Eight« nennen. Von Kritikern werden sie als »Ash-Can-School« (Mülltonnen-Schule) bezeichnet, da ihre Themen vorwiegend dem alltäglichen Großstadtleben entnommen sind.
16.2. UA: *Eliána*, Oper von Ödön Mihalovich, in Budapest.
26.2. UA: *La Habanera*, Oper in drei Akten von Raoul Laparra, in Paris.
11.4. UA: *Rhea*, Oper von Spiro Samara, in Florenz.
15.5. Der französische Maler Claude Monet vernichtet in Paris zwölf seiner Bilder, da er mit deren künstlerischem Wert unzufrieden ist.
2.11. Der Historienmaler Anton von Werner wird als Nachfolger Otto von Tschudis Direktor der Berliner Nationalgalerie.
4.11. UA: *Versiegelt*, komische Oper von Leo Blech, in Hamburg.
1908 Georges Braque zeigt in der Pariser Galerie Kahnweiler kubistische Ansichten und Landschaftsbilder.
1908 Der niederländische Maler Kees van Dongen porträtiert die Sängerin Modjesko.
1908 Ferdinand Hodlers freizügiges Bild *Die Nacht* provoziert einen Skandal.
1908 Der österreichische Jugendstilkünstler Gustav Klimt malt *Der Kuß*.
1908 Henri Matisse malt *Die rote Anrichte*.
1908 Constantin Brancusi schafft die Skulptur *Der Kuß*.
1908 Felix Vallotton malt *Die Entführung der Europa*.
1908 Wilhelm Worringer veröffentlicht seine Dissertation *Abstraktion und Einfühlung*.
1908 Alexej von Jawlensky malt die abstrahierende Landschaft *Sommerabend in Murnau*.

Theater und Film

11.1. UA: *Kaiser Karls Geisel*, Drama von Gerhart Hauptmann, im Berliner Lessing-Theater. Die Titelrolle des 15jährigen Sachsenmädchens Gersuind, dem Karl der Große verfällt, spielt Ida Orloff.
13.1. UA: *Erde*, Schauspiel von Karl Schönherr, im Düsseldorfer Schauspielhaus.
22.1. UA: *Gespenstersonate*, Kammerspiel von August Strindberg, in Stockholm. Das Drama übt einen starken Einfluß auf die expressionistische Dramentechnik aus.
23.1. Das Drama *Tantris der Narr* von Ernst Hardt, im Kölner Schauspielhaus uraufgeführt, wird mit dem Volks-Schillerpreis ausgezeichnet. Der Autor legt mit diesem wilhelminischen Prunkstück eine barock überladene Fortsetzung der mittelalterlichen Tristan-Geschichte vor.
3.2. UA: *Der Graf von Gleichen*, neuromantisches Verdrama von Wilhelm Schmidtbonn, im Düsseldorfer Schauspielhaus.
10.3. Die erste Nummer der Wochenzeitschrift Lichtbild-Bühne – Fachorgan für das Interessengebiet der kinematographischen Theaterpraxis erscheint in Berlin.
15.3. Giovanni Pastrone gründet in Turin die Filmproduktionsgesellschaft Italia Film.
5.5. Im ersten Urheberrechtsprozeß der Filmgeschichte verurteilt ein US-Gericht die Kalem Pictures Company zur Zahlung von 25 000 Dollar, weil sie den Film *Ben Hur* nach dem Bühnenstück von W. Young ohne Genehmigung des Autors gedreht hatte.
13.6. 82 Firmen beteiligen sich an der 1. Internationalen Kinematographen-Industrie-Ausstellung, die bis zum 28. Juni in Hamburg zu sehen ist.
17.8. Im Pariser Théâtre du Gymnase wird der weltweit erste Zeichentrickfilm vorgestellt. Der Film des französischen Fotografen Émile Cohl, *Fantasmagorie*, besteht aus 2000 Bildern und dauert zwei Minuten.
8.9. In *Der Hinterhalt* von Victorin Jasset betritt der erste Serienheld, Meisterdetektiv Nick Carter (André Liabel), die Kinoleinwand.

Gesellschaft

5.1. Der neue schwedische König Gustav V. verzichtet aus Kostengründen auf eine Krönung.
Juni. Der 1905 in Transvaal gefundene 622 g schwere Cullinan-Diamant wird in Amsterdam geteilt und geschliffen.
30.6. Ein riesiger Meteorit schlägt in Zentralsibirien ein, schickt eine Erdbeben- und Luftdruckwelle um den ganzen Erdball und vernichtet im Umkreis von 40 km den Wald.
5.8. In Echterdingen wird das Luftschiff »LZ 4« des Grafen Ferdinand von Zeppelin durch einen Sturm völlig zerstört. Nach einer reichsweiten Spendenaktion, bei der 6 Mio. Mark zusammenkommen, beginnt Zeppelin mit dem Bau von »LZ 5«.
16.8. Wilhelm Voigt, der »Hauptmann von Köpenick«, wird wegen guter Führung aus der Haft entlassen. Er war 1906 zu vier Jahren Gefängnis verurteilt worden.

Olympia-Sieger Sport

Leichtathletik:
100 m:
Reginald E. Walker (ZA)   10,8 sec
400 m:
Melvin W. Sheppard (USA)   1:52,8 min
Marathon:
John J. Hayes (USA)   2:55:18,4 h
Hochsprung:
Henry Porter (USA)   1,905 m
Weitsprung:
Francis Irons (USA)   7,48 m
Diskuswurf:
Martin Sheridan (USA)   40,89 m

12.11. Durch eine Schlagwetterexplosion in der Zeche Radbod im westfälischen Hamm kommen 348 Bergleute ums Leben. ▷ Chronik Zitat, S. 45
14.11. Der Chef des Militärkabinetts, Dietrich Graf von Hülsen-Haeseler, stirbt nach einem Schlaganfall. Zur Belustigung von Wilhelm II. hatte er vor diesem in Frauenkleidern getanzt, bevor er tot zusammenbrach.

1908

Internationale Politik	Deutsche Politik	Wirtschaft und Wissenschaft

23.6., Persien. Bei Auseinandersetzungen mit der Verfassungspartei läßt Schah Mohammad Ali russische Kosaken das Parlamentsgebäude in Teheran beschießen. Viele Abgeordnete werden daraufhin verhaftet und hingerichtet.
24.7., Osmanisches Reich. Auf Druck der jungtürkischen Reformbewegung setzt Abd Al Hamid II. in Konstantinopel die liberale Verfassung von 1876 wieder in Kraft, hebt die Zensur auf und schafft die Geheimpolizei ab.
5.10., Bulgarien. Fürst Ferdinand erklärt das zum Osmanischen Reich gehörende Land Bulgarien zum unabhängigen Königreich.
5.10., Österreich-Ungarn. Wien annektiert die bereits seit 1878 von ihm verwalteten osmanischen Provinzen Bosnien und Herzegowina.
2.12., Haiti. Nach monatelangen Kämpfen kommt es in Haiti zu einem Machtwechsel: Der Rebellenführer Antoine Simon löst den 80jährigen Diktator Alexis Nord ab.
17.12., Osmanisches Reich. In Konstantinopel wird das erste Parlament eröffnet. Die Jungtürken stellen mit 100 Mandaten die stärkste Partei.
1908, China/Japan. Die Beschlagnahmung des mit Waffen für revolutionäre Gruppen in China beladenen japanischen Dampfers »Tatsu Maru« durch chinesische Behörden führt zu einem offenen Konflikt zwischen Japan und China.

21.4. Auf dem Parteitag der Freisinnigen Vereinigung in Frankfurt am Main tritt eine kleine Gruppe aus Protest gegen die Politik der Liberalen im Regierungsblock aus der Partei aus.
15.5. Das Reichsvereinsgesetz, das u.a. das Vereins- und Versammlungsrecht im gesamten Deutschen Reich regelt, erlaubt erstmals auch Frauen die Mitgliedschaft in politischen Parteien und Vereinen.
16.6. Trotz des Dreiklassenwahlrechts ziehen die Sozialdemokraten nach den Landtagswahlen in Preußen erstmals mit sieben Abgeordneten in den Landtag ein.
11.8. Der britische König Edward VII. besucht Kaiser Wilhelm II. in Homburg zwecks Verständigung über eine Verlangsamung des deutschen Flottenbauprogramms.
28.10. Ungeschickte und überhebliche Äußerungen Kaiser Wilhelms II. in einem Interview, das der Londoner »Daily Telegraph« abdruckt, führen im In- und Ausland zu Protestürmen (»Daily-Telegraph-Affäre«).
1.11. In Dresden demonstrieren 40 000 Menschen für die Einführung des allgemeinen Wahlrechts in Sachsen. Eine geplante Wahlrechtsreform soll in dem deutschen Bundesstaat das Mehrheitswahlrecht erhalten.
20.11. Das Deutsche Reich und Portugal schließen einen umfassenden Handelsvertrag ab, in dem sich beide Staaten die Meistbegünstigung zusichern.

1908, Wirtschaft. Die Konjunkturschwäche führt in Großbritannien und den USA zu einem massiven Anstieg der Arbeitslosenquote von 3,7 bzw. 2,8% auf 7,8 bzw. 8,0%. Im Deutschen Reich steigt die Quote von 1,6 auf 2,9%.
1908, Medizin. Adalbert Czerny begründet mit seiner Schrift »Der Arzt als Erzieher des Kindes« die moderne Kinderheilkunde.
1908, Wirtschaft. Als einer der ersten Konzerne im Deutschen Reich führt die BASF einen einwöchigen bezahlten Jahresurlaub ein.

Wissenschaftler geehrt
Chronik Nobelpreise

Chemie: Ernest Rutherford (GB)
Medizin: Ilja Metschnikow (RUS) und Paul Ehrlich (D)
Physik: Gabriel Lippmann (F)
Frieden: Klas Pontus Arnoldson (S) und Frederik Bajer (DK)
Literatur: Rudolf Eucken (D)

1908, Physik. Der deutsche Physiker Alfred Heinrich Bucherer weist den Massegewinn schneller Elektronen nach und belegt damit Albert Einsteins Relativitätstheorie.
1908, Geographie. Ernest Henry Shackleton entdeckt den magnetischen Südpol.

1908 Geborene und Gestorbene

Geboren:
9.1. Simone de Beauvoir (†14.4.1986), französische Schriftstellerin.
6.2. Amintore Fanfani, italienischer Politiker.
7.3. Anna Magnani (†26.9.1973), italienische Schauspielerin.
23.3. Joan Crawford (†10.5.1977), amerikanische Filmschauspielerin.
25.3. Helmut Käutner (†20.4.1980), deutscher Schauspieler und Filmregisseur.
5.4. Herbert von Karajan (†16.7.1989), österreichischer Dirigent.
1.5. Giovanni Guareschi (†22.7.1968), italienischer Erzähler.
24.6. Hugo Distler (†1.11.1942), deutscher Komponist.
26.7. Salvador Allende Gossens (†11.9.1973), chilenischer Politiker.
27.8. Lyndon B. Johnson (†22.1.1973), amerikanischer Politiker.
9.10. Jacques Tati (†5.11.1982), französischer Regisseur und Filmschauspieler.
16.10. Enver Hoxha (†11.4.1985), albanischer Politiker.

1908

Kunst, Literatur und Musik

1908 Wassily Kandinsky zeigt mit seinem Gemälde *Straße in Murnau* deutliche Ansätze zum Abstrakten.
1908 Der italienische Maler Amedeo Modigliani stellt zum ersten Mal im Pariser Herbstsalon aus.
1908 Maurice Ravel beendet seine erste bedeutende Orchesterkomposition, die *Rhapsodie espagnole*.
1908 Oscar Straus komponiert die Operette *Der tapfere Soldat*.
1908 Als einer der bedeutendsten Romane des Modernismus gelten die *Versuchungen des Don Ramiro* von Enrique Rodríguez Larreta.
1908 Der erste Band des Romanzyklus *Die lange Reise* von Johannes Vilhelm Jensen erscheint unter dem Titel *Der Gletscher*.
1908 Der letzte Band des dreibändigen satirischen Zeitromans *Prinz Kuckuck* von Otto Julius Bierbaum kommt heraus.
1908 Georg Hermann veröffentlicht mit *Henriette Jacoby* den zweiten Teil seines Doppelromans *Jettchen Geberts Geschichte*.
1908 Robert Walser bringt den Roman *Der Gehülfe* heraus.
1908 Erwin Guido Kolbenheyer wird durch seinen Spinoza-Roman *Amor Dei* bekannt.
1908 Clara Viebig bringt den Roman *Das Kreuz im Venn* heraus.
1908 Von Jakob Wassermann erscheint der Roman *Caspar Hauser oder Die Trägheit des Herzens*.

Theater und Film

17.11. *Die Ermordung des Herzogs von Guise* heißt der erste Film der Gesellschaft Le Film d'Art in Paris. Die Musik zu dem Film komponierte Camille Saint-Saëns.
20.11. UA: *Moral*, Komödie von Ludwig Thoma, in Berlin.
18.12. Führende amerikanische Filmproduzenten schließen sich mit einem Verleih zum ersten Filmtrust, der Motion Picture Patents Company, zusammen. Das Unternehmen hat das Monopol über alle Patente für Aufnahme- und Vorführapparate. Durch ein Abkommen mit Eastman-Kodak als Rohfilmlieferanten hofft der Trust, den US-Markt zu kontrollieren.
1908 Der historische Monumentalfilm *Die letzten Tage von Pompeji*, realisiert von Luigi Maggi und Arturo Ambrosio, feiert den ersten großen internationalen Erfolg der italienischen Filmindustrie.
1908 Wladimir Romaschkow dreht den ersten russischen Film: *Stenka Rasin*, der das Leben des gleichnamigen aufständigen Donkosaken und Bauernführers thematisiert.
1908 *Das Höllenkind* heißt einer der zahlreichen Filme des dänischen Filmunternehmens Nordisk, die dieses Jahr auf den Markt kommen.
1908 In dem Film *Erste Versuche eines Schlittschuhläufers* von und mit dem Komiker Max Linder tritt erstmals die Figur des Dandys Max als zentrale Figur auf.

Gesellschaft

28.12. Die sizilianischen Städte Messina und Reggio di Calabria werden durch ein Erdbeben fast völlig zerstört. Mehr als 100 000 Menschen kommen ums Leben.

Wie auf dem Schlachtfeld

Chronik Zitat

»Heiße Schwaden trieben uns den Schweiß aus allen Poren des Körpers. Eine Schlagwetter-Explosion! ... Auf einem Schlachtfeld kann es nicht schlimmer aussehen. Wir stolperten über zwei, drei Körper. Waren es Tote? Oder Schwerverletzte? Wir konnten uns nicht darum kümmern, hinter uns züngelten die Flammen...«

Alois Pinkava, Überlebender der Schlagwetterexplosion in der Zeche Rabold

1908 Nach einer Umfrage von Anna Pappritz stellen Dienstmädchen das größte Kontingent unter den unverheirateten Müttern.
1908 Als letzter deutscher Bundesstaat öffnet Preußen den Frauen den Zugang zum Universitätsstudium.
1908 Der französische Modeschöpfer Paul Poiret erregt mit seiner neuen Silhouette »Le Vague« – gerade geschnittene Empire-Kleider – großes Aufsehen und wird zum führenden Couturier seiner Zeit.

1908 Geborene und Gestorbene

11.11. Martin Held (†31.2.1992), deutscher Schauspieler.
12.11. Hans Werner Richter, deutscher Schriftsteller.
28.11. Claude Lévi-Strauss, französischer Philosoph und Ethnologe.

Gestorben:
9.1. Wilhelm Busch (*15.4.1832), deutscher Maler und Zeichner.
1.2. Karl I. (*28.9.1863), König von Portugal.
28.2. Pauline Lucca (*25.4.1841), österreichische Sopranistin.
19.3. Eduard Zeller (*22.1.1814), deutscher Philosoph und Theologe.
23.5. François Coppée (*12.1.1842), französischer Dichter.
21.6. Nikolai Rimski-Korsakow (*18.3.1844), russischer Komponist.
24.6. Steven Grover Cleveland (*18.3.1837), amerikanischer Politiker.
5.7. Jonas Lie (*6.11.1833), norwegischer Dichter.
14.8. Friedrich Paulsen (*16.7.1846), deutscher Philosoph und Pädagoge.
25.8. Antoine Henri Becquerel (*15.12.1852), französischer Physiker, Entdecker der Radioaktivität.

1909

Internationale Politik

26. 2., Österreich-Ungarn/Osmanisches Reich. Die osmanische Regierung und Österreich-Ungarn schließen ein Abkommen. Darin wird die Annexion Bosnien-Herzegowinas durch Österreich-Ungarn anerkannt.

26. 2., Großbritannien. Eine internationale Seerechtskonferenz in London verabschiedet die sog. Londoner Deklaration, in der sich die führenden Seemächte auf eine umfassende Kodifizierung des Seekriegsrechts einigen.

4. 3., USA. Als Nachfolger von Theodore Roosevelt tritt William H. Taft das Amt des US-Präsidenten an.

27. 4., Osmanisches Reich. Auf Druck der neukonstituierten osmanischen Nationalversammlung erklärt Sultan Abd Al Hamid II. seinen Thronverzicht. Zuvor hatten die Jungtürken nach schweren Kämpfen die Macht am Bosporus übernommen.

16. 7., Persien. Die Nationalversammlung in Teheran erklärt Schah Mohammad Ali von Persien für abgesetzt. Zu seinem Nachfolger wird sein elfjähriger Sohn Ahmad Mirsa ausgerufen.

Soziale Verantwortung

Chronik Zitat

»*Der Souverän muß über den Parteien stehen, er muß wachen über die nationale Kraft, er muß hören auf die Stimme des Volkes, das Schicksal der Armen erleichtern, kurz, der Herrscher muß ein Diener des Rechtes und Erhalter des sozialen Friedens sein.*«
Albert I., König der Belgier

20. 7., Frankreich. Frankreichs Ministerpräsident Georges Clemenceau tritt nach einer Abstimmungsniederlage im Parlament zurück. Seine Nachfolge tritt der bisherige Kultusminister Aristide Briand an.

2. 8., Spanien. Militär schlägt einen anarcho-syndikalistischen Aufstand in Barcelona blutig nieder. Mehrere hundert Menschen werden bei den Straßenkämpfen getötet.

Deutsche Politik

29. 1. Der Reichstag debattiert über die »schwarzen Listen«, die deutsche Arbeitgeber über mißliebige Arbeiter führen. Der Staatssekretär des Innern, Theobald von Bethmann Hollweg, lehnt die Forderung der Zentrumspartei nach Abschaffung dieser Listen ab.

Tod von Holsteins

Chronik Zitat

»*Kein Reichskanzler hätte ihn entbehren können und wollen, ein jeder war sich klar, daß angesichts der Schwierigkeiten durch die Eingriffe und die Privatpolitik des Kaisers ... nur Holstein die Eigenschaften besaß, um das Staatsschiff aus dem kaiserlichen Strudel hinauszuführen.*«
Der Vertraute Wilhelms II., Philipp von Eulenburg, über Friedrich von Holstein

3. 2. Der kaiserlicher Statthalter in Elsaß-Lothringen, Karl Graf von Wedel, plädiert dafür, der seit dem Pariser Frieden von 1871 zu Deutschland gehörenden Provinz größere Autonomierechte einzuräumen.

9. 2. In Berlin einigt sich das Deutsche Reich mit Frankreich in der Marokkofrage. Die Deutschen erkennen die französische Vormacht in dem nordafrikanischen Land an und erhalten dafür wirtschaftliche Gleichberechtigung in dieser Region.

März. Im Zusammenhang mit der Bosnienkrise spricht Reichskanzler Bernhard Fürst von Bülow von der »Nibelungentreue« der deutschen Regierung zu Österreich-Ungarn.

1. 5. Der Reichstag lehnt den Antrag der Sozialdemokraten ab, eine Vermögens- und Einkommenssteuer einzuführen.

7. 5. In einer diplomatischen Note erkennt Kaiser Wilhelm II. den neuen türkischen Sultan Muhammad V. als Staatsoberhaupt an und gratuliert ihm zur Thronbesteigung.

8. 5. Nach 28 Jahren Dienst im Auswärtigen Amt erliegt Friedrich von Holstein 72jährig seinem dritten Schlaganfall.

Wirtschaft und Wissenschaft

12. 1., Wirtschaft. Der preußische Finanzminister Georg Freiherr von Rheinbaben plädiert angesichts eines Haushaltsdefizits von 168 Mio. Mark für größere Sparsamkeit.

6. 4., Geographie. Auf einer Forschungsreise gelangt der amerikanische Polarforscher Robert E. Peary in unmittelbare Nähe des Nordpols.

9. 4., Medien. In New York gelingt dem amerikanischen Ingenieur Lee de Forest mit Hilfe einer von ihm entwickelten Sender-Empfänger-Einheit die Übertragung eines Konzertes des italienischen Tenors Enrico Caruso aus der Metropolitan Opera in sein Labor.

2. 5., Medizin. Der Leiter des Frankfurter Instituts für experimentelle Therapie, Paul Ehrlich, entwickelt für »Salvarsan 606« ein wirksames Medikament zur Behandlung der Syphilis.

14. 7., Technik. Ein deutsch-amerikanischer Vertrag über die gegenseitige Anerkennung von Patenten tritt in Kraft.

23. 7., Luftfahrt. Der Ingenieur und Flugpionier Louis Blériot überfliegt als erster den Ärmelkanal.

16. 11., Luftfahrt. In Fankfurt am Main wird mit der Deutschen Luftschiffahrt Aktiengesellschaft (Delag) die erste Fluggesellschaft der Welt gegründet.

7. 12., Wirtschaft. Neuer Aufsichtsratsvorsitzender des Krupp-Konzerns wird Gustav Krupp von Bohlen und Halbach, Ehemann der Krupp-Alleinerbin Bertha.

10. 12., Nobelpreise. Verleihung der Nobelpreise in Oslo und Stockholm.
▷Chronik Nobelpreise, S. 48

Verkehr im Deutschen Reich

Chronik Statistik

Eisenbahnnetz (km)	58 216
Bestand an Kraftfahrzeugen	41 727
davon Pkw	39 475
davon Lkw	2 252
Binnenschiffe zum Gütertransport (Tragfähigkeit in t)	5 914 020
Handelsschiffe (BRT)	4 356 067

1909

Kunst, Literatur und Musik

22.1. Wassily Kandinsky, Alexej von Jawlensky, Marianne von Werefkin und Gabriele Münter gründen in München die avantgardistische »Neue Künstlervereinigung«.
25.1. UA: *Elektra*, Oper von Richard Strauss nach einem Libretto von Hugo von Hofmannsthal, in Dresden.
9.2. UA: *Quo vadis?*, Oper von Jean Nouguès, in Nizza.
20.2. Der italienische Schriftsteller Filippo Tommaso Marinetti veröffentlicht im »Figaro« sein *Manifest des Futurismus*, in dem er die Hinwendung der Kunst zu den Errungenschaften der Technik und der modernen Massengesellschaft fordert.
▷Chronik Zitat, S. 49
12.11. UA: *Der Graf von Luxemburg*, Operette von Franz Lehár, in Wien.
4.12. UA: *Il segreto di Susanna (Susannens Geheimnis)*, Oper von Ermanno Wolf-Ferraris, in München.
1909 Im Alter von sechs Jahren tritt der chilenische Pianist Claudio Arrau erstmals in Santiago de Chile auf.
1909 Gustav Mahler vollendet seine Sinfonie *Das Lied von der Erde*.
1909 Hans Breuer veröffentlicht die Liedersammlung der Wandervogelbewegung, *Der Zupfgeigenhansel*.
1909 UA: *The Wreckers*, Oper von Ethel Smyth, unter dem Titel *Strandrecht* in Leipzig.
1909 Anatoli Ljadov komponiert die Tondichtung für Orchester *Der verzauberte See*.
1909 Ferruccio Busoni schreibt *Berceuse élégiaque*, eine Komposition für kleines Orchester.
1909 Der Kunsthändler und Verleger Paul Cassirer gründet die Pan-Presse zur Veröffentlichung impressionistischer und expressionistischer Illustrationen.
1909 Gustav Klimt malt *Salome (Judith II)*.
1909 Henri Matisse malt *La Serpentine (Schlangenmädchen)*.
1909 Pablo Picasso schafft die kubistische Plastik *Frauenkopf*.
1909 Piet Mondrian malt den *Roten Baum*.
1909 Die Erzählung *Die enge Pforte* von André Gide kommt heraus.

Theater und Film

12.3. Der Filmverleiher und Kinobesitzer Carl Laemmle gründet in New York die Filmgesellschaft Independent Motion Picture (IMP).
31.3. Unter dem Titel *Vermischtes von Pathé* zeigt die französische Filmgesellschaft ihre erste Wochenschau.
6.3. Im Wiener Burgtheater und im Berliner Lessing-Theater wird das Lustspiel *Griselda* des deutschen Dramatikers Gerhart Hauptmann gleichzeitig uraufgeführt.
9.3. In dem Drama *Kampf*, das im Duke of York's Theatre in London uraufgeführt wird, stellt der als sozialkritischer Bühnenautor bekanntgewordene John Galsworthy unparteiisch den Verlauf eines Streiks in einem Walzwerk an der walisischen Grenze dar.
13.3. UA: *Die Laterne*, Komödie des französischen Dramatikers Georges Thurner, im Berliner Neuen Theater.
15.3. UA: *Der Gesundbeter*, Drama von William Vaughn Moody, in Saint Louis (USA).
6.5. UA: *Der unverstandene Mann*, Komödie von Ernst von Wolzogen, in den Berliner Kammerspielen.
24.5. Das neue Bühnenstück des englischen Dramatikers George Bernard Shaw, *The shewing up of blanco posnet*, wird wenige Tage vor der Londoner Uraufführung von der Zensur verboten. Das Stück beschäftigt sich kritisch mit der Theologie.
29.9. UA: *Wenn der junge Wein blüht*, Lustspiel des Literaturnobelpreisträgers Bjørnstjerne Bjørnson, im Nationaltheatret in Kristiania.
20.10. Im Moskauer Künstlertheater wird das Schauspiel *Anathema* von Leonid N. Andrejew uraufgeführt. Auf Betreiben des Klerus, der das Stück als Persiflage auf das Christentum auffaßt, werden weitere Aufführungen verboten.
27.10. In Paris stellt der französische Erfinder Jean Comandon eine Technik vor, bei der eine Filmkamera an das Objektiv eines Mikroskops angeschlossen ist. Damit können erstmals mikrobiologische Vorgänge zu Studien- und Lehrzwecken aufgezeichnet werden.

Gesellschaft

2.1. Die Deutsche Reichspost führt den bargeldlosen Zahlungsverkehr mittels Postscheck ein.
4.1. In Berlin wird der Deutsche Richterbund gegründet. Ziel des Interessenverbandes ist u.a. eine bessere Bezahlung der im Staatsdienst tätigen Juristen.
1.4. In Großbritannien stellt ein Gesetz den Verkauf von Tabak und Alkohol an Jugendliche unter 16 Jahren unter Strafe.
2.4. In Berlin wird die Große Internationale Gartenbau-Ausstellung am Zoologischen Garten für das Publikum eröffnet.
18.4. Die französische Nationalheldin Jeanne d'Arc, die »Jungfrau von Orléans«, wird von Papst Pius X. seliggesprochen.
3.5. In Berlin konstituiert sich der Reichsverband Deutscher Ärzte, der u.a. für den Abschluß freier Vereinbarungen zwischen Krankenkassen und Ärzten eintritt.
Juli In Frankfurt am Main findet die erste Internationale Luftschiffahrtsausstellung statt.

Deutsche Rekorde

Sport

Leichtathletik:	
200 m:	
Karl Thomsen	22,4 sec
Hochsprung:	
Robert Pasemann	1,805 m
Diskuswurf:	
Emil Welz	39,06 m
Speerwurf:	
Julius Wagner	54,10 m
Hammerwurf:	
Max Furtwengler	29,84 m

6.7. In Anwesenheit von Kaiser Wilhelm II. wird auf Rügen die erste an den Eisenbahnverkehr angeschlossene Fährverbindung zwischen Schweden und Deutschland (von Saßnitz nach Trelleborg) eröffnet.
30.7. Die sächsische Metropole Leipzig feiert das 500jährige Bestehen ihrer Universität.

1909

Internationale Politik	Deutsche Politik	Wirtschaft und Wissenschaft

5.8., Deutsches Reich/Großbritannien. Auf Initiative des neuen deutschen Reichskanzlers Theobald von Bethmann Hollweg beginnen deutsch-britische Abrüstungsgespräche, die jedoch erfolglos bleiben.
18.9., Bolivien/Peru. Bolivien und Peru legen ihre seit Monaten schwelenden Grenzkonflikte bei.
Oktober, Großbritannien. Die britische Regierung läßt inhaftierte Suffragetten, die in einen Hungerstreik getreten sind, zwangsernähren.
24.10., Rußland/Italien. Rußland und Italien schließen im Rahmen eines Italienbesuchs von Zar Nikolaus II. einen Geheimvertrag über ihre außenpolitische Zusammenarbeit auf dem Balkan.
25.10., Japan. Während einer Reise in die Mandschurei wird der Generalresident des japanischen Protektorats Korea, Fürst Hirobumi Ito, bei einem Anschlag koreanischer Nationalisten in Harbin ermordet.
23.11., China. Prinz Tschun, der die Regierungsgeschäfte für seinen Sohn, den dreijährigen Kaiser Pu Yi, führt, versucht, seine Macht zu festigen, indem er Gouverneursposten in den Provinzen neu verteilt.
23.12., Belgien. Als Nachfolger seines verstorbenen Onkels Leopolds II. besteigt Albert I. den belgischen Thron. In der Thronrede hebt er seine soziale Verantwortung hervor. ▷Chronik Zitat, S. 46

5.6. Der Deutsche Flottenverein fordert auf seiner neunten Hauptversammlung in Kiel den beschleunigten Ausbau der deutschen Kriegsmarine.
17.6. Obwohl Kaiser Wilhelm II. und Zar Nikolaus II. während eines Treffens bei Turku deutsch-russische Einigkeit demonstrieren, verschlechtert sich das Verhältnis zwischen beiden Ländern durch die deutsche Rückendeckung für die österreichische Annexion Bosnien-Herzegowinas.
24.6. Nach der Abstimmungsniederlage über den Entwurf zur Erbschaftssteuer, Kernstück der geplanten Reichsfinanzreform, ersucht Reichskanzler Bernhard Fürst von Bülow Wilhelm II. um seine Entlassung.
28.6. Die Einführung einer Ausweiskarte für italienische Saisonarbeiter stößt in Italien auf Protest. In einem Schreiben an die deutsche Reichsleitung verwahrt sich der italienische Außenminister Tommaso Tittoni gegen die Diskriminierung.
14.7. Der bisherige deutsche Vizekanzler Theobald von Bethmann Hollweg löst Bernhard Fürst von Bülow als Reichskanzler ab.
21.10. Bei den Landtagswahlen in Sachsen erhalten die Sozialdemokraten aufgrund des neuen Pluralwahlrechts trotz 53,8% der Stimmen nur 25 der insgesamt 91 Landtagssitze.
22.10. In Sachsen gehen Soldaten mit Waffengewalt gegen streikende Arbeiter in Mansfeld vor.

1909, Technik. Der französische Bauingenieur Gustave Eiffel gründet das erste aerodynamische Laboratorium mit Windkanal.
1909, Luftfahrt. Wilhelm Maybach gründet mit Ferdinand Graf von Zeppelin in Friedrichshafen eine Fabrik für Luftschiffmotoren.
1909, Wirtschaft. Seit 1870 ist der Fleischkonsum im Deutschen Reich von 27,6 kg auf 40 kg pro Kopf gestiegen.
1909, Wirtschaft. Die Firma Maggi bietet erstmals Suppenextrakt in Brühwürfelform an.
1909, Technik. In den USA kommt der erste elektrische Toaster auf den Markt.

Wissenschaftler geehrt
Chronik Nobelpreise

Chemie: Wilhelm Ostwald (D)
Medizin: Emil Th. Kocher (CH)
Physik: Guglielmo Marconi (I) und Karl Ferdinand Braun (D)
Frieden: Auguste Marie Francois Beernaert (B) und Paul Balluat d'Estournelles de Constant (F)
Literatur: Selma Lagerlöf (S)

1909, Wirtschaft. Der »Mercedes-Stern« wird als einheitliches Firmensignet eingeführt und rechtlich geschützt.

1909 Geborene und Gestorbene

Geboren:
3.2. Simone Weil (†24.8.1943), französische Philosophin.
24.4. Bernhard Grzimek (†13.3.1987), deutscher Zoologe.
30.4. Juliana, Königin der Niederlande.
15.5. James Mason (†27.7.1984), britischer Filmschauspieler.
30.5. Benny Goodman (†13.6.1986), amerikanischer Jazzmusiker.
28.6. Eric Ambler, britischer Autor.
18.7. Andrej Gromyko (†2.7.1989), sowjetischer Politiker.
28.7. Malcolm Lowry (†27.6.1957), britischer Schriftsteller.
21.9. Kwame Nkrumah (†27.4.1972), ghanaischer Politiker.
8.11. Katherine Hepburn, amerikanische Filmschauspielerin.
14.11. Joseph Raymond McCarthy (†2.5.1957), amerikanischer Politiker.
26.11. Eugène Ionesco (†28.3.1994), französischer Schriftsteller.

Gestorben:
15.1. Ernst von Wildenbruch (*3.2.1845), deutscher Dramatiker.
7.2. Adolf Stoecker (*11.12.1835), deutscher Hofprediger und Politiker.

1909

Kunst, Literatur und Musik	Theater und Film	Gesellschaft

1909 Von H. G. Wells erscheint der Roman *Der Traum*.
1909 *Jakob von Gunten* von Robert Walser erscheint.

Ästhetik der Geschwindigkeit

Zitat

»Wir erklären, daß sich die Herrlichkeit der Welt um eine neue Schönheit bereichert hat: die Schönheit der Geschwindigkeit. Ein Rennwagen, dessen Karosserie große Rohre schmücken ... ein aufheulendes Auto ... ist schöner als die Nike von Samothrake.«
Filippo Tommaso Marinetti in seinem Manifest des Futurismus.

1909 Die erste relativ vollständige Ausgabe der *Schlesischen Lieder* von Petr Bezruč kommt heraus.
1909 Ezra Pound veröffentlicht den Lyrikband *Masken*.
1909 Wassily Kandinsky nähert sich mit *Improvisation III* der Abstraktion.
1909 Alexej von Jawlensky malt das *Bildnis des Tänzers Alexander Sacharoff*.
1909 Henri Matisse malt *Rote Fische und Statuette aus rötlichem Ton*.
1909 Edvard Munch malt *Der Schrei*.
1909 Ernst Ludwig Kirchner vollendet den *Liegenden blauen Akt mit Strohhut*.

15.11. UA: Das sozialkritische Stück *Die Stadt (The City)*, Tragödie des amerikanischen Dramatikers Clyde Fitch, im Hyperion-Theater in New Haven/Connecticut.
7.12. UA: *Liliom*, Schauspiel von Ferenc Molnár, in Budapest.
11.12. In New York wird der erste Farbfilm gezeigt. Die Testaufnahme wurde mit einem additiven, von Charles Urban und George Albert Smith entwickelten Verfahren (Kinemacolor) hergestellt.
23.12. UA: *Das Konzert*, Komödie von Hermann Bahr, im Berliner Lessing-Theater. Im Mittelpunkt dieser impressionistischen Diskussionskomödie stehen die Freiheiten und Grenzen der Ehe.
1909 *Der Cid* von Mario Caserini ist einer der Monumentalfilme, mit denen italienische Regisseure den Erfolg von *Die letzten Tage von Pompeji* (1908) zu übertreffen versuchen.
1909 In *Pippa Passes* und anderen Kurzfilmen setzt David W. Griffith Mary Pickford als Hauptdarstellerin ein und macht sie als »Unschuld mit den Ringellöckchen« zum Star.
1909 David W. Griffith verwendet in dem Kurzfilm *Die einsame Villa* erstmals die Technik der Parallelmontage, um Vorgänge synchron darstellen zu können und die Spannung zu erhöhen. Die Parallelmontage wird in den folgenden Jahren eines der typischen Stilelemente der Griffith-Filme.

14.8. Das Hochbauamt der Reichshauptstadt Berlin verfügt, daß bleihaltige Farben wegen ihrer Gesundheitsschädlichkeit nur noch in begrenztem Umfang verwendet werden sollen.
13.9. Angesichts wachsender Beliebtheit des Rollschulaufens sieht sich der Berliner Polizeipräsident veranlaßt, eine Verordnung über die Benutzung von Rollschuhen zu erlassen.
22.10. Die Französin Elise de Laroche startet als erste Frau von Châlons-sur-Marne zu einem Alleinflug in einem Motorflugzeug.
1909 Coco Chanel wird Modistin in Paris.
1909 Nach dem Vorbild der 1907 gegründeten britischen Boy Scouts bilden sich im Deutschen Reich erste Pfadfindergruppen.
1909 In seinem Buch »Wider das Schulelend« fordert Wilhelm Ostwald eine grundlegende Reform des deutschen Schulsystems.
1909 Der Reformpädagoge Gustav Wyneken gründet den »Bund für freie Schulgemeinden«.
1909 Etwa 12% aller Todesfälle im Deutschen Reich lassen sich auf Lungentuberkulose zurückführen.
1909 Die modebewußte Leserin informiert sich in den Journals »Mademoiselle« aus Paris und »Modern Style« aus London sowie in der deutschen Zeitschrift »Die Mode«. Den Herrn informiert die Berliner Zeitschrift »The Gentleman«.

Geborene und Gestorbene

6.3. Gustaf af Geijerstam (*5.1.1858), schwedischer Erzähler.
24.3. Alfred Messel (*22.7.1853), deutscher Architekt.
10.4. Algernon Charles Swinburne (*5.4.1837), englischer Dichter.
8.5. Friedrich von Holstein (*24.4.1837), deutscher Diplomat.
18.5. George Meredith (*12.2.1828), britischer Dichter.

11.7. Simon Newcomb (*12.3.1835), amerikanischer Astronom.
22.7. Detlev von Liliencron (*3.6.1844), deutscher Lyriker.
9.9. Edward Henry Harriman (*20.2.1848), amerikanischer Eisenbahnmagnat.
19.10. Cesare Lombroso (*18.11.1836), italienischer Arzt und Anthropologe.

5.11. William Torrey Harris (*10.9.1835), amerikanischer Philosoph und Erzieher.
24.11. Octave Chamite (*18.2.1832), Fluglehrer der Brüder Wright.
17.12. König Leopold II. von Belgien (*9.4.1835).
19.12. Lina Morgenstern (*25.11.1830), deutsche Schriftstellerin und Philantropin.

Weltkrieg und Revolution

Der Erste Weltkrieg, den erst das Eingreifen der transatlantischen Macht USA entscheidet, leitet das Ende des Europäischen Systems ein. Mit Woodrow Wilson, der 1917 seine »Vierzehn Punkte« für einen Friedensschluß unterbreitet, versucht erstmals ein US-Präsident, die Geschicke Europas und der Welt zu lenken. Die »Geburt der Revolution aus dem Kriege« vollzieht sich am eindrucksvollsten in Rußland: Die von Lenin geführte Oktoberrevolution verändert die welthistorische Entwicklung maßgeblich. Auch andere Staaten befreien sich teilweise von monarchischer Herrschaft und Fremdbestimmung. Wissenschaft und Technik machen den modernen Massenkrieg erst möglich. Aufbruch, Umbruch und Neuanfang spiegeln sich auch in der Kunst des Jahrzehnts wieder, die unter dem Eindruck ihrer destruktiven wie revolutionären Umwelt neue Formen und Richtungen entwickelt.

Vor Ausbruch des Ersten Weltkriegs wird Europa durch schwere Krisen erschüttert, die das gegenseitige Mißtrauen der Mächte noch vertiefen. Das Wettrüsten nimmt bisher unbekannte Ausmaße an, denn mit der Aufteilung der letzten »freien« Kolonialgebiete kehren die Spannungen von der Peripherie wieder nach Europa zurück. Die USA forcieren ihre Expansion und besetzen Nicaragua und Kuba; Japan annektiert Korea. Im bedrängten China muß 1911 der Kaiser abdanken, doch hält sich der asiatische Koloß dank der imperialstischen Konkurrenz frei von direkter Kolonialherrschaft. In Europa spitzt sich die Krise 1911 durch eine von Deutschland provozierte zweite Konfrontation mit Frankreich um Marokko zu. Zwei Balkankriege destabilisieren 1912/13 das europäische Machtgefüge.

Das Attentat von Sarajewo, am 28. Juni 1914 verübt von bosnisch-serbischen Nationalisten auf den österreichischen Thronfolger Prinz Ferdinand und seine Gemahlin, wird zum Funken im Pulverfaß: Vom Deutschen Reich ermutigt, erklärt Österreich-Ungarn Serbien am 28. Juli 1914 den Krieg, der sich durch Bündnisverpflichtungen rasch zum europäischen Krieg ausweitet. Die Kriegsbegeisterung kennt keine Grenzen. Innerhalb weniger Tage erreicht die Mobilisierung ein bis dahin unvorstellbares Ausmaß.

Deutschland marschiert 1914 in Belgien ein und hofft auf einen schnellen Sieg gegen Frankreich, damit es sich Rußland zuwenden kann. Die deutsche Armee ist der französischen zunächst überlegen. Das Kräfteverhältnis zwischen Deutschland und den alliierten englisch-französischen Truppen ändert sich jedoch schnell, und die deutsche Offensive kommt zum Stehen. Aus dem Bewegungskrieg wird ein Stellungskrieg. Die eigentliche militärische Wende ist für Deutschland 1916 erreicht, als die Offensive bei Verdun scheitert. Das Eingreifen der USA 1917 weitet den Krieg zum »Weltkrieg« im engeren Sinne aus. Er ist der erste moderne Krieg, dessen Technik die Massenvernichtung möglich macht: Am Ende haben rund 8 Millionen Menschen ihr Leben verloren und mehr als 20 Millionen wurden verwundet. Die Dauer des Krieges zermürbt die Mittelmächte, die 1918 schließlich allein schon wegen ihrer quantitativen Unterlegenheit kapitulieren müssen.

Der Krieg endet mit der Niederlage des Deutschen Reiches und seiner Verbündeten. Im November 1918 muß die deutsche Armee kapitulieren, die durch die Dauer des Krieges und ihre quantitative Unterlegenheit erschöpft ist. Mittel- und Osteuropa werden nach dem Zerfall der drei großen Monarchien Deutschland, Rußland und Österreich-Ungarn neu geordnet. Mit den Pariser Vorortverträgen (u.a. dem Versailler Vertrag für Deutschland) kommt jedoch ein Arrangement zustande, das kaum jemanden befriedigt und das trotz Gründung des Völkerbunds, zunächst als Institution der Siegermächte, den Weltfrieden nicht dauerhaft sichern kann.

Innenpolitisch überdeckt der Ausbruch des Weltkrieges und der nationale Schulterschluß in der »Burgfriedenspolitik« die inneren Spannungen im Deutschen Reich, die seit dem Wahlsieg der SPD bei den Reichstagswahlen 1912 mit

1910–1919

Händen zu greifen sind. Mit den schwindenden Erfolgsaussichten und der militärischen Niederlage bricht der Konflikt zwischen den herrschenden Eliten und den demokratischen Massen erneut auf und mündet 1918 in die Novemberrevolution. Aus ihr geht 1919 die Weimarer Republik hervor. Deutschland bleibt trotz territorialer Verluste, Beschränkungen von Rüstung und bewaffneten Streitkräften sowie hohen Reparationszahlungen eine europäische Großmacht.

Die Wirtschaft wächst in den Jahren vor Ausbruch des Ersten Weltkrieges noch weiter zur Weltwirtschaft zusammen. Das Tempo des ökonomischen Zuwachses wird dabei vor allem in den USA und in Deutschland deutlich. Beide Länder haben ihre Eisenproduktion seit 1900 nahezu verdoppelt. Die Erfordernisse der technischen Entwicklung und Industrieproduktion machen einige Länder zu quasi Monopolproduzenten: Bolivien für Zinn, Venezuela für Öl und Brasilien für Kautschuk. Schwer- und Rüstungsindustrien und Kapital sind inzwischen international verflochten. Über hundert internationale Kartelle sprechen Märkte und Preise ab. Eine zunehmende Konzentration des Reichtums geht mit der wirtschaftlichen Zentralisierung einher. So besitzen in den USA zehn Prozent der Bevölkerung neunzig Prozent des Volksvermögens. Dort reguliert der Staat unter dem Demokraten Woodrow Wilson den Laissez-faire-Liberalismus und führt beispielsweise die gestaffelte Einkommensteuer ein. Während des Krieges herrscht in den Vereinigten Staaten Hochkonjunktur. Die kriegsbedingten Schulden Englands und Frankreichs in den USA türmen sich im April 1917 zu 2,3 Milliarden US-Dollar auf. Der Eingriff Washingtons in den Ersten Weltkrieg ist von daher auch von wirtschaftlichen Motiven geleitet.

Der Fortschritt der Wissenschaften ist unübersehbar. Amudsen steht 1911 als erster Mensch auf dem Südpol. Mit einem neuen Teleskop erkennt Shapley die ständige Ausdehnung der Milchstraße. Auch die Physik schaut in den Weltraum: 1913 mißt Geiger die ersten kosmischen Strahlen. Rutherford entwirft 1911 das erste Atommodell. Einstein präsentiert 1916 seine Allgemeine Relativitätstheorie der Öffentlichkeit. Die Luftfahrt wird vom Krieg gewaltig beschleunigt. 1915 baut Junkers mit der »Ju 1« das erste Ganzmetallflugzeug.

Entfernung vom Gegenständlichen ist die vordringliche Entwicklungsrichtung der Kunst. Zum ersten Mal entstehen abstrakte Bilder. Wassily Kandinsky entwickelt die Konzeption von der nicht-dinglichen Malerei. Das Kunstleben ist in den Jahren vor Kriegsausbruch außergewöhnlich rege: Oskar Kokoschka malt seine »Windsbraut«, Henry Matisse das »Rote Atelier Nr. 2«. Marcel Duchamp erregt in New York Aufsehen mit einer Ausstellung von Gebrauchsgegenständen. Der Expressionismus mit seinem Ziel, Kunst und Leben miteinander zu verbinden, erreicht in darstellender Kunst und Literatur seinen Höhepunkt. Autoren wie Däubler, Kaiser, Döblin, Trakl und Heym werden erstmals gedruckt. Auch auf der Bühne dominiert der Expressionismus, während Hugo von Hofmannsthal das alte Mysterienspiel erneuert.

In Hollywood beginnt endgültig der Aufstieg des Films. Innerhalb weniger Monate wird Charlie Chaplin zum bekanntesten Komiker der Kinowelt. In den USA entstehen die ersten Serienfilme. Der erste große Spielfilm, »The Birth of a Nation« mit rund 1500 Einstellungen, erlebt in New York seine Uraufführung.

Auch das gesellschaftliche Leben bleibt vom Ausbruch des Weltkrieges nicht unberührt. Anfängliche patriotische Töne verstummen schnell angesichts der riesigen Materialschlachten mit ihren viele Opfern. Das geistige Leben wird durch die politischen Ereignisse geprägt. Die Stunde des Sozialismus schlägt nach dem Krieg, der Kommunismus setzt sich 1917 unter Lenin in Rußland durch. Eine Demokratisierungswelle überflutet Europa und findet ihren Ausdruck und in der Auflösung von Monarchien. Am Ende des Jahrzehnts prägt große Unsicherheit die Grundstimmung.

1910

Internationale Politik

1.1. Schweiz. Robert Comtesse löst Adolf Dencher als Schweizer Bundespräsident ab. Comtesse ist nach 1904 zum zweiten Mal Bundespräsident.

14.1., Großbritannien. Die regierende liberale Partei unter Premierminister Herbert Henry Asquith verliert bei den Unterhauswahlen 100 Mandate. Ihre Mehrheit ggenüber Konservativen und Unionisten schmilzt damit auf einen Sitz (274:273).

12.2., Tibet. Der Dalai-Lama Thupten Gjatso flieht vor einrückenden chinesischen Truppen aus der Hauptstadt Lhasa nach Kalkutta (Britisch-Indien).

21.2., Ägypten. Ministerpräsident Boutros Pascha Ghali erliegt den Folgen eines tags zuvor erlittenen Revolverattentats.

10.3., China. Die chinesische Regierung genehmigt den Gesetzentwurf zur Abschaffung der Sklaverei.

23.3., Äthiopien. Nach gescheitertem Putschversuch zwingt eine Fürstenversammlung in Addis Abeba Kaiserin Zäuditu, auf die Ausübung jeglicher politischen Macht zu verzichten. Als Nachfolger des schwer erkrankten Kaisers Menilek II. wird dessen Enkel Josua anerkannt.

18.4. Frankreich. In der französischen Hauptstadt Paris eröffnet Außenminister Stéphan Pichon eine internationale Konferenz zur Bekämpfung des Mädchenhandels.

6.5., Großbritannien. Nach neunjähriger Amtszeit stirbt der britische König Eduard VII. an Herzversagen. Nachfolger wird sein zweitältester Sohn als König Georg V.

11.5., Osmanisches Reich. Albanische Freiheitskämpfer werden bei Preschowa von türkischen Truppen vernichtend geschlagen.

31.5., Südafrikanische Union. Durch den Zusammenschluß der britischen Kolonien Kapkolonie, Transvaal, Natal und Oranjefreistaat wird das britische Dominion Südafrikanische Union gegründet. Erster Premierminister wird der ehemalige Burengeneral Louis Botha.

27.6., Mexiko. Die »Wiederwahl« des Diktators Porfirio Díaz führt zur bewaffneten Revolution in Mexiko.

Deutsche Politik

3.1. Auf dem Parteitag der preußischen Sozialdemokraten im Berliner Gewerkschaftshaus fordert der Landtagsabgeordnete Karl Liebknecht die Anstellung von Beamten »unabhängig von jeder wissenschaftlichen, religiösen oder politischen Gesinnung und sozialen Stellung«. ▷Chronik Zitat

»Stinkender Polizeisumpf«
Chronik Zitat

»Die Gesetzlichkeit in Preußen ist ja nur eine dünne Moosdecke über einem stinkenden Polizeisumpf. Wir erblicken darum in der preußischen Verwaltung unseren Erzfeind, den wir mit allen Mitteln bekämpfen müssen.«
Karl Liebknecht, SPD-Politiker

29.1. Der Reichstagsabgeordnete und westpreußische Gutsbesitzer Elard von Oldenburg-Januschau sagt in einer Reichstagsrede: »Der Deutsche Kaiser muß jeden Moment imstande sein, zu einem Leutnant zu sagen: Nehmen Sie zehn Mann, und schließen Sie den Reichstag!«

6.3. Durch Zusammenschluß der liberalen Parteien Freisinnige Volkspartei, Freisinnige Vereinigung und Deutsche Volkspartei entsteht in Berlin die Fortschrittliche Volkspartei.

7.3. Der deutsche Bundestag stimmt dem Entwurf einer Reichsversicherungsordnung zu.

1.4. Im Königreich Württemberg tritt das neue Volksschulgesetz in Kraft, wodurch die Volksschulaufsicht von Orts- und Bezirksgeistlichen auf weltliche Oberschulräte übergeht.

8.4. Das preußische Kriegsministerium gibt einen Erlaß an die Generalkommandos »zur Stärkung des Sinnes für das Militärische bei der Jugend« heraus. Danach sollen Schüler bei Paraden, Manövern und »interessanten Übungen« als Zuschauer zugelassen werden.

10.5. Der Ex-Präsident der Vereinigten Staaten von Amerika, Theodore Roosevelt, besucht Berlin.

Wirtschaft und Wissenschaft

1.1., Wirtschaft. Mit dem Reichsbankgesetz sind Banknoten der deutschen Zentralbank uneingeschränkt als Zahlungsmittel anerkannt.

28.3., Luftfahrt. Henri Fabre gelingt erstmals Start, Flug und Landung mit einem Wasserflugzeug.

16.4., Wirtschaft. In einem der größten Arbeitskämpfe des Kaiserreichs sperren die Arbeitgeber 200 000 Bauarbeiter aus.

3.6., Geographie. Der Franzose Jean-Baptiste Charcot trifft nach einer zweijährigen Westantarktisexpedition in Le Havre ein. Auf seiner Fahrt hat er u.a. die nach ihm benannte Charcotinsel vor der Küste der Antarktis entdeckt.

10.12., Nobelpreise. In Oslo und Stockholm werden die diesjährigen Nobelpreisträger vorgestellt. ▷Chronik Nobelpreise

1910, Physik. Der Physiker Robert von Lieben versieht seine 1906 erfundene Quecksilberdampfröhre mit einem Gitter. Als Triode besitzt sie nun Verstärkereigenschaften.

1910, Physik. Ernest Rutherford entdeckt in Manchester den Atomkern und das Proton, die Grundlage seines späteren Atommodells.

1910, Luftfahrt. Edmund Rumpler baut in Berlin sein berühmtes Flugzeug, die »Taube«.

Wissenschaftler geehrt
Chronik Nobelpreise

Chemie: Otto Wallach (D)
Medizin: Albrecht Kossel (D)
Physik: J. D. van der Waals (NL)
Frieden: Internationales ständiges Friedensbüro in Bern (CH)
Literatur: Paul Heyse (D)

1910, Chemie. Die Firma Bayer stellt den ersten großtechnisch produzierten Synthese-Kautschuk vor, den »Methylkautschuk«.

1910, Technik. Der Rotationstiefdruck findet zunehmend Verbreitung.

1910, Biologie. Karl von Frisch weist nach, daß Fische verschiedene Farben sehen können.

1910

Kunst, Literatur und Musik

8.1. UA: *Zigeunerliebe*, Operette von Franz Lehár, im Carl-Theater in Wien.

19.2. Der Russe Fjodor I. Schaljapin (Baß) singt die Titelrolle bei der Uraufführung der Oper *Don Quichotte* von Jules Massenet in Monte Carlo.

26.2. UA: *Die keusche Susanne*, Operette von Jean Gilbert, im Wilhelm-Theater in Magdeburg.

3.3. Die erste Nummer der expressionistischen Zeitschrift »Der Sturm« erscheint. Herausgeber Herwarth Walden versteht sie als »Kampfzeitschrift für moderne Kunst«.

11.4. Die Künstler Umberto Boccioni, Carlo Carrà, Luigi Russolo, Giacomo Balla und Gino Severini veröffentlichen das *Technische Manifest der futuristischen Malerei*. Ein erstes Manifest italienischer Futuristen war bereits am 11. Februar erschienen.

12.9. In München wird unter der Leitung des Komponisten die Sinfonie Nr. 8 Es-Dur von Gustav Mahler uraufgeführt, die sog. *Sinfonie der Tausend*.

2.10. UA: *Kleider machen Leute*, Oper von Alexander von Zemlinsky, an der Wiener Volksoper.

10.12. UA: *Das Mädchen aus dem goldenen Westen*, Oper von Giacomo Puccini, an der Metropolitan Opera in New York.

15.12. Im Leipziger Gewandhaus wird unter der Leitung von Arthur Nikisch das Klavierkonzert f-Moll op. 114 von Max Reger uraufgeführt. Solistin der Weltpremiere ist Frieda Kwast-Hodapp.

29.12. UA: *Königskinder*, Märchenoper von Engelbert Humperdinck, in New York.

1910 Edward Elgar komponiert sein Violinkonzert h-Moll op. 61.

1910 Gustav Mahler arbeitet an seiner unvollendeten 10. Sinfonie Fis-Dur.

1910 Maurice Ravel vollendet seine 1908 begonnene Suite von fünf Klavierstücken *Ma Mère l'Oye*.

1910 Karol Szymanowski komponiert seine 2. Sinfonie B-Dur.

1910 In Kopenhagen erscheint der vierte Teil der Tetralogie *Pelle der Eroberer* von Martin Andersen-Nexø.

Theater und Film

13.1. UA: *Deirdre von den Schmerzen*, Tragödienfragment von John Millington Synge, in Dublin.

7.2. UA: *Chantecler*, Versdrama von Edmond Rostand, im Théâtre de la Porte-Saint-Martin in Paris.

19.2. UA: *Die große Landstraße - Ein Wanderdrama mit sieben Stationen*, Schauspiel von August Strindberg, im Intima Teatern in Stockholm.

21.2. Große Beachtung findet die Uraufführung von John Galsworthys realistischem Drama *Justiz* im Duke of York's Theatre in London und im Repertory Theatre in Glasgow.

28.2. Die französische Filmgesellschaft Gaumont stellt den Verkauf von Filmkopien ein. Künftig sollen die Filme direkt an die Kinobesitzer verliehen werden. Um mehr Filme absetzen zu können, will Gaumont die Auswertungsdauer der einzelnen Filme verkürzen.

12.3. Fünf amerikanische Filmproduzenten außerhalb der Motion Picture Patents Company gründen die Mutual Film Corporation. Sie wollen sich damit gegen die Vorherrschaft von Carl Laemmles Produktions- und Verleihimperium behaupten.

4.6. UA: *Scheherazade*, Ballett von Alexandre Benois nach der Musik von Nikolai Rimski-Korsakow, im Théâtre National de l'Opéra in Paris.

25.6. UA: *Der Feuervogel*, Ballett von Michail M. Fokin, im Théâtre National de l'Opéra in Paris.

2.7. In den New Yorker Vitagraph-Studios richtet ein Brand schwere Verwüstungen an, wobei auch zahlreiche Filmnegative zerstört werden.

September Unter dem Titel *Gaumont Actualités* bringt die Société Gaumont ihre erste Wochenschau heraus.

10.9. UA: *Erster Klasse*, satirischer Bauernschwank von Ludwig Thoma, an der Bauernbühne des Michael Dengg in München.

12.9. Der erste Film mit Asta Nielsen in der Hauptrolle, *Der Abgrund* von Urban Gad, kommt in Kopenhagen auf die Leinwand. Asta Nielsen spielt eine junge Erzieherin, die aus ihrer vertrauten Welt ausbricht und sich einem Zirkus anschließt.

Gesellschaft

Januar In der dänischen Stadt Odense auf Fünen brechen die schwarzen Pocken aus.

1.1. Für Arbeiterinnen in Fabriken und Werkstätten im Deutschen Reich wird der Zehnstundentag eingeführt.

1.2. In London nehmen die ersten staatlichen Arbeitsnachweisämter (Arbeitsämter) ihre Tätigkeit auf.

8.3. Als erste Frau der Welt erwirbt die Französin Raymonde Delaroche einen Pilotenschein.

14.4. Paul Geheeb gründet die Odenwaldschule, in der er konsequent die Koedukation durchführt.

15.4. Eine Volkszählung in den USA ergibt, daß das Land 91,9 Mio. Einwohner hat, von denen 13,5 Mio. im Ausland geboren sind.

3.5. Die neue Turnvorschrift für das preußische Heer verlangt erstmals leichtathletische Übungen zur Wehrertüchtigung.

Deutsche Rekorde
Chronik Sport

Leichtathletik:

800 m:	
Hanns Braun	1:57,3 min
1500 m:	
Erwin von Siegel	4:14,1 min
3000 m:	
R. Heinzenburg	9:16,4 min
4 x 100 m:	
Berliner Sport-Club	45,6 sec

19.5. Der Halleysche Komet erreicht erstmals seit 1835 wieder seine größte Erdnähe. Der von vielen befürchtete Untergang der Erde bleibt aus.

3.6. Das Abgeordnetenhaus in Wien verabschiedet das Nachtarbeitsverbot für Frauen in Österreich.

24.6. National- und Ständerat nehmen ein Gesetz an, das Einfuhr, Herstellung und Verkauf von Absinth in der ganzen Schweiz verbietet.

28.6. Das erste Passagierluftschiff der Welt, die »LZ II«, strandet bei einer der ersten Fahrten mit 32 Personen an Bord im Teutoburger Wald in den Bäumen.

1910

Internationale Politik

Juli, Rußland/Finnland. Zar Nikolaus II. sanktioniert ein Gesetz, das die Autonomie des russischen Großfürstentums Finnland aufhebt.
1.7., Spanien. Der Konflikt zwischen Staat und Kirche verschärft sich, als König Alfons XIII. ein Dekret unterzeichnet, das den religiösen Eid bei allen bürgerlichen Rechtshandlungen abschafft.
20.8., Nicaragua. Mit Hilfe der USA stürzt der konservative General José Dolores Estrada die liberale Regierung José Madriz.
21.8., Griechenland. Der kretische Politiker Eleutherios Veniselos erzielt als Führer der liberalen Partei einen überragenden Wahlsieg und wird am 29. Oktober als griechischer Ministerpräsident vereidigt.
22.8., Korea. Korea wird unter dem Namen Chosen japanisches Generalgouvernement.
8.9., Vatikan. Papst Pius X. schreibt den katholischen Funktionsträgern den alljährlichen sog. Antimodernisteneid vor.
5.10., Portugal. Nach dem Aufstand von Flotte und Armee und der Flucht von König Emanuel II. nach Gibraltar wird in Portugal die Republik ausgerufen. Ihr erster Präsident wird der Schriftsteller Teófilo Braga.
8.11., USA. Bei den Gouverneurs- und Kongreßwahlen siegen die oppositionellen Demokraten in den meisten Bundesstaaten.

Deutsche Politik

10.5. Ein Vertrag zwischen dem Reichskolonialamt und der Deutschen Kolonialgesellschaft für Deutsch-Südwestafrika in Berlin sichert dem Staat 33% der von der Diamantengesellschaft erzielten Gewinne.
27.5. Die preußische Regierung unter Ministerpräsident Theobald von Bethmann Hollweg zieht die heftig umstrittene Wahlrechtsvorlage für das Königreich Preußen zurück. Nach der Vorlage sollte das Dreiklassenwahlrecht – wenn auch modifiziert – bestehen bleiben. Die Konservativen waren gegen eine Änderung, den Liberalen und Sozialdemokraten ging sie nicht weit genug.
20.8. Kaiser Wilhelm II. erhebt die Stadt Posen, Zentrum des polnischen Widerstands gegen die preußische Germanisierungspolitik, zur »Residenzstadt des deutschen Reiches«.
25.8. Die »Königsberger Rede« von Kaiser Wilhelm II. ruft bei allen Parteien gleichermaßen Proteste hervor. Wilhelm II. plädiert darin für ein persönliches Regiment »ohne Rücksicht auf Tagesansichten und Meinungen«, empfiehlt den deutschen Männern die Pflege »kriegerischer Tugenden« und weist den Frauen »stille Arbeit im Hause und in der Familie« zu.
24.9. Ein Kohlenarbeiter- und Kutscherstreik in Berlin-Moabit eskaliert zu bürgerkriegsähnlichen Straßenschlachten zwischen Arbeitern und der Polizei.

Wirtschaft und Wissenschaft

1910, Geologie. Frank B. Taylor stellt die Theorie auf, daß die Kontinente sich verschieben und Afrika und Amerika einmal verbunden waren.
1910, Technik. In London stellt H.F. Morgan seine ersten Dreiradfahrzeuge vor, die für die nächsten 42 Jahre in Produktion bleiben werden.

Familienstand in Deutschland
Chronik Statistik

Ledige insgesamt	34 155 000
männlich	17 483 000
weiblich	16 672 000
Verheiratete	21 058 000
Verwitwete/Geschiedene	3 238 000
männlich	830 00
weiblich	2 408 000

1910, Technik. Bei Argyll, Crossley, Arrol-Johnson und Isotta-Franschini werden erstmals Vierradbremsen eingesetzt.
1910, Medizin. Der britische Arzt William Hunter trägt die Theorie der Herdinfektion vor, des von einem weitgehend abgekapselten, erregerhaltigen Krankheitsherd ausgehenden Krankheitsgeschehens.
1910, Medizin. Den Briten Harold Benjamin Fantham und John William Watson Stephens gelingt es, den Erreger der ostafrikanischen Schlafkrankheit zu isolieren.

1910 Geborene und Gestorbene

Geboren:
20.1. Lauritz Lauritzen (†5.6.1980), deutscher Politiker
6.2. Irmgard Keun (†5.5.1982), deutsche Schriftstellerin.
11.3. Robert Havemann (†9.4.1982), deutscher Physikochemiker.
11.6. Jacques Yves Cousteau, französischer Marineoffizier und Tiefseeforscher.
23.6. Jean Anouilh (†3.10.1987), französischer Dramatiker.
1.7. Glenn Hardin (†6.3.1975), amerikanischer Leichtathlet.
11.9. Gerhard Schröder (†31.12.1989), deutscher Politiker.
14.9. Rolf Liebermann, Schweizer Komponist.
13.10. Arthur Tatum (†4.11.1956), amerikanischer Jazzpianist.
18.12. Abe Burrows, eigentl. Abram S. Borowitz (†17.5.1985), amerikanischer Theaterdirektor und Dramatiker.
19.12. Jean Genet (†15.4.1986), französischer Schriftsteller.

Gestorben:
29.1. Edouard Rod (*29.4.1857), französisch-schweizerischer Schriftsteller.

1910

Kunst, Literatur und Musik

1910 Die dänische Schriftstellerin Karin Michaelis veröffentlicht den Frauenroman *Das gefährliche Alter*.
1910 Mit *Der Narr in Christo Emanuel Quint* erscheint Gerhart Hauptmanns bedeutendster Roman.
1910 Hermann Hesses Künstlerroman *Gertrud* erscheint.
1910 Von Ricarda Huch kommt *Das Leben des Grafen Federigo Confalonieri* in die Buchläden.
1910 Erwin Guido Kolbenheyer veröffentlicht seinen historischen Roman *Meister Joachim Pausewang*.
1910 Die Bauernchronik *Der Wehrwolf* von Hermann Löns erscheint.
1910 Christian Morgenstern veröffentlicht mit *Palmström* eine Fortsetzung der *Galgenlieder* von 1905.
1910 Der Tagebuchroman *Die Aufzeichnungen des Malte Laurids Brigge* von Rainer Maria Rilke erscheint. Er gilt als erster deutschsprachiger Roman der Moderne.
1910 Der Berliner Kunsthändler und Verleger Paul Cassirer gründet die Zeitschrift »Pan«.
1910 Wassily Kandinsky malt *Das erste abstrakte Aquarell*, das als Ausgangspunkt für die gegenstandslose Malerei gilt.
1910 Die deutschen Maler August Macke und Franz Marc schließen Freundschaft.
1910 Pablo Picasso vollendet das kubistische Porträt des Pariser Kunsthändlers Ambroise Vollard.

Theater und Film

7.11. Max Reinhardt inszeniert die Tragödie *Ödipus*, nach dem antiken Drama von Sophokles, in der Bearbeitung von Hugo von Hoffmannsthal, im Zirkus Schumann in Berlin.
3.12. Die dramatische Skizze *Anatol* von Arthur Schnitzler wird gleichzeitig am Deutschen Volkstheater in Wien und im Berliner Lessing-Theater uraufgeführt.
16.12. Ein Erlaß des Preußischen Innenministers ordnet an, daß die für Berlin freigegebenen Filme in allen preußischen Provinzen gezeigt werden können, sofern der Polizei 24 Stunden vor der Aufführung die »Erlaubniskarte« vorgelegt wird.
17.12. UA: *Glaube und Heimat*, Schauspiel von Karl Schönherr, am Deutschen Volkstheater in Wien.
1910 Die 20jährige Henny Porten gibt ihr Stardebüt in dem Film *Das Liebesglück einer Blinden* von Oskar Meßter, zu dem Hennys Schwester Rosa Porten das Drehbuch schrieb. Henny Porten spielt die Titelrolle des erblindeten jungen Mädchens, das sich in seinen Augenarzt verliebt.
1910 Der deutsche Filmpionier Oskar Meßter gründet die Kosmograph Company zur Herstellung filmtechnischer Geräte.
1910 Die amerikanische Filmgesellschaft Vitagraph konnte ihren Umsatz im Vergleich zum Vorjahr mehr als verdoppeln und verbucht für 1910 mehr als 665 000 Dollar.

Gesellschaft

5.8. Der Internationale Kongreß für Schulhygiene in Paris verabschiedet nach lebhafter Debatte eine Resolution mit der Forderung, daß Lehramtskandidaten durch Schulärzte und Pädagogen über alle Einzelheiten der Geschlechtsprobleme belehrt werden sollen. Auch reifere Schüler sollen in der Schule »vollständige sexuelle Belehrung« erhalten.
19.8. Nach Angaben aus St. Petersburg sind in diesem Jahr in Rußland bereits mehr als 50 000 Menschen an der Cholera gestorben.
13.9. Der Deutsche Juristentag in Danzig spricht sich mit großer Mehrheit für die Beibehaltung der Todesstrafe aus.
10.12. Mit dem Friedensnobelpreis wird in Oslo das Internationale ständige Friedensbüro in Bern geehrt.
▷Chronik Nobelpreise, S. 52
1910 Die deutschen Roheisenproduzenten überflügeln erstmals die britische Konkurrenz.
1910 In China bricht die Pest aus. Bis 1911 sterben mehr als 60 000 Menschen.
1910 Der Italiener Ettore Bugatti nimmt die Automobilproduktion in seinem eigenen Werk im elsässischen Molsheim auf. Als erstes Modell erscheint der Typ 13.
1910 Die im Vorjahr gegründete Anonima Lombardo Fabbrica Automobila (ALFA) in Mailand nimmt die Produktion auf.

Geborene und Gestorbene

10.3. Karl Lueger (*24.10.1844), österreichischer Politiker.
2.4. Friedrich von Bodelschwingh (*6.3.1831), deutscher Theologe.
21.4. Mark Twain (*30.11.1835), amerikanischer Schriftsteller.
6.5. Eduard VII. (*9.11.1841), König von Großbritannien.
27.5. Robert Koch (*11.12.1843), deutscher Mediziner.

30.6. Christine Enghaus (*9.2.1817), deutsche Schauspielerin.
4.7. Giovanni Schiaparelli (*14.3.1835), italienischer Astronom.
13.8. Florence Nightingale (*12.5.1820), englische Krankenschwester.
26.8. William James (*11.1.1842), amerikanischer Philosoph und Psychologe.

2.9. Henri Rousseau (*21.5.1844), französischer Maler.
30.10. Henri Dunant (*8.5.1828), Begründer des Roten Kreuzes.
7.11. Florencio Sanchez (*17.1.1875), uruguayischer Dichter.
15.11. Wilhelm Raabe (*8.9.1831), deutscher Erzähler.
20.11. Leo N. Graf Tolstoi (*9.9.1828), russischer Schriftsteller.

1911

Internationale Politik

5.1., Indien. Der Vizekönig von Britisch-Indien, Charles Baron Hardinge of Penshurst, empfängt in Kalkutta erstmals eine Abordnung des Indian National Congress (INC).

8.1., Monaco. Das Fürstentum an der Côte d'Azur erhält eine Verfassung und wird konstitutionelle Monarchie.

12.1., Frankreich. Vor der Kammer in Paris stellt Außenminister Stéphan Pichon die Marokkopolitik in den Mittelpunkt seiner außenpolitischen Grundsatzrede.

13.1., Frankreich/Liberia. Der französisch-liberianische Grenzvertrag bringt der Kolonialmacht Frankreich erhebliche Gebietsgewinne auf Kosten der Republik Liberia.

20.1., China. Die Regierung in Peking verbietet das Einreichen von Petitionen, in denen der Erlaß einer Verfassung verlangt wird.

21.1., USA. Unter Führung von Senator Robert Marion La Follette gründen Politiker der Republikanischen Partei in Washington die National Progressive Republican League.

24.1., Japan. Wegen einer Verschwörung gegen Kaiser Mutsuhito werden in Tokio zwölf Anarchisten hingerichtet. Unter ihnen ist Dendshiro Kotoku, der 1901 die verbotene sozialdemokratische Partei gegründet hatte.

24.2., Frankreich. Ministerpräsident Aristide Briand tritt zurück, nachdem ihm von den Radikalsozialisten eine zu kompromißbereite Haltung gegenüber den Forderungen der Kirche vorgeworfen worden war. Sein Amtsnachfolger wird Ernest Monis.

25.2., Panama/USA. Das Repräsentantenhaus in Washington bewilligt 3 Mio. Dollar für die Befestigung des Panamakanals.

13.3., USA. Nachfolger des wegen einer Korruptionsaffäre zurückgetretenen Innenministers Richard Achilles Ballinger wird Walter Lowrie Fisher.

20.3., Italien. Wegen Meinungsverschiedenheiten über eine Wahlreform tritt Ministerpräsident Luigi Luzzatti zurück. Sein Nachfolger wird Giovanni Giolitti, der am 27. März zum vierten Mal seit 1892 in Rom eine Regierung bildet.

Deutsche Politik

10.1. Der Reichskanzler und preußische Ministerpräsident Theobald von Bethmann Hollweg eröffnet den preußischen Landtag mit der Verlesung der Thronrede von Kaiser Wilhelm II., die u.a. die staatliche Förderung der »inneren Kolonisation« in den Aussichten ankündigt.

14.1. Aufgrund der andauernden Fleischnot genehmigt Reichskanzler Theobald von Bethmann Hollweg die Einfuhr von ausländischem Schlachtvieh nach Sachsen.

18.1. Anläßlich des 40. Jahrestages der Reichsgründung erscheinen zahlreiche Würdigungen des deutschen Kaisers Wilhelm II. ▷Chronik Zitat

»Friedenskaiser« Wilhelm II.

Chronik Zitat

»Infolge des öfters sich bis drei Stunden hinziehenden Nachmittagsschlafs bleibt der Kaiser regelmäßig bis 12 Uhr oder 1 Uhr (nachts) auf und steht dabei am liebsten im Kreis von Menschen, die ihm andächtig zuhören und denen er unentwegt erzählt.«

»Berliner Neueste Nachrichten« vom 18.1.1911

31.1. Der SPD-Vorsitzende Paul Singer stirbt 67jährig in Berlin. Zu seinem Nachfolger wird am 9. Februar Hermann Molkenbuhr gewählt.

21.2. Der preußische Innenminister Johann von Dallwitz erläßt neue Vorschriften, wonach u.a. die Anstellung von tschechischen Gastarbeitern verboten wird. Die Mehrzahl der Fremdarbeiter muß bis zum 1. September das Deutsche Reich verlassen.

30.3. Vor dem Deutschen Reichstag spricht sich Reichskanzler Theobald von Bethmann Hollweg gegen ein vom britischen Außenminister Edward Grey vorgeschlagenes Rüstungsbegrenzungsabkommen aus.

4.4. Das Großherzogtum Hessen führt als dritter deutscher Staat das Pluralwahlrecht ein – mit einer Zweitstimme für Männer ab 50.

Wirtschaft und Wissenschaft

11.1., Wissenschaft. In Berlin wird die Kaiser-Wilhelm-Gesellschaft zur Förderung der Wissenschaften ins Leben gerufen.

16.1., Wirtschaft. Die Münzdirektion der USA veröffentlicht den Jahresbericht über die Gold- und Silberproduktion. Größte Goldproduzenten sind Afrika, die USA und Australien. Das meiste Silber produzieren Mexiko, die USA und Kanada.

14.2., Wirtschaft. Das Wertzuwachssteuergesetz soll die Grundstücksspekulation eindämmen und eine Reichssteuer von 10% bis 30% des Grundwertzuwachses einführen.

15.5., Wirtschaft. Das Oberste Bundesgericht in New York entscheidet, daß John D. Rockefellers Erdölkonzern als Trust anzusehen ist und aufgelöst werden muß. Ein ähnliches Urteil ergeht am 28. Mai gegen die American Tobacco Company.

24.6., Wirtschaft. In Berlin wird der deutsch-japanische Handelsvertrag unterzeichnet. Der Handel zwischen beiden Staaten darf mit wenigen Ausnahmen durch keine Ausfuhr-, Einfuhr oder Durchfuhrverbote behindert werden.

4.9., Wirtschaft. Die Marokkokrise löst an den deutschen Börsen einen »Schwarzen Montag« aus. In Berlin fallen die Bankkurse um 5% und die Kurse der industriellen Papiere um 7%.

November, Verkehr. Die Chevrolet Motor Company of Michigan wird gegründet.

10.12., Nobelpreise. In Stockholm und Oslo werden die diesjährigen Nobelpreise verliehen. ▷Chronik Nobelpreise

Wissenschaftler geehrt

Chronik Nobelpreise

Chemie: Marie Curie (F)
Medizin: Allvar Gullstrand (S)
Physik: Wilhelm Wien (D)
Frieden: Tobias Michel Asser (NL) und Alfred Hermann Fried (A)
Literatur: Maurice Maeterlinck (B)

1911

| Kunst, Literatur und Musik | Theater und Film | Gesellschaft |

19.4. UA: *Le Spectre de la Rose (Der Geist der Rose)*, Ballett von Michail M. Fokin, in Monte Carlo.
18.5. Im Alter von 50 Jahren stirbt in Wien der Komponist und Leiter der Wiener Hofoper Gustav Mahler. ▷Chronik Zitat

Der Tod Mahlers
Chronik Zitat

»Der Tod Mahlers macht mich von Tag zu Tag trauriger. Sie sagen ja auch, daß Sie den Eindruck haben, sein Werk sei völlig abgeschlossen. Ich habe das Gefühl, daß Mahler weiß, wie wir um Ihn trauern.«
Anton von Webern an Arnold Schönberg

21.8. Der italienische Dekorationsmaler Vincenzo Perugia stiehlt aus dem Pariser Louvre Leonardo da Vincis Gemälde *Mona Lisa*. Er gibt an, er habe den Kunstraub Napoleons rückgängig machen wollen.
23.11. UA: *Der Kuhreigen*, Oper von Wilhelm Kienzl, in Wien.
24.11. Im Theater an der Wien erlebt die Operette *Eva* von Franz Lehár ihre Uraufführung. Der Komponist der *Lustigen Witwe* begeistert sein Publikum wieder mit schlagerähnlichen Liedern und spritzigen Rhythmen.
18.12. In der Galerie Thannhäuser eröffnet die erste Ausstellung der Redaktion »Der Blaue Reiter«. Sie ist als Gegendemonstration zu einer ebenfalls in dieser Galerie stattfindenden Ausstellung der Neuen Künstlervereinigung geplant, aus der Wassily Kandinsky und Franz Marc kurz zuvor ausgetreten waren.
23.12. UA: *Der Schmuck der Madonna*, veristische Oper von Ermanno Wolf-Ferrari, in Berlin.
23.12. UA: *Alt-Wien*, Operette von Josef Lanner, in Wien.
1911 Der russische Bildhauer Alexander Archipenko schafft die Plastik *Sitzende Frau*.
1911 Marc Chagall malt unter dem Eindruck des Kubismus und Delaunays *Der Dichter oder halb vier*.

13.1. UA: *Die Ratten*, soziales Drama von Gerhart Hauptmann, im Berliner Lessing-Theater mit Else Lehmann als Frau John.
26.1. UA: *Der Rosenkavalier*, Komödie für Musik von Richard Strauss (Musik) und Hugo von Hofmannsthal (Text), in Dresden.
15.2. In den Berliner Kammerspielen wird das Lustspiel *Der Riese* (späterer Titel *Die Hose*) von Carl Sternheim uraufgeführt. Das Stück, das »aus Gründen der Sittlichkeit« kurzfristig von der Polizei verboten wurde, schildert den Aufstieg eines Kleinbürgers in der wilhelminischen Zeit.
15.2. Die erste Versammlung der Vereinigten Kinematographenbesitzer-Verbände findet in Berlin statt.
22.2. Der Reichsverband der Kinematographenbesitzer Österreichs veranstaltet in Wien seine erste große Wohltätigkeitsveranstaltung.
19.5. UA: *L'Heure espagnole (Die spanische Stunde)*, musikalische Komödie von Maurice Ravel unter der Leitung von François Ruhlmann, in der Opéra Comique in Paris.
22.5. UA: *Das Martyrium des heiligen Sebastian*, lyrisch-dramatisches Stück des italienischen Schriftstellers Gabriele D'Annunzio mit Musik von Claude Debussy, im Théâtre du Châtelet in Paris.
13.6. UA: *Petruschka*, Burleske von Igor Strawinsky (Musik) und Michail M. Fokin (Choreographie) durch Sergei Diaghilews Ballets Russes im Théâtre du Châtelet in Paris.
15.7. In Berlin gründet Karl August Geyer die Kino-Kopier-Gesellschaft mbH als erste Fabrik, die sich ausschließlich dem Entwickeln von Negativen widmet.
23.9. UA: *Der lebende Leichnam*, Drama des 1910 verstorbenen Leo N. Tolstoi, im Moskauer Künstlertheater.
Oktober In Hollywood eröffnet an der Ecke Sunset Boulevard/Gower Street das erste Filmstudio.
14.10. Gleichzeitig in Berlin, Breslau, Bochum, Hamburg, Hannover, Leipzig, München, Prag und Wien kommt die Tragikomödie *Das weite Land* von Arthur Schnitzler zur Uraufführung.

8.1. Die deutschen Wandervogelbünde Altwandervogel (AWV) und Wandervogel, Deutscher Bund für Jugendwanderungen (DB), gründen die Interessengemeinschaft Verband Deutscher Wandervögel.
18.2. In Britisch-Indien wird der erste offizielle Posttransport mit einem Flugzeug durchgeführt.
17.3. Die erste weibliche Abgeordnete Norwegens, die Lehrerin Anna Rogstad, zieht in das Parlament ein.
19.3. Erstmals wird der Internationale Frauentag durchgeführt. Aus diesem Anlaß demonstrieren im Deutschen Reich, in Österreich, der Schweiz und Dänemark rund 1 Mio. Menschen für das Frauenwahlrecht, für die Emanzipation der Frau und den Frieden.
April Winzeraufstände in der Champagne gegen die Verwendung von Wein aus anderen Anbaugebieten in den Sektfabriken veranlassen die französische Regierung, die Bezeichnung »Champagner« gesetzlich zu schützen.
10.4. Ein Großbrand zerstört das Geishaviertel Joschiwara in Tokio. Mehrere Tempel, zwei Fabriken und 5000 Gebäude, in denen die Liebeskünstlerinnen lebten, werden Raub der Flammen.
12.4. Auf der Insel Korfu wird in Anwesenheit Kaiser Wilhelms II. ein Artemis-Tempel aus dem 6. Jahrhundert v. Chr. freigelegt.
Mai Der »Tango Argentino«, ein neuer Modetanz, verbreitet sich in ganz Europa. ▷Chronik Zitat

Tango Argentino
Chronik Zitat

»Temperament ist unmöglich, weil der Vorgang kühlste Überlegung verlangt; die Bewegung, mit der die Dame sich an des Herren Brust wirft, ist lediglich Symbol, wenn sich Schoß an Schoß preßt, merkt man: Jetzt würde es in der ... Heimat des Tango schwül! Aber hier bleibt's hundeschnauzig, weil die nächste Figur zu überlegen ist.«
Aus der Zeitschrift »Der Kunstwart«

1911

Internationale Politik

5.4., Großbritannien. Mit 99 zu 40 Stimmen nimmt das britische Oberhaus eine Resolution des Feldmarschalls Frederick Sleigh Roberts über die Einführung der allgemeinen Wehrpflicht an.

10.4., Äthiopien. Nach dem Tod seines Vormunds Ras Tassama wird der 14jährige Thronfolger Josua am 15. Mai feierlich zum König proklamiert.

21.4., Portugal. Mit der Veröffentlichung des Gesetzes über die Trennung von Staat und Kirche wird der langwierige Kirchenkampf vorläufig abgeschlossen.

8.5., Dänemark. Das neue Wahlrecht in der dänischen Kolonie Island gewährt Frauen und Männern gleiches aktives und passives Wahlrecht.

25.5., Mexiko. Nach 30jähriger Herrschaft tritt der mexikanische Diktator Porfirio Díaz auf Druck der bewaffneten Revolution zurück und flieht nach Spanien.

6.6., Nicaragua/USA. Durch die Knox-Castrillo-Konvention wird Nicaragua faktisch Kolonie der USA.

21.7., Belgien. In Brüssel verabschiedet die belgische Abgeordnetenkammer Reformgesetze, die die Ausbeutung der Einheimischen in der Kolonie Belgisch-Kongo (heute Zaire) verhindern sollen.

10.8., Großbritannien. Mit 256 zu 158 Stimmen verabschiedet das englische Unterhaus das Diätengesetz. Danach bekommt jedes Mitglied 400 Pfund im Jahr.

18.8., Großbritannien. Die Parliamentary Bill zur Abschaffung des Vetorechts des Oberhauses wird Gesetz. Dadurch wird die Position des gewählten Abgeordnetenhauses gestärkt.

23.8., Portugal. Mit der Verkündung der Verfassung wird Portugal die vierte Republik in Europa – nach San Marino, der Schweiz und Frankreich.

14.9., Rußland. Ministerpräsident Pjotr A. Stolypin wird in Kiew bei einem Revolverattentat eines Sozialrevolutionärs so schwer verletzt, daß er vier Tage später stirbt. Am 21. September ernennt Zar Nikolaus II. Finanzminister Wladimir N. Kokowzew zum neuen Ministerpräsidenten.

Deutsche Politik

19.5. Mit knapper Mehrheit nimmt das preußische Abgeordnetenhaus die Feuerbestattungsvorlage an. Danach wird die Feuerbestattung in »landespolizeilich genehmigten Anlagen« erlaubt.

30.5. Der Reichtag verabschiedet die »Reichsversicherungsordnung«, die die von Otto von Bismarck (1871 bis 1890) begonnene Sozialgesetzgebung zu Ende führen und ergänzen soll.

27.6. Das preußische Abgeordnetenhaus verabschiedet das Gesetz über die Bildung des Zweckverbandes Groß-Berlin, der u.a. das Verkehrswesen und die Bebauung und Erhaltung der Grünflächen von 374 Einzelgemeinden mit 4,1 Mio. Einwohnern koordinieren soll.

1.7. Mit der symbolischen Präsenz des deutschen Kanonenboots »Panther« im marokkanische Hafen Agadir signalisiert das Deutsche Reich gegenüber Frankreich Ansprüche an Marokko.

3.9. Anläßlich der Marokkokrise demonstrieren in Berlin rund 200 000 Menschen »gegen die infame Kriegshetze des Panzerplatten- und Kanonenkapitals«.

29.10. Bei den Wahlen zum ersten reichsländischen Parlament von Elsaß-Lothringen erleiden die französischen Nationalisten eine schwere Niederlage. Stärkste Fraktion wird das Zentrum mit 25 Abgeordneten.

4.11. Das deutsch-französischen Abkommen über Marokko und den Kongo beendet die Zweite Marokkokrise. Frankreich wird die politische Vorherrschaft, dem Deutschen Reich die wirtschaftliche Gleichberechtigung in Marokko zugestanden.

14.11. Im Namen von Prinzregent Luitpold verkündet der bayerische Innenminister Maximilian Friedrich Ritter von Brettreich die Auflösung des Landtags. Neuwahlen werden auf den 5. Februar 1912 festgelegt.

1.12. Das neue Schiffahrtsabgabengesetz sieht die Erhebung von Abgaben für die Benutzung deutscher Wasserstraßen vor. Die Gelder sollen für die Instandhaltung und den Neubau von Kanälen verwendet werden.

Wirtschaft und Wissenschaft

14.12., Geographie. Der Norweger Raold Amundsen erreicht mit seinen Begleitern den Südpol vor dem Briten Robert Falcon Scott.

1911, Technik. Der Österreicher Günther Burstyn entwickelt das erste Gleiskettenpanzerfahrzeug.

1911, Medien. Dem russischen Physiker Wladimir K. Zworykin gelingt die Übertragung eines Fernsehbildes auf ausschließlich elektrischem Wege.

1911, Physik. Charles Glover Barkla entdeckt und beschreibt in London die Wechselwirkung von Röntgenstrahlen mit Atomen.

Bildung im Deutschen Reich
Chronik Statistik

Schüler an	
Volksschulen	10 309 949
Mittelschulen	354 000
höheren Schulen	664 100
Studenten	72 899
davon weiblich	2 653

1911, Physik. Der österreichische Physiker Victor Francis Hess entdeckt die Höhenstrahlung.

1911, Physik. Der Niederländer Heike Kamerlingh Onnes erforscht die Supraleitfähigkeit.

1911, Verkehr. Der italienische Automobilhersteller Fiat entwickelt einen Rennwagen mit 28 353 cm^3 Hubraum.

1911, Technik. Die Duisburger Kupferhütte beginnt mit der Wiederverwendung von Ausschußroheisen.

1911, Verkehr. Nach vierjähriger Bauzeit wird bei Hamburg der 450 m lange Elbtunnel eröffnet.

1911, Technik. Der deutsche Physiker Carl Pulfrich nutzt fotografische Raumbilder zur Geländevermessung.

1911, Technik. Die ersten Knight-Schiebermotoren kommen bei US-Firmen (u.a. Stearns und Stoddart-Dayton) zum Einbau.

1911, Medizin. Der deutsche Internist Alfred Erich Frank prägt den Begriff der »essentiellen Hypertonie« für den Bluthochdruck ohne erkennbare organische Ursachen.

1911

Kunst, Literatur und Musik

1911 Marcel Duchamp malt die erste Fassung des *Akt, eine Treppe hinabsteigend*.
1911 Béla Bartók vollendet seine Oper *Herzog Blaubarts Burg* und sein *Allegro Barbaro* für Klavier.
1911 Enrique Granados komponiert seine sechs Klavierstücke *Goyescas*.
1911 Der phantastische Roman *Alraune. Die Geschichte eines lebendigen Wesens* von Hanns Heinz Ewers wird ein großer Publikumserfolg.
1911 Unter dem Titel *Der ewige Tag* erscheint der erste Gedichtband von Georg Heym.
1911 Friedrich Huch veröffentlicht den Künstlerroman *Enzio*.
1911 Unter dem Titel *Erstes Erlebnis* erscheint ein Novellenband von Stefan Zweig.
1911 Der Bildhauer, Maler und Grafiker Wilhelm Lehmbruck schafft in Paris die *Große Kniende*.
1911 Der seit vier Jahren erblindete impressionistische Erzähler Eduard Graf von Keyserling bringt den Roman *Wellen* heraus.
1911 Edith Whartons Roman *Die Schlittenfahrt* erscheint.
1911 Christian Morgenstern veröffentlicht unter dem Titel *Ich und Du* eine Sammlung von Sonetten, Ritornellen und Liedern.
1911 Neue Balladen und Lieder versammelt Börries von Münchhausen in dem Band *Das Herz im Harnisch*.
1911 Alfons Paquet macht in seinem Roman *Kamerad Fleming* eine revolutionäre Grundstimmung in der Gegenwart aus.
1911 Ludwig Thoma veröffentlicht den Bauernroman *Der Wittiber*.
1911 Von André Gide erscheint anonym die Essaysammlung *Corydon. Vier sokratische Dialoge*.
1911 Alfred Jarrys Roman *Taten und Meinungen des Pataphysikers Doktor Faustroll* kommt in die Buchläden.
1911 Der Roman *Fermina Márquez* von Valéry Larbaud wird veröffentlicht.
1911 Gilbert Keith Chestertons ersten zwölf Pater-Brown-Geschichten erscheinen unter dem Titel *Priester und Detektiv*.

Theater und Film

15.10. Die Unterstützung des russischen Zarenhofes erhält der nationalistische Film *Die Verteidigung von Sewastopol* von W. Gontscharow und Alexander Chanshonkow, der in Moskau Premiere hat.
28.10. Das sozialkritische Melodrama *Tragödie eines Streiks* mit Robert Garrison und Henny Porten in den Hauptrollen ist für den Filmproduzenten Oskar Meßter der größte Verkaufserfolg des Jahres.
11.11. Der finanziell angeschlagene Filmpionier Georges Méliès bringt seinen neuesten Film, *Die Halluzinationen des Baron Münchhausen*, bei Pathé Frères heraus.
11.11. Unter der Regie von Urban Gad spielt Asta Nielsen in dem Film *Der fremde Vogel* ein englisches Mädchen, das mit einem deutschen Bootsführer durchbrennt und am Ende in der Spree ertrinkt. Die Presse lobt die Perfektion der naturgetreuen Inszenierung. ▷Chronik Zitat
24.11. UA: *Die Kassette*, Komödie aus dem Zyklus *Aus dem bürgerlichen Heldenleben* von Carl Sternheim, in den Berliner Kammerspielen.

Naturgetreue Inszenierung

Zitat

»Vor dem Theater hat das Kinoschauspiel die naturgetreue Inszenierung voraus; die rauschenden Bäume des Spreewaldes ... das Plätschern des Wassers, das Auffinden des Leichnams zwischen den Seerosen ... Dies alles kann in ähnlicher Vollkommenheit eben nur im Kino gezeigt werden, nicht aber im Theater.«

»Der Kinematograph« vom 8.11.1911

1.12. UA: *Jedermann – Spiel vom Sterben des reichen Mannes*, Stück von Hugo von Hofmannsthal, inszeniert von Max Reinhardt, im Berliner Zirkus Schumann. Das Stück gilt als Beispiel für modernes Theater, das kulturelle Traditionen mit der christlichen Leidenslehre verbindet.

Gesellschaft

4.5. Der Deutsche Reichstag lehnt einen Antrag auf Einführung der lateinischen Antiqua-Schrift anstelle der deutschen Frakturschrift ab.

Leichtathletik-Weltrekorde

Sport

100 m:
Emil Ketterer (D) 10,5 sec
Meile:
John Paul Jones (USA) 4:15,4 min
10 000 m:
Jean Bouin (F) 30:58,8 min
Dreisprung:
Daniel Ahearn (USA) 15,52 sec
Diskuswurf:
James Duncan (USA) 44,44 m

6.5. In Gegenwart von König Friedrich August von Sachsen eröffnet in Dresden die erste Internationale Hygiene-Ausstellung, die bis Oktober neueste Errungenschaften in der Volksgesundheitspflege präsentiert.
18.6. Mit zahlreichen Veranstaltungen erinnert Preußen in Berlin an den 100. Jahrestag der Eröffnung des ersten deutschen Turnplatzes durch »Turnvater Jahn«.
21.6. Der deutsche Journalistentag in Eisenach beklagt den »Reklameunfug«. Die Pressevertreter wenden sich dagegen, daß sogar namhafte Autoren und Künstler unter dem falschen Anschein der Wissenschaftlichkeit Produktwerbung betreiben.
3.7. Anläßlich des Inkrafttretens des Altersversorgungsgesetzes in Frankreich beschließen Arbeiter vielfach, die als Lohnkürzung empfundene Beitragszahlung zu verweigern. In Troyes kommt es zu Zusammenstößen zwischen Arbeitern und dem Militär.
8.7. Norwegens Arbeitgeberverband reagiert auf einen Lohnstreik mit der Aussperrung von 17 000 Arbeitern.
26.8. Der Berliner Polizeipräsident Traugott von Jagow verbietet Frauen das Tragen von großen Hüten in Theaterlogen und setzt eine Geldstrafe in Höhe von 100 Mark für jeden Fall von Zuwiderhandlung fest.

1911

Internationale Politik	Deutsche Politik	Wirtschaft und Wissenschaft
21.9., Kanada. Bei Parlamentswahlen erringen die Konservativen einen erdrutschartigen Sieg über die seit 15 Jahren regierenden Liberalen. **29.9., Italien.** Italien erklärt dem Osmanischen Reich den Krieg. Er bringt Italien 1912 Tripolis und die Cyrenaica ein. Italienische Truppen verüben im Oktober in Tripolis ein Massaker an der Bevölkerung. **30.10., China.** Die chinesische Regierung kündigt eine demokratische Verfassung an, die u.a. vorsieht, daß der Adel in Zukunft von der Politik ausgeschaltet werden soll. **29.12., China.** Nach dem Sieg der republikanischen Revolution wählt das provisorische Parlament in Nanking den Arzt Sun Yat-sen zum ersten Präsidenten der Republik.	**5.12.** In Berlin endet die 12. Legislaturperiode des Deutschen Reichstags mit einer außenpolitischen Grundsatzrede des Reichskanzlers Theobald von Bethmann Hollweg und einer Debatte über die Marokkokrise. Im Januar 1912 finden Reichstagswahlen statt. **20.12.** Wilhelm Solf, bisheriger Gouverneur von Samoa, wird als Nachfolger von Friedrich von Lindequist neuer Staatssekretär des Reichskolonialamtes. **22.12.** In München schließen die Fortschrittliche Volkspartei, die Nationalliberalen, der Bayrische Bauernbund, der Deutsche Bauernbund und die Sozialdemokraten ein Wahlkampfabkommen mit dem Ziel, »das bayerische Volk von dem Drucke der Zentrumsmehrheit zu befreien«.	**1911, Psychologie.** Der Wiener Arzt Alfred Adler tritt aus der von Sigmund Freud begründeten Wiener Psychoanalytischen Vereinigung aus. **1911, Technik.** William Burton führt das thermische Cracken zur Erdölraffinierung ein. **1911, Technik.** Owen Richardson stellt die Theorie des Edison-Effekts auf, die Grundlage für Vakuumröhren wie Trioden und Dioden ist. **1911, Physik.** Ernest Rutherford entwickelt sein Atommodell: Um den kleinen massereichen positiv geladenen Atomkern kreisen negativ geladene Elektronen. **1911, Wirtschaft.** Die AEG bringt den ersten elektrischen Universal-Haushaltsmotor mit verschiedenen Aufsätzen auf den Markt.

1911 Geborene und Gestorbene

Geboren:
3.1. Fritz Huschke von Hanstein, deutscher Autorennfahrer.
22.1. Bruno Kreisky (†29.7.1990), österreichischer Politiker.
6.2. Ronald Reagan, amerikanischer Politiker.
26.3. Tennessee Williams (†24.2.1983), amerikanischer Dramatiker.

29.3. Brigitte Horney (†27.7.1988), deutsche Schauspielerin.
10.4. Maurice Schumann (†4.9.1963), französischer Politiker.
26.4. Marianne Hoppe, deutsche Schauspielerin.
30.4. Luise Rinser, deutsche Schriftstellerin.
15.5. Max Frisch (†4.4.1991), schweizerischer Schriftsteller.

5.7. Georges Pompidou (†2.4.1974), französischer Politiker.
24.8. Victor Barna (†28.2.1972), ungarischer Tischtennisspieler.

Gestorben:
12.1. Georg Jellinek (*16.6.1851), deutscher Staatsrechtler.
25.2. Friedrich Spielhagen (*24.2.1829), deutscher Schriftsteller.

1912

Internationale Politik	Deutsche Politik	Wirtschaft und Wissenschaft
1.1., Schweiz. Das Eidgenössische Zivilgesetzbuch tritt in Kraft. **15.2., China.** Die Nationalversammlung wählt Yüan Shih-k'ai einstimmig zum Präsidenten der provisorischen Regierung des vereinten China. **13.3., Balkan.** Bulgarien und Serbien schließen einen Beistandsvertrag, der Grundlage für den Balkanbund zwischen Bulgaren, Serben, Montenegrinern und Griechen wird.	**12.1.** Bei den Reichstagswahlen erringen die Sozialdemokraten ihr bisher bestes Ergebnis. Mit 110 Mandaten stellen sie die stärkste Fraktion. Die Konservativen und die Zentrumspartei verlieren die Reichstagsmehrheit. **5.2.** Bei den Wahlen zum bayerischen Landtag verbucht die Zentrumspartei 40,9% der Stimmen. Mit je 30 Sitzen sind die SPD und die Nationalliberalen zweitstärkste Parteien.	**29.3., Geographie.** Der britische Polarforscher Robert Falcon Scott kommt beim Rückweg vom Südpol in einem Schneesturm ums Leben. **Mai, Medizin.** An der Berliner Charité wird ein Radium-Institut für biologisch-therapeutische Forschungen eingeweiht. **6.6., Wirtschaft.** Das Bankhaus der Gebrüder Schickler in Berlin feiert sein 200jähriges Bestehen.

1911

Kunst, Literatur und Musik	Theater und Film	Gesellschaft
1911 Joseph Conrad veröffentlicht seinen politischen Roman *Mit den Augen des Westens* über die autokratische Gesellschaft im russischen Zarenreich. **1911** Der zweibändige Familienroman *Ödhof* ist Franz Nabls Hauptwerk. **1911** Heinrich Federers Sammlung von Erzählungen *Lachweiler Geschichten* kommt heraus. **1911** Theodore Dreiser veröffentlicht den naturalistischen Roman *Jennie Gerhardt*. **1911** Juan Gris beginnt, kubistische Stilleben und Figurenbilder zu malen. **1911** Erich Heckel, Mitbegründer der »Brücke«, malt *Ballspielende*. **1911** Umberto Boccioni malt das futuristische Bild *Der Lärm der Straße dringt in das Haus*.	**15.12.** UA: *Offiziere*, Drama von Fritz von Unruh, inszeniert von Max Reinhardt, im Deutschen Theater Berlin. **20.12.** UA: *Oaha – Die Satire der Satire*, Komödie von Frank Wedekind, in den Münchner Kammerspielen. **1911** Die dänische Schauspielerin Asta Nielsen geht nach Deutschland und wird von der Deutschen Bioscop-Filmgesellschaft unter Vertrag genommen. Im selben Jahr dreht sie den Streifen *Heißes Blut*. Er wird wegen offenherziger Ehebruchszenen von der Zensur verboten. **1911** Zu den Komikerstars in Frankreich zählt der Regisseur und Schauspieler Max Linder, dessen neueste Produktion *Max als Opfer der Chinarinde* wieder ein Erfolg wird.	**29.9.** Der niederösterreichische Landtag beschließt die Aufhebung des Zölibats für Lehrerinnen. **21.10.** Der österreichische Erzherzog Karl heiratet Prinzessin Zita von Bourbon-Parma. **1911** Im britischen Trefford Park bei Manchester wird das erste Ford-Werk außerhalb der Vereinigten Staaten eröffnet. **1911** Auf den deutschen Tanzparketts dominieren die Modetänze »One-Step« und »Blues«. Allmählich wird der »Tango« populär. **1911** Infolge der schlechten Ernte und der Fleischknappheit kommt es in ganz Europa zu Hungerunruhen. **1911** Im Mittelpunkt der Diskussion über die Mode des Jahres steht die Hose für die Frau.

1911 Geborene und Gestorbene

25.2. Fritz von Uhde (*22.5.1848), deutscher Maler.
1.3. Jacobus van't Hoff (*30.8.1852), niederländischer Chemiker.
17.3. Friedrich Haase (*1.11.1825), deutscher Schauspieler.
15.4. Georg Knorr (*19.10.1859), deutscher Ingenieur.
17.4. Konrad Koch (*13.2.1846), deutscher Fußballpionier.

18.5. Gustav Mahler (*7.7.1860), österreichischer Komponist und Dirigent.
25.5. Wassilij Kljutschewskij (*4.2.1842), russischer Historiker.
1.8. Konrad Duden (*3.1.1829), deutscher Philologe und Rechtschreibreformer.
3.8. Reinhold Begas (*15.7.1831), deutscher Bildhauer.

15.8. Albert Ladenburg (*2.7.1842), deutscher Chemiker.
18.9. Pjotr A. Stolypin (*14.4.1862), russischer Politiker.
29.9. Hans Brühlmann (*25.2.1878), schweizerischer Maler.
1.10. Wilhelm Dilthey (*19.11.1833), deutscher Philosoph.
29.10. Joseph Pulitzer (*10.4.1847), amerikanischer Verleger.

1912

Kunst, Literatur und Musik	Theater und Film	Gesellschaft
5.1. Die herzogliche Familie der englischen Grafschaft Rutland verkauft das Rubens-Gemälde »Die Krönung der heiligen Katharina« aus dem Jahr 1633 für 3 280 000 Mark an einen Sammler in den USA. **8.1.** Am Berliner Theater des Westens beginnt ein dreiwöchiges Gastspiel der Ballets Russes unter Diaghilew. **17.2.** UA: *Roma*, Oper von Jules Massenet, in Monte Carlo.	**12.1.** Der Film *Trilby* des Regisseurs Anton Kolm hat in Wien Premiere. **19.1.** In Wien kommt der erste Film von Sascha Graf Kolowrat auf die Leinwand: *Die Gewinnung des Eisens am steirischen Erzberg in Eisenerz*. **2.2.** Für die Pathé-Wochenschau wird die erste Stunt-Aufnahme gemacht: Ein Fallschirmspringer stürzt sich von der Freiheitsstatue in New York ins Hafenbecken.	**1.1.** In Großbritannien wird das gesamte Fernsprechwesen verstaatlicht. **9.1.** Am New Yorker Broadway wird das 20stöckige Gebäude der Equitable-Lebensversicherung durch einen Brand zerstört. Dabei werden Aktien im Wert von 400 Mio. Mark verschüttet, weshalb es zu Problemen an der Börse kommt. **11.1.** In Paris wird das Wegwerfen von Papier auf der Straße strafbar.

1912

Internationale Politik

24.3., Griechenland. Bei den Wahlen in Griechenland verbucht die Liberale Partei von Ministerpräsident Eleutherios Venizelos einen beeindruckenden Erfolg. Sie gewinnt 150 der 181 Parlamentssitze.

1.4., Marokko/Frankreich. Mit Inkrafttreten des Protektoratsvertrags hat Frankreich sein langjähriges Ziel – die Vorherrschaft in dem nordafrikanischen Land – erreicht.

8.4., Spanien. In Madrid konstituiert sich die Reformisten-Partei unter Melquiades Alvarez als Interessenvertretung des Mittelstandes.

5.5., Rußland. In Sankt Petersburg erscheint die erste Nummer der legalen bolschewikischen Tageszeitung »Prawda« (»Wahrheit«).

17.6., Großbritannien. Die britische Regierung legt den Entwurf einer Wahlrechtsreform vor, nach der alle volljährigen Männer wählen dürfen, wenn sie mindestens sechs Monate in ihrem Wahlkreis wohnen.

17.7., Osmanisches Reich. Mit dem Rücktritt der Regierung unter Großwesir Küçük Muhammad Said Pascha endet die Herrschaft des jungtürkischen Komitees, das durch sein autoritäres Regime in Widerspruch zu seinen ursprünglichen Zielen geraten war.

20.7., Kuba. Ein Aufstand der farbigen Bevölkerung Kubas wird von den durch US-Truppen unterstützten Regierungsverbänden blutig niedergeschlagen. Etwa 4000 Aufständische kommen ums Leben.

30.7., Japan. Als Nachfolger des 59jährig verstorbenen Mutsuhito wird dessen Sohn Yoshihito Kaiser.

9.8., Frankreich/Rußland. Bei seinem Staatsbesuch in St. Petersburg sagt der französische Ministerpräsident Raymond Poincaré der russischen Regierung die Unterstützung der russischen Balkanpolitik zu.

12.8., China. Der 46jährige Politiker Sun Yat-sen gründet in Nanking die Kuomintang, die Nationale Volkspartei Chinas.

14.8., Nicaragua. US-Marineeinheiten landen in Nicaragua, um die Regierung vor den sich verstärkenden revolutionären Kräften zu schützen.

Deutsche Politik

9.2. Aus Protest gegen die Wahl des sozialdemokratischen Abgeordneten Philipp Scheidemann in das Präsidium des Reichstags tritt der gewählte Parlamentspräsident, der Zentrumspolitiker Peter Spahn, zurück.

9.2. Der Landtag von Oldenburg genehmigt das Frauenstimmrecht bei Kommunalwahlen. Wahlberechtigt sind verheiratete oder steuerzahlende selbständige Frauen ab 24 Jahren.

11.2. Nach vier Tagen werden die Verhandlungen zwischen dem britischen Kriegsminister Richard Burdon Haldane und Mitgliedern der deutschen Regierung über eine deutsch-britische Annäherung in Berlin ergebnislos abgebrochen.

14.2. Das Herzogtum Sachsen-Coburg-Gotha führt das direkte und geheime Wahlrecht sowie eine Neueinteilung der Wahlkreise nach Größe der jeweiligen Bevölkerung ein.

Krieg als Sport
Chronik Zitat

»Der Krieg ist keine Notwendigkeit, sondern ein Sport. Er ist sogar der höchste Sport, weil sowohl Menschen wie Tiere dabei getötet werden.«
George Bernhard Shaw

15.2. Die »Frankfurter Zeitung« veröffentlicht einen satirischen Artikel des irischen Schriftstellers George Bernhard Shaw über den Krieg. ▷Chronik Zitat

8.3. Das neue Präsidium des Reichstags setzt sich zusammen aus: Johannes Kaempf (Fortschrittliche Volkspartei), Hermann Paasche (Nationalliberale) und Heinrich Dove (Fortschrittliche Volkspartei).

19.3. Nach acht Tagen beenden Militär und Polizei im Ruhrgebiet einen Streik von 170 000 Bergarbeitern.

22.3. Der SPD-Abgeordnete Karl Liebknecht kritisiert in einer Landtagsdebatte die politisch einseitige Tendenz des Lehrstoffes an Volksschulen.

Wirtschaft und Wissenschaft

7.6., Wirtschaft. Auf seiner 20. Jahresversammlung in Leipzig berät der Elektrotechniker-Verband u.a. über eine einheitliche Stromversorgung im Deutschen Reich.

8.8., Wirtschaft. Vertreter aus Staat und Wirtschaft feiern auf der Villa Hügel das 100jährige Jubiläum des Krupp-Werkes.

21.8., Wirtschaft. In München treffen sich die Vertreter der deutschen Genossenschaftsbewegung zu ihrem 53. Allgemeinen Genossenschaftstag.

September, Verkehr. Die Preußisch-Hessische Staatsbahn nimmt die erste Diesellokomotive in Betrieb.

17.11., Wirtschaft. Der Hansabund, eine Interessenvertretung von Handel, Gewerbe und Industrie, berät in Berlin über seine kommenden Aufgaben.

7.12., Archäologie. Der deutsche Archäologe Ludwig Borchardt entdeckt bei Ausgrabungen in der altägyptischen Stadt El-Amarna die Büste der Königin Nofretete.

10.12., Nobelpreise. In Stockholm und Oslo werden die diesjährigen Nobelpreisträger geehrt. ▷Chronik Nobelpreise

18.12., Psychologie. In einem Brief setzt sich der schweizerische Psychiater Carl Gustav Jung von seinem Lehrer Sigmund Freud, dem Begründer der Psychoanalyse, ab.

1912, Medizin. Im thüringischen Oberhof findet der erste Sportärzte-Kongreß statt.

Wissenschaftler geehrt
Chronik Nobelpreise

Chemie: Victor Grignard (F)
Medizin: Alexis Carrel (USA)
Physik: Gustav Dalén (S)
Frieden: Elihu Root (USA)
Literatur: Gerhart Hauptmann (D)

1912, Medizin. Der Biologe Eugen Steinach berichtet von der erfolgreichen Verpflanzung weiblicher Keimdrüsen in männliche Tiere, deren sekundäre Geschlechtsmerkmale sich daraufhin veränderten.

1912

Kunst, Literatur und Musik

17.2. Im Kunstsalon Goldschmidt in Frankfurt am Main eröffnet eine Ausstellung mit Werken junger französischer Maler. Zu sehen sind u.a. Werke von Georges Braque, Henri Rousseau und Pablo Picasso.
9.3. In der Galerie Kopp und Josef in Berlin sind Arbeiten der Maler Franz Marc, Wassily Kandinsky und August Macke zu sehen.
13.3. UA: *Die Brautwahl*, Oper des italienischen Komponisten und Pianisten Feruccio Busoni, in Hamburg.
13.4. In der Berliner Galerie Gurlitt beginnt eine Ausstellung der Künstlergruppe Die Brücke. Für besonders erwähnenswert hält die Presse die Arbeiten der Expressionisten Max Pechstein und Otto Müller.
2.5. Auf der Amsterdamer Kunstausstellung erhalten die deutschen Künstler Max Slevogt und Käthe Kollwitz jeweils die Goldmedaille für Malerei und Grafik.
29.5. Die Uraufführung des Elfminuten-Balletts *Nachmittag eines Fauns* durch Sergei Diaghilews Ballets Russes am Théâtre du Châtelet in Paris endet mit einem Skandal. Das Libretto zu dieser Komposition von Claude Debussy schrieb Waslaw Nijinski, der auch die Choreographie leitet und die Titelrolle des Fauns tanzt.
11.6. Auf Anordnung der sächsischen Regierungskommission werden zwei Gemälde aus den Räumen der diesjährigen Dresdner Kunstausstellung entfernt. Es handelt sich um ein Pastell von Max Klinger sowie um ein Bild von Otto Greiner, auf denen weibliche Akte zu sehen sind.
26.6. Anläßlich der Wiener Musikfestwoche gelangt postum die neunte Sinfonie von Gustav Mahler unter dem Dirigat von Bruno Walter zur Uraufführung.
Juli Auf der Sonderbundausstellung in Köln werden u.a. Gemälde von Paul Gauguin, Vincent van Gogh, Pablo Picasso, Paula Modersohn und Wilhelm Hoetger im Wert von insgesamt 145 000 Mark verkauft.
17.8. UA: *Der ferne Klang*, Oper des österreichischen Komponisten Franz Schreker, am Opernhaus in Frankfurt.

Theater und Film

9.2. UA: *Und das Licht scheint in der Finsternis*, Drama aus dem Nachlaß Leo N. Tolstois, im Kleinen Theater in Berlin.
12.2. Mit Asta Nielsen in der Hauptrolle dreht der dänische Regisseur Urban Gad den Film *Der Totentanz* in den von der Bioskop errichteten Ateliers in Neubabelsberg bei Berlin, die später zur größten deutschen Filmstadt ausgebaut werden.
12.3. *Die Kameliendame*, der zweite Film mit der Schauspielerin Sarah Bernhardt, wird in Paris fertiggestellt.
13.5. In den Berliner Konkordiasälen protestieren etwa 2000 Menschen gegen das vom Berliner Polizeipräsidium ausgesprochene Verbot der Aufführung des Stücks *Die im Schatten leben* von Emil Rosenow durch die Volksbühne.
14.6. UA: *Gabriel Schillings Flucht*, Drama von Gerhart Hauptmann, am Goethe-Theater in Lauchstedt.
10.8. Der Dramatiker Frank Wedekind entzieht dem Münchner Lustspielhaus die Aufführungserlaubnis für sein Stück *Franziska* mit der Begründung, die Theaterleitung habe die Freigabe des Dramas durch die Zensurbehörde nicht durch Verstümmelungen seines Werkes erreicht.
31.8. Mit der Aufführung des Dramas *Egmont* von Johann Wolfgang von Goethe wird das Deutsche Schauspielhaus in Berlin eröffnet. Die Spielstätte befindet sich im Gebäude der ehemaligen Komischen Oper.
31.8. Mit Friedrich Fehér in der Hauptrolle bringt Franz Porten die Lebensgeschichte des deutschen Dichters *Theodor Körner* auf die Leinwand. Der Film wird von der Presse begeistert aufgenommen. ▷Chronik Zitat, S. 65
13.9. UA: *Don Juan*, Stück von Carl Sternheim, im Deutschen Theater Berlin.
23.9. Der amerikanische Regisseur und Produzent Mack Sennett bringt mit *Cohen of Coney Island* die erste Slapstick-Komödie zur Aufführung.
12.10. UA: *Magdalena*, Volksstück des bayerischen Autors Ludwig Thoma, im Berliner Kleinen Theater.

Gesellschaft

21.1. Im Berliner Schloß findet das alljährliche Krönungs- und Ordensfest statt, auf dem Kaiser Wilhelm II. mehrere hundert Orden und Ehrenzeichen verteilt.
22.1. In China organisiert sich die Frauenstimmrechtsbewegung. In Nanking schließen sich Frauen aus 18 Provinzen zu einer Suffragettenallianz zusammen.
22.1. Die Zahl der weiblichen Studenten an der Berliner Universität hat sich im Vergleich zum vergangenen Wintersemester von 777 auf 845 erhöht.
24.1. Am 200. Geburtstags des preußischen Königs Friedrichs II. finden in Anwesenheit von Kaiser Wilhelm II. in Berlin und Potsdam Feierlichkeiten statt.
4.2. Bei einer Volksabstimmung votieren die Schweizer für das Bundesgesetz über die Versicherung der Arbeiter gegen Unfall und Krankheit.
15.2. Wie die »Frankfurter Zeitung« meldet, haben Otto und Carl Henkell, die Inhaber der Sektkellerei Henkell, dem deutschen Kaiser zwecks Beschaffung weiterer Flugzeuge für das deutsche Heer 100 000 Mark zur Verfügung gestellt.
1.3. Aus Protest gegen die Ablehnung des Frauenwahlrechts zerschlagen in London Suffragetten Schaufensterscheiben großer Geschäftshäuser sowie Fensterscheiben im Wohnhaus des Premierministers. Der dadurch entstandene Schaden wird auf eine Höhe von 100 000 Mark geschätzt.
3.3. In der Kolonie Deutsch-Südwestafrika wird die Eisenbahnstrecke von Windhuk nach Keetmannshoop eingeweiht.
7.4. Das Frühlingshochwasser des Mississippi verursacht in den Bundesstaaten des Mississippi-Einzugsgebietes Schäden von etwa 400 Mio. Mark.
13.4. Der Präsident der chinesischen Republik, Yüan Shih-k'ai, hebt das bisher bestehende Heiratsverbot zwischen Chinesen und Nichtchinesen auf. Zudem ermahnt er die Bevölkerung, veraltete und schädliche Gewohnheiten wie die Fußverkrüppelung aufzugeben.

1912

Internationale Politik

22.9. Griechenland. Auf der Insel Samos landen rund 350 kretische Freischärler und rufen zum Kampf gegen die osmanische Herrschaft auf.
8.10., Montenegro. Nach wochenlangen Spannungen zwischen den Staaten des Balkanbundes (Montenegro, Bulgarien, Serbien, Griechenland) und dem Osmanischen Reich erklärt Montenegro dem Osmanischen Reich den Krieg. Die anderen Bündnismitglieder folgen zehn Tage später. Ziel des Balkanbundes ist die Durchsetzung der nationalstaatlichen Expansionspläne.
18.10., Italien/Osmanisches Reich. Mit der Unterzeichnung des Friedensvertrags in Ouchy bei Lausanne endet der türkisch-italienische Tripoliskrieg. Das Osmanische Reich verliert das heutige Lybien an Italien.
4.11. Rußland. Der kaiserliche Hof in St. Petersburg gibt die Bluterkrankheit des russischen Thronfolgers Kronprinz Alexis bekannt.
5.11., USA. Thomas Woodrow Wilson, Kandidat der Demokratischen Partei, wird zum neuen Präsidenten der USA gewählt. Er setzt sich gegen Theodore Roosevelt und den amtierenden William H. Taft durch.
8.11., Griechenland. Griechische Truppen nehmen die osmanische Stadt Saloniki ein.
29.11., Albanien. Kemal Bey Ismail ruft in Valona die Unabhängigkeit Albaniens vom Osmanischen Reich aus. Eine Nationalversammlung wählt eine provisorische Regierung.

Balkan-Konferenz

Chronik Zitat

»Die Verhandlungen der Botschafter in London ... lassen ein günstiges Resultat erwarten. Bei der ruhigen ... Haltung Österreich-Ungarns und Italiens könnte eine kriegerische Lösung nur durch intransigente Haltung eines von Rußland oder Frankreich aufgestachelten Serbiens herbeigeführt werden.«
Theobald von Bethmann Hollweg

Deutsche Politik

22.4. Gegen die Stimmen der SPD beschließt die Stadtverordnetenversammlung in Frankfurt am Main die Gründung einer Universität.
8.5. Mit 265 gegen 67 Stimmen genehmigt der Reichstag einen Gesetzentwurf, der die Gültigkeit von Ehen zwischen Deutschen und Einheimischen in den deutschen Kolonien sicherstellt.
14.5. Gegen die Stimmen der SPD, der Polen und der Welfen verabschiedet der Reichstag die Novelle zum Flottengesetz. Sie sieht bis 1920 den Bau von 41 Schlachtschiffen sowie 20 großen und 40 kleinen Kreuzern vor.
4.6. Bei einem Treffen in der estnischen Hafenstadt Baltischport, an dem neben Kaiser Wilhelm II. und Zar Nikolaus II. auch die deutsch-russischen Regierungsspitzen teilnehmen, erreicht die deutsche Seite keine Garantien der Russen bezüglich der Aufrechterhaltung des Status quo in Mitteleuropa.
12.6. Der bisherige Generalkonsul in Budapest, Ulrich Graf von Brockdorff-Rantzau, wird Botschafter des Deutschen Reiches in Kopenhagen.
20.6. Die Bremer Bürgerschaft lehnt den Antrag auf Einführung des allgemeinen gleichen Wahlrechts anstelle des Klassenwahlrechts ab.
3.9. Die SPD ruft in den Großstädten des Deutschen Reichs zu Protestdemonstrationen gegen die steigenden Fleischpreise auf. Sie resultieren aus den hohen Einfuhrzöllen, die die deutsche Landwirtschaft vor Konkurrenz schützen sollen.
16.9. Vor Helgoland nimmt Kaiser Wilhelm II. die Parade der Hochseeflotte ab.
19.10. Auf ihrer Parteikonferenz in Frankfurt am Main fordern die Jungliberalen eine Demokratisierung des preußischen Wahlrechts.
2.11. Mit Zeitungsanzeigen wirbt der neu gegründete Deutsche Wehrverein für die Aufrüstung des Heeres.
16.11. Bei den Landtagswahlen in Württemberg erringen das Zentrum 21, der Bund der Landwirte 17, die SPD 13, die Volkspartei 15 und die Nationalliberalen neun Mandate.

Wirtschaft und Wissenschaft

1912, Medizin. Der französische Kinderarzt Victor Hutinel begründet den Internationalen Pädiatrischen Verband.
1912, Physik. Der schottische Physiker Charles Thomson Rees Wilson erfindet die Nebelkammer.
1912, Verkehr. Eine der ersten automatischen Steuervorrichtungen (Autopilot) wird erfolgreich in einem Curtiss-Flugboot eingebaut.
1912, Physik. Lee de Forest, Irving Landmuir, Edwin Howard Armstrong und Alexander Meißner entdecken unabhängig voneinander das System der elektronischen positiven Rückkopplung.
1912, Technik. Der amerikanische Autoindustrielle Walter P. Chrysler führt die Lack-Einbrennkabine in der Fertigung ein.
1912, Chemie. In der Chemischen Fabrik Griesheim gelingt dem deutschen Chemiker Fritz Klatte die erste technische Herstellung des Kunststoffs PVC in Emulsion.

Preise im Deutschen Reich

Chronik Statistik

Einzelhandelspreise (Mark):

Butter, 1 kg	2,85
Weizenmehl, 1 kg	0,38
Schweinefleisch, 1 kg	2,92
Rindfleisch, 1 kg	1,52
Eier, 1 Stück	0,08
Vollmilch, 1 l	0,20

1912, Physik. Der deutsche Physiker Max von Laue und andere Wissenschaftler entdecken die atomare Gitterstruktur.
1912, Technik. Das deutsche Stahlunternehmen Krupp in Essen entwickelt nichtrostende, säure- und hitzebeständige Stahllegierungen.
1912, Medizin. Der amerikanische Biochemiker Casimir Funk prägt den Begriff »Vitamin«.
1912, Geologie. Alfred Lothar Wegener, Professor an der Universität Graz, stellt seine Theorie von der Kontinentalverschiebung auf.

1912

Kunst, Literatur und Musik

9.10. Neue Werke des Komponisten Arnold Schönberg werden im Berliner Choraliensaal aufgeführt. Es handelt sich um einen Komplex von Melodramen aus Albert Girauds *Lieder des Pierrot Lunaire.* Daraus vertonte Schönberg *Dreimal sieben Gedichte.*
25.10. UA: *Ariadne auf Naxos*, Oper von Richard Strauss, in der neuen Stuttgarter Hofoper. Das Libretto schrieb Hugo von Hofmannsthal.
29.10. Die Galerie Bernheim in Paris eröffnet eine Retrospektive mit Werken des 1910 verstorbenen Malers Henri Rousseau.
23.11. UA: *Die elfte Muse*, Operette von Jean Gilbert, im Hamburger Operettentheater.
12.12. Auf der Hauptversammlung der Pariser Herbstsalon-Gesellschaft kommt es während der Vorstandswahl zu Auseinandersetzungen zwischen Anhängern des Vorsitzenden François Jourdain und kubistischen Malern, als sich Jourdain abfällig über die neue Kunstrichtung äußert.
1912 Der Italiener Giacomo Balla malt *Mädchen, über einen Balkon laufend.*
1912 Gottfried Benn wird durch seine erste Gedichtsammlung *Morgue und andere Gedichte* bekannt.
1912 Die Erzählung *Die Biene Maja und ihre Abenteuer* von Waldemar Bonsels wird ein Bestseller.
1912 Carl Einsteins Erstlingswerk, der Roman *Bebuquin oder Die Dilettanten des Wunders*, kommt in die Buchläden.
1912 Gerhart Hauptmann veröffentlicht den Roman *Atlantis.*
1912 *Rheinsberg. Ein Bilderbuch für Verliebte* ist die erste Buchveröffentlichung von Kurt Tucholsky.
1912 Arnold Zweigs Novellensammlung *Die Novellen um Claudia* erscheint.
1912 Von Anatole France erscheint der historische Roman *Die Götter dürsten.*
1912 Charles Péguy veröffentlicht die religiöse Prosadichtung *Das Mysterium der unschuldigen Kinder.*
1912 Giovanni Papinis Roman *Ein erledigter Mensch* erscheint.

Theater und Film

27.10. UA: *Haus am Meer*, Stück von Stefan Zweig, am Wiener Burgtheater.
28.11. UA: *Professor Bernhardi*, Schauspiel von Arthur Schnitzler, im Lessing-Theater in Berlin. Die Premiere in Österreich kann aus Zensurgründen erst 1920 stattfinden.

Ohne Chauvismus
Zitat

»Der Film läßt die Vergangenheit auferstehen, und sie mahnt zur Nachahmung. Der Film ist Erzähler, Historiker, ein Wahrheitssucher, Erzieher und Menschenverbesserer. Von der Macht seiner Stimme müssen die Feinde der Kinematographie verstummen.«
»Lichtbild-Bühne« vom 27.7.1912

29.11. In dem Film *Das Mädchen ohne Vaterland* unter der Regie von Urban Gad spielt Asta Nielsen ein Zigeunermädchen, das eine Festung ausspioniert und schuldig am Tod eines jungen Offiziers wird.
12.12. UA: *Magdalena*, Volksstück von Ludwig Thoma.
21.12. Im Londoner Königlichen Opernhaus Covent Garden findet erstmals eine Filmpremiere statt. Gezeigt wird die von Max Reinhardt inszenierte Pantomime *Das Mirakel.*
23.12. In München gelangt eine Modernisierung des antiken Theaterstückes *Eunuch* von Terentius durch die Autoren Alexander Roda Roda und Gustav Meyrink zur Uraufführung. Die Ausstattung des Komödienspiels besorgte der Karikaturist Olaf Gulbransson.
24.12. UA: *Mariä Verkündigung*, geistliches Spiel von Paul Claudel, im Théâtre de l'Œuvre in Paris.
25.12. UA: *Das Märchen vom Wolf* von Ferenc Molnár im Wiener Burgtheater.
1912 Mit dem Streifen *Max als Tangolehrer* kommt einer der bekanntesten Filme des Komikers Max Linder in die Kinos.

Gesellschaft

14.4. Nach der Kollision mit einem Eisberg sinkt nahe der Neufundlandbank das als unsinkbar geltende britische Passagierschiff »Titanic«. 1503 Menschen kommen ums Leben.
15.4. In Charlottenburg wird die erste Telefonzelle Berlins in Betrieb genommen.
25.4. Auf dem Markusplatz in Venedig nehmen über 150 000 Menschen an den Einweihungsfeierlichkeiten für den wiederaufgebauten Glockenturm, den Campanile, teil.
Mai Das letzte Silberbergwerk im sächsischen Freiberg wird stillgelegt.
23.5. Mit der »Imperator« läuft in Hamburg das derzeit größte Passagierschiff der Welt vom Stapel.
6.7. Auf dem Gojenberg in Bergedorf bei Hamburg wird in Anwesenheit von 200 geladenen Gästen die neue Sternwarte eingeweiht.
1.8. Die Station »Jungfraujoch« der schweizerischen Jungfraujochbahn in 3454 m Höhe nimmt den Betrieb auf.
8.8. Bei einer Explosion auf der Bochumer Zeche »Lothringen« werden 115 Bergleute getötet.

Olympia-Sieger
Sport

Leichtathletik:	
100 m:	
Ralph Cook Craig (USA)	10,8 sec
400 m:	
Charles Reidpoth (USA)	48,2 sec
Hochsprung:	
Alma Richards (USA)	1,93 m
Weitsprung:	
Albert Gutterson (USA)	7,60 m
Diskuswurf:	
Armas Taipale (FIN)	45,21 m

25.8. Der Börsenverein des Deutschen Buchhandels beschließt auf seiner Jahrestagung in Leipzig die Gründung einer deutschen Zentralbibliothek.
30.10. In Berlin werden etwa 50 Personen zum Teil schwer verletzt, als auf der Jannowitzbrücke zwei Berliner Stadtbahnzüge zusammenstoßen.

1912

Internationale Politik	Deutsche Politik	Wirtschaft und Wissenschaft
3.12., Balkan. Mit Ausnahme Griechenlands unterzeichnen die Teilnehmer des Balkankrieges Bulgarien, Serbien, Montenegro und das Osmanische Reich einen Waffenstillstandsvertrag. **17.12., Großbritannien.** In London beginnt eine Konferenz zum Balkankrieg mit Botschaftern der europäischen Mächte. In einem Telegramm an Kaiser Wilhelm II. erläutert Reichskanzler Theobald von Bethmann Hollweg seine Einschätzung der außenpolitischen Lage. ▷Chronik Zitat	**27.11.** Nach seinem Rücktritt am 12. Oktober wird Johannes Kaempf von der Fortschrittspartei erneut zum Parlamentspräsidenten gewählt. **10.12.** Reichsmarineminister Alfred von Tirpitz betont vor dem Deutschen Reichstag die Notwendigkeit eines Nachtragshaushaltes für das deutsche Pachtgebiet in China, Kiautschou. **5.12.** Das Bündnis zwischen dem Deutschen Reich, der Doppelmonarchie Österreich-Ungarn und Italien, der »Dreibundvertrag«, wird um weitere sechs Jahre verlängert.	**1912, Wirtschaft.** Die Hamburger Firma Beiersdorf führt eine neue Hautcreme mit dem Namen »Nivea« ein. **1912, Medizin.** Ernest Henry Starling veröffentlicht seine »Grundzüge der menschlichen Physiologie«. **1912, Technik.** Der Amerikaner Sidney Russell erfindet das Heizkissen. **1912, Technik.** »Materie und Energie« von Frederick Soddy erscheint. **1912, Astronomie.** Vesto Melvin Slipher registriert als erster das Spektrum einer fernen Galaxis, des Andromedanebels.

1912 Geborene und Gestorbene

Geboren:
14.1. Rudolf Hagelstange (†5.8.1984), deutscher Schriftsteller.
19.1. Sten Kenton (†19.2.1979), amerikanischer Jazzpianist.
27.1. Lawrence Durell, englischer Schriftsteller.
1.2. Albin Kitzinger (†4.8.1970), deutscher Fußballspieler.
23.3. Wernher von Braun (†16.6.1977), deutsch-amerikanischer Raketenkonstrukteur.
27.3. James Callaghan, britischer Gewerkschafter und Politiker.
31.3. Hermann Höcherl, deutscher Politiker.
9.4. Lew Kopelew, russischer Schriftsteller.
17.4. Marta Eggerth, amerikanische Schauspielerin ungarischer Herkunft.
18.5. Georg von Opel (†15.8.1971), deutscher Industrieller.
26.5. János Kádár (†6.7.1989), ungarischer Politiker.
28.5. Patrick White (†30.9.1990), australischer Schriftsteller.
5.6. Josef Neckermann (†13.1.1992), deutscher Kaufmann, Vorsitzender der Stiftung der deutschen Sporthilfe und Dressurreiter.
28.6. Carl Friedrich Freiherr von Weizsäcker, deutscher Physiker und Philosoph.
25.8. Erich Honecker (†29.5.1994), deutscher Politiker, DDR-Staats- und Parteichef.

1913

Internationale Politik	Deutsche Politik	Wirtschaft und Wissenschaft
2.1., Großbritannien. Die europäischen Großmächte einigen sich in London darauf, Albanien die Souveränität zu verleihen. **17.1., Frankreich.** Raymond Poincaré wird als Nachfolger von Armand Fallières neuer französischer Staatspräsident. **23.1., Osmanisches Reich.** Der zur jungtürkischen Bewegung zählende Enwer Pascha zwingt durch einen unblutigen Staatsstreich die osmanische Regierung unter Mehmed Kamil Pascha zur Abdankung. Die neue Regierung bildet Mahmud Sefbet Pascha.	**11.1.** In Berlin wird Gottlieb von Jagow als Nachfolger des verstorbenen Alfred von Kiderlen-Waechter zum Reichsaußenminister ernannt. **23.1.** Die thüringischen Kleinstaaten Sachsen-Weimar, Altenburg, Coburg-Gotha und mehrere Fürstentümer beabsichtigen die Bildung einer gemeinsamen Vertretung im deutschen Bundesrat. **16.2.** Der Landrat von Sonderburg weist den norwegischen Schriftsteller William Coucheron-Aamot aus, weil er Vorträge in norwegischer Sprache gehalten hat. ▷Chronik Zitat, S. 68	**11.2., Philologie.** In Berlin gibt der deutsche Altertumsforscher Eduard Meyer die Gründung einer Orientalischen Kommission bekannt, die sich der reichhaltigen Schriftenüberlieferung aus Ägypten, Babylonien und Zentralasien widmen will. **5.4., Wirtschaft.** Die Vereinigung der deutschen Arbeitgeberverbände wird gegründet. **26.4., Wirtschaft.** Auf der 28. Weltausstellung in Gent ist das Deutsche Reich mit einer Produktpalette aus den Bereichen Maschinenbau, Druck, Leder- und Gummiwaren vertreten.

1912

Kunst, Literatur und Musik

1912 Scipio Slatapers Roman *Mein Karst* wird ein großer Publikumserfolg in Italien.
1912 Knut Hamsuns Roman *Die letzte Freude* ist letzter Teil der sog. Wanderer-Trilogie.
1912 Andrei Bely veröffentlicht die erste Fassung seines Romans *Petersburg*.
1912 Iwan A. Bunins Roman *Suchodol* erscheint.
1912 Antonio Machado y Ruiz bringt die Gedichtsammlung *Die Felder Kastiliens* heraus.

Theater und Film

1912 Georges Méliès vergnüglicher Science-fiction-Film *Die Eroberung des Pols*, der den Kampf französischer Forscher gegen einen Eisberg am Nordpol schildert, wird ein finanzieller Mißerfolg.
1912 Der Puppenfilm *Die schöne Ljukanida* des Polen Ladislaus Starewitsch ist eine Parodie auf historische Filme, in dem zwei Mistkäfer die Hauptfiguren sind.
1912 Henny Porten spielt die weibliche Hauptrolle in dem Film *Der Schatten des Meeres* von Curt A. Stark.

Gesellschaft

14.11. Die deutsche Telefunken-Gesellschaft und die britische Marconi-Gesellschaft einigen sich nach jahrelangem Streit auf die gegenseitige Anerkennung ihrer Patente.
23.12. Im ägyptischen Assuan wird der fast zwei Kilometer lange Assuan-Staudamm mit einem feierlichen Festakt eingeweiht.
1912 Kaiser Wilhelm II. verbietet Offizieren das Tangotanzen.
1912 Paul Poiret kreiert passend zum Modetanz Tango den engen, vorn geschlitzten Rock.

Geborene und Gestorbene

15.9. John Cage (†12.8.1992), amerikanischer Komponist.
29.9. Michelangelo Antonioni, italienischer Filmregisseur.
14.10. Helmut Schelsky (†24.2.1984), deutscher Soziologe.
26.11. Eugène Ionesco (†28.3.1994), französischer Dramatiker und Schriftsteller rumänischer Herkunft.
12.12. Henry Armstrong (†22.10.1988), amerikanischer Boxer.

Gestorben:
16.1. Georg Heym (*30.10.1887), deutscher Lyriker.
29.3. Robert Falcon Scott (*6.6.1868), britischer Polarforscher.
30.3. Karl May (*25.2.1842), deutscher Schriftsteller.
6.4. Giovanni Pascoli (*31.12.1856), italienischer Dichter.
14.5. Friedrich VIII. (*3.6.1843), König von Dänemark.

30.5. Wilbur Wright (*16.4.1867), amerikanischer Flugpionier.
30.7. Mutsuhito (*3.11.1852), Kaiser von Japan.
13.8. Jules Massenet (*12.5.1842), französischer Komponist.
20.8. William Booth (*10.4.1829), Begründer der Heilsarmee.
28.11. Otto Brahm (*5.2.1856), deutscher Literaturhistoriker.
21.12. Paul Gordan (*29.4.1837), deutscher Mathematiker.

1913

Kunst, Literatur und Musik

15.2. Als erste Ausstellung ihrer Art in den USA vermittelt die Armory Show in New York anhand von 1600 Exponaten einen repräsentativen Eindruck von der modernen Kunst in Europa und Amerika.
1.4. UA: *Ein kurzes Leben*, die erste erfolgreiche Oper des spanischen Komponisten Manuel de Falla, in Nizza.
15.5. In Paris wird das Ballett *Jeux* (Spiele) uraufgeführt, zu dem der französische Komponist Claude Debussy die Musik schrieb und der russische Tänzer Waslaw F. Nijinski die Choreographie entwarf.

Theater und Film

11.1. Der österreichische Schriftsteller Arthur Schnitzler und die Kopenhagener Filmgesellschaft Nordisk Film vereinbaren die Bearbeitung von Schnitzlers erstem großen Bühnenerfolg *Liebelei* (Uraufführung am 9. Oktober 1895 in Wien) für das Kino.
13.1. Papst Pius X. spricht ein Verbot von Kinovorführungen in Kirchen aus. Auch Filme religiösen Inhalts sind davon betroffen.
6.2. Eine Versammlung von Filmfabrikanten, -verleihern und -theaterbesitzern gründet in Berlin einen deutschen Kinoverband.

Gesellschaft

7.1. In Buenos Aires endet die Südpol-Expedition des Schiffes »Deutschland«. Die Expedition entdeckte bisher unbekanntes Land und eine neue Eisbarriere.
2.2. Der größte Bahnhof der Welt, die Grand Central Station in New York, wird eingeweiht. Das zweistöckige Gebäude, im historisierenden Stil des 19. Jahrhunderts errichtet, kostete umgerechnet 600 Mio. Mark.
3.2. Der österreichische Philosoph, Pädagoge und Naturforscher Rudolf Steiner gründet in Berlin die Anthroposophische Gesellschaft.

1913

Internationale Politik

30.1., Balkan. Nach dem Scheitern der Verhandlungen über einen Frieden auf dem Balkan kündigen die Staaten des Balkanbundes den vereinbarten Waffenstillstand.

30.1., Großbritannien. Nach viertägiger Debatte lehnt das britische Oberhaus das Homerule-Gesetz für Nordirland ab und verzögert damit dessen Inkrafttreten. Das Gesetz sieht eine begrenzte Selbstregierung vor.

19.2., Mexiko. Nach erzwungener endgültiger Abdankung des Präsidenten Francisco Madero erklärt sich General Victoriano Huerta zum provisorischen Präsidenten Mexikos. Zuvor war der Bürgerkrieg zwischen Fortschrittlichen und Reaktionären mit Unterstützung der USA zugunsten der Reaktionäre beendet worden.

19.2., Großbritannien. Britische Frauenstimmrechtlerinnen (Suffragetten) sprengen in Walton-on-Hill das neuerbaute Landhaus des britischen Schatzkanzlers David Lloyd George in die Luft.

18.3., Griechenland. König Georg I. fällt einem Attentat zum Opfer. Als Nachfolger seines Vaters besteigt Konstantin I. den griechischen Thron.

2.5., Albanien. Der osmanischen General Essad Pascha, der albanischer Herkunft ist, proklamiert die Autonomie Albaniens unter osmanischem Protektorat.

6.5., Großbritannien. Das Unterhaus lehnt das Gesetz zur Einführung des Frauenstimmrechts mit 266 zu 219 Stimmen ab.

11.5., Schweiz. Auf Einladung Schweizer Parlamentarier treffen in Bern Abgeordnete aus Frankreich und dem Deutschen Reich zu einer »Verständigungskonferenz« zusammen, die die friedliche Zusammenarbeit beider Länder befördern soll.

25.5., Österreich-Ungarn. Der Generalstabschef des Prager Korps in der österreichisch-ungarischen Armee, Alfred Redl, wird vom österreichisch-ungarischen Geheimdienst zum Selbstmord gezwungen. Redl hatte seit 1901 Aufmarschpläne an Rußland, Frankreich und Italien weitergegeben.

Deutsche Politik

29.3. Die Friedenspräsenzstärke des deutschen Heeres wird von 544 211 auf 661 176 erhöht. Die Heereserweiterung soll durch eine neue Vermögenssteuer finanziert werden.

3.4. Das deutsche Luftschiff »Z IV« muß bei dichtem Nebel auf einem französischen Truppenübungsplatz im lothringischen Lunéville notlanden. Wegen des Verdachts auf Spionage wird der Zwischenfall zu einem Politikum.

Muttersprache unerwünscht
Chronik Zitat

»Man bedenke, wenn Norwegen zur Erwiderung alle diejenigen Deutschen ausweisen wollte, die in Norwegen ihre Muttersprache sprechen – ja, dann würden die norwegischen Landräte im Sommer nichts anderes tun können als Ausweisungsbefehle zu unterschreiben.«
William Coucheron-Aamot

17.4. In Berlin billigt der Deutsche Bundesrat die Literaturkonvention zwischen Rußland und dem Deutschen Reich, die das Verfahren bei gegenseitigen Übersetzungen und Urheberrechtsproblemen regelt.

18.4. Der sozialdemokratische Abgeordnete Karl Liebknecht berichtet im Reichstag von Versuchen der Essener Firma Krupp, Angehörige der Deutschen Reichsarmee zu bestechen, um Informationen über das beim Militär verwendete Material zu erhalten.

23.4. Der preußische Landtag bewilligt zur Stärkung des Deutschtums in der Ostmark (Posen und Westpreußen) 175 Mio. Mark für deutsche »Siedlungstätigkeit und Besitzbefestigung« in den überwiegend polnisch besiedelten Landesteilen.

20.5. Anläßlich der am 24. Mai stattfindenden Hochzeit von Prinzessin Viktoria Luise, der Tochter Kaiser Wilhelms II., mit Herzog Ernst August zu Braunschweig und Lüneburg findet in Berlin das letzte große Monarchentreffen in Europa vor dem Ersten Weltkrieg statt.

Wirtschaft und Wissenschaft

28.5., Luftfahrt. Drei Franzosen erreichen mit einem Ballon erstmals eine Höhe von 10 081 m.

30.6., Chemie. Niels Bohr beendet die Ausarbeitung eines neuen, nach ihm benannten Atommodells, das auf Grundlage von Theorien des britischen Physikers Ernest Rutherford die Quantenhypothese auf die Gesetzmäßigkeiten des Wasserstoffatoms bezieht.

20.9., Wirtschaft. Die britische Firma Pearson & Son sichert sich in einem Vertrag mit 40jähriger Laufzeit gegen die amerikanische und europäische Konkurrenz die Rechte zur wirtschaftlichen Erschließung Kolumbiens.

16.11., Medizin. Unter Vorsitz des deutschen Volkswirtschaftlers Julius Wolf konstituiert sich die internationale Gesellschaft für Sexualforschung in Berlin.

10.12., Nobelpreise. In Stockholm und Oslo werden die diesjährigen Nobelpreisträger vorgestellt. ▷Chronik Nobelpreise

12.12. Wirtschaft. Die Reichsbank in Berlin senkt den Diskontsatz von 5,5,% auf 5% und den Lombardsatz von 6,5% auf 6%, um der Kapitalknappheit im Deutschen Reich entgegenzuwirken.

Wissenschaftler geehrt
Chronik Nobelpreise

Chemie: Alfred Werner (CH)
Medizin: Charles Richet (F)
Physik: Heike Kamerlingh-Onnes (NL)
Frieden: Henri La Fontaine (B)
Literatur: Rabindranath Tagore (IND)

18.12., Wirtschaft. Der Norddeutsche Lloyd mit Sitz in Bremen reagiert mit der Eröffnung eines Frachtdienstes von Bremen nach Ostasien auf die steigende Bedeutung der Handelsschiffahrt im internationalen Warenverkehr.

19.12., Technik. Eine Erfindung des italienischen Ingenieurs Guglielmo Marconi erlaubt den Richtungsnachweis von drahtlosen Wellen.

1913

Kunst, Literatur und Musik

29.5. UA: *Le sacre du printemps*, Ballett des russischen Komponisten Igor Strawinsky, unter Leitung des Dirigenten Pierre Monteux in Paris.

6.6. Die Berliner Künstlervereinigung Secession bricht auseinander, als während einer außerordentlichen Generalversammlung der Vorstand sowie ein Teil der Mitglieder austreten. Anlaß ist der Vorwurf gegen den Präsidenten der Secession, Paul Cassirer, sein Amt mit seinen Interessen als Kunsthändler verbunden zu haben.

3.10. In Berlin kommt es beim Vorverkauf für das Gastspiel des italienischen Opernsängers Enrico Caruso vor dem königlichen Opernhaus zu einer riesigen Menschenansammlung. Trotz strengster Kontrollen gelangen Karten auch auf den Schwarzmarkt, wo ein normalerweise 40 Mark teurer Parkettplatz für 100 Mark gehandelt wird.

4.10. UA: *Wie einst im Mai*, Operette von Walter Kollo, im Berliner Theater. Die Operette wird zu einem der großen Publikumserfolge des Jahres.

12.10. Unter Leitung des Dirigenten Hermann Abendroth findet in Essen die Uraufführung der *Vier Tondichtungen nach Arnold Böcklin op. 128* des 40jährigen deutschen Komponisten Max Reger statt, der seit 1907 Kompositionslehrer am Leipziger Konservatorium ist und daneben seit 1911 die Meininger Hofkapelle leitet.

25.10. UA: *Polenblut*, Operette des böhmischen Komponisten Oskar Nedbal, in Wien.

30.10. UA: *Ballettsuite op. 130* von Max Reger, in Bremen.

1.11. In der Galerie der vom Berliner Schriftsteller und Kunstkritiker Herwarth Walden 1910 begründeten expressionistischen Kulturzeitschrift »Der Sturm« endet mit dem Ersten deutschen Herbstsalon eine am 20. September begonnene Ausstellung. Sie bot mit Bildern der Künstler Franz Marc, August Macke, Wassily Kandinsky, Robert Delaunay u.a. einen Querschnitt zeitgenössischer Malerei.

1913 Der Bildhauer Hans Arp wird Mitarbeiter der »Sturm«-Galerie Herwarth Waldens.

Theater und Film

13.2. In Berlin findet die Premiere des Films *Die Andere* von Max Mack statt, Hauptdarsteller ist der unter Max Reinhardt am Deutschen Theater in Berlin spielende Schauspieler Albert Bassermann.

28.2. *Die Sünden der Väter*, ein mimisches Drama über die Trunksucht mit Asta Nielsen in der Hauptrolle, kommt in die deutschen Kinos.

5.3. UA: *Bürger Schippel*, Komödie von Carl Sternheim, in den Kammerspielen des Deutschen Theaters in Berlin.

28.3. In dem Film *Des Pfarrers Töchterlein* von Adolf Gärtner mit Henny Porten in der Hauptrolle wird eine Pfarrerstochter das Opfer einer großen Enttäuschung.

4.4. In seinem Film *Wo ist Coletti?* mit Hans Junkermann in der Hauptrolle verwendet Max Mack als einer der ersten die »versteckte Kamera«, bei der die Gefilmten nicht wissen, daß sie unfreiwillig zu Darstellern eines Kinostreifens werden.

1.5. Am Berliner Kurfürstendamm wird das »Marmorhaus« eröffnet, ein Kinotempel nach dem Entwurf des Architekten Hugo Pál, des Malers César Klein und des Bildhauers Georg Sieburg.

23.5. Die Verfolgung eines Strafentlassenen, der in falschen Verdacht gerät, thematisiert der Film *Das Recht auf Dasein* von Joseph Delmont.

31.5. Der Film *Richard Wagner* von William Wauer und Carl Froelich bringt Szenen aus dem Leben des Komponisten.

17.6. Auf Druck des preußischen Kronprinzen Friedrich Wilhelm untersagt der Breslauer Magistrat die Aufführung des Stückes *Festspiel in deutschen Reimen* von Gerhart Hauptmann.

20.8. In Fulda legt die Bischofskonferenz Richtlinien zum Schutz der Jugend und der Erwachsenen vor dem Kino fest. Darin fordert sie ein Kinoverbot für Kinder unter sechs Jahren, eine Beschränkung für die schulpflichtige Jugend auf Lehrfilme und von Erwachsenen einen Verzicht auf »moralisch minderwertige« Filme.

Gesellschaft

22.2. Das preußische Handelsministerium beschließt eine Neuregelung der Ausbildung für weibliche Handwerker, die u.a. die Meisterprüfung beinhaltet.

8.4. Das Deutsche Reich verfügt mit 20 Anlagen über die meisten Zoologischen Gärten in der Welt. An zweiter Stelle folgt Großbritannien mit acht vor Frankreich mit fünf Zoos.

14.5. Der 24. Evangelisch-soziale Kongreß in Hamburg diskutiert zwei Tage lang über Religion, soziale Gerechtigkeit und Großstadtleben.

Juli Das 1902 begonnene Berliner U-Bahn-Netz wird um die Strecke Spittelmarkt–Alexanderplatz–Schönhausen Allee erweitert.

Deutsche Rekorde

Sport

Leichtathletik:

1000 m:	
Georg Mickler	2:32,3 min
1500 m:	
Carl Ernst	4:05,1 min
Stabhoch:	
Robert Pasemann	3,79 m
Weitsprung:	
Walter Hagen-Sandvoß	7,06 m
Kugelstoß:	
Karl Halt	13,32 m
Diskuswurf:	
Heinrich Buchgeister	44,22 m

12.7. Nach fünfjähriger Bauzeit wird mit der Möhnetalsperre im Sauerland die derzeit größte deutsche Talsperre in Betrieb genommen.

14.8. Der Vatikan spricht die katholische Ordensschwester Bernadette Soubirous, die den Ruhm des französischen Wallfahrtsortes Lourdes begründete, selig.

17.8. In Hannover begehen die Delegierten der deutschen Philatelistenvereine das 25. Jubiläum der jährlich durchgeführten Philatelistentage.

17.8. Anläßlich des 60. deutschen Katholikentages im lothringischen Metz beteiligen sich 30 000 Menschen an einem Festumzug.

1913

Internationale Politik

29.5., Bulgarien/Serbien. Mit dem Angriff der serbischen Armee auf bulgarische Städte beginnt der Zweite Balkankrieg. Nach weiteren Kämpfen in Makedonien erklären am 3. Juli Serbien und Griechenland Bulgarien offiziell den Krieg.

30.5., Großbritannien/Balkan. Mit der Unterzeichnung des Londoner Präliminarfriedens endet offiziell der Erste Balkankrieg. Das Osmanische Reich verliert einen großen Teil seiner europäischen Territorien.

19.7., Frankreich. Die Nationalversammlung nimmt das Gesetz zur Verlängerung des Wehrdienstes von zwei auf drei Jahre an. Am 7. August schließt sich der Senat dem Votum an.

10.8., Rumänien. Der Friede von Bukarest beendet den Zweiten Balkankrieg. Bulgarien muß erhebliche Gebietsverluste zugunsten Griechenlands und Serbiens hinnehmen.

6.10., China. Der provisorische chinesische Präsident Yüan Shih-k'ai läßt sich mit Hilfe von militärischer Gewalt und Bestechung für eine fünfjährige Amtszeit wählen.

17.10., Österreich-Ungarn. Kaiser Franz Joseph ernennt den Thronfolger, Erzherzog Franz Ferdinand, zum »Generalinspekteur der gesamten bewaffneten Macht«.

18.10., Österreich-Ungarn. Die österreichisch-ungarische Regierung fordert die Serben ultimativ auf, das von ihnen besetzte albanische Gebiet innerhalb einer Woche zu räumen. Die Serben kommen der Aufforderung am 25. Oktober nach.

5.11., China. Chinas Präsident Yüan Shik-k'ai verbietet die Kuomintang von Sun Yat-sen und errichtet ein diktatorisches Regime.

6.11., Südafrika. Trotz offiziellen Verbots überschreitet Mohandas Karamchand (»Mahatma«) Gandhi mit 2200 Anhängern die Grenze zwischen den Provinzen Natal und Transvaal und protestiert damit gegen die Rassendiskriminierung in Südafrika.

17.11. Schweiz. In Bern beteiligen sich 16 Staaten an einer viertägigen internationalen Konferenz für Weltnaturschutz.

Deutsche Politik

23.5. Wegen Beleidigung des preußischen Abgeordnetenhauses wird Albert Wachs, Redakteur der Wochenzeitschrift »Vorwärts«, zu sechs Wochen Gefängnis verurteilt.

25.5. In Bremen verabschiedet der Deutsche Flottenverein eine Resolution, die den jetzigen Umfang der deutschen Flotte für einen künftigen Krieg für nicht ausreichend erklärt.

1.6. Auf einer dreitägigen Delegiertenkonferenz des Reichsverbandes der deutschen Presse in Düsseldorf verwahren sich die Delegierten gegen die Forderung aus Kreisen des Militärs, keine Nachrichten über militärische Ereignisse in Zeitungen und Zeitschriften zu veröffentlichen.

12.6. Der preußische Ministerpräsident und Reichskanzler Theobald von Bethmann Hollweg eröffnet den am 3. Juni neugewählten preußischen Landtag.

15.6. In der festlich geschmückten Hauptstadt Berlin feiert der deutsche Kaiser Wilhelm II. sein 25jähriges Regierungsjubiläum.

30.6. In dritter Lesung nimmt der Deutsche Reichstag das Wehrgesetz und die Deckungsvorlage mit den Stimmen der bürgerlich-konservativen Parteien an.

Juli Gegenüber dem Vorjahr hat sich die Mitgliederzahl der Sozialdemokratischen Partei um 12 748 erhöht. Die größte Oppositionspartei im Reichstag zählt nunmehr 988 820 Mitglieder.

7.7. Als Nachfolger des ausgeschiedenen preußischen Kriegsministers Josias von Heeringen wird der bisherige Generalstabschef der Vierten Armee, Major Erich von Falkenhayn, ernannt.

14.7. In Breslau spricht der deutsche Kronprinz Friedrich Wilhelm von Preußen auf einer Versammlung des Deutschen Kriegerbundes. Er fordert »zum schärfsten Kampf gegen die Umsturzbewegung« (die Sozialdemokratie) auf.

19.7. Die Polizei beschlagnahmt auf einer polnischen Gewerbeausstellung in Bochum, die für die 300 000 in Rheinland und Westfalen lebenden Polen konzipiert ist, zahlreiche Objekte mit polnischen Schriftzügen.

Wirtschaft und Wissenschaft

1913, Wirtschaft. Die Gesamtleistungsfähigkeit der öffentlichen deutschen Elektrizitätswerke beträgt gut 2 Mio. Kilowatt, 1909 waren es noch 1,1 Mio. Kilowatt.

1913, Technik. Die Ford Motor Company in Detroit erprobt zur Rationalisierung der Automobilproduktion des Modells T ein »Fließband«.

1913, Psychologie. Karl Bühlers Abhandlung »Die Gestaltwahrnehmungen« behandelt das Gestaltproblem.

1913, Philosophie. Edmund Husserls Untersuchung »Ideen zu einer reinen Phänomenologie und phänomenologischen Philosophie« erscheint.

1913, Psychologie. Sigmund Freuds psychoanalytische Abhandlung »Totem und Tabu« kommt heraus.

1913, Physik. James Franck und Gustav Hertz gelingt mit dem Franck-Hertz-Versuch der Nachweis sog. diskreter Anreicherungsstufen der Atome des Quecksilberdampfes und damit die Bestätigung der Planckschen Quantenhypothese.

Staatsfinanzen/Außenhandel
Chronik Statistik

Deutsches Reich (in Mio. Mark):

Gesamtausgaben	7 185
Gesamteinnahmen	6 783
Schuldenlast	5 017,2
Einfuhr	10 769,7
Ausfuhr	10 097,2
Einfuhrüberschuß	672,5

1913, Physik. Der deutsche Physiker Johannes Geiger erkennt anhand von Streuversuchen mit Alphateilchen, daß die Ordnungszahl eines Elements der Kernladungszahl seiner Atomkerne entspricht.

1913, Physik. Der Astronom Henry Norris Russell verbessert Ejnar Hertzsprungs Temperatur-Leuchtkraft-Diagramm zum sog. Hertzsprung-Russell-Diagramm.

1913, Medizin. Der Mediziner Erich Hoffmann veröffentlicht »Fortschritte in der Erkennung und Behandlung der Syphilis«.

1913

Kunst, Literatur und Musik

1913 Unter dem Titel *Die Ermordung einer Butterblume und andere Erzählungen* erscheinen zwölf Erzählungen von Alfred Döblin.

1913 Der Roman *Seefahrt ist not!* ist Gorch Focks Hauptwerk.

1913 Der zweibändige Roman *Die Heilige und ihr Narr*, der zwei Jahre nach dem Tod von Agnes Günther erscheint, entwickelt sich zu einem der erfolgreichsten deutschen Frauenromane.

1913 Der technisch-utopische Roman *Der Tunnel* von Bernhard Kellermann, der in der Traditon der Romane von Jules Verne und H.G. Wells steht, ruft ein weltweites Echo hervor.

1913 Der deutsche Schriftsteller Klabund (eigentlich Alfred Henschke) wird durch seine Gedichtsammlung *Morgenrot! Klabund! Die Tage dämmern!* schlagartig bekannt.

1913 Annette Kolb veröffentlicht ihren ersten Roman *Das Exemplar*.

1913 Thomas Mann veröffentlicht seine Novelle *Der Tod in Venedig*.

1913 Paul Scheerbarts Asteroiden-Roman *Lesabéndio* kommt in die Buchläden.

1913 Von Alain-Fournier, der im Ersten Weltkrieg fällt, erscheint der Roman *Der große Meaulnes*.

1913 Guillaume Apollinaires Gedichtsammlung *Alcools* erscheint.

1913 Roger Martin du Gard verarbeitet in seinem Roman *Jean Barois* die Dreyfus-Affäre.

1913 Mit *In Swanns Welt* erscheint der erste Teil von Marcel Prousts Romanzyklus *Auf der Suche nach der verlorenen Zeit*.

1913 D. H. Lawrences Roman *Söhne und Liebhaber* kommt heraus.

1913 Knut Hamsuns Roman *Kinder ihrer Zeit* erscheint.

1913 Franz Kafkas Erzählungen *Der Heizer* und *Das Urteil* werden veröffentlicht.

1913 Georg Trakl bringt erste *Gedichte* heraus.

1913 Robert Lee Frosts erste erfolgreiche Gedichtsammlung *A Boy's Will* erscheint.

1913 Jack London veröffentlicht den autobiographischen Roman *König Alkohol*.

Theater und Film

22.8. Stellan Ryes *Der Student von Prag* – einer der ersten deutschen Stummfilme mit Weltgeltung – wird in Berlin uraufgeführt. In der Hauptrolle spielt Paul Wegener den Studenten Balduin.

12.9. Vor dem Hintergrund der britischen Emanzipationsbewegung schildert der Film *Die Suffragette* des dänischen Regisseurs Urban Gad ein Liebesdrama in England mit Asta Nielsen in der Hauptrolle.

17.9. Unter der Regie von Paul von Woringen erzählt der Film *Die Landstraße* von einem Landstreicher, der fälschlich unter Mordverdacht gerät.

3.10. Der zweite Film des deutschen Theaterregisseurs Max Reinhardt, *Die Insel der Seligen* mit dem Untertitel *Ein heiteres Flimmerspiel* hat in Berlin Premiere. In den Hauptrollen des komödiantischen Streifens spielen unter anderem Wilhelm Diegelmann, Willy Prager und Gertrud Hackelberg.

16.10. Die Uraufführung von *Pygmalion*, einem Lustspiel des irischen Dramatikers George Bernard Shaw, am Wiener Burgtheater ist die erste Weltpremiere eines Shaw-Stückes auf einer fremdsprachigen Bühne. Die Komödie, vom Publikum gefeiert wird, dient später dem Musical *My fair Lady* als dramatische Vorlage.

8.11. In der Regie von Eugen Kilian wird das als Fragment hinterlassene, 1836/37 entstandene Drama *Woyzeck* des Schriftstellers Georg Büchner im Münchener Residenztheater uraufgeführt. Die Hauptrolle in der von der Theaterkritik gelobten Premiere spielt Albert Steinrück. ▷Chronik Zitat

Eindrucksvoller »Woyzeck«
Zitat

»Erst von der Bühne herab wirkt die knappe Plastik der Büchnerschen Bildersprache mit jener Unwiderstehlichkeit, die dem Hörer des Dichters Hintergedanken aufzwingt und den grauen Alltag zum leuchtenden Symbol erhebt.«

Edgar Steiger, Theaterkritiker

Gesellschaft

22.8. In Berlin veranstaltet der Verband sozialdemokratischer Wahlvereine Groß-Berlins eine Diskussion zum Thema »Gebärstreik als Mittel des politischen Kampfes«. Prominente Sozialdemokratinnen wie Clara Zetkin oder Rosa Luxemburg sprechen sich gegen den Gebärstreik aus und fordern statt dessen die Legalisierung von Abtreibungen.

Leichenwagen in Großstädten
Zitat

»Es ist anzunehmen, daß diese Bestattungsautomobile ... sich mehren werden, zumal in den Großstädten, wo die Kirchhöfe nicht selten mehr als zehn Kilometer vom Trauerhaus liegen.«

»Berliner Zeitung« vom 4.10.1913

31.8. Die Auswanderungslust steigt wieder an. Im August emigrieren mit 2729 Personen 956 Menschen mehr als im Vorjahreszeitraum.

4.9. In Berlin erhält das städtische Areal zwischen Spree und Spandauer Schiffahrtskanal den Namen Siemensstadt. Die Bebauung begann 1899 mit einem elektrotechnischen Werk der Siemens & Halske AG.

4.9. In Sigmaringen heiratet Prinzessin Auguste von Hohenzollern den ehemaligen portugiesischen König Manuel II.

4.10. Die »Berliner Zeitung« berichtet über den »würdig gehaltenen« Einsatz von Autos im Bestattungswesen, der den Vorwurf mangelnder Pietät weckt. ▷Chronik Zitat

12.10. Auf dem Hohen Meißner im Hessischen Bergland bei Kassel endet der dreitägige Freideutsche Jugendtag. Das bedeutende Treffen führt verschiedene Gruppen der Jugendbewegung mit Anhängern der Lebensreformbewegung zusammen.

14.10. Bei einem durch einen Brand verursachten Grubenunglück im Kohlebergwerk »Universal« kommen in der Nähe der südwalisischen Stadt Cardiff 418 Bergleute ums Leben.

1913

Internationale Politik	Deutsche Politik	Wirtschaft und Wissenschaft
2.12., Albanien. Die Regierungen der europäischen Großmächte (Großbritannien, Frankreich, Deutsches Reich, Rußland, Italien und Österreich-Ungarn) einigen sich darauf, Albaniens Souveränität anzuerkennen unter der Voraussetzung, daß das Land den deutschen Prinzen Wilhelm zu Wied als Fürst akzeptiert. **9.12., Mexiko.** Der mexikanische Kongreß erklärt die Präsidentschaft Victoriano Huertas für ungültig und setzt Neuwahlen für den 6.7.1914 an. Huerta bleibt Übergangspräsident. **21.12., Griechenland.** Die europäischen Großmächte teilen der griechischen Regierung mit, daß sie die Annexion der Insel Kreta durch Griechenland anerkennen.	**14.–20.9.** Als Nachfolger des am 13. August verstorbenen August Bebel werden auf dem Parteitag der Sozialdemokraten in Jena Hugo Haase und Friedrich Ebert zu Parteivorsitzenden gewählt. **18.10.** Kaiser Wilhelm II. weiht bei Leipzig in einem großen Festakt das Völkerschlachtdenkmal ein. Es erinnert an den Sieg preußischer, russischer und österreichischer Truppen 1813 über die französische Besatzungsarmee unter Napoleon I. **26.11.** Mit der Verhaftung von Zivilisten setzt in der elsässischen Stadt Zabern eine fünftägige Willkürherrschaft des dort stationierten deutschen Militärs ein, die erst auf Weisung der deutschen Regierung endet.	**1913, Technik.** Der amerikanische Physikochemiker Irving Langmuir füllt Glühbirnen mit Stickstoff und Argon als Schutzgasen. **1913, Technik.** Der Metallurg Henry Brearley entdeckt, daß Stahl durch Chromzusatz nichtrostend wird. **1913, Physik.** Der Physiker Alexander Meißner erfindet den Röhrensender mit Rückkopplung. **1913, Technik.** René Lorin aus Frankreich erhält ein Patent auf den ersten Düsenmotor. **1913, Chemie.** Der Chemiker A. Reichler erfindet die Chemiewaschmittel. **1913, Philosophie.** Der Spanier Miguel de Unamuno veröffentlicht sein Hauptwerk »Das tragische Lebensgefühl«.

1913 Geborene und Gestorbene

Geboren:
9.1. Richard Milhouse Nixon (†22.4.1994), amerikanischer Politiker.
10.1. Gustav Husák (†18.11.1991), tschechoslowakischer Politiker.
25.2. Gert Fröbe (†5.9.1988), deutscher Filmschauspieler.

18.3. René Clément, französischer Filmregisseur.
10.4. Stefan Heym, deutscher Schriftsteller.
15.4. Hans Egon Holthusen, deutscher Schriftsteller.
6.5. Stewart Granger (†16.8.1993), englischer Filmschauspieler.

15.5. Heinz Haber (†13.2.1990), deutscher Physiker.
24.5. Willi Daume (†20.5.1996), deutscher Sportfunktionär.
31.5. Peter Frankenfeld (†4.1.1979), deutscher Unterhaltungskünstler.
14.7. Fritz Erler (†22.2.1967), deutscher Politiker.

1914

Internationale Politik	Deutsche Politik	Wirtschaft und Wissenschaft
Januar, Südafrika. Die Regierung unterdrückt einen Generalstreik in der Südafrikanischen Union, der sich zur Protestkundgebung gegen die undemokratischen Verhältnisse im Land entwickelt. **9.2., Rußland/Frankreich.** Rußland erhält von Frankreich eine Anleihe in Höhe von umgerechnet 541,3 Mio. Mark. **10.3., Italien.** Mit dem Rücktritt von Ministerpräsident Giovanni Giolitti endet in Italien die Reform-Ära Giolitti (seit 1903).	**10.1.** Das Kriegsgericht in Straßburg spricht Oberst Adolf von Reuter von der Anklage der Amtsanmaßung, der Freiheitsberaubung und des Hausfriedensbruchs in der sog. Zabern-Affäre frei. Das von der Öffentlichkeit empört aufgenommene Urteil belegt die Dominanz des deutschen Militärs gegenüber politischen Instanzen. **20.2.** In Frankfurt am Main wird die SPD-Politikerin Rosa Luxemburg zu einem Jahr Gefängnis verurteilt, weil sie u.a. zur Befehlsverweigerung unter Soldaten aufgerufen haben soll.	**1.1., Luftfahrt.** In Florida nimmt der erste planmäßige Linienflugdienst der Welt zwischen St. Petersburg (USA) und Tampa seinen Betrieb auf. **12.2., Technik.** Zwischen dem deutschen Sender Nauen bei Berlin und der US-Station Sayville auf Long Island bei New York wird eine drahtlose Telegraphieverbindung eröffnet. **20.2., Wirtschaft.** In Kiel wird das Institut für Seeverkehr und Weltwirtschaft, das heutige Institut für Weltwirtschaft, eröffnet. Es ist der Universität angegliedert.

1913

Kunst, Literatur und Musik

1913 Umberto Boccioni malt *Urform der Bewegung im Raum*.
1913 Die französische Bildhauerin Camille Claudel wird in eine Psychiatrische Klinik eingewiesen.
1913 Marcel Duchamp erregt auf der »Armory Show« in New York erhebliches Aufsehen mit seinem *Akt, eine Treppe hinabsteigend*. Duchamp stellt erste Ready-Mades her, u.a. das umgekehrt auf einen Schemel montierte Rad.
1913 Der deutsche Bildhauer, Maler und Graphiker Wilhelm Lehmbruck beteiligt sich an der Kölner Werkbund-Ausstellung.
1913 August Macke initiiert die Ausstellung »Rheinischer Expressionisten«.

Theater und Film

5.12. Asta Nielsen ist die Hauptdarstellerin in dem Film *Die Filmprimadonna* des dänischen Regisseurs Urban Gad, der die Liebesgeschichte zwischen Drehbuchautor und Schauspielerin thematisiert.
29.12. In Paris läuft der Film *Fantômas* von Louis Feuillade mit René Navarre in der Hauptrolle an.
1913 Der polnische Dramatiker Karol Hubert Rostworowski wendet sich in dem Drama *Judas Iskariot* vom Naturalismus und Symbolismus dem psychologischen Realismus zu und wird mit diesem Stück zum Begründer des modernen polnischen Schicksalsdramas.
1913 Hugo Ball arbeitet als Dramaturg an den Kammerspielen München.

Gesellschaft

19.10. In Leipzig wird die Deutsche Lebens-Rettungs-Gesellschaft (DLRG) gegründet.
17.10. Mehrere, teilweise tödlich verlaufende Flugzeugunglücke sorgen im Deutschen Reich für Aufsehen. U.a. fordern zwei Abstürze bei Bamberg und Schweidnitz (Swidnica) drei Tote und einen Schwerverletzten.
12.11. Durch ein Erdbeben wird die Stadt Albancay in Peru völlig zerstört. 200 Menschen kommen uns Leben.
24.11. Der Ullstein Verlag kauft die renommierte Berliner Tageszeitung »Vossische Zeitung«.
13.12. Mit der Denkmalenthüllung in Düsseldorf wird die erste öffentliche Erinnerungsstätte für den Dichter Heinrich Heine geschaffen.

Geborene und Gestorbene

16.8. Menachem Begin (†9.3.1992), israelischer Politiker.
12.9. Jesse Owens (†31.3.1980), amerikanischer Leichtathlet.
2.11. Burt Lancaster (†21.10.1994), amerikanischer Filmschauspieler.
3.11. Marika Rökk, deutsche Schauspielerin.

18.12. Willy Brandt (†8.10.1992), deutscher Politiker.

Gestorben:
18.3. Georg I. (*24.12.1845), König von Griechenland.
14.4. Carl Hagenbeck (*10.6.1844), deutscher Zirkusleiter.

13.8. August Bebel (*22.2.1840), deutscher Politiker.
29.9. Rudolf Diesel (*18.3.1858), deutscher Maschineningenieur.
7.11. Alfred Dussel Wallace (*8.1.1823), britischer Zoologe.
12.12. Menilek II. (*17.8.1844), äthiopischer Kaiser.

1914

Kunst, Literatur und Musik

1.1. Gemäß deutschem Urheberrecht wird Richard Wagners Oper *Parsifal* nach Ablauf der 30jährigen Schutzfrist für alle Bühnen freigegeben.
1.4. UA: *Notre Dame*, romantische Oper von Franz Schmidt, an der Wiener Hofoper.
11.4. Höhepunkt der Ausstellung der Berliner Freien Secession ist das bisher im Deutschen Reich noch nicht gezeigte, im Besitz der Hamburger Kunsthalle befindliche Werk *Spazierritt* des französischen Impressionisten Auguste Renoir.

Theater und Film

3.1. Der in Berlin uraufgeführte Film *Engelein* des dänischen Regisseurs Urban Gad mit Asta Nielsen in der Hauptrolle gilt als bester Film des Jahres. In dem »Mimischen Lustspiel in vier Akten« spielt Asta Nielsen ein 17jähriges Mädchen, das in die Rolle einer 12jährigen schlüpfen muß.
22.1. UA: *Der Tausch*, Prosadrama von Paul Claudel, im Théâtre Vieux-Colombier in Paris.
2.2. UA: *Der Snob*, Komödie von Carl Sternheim, in den Kammerspielen des Deutschen Theaters Berlin.

Gesellschaft

Februar Die Zentrumspartei verlangt ein Verbot für Einfuhr und Verkauf empfängnisverhütender Mittel.
6.2. Der russische Reichsrat in St. Petersburg nimmt einen Gesetzentwurf zur Bekämpfung der Trunksucht der Bevölkerung einstimmig an. U.a. wird der Verkauf von Spirituosen in öffentlicher Vergnügungsstätten verboten.
8.2. Das erste deutsche Arbeiterjugendheim wird in Steglitz (Berlin) durch den Sekretär des Bildungsausschusses der SPD, Wilhelm Pieck, eingeweiht.

1914

Internationale Politik

April, USA. Zahlreiche Arbeiter kommen ums Leben, als die US-Regierung Militär gegen Streikende einsetzt, die in Ludlow im Bundesstaat Colorado die Anerkennung der Gewerkschaft in dem dortigen Bergwerk durchsetzen wollen.

30.4., China. In Peking wird die neue chinesische Verfassung verlesen, die dem diktatorisch regierenden Präsidenten Yüan Shih-k'ai uneingeschränkte Vollmachten einräumt. Bereits am 12. Januar hatte Yüan das Parlament auflösen lassen.

12.6., Rußland. Neue Schutzzölle auf Getreide, Erbsen und Bohnen treten in Kraft. Sie richten sich besonders gegen die Bestimmungen des deutsch-russischen Handelsvertrags, durch die deutschen Großgrundbesitzer erhebliche Vorteile genießen.

28.6., Serbien. Die Ermordung des österreichisch-ungarischen Thronfolgers Erzherzog Franz Ferdinand und seiner Frau durch einen bosnischen Nationalisten in Sarajevo wird aufgrund der politischen Spannungen in Europa Auslöser für den am 28. Juli ausbrechenden Ersten Weltkrieg.

3.7., Mexiko/USA. Zwischen Mexiko und den USA wird der Friedensvertrag unterzeichnet. Huerta tritt als mexikanischer Präsident zurück.

23.7., Österreich-Ungarn. Wien stellt der serbischen Regierung ein unerfüllbares Ultimatum als Vorwand für einen militärischen Angriff.

28.7., Österreich-Ungarn/Serbien. Österreich-Ungarn erklärt Serbien den Krieg.

31.7., Frankreich. In Paris wird der französische Sozialistenführer Jean Jaurès, einer der populärsten Pazifisten Europas, von einem Nationalisten ermordet.

3.8., Italien. Die italienische Regierung erklärt ungeachtet des Dreibunds ihre Neutralität im Kriegsfall.

4.8., Großbritannien/Deutsches Reich. Nach dem Einmarsch deutscher Truppen in Belgien erklärt Belgiens Garantiemacht Großbritannien den Deutschen den Krieg.

23.8., Japan/Deutsches Reich. Japan erklärt Deutschland den Krieg.

Deutsche Politik

2.3. Die »Kölnische Zeitung« wirft dem Zarenreich Kriegsvorbereitungen gegen das Deutsche Reich vor. Der als Teil einer antirussischen Pressekampagne konzipierte Artikel ruft internationale Besorgnis hervor.

19.3. Das Deutsche Reich und Großbritannien teilen die Konzessionen für die mesopotamischen Erdölfelder im Osmanischen Reich in einer noch zu gründenden Gesellschaft unter sich auf. Dabei halten deutsche Banken 25% und britische Banken 75% der Anteile. Die Ölfelder gelten im Zusammenhang mit dem Bau der Bagdadbahn als profitables Wirtschaftsobjekt.

26.3. Die vom preußischen Abgeordnetenhaus verabschiedete Novelle zum Fürsorgeerziehungsgesetz von 1900 erleichtert dem Staat den Zugriff auf sog. gefährdete Kinder.

19.4. Angesichts der vermeintlichen russischen und französischen Aggressionen fordert der Alldeutsche Verband, eine der einflußreichsten Gruppen im Deutschen Reich, auf seiner Jahrestagung in Stuttgart eine offensive deutsche Militärstrategie.

11.5. Angesichts der wachsenden Kriegsbereitschaft der deutschen Regierung warnt der Sozialdemokrat Karl Liebknecht in einer Reichstagsrede vor den Folgen einer internationalen Aufrüstung.

5.7. Nach einem Memorandum der österreichisch-ungarischen Regierung, das die Zerschlagung Serbiens verlangt, vereinbaren die politische und die militärische Führung des Deutschen Reiches, Wien bei allen Aktionen gegen Serbien vorbehaltlos zu unterstützen (»Blankoscheck«).

29.7. Albert Südekum signalisiert Reichskanzler Theobald von Bethmann Hollweg für den Vorstand der SPD die grundsätzliche Zustimmung seiner Partei zur Kriegspolitik der Regierung.

31.7. Das Deutsche Reich stellt Ultimaten an die Regierungen Rußland und Frankreich. Von Rußland wird die Einstellung der Kriegsvorbereitungen gegen Österreich-Ungarn verlangt, von Frankreich eine Neutralitätszusage für den Fall eines deutsch-russischen Krieges.

Wirtschaft und Wissenschaft

12.3., Wirtschaft. Unter Beteiligung von 100 Delegierten hält der Deutsch-Amerikanische Wirtschaftsverband in Berlin seine erste Mitgliederversammlung ab.

1.4., Wissenschaft. Albert Einstein wird hauptamtliches Mitglied der Akademie der Wissenschaften in Berlin. Zugleich übernimmt er den Direktorposten am Kaiser-Wilhelm-Institut für Physik.

16.4., Wirtschaft. Mit einem Stammkapital von 675 000 Mark werden in Bremen die Behring-Werke GmbH gegründet, die besonders die Entdeckungen des Bakteriologen Emil von Behring vermarkten wollen.

18.5., Wirtschaft. Der Präsident des Hansebundes für Gewerbe, Handel und Industrie, Jacob Rießer, wendet sich in Hannover gegen die sog. Blockpolitik konservativer Verbände im Deutschen Reich.

22.5., Biologie. Das Institut für Pflanzenphysiologie in Berlin wird eingeweiht.

Löhne und Gehälter
Chronik Statistik

Deutsches Reich:

Wochenarbeitszeit in der Industrie (Stunden)	50–60
Tariflicher Bruttostundenverdienst (Pfennig)	
Facharbeiter	65,9
Facharbeiterin	38,2

24.6., Verkehr. Nach fünfjähriger Bauzeit ist der zwischen 1885 und 1897 angelegte Kaiser-Wilhelm-Kanal (Nord-Ostsee-Kanal) ausgebaut und auf 98,7 km erweitert.

15.7., Verkehr. In den Berner Alpen wird der 14,6 km lange Lötschberg-Eisenbahntunnel eingeweiht.

29.7., Wirtschaft. Der Vorstand der Berliner Börse beschließt, angesichts der Kriegsgefahr den sog. Ultimohandel einzustellen.

15.8., Verkehr. Nach 35jähriger Bauzeit wird der Panamakanal für den Schiffsverkehr freigegeben.

1914

Kunst, Literatur und Musik

23. 4. Ein von dem futuristischen Schriftsteller Filippo Tommaso Marinetti organisiertes Konzert in Mailand, bei dem neue Instrumente wie Knatterer, Gurgler und Raschler eingesetzt werden, endet mit einem Skandal.

Deutsche Volkslieder

Zitat

»*Die deutschen Volkslieder in umfassender Weise zu sammeln und diese ihre Sammlung nicht länger hinauszuschieben, ist eine unabweisbare und heilige Pflicht, denn von Tag zu Tag sinkt wieder alles ... ererbte Volksgut in Vergessenheit.*«
John Meier, Gründer des Volksliedarchivs

1. 5. Der deutsche Germanist und Volkskundler John Meier gründet in Freiburg im Breisgau das Deutsche Volksliedarchiv für die Sammlung und Erforschung des deutschsprachigen Volksliedes. ▷Chronik Zitat
14. 5. Als letztes großes Ballettereignis vor Ausbruch des Ersten Weltkriegs wird das Ballett *Josephslegende* des deutschen Komponisten Richard Strauss in Paris von den Ballets Russes des russischen Impresarios Sergei Diaghilew uraufgeführt. Der Komponist dirigiert selbst.
26. 5. UA: *Die Nachtigall*, lyrisches Märchen in drei Akten von Igor Strawinsky, in Paris.
6. 6. Im Mittelpunkt der in München eröffneten Ausstellung der Neuen Secession steht das Gemälde *Windsbraut* von Oskar Kokoschka.
3. 11. Mit einer Überdosis Kokain begeht der österreichische Dichter Georg Trakl in einem Lazarett in Krakau Selbstmord.
15. 12. In einem von der Berliner »Vossischen Zeitung« veröffentlichten Pamphlet trägt der Maler und Grafiker Franz Marc zur Verherrlichung des Krieges bei. Marcs Einstellung ist ein Beispiel für die unreflektierte Haltung vieler deutscher Künstler gegenüber dem Krieg.

Theater und Film

6. 3. Das württembergische Parlament in Stuttgart billigt ein neues Kinogesetz, das mit schärferen Filmkontrollen künftig den »Schutz der Jugend und der öffentlichen Sittlichkeit vor Verrohung« gewährleisten soll.
13. 3. In dem Film *Die Geheimnisvolle Villa* von Joe May mit Ernst Reicher und Sabine Impekoven geht es um Entführung und Erpressung.
25. 3. Die erste deutsche Wochenschau, die »Eiko-Woche«, kommt in die Kinos.
16. 4. Eine filmische Commedia dell'arte kommt mit *Eine venetianische Nacht* von Max Reinhardt in die Kinos.
12. 6. In dem Film *Der Hund von Baskerville* von Rudolf Meinert nach der Romanvorlage von Arthur Conan Doyle (1902) wird der rätselhafte Tod des Lords von Baskerville zum Fall für Sherlock Holmes.
30. 7. In dem Film *Der Stolz der Firma* verliert Ernst Lubitsch in einem polnischen Dorf seinen Job und macht in einem Berliner Modesalon Karriere.
1. 10. Angesichts der Kriegsbegeisterung ist die Berliner Theatersaison geprägt von patriotischen Stücken. ▷Chronik Zitat
2. 10. UA: *Pohjalaisia*, Schauspiel von Artturi Järviluoma, in Helsinki. Das Drama wird eines der populärsten Stücke des 20. Jahrhunderts in Finnland.
3. 10. Die Stadt Berlin erteilt Oskar Meßter die Genehmigung zur Aufführung von Kriegswochenschauen im Kino.

Patriotismus auf der Bühne

Zitat

»*Nun war der Krieg da. Das Leben wurde immer hektischer vor Hurrabegeisterung. Und das war die ›Ablenkung‹, die die noch bestehenden Theater brachten: Gräßliche Militärschwänke und abwechselnd soldatische Helden- und Hurradramen.*«
Trude Hesterberg, Schauspielerin

Gesellschaft

14. 2. Britische Frauenrechtlerinnen setzen ihre militanten Aktionen für die Einführung des Frauenstimmrechts fort, indem sie in London die Fenster des Innenministeriums zertrümmern.
17. 2. Die erste Koran-Übersetzung ins Türkische erscheint in Konstantinopel (heute Istanbul). Bisher war der Koran nur wenigen Gelehrten verständlich.
3. 7. Zwischen New York und San Francisco wird erstmals eine Fernsprechleitung in Betrieb genommen.
31. 7. Nach der Verkündung des »Zustandes drohender Kriegsgefahr« werden in Deutschland Verordnungen erlassen, die u.a. die Paßpflicht und das Verbot der Verwendung von Brieftauben für die Nachrichtenübermittlung betreffen.

Fußball-Landesmeister

Sport

Deutschland: SpVgg Fürth
Österreich: Wiener AF
Schweiz: FC Aarau
England: Blackburn Rovers
Holland: VV Den Haag
Norwegen: Frigg Oslo
Schottland: Celtic Glasgow

28. 10. Der deutsche Bundesrat verordnet wegen der Verknappung der Getreideprodukte infolge des Krieges die Beimischung von Roggen- und Kartoffelmehl bei der Gebäckherstellung.
1. 12. Zwischen dem Duisburger Hafen und Herne entsteht der 45,6 km lange Rhein-Herne-Kanal, der überwiegend Kohletransporten dient und das Ruhrgebiet mit der Nordsee verbindet.
24. 12. 135 000 deutsche und rund 578 000 alliierte Soldaten verbringen das Weihnachtsfest in Kriegsgefangenschaft. In Genf sorgt die Zentralauskunftsstelle für Kriegsgefangene, die das Rote Kreuz eingerichtet hat, für die Versendung der Weihnachtspost in die Kriegsgefangenenlager.

1914

Internationale Politik

2.9., Osmanisches Reich. Die Regierung befiehlt die Mobilmachung.
9.9., Frankreich/Deutsches Reich. Die Niederlage in der Marneschlacht läßt den deutschen Blitzkriegsplan an der Westfront scheitern.
18.9., Japan. Die Japaner beginnen die Belagerung der chinesischen Hafenstadt Tsingtau, die seit 1898 offiziell deutsches Pachtgebiet ist.
29.10., Osmanisches Reich/Rußland. Mit einem Angriff gegen russische Schwarzmeerhäfen tritt das Osmanische Reich an der Seite des Deutschen Reiches und Österreich-Ungarns in den Weltkrieg ein.
1.11., Rußland/Osmanisches Reich. Zwischen dem Osmanischen Reich und Rußland werden die diplomatischen Beziehungen abgebrochen.
4.11., USA. Bei den Kongreßwahlen muß die Demokratische Partei von Präsident Woodrow Wilson einschneidende Mandatsverluste hinnehmen.
5.11., Spanien. Das spanische Abgeordnetenhaus billigt die Neutralitätspolitik von Ministerpräsident Eduardo Dato Iradier.
7.11., Japan. Nach achttägiger Belagerung erobern japanische Truppen in Westchina den deutschen Stützpunkt Tsingtau.
30.11., Großbritannien. Der britische König Georg V. reist auf den europäischen Kontinent und besucht die Kriegsschauplätze in Westflandern und Nordfrankreich.
22.12, Frankreich. In Paris verkündet Ministerpräsident René Viviani den »Kampf ohne Gnade bis zur endgültigen Befreiung Europas«.

Deutsche Politik

1.8. Das Deutsche Reich erklärt Rußland und zwei Tage später Frankreich den Krieg.
22.8. Nach dem Rückzug der 8. deutschen Armee in Ostpreußen wird Paul von Beneckendorff und von Hindenburg Oberbefehlshaber der 8. Armee als Nachfolger des entlassenen Max von Prittwitz und Gaffron.
9.9. Im sog. September-Programm verkündet die Reichsleitung als Kriegsziel die deutsche Vorherrschaft in Europa.
13.9. Innenminister und Vizekanzler Clemens Delbrück erläutert in einem Schreiben an den Reichskanzler Theobald von Bethmann Hollweg die Folgen der deutschen Kriegszielpolitik.
▷ Chronik Zitat.

Deutsche Kriegszielpolitik

Chronik Zitat

»Wir kämpfen nicht mehr um die Herrschaft auf dem inneren Markte, sondern um die Herrschaft auf dem Weltmarkt ... Wir sollen Gott danken, daß der Krieg uns die Möglichkeit gibt, ein wirtschaftliches System zu verlassen, das den Höhepunkt seiner Erfolge zu überschreiten im Begriff steht.«
Clemens Delbrück

14.9. Nach umstrittenen Entscheidungen in der Marneschlacht wird Generalstabschef Helmuth von Moltke entlassen. Zum Nachfolger ernennt Kaiser Wilhelm II. Kriegsminister Erich von Falkenhayn.

Wirtschaft und Wissenschaft

26.10., Wirtschaft. Auf Initiative des deutschen Chemikers Fritz Haber wird in Berlin die Kriegschemikalien AG gegründet. Dem preußischen Kriegsministerium unterstellt, übernimmt die Firma als eines der sog. Kriegsmonopole die zentrale Bewirtschaftung chemischer Rohstoffe im Krieg.

Wissenschaftler geehrt
Chronik Nobelpreise

Chemie: Theodore William Richards (USA)
Medizin: Robert Bárány (A)
Physik: Max von Laue (D)

10.12., Nobelpreise. In Stockholm und Oslo werden die diesjährigen Nobelpreise verliehen. Wegen des Krieges wird kein Friedensnobelpreis vergeben, ebenso kein Literaturnobelpreis. ▷ Chronik Nobelpreise
1914, Architektur. Als erste große Betonbogenbrücke der Welt wird der Viadukt über die Plessur, einen Nebenfluß des Hochrheins, bei Langwies in der Schweiz fertiggestellt.
1914, Medizin. Joseph Goldberger zeigt, daß die Krankheit Pellagra eine Folge von Mangelernährung ist.
1914, Medizin. Der argentinische Mediziner Luis Agote entdeckt unabhängig von anderen, daß Blut durch Beigabe von Natriumzitrat ungerinnbar wird, die entscheidende Voraussetzung für die Blutkonservierung und indirekte Blutübertragung.

1914 Geborene und Gestorbene

Geboren:
18.1. Arno Schmidt (†3.6.1979), deutscher Schriftsteller.
31.3. Octavio Paz, mexikanischer Schriftsteller, Literaturkritiker und Literatur-Nobelpreisträger.
2.4. Alec Guinness, englischer Schauspieler.
13.5. Joe Louis (†12.4.1981), amerikanischer Boxweltmeister.
15.6. Juri Andropow (†9.2.1984), sowjetischer Politiker.
24.5. Lilli Palmer (†27.1.1986), deutsche Schauspielerin.
27.10. Dylan Thomas (†9.11.1953), englischer Dichter.
13.11. Paul Lücke (†10.8.1976), deutscher Politiker.

1914

Kunst, Literatur und Musik

1914 Johannes R. Becher, später führender Dichter in der DDR, bringt unter dem Titel *Verfall und Triumph* zwei Gedichtbände heraus.

1914 Stefan Georges Gedichtzyklus *Der Stern des Bundes*, der in Berlin erscheint, umfaßt drei Bücher mit jeweils 30 Gedichten sowie einen »Schlußchor« mit zehn Gedichten.

1914 André Gides Roman *Die Verliese des Vatikan* erscheint.

1914 Die zwischen 1904 und 1912 entstandenen 15 Erzählungen, die unter dem Titel *Dubliner* in London erscheinen, sind das erste Prosawerk des irischen Dichters James Joyce und führen in das Milieu, in dem der Autor aufgewachsen ist.

1914 Mit *Unter fremden Menschen* veröffentlicht der russische Schriftsteller Maxim Gorki den zweiten Teil seiner autobiographischen Romantrilogie. Die beiden anderen Teile sind *Meine Kindheit* (1913) und *Meine Universitäten* (1923).

1914 Die amerikanische Schriftstellerin Gertrude Stein beschreibt in ihrer Sammlung von Prosagedichten, *Zarte Knöpfe*, Gegenstände des täglichen Lebens in fragmentarischer Weise, so daß konventionelle Sichtweisen gezielt durchbrochen werden.

1914 Der impressionistische Erzähler und Dramatiker Eduard Graf von Keyserling schildert in seinem Roman *Abendliche Häuser*, der beim Verlag Fischer in Berlin erscheint, die morbide Welt einer vom Untergang gekennzeichneten Aristokratie.

1914 Leonhard Frank veröffentlicht *Die Räuberbande*.

Theater und Film

30.11. Der Filmschauspieler Charlie Chaplin verläßt die Keystone Company, für die er in 35 Filmen mitgespielt hat, und geht zur Essanay.

15.12. Das preußische Kriegsministerium verbietet Filme, »die infolge ihrer Oberflächlichkeit und Seichtheit in die jetzige ernste Zeit nicht hineinpassen«.

30.12. Am Berliner Bülowplatz wird das Theater der Neuen Freien Volksbühne eingeweiht.

1914 Die Produktionskosten für Giovanni Pastrones Monumental-Stummfilm *Cabiria* erreichen astronomische Summen. Der Film wird ein großer internationaler Erfolg.

1914 In dem Stummfilm *Tirol in Waffen* inszeniert Carl Froelich die Geschichte des Tiroler Freiheitskampfs unter Andreas Hofer im Jahre 1809 gegen die Franzosen.

1914 In dem Elf-Minuten-Stummfilm *Seifenkistenrennen in Venice* begründet Charlie Chaplin Aussehen und Charakter des Tramps, mit dem er weltberühmt wird: übergroße Schuhe, zu weite Hosen, Bowler-Hut, Spazierstock und Schnurrbärtchen.

1914 Mack Sennetts Stummfilm *Tillies geplatzte Romanze* ist mit 64 Minuten Spieldauer Charlie Chaplins erster abendfüllender Film und zugleich seine erste Komödie.

1914 Die von Adolph Zukor gegründete Famous Players Company bringt den Film *Tess aus dem Land der Stürme* heraus. Obwohl Mary Pickford für die Hauptrolle eine Höchstgage kassiert, kann sich das Unternehmen mit dem Film sanieren.

Gesellschaft

1914 Die Firma Krupp baut die ersten 42-cm-Mörser, die den Spitznamen »Dicke Bertha« erhalten.

1914 In der bürgerlichen Tanzgesellschaft Berlins hält der 1912 in den USA entstandene Foxtrott Einzug.

1914 Von insgesamt 705 000 Verletztenmeldungen der deutschen Unfallversicherung in diesem Jahr entfallen allein rund 123 000 auf die Berufsgenossenschaft der Bergleute.

1914 Die Automobiltouristik entwickelt sich zu einer Modeerscheinung. ▷Chronik Zitat

Autowandern in Deutschland

Chronik Zitat

»So kommt der Autotourist wieder in innige Berührung mit der Natur, allerdings nur derjenige, der kein kilometerfressender Sportler ist, sondern Auge und Herz offenhält und im aufgeschlagenen Buch der Natur zu lesen versteht.«

»Vossische Zeitung« vom 17.6.1914

1914 Die französische Modedesignerin Coco Chanel eröffnet in Deauville eine Boutique, in der sie Bekleidung nach eigenen Entwürfen verkauft. Charakteristisch für ihren Stil ist die einfache Linie ihrer Entwürfe.

1914 Als Reaktion auf den Untergang der »Titanic« 1912 schreibt ein Vertrag zwischen den seefahrenden Nationen bindend die nach Größe der Schiffe gestaffelte Zahl von Rettungsbooten vor.

Geborene und Gestorbene

5.12. Hans Hellmut Kirst (†23.2.1989), deutscher Schriftsteller.

Gestorben:
20.1. Harry Rosenbusch (*24.6.1836), deutscher Mineraloge.

31.3. Christian Morgenstern (*6.5.1871), deutscher Schriftsteller.
2.4. Paul Heyse (*15.3.1830), deutscher Schriftsteller.
1.5. Hermann Frasch (*25.12.1851), deutscher Chemiker.

21.6. Bertha von Suttner (*9.6.1843), österreichische pazifistische Schriftstellerin.
28.6. Erzherzog Franz Ferdinand von Habsburg (*18.12.1863), österreichischer Thronfolger.

1915

Internationale Politik

7.1., Großbritannien. Die britische Regierung weist den Protest der USA gegen ihre Blockadepolitik zurück. Im November 1914 hatte die britische Regierung die Nordsee zum Sperrgebiet erklärt, wodurch die USA ihren Handel beeinträchtigt sehen.

18.1., Japan/China. Der japanische Gesandte in Peking überreicht dem chinesischen Präsidenten Yüan Shih-k'ai eine Liste mit 21 Forderungen, die Japan die Vorherrschaft in China sichern sollen. Am 8. Mai beugt sich die chinesische Regierung den meisten Forderungen.

19.1., Großbritannien. Beim ersten deutschen Luftangriff bombardieren Luftschiffe die britische Ostküste.

28.1., Portugal. Nach einer Offiziersrevolte wird in Lissabon eine vom Militärs dominierte Regierung gebildet.

7.2., Rußland. In der Winterschlacht in Masuren gelingt es deutschen Truppen, die Russen zu schlagen und Ostpreußen zurückzuerobern.

17.2., Rußland. Die deutsch-österreichische Offensive an der Karpatenfront ist ebenso wie die folgende russische Offensive erfolglos.

März/April, Osmanisches Reich. Britisch-französische Angriffe auf die von osmanischen Verbänden gesperrten Dardanellen scheitern.

1.3., Großbritannien/Frankreich. Großbritannien und Frankreich verschärfen ihre Blockade gegen die Mittelmächte, die auf den gesamten Handel neutraler Staaten ausgedehnt wird, sofern diese sich nicht verpflichten, eine Wiederausfuhr an die Mittelmächte zu unterbinden.

6.3., Griechenland. Ministerpräsident Eleutherios Venisélos tritt zurück, weil er im Unterschied zum griechischen König Konstantin I. nicht Neutralität wahren, sondern auf der Seite der Alliierten in den Weltkrieg eintreten will.

10.3., Frankreich. An der Westfront scheitern britische und französische Versuche, die deutsche Front in der Champagne zu durchbrechen.

2.5., Rußland. Der Durchbruch deutsch-österreichischer Truppen bei Gorlice leitet eine Großoffensive der Mittelmächte an der Ostfront ein.

Deutsche Politik

1.1. In seiner von Siegeszuversicht geprägten Neujahrsansprache betont Wilhelm II. seine Entschlossenheit, den Krieg bis zum endgültigen Sieg fortzuführen. ▷ Chronik Zitat

»Für das geliebte Vaterland«

Chronik Zitat

»Nächst Gottes weiser Führung vertraue ich auf die unvergleichliche Tapferkeit der Armee und Marine und weiß mich eins mit dem ganzen deutschen Volk. Darum unverzagt dem neuen Jahr entgegen zu neuen Taten, zu neuen Siegen für das geliebte Vaterland.«
Kaiser Wilhelm II.

31.1. Karl Helfferich übernimmt die Leitung des Reichsschatzamtes. Helfferich tritt die Nachfolge des aus gesundheitlichen Gründen zurückgetretenen Hermann Kühn an.

4.2. Das Deutsche Reich erklärt die Gewässer rund um Großbritannien und Irland mit Wirkung vom 18. Februar zum Kriegsgebiet.

15.2. Um Gerste einzusparen, beschließt der Bundesrat, die Malzzuteilung an die Brauereien im Deutschen Reich einzuschränken.

18.2. Ein Erlaß des preußischen Kultusministeriums regelt, daß bei offiziellen militärischen Siegesmeldungen anstelle des Unterrichts eine Feier an der Schule stattfindet.

14.3. Mit der Zerstörung des deutschen Kreuzers »Dresden« endet der Kaperkrieg vor der chilenischen Juan-Fernández-Insel.

20.3. Der Reichstag genehmigt den Haushalt für das laufende Jahr. Nur die Sozialdemokraten Karl Liebknecht und Otto Rühle stimmen gegen den Entwurf, der einen Kriegskredit über 10 Mrd. Mark einschließt. 30 SPD-Mitglieder nehmen nicht an der Abstimmung teil.

1.4. Im Deutschen Reich sind insgesamt 812 000 Kriegsgefangene interniert, darunter 509 000 Russen und 242 000 Franzosen.

Wirtschaft und Wissenschaft

25.1., Technik. Die weltweit erste transkontinentale Telefonleitung wird zwischen der Ost- und der Westküste der USA in Betrieb genommen.

Februar, Technik. Die deutsche Infanterie setzt im Ersten Weltkrieg als Nahkampfwaffe erstmals in der Geschichte moderne Flammenwerfer ein.

3.3., Technik. In den Vereinigten Staaten wird das National Advisory Committee for Aeronautics, die Vorgängerorganisation der US-Weltraumbehörde NASA, gegründet.

16.7., Verkehr. Rußland bestellt in den USA 60 000 t Eisenbahnschienen für eine Eisenbahnlinie in Sibirien.

14.9., Wirtschaft. 85 deutsche Zechenbesitzer einigen sich auf eine freiwillige Verlängerung des Kohlesyndikats bis zum 31.3.1917.

1.12., Wirtschaft. Die erste im Deutschen Reich errichtete Aluminiumhütte nimmt in Rummelsberg bei Berlin ihren Betrieb auf.

10.12., Nobelpreise. In Stockholm werden die Nobelpreisträger vorgestellt. Der Medizinpreis wird nicht vergeben. Wie schon 1914 verleiht das Komitee auch keinen Friedensnobelpreis. ▷ Chronik Nobelpreise

Wissenschaftler geehrt

Chronik Nobelpreise

Chemie: Richard Willstätter (D)
Physik: Henry Bragg und William Lawrence (GB)
Literatur: Romain Rolland (F)

12.12., Luftfahrt. Das erste Ganzmetall-Eindeckerflugzeug, die Junkers »J1«, absolviert in Döberitz seinen Jungfernflug.

1915, Technik. Moderne Fliegerbomben werden mit Zünder, Sprengstoff enthaltendem Stahlkörper und Stabilisierungsflossen hergestellt.

1915, Technik. Jagdflugzeuge wie die Fokker E-1 werden mit Maschinengewehren bestückt.

1915, Wirtschaft. In den USA kommen Backöfen mit Thermostat in den Handel.

1915

Kunst, Literatur und Musik

19.2. UA: *Variationen über ein Thema von Mozart op. 132* von Max Reger, in Berlin.

15.4. UA: *Der Liebeszauber,* Ballett von Manuel de Falla, unter der Choreographie der Tänzerin Pastora Imperio im Madrider Teatro de Lara.

1.9. In Berlin wird der Deutsche Künstlerhilfsbund 1915 gegründet, dessen Ziel es ist, von der Front heimkehrende Künstler zu unterstützen.

26.9. UA: *Mona Lisa,* Oper von Max von Schillings, im Königlichen Hoftheater in Stuttgart.

28.10. UA: *Eine Alpensinfonie,* Tondichtung von Richard Strauss, in der Berliner Philharmonie.

13.11. Im Wiener Johann-Strauß-Theater wird die Operette *Die Csárdásfürstin* von Emmerich Kálmán uraufgeführt (Libretto: Leo Stein und Bela Jenbach). Geschildert wird die »nicht standesgemäße« Liebe zwischen dem Fürstensohn Edwin und der Chansonette Sylva, die nach einigen Wirren ein Happy-End findet.

11.12. Die erste vollständige Aufführung der Oper *Das Christ-Elflein* von Hans Pfitzner findet in Dresden statt. Die unvollständige Uraufführung erfolgten am 11.12.1906 in München.

1915 Robert Stolz komponiert das Lied *Wien wird bei Nacht erst schön.*

1915 Alban Berg vollendet die *Drei Orchesterstücke op. 6,* seine erste Orchesterkomposition.

1915 Claude Debussy komponiert zwölf *Etüden* für Klavier.

1915 Darius Milhaud komponiert die Bühnenmusik *Les Coëphores.*

1915 Karol Szymanowski schreibt *Métopes,* drei Poèmes für Klavier.

1915 Nikolai Roslavec vollendet das Klavierstück *Quasi Prélude.*

1915 Ernst Ludwig Kirchner erleidet im Militärdienst einen psychischen und physischen Zusammenbruch. Er malt das *Selbstbildnis als Soldat* und *Der Trinker.*

1915 Hans Arp und seine Frau Sophie Taeuber-Arp entwickeln die Collagetechnik mit der Materialkunst.

1915 Der Futurist Giacomo Balla veröffentlicht mit F. Depero das Manifest *Ricostruzione futurista dell'universo.*

Theater und Film

15.1. Der in den Union-Theatern in Berlin anlaufende Film *Der Golem* von Paul Wegener und Henrik Galeen wird ein großer Erfolg.

16.1. UA: *Armut,* Trauerspiel von Anton Wildgans, am Deutschen Volkstheater in Wien.

27.1. UA: *Preußengeist,* Versdrama von Paul Ernst, im Weimarer Hoftheater.

1.2. Der US-Filmproduzent und Kinobesitzer William Fox gründet die Fox Film Corporation, die sich während des Ersten Weltkriegs an die Spitze der US-Filmproduzenten setzt.

6.2. Im Berliner Nollendorf-Theater werden neue patriotische Stücke aufgeführt. *Aus tiefer Not* von Eugen Zabel und *Deutsche Mütter* von Richard Keßler stellen u.a. Kriegsszenen in Ostpreußen dar. Die »Vossische Zeitung« veröffentlicht dazu einen ironischen Kommentar. ▷Chronik Zitat

Patriotisches Theater
Zitat

»Es bedurfte nur eines ganz kleinen Winkes, um auch das weichste deutsche Mutterherz zur Hingabe ihres Einzigen zu bewegen.«
»Vossische Zeitung« über *Deutsche Mütter*

8.2. David Wark Griffith's Film *The Birth of a Nation* hat in New York Premiere. Wegen seiner revolutionären filmtechnischen Neuerungen löst der Streifen Begeisterung aus. Griffith greift nicht auf die Gestaltungsmittel des Theaters zurück, sondern entwickelt eine eigene Sprache des Films.

12.3. Von Franz Hofer erscheint der Film *Kammermusik* in den deutschen Kinos. In dem Film mit Gesangseinlage spielen Alice Hechy, Otz Tollen und Andreas von Horn.

15.3. In Wien kommt der Film *Der Traum eines österreichischen Reservisten* von Louise Kolm und Jakob Fleck in die Kinos.

21.3. Im San Fernando Valley nahe Hollywood eröffnet Karl Laemmle die Universal City Studios.

Gesellschaft

Januar Der »Nationale Frauendienst« gibt Ratschläge für die Haushaltsführung im Krieg; u.a. wird der Verzicht auf Fleisch und die vermehrte Verwendung von Kartoffeln propagiert.

8.1. Im Deutschen Reich wird damit begonnen, russische Kriegsgefangene bei der Urbarmachung von Moorgebieten einzusetzen.

13.1. In Mittel- und Süditalien kommen bei einem Erdbeben 30 000 Menschen ums Leben.

20.1. Der private Telegrammverkehr zwischen Feldheer und Heimat wird eingeführt. Er darf jedoch nur für wichtige Mitteilungen in Anspruch genommen werden.

20.1. Modejournalisten und Vertreter der Textilindustrie diskutieren in Frankfurt am Main über die Schaffung einer von französischen und britischen Einflüssen freien deutschen Herrenmode.

25.1. Im Deutschen Reich wird der Brot- und Mehlverbrauch rationiert. Daraufhin führen die meisten Städte Brotkarten ein. Die Wochenration für Brot beträgt einschließlich Kartoffelzusatz 2 kg pro Person.

9.2. In Stuttgart erscheint die erste Ausgabe einer Zeitung für Kriegsgefangene in französischer Sprache.

9.2. Der Verein selbständiger Konditoren veranstaltet in Berlin eine Kriegskuchen-Ausstellung mit Kuchen, der gemäß den Sparvorschriften des Bundesrates hergestellt wurde.

13.2. In Berlin beginnt der Verkauf von Klippfisch (getrockneter Kabeljau) als Fleischersatz.

19.2. Berlin und Brandenburg untersagen den Ausschank von Branntwein, Likör, Rum, Arrak und Cognac an uniformierte Militärangehörige.

20.2. In San Francisco wird die 25. Weltausstellung eröffnet, an der trotz des Krieges 41 Staaten, darunter die meisten kriegführenden Nationen, teilnehmen.

27.2. In Berlin wird die Modenschau einer Schweizer Firma mit der Begründung verboten, es bestehe der Verdacht, daß unter den vorzuführenden Kleidern auch französische Modelle sind.

1915

Internationale Politik	Deutsche Politik	Wirtschaft und Wissenschaft

8.5. China/Japan. Die chinesische Regierung beugt sich dem Ultimatum Japans vom 18. Januar. Beide Regierungen unterzeichnen am 25. Mai in Peking einen entsprechenden Vertrag.
23./24.5., Italien. Die österreichisch-ungarische Flotte greift die italienische Küste von Rimini bis Bari an.
10.6., Osmanisches Reich. Mit einem Massaker türkischer Truppen in der Kemach-Schlucht, bei der etwa 25 000 Armenier ermordet werden, beginnt der systematische Vernichtungsfeldzug gegen die armenische Bevölkerung im Osmanischen Reich, dem 1915/16 etwa eine Million Menschen zum Opfer fallen.
30.6., Italien/Österreich-Ungarn. Am Isonzo beginnt die erste von vier Kriegsschlachten des Jahres, in denen die italienischen Truppen die österreichisch-ungarischen Verteidigungsstellungen nicht durchbrechen können.
3.7., Japan. Die Regierung lehnt die von den europäischen Alliierten gewünschte Beteiligung japanischer Truppen an den Kämpfen in Europa ab.
23.9., Frankreich/Großbritannien. An der Westfront scheitert die Herbstoffensive der Alliierten. Franzosen und Briten verlieren in der Champagne und im Artois 250 000, die Deutschen 150 000 Mann.
5.10., Griechenland. Britische und französische Truppen landen unter Verletzung der griechischen Neutralität in Saloniki.
24.11., Serbien. Die serbische Niederlage auf dem Amselfeld besiegelt die Eroberung durch die deutsch-österreichisch-bulgarischen Verbände.

22.4. Erstmals in der Kriegsgeschichte setzen deutsche Truppen bei einem Angriff nahe der belgischen Stadt Ypern mit dem hochgiftigen Chlorgas chemische Kampfstoffe ein.
24.4. Kaiser Wilhelm II. verfügt die Einstellung gerichtlicher Untersuchungen gegen Kriegsteilnehmer. Ausgenommen sind schwere Verbrechen und Militärverratsermittlungen.
20.6. Auf der Versammlung der deutschen Kriegszielbewegung, deren Zentrum der Alldeutsche Verband und Kreise der Schwerindustrie bilden, wird eine Resolution verabschiedet, die als Kriegsziele von der Reichsregierung neben einer Ausweitung des Kolonialreiches Annexionen im Osten und Westen fordert.
9.7. In der Kolonie Deutsch-Südwestafrika erklären die deutschen Schutztruppen ihre Kapitulation. Der deutsche Generalgouverneur Theodor Seitz übergibt die Kolonie an den südafrikanischen General Louis Botha, dessen Truppen die deutschen Soldaten und Siedler eingekesselt hatten.
24.8. Nach der Eroberung Polens durch die Deutschen wird in Warschau ein deutsches Generalgouvernement gebildet.
27.8. Eine Novelle zum Reichsvereinsgesetz erklärt, daß die Gewerkschaften nicht länger als politische Vereine gelten und somit nicht mehr den damit verbundenen Beschränkungen unterliegen.
7.11. Das preußische Kriegsministerium fordert die örtlichen Militärbefehlshaber zu einem schärferen Vorgehen gegen Pazifisten auf.

1915, Physik. Der deutsche Physiker Walter Schottky entwickelt die Viergitter-Röhre.
1915, Technik. In den USA wird das erste Patent für das elektromechanische Telefon-Wählsystem »Crossbar« erteilt (Bau der ersten Anlage nach 1926).
1915, Physik. Der deutsche Physiker Albert Einstein publiziert seine »allgemeine Relativitätstheorie«.
1915, Technik. Nach fünfjähriger Entwicklungsarbeit wird in Milwaukee eine große Abwasserkläranlage nach der sog. Aktivschlamm-Methode in Betrieb genommen.

Erwerbstätige in Deutschland
Chronik Statistik

Land- und Forstwirtschaft	9 883 000
Produzierendes Gewerbe	11 256 000
Handel und Verkehr	3 478 000
Sonstige	3 475 000
Ausländische Arbeitnehmer	691 000

1915, Geologie. Tschechische Forscher erproben erstmals eine gravimetrische Vermessungsmethode zum Auffinden unterirdischer Erdölvorkommen.
1915, Medizin. Das Konzept der zahnärztlichen »Units« wird in den USA entworfen: Bohrmaschine, Luft- und Wasserzufuhr sowie der Abfluß sind in einem Gerät zusammengefaßt.
1915, Technik. Die Daimler Motoren-Gesellschaft in Cannstatt liefert Sanitätswagen für den Militäreinsatz.

1915 Geborene und Gestorbene

Geboren:
7.1. Erwin Wickert, deutscher Diplomat und Schriftsteller.
5.2. Robert Hofstadter (†17.11.1990), amerikanischer Physiker und Nobelpreisträger.
6.5. Orson Welles (†10.10.1985), amerikanischer Filmschauspieler.
20.5. Moshe Dayan (†16.10.1981), israelischer Politiker.
10.7. Saul Bellow, amerikanischer Schriftsteller.
29.8 Ingrid Bergman (†29.8.1982), schwedische Filmschauspielerin.
6.9. Franz Josef Strauß (†3.10.1988), deutscher Politiker.
15.9. Helmut Schön (†23.2.1996), deutscher Fußballnationaltrainer.

1915

Kunst, Literatur und Musik

1915 Das Erzählwerk *Die drei Sprünge des Wang-lun* von Alfred Döblin zählt zu den ersten künstlerisch bedeutenden Romanen des Expressionismus.
1915 John Heartfield schließt sich der Künstlergruppe um die Münchener »Sturm«-Galerie an.
1915 Thema der drei *Knulp*-Geschichten von Hermann Hesse ist die Existenz des Künstlers, der in der bürgerlichen Gesellschaft nicht heimisch werden kann.
1915 Der Roman *Die Stadt Segelfoss* von Knut Hamsun erscheint.
1915 Ein Welterfolg wird der autobiographisch gefärbte Roman *Des Menschen Hörigkeit* von William Somerset Maugham.
1915 Kasimir S. Malewitsch vollendet seine Schrift *Vom Kubismus und Futurismus zum Suprematismus*.
1915 Joan Miró beendet sein Studium in Barcelona und beginnt, sich mit dem Kubismus auseinanderzusetzen.
1915 Grazia Deleddas Roman *Marianna Sirca* schildert die tragische Geschichte einer Liebe.
1915 Um die Verständigung zwischen den Erzfeinden Franzosen und Deutschen trotz des Krieges geht es Romain Rolland in der Essaysammlung *Der freie Geist*, die in Paris erscheint.
1915 Der Roman *Sieg* leitet die Spätphase im Schaffen des britischen Schriftstellers Joseph Conrad ein.
1915 Gustav Meyrink veröffentlicht den Roman *Der Golem*, dessen faszinierende Wirkung von der Atmosphäre des Unheimlichen, Spukhaften und Geheimnisvollen ausgeht.

Theater und Film

24.3. In dem Film *Vordertreppe und Hintertreppe* spielt Asta Nielsen die Tochter eines Schneiders, die in der Lotterie gewinnt und dadurch für einen armen Husarenleutnant interessant wird. Nach der Verlobung ergeben sich jedoch unüberbrückbare Standeskonflikte.
6.4. Das Drama *Der Weibsteufel* von Karl Schönherr wird gleichzeitig an den Berliner Kammerspielen und im Wiener Johann-Strauß-Theater uraufgeführt.
20.5. Louis B. Mayer, Richard Rowland und James B. Clarke gründen in den USA die Produktionsgesellschaft Metro Pictures Corporation.
25.6. Seine erste Regie führt Ernst Lubitsch in dem Film *Fräulein Seifenschaum*, dessen Schauplatz ein Frisiersalon ist.
23.9. Die amerikanische Produktionsgesellschaft Triangle präsentiert in New York ihr erstes Programm.
12.10. UA: *Komödie der Worte*, drei Einakter von Arthur Schnitzler, im Wiener Burgtheater.
6.12. UA: Die Komödie *Der Kandidat* von Carl Sternheim an der Volksbühne in Wien.
1915 Max Reinhardt übernimmt die Leitung der Berliner Volksbühne.
1915 Hans Pfitzner vollendet *Palestrina*, seine 1912 begonnene »musikalische Legende« in drei Akten.
1915 Der Schauspieler W. C. Fields bekommt sein erstes Engagement in Hollywood.
1915 Die Filmschauspielerin Mary Pickford wird in den USA zur populärsten Frau des Jahres gewählt.

Gesellschaft

1.4. Die Versicherungsgesellschaft Lloyds erhöht wegen der Gefahren durch Kriegshandlungen die Versicherungssätze für Schiffe im Ärmelkanal und in der Irischen See um 18,5%. Es ist die neunte Erhöhung der Versicherungsprämien seit Kriegsbeginn.

Leichtathletik-Weltrekorde
Sport

Meile:	
Norman Taber (USA)	4:12,6 min
400 m Hürden:	
Bill Meanix (USA)	54,6 sec
Speerwurf:	
Jonni Myyrä (FIN)	64,81 m
4 x 100 m:	
Turum Urheiluliitto (FIN)	55,6 sec

5.5. Bei der Enthüllung eines Denkmals für den italienischen Freiheitskämpfer Giuseppe Garibaldi bei Genua kommt es zu einer großen Kundgebung für den Kriegseintritt Italiens.
November Wegen der kriegsbedingten Handelsblockade wird im Deutschen Reich der Verkauf von Fleisch an zwei Tagen in der Woche verboten.
9.11. Die Friedrich Krupp AG in Essen beschließt die Einrichtung einer Stiftung zur Unterstützung kinderreicher Familien gefallener oder schwerbeschädigter deutscher Soldaten.
23.12. In Berlin hat das Garde-Pionier-Bataillon Schützengräben und Unterkünfte nachgebaut, um der Bevölkerung einen Einblick in den Alltag der Frontsoldaten zu vermitteln.

Geborene und Gestorbene

17.10. Arthur Miller, amerikanischer Dramatiker.
12.12. Frank Sinatra, amerikanischer Schauspieler und Sänger.
19.12. Edith Piaf (†11.10.1963), französische Chansonsängerin.

Gestorben:
21.3. Frederick Winslow Taylor (*20.3.1856), amerikanischer Ingenieur und Erfinder.
2.7. Porfirio Diaz (*15.9.1830), mexikanischer Politiker.

20.7. Renato Serra (*5.12.1884), italienischer Schriftsteller.
29.9. Rudi Stephan (*29.7.1887), deutscher Komponist.
22.10. Wilhelm Windelband (*11.5.1848), deutscher Philosoph.

1916

Internationale Politik

9.1., Osmanisches Reich. Die französisch-britischen Truppen verlassen ihre Stellungen auf der türkischen Halbinsel Gallipoli.
25.1., Montenegro/Österreich-Ungarn. Nach dreiwöchigem Feldzug gegen Montenegro schließt Österreich-Ungarn einen Waffenstillstand mit dem Balkanfürstentum.
26.1., Großbritannien. Ein neues Kriegsdienstgesetz führt die allgemeine Wehrpflicht ein.
27.1., Schweiz. Aus Protest gegen die Deutschfreundlichkeit der schweizerischen Generalität reißt ein Franzose die anläßlich des Geburtstages von Kaiser Wilhelm II. vor dem deutschen Konsulat in Bern gehißte deutsche Flagge herunter.
21.2., Frankreich. Die 5. deutsche Armee beginnt den Angriff auf französische Stellungen vor Verdun im Nordosten Frankreichs. Die Kämpfe um Verdun ziehen sich bis in den Dezember hin.
24.2., Albanien. Staatspräsident Essad Pascha geht ins Exil, nachdem österreichisch-ungarische Truppen die albanische Hauptstadt Tirana besetzt haben.
9.3., Portugal. Nach der Beschlagnahme deutscher Handelsschiffe in portugiesischen Häfen am 23. Februar erklärt das Deutsche Reich Portugal den Krieg.
15.3., Schweiz. Der Nationalrat bekräftigt die Neutralität der Schweiz im Ersten Weltkrieg.
24.4., Irland. In Dublin beginnt ein bewaffneter Aufstand der Untergrundarmee »Irish Volunteers« gegen die britische Herrschaft in Irland. Unter dem britischen General Maxwell wird der Osteraufstand nach sechs Tagen niedergeschlagen.
16.5., Frankreich/Großbritannien. Im geheimen Sykes-Picot-Abkommen grenzen Frankreich und Großbritannien ihre Interessen im Nahen Osten gegeneinander ab. Der Vertrag bereitet die Aufteilung des Osmanischen Reiches nach dem Weltkrieg vor.
1.6., Großbritannien. Die Seeschlacht am Skagerrak in der Nordsee zwischen Großbritannien und dem Deutschen Reich endet ohne Sieger.

Deutsche Politik

15.1. In einer einstimmig angenommenen Entschließung fordert der Reichstag die Herabsetzung der Altersgrenze in der gesetzlichen Rentenversicherung von 70 auf 65 Jahre.
8.2. Die deutsche Regierung verschärft erneut den U-Boot-Krieg. Alle bewaffneten feindlichen Handelsschiffe sollen ohne Vorwarnung versenkt werden.
24.3. Aus Protest gegen die Zustimmung der SPD-Mehrheit zu den Kriegskrediten treten 18 Abgeordnete aus der SPD-Reichstagsfraktion aus und gründen die Sozialdemokratische Arbeitsgemeinschaft. Deren Vorstand bilden Hugo Haase, Wilhelm Dittmann und Georg Ledebour.
25.3. Die vierte deutsche Kriegsanleihe bringt 10,7 Mrd. Mark ein. Damit sind durch Anleihen seit Beginn des Krieges bereits insgesamt 36,5 Mrd. Mark zusammengekommen.
5.4. Reichskanzler Theobald von Bethmann Hollweg erklärt vor dem Reichstag, Deutschland müsse eine so starke Stellung in der Welt haben, daß niemand in die Versuchung käme, es anzugreifen.
14.5. Die Marineleitung gibt bekannt, daß im April 96 feindliche Handelsschiffe versenkt worden sind.
21.5. Auf einer Tagung in Berlin beschließt der Vorstand der Nationalliberalen Partei eine Denkschrift zu den deutschen Kriegszielen, worin u.a. der U-Boot-Krieg als wirksames Mittel bezeichnet wird, um Großbritannien in die Knie zu zwingen.
7.6. Gegen die Stimmen der beiden sozialdemokratischen Parteien wird der Reichshaushalt für das laufende Jahr angenommen. Gegen die Stimmen der Sozialdemokratischen Arbeitsgemeinschaft billigt der Reichstag neue Kriegskredite in Höhe von 12 Mrd. Mark.
28.6. Wegen der von ihm organisierten Antikriegskundgebung am 1. Mai in Berlin wird Karl Liebknecht zu zweieinhalb Jahren Zuchthaus verurteilt. In Berlin, Bremen und Braunschweig kommt es daraufhin zu den ersten Massenstreiks während des Weltkrieges.

Wirtschaft und Wissenschaft

26.1., Wirtschaft. Im Deutschen Reich beginnt die Ausgabe von eisernen Zehn-Pfennig-Stücken.
28.1., Wirtschaft. An der Berliner Börse werden erstmals Devisenkurse amtlich festgesetzt.
6.2., Wirtschaft. Der Hansa-Bund für Handel und Gewerbe in Berlin fordert zur besseren Koordinierung der Kriegswirtschaft die Schaffung eines »wirtschaftlichen Generalstabes«.
23.2., Wirtschaft. Das bayerische Parlament billigt den Bau des Walchensee-Kraftwerks zur Stromerzeugung.
15.5., Wirtschaft. Die Deutschen Hydrierwerke Rodleben AG werden gegründet. Ihr Ziel ist die Herstellung künstlichen Benzins durch die Verflüssigung fester Kohlenwertstoffe.
20.6., Wirtschaft. Aus dem Zusammenschluß der Rapp-Motorenwerke und der Flugmaschinenfabrik Gustav Otto geht die Bayerische Motorenwerke GmbH hervor.

Preise im Deutschen Reich
Chronik Statistik

Einzelhandelspreise (Mark):

Butter, 1 kg	3,60
Weizenmehl, 1 kg	0,52
Schweinefleisch, 1 kg	3,24
Rindfleisch, 1 kg	4,14
Eier, 1 Stück	0,25
Kartoffeln, 1 kg	5,60

September, Technik. Zum ersten Mal während des Weltkrieges setzen die britischen Truppen in der Schlacht an der Somme gepanzerte Kettenfahrzeuge ein.
2.9., Wissenschaft. In Leipzig wird die neuerbaute Deutsche Bücherei als Nationalbibliothek eröffnet.
10.12., Nobelpreise. Als einziger Nobelpreis wird in diesem Jahr der Preis für Literatur verliehen. Er geht an den schwedischen Dichter Verner von Heidenstam.
13.12., Technik. In der Technischen Hochschule Berlin entsteht die Werner-von-Siemens-Ring-Stiftung.

1916

Kunst, Literatur und Musik

8.1. In Berlin eröffnet eine Ausstellung von Wiener Künstlern, die u. a. Arbeiten von Gustav Klimt und Oskar Kokoschka zeigt.

15.1. UA: *Das Dreimäderlhaus*, Operette von Heinrich Berté, in Wien.

5.2. In Zürich wird das »Cabaret Voltaire« eröffnet. Begründet von dem Literaten Hugo Ball, wird es zum Ausgangspunkt für eine neue Kunstrichtung, den Dadaismus. Mitbegründer der Züricher Dada-Gruppe sind Hans Arp, Marcel Janco, Tristan Tzara, Richard Huelsenbeck und Hans Richter.

23.2. UA: *Dame Kobold*, Oper von von Felix von Weingartner, im Darmstädter Hoftheater.

5.3. UA: *Die toten Augen*, Oper von Eugen d'Albert, in der Dresdner Hofoper.

28.3. UA: *Violanta*, Oper in einem Akt von Erich Wolfgang Korngold, in München.

6.4. In der Berliner Secession wird eine Schwarz-Weiß-Ausstellung eröffnet, die u. a. graphische Arbeiten von Max Slevogt, Max Beckmann, Georg Kolbe und Ernst Barlach zeigt.

14.9. Zu Ehren des am 4. März vor Verdun gefallenen Malers Franz Marc eröffnet die Münchener Secession eine Ausstellung mit Werken des Künstlers.

4.10. UA: *Ariadne auf Naxos*, Oper von Richard Strauss mit einem Text von Hugo von Hofmannsthal, in Wien.

15.10. UA: *Höllisch Gold*, Oper von Julius Bittner, im Hoftheater in Darmstadt.

1916 Igor Strawinsky vollendet die Burleske *Renard*.

1916 Ernst Barlach beendet den Kriegsdienst und schafft die Plastik *Der Verzweifelte*.

1916 Aus Protest gegen die Kriegshetze im Deutschen Reich anglisiert der Graphiker und Fotograf Helmut Herzfelde seinen Namen in John Heartfield.

1916 Sergei S. Prokofjew vollendet seine *1. Sinfonie op. 25*.

1916 Gustav Holst vollendet seine Suite für großes Orchester *The Planets*.

Theater und Film

21.1. UA: *Lohengrin*, Stummfilm nach dem gleichnamigen Bühnenwerk von Richard Wagner unter der Regie von Felix Dahn, in Berlin. ▷Chronik Zitat

Lohengrin-Kritik

Zitat

»*Der Regisseur Felix Dahn hat vor allem den Fehler gemacht, eine reine Bühnenaufnahme zu machen. Nichts von freier Natur und all den guten Möglichkeiten, die die Filmtechnik erlaubt hätte.*«
»Tägliche Rundschau«, Berlin

3.2. UA: *Die große Wette*, Film von Harry Piel, in Berlin. In den Hauptrollen sind Mizzi Wirth, Ludwig Trautmann und Victor Jansen zu sehen.

11.2. UA: *Die ewige Nacht*, Film von Urban Gad, im Berliner Lichtspieltheater am Kurfürstendamm. Die Dänin Asta Nielsen spielt eine Blinde, die nach unerfüllter Liebe zu einem Bildhauer Selbstmord begeht.

10.3. UA: In Berlin hat der Film *Ihr bester Schuß* mit Henny Porten Premiere.

2.4. Unter dem Einfluß des klassischen No-Theaters Japans entstand das lyrische Drama *An der Habichtsquelle oder Wasser der Unsterblichkeit* des irischen Dramatikers und Lyrikers William Butler Yeats, das in London uraufgeführt wird.

18.5. UA: *Die frohe Stadt des Leichtsinns*, Drama von Jacinto Benavente y Martínez, im Teatro de Lara in Madrid.

19.5. UA: *Abseits vom Glück*, Film mit Henny Porten, in Berlin.

9.6. UA: *Schuhpalast Pinkus*, Film von Ernst Lubitsch, in Berlin. In den Hauptrollen sind Else Kentner, Ossi Oswalda und Ernst Lubitsch zu sehen.

11.8. In Berlin hat der Film *Prinz im Exil* Premiere. In der Hauptrolle spielt der dänische Schauspieler Valdemar Psilander einen Prinzen, der sich nach der Vertreibung aus der Heimat als Cowboy durchschlagen muß.

Gesellschaft

4.1. Die französische Heeresverwaltung erprobt einen metallenen Herzschild für die Soldaten, der aus einer in die Uniform eingenähten Chromplatte besteht. Er bewährt sich allerdings nicht, da die meisten Soldaten an Verwundungen durch Artilleriebeschuß sterben.

15.1. Der Balkan-Expreß fährt erstmals über Dresden, Prag, Wien, Budapest und Belgrad direkt nach Konstantinopel.

21.1. Angesichts der Fleischknappheit im Deutschen Reich weisen die zuständigen Reichsbehörden darauf hin, daß Fleischbrühe als Fleischspeise im Sinne der Rationierungsverordnung anzusehen ist und daher wie Fleisch dienstags und freitags nicht verzehrt werden darf.

16.2. Die evangelischen Kirchengemeinden Österreichs stellen mehr als 600 Glocken zum Einschmelzen für die Rüstungsindustrie zur Verfügung.

März Die deutschen Behörden fordern Autofahrer auf, als Treibstoff den Ersatzstoff Benzol zu verwenden.

1.5. Im Deutschen Reich wird die Sommerzeit eingeführt. Sie dauert bis zum 30. September und soll dem Energiesparen dienen.

12.5. In einer Veranstaltung in München kritisiert der Münchner Polizeipräsident Max Freiherr von Grundherr den offenkundigen Verfall von Sitte und Ordnung.

Deutsche Meister

Sport

Leichtathletik:

100 m:		
Hans Müller		11,1 sec
200 m:		
Richard Rau		22,4 sec
400 m:		
Gerhard Gellert		53,0 sec
110 m Hürden:		
Reinhard Wegner		18,0 sec
Hochsprung:		
Willy Schorm		1,76 m
Speerwurf:		
Erich Herbst		47,49 m

1916

Internationale Politik

4.6., Rußland. Die russische Brussilow-Offensive gegen die Mittelmächte an der Südostfront ist erfolgreich.
5.6., Saudi-Arabien. Unter dem Einfluß des britischen Agenten Thomas Edward Lawrence beginnt der Aufstand der Araber gegen die osmanische Herrschaft.
6.6., China. Nach dem Tod des chinesischen Präsidenten Yüan Shih-k'ai läßt der Einfluß der Zentralregierung in China zugunsten regionaler Militärführer weiter nach.
14.6., USA. In St. Louis benennt die Demokratische Partei Woodrow Wilson erneut zu ihrem Präsidentschaftskandidaten.
Juli, Frankreich. Durch ihre Offensive an der Somme erzielen die Ententemächte kaum Gebietsgewinne.
9.8., Italien/Österreich-Ungarn. Im Verlauf der 6. Isonzoschlacht erobern die Italiener Görz. Die Österreicher werden zum Rückzug gezwungen.
27.8., Rumänien/Österreich-Ungarn. König Ferdinand von Rumänien erklärt Österreich-Ungarn den Krieg.
4.10., Frankreich. Der französische Truppentransporter »Gallia« mit rund 2000 französischen und serbischen Soldaten an Bord wird im Mittelmeer durch das deutsche U-Boot »U 35« versenkt.
13.10., Indien. In einer Denkschrift an den britischen Vizekönig fordern Mitglieder des gesetzgebenden Rates die Selbstregierung für Indien und die Abhaltung von allgemeinen Wahlen.
5.11., Polen. Als Pufferstaat zu Rußland proklamieren Deutschland und Österreich-Ungarn die Wiedererrichtung Polens als Königreich.
21.11., Österreich-Ungarn. Im Alter von 86 Jahren stirbt in Wien Kaiser Franz Joseph I. Sein Großneffe Karl I. wird neuer Kaiser.
6.12., Rumänien. Unter Führung des Generalfeldmarschalls August von Mackensen besetzen die Mittelmächte die rumänische Hauptstadt Bukarest.
10.12. Der bisherige Kriegsminister David Lloyd George wird als Nachfolger des am 5. Dezember zurückgetretenen Herbert Asquith neuer Premierminister und bildet ein Kriegskabinett.

Deutsche Politik

11.7. Die Gehälter der Reichsbediensteten werden aufgrund der 3. Novelle zur Besoldungsverordnung vom 15.7.1909 angehoben. Danach verdient ein Telegrafeningenieur etwa 6600 Mark im Jahr, ein Staatssekretär im Marineamt kommt z.B. auf 30 000 Mark Jahresgehalt.
11.8. In einem Aufruf an die SPD-Mitglieder wendet sich der Parteivorstand gegen das Verbot der öffentlichen Erörterung von Kriegszielen. Die Parteigenossen werden statt dessen aufgefordert, überall im Reich öffentliche Veranstaltungen durchzuführen, in denen gegen eine Annexionspolitik Stellung bezogen wird.
23.8. Der ehemalige SPD-Reichstagsabgeordnete Karl Liebknecht wird in einer Berufungsverhandlung vor dem Oberlandesgericht Berlin zu vier Jahren und einem Monat Zuchthaus verurteilt. ▷Chronik Zitat

Liebknecht ins Zuchthaus
Chronik Zitat

»Ihre Ehre ist nicht meine Ehre! Aber ich sage Ihnen: Kein General trug je seine Uniform mit soviel Ehre, wie ich den Zuchthauskittel tragen werde!«
Karl Liebknecht, nach dem Urteil

29.8. Als Nachfolger Erich von Falkenhayns wird Paul von Hindenburg Chef des Generalstabs. Das neue Amt des Generalquartiermeisters übernimmt Erich Ludendorff.
16.9. Alle im Ausland lebenden deutschen Wehrpflichtigen werden durch einen Erlaß Kaiser Wilhelms II. zur Meldung bei den deutschen Auslandsbehörden aufgefordert.
18.11. Das preußische Kriegsministerium verfügt, daß beim Einsatz der Soldaten an der Front auf die Familienverhältnisse Rücksicht genommen werden soll: Familienväter mit vielen Kindern und Soldaten, von denen bereits mehrere Brüder gefallen sind, sollen nicht ständig in den vordersten Linien eingesetzt werden.

Wirtschaft und Wissenschaft

1916, Technik. Die Firma Agfa bringt Farb-Fotoplatten auf den Markt.
1916, Technik. Der deutsche Funkoffizier Hans Bredow, später Gründer des deutschen Rundfunks, strahlt an der Front Unterhaltungssendungen aus, was ihm als »grober Unfug« von seinen Vorgesetzten verboten wird.
1916, Verkehr. Großbritannien entwickelt das »Hydrophon«, ein Unterwassermikrofon zur Ortung deutscher U-Boote.
1916, Technik. Die FIAT-Werke in Turin bauen mit 2300 PS den bisher stärksten Schiffsdieselmotor.
1916, Chemie. Der amerikanische Chemiker Gilbert Newton Lewis entdeckt die Elektronenbindung.
1916, Physik. Der italienische Physiker und Funkpionier Guglielmo Marchese Marconi entwickelt einen Sender für gerichtete Kurzwellen.
1916, Verkehr. In den USA werden Bremsleuchten für Autos eingeführt.
1916, Luftfahrt. Der Konstrukteur Karl Maybach entwickelt den ersten leistungsfähigen, serienmäßig hergestellten Höhenflugmotor.
1916, Technik. Die Germaniawerft in Kiel baut das erste Unterwasserfrachtschiff der Welt, das die alliierte Handelsblockade durchbrechen soll.
1916, Medizin. Der deutsche Chirurg Ferdinand Sauerbruch konstruiert eine neuartige Unterarmprothese, den sog. Sauerbruch-Arm.
1916, Medizin. Der amerikanische Hämatologe Jay McLean entdeckt die blutgerinnungshemmende Substanz Heparin.
1916, Medizin. Der britische Neurophysiologe Walter Holbrock Gaskell faßt seine Studien zum vegetativen Nervensystem in dem Buch *The Involuntary Nervous System* zusammen.
1916, Medizin. Félix Hubert D'Hérelle entdeckt unabhängig von Frederick William Twort bakterienfressende Viren und nennt sie Bakteriophagen.
1916, Technik. Kotaro Hondas Entdeckung, daß durch Magnetisierung härtere Legierungen gewonnen werden können, führt zur Entwicklung von Magnetwerkstoffen.

1916

Kunst, Literatur und Musik	Theater und Film	Gesellschaft

1916 Oskar Kokoschka schafft den Graphik-Zyklus *Bachkantate*.
1916 Edvard Munch zieht sich 53jährig auf seinen Alterssitz Gut Ekely bei Oslo zurück.
1916 Der expressionistische Avantgardist Johannes R. Becher veröffentlicht den Gedichtband *An Europa*.
1916 Von Waldemar Bonsels erscheint die romanhafte Reisebeschreibung *Indienfahrt*.
1916 Theodor Däublers Essay-Band *Der neue Standpunkt* über die Kunst des Expressionismus ist ein vielbeachtetes Werk.
1916 Der expressionistische Lyriker Albert Ehrenstein gibt unter dem Titel *Der Mensch schreit* neue Gedichte heraus.
1916 Micha Josef Bin Gorion veröffentlicht die ersten zwei Bände der sechsbändigen Sammlung jüdischer Sagen und Märchen *Der Born Judas*.
1916 Annette Kolbs *Briefe einer Deutschfranzösin* wenden sich gegen den Chauvinismus der Alldeutschen und der Franzosen.
1916 Der spanische Erfolgsautor Vincente Blasco Ibáñez veröffentlicht seinen Roman Die apokalyptischen Reiter, der durch Situationsschilderungen aus dem Ersten Weltkrieg beeindruckt.
1916 Der Roman *Sonne des Lebens* ist das Erstlingswerk des Finnen Frans Eemil Sillanpää.
1916 Der französische Schriftsteller Guillaume Apollinaire veröffentlicht unter dem Titel *Der gemordete Dichter* eine Sammlung von Erzählungen.
1916 Der Franzose Henri Barbusses vollendet den Antikriegsroman *Das Feuer*.
1916 Der in Zürich lebende irische Schriftsteller James Joyce bringt seinen ersten Roman *Jugendbildnis* heraus.
1916 Von Max Brod kommt der historische Roman *Tycho Brahes Weg zu Gott* in die Buchläden.
1916 Alfons Petzold versammelt unter dem Titel *Der stählerne Schrei* Gedichte aus der Kriegszeit.
1916 Von Iwan Alexejewitsch Bunin erscheint seine berühmteste Erzählung, *Der Herr aus San Francisko*.

1.9. UA: *Das wandernde Licht*, Film mit Henny Porten, in Berlin.
22.9. Unter der Regie von Richard Ohnesorg wird im Hamburger Thalia-Theater zum Gedächtnis an den am 31. Mai in der Schlacht am Skagerrak gefallenen Dichter Gorch Fock dessen Stück *Die Königin von Honolulu* uraufgeführt. Der Reinerlös der Aufführung kommt den Angehörigen des Dichters zugute.
29.9. UA: *Engeleins Hochzeit*, Film mit Asta Nielsen in der Hauptrolle, in Berlin. Es ist die Fortsetzung des erfolgreichen Films *Engelein* von 1914.
30.9. UA: *Der Sohn*, Drama von Walter Hasenclever, im Deutschen Landestheater Prag.
13.10. Mit den *Soldaten* von Jakob Michael Reinhard Lenz in der Inszenierung von Max Reinhardt beginnt der »Deutsche Zyklus« am Deutschen Theater in Berlin.
13.10. UA: *Struensee*, Drama von Otto Erler, im Königlichen Schauspielhaus Dresden.
21.10. In Anwesenheit von Lion Feuchtwanger hat im Kleinen Theater dessen Schauspiel *Warren Hastings, Gouverneur von Indien* seine Berliner Premiere.
1916 Richard Oswald verfilmt Jacques Offenbachs Oper *Hoffmanns Erzählungen*.
1916 Erfolgreichster deutscher Fortsetzungsfilm des Jahres ist der sechsteilige Streifen *Homunculus* (jeder Teil ca. 60 Minuten) mit dem dänischen Schauspieler Olaf Fönss in der Hauptrolle unter der Regie von Otto Rippert.
1916 Asta Nielsen spielt die Hauptrolle in der Verkleidungskomödie *Das Liebes-ABC* von Magnus Stifter.
1916 Nach *Der Golem* (1914) ist Paul Wegener erneut Hauptdarsteller in einem phantastischen Film. In *Rübezahls Hochzeit* führt er selbst Regie.
1916 Kühl reagiert die Kritik auf den Dreieinhalbstundenfilm *Intoleranz* von David Wark Griffith, obwohl er in den folgenden Jahren mit seiner Montagetechnik und der aufwendigen Ausstattung einen bedeutenden Einfluß ausübt.

21.6. Das Generalkommando des 20. Armeekorps in Westpreußen verfügt, daß sich alle arbeitsfähigen Personen, vor allem Frauen und Kinder, an den Erntearbeiten beteiligen sollen.
10.7. Die neue Großküche in der Berliner Tresckowmarkthalle kann täglich in 65 Großkesseln 30 000 warme Mahlzeiten kochen.
11.7. Der britische Philosoph Bertrand Russell wird seines Lehrstuhls an der Universität Cambridge verwiesen. Begründet wird die Maßnahme mit seinen pazifistischen Ansichten. Russell hatte mehrfach zur Kriegsdienstverweigerung aufgerufen.
18.7. In London beschließt ein Kongreß der britischen Gewerkschaften, für die Dauer des Krieges auch an Feiertagen zu arbeiten.
1.8. Im Deutschen Reich wird eine Reichsseifenkarte eingeführt, die Seife und Waschpulver rationiert. Die Karte berechtigt zum Bezug von 50 g Feinseife und 250 g Waschpulver pro Monat.
1.9. Im Deutschen Reich beginnt eine allgemeine Bestandsaufnahme von Lebensmitteln in Privathaushalten und Behörden. Damit soll der Bedarf an Nahrungsmitteln im bevorstehenden Winter festgestellt werden.
13.10. Der Rat der Stadt Dresden beschließt die Einführung einer Katzensteuer zum 1.1.1917. Die Abgabe beträgt 10 Mark für die erste und 15 Mark für jede weitere Katze.
1.11. Aufgrund der angespannten Kriegslage entfällt die Möglichkeit für Frauen, mit der Reichsbahn in Sonderabteilen zu reisen.
28.11. Die Versuchsbäckerei der deutschen Reichsgetreidestelle hat herausgefunden, daß Gebäck aus Weizenmehl auch ohne Hefe schmeckt – durch Verwendung eines verbesserten Roggensauers.
29.11. Mit einem Stammkapital von 5 Mio. Mark wird in Berlin die Mitteleuropäische Schlaf- und Speisewagen AG (MITROPA) gegründet.
15.12. Um Brenn- und Leuchtstoffe zu sparen, müssen im Deutschen Reich ab sofort Theater, Gaststätten usw. bereits um 22 Uhr schließen.

85

1916

Internationale Politik	Deutsche Politik	Wirtschaft und Wissenschaft
26.12., Frankreich. Nach dem Scheitern der Somme-Offensive der Alliierten löst General Georges Nivelle den bisherigen Oberbefehlshaber der französischen Armee Joseph Joffre ab.	**2.12.** Der Reichstag billigt das Gesetz über den vaterländischen Hilfsdienst, das die Arbeitsdienstpflicht für männliche Deutsche zwischen dem 17. und 60. Lebensjahr einführt.	**1916, Verkehr.** In den USA erhalten Automobile Scheibenwischer. **1916, Technik.** Der Amerikaner John Fisher entwickelt die erste moderne Waschmaschine.

1916 Geborene und Gestorbene

Geboren:
11.3. Harold Wilson (†24.5.1995), britischer Politiker.
6.6. Robert McNamara, amerikanischer Politiker.
28.6. Erich Mende, deutscher Politiker.
9.7. Edward Heath, britischer Politiker.

12.8. Heinrich Sutermeister (†16.3.1995), Schweizer Komponist.
20.8. Richard Stücklen, deutscher Politiker.
26.10. François Maurice Marie Mitterrand (†8.1.1996), französischer Politiker.
8.11. Peter Weiss (†10.5.1982), deutscher Schriftsteller.

Gestorben:
21.1. Victor Podbielski (*26.2.1844), Direktor des Reichsausschusses für Olympische Spiele.
12.2. Richard Dedekind (*6.10.1831), deutscher Mathematiker.
12.3. Marie von Ebner-Eschenbach (*13.9.1830), österreichische Schriftstellerin.

1917

Internationale Politik	Deutsche Politik	Wirtschaft und Wissenschaft
17.1., USA. Für ca. 139 Mio. Mark übernehmen die USA den dänischen Teil der karibischen Jungferninseln, die für die Sicherung des 1914 eröffneten Panamakanals von strategischer Bedeutung sind. **Frieden ohne Sieg** **Chronik Zitat** *»Nur ein ruhiges Europa kann ein dauerhaftes Europa sein. Nicht Gleichgewicht, sondern Gemeinsamkeit der Mächte ist notwendig, nicht organisierte Nebenbuhlerschaft, sondern organisierter Gemeinfriede.«* US-Präsident Woodrow Wilson **22.1., USA.** In einem international vielbeachteten Friedensappell an die kriegführenden Länder fordert der amerikanische Präsident Woodrow Wilson einen »Frieden ohne Sieg«. ▷Chronik Zitat	**20.1.** Im Deutschen Reichstag existieren zwei politische Fraktionen der Sozialdemokraten: die Sozialdemokratische Arbeitsgemeinschaft (SAG) unter Hugo Haase und die Mehrheitsfraktion der SPD, die von Friedrich Ebert geleitet wird. **1.2.** Kaiser Wilhelm II. entschließt sich zur Wiederaufnahme des uneingeschränkten U-Boot-Krieges. Von nun an werden auch neutrale Schiffe wieder angegriffen, wenn sie sich in der Sperrzone um Großbritannien und Irland aufhalten. **25.2.** Bei einem Treffen in Berlin beschließen namhafte Industrielle und konservative Politiker, mit einer Eingabe an den Reichstag die Absetzung des Reichskanzlers Theobald von Bethmann Hollweg und die Berufung des Generalstabschefs Paul von Hindenburg als Reichskanzler zu fordern. **28.2.** Aus strategischen Gründen ziehen sich die deutschen Truppen an der Westfront auf die Siegfriedlinie (Stellungssystem zwischen Chemin des Dames und Lille) zurück.	**19.1., Chemie.** Im Wacker-Werk Berghausen wird erstmals synthetisches Aceton erzeugt. **29.3., Wirtschaft.** Vor dem Reichsgericht in Leipzig verliert der Sohn des Großindustriellen August Thyssen, August jr., einen Revisionsprozeß um seinen Erbteil am Thyssenkonzern. **27.4., Chemie.** Das neue Ammoniakwerk Merseburg in Leuna nimmt die Produktion von flüssigem Ammoniak nach dem Haber-Bosch-Verfahren auf. **4.8., Technik.** Der Franzose Lucien Lévy meldet einen Überlagerungsempfänger zum Patent an. **6.10., Wirtschaft.** Der sozialdemokratische Konsumverein »Konsum-, Bau- und Sparverein Produktion, e.GmbH in Hamburg«, der fast nur mit Lebensmitteln handelt, erzielt laut Jahresgeschäftsbericht einen Reingewinn von 2 300 074 Mark. **10.12., Nobelpreise.** In Stockholm und Oslo werden die diesjährigen Nobelpreisträger vorgestellt. Nobelpreise für Chemie und Medizin werden in diesem Jahr nicht verliehen.

1916

Kunst, Literatur und Musik	Theater und Film	Gesellschaft
1916 Käthe Kollwitz vollendet die Radierung *Mutter mit dem Kind auf dem Arm*. **1916** Klabunds neuer Roman *Moreau* thematisiert verdeckt den Pazifismus.	**1916** Der zehnteilige Fortsetzungsfilm *Judex* von Louis Feuillade mit René Cresté in der Rolle des geheimnisvollen Supermanns Judex fasziniert die Kinobesucher.	**30.12.** Der russische Mönch und Wunderheiler Grigori J. Rasputin, der erheblichen Einfluß am Zarenhof hatte, wird von einem Fürsten und einem Duma-Abgeordneten ermordet.

1916 Geborene und Gestorbene

11.5. Max Reger (*19.3.1873), deutscher Komponist.
6.6. Yüan Shih-k'ai (*16.9.1859), Präsident von China.
18.6. Helmuth Johannes Ludwig Graf von Moltke (*25.5.1848), deutscher Generalstabschef.
13.7. Cesare Battisti (*4.2.1875), italienischer Journalist.

15.8. Ilja Metschnikow (*15.4.1845), russischer Zoologe.
16.8. Umberto Boccioni (*19.10.1882), italienischer Maler und Bildhauer.
14.9. Josiah Royce (*10.11.1855), amerikanischer Philosoph.
15.11. Henryk Sienkiewicz (*5.5.1846), polnischer Schriftsteller.

21.11. Franz Joseph I. (*18.8.1830), Kaiser von Österreich.
22.11. Jack London (*2.1.1876), amerikanischer Schriftsteller.
27.11. Emil Verhaeren (*21.5.1855), französisch-belgischer Schriftsteller.
30.12. Grigorij J. Rasputin (*1864 oder 1865), russischer Abenteurer und Wundertäter.

1917

Kunst, Literatur und Musik	Theater und Film	Gesellschaft
16.3. Bei einer Versteigerung in Berlin werden für elf Werke des Malers Lovis Corinth 24 860 Mark erzielt. **11.5.** UA *Turandot*, Oper in zwei Akten von Ferruccio Busoni, in Zürich. **8.6.** UA: *Niobe*, Operette von Oscar Straus, im Berliner Lessing-Theater. **12.6.** UA: *Palestrina*, musikalische Legende in drei Akten von Hans Pfitzner unter der Regie von Bruno Walter, im Münchner Prinzregententheater. **25.8.** UA: *Schwarzwaldmädel*, Operette von Leon Jessel, in Berlin. **6.10.** UA: *Drei alte Schachteln*, erfolgreiche Operette in drei Akten von Walter Kollo, in Berlin. **26.10.** In Petrograd (St. Petersburg) findet (nach einer unvollständigen Fassung 1911) die erste vollständige Aufführung der Oper *Der Jahrmarkt von Sorotschinzy* von Modest P. Mussorgski statt. **31.10.** Der 19jährige Dichter Bertolt Brecht muß aufgrund seiner Einberufung zum Kriegsdienst das Medizinstudium abbrechen.	**27.1.** UA: *Die Bürger von Calais*, Drama von Georg Kaiser unter der Regie von Paul Gretz, im Neuen Theater in Frankfurt am Main. **2.2.** Unter der Regie von Rudolf Biebrach spielt Henny Porten in dem Film *Die Ehe der Luise Rohrbach* die Frau eines eifersüchtigen Fabrikanten. **5.3.** UA: *Die Sorina*, Komödie von Georg Kaiser, im Berliner Lessing-Theater. Karl Forst, Ilka Gröning und Curt Goetz spielen die Hauptrollen. **27.3.** UA: *Die Schwalbe*, musikalisch-lyrische Komödie von Giacomo Puccini, in Monte Carlo. **23.4.** Der erste Film des Komikers Buster Keaton läuft in den amerikanischen Kinos an. Zusammen mit Roscoe »Fatty« Arbuckle tritt Keaton in *The Butcher Boy* auf. **28.4.** UA: In den Münchener Kammerspielen kommt erstmals Georg Kaisers Stück *Von morgens bis mitternachts* auf die Bühne. **3.6.** UA: *Mörder, Hoffnung der Frauen*, Drama von Oskar Kokoschka, im Albert-Theater in Dresden.	**27.1.** Die Stadt Garmisch-Partenkirchen erläßt ein Hosenverbot für Frauen. Ausnahmen sollen nur bei sportlicher Betätigung gemacht werden. **8.2.** Der Präsident des Kriegsernährungsamtes, Wilhelm von Waldow, gibt bekannt, daß bei der Brotherstellung in Zukunft auch Futterrüben zur Verwendung kommen dürfen. **1.3.** Im Osmanischen Reich wird die Zeitrechnung vom bisher gültigen julianischen auf den gregorianischen Kalender umgestellt. **26.3.** Ein Erlaß der obersten deutschen Gesundheitsbehörde bestimmt, daß schmerzstillende und betäubende Mittel nur noch in Apotheken abgegeben werden dürfen. **Mai** Die deutschen Kurbäder klagen über Rohstoff- und Lebensmittelknappheit. Erhebliche Verluste entstehen dadurch, daß keine ausländischen Gäste mehr kommen. **9.6.** Ein Erdbeben, das besonders die Region der salvadorianischen Hauptstadt San Salvador heimsucht, fordert 100 000 Tote.

1917

Internationale Politik

9.2., Schweiz. In einer Note an US-Präsident Wilson lehnt die Schweiz den Abbruch der diplomatischen Beziehungen zum Deutschen Reich ab.
1.3., Österreich-Ungarn. Generalfeldmarschall Conrad von Hötzendorf wird seines Postens als Generalstabschef enthoben und erhält den Oberbefehl über die Heeresgruppe Südtirol.
15.3., Rußland. Revolutionäre Aufstände führen zur Bildung einer bürgerlichen Regierung, die Zar Nikolaus II. zur Abdankung zwingt.
24.3., Österreich-Ungarn. Kaiser Karl I. unterbreitet den Ententemächten ein Separatfriedensangebot.
6.4., USA. Die USA erklären dem Deutschen Reich den Krieg.
10.4., Polen. Unter deutschem Oberbefehl beginnt in Warschau der Aufbau eines polnischen Heeres.
16.4., Rußland. Aus der Schweiz kommend, trifft Wladimir I. Lenin mit russischen und polnischen Revolutionären dank der Unterstützung der deutschen Reichsleitung in Petrograd (St. Petersburg) zusammen.
17.4., Rußland. Wladimir I. Lenin veröffentlicht seine Aprilthesen über die Aufgaben der Revolution.
6.5., Frankreich. Die »Nivelle-Offensive« der Ententemächte an der Westfront wird abgebrochen.
11.5., Australien. Ministerpräsident William Mornes Hudges erklärt, Australien sei für die weiße Rasse bestimmt und der gelben Rasse würde jede Ansiedlung untersagt.
17.5., Rußland. Nach zehnjährigem Exil kehrt der Sozialist Leo D. Trotzki kehrt in seine Heimat zurück.
7.6., Frankreich. Die ersten amerikanischen Truppenverbände treffen in Frankreich ein.
12.6., Griechenland. Die Alliierten zwingen König Konstantin I. zum Rücktritt und seinen Sohn Georg zum Thronverzicht, da sich beide einem Kriegseintritt Griechenlands an der Seite der Alliierten widersetzen. Neuer König wird Alexander, ein weiterer Sohn Konstantins.
21.7., Rußland. Nach dem Rücktritt Georgi J. Fürst Lwows wird Alexandr F. Kerenski Ministerpräsident.

Deutsche Politik

31.3. Die staatliche Werbeaktionen zur 6. Kriegsanleihe laufen auf Hochtouren. Darüber hinaus werden Aufrufe zur »Freien Liebestätigkeit« veröffentlicht, die die Zivilbevölkerung um zusätzliche Spenden bitten.
7.4. Kaiser Wilhelm II. stellt in seiner mit gespaltenem Echo aufgenommenen Osterbotschaft für Preußen ein neues Wahlrecht in Aussicht, das das häufig kritisierte Dreiklassenwahlrecht ablösen und direkte und geheime, nicht aber gleiche Wahlen einführen soll. ▷Chronik Zitat
8.4. In Gotha beschließt die Reichskonferenz der innerparteilichen Opposition in der SPD die Gründung der Unabhängigen Sozialdemokratischen Partei Deutschlands (USPD), deren Vorsitz Hugo Haase und Wilhelm Dittmann übernehmen.
19.4. Im Deutschen Reich wird das Jesuitengesetz, das den Mitgliedern des Jesuitenordens seit 1872 die Ausübung ihres Glaubens untersagt, aufgehoben.

Neues Wahlrecht in Preußen
Chronik Zitat

»Nach den gewaltigen Leistungen des Volkes in diesem furchtbaren Krieg ist für das Klassenwahlrecht in Preußen kein Platz mehr. Der Gesetzentwurf wird ferner die unmittelbare und geheime Wahl der Abgeordneten vorzusehen haben.«
Kaiser Wilhelm II.

14.7. Auf Betreiben der militärischen Führung tritt Reichskanzler Theobald von Bethmann Hollweg zurück. Sein Nachfolger wird Georg Michaelis.
16.7. Die deutschen Kolonialtruppen unter Paul von Lettow-Vorbeck ziehen sich vor den Briten aus Deutsch-Ostafrika zurück.
19.7. Angesichts der schlechten politischen und militärischen Lage nimmt der Reichstag mit 212 zu 120 Stimmen eine Resolution für einen Verständigungsfrieden ohne Annexionen an.

Wirtschaft und Wissenschaft

1917, Medien. In den USA wird der erste Kinofilm in Farbe vorgeführt. »The Gulf Between« ist nach dem Technicolor-Verfahren hergestellt.

Wissenschaftler geehrt
Chronik Nobelpreise

Physik: Charles G. Barkla (GB)
Frieden: Internationales Komitee des Roten Kreuzes
Literatur: Karl Gjellerup (DK) und Henrik Pontoppidan (DK)

1917, Psychologie. Die graphologische Abhandlung »Handschrift und Charakter« des Philosophen und Psychologen Ludwig Klages wird eines der erfolgreichsten Sachbücher des 20. Jahrhunderts.
1917, Psychologie. Der österreichische Arzt und Psychoanalytiker Sigmund Freud veröffentlicht mit den »Vorlesungen zur Einführung in die Psychoanalyse« einen allgemeinverständlichen Abriß seiner Thesen.
1917, Technik. Der italienische Physiker Guglielmo Marconi experimentiert mit Ultrakurzwellen.
1917, Physik. Albert Einstein zeigt, daß zur Beschreibung der Wechselwirkung zwischen Materie und elektromagnetischer Strahlung die Stimulation der Atome durch ein elektromagnetisches Feld und damit der Energiebilanz zu berücksichtigen ist.
1917, Technik. Die Franzosen Henri Abraham und Eugène Bloch entwickeln einen 1000-Hertz-Röhrenoszillator.
1917, Technik. Für das Abdichten von Unterseeboot-Batteriekästen wird erstmals Methylkautschuk verwendet.
1917, Technik. Die Firma Bosch legt einen unterirdischen Lichtkanal an, in dem sich u.a. künstlicher Nebel erzeugen läßt und testet so die Voraussetzungen für Fahrbahnbeleuchtung.
1917, Verkehr. Mit dem »Smith Flyer« kommt in den USA das erste fünfrädrige Fahrzeug auf den Markt. Die Kraftübertragung erfolgt auf das zentral angeordnete fünfte Rad.

1917

Kunst, Literatur und Musik

30.11. In der Kunsthandlung von Paul Cassirer zeigt eine Ausstellung 20 Holzplastiken und grafische Arbeiten des Künstlers von Ernst Barlach.
1917 Carlo Carrà malt *Die metaphysische Muse*.
1917 UA: *Rhapsodie nègre* von Francis Poulenc, in Paris.
1917 Maurice Ravel komponiert *Le Tombeau de Couperin* für Klavier.
1917 Ottorino Respighi komponiert die sinfonische Dichtung *Fontane di Roma*.
1917 Erik Satie erregt mit seinem Ballett *Parade* Aufsehen, das von den Ballets Russes in Paris uraufgeführt wird. Das Bühnenbild stammt von Pablo Picasso.
1917 Mitbegründer der Salzburger Festspiele, die in diesem Jahr aus der Taufe gehoben werden, ist Richard Strauss.
1917 UA: *Eine florentinische Tragödie*, Oper von Alexander von Zemlinsky, in Stuttgart.
1917 Seinen ersten öffentlichen Erfolg hat Béla Bartók mit dem Tanzspiel *Der holzgeschnitzte Prinz*, das in Budapest uraufgeführt wird.
1917 John Heartfiled und sein Bruder Wieland Herzfelde gründen in Berlin den Malik-Verlag.
1917 Oskar Kokoschka schafft den Grafikzyklus *Hiob*.
1917 Fernand Léger malt *Kartenspielende Soldaten*.
1917 Francis Picabia gründet die dadaistische Zeitschrift »391«.
1917 Egon Schiele malt *Umarmung*.
1917 Der Belgier Georges Vantongerloo schafft die *Konstruktion um eine Kugel*.
1917 Amedeo Modigliani malt *Großer liegender Akt*.
1917 Marcel Duchamp reicht für die erste Ausstellung der Society of Independents in New York unter dem Pseudonym R. Mutt ein als *Fontäne* betiteltes Urinbecken als Kunstwerk ein.
1917 Hans Arp schafft die Papiercollage *Vierecke, angeordnet nach dem Gesetz des Zufalls*.
1917 Max Beckmann malt das *Selbstbildnis mit rotem Schal*.

Theater und Film

8.6. UA: *Die Versuchung*, Tragödie von Georg Kaiser, im Hamburger Thalia-Theater.
24.6. Guillaume Apollinaires absurdes Drama *Die Brüste des Teiresias* wird im Pariser Théâtre Maubel uraufgeführt.
9.9. UA: *Perleberg*, Drama von Carl Sternheim, im Frankfurter Schauspielhaus.
17.10. Das Buch- und Filmamt, BUFA, Propagandastelle der deutschen Reichsregierung, bringt den Film *U 35 bei der Arbeit* heraus.
4.11. *Hans Trutz im Schlaraffenland* unter der Regie von Paul Wegener ist ein phantastischer Film über einen armen Bauern, der sich vom Teufel ins Schlaraffenland locken läßt.
10.11. Das Drama *Menschenfreunde* von Richard Dehmel wird im Lessing-Theater in Berlin uraufgeführt.
15.11. In den Vereinigten Staaten laufen die Filme *Der Einwanderer* (*The Immigrant*) und *Easy Street* von Charlie Chaplin an. Beide Filme thematisieren die sozialen Probleme der Einwanderer.
30.11. Nach Motiven der Operette *Die Fledermaus* von Johann Strauß kommt der Fim *Das fidele Gefängnis* unter der Regie von Ernst Lubitsch in die Kinos.
15.12. UA: *Antigone*, pazifistische Tragödie in fünf Akten von Walter Hasenclever, im Alten Theater in Leipzig.
18.12. Ein Großteil der zersplitterten deutschen Filmindustrie wird zur Universum Film AG (Ufa) zusammengeschlossen. Die Fusion erfolgt auf Betreiben von General Erich Ludendorff, der sich von ihr »die planmäßige und nachhaltige Beeinflussung der großen Massen im staatlichen Interesse« erhofft.
18.12. Der Film *Die Faust des Riesen* von Rudolf Biebrach mit Henny Porten in einer der Hauptrollen zeigt ein Psychodrama über einen herrschsüchtigen Gutsherren.
20.12. Im deutschen Reich läuft der Film *Dornröschen* nach dem gleichnamigen Märchen der Brüder Grimm unter der Regie von Paul Leni an.

Gesellschaft

16.6. In Norddeutschland treten mehr als 2000 Pockenerkrankungen auf. Über 200 Menschen sterben an der Infektion.
19.6. Der Frauensport wird immer beliebter. Der Deutschen Turnerschaft gehören 58 477 weibliche Mitglieder an, mehr als jemals zuvor seit der Gründung des Dachverbandes 1868.
10.7. Die Sammelstelle für Kriegshunde in Düsseldorf ruft dazu auf, auch Rassehunde für den Fronteinsatz bereitzustellen.
17.7. König Georg V. von Großbritannien und Nordirland ändert angesichts des Krieges den Namen seines Herrscherhauses offiziell von »Sachsen-Coburg-Gotha« in »Windsor«.
20.7. Zur Einsparung von Textilien verbietet die Reichsbekleidungsstelle in Berlin Gasthäusern die Verwendung von Stoffservietten.
19.8. Bei einem Großbrand in der griechischen Stadt Saloniki werden 70 000 Menschen obdachlos.

Deutsche Meister Sport

Leichtathletik:

100 m:		
Arthur Reinhardt		11,9 sec
110 m Hürden:		
Reinhard Wegner		17,4 sec
Speerwurf:		
Heinrich Buchgeister		52,53 sec
Kugelstoßen:		
Heinrich Krach		11,45 m
Weitsprung:		
Karl Schelenz		6,39 m

24.8. Die deutschen Regierungspräsidenten fordern zur Vermeidung von Fremdwörtern auf. So soll es statt »Restaurant« »Kosthaus« heißen.
26.8. Auf der Leipziger Herbstmesse zeigen 2600 Aussteller hauptsächlich Nahrungsmittel und -ersatzstoffe.
3.9. Der »Deutsche Verein gegen den Mißbrauch geistiger Getränke« ruft zu Spenden auf, die der Beschaffung von Mineralwasser als Getränk für die Frontsoldaten dienen sollen.

1917

Internationale Politik	Deutsche Politik	Wirtschaft und Wissenschaft

20.8., Großbritannien/Indien. Der Staatssekretär für Indien, Edwin Samuel Montagu, unterstützt in der Indien-Erklärung vehement die Unabhängigkeitsbestrebungen der Indischen Kongreßpartei und der Moslem-Liga.
6.9., China. Der radikale Demokrat Sun Yat-sen bildet in der Provinz Kanton eine provisorische Regierung, die sich gegen die Zentralregierung in Peking stellt.
30.10., Italien. Nach dem Erfolg der deutsch-österreichischen Offensive in der 12. Isonzoschlacht bricht die italienische Frontlinie zusammen.
2.11., Palästina/Großbritannien. Die sog. Balfour-Deklaration sichert den Zionisten britische Hilfe bei der Errichtung einer »nationalen Heimstätte« für Juden in Palästina zu.
7.11., Rußland. Die Bolschewiki übernehmen durch die Besetzung wichtiger Stellen in Petrograd die politische Macht in Rußland.
20.11., Frankreich. Mit dem Einsatz von 400 britischen Panzern während einer erfolgreichen Offensive in Cambrai findet die erste Panzerschlacht der Kriegsgeschichte statt.
4.12., Finnland. Finnland erklärt seine Unabhängigkeit von Rußland.
9.12., Großbritannien. Ihre Palästina-Offensive gegen die Osmanen beenden britische Truppen mit der Besetzung Jerusalems.
22.12., Rußland. In Brest-Litowsk beginnen die Friedensgespräche zwischen Rußland und Deutschland.

21.7. In einer Rede über die Zukunft Elsaß-Lothringens spricht der SPD-Reichstagsabgeordnete Philipp Scheidemann vom deutschen Reichsland als einem »kerndeutschen Land«.
24.7. Das »Kriegswirtschaftliche Ermächtigungsgesetz« wird erlassen.
2.9. Die Deutsche Vaterlandspartei tritt nach ihrer Gründung für eine Fortsetzung des Krieges und für Annexionen ein.
18.10. Vor der Stadtverordnetenversammlung in Köln hält der Ende September einstimmig zum Oberbürgermeister gewählte Konrad Adenauer seine Antrittsrede. ▷ Chronik Zitat

Amtsantritt Adenauers

Chronik Zitat

»Sozial bluten wir aus tausend Wunden. Aber der Krieg hat uns auch die Augen geöffnet. Er hat uns davon überzeugt, daß wir alle Glieder eines Körpers sind, daß das Wohl und Wehe eines Standes letztlich auch das des andern ist.«
Aus der Antrittsrede Konrad Adenauers

24.10. Wegen fehlender parlamentarischer Mehrheit tritt Reichskanzler Georg Michaelis zurück. Sein Nachfolger wird Georg Graf von Hertling.
28.10. In Berlin fordern die christlichen Gewerkschaften, den Krieg rücksichtslos fortzuführen.

1917, Bildung. In Marburg wird die bis heute in Deutschland führende Blindenstudien-Anstalt eröffnet.

Deutsche Großstädte

Chronik Statistik

Einwohnerzahlen:

Berlin	1 681 916
Hamburg	811 908
Köln	551 221
München	542 554
Leipzig	512 787
Dresden	470 490
Breslau	445 145

1917, Medizin. Der Wiener Psychiater Julius Wagner von Jauregg entwickelt die Infektionstherapie zur Behandlung von Psychosen.
1917, Medizin. Der Franzose Jacques Louis Reverdin erzielt beachtliche Erfolge bei Hauttransplantationen.
1917, Physik. Auf der Grundlage von Einsteins Relativitätstheorie entwickelt der Astrophysiker Karl Schwarzschild die Gleichung, die die Existenz von Schwarzen Löchern voraussagt.
1917, Psychologie. Von Carl Gustav Jung erscheint »Psychologie des Unbewußten«.
1917, Biologie. Der dänische Botaniker Wilhelm Johannsen veröffentlicht seine Schrift »Erblichkeit«.
1917, Physik. Robert A. Millikan veröffentlicht seine Schrift »Elektron«.

1917 Geborene und Gestorbene

Geboren:
5.1. Wieland Wagner (†17.10.1966), deutscher Opernregisseur.
26.1. Edgar Barth (†20.5.1965), deutscher Autorennfahrer.
16.2. Willi Weyer (†20.8.1985), Präsident des Deutschen Sportbundes.
9.4. Johannes Bobrowski (†2.9.1965), deutscher Schriftsteller.

29.5. John F. Kennedy (†22.11.1963), amerikanischer Präsident.
21.10. Heinz Oskar Vetter (†18.10.1985), deutscher Gewerkschaftsführer.
21.10. Dizzy Gillespie (†5.1.1993), amerikanischer Jazztrompeter.
21.12. Heinrich Böll (†16.7.1985), deutscher Schriftsteller.

Gestorben:
8.3. Ferdinand Graf von Zeppelin (*8.7.1838), deutscher Erfinder des Luftschiffs.
17.3. Franz Brentano (*16.1.1838), deutscher Philosoph.
24.4. Oskar Blumenthal (*13.3.1852), deutscher Schriftsteller und Gründer des Berliner Lessing-Theaters.

1917

Kunst, Literatur und Musik

1917 Die Italiener Giorgio de Chirico und Carlo Carrà begründen die »Scuola metafisica«.
1917 Marc Chagall malt das *Selbstbildnis mit Weinglas*.
1917 Das Hauptwerk des Neuromantikers Walter Flex, der am 15. Oktober in Rußland fällt, ist die autobiographische Erzählung *Der Wanderer zwischen beiden Welten*.
1917 Ricarda Huchs Kriminalroman *Der Fall Deruga* erscheint.
1917 In seinen vier *Litauischen Geschichten* vom Leben einfacher Menschen in der Memelniederung gestaltet der naturalistische Erzähler und Dramatiker Hermann Sudermann ostpreußische Schicksale.
1917 Georges Duhamel berichtet in seiner Essaysammlung *Märtyrerleben* über seine Erlebnisse als Lazarettarzt.
1917 Fernand Gregh beschreibt in seiner Gedichtsammlung *Die Schmerzenskrone* die Schrecken des Krieges.
1917 Joseph Conrad veröffentlicht seine Erzählung *Die Schattenlinie. Eine Beichte*.
1917 Unter dem Pseudonym Henry Handel Richardson bringt Henrietta Ethel Florence Robertson den ersten Band ihrer Romantrilogie *Die Glücksfälle Richard Mahonys* heraus.
1917 Der Roman *Segen der Erde* begründet der norwegische Schriftsteller Knut Hamsun seinen Ruhm.
1917 Robert Walsers Prosastück *Der Spaziergang* kommt in die Buchläden.

Theater und Film

1917 Hans Albers hat seine erste Filmrolle in dem Streifen *Rauschgold*.
1917 Der 18jährige Fred Astaire wird mit seiner Schwester Adele an den Broadway engagiert.
1917 Der amerikanische Film- und Operettenkomponist Irving Berlin organisiert Soldatenrevuen.
1917 Eine turbulente Liebes- und Eifersuchtskomödie präsentiert Ernst Lubitschs Film *Wenn vier dasselbe tun* mit Emil Jannings als Rentner Seegstoff in der Hauptrolle.
1917 Richard Oswald bringt mit *Es werde Licht!* den ersten seiner erfolgreichen Aufklärungs- und Problemfilme in die Kinos, in denen er aktuelle Themen der Sexualität und des Verbrechens behandelt.
1917 Mia May, die Frau des österreichischen Regisseurs Joe May, in der Rolle der Mutter Hilde Warren sowie Drehbuchautor Fritz Lang als Tod sind die Hauptdarsteller in dem Film *Hilde Warren und der Tod*.
1917 Mit Victor Sjöströms *Berg-Eyvind und sein Weib* nach dem gleichnamigen Schauspiel von Johann Sigurjonsson beginnt im schwedischen Film die Entfaltung des animistischen Elements.
1917 Der französische Regisseur Abel Gance bringt seinen Film *Mater Dolorosa* in die Kinos.
1917 Ein überragender Publikumserfolg wird Scott Sidneys Stummfilm *Tarzan bei den Affen* nach Motiven von Edgar Rice Burroughs.

Gesellschaft

30.9. Der elsässische Arzt und Theologe Albert Schweitzer wird nach seiner Rückkehr aus Afrika in Frankreich verhaftet und interniert.
15.10. Wegen Spionage für das Deutsche Reich wird die niederländische Tänzerin Mata Hari in Frankreich erschossen. Ihre letzten Worte richtet sie an den Pfarrer. ▷Chronik Zitat
19.11. Die italienische Regierung verbietet Uniformierten das Betreten Venedigs, damit die Stadt nicht als Militärstützpunkt angesehen werden kann.

Mata Hari hingerichtet
Zitat

»Sie müssen mutig bleiben, Hochwürden. Gehen Sie weg da, sonst erschießt man Sie auch. Sie nehmen es hier nicht so genau.«
Mata Hari, Tänzerin und Spionin

1917 Die Schweiz wird zum bevorzugten Aufenthaltsort für europäische Pazifisten. So gehen 1917 Stefan Zweig, Walter Benjamin und Ernst Bloch in das neutrale Land.
1917 Die Lebenshaltungskosten sind im Deutschen Reich seit Kriegsanfang 1914 zwischen 37% (Württemberg) und 68% (Preußen) gestiegen.
1917 Zur Behebung der Lebensmittelnot werden in den Schulen des Deutschen Reiches Kinder zum Sammeln von Unkräutern aufgerufen.

Geborene und Gestorbene

3.8. Ferdinand G. Frobenius (*26.10.1849), deutscher Mathematiker.
13.8. Eduard Buchner (*20.5.1860), deutscher Chemiker.
20.8. Adolf Ritter von Baeyer (*31.10.1855), deutscher Chemiker.
17.9. Anton Stadler (*9.7.1850), deutscher Landschaftsmaler.
26.9. Edgar Degas (*19.6.1834), französischer Maler.
6.10. Guglielmo Ciardo (*13.12.1842), italienischer Maler.
15.10. Mata Hari (*7.8.1976), niederländische Tänzerin.
16.10. Walter Flex (*6.7.1887), deutscher Schriftsteller.
3.11. Léon Bloy (*8.7.1846), französischer Schriftsteller.
15.11. Emile Durkheim (*15.4.1858), französischer Soziologe.
17.11. Auguste Rodin (*12.11.1840), französischer Bildhauer.
6.12. Giovanni Cena (*21.1.1870), italienischer Schriftsteller.
21.12. Wilhelm Trübner (*3.2.1851), deutscher Landschaftsmaler.

1918

Internationale Politik

4.1., Rußland. Die bolschewikische Regierung in Rußland erkennt die finnische Unabhängigkeit an.

8.1., USA. Präsident Woodrow Wilson veröffentlicht sein 14-Punkte-Friedensprogramm, auf das sich die kriegführenden Mächte zur Beendigung des Krieges einigen sollen.

24.1., Rußland. In Kiew wird durch die antibolschewikische Zentralrada die Volksrepublik Ukraine ausgerufen, die ihre Unabhängigkeit von Rußland erklärt.

9.2., Rußland. In Brest-Litowsk schließen Vertreter der Mittelmächte und der Ukraine einen Separatfrieden.

3.3., Rußland/Deutsches Reich. In Brest-Litowsk schließen das Deutsche Reich und Rußland Frieden.

25.4., Schweiz. Ein deutsch-französisches Abkommen über den Austausch von 150 000 Kriegsgefangenen wird in Bern unterzeichnet. Betroffen sind Soldaten, die länger als 18 Monate in Gefangenschaft leben.

Mai, Frankreich. An der Westfront beginnt die letzte große Offensive der deutschen Truppen.

7.5., Rumänien. Rumänien schließt mit den Mittelmächten einen Verständigungsfrieden.

Juni, Italien. Die letzte österreichische Großoffensive gegen Italien scheitert.

16.7., Rußland. In Jekaterinburg wird die russische Zarenfamilie von der sowjetischen Geheimpolizei Tscheka erschossen, weil Truppen der »Weißen« die Stadt bedrohen.

27./28.7., Schweiz. Ein allgemeiner Arbeiterkongreß in Basel billigt das Aktionsprogramm des Oltener Aktionskomitees.

8.8., Frankreich. Bei einem Sturmangriff der Ententemächte bricht die deutsche Westfront zusammen.

27.8., Rußland. Die sowjetische Regierung erklärt sich in einem Zusatzvertrag zum Frieden von Brest-Litowsk bereit, Estland und Livland die staatliche Souveränität zuzugestehen.

29.9., Bulgarien. Bulgarien handelt als erster Verbündeter der Mittelmächte mit den Alliierten einen Waffenstillstand aus.

Deutsche Politik

28.1. Im Deutschen Reich streiken rund eine halbe Mio. Arbeiter für den Frieden. Nach Drohungen der Regierung bricht die Streikfront zusammen.

4.2. Wegen Landesverrats wird der USPD-Abgeordnete Wilhelm Dittmann zu fünf Jahren Haft verurteilt.

10.2. Am Tag nach dem Sonderfrieden von Brest-Litowsk läßt Kaiser Wilhelm II. eine Presseerklärung veröffentlichen. ▷Chronik Zitat

18.3. Mit großem propagandistischem Aufwand beginnt im Deutschen Reich die 8. Kriegsanleihe.

Frieden für die Welt
Chronik Zitat

»Wir wollen der Welt den Frieden bringen ... Mit den Nachbarvölkern wollen wir in Freundschaft leben, aber vorher muß der Sieg der deutschen Waffen anerkannt werden.«
Kaiser Wilhelm II.

3.4. In Berlin hält der Kolonialpolitiker und ehemalige Reichskommissar Carl Peters einen Vortrag über die zukünftige Kolonialpolitik des Deutschen Reiches, in dem er betont, daß das Deutsche Reich so viel Land wie möglich benötigt.

11.5. Rückwirkend zum 1.12.1917 werden die Diäten der deutschen Reichstagsabgeordneten von 3000 auf 5000 Mark erhöht.

16.6. In Berlin feiert Wilhelm II. sein 30jähriges Regierungsjubiläum.

6.7. Im deutschen Botschaftsgebäude in Moskau erschießen antibolschewikische linke Sozialrevolutionäre den deutschen Gesandten Wilhelm Graf von Mirbach-Harff.

28.9. Paul von Hintze, der Staatssekretär des Äußeren, hält eine Demokratisierung des deutschen Staatswesens für »dringend notwendig«.

29.9. Die Oberste Heeresleitung in Spa fordert Kaiser Wilhelm II. auf, den Alliierten ein Friedensangebot auf der Grundlage des 14-Punkte-Programms von US-Präsident Woodrow Wilson zu unterbreiten.

Wirtschaft und Wissenschaft

Januar, Verkehr. Die Preußisch-Hessische Staatsbahn führt als erste Bahn Europas Güterzüge mit durchgehenden, selbsttätig wirkenden Bremsen (Kunze-Knorr-Bremsen) ein.

16.2., Wirtschaft. Das Rheinisch-Westfälische Kohlensyndikat feiert sein 25jähriges Bestehen.

7.4., Wirtschaft. In Berlin endet die deutsche Faserstoff-Ausstellung, die im Auftrag der Kriegsflachsbaugesellschaft u.a. die Techniken und Bedeutung des Flachsanbaus im Deutschen Reich zeigt.

16.5., Wirtschaft. Die Friedrichshafener Motorenbau GmbH wird in Maybach Motorenbau umbenannt.

22.5., Wirtschaft. Zwischen dem Deutschen Reich und der Schweiz wird ein Abkommen über die Lieferung von Kohlen, Stahl und Chemieprodukten gegen Lebensmittel abgeschlossen. Die Schweiz verpflichtet sich zur Lieferung von Milchprodukten, Schokolade und Rindern.

1.8., Wirtschaft. In den USA werden durch die Rekrutierung junger Männer für den Krieg immer mehr Arbeitsplätze von Frauen belegt.

2.8., Wirtschaft. Aus einer Statistik des deutschen Metallarbeiter-Verbands geht hervor, daß die in der metallverarbeitenden Industrie tätigen Frauen nur etwa halb soviel verdienen wie ihre männlichen Kollegen.

30.8., Wirtschaft. Mit fast 80 000 Besuchern ist die Leipziger Herbstmesse die erfolgreichste Messe der Kriegsjahre.

10.12., Nobelpreise. In Stockholm werden die Nobelpreise verliehen. Preise für Literatur und Medizin werden in diesem Jahr ebensowenig verliehen wie der Friedensnobelpreis.
▷Chronik Nobelpreise, S. 96

16.12., Wirtschaft. Die Generalversammlung der Friedrich Krupp-AG in Essen beschließt, in diesem Jahr keine Dividende auszuschütten. Der Reingewinn aus dem Geschäftsjahr 1917/18 betrug fünf Mio. Mark.

1918, Wirtschaft. In Frankreich entsteht mit der serienmäßigen Herstellung von Elektronenröhren ein neuer Industriezweig.

1918

Kunst, Literatur und Musik

25.4. UA: *Die Gezeichneten*, Oper in drei Akten von Franz Schreker, in Frankfurt am Main.
24.5. UA: *Herzog Blaubarts Burg*, Oper von Béla Bartók, in Budapest.
16.11. Der deutsche Schriftsteller Gerhart Hauptmann veröffentlicht ein politisches *Manifest der Künstler und Dichter*, in dem er sich positiv zur demokratischen Revolution äußert.
28.11. Das Auktionshaus Paul Cassirer in Berlin präsentiert 70 bisher unveröffentlichte Werke des Malers und Zeichners Max Liebermann, die zu einem Stückpreis von im Durchschnitt 1000 Mark zum Verkauf angeboten werden.
30.11. Der erste Band, *Der Untertan*, von Heinrich Manns gesellschaftskritischer Romantrilogie *Das Kaiserreich* erscheint infolge der Zensur im Deutschen Reich erst jetzt beim Verlag Kurt Wolff in Darmstadt. Die erste Ausgabe in russischer Sprache war bereits 1916 in Rußland verlegt worden.
3.12. In Berlin wird die Künstlervereinigung Novembergruppe gegründet, in der u.a. der Maler Max Pechstein und der Architekt Erich Mendelsohn vertreten sind. Politisch bekennt sich die Gruppe zur Novemberrevolution in Deutschland.
3.12. Auf Anregung von Walter Gropius und Bruno Taut gründet sich in Berlin der Arbeitsrat für Kunst.
14.12. UA: *Der Mantel, Schwester Angelica* und *Gianni Schicchi*, musikalisches Triptychon von Giacomo Puccini, in New York.
1918 George Grosz, John Heartfield, Raoul Hausmann u.a. gründen den Berliner Club Dada.
1918 Marc Chagall wird Kommissar für bildende Kunst im russischen Gouvernement Witebsk.
1918 Lovis Corinth verbringt erstmals den Sommer am Walchensee in Oberbayern, wo er die ersten seiner Walchensee-Landschaften malt.
1918 Wassily Kandinsky wird Mitglied des russischen Volkskommissariats für Aufklärung und Erziehung und konzentriert sich auf Kulturpolitik und Kunstpädagogik.

Theater und Film

18.1. Am Mannheimer Hoftheater feiert das Drama *Der Sohn* von Walter Hasenclever seine Erstaufführung. Das Stück, das bereits 1916 in Prag uraufgeführt wurde, erregt großes Aufsehen und findet auch bei den Kritikern begeisterte Aufnahme. ▷Chronik Zitat

Hasenclevers Konfliktdrama
Zitat

»Der ewige Konflikt zwischen den Generationen, der durch die Morgenröte einer neuen Zeit geschaffene Gegensatz zwischen Vater und Sohn, das ist auf die kürzeste Formel gebracht der Inhalt des Dramas.«
Fritz Drosp, Theaterkritiker

21.1. In dem Film *Das Tagebuch des Dr. Hart von Paul Leni* erleben ein deutscher Arzt, eine Krankenschwester, ein polnischer Graf, dessen Tochter und ein russischer Botschaftsrat den Krieg zwischen 1914 und 1916 auf verschiedenen Seiten der Front.
24.1. In Dortmund spricht sich der Ortsverband der SPD dagegen aus, daß Lehrer die Kinder zum Kinobesuch animieren. Mit Ausnahme der Filme *Graf Dohna und seine Möwe* und *U 35* liefen in den Kinos nur seichte und anstoßerregende Stücke.
10.2. UA: *Seeschlacht*, Drama von Reinhard Goering, im Königlichen Schauspielhaus in Dresden.
4.3. Im Mailänder Teatro Manzoni kommt die ironisch-bittere Komödie *Marionetten, welche Leidenschaft!* von Pier Luigi Maria Rosso di San Secondo erstmals auf die Bühne.
16.6. UA: *Ein Geschlecht*, Kriegstragödie von Fritz von Unruh, im Schauspielhaus in Frankfurt am Main.
27.9. Die Berliner Ufa führt mit der bolschewikischen Regierung in Moskau Verhandlungen über die Belieferung der sowjetischen Kinos mit deutschen Filmen.
28.9. UA: *Die Geschichte vom Soldaten*, Musiktheater von Igor Strawinsky, in Lausanne.

Gesellschaft

2.1. Vermutlich im Zusammenhang mit den vielversprechenden Friedensverhandlungen in Brest-Litowsk fallen die Preise auf dem Schwarzmarkt spürbar.
3.1. Für den Aufbau und die Einrichtung des Kongreß- und Bibliothekssaals des Deutschen Museums in München spendet der deutsche Großindustrielle Gustav Krupp von Bohlen und Halbach 500 000 Mark.
5.1. Das preußische Eisenbahnministerium weist die Eisenbahndirektoren an, auf größeren Bahnhöfen Stellen zur Versorgung der Reisenden einzurichten, da der größte Teil der Speisewaggons weggefallen sei.
7.1. In einem Erlaß sagen die Reichsministerien für Inneres, Kultus und Landwirtschaft dem Verein »Landaufenthalt für Stadtkinder« für sein Landverschickungsprogramm ihre Unterstützung zu. ▷Chronik Zitat
7.2. Aufgrund von Waschpulver- und Seifenmangel empfiehlt das Kriegsversorgungsamt in Berlin die Herstellung von Holzaschenlauge als Ersatzstoff.

Landverschickung
Zitat

»Die Dauer des Aufenthaltes ist auf drei bis vier Monate vorgesehen. Die Unterbringung soll als Werk der Nächstenliebe ... möglichst unentgeltlich erfolgen, je nachdem kann ein Beitrag zu den Unkosten von etwa 50 Pfennig gewährt werden.«
Aus dem Erlaß zur Landverschickung

7.2. Anläßlich des 59. Geburtstages von Kaiser Wilhelm II. finden in verschiedenen militärischen Trainingslagern an der deutschen Westfront Wehrturnfeste statt.
10.2. Infolge der katastrophalen Ernährungs- und Hygienebedingungen breiten sich besonders in den russischen Großstädten Seuchen aus. Aus Petrograd wird von bis zu 600 Neuerkrankungen an Pest und Cholera pro Tag berichtet.

1918

Internationale Politik

4.10., Österreich-Ungarn. In einer gemeinsamen Note stimmen die Mittelmächte den »14 Punkten« von US-Präsident Woodrow Wilson zu.
21.10., Österreich-Ungarn. Die konstituierende Sitzung des deutschsprachigen Mitglieder des cisleithanischen Abgeordnetenhauses proklamiert die Errichtung eines deutschösterreichischen Staates.
28.10., Tschechoslowakei. In Prag wird die Tschechoslowakische Republik ausgerufen.
30.10., Osmanisches Reich. Das Osmanische Reich kapituliert vor den Ententemächten.
8.11., Rumänien. Rumänien erklärt Deutschland den Krieg.
11.11., Österreich-Ungarn. Mit der militärischen Niederlage und dem Rücktritt von Kaiser Karl I. zerfällt der Vielvölkerstaat Österreich-Ungarn in seine nationalen Regionen.
14.11., Polen. Klemens Pilsudski wird polnischer Staatschef.
16.11., Ungarn. Der neue ungarische Ministerpräsident Mihály Graf Károlyi von Nágykarolyi ruft in Budapest die Republik aus.
24.11., Kroatien. Die Kroaten, Slowenen, Serben und Bosnier erklären in Agram (Zagreb) ihre Unabhängigkeit von Österreich-Ungarn.

Kämpfen für den Sowjetstaat

Chronik Zitat

»Unsere Republik ist das einzige Land, das auf gewaltsamem und revolutionärem Wege aus dem imperialistischen Weltkrieg ausgeschieden ist, das das Banner der sozialistischen Revolution entrollt hat...«
Wladimir I. Lenin, Führer der Bolschewiki

29.11., Rußland. Der Führer der Bolschewiki, Wladimir I. Lenin, ruft in einer Rede in Moskau zum Kampf für den Sowjetstaat auf. ▷Chronik Zitat
1.12., Jugoslawien. Das Königreich der Serben, Kroaten und Slowenen wird gegründet. Der serbische König Peter I. wird gemeinsames Staatsoberhaupt.

Deutsche Politik

3.10. Max von Baden, der von Reichstag und Oberster Heeresleitung vorgeschlagene Nachfolger des zurückgetretenen Georg Graf von Hertling, wird deutscher Reichskanzler.
3.10. Die neue Reichleitung ersucht US-Präsident Woodrow Wilson um die Einberufung einer Friedenskonferenz.
4.10. Im Deutschen Reich wird erstmals eine Regierung gebildet, die dem Deutschen Reichstag verantwortlich ist. Philipp Scheidemann (SPD), Matthias Erzberger (Zentrum) und Adolf Gröber (Zentrum) werden Minister ohne bestimmten Aufgabenbereich.
20.10. Die Reichsregierung verkündet die Beendigung des uneingeschränkten U-Boot-Krieges.
29.10. Matrosen der Kriegsflotte in Kiel und Wilhelmshaven verweigern den Kriegseinsatz.
4.11. In Kiel bilden aufständische Matrosen der kaiserlichen Flotte einen Soldatenrat, der die Macht in der Stadt übernimmt. In der Folge bilden sich in ganz Deutschland Arbeiter- und Soldatenräte.
7.11. Kurt Eisner, Vorsitzender der Münchener USPD, proklamiert die Republik Bayern. Am folgenden Tag erklärt König Ludwig III. von Bayern seinen Thronverzicht.
8.11. Die von dem Zentrumsabgeordneten Matthias Erzberger geführte deutsche Kommission nimmt in Compiègne Friedensverhandlungen mit dem Beauftragten der Entente, General Ferdinand Foch, auf.
9.11. Der bewaffnete Aufstand im Deutschen Reich greift auf Berlin über. Unabhängig voneinander rufen Philipp Scheidemann und Karl Liebknecht in Berlin die Republik aus. Kaiser Wilhelm II. erklärt seine Bereitschaft zum Rücktritt.
10.11. Nach Verhandlungen zwischen USPD und MSPD wird der Rat der Volksbeauftragten als erste Regierung der deutschen Republik mit Friedrich Ebert als Reichskanzler gebildet.
11.11. In Compiègne unterzeichnet Matthias Erzberger für das Deutsche Reich die Waffenstillstandsbedingungen der Alliierten.

Wirtschaft und Wissenschaft

1918, Philosophie. Der deutsche Kultur- und Geschichtsphilosoph Oswald Spengler greift in seinem zweibändigen Hauptwerk »Der Untergang des Abendlandes«, dessen erster Band unter dem Titel »Gestalt und Wirklichkeit« erscheint, biologische Aspekte der Philosophie von Johann Wolfgang von Goethe und Friedrich Nietzsche auf.
1918, Technik. Die britische Royal Navy setzt den ersten Flugzeugträger mit flachem Deck ein.
1918, Medien. Der US-Funkoffizier Edwin Howard Armstrong entwickelt den ersten brauchbaren Überlagerungsempfänger für den Rundfunkempfang.
1918, Technik. Der Amerikaner Henry Ellis Warren stellt die ersten funktionstüchtigen elektrischen Uhren her.

Preise im Deutschen Reich

Chronik Statistik

Einzelhandelspreise (Mark):

Butter, 1 kg	12,00
Weizenmehl, 1 kg	0,64
Schweinefleisch, 1 kg	3,80
Rindfleisch, 1 kg	5,00
Eier, 1 Stück	0,19
Kartoffeln, 1 kg	0,20

1918, Technik. Die Versuchsstation des britischen Admiralstabs in Harwick entwickelt das Sonarsystem. Das Schallortungsverfahren ermöglicht erstmals die zuverlässige Berechnung von Hindernisentfernungen im Wasser und in der Luft.
1918, Technik. Die erste Funkverbindung um den Erdball gelingt von der Funkstation in Nauen bei Berlin aus, die in diesem Jahr ausgebaut wird.
1918, Luftfahrt. Der deutsche Flugzeugkonstrukteur Hugo Junkers, Inhaber der Flugzeugbaufirma Junkers in Dessau, meldet das Tiefdeckerflugzeug zum Patent an.
1918, Technik. Ein von der Essener Firma Krupp gebautes 21-cm-Langrohrgeschütz erreicht die Rekordweite von 130 km.

1918

Kunst, Literatur und Musik

1918 Le Corbusier veröffentlicht mit Amédée Ozenfant das Manifest *Après le Cubisme*; sie begründen als neue Stilrichtung den Purismus.

1918 Erik Satie komponiert *Socrate*.

1918 Iwan Vyznegradski vollendet seine *Vier Fragmente für Klavier*.

1918 Igor Strawinsky komponiert den *Ragtime für elf Instrumente*.

1918 Leoš Janáček vollendet die Orchesterrhapsodie *Taras Bulba*.

1918 Die Komponisten Darius Milhaud, Arthur Honegger, Francis Poulenc, Germaine Tailleferre, Georges Auric und Louis Durey schließen sich in Paris zur »Groupe des Six« zusammen.

1918 Sergei Prokofjew komponiert die Klavierstücke *Erzählungen einer alten Großmutter*.

1918 Felix Timmermans veröffentlicht die Erzählung *Das Jesuskind in Flandern*.

1918 Gerhart Hauptmanns Novelle *Der Ketzer von Soana* erscheint.

1918 Klabund bringt seinen Eulenspiegelroman *Bracke* heraus.

1918 Von Wilhelm Lehmann erscheint der Roman *Die Schmetterlingspuppe*.

1918 Von Thomas Mann kommt die kulturpolitische Streitschrift *Betrachtungen eines Unpolitischen* in die Buchläden.

1918 Hermann Stehrs zweibändiger Roman *Der Heiligenhof* erscheint.

1918 Mit seinem vierbändigen Roman *Die weißen Götter*, dessen erster Band 1918 erscheint, erringt Eduard Stucken seinen größten Erfolg.

1918 Guillaume Apollinaire versammelt unter dem Titel *Kalligramme. Gedichte von Frieden und Krieg* 20 neue Gedichte. Eine deutsche Übersetzung erscheint erst 1953.

1918 André Maurois veröffentlicht sein erfolgreiches Erstlingswerk *Die Momente des Schweigens des Oberst Bramble*.

1918 Unter dem Titel *Meister Breugnon* erscheint eine Sammlung von Erzählungen Romain Rollands.

1918 Karl Kraus veröffentlicht *Die letzten Tage der Menschheit*, eine Tragödie in fünf Akten.

Theater und Film

Oktober In deutschen Kinos läuft der Film *Ich möchte kein Mann sein* von Ernst Lubitsch an. Ein Mädchen, das gerne raucht, trinkt und pokert, verkleidet sich als Mann und verführt seinen Hauslehrer.

29.10. Nach dem gleichnamigen Roman von Margarete Böhme kommt der Film *Das Tagebuch einer Verlorenen* von Richard Oswald mit Erna Morena in der Titelrolle in die deutschen Kinos.

7.11. UA: *Mysterium buffo*, Drama von Wladimir W. Majakowski, im musikdramatischen Theater von Petrograd (St. Petersburg).

8.11. UA: *Jettchen Gebert*, Stummfilm nach einem Roman von Georg Hermann unter der Regie von Richard Oswald, in Berlin.

8.11. Pola Negri spielt in dem Film *Mania* ihre erste Rolle bei der Union Berlin.

16.11. UA: *Der Brand im Opernhaus*, Drama von Georg Kaiser, im Stadttheater Nürnberg.

21.11. In Berlin wird der erste Film des Regisseurs Viktor Janson *Der gelbe Schein* mit Pola Negri und Harry Liedtke in den Hauptrollen uraufgeführt.

28.11. UA: *Gas*, Drama von Georg Kaiser, im Frankfurter und im Düsseldorfer Schauspielhaus.

30.11. UA: *Die Nachtseite*, Stück von Herbert Eulenberg, im Kölner Schauspielhaus.

6.12. UA: *Der Minister*, Revolutionsstück von Roda Roda (eigentl. Sandor Friedrich Rosenfeld), im Münchner Schauspielhaus.

12.12. Der Film *Dida Ibsens Geschichte* unter der Regie von Richard Oswald erzählt die Odyssee einer unglücklichen Frau.

13.12. UA: *Henriette Jakoby*, Film unter der Regie von Richard Oswald, mit Conrad Veidt in der männlichen Hauptrolle.

14.12. UA: *Freie Knechte*, Drama und Antikriegsstück von Hans Franck, im Kleinen Theater in Berlin.

17.12. UA: *Carmen*, Spielfilm unter der Regie von Ernst Lubitsch mit Pola Negri und Harry Liedtke, in Berlin.

Gesellschaft

15.4. Die deutschen Unternehmerverbände erklären, nach Kriegsende müßten die jetzt ersatzweise als kaufmännische Angestellte tätigen Frauen schon aus bevölkerungspolitischen Gründen ihre Arbeitsplätze wieder für die Männer räumen.

16.5. Das Kriegsernährungsamt in Berlin kürzt die täglich Brotration im Deutschen Reich auf 130 g.

6.6. Wegen Tabakmangel wird Jugendlichen unter 16 Jahren im Deutschen Reich der Tabakkonsum untersagt.

Deutsche Meister
Sport

Freistil 100 m:
Walter Feistl — 1:08,5 min

Freistil 1500 m:
Emil Benecke — 8:06,8 min

Brust 100 m:
Alfred Wacker — 1:24,8 min

Rücken 100 m:
Erich Rademacher — 1:26,8 min

30.6. Auf den Düsseldorfer Rheinwiesen veranstaltet der »Verband der Vereine für Leibesübungen« zum vierten Mal die »Vaterländischen Kampfspiele«. Neben den klassischen Disziplinen umfaßt der Wettkampf auch die paramilitärischen Sportarten Handgranatenweitwurf und Militärschwimmen in voller Montur.

27.7. Die niederrheinische Brennessel-Sammelstelle setzt die Belohnung für ein Kilogramm gesammelten Brennesselsamen auf 20 Mark herauf.

20.8. Die Ordensstatistik des Deutschen Reiches wird veröffentlicht. Danach wurden seit Kriegsbeginn bis zum 1. August 135 000 Eiserne Kreuze I. Klasse vergeben. Das Eiserne Kreuz II. Klasse wurde über 4,5 millionenmal verliehen. Für besondere vaterländische Verdienste in der Heimat wurden 6500 Personen ausgezeichnet.

27.11. Statt der bisherigen geistlichen Schulaufsicht werden in den preußischen Lehranstalten staatliche Schulinspektoren eingesetzt.

1918

Internationale Politik	Deutsche Politik	Wirtschaft und Wissenschaft
2.12., Armenien. Armenien erklärt seine Unabhängigkeit von der Türkei. **7.12., Österreich.** In der Südsteiermark kommt es zu bewaffnetem Widerstand gegen eindringende südslawische Truppen. **14.12., Großbritannien.** Bei Unterhauswahlen wird die liberalkonservative Regierung bestätigt. Die Labour Party ist nicht mehr in der Regierung vertreten. Die irischen Abgeordneten, überwiegend der separatistischen Sinn Fein zugehörig, beschließen, in Dublin ein eigenes, revolutionäres Parlament zu gründen. An der Spitze steht Eamon de Valera. **22.12., Tschechoslowakei.** Der tschechoslowakische Staatspräsident Tomáš Garrigue Masaryk erklärt Böhmen und das Sudetengebiet zum Bestandteil des neuen Staates.	**28.11.** Kaiser Wilhelm II. dankt formell ab und begibt sich ins niederländische Exil nach Doorn. **4.12.** In Köln fordern die früheren Zentrumspolitiker Karl Trimborn und Wilhelm Marx unter der Losung »Los von Berlin« die Gründung einer eigenständigen rheinisch-westfälischen Republik. **8.12.** Der Chef der obersten deutschen Heeresleitung, Generalfeldmarschall Paul von Hindenburg, fordert von Reichskanzler Friedrich Ebert die Wiederherstellung der militärischen Kommandogewalt und die Abschaffung der Soldatenräte. **14.12.** Unter Führung von Karl Liebknecht legt der Spartakusbund sein politisches Programm vor, das als Hauptforderung die Errichtung einer sozialistischen Räterepublik vorsieht.	**1918, Medizin.** Erstmals verwendet der Brite I.H. Robertson Blutkonserven für eine Transfusion. **Wissenschaftler geehrt** **Chronik Nobelpreise** Chemie: Fritz Haber (D) Physik: Max Planck (D) **1918, Chemie.** Der Londoner Biochemiker Jack Cecil Drummond nennt den Faktor in Lebensmitteln, der Skorbut heilt, Vitamin C (Ascorbinsäure). **1918, Verkehr.** Der 845 km lange New-York-State-Barge-Canal zwischen Hudson River und Eriesee wird fertiggestellt.

1918 Geborene und Gestorbene

Geboren:
15.1. Gamal Abd-el Nasser (†28.9.1970), ägyptischer Offizier und Politiker.
24.1. Gottfried von Einem (†12.7.1996), deutscher Komponist.
12.2. Julian S. Schwinger, amerikanischer Physiker.
25.4. Ella Fitzgerald, amerikanische Jazzsängerin.
4.5. Kakuei Tanaka (†16.12.1993), japanischer Politiker.
12.5. Alfred Bickel, Schweizer Fußballspieler.
28.6. Lambertus Schierbeck, niederländischer Schriftsteller.
14.7. Ingmar Bergman, schwedischer Regisseur.
6.8. Otto Wolff von Amerongen, deutscher Industrieller.
17.7. Chaim Herzog, israelischer Politiker und Staatsmann.
22.9. Hans Scholl (†22.2.1943), deutscher Widerstandskämpfer.

1919

Internationale Politik	Deutsche Politik	Wirtschaft und Wissenschaft
11.1., Türkei. Die alliierten Siegermächte besetzen die Türkei, indem das Oberkommando der Siegermächte des Ersten Weltkriegs von Belgrad in die türkische Hauptstadt Konstantinopel verlegt wird. **21.1., Irland.** Die Führer der nationalistischen Sinn-Fein-Partei proklamieren die unabhängige Republik Irland. Ebenfalls im Januar wird die Irisch-Republikanische Armee (IRA) gegründet.	**Januar.** Die württembergische Regierung gesteht ihrem ehemaligen König Wilhelm eine jährliche Rente von 200 000 Mark zu. **5.1.** In Berlin bricht nach der Amtsenthebung des Polizeipräsidenten Emil Eichhorn wegen »Begünstigung spartakistischer Umtriebe« der Spartakusaufstand aus, der von den Kommunisten und der USPD initiiert wurde. Er wird bis zum 12. Januar blutig niedergeschlagen.	**10.5., Wissenschaft.** Die Hamburger Universität wird offiziell eröffnet. Bedeutende Gelehrte auf den neugeschaffenen Lehrstühlen sind u.a. der Philosoph Ernst Cassirer, der Kunsthistoriker Erwin Panowski und der Psychologe William Stern. **14./15.6., Verkehr.** Mit einer Vickers »Vimy« überqueren die Briten John William Alcock und Arthur Whitten-Brown als erste den Atlantik im Nonstop-Flug.

1918

Kunst, Literatur und Musik	Theater und Film	Gesellschaft
1918 Von Arthur Schnitzler erscheint die Novelle *Casanovas Heimfahrt*. 1918 Christian Rohlfs malt die *Kirche in Soest*. 1918 In seinem Todesjahr hat Egon Schiele eine erfolgreiche Ausstellung in der Wiener Secession. 1918 Kurt Schwitters schafft erste abstrakte Gemälde und Collagen und steht in Kontakt mit den Dadaisten in Berlin und Zürich. 1918 Kasimir S. Malewitsch malt das *Weiße Quadrat auf weißem Grund*. 1918 *Adam und Eva* ist das letzte, unvollendete Gemälde von Gustav Klimt, der in diesem Jahr stirbt. 1918 George Grosz vollendet das 1917 begonnene *Leichenbegängnis* (Widmung an Oskar Panizza). 1918 Marcel Duchamp malt sein letztes Ölgemälde *Tu'm*.	20.12. UA: *Hannibal*, Tragödie von Christian Dietrich Grabbe, im Nationaltheater München. 20.12. UA: *Unterm karibischen Mond*, Einakter von Eugene O'Neill, im New Yorker Playwright's Theatre. 26.12. UA: *Legende eines Lebens*, Theaterstück von Stefan Zweig, im Deutschen Schauspielhaus Hamburg. 1918 *Die Augen der Mumie Ma*, ein in Ägypten und Europa spielender reißerischer Abenteuerfilm, ist Ernst Lubitschs erster Großfilm und zugleich sein erster Film mit Pola Negri, die die Titelrolle spielt. 1918 Die filmische Kriegssatire *Gewehr über!* wird Charlie Chaplins bis dahin größter Erfolg. 1918 *Blinde Ehemänner*, der erste Film von Erich von Stroheim, kommt in die Kinos.	5.12. Während einer Konferenz von Arbeitgebern in Dortmund werden auf Veranlassung des dortigen Arbeiter- und Soldatenrates mehrere Großindustrielle, u.a. Edmund Stinnes und August Thyssen mit Sohn Fritz, festgenommen, weil ein als Kellner getarntes USPD-Mitglied sie als Landesverräter denunziert hatte. 1918 Mit Heftchen in »Reclam«-Aufmachung rufen die Ententemächte die deutschen Soldaten zu Meuterei und Desertion auf. 1918 Die französische Modeschöpferin Coco Chanel entwirft Pyjamas für Frauen. 1918 In den USA werden autofreie Sonntage eingeführt, um für den Kriegseinsatz Kraftstoff zu sparen. 1918 Die Spanische Grippe fordert weltweit etwa 20 Mio. Todesopfer.

1918 Geborene und Gestorbene

7.12. Max Merkel, österreichischer Fußballtrainer. 11.12. Alexander Solschenizyn, russischer Schriftsteller. 21.12. Kurt Waldheim, österreichischer Politiker und Diplomat. 23.12. Helmut Schmidt, deutscher Politiker.	25.12. Anwar as-Sadat (†6.10.1981), ägyptischer Politiker. **Gestorben:** 9.3. Frank Wedekind (*24.7.1864), deutscher Dramatiker. 25.3. Claude Debussy (*22.8.1862), französischer Komponist.	16.7. Nikolaus II. (*18.5.1868), Zar von Rußland. 26.9. Georg Simmel (*1.3.1858), deutscher Philosoph und Soziologe. 31.10. Egon Schiele (*12.6.1890), österreichischer Maler. 9.11. Guillaume Apollinaire (*26.8.1880), französischer Dichter.

1919

Kunst, Literatur und Musik	Theater und Film	Gesellschaft
21.3. Im Weimarer Nationaltheater wird das Bauhaus feierlich eröffnet. 25.3. Der deutsche Bildhauer, Maler und Graphiker Wilhelm Lehmbruck begeht – durch den Kriegstod vieler Freunde vereinsamt – 38jährig Selbstmord. 2.5. Die »Frankfurter Zeitung« veröffentlicht Stellungnahmen von Thomas Mann und Alfred Kerr über die Zukunft der Literatur nach dem Ersten Weltkrieg. ▷Chronik Zitat, S. 99	23.1. UA: *1913*, Schauspiel von Carl Sternheim, im Schauspielhaus in Frankfurt am Main. 25.1. UA: *Tabula rasa*, Stück von Carl Sternheim, im Kleinen Theater in Berlin. 8.2. UA: *Dies irae ...*, Tragödie von Anton Wildgans, im Wiener Burgtheater. 20.3. UA: *Der arme Vetter*, Drama von Ernst Barlach, an den Kammerspielen in Hamburg.	1.1. In Deutschland treten die Vereinbarungen über die Einführung des achtstündigen Arbeitstages in Kraft. 28.1. Im Königreich der Serben, Kroaten und Slowenen (später Jugoslawien) wird der in Europa gebräuchliche gregorianische Kalender eingeführt. 6.2. Die erste regelmäßige deutsche Luftpostlinie wird zwischen Berlin und Weimar eingerichtet. Dem Anlaß gemäß erscheinen die ersten Luftpostbriefmarken.

1919

Internationale Politik

25.1., Frankreich. Auf ihrer zweiten Sitzung stimmt die Pariser Friedenskonferenz auf Wunsch von US-Präsident Woodrow Wilson der Gründung des Völkerbundes zu. ▷Chronik Zitat

Völkerbund gefordert
Chronik Zitat

»Der starke und glühende Eifer der Vereinigten Staaten für den Völkerbund entspringt nicht der Furcht oder Besorgnis, sondern jenen Idealen, die uns dieser Krieg zum vollen Bewußtsein gebracht hat.«
Woodrow Wilson, US-Präsident

5.2., Rußland. Sowjetische Truppen erobern die ukrainische Hauptstadt Kiew.
16.2., Österreich. In Deutschösterreich finden die Wahlen zur Konstituierenden Nationalversammlung statt.
25.2., Japan. Japan wirbt deutsche Offiziere zum Aufbau seines Heeres an. Bei Vertragsabschluß werden 5000 Mark Handgeld gezahlt, der monatliche Lohn beträgt 1200 Mark.
1.3., Korea. Während des sog. Märzaufstandes demonstrieren rund zwei Millionen Koreaner gegen die Kolonialmacht Japan. Japan hatte Korea 1910 annektiert.
4.3., Österreich. Die erste demokratisch gewählte Nationalversammlung tritt in Wien zu ihrer Eröffnungssitzung zusammen und wählt den Sozialdemokraten Karl Seitz zum ersten Präsidenten Deutschösterreichs.
23.3., Italien. Benito Mussolini gründet in Mailand den Kampfbund »Fasci di combattimento«, die Keimzelle des Faschismus in Italien.
10.4., Mexiko. Der Revolutionär Emiliano Zapata wird in Südmexiko von Regierungstruppen ermordet.
13.4., Indien. Der britische General Reginald Dyer läßt in der indischen Stadt Amritsar auf eine friedliche Protestversammlung schießen. 400 Zivilisten werden getötet, 1200 verletzt.

Deutsche Politik

15.1. Die Spartakistenführer Rosa Luxemburg und Karl Liebknecht werden nach ihrer Verhaftung in Berlin von Regierungssoldaten ermordet.
19.1. Aus den Wahlen zur Verfassunggebenden Deutschen Nationalversammlung, bei denen erstmals auch Frauen wählen dürfen, gehen die bürgerlichen Parteien MSPD, Zentrum (Christliche Volkspartei), Deutsche Demokratische Partei sowie die Deutschnationale Volkspartei als stärkste Fraktionen hervor.
Februar. Bergarbeiterstreiks im Ruhrgebiet werden von Regierungstruppen blutig beendet. Der Spartakistenführer Fuldzennek wird bei seiner Verhaftung in Bottrop »im Handgemenge erschossen«.
6.2. In Weimar tritt die Nationalversammlung zusammen, das erste demokratisch gewählte deutsche Parlament. Es wählt am 11. Februar Friedrich Ebert (MSPD) zum ersten Reichspräsidenten. ▷Chronik Zitat

Freies deutsches Volk
Chronik Zitat

»Mit den alten Königen und Fürsten von Gottes Gnaden ist es für immer vorbei. ... Das deutsche Volk ist frei, bleibt frei und regiert in alle Zukunft sich selbst.«
Friedrich Ebert, Reichspräsident

13.2. Friedrich Ebert beruft in Weimar die erste parlamentarische Reichsregierung unter Führung von Ministerpräsident Philipp Scheidemann (MSPD).
13.3. Die Weimarer Nationalversammlung nimmt gegen die Stimmen der Rechtsparteien das Sozialisierungsgesetz und das Gesetz über die Kohlewirtschaft an.
20.6. Die Reichsregierung unter Ministerpräsident Philipp Scheidemann tritt wegen Meinungsverschiedenheiten über den Versailler Friedensvertrag zurück. Friedrich Ebert beauftragt Gustav Bauer (MSPD) mit der Regierungsbildung.

Wirtschaft und Wissenschaft

25.6., Luftfahrt. Das erste Ganzmetall-Verkehrsflugzeug der Welt, die »Junkers F 13«, absolviert ihren Jungfernflug.
2.-13.7., Luftfahrt. Das britische Luftschiff »R 34« überquert den Atlantik in beiden Richtungen.
7.7., Wirtschaft. Die Firma Siemens in Berlin-Lichtenberg stellt wegen Kohlemangels den Betrieb ein und kündigt 1500 Arbeitern.
9.9., Wirtschaft. In Weimar wird der Zentralverband der Angestellten durch den Zusammenschluß der Handlungsgehilfen, Bureau-Angestellten und Versicherungsbeamten gegründet, der mit 350 000 Mitgliedern der größte Angestelltenverband der Welt ist.
November, Wirtschaft. Die Kriegsfolgen führen im Deutschen Reich zu einer Inflation mit einem Preisanstieg, der vor allem die ärmeren Bevölkerungsschichten trifft. Der Wert der Goldmark sinkt von Januar bis Dezember von 5,13 auf 1,26.
10.12., Nobelpreise. In Stockholm vergibt die Schwedische Akademie der Wissenschaften die Nobelpreise. ▷Chronik Nobelpreise, S. 100
28.12., Wirtschaft. Der Wert der deutschen Mark erreicht auf den internationalen Devisenmärkten seinen diesjährigen Rekordtiefstand: Ein US-Dollar kostet in Berlin 48,50 Mark, das entspricht einer Entwertung gegenüber der Vorkriegsnotierung von 1050%.
1919, Wirtschaft. AEG, Siemens & Halske und die Auer Gesellschaft gründen die Osram GmbH.
1919, Soziologie. Hans Blüher, einer der bedeutendsten Theoretiker der Jugendbewegung, gibt den zweiten und letzten Band seines sexualwissenschaftlichen Werkes »Die Rolle der Erotik in der männlichen Gesellschaft« heraus.
1919, Geschichte. Der Kulturhistoriker Johan Huizinga legt mit »Herbst des Mittelalters« sein Hauptwerk vor.
1919, Psychologie. John B. Watson bringt seine psychologische Abhandlung »Psychologie aus der Sicht eines Behavioristen« heraus.

1919

Kunst, Literatur und Musik

29.6. In Berlin wird die erste Ausstellung von »Merz-Bildern« des Malers und Schriftstellers Kurt Schwitters gezeigt, einem der führenden Vertreter des Dadaismus.

22.7. Unter der künstlerischen Leitung von Léonide Massine bringen Sergei Diaghilews Ballets Russes im Alhambra Theatre in London das Ballet *Der Dreispitz* des Spaniers Manuel de Falla zur Uraufführung. Vorhang, Bühnenbilder und Kostüme stammen von Pablo Picasso.

Zukunft der Literatur
Zitat

»*Die künftige Literatur wird chaotisch und glühend sein – als Nachwirkung des chaotischen und glühenden Krieges. Die künftige Literatur wird banal sein – im Verkünden der Lehre: Es ist falsch, zwölf Millionen Menschen zu schlachten.*«

Alfred Kerr, deutscher Schriftsteller

4.8. Im ehemaligen Kronprinzen-Palais in Berlin wird die moderne Abteilung der Nationalgalerie eröffnet.
10.10. UA: *Die Frau ohne Schatten*, Oper von Richard Strauss, in Wien.
26.10. UA: *Die Revolutionshochzeit*, Oper von Eugen d'Albert, im Neuen Theater in Leipzig.
1919 Erwin Schulhoff komponiert die fünf Klavierstücke *Pittoresken*.
1919 Henry Dixon Cowell vollendet seine musiktheoretische Schrift *New Musical Resources*.
1919 Darius Milhaud komponiert die Cinéma-Fantasie *Le Boeuf sur le Toit*.
1919 Joseph Matthias Hauer wendet in der Komposition *Nomos* erstmals sein neues Zwölftongesetz an.
1919 Die Original Dixieland Jazz Band nimmt den Titel *At the Jazz Band Ball* auf.
1919 In New York tritt Duke Ellington mit seiner ersten Kleinformation auf.
1919 Leoš Janáček komponiert die Oper *Das listige Füchslein*.

Theater und Film

20.3. UA: *Die Reise um die Erde in 80 Tagen*, Stummfilm von Richard Oswald nach Jules Vernes gleichnamigem Roman, im Marmorhaus in Berlin.
17.4. Charlie Chaplin, Douglas Fairbanks, Mary Pickford und David Wark Griffith gründen die Produktions- und Verleihgesellschaft United Artists Corporation.
23.4. Von der Zensur für das allgemeine Publikum verboten, wird in Berlin Richard Oswalds Stummfilm *Anders als die anderen* eine Anklage gegen den Homosexualitätsparagraphen 175, uraufgeführt. Der Film entstand unter der wissenschaftlichen Mitarbeit des Nervenarztes und Sexualforschers Magnus Hirschfeld.
27.4. UA: *Die Wupper*, Schauspiel von Else Lasker-Schüler, am Deutschen Theater in Berlin unter der Regie von Max Reinhardt.
25.6. UA: Der Film *Die Austernprinzessin* von Ernst Lubitsch mit Ossi Oswalda in der Titelrolle in Berlin.
7.8. Das unter dem Einfluß des Naturalismus Henrik Ibsens enstandene Schauspiel *Verbannte*, das einzige Drama des bekannten irischen Schriftstellers James Joyce, wird im Münchner Schauspielhaus uraufgeführt.
15.8. Nach *Marionetten, welche Leidenschaft!* (1918) gelingt dem Erzähler und Dramatiker Pier Luigi Maria Rosso di San Secondo mit der Groteske *Die schlafende Schöne* ein weiterer großer Erfolg. Das Werk wird im Teatro Olimpia in Mailand erstmals gezeigt.
26.8. In Moskau wird das Dekret über die Vereinigung des Theaterwesens erlassen, das die Nationalisierung des russischen Theaters einleiten soll.
18.9. Der Ufa-Palast am Berliner Zoo wird mit der Uraufführung des Ernst-Lubitsch-Films *Madame Dubarry* eröffnet.
30.9. Das Theater »Die Tribüne« des Regisseurs Erwin Piscator in Berlin wird mit der Uraufführung des Dramas *Die Wandlung* von Ernst Toller eröffnet. Toller ist zur Zeit wegen führender Teilnahme an der Münchner Räterepublik in Bayern inhaftiert.

Gesellschaft

28.3. Durch die »Verordnung zur Freimachung von Arbeitsstellen« werden 3 Mio. Frauen in Deutschland arbeitslos.
3.4. In Deutschösterreich wird die Todesstrafe abgeschafft. Sie soll nur noch in standesrechtlichen Verfahren verhängt werden können.
Juni In Frankreich streiken die Bergarbeiter für die Einführung des Achtstundentages. Ein entsprechendes Gesetz verabschiedet die Abgeordnetenkammer am 20. Juni.
2.7. Das britische Luftschiff »R 34« landet nach 108 Stunden Flug am 6. Juli auf dem Flugplatz Hazlehurst bei Long Island/USA.
5.7. Auf dem zehnten deutschen Gewerkschaftskongreß in Nürnberg wird der Allgemeine Deutsche Gewerkschaftsbund (ADGB) gegründet. Vorsitzender wird Karl Legien.
12.7. Der Schiffslinienverkehr zwischen dem Hamburger Hafen und den USA, der im Krieg eingestellt worden war, wird wieder aufgenommen.
22.7. Der Postverkehr zwischen dem Deutschen Reich und den USA wird wieder aufgenommen.
31.7. Frankreich nimmt den Postverkehr mit dem Deutschen Reich für Handelsbriefe, Kataloge, Warenproben u.a. wieder auf. Privatkorrespondenz ist nur auf Postkarten zulässig.
7.8. Mit einem waghalsigen Flug durch den 14,6 m breiten Innenbogen des Arc de Triomphe in Paris will der französische Pilot Charles Godefroy auf die Leistungen der französischen Luftwaffe während des Ersten Weltkrieges aufmerksam machen.
24.8. Mit dem Passagier-Luftschiff »LZ 120 Bodensee« wird der regelmäßige Zeppelinflugverkehr Friedrichshafen–Berlin eröffnet. Die Flugzeit beträgt sieben Stunden.
1.9. Der 1. Deutsche Evangelische Kirchentag in Dresden beschließt, die Schaffung eines Deutschen Evangelischen Kirchenbundes vorzubereiten.
29.10. In Washington beginnt die Internationale Arbeitskonferenz, bei der die Internationale Arbeitsorganisation (International Labor Organization, ILO) des Völkerbunds gegründet wird.

1919

Internationale Politik

7.5., Frankreich. In Versailles überreichen die Vertreter der Siegermächte der deutschen Delegation die Friedensbedingungen. Der Friedensvertrag wird am 28. Juni unterzeichnet.
12.7., USA/Großbritannien. Die alliierten Siegermächte heben die »Hungerblockade« gegen das Deutsche Reich auf.
1.8., Ungarn. Die seit März in Ungarn bestehende Räterepublik unter der Führung des Kommunisten Béla Kun bricht unter dem militärischen Druck der Alliierten zusammen.
8.8., Indien. Der Vertrag von Rawalpindi beendet den dritten Afghanisch-Britischen Krieg, der im Mai ausgebrochen war.
10.9., Frankreich. Mit der Vertragsunterzeichnung in Saint-Germain-en-Laye schließen Österreich und die alliierten Siegermächte Frieden.
12.9., Italien. Der italienische Dichter und Politiker Gabriele D'Annunzio besetzt mit nationalistischen Freischärlern die zwischen Italien und Jugoslawien umstrittene Stadt Fiume (Rijeka).
10.10., Rußland. Angesichts der Erfolge der bolschewikischen Roten Armee im Bürgerkrieg verhängen die alliierten Siegermächte eine Wirtschaftsblockade über Rußland.
18.11., USA. Der Senat in Washington lehnt mit 53 zu 38 Stimmen die Ratifizierung des Versailler Vertrages wegen Kritik am Völkerbundvertrag ab. Die USA treten dem Völkerbund deshalb nicht bei.

Deutsche Politik

23.6. Die Weimarer Nationalversammlung billigt den Versailler Friedensvertrag.

Dolchstoßlegende

Chronik Zitat

»Die deutsche Armee ist von hinten erdolcht worden. Wo die Schuld liegt, bedarf keines Beweises. Das ist in großen Linien die tragische Entwicklung des Krieges für Deutschland.«
Paul von Hindenburg

31.7. Die Weimarer Nationalversammlung billigt die neue Reichsverfassung.
1.10. Das erste Reichsverkehrsministerium nimmt seine Arbeit auf. Es wird geleitet von Johannes Bell.
7.11. Das Reichskolonialministerium wird aufgelöst. Das Deutsche Reich mußte gemäß dem Versailler Friedensvertrag alle Kolonien abtreten.
18.11. Mit der Behauptung, die deutsche Armee sei im Ersten Weltkrieg nicht vom Gegner geschlagen, sondern durch revolutionäre Einwirkungen in der Heimat von hinten »erdolcht« worden, setzt Paul von Hindenburg die sog. Dolchstoßlegende in die Welt. ▷Chronik Zitat
20.11. Der deutsche Reichsrat in Berlin bildet die Vertretung der Länder bei der Gesetzgebung und der Verwaltung des Reiches.

Wirtschaft und Wissenschaft

1919, Biologie. Der amerikanische Biologe Thomas H. Morgan faßt in seinem Werk »Die stofflichen Grundlagen der Vererbung« die Ergebnisse der jüngsten Chromosomenforschung zusammen.
1919, Soziologie. In Berlin eröffnet das von Magnus Hirschfeld gegründete Institut für Sexualwissenschaft.
1919, Medizin. Kurt Huldschinsky verwendet die künstliche Höhensonne zur Heilung von Rachitis.
1919, Psychologie. In Berlin gründet der Freud-Schüler Karl Abraham das Psychoanalytische Institut.
1919, Medizin. Der deutsche Chirurg Erich Lexer führt in seinem Buch »Die freien Transplantationen« die Voraussetzungen für die Einheilung freier Transplantate an.

Wissenschaftler geehrt

Chronik Nobelpreise

Medizin: Jules Bordet (B)
Physik: Johannes Stark (D)
Frieden: Woodrow Wilson (USA)
Literatur: Carl Spitteler (CH)

1919, Verkehr. In Detroit wird die erste elektrische Verkehrsampel mit dreifarbigen Lichtzeichen in Betrieb genommen.
1919, Philosophie. Der Schriftsteller und Philosoph Walter Benjamin promoviert über den »Begriff der Kunstkritik in der deutschen Romantik«.

1919 Geborene und Gestorbene

Geboren:
1.1. Jerome David Salinger, amerikanischer Schriftsteller.
19.3. Josef Stingl, deutscher Politiker, Präsident der Bundesanstalt für Arbeit.
8.7. Walter Scheel, deutscher Politiker.
22.10. Doris Lessing, britische Schriftstellerin.
26.10. Mohammad Reza Pahlawi (†27.7.1980), Schah von Iran.
28.10. Bernhard Wicki, österreichischer Filmschauspieler.
10.11. Kurt Schmücker, deutscher Politiker.

Gestorben:
6.1. Theodore Roosevelt (*27.10.1858), amerikanischer Politiker.
15.1. Rosa Luxemburg (*5.3.1871), deutsche Politikerin.
15.1. Karl Liebknecht (*13.8.1871), deutscher Politiker.

1919

Kunst, Literatur und Musik	Theater und Film	Gesellschaft

1919 Fletcher Henderson gründet seine erste Band.
1919 Hans Arp begründet mit Max Ernst die Kölner Dadagruppe.
1919 Georges Braque malt *Stilleben auf einem Tisch*.
1919 Otto Dix u. a. gründen die Dresdener Secession – Gruppe 1919.
1919 Raoul Hausmann schafft die Assemblage *Der Geist der Zeit – Mechanischer Kopf*.
1919 Oskar Kokoschka wird Professor an der Kunstakademie Dresden.
1919 Die Graphikerin und Bildhauerin Käthe Kollwitz wird Mitglied der Preußischen Akademie der Künste.
1919 Die Galerie Bragaglia in Rom zeigt die erste Einzelausstellung mit Werken Giorgio de Chiricos.
1919 George Grosz schafft *Remember Uncle August*.
1919 Max Beckmann vollendet das 1918 begonnene Gemälde *Die Nacht*.
1919 Rudolf Belling schafft die Holzplastik *Dreiklang*.
1919 Oskar Kokoschka malt seine *Frau in Blau*.
1919 Joan Miró macht in Paris die Bekanntschaft von Pablo Picasso.
1919 George Grosz malt *Der Mensch ist gut*.
1919 Otto Mueller schafft das expressionistische Figurenbild *Liebespaar*.
1919 Emil Nolde malt *Blumengarten am blauen Zaun*.
1919 Eine große Ausstellung in Mailand soll dem italienischen Futurismus neuen Schwung zu geben.

3.10. Als erstes Abenteuer des zweiteiligen Filmzyklus *Die Spinnen* von Fritz Lang bringen die Richard-Oswald-Lichtspiele in Berlin *Der goldene See* mit Lil Dagover und Carl de Vogt in den Hauptrollen zur Uraufführung.
9.10. UA: *Das bist du. Ein Spiel in fünf Verwandlungen*, Drama von Friedrich Wolf, am Sächsischen Landestheater in Dresden.
10.11. Am 160. Geburtstag von Friedrich von Schiller nimmt die Weimarer Freie Volksbühne mit einer Inszenierung von Schillers Schauspiel *Wilhelm Tell* den Betrieb auf.
22.11. UA: *Der tote Tag*, Drama von Ernst Barlach, im Leipziger Schauspielhaus.
8.12. Im Untergeschoß des Großen Schauspielhauses in Berlin eröffnet der Regisseur und Theaterleiter Max Reinhardt sein Kabarett *Schall und Rauch*.
1919 Der Stummfilm *Ich klage an* von Abel Gance ist eine erschütternde Anklage der Sinnlosigkeit des Kriegs und ein filmisch eindrucksvolles Plädoyer für den Pazifismus.
1919 *Herr Arnes Schatz* ist die Verfilmung von Selma Lagerlöfs gleichnamiger Erzählung. Der Stummfilm gilt als Meisterwerk von Mauritz Stiller, der in der Folgezeit weitere Werke der Lagerlöf verfilmt.
1919 *Gebrochene Blüten* heißt der erste Film, den David Wark Griffith für die Produktions- und Verleihgesellschaft United Artists dreht.

6.11. In der Kathedrale von Luxemburg heiratet die 23jährige Großherzogin Charlotte von Luxemburg Prinz Felix von Bourbon-Parma.
11.11. In Großbritannien werden auf Initiative von König Georg V. anläßlich des Waffenstillstands vor einem Jahr um 11.11 Uhr zwei Schweigeminuten durchgeführt.

Schwimm-Weltrekorde

Chronik Sport

Freistil 400 m:
Ethelda Bleibtrey (USA)   6:30,2 min
Freistil 800 m:
Gertrud Ederle (USA)   13:19,0 min
Brust 100 m:
Erna Murray (D)   1:33,2 min

13.11. Die fast 1000 Jugendherbergen im Deutschen Reich schließen sich zum Reichsverband für deutsche Jugendherbergen zusammen.
23.11. Der Totensonntag wird im Deutschen Reich als Trauertag für die Gefallenen des Weltkriegs begangen.
13.12. Auf Initiative der Sozialdemokratin Marie Juchacz wird die Arbeiterwohlfahrt gegründet.
24.12. Das Weihnachtsfest im Deutschen Reich wird erstmals nach sechs Jahren wieder als »Friedesweihnacht« gefeiert.
1919 Die französische Modeschöpferin Coco Chanel eröffnet einen Modesalon in Paris.

1919 Geborene und Gestorbene

29.1. Franz Mehring (*27.2.1846), deutscher Politiker.
21.2. Kurt Eisner (*14.5.1867), deutscher Politiker.
25.3. Wilhelm Lehmbruck (*4.1.1881), deutscher Bildhauer.
10.4. Emiliano Zapata (*8.8.1879?), mexikanischer Revolutionär.

2.5. Gustav Landauer (*7.4.1870), deutscher Politiker.
9.8. Ernst Haeckel (*16.2.1834), deutscher Zoologe.
24.8. Friedrich Naumann (*25.3.1860), deutscher Politiker.
28.8. Louis Botha (*27.9.1862), südafrikanischer General.

27.9. Adelina Patti (*10.2.1843), amerikanische Koloratursopranistin.
7.11. Hugo Haase (*29.9.1863), deutscher Politiker.
15.11. Alfred Werner (*12.12.1866), deutscher Chemiker.
3.12. Auguste Renoir (*25.2.1841), französischer Maler.

Die goldenen zwanziger Jahre

Der Erste Weltkrieg hat die alte politische Ordnung weit über Europa hinaus zum Einsturz gebracht. Der demokratische Gedanke setzt sich vielfach durch, wird aber in Staaten ohne demokratische Tradition fast überall wieder von Diktaturen verdrängt. Machtstreben und Nationalismus kennzeichnen auch die zwanziger Jahre und schüren Rassenhaß und Antisemitismus. 1929 erschüttert die bisher schwerste aller Weltwirtschaftskrisen die meisten Staaten. In der Weimarer Republik vertieft sie die Krisenstimmung derart, daß die Grundlagen gelegt werden für den Aufstieg des Nationalsozialismus. Die Wissenschaft löst sich vom unreflektierten Fortschrittsglauben. Schallplatte, Film und Radio werden Instrumente der Politik. In der Kunst bildet eine verwirrende Vielfalt der Formen und Stile die verbreitete Orientierungslosigkeit nach.

Die Folgen des Ersten Weltkriegs bestimmen die internationale Politik. Viele Staaten sind, auch wenn sie nicht zu den Kriegsverlierern zählen, mit der Ordnung von Versailles unzufrieden. Das gilt für China, das an der Seite der Alliierten gestanden hatte und anstatt Unabhängigkeit nur eine neue, diesmal japanische Besatzungsmacht auferlegt bekommt. Japan steigt zur stärksten Militärmacht der Region auf. Die USA ziehen sich zu Beginn der zwanziger Jahre aus Europa zurück. Ihr Interesse bleibt jedoch angesichts der immensen englischen und französischen Kriegsanleihen wirtschaftlich dem Alten Kontinent verbunden. Frankreich versucht, seine Position insbesondere gegenüber Deutschland zu behaupten. Als Druckmittel setzt es die Reparationsforderungen und die Besetzung des Rheinlandes ein. Großbritannien verstärkt unterdessen seine Bestrebungen, das europäische Machtgefüge wiederherzustellen, und widersetzt sich teilweise Frankreichs Druck auf Deutschland. Italien gehört zwar zu den Siegermächten, ist aber ebenfalls enttäuscht, da es seine Expansionswünsche an der albanischen und dalmatinischen Grenze nicht erfüllt sieht.

Die Kriegsverlierer Rußland und Deutschland werden nach Versailles zu politischen Außenseitern, eine Rolle, die beide Staaten verbindet und 1922 zum Vertrag von Rapallo führt. Zu den Folgen des Krieges zählen die Konflikte zwischen Sowjetrußland und Polen 1920 und zwischen der Türkei und Griechenland 1922. Die Türkei kann sich erfolgreich gegen die griechischen Expansionsbestrebungen wehren. In weiten Teilen Europas erstarken die autoritären Bewegungen: In Italien übernehmen die Faschisten unter Benito Mussolini 1922 die Macht und geben mit ihrem Terror einen Vorgeschmack auf den Siegeszug der Totalitarismen in den dreißiger Jahren. Bis 1926 etablieren sich außerdem in Spanien, Polen, Griechenland und Portugal autoritäre Regime. In der UdSSR verhärtet sich das Regime nach dem Tod Lenins (1924) und der Machtübernahme Stalins deutlich.

Systemstabilisierung steht in Deutschland nach der Gründung der Weimarer Republik im Vordergrund. Die junge Republik muß sich gegen rechts- und linksradikale Tendenzen wehren. Sie nimmt dabei die Hilfe des überwiegend monarchisch orientierten Heeres in Anspruch. 1923 wird das erste große Krisenjahr: Die Inflation erreicht ihren Höhepunkt, Frankreich und Belgien besetzen das Ruhrgebiet, und in München versucht Adolf Hitler, die Regierung zu stürzen. Die Republik übersteht diese Krisen und auch die Inflation: Im November 1923 wird die Währung durch die Einführung der Reichsmark neu geordnet. Die deutsche Außenpolitik erblüht unter der Führung Gustav Stresemanns. Zu den wichtigsten Etappen seiner Politik der Verständigung zählen der Dawesplan, der die Reparationszahlungen neu regelt, der Locarno-Pakt, in dem Deutschland, Belgien und Frankreich auf eine gewaltsame Revision ihrer gemeinsamen Grenzen verzichten, sowie der deutsch-sowjetische Neutralitätsvertrag. Unter Gustav Stresemann tritt Deutschland auch dem Völkerbund bei. Innenpolitisch demonstriert 1925 die Wahl des Generalfeldmarschalls Paul von Hinden-

1920–1929

burg, eines überzeugten Monarchisten, zum Reichspräsidenten die geringe Akzeptanz der republikanischen Staatsform. Die demokratischen Parteien verwickeln sich zunehmend in innerparteiliche Konflikte, womit sich das Scheitern der Weimarer Republik bereits abzeichnet.
Die internationale Wirtschaftslage ist zu Beginn der zwanziger Jahre schwierig. Alle europäischen Staaten sind hoch verschuldet. Die immensen Reparationszahlungen verhindern bei den Verlierern die wirtschaftliche Gesundung. Aber auch die Siegermächte kommen aus der schleichenden Depression nicht heraus. In Großbritannien sinkt die Arbeitslosenquote nicht unter zehn Prozent, Streiks in Kohlerevieren lähmen das Wirtschaftsleben zusätzlich. Frankreich verausgabt sich beim Wiederaufbau der Nordprovinzen. Der Franc sinkt 1926 auf ein Fünftel seines Vorkriegswertes. Insgesamt erholt sich die Weltwirtschaft nach dem Weltkrieg nicht. Die neuen europäischen Grenzen und Zollbeschränkungen behindern den Aufschwung zusätzlich. Auch die USA können nach Kriegsende die wirtschaftliche Flaute nicht besiegen. In der Landwirtschaft beginnt durch Überproduktion ein Preisverfall. Die Krise weitet sich bald auf die Industrie aus. Der »Schwarze Freitag« im Oktober 1929 an der New Yorker Börse löst die Weltwirtschaftskrise aus, mit der sich die internationale Wirtschaftslage katastrophal verschlechtert und die allerorts zur politischen Destabilisierung beiträgt.
Technik und Wissenschaft stürmen ungeachtet der politischen Lage unaufhaltsam voran. Die Chemie stellt der Medizin Penicillin, Insulin und Germanin zur Seite, die Biologie wendet sich der Verhaltensforschung zu. Die Großtechnik entwickelt ein atemberaubendes Tempo: Das Auto wird dank der Fließbandproduktion bei Ford und anderen Herrstellern zu einem weitverbreiteten Gebrauchsgegenstand in den USA; 1921 nimmt der erste Mittelwellensender seinen Betrieb auf; Charles Lindbergh überquert 1927 im Alleinflug den Atlantik.

Experimentierfreudig zeigt sich die Kunst. Die Expressivität der Farbe bei Oskar Kokoschka und Emil Nolde steht neben dem farbflächigen Konstruktivismus bei Lyonel Feininger. Aus dem Kreis der Dadaisten entstehen sozialistischer Verismus, Neue Sachlichkeit und Surrealismus. Die Kunst Pablo Picassos trägt all diese Elemente in sich; er ist der eigentliche Wegbereiter der künstlerischen »Moderne«.
Ein Wandel zu realistischen Tendenzen dominiert die Literatur. In den Blickpunkt rückt die Massengesellschaft. 1922 erscheint James Joyces aufsehenerregender Roman »Ulysses«. 1924 veröffentlicht Thomas Mann seinen »Zauberberg«, den repräsentativen Roman der Stresemann-Jahre. Auf der Opernbühne gewinnen Giacomo Puccini und Richard Strauss an Bedeutung. Neben Arnold Schönberg komponieren Maurice Ravel und Béla Bartók neuartige Musik. Von Amerika aus erobert der Jazz die Welt. Dort werden die ersten Musicals (u.a. »My Fair Lady«) aufgeführt. Die Sowjetunion erlebt späte Blüte der hohen Symphonik.
Mit dem Tonfilm beginnt in der Filmgeschichte eine neue Ära. Das internationale Publikum verlangt nach Schaupielern, die ihre Sprache sprechen. Auch das Theater wandelt sich von der expressionistischen zur politischen Schaubühne. Max Reinhardt erneuert das Schauspiel. Bertolt Brecht erstrebt die Veränderung der Bühne zu einem gesellschaftspolitischen Ort und entwickelt den Begriff des »epischen Theaters«.
Das gesellschaftliche Leben erblüht mit der aufstrebenden Kultur- und Unterhaltungsindustrie. In den Städten wird das Leben hektischer und schnellebiger. Die Menschen genießen sexuelle Freizügigkeit und amüsieren sich in Kabaretts und Varietés, die überall wie Pilze aus dem Boden schießen. Neue Tänze wie der »Black Bottom« und der »Charleston« werden mit Begeisterung aufgenommen. Tänzerinnen tragen in Deutschland zur Durchsetzung eines neuen Frauenideals bei: schlank, sportlich und knabenhaft soll die Frau von nun ab sein.

1920

Internationale Politik

16.1., Frankreich. In Paris wird die konstituierende Sitzung des Völkerbundsrats feierlich eröffnet. Zu seinen ständigen Mitgliedern gehören die Siegermächte des Weltkriegs Großbritannien, Frankreich, Italien und Japan.
16.1., USA. In den USA tritt die Prohibition in Kraft. Alkoholherstellung, -handel und -konsum sind verboten. Das Verbot bezieht sich auf alle Getränke mit mehr als 0,5% Alkoholgehalt.
17.1., Frankreich. Bei den Präsidentschaftswahlen unterliegt Georges Benjamin Clemenceau dem rechten Republikaner Paul Deschanel. Neuer Ministerpräsident wird Alexandre Millerand.
22.1., Niederlande. Die niederländische Regierung verweigert die Auslieferung des ehemaligen deutschen Kaisers Wilhelm II., der seit 1918 in Doorn lebt, an die Alliierten.
24.2., USA. Die US-Regierung beschließt, dem Völkerbund nicht beizutreten. Der Senat stimmt der Entscheidung am 19. März zu.
20.3., Syrien. In Syrien läßt sich Emir Faisal zum König seines Landes ausrufen.
4.4., Palästina. In Jerusalem kommt es zu schweren Zusammenstößen zwischen Juden und Arabern, woraufhin die britischen Behörden am folgenden Tag den Ausnahmezustand über die Stadt verhängen.
19.4., Frankreich/Großbritannien. Auf einer achttägigen Konferenz in San Remo werden die Mandatsgebiete im Nahen Osten aufgeteilt. Großbritannien erhält Palästina, Irak und Transjordanien; Frankreich Syrien und den Libanon.
16.5., Schweiz. Die Schweizer sprechen sich in einer Volksabstimmung für den Beitritt ihres Landes zum Völkerbund aus.
4.6., Frankreich. Der Vertrag von Trianon, der den Kriegszustand zwischen Ungarn und den Alliierten beendet, wird in dem Pariser Vorort Versailles unterzeichnet.
11.6., Österreich. Der christlichsoziale Politiker Michael Mayr löst Karl Renner als Kanzler ab.

Deutsche Politik

5.1. Anton Drexler wird Vorsitzender der 1919 gegründeten Deutschen Arbeiterpartei, die im März in Nationalsozialistische Deutsche Arbeiterpartei umbenannt wird. Adolf Hitler übernimmt die Parteipropaganda und verkündet am 24. Februar in München das Parteiprogramm.
10.1. Mit Austausch der Ratifizierungsurkunden tritt der Versailler Friedensvertrag vom 28.6.1919 in Kraft: Danzig (Gdansk) und das Memelgebiet werden vom Deutschen Reich abgetrennt. Im Saargebiet übernimmt der Völkerbund die Regierung, im besetzten Rheinland die Interalliierte Hohe Kommission.
24.1. Die internationale Reparationskommission nimmt ihre Arbeit auf. Sie soll feststellen, bis zu welcher Höhe das Deutsche Reich Kriegsentschädigung zu leisten hat.
10.2. In der nördlichen Zone von Nordschleswig votieren 74,2% der Bevölkerung in einer Volksabstimmung für den Anschluß an Dänemark. In der südlichen Zone stimmen am 14. März 81% für den Verbleib beim Deutschen Reich.
12.3. Mit dem Einmarsch der Marinebrigade Erhardt in das Berliner Regierungsviertel beginnt in der Nacht zum 13. März der Kapp-Lüttwitz-Putsch gegen die Reichsregierung, der am 17. März vor allem durch einen Generalstreik beendet wird. Parallel dazu gründet sich im Ruhrgebiet die Rote Ruhrarmee, deren Aufstand im April von der Reichswehr blutig niedergeschlagen wird.
15.3. Aus Protest gegen den Kapp-Putsch vom 12. März legen etwa 12 Mio. Beschäftigte im Deutschen Reich die Arbeit nieder. Damit beginnt die größte Streikbewegung, die es bislang in Derutschland gegeben hat.
26.3. Nach dem Rücktritt der Reichsregierung Gustav Bauer beauftragt Reichspräsident Friedrich Ebert den MSPD-Politiker Hermann Müller mit der Bildung eines neuen Kabinetts.
1.4. Im Deutschen Reich tritt ein neues Einkommensteuergesetz in Kraft, mit dem ein neuer Progressionstarif geschaffen wird.

Wirtschaft und Wissenschaft

14.2., Wirtschaft. Der Wirtschaftsrat der deutschen Reichsregierung beschließt die Zwangsbewirtschaftung von Getreide und Kartoffeln.
17.2., Wirtschaft. Erstmals seit Kriegsende versammelt sich in Berlin der rechtsgerichtete Bund der Landwirte, die größte Interessenvertretung der Landwirtschaft.
24.4., Philologie. Der deutsche Romanist Ernst Robert Curtius, Interpret wegweisender moderner Dichter, wird an die Universität Marburg berufen.
21.3., Medizin. Der Anthroposoph Rudolf Steiner eröffnet seinen ersten Therapiekurs für Ärzte und Medizinstudenten in Dornach in der Schweiz.
30.6., Wirtschaft. Die konstituierende Sitzung des Reichswirtschaftsrats findet in Berlin statt. Das Gremium hat Vorschlags- und Beratungsrecht bei der Wirtschafts- und Sozialgesetzgebung.
1.7., Wirtschaft. Das Kölner Verlagshaus Bachem verkauft die »Kölnische Volkszeitung« an eine GmbH, die den katholischen, zentrumsorientierten Kurs des Blatts weiterverfolgt.

Wissenschaftler geehrt
Chronik Nobelpreise

Chemie: Walther Nernst (D)
Medizin: August Krogh (DK)
Physik: Charles E. Guillaume (F)
Frieden: Léon Bourgeois (F)
Literatur: Knut Hamsum (N)

1.10., Wirtschaft. Der deutsche Großindustrielle Hugo Stinnes erwirbt die Aktienmehrheit an dem Bochumer Verein für Bergbau und Gußstahlfabrikation AG.
2.11., Medien. In Pittsburgh wird die erste regelmäßig arbeitende Rundfunkstation mit der Kurzbezeichnung KDKA in Betrieb genommen.
5.11., Wirtschaft. Das deutsche Siemens-Schuckert-Konzern schließt sich der Rhein-Elbe-Union an.
10.12., Nobelpreise. In Stockholm und Oslo werden die Nobelpreise verliehen. ▷Chronik Nobelpreise

1920

Kunst, Literatur und Musik

2.1. Der Kunsthistoriker Edwin Redslob, Direktor der Württembergischen Kunstsammlung in Stuttgart, wird zum Leiter des Kunstamts im Reichsinnenministerium gewählt. Er übt bis ins Jahr 1933 beträchtlichen Einfluß auf das deutsche Kunstleben aus.

21.1. UA: *Schatzgräber*, Oper von Franz Schreker, in Frankfurt am Main.

23.1. Die französische Zeitschrift »Littérature« organisiert im Pariser Palais des Fêtes mit Tristan Tzara eine Dada-Manifestation, die einen Skandal auslöst.

1.2. In Mainz erscheint die erste Ausgabe der Musikzeitschrift »Melos«. Herausgeber ist der Dirigent Hermann Scherchen, der als einer der Wegbereiter neuer Musik gilt.

2.2. In der Pariser Oper wird Igor Strawinskys dramatisches Ballett *Der Gesang der Nachtigall* von Sergei Diaghilews Ballets Russes aufgeführt. Die Ausstattung stammt von Henri Matisse.

5.2. Die Kunsthalle Basel zeigt erstmals Aquarelle und Landschaftsbilder des deutschen Schriftstellers Hermann Hesse, der im Alter von 40 Jahren zu malen begonnen hatte.

8.2. Auf der dritten Ausstellung der Hannoverschen Secession werden Werke des deutschen Malers und Schriftstellers Kurt Schwitters gezeigt, dessen abstrakte Collagen Aufsehen erregen.

12.2. UA: *Der letzte Walzer*, Operette des Österreichers Oscar Straus, in Berlin.

21.2. UA: *Der Ochse auf dem Dach* (Le bœf sur le toit), Ballett des Komponisten Darius Milhaud nach einer Vorlage von Jean Cocteau, in der Pariser Comédie des Champs-Elysées.

4.3. In Berlin wird die Kleist-Gesellschaft gegründet. Zu den Vorstandsmitgliedern gehören die deutschen Literaten Gerhart Hauptmann und Ricarda Huch sowie der Maler Max Liebermann.

8.3. UA: *Musique d'ameublement (Musik für Einrichtungsgegenstände)*, Komposition von Erik Satie, in der Pariser Galerie Barbazanges.

Theater und Film

13.1. Wegen anhaltender Proteste von katholischer Seite werden die am 5. Januar in Berlin begonnenen Aufführungen der *Pfarrhauskomödie* von Heinrich Lautensack eingestellt.

20.1. Am Berliner Lessing-Theater hat das expressionistische Stück *Hölle, Weg, Erde* von Georg Kaiser in der Inszenierung von Victor Baranowsky Weltpremiere. ▷Chronik Zitat

Bühnenerfolg für Kaiser

Chronik Zitat

»Der merkwürdige, niemals langweilige Künstler Kaiser kennt ... keine Wärme. Nur Schwüle oder Frost. Im neuen Drama bleibt er kalt. So kühlt sich auch sein Zuhörer immer mehr ab.«
»Vossische Zeitung«

25.1. Friedrich Wilhelm Murnaus Film *Satanas* kommt in die Berliner Kinos. Das Drehbuch schrieb Robert Wiene.

13.2. Alfred Halms Film *Marchesa d'Arminiani* mit der 23jährigen Pola Negri in der Hauptrolle wird in Berlin gezeigt.

27.2. In Berlin hat Robert Wienes Film *Das Cabinet des Dr. Caligari* mit Conrad Veidt, Lil Dagover und Werner Krauss Premiere.

9.3. Im Berliner Ufa-Palast am Zoo wird der Film *Kohlhiesels Töchter* von Ernst Lubitsch gezeigt. In den Hauptrollen spielen Henny Porten und Emil Jannings.

12.3. Am Staatlichen Schauspielhaus in Berlin inszeniert Leopold Jessner die Uraufführung von Frank Wedekinds Drama *Der Marquis von Keith*. Tilla Durieux und Fritz Kortner spielen die Hauptrollen.

23.3. UA: *Die echten Sedemunds*, expressionistisches Drama von Ernst Barlach, in den Hamburger Kammerspielen.

21.4. UA: *Himmel und Hölle*, Schauspiel von Paul Kornfeld, an der Matinee-Bühne des Deutschen Theaters, Berlin.

Gesellschaft

9.1. Mit der H.M.S. »Hood« läuft das größte britische Kriegsschiff vom Stapel.

15.1. In Berlin wird das Reichsamt für Arbeitsvermittlung eingerichtet, dessen Leitung Friedrich Syrup übernimmt.

16.1. In Köln erreicht das Rheinhochwasser mit 9,56 m seinen höchsten Pegelstand. Die Reichsregierung bewilligt 10 Mio. Mark zur Behebung der von der »Jahrhundertflut« verursachten Schäden. ▷Chronik Zitat

16.1. Das Volksgericht in München verurteilt den Mörder des bayerischen Ministerpräsidenten Kurt Eisner, Anton Graf von Arco auf Valley, zum Tode. Einen Tag später beschließt die bayerische Regierung seine Begnadigung zu lebenslanger Haft.

17.1. Sowjetrußland schafft die Todesstrafe ab.

11.2. In Frankfurt am Main und anderen deutschen Städten werden öffentliche Karnevalsumzüge aufgrund der katastrophalen wirtschaftlichen Lage im Deutschen Reich verboten. Karnevalsfeiern in Gaststätten oder im privaten Rahmen steht allerdings nichts im Wege.

Rheinhochwasser

Chronik Zitat

»Die industriellen Betriebe sind überschwemmt. Die Lichtzufuhr und die Verproviantierung stockten zeitweise. Zahlreiche Häuser sind dem Einsturz nahe. Die Stadt Kaisersworth steht unter Wasser und ist ... nach außen abgeschnitten.«
»Frankfurter Zeitung« vom 16.1.1920

12.2. Nach einer Verordnung des Reichsarbeitsministeriums sind die deutschen Unternehmer verpflichtet, Kriegsteilnehmer wieder einzustellen, sofern sie vor dem 1.8.1914 in ihrem Betrieb beschäftigt waren.

21.2. In Preußen wird die Entfernung von Bildern der kaiserlichen Familie aus allen öffentlichen Gebäuden angeordnet.

1920

Internationale Politik

16.6., Italien. Nach dem Sturz der Regierung Francesco Saverio Nitti wird Giovanni Giolitti neuer italienischer Regierungschef.
5.7., Belgien. In Spa wird eine internationale Konferenz eröffnet, die über die deutsche Entwaffnung und die deutschen Reparationszahlungen verhandelt.
12.7., Rußland. Zwischen Sowjetrußland und Litauen wird ein Friedensvertrag geschlossen, in dem die Sowjetregierung das Gebiet um Wilna als Teil Litauens anerkennt.
16.7., Frankreich/Österreich. Mit dem Austausch der Ratifikationsurkunden in Paris tritt der am 10.9.1919 geschlossene Friedensvertrag von Saint-Germain zwischen Österreich und den Alliierten in Kraft.
19.7., Rußland. In Petrograd (heute St. Petersburg) beginnt der zweite Kongreß der Kommunistischen Internationale. Delegierte aus 38 Ländern tagen bis zum 7. August.
28.7., Mexiko. Der Rebellenführer Francisco »Pancho« Villa erklärt seinen Rückzug vom politischen Kampf gegen die mexikanische Regierung.
1.8., Großbritannien. In London endet der Gründungskongreß der britischen Kommunistischen Partei.
9.8., Frankreich/Bulgarien. Der am 27.11.1919 geschlossene Friedensvertrag von Neuilly-sur-Seine zwischen den Alliierten und Bulgarien tritt in Kraft.
10.8., Frankreich/Türkei. Im Vertrag von Sèvres zwischen der Türkei und den Alliierten verliert die ehemalige Osmanische Reich neun Zehntel seiner ursprünglichen Fläche. Die türkischen Nationalisten unter Mustafa Kemal Pascha erkennen den Pakt nicht an.
16.8., Polen/Rußland. Mit dem »Wunder an der Weichsel« leitet Polen unter Marschall Józef Pilsudski mit Unterstützung französischer Truppen im Krieg gegen Sowjetrußland eine Wende zu seinen Gunsten ein.
23.9., Frankreich. Nach dem Rücktritt von Paul Deschanel am 16. September wird Alexandre Millerand neuer französischer Staatspräsident.

Deutsche Politik

9.5. In München gründet der Landeshauptmann der bayerischen Einwohnerwehr, Georg Escherich, die republikfeindliche Organisation Escherich (Orgesch).
6.6. Bei den ersten Reichstagswahlen der Weimarer Republik erleiden die demokratisch-republikanischen Kräfte eine Niederlage. DDP, Zentrum und DVP bilden eine Minderheitsregierung. Konstantin Fehrenbach (Zentrum) wird Reichskanzler.
25.6. Mit 397 von 420 Stimmen wird Paul Löbe (SPD) zum Reichstagspräsidenten gewählt.
27.6. Nach Unruhen in Zusammenhang mit der Lebensmittelknappheit verhängt Reichspräsident Friedrich Ebert über Hamburg den Ausnahmezustand.
11.7. Bei einer Volksabstimmung sprechen sich in Ost- und Westpreußen 97,8 bzw. 93,4% der Bevölkerung für den Verbleib beim Deutschen Reich aus.
24.7. Im deutsch-belgischen Grenzgebiet Eupen-Malmédy entscheiden sich 99% der vorwiegend deutschsprachigen Bevölkerung für den Anschluß an Belgien.
28.7. Mit den Stimmen der Regierungsparteien und der Mehrheitssozialisten billigt der Reichstag die Ergebnisse der Konferenz von Spa. Reichskanzler Konstantin Fehrenbach kann sich parlamentarisch behaupten.
▷Chronik Zitat
7.8. Die Reichsregierung verkündet das sog. Entwaffnungsgesetz, das die Ablieferung aller in zivilen Händen befindlichen Militärwaffen vorschreibt.

Vertragserfüllung

Chronik Zitat

»Aber es gibt kein Mittel, diesen Einmarsch ins Ruhrgebiet mit all seinen ungeheuren politischen Folgen zu verhindern, als die sorgfältige Durchführung des Versailler Friedensvertrages bzw. der Abmachungen von Spa.«

Reichskanzler Konstantin Fehrenbach

Wirtschaft und Wissenschaft

22.12., Medien. Der posteigene deutsche Langwellensender Königswusterhausen sendet erstmals versuchsweise ein Instrumentalkonzert.
1920, Chemie. Die Duisburger Kupferhütte beginnt mit der Rückgewinnung von Zink aus Schwefelkies-Abbrand.
1920, Luftfahrt. Der deutsche Pilot Hans Schröder hält den neuen Höhenweltrekord mit 10 093 m Flughöhe.

Preise im Deutschen Reich
Chronik Statistik

Einzelhandelspreise (Mark):

Schweinefleisch, 1 kg	23,70
Rindfleisch, 1 kg	13,76
Vollmilch, 1 l	2,16
Weizenmehl, 1 kg	2,32

1920, Technik. Die Otis Elevator Company in New York baut die erste Rolltreppe mit waagerechten, vertikal versetzten Stufen. Frühere Konstruktionen hatten keine Stufen, sondern arbeiteten nach dem Prinzip der schiefen Ebene. Schon 1893 hatte Jesse W. Reno am Kai von Coney Island in New York ein schräges Personenförderband in Betrieb genommen.
1920, Physik. Die Arbeiten des britischen Physikers Francis William Aston über die Packungsdichte der Atomkerne und ihre Bindungsenergie weisen aus, daß sowohl die Spaltung sehr großer als auch die Fusion kleiner Atomkerne zu mittelgroßen Kernen Energie liefert. Die mittelgroßen Kerne sind am »kompaktesten«.
1920, Medizin. In den USA wird die International Union against Tuberculosis gegründet.
1920, Astronomie. Der britische Astronom und Physiker Arthur Stanley Eddington stellt die These auf, daß die Sonnenenergie aus der Reaktion subatomarer Partikel hervorgeht. Da durch die Relativitätstheorie von Albert Einstein die Möglichkeit der Umwandlung von Materie in Energie bekannt ist, schließt Eddington richtig auf subatomare Prozesse.

1920

Kunst, Literatur und Musik

29.3. Die Graphische Sammlung Albertina, die als weltweit bedeutendste Druckgrafik-Sammlung gilt, wird in Wien neu eröffnet.
20.4. Im Verlauf der Ausstellung »Dada-Vorfrühling« findet in Köln die erste dadaistische Veranstaltung statt, an der sich u.a. die Maler, Grafiker und Bildhauer Max Ernst und Hans (Jean) Arp beteiligen. Die Polizei läßt die Ausstellung wegen des öffentlichen Skandals zunächst schließen, muß diese Entscheidung aber nach heftigen Protesten wieder zurücknehmen.
13.5. UA: *Dorfschule*, Oper des österreichischen Komponisten und Dirigenten Felix von Weingartner, in der Wiener Volksoper.
15.5. UA: *Pulcinella*, Ballett des russischen Komponisten Igor Strawinsky mit Sergei Diaghilews Ballets Russes, in der Pariser Oper.
5.6. Organisiert von George Grosz, Raoul Hausmann und John Heartfield (eigtl. Helmut Herzfelde), wird in Berlin die Erste Internationale Dada-Messe eröffnet.

Überwindung des Kubismus

Zitat

»So gespannt wie ein Zirkel konstruieren wir unser Werk wie das Universum das seine, wie der Ingenieur seine Brücken, wie der Mathematiker seine Formel der Planetenbahnen.«
Naum Gabo, russischer Bildhauer

10.6. In Darmstadt wird die Ausstellung »Deutscher Expressionismus« eröffnet. Es werden u.a. Werke von Emil Nolde, Ernst Barlach, Paul Klee, Wassily Kandinsky und Pablo Picasso gezeigt.
August Mit dem *Realistischen Manifest* legt der russische Bildhauer Naum Gabo (eigentl. Naum Nehemia Pevsner) eine Programmschrift des russischen Konstruktivismus vor, in der er Raum und Zeit zu grundlegenden Faktoren der Kunst erklärt.
▷Chronik Zitat

Theater und Film

12.5. Die Nationalversammlung in Berlin verabschiedet ein Lichtspielgesetz, wonach die Zulassung jedes Films von der Zustimmung eines Prüfungsamtes abhängig ist.
22.5. UA: *Die Gewaltlosen*, politisches Ideendrama des pazifistischen Schriftstellers Ludwig Rubiner, im Neuen Volkstheater Berlin.
2.6. Mit einer Inszenierung des Mysterienspiels *Die Passion* (nach einer Vorlage von Wilhelm Schmidtbonn) eröffnet die deutsche Schauspielerin und Theaterleiterin Hermine Körner in München das Künstlertheater.
3.6. UA: *Platz*, Tragödie von Fritz von Unruh in der Regie von Gustav Hartung, im Frankfurter Schauspielhaus.
22.8. Mit einer Aufführung von Hugo von Hofmannsthals *Jedermann* in der Inszenierung von Max Reinhardt werden die Salzburger Festspiele feierlich eröffnet.
24.8. UA: *Der Januskopf*, Filmtragödie von Friedrich Wilhelm Murnau, in Berlin.
26.9. Robert Wienes Film *Genuine* wird im Berliner Marmorhaus uraufgeführt. Die Dekorationen zu dem Film stammen von César Klein.
9.10. Max Reinhardt gibt die Leitung seiner Berliner Theater auf. Der österreichische Regisseur will in Zukunft in seiner Heimat arbeiten.
14.10. Das von Erwin Piscator und Hermann Schüller gegründete Proletarische Theater in Berlin eröffnet mit drei Einaktern.
23.10. In der Uraufführung von Hans Müller-Einigens Stück *Flamme* am Berliner Lessing-Theater feiert die deutsche Schauspielerin Käthe Dorsch ihren ersten großen Erfolg.
29.10. UA: *Gas II*, Schauspiel von Georg Kaiser, in Brünn (heute Brno).
29.10. Im Berliner Ufa-Palast feiert Paul Wegeners Film *Der Golem, wie er in die Welt kam* Premiere. Die Bauten stammen von Hans Poelzig.
5.11. Mit der Hauptrolle in Shakespeares *Richard III.* in der Inszenierung von Leopold Jessner begründet der österreichische Schauspieler Fritz Kortner in Berlin seinen Ruhm.

Gesellschaft

2.4. Der Bund entschiedener Schulreformer kritisiert in Berlin die bestehenden Schulen als »Hort der Gegenrevolution«.
3.5. Der Mehlpreis im Deutschen Reich steigt um 100%. Daher kostet in Berlin ein Laib Brot jetzt 3,85 Mark statt 2,65 Mark.
9.5. Im Deutschen Reich wird ein sog. Spielplatz-Werbetag durchgeführt, der die Errichtung von Kinderspielplätzen und Sportübungsstätten fördern soll.

Leichtathletik-Weltrekorde

Sport

100 m:
Marie Kießling (D)   13,0 sec
200 m:
Marie Mejzlikova (ČSR)   29,0 sec
4 x 100 m:
TSV 1860 München (D)   53,0 sec
Weitsprung:
Marie Kießling (D)   5,24 m
Kugelstoßen:
Marie Mejzlikova (ČSR)   8,32 m

16.5. Papst Benedikt XV. spricht Jeanne d'Arc, die Jungfrau von Orléans, heilig.
23.5. Aufgrund einer Nervenkrankheit stürzt der französische Staatspräsident Paul Deschanel nachts aus dem Sonderzug von Paris nach Montbrison, wo er zu einer Denkmalsenthüllung erwartet wird. Deschanel bleibt unverletzt.
24.5. In Schlüchtern wird auf Initiative des religiösen Sozialisten Eberhard Arnold die sog. Neuwerk-Bewegung gegründet.
23.6. Per Gesetz hebt die preußische Landesversammlung die Standesvorrechte des Adels auf. Die Neuverleihung von Adelstiteln wird verboten. Allerdings ermöglicht das Adelsgesetz namensrechtlich die Beibehaltung der Titel.
8.7. Die Reichspost gibt die Wiederaufnahme des Flugpostdienstes bekannt. Zunächst wird die Strecke Hamburg – Sylt bedient.

1920

Internationale Politik	Deutsche Politik	Wirtschaft und Wissenschaft
1.10., Österreich. Die Verfassung der ersten Republik Österreich wird verabschiedet. **12.10., Polen/Rußland.** Mit der Unterzeichnung des Vorfriedens von Riga endet der polnisch-russische Krieg. **14.10., Finnland/Rußland.** Im Friedensvertrag von Dorpat erkennt Rußland die finnische Unabhängigkeit an. **2.11., USA.** Mit 390 zu 140 Stimmen wird der Republikaner Warren G. Harding, der seinen Wahlkampf unter das Motto »Rückkehr zur Normalität« gestellt hat, zum 29. Präsidenten der Vereinigten Staaten gewählt. **15.11., Schweiz.** In Genf tritt erstmals die Bundesversammlung des Völkerbunds mit Delegierten aus 42 Staaten zusammen. **16.11., Rußland.** General Peter N. Wrangell verläßt die Krim. **17.11., Rußland.** Mit der Besetzung Jaltas durch die Rote Armee sind die gegenrevolutionären Truppen endgültig besiegt. Der russische Bürgerkrieg ist beendet. **19.12., Griechenland.** Der griechische König Konstantin I. kehrt nach einer Volksbefragung, die sich mit großer Mehrheit für den König aussprach, aus dem Exil zurück. **23.12., Großbritannien/Irland.** Das am 25. Februar im Unterhaus eingebrachte Gesetz über eine begrenzte Selbstverwaltung Irlands (Home rule) tritt in Kraft. **29.12., Rußland/USA.** Die russische Regierung bricht die Wirtschaftsverhandlungen mit den USA ab.	**10.9.** Die Reichsregierung bewilligt angesichts drastisch steigender Arbeitslosenzahlen 10 Mio. Mark für die Arbeitslosenfürsorge. Bereits im August hatte sie 35 Mio. Mark bereitgestellt. **12.9.** In Charlottenburg wird die Wirtschaftspartei des deutschen Mittelstandes gegründet. Vorsitzender wird Hermann Drewitz. **12.10.** Auf einem außerordentlichen Parteitag in Halle an der Saale zerbricht die Unabhängige Sozialdemokratische Partei (USPD) über die Frage eines Beitritts zur Komintern. **30.11.** In Berlin beschließt die preußische verfassunggebende Landesversammlung eine neue Verfassung für Preußen: Preußen wird zu einem parlamentarischen Freistaat. **4.12.** Die Kommunistische Partei Deutschlands (KPD) schließt sich mit dem linken Flügel der Unabhängigen Sozialdemokratischen Partei Deutschlands (USPD) zusammen. **3.12.** In Berlin geben Vertreter des Bundes der Landwirte und des Deutschen Landbundes ihren Zusammenschluß zum Reichslandbund bekannt, der am 1.1.1921 vollzogen wird. **16.12.** Mit Hilfe von Geldern, die von Reichswehrangehörigen bereitgestellt werden, erwirbt die NSDAP den »Völkischen Beobachter«, der als Parteiorgan ausgebaut wird. **28.12.** Mit 95 gegen 40 Stimmen verabschiedet die Hamburger Bürgerschaft die neue Verfassung der Freien und Hansestadt.	**1920, Technik.** Hochspannungskabel mit Öl- oder Druckgasisolation werden entwickelt, um Strom mit Fernleitungen wirtschaftlich übertragen zu können. Mit steigender Spannung sinken die Leitungsverluste; Kabel für hochgespannte Ströme verlangen jedoch besondere Isolierungsmaßnahmen. Bei der Ölisolation werden Isolierwickel aus mineralöltränktem Papier verwendet. Bei der Druckgasisolierung wird der Leiter mit einer Hülle aus Druckgas konzentrisch umgeben. **1920, Technik.** Das erste Echolot wird eingesetzt. Es wurde 1912 von dem deutschen Physiker Alexander Karl Friedrich Behm entwickelt. Mit dem Echolot werden vom Schiff aus Schallwellen zum Meeresboden gesendet; aus deren Echolaufzeit läßt sich die Wassertiefe errechnen. **1920, Geologie.** In den Niederlanden wird mit der teilweisen Trockenlegung der Zuidersee begonnen. Es entstehen erste Anlagen für den 30 km langen Hauptdamm von der Insel Wieringen zum Festland, der 1932 fertiggestellt wird. **1920, Technik.** Im Tiefbau werden erstmals die vor kurzem entwickelten Rotary-Bohrmeißel mit Hartmetallzähnen bestückt, die sich durch jedes Gestein fressen. **1920, Verkehr.** Die von dem deutschen Ingenieur Otto Steinitz erfundene Propeller-Eisenbahn erreicht eine Spitzengeschwindigkeit von ca. 130 km/h.

1920 Geborene und Gestorbene

Geboren:
2.1. Isaac Asimov (†6.4.1992), amerikanischer Wissenschaftler und Schriftsteller russischer Herkunft.
20.1. Federico Fellini (†31.10.1993), italienischer Filmregisseur.
15.4. Richard von Weizsäcker, deutscher Politiker.
18.5. Karol Wojtyla, Papst Johannes Paul II.
28.5. Eugen Loderer (†9.2.1995), deutscher Gewerkschaftsführer.
5.6. Cornelius Ryan (†23.11.1974), irischer Schriftsteller.
16.8. Charles Bukowski (†9.3.1994), amerikanischer Schriftsteller.
22.8. Wolfdietrich Schnurre, deutscher Schriftsteller.
21.9. Vico Torriani, schweizerischer Entertainer und Sänger.
29.9 Václav Neumann, tschechischer Dirigent.
5.10. Georg Leber, deutscher Politiker.

1920

Kunst, Literatur und Musik

Herbst In Paris bildet sich auf Anregung von Jean Cocteau die französische Komponistengruppe »Les Six«, zu der Darius Milhaud, Francis Poulenc, Arthur Honegger, Georges Auric, Germaine Tailleferre, Louis Durey gehören.
13.9. Ernst Jüngers Tagebuchaufzeichnungen aus dem Ersten Weltkrieg *In Stahlgewittern* erscheinen.
1.10. Der impressionistische Künstler Max Liebermann wird Präsident der Preußischen Akademie der Künste.
25.11. Paul Klee wird als Lehrer an das Bauhaus in Weimar berufen.
4.12. UA: *Die tote Stadt*, Oper des Österreichers Erich Wolfgang Korngold, in Hamburg und Köln.
12.12. In Paris hat Maurice Ravels Tanzgedicht *La Valse* unter dem Dirigat von Camille Chevillard Premiere.
1920 In Oslo erscheint die Romantrilogie *Kristin Lavranstochter* von Sigrid Undset.
1920 Der aus der Schweiz stammende Architekt und Stadtplaner Le Corbusier gründet die Zeitschrift »L'Esprit Nouveau«. Mit seinen funktionellen Entwürfen zählt Le Corbusier zu den wichtigsten Erneuerern der modernen Architektur.
1920 Die britische Schriftstellerin Katherine Mansfield veröffentlicht unter dem Titel *Bliss* mehrere Kurzgeschichten.
1920 Hugh Lofting veröffentlicht die Erzählung *Dr. Dolittle und seine Tiere*. In den folgenden Jahren erscheinen weitere Dolittle-Erzählungen.

Theater und Film

10.11. UA: *Haus Herzenstod*, Stück des irischen Dramatikers George Bernard Shaw, in New York.
15.11. UA: *Masse Mensch*, Revolutionsstück des deutschen Dramatikers Ernst Toller in der Regie von Friedrich Neubauer, vor einer geschlossenen Gesellschaft von Gewerkschaftsmitgliedern in Nürnberg.
1.12. UA: *Die Fälscher*, Drama von Max Brod, in Königsberg.
14.12. UA: *Anna Boleyn*, Ausstattungsfilm von Ernst Lubitsch mit Henny Porten, im Berliner Ufa-Palast. In Lubitschs zweitem historischen Kostümfilm wird britische Geschichte des 16. Jahrhunderts gezeigt. Die Ausstattungskosten für den Film beliefen sich auf 8,5 Mio. Mark.
23.12. Trotz einer Strafandrohung von sechs Wochen Haft wird im Berliner Kleinen Schauspielhaus der gesamte Zyklus von Arthur Schnitzlers *Reigen* uraufgeführt. Die Hauptrollen spielen Karl Ettlinger, Curt Goetz und Blanche Dergan.
23.12. Die Schauspielerin und Sängerin Rosa Valetti eröffnet in Berlin das »Cabaret Größenwahn«, Programmschwerpunkte sind sozialkritische Lieder und Chansons.
1920 Die Regisseure Fred Niblo und Douglas Fairbanks bringen in den USA den spannenden Film *Im Zeichen des Zorro* heraus, in dem Fairbanks die Hauptrolle spielt. In zahlreichen Remakes kommt der Draufgänger in den folgenden Jahrzehnten immer wieder in die Kinos.

Gesellschaft

18.7. Prinz Joachim von Preußen, der jüngste Sohn von Ex-Kaiser Wilhelm II., begeht in Berlin Selbstmord. Der 1890 geborene Prinz litt an einer psychischen Krankheit.
7.9. In der nördlichen Toskana kommen bei einem Erdbeben zahlreiche Menschen ums Leben.
16.9. Bei einer Bombenexplosion in der New Yorker Wall Street sterben 30 Menschen.
1.10. Durch das Groß-Berlin-Gesetz, das die Eingemeindung u. a. von Charlottenburg, Köpenick, Lichtenberg und Neukölln vorsieht, wächst Berlins Einwohnerzahl auf 3,86 Mio.
24.10. In Berlin wird die deutsche Hochschule für Politik eröffnet. Studienleiter wird Theodor Heuss.
8.11. Der preußische Kultusminister Konrad Haenisch untersagt das Tragen von Hakenkreuzen in Schulen.
23.11. In Darmstadt wird die »Schule der Weisheit« zur Bildung eines »neuen Menschen« eröffnet. Ihr Gründer ist der bekannte Schriftsteller und Philosoph Hermann Graf Keyserling.
16.12. Einem der schwersten Erdbeben aller Zeiten fallen in der chinesischen Provinz Kansu 200 000 Menschen zum Opfer.
1920 Die französische Modeschöpferin Coco Chanel kreiert ihr berühmtes Parfüm »No. 5«.
1920 In London kommen Pfadfinder aus allen Ländern zu einem »Jamboree« zusammen. Bei dieser Gelegenheit wird die Weltkonferenz der Pfadfinder gegründet.

1920 Geborene und Gestorbene

14.10. Clark Teddy, amerikanischer Jazzmusiker.
23.11. Paul Celan († 20.4.1970), deutschsprachiger Lyriker rumänischer Herkunft.
1.12. Eric Rohmer (eigtl. Jean Marie Maurice Scherer) französischer Filmregisseur.

Gestorben:
25.1. Amadeo Modigliani (*12.7.1884), italienischer Bildhauer und Maler.
8.2. Richard Dehmel (*18.11.1863), deutscher Dichter.
14.6. Max Weber (*21.4.1864), deutscher Soziologe.

24.7. Ludwig Ganghofer (*7.7.1855), deutscher Schriftsteller.
31.8. Wilhelm Wundt (*16.8.1832), deutscher Philosoph und Psychologe.
8.9. Rudolf Mosse (*9.5.1843), deutscher Publizist und Verlagsgründer.
12.12. Olive Schreiner (*24.3.1855), südafrikanische Schriftstellerin.

1921

Internationale Politik

16.1., Frankreich. Der Sozialrepublikaner Aristide Briand wird neuer Ministerpräsident.

16.2., Irland. Es herrschen bürgerkriegsähnliche Zustände, nachdem Mitglieder der Sinn Fein aus Protest gegen den Teilungsvertrag in der Grafschaft Cork alle Eisenbahnbrücken in die Luft gesprengt haben.

19.2., Polen/Frankreich. Polen und Frankreich schließen in Paris ein Verteidigungs- und Wirtschaftsbündnis, das darauf ausgerichtet ist, das Deutsche Reich zu isolieren.

20.2., Belgien/Luxemburg. Belgien und Luxemburg schließen sich zu einer Zollunion zusammen.

21.2., Persien. Unter Führung von General Resa Khan, dem späteren Begründer der Pahlawiden-Dynastie, findet in Teheran ein Militärputsch statt.

24.2., Rußland. Die sowjetische Regierung verhängt den Ausnahmezustand über Petrograd, da es aufgrund der katastrophalen Versorgungslage zu Unruhen unter der Arbeiterschaft gekommen war.

4.3., USA. Warren G. Harding löst den Demokraten Woodrow Wilson an der Staatsspitze ab und wird als 29. Präsident vereidigt. Der Republikaner strebt u.a. den politischen Rückzug aus Europa an. ▷Chronik Zitat

Rückzug aus Europa
Chronik Zitat

»Wir sehnen uns nach Freundschaft und hegen keinen Haß. Aber ... unser Amerika ..., das auf dem Fundament der erleuchteten Gründungsväter gebaut ist, kann nicht an einer fortdauernden militärischen Allianz beteiligt sein.«
US-Präsident Warren G. Harding

5./6.3., Schweiz. Die aus der Sozialistischen Partei ausgetretenen Parteilinken gründen die Kommunistische Partei der Schweiz.

8.3., Spanien. Ministerpräsident Eduardo Dato Iradier wird in Madrid von einem Anarchisten ermordet.

Deutsche Politik

1.1. In seiner Neujahrsansprache bezeichnet Reichskanzler Konstantin Fehrenbach Frieden und Wiederaufbau als die wichtigsten Aufgaben der Weimarer Republik. ▷Chronik Zitat

Richtlinie für die Zukunft
Chronik Zitat

»In letzter Zeit hat sich in unserem Vaterlande auf dem Boden gemeinsamer Arbeit eine gewisse Milderung der Gegensätze der sich allzu feindlich gegenüberstehenden Klassen und Parteien zweifellos schon vollzogen. Dies gibt uns die Richtlinie für die Zukunft.«
Reichskanzler Konstantin Fehrenbach

19.1. Als Nachfolger des verstorbenen Karl Legien wird Theodor Leipart zum Vorsitzenden des Allgemeinen Deutschen Gewerkschaftsbundes (ADGB) gewählt.

3.2. Der Reichstag nimmt ein neues Mietgesetz an, das die Förderung des öffentlichen Wohnungsbaus in den Mittelpunkt stellt. Die Reichsregierung stellt dafür 1,5 Mrd. Mark zur Verfügung.

7.3. Nach dem Scheitern der Londoner Konferenz zur Regelung der Reparationsleistungen des Deutschen Reichs besetzen Truppen der Alliierten in der Nacht zum 8. März die Städte Düsseldorf, Duisburg und Ruhrort.

20.3. Nach einer Volksabstimmung in Oberschlesien, in der 40,4% der Bevölkerung für die Zugehörigkeit zu Polen und 59,6% für das Deutsche Reich stimmen, kommt es zu bewaffneten Konflikten zwischen Polen und Deutschen. Am 20. Oktober beschließt der Völkerbund die Teilung Oberschlesiens, wobei drei Viertel des Industriegebiets polnisch werden.

23.3. Gemäß den Bestimmungen des Versailler Vertrags tritt rückwirkend zum 1. Januar ein Wehrgesetz in Kraft, das die Reduzierung des Heeres auf 100 000 Mann und der Marine auf 15 000 Mann beinhaltet.

Wirtschaft und Wissenschaft

27.7., Medizin. Den Kanadiern Frederick Grant Banting und Charles Herbert Best gelingt in Toronto die Isolierung von klinisch verwertbarem Insulin. Damit beginnt eine neue Ära in der Therapie von Diabetes.

24.8., Astronomie. Auf dem deutschen Astronomentag in Potsdam wird der von Erich Mendelsohn entworfene sog. Einstein-Turm eingeweiht. Das astrophysikalische Observatorium soll die Relativitätstheorie von Albert Einstein experimentell nachweisen.

23.9., Verkehr. Auf der deutschen Automobilausstellung in Berlin stellt der österreichische Automobil- und Flugzeugkonstrukteur Edmund Rumpler sein windschnittiges Tropfenauto vor. Das stromlinienförmige Fahrzeug zeichnet sich durch einen cw-Wert (Luftwiderstandswert) von 0,28 aus, der selbst 50 Jahre später von keinem anderen Wagen erreicht wird.

28.11., Wirtschaft. An der Frankfurter Börse wird der US-Dollar mit 294,75 Mark notiert. Zu Jahresbeginn hatte der US-Dollar noch einen Gegenwert von 64 Mark.

10.12., Nobelpreise. In Stockholm und Oslo werden die Nobelpreise verliehen. Während der Nobelpreis für Medizin überhaupt nicht vergeben wird, müssen zwei Preisträger auf die Verleihung im folgenden Jahr warten. ▷Chronik Nobelpreise

1921, Technik. Die Kienzle Uhrenfabriken AG entwickelt den ersten Fahrtenschreiber für Autos.

Wissenschaftler geehrt
Chronik Nobelpreise

Chemie: Frederick Soddy (D)
Physik: Albert Einstein (D)
Frieden: Karl H. Branting (S) und Christian Lous Lange (N)
Literatur: Anatole France (F)

1921, Verkehr. Mit dem DKW-Fahrradhilfsmotor gelingt der Durchbruch zur Verwendung des Zweitakters im Motorradbau.

1921

Kunst, Literatur und Musik

1.3. In Prag erscheint der erste der vier Bände von Jaroslav Hašeks Roman *Die Abenteuer des braven Soldaten Schwejk während des Weltkriegs*.
19.3. Kurt Tucholsky bringt unter den Pseudonymen Theobald Tiger und Peter Panther die beiden Werke *Träumereien an preußischen Kaminen* und *Fromme Gesänge* heraus.
8.4. Das New Yorker Auktionshaus Duveen Brothers kauft Tizians Gemälde *Der Mann mit dem Falken* aus dem 16. Jahrhundert für umgerechnet 19,2 Mio. Mark.
15.4. UA: *Der Vetter aus Dingsda*, Operette in drei Akten von Eduard Künnecke, in Berlin.
2.5. Die Oper *Der kleine Marat* von Pietro Mascagni erlebt in Rom ihre Weltpremiere.
3.5. In Paris wird eine Ausstellung mit Collagen von Max Ernst, einem führenden Mitglied der Kölner Dadaisten-Gruppe, eröffnet.
4.5. In der Berliner Akademie der Künste eröffnet der Maler Max Liebermann die »Schwarz-Weiß-Ausstellung«, eine Sammlung zeitgenössischer Grafiken und Zeichnungen, u. a. von Oskar Kokoschka, Max Slevogt, Ernst Barlach und Alfred Kubin.
14.5. Im Moabiter Ausstellungspalast eröffnet Reichspräsident Friedrich Ebert die Große Berliner Kunstausstellung, bei der u. a. Werke von Pablo Picasso und Paul Klee gezeigt werden.
17.5. UA: *Der Narr*, Ballett von Sergei Prokofjew, von den Ballets Russes unter Sergei Diaghilew.
29.5. In Düsseldorf hat die Operette *Die spanische Nachtigall* von Leo Fall mit Fritzi Massary Premiere.
12.6. UA: *König David*, Oper von Arthur Honegger, im schweizerischen Mézières.
1.8. Die ersten Donaueschinger Kammermusiktage zur Förderung zeitgenössischer Tonkunst beginnen. Es werden Werke von Paul Hindemith, Ernst Krenek und Karl Horwitz gegeben.
2.8. Die Salzburger Festspiele, die bis zum 23. August dauern, werden mit der Uraufführung eines bisher unbekannten Stückes von Wolfgang Amadeus Mozart eröffnet.

Theater und Film

22.1. Anläßlich einer Aufführung von Schnitzlers *Reigen* kommt es in Berlin zu organisierten Krawallen von Rechtsradikalen, deren Empörung sich gegen die im Stück dargelegte freizügige Sexualmoral richtet.
1.2. Das Leipziger Kabarett »Die Retorte« wird eröffnet. Am ersten Programm wirken die Autoren Walter Mehring, Max Hermann-Neiße und Joachim Ringelnatz mit.
2.2. UA: *Orpheus und Eurydike*, Drama in drei Akten von Oskar Kokoschka, im Städtischen Schauspielhaus in Frankfurt am Main.
6.2. In den USA findet die Premiere des ersten Langfilms von Charlie Chaplin statt. *The Kid* wird vom New Yorker Publikum mit großer Begeisterung aufgenommen.
9.2. UA: *Hamlet*, Spielfilm mit Asta Nielsen in der Titelrolle, im Mozartsaal in Berlin.
22.3. UA: *Louis Ferdinand, Prinz von Preußen*, Drama von Fritz von Unruh, in Darmstadt.
7.4. Der von Friedrich Wilhelm Murnau gedrehte Film *Schloß Vogelöd* wird in Berlin uraufgeführt. Mit der Hauptrolle in diesem Gruselfilm beginnt Olga Tschechowa ihre Karriere.
10.4. In Erwin Piscators Proletarischem Theater in Berlin wird Franz Jungs Drama *Die Kanaker* uraufgeführt. Ende April muß die Bühne jedoch wegen finanzieller Schwierigkeiten schließen.
12.4. UA: *Kräfte*, Drama von August Stramm, in der Regie von Max Reinhardt in den Berliner Kammerspielen.
14.4. Der Film *Die Bergkatze* von Ernst Lubitsch mit Pola Negri, Victor Janson und Hermann Thimig in den Hauptrollen erlebt im Berliner Ufa-Palast seine Premiere.
7.5. UA: *Danton*, Film des exilrussischen Regisseurs Dimitri Buchowetzki frei nach Georg Büchner, in Berlin.
10.5. Das Drama *Sechs Personen suchen einen Autor* von Luigi Pirandello wird erstmals im Teatro Valle in Rom auf die Bühne gebracht.
27.5. Der Film *Scherben* von Lupu Pick wird im Berliner Mozartsaal erstmals gezeigt.

Gesellschaft

4.1. Zwischen Hamburg, Magdeburg und Breslau richtet der Deutsche Luft-Lloyd einen täglichen Flugpostdienst ein. Die Deutsche Luft-Reederei eröffnet den Linienflugverkehr zwischen Berlin und München.
6.1. Das Berliner Gesundheitsamt meldet, daß von 485 000 Kindern der Stadt 29 000 (6%) an Tuberkulose erkrankt sind. 120 000 (24,7%) sind unterernährt, 77 000 (15,9%) krank und stark unterernährt.
12.1. Der preußische Kultusminister Konrad Haenisch (SPD) beschließt in Berlin, daß Examenskandidaten wegen der schlechten wirtschaftlichen Lage bei Prüfungen nicht mehr im Frack erscheinen müssen.
15.2. Wegen wiederholter Eigentumsdelikte wird der deutsche Dramatiker Georg Kaiser zu zwölf Monaten Haft verurteilt.

Fußball-Landesmeister
Chronik Sport

Deutschland: 1. FC Nürnberg
Österreich: Rapid Wien
Schweiz: Grasshoppers Zürich
Belgien: Daring Brüssel
England: FC Burnley
Finnland: PS Helsinki
Italien: Pro Vercelli

2.3. In einem Schreiben an Reichspräsident Friedrich Ebert fordert der Vorstand des Deutschen Roten Kreuzes eine »Eindämmung der Genußsucht, vor allem der besitzenden Klassen«.
24.5. Der Begriff »Fernsprechbuch« wird als offizielle Bezeichnung eingeführt. Im Deutschen Reich gibt es derzeit etwa 50 solcher Bücher. Das umfangreichste ist das Berliner Verzeichnis mit insgesamt 1816 Seiten. Es kostet 34 Mark.
20.6. Bei einem Unglück in der Zeche Mont Cenis in Herne kommen 85 Bergarbeiter ums Leben.
9.7. Nach einem Bericht der Zeitung »Prawda« lebten 1920 in Sowjetrußland 133 Mio. Menschen, 12 Mio. weniger als 1914.

1921

Internationale Politik

8.3., Rußland. Die sowjetische KP beschließt in Moskau die Neue Ökonomische Politik (NEP). Durch teilweise Rückkehr zu marktwirtschaftlichen Prinzipien soll der Versorgungskrise entgegengewirkt werden.
18.3., Rußland/Polen. Der Vertrag von Riga beendet formal den 1920 zu Ende gegangenen Krieg zwischen Polen und Sowjetrußland. Polen erhält eine neue Ostgrenze.
18.3., Rußland. Der am 2. März ausgebrochene Kronstädter Matrosenaufstand gegen die bolschewistische Regierung wird von der Roten Armee niedergeschlagen.
22.3., Ägypten. In Ägypten endet unter Vorsitz des britischen Kolonialministers Winston Churchill die Kairoer Konferenz, bei der die Abtrennung Transjordaniens von Palästina beschlossen wurde.
7.4., China. Der chinesische Revolutionsführer Sun Yat-sen, der seit 1913 im Exil in Japan lebt, wird an die Spitze der Regierung im südchinesischen Kanton gewählt.
19.5., USA. Die USA verabschieden ein Einwanderungsgesetz, das den Zustrom von Ausländern erstmals rigoros einschränkt.
7.6., Großbritannien. Das erste nordirische Parlament (Stormont) wird in Belfast eröffnet. Die Ulster Unionists unter Premierminister John Craig bilden die stärkste Fraktion.
21.6., Österreich. Nach dem Rücktritt des christlich-sozialen Kanzlers Michael Mayr wird der parteilose Johannes Schober österreichischer Regierungschef.
1.7., China. Der 28jährige Lehrer Mao Tse-tung gehört in Schanghai zu den Gründern der Kommunistischen Partei Chinas.
14.7., USA. Trotz dürftiger Beweislage wird gegen die italienischen Einwanderer Nicola Sacco und Bartolomeo Vanzetti in Dedham/Massachusetts das Todesurteil wegen Raubmords verhängt. Das Urteil ist Zeichen einer wachsenden Kommunistenfurcht in den USA.
2.7., Rußland. Wladimir I. Lenin bittet die Industrienationen um Hilfe für die Hungernden in Sowjetrußland.

Deutsche Politik

21.4. In Paris wird zwischen dem Deutschen Reich, Polen und Danzig das sog. Korridorabkommen geschlossen, das den Durchgangsverkehr zwischen Ostpreußen und dem übrigen Deutschen Reich regelt.
24.4. In Tirol sprechen sich bei einer inoffiziellen Volksbefragung 98% für einen Anschluß an das Deutsche Reich aus.
4.5. Die Reichsregierung unter Konstantin Fehrenbach (Zentrum) tritt zurück, weil sie nicht die Verantwortung für die Einwilligung in die Reparationsforderungen der Alliierten übernehmen will.
10.5. Nach dem Rücktritt der Regierung Fehrenbach wird der Zentrumspolitiker Joseph Wirth neuer Reichskanzler.
11.5. Die Reichsregierung akzeptiert das Londoner Ultimatum der Alliierten vom 5. Mai mit der Festlegung der Reparationsschuld auf 132 Mrd. Goldmark, die in 66 Jahresraten à 2 Mrd. Mark bezahlt werden sollen.
14.5. Der bayerische Ministerpräsident Gustav Ritter von Kahr trifft sich in München mit dem NSDAP-Propagandaleiter Adolf Hitler zu Gesprächen über eine politische Zusammenarbeit.
29.7. Auf einer außerordentlichen Mitgliederversammlung wird der bisherige Propagandaleiter Adolf Hitler als Nachfolger von Anton Drexler zum Vorsitzenden der NSDAP gewählt.
25.8. Der deutsche Außenminister Friedrich Rosen und der US-amerikanische Geschäftsträger in Berlin, Ellis L. Dresel, unterzeichnen im Reichsaußenministerium den Friedensvertrag zwischen dem Deutschen Reich und den USA.
26.8. In Bad Griesheim wird der Zentrumspolitiker Matthias Erzberger, der u.a. 1918 den Waffenstillstand unterzeichnete, von Mitgliedern der rechtsextremistischen »Organisation Consul« ermordet.
29.8. Nach dem Mord an Matthias Erzberger verhängt Reichspräsident Friedrich Ebert den Ausnahmezustand über das Deutsche Reich. Trotzdem erscheinen in Bayern weiterhin rechtsradikale Zeitungen.

Wirtschaft und Wissenschaft

1921, Chemie. Die Schweizer Brüder Henri und Camille Dreyfus beginnen in Großbritannien und den USA mit der Produktion von Acetat- oder Kunstseidefasern. Dabei wird ein von ihnen erfundener Spannlack aus Acetylzellulose durch Spinndüsen gespritzt. Nach dem Verdampfen des Lösungsmittels bleibt eine Faser zurück, aus der sich Zwirne und Garne herstellen lassen. Diese Faser kommt unter dem Namen »Celanese« auf den Markt.
1921, Wirtschaft. Der Staat Bayern gründet zur landesweiten Elektrizitätsversorgung die Bayernwerk AG mit Sitz in München. Initiator des Projekts ist Oskar von Miller, der u.a. 1903 das Deutsche Museum in München begründete. Drei Monate nach dem Bayernwerk wird die Badische Landes-Elektrizitätsversorgungs-AG, das spätere Badenwerk, gegründet.

Bevölkerung in Deutschland
Chronik Statistik

Wohnbevölkerung	62 473 000
Einwohner je km^2	131,7
Lebendgeborene	1 560 477
Gestorbene	911 172
Eheschließungen	731 157
Ehescheidungen	39 216

1921, Technik. Unter der Bezeichnung Bulldog baut die deutsche Firma Heinrich Lanz in Mannheim den ersten Rohöl-Traktor. Der Schlepper besitzt eine 15-PS-Maschine und Stahlräder. Ab 1923 wird der Traktor mit Vierradantrieb und einer Knicklenkung ausgestattet; allerdings verhindert die Inflation 1923 eine weitere Fertigung des Bulldog.
1921, Chemie. Der amerikanische Chemiker Thomas Midgeley entdeckt, daß Bleitetraäthyl als Benzinzusatz das sog. Klopfen von Verbrennungsmotoren unterdrückt.
1921, Luftfahrt. Die Anzahl der im Luftverkehr beförderten Personen hat seit dem Vorjahr um 71,2% zugenommen und beträgt jetzt 6804.

1921

Kunst, Literatur und Musik

25.9. Die Vereinigten Stadttheater Bochum-Duisburg werden mit Aufführungen des *Don Carlos* von Friedrich von Schiller und des *Parsifal* von Richard Wagner eröffnet.
1.10. Der Maler Otto Nagel und der Regisseur Erwin Piscator werden Sekretäre der Künstlerhilfe für die Hungernden in Rußland. Zum Komitee gehören außerdem George Grosz, Käthe Kollwitz, Alfons Paquet und Arthur Holitscher.
5.10. Der internationale Schriftsteller- und Dichterverband PEN-Club wird in London gegründet. Erster Präsident wird der britische Schriftsteller John Galsworthy.
18.10. Die Operette *Tanz ins Glück* von Robert Stolz erlebt in Wien ihre Uraufführung.
18.10. Für fast 18,9 Mio. Mark kauft der amerikanische Sammler Joseph E. Widener zwei Rembrandt-Gemälde aus dem Besitz der britischen Nationalgalerie. Am selben Tag gehen für insgesamt 9,9 Mio. Mark auch zwei Meisterwerke der britischen Malerei an den New Yorker Magnaten Joseph Duveen. Es handelt sich um *Mrs. Siddons als tragische Muse* von Joshua Reynolds (um 1780) und *Junge in blau* von Thomas Gainsborough (um 1770).
27.10. UA: *Der letzte Walzer*, Operette von Oscar Straus, im Theater an der Wien.
3.11. UA: *Der heilige Ambrosius*, musikalischer Schwank von Adolf Rebner, in Berlin.
12.11. In Brüssel stirbt 63jährig der belgische Maler und Grafiker Fernand Khnopff.
19.11. Der Schriftsteller Gerhart Hauptmann wird an der Universität Prag zum Ehrendoktor ernannt.
3.12. In Paris wird eine Ausstellung mit Werken des amerikanischen Künstlers Man Ray eröffnet.
16.12. Der frühere Generaldirektor der Berliner Staatlichen Museen, Wilhelm von Bode, stiftet nach dem Verkauf seiner Privatbibliothek den Erlös von 2,5 Mio. Mark für die Vollendung des asiatischen Museums in Berlin-Dahlem.

Theater und Film

16.6. UA: *Das Glück im Winkel*, Schauspiel von Hermann Sudermann, in Berlin.
2.7. Im Dredner Staatstheater hat das Schauspiel *Der Schwan* von Ferenc Molnar Weltpremiere.
30.7. Mit Emil Jannings, Blandine Ebinger und Lucie Höflich in den Hauptrollen wird der Spielfilm *Die Ratten* nach dem Drama von Gerhart Hauptmann in Berlin vorgeführt.
18.8. UA: *Notruf*, Drama von Hermann Sudermann, in Berlin.
1.9. Die neue Polizeistunde in Berlin ermöglicht Spätvorstellungen in Theatern, Kinos und Kabaretts bis 1 Uhr.
11.9. Die Soubrette Trude Hesterberg eröffnet im Berliner Theater des Westens das Kabarett »Wilde Bühne«.
12.9. UA: *Alles um Geld*, Schauspiel von Herbert Eulenburg, im Berliner Schloßparktheater.
19.9. UA: *Die Geierwally*, Film nach dem gleichnamigen Frauenroman von Wilhelmine von Hillern unter der Regie von Ewald André Dupont, im Ufa-Palast am Berliner Zoo.
20.9. Nach einem Umbau wird in München das Lustspielhaus wieder eröffnet. Es hat jetzt 700 Sitzplätze.
25.9. In New York hat der Charlie-Chaplin-Film *Die feinen Leute* Premiere.
7.10. UA: *Der müde Tod*, Film über die Liebe und den Tod von Fritz Lang mit Lil Dagover, in Berlin.
8.10. UA: *Ingeborg*, Lustspiel von Curt Goetz, im Theater am Kurfürstendamm in Berlin.
15.10. Franz Werfels magische Trilogie *Der Spiegelmensch* wird in Leipzig uraufgeführt.
15.10. In Berlin kommt das Schauspiel *Manon Lescaut* von Carl Sternheim erstmals auf die Bühne.
22.10. Der erste Teil von Joe Mays Film *Das indische Grabmal* wird im Berliner Ufa-Palast am Zoo gespielt. Conrad Veidt hat die Hauptrolle. Der zweite Teil folgt am 19. November.
22.10. In Berlin hat der Film *Die Hintertreppe* von Leopold Jessner Premiere. Die Hauptrollen spielen Henny Porten, Wilhelm Dieterle und Fritz Kortner.

Gesellschaft

11.7. In Großbritannien werden Temperaturen von 32° C gemessen. Der Tag ist der heißeste in Großbritannien seit 1818. Am 20. Juli herrschen in Straßburg und Karlsruhe Temperaturen von 39° C.
1.8. Aufgrund der anhaltenden Hitzewelle ist beim Berliner Milchamt ein Rückgang der Milchversorgung von fast 150 000 l pro Tag zu verzeichnen.
7.8. In den größeren Städten der Niederlande streiken die Kellner. Ihr Ziel: Abschaffung der Trinkgelder und Sicherung fester Löhne.
11.9. Der Wettbüroinhaber Max Klante meldet Konkurs an und wird kurz darauf verhaftet. Innerhalb eines Jahres hatte er 60 000 Menschen um insgesamt 100 Mio. Mark betrogen.
17.9. In München wird zum ersten Mal seit Kriegsende wieder das Oktoberfest gefeiert.
1.10. Eine neue Fernsprechverordnung tritt in Kraft. Für die Einrichtung eines Hauptanschlusses werden 200 Mark berechnet, ein Ortsgespräch kostet 75 Pfennig.
1.10. In Berlin-Schöneberg wird das erste deutsche Müllkraftwerk in Betrieb genommen. Die bei der Verbrennung entstehende Schlacke wird zu Kunststeinen verarbeitet.
30.10. Auf dem Berliner Wannsee rammt der Dampfer »Kaiser Wilhelm der Große« die »Storkow«, die nach wenigen Minuten sinkt. Bei diesem Unglück, das auf die Trunkenheit eines Kapitäns und die Baufälligkeit der »Kaiser Wilhelm« zurückzuführen ist, ertrinken 20 Menschen.

Quickborn-Jugend
Zitat

»Durch das Wandern mit all seinen Auswirkungen, Freude an Natur und Heimat, an Volkslied und Volkstanz, ... suchen die Quickborner herauszukommen aus der modernen Asphaltkultur, um ... in edler Natürlichkeit und tätigem Katholizismus ihre Jugend zu leben.«
Aus dem Quickborn-Programm

1921

Internationale Politik	Deutsche Politik	Wirtschaft und Wissenschaft
23.8., Irak. Faisal I. wird zum König ausgerufen. Er ist im Vorjahr als syrischer König von den Franzosen verdrängt worden. **19.9., Marokko.** Der Anführer der Rifkabylen im Aufstand gegen die spanische Kolonialherrschaft, Abd El Krim, proklamiert die unabhängige Rif-Republik. **7.11., Italien.** Auf Veranlassung Benito Mussolinis wandelt sich der faschistische »movimento« in eine Partei, die Partito Nazionale Facista (PNF), um. Mussolini wird zum »Duce« (Führer) gewählt. **18.12., Jugoslawien.** Als Zusammenschluß der sozialreformerischen Mitte-Links-Strömungen wird in Belgrad die Sozialistische Partei Jugoslawiens (SPJ) gegründet.	**30.9.** Die Alliierten räumen die Städte Düsseldorf, Duisburg und Ruhrort. **22.10.** Aus Protest gegen die vom Völkerbund beschlossene Teilung Oberschlesiens tritt die Reichsregierung unter Reichskanzler Joseph Wirth zurück. **25.10.** In Berlin veranstaltet der Zentralverein deutscher Staatsbürger jüdischen Glaubens eine Kundgebung gegen antisemitische Angriffe. **4.11.** Im Münchener Hofbräuhaus kommt es während einer Parteiversammlung der NSDAP zu gewaltsamen Auseinandersetzungen zwischen Nationalsozialisten und Sozialdemokraten, da der Vorsitzende der NSDAP, Adolf Hitler, den Mordanschlag von Nationalsozialisten auf den SPD-Landtagsabgeordneten Erich Auer vom Februar dieses Jahres gerechtfertigt hatte.	**1921, Physik.** Der amerikanische Physiker Albert Wallace Hull prägt den Ausdruck »Magnetron«, unter dem er eine Elektronenröhre zur Erzeugung bzw. Verstärkung von Mikrowellen versteht, in der durch Verlängerung der Elektronenbahn eine technisch verwertbare Elektronenlaufzeit erzielt wird. Derartige Röhren finden ihre Verwendung zunächst in Radarsendern, später auch in Mikrowellenherden und der industriellen Hochfrequenzerwärmung. **1921, Wirtschaft.** Die Menge der im Luftverkehr beförderten Güter hat sich im Vergleich zum Vorjahr um 78,3% erhöht und beträgt 541 907 t. **1921, Chemie.** Der amerikanische Wissenschaftler William Draper Harkins definiert den Begriff »Neutron«.

1921 Geborene und Gestorbene

Geboren:
5.1. Friedrich Dürrenmatt († 14.12.1990), schweizerischer Schriftsteller.
19.1. Patricia Highsmith († 4.2.1995), amerikanische Kriminalautorin.
16.4. Peter Ustinov, britischer Dramatiker und Schauspieler.
9.5. Sophie Scholl († 22.2.1943), deutsche Widerstandskämpferin.
20.5. Wolfgang Borchert († 20.11.1947), deutscher Schriftsteller.
21.5. Andrej Sacharow († 14.12.1989), sowjetischer Physiker und Bürgerrechtler.
10.6. Philip (Mountbatten), Herzog von Edinburgh, Prinz von Großbritannien.
6.11. James Jones († 10.5.1977), amerikanischer Schriftsteller.

Gestorben:
2.1. Theobald von Bethmann Hollweg (*29.11.1856), deutscher Politiker.
8.2. Pjotr Alexejewitsch Kropotkin (*21.12.1842), russischer politischer Philosoph und Anarchist.

1922

Internationale Politik	Deutsche Politik	Wirtschaft und Wissenschaft
1.1., Rußland. In Sowjetrußland sind Presseberichten zufolge Millionen von Menschen von einer Hungersnot betroffen. **1.1., Österreich.** Wien wird von Niederösterreich getrennt und selbständiges Bundesland. **12.1., Frankreich.** Die Regierung unter Aristide Briand tritt zurück. Neuer Ministerpräsident wird Raymond Poincaré, der dem Deutschen Reich keine Konzessionen machen will.	**6.1.** Im französischen Cannes beraten die Alliierten über die Bitte der deutschen Regierung nach einem Aufschub der Reparationszahlungen. **11.1.** Der Völkerbundsrat in Genf verlängert die Regierungszeit der französischen Verwaltung im Saarland um ein weiteres Jahr. **31.1.** Reichspräsident Friedrich Ebert ernennt Walther Rathenau von der Deutschen Demokratischen Partei zum neuen Außenminister.	**31.1., Wirtschaft.** Das Statistische Amt des Reiches gibt bekannt, daß die Lebenshaltungskosten im Vergleich zum Vorjahr um 73,3% gestiegen sind. **17.7., Wirtschaft.** Die Nationalbank für Deutschland fusioniert mit der Bank für Handel und Industrie. **30.8., Wirtschaft.** Die durch die Inflation entstandene Geldknappheit zwingt die Deutsche Reichsbank zu einer Rationierung der Geldmittel.

1921

Kunst, Literatur und Musik	Theater und Film	Gesellschaft
30.12. UA: *Die Liebe zu den drei Orangen*, Märchenoper von Sergei Prokofjew, in Chicago. **1921** John Dos Passos veröffentlicht in New York den Antikriegsroman *Drei Soldaten*. **1921** In Moskau erscheint das umfangreiche Poem *150 000 000* von Wladimir Majakowski. **1921** Der Konstruktivist El Lissitzky beendet seine Lehrtätigkeit an der Moskauer Kunstschule Wchutemas. Der Sozialistische Realismus wird vom Staat immer mehr als dominierende Kunstrichtung etabliert. **1921** In den Werken von Pablo Picasso erscheint erstmals das Motiv Mutter und Kind. Auslöser für die neue Motivwahl ist die Geburt seines Sohnes Paolo im Februar 1921.	**28.10.** Tilla Durieux und Fritz Kortner spielen die Hauptrollen in dem in Berlin erstmals gezeigten Film *Haschisch, das Paradies der Hölle*. **30.10.** Mit der Uraufführung des Films *Der Scheich* in New York avanciert der 26jährige Rudolph Valentino zum Frauenidol der 20er Jahre. **30.10.** In einer Neuinszenierung des deutschen Regisseurs Max Reinhardt wird im Königlichen Schauspielhaus in Stockholm August Strindbergs Drama *Traumspiel* aufgeführt. **1.11.** UA: *Peter Brauer*, Drama von Gerhart Hauptmann, im Berliner Lustspielhaus. **4.11.** UA: *Violett – Roman einer Mutter*, Film nach dem Buch von Kurt Aram, mit Olga Tschechowa und Adele Sandrock, in Berlin.	**2.11.** Die amerikanische Feministin Margaret Sanger gründet in New York die Amerikanische Liga für Geburtenkontrolle. **18.11.** In einem Aufruf wendet sich die Vereinigte Kaufmannschaft der Stadt Hamborn gegen Hamsterkäufe niederländischer und belgischer Touristen in den grenznahen Städten. **1.12.** In Wien endet eine Demonstration gegen die galoppierende Inflation mit Plünderungen und Ausschreitungen. **5.12.** Der Franzose Henri Désiré Landru wird in Paris zum Tod verurteilt, weil er zwischen 1915 und 1919 zehn Frauen ermordet hat. **1921** Der katholische Jugendverband Quickborn vermittelt in seinem Programm den Zeitgeist der Jugend. ▷Chronik Zitat

Geborene und Gestorbene

8.3. Eduardo Dato (*12.8.1856), spanischer Politiker.
16.3. Ercole Morselli (*19.2.1882), italienischer Dramatiker und Erzähler.
11.4. Auguste Viktoria (*22.10.1858), ehemalige deutsche Kaiserin.
2.8. Enrico Caruso (*25.2.1873), italienischer Operntenor.

26.8. Matthias Erzberger (*20.11.1875), deutscher Politiker.
26.8. Ludwig Thoma (*21.1.1867), deutscher Schriftsteller.
21.9. Karl Eugen Dühring (*12.1.1833), deutscher Philosoph und Nationalökonom.
27.9. Engelbert Humperdinck (*1.9.1854), deutscher Komponist.

18.10. Ludwig III. (*7.1.1845), ehemaliger König von Bayern.
12.11. Fernand Khnopff (*12.9.1858), belgischer Maler.
16.12. Charles Camille Saint-Saëns (*9.10.1835), französischer Komponist.
25.12. Wladimir Korolenko (*27.7.1853), russischer Dichter.

1922

Kunst, Literatur und Musik	Theater und Film	Gesellschaft
10.2. In Berlin eröffnet das Graphische Kabinett Neumann eine Ausstellung mit Werken von Max Beckmann. **4.3.** Auf einer Kundgebung von bildenden Künstlern und Schriftstellern im ehemaligen Herrenhaus in Berlin fordern die Teilnehmer die Abschaffung der Luxussteuer für Kunstwerke, da »die Kunst im weitesten Sinne des Wortes dem Volke gehört«. **6.3.** In Frankfurt am Main eröffnet ein Museum für jüdische Altertümer.	**27.1.** UA: *Gobseck*, Drama von Walter Hasenclever, im Neuen Theater in Frankfurt am Main sowie in Dresden, Köln, Meiningen und Prag. **28.1.** Vor einem kleinen Kreis geladener Gäste stellt der Maler Walter Ruttmann in Frankfurt am Main den Experimentalfilm *Opus II* vor. **29.1.** UA: *Vater und Sohn*, Drama um das Leben des Preußenkönigs Friedrichs II. von Joachim von der Goltz, in Wiesbaden.	**1.1.** Die »Frankfurter Neuesten Nachrichten« feiern ihr 200jähriges und die »Münchener Neuesten Nachrichten« ihr 75jähriges Bestehen. **1.1.** Eine Springflut zerstört weite Teile des Strandes von Westerland auf der Nordseeinsel Sylt. **17.1.** Das Reichsarbeitsministerium in Berlin veröffentlicht den Gesetzentwurf über die Arbeitszeit im Steinkohlenbergbau, wonach die Schicht sieben Stunden betragen soll.

Internationale Politik

6.2., USA. In Washington endet die im November 1921 begonnene internationale Abrüstungskonferenz mit der Unterzeichnung mehrerer Abrüstungsverträge (u. a. das Washingtoner Flottenabkommen).
6.2., Vatikan. Nach dem Tod von Benedikt XV. wird Kardinal Achille Ratti als Pius XI. neuer Papst.
15.2., Irland/Großbritannien. Bei Zusammenstößen zwischen britischen Truppen und Anhängern der irischen Sinn-Fein-Bewegung kommen in Nordirland 35 Menschen ums Leben.
10.3., Indien. Der Freiheitskämpfer Mohandas Karamchand (»Mahatma«) Gandhi wird von der Kolonialregierung verhaftet und zu einer sechsjährigen Gefängnisstrafe verurteilt.
15.3., Großbritannien/Ägypten. Großbritannien gibt sein Protektorat über Ägypten auf. Daraufhin proklamiert sich Sultan Ahmad Fuad zum ägyptischen König.
3.4., Rußland. Auf Vorschlag von Wladimir I. Lenin wird Josef W. Stalin zum Generalsekretär der KP Rußlands gewählt.
26.8., Türkei/Griechenland. Türkische Truppen beginnen mit massiven Angriffen gegen die griechische Armee bei Afyonkarahisar.
29.8., Spanien/Marokko. Bei Kämpfen gegen die Rifkabylen in Spanisch-Marokko erringen die spanischen Truppen einen Sieg bei Arimidar.
9.9., Türkei/Griechenland. Türkischen Truppen besetzen Smyrna (Izmir) und führen damit die Entscheidung im griechisch-türkischen Krieg herbei. Anschließend beginnt die Vertreibung der griechischen Soldaten aus Kleinasien.
24.9., Schweiz. Durch Volksabstimmung lehnen die Schweizer eine Verschärfung des Strafrechts ab.
4.10., Österreich. Die Genfer Protokolle über die Völkerbundanleihe für Österreich werden unterzeichnet.
28.10., Italien. Der Führer der Faschisten, Benito Mussolini, zwingt die italienische Regierung zum Rücktritt. Zwei Tage später erhält Mussolini von König Viktor Emanuel III. den Auftrag zur Regierungsbildung.

Deutsche Politik

16.4. Das Deutsche Reich und Sowjetrußland schließen im italienischen Rapallo einen Vertrag, der u. a. einen Verzicht Rußlands auf deutsche Reparationen beinhaltet. Für Moskau bedeutet das Abkommen das Ende der Isolation durch die Westmächte.
17.4. Generallandschaftsdirektor Wolfgang Kapp, der 1920 maßgeblich am Kapp-Lüttwitz-Putsch gegen die Weimarer Regierung beteiligt war, stellt sich den Behörden und wird in Saßnitz auf Rügen verhaftet.
24.5. Der preußische Landtag lehnt einen Antrag der SPD auf Abschaffung der Todesstrafe ab.
4.6. Die rechtsextreme »Organisation Consul« verübt ein Blausäure-Attentat auf den sozialdemokratischen Kasseler Oberbürgermeister Philipp Scheidemann.
24.6. Auf der Fahrt von seiner Villa in Berlin ins Auswärtige Amt wird Außenminister Walther Rathenau von Angehörigen der »Organisation Consul« erschossen.
26.6. Nach der Ermordung Walther Rathenaus erläßt Reichspräsident Friedrich Ebert eine Notverordnung zum Schutz der Republik.
3.7. Der jüdische Publizist Maximilian Harden wird in Berlin von Rechtsradikalen überfallen und mißhandelt.
23.7. Auf einer Konferenz in Aachen beraten die Delegierten der Rheinischen Republikanischen Volkspartei über ihr Ziel, eine unabhängige rheinische Republik zu errichten. Dabei bekennt sich ihr Vorsitzender, Joseph Smeets, offen zu einer Trennung vom Deutschen Reich. ▷Chronik Zitat

Autonomie des Rheinlands

Chronik Zitat

»Die Franzosen sind Menschen, die Preußen sind Barbaren. Im Krieg haben die Preußen die rheinischen katholischen Regimenter zuerst an die Front geschickt, um sie zu opfern und damit den Katholizismus zu vernichten.«
Joseph Smeets

Wirtschaft und Wissenschaft

September, Technik. Zwei Wissenschaftler des US-amerikanischen Naval Aircraft Radio Laboratory in Anacostia entdecken die Reflexion von Funksignalen an Eisenbetongebäuden. Diese Erkenntnis führt zur Entwicklung des Radars.
1.9., Technik. An ein Massenpublikum gerichtet, geht der sowjetische Sender »Komintern« in Moskau in Betrieb, doch sind bisher nur wenige Orte in Rußland mit Empfangsgeräten ausgerüstet.

Wissenschaftler geehrt

Chronik Nobelpreise

Chemie: Francis W. Aston (GB)
Medizin: Archibald V. Hill (GB) und Otto Fritz Meyerhof (D)
Physik: Niels Bohr (DK)
Frieden: Fridtjof Nansen (N)
Literatur: Jacinto Benavente (E)

17.9., Medien. Die deutschen Ingenieure Hans Vogt, Jo Benedict Engl und Joseph Massolle führen mit *Der Brandstifter* im Alhambra-Lichtspieltheater in Berlin den ersten Tonfilm vor, bei dem Bild und Ton im Lichttonverfahren auf demselben Filmstreifen aufgezeichnet wurden. Die Schallwellen werden in elektrische Impulse, diese in Licht umgewandelt, das eine Silberbeschichtung am Filmnegativ schwärzt. Bei der Projektion bringen die elektrischen Impulse die schallerzeugende Membran zum Schwingen.
14.11., Medien. Die British Broadcasting Company (BBC), eine Fusion von sechs großen Radiofirmen, startet die Sendung aktueller Rundfunkprogramme, die durch Kristalldetektoren empfangen werden können.
10.12., Nobelpreise. In Stockholm und Oslo werden die diesjährigen Nobelpreise überreicht. ▷Chronik Nobelpreise
1922, Technik. Die Ingenieure Walther Bauersfeld aus Berlin und Franz Dischinger aus Heidelberg entwickeln die Stahlbetonschalenkonstruktion.

1922

Kunst, Literatur und Musik	Theater und Film	Gesellschaft

Kunst, Literatur und Musik

26.3. UA: *Sancta Susanna*, Oper von Paul Hindemith, in Frankfurt am Main.
6.4. Zum zweiten Mal findet anläßlich der Frankfurter Messe im Haus der Bücher eine Buchmesse statt.
13.4. Unter dem Titel »Das Gesicht der Zeit« wird in der Mannheimer Kunsthalle eine graphische Ausstellung eröffnet. Die von Gustav F. Hartlaub organisierte Ausstellung zeigt u. a. Arbeiten von Ernst Ludwig Kirchner, Edvard Munch, Emil Nolde, Felix Müller, Ernst Heckel, Oskar Kokoschka und Max Beckmann.
22.4. In Paris werden die *Fünf Orchesterstücke* des Komponisten Arnold Schönberg zum ersten Mal in einem öffentlichen Konzert gespielt.
9.5. In Oberammergau findet die erste Vorstellung der Passionsspiele statt. Das Theater mit seinen 4000 Plätzen ist ausverkauft.
12.5. UA: *Frasquita*, Operette in drei Akten von dem ungarischen Komponisten Franz Lehár, in Wien.
20.5. UA: *Venus*, Oper von Othmar Schoeck, im Züricher Opernhaus.
3.6. UA: *Mavra* und *Renard*, Werke von Igor Strawinsky, an der Pariser Oper.
30.7. UA: *Kammermusik Nr. 1*, Stück von Paul Hindemith, auf den Donaueschinger Musiktagen.
12.8. In Breslau beginnen die einwöchigen Gerhart-Hauptmann-Festspiele anläßlich des 60. Geburtstags des Schriftstellers.
13.8. In Anwesenheit des Reichskunstwarts Edwin Redslob wird in Hamburg das Museum für Hamburgische Geschichte eröffnet.
20.8. Unter der Überschrift *National und International* veröffentlicht die Berliner »Vossische Zeitung« einen Leitartikel von Thomas Mann zum nationalen Charakter von Kunst.
25.8. Im Kurt-Wolff-Verlag in München erscheint das 20 000. Exemplar der expressionistischen Lyrikanthologie *Menschheitsdämmerung*.
1.9. In Paris erscheint erstmals in einer vollständigen Ausgabe der Roman *Ulysses* des irischen Schriftstellers James Joyce.

Theater und Film

31.1. UA: *Fridericus Rex. Ein Königsschicksal*, Film mit Otto Gebühr und Albert Steinrück, im Berliner Ufa-Palast.
5.2. UA: *Krönung Richards III.*, Drama von Hans Henny Jahnn, im Leipziger Schauspielhaus.
14.2. Im Hessischen Landestheater Darmstadt findet die deutsche Erstaufführung von *Spiel des Lebens* des norwegischen Schriftstellers Knut Hamsun statt.
15.2. UA: *Kanzlist Krehler*, Tragikomödie von Georg Kaiser, in den Berliner Kammerspielen.
17.2. UA: *Indipohdi (Das Opfer)*, Drama von Gerhart Hauptmann, im Schauspielhaus Dresden.
20.2. UA: Als dritte Vorstellung im Rahmen eines »Zyklus moderner Dramen« bringt das Schauspielhaus in Frankfurt am Main *Tamar* von Friedrich Wolf erstmals auf die Bühne.
23.2. Der nach dem gleichnamigen Shakespeare-Stück gedrehte Spielfilm *Othello* von Dimitri Buchowetzki wird in Berlin uraufgeführt. Die Hauptrollen spielen Emil Jannings und Ica von Lenkeffy.
24.2. UA: *Heinrich IV.*, Drama von Luigi Pirandello, im Mailänder Teatro Manzoni.
5.3. Der von Friedrich Wilhelm Murnau gedrehte Film *Nosferatu – Eine Symphonie des Grauens* wird erstmals in Berlin gezeigt.
8.3. UA: *Der brennende Acker*, Film von Friedrich Wilhelm Murnau, in Berlin.
9.3. UA: *Der haarige Affe*, Schauspiel von Eugene O'Neill, im New Yorker Playwright Theater.
18.3. UA: *Bocksgesang*, Schauspiel von Franz Werfel, im Frankfurter Neuen Theater.
2.4. UA: *Zahltag*, Film von Charlie Chaplin, in New York.
12.4. UA: *Christus*, Schauspiel von August Strindberg, am Städtischen Opern- und Schauspielhaus Hannover.
22.4. Im Rahmen des vom Frankfurter Schauspielhaus veranstalteten »Zyklus moderner Dramen« wird Arnolt Bronnens expressionistisches Schauspiel *Vatermord* uraufgeführt.

Gesellschaft

17.1. Die Eisenbahnverwaltung in Berlin erteilt der privaten Gesellschaft Siesta die Genehmigung zur Vermietung von Sitzkissen an Reisende. Die Leihgebühr für Reisen über 600 km beträgt z.B. 24 Mark.
20.1. Bei einem Brand des Schokoladenwerks »Sarotti« in Berlin-Tempelhof wird das Fabrikgebäude völlig zerstört.
15.2. Das berühmte »Castans Panoptikum« der Brüder Louis und Gustav Castan in der Berliner Friedrichstraße wird geschlossen. Der Wachsfigurenbestand kommt zur Versteigerung.
21.2. Bei Norfolk im amerikanischen Bundesstaat Virginia explodiert das Militärluftschiff »Roma« während des Fluges. 40 Passagiere kommen dabei ums Leben.
25.2. In Paris wird der wegen zehnfachen Frauenmordes zum Tod verurteilte Henri Landru hingerichtet.
6.3. Anläßlich der am nächsten Tag beginnenden Leipziger Messe wird der Linienflugverkehr im Deutschen Reich wieder aufgenommen.

Deutsche Rekorde

Chronik Sport

Leichtathletik:
1000 m:
Friedrich Köpcke 2:31,9 min
5000 m:
Emil Bedarff 8:44,5 min
110 m Hürden:
Heinrich Troßbach 15,3 sec
Dreisprung:
Arthur Hölz 14,99 m
Diskuswurf:
Gustav Steinbrenner 46,66 m

11.3. Die Zeitschrift »Confectionär« meldet, daß das New Yorker Reisebüro Cook and Son bereits 300 000 Buchungen von Amerikanern für eine Sommerreise ins Deutsche Reich verzeichnet habe.
31.3. Die Kurzschriftschulen Gabelsberger und Stolze-Schrey einigen sich in Berlin auf eine einheitliche deutsche Stenoschrift.

1922

Internationale Politik

1.11., Türkei. In Ankara beschließt die türkische Nationalversammlung unter Mustafa Kemal Pascha die Abschaffung der Monarchie.
30.11., Großbritannien. In London genehmigt das Parlament in dritter Lesung einstimmig die Verfassung für den irischen Freistaat.
8.12., USA. Vor dem Kongreß gibt Präsident Warren G. Harding einen Überblick über die innen- und außenpolitische Lage, in dem er die Eigenverantwortlichkeit und Selbständigkeit der europäischen Nationen betont. ▷Chronik Zitat

Hardings Isolationspolitik

Chronik Zitat

»Wir verlangen von niemandem, daß er die Verantwortung für uns übernehme, und wir übernehmen auch keine Verantwortung, die die anderen selbst tragen müssen. Denn anderenfalls werden die Nationen hoffnungslos im Internationalismus versinken.«
US-Präsident Warren G. Harding

16.12., Polen. In Warschau wird Staatspräsident Gabriel Narutowicz von einem Nationalisten erschossen. Neuer Präsident wird am 20. Dezember der Kandidat der Linken, Stanislaw Wojciechowski.
30.12., Rußland. In Moskau wird die Union der Sozialistischen Sowjetrepubliken (UdSSR) gegründet.

Deutsche Politik

2.9. Reichspräsident Friedrich Ebert erklärt das »Deutschlandlied« (Text: August Heinrich Hoffmann von Fallersleben; Musik: Joseph Haydn) zur Nationalhymne des Deutschen Reichs.
10.9. Bei Kommunalwahlen in Thüringen erringen die bürgerlichen Parteien 195 Sitze im Abgeordnetenhaus. Auf die linksgerichteten Parteien entfallen 161 Sitze.
27.11. Frankreich kündigt die Besetzung des Ruhrgebiets wegen ungenügender Reparationsleistungen an.
30.11. An einer Kundgebung der NSDAP nehmen in München rund 50 000 Menschen teil. Hauptredner der Veranstaltung ist Adolf Hitler.
1.12. Der bisherige Oberbürgermeister von Essen, Hans Luther, wird neuer Reichsernährungsminister.
16.12. Der Reichstag beschließt die Einführung einer Zwangsanleihe für Besserverdienende. Personen mit einem Jahreseinkommen ab 30 000 Mark und Besitzer von Vermögen über 250 000 Mark werden mit durchschnittlich 5% belastet
28.12. Mehrere Mitglieder der Rheinisch-Republikanischen Volkspartei werden in Köln verhaftet, da sie für die Einführung eigenen rheinischen Geldes Propaganda gemacht hatten.
30.12. Die Fraktionen der Liberalen Volkspartei, der Sozialdemokratischen Partei und der Demokratischen Partei sowie des Zentrums im Saarländischen Landtag protestieren in einer Denkschrift an den Völkerbund gegen die Anwesenheit französischer Truppen im Saarland.

Wirtschaft und Wissenschaft

1922, Chemie. Die amerikanischen Biochemiker Herbert McLean, Evans und Katharine Scott entdecken das Vitamin E (Tokopherol), das u.a. gegen Sterilität beim Mann wirkt und bei Frauen für einen normalen Schwangerschaftsverlauf sorgt.

Verkehr im Deutschen Reich
Chronik Statistik

Kraftfahrzeuge:	
Bestand	166 187
davon PKW	82 692
davon LKW	43 711
Luftverkehr:	
Beförderte Personen	7 733
Beförderte Güter (kg)	617 553

1922, Chemie. Der deutsche Chemiker Hermann Staudinger begründet die Makromolekularchemie.
1922, Luftfahrt. In Stralsund wird erstmals ein Wassersegelflugzeug erfolgreich getestet. Der »Phönix« erreicht eine Höhe von 12 m und geht nach einem einwandfreien Segelflug sanft auf dem Wasser nieder.
1922, Medien. Der amerikanische Radiotechniker Edwin Howard Armstrong erfindet den Pendelrückkopplungsempfänger, der die Empfangsqualität von Rundfunksendungen deutlich verbessert.
1922, Verkehr. Der italienische Automobilhersteller Lancia entwickelt ein Auto (Typ Lambda) mit selbsttragender Karosserie in Integralbauweise.

1922 Geborene und Gestorbene

Geboren:
1.2. Renata Tebaldi, italienische Sängerin.
1.3. Ytzhak Rabin (†4.11.1995), israelischer Politiker.
8.3. Heinar Kipphardt (†18.11.1982), deutscher Schriftsteller.

18.3. Egon Bahr, deutscher Politiker.
9.4. Carl Amery, deutscher Schriftsteller.
25.5. Enrico Berlinguer (†11.6.1984), italienischer Politiker.
24.7. Hans-Jürgen Wischnewski, deutscher Politiker.

18.8. Alain Robbe-Grillet, französischer Schriftsteller und Theaterregisseur.

Gestorben:
5.1. Ernest Shackleton (*15.2.1874), britischer Polarforscher.

1922

Kunst, Literatur und Musik

1.9. Der russische Bildhauer Alexander Archipenko beginnt seine Lehrtätigkeit an der Berliner Kunstschule der Kornscheuer. Er unterrichtet in Plastik, Malerei und Graphik.
9.9. In Berlin wird die Premiere der Operette *Madame Pompadour* von Leo Fall mit großem Erfolg.
15.10. In der Berliner Galerie van Diemen findet die »Erste Russische Kunstausstellung« statt, bei der vor allem konstruktivistische Kunst gezeigt wird.
19.10. Die von Maurice Ravel geschaffene Orchesterfassung der *Bilder einer Ausstellung* von Modest Mussorgski (1874) wird in Paris uraufgeführt.
24.10. Mit einem Sonderkonzert, in dem zu Spenden aufgerufen wird, will das Berliner Philharmonische Orchester auf seine schlechte finanzielle Lage aufmerksam machen.
20.11. Im Berliner Ufa-Palast am Zoo beschließen Vertreter der Regierung, Künstler und Schriftsteller die Gründung einer »Notgemeinschaft der Künste«.
1.12. In Chicago beginnt »King« Olivers Jazzband eine Konzertreihe, an der erstmals der aus New Orleans kommende Louis Armstrong als zweiter Trompeter teilnimmt.
11.12. Während eines Konzerts tritt der Chefdirigent an der Mailänder Scala, Arturo Toscanini, wegen Auseinandersetzungen mit dem faschistisch gesonnenen Publikum zurück.
1922 Der deutsche Schriftsteller Hermann Hesse veröffentlicht *Siddharta. Eine indische Dichtung.*

Theater und Film

27.4. Der erste Teil von Fritz Langs Filmklassiker *Dr. Mabuse, der Spieler* wird in Berlin uraufgeführt.

Schnitzlers Theaterstücke
Chronik Zitat

»Schnitzlers Theaterstücke sind vollkommene Theaterstücke, gebaut, um zu fesseln, zu beschäftigen, zu unterhalten, in geistreicher Weise zu überraschen; sie ... vermögen noch nachträglich, das Gemüt und die Gedanken zu beschäftigen.«
Hugo von Hofmannsthal über Schnitzler

13.5. Anläßlich des 60. Geburtstages des Theaterregisseurs Arthur Schnitzler veröffentlicht die »Neue Rundschau« Äußerungen berühmter Persönlichkeiten zu Leben und Werk des Jubilars. ▷Chronik Zitat
26.5. UA: Der zweite Teil von Fritz Langs Film *Dr. Mabuse, der Spieler* trägt den Untertitel *Inferno, ein Spiel vom Menschen unserer Zeit.*
5.6. UA: *Stürme*, Stück von Fritz von Unruh, im Hessischen Landestheater Darmstadt.
30.6. UA: *Maschinenstürmer*, Stück von Ernst Toller, in Berlin.
5.8. Im kalifornischen Los Angeles hat der Film *Blood and Sand* mit dem Schauspieler und Tänzer Rudolph Valentino in der Hauptrolle Premiere.
23.9. UA: *Trommeln in der Nacht*, Stück von Bertolt Brecht, an den Münchner Kammerspielen.

Gesellschaft

18.4. An einem Esperanto-Kongreß in Genf nehmen Vertreter aus 28 Ländern teil. Im Deutschen Reich wird die künstlich geschaffene internationale Sprache in 123 Städten an öffentlichen Schulen unterrichtet.
10.8. Der preußische Kultusminister Otto Boelitz erläßt ein Verbot für Schülerverbindungen. Schülern ist künftig untersagt, Vereinen anzugehören oder an deren Veranstaltungen teilzunehmen, wenn diese sich gegen den Staat und die geltende Staatsform richten. ▷Chronik Zitat
28.8. Erstmals wird eine Werbesendung über den Rundfunk ausgestrahlt. Die New Yorker hören an fünf Tagen die Reklame für ein Appartmenthaus.

Schule und Staat
Chronik Zitat

»Die Gewissenskonflikte weiter Jugendkreise und die Erschütterung ihrer Gefühlswelt sollen durch verständnisvolle Erziehung zum lebendigen Staatsgefühl, ... zur freien Achtung vor der Republik werden.«
Otto Boelitz, preußischer Kultusminister

1.10. Auf der Theresienwiese in München findet das 100. Oktoberfest statt. Ein Wies'n-Bier kostet 50 Mark, ein Hendl 500 Mark.
5.11. Im niederländischen Doorn heiratet der ehemalige deutsche Kaiser Wilhelm II. Hermine von Schönaich-Carolath.

Geborene und Gestorbene

22.1. Papst Benedikt XV. (*21.11.1851).
20.2. Reinhard Mannesmann (*13.5.1856), deutscher Techniker und Großindustrieller.
7.3. Carl Ludwig Schleich (*19.7.1859), deutscher Schriftsteller.
1.4. Karl I. (*17.8.1887), ehemaliger Kaiser von Österreich und König von Ungarn.
12.6. Wolfgang Kapp (*24.7.1858), deutscher Politiker.
24.6. Walther Rathenau (*29.9.1867), deutscher Politiker.
14.8. Alfred Charles W.H. Northcliffe (*15.7.1865), britischer Verleger.
4.9. Georges Sorel (*2.11.1847), französischer Sozialphilosoph.
18.11. Marcel Proust (*10.7.1871), französischer Schriftsteller.

1923

Internationale Politik

4.1., UdSSR. In einem Zusatz zu seinem Testament empfiehlt Wladimir I. Lenin die Absetzung Josef W. Stalins als Generalsekretär des Zentralkomitees der KPdSU, weil dieser charakterliche Schwächen habe.

Lenin warnt vor Stalin

Chronik Zitat

»Stalin ist zu grob, und dieser Fehler ... kann in der Funktion des Generalsekretärs nicht geduldet werden. Deshalb schlage ich den Genossen vor, sich zu überlegen, wie man Stalin ablösen könnte.«
Wladimir I. Lenin

26.1., China/UdSSR. Der südchinesische Führer der revolutionären Kuomintang, Sun Yat-sen, vereinbart mit dem sowjetischen Diplomaten Asolf A. Ioffe die Zusammenarbeit seiner Partei mit der Sowjetunion.
8.2., Zentralamerika. In Washington unterzeichnen Guatemala, El Salvador, Honduras, Nicaragua und Costa Rica einen Freundschaftsvertrag.
29.4., Polen. Ministerpräsident Wladyslaw Eugeniusz Sikorski legt den Grundstein für den Ostseehafen Gdingen (heute Gdynia), der eine Konkurrenz zum Hafen der Freien Stadt Danzig werden soll.
16.5., Schweden. Der Reichstag beschließt, Frauen grundsätzlich zu allen Staatsämtern zuzulassen.
23.5., Serbien. Der serbische Ministerpräsident des Königreichs der Serben, Kroaten und Slowenen, Nikola Pašić, lehnt die kroatischen Autonomieforderungen ab.
24.5., Irland. Nach schweren Niederlagen des radikalen Flügels der Sinn-Fein-Bewegung befiehlt deren Führer Eamon de Valera die Einstellung der Kampfhandlungen, womit der seit Juni 1922 mit äußerster Härte geführte irische Bürgerkrieg beendet wird.
25.5., Transjordanien. Transjordanien wird zu einem unabhängigen Staat proklamiert und damit von Palästina abgetrennt.

Deutsche Politik

11.1. Französische und belgische Truppen marschieren in das Ruhrgebiet ein, da das Deutsche Reich seinen Reparationsverpflichtungen nicht nachkommt. Die britische Regierung verhält sich abwartend.
13.1. Reichskanzler Wilhelm Cuno verkündet den passiven Widerstand gegen die Ruhrbesetzung.
27.1. In München findet der erste Reichsparteitag der NSDAP statt.
8.2. Der »Völkische Beobachter«, das Zentralorgan der NSDAP, wird zur Tageszeitung umgewandelt. Am 10. März übernimmt der nationalsozialistische Publizist und Politiker Alfred Rosenberg die Hauptschriftleitung.
3.3. Reichspräsident Friedrich Ebert erläßt eine Verordnung gegen Spionage, die die verräterische Zusammenarbeit Deutscher mit Franzosen unter hohe Freiheitsstrafen stellt.
16.4. Reichsaußenminister Friedrich von Rosenberg signalisiert die deutsche Bereitschaft zur Wiederaufnahme der Reparationsleistungen, die seit der Ruhrgebietsbesetzung durch die Franzosen eingestellt sind.
25.5. In einer Denkschrift an Reichskanzler Wilhelm Cuno überreicht der Reichsverband der deutschen Industrie der Reichsregierung eine Garantie für die Reparationszahlungen des Deutschen Reich. Dadurch wird am 7. Juni eine neue Initiative zur Lösung des Reparationsproblems ermöglicht.
27.5. Der Hamburger Landesparteitag der Deutschen Volkspartei (DVP) stimmt für den Parteiausschluß aller Juden.
12.8. Weil seine Politik des passiven Widerstands gegen die Ruhrbesetzung fehlgeschlagen ist, tritt Reichskanzler Wilhelm Cuno zurück. Nachfolger wird am 6. Oktober Gustav Stresemann (DVP).
26.9. In einem Aufruf an das deutsche Volk teilen Reichspräsident Friedrich Ebert und die Reichsregierung den Abbruch des passiven Widerstands mit, da die Wirtschaftskrise katastrophale Ausmaße angenommen hat. Der Reichspräsident verkündet den Ausnahmezustand für das gesamte Reich.

Wirtschaft und Wissenschaft

1.1., Technik. Unter dem Namen Ethyl Gasoline wird in Dayton (USA) verbleites Benzin angeboten, das das sog. Klopfen des Ottomotors verringert.
9.1., Technik. Der Erstflug des von dem Spanier Juan de la Cierva konstruierten C4-Autogiros (Tragschrauber) verläuft erfolgreich.
11.1., Philosophie. In Leipzig veröffentlicht der Religionsphilosoph Martin Buber sein Werk »Ich und Du«.
18.1., Wirtschaft. Aufgrund der angespannten politischen Lage verliert die Mark immer mehr an Wert. Der US-Dollar wird derzeit mit 23 000 Mark dotiert.

Preise im Deutschen Reich

Chronik Statistik

Einzelhandelspreise (Mark):	
Butter, 1 kg	17 800
Schweinefleisch, 1 kg	8 700
Rindfleisch, 1 kg	8 000
Eier, 1 Stück	338
Kartoffeln, 1 kg	74
Zucker, 1 kg	2 130
Vollmilch, 1 l	920

27.4., Psychologie. Sigmund Freud veröffentlicht seine programmatische Schrift »Das Ich und das Es«.
17.5., Philosophie. Bei Cassirer in Berlin erscheint das Buch »Geist der Utopie« des deutschen Philosophen Ernst Bloch.
22.6., Wirtschaft. Reichspräsident Friedrich Ebert erläßt eine Devisenverordnung, die den Handel mit Devisen den amtlichen Berliner Börsennotierungen unterwirft.
10.9., Verkehr. Der Benz Lastwagen 5K3 absolviert bei Gaggenau erfolgreich seine Probefahrt. Er gilt als erster marktfähiger Lastkraftwagen mit Dieselmotor und funktioniert mit Vorkammereinspritzung.
16.10., Wirtschaft. Die deutsche Reichsregierung erläßt die Verordnung über die Errichtung der Deutschen Rentenbank. Damit wird die Grundlage für die Währungskonsolidierung geschaffen.

1923

Kunst, Literatur und Musik

Januar Der in Hannover lebende dadaistische Künstler Kurt Schwitters beginnt mit der Herausgabe der Dada-Zeitschrift »Merz«.

23.3. UA: *Meister Pedros Puppenspiel*, Marionettenspiel nach Miguel de Cervantes' Roman *Don Quijote* von Manuel de Falla.

25.4. In Berlin wird das 1922 entstandene satirische Mappenwerk *Ecce Homo* des deutschen Malers und Graphikers George Grosz wegen angeblich unzüchtiger Darstellungen sowie der Verletzung der öffentlichen Moral und der inneren Werte des deutschen Volkes beschlagnahmt. Im folgenden Jahr werden Grosz und sein Verleger Wieland Herzfelde zu Geldstrafen verurteilt.

26.4. UA: *Belfagor*, Oper von Ottorino Respighi, in Mailand.

5.6. Zu einem Publikumserfolg wird die Operette *Die Tugendprinzessin* von Georg Okonkowski und Rudolph Schanzer bei der Premiere im Berliner Künstlertheater.

8.6. UA: Arnold Schönbergs *Gurre-Lieder für Soli, Chor und Orchester*, von den Berliner Philharmonikern.

14.6. UA: *Les Noces*, russische Tanzszenen von Igor Strawinsky, aufgeführt von den Balletts Russes im Pariser Théâtre Gaieté Lyrique.

17.6. UA: *Das Marienleben*, Liederzyklus von Paul Hindemith nach der Dichtung von Rainer Maria Rilke, in Donaueschingen.

18.6. Die Berliner Staatsoper zeigt die deutsche Erstaufführung der Märchenoper *Der goldene Hahn* von Nikolai A. Rimski-Korsakow.

21.7. Anläßlich des 65. Geburtstags des Malers Lovis Corinth veranstaltet die Berliner Nationalgalerie eine Corinth-Ausstellung.

11.8. Die Preisträger des erstmals verliehenen Georg-Büchner-Preises sind der Komponist Arnold Ludwig Mendelssohn und der Arzt Adam Carrillon.

15.8. In Weimar wird die erste Bauhaus-Ausstellung mit einem Vortrag des Architekten Walter Gropius über *Kunst und Technik, die neue Einheit* eröffnet.

Theater und Film

6.1. UA: *Cagliostro*, Tragikomödie von Heinrich Lilienfein, im Stadttheater Erfurt.

6.1. Am Deutschen Theater in Prag hat Franz Werfels Drama *Schweiger* Premiere.

15.1. Für sein Drama *Ein Geschlecht* erhält Fritz von Unruh in Wien den Grillparzerpreis.

23.1. UA: *Der steinerne Reiter*, Filmballade nach einer Idee von Thea von Harbou, im Ufa-Theater am Berliner Kurfürstendamm.

1.2. UA: *Ein Glas Wasser*, Film von Ludwig Berger, im Berliner Ufa-Palast am Zoo.

2.2. UA: *Erdgeist*, Film von Leopold Jessner nach dem Bühnenstück von Frank Wedekind, mit Asta Nielsen als Lulu in Berlin.

9.2. UA: *Die Flucht nach Venedig*, Drama von Georg Kaiser, im Nürnberger Intimen Theater.

16.3. UA: *Der Unbestechliche*, Drama von Hugo von Hofmannsthal, im Wiener Raimund-Theater.

31.3. In Berlin werden der dritte und vierte Teil des Films *Fridericus Rex* mit den Titeln *Sanssouci* und *Schicksal* von Arzen von Czerépy uraufgeführt.

12.4. Im Abbey Theatre in Dublin wird die Tragikomödie *Der Schatten eines Rebellen* von Sean O'Casey uraufgeführt, die sich kritisch mit der irischen Unabhängigkeitsbewegung auseinandersetzt.

9.5. UA: *Im Dickicht der Städte*, ein Stück von Bertolt Brecht, inszeniert von Erich Engel, im Münchner Residenztheater. Wegen massiver Proteste wird das Stück bald abgesetzt.

23.5. *Der arme Vetter*, Drama von Ernst Barlach, hat in der Inszenierung von Jürgen Fehling im Berliner Staatstheater Premiere.

24.5. Beifall erntet die Premiere des Dramas *Der tote Tag* von Ernst Barlach an der Berliner Volksbühne.

2.6. UA: *Gilles und Jeanne*, historisches Schauspiel von Georg Kaiser, im Alten Theater in Leipzig.

22.6. UA: *Der allmächtige Dollar*, Film von Eduard von Winterstein, in Berlin.

Gesellschaft

20.2. Das Reichsgesundheitsamt stellt fest, daß in den Städten des Deutschen Reiches 50% der Kinder unterernährt sind.

1.3. Für den innerörtlichen Autoverkehr im Deutschen Reich ist ab sofort eine Geschwindigkeit von 30 km/h (bislang 15 km/h) erlaubt.

14.4. Bei der Eröffnung des provisorischen Flughafens auf dem Tempelhofer Feld in Berlin kommt es zu einem für drei Stadtverordnete tödlich endenden Flugzeugabsturz.

26.4. In der Londoner Westminster Abbey werden Prinz Albert, Herzog von York und zweiter Sohn des britischen Königs Georgs V., und Elizabeth Bowes-Lyon getraut.

3.5. Die direkte Flugverbindung Berlin–London wird aufgenommen. Bisher mußten die Passagiere in Amsterdam umsteigen. Das Flugticket kostet z.Zt. umgerechnet etwa 1,3 Millionen Mark.

Schwimm-Weltrekorde

Chronik Sport

Freistil 100 m:	
Gertrud Ederle (USA)	1:12,8 min
Freistil 200 m:	
Gertrud Ederle (USA)	2:45,2 min
Freistil 4 x 200 m:	
USA	12:15,2 min
Brust 200 m:	
Irene Gilbert (GB)	3:20,4 min
Rücken 100 m:	
Sybil Bauer (USA)	1:26,6 min

13.5. Erstmals wird im Deutschen Reich der Muttertag gefeiert. Das Geschenkfest wurde 1907 von der Amerikanerin Ann Jarvis propagiert.

17.6. Der Danziger Flughafen wird eingeweiht. Danzig ist ein wichtiger Knotenpunkt für den Flugverkehr nach Osten.

17.6. Nach einem starken Erdbeben kommt es zum Ausbruch des im Nordosten Siziliens gelegenen Vulkans Ätna. Die von dem Lavastrom bedrohte Ortschaft Linguaglossa muß evakuiert werden.

1923

Internationale Politik

9.6., USA. Präsident Warren G. Harding lehnt den Vorschlag einiger Senatoren, eine internationale Konferenz zur Abschaffung von Giftgasen und Unterseebooten einzuberufen, als unzeitgemäß ab.
15.7., Türkei. Als erste Türkin wird die Frau von Mustafa Kemal Pascha in die Nationalversammlung in Angora (Ankara) gewählt.
18.7., Italien. Die Regierung unter Benito Mussolini gibt das Programm zur Italienisierung des deutschsprachigen Südtirols bekannt.
24.7., Schweiz. Die Türkei einerseits und Großbritannien, Frankreich, Italien, Japan, Griechenland, Rumänien und das Königreich der Serben, Kroaten und Slowenen andererseits unterzeichnen in Lausanne den Friedensvertrag, der den griechisch-türkischen Krieg beendet. Er erkennt u. a. die Souveränität der Türkei an und revidiert den Friedensvertrag von Sèvres 1920.
2.8., USA. Nach dem plötzlichen Tod des Präsidenten Warren G. Harding übernimmt der bisherige Vizepräsident Calvin Coolidge das Präsidentenamt.
11.8., Großbritannien. Die britische Regierung verurteilt in einer Note an Frankreich und Belgien die Ruhrbesetzung als rechtswidrig.
11.–13.8., Österreich. In Linz wird auf dem zweiten Reichsverbandstag der christlichsozialen Arbeitervereine Österreichs das sog. Linzer Programm verabschiedet.
1.9., Großbritannien. Großbritannien annektiert Südrhodesien (heute Simbabwe) als Kronkolonie.
13.9., Spanien. Mit Zustimmung des spanischen Königs Alfons XIII. führt General Miguel Primo de Rivera y Orbaneja einen Putsch durch und errichtet eine Militärdiktatur.
12.10., Palästina. Wegen der massiven Einwanderung jüdischer Bürger kommt es in Palästina zu jüdisch-arabischen Spannungen.
29.10., Türkei. Mustafa Kemal Pascha (Atatürk) wird erster Präsident der Republik Türkei.
19.11., Spanien/Italien. Der spanische König Alfons XIII. trifft zu einem Staatsbesuch in Rom ein.

Deutsche Politik

27.9. Die Reparationslieferungen an Frankreich und Belgien werden wieder aufgenommen.
6.10. Die neue Reichsregierung einer Großen Koalition unter Gustav Stresemann wird vereidigt. In einer Reichstagsrede begründet dieser die Forderung nach dem Ermächtigungsgesetz, das am 13. Oktober mit 316 zu 24 Stimmen vom Reichstag angenommen wird. ▷Chronik Zitat

Stresemanns Begründung
Chronik Zitat

»Kaum jemals hat ein Kabinett die Führung der deutschen Politik in schwererer Zeit und in schwererer Not als jetzt übernommen ... Wir haben eine große Anzahl von Maßnahmen in Aussicht genommen. ... Wir bitten Sie um die Zustimmung zu dem Ermächtigungsgesetz.«
Reichskanzler Gustav Stresemann

13.10. Durch das Ermächtigungsgesetz erhält die Regierung weitgehende Vollmachten.
21.10. In Aachen rufen Separatisten eine unabhängige Rheinische Republik aus. Der Putsch bricht nach wenigen Tagen zusammen.
29.10. Aus Angst vor Umsturzplänen der KPD ermächtigt Reichspräsident Friedrich Ebert die Reichsregierung zur Reichsexekution gegen die Linksregierung in Sachsen. Am 5. November rückt die Reichswehr auch in Thüringen ein.
8.11. Im Münchner Bürgerbräukeller verkündet Adolf Hitler die »nationale Revolution« und proklamiert den Marsch auf Berlin. Der Hitlerputsch wird am folgenden Tag an der Feldherrnhalle niedergeschlagen.
23.11. Nach gescheitertem Vertrauensantrag der Regierungsparteien stürzt das Kabinett Stresemann nach nur 100 Tagen Regierungszeit.
30.11. Nach dem Rücktritt Gustav Stresemanns (DVP) bildet der Zentrumspolitiker Wilhelm Marx eine Regierung der bürgerlichen Mitte.

Wirtschaft und Wissenschaft

29.10., Medien. Mit der ersten Sendung der »Radiostunde AG« aus dem Voxhaus in Berlin startet der öffentliche Rundfunk im Deutschen Reich.
16.11., Wirtschaft. Mit der Ausgabe der neuen Rentenmark durch die deutsche Rentenbank beginnt nach der galoppierenden Inflation die Rückkehr zu stabilen Währungsverhältnissen.
10.12., Nobelpreise. In Stockholm werden die diesjährigen Nobelpreise verliehen. ▷Chronik Nobelpreise
19.12., Technik. Der in die USA emigrierte russische Physiker Wladimir Kosma Zworykin meldet ein Patent auf die erste vollelektronische Fernsehbildröhre an, mit der er einfache Bildstrukturen übertragen kann.
1923, Verkehr. In den USA werden die ersten elektrischen Scheibenwischer für Autos hergestellt. Außerdem entwickelt die Firma Farman die Servobremse.
1923, Astronomie. Die Firma Carl Zeiss in Jena baut nach einem Patent von Walther Bauersfeld aus dem Jahr 1919 für das Deutsche Museum in München das erste Projektionsplanetarium. Das Instrument bildet die Bewegungen der Sterne und Planeten im Zeitraffer von innen auf einen kuppelförmigen Projektionsschirm ab.
1923, Physik. Mittels einer Nipkow-Scheibe überträgt der amerikanische Physiker Charles Francis Jenkins Fernsehbilder des US-Präsidenten Warren G. Harding von Washington nach Philadelphia.

Wissenschaftler geehrt
Chronik Nobelpreise

Chemie: Fritz Pregl (A)
Medizin: Frederick Grant Banting und John Macleod (CDN)
Physik: Robert A. Millikan (USA)
Literatur: William Butler Yeats (IRL)

1923, Physik. Der niederländische Physiker Dirk Coster entdeckt zusammen mit seinem ungarischen Fachkollegen George de Hevesy das Element Hafnium.

1923

Kunst, Literatur und Musik

13.10. Der Präsident der Preußischen Akademie der Künste, Max Liebermann, eröffnet in Berlin die Schwarz-Weiß-Ausstellung. Erstmals ist hier der 1922/23 entstandene Holzschnittzyklus *Der Krieg* von Käthe Kollwitz zu sehen.
November/Dezember In der Hannoveraner Galerie von Garvens findet unter dem Titel »Konstruktivisten« eine Ausstellung mit Werken von El Lissitzky, László Moholy-Nagy, Oskar Schlemmer u. a. statt.
19.11. In Budapest werden Béla Bartóks *Tanzsuite* und Zoltán Kodálys *Psalmus hungaricus* mit großem Erfolg uraufgeführt.
15.12. Von einer Italien-Tournee ins Deutsche Reich zurückgekehrt, gastiert die weltberühmte deutsche Ausdruckstänzerin Mary Wigman (eigtl. Marie Wiegmann) mit ihrer Truppe im Berliner Theater am Nollendorfplatz. Die Zuschauer reagieren mit Begeisterung. ▷Chronik Zitat

Tanz als Gefühlsausdruck
Zitat

»Unermattet ... und mit wachsender Willigkeit folgte das Publikum ... diesen neuen Szenen, in denen Mary Wigman überraschend neuartige und ergreifend starke tänzerische Ausdrucksformen für Leid und Leiden ... findet.«
»Vossische Zeitung« über Mary Wigman

1923 Bei Kiepenheuer in Berlin erscheint *Die häßliche Herzogin Margarete Maultasch* von Lion Feuchtwanger.
1923 Rainer Maria Rilke veröffentlicht beim Insel-Verlag in Leipzig die *Duineser Elegien*.
1923 Der britische Schriftsteller Aldous Huxley gibt seinen Roman *Narrenreigen* heraus.
1923 Heinrich Vogeler, ein Mitglied der Worpsweder Künstlergemeinschaft, übergibt seinen Gutshof Barkenhoff der Roten Hilfe Deutschland als Kinderheim.

Theater und Film

7.8. UA: *Krieg und Frieden*, Massenspiel von Ernst Toller, auf dem Leipziger Gewerkschaftsfest.
24.8. UA: *Pastor Ephraim Magnus*, Drama von Hans Henny Jahnn, inszeniert von Arnolt Bronnen und Bertolt Brecht, in Berlin.
31.8. Der von Gerhard Lamprecht an Originalschauplätzen in Lübeck gedrehte Film *Die Buddenbrooks* – nach dem gleichnamigen Roman von Thomas Mann – wird im Tauentzienpalast in Berlin uraufgeführt.
9.9. Im Berliner Ufa-Palast hat der Film *Die Flamme* von Ernst Lubitsch Premiere.
19.9. UA: *Der deutsche Hinkemann* (seit 1924 *Hinkemann*), Tragödie in drei Akten von Ernst Toller, im Alten Theater in Leipzig.
22.9. UA: *Die Stubenfliege*, Komödie von Georg Brittings, im Münchener Residenztheater.
24.9. In der Berliner Alhambra wird der Tonfilm *Das Leben auf dem Dorfe* uraufgeführt und ist wochenlang ausverkauft. Das 1922 entwickelte Lichttonverfahren setzt sich allerdings erst nach einigen Jahren zunächst in den USA durch.
10.10. Im Deutschen Theater in Berlin findet die deutsche Erstaufführung des Schauspiels *Anna Christie* von Eugene O'Neill statt.
16.10. UA: *Schatten – Eine nächtliche Halluzination*, expressionistischer Film von Arthur Robison, im Theater am Nollendorfplatz in Berlin.
19.10. Seine erste Hauptrolle spielt Willy Fritsch in dem Film *Seine Frau, die Unbekannte*, der im Berliner Tauentzienpalast uraufgeführt wird.
23.10. UA: *Die Austreibung*, Film von Friedrich Wilhelm Murnau, im Berliner Ufa-Theater am Kurfürstendamm.
6.11. UA: *Tragödie der Liebe*, Film von Joe May mit Marlene Dietrich, in Berlin.
6.11. UA: *Das Fossil*, Drama von Carl Sternheim, in den Hamburger Kammerspielen.
16.11. In Berlin wird erstmals *The Kid*, der erste abendfüllende Spielfilm von und mit Charlie Chaplin gezeigt.

Gesellschaft

4.7. Der Luxusliner »Leviathan« verläßt New York und nimmt Kurs auf Cherbourg und Southampton. Das größe und luxuriöseste Schiff der Welt (die ehemalige deutsche »Vaterland«) tritt nach dem Umbau seine Jungfernfahrt über den Atlantik an.
13.8. Um die diesjährige Kartoffelernte zu beschleunigen, erhalten die deutschen Schüler für den Ernteeinsatz Unterrichtsbefreiung.
September. Die Witwe des österreichischen Ex-Kaisers Karls I., Zita von Bourbon-Parma, beabsichtigt aus finanzieller Not den Verkauf des berühmten »Florentiner Diamanten«. Die italienische Regierung, die Besitzansprüche auf den wertvollen Schmuck anmeldet, fordert Zita auf, von den Verkauf abzusehen.
1.9. Bei einem schweren Erdbeben in Japan kommen 143 000 Menschen ums Leben. Die Städte um Tokio und Jokohama werden weitgehend zerstört.
5.9. In den Niederlanden wird das 25jährige Regierungsjubiläum von Königin Wilhelmina feierlich begangen. Die Monarchin erhält als Nationalgeschenk eine goldene Equipage.
6.9. Auf der Bahnstrecke Hannover–Wunstorf sterben bei einem Eisenbahnunglück 18 Menschen.
14.9. In Berlin kostet ein Brot zur Zeit 4,5 Millionen Mark. Für die einfache Straßenbahnfahrt müssen die Städter 600 000 Mark bezahlen.
18.9. Ein Druckerstreik in New York verhindert bis zum 26. September das Erscheinen der Zeitungen.
25.9. Aufgrund der kritischen Ernährungslage beschließt Preußen die Einrichtung von Volksspeisungen für die hungernde Bevölkerung.
29.9. In Hannover wird die letzte Postkutsche aus dem Verkehr gezogen. Im August waren in Berlin bereits die letzten Pferde-Omnibusse stillgelegt worden.
17.10. In Berlin werden von der städtischen Volksspeisung zur Zeit täglich 20 000 Portionen Mittagessen ausgegeben.
20.10. Aufgrund des Brotmangels in Berlin werden die Bäckereien von erregten Menschen umlagert.

1923

Internationale Politik	Deutsche Politik	Wirtschaft und Wissenschaft
15.12., UdSSR. KP-Generalsekretär Josef W. Stalin eröffnet in der »Prawda« die Kampagne gegen den sog. Trotzkismus und reagiert damit auf Leo D. Trotzkis Kritik an der Bürokratisierung und der Unterdrückung der innerparteilichen Demokratie. **28.12., Spanien.** Durch die Verhaftung der Anführer wird ein geplanter kommunistischer Aufstand in Madrid und einigen Provinzen vereitelt. **31.12., Kanada.** Aus Protest gegen hohe US-Einfuhrzölle schließt Kanada die Häfen für US-Fischerboote.	**4.12.** Vor dem Reichstag begründet Reichskanzler Wilhelm Marx die Forderung nach einem neuen Ermächtigungsgesetz mit der katastrophalen wirtschaftlichen Lage des Deutschen Reichs. **16.12.** In Mainz schließt Reichsverkehrsminister Rudolf Oeser mit den Besatzungsmächten im Ruhr- und Rheingebiet ein Abkommen, das die Normalisierung des Eisenbahnverkehrs gewährleistet. **25.12.** Kanzler Wilhelm Marx hält im Radio eine Weihnachtsansprache.	**1923, Physik.** Der deutsche Physiker Hermann Julius Oberth veröffentlicht das Buch »Die Rakete zu den Planetenräumen«, in dem er zukunftsweisende Konstruktionsformeln für den Bau und Betrieb einer interplanetarischen Rakete vorstellt. **1923, Chemie.** Der schwedische Chemieprofessor Theodor Svedberg erfindet die Ultrazentrifuge. **1923, Medizin.** In Großbritannien erhalten Landärzte von seiten des Staats Automobile gestellt, damit sie ihre Patienten besuchen können.

1923 Geborene und Gestorbene

Geboren:
10.1. Ingeborg Drewitz (†26.11.1986), deutsche Schriftstellerin.
31.1. Norman Mailer, amerikanischer Schriftsteller.
8.3. Walter Jens, deutscher Literaturhistoriker.
22.3. Marcel Marceau, französischer Pantomime.

28.4. Horst-Eberhard Richter, deutscher Psychoanalytiker.
7.5. Anne Baxter (†12.12.1985), amerikanische Schauspielerin.
27.5. Henry Kissinger, amerikanischer Politiker.
15.8. Shimon Peres, israelischer Politiker.
27.10. Roy Lichtenstein, amerikanischer Maler.

5.11. Rudolf Augstein, deutscher Publizist.
12.11. Vicco von Bülow (Loriot), deutscher Karikaturist.
20.11. Nadine Gordimer, südafrikanische Schriftstellerin.
2.12. Maria Callas (†16.9.1977), italienische Sängerin.
23.12. Antoni Tápies, spanischer Maler.

1924

Internationale Politik	Deutsche Politik	Wirtschaft und Wissenschaft
12.1., Ägypten. Bei den ersten Parlamentswahlen siegt die Wafd-Partei, die für eine vollständige Unabhängigkeit von dem noch immer starken britischen Einfluß eintritt. **21.1., UdSSR.** 53jährig stirbt in Gorki Wladimir I. Lenin. Am 26. Januar wird die Stadt Petrograd in Leningrad (heute St. Petersburg) umbenannt. Der Machtkampf um seine Nachfolge bricht offen aus. **23.1., Großbritannien.** Erstmals in der britischen Geschichte wird eine Labour-Regierung gebildet. James Ramsey MacDonald löst den konservativen Premierminister Stanley Baldwin ab.	**1.1.** Angesichts der schwierigen deutschen Situation blickt Reichsaußenminister Gustav Stresemann sorgenvoll auf das begonnene Jahr. ▷Chronik Zitat, S. 128 **4.1.** In Sachsen bilden SPD, DDP und DVP eine Koalitionsregierung. Damit ist der seit der Reichsexekution von 1923 schwelende Konflikt mit der Reichsregierung über die Regierungsbeteiligung der KPD beigelegt. **11.1.** Am Jahrestag der Ruhrgebietsbesetzung protestieren führende deutsche Politiker gegen die weiterhin andauernde Besetzung des Ruhrgebiets durch französische und belgische Truppen.	**Januar, Technik.** Bei Buenos Aires wird eine Großfunkstation eingeweiht, mit der Argentinien direkt an den internationalen Funkverkehr angeschlossen ist. **11.1., Technik.** Nach fünfjähriger Bauzeit wird das Walchenseekraftwerk des Münchner Bayernwerks in Betrieb genommen. Das Kraftwerk nutzt die 200 m Höhenunterschied zwischen Walchensee und Kochelsee und ist mit 124 500 KW das größte Wasserspeicherkraftwerk Europas. **5.2., Wirtschaft.** Eine Währungsreform in der Sowjetunion vereinheitlicht das im Umlauf befindliche Geld und stabilisiert die Konjunktur.

1923

Kunst, Literatur und Musik	Theater und Film	Gesellschaft
1923 Auf der Großen Berliner Kunstausstellung erhält El Lissitzky einen eigenen Raum, um seine Reliefkonstruktionen, die er Prounen nennt, auszustellen. **1923** Der österreichische Schriftsteller Robert Musil veröffentlicht die Novellen *Grigia* und *Die Portugiesin*. **1923** Knut Hamsun veröffentlicht den Roman *Das letzte Kapitel*. **1923** Absoluter Star der deutschen Schlagermusik ist Robert Steidl mit seinem Stimmungslied *Wir versaufen unser Oma ihr klein Häuschen*.	**29.11.** UA: *Die Straße*, Film von Karl Grune, im Ufa-Theater am Kurfürstendamm in Berlin. **4.12.** Robert Musils Komödie *Vinzenz oder die Freundin bedeutender Männer* wird im Lustspielhaus Berlin uraufgeführt. Für diese Komödie wird dem Österreicher der Kleist-Preis 1923 verliehen. **5.12.** UA: *Der verlorene Schuh*, Verfilmung des Aschenputtel-Märchens von Ludwig Berger, u.a. mit Helga Thomas, Paul Hartmann, im Ufa-Palast am Berliner Zoo.	**3.11.** In London vermählt sich der 40jährige Kronprinz Gustav Adolf von Schweden mit der 34jährigen Lady Louise Mountbatten. **1.12.** Infolge starker Regenfälle bricht der Damm des Stausees Gleno in der Provinz Bergamo in Italien. Etwa 600 Menschen kommen durch die Überschwemmung ums Leben. **7.12.** Das Internationale Komitee des Roten Kreuzes in Genf ruft die Rotkreuzgesellschaften in aller Welt zu Spenden für die hungernde deutsche Bevölkerung auf.

1923 Geborene und Gestorbene

Gestorben:
9.1. Katherine Mansfield (*14.10.1888), britische Erzählerin.
11.1. Konstantin I. (*2.8.1868), König von Griechenland.
10.2. Wilhelm Röntgen (*27.3.1845), deutscher Physiker.
26.3. Sarah Bernhardt (*22.10.1844), französische Schauspielerin.
2.8. Warren G. Harding (*2.11.1865), amerikanischer Politiker.
19.8. Vilfredo Pareto (*1.7.1848), italienischer Soziologe.
20.9. Ferdinand Avenarius (*20.12.1856), deutscher Schriftsteller und Kunsterzieher.
30.10. Andrew Bonar Law (*16.9.1858), britischer Politiker.
20.11. Rudolf Havenstein (*10.3.1857), deutscher Politiker.
24.12. Carl Burckhardt (*13.1.1978), schweizerischer Maler.
24.12. Alexandr S. Newerow (*24.12.1886), russischer Schriftsteller.
28.12. Gustave Eiffel (*15.12.1832), französischer Architekt.

1924

Kunst, Literatur und Musik	Theater und Film	Gesellschaft
1.1. In Berlin wird die Krolloper als Dependance der Berliner Staatsoper eröffnet. Sie ist für avantgardistische Inszenierungen und die Aufführung moderner Werke bestimmt. **12.2.** In der New Yorker Aeolian Hall wird die *Rhapsody in blue* von und mit George Gershwin uraufgeführt. Der Komponist verbindet Jazzelemente mit Konzertmusik zum sog. »sinfonischen Jazz«. **28.2.** UA: *Gräfin Mariza*, Operette von Emmerich Kálmán, in Wien. **27.3.** In Köln wird Franz Schrekers Oper *Irrelohe* erstmals aufgeführt. Der Komponist ist seit 1920 Direktor der Berliner Hochschule für Musik.	**1.1.** UA: *Menschen und Masken*, Film von und mit Harry Piel, in Berlin. **1.2.** UA: *Das Grab des Unbekannten Soldaten*, Tragödie von Paul Raynal, in der Comédie-Française Paris. Das Antikriegsstück wird in der Folgezeit 9000mal gespielt. **14.2.** *Siegfried*, der erste Teil von Fritz Langs Filmepos *Die Nibelungen*, wird im Berliner Ufa-Palast erstmals gezeigt. Der zweite Teil, *Kriemhilds Rache*, wird im Mai gespielt. **14.2.** UA: *Der Arme Konrad*, Schauspiel von Friedrich Wolf, in Stuttgart. **23.2.** UA: *Wer weint um Juckenack*, Tragikomödie von Hans José Rehfisch, im Schauspielhaus Leipzig.	**1.1.** Im Deutschen Reich gibt es derzeit 1500 zahlende Rundfunkhörer. Nach Senkung der Jahresgebühr von 60 auf 24 Rentenmark wird sich bis zum 1. Juli die Zahl der Rundfunkteilnehmer auf 99 000 erhöhen. **2.1.** Aufgrund der Schneeschmelze und starker Regenfälle kommt es in Nord- und Mittelfrankreich zu einer Überschwemmungskatastrophe. Auch Pariser Stadtteile sind betroffen. **8.2.** Im Staatsgefängnis von Nevada in Carson City wird erstmals ein Todesurteil mit Giftgas vollstreckt. **9.2.** An ihrem 100. Todestag wird die Nonne Anna Katharina Emmerick in Rom seliggesprochen.

1924

Internationale Politik

26.1., UdSSR. Unter Berufung auf den verstorbenen Parteivorsitzenden Wladimir I. Lenin versucht Josef W. Stalin, seine Position im innerparteilichen Machtkampf auszubauen. Seine Schwurformel gleicht einem messianischen Gelübde. ▷Chronik Zitat

2.2., Großbritannien. Die britische Regierung erkennt die Sowjetunion diplomatisch an.

2.2., UdSSR. Alexei I. Rykow wird Vorsitzender des Rates der Volkskommissare und damit Mitglied der Troika.

4.2., Indien. Aufgrund seines schlechten Gesundheitszustandes wird Mohandas Karamchand (Mahatma) Gandhi vorzeitig aus der Haft entlassen. Er war 1922 zu sechs Jahren Gefängnis verurteilt worden.

25.3., Griechenland. Die Nationalversammlung in Athen proklamiert die Republik und beschließt die Absetzung der Dynastie Glücksburg. Erster Staatspräsident wird Pavlos Konduriotis.

3.4., Bulgarien. Aufgrund des Gesetzes zum Schutz des Staates wird die Kommunistische Partei aufgelöst und deren Eigentum beschlagnahmt.

9.4., Spanien. Zukünftig dürfen volljährige ledige, verwitwete und geschiedene Frauen wählen. Das Wahlrecht der verheirateten Frauen nehmen deren Ehemänner wahr.

19.5., Türkei/Großbritannien. In Konstantinopel (Istanbul) beginnen die Verhandlungen zwischen der Türkei und Großbritannien über das Gebiet Mossul, das wegen der reichen Ölvorkommen umstritten ist. Erst 1926 wird der Konflikt zu Gunsten Großbritanniens beigelegt.

Stalins Gelübde

Chronik Zitat

»Wir schwören Dir ... daß wir unser Leben nicht schonen werden, um den Bund der Werktätigen der ganzen Welt, die Kommunistische Internationale zu festigen und zu erweitern!«

Josef W. Stalin

Deutsche Politik

14.1. In Paris tritt unter Leitung des amerikanischen Finanzexperten Charles Gates Dawes eine Kommission zur Neuregelung der deutschen Reparationszahlungen zusammen.

9.1. Der Präsident der »Regierung der Autonomen Pfalz«, Franz Josef Heinz, wird in Speyer bei einem Attentat pfälzischer Nationalisten erschossen.

13.2. In Kaiserslautern kommt es zwischen Rheinlandseparatisten und einer erregten Menschenmenge zu Auseinandersetzungen, bei denen drei Personen getötet werden.

18.2. Der 1923 ausgebrochene Konflikt zwischen der Reichsregierung und Bayern über die Befehlsgewalt in der Reichswehr wird beigelegt. Der umstrittene Reichswehrgeneral in Bayern, Otto von Lossow, nimmt seinen Abschied.

22.2. Mit dem Reichsbanner Schwarz-Rot-Gold wird in Magdeburg ein Kampfverband republikanischer ehemaliger Frontsoldaten gegründet. Ziel ist der Schutz der Republik.

28.2. Infolge der sich abzeichnenden politischen und wirtschaftlichen Stabilisierung hebt Reichspräsident Friedrich Ebert den seit September 1923 bestehenden militärischen Ausnahmezustand auf.

13.3. Wenige Monate vor Ablauf der Legislaturperiode löst Reichspräsident Friedrich Ebert den Ersten Reichstag der Weimarer Republik auf. Neuwahlen werden für den 4. Mai festgelegt.

18.3. Reichskanzler Wilhelm Marx und Reichsaußenminister Gustav Stresemann halten sich zu einem dreitätigen Staatsbesuch in der österreichischen Hauptstadt Wien auf.

20.3. Der sächsische Landtag lehnt den Auflösungsantrag der Deutschnationalen Volkspartei mehrheitlich ab.

1.4. Im Hochverratsprozeß gegen Adolf Hitler, Erich Ludendorff, Friedrich Weber u.a. wegen des Hitlerputsches vom November 1923 werden die Urteile gesprochen. Hitler wird zu fünf Jahren Festungshaft und einer Geldstrafe von 200 Goldmark verurteilt. Am 20.12.1924 wird er auf Bewährung entlassen.

Wirtschaft und Wissenschaft

12.2., Archäologie. Im Beisein von 16 Archäologen wird der Sarkophag des ägyptischen Pharaos Tutanchamun im Tal der Könige bei Luxor geöffnet. Die sensationelle Entdeckung des Königsgrabes im November 1922 hatte ein weit über Archäologenkreise hinausgehendes Interesse entfacht.

2.3., Medien. In Leipzig strahlt die Mitteldeutsche Rundfunk AG (Mirag) die erste Sendung aus. Damit hat nach der Funkstunde AG in Berlin der zweite öffentliche Rundfunksender seinen Betrieb aufgenommen.

29.4., Wirtschaft. Der Schweizer Franken wird im Fürstentum Liechtenstein als allgemeine Währungseinheit eingeführt.

31.5., Technik. In Hamburg wird die Heinrich-Hertz-Gesellschaft zur Förderung der Rundfunktechnik gegründet.

Juni, Wirtschaft. Bei der Firma Ford in Detroit rollt der zehnmillionste Wagen vom Band. Ford begann 1913 mit der Fließbandproduktion.

Wissenschaftler geehrt

Chronik Nobelpreise

Medizin: Willem Einthoven (NL)
Physik: Karl Manne Siegbahn (S)
Literatur: Wladyslaw Stanislaw Reymont (PL)

30.8., Wirtschaft. Als neue Währungseinheit löst die Reichsmark die Rentenmark und die Mark ab.

28.9., Luftfahrt. Mit der Landung an ihrem Ausgangspunkt Santa Monica im US-Bundesstaat Kalifornien beenden drei sog. World Cruiser den ersten Flug um die Erde. Die Torpedomaschinen des US-Konstrukteurs Donald Wills Douglas waren am 6. April gestartet und westwärts um die Nordhalbkugel geflogen.

4.12., Medien. In Berlin wird die erste deutsche Funkausstellung feierlich eröffnet. 268 Aussteller zeigen bis zum 13. Dezember etwa 115 000 Besuchern ihre Produkte.

1924

Kunst, Literatur und Musik

6.4. Im Rahmen der Frankfurter Buchmesse, die bis zum 12. April dauert, findet erstmals eine Radiomesse statt, die über den derzeitigen Stand des »Radio-Wesens« informiert.
9.5. UA: *Schlagobers*, heiteres Ballett von Richard Strauss, an der Wiener Staatsoper.
6.6. UA: *Erwartung*, Komposition von Arnold Schönberg, in Prag.
9.6. UA: *Der Sprung über den Schatten*, komische Oper von Ernst Krenek, in Frankfurt am Main.
13.6. Die Rote Gruppe, eine Vereinigung kommunistischer Künstler in Berlin, stellt sich der Öffentlichkeit vor. Zum Vorsitzenden wird der Maler und Graphiker George Grosz gewählt, John Heartfield wird Sekretär der Gruppe.
14.6. Mit Otfried von Hausteins *Der Telefunkenteufel* erscheint erstmals ein Roman, der sich mit der Wirkung des neuen Massenmediums Radio beschäftigt.
18.6. UA: *Mercure*, Ballett von Erik Satie, im Pariser Théâtre de la Cigale. Bühnenbild und Kostüme stammen von Pablo Picasso.
20.6. UA: *Der blaue Zug*, Ballett mit Sergei Diaghilews Ballets Russes von Darius Milhaud im Pariser Théâtre des Champs Elysées. Das Buch stammt von Jean Cocteau, die Kostüme von Coco Chanel.
6.7. UA: *Die Frau ohne Kuß*, Operettenlustspiel von Walter Kollo, im Schiller-Theater Berlin.
22.7. In Bayreuth werden die ersten Richard-Wagner-Festspiele seit dem Ende des Ersten Weltkrieges mit den *Meistersingern* eröffnet. Für Aufsehen sorgt die Parteinahme der Festspielleitung für die völkische Rechte.
4.8. Für die Malik-Buchhandlung in Berlin produziert John Heartfield seine erste zeitgeschichtliche Fotomontage: *Nach zehn Jahren – Väter und Söhne 1924*.
29.8. In Leipzig wird auf Initiative des gewerkschaftlichen Bildungsverbandes die Büchergilde Gutenberg gegründet. Sie ist die dritte Buchgemeinschaft im Deutschen Reich im Dienste der Volksbildung.

Theater und Film

3.3. UA: *Juno und der Pfau*, Tragödie von Sean O'Casey, im Dubliner Abbey Theatre.
19.3. In den Münchner Kammerspielen wird Bertolt Brechts Stück *Leben Eduards des Zweiten von England* in der Regie des Autors erstmals auf die Bühne gebracht.
27.3. UA: *Kolportage*, Komödie von Georg Kaiser, im Lessing-Theater in Berlin.
1.4. Mit Carlo Goldonis Stück *Der Diener zweier Herren* wird das Theater in der Josefstadt in Wien neueröffnet.
4.4. Karl Valentins Stegreifkomödie *Die Raubritter von München* erlebt in den Münchner Kammerspielen ihre Uraufführung.
6.4. Mit überraschendem Erfolg wird Arnolt Bronnens expressionistisches Stück *Anarchie in Sillian* an der Jungen Bühne des Deutschen Theaters in Berlin uraufgeführt. Viele Kritiker sehen in Arnolt Bronnen einen der bedeutendsten Bühnenautoren. ▷Chronik Zitat
15.5. UA: *Alle Kinder Gottes haben Flügel*, Stück von Eugene O'Neill, im New Yorker Provincetown Playhouse.

In Schweiß gebadet
Zitat

»Ein grausiges Abbild heutiger Tage. Von Dichterhand – nein, von Dichterfaust! – in erschütterndes Einzelschicksal zusammengedrängt ... Wie betäubt, wie gerädert, in Schweiß gebadet saßen wir da, nach beendetem Spiel.«
»Berliner Lokal-Anzeiger« über Bronnen

27.5. Als Weiterentwicklung seines Konzepts des proletarischen Theaters inszeniert Erwin Piscator an der Volksbühne in Berlin die Uraufführung von Alfons Paquets *Fahnen*.
1.7. Berlin hat derzeit 51 Theater, davon zwölf Sommer- und Gartenbühnen; darüber hinaus sind 156 Varieté- und Kabarettkonzessionen vergeben worden.

Gesellschaft

23.2. Nach einem Berliner Urteil stellen Strohhalme kein Verkehrshindernis dar. Gegen einen Kaufmann, dem beim Entladen seines Wagens einzelne Strohhalme auf die Straße gefallen waren, hatte ein Polizist Anzeige erstattet.
März Die Reichsbahnverwaltung beschließt, daß Zeitkarten in Zukunft mit Lichtbildern versehen werden, um einen Mißbrauch zu verhindern.

Olympia-Sieger
Chronik Sport

Leichtathletik:
Hochsprung:
| Harold Osborn (USA) | 1,98 m |
Stabhochsprung:
| Lee Barnes (USA) | 3,95 m |
Dreisprung:
| Anthony Winter (AUS) | 15,52 m |
Kugelstoßen:
| Clarence Houser (USA) | 14,99 m |
Speerwurf:
| Jonni Myyrä (FIN) | 62,96 m |

24.3. Das amerikanische Repräsentantenhaus in Washington billigt eine Summe von 10 Mio. Dollar zum Ankauf von Lebensmitteln für notleidende deutsche Frauen und Kinder.
1.4. In Frankfurt am Main nimmt der Südwestdeutsche Rundfunkdienst als vierter Sender des öffentlichen deutschen Rundfunks den Sendebetrieb auf.
2.5. In Berlin wird ein Arbeiter von fünf Nationalsozialisten erschossen. Er wollte sie zur Rede stellen, als sie illegal Wahlkampfzettel klebten.
22.6. Die Universität Frankfurt am Main weiht das neue Institut für Sozialforschung ein. Das Institut bietet 16 Forschern Platz.
23.6. In Hannover wird Friedrich Haarmann verhaftet, der als Polizeispitzel gearbeitet hat. Er gesteht, 27 junge Männer umgebracht zu haben.
15.7. In den chinesischen Provinzen Honan, Hunan, Anhwei und Kiangsi haben Wolkenbrüche eine Überschwemmungskatastrophe verursacht, die zahlreiche Dörfer zerstört hat.

1924

Internationale Politik

26.5., USA. Das neue Einwanderungsgesetz der USA sieht Beschränkungen für Immigranten aus Südosteuropa und Asien vor. Die Einwanderung aus Japan wird untersagt.

1.6., Österreich. Auf den christlichsozialen Bundeskanzler Ignaz Seipel wird ein Revolverattentat verübt, bei dem er jedoch nicht lebensgefährlich verletzt wird.

2.6., USA. Die Indianer erhalten die vollen Bürgerrechte.

10.6., Italien. In Rom wird Sozialistenführer Giacomo Matteotti von Faschisten ermordet. Die Tat stürzt das faschistische Regime unter Benito Mussolini in eine schwere Krise.

13.6., Frankreich. Als Nachfolger von Alexandre Millerand wird Gaston Doumergue neuer Staatspräsident. Zwei Tage später tritt der Radikalsozialist und langjährige Bürgermeister von Lyon, Edouard Marie Herriot, die Nachfolge von Ministerpräsident Raymond Poincaré an.

10.7., Norwegen/Dänemark. Norwegen und Dänemark schließen den Grönlandvertrag, der Norwegen Walfangrechte an der Ostküste zusichert.

18.9., Dominikanische Republik. Nach dem Abzug der US-amerikanischen Truppen, die seit 1916 im Land waren, erhält die Dominikanische Republik eine freiheitliche Verfassung.

4.11., USA. Bei den Präsidentschaftswahlen kann sich der Republikaner Calvin Coolidge, der seit dem Tod von Warren G. Harding (1923) Präsident ist, gegen John W. Davis (Demokraten) und Robert Marion La Follette (Progressive) durchsetzen.

6.11., Großbritannien. Nach der Labour-Niederlage bei den Unterhauswahlen vom 29. Oktober bilden die Konservativen unter Premierminister Stanley Baldwin wieder die Regierung.

26.11., Mongolische Volksrepublik. Nach der Vertreibung chinesischer und antirevolutionärer russischer Truppen aus der Mongolei wird die Mongolische Volksrepublik in enger Anlehnung an die UdSSR gegründet.

1.12., Estland. In Reval bricht ein kommunistischer Aufstand aus, der jedoch sofort niedergeschlagen wird.

Deutsche Politik

9.4. Der Dawesplan regelt die vorläufigen deutschen Zahlungen und sieht die alliierte Kontrolle der Reichsbank und eine Anleihe als Starthilfe für die deutsche Wirtschaft vor.

Verhaltener Optimismus
Chronik Zitat

»*Das neue Jahr wird uns ... vor schwere Entscheidungen stellen. Möge ein gutes Geschick uns geben, daß wir dem wirklichen Frieden näherkommen, den die Welt braucht.*«
Reichsaußenminister Gustav Stresemann

4.5. Bei den Reichstagswahlen müssen die Parteien der demokratischen Mitte und die SPD schwere Verluste hinnehmen. Am 26. Mai tritt die Minderheitsregierung der bürgerlichen Mitte zurück. Am 3. Juni bildet Wilhelm Marx eine neue Regierung in gleicher Besetzung.

24.6. Während der Debatte über Anträge der Kommunisten, Sozialdemokraten und Nationalsozialisten auf Straffreiheit für politische Straftaten kommt es im Reichstag zu heftigen, handgreiflichen Tumulten.

18.7. Die Kommunistische Partei Deutschlands (KPD) gründet den Roten Frontkämpferbund (RFB). Im gleichen Monat entstehen in Sachsen und Thüringen die ersten RFB-Ortsverbände.

29.9. Um die außenpolitische Isolierung zu überwinden, überreicht die Reichsregierung den Mitgliedsmächten des Völkerbundsrates ein Memorandum, in dem sie um die Aufnahme in den Völkerbund nachsucht.

20.10. Auf Antrag des Reichskanzlers Wilhelm Marx löst Reichspräsident Friedrich Ebert den am 4. Mai gewählten Reichstag auf, da eine Verbreiterung der Koalition scheiterte.

7.12. Bei den zweiten Reichstagswahlen dieses Jahres erhalten die radikalen Parteien eine deutliche Absage. Die Regierungsbildung bleibt jedoch weiterhin schwierig.

Wirtschaft und Wissenschaft

7.12., Technik. Mit der Beauftragung des Leipziger Unternehmens für Drahtseilbahnen Adolf Bleichert & Co. für den Bau der Zugspitzbahn kommt eine sehr lange Vorentwicklung zum Abschluß. Die Drahtseilbahn soll am 1.8.1925 eröffnet werden.

10.12., Verkehr. In Berlin öffnet die Deutsche Automobilausstellung.

10.12., Nobelpreise. In Stockholm werden die diesjährigen Nobelpreisträger vorgestellt. Wie im Vorjahr wird kein Friedensnobelpreis verliehen. Auch für Chemie gibt es in diesem Jahr keinen Preisträger.
▷Chronik Nobelpreise, S. 126

20.12., Wirtschaft. In Österreich wird der Schilling anstelle der Kronenwährung eingeführt.

1924, Technik. Der österreichische Maschineningenieur Viktor Kaplan entwickelt die nach ihm benannte Turbine, die auch bei sehr geringem Wasserdruck noch mit gutem Wirkungsgrad arbeitet.

1924, Physik. Dem britischen Atomphysiker Ernest Rutherford gelingt es, mit Alpha-Teilchen Protonen aus Atomkernen zu schlagen. Sein österreichischer Kollege Wolfgang Pauli entwickelt das Modell des Spins im Atom, des Drehimpulses seiner Eigenrotation.

1924, Verkehr. Die amerikanische Firma Goodyear Tire & Rubber Co., das weltgrößte Unternehmen auf dem Gebiet der Reifen- und Gummiproduktion, führt in den USA bei Pkw der Firma Chrysler den Niederdruck-Ballonreifen ein.

Preise im Deutschen Reich
Chronik Statistik

Einzelhandelspreise (Reichsmark):

Butter, 1 kg	4,60
Roggenbrot, 1 kg	0,38
Schweinefleisch, 1 kg	2,40
Rindfleisch, 1 kg	2,00
Eier, 1 Stück	0,20
Kartoffeln, 1 kg	0,08
Vollmilch, 1 l	0,35

1924

Kunst, Literatur und Musik

1.10. Beim Berliner Ullstein-Verlag erscheint das erste Heft des Monatsmagazins »Uhu«.
15.10. In Moskau wird die erste deutsche Kunstausstellung eröffnet.
18.10. Der deutsche Maler Max Liebermann eröffnet die Herbstausstellung der Berliner Akademie der Künste. Reichspräsident Friedrich Ebert gehört zu den prominentesten Gästen der Eröffnungsfeier.
21.10. UA: *Die Zwingburg*, Oper von Ernst Krenek mit einem Libretto von Franz Werfel, in der Berliner Staatsoper.
23.10. UA: *Der Dämon*, Tanzpantomime nach Musik von Paul Hindemith, am Stadttheater Duisburg.
4.11. UA: *Intermezzo*, Oper von Richard Strauss, am Staatlichen Schauspielhaus Dresden.
6.11. UA: *Das schlaue Füchslein*, Oper von Leoš Janáček, in Brünn.
21.11. Der deutsche Bildhauer, Graphiker und Dichter Ernst Barlach wird in Berlin mit dem Kleist-Preis ausgezeichnet.
28.11. Beim S. Fischer Verlag in Berlin erscheint der Roman *Der Zauberberg* von Thomas Mann.
1.12. George Gershwins Musical *Lady be good* hat in New York Weltpremiere.
14.12. UA: *Die Pinien von Rom*, sinfonische Tondichtung von Ottorino Respighi, im Augusteo in Rom.
22.12. Der Maler und Graphiker Christian Rohlfs wird anläßlich seines 75. Geburtstags zum Mitglied der Preußischen Akademie der Künste und zum Ehrenbürger der Stadt Hagen ernannt.
1924 André Breton veröffentlicht das *Manifest des Surrealismus*. Zu der Gruppe um Breton, die sich um eine Öffnung zum Unterbewußten bemüht, gehören Schriftsteller wie Louis Aragon, Philippe Soupault und Paul Eluard an sowie Künstler wie Max Ernst, Hans Arp, Salvador Dalí, Joan Miró, Marcel Duchamp und René Magritte.
1924 Der chilenische Lyriker Pablo Neruda veröffentlicht *Zwanzig Liebesgedichte und ein Lied der Verzweiflung*.

Theater und Film

18.9. Der schwedische Film *Gösta Berling* kommt in die deutschen Kinos. Unter der Regie von Mauritz Stiller spielt Greta Garbo ihre Debütrolle.
21.9. Als Agitationsstück für die KPD vor den Reichstagswahlen inszeniert Erwin Piscator das Theaterstück *Revue Roter Rummel* in Berlin.
26.9. In den deutschen Kinos läuft *Michael* von Carl Theodor Dreyer an. Der Film erzählt die Geschichte eines Malers, der sein Modell, den Jüngling Michael, an eine schöne Frau verliert.
27.9. UA: *Die Sündflut*, Drama von Ernst Barlach, am Württembergischen Landestheater Stuttgart.
11.10. Im Rahmen des zweiten Musik- und Theaterfestes der Stadt Wien wird Arthur Schnitzlers *Komödie der Verführung* im Burgtheater uraufgeführt.
14.10. UA: *Der Seefahrer*, Film von und mit Buster Keaton, in den USA.
22.10. Im ehemaligen Großen Schauspielhaus in Berlin startet Eric Charell seine erste große Ausstattungsrevue mit dem Titel *An Alle*. Im Mittelpunkt stehen die Londoner »Tiller-Girls«.
5.11. In dem experimentellen Kurzfilm *Diagonal Sinfonie* von Viking Eggeling geht es um das Verhältnis von Form, Licht und Bewegung
11.11. Eugene O'Neills Drama *Gier unter Ulmen* wird im Greenwich Village Theater in New York erstmals gespielt und verarbeitet psychologische Erkenntnisse von Sigmund Freud und Carl Gustav Jung.
13.11. Der Film *Das Wachsfigurenkabinett* von Paul Leni mit Emil Jannings und Werner Krauss wird erstmals im Berliner Ufa-Theater am Kurfürstendamm gezeigt.
21.11. UA: *Nju – Eine unverstandene Frau*, Film von Paul Czinner mit Elisabeth Bergner, in Berlin.
23.12. UA: *Der letzte Mann*, Film von Friedrich Wilhelm Murnau mit Emil Jannings in der Hauptrolle, im Berliner Ufa-Palast am Zoo.
30.12. Mit Max Reinhardts Inszenierung von Luigi Pirandellos Stück *Sechs Personen suchen einen Autor* in Berlin beginnt eine Pirandello-Mode im Deutschen Reich.

Gesellschaft

20.8. Zur Bekämpfung der »Auswüchse im Auto- und Motorradwesen« werden die bayerischen Polizeibehörden zum rücksichtslosen Vorgehen gegen überschnelles Fahren, überlaute und mißtönende Signale, Belästigung durch Motorlärm und Gasgeruch aufgefordert.
20.9. Die Reichsregierung beschließt die Einführung der deutschen Einheitskurzschrift (Stenographie).
3.11. Im Rhein-Main-Gebiet führen anhaltende Niederschläge zu einer Hochwasserkatastrophe. In der Kölner Altstadt werden die Straßen teilweise überflutet. Der Pegel steigt hier acht bis zehn Zentimeter in der Stunde. Auch aus den Nachbarländern Belgien und Frankreich werden Überschwemmungen gemeldet.
24.12. In der Peterskirche in Rom wird als Auftakt zum Jubeljahr der katholischen Kirche die Heilige Pforte geöffnet, die vor 24 Jahren vom damaligen Papst Leo XIII. geschlossen worden war. ▷ Chronik Zitat

Öffnung der Heiligen Pforte
Chronik Zitat

»Der Papst klopfte mehrmals unter Segenssprüchen mit dem goldenen Hammer an die Marmorplatte, welche die Türöffnung absperrte, die Menge respondierte ... und die Porta Santa war wieder offen.«
»Frankfurter Zeitung«

27.12. Während der Weihnachtsfeiertage wurden nach polizeilichen Angaben in Berlin 50 Selbstmorde und Selbstmordversuche begangen.
1924 Nach den harten Kriegs- und Krisenjahren zeigt sich die Damenmode luxuriös, extravagant und verspielt. Die Taille bleibt tiefliegend, der Saum wird kürzer. Die abendlichen Hüllen sind weit, knopf- und ärmellos.
1924 Das Pariser Modehaus Worth eröffnet die Reihe seiner Abendkleider mit den »Pivoines«, den »Pfingstrosen«.

1924

Geborene und Gestorbene

Geboren:
29.1. Luigi Nono (†8.5.1990), italienischer Komponist.
9.3. Peter Scholl-Latour, deutscher Journalist.
7.4. Johannes Mario Simmel, österreichischer Schriftsteller.
20.6. Rainer Barzel, deutscher Politiker.
2.8. James Baldwin (†1.12.1987), amerikanischer Schriftsteller.
28.9. Marcello Mastrioanni, italienischer Schauspieler
30.9. Truman Capote (†25.8.1984), amerikanischer Schriftsteller.
1.10. Jimmy Carter, amerikanischer Politiker.

Gestorben:
21.1. Wladimir Iljitsch Lenin (*22.4.1870), Begründer der Sowjetunion.
1.2. Ludwig Barnay (*7.2.1842), deutscher Schauspieler.
3.2. Thomas Woodrow Wilson (*28.12.1856), amerikanischer Politiker.
29.3. Charles Stanford (*30.9.1852), irischer Komponist.
10.4. Hugo Stinnes (*12.2.1870), deutscher Industrieller.
21.4. Eleonora Duse (*3.10.1858), italienische Schauspielerin.

1925

Internationale Politik	Deutsche Politik	Wirtschaft und Wissenschaft

3.1., Italien. Mit einer Rede vor dem italienischen Parlament leitet Ministerpräsident Benito Mussolini endgültig die faschistische Diktatur in Italien ein. ▷Chronik Zitat

Faschistische Diktatur

Chronik Zitat

»Daß der Faschismus mehr war als die gewaltsame Anwendung von Rizinusöl und Prügelstrafe, daran bin ich schuld ... Wenn der Faschismus eine Vereinigung zwecks Verbrechen war, so bin ich deren Haupt!«
Benito Mussolini, italienischer »Duce«

3.1., Polen. In der Freien Stadt Danzig läßt die Post eigene Briefkästen aufstellen. Daraufhin kommt es zu heftigen Protesten seitens der Stadtverwaltung, die eine Erweiterung der polnischen Hoheitsrechte fürchtet.
17.1., UdSSR. Von Josef W. Stalin gezwungen, tritt in Moskau der Volkskommissar für Verteidigung, Leo D. Trotzki, von seinem Amt zurück.
3.2., Frankreich. Die Regierung beschließt die Auflösung der französischen Botschaft im Vatikan.
14.2., UdSSR. Im mittelasiatischen Gebiet wird die Tadschikische Autonome Sowjetrepublik gegründet.

6.1. Der Austritt der Deutschen Volkspartei (DVP) aus der preußischen Regierung beendet die Große Koalition.
15.1. Der parteilose Reichskanzler Hans Luther stellt sein Kabinett vor. Es ist das zwölfte seit der Gründung der Weimarer Republik 1919.
13.2. Erich Ludendorff gibt die Führung der Nationalsozialistischen Freiheitspartei ab. Bald darauf löst sich die Partei auf, ihre Mitglieder treten zumeist in die NSDAP ein.
22.2. Vor dem Magdeburger Dom bekunden rund 100 000 Menschen anläßlich einer Tagung des Reichsbanners Schwarz-Rot-Gold ihre Loyalität gegenüber der Weimarer Republik.
27.2. Nach Aufhebung des Ausnahmezustands in Bayern gründet Adolf Hitler in München die NSDAP neu.
28.2. Reichspräsident Friedrich Ebert (SPD) stirbt 54jährig an einer verschleppten Blinddarmentzündung.
3.3. Die Kommunistische Partei stellt Ernst Thälmann als Kandidaten für die Reichspräsidentenwahl auf.
9.3. Die bayerische Regierung erteilt Adolf Hitler Redeverbot in der Öffentlichkeit, da er mehrfach in Versammlungen zu Gewalttätigkeiten aufgerufen hatte.
26.4. Mit knapper Mehrheit wird der monarchistische Generalfeldmarschall Paul von Hindenburg zum neuen Reichspräsidenten gewählt.

1.1., Wirtschaft. Durch Zusammenlegung von drei Elektrizitätswerken entstehen in Dortmund die Vereinigten Elektrizitätswerke Westfalen GmbH (VEW).
7.5., Technik. In München wird das von Oskar von Miller gegründete Deutsche Museum, das größte naturwissenschaftlich-technische Museum der Welt, eingeweiht.
8.6., Wirtschaft. Auf der Ausstellung »Heim und Scholle«, die bis zum 7. Juli in Braunschweig stattfindet, stehen Technik und Ökonomie in der Landwirtschaft im Mittelpunkt.

Altersgruppen in Deutschland

Chronik Statistik

unter 5 Jahren	5 871 500
15 bis unter 20 Jahren	6 543 100
20 bis unter 30 Jahren	11 457 700
30 bis unter 40 Jahren	8 863 000
40 bis unter 50 Jahren	7 754 000
50 bis unter 60 Jahren	5 961 000

18.6., Geologie. Der norwegische Polarforscher Roald Amundsen, der mit zwei Wasserflugzeugen versucht hatte, den Nordpol auf dem Luftweg zu erreichen, kehrt nach Spitzbergen zurück. Er mußte die am 21. Mai begonnene Expedition am 87. Breitengrad aufgeben.

1924

Geborene und Gestorbene

23.4. Karl Helfferich (*22.7.1872), deutscher Politiker.
2.6. Friedrich Kallmorgen (*15.11.1856), deutscher Maler.
3.6. Franz Kafka (*3.7.1883), österreichischer Schriftsteller tschechisch-jüdischer Herkunft.
10.6. Giacomo Matteotti (*22.5.1885), italienischer Politiker.
27.7. Ferruccio Busoni (*1.4.1866), deutsch-italienischer Komponist.

3.8. Joseph Conrad (*3.12.1857), englischer Schriftsteller.
11.8. Franz Schwechten (*12.8.1841), deutscher Architekt.
17.8. Paul Nartop (*24.1.1854), deutscher Philosoph und Pädagoge.
18.9. Francis Bradley (*30.1.1846), englischer Philosoph.
12.10. Anatole France (*16.4.1844), französischer Dichter.

17.10. Clara Sudermann (*14.2.1862), deutsche Schriftstellerin.
4.11. Gabriel Fauré (*12.5.1845), französischer Komponist.
7.11. Hans Thoma (*2.10.1839), deutscher Maler und Grafiker.
22.12. Hugo von Seeliger (*23.9.1849), deutscher Astronom.
29.12. Carl Spitteler (*24.4.1845), schweizerischer Dichter.

1925

Kunst, Literatur und Musik

6.1. Beim Fischer-Verlag erscheint Bernhard Kellermanns Drama *Die Wiedertäufer von Münster*.
11.3. Im Malik-Verlag erscheint von George Grosz und Wieland Herzfelde das Buch *Die Kunst ist in Gefahr*. Die beiden Verfasser setzen sich darin mit den gegenwärtigen Aufgaben und Zielen der Kunst auseinander.
14.3. Im Städtischen Opernhaus in Köln wird die Oper *Die Liebe zu den drei Orangen* in Anwesenheit des russischen Komponisten Sergei Prokofjew erstmals im Deutschen Reich aufgeführt.
21.3. UA: *Das Kind und die Zaubereien*, Ballett von Maurice Ravel, in Monte Carlo.
25.3. Im Drei-Masken-Verlag in München erscheint der Roman *Jud Süß* von Lion Feuchtwanger.
2.4. Der italienische Schriftsteller und Regisseur Luigi Pirandello eröffnet in Rom seine eigene Bühne, das Teatro d'Arte.
2.4. UA: *Das Liebesband des Marchese*, Oper von Ermanno Wolf-Ferrari, in der Dresdner Staatsoper.
19.4. Im Rahmen der Frankfurter Frühjahrsmesse wird die bis zum 22. April dauernde Buchmesse eröffnet.
26.4. Postum erscheint in Österreich Franz Kafkas erster großer Roman, *Der Prozeß*, aus dem Nachlaß herausgegeben von Max Brod.

Theater und Film

1.1. UA: *Der Kreidekreis* von Klabund, am Stadttheater Meißen.
12.2. UA: *Schicksal*, Film mit Conrad Veidt und Eduard von Winterstein, in Berlin.
18.2. UA: *Ein Spiel von Tod und Liebe*, Stück von Romain Rolland, am Schauspielhaus Hamburg.
16.3. UA: *Wege zu Kraft und Schönheit – Ein Film über moderne Körperkultur*, Streifen über die Idealisierung des menschlichen Körpers von Wilhelm Prager, im Berliner Ufa-Palast am Zoo.
18.3. UA: *Athleten*, Film mit Asta Nielsen, im Marmorhaus in Berlin.
30.3. Im Berliner Mozartsaal wird der Film *Hedda Gabler* nach dem gleichnamigen Stück des Norwegers Henrik Ibsen erstmals gezeigt. Die Hauptrollen spielen Asta Nielsen, Albert Steinrück und Käthe Haack.
9.4. UA: *Gas*, Schauspiel von Georg Kaiser, im Deutschen Volkstheater Wien.
19.4. UA: *Die fröhliche Stadt*, Schauspiel von Hanns Johst, im Städtischen Theater Düsseldorf.
20.4. UA: *Juarez und Maximilian*, Stück von Franz Werfel, in Magdeburger Stadttheater.
3.5. Der von der Künstlervereinigung »Novembergruppe« fertiggestellte Streifen *Der absolute Film* mit »Entr'acte« und »Ballet mécanique« wird in Berlin uraufgeführt.

Gesellschaft

3.1. In New York bringen heftige Schneefälle den Verkehr für zwei Tage zum Erliegen.
9.1. In einer Auflage von 50 000 Exemplaren erscheint das »Radiobastelbuch« mit Anleitungen zum Bau von Rundfunkempfängern.
11.1. In Berlin wird die Radrennbahn am Kaiserdamm eingeweiht.

Himalaja-Flug
Zitat

»Von Jalpaiguri flogen wir ... mit photographischen Apparaten ausgestattet ... los. Nach wenigen Minuten sahen wir vor uns die Bergmassen, die aus einer Ebene ... innerhalb von 50 Meilen bis zu 29 000 Fuß aufsteigen ... .«
Alan Cobham, Pilot

29.1. Über seinen Flug in das Himalaja-Gebirge berichtet der britische Pilot Alan Cobham in der »Frankfurter Zeitung«. ▷Chronik Zitat
8.2. Das Statistische Amt gibt bekannt, daß derzeit im Deutschen Reich 200 000 Pkw und 100 000 Motorräder zugelassen sind.
11.2. Bei einem Grubenunglück auf der Zeche »Minister Stein« sterben in Dortmund 136 Bergleute.

1925

Internationale Politik

24.2., China. Der Ex-Kaiser von China, Pu Yi, verläßt die japanische Botschaft in Peking, wo er Zuflucht gesucht hatte, und siedelt mit seiner Familie in die japanische Siedlung nach Tientsin über.
25.2., Türkei. Die Regierung bombardiert im Südosten des Landes aufständische Kurden, deren Zahl mit etwa 20 000 angegeben wird.
4.3., USA. Der im November 1924 gewählte Präsident Calvin Coolidge tritt sein Amt an.
12.3., China. Im Alter von 68 Jahren stirbt in Peking Sun Yat-sen, der erste Präsident der Republik China und Führer der Kuomintang.
20.3., China. Nach einem Militärputsch wird Chiang Kai-shek führender General der Kuomintang.
17.4., Frankreich. Als Nachfolger von Edouard Herriot wird Paul Painlevé französischer Regierungschef.
1.5., Großbritannien. Die seit 1878 von Großbritannien verwaltete Mittelmeerinsel Zypern wird Kronkolonie.
30.5., China. Fremdenfeindliche Demonstrationen und Unruhen gipfeln in der Ausrufung des Generalstreiks.
22.6., Spanien/Frankreich. Auf der in Madrid stattfindenden Marokkokonferenz beschließen spanische und französische Politiker ein gemeinsames Vorgehen gegen die aufständischen Rifkabylen in Marokko.
25.6., Griechenland. Eine Militärrevolte in Athen, Patras und Saloniki bringt in Griechenland Theodoros Pangalos an die Macht, der das Parlament bis Oktober vertagt.
6.8., Polen. Die polnische Regierung behandelt alle deutschen Einwohner wie Ausländer, die sich widerrechtlich auf polnischem Gebiet befinden. Im Gegenzug weist die Weimarer Republik 15 000 polnische Optanten aus.
5.11., Italien. Nach einem Attentatversuch auf Ministerpräsident Benito Mussolini werden die sozialistischen Parteien aufgelöst.
25.11., Persien. Das persische Parlament überträgt Resa Khan, dem neuen Herrscher des Landes, die erbliche Würde als Schah. Er begründet die Dynastie der Pahlawiden.

Deutsche Politik

1.5. Innerhalb der NSDAP-Parteiorganisation entsteht die Schutzstaffel (SS) zum Schutz der Parteiführer.
14.7. Die belgischen und französischen Truppen beginnen mit der Räumung des Ruhrgebiets, das sie seit Januar 1923 besetzt gehalten hatten, um ihren Reparationsforderungen Nachdruck zu verleihen.
18.7. In München erscheint der erste Band von Adolf Hitlers programmatischer Schrift »Mein Kampf«.
12.8. Reichspräsident Paul von Hindenburg beginnt eine Reise durch die deutschen Staaten.

Gegen Klassenherrschaft

Chronik Zitat

»*Die Sozialdemokratische Partei kämpft nicht für neue Klassenprivilegien und Vorrechte, sondern für die Abschaffung der Klassenherrschaft und der Klassen selbst, für gleiche Rechte und Pflichten aller ...*«
Aus dem Heidelberger Programm der SPD

24.8. Der Zentrumspolitiker Joseph Wirth verläßt seine Partei, da er mit der praktizierten Koalitionspolitik nicht einverstanden ist.
1.9. Ernst Thälmann wird Vorsitzender der Kommunistischen Partei (KPD). Ruth Fischer, Arkadi Maslow und Werner Scholem verlassen die Parteileitung.
13.9. Auf dem SPD-Parteitag in Heidelberg wird ein neues Parteiprogramm vorgestellt, das sich gegen die Klassenherrschaft richtet. Die Delegierten verabschieden das Programm am 18. September ▷ Chronik Zitat
16.10. Im Vertrag von Locarno erkennt Deutschland seine im Versailler Vertrag vereinbarte Westgrenze an, hält sich jedoch eine Revision der Ostgrenze offen. Der Vertrag entspricht damit den Vorstellungen von Reichsaußenminister Gustav Stresemann.
20.11. In Berlin findet im Beisein des Reichspräsidenten Paul von Hindenburg eine Gedächtnisfeier für den Piloten Manfred von Richthofen statt.

Wirtschaft und Wissenschaft

29.7., Physik. In der »Zeitschrift für Physik« erklärt Werner Heisenberg in seinem Aufsatz »Über die quantentheoretische Umdeutung kinematischer und mechanischer Beziehungen« mikrophysikalische Vorgänge, die von seinen Kollegen Max Born und Pascual Jordan vervollkommnet werden.
25.9., Technik. Auf der Kino- und Fotomesse in Berlin wird die von dem deutschen Feinmechaniker Oskar Barnack für die Firma Leitz entwickelte Kleinbildkamera Leica gezeigt. Neue, sehr lichtempfindliche und feinkörnige Filmbeschichtungen erlauben bei gleicher Bildqualität weitaus kleinere Negativformate als bisher.
2.12., Wirtschaft. Die Firmen BASF, Bayer, Hoechst, Agfa u.a. schließen sich zu dem Chemiekonzern I.G. Farben zusammen.
10.12., Nobelpreise. In Stockholm und Oslo werden die diesjährigen Nobelpreise verliehen. In diesem Jahr wird kein Medizinpreis vergeben.
▷ Chronik Nobelpreise
1925, Technik. Bei Erdölbohrungen in Pennsylvania wird nach dem sog. Seilschlagverfahren das bislang tiefste Bohrloch bis auf 2366 m niedergebracht.

Wissenschaftler geehrt

Chronik Nobelpreise

Chemie: Richard Zsigmondy (D)
Physik: James Franck (D) und Gustav Hertz (D)
Frieden: Joseph A. Chamberlain (GB) und Charles G. Dawes (USA)
Literatur: George Bernard Shaw (IRL)

1925, Medien. Der Fernsehtechniker John Logie Baird aus Schottland gründet die Television Ltd., die erste Fernsehgesellschaft der Welt.
1925, Technik. In der Landwirtschaft wird die körperliche Arbeit zunehmend durch Maschinen ersetzt: In den Vereinigten Staaten werden beispielsweise Mähdrescher eingesetzt, die nur von zwei Personen bedient werden müssen.

1925

Kunst, Literatur und Musik

29.4. In Paris beginnt eine internationale Weltausstellung für das Kunstgewerbe, die Exposition Internationale des Art Décoratifs. Die gezeigten Exponate werden unter dem Begriff Art déco stilbildend. Fernand Léger und Robert Delaunay entwerfen mehrere abstrakte Wandbilder für den von Le Corbusier erbauten Pavillon.
9.5. Der Maler Max Liebermann, Präsident der Preußischen Akademie der Künste, eröffnet in Berlin die Frühjahrsausstellung der Akademie.
10.5. Der Börsenverein des Deutschen Buchhandels begeht in Leipzig den 100. Jahrestag seines Bestehens.
11.5. Maria Schreker und Richard Tauber singen die Hauptrollen der Oper *Der ferne Klang* von Franz Schreker, die in der Staatsoper Berlin Premiere hat.
21.5. Unter der musikalischen Leitung von Ernst Busch wird in der Dresdner Staatsoper die Oper *Doktor Faust* des 1924 verstorbenen Ferruccio Busoni erstmals gespielt.
30.5. Im renovierten Düsseldorfer Kunstpalast beginnt die Jubiläumsausstellung »Die letzten 100 Jahre rheinischer Malerei« mit einer Abteilung bedeutender moderner Kunst.
13.6. UA: *Judith*, Oper von Arthur Honegger, in Méziever.
18.6. Der ungarische Komponist und Pianist Alexander László führt in Kiel erstmals seine »Farblichtmusik« vor.
13.8. Mit einer Festrede von Hugo von Hofmannsthal wird das Salzburger Festspielhaus anläßlich der diesjährigen Festspiele eröffnet.
7.10. Im Pariser Musiktheater an den Champs-Elysées hat die *Revue Nègre* mit der farbigen Tänzerin Joséphine Baker Premiere.
21.10. In Paris wird eine Ausstellung mit Werken von Paul Klee eröffnet.
30.10. UA: *Paganini*, Operette von Franz Lehár, in Wien.
2.11. Unter dem Titel *Spießer-Spiegel* erscheinen 60 Zeichnungen des Künstlers George Grosz in Berlin.
14.12. UA: *Wozzeck*, Oper von Alban Berg, unter der Leitung von Erich Kleiber in der Deutschen Staatsoper Berlin.

Theater und Film

12.5. UA: *Götter von Tibet*, Film von Paul Wegener, mit Asta Nielsen und Käte Haack, im Kino am Nollendorfplatz in Berlin.
16.5. UA: *Rheinische Rebellen*, Stück von Arnolt Bronnen unter der Regie von Leopold Jessner, im Staatlichen Schauspielhaus Berlin.
17.5. UA: *Das goldene Kalb*, Film mit Henny Porten und Albert Steinrück, in Berlin.
23.5. UA: *Die freudlose Gasse*, Film von Georg Wilhelm Pabst, in Berlin.
5.6. UA: *Orphée*, Stück von Jean Cocteau, im Théâtre des Arts in Paris.
6.6. Im Kölner Schauspielhaus wird Fritz von Unruhs Stück *Heinrich aus Andernach* erstmals gegeben.
28.7. In Berlin wird der von Gerhard Lamprecht inszenierte Film *Die Verrufenen – der fünfte Stand*, eine engagierte Darstellung des Lebens in den Berliners Slums, erstmals gezeigt.
16.8. In den Vereinigten Staaten erlebt der Spielfilm *Goldrausch* von und mit Charlie Chaplin seine Uraufführung.
19.8. Im Berliner Admiralspalast wird die Revue *Achtung! Welle 505* von Willi Wolff und Walter Kollo erstmals aufgeführt.
4.9. UA: *Die Prinzessin und der Geiger*, Film von Alfred Hitchcock, im Kino am Nollendorfplatz in Berlin.
19.9. UA: *Veland*, Drama von Gerhart Hauptmann unter der Regie des Autors, im Schauspielhaus Hamburg. Die Presse wertet das Stück als »deutsches Ereignis«. ▷ Chronik Zitat

Begeisterung für Veland
Chronik Zitat

»Begeisterung für einen Dichter, auch wenn man sein Werk nicht begriffen, auch wenn sein Werk uns nicht ergriffen hat. ... Hauptmann ist mehr als sein Veland, der Schöpfer reicher als sein Geschöpf.«
Stefan Großmann

19.10. UA: *Anja und Esther*, Drama von Klaus Mann, in den Hamburger Kammerspielen.

Gesellschaft

19.2. Die internationale Opiumkonferenz in Genf beschließt, den Opiumhandel stärker zu überwachen.
1.3. Zum ersten Mal wird im Deutschen Reich der Volkstrauertag zum Gedenken an die Toten des Ersten Weltkriegs begangen.
1.3. Die sowjetische Regierung erläßt in Moskau eine Bestimmung, wonach in Zukunft Frauen bei der Eheschließung ihren Nachnamen selbst bestimmen können.
18.3. Durch einen Brand wird das Wachsfigurenkabinett der Madame Tussaud in London stark beschädigt.

Fußball-Landesmeister
Chronik Sport

Deutschland: 1. FC Nürnberg
Schweiz: Servette Genf
Belgien: AC Beerschot
Dänemark: Boldklubben Kopenhagen
England: Huddersfield Town
Italien: AC Bologna

15.4. Der im Dezember 1924 wegen Mord an 24 jungen Männern zum Tod verurteilte Fritz Haarmann wird im Hof des Hannoverschen Gerichtsgefängnisses durch das Fallbeil hingerichtet.
11.6. Das Berliner Polizeipräsidium erläßt eine Ergänzungsverordnung über die Regelung des Fußgängerverkehrs, wonach Fußgänger den Fahrdamm von Straßen erster Ordnung in Zukunft nur an Straßenecken überqueren dürfen.
20.6. In Moskau wird die Einrichtung der sowjetischen Nachrichtenagentur TASS beschlossen.
3.8. In der Klosterkapelle von Nevers wird der Körper der Heiligen Bernadette von Lourdes feierlich beigesetzt. Bernadette Soubirous war 1879 gestorben und am 16. April 1925 heiliggesprochen worden.
19.8. Zur ersten Weltkirchenkonferenz versammeln sich Christen aus aller Welt in Stockholm.
20.8. Auf der griechischen Insel Santorin kommt es zu einem heftigen Vulkanausbruch.

1925

Internationale Politik	Deutsche Politik	Wirtschaft und Wissenschaft
28.11., Frankreich. Der bisherige Außenminister Aristide Briand bildet ein neues Kabinett und bleibt in seinem angestammten Ministerium. **27.12., Türkei.** Im Zuge der Europäisierung des Landes beschließt die Nationalversammlung die Einführung des Gregorianischen Kalenders. **30.12., Italien/Großbritannien.** Der italienische »Duce« Benito Mussolini und der britische Außenminister Joseph A. Chamberlain treffen sich in Rapallo zu Gesprächen.	**30.11.** Die alliierten Truppen beginnen mit der Räumung der gemäß dem Versailler Vertrag besetzten Kölner Zone. **5.12.** Infolge der durch die Unterzeichnung des Locarno-Vertrages ausgelösten Krise tritt die Reichsregierung unter Hans Luther zurück. **22.12.** Die Reichsregierung gibt bekannt, daß sie zur Teilnahme an der im Februar 1926 beginnenden Völkerbund-Konferenz für Abrüstung eingeladen wurde.	**1925, Technik.** Der amerikanische Techniker Joseph Maxfield erfindet das elektrische Mikrophon. Bislang wurden in Telefonen Kohlemikrophone benutzt, bei denen durch die Bewegung der Kohlekörnchen immer ein störendes Rauschen entstand. **1925, Technik.** Zur Herabsetzung des störenden Innenwiderstands von Senderöhren versieht der deutsche Physiker Walter Schottky diese Röhren mit einem zusätzlichen engmaschigen Schirmgitter.

1925 Geborene und Gestorbene

Geboren:
1.2. Alfred Grosser, französischer Politologe und Publizist.
20.2. Heinz Kluncker, deutscher Gewerkschaftsführer.
7.3. Josef Ertl, deutscher Politiker.
3.6. Gerhard Zwerenz, deutscher Schriftsteller.
11.7. Nicolai Gedda, schwedischer Sänger.
21.8. Gert von Paczensky, deutscher Journalist.
25.9. Hans Matthöfer, deutscher Politiker.
13.10. Margaret Thatcher, britische Politikerin.
20.11. Robert F. Kennedy (*6.6.1968), amerikanischer Politiker.
8.12. Sammy Davis jr. (†16.5.1990), amerikanischer Sänger und Schauspieler.
27.12. Moshe Arens, israel. Politiker.
28.12. Hildegard Knef, deutsche Schauspielerin und Sängerin.

1926

Internationale Politik	Deutsche Politik	Wirtschaft und Wissenschaft
3.1., Griechenland. Ministerpräsident General Theodoros Pangalos ruft sich zum Diktator aus. **8.1., Saudi-Arabien.** Der Stammesfürst Abd Al Asis Ibn Saud läßt sich zum König des Hedschas und Naschd (heute Saudi-Arabien) ausrufen. **18.2., Türkei.** Die Nationalversammlung beschließt weitreichende Reformen, wie die Abschaffung der Vielweiberei und des Haremssystems sowie die Einführung des schweizerischen Bürgerlichen Gesetzbuches. **18.4., Marokko.** Verhandlungen zwischen Vertretern des marokkanischen Emirs Abd El Krim und den Delegierten Frankreichs und Spaniens über ein Ende der Kämpfe mit den seperatistischen Rifkabylen werden am 6. Mai ergebnislos abgebrochen.	**20.1.** Nach den Reichstagswahlen von 1925 bildet der parteilose Hans Luther ein Minderheitskabinett aus DDP, Zentrum, DVP und BVP. **8.2.** Das Reichskabinett beschließt einstimmig, einen Aufnahmeantrag für den Völkerbund zu stellen. **14.2.** Auf einer Führertagung der NSDAP in Bamberg festigt Adolf Hitler seine Position. **19.2.** Der Etatentwurf für den deutschen Reichskanzler sieht ein Jahresgehalt von 60 000 Reichsmark vor. **24.4.** In Berlin unterzeichnen der sowjetische Botschafter Nikolai N. Krestinski und der deutsche Außenminister Gustav Stresemann den Berliner Vertrag, einen Freundschafts- und Neutralitätspakt, der den Rapallopakt von 1922 bekräftigt.	**6.1., Luftfahrt.** Durch den Zusammenschluß der Holdinggesellschaft Junkers Luftverkehr und der Aero Lloyd AG wird in Berlin die Deutsche Lufthansa AG gegründet. **7.1., Verkehr.** Auf der Bahnstrecke Berlin–Hamburg werden Zugtelefone eingerichtet. **27.1., Medien.** Der britische Techniker John L. Baird zeigt die erste Fernsehübertragung eines Halbtonbildes. **16.3., Technik.** Der amerikanische Physiker Robert Hutchins Goddard startet von einer Farm in Auburn (Massachusetts) die erste Flüssigtreibstoffrakete. Die Rakete ist rd. 3 m lang und enthält einen 60 cm langen Raketenmotor. Sie legt in 2,5 sec eine Strecke von 56 m bei einer maximalen Flughöhe von 12,5 m zurück.

1925

Kunst, Literatur und Musik

1925 Unter dem Titel *Der rasende Reporter* veröffentlicht der tschechische Journalist Egon Erwin Kisch seine gesammelten Reportagen.
1925 In den USA erscheint *Der große Gatsby*, der erfolgreichste Roman von F. Scott Fitzgerald.
1925 In *Manhattan Transfer* experimentiert der amerikanische Schriftsteller John Dos Passos mit modernen Erzählstrukturen.
1925 Piet Mondrian verläßt die niederländische Künstlergruppe »De Stijl«.

Theater und Film

6.11. Im Berliner Kino »Alhambra« wird der Film *Der Trödler von Amsterdam* mit Werner Krauss uraufgeführt.
21.12. Im Moskauer Bolschoi-Theater wird der Film *Panzerkreuzer Potemkin* von Sergei M. Eisenstein uraufgeführt. Der Film wird u.a. durch seine Schnittechnik in einer Szene auf der Hafentreppe von Odessa berühmt.
1925 Der schwedische Regisseur Mauritz Stiller geht mit der Schauspielerin Greta Garbo nach Hollywood.

Gesellschaft

2.12. Vor der Royal Geographical Society in London berichtet der dänische Polarforscher Knud Rasmussen, daß er Spuren der 1845 gescheiterten Polarexpedition von John Franklin gefunden habe.
13.12. Die New Yorker Polizei rüstet ihre Dienstwagen mit Maschinengewehren, Handgranaten, Signalraketen und Radioapparaten aus, um besser gegen die immer brutaler vorgehenden Verbrecherbanden in der Stadt gewappnet zu sein.

Geborene und Gestorbene

Gestorben:
5.1. Elisabeth Freifrau von Heyking (*10.12.1861), deutsche Schriftstellerin.
20.2. Enrico Bossi (*25.4.1861), italienischer Komponist.
28.2. Friedrich Ebert (*4.2.1871), deutscher Politiker.
12.3. Sun Yat-sen (*12.11.1866), chinesischer Politiker.
30.3. Rudolf Steiner (*27.2.1861), österreichischer Anthroposoph.
7.5. Teuvo Pakkala (*9.4.1862), finnischer Dichter.
13.5. Friedrich Heilmann (*21.1.1889), deutscher Schriftsteller.
22.6. Felix Klein (*25.4.1849), deutscher Mathematiker.
17.7. Lovis Corinth (*21.7.1858), deutscher Maler.
9.10. Hugo Preuß (*28.10.1860), deutscher Staatsrechtler.
5.12. Wladyslaw S. Reymont (*7.5.1867), polnischer Schriftsteller.

1926

Kunst, Literatur und Musik

4.3. In Würzburg gründet der deutsche Tänzer Rudolf von Laban eine Hochschule für Bewegungskunst.
21.3. Die »Berliner Illustrirte« stellt die ersten deutschen Hochhäuser vor: das Wilhelm-Marx-Haus in Düsseldorf, das Hochhaus am Hansaring in Köln, die Bremer Rolandmühle und das Lochnerhaus in Aachen.
26.3. UA: *Die Zirkusprinzessin*, Operette von Emmerich Kálmán, in Wien.
26.3. Der Schriftsteller Hans Fallada wird wegen Unterschlagung zu zweieinhalb Jahren Haft verurteilt. Seine Gefängnis-Erfahrungen gehen in den Roman *Wer einmal aus dem Blechnapf frißt* (1934) ein.
25.4. UA: *Turandot*, Oper von Giacomo Puccini, unter Leitung von Arturo Toscanini in der Mailänder Scala.

Theater und Film

11.1. Die Berliner Uraufführung des Films *Die keusche Susanne* wird zu einem großen Erfolg für Lilian Harvey und Willy Fritsch.
29.1. UA: *Ostpolzug*, Drama von Arnolt Bronnen mit Fritz Kortner, im Staatlichen Schauspielhaus Berlin.
5.2. UA: *Die verlorene Welt*, Film von Harry Hoyt, im Berliner Ufa-Palast.
19.2. UA: *Laterna magica*, Kabarettrevue von Friedrich Holländer, im Renaissance-Theater Berlin.
20.2. Bei der Uraufführung des Schauspiels *Duell am Lido* von Hans José Rehfisch in Berlin findet Marlene Dietrich erstmals Beachtung.
20.2. UA: *Sturmflut*, Drama von Alfons Paquet, in der Inszenierung von Erwin Piscator in der Berliner Volksbühne.

Gesellschaft

1.1. Das Hochwasser des Rheins erreicht mit 9,30 m bei Koblenz den höchsten Stand seit 1781.
3.1. Die »Berliner Illustrirte« meldet, daß auch in dieser Saison der Charleston an der Spitze der beliebtesten Modetänze steht.
14.1. In Köln wird der erste Einheitspreisladen nach US-Vorbild eröffnet. Alle Waren kosten zwischen 25 und 50 Pfennig.
3.2. Der Deutsche Reichstag nimmt ein Gesetz an, das Duelle unter Militärpersonen mit einer Freiheitsstrafe bis zu zwei Jahren bedroht.
6.3. In Indien bereitet sich am oberen Ganges eine Pestepidemie aus.
1.4. Die faschistische Universitätsbehörde in Mailand löst den 6. italienischen Philosophen-Kongreß auf.

1926

Internationale Politik

7.5., Syrien. Die französische Mandatsmacht bombardiert Damaskus, um den 1925 begonnenen drusischen Aufstand in Syrien zu beenden. Dabei werden 500 Zivilisten getötet.

15.5., Polen. Der polnische Marschall Józef Klemens Pilsudski wird nach erfolgreichem Putsch gegen die Regierung Kriegsminister.

26.5., Mexiko. Präsident Plutarco Elías Calles unterzeichnet das Nationalisierungsgesetz, das sämtliche Bodenschätze des Landes zu Staatseigentum erklärt. Im Dezember muß Mexiko aufgrund massiver Drohungen der USA die Rechte amerikanischer Gesellschaften anerkennen.

26.5., Marokko. Nach einer erfolgreichen französisch-spanischen Offensive ergibt sich der marokkanische Emir Abd El Krim.

28.5., Portugal. General Manuel de Oliveira Gomes da Costa gelangt durch einen Putsch an die Macht und setzt die republikanische Verfassung außer Kraft. Am 9. Juli putscht das Militär erneut. General Antonio Oscar Fragoso Carmona setzt Oliveira Gomes da Costa ab.

5.6., Türkei/Großbritannien/Irak. In Ankara wird der britisch-türkisch-irakische Mossulvertrag unterzeichnet. Das wegen der Erdölvorkommen umstrittene Gebiet wird dem Irak zugesprochen. Die Türkei erhält eine finanzielle Entschädigung.

9.6., Österreich. Die vom Völkerbund über Österreich verhängte Finanzkontrolle wird aufgehoben.

19.7., China. Truppen der chinesischen Kanton-Regierung unter Chiang Kai-shek beginnen einen Feldzug gegen den Norden, um China wieder zu vereinigen.

19.7., Frankreich. Nach dem Rücktritt von Aristide Briand wird der Radikalsozialist Edouard Herriot neuer Regierungschef.

22.8., Griechenland. Georgios Kondylis stürzt den Diktator Theodoros Pangalos. Am 25. August wird Pavlos Konduriotis von allen Parteien als neuer Staatspräsident anerkannt. Die Diktatur ist beendet. Am 7. November werden freie Wahlen abgehalten.

Deutsche Politik

14.5. In dritter Lesung verabschiedet der Deutsche Reichstag eine Reform des Abtreibungsparagraphen 218, die eine Milderung der Strafen vorsieht.

17.5. Der Zentrumspolitiker Wilhelm Marx wird nach dem Rücktritt von Hans Luther Reichskanzler. Die Zusammensetzung der Regierung bleibt unverändert.

22.5. Das deutsch-französische Luftfahrtabkommen befreit das Deutsche Reich von den Einschränkungen im Luftschiffbau, die der Versailler Friedensvertrag festgelegt hatte.

1.6. In Königsberg und in München werden die durch den Versailler Friedensvertrag eingesetzten Abteilungen der Interalliierten Militärkontrollkommission aufgelöst.

20.6. Der Volksentscheid zur entschädigungslosen Enteignung der deutschen Fürsten scheitert an zu geringer Beteiligung.

28.6. Der Deutsche Reichstag verabschiedet gegen die Stimmen der KPD ein Arbeitsbeschaffungsprogramm zur Senkung der Arbeitslosigkeit.

7.7. Als Jugendorganisation der nationalsozialistischen Kampfverbände wird der »Bund deutscher Arbeiterjugend«, die spätere »Hitlerjugend«, gegründet.

10.9. Die Völkerbundsversammlung in Genf vollzieht in einer feierlichen Sitzung die Aufnahme des Deutschen Reichs. In seiner Antrittsrede betont Reichsaußenminister Gustav Stresemann die deutschen Friedensabsichten. ▷Chronik Zitat

Friedliche Zusammenarbeit
Chronik Zitat

»Denn das sicherste Fundament für den Frieden ist eine Politik, die getragen wird von gegenseitigem Verstehen und gegenseitiger Achtung der Völker.«
Reichsaußenminister Gustav Stresemann

1.11. Joseph Goebbels wird Gauleiter der NSDAP in Berlin-Brandenburg. Der Gau Potsdam wird aufgelöst.

Wirtschaft und Wissenschaft

9.5., Luftfahrt. Die Amerikaner Richard Evelyn Bird und Floyd Bennett überfliegen als erste den Nordpol. Ihre Angaben lassen sich allerdings nicht überprüfen.

12.5., Luftfahrt. Der Norweger Roald Amundsen und der Italiener Umberto Nobile überqueren den Nordpol mit dem Luftschiff »Norge«.

28.6., Wirtschaft. Die Daimler-Motorengesellschaft und die Firma Benz und Cie. schließen sich zur Daimler-Benz AG zusammen.

3.9., Medien. In Berlin wird mit der Eröffnung der dritten Deutschen Funkausstellung der 138 m hohe Funkturm eingeweiht.

Wissenschaftler geehrt
Chronik Nobelpreise

Chemie: Theodor Svedberg (S)
Medizin: Johannes Fibiger (DK)
Physik: Jean B. Perrin (F)
Frieden: Aristide Briand (F) und Gustav Stresemann (D)
Literatur: Grazia Deledda (I)

1.12., Wirtschaft. Die Hermann Tietz OHG erwirbt sämtliche Warenhäuser der Firma Jandorf & Co. sowie das Kaufhaus des Westens in Berlin und wird damit zum größten Warenhauskonzern Europas.

10.12., Nobelpreise. In Stockholm und Oslo werden die diesjährigen Nobelpreise verliehen. ▷Chronik Nobelpreise.

1926, Physik. Der deutsche Physiker Hans Busch begründet die Elektronenoptik als selbständige wissenschaftliche Disziplin. Er entwickelt eine magnetische Linse in Form eines rotationssymmetrischen Feldes zur Bündelung von Elektronenstrahlen.

1926, Technik. Der Norweger Erik Rotheim erfindet die Sprühdose.

1926, Medien. Der Japaner Hidetsugu Yagi erfindet zusammen mit seinem Landsmann Shintaro Uda die Yagi-Antenne, einen Dipol mit Reflektoren und Direktoren, die bald zur typischen Fernsehantenne wird.

1926

Kunst, Literatur und Musik	Theater und Film	Gesellschaft

7.5. Thomas Mann, Gerhart Hauptmann, Arno Holz, Hermann Stehr und Ludwig Fulda erhalten einen Ruf in die neugegründete Sektion für Dichtkunst der Preußischen Akademie der Künste. Hauptmann lehnt am 27. Mai ab.

1.6. Zum ersten Mal seit dem Weltkrieg findet im Münchener Glaspalast wieder eine internationale Kunstschau statt. Gezeigt werden Werke u.a. von Vincent van Gogh, Edvard Munch, Max Beckmann, Emil Nolde, Franz Marc und Ernst Barlach.

12.6. Auf der bis September geöffneten Internationalen Kunstausstellung in Dresden werden 1000 Werke der modernen Kunst gezeigt.

1.7. UA: *Die leichte Isabell*, Operette von Robert Gilbert um eine Verwechslungsgeschichte mit Happy-End, in Berlin.

25.7. Auf dem sechsten Donaueschinger Kammermusikfest werden Kompositionen für mechanische Instrumente von Paul Hindemith erstmals in der Öffentlichkeit gespielt.

13.8. Die beiden Verlage Bruno und Paul Cassirer werden nach 25 Jahren wieder vereinigt.

25.9. UA: *Lady Hamilton*, Operette von Eduard Künnecke, in Breslau.

5.10. Der Maler Otto Dix erhält eine Professur an der Akademischen Hochschule in Dresden.

20.10. Den Kleist-Preis teilen sich die Dichter Alfred Neumann und Alexander Lernet-Holenia.

22.11. Der Kurt Wolff Verlag in München kündigt das Erscheinen des Romans *Das Schloß* des 1924 verstorbenen Franz Kafka an.

25.11. Max Liebermann eröffnet die Herbstausstellung der Akademie der Künste mit Werken von Ernst Ludwig Kirchner, Otto Dix und George Grosz, Käthe Kollwitz und Thomas Theodor Heine.

27.11. UA: *Orpheus und Eurydike*, Oper des österreichischen Komponisten Ernst Krenek, im Staatstheater Kassel.

27.11. UA: *Der wunderbare Mandarin*, Pantomime des ungarischen Komponisten Béla Bartók, in Köln.

23.3. UA: *Der Mord*, Stück von Walter Hasenclever, im Deutschen Theater in Berlin.

24.3. UA: *Geheimnisse einer Seele*, psychoanalytischer Film von Georg Wilhelm Pabst, im Berliner Gloria-Palast.

8.4. UA: *Die Biene Maja*, Film nach dem Buch von Waldemar Bonsels, in Berlin.

Lob für Carola Neher

Chronik Zitat

»Die knabenhafte, irgendwie an die Bergner erinnernde Gestalt dieser jungen Schauspielerin, ihre seltene Naivität und bedrückende Uninteressiertheit, das Gerade und Spontane ihres Wesens – strömten das poetische Fluidum über die Szene.«
»Frankfurter Zeitung«

10.4. Die Zensur in Berlin gibt den 1925 gedrehten Film *Panzerkreuzer Potemkin* von Sergei Eisenstein nach einschneidenden Kürzungen für das Deutsche Reich frei.

21.4. UA: *Brennende Erde*, ein Stück von Klabund, am Schauspielhaus in Frankfurt am Main. Die weibliche Hauptrolle spielt Carola Neher, die Frau des Autors. ▷Chronik Zitat

25.4. UA: *Fegefeuer in Ingolstadt*, Drama von Marieluise Fleißer, an der Jungen Bühne Berlin.

4.5. UA: *Medea*, Tragödie von Hans Henny Jahnn, am Staatlichen Schauspielhaus in Berlin.

20.5. In Berlin wird der Film *Wehe, wenn sie losgelassen* von Carl Froelich erstmals gezeigt. Henny Porten glänzt in einer Doppelrolle.

21.5. UA: *Das trunkene Schiff*, Drama von Paul Zech, in Berlin.

5.7. UA: *Der Herr Monsier*, Komödie von Hanns Johst, in Krefeld.

28.7. UA: *Das deutsche Mutterherz*, Spielfilm von Geza von Bolváry mit Heinz Rühmann, in Berlin.

18.8. UA: *An und aus*, Revue von Hermann Haller mit Musik von Walter Kollo, im Berliner Admiralspalast.

28.4. Der indische Fakir Rahman Rey führt in London seine Künste vor, indem er auf Nägeln gebettet in einem gläsernen Sarg liegt.

1.5. Die Deutsche Lufthansa eröffnet die erste Nachtflugstrecke für Passagierverkehr von Berlin nach Königsberg (Kaliningrad).

8.5. In Düsseldorf wird die Große Ausstellung für Gesundheitspflege, soziale Fürsorge und Leibesübungen (Gesolei) eröffnet.

21.5. Die faschistische Partei Italiens verbietet italienischen Frauen das Tragen von schwarzen Hemden, der Uniform des Faschismus.

29.5. Im Buckingham-Palast wird die Tochter des Herzogs Albert von York und der Herzogin Elisabeth von York auf den Namen Elisabeth Alexandra Maria getauft. Der Täufling ist die spätere britische Königin Elisabeth II.

30.5. Auf dem 10. Weltkongreß für Frauenrechte in Paris werden u.a. folgende Themen erörtert: Gleichstellung lediger Mütter und ihrer Kinder; Klärung der Staatsangehörigkeit von Frauen, die mit Ausländern verheiratet sind; gleiche Arbeitsbedingungen für Mann und Frau.

8.6. Der Kurzhaarschnitt für Frauen findet staatliche Anerkennung: El Salvador bringt eine Briefmarke heraus, die eine Frau mit Bubikopf zeigt.

Deutsche Rekorde

Chronik Sport

Leichtathletik:
100 m:
Helmut Körnig — 10,4 sec
110 m Hürden:
Heinrich Troßbach — 14,9 sec
400 m Hürden:
Otto Peltzer — 54,9 sec
Weitsprung:
Rudolf Dobermann — 7,36 m
Kugelstoßen:
Willy Schröder — 14,62 m

1.8. In Assisi beginnen die Feierlichkeiten zum 700. Todestag von Franz von Assisi († 3.10.1226).

1926

Internationale Politik

6.10., Österreich. Im Wiener Konzerthaus geht der erste Paneuropakongreß zu Ende, der unter der Führung von Richard Nicolas Graf Coudenhove-Kalergi für einen wirtschaftlichen und politischen Zusammenschluß der europäischen Staaten eintritt.
7.10., Italien. Ein neues Parteistatut der Faschistischen Partei in Italien setzt Partei und Staat gleich; alle anderen politischen Gruppierungen werden damit von der Macht im Staat ausgeschlossen.
20.10., Österreich. Nach dem Rücktritt von Bundeskanzler Rudolf Ramek bildet der christlichsoziale Parteiführer Ignaz Seipel eine neue Regierung.
23.10., UdSSR. Leo D. Trotzki wird aus dem Politbüro der KPdSU ausgeschlossen. Auch Lew Kamenew und Grigori Sinowjew, die sich gegen die Politik von Josef W. Stalin stellen, verlieren wichtige Posten.
25.12., Japan. Nach dem Tod seines Vaters, Kaiser Joschihito, besteigt Hirohito den japanischen Kaiserthron.

Deutsche Politik

1.12. Die Parteien der Minderheitsregierung schlagen der SPD einen Änderungsentwurf der Arbeitszeitverordnung vor, der als Basis für eine Koalitionserweiterung dient.
3.12. Der Reichstag nimmt das umstrittene Gesetz zur Bewahrung der Jugend vor Schund- und Schmutzschriften an.
5.12. Ernst Scholz, Vorsitzender der Reichstagsfraktion der Deutschen Volkspartei, lehnt auf einem Parteitag in Insterburg eine Zusammenarbeit mit der SPD ab und steht damit im Gegensatz zu der Auffassung seines Parteivorsitzenden Gustav Stresemann.
6.12. In München erscheint der zweite Teil von Adolf Hitlers Programmschrift »Mein Kampf«.
15.12. Der Deutsche Reichstag verabschiedet ein Arbeitsgerichtsgesetz, das alle Streitfragen in Zusammenhang mit einem Arbeitsverhältnis besonderen Gerichten überweist.
17.12. Die Reichsregierung unter Wilhelm Marx wird wegen ihrer Militärpolitik durch ein von der SPD eingebrachtes Mißtrauensvotum gestürzt.

Wirtschaft und Wissenschaft

1926, Technik. Der amerikanische Ingenieur J. H. Niemann erfindet den mechanischen Drehmomentverstärker für mechanische Analogrechner.

Preise im Deutschen Reich
Chronik Statistik

Lebensmittelpreise (Reichsmark):
Butter, 1 kg   3,60
Weizenmehl, 1 kg   0,50
Schweinefleisch, 1 kg   2,50
Rindfleisch, 1 kg   2,19
Eier, 1 Stück   0,20
Kartoffeln, 1 kg   0,08

1926, Technik. Das von der Firma Krupp in Essen entwickelte Hartmetall »Widia« wird erstmals als Schneidstahl in einer Werkzeugmaschine eingesetzt. »Widia« ist eine Legierung aus Chrom, Wolfram, Titan oder Molybdän. Die mit dem neuentwickelten Hartmetall ausgerüsteten Werkzeuge gestatten höhere Schnittgeschwindigkeiten.

1926 Geborene und Gestorbene

Geboren:
5.1. Maria Schell, österreichische Schauspielerin.
5.1. Walter Leisler Kiep, deutscher Politiker.
17.1. Wolf Jobst Siedler, deutscher Verleger und Publizist.
2.2. Valéry Giscard d'Estaing, französischer Politiker.
3.2. Hans-Jochen Vogel, deutscher Politiker.
8.2. Sonja Ziemann, deutsche Schauspielerin.
16.3. Jerry Lewis, amerikanischer Filmschauspieler.
17.3. Siegfried Lenz, deutscher Schriftsteller.
21.4. Elisbeth II., ab 1952 Königin von Großbritannien.
23.4. Ruth Leuwerik, deutsche Schauspielerin.
15.5. Peter Shaffer, britischer Dramatiker.
19.5. Peter Zadek, deutscher Regisseur.
25.5. Max von der Grün, deutscher Schriftsteller.
31.5. James Krüss, deutscher Schriftsteller.

1927

Internationale Politik

1.1., Schweiz. Der konservative Politiker Giuseppe Motta wird turnusmäßig Bundespräsident der Schweiz. Er bekleidet das Amt zum dritten Mal.

Deutsche Politik

29.1. Wilhelm Marx wird neuer Regierungschef eines Kabinetts aus Zentrums, DVP, BVP und DNVP. Gustav Stresemann bleibt Außenminister.

Wirtschaft und Wissenschaft

3.1., Wirtschaft. Bis zum 15. Januar werben Warenhäuser und Fachgeschäfte in Deutschland wegen Inventur mit Preisnachlässen von bis zu 80%.

1926

Kunst, Literatur und Musik	Theater und Film	Gesellschaft
4.12. Anläßlich des 60. Geburtstags des russischen Malers Wassily Kandinsky zeigt die Galerie Neumann-Nierendorf in Berlin eine Ausstellung seiner Werke. **18.12.** UA: *Die Sache Makropoulos*, Oper des tschechischen Komponisten Leoš Janáček, in Brünn. **1926** Von Thomas Mann erscheint die Erzählung *Unordnung und frühes Leid*. **1926** Bruno Traven veröffentlicht den Roman *Das Totenschiff*. **1926** Die illustrierten Geschichten *Pu der Bär* von Alan Alexander Milne erscheinen in Großbritannien. **1926** *Fiesta*, ein Roman von Ernest Hemingway, wird veröffentlicht. **1926** In mehreren Berliner Warenhäusern veranstaltet der Künstler Otto Nagel Gemäldeausstellungen, die die Bevölkerung mit dem künstlerischen Schaffen der Zeit bekannt machen sollen. **1926** Als Bauhausbuch erschein Wassily Kandinskys Traktat *Punkt und Linie zu Fläche*.	**19.8.** UA: *Wie einst im Mai*, Film von Willi Wolff, im Ufa-Palast am Zoo. **22.8.** Der Buster-Keaton-Film *Der Killer von Alabama/Der Boxer* hat in den USA Premiere. **27.8.** UA: *Im weißen Rößl*, Film von Richard Oswald mit Liane Haid, im Berliner Gloria-Palast. **7.9.** Die europäische Erstaufführung des Films *Ben Hur* von Fred Niblo findet im Ufa-Palast am Nollendorfplatz in Berlin statt. Die Hollywoodproduktion kostete 4 Mio. US-Dollar. **25.9.** UA: *Mann ist Mann*, Schauspiel von Bertolt Brecht, in Darmstadt und Düsseldorf. **13.10.** UA: *Der blaue Boll*, Schauspiel von Ernst Barlach, im Stuttgarter Landestheater. **22.10.** UA: *Lulu*, Stück von Frank Wedekind, im Berliner Schauspielhaus. **28.10.** UA: *K. 13513 – Die Abenteuer eines Zehnmarkscheins*, Film von Berthold Viertel, in Berlin. **11.12.** UA: *Kleinbürgerhochzeit*, satirisches Stück von Bertolt Brecht, in Frankfurt am Main.	**20.9.** Die seit Anfang September in Hannover herrschende Typhuswelle flaut langsam ab. Insgesamt sind 1728 Personen erkrankt und 73 gestorben. **1.10.** In Berlin werden die ersten Verkehrsampeln in Betrieb genommen. **10.10.** Im Berliner Reichstagsgebäude wird der erste Internationale Kongreß für Sexualforschung eröffnet. **1.11.** Die Westdeutsche Funkstunde AG wird von Münster nach Köln verlegt und erhält den Namen Westdeutsche Rundfunk AG. **1926** Merkmale der diesjährigen Damenmode sind u.a. kniekurze Kleider oder Rock mit Pullover. Die Abendkleider sind tief ausgeschnitten, Pelze gehören zum Modetrend. **1926** Die sportliche Betätigung von Frauen nimmt zu. Sie betreiben bevorzugt Leichtathletik, reiten, schwimmen, spielen Golf oder Hockey. **1926** Die 65 km nordwestlich von Cuxhaven gelegene Sandsteininsel Helgoland feiert das 100jährige Jubiläum als Seebad. Jährlich werden mehr als 30 000 Besucher verzeichnet.

Geborene und Gestorbene

1.6. Marilyn Monroe (†4.8.1962), amerikanische Schauspielerin.
3.6. Allen Ginsberg, amerikanischer Schriftsteller.
14.6. Hermann Kant, deutscher Schriftsteller.
30.6. Peter Alexander, österreichischer Schauspieler und Sänger.
1.7. Hans Werner Henze, deutscher Komponist.

15.10. Michel Foucault (†25.6.1984), französischer Philosoph.
18.10. Klaus Kinski (†23.11.1991), deutscher Schauspieler.
20.12. Otto Graf Lambsdorff, deutscher Politiker.

Gestorben:
7.1. Paul Cassirer (*21.2.1871), deutscher Verleger und Kunsthändler.

4.4. August Thyssen (*17.5.1842), deutscher Industrieller.
23.8. Rudolph Valentino (*6.5.1895), italienisch-amerikanischer Schauspieler.
6.12. Claude Monet (*14.11.1840), französischer Maler.
29.12. Rainer Maria Rilke (*4.12.1875), österreichischer Dichter.

1927

Kunst, Literatur und Musik	Theater und Film	Gesellschaft
8.1. UA: *Penthesilea*, Oper des schweizerischen Komponisten Othmar Schoeck nach einem Drama von Heinrich von Kleist, in Dresden.	**5.1.** UA: *Hotel Stadt Lemberg*, Film von Mauritz Stiller mit Pola Negri in der Hauptrolle, gleichzeitig in Berlin und New York.	**6.1.** Der 23jährige Harry Domela, der sich als Hohenzollernprinz ausgegeben und damit Geld erschwindelt hatte, wird in Euskirchen festgenommen.

1927

Internationale Politik

2.1., Estland. Die Außenminister Finnlands, Estlands und Lettlands treffen in Reval zusammen, um ihre Haltung gegenüber der Sowjetunion aufeinander abzustimmen.

5.1., Nicaragua/USA. Mit der Entsendung des Kriegsschiffes »Galveston« in die nicaraguanischen Hafenstadt Corinto, bekräftigen die USA ihren Entschluß, in den Bürgerkrieg in Nicaragua einzugreifen.

15.1., Großbritannien/Italien. Aus Athen kommend, trifft der britische Schatzkanzler Winston Churchill in Rom zu inoffiziellen Gesprächen mit dem italienischen Ministerpräsidenten Benito Mussolini zusammen.

2.2., USA. Die US-Regierung teilt mit, daß sie den liberalen nicaraguanischen Gegenpräsidenten Juan Bautista Sacasa auch dann nicht anerkennen werde, wenn er das ganze Land unter seine Kontrolle brächte.

12.3., Schweiz. Auf der 44. Tagung des Völkerbundsrates in Genf werden unter Vorsitz des deutschen Außenministers Gustav Stresemann die Themen »Schulen für Angehörige deutscher Minderheiten in Oberschlesien« und »Besatzungstruppen im Ruhrgebiet« behandelt.

21.3., China. Truppen der Kanton-Regierung unter Chiang Kai-shek besetzen die Stadt Schanghai. Am 24. März erobern sie Nanking.

12.4., China. Der Oberbefahlshaber der Kuomintang, Chiang Kai-shek, richtet unter den kommunistischen Gewerkschaftlern in Schanghai ein Blutbad an. Am 18. April verkündet er die Bildung einer nationalchinesischen Regierung in Nanking.

26.4., UdSSR. Der in Moskau tagende IV. Sowjetkongreß beschließt, einen »Fünfjahresplan« – den ersten in der Geschichte der Sowjetunion – ausarbeiten zu lassen. Durch ihn soll die Industrialisierung koordiniert und forciert werden.

7.5., Nicaragua. Unter massivem Druck der Vereinigten Staaten einigen sich die Bürgerkriegsparteien auf ein Ende der Auseinandersetzungen. Der konservative Präsident Adolfo Díaz bleibt im Amt.

Deutsche Politik

3.2. Reichskanzler Wilhelm Marx kündigt vor dem Reichstag eine Fortsetzung der Verständigungspolitik mit Frankreich an.

4.2. Der Vorsitzender der DNVP, Kuno Graf von Westarp, erklärt vor dem Reichstag, das Bekenntnis seiner Partei zum Staat sei nicht mit einem Bekenntnis zur republikanischen Staatsform gleichzusetzen.

13.2. Die der SPD nahestehende Kampforganisation »Reichsbanner« verständigt sich auf einer Reichskonferenz in Magdeburg darauf, das Schaffen der neuen Reichsregierung kritisch zu beobachten.

6.3. Erstmals seit der Freilassung aus der Festungshaft spricht der NSDAP-Vorsitzende, Adolf Hitler, auf öffentlichen Veranstaltungen in Bayern.

6.4. In dritter Lesung billigt der Reichstag den von Finanzminister Franz Köhler (Zentrum) vorgelegten Etat für den Haushalt 1927 mit 238 gegen 166 Stimmen.

8.4. Mit 196 zu 184 Stimmen nimmt der Reichstag das neue Arbeitszeitnotgesetz an, das u.a eine Überschreitung der Arbeitszeit von zehn Stunden täglich unter Strafe stellt.

9.4. Ein Polizeibericht schildert die Atmosphäre im Zirkus Krone vor und während der Rede Adolf Hitlers am 8. April ▷ Chronik Zitat

Hitler im Zirkus

Chronik Zitat

»Er gestikuliert mit den Armen und Händen, springt erregt hin und her und sucht das aufmerksam lauschende Publikum stets zu faszinieren. Wenn der Beifall ihn unterbricht, streckt er theatralisch die Hände aus.«

Aus dem Bericht der Polizeibehörde München

17.5. Mit 323 gegen 41 Stimmen billigt der Deutsche Reichstag die Verlängerung des Gesetzes zum Schutz der Republik, das 1922 erlassen worden ist.

Wirtschaft und Wissenschaft

3.1., Wirtschaft. Zwischen der Deutschen Reichsbank und den nationalen Noteninstituten in Österreich, der Schweiz und der Tschechoslowakei wird der internationale Giroverkehr eingeführt.

15.3., Wirtschaft. An dem Bau des größten Wasserkraftwerks in der Sowjetunion (Eröffnung 1932) ist die deutsche Siemens AG beteiligt.

24.4., Medizin. In Bad Nauheim stellt der Berliner Nervenarzt Johannes Heinrich Schultz das Autogene Training zur »konzentrativen Selbstentspannung« vor.

Wissenschaftler geehrt

Chronik Nobelpreise

Chemie: Heinrich O. Wieland (D)
Medizin: Julius Wagner von Jauregg (A)
Physik: Arthur H. Compton (USA) und Charles Th. Rees (GB)
Frieden: Ludwig Quidde (D) und Ferdinand Buisson (F)
Literatur: Henri Bergson (F)

20./21.5., Luftfahrt. Auf der Strecke New York–Paris überquert der US-amerikanische Postflieger Charles Lindbergh mit seinem einmotorigen Ryan-Eindecker »Spirit of St. Louis« als erster den Atlantik nonstop im Alleinflug.

23.5., Wirtschaft. An der ersten, seit dem 4. Mai tagenden Weltwirtschaftskonferenz in Genf nahmen Delegierte aus 47 Staaten teil.

14./15.10., Luftfahrt. Der erste Nonstopflug über den Südatlantik – von St. Louis im Senegal nach Natal in Brasilien – gelingt.

26.10., Wirtschaft. Der deutsche Exportkaufmann Gustav Schickedanz gründet in Fürth das Versandhaus »Quelle«.

10.12., Nobelpreise. In Stockholm und Oslo werden die diesjährigen Nobelpreise verliehen. ▷ Chronik Nobelpreise

1927, Medizin. Der Brite Charles Robert Harrington synthetisiert das Schilddrüsenhormon Thyroxin.

1927

Kunst, Literatur und Musik

10.2. In Leipzig wird Ernst Kreneks Oper *Jonny spielt auf* erstmals aufgeführt. Der österreichische Komponist verwendet in dem Werk Jazzrhythmen.

16.2. UA: *Der Zarewitsch*, Operette von Franz Lehár, in Berlin. Der Österreicher widmete das Werk dem Tenor Richard Tauber, der die Titelrolle singt.

16.3. In der Berliner Secession wird eine Ausstellung eröffnet, die der Darstellung des Sports in der modernen Malerei gewidmet ist.

22.3. Im Propyläen-Verlag erscheint *Die Hauspostille*, eine Sammlung mit Gedichten Bertolt Brechts.

25.4. Im Frankfurter Städel wird eine Gemäldesammlung eröffnet, die der 1922 ermordete Außenminister Walther Rathenau aus seinem Privatbesitz der Stadt gestiftet hatte.

7.5. Der Musikkritiker Hans Heinz Stuckenschmidt veröffentlicht in der »Vossischen Zeitung« den Aufsatz *Neue Sachlichkeit in der Musik*. Er nennt als Vertreter der neuen Richtung Paul Hindemith, Kurt Weill, Ernst Toch und Ernst Krenek.

30.5. UA: *Oedipus Rex*, oratorische Oper von Igor Strawinsky (Libretto Jean Cocteau), in Paris.

1.6. Im Glaspalast in München wird die Große Münchner Kunstausstellung eröffnet (bis 3. Oktober).

7.7. Der Echosaal des Bremer Ratskellers, der mit Fresken von Max Slevogt geschmückt wurde, wird der Öffentlichkeit übergeben.

20.7. Zum 80. Geburtstag des Malers Max Liebermann veranstaltet die Akademie der Künste in Berlin eine Jubiläumsausstellung mit 100 Werken aus allen Schaffensperioden des Künstlers.

28.7. *Die Kniende*, eine Plastik von Wilhelm Lehmbruck, wird in Duisburg von fünf Männern vom Sockel gestürzt und dabei beschädigt.

31.7. In Hamburg beginnt die Ausstellung »Europäische Kunst der Gegenwart«, die einen Überblick über das nachimpressionistische Kunstschaffen bis zum Konstruktivismus und zur Neuen Sachlichkeit gibt.

Theater und Film

8.1. UA: *Spiel im Schloß*, Erfolgskomödie des ungarischen Schriftstellers Ferenc Molnar, am Hamburger Thalia-Theater.

10.1. UA: *Metropolis*, Film von Fritz Lang, im Berliner Ufa-Palast am Zoo.

21.1. UA: *Das gastliche Haus*, satirische Komödie von Heinrich Mann, im Münchener Schauspielhaus.

24.1. Der Film *Eine Dubarry von heute* von Alexander Korda mit Hans Albers und Marlene Dietrich hat im Ufa-Palast am Berliner Zoo Premiere.

29.1. UA: *Bonaparte*, Drama von Fritz von Unruh, im Breslauer Stadttheater.

8.2. UA: *Unter Ausschluß der Öffentlichkeit*, ein Kinofilm mit Werner Krauss, Mary Delschaft und Ida Wüst in Berlin.

1.3. UA: *Der Mann im Dunkel*, Stück von Friedrich Wolf, im Stadttheater Essen.

4.3. UA: *Der Juxbaron*, Film von Willi Wolff mit Marlene Dietrich und Trude Hesterberg, in Berlin.

23.3. UA: *Gewitter über Gotland*, Stück von Ehm Welk, an der Berliner Volksbühne. Wegen der politischen Tendenz der Inszenierung von Erwin Piscator kommt es zu einer Spaltung innerhalb der Volksbühne.

26.3. Der deutschnationale Politiker Alfred Hugenberg erwirbt Aktien der Ufa im Wert von 15 Mio. Reichsmark und sichert sich damit die Vorherrschaft in dem Filmkonzern.

11.5. In Los Angeles findet das Gründungsbankett der Academy of Motion Picture Arts and Sciences statt. Die ersten »Oscar« genannten Filmpreise verleiht diese Filmakademie 1929 rückwirkend für filmkünstlerische Leistungen der Jahre 1927/28.

12.5. Der Film *Sein größter Bluff* mit Harry Piel, Lotte Lorring und Marlene Dietrich hat im Emelka-Palast in Berlin Premiere.

27.5. UA: *Der Hexer*, Kriminalstück von Edgar Wallace, in Berlin.

17.6. In Magdeburg wird das Tanztheater *Titan* von Rudolf von Laban erstmals auf die Bühne gebracht. Am 18. und 19. Juni folgen *Nacht* und *Ritterballett*.

Gesellschaft

15.2. An einem »parlamentarischen Bierabend«, den Reichspräsident Paul von Hindenburg in Berlin veranstaltet, nehmen Reichskanzler Wilhelm Marx, der preußische Ministerpräsident Otto Braun sowie Vertreter der Reichs- und Länderregierungen teil.

7.3. Bei einem Erdbeben auf der japanischen Insel Tango kommen rund 3500 Menschen ums Leben, drei Städte werden vollständig zerstört. Die Rettungsarbeiten sind äußerst schwierig.

11.4. Das Schatzamt in Washington zieht eine vorläufige Bilanz der Prohibition. Seit der Einführung des Alkoholverbots 1920 wurden mehr als 300 000 Personen wegen Verstoßes gegen das Gesetz verhaftet. 49 Beamte wurden bei Auseinandersetzungen mit Verdächtigen getötet.

Deutsche Meister Sport

Leichtathletik:	
100 m:	
Helmut Körnig	10,8 sec
110 m Hürden:	
Hans Steinhardt	15,4 sec
Hochsprung:	
Otto Betz	1,88 m
Weitsprung:	
Rudolf Dobermann	7,28 m
Diskuswurf:	
Hermann Hänchen	44,67 m

15.5. Das Mississippigebiet ist von der schwersten Überschwemmungskatastrophe in der Geschichte der Vereinigten Staaten betroffen. Mehr als 75 000 km² sind überflutet, mehr als 300 000 Personen mußten ihre Wohnungen verlassen.

23.5. Bei einem Erdbeben in der chinesischen Provinz Kausu und einer damit einhergehenden Hochwasserkatastrophe in der Provinz Fukien sterben rund 20 000 Menschen.

1.6. Der Hindenburgdamm, der die nordfriesische Insel Sylt mit dem Festland verbindet, wird von Reichspräsident Paul von Hindenburg feierlich eingeweiht.

Internationale Politik

9.5., Australien. Herzog Albert von York, der Sohn des britischen Königs Georg V., eröffnet in Canberra das neue Parlamentsgebäude und weiht die Stadt als australische Hauptstadt ein.

19.5., Österreich. In Wien wird die neue österreichische Regierung vereidigt. Bundeskanzler bleibt der Christlichsoziale Ignaz Seipel.

27.5., Großbritannien/UdSSR. Großbritannien bricht die diplomatischen Beziehungen zur Sowjetunion ab und wirft Moskau Spionagetätigkeit und die Unterstützung antibritischer kommunistischer Propaganda vor.

15.7., China. Das Bündnis zwischen Kuomintang und Kommunistischer Partei wird offiziell aufgekündigt. Die innenpolitische Situation im Land verschärft sich.

17.7., Nicaragua. Zwischen Freischärlern unter Führung von General Augusto César Sandino und US-amerikanischen Marinesoldaten, die in der Nähe der nicaraguanischen Stadt Ocotal stationiert sind, kommt es zu schweren Zusammenstößen.

11.8., Irland. Erstmals seit Abschluß des anglo-irischen Vertrags von 1921, der die irische Teilung besiegelte, leisten Abgeordnete der republikanischen Partei Fianna Feil den Treueid auf die Krone.

14.11., UdSSR. Joseph W. Stalin schaltet weitere parteiinterne Gegner aus: Leo D. Trotzki, Lew B. Kamenew und Grigori J. Sinowjew werden aus der KPdSU ausgeschlossen. Kamenew und Sinowjew werden nach Sibirien, Trotzki nach Kasachstan verbannt.

22.11., Albanien/Italien. In der albanischen Hauptstadt Tirana wird ein Defensivbündnis unterzeichnet, das Albanien faktisch zum italienischen Protektorat macht.

2.12., Türkei/Persien. Die Türkei und Persien unterzeichnen einen Freundschaftsvertrag.

14.12., Großbritannien/Irak. In London unterzeichnen Vertreter Großbritanniens und des Irak einen Friedens- und Freundschaftsvertrag, der die Rückgabe des britischen Völkerbundsmandats im Irak bis zum Jahr 1932 regelt.

Deutsche Politik

27.5. Auf dem SPD-Parteitag in Kiel erläutert der Parteivorsitzende Rudolf Hilferding seine Theorie des »organisierten Kapitalismus«. ▷Chronik Zitat

Organisierter Kapitalismus
Chronik Zitat

»Organisierter Kapitalismus bedeutet... den prinzipiellen Ersatz des kapitalistischen Prinzips der freien Konkurrenz durch das sozialistische Prinzip planmäßiger Produktion.«
Rudolf Hilferding, SPD-Vorsitzender

17.8. Nach dreijährigen Verhandlungen wird in Paris ein deutsch-französischer Handelsvertrag unterzeichnet.

27.8. Die Regierungen von Großbritannien und Frankreich einigen sich auf eine Reduzierung der Besatzungstruppen im Rheinland um 10 000 Mann auf 60 000 Mann bis zum Ende des Jahres 1927.

18.9. In Hohenstein in Ostpreußen wird das Tannenberg-Denkmal zur Erinnerung an die Schlacht bei Tannenberg 1914 gegen die Russen eingeweiht. Die Feier wird zu einer Ehrung des Reichspräsidenten Paul von Hindenburg und zu einer Demonstration der Stärke der rechtsgerichteten Militaristen.

23.9. Das Deutsche Reich erklärt seinen Beitritt zum Ständigen Schiedsgerichtshof im niederländischen Den Haag.

2.10. Anläßlich seines 80. Geburtstages erläßt Reichspräsident Paul von Hindenburg eine Amnestie für politische Straftaten.

6.12. Ein Mißtrauensantrag der sozialdemokratischen und kommunistischen Fraktion gegen die rechtsbürgerliche Reichsregierung findet keine Mehrheit.

16.12. Bei einem Besuch in Königsberg spricht sich Reichsaußenminister Gustav Stresemann erneut gegen eine Anerkennung der derzeitigen Ostgrenzen des Deutschen Reichs in einem von Polen angestrebten »Ost-Locarno« aus.

Wirtschaft und Wissenschaft

1927, Medien. Ein Team der Bell Telephone Laboratories unter Leitung der amerikanischen Ingenieure Herbert E. Ives und Frank Gray stellt ein elektromechanisches Fernsehsystem vor, das mit der Nipkow-Scheibe arbeitet. Ives überträgt Darbietungen einer Steptänzerin per Telefondraht.

1927, Chemie. Der Göttinger Biochemiker Adolf Windaus und der amerikanische Arzt Alfred Fabian Hess entdecken durch UV-Bestrahlung von Ergosterin das Vitamin D.

1927, Technik. G. J. M. Darrieus konstruiert einen Windrotor mit senkrechter Achse, der weniger Energie als gleichgroße klassische Windräder liefert, jedoch völlig unabhängig von der Windrichtung arbeitet, bei Sturm nicht zerstört wird und preiswert herzustellen ist.

1927, Medien. Durch die Erfindung des Gegenkopplungsverstärkers werden die Empfangsqualität und die Stabilität der Rundfunkempfänger wesentlich verbessert.

1927, Philosophie. Der deutsche Philosoph Martin Heidegger veröffentlicht *Sein und Zeit*.

1927, Geologie. Das deutsche Forschungsschiff »Meteor« kehrt von einer zweijährigen Forschungsreise aus dem Südatlantik zurück, wo es ozeanographische Messungen vorgenommen hat.

Religion im Deutschen Reich
Chronik Statistik

Katholische Christen	60 295 591
Evangelische Christen	40 014 677
Sonstige Christen	87 580
Juden	564 379
Andere	1 550 649

1927, Chemie. In Deutschland wird »Buna«, der erste vollwertige synthetische Kautschuk erfunden. Der Chemiker Karl Waldemar Ziegler beschreibt 1928 diese Substanz: Buna entsteht durch Polymerisation von Butadien-Molekülen zu Molekülketten mit Natrium als Katalysator.

1927

Kunst, Literatur und Musik

23.8. In seinem Aufsatz zur *Ästhetik des Rundfunks* setzt sich der Schriftsteller Arnold Zweig mit den künstlerischen Möglichkeiten des neuen Massenmediums auseinander.
28.8. Die Stadt Frankfurt am Main verleiht erstmals den Goethe-Preis. Der Dichter Stefan George ist der erste Preisträger.
22.9. Max Brods Roman *Eine Frau, nach der man sich sehnt* wird zu einem der Literaturerfolge des Jahres.
7.10. UA: *Das Wunder der Heliane*, Oper von Erich Wolfgang Korngold, in Hamburg.
15.10. *Der Streit um den Sergeanten Grischa*, ein Antikriegsroman von Arnold Zweig, erscheint. Innerhalb von zehn Tagen sind 10 000 Exemplare verkauft.
18.10. Carl von Ossietzky übernimmt anstelle von Kurt Tucholsky, der dem Blatt weiterhin als Autor verbunden bleibt, die Leitung der »Weltbühne«.
22.10. Im Kurt Wolff Verlag in München erscheint der Roman *Amerika* aus dem Nachlaß von Franz Kafka.
10.11. Der Schiller-Preis, der nach zwölf Jahre erstmals wieder verliehen wird, geht an die Schriftsteller Hermann Burte, Fritz von Unruh und Franz Werfel.
15.11. In Moskau findet die erste Internationale Konferenz revolutionärer Schriftsteller statt. Mitglieder der deutschen Delegation sind Johannes R. Becher, Bertha Lask, Arthur Holitscher und Franz Carl Weiskopf.
12.12. UA: *Der arme Matrose*, Oper von Darius Milhaud und einem Libretto von Jean Cocteau, in Paris.
27.12. UA: *Sly*, tragische Oper des deutsch-italienischen Komponisten Ermanno Wolf-Ferrari, in Mailand.
27.12. UA: *Show Boat*, Musical von Jerome Kern, in New York.
28.12. UA: *Antigone*, Oper des schweizerischen Komponisten Arthur Honegger, in Brüssel.
1927 Der Roman *Der Steppenwolf* von Hermann Hesse erscheint im S. Fischer Verlag.
1927 Von Virginia Woolf erscheint der dreiteilige Roman *Die Fahrt zum Leuchtturm*.

Theater und Film

24.6. *Der Weg allen Fleisches*, der erste in den USA gedrehte Film mit Emil Jannings, hat im Rialto-Filmtheater in New York Premiere.
24.6. UA: *Mariana Pineda*, eines der frühen Dramen von Federico García Lorca, in Barcelona.
17.7. UA: *Mahagonny*, Songspiel von Kurt Weill und Bertolt Brecht, in Baden-Baden.
23.7. In den Münchener Kammerspielen hat der Schwank *Der Mustergatte* des amerikanischen Dramatikers Avery Hopwood Premiere. Der 25jährige Heinz Rühmann wird als Komikertalent von Publikum und Kritik begeistert gefeiert.
30.8. In Berlin haben die Revuen *Wann und Wo* von Hermann Haller und *Der Mikado* von Eric Charell Premiere.
1.9. UA: *Hoppla, wir leben*, Stück von Ernst Toller, an den Hamburger Kammerspielen. Mit dem Stück eröffnet Erwin Piscator am 3. September seine neue Bühne am Nollendorfplatz in Berlin.
10.9. *Der Hexer*, Film nach dem Kriminalroman von Edgar Wallace, wird in München in deutscher Erstaufführung gezeigt.
19.9. UA: *Am Rande der Welt*, Antikriegsfilm von Karl Grune, im Gloria-Palast in Berlin.
23.9. Der Film *Berlin – Symphonie einer Großstadt* von Walter Ruttmann hat im Berliner Tauentzien-Palast Premiere.
5.10. Das sowjetische Agitproptheater »Blaue Blusen«, das auf Einladung der Internationalen Arbeiterhilfe nach Deutschland gekommen ist, startet seine Tournee in Berlin am Nollendorfplatz auf der Piscator-Bühne.
13.10. UA: *Schinderhannes*, Stück von Carl Zuckmayer, im Berliner Lessing-Theater.
23.10. Die Premiere des Musikfilms *Der Jazzsänger* unter der Regie von Alan Crosland gilt als Beginn des Tonfilmzeitalters.
31.10. Im Deutschen Schauspielhaus in Hamburg hat das Stück *Die Petroleuminseln* von Lion Feuchtwanger Weltpremiere.

Gesellschaft

29.6. Über Nord- und Mittelengland ist in den frühen Morgenstunden eine totale Sonnenfinsternis zu beobachten.
12.8. Die höchste Spitze des Montblanc, der Cour Majour, wird auf den Namen Benito Mussolini getauft.
23.8. Trotz heftiger internationaler Proteste werden die italo-amerikanischen Anarchisten Nicola Sacco und Bartolomeo Vanzetti in Boston auf dem elektrischen Stuhl hingerichtet. Ihnen wird – allein aufgrund von Indizien – ein Raubmord zur Last gelegt.
3.10. In Sachsen greift die spinale Kinderlähmung trotz aller medizinischen Abwehrmaßnahmen weiter um sich. Bislang sind 221 Erkrankungen gemeldet worden.
31.12. In einem Forderungskatalog spricht sich der Generalsekretär des Deutschen Reichsausschusses für Leibesübungen Carl Diem für die Einführung der täglichen Turnstunde an allgemeinbildenden Schulen aus.
▷ Chronik Zitat

Tägliches Schulturnen

Chronik Zitat

»*Kein Schulknabe oder Schulmädchen darf die Schule verlassen, ohne schwimmen zu können. ... Spielplätze und Turnhallen sollen Geschmack und Kunstsinn unserer Zeit widerspiegeln.*«
Auszug aus dem Forderungskatalog des Sportwissenschaftlers Carl Diem

1927 In den Niederlanden beginnt die Eindeichung und teilweise Trockenlegung der Zuidersee. Mit Hilfe des Projekts soll die Landfläche des Staates um 10% zunehmen.
1927 Zu den beliebtesten Vornamen, die in Deutschland vergeben werden, zählen für Jungen die Namen Horst, Günther und Heinz. Bei den Mädchen stehen Ursula, Ingeborg und Margot an der Spitze der Beliebtheitsskala.
1927 Fast ein Jahrzehnt nach Kriegsende beschäftigen sich die politischen Witze des Jahres noch immer mit den Auswüchsen der Monarchie.

1927

Internationale Politik	Deutsche Politik	Wirtschaft und Wissenschaft
14.12., China. Die nationalrevolutionäre Kuomintang erobert die Stadt Kanton zurück, in der chinesische Kommunisten nach Sowjetvorbild eine Kommune errichtet hatten. **18.12., Lettland.** Der Versuch antisemitischer Nationalisten, Juden und andere Minderheiten per Volksbegehren vom geltenden Staatsangehörigkeitsgesetz auszuschließen, scheitert.	**17.12.** Der Staatsgerichtshof in Leipzig erklärt die Wahlordnungen von Hamburg, Mecklenburg-Strelitz und Hessen wegen ihrer Beschränkungen für Kleinstparteien für verfassungswidrig. **25.12.** Reichskanzler Wilhelm Marx ist genau 1000 Tage im Amt. Ein solches Jubiläum hat noch kein Regierungschef in der Weimarer Republik erreicht.	**1927, Wirtschaft.** Die durchschnittliche Wochenarbeitszeit in der deutschen Industrie beträgt 50,55 Stunden bei einem tariflichen Wochenlohn von 33,98 RM für männliche und 25,10 RM für weibliche Arbeiter. **1927, Wirtschaft.** Die Zahl der Empfänger von Arbeitslosengeld bzw. Arbeitslosenhilfe in Deutschland beträgt zum Jahresende 2 040 135.

1927 Geborene und Gestorbene

Geboren:
30.1. Olof Palme (†28.2.1986), schwedischer Politiker.
3.2. Friedrich Karl Flick, deutscher Industrieller.
7.2. Juliette Gréco, französische Chansonette.
1.3. Harry Belafonte, amerikanischer Sänger und Schauspieler.
10.3. Jupp Derwall, deutscher Fußballspieler und -trainer.
11.3. Joachim Fuchsberger, deutscher Filmschauspieler und Fernsehunterhalter.
21.3. Hans-Dietrich Genscher, deutscher Politiker.
24.3. Martin Walser, deutscher Schriftsteller.
23.5. Dieter Hildebrandt, deutscher Kabarettist und Filmschauspieler.
14.7. Helge Pross (†2.10.1984), deutsche Soziologin.
13.8. Fidel Castro, kubanischer Politiker.
16.10. Günter Grass, deutscher Schriftsteller.

1928

Internationale Politik	Deutsche Politik	Wirtschaft und Wissenschaft
1.1., Großbritannien/Sierra Leone. Im britischen Protektorat Sierra Leone tritt ein Gesetz in Kraft, wonach die Sklaverei abgeschafft ist. 215 000 Sklaven werden freigelassen. **16.1., Kuba.** In Havanna wird die sechste Panamerikanische Konferenz eröffnet. Die USA werden wegen ihrer Interventionspolitik in Mittelamerika scharf angegriffen. **27.1., UdSSR.** In der »Prawda« widerrufen Grigori J. Sinowjew und Lew B. Kamenew, die im November 1927 aus der KPdSU ausgeschlossen worden waren, ihre kritischen Anschauungen, werden aber nicht rehabilitiert. **16.2., Litauen.** Anläßlich des zehnjährigen Bestehens der Republik ruft Diktator Antanas Smetona die Bevölkerung dazu auf, die zu Polen gehörende Stadt Wilna, auf die Litauen Anspruch erhebt, zurückzuerobern.	**14.1.** Reichswehrminister Otto Geßler, der im Zusammenhang mit geheimen, den Bestimmungen des Versailler Vertrags von 1919 widersprechenden Finanzgeschäften der Marine und der Reichswehr ins Zwielicht geraten ist, reicht seinen Rücktritt ein. **19.1.** Der parteilose Wilhelm Groener tritt die Nachfolge von Otto Geßler als Reichswehrminister an. **7.2.** Reichspräsident Paul von Hindenburg spricht sich für eine besondere Unterstützung der ostpreußischen Landwirte aus. **9.2.** Der Reichstag verabschiedet eine Novelle zum Mieterschutzgesetz, die den Kündigungsschutz einschränkt. **14.2.** Der preußische Innenminister Albert Grzesinski (SPD) spricht sich in Berlin gegen die Zerschlagung Preußens zugunsten eines deutschen Einheitsstaates aus.	**9.1., Wirtschaft.** Der schweizerische Nahrungsmittelkonzern Nestlé fusioniert mit den Schokoladenfabriken Peter Kohler und Cailler. **8.2., Medien.** Der Schotte John Logie Baird überträgt erstmals ein Fernsehbild über den Atlantik von London nach New York. **10.2., Physik.** In Wien erläutert der Physiker Franz Hoefft seine Zukunftsvisionen zur Raumfahrt. **10.2., Technik.** Die erste drahtlose transatlantische Telefonverbindung zwischen den Vereinigten Staaten und dem Deutschen Reich wird in Betrieb genommen. **4.5., Wirtschaft.** Das amerikanische Repräsentantenhaus billigt die »Farmer Bill«, ein Gesetz mit einer Reihe von Unterstützungsmaßnahmen für die notleidende amerikanische Landwirtschaft.

1927

Kunst, Literatur und Musik

1927 Der amerikanische Erzähler und Dramatiker Thornton Wilder veröffentlicht den Bestseller *Die Brücke von San Luis Rey*.
1927 Die Kunsthalle Mannheim zeigt mit der Ausstellung »Wege und Richtungen abstrakter Malerei in Europa« eine umfangreiche Übersicht über die Entwicklung der ungegenständlichen Kunst.

Theater und Film

12.12. In London wird die europäische Erstaufführung des Spielfilms *Onkel Toms Hütte* gezeigt. Der Film von Harry A. Pollard basiert auf dem weltberühmten Roman von Harriet Beecher-Stowe. Es ist die dritte Verfilmung eines US-Regisseurs.
23.12. UA: *Erotik*, Komödie von Alexander Lernet-Holenia, in Frankfurt am Main.

Gesellschaft

1927 Eine italienische Expertenkommission stellt fest, daß die Neigung des Schiefen Turms von Pisa in den letzten Jahren um durchschnittlich vier Millimeter zugenommen hat.
1927 Die Zahl der im Deutschen Reich vorgenommenen Abtreibungen wird auf 500 000 geschätzt.
1927 Die deutsche Hauptstadt Berlin zählt über 4 Millionen Einwohner.

Geborene und Gestorbene

Gestorben:
3.1. Carl Runge (*30.8.1856), deutscher Mathematiker.
9.1. Houston Stewart Chamberlain (*9.9.1855), deutscher Publizist und Rassentheoretiker britischer Herkunft.
14.6. Jerome K. Jerome (*2.5.1859), britischer Schriftsteller.

20.7. Ferdinand I. (*24.8.1865), König von Rumänien.
14.9. Hugo Ball (*22.2.1886), deutscher Schriftsteller.
14.9. Isadora Duncan (*27.5.1878), amerikanische Ausdruckstänzerin.
30.10. Maximilian Harden (*20.10.1861), deutscher Publizist und Schriftsteller.

23.11. Alfred Fürst zu Windischgrätz (*31.10.1851), österreichischer Politiker.
28.11. Paul Vincenz Busch (*21.1.1850), deutscher Zirkusdirektor.
20.12. Michael Georg Conrad (*5.4.1846), deutscher Kritiker und Erzähler.

1928

Kunst, Literatur und Musik

10.1. Die Sektion Dichtkunst der Preußischen Akademie der Künste in Berlin wählt Leonhard Frank, Alfred Mombert, Theodor Däubler, Alfred Döblin und Fritz von Unruh als neue Mitglieder.
16.1. Gerhart Hauptmann, der 1926 einen Beitritt zur Sektion Dichtkunst der Preußischen Akademie abgelehnt hat, wird nun doch Mitglied.
10.3. Zum 400. Todestag von Albrecht Dürer, eröffnet Max Liebermann in Berlin eine Ausstellung.
26.3. Die Komponisten Heinrich Kaminski und Arnold Ludwig Mendelssohn werden mit dem erstmals verliehenen staatlichen Beethoven-Preis der Akademie der Künste in Berlin ausgezeichnet.
1.4. Die deutsche Kunstakademie in der römischen Villa Massimo, die Stipendiaten des preußischen Staates zur

Theater und Film

3.1. UA: *Der alte Fritz*, Film von Gerhard Lamprecht mit Otto Gebühr in der Hauptrolle, in Berlin.
7.1. UA: *Circus*, Film von und mit Charlie Chaplin, in New York.
8.1. Erwin Piscator eröffnet die Studiobühne seines Theaters in Berlin mit einer Inszenierung des Stücks *Heimweh* von Franz Jung.
14.1. UA: *Das göttliche Weib*, Film mit der schwedischen Schauspielerin Greta Garbo, in den USA.
23.1. UA: *Die Abenteuer des braven Soldaten Schwejk*, Drama von Jaroslav Hašek, mit Max Pallenberg am Berliner Nollendorfplatz.
25.1. UA: *Alraune*, Film von Henrik Galeen mit Brigitte Helm, in Berlin.
22.2. UA: *Du sollst nicht ehebrechen/Thérèse Raquin*, Film von Jacques Feyder nach dem Roman von Emile Zola, in Berlin.

Gesellschaft

1.3. Die erste regelmäßige Fluglinie über den Ozean wird eröffnet. Für die Strecke Paris–Buenos Aires werden zehn Tage benötigt.
13.3. Bei einer Überschwemmungskatastrophe in der Nähe von Los Angeles sterben rund 700 Menschen.
30.3. Wegen aktiver Bestechung werden die Brüder Julius und Henri Barmat in Berlin zu mehrmonatigen Haftstrafen verurteilt. Der Zusammenbruch ihres Unternehmens 1924 hatte wegen der Verwicklung von Politikern einen Skandal ausgelöst.
22.4. Die griechische Stadt Korinth wird durch ein Erdbeben fast völlig zerstört.
28.4. Das Wachsfigurenkabinett von Madame Tussaud in London, das nach einem Brand 1925 geschlossen werden mußte, wird nach der Renovierung wiedereröffnet.

1928

Internationale Politik

20. 2., Großbritannien/Transjordanien. In einem Vertrag mit Transjordanien erkennt Großbritannien – mit Einschränkungen – die Unabhängigkeit seines Mandatsgebiets an.

15. 3., USA. Die USA entsenden weitere 2000 Soldaten nach Nicaragua, um ihren Einfluß in Mittelamerika zu stärken.

8. 4., Türkei. Das Parlament verabschiedet eine Verfassungsänderung, mit der alle Hinweise auf den Islam aus der Verfassung gestrichen werden.

21. 4., Schweiz. In Genf wird die Vereinigung von Reise- und Auswanderungsagenturen der Schweiz gegründet.

22. 4., Österreich. Bei den Wiener Gemeinderatswahlen können die Sozialdemokraten Stimmengewinne verzeichnen.

3. 5., China. In der nordostchinesischen Stadt Tsinan kommt es zu bewaffneten Auseinandersetzungen zwischen japanischen und chinesischen Truppen. Japan greift erstmals militärisch in den chinesischen Bürgerkrieg ein.

7. 5., Großbritannien. Die Frauen erhalten das aktive und passive Wahlrecht mit 21 Jahren und werden damit den Männern gleichgestellt.

8. 6., China. Die nationalrevolutionären Kuomintang-Truppen unter General Chiang Kai-shek erobern die chinesische Hauptstadt Peking.

Gewalt verurteilt

Chronik Zitat

»Der Pakt von Paris, geboren aus dem Frieden und durchdrungen von einer freien juristischen Auffassung, kann und muß ein wirklicher Vertrag der Eintracht sein.«
Aristide Briand, französ. Außenminister

27. 8., Frankreich. Vertreter von 15 Nationen unterzeichnen in Paris den Briand-Kellogg-Pakt, einen Vertrag, der den Angriffskrieg ächtet. In einer Festrede würdigt der französische Außenminister Aristide Briand das Vertragswerk. ▷Chronik Zitat

Deutsche Politik

15. 2. Die Mitte-Rechts-Koalition bricht angesichts des Scheiterns eines Reichsschulgesetzes auseinander.

13. 3. Der Vorsitzende der Reichstagsfraktion der NSDAP, Wilhelm Frick, erklärt, daß seine Partei eine »vollkommene Umwälzung des Staates«, allerdings auf legalem Weg, anstrebt.

17. 3. Der Rechtsausschuß des Reichstags kann sich nicht auf einen Entwurf für eine Amnestie für politische Straftaten einigen.

17. 3. Die kommunistisch orientierte Rote Gewerkschaftsinternationale fordert die Arbeiter im Deutschen Reich dazu auf, ihre Forderungen mit »wilden Streiks« durchzusetzen.

28. 3. In einer Rede vor dem Verein der ausländischen Presse fordert Reichsaußenminister Gustav Stresemann eine allgemeine Abrüstung aller Staaten.

25. 4. Eine Wahlveranstaltung von Reichsaußenminister Gustav Stresemann im Münchner Bürgerbräukeller wird von Nationalsozialisten gesprengt.

29. 4. Bei den Landtagswahlen in Schaumburg-Lippe erreichen die Sozialdemokraten die absolute Mehrheit.

20. 5. Bei den Reichstagswahlen erleiden die bürgerlichen und die Rechtsparteien z.T. erhebliche Verluste. SPD und KPD können ihren Stimmenanteil steigern.

28. 5. In einem Artikel der Zeitschrift »Angriff« erklärt der NSDAP-Reichstagsabgeordnete Joseph Goebbels, er sehe sich durch seine Rolle als Abgeordneter nicht an die parlamentarischen Spielregeln gebunden.

28. 6. Die neue Regierung unter Reichskanzler Hermann Müller (SPD), eine große Koalition aus Sozialdemokraten, DDP, DVP, Zentrum und BVP, wird vereidigt. Gustav Stresemann (DDP) bleibt Außenminister.

16. 10. Das Volksbegehren der KPD gegen den Bau des Panzerkreuzers A scheitert, da sich nur 2,94% der Stimmberechtigten statt der erforderlichen 10% in der vorgeschriebenen Frist in die Listen eintragen.

26. 10. Die Reichsregierung stimmt einem ersten Rüstungsprogramm der Reichswehr mit einem Etat von 350 Mio. Reichsmark zu.

Wirtschaft und Wissenschaft

23. 5., Technik. Auf der Berliner Avus steuert Fritz von Opel ein von 24 Feststoffraketen angetriebenes Auto und erreicht eine Höchstgeschwindigkeit von 195 km/h. Das Experiment gilt als wichtiger Schritt auf dem Weg zur Raumfahrt.

11. 6., Luftfahrt. Der deutsche Forscher Fritz Stamer unternimmt mit seiner »Ente«, einem raketengetriebenen Segelflugzeug, den Jungfernflug.

September, Medizin. Der britische Bakteriologe Alexander Fleming entdeckt bei seiner Laboratoriumsarbeit die bakterienauflösende Wirkung des später so genannten Penicillins.

Wissenschaftler geehrt

Chronik Nobelpreise

Chemie: Adolf Windaus (D)
Medizin: Charles J.H. Nicolle (F)
Physik: Owen W. Richardson (GB)
Literatur: Sigrid Undset (N)

3. 11., Wirtschaft. Die Bayerischen Motorenwerke (BMW) übernehmen für 10 Mio. Reichsmark die angeschlagene Automobilfirma Dixi-Werke in Eisenach. BMW, bisher Hersteller von Motorrädern, steigt damit in die Automobilproduktion ein.

10. 12., Nobelpreise. In Stockholm werden die Nobelpreise feierlich verliehen. Ein Friedensnobelpreis wird in diesem Jahr nicht vergeben. ▷Chronik Nobelpreise

1928, Physik. Die deutschen Physiker Hans Geiger und Walter Müller erfinden das »Geiger-Müller-Zählrohr« zum Nachweis und zur Zählung einzelner subatomarer Partikel.

1928, Chemie. Der ungarische Biochemiker Albert von Szent-Györgyi von Nagyrapolt isoliert die Ascorbinsäure, das Vitamin C.

1928, Medien. Der New Yorker Wissenschaftler Edwin Howard Armstrong schlägt zur Verbesserung der Empfangsqualität für Rundfunkübertragungen die Frequenzmodulation vor, die später für Stereorundfunk ausschließlich verwendet wird.

1928

Kunst, Literatur und Musik

Verfügung steht, wird wiedereröffnet. Sie war wegen Kriegseinwirkung geschlossen worden.
5.4. UA: *Die Herzogin von Chicago*, Operette von Emmerich Kálmán, im Theater an der Wien.
11.4. Im Rahmen der Jubiläumsfeierlichkeiten für Albrecht Dürer wird im Germanischen Museum in Nürnberg eine Ausstellung eröffnet, die erstmals einen umfangreichen Überblick über das Gesamtwerk des Künstlers gibt.
17.4. Erich Kästners Gedichtband *Herz auf Taille* mit Zeichnungen von Erich Ohser erscheint.
27.4. UA: *Apollon Musagète*, Ballett des russischen Komponisten Igor Strawinsky, in der Kongreßbibliothek in Washington.
1.6. In München wird die Kunstausstellung im Glaspalast eröffnet. Sie dauert bis zum 30. September.
6.6. UA: *Die ägyptische Helena*, Oper von Richard Strauss nach dem Libretto von Hugo von Hofmannsthal, im Dresdner Opernhaus.
9.6. Die Operette *Die singende Venus* von Eduard Künnecke wird in Breslau uraufgeführt.

Bedeckt von Manuskripten

Chronik Zitat

»... er schlief auf einem Sofa, und wenn man vormittags ihn besuchte, lag er auf diesem Sofa ganz bedeckt von Manuskripten, Zeitungen, Briefen und Journalen und arbeitete rastlos und fieberhaft, wie er es sein ganzes Leben lang tat ...«
Gottfried Benn über Klabund

14.8. Der 37jährige Schriftsteller Klabund (Alfred Henschke) stirbt in einem Schweizer Sanatorium an Tuberkolose. Sein Freund, der Dichter Gottfried Benn, hält auf der Beisetzung in Crossen an der Oder die Totenrede. ▷Chronik Zitat
19.10. In Berlin wird der »Bund der proletarisch-revolutionären Schriftsteller« gegründet, der ab 1929 die Zeitschrift »Linkskurve« herausgibt.

Theater und Film

1.3. Erwin Piscator übernimmt zusätzlich zum Theater am Nollendorfplatz die Leitung des Berliner Lessing-Theaters.
14.3. In der Sowjetunion kommt der Film *Oktober* über die Oktoberrevolution 1917 von Sergei M. Eisenstein in die Kinos.
22.3. UA: *Spione*, Film von Fritz Lang nach dem Drehbuch von Thea von Harbou, im Ufa-Palast am Berliner Zoo.
26.3. UA: *Pioniere in Ingolstadt*, Komödie von Marieluise Fleißer, in der Dresdner Komödie.
9.4. UA: *Und Lazarus lachte*, Stück des amerikanischen Dramatikers Eugene O'Neill, in Pasadena im US-Bundesstaat Kalifornien.
10.4. UA: *Konjunktur*, Stück von Leo Lania und Kurt Weill, im Lessing-Theater in Berlin.
20.4. Der Film *Die Passion der Jeanne d'Arc* von Carl Theodor Dreyer wird in Paris uraufgeführt.
3.5. UA: *Siegfried*, Schauspiel in vier Akten von Jean Giraudoux, in der Comédie des Champs-Elysées in Paris.
5.5. In Berlin hat die Filmkomödie *Wie heirate ich meinen Chef?* des Regisseurs Erich Schönfelder mit Harry Holm und Helene Hallier Weltpremiere.
15.5. UA: *Es liegt in der Luft*, Revue von Marcellus Schiffer und Mischa Spoliansky, in Berlin.
13.8. In Berlin wird die »Tobis (Tonbildsyndikat) AG« gegründet, die eine entscheidende Rolle bei der Verbreitung des Tonfilms spielt.
28.8. Im Berliner Titania-Palast wird der Film *Ein besserer Herr* von Gustav von Ucicky nach dem gleichnamigen Stück von Walter Hasenclever gezeigt.
30.8. UA: *Heimkehr*, Film von Joe May, im Gloria-Palast in Berlin.
31.8. Im Berliner Theater am Schiffbauerdamm findet die Uraufführung der *Dreigroschenoper* von Bertolt Brecht und Kurt Weill unter der Regie von Erich Engel statt.
5.9. UA: *Prinzessin Olala*, Stummfilm nach der Operette von Jean Gilbert, im Ufa-Theater am Kurfürstendamm.

Gesellschaft

1.5. Die Deutsche Lufthansa nimmt den Flugverkehr von Berlin nach Moskau auf.
12.5. In Köln wird die internationale Presseausstellung »Pressa« eröffnet.
15.5. Der neue Luxuszug der Reichsbahn, »Rheingold«, startet zu seiner ersten regulären Fahrt.
25.5. Das Luftschiff »Italia«, mit Umberto Nobile an Bord, stürzt bei einer Nordpolfahrt ab. Bei einem Rettungsflug kommt am 18. Juni der norwegische Polarforscher Roald Amundsen ums Leben. Am 23. Juni wird Nobile als erster Überlebender der Luftschiffexpedition von dem schwedischen Flieger Einar Lundborg gerettet.

Leichtathletik-Weltrekorde

Chronik Sport

100 m:	
Myrtle Cook (CDN)	12,0 sec
Weitsprung:	
Kinue Hitomi (J)	5,98 m
Hochsprung:	
Carolina Gisolf (NL)	1,60 m
Kugelstoßen:	
Gustl Herrmann (D)	12,26 m
Speerwurf:	
Anneliese Hargus (D)	38,39 m

4.6. Nach zweimonatiger Fahrt erreicht Gustav Hartmann, der älteste Droschkenkutscher Wannsees, sein Ziel Paris. Hartmann will mit seiner spektakulären Fahrt auf den Niedergang seines Berufsstandes aufmerksam machen. 1938 verewigte Hans Fallada sein Schicksal in dem Roman *Der eiserne Gustav*.
24.6. Der totgeglaubte deutsche Asienforscher Wilhelm Filchner kehrt von einer zweieinhalbjährigen Expeditionsreise durch Tibet, China und Nordindien nach Deutschland zurück.
21.9. Hugo Stinnes jr., der Sohn des bekannten Großindustriellen, wird gegen eine Kaution von 1 Mio. Reichsmark aus der Haft entlassen. Gegen ihn besteht der dringende Verdacht, betrügerische Geschäfte mit Kriegsanleihen getätigt zu haben.

1928

Internationale Politik

31.8., Österreich. Österreich tritt dem Briand-Kellogg-Pakt bei.
6.9., UdSSR. Die sowjetische Regierung überreicht der französischen Botschaft in Moskau die Beitrittserklärung zum Briand-Kellogg-Pakt.
1.10., UdSSR. In der Sowjetunion tritt der erste Fünfjahresplan in Kraft, der das Wachstum in Landwirtschaft und Industrie fördern soll.
6.10., China. Chiang Kai-shek, Vorsitzender der Kuomintang-Regierung, wird Präsident der chinesischen Zentralregierung.
6.11., USA. Der Kandidat der Republikaner, Herbert C. Hoover, wird mit großer Mehrheit zum 31. Präsidenten der USA gewählt.
10.11., Japan. Der seit Dezember 1926 regierende Hirohito wird in der Kaiserstadt Kyoto zusammen mit seiner Frau Nagako feierlich als Kaiser inthronisiert. Als 124. Tenno ist Hirohito zugleich religiöses und politisches Oberhaupt der Japaner.
1.12., Jugoslawien. Der zehnte Jahrestag der Gründung des Königreichs der Serben, Kroaten und Slowenen wird von schweren Zusammenstößen zwischen serbischen und kroatischen Studenten in Agram (heute Zagreb) begleitet.
16.12., UdSSR. Aufgrund seiner Opposition gegen Parteichef Josef W. Stalin erhält Leo D. Trotzki ein Ultimatum, zukünftig von konterrevolutionärer Tätigkeit Abstand zu nehmen. Als Trotzki sich weigert, wird er Anfang 1929 aus der Sowjetunion ausgewiesen.

Deutsche Politik

2.11. In einem Schreiben an Parteifunktionäre erklärt Adolf Hitler, daß die NSDAP derzeit über 19 Zeitungen verfüge. 12 weitere Blätter sympathisieren mit der Partei.
3.11. Die Parteikonferenz der KPD billigt den Beschluß der Kommunistischen Internationale, wonach die SPD als Hauptfeind in der politischen Auseinandersetzung anzusehen sei.
14.11. In einer Pressekonferenz in Berlin warnt Reichsaußenminister Gustav Stresemann davor, die wirtschaftliche Lage allzu positiv darzustellen. ▷Chronik Zitat

Warnung vor dem Bankrott
Chronik Zitat

»Wenn einmal eine Krise bei uns kommt und die Amerikaner ihre kurzfristigen Kredite abrufen, dann ist der Bankrott da. Was wir an Steuern erheben, geht bis an die Grenze dessen, was ein Staat überhaupt tun kann.«
Reichsaußenminister Gustav Stresemann

16.11. Adolf Hitler prophezeit in seiner ersten Rede im Berliner Sportpalast vor 16 000 Zuschauern den Wiederaufstieg Deutschlands durch »Wehrhaftigkeit, Ehrbegriffe, Rassenstolz und wirtschaftliche Autarkie«.
9.12. Auf ihrem Reichsparteitag in Köln wählt die Zentrumspartei den Prälaten Ludwig Kaas als Nachfolger von Wilhelm Marx zum Vorsitzenden.

Wirtschaft und Wissenschaft

1928, Medien. Der deutsche Techniker Fritz Pfleumer meldet das Magnettonband zum Patent an. Die Idee, den Magnetismus zum Aufzeichnen von Tönen zu verwenden, hatte bereits 1898 der dänische Physiker Valdemar Poulsen, doch erst Pfleumers Konstruktion, bei der ein Band verwendet wird, führt zur kommerziellen Nutzung des Verfahrens.

Preise im Deutschen Reich
Chronik Statistik

Lebensmittelpreise (Reichsmark):

Butter, 1 kg	4,31
Weizenmehl, 1 kg	0,59
Schweinefleisch, 1 kg	2,15
Rindfleisch, 1 kg	2,30
Zucker, 1 kg	0,63
Vollmilch, 1 l	0,30

1928, Medien. In Großbritannien werden die ersten Fernseh-Heimempfänger gebaut.
1928, Technik. Der Berliner Hans Haupt erfindet den zusammenlegbaren Regenschirm »Knirps«.
1928, Verkehr. In Detroit baut die Cadillac Motor Car Company die ersten Kraftfahrzeuge mit Synchrongetriebe.
1928, Physik. Der sowjetische Atomphysiker George Gamow schlägt vor, Atome mit Protonen statt mit Alpha-Teilchen zu beschießen, und entwickelt den Grundgedanken des Teilchenbeschleunigers.

1928 Geborene und Gestorbene

Geboren:
23.1. Jeanne Moreau, französische Schauspielerin.
16.3. Karlheinz Böhm, deutsch-österreichischer Schauspieler.
19.3. Hans Küng, schweizerischer katholischer Theologe.
28.4. Yves Klein (†6.6.1962), französischer Maler.
4.5. Muhammed H. Mubarak, ägyptischer Politiker.
14.6. Ernesto »Che« Guevara Serna (*9.10.1967), südamerikanischer Revolutionär.
15.6. Irenäus Eibl-Eibesfeldt, österreichischer Verhaltensforscher.
20.7. Pavel Kohout, tschechoslowakischer Dramatiker und Regisseur.
26.7. Stanley Kubrick, amerikanischer Filmregisseur.

1928

Kunst, Literatur und Musik	Theater und Film	Gesellschaft
23.10. Walter von Molo wird zum Vorsitzenden der Sektion Dichtkunst der Preußischen Akademie der Künste gewählt. **10.11.** Die Berliner »Vossische Zeitung« beginnt mit dem Vorabdruck des aufrüttelnden Antikriegsromans *Im Westen nichts Neues* von Erich Maria Remarque. **22.11.** UA: *Bolero*, ein Ballett von Maurice Ravel, am Théâtre National de l'Opéra in Paris. **1.12.** UA: *Die schwarze Orchidee*, Oper von Eugen d'Albert, in Leipzig. **10.12.** Der Maler George Grosz und der Verleger Wieland Herzfelde werden wegen Gotteslästerung in der Zeichnung *Christus mit der Gasmaske* zu Geldstrafen von jeweils 2000 Reichsmark verurteilt. 1929 werden sie in zweiter Instanz freigesprochen. **13.12.** UA: *Ein Amerikaner in Paris*, sinfonische Dichtung von George Gershwin, in der New Yorker Carnegie Hall. **22.12.** UA: *Jettchen Gebert*, Operette von Walter Kollo, im Berliner Theater am Nollendorfplatz. **22.12.** Anna Seghers erhält den Kleist-Preis für ihre erste Buchveröffentlichung, die im Verlag Gustav Kiepenheuer erschienene Erzählung *Aufstand der Fischer von Santa Barbara*. **1928** Erich Kästner veröffentlicht den berühmten Kinderroman *Emil und die Detektive*. **1928** David Herbert Lawrence publiziert seinen Roman *Lady Chatterley*, eine freizügige Darstellung sexueller Beziehungen.	**6.9.** UA: *Marquis d'Eon. Der Spion der Pompadour*, Film von Karl Grune, im Berliner Capitol. **12.9.** UA: *Ein Tag Film*, Kurzfilm der Tri-Ergon Musik AG, in den Terra-Lichtspielen am Berliner Nollendorfplatz. **1.10.** In Paris hat der surrealistische Stummfilm *Der andalusische Hund* der Spanier Luis Buñuel und Salvador Dalí Premiere. **11.10.** In der Sowjetunion kommt der Film *Sturm über Asien* von Wsewolod Pudowkin in die Kinos. **12.10.** Das Lustspiel *Ehen werden im Himmel geschlossen* von Walter Hasenclever kommt in den Berliner Kammerspielen erstmals auf die Bühne. Da in einer Szene Gott in Knickerbockern und die heilige Magdalena im modernen Abendkleid auftreten, entwickelt sich die Komödie zum Skandalstück der Saison. **16.10.** UA: *U-Boot S 4*, Drama von Günther Weisenborn, in der Berliner Volksbühne. Das Stück, das sich auf den Untergang des amerikanischen U-Boots 1927 bezieht, wendet sich gegen die Aufrüstung. **30.10.** UA: *Strange Interlude* (*Seltsames Zwischenspiel*), Schauspiel von Eugene O'Neill, im John Golden Theater in New York. **13.11.** Der deutsche Regisseur Max Reinhardt gründet in Wien eine eigene Schauspiel- und Regieschule, das »Reinhardt-Seminar«. **18.11.** UA: *Steamboat Willie*, Zeichentrickfilm von Walt Disney, im Colony-Theater in Manhatten.	**23.9.** Das 1850 aus Holz erbaute Theater Novedades in Madrid wird bei einer Brandkatastrophe vollständig zerstört. 80 Zuschauer kommen in den Flammen ums Leben, mehr als 200 werden verletzt. **2.11.** Nach fünf Jahren bricht der Vulkan Ätna auf Sizilien wieder aus. Die glühenden Lavamassen zerstören mehrere Orte, darunter das 8000 Einwohner zählende Dorf Mascali. **1928** Kriminalpolizeiliche Ermittlungen stützen sich zunehmend auf wissenschaftliche und technische Untersuchungsmethoden. Vorreiter dieser Entwicklung ist die Sureté in Paris mit ihren modernen Chemie- und Fotolabors. **1928** An den Hochschulen im Deutschen Reich sind 111 582 Studenten eingeschrieben, 10,5 % mehr als im Vorjahr. Der Anteil der weiblichen Studierenden beläuft sich im Sommersemester auf 14,5 %. **1928** Beim Internationalen Schönheitswettbewerb im amerikanischen Galveston im Bundesstaat Texas wird – wie im vergangenen Jahr – eine Amerikanerin zur »Miß Universum« gekürt. Die Plätze zwei und drei sichern sich die Schönheiten aus Frankreich und Italien. **1928** Zum neuen Sommerurlaubstreffpunkt der Prominenz avancieren die französischen Badeorte Antibes, St. Maxime und St. Tropez an der Côte d'Azur. **1928** In den USA wird das »Hitch hiking«, das Fahren per Anhalter, immer beliebter.

Geborene und Gestorbene

6.8. Andy Warhol (†22.2.1987), amerikanischer Künstler.
22.8. Karlheinz Stockhausen, deutscher Komponist.
8.10. Helmut Qualtinger (†29.9.1986), österreichischer Schriftsteller und Schauspieler.
15.12. Friedensreich Hundertwasser, österreichischer Maler.

Gestorben:
11.1. Thomas Hardy (*2.6.1840), britischer Romanschriftsteller und Lyriker.
19.5. Max Scheler (*22.8.1874), deutscher Philosoph.
14.6. Emmeline Pankhurst (*14.7.1858), britische Frauenrechtlerin.
21.11. Hermann Sudermann (*30.9.1857), deutscher Schriftsteller.

1929

Internationale Politik

5.1., Jugoslawien. König Alexander I. Karadjordjević löst das Parlament auf und erklärt sich zum Alleinherrscher.
29.1., UdSSR. Der von der sowjetischen Parteiführung ausgewiesene Oppositionelle Leo D. Trotzki trifft am 11. Februar in Konstantinopel ein.
11.2., Italien/Vatikan. In Rom werden die Lateranverträge unterzeichnet, mit denen der Vatikan seine Streitigkeiten mit Italien beilegt.
4.3., USA. Herbert C. Hoover wird ins Präsidentenamt eingeführt.
21.5., China/Japan. Die Japaner räumen Tsingtau. Damit ist die Provinz Schantung wieder frei.
28.5., China. Um die Bedeutung der neuen Hauptstadt zu betonen, läßt die Kuomintang-Regierung die Leiche des ersten Präsidenten der chinesischen Republik, Sun Yat-sen, von Peking nach Nanking überführen.
8.6., Großbritannien. Nach dem Wahlsieg der Labour Party wird der Sozialist James Ramsey MacDonald Premierminister.
17.7., UdSSR/China. Aufgrund von Konflikten bei der gemeinsamen Verwaltung der Ostchinabahn bricht die Sowjetunion die diplomatischen Beziehungen zu China ab. Am 22. Dezember einigen sich jedoch beide Länder im Protokoll von Chaborowsk.
17.7., Großbritannien/UdSSR. Großbritannien schlägt der UdSSR die Wiederaufnahme der 1927 abgebrochenen diplomatischen Beziehungen vor. Sie erfolgt am 3. Oktober.
27.7., Schweiz. In Genf werden Abkommen zur Verbesserung des Loses der Verwundeten und Kranken im Felde sowie über die Behandlung der Kriegsgefangenen unterzeichnet.
29.7., Frankreich. Nach dem Rücktritt von Raymond Poincaré wird Aristide Briand neuer Ministerpräsident.
16.8., UdSSR/China. An der Grenze zur Mandschurei kommt es zu Kämpfen zwischen sowjetischen und chinesischen Truppen.
18.8., Österreich. Bei Kämpfen zwischen der rechtsgerichteten Heimwehr und dem Republikanischen Schutzbund werden mehrere Menschen getötet und ca. 200 verletzt.

Deutsche Politik

1.1. Der »Völkische Beobachter«, das Parteiorgan der NSDAP, erscheint erstmals mit einer Berliner Ausgabe.
6.1. Heinrich Himmler wird zum »Reichsführer SS« ernannt. Er baut die Schutzstaffel zu einer Elitetruppe der NSDAP auf.
6.2. Mit 288 gegen 127 Stimmen ratifiziert der Reichstag den Briand-Kellogg-Pakt zur Ächtung eines Angriffskrieges.
11.2. Unter Vorsitz des Amerikaners Owen D. Young kommt die Sachverständigenkommission zur Neuregelung der deutschen Reparationsleistungen an die Siegermächte des Weltkriegs in Paris zusammen.
1.3. Generalmajor Kurt von Schleicher baut durch die Übernahme eines neugeschaffenen »Ministeramts« in der Reichswehr seine Position in der Armeeführung aus.
14.3. Die Länder Preußen und Hamburg schließen einen Staatsvertrag zum gemeinschaftlichen Ausbau des Hamburger Hafens.
15.3. In einer Rede, die im »Völkischen Beobachter« veröffentlicht wird, fordert der NSDAP-Vorsitzende Adolf Hitler seine Partei zur Unterwanderung der Reichswehr auf.
5.4. Das Deutsche Reich ratifiziert das Genfer Protokoll zur Ächtung des Giftgaskrieges.
13.4. Nach einer Kabinettsumbildung, mit der die Regierungskrise beendet wird, gehören der Reichsregierung drei Zentrumsminister an: Theodor von Guérard (Justiz), Adam Stegerwald (Verkehr) und der frühere Reichskanzler Joseph Wirth (besetzte Gebiete).
1.5. Die Berliner Polizei geht gewaltsam gegen Demonstranten vor, die sich über das Demonstrationsverbot zum »Tag der Arbeit« hinweggesetzt haben. Dabei kommen neun Menschen ums Leben, etwa 90 Personen werden zum Teil schwer verletzt.
16.5. Mit großer Mehrheit nimmt der Reichstag ein Gesetz zur finanziellen Unterstützung der ostpreußischen Landwirte an. Das Gesetz sieht Hilfen in einer Gesamthöhe von 95 Millionen Reichsmark vor.

Wirtschaft und Wissenschaft

26.1., Physik. Eine Erweiterung der Relativitätstheorie wird mit Albert Einsteins Aufsatz »Zur einheitlichen Feldtheorie« veröffentlicht.
17.3., Wirtschaft. Der amerikanische Automobilkonzern General Motors erwirbt für 120 Millionen Reichsmark die Opelwerke in Rüsselsheim.
19.5., Wirtschaft. Der amerikanische Großindustrielle und Gründer von General Motors, William Crapo Durant, rät der deutschen Wirtschaft, die Löhne zu erhöhen, um die Kaufkraft zu stärken.
12.7., Medizin. Der österreichische Gynäkologe Hermann Knaus veröffentlicht seine Erkenntnisse über den individuellen Menstruationszyklus. Knaus ermittelt – unabhängig von seinem japanischen Kollegen Kiusako Ogino, der zu ähnlichen Ergebnissen kommt – die optimale Zeit für eine Empfängnis (Knaus-Ogino-Methode zur Empfängnisverhütung).

Bevölkerung in Deutschland
Chronik Statistik

Wohnbevölkerung	64 739 000
Lebendgeborene	1 147 458
Gestorbene	805 962
Eheschließungen	589 611
Ehescheidungen	39 424

16.7., Verkehr. Das deutsche Passagierschiff »Bremen« geht auf Jungfernfahrt und erringt auf Anhieb das »Blaue Band« für die schnellste Atlantiküberquerung.
25.7., Luftfahrt. Das bislang größte Motorflugzeug der Welt, die von den deutschen Dornier-Werken gebaute »Do X«, geht auf Jungfernflug. Am 21. Oktober befördert das für den Einsatz auf Langstrecken vorgesehene Wasserflugzeug die größte Menschenzahl, die bis dahin je an Bord eines Flugzeugs war: 158 Passagiere und 11 Besatzungsmitglieder.
2.8., Wirtschaft. Der amerikanische Konzern General Electric erwirbt Aktienanteile bei der Allgemeinen Elektricitäts-Gesellschaft (AEG).

1929

Kunst, Literatur und Musik

30.1. Der Berliner Maler Max Slevogt wird Ehrenmitglied der Wiener Akademie der bildenden Künste.
31.1. Der Antikriegsroman *Im Westen nichts Neues* von Erich Maria Remarque erscheint mehr als zwei Monate nach dem Vorabdruck im Ullstein-Propyläen-Verlag als Buch. Die Erstauflage ist vor Erscheinen bereits durch Vorbestellungen vergriffen.
21.2. UA: *Feste Romane*, Oper von Ottorino Respighi, in der New Yorker Carnegie Hall.
24.2. UA: *Der Tenor*, Oper von Ernst von Dohnanyi, in Nürnberg. Das Libretto beruht auf dem Lustspiel *Bürger Schippel* von Carl Sternheim.
4.4. Die »Berliner Illustrirte« beginnt mit dem Vorabdruck des Romans *Menschen im Hotel* der österreichischen Schriftstellerin Vicki Baum.
29.4. UA: *Der Spieler*, Oper von Sergei S. Prokofjew nach dem gleichnamigen Roman von Fjodor M. Dostojewski, in Brüssel.
8.6. UA: *Neues vom Tage*, Oper von Paul Hindemith, in der Berlin.
1.8. Der Bund proletarisch-revolutionärer Schriftsteller gibt die erste Nummer der »Linkskurve« heraus.
11.8. Der Georg-Büchner-Preis wird an den Schriftsteller Carl Zuckmayer und den Bildhauer Adam Anthes verliehen.
5.9. UA: *Zwei Krawatten*, Revue von Georg Kaiser und Mischa Spoliansky mit Hans Albers und Marlene Dietrich, in Berlin.
5.9. UA: *Marietta*, Operette von Oscar Straus, im Berliner Metropoltheater.
23.9. Die »Neue Rundschau« beginnt mit dem Vorabdruck des Romans *Narziß und Goldmund* von Hermann Hesse.
10.10. UA: *Land des Lächelns*, Operette des österreichischen Komponisten Franz Lehár, in Berlin.
11.10. In der »Frankfurter Zeitung« erscheint die letzte Folge des Romans *Berlin Alexanderplatz* von Alfred Döblin.
20.11. Der spanische Künstler Salvador Dalí hat in der Galerie Goemann seine erste Ausstellung in Paris.

Theater und Film

16.1. UA: *Karl und Anna*, Heimkehrerdrama von Leonhard Frank, an mehreren deutschen Bühnen.
17.1. UA: *Ich küsse Ihre Hand, Madame*, Stummfilm von Robert Land mit Gesang von Richard Tauber, in Berlin.
9.2. UA: *Die Büchse der Pandora*, Film von Georg Wilhelm Pabst nach einem Bühnenstück von Frank Wedekind, in Berlin.
13.2. UA: *Die Wanze*, Stück von Wladimir W. Majakowski mit einer Musik von Dmitri D. Schostakowitsch, im Mejerchold-Theater in Moskau.
3.3. Der Zusammenschluß der Tobis und der Klangfilm-Gesellschaft zu einer Interessengemeinschaft soll die deutsche Tonfilmindustrie fördern.
5.3. Das Stück *Giftgas über Berlin. Drei Akte einer Diktatur der Zukunft* von Peter Martin Lampel wird in einer geschlossenen Vorstellung im Berliner Theater am Schiffbauerdamm erstmals gezeigt. Zwei Tage später wird das Stück trotz heftiger Proteste verboten.
5.3. UA: *Broadway Melody*, Film von Harry Beaumont, in New York. Erstmals werden bei einer Filmvorführung Duftstoffe eingesetzt.
8.3. UA: *Fräulein Else*, Film von Paul Czinner mit Elisabeth Bergner in der Hauptrolle, in Berlin.
12.3. UA: *Melodie der Welt*, abendfüllender Tonfilm von Walter Ruttmann, in Berlin.
12.3. UA: *Asphalt*, letzter Stummfilm von Joe May mit Gustav Fröhlich, Hans Albers und Paul Hörbiger, im Berliner Ufa-Palast am Zoo.
3.4. UA: *Der Schwärmer*, Drama des Österreichers Robert Musil, in Berlin.
21.4. UA: *Staatsräson. Ein Denkmal für Sacco und Vanzetti*, justizkritisches Stück von Erich Mühsam, das die Hinrichtung der beiden Anarchisten 1927 in den USA thematisiert, in Berlin.
16.5. In Hollywood werden die ersten Oscars verliehen. Als bester Schauspieler wird Emil Jannings, als beste Schauspielerin Janet Gaynor ausgezeichnet. Den Preis für den besten Film erhält *Wings (Flügel)* von William A. Wellman.

Gesellschaft

7.1. »Tarzan« und »Buck Rogers« heißen die neuen Comic-Figuren in amerikanischen Zeitungen und Groschenheften.
11.1. Das Zentralkomitee der KPdSU beschließt die Einführung des Siebenstundentags in sämtlichen Betrieben der Industrie, des Verkehrs und der Kommunalwirtschaft bis zum 1. Oktober 1933.

Deutsche Rekorde

Leichtathletik:
4 x 100 m:
SC Charlottenburg — 40,8 sec
5000 m:
Albert Kilp — 15:00,0 min
10 000 m:
Otto Petri — 31:57,4 min
Stabhochsprung:
Gustav Wegner — 3,99 m
Speerwurf:
Herbert Molles — 64,91 m

14.2. Wegen einer zu erwartenden »Verletzung des öffentlichen Anstands« erteilen die Münchner Behörden der amerikanischen Tänzerin Joséphine Baker ein Auftrittsverbot.
14.2. Als »Massaker am Valentinstag« geht ein siebenfacher Mord an Mitgliedern einer Mafia-Gang in Chicago durch Angehörige einer rivalisierenden Bande in die Kriminalgeschichte ein.
27.2. Der amerikanische Flieger Charles Lindbergh, der 1927 als erster den Atlantik nonstop überflog, entgeht in Mexiko nur knapp einer Flugzeugkatastrophe.
17.3. Nach anhaltenden Studentenprotesten gegen die spanische Diktatur wird die Universität von Madrid für eineinhalb Jahre geschlossen, das Personal einschließlich des Lehrkörpers wird seiner Ämter enthoben.
26.3. Kurz vor seiner Fertigstellung in der Werft Blohm & Voss brennt der Ozeanriese »Europa« im Hamburger Hafen vollständig aus. Es entsteht ein Sachschaden von 60 Mio. Reichsmark.

1929

Internationale Politik

23.8., Palästina. In Jerusalem stürmen bewaffnete arabische Freischärler das jüdische Stadtviertel. Die britische Mandatsmacht verhängt den Ausnahmezustand. Erst nach massivem Militäreinsatz wird am 27. August die Ruhe wiederhergestellt.

Europäische Einigung

Chronik Zitat

»Ich bin der Auffassung, daß zwischen Völkern, deren geographische Lage so ist wie die der Völker Europas, eine Art föderatives Band bestehen muß; diese Völker müssen jederzeit die Möglichkeit haben, miteinander in Verbindung zu treten...«
Aristide Briand vor dem Völkerbund

5.9., Schweiz. Auf der Völkerbundsversammlung in Genf bekennen sich der französische Ministerpräsident Aristide Briand und der deutsche Außenminister Gustav Stresemann zur europäischen Einigung. ▷Chronik Zitat
3.10., Jugoslawien. König Alexander I. ordnet an, daß das »Königreich der Serben, Kroaten und Slowenen« künftig »Jugoslawien« heißen soll.
7.12., Österreich. Im Nationalrat wird die Änderung der Verfassung verabschiedet, mit der die Stellung des Bundespräsidenten auf Kosten des Parlaments gestärkt wird.

Deutsche Politik

7.6. In Paris wird der Youngplan unterzeichnet, der eine Neuregelung der deutschen Reparationsleistungen an die Alliierten des Weltkriegs enthält.
23.7. Das 1922 verabschiedete Gesetz zum Schutz der Republik tritt ersatzlos außer Kraft.
1.8. In Berlin finden Antikriegs-Kundgebungen der Kommunistischen Partei Deutschlands (KPD) statt.
4.8. Ein Aufmarsch vor NSDAP-Parteiführer Adolf Hitler führt in Nürnberg zu einer schweren Straßenschlacht, in deren Verlauf mehrere jüdische Geschäfte demoliert und zahlreiche Passanten verletzt werden.
1.9. Der Reichsausschuß für das Volksbegehren gegen den Youngplan veranstaltet am Hermannsdenkmal eine Großkundgebung.
3.10. Reichsaußenminister Gustav Stresemann stirbt in Berlin an den Folgen eines Schlaganfalls.
4.10. Nachfolger des am Vortag verstorbenen Außenministers Gustav Stresemann wird Reichswirtschaftsminister Julius Curtius (DVP).
29.10. Mit 10,02 % wird die notwendige Mehrheit zur Einleitung eines Volksbegehrens gegen den Youngplan knapp erreicht.
30.11. Die seit 1920 besetzte Koblenzer Rheinlandzone ist vollständig von Besatzungssoldaten geräumt.
22.12. Der von den Rechtsparteien und -verbänden eingeleitete Volksentscheid gegen den Youngplan verfehlt die erforderliche Stimmenmehrheit.

Wirtschaft und Wissenschaft

25.10., Wirtschaft. An der New Yorker Börse löst der Sturz der in die Höhe getriebenen Aktienkurse Panikverkäufe aus. Binnen kurzer Zeit werden 13 Mio. Wertpapiere verkauft, die Kurse fallen um bis zu 90%. Mit der Vernichtung von zahlreichen Firmen und von Guthaben von Millionen von Sparern markiert der »Schwarze Freitag« den Beginn der Weltwirtschaftskrise.
26.10., Wirtschaft. Gegen eine Anleihe in Höhe von 500 Millionen Reichsmark erhält der schwedische Zündholzkönig Ivar Kreuger durch einen Vertrag mit dem Reichsfinanzministerium das Monopol für den Verkauf von Zündhölzern im Deutschen Reich.

Wissenschaftler geehrt

Chronik Nobelpreise

Chemie: Arthur Harden (GB) und
Hans von Euler-Chelpin (S)
Medizin: Christiaan Eijkman (NL) und
Frederick G. Hopkins (GB)
Physik: Louis Victor Broglie (F)
Frieden: Frank Billings Kellogg (USA)
Literatur: Thomas Mann (D)

29.11., Geographie. Der amerikanische Polarforscher Richard Evelyn Byrd überfliegt mit drei Begleitern als erster Mensch den Südpol.
10.12., Nobelpreise. In Stockholm und Oslo werden die Nobelpreise überreicht. ▷Chronik Nobelpreise

Geborene und Gestorbene

Geboren:
15.1. Martin Luther King (†4.4.1968), amerikanischer Bürgerrechtskämpfer.
16.3. Nadja Tiller, deutsch-österreichische Schauspielerin.
18.3. Christa Wolf, deutsche Schriftstellerin.
17.4. James Last, deutscher Unterhaltungsmusiker.
29.4. Walter Kempowski, deutscher Schriftsteller.
4.5. Audrey Hepburn (†20.1.1993), amerikanische Schauspielerin.
28.7. Jacqueline Onassis (†19.5.1994), Witwe von John F. Kennedy und Aristoteles Onassis.
30.9. Dorothee Sölle, deutsche Theologin.
11.10. Lieselotte Pulver, deutsche Schauspielerin.
25.9. Peter Rühmkorf, deutscher Schriftsteller.
12.11. Gracia Patricia Kelly (†14.4.1982), (Grace Kelly), ab 1956 Fürstin von Monaco.

1929

Kunst, Literatur und Musik	Theater und Film	Gesellschaft

1929 In New York wird das Museum of Modern Art gegründet.
1929 André Breton veröffentlicht das *Zweite Manifest des Surrealismus*, in dem er seine künstlerischen Ziele präzisiert.
1929 In Berlin wird mit dem Bau des Projekts Siemensstadt begonnen. Neben Hans Scharoun und Walter Gropius sind Otto Bartning, Fred Forbat, Hugo Häring und Paul Rudolf Henning an dem Projekt beteiligt.
1929 Unter dem Titel *Antlitz der Zeit* veröffentlicht der Fotograf August Sander eine Sammlung von 60 Aufnahmen deutscher Menschen aus der Zeit vor und nach dem Weltkrieg. Die Einleitung zu dem Fotoband schrieb Alfred Döblin.
1929 Beim Neuen Deutschen Verlag veröffentlicht Kurt Tucholsky das satirische Werk *Deutschland, Deutschland über alles*.
1929 Die Lebensgeschichte einer Handwerkerfamilie aus dem Riesengebirge schildert der Roman *Nathael Maechler* des schlesischen Erzählers Hermann Stehr.
1929 In seinem Roman *Des Kaisers Kuli* schildert der sozialistische Erzähler Theodor Plievier reportagehaft die Ereignisse, die 1917 zur Meuterei der Matrosen auf der deutschen Hochseeflotte führten.
1929 Im Berliner Verlag Kiepenheuer erscheint Hermann Kestens Roman *Ein ausschweifender Mensch. Das Leben eines Tölpels*.

3.6. Im Berliner Gloria-Palast läuft der Tonfilm *Der singende Narr* mit Al Jolson an.
1.7. In den Vereinigten Staaten sind bereits mehr als 25% der Lichtspielhäuser Tonfilmkinos.
28.7. UA: *Badener Lehrstück vom Einverständnis*, Stück von Bertolt Brecht mit Musik von Paul Hindemith, in Baden-Baden.
31.8. UA: *Happy End*, Musical von Elisabeth Hauptmann, Bertolt Brecht und Kurt Weill, am Theater am Schiffbauerdamm in Berlin.
3.9. UA: *Ich lebe für Dich*, Film von Wilhelm Dieterle, im Ufa-Pavillon am Nollendorfplatz in Berlin.
6.9. Die Gruppe Junger Schauspieler bringt am Lessing-Theater in Berlin das Stück *Cyankali* von Friedrich Wolf zur Uraufführung, das sich gegen den Abtreibungsparagraphen 218 des Strafgesetzbuches richtet.
6.9. Erwin Piscator, der mit seiner Bühne am Nollendorfplatz 1928 Pleite gegangen ist, startet am selben Ort einen neuen Versuch mit der Uraufführung von Franz Mehrings Stück *Der Kaufmann von Berlin*.
13.9. UA: *Der Ruf des Nordens*, Film mit Luis Trenker, im Berliner Ufa-Theater.
17.9. UA: *Blutschande*, sozialkritischer Film von James Bauer mit Olga Tschechowa und Walter Rilla, in Berlin.
30.12. UA: *Mutter Krausens Fahrt ins Glück*, Film von Piel Jutzi, in Berlin.

10.4. Der 31jährige deutsche Dramatiker Bertolt Brecht heiratet in Berlin die zwei Jahre jüngere Schauspielerin Helene Weigel.
2.5. Ein Tornado, der über den mittleren Westen der USA hinwegfegt, fordert etwa 100 Menschenleben.
18.5. In Stuttgart findet der Europäische Landstreicherkongreß statt, zu dem die deutsche Bruderschaft der Vagabunden eingeladen hat. Es sprechen u.a. der Arbeiterschriftsteller Heinrich Liersch und der Kulturphilosoph Theodor Lessing.
21.6. Das neue Karstadt-Gebäude, das größte Warenhaus im Deutschen Reich, wird am Hermannplatz in Berlin eröffnet.
30.8. Auf der 6. Großen Deutschen Funkausstellung in Berlin weist Reichspostminister Georg Schätzle auf die Bedeutung des deutschen Weltrundfunk-Kurzwellensenders für die im Ausland lebenden Deutschen hin.
4.9. Hugo Eckener kehrt mit dem Luftschiff KZ 127 »Graf Zeppelin« von seiner Fahrt um die Welt nach Friedrichshafen am Bodensee zurück.
24.9. Nach einer Verordnung in Spanien sollen Frauen vor Zudringlichkeit auf offener Straße besser geschützt werden.
26.9. Die Brüder Max, Leo und Willy Sklarek werden wegen des Verdachts auf betrügerischer Kreditgeschäfte in Berlin festgenommen. Ihnen wird außerdem Bestechung von Berliner Beamten und Politikern vorgeworfen.

Geborene und Gestorbene

23.11. Günter Gaus, deutscher Politiker.
12.12. John Osborne, englischer Dramatiker.

Gestorben:
20.2. Carl Sonnenschein (*15.7.1876), deutscher katholischer Theologe.

4.4. Carl Benz (*25.11.1844), deutscher Ingenieur.
15.7. Hugo von Hofmannsthal (*1.2.1874), österreichischer Schriftsteller.
9.8. Heinrich Zille (*10.1.1858), deutscher Zeichner.
3.10. Gustav Stresemann (*10.5.1878), deutscher Politiker.

26.10. Arno Holz (*26.4.1863), deutscher Schriftsteller.
28.10. Bernhard Fürst von Bülow (*3.5.1849), deutscher Politiker.
24.11. Georges Clemenceau (*28.9.1841), französischer Politiker.
29.12. Wilhelm Maybach (*9.2.1846), deutscher Unternehmer.

Aufstieg der Totalitarismen

Die dreißiger Jahre sind geprägt vom Erstarken totalitärer Machtsysteme, dem Aufstieg des Nationalsozialismus in Deutschland und des Falangismus in Spanien sowie der Radikalisierung des Kommunismus in der Sowjetunion Stalins. Eine Verhärtung der ideologischen Fronten droht in vielen Ländern das demokratische System zu zerreiben, das im Gefolge der Weltwirtschaftskrise großem Druck ausgesetzt ist. Die Arbeitslosigkeit erreicht ein bis dahin unvorstellbares Ausmaß. Adolf Hitler, der im Deutschen Reich 1933 an die Macht gelangt, vermag das Ausland lange über seine expansiven Absichten zu täuschen. Erst die Annexion der »Resttschechei« durch Hitler-Deutschland Anfang 1939 gibt für den Westen das Signal zur Beendigung der »Appeasement«-Politik. Die Garantieerklärung Großbritanniens für Polen setzt daraufhin Grenzen, die das Deutsche Reich nach dem Abschluß des Hitler-Stalin-Pakts überschreitet: Der deutsche Angriff auf Polen zieht die Welt in den zweiten Großkrieg des Jahrhunderts.

Die Welt zerfällt in zwei Hälften: in Staaten mit totalitären Regimen und in Länder mit parlamentarischen Demokratien. Vorangetrieben wird diese Entwicklung durch die Weltwirtschaftskrise. Unter dem ökonomischen Druck radikalisiert sich das faschistische Italien unter Benito Mussolini und geht offen auf expansionistischen Kurs (Abessinienkrieg 1935/36). Die Weimarer Republik scheitert, und am 30. Januar 1933 übernimmt Adolf Hitler die Macht aus den Händen von Reichspräsident Paul von Hindenburg. In rasantem Tempo vergrößert er den deutschen Einflußbereich, während Großbritannien und Frankreich Zurückhaltung gegenüber Hitlers Begehrlichkeiten üben. In der Sowjetunion regiert Josef Stalin mit eiserner Hand.

Franklin D. Rooselvelt tritt im März 1933 etwa zur gleichen Zeit wie Adolf Hitler in Deutschland sein Amt als amerikanischer Präsident an. Sein Hauptaugenmerk richtet er auf die Lösung innenpolitischer Konflikte. Er stabilisiert das Währungssystem und setzt einen Sozialplan durch. Seine Politik des »New Deal« hat dennoch zunächst keinen durchschlagenden Erfolg: 1937 warten in den USA immer noch 11 Millionen Menschen auf Arbeit. Erst die Rüstungsaufträge Westeuropas im Zweiten Weltkrieg bringen den erhofften Aufschwung. Der japanisch-chinesische Krieg 1937 rüttelt die USA auf. In einer Zeit, in der Japan die »neue Ordnung« in Ostasien verkündet und in Deutschland die »Kristallnacht« wütet, ordnet Roosevelt die Aufrüstung an. Von beiden Weltmeeren her bedroht, beschleunigen die Vereinigten Staaten ihre Kriegsvorbereitungen, bleiben jedoch zunächst passiv, als der deutsche Angriff auf Polen Europa in den Zweiten Weltkrieg zwingt.

Das Ende der Weimarer Republik ist gekennzeichnet durch Notverordnungen des Reichspräsidenten und durch eine gegenseitige Neutralisierung der demokratischen Parteien. Der Reichstag vermag keine arbeitsfähige Regierung zu bilden und schaltet sich damit selbst aus. Nach der nationalsozialistischen Machtübernahme am 30. Januar 1933 und dem Reichstagsbrand mit anschließender Ausschaltung der KPD erhält die NSDAP bei den März-Wahlen 1933 43,9 Prozent und erreicht im Bündnis mit den Deutschnationalen eine knappe Mehrheit.

Hitlers Ziel ist die Diktatur und die Vorherrschaft auf dem Kontinent. Mit Hilfe des »Ermächtigungsgesetzes« setzt er faktisch die Verfassung außer Kraft und zerschlägt die demokratischen Parteien. Übrig bleibt eine straff organisierte Einheitspartei mit Adolf Hitler als »Führer«, der dank meisterlicher Massenbeeinflussung eine große Anhängerschaft hinter sich bringt. Der wirtschaftliche Aufschwung kommt ihm dabei zu Hilfe. Seine Politik der »Gleichschaltung« steigert den Terror und führt zum stetigen Ausbau des Polizeiapparats und der Parteiorganisation. Außenpolitisch ist Hitler anfangs erfolgreich. Die Westmächte erkennen den deutschen Anspruch auf Rüstungsgleichheit an, und Hitlers Forderungen nach »Selbstbestimmung« der Deutschen in Österreich und im Sudetenland scheinen ihnen berechtigt. Der »Füh-

1930–1939

rer« nutzt die Appeasement-Politik zur Aufrüstung. Am 1. September 1939 überfallen deutsche Truppen trotz der Garantieerklärung Großbritanniens und Frankreichs für Polen den östlichen Nachbarn ohne vorherige Kriegserklärung. Der Zweite Weltkrieg hat begonnen.

Der »Schwarze Freitag« an der New Yorker Börse vom Oktober 1929 löste die größte Wirtschaftskrise aller Zeiten aus. Sie trifft in den dreißiger Jahren die USA und Deutschland besonders hart. Bis 1932 brechen in Amerika rund 3750 Banken zusammen, der New Yorker Börsenumsatz fällt von 89,7 Mrd. Dolar (1929) auf 22,6 Mrd. Dollar (1932). 1933 ist bereits mehr als jeder vierte Amerikaner beschäftigungslos. Der weltweite Handel bricht ebenso zusammen wie die Goldwährung, auf deren Grundlage die internationalen Zahlungsbedingungen aufgebaut sind. Die großen Wirtschaftsräume sind vorerst zerstört. Handel funktioniert nur noch im gegenseitigen Austausch von Waren. Die Arbeitslosenzahlen schnellen auch in Europa in die Höhe. Öffentliche Aufträge wie der Bau der Reichsautobahn in Deutschland beseitigen die Arbeitslosigkeit, doch handelt es sich lediglich um eine Scheinblüte, denn bereits 1937 herrscht in Deutschland Devisenmangel. Insgesamt sind die dreißiger Jahre wirtschaftlich ein verlorenes Jahrzehnt. Die Produktionszahlen erreichen erst zu Beginn des Zweiten Weltkriegs wieder den Stand von 1929.

Wissenschaft und Technik bleiben unbehelligt vom wirtschaftlichen Desaster. Malcolm Campbell stellt in Daytona (USA) mit 438,47 km/h einen neuen Geschwindigkeitsrekord für Automobile auf. 1937 wird die Golden Gate Bridge über den Golf von San Franzisko gespannt. 1935 erhält Berlin ein erstes Fernsehprogramm. Dem Ehepaar Joliot-Curie gelingt 1934 die die künstliche Erzeugung eines radioaktiven Elements. Die Deutschen Otto Hahn und Fritz Straßmann lösen 1938 die erste Kernspaltung aus und bereiten damit den Bau der Atombombe vor. 1939 absolviert das erste Düsenflugzeug, die Heinkel »He 178«, seinen Jungfernflug.

Die bildenden Künste bleiben in den dreißiger Jahren diffus: Abstrakter Expressionismus und Kubismus stehen neben surrealistischen Tendenzen. Der Begriff der »abstrakten« Kunst wird zu Beginn des Jahrzehnts um den der »konkreten« Kunst erweitert. Zu der 1931 gegründeten Gruppe »Abstraktion-Creation« gehören Maler wie Willi Baumeister, Piet Mondrian und Wassily Kandinsky. Im faschistischen Deutschland wird diesen Strömungen nach 1933 ein idealisierter Realismus entgegengesetzt. Hier gilt z.B. die Kunst von Paul Klee, Lyonel Feiniger oder Max Ernst als »entartet«., zahlreiche Künstler werden verfolgt. Auch die Literatur ist der Zensur unterworfen: Bertolt Brecht, Alfred Döblin, Arthur Schnitzler und Stefan Zweig, deren Texte und Theaterstücke der nationalsozialistischen Ideologie entgegengesetzt sind, gehören zu den Verfolgten. Der Parteiapparat der NSDAP lenkt nach 1933 durch Steuerung der Buchproduktion, Staatszensur und Parteigutachten das kulturelle Leben Deutschlands.

In den europäischen Metropolen entstehen in den dreißiger Jahren Zentren der internationalen Theater- und Kabarettszene. Durch die Emigranten vermischen sich dort die künstlerischen und geistigen Bewegungen. Das deutsche Theater, vor 1933 vielfachen Einflüssen ausgesetzt, steht nach der NS-Machtergreifung zunehmend isoliert da. 1934 wird Gustaf Gründgens von Hermann Göring zum Intendanten des Preußischen Staatstheaters in Berlin ernannt. Hier gelingt es ihm, ohne allzu viele Zugeständnisse an die Machthaber ein Ensemble großer Schauspieler zusammenzubringen. In München ragt Karl Valentin mit seinen schon das »absurde Theater« andeutenden Sketchen hervor.

Nationalismus und Antisemitismus prägen das gesellschaftliche Leben der dreißiger Jahre. In den faschistischen Ländern beginnt der Terror gegen Andersdenkende, der in Deutschland besonders brutal gegen Juden und Oppositionelle gerichtet ist und schließlich im Völkermord endet. Viele Menschen werden gezwungen, ihrer Heimat den Rücken zu kehren.

1930

Internationale Politik

21.1., Großbritannien. Die Londoner Flottenkonferenz über die Abgrenzung der Interessen der Seemächte wird eröffnet. Teilnehmerstaaten sind Großbritannien, die USA, Frankreich, Italien, Japan, Australien, Kanada und Indien.
28.1., Spanien. Ministerpräsident Miguel Primo de Rivera y Orbaneja tritt zurück. Nachfolger wird General Dámaso Berenguer, der die spanische Verfassung teilweise wieder einführt.
1.2., UdSSR. Die Regierung verordnet die Enteignung und Deportation der sog. Kulaken (Großbauern). Damit soll der Weg für eine rasche Zwangskollektivierung der Landwirtschaft frei gemacht werden.
3.2., Indochina. Unter Vorsitz Ho Chi Minhs wird die Kommunistische Partei Vietnams gegründet. Ihr Hauptziel ist die Befreiung Vietnams und Indochinas von der französischen Kolonialherrschaft.
6.2., Italien/Österreich. Österreich und Italien schließen einen Freundschaftsvertrag, der beide Länder dazu verpflichtet, bei bilateralen Konflikten den Schiedsspruch des Internationalen Gerichtshofes in Den Haag zu akzeptieren.
24.3., Schweiz. In Genf unterzeichnen elf der 24 europäischen Staaten, die an der Zollfriedenskonferenz teilgenommen haben, die ausgehandelte Zollkonvention zum Abbau der Zollschranken.
4.4., China. Yen Hsi-schan, der Oberbefehlshaber der chinesischen Nordtruppen, die eine von Nanking unabhängige Republik anstreben, erklärt der Nationalregierung unter Präsident Chiang Kai-shek den Krieg.
6.4., Indien. Mit dem »Salzmarsch« eröffnet der Führer der indischen Unabhängigkeitsbewegung, Mohandas Karamchand »Mahatma« Gandhi, eine neue Kampagne des gewaltlosen Widerstands gegen die britische Kolonialherrschaft.
22.4., Großbritannien. Die USA, Großbritannien, Japan, Frankreich und Italien einigen sich während der Londoner Flottenkonferenz auf eine Begrenzung ihrer Flottenrüstung.

Deutsche Politik

Januar Der erdrutschartige Aktiensturz in den Vereinigten Staaten (25. Oktober 1929) löst im Deutschen Reich eine akute Finanzkrise aus und setzt die Regierung unter Druck.
1.1. In seiner Neujahrsansprache geht Reichspräsident Paul von Hindenburg auf die Belastung der deutschen Wirtschaft durch die Reparationszahlungen ein. ▷Chronik Zitat

Schwere Lasten
Chronik Zitat

»Schwere Lasten sind uns auferlegt. Deutschland kann aber seine Aufgaben im Kreise der Nationen nur dann erfüllen, wenn es politische Freiheit und wirtschaftliche Entfaltungsmöglichkeit hat.«
Reichspräsident Paul von Hindenburg

16.1. Der preußische Innenminister Albert Grzesinski verbietet Versammlungen unter freiem Himmel, um weitere Straßenschlachten zwischen rechten und linken Gruppierungen zu verhindern.
20.1. Vertreter des Deutschen Reiches und der Siegermächte unterzeichnen in Den Haag die sog. Haager Schlußakte, die festlegt, daß das Deutsche Reich bis 1988 34,5 Mrd. Reichsmark an Reparationszahlungen zu leisten hat.
20.1. Die KPD, die NSDAP sowie die Regierungen der Länder protestieren gegen die Ergebnisse der Haager Schlußakte, die als »Versklavungsedikt« bezeichnet wird.
23.1. Wilhelm Frick wird im thüringischen Landtag als Innen- und Volksbildungsminister vereidigt und ist damit der erste Minister im Deutschen Reich, der der NSDAP angehört.
23.2. Nachdem dem Mord an dem Nationalsozialisten Horst Wessel durch ein Mitglied der KPD, inszeniert die NSDAP die Beerdigung Wessels als Politikum, indem die Tote zum Märtyrer der »Bewegung« hochstilisiert wird. Wessel schuf das nach ihm benannten »Horst-Wessel-Lied«.

Wirtschaft und Wissenschaft

7.1., Medien. Mit der Übermittlung einer Fotografie von London nach Berlin wird die erste Bildtelegrafieverbindung zwischen den beiden Ländern hergestellt.
8.1., Luftfahrt. Mit dem Flugzeug »Switzerland« überfliegt der Schweizer Walter Mittelholzer den höchsten Gipfel Afrikas, den 5895 m hohen Kibo.
7.3., Wirtschaft. Aufgrund des von ihm abgelehnten Young-Plans tritt Reichsbankpräsident Hjalmar Schacht zurück. Nachfolger wird am 3. April der ehemalige Reichskanzler Hans Luther (DVP).
10.3., Geographie. Der amerikanische Polarforscher Richard Evelyn Byrd landet mit seiner Begleitmannschaft nach einer 453tägigen Antarktisexpedition im neuseeländischen Hafen Dunedin.
13.3., Astronomie. Forscher des Lowell-Observatoriums in Flagstaff (USA) entdecken den neunten Planeten des Sonnensystems. Am 26. Mai erhält er den Namen Pluto.
25.3., Verkehr. In einer Rekordzeit von 4 Tagen, 16 Stunden und 48 Minuten trifft der deutsche Schnelldampfer »Europa« nach seiner Atlantiküberquerung in New York ein.
April, Technik. Der Einsatz neuentwickelter Harpunierkanonen für den Walfang führt zu einer Steigerung der Fangergebnisse um 30% und damit zu einer Bedrohung mancher Walarten.
29.4., Technik. In der niederländischen Hafenstadt Ijmuiden wird an der Mündung des Nordseekanals die größte Schleuse der Welt eingeweiht.
1.5., Verkehr. Die Turkestan-Sibirische Eisenbahnlinie verbindet auf der insgesamt 1442 km langen Strecke Usbekistan mit Kasachstan.
9.5., Wirtschaft. 25% aller Arbeitslosen, die finanziell unterstützt werden, sind dauererwerbslos. Ihr Anteil an der Zahl der Arbeitslosen ist seit 1927 um 9% gestiegen.
7.6., Geographie. Teilnehmer einer Himalaja-Expedition besteigen den Jongsang Peak (7459 m). Es ist der höchste Berg, der bislang bezwungen wurde.

1930

Kunst, Literatur und Musik

Januar Der russische Komponist Dmitri D. Schostakowitsch führt in Leningrad seine erste große Oper, *Die Nase*, auf.
Januar UA: *Leben des Orest*, Oper von Ernst Krenek, in Leipzig.
7.1. Herzog Ernst August von Braunschweig-Lüneburg verkauft den Reliquienschatz des welfischen Hauses, der Werke kirchlicher Kunst des 11. bis 15. Jhs. enthält, an drei Frankfurter Juwelierfirmen.
9.3. UA: *Aufstieg und Fall der Stadt Mahagonny*, Oper von Bertolt Brecht mit der Musik von Kurt Weill, in Leipzig.
7.4. In Wiesbaden eröffnet der Nassauische Kunstverein die Ausstellung »Deutsche Kunst unserer Zeit«, die u.a. Werke von Paul Klee, Max Liebermann, Lovis Corinth, Oskar Schlemmer und Max Slevogt zeigt.
5.5. UA: *Christoph Colomb*, Oper des französischen Komponisten Darius Milhaud, in Berlin.
18.5. Der Schriftsteller Thomas Mann fordert auf dem Kongreß der Paneuropäischen Union in Berlin die Schaffung eines vereinten Europas als Grundlage für die kulturelle Weiterentwicklung der europäischen Völker.
▷Chronik Zitat
12.8. Erster Preisträger des Lessing-Preises, den die Hansestadt Hamburg 1929 gestiftet hat, ist der in Heidelberg lehrende Literaturhistoriker Friedrich Gundolf.
24.9. Seinen zweiten großen Erfolg des Jahres feiert der ungarische Komponist Paul Abraham mit der Operette *Der Gatte des Fräuleins* am Leipziger Stadttheater.

»Paneuropa«-Idee
Chronik Zitat

»Solange die Völker fürchten ..., daß sie ihre Seele verraten, indem sie Europa bejahen, weil nämlich Geist und Seele unversöhnliche Gegensätze seien – solange wird Europa nicht sein.«
Thomas Mann, deutscher Schriftsteller

Theater und Film

18.1. Die amerikanische Filmindustrie gibt bekannt, daß bei der Produktion von Filmen in spanischer Sprache, die für Aufführungen in Mittel- und Südamerika vorgesehen sind, die spanische Hochsprache verwendet werden soll, damit sich z.B. die Zuschauer in Mexiko nicht durch den Dialekt eines argentinischen Schauspielers gestört zu fühlen brauchen.
4.2. In Berlin läuft der Film *Menschen am Sonntag* von Robert Siodmak an, in dem fünf Filmemacher ein Wochenende in Berlin dokumentieren.
6.3. Als erstes Lichtspieltheater in Moskau wird das Kino »Chudoshestwenny« mit Tonfilmapparatur ausgestattet.

Jubel um »Blauen Engel«
Chronik Zitat

»Gerade ein wirklicher Roman ist nicht ohne weiteres verfilmbar ... Er muß richtig gedreht werden. Das ist hier meines Erachtens auch geschehen.«
Heinrich Mann über den *Blauen Engel*

14.3. In den USA hat der erste Tonfilm der schwedischen Filmdiva Greta Garbo Premiere. Es ist die Verfilmung des Bühnenstücks *Anna Christie* von Eugene O'Neill.
14.3. *Die letzte Kompagnie*, ein Film von Kurt Bernhardt nach dem Buch von Ludwig von Wohl und Heinz Goldberg hat in den deutschen Kinos Premiere.
16.3. UA: *Das Schwitzbad*, expressionistisches Theaterstück in sechs Akten von Wladimir W. Majakowski, inszeniert von Karl T. K. Meyerhold, in Moskau.
1.4. UA: *Der blaue Engel*, Film von Josef von Sternberg, in Berlin. Der Film macht die Schauspielerin Marlene Dietrich über Nacht zum Weltstar. Als literarische Vorlage diente Heinrich Manns Roman *Professor Unrat*. Der Dichter zeigt sich nach einer Voraufführung des Films beeindruckt.
▷Chronik Zitat

Gesellschaft

8.1. Kronprinz Umberto von Italien und die belgische Prinzessin Maria José werden in Rom feierlich getraut.
21.1. Der Allgemeine Deutsche Automobilclub (ADAC) gibt in Würzburg bekannt, daß die Mitgliederzahl des Vereins im vergangenen Jahr um 34 000 auf 118 000 gestiegen ist.
11.2. Der deutsche Passagierdampfer »München« wird in New York durch einen Brand vollkommen zerstört.
3.3. Infolge einer plötzlichen Schneeschmelze kommt es in Südfrankreich zu einer Überschwemmungskatastrophe, bei der über 2000 Menschen getötet werden.
3.3. Der diesjährige Karneval ist im Deutschen Reich von politischen Themen bestimmt. Neben der Finanznot der Länder und Gemeinden wird vor allem die bevorstehende Räumung des Rheinlandes durch die alliierten Truppen karikiert.
4.3. In zweiter Instanz annuliert das Berliner Kammergericht eine vor acht Monaten geschlossene Ehe mit der Begründung, die angeklagte Frau habe ihrem Mann vor der Eheschließung verschwiegen, daß sie vor ihrer Hochzeit bereits zwei Liebhaber hatte.
6.3. In Berlin, New York, London, Paris und anderen Großstädten kommt es im sog. Weltkampftag gegen Hunger und Arbeitslosigkeit zu Massendemonstrationen.
18.4. Die beiden Gangsterbosse Al Capone und »Bugs« Moran teilen Chicago unter sich auf. Sie beherrschen neben dem Alkoholschmuggel das illegale Glücksspielgeschäft und das Prostituiertengewerbe der Stadt.
8.5. Durch Wassereinbruch in ein Kaliberwerk kommt es im nördlichen Harz zu Erdsenkungen. Häuser müssen wegen Einsturzgefahr geräumt werden, die Eisenbahnlinie nach Braunschweig wird zerstört.
16.5. In der norwegischen Hafenstadt Bergen werden bei einem Großbrand 75 Holzhäuser zerstört, rund 150 Familien werden obdachlos.
24.5. In Düsseldorf wird der vorbestrafte Peter Kürten verhaftet. Er wird verdächtigt, seit 1929 acht Sexualmorde begangen zu haben.

1930

Internationale Politik

17.5., Frankreich. Außenminister Aristide Briand legt den 27 europäischen Staaten des Völkerbundes ein Memorandum vor, in dem er ein Bündnis zwischen den Staaten Europas vorschlägt. ▷Chronik Zitat

Einigung Europas
Chronik Zitat

»Die Verwirklichung einer europäischen Bundesorganisation würde sich stets an den Völkerbund anschließen als ein Element des Fortschritts, das zu der von ihm erbrachten Leistung hinzukommt und aus dem auch die außereuropäischen Nationen Nutzen ziehen könnten.«
Aristide Briand, franz. Außenminister

18.5., Österreich. 800 Mitglieder der rechtsgerichteten österreichischen »Heimwehr« bekennen sich im Kronenburger Eid zum Faschismus und fordern die Abschaffung der parlamentarischen Demokratie.
4.6., Schweiz. Der Nationalrat beschließt die Schaffung einer schweizerischen Luftflotte.
15.6., Österreich. Bundeskanzler Johannes Schober veranlaßt die Ausweisung des deutschen Ex-Majors Waldemar Pabst wegen unzuverlässiger politischer Betätigung.
17.6., USA. Durch den sog. Smoot-Hawley-Tarif werden die Zölle drastisch angehoben, um die Einfuhr ausländischer Waren deutlich einzuschränken.
17.6., Indochina. Die französische Kolonialregierung in Vietnam läßt zahlreiche Anhänger der Opposition öffentlich hinrichten.
12.8., Türkei. Türkische Truppen überschreiten mit Unterstützung von Flugzeuggeschwadern die persische Grenze am Ararat, um kurdische Aufständische zu bekämpfen.
1.10., Großbritannien. In London wird die britische Empire-Konferenz eröffnet. Hauptthema ist der angestrebte engere Zusammenschluß der Empire-Staaten.

Deutsche Politik

27.3. Die letzte auf eine parlamentarische Mehrheit gestützte Regierung der Weimarar Republik tritt zurück. Reichskanzler Hermann Müller wird von Heinrich Brüning (Zentrum) abgelöst.
1.4. Der neugewählte Reichskanzler Heinrich Brüning verliest im Reichstag seine Regierungserklärung.
23.5. Mit 270 gegen 129 Stimmen lehnt der Reichstag die erste Baurate für das Panzerschiff B in Höhe von 100 000 Reichsmark im Rahmen des Reichsetats für 1930 ab.
31.5. Der NSDAP-Propagandaleiter Joseph Goebbels wird wegen Beleidigung des Reichspräsidenten Paul von Hindenburg zu einer Geldstrafe von 800 Reichsmark verurteilt.
3.6. In Berlin werden sieben Mitglieder der NSDAP zu Freiheitsstrafen von bis zu dreieinhalb Jahren verurteilt, weil sie ein kommunistisches Lokal überfallen und einen Menschen getötet haben.
11.6. Der preußische Innenminister Heinrich Waentig (SPD) verbietet dem politischen Kampfverband der NSDAP das Tragen der Uniform.
22.6. Bei Landtagswahlen in Sachsen wird die NSDAP mit 14 Sitzen zweitstärkste Fraktion hinter den Sozialdemokraten (33 Sitze).
3.7. Otto Strasser gründet in Berlin die »Kampfgemeinschaft revolutionärer Nationalsozialisten«. Er und 200 weitere Vertreter des linken Flügels der NSDAP waren aus der Partei ausgeschlossen worden.
4.7. Im thüringischen Parlament scheitert ein Mißtrauensantrag der Sozialdemokraten, Kommunisten und Demokraten gegen NSDAP-Bildungs- und Innenminister Wilhelm Frick.
18.7. Reichspräsident Paul von Hindenburg löst den Reichstag auf, nachdem sich die Abgeordneten gegen eine Notverordnung zur Durchführung der Finanzpläne der Regierung zur Wehr gesetzt hatten.
25.7. Reichspräsident Paul von Hindenburg erläßt eine Notverordnung gegen den Waffenmißbrauch, die militanten Organisationen das Tragen von Waffen verbietet.

Wirtschaft und Wissenschaft

10.6., Technik. Die mit 4900 m längste Seilbahn im Deutschen Reich, die Nebelhornbahn in Oberstdorf, wird feierlich eingeweiht.
12.6., Technik. William Ch. Beebe und Otis Barton aus New York stellen in einer Tauchkugel mit 434 m einen Tieftauchrekord auf.
15.6., Wirtschaft. Auf der zweiten Weltkraftkonferenz diskutieren Wissenschaftler, Techniker und Wirtschaftsvertreter aus 48 Ländern Fragen der Energiewirtschaft, z.B. die Erforschung neuer Technologien zur Erzeugung von Energie.
8.7., Verkehr. Die wichtigste Teilstrecke der Zugspitzbahn, die Zahnradbahn vom Eibsee bis zum Schneefernerhaus, wird eingeweiht.
18.7., Physik. Der deutsche Physiker Max Planck wird in Berlin zum Präsidenten der Kaiser-Wilhelm-Gesellschaft zur Förderung der Wissenschaften gewählt.
6.8., Psychologie. Sigmund Freud, der das psychoanalytische Verfahren zur Behandlung seelischer Krankheiten entwickelt hat, erhält den Goethe-Preis der Stadt Frankfurt.
13.10., Luftfahrt. Das einmotorige Tiefdecker-Transportflugzeug der Junkers-Werke »Ju 52/1 m« absolviert seinen Jungfernflug.

Wissenschaftler geehrt
Chronik Nobelpreise

Chemie: Hans Fischer (D)
Medizin: Karl Landsteiner (A)
Physik: Chandrasekhara Venkata Raman (IND)
Frieden: Nathan Söderblom (S)
Literatur: Sinclair Lewis (USA)

18.10., Verkehr. Auf einer Versuchsstrecke bei Hannover wird ein Propellertriebwagen vorgeführt, der von einem 500-PS-Flugzeugmotor angetrieben wird.
10.12., Nobelpreise. In Stockholm und Oslo findet die 30. Nobelpreisverleihung statt. ▷Chronik Nobelpreise

1930

Kunst, Literatur und Musik

2.10. Auf der Museumsinsel in Berlin wird das Pergamon-Museum feierlich eröffnet. Es zeigt deutsche Ausgrabungen in Kleinasien, u.a. den berühmten Pergamonaltar von König Eumenes, eines der sieben Weltwunder der Antike.
13.12. UA: *Psalmensinfonie*, Komposition von Igor Strawinsky, unter Leitung von Ernest Ansermet in Brüssel.
1930 UA: *Aus einem Totenhaus*, Oper des tschechischen Komponisten Leoš Janáček, in Brünn. Das Stück basiert auf Aufzeichnungen des russischen Dichters Fjodor M. Dostojewski.
1930 UA: *Bolero*, Konzertfassung von Maurice Ravel, in Paris.
1930 Der britische Dirigent Adrian Boult gründet in London das Sinfonieorchester der Rundfunkanstalt British Broadcasting Corporation (BBC).
1930 Der deutsche Künstler John Heartfield, selbst Mitglied der KPD, veröffentlicht in der »Arbeiter-Illustrierten Zeitung« Fotomontagen zu aktuellen politischen Themen.
1930 Der spanische Künstler Pablo Picasso stellt mit seinem Bild *Sitzende Badende* ein weiteres Werk seiner kubistischen Frauenbildnisse vor.
1930 Paul Klee malt die *Versiegelte Dame*, eines seiner Bilder aus »paradoxer Perspektive«.
1930 Der deutsch-amerikanische Maler Lyonel Feininger, der wie Paul Klee am Bauhaus in Dessau tätig ist, fertigt mit seinen *Stadtansichten von Halle* eines seiner Hauptwerke an.
1930 *Die Freundinnen* des deutschen Malers Christian Schad ist ein Bild der »Neuen Sachlichkeit«, die sich durch eine strenge und kühle Abbildung sozialer Wirklichkeit auszeichnet.
1930 Der deutsche Essayist und Kulturkritiker Siegfried Kracauer veröffentlicht unter dem Titel *Die Angestellten. Aus dem neuesten Deutschland* soziologische Reportagen.
1930 Nach seinem Antikriegsroman *Jahrgang 1902* veröffentlicht der deutsche Schriftsteller Ernst Glaeser den Roman *Frieden*, der das Lebensgefühl Jugendlicher thematisiert.

Theater und Film

3.4. Der Regisseur Erwin Piscator eröffnet mit einer Aufführung von *§ 218 – Frauen in Not* von Carl Credé im Wallner-Theater in Berlin seine neue Bühne.
1.5. UA: *Im Westen nichts Neues*, ein Antikriegsfilm nach dem Roman von Erich Maria Remarque, in New York. Im Deutschen Reich wird die Aufführung im Dezember verboten.
13.5. Das Stück *Phea* von Fritz von Unruh, das in der Inszenierung von Max Reinhardt in Berlin uraufgeführt wird, fällt bei der Kritik durch.
23.5. In Berlin hat der Antikriegsfilm *Westfront 1918* von Georg Wilhelm Pabst nach dem Roman *Vier von der Infanterie* von Ernst Johannsen Weltpremiere.
31.5. Im Lessing-Theater in Berlin löst das Stück *Heute abend wird aus dem Stegreif gespielt* von Luigi Pirandello unter der Regie von Gustav Hartung Tumulte unter den Zuschauern aus.
8.7. Aufgrund der Umstellung der großen Berliner Kinos von Stummfilm auf Tonfilm ist seit Jahresbeginn rund die Hälfte der Berliner Berufsmusiker arbeitslos geworden.
1.8. Mit der Aufführung des Mysterienspiels *Jedermann* von Hugo von Hofmannsthal unter der Regie von Max Reinhardt werden die Salzburger Festspiele eröffnet.
16.8. UA: *Dreyfus*, Tonfilm von Richard Oswald, in Berlin. Der Film zeichnet die Affäre um den französischen Offizier jüdischer Herkunft eindrucksvoll nach.
17.8. *King of Jazz* heißt der Film des britischen Theaterregisseurs John Murray Anderson, der in den amerikanischen Kinos anläuft.
25.8. Brigitte Horney spielt die weibliche Hauptrolle in Robert Siodmaks erstem Tonfilm, *Abschied*, der in Berlin uraufgeführt wird.
31.8. UA: *Des Kaisers Kuli*, Stück von Theodor Plievier, im Lessing-Theater in Berlin.
31.8. Im Theater am Schiffbauerdamm in Berlin hat das Drama *Feuer aus Kesseln* von Ernst Toller Premiere.

Gesellschaft

28.5. Im Mittelpunkt des Internationalen Frauenkongresses in Wien steht die Durchsetzung des Stimmrechts für Frauen.

Leichtathletik-Weltrekorde
Chronik Sport

100 m:
Percy Williams (CDN)	10,3 sec

Diskuswurf:
Paul Jessup (USA)	51,73 m

Speerwurf:
Matti Järvinen (FIN)	72,93 m

Hochsprung:
Jean Shiley (USA)	1,61 m

Kugelstoßen:
Tilly Fleischer (D)	12,88 m

6.6. In den USA bieten Einzelhändler erstmals tiefgefrorene Lebensmittel an, die reißenden Absatz finden.
25.6. Anläßlich der 400-Jahr-Feier des Augsburger Bekenntnisses findet in der Augsburger Barfüßerkirche ein Festakt statt.
22.8. Extrablätter melden in Kopenhagen, daß die Leiche des seit 33 Jahren verschollenen schwedischen Polarforschers Salomon A. Andrée auf der Insel Kuitoya gefunden wurde.
5.10. In der Nähe der nordfranzösischen Stadt Beauvais stürzt das britische Luftschiff »R 101« ab und explodiert. Bei dieser bisher größten Katastrophe der Luftschiffahrt werden 48 der insgesamt 54 Besatzungsmitglieder und Passagiere getötet.
21.10. Nach einer schweren Explosion auf einer Zeche bei Aachen können 250 Bergleute nur noch tot geborgen werden.
25.10. In der Basilika des Hl. Franziskus von Assisi findet die kirchliche Trauung des bulgarischen Königs Boris III. mit der italienischen Prinzessin Giovanna statt.
November Im Deutschen Reich beginnt die Ausrüstung der Schutzpolizei mit Stahlhelmen und Panzerwagen. Die »Schupos« sollen so bei gewalttätigen Auseinandersetzungen besser geschützt sein.

1930

Internationale Politik

3.10., Brasilien. Nach dem Aufstand der »Liberalen Allianz« aus reformwilligen Offizieren, Angehörigen der Elite und des Großbauerntums tritt die Regierung Brasiliens unter Präsident Luis Pereira de Souza zurück. Getúlio Dornelles Vargas wird zum Präsidenten ernannt.
5.10., Griechenland. Der erste Balkankongreß, der zu einer wirtschaftlichen Zusammenarbeit der Balkanvölker und zur Lösung von Minderheitenfragen beitragen soll, beginnt in Athen.
23.10., Ägypten. Der ägyptische König Fuad I. proklamiert sich zum Diktator und richtet sich damit gegen die nationalistische Wafd-Partei.
2.11., Äthiopien. König Täfäri Mäkwännen wird als Haile Selassie I. zum Kaiser gekrönt. Er strebt eine Modernisierung und Zentralisierung seines afrikanischen Reiches an.
14.11., Japan. Ministerpräsident Juko Hamaguchi, den rechte Kreise wegen der Wirtschaftskrise und seiner Zustimmung zur Rüstungsbegrenzung anfeinden, wird bei einem Attentat schwer verletzt.
16.11., Polen. Bei den Wahlen zur zweiten Kammer des polnischen Parlaments erlangt der Regierungsblock unter Ministerpräsident Marschall Józef K. Pilsudski die absolute Mehrheit.
15.12., Spanien. Eine Militärrevolte unter Führung von Major Ramón Franco, der die Ausrufung der Republik verlangt, wird von Regierungstruppen niedergeschlagen.

Deutsche Politik

14.9. Bei den Reichstagswahlen erhält die SPD mit 24,5% die meisten Stimmen. Die NSDAP gewinnt mit 18,3% der Stimmen 95 Sitze im Parlament hinzu und schafft damit den politischen Durchbruch. Die KPD erhält 13,1%.
22.9. In Bayreuth liefern sich auf einer Stadtratssitzung sozialdemokratische und nationalsozialistische Ratsmitglieder eine Saalschlacht, weil ein Nationalsozialist die SPD-Mitglieder als »rote Hunde« bezeichnet hatte.
23.9. Reichspräsident Paul von Hindenburg wendet sich gegen ausländische Pressenachrichten, die behaupten, im Deutschen Reich stehe nach dem Rechtsrutsch der Wahlen ein Putsch bevor.
1.10. Der Landtag in Braunschweig wählt den Nationalsozialisten Anton Franzen zum Minister für Inneres und Volksbildung.
16.10. In seiner Forderung nach Sparmaßnahmen wird Reichskanzler Heinrich Brüning (Zentrum) überraschend von der SPD-Fraktion unterstützt. Die Proteste der Nationalsozialisten und der Kommunisten bleiben wirkungslos.
20.11. In Berlin spricht sich Reichsaußenminister Julius Curtius (DVP) dafür aus, daß sich das Deutsche Reich an die Reparationsbedingungen des Young-Plans hält.
1.12. Die Reichsregierung unter Heinrich Brüning erläßt eine Notverordnung zur »Sicherung der Wirtschafts- und Finanzlage«, um einen ausgeglichenen Haushalt zu gewährleisten.

Wirtschaft und Wissenschaft

24.12., Medien. Dem Funk- und Fernsehpionier Manfred von Ardenne gelingt die Übertragung von Bildern mit Elektronenstrahlröhren. Damit ist der Grundstein für die Entwicklung des vollelektronischen Fernsehens gelegt.

Preise im Deutschen Reich
Chronik Statistik

Lebensmittel (Reichsmark):

Butter, 1 kg	3,69
Weizenmehl, 1 kg	0,60
Schweinefleisch, 1 kg	2,33
Rindfleisch, 1 kg	2,34
Kaffee, 1 kg	6,82
Zucker, 1 kg	0,63

1930, Technik. In den USA wird der erste elektromagnetisch arbeitende Analogrechner, ein Vorläufer des Computers, für wissenschaftliche Forschungsprogramme eingesetzt.
1930, Wirtschaft. Im Deutschen Reich melden 22 700 Firmen wegen der Wirtschaftskrise Konkurs an.
1930, Chemie. Die IG Farbenindustrie entwickelt den vielseitig verwendbaren Kunststoff Polystyrol.
1930, Chemie. Die Bayer-Werke in Leverkusen stellen öl- und kraftstoffbeständigen Synthesekautschuk her, der den Naturkautschuk ablöst.
1930, Medien. Die amerikanische Technicolor-Gesellschaft präsentiert ein Verfahren zur Herstellung vollfarbiger Filme.

1930 Geborene und Gestorbene

Geboren:
28.1. Kurt Biedenkopf, deutscher Politiker.
13.2. Ernst Fuchs, österreichischer Maler und Grafiker.
3.4. Helmut Kohl, deutscher Politiker.
1.5. Gertrud Kückelmann (†17.1.1979), deutsche Schauspielerin.
13.6. Gotthard Graubner, deutscher Maler.
24.6. Claude Chabrol, französischer Filmregisseur.
8.9. Mario Adorf, deutscher Schauspieler.
3.12. Jean-Luc Godard, französischer Filmregisseur.
8.12. Maximilian Schell, deutscher Schauspieler und Regisseur.

1930

Kunst, Literatur und Musik

1930 Der Österreicher Ödön von Horváth veröffentlicht seinen Roman *Der ewige Spießer*.

1930 Lion Feuchtwanger bringt seinen neuen Roman *Erfolg* heraus, in dem er ein Panorama des politischen und gesellschaftlichen Lebens in München während der Jahre 1921 bis 1924 entwirft.

1930 Der österreichische Schriftsteller Robert Musil entwirft in seinem essayistischen Roman *Der Mann ohne Eigenschaften* eine Kritik seiner Epoche und die Utopie eines »anderen Zustands«.

1930 Die »Vossische Zeitung« veröffentlicht den Roman *Der Weg zurück* von Erich Maria Remarque.

1930 Der Roman *Nächtliche Hochzeit* von Alexander Lernet-Holenia erscheint in Österreich.

1930 Hermann Hesse veröffentlicht mit *Narziß und Goldmund* eines seiner erfolgreichsten Werke.

1930 Mit seinem Bild *Loplop stellt Loplop vor*, führt der deutsche Maler Max Ernst den sog. »obersten Vogel«, eine Art persönliches Phantom, in sein künstlerisches Werk ein.

1930 Der Niederländer Piet Mondrian stellt sein Bild *Komposition mit gelbem Fleck* aus.

1930 Der amerikanische Maler Grant Wood kombiniert in seinem Bild *American Gothic* Einflüsse der niederländischen Malerei des 15. und 16. Jhs. mit der Neuen Sachlichkeit.

1930 Der Fotograf August Sander stellt seine Sammlung *Menschen des 20. Jahrhunderts* vor.

Theater und Film

12.9. Im Berliner Kino am Nollendorfplatz strahlt die amerikanische Filmgesellschaft »Fox« erstmals ihre Wochenschau mit Berichten aus Politik, Wirtschaft, Sport und Kultur aus.

15.9. UA: *Die Drei von der Tankstelle*, Film von Wilhelm Thiele mit Willy Fritsch, Oskar Karlweis und Heinz Rühmann, in Berlin.

8.11. UA: *Die Matrosen von Cattaro*, Stück von Friedrich Wolf, in Berlin. Das Theaterstück widmet sich der Meuterei der deutschen und österreichischen Flotte von 1918.

12.12. In Frankreich wird die Aufführung des Films *L'âge d'or* von Luis Buñuel verboten. Die Schilderung eines Paares, das sich über die gesellschaftlichen Schranken hinwegsetzt, schockiert das Publikum.

25.12. Leni Riefenstahl, Ernst Udet, Mathias Wieman und Friedrich Kayssler sind die Hauptdarsteller in Arnold Fancks Bergfilm *Stürme über dem Montblanc*, der in Dresden uraufgeführt wird.

31.12. Die Lichtspieltheater in den USA melden steigende Besucherzahlen. Wöchentlich besuchen rund 155 Millionen Amerikaner die Kinos.

1930 Der Film *Der kleine Caesar* des amerikanischen Regisseurs Mervyn Le Roy erzählt die Geschichte eines Verbrechers, der sich zum Gangsterboß hochdient.

1930 Ein Welterfolg wird René Clairs erster Tonfilm, die poetische Liebesromanze *Unter den Dächern von Paris* über ein Dreiecksverhältnisses in den Gassen und Hinterhöfen von Paris.

Gesellschaft

11.11. In Mannheim wird eine der ersten Berufsschulen für Mädchen eröffnet. Der Unterrichtsschwerpunkt liegt im Hauswirtschaftsbereich.

1930 Die schlechte Wirtschaftslage und die zunehmende Arbeitslosigkeit im Deutschen Reich zwingt immer mehr Menschen zur Sparsamkeit in der Haushaltsführung.

1930 Die Modewelt vollzieht eine Rückbesinnung auf ruhige, feminine Eleganz, wobei die Diskussion um die Saumlänge eine große Rolle spielt.
▷Chronik Zitat

Feminine Eleganz

Chronik Zitat

»Man trägt den runden, unten bogig ausgeschnittenen, einer glatten Hüftpasse angesetzten Rock, der vorn breit, weit und glockig übereinandertritt ... Immer aber sind Hüftpartie und Taille ... durch einen Gürtel figurbetont.«
»**Bayerische Frauenzeitung**«

1930 Angesichts der hohen Arbeitslosenzahlen von durchschnittlich 3 Millionen ist die Zahl derer, die sich einen Hotelurlaub leisten können, gesunken. Das Hotelgewerbe muß daher Einnahmeverluste von rund 30 % hinnehmen.

1930 Im Deutschen Reich gibt es rund 500 000 Pkw. Seit 1914 hat sich der Bestand an Personenkraftwagen mehr als versechsfacht.

Geborene und Gestorbene

17.12. Armin Mueller-Stahl, deutscher Schauspieler.

Gestorben:
1.4. Cosima Wagner (*25.12.1837), deutsche Festspielleiterin, Ehefrau des Komponisten Richard Wagner.

10.6. Adolf von Harnack (*7.5.1851), deutscher Religionswissenschaftler.

7.7. Julius Hart (*9.4.1859), deutscher Schriftsteller.

17.7. Leopold von Auer (*17.6.1845), ungarischer Violinist.

4.8. Siegfried Wagner (*6.6.1869), deutscher Komponist.

28.9. Daniel Guggenheim (*9.7.1856), amerikanischer Industrieller.

13.12. Fritz Pregl (*3.9.1869), österreichischer Chemiker.

1931

Internationale Politik

2.1., Panama. Präsident Florencio Harmodio Arosemana wird gestürzt. Zu seinem Nachfolger wird am 16. Januar Ricardo Alfaro ernannt.
19.1., Großbritannien/Indien. In London endet die am 12.11.1930 begonnene Round-Table-Konferenz mit dem britischen Angebot, Indien den Dominion-Status und damit mehr innenpolitische Selbstbestimmung zu gewähren.
24.1., Italien. Unter dem Befehl Marschall Pietro Badoglios gelingt italienischen Saharaverbänden die Eroberung der afrikanischen Oase Kufra in der Cyrenaica.
27.1., Frankreich. Senator Pierre Laval bildet eine neue französische Regierung. Der frühere Sozialist, der sich inzwischen zur politischen Rechten orientiert hat, löst das Kabinett Théodore Steeg ab.
4.2., UdSSR. Josef W. Stalin ordnet die beschleunigte Industrialisierung an, um den Rückstand zu den westlichen Staaten aufzuholen.
11.3., Großbritannien/Frankreich/Italien. Die Regierungen von Großbritannien, Frankreich und Italien einigen sich in London über die Begrenzung der Flottenrüstung.
15.3., Schweiz. Die Amtsdauer von Nationalrat, Bundesrat und Bundeskanzler wird von drei auf vier Jahre verlängert.
19.3., Österreich. In Wien wird ein deutsch-österreichischer Zollunionsvertrag unterzeichnet.
12.4., Spanien. Nach einem Wahlsieg der Republikaner bei Gemeindewahlen verzichtet König Alfons XIII. auf den Thron. Am 14. April wird die Republik ausgerufen. Regierungschef wird der Liberalkonservative Niceto Alcalá Zamora y Torres.
14.4., UdSSR/Deutsches Reich. Der Volkswirtschaftsrat der UdSSR und Vertreter der deutschen Industrie unterzeichnen in Berlin ein Abkommen über deutsche Warenlieferungen an die UdSSR.
4.5., Türkei. Kemal Pascha (Atatürk) wird von der Großen Türkischen Nationalversammlung in Ankara erneut zum Staatspräsidenten gewählt.

Deutsche Politik

1.1. In seiner Neujahrserklärung ruft Reichskanzler Heinrich Brüning zum geduldigen wirtschaftlichen und politischen Aufbau auf. ▷Chronik Zitat

Hoffnungen für 1931

Chronik Zitat

»Möge unser Volk ... zunehmen in der Fähigkeit und Geschicklichkeit, seine großen Anlagen und unerschöpflichen Kräfte richtig behandeln und einzusetzen ... möge es also einsehen, daß alle praktische Politik Aufbau ist ... daß ein Stein sich auf den anderen fügt.«
Reichskanzler Heinrich Brüning

5.1. Der Vorsitzende der NSDAP, Adolf Hitler, ernennt den früheren Reichswehr-Hauptmann Ernst Röhm zum Chef des Stabes der Sturmabteilung (SA).
10.2. NSDAP und DNVP protestieren gegen Maßnahmen, die die Störungsversuche der extremen Parteien im Parlament unterbinden sollen und geben ihren Auszug aus dem Reichstag bekannt.
20.3. Der Reichstag stimmt dem Bau von zwei Panzerschiffen zu. Die Annahme der Regierungsvorlage wird durch die Zustimmung der SPD-Fraktion möglich.
26.3. Das Gesetz über Hilfsmaßnahmen für die notleidende Bevölkerung in den östlichen Grenzgebieten wird im Reichstag verabschiedet.
28.3. Reichspräsident Paul von Hindenburg erläßt aufgrund des Artikels 48 der Reichsverfassung eine Notverordnung zur Bekämpfung politischer Ausschreitungen.
1.4. Der thüringische Landtag billigt mit 29 gegen 22 Stimmen die Mißtrauensanträge der SPD gegen die NSDAP-Regierungsmitglieder Wilhelm Frick und Willy Marschler.
5.6. In Leipzig bekräftigt Rudolf Breitscheid den Entschluß der SPD, die NSDAP durch Unterstützung der Regierung Brüning an der Regierungsübernahme zu hindern.

Wirtschaft und Wissenschaft

2.1., Chemie. Der Wiener Wissenschaftler Ferdinand Ringer meldet ein Patent auf einen »Feuerstift« an, der mit Hilfe von Chlorat und einem geheimen Zusatz 600mal entflammt werden kann.
16.1., Verkehr. Auf der fast 3000 m hoch gelegenen Bergstation findet die feierliche Einweihung der deutschen Zugspitzbahn statt.
17.2., Luftfahrt. In Berlin führen die Junkers Werke die als Großraumfrachtflugzeug konzipierte einmotorige »JU 52« vor.
19.5., Technik. In Anwesenheit von Reichspräsident Paul von Hindenburg und Reichskanzler Heinrich Brüning läuft in Kiel das neue Panzerschiff »Deutschland« vom Stapel. Es hat eine Wasserverdrängung von 10 000 t.
27.5., Luftfahrt. Der Schweizer Physiker Auguste Piccard erreicht in einem 16 000 m³ großen Freiballon, mit dem er in Augsburg startet, eine Rekordhöhe von 15 781 m.
1.6., Verkehr. Als letztes Teilstück des 107 km langen Lippe-Seiten-Kanals wird der Wesel-Datteln-Kanal fertiggestellt. Die künstliche Wasserstraße ermöglicht den Binnenschiffern freie Fahrt von Wesel bis nach Hamm.

Verkehr im Deutschen Reich

Chronik Statistik

Eisenbahnnetz (km)	52 936,5
Beförderte Personen	1 577 700
Kraftfahrzeugbestand	1 476 090
davon Pkw	522 943
davon Lkw	161 072
Luftverkehr	
Beförderte Personen	98 167

4.7., Physik. Auf dem Jungfraujoch wird die Internationale Hochalpine Forschungsstation zur Erkundung kosmischer Strahlung eingeweiht.
31.7., Luftfahrt. Nach fast einwöchiger Arktisfahrt über fast 13 000 km landet das deutsche Luftschiff »Graf Zeppelin« wieder wohlbehalten in Friedrichshafen.

1931

Kunst, Literatur und Musik

21.1. In einem Artikel in der »Berliner Zeitung« warnt der deutsche Schriftsteller Lion Feuchtwanger eindringlich vor dem Nationalsozialismus als »organisierter Barbarei«.

15.3. UA: *Die schalkhafte Witwe*, komische Oper von Mario Ghisalberti nach einer Vorlage des Komödiendichters Carlo Goldoni, in Rom.

April Im New Yorker Museum of Modern Art wird die Ausstellung »German painting and sculpture« mit Werken der Künstler Max Beckmann, Otto Dix, Erich Heckel, Paul Klee und Oskar Schlemmer eröffnet.

14.4. Der Schriftsteller Erik Reger veröffentlicht in der »Weltbühne« eine Polemik gegen von Unternehmern geförderte »Arbeiterdichtung«.

Mai Auf Initiative von Auguste Herbin gründet sich in Paris die Gruppe Abstraction-Création, die sich der »konkreten« Malerei zwischen plakativem Realismus und Surrealismus widmet.

14.5. In Bologna wird der italienische Dirigent Arturo Toscanini wegen seiner Weigerung, die faschistische Hymne *Giovinezza* spielen zu lassen, tätlich angegriffen.

17.5. Die in München uraufgeführte Oper *Die Mutter des* tschechischen Komponisten Alois Hába findet aufgrund der neuartigen Vierteltonordnung große Beachtung.

6.6. Bei einem Brand im Münchener Glaspalast verbrennen etwa 3000 Bilder und Skulpturen, darunter 110 Gemälde einer deutschen Romantiker-Ausstellung.

21.7. In Bayreuth beginnen die Richard-Wagner-Festspiele. Besondere Aufmerksamkeit findet der italienische Komponist Arturo Toscanini, der *Parsifal* und *Tannhäuser* dirigiert.

31.10. Der Maler Max Pechstein eröffnet die erste Ausstellung der Berliner Secession im Romanischen Haus in Berlin.

12.11. Die in Berlin und München uraufgeführte Oper *Das Herz* von Hans Pfitzner unter der Leitung von Wilhelm Furtwängler bzw. Hans Knappertsbusch wird als bedeutendstes Opernereignis des Jahres gefeiert.

Theater und Film

25.1. Max Reinhardt eröffnet das umgebaute Kurfürstendamm-Theater in Berlin mit Édouard Bourdets Drama *Das schwache Geschlecht*.

30.1. Der Regisseur Erwin Piscator führt in Berlin das Stück *Tai Yang erwacht* von Friedrich Wolf auf, das sich mit der sozialen und politischen Revolution in China beschäftigt.

6.2. In New York feiert der Film *Lichter der Großstadt* des weltbekannten britischen Schauspielers und Regisseurs Charlie Chaplin eine aufsehenerregende Premiere.

19.2. Nach langen Streitigkeiten zwischen Autor (Bertolt Brecht) und Regisseur (Georg W. Pabst) hat der Film *Die Dreigroschenoper* in Berlin Premiere.

5.3. UA: *Der Hauptmann von Köpenick*, Komödie von Carl Zuckmayer, im Deutschen Theater in Berlin. Bei der liberalen Presse findet das Stück eine überwiegend positive Aufnahme.
▷Chronik Zitat

Hauptmann von Köpenick
Chronik Zitat

»[Der Autor] gibt in einer Unzahl von kleinen saftigen und knappen Szenen ein Bild des bürgerlichen, militärischen kaiserlichen Deutschland, mit einem Witz, der fast immer aus der Anschauung kommt.«
»Berliner Börsen-Courier«, 6.3.1931

20.3. UA: *Italienische Nacht*, Volksstück des österreichischen Schriftstellers Ödön von Horváth, im Berliner Theater am Schiffbauerdamm.

15.4. In Paris kommt die rasante Filmoperette *Die Million* von Regisseur René Clair in die Kinos.

11.5. UA: *M – Mörder unter uns*, psychologischer Kriminalfilm von Fritz Lang, in Berlin.

9.6. Die amerikanische Filmschauspielerin Clara Bow bittet die Filmfirma Paramount um die Entlassung aus ihrem Vertrag, da sie durch eine Reihe von Skandalen ihre eigene Karriere zerstört hat.

Gesellschaft

8.1. Papst Pius XI. verurteilt in seiner Enzyklika über die christliche Ehe jede Form von Geburtenkontrolle und weiblicher Emanzipation.

10.1. Die italienische Pädagogin Maria Montessori spricht in der Aula der Berliner Universität über die von ihr entwickelte Theorie der Kindererziehung.

21.1. Der Geschäftsführer des Mercedes-Palastes, Ernst Schmoller, wird beim Zählen der Tageseinnahmen in seinen Arbeitsräumen ermordet. Der Täter erbeutet 875 Reichsmark.

22.1. In der Berliner Masurenallee wird das »Haus des Rundfunks« eingeweiht. Das Funkhaus wird benutzt von der Berliner Funk-Stunde, der Reichs-Rundfunk-Gesellschaft und der Deutschen Welle. Darüber hinaus beherbergt es das Reichsrundfunk-Museum.

3.2. Im nördlichen Teil Neuseelands fordern ein Erdbeben und taifunartige Stürme mehrere hundert Tote.

21.2. Bei einer Schlagwetterexplosion auf der Grube »Reserve« in Rothberg bei Aachen sterben 31 Bergleute.

23.2. Nach 48 Stunden Regen steht im sizilianischen Palermo das Wasser bis zu zwei Meter hoch. Der Verkehr ist zusammengebrochen, zwischen den Häusern schwimmen Gegenstände aus überfluteten Wohnungen.

7.3. Die Bischöfe der Kölner Kirchenprovinz richten sich gegen den Nationalsozialismus, da dieser dem Christentum widerspreche.

26.3. Über Kurzwelle meldet sich erstmals ein deutscher Rundfunkreporter aus New York mit einer eigens für das Deutsche Reich produzierten Sendung.

2.4. Unweit von Sydney läuft das britische Motorschiff »Malabar« auf ein Riff. Passagiere und Besatzung werden gerettet, das Schiff geht im Beisein von 150 000 Zuschauern unter.

22.4. Das Düsseldorfer Schwurgericht verurteilt den Fuhrmann Peter Kürten wegen Mordes in neun Fällen und acht Mordversuchen neunmal zum Tode und zu 15 Jahren Zuchthaus. Am 2. Juli wird Peter Kürten hingerichtet.

1931

Internationale Politik

13.5., Frankreich. Die französische Nationalversammlung wählt den von den Rechtsparteien unterstützten Senatspräsidenten Paul Doumer mit 504 Stimmen zum 13. Präsidenten der Dritten Republik.

28.5., China. Gegner der chinesischen Regierung von Nanking, die von Marschall Chiang Kai-shek geführt wird, errichten in Kanton eine Gegenregierung.

20.6., Österreich. Nach dem Rücktritt von Bundeskanzler Otto Ender wegen der umstrittenen Schuldenübernahme für die Creditanstalt bildet der Christlichsoziale Karl Buresch ein bürgerliches Koalitionskabinett.

11.8., Großbritannien. Eine internationale Sachverständigenkonferenz in London einigt sich darauf, daß das Deutsche Reich zur Überwindung der Finanzkrise für ein Jahr von Reparationszahlungen befreit werden soll.

20.8., Spanien. Die Regierung sperrt per Dekret das Verfügungsrecht der Kirchen über ihre Güter, um zu verhindern, daß diese durch Verkauf der Beschlagnahme zuvorkommen.

22.8., Ungarn. Außenminister Julian Graf Károlyi von Nagykárolyi bildet als Nachfolger von Präsident István Graf Bethlen eine neue Regierung.

24.8., Frankreich. In Paris wird ein französisch-sowjetischer Nichtangriffs- und Neutralitätspakt paraphiert, in dem sich beide Staaten verpflichten, jede kriegerische Handlung zu unterlassen.

25.8., Großbritannien. Nach dem Rücktritt der Labour-Regierung, die über umstrittene Maßnahmen zur Bewältigung der Finanzkrise gestürzt war, bildet der britische Premierminister James Ramsey MacDonald ein Allparteienkabinett.

18.9., China/Japan. Japanische Truppen besetzen die Stadt Mukden in der Mandschurei und eröffnen damit einen Krieg gegen China, dessen Nordprovinzen Japan für sich beansprucht.

20.10., Irland. Die Regierung in Dublin erklärt die Bewegung Freies Irland und die Irisch Republikanische Armee (IRA) für illegal.

Deutsche Politik

12.7. Die Reichsregierung übernimmt eine Ausfallbürgschaft für die zahlungsunfähig gewordene Darmstädter und Nationalbank (Danatbank), um weitere Konkurse von Betrieben zu verhindern.

17.7. Zur Bekämpfung politischer Ausschreitungen erläßt Reichspräsident Paul von Hindenburg eine Notverordnung, die auch einen massiven Eingriff in die Pressefreiheit bedeutet.

3.8. Reichsarbeitsminister Adam Stegerwald führt den »freiwilligen Arbeitsdienst« ein. Damit sollen Arbeitslose zu gemeinnützigen Arbeiten herangezogen werden.

12.9. Rund 1500 Nationalsozialisten aus allen Teilen Berlins versammeln sich in der Innenstadt und belästigen auf offener Straße »jüdisch aussehende« Passanten.

10.10 Reichspräsident Paul von Hindenburg empfängt erstmals den Vorsitzenden der NSDAP, Adolf Hitler, um die Unterstützung der Partei für seine Wiederwahl zu erreichen.

11.10. Auf einer Versammlung in Bad Harzburg demonstriert die »Nationale Opposition«, bestehend aus NSDAP, DNVP und anderen rechtsgerichteten Verbänden, ihre politische Einheit nach außen (»Harzburger Front«).

2.11. Der parteilose ostpreußische Reichstagsabgeordnete Wilhelm Mönke beschwert sich bei der Reichsregierung über die zeitlichen Verzögerungen bei der Osthilfe. Seit Monaten warten tausende von Bauern auf die versprochenen Kredit-Bewilligungsverfahren.

Verhaltene Hoffnung
Chronik Zitat

»Möge keiner dem Kleinmut unterliegen, sondern jeder unterschütterlichen Glauben an des Vaterlandes Zukunft behalten. Gott hat Deutschland schon oft aus tiefster Not errettet; er wird uns auch jetzt nicht verlassen!«

Reichspräsident Paul von Hindenburg

Wirtschaft und Wissenschaft

21.8., Wirtschaft. Auf der Funkausstellung in Berlin stellt die Reichspost neue Ultrakurzwellensender vor. Die Firma Loewe präsentiert den ersten elektronischen Fernsehempfänger mit Braunscher Röhre.

28.8., Geographie. Die Niederlande melden den erfolgreichen Abschluß der ersten Etappe des großen Trockenlegungsprojektes an der Zuidersee, durch das 20 000 ha Neuland erschlossen werden.

20.9., Wirtschaft. Die Bank von England hebt den Goldstandard des Pfunds Sterling auf und erhöht den Diskontsatz von 4,5% auf 6%.

20.9., Technik. Das Tauchboot »Nautilus« des australischen Wissenschaftlers George H. Wilkins läuft nach mißglücktem Versuch, zum Nordpol vorzudringen, in der norwegischen Hafenstadt Bergen ein.

Wissenschaftler geehrt
Chronik Nobelpreise

Chemie: Carl Bosch (D) und Friedrich Bergius (D)
Medizin: Otto Warburg (D)
Frieden: Jane Addams (USA) und Nicholas M. Butler (USA)
Literatur: Erik A. Karlfeldt (S)

24.10., Architektur. In New York wird die 1125 m lange George-Washington-Memorial-Bridge eingeweiht, die Manhattan mit New Jersey verbindet.

10.12., Nobelpreise. In Stockholm und Oslo werden die diesjährigen Nobelpreise verliehen. Ein Physik-Nobelpreis wird in diesem Jahr nicht vergeben. ▷Chronik Nobelpreise

1931, Technik. Die American Telephone and Telegraph Company führt in den USA ein Fernschreibsystem ein.

1931, Wirtschaft. Mit über 19 000 neuen Konkursen und 8628 Vergleichsverfahren im Deutschen Reich wird 1931 ein noch nie dagewesener Höchststand an wirtschaftlichen Pleiten gemeldet.

1931

Kunst, Literatur und Musik

21.11. UA: *Das Unaufhörliche*, Oratorium des Komponisten Paul Hindemith in Zusammenarbeit mit dem Dichter Gottfried Benn, in Berlin. Es dirigiert Otto Klemperer.
28.11. In Berlin bringt Max Reinhardt Jacques Offenbachs Oper *Hoffmanns Erzählungen* mit neuem Text von Egon Friedell und Hans Saßmann auf die Bühne.
21.12. UA: *Schön ist die Welt*, Operette von Franz Lehár, in Wien.
1931 Die Oper *Macbeth* von Giuseppe Verdi in der Inszenierung von Intendant Carl Ebert wird zu einer der herausragenden Aufführungen der Städtischen Oper in Berlin.
1931 Gustaf Gründgens erreicht seinen Durchbruch als Opernregisseur mit *Die Hochzeit des Figaro* von Wolfgang Amadeus Mozart in Berlin.
1931 Der deutsche Schriftsteller Hans Fallada stützt seinen Roman *Bauern, Bonzen und Bomben* auf die tatsächlichen Ereignisse bei Landvolk-Unruhen in Neumünster 1929.
1931 Mit seinem Roman *Junge Frau von 1914* setzt Arnold Zweig seinen mehrbändigen Zyklus über den Konflikt des einzelnen mit der Staatsgewalt fort.
1931 Der Erfolgsautor Erich Maria Remarque, legt die Fortsetzung von *Im Westen nichts Neues* vor. *Der Weg zurück* beschreibt die Heimkehr deutscher Soldaten 1918.
1931 Der deutsche Schriftsteller und Publizist Kurt Tucholsky veröffentlicht die sommerliche Liebesgeschichte *Schloß Gripsholm*.
1931 In Leipzig veröffentlicht der Schriftsteller Hans Carossa seine Erzählung *Der Arzt Gion*.
1931 Der deutsche Schriftsteller Oskar Maria Graf bringt in Berlin seinen Roman *Bolwieser. Roman eines Ehemannes* heraus.
1931 Der neue Roman *Nachtflug* des französischen Schriftstellers Antoine de Saint-Exupéry wird mit dem Literaturpreis Prix Fémina ausgezeichnet.
1931 Die britische Schriftstellerin Virginia Woolf experimentiert in ihrem neuen Roman *Die Wellen* mit der Erzähltechnik des inneren Monologs.

Theater und Film

21.8. UA: *Pardon Us*, abendfüllender Spielfilm des Komikerduos Stan Laurel und Oliver Hardy, in New York.
31.8. UA: *Bomben auf Monte Carlo*, musikalischer Abenteuerfilm von Hanns Schwarz mit Hans Albers und Heinz Rühmann, in Berlin.
11.9. UA: *Le Bal*, Film von Wilhelm Thiele mit Danielle Darrieux, im Pariser Gaumont-Palace Theater.
14.9. UA: *En Natt (Eine Nacht)*, Film des schwedischen Regisseurs Gustaf Molander, in Stockholm.
8.10. UA: *Berlin – Alexanderplatz*, Film nach dem Roman von Alfred Döblin unter der Regie von Piel Jutzi, im Berliner Capitol Kino.
23.10. UA: *Der Kongreß tanzt*, Film von Erik Charell mit Willy Fritsch und Lilian Harvey, im Berliner Ufa-Palast am Zoo.
26.10. UA: *Trauer muß Elektra tragen*, dreiteilige Tragödie von Eugene O'Neill, im Guild Hall Theatre in New York.
2.11. UA: *Geschichten aus dem Wiener Wald*, Volksstück in drei Akten von Ödön von Horváth, am Deutschen Theater in Berlin.
4.11. UA: *Judith*, Schauspiel in drei Akten von Jean Giraudoux unter der Regie von Louis Jouvet, im Théâtre Pigalle in Paris.
10.11. Der Western *Cimarron* von Wesley Ruggles wird als bester Film des Jahres mit einem Oscar ausgezeichnet. Den Preis für die besten Schauspieler erhalten Lionel Barrymore und Marie Dressler.
17.11. UA: *Kameradschaft*, Katastrophenfilm von Georg Wilhelm Pabst, in Berlin.
28.11. UA: *Mädchen in Uniform*, zeitkritischer Film von Leontine Sagan nach dem Roman *Gestern und heute* von Christa Winsloe, mit Hertha Thiele und Dorothea Wieck, in Berlin.
2.12. UA: *Emil und die Detektive*, Film von Gerhard Lamprecht nach dem gleichnamigen Roman von Erich Kästner, in Berlin.
1931 UA: *Mata Hari*, Film des amerikanischen Regisseurs George Fitzmaurice. Die Schwedin Greta Garbo spielt die Hauptrolle.

Gesellschaft

19.5. Eine deutsche Schlittenexpedition findet in Grönland die Leiche des Polarforschers Alfred Wegener, der im April 1930 zur Erforschung des Inlandeises aufgebrochen war.

Fußball-Landesmeister
Chronik Sport

Deutschland: Hertha BSC Berlin
Österreich: Vienna Wien
Schweiz: Grasshoppers Zürich
England: FC Arsenal London
Italien: Juventus Turin
Niederlande: Ajax Amsterdam

14.6. Ein vollbesetzter Ausflugsdampfer sinkt bei Sturm in der Loire-Mündung. 511 Menschen kommen ums Leben.
1.7. In den USA gibt es 12 824 000 Rundfunkhörer.
19.9. Der luxuriöse Passagierdampfer »L'Atlantique«, der seinen 1208 Gästen alle Annehmlichkeiten wie Restaurants, Einkaufsstraßen und Sporthallen bieten kann, wird der Öffentlichkeit vorgestellt.
21.9. Ein norwegischer Frachter nimmt vor der Küste Neufundlands drei deutsche Flieger auf, die auf ihrer notgelandeten »Junkers W 33« über 150 Stunden im Meer getrieben waren.
Oktober Die am 12. September in Preußen erlassene Sparnotverordnung führt eine Erhöhung der Klassenfrequenzen und eine Reduzierung der Schulstunden herbei.
24.10. In Chicago wird der Gangsterboß Alphonse (Al) Capone, der durch Alkoholhandel, illegales Glücksspiel und Erpressung von Schutzgeldern zum Unterweltboß aufgestiegen war, wegen Steuerhinterziehung zu elf Jahren Gefängnis und 50 000 US-Dollar Geldstrafe verurteilt.
21.12. Im Alten Schloß in Stuttgart bricht Feuer aus und zerstört Teile des über 350 Jahre alten, international berühmten Renaissancebauwerkes.
1931 In Großbritannien und Frankreich werden erstmals regelmäßige Fernsehsendungen ausgestrahlt.

1931

Internationale Politik	Deutsche Politik	Wirtschaft und Wissenschaft
23.10., Großbritannien. Die britische Admiralität entsendet zwei Kreuzer und zwei Zerstörer nach Zypern, wo Aufständische versuchen, statt der Teilautonomie einen Anschluß der Insel an Griechenland durchzusetzen. **7.11., China.** In Juichin in der Provinz Kiangsi ruft ein Nationaler Sowjetkongreß auf Initiative des kommunistischen Funktionärs Mao Tsetung die erste chinesische Räterepublik aus. **1.12., Großbritannien/Indien.** Die am 5. September eröffnete zweite Round-Table-Konferenz über die Indienfrage endet aufgrund ungeklärter Minoritätenprobleme ohne eindeutiges Ergebnis. **23.12., Schweiz.** Der elfköpfige Beratende Sonderausschuß der Bank für Internationalen Zahlungsausgleich erklärt in Basel die Unfähigkeit des Deutschen Reiches zur Zahlung weiterer Reparationen.	**15.11.** Bei Landtagswahlen in Hessen wird die NSDAP mit 37% der Stimmen und 27 Mandaten stärkste Partei. **4.12.** Vertreter der SPD-Reichstagsfraktion kritisieren in einem Gespräch mit Reichskanzler Heinrich Brüning (Zentrum) die mangelnde Entschlossenheit der Regierung »im Kampf gegen den faschistischen Terror«. **8.12.** In einer weiteren von Reichspräsident Paul von Hindenburg unterzeichneten Notverordnung läßt Reichskanzler Heinrich Brüning die Löhne auf den Stand von 1927 senken. **16.12.** Als Reaktion auf die rechtsgerichtete nationalistische und faschistische »Harzburger Front« proklamieren in Berlin demokratische und konservative Gruppierungen die »Eiserne Front«. **31.12.** In einer Rundfunkansprache an das deutsche Volk betont Paul von Hindenburg seinen festen Glauben an eine bessere Zukunft für Deutschland. ▷Chronik Zitat, S. 164	**1931, Physik.** Die britischen Physiker John D. Cockcroft und Ernest Th. S. Walton lösen mit Hilfe eines Protonenbeschleunigers eine künstlich eingeleitete Atomkernreaktion aus. **1931, Technik.** Der deutsche Elektrotechniker Max Knoll und sein Schüler Ernst Ruska stellen das erste Elektronenmikroskop vor. **1931, Wirtschaft.** Die Zahl der Arbeitslosen steigt in ganz Europa und den USA infolge der Weltwirtschaftskrise stetig an. Im Deutschen Reich sind bis Jahresende über fünf Mio. Menschen ohne Arbeit. Die Reallöhne sinken unter den Stand von 1928. **1931, Philosophie.** In seiner philosophischen Abhandlung »Die geistige Situation der Zeit« analysiert der Existenzphilosoph Karl Jaspers das Lebensgefühl der 20er Jahre. **1931, Chemie.** Der amerikanische Wissenschaftler Harold C. Urey entdeckt das Deuterium, ein Wasserstoff-Isotop mit doppelter Kernmasse.

1931 Geborene und Gestorbene

Geboren:
14.1. Caterina Valente, deutsche Schlagersängerin.
19.1. Otto Melies, deutscher Schauspieler.
31.1. Hansjörg Felmy, deutscher Schauspieler.
7.2. Holger Börner, deutscher Politiker.
8.2. James Dean (†30.9.1955), amerikanischer Filmschauspieler.
9.2. Thomas Bernhard (†12.2.1989), österreichischer Schriftsteller.
3.3. Franz Josef Degenhardt, deutscher Liedermacher.
1.4. Rolf Hochhuth, deutscher Dramatiker.
8.7. Jürgen Böttcher, deutscher Maler und Dokumentarist.
31.7. Ivan Rebroff (Hans Rippert), deutscher Sänger.
19.8. Marianne Koch, deutsche Schauspielerin.
22.9. Freddy Quinn (Manfred Nidl-Petz), deutscher Schlagersänger und Entertainer.

1932

Internationale Politik	Deutsche Politik	Wirtschaft und Wissenschaft
2.1., Japan/China. Japan besetzt Chinchow in der Mandschurei. **3.1., Indien.** Der Führer der Unabhängigkeitsbewegung, Mahatma Gandhi, wird wegen seines Aufrufes zum Widerstand gegen die britische Kolonialmacht verhaftet.	**1.1.** Reichspräsident Paul von Hindenburg stößt mit seiner Neujahrsansprache, in der er auf die noch zu leistenden Reparationszahlungen eingeht, weltweit auf Interesse. Die Ansprache wird von mehreren ausländischen Rundfunksendern übertragen.	**9.1., Technik.** Gustav Tauschek stellt einen Magnettrommelspeicher vor, der erstmals schnellen Zugriff auf gespeicherte Daten ermöglicht. **13.1., Verkehr.** Die Deutsche Reichsbahn stellt einen Schnelltriebwagen vor (Höchstgeschwindigkeit 160 km/h).

1931

Kunst, Literatur und Musik

1931 Der Österreicher Hermann Broch veröffentlicht in der Schweiz zwei Teile seiner Romantrilogie *Die Schlafwandler* unter den Titeln *Pasenow oder die Romantik 1888* und *Esch oder die Anarchie 1903*.
1931 In Berlin geben Max Brod und Hans-Joachim Schoeps unter dem Titel *Beim Bau der Chinesischen Mauer* Prosa aus dem Nachlaß des österreichischen Schriftstellers Franz Kafka heraus.
1931 In New York erscheint der Roman *Die Freistatt* von William Faulkner, der in den USA zu einem Bestseller wird.
1931 Anläßlich der Arbeitsniederlegungen im Ruhrgebiet im Januar malt der Künstler Franz Radziwill sein Bild *Der Streik*.
1931 In Bremen wird die Böttcherstraße fertiggestellt, für die der Architekt und Bildhauer Bernhard Hoetger ein Ensemble verschiedenster Bauwerke entwarf.

Theater und Film

1931 In den USA werden zwei Horrorfilme uraufgeführt: *Frankenstein* von James Whale mit Boris Karloff nach dem Roman von Mary W. Shelley und *Dracula* von Tod Browning mit Bela Lugosi nach dem Roman von Bram Stoker.
1931 UA: *La Chienne (Die Hündin)*, Tonfilm von Jean Renoir über einen Kassierer, eine Prostituierte und deren Zuhälter, mit Michel Simon, Janie Marèze und Georges Flament, in Frankreich.
1931 UA: *Platinum Blonde (Vor Blondinen wird gewarnt)*, amerikanische Filmkomödie von Frank Capra mit Robert Williams, Jean Harlow und Loretta Young, in New York.
1931 In ihrem ersten Paramount-Hollywood-Film *Monkey Business* stellen die Marx Brothers Groucho, Harpo, Chico und Zeppo Marx ihre anarchistische Komik erneut unter Beweis, doch erreicht der Streifen nicht den Erfolg früherer Werke.

Gesellschaft

1931 Erstmals beschäftigen sich deutsche Pädagogen mit den von Maria Montessori entwickelten neuen Erziehungskonzepte, die weniger Disziplin und mehr Möglichkeiten zur freien Entfaltung fordern.

Sparsame Mode

Chronik Zitat

»Das Sommerkleid mit kurzem Ärmel verschwindet mehr und mehr aus dem Stadtbild und wird nur dort getragen, wo es wirklich am Platze ist: beim Sport, draußen im Grünen, beim Wochenende und am Strand...«
»Vogue«

1931 Die Wirtschaftskrise zwingt auch die Haute Couture zum Sparen. Für den Tag sind vor allem Bauwoll-Kostüme und Jackenkleider gefragt.
▷Chronik Zitat

Geborene und Gestorbene

Gestorben:
23.1. Anna Pawlowa (*12.2.1881), russische Tänzerin.
11.3. Friedrich Wilhelm Murnau (*28.12.1888), deutscher Filmregisseur.
20.3. Hermann Müller(-Franken) (*18.5.1876), deutscher Reichskanzler.

29.5. Felix Hollaender (*1.11.1867), deutscher Schriftsteller.
12.7. Friedrich Gundolf (*20.6.1880), deutscher Literaturhistoriker.
9.9. Ludwig J. Brentano (*18.12.1844), deutscher Nationalökonom.
21.10. Arthur Schnitzler (*5.5.1862), österreichischer Schriftsteller.

4.11. Charles »Buddy« Bolden (* um 1868), amerikanischer Jazzmusiker.
27.11. David Bruce (*29.8.1855), britischer Mikrobiologe.
2.12. Vincent d'Indy (*27.3.1851), französischer Komponist.
14.12. Walter Harich (*30.1.1888), deutscher Schriftsteller.

1932

Kunst, Literatur und Musik

5.1. Im Beisein des französischen Komponisten Maurice Ravel wird in Wien sein Klavierkonzert in D-Dur für die linke Hand von einem einarmigen Pianisten uraufgeführt.
10.3. UA: *Die Bürgschaft*, Oper von Kurt Weill, in Berlin.

Theater und Film

24.1. In Berlin hat das Schauspiel *Timon* des österreichischen Dramatikers Ferdinand Bruckner Weltpremiere.
12.2. UA: *Shanghai Express*, Spielfilm von Josef von Sternberg mit Marlene Dietrich, in New York. Die Dietrich spielt eine Nachtclubsängerin.

Gesellschaft

6.1. Nach lang anhaltenden Regenfälle sind die 7000 Einwohner Dessaus von der Außenwelt abgeschlossen.
11.1. Nach einem Bergwerkunglück in der oberschlesischen Stadt Beuthen können sieben von 14 Kumpeln nach 144 Stunden gerettet werden.

1932

Internationale Politik

13.1., Frankreich. Ministerpräsident Pierre Laval bildet nach Rücktritt und erneutem Auftrag durch den Staatspräsidenten ein neues Kabinett.
18.1., Spanien. In Bilbao brechen Kämpfe zwischen Regierungstruppen und Separatisten aus, die für die Autonomie des Baskenlandes streiten.
17.2., Irland. Bei den Wahlen zum Unterhaus gewinnt die radikale Fianna-Fáil-Partei unter Eamon de Valera.
18.2., China. Mit japanischer Unterstützung ruft eine Versammlung mandschurischer Politiker die unabhängige Republik Mandschukuo aus. Staatsoberhaupt wird der frühere Kaiser von China, Pu Yi.
6.4., USA. Präsident Herbert Hoover befürwortet die Herabsetzung der Rüstungsausgaben in der Welt.
24.4., Österreich. Bei Wahlen in drei österreichischen Ländern erzielen die Nationalsozialisten große Stimmengewinne.
25.4., Großbritannien. Die Regierung verfügt die Einführung von Importzöllen auf Fertig- und Luxuswaren, um ausländische Konkurrenz auszuschalten.
5.5., Japan/China. Nach Unterzeichnung eines Waffenstillstandsabkommens mit China ziehen sich die japanischen Truppen aus der chinesischen Hafenstadt Schanghai zurück.
20.5., Österreich. Der bisherige Landwirtschaftsminister Engelbert Dollfuß bildet als neuer Bundeskanzler eine Koalitionsregierung aus Vertretern der Christlichen Partei, des bürgerlichen Landbundes und des rechtsgerichteten »Heimatblocks«.
5.6., Chile. Nach einem Staatsstreich übernimmt eine linksgerichtete Militärjunta die Macht, die unter Carlos Dávila als Staatspräsident die sozialistische Republik ausruft.
14.6., Schweiz. In einer mehrstündigen Debatte spricht sich der Nationalrat gegen Handelsbeziehungen mit der Sowjetunion aus.
20.6., Schweiz. In Lausanne vereinbaren Regierungsvertreter Belgiens, der Niederlande und Luxemburgs den Abbau der Handelsbeschränkungen zwischen den drei Staaten.

Deutsche Politik

1.1. Im sozialdemokratischen Parteiorgan »Vorwärts« bezeichnet Otto Wels, Vorsitzender der SPD, den Kampf gegen den Nationalsozialismus als vorrangige Aufgabe seiner Partei. ▷Chronik Zitat

Jahr der Entscheidung

Chronik Zitat

»Zwischen Sozialdemokratie und Nationalsozialisten fällt im Jahre 1932 die Entscheidung. Siegt der Nationalsozialismus, so wird die deutsche Arbeiterbewegung bis weit hinter die Kaiserzeit zurückgeworfen.«
Otto Wels, SPD-Parteivorsitzender

19.1. Im Berliner Bezirk Reinickendorf komt es zu gewalttätigen Auseinandersetzungen zwischen rund 200 Angehörigen der SA und Mitgliedern der KPD.
26.1. In einer von Protesten begleiteten Rede vor Vertretern der deutschen Wirtschaft im Düsseldorfer Industrieclub wirbt der NSDAP-Vorsitzende, Adolf Hitler, um die Unterstützung seiner Partei.
29.1. Das Deutsche Kreditübereinkommen für 1932 tritt in Kraft. Damit stunden ausländische Gläubigerbanken die für ein Jahr fällige Tilgungsraten für Kredite.
13.3. Bei der Reichspräsidentenwahl wird das amtierende Staatsoberhaupt Paul von Hindenburg im zweiten Wahlgang mit absoluter Mehrheit wiedergewählt. Der Vorsitzende der NSDAP, Adolf Hitler, erhält 36,8% der Stimmen.
13.4. Eine Notverordnung »zur Sicherung der Staatsautorität« verbietet die nationalsozialistischen Verbände SA und SS, um einen befürchteten Putschversuch zu verhindern.
24.4. Bei Landtagswahlen in Preußen, Anhalt, Bayern, Württemberg und Hamburg erringt die NSDAP erhebliche Gewinne. SPD und Bürgerliche müssen z.T. drastische Verluste hinnehmen.

Wirtschaft und Wissenschaft

13.1., Technik. In der nordindischen Provinz Pandschab wird der Indus-Staudamm in Betrieb genomen, durch den 20 000 km² Boden landwirtschaftlich nutzbar gemacht werden sollen.
20.1., Luftfahrt. Mit dem Start einer »Heracles«-Maschine eröffnet die britische Fluggesellschaft Imperial Airways eine Fluglinie zwischen London und Kapstadt.
20.1., Wirtschaft. Die Evangelische Zentralbank in Berlin schließt wegen Zahungsunfähigkeit die Schalter. Geschäftsführer Friedrich Paul Runck wird unter dem Verdacht des Betrugs und der Depotunterschlagung festgenommen.
Februar, Wirtschaft. Die seit Ende 1929 andauernde Weltwirtschaftskrise erreicht 1932 ihren Höhepunkt. Industriestaaten und Entwicklungsländer sind von der anhaltenden hohen Arbeitslosigkeit betroffen.
März, Technik. Ein neuentwickeltes Filmmaterial ermöglicht naturgetreue Farbwiedergaben bei feiner Körnung und hoher Lichtempfindlichkeit.

Preise im Deutschen Reich

Chronik Statistik

Lebensmittel (Reichsmark):	
Butter, 1 kg	2,78
Weizenmehl, 1 kg	0,55
Schweinefleisch, 1 kg	1,45
Rindfleisch, 1 kg	1,46
Kartoffeln, 5 kg	0,41
Kaffee, 1 kg	5,71

18.3., Architektur. In der australischen Hafenstadt Sydney wird die mit 503 m größte aus Fertigteilen zusammengesetzte Brücke der Welt eingeweiht.
28.5., Geographie. In den Niederlanden wird der Zuider-Damm fertiggestellt. Durch die Eindeichung entsteht ein 3700 km² großes Binnengewässer, das Ijsselmeer.
15.6., Archäologie. Der Ägypter Selim Hassan entdeckt im Tal der Könige bei Gizeh eine rund 4400 Jahre alte Pyramide.

1932

Kunst, Literatur und Musik

15.3. UA: *Zirkus Aimee*, Operette von Curt Goetz und Ralph Benatzky, in Basel.
16.3. In Berlin hat die Oper *Andromache* des deutschen Komponisten Herbert Windt Premiere.
19.4. In Berlin wird der Kunsthändler Otto Wacker verurteilt. Er hatte 25 Gemälde von Vincent van Gogh gefälscht und verkauft. Experten sind von der Qualität seiner Bilder beeindruckt.
10.6. In Berlin erscheint Hans Falladas sozialkritischer Roman *Kleiner Mann – was nun?*
3.7. Im Théâtre des Champs-Elysées in Paris wird das Ballett *Der grüne Tisch* von Kurt Jooss uraufgeführt. Jooss erhält den ersten Preis des Internationalen Tanzarchivs für seine Darstellung des Ersten Weltkriegs als Totentanz.
30.9. Das Bauhaus, die Hochschule für Gestaltung in Dessau, muß nach monatelangen nationalsozialistischen Kampagnen gegen die klare und funktionalistische Formgebung der Bauhaus-Entwürfe schließen.
25.10. In Berlin schließen sich die Maler Paul Klee, Lyonel Feininger, Oskar Schlemmer, Wassily Kandinsky und Oskar Moll zu der Gruppe »Selektion« zusammen.
29.10. UA: *Der Schmied von Gent*, Oper des österreichischen Komponisten Franz Schreker, in Berlin.
31.10. Begleitet vom Berliner Philharmonischen Orchester, führt der Komponist Sergei S. Prokofjew sein *5. Klavierkonzert in G-Dur op. 55* erstmals auf.
12.11. In Berlin werden die Dichterin Else Lasker-Schüler und der Lyriker und Dramatiker Richard Billinger mit dem Kleist-Preis ausgezeichnet.
23.11. UA: *Glückliche Reise*, Operette von Eduard Künnecke, im Berliner Theater am Schiffbauerdamm.
1932 Die deutsche Pianistin Elly Ney feiert mit ihren Interpretationen der Werke Ludwig van Beethovens weltweit triumphale Erfolge.
1932 Die Berliner Staatsoper führt den *Rosenkavalier* von Richard Strauss unter der Regie von Gustaf Gründgens auf.

Theater und Film

14.2. Die Zahl der Kinos in den Vereinigten Staaten ging im letzten halben Jahr von 20 000 auf 14 000 zurück. Die Filmwirtschaft gibt sinkende Besucherzahlen infolge der Wirtschaftskrise als Grund an.
16.2. UA: *Vor Sonnenuntergang*, Schauspiel von Gerhart Hauptmann, in Berlin. Es eröffnet den feierlichen Festakt zu Hauptmanns 70. Geburtstag.
23.2. Max Ophüls Film *Die verliebte Firma*, u.a. mit Anny Ahlers, Gustav Fröhlich und Hubert von Meyerdinck, ist eine Komödie über Männer eines Filmteams, die sich in ein Fräulein vom Amt verlieren.
29.2. UA: *Zu wahr, um schön zu sein*, Drama von George Bernard Shaw, im amerikanischen Boston.
15.3. Der Film *Hallo! Hallo! Hier spricht Berlin!* unter der Regie von Julien Duvivier erzählt eine Verwechslungskomödie über Fernsprechverbindungen zwischen Paris und Berlin.
22.3. Anläßlich des 100. Todestages von Johann Wolfgang von Goethe wird in Weimar sein Stück *Götz von Berlichingen mit der eisernen Hand* mit Heinrich George in einer der Hauptrollen aufgeführt.
24.3. In Berlin wird der Spielfilm *Das blaue Licht* uraufgeführt. Mit der »Berglegende aus den Dolomiten« gibt Leni Riefenstahl ihr Debüt als Regisseurin.
25.3. In dem neuen Film *Tarzan, der Affenmensch* von Woodbridge Strong van Dyke spielt Johnny Weissmuller die Hauptrolle.
11.4. UA: *Die heilige Johanna der Schlachthöfe*, Schauspiel von Bertolt Brecht, in der Funkstunde von Radio Berlin.
12.4. UA: *Grand Hotel*, Film nach dem Roman von Vicki Baum. Unter der Regie von Edmund Goulding spielen Greta Garbo, Joan Crawford und John Barrymore die Hauptrollen.
30.5. In Berlin hat der erste kommunistische Film der Weimarer Republik, *Kuhle Wampe oder Wem gehört die Welt*, von Slatan Dudow Premiere. Das Drehbuch stammt von Bertolt Brecht, die Musik von Hanns Eisler.

Gesellschaft

31.1. Die Zahl der Rundfunkteilnehmer im Deutschen Reich beträgt 3,98 Mio.
12.2. Bei der Miss-Europa-Wahl in Paris wird die 18jährige Italienerin Rosetta Montali zur schönsten Frau Europas gekürt.
25.2. Rund 12 000 Berliner Gastwirte treten aus Protest gegen die Reichsbiersteuer in einen Bierstreik.
2.3. Der 20 Monate alte Sohn des amerikanischen Atlantikfliegers Charles Lindbergh wird entführt. Am 12. Mai wird das Baby tot aufgefunden.
22.3. Ein Wirbelsturm über den US-Bundesstaaten Alabama, Louisiana, Georgia und Mississippi fordert 214 Tote und über 1000 Verletzte.
14.5. Bei einem Brand auf dem französischen Luxusliner »Georges Philippar« im Indischen Ozean kommen 41 Menschen ums Leben.
16.6. Der Besatzung eines italienischen Schiffes gelingt die Bergung von 26 Goldbarren und Banknoten aus dem 1922 vor der französischen Atlantikküste gesunkenen britischen Frachter »Egypt«.

Deutsche Meister Sport

Leichtathletik:	
100 m:	
Arthur Jonath	10,6 sec
110 m Hürden:	
Erwin Wegner	14,8 sec
Stabhochsprung:	
Julius Müller	4,05 m
Dreisprung:	
Willi Drechsel	13,96 m
Steinstoßen:	
Hein Debus	10,49 m

2.7. Vor der französischen Atlantikküste sinkt das französische U-Boot »Prométhée« und reißt 62 Menschen in die Tiefe.
4.7. Die seit Wochen vermißten Deutschen Hans Bertram und Werner Klaußmann werden im Australischen Busch lebend geborgen. Sie waren per Flugzeug zu einer Weltreise gestartet.

1932

Internationale Politik

5.7., Portugal. Der Antirepublikaner António de Oliveira Salazar wird neuer Ministerpräsident.
20.7., Italien. Der faschistische Ministerpräsident Benito Mussolini übernimmt zusätzlich das Innen- und das Außenministerium.
25.7., Polen/Rußland. Rußland und Polen schließen einen Nichtangriffspakt. Zuvor stimmten auch Finnland, Estland und Lettland solchen Verträgen zu.
20.8., Kanada. In Ottawa geht die britische Empire-Konferenz zu Ende. Die Dominions machen in Zollfragen Zugeständnisse an das Mutterland.
September, Paraguay/Bolivien. Die Auseinandersetzungen um das Grenzgebiet Gran Chaco eskalieren zum Krieg, in dem Paraguay zunächst die Oberhand behält.
23.9., Saudi-Arabien. Die arabischen Königreiche Hedschas und Nadschd vereinigen sich unter König Abd Al Asis Ibn Saud zum Königreich Saudi-Arabien.
1.10., Österreich. Bundeskanzler Engelbert Dollfuß wendet erstmals das Ermächtigungsgesetz von 1917 an, mit dessen Hilfe er Notverordnungen erlassen kann.
11.10., Japan. Die Regierung beschließt ein umfangreiches Programm zum Ausbau der Flotte. In den nächsten drei Jahren sollen Schiffe von insgesamt rund 200 000 BRT vom Stapel laufen.
13.10., Litauen. Die litauische Regierung setzt einen Beirat für memelländische Angelegenheiten ein, der die Durchführung der Autonomie des Memelgebietes beaufsichtigen soll.
31.10., Tschechoslowakei. Das Parlament wählt Johann Malypetr zum Ministerpräsidenten. Er tritt die Nachfolge des zurückgetretenen Franz Udrzal an.
31.10., Polen. Ohne Absprache mit den Anrainerstaaten erweitert die Regierung ihr Hoheitsgebiet in der Ostsee von drei auf sechs Seemeilen.
7.11., USA. Mit 20 193 000 Wählerstimmen geht der Kandidat der Demokraten, Franklin D. Roosevelt, als Sieger aus den Präsidentschaftswahlen hervor.

Deutsche Politik

30.5. Der deutsche Reichskanzler Heinrich Brüning tritt nach Konflikten mit Reichspräsident Paul von Hindenburg zurück. Sein Nachfolger wird der Zentrumspolitiker Franz von Papen.
9.7. Die internationale Reparationskonferenz im schweizerischen Lausanne endet mit einem Abkommen, das die Zahlungen des Deutschen Reiches von 112 Mrd. auf drei Mrd. Goldmark reduziert.
17.7. Bei Schlägereien und Schießereien zwischen Nationalsozialisten und Kommunisten kommen in Altona bei Hamburg 18 Menschen ums Leben (»Altonaer Blutsonntag«).
20.7. Reichskanzler Franz von Papen setzt nach dem Altonaer Blutsonntag die Regierung von Preußen ab und wird von Paul von Hindenburg zum preußischen Reichskommissar ernannt (»Preußenschlag«).
31.7. Aus den Reichstagswahlen geht die NSDAP mit 37,4% als stärkste politische Kraft hervor, erreicht jedoch keine regierungsfähige Mehrheit.
13.8. Die Konzeption der Reichsführung, Adolf Hitler und die NSDAP in einer Koalition an der Regierung zu beteiligen, scheitert an Hitlers Forderung nach dem Kanzleramt.
30.8. Die Abgeordneten des Reichstages wählen den Nationalsozialisten Hermann Göring zum Reichstagspräsidenten.
13.9. Der Vorsitzende der NSDAP, Adolf Hitler, ernennt Franz Ritter von Epp zum Leiter des neugeschaffenen Wehrpolitischen Amts der Partei.
6.11. Bei den Reichstagswahlen kann die KPD 2,5 % Stimmenzuwachs verbuchen, während die NSDAP 34 Mandate verliert. Die Bildung einer parlamentarisch gestützten Regierung mißlingt.
17.11. Reichskanzler Franz von Papen tritt zurück, da sämtliche Parteien mit Ausnahme der DNVP seinem Kabinett die Unterstützung versagt haben.
3.12. Reichspräsident Paul von Hindenburg ernennt den bisherigen Reichswehrminister General Kurt von Schleicher zum Reichskanzler.

Wirtschaft und Wissenschaft

1.10., Luftfahrt. In Berlin wird die Deutsche Luftsport-Ausstellung eröffnet, die einen Überblick über neue Flugzeugtypen bietet. Erstmals wird ein Kleinstflugzeug gezeigt, das als Bausatz geliefert wird.
21.10., Medizin. Der österreichische Arzt Wilhelm Porges berichtet über den erfolgreichen Einsatz der von ihm entwickelten »Magensonde«.
29.10., Verkehr. In Frankreich läuft der Passagierdampfer »Normandie« vom Stapel. Mit 75 000 BRT ist es das bislang größte Schiff der Welt.
10.12., Nobelpreise. In Stockholm werden die diesjährigen Nobelpreise verliehen. Ein Friedenspreis wird in diesem Jahr nicht vergeben. ▷Chronik Nobelpreise

Wissenschaftler geehrt
Chronik Nobelpreise

Chemie: Irving Langmuir (USA)
Medizin: Edgar D. Adrian (GB) und Charles Sherrington (GB)
Physik: Werner Heisenberg (D)
Literatur: John Galsworthy (GB)

29.12., Wirtschaft. Im Baugewerbe ist der Stundenlohn nach Angaben des Deutschen Instituts für Konjunkturforschung von durchschnittlich 1,03 Reichsmark auf 85 Pfennig gesunken.
30.12., Wirtschaft. Nach Angaben des Vorstands der Deutschen Reichsbahn sind die Einnahmen des Jahres 1932 gegenüber dem Vorjahr um rund 26 % gesunken.
1932, Physik. Dem französischen Physiker-Ehepaar Frédéric und Irène Joliot-Curie gelingt die Erzeugung von sog. Sekundärstrahlung, durch die Protonen aus Atomkernen gelöst werden können und die aus den bislang unbekannten Neutronen besteht.
1932, Physik. Dem britischen Atomphysiker John Douglas Cockcroft und seinem irischen Kollegen Ernest Th.S. Walton gelingt mit Hilfe eines Kaskadengenerators die Kernumwandlung durch künstlich beschleunigte Teilchen.

1932

Kunst, Literatur und Musik

1932 In New York und London erscheint Ernest Hemingways Essay *Tod am Nachmittag*, der eindrucksvolle Einblicke in den modernen Stierkampf gibt.

1932 Unmittelbar nach seinem Erscheinen wird der utopisch-satirische Roman *Schöne neue Welt* des britischen Schriftstellers Aldous Huxley zum Bestseller.

1932 In seinem Buch *Der Arbeiter, Herrschaft und Gestalt* entwirft der deutsche Schriftsteller Ernst Jünger den Mythos eines »neuen«, nicht-bürgerlichen Menschentyps.

1932 Der dänische Autor Jacob Paludan gibt seinen Roman *Gewitter von Süd* heraus, in dem er den »Sittenzerfall« und aufkommenden Materialismus nach 1918 kritisiert.

1932 Mit Hilfe der Montage-Technik entwirft der amerikanische Schriftsteller John Dos Passos in seinem Buch *1919* die Schicksale von fünf Menschen unterschiedlicher sozialer Herkunft.

1932 Julien Green veröffentlicht in Paris seinen Roman *Treibgut*.

1932 Lion Feuchtwangers Roman *Der jüdische Krieg* engagiert sich auf Grundlage antiker Flavius-Schriften für die Idee eines völkerverbindenden Weltbürgertums.

1932 Die Zahl der nationalsozialistischen Gesinnungsromane nimmt zu. Zu ihren Autoren gehören u.a. Erwin G. Kolbenheyer, Hanns Johst, Werner Beumelburg und Hans Grimm.

1932 Erich Kästner veröffentlicht eine Gedichtsammlung mit dem Titel *Gesang zwischen den Stühlen*.

1932 In seinem sozialkritischen Bild *Hungermarsch* setzt sich der deutsche Maler Hans Grundig mit der Zeitgeschichte auseinander.

1932 Der spanische Vertreter des Surrealismus, Salvador Dalí, stellt sein durch Formverschiebungen und -auflösungen phantastisch-suggestiv wirkendes Bild *Die Geburt des flüssigen Verlangens* aus.

1932 Max Liebermann widmet sich in seinem Porträt des Chirurgen Ferdinand Sauerbruch der Darstellbarkeit flüchtiger Wahrnehmungen.

Theater und Film

6.8. Venedig wird erstmals Veranstaltungsort der internationalen Filmfestspiele.

8.8. Lilian Harvey, Hans Albers und Paul Hörbiger spielen in dem Streifen *Quick* eine Komödie um einen Clown, der nur geliebt wird, wenn er mit Kostüm und Maske auftritt.

16.8. Unter der Regie von Max Ophüls kommt die Filmoper *Die verkaufte Braut* nach der gleichnamigen Oper des tschechischen Komponisten Bedřich Smetana in die Kinos. Der Film mit Karl Valentin, Paul Kemp, Jarmila Novotna und Liesl Karlstadt ist zuerst in München zu sehen.

6.9. In dem utopisch Abenteuerfilm *Die Herrin von Atlantis* von G.W. Pabst verfallen zwei Offiziere in einer Wüstenregion einer grausamen Herrscherin.

13.9. Der Film *Der träumende Mund* mit Elisabeth Bergner, Rudolf Forster und Anton Edthofer beschreibt ein Drama um eine junge Frau, die sich in den besten Freund ihres Mannes verliebt.

21.9. Der Münchner Kommerzienrat Wilhelm Kraus gründet die Filmgesellschaft Bavaria AG. Sie soll als Sammelstelle für »Emelka«-Relikte dienen.

22.9. UA: *Blonde Venus*, Film von Josef von Sternberg mit Marlene Dietrich und Cary Grant, in New York.

23.9. UA: *Ein blonder Traum*, Film von Paul Martin mit Lilian Harvey, Willy Fritsch, Willi Forst und Paul Hörbiger in den Hauptrollen, in Berlin.

25.9. UA: *Jegor Bulytschow und die anderen*, Szenenfolge von Maxim Gorki, in Moskau und Leningrad.

9.10. UA: *Robinson darf nicht sterben!*, Schauspiel des deutschen Schriftstellers Friedrich Forster, in Leipzig.

18.11. In Leipzig hat das sozialkritische Stück *Kasimir und Karoline* von Ödön von Horváth Weltpremiere.

2.12. Gustaf Gründgens, einer der markantesten deutschen Schauspieler, feiert in Berlin mit der Rolle des Mephisto in Johann Wolfgang von Goethes *Faust I* einen Triumph.

Gesellschaft

26.7. Das Segelschulschiff der Deutschen Reichsmarine, die »Niobe« sinkt, von einer Gewitterböe überrascht, vor der Ostseeinsel Fehmarn. Der Kapitän des Dampfers »Theresia Russ«, Albert Müller, ist Augenzeuge des Unglücks, bei dem 63 Matrosen und Offiziersanwärter ums Leben kommen. ▷Chronik Zitat

Niobe gekentert

Chronik Zitat

»Als ich mich noch etwa eine halbe Meile von der Niobe befand, traf die Böe die Niobe. Das Schiff kenterte nach Backbord um und war innerhalb zwei Minuten gesunken.«
Kapitän Albert Müller

6.8. Die erste kreuzungsfreie Straße, die ausschließlich für den Kraftfahrzeugverkehr genutzt wird, die Autobahnstrecke Köln–Bonn, wird feierlich dem Verkehr übergeben.

7.8. Nach Mißernten und der Senkung der Erträge durch die Stalinistische Zwangskollektivierung bricht in der Sowjetunion eine Hungersnot aus.

22.8. Die britische Rundfunkgesellschaft BBC strahlt ab sofort ein Fernsehprogramm aus.

1.9. An dem 71. Deutschen Katholikentag in Essen, der unter dem Motto »Christus in der Großstadt« steht, nehmen rund 250 000 Menschen teil.

19.10. In Coburg heiraten Prinz Gustav von Schweden und Prinzessin Sibylle von Sachsen-Coburg und Gotha.

1932 Die Zahl der ausländischen Urlauber nimmt im Deutschen Reich drastisch ab. Im Vergleich zum Vorjahr gehen die Übernachtungen in den Hotels um durchschnittlich 20% zurück.

1932 Rund 6 Mio. Menschen – 44% der Erwerbsfähigen – sind im Deutschen Reich arbeitslos. Die Industrieproduktion beträgt noch 57,2% des Standes von 1928.

1932 Der nationalsozialistische Deutsche Studentenbund verzeichnet steigende Mitgliederzahlen.

1932

Internationale Politik	Deutsche Politik	Wirtschaft und Wissenschaft
30.11., USA/Nicaragua. Die USA beginnen mit dem Abzug ihrer Truppen aus Nicaragua, das seit 1912 unter amerikanischer Kontrolle steht. **10.12., Schweiz.** Auf der in Genf tagenden internationalen Abrüstungskonferenz wird dem Deutschen Reich ein gleichberechtigter Status in Rüstungsfragen eingeräumt.	**8.12.** Der Reichsorganisationsleiter der NSDAP, Gregor Strasser, legt nach einem Streit mit Adolf Hitler seine Parteiämter nieder. **21.12.** In Berlin beschließt die deutsche Reichsregierung, im Rahmen einer »Winterhilfe« Brennmaterial und Nahrungsmittel zu stark ermäßigten Preisen an Bedürftige abzugeben.	**1932, Physik.** Der deutsche Physiker Karl Heisenberg stellt grundlegend neue Theorien über die Partikelverteilung und die Kräfte im Atomkern auf. **1932, Physik.** Der amerikanische Ingenieur Karl Jansky macht eine bahnbrechende Entdeckung, als er mit seinen Instrumenten erstmals Radiowellen aus dem Weltraum empfängt.

1932 Geborene und Gestorbene

Geboren:
14.2. Alexander Kluge, deutscher Filmregisseur.
27.2. Elizabeth Taylor, amerikanische Filmschauspielerin.
6.4. Helmut Griem, deutscher Filmschauspieler.
11.8. Fernando Arrabal, spanischer Schriftsteller.

28.10. Gerhart Baum, deutscher Politiker.
1.11. Edgar Reitz, deutscher Filmregisseur.
27.11. Benigno Simeon Aquino (†21.8.1983), philipinischer Politiker und Oppositionsführer.
29.11. Jacques René Chirac, französischer Politiker.

Gestorben:
7.1. André Maginot (*17.2.1877), französischer Politiker.
10.2. Edgar Wallace (*1.4.1875), englischer Kriminalschriftsteller.
7.3. Aristide Briand (*28.3.1862), französischer Politiker.
12.3. Ivar Kreuger (*2.3.1880), schwedischer Industrieller.

1933

Internationale Politik	Deutsche Politik	Wirtschaft und Wissenschaft
10.1., Japan/China. Japan fällt in die nordchinesische Provinz Jehol ein, um sie dem 1932 errichteten Protektoratsstaat Mandschukuo einzuverleiben. **31.1., Frankreich.** Nach dem Rücktritt von Ministerpräsident Joseph Paul-Boncour bildet der Radikalsozialist Édouard Daladier eine neue Regierung. **16.2., Schweiz.** In Genf unterzeichnen Jugoslawien, Rumänien und die Tschechoslowakei einen Pakt, der die sog. Kleine Entente von 1920/21 bestätigt. **6.3., USA.** Zwei Tage nach dem Amtsantritt von Präsident Franklin D. Roosevelt billigt der Kongreß sein Gesetzespaket (»New Deal«) zur Überwindung der Wirtschaftskrise. **7.3., Österreich.** Bundeskanzler Engelbert Dollfuß regiert nach Konflikten mit dem Nationalrat ohne das Parlament weiter und schlägt einen autoritären Führungskurs ein (Einschränkung der Pressefreiheit).	**28.1.** Nachdem Reichspräsident Paul von Hindenburg eine Auflösung des Reichstages abgelehnt hat, erklären Reichskanzler Kurt von Schleicher und sein Kabinett ihren Rücktritt. **30.1.** Reichspräsident Paul von Hindenburg ernennt Adolf Hitler zum neuen Reichskanzler. Neben acht Konservativen gehören seinem Kabinett mit Wilhelm Frick (Innenminister) und Hermann Göring (Minister ohne Geschäftsbereich) zwei weitere Mitglieder der NSDAP an. Göring wird zugleich kommissarischer Innenminister Preußens und sicherte der NSDAP damit die Kontrolle über die Exekutive. **1.2.** Reichspräsident Paul von Hindenburg unterzeichnet die von Reichskanzler Adolf Hitler erbetene Verordnung über die Auflösung des Reichstages. **3.2.** Reichskanzler Adolf Hitler informiert die Befehlshaber von Heer und Marine über seine Ziele.	**11.2., Archäologie.** Einem deutschen Forscherteam, geleitet von Ernst Herzfeld, gelingt es im Iran, Palastbauten der altpersischen Sommerresidenz Persepolis freizulegen. **1.4., Technik.** In Wilhelmshaven wird das Panzerschiff »Deutschland«, das über eine Maschinenleistung von 57 000 PS verfügt und 28 Seemeilen pro Stunde zurücklegen kann, in den Dienst der Reichsmarine gestellt. **3.4., Luftfahrt.** Zwei britische Piloten überfliegen mit zwei »Westland«-Maschinen erstmals die Gipfel des 8848 m hohen Mount Everest. **29.4., Luftfahrt.** Die Deutsche Lufthansa stellt in Berlin mit der »D 2500« ihr größtes Landeflugzeug vor, das auf den Namen »Generalfeldmarschall von Hindenburg« getauft wird. **12.5., Wirtschaft.** Die Reichsregierung erläßt ein Gesetz zum Schutz des Einzelhandels.

1932

Kunst, Literatur und Musik	Theater und Film	Gesellschaft
1932 Der spanischer Maler Pablo Picasso beendet seine Arbeit an dem Bild *Mädchen vor einem Spiegel*. Es wird gemeinsam mit früheren Werken in einer großen Ausstellung in Paris gezeigt. **1932** Otto Dix vollendet sein 1929 begonnenes Hauptwerk, das Triptychon *Der Krieg*.	**2.12.** Der Spielfilm *F. P. 1 antwortet nicht* von Karl Hartl mit Hans Albers und Peter Lorre in den Hauptrollen hat in Berlin Premiere. **22.12.** UA: *Der Rebell*, Spielfilm von und mit Luis Trenker, der einen Tiroler Freiheitskämpfer spielt, in Stuttgart. Der Film wird von rechtsgerichteten Kritikern hochgelobt.	**1932** Aufgrund der schlechten Versorgungslage der Bevölkerung verbreiten sich im Deutschen Reich Mangelerkrankungen wie Tuberkulose. **1932** In New York ist mit dem Rockefeller-Center in der Nähe des Central Parks ein Hochhauskomplex entstanden, der das Gesicht eines ganzen Stadtteils verändert.

1932 Geborene und Gestorbene

14.3. George Eastman (*12.7.1854), amerikanischer Erfinder und Industrieller.
4.4. Wilhelm Ostwald (*2.9.1853), deutscher Chemiker.
7.5. Paul Doumer (*22.3.1857), französischer Politiker.
12.6. Thomás Bata (*3.4.1876), tschechoslowakischer Schuhfabrikant.

10.7. King Camp Gillette (*5.1.1855), amerikanischer Erfinder.
2.8. Ignaz Seipel (*19.7.1876), österreichischer Politiker.
19.8. Johannes Schober (*14.11.1874), österreichischer Politiker.
20.9. Max Slevogt (*8.10.1868), deutscher Maler.

28.9. Emil Orlik (*21.7.1870), österreichisch-deutscher Grafiker und Kunstgewerbler.
4.12. Gustav Meyrink (*19.11.1868), österreichischer Schriftsteller.
18.12. Eduard Bernstein (*6.1.1850), deutscher Politiker.
24.12. Nikolai Andrejew (*26.10.1873), sowjetischer Künstler.

1933

Kunst, Literatur und Musik	Theater und Film	Gesellschaft
12.2. Anläßlich des 50. Todestages von Richard Wagner wird im Beisein von Adolf Hitler in Leipzig eine Festveranstaltung mit dem Vorspiel zum *Parsifal* eröffnet. **April** Eine »I. Wanderausstellung rein deutscher Kunst« präsentiert die staatlich verordnete Ästhetik. Besonders gefragt sind realistische Darstellungen. **25.4.** Unter Hinweis auf das Frontkämpfertum vieler verfemter Künstler protestiert der Maler Oskar Schlemmer bei Reichspropagandaminister Joseph Goebbels gegen die Entfernung von Werken moderner Kunst aus deutschen Museen. **7.5.** Der Maler Max Liebermann erklärt in Berlin seinen Austritt aus der Preußischen Akademie der Künste und legt die Ehrenpräsidentschaft nieder. Nach seiner Meinung habe Kunst weder etwas mit Politik noch mit Abstammung zu tun.	**22.1.** Bei der Premiere des zweiten Teils von Goethes *Faust* in der Inszenierung von Gustav Lindemann in Berlin brilliert Gustaf Gründgens in der Rolle des »Mephisto«. ▷Chronik Zitat **Bezaubernder Mephisto** **Chronik Zitat** »Die geistige Verarbeitung des Verses ist musterhaft, die dramatische Schlagkraft außerordentlich, die Leichtigkeit bezaubernd. Gründgens schillert und funkelt und bleibt in jedem Satz diszipliniert.« **Herbert Ihering, Theaterkritiker** **2.2.** UA: *Morgenrot*, Film von Gustav Ucicky, in Berlin. Der Film erzählt die Geschichte einer deutschen U-Boot-Mannschaft im Ersten Weltkrieg.	**4.1.** Auf dem französischen Luxus-Passagierdampfer »L'Atlantique« bricht im Ärmelkanal ein Feuer aus, dem 22 Menschen zum Opfer fallen. **30.1.** In mehreren deutschen Großstädten feiern jubelnde Menschenmengen den Machtübernahme Adolf Hitlers. **1.4.** Mit der traditionellen Öffnung der heiligen Pforte in der Peterskirche in Rom durch Papst Pius XI. beginnt das Heilige Jahr zum Gedenken an den Tod Christi. **16.4.** Die satirische Zeitschrift »Simplicissimus« beugt sich dem Druck der Regierung und verzichtet auf den Abdruck der NSDAP-feindlichen Karikaturen des Mitbegründers Thomas Th. Heine. **20.4.** Im Deutschen Reich wird der 44. Geburtstag von Reichskanzler Adolf Hitler mit zahlreichen Festlichkeiten, Flaggenparaden und Gottesdiensten begangen.

1933

Internationale Politik

10.3., USA. Präsident Franklin D. Roosevelt ordnet die Verlängerung der Bankfeiertage, ein Goldausfuhrverbot und die Beschränkung des Devisenhandels an.
19.3., Portugal. Die Mehrheit der Bevölkerung entscheidet sich für eine Verfassungsreform, durch die der autoritäre »Neue Staat« eingeführt wird.
27.3., Japan. Japan tritt wegen der Kritik an seiner expansiven China-Politik aus dem Völkerbund aus.
3.4., Siam. In Siam bricht eine Revolution gegen das Königshaus aus.
5.4., Norwegen. Der Internationale Gerichtshof in Den Haag verurteilt die Okkupation Ostgrönlands durch Norwegen als rechtswidrig.
18.4., Schweiz. Mit dem uniformierten Freikorps der Heimatwehr formiert sich die rechtsextreme Opposition.
8.5., Norwegen. Mehrere kleine radikale Gruppen vereinigen sich zur sog. »Nasjonal Samling«, einer nationalsozialistischen Partei.
10.5. Bolivien/Paraguay. Paraguay erklärt Bolivien den Krieg. Beide Staaten beanspruchen das Gebiet Chaco boreal für sich.
31.5., Japan/China. In der Nähe von Tientsin unterzeichnen Vertreter Japans und Chinas einen Waffenstillstandsvertrag, der die japanische Expansion in diesem Gebiet beendet.
5.6., Vatikan. Im Vatikan unterzeichnet Bundeskanzler Engelbert Dollfuß ein Konkordat zwischen Österreich und dem Heiligen Stuhl.
15.7., Italien. Italien, das Deutsche Reich, Frankreich und Großbritannien schließen in Rom einen Viermächtepakt, in dem sie sich Zusammenarbeit und Sicherung des Friedens zusagen.
20.7., Vatikan. Das Konkordat zwischen dem Deutschen Reich und dem Heiligen Stuhl wird unterzeichnet. Es sichert den Bestand der deutschen katholischen Kirche unter der Bedingung, daß sie politisch passiv bleibt.
5.8., Polen. Danzig und Polen schließen ein Abkommen über die Nutzung des Danziger Hafens.
14.9., Türkei. In Ankara unterzeichnen die Türkei und Griechenland einen Freundschaftsvertrag.

Deutsche Politik

20.2. Vertreter der Industrie, die von Adolf Hitler zu einem informellen Treffen geladen werden, spenden drei Mio. Reichsmark für den Wahlfonds der Regierungsparteien.
27.2. Im Berliner Reichstagsgebäude bricht ein Feuer aus, das der am Tatort verhaftete Kommunist Marinus van der Lubbe gelegt hat. Reichsminister Hermann Göring veranlaßt die Verhaftung von 130 Oppositionellen.
28.2. Die Reichsregierung nutzt den Reichstagsbrand für die Durchsetzung der Notverordnung »zum Schutz von Volk und Staat«, durch die Meinungs-, Presse- oder Versammlungsfreiheit ihre Gültigkeit verlieren.
5.3. Bei den Reichstagswahlen und gleichzeitigen preußischen Landtagswahlen erreichen die NSDAP und die Kampffront Schwarz-Weiß-Rot zusammen die absolute Mehrheit.
13.3. Joseph Goebbels übernimmt das neugegründete Reichsministerium für Volksaufklärung und Propaganda.
21.3. In Oranienburg und Dachau richtet die SA erste Konzentrationslager für politische Gefangene ein.
23.3. Der deutsche Reichstag stimmt mit 441 gegen 94 Stimmen der SPD für das »Gesetz zur Behebung von Not von Volk und Reich« (Ermächtigungsgesetz) und entzieht damit sich selbst und dem Reichspräsidenten zentrale Kompetenzen.
31.3. Durch das erste »Gesetz über die Gleichstellung der Länder mit dem Reich« wird die Zusammensetzung der Landtage der des Reichstages angepaßt; eine Ausnahme bildet Preußen.
1.4. Der von der NSDAP initiierte Boykott jüdischer Büros, Einrichtungen und Geschäfte beginnt. Am 7. April folgt ein Gesetz, das die Entlassung oppositioneller oder nichtarischer Beamter erlaubt.
7.4. Ein zweites »Gesetz über die Gleichstellung der Länder« setzt in allen Ländern sog. Reichsstatthalter ein.
11.4. Hermann Göring wird zum preußischen Innenminister ernannt.
10.5. Zum Abschluß der Aktion »Wider den undeutschen Geist« verbrennen Studenten öffentlich hunderttausende von Büchern.

Wirtschaft und Wissenschaft

15.5., Verkehr. Der schnellste regelmäßig verkehrende Eisenbahnzug der Welt wird zwischen Hamburg und Berlin eingesetzt. Der »Fliegende Hamburger« der Deutschen Reichsbahn legte eine Strecke von 287 km in zwei Stunden und 18 Minuten zurück.
7.6., Luftfahrt. Mit der Landung des Flugboots Dornier Wal D 2069 »Monsun« in Natal/Brasilien wird der Trans-Ozean-Dienst der Deutschen Lufthansa offiziell eröffnet.
15.7., Wirtschaft. Reichskanzler Adolf Hitler ernennt 18 Wirtschaftsexperten zu Mitgliedern eines Generalrats der Wirtschaft.
18.8., Wirtschaft. In Berlin beginnt die Große Deutsche Funkausstellung, in deren Mittelpunkt der neuentwickelte sog. Volksempfänger »VE 301« steht.
10.12., Nobelpreise. In Stockholm werden die diesjährigen Nobelpreise vergeben. ▷ Chronik Nobelpreise

Wissenschaftler geehrt
Chronik Nobelpreise

Medizin: Thomas H. Morgan (USA)
Physik: Erwin Schrödinger (A) und Paul A.M. Dirac (GB)
Frieden: Norman L. Angell (GB)
Literatur: Iwan A. Bunin (RUS)

1933, Luftfahrt. In den USA wird der einmotorige Hochdecker vom Typ »Fleeters« für den transkontinentalen Post- und Personenverkehr eingesetzt.
1933, Technik. Die deutsche Reichspost setzt zwei Jahre nach den USA ein privates Fernschreibnetz in Betrieb.
1933, Technik. Der amerikanische Physiker Robert J. van de Graaf entwickelt einen Bandgenerator zur Erzeugung von Hochspannung bis zu mehreren Millionen Volt.
1933, Technik. Clarence M. Zener (USA) entdeckt an Dioden den sog. Tunneleffekt, bei dem die Teilchen ein Hindernis überwinden, obwohl sie nach Berechnungen nicht über die notwendige Energie verfügen.

1933

Kunst, Literatur und Musik

9.5. 14 Autoren nationaler Gesinnung werden in die Sektion für Dichtkunst der Preußischen Akademie der Künste in Berlin berufen, u.a. Hans Carossa, Hans Grimm, Agnes Miegel und Will Vesper.

24.5. Im Berliner Rundfunk reagiert der deutsche Dichter Gottfried Benn auf Vorwürfe gegen seine politische Haltung mit dem klaren Bekenntnis zum »neuen Deutschland«.

27.5. Im jugoslawischen Dubrovnik endet die Jahrestagung des Internationalen PEN-Club mit der Ernennung des britischen Schriftstellers H.G. Wells zum Präsidenten.

14.8. UA: *Die ägyptische Helena*, Oper von Richard Strauss unter dem Dirigat von Clemens Crauss, in Wien.

23.8. Reichsinnenminister Wilhelm Frick entzieht zahlreichen emigrierten Schriftstellern und Publizisten wie Georg Bernhard, Lion Feuchtwanger, Alfred Kerr, Heinrich Mann, Ernst Toller und Kurt Tucholsky die deutsche Staatsbürgerschaft.

23.9. In Dresden wird die Ausstellung »Spiegelbilder des Verfalls in der Kunst« eröffnet. Gezeigt werden politisch und ideologisch unliebsame Werke von Otto Dix, Ernst Ludwig Kirchner, Karl Schmidt-Rottluff, Paul Klee und George Grosz.

1.10. Das von Erika Mann, der Tochter des deutschen Schriftstellers Thomas Mann, gegründete erste deutsche Exilkabarett »Die Pfeffermühle« gastiert in Zürich.

14.10. UA: *Der Kreidekreis*, Oper von Alexander Zemlinskys nach einem Theaterstück von Klabund, in Zürich.

15.10. In München wird der Grundstein für das palastartige Haus der Deutschen Kunst gelegt, das von dem Architekten Paul Ludwig Troost entworfen wurde.

1933 Aus Protest gegen die »Gleichschaltung« treten zahlreiche deutsche Schriftsteller aus der Preußischen Akademie der Künste in Berlin aus, darunter Alfred Döblin, Ludwig Fulda, die Brüder Thomas und Heinrich Mann, Fritz von Unruh und Franz Werfel.

Theater und Film

11.2. Der bisherige Intendant des Weimarer Nationaltheaters, Franz Ulbrich, übernimmt zusammen mit dem »völkischen« Schriftsteller Hanns Johst als Dramaturg die Leitung des Preußischen Staatstheaters.

1.3. Mit großem Erfolg inszeniert Max Reinhardt das Schauspiel *Das Große Welttheater* von Hugo von Hofmannsthal am Deutschen Theater in Berlin. Es ist die letzte Inszenierung Max Reinhardts in Deutschland.

2.3. UA: *King Kong und die weiße Frau*, einer der klassischen Horrorfilme von Merian C. Cooper und Ernest B. Schoedsack, in den USA.

3.4. Das Direktorium des Deutschen Theaters in Berlin entzieht Max Reinhardt aufgrund seiner jüdischen Herkunft und seiner politischen Haltung die künstlerische Leitung.

12.5. Der neue Film des deutschen Regisseurs Fritz Lang, *Das Testament des Dr. Mabuse*, wird im Deutschen Reich verboten. Die Uraufführung findet in Wien statt.

1.7. UA: *Arabella*, lyrische Komödie in drei Akten von Richard Strauss mit dem Text von Hugo von Hofmannsthal, in Dresden.

17.8. In London hat der Film *Das Privatleben Heinrichs VIII.* mit Charles Laughton und Merle Oberon in den Hauptrollen Premiere.

11.9. In Anwesenheit von Adolf Hitler wird in Berlin der Film *Hitlerjunge Quex – Ein Film vom Opfergang der deutschen Jugend* als Beispiel des ideologisch vorbildlichen Films uraufgeführt.

1.10. Mit einer Aufführung von Gotthold Ephraim Lessings Schauspiel *Nathan der Weise* beginnt in Berlin unter der Leitung von Kurt Singer die Arbeit des Jüdischen Kulturbunds.

17.11. In Hollywood läuft der neue Film der Marx Brothers an: *Die Marx Brothers im Krieg*.

1.12. In Berlin hat der Film *Der Sieg des Glaubens* von Leni Riefenstahl Premiere. Mit aufwendigen Licht- und Schatteneffekten und durch ihre Kameraführung präsentiert sie eine verherrlichende Dokumentation des Reichsparteitags.

Gesellschaft

20.4. In Preußen wird die Einrichtung sog. Nationalpolitischer Erziehungsanstalten (Napola) als NS-Eliteschulen beschlossen.

25.4. In Venedig wird die neue drei Kilometer lange Straßenverbindung zwischen Mestre auf dem Festland und dem Bahnhof in Betrieb genommen.

30.4. Die nationalsozialistische Gleichschaltung macht auch vor der Werbung nicht halt. Die sog. Nationale Gruppe im Deutschen Reklameverband beschließt, die Werbung durch völkische Elemente zu »bereichern«.

3.5. In Hamburg wird das neue Segelschulschiff der Reichsmarine, der Dreimaster »Gorch Fock«, getauft.

Deutsche Meister Sport

Leichtathletik:

100 m:

Erich Borchmeyer	10,3 sec

110 m Hürden:

Erwin Wegner	14,8 sec

Hochsprung:

Werner Bornhöfft	1,94 m

Speerwurf:

Gottfried Weimann	69,25 m

Weitsprung:

Lutz Long	7,65 m

27.5. In Chicago (USA), das in diesem Jahr den 100. Geburtstag feiert, wird die Weltausstellung eröffnet, an der sich 18 Nationen beteiligen.

Juni Im Ruhrgebiet, bei Essen, wird der neuangelegte 9,2 km lange Baldeneysee eingeweiht, auf dem Ausflugsschiffe bis zum Herbst eine halbe Mio. Menschen transportieren.

6.7. Bejubelt von zahlreichen Fans, geben sich der ehemalige Schwergewichts-Boxweltmeister Max Schmeling und die tschechoslowakische Filmschauspielerin Anny Ondra in Berlin das Ja-Wort.

12.7. Gemäß einer Richtlinie des Reichsinnenministeriums soll der Geschichtsunterricht an deutschen Schulen zukünftig den »Rassegedanken« berücksichtigen.

1933

Internationale Politik

1.10., Tschechoslowakei. Konrad Henlein proklamiert die Gründung der Sudetendeutschen Heimatfront.
27.10., Palästina. In Jaffa demonstrieren Araber gegen die jüdische Einwanderung nach Palästina.
17.11., USA/UdSSR. Die Regierung der USA und der UdSSR vereinbaren in Washington die Aufnahme diplomatischer Beziehungen.
5.12., Schweiz. In Lausanne tagen erstmals Vertreter des internationalen Hilfswerks für die deutschen Flüchtlinge.
16.12., Spanien. Der Führer der Radikal-Republikanischen Partei, Alejandro Lerroux y García, bildet eine Minderheitsregierung, da keine Einigung mit den Sozialisten möglich war.
19.12., UdSSR. Das Politbüro der KPdSU beschließt eine Umorientierung der Außenpolitik. Geplant ist u.a. der Beitritt zum Völkerbund.
29.12., Rumänien. Ministerpräsident Ion G. Duca wird in Sinaia Opfer eines Attentats des faschistischen Geheimbundes »Eiserne Garde«.

Deutsche Politik

1.6. Die Regierung stellt eine Milliarde Reichsmark für die Bekämpfung der Arbeitslosigkeit zur Verfügung.
14.7. Mit einem umfassenden Gesetzespaket wird das NS-Regime ausgebaut. Unter anderem erlaubt das »Gesetz zur Verhütung erbkranken Nachwuchses« Zwangssterilisationen an geistig oder körperlich Kranken.
14.7. Das »Gesetz gegen die Neubildung der Parteien« macht die NSDAP zur einzig legalen Partei.
14.10. Das Deutsche Reich tritt aus dem Völkerbund aus und zieht sich von der internationalen Abrüstungskonferenz zurück.
14.10. Die Regierung löst den Reichstag auf.
12.11. Die Reichstagswahl und die Volksabstimmung über den Austritt des Deutschen Reiches aus dem Völkerbund ergeben nach offiziellen Angaben eine Zustimmung von 90%.
15.11. In Berlin wird die Reichskulturkammer eröffnet, deren Ressorts die politische Kontrolle über Musik, Kunst, Theater, Schrifttum, Presse, Rundfunk und Film übernehmen.

Wirtschaft und Wissenschaft

1933, Technik. Die Firma Leitz entwickelt ein Kameramikroskop, das die wissenschaftliche Dokumentation ermöglicht.

Deutsche Großstädte
Chronik Statistik

Einwohnerzahlen:
Berlin	4 242 501
Hamburg	1 129 307
Köln	756 605
München	735 388
Leipzig	713 470
Essen	654 461
Dresden	642 143

1933, Technik. Die Firma Siemens und die General Electric Railway Signal Company richten das erste rein elektrische Eisenbahn-Stellwerk auf dem britischen Bahnhof Thirsk ein.
1933, Technik. Die deutsche Firma Metzeler produziert die ersten aus synthetischem Kautschuk (»Buna«) bestehenden Autoreifen.

1933 Geborene und Gestorbene

Geboren:
9.4. Jean-Paul Belmondo, französischer Filmschauspieler.
3.5. Domenico Gnoli (†17.4.1970), italienischer Maler.
21.8. Janet Baker, englische Sängerin.
6.10. Horst Bingel, deutscher Schriftsteller.

4.12. Horst Buchholz, deutscher Filmschauspieler.

Gestorben:
3.1. Wilhelm Cuno (*2.7.1876), deutscher Politiker.
5.1. Calvin Coolidge (*4.7.1872), amerikanischer Politiker.

31.1. John Galsworthy (*14.8.1867), englischer Schriftsteller.
9.2. Carl Fürstenberg (*28.8.1850), deutscher Bankier.
13.5. Paul Ernst (*7.3.1866), deutscher Dichter und Schriftsteller.
20.6. Clara Zetkin (*5.7.1857), deutsche Politikerin.

1934

Internationale Politik

1.1., Schweiz. Im Berner Parlamentsgebäude löst der freisinnige Politiker Marcel Pilet-Golaz seinen Parteifreund Edmund Schulthess turnusmäßig als Bundespräsident ab.

Deutsche Politik

30.1. Das »Gesetz zum Neuaufbau des Reiches«, durch das die Länderparlamente aufgehoben und der Reichsregierung unterstellt werden, wird verabschiedet.

Wirtschaft und Wissenschaft

21.3., Technik. In Brandenburg wird das weltweit größte Schiffshebewerk Niederfinow am Hohenzollernkanal mit einem 84 000 Zentner schweren Schiffs-Fahrstuhl eingeweiht.

1933

Kunst, Literatur und Musik	Theater und Film	Gesellschaft
1933 Im gesamten Deutschen Reich werden die Aufführungen von Werken jüdischer Komponisten wie Felix Mendelssohn-Bartholdy, Giacomo Meyerbeer, Jacques Offenbach oder Gustav Mahler verboten. **1933** Kompositionen von Ludwig van Beethoven und Richard Wagner haben Hochkonjunktur im Deutschen Reich. Ebenso werden Werke von Johann Sebastian Bach, Joseph Haydn, Wolfgang Amadeus Mozart und Richard Strauss häufig aufgeführt. **1933** Neue musikalische Strömungen – z.B. die Zwölftonmusik von Arnold Schönberg, der neue sachliche Stil Paul Hindemiths, Anton von Weberns Punktualismus oder der in den USA entstandene Jazz – gelten im Deutschen Reich als »entartet«. **1933** Der französische Maler Balthus feiert mit dem Bild *Die Straße* seinen ersten großen Erfolg. **1933** Otto Dix büßt ebenso wie Thomas Th. Heine, Käthe Kollwitz und Karl Schmidt-Rottluff seine Mitgliedschaft in der Preußischen Akademie der Künste ein.	**1933** Mit ihrem Film *Ich bin kein Engel* macht Mae West ihrem Ruf als Sexsymbol alle Ehre. Ihr Partner ist Cary Grant. **1933** Viele Intellektuelle verlassen das Deutsche Reich, darunter der Schauspieler Fritz Kortner und die Filmregisseure Ernst Lubitsch, Fritz Lang, Paul Czinner und Georg Wilhelm Pabst. **1933** Greta Garbo spielt die Hauptrolle in dem Film *Königin Christine* von Rouben Mamoulian. **1933** In den USA kommt *Der Unsichtbare* von James Whale nach einem Roman von H.G. Wells in die Kinos. Hauptdarsteller sind Claude Rains und Gloria Stuart. **1933** Die Schweiz wird zum Zufluchtsort zahlreicher deutscher Theaterautoren und -schauspieler. Am Züricher Schauspielhaus arbeiten Kurt Horwitz, Leonard Steckel, Wolfgang Langhoff und Teo Otto. **1933** Zu den wenigen bedeutenden italienischen Filmen während der Zeit des Faschismus zählt *1860* von Alessandro Blasetti.	**15.8.** In Berlin beginnt die Entrümpelung der Dachböden, damit bei Luftangriffen die Feuergefahr durch Brandbomben verringert wird. **23.9.** Bei Frankfurt am Main macht Adolf Hitler den symbolischen ersten Spatenstich für den Bau der Reichsautobahn nach Heidelberg. **1.10.** Nach einem Aufruf des deutschen Winterhilfswerks werden Sonntags nur noch preiswerte Eintopfgerichte serviert. Die Ersparnisse beim Verzicht auf den Sonntagsbraten sollen gespendet werden. **5.12.** In den USA wird das 1920 eingeführte Alkoholverbot aufgehoben. In allen Städten feiern die jubelnden Massen feucht-fröhliche Feste. **21.12.** Der Zusammenprall zweier Fernzüge bei Lagny in Frankreich fordert 203 Tote und 250 Verletzte. **1933** In Berlin erfreut sich ein neuer Service großer Beliebtheit. Damen werden auf Wunsch von Herren der Wach- und Schließgesellschaft bis vor die Haustür begleitet. **1933** In deutschen Betrieben wird der sog. Hitler-Gruß verbindlich.

Geborene und Gestorbene

29.6. Berthold Otto (*6.8.1859), deutscher Pädagoge.
24.7. Max von Schillings (*19.4.1868), deutscher Komponist.
5.8. Carl Hagemeister (*12.3.1848), deutscher Maler.
22.8. Adolf Loos (*10.12.1870), österreichischer Architekt.

7.9. Sir Edward Grey (*25.4.1862), britischer Politiker.
25.9. Paul Ehrenfest (*18.1. 1880), österreichischer Physiker.
29.10. Albert Calmette (*12.7.1863), französischer Bakteriologe.
4.12. Stefan George (*12.7.1868), deutscher Dichter.

18.12. Hans Vaihinger (*25.9.1852), deutscher Philosoph.
21.12. Knud Rasmussen (*7.6.1879), dänischer Forschungsreisender.
26.12. Eduard Vilde (*4.3.1865), estnischer Schriftsteller.
29.12. Ion Gheorghe Duca (*26.12.1879), rumänischer Politiker.

1934

Kunst, Literatur und Musik	Theater und Film	Gesellschaft
12.3. In Berlin wird unter Leitung von Wilhelm Furtwängler die Sinfonie *Mathis der Maler* des als »jüdisch versippt« bezeichneten Komponisten Paul Hindemith uraufgeführt.	**18.1.** Dem nationalsozialistischen preußischen Ministerpräsidenten Hermann Göring wird durch ein neues Gesetz die Verwaltung der Staatstheater in Preußen übertragen.	**Januar** In den USA beschäftigt sich der Kongreßausschuß mit den Möglichkeiten der »wissenschaftlichen Geburtenkontrolle« zur Eindämmung des Bevölkerungszuwachses.

1934

Internationale Politik

4.1., USA. Präsident Franklin D. Roosevelt unterstreicht seinen Willen, die Nichteinmischung der USA in Konflikte anderer Nationen zu wahren. ▷Chronik Zitat

Nichteinmischung der USA

Chronik Zitat

»Wir halten uns aber bereit, zu jedem Zeitpunkt bei der Durchführung praktischer Maßnahmen mitzuarbeiten, die geeignet sind, die Abrüstung herbeizuführen und den Handelsverkehr zu beleben.«
US-Präsident Franklin D. Roosevelt

8.1., Bolivien/Paraguay. Bei Kämpfen zwischen Bolivien und Paraguay um die Ölfelder im Gran-Chaco-Gebiet kommen bis Jahresende 40 000 Menschen ums Leben.
26.1., Polen/Deutsches Reich. Das Deutsche Reich und Polen schließen einen Nichtangriffspakt, der das Deutsche Reich aus seiner außenpolitischen Isolierung herausführt.
30.1., Frankreich. Nach Rücktritt von Ministerpräsident Camille Chautemps wird das Kabinett Édouard Daladier gebildet.
31.1., Italien. Staatschef Benito Mussolini legt dem Völkerbund ein Abrüstungsmemorandum vor.
6.2., Frankreich. Die Unruhen gegen die Regierung Édouard Daladier enden mit der Bildung eines Allparteienkabinetts unter dem früheren Staatspräsidenten Gaston Doumergue.
9.2., Balkan. In Athen wird zwischen Jugoslawien, Griechenland, der Türkei und Rumänien der Balkanpakt unterzeichnet, der den Status quo auf der Balkanhalbinsel absichert.
12.2., Österreich. Die rechtsgerichtete Regierung geht gewaltsam gegen Sozialdemokraten vor. Bei den »Novemberunruhen« kommen 314 Menschen ums Leben.
8.3., Großbritannien. Bei Wahlen zum London County Council erringt die Labour-Partei erstmals eine Mehrheit im Londoner Stadtparlament.

Deutsche Politik

15.2. Vor dem diplomatischen Korps spricht Reichsinnenminister Wilhelm Frick (NSDAP) über die »Rassengesetzgebung des Dritten Reiches«, die sich in keiner Weise gegen die Juden richte.
10.3. Der nationalsozialistische preußische Ministerpräsident Hermann Göring kündigt einen »Feldzug gegen die Schwarzarbeit« an.
13.3. Reichswirtschaftsminister Kurt Schmitt (parteilos) verkündet in Berlin die neue Organisationsform der gewerblichen Wirtschaft.
21.3. Im Rahmen der Arbeitsbeschaffungsmaßnahmen eröffnet Reichskanzler Adolf Hitler an der Reichsautobahnbaustelle Unterhaching bei München die zweite »Arbeitsschlacht«. ▷Chronik Zitat
3.4. In einem Interview mit der »Associated Press« äußert Reichskanzler Adolf Hitler erstmals öffentlich die Absicht, die Aufrüstung des Deutschen Reiches gegen internationale Bestimmungen durchzusetzen.
24.4. Der Volksgerichtshof wird als eines der zentralen Instrumente des NS-Regimes in Berlin geschaffen. Er dient der Aburteilung politischer Straftäter.
1.5. Auf dem Tempelhofer Feld in Berlin nutzt die Reichregierung den »Nationalfeiertag der Arbeit« für eine gigantische Propagandaschau, an der rund 2 Mio. Menschen teilnehmen.
1.5. Der preußische Kultusminister Bernhard Rust (NSDAP) wird Leiter des Reichsministeriums für Wissenschaft, Erziehung und Volksbildung.

Arbeitsschlacht

Chronik Zitat

»Möge endlich die Einsicht der anderen Völker begreifen, daß der Wunsch und Wille des deutschen Volkes und seiner Regierung kein anderer ist, als in Freiheit und Frieden mitzuhelfen am Aufbau einer besseren Welt ... Arbeiter! Fanget an!«
Reichskanzler Adolf Hitler

Wirtschaft und Wissenschaft

13.5., Verkehr. Der seit 1932 im Bau befindliche Braunschweiger Hafen – Endpunkt des Mittellandkanals – wird feierlich eingeweiht.
26.5., Luftfahrt. Das deutsche Luftschiff »Graf Zeppelin« startet in Friedrichshafen zu seinem ersten Südamerikaflug. Am 29. Mai landet es planmäßig in der brasilianischen Stadt Rio de Janeiro.
15.6., Luftfahrt. Die Deutsche Lufthansa eröffnet den »Blitzflugverkehr« zwischen Berlin, Frankfurt am Main, Köln und Hamburg mit den Schnellverkehrsflugzeugen vom Typ Heinkel »He 70«.

Bevölkerung in Deutschland

Chronik Statistik

Lebendgeborene	1 198 350
Gestorbene	724 758
Eheschließungen	740 165
Ehescheidungen	54 744
Einwohner je km²	141,1

30.6., Technik. In Wilhelmshaven läuft das neue, 180 m lange und 21 m breite Panzerschiff »Admiral Graf Spee« der deutschen Reichsmarine vom Stapel.
18.7., Architektur. Der britische König Georg V. eröffnet den zwei Meilen langen Straßentunnel unter dem Fluß Mersey zwischen Liverpool und Birkenhead.
11.8., Biologie. Der amerikanische Zoologe und Tiefseeforscher William Charles Beebe läßt sich mit einer Taucherkugel 850 m tief ins Meer versenken, um das Leben unter der Wasseroberfläche zu studieren.
8.9., Verkehr. In Clydebank (Großbritannien) läuft die »Queen Mary« vom Stapel. Mit 81 235 BRT ist der Riesendampfer das bislang größte Schiff der Welt.
23.10., Luftfahrt. Der schweizerische Physiker Jean Piccard steigt mit einem Stratosphärenballon von der amerikanischen Stadt Detroit aus auf fast 17 500 m Höhe und landet unbeschadet.

1934

Kunst, Literatur und Musik

29.3. Der deutsche Schriftsteller Oskar Maria Graf wird von der Reichsregierung als »kommunistischer Literat« beschimpft und ausgebürgert.

10.5. Am Jahrestag der Bücherverbrennung gründen die Schriftsteller Lion Feuchtwanger, Heinrich Mann und Romain Rolland in Paris die »Deutsche Freiheitsbibliothek« mit im Deutschen Reich verbotenen Werken.

27.5. In Dresden wird im Rahmen der ersten deutschen Reichstheaterwoche die Oper *Tristan und Isolde* von Richard Wagner aufgeführt.

28.5. Das erste Glyndebourne-Festival in der britischen Grafschaft Sussex wird mit einer Aufführung von Wolfgang Amadeus Mozarts Oper *Die Hochzeit des Figaro* eröffnet.

10.6. Auf Druck der Reichsregierung, die jüdische Geschäftsleute ausschalten will, verkaufen die Ullstein-Brüder ihren Berliner Verlag weit unter Wert.

25.11. In der »Deutsche Allgemeinen Zeitung« verteidigt der Dirigent Wilhelm Furtwängler den vom NS-Regime angefeindeten Komponisten Paul Hindemith. ▷ Chronik Zitat

Gegen Denunziantentum
Chronik Zitat

»Hindemith hat sich niemals politisch betätigt. Wo kämen wir überhaupt hin, wenn politisches Denunziantentum in weitestem Maße auf die Kunst angewandt werden sollte?«
Wilhelm Furtwängler, Dirigent

4.12. Wegen der Diffamierung des Komponisten Paul Hindemith durch die NS-Kulturbehörden tritt der Dirigent Wilhelm Furtwängler aus der Reichsmusikkammer aus und gibt sein Amt als Direktor der Berliner Staatsoper auf.

1934 Henry Miller veröffentlicht in Paris *Wendekreis des Krebses*, seinen ersten kraß naturalistischen, autobiographischen Roman.

1934 Alle im Deutschen Reich auftretenden Künstler müssen Mitglieder in der Reichskulturkammer sein.

Theater und Film

17.2. Nach seiner Premiere wird der Film *Es geschah in einer Nacht* von Frank Capra mit Clark Gable und Claudette Colbert zum erfolgreichsten Film des Jahres.

1.5. Das Reichsministerium für Volksaufklärung und Propaganda verleiht erstmals den Stefan-George-Preis. Die Auszeichnung nimmt der Bühnenautor Richard Euringer für sein Schauspiel *Deutsche Passion 1933* entgegen.

1.5. Das Reichsministerium für Volksaufklärung und Propaganda verleiht den »Filmwanderpreis« an den Regisseur Gustav Ucicky, der für den Film *Flüchtlinge* ausgezeichnet wird.

15.5. In Berlin beschließt das deutsche Reichskabinett ein Theatergesetz, das alle Bühnen dem Reichsministerium für Volksaufklärung und Propaganda unterstellt.

30.5. Im Rahmen der ersten deutschen Reichstheaterwoche in Dresden besucht Reichskanzler Adolf Hitler die Aufführung des Dramas *Peer Gynt* von Henrik Ibsen.

9.6. In New York läuft die Kriminalkomödie *Mordsache »Dünner Mann«* von Woodbridge Strong van Dyke an.

24.7. Hollywood erlebt die Premiere des Monumentalfilms *Cleopatra* von Cecil B. DeMille, dem Meister opulenter Leinwandepen mit spektakulären Massenszenen.

21.8. In Berlin feiert *Maskerade*, die Geschichte um eine Faschingsliebe, Premiere. Der österreichische Regisseur Willi Forst verhilft damit dem »Wiener Film« zum Durchbruch.

4.9. Die Filmregisseurin Leni Riefenstahl dreht als Dokument des Nürnberger Reichsparteitags der NSDAP den propagandistisch ausgefeilten Film *Triumph des Willens*.

7.11. In der UdSSR läuft der Spielfilm *Tschapajew* von Sergej Wassiljew an. Er zeigt die Geschichte des russischen Bürgerkriegs von 1919.

28.11. Das politische Exil-Kabarett »Pfeffermühle«, zu dem u.a. auch die Tochter des deutschen Dichters und Nobelpreisträgers Thomas Mann, Erika Mann gehört, wird in Zürich von Faschisten überfallen.

Gesellschaft

1.1. Das Gesetz über die neue Gemeindegrenze von Zürich tritt in Kraft. In Zürich leben 312 141 Menschen auf 40 km².

4.1. Reichsbischof Ludwig Müller verbietet evangelischen Pfarrern jegliche Kritik an der Politik der Reichsregierung in ihren Predigten.

18.1. Mehr als 10 000 Menschen kommen bei einem Erdbeben in der nordindischen Region Bihar und in Nepal ums Leben.

31.1. Nahe Moskau geht ein Höhenballon nieder, der mit 20 600 m einen neuen Höhenrekord in der Stratosphären-Ballonfahrt aufgestellt hat.

Leichtathletik-Weltrekorde
Chronik Sport

100 m:	
Percy Williams (CDN)	10,3 sec
110 m Hürden:	
Percy Beard (USA)	14,3 sec
Hochsprung:	
Walter Marty (USA)	2,06 m
Kugelstoßen:	
Jack Torrance (USA)	17,40 m
Diskuswurf:	
Harald Andersson (S)	52,42 m

27.2. In Großbritannien beteiligen sich tausende von Menschen an Demonstrationen gegen die schlechte Versorgungslage.

3.3. Der Bankräuber John Dillinger, »Feind Nr. 1« in den USA, flieht aus dem Crownpoint-Gefängnis in Indianapolis. Die Polizei setzt 22 000 Mann auf ihn an.

29.3. Die Reichsregierung entzieht dem Physik-Nobelpreisträger Albert Einstein wegen seiner jüdischen Herkunft die deutsche Staatsbürgerschaft.

1.4. Nach offiziellen Angaben wurden bei der ersten Winterhilfsaktion 1933/34 mehr als 16 Mio. bedürftige Menschen unterstützt.

2.5. Im Deutschen Reich wird das Hauswirtschaftliche Jahr für Schulabgängerinnen eingeführt. Die jungen Frauen werden an Familien vermittelt, wo sie ohne Entgelt arbeiten.

1934

Internationale Politik

17.3., Italien/Österreich/Ungarn. Vertreter Italiens, Österreichs und Ungarns vereinbaren in den »Römischen Protokollen« eine engere politische und wirtschaftliche Kooperation.
30.4., Österreich. Der Nationalrat nimmt die von der Regierung Engelbert Dollfuß erlassenen Notverordnungen an. Am 2. Mai werden National- und Bundesrat aufgelöst, alle Befugnisse gehen auf die Regierung über.
Juni, Europa. In Österreich, Spanien, Polen, Estland und der UdSSR veranlassen die autoritären Regierungen die Verschleppung von Oppositionellen in Konzentrationslager.
25.7., Österreich. Bei einem Putschversuch der Nationalsozialisten wird Bundeskanzler Engelbert Dollfuß ermordet. Nachfolger wird am 30. Juli Kurt Schuschnigg.
18.9., UdSSR. Die Sowjetunion wird in den Völkerbund aufgenommen.
9.10., Frankreich/Jugoslawien. Bei einem Staatsbesuch in Marseille wird Alexander I. von Jugoslawien von einem kroatischen Nationalisten ermordet. Auch Frankreichs Außenminister Louis Barthou stirbt bei dem Attentat.
16.10., China. Der Lange Marsch der chinesischen Roten Armee unter dem Kommunistenführer Mao Tse-tung beginnt. Die 90 000 Soldaten ziehen sich vor den Truppen des Generals Chiang Kai-shek zurück.
1.12., UdSSR. Der sowjetische Politiker Sergei M. Kirow wird in Leningrad ermordet. Sein Tod wird Anlaß für die »Große Säuberung« in der UdSSR.

Deutsche Politik

25.6. In einer Rundfunkrede warnt Reichsminister Rudolf Heß eindringlich vor der Entfesselung einer »zweiten Revolution«, wie sie von SA-Chef Ernst Röhm gefordert wird.
30.6. Angebliche Putschpläne des Stabschefs der SA, Ernst Röhm, werden von Hitler zum Vorwand genommen, die Führungsriege der SA mit Hilfe der Reichswehr zu beseitigen. Insgesamt fallen etwa 200 Personen der angeblichen Niederschlagung des »Röhmputsches« zum Opfer.
3.7. Vor dem Reichstag rechtfertigt Adolf Hitler in einer mehrstündigen Rede sein Vorgehen gegen den »Röhm-Putsch«.
20.7. Reichskanzler Adolf Hitler erhebt in München die SS zu einer selbständigen Organisation, die nicht mehr der SA untersteht.
2.8. Reichspräsident Paul von Hindenburg stirbt im Alter von 86 Jahren bei Freystadt. Noch am selben Tag übernimmt Reichskanzler Adolf Hitler auch das Amt des Staatspräsidenten.
4.9. In Nürnberg wird der sechste Reichsparteitag der NSDAP eröffnet.
16.10. Die Reichsregierung verabschiedet Steuergesetze zur Vereinfachung des Steuerrechts, zur Entlastung der Verwaltung und zur Berücksichtigung kinderreicher Familien.
13.12. Die Reichsregierung versucht, mit Bestimmungen über sogenannte heimtückische Angriffe auf Staat und Partei die Opposition unter Androhung von strengen Strafen mundtot zu machen.

Wirtschaft und Wissenschaft

7.11., Luftfahrt. Nach einem 13tägigen Flug von Großbritannien nach Australien landen die britischen Pioniere Cathcart Jones und Ken Waller mit ihrer »D. H. Comet« bei Dover.
10.12., Nobelpreise. In Stockholm und Oslo werden die diesjährigen Nobelpreise verliehen. Ein Physikpreis wird in diesem Jahr nicht vergeben.
▷ Chronik Nobelpreise

Wissenschaftler geehrt
Chronik Nobelpreise

Chemie: Harold C. Urey (USA)
Medizin: George H. Whipple (USA), George Minot (USA) und William Murphy (USA)
Frieden: Arthur Henderson (GB)
Literatur: Luigi Pirandello (I)

1934, Physik. Frédéric und Irène Joliot-Curie entdecken in Paris die künstliche Radioaktivität durch den Beschuß von Atomen der Elemente Bor und Aluminium mit Alphateilchen.
1934, Medien. Die Reichsrundfunkgesellschaft beginnt die Ausstrahlung von Fernseh-Versuchsprogrammen.
1934, Philosophie. Die Werke der Philosophen Immanuel Kant, Johann Gottlieb Fichte, Friedrich Nietzsche, Georg W. F. Hegel und Arthur Schopenhauer dienen führenden NS-Ideologen zur Untermauerung der neuen »nationalsozialistischen Ethik«.

1934 Geborene und Gestorbene

Geboren:
9.1. Juri Alexejewitsch Gagarin (†27.3.1968), sowjetischer Kosmonaut.
27.3. Peter Schamoni, deutscher Filmregisseur.
3.7. Manfred Bieler, deutscher Schriftsteller.
28.9. Brigitte Bardot, französische Filmschauspielerin.
26.10. Ulrich Plenzdorf, deutscher Schriftsteller.

Gestorben:
1.1. Jakob Wassermann (*10.3.1873), deutscher Schriftsteller.
15.1. Hermann Bahr (*19.7.1863), österreichischer Schriftsteller.
29.1. Fritz Haber (*9.12.1868), deutscher Chemiker.
17.2. Albert I. (*8.4.1875), König der Belgier.
23.2. Edward Elgar (*2.6.1857), englischer Komponist.

1934

Kunst, Literatur und Musik

1934 In seinem Bild *Tägliche Drangsale* verfeinert der deutsche Maler Richard Oelze seinen von der neuen Sachlichkeit abgeleiteten Stil.

1934 Der vom NS-Regime verfemte Expressionist Max Beckmann malt sein berühmt gewordenes *Selbstbildnis mit schwarzer Kappe*.

1934 Der in Frankreich lebende spanische Künstler Pablo Picasso malt eine Serie von Stierkampfbildern, zu denen er durch einen längeren Spanien-Aufenthalt inspiriert wurde.

1934 Der in die USA emigrierte deutsche Maler Hans Hoffmann eröffnet in New York eine Kunstschule. Seine gestisch-abstrakte Malweise wirkt stilbildend auf viele amerikanische Künstler.

1934 Bei München wird die NS-Mustersiedlung Ramersdorf mit gleichförmigen Einfamilienhäusern errichtet, die von kleinen Gärten umgeben sind.

1934 Hans Fallada veröffentlicht bei Rowohlt den Roman *Wer einmal aus dem Blechnapf frißt*, eine Schilderung des vergeblichen Versuchs eines ehemaligen Sträflings, durch Fleiß wieder zur »Wohlanständigkeit« zu gelangen.

1934 Bertolt Brecht, der aus dem Deutschen Reich emigriert ist, veröffentlicht in Amsterdam seinen *Dreigroschenroman*.

1934 Der deutsche Schriftsteller Willi Bredel prangert mit seinem in London erscheinenden Buch *Die Prüfung. Roman aus einem Konzentrationslager* den NS-Terror an.

Theater und Film

30.11. Das Schauspiel *Der Große Kurfürst* von Hans Rehberg wird als erstes seiner sog. Preußendramen in Berlin uraufgeführt.

30.11. Hergestellt von der Reichspropagandaleitung und ausgezeichnet mit dem Prädikat »staatspolitisch besonders wertvoll«, läuft mit *Ich für dich – Du für mich* ein Film über den weiblichen Arbeitsdienst an. Die Regie führt Carl Froelich.

8.12. Der deutsche Film *Frühjahrsparade*, in dem Geza von Bolvary Regie führt, wird auf der Biennale in Venedig als bester Musikfilm ausgezeichnet.

20.12. Die Exil-Filmkomödie *Peter* von Hermann Kosterlitz, in Ungarn gedreht und in Wien uraufgeführt, wird im Deutschen Reich nicht zugelassen.

1934 UA: *Das scharlachrote Siegel*, Abenteuerfilm von Harold Young, in Großbritannien. Hauptdarsteller sind Leslie Howard und Merle Oberon.

1934 *Atalante*, der letzte Spielfilm des französischen Regisseurs Jean Vigo, zeigt in poetischen Bildern den Alltag der Schiffer auf den Kanälen im Nordosten von Paris.

1934 UA: *Der Mann, der zuviel wußte*, Agententhriller von Alfred Hitchcock, in Großbritannien. Der Film avanciert zum Kassenschlager.

1934 Der bayerische Komiker Karl Valentin verfilmt einige seiner bekanntesten Kurzkomödien: *Der Firmling*, *Theaterbesuch* und *Im Schallplattenladen*.

Gesellschaft

21.5. Das Viehhofviertel im amerikanischen Chicago wird von der größten Brandkatastrophe seit 1871 heimgesucht. Zwei Menschen kommen ums Leben, tausende von Tieren sterben in den Flammen.

28.5. In Kanada bringt eine 26jährige Frau Fünflinge zur Welt. Trotz erheblichen Untergewichts gelingt es, alle Babys am Leben zu erhalten. Die Wahrscheinlichkeit für eine Fünflingsgeburt liegt bei 1:100 Mio.

5.6. Im öffentlichen Dienst werden alle »Doppelverdiener«, zumeist Frauen, deren Ehemänner ebenfalls in fester Stellung sind, gekündigt, um die Stellen für arbeitslose Familienoberhäupter frei zu machen.

23.6. Im gesamten Deutschen Reich finden mit großem propagandistischen Aufwand Sonnwendfeiern statt, die langfristig das christliche Weihnachtsfest ablösen sollen.

1.8 Die Reichsregierung führt den Samstag als sog. Staatsjugendtag ein, an dem zugunsten der weltanschaulichen Schulung durch die Hitler-Jugend der Unterricht entfällt.

9.9. In der britischen Hauptstadt London demonstrieren 150 000 Menschen gegen den Faschismus, der sich in Form der British Union of Fascists auch in Großbritannien etabliert.

18.12. Das Gebiet der früheren Pontinischen Sümpfe, einer Küstenlandschaft südöstlich von Rom, wird nach Abschluß der 1899 begonnenen Urbarmachung unter dem Namen Littoria zur 93. Provinz Italiens.

1934 Geborene und Gestorbene

9.4. Oskar von Miller (*7.5.1855), deutscher Ingenieur.

10.6. Frederick Delius (*29.1.1862), englischer Komponist.

13.6. Theodor Däubler (*17.8.1876), deutscher Schriftsteller.

4.7. Marie Curie (*7.11.1867), französische Chemikerin.

10.7. Erich Mühsam (*6.4.1878), deutscher Schriftsteller.

25.7. Engelbert Dollfuß (*4.10.1892), österreichischer Politiker.

2.8. Paul von Beneckendorff und von Hindenburg (*2.10.1847), deutscher Generalfeldmarschall und Reichspräsident.

9.10. Alexander I. (*16.12.1888), König von Jugoslawien.

9.10. Louis Barthou (*25.8.1862), französischer Politiker.

17.11. Joachim Ringelnatz (*7.8.1883), deutscher Schriftsteller.

15.12. Raymond Poincaré (*20.8.1860), französischer Politiker.

1935

Internationale Politik

6.1., China. Mao Tse-tung wird zum Vorsitzenden des Politbüros der Kommunistischen Partei Chinas gewählt.
17.1., UdSSR. Der stalinistischen »Großen Säuberung« fallen die ehemaligen hohen Parteifunktionäre Grigori J. Sinowjew und Lew B. Kamenew zum Opfer.
3.2., Frankreich/Großbritannien. Frankreich und Großbritannien verständigen sich im Londoner Protokoll über Abrüstung und Sicherheit in Europa. Das Deutsche Reich wird aufgefordert, die einseitige Aufrüstung zu unterlassen und sich in ein System kollektiver Sicherheit einzufügen.
17.2., Italien. Die italienische Regierung beginnt mit Kriegsvorbereitungen gegen das ostafrikanische Abessinien, das seit Jahren Gegenstand italienischer Kolonialbestrebungen ist.
11.4., Italien. Angesichts der vertragsbrüchigen Aufrüstung im Deutschen Reich verpflichten sich Frankreich, Großbritannien und Italien auf der Konferenz von Stresa zur Aufrechterhaltung internationaler Verträge zur Friedenssicherung.
23.4., Polen. Kriegsminister Jósef K. Pilsudski, der de facto als Staatschef regiert, setzt in Warschau eine neue Verfassung durch, die das Parlament fast vollständig entmachtet.
2.5., Frankreich/UdSSR. In Paris wird ein französisch-sowjetischer Beistandspakt unterzeichnet, der Frankreichs Politik der »kollektiven Sicherheit« und die sowjetische Annäherung an die Westmächte fortsetzt.
19.5., Tschechoslowakei. Bei Parlamentswahlen erhält die Sudetendeutschen Partei (SdP) unter Konrad Henlein die meisten Stimmen.
29.5., Schweiz. Der Bundesrat faßt einen Entschluß über die »Sicherheit der Eidgenossenschaft«. Danach macht sich jeder strafbar, der auf schweizerischem Gebiet ohne Erlaubnis Amtshandlungen für einen fremden Staat vornimmt.
12.6., Bolivien/Paraguay. Die dreijährigen Kämpfe zwischen Bolivien und Paraguay um das Gran-Chaco-Gebiet enden mit einem Waffenstillstandsabkommen.

Deutsche Politik

1.1. In einer Rundfunkansprache zieht der Reichsminister für Volksaufklärung und Propaganda, Joseph Goebbels, eine positive wirtschaftliche und soziale Bilanz für das abgelaufene Jahr und formuliert die Aufgabe für die wirtschaftliche Zukunft des Staates. ▷Chronik Zitat

Lebensstandard heben
Chronik Zitat

»Es wird Aufgabe kommender Anstrengungen sein, den Lebensstandard des ganzen Volkes auf eine Höhe zu heben, die als menschen- und kulturwürdig in jedem Sinne ausgesprochen werden kann.«
Propagandaminister Joseph Goebbels

13.1. Im Saarland stimmen über 90 % der Bevölkerung für die Wiedereingliederung ins Deutsche Reich.
26.2. Die Reichsregierung kündigt den Aufbau einer Luftwaffe neben Heer und Kriegsmarine an und verstößt damit gegen die Bestimmungen des Versailler Vertrags.
8.3. In Berlin fordert die Reichspressekammer zahlreiche »nicht-arische« Verleger von Tageszeitungen und Fachzeitschriften auf, ihre Unternehmen in »absehbarer Zeit« an »Arier« zu verkaufen.
16.3. Reichskanzler Adolf Hitler führt die allgemeine Wehrpflicht wieder ein. Bis 1939 sollen 36 Divisionen mit 580 000 Mann aufgestellt werden. Damit werden die im Versailler Vertrag festgelegten Truppenbeschränkungen überschritten.
26.6. Das Reichsarbeitsdienstgesetz verpflichtet alle Männer und Frauen zwischen 18 und 24 Jahren zu einem halbjährigen Arbeitsdienst, der der weltanschaulichen Beeinflussung und militärischen Ausbildung dient.
5.7. Die Änderung des Strafgesetzbuches schaltet fundamentale Rechtsgrundsätze aus. In Zukunft können Richter aufgrund ihres »gesunden Volksempfindens« willkürlich Urteile sprechen.

Wirtschaft und Wissenschaft

3.1., Wissenschaft. Die Reichsregierung erläßt eine neue Habilitationsordnung, die den Nachweis der arischen Abstammung des Bewerbers und seines Ehepartners obligatorisch macht.
18.1., Wissenschaft. Im Jura-Studium werden zwei Einführungssemester über die »völkischen Grundlagen der Wissenschaft« eingeführt.
1.2., Architektur. An der Grenze zwischen den US-Bundesstaaten Nevada und Arizona wird nach vierjähriger Bauzeit der Hoover-Staudamm fertiggestellt.
8.2., Wirtschaft. Ein Gesetz über die Devisenbewirtschaftung dokumentiert die totale staatliche Kontrolle des deutschen Außenhandels.
22.2., Geographie. In Meppen beginnt die Urbarmachung von über 300 km^2 Moorland im Uferbereich der Ems durch 1800 Mitglieder des Arbeitsdienstes und Strafgefangene.
14.5., Architektur. In Dänemark wird die 1175 m lange Brücke über den Kleinen Belt eröffnet, die die Ostseeinsel Fünen mit dem Festland verbindet.

Preise im Deutschen Reich
Chronik Statistik

Einzelhandelspreise (Reichsmark):

Butter, 1 kg	3,00
Weizenmehl, 1 kg	0,47
Schweinefleisch, 1 kg	1,60
Rindfleisch, 1 kg	1,46
Zucker, 1 kg	0,77
Vollmilch, 1 l	0,23
Kaffee, 1 kg	5,29

19.5., Verkehr. Im Beisein einer unüberschaubaren Menschenmenge übergibt Adolf Hitler das erste Teilstück der Reichsautobahn zwischen Frankfurt am Main und Darmstadt dem Verkehr.
14.6., Technik. Im Deutschen Reich wird die Verwendung von Holzgas statt Benzin als Treibstoff für Automobile getestet. Rund 2,5 kg Holz ersetzen einen Liter Benzin.

1935

Kunst, Literatur und Musik

21.2. Die Gestapo erteilt dem jüdischen Schriftsteller und Philosophen Martin Buber totales Redeverbot.

28.2. Nach Auseinandersetzungen zwischen dem deutschen Dirigenten Wilhelm Furtwängler und der NS-Führung um die Verunglimpfung des Komponisten Paul Hindemith wird Furtwängler offiziell rehabilitiert.

31.3. Die Reichsmusikkammer lehnt die Verlängerung der Ausweise jüdischer Mitglieder ab. Damit wird diesen die Ausübung ihres Berufes unmöglich gemacht.

20.4. Anläßlich des Geburtstages von Adolf Hitler wird in Berlin Richard Euringers *Deutsche Passion 1933* aufgeführt.

8.6. Die Reichsregierung bürgert den Schriftsteller Bertolt Brecht und die Kabarettistin Erika Mann, Tochter des Literatur-Nobelpreisträgers Thomas Mann, aus.

24.6. UA: *Die Schweigsame Frau*, Oper von Richard Strauss, in Dresden. Das Stück wird kurz darauf von den NS-Behörden verboten, weil der jüdische Schriftsteller Stefan Zweig das Libretto schrieb.

25.8. Der deutsche Schriftsteller Kurt Tucholsky, der 1933 ausgebürgert und ins Exil gezwungen worden war, begeht in Schweden Selbstmord.

17.9. Ein »Museum auf Rädern« beginnt in Paris seine Tour durch Frankreich. In Eisenbahnwaggons arrangiert, zeigt die Ausstellung zeitgenössische französische Kunst.

30.9. UA: *Porgy und Bess*, Oper von George Gershwin, in Boston. Tragisch-romantische Liebesgeschichte zwischen dem Bettler Porgy und der schönen Bess.

12.10. Reichssendeleiter Eugen Hadamovsky verbietet dem gesamten deutschen Rundfunk das Spielen von »Nigger-Jazz«.

17.10. Der Grafiker und Maler Hans Schweitzer wird zum Reichsbeauftragten für künstlerische Formgebung ernannt.

27.10. In der Goethe- und Schillerstadt Weimar beginnt die von der NS-Führung initiierte »Woche des deutschen Buches«.

Theater und Film

8.1. Mit dem Aufführungsverbot des Films *Goldrausch* beginnt im Deutschen Reich der Boykott gegen den Regisseur und Schauspieler Charlie Chaplin (USA). Sämtliche Filme des Nichtariers Chaplin fallen von nun an unter die Zensur.

4.2. Reichspropagandaminister Joseph Goebbels eröffnet im Berliner Harnach-Haus das Reichsfilmarchiv, das als größtes seiner Art in der Welt gilt. Gesammelt werden deutsche und internationale Produktionen.

1.3. In Moskau geht das am 21. Februar eröffnete Filmfestival zu Ende. Als bester sowjetischer Film wird *Tschapajew* ausgezeichnet. Einen Ehrenpreis erhält der 1934 in China gedrehte Film *Das Lied der Fischer* von Tsai Chu-sheng.

2.3. Adolf Hitler veranlaßt in der Berliner Presse eine Ehrenerklärung für die Filmschauspielerin Pola Negri: Sie sei keineswegs jüdisch, sondern vielmehr Polin, also Arierin. Der Verdacht einer nicht-arischen Abstammung war von Joseph Goebbels in Umlauf gebracht worden.

28.3. UA: *Triumph des Willens*, Dokumentarfilm von Leni Riefenstahl, in Berlin. Der Film wird am 1. Mai mit dem »Nationalen Filmpreis« ausgezeichnet. Die offizielle Inhaltsangabe des Films macht die Ziele deutlich, für die dieser Parteifilm werben soll.
▷ Chronik Zitat

»Thriumph des Willens«

Chronik Zitat

»Einem phantastischen Aar gleich, durchrast ein Flugzeug die Luft. Weit seine Flügel spannend, stürztes vorwärts. ... Der dröhnende Rhythmus der Motoren ruft in die Winde: Nürnberg, Nürnberg, Nürnberg.«
Aus der Inhaltsangabe des Films

25.4. In Berlin wird der Internationale Filmkongreß mit mehr als 1000 Delegationen aus 40 Ländern und etwa 1500 Repräsentanten der deutschen Filmbranche eröffnet.

Gesellschaft

14.1. Die Erhöhung des »deutschen Ehestandsdarlehens auf höchstens 1000 Reichsmark soll Frauen die Aufgabe ihres Berufs zugunsten der Rolle als Ehefrau und Mutter schmackhaft machen.

15.1. Die rasseideologische Vererbungslehre wird in deutschen Schulen zum festen Bestandteil des Unterrichts.

20.1. In Münster greift Bischof Clemens August Graf von Galen öffentlich das Sterilisationsgesetz an, von dem physisch und psychisch Kranke betroffen sind.

Deutsche Meister
Chronik Statistik

Leichtathletik:
100 m:
Käthe Krauss	11,8 sec

80 m Hürden:
Anni Steuer	12,2 sec

Hochsprung:
Elfriede Kaun	1,53 m

Diskuswurf:
Gisela Mauermayer	44,63 m

Speerwurf:
Gerda Goldmann	42,42 m

26.2. Jeder deutsche Arbeiter und Angestellte muß ein »Arbeitsbuch« mit Angaben über Art und Dauer seiner Beschäftigung führen. Ziel dieser Maßnahme ist die Kontrolle über den Arbeitsmarkt.

März Teile des Mittelwestens der USA werden durch heftige Sandstürme zu Wüsten. Das Unwetter vernichtet die Existenzgrundlage von mehreren tausend Farmern und Landarbeitern.

18.3. In Berlin beginnt der zweite Reichsberufswettkampf, der Jugendliche zu größerem Einsatz in ihren Betrieben anspornen soll.

22.3. Das erste regelmäßig ausgestrahlte Fernsehprogramm der Welt wird im Berliner Reichspostmuseum gezeigt.

23.3. In Berlin wird die Ausstellung »Das Wunder des Lebens« eröffnet, die der NS-Führung zur Verbreitung ihrer Theorien über Erbgesundheit und Ariertum dient.

1935

Internationale Politik

18.6., Großbritannien/Deutsches Reich. Ein deutsch-britisches Flottenabkommen sieht vor, daß sich die Stärke der deutschen Kriegsflotte am Umfang der britischen orientieren soll.
21.6., Österreich. Die nationalsozialistisch orientierte Frontkämpferbewegung wird aufgelöst.
14.7., Frankreich. 150 000 Menschen demonstrieren in Paris für eine Volksfront aus Kommunisten und Liberalen gegen die rechtsextremen paramilitärischen »Ligen«, die den Bestand der Republik gefährden.
25.7., UdSSR. Auf dem siebten Weltkongreß der Kommunistischen Internationale (Komintern) in Moskau einigen sich 510 Delegierte auf eine antifaschistische Volksfrontpolitik in Europa.
31.8., USA. Gegen den Willen des Präsidenten Franklin D. Roosevelt tritt das sog. Neutralitätsgesetz in Kraft, das die Nichteinmischung der USA in kriegerische Konflikte und ein Waffenembargo gegen alle kriegführenden Staaten vorschreibt.
17.9., Philippinen. Auf den Philippinen, die 1934 von den USA in eine Teilautonomie entlassen worden waren, wird Manuel Luis Quezón y Molina zum Staatspräsidenten gewählt.
3.10., Italien/Abessinien. Von Eritrea und Somaliland aus besetzen italienische Truppen Abessinien. Damit beginnt das faschistische Italien den Kolonialkrieg gegen das Land.
8.10., Großbritannien. Clement R. Attlee tritt die Nachfolge des Pazifisten George Landsbury als Parteivorsitzender der Labour Party an.
11.10., Schweiz. Wegen des italienischen Überfalls auf Abessinien beschließt der Völkerbund in Genf Sanktionen gegen Italien.
15.10., Kanada. Bei kanadischen Parlamentswahlen gewinnen die Liberalen 171 Sitze, die regierende konservative Partei verliert 92 Sitze.
25.11., Großbritannien. Nach zwölfjährigem Exil in London kehrt König Georg II. nach Griechenland zurück, nachdem die Griechen in einer Volksabstimmung für die Wiedereinführung der Monarchie votiert hatten.

Deutsche Politik

22.7. Per Erlaß untersagt Reichsinnenminister Wilhelm Frick den katholischen Jugendorganisationen das Tragen von Uniformen und jedes öffentliche Auftreten.
10.9. In Nürnberg beginnt der 7. Reichsparteitag der NSDAP, der »Parteitag der Freiheit«.
14.9. Auf dem Reichsparteitag hält Adolf Hitler zum »Ehrentag der Jugend« in Nürnberg vor 54 000 Jungen und Mädchen der Hitlerjugend und des Bunds deutscher Mädel eine von Jubelstürmen unterbrochene Grundsatzrede über die Ziele der NS-Erziehung. ▷Chronik Zitat
15.9. Während des Reichsparteitags der NSDAP in Nürnberg werden das »Reichsbürgergesetz« und das »Gesetz zum Schutz des deutschen Blutes und der deutschen Ehre« vom Reichstag verabschiedet. Durch die Nürnberger Gesetze verlieren Juden die Staatsbürgerschaft, außereheliche Beziehungen zwischen Juden und »Ariern« sind bei Strafe untersagt.

Flink wie Windhunde
Chronik Zitat

»In unseren Augen ... muß der deutsche Junge der Zukunft schlank und rank sein, flink wie Windhunde, zäh wie Leder und hart wie Kruppstahl ... Wir weden uns so stählen, daß jeder Sturm uns stark findet.«
Führer und Reichskanzler Adolf Hitler

26.9. Deutsche Emigranten treffen in Paris zu Beratungen über eine deutsche Volksfront gegen das NS-Regime zusammen. Zu ihnen gehören u.a. Heinrich Mann, Egon Erwin Kisch, Rudolf Leonhard, Wieland Herzfelde und Lion Feuchtwanger.
27.9. In Kiel wird unter dem Kommando von Fregattenkapitän Karl Dönitz der erste deutsche U-Boot-Verband seit 1918 in Dienst gestellt.
29.9. Bei Wahlen zum Memellandtag erhält die deutsche Einheitsliste 81% der Stimmen und stellt künftig 24 von 30 Abgeordneten.

Wirtschaft und Wissenschaft

20.6., Medizin. Der amerikanische Wissenschaftler Alexis Carrel und der berühmte Ozeanflieger Charles Lindbergh stellen eine »Kammer für künstliches Leben« vor, mit der Organe nach dem Tod ihrer Träger erhalten werden können.

Wissenschaftler geehrt
Chronik Nobelpreise

Chemie: Frédéric Joliot (F) und Irène Joliot-Curie (F)
Medizin: Hans Spemann (D)
Physik: James Chadwick (GB)
Frieden: Carl von Ossietzky (D)

1.7., Verkehr. Der neue Schnelltriebwagen FDT 15 »Fliegender Kölner« erreicht eine Höchstgeschwindigkeit von 132 km/h.
3.8., Verkehr. Die Großglockner-Hochalpenstraße zwischen Brenner und Radstädter Tauern wird nach fünfjähriger Bauzeit eröffnet.
20.8., Biologie. Herbert McLean Evans gibt die erfolgreiche Isolierung reiner Vitamin-E-Kristalle bekannt, die er 1922 entdeckt hatte.
18.10., Chemie. Dem Schweizer Wissenschaftler Leopold Ružička gelingt die künstliche Herstellung des Sexualhormons Testosteron.
19.10., Geschichte. In Berlin wird das »Reichsinstitut für Geschichte des neuen Deutschland« eröffnet. Unter Leitung von Walter Frank wird die »rassische Dimension der Geschichte« erforscht.
11.11., Luftfahrt. In dem bislang größten Stratosphärenballon stellen die Amerikaner Albert Stevenson und Orvil Anderson mit 22,612 km einen neuen Höhenweltrekord auf.
10.12., Nobelpreise. In Stockholm überreicht der schwedische König Gustav V. die diesjährigen Nobelpreise. Die Auszeichnungen für Literatur und Frieden werden in diesem Jahr nicht vergeben, 1936 erhält der Deutsche Carl von Ossietzky rückwirkend den Friedenspreis für 1935 zuerkannt. ▷Chronik Nobelpreise

1935

Kunst, Literatur und Musik

29.11. In Berlin wird die Deutschlandhalle feierlich eingeweiht, die von Hitler als »Beweis für die unmittelbare Verbindung zwischen Führung und Masse« bezeichnet wird.
Dezember In der in Prag erscheinenden »Arbeiter-Illustrierten-Zeitung« veröffentlicht der deutsche Graphiker John Heartfield im Vorfeld der Olympischen Spiele 1936 sarkastisch-bissige Fotomontagen.
1935 Der amerikanische Schriftsteller William Faulkner veröffentlicht seinen Roman *Wendemarke*, der die wirtschaftlichen und sozialen Probleme seines Landes aufgreift.
1935 Der Franzose André Gide beschäftigt sich in seinem neuen Buch *Neue irdische Nahrung* mit den politischen Unruhen in seinem Land.
1935 Unter dem Titel *Fabulierbuch* veröffentlicht Hermann Hesse Erzählungen aus den Jahren 1904 bis 1907.
1935 In den USA erscheint der sozialkritische Roman *Die wunderlichen Schelme von Tortilla Flat* von John Steinbeck.
1935 Werner Bergengruen veröffentlicht seinen regimekritischen Roman *Der Großtyrann und das Gericht*.
1935 Louis Guilloux veröffentlicht in Frankreich den Roman *Das schwarze Buch*, das die bitteren letzten 24 Stunden im Leben eines Philosophieprofessors beschreibt.
1935 UA: *Die Zaubergeige*, Oper von Werner Egk, im Frankfurter Opernhaus. Das volkstümliche Werk steht unter der musikalischen Leitung von Oskar Waetzerlin.
1935 Arshile Gorky, amerikanischer Maler armenischer Herkunft, stellt in den USA seine kubistisch konzipierten Stilleben aus.
1935 In Kopenhagen und auf den Kanarischen Inseln finden internationale Surrealisten-Ausstellungen statt.
1935 Der in Frankreich lebende spanische Maler Pablo Picasso beendet die Arbeit an der großen Radierung *Minotauromanie*.
1935 Salvador Dalí, der spanische Vertreter des Surrealismus, schließt die Arbeit an einem seiner Hauptwerke, *Die brennende Giraffe*, ab.

Theater und Film

3.6. In den USA wird der erste im Technicolor-Verfahren produzierte Farb-Kinofilm, *Becky Sharp* von Regisseur Rouben Mamoulian, vorgeführt. Er revolutioniert das Filmgeschäft.
6.6. Der britische Regisseur Alfred Hitchcock verfilmt einen Roman von John Buchnan: Der spannende Spionagefilm *Die 39 Stufen* wird zu einem großen Erfolg.
1.7. In den USA tritt ein verschärfter Filmkodex in Kraft, der die Produktion von Filmen unterbinden soll, die gegen Sitte und Moral verstoßen.
9.10. UA: *Ein Sommernachtstraum*, Verfilmung der Shakespeare-Komödie unter der Regie von Max Reinhardt, in London und New York.
8.11. UA: *Meuterei auf der Bounty*, Film von Frank Lloyd mit Charles Laughton und Clark Gable, in den USA.
13.12. UA: *Dona Rosita bleibt ledig oder Die Sprache der Blumen*, dramatische Romanze von Federico Garcia Lorca, in Barcelona. Lorca richtet sich gegen die traditionelle Rolle der Frau, die ohne Chance auf Selbstbestimmung bleibt.
1935 Der amerikanische Regisseur Clarence Brown verfilmt die Geschichte der *Anna Karenina* nach der Romanvorlage von Leo Tolstoi mit Greta Garbo in der Hauptrolle.
1935 Gustaf Gründgens inszeniert in Berlin Johann Wolfgang von Goethes Tragödie *Egmont* und das Schauspiel *Thomas Paine* von Hanns Johst, einem repräsentativen NS-Dramatiker.
1935 Am Zürcher Schauspielhaus wird Friedrich Wolfs Stück *Professor Mamlock* aufgeführt. Das Stück richtet sich gegen Rassismus und Judenhetze.
1935 In New York führt das Civic Repertory Theatre Bertolt Brechts Theaterstück *Mutter Courage und ihre Kinder* auf.
1935 In Frankreich gründet der Schriftsteller Antonin Artaud das »Theater der Grausamkeit«, das sich gegen Traditionen und Konventionen richtet und die Brutalität der Wirklichkeit zeigen will.

Gesellschaft

24.3. Verlage, die nicht den rassischen, wirtschaftlichen oder moralischen Vorstellungen der NS-Führung entsprechen, können auf Anordnung der Reichspressekammer enteignet werden.
21.4. Auf der zu Japan gehörenden Insel Formosa fordert ein Erdbeben über 3000 Menschenleben und mehr als 10000 Verletzte.
11.5. In Düsseldorf informiert die Reichsausstellung »Frau und Volk« über die Aktivitäten der Organisation »Nationalsozialistische Frauenschaft«, die zukünftige Ehefrauen und Mütter weltanschaulich und praktisch schult.
24.5. Unter großer Anteilnahme der Bevölkerung heiraten in Stockholm Kronprinz Friedrich von Dänemark und Prinzessin Ingrid von Schweden.
30.5. Die indische Stadt Quetta wird von einem schweren Erdbeben heimgesucht, das über 40000 Todesopfer fordert und die Stadt fast vollständig zerstört.
25.7. Nach schweren Regenfällen wird China von der größten Überschwemmungskatastrophe seit 1931 heimgesucht. Die Provinz Hupeh wird überflutet. Mehr als 200000 Menschen kommen ums Leben.
2.8. Reichskanzler Adolf Hitler verleiht der Stadt München offiziell den Beinamen »Hauptstadt der Bewegung«. Damit soll an die Anfänge seiner politischen Karriere als Führer der NSDAP erinnert werden.
5.8. Im überwiegend von Schwarzen bewohnten New Yorker Stadtteil Harlem demonstrieren 20 000 Menschen gegen Italien, das einen Angriff auf Abessinien plant.
19.8. Ein Feuer auf der Berliner Funkausstellung fordert drei Tote und richtet einen Sachschaden von 1,5 Mio. Reichsmark an.
20.8. 19 Menschen sterben, als beim Bau eines S-Bahn-Tunnels in Berlin ein Schacht einstürzt.
8.10. Auf Druck der NS-Führung beschließt die Bundesleitung der Deutschen Burschenschaft, der insgesamt 110 studentische Verbindungen angehören, ihre Selbstauflösung.

1935

Internationale Politik	Deutsche Politik	Wirtschaft und Wissenschaft
9.12., Großbritannien. Auf der zweiten Londoner Flottenkonferenz beraten elf Staaten über eine Begrenzung der Seerüstung. **12.12., Ägypten.** Der ägyptische König Fuad I. verfügt die Wiederherstellung der demokratischen Verfassung von 1923, die 1930 suspendiert worden war. **14.12., Tschechoslowakei.** Der »Vater« der Tschechoslowakei, Tomáš Garrigue Masaryk tritt aus Altersgründen von seinem Amt als Staatspräsident zurück. Am 18. Dezember tritt der bisherige Außenminister Eduard Beneš seine Nachfolge an. **26.12., Frankreich.** Vor dem französischen Parlament erklärt Ministerpräsident Pierre Laval, daß ohne eine Annäherung an das Deutsche Reich eine Garantie für den Frieden niemals gegeben sein werde.	**18.10.** Die Reichsregierung erläßt das »Ehegesundheitsgesetz«, nach dem nur noch heiraten darf, wer per Nachweis »rassisch«, physisch und psychisch »gesund« ist. **7.11.** Wegen seiner Konkurrenz zur SA wird der Soldatenbund »Stahlhelm« von Reichsinnenminister Wilhelm Frick endgültig aufgelöst. **7.11.** In Altona und Köln finden die ersten »Rassenschandeprozesse« statt. Die Angeklagten werden wegen ihrer sexuellen Beziehung zu Juden öffentlich diffamiert und zu Haftstrafen verurteilt. **11.12.** 44 führende deutsche Politiker, die dem Nationalsozialismus nahestehen, veröffentlichen einen Appell an die deutschen Eltern, mindestens vier Kinder aufzuziehen, damit die Leistungen des Staates für die Zukunft gesichert werden.	**1935, Verkehr.** Der österreichische Kraftwagenkonstrukteur Ferdinand Porsche stellt seinen im Auftrag der deutschen NS-Reichsregierung für die breite Masse entwickelten Volkswagen (VW) vor. **1935, Wirtschaft.** Trotz Wirtschaftsaufschwung steht die Versorgung der deutschen Bevölkerung mit Lebensmitteln im Zeichen drastischer Engpässe, die vor allem durch hohe Rüstungsausgaben begründet sind. **1935, Wirtschaft.** Die Zahl der Arbeitslosen im Deutschen Reich ist gegenüber dem Vorjahr um 20,9 % zurückgegangen. Trotzdem sind immer noch über 2,1 Mio. Menschen ohne Arbeit. **1935, Wirtschaft.** Die Reichsregierung fördert die Ausbeutung heimischer Ölquellen, um von Treibstoffimporten unabhängig zu sein.

1935 Geborene und Gestorbene

Geboren:
8.1. Elvis Presley (†16.8.1977), amerikanischer Rock'n-Roll-König.
31.1. Oe Kenzaburo, japanischer Prosaschriftsteller und Literaturnobelpreisträger.
14.4. Erich von Däniken, schweizerischer Schriftsteller.

1.6. Percy Adlon, deutscher Filmregisseur.
21.6. Françoise Sagan, französische Schriftstellerin.

Gestorben:
8.2. Max Liebermann (*20.7.1847), deutscher Maler

19.3. Carl Friedrich Duisberg (*26.9.1861), deutscher Chemiker.
12.5. Józef Pilsudski (*5.12.1867), polnischer Politiker.
12.7. Alfred Dreyfus (*9.10.1859), französischer Offizier.
30.7. Adolf Damaschke (*24.11.1865), deutscher Ökonom.

1936

Internationale Politik	Deutsche Politik	Wirtschaft und Wissenschaft
3.1., USA. Vor dem Kongreß plädiert Präsident Franklin D. Roosevelt für ein neues Neutralitätsgesetz und die Verstärkung der Landesverteidigung. **7.1., Spanien.** Nach dem Rücktritt der Regierung Alejandro Lerroux löst Staatspräsident Niceto A. Zamora das spanische Parlament auf. Bei Neuwahlen gewinnen die linken Volksfrontparteien. Am 16. Februar bildet Manuel Azaña eine neue Regierung.	**1.1.** In seiner Neujahrsansprache, die er von Propagandaminister Goebbels im Rundfunk verlesen läßt, zieht Reichskanzler Adolf Hitler die Erfolgsbilanz des vergangenen Jahres und beschwört die Friedensliebe der Deutschen. **4.2.** Nach der Ermordung des NSDAP-Landesgruppenleiters Schweiz, Wilhelm Gustloff, durch einen jugoslawischen Juden intensiviert die NSDAP ihre antijüdische Kampagne.	**Januar, Astrologie.** In Berlin stellt AEG eine Spezialkamera für wissenschaftliche Himmelsaufnahmen vor. **Januar, Wirtschaft.** Das Niveau der Stundenlöhne deutscher Industriearbeiter ist seit 1934 stabil geblieben, die Arbeitsbedingungen verschlechtern sich allerdings zunehmend. **6.1., Luftfahrt.** Die Deutsche Lufthansa stellt das Flugzeug »He 111« vor (Höchstgeschwindigkeit: 400 km/h).

1935

Kunst, Literatur und Musik	Theater und Film	Gesellschaft
1935 Der Maler Richard Oelze stellt mit seinem bedrückenden Landschaftsbild *Erwartung* ein Bild aus, das später vielfach als Vorahnung des Krieges gedeutet wird. **1935** Der deutsche Maler Willi Baumeister, der 1933 von seinen Lehrämtern zurücktreten mußte, stellt sein Werk *Tennisspieler* aus. **1935** Nach dem Entwurf des deutschen Architekten Peter Behrens wird im österreichischen Linz das konstruktivistische Gebäude für eine Tabakmanufaktur errichtet. **1935** Nach dreijähriger Bauzeit wird das Botanische Institut der Universität Rom eingeweiht, das der italienische Architekt Giuseppe Capponi entwarf. **1935** Die architektonische Gestaltung privaten Wohnraums verliert unter der NS-Herrschaft im Deutschen Reich jede Bedeutung.	**1935** UA: *Der trojanische Krieg findet nicht statt*, Schauspiel von Jean Giraudoux, in Paris. Das Stück klagt radikalen Nationalismus und blindwütige Propaganda an. Die deutsche Erstaufführung findet 1946 statt. **1935** Der sowjetische Autor Isaak E. Babel stellt sein Stück *Marija* fertig, das das Schicksal einer russischen Adelsfamilie nach der Oktoberrevolution thematisiert. **1935** In Berlin hat das Erfolgs-Schauspiel *Revisor* von Nikolai W. Gogol mit Albert Florath und Walter Werner in den Hauptrollen Premiere. **1935** Der erstmals vergebene Preis der New Yorker Filmkritiker, der New York Film Critics Circle Award, geht an John Fords Film *Der Verräter*, der nach der Vorlage eines Romans von Liam O'Flaherty den irischen Freiheitskampf thematisiert.	**10.10.** In Berlin wird die erste Trauung nach dem Ritual der »Deutschen Volkskirche« durchgeführt. Statt mit dem traditionellen »Ja-Wort« antworten die Brautleute mit »Jawohl, Heil Hitler«. **13.10.** Zugunsten des Winterhilfswerks findet im Deutschen Reich der erste »Eintopfsonntag« statt. Durch den Verzicht auf das Sonntagsfestmahl sollen Spenden für Bedürftige finanziert werden. **15.11.** Die von Rudolf Steiner begründete Anthroposophische Gesellschaft wird reichsweit verboten. **1935** Im Deutschen Reich wird der erste UKW-Sender in Betrieb genommen. **1935** In Nürnberg beginnen die Bauarbeiten an der von den Brüdern Ludwig und Franz Ruff entworfenen monumentalen Kongreßhalle.

Geborene und Gestorbene

1.8. Helmut von Gerlach (*2.2.1866), deutscher Publizist und Politiker.
15.8. Paul Signac (*11.11.1863), französischer Maler.
27.8. Otto Schott (*17.12.1851), deutscher Chemiker.
29.8. Astrid (*17.11.1905), Prinzessin von Schweden.

30.8. Henri Barbusse (*17.5.1873), französischer Dichter.
27.9. Hans Baluschek (*9.5.1870), deutscher Maler und Grafiker.
20.10. Arthur Henderson (*13.9.1863), britischer Politiker.
23.10. Reinhold Seeberg (*5.4.1859), deutscher Theologe.

25.10. Charles Demuth (*8.11.1883), amerikanischer Maler.
21.12. Kurt Tucholsky (*9.1.1890), deutscher Schriftsteller.
24.12. Alban Berg (*9.2.1885), österreichischer Komponist.
25.12. Paul Bourget (*2.9.1852), französischer Schriftsteller.

1936

Kunst, Literatur und Musik	Theater und Film	Gesellschaft
2.1. Eduard Künneke dirigiert in Berlin die Premieren-Vorstellung seiner Operette *Die große Sünderin*. **7.1.** Der Bayerischen Staatsbibliothek wird die Handschrift Heinrichs von München übereignet, eine Weltchronik aus dem 14. Jh., die aus Österreich stammt. **26.1.** In Zürich wird eine Ausstellung mit Werken des französischen Malers Gustave Courbet eröffnet.	**Januar** Am Berliner Staatstheater wird das Schauspiel *Hamlet* von William Shakespeare mit Gustaf Gründgens in der Hauptrolle aufgeführt. **29.1.** In Rom beginnt der Bau der neuen Filmstadt Cinecittà, die sich auf einer Fläche von 600 000 m² erstrecken soll. **5.2.** In den USA läuft der neue Spielfilm von und mit Charlie Chaplin, *Moderne Zeiten*, an. In Italien und Deutschland wird der sozialkritische Film verboten.	**Januar** Gegenwärtig sind im Deutschen Reich rund 1900 km Autobahn im Bau, weitere 3500 km sind zum Bau freigegeben. Etwa 100 000 Arbeiter sind mit dem Straßenbau beschäftigt. **Januar** Die Kältewelle, die über Nordamerika hereingebrochen ist, läßt die Niagarafälle einfrieren. **3.1.** Seit Wochen andauernde Regenfälle in Großbritannien führen zur Überflutung weiter Landstriche.

1936

Internationale Politik

15.1., Großbritannien/Japan. Japan verläßt die Londoner Flottenkonferenz, auf der seit Ende 1935 über die Begrenzung der Flottenrüstung beraten wird.
17.1., Italien/Abessinien. Italienische Truppen siegen in der ersten größeren Schlacht des Abessinienkrieges.
22.1., Großbritannien. Edward VIII. wird nach dem Tod Georgs V. zum neuen König proklamiert.
30.1., China. Aufständische kommunistische Truppen schließen die Hauptstadt der chinesischen Provinz Kweischou ein.
2.3., USA/Panama. Die USA und Panama schließen einen Vertrag, der die Souveränitätsrechte des mittelamerikanischen Staates erweitert.
26.3., USA/Großbritannien. Das jüdische Flüchtlingshilfswerk beginnt damit, die Flucht von zunächst 25 000 Juden aus dem Deutschen Reich nach Palästina vorzubereiten.
1.4., Österreich. Der Bundestag nimmt ein Gesetz an, mit dem die »allgemeine Dienstpflicht für körperliche Zwecke« eingeführt wird.
11.4., Türkei. Die Türkei stellt in einer Note an die Signatarmächten der Meerengenkonvention von 1923 einen Antrag zur Revision der Dardanellen-Beschlüsse.
19.4., Palästina. Bei einer Demonstration arabischer Hafenarbeiter, der sich gegen die Einwanderung jüdischer Flüchtlinge richtet, werden 16 Menschen getötet und 50 verletzt.
3.5., Frankreich. Aus den Wahlen zur französchen Deputiertenkammer geht die Volksfront als klare Siegerin hervor. Im Juni bildet sie unter dem Sozialisten Léon Blum eine neue Regierung.
5.5., Italien/Abessininen. Nach dem Einmarsch in Abessinien erklärt der italienische Duce Benito Mussolini den Krieg für beendet und die Annexion für vollzogen.
14.5., Österreich. Der österreichische Bundeskanzler Kurt Schuschnigg setzt die Entlassung des Vizekanzlers Ernst Rüdiger Starhemberg durch, der eine Verständigung mit dem Deutschen Reich strikt ablehnt.

Deutsche Politik

7.3. Die Wehrmacht marschiert ins entmilitarisierte Rheinland ein. Adolf Hitler bricht damit die Verträge von Versailles und Locarno, ohne auf internationalen Widerstand zu stoßen.
29.3. Bei den Reichstagswahlen erhält die NSDAP als einzige zugelassene Partei 99% der Stimmen. Mit dem manipulierten Ergebnis will die nationalsozialistische Führung vor allem dem Ausland gegenüber Geschlossenheit demonstrieren.
18.4. Der Volksgerichtshof in Berlin wird per Gesetz ordentliches erst- und letztinstanzliches Gericht.
17.6. Mit der Ernennung des Reichsführers SS, Heinrich Himmler, zum Chef der Deutschen Polizei geht die Polizeihoheit der Länder endgültig auf die Zentrale in Berlin über. Zugleich wird die Polizei dem Einfluß staatlicher Verwaltung weitgehend entzogen.
1.8. In Berlin eröffnet Reichskanzler Adolf Hitler die XI. Olympischen Spiele. Das Deutsche Reich münzt sie in einen großen Propagandaerfolg für das nationalsozialistische Regime um. 500 000 Besucher (davon 150 000 Gäste aus dem Ausland) erleben eine perfekt organisierte Veranstaltung.
24.8. Im Deutschen Reich wird die aktive Dienstpflicht in den drei Wehrmachtsteilen von einem auf zwei Jahre verlängert.

In vier Jahren kriegsbereit
Chronik Zitat

»Wenn es uns nicht gelingt, in kürzester Frist die deutsche Wehrmacht in der Ausbildung, ... in der Ausrüstung und vor allem auch in der geistigen Erziehung zur ersten Armee der Welt zu entwickeln, wird Deutschland verloren sein.«
Reichskanzler Adolf Hitler

26.8. Reichskanzler Adolf Hitler fordert in einer geheimen »Vierjahresplan-Denkschrift« die Armee und die Wirtschaft auf, binnen vier Jahren kriegsfähig und einsatzbereit zu sein.
▷ Chronik Zitat

Wirtschaft und Wissenschaft

7.2., Medizin. Das Kaiser-Wilhelm-Institut für Anthropologie in Berlin stellt im Rahmen seiner Zwillingsforschungen die These auf, daß Erbanlagen über Einflüsse von außen dominieren und untermauert damit die NS-Rassenlehre.
10.2., Archäologie. Der deutsche Archäologe Hans Spethmann erklärt, daß bei Ausgrabungen vor Xanten am Niederrhein bislang eine römische Hafenanlage und ein Amphitheater entdeckt wurden.
25.2., Verkehr. Zwei neue Dampflokomotiven der Firmen Henschel und Borsig erreichen aufgrund ihrer stromlinienförmigen Konstruktion Höchstgeschwindigkeiten von 165 bzw. 197 km/h.

Verkehr im Deutschen Reich
Chronik Statistik

Eisenbahnnetz (km)	68 225
Straßennetz (km)	212 133
davon Autobahn	1 086
Pkw-Bestand	946 000
Lkw-Bestand	271 000
Zulassung neuer Kfz	457 000

27.2., Luftfahrt. Nach dreijähriger Bauzeit wird in Friedrichshafen das neue große Verkehrsluftschiff LZ 129 »Hindenburg« fertiggestellt.
24.3., Verkehr. Die »Queen Mary«, mit 78 000 BRT und einer Länge von 310 m das weltweit zweitgrößte Schiff, verläßt die britische Werft Clydebank zu ihrer Jungfernfahrt.
29.3., Botanik. Die deutsche Waldsamenprüfungsanstalt macht auf ihre verstärkten Bemühungen aufmerksam, die deutschen Bäume und Pflanzen »rasserein« zu erhalten.
April, Physik. Der deutsche Physiker Erich Regener stellt seinen neuentwickelten Stratosphärenballon aus Zellophan vor.
16.4., Archäologie. Der britische Archäologe Walter Bryan Emery entdeckt in den altägyptischen Grabanlagen von Sakkara am Nil 42 unterirdische Kammern aus dem 3. Jt. v. Chr.

1936

Kunst, Literatur und Musik

12.2. UA: *Il Campiello*, Oper des Deutsch-Italieners Ermanno Wolf-Ferrari, an der Mailänder Scala.

17.2. Die Stadt Köln erwirbt für das Wallraf-Richartz-Museum die Gemäldesammlung Wilhelm Adolf von Carstanjens, die wichtige holländische Werke des 17. Jhs. enthält.

1.5. Der NS-Schriftsteller Gerhard Schumann wird für seinen Gedichtband *Wir aber sind das Korn* mit dem Nationalen Buchpreis der deutschen Reichskulturkammer geehrt.

5.5. In Hagen beginnt eine Ausstellung der neueren Werke des deutschen Bildhauers Georg Kolbe.

27.5. In der Schweiz wird eine große Ausstellung der Werke des Malers Ferdinand Hodler eröffnet. Sie zeigt sein gesamtes Schaffen vom Ende des 19. Jhs. bis 1918.

15.7. In Berlin wird die Ausstellung des Kunstwettbewerbs der XI. Olympischen Spiele eröffnet. 800 Arbeiten wurden den mehrheitlich deutschen Jurymitgliedern vorgestellt. Das Deutsche Reich erhält demgemäß 12 von 32 Medaillen.

18.8. Der von Preußen erworbene Welfenschatz, eine von Heinrich dem Löwen im 12. Jh. in Auftrag gegebene Sammlung von Reliquiaren, wird in Berlin erstmals ausgestellt.

26.8. In London beginnen die Arbeiten am Bau der neuen Parthenon-Galerie, in der die sog. Elgin-Marbles, der berühmte Fries vom Tempel der Athene auf der Akropolis aus dem 5. Jh. v. Chr., ausgestellt werden soll.

27.8. Mit dem seit 1905 verliehenen Kunstpreis der Villa-Romana werden in diesem Jahr die Bildhauerin Emy Roeder und der Maler Artur Degner ausgezeichnet.

30.10. Die Abteilung »Klassiker der Moderne« der Berliner Nationalgalerie wird auf Veranlassung der NS-Führung »gesäubert«. Der Aktion fallen u.a. Werke der Maler Max Liebermann und Ernst Ludwig Kirchner zum Opfer.

27.11. Das Reichspropagandaministerium untersagt jede öffentliche Kunstkritik. An ihre Stelle sollen Würdigungen der Kunst nach nationalsozialistischer Kulturauffassung erfolgen.

Theater und Film

1.3. In Berlin hat der von Regisseur Erich Engel gedrehte Film *Mädchenjahre einer Königin* Premiere. Er erzählt die Geschichte der Prinzessin Victoria von Kent.

3.3. UA: *Der sterbende Schwan*, Film-Rekonstruktion des gleichnamigen Balletts der russischen Tänzerin Anna Pawlowa, in London.

4.3. 25 deutsche Intellektuelle werden von der NS-Regierung ausgebürgert, darunter der Schriftsteller Arnold Zweig und der Theaterleiter Gustav Hartung.

12.3. Die Filmkomödie um die Zarin Elisabeth von Rußland, *Der Favorit der Kaiserin* von Werner Hochbaum, hat in Berlin Premiere.

1.5. Die deutsche Reichskulturkammer zeichnet den Regisseur Carl Froelich für seinen Film *Traumulus* aus, der den Realitätsverlust und das Scheitern eines humanistischen Studiendirektors zeigt.

10.5. In München wird die dritte Reichstheater-Festwoche eröffnet. Aufgeführt werden Eberhard W. Möllers *Rothschild siegt bei Waterloo*, *Thomas Paine* von Hanns Johst und *Marsch der Veteranen* von Friedrich Bethge.

14.5. In Berlin hat der von Regisseur Fritz Wendhausen gedrehte Film *Familienparade* Premiere, in dem der deutsche Schauspieler Curd Jürgens seine erste Hauptrolle hat.

30.5. UA: *Zorn*, Film des 1933 in die USA emigrierten deutschen Regisseurs Fritz Lang, in den USA.

21.7. UA: *Der Kaiser von Kalifornien*, Spielfilm von Luis Trenker, in Berlin. Auf der Biennale von Venedig wird der Film mit dem Mussolini-Pokal ausgezeichnet.

1.8. Die deutsche Filmregisseurin Leni Riefenstahl beginnt mit den Dreharbeiten für den zweiteiligen Dokumentarfilm über die Olympischen Spiele in Berlin mit den Titeln *Fest der Schönheit* und *Fest der Völker*.

4.8. In Berlin läuft der erste deutsche Spielfilm in Farbe an: *Das Schönheitsfleckchen* ist eine Liebesgeschichte, die der Regisseur Rolf Hansen in Szene setzte.

Gesellschaft

Februar Unter der Leitung des Heimatforschers Helmut Ottenjan entsteht im niedersächsischen Cloppenburg das erste Museumsdorf im Deutschen Reich.

9.2. Im Zuge der Verhaftung katholischer Jugendlicher wegen angeblicher Kollaboration mit Kommunisten wendet sich der Bischof von Münster, Clemens August Graf von Galen, öffentlich gegen die Verfolgung, der die Kirche ausgesetzt ist.

15.2. Auf der Berliner Automobilausstellung verkündet Adolf Hitler, daß die Voraussetzungen zum Bau eines deutschen »Volkswagens« zu erschwinglichem Preis für jedermann, geschaffen worden sind.

25.2. Im Deutschen Reich werden alle Männer, die im ersten Quartal 1915 geboren sind, zum Reichsarbeitsdienst einberufen. Sie werden für sechs Monate vorwiegend in der Landwirtschaft eingesetzt.

März Die deutschen Universitäten verzeichnen einen drastischen Rückgang der Studentenzahlen. Ihre Gesamtzahl sank im Vergleich zu 1935 um 11,7 %.

Olympia-Sieger
Chronik Statistik

Leichtathletik:
100 m:
Jesse Owens (USA)   10,3 sec
110 m Hürden:
Forrest Towns (USA)   14,2 sec
Hochsprung:
Cornelius Johnson (USA)   2,03 m
Weitsprung:
Jesse Owens (USA)   8,06 m
Speerwurf:
Gerhard Stöck (D)   71,84 m

4.4. Die Finanzierung von Sozialleistungen durch Spenden der Bevölkerung wird ausgebaut. Neben dem Winterhilfswerk fordert jetzt auch die NS-Volkswohlfahrt an jeder Tür nachdrücklich Unterstützung.

13.5. In den USA wird die Festung Fort Knox fertiggestellt, die die Goldbestände der USA beherbergen soll.

1936

Internationale Politik

7.6., Belgien. Bei Provinzialratswahlen in Belgien kann sich die nationalsozialistische »Heimattreue Front« in der ehemals deutschen Region Eupen-Malmédy klar durchsetzen.

17.7., Spanien. Mit dem Aufstand der Garnisonen in Spanisch-Marokko unter dem faschistisch orientierten General Francisco Franco y Bahamonde beginnt der Spanische Bürgerkrieg, der sich rasch auf das Mutterland ausweitet.

19.7., Spanien. Die kommunistische Politikerin Dolores Ibárruri fordert in einer Rundfunkrede zum Widerstand gegen die putschenden Militärs auf. Sie prägt den Kampfruf der antifaschistischen Kämpfer »No pasaran« (»Sie werden nicht durchkommen«). ▷Chronik Zitat

20.7., Türkei. Nach internationalen Verhandlungen im schweizerischen Montreux wird der Türkei die volle Souveränität über die seit 1923 entmilitarisierten Dardanellen, das Marmara-Meer und den Bosporus zuerkannt.

»No pasaran«
Chronik Zitat

»Das ganze Land bebt vor Empörung über diese Schurken, die das demokratische Volksspanien in eine Hölle des Terrors und des Todes stürzen wollen. Aber sie werden nicht durchkommen!«
Dolores Ibárruri, spanische Politikerin

3.8., Frankreich. Das Zentralkomitee der KPD im Pariser Exil ruft alle Antifaschisten zur Hilfe für das spanische Volk auf.

4.8., Griechenland. Ministerpräsident Ioannis Metaxas ruft die Diktatur aus, um das Land vor einem angeblich geplanten kommunistischen Umsturz zu bewahren.

26.8., Großbritannien/Ägypten. In London schließen Vertreter Großbritanniens und Ägyptens einen Vertrag, der dem seit 1882 britisch kontrollierten Ägypten die volle Souveränität zusichert.

Deutsche Politik

28.8. Reichskriegsminister Werner von Blomberg genehmigt den Kampfeinsatz deutscher Flugzeuge in Spanien.

Nobelpreis im KZ
Chronik Zitat

»Ein Symbol mag seinen Wert haben; Ossietzky ist nicht nur ein Symbol, er ist etwas ganz anderes und mehr: Er ist eine Tat ...«
Fredrik Stang über Carl von Ossietzky

14.9. In einer Rede auf dem achten Reichsparteitag der NSDAP in Nürnberg leitet Adolf Hitler eine antisowjetische Kampagne gegen die UdSSR und den Bolschewismus ein.

19.9. Ein Erlaß des Reichsinnenministeriums verfügt, daß alle Personen, die nach dem 30.1.1933 aus der Freimaurerloge ausgetreten sind, von Anstellung und Beförderung im öffentlichen Dienst auszuschließen sind.

21.9. Zwischen Spessart, Hoher Röhn, oberer Fulda und Wetterau beginnt die erste große Manöver der neuen deutschen Wehrmacht, die »Große Herbstübung 1936«.

26.10. Das Reichssicherheitshauptamt gibt bekannt, daß sog. Schutzhäftlinge zukünftig ohne Nennung der Haftdauer unbefristet in Konzentrationslager verschleppt werden können.

14.11. Die Reichsregierung erklärt die Wiederherstellung der deutschen Hoheit über die im Versailler Vertrag internationalisierten Flüsse Rhein, Elbe, Donau und Oder.

1.12. Durch das Gesetz über die Hitlerjugend (HJ) wird der Führungsanspruch der NS-Jugendorganisation legalisiert. Die Mitgliedschaft in der HJ wird obligatorisch.

10.12. Dem seit Februar 1934 im KZ Papenburg inhaftierten Publizisten Carl von Ossietzky wird in Abwesenheit nachträglich der Friedensnobelpreis für 1935 zuerkannt. Bei der Feierstunde würdigt der Vorsitzende des Komitees, Fredrik Stang, den inhaftierten langjährigen Herausgeber der »Weltbühne«. ▷Chronik Zitat

Wirtschaft und Wissenschaft

4.5., Technik. Clem Sohn, der berühmte »Vogelmensch« aus den USA, führt in Plymouth (Großbritannien) seine Flugkünste mittels selbst konstruierter Metallschwingen vor.

17.5., Luftfahrt. Auf der in Schweden eröffneten internationalen Luftfahrtausstellung wird die deutsche »JU 86«, das erste serienmäßig mit Dieselmotoren ausgestattete Verkehrsflugzeug vorgestellt.

26.5., Verkehr. Nach einer Bauzeit von sechs Jahren wird in Österreich die 80 km lange Packer Höhenstraße zwischen der Steiermark und Kärnten eingeweiht.

7.6., Verkehr. Im westfälischen Krefeld wird eine neue 860 m lange Autobrücke über den Rhein eingeweiht, die den Namen »Adolf-Hitler-Rheinbrücke« erhält.

26.6., Luftfahrt. Ewald Rohlfs führt in Bremen mit dem ersten betriebsreifen Hubschrauber der Welt, dem »Fw 61« der Firma Focke-Achgelis, erstmals einen freien Flug durch.

19.8., Archäologie. Wissenschaftler legen im iranischen Persepolis, der einstigen Hauptstadt des Perserreiches, die Paläste der Könige Darius I. und seines Sohnes Xerxes I. aus dem 5. Jh. v. Chr. frei.

7.9., Geographie. Amerikanische Wissenschaftler stellen anhand von Messungen fest, daß die Wüste Luth in Ostpersien die heißeste Region der Erde ist. Dort wurden Temperaturen von bis zu 58°C gemessen.

25.9., Wirtschaft. Der Ministerrat in Paris beschließt eine Abwertung des Franc. Der Goldwert der Währung wird um rund 30% gesenkt.

Wissenschaftler geehrt
Chronik Nobelpreise

Chemie: Peter Debye (NL)
Medizin: Otto Loewi (A) und
  Henry H. Dale (GB)
Physik: Viktor F. Hess (A) und
  David Anderson (USA)
Frieden: Carlos Saavedra Lamas (RA)
Literatur: Eugene O'Neill (USA)

1936

Kunst, Literatur und Musik

2.12. Dem im Schweizer Exil lebenden deutschen Schriftsteller Thomas Mann wird die deutsche Staatsbürgerschaft entzogen.

20.12. In Paris wird eine Buchmesse deutscher Exil-Schriftsteller eröffnet.

29.12. Die Schriftstellerin und Kabarettistin Erika Mann eröffnet gemeinsam mit ihrem Bruder, dem Schriftsteller Klaus Mann, in New York das Kabarett »Peppermill«, das 1933 in München gegründet worden war.

1936 In den USA erscheint der Roman *Vom Winde verweht* von Margaret Mitchell. Das Buch wird innerhalb kürzester Zeit zum Bestseller.

1936 In London werden Werke des deutschen Malers Richard Oelze im Rahmen der Internationalen Surrealisten-Ausstellung gezeigt.

1936 Im weißen Saal der Münchener Polizeidirektion wird die erste Ausstellung »entarteter Kunst« eröffnet. Werke von berühmten Künstlern wie Max Beckmann, Oskar Kokoschka, Otto Dix oder George Grosz werden von den nationalsozialistischen Behörden diffamiert.

1936 Der spanische Surrealist Salvador Dalí stellt sein visionäres Werk *Weiche Konstruktion mit gekochten Bohnen. Vorahnung des Bürgerkriegs* fertig.

1936 Der deutsche Bildhauer Otto Freundlich verwirklicht mit seinem Werk *Leuchtturm der sieben Künste* seine Konzeption eines Gesamtkunstwerkes.

1936 Dem deutschen Maler Karl Hofer wird von den NS-Behörden die Lehrerlaubnis als Professor für freie und angewandte Kunst entzogen.

1936 Der deutsche Architekt Albert Speer erhält von Reichskanzler Adolf Hitler den Auftrag, Entwürfe für eine grundlegende Umgestaltung ganz Berlins zu erarbeiten.

1936 Der spanische Maler Pablo Picasso übernimmt in Madrid die Leitung des berühmten Museo del Prado.

1936 In New York werden die Werke des russischen Malers Michail F. Larionow im Rahmen der Ausstellung »Kubismus und abstrakte Kunst« im Museum of Modern Art gezeigt.

Theater und Film

10.8. Enttäuscht von der unkritischen Haltung des demokratischen Auslands gegenüber dem NS-Regime verteilt der deutsche Dramatiker Georg Kaiser während der Olympischen Spiele in Berlin antifaschistische Pamphlete.

27.8. Fred Astaire und Ginger Rogers sind die neuen Stars des Tanzfilms *Swing Time* des US-Regisseurs George Stevens.

1.9. In Hamburg hat die Ufa-Filmoperette *Der Bettelstudent* von Georg Jacoby Premiere. Marika Rökk und Johannes Heesters spielen die Hauptrollen.

19.9. UA: *Glückskinder*, Film von Paul Martin mit Lilian Harvey und Willy Fritsch, in Berlin.

23.9. In Düsseldorf hat das Stück *Die Hermannsschlacht* von Christian Dietrich Grabbe in der Bearbeitung von Hans Bachmeister Premiere.

Oktober In San Francisco fordert der Filmindustrielle Louis B. Mayer einen Kreuzzug gegen alle sozialistischen Drehbuchautoren. ▷Chronik Zitat

9.10. In den deutschen Kinos läuft die Komödie *Wenn wir alle Engel wären* von Carl Froelich nach einem Roman von Heinrich Spoerl mit Heinz Rühmann in der Hauptrolle an.

4.11. UA: *Die Rundköpfe und die Spitzköpfe*, Drama von Bertolt Brecht, in Kopenhagen. Am 12. November folgt die Uraufführung seines Balletts *Die sieben Todsünden der Kleinbürger* (Musik: Kurt Weill).

13.11. Unter dem Titel *Liebe, Pflicht und Hoffnung* führt der Regisseur Ernst Jubal in Wien das Schauspiel *Glaube, Liebe, Hoffnung* des Schriftsteller Ödön von Horváth auf.

Kommunisten in Hollywood

Chronik Zitat

»Wir haben eine ganze Reihe Kommunisten in Hollywood, von denen einige Wochenhonorare von 2500 Dollar beziehen. Sie sollten ihre Sachen packen und nach Moskau zurückgehen.«

Louis B. Mayer, Filmindustrieller

Gesellschaft

Juni Seit April herrscht in sechs Südstaaten der USA eine katastrophale Dürre. 75% der Weizenernte gehen verloren.

8.6. In der rumänischen Hauptstadt Bukarest stürzt eine hölzerne Zuschauertribüne ein, auf der sich 3000 Personen befanden. 100 Menschen kommen ums Leben, 300 werden schwer verletzt.

22.6. Auf dem Berliner Standesamt Tiergarten heiraten der Schauspieler und Intendant des Berliner Staatstheaters, Gustaf Gründgens, und die Schauspielerin Marianne Hoppe.

Juli Im chinesischen Kiangwan lassen sich 102 Brautpaare in einer aufsehenerregenden Massenhochzeit gemeinsam trauen.

14.7. Als »Sonderfall mit internationalem Hintergrund« wird die nichtarische deutsche Fechterin Helene Mayer für die Teilnahme an den Olympischen Sommerspielen nominiert.

2.9. In Düsseldorf wird ein Internationaler Astrologenkongreß eröffnet, der sich die Gründung eines Verbandes zum Ziel setzt. Der Kongreß dauert bis zum 7. September.

25.9. In einer großangelegten Aktion versucht das Reichsernährungsministerium, die Verschwendung von Lebensmitteln einzudämmen.

26.9. Beim Palazzo Baberini in Rom werden die Überreste eines Mithras-Tempels (1. Jh. v. Chr.) entdeckt.

29.9. Laut Reichskirchenausschuß müssen Geistliche auch im Ornat den Deutschen Gruß entrichten.

30.11. Der im Jahre 1851 für die Weltausstellung in London erbaute Kristallpalast wird Opfer eines Feuers, das nach einer Gasexplosion ausgebrochen war.

4.12. Das Reichserziehungsministerium gibt bekannt, das die Prüfungen zur Hochschulreife (Abitur) im Deutschen Reich künftig nach dem 12. Schuljahr abzulegen sind.

10.12. Der seit dem 1. Januar regierende britische König Eduard VIII. dankt ab, um die geschiedene US-Amerikanerin Wallis Simpson heiraten zu können. Sein Bruder Albert folgt ihm als Georg VI. auf den Thron.

1936

Internationale Politik	Deutsche Politik	Wirtschaft und Wissenschaft
1.10., Spanien. General Francisco Franco y Bahamonde wird von seinen Anhängern zum Generalissimus der »nationalen Streitkräfte« ernannt. **22.10., Spanien.** Die Internationalen Brigaden organisieren sich. **25.10., Italien/Deutsches Reich.** Ein geheimer Kooperationsvertrag begründet in Berlin die »Achse Berlin–Rom«. **25.11., Japan/Deutsches Reich.** Deutschland und Japan schließen in Berlin den Anti-Komintern-Pakt. In einem geheimen Zusatzabkommen sichern sie sich Neutralität für den Fall eines Krieg mit der UdSSR zu. **25.12., China.** Wegen der Expansion Japans stimmt Chiang Kai-shek einer Kooperation mit den Kommunisten zu.	**16.12.** Der preußische Ministerpräsident Hermann Göring ordnet an, Carl von Ossietzky niemals ausreisen zu lassen und ständig zu bewachen. **22.12.** Das Reichsinnenministerium verfügt, daß Reisepässe nur mit Zustimmung des zuständigen Wehrbezirkskommandos oder Wehrmeldeamts ausgestellt werden dürfen. **26.12.** Der Deutsche Reichsschutzbund fordert die Bevölkerung zur aktiven Mitarbeit bei der Verbesserung des Schutzes vor feindlichen Fliegerangriffen auf. **1936** Laut Gestapo wurden 1936 über 13 000 Menschen wegen »illegaler politischer Betätigung« verhaftet, darunter über 11 000 Kommunisten.	**27.9., Verkehr.** Adolf Hitler eröffnet die 91 km lange Teilstrecke der Autobahn Breslau–Kreibau. **12.11., Verkehr.** Als erster Abschnitt eines Verkehrsweges über die Bucht von San Francisco wird die San Francisco-Oakland-Bridge eröffnet. **Dezember, Wirtschaft.** Die Arbeitslosenzahl im Deutschen Reich ist von 4,8 Mio. (1933) auf 1,59 Mio. (1936) zurückgegangen. Die Arbeitsbeschaffungsmaßnahmen sind jedoch nur durch eine Vorbelastung des Staatshaushalts finanzierbar sind. **10.12., Nobelpreise.** In Oslo und Stockholm werden die Nobelpreise feierlich überreicht. ▷Chronik Nobelpreise, S. 190

1936 Geborene und Gestorbene

Geboren:
22.2. Karin Dor (Kätherose Derr), deutsche Schauspielerin.
4.3. Jim Clark (†7.4.1968), britischer Autorennfahrer.
29.3. Richard Rodney Bennett, britischer Komponist.
8.4. Klaus Löwitsch, deutscher Schauspieler.
12.5. Klaus Doldinger, deutscher Musiker und Komponist.
12.5. Frank Stella, amerikanischer Maler.
22.6. Kris Kristofferson, amerikanischer Schauspieler, Sänger und Liedertexter.
1.8. Yves Saint Laurent, französischer Modeschöpfer.
3.10. Steve Reich, amerikanischer Komponist.
5.10. Vaclav Havel, tschechoslowakischer Politiker und Schriftsteller.
5.11. Uwe Seeler, deutscher Fußballspieler.
15.11. Wolf Biermann, deutscher Lyriker und Kabarettist.

1937

Internationale Politik	Deutsche Politik	Wirtschaft und Wissenschaft
11.1., USA. In der Automobil- und Stahlindustrie bricht ein Streik aus. Über 100000 Arbeiter fordern bessere Arbeitsbedingungen. Der Sitzstreik ist eine neue Methode der Arbeiter, ihre Forderungen durchzusetzen. **12.1., Palästina.** Der Großmufti von Jerusalem, Muhammad Amin Al Hussaini, protestiert gegen die britische Palästinapolitik. **8.2., Spanien.** Nationalspanische und italienische Truppen marschieren in Málaga ein. Gleichzeitig greifen nationalistische Verbände Madrid an.	**30.1.** Albert Speer wird von Adolf Hitler zum »Generalbauinspektor für die Reichshauptstadt Berlin« ernannt. **21.3.** Von allen Kanzeln der katholischen Kirchen wird die Enzyklika »Mit brennender Sorge« verlesen, in der Papst Pius XI. Kirchenpolitik und Terrorherrschaft der nationalsozialistischen Führung scharf kritisieren werden. **31.3.** Carl Friedrich Goerdeler tritt als Oberbürgermeister von Leipzig zurück, nachdem ein Denkmal des jüdischen Komponisten Felix Mendelsson-Bartholdy entfernt worden war.	**7.1., Wirtschaft.** Das Deutsche Reich ist in den Bereichen Ölfrüchte, Faserstoffe und Baumharze besonders auslandsabhängig. Vom Gesamtverbrauch an landwirtschaftlichen Rohstoffen stammen nur 43% aus heimischer Produktion. **10.1., Verkehr.** Der Abschnitt Magdeburg–Helmstedt wird als letztes Teilstück der Reichsautobahn Berlin–Hannover dem Verkehr übergeben. **17.2., Chemie.** Der US-Firma Du Pont de Nemours läßt sich die Kunstfaser Nylon patentieren.

1936

Kunst, Literatur und Musik	Theater und Film	Gesellschaft
1936 Von dem deutschen Dichter Stefan Andres erscheint die Novelle *El Greco malt den Großinquisitor*, die das Problem von Kunst und Wahrheit behandelt. **1936** Walter Benjamin setzt sich in dem Essay *Das Kunstwerk im Zeitalter seiner technischen Reproduzierbarkeit* mit dem Einfluß der neuen Medien auf die Kunstwerke und deren Aura auseinander. **1936** Im Amsterdamer Exil veröffentlicht Klaus Mann bei Querido den Roman *Mephisto*, der die Karriere des Schauspielers Hendrik Höfgen nachzeichnet, der sich mit den NS-Machthabern arrangiert, um künstlerisch zu überleben.	**16.11.** Mit der Premiere des Films *Intermezzo* von Gustaf Molander gelingt Ingrid Bergman der internationale Durchbruch. **31.12.** Erfolgreichste Filmschauspielerin in den USA ist die siebenjährige Shirley Temple. Greta Garbo rangiert auf Platz 69, und Marlene Dietrich muß sich mit Platz 122 begnügen. Der Wandel des Publikumsgeschmacks entspricht der moralischen Neuorientierung der Hollywood-Filmemacher. **1936** Im Deutschen Reich stehen den Kinobesuchern insgesamt 5253 Filmtheater zur Verfügung. Damit liegt das Angebot für die deutsche Bevölkerung pro Kopf weltweit an zweiter Stelle hinter den Vereinigten Staaten.	**1936** Nach Angaben des Zentralbüros zur Auffindung von Vermißten in den USA sind in den letzten 20 Jahren weltweit sechs Mio. Menschen spurlos verschwunden. **1936** Trotz massiver NS-Kampagnen gegen die Berufstätigkeit deutscher Frauen, sind 11,5 Mio. Frauen nach wie vor erwerbstätig. Die Mehrzahl arbeitet im land- und hauswirtschaftlichen Bereich. **1936** Die staatliche Reichsrundfunkgesellschaft wird in einem Prozeß dazu verpflichtet, der Schallplattenindustrie Gebühren für die Ausstrahlung von Musiksendungen zu zahlen. **1936** Im Deutschen Reich gibt es zur Zeit 7 583 841 Rundfunkteilnehmer.

Geborene und Gestorbene

Gestorben:
18.1. Rudyard Kipling (*30.12.1865), britischer Schriftsteller.
20.1. Georg V. (*3.6.1865), britischer König.
4.2. Wilhelm Gustloff (*30.1.1895), deutscher Politiker.
27.2. Iwan P. Pawlow (*14.9.1849), sowjetischer Physiologe.

28.2. Charles Nicolle (*21.9.1866), französischer Mediziner.
28.4. Fuad I. (*26.3.1868), König von Ägypten.
8.5. Oswald Spengler (*29.5.1880), deutscher Philosoph.
14.5. Edmund Henry Hynmann Allenby (*23.4.1861), britischer Feldmarschall.

12.6. Karl Kraus (*28.4.1874), österreichischer Schriftsteller und Journalist.
18.6. Maxim Gorki (*28.3.1868), sowjetischer Schriftsteller.
18.6. Heinrich Lersch (*12.9.1889), deutscher Dichter.
10.12. Luigi Pirandello (*28.6.1867), italienischer Dichter.

1937

Kunst, Literatur und Musik	Theater und Film	Gesellschaft
23.1. UA: *Rembrandt van Rijn*, Oper von Paul von Klenau, an der Berliner Staatsoper. **20.2.** In Hamburg wird eine Ausstellung mit Werken des deutschen Malers Franz Radziwill eröffnet. **22.3.** In Berlin wird der deutsche Politiker und Schriftsteller Ernst Niekisch von der Gestapo verhaftet, weil er versuchte, antifaschistische Widerstandsgruppen aufzubauen. **31.3.** Im Deutschen Reich wird des 25. Todestages des Schriftstellers Karl May gedacht.	**15.1.** In Berlin werden zwei Spielfilme uraufgeführt: *Ritt in die Freiheit* von Karl Hartl mit Willy Birgel sowie *Und Du, mein Schatz, fährst mit* von Georg Jacoby mit Marika Rökk, Hans Söhnker, Paul Hoffmann und Oskar Sima. **17.2.** UA: *Reisender ohne Gepäck*, Stück von Jean Anouilh, in Paris. **18.3.** UA: *Die göttliche Jette*, Lustspielfilm von Erich Waschnek mit Grethe Weiser in der Hauptrolle, in Berlin. **2.4.** UA: *Figaro läßt sich scheiden*, zeitkritisches Schauspiel von Ödön von Horváth, in Prag.	**7.1.** In Den Haag heiraten die niederländische Thronfolgerin Prinzessin Juliana und der deutsche Prinz Bernhard von Lippe-Biesterfeld. **14.1.** In München tagt der »Internationale Karnevalskongreß 1937« bis zum 17. Januar. **15.1.** Anläßlich des »Tages der Deutschen Polizei« nennt der Reichsführer der SS und Chef der deutschen Polizei, Heinrich Himmler, als Hauptaufgaben der Polizei die Sicherung des Straßenverkehrs sowie die Bekämpfung von Homosexualität und Abtreibung.

1937

Internationale Politik

22.2., Österreich. Die Regierung widersetzt sich Versuchen der NSDAP, sich größeren Einfluß in Österreich zu verschaffen.
20.3., Österreich. Der Wiener Polizeipräsident Michael Skubl wird zum Staatssekretär für Angelegenheiten der Sicherheit ernannt.
25.3., Italien/Jugoslawien. Italien und Jugoslawien schließen einen Freundschaftspakt, in dem sie sich die gegenseitige Anerkennung ihrer Grenzen zusichern und ihre Handelsbeziehungen erweitern.
2.4., Südafrika. Die Regierung verbietet die NSDAP in der ehemaligen deutschen Kolonie Südwestafrika und richtet sich damit gegen Kolonialforderungen der NS-Regierung.
8.4., USA. Der oberste Gerichtshof in den USA bewilligt ein Gesetz, nach dem sich auch Nichtfacharbeiter in Gewerkschaften organisieren dürfen.
26.4., Spanien. Flugzeuge der deutschen Legion Condor, die auf der Seite der Franco-Truppen kämpfen, zerstören die nordspanische Stadt Guernica. Im Juni nehmen sie die baskische Stadt Bilbao ein.
3.5., Österreich/Ungarn. Österreichische Regierungsvertreter bemühen sich in Budapest um eine Verbesserung der Beziehungen zu Ungarn.
25.5., Schweiz/Ägypten. Ägypten wird ohne Gegenstimmen in den Völkerbund in Genf aufgenommen.
28.5., Großbritannien. Nach dem Rücktritt von Stanley Baldwin wird der konservative Politiker Arthur Neville Chamberlain zum britischen Premierminister ernannt.
11.6., UdSSR. Hohe Armeeführer fallen der stalinistischen »Großen Säuberung« zum Opfer. Sie werden durch parteitreue Kommissare ersetzt.
21.6., Frankreich. Ministerpräsident Léon Blum scheitert mit einer Steuervorlage an der liberalen Senatsmehrheit. Nach seinem Rücktritt bildet der Liberale Camille Chautemps die zweite Volksfrontregierung.
7.7., Japan/China. Japan provoziert einen militärischen Konflikt in Nordchina, um die Kontrolle über das halbautonome Gebiet zu gewinnen.

Deutsche Politik

28.4. Vor dem Volksgerichtshof in Berlin werden Mitglieder des »Katholischen Jungmännerverbandes« in einem Schauprozeß verurteilt.
24.6. Kriegsminister Werner von Blomberg erläßt eine geheime »Weisung für die einheitliche Kriegsvorbereitung der Wehrmacht«. Hierzu gehört u.a. die »Notwendigkeit der getarnten Mobilmachung« sowie die »Bereitschaft zu blitzschnellen Aktionen«.
19.7. Bei Weimar beginnen auf dem Gelände des Konzentrationslagers Buchenwald die ersten 149 Häftlinge mit den Bauarbeiten.
20.7. Die Reichsführung erläßt ein Gesetz, wonach Deutsche, die nicht zum zweijährigen Wehrdienst eingezogen werden, eine besondere Steuer zu entrichten haben. Die Wehrsteuer beträgt in den ersten zwei Jahren 50 % der Einkommensteuer.
15.8. Auf der Festsitzung der Ratsherren zur »700 Jahre Berlin«-Feier gibt der Oberbürgermeister, SS-Standartenführer Julius Lippert, eine nationalsozialistische Interpretation der Entwicklung Berlins. ▷Chronik Zitat

700 Jahre Berlin

Chronik Zitat

»Wir sind uns zutiefst bewußt, daß wir nicht da ständen, wo wir heute stehen, und Berlin nicht das wäre, was es heute ist, hätte uns nicht ein gütiges Geschick Adolf Hitler als Retter gesandt.«
Julius Lippert, Oberbürgermeister

19.9. In Mecklenburg und Pommern werden Manöver mit allen drei Waffengattungen der deutschen Wehrmacht durchgeführt, um die weitflächige Kriegführung mit modernster Technik zu trainieren.
21.10. Die NS-Regierung in Danzig verbietet die katholische Zentrumspartei und ermöglicht so der NSDAP die Alleinherrschaft über die Stadt. Am 23. Oktober kommt es zu Ausschreitungen gegen die jüdische Bevölkerung.

Wirtschaft und Wissenschaft

9.4., Luftfahrt. In der neuentwickelten »Kamikaze«-Maschine fliegen zwei japanische Piloten in weniger als vier Tagen von Tokio nach London, wo sie begeistert empfangen werden.
16.4., Technik. Die »Ark Royal«, das erste speziell als Flugzeugträger konzipierte Kriegsschiff, läuft in Großbritannien vom Stapel.

Preise im Deutschen Reich

Chronik Statistik

Lebensmittelpreise (Reichsmark):

Butter, 1 kg	3,12
Weizenmehl, 1 kg	0,51
Schweinefleisch, 1 kg	1,63
Rindfleisch, 1 kg	1,87
Kartoffeln, 1 kg	0,09
Eier, 1 Stück	0,11

6.5., Luftfahrt. Im amerikanischen Lakehurst geht das weltweit größte Luftschiff, die »Hindenburg«, nach einer Explosion in Flammen auf. 36 Menschen werden getötet.
22.5., Geologie. Eine sowjetische Nordpolexpedition unter Leitung von Otto J. Schmidt richtet in der Nähe des Pols eine Forschungsstation ein. Vier Forscher bleiben ein Jahr dort.
25.5., Wissenschaften. In Berlin wird der »Reichsforschungsrat« gegründet, der naturwissenschaftliche Forschungen mit Blick auf die angestrebte Autarkie und Kriegsbereitschaft zentral lenken soll.
Juni, Medizin. Mit einem elektrischen »künstlichen Herzanreger« ist es dem amerikanischen Arzt Albert S. Hyman gelungen, den Herzstillstand bei 25 seiner Patienten zu beheben.
Juli, Physik. Das Kaiser-Wilhelm-Institut für Physik nimmt in Berlin seine Arbeit auf. Es verfügt u.a. über eine Hochspannungsanalage zur »Atomzertrümmerung«.
15.7., Wirtschaft. Der Reichsbeauftragte des Vierjahresplans, Hermann Göring, gründet in Berlin die »A.G. für Erzbau und Eisenhütten Hermann Göring« zur verstärkten Erz-Förderung.

1937

Kunst, Literatur und Musik

1.5. Der deutsche Schriftsteller Friedrich Bethge erhält für sein Schauspiel *Marsch der Veteranen* den vom Reichspropagandaministerium gestifteten nationalen Buchpreis.

4.5. Bei Aufführungen des *Don Carlos* von Friedrich Schiller kommt es in Berlin zu demonstrativen Beifallsstürmen, die als Protest gegen die Unterdrückung durch das NS-Regime gemeint sind.

2.6. UA: *Lulu*, Oper des österreichischen Komponisten Alban Berg, in Zürich.

5.6. In Berlin wird eine Ausstellung moderner Kunst aus Frankreich eröffnet. Sie zeigt Fauvisten wie Henri Matisse und Maurice de Vlaminck. Künstler, die abstrakt oder surrealistisch arbeiten, sind kaum vertreten.

8.6. UA: *Carmina Burana*, szenische Kantate des deutschen Komponisten Carl Orff, in Frankfurt am Main. Weitere Aufführungen der neuartigen Komposition werden von den NS-Kulturbehörden verhindert.

12.7. Auf der Weltausstellung in Paris wird das Gemälde *Guernica* des spanischen Malers Pablo Picasso ausgestellt, der sein Werk als Protest gegen die Grausamkeit des Spanischen Bürgerkriegs versteht.

18.7. In München wird das »Haus der Deutschen Kunst« eingeweiht, das nach Plänen des deutschen Architekten Paul Ludwig Troost gebaut wurde und das in seiner strengen Monumentalität die Macht des NS-Regimes ausdrückt.

19.7. Die Ausstellung »Entartete Kunst« wird in München eröffnet. Sie zeigt moderne Werke bekannter Künstler, die von den NS-Behörden als »Angriff auf die Ideale der germanischen Rasse« verurteilt werden.

23.7. Mit Richard Wagners letzter Oper, dem *Parsifal,* werden in Bayreuth die legendären Wagner-Festspiele eröffnet.

3.9. An erster Stelle der Bestsellerliste belletristischer Literatur steht im Deutschen Reich *Die Biene Maja* (1912) von Waldemar Bonsels.

27.9. UA: *Maske in Blau*, Operette von Fritz Raymond, in Berlin.

Theater und Film

28.4. Bei Rom wird die neue »Cinccittà« mit dem Namen »Quadraro« durch Duce und Ministerpräsident Mussolini eingeweiht. Das Filmproduktionszentrum mit ausgedehntem Freigelände gehört zu den größten und modernsten Europas.

5.4. UA: *Die Riesen vom Berge*, Dramenfragment des Italieniers Luigi Pirandello, in Florenz.

1.5. Der deutsche Schauspieler Emil Jannings wird für seine Rolle in dem Spielfilm *Der Herrscher* mit dem nationalen Filmpreis des Reichspropagandaministeriums ausgezeichnet.

4.5. Die NS-Regierung erlangt durch den Aufkauf der Aktienmehrheit der Ufa-Filmgesellschaft die Kontrolle über die Filmwirtschaft. Die Unternehmen Tobis und Terra befinden sich bereits in Staatsbesitz.

8.6. In Frankreich läuft der Antikriegsfilm *Die große Illusion* von Jean Renoir mit Jean Gabin und Pierre Fresnay in den Hauptrollen an.

30.6. Der bisher als Sportreporter bekannte amerikanische Schauspieler Ronald Reagan unterzeichnet in Hollywood seinen ersten Filmvertrag bei den Warner Brothers.

15.7. UA: *Der Mann, der Sherlock Holmes war*, Kriminalfilm von Karl Hartl mit Hans Albers als Sherlock Holmes und Heinz Rühmann als Dr. Watson, in Berlin.

31.8. UA: *Zu neuen Ufern*, Spielfilm mit Zarah Leander, in Berlin

4.9. Auf der Filmkunstschau in Venedig wird der französische Regisseur Julien Duvivier für seinen Film *Un Carnet de bal* ausgezeichnet. Weitere Preise erhalten: *Scipione l'Africano* (Italien) und der britische Film *Victoria the Great*.

13.10. UA: *Der Mustergatte*, Spielfilm von Wolfgang Liebeneiner mit Heinz Rühmann und Leni Marenbach, in Berlin.

16.10. UA: *Die Gewehre der Frau Carrar*, Stück von Bertolt Brecht über den Spanischen Bürgerkrieg, in Paris.

19.10. Die Verfilmung des Lustspiels *Der zerbrochene Krug* von Heinrich von Kleist hat in Berlin Premiere. Regie führte Gustav Ucicky.

Gesellschaft

15.1. Die NS-Führung verfügt die Einrichtung von »Adolf-Hitler-Schulen«, die als Vorstufen der »Ordensburgen« Jugendliche zur neuen NS-Elite erziehen sollen.

26.1. Der deutsche Architekt Walter Gropius, Gründer des Bauhauses in Weimar und Dessau, wird Lehrer für Architektur an der Harvard-Universität in Cambridge (USA).

4.2. Auf Druck der NS-Behörden melden immer mehr Eltern ihre Kinder in nicht-konfessionellen Schulen an.

26.2. Der in Zürich tagende Kongreß »Weltbund für Frauenstimmrecht und staatsbürgerliche Erziehung« fordert die Anerkennung des Rechtes der Frauen auf Arbeit.

März Für die Weltausstellung 1939 wird in der Bucht von San Francisco eine 1,7 km lange und 1,05 km breite künstliche Insel angelegt.

3.3. Im Deutschen Reich beginnt ein großangelegter Werbefeldzug für den Eintritt aller Zehnjährigen in die Hitlerjugend bzw. den Bund deutscher Mädel.

Deutsche Meister Chronik Sport

Leichtathletik:

100 m:	
Käthe Krauss	11,9 sec
200 m:	
Maria Willenbacher	25,6 sec
80 m Hürden:	
Siegfriede Dempe	11,7 sec
Hochsprung:	
Elfriede Kaun	1,57 m
Weitsprung:	
Käthe Krauss	5,96 m

30.4. In Berlin wird die Propaganda-Ausstellung »Gebt mir vier Jahre Zeit« eröffnet, die Leistungen auf kulturellem, wirtschaftlichem und politischem Gebiet seit Beginn der NS-Herrschaft dokumentieren will.

24.5. Die Weltausstellung in Paris zeigt unter dem Motto »Kunst und Technik« die neuesten Entwicklungen der Aussteller aus 44 Nationen.

1937

Internationale Politik

7.7., Indien. Die Kongreßpartei gibt ihren Widerstand gegen die Kabinettsbildung in sechs Provinzen auf, der sich gegen die Einsetzung übergeordneter Provinzgouverneure richtete.
30.7., China/Japan. Japanische Truppen erobern die Stadt Tientsin und besetzen das Gebiet östlich von Peking bis zur Küste.
11.8., Schweiz/Palästina. In Zürich lehnt der Zionistische Weltkongreß die britischen Pläne für eine Teilung Palästinas ab. Die Differenzen stellt der Präsident der Zionistischen Weltorganisation, Chaim Weizmann, dar. ▷Chronik Zitat
21.8., China/UdSSR. Die UdSSR und China schließen einen Nichtangriffspakt, der China im Krieg gegen Japan den Rücken frei halten soll und Waffenlieferungen vorsieht.
5.10., USA. Präsident Franklin D. Roosevelt erklärt, daß die USA ihre Isolationspolitik aufgeben werden, um gegen die Expansion der »aggressiven« Staaten vorzugehen.

Keine Teilung Palästinas
Chronik Zitat

»Für die Zionisten bedeutet Palästina nicht ein Einwanderungsland, sondern die historische Heimat der Juden.«
Chaim Weizmann

21.10., Spanien. Nationalspanische Truppen marschieren in Asturien ein und beherrschen damit auch Nordspanien.
6.11., Italien. Italien tritt dem Antikominternpakt bei, den Japan und das Deutsche Reich 1936 gründeten.
10.11., Brasilien. Der seit 1930 amtierende Staatspräsident Getúlio Dornelles Vargas entmachtet das Parlament und errichtet eine Diktatur.
19.11., Großbritannien. Im Rahmen seiner »Appeasement-Politik« erklärt sich Großbritannien mit der Expansionspolitik des Deutschen Reiches einverstanden und gibt damit seine Rolle als Schutzmacht für Osteuropa auf.

Deutsche Politik

5.11. Adolf Hitler kündigt in der Reichskanzlei die Erweiterung des deutschen Territoriums durch die Annexion Österreichs und der Tschechoslowakei an, um die »Raumnot des deutschen Volkes« zu beseitigen.

Verfahren gegen Geistliche
Chronik Zitat

»Verurteilt wurden 45 Priester, 176 Ordensbrüder und -schwestern ... Verfahren sind noch anhängig gegen 93 Priester, 744 Ordensbrüder und -schwestern ... Es ist klar, daß hier nicht mehr von Einzelfällen gesprochen werden kann.«
Reichskirchenminister Hanns Kerrl

5.11. Die Regierungen in Berlin und Warschau veröffentlichen eine gemeinsame Erklärung über den künftigen Schutz der deutschen bzw. polnischen Minderheiten in beiden Ländern.
8.11. Ein neues Reichsgesetz ordnet an, daß Nachkommen der Pflichtteil an der Erbmasse dann entzogen werden kann, wenn sie eine Ehe mit einem Juden eingehen.
8.11. In München wird die vom Propagandaministerium initiierte Ausstellung »Der ewige Jude« eröffnet. Die diffamierenden Dokumente, Schaubilder und Fotos sollen zur »rassepolitischen Schulung« der Bevölkerung beitragen.
30.11. In einer Rede in der Stadthalle von Hagen stellt der deutsche Reichskirchenminister Hanns Kerrl fest, daß es in keinem Stand einen so großen Prozentsatz von Straftaten gebe wie bei den Geistlichen. ▷Chronik Zitat
26.11. Der bisherige Pressechef der NSDAP, Otto Dietrich, wird von Adolf Hitler zum Reichspressechef ernannt.
6.12. Der Leiter des Kolonialpolitischen Amtes der NSDAP, der Bayerische Reichsstatthalter Franz Ritter von Epp, fordert in einer Rede in Berlin die »Rückerstattung des kolonialen Eigentums«.

Wirtschaft und Wissenschaft

30.7., Medien. Auf der Rundfunkausstellung in Berlin werden Radios mit gesteigerter Wiedergabequalität und Fernsehgeräte mit einer wesentlich verbesserten Bildwiedergabe vorgeführt.
1.8., Luftfahrt. Die Gerhard-Fieseler-Werke GmbH stellt in Kassel das einmotorige Flugzeug »FI 156«, die »Fieseler Storch« vor. Sie überzeugt durch ihre Langsam-Flugfähigkeit und kurze Start- und Landestrecken.
17.9., Luftfahrt. In Dessau stellt die Junkers Flugzeug- und Motorenwerke AG ihr ziviles Großflugzeug »Ju 90« vor, das eine Höchstgeschwindigkeit von 410 km/h erreicht und über eine Reichweite von 2000 km verfügt.
26.9., Architektur. In dänischen Südseeland wird die 3200 m lange Storstrømbrücke eingeweiht. Sie verbindet die Inseln Seeland und Falster.
Oktober, Chemie. Dem Schweizerischen Biochemiker Tadeus Reichstein gelingt in Zürich die Herstellung von vier wirksamen Hormonen aus der Nebennierenrinde.
14.10., Verkehr. In den USA wird das »Huckepack-Gespann« Mayo Composite aus zwei aufeinandersitzenden Schwimmflugzeugen vorgestellt. Sie sollen sich den Weg über den Atlantik teilen und damit eine Luftpostlinie ermöglichen.

Wissenschaftler geehrt
Chronik Nobelpreise

Chemie: Walter N. Haworth (GB) und Paul Karrer (CH)
Medizin: Albert Szent-Györgyi von Nagyrapolt (H)
Physik: Clinton J. Davisson (USA) und George Thomson (GB)
Frieden: Edgar Algernon Robert Viscount Cecil of Chelwood (GB)
Literatur: Roger Martin du Gard (F)

2.11., Luftfahrt Der von Heinrich Focke konstruierte Hubschrauber »Fw 61« wird in Berlin der Öffentlichkeit vorgestellt. Er erreicht eine Durchschnittsgeschwindigkeit von 122,553 km/h.

1937

Kunst, Literatur und Musik

30.9. Der bekannte deutsche Komponist Paul Hindemith legt unter dem Druck des NS-Regimes sein Lehramt an der Berliner Staatlichen Hochschule für Musik nieder.
2.10. Der schweizerische Jazz- und Unterhaltungsmusiker Teddy Stauffer tritt mit seiner Swing-Band in Berlin auf.
15.10. Auf staatliche Anordnung werden aus einer Ausstellung in der Tschechoslowakei politische Karikaturen entfernt, darunter die des Grafikers John Heartfield, dessen Werke das NS-Regime anprangern.
26.11. 84 Jahre nach seiner Entstehung wird das Violinkonzert d-moll von Robert Schumann in Berlin uraufgeführt. Den Solopart spielt Georg Kulenkampff, Dirigent ist Karl Böhm.
7.12. Der österreichische Schriftsteller Franz Werfel hält in Wien den Vortrag *Von der Glückseligkeit des Menschen*.
18.12. Der Präsident der Reichsmusikkammer, Peter Raabe, erläßt eine Anordnung »zum Schutz des Kulturlebens«, durch die »Einflüsse unerwünschter ... Musik«, wie Jazz und moderne Klassik, eliminiert werden sollen. ▷Chronik Zitat
1937 Der deutsche Schriftsteller Rudolf Borchardt veröffentlicht seinen Roman *Vereinigung durch den Feind hindurch*.
1937 Der amerikanische Schriftsteller John Steinbeck veröffentlicht seinen naturalistisch-melodramatischen Kurzroman *Von Menschen und Mäusen*, eine Tragödie von zwei Wanderarbeitern.

Schutz der Kultur
Chronik Zitat

»Alle ausländische Musik, die in Deutschland durch die Musikalien-Verleger oder -Händler vertrieben werden soll, ist der Musikprüfstelle des Reichsministeriums für Volksaufklärung und Propaganda vorzulegen.«
Peter Raabe

Theater und Film

5.11. In Paris und Prag wird der amerikanische Spielfilm *A Day at the Races* (Pferderennen) mit dem Komikerquartett Marx Brothers erstmals in Europa gezeigt.
Dezember. Auf dem Pareteitag der Kommunistischen Partei Frankreichs in Arles würdigt KPF-Chef Maurice Thorez die Leistung von Regisseur Jean Renoir für die Propagierung der Volksfront-Ideen.

Schneewittchens Erfolg
Chronik Zitat

»Die Illusion ist so perfekt, die Liebesromanze so zärtlich und die Phantasie so emotionell, wenn das Handeln der Figuren eine Tiefe erreicht, die der Innigkeit menschlicher Darsteller gleichkommt.«
US-Fachzeitschrift »Variety«

18.12. In Berlin hat Zarah Leanders zweiter deutscher Spielfilm, *La Habanera*, Premiere. Er wird wie ihr erster Film, *Zu neuen Ufern*, zu einem Kassenschlager. Regie führte Detlef Sierck.
21.12. In den USA hat der erste abendfüllende Zeichentrickfilm in Farbe und mit Ton Premiere. Walt Disney's *Schneewittchen und die sieben Zwerge* wird ein Kassenschlager. Auch die Presse ist begeistert. ▷Chronik Zitat
1937 Die französischen Arbeitgeberverbände und Filmorganisationen vereinbaren entsprechend den Zielen der Volksfront-Regierung eine Reihe sozialer Verbesserungen für die Angestellten in der Filmbranche.
1937 UA: *Die spanische Erde*, Film von Joris Ivens über den Spanischen Bürgerkrieg, in den USA.
1937 Ein Remake seines Stummfilms *Der Kampf ums Matterhorn* (1928) bringt Luis Trenker mit *Der Berg ruft* über die Matterhorn-Erstbesteigung 1865 ins Kino.
1937 Einen großen Erfolg verzeichnet Michail Romm mit *Lenin im Oktober*, dem ersten Tonfilm über den Gründer der Sowjetunion.

Gesellschaft

27.5. In San Francisco wird die 2,8 km lange Golden-Gate-Brücke als Teil eines neuen Verkehrssystems eingeweiht.
3.7. Der Professor für Psychologie und Philosophie, Karl Jaspers, wird von den NS-Behörden in den Ruhestand versetzt.
12.7. In Oxford beginnt die Weltkirchenkonferenz ohne Vertreter der Evangelischen Kirche Deutschlands, die keine Ausreiseerlaubnis erhielten.
7.8. Die österreichische Regierung verbietet die deutschvölkische Turnerschaft in Österreich, die enge Verbindungen zu den deutschen Nationalsozialisten hat.
14.8. In Berlin wird das 700jährige Bestehen Berlins feierlich begangen. Die NS-Regierung gestaltet die Festlichkeiten als Leistungsschau der »Bewegung«.
17.9. Wiens großes Messegebäude, die Rotunde im Prater, die anläßlich der Weltausstellung 1873 erbaut worden war, brennt bis auf die Grundmauern ab.
November Wegen der Maul- und Klauenseuche müssen im Deutschen Reich 17 500 Gehöfte geschlossen werden. Die bereits zuvor mangelhafte Versorgung der Bevölkerung mit Fleisch verschlechtert sich weiter.
November Das amerikanische Ackerbauministerium schätzt die diesjährige Baumwollernte auf einen Ertrag von über 18 Mio. Ballen. Es zeichnet sich eine Rekordernte ab.
30.11. Die weltberühmte amerikanische Sängerin und Tänzerin Josephine Baker heiratet den Pariser Flugzeugpiloten Jean Lion und nimmt die französische Staatsbürgerschaft an.
3.12. Deutschen Arbeitnehmern wird nach einer Anordnung Hermann Görings künftig auch an Feiertagen der volle Lohn angerechnet.
1937 24 000 Juden wandern aus dem Deutschen Reich aus, um dem antisemitischen Terror des NS-Regimes zu entkommen.
1937 Die SS beginnt mit öffentlichen Hetzkampagnen gegen Homosexuelle. 8 271 Personen werden wegen »unnatürlicher Unzucht« festgenommen und verurteilt.

1937

Internationale Politik	Deutsche Politik	Wirtschaft und Wissenschaft
11.12., Italien. Italien verläßt den Völkerbund, weil sich Frankreich und Großbritannien weigern, die Annexion Abessiniens anzuerkennen. **13.12., China/Japan.** Nach einer erfolgreichen Großoffensive marschieren japanische Truppen in der chinesischen Hauptstadt Nanking ein und rufen eine »vorläufige Republik China« aus. **29.12., Irland.** Gemäß der neuen Verfassung erklärt sich Irland als Republik von Großbritannien unabhängig. **29.12., Rumänien.** Mit dem Amtsantritt des Ministerpräsidenten Octavian Goga vollzieht sich in Rumänien eine scharfe Rechtswende. **1937** Das Deutsche Reich, Italien, Japan, die USA, Großbritannien, Frankreich und die UdSSR investieren insgesamt 5,4 Mrd. Golddollar in die Aufrüstung.	**15.12.** Im Deutschen Reich beginnt durch die Einschränkung der Devisen- und Rohstofflieferungen die Ausschaltung jüdischer Betriebe aus der Wirtschaft. **21.12** Reichskriegsminister Werner von Blomberg erläßt eine geheime Weisung für einen Angriffskrieg gegen die Tschechoslowakei. **21.12.** Die Reichsregierung beschließt ein Gesetz über den Ausbau der Rentenversicherung. Darin enthalten sind u.a. Beitragserleichterungen und Rentenerhöhungen für Bergleute. Finanziert werden die Maßnahmen aus den Überschüssen der Arbeitslosenversicherung. **31.12.** Nach offiziellen Angaben aus dem Reichsjustizministerium wurden 1937 insgesamt 504 093 Personen wegen Verbrechen oder Vergehen gegen Reichsgesetze abgeurteilt.	**Dezember, Technik.** Die Industrie stellt eingefärbte Kontaklinsen vor, durch die die Farbe der Augen verändert wird. Die »Glasschalen« können auch geschliffen werden und so Fehlsichtigkeit ausgleichen. **Dezember, Wirtschaft.** Die Weltwirtschaftskrise, die nach dem »Schwarzen Freitag« vom 25.10.1929 zu einer weltweiten Rezession geführt hatte, gilt als überwunden. Die Industrieproduktionen erreichen den Stand von 1929, die Arbeitslosigkeit geht zurück. **Dezember, Verkehr.** Im Deutschen Reich sind insgesamt 1300 km Autobahn in Betrieb. **10.12., Nobelpreise.** Am Todestag des schwedischen Chemikers und Industriellen Alfred Nobel werden in Oslo und Stockholm die diesjährigen Nobelpreise feierlich verliehen. ▷Chronik Nobelpreise

1937 Geborene und Gestorbene

Geboren:
31.1. Philip Glass, amerikanischer Komponist.
8.2. Manfred Krug, deutscher Schauspieler.
6.3. Walentina Tereschkowa, sowjetische Kosmonautin.
16.3. Rudi Altig, deutscher Radrennfahrer.
22.3. Armin Hary, deutscher Sportler.
22.4. Jack Nicholson, amerikanischer Schauspieler.
20.5. Franz Steinkühler, deutscher Gewerkschaftsführer.
19.6. André Glucksman, französischer Philosoph.
6.7. Vladimir Ashkenazy, sowjetischer Pianist.
9.7. David Hockney, britischer Maler und Fotograf.
8.8. Dustin Hoffman, amerikanischer Schauspieler.
20.8. Georg Thoma, deutscher Skiläufer.
1.9. Allen Jones, britischer Maler und Grafiker.
30.9. Jurek Becker, deutscher Schriftsteller und Filmautor.
1.10. Peter Stein, deutscher Theaterregisseur.

1938

Internationale Politik	Deutsche Politik	Wirtschaft und Wissenschaft
8.1., Spanien. Die Regierungstruppen verbessern durch Eroberung der von nationalspanischen Einheiten verteidigten Stadt Teruel ihre Position. **18.3., Mexiko.** Die 17 amerikanischen und britischen Ölgesellschaften werden enteignet, nachdem sie auf Tarif- und Urlaubsforderungen der Arbeiter nicht eingegangen waren.	**4.2.** Reichskriegsminister Werner von Blomberg und der Oberbefehlshaber des Heeres, Werner Freiherr von Fritsch, geben unter Druck der Regierung ihren Rücktritt bekannt. **4.2.** Adolf Hitler wird Oberbefehlshaber der Wehrmacht. Das neue Oberkommando der Wehrmacht führt Generaloberst Wilhelm Keitel.	**25.1., Wirtschaft.** Der ehemalige Ministerpräsident Belgiens, Paul van Zeeland, überreicht in Brüssel den Botschaftern Frankreichs und Großbritanniens eine Analyse der Weltwirtschaftsordnung. Danach ist eine Wiederbelebung des Welthandels nur auf Grundlage einer allgemeinen internationalen Zusammenarbeit möglich.

1937

Kunst, Literatur und Musik	Theater und Film	Gesellschaft
1937 In Berlin erscheint Hans Falladas Roman *Wolf unter Wölfen*. **1937** Zu den erfolgreichsten deutschen Büchern gehören 1937 die Biographien *Die Kaiserin Galla Placidia* von Henry Benrath und *Der Vater* von Jochen Klepper. **1937** Der Roman *Die Heiden von Kumerow* von Ehm Welk wird als deutsches »Blut-und-Boden«-Epos gefeiert, obwohl der Autor als Gegner des NS-Regimes in Haft sitzt. **1937** Der französische Maler und Grafiker Raoul Dufy beendet die Arbeit an seinem Werk *La Fée Électricité* für die Pariser Weltausstellung. **1937** Das in Paris entstandene Zentrum für surrealistische Kunst, dem sich Maler wie Max Ernst, Joan Miró und Salvador Dalí angeschlossen haben, wird zunehmend durch politische Differenzen erschüttert.	**1937** In Paris wird das Schauspiel *Asmodi* von François Mauriac uraufgeführt. Es wird von Jacques Copeau inszeniert, dessen Ziel das »reine«, von jedem szenischen Aufwand befreite Theater ist. **1937** In den USA entfalten die Komiker Stan Laurel und Oliver Hardy in *Way out West (Dick und Doof im Wilden Westen)* in der Regie von James W. Horne eine mit umwerfenden Einfällen gespickte Western-Satire. **1937** Im Deutschen Reich sahen 396 Mio. Zuschauer in 5302 Kinos 94 verschiedene Spielfilme. **1937** Die amerikanische Schauspielerin Margarita Cansino, deren Vertrag mit der Produktionsgesellschaft Fox nach der Fusion mit 20th Century Pictures 1935 annulliert worden war, nimmt den Künstlernamen Rita Hayworth an.	**1937** Im Laufe des Jahres werden 60 aktive Mitglieder der »Bekennenden Kirche« festgenommen, darunter ihr Wortführer Martin Niemöller. **1937** Die Lebensbedingungen für Juden werden im Deutschen Reich immer schlechter. Vereine und Veranstaltungen werden verboten und der Zugang zu öffentlichen Einrichtungen eingeschränkt. **1937** Um arbeitsunwillige »Volksgenossen« zu entlarven und den physischen Zustand der Arbeiterschaft kontrollieren zu können, führt die NSDAP einen »Gesundheitspaß« ein. **1937** Die deutschen Gesundheitspolitiker kümmern sich gemäß dem nationalsozialistischen Motto »Volksgesundheit vor Individualgesundheit« vorrangig um die Absonderung der sog. artfremden und ungesunden Elemente im »Volkskörper«.

1937 Geborene und Gestorbene

16.11. Lothar Späth, deutscher Politiker.
20.11. René Viktor Kollo, deutscher Sänger.
21.12. Jane Fonda, amerikanische Schauspielerin.

Gestorben:
23.1. Heinrich Mataja (*14.3.1877), österreichischer Politiker.

5.2. Lou Andreas-Salomé (*12.2.1861), deutsche Dichterin.
8.3. Albert Verwey (*15.5.1865), niederländischer Schriftsteller.
16.3. Joseph Austen Chamberlain (*16.10.1863), britischer Politiker.
27.4. Antonio Gramsci (*22.1.1891), italienischer Politiker.
23.5. John Rockefeller (*8.7.1839), amerikanischer Industrieller.

28.5. Alfred Adler (*7.2.1870), österreichischer Psychiater.
11.7. George Gershwin (*26.9.1898), amerikanischer Komponist.
19.10. Ernest Rutherford (*30.8.1871), britischer Physiker.
20.12. Erich Ludendorff (*9.4.1865), deutscher General und Politiker.
28.12. Maurice Ravel (*7.3.1875), französischer Komponist.

1938

Kunst, Literatur und Musik	Theater und Film	Gesellschaft
16.1. Der Klarinettist Benny Goodman und seine Band sind die ersten Jazzmusiker, die in der bislang der ernsten Musik vorbehaltenen Carnegie Hall in New York auftreten. **17.1.** In Paris eröffnet eine internationale Surrealisten-Ausstellung mit Werken von Salvador Dalí, Yves Tanguy, Max Ernst u.a.	**7.1.** Der Film *Der Tiger von Eschnapur* kommt in die deutschen Kinos. Regie führte Richard Eichberg. **20.1.** UA: *Das Herz in der Trommel*, Theaterstück des Schriftstellers Michael Haupt, in Danzig. **22.1.** UA: *Unsere kleine Stadt*, Schauspiel amerikanischen Autors Thornton Wilder, in Princeton (USA).	**25.1.** In Mitteleuropa ist ein außergewöhnliches Naturschauspiel zu begutachten: Das Polarlicht in den oberen atmosphärischen Schichten ist zu sehen. **31.1.** Die Niederlande feiern die Geburt von Prinzessin Beatrix von Oranien-Nassau, der ersten Tochter von Kronprinzessin Juliana und Prinz Bernhard.

1938

Internationale Politik

12.4., Frankreich. Mit dem Amtsantritt des liberalen Ministerpräsidenten Édouard Daladier endet in Frankreich die Phase der Volksfront-Regierungen.
15.4., Spanien. Das nationalspanische Heer erreicht die Mittelmeerküste zwischen Valencia und Barcelona. Damit ist der von den republikanischen Regierungstruppen kontrollierte Teil Spaniens in zwei Hälften zerfallen.
24.4., Tschechoslowakei. In Karlsbad formuliert der Vorsitzende der Sudetendeutschen Partei, Konrad Henlein, das Karlsbader Programm, das Gleichberechtigung und Autonomie für Sudetendeutsche fordert.
14.5., Schweiz. Der Völkerbund billigt einen Antrag der Schweiz, die angesichts der veränderten Lage in Europa von »differentieller« zu »integraler« Neutralität zurückkehren will.
25.6., USA. Präsident Franklin D. Roosevelt unterzeichnet den Fair Labor Standards Act, der Mindestlöhne und eine Höchstarbeitszeit vorsieht.
12.7., UdSSR. Sowjetische Truppen besetzen einen Teil des japanischen Satellitenstaates Mandschukuo. Ein weiterer Krieg in Asien wird am 11. August durch einen Waffenstillstand verhindert.
21.7., Bolivien/Paraguay. Der Gran-Chaco-Konflikt zwischen Bolivien und Paraguay wird durch den Friedensvertrag von Buenos Aires endgültig beigelegt.
25.7., Palästina. Die Kämpfe zwischen Juden und Arabern um die Vorrechte in Palästina erreichen einen vorläufigen Höhepunkt mit einem Bombenanschlag, bei dem 39 Araber getötet werden.
21.8., Ungarn/Deutsches Reich. Adolf Hitler berät mit dem ungarischen Reichsverweser Miklós Horthy über eine Beteiligung Ungarns an der Zerschlagung der Tschechoslowakei. Horthy lehnt jedoch ab.
23.9., Tschechoslowakei. Die Regierung lehnt die deutschen Forderungen nach Abtretung des sog. Sudetenlands ab und ordnet die Mobilmachung an. Am 25. September kündigt Adolf Hitler einen militärischen Angriff an.

Deutsche Politik

12.3. Die deutsche Wehrmacht besetzt Österreich und wird von der Bevölkerung stürmisch begrüßt. Am 13. März erläßt Hitler das »Gesetz über die Wiedervereinigung Österreichs mit dem Deutschen Reich«. In Linz deutet Hitler die Einverleibung Österreichs als »Vorsehung«. ▷Chronik Zitat

Hitler in Österreich

Chronik Zitat

»Wenn die Vorsehung mich einst aus dieser Stadt hinaus zur Führung des Reiches berief, dann muß sie mir damit einen Auftrag erteilt haben, und es kann nur ein Auftrag gewesen sein, meine teure Heimat dem Deutschen Reich wiederzugeben.«
Reichskanzler Adolf Hitler

12.3. Noch vor den Wehrmachtstruppen treffen SS und Polizei in Wien ein und verhaften hunderte Juden, Regierungsangehörige, Monarchisten und Sozialdemokraten.
10.4. Dem »Anschluß« Österreichs stimmen bei einer Volksabstimmung nach offiziellen Angaben über 90% der Bevölkerung zu. Bei der gleichzeitigen Wahl zum Großdeutschen Reichstag erhält die »Liste des Führers« 99,08% der Stimmen.
20.4. Zur Koordinierung der späteren Enteignung bei Verhaftung oder Auswanderung werden Juden gezwungen, ihr Vermögen zu deklarieren. Die Verpachtung oder Veräußerung jüdischer Betriebe wird verboten.
Mai An der 400 km langen deutschen Reichsgrenze zwischen Aachen und Basel beginnt der Bau des sog. Westwalls. Durch ihn soll ein Zweifrontenkrieg vermieden werden.
13.6. Der Sicherheitsdienst beginnt mit Massenverhaftungen von Juden und »Asozialen«. In Berlin werden 2000 Menschen festgenommen. Hunderte werden in das Konzentrationslager Buchenwald verschleppt.
8.8. In Mauthausen beginnt der Bau des ersten Konzentrationslagers auf österreichischem Gebiet.

Wirtschaft und Wissenschaft

29.1., Chemie. Dem deutschen Wissenschaftler Paul Schlack gelingt die Entwicklung einer neuen Chemiefaser, die als »Perlon« patentiert wird.
7.4., Verkehr. Auf dem Walserberg beginnt der Bau der Reichsautobahn von Salzburg nach Wien.
21.5., Technik. In Kiel wird das deutsche Schlachtschiff »Gneisenau« in Dienst gestellt. Es hat eine Wasserverdrängung von 26 000 t, eine Länge von 226 m und eine Breite von 30 m.
26.5., Wirtschaft. Bei Wolfsburg legt Reichskanzler Adolf Hitler den Grundstein zum Bau des Volkswagenwerks. Sein Ziel ist es, dort die größte Automobilfabrik der Welt entstehen zu lassen.
3.6., Psychologie. Der Psychoanalytiker Sigmund Freud verläßt mit seiner Familie Wien und geht nach London.
17.6., Wirtschaft. Der Geschäftsbericht der I.G. Farbenindustrie AG weist für 1937 eine zufriedenstellende Entwicklung auf.
14.7., Luftfahrt. Der amerikanische Millionär Howard Hughes landet mit einem Eindecker der Lockheed Aircraft nach einer dreitägigen Erdumrundung in New York.
11.8., Luftfahrt. Bei New York landet eine Focke-Wulf Fw-200 »Condor« nach dem ersten Direktflug von Berlin in die USA. Der Pilot Alfred Henke war insgesamt fast 25 Stunden unterwegs.

Bevölkerung in Deutschland

Chronik Statistik

Wohnbevölkerung	68 072 000
Einwohner/km²	144,6
Lebendgeborene	788 000
Gestorbene	452 000
Eheschließungen	375 000
Ehescheidungen	30 000

15.8., Verkehr. Der britische Dampfer »Queen Mary« holt sich mit einer Durchschnittsgeschwindigkeit von 31,69 Knoten (58,68 km/h) das sog. Blaue Band für die schnellste Atlantiküberquerung.

1938

Kunst, Literatur und Musik

13.2. Zum Auftakt der Gedenkveranstaltung zu Ehren des 55. Todestages des Komponisten Richard Wagner, werden in Leipzig das Fragment *Die Hochzeit* und die romantische Oper *Die Feen* aufgeführt.
27.2. In Berlin wird die Ausstellung »Entartete Kunst« eröffnet. Gezeigt werden Arbeiten von verfemten Künstlern wie Ernst Barlach, Otto Dix, Paul Klee, Wassily Kandinsky, Emil Nolde und Oskar Schlemmer.
28.4. UA: *Mathis, der Maler*, Oper des emigrierten deutschen Komponisten Paul Hindemith, in Zürich.
6.5. In der New Yorker Carnegie Hall spricht der emigrierte deutsche Schriftsteller Thomas Mann zum Thema »Der künftige Sieg der Demokratie«. Er verurteilt das NS-Regime und den »Anschluß« Österreichs.
12.5. UA: *Johanna auf dem Scheiterhaufen*, szenisches Oratorium des französisch-schweizerischen Komponisten Arthur Honegger unter der musikalischen Leitung von Paul Sacher, in Basel.
25.5. In Düsseldorf wird die Ausstellung »Entartete Musik« eröffnet, in der moderne musikalische Strömungen wie Arnold Schönbergs Zwölftontechnik und die Tonsatzlehre von Paul Hindemith diffamiert werden.
14.6. In Berlin beginnt auf 16 Baustellen die von Adolf Hitler angekündigte Umgestaltung der Hauptstadt unter der Leitung des Generalbauinspektors Albert Speer.
10.7. Adolf Hitler eröffnet in München die Große Deutsche Kunstausstellung. In seiner Rede kennzeichnet er die NS-Kunst mit Begriffen wie Kraft, Schönheit und Klarheit.
22.7. Das zweiteilige musikalische Bühnenwerk *Karl V.* von Ernst Krenek hat in Prag Premiere.
23.7. In Salzburg werden die Festspiele mit der Aufführung der Oper *Die Meistersinger von Nürnberg* von Richard Wagner eröffnet.
24.7. UA: *Friedenstag*, Oper von Richard Strauss nach einem Text von Joseph Gregor, in München. Das Werk erinnert an den letzten Tag des Dreißigjährigen Krieges.

Theater und Film

10.2. UA: *Der Maulkorb*, Film nach dem gleichnamigen Roman von Heinrich Spoerl, mit Elisabeth Flickenschildt, Will Quadflieg, in Berlin. Die Regie hat Erich Engel.
3.3. In den USA kommt die Filmkomödie *Leoparden küßt man nicht* von Howard Hawks mit Cary Grant und Katherine Hepburn in den Hauptrollen in die Kinos.
4.3. In Berlin-Babelsberg wird der Grundstein für die Deutsche Filmakademie gelegt, deren Einrichtung auf eine Initiative des Reichspropagandaministeriums zurückgeht.
10.3. UA: *Jezebel – Die boshafte Lady*, Film von William Wyler, in den USA.
10.3. In Hollywood erhält William Dieterles Streifen *Das Leben des Emile Zola* einen Oscar als bester Film. Spencer Tracy (*Captains Courageous*) und Luise Rainer (*The Good Earth*) werden als beste Schauspieler mit dem Oscar ausgezeichnet.
1.4. UA: *Fünf Millionen suchen einen Erben*, Filmkomödie von Carl Boese mit Heinz Rühmann, Leni Marenbach, Oskar Sima und Albert Florath, in Berlin.
7.4. Das Schauspiel *Der Siebenjährige Krieg* des deutschen Schriftstellers Hans Rehberg feiert in Berlin seine Premiere.
12.4. UA: *Jugend*, Film von Veit Harlan nach einem Pubertätsdrama von Max Halbe mit Kristina Söderbaum, in Dresden.
20.4. In Berlin findet zu Ehren des Geburtstags von Adolf Hitler die Uraufführung des zweiteiligen Olympiafilms von Leni Riefenstahl, *Fest der Völker* und *Fest der Schönheit*, statt.
21.5. Eine stark gekürzte Sieben-Szenen-Fassung von *Furcht und Elend des Dritten Reiches* von Bertolt Brecht wird in Paris uraufgeführt.
12.6. In Wien beginnt die Reichstheaterwoche mit einer Aufführung des *Rosenkavalier* von Richard Strauss unter der Leitung Karl Böhms.
1.9. Das Schauspielhaus Zürich, Zufluchtsort für viele deutsche Emigranten, führt das Stück *Troilus und Cressida* von William Shakespeare auf.

Gesellschaft

5.2. Ein sowjetisches Luftschiff prallt bei Schneesturm südwestlich von Murmansk gegen einen Berggipfel. Von den 19 Besatzungsmitgliedern kommen 13 Personen ums Leben.
15.2. Im Deutschen Reich werden alle unverheirateten Frauen unter 25 Jahren aufgefordert, ein Pflichtjahr in der Land- oder Hauswirtschaft zu absolvieren.
19.2. Zwei sowjetische Eisbrecher retten die vierköpfige sowjetische Nordpolexpedition unter Wladimir Papanin, die seit Mai 1937 auf einer Eisscholle überlebt hatte.
1.3. Im Deutschen Reich wird eine zentrale Zensur- und Kontrollbehörde für Schulbücher eingerichtet.
19.5. Künftig wird es an allen Schulen im Deutschen Reich Vertrauenslehrer der Hitlerjugend (HJ) geben.
30.4. In der Berliner Staatsoper werden 103 Betriebe als nationalsozialistische Musterbetriebe ausgezeichnet. Sie erhalten die Fahne der Deutschen Arbeitsfront.

Leichtathletik-Weltrekorde
Sport

100 m:	
Jesse Owens (USA)	10,2 sec
400 m:	
Archie Williams (USA)	46,1 sec
10 000 m:	
Taisto Mäki (FIN)	30:02,0 min
Hammerwurf:	
Erwin Blask (D)	59,00 m
Speerwurf:	
Yrjö Nikkanen (FIN)	78,70 m

25.5. In Budapest wird der Eucharistische Weltkongreß mit der Verlesung der päpstlichen Bulle feierlich eröffnet. Neben Kardinälen, Erzbischöfen und Bischöfen sind Tausende von Pilgern angereist.
10.6. Das Britische Museum in London bringt eine 1600 Jahre alte Mumie einer ägyptischen Priesterin hinter Schloß und Riegel, nachdem Besucher festgestellt zu haben glaubten, daß ihr Anblick Unglück bringt.

1938

Internationale Politik	Deutsche Politik	Wirtschaft und Wissenschaft

30.9., Europa. Mit dem »Münchener Abkommen« billigen die Regierungschefs Großbritanniens, Frankreichs und Italiens die von Adolf Hitler geforderte Annexion der sudetendeutschen Gebiete durch das Deutsche Reich und verhindern damit vorläufig einen internationalen Krieg. Die tschechische Regierung sieht sich daraufhin gezwungen, der Annexion zuzustimmen.
1.10., Tschechoslowakei. Deutsche Truppen marschieren in das sog. Sudetenland ein und werden von der Bevölkerung begeistert begrüßt. Tschechen und Juden sind zuvor zu Hunderttausenden geflohen.
25.10., Japan/China. Nach Einnahme der chinesischen Stadt Hankow bekräftigt Japan seinen Anspruch auf eine Neuordnung Chinas, das politisch und wirtschaftlich unter japanische Kontrolle gestellt werden soll.
8.11., USA. Bei den Wahlen zum Repräsentantenhaus verbuchen die oppositionellen Republikaner Stimmengewinne.
11.11., Türkei. Nach dem Tod des Staatsgründers Kemal Atatürk am 10. November wird in Istanbul Ismet Inönü zum neuen Staatspräsidenten der Türkei gewählt.
6.12., Frankreich/Deutsches Reich. Ein Freundschaftsvertrag zwischen beiden Ländern sieht die Anerkennung der Grenzen und Konsultationen zur Konfliktlösung vor.
24.12., Vatikan. Papst Pius XI. kritisiert in einer Ansprache vor dem Kardinalskollegium die antikirchliche Haltung der italienischen Behörden und der faschistischen Partei.

15.8. In allen Wehrbezirken beginnen großangelegte Herbstmanöver. Die massive Demonstration der militärischen Stärke sorgt im Ausland für wachsende Besorgnis.
27.9. Nach dem Arbeitsverbot für jüdische Ärzte werden jetzt auch Anwälte jüdischen Glaubens per Gesetz aus dem Wirtschaftsleben verdrängt.
1.10. Mit dem Inkrafttreten der Verordnung vom 22. Juli wird eine Kennkarte als allgemeingültiger polizeilicher Inlandsausweis im Deutschen Reich eingeführt.
28.10. Etwa 17 000 polnische Juden werden aus dem Deutschen Reich nach Polen vertrieben.
7.11. In Paris schießt der 17jährige polnische Jude Herschel Grünspan auf den deutschen Legationssekretär Ernst vom Rath, der am 9. November seinen Verletzungen erliegt. Grünspan gibt als Motiv die Ausweisung seiner Eltern von Hannover nach Polen an.
9./10.11. Schlägertrupps der SA zerstören in der »Reichskristallnacht« jüdische Einrichtungen im gesamten Deutschen Reich. Die angeblich spontanen Anschläge als Reaktion auf den »jüdischen Meuchelmord« an Ernst vom Rath sind von langer Hand vorbereitet.
12.11. In Berlin findet eine Konferenz mit Vertretern der Regierung statt, auf der Maßnahmen zur vollständigen Verdrängung der Juden aus dem Wirtschaftsleben beschlossen werden.
13.12. In Neuengamme bei Hamburg beginnen die Arbeiten an einem neuen Konzentrationslager, das zunächst als Außenlager von Sachsenhausen geführt wird.

26.8., Verkehr. Der persische Schah Resa Pahlawi eröffnet die Transsibirische Eisenbahn, die eine Verbindung zwischen dem Persischen Golf und dem Kaspischen Meer schafft.
14.9., Luftfahrt. In Friedrichshafen startet das neue deutsche Luftschiff »Graf Zeppelin« seine Jungfernfahrt und erreicht eine Höchstgeschwindigkeit von 135 km/h.
27.9., Verkehr. Im britischen Clydebank läuft die »Queen Elizabeth« vom Stapel, mit 83 670 BRT das größte Schiff der Welt.

Wissenschaftler geehrt

Chronik Nobelpreise

Chemie: Richard Kuhn (D)
Physik: Enrico Fermi (I)
Frieden: Internationales Nansen-Amt für Flüchtlinge
Literatur: Pearl S. Buck (USA)

30.10., Architektur. Mit der Einweihung des Schiffshebewerks Magdeburg-Rothensee wird der 323 km lange Mittellandkanal seiner Bestimmung übergeben.
10.12., Nobelpreise. In Oslo und Stockholm werden die diesjährigen Nobelpreise feierlich verliehen. Der Preis für Medizin wird nicht vergeben. ▷ Chronik Nobelpreise.
15.12., Verkehr. Das Autobahnteilstück Rangsdorf-Ostdreieck bei Berlin wird eingeweiht. Damit erhöht sich die Länge des Reichsautobahnnetzes auf insgesamt 3062 km.

1938 Geborene und Gestorbene

Geboren:
31.1. Beatrix, Prinzessin von Oranien-Nassau, ab 1980 Königin der Niederlande.
28.2. Klaus Staeck, deutscher Grafiker und Rechtsanwalt.
12.5. Andrei A. Amalrik (†11.11.1980), sowjetischer Schriftsteller.
16.6. Joyce Carol Oates, amerikanische Schriftstellerin.
17.7. Franz Alt, deutscher Journalist.
23.7. Götz George, deutscher Schauspieler.
9.8. Rodney Laver, australischer Tennisspieler.
10.9. Karl Otto Lagerfeld, deutscher Modeschöpfer.

1938

Kunst, Literatur und Musik	Theater und Film	Gesellschaft
25.8. Als Höhepunkt des Internationalen Musikfestes in Luzern führt der italienische Dirigent Arturo Toscanini Richard Wagners *Siegfried-Idyll* auf. **28.8.** In Frankfurt am Main wird der Schriftsteller Hans Carossa mit dem Goethe-Preis ausgezeichnet. **7.10.** In New York wird ein Schutzverband Deutsch-Amerikanischer Schriftsteller gegründet. Den Vorsitz übernehmen Thomas Mann und Oskar Maria Graf. **15.10.** UA: *Daphne*, Oper von Richard Strauss in der Staatsoper Dresden. **23.11.** Zu einem großen Erfolg wird das Musical *The Boys from Syracuse* in New York uraufgeführt. Der Text stammt von George Abbot, die Musik komponierte Richard Rodgers. **24.11.** UA: *Peer Gynt*, Oper in drei Akten von Werner Egk nach einem Schauspiel von Henrik Ibsen, in Berlin. **1938** Reinhold Schneider bezieht in seiner historischen Erzählung *Las Casas vor Karl V. – Szenen aus der Konquistadorenzeit* Stellung gegen das NS-Regime. **1938** Hans Fallada beschreibt in seinem Roman *Der eiserne Gustav* die Geschichte des Berliner Droschkenkutschers Gustav Hartmann, der 1928 nach Paris aufgebrochen war. **1938** Jean-Paul Sartre artikuliert in seinem Roman *Der Ekel* die existentialistische Philosophie vor seiner Hinwendung zum Marxismus. **1938** Stephan Zweig veröffentlicht den Roman *Ungeduld des Herzens*. **1938** Jerome Siegel beginnt mit der Veröffentlichung seiner Comic-Serie *Superman*.	**1.9.** Bei den Internationalen Filmfestspielen in Venedig wird u.a. der zweiteilige Olympia-Film der deutschen NS-Regisseurin Leni Riefenstahl ausgezeichnet. Der große Kunstpreis geht an *Schneewittchen und die sieben Zwerge* von Walt Disney (USA). **14.9.** Am Deutschen Volkstheater in Hamburg hat das Theaterstück *Ninon Gruschenko* von Arnold Krieger Premiere. **15.9.** UA: *Stephan Fadinger*, Drama von Quirin Engasser und Hanns Avril, in Darmstadt. **16.9.** Das als »Ballet für Schauspieler« bezeichnete Theaterstück *Der Ball der Diebe*, das im Théâtre des Arts in Paris uraufgeführt wird, begründet den Ruhm Jean Anouilhs als Bühnendichter. **22.10.** In Zürich wird *Götz von Berlichingen* von Johann Wolfgang von Goethe mit Heinrich Gretler in der Titelrolle gezeigt. **14.11.** Das am Théâtre des Ambassadeurs uraufgeführt Drama *Nein, diese Eltern* gilt vielfach als das vollkommenste Bühnenwerk von Jean Cocteau. **20.11.** UA: *Beton*, Drama von Friedrich W. Hymmen, am Dessauer Landestheater. **23.11.** Das Schauspiel *Das Siegel von Abukir* von Zdenko von Kraft hat im Stadttheater Bielefeld Premiere. **30.11.** Gustaf Gründgens ist der Hauptdarsteller in dem Film *Tanz auf dem Vulkan* von Hans Steinhoff. **1938** Zu den herausragenden Uraufführungen des Jahres gehört George Bernard Shaws *Frau Warrens Gewerbe* unter der Regie von Jürgen Fehling im Berliner Schauspielhaus.	**7.9.** Adolf Hitler befiehlt, den Arbeitsdienst für Frauen auszubauen. Bis 1940 sollen 50 000 »Arbeitsmaiden« vorwiegend in der Landwirtschaft eingesetzt werden. **9.9.** Die blonde Schönheit Sirka Salonen aus Finnland wird in Kopenhagen zur Miß Europa gekürt. **28.10.** Ein Feuer im Warenhaus Nouvelles Galeries in Marseille, führt zu einem Großbrand im Hafenviertel, dem 74 Menschen zum Opfer fallen. **1.11.** Im Deutschen Reich tritt das Reichsschulpflichtgesetz in Kraft. Es legt die achtjährige Volksschulpflicht und die anschließende generelle Berufsschulpflicht von drei Jahren fest. **18.11.** John L. Lewis wird zum ersten Präsidenten des neuen amerikanischen Gewerkschaftsdachverbandes Congress of Industrial Organization (CIO) gewählt. **22.11.** Die sterblichen Überreste der vor zwei Tagen in England verstorbenen norwegischen Königin Maud werden von Portsmouth nach Norwegen überführt. **16.12.** Als »sichtbares Zeichen des Dankes des Deutschen Volkes an kinderreiche Mütter« stiftet Reichskanzler und Führer Adolf Hitler das »Mutterkreuz« **21.12.** Der Deutsche Reichsbund für Leibesübungen wird in Nationalsozialistischer Reichsbund für Leibesübungen umbenannt und der Reichsleitung der NSDAP unterstellt. **1938** Das Berufsverbot für jüdische Ärzte führt vor allem in den ländlichen Gebieten des Deutschen Reichs zu einem Ärztemangel.

Geborene und Gestorbene

23.9. Romy Schneider (†29.5.1982), österreichische Schauspielerin.
23.11. Herbert Achternbusch, deutscher Autor und Filmregisseur.
16.12. Liv Ullmann, schwedische Schauspielerin.

Gestorben:
27.3. William Sterne (*29.4.1871), deutscher Psychologe und Philosoph.
26.4. Edmund Husserl (*8.4.1859), deutscher Philosoph.

4.5. Carl von Ossietzky (*3.10.1889), deutscher Schriftsteller.
15.6. Ernst Ludwig Kirchner (*6.5.1880), deutscher Maler.
10.11. Kemal Atatürk (*12.3.1881), türkischer Politiker.

1939

Internationale Politik

26.1., Spanien. Nationalspanische Truppen erreichen Barcelona.
15.3., Tschechoslowakei. Staatspräsident Emil Hácha stimmt auf massiven Druck Adolf Hitlers der deutschen Besetzung seines Landes zu.
17.3., Großbritannien. Premierminister Arthur Neville Chamberlain kündigt das Ende der Beschwichtigungs-Politik gegenüber dem Deutschen Reich an.
23.3., Rumänien/Deutsches Reich. Rumänien und das Deutsche Reich schließen ein umfangreiches Wirtschaftsabkommen.
24.3., Frankreich/Großbritannien. Frankreich und Großbritannien sichern sich gegenseitige Unterstützung im Fall eines deutschen Angriffs auf Belgien, die Niederlande oder die Schweiz zu.
31.3., Großbritannien/Polen. Großbritannien garantiert Polen Hilfe für den Fall eines deutschen Angriffs.
28.3., Spanien. Franco-Truppen erobern Madrid. Der Bürgerkrieg endet mit der Niederlage der Republikaner, die bedingungslos kapitulieren.
7.4., Italien/Albanien. Der italienische Duce Benito Mussolini läßt zur Verwirklichung seiner Expansionspläne Truppen in Albanien einmarschieren. Nach der Einnahme Tiranas flieht König Zogu I. nach Griechenland.
19.5., Frankreich/Polen. Ein geheimer Militärpakt regelt Frankreichs Unterstützung im Falle eines deutschen Angriffs auf Polen.
22.5., Italien/Deutsches Reich. Ein Freundschafts- und Bündnispakt erneuert die seit 1936 bestehende »Achse Berlin–Rom«.
23.6., Frankreich/Türkei. Die Türkei und Frankreich sichern sich in Paris angesichts des bevorstehenden Krieges gegenseitige Hilfeleistung zu. Am 12. Mai kam bereits eine britisch-türkische Vereinbarung zustande.
23.8., UdSSR/Deutsches Reich. In Moskau unterzeichnen die Sowjetunion und das Deutsche Reich einen Nichtangriffspakt und stecken im geheimen Zusatzprotokoll ihre Interessen in Ost- und Südosteuropa ab (Hitler-Stalin-Pakt). ▷Chronik Zitat, S. 206

Deutsche Politik

27.1. Reichskanzler Adolf Hitler ordnet den verstärkten Ausbau der deutschen Kriegsmarine an.
15.3. Deutsche Truppen marschieren in Prag ein und gliedern Teile der ČSR dem Deutschen Reich als »Reichsprotektorat Böhmen und Mähren« ein.
23.3. Die Slowakei unter Jozef Tizo unterstellt sich dem Schutz des Deutschen Reiches und wird Satellitenstaat.
23.3. Mit Zustimmung der litauischen Regierung annektieren deutsche Truppen das 1920 abgetrennte Memelland. Unter dem Jubel der Bevölkerung trifft Reichskanzler Adolf Hitler an Bord des Panzerschiffes »Deutschland« in Memel ein.
April Nach Angaben der Gestapo sind zur Zeit etwa 300 000 Menschen in deutschen Konzentrationslagern inhaftiert.
28.4. Als Reaktion auf die britisch-polnischen Vereinbarungen vom 31. März und die ungeklärte Danzig-Frage kündigt das Deutsche Reich den 1934 geschlossenen deutsch-polnischen Nichtangriffspakt auf.
Juni Tausende deutscher Juden versuchen, per Schiff das Deutsche Reich zu verlassen. Viele kehren nach Europa zurück, nachdem ihnen in Afrika und Südamerika die Einreise verweigert wurde.
Juni Im sog. Reichsprotektorat Böhmen und Mähren beginnt die systematische Verfolgung der jüdischen Bevölkerung.
4.6. Die im Deutschen Herrschaftsbereich lebenden Juden werden in der »Reichsvereinigung« zusammengefaßt, die den direkten Zugriff auf jüdische Einrichtungen erlaubt.
15.6. Die deutsche Reichsbank wird der direkten Aufsicht von Adolf Hitler unterstellt.
22.8. Vor Vertretern des deutschen Militärs betont Adolf Hitler in Berchtesgaden seine Entschlossenheit, Polen anzugreifen.
1.9. Mit dem Einmarsch deutscher Truppen in Polen beginnt eine Mord- und Terroraktion gegen die polnische Intelligenz und die jüdische Bevölkerung, der Hunderttausende zum Opfer fallen.

Wirtschaft und Wissenschaft

2.1., Wirtschaft. In über 80 000 Postämtern im Deutschen Reich werden auf Erlaß des Reichskanzlers Adolf Hitler vom 26.8.1938 Postsparkassen eingerichtet.
6.1., Physik. Die deutschen Wissenschaftler Otto Hahn und Friedrich Straßmann berichten in der Zeitschrift »Naturwissenschaft« über die erste gelungene Kernspaltung.
5.2., Geographie. Nach Erkundung eines 600 000 km^2 großen Gebiets in der Antarktis kehrt eine deutsche Expedition unter Leitung von Alfred Ritscher nach 17 Tagen zurück.
14.2., Technik. In Hamburg läuft das deutsche Schlachtschiff »Bismarck« vom Stapel. Es hat eine offizielle Wasserverdrängung von 35 000 t, ist 241 m lang und 36 m breit.

Erwerbstätige in Deutschland
Chronik Statistik

Erwerbstätige insgesamt	39 792 295
männlich	24 866 793
weiblich	14 925 502
in Land- und Forstwirtschaft	10 847 516
im produzierenden Gewerbe	16 504 041
in Handel und Verkehr	6 850 883

21.2., Technik. Im britischen Hafen Newcastle wird das 35 000-t-Großkampfschiff »King George V.« vorgestellt.
5.3., Wirtschaft. In Leipzig beginnt die erste »Reichsmesse Großdeutschland«. Nach dem Willen des Veranstalters soll die Messe den Welthandel beleben und die deutschen Exporte ankurbeln.
20.3., Wirtschaft. Das Gesetz über die Finanzierung »nationalpolitischer Aufgaben« entlastet die Staatskasse und bürdet die gestiegenen Rüstungsausgaben der gewerblichen Wirtschaft auf.
29.4., Medien. Mit der Übertragung eines Bildes über eine Entfernung von acht Meilen in New York beginnt die Ära des Fernsehens in den Vereinigten Staaten.

1939

Kunst, Literatur und Musik

28.1. UA: *Die Bürger von Calais*, Oper des Komponisten Rudolf Wagner-Régeny, in Berlin.
1.2. UA: *Das dumme Mädchen*, Oper von Ermanno Wolf-Ferrari, in der Mailänder Scala. Am 18. Juni wird die Oper in Mainz erstmals in deutscher Sprache aufgeführt.
5.2. UA: *Der Mond, ein kleines Welttheater*, Märchenoper des deutschen Komponisten Carl Orff nach einer Vorlage der Brüder Grimm, in München.
20.3. In Berlin werden 5000 Werke deutscher Künstler verbrannt, die nach Auffassung der NS-Kulturbehörden als »entartete Kunst« zu bezeichnen sind.
1.5. In London wird zum Auftakt der Opernsaison *Die verkaufte Braut* des Komponisten Bedřich Smetana aufgeführt.
15.5. Zu den künstlerischen Höhepunkten der Reichsmusiktage in Düsseldorf gehört die Aufführung der musikalischen Komödie *Der Rosenkavalier* in Anwesenheit des Komponisten Richard Strauss.
4.6. Mit der Oper *Giulio Cesare* von Georg Friedrich Händel in der Inszenierung der Hamburger Staatsoper beginnt die Reichstheaterwoche in Wien.
30.6. In Luzern werden 125 Gemälde versteigert, die als »entartete Kunst« aus deutschen Museen entfernt worden waren. Unter den Werken befinden sich Bilder von Lovis Corinth, Ernst Barlach, Oskar Kokoschka und Otto Dix.
1.8. Mit Richard Wagners *Der fliegende Holländer* unter der musikalischen Leitung von Karl Elmendorff werden die Bayreuther Festspiele eröffnet. Salzburg eröffnet mit dem *Rosenkavalier* von Richard Strauss.
14.8. In Paris taucht ein gestohlenes Bild von Antoine Watteau wieder auf. Ein Student hatte es aus dem Louvre entwendet, um auf Sicherheitsmängel aufmerksam zu machen.
1939 Der in New York lebende Litauer Ben Shahn stellt sein Werk *Handball* fertig, in dem der Maler der präzisen Abbildung der Wirklichkeit den Vorrang vor den abstrakten Kunstströmungen der Gegenwart gibt.

Theater und Film

14.1. UA: *Entscheidung*, politisches Tendenzstück des deutschen Schriftstellers Gerhard Schumann, in Leipzig.
9.2. UA: *Der Schritt vom Wege*, Film nach dem Roman *Effi Briest* von Theodor Fontane, in Berlin. Regie führte Gustaf Gründgens, Marianne Hoppe spielt die Hauptrolle der Effi.
26.1. Die Aufführung des *Wilhelm Tell* von Friedrich von Schiller in Zürich gerät zur Demonstration schweizerischen Selbstbehauptungswillens, als die Besucher die Landeshymne anstimmen.
21.2. Der Film *Bel Ami* von Willi Forst und Axel Eggebrecht, nach einem Roman von Guy de Maupassant, hat in Berlin Premiere.
3.3. John Wayne spielt die Hauptrolle in John Fords Film *Höllenfahrt nach Santa Fé*. Er schildert eine abenteuerliche Fahrt durch das Indianergebiet des Monument Valley.
21.3. Im Westminster Theatre in London wird das Versdrama *Der Familientag*, das erste Gesellschaftsstück von T.S. Eliot uraufgeführt.
5.4. UA: *Die Prüfung des Meisters Tilman*, Schauspiel des deutschen Schriftstellers Sigmund Graff, in Berlin.
6.4. Am Preußischen Staatstheater in Berlin hat Hans Rehbergs Drama *Isabella von Kastilien* Premiere.
19.4. UA: *Prinzessin Sissy*, Film von Regisseur Franz Thiery über die Jugend der späteren Kaiserin Elisabeth von Österreich mit Traudl Stark als Sissy, in Wien.
27.4. UA: *Undine*, Schauspiel des französischen Dramatikers Jean Giraudoux, in Paris. Regisseur und zugleich Hauptdarsteller ist der Theaterleiter Louis Jouvet.
8.8. Besonders hohe Anerkennung bei den Internationalen Filmfestspielen in Venedig finden die Streifen *Freu Dich Deiner Jugend* des Schweden Per Lindberg und die italienische Produktion *Abuna Messias* von Goffredo Alessandri.
3.10. Wolfgang Liebeneiner inszeniert in Berlin Gerhart Hauptmanns Märchenspiel *Die Tochter der Kathedrale*.

Gesellschaft

9.1. In Berlin wird die neue Reichskanzlei, entworfen von dem NS-Architekten Albert Speer, feierlich eingeweiht.
23.1. In Rom heiraten Prinzessin Maria von Savoyen, die Tochter des italienischen Königs Viktor Emanuel III., und Prinz Ludwig von Bourbon-Parma.
25.1. In Chile zerstört ein kräftiges Erdbeben zerstört zahlreiche Städte. Über 10 000 Menschen kommen bei der Naturkatastrophe ums Leben.
22.2. Nach einer neuen Verordnung können NS-Behörden Keinbetriebe selbständiger Handwerker auflösen.
2.3. Im Vatikan wählen 62 Kardinäle den Kardinalstaatssekretär Eugenio Pacelli als Pius XII. zum Nachfolger des am 10. Februar verstorbenen Papstes Pius XI.
25.3. Die bislang freiwillige Teilnahme an den Aktivitäten der Hitlerjugend (HJ) wird obligatorisch.
19.4. Nach einem Feuer an Bord sinkt der französische 35 000-t-Dampfer »Paris« in Le Havre.
30.4. Auf der Weltausstellung in New York präsentieren über 60 Nationen ihre neuesten Errungenschaften.
16.5. Bei der ersten Deutschen Reichslotterie kommen Gewinne in Höhe von 372 000 RM zur Auszahlung.

Deutsche Meister

Sport

Leichtathletik:
100 m:
Ida Kühnel	12,1 sec

80 m Hürden:
Liselotte Peter	11,7 sec

Weitsprung:
Christel Schulz	5,92 m

Kugelstoßen:
Gisela Mauermayer	13,53 m

Speerwurf:
Lisa Gelius	44,34 m

21.5. Im Deutschen Reich werden erstmals die »Mutterkreuze« verliehen. Ausgezeichnet werden Frauen mit vier oder mehr Kindern.

1939

Internationale Politik	Deutsche Politik	Wirtschaft und Wissenschaft

30.8., Polen. Angesichts der deutschen Angriffsabsichten verkündet Polen die Generalmobilmachung.
1.9., Polen/Deutsches Reich. Mit dem Beschuß der Westerplatte vor Danzig durch das Linienschiff »Schleswig-Holstein« und dem Einmarsch deutscher Truppen nach Polen beginnt der Zweite Weltkrieg.

Hitler-Stalin-Pakt

Chronik Zitat

»Die sowjetische Regierung nimmt den neuen Pakt sehr ernst. Sie kann mit ihrem Ehrenwort versichern, daß die Sowjetunion ihren Genossen nicht hintergehen wird.«
Josef W. Stalin

3.9., Großbritannien/Frankreich. Großbritannien und Frankreich erklären dem Deutschen Reich den Krieg.
17.9., UdSSR. Entsprechend dem geheimen Zusatzprotokoll zum Hitler-Stalin-Pakt besetzten sowjetische Truppen das östliche Polen.
2.10., Amerika. Die Teilnehmer einer panamerikanischen Konferenz beschließen ihre Neutralität und legen einen breiten Sicherheitsgürtel fest.
4.11., USA. Die USA lockern ihre am 4. September proklamierte Neutralität und liefern künftig Waffen an Frankreich und Großbritannien nach dem »Cash-und Carry«-Prinzip.
30.11., Finnland/UdSSR Ein Luftangriff auf Helsinki eröffnet den sowjetisch-finnischen »Winterkrieg«.

1.9. Vor dem Deutschen Reichstag rechtfertigt Adolf Hitler den ohne Kriegserklärung erfolgten Überfall auf Polen als Versuch, die »Probleme Danzig und Polnischer Korridor« zu lösen.
3.9. Adolf Hitler weist die deutsche Kriegsmarine an, den Handelskrieg mit Schwerpunkt gegen England zu eröffnen. Dabei sollen vor allem U-Boote eingesetzt werden.
1.10. Der Reichsführer SS und Chef der deutschen Polizei, Heinrich Himmler, verfügt die Zusammenlegung der Sicherheitspolizei und des Sicherheitsdienstes (SD) zum Reichssicherheitshauptamt (RSHA).
7.10. Adolf Hitler ernennt Heinrich Himmler zum »Reichskommissar für die Festigung des Deutschen Volkstums«. Himmler wird u.a. mit der Aufgabe betraut, die eroberten polnischen Gebiete von Polen und Juden zu »befreien« und mit sog. Volksdeutschen zu besiedeln.
8.10. Westpolen wird zu den eingegliederten deutschen Reichsgauen »Westpreußen« und »Posen« umgewandelt.
25.10. Auf Anordnung Adolf Hitlers wird »Restpolen« zum sog. Generalgouvernement erklärt, in das Polen und Juden vertrieben werden, die unter deutscher Zivilverwaltung entrechtet werden.
16.11. Im Deutschen Reich werden polnische Arbeitskräfte eingesetzt. Sie werden weitgehend als Zwangsarbeiter verschleppt. 210 000 Kriegsgefangene sind in der deutschen Landwirtschaft tätig.

Mai, Medien. Die britische Firma Philco stellt als technische Neuheit ein tragbares Radio zum Preis von umgerechnet 115 Reichsmark vor.
28.6., Verkehr. Mit Flugbooten vom Typ »Boeing B 314« nimmt die Pan American World Airways den Passagierverkehr USA–Europa auf.
27.8., Luftfahrt. Die »Heinkel He 178« startet als erstes Strahlturbinenflugzeug der Welt von Rostock aus zu ihrem Probeflug.

Wissenschaftler geehrt

Chronik Nobelpreise

Chemie: Leopold Ružička (ČSR) und Adolf Butenandt (D)
Medizin: Gerhard Domagk (D)
Physik: Ernest O. Lawrence (USA)
Literatur: Frans Eemil Sillanpää (FIN)

20.10., Wirtschaft. In Salzgitter werden die ersten beiden Hochöfen der Reichswerke AG für Erzbergbau und Eisenhütten Hermann Göring in Betrieb genommen.
8.12., Verkehr. In Gleiwitz wird der Adolf-Hitler-Kanal eingeweiht, der das oberschlesische Industrierevier mit der Oder verbindet.
10.12., Nobelpreise. In Stockholm werden die diesjährigen Nobelpreise verliehen. Der Friedensnobelpreis wird in diesem Jahr nicht vergeben. Die beiden deutschen Preisträger dürfen ihre Auszeichnungen auf Anordnung ihrer Regierung nicht entgegennehmen. ▷Chronik Nobelpreise

1939 Geborene und Gestorbene

Geboren:
10.1. Franz Winzentsens, deutscher Filmregisseur.
31.3. Volker Schlöndorff, deutscher Filmregisseur und Filmproduzent.

18.5. Hark Bohm, deutscher Filmregisseur.
9.11. Ulrich Schamoni, deutscher Filmregisseur.
9.11. Björn Engholm, deutscher Politiker.

Gestorben:
28.1. William Butler Yeats (*13.6.1868), irischer Dichter.
4.2. Henri Deterding (*19.4.1866), niederländischer Industrieller.
10.2. Pius XI. (*31.5.1857), Papst.

1939

Kunst, Literatur und Musik

1939 Der russische Maler Marc Chagall vollendet die Bilder *Sommernachtstraum*, *Brautpaar vor dem Eiffelturm* und *Die Zeit ist ein Fluß ohne Ufer*.

1939 Der am Bodensee lebende deutsche Maler Otto Dix vollendet sein Bild *Lot und seine Töchter*, das mit dem brennenden Dresden im Hintergrund eine beklemmende Zukunftsvision zeigt.

1939 In London erscheinen die *Svendborger Gedichte* des deutschen Schriftstellers Bertolt Brecht.

1939 Herausragende Neuerscheinung auf dem Buchmarkt ist der Roman *Auf den Marmorklippen* von Ernst Jünger, der die Geschichte zweier junger Männer erzählt, die sich allmählich vom brutalen Bandenleben ihrer Jugend distanzieren.

1939 Der deutsche Schriftsteller Ernst Wiechert, der trotz KZ-Haft im Deutschen Reich blieb, veröffentlicht seinen Roman *Das einfache Leben*.

1939 In dem Roman *Das siebte Kreuz*, der als Teilabdruck in Moskau erscheint, beschäftigt sich die emigrierte deutsche Schriftstellerin Anna Seghers mit dem NS-Terror in deutschen Konzentrationslagern.

1939 Der in die USA emigrierte deutsche Schriftsteller Thomas Mann veröffentlicht seinen Roman *Lotte in Weimar*, der sich mit Leben und Werk von Johann Wolfgang von Goethe beschäftigt.

1939 In Amsterdam erscheint *Die Legende vom heiligen Trinker*, die letzte Erzählung des österreichischen Exil-Schriftstellers Joseph Roth.

Theater und Film

15.12. In den USA hat einer der erfolgreichsten Filme aller Zeiten, *Vom Winde verweht* nach dem gleichnamigen Roman von Margaret Mitchell, Premiere. Die Hauptrollen spielen Clark Gable und Vivien Leigh. Regie führten George Cukor, Sam Wood und Victor Fleming.

1939 Henry Kings Western *Jesse James, Mann ohne Gesetz* bringt die Geschichte des legendären Revolverhelden in die Kinos.

1939 Charles Laughton spielt den mißgestalteten Quasimodo in William Dieterles Victor Hugo-Verfilmung *Der Glöckner von Notre Dame*.

1939 In den USA läuft der William Wyler-Film *Stürmische Höhen* mit Laurence Olivier und Merle Oberon in den Hauptrollen an.

1939 Das Kino-Melodram *Der Tag bricht an* des französischen Regisseurs Marcel Carné mit Jean Gabin hat Premiere. Der Film gilt als Meisterwerk des »poetischen Realismus«.

1939 In Berlin werden die von Hans Schlegel bearbeiteten Komödien *Der Ritter vom Mirakel* und *Die kluge Närrin* des Spaniers Lope Félix de Vego Carpio aufgeführt.

1939 Das Berliner Schillertheater zeigt den zweiten Teil von William Shakespeares *Heinrich IV*.

1939 Das Staatstheater in Berlin führt das Drama *Richard II.* von William Shakespeare mit Gustaf Gründgens in der Hauptrolle auf.

1939 Am Staatlichen Schauspielhaus wird Marianne Hoppe in Friedrich von Schillers *Jungfrau von Orleans* gefeiert.

Gesellschaft

Juni In den USA werden die ersten Damenstrümpfe aus vollsynthetischem Nylon hergestellt.

19.6. Angesichts des Arbeitskräftemangels in der Landwirtschaft ordnet Reichsjugendführer Baldur von Schirach den Erntehilfsdienst der deutschen Jugend an.

26.6. Der Damm des belgischen Albertkanals bricht auf einer Länge von 50 m. Die Wassermassen dringen in das Flußbett des Déner ein und überfluten die umliegenden Felder.

1.7. Der beliebte deutsche Schauspieler Heinz Rühmann heiratet in Berlin seine Kollegin Hertha Feiler.

1.9. Im Deutschen Reich wird die »Verdunkelungspflicht« eingeführt. Die Bevölkerung soll Gasmasken mit sich führen und bei Fliegeralarm Bunker aufsuchen.

4.9. Wegen des Kriegsausbruchs werden 600 000 Menschen aus London evakuiert. In der französischen Hauptstadt Paris werden über 16 000 Schulkinder aufs Land verschickt.

20.9. Die private Kfz-Nutzung bedarf im Deutschen Reich künftig einer Ausnahmegenehmigung.

25.9. Im Deutschen Reich werden Brot, Milch, Fleisch, Fett, Marmelade und Zucker rationiert.

Oktober Ein auf den 1. September zurückdatiertes Ermächtigungsschreiben Adolf Hitlers zur Gewährung des »Gnadentodes« leitet den Massenmord an physisch und psychisch Kranken ein.

November Im polnischen »Generalgouvernement« wird der »Judenstern« zur Kennzeichnung aller jüdischen Einwohner eingeführt.

Geborene und Gestorbene

2.3. Howard Carter (*9.5.1873), britischer Archäologe.
4.4. Ghasi I. (*21.3.1912), König des Irak.
22.5. Ernst Toller (*1.12.1893), deutscher Dichter.

27.5. Joseph Roth (*2.9.1894), österreichischer Schriftsteller.
26.6. Ford Madox Ford (*17.12.1873), englischer Kritiker.
16.9. Otto Wels (*15.9.1863), deutscher Politiker.

23.9. Sigmund Freud (*6.9.1856), österreichischer Psychologe.
29.11. Philipp Scheidemann (*26.7.1865), deutscher Politiker.
23.12. Anthony Fokker (*6.4.1890), niederländischer Konstrukteur.

Zweiter Weltkrieg und Neuordnung

Der Zweite Weltkrieg, das Problem einer gemeinsamen Nachkriegsordnung und der beginnende »Kalte Krieg« bestimmen die Geschicke der Jahre zwischen 1940 und 1949. Ausgelöst durch die Expansionspolitik Adolf Hitlers weitet sich die von Großreichsplänen und Rassenwahn geleitete deutsche Expansion bald zum Weltkrieg aus, dessen Grauen noch durch das der nationalsozialistischen Konzentrations- und Vernichtungslager übertroffen wird. Die Abwürfe der US-Atombomben auf die japanischen Städte Hiroshima und Nagasaki im August 1945 fordern insgesamt mindestens 146 000 Tote. Am Ende des Jahrzehnts steht eine neue globale Ordnung, bestimmt vom antagonistischen Gegensatz der Supermächte UdSSR und USA.

Der Kampf um die Vorherrschaft in der Welt zwischen dem Deutschen Reich, Italien und Japan einerseits und den Demokratien Großbritannien und Frankreich, seit 1941 unterstützt durch die USA und die Sowjetunion, andererseits mündet in die weltumspannenden Kriegsverwüstungen des Zweiten Weltkriegs 1939–1945. Nach dem Überfall auf Polen (1939) fallen deutsche Truppen auch in die Niederlande, in Belgien und Luxemburg ein. In zwei aufeinanderfolgenden Blitzkriegen bringt das Deutsche Reich allein 1940 sechs Staaten unter seine Gewalt und stellt damit die Weichen, weite Teile des Globus in das europäische Kriegsgeschehen mit einzubeziehen.

Japans Überfall auf Pearl Harbor (1941) und sein Streben nach einer »großasiatischen Wohlstandssphäre« geben den USA Anlaß für den Eintritt in den Zweiten Weltkrieg. Dem Deutschen Reich mit seinen Bündnispartnern steht eine Allianz der Großmächte USA, Großbritannien und UdSSR gegenüber, denen sich die meisten Staaten der westlichen Welt anschließen. Die Wende bringt wie schon im Ersten Weltkrieg der Kriegseintritt der USA (Ende 1941). Zur Jahreswende 1942/43 kapituliert die deutsche 6. Armee vor Stalingrad; seitdem befinden sich Hitlers Armeen auf dem Rückzug. Bis zum Kriegsende 1945 sterben 27 Millionen Soldaten und 19 Millionen Zivilisten in Folge des Zweiten Weltkriegs. Weitere sechs Millionen Menschen sterben in den nationalsozialistischen Konzentrations- und Vernichtungslagern. Mit 20 Millionen Toten verzeichnet die Sowjetunion den höchsten Blutzoll. Fast ganz Europa liegt nach Kriegsende in Trümmern. Am 7. und 9. Mai 1945 wird die deutsche Gesamtkapitulation unterzeichnet. Die oberste Regierungsgewalt im besiegten Deutschland und Österreich teilen sich die USA, die Sowjetunion, Großbritannien und Frankreich. Entmilitarisierung, Entnazifizierung, Entflechtung der Wirtschaft und Demokratisierung der Bevölkerung folgen.

In vier Besatzungszonen aufgeteilt, ist Deutschland ist als politische Macht zunächst ausgeschaltet. Die Gewährung der »Marshallplan«-Hilfe durch die Vereinigten Staaten und die Integration in die von den USA geführte westliche Welt bedeutet für Westeuropa eine Chance zum wirtschaftlichen Wiederaufbau. Die Währungsreform in den westlichen Besatzungszonen beantwortet die Sowjetunion mit der Blockade der Westsektoren Berlins (1948). Die Versorgung der ehemaligen Hauptstadt wird daraufhin durch eine »Luftbrücke« sichergestellt, dem größten Transportunternehmen in der Geschichte der Luftfahrt.

In Bonn konstituiert sich im September 1948 der »Parlamentarische Rat« aus Vertretern der drei westlichen Besatzungszonen. Parallel dazu wird auch in der sowjetischen Besatzungszone über eine deutsche Verfassung debattiert. Nach der Verkündung des Grundgesetzes am 23. Mai 1949 werden in den deutschen Westzonen erstmals seit 1933 wieder freie Wahlen durchgeführt, bei denen der Christdemokrat Konrad Adenauer zum ersten Kanzler der Bundesrepublik gewählt wird. Drei Tage zuvor tritt der FDP-Politiker Theodor Heuss als erster Bundespräsident das höchste Amt des jungen Staates an. Als Reaktion auf die Bonner Staatsgründung erfolgt in der sowjetischen Besatzungszone die Gründung der Deutschen Demokratischen Republik (DDR) mit Otto Grotewohl als Minister-

1940 – 1949

präsident und Walter Ulbricht als Vorsitzendem der 1946 aus der Zwangsvereinigung von KPD und SPD entstandenen Sozialistischen Einheitspartei Deutschlands (SED).
Das Wirtschaftsleben ist in allen kriegführenden Staaten zunächst durch den wachsenden Rüstungs- und Munitionsbedarf geprägt. Zu Beginn des Jahrzehnts ist Deutschland die zweitstärkste Industrienation der Welt. Wegen kriegsbedingt fehlender Arbeitskräfte geht die landwirtschaftliche Produktion drastisch zurück. Der Herstellung von Rüstungsgütern muß sich auch der zivile Bedarf zunehmend unterordnen. Die enorme Staatsverschuldung, mit der Hitler die Kriegführung finanziert, ist bis 1945 auf rund 380 Milliarden Reichsmark angewachsen. Mit der von Ludwig Erhard betriebenen Währungsreform 1948 werden Mangel und Rationierung der Nachkriegsjahre in den westlichen Besatzungszonen Deutschlands überwunden. Die Deutsche Mark (DM) ist wieder etwas wert.
Auch Wissenschaft und Technik sind zunächst von den Kriegserfordernissen dominiert. So gelingt es den Alliierten, eine erste brauchbare Dechiffriermaschine zu entwickeln, mit der codierte Informationen des Kriegsgegners entschlüsselt werden können (1940). Ebenfalls im Zusammenhang mit dem Weltkrieg stehen Bestrebungen in wichtigen Bereichen, die nationale Unabhängigkeit in der Rohstoffversorgung zu erreichen. In den westlichen Staaten beginnt die Gewinnung von Rohstoffen aus dem Meer (1941). Mit dem programmgesteuerten »Zuse Z 3« setzt der deutsche Ingenieur Konrad Zuse einen Markstein in der elektrischen Rechnertechnik (1941). Eine Art Vorversuch für die Konstruktion der Atombombe gelingt dem italienischen Kernphysiker Enrico Fermi mit der ersten nuklearen Kettenreaktion in einer Versuchsanlage unter der Tribüne eines Fußballstadions in Chicago. Die Medizin triumphiert mit der Entwicklung der »Blutwäsche« außerhalb des Körpers, womit erstmals die Lebenserwartung nierenkranker Patienten verlängert werden kann. Zu den weiteren Top-Entwicklungen des Jahrzehnts gehören u.a. der amerikanische Langstreckenbomber »B 29« (Superfortress) mit einer Reichweite von 5230 km, die industrielle Produktion des Antibiotikums Penicillin, die Entwicklung des Weich-PVC sowie die Erfindung des Rasterelektronenmikroskops.
Die nationalsozialistische Gleichschaltung isolierte den Kunstbetrieb im Deutschen Reich vollends von modernen Strömungen, während die Kunst vor allem in den USA neue Impulse erhält, auch von emigrierten europäischen Malern und Bildhauern. So entwickelt sich der abstrakte Expressionismus Jackson Pollocks unter dem Einfluß surrealistischer Künstler wie Max Ernst und André Breton (1943). Nach dem Krieg setzt der spanische Maler Pablo Picasso in Paris neue Maßstäbe. Er und sein Landsmann Salvador Dalí machen die französische Hauptstadt zu einem Zentrum der Avantgarde unter dem Motto: »Befreiung von Formalismus und doktrinären Formgesetzen« (1946).
Die deutsche Literatur und Publizistik der Nachkriegszeit ist bestrebt, sich kritisch mit der Vergangenheit auseinanderzusetzen und den Aufbau einer demokratischen Gesellschaft zu fördern. Davon zeugen Alfred Anderschs 1946 gegründete Zeitschrift »Der Ruf«, Wolfgang Borcherts Roman »Draußen vor der Tür« (1947) und Anna Seghers Roman »Die Toten bleiben jung« (1949). Thomas Mann, der seit 1939 im Exil in den USA lebt, setzt sich in seinem Roman »Doktor Faustus« (1947) mit der jüngsten Vergangenheit Deutschlands auseinander.
Der Unterhaltungssektor erlebt nach dem Ende des Zweiten Weltkrieges einen steten Aufschwung. Sport und Kulturveranstaltungen – wie Fußball und Boxen, Theater- und Kinobesuche – stehen im Mittelpunkt der Freizeitgestaltung. Wichtigste Themen des deutschen Nachkriegsschlagers sind »Heimat«, »Fernweh« und »Flucht aus der Realität«. Ab 1947 setzt sich auch in Deutschland der Jazz durch. In provisorischen Tanzbars lernen die deutschen »Fräuleins« von den amerikanischen Besatzungssoldaten die Tanzschritte zu den aktuellen Rhythmen.

1940

Internationale Politik

3.1., USA. Vor dem Kongreß fordert Präsident Franklin D. Roosevelt die Erhöhung der Verteidigungsbereitschaft der USA. ▷Chronik Zitat

Gemeinsamer Friede

Chronik Zitat

»Wir brauchen nicht gegen andere Völker Krieg zu führen, aber wir können wenigstens gemeinsam mit anderen Völkern einen Frieden anstreben ... Wir müssen vorausschauen und begreifen, was für ein Leben unsere Kinder führen müssen...«
US-Präsident Franklin D. Roosevelt

17.1., Jugoslawien. Mit der Unterzeichnung des Landtagswahlgesetzes in Agram (Zagreb) durch den Prinzregenten Paul Karadjordjević erhält Kroatien Autonomierechte.
26.1., Südafrika. Das Parlament lehnt die vom Führer der Nationalen Partei, James Barry Hertzog, eingebrachte Friedensresolution zur Einstellung des Krieges gegen das Deutsche Reich ab.
4.2., Jugoslawien. In Belgrad erneuern Jugoslawien, Rumänien, Griechenland und die Türkei den Balkanpakt.
5.2., USA. Zum Schutz vor kriegsbedingter Inflation begründen die Staaten der Panamerikanischen Union in Washington eine Zentralbank mit Sitz in New York.
23.2., Belgien. Auf ihrer Sitzung in Brüssel bricht die Sozialistische Arbeiter-Internationale (SAI) auseinander.
29.2., Großbritannien/Palästina. Großbritannien teilt Palästina durch die »Land Transfer Regulation« in drei Zonen, in denen Araber und Juden jeweils unterschiedliche Kaufoptionen für Land besitzen.
2.3., USA/Deutsches Reich. Friedensgespräche zwischen US-Unterhändler Sumner Welles und Reichskanzler Adolf Hitler in Berlin scheitern.
12.3., Finnland/UdSSR. Der sowjetisch-finnische Winterkrieg endet mit der Unterzeichnung des Friedensvertrages in Moskau.

Deutsche Politik

2.1. Der ehemalige deutsche Generalstabsoffizier Ludwig Beck verfaßt eine Denkschrift zu seinen geheimen Umsturzplänen.
4.1. Hermann Göring, Beauftragter des Vierjahresplans, wird zum Leiter der Kriegswirtschaft ernannt.
27.1. Adolf Hitler läßt im Oberkommando der Wehrmacht die Studie »Weserübung« zur Besetzung dänischer und norwegischer Stützpunkte ausarbeiten.
3.2. Wegen beleidigender Behauptungen gegenüber Hermann Göring verliert der Gauleiter von Franken, Julius Streicher, alle Ämter in der Partei, bleibt aber Gauleiter.

Brutale Deportation

Chronik Zitat

»An Gepäck durfte jede Person nur einen Handkoffer mitnehmen ... Soweit Banknoten und Haus- und Grundbesitz vorhanden waren, wurden die Juden in Stettin veranlaßt, einen Verzicht auf diese Vermögenswerte zu unterzeichnen.«
Augenzeugenbericht

12.2. Erstmals werden deutsche Juden aus dem Reichsgebiet in das polnische »Generalgouvernement« deportiert. Nach mehreren Augenzeugenberichten werden die Deportationen mit größter Brutalität durchgeführt. ▷Chronik Zitat
15.2. Der Oberbefehlshaber der deutschen Streitkräfte in Polen, General Johannes Albrecht Blaskowitz, protestiert bei der Heeresleitung gegen die Übergriffe der SS auf die polnische Zivilbevölkerung.
24.2. Widerstandskämpfer Ulrich von Hassell, ehemaliger Botschafter in Italien, formuliert erste Grundsätze für eine deutsche Regierung nach einem Sturz Adolf Hitlers.
8.3. Die »Polenerlasse« entrechten die polnische Bevölkerung im Reich und zwingen alle Polen zur »Kennzeichnungspflicht«. Deportation und Zwangsarbeit setzen massiv ein.

Wirtschaft und Wissenschaft

16.1., Medizin. Die Berliner Siemens-Schuckertwerke AG stellen eine neue Röntgenstrahlungsanlage für die Krebstherapie vor. Die Anlage läßt sich mit verschiedenen Stromspannungen bis zu 1,2 Mio. Volt betreiben.
28.1., Chemie. Ein Kongreß deutscher Chemiker in Berlin diskutiert den Forschungsstand zur ernährungstechnischen Optimierung durch Vitaminpräparate.
Februar, Physik. Dem Berliner Wissenschaftler Manfred Baron von Ardenne gelingt die Konstruktion eines neuartigen Elektronenmikroskops, das bis auf 500 000fache Vergrößerungen auflöst.
8.2., Chemie. Der amerikanische Konzern Standard Oil Company hat die deutschen Buna-Patente aufgekauft, um die Vereinigten Staaten mittels synthetischer Kunststoffe von japanischen Kautschuk-Importen unabhängig zu machen.
11.2., Wirtschaft. Ein Wirtschaftsabkommen zwischen dem Deutschen Reich und der UdSSR sichert dem Reich u.a. Erdöl-, Edelmetall- und Getreidelieferungen zu.
17.2., Wirtschaft. Das Aktienkapital der Bergbau AG Ewald-König-Ludwig in Herten ist nach einer Meldung der »Frankfurter Zeitung« vollständig in den Besitz der Hermann-Göring-Werke übergegangen.

Preise im Deutschen Reich

Chronik Statistik

Lebensmittelpreise (Reichsmark):

Butter, 1 kg	3,50
Weizenmehl, 1 kg	0,45
Schweinefleisch, 1 kg	1,60
Rindfleisch, 1 kg	1,70
Kartoffeln, 5 kg	0,50
Vollmilch, 1 l	0,26
Zucker, 1 kg	0,76

3.3., Wirtschaft. Neuartige Kunststoffe, die in Kriegszeiten schwer zugängliche Rohstoffe ersetzen, werden auf der Leipziger Frühjahrsmesse bis zum 8. März vorgestellt.

1940

Kunst, Literatur und Musik

11.1. Leonid M. Lwarowski zeigt in Leningrad das Ballett *Romeo und Julia* nach der Musik von Sergei S. Prokofjew als sowjetische Erstaufführung.
20.1. UA: *Joan von Zarissa*, Ballett von Werner Egk, in Berlin.
1.2. Das Deutsche Reich verbietet Aufführungen der Werke Igor Strawinskys.
16.2. Im Züricher Kunsthaus eröffnet anläßlich des 60. Geburtstages von Paul Klee eine Retrospektive zum Werk des Künstlers.
6.4. In Mailand eröffnet die VII. Triennale für Ausstattungskunst, Kunstgewerbe und Baukunst.
13.4. Heinrich Sutermeisters Oper *Romeo und Julia* wird am Dresdner Opernhaus uraufgeführt.
20.4. Die zeitgenössische Oper *Alexander in Olympia* des Stuttgarter Komponisten Marc-André Souchay wird am Opernhaus Köln uraufgeführt.
18.5. UA: *Nachtflug*, Oper von Luigi Dallapiccola, in Florenz.
20.5. Auf der 22. Internationalen Kunstbiennale von Venedig darf nur faschistische Kunst ausgestellt werden.
23.5. Der Tanz *Fest und Erinnerung*, nach Robert Schumanns sinfonischen Etüden von Erika Hanka zusammengestellt, wird am Opernhaus Essen uraufgeführt.
8.6. UA: In Paris wird die Kurzoper *Medée* des französischen Komponisten Darius Milhaud uraufgeführt.
11.6. Paul Sacher stellt in Basel *Divertimento für Streichorchester* von Béla Bartók vor.
23.7. In Bayreuth wird im Rahmen der diesjährigen Wagner-Festspiele die *Götterdämmerung* gegeben.
27.7. In München eröffnet die IV. Große Deutsche Kunstausstellung, an der sich 752 Künstler mit 1397 Werken beteiligen.
18.9. Alfred Rosenberg, der Leiter des Außenpolitischen Amtes der NSDAP, beziffert den Wert der von den Rothschilds beschlagnahmten Kunstwerke auf 500 Mio. Reichsmark. Der Pariser Bankiersfamilie wurden fast 22 000 Werke entwendet.
1.10. Die Operette *Franz* von Ernst Marischka und Peter Kreuder wird am Dresdner Centraltheater uraufgeführt.

Theater und Film

4.1. UA: *Früchte des Zorns*, Film von John Ford, nach dem gleichnamigen Roman von John Steinbeck. Der Film wird am 21. Februar mit dem Oscar für die beste Regie geehrt.
8.2. Walt Disneys Zeichentrickfilm *Pinocchio* erlebt im New Yorker Centre Theatre seine Premiere und wird sowohl vom Publikum als auch von der Kritik begeistert aufgenommen.
8.2. Eine umjubelte Aufführung erlebt das Drama *Dantons Tod* von Georg Büchner im Züricher Schauspielhaus.
11.2. Die Premiere des Märchenspiels *Der Schatten* von Jewgeni L. Schwarz in Leningrad zeigt, daß auch kritische Stücke in der UdSSR aufgeführt werden können.
6.3. Benjamin Glazer inszeniert die Uraufführung des Ernest Hemingway-Stückes *Die fünfte Kolonne* in New York.
10.3. Der im amerikanischen Exil lebende deutsche Dramaturg Erwin Piscator inszeniert am Belasco Theatre in Washington *Saint Joan* von George Bernard Shaw.
28.3. Schon bei seiner Premiere erntet der Film *Rebecca* von Alfred Hitchcock mit Laurence Olivier und Joan Fontaine in den Hauptrollen höchstes Lob.
20.4. Mit dem Stück *Jean* von Ladislaus Bus Fekete eröffnet Paul Walter Jacob in Buenos Aires das Exulantentheater »Freie Deutsche Bühne«.
25.4. In Wien läuft der Film *Der Postmeister* von Gustav Ucicky mit Hilde Krahl und Heinrich George in den Hauptrollen an.
9.5. Gustaf Gründgens inszeniert *Cavour*, das Benito Mussolini und Giovaccino Forzano schrieben.
12.5. UA: Eine Schweizer Radiostation strahlt *Lukullus vor Gericht* von Bertolt Brecht aus.
13.5. Ein Jubelstück auf Lenin und Stalin ist *Das Glockenspiel des Kreml* von Nikolai F. Pogodin, das in Leningrad Weltpremiere hat.
13.8. UA: *Geierwally*, Film von Wilhelmine von Hillern, in München.
5.9. Gustaf Gründgens zeigt im Kleinen Haus in Berlin seine Neuinszenierung der Shakespeare-Komödie *Wie es euch gefällt*.

Gesellschaft

1.1. Im Deutschen Reich tritt die »Studentische Dienstpflicht« für kriegswirtschaftliche Aufgaben in Kraft.
1.1. Bei einem Erdbeben im ostanatolischen Erzincan kommen mindestens 45 000 Menschen ums Leben werden vermißt.
22.1. Bei Temperaturen von bis zu -40°C sterben in den USA 150 Menschen durch eine Kältewelle.
15.2. In der Schweiz beginnt die Kampagne »Schweizerfrau, lerne schießen!«.
15.2. Wochenlang anhaltender Frost läßt die Ostsee gefrieren. Der Öresund verbindet Schweden mit Dänemark.
22.2. Im Alter von vier Jahren wird der tibetische Bauernsohn Tanchu Dhondup im Tempelpalast von Lhasa als 14. Dalai Lama inthronisiert.
9.3. Im Deutschen Reich ergeht ein »Gesetz zum Schutz der Jugend in der Öffentlichkeit«, das u.a. Jugendlichen unter 18 Jahren den Besuch von Gasstätten und Kinos verbietet.

Fußball-Landesmeister
Chronik Sport

Deutschland: FC Schalke 04
Österreich: Rapid Wien
Schweiz: Servette Genf
Dänemark: Boldklubben 93
Niederlande: Rotterdam
Italien: Inter Mailand
Schweden: Elfsborg IF
Spanien: Atletico Madrid

14.3. Der NSDAP-Gauleiter Arthur Greiser löst die evangelische Kirchenorganisation im »Wartheland« (Posen) auf.
15.3. Die Zeitschrift »Das Reich«, mit der Joseph Goebbels die intellektuelle Leserschaft propagandistisch bearbeiten läßt, erscheint erstmalig.
16.3. Alle nach den »Nürnberger Rassengesetzen« als jüdisch geltenden Deutschen werden von den Fettzuteilungen für die minderbemittelte Bevölkerung ausgenommen.
17.3. Sizilien erlebt den schwersten Ausbruch des Ätna seit 40 Jahren.

1940

Internationale Politik

21.3., Frankreich. Nach dem Sturz des Kabinetts Edouard Daladier übernimmt Paul Reynaud die Regierung.
9.4., Dänemark/Norwegen. Deutsche Truppen überfallen die neutralen Länder Dänemark und Norwegen.
10.5., Luxemburg/Niederlande/Belgien. Die deutsche Westoffensive führt zur Eroberung der neutralen Staaten Belgien, Luxemburg und Niederlande.
10.5., Großbritannien. Winston Churchill übernimmt nach dem Sturz von Arthur Neville Chamberlain das Amt des Premierministers und bildet eine Allparteienregierung.
11.5., Schweiz. Die Regierung befiehlt die Generalmobilmachung.
25.5., Frankreich. In Limoges bildet sich eine belgische Exilregierung.
10.6., Norwegen. Nach Evakuierung der westalliierten Truppen kapituliert Norwegen vor der deutschen Armee.
10.6., Frankreich/Italien. Mit einem Angriff auf Frankreich tritt Italien auf seiten Deutschlands in den Krieg ein.
11.6., Norwegen/Großbritannien. Norwegens König Haakon VII. übernimmt in London die Führung der Exilregierung.
14.6., Frankreich. Nachdem am Vortag Paris zur »offenen Stadt« erklärt worden ist, rücken deutsche Truppen in die französische Hauptstadt ein.
14.6., Spanien. Spanische Truppen besetzen die Internationale Tanger-Zone.
15.-17.6., Litauen/Estland/Lettland. Sowjetische Truppen besetzen Litauen, Estland und Lettland.
17.6., Frankreich. Marschall Philippe Pétain bildet eine autoritäre Regierung.
18.6., Frankreich/Großbritannien. General Charles de Gaulle begründet in London das »Nationalkomitee Freies Frankreich«.
21.6., Großbritannien/Polen. Großbritannien erkennt die polnische Exilregierung unter Wladyslaw Eugeniusz Sikorski an.
22.6., Frankreich. Frankreichs Kapitulation teilt das Land in eine nördliche, deutsch besetzte Zone und eine unbesetzte Zone im Süden.
11.7., Frankreich. Philippe Pétain festigt mit einer neuen Verfassung sein Regime in Vichy-Frankreich.

Deutsche Politik

11.3. Um das Treffen zwischen Adolf Hitler, Benito Mussolini und Papst Pius XII. vorzubereiten, trifft Reichsaußenminister Joachim von Ribbentrop im Vatikan ein.
17.3. Der Generalinspekteur für das deutsche Straßenwesen, Fritz Todt, übernimmt das neugeschaffene Ministerium für Bewaffnung und Munition.
1.4. Der »Anschluß« Österreichs an das Deutsche Reich wird mit dem Ostmarkengesetz endgültig vollzogen.
3.4. Stabschef Hans Oster aus der Abwehr verrät dem niederländischen Militärattaché Jacobus Gijsbertus Sas den bevorstehenden deutschen Überfall auf Skandinavien.
24.4. Adolf Hitler ernennt den bisherigen Gauleiter von Essen, Josef Terboven, zum Reichskommissar für das besetzte Norwegen.
18.5. Per Erlaß werden Eupen, Malmédy und Moresnet in das Deutsche Reichsgebiet eingegliedert.
30.5. Der Generalgouverneur der besetzten polnischen Gebiete, Hans Frank gibt das streng geheime »außerordentliche Befriedungsprogramm« für Polen bekannt, das die Ermordung der polnischen Oberschicht und »Abschreckungs«-Terror gegen die Bevölkerung vorsieht.
14.6. Die ersten Häftlinge werden im Konzentrationslager Auschwitz interniert. Betroffen sind 728 polnische Gefangene aus Tarnow.
17.6. Der im Exil lebende ehemalige deutsche Kaiser Wilhelm II. sendet angesichts des deutschen Einmarsches in Paris ein Glückwunschtelegramm an Adolf Hitler. ▷Chronik Zitat

Gottes Fügung
Chronik Zitat

»Unter dem tiefgreifenden Eindruck der Waffenstreckung Frankreichs beglückwünsche ich Sie und die gesamte Wehrmacht zu dem von Gott geschenkten gewaltigen Sieg ... Welche Wendung durch Gottes Fügung ...«
Wilhelm II. an Adolf Hitler

Wirtschaft und Wissenschaft

7.3., Verkehr. Die geheim absolvierte Jungfernfahrt der »Queen Elizabeth« endet in New York. Der Luxusliner wird im Krieg als Truppentransporter eingesetzt und kann auf einer Fahrt bis zu 15 000 Soldaten befördern.
19.3., Technik. Zwischen dem Deutschen Reich und Japan wird eine Bild-Funk-Verbindung über mehr als 10 000 km aufgenommen.
31.3., Luftfahrt. In New York eröffnet nach zweijähriger Bauzeit der Großflughafen »La Guardia«, die modernste Flughafenanlage der Welt.
2.4., Geologie. Der amerikanische Polarforscher Richard Evelyn Byrd veröffentlicht seine Kenntnisse über die Verschiebung des magnetischen Südpols.
15.5., Medizin. Die Forderung des Stabsarztes der Luftwaffe, Sigmund Rascher, Strafgefangene für gefährliche Versuche überstellt zu bekommen, eröffnet die Versuchsreihen deutscher Mediziner an Häftlingen und KZ-Insassen während des Krieges.
9.6., Technik. Eine Gerüche simulierende Apparatur ermöglicht in Zürich die Uraufführung von »My Dream«, dem ersten duftuntermalten Film.
15.7., Verkehr. Nach 37jähriger Bautätigkeit wird die Bagdad-Bahn, die Istanbul mit dem Persischen Golf verbindet, eingeweiht.
3.8., Wirtschaft. Der Chemiekonzern I.G. Farbenindustrie AG überreicht dem Reichswirtschaftsministerium Pläne zur Neuordnung der gesamten deutschen chemischen Industrie.
7.11., Architektur. Vier Monate nach ihrer Fertigstellung bricht die Tacoma-Narrows-Brücke im US-Bundesstaat Washington während eines Sturms zusammen.
11.11., Technik. Ford und Willys-Overland übergeben den sog. Jeep, einen geländegängigen Wagen, an die US-Armee.
1940, Chemie. Sowjetische Wissenschaftler entwickeln eine Methode zur Unter-Tage-Vergasung minderwertiger Kohle.
1940, Physik. Edwin Mattison McMillan und Philip Hauge Abelson entdecken das künstlich hergestellte radioaktive Element Neptunium.

1940

Kunst, Literatur und Musik

11.10. UA: Sinfonie für großes Orchester (Sinfonie C-Dur op. 46) von Hans Pfitzner, bei einem Konzert der Frankfurter Museumsgesellschaft.
15.10. UA: *Ein Liebestraum*, Operette von Paul Lincke, in Hamburg.
1940 Der britische Komponist Benjamin Britten komponiert die *Sinfonia da Requiem*.
1940 Im Verlag Fischer in Berlin erscheinen *Die weltlichen Gedichte* von Rudolf Alexander Schröder.
1940 Carson McCullers Erstlingswerk *Das Herz ist ein einsamer Jäger* thematisiert anhand des Graveurs John Singer Einsamkeit und Kommunikationslosigkeit des modernen Menschen und die Unmöglichkeit von Liebesbeziehungen, die Leitthemen seines literarischen Schaffens.
1940 Graham Greene veröffentlicht mit *Die Kraft und die Herrlichkeit* seinen bedeutendsten Roman.
1940 Erfahrungen im Spanischen Bürgerkrieg arbeitet Ernest Hemingway in *Wem die Stunde schlägt* auf.
1940 Mit *Es führt kein Weg zurück* erscheint der dritte autobiographisch orientierte Roman des amerikanischen Autors Thomas Wolfe.
1940 Der Landarbeitersohn Richard Wright thematisiert in *Sohn dieses Landes* die sozialen Probleme der Schwarzen in den USA.
1940 Mit *Das Dorf* stellt William Faulkner den ersten Teil einer Roman-Trilogie über die Südstaaten-Gesellschaft vor.
1940 Lion Feuchtwangers dreiteiliger Romanzyklus *Der Wartesaal* über die deutsche Entwicklung von 1918 bis 1939 endet mit dem Band *Exil*.
1940 Mit seinem Roman *Die Kaiserin Theophano* liefert Henry Benrath seinen Beitrag zum Mittelalter-Boom in Deutschland.
1940 Autobiographisch angelegt ist der Roman *Abschied* von Johannes R. Becher, in dem die Hinwendung eines Bürgersohnes zum Marxismus geschildert wird.
1940 Pablo Picasso vollendet *Frauenkopf* und *Frau, sitzend im Sessel*.
1940 Max Ernst malt *Die Einkleidung der Braut/der Ehefrau*.

Theater und Film

5.9. UA: *Jud Süß*, antisemitischer Film von Veit Harlan, auf der deutsch-italienischen Filmwoche in Venedig. Reichspropagandaminister Joseph Goebbels nimmt starken Einfluß auf das Drehbuch. Der Regisseur erklärte bereits zu Jahresbeginn seine Absichten. ▷Chronik Zitat

Getarnter Jude
Chronik Zitat

»Hier zeige ich das Urjudentum, wie es damals war und wie es sich heute noch noch ganz rein in dem einstigen Polen erhalten hat. Im Gegensatz zu diesem Urjudentum steht nun der Jud Süß, ..., der schlaue Politiker, kurz: der getarnte Jude.«

Veit Harlan, Regisseur von *Jud Süß*

16.9. UA: *Kleider machen Leute*, Film unter der Regie von Helmut Käutner mit Heinz Rühmann, in Konstanz.
1.10. Drei Monate nach der Kapitulation nehmen die Pariser Kinos ihren Geschäftsbetrieb wieder auf.
15.10. UA: *Der große Diktator*, Film von und mit Charlie Chaplin, in New York. Das gegen Adolf Hitler gerichtete Werk wird in zahlreichen Städten mit vielen deutschstämmigen Amerikanern nicht gezeigt.
24.10. UA: *The Westerner (In die Falle gelockt)*, Film von William Wyler mit Gary Cooper in der Hauptrolle, in New York.
25.10. UA: *Seven Sinners* (*Das Haus der sieben Sünden*), Film von Tay Garnett mit Marlene Dietrich in der Hauptrolle, in New York.
2.11. UA: *Der Soldat Tanaka*, antifaschistisches Schauspiel von Georg Kaiser, in Zürich.
13.11. UA: *Fantasia*, experimenteller Zeichentrickfilm der Disney-Studios, in New York. Der Film gilt später als ein Vorläufer der Pop-art.
21.11. Die Wochenschauen werden zur »Deutschen Wochenschau« zusammengefaßt, die Joseph Goebbels persönlich kontrolliert.

Gesellschaft

25.4. Dänemark muß seine Kriegsvorräte an Fleischwaren an das Deutsche Reich abtreten.
Mai Weibliche Hilfskräfte, sog. »Arbeitsmaiden«, kommen in der deutschen Wehrmacht zum Einsatz.
1.5. Der Amerikaner Samuel Harden Church, Präsident des Carnegie Institutes, setzt auf die Auslieferung Adolf Hitlers an den Völkerbund eine Kopfprämie von 1 Mio. US-Dollar aus.
10.5. Wegen dringend notwendiger Kohleförderung wird in Deutschland der »Fronleichnam«-Feiertag von einem Donnerstag auf den darauffolgenden Sonntag verlegt.
15.5. Die ersten aus Nylon gefertigten Damenstrümpfe kommen in den USA auf den Markt.
2.6. Die britische Regierung ruft die Bevölkerung zur Ablieferung von Alteisen auf.
15.7. Aus Furcht vor Spionen deportiert Großbritannien 7000 Flüchtlinge aus Europa nach Übersee.
22.7. In Österreich beginnt die Gestapo mit Massenverhaftungen angeblicher und tatsächlicher Widerstandskämpfer.
6.8. Das Deutsche Reich erleichtert die Erbringung des »Ariernachweises« für die Bevölkerung.
21.8. Der russische Revolutionär Leo D. Trotzki wird im mexikanischen Exil von sowjetischen Agenten ermordet.
4.9. Im Deutschen Reich beginnt das zweite Kriegswinterhilfswerk.
10.9. Der gesetzliche Mieterschutz für Juden wird in den Städten Berlin und München aufgehoben.
12.9. Als Vorbeugemaßnahme gegen Sabotage und Widerstandsaktionen in dem von Deutschen besetzen Teil Frankreichs erläßt der Chef der Militärverwaltung, Alfred Streccius, umfangreiche Richtlinien zur Beschränkung des öffentlichen Lebens.
17.9. Der Reichsjugendführer verfügt für die 14–18jährigen Mitglieder der Hitlerjugend den Luftschutzdienst an allen Sonntagvormittagen.
20.9. Die Lebensmittelrationierung in Frankreich wird verschärft, um mehr Güter an Deutschland abtreten zu können.

1940

Internationale Politik	Deutsche Politik	Wirtschaft und Wissenschaft
13.8., Großbritannien. Die »Luftschlacht um England« beginnt, in der Deutschland schließlich den britischen Fliegern unterliegt. **30.8., Österreich.** Rumänien muß im Zweiten Wiener Schiedsspruch Nord-Siebenbürgen und das Szeklerland an Ungarn abtreten. Am 7. September geht die Süddobrudscha an Bulgarien. **27.9., Italien/Japan.** Deutschland, Italien und Japan schließen den gegen die USA gerichteten Dreimächtepakt. **28.10., Italien/Griechenland.** Italien greift Griechenland an. **5.11., USA.** Präsident Franklin D. Roosevelt wird im Amt bestätigt. **20.11., Österreich.** In Wien wird die Beitrittsurkunde Ungarns zum Dreimächtepakt unterzeichnet. Wenige Tage später schließen sich Rumänien und die Slowakei an.	**22.7.** Ausgelöst durch den Verrat des Burgschauspielers Otto Hartmann, werden etwa 400 Mitglieder der österreichischen Widerstandsbewegung durch die Nationalsozialisten verhaftet. **7.8.** Der bisherige Reichsjugendführer Baldur von Schirach übernimmt das Amt des Gauleiters und Reichsstatthalters von Wien. **2.11.** Deutsche Behörden leiten die Umsiedlung sog. Volksdeutscher aus der Süd-Dobrudscha in den deutschen Machtbereich ein. **12.11.** Beim Besuch des sowjetischen Außenministers Wjatscheslaw M. Molotow in Berlin zeichnen sich Dissonanzen im deutsch-sowjetischen Bündnis ab. **15.11.** In Warschau wird das zweite jüdische Ghetto errichtet. In ihm sind etwa 400 000 Menschen interniert.	**1940, Technik.** Das Agfacolor-Verfahren gestattet die foto-optische Aufnahme farbiger Bilder. **1940, Astronomie.** Am Golf von Mexiko nimmt das mit fünf Meter Durchmesser größte Teleskop der Welt seinen Dienst auf. **1940, Wirtschaft.** Der Anteil der Rüstungsproduktion an der gesamten industriellen Produktion beträgt 14%. **1940, Technik.** Großbritannien entwickelt die erste brauchbare Dechiffriermaschine, mit der der deutsche U-Boot-Funk decodiert werden kann. **1940, Technik.** In den USA nimmt das 343-Zeilen-Farbfernseh-System von Peter Carl Goldmann tägliche Versuchssendungen auf. **1940, Luftfahrt.** Die amerikanische »DC-3 Dakota« ist das erste Passagierflugzeug mit Druckausgleichskabinen.

1940 Geborene und Gestorbene

Geboren:
28.3. Margit Carstensen, deutsche Filmschauspielerin.
7.7. Ringo Starr, britischer Musiker.
22.7. Vera Tschechowa, deutsche Schauspielerin.
9.10. John Lennon (†8.12.1980), britischer Musiker.

6.11. Elke Sommer, deutsche Filmschauspielerin.
20.11. Helma Sander-Brahms, deutsche Filmregisseurin.

Gestorben:
16.3. Selma Lagerlöf (*20.11.1858), schwedische Schriftstellerin.

30.3. John Gilmour (*27.5.1876), britischer Politiker.
17.4. Katharina Schratt (*11.9.1855), österreichische Schauspielerin.
25.4. William Dörpfeld (*26.12.1874), deutscher Chemiker.
7.5. George Lansbury (*21.2.1859), britischer Politiker.

1941

Internationale Politik	Deutsche Politik	Wirtschaft und Wissenschaft
1.1., Schweiz. Um den kriegsbedingten Flüchtlingsstrom einzudämmen, wird die Möglichkeit der Aberkennung des Bürgerrechts eingeführt. **3.1., Schweiz.** Der Bundesrat ordnet die Erhebung eines »Auswanderer-Wehrbeitrages« für zahlungskräftige Emigranten an. **5.1., Libyen.** Britische Truppen erobern das von Italien besetzte Bardia. Dabei geraten 40 000 italienische Soldaten in Gefangenschaft.	**13.1.** Der Stabsleiter beim Stellvertreter des Führers, Martin Bormann, befiehlt den »Klostersturm«, der zu umfangreichen Beschlagnahmungen in Klöstern führt. **19.1.** Adolf Hitler und Benito Mussolini beschließen eine gemeinsame Kriegführung im Mittelmeerraum. **1.3.** Heinrich Himmler besichtigt das KZ Auschwitz und befiehlt die Bereitstellung von Häftlingen für das dortige Buna-Werk der I. G. Farben.	**9.1., Luftfahrt.** Der britische viermotorige Bomber »Lancaster« absolviert seinen Erstflug. Das Flugzeug gehört zu den wirkungsvollsten Waffen der Royal Air Force. **1.2., Geographie.** Im »Berliner Haus der Forschung« wird das erste Blatt eines Kartenwerkes über die unerforschten Zonen Zentralasiens der Öffentlichkeit vorgestellt, das auf Arbeiten des schwedischen Forschers Sven Hedin beruht.

1940

Kunst, Literatur und Musik	Theater und Film	Gesellschaft
1940 George Grosz und Yasou Kuniyoshi erarbeiten gemeinsam eine überdimensionale Hitler-Karikatur. **1940** Kurz vor seiner Flucht vor den deutschen Truppen stellt der belgische Künstler Frans Masereel die Holzschnittfolge *Totentanz* fertig. **1940** Im Museum of Modern Art in New York wird eine Fotoabteilung eröffnet. **1940** In Paris entsteht *Verschiedene Teile* von Wassily Kandinsky. **1940** Nach neun Jahren wird in Manhattan das Rockefeller Center fertiggestellt. Es besteht aus 14 Hochbauten, die vom gigantischen R.C.A.-Building in der Mitte der Anlage überragt werden. **1940** Ludwig Mies van der Rohe stellt sein Konzept für den Neubau des Illinois Institute of Technology vor, dessen Bau 1956 beendet wird.	**1940** Als eine perfekte Screwball-Komödie geht George Cukors *Die Nacht vor der Hochzeit* in die Filmgeschichte ein. **1940** Die Welt von 1001er Nacht bringt *Der Dieb von Bagdad* auf die Leinwand. Wegweisende Trickaufnahmen und aufwendige Kostümierung lassen den Märchenfilm der amerikanischen Regisseure Ludwig Berger, Michael Powell und Tim Whelon zum Publikumserfolg werden. **1940** *Der große McGinty* von Preston Sturges gilt als eine der besten Filmparodien auf das politische Establishment in den USA. **1940** Außerordentliches Aufsehen erregt in den USA und in Großbritannien der Film *Escape to Happiness*, in dem die schwedische Filmschauspielerin Ingrid Bergman ihren Durchbruch erlebt.	**Oktober** Dietrich Bonhoeffer von der Bekennenden Kirche klagt im Untergrund die Versäumnisse der Kirchen im Deutschen Reich an. ▷Chronik Zitat ### Schuld der Kirche **Chronik Zitat** »*Die Kirche bekennt, ihre Verkündigung von dem einen Gott ... nicht ... deutlich genug ausgerichtet zu haben. ... Sie war stumm, wo sie hätte schreien müssen, weil das Blut der Unschuldigen zum Himmel schrie.*« **Dietrich Bonhoeffer, deutscher Theologe** **1940** Der sog. Euthanasie-Aktion fallen 36000 Menschen zum Opfer.

1940 Geborene und Gestorbene

28.6. Italo Balbo (*5.6.1896), italienischer Luftmarschall.
29.6. Paul Klee (*18.12.1879), deutscher Maler.
21.8. Leo D. Trotzki (*7.11.1879), russischer Revolutionär.
24.8. Paul Nipkow (*22.8.1860), deutscher Fernsehpionier.

2.9. Joseph Thomson (*18.12.1856), britischer Physiker.
7.9. Edmund Rumpler (*4.1.1872), österreichischer Konstrukteur.
16.9. Hermann Stehr (*16.2.1864), deutscher Schriftsteller.
23.9. Julius von Jauregg (*7.3.1857), österreichischer Psychiater.

5.10. Peter Klöckner (*9.3.1863), deutscher Großindustrieller.
12.10. Tom Mix (*6.1.1880), amerikanischer Filmschauspieler.
9.11. Arthur Neville Chamberlain (*18.3.1869), britischer Politiker.
26.11. Harold H. Lord Rothermere (*26.4.1868), britischer Verleger.

1941

Kunst, Literatur und Musik	Theater und Film	Gesellschaft
12.1. Der italienische Duce Benito Mussolini schenkt Reichsmarschall Hermann Göring zum 48. Geburtstag vier Bildtafeln des Sterzinger Altars aus dem Jahre 1456/58. **23.1.** UA: *Das verlorene Lied*, Musical von Kurt Weill, im New Yorker Alvin Theatre. **25.1.** In Sofia eröffnet die Ausstellung »Neue Deutsche Baukunst«, die von dem Nationalsozialisten Albert Speer zusammengestellt wurde.	**28.2.** Das Deutsche Theater in Lille wird mit dem Schauspiel *Prinz Friedrich von Homburg* von Heinrich von Kleist feierlich eröffnet. **4.4.** UA: *Ohm Krüger*, antibritischer Propagandafilm von Hans Steinhoff mit Emil Jannings in Berlin. **19.4.** UA: *Mutter Courage*, Bühnenstück von Bertolt Brecht mit Therese Giehse, am Züricher Schauspielhaus. **29.4.** UA: *Die Schreibmaschine*, Dreiakter von Jean Cocteau, in Paris.	**5.1.** Nach vier Tagen Isolation durch den harten Winter sind erste Verkehrsverbindungen von Bayern aus in den Norden wieder befahrbar. **11.1.** Per Erlaß wird in Deutschland der Schulanfang einheitlich auf das Ende der Sommerferien festgelegt. **21.1.** Großbritannien verbietet zwei kommunistische Zeitungen. **25.1.** In den Niederlanden verbieten die deutschen Besatzungsbehörden die Allgemeine Freimaurerloge.

1941

Internationale Politik

6.1., USA. Präsident Franklin D. Roosevelt hält in Washington die Rede von den »Vier Freiheiten der Menschheit«, die in die UN-Charta eingehen werden.
▷ Chronik Zitat

Die vier Freiheiten

Chronik Zitat

»Die erste Freiheit ist die Freiheit der Rede und der Meinungsäußerung – überall in der Welt. Die zweite Freiheit ist die Freiheit eines jeden, Gott auf seine Weise zu dienen ... Die dritte Freiheit ist Freiheit von Not ... Die vierte Freiheit ist Freiheit vor Furcht.«
US-Präsident Franklin D. Roosevelt

12.2., Italien/Libyen/Deutsches Reich. Deutsche Einheiten treffen zur Unterstützung Italiens in Nordafrika ein.
1.3., Bulgarien. Bulgarien tritt dem Dreimächtepakt bei und wird einen Tag später Aufmarschgebiet der deutschen Truppen für den Balkanfeldzug.
4.3., Großbritannien/Griechenland. Bis zum 24. April erreichen 58 000 britische Soldaten Griechenland, um das Land vor einem deutschen Angriff zu schützen.
27.3., Jugoslawien. Ein Staatsstreich beseitigt die achsenfreundliche Regierung von Dragiša Cvetković.
6.4., Jugoslawien/Griechenland. Deutsche Truppen überfallen Jugoslawien und Griechenland.
10.4. Kroatien. Ante Pavelić proklamiert den »Unabhängigen Staat Kroatien«, der dem Dreimächtepakt beitritt.
10.5., Großbritannien. Rudolf Heß, der »Stellvertreter des Führers«, springt mit dem Fallschirm über Glasgow ab. Seine angebliche Friedensmission ist offenbar nicht durch Adolf Hitler gedeckt.
16.5., Island. Das Parlament kündigt für 1943 den Bundesvertrag mit Dänemark und strebt die Souveränität an.
20.5., Griechenland. Deutsche Fallschirmjäger springen über Kreta ab und erobern die Insel in monatelangen Kämpfen.

Deutsche Politik

19.3. Sozialistische Exulanten begründen in London die Union deutscher Sozialisten.
11.4. Mit seinem Sonderzug trifft Adolf Hitler in Tauchen-Schauereck ein. Der Zug, der bis zum 25. April auf der Eisenbahnstrecke Wiener Neustadt–Graz steht, dient ihm als Hauptquartier.
4.5. In einer Rede vor dem Reichstag in Berlin verkündet Adolf Hitler, das Deutsche Reich und seine Verbündeten seien jeder denkbaren Koalition in der Welt überlegen.
11.5. Adolf Hitlers Aufruf vom 4. Mai an alle Frauen, sich zur freiwilligen Übernahme eines Arbeitsplatzes zu melden, zeigt wenig Resonanz.
2.6. Am Brenner treffen Adolf Hitler und Benito Mussolini zusammen, um militärische Fragen zu koordinieren. Der Ostfeldzug wird von Hitler nicht erwähnt.
6.6. Das Oberkommando der Wehrmacht erläßt in Vorbereitung des Ostfeldzuges den »Kommissarbefehl«, nach dem die politischen Leiter der Roten Armee im Falle der Gefangennahme getötet werden sollen.
11.6. Die deutsche Marine hat seit Kriegsbeginn mehr als 2,2 Mio. BRT britischen Schiffsraum versenkt.
18.6. Deutschland und die Türkei schließen einen Freundschaftspakt.
29.6. Hitler ernennt Hermann Göring für den Fall seines Todes zu seinem Nachfolger.
16.7. Spanische Freiwillige zum Krieg gegen die UdSSR (»Blaue Division«) treffen im Deutschen Reich ein.
31.7. Reichsmarschall Hermann Göring beauftragt den Chef der Sicherheitspolizei und des Sicherheitsdienstes der SS, Reinhard Heydrich, »Vorbereitungen für eine Gesamtlösung der Judenfrage im deutschen Einflußbereich in Europa zu treffen«.
24.8. Angesichts vehementer Proteste ordnet Adolf Hitler die Einstellung der sog. Aktion T 4 zur Ermordung geistig und psychisch Kranker an, die jedoch insgeheim weitergeführt wird (»Wilde Euthanasie«).
25.8. Benito Mussolini und Adolf Hitler besprechen die europäische Neuordnung nach dem »Endsieg«.

Wirtschaft und Wissenschaft

1.3., Chemie. Die Jahrestagung deutscher Chemiker in Wiesbaden steht im Zeichen der Fortschritte auf dem Gebiet der Elektronenmikroskopie.
16.3., Wissenschaft. Eine neue Verordnung zum Patentschutz in der Sowjetunion soll die technischen Entwicklungen in der UdSSR unter staatliche Kontrolle bringen.
2.4., Luftfahrt. Die »HE 280« ist das weltweit erste Jagdflugzeug, das einen Strahltriebwerkmotor besitzt.
8.5., Wirtschaft. Mit einer Anlage in Wilmington nehmen amerikanische Firmen die Herstellung von synthetischem Gummi auf, um von japanisch kontrollierten Rohstofflieferungen unabhängig zu sein.
12.5., Technik. Konrad Zuse stellt den ersten programmgesteuerten Rechenautomaten der Welt, den »Zuse Z 3« vor.
15.5., Luftfahrt. Das erste britische Düsenflugzeug – die »Gloster Whittle E. 28/39« – startet zum Jungfernflug.
20.6., Archäologie. Russische Archäologen entdecken in Samarkand das Grab des mongolischen Großkhans Timur Lenk, dessen einbalsamierte Leiche sich in gutem Zustand befindet.

Bildung im Deutschen Reich

Chronik Statistik

Schüler an	
Volksschulen	8 240 319
Hauptschulen	206 476
Mittelschulen	285 464
Gymnasien	756 783
Studenten	55 660

September, Technik. Der sowjetische Panzer »T-34« ist der modernste Panzer der Welt.
5.9., Verkehr. Die erste Gasturbinen-Lokomotive der Welt, die »Ae 4/6 1101«, absolviert auf der Strecke Basel–Romanshorn und zurück bis Winterthurn ihre erste Fahrt.
15.9., Verkehr. Auf Fehmarn erfolgt der erste Spatenstich zur »Vogelfluglinie«, eine kombinierte Eisen- und Autobahnverbindung, die Norddeutschland und Kopenhagen verbinden soll.

1941

Kunst, Literatur und Musik

2.4. Die Ausstellung »Maler an der Front« eröffnet in Berlin. Gleichzeitig geht die Wanderausstellung »Kunst an der Front« auf Reise durch das Reichsgebiet.
4.4. Das Wiener Publikum sprengt die Premiere der Oper *Johanna Balk* von Rudolf Wagner-Régeny, da dieser als Freund des verhaßten Reichsstatthalters gilt und die moderne Inszenierung zudem nicht ankommt.
Mai Am Trafalgar Square in London zeigt eine Galerie Werke britischer Künstler zum Krieg.
1.5. Um den nationalsozialistischen Kunstraub weiter auszudehnen, fordert Hermann Göring die Behörden in den besetzten Ländern auf, die Einsatzstäbe zu unterstützen.
15.5. In New York gründet eine Schriftstellerversammlung den »European PEN. in America«.
25.5. Im deutschen Rundfunk läuft zum letzten Mal das »Wunschkonzert für die Wehrmacht«.
6.6. Der mit den Nazis kollaborierende französischer Künstler Maurice de Vlaminck wirft dem in Paris lebenden Pablo Picasso vor, die Kunst in eine Sackgasse getrieben zu haben.
8.6. In Luzern eröffnet die 20. nationale Kunstausstellung der Schweiz.
16.6. Im deutschen Herrschaftsbereich werden die Werke der norwegischen Schriftstellerin Sigrid Undset verboten, da die Künstlerin in die USA geflohen ist und für die Befreiung ihres Landes agitiert.
12.7. Glanzpunkte der diesjährigen Bayreuther Festspiele sind Aufführungen des *Rings des Nibelungen* und *Der fliegende Holländer*.
26.7. Im Münchener Haus der Deutschen Kunst eröffnet die 5. Große Deutsche Kunstausstellung, die vor allem positive Darstellungen des Faschismus und des Krieges zeigt.
2.8. Die Salzburger Festspiele eröffnen mit Mozarts *Zauberflöte*. Bis zum 24. August werden *Die Hochzeit des Figaro* und *Don Giovanni* gegeben.
15.11. Die in Mexiko-City erstmals erscheinende Zeitschrift »Freies Deutschland« bietet emigrierten Autoren ein Publikationsforum.

Theater und Film

1.5. UA: *Citizen Cane*, filmisches Meisterwerk von Orson Welles (Regie, Buch und Hauptrolle) mit Joseph Cotten und Everett Sloane, in New York.
2.7. Im Londoner Picadilly Theatre erlebt die *Geisterkomödie* von Noël Coward eine begeisternde Uraufführung. Das Erfolgsstück wird 1944 verfilmt.
8.8. In William Wylers Film *Die kleinen Füchse* liefert Bette Davis als kaltblütige Gattenmörderin eine ihrer Paraderollen.
14.9. UA: *Verdacht*, Thriller von Alfred Hitchcock mit Cary Grant, Joan Fontaine und Cedric Hardwicke, in New York.

Gründgens Meisterstück

Zitat

»Spannung erzeugt ein Schauspieler wie Gustaf Gründgens, wo immer er auftritt. ... Er zwingt die Leute zuzuhören, ja oder nein zu sagen ... Gründgens spielt den Agenten Fausts, einen Manager Schmelings, einen Stellenvermittler der Hölle.«
»Berliner Börsen-Courier«

30.9. Mit *The Maltese Falcon* nach einem Roman von Dashiell Hammett begründet Regiedebütant John Huston die Gattung des »Film Noir«. Humphrey Bogart spielt in der Hauptrolle den Detektiven Sam Spade.
11.10. In einer gefeierten Inszenierung von Gustaf Gründgens läuft am Berliner Staatlichen Schauspielhaus *Faust I* an. Die Rolle des »Mephisto« wird von Gründgens selbst gespielt. Auch die Presse ist von der Aufführung begeistert. ▷ Chronik Zitat
31.10. Der Film *Frauen sind doch bessere Diplomaten* von Georg Jacoby ist der erste deutsche Farbspielfilm.
15.11. UA: *Iphigenie in Delphi*, Verstragödie von Gerhart Hauptmann, in Berlin. Der Dichter ist an seinem 79. Geburtstag selbst anwesend.
3.12. An der Central Needle Trades High School New York inszeniert Erwin Piscator die Premiere des Stückes *The Circle of Chalk (Der Kreidekreis)* von Klabund.

Gesellschaft

25.2. Aus Protest gegen deutsche Terrorakte gegen Juden tritt die Amsterdamer Bevölkerung in einen zweitägigen Streik.
März In Chicago beginnt der Prozeß gegen Gangsterboß Al Capone.
15.4. Britische Behörden ordnen die Grünfärbung von Futterfleisch für Tiere an, um Betrügereien von Metzgern zu unterbinden.
16.4. In London wird der Nordturm des 1936 durch ein Großfeuer zerstörten Kristallpalastes gesprengt, da er feindlichen Bombern als Leitpunkt dienen könnte.
23.4. Der bayerische Kultusminister Adolf Wagner ordnet die Entfernung der Kruzifixe aus bayerischen Schulen an. Nach massivem Protest aus der Bevölkerung zieht Wagner seine Verordnung zurück. ▷ Chronik Zitat
8.5. In New York werden Polizisten mit dem Luftschutz vertraut gemacht.
14.5. In Berlin wird der schweizerische Student Maurice Bavaud hingerichtet, der 1938 erfolglos ein Attentat auf Adolf Hitler unternommen hatte.
2.6. Die Fleischrationen im Deutschen Reich werden erheblich gekürzt.
17.7. Während der Ausstrahlung von Wehrmachtsberichten im Radio ist in deutschen Gaststätten der Ausschank untersagt.
1.8. In der Schweiz wird das 650jährige Bestehen der Eidgenossenschaft feierlich begangen.
4.8. Alle weiblichen Schulabgängerinnen müssen in Deutschland künftig insgesamt ein Jahr Arbeits- und Kriegshilfsdienst leisten.

Kruzifix-Erlaß

Zitat

»Gleichzeitig weise ich darauf hin, daß kirchlicher Bilderschmuck ... sowie Kruzifixe in der Schule am falschen Platze sind; ich ersuche daher Sorge dafür zu tragen, daß solcher Wandschmuck allmählich entfernt oder durch zeitgemäße Bilder ersetzt wird.«
Adolf Wagner, bayerischer Kultusminister

1941

Internationale Politik	Deutsche Politik	Wirtschaft und Wissenschaft

22.6., UdSSR/Deutsches Reich. Ohne vorherige Kriegserklärung beginnt der Angriff deutscher Truppen auf die UdSSR. Die Verbündeten der Achsenmächte und Finnland (ab 26. Juni) beteiligen sich an dem Krieg.
3.7., UdSSR. Im Rundfunk ruft Josef Stalin zum Partisanenkrieg auf.
5.7., Peru/Ecuador. Peru und Ecuador liefern sich Grenzkämpfe, die am 26. Juli beigelegt werden.
14.7., Großbritannien/Syrien. Britische und freifranzösische Truppen besetzen Syrien.
26.7., USA/Japan. Angesichts drohender Stützpunktausdehnungen Japans in Indochina sperren die USA japanische Vermögenswerte in Nordamerika.
30.7., USA/UdSSR. Die USA vereinbaren mit der Sowjetunion Waffenlieferungen.
30.7., Polen/UdSSR. Polens Exilregierung und die Sowjetunion erneuern ihre diplomatischen Kontakte.
14.8., Großbritannien/USA. Der britische Premier Winston Churchill und US-Präsident Franklin D. Roosevelt verkünden die Atlantikcharta, die die alliierten Kriegsziele definiert und eine Vorstufe zur UN-Charta ist.
25.8., Iran. Zur Sicherung der Ölquellen besetzen britische und sowjetische Truppen den Iran.
11.9., USA. Mit dem »Shoot-on-Sight«-Befehl dürfen US-Schiffe auf U-Boote der Achsenmächte das Feuer eröffnen.
24.9., Großbritannien. An der 2. Interalliierten Konferenz in London nimmt erstmals die UdSSR teil.
27.9., Syrien. Der französische General Georges Catroux proklamiert die Unabhängigkeit Syriens.
9.10., Panama. Der bisherige Innenminister Ricardo Adolfo de la Guardia putsch sich an die Macht.
16.10., Japan. Hideki Todscho wird neuer japanischer Ministerpräsident.
27.11., Libanon. Die freifranzösischen Streitkräfte geben dem Libanon die Unabhängigkeit.
5.12., UdSSR/Deutsches Reich. Kurz vor Moskau scheitert die deutsche Offensive durch einen Gegenangriff der Roten Armee.

3.9. Im KZ Auschwitz finden die ersten Tötungen mit Zyklon B-Gas statt. Der Kommandant des Lagers, Rudolf Höß, berichtet über eine Probevergasung. ▷Chronik Zitat
16.9. Ein Geheimbefehl des Oberkommandos der Wehrmacht legt fest, daß im deutschen Herrschaftsbereich für jeden durch Untergrundkämpfer ermordeten deutschen Soldaten »50 bis 100 Kommunisten« getötet werden sollen.

Vergasung in Auschwitz
Chronik Zitat

»*Der Tod erfolgte in den vollgepfropften Zellen sofort nach Einwurf. Nur ein kurzes, fast schon ersticktes Schreien, und schon war es vorüber ... Nach mehreren Stunden erst wurde geöffnet und entlüftet.*«
Rudolf Höß, Kommandant von Auschwitz

19.9. Das öffentliche Tragen des »Gelben Sterns« wird für alle Juden im Deutschen Reich zur Pflicht.
14.10. Die Massendeportation von Juden aus dem deutschen Herrschaftsbereich in das »Ghetto« von Lodz (»Litzmannstadt«) beginnt.
18.10. Der deutsche Journalist Richard Sorge wird in Tokio wegen Spionage für die UdSSR verhaftet. Er hatte der sowjetischen Regierung u.a. mitgeteilt, daß Japan nicht in den Krieg gegen die UdSSR eintreten werde.
22.11. Die deutsche Seekriegsleitung entsendet 13 U-Boote ins Mittelmeer zur Entlastung der dort kämpfenden Streitkräfte der Achsenmächte.
25.11. Die elfte Verordnung zum Reichsbürgergesetz ermöglicht es, den zur Deportation bestimmten Juden die Staatsbürgerschaft zu entziehen und ihr Vermögen zu beschlagnahmen.
7.12. Der »Nacht- und Nebel-Erlaß« schreibt für Widerstandshandlungen nichtdeutscher Zivilisten grundsätzlich die Todesstrafe fest.
11.12. Adolf Hitler gibt die deutsche Kriegserklärung an die USA bekannt. Am 12. Dezember erklären die USA Deutschland den Krieg.

15.9., Technik. Die Produktion der deutschen ferngelenkten Raketen (»V2«) auf dem Versuchsgelände in Peenemünde soll in Serie gehen.
21.9., Technik. Bei Leningrad kommen erstmals die »Stalinorgeln« als Vorläufer von Raketenwerfern zum Einsatz.
2.10., Luftfahrt. Der Deutsche Heini Dittmar überschreitet mit dem Raketenflugzeug »Me 163« erstmals knapp die 1000-km/h-Schwelle.
30.10., Wirtschaft. Die Erste Schweizer Ausstellung für Neustoffe stellt den hohen Rang schweizerischer Wissenschaft in der Recycling-Technik unter Beweis.
1941, Technik. Mit dem japanischen »Yamato« wird das größte Schlachtschiff der Welt in Dienst gestellt.
1941, Physik. Glenn Theodore Seaborg gelingt die Isolierung des Uranisotops 233 aus dem Thorium.
1941, Luftfahrt. Siemens stellt den ersten funktionsfähigen Autopiloten für Flugzeuge vor.
1941, Medien. In den USA gilt für das Fernsehen das 525-Zeilenbild mit 30 Bildern pro Sekunde als Norm.
1941, Wirtschaft. Die Produktion von Flugzeugen und Kriegsmaterial für die deutsche Rüstung läuft auf Hochtouren. ▷Chronik Statistik

Deutsche Rüstung
Chronik Zitat

Stückzahlen:

Gewehrmunition	917 000 000
Handgranaten	24 560 000
Maschinengewehre	85 500
Lastkraftwagen	62 400
Flugzeuge	12 300
Panzer	3 250

1941, Chemie. »Terylene«, eine Synthetikfaser auf Polyesterbasis, kommt in Großbritannien auf den Markt.
1941, Chemie. Eine US-Firma stellt ein Insektizid vor, das mittels Treibgas aus einer Spraydose zerstäubt wird.
1941, Chemie. Das Isotop Plutonium 239 wird in den USA entdeckt.

1941

Kunst, Literatur und Musik

1941 *Zwischen den Akten* heißt der letzte Roman von Virginia Woolf, die sich am 28. März das Leben nimmt.

1941 Ein pessimistisches Buch über die Isolation des Menschen legt der argentinische Autor Eduardo Mallea mit *Alles Gras verdorrt* vor.

1941 In Stockholm erscheint *Das Lied von Bernadette* von Franz Werfel.

1941 Stefan Zweigs *Schachnovelle* kommt in Stockholm heraus.

1941 Eine Biographie des berühmten Konquistadors liefert *Cortés, Eroberer Mexikos* des spanischen Schriftstellers Salvador de Madariaga y Rojo.

1941 Die Geschichte Nordamerikas und Europas nach 1918 arbeitet der US-Autor Upton Sinclair in seinem Roman *Zwischen zwei Welten* auf.

1941 In Moskau kommt der Roman *Der stille Don* heraus, für den Michail A. Scholochow 1965 den Literatur-Nobelpreis erhält.

1941 Schon kurz nach seinem Erscheinen verbieten die deutschen Behörden den Roman *Das Reich der Dämonen* von Frank Thieß, der die Weltgeschichte von der Antike bis zum Mittelalter behandelt und jegliche Gewaltherrschaft verurteilt.

1941 Max Ernst nimmt die Arbeit an seinem Gemälde *Der Gegenpapst* auf, das zu einem der bekanntesten Gemälde surrealistischer Malerei avanciert.

1941 Marsden Hartley malt sein Bild *Hummerfischer*.

1941 Mit *Die Flucht nach Ägypten* thematisiert der französische Maler Georges Rouault erneut eine biblische Szene. Hervorstechend ist die fast eindimensionale, strichhafte Skizzierung der Szenerie.

1941 Renato Guttuso klagt in *Kreuzigung* Unmenschlichkeit und doktrinäre Bibelausdeutung der Römischen Kirche an.

1941 Im Auftrag der britischen Regierung malt Henry Moore *Tube Shelter Perspective*, ein Bild über Londoner, die in der U-Bahn Schutz vor den deutschen Bomben suchen.

1941 Eine neue Generation von Jazz-Musikern, u.a. Charlie Parker und Dizzy Gillespie, beginnt in Harlem mit der Entwicklung des Bebop.

Theater und Film

12.12. Adolf Hitler ordnet an, daß *Wilhelm Tell* von Schiller aus Schulbüchern zu verschwinden habe. Er sieht in Tell einen »Heckenschützen«.

16.12. UA: *Quax, der Bruchpilot*, Film von Kurt Hoffmann mit Heinz Rühmann in der Hauptrolle und als Produzent, in Hamburg.

30.12. Am Staatlichen Schauspielhaus in Berlin feiert die Gustaf-Gründgens-Inszenierung der Shakespeare-Komödie *Die lustigen Weiber von Windsor* Premiere.

30.12. UA: *Illusion*, Liebesfilm von Viktor von Tourjansky, mit Johannes Heesters und Brigitte Horney, in Berlin.

1941 Wenig Beifall findet beim Publikum die ambitionierte Jekyll- und Hyde-Verfilmung *Arzt und Dämon* von Victor Fleming, da sich Spencer Tracy als Fehlbesetzung erweist.

1941 Walt Disneys *Dumbo, der fliegende Elefant* wird einer der beliebtesten Zeichentrickfilme aller Zeiten.

1941 *Die Marx Brothers im Kaufhaus* gilt als einer der besten Filme des Trios.

1941 Michael Curtiz verfilmt den Jack-London-Roman *Der Seewolf* mit Edward G. Robinson in der Titelrolle des brutalen Kapitäns.

1941 *Romeo und Julia auf dem Dorfe* von Valerien Schmidely nach einer Novelle von Gottfried Keller kommt in die Kinos und wird eines der meistgelobten Werke schweizerischer Filmkunst.

1941 Der Film *Dick und Doof – Schrecken der Kompanie* zeigt erste Qualitätseinbußen, die auf den Wechsel des Schauspielerduos zu 20th Century Fox zurückzuführen sind.

1941 In Preston Sturges Filmkomödie *Die Falschspielerin* spielt Henry Fonda neben Barbara Stanwyck die für ihn ungewöhnliche Rolle eines romantischen Millionärs.

1941 Fritz Langs Film *Menschenjagd* erzählt die Geschichte eines englischen Jägers, der auf einer Jagd in Bayern die Möglichkeit hat, Adolf Hitler zu erschießen, und in die Fänge der Gestapo gerät.

1941 Unter den 40 Tarzan-Filmen sticht *Tarzans geheimer Schatz* mit Johnny Weissmuller als eine fast komödiantische Geschichte hervor.

Gesellschaft

28.8. Die sowjetische Führung beschließt die Deportation der Wolgadeutschen nach Sibirien.

1.9. In deutschen Schulen wird künftig statt der Frakturschrift die lateinische Schrift (Antiqua) unterrichtet. Auch Zeitungen sollen zur Vereinheitlichung der Schrift im deutschen Machtbereich von der Fraktur Abstand nehmen.

8.9. Vor Leningrad beginnt die Belagerung durch deutsche Truppen. Die Blockade der Stadt dauert bis zum 20.1.1944.

Deutsche Meister
Sport

Leichtathletik:

100 m:		
Ida Kühnel		12,3 sec
80 m Hürden:		
Liselotte Peter		11,7 sec
Hochsprung:		
Erika Eckelt		1,54 m
Weitsprung:		
Christel Schulz		5,90 m
Speerwurf:		
Inge Plank		43,72 m

10.9. Nach Streiks verhängen deutsche Besatzungsbehörden über Oslo den Ausnahmezustand.

15.9. In Mannheim streiken italienische Arbeiter aus Protest gegen Unterverpflegung.

17.9. Im Deutschen Reich ergehen erste Todesurteile gegen Personen, die »feindliche« Rundfunksender gehört haben.

1.10. In Deutschland wird eine einheitliche Lohnsteuertabelle eingeführt.

4.10. Deutsche Zivilisten dürfen nur noch heiraten, wenn sie ihre »Erbgesundheit« amtlich bescheinigen.

15.10. Die erste schweizerische Ärzte-Mission unter dem Patronat des Roten Kreuzes begibt sich an die deutsche Ostfront nach Smolensk.

1.11. Im Heinrich-Heine-Club in Mexiko-City schließen sich deutsche Wissenschaftler und Künstler zum Kampf gegen den Nationalsozialismus zusammen.

1941

Internationale Politik	Deutsche Politik	Wirtschaft und Wissenschaft
7.12., **Japan/USA.** Der japanische Überfall auf den US-Flottenstützpunkt Pearl Harbor führt die USA in den Krieg und weitet den europäischen Krieg zum Weltkrieg aus.	24.12. Adolf Hitler ordnet eine bessere Behandlung sowjetischer Kriegsgefangener an, damit möglichst viele zum Arbeitseinsatz ins Deutsche Reich gebracht werden können.	1941, **Technik.** In Vermont nehmen amerikanische Wissenschaftler auf dem 650 m hohen Grandpa's Knob den Prototyp eines Putnam-Windkraftwerkes in Betrieb.

1941 Geborene und Gestorbene

Geboren:
9.1. Joan Baez, amerikanische Sängerin.
24.1. Neil Diamond, amerikanischer Songschreiber und Popsänger.
22.3. Bruno Ganz, schweizerischer Schauspieler.

13.5. Senta Berger, österreichische Schauspielerin.
10.6. Jürgen Prochnow, deutscher Schauspieler.
20.7. Kurt Raab (†28.6.1988), deutscher Schauspieler
30.7. Paul Anka, kanadischer Musiker.

26.9. Vadim Glowna, deutscher Filmregisseur und Schauspieler.

Gestorben:
4.1. Henri Bergson (*18.10.1859), französischer Philosoph.

1942

Internationale Politik	Deutsche Politik	Wirtschaft und Wissenschaft
1.1., **USA.** In Washington unterzeichnen 26 Staaten den Pakt der »Vereinten Nationen«, der die Kriegsziele der Alliierten festhält. 11.1., **USA.** Deutsche U-Boote vor der nordamerikanischen Küste leiten die 4. Phase der Atlantikschlacht ein. 25.1., **Schweiz.** Eine sozialdemokratische Initiative auf Volkswahl und Erweiterung des Schweizer Bundesrates wird abgelehnt. 8.2., **Jugoslawien.** Der kommunistischer Partisanenchef Josip Broz Tito proklamiert das von seinen Verbänden kontrollierte Gebiet in Montenegro zur Teilrepublik der UdSSR. 15.2., **Japan/Großbritannien.** Die britische Kronkolonie Singapur kapituliert vor den japanischen Truppen. 8.3., **Japan.** Nach Kapitulation alliierter Streitkräfte auf der Insel Java kontrolliert Japan Niederländisch-Indien. 9.4., **Philippinen.** Die letzten amerikanischen Truppen ziehen sich von den philippinischen Hauptinseln zurück. 11.4., **Großbritannien/Indien.** Gespräche zwischen Großbritannien und den Führern der indischen Unabhängigkeitsbewegung in Delhi scheitern.	20.1. Auf einer geheimen Konferenz am Wannsee erläutert Reinhard Heydrich seine Pläne zur Endlösung der Judenfrage« und organisiert den Völkermord an den europäischen Juden. 30.1. In einer Rede zum 9. Jahrestag der nationalsozialistischen Machtübernahme greift Adolf Hitler im Berliner Sportpalast die Regierungen Großbritanniens und der USA ausgesprochen hart an. ▷Chronik Zitat 9.2. Einen Tag nach dem tödlichen Unfall von Fritz Todt wird der Architekt Albert Speer neuer Reichsminister für Bewaffnung und Munition. **Trunkenbold Churchill** **Chronik Zitat** »Dieser Schwätzer und Trunkenbold Churchill ... dieses verlogene Subjekt, dieser Faulpelz ersten Ranges ... Und von seinem Spießgesellen im Weißen Haus möchte ich dabei gar nicht reden, denn dieser ist nur ein armseliger Irrer.« **Führer und Reichskanzler Adolf Hitler**	23.4., **Verkehr.** Zwischen der Kaphalbinsel in Südafrika und der ägyptischen Stadt Kairo wird eine durchgehende Autostraße über Kenia und Abessinien (Äthiopien) eröffnet. 30.4., **Technik.** Die neugegründete deutsche Zentralstelle für Generatoren soll die Verbreitung holzangetriebener Autos fördern. 2.5., **Wirtschaft.** Anläßlich des »Tags der nationalen Arbeit« erhalten 19 deutsche Firmen die Auszeichnung »Kriegsmusterbetrieb«. Weitere 76 Unternehmen erhalten den Titel »Nationalsozialistischer Musterbetrieb«. 29.5., **Wirtschaft.** Auf Anweisung des Reichswirtschaftsministeriums wird in Berlin die »Reichsvereinigung Eisen« im Rahmen der Mobilisierung aller Kräfte und Reserven für die Erfordernisse der Kriegführung gebildet. **Juli, Luftfahrt.** Das von den amerikanischen Glenn-Martin-Werken konstruierte Flugboot »Mars« ist das erste Flugzeug, das nonstop von den USA nach Europa und zurück fliegt. 18.7., **Luftfahrt.** Die deutsche »Me 262« ist der erste Düsenjäger der Welt, der Serienreife erlangt.

1941

Kunst, Literatur und Musik	Theater und Film	Gesellschaft
1941 Der Swingtanz »Jitterbug« wird in den USA der Hit aller Tanzlokale. **1941** Die Big Bands von Benny Goodman und Glenn Miller feiern in den USA ihre ersten großen Erfolge	**1941** Die Filmstadt Babelsberg bei Berlin wird durch den Bau zweier Studios auf 600 000 m² erweitert. Ab 1942 erschweren alliierte Luftangriffe die Filmproduktion.	**1941** Über 39% der deutschen Arbeitskräfte sind weiblich. **1941** Die Zahl der Eheschließungen im Deutschen Reich hat gegenüber dem Vorjahr um 18,6 % abgenommen.

1941 Geborene und Gestorbene

13.1. James Joyce (*2.2.1882), anglo-irischer Schriftsteller.
28.3. Virginia Woolf (*25.1.1882), englische Schriftstellerin.
18.5. Werner Sombart (*19.1.1863), deutscher Nationalökonom.

4.6. Wilhelm II. (*27.1.1859), ehemaliger deutscher Kaiser.
6.6. Louis Chevrolet (*25.12.1878), amerikanischer Autokonstrukteur.
7.8. Rabindranath Tagore (*7.5.1861), indischer Dichter und Philosoph.

14.8. Maximilian Kolbe (*7.1.1894), polnischer Franziskaner-Pater.
12.9. Hans Spemann (*27.6.1869), deutscher Zoologe.
29.12. Luigi Albertini (*19.10.1871), italienischer Publizist.

1942

Kunst, Literatur und Musik	Theater und Film	Gesellschaft
1.1. New York zeigt eine umfassende Ausstellung der Werke des niederländischen Malers Piet Mondrian. **13.1.** UA: *Columbus*, szenisches Oratorium von Werner Egk, im Frankfurter Opernhaus. **29.1.** In Madrid und Bilbao beginnen die Aufführungen der deutsch-spanischen Musikwoche. **4.3.** Im Münchner Palais Almeida eröffnet eine Ausstellung von Werken des österreichischen Zeichners Alfred Kubin. **19.4.** Die Wanderausstellung »Deutsche Plastik der Gegenwart« ist auf ihrer ersten ausländischen Station in Agram (Zagreb) zu sehen. **Mai.** Die New Yorker Buchholzgalerie erlebt eine große Ausstellung mit Werken europäischer Exilkünstler. **15.5.** In der Orangerie der Tuilerien eröffnet eine Ausstellung, mit Werken des deutschen Bildhauers Arno Breker. **17.5.** Bei einem Gastspiel der Berliner Philharmoniker in Marseille wird eine Tränengasbombe gezündet. **4.7.** Etwa 680 Künstler beteiligen sich an der 6. Großen Deutschen Kunstausstellung in München.	**Januar** In Italien dürfen nur Filme für Preise vorgeschlagen werden, deren Produzenten eine Arbeitserlaubnis vom Ministerium für Volkskultur vorweisen können. **11.1** Die Gründung der deutschen Ufa-Film GmbH schaltet die Produktions- und Vertriebswege der sechs großen Produktionsfirmen Ufa, Tobis, Terra, Bavaria, Wien-Film und Berlin-Film gleich. **28.1.** Der Spionagefilm *All through the Night (Die ganze Nacht hindurch)* von Vincent Sherman kommt in die amerikanischen Kinos. Der Kriegsthriller mit Humphrey Bogart in der Hauptrolle versteht sich als moralische Aufrüstung gegen die NS-Diktatur. **26.2.** Den diesjährigen Oscar für den besten Film geht an John Fords *Schlagende Wetter*, der Preis für die beste Regie an John Ford, der beste Hauptdarsteller ist Gary Cooper in *Sergeant York*, als beste Hauptdarstellerin wird Joan Fontaine für ihre Rolle in *Verdacht* geehrt, als beste Nebendarsteller Donald Crisp in *Schlagende Wetter*. Die beste weibliche Nebenrolle hatte Mary Astor in *Die große Lüge*.	**3.1.** Die amerikanische Regierung untersagt den privaten Verkauf von Automobilen, um die Kfz-Produktion auf den Kriegsbedarf auszurichten. **12.1.** Im Deutschen Reich werden pro Woche zwei »Feldküchenessentage« in der Gastronomie vorgeschrieben. **12.1.** Wegen einer Hungersnot bittet das griechische Rote Kreuz Großbritannien um Nahrungsmittellieferungen in das von Deutschland und Italien besetzte Land. **6.2.** Über 2 Mio. ausländische Arbeitskräfte und 1,5 Mio. Kriegsgefangene arbeiten als »Fremdarbeiter« im Deutschen Reich. **9.2.** Im Deutschen Reich wird der private Autoverkehr massiv eingeschränkt. **April** An deutschen Schulen beginnt die Verteilung von Vitamin C als Vorsorge gegen Erkrankungen. **6.4.** Die Lebensmittelrationen im Deutschen Reich werden gekürzt. **10.4.** In Venedig wird der erste Kongress der Union internationaler Journalistenverbände eröffnet, an dem insgesamt 300 Journalisten aus 15 Ländern teilnehmen.

1942

Internationale Politik

15.4., UdSSR/Deutsches Reich. Den deutschen Truppen gelingt die Konsolidierung der Ostfront.
18.4., Frankreich. Der Staatschef des unbesetzten Frankreich, Philippe Pétain, beruft Pierre Laval auf deutschen Druck hin erneut zum Ministerpräsidenten.
26.5., UdSSR/Großbritannien. Die UdSSR und Großbritannien schließen einen auf 20 Jahre befristeten Freundschaftsvertrag.
28.5., Mexiko. Mexiko erklärt den Achsenmächten und Japan den Krieg.
4.6., USA/Japan. Der Sieg der US-Seestreitkräfte über einen japanischen Flottenverband in der Schlacht um die Midway-Inseln markiert die Wende im Pazifikkrieg.
28.6., UdSSR/Deutsches Reich. Unter dem Decknamen »Blau« beginnt die deutsche Sommeroffensive an der Ostfront.
7.8., USA/Japan. Amerikanische Truppen landen auf den japanisch besetzten Salomon-Inseln Guadalcanal und Tulagi.
9.8., Indien. Mahatma Gandhi und Jawaharlal Nehru werden verhaftet, nachdem der Allindische Kongreß Großbritannien zur Räumung Indiens aufgefordert hat.
13.8., Schweiz. Die Schweiz sperrt ihre Grenzen für Flüchtlinge und weist auch jüdische Emigranten ab.
17.8., Frankreich. Pässe des freifranzösischen Nationalkomitees finden bei den Alliierten Anerkennung.
19.8., Frankreich. Bei Dieppe an der Kanalküste scheitert eine britisch-kanadische Landungsoperation.
22.8., Brasilien. Brasilien erklärt den Achsenmächten den Krieg.
23.8., USA/Japan. Eine dreitägige See-Luft-Schlacht bei den Salomonen endet unentschieden.
7.10., Japan. Die Japaner räumen die Aleuten-Inseln Alta und Agalta.
2.11., Großbritannien/Deutsches Reich. In Nordafrika müssen die Achsenverbände Al Alamein räumen und endgültig den Rückzug antreten.
8.11., Marokko/Algerien. Amerikanische und britische Truppen landen in Marokko und Algerien.

Deutsche Politik

13.3. In der Wiener Innenstadt werden zahlreiche Streuzettel gefunden mit der Aufschrift: »Hitlers Werk: Krieg, Hunger und Volksversklavung«.
17.3. In der Vernichtungsstätte Belzec beginnt der Massenmord an der jüdischen Bevölkerung im polnischen »Generalgouvernement«.
21.3. Der Gauleiter von Thüringen, Fritz Sauckel, übernimmt das neugeschaffene Amt des Generalbevollmächtigten für den Arbeitseinsatz. Er organisiert bis 1944 die Verschleppung von 7,5 Mio. »Fremdarbeitern«.
28.3. Der Luftangriff britischer Bomber auf Lübeck ist das erste Flächenbombardement nach dem Konzept des britischen Oberbefehlshabers Arthur Travers Harris. Der Luftkrieg über Deutschland erhält damit eine neue Dimension der Zerstörung.
26.4. Vor dem Deutschen Reichstag proklamiert sich Reichskanzler Adolf Hitler zum »Obersten Gerichtsherrn«.
29.4. Adolf Hitler und Benito Mussolini treffen nahe Salzburg zusammen und koordinieren die Kriegführung im Mittelmeerraum.
26.5. Deutsche Widerständler verhandeln mit britischen Unterhändlern in Stockholm über Friedensbedingungen nach einem Umsturz.
27.5. In Prag wird SS-Obergruppenführer Reinhard Heydrich Opfer eines Attentats zweier Exiltschechen. Er stirbt am 4. Juni.
10.6. Aus »Vergeltung« für das Heydrich-Attentat zerstören Einheiten des Sicherheitsdienstes (SD) auf Anweisung Adolf Hitlers das Dorf Lidice bei Prag, töten den männlichen Bewohner und deportieren Frauen und Kinder.
12.6. Heinrich Himmler billigt den »Generalplan Ost«, der eine Germanisierung Osteuropas und die Deportation von über 30 Mio. Menschen nach Sibirien binnen 30 Jahren nach dem »Endsieg« vorsieht.
22.7. Die Deportation der Bewohner des Warschauer Ghettos in die Vernichtungsstätte Treblinka setzt ein.
20.8. Nachfolger des kommissarischen Jusitzministers August Schlegelberger wird der Volksgerichtshof-Präsident Otto Georg Thierack.

Wirtschaft und Wissenschaft

21.7., Wirtschaft. Im Bayerischen Kunstgewerbeverein in München eröffnet die Wirtschaftskammer Bayern einen »Beispielladen«, der dem Lebensmitteleinzelhandel Gelegenheit geben soll, sich über den neuesten Stand rationeller Ladengestaltung zu informieren.
27.7., Luftfahrt. Mit einer umgebauten Savoya Machetti gelingt es fünf italienischen Piloten die Flugstrecke Rom–Tokio–Rom in vier Tagen zurückzulegen.
10.8., Verkehr. Erstmals befährt ein Schiff die Nordwestpassage Nordamerikas von Westen nach Osten.
14.8., Chemie. Auf der 37. Internationalen Messe in Budapest stellt die I.G. Farben erstmals deutsche vollsynthetische Perlon-Produkte vor.
Oktober, Technik. Agfa präsentiert das Agfacolor-Negativ/Positiv-Verfahren für farbige Papierfotos.
1.10., Luftfahrt. Die amerikanische Bell XP-59A »Airacomet« ist das erste strahlgetriebene Ausbildungsflugzeug der Welt.

Preise im Deutschen Reich
Chronik Statistik

Einzelhandelspreis (Reichsmark):

Butter, 1 kg	3,58
Schweinefleisch, 1 kg	1,60
Rindfleisch, 1 kg	1,70
Kartoffeln, 5 kg	1,50
Vollmilch, 1 l	0,26
Zucker, 1 kg	0,76

3.10., Technik. Von der deutschen Raketenversuchsanstalt Peenemünde hebt die erste Fernrakete der Welt ab. Die »A 4« erreicht eine Flughöhe von 96 km und ist der Vorläufer der »V 2«, die 1944 zum Kriegseinsatz kommt.
29.10., Verkehr. Der »Alaska-Highway«, eine 2560 km lange Verbindung zwischen Kanada und dem US-Bundesstaat Alaska, wird dem Verkehr übergeben.
28.11., Wirtschaft. Fischhäute werden in die Zwangsbewirtschaftung mit einbezogen und sollen in der Schuhproduktion das Leder ersetzen.

1942

Kunst, Literatur und Musik

21.7. In Venedig eröffnet die 21. Kunstbiennale.
5.8. Mit der Mozart-Oper *Die Hochzeit des Figaro* eröffnen die Salzburger Festspiele.
10.8. Der deutsche Sicherheitsdienst beklagt die Zunahme von »unanständiger« amerikanischer Jazz-Musik in deutschen Gaststätten. In einem Lagebericht des Sicherheitsdienstes schildert ein SS-Spitzel die Stimmung in der Hamburger »Caricata-Bar«, in der die Kapelle »Wolf« gastiert. ▷Chronik Zitat

Undeutsche Negermusik
Chronik Zitat

»Der Kapellmeister arbeitet anscheinend in Ekstase. Mit krummem Rücken und verdrehten Augen dirigiert er, begleitet vom Gebrüll der Zuhörer ... Er hielt sich mit seinen Verrenkungen ... an das Vorbild der ausgefallensten amerikanischen Negersänger.«
Lagebericht des Sicherheitsdienstes

4.9. In London findet die erste Mitgliederversammlung des 1934 von Emigranten gegründeten »PEN-Clubs deutscher Autoren« statt.
20.10. Peggy Guggenheim eröffnet in New York die Galerie »Art of this Century« mit repräsentativen Werken zeitgenössischer Künstler.
23.10. Die Wiener Akademie der bildenden Künste feiert ihr 250jähriges Bestehen.
24.10. UA: *I capricci di Callot*, Oper von Gian Francesco Malipiero, an der Römischen Oper in Rom.
28.10. UA: *Capriccio*, Konversationsstück für Musik von Richard Strauss, in der Münchner Staatsoper.
10.11. Reclams Universalbibliothek feiert ihr 75jähriges Bestehen. Mit 7600 Titeln ist sie die umfangreichste Buchreihe der Welt.
19.11. In Den Haag wird das Deutsche Theater in den Niederlanden mit einer Aufführung der Mozart-Oper *Don Giovanni* eröffnet.

Theater und Film

28.2. Vor Vertretern der deutschen Filmwirtschaft gibt Reichspropagandaminister Joseph Goebbels einen Überblick über die künftigen Aufgaben des Films. ▷Chronik Zitat

Vom Kintopp zur Filmkunst
Chronik Zitat

»Es ist unser Ehrgeiz, den Film endgültig vom Kintopp zur Filmkunst emporzuführen, genauso wie es einst Deutsche waren, die die Bühne von der Schmiere zum Theater emporgeführt haben.«
Propagandaminister Joseph Goebbels

3.3. UA: *Der große König*, Spielfilm von Veit Harlan mit Otto Gebühr und Gustav Fröhlich, in Berlin.
15.4. Ihr Debüt als kontrastreiches Filmpärchen geben Katharine Hepburn und Spencer Tracy in dem Film *Die Frau, von der man spricht* unter der Regie von George Stevens. In 25 Jahren drehen sie neun Filme zusammen.
13.6. UA: *Johanna auf dem Scheiterhaufen*, Mysterienspiel von Paul Claudel, mit der Musik von Arthur Honegger, am Züricher Stadttheater.
22.6. Gustaf Gründgens inszeniert in Berlin erstmals Goethes *Faust II* und spielt selbst den Mephisto.
13.8. *Der Glanz des Hauses Amberson* von Orson Welles läuft in den amerikanischen Kinos an.
3.9. Mit 31 Mio. Besuchern stellt der zweite deutsche Farbfilm *Die goldene Stadt* von Veit Harlan einen Besucherrekord auf.
24.9. UA: *Hochzeitsnacht im Paradies*, Komödie von Günther Schwenn und Friedrich Schröder mit Johannes Heesters, im Berliner Metropol-Theater.
6.10. In einem Pariser Kino explodiert bei der Vorführung des antisemitischen Filmes *Jud Süß* eine Bombe. Zwei Kinobesucher kommen ums Leben, 24 werden verletzt.
15.10. UA: *Wir sind noch einmal davongekommen*, Schauspiel von Thornton Wilder, im Shubert Theatre in New Haven (Conneticut/USA).

Gesellschaft

30.5. Beim ersten »1000-Bomber-Angriff« der britischen Royal Air Force auf Köln sterben in 90 min 474 Menschen, 45 000 werden obdachlos.
2.6. Eine Klage der Sioux-Indianer auf 750 Mio. US-Dollar Entschädigung für verlorene Ländereien in den USA wird von einem Gericht in Washington abgewiesen.
14.8. Ein Lohnstreik in den Werken der General Cable Corporation in Bayonne (New Jersey) bricht nach Übernahme der Werksleitung durch die US-Marinebehörden zusammen.
20.8. Nach einem Beschluß des japanischen Kultusministeriums sollen die Japaner zukünftig wie in Europa von links nach rechts und von oben nach unten schreiben.
30.8. In Luxemburg bricht ein Generalstreik aus, nachdem die deutschen Behörden die allgemeine Wehrpflicht ausgerufen haben. Der Streik wird blutig niedergeschlagen.
16.9. Den schweizerischen Bergsteigern Luigi Carrell und A. Deffeves gelingt die Besteigung des Matterhorns über die Südwand.
27.9. Der im Exil lebende deutsche Schriftsteller Thomas Mann informiert die deutschen Hörer über BBC über den Massenmord an Juden.
2.10. Zur »Bewährung« für »wehrunwürdige« Personen stellt das deutsche Oberkommando der Wehrmacht die Strafdivision »999« auf, in der etwa 30 000 politische Häftlinge dienen sollen.

Deutsche Meister
Chronik Sport

Leichtathletik:
100 m:
Harald Mellerowicz · 10,6 sec
110 m Hürden:
Hans Zepernick · 14,8 sec
Hochsprung:
Karl-Heinz Langhoff · 1,94 m
Weitsprung:
Gerd Wagemanns · 7,36 m
Speerwurf:
Erwin Pektor · 65,68 m

1942

Internationale Politik

10.11., Großbritannien. Premierminister Winston Churchill nimmt auf einem Bankett des Lord Mayors von London Stellung zur Landung der alliierten Truppen in Marokko und Algerien. ▷Chronik Zitat

Neue Front gegen Hitler
Chronik Zitat

»Wir sind nach Nordafrika Schulter an Schulter mit unseren nordamerikanischen Freunden zu einem einzigen Zweck gegangen: um eine Absprungstelle zu erhalten, wo wir eine neue Front gegen Hitler eröffnen können.«
Winston Churchill, brit. Premierminister

11.11., Frankreich. Die deutsche Wehrmacht dringt in das bisher unbesetzte Südfrankreich vor.
22.11., UdSSR. Sowjetische Truppen schließen den Kessel um die deutsche 6. Armee und einige rumänische Einheiten in Stalingrad.
26.11., Jugoslawien. Mit der Konstituierung eines Parlaments nimmt die jugoslawische Partisanenarmee Josip Titos politische Funktionen wahr.
27.11., Frankreich. Französische Militärs versenken im Kriegshafen Toulon die eigenen Seestreitkräfte, damit sie nicht in deutsche Hände fallen.
24.12., Algerien. Admiral François Darlan, den die USA als Vertreter Frankreichs anerkennen wollen, wird in Algier ermordet.

Deutsche Politik

31.8. In Brüssel findet der deutsche Sicherheitsdienst Unterlagen über die kommunistische Widerstandsorganisation »Rote Kapelle«. Über 100 Mitglieder werden in den folgenden Wochen verhaftet und meist zum Tode verurteilt.
9.9. Nach schweren Auseinandersetzungen mit der Generalität über die Strategie an der Ostfront übernimmt Adolf Hitler das Kommando über die Heeresgruppe A im Kaukasus.
18.10. Vor ausgewählten Arbeitern Münchener Beriebe, Formationen des Heeres und zahlreicher NS-Verbände appelliert Reichspropagandaminister Joseph Goebbels an den Durchhaltewillen des Deutschen Volkes.
18.10. In seiner Weisung Nr. 46, dem »Kommandobefehl«, zur Kriegführung befiehlt Adolf Hitler die »restlose Ausrottung« der Partisanen im gesamten Ostgebiet. ▷Chronik Zitat

Ausrottung der Partisanen
Chronik Zitat

»Selbst wenn diese Subjekte bei ihrer Auffindung Anstalten machen sollten, sich gefangen zu geben, ist ihnen grundsätzlich jeder Pardon zu verweigern.«
Führer und ReichskanzlerAdolf Hitler

18.12. Auf Anregung Benito Mussolinis schlägt Italiens Außenminister Galeazzo Ciano Graf von Cortellazzo Hitler erfolglos den Abschluß eines Separatfriedens mit der UdSSR vor.

Wirtschaft und Wissenschaft

2.12., Physik. Unter Leitung des emigrierten italienischen Kernphysikers Enrico Fermi wird unter der Tribüne des Football-Stadions in Chicago die erste von Menschen eingeleitete und gesteuerte nukleare Kettenreaktion in Gang gesetzt, die der Vorbereitung der US-Atombombe dient.
1942, Technik. In den USA entwickeln u.a. Wladimir Zworykin und J. Hillier ein Elektronenrastermikroskop mit einer Auflösung von 0,00005 mm.
1942, Medien. Der amerikanische Forscher John V. Atanasoff bestückt einen von ihm konzipierten Computer mit Elektronenröhren und vervielfacht damit die Rechengeschwindigkeit.
1942, Chemie. Silikon-Kunststoffe werden großindustriell nutzbar.
1942, Medizin. Der Niederländer Willem Johan Kolff entwickelt die »künstliche Niere«, einen Dialyseapparat zur »Blutwäsche«.
1942, Technik. Im Deutschen Reich wird ein Schleudersitz für kleine Jagdflugzeuge konstruiert.
1942, Technik. Der Langstreckenbomber B-29 »Superfortress« geht in die Testphase.
1942, Technik. Krupp baut mit dem Eisenbahngeschütz »Dora« die schwerste Kanone aller Zeiten.
1942, Technik. Die deutschen Truppen erhalten das MG 42.
1942, Wirtschaft. Der Rüstungsetat im Deutschen Reich verschlingt im dritten Kriegsjahr 33,1 Mrd. Reichsmark.
1942, Wirtschaft. Die Wochenarbeitszeit in der Industrie beträgt im Deutschen Reich 49,2 Stunden.

1942 Geborene und Gestorbene

Geboren:
28.1. Hans-Jürgen Bäumler, deutscher Eiskunstläufer.
21.2. Margarethe von Trotta, deutsche Regisseurin.
24.2. Paul Jones, britischer Popmusiker.
6.3. Andrzej Wajda, poln. Regisseur.
6.6. Ulrike Ottinger, deutsche Filmregisseurin und Autorin.
18.6. Paul McCartney, britischer Popmusiker.
20.6. Brian Wilson, amerikanischer Popmusiker.
18.8. Sabine Sinjen (†18.5.1995), deutsche Schauspielerin.
5.9. Werner Herzog, deutscher Filmregisseur.
27.11. Jimi Hendrix (†18.9.1970), amerikanischer Popmusiker.
6.12. Peter Handke, deutscher Dichter.

1942

Kunst, Literatur und Musik

1942 Der chilenische Maler Roberto Sebastián Antonio Matta stellt sein Werk *Here Sir Fire, Eat* fertig.

1942 Das Bild *Mitternachtsvögel* von Edward Hopper hat stilbildende Wirkung auf die amerikanische realistische Malerei.

1942 Salvador Dalí schreibt *Das geheime Leben des Salvador Dalí*.

1942 In Amsterdam malt Max Beckmann *Eisenbahnlandschaft im Regenbogen*.

1942 Raymond Chandler veröffentlicht mit *Das hohe Fenster* einen neuen Krimi mit Privatdetektiv Philip Marlowe.

1942 William Faulkners *Das verworfene Erbe* ist ein Zyklus von sieben Erzählungen, die um die Frage der Rechtmäßigkeit des weißen Plantagenbesitzes kreisen.

1942 Ernst Jüngers Tagebuchaufzeichnungen der Jahre 1939/40 *Gärten und Straßen* erscheinen in Berlin.

1942 Albert Camus schreibt mit *Der Fremde* ein Paradewerk der existentialistischen Literatur.

1942 Im mexikanischen Exil entsteht *Das siebte Kreuz* von Anna Seghers.

1942 Francis Ponge legt die Skizzensammlung *Im Namen der Dinge* vor. Mit größter sprachlicher Genauigkeit schildert der französische Autor alltäglich auftauchende Gegenstände.

1942 Im Alter von 20 Jahren schreibt Pier Paolo Pasolini die *Geschichte aus Casarsa*.

1942 Die Gedichtsammlung *Der grüne Gott* von Wilhelm Lehmann erscheint. Sie dient einer ganzen Generation deutscher Lyriker als Vorbild.

Theater und Film

27.11. In New York startet der Filmklassiker *Casablanca* von Michael Curtiz. Die Premiere verläuft enttäuschend, doch ab 1943 erlebt der Film mit Humphrey Bogart und Ingrid Bergman einen fulminanten Aufstieg, der ihn zum Kultfilm erhebt.

4.12. UA: *Die Nacht mit dem Teufel*, Film von Marcel Carné, in Paris.

7.12. Zum einjährigen Jubiläum des Angriffs auf den US-Stützpunkt Pearl Harbor läuft in Japan der Film *Der Seekrieg von Hawaii bis Malaya* an, der mit 380 000 Dollar Produktionskosten etwa zehnmal so teuer ist wie ein japanischer Durchschnittsfilm.

8.12. UA: *Die tote Königin*, Drama von Henry de Montherlant, an der Comédie Française in Paris.

8.12. UA: *Eurydike*, Drama von Jean Anouilh, im Pariser Théâtre de l'Atelier.

1942 Im Auftrag des amerikanischen Kriegsministeriums beginnt Frank Capra mit den Dreharbeiten an dem Film *Warum wir kämpfen*.

1942 Die amerikanische Filmindustrie setzt rd. 50 Mio. Dollar um und erhöht damit ihren Gewinn im Vergleich zum Vorjahr um 250 %.

1942 Einer der besten Horrorfilme der 40er Jahre gelingt Jacques Tourneur mit *Katzenmenschen*.

1942 Walt Disneys *Bambi* kommt in die Kinos und bleibt über Jahrzehnte »der« Kinderfilm schlechthin.

1942 Einen einzigartigen Dokumentarfilm stellt *Ein Tag des Krieges* dar, der das Material von 240 sowjetischen Kamerateams zusammenfaßt.

Gesellschaft

21.10. Die meisten Restaurants in New York befolgen den Appell der Behörden, kriegsbedingt einen fleischlosen Tag einzulegen.

28.11. Ein Brand in einem Bostoner Nachtclub fordert 494 Menschenleben.

1.12. Die deutsche Presse fordert die Bevölkerung auf, zur Seifenersparnis die Wäsche nur noch alle 5 Wochen zu säubern.

7.12. Die Gestapo verhaftet in Essen, Duisburg, Düsseldorf und Wuppertal über 700 Jugendliche, die den regimekritischen »Edelweißpiraten« angehören. ▷Chronik Zitat

Edelweißpiraten

Chronik Zitat

»Seit 1 ½ Jahren machen sich in verschiedenen rheinischen und westfälischen Städten wilde Jugendgruppen bemerkbar, die ... durch betont lässige Kleidung und Haltung allenthalben auffielen und Anstoß erregten.«

Aus dem Bericht des Reichssicherheitshauptamtes der SS

15.12. Italiens Mittelschulen bleiben zur Brennstoffersparnis bis Februar 1943 geschlossen. Rundfunksendungen sollen den Unterricht ersetzen.

20.12. Trotz geringer Schäden durch den ersten Luftangriff japanischer Bomber auf Kalkutta verlassen über 350 000 Menschen die indische Hafenstadt.

Geborene und Gestorbene

Gestorben:

23.2. Stefan Zweig (*28.11.1881), österreichischer Schriftsteller.

12.3. Robert Bosch (*23.8.1861), deutscher Industrieller.

15.4. Robert Musil (*6.11.1880), österreichischer Schriftsteller

4.6. Reinhard Heydrich (*7.3.1904), deutscher Politiker.

14.6. Heinrich Vogeler (*12.12.1872), deutscher Maler und Kunsthandwerker.

9.8. Edith Stein (*12.10.1891), deutsche Philosophin.

25.9. Beppo Römer (*17.11.1892), deutscher Widerstandskämpfer.

27.10. Helmut Hübener (*8.1.1925), deutscher Widerstandskämpfer.

21.11. James Barry Munnik Hertzog (*3.4.1866), südafrikanischer Politiker.

1943

Internationale Politik

11.1., USA. Die USA und Großbritannien verzichten gegenüber China auf ihre exterritorialen Rechte.
14.1., Großbritannien/USA. Großbritanniens Premierminister Winston Churchill und US-Präsident Franklin D. Roosevelt kommen in Casablanca zu Gesprächen zusammen. Der eingeladene Kremlführer Josef Stalin sagt ab.
31.1., UdSSR/Deutsches Reich. Die Südgruppe der deutschen 6. Armee in Stalingrad kapituliert. Am 2. Februar ergibt sich die Nordgruppe.
8.2., Japan. Japan räumt die Salomoninsel Guadalcanal.
1.3., Moskau/Polen. Polnische Kommunisten bilden in Moskau den Bund polnischer Patrioten – eine der Keimzellen für die Sowjetisierung Polens nach 1945.
3.3., Indien. Mahatma Gandhi beendet erfolglos einen dreiwöchigen Hungerstreik, der seine Haftentlassung erzwingen sollte.
6.3., UdSSR/Deutsches Reich. Mit einer begrenzten Gegenoffensive gelingt der deutschen Wehrmacht die Stabilisierung der Ostfront.
17.3., Bulgarien. Das Parlament in Sofia lehnt die Deportation bulgarischer Juden nach Polen einstimmig ab.
18.3., Schweiz. Aufgrund von Gerüchten über einen bevorstehenden deutschen Angriff werden alle Stäbe der schweizerischen Heereseinheiten auf ihre Kriegsstandarte festgelegt. Der »Märzalarm« wird am 27. März wieder aufgehoben.
13.4., UdSSR/Deutsches Reich. Das Deutsche Reich meldet die Entdeckung von Massengräbern polnischer Offiziere bei Katyn, die 1940 von der sowjetischen Geheimpolizei ermordet worden waren.
12.5., USA/Großbritannien. Die USA und Großbritannien vereinbaren auf der Trident-Konferenz in Washington die Landung in Italien.
13.5., Tunesien. In Nordafrika kapitulieren die Reste der deutsch-italienischen Heerestruppen.
15.5., UdSSR. Der sowjetische Staatschef Josef Stalin läßt die Kommunistische Internationale (Komintern) auflösen.

Deutsche Politik

13.1. Ein Erlaß Adolf Hitlers ordnet die »totale Mobilmachung« an. Aus Angst vor der Unzufriedenheit in der Bevölkerung wird der Erlaß zunächst nur zögernd umgesetzt.
20.1. Der japanische Botschafter und Außenminister Joachim von Ribbentrop unterzeichnen einen Zusammenschluß der »Großwirtschaftsräume« Asien und Europa gegen die Alliierten.
30.1. Nachfolger von Erich Raeder als Oberbefehlshaber der Marine wird der U-Boot-Chef Karl Dönitz.
31.1. Zur Optimierung der wirtschaftlichen Leistungsfähigkeit werden im Deutschen Reich alle Kartellquoten aufgehoben.
1.2. In den Niederlanden setzt die deutsche Zivilverwaltung ein Marionettenkabinett unter dem Nationalsozialisten Anton Adriaan Mussert ein.
18.2. In seiner »Sportpalastrede« ruft Reichspropagandaminister Joseph Goebbels vor einer geladenen Zuhörerschaft zur Mobilisierung letzter Reserven für den Krieg auf. ▷ Chronik Zitat
13./21.3. Zwei Attentate hoher Offizieren gegen Adolf Hitler scheitern.
29.3. Heinrich Himmler ordnet die Deportation der Sinti aus den Niederlanden an.
5.4. Dietrich Bonhoeffer, Hans von Dohnanyi, Joseph Müller und ihre Frauen werden von der Gestapo als Widerstandskämpfer verhaftet.
7.4. Benito Mussolini besucht Adolf Hitler und versucht, ihn zu einem Friedensabkommen mit der UdSSR zu bewegen. Ähnlich argumentiert die ungarische Führung.

Wollt Ihr den totalen Krieg?

Chronik Zitat

»Die Nation ist zu allem bereit. Der Führer hat befohlen, wir werden ihm folgen. ... Wir müssen nur die Entschlußkraft aufbringen, alles andere seinem Dienst unterzuordnen. ... Und darum lautet die Parole: Nun, Volk, steh auf, und Sturm brich los!«

Propagandaminister Joseph Goebbels

Wirtschaft und Wissenschaft

30.1., Technik. Der Bau des deutschen Flugzeugträgers »Graf Zeppelin« wird eingestellt.
30.1., Technik. Bei einem Luftangriff auf Hamburg setzen britische Bomber erstmals das Navigationsgerät »H 2 S« (»Rotterdam-Gerät«) ein.
1.2., Wirtschaft. Henry Barron prophezeit in London den Anbruch des »Plastik-Zeitalters«, ausgelöst durch den Innovationsschub des Krieges.

Deutsche Großstädte

Chronik Statistik

Einwohnerzahlen:
Berlin	4 338 756
Wien	1 929 976
Hamburg	1 711 877
München	829 318
Köln	772 221
Leipzig	707 365

17.2., Medizin. Der NS-Mediziner Sigmund Rascher bittet Heinrich Himmler, seine »Kälteversuche« im KZ Auschwitz fortsetzen zu dürfen. Bei den Versuchen sterben zahllose Häftlinge unter großen Qualen.
23.2., Technik. Mit der »Iowa« nimmt das größte Schlachtschiff der US-Flotte den Dienst auf.
7.4., Wirtschaft. Der britische Nationalökonom und Finanzberater der Regierung Baron Keynes of Tilton veröffentlicht ein Weißbuch über die Schaffung einer internationalen Clearing-Union nach dem Krieg.
11.6., Technik. Der deutsche Ingenieur Henning Schreyer meldet ein Patent auf ein vollelektronisches Speicher- und Rechenwerk mit Glimmröhren an, das sich wegen Materialknappheit im Krieg nicht realisieren läßt.
15.6., Luftfahrt. Mit der deutschen Arado »Ar 234« absolviert der erste Düsenbomber der Welt seinen Jungfernflug.
20.9., Technik. In der wiederaufgenommenen Atlantik-Schlacht setzen deutsche U-Boote erste Geräusch-Torpedos ein.

1943

Kunst, Literatur und Musik

Januar Frank Sinatra beginnt seine Karriere als Solo-Sänger.
1.1. In Santiago de Chile erscheint die erste Ausgabe der Exilzeitschrift »Deutsche Blätter«.
1.1. In London eröffnet Oskar Kokoschka die Ausstellung »Der Krieg, von Kindern gesehen«.
14.1. Nach Fertigstellung der Drehbücher für *Münchhausen* und *Der kleine Grenzverkehr* unter dem Pseudonym »Berthold Bürger« wird Erich Kästner erneut mit Schreibverbot belegt.
23.1. Duke Ellington stellt mit *Black, Brown and Beige* eine Jazz-Suite in der New Yorker Carnegie-Hall vor.
6.2. Im Wiener Künstlerhaus findet die Ausstellung »Junge Kunst im Deutschen Reich« statt.
20.2. Eine gelungene Uraufführung erlebt Carl Orffs Oper *Die Kluge* in Frankfurt am Main.
31.3. UA: *Oklahoma!*, Musical von Oscar Hammerstein und Richard Rogers, am New Yorker St. James Theatre.
April In New York erscheint *Der kleine Prinz* von Antoine de Saint-Exupéry.
3.5. Die amerikanischen Schriftsteller Thornton Wilder (*Our Town*) und Upton Sinclair (*Dragon's Teeth*) werden mit dem Pulitzerpreis ausgezeichnet.
27.5. In Paris verbrennen deutsche Nationalsozialisten etwa 500 Kunstwerke, darunter Arbeiten von Max Ernst, Paul Klee und Pablo Picasso.
26.6. Im Haus der deutschen Kunst in München wird die Große Deutsche Kunstausstellung 1943 mit 1141 Gemälden und Plastiken von rund 660 Künstlern eröffnet.
4.8. In Salzburg eröffnen die diesjährigen Festspiele, bei denen zahlreiche Theaterstücke und Opern aufgeführt werden.
6.8. In Bayreuth enden die Wagner-Kriegsfestspiele, bei denen *Die Meistersinger von Nürnberg* die einzige Inszenierung war.
14.8. Italiens Ministerpräsident Pietro Badoglio erklärt Rom zur »Offenen Stadt«, um die Kunstschätze und architektonischen Denkmäler vor Kriegszerstörungen zu schützen.
7.10. UA: *One Touch of Venus*, Musical von Kurt Weill, in New York.

Theater und Film

2.1. Gustaf Gründgens spielt in Berlin den Orest in *Iphigenie auf Tauris*. Es ist sein einziger Auftritt in diesem Jahr.
12.1. UA: *Im Schatten des Zweifels*, Thriller von Alfred Hitchcock, mit Joseph Cotten und Teresa Wright, in den Kinos der USA.
Februar Der Generalintendant der Preußischen Staatstheater Berlin, Gustaf Gründgens, äußert sich in einer Rede in der »Berliner Kameradschaft der deutschen Künstler« über die zeitgenössische deutsche Dramatik. ▷ Chronik Zitat
4.2. UA: *Der gute Mensch von Sezuan*, Parabelstück von Bertolt Brecht, in Zürich.
5.2. Nach seiner Premiere wird in den USA der Western *Geächtet* von Howard Hughes wegen »Verletzung des weiblichen Ehrgefühls« verboten. 1946 kommt das Werk wieder in die Kinos.
5.3. Mit *Münchhausen* von Josef von Baky kommt einer der besten Ufa-Filme in die deutschen Kinos. Der farbige Ausstattungsfilm zeigt Hans Albers in der Titelrolle des Lügenbarons.
2.4. UA: *Ich vertraue dir meine Frau an*, Filmkomödie über Ehebruch mit Heinz Rühmann, in München.
8.5. UA: *The Ox-Bow Incident*, sozialkritischer Western von William Wellman, in den USA. Der Film akzentuiert die Negativseiten der amerikanischen Pionierzeit.
17.5. Die Uraufführung des Films *Ossessione* von Luchino Visconti ist die Geburtsstunde des Neorealismus. Zunächst wird er von den Faschisten in Italien verboten. Der Film basiert auf dem Roman *Die Rechnung ohne den Wirt* von James Mallahan Cain.

Die Aufgabe junger Autoren
Zitat

»Die jungen Autoren ... haben die Aufgabe, die großen Horizonte aufzureißen, wieder und immer wieder, wenn der Nebel schicksalsträchtiger Winter die Umrisse zu verschleiern scheint.«
Gustaf Gründgens

Gesellschaft

5.1. Heinrich Himmler ordnet die Einrichtung von Bordellen an allen Standorten der Waffen-SS in Frankreich an.
25.1. In Marseille beginnt eine Großrazzia, in deren Verlauf 40 000 Menschen in ein Militärlager deportiert werden.
27.1. Luftangriffe gegen Wilhelmshaven leiten die Tagesangriffe der US-Air Force ein.
4.2. Im Deutschen Reich werden alle Luxusgeschäfte geschlossen.
7.2. Die erste von vier Sonntagsschichten deutscher Rüstungsarbeiter und Bergleute zugunsten des Winterhilfswerks beginnt.
10.2. In den USA gilt wieder die 48-Stunden-Woche.
11.2. Im Deutschen Reich werden Schüler ab 15 Jahren als Luftwaffenhelfer eingesetzt.
15.2. Für alle Franzosen der Jahrgänge 1920 bis 1922 besteht Arbeitsdienstpflicht.
18.2. Hans und Sophie Scholl, Mitglieder der Widerstandsgruppe »Weiße Rose« an der Münchner Universität, werden verhaftet und vier Tage später hingerichtet.
9.3. Italien beschließt, alle im Krieg gefallenen Soldaten ein Jahr lang als lebend zu betrachten, damit die Angehörigen so lange noch die vollen Bezüge erhalten können.
21.3. In Deutschland dürfen Einzelhandelsgeschäfte nicht mehr wegen Personalurlaubs schließen.
9.4. Mit sofortiger Wirkung friert die amerikanische Regierung Löhne, Gehälter und Preise ein.
16.4. Ramón del Rio Mercader wird zu 20 Jahren Haft für den Mord an Leo D. Trotzki im Jahr 1940 verurteilt.
10.5. Zum Gedächtnis an die zehnte Wiederkehr des Tages der Bücherverbrennung im Deutschen Reich wird an den 300 größten Büchereien der USA halbmast geflaggt.
17.5. Neuentwickelte britische »Rollbomben« zerstören die Möhne- und Edertalsperre und lösen katastrophale Überschwemmungen aus.
27.5. Der französische Widerstand schließt sich im Conseil National de la Résistance zusammen.

1943

Internationale Politik

3.6., Algerien. Charles de Gaulle und Henri-Honoré Giraud bilden in Algier das Komitee für die nationale Befreiung Frankreichs.
8.6., Argentinien. Unter Pedro Pablo Ramírez putschen sich achsenfeindliche Militärs an die Macht.
5.7., UdSSR/Deutsches Reich. An der Ostfront beginnt die letzte deutsche Großoffensive, nach neun Tagen verlustreich endet.
10.7., Italien/USA. Unter dem Oberbefehl von General Dwight D. Eisenhower landen alliierte Truppen auf Sizilien und erobern die Insel bis zum 17. August.
25.7., Italien. Italiens König Viktor Emanuel III. entmachtet Benito Mussolini, läßt ihn verhaften und ernennt Pietro Badoglio zum Ministerpräsidenten. Daraufhin richtet US-General Dwight D. Eisenhower am 29. Juli eine Grußbotschaft an das italienische Volk.
▷Chronik Zitat
13.8., Österreich. Die Alliierten fliegen ihren ersten Luftangriff gegen Österreich auf das Wiener Neustadt.
3.9., Italien. Mit der 8. britischen Armee betreten die alliierten Truppen in Süditalien europäisches Festland.
8.9., Italien. Italien kapituliert bedingungslos. Unmittelbar darauf besetzen deutsche Truppen das Land.
12.9., Italien. Deutsche Fallschirmjäger befreien Benito Mussolini, der in Salò eine faschistische Gegenregierung zum Kabinett Badoglio bildet.
10.10., Griechenland. Zwischen der kommunistischen Widerstandsgruppe ELAS und der demokratischen EDES brechen bürgerkriegsähnliche Kämpfe aus.

Mussolini entmachtet

Chronik Zitat

»Wir beglückwünschen das italienische Volk und das Haus Savoyen dazu, daß sie sich Mussolinis entledigten, des Mannes, der sie als Werkzeug Hitlers in den Krieg verwickelte.«
Dwight D. Eisenhower, US-Militär

Deutsche Politik

19.4. Angesichts ihrer drohenden Deportation durch die SS erheben sich die Bewohner des Warschauer Ghettos. Der Aufstand wird blutig niedergeschlagen.
30.4. Bei Celle wird das KZ Bergen-Belsen errichtet.
24.5. Angesichts der außerordentlich hohen deutschen U-Boot-Verluste ordnet Großadmiral Karl Dönitz den Abbruch der Atlantikschlacht an.
12.7. In Krasnogorsk bei Moskau gründen kommunistische deutsche Emigranten und hohe kriegsgefangene Offiziere auf Initiative der sowjetischen Führung das »Nationalkomitee Freies Deutschland«.
24.8. Als Nachfolger von Wilhelm Frick wird Heinrich Himmler Reichsinnenminister.

Sklaven für die Kultur

Chronik Zitat

»Ob die anderen Völker in Wohlstand leben oder ob sie verrecken vor Hunger, das interessiert mich nur insoweit, als wir sie als Sklaven für unsere Kultur brauchen.«
Reichsinnenminister Heinrich Himmler

29.8. General Hermann von Hanneken, der deutsche Militärbefehlshaber im besetzten Dänemark, verhängt den Ausnahmezustand, da sich die Regierung weigerte, Schnellgerichte und die Todesstrafe einzuführen. Der »Bevollmächtigte des Reiches«, Werner Best, übernimmt die Regierung.
2.9. Ein Erlaß Adolf Hitlers weitet die Kompetenzen von Rüstungsminister Albert Speer zuungunsten des Wirtschaftsministeriums erheblich aus.
26.9. Die katholische Kirche im Deutschen Reich wendet sich gegen die Fortsetzung der »Euthanasie«.
4.10. In einer Rede vor SS-Offizieren in Posen äußert sich Heinrich Himmler u.a zum Verhältnis zu anderen Völkern. ▷Chronik Zitat
9.10. Deutsche Truppen an der Ostfront beenden die Räumung des Kuban-Brückenkopfes.

Wirtschaft und Wissenschaft

20.9., Luftfahrt. Der britische Düsenjägerprototyp De Havilland »Vampir« absolviert seinen Probeflug.
1.10., Wirtschaft. Die Schweiz und das Deutsche Reich unterzeichnen ein bis zum 1.4.1944 geltendes Wirtschaftsabkommen, das den Warenaustausch zwischen beiden Ländern neu regelt.
14.11., Technik. Die deutsche Kriegsmarine stellt das erste Versuchs-U-Boot vom Typ »Walther« in Dienst, das mit Ingolin als Antriebsmittel auf 26 Knoten beschleunigen kann.
21.11., Technik. Die deutsche Luftwaffe setzt erstmals Fernbomber des Typs »He 177« gegen einen britischen Geleitzug 1400 km westlich von Bordeaux ein.
1943, Technik. Der deutsche Panzer »Tiger II«, der schwerste Panzer des Krieges, erlangt zum Jahresende Serienreife.
1943, Wirtschaft. Der Wert der im Umlauf befindlichen Kreditkassenscheine beträgt gegen Ende 1943 2,9 Mrd. Reichsmark.
1943, Technik. Emile Gagnan konstruiert ein Sauerstoffgerät für Meerestaucher, das sich automatisch der Atmung und dem Wasserdruck anpaßt.
1943, Technik. Mittels Verstärkerknoten können nun auch lange Telefonleitungen unterseeisch verbunden werden.
1943, Nobelpreise. Die diesjährigen Nobelpreise werden erst 1944 rückwirkend verliehen. ▷Chronik Nobelpreise, S. 230
1943, Chemie. In Deutschland erlangt das Verfahren zur Herstellung von Weich-PVC Serienreife.
1943, Medien. Der Schweizer Franz Fischer stellt ein Großprojektionsverfahren elektronisch übertragener Fernsehbilder vor (»Eidophor«-Verfahren).
1943, Medizin. Aus dem Strahlenpilz Streptomyces griseus isoliert der amerikanische Biochemiker Selman Waksman das Antibiotikum Streptomyzin, das gegen Tuberkelbakterien eingesetzt wird.
1943, Physik. Der amerikanische Atomphysiker ungarischer Herkunft Edward Teller beteiligt sich an der Entwicklung der Atombombe in Los Alamos.

1943

Kunst, Literatur und Musik

19.10. Nach 30 Jahren Aufenthalt in einer psychiatrischen Anstalt stirbt in Montdevergues die französische Bildhauerin Camille Claudel, die über 13 Jahre an der Seite von Auguste Rodin gearbeitet hatte.

28.10. In Stockholm erscheint mit *Joseph, der Ernährer* der vierte und letzte Teil des Romanzyklus *Joseph und seine Brüder* von Thomas Mann.

6.11. UA: *Catulli Carmina*, szenische Kantate von Carl Orff, im Leipziger Opernhaus.

9.11. In der Guggenheim-Galerie »Art of this Century« in New York eröffnet die erste Einzelausstellung zum Werk des amerikanischen Malers Jackson Pollock.

14.11. In Vertretung für den erkrankten Bruno Walter dirigiert der 25jährige Leonard Bernstein die New Yorker Philharmoniker und begründet seinen Aufstieg als Dirigent und Komponist.

18.11. Hermann Hesses Roman *Das Glasperlenspiel. Versuch einer Lebensbeschreibung des Magister Ludi Josef Knecht samt Knechts hinterlassenen Schriften* erscheint in Zürich.

2.12. UA: *Carmen Jones*, Musical von Oscar Hammerstein, am Broadway Theatre in New York.

1943 In dem Roman *Wir sind Utopia* von Stefan Andres ist die Verwirklichung einer Utopie der konfessionellen Toleranz und einer gerechten Gesellschaftsordnung nicht Sache der Außenwelt, sondern der Gesinnung.

1943 *Verwandte und Bekannte. Die Väter* ist der erste Teil einer proletarischen Trilogie von Willi Bredel, den er im Moskauer Exil verfaßt.

1943 In Jerusalem kommt der Gedichtband *Mein blaues Klavier* von Else Lasker-Schüler heraus.

1943 Der Roman *Sie kam und blieb* ist das Debüt der französischen Schriftstellerin Simone de Beauvoir.

1943 T. S. Eliot bringt den Gedichtzyklus *Vier Quartette* in London heraus, in dem er über das Verhältnis von Zeit und Ewigkeit meditiert.

1943 Der Roman *Menschliche Komödie* von William Saroyan bietet Episoden vom Leben einer amerikanischen Familie in einer Kleinstadt.

Theater und Film

3.6. UA: *Die Fliegen*, Drama von Jean-Paul Sartre, am Théâtre Sarah Bernhardt in Paris. Das Drama handelt von der Unterdrückung Frankreichs durch die deutschen Besatzer.

25.6. UA: *Romanze in Moll*, Film von Helmut Käutner, u.a. mit Marianne Hoppe und Paul Dahlke. Das Rührstück hat großen Erfolg im deutsch-besetzten Ausland.

31.7. Gary Cooper und Ingrid Bergman spielen die Hauptrollen in *Wem die Stunde schlägt* von Sam Wood, der der berühmten Vorlage von Ernest Hemingway folgt.

September Auf der Bühne des Bronzekellers in Hamburg absolviert Wolfgang Borchert seine ersten Auftritte.

9.9. UA: *Leben des Galilei*, Stück von Bertolt Brecht, am Züricher Schauspielhaus.

28.9. Henri-Georges Clouzots Kriminalfilm *Der Rabe* gilt zunächst als antifranzösischer Propagandafilm, wird jedoch 1947 wegen seiner künstlerischen Qualitäten rehabilitiert.

11.10. UA: *Sodom und Gomorrha*, Theaterstück von Jean Giraudoux, am Théâtre Hébertot in Paris.

27.11. Jean-Louis Barrault führt die Regie bei der Premiere von *Der seidene Schuh* nach Paul Claudels Tetralogie in der Pariser Comédie Française.

Dezember Reichspropagandaminister Joseph Goebbels bewilligt für den 1945 fertiggestellten Durchhaltefilm *Kolberg* den Rekordetat von 8,5 Mio. Reichsmark.

1.12. Die Hauptrolle in Wolfgang Staudtes Debütfilm *Akrobat schö-ö-ön* spielt der Clown Charlie Rivel.

31.12. Nach der Eröffnung von 22 weiteren Kinos verfügt Finnland mit insgesamt 493 Lichtspieltheatern über eines der dichtesten Kinonetze der Welt.

1943 Georg Wilhelm Pabst legt mit *Paracelsus* ein filmisches Meisterwerk voller suggestiver Bilder vor.

1943 Der Collie »Lassie« hat in *Heimweh* ebenso seinen ersten Leinwandauftritt wie die ihn begleitende elfjährige Elizabeth Taylor.

1943 Fritz Lang dreht *Auch Henker müssen sterben*, eine Abrechnung mit den faschistischen Kräften in Europa.

Gesellschaft

5.6. Durch Erlaß des Reichswohnungskommissars Robert Ley erhält die Rationalisierung des Wohnungsbaus neue Impulse, die weit über die Kriegszeit hinausreichen.

7.6. Claus Clauberg berichtet an Heinrich Himmler über seine im KZ Ravensbrück durch Menschenversuche entwickelten Methoden zur nichtoperativen Zwangssterilisierung von Frauen.

11.6. Düsseldorf ist das Ziel der ersten alliierten »Combined Bomber Offensive« – britische Flugzeuge fliegen bei Nacht Flächenangriffe, US-Bomber am Tag Präzisionsangriffe.

20.6. Rassenunruhen fordern im amerikanischen Detroit 34 Todesopfer.

1.8. Joseph Goebbels fordert die Berliner Frauen, Kinder und Rentner auf, die luftkriegsgefährdete Stadt zu verlassen. Bis Jahresende folgen insgesamt 700 000 Menschen dem Appell.

Deutsche Schwimm-Meister

Chronik Sport

100 m Freistil:
Ulrich Schröder	1:01,9 min

200 m Freistil:
Heinz Günther Lehmann	2:19,0 min

4 x 100 m Freistil:
Hellas Magdeburg	4:25,7 min

200 m Brust:
Heinz Gold	2:43,0 min

4 x 200 m Brust:
Hamburg 1879	12:00,4 min

14.8. Die 1778 von Giuseppe Piermarini errichtete Mailänder Scala wird durch einen Luftangriff schwer beschädigt.

31.8. Auf Weisung Adolf Hitlers muß die »Frankfurter Zeitung«, das letzte noch nicht vollständig gleichgeschaltete deutsche Zeitungsblatt, ihr Erscheinen einstellen.

4.9. Als Zeichen einer Versöhnung zwischen Staat und Kirche genehmigt Josef Stalin die Wahl eines russischen Patriarchen. Am 12. September tritt Sergius sein Amt als Oberhaupt der russisch-orthodoxen Kirche an.

1943

Internationale Politik	Deutsche Politik	Wirtschaft und Wissenschaft
13.10., Italien/Deutsches Reich. Italiens Regierung unter Pietro Badoglio erklärt dem Deutschen Reich den Krieg. **31.10., Schweiz.** Bei den Nationalratswahlen werden die Sozialdemokraten stärkste Fraktion. **28.11., Iran.** Auf der Konferenz von Teheran diskutieren erstmals die »Großen Drei« (Josef Stalin, Winston Churchill und Franklin D. Roosevelt) gemeinsam über interalliierte Probleme. **29.11., Jugoslawien.** Der Antifaschistische Rat der Volksbefreiung Jugoslawiens gründet unter Josip Tito ein Nationalkomitee. **24.12., UdSSR.** An der Straße zwischen Kiew und Schitomir beginnt eine Großoffensive der Roten Armee.	**3.11.** Nach der Schließung von fünf SS-Betrieben bei Lublin werden auf Anweisung Heinrich Himmlers zwischen 17 000 und 40 000 der dort beschäftigten Juden ermordet. **3.11.** In seiner letzten strategischen Weisung ordnet Reichskanzler Adolf Hitler die Schwerpunktverlagerung von Ost nach West zur Abwehr der alliierten Invasion an. **12.11.** In der »Lex Krupp« setzt Adolf Hitler Alfried Krupp von Bohlen und Halbach zum Alleinerben des Unternehmens ein. **23.12.** Adolf Hitler beauftragt den Minister für Rüstung und Kriegsproduktion, Albert Speer, mit dem Wiederaufbau der deutschen Städte.	**1943, Technik.** Die Alliierten bauen mit über 14,5 Mio. BRT Schiffsraum doppelt so viele Schiffe wie im Vorjahr. **Wissenschaftler geehrt** **Chronik Nobelpreise** Chemie: George de Hevesy (H) Medizin: Henrik Dam (DK) und Edward A. Doisy (USA) Physik: Otto Stern (USA) **1943, Philosophie.** In Frankreich erscheint mit »Das Sein und das Nichts« das philosophische Hauptwerk des Existentialisten Jean-Paul Sartre.

1943 Geborene und Gestorbene

Geboren:
19.1. Janis Lyn Joplin († 4.10.1970), amerikanische Popmusikerin.
25.1. Roy Black († 9.10.1991), deutscher Schlagersänger.
25.2. George Harrison, britischer Popmusiker.
26.7. Mick Jagger, britischer Popmusiker.
29.7. Michael Holm, deutscher Schlagersänger.
28.10. Cornelia Froboess, deutsche Sängerin und Schauspielerin.
8.12. Jim Morrison († 3.7.1971), amerikanischer Popmusiker.
25.12. Hanna Schygulla, deutsche Schauspielerin.

1944

Internationale Politik	Deutsche Politik	Wirtschaft und Wissenschaft
22.1., Italien. Mit rund 70 000 Mann landen alliierte Verbände bei Nanzio und Nettuno südlich von Rom. **28.1., UdSSR.** Nach 900 Tagen sprengt die Rote Armee den deutschen Belagerungsring um Leningrad. **1.2., Frankreich.** Der Vorsitzende der französischen Exilregierung in Algier, Charles de Gaulle, faßt die militärischen Kräfte der französischen Résistance in den »Forces françaises de l'Intérieur« zusammen. **20.2., Spanien.** Das neutrale Spanien zieht auf Druck der Alliierten den Rest des Freiwilligen-Verbandes »Blaue Division« von der deutschen Ostfront zurück.	**1.1.** Generalfeldmarschall Erwin Rommel erhält den Oberbefehl über die deutsche Heeresgruppe B in Frankreich. **1.1.** In seiner Neujahrsansprache beschwört der deutsche Reichskanzler Adolf Hitler nochmals den »Endsieg«. **12.1.** Für den Fall einer alliierten Landung in Portugal oder an der Biskaya leitet das Oberkommando der Wehrmacht die Vorbereitungen zur Sprengung der Pyrenäen ein. **16.1.** Anläßlich einer Feierstunde der NSDAP in Prag hält Reichsminister Alfred Rosenberg einen Vortrag über die »Freiheit des Willens und des Geistes in Deutschland und Europa«.	**Januar, Luftfahrt.** Die Boeing »B 29« Superfortress, ein amerikanischer Langstreckenbomber, wird in Serie produziert. **6.1., Luftfahrt.** Die USA und Großbritannien einigen sich auf die gemeinsame Entwicklung eines Düsenflugzeugs. **16.2., Technik.** Mit dem »Goliath«, der rund 90 kg Sprengstoff tragen kann, setzen deutsche Truppen an der Italienfront den ersten ferngelenkten Zwergpanzer der Welt ein. **18.3., Wirtschaft.** Die japanische Regierung beschließt umfangreiche Maßnahmen für eine Leistungssteigerungen in der Wirtschaft.

1943

Kunst, Literatur und Musik	Theater und Film	Gesellschaft
1943 Von verlorener Liebe handelt die Titelgeschichte *Dunkle Alleen* des russischen Literaturnobelpreisträgers Iwan A. Bunin, die im amerikanischen Exil erscheinen. **1943** Im Mittelpunkt des Romans *Fanga* von António Alves Redol stehen portugiesische Bauern, die unter dem Diktat von Großgrundbesitzern leiden. **1943** *Islandglocke* ist der erste Teil einer Romantrilogie von Halldór Kiljan Laxness. **1943** Wilfredo Lam malt *Dschungel*. Die Wildnis ist das Hauptmotiv des kubanischen Künstlers. **1943** Der belgische Maler und Grafiker Paul Delvaux durchsetzt seine Werke mit Skeletten.	**1943** Im Deutschen Reich werden die Dreharbeiten an *Titanic* von Herbert Selpin und Werner Klingler beendet. Das Werk, dessen Tricksequenzen im britischen Film *Die letzte Nacht der Titanic* wiederverwendet werden, kann erst 1950 gezeigt werden. **1943** Albert Préjean verkörpert in *Picpus* von Richard Pottier den Kommissar Maigret. **1943** Unterhaltungsfilme erfreuen sich im Deutschen Reich wachsender Beliebtheit. Von insgesamt 83 neuen Filmen transportieren nur sechs in erster Linie politischen Inhalt. **1943** In Frankreich entsteht die Filmschule »Institut des Hautes Etudes Cinématographiques« (IDHEC).	**1.10.** Die geplante Deportation von 8000 dänischen Juden scheitert, da die dänischen Widerständler die meisten ihrer Landsleute nach Schweden in Sicherheit gebracht haben. **2.10.** Im Bombenhagel wird das 1818 erbaute Münchner Nationaltheater vollständig vernichtet. **24.11.** Überlebende von Luftangriffen im Deutschen Reich können ihren Angehörigen künftig durch einen postalischen Eilnachrichtendienst ein Lebenszeichen zukommen lassen. **26.11.** US-General George Smith Patton erhält eine dienstliche Verwarnung, weil er Soldaten, die nach einem Granatenangriff unter Schock standen, hatte schlagen lassen.

Geborene und Gestorbene

Gestorben:
9.1. Robin George Collingwood (*22.2.1889), britischer Philosoph.
20.1. Maximilian von Beck (*6.9.1854), österreichischer Politiker.

22.2. Hans und Sophie Scholl (*22.9.1918 bzw. 9.5.1921), Mitglieder der »Weißen Rose«.
28.3. Sergej Rachmaninow (*1.4.1873), russisch-amerikanischer Komponist, Pianist und Dirigent.

13.4. Oskar Schlemmer (*4.9.1888), deutscher Maler.
31.10. Max Reinhardt (*9.9.1873), deutscher Film- und Theaterregisseur.
20.12. Anita Augspurg (*22.9.1857), deutsche Frauenrechtlerin.

1944

Kunst, Literatur und Musik	Theater und Film	Gesellschaft
2.2. Da das Münchner Nationaltheater zerstört ist, präsentiert die Bayerische Staatsoper auf einer provisorischen Bühne im Deutschen Museum eine Neuinszenierung von Carl Orffs *Carmina Burana*. **5.2.** UA: *Turandot*, Ballett von Gottfried von Einem, in Dresden. **1.3.** Auf Geheiß der deutschen Behörden müssen u. a. der Brockhaus-Verlag, der Goldmann-Verlag und die Verlage Schöningh und Westermann ihre Arbeit einstellen, da sie »nicht arisch« oder nicht »linienkonform« sind. **5.3.** Der französische Dichter und Maler Max Jacob stirbt im Konzentrationslager Drancy bei Paris.	**28.1.** UA: *Die Feuerzangenbowle*, Spielfilm von Helmut Weiß, in Berlin. Der Pennälerfilm wird dank der schauspielerischen Leistung von Heinz Rühmann ein Klassiker. **4.2.** UA: *Antigone*, Drama von Jean Anouilh, im Pariser Théâtre de l'Atelier. **10.3.** UA: *Alarm im Pazifik*, Kriegsfilm mit John Wayne, in den USA. **14.3.** Franz Werfel stellt am Martin Beck Theatre in New York das Flüchtlingsstück *Jacobowsky und der Oberst. Die Komödie einer Tragödie* vor. **14.4.** Marlene Dietrich startet eine Tournee zu den amerikanischen Militärbasen in Nordafrika.	**15.1.** Bei einem schweren Erdbeben in Argentinien kommen über 5000 Menschen ums Leben, mehr als 10 000 werden z.T. schwer verletzt. **29.1.** Angesichts des kriegsbedingten Geburtenrückgangs fordert Reichsminister Martin Bormann in einer Denkschrift eine »verstärkte Fortpflanzung« und die »Ehe zu dritt«. **11.2.** Auf der Südseeinsel Kermadec werden 13 Australier entdeckt, die dort vor 17 Jahren nach einem Schiffsunglück strandeten und seitdem auf der Insel leben. Als diese von den Kriegen in der ganzen Welt erfahren, lehnen sie es ab, ihr »paradiesisches Eiland« zu verlassen.

1944

Internationale Politik

22.2., Großbritannien. Premierminister Winston Churchill schließt sich der sowjetischen Forderung nach einer »Westverschiebung« Polens an.
4.3., USA/Argentinien. Die Vereinigten Staaten brechen ihre Beziehungen zu Argentinien ab, nachdem achsenfreundliche Militärs die Macht im Land übernommen haben.
19.3., Ungarn. Wegen eines befürchteten Frontwechsels Ungarns besetzen deutsche Truppen das Land.
2.4., Frankreich. Auf Wunsch von Résistance-Führern erweitert Charles de Gaulle sein Kabinett um zwei Kommunisten.
4.6., Italien. Drei Wochen nach Beginn ihrer Offensive ziehen alliierte Truppen in Rom ein.
5.6., Italien. Der italienische König Viktor Emanuel III. dankt zugunsten seines Sohnes Humbert II. ab und überträgt ihm alle königlichen Rechte.
6.6., Frankreich. In der Normandie landen mit Unterstützung von 6000 Schiffen und 14 000 Flugzeugen bis zum späten Abend 150 000 alliierte Soldaten.
9.6., Italien. Der Sozialist Ivanoe Bonomi wird neuer italienischer Ministerpräsident.
17.6., Island/Dänemark. Island erklärt seine Unabhängigkeit von Dänemark. Erster isländischer Staatspräsident wird Sveinn Björnsson.
20.6., USA/Japan. In einer zweitägigen Schlacht in der Philippinensee zerstören amerikanische Schiffe die japanische Trägerflotte.
22.6., UdSSR. In Weißrußland beginnt die große Offensive der Roten Armee, die zum Zusammenbruch der deutschen Heeresgruppe Mitte führt.
23.7., UdSSR/Polen. Die Rote Armee erreicht das KZ Majdanek. In der Vernichtungsstätte ermordeten die Nationalsozialisten 1,5 Mio. Menschen.
24.7., Polen. Das »Lubliner Komitee« polnischer Kommunisten übernimmt in den von der Roten Armee befreiten polnischen Gebieten die Verwaltung.
1.8., Schweiz. Anläßlich des Nationalfeiertages weist Bundespräsident Walter Stampfli erneut auf die Neutralität der Schweiz hin.

Deutsche Politik

19.1. Nach der Verhaftung des Widerstandskämpfers Helmuth James Graf von Moltke löst sich der Kreisauer Kreis auf. Moltke wird am 23.1.1945 in Berlin hingerichtet. ▷Chronik Zitat
21.1. Die letzte große deutsche Luftoffensive gegen britische Städte beginnt. Die Angriffe, von den Briten »Baby-Blitz« genannt, enden am 29. Mai.
12.2. Admiral Wilhelm Canaris wird seines Amtes als Chef der Abwehr enthoben, da er insgeheim mit dem Widerstand zusammengearbeitet hat.
1.3. Fritz Sauckel, der Generalbevollmächtigte für den Arbeitseinsatz, beziffert die Zahl der Zwangsarbeiter in Deutschland auf sieben Millionen.
12.3. Bei einem alliierten Luftangriff auf Wien wird der Stephansdom schwer beschädigt.

Kampf gegen Intoleranz
Chronik Zitat

»*Ich habe mein ganzes Leben lang ... gegen einen Geist der Enge, der Überheblichkeit, der Intoleranz und des Absoluten ... angekämpft, der in den Deutschen steckt und der seinen Ausdruck in dem nationalsozialistischen Staat gefunden hat.*«
Helmuth James Graf von Moltke

28.4. Nach der Regierungsübernahme in Ungarn beginnen die deutschen Besatzer mit der Deportation von ca. 500.000 ungarischen Juden in die Vernichtungsstätten.
10.5. Die österreichischen Widerstandskämpfer Pater Karl Roman Scholz und Karl Lederer werden hingerichtet.
10.6. SS-Truppen zerstören als »Vergeltung« für die Entführung eines Offiziers durch den französischen Widerstand das Dorf Oradour-sur-Glane und ermorden die 642 Einwohner.
14.6. 500 000 ausländische Freiwillige sind in der Waffen-SS im Einsatz.
15.7. Erwin Rommel, Oberbefehlshaber der Heeresgruppe B in Frankreich, fordert Reichskanzler Adolf Hitler auf, den Krieg zu beenden.

Wirtschaft und Wissenschaft

26.2., Luftfahrt. Mit der Verschlechterung der Versorgungslage im Deutschen Reich beginnt ein verstärkter illegaler Schleich- und Tauschhandel, vor allem mit Briefmarken.

Industrielle Nettoproduktion
Chronik Statistik

Anteil der Industriegruppen in %:

Rüstung	40
Konsumgüter	22
Grundstoffe	21
Übrige Konsumgüter	11
Bauten	6

9.4., Wirtschaft. In einer Rundfunkrede zum Thema »Die Finanzierung des Krieges« ruft der deutsche Reichsfinanzminister Johann Ludwig Graf Schwerin von Krosigk die Deutschen zu größter Sparsamkeit auf. Gleichzeitig kündigt er Steuererhöhungen an.
17.4., Luftfahrt. Ein amerikanischer Pilot versetzt die Wissenschaftler mit dem Bericht in Aufruhr, bei einem Flug über Westchina einen 10 000 m hohen Berg entdeckt zu haben.
2.5., Chemie. Das Forschungsinstitut der amerikanischen Kriegsmarine stellt eine neu entwickelte Notration für Schiffbrüchige vor, die ausschließlich aus Tabletten besteht.
12.5., Wirtschaft. Nach Luftangriffen auf die deutsche Treibstoffindustrie sind die Leunawerke bei Merseburg zu 60%, bei Tröglitz zu 100% und bei Böhlau zu 50% zerstört.
8.6., Medizin. Howard Walter Florey von der Universität Oxford berichtet von Versuchen zur künstlichen Herstellung von Penicillin, um das bisher rare Antibiotikum neben den Streitkräften auch der Bevölkerung zur Verfügung stellen zu können.
12.6., Technik. Die deutsche Flugbombe »V 1« kommt erstmals gegen Großbritannien zum Einsatz.
1.7., Wirtschaft. Im amerikanischen Bretton Woods beginnt eine dreiwöchige Währungskonferenz, die die Grundzüge der Weltwirtschaft der Nachkriegszeit festlegt.

1944

Kunst, Literatur und Musik

12.3. In einer Rede zum Tod des deutschen Widerstandskämpfers Carlo Mierendorff in New York lehnt der deutsche Exilschriftsteller Carl Zuckmayer die These von einer »Kollektivschuld« ab. ▷Chronik Zitat

14.3. UA: *Wie man Wünsche beim Schwanz packt*, surrealistisches Drama des spanischen Malers und Bildhauers Pablo Picasso, in Paris.

18.3. Die in Basel eröffnete Ausstellung »Konkrete Kunst« gilt als wichtigstes Kunstereignis des Jahres. Sie präsentiert Bilder und Skulpturen der gegenstandslosen Kunst im internationalen Überblick.

April Raymond Chandler publiziert seinen Essay *Die simple Kunst des Mordens*, in dem der Meister des »Schwarzen Krimis« schonungslose Realitätsnähe der Kriminalliteratur einfordert.

Deutsche Tragödie
Chronik Zitat

»Deutschland, Carlo und unser Vaterland sind durch eine Tragödie gegangen ... Deutschland ist schuldig geworden vor der Welt. Wir aber, die wir es nicht verhindern konnten, gehören in diesem großen Weltprozeß nicht unter seine Richter.«
Carl Zuckmayer, deutscher Schriftsteller

18.4. Begeisterung beim Publikum ruft die Uraufführung des Balletts *Fancy Free* von Leonard Bernstein und Jerome Robbins in der New Yorker Metropolitan Opera hervor.

6.6. Alfred Andersch desertiert an der Italienfront und begibt sich in amerikanische Kriegsgefangenschaft. Später bearbeitet er seinen Entschluß in *Die Kirschen der Freiheit*.

24.6. Der deutsche Schriftsteller Thomas Mann erhält die amerikanische Staatsbürgerschaft.

31.7. Der französische Schriftsteller Antoine de Saint-Exupéry kehrt von einem Aufklärungsflug für die US-Air Force nicht zurück.

Theater und Film

27.5. UA: *Bei geschlossenen Türen*, Drama von Jean-Paul Sartre, im Pariser Théâtre du Vieux-Colombier.

3.6. Partisanen befreien den italienischen Regisseur Luchino Visconti aus dem Gefägnis bei San Gregorio. Visconti ist seit Jahren Zielscheibe faschistischer Repressalien.

26.6. Die seit dem 3. Juni andauernden Theaterwochen in Zürich gehen zu Ende. Inmitten der Kriegswirren ist die Theaterbegeisterung der Schweizer ungebrochen, und das Interesse an den zahlreichen Opern- und Schauspielaufführungen war groß.

26.6. Die Reichsstelle für Film und Bild in Wissenschaft und Unterricht teilt mit, daß in Deutschland zu Unterrichtszwecken 45 000 Vorführgeräte und 600 000 Filmkopien zur Verfügung stehen.

August Während der vierjährigen deutschen Besatzung Frankreichs entstanden unter schwierigsten Bedingungen 220 abendfüllende Spielfilme.

August In Moskau etabliert sich auf Beschluß des Zentralkomitees der »Künstlerische Rat«, in dem sich 22 Filmschaffende für Künstler einsetzen, die wegen ihrer Arbeit in Konflikt mit Partei- oder Verwaltungsorganen geraten sind.

24.8. UA: *Das Mißverständnis*, Schauspiel von Albert Camus, im Pariser Théâtre des Mathurins.

6.9. Im Stil des »Film Noir« dreht Billy Wilder den Klassiker *Frau ohne Gewissen* mit Barbara Stanwyck und Fred MacMurray.

23.9. Frank Capras furiose schwarze Komödie *Arsen und Spitzenhäubchen* mit Cary Grant in der Hauptrolle kommt in die Kinos.

11.10. In der Verfilmung des berühmten Hemingway-Romans *Haben und Nichthaben* von Howard Hawks sind Humphrey Bogart und Lauren Bacall erstmals zusammen auf der Leinwand zu sehen.

1.11. Die polnischen Regisseure Aleksander Ford und Jerzy Bossak veröffentlichen den Dokumentarfilm *Majdanek* über das Vernichtungslager, der Millionen Menschen in aller Welt erschüttert.

Gesellschaft

15.2. Ein Luftangriff amerikanischer Bomber zerstört das im Jahr 529 errichtete Benediktinerkloster Montecassino in Italien.

29.2. Die »Neue Zürcher Zeitung« berichtet über die massive Zunahme der Kindersterblichkeit in Europa.

7.3. Im Deutschen Reich beginnt eine großangelegte Anwerbungskampagne, die nicht berufstätige Frauen zum »Arbeitseinsatz im Dienste der Volksgemeinschaft« bewegen soll.

20.3. In aller Stille heiraten in London Jugoslawiens König Peter II. und Prinzessin Alexandra von Griechenland.

20.3. Infolge eines neuerlichen Ausbruchs des Vesuvs bei Neapel werden 7000 Menschen evakuiert.

24.3. Auf Anordnung Hitlers erschießen die deutschen Besatzer in Rom 335 italienische Geiseln als »Sühne« für ein Attentat von Widerständlern, das 33 Menschenleben gefordert hat.

25.3. Im Rahmen der seit 1943 andauernden Bombardierungen der Reichshauptstadt fliegt die britische Luftwaffe mit 726 Maschinen ihren letzten Angriff auf Berlin. Ca. 1,5 Mio. Berliner sind obdachlos.

Fußball-Landesmeister
Chronik Sport

Deutschland: Dresdner SC
Österreich: Vienna Wien
Schweiz: Lausanne Sports
Belgien: FC Antwerpen
Italien: La Spezia
Schweden: Malmö FF
Spanien: FC Valencia

18.4. Zur Eindämmung der seit März dieses Jahr immer wieder ausbrechenden Streiks können Streikaufrufende in Großbritannien nach einem Regierungsbeschluß künftig mit fünf Jahren Haft und 500 Pfund Geldbuße bestraft werden.

30.5. In einer Verordnung an alle Gebietsleiter des Deutschen Reiches sanktioniert Martin Bormann die Lynchjustiz gegenüber abgeschossenen alliierten Luftwaffenpiloten.

1944

Internationale Politik

15.8., Frankreich. An der französischen Mittelmeerküste zwischen Toulon und Cannes landen alliierte Streitkräfte.
19.8., Frankreich. Der alliierte Sieg in der Kesselschlacht von Falaise entscheidet die Schlacht um Frankreich.
20.8., Frankreich. Mit der von Adolf Hitler angeordneten Verhaftung von Marschall Philippe Pétain endet das Vichy-Regime in Frankreich.
26.8., Frankreich. Unter dem Jubel der Bevölkerung zieht Charles de Gaulle in Paris ein.
8.9., Bulgarien. Bulgarien erklärt dem Deutschen Reich den Krieg.
12.9., Jugoslawien. Auf britischen Druck hin überträgt König Peter II. Josip Tito die alleinige Führung des jugoslawischen Widerstands.
19.9., Finnland/UdSSR. Finnland schließt mit der UdSSR einen Waffenstillstand.
21.9., USA. Der »Morgenthau-Plan« des gleichnamigen US-Finanzministers sieht eine Reagrarisierung Deutschlands vor, von der sich die alliierten Staatsführer jedoch distanzieren.
29.9., Schweiz. Der Bundesrat verbietet den Export von Kriegsmaterial.
4.10., Griechenland. Britische Truppen landen auf dem Peloponnes und befreien die Hafenstadt Patras von deutscher Besetzung.
10.–18.10., UdSSR/Großbritannien. In Moskau stecken Winston Churchill und Josef Stalin die Interessen auf dem Balkan ab.
7.11., USA. Zum vierten Mal wird der amerikanische Präsident Franklin D. Roosevelt im Amt bestätigt.
23.11., Frankreich. Die 7. US-Armee unter dem Oberbefehl von General Alexander M. Patch erobert Straßburg und erreicht damit den Rhein.
3.12., Griechenland. Kommunistische Widerstandskämpfer streben die Machtübernahme an. Britische Truppen intervenieren auf Seiten der gemäßigten Kräfte und schlagen den Aufstand in 40 Tagen blutig nieder.
10.12., Frankreich/UdSSR. Frankreich und die UdSSR schließen in Moskau einen Beistandspakt, der zunächst für 20 Jahre gilt.

Deutsche Politik

20.7. Durch Zufall überlebt Adolf Hitler die Explosion der von Oberst Claus Graf Schenk von Stauffenberg ins Führerhauptquartier »Wolfsschanze« gebrachten Bombe. Der deutsche militärische Widerstand ist damit endgültig gescheitert.
21.7. Jakob Kastelic, Führer der österreichischen Widerstandsbewegung, wird in Berlin hingerichtet.
8.8. Vor dem Berliner Volksgerichtshof endet der erste, von Roland Freisler geführte Prozeß gegen acht Widerstandskämpfer, die am Hitler-Attentat vom 20. Juli beteiligt waren, mit Todesurteilen.
18.8. Im KZ Buchenwald wird der ehemalige KPD-Vorsitzende Ernst Thälmann ermordet.
25.9. Auf Erlaß Adolf Hitlers haben sich alle waffenfähigen Männer zwischen 16 und 60 dem »Volkssturm« zur Verfügung zu stellen. Es werden bis Kriegsende 1 Mio. einberufen.
14.10. Mit massiven Drohungen gegen seine Familie erzwingt die Gestapo den Selbstmord von Erwin Rommel wegen seiner Verbindungen zum deutschen Widerstand.
16.10. Nach einem sowjetischen Massaker im ostpreußischen Goldap setzt die Massenflucht der Deutschen aus dem Osten ein.
21.10. Aachen ist die erste von alliierten Truppen eroberte Großstadt.
20.11. Adolf Hitler und die Führungsspitze des Reiches müssen die »Wolfsschanze« in Ostpreußen räumen und ziehen in den »Führerbunker« der Reichskanzlei um.
26.11. Anläßlich des sowjetischen Vormarsches ordnet Heinrich Himmler die Liquidierung der Vernichtungsstätte Auschwitz an, in der zwischen 2,5 und 4 Mio. Menschen ermordet worden sind.
8.12. Das »Nationalkomitee Freies Deutschland« appelliert an die deutsche Bevölkerung, sich gegen die NSDAP zu erheben und den Krieg zu beenden.
16.12. An der Westfront beginnt die von Reichskanzler Adolf Hitler befohlene Ardennenoffensive, die an der alliierten Luftüberlegenheit scheitert.

Wirtschaft und Wissenschaft

7.8., Medien. Der amerikanische Wissenschaftler Howard Hathaway Aiken stellt an der Harvard University den von ihm entwickelten programmgesteuerten Computer »MARK I« vor. Der Rechner ist 2,5 m hoch und 16 m lang, errechnet den Sinus von x in 88 Sekunden auf 23 Stellen genau und soll jedes mathematische Problem der Erde lösen können.
31.8., Wirtschaft. Die Arbeitszeit im Deutschen Reich wird auf 60 Stunden wöchentlich angehoben.
10.12., Nobelpreise. In Stockholm und Oslo findet erstmals seit 1939 wieder eine Nobelpreisverleihung statt.
▷ Chronik Nobelpreise

Wissenschaftler geehrt
Chronik Nobelpreise

Chemie: Otto Hahn (D)
Medizin: Joseph Erlanger (USA) und Herbert Spencer Gasser (USA)
Physik: Isidor Isaac Rabi (USA)
Frieden: Internationales Komitee des Roten Kreuzes (CH)
Literatur: Johannes V. Jensen (DK)

1944, Technik. Deutsche Ingenieure konzipieren einen Taucheranzug, der eine Tauchtiefe von 200 m gestattet.
1944, Technik. In Deutschland wird die »Panzerfaust« in Massen produziert.
1944, Chemie. Enrico Fermi berechnet die Reaktionstemperatur für die Wasserstoffusion. Für Tritium sind 50 Mio., für Deuterium 400 Mio. Grad notwendig.
1944, Chemie. Die amerikanischen Wissenschaftler Glenn Theodore Seaborg und Albert Ghiorso entdecken die Elemente Americanum und Curium.
1944, Verkehr. Der schwedische Autohersteller Volvo bringt zwei neue zivile Kfz-Typen auf den Markt, den Buckel-Volvo »PV 444« und den »P 60«.
1944, Medien. John von Neumann, amerikanischer Mathematiker und Chemiker, konzipiert den EDVAC-Computer, den ersten speicherprogrammierbaren Rechenapparat.

1944

Kunst, Literatur und Musik

6.8. Bei Florenz stellen amerikanische Truppen in einer Villa berühmte Gemälde sicher, die von den deutschen Besatzern versteckt worden waren.
14.8. Im Rahmen der Salzburger Festspiele findet wegen des Krieges nur eine einzige Aufführung statt: Wilhelm Furtwängler dirigiert die *Symphonie Nr. 8 c-moll* von Anton Bruckner.
16.8. UA: *Die Liebe der Danae*, Oper von Richard Strauss, in Salzburg.
21.8. Albert Camus schreibt den Leitartikel in der französischen Widerstandszeitschrift »Combat«, die erstmals im freien Verkauf erscheint.
10.9. Igor Strawinskys Ballett *Danses Concertantes* erlebt im City Center in New York seine Uraufführung.
22.9. Etwa 50 Gemälde umfaßt die in der Londoner National Gallery eröffnete Ausstellung »War at Sea«.
12.10. Luise Rinser wird von der Gestapo in Salzburg unter dem Vorwurf der »Wehrkraftzersetzung« verhaftet.
30.12. In Paris erscheint der Gedichtband *La Diane française* des französischen Schriftstellers Louis Aragon.
31.12. Hitler ordnet im gesamten deutschen Machtbereich die Beschlagnahmung wichtiger Kunstgegenstände an, die der Führer dereinst in einem Museum in Linz ausstellen will.
1944 Max Beckmann malt das expressionistische Gemälde *Stilleben mit grünen Gräsern*.
1944 George Grosz beendet die Arbeit an *Kain oder der Zweite Weltkrieg*.
1944 Der amerikanische Künstler Lyonel Feininger stellt sein Gemälde *Flußdampfer auf dem Yukon* fertig.
1944 Weltruhm erntet der argentinische Schriftsteller Jorge Luis Borges mit seinen Erzählungen, die unter dem Titel *Fiktionen* erscheinen.
1944 Das Schicksal der »Weißen Rose« schildert Alfred Neumann in seinem Roman *Es waren ihrer sechs*, der in Stockholm erscheint.
1944 Emigrantenschicksale stehen im Mittelpunkt des Romans *Transit* von Anna Seghers, den sie im Exil in Mexiko veröffentlicht.
1944 Das Treiben am Montmartre schildert Jean Genet in seiner ersten Erzählung *Notre-Dame-des-fleurs*.

Theater und Film

15.12. UA: *Große Freiheit Nr. 7*, Spielfilm von Helmut Käutner mit Hans Albers in der Hauptrolle, in Prag.
26.12. UA: *Die Glasmenagerie*, Schauspiel von Tennessee Williams, im Civic Theatre in Chicago.
1944 Der finanziell erfolgreichste US-Film des Jahres ist das Musical *Weg zum Glück* von Leo McCarey, in dem Bing Crosby einen gutmütigen, sozial engagierten Pfarrer spielt.
1944 Ihre erste Starrolle erhält Esther Williams in dem Musikfilm *Badende Venus* von George Sidney.
1944 Nach der gleichnamigen Romanvorlage von Anna Seghers entsteht der Film *Das siebte Kreuz* von Fred Zinnemann, das vom Ausbruch eines KZ-Häftlings handelt, den Spencer Tracy verkörpert.
1944 Der Film *Mord, meine Süße* von Edward Dmytryk folgt dem gleichnamigen Schwarzen Krimi von Raymond Chandler. Der Protagonist Philip Marlowe wird in der vielleicht besten Chandler-Verfilmung von Dick Powell verkörpert.
1944 Walt Disney wagt in *Drei Caballeros* erstmals die Kombination von Trickfilm und realer Darstellung.
1944 Mit *Ich folgte einem Zombie* gelingt Jacques Tourneur ein weiterer Klassiker des Horror-Genres.
1944 Seinen ersten großen Filmerfolg kann David Lean mit *Geisterkomödie* verbuchen.
1944 Gene Kelly spielt in dem Krimi *Weihnachtsurlaub* von Robert Siodmak eine seiner ersten Rollen.
1944 Im Stil des italienischen Neorealismus dreht der Franzose Jean Grémillon den Film *Sprung in die Wolken*.
1944 Otto Preminger debütiert als Regisseur mit dem Psycho-Thriller *Laura*, in dem Gene Tierney und Clifton Webb die Hauptrollen spielen.
1944 Die Geschichte eines deutsch besetzten Dorfes in der Ukraine erzählt der sowjetische Spielfilm *Der Regenbogen*, zu dem Max Donskoi Regie führt.
1944 Sergei M. Eisenstein stellt den ersten Teil des historischen Films *Iwan der Schreckliche* über den ersten russischen Zaren fertig.

Gesellschaft

17.7. 58 000 deutsche Kriegsgefangene werden durch die Moskauer Innenstadt geführt.
4.8. Anne Frank und ihre Familie werden in Amsterdam von der Gestapo entdeckt. Die Fünfzehnjährige stirbt im März 1945 im KZ Bergen-Belsen. Ihr Tagebuch wird 1946 zunächst in holländischer Sprache veröffentlicht.
1.9. Auf Anordnung von Joseph Goebbels haben im Deutschen Reichsgebiet bis auf sehr wenige Ausnahmen alle Vergnügungsstätten zu schließen.
13.9. Zum letzten Mal erscheint die satirische Wochenzeitschrift »Simplicissimus« im 49. Jahrgang.
4.10. Die amerikanische Nachrichtenagentur »United Press« veröffentlicht einen Bericht über die Wünsche der US-Bürger nach Ende des Krieges.
▷ Chronik Zitat

Wunschliste der US-Bürger
Chronik Zitat

»Am meisten begehrt sind: Waschmaschinen, elektrische Bügeleisen, Kühlschränke, Kochherde, elektrische Toaster, Radioapparate, Nähmaschinen, Staubsauger, elektrische Heizkörper, elektrische Ventilatoren ...«
»United Press«

16.12. Ein amerikanisches Flugzeug mit dem weltberühmten Posaunisten Glenn Miller an Bord bleibt über dem Ärmelkanal verschollen.
17.12. In der Wüste von Utah beginnt die Ausbildung von Bomberpiloten, die die US-Atombombe abwerfen können. Ziel des Trainings ist es, eine 4,5-t-Bombe aus 9000 m Höhe per Sicht ins Ziel zu bringen und bei Explosion 13 km entfernt zu sein.
1944 Wegen Bombenzerstörungen, Personalmangel und Dienstpflicht junger Menschen kommt der Schul- und Universitätsbetrieb im Deutschen Reich fast zum Erliegen.
1944 In Frankreich beginnt die Verfolgung tatsächlicher und angeblicher Kollaborateure.

1944

1944 Geborene und Gestorbene

Geboren:
9.1. Jimmy Page, britischer Popmusiker.
28.1. Achim Reichel, deutscher Sänger und Songschreiber.
26.3. Diana Ross, amerikanische Sängerin.
15.4. Dave Edmunds, britischer Popmusiker.
1.5. Costa Cordalis, griechischer Schlagersänger
20.5. Joe Cocker, britischer Popmusiker.
22.6. Klaus Maria Brandauer, österreichischer Filmschauspieler und Regisseur.
24.6. Jeff Beck, britischer Popmusiker.
26.7. Hannelore Elsner, deutsche Filmschauspielerin.
10.11. Tim Rice, britischer Dichter.
6.9. Roger Waters, britischer Popmusiker.
2.11. Keith Emerson, britischer Popmusiker.
11.12. Brenda Lee, amerikanische Pop- und Countrysängerin.

1945

Internationale Politik	Deutsche Politik	Wirtschaft und Wissenschaft

1.1., Polen. In Lublin nimmt die kommunistisch dominierte »Provisorische Regierung der Republik Polen« ihre Arbeit auf. Vier Tage später wird sie von der UdSSR diplomatisch anerkannt.
9.1., USA/Philippinen. Amerikanische Truppen landen auf der philippinischen Hauptinsel Luzon.
11.1., Griechenland. Der Bürgerkrieg zwischen britischen Truppen und der kommunistischen Widerstandsbewegung endet mit einem Waffenstillstand.
12.1., UdSSR/Deutsches Reich. An der Ostfront beginnt die sowjetische Winteroffensive.
20.1., Ungarn. Die provisorische Regierung schließt einen Waffenstillstand mit den Alliierten.
27.1., UdSSR/Deutsches Reich. Sowjetische Truppen befreien die 7600 verbliebenen Häftlinge des Vernichtungslagers Auschwitz, in dem zwischen 2,5 und 4 Mio. Menschen ermordet worden sind.
11.2., UdSSR. In Jalta endet die zweite Konferenz der »Großen Drei« (Churchill, Stalin und Roosevelt). Hauptverhandlungspunkte waren die Aufteilung Deutschlands in Besatzungszonen und die Grenzfrage für Polen.
15.2., Schweiz. Die Schweiz läßt die deutschen Bankguthaben sperren.
19.2., Japan/USA. Die Schlacht um die japanische Insel Iwo Jima beginnt. Bis zum 16. März sterben mehr als 27 000 Menschen.

1.1. Mit dem »Unternehmen Bodenplatte« beginnt an der Westfront der letzte Großeinsatz der Luftwaffe.
30.1. Zum 12. Jahrestag der »Machtergreifung« hält Hitler seine letzte Rundfunkrede, in der er abermals den »Endsieg« beschwört.
19.3. Hitlers »Nero-Befehl« ergeht, der die Zerstörung aller militärisch relevanten Einrichtungen bei einem Rückzug vorsieht.
25.3. Der Aachener Oberbürgermeister Franz Oppenhoff wird von der deutschen Partisanenorganisation »Werwolf« ermordet.
1.4. Die Kriegsmarine beginnt mit der Evakuierung von Soldaten und Flüchtlingen von der Halbinsel Hela in der Danziger Bucht nach Westen.
2.4. Wien wird zum Verteidigungsbereich erklärt.
16.4. Mit 2,5 Mio. Soldaten tritt die Sowjetunion zur Schlacht um Berlin an.
17.4. Die Kapitulation von 325 000 im Ruhrkessel eingeschlossenen deutschen Soldaten leitet die faktische Auflösung der Westfront ein.
26.4. Die US-Direktive »JCS-1067« definiert Deutschland als Feindstaat und untersagt jede Fraternisierung.
27.4. In Wien bildet der Sozialdemokrat Karl Renner eine provisorische Regierung für Österreich.
28.4. In seinem Testament setzt Adolf Hitler Karl Dönitz und Joseph Goebbels zu Nachfolgern als Reichspräsident bzw. als Reichskanzler ein.

10.1., Technik. Ein Radar der britischen Luftwaffe identifiziert Bombenziele unter geschlossener Wolkendecke.
14.3., Technik. Bei einem Angriff auf Bielefeld setzt die britische Luftwaffe erstmals eine über 10 t schwere »Grand Slam«-Bombe ein.
6.4., Technik. Mit der japanischen »Yamato« sinkt das größte Kriegsschiff der Welt.
16.7., Physik. In den USA zünden Wissenschaftler die erste Atombombe und sind von der Heftigkeit der Explosion überrascht.
19.7., Wissenschaft. Die USA planen eine Auswertung der deutschen Patente zur Beförderung ihrer Wissenschaft.
23.7., Wirtschaft. Auf Befehl der Sowjetischen Militäradministration werden in der sowjetischen Besatzungszone alle Banken geschlossen und sämtliche Bankkonten gesperrt.

Bomben-Bilanz 1940–1945
Chronik Statistik

Abwürfe über dem Deutschen Reich (*)	
1940	14 600
1941	35 500
1942	53 755
1943	226 500
1944	1 188 580
1945	477 000

(*in t)

1944

1944 Geborene und Gestorbene

Gestorben:
4.1. Kaj Munk (*13.1.1898), dänischer Schriftsteller und Pfarrer.
23.1. Edvard Munch (*12.12.1863), norwegischer Maler.
31.1. Jean Giraudoux (*29.10.1882), französischer Dramatiker.
1.2. Piet Mondrian (*7.3.1872), niederländischer Maler.
5.4. Isolde Kurz (*21.12.1853), deutsche Schriftstellerin.
1.7. Jean Prévost (*16.6.1901), französischer Schriftsteller.
20.7. Claus Schenk von Stauffenberg (*15.11.1907), deutscher Offizier.
31.7. Antoine de Saint-Exupéry (*29.6.1900), französischer Schriftsteller und Pilot.
18.8. Ernst Thälmann (*16.4.1886), deutscher Politiker.
13.12. Wassily Kandisky (*5.12.1866), russischer Maler.
16.12. Glenn Miller (*1.3.1904), amerikanischer Musiker.
30.12. Romain Rolland (*29.1.1866), französischer Schriftsteller.

1945

Kunst, Literatur und Musik	Theater und Film	Gesellschaft
10.1. Der Komponist Franz Lehár wird in Wien wegen seiner Weigerung, sich von seiner »nicht-arischen« Frau zu trennen, unter Hausarrest gestellt. 19.4. In New York wird das Musical *Karusell* von Richard Rogers und Oscar Hammerstein uraufgeführt, eine Adaption des Schauspiels *Liliom* von Ferenc Molnár. 22.5. In Berchtesgaden zeigt eine Ausstellung einen Teil der von Reichsmarschall Hermann Göring in ganz Europa geraubten Kunstschätze. 7.6. Im Londoner Sadler's Wells Theatre feiert die Uraufführung Oper *Peter Gries* von Benjamin Britten einen außerordentlichen Erfolg. 18.6. Die Hochschule für Bildende Kunst in Berlin nimmt den Lehrbetrieb wieder auf. Der Maler und Grafiker Karl Hofer wird neuer Leiter. 4.7. Im Berliner »Haus des Rundfunks« konstituiert sich der »Kulturbund zur demokratischen Erneuerung Deutschlands«. 7.7. In Salzburg gibt das Mozarteum-Orchester das erste Konzert seit Kriegsende. 25.7. In der »Kammer der Kunstschaffenden in Berlin« wird die erste deutsche Kunstausstellung seit Kriegsende eröffnet, in der Werke der von den Nationalsozialisten als »entartet« verfemten Maler Karl Hofer, Max Beckmann und Max Pechstein gezeigt werden. 12.8. Die Salzburger Festspiele eröffnen wieder.	30.1. In der Festung der französischen Hafenstadt La Rochelle wird Veit Harlans millionenteurer Durchhaltefilm *Kolberg* uraufgeführt. 24.2. UA: *Das Floß der Medusa*, Schauspiel von Georg Kaiser, im Stadttheater Basel. 8.3. Postum wird im Teatro de Avenida in Buenos Aires das im Untertitel als »Frauentragödie in spanischen Dörfern« bezeichnete Theaterstück *Bernarda Albas Haus* des 1936 von Falangisten ermordeten Federico García Lorca uraufgeführt. 29.3. UA: *Nun singen sie wieder*, Schauspiel von Max Frisch, in Zürich. In dem Stück setzt sich der Autor literarisch mit Faschismus und Krieg auseinander. 1.6. Mit *Berlin ist wieder da* nimmt das »Kabarett der Komiker« den Vorstellungsbetrieb wieder auf. 14.6. UA: *Kaffeehaus Payer*, Drama von Hedda Zinner, in Rostock. 13.7. Als einer der besten Kriegsfilme Hollywoods gilt William A. Wellmans *Schlachtgewitter am Monte Casino*, der in den USA anläuft. **August** Die Münchner »Schaubude« startet ihr erstes Programm. Bei ihr arbeitet der Autor Erich Kästner. 26.8. Die Filmkritik in den USA zeigt sich überrascht von Jean Renoirs *Der Mann aus dem Süden*, weil einem Europäer in eindrucksvoller Weise eine Schilderung des ländlichen Amerika gelungen ist.	6.1., Um Kleidung und Ausrüstung für den Volkssturm zu sammeln, werden über 60 000 Annahmestellen für die deutsche Volksopfersammlung eingerichtet. 25.1. Mit den »Aachener Nachrichten« erscheint die erste Zeitung in einer von Alliierten besetzten deutschen Stadt. 30.1. Bei der Versenkung des Flüchtlingsschiffes »Gustloff« durch ein sowjetisches U-Boot kommen 5000 von 6000 Passagieren ums Leben. 3.2. Ein Bombenangriff auf Berlin kostet 22 000 Menschenleben. 13./14.2. Mehrere Luftangriffe auf das von Flüchtlingen überfüllte Dresden legen die Stadt in Schutt und Asche und töten zwischen 60 000 und 245 000 Menschen.

Fußball-Landesmeister

Chronik Sport

Schweiz: Grasshoppers Zürich
Finnland: TPS Abo
Frankreich: FC Rouen
Norwegen: Lynn Oslo
Schweden: IF Norrköpping
Spanien: FC Barcelona

12.3. Im KZ Bergen-Belsen wird Anne Frank ermordet.
17.3. In Frankreich laufen 60 000 offizielle Ermittlungen gegen Kollaborateure.

1945

Internationale Politik

5.3., Jugoslawien. Im Auftrag des Königs Peter II. bildet Josip Tito eine neue Regierung.

12.3., Kambodscha. König Norodom Sihanuk proklamiert die Unabhängigkeit Kambodschas von Frankreich.

22.3., Arabische Liga. Ägypten, Saudi-Arabien, Syrien, Transjordanien, Irak, Libanon und Jemen bilden die »Arabische Liga«.

12.4., USA. Nach dem Tod Präsident Franklin D. Roosevelts wird der bisherige Vizepräsident Harry S. Truman auf die Verfassung vereidigt.

25.4., USA/UdSSR. Bei Torgau an der Elbe treffen sich amerikanische Soldaten und Rotarmisten.

27.4., Italien. Italienische Partisanen nehmen Benito Mussolini gefangen und richten ihn am nächsten Tag hin.

28.4., USA/Deutsches Reich. Amerikanische Verbände befreien das Konzentrationslager Dachau.

29.4., Italien. Die deutschen Truppen in Italien kapitulieren.

7.5., Frankreich. In Reims unterzeichnet eine deutsche Delegation die bedingungslose Kapitulation. Die Zeremonie wird am 9. Mai in Berlin-Karlshorst mit der UdSSR wiederholt. Damit endet der Zweite Weltkrieg in Europa.

30.5., Tschechoslowakei. In der Tschechoslowakei beginnt die Vertreibung der deutschen Bevölkerung.

26.6., Tschechoslowakei/Polen. Die Tschechoslowakei tritt die Karpato-Ukraine an die UdSSR ab.

26.6., Polen. Polen fordert die Oder-Neiße-Linie als Westgrenze.

26.6., USA. In San Franzisko unterzeichnen 51 Staaten die Charta der Vereinten Nationen (UN).

28.6., Polen. Edward Osóbka-Morawski bildet in Polen eine Regierung der Nationalen Einheit.

9.7., Österreich. Analog zu Deutschland wird auch Österreich in vier Zonen geteilt.

17.7., USA/UdSSR/Großbritannien. In Potsdam treffen die Staatsführer der Siegermächte, Harry S. Truman, Winston Churchill und Josef W. Stalin, zusammen, um die Grundzüge der alliierten Politik gegenüber dem besetzten Deutschland abzustimmen.

Deutsche Politik

30.4. Im Bunker unter der Reichskanzlei nimmt sich Adolf Hitler das Leben.

1.5. Joseph Goebbels begeht in Berlin Selbstmord.

1.5. Karl Dönitz tritt sein Amt als Reichspräsident an und ernennt Johann Ludwig Graf Schwerin von Krosigk zum Außenminister, der am 5. Mai eine »geschäftsführende Reichsregierung« in Flensburg bildet.

2.5. Der Kampfkommandeur von Berlin, General Helmuth Weidling, unterzeichnet die Kapitulation Berlins.

2.5. Martin Bormann kommt vermutlich bei einem Ausbruchsversuch aus dem »Führerbunker« ums Leben.

2.5. Unter Walter Ulbricht nimmt die KPD in Berlin als »Gruppe Ulbricht« ihre Arbeit auf.

4.5. Die deutschen Streitkräfte in Nordwestdeutschland, den Niederlanden und Dänemark beenden den Kampf.

6.5. Unter Leitung des früheren Reichstagsabgeordneten Kurt Schumacher findet in Hannover die Wiedergründung des ersten Ortsvereins der Sozialdemokratischen Partei Deutschlands (SPD) statt.

7.5. Die amerikanischen Besatzer setzen Konrad Adenauer als Oberbürgermeister von Köln ein.

8.5. Die deutsche Gesamtkapitulation tritt in Kraft.

17.5. In Berlin konstituiert sich der erste Nachkriegsmagistrat unter Oberbürgermeister Arthur Werner.

23.5. Heinrich Himmler nimmt sich in Lüneburg das Leben.

23.5. Karl Dönitz und die »geschäftsführende Reichsregierung« werden von britischen Truppen verhaftet.

5.6. Mit der »Berliner Deklaration« nehmen die vier Siegermächte die Hoheitsrechte in Deutschland wahr.

9.6. In allen vier Besatzungszonen bilden die Siegermächte Militärregierungen.

10.6. Die Sowjetische Militäradministration in Deutschland (SMAD) gibt die Gründung politischer Parteien und Gewerkschaften frei.

11.7. Die erste Sitzung der interalliierten Militärkommandantur von Berlin tritt zusammen. Die Stadt ist ebenfalls in vier Sektoren aufgeteilt.

Wirtschaft und Wissenschaft

12.8., Geologie. Auf Vermutungen amerikanischer Wissenschaftler beginnt eine Expedition der Navy mit dem Bau eines Bohrturmes in Nordalaska, um das dortige Öl für die USA zu erschließen.

17.9., Wirtschaft. Das Volkswagenwerk in Wolfsburg erhält von der britischen Militärregierung in Deutschland einen Auftrag über die Lieferung von 20 000 Pkw für zivile und militärische Zwecke.

30.10., Wirtschaft. In der sowjetischen Besatzungszone beginnt die Verstaatlichung von Industriebetrieben. Rund 7000, hauptsächlich Schwerindustrie-Betriebe, werden durch »Sequesterkommissionen« in die Verwaltung der Länder überführt.

Wissenschaftler geehrt
Chronik Nobelpreise

Chemie: Artturi I. Virtanen (FIN)
Medizin: Alexander Fleming (GB), Ernst B. Chain (GB) und Howard W. Florey (GB)
Physik: Wolfgang Pauli (CH)
Frieden: Cordell Hull (USA)
Literatur: Gabriela Mistral (RCH)

19.11., Physik. 88 deutsche Wissenschaftler reisen in geheimer Mission in die USA. Unter ihnen ist auch der Raketeningenieur Wernher Freiherr von Braun.

10.12., Nobelpreise. In Stockholm werden die diesjährigen Nobelpreise feierlich überreicht. ▷Chronik Nobelpreise.

21.12., Wissenschaft. Die »Preußische Akademie der Wissenschaften zu Berlin« wird in »Akademie der Wissenschaften zu Berlin« umbenannt.

1945, Physik. Die amerikanischen Kernforscher L. E. Glendenin, Jacob A. Marinsky und Charles Dubois Coryell entdecken bei den Entwicklungsarbeiten an der US-Atombombe das Element Promethium.

1945, Technik. In den USA kommen die ersten Flüssiggas-Feuerzeuge auf den Markt.

1945

Kunst, Literatur und Musik

16.8. US-Soldaten entdecken in Nürnberg unter den Trümmern eines Hauses die Kaiserkrone des Heiligen Römischen Reiches Deutscher Nation, die von den Nationalsozialisten aus der Wiener Hofburg nach Nürnberg geschafft worden war.

2.11. Im österreichischen Alt-Aussee werden in einem Bergwerksstollen rund 6500 Gemälde und zahlreiche andere Kunstgegenstände gefunden, die während des Krieges dorthin ausgelagert worden sind.

4.11. Als Unterorganisation der UNO wird in London die UNESCO gegründet, der neben Erziehung und Wissenschaft auch der kulturell-künstlerische Bereich obliegt.

15.11. Zur Wiedereröffnung führt die Münchener Staatsoper im Prinzregenten-Theater Beethovens *Fidelio* auf. Regie führt Günther Rennert.

22.11. Auf einer Ausstellung in Stuttgart werden unter dem Titel »Kunst gegen Krieg« u.a. Werke von Otto Dix und Käthe Kollwitz gezeigt.

27.11. Mit der Begründung, Kunstgüter vor dem Zerfall retten zu wollen, verbringen die US-Besatzungsbehörden 200 Kunstwerke aus deutschem Besitz in die USA.

1.12. Der rumänische Dirigent Sergiu Celibidache übernimmt die Leitung des Berliner Philharmonischen Orchesters und löst den wegen seiner NS-Vergangenheit in Verruf geratenen Wilhelm Furtwängler ab.

9.12. In Darmstadt wird die Ausstellung »Befreite Kunst« mit Werken von Marc Chagall, Oskar Kokoschka und Emil Nolde eröffnet.

1945 Jean-Paul Sartre veröffentlicht mit *Zeit der Reife* und *Der Aufschub*, die ersten Bände seiner geplanten Romantetralogie *Die Wege der Freiheit*.

1945 Ivo Andrić veröffentlicht seinen Roman *Die Brücke über die Drina*, in dem er das Zusammenspiel von kroatisch-katholischer, serbisch-orthodoxer und islamischer Kultur in der jugoslawischen Geschichte beschreibt.

1945 George Orwells *Farm der Tiere* ist eine Parabel auf die politische Entwicklung in Rußland nach der Oktoberrevolution.

Theater und Film

7.9. Mit einer Aufführung von *Nathan der Weise* von Gotthold Ephraim Lessing nimmt das deutsche Theater in Berlin seinen Vorführungsbetrieb wieder auf.

24.9. In dem Film *Rom, offene Stadt* erzählt Roberto Rossellini die Schicksale von Mitgliedern einer Widerstandsgruppe der deutsch-besetzten Metropole 1944.

26.9. UA: *Caligula*, Schauspiel von Albert Camus, im Pariser Théâtre Hébertot. Anhand des römischen Kaisers behandelt Camus abermals das Spannungsverhältnis zwischen vernunftbegabtem Menschen und dem Irrwitz der Existenz.

4.12. Unter der Regie von Erich Engel feiert das Schauspiel *Unsere kleine Stadt* von Thornton Wilder in München eine erfolgreiche Deutschlandpremiere.

19.12. UA: *Die Irre von Chaillot*, Schauspiel in zwei Akten von Jean Giraudoux, in Paris.

1945 Elia Kazan gibt mit *Ein Baum wächst in Brooklyn* sein Debüt als Filmregisseur.

1945 *Kinder des Olymp*, ein Film des französischen Regisseurs Marcel Carné, kommt in die Kinos.

1945 Ein Film Noir ohne Mord ist Billy Wilders *Das verlorene Wochenende*, in dem Ray Milland als Alkoholiker brilliert, den auch seine Verlobte (Jane Wyman) nicht bremsen kann.

1945 Charles Vidor feiert mit *Gilda* den größten Regieerfolg seiner Karriere.

1945 Perfekt setzt der Regisseur Albert Lewin mit *Das Bildnis des Dorian Gray* die gleichnamige Parabel von Oscar Wilde um.

1945 Albert Préjean spielt Kommissar Maigret in Richard Pottiers *Die Keller des Majestic*.

1945 Eine Art visuelles Tagebuch des letzten Kriegsjahres legt der britische Regisseur Humphrey Jennings mit dem Film *Ein Tagebuch für Timothy* vor. Der Film beginnt Weihnachten 1943 und endet genau ein Jahr später.

1945 David Lean beweist mit *Begegnung*, daß er auch die leisen Töne eines kammerspielartigen Stückes wirkungsvoll auf die Leinwand bringen kann.

Gesellschaft

15.4. Unter Kontrolle der sowjetischen Truppen erscheint in Wien die erste Ausgabe der »Österreichischen Zeitung«.

4.5. Das Hamburger Funkhaus beginnt unter britischer Aufsicht mit der Ausstrahlung von Radiosendungen.

8.5. Vor dem Londoner Buckingham Palast feiern 200 000 Menschen die deutsche Kapitulation.

13.5. Der »Berliner Rundfunk« nimmt unter sowjetischer Aufsicht seine Ausstrahlung auf.

1.6. Berlin verpflichtet alle Frauen zwischen 15 und 50 Jahren zu Räumarbeiten. Die »Trümmerfrauen« nehmen bald überall in Deutschland ihre Arbeiten auf.

22.6. Das erste US-Schiff mit Nahrungsmitteln für die deutsche Bevölkerung erreicht Bremerhaven.

30.6. Etwa 8,5 Mio. Menschen in Deutschland gelten als »Displaced Persons«, die durch Vertreibung und Verschleppung fern ihrer Heimat leben müssen.

3.7. Die USA und Großbritannien bilden in ihren Besatzungszonen deutsche Hilfspolizeieinheiten.

Regeln für US-Soldaten
Chronik Zitat

»Wirb für die Demokratie, wann immer sich Gelegenheit bietet. Wenn du in ein Fräulein verliebt bist, verkaufe dich nicht ihretwegen an Deutschland. Sei höflich, aber kurz angebunden mit Deutschen.«
Armeezeitung »Army Talks«

14.7. In der britischen und der amerikanischen Besatzungszone wird das »Fraternisierungsverbot« gelockert, so daß sich der Kontakt der Bevölkerung zu den Westalliierten verstärkt. Die Armee-Zeitschrift »Army Talks« erinnert die in Deutschland stationierten US-Soldaten an die Verhaltensregeln. ▷Chronik Zitat

18.7. Mindestens 10 000 Personen kommen bei einem US-Luftangriff auf Tokio ums Leben.

1945

Internationale Politik	Deutsche Politik	Wirtschaft und Wissenschaft
6.8., USA/Japan. Auf Befehl des amerikanischen Präsident Harry S. Truman erfolgt der Atombombenabwurf über Hiroshima, der mindestens 70 000 Menschenleben kostet. Am 9. August erfolgt der Abwurf einer zweiten Atombombe über Nagasaki. **7.8., Frankreich.** Frankreich schließt sich dem Potsdamer Protokoll an. **15.8., Japan.** Kaiser Hirohito befiehlt der japanischen Armee, den Kampf einzustellen. **2.10., Großbritannien.** Die erste Außenministerkonferenz der Siegermächte des Zweiten Weltkriegs in London endet ohne Ergebnis. **29.11., Jugoslawien.** Jugoslawien erklärt sich unter Abschaffung der Monarchie zur Föderativen Volksrepublik.	**14.7.** Auf Initiative der KPD und mit Unterstützung der Sowjetischen Militäradministration bildet sich in der Ostzone eine Einheitsfront der Parteien. **2.9.** In der Sowjetisch Besetzten Zone (SBZ) beginnt die Enteignung der Großgrundbesitzer. **13.10.** In Würzburg gründet Adam Stegerwald die CSU. **17.10.** Die US-Militärregierung läßt einen Länderrat bilden. **20.11.** In Nürnberg beginnt vor dem Internationalen Gerichtshof zur Verfolgung und Bestrafung der Hauptkriegsverbrecher der Prozeß gegen 21 führende Nationalsozialisten. **14.12.** In Bad Godesberg wird die Christlich-Demokratische Union (CDU) gegründet.	**1945, Medien.** Der Wissenschaftler Konrad Zuse beendet die Arbeiten am »Zuse Z4«, mit der er eine Weiterentwicklung des Typs Z3 vorstellt. Der Computer verfügt über einen Magnetkernspeicher und zeichnet sich durch hohe Zuverlässigkeit aus. **1945, Technik.** Arthur C. Clarke, ein amerikanischer Science-fiction-Autor, entwickelt die Idee von Radio- und Fernmeldesatelliten. **1945, Technik.** In Moskau nimmt ein Fernsehsender den regulären Ausstrahlungsbetrieb auf. **1945, Medien.** An der Universität von Pennsylvania geht mit der ENIAC der erste Großrechner der Welt in Betrieb. Bis zu seiner vollen Funktionsfähigkeit vergehen weitere zwei Jahre.

1945 Geborene und Gestorbene

Geboren:
9.1. Jimmy Page, brit. Popmusiker.
10.1. Rod Stewart, britischer Popmusiker.
11.1. Christine Kaufmann, österreichische Schauspielerin.
6.2. Bob Marley, jamaikanischer Reggaemusiker.
9.3. Katja Ebstein, deutsche Schlagersängerin.
30.3. Eric Clapton, britischer Popmusiker.
7.4. Werner Schroeter, deutscher Filmregisseur.
31.5. Rainer Werner Fassbinder (†10.6.1982), deutscher Filmregisseur.
14.8. Wim Wenders, deutscher Filmregisseur.
27.8. Marianne Sägebrecht, deutsche Schauspielerin.
2.10. Don McLean, amerikanischer Popmusiker.
19.10. Jeannie C. Riley, amerikanische Countrysängerin.

1946

Internationale Politik	Deutsche Politik	Wirtschaft und Wissenschaft
10.1., Großbritannien. In der Londoner Central Hall im Stadtteil Westminster beginnt die erste UN-Vollversammlung mit Delegationen aus 51 Ländern. **11.1., Albanien.** Das Parlament erklärt König Zogu I. für abgesetzt und proklamiert die Volksrepublik. **18.1., Schweiz.** Die Regierung in Bern hebt die Kontrolle politischer Versammlungen auf. **20.1., Frankreich.** Charles de Gaulle stellt sein Amt als Ministerpräsident zur Verfügung.	**4.1.** In Dresden stellt Bürgermeister Walter Weidauer einen Wiederaufbauplan für die im Februrar fast völlig zerstörte Stadt vor. **19.1.** Auf einer Delegiertenkonferenz der Kommunistischen Partei Deutschlands (KPD) in Hamm wird Max Reimann zum Vorsitzenden der KPD Ruhrgebiet/Westfalen gewählt. **26.2.** Vorsitzender des neuformierten Zonenverbandes der CDU im britisch besetzten Teil Deutschlands wird der frühere Kölner Oberbürgermeister Konrad Adenauer.	**1.1., Luftfahrt.** Im Westen Londons wird der Flughafen Heathrow als größter Flugplatz Europas eingeweiht. **3.1., Verkehr.** Der deutsche Ingenieur Fritz Cockerell stellt einen auf dem Prinzip der Gasturbine beruhenden Automotor vor, der bis zu 50 % sparsamer als herkömmliche Motoren arbeitet. **7.1., Medizin.** Als erstes deutsches Unternehmen produziert die Schering AG in Berlin Penicillin. Pro Monat werden bis zu 900 Mio. Einheiten hergestellt.

1945

Kunst, Literatur und Musik	Theater und Film	Gesellschaft
1945 Sozialkritik und humorvolle Darbietung verbindet John Steinbeck in seinem neuen Roman *Die Straße der Ölsardinen*, der im ländlichen Kalifornien spielt. **1945** *Der Tod des Vergil*, das Hauptwerk von Hermann Broch, erscheint auf dem Buchmarkt. **1945** Für Generationen von Kindern schafft Astrid Lindgren das Vorbild *Pippi Langstrumpf*. **1945** In Finnland kommt der Historienroman *Sinuhe der Ägypter* heraus, der zu Zeiten der großen sozialen und religiösen Umwälzungen durch den ägyptischen Pharao Echnaton spielt. **1945** Johannes R. Becher veröffentlicht in Berlin *Ausgewählte Dichtung aus der Zeit der Verbannung. 1933–1945*.	**1945** Starken Widerhall beim deutschen Publikum findet die Dreiecksgeschichte *Unter den Brücken* von Helmut Käutner. **1945** Die Verfilmung von *Heinrich IV.* nach William Shakespeare ist die erste Regiearbeit von Laurence Olivier für die Leinwand. **1945** *Die Jahre vergehen* von Günther Rittau ist ein Drama um zwei verfeindete Familien in einer norddeutschen Hansestadt zur Jahrhundertwende. **1945** Einen spannenden Thriller um eine psychopathische Gattin stellt John M. Stahl mit *Todsünde* vor. **1945** In den USA hat der Thriller *Die Wendeltreppe* von Robert Siodmaks mit Dorothy McGuire und George Brent in den Hauptrollen Premiere.	**1.8.** Die »Frankfurter Rundschau« erscheint in US-Lizenz. **14.8.** In Paris wird der Stabschef des Vichy-Regimes, Philippe Pétain, zum Tode verurteilt. Das Urteil wird wegen seines hohen Alters in lebenslange Haft umgewandelt. **2.9.** Unmittelbar nach der Kapitulation Japans begehen über 200 000 japanische Soldaten Selbstmord. **26.10.** Die britische Verwaltung in Berlin läßt 50 000 Kinder in ländliche Gegenden evakuieren, weil ihre Versorgung dort besser gewährleistet ist. **20.11.** Der Lagerkommandant des KZ Bergen-Belsen, Josef Kramer, und weitere zehn Mitglieder des Lagerpersonals werden in Lüneburg zum Tode verurteilt.

Geborene und Gestorbene

Gestorben:
10.1. Rudolf Borchardt (*9.6.1877), deutscher Schriftsteller.
22.1. Else Lasker-Schüler (*11.2.1869), deutsche Schriftstellerin.
9.4. Dietrich Bonhoeffer (*4.2.1906), deutscher Theologe.
12.4. Franklin D. Roosevelt (*30.1.1882), amerikanischer Politiker.
22.4. Käthe Kollwitz (*8.7.1867), deutsche Grafikerin.
28.4. Benito Mussolini (*29.7.1883), italienischer Politiker.
30.4. Adolf Hitler (*20.4.1889), deutscher Politiker.
20.6. Bruno Frank (*13.6.1887), deutscher Schriftsteller.
20.7. Paul Valéry (*20.10.1871), französischer Dichter.
26.8. Franz Werfel (*10.9.1890), österreichischer Schriftsteller.

1946

Kunst, Literatur und Musik	Theater und Film	Gesellschaft
5.1. In Leipzig wird eine Ausstellung mit Werken der 1945 verstorbenen Grafikerin und Bildhauerin Käthe Kollwitz eröffnet. **6.1.** Der amerikanische Hochkommisar Mark W. Clark gibt die 1938 nach Nürnberg verschleppten Reichskleinodien an Österreich zurück. **9.1.** Mit der Mozart-Oper *Figaros Hochzeit* wiedereröffnet die Hamburger Staatsoper. **1.2.** Erich Kästner gibt die erste Nummer der Jugendzeitschrift »Pinguin« beim Rowohlt-Verlag heraus.	**23.1.** Die US-Behörden geben den Dokumentarfilm *Todesmühlen*, der über die Massenmorde der Nazis in den KZ berichtet, für die deutsche Bevölkerung frei. **20.3.** UA: *Die Illegalen*, Drama über den Widerstand gegen das NS-Regime von Günther Weisenborn, im Berliner Hebbel-Theater. **8.4.** Erstmals seit zwölf Jahren steht Hans Albers bei einer Aufführung des Dramas *Liliom* von Ferenc Molnár im Berliner Hebbel-Theater wieder auf der Bühne.	**22.1.** In Stuttgart eröffnet das »Information Center« der USA, das deutsche Bürger über die amerikanische Demokratie informiert. **24.1.** Die französischen Behörden richten in Baden-Baden den »Südwestfunk« ein. **2.2.** Vertreter der kirchlichen und privaten Suchdienste beschließen die Einrichtung einer Zentralkartei über vermißte Personen in Deutschland. **20.2.** Mehr als 400 Bergleute sterben bei einer Schlagwetterexplosion auf der Zeche Grimberg.

1946

Internationale Politik

1.2., Ungarn. Erster Präsident der Republik wird Zoltán Tildy.
20.2., Großbritannien. Der renommierte britische Nationalökonom John Maynard Keynes wird erster Direktor des Internationalen Währungsfonds.
24.2., Argentinien. Der bisherige Innen- und Sozialminister Juan Perón siegt bei den Präsidentschaftswahlen.
5.3., USA/Großbritannien. In einer Rede im Westminster College in Fulton prägt der ehemalige britische Premierminister Winston Churchill den Begriff vom »Eisernen Vorhang«.
6.3., Frankreich/Vietnam. Frankreich erkennt die Republik Vietnam als souveränen Staat in der Französischen Union an.
10.3., Österreich. Auf dem 1. Städtetag in der Zweiten Republik wird der österreichische Städtebund gegründet.
16.3., Italien. In Triest demonstrieren 100 000 Menschen für den Anschluß an Jugoslawien.
18.3., Schweiz. Die Schweiz nimmt diplomatische Beziehungen zur Sowjetunion auf.
22.3., Transjordanien. Die Unabhängigkeit Transjordaniens von Großbritannien wird vertraglich anerkannt.
22.3., Iran/UdSSR. Ein iranisch-sowjetischer Vertrag regelt den Rückzug der sowjetischen Besatzungstruppen binnen sechs Wochen.
13.4., Österreich. Der ehemalige amerikanische Präsident Herbert Hoover trifft in Wien ein, um sich ein Bild von der Ernährungslage zu machen.
18.4., Schweiz. In Genf beschließt der Völkerbund die Selbstauflösung zugunsten der UNO.
25.4., UdSSR. Auf der 3. Außenministerkonferenz in Paris lehnt die UdSSR eine Öffnung Osteuropas ab.
3.5., Japan. Vor einem Internationalen Gerichtshof in Tokio beginnt der Prozeß gegen Japans Hauptkriegsverbrecher.
9.5., UdSSR/USA. Verhandlungen zwischen den USA und der UdSSR in Seoul über eine Regierung für beide Teile Koreas scheitern.
21.5., Großbritannien. Das Unterhaus billigt mit großer Mehrheit ein Gesetz über die Verstaatlichung des Bergbaus.

Deutsche Politik

5.3. Die amerikanischen Behörden im Süden Deutschlands beteiligen deutsche Stellen an der Entnazifizierung.
31.3. In den Westbezirken Berlins stimmen über 70% der SPD-Mitglieder gegen eine Vereinigung mit der KPD.
1.4. Auf Anweisung des Alliierten Kontrollrates nehmen die deutschen Gerichte ihre Arbeit wieder auf.
19.4. Vor dem Internationalen Gerichtshof in Nürnberg erklärt sich der ehemalige Generalgouverneur von Polen, Hans Frank, als erster der 22 Angeklagten für schuldig. ▷Chronik Zitat

Gefühl tiefer Schud
Chronik Zitat

»Nachdem ich einen letzten Einblick in alles das gewonnen habe, was an furchtbaren Dingen geschehen ist, möchte ich sagen, daß ich das Gefühl einer tiefen Schuld in mir trage.«
Hans Frank, NSDAP-Politiker

22.4. Auf Beschluß ihrer Parteispitzen vollziehen SPD und KPD in der SBZ die Fusion zur SED.
11.5. In Hannover beginnt der SPD-Parteitag, auf dem die Delegierten aus den Westzonen Kurt Schumacher zum Vorsitzenden wählen.
17.5. CSU-Vorsitzender wird in München Joseph Müller.
25.5. Wegen Differenzen der Siegermächte über die Wirtschaftspolitik für Deutschland stoppt die US-Administration die Reparationsleistungen aus ihrer Zone.
5.6. Die britischen Militärbehörden liefern den am 11. März in der Nähe von Lüneburg verhafteten ehemaligen Kommandanten des Konzentrationslagers Auschwitz (Oświecim), Rudolf Höß, an Polen aus.
5.6. Auf Befehl der SMAD gehen 213 ostdeutsche Großbetriebe in sowjetischen Besitz über.
4.7. Auf sowjetischen Beschluß werden der Nordteil Ostpreußens und Königsberg in »Kaliningrad« umbenannt.

Wirtschaft und Wissenschaft

10.1., Astronomie. Amerikanischen Wissenschaftlern gelingt der Empfang von zum Mond gesandten Radarwellen, die die kartographische Vermessung des Erdtrabanten ermöglicht.
23.1., Wirtschaft. Unter dem Motto »Berlin baut auf« wird im ehemaligen Zeughaus Unter den Linden eine industrielle Leistungsschau eröffnet.
29.1., Wissenschaft. Mit einem Festakt wird die Berliner Universität wiedereröffnet.
16.4., Wirtschaft. In Wolfsburg läuft der 1000. seit Kriegsende produzierte Volkswagen vom Band.
24.4., Medien. In den USA wird mit der Ausstrahlung erster Farbfernseh-Versuchssendungen begonnen.
14.6., Physik. In New York findet die erste Sitzung der UN-AEC statt, die internationale Kontrollmöglichkeiten für die Atomtechnologie erarbeiten soll.
30.6., Kernenergie. Auf dem Bikini-Atoll im Südpazifik findet der erste US-Atomtest seit Kriegsende statt.
11.7., Luftfahrt. Ein britisches Strahlturbinenflugzeug vom Typ »Meteor« stellt mit 1013 km/h einen neuen Geschwindigkeitsrekord auf.
12.7., Medien. In den USA wird der ENIAC-Rechner der Öffentlichkeit vorgestellt. Der 30-t-Computer ist der erste mit Elektronenröhren bestückte Großrechner.

Bevölkerung in Deutschland
Chronik Statistik

Wohnbevölkerung	65 940 832
Einwohner je km²	185,2
Lebendgeborene	708 659
Gestorbene	533 974
Eheschließungen	380 575
Ehescheidungen	48 896

23.7., Technik. Auf dem US-Testgelände in White Sands erreicht eine deutsche »V 2«-Rakete 120 km Flughöhe.
31.7., Wissenschaft. Der Alliierte Kontrollrates läßt die Kaiser-Wilhelm-Gesellschaft zur Förderung der Wissenschaften in Berlin auflösen.

1946

Kunst, Literatur und Musik

1.2. Der Kulturbund zur demokratischen Erneuerung Deutschlands ruft in der Sowjetischen Besatzungszone alle deutschen exilierten Künstler zur Rückkehr auf.
3.4. In Bad Nauheim zeigt eine Ausstellung das grafische Werk des deutschen Künstlers Max Beckmann.
2.5. In Zürich wird das Orchesterstück *Metamorphosen* von Richard Strauss uraufgeführt.
11.5. Die 1943 stark zerstörte Scala in Mailand wiedereröffnet mit Giuseppe Verdis *Requiem*.
12.5. UA: *Krieg und Frieden*, 1. Teil der Oper von Sergei S. Prokofjew, in Leningrad.
16.5. UA: *Annie Get Your Gun*, Wild-West-Musical von Irving Berlin, am Imperial Theatre in New York.
1.6. In Konstanz beginnen dreiwöchige internationale Kulturwochen mit Konzerten, Dichterlesungen, Theater- und Filmaufführungen sowie einer Kunstausstellung.
1.6. In Berlin erscheint die seit 1933 verbotene Wochenzeitschrift »Die Weltbühne« wieder.
6.6. Die französische Besatzungsmacht erteilt in Freiburg dem Verleger Erwin Burda die Lizenz zum Aufbau eines Kunstverlages.
12.7. UA: *Der Raub der Lucretia*, Oper von Benjamin Britten, beim Glyndebourne Festival in Sussex.
1.8. In der Arena von Verona eröffnet die erste Nachkriegs-Stagione mit der Oper *Aida* von Giuseppe Verdi.
15.8. Alfred Andersch und Hans Werner Richter geben in München gemeinsam die literarische Zeitschrift »Der Ruf – unabhängige Blätter der jungen Generation« heraus.
22.8. Im Neuen Stadthaus in Berlin eröffnet die Ausstellung »Berlin im Aufbau«.
25.8. In Dresden öffnet die sechswöchige Allgemeine deutsche Kunstausstellung mit Werken von Künstlern aus den vier Besatzungszonen, darunter Arbeiten von Karl Hofer, Max Pechstein und Karl Schmidt-Rottluff.
28.8. Der deutsche Schriftsteller Hermann Hesse erhält den Goethe-Preis der Stadt Frankfurt am Main.

Theater und Film

29.4. Marika Rökk erhält wegen ihrer Filmrollen während der NS-Zeit von den Militärbehörden Auftrittsverbot.
17.5. Die Deutschen Film AG (DEFA) erhält von den sowjetischen Behörden eine Produktionslizenz.
25.5. UA: *Der Fall Winslow*, Schauspiel von Terence Rattigan, am Londoner Lyric Theatre. Das Stück thematisiert einen authentischen Justizskandal.
23.8. Rudolf Prack und Maria Andergast spielen die Hauptrollen in dem österreichischen Spielfilm *Schicksal in Ketten*, der in Wien Premiere hat.
23.8. Nach einer Romanvorlage von Raymond Chandler kommt der Film *Tote schlafen fest* von Howard Hawks in die Kinos. Humphrey Bogart und Lauren Bacall spielen die Hauptrollen in dem spannenden Kriminal- und Großstadtfilm.
4.9. In der UdSSR trifft der 2. Teil des Eisenstein-Films *Iwan der Schreckliche* auf Ablehnung beim Zentralkomitees der KPdSU.
20.9. Zum ersten Mal findet in Cannes das Internationale Filmfest statt.
25.9. Im sowjetischen Internierungslager Sachsenhausen stirbt der deutsche Schauspieler Heinrich George.
6.10. Nach zehnjähriger Pause meldet sich Eugene O'Neill mit dem Vierakter *Der Eismann kommt* zurück. Das Stück hat am Martin Beck Theatre in New York Premiere.
15.10. Der erste deutsche Nachkriegsfilm, die DEFA-Produktion *Die Mörder sind unter uns* von Wolfgang Staudte, hat Premiere.
19.10. Im Schauspielhaus in Zürich kommt *Die chinesische Mauer*, eine Parodie von Max Frisch auf Herrschaft, Diktatur und Persönlichkeit, erstmals auf die Bühne.
29.10. Jean Cocteau stellt mit *Es war einmal* eine gelungene filmische Umsetzung des Märchens *Die Schöne und das Biest* vor. Das Werk avanciert zum Vorläufer des fantastischen Films.
8.11. Die letzten Lebensstunden von fünf von den Deutschen gefangengenommenen Résistance-Kämpfern beschreibt Jean-Paul Sartre in seinem in Paris uraufgeführten Stück *Tote ohne Begräbnis*.

Gesellschaft

21.2. In Hamburg erscheint die erste Ausgabe der Wochenzeitung »Die Zeit«.
7.3. Im sowjetischen Sektor Berlins wird die Freie Deutsche Jugend (FDJ) als Einheitsverband gegründet.
12.3. Mit einer Erhöhung des Stundenlohns um 20 Cent für die Arbeiter in der amerikanischen Autoindustrie geht vorläufig die seit Kriegsende andauernde Streikwelle in der Wirtschaft des Landes zu Ende.
26.3. 685 000 ehemalige deutsche Soldaten sind in französischer Kriegsgefangenschaft.

Deutsche Meister Sport

Leichtathletik:
100 m:
Marga Petersen	12,2 sec
80 m Hürden:
Maria Domagalla	11,8 sec
Hochsprung:
Erika Eckelt	1,57 m
Weitsprung:
Elfriede Brunemann	5,45 m
Speerwurf:
Liesel Hillebrandt	42,29 m

2.4. Mit Genehmigung der britischen Behörden erscheint in Hamburg die erste Ausgabe der Tageszeitung »Die Welt«.
6.4. In Paris wird der Arzt Marcel Petiot wegen 27fachen Mordes zum Tode verurteilt.
23.4. Auf einem Mailänder Friedhof graben Anhänger des Faschisten die Leiche des früheren italienischen Duce Benito Mussolini aus und bringen sie an einen unbekannten Ort.
Mai Das Bildungswesen in der Sowjetische Besatzungszone wird unter administrative Kontrolle gestellt.
8.5. Auf der ersten Leipziger Frühjahrsmesse seit Kriegsende sind insgesamt 2746 Aussteller vertreten.
12.5. In Dachau verurteilt ein alliiertes Militärgericht 58 Angehörige des Wachpersonals vom KZ Mauthausen zum Tode.

1946

Internationale Politik

2.6., Italien. Die Mehrheit der Italiener votiert für die Abschaffung der Monarchie.

30.6., Polen. In einem Referendum entscheidet sich die polnische Bevölkerung für die Verstaatlichung der Hauptwirtschaftszweige, eine Bodenreform und die vertragliche Festsetzung der Westgrenze entlang der Oder-Neiße-Linie.

4.7., Philippinen. Die Philippinen erhalten von den USA die Souveränität.

8.7., Österreich. Die sowjetische Militäradministration verfügt die Ausweisung von 54 000 gebürtigen Deutschen aus ihrem Machtbereich.

22.7., Palästina. Bei einem Bombenattentat jüdischer Untergrundkämpfer auf das Hauptquartier der britischen Mandatstruppen in Palästina kommen 91 Menschen ums Leben.

26.7., USA/Großbritannien. Die USA und Großbritannien planen die Teilung Palästinas in einen palästinensischen und einen jüdischen Staat.

12.8., Palästina. Die britische Regierung verfügt einen Einwanderungs-Stopp für Palästina und läßt weitere immigrationswillige Juden in Zypern internieren.

15.9., Bulgarien. Das bulgarische Parlament proklamiert unter Abschaffung der Monarchie die Volksrepublik.

19.9., Schweiz. Der britische Ex-Premier Winston Churchill fordert in einer vielbeachteten Rede in der Universität Zürich die Vereinigten Staaten von Europa. ▷Chronik Zitat

3.10., Japan. Kaiser Hirohito erläßt eine demokratische Verfassung.

Europäische Integration
Chronik Zitat

»Es gibt kein Wiedererstehen Europas ohne ein geistig großes Frankreich und ein geistig großes Deutschland. Die Struktur der Vereinigten Staaten von Europa wird so geartet sein müssen, daß die materielle Stärke einzelner Staaten an Bedeutung einbüßt.«
Winston Churchill

Deutsche Politik

23.8. Auf Anordnung der britischen Besatzungsmacht bildet sich das Land Nordrhein-Westfalen.

31.8. Vor dem Internationalen Militärgerichtshof in Nürnberg sprechen die 22 Angeklagten ihre Schlußworte. Sämtliche Angeklagten erklären sich für »nicht schuldig« im Sinne der Anklage. Der frühere Reichsmarschall Hermann Göring behauptet, er habe den Krieg verhindern wollen. ▷Chronik Zitat

Görings Schlußworte
Chronik Zitat

»Ich stehe zu dem, was ich getan habe. Ich weise aber auf das entschiedenste zurück, daß meine Handlungen diktiert waren von dem Willen, fremde Völker durch Kriege zu unterjochen ... Das einzige Motiv, das mich leitete, war heiße Liebe zu meinem Volk.«
Hermann Göring

2.9. In Hamburg konstituiert sich der Sozialistische Deutsche Studentenbund (SDS).

1.10. Im Prozeß gegen die nationalsozialistischen Hauptkriegsverbrecher fällt der Internationale Gerichtshof in Nürnberg 12 Todesurteile, drei Angeklagte erhalten lebenslänglich, vier Haftstrafen werden verhängt, drei Freisprüche ergehen.

4.10. In Bremen beginnt die Interzonenkonferenz der Ministerpräsidenten im britischen und im US-Sektor.

15.10. In seiner Gefängniszelle im Nürnberger Justizpalast begeht der frühere Reichsmarschall Hermann Göring Selbstmord.

16.10. In der Turnhalle des Nürnberger Jusitzpalastes werden die im Nürnberger Kriegsverbrecherprozeß Verurteilten hingerichtet.

28.10. In der Sowjetischen Besatzungszone fördern die sowjetischen Behörden den Aufbau einer kasernierten »Deutschen Grenzpolizei«, die zur Keimzelle der »Nationalen Volksarmee« werden wird.

Wirtschaft und Wissenschaft

2.8., Wirtschaft. In allen Unterzeichnerstaaten der Londoner Reparations-Konferenz dürfen deutsche Patente unentgeltlich genutzt werden.

29.9., Luftfahrt. Die »Leducq 0-10« ist das erste französische Düsenflugzeug und erreicht eine Fluggeschwindigkeit von 1080 km/h.

28.10., Technik. Bei Saporoschje nimmt das sowjetische Dnjepr-Wasserkraftwerk seinen Betrieb wieder auf. Das größte Wasserkraftwerk Europas war 1941 zerstört worden.

9.11., Technik. Eine mit Kameras und wissenschaftlichen Meßgeräten ausgerüstete »V 2«-Rakete der USA übermittelt nach dem Abschuß in White Sands zahlreiche Daten und Bilder per Funk zur Erde.

12.11., Geologie. Rund 4000 Menschen beteiligen sich an einer von den USA initiierten Antarktis-Expedition, die die geologischen und topographischen Kenntnisse erweitern soll.

10.12., Nobelpreise. In Stockholm werden die diesjährigen Nobelpreise feierlich verliehen. ▷Chronik Nobelpreise

Wissenschaftler geehrt
Chronik Nobelpreise

Chemie: James Sumner (USA), John Northrop (USA) und Wendell M. Stanley (USA)
Medizin: Hermann J. Muller (USA)
Physik: Percy W. Bridgman (USA)
Frieden: Emily Greene Balch (USA) und John R. Mott (USA)
Literatur: Hermann Hesse (D)

1946, Verkehr. Automatikgetriebe und komfortable Federung gehören zur Serienausstattung amerikanischer Automobile.

1946, Technik. Der amerikanische Wissenschaftler Williard Frank Libby erfindet die Atomuhr, deren Genauigkeit bei weniger als eine Sekunde Abweichung in 300 000 Jahren liegt.

1946, Verkehr. Der italienische Fahrzeughersteller Enrico Piaggio stellt als ersten Motorroller die »Vespa« vor.

1946

Kunst, Literatur und Musik

5.9. Der deutsche Kabarettist Werner Finck eröffnet mit dem »Ulenspiegel« das erste politische Kabarett in Berlin seit Kriegsende.
13.11. In Stuttgart öffnet die Akademie der Künste wieder ihre Pforten.
15.12. Die Wanderausstellung »Nazikunst während des Krieges« zeigt in Frankfurt am Main Propagandazeichnungen, Aquarelle und Skizzen sowie Gemälde aus der Privatsammlung Adolf Hitlers.
15.12. In Hamburg erscheinen im Rowohlt-Verlag die ersten auf Zeitungspapier gedruckten Bände der Reihe »rororo«.
1946 Den deutschen Schlager des Jahres landet Rudi Schuricke mit seiner Fassung der *Capri-Fischer*.
1946 Das Museum of Modern Art in New York zeigt Fotografien von Henri Cartier-Bresson.
1946 Elisabeth Langgässer veröffentlicht den Roman *Das unauslöschliche Siegel*, der als ihr Hauptwerk gilt.
1946 In seiner Gedichtsammlung *Tode und Tore* vollzieht Dylan Thomas eine deutliche Wende hin zum Religiösen.
1946 Mit dem Roman *Ich werde auf eure Gräber spucken* veröffentlicht Boris Vian sein erstes Prosawerk unter dem Pseudonym Vernon Sullivan.
1946 In den Niederlanden erscheint mit dem *Tagebuch der Anne Frank* ein authentisches Dokument aus der NS-Zeit.
1946 Robert Penn Warrens Polit-Thriller *Der Gouverneur* erscheint in den Vereinigten Staaten.
1946 Salvador Dalí malt *Die Versuchung des heiligen Antonius*.
1946 In Wien begründet Rudolf Hausner eine surrealistische Malergruppe.
1946 Der britische Maler Graham Sutherland stellt *Dornenbäume* fertig.
1946 Franz Radziwill malt das surrealistische Gemälde *Die Klage Bremens*.
1946 Mit dem Stilleben *Totenkopf und Buch* reflektiert Pablo Picasso die Kriegsjahre.
1946 Willi Baumeister stellt das Bild *Helle Bewegung* fertig.
1946 Der Fotograf Ansel Easton Adams ist Mitbegründer des fotografischen Lehrinstituts an der California School of Fine Arts.

Theater und Film

8.11. Ebenfalls in Paris und ebenfalls von Jean-Paul Sartre wird das Premierenstück *Die ehrbare Dirne* im Théâtre Antoine aufgeführt.
12.12. UA: *Des Teufels General*, Theaterstück von Carl Zuckmayer, mit Gustav Knuth in der Hauptrolle im Züricher Schauspielhaus.
12.12. UA: *Die Nächte des Zorns*, Résistance-Stück von Armand Salacrou, im Théâtre Marigny in Paris.
1946 Der Film *Berüchtigt* von Alfred Hitchcock kommt heraus. Der Thriller um eine Uran schmuggelnde Nazibande erlangt Weltruhm.
1946 King Vidor führt Regie in *Duell in der Sonne*. Der 30-Mio.-Dollar-Western wird faktisch aber vom Produzenten David O. Selznick geleitet.
1946 Nach einer Vorlage von Ernest Hemingway entsteht *Rächer der Unterwelt*. Der Film von Robert Siodmak zeigt Burt Lancaster in seiner ersten großen Kinorolle.
1946 Die immensen Probleme der US-Kriegsheimkehrer behandelt William Wyler in seinem Film *Die besten Jahre unseres Lebens*.
1946 Die Marx Brothers beweisen in ihrem neuen Film *Eine Nacht in Casablanca* einmal mehr, daß ihrem Humor kaum zu widerstehen ist.
1946 Frank Capra dreht mit James Stewart in der Hauptrolle *Ist das Leben nicht schön?*
1946 Experimente mit der subjektiven Kamera unternimmt Robert Montgomery in *Die Dame im See*.
1946 *Zwei in Paris (Antoine et Antoinette)* von Jacques Becker wird die erfolgreichste Komödie des Jahres in Frankreich.
1946 Im Stil des Neorealismus erzählt Vittorio de Sica in dem Film *Schuhputzer (Schuschia)* die Geschichte einer Jungenfreundschaft im Rom der Nachkriegszeit.
1946 Nach einem Roman von Friedrich Glauser dreht Leopoldt Lindberg, der führende Filmemacher der Schweiz, *§ 51 – Seelenarzt Dr. Laduner*.
1946 Nach dem Riesenerfolg *Kinder des Olymp* vom Vorjahr wird *Pforten der Nacht* von Marcel Carné eine Enttäuschung.

Gesellschaft

6.6. Die amerikanische Hilfsorganisation CARE (»Cooperative for American Remittances to Europe«) erhält die Erlaubnis, Hilfspakete in die deutsche US-Zone schicken zu dürfen.
5.7. Der Franzose Louis Réard stellt in Paris einen zweiteiligen Badeanzug für Damen vor, der nach dem US-Atombombenversuchsatoll »Bikini« genannt wird.
22.7. In der Nähe von Frankfurt an der Oder werden die ersten 3000 deutschen Soldaten aus sowjetischer Kriegsgefangenschaft entlassen.
8.8. In Hamburg äußert sich der Leiter des Zentralamtes für Landwirtschaft und Ernährung, Hans Schlange-Schöningen, zuversichtlich über die zu erwartende Ernte in Deutschland.
▷Chronik Zitat

Satt werden und arbeiten

Chronik Zitat

»Wir wollen diesen unwürdigen Zustand eines Bettelvolkes sobald wie möglich beenden. ... Satt werden, ehrlich arbeiten und endlich in die Weltwirtschaft eintreten zu können, das ist das deutsche Ziel.«
Hans Schlange-Schöningen

18.8. In Erwartung einer langen Besatzungszeit erlauben die britischen Militärbehörden den Zuzug von Familienangehörigen der in Deutschland stationierten Soldaten.
19.8. Religionsunruhen zwischen Muslimen und Hindus fordern im indischen Kalkutta über 2000 Menschenleben.
5.9. In Berlin nimmt der Rundfunk im Amerikanischen Sektor (RIAS) den Sendebetrieb auf.
13.9. Großbritannien verfügt, daß pro Monat 15 000 deutsche Kriegsgefangene zu entlassen seien.
3.10. Ein von der indischen gesetzgebenden Versammlung angenommenes Gesetz soll helfen, die Einteilung der hinduistisch geprägten Gesellschaft in Kasten aufzubrechen und Rechtsgleichheit zu schaffen.

1946

Internationale Politik	Deutsche Politik	Wirtschaft und Wissenschaft
24.10., Tschechoslowakei. Die Tschechoslowakei erklärt die Aussiedlung von 2,8 Mio. Deutschen für abgeschlossen. **27.11. USA/Italien.** Die New Yorker Außenministerkonferenz der alliierten Siegermächte proklamiert den Freistaat Triest. **12.12., Spanien.** Wegen seines faschistischen Regimes wird die Mitgliedschaft Spaniens in der UNO mit 34 zu sechs Stimmen abgelehnt.	**1.12.** Bei der Landtagswahl in Bayern erreicht die CSU die absolute Mehrheit. In Großhessen wird die SPD stärkste Partei. **2.12.** Großbritannien und die USA unterzeichnen ein Abkommen über die wirtschaftliche Vereinigung ihrer Besatzungszonen zum Vereinten Wirtschaftsgebiet (»Bizone«). **22.12.** Das französisch kontrollierte Saargebiet wird vom übrigen Deutschland durch eine Zollgrenze abgetrennt.	**1946, Chemie.** Mit »Araldit« von der Schweizer Firma Ciba kommt der erste Zweikomponentenkleber auf den Markt. **1946, Technik.** Bei der Firma DuPont beginnt die Produktion des Kunststoffes »Teflon«, der außerordentlich beständig gegen Hitze und Chemikalien ist. **1946, Wirtschaft.** Delmar S. Harder von General Motors prägt den Begriff der »Automatisierung«.

1946 Geborene und Gestorbene

Geboren:
14.1. Howard Carpendale, südafrikanischer Schlagersänger.
6.3. David Gilmour, britischer Popmusiker.
10.4. Adolf Winkelmann, deutscher Filmregisseur.
9.5. Drafi Deutscher, deutscher Schlagersänger.
17.5. Udo Lindenberg, deutscher Popmusiker.
17.6. Barry Manilow, amerikanischer Popmusiker.
29.6. Gitte Haenning, dänische Schlagersängerin und Filmschauspielerin.
22.7. Mireille Mathieu, französische Chansonsängerin.
5.9. Freddy Mercury (†24.11.1991), britischer Popmusiker.
18.11. Amanda Lear, französische Sängerin.
22.12. Robert van Ackeren, deutscher Filmregisseur.
29.12. Marianne Faithfull, britische Popmusikerin und Filmschauspielerin.

1947

Internationale Politik	Deutsche Politik	Wirtschaft und Wissenschaft
1.1., Großbritannien/Palästina. Britische Truppen intervenieren gegen die Terroristentätigkeit des jüdischen Untergrunds in Palästina. **16.1., Frankreich.** Der Sozialist Vincent Auriol wird zum ersten Präsidenten der Vierten Republik gewählt. **18.1., USA/Japan** Eine amerikanische Kommission legt den ersten Bericht über die Folgen der Atombombenabwürfe auf Hiroshima und Nagasaki vor, der die Nachwirkungen herunterspielt. **19.1., Polen.** Durch Wahlmanipulation siegt der kommunistisch dominierte Demokratische Block bei den polnischen Parlamentswahlen. **7.2., USA.** Der 27. Zusatz zur Verfassung beschränkt die Amtszeit des Präsidenten auf zwei Wahlperioden, d.h. in der Regel auf acht Jahre.	**1.1.** Das am 2.12.1946 in New York unterzeichnete Bizonenabkommen zwischen den USA und Großbritannien tritt in Kraft. Es sieht vor, daß die Besatzungszonen bis 1949 ihre Selbständigkeit erreichen. **6.1.** In Hessen stellt Ministerpräsident Christian Stock (SPD) sein Kabinett vor, das aus fünf sozialdemokratischen und vier christlich-demokratischen Ministern besteht. **15.1.** Die Sowjetische Militäradministration in Deutschland (SMAD) gibt das Ende der Demontagen in der Ostzone bekannt. **27.1.** In Westdeutschland sind derzeit noch 181 000 US-Soldaten stationiert. Großbritannien reduziert sein Truppenkontingent von 1,3 Mio. auf 450 000 Soldaten.	**22.2., Medien.** In Chicago wird das mit 20 cm Länge und nur 10 cm Höhe kleinste Radio der Welt vorgestellt. **4.3., Wirtschaft.** An der Frühjahrsmesse in Leipzig, die bis zum 9. März dauert, nehmen über 5000 Firmen teil. Auffällig ist die gesteigerte Auslandsnachfrage, die Fachbesucher aus den Niederlanden, Norwegen und der Schweiz anreisen läßt. **5.3., Wirtschaft.** 297 deutsche Wissenschaftler treffen in den USA ein, um auf Anfrage der Wirtschaft neue Arbeitsplätze einzunehmen. **14.4., Geologie.** Der amerikanische Admiral und Wissenschaftler Richard Evelyn Byrd kehrt von seiner großen Antarktis-Expedition zurück, in deren Verlauf er erhebliche Kohlevorräte entdeckt hat.

1946

Kunst, Literatur und Musik	Theater und Film	Gesellschaft
1946 Otto Bartning entwirft die über 50 Mal realisierte *Notkirche*. 1946 Edgar Carl Alfons Ende stellt sein *Selbstporträt Edgar Ende* fertig. 1946 Vor der Katharinenkirche in Lübeck wird die 1933 fertiggestellte Figurengruppe von Ernst Barlach aufgestellt. 1946 In seinem Bild *Tour of Inspection* verarbeitet Ralston Crawford seine Beobachtung eines Atombombenversuchs auf dem Bikini-Atoll.	1946 Ein britisches Regisseurteam dreht den Episodenfilm *Traum ohne Ende*, in dem jeweils ein Regisseur eine makabre Episode leitet. 1946 Der bei der DEFA gedrehte »Trümmerfilm« *Irgendwo in Berlin* von Gerhard Lamprecht kommt in die deutschen Kinos. 1946 Mit Gewinnen von 120 Mio. US-Dollar verdoppeln die amerikanischen Filmstudios ihre Gewinne im Vergleich zum Vorjahr.	29.10. Eine in allen Besatzungszonen abgehaltene Volkszählung weist fast 66 Mio. deutsche Einwohner auf. 30.11. Allein in der britischen Zone Deutschlands sind 46 000 Fälle offener Tuberkulose registriert. 7.12. In Berlin werden gegen 28 Penicillin-Fälscher hohe Haftstrafen verhängt. 1946 Zur Bewältigung des Wohnraummangels beginnt in Hamburg der Bau der Grindel-Hochhäuser.

Geborene und Gestorbene

Gestorben:
29.1. Harry Hopkins (*7.8.1890), amerikanischer Politiker.
6.6. Gerhart Hauptmann (*15.11.1862), deutscher Dichter.
4.7. Othenio Abel (*20.6.1875), österreichischer Paläontologe.
27.7. Gertrude Stein (*3.2.1874), amerikanische Schriftstellerin.

5.8. Wilhelm Marx (*15.1.1863), deutscher Politiker.
13.8. Herbert George Wells (*21.9.1866), britischer Schriftsteller.
3.9. Paul Lincke (*7.11.1866), deutscher Komponist.
7.9. Paul Zech (*19.2.1881), deutscher Schriftsteller.

25.9. Heinrich George (*9.11.1893), deutscher Filmschauspieler.
6.10. Per Albin Hansson (*28.10.1885), schwedischer Politiker.
15.10. Wilhelm Keitel (*22.9.1882), deutscher Generalfeldmarschall.
26.12. Max Warburg (*5.6.1867), deutscher Bankier und Philanthrop.

1947

Kunst, Literatur und Musik	Theater und Film	Gesellschaft
17.1. In der Pariser Galerie de France eröffnet eine Ausstellung, die den Einfluß des französischen Künstlers Paul Cézanne auf die französische Malerei zwischen 1908 und 1911 dokumentiert. 23.1. Die Universität Bonn widerruft die Aberkennung der Ehrendoktorwürde von Thomas Mann aus dem Jahr 1936. 7.2. In Bielefeld eröffnet die Ausstellung »Deutsches Buchschaffen«, auf der 320 Verlage rund 3500 Bücher vorstellen. 18.2. UA: *Das Medium* und *Das Telefon*, zwei Opern des in den USA lebenden italienischen Komponisten Gian Carlo Menotti, in New York. 13.3. Die Uraufführung des Musicals *Brigadoon* in New York ist der erste große Erfolg für Frederick Loewe.	10.1. Walter Koppel und Gyula Trebitsch gründen in Hamburg die »Real Film«, die in den nächsten Jahren z.T. sehr erfolgreiche Filme produzieren wird, u.a. *Des Teufels General* (1954), *Der Hauptmann von Köpenick* (1956). 26.1. UA: *Der Ordensmeister von Santiago*, Schauspiel von Henry de Montherlant, in Paris. 29.1. UA: *Alle meine Söhne*, Schauspiel von Arthur Miller, in New York. Der US-Autor begründet mit diesem Erstlingswerk seinen Weltruhm. 13.3. In der Screen Actors Guild in Hollywood übernehmen Gene Kelly und Ronald Reagan den Vorsitz. Reagan, dem der große Durchbruch als Schauspieler versagt blieb, engagiert sich in Schauspielerorganisationen für rechtskonservative politische Vereine.	4.1. In Hannover erscheint das Nachrichtenmagazin »Der Spiegel« erstmals. 25.1. In Miami erliegt der Gangsterboß Al Capone 48jährig den Folgen eines Schlaganfalls. 31.1. Der Chef der US-Besatzungstruppen in Japan, General Douglas MacArthur, untersagt einen Streik der 2 Mio. Regierungsangestellten. 31.1. Infolge des »Hungerwinters« erreichen die Preise auf dem Schwarzmarkt ein neues Höchstniveau. 3.2. Nach einem Attentat auf das Gebäude der SPD-Verwaltung in Nürnberg demonstrieren 60 000 Menschen gegen Gewalt. 9.2. Bei einer Brandkatastrophe in einem Berliner Tanzlokal sterben 80 Menschen.

1947

Internationale Politik

10.2., Frankreich. Die Siegermächte des Zweiten Weltkriegs unterzeichnen in Paris Friedensverträge mit Rumänien, Bulgarien, Ungarn, Finnland und Italien.
4.3., Großbritannien/Frankreich. In Dünkirchen schließen Frankreich und Großbritannien einen auf 50 Jahre befristeten Bündnis- und Beistandspakt.
12.3., USA. In einer Kongreßbotschaft proklamiert Präsident Harry S. Truman eine neue Leitlinie der US-Außenpolitik, die allen »freien Staaten« Hilfe gegen Not und Unterdrückung zusichert (Truman-Doktrin). ▷Chronik Zitat
22.3., USA. FBI-Chef John Edgar Hoover leitet die »Säuberung« der US-Verwaltung von »unamerikanisch gesonnenen Personen« ein.
26.3., Österreich. Der Nationalrat beschließt die Verstaatlichung der Elektrizitätswirtschaft.

Truman-Doktrin

Chronik Zitat

»Die Saat der totalitären Regime gedeiht in Elend und Mangel. ... Sie wächst sich vollends aus, wenn in einem Volk die Hoffnung auf ein besseres Leben erstirbt. Wir müssen diese Hoffnung am Leben erhalten.«
US-Präsident Harry S. Truman

29.3., Madagaskar. Auf der Insel Madagaskar brechen Kämpfe gegen die französische Kolonialmacht aus.
2.4., Polen. In Warschau wird der ehemalige Auschwitz-Kommandant Rudolf Höß zum Tode verurteilt.
14.4., Frankreich. Charles de Gaulle gründet die Partei »Rassemblement du Peuple Français« (RPF).
22.4., Griechenland/Türkei. Gemäß der Truman-Doktrin erhalten Griechenland und die Türkei von den USA Hilfsgelder in Höhe von 400 Mio. US-Dollar.
24.4., UdSSR. Ohne einen tragfähigen Kompromiß in der Deutschen Frage geht in Moskau die 4. Außenministerkonferenz zu Ende.

Deutsche Politik

3.2. Der CDU-Sozialausschuß in der britischen Zone gibt das »Ahlener Programm« heraus, das eine Abkehr vom Kapitalismus zugunsten sozialer Verbesserungen einfordert.

Entnazifizierung

Chronik Zitat

»Es ist das Ziel der Militärregierung und der deutschen Behörden, die Entnazifizierung so rasch wie möglich ein für allemal zu Ende zu führen.«
William H. Bishop

7.2. In Düsseldorf erteilt der stellvertretende britische Militärgouverneur, General William H. Bishop, neue Instruktionen für die Schlußphase der Entnazifizierung. ▷Chronik Zitat
22.2. In der Bizone werden mehrere hundert Deutsche verhaftet, die beschuldigt werden, am Aufbau einer nationalsozialistischen Widerstandsbewegung beteiligt zu sein.
24.2. Wegen seiner Beteiligung am Zustandekommen der Regierung Hitler 1933, wird der ehemalige Reichskanzler Franz von Papen zu acht Jahren Arbeitslager und zur Einziehung seines Vermögens verurteilt.
25.2. Das 46. Gesetz des Alliierten Kontrollrats löst den Staat Preußen auf.
1.3. Nach Aufhebung der britischen Kontrolle gehen die ersten vier Stahlbetriebe zurück in deutsche Hände.
11.3. In der US-Zone tritt erstmals der Parlamentarische Rat des Länderrates zusammen.
31.3. Der SMAD hat 74 Betriebe in deutsche Hände zurückübergeben.
25.4. In Bielefeld konstituiert sich der Deutsche Gewerkschaftsbund.
5.6. In München scheitert eine Interzonenkonferenz der Chefs der deutschen Ländervertretungen, zu der der bayerische Ministerpräsident Hans Ehard eingeladen hatte.
15.6. Um den Sonderstatus des Saarlandes zu unterstreichen, führt Frankreich die »Saarmark« als eigene Währung ein.

Wirtschaft und Wissenschaft

16.4., Luftfahrt. Mit einer dreiköpfigen Besatzung umfliegt der amerikanische Pilot Milton Reynolds in der Rekordzeit von 78:55 h die Erde.
1.5., Wirtschaft. In Moskau und drei anderen Städten der UdSSR sind einige der Produktionsanlagen der Jenaer Zeiss-Werke wiederaufgebaut worden, die die Sowjetunion 1946 teildemontiert hatte. In ihnen arbeiten rund 300 deportierte deutsche Facharbeiter und Forscher.
21.5., Wirtschaft. Zwischen der deutschen Bizone und Frankreich werden in Paris vier Abkommen über den Handelsaustausch unterzeichnet.
14.6., Wirtschaft. In der SBZ wird eine Deutsche Wirtschaftskommission (DWK) gegründet, die Koordinationsaufgaben wahrnimmt.
7.8., Geographie. Der Norweger Thor Heyerdahl beendet die Fahrt von Peru nach Polynesien auf seinem Balsafloß »Kon-Tiki«, mit dem beweisen will, daß die Inseln von Südamerika aus besiedelt worden sind.
2.9., Technik. Britische Techniker erproben einen Schleudersitz für ein Düsenflugzeug, der bei 800 km/h seinen Dienst verrichtet.
15.9., Technik. In Stockholm wird das von amerikanischen Ingenieuren entwickelte Bildübertragungsgerät für Telefonleitungen vorgestellt.

Familienstand in Deutschland

Chronik Statistik

Männliche Ledige	13 528 000
Weibliche Ledige	15 379 000
Verheiratete	29 420 000
Verwitwete / Geschiedene	6 171 000

16.9., Technik. John Cobb aus Großbritannien erreicht mit einem 2500-PS-starken-Spezialfahrzeug auf dem Salzsee in Utah eine Rekordgeschwindigkeit von 648 km/h.
17.9., Luftfahrt. Die amerikanischen Boeing-Werke stellen in Seattle mit der »Stratocruiser« das erste Stratosphärenflugzeug der Welt für den zivilen Luftverkehr vor.

1947

Kunst, Literatur und Musik

25.3. In München schließt die Ausstellung »Moderne französische Malerei«, deren 200 Exponate über 50 000 Besucher angelockt haben.
4.5. Das italienische Kloster Montecassino erhält von Deutschen geraubte Kunstschätze zurück.
15.5. In Hamburg geht eine Internationale Jugendbuchausstellung zu Ende, die 63 000 Besucher fand.
25.5. Wilhelm Furtwängler dirigiert wieder die Berliner Philharmoniker.
3.6. Auf der 19. internationalen Sitzung des Pen-Clubs in Zürich wird die Wiederaufnahme des deutschen Verbandes beschlossen.
20.7. UA: *Albert Herring*, Oper von Benjamin Britten, in Glyndebourne. Die Oper parodiert den britischen Provinzialismus.
6.8. UA: *Dantons Tod*, Oper von Gottfried von Einem, auf den Salzburger Festspielen.
24.8. In Edinburgh eröffnen die ersten Musikfestspiele, bei denen die Orchesterelite Europas vertreten ist.
10.9. Am Bannwaldsee gründen Alfred Andersch und Hans Werner Richter die Gruppe »Junge Literatur«, aus der die »Gruppe 47« hervorgeht.
28.10. In Wien dirigiert Herbert von Karajan wieder die Philharmoniker. Gleichzeitig erhält er die Erlaubnis, auch wieder öffentlich zu dirigieren.
29.10. In Amsterdam beginnt der Prozeß gegen den Kunstfälscher Han van Meegeren, der zahlreiche selbst gemalte Bilder als unentdeckte Werke alter Meister verkauft hat.
8.11. In Herlingen bei Ulm trifft sich die neue »Gruppe 47«, die eine von der intellektuellen Elite ausgehende Demokratisierung Deutschlands für möglich hält.
1947 Albert Camus veröffentlicht seinen Roman *Die Pest*.
1947 In seinem Buch *Stilübungen* bietet Raymond Queneau ein und denselben Sachverhalt in 99 Variationen dar.
1947 Das Schicksal eines NS-Mitläufers erzählt Arnold Zweigs Roman *Das Beil von Wandsbek*.
1947 Thomas Mann erzählt in *Doktor Faustus* das Leben des deutschen Tonsetzers Adrian Leverkühn.

Theater und Film

29.3. In Düsseldorf gibt das Kom(m)ödchen sein Erstprogramm *Positiv dagegen*. Im Eröffnungsprogramm verkündet Lore Lorentz die Absichten des Kabaretts. ▷Chronik Zitat

Kom(m)ödchen eröffnet

Chronik Zitat

»Wenn es dem Kom(m)ödchen nicht gefällt, was sich so ereignet auf der Welt/immer, immer wieder, zieht's den Vorhang nieder/und singt seine kleinen frechen Lieder.«
Lore Lorentz, deutsche Kabarettistin

14.4. In dem Film *Monsieur Verdoux*, der am New Yorker Broadway Filmtheater Premiere hat, gibt Charlie Chaplin die Gestalt des »stummen Tramp« zugunsten der dialogreichen Rolle eines Frauenmörders auf. Der provozierend sozialkritische Inhalt ruft Proteste der konservativen Presse hervor.
17.4. Bei der Premiere von Jean Genets einaktiger Tragödie *Die Zofen* in Paris kommt es zu Protesten wegen des »amoralischen« Inhalts.
13.6. UA: *In jenen Tagen*, Film von Helmut Käutner, im Hamburger Waterloo-Theater. Aus dem Blickwinkel eines Autos dokumentiert und kommentiert der Film Zeitgeschichte.
25.6. UA: *Der Lauf des Bösen*, ein politisches Märchen in drei Akten, von Jacques Audiberti, im Pariser Théâtre de Poche.
23.7. In seinem Film *Im Kreuzfeuer* thematisiert Edward Dmytryk den amerikanischen Antisemitismus. Wenig später findet er sich auf der »Schwarzen Liste« der Kommunistenjäger.
5.9. *Das unbekannte Gesicht* von Delmar Daves kommt in die Kinos. Im ersten Drittel des Films ist Hauptdarsteller Humphrey Bogart nicht zu sehen, da Daves mit der »subjektiven Kamera« experimentiert.
3.10. Henri-Georges Clouzots Thriller *Unter falschem Verdacht* hat in Frankreich Premiere. Der Regisseur verbindet in dem Film Milieuzeichnungen mit Kritik an der Polizeiarbeit.

Gesellschaft

9.2. Die amerikanische Militärregierung in Deutschland recherchiert für eine Ausstellung über Deutschland, die in den USA gezeigt werden soll.
10.2. Wegen Brennstoffmangels aufgrund des kalten Winters entläßt die britische Industrie 2 Mio. Arbeiter.
12.2. Christian Dior stellt in Paris seine erste eigene Mode-Kollektion vor.
17.2. Der in Nordamerika herrschende strenge Frost läßt sogar die Niagara-Fälle gefrieren.
26.2. In Prag tagt der Internationale Bund Demokratischer Frauen mit Vertreterinnen aus 21 Staaten.
2.3. Sachsen setzt als erstes Land das Wahlalter auf 18 Jahre herab.
7.3. Erstmals seit 24 Jahren gibt es wieder einen Karneval in Venedig.
24.3. Einsetzendes Tauwetter führt in mehreren Teilen Europas zu Überschwemmungskatastrophen.

Deutsche Meister

Chronik Sport

Leichtathletik:
100 m:
Heinz Fischer — 10,5 sec
110 m Hürden:
Hans Zepernick — 15,1 sec
Weitsprung:
Gerd Luther — 7,09 m
Dreisprung:
Horst Vogt — 14,25 m
Speerwurf:
Helmut Wilshaus — 65,76 m

27.3. In Nordrhein-Westfalen beginnen Massenstreiks mehrerer Tausend hungernder Arbeiter, die das öffentliche Leben lahmlegen.
2.4. Die polnische Regierung ordnet die Ausweisung von weiteren 500 000 Deutschstämmigen an.
2.4. Bei einer Razzia gegen »Hamsterfahrer« im Schnellzug Passau–Nürnberg beschlagnahmt die Polizei große Mengen Lebensmittel.
10.4. Bei einer Großrazzia gegen Kriegsverbrecher, Schwarzhändler und Deserteure in Berlin werden 2000 Personen verhaftet.

1947

Internationale Politik

25.4., Japan. Bei Parlamentswahlen werden die Sozialdemokraten stärkste Partei.
12.5., Österreich. Die Staatsvertragsverhandlungen der alliierten Kommission mit Österreich werden aufgenommen.
26.5., Nicaragua. In Managua putscht sich Anastasio Somoza an die Macht.
3.6., Großbritannien. Die Kronkolonie Indien wird wegen religiöser Konflikte in einen muslimischen Teil (Pakistan) und das eigentliche Indien geteilt.
5.6., USA. Außenminister George C. Marshall kündigt in einer Rede einen wirtschaftlichen Wiederaufbauplan für Europa an (»Marshall-Plan«).
25.6., USA/Österreich. Zwischen den USA und Österreich wird ein Hilfsabkommen unterzeichnet.
29.6., China. Die Regierung erläßt einen Haftbefehl gegen Mao Tse-tung.
6.7., Spanien. Durch Volksentscheid wird Staatschef Francisco Franco Präsident auf Lebenszeit.
6.7., Schweiz. Durch Volksabstimmung wird die Alters- und Hinterbliebenenversicherung angenommen.
10.7., Tschechoslowakei. Nach der Sowjetunion zieht auch die Tschechoslowakei ihre Zusage zum Marshall-Plan zurück.
15.8., Indien/Pakistan. Indien und Pakistan erhalten die Unabhängigkeit.
16.8., Bulgarien. In Bulgarien wird der Führer der Bauernpartei, Nikola Petkoff, wegen angeblicher Umsturzpläne zum Tode verurteilt.
25.9., Japan. Kaiser Hirohito wird vor dem Internationalen Gerichtshof von jeder Schuld am Krieg freigesprochen.
27.9., Jugoslawien. Als Nachfolgerin der Komintern wird die Kominform mit Sitz in Belgrad gegründet.
30.10., Schweiz. In Genf unterzeichnen 23 Staaten – nicht aber die UdSSR – das GATT-Abkommen über die Senkung von Einfuhrzöllen.
November, Österreich. Österreich wird einstimmig in die UNESCO aufgenommen.
7.11., USA. Für den Marshall-Plan wollen die USA 1948 5,75 Mrd. US-Dollar bereitstellen.

Deutsche Politik

18.7. Die am 1.10.1946 vom Internationalen Gerichtshof in Nürnberg verurteilten Kriegsverbrecher Rudolf Heß, Karl Dönitz, Albert Speer, Konstantin Freiherr von Neurath, Baldur von Schirach, Erich Raeder und Walther Funk werden in das alliierte Gefängnis in Berlin-Spandau verlegt.
30.7. In Sachsen tritt Max Seydewitz (SED) die Nachfolge des am 16. Juni verstorbenen Ministerpräsidenten Rudolf Friedrichs (SED) an.
6.8. Der stellvertretende Vorsitzende der SED, Walter Ulbricht, kritisiert auf einer Pressekonferenz in Frankfurt am Main die Ruhrpolitik der Westmächte, indem er sich u.a. für eine Enteignung der Kohlezechen ausspricht.
9.8. Nach Angaben der Militärregierung herrscht in der britischen Zone ein Überschuß von zwei Mio. Frauen.
15.8. Auf dem ersten Zonenparteitag der CDU in der britischen Besatzungszone wird Konrad Adenauer einstimmig zum Vorsitzenden wiedergewählt.
24.9. Der wegen seiner engen Kontakte zur Westzone bei der sowjetischen Besatzungsmacht in Ungnade gefallene thüringische Ministerpräsident Rudolf Paul (SED) setzt sich nach massiven Drohungen seiner Partei in den Westen ab. ▷Chronik Zitat

Flucht aus dem Osten

Chronik Zitat

»Am 5. September erhielt ich die vertrauliche Mitteilung, in der SED sei beschlossen worden, wirksame Schritte gegen mich zu unternehmen. Man werde nicht davor zurückschrecken, mich verhaften zu lassen.«
Rudolf Paul, thüring. Ministerpräsident

29.10. Die katholischen Bischöfe Deutschlands klagen die Verschleppungen und Internierungen in der SBZ an, deren tatsächliches Ausmaß aber lange ungeklärt bleibt.
10.11. Die US-Zone erhält ein Wiedergutmachungsgesetz für die Opfer des Nationalsozialismus.

Wirtschaft und Wissenschaft

24.9., Luftfahrt. Mit 350 Take Offs im Monat hat Frankfurt am Main den meistfrequentierten zivilen Flughafen Europas.
30.9., Technik. Auf dem Gelände des US-Luftwaffenstützpunktes White Sands beginnen Testserien mit Marschflugkörpern, die auf erbeuteten »V 1«-Flugbomben des Deutschen Reiches beruhen.
8.10., Luftfahrt. Ein britischer unbemannter Flugkörper durchbricht die Schallmauer und erreicht eine Spitzengeschwindigkeit von 1400 km/h.
10.10., Wirtschaft. Der britische Wissenschaftler Anthony M. Lows veröffentlicht eine vielbeachtete Studie, die eine gigantische Automatisierungswelle prognostiziert.

Wissenschaftler geehrt
Chronik Nobelpreise

Chemie: Robert Robinson (GB)
Medizin: Carl und Gerty Cori (USA) und Bernardo Houssay (RA)
Physik: Edward Appleton (GB)
Frieden: Friends Service Comittee (USA)
Literatur: André Gide (F)

13.10., Medizin. In Hamburg kommt die erste in Deutschland konstruierte »Eiserne Lunge« zum Einsatz.
23.11., Luftfahrt. Das größte Flugzeug der Welt, die »XC-99«, absolviert in Kalifornien den ersten Testflug. Die Maschine hat eine Länge von 56 m und 70 m Spannweite.
10.12., Nobelpreise. In Stockholm und Oslo werden die diesjährigen Nobelpreise feierlich überreicht. ▷Chronik Nobelpreise
23.12., Technik. William Shockley, John Bardeen und Walter H. Brattain bezeichnen den in den Bell-Telephone-Laboratories in den USA erprobten ersten Verstärker in Halbleitertechnik als »Transistor«.
1947, Verkehr. Der neue Vier-Zylinder-Motor des Peugeots 203 verfügt über eine Leistung von 45 PS und erreicht eine Höchstgeschwindigkeit von 145 km/h.

1947

Kunst, Literatur und Musik

1947 Lion Feuchtwanger veröffentlicht seinen Roman *Waffen für Amerika*.
1947 Der ersten Band der Essaysammlung *Situationen* von Jean-Paul Sartre erscheint. Bis 1972 folgen elf weitere Bände.
1947 Hermann Kasacks Roman *Die Stadt hinter dem Strom* erscheint.
1947 In Paris findet die Ausstellung »Le Surréalisme en 1947« statt, die u.a. Werke von Giorgio de Chirico, Max Ernst, Salvador Dalí, Pablo Picasso und René Magritte zeigt.
1947 Der deutsche Bildhauer und Grafiker Fritz Cremer beendet die Arbeit an *Der Geschlagene*.
1947 Das Bild Die *Große Familie* von Réne Magritte wird vorgestellt.
1947 Der deutsche Maler Wols zeigt auf einer Tachismus-Ausstellung in der Pariser Galerie Drouin u.a. sein Bild *Peinture*.
1947 *Shooting Star* des amerikanischen Malers Jackson Pollock entsteht.
1947 Joseph Fassbender malt *Stilleben mit Maiskolben und Bilderbuch*.
1947 Otto Dix fertigt ein weiteres *Selbstbildnis* an, das ein verzerrtes, nach unten fließendes Gesicht zeigt.
1947 In New York organisiert und gestaltet Frederick Kiesler eine internationale Surrealisten-Ausstellung.
1947 Der französische Maler und Bildhauer Jean Dubuffet gründet die »Compagnie de l'art brut«.
1947 Die amerikanische Mäzenin Marguerite Guggenheim überführt ihre Kunstsammlung nach Venedig.
1947 Georg Kolbe beendet in seinem Todesjahr die Arbeit am Beethovendenkmal in Frankfurt am Main.
1947 Gerhard Marcks stellt seinen schon seit längerem begonnenen Holzschnitt *Orpheus-Zyklus* fertig.
1947 Hans Heinrich Thyssen-Bornemisza erbt von seinem Vater die Kunstsammlung in der Villa Favorita in Lugano, die eine der wertvollsten Privatsammlungen überhaupt ist.
1947 Der ungarische Fotograf Robert Capa – spezialisiert auf Fotografien von Kriegsschauplätzen – ist Mitbegründer der Bildagentur »Magnum«, der sich auch Henri Cartier-Bresson anschließt.

Theater und Film

29.10. Vor dem »Ausschuß zur Untersuchung unamerikanischer Umtriebe«. in Hollywood protestieren Filmschauspieler gegen Verhöre von 40 Kollegen. Zu den Kritikern gehören auch Humphrey Bogart und seine Frau Lauren Bacall.
8.11. UA: *Der Archipel Lenoir oder Rühre nicht an schlummernden Dingen*, Komödie von Armand Salacrou, in Paris. Der Autor nimmt das Großbürgertum aufs Korn.
21.11. UA: *Draußen vor der Tür*, pazifistisches Heimkehrerstück von Wolfgang Borchert, an den Hamburger Kammerspielen.
3.12. Im New Yorker Barrymore Theatre wird die Tragödie *Endstation Sehnsucht* uraufgeführt, für die Tennessee Williams den Pulitzer-Preis erhält.
9.12. Hans Albers spielt die Hauptrolle in dem Trümmerfilm *Und über uns der Himmel* von Josef von Baky, der in der Berliner Neuen Scala uraufgeführt wird.
1947 *Die Lady von Shanghai* von Orson Welles wird trotz künstlerischer Qualitäten ein kommerzieller Flop, da das Publikum die Demontage des Schönheitsmythos Rita Hayworth kritisiert, die mit Welles verheiratet ist und von ihm nicht gut in Szene gesetzt wird.
1947 David Lean gelingt mit der Charles Dickens-Verfilmung *Unbekannte Erbschaft* der endgültige Durchbruch als Regisseur.
1947 In dem Film *Goldenes Gift* von Jacques Tourneur kann Robert Mitchum alle Stärken seines sparsamen Spiels zeigen.
1947 Nach einer Geschichte von Raymond Chandler dreht John Brahms den Film *Die Brasher-Doublone*.
1947 Eine ungewöhnliche Rolle als Priester übernimmt Henry Fonda in dem Spielfilm *Befehl des Gewissens* von John Ford.
1947 In *Endlos ist die Prärie* bringt Elia Kazan das Erfolgsduo Katharine Hepburn und Spencer Tracy auf die Leinwand.
1947 Léon Carré stellt mit *Monsieur Vincent* eine Film-Biographie über den heiligen Vincent vor, der im Frankreich des 17. Jhs. lebte.

Gesellschaft

16.4. Mindestens 2000 Tote fordert eine Brandkatastrophe in Texas-City, bei der die Ölraffinerien und Öltanks Feuer fangen.
18.4. Mit der größten jemals durch konventionellen Sprengstoff ausgelösten Explosion zerstört die britische Besatzungsmacht auf Helgoland Militäranlagen der deutschen Wehrmacht.
25.6. Gegen das Sparprogramm der Regierung streiken in Frankreich 400000 Arbeiter und Angestellte.
3.7. Auf Beschluß der Besatzungsbehörden wird der Verkehr von Printmedien zwischen allen vier deutschen Besatzungsbehörden freigegeben.
21.7. In Erfurt eröffnet das erste Geschäft, in dem Lebensmittel frei verkauft werden.
1.8. Infolge der Hitzewelle in Europa werden in Rom 36°C gemessen.
9.8. Das Verhältnis von Männern zu Frauen beträgt in Deutschland 4:5.
21.8. Über 87000 ehemalige deutsche Kriegsgefangene nehmen das Angebot der französischen Regierung an, als »freie Arbeiter« in Frankreich zu bleiben.
26.8. Der Russe Wassili Romaniuk stellt mit einem Fallschirmsprung aus 13400 m Höhe einen neuen Weltrekord auf.
4.9. Unruhen zwischen Muslimen und Hindus erfassen ganz Indien.
21.9. Taifune und Hurrikans kosten in Japan und den USA über 2500 Menschen das Leben.
8.10. Das zweimillionste CARE-Paket erreicht Deutschland.
21.10. In Ägypten erreicht die Cholera-Epidemie einen neuen Höhepunkt: Täglich sterben 500 Menschen.
15.11. Die UNO stellt ihren Plan für den Bau ihres Domizils am New Yorker East River vor. Der 40stöckige Wolkenkratzer soll 65 Mio. US-Dollar kosten.
16.11. Der bayerische Bierbrauerverband protestiert gegen die Anordnung der US-Militärregierung, zur Getreideersparnis kein Bier zu brauen.
20.11. Als Hochzeit des Jahres gilt die Eheschließung zwischen der britischen Prinzessin Elisabeth und Oberleutnant Philip Mountbatten.

1947

Internationale Politik	Deutsche Politik	Wirtschaft und Wissenschaft
29.11., **USA.** Die UNO-Vollversammlung in New York beschließt die Teilung Palästinas in einen jüdischen und einen arabischen Staat. 4.12., **Nordkorea.** Nordkorea gibt sich eine sozialistische Verfassung. 30.12., **Rumänien.** Nach der Abdankung von König Michael I. wird Rumänien sozialistische Volksrepublik.	6.12. In Berlin konstituiert sich der »deutsche Volkskongreß für Einheit und gerechten Frieden«, der von der SED und dem FDGB dominiert wird. 22.12. Der Industrielle Friedrich Flick und weitere Unternehmer werden vor dem Internationalen Militärtribunal in Nürnberg wegen ihrer NS-Vergangenheit zu Haftstrafen verurteilt.	1947, **Wirtschaft/Verkehr.** Exportschlager der britischen Automobilindustrie ist der neue Austin A 40 Devon Saloon mit 40 PS. 1947, **Verkehr.** Mit dem Champion Regal De Luxe des amerikanischen Automobilherstellers Studebaker geht die erste fünfsitzige Limousine in Produktion.

1947 Geborene und Gestorbene

Geboren:
8.1. David Bowie, britischer Popmusiker und Filmschauspieler.
3.2. Dave Davies, britischer Popmusiker.
1.3. Hans-Christoph Blumenberg, deutscher Filmregisseur.

22.3. André Heller, österreichischer Sänger und Aktionskünstler.
25.3. Elton John, britischer Popmusiker.
2.4. Jürgen Drews, deutscher Popmusiker und Entertainer.
21.4. Iggy Pop, amerikanischer Popmusiker.

1.6. Ron Wood, britischer Popmusiker.
11.8. Diether Krebs, deutscher Schauspieler und Sänger.
27.9. Meat Loaf, amerikanischer Popmusiker.
18.12. Steven Spielberg, amerikanischer Filmregisseur.

1948

Internationale Politik	Deutsche Politik	Wirtschaft und Wissenschaft
1.1., **Belgien/Niederlande/Luxemburg.** Die Zollunion zwischen den Benelux-Staaten tritt in Kraft. 2.1., **Österreich/USA.** Österreich und die USA schließen ein Interimshilfsabkommen, das die kostenlose Lieferung u.a. von Lebensmitteln bis zum Anlaufen des Marshall-Plans gewährleistet. 4.1., **Großbritannien/Birma.** Birma erlangt von Großbritannien die Unabhängigkeit. Erster Präsident der Republik ist Sao Shwe Thaik. 20.1., **Polen.** Die Umsiedlungsaktion von Polen aus dem Osten des Landes in die ehemals deutschen Dörfer Niederschlesiens ist abgeschlossen. 30.1., **Indien.** In Neu-Delhi wird Mahatma Gandhi von dem fanatischen Hindu Nathuram Godse ermordet. 4.2., **Großbritannien/Ceylon.** Ceylon erhält von Großbritannien die Unabhängigkeit. Don Stephen Senanayake wird Ministerpräsident.	1.1. In seiner Neujahrsansprache äußert sich der Ministerpräsident des Landes Nordrhein-Westfalen, Karl Arnold (CDU), optimistisch über die Zukunft Deutschlands. ▷Chronik Zitat ### Hoffnung auf die Zukunft **Chronik Zitat** *»Trotz der vielen Enttäuschungen der letzten Jahre habe ich die Hoffnung, daß das Jahr 1948 der Beginn der Wanderung unseres Volkes in eine bessere Zukunft im Rahmen eines geeinten Deutschlands ist.«* **Karl Arnold, CDU-Politiker** 5.2. Großbritannien und die USA reformieren die deutsche Verwaltung der Bizone. Ein entsprechendes Statut wird in Frankfurt am Main unterzeichnet.	19.1., **Technik.** An der oberen Rhône geht das Wasserkraftwerk Génissat in Betrieb. Es basiert auf dem zweitgrößten Staudamm Europas. 30.1., **Medizin.** In einem britischen Krankenhaus gelingt die Transplantation einer Hornhaut des menschlichen Auges. 25.2., **Wissenschaft.** In Göttingen gründen namhafte deutsche Wissenschaftler die Max Planck-Gesellschaft zur Förderung der Wissenschaften e. V. 1.3., **Wirtschaft.** In Frankfurt am Main wird die Bank deutscher Länder mit einem Grundkapital von 100 Mio. Reichsmark gegründet. Der Bizonen-Bank schließt sich die französische Zone am 25. März an. 8.4., **Physik.** Amerikanische Wissenschaftler geben die künstliche Herstellung energiereicher Atompartikel (Mesonen) bekannt, die an der Universität Berkeley in einem Teilchenbeschleuniger gelang.

1947

Kunst, Literatur und Musik

1947 Django Reinhardt, der bestbezahlte Gitarrist der Welt, beginnt eine dreijährige Tournee durch die USA, wo er mit dem erfolgreichsten Jazzkomponisten, Edward »Duke« Ellington, zusammenspielt.
1947 Die Stadt Frankfurt beschließt, das im Krieg zerstörte Goethe-Haus wiederaufbauen zu lassen.

Theater und Film

1947 Helmut Käutner schrieb das Buch zu dem Dokumentarfilm *Film ohne Titel* von Rudolf Jugert, der dem Alltagsleben im Nachkriegsdeutschland gewidmet ist.
1947 Roberto Rossellinis neorealistischer Film *Deutschland im Jahre Null*, der die Situation in Berlin nach 1945 erzählt, hat in Italien Premiere.

Gesellschaft

11.12. Sowjetische Pioniere sprengen auf dem Terrain der ehemaligen Reichskanzlei den »Führerbunker«.
30.12. Nach der letzten Volkszählung haben die USA rund 145 Mio. Einwohner.
1947 Die Kindersterblichkeit in Deutschland ist dreimal höher als vor Ausbruch des Zweiten Weltkrieges.

1947 Geborene und Gestorbene

Gestorben:
25.1. Al Capone (*17.1.1899), italo-amerikanischer Gangsterboß.
5.3. Alfredo Casella (*25.7.1883), italienischer Komponist.
7.4. Henry Ford (*30.7.1863), amerikanischer Automobilfabrikant.
9.7. Otto Ampferer (*1.12.1875), österreichischer Geologe.
21.8. Ettore Bugatti (*15.9.1881), französischer Automobilkonstrukteur.
4.10. Max Planck (*23.4.1858), deutscher Physiker.
17.11. Ricarda Huch (*18.7.1864), deutsche Schriftstellerin.
20.11. Wolfgang Borchert (*20.5.1920), deutscher Schriftsteller.
30.11. Ernst Lubitsch (*29.1.1892), deutscher Filmregisseur.
7.12. Tristan Bernard (*7.9.1866), französischer Schriftsteller.
14.12. Stanley Baldwin (*3.8.1867), britischer Politiker.

1948

Kunst, Literatur und Musik

4.3. Die Tageszeitung »Die Welt« veröffentlicht Auszüge aus dem Tagebuch von Joseph Goebbels aus dem Jahre 1942.
9.4. In Berlin eröffnet das britische Kultur- und Informationszentrum mit der Ausstellung »London, das Bild einer Weltstadt«.
28.4. Der frühere britische Premierminister Winston Churchill wird aufgrund seiner Leistungen als Maler zum außerordentlichen Mitglied der britischen Royal Academy ernannt.
28.5. In München treffen die ersten 54 von insgesamt 202 Gemälden ein, die die US-Armee bei Kriegsende in die USA überführt hat, u.a. Werke von Rafael, Tizian und Dürer.
6.6. UA: *Abraxas*, Oper von Werner Egk, in München.
18.6. In Amsterdam endet das 22. Musikfest für zeitgenössische Musik.
15.7. UA: *Down to the Valley*, Oper von Kurt Weill, in den USA.

Theater und Film

23.1. Der amerikanische Schauspieler Humphrey Bogart spielt einen Bösewicht in dem Film *Schatz der Sierra Madre* von John Huston.
10.3. Als erstes von Christopher Frys Jahreszeitenstücken kommt in London *Die Dame ist nicht fürs Feuer* auf die Bühne.
2.4. UA: *Die schmutzigen Hände*, Drama von Jean-Paul Sartre, im Pariser Théâtre Antoine.
4.5. UA: *Der kaukasische Kreidekreis*, Schauspiel von Bertolt Brecht, im amerikanischen Carlston College in Northfield.
6.5. In London wird in Anwesenheit von König Georg VI. der in sieben Monaten fertiggestellte Film *Hamlet* von Laurence Olivier uraufgeführt. Der Schauspieler spielt die Hauptrolle, führte Regie und schrieb das Drehbuch.
5.6. UA: *Herr Puntila und sein Knecht Matti*, Volksstück von Bertolt Brecht, im Züricher Schauspielhaus.

Gesellschaft

Januar. In den USA erscheint der »Kinsey-Report« über das sexuelle Verhalten des Mannes.
5.1. In der amerikanischen und der britischen Zone streiken und protestieren über 2,5 Mio. Menschen gegen die schlechte Ernährungslage.
27.1. In Erfurt sterben bei der Detonation einer Fliegerbombe aus dem Zweiten Weltkrieg acht Menschen.
3.2. US-Präsident Harry S. Truman fordert in einer Botschaft an den Kongreß die Beendigung der Rassendiskriminierung in den USA.
11.3. Mit rund 300 t Lebensmittel-Spenden aus den USA legt in Bremen der Frachter »Gretna Victory« an.
6.5. Im tschechoslowakischen Pilsen findet eine pro-amerikanische Demonstration statt.
6.5. Das Aufnahmelager Gronefeld bei Frankfurt an der Oder meldet 500 000 Heimkehrer aus sowjetischer Kriegsgefangenschaft.

1948

Internationale Politik

20.2., Großbritannien. Gemäß dem Motto »One Man – One Vote« wird das Doppelwahlrecht für Eigentümer und Akademiker abgeschafft.
25.2., Tschechoslowakei. In Prag reißt der KP-Vorsitzende Klement Gottwald in einem »kalten Staatsstreich« die Macht an sich.
17.3., Belgien. Frankreich, Großbritannien und die Benelux-Staaten schließen den »Brüsseler Pakt«.
29.3., China. Präsident Chiang Kai-shek erhält diktatorische Vollmachten.
3.4., USA. Präsident Harry S. Truman unterzeichnet den »Economic Cooperation Act 1948«, der für 1948/49 über 5,3 Mrd. US-Dollar für das Wiederaufbauprogramm Europas bereitstellt.
6.4., UdSSR/Finnland. Finnland und die UdSSR unterzeichnen einen Beistands- und Freundschaftspakt für die Dauer von zehn Jahren.
7.4., Schweiz. In Genf nimmt die World Health Organisation als Unterorganisation der UNO ihre Arbeit auf.
9.4., Palästina. Jüdische Untergrundkämpfer töten in einem palästinensischen Dorf 254 Bewohner.
21.4., Österreich. Der Nationalrat beschließt eine Amnestie für minderbelastete Nationalsozialisten.
23.4., Großbritannien. In London beginnt eine Konferenz zur Reform des Commonwealth of Nations.
30.4., Kolumbien. Die Organisation Amerikanischer Staaten konstituiert sich in Bogotá mit 21 Mitgliedern.
8.5., Pakistan/Indien. Pakistan interveniert zugunsten muslimischer Rebellen gegen Indien in den Kaschmir-Konflikt.
14.5., Israel. Der sozialistische Führer der zionistischen Bewegung, Ben Gurion, verkündet die Gründung des jüdischen Staates Israel.
15.5., Nahost. Mit dem koordinierten Angriff von Transjordanien, Ägypten, Irak, Syrien und Libanon auf Israel beginnt der 1. Nahostkrieg.
20.5., Frankreich/Vietnam. Frankreich errichtet in Saigon eine Regierung unter Nguyen Van Xuan.
26.6., Rumänien. Die Kominform beschließt in Bukarest den Ausschluß der jugoslawischen KP.

Deutsche Politik

10.2. In Halle an der Saale beschließt der Vorstand der Liberaldemokratischen Partei der Ostzone (LDP) den Ausschluß des Landesverbandes Berlin aus der Parteiorganisation.
13.2. Die 1947 eingerichtete Deutsche Wirtschaftskommission (DWK) wird auf Befehl der Sowjetischen Militäradministration in Deutschland (SMAD) in der Ostzone reorganisiert.
27.2. In der Sowjetischen Besatzungszone endet die Entnazifizierung.
19.3. In Ostberlin konstituiert sich der Deutsche Volksrat mit 400 Mitgliedern als Vorform einer gesamtdeutschen Vertretung.
20.3. In Berlin tagt zum letzten Mal der Alliierte Kontrollrat in Deutschland mit allen Mitgliedern.
9.4. Der bayerische Ministerpräsident Hans Ehard spricht sich für eine Vereinigung der drei Westzonen Deutschlands aus.
23.4. Als weiteren Schritt der Sozialisierung der ostdeutschen Wirtschaft gründet die SMAD die Vereinigung Volkseigener Betriebe (VEB).
28.4. Die Deutsche Wirtschaftskommission (DWK) der Ostzone ordnet an, daß ihre Beschlüsse künftig in der ganzen sowjetischen Besatzungszone rechtsverbindlich sein werden.
13.5. Die Wirtschaftskommission der Ostzone beschließt die Aufstellung eines Zweijahresplans für den wirtschaftlichen Wiederaufbau in den Jahren 1949 und 1950.
18.5. Dem 100. Jahrestag der ersten deutschen Nationalversammlung wird in der wiederaufgebauten Frankfurter Paulskirche feierlich gedacht.
23.5. In Berlin beginnt die Auslegung der Listen für das vom Deutschen Volksrat der Ostzone initiierte »Volksbegehren für die Einheit Deutschlands«.
2.6. Die Londoner Sechs-Mächte-Konferenz zwischen den USA, Großbritannien und den Benelux-Staaten schlägt die Gründung eines westdeutschen Staates vor.
24.6. Mit der Anordnung der SMAD, den Verkehr zwischen Westberlin und den Westzonen zu unterbrechen, beginnt die Berlin-Blockade.

Wirtschaft und Wissenschaft

13.5., Technik. Auf einer Erfindermesse in Washington wird ein Anrufbeantworter aus der Schweiz vorgestellt.
19.5., Technik. In Chicago stellt Polaroid Corporation die erste Sofortbildkamera der Welt vor.
21.5., Raumfahrt. In Washington spricht Robert Heinlein, Leiter des Flugforschungsinstituts der US-Marine, von Mondflügen, die in »absehbarer Zeit« möglich seien.
19.6., Wirtschaft. In den drei westlichen Besatzungszonen tritt das Gesetz über die »Neuordnung des deutschen Geldwesens« in Kraft. Neues und einziges Zahlungsmittel wird mit der Währungsreform zum 21. Juni die Deutsche Mark.
22.6., Chemie. Die Zeitschrift »Science« berichtet über die Entdeckung des Vitamins B 12 durch Wissenschaftler der USA.
30.6., Technik. In New York stellen die Bell-Laboratories einen neuen Hochleistungstransistor vor.
3.6., Astronomie. Ein 200-Zoll-Spiegelteleskop in Kalifornien hat eine optische Reichweite von einer Milliarde Lichtjahre.
21.7., Wirtschaft. Auf Beschluß ihres Verwaltungsrates wird die Deutsche Emissions- und Girobank der Ostzone in »Deutsche Notenbank« umgetauft.
13.8., Medien. Der NWDR beschließt die Errichtung eines Fernsehversuchssenders, um den Anschluß an die Technik nicht zu verpassen.

Bildung in Deutschland

Chronik Zitat

Volksschüler	5 384 433
Mittelschüler	175 946
Gymnasiasten	518 644
Studenten	87 644

31.8., Medien. In den USA wird die Langspielplatte vorgestellt.
1.10., Wirtschaft. Mit der Neugründung des Deutschen Patentamtes in München genießen deutsche Erfindungen wieder internationalen Schutz.

1948

Kunst, Literatur und Musik

31.7. Mit der Aufführung der Oper *Orpheus und Eurydike* von Christoph Willibald Gluck eröffnen die Salzburger Festspiele.
28.8. Der deutsche Schriftsteller Fritz von Unruh erhält den Goethe-Preis der Stadt Frankfurt.
14.10. UA: *Raskolnikoff oder: Schuld und Sühne,* Oper von Heinrich Sutermeister, in Stockholm. Die Oper folgt dem gleichnamigen Roman von Fjodor M. Dostojewski.
20.11. In Hamburg wird eine vierwöchige Ausstellung von Bildern des schweizerischen Malers Paul Klee eröffnet.
27.11. In Frankreich beginnt eine Ausstellung mit Keramiken von Pablo Picasso.
30.12. Mit großem Erfolg läuft am New Yorker Broadway das Musical *Kiss me Kate* an. Die Songtexte und Melodien schrieb Cole Porter. Regie führt John C. Wilson. Die Choreographie geht auf Hanya Holm zurück.
1948 Europas Jazz-Fans feiern beim Festival in Nizza ihr Idol Louis Armstrong.
1948 *Number 1* des amerikanischen Malers Jackson Pollock entsteht.
1948 Mit dem Romanfragment *Der gestohlene Mond* erscheint zehn Jahre nach dem Tod von Ernst Barlach sein letztes, unvollendetes Werk.
1948 In Frankreich erscheinen mit *Die Stadt in der Wüste* die nachgelassenen Aufzeichnungen des 1944 verschollenen französischen Schriftstellers Antoine de Saint-Exupéry.
1948 Der Roman *Das Herz aller Dinge* von Graham Greene handelt vom inneren Konflikt eines Katholiken, der von seinem Mitleid in den Selbstmord getrieben wird.
1948 Schreckensvisionen einer Gesellschaft nach einem Atomkrieg schildert der Roman *Affe und Wesen* von Aldous Huxley.
1948 Der britische Schriftsteller Evelyn Waugh veröffentlicht den Roman *Tod in Hollywood*, der satirisch mit der Filmhauptstadt der Welt umgeht.
1948 Der Schallplattenmarkt in den USA boomt: Über 400 Mio. »Scheiben« gehen über den Ladentisch.

Theater und Film

20.6. In Paris ruft die Europapremiere des Westerns *Der Geächtete* mit Jane Russell in der weiblichen Hauptrolle Proteste von Frauenvereinen hervor.
13.7. Die Filmkomödie *Der Herr vom anderen Stern* mit Heinz Rühmann ist der Kassenschlager des Sommers in Deutschland.
23.7. Mit 73 Jahren stirbt in Hollywood mit David Wark Griffith einer der bedeutendsten Pioniere des Films.
30.9. Der jüngste Drogenskandal Hollywoods um den Marihuana-Konsum des Schauspielers Robert Mitchum endet mit dessen Entlassung aus dem Gefängnis.
1.10. Howard Hawks' Kultwestern *Red River* mit John Wayne in der Hauptrolle kommt in die Kinos.
2.10. UA: *Der Bockerer*, Tragikomödie von Ulrich Becher, in Wien. Das Stück handelt von der nationalsozialistischen Herrschaft in Österreich.
27.10. Das Schauspiel *Der Belagerungszustand* von Albert Camus wird in Paris uraufgeführt. Es folgt inhaltlich dem Camus-Roman *Die Pest*.
2.11. In Brüssel hat das Stück *Medea* von Jean Anouilh Weltpremiere.
4.11. UA: *Ardèle oder das Gänseblümchen*, Schauspiel von Jean Anouilh an der Pariser Comédie des Champs-Elysées.
10.11. UA: *Der öffentliche Ankläger*, Schauspiel von Fritz Hochwälder, im Stuttgarter Staatstheater. Das Stück handelt vom Terror der Französischen Revolution.
26.11. UA: *Fahrraddiebe*, Film des italienischen Regisseurs Vittorio de Sica, in Rom. Der Film gilt als Höhepunkt des italienischen Neorealismus.
30.11. UA: *Der Feigling*, Komödie von Slatan Dudow, am Deutschen Theater in Berlin.
3.12. UA: *Das schwarze Fest*, Stück von Jacques Audiberti, in Paris. Das Stück handelt von einem Arzt, der vor seiner unbefriedigten Gier nach Frauen ins Gebirge flieht.
8.12. UA: *Anna, Königin für tausend Tage*, Schauspiel von Maxwell Anderson, im Schubert Theatre in New York. Das Stück dreht sich um das Schicksal der englischen Königin Anna Boleyn.

Gesellschaft

6.5. Wegen des »Sprachenstreits« in Belgien, der sich in der Nachkriegszeit massiv verschärft, tritt Ministerpräsident Paul Henri Spaak zurück.
9.5. Über die Hohenzollernbrücke in Köln kann der Eisenbahnverkehr wieder aufgenommen werden.
13.5. In der amerikanischen Besatzungszone in Deutschland dürfen ehemalige NSDAP-Mitglieder wieder offiziell beschäftigt werden.
18.5. Die binnen 12 Monaten wiederaufgebaute Frankfurter Paulskirche wird mit einem Festakt zum Gedenken an die bürgerliche Revolution 1848 wiedereröffnet.

Fußball-Landesmeister

Chronik Sport

Deutschland: 1. FC Nürnberg
Österreich: Rapid Wien
Schweiz: AC Bellinzona
Belgien: FC Mechelen
England: FC Arsenal London
Italien: AC Turin
Spanien: FC Barcelona

28.5. Das Schloß Schönbrunn nahe Wien, das der britischen Besatzungsmacht in Österreich als Hauptquartier diente, wird an Österreichs Regierung zurückgegeben.
6.6. Die Stadt New York überschreitet die Einwohnerzahl von acht Millionen. Binnen drei Jahren wuchs die Bevölkerung der größten Stadt der Welt um eine Million.
21.6. Die Währungsreform in den Westzonen führt zum Zusammenbruch der Schwarzmarktgeschäfte.
28.6. Bei einem schweren Erdbeben auf der japanischen Insel Hondo kommen 5000 Menschen ums Leben.
19.7. Als erstes »Lebensmittel« unterliegen Spirituosen in der SBZ nicht mehr der Rationierung.
28.7. Auf dem BASF-Gelände in Ludwigshafen fordert ein schweres Explosionsunglück 178 Tote.
15.8. Die Stadt Köln feiert das 700jährige Jubiläum der Grundsteinlegung des Kölner Domes.

1948

Internationale Politik

2.7., Österreich/USA. Das Marshallplanabkommen zwischen den USA und Österreich wird in Wien unterzeichnet.
27.8., Österreich. Österreich tritt der Weltbank und dem Internationalen Währungsfonds bei.
3.9., Polen. Wladyslaw Gomulka wird als Generalsekretär der Kommunistischen Arbeiterpartei Polens zugunsten von Staatspräsident Boleslaw Bierut abgesetzt.
9.9., Nordkorea. In Pjöngjang proklamiert eine Nationalversammlung die Demokratische Volksrepublik Korea. Das Land ist gespalten.
November, Schweiz. Die Verhandlungen mit den Vereinigten Staaten über einen Beitritt zum Marshall-Plan enden ohne Ergebnis.
2.11., USA. Präsident Harry S. Truman wird von den Wählern im Amt bestätigt.
6.11., China. Die entscheidende kommunistische Großoffensive gegen die chinesische Regierung beginnt.
12.11., Japan. In Tokio endet der Prozeß gegen die Hauptkriegsverbrecher vor dem Internationalen Militärtribunal mit sieben Todesurteilen und 19 lebenslänglichen Haftstrafen.
8.12., Schweiz. Die Schweiz erklärt ihren Beitritt zur UNESCO.
9.12., Frankreich. In Paris verabschiedet die UN-Vollversammlung die Erklärung der Menschenrechte.
27.12., Großbritannien/Israel. Ein britisches Ultimatum an Israel beendet die Kämpfe im Nahen Osten.

Deutsche Politik

26.6. Der US-Militärgouverneur Lucius D. Clay ordnet die Versorgung Westberlins aus der Luft an. In seinen Memoiren berichtet der Pilot Jack O. Bennett von abenteuerlichen Start- und Landemanövern. ▷Chronik Zitat

Abenteuerliche »Luftbrücke«

Chronik Zitat

»Gestartet wurde vom Gras aus. ... Die Landungen waren für unerfahrene Piloten abenteuerlich, da man die relativ dicht angrenzenden Wohnhäuser praktisch nur um Handbreite überfolg. Aber dann kam die Luftbrücke doch richtig in Gang.«
Jack O. Bennett, amerikanischer Pilot

1.7. Die drei westlichen Militärgouverneure übergeben den elf Ministerpräsidenten der Westzonen die »Frankfurter Dokumente«, die u. a. Richtlinien für eine Verfassung eines deutschen »Weststaates« enthalten.
1.9. In Bonn tritt der Parlamentarische Rat zusammen, der ein »Grundgesetz« für einen Weststaat ausarbeiten soll. Ratspräsident wird Konrad Adenauer (CDU).
11.12. Vertreter liberaler Parteien aus den Westzonen gründen im hessischen Heppenheim die Freie Demokratische Partei (FDP). Vorsitzender wird Theodor Heuss.

Wirtschaft und Wissenschaft

10.12., Nobelpreise. In Stockholm werden die diesjährigen Nobelpreise feierlich verliehen. Der Friedensnobelpreis wird in diesem Jahr nicht vergeben. ▷Chronik Nobelpreise
1948, Medien. John W. Tukey prägt den Begriff des »bit« (binary digit) als Nachrichteneinheit der digitalen Binärtechnik.
1948, Physik. Der ungarisch-britische Physiker Dennis Gábor stellt sein Holografie-Verfahren vor.
1948, Mathematik. Der amerikanische Mathematiker Norbert Wiener begründet die Kybernetik, die Wissenschaft von der Verwandtschaft zwischen technischen, organischen und gesellschaftlichen Regelsystemen.
1948, Medien. Der IBM 604 ist der erste lochkartengesteuerte Großrechner.
1948, Technik. Unter dem Markennamen Koerzit kommen die ersten hochwertig gesinterten ALNiCO-Dauermagneten auf den Markt.

Wissenschaftler geehrt

Chronik Nobelpreise

Chemie: Arne Tiselius (S)
Medizin: Paul Müller (CH)
Physik: Patrick S.M. Blackett (GB)
Literatur: Thomas S. Eliot (GB)

1948, Wirtschaft. Die Lebenshaltungskosten sind im zweiten Halbjahr um 14 % gestiegen.

1948 Geborene und Gestorbene

Geboren:
11.1. Helga Anders (†31.3.1986), deutsche Filmschauspielerin.
28.1. George Foreman, amerikanischer Schwergewichtsboxer.
22.3. Andrew Lloyd Webber, britischer Komponist.
17.4. Jan Hammer, tschechischer Popmusiker und Komponist.
16.7. Pinchas Zukerman, amerikanischer Violinist.
22.7. Otto Waalkes, deutscher Filmschauspieler und Entertainer.
20.8. Robert Plant, britischer Popmusiker.
23.8. Vicky Leandros, griechische Sängerin.
26.9. Olivia Newton-John, australische Sängerin.
15.10. Chris de Burgh, irischer Popmusiker.
3.11. Lulu, britische Popsängerin.
14.11. Prinz Charles, britischer Thronfolger.
6.12. Marius Müller-Westernhagen, deutscher Popmusiker

1948

Kunst, Literatur und Musik

1948 Fast Nationalhymnencharakter erhält der ironische Schlager *Wir sind die Eingeborenen von Trizonesien*, den Karl Berbuers singt.

1948 Die Einsamkeit des Existentialisten schildert Ernesto Sábato aus Argentinien in seinem Roman *Der Maler und das Fenster*. Ein Künstler kann seine Isolation nicht überwinden und verliert die Liebe seines Lebens.

1948 Der deutsche Komponist Hans Werner Henze äußert sich zu der musikalischen Entwicklung der vergangenen Jahre. ▷Chronik Zitat

Vielfältige Eindrücke
Zitat

»Die Eindrücke, die namentlich in den ersten Nachkriegsjahren auf die junge Künstlergeneration in Deutschland einstürmen, sind so vielfältig und chaotisch, daß sie ... noch nicht zu einem ... Gesamtbild verdichtet werden konnten.«
Hans Werner Henze, deutscher Komponist

1948 Thornton Wilder behandelt in *Die Iden des März* den Mord an Julius Cäsar, gibt ihm jedoch einen anderen als den überlieferten Hergang.

1948 Der Schriftsteller Norman Mailer schildert in seinem Roman *Die Nackten und die Toten* die Brutalität des Zweiten Weltkriegs aus amerikanischer Sicht.

Theater und Film

1948 Jacques Tati dreht mit *Schützenfest* seinen ersten Langfilm. Der französische Regisseur und Schauspieler wiederbelebt in seinen Filmen den Slapstick.

1948 David Lean erzielt auch mit seiner zweiten Dickens-Verfilmung – *Oliver Twist* – einen großen Erfolg.

1948 Ohne Schnitt und ohne Montage sowie in »Echtzeit« (Handlungszeit entspricht Filmlaufzeit) dreht Alfred Hitchcock den Krimi *Cocktail für eine Leiche* mit James Stewart.

1948 Billy Wilders zynische Komödie *Eine auswärtige Affäre* spielt im Berlin der Nachkriegszeit.

1948 Große Spannung prägt *Key Largo* von John Huston mit Humphrey Bogart und Lauren Bacall.

1948 Mit *Tarzan in Gefahr* verabschiedet sich Johnny Weissmuller als Held des Dschungels. Lex Barker debütiert in *Tarzan und das blaue Tal*.

1948 Einen zeitlosen Thriller dreht Anatole Litvak mit *Du lebst noch 105 Minuten*.

1948 Der Film *Die schrecklichen Eltern* von Jean Cocteau kommt in Frankreichs Lichtspieltheater.

1948 *Gefängnis* ist die erste Produktion von Ingmar Bergmans als unabhängiger Autor und Regisseur.

1948 Kritik an der Inbesitznahme Amerikas durch die weißen Siedler thematisiert John Ford in seinem Western *Bis zum letzten Mann*. Hauptdarsteller sind John Wayne, Henry Fonda und Shirley Temple.

Gesellschaft

2.9. Von der philippinischen Insel Camiguin werden 45 000 Menschen wegen Vulkanausbrüchen evakuiert.

7.9. In der norditalienischen Stadt Asti kommen bei einer Überschwemmungskatastrophe 120 Menschen ums Leben.

11.9. Anläßlich des Münchner Herbstfestes dürfen die Bayern das erste Vollbier seit Kriegsende trinken. Die Maß kostet in den Festzelten 1,20 DM.

27.9. In den USA veröffentlichen »Kommunistenjäger« Namen von führenden Atomwissenschaftlern, die angeblich für die UdSSR spionieren.

13.10. In einem Steinkohlebergwerk in Oelsnitz überbietet Adolf Hernecke das Arbeitssoll um 387% und wird zu einer der Idolfiguren in der Ostzone.

27.10. Der Suchdienst in Berlin hat binnen zwei Jahren eine Mio. Vermißte wieder zu ihrer Familie geleitet.

31.12. Die 100 000. Maschine der alliierten Luftbrücke zur Versorgung Berlins landet auf dem Flughafen Berlin-Tempelhof.

1948 Für die meisten Waren endet in den Westzonen die Rationierung mittels Lebensmittelkarten.

1948 750 000 US-Amerikaner besitzen ein Fernsehgerät.

1948 In der SBZ eröffnen die Läden der Staatlichen Handelsorganisation (»HO-Läden«).

1948 Von den heimkehrenden deutschen Kriegsgefangenen sind vor allem die aus sowjetischer Gefangenschaft entlassenen stark unterernährt und leiden häufig an Krankheiten.

Geborene und Gestorbene

Gestorben:

9.2. Karl Valentin (*4.6.1882), deutscher Komiker und Volksschauspieler.

11.2. Sergei M. Eisenstein (*23.1.1898), sowjetischer Filmproduzent.

31.3. Egon Erwin Kisch (*29.4.1885), tschechoslowakischer Journalist.

6.6. Louis Jean Lumière (*5.10.1864), französischer Chemiker und Filmpionier.

4.7. Richard Teschner (*21.3.1879), österreichischer Maler.

5.7. Georges Bernanos (*20.2.1888), französischer Schriftsteller.

23.7. David W. Griffith (*22.1.1875), amerikanischer Filmregisseur.

12.10. Alfred Kerr (*25.12.1867), deutscher Essayist und Kulturkritiker.

24.10. Franz Lehár (*30.4.1870), österreichisch-ungarischer Operettenkomponist.

1.12. Francis Gruber (*15.3.1912), französischer Maler.

4.12. Karl Bonhoeffer (*31.3.1868), deutscher Psychiater.

Internationale Politik

1.1., Indien/Pakistan. Die UNO vermittelt ein Waffenstillstandsabkommen im pakistanisch-indischen Kaschmir-Krieg.
11.1., Polen. Ein Gesetz gliedert die unter polnischer Verwaltung stehenden ehemaligen deutschen Ostgebiete dem polnischen Staat an.
21.1., China. Angesichts der Niederlagen im chinesischen Bürgerkrieg tritt Präsident Chiang Kai-shek zurück. Li Tsung-jen wird sein Nachfolger.
25.1., UdSSR. In Moskau gründen die Sowjetunion, Bulgarien, Ungarn, Polen, Rumänien und die Tschechoslowakei den Rat für gegenseitige Wirtschaftshilfe (COMECON).
8.2., Ugarn. Wegen Hochverrat wird der Primas der katholischen Kirche, Kardinal József Mindszenty, zu lebenslanger Haft verurteilt.
14.2., Israel. Israel gibt sich eine demokratische Verfassung.
4.3., UdSSR. Außenminister Wjatscheslaw M. Molotow wird durch Andrei A. Gromyko abgelöst.
4.4., USA. In Washington gründen zehn westeuropäische Staaten sowie die USA und Kanada die NATO.
8.4., UdSSR/Südkorea. Die Sowjetunion legt ihr Veto gegen die Aufnahme Südkoreas in die UNO ein.
18.4., Irland. Nach dem Austritt aus dem Commonwealth wird in Dublin die Republik Irland ausgerufen.
5.5., Großbritannien. Zehn westeuropäische Staaten unterzeichnen in London das Statut des Europarates.
2.6., Libyen/Großbritannien. Emir Mohammed Idris El Senussi erklärt die Cyrenaika für unabhängig und fordert Großbritannien zum Abzug auf.
13.7., Vietnam/Frankreich. In Übereinstimmung mit Frankreich proklamiert der ehemalige Kaiser Bao Dai in Saigon die Republik Vietnam.
1.8., Indonesien/Niederlande. Indonesien und die Niederlande beenden auf einer Konferenz in Jakarta ihre Feindseligkeiten.
14.8., Syrien. Ein Umsturz in Syrien bringt Zami Al Hinnawi an die Macht. Sein Vorgänger Hsni Az Zaim wird zum Tode verurteilt. Ministerpräsident wird Haschim Al Atasi.

Deutsche Politik

26.1. Die Alliierten gestatten den »kleinen Grenzverkehr« zwischen Österreich und Deutschland.
4.2. Als Reaktion auf die Berlin-Blockade heben die Westalliierten die Verbindungen der SBZ zur Bizone und nach Westeuropa auf.
4.3. US-Militärgouverneur Lucius D. Clay erreicht den Abzug der sowjetischen Repatriierungskommission aus Frankfurt am Main.
8.4. Großbritannien, Frankreich und die USA einigen sich über ein Besatzungsstatut für einen Weststaat.
14.4. Der »Wilhelmstraßenprozeß« in Nürnberg endet mit 19 Verurteilungen und zwei Freisprüchen.
10.5. Bonn wird »vorläufige Hauptstadt« des Weststaates.
12.5. Die Berlin-Blockade endet.
23.5. Vor dem Parlamentarischen Rat in Bonn wird in einer Feierstunde das Grundgesetz der Bundesrepublik Deutschland (BRD) verkündet.
24.6. Der Wirtschaftsrat für die Bizone in Frankfurt am Main verabschiedet das Flüchtlingssiedlungsgesetz, das heimatvertriebenen Landwirten die Übernahme verlassener Höfe ohne Erben erleichtert.
1.7. Die westalliierten Stadtkommandanten von Berlin verfügen, daß die Berliner nicht an Bundestagswahlen teilnehmen dürfen.
14.8. Die Wahlen zum ersten Deutschen Bundestag enden mit einem Sieg von CDU/CSU.
9.9. Der SED-Vorsitzende Wilhelm Pieck befürwortet die Anerkennung der Oder-Neiße-Linie.
12.9. Theodor Heuss wird von der Bundesversammlung zum ersten Bundespräsidenten gewählt.
15.9. Mit 202 von 389 Stimmen wird Konrad Adenauer (CDU) zum ersten Bundeskanzler gewählt.
20.9. CDU/CSU, FDP und Deutsche Partei bilden die Bundesregierung.
7.10. In Ostberlin proklamiert der Deutsche Volksrat die DDR.
8.10. BRD und DDR schließen ein Interzonenabkommen für die gegenseitigen Handelsbeziehungen.
11.10. Erster Staatspräsident der DDR wird Wilhelm Pieck (SED).

Wirtschaft und Wissenschaft

24.2., Technik. Eine amerikanische Rakete vom Typ »Bumper« erreicht mit 392 km eine neue Rekordhöhe.
2.3., Luftfahrt. Ein US-Bomber vom Typ »Boeing B 50« beendet nach 94 Stunden die erste Erdumkreisung ohne Zwischenlandung. Die Maschine wurde in der Luft viermal betankt.
27.7., Luftfahrt. Mit der britischen »Comet 1« absolviert das erste zivile Düsenflugzeug der Welt seinen Jungfernflug.

Wissenschaftler geehrt
Chronik Nobelpreise

Chemie: William F. Giauque (USA)
Medizin: Walter Hess (CH) und António Caetano Moniz (P)
Physik: Hideki Jukawa (J)
Frieden: John Boyd-Orr (GB)
Literatur: William Faulkner

15.9., Medien. Frankreich beginnt die Ausstrahlung von Fernsehsendungen nach dem 819-Zeilen-Standard, der eine erhebliche Verbesserung des empfangenen Bildes gewährleistet.
23.9., Kernenergie. US-Präsident Harry S. Truman meldet, daß vor wenigen Wochen eine sowjetische Atombombe gezündet worden sei.
8.10., Wirtschaft. Das unter britischer Verwaltung stehende Volkswagenwerk in Wolfsburg wird in die Treuhandschaft der Bundesregierung übergeben.
10.12., Nobelpreise. In Stockholm und Oslo werden die Nobelpreise verliehen. Der Literaturnobelpreis wird erst 1950 vergeben. ▷Chronik Nobelpreise
27.12., Physik. Der deutsch-amerikanische Physiker Albert Einstein stellt die allgemeine Gravitationstheorie auf.
28.12., Astronomie. Die Führung der US-Luftstreitkräfte erklärt offiziell, daß Meldungen über UFOs Hirngespinste seien.
1949, Wirtschaft. Zehn Monate nach der Währungsreform zeigen sich in den Westzonen Zeichen einer Wirtschaftskrise: Die Zahl der Konkurse ist von 120 zu Anfang des Jahres auf 350 im April gestiegen.

1949

Kunst, Literatur und Musik

13.2. George Orwells Roman *1984* wird in den USA als »Buch des Jahres« ausgezeichnet.
7.4. UA: *South Pacific*, Musical von Richard Rogers, in New York.
7.5. Mit seinem Operndebüt *Das Wundertheater* tritt Hans Werner Henze als Komponist hervor.
27.7. Mit der Aufführung der Mozart-Oper *Die Zauberflöte* eröffnen die Salzburger Festspiele.
9.8. Das musikalische Trauerspiel *Antigonae* von Carl Orff wird in der Salzburger Felsenreitschule uraufgeführt.
18.6. Auf der Museumsinsel in Ostberlin wird die Nationalgalerie wiedereröffnet. Von den 15 000 Werken, die das Museum 1939 besaß sind nur noch 75 vorhanden.
3.7. In Köln endet die Ausstellung »Deutsche Malerei und Plastik der Gegenwart«.
25.7. Thomas Mann erhält den Goethe-Preis der Stadt Frankfurt. In einer vielbeachteten Rede beleuchtet er sein Verhältnis zu Deutschland. ▷Chronik Zitat
28.8. Weltweit wird mit Feierlichkeiten des 200. Geburtstages von Johann Wolfgang von Goethe gedacht.
18.9. Mit 205 ausstellenden Verlagen eröffnet in Frankfurt am Main die erste Buchmesse. Ausländische Verlage sind noch nicht vertreten.
7.10. Eine Ausstellung in Brüssel zeigt 63 Plastiken und 49 Zeichnungen des Bildhauers und Grafikers Henry Moore. Die Ausstellung wird außerdem in Paris, Amsterdam, Hamburg, Düsseldorf und Bern zu sehen sein.

Deutsche Ambivalenz

Zitat

»Wir wollen nicht die ... Unterscheidung mitmachen zwischen einem ›bösen‹ und einem ›guten‹ Deutschland ... Großes Deutschtum hat von Gutheit soviel, wie Größe überhaupt davon haben mag, aber das ›böse‹ Deutschland ist immer auch in ihm.«
Thomas Mann, deutscher Schriftsteller

Theater und Film

7.1. In Paris wird das Drama *Ein Mann Gottes* von Gabriel Marcel vorgestellt, das von einem Pastor handelt, der seiner Tochter verschweigt, daß er nicht ihr leiblicher Vater ist.
11.1. Mit einer Aufführung von *Mutter Courage* stellt Bertolt Brecht das zusammen mit seiner Frau Helene Weigel aufgebaute Berliner Ensemble vor.
10.2. Scharfe Kritik erntet Arthur Miller von seiten der Konservativen nach der Premiere seines Stückes *Tod des Handlungsreisenden* im New Yorker Morosco Theatre. Dennoch wird das Schauspiel, das seit dem 7. Oktober am Broadway gespielt wird, eines der erfolgreichsten Stücke überhaupt.
26.2. Das Schauspiel *Unter Aufsicht* von Jean Genet hat in Paris Premiere. Es handelt vom Schicksal dreier Inhaftierter, die mit ihren Verbrechen um gegenseitige Anerkennung kämpfen.
23.4. Veit Harlan, der Regisseur des antisemitischen NS-Filmes *Jud Süß*, wird in Hamburg vom Vorwurf des Verbrechens gegen die Menschlichkeit freigesprochen.
6.8. *Stromboli* ist das erste gemeinsame Filmprojekt des italienischen Regisseurs Roberto Rossellini und seiner späteren Frau Ingrid Bergman.
1.9. Alec Guinness begründet mit seiner Leistung in der Komödie *Adel verpflichtet* von Robert Hamer seinen Weltruhm als Schauspieler.
16.9. UA: *Rotation*, Film von Wolfgang Staudte, in Berlin. Der Film thematisiert das Bild vom unpolitischen Mitläufer.
8.12. Gene Kelly und Stanley Donen führen Regie in dem Erfolgsmusical *On the Town*, das in den amerikanischen Kinos zum Dauerbrenner wird. Es wird wegweisend für die Musical-Filme der 50er Jahre.
1949 Die aufwendige Inszenierung von *Samson und Delilah* von Cecil B. DeMille ist Hollywoods Kampfansage an die wachsende Bedeutung des Fernsehens.
1949 Als Warnung vor den auch in den USA lauernden Gefahren des Totalitarismus versteht Robert Rossen seinen Polit-Thriller *Der Mann, der herrschen wollte*.

Gesellschaft

1.1. Vergnügungsreisen mit Kraftfahrzeugen aller Art bleiben nach einer Verordnung für die Bizone verboten.
13.1. Bei Krawallen zwischen indischstämmigen und schwarzen Einwohnern im südafrikanischen Durban kommen 100 Menschen ums Leben.

Deutsche Meister

Sport

Leichtathletik:
100 m:
Marga Petersen	12,1 sec

200 m:
Margot Gundlach	26,3 sec

Weitsprung:
Elfriede Brunnemann	6,12 m

Diskuswurf:
Karen Uthke	41,86 m

Speerwurf:
Inge Wolf	43,68 m

14.1. Der Briloner Butterprozeß offenbart das Ausmaß der Veruntreuung von Lebensmittel im Nachkriegsdeutschland. Wegen Lebensmittelschieberei wird eine Angestellte des Briloner Ernährungsamtes zu einer zweieinhalbjährigen Haftstrafe verurteilt.
28.2. In Köln erleben 800 000 Menschen den ersten Rosenmontagsumzug seit Kriegsende.
5.3. Nach einer Umfrage des »Spiegels« befürworten 54% der Westdeutschen eine gemeinsame Staatsgründung der Westzonen.
3.4. Vor dem Londoner Picadilly Circus bewundern Zehntausende die ersten Leuchtreklamen in Großbritannien seit 1939.
6.4. Für 500 000 US-Dollar wechselt der berühmte Hope-Diamant in New York den Besitzer. Er steht im Ruf, Unglück zu bringen, doch seine 44 Karat ziehen Käufer an.
26.4. Die Havarie des 17 500 BRT großen britischen Luxusdampfers »Magdalena« vor Rio de Janeiro verursacht der Versicherungsgesellschaft Lloyd's den größten Versicherungsschaden in Friedenszeiten seit dem Untergang der »Titanic«.

1949

Internationale Politik

20. 8., Ungarn. Die neue Verfassung definiert das Land als Volksrepublik.
11. 9., Schweiz. Die Schweiz kehrt zur direkten Demokratie zurück, nachdem während des Krieges Plebiszite eingeschränkt waren.
13. 9., UdSSR. Die UdSSR legt ihr Veto gegen die Aufnahme von Österreich, Ceylon, Finnland, Island, Italien, Jordanien und Portugal in die UNO ein.
24. 9., Ungarn. Der frühere Außenminister László Rajk und zwei Mitangeklagte werden wegen angeblicher Spionage für Jugoslawien in Budapest zum Tode verurteilt.
29. 9., UdSSR/Jugoslawien. Die Sowjetunion kündigt den am 11.4.1945 geschlossenen Freundschaftsvertrag mit Jugoslawien.
1. 10., China. Vor dem Kaiserpalast in Peking proklamiert Mao Tse-tung die Volksrepublik China. Er wird erster Vorsitzender der neugebildeten Zentralen Volksregierung.
16. 10., Griechenland. Mit dem Sieg der Royalisten über die Kommunisten endet der griechische Bürgerkrieg nach sieben Jahren.
26. 11., Indien. Indien erhält von der Verfassunggebenden Versammlung eine demokratische Verfassung.
8. 12., China. Die im Bürgerkrieg unterlegene nationalchinesische Regierung flieht nach Taipeh (Taiwan).
27. 12., Indonesien/Niederlande. Die Niederlande entlassen Indonesien endgültig in die Unabhängigkeit.
28. 10., Frankreich. Georges Bidault bildet die elfte Regierung Frankreichs seit 1944.

Deutsche Politik

12. 10. Otto Grotewohl (SED) wird von der Volkskammer als erster Ministerpräsident der DDR bestätigt.

Alleinvertretungsanspruch
Chronik Zitat

»In der Sowjetzone gibt es keinen freien Willen der deutschen Bevölkerung. Das, was jetzt dort geschieht, wird nicht von der Bevölkerung getragen und damit legitimiert. ... Die Bundesrepublik Deutschland ist allein befugt, für das deutsche Volk zu sprechen.«
Bundeskanzler Konrad Adenauer

21. 10. In seiner Regierungserklärung zur Gründung der DDR formuliert Konrad Adenauer den Alleinvertretungsanspruch der Bundesrepublik. ▷Chronik Zitat
31. 10. Die Bundesrepublik wird in den Europäischen Wirtschaftsrat (OEEC) aufgenommen, der die US-Wiederaufbauhilfe für Europa verteilt.
22. 11. Das »Petersberger Abkommen« zwischen der Bundesrepublik und den Westalliierten erweitert die Souveränität Westdeutschlands.
3. 12. Mit Mutmaßungen gegenüber der Presse über eine Beteiligung an einer Europaarmee entfacht Bundeskanzler Konrad Adenauer die Debatte über eine deutsche Wiederbewaffnung.
15. 12. Auf dem Petersberg bei Bonn überreichen die ersten zwölf Botschafter ihre Beglaubigungsschreiben.

Wirtschaft und Wissenschaft

1949, Medizin. Der amerikanische Arzt Philip Shoewalter Hench stellt eine auf Kortisonspritzen basierende Behandlungsmethode gegen Rheuma vor. Die Nebenwirkungen des Nebennierenhormons sind noch weitgehend unbekannt.
1949, Medien. RCA stellt in den USA ein neues Verfahren für den Empfang von Farbfernsehsignalen vor.
1949, Psychologie. An der Universitätsklinik von Heidelberg eröffnet Alexander Mitscherlich die Abteilung für psychosomatische Medizin.
1949, Pädagogik. Die italienische Pädagogin Maria Montessori verknüpft ihre Erziehungstheorien in dem Buch »Frieden und Erziehung« mit politischen Theorien.
1949, Technik. In der Elektrotechnik gibt es die ersten gedruckten Schaltungen.

Preise in Westdeutschalnd
Chronik Statistik

Einzelhandelspreise (DM):

Butter, 1 kg	5,12
Weizenmehl, 1 kg	0,53
Schweinefleisch, 1 kg	4,47
Rindfleisch, 1 kg	3,21
Kartoffeln, 5 kg	0,74
Eier, 1 Stück	0,43
Vollmilch, 1 l	0,36

1949, Technik. Der amerikanische Physiker William Shockley baut den ersten Flächentransistor.

1949 Geborene und Gestorbene

Geboren:
11.4. Bernd Eichinger, deutscher Filmproduzent.
9.5. Billy Joel, amerikanischer Popmusiker.
3.8. Christoph Geiser, schweizerischer Schriftsteller.
12.8. Mark Knopfler, britischer Popmusiker.
28.11. Tommy Engel, deutscher Popmusiker und Entertainer.
7.12. Annamirl Bierbichler, deutsche Schauspielerin.
22.12. Maurice und Robin Gibb, britische Popmusiker.

Gestorben:
11.2. Axel Munthe (*31.10. 1857), schwedischer Mediziner und Schriftsteller.

1949

Kunst, Literatur und Musik	Theater und Film	Gesellschaft
1.12. Der italienische Rundfunk strahlt die Oper *Der Gefangene* von Luigi Dallapiccola aus, die eine strenge Umsetzung der von Arnold Schönberg entwickelten Zwölftonmusik ist. **8.12.** In Boston wird die zweite Sinfonie von Leonard Bernstein – *Das Zeitalter der Angst* – uraufgeführt. **1949** Pablo Picasso zeichnet die *Friedenstaube*. **1949** Die erste Schau der niederländisch-skandinavischen Künstlergruppe Cobra stellt die Popularität der abstrakten Malerei in Europa unter Beweis. **1949** Wols (Wolfgang Schulze) malt *Das Auge Gottes*. **1949** Georges Braque beginnt die Serie der *Atelier-Bilder*. **1949** Fernand Léger stellt sein Gemälde *Die Rast: Huldigung an David* vor. **1949** In den USA erscheint der Roman *Der Mann mit dem goldenen Arm* von Nelson Algren, der das Elend in den Chicagoer Slums thematisiert. **1949** *Träume von Rosen und Feuer* des schwedischen Schriftstellers Eyvind Johnson handelt von einem Priester, der Opfer der Hexenprozesse in Frankreich wird. **1949** Der literarische Essay *Der Ptolemäer* von Gottfried Benn versucht, die Realität der deutschen Nachkriegszeit zu fassen. **1949** C. W. Ceram (eigentl. Kurt W. Marek) veröffentlicht seinen weltberühmten Bestseller *Götter, Gräber und Gelehrte*, der in Romanform die großen archäologischen Sensationen der letzten 200 Jahre aufbereitet.	**1949** *Ehekrieg* ist eine gelungene Komödie von George Cukor mit Spencer Tracy und Katharine Hepburn in den Hauptrollen. **1949** Halbdokumentarisch dreht Sidney Meyers den Film *Einer von den Stillen*, der das Leben eines schwarzen Jungen in einer Schule für Schwererziehbare zeigt. **1949** Der Edelwestern *Der Teufelshauptmann* von John Ford zeigt John Wayne als Kavallerieoffizier, der genug von den Blutbädern der Indianerkriege hat. **1949** *Das unheimliche Fenster* von Ted Tetzlaff ist einer der größten Kassenerfolge in den USA. **1949** In Howard Hawks Blödelkomödie *Ich war eine männliche Kriegsbraut* beweist Cary Grant all sein Talent für burleske Situationen. **1949** Der Spielfilm *Jugend von heute* von Jacques Becker verfolgt in Paris Gruppen von Jugendlichen bei ihren Alltagsbeschäftigungen. **1949** In der Komödie *Blockade in London* von Henry Cornelius proklamieren die Bewohner des Londoner Stadtteils Pimlico nach Auffindung alter Dokumente ihre staatliche Unabhängigkeit von Großbritannien. **1949** *Haus der Sehnsucht* heißt der erste Film von Edward Dmytryk, den er in seinem britischen Quasi-Exil dreht, da er in den USA als »Kommunist« keine Arbeitserlaubnis hat. **1949** Der Film *Die Nachtwache* von Harald Braun wird wegen seines ausgesprochenen Zukunftsoptimismus in Deutschland ein großer Kassenerfolg.	**27.4.** In Belgien erhalten Frauen das Wahlrecht auf nationaler Ebene. **7.5.** Im »Ätherkrieg« strahlen in den USA und Großbritannien 61 Sender in russischer Sprache Nachrichten aus. **13.5.** Die erste amerikanische Touristengruppe seit Kriegsende erreicht Westdeutschland. **8.6.** Abordnungen aus der ganzen Welt feiern in Köln den 100. Geburtstag des Kolping-Werkes. **19.6.** In der Frankfurter Paulskirche wird die Großloge der Freimaurer in Deutschland wiedergegründet. **30.6.** Vier Jahre nach Kriegsende leben in europäischen Lagern noch immer 400 000 Displaced Persons. **13.7.** Ein Dekret der Kardinalskongregation bedroht Gläubige, die mit dem Kommunismus sympathisieren, mit der Exkommunikation. **15.7.** Bei der Explosion von 500 t Munitionsbeständen der deutschen Wehrmacht wird in der Eifel der Ort Prüm zerstört. Elf Menschen sterben, 150 werden z.T. schwer verletzt. **18.8.** Die Nachrichtenagenturen der westdeutschen Besatzungszonen schließen sich zur Deutschen Presseagentur (dpa) zusammen. **17.9.** Erstmals seit elf Jahren findet in München wieder das Oktoberfest auf der Theresienwiese statt. **24.10.** In New York legt UNO-Generalsekretär Trygve Halvdan Lie den Grundstein für das Hauptquartier der Vereinten Nationen. **25.10.** Die Bundesregierung beziffert die Übersiedlerquote aus der DDR auf über 1000 Personen täglich.

Geborene und Gestorbene

25.3. August Wilhelm (*29.1.1887), Prinz von Preußen.
6.5. Maurice Maeterlinck (*29.8.1862), belgischer Schriftsteller und Philosoph.
21.5. Klaus Mann (*18.11.1906), deutscher Schriftsteller.

10.6. Sigrid Undset (*20.5.1882), norwegische Schriftstellerin.
2.7. Georgi Dimitroff (*18.6.1882), bulgarischer Politiker.
12.7. Hubert R. Knickerbocker (*31.1.1898), amerikanischer Journalist.

16.8. Margaret Mitchell (*8.11.1900), amerikanische Schriftstellerin.
8.9. Richard Strauss (*11.6.1864), deutscher Komponist und Dirigent.
3.11. Salomon Guggenheim (*2.2.1861), amerikanischer Unternehmer und Kunstliebhaber.

Kalter Krieg und Wiederaufbau

Die fünfziger Jahre stehen im Zeichen des Wiederaufbaus, der die sichtbaren Folgen des Zweiten Weltkriegs mühevoll behebt und den betroffenen Völkern schrittweise zu einem neuen, optimistischen Selbstbewußtsein verhilft. Der Glaube an den Fortschritt der gesellschaftlichen Erneuerung wächst parallel zur Entwicklung neuer Technologien und der damit einhergehenden industriellen Fortentwicklung. Dies gilt besonders für die Kerntechnologie und die Raumfahrt. Parallel zum Wiederaufbau erreicht weltpolitisch der Kalte Krieg zwischen der UdSSR und der USA einen ersten Höhepunkt. Beide Supermächte schließen sich mit ihren Verbündeten in Militärblöcken zusammen (NATO, Warschauer Pakt), die einander aufgrund ihrer ideologisch-ökonomisch unterschiedlichen Ausrichtung feindlich gegenüberstehen.

Der Kalte Krieg, den der ehemalige britische Premierminister Winston Churchill bereits 1946 mit seiner Rede vom »Eisernen Vorhang« verbal einleitete, tritt mit Beginn der fünfziger auf mehreren peripheren Schauplätzen in seine heiße Phase. Das kommunistische Nordkorea löst mit seinem Einmarsch in das nach Westen orientierte Südkorea den Koreakrieg aus (1950). Im Rahmen der nach dem Zweiten Weltkrieg einsetzenden Dekolonisalisierung bereitet der französische Indochinakrieg und die Niederlage Frankreichs in Dien Bien Phu 1954 den Boden für den zweiten asiatischen Stellvertreterkrieg, den Bürgerkrieg in Vietnam (seit 1958), der 1965 in den Amerikanischen Vietnamkrieg münden sollte. 1954 beginnt für Frankreich mit dem Algerienkrieg gegen die Unabhängigkeitsbewegung in dem nordafrikanischen Land der zweite prestigeschädigende militärische Kolonialkonflikt der fünfziger Jahre.

Nach dem Tod Stalins 1953 erleben die Staaten des Ostblocks eine Phase der Neuorientierung, die sich in der Entstalinisierung unter dem neuen KPdSU-Chef Nikita S. Chruschtschow seit 1956 einerseits, in der Niederlagung von Reformbewegungen in der DDR (1953) und in Ungarn (1956) andererseits niederschlägt. »Einholen und Überholen« lautet das Motto, unter dem die Sowjetunion nun den ideologischen und ökonomischen Wettbewerb mit dem Westen aufnimmt. Als Reaktion auf den Beitritt der Bundesrepublik zur NATO (1955) schaffen die sozialistischen Länder mit dem Warschauer Pakt 1955 ein gemeinsames militärisches Oberkommando mit Sitz in Moskau.

Das »Wirtschaftswunder« wird zur prägenden Erfahrung jener Jahre in der Bundesrepublik Deutschland. Mit dem ökonomischen Wiederaufstieg sinkt die Zahl der Arbeitslosen rapide, das Bruttosozialprodukt kennt ungeahnte Zuwachsraten. Bundeswirtschaftsminister Ludwig Erhard, der Begründer der »Sozialen Marktwirtschaft«, kann deshalb die Devise »Wohlstand für alle« ausgeben. Dank des »persönliche Regiments« von Bundeskanzler Konrad Adenauer, kommen bis zum Ende der fünfziger Jahre die materiellen Errungenschaften des Aufschwungs breiten Bevölkerungsschichten zugute. So wächst die Zahl der Eigenheimbesitzer, und Autos, Wohnungseinrichtungen oder Urlaub werden selbst für Bezieher kleinerer Einkommen finanzierbar. Entsprechend dem Leitsatz »Haste was, biste was« kultivieren viele Bundesbürger das Leistungsdenken. 1957 unterzeichnen sechs europäische Staaten einschließlich der Bundesrepublik in Rom die Verträge zur Gründung der Europäischen Wirtschaftsgemeinschaft (EWG) zum Abbau von Zöllen und anderen Handelshemmnissen.

Der Fortschritt in der Computertechnologie, Kernreaktortechnik und Unterhaltungselektronik setzt in der Wissenschaft neue Maßstäbe. Der Computer-Pionier Konrad Zuse entwickelt programmgesteuerte Rechneranlagen zur Fertigungsreife und stellt mit dem »Zuse 11« erstmals elektronische Rechengeräte in Serie her (1956). Die Produktion des ersten Videobandes zur Speicherung von Bildern bahnt sich in den USA an, und dank der neuartigen Verbindung

1950–1959

von elektronischen und elektrischen Bauelementen mit Bauteilen der Präzisionsfeinmechanik können zum Beispiel Servomotoren, Temperatur- und Druckregler sowie die ersten Scanner in die Massenproduktion übergehen. Die Nutzung der Atomenergie für friedliche Zwecke erzeugt aufgrund alarmierender Mitteilungen einiger Wissenschaftler wachsendes Unbehagen. Mit der Inbetriebnahme von Atomkraftwerken in den USA und Europa entsteht Mitte der fünfziger Jahre das Problem der Atommülllagerung und -entsorgung.

Die Medizin profitiert u.a. von der Entwicklung neuer Operationsmikroskope, die verfeinerte Operationstechniken auf verschiedenen Gebieten der Chirurgie ermöglichen (1952). Britische und amerikanische Molekularbiologen formulieren die Hypothese der »DNA-Doppelhelix« und erkennen in der Desoxyribunukleinsäure (DNS) den Träger der genetischen Information (1953). Weitere Meilensteine der medizinischen Forschung sind die Entwicklung des ersten Herzschrittmachers (1958) und die von dem britischen Gynäkologen Ian Donald entwickelte Ultraschalldiagnostik zur Abbildung des Kindes im Mutterleib (1958).

In der Kunst existieren die verschiedensten Richtungen abstrakter und gegenständlicher Malerei und Bildhauerei nebeneinander. Henry Moore z.B. verschmilzt in seinen Arbeiten Raum und plastisches Volumen, wobei die Konturen der Körper zur Überwindung der raumverdrängenden Materie teilweise aufgelöst und unterbrochen werden (1953). Der phantastische Realismus bringt junge Künstler wie Erich Brauer, Rudolf Hausner und Wolfgang Hutter hervor. Hausner, dessen halluzinatorische Ich-Malerei von den Nationalsozialisten verboten wurde, thematisiert in seinen »Adam-Bildern« die Bespiegelung der eigenen Person in der Auseinandersetzung mit einer vom Menschen geschaffenen, unmenschlichen Außenwelt (1959). Angeregt vom französischen Objektkünstler Marcel Duchamp, setzt der schweizerische Maler und Bildhauer Jean Tinguely reale Gegenstände an die Stelle der bloßen Abbildung. Seine »Baluba«-Serie (1959) komponiert er im wesentlichen aus Schrottbestandteilen, Vogelfedern und Tierfellen.

Für das deutsche Musikgeschehen wird die kulturelle Isolation des Dritten Reiches und der Nachkriegszeit bis spätestens 1955 überwunden. Eines der bemerkenswertesten musikalischen Ereignisse des Jahrzehnts ist die Uraufführung der Oper »Moses und Aaron« (1954) von Arnold Schönberg in Hamburg – drei Jahre nach dem Tod des Komponisten. Daneben gilt die Aufführung der Oper »Penelope« des schweizerischen Komponisten Rolf Liebermann mit den Solisten Anneliese Rothenberger, Rudolf Schock und Max Lorenz als eine der erfolgreichsten Aufführungen der fünfziger Jahre. Der deutsche Schlager feiert Erfolge mit den Themen Ferne und Heimat. Margot Eskins Single »Cindy, oh Cindy« (1957) findet über eine Million Käufer. Der Hamburger Barde Freddy Quinn ist der beliebteste deutsche Schlagersänger des Jahrzehnts. Seine Single »Heimat« (1956) wird zur erfolgreichsten Nachkriegsplatte. Sensationelle Erfolge feiern auch die französische Chansonsängerin Edith Piaf, der Franzose Yves Montand und die Italo-Spanierin Caterina Valente.

Die deutsche Literatur der fünfziger Jahre zeichnet sich durch ihren kritischen Gegenwartsbezug aus und experimentiert stilistisch mit neuen Formen des Schreibens. Vergangenheitsbewältigung und Gegenwartskritik verbinden z.B. Heinrich Bölls satirischer Generationenroman »Billard um halb zehn« (1959) und Wolfgang Koeppens Triologie »Tauben im Gras« (1951), »Das Treibhaus« (1953) und »Der Tod in Rom«. Günter Grass erreicht mit seinem Roman »Die Blechtrommel« (1959) internationales Ansehen. Weitere deutsche Autoren, die starke Resonanz finden, sind Siegfried Lenz (»So zärtlich war Suleyken«), Alfred Andersch (»Die Kirschen der Freiheit«) und Hans Scholz (»Am grünen Strand der Spree«).

1950

Internationale Politik

4.1., Israel. Die Regierung unter Ministerpräsident Ben Gurion erklärt Jerusalem zur Hauptstadt.
6.1., China. Als erster der westlichen Industriestaaten erkennt Großbritannien die Volksrepublik China an.
14.1., Ceylon. In Colombo beschließen die Außenminister der Commonwealth-Staaten den »Colombo-Plan«, der Aufbauhilfen für Süd- und Südostasien vorsieht.
26.1., Indien. In Neu Delhi proklamiert der letzte Generalgouverneur der ehemaligen britischen Kronkolonie eine neue, republikanische Verfassung.
14.2., UdSSR/China. Die VR China und die UdSSR schließen einen Freundschaftsvertrag auf 30 Jahre.
1.3., Großbritannien. In London wird der deutschstämmige Physiker Klaus Fuchs wegen Landesverrats zu 14 Jahren Gefängnis verurteilt, da er die UdSSR über die westliche Atombombentechnologie informiert hat.
1.3., China. Der nationalchinesische Führer Chiang Kai-shek proklamiert auf Taiwan die Republik China.
8.3., USA. Der republikanische Senator und »Kommunistenjäger« Joseph Raymond McCarthy beschuldigt 80 Angehörige des US-Außenministeriums mit der UdSSR zu sympathisiren.
10.3., Monaco. Rainer III. von Monaco wird zum Fürsten gekrönt.
8.4., Indien/Pakistan. Indien und Pakistan vereinbaren gegenseitigen Minderheitenschutz.
9.4., Vatikan. In seiner Osterbotschaft warnt Papst Pius XII. die kommunistischen Staaten in Osteuropa vor weiterer Unterdrückung der Christen.
24.4., Jordanien. Nach zweijähriger Besetzung annektiert Jordanien das Westjordanland.
25.4., Österreich. Anläßlich des 5. Jahrestages der Zweiten Republik tagt der österreichische Ministerrat. Er beschließt eine Proklamation an das österreichische Volk, in der festgestellt wird, daß die Verantwortung für die Fortdauer der Besatzung bei den alliierten Mächten liegt.
5.5., Thailand. Bhumibol Adulyadej besteigt als Rama IX. den thailändischen Thron.

Deutsche Politik

1.1. In seiner Neujahrsrede fordert Bundespräsident Theodor Heuss von der Bevölkerung Geduld und Vertrauen in die Arbeit der Regierung.
3.1. Frankreichs Außenminister Robert Schumann stattet der Bundesrepublik einen viertägigen Staatsbesuch ab.
16.1. Die sowjetische Kontrollkommission in der DDR erklärt die Arbeitslager Sachsenhausen, Buchenwald und Bautzen für aufgelöst.
8.2. Die Volkskammer der DDR billigt ein Gesetz über die Bildung eines Ministeriums für Staatssicherheit (Stasi). Erster Leiter wird der sächsische Innenminister Wilhelm Zaisser.
15.2. In Westdeutschland sind über zwei Millionen Menschen arbeitslos.
3.3. Ein Vertrag zwischen dem Saarland und Frankreich regelt die Verpachtung der Kohlegruben an Frankreich auf 50 Jahre.
10.3. Nach Sympathiebekundungen gegenüber der für den Nationalsozialismus wird der aus der Deutschen Partei ausgeschlossene, rechtsradikale Abgeordnete Wolfgang Hedler von SPD-Abgeordneten verprügelt.
24.3. Die Bundesregierung beschließt, 22 Behörden nach Westberlin zu verlegen.
1.5. Der FDP-Vorsitzende Franz Blücher ruft alle demokratischen Parteien zur »propagandistischen Gegenoffensive gegen den Bolschewismus« auf.
4.5. Die UdSSR erklärt die Freilassung von deutschen Kriegsgefangenen für abgeschlossen. Von 1,5 Mio. Soldaten fehlt jede Spur.
16.5. Der rheinland-pfälzische Landtag beschließt, den Sitz der Landesregierung von Koblenz nach Mainz zu verlegen.
25.5. SPD-Chef Kurt Schuhmacher verkündet die Gleichberechtigung des deutschen Volkes als Maxime der sozialdemokratischen Politik.
15.6. Mit knapper Mehrheit beschließt der Deutsche Bundestag den Beitritt der Bundesrepublik zum Europarat.
16.6. Die Ostberliner Regierung beschwert sich wegen des angeblichen Abwurfs von ernteschädigenden Kartoffelkäfern über der DDR bei den US-Besatzern in der Bundesrepublik.

Wirtschaft und Wissenschaft

1.1., Wirtschaft. Die westdeutschen Autofahrer reagieren mit Verärgerung und Protesten auf die drastische Erhöhung der Treibstoffpreise. Ein Liter Benzin kostet nun 0,60 DM, 50 % mehr als bisher.
20.1., Geologie. Die unter sowjetischer Aufsicht stehende Wismuth AG beginnt im Harz mit dem Uranbergbau, der allerdings im Juni wieder eingestellt wird.
30.1., Wirtschaft. Beim ersten Winterschlußverkauf seit zehn Jahren registrieren die Kaufleute in den westdeutschen Großstädten einen Massenandrang.
31.1., Physik. Der amerikanische Präsident Harry S. Truman befiehlt die Entwicklung der Wasserstoffbombe.
22.2., Technik. In New York kommen »Regenmacher« zum Einsatz, die durch Trockeneisabwürfe in Wolkenfelder die Dürre beenden sollen.
3.3., Wirtschaft. Der Deutsche Bundestag verabschiedet ein Einkommensteuergesetz, das eine Verringerung der Lohn- und Einkommensteuer von rund 15 % vorsieht.
12.5., Technik. Die USA schießen eine einstufige »Viking«-Rakete bis in eine Höhe von 171 km.

Preise in Westdeutschland
Chronik Statistik

Einzelhandelspreise (DM):

Butter, 1 kg	5,50
Weizenmehl, 1 kg	0,56
Schweinefleisch, 1 kg	4,28
Rindfleisch, 1 kg	3,45
Eier, 1 Stück	0,22
Kartoffeln, 5 kg	0,76
Kaffee, 1 kg	28,80

11.6., Medien. Mit der Ausstrahlung von Probesendungen nimmt der Nordwestdeutsche Rundfunk seinen Fernseh-Testbetrieb auf.
22.6., Technik. Borgward stellt den Kleinwagen Lloyd 300 vor, der wegen seiner Karosserie aus Sperrholz mit Kunstlederüberzug den Spitznamen »Leukoplastbomber« erhält.

1950

Kunst, Literatur und Musik

Februar Willi Baumeister, Lehrer an der Stuttgarter Kunstakademie, gründet die Gruppe ZEN 49.
1.3. UA: *The Consul (Der Konsul)*, Oper von Gian Carlo Menotti, in Philadelphia.
13.3. Der 1457 entstandene Mainzer Psalter, der älteste bekannte Drei-Farben-Druck, kehrt nach seinem Verschwinden aus Dresden 1945 aus den USA in die BRD zurück.
24.3. Der Schriftsteller Arnold Zweig übernimmt die erste Präsidentschaft der Berliner Akademie der Künste.
25.4. In Westberlin absolviert die 10jährige Koloratursopranistin Anja Silja einen 20minütigen Gesangsvortrag vor der Presse.
8.5. Mit der erst 15jährigen Jeannette Gloria als Rosina in Gioacchino Rossinis Oper *Barbier von Sevilla* tritt im Teatro dell'Opera in Rom die jüngste Sängerin der Operngeschichte auf.
10.5. Darius Milhauds *Bolívar* hat in Paris Opern-Premiere.
18.5. In Anwesenheit von Bundeskanzler Konrad Adenauer und Bundespräsident Theodor Heuss eröffnen die Oberammergauer Passionsspiele vor 6000 geladenen Gästen.
29.5. 15 Jahre nach ihrem Rückzug aus der Gesangswelt kehrt die 63jährige Sopranistin Maria Jeritza an die Wiener Staatsoper zurück.
17.6. Der Rowohlt-Verlag bringt als erster deutscher Verlag Romane im Rotationsdruckverfahren heraus (Rowohlts-Rotations-Romane, rororo).
21.6. In Recklinghausen wird die aus einem Bunker erbaute neue Städtische Kunsthalle eröffnet.
4.7. In Ostberlin eröffnet der 2. Schriftstellerkongreß der DDR. In der Bundesrepublik wird die Teilnahme des Hamburger Verlegers Ernst Rowohlt heftig kritisiert.
18.7. Nach vierwöchiger Dauer gehen die Ruhrfestspiele in Recklinghausen zuende. Diesjährige Festspielinszenierung war Shakespeares *König Lear*, in der Karl Pempelfort Regie führte.
27.7. Wilhelm Furtwängler dirigiert zur feierlichen Eröffnung der 30. Salzburger Festspiele die Mozart-Oper *Don Giovanni*.

Theater und Film

2.2. Der Film *Der dritte Mann* von Carol Reed mit Orson Wells, Joseph Cotten und Trevor Howard in den Hauptrollen, kommt in die Kinos.
6.2. Recording Associates N.Y. bietet das erste bespielte Musiktonband der Welt an, das eine neue Ära der Musikvermarktung eröffnet.
22.2. Die 1937 fertiggestellte Walt-Disney-Zeichentrick-Produktion *Schneewittchen* feiert in Köln ihre Deutschlandpremiere.
29.4. Der wegen seiner NS-Filme angeklagte deutsche Regisseur Veit Harlan (u.a. »Jud Süß«) wird in Hamburg erneut vom Vorwurf der Verbrechen gegen die Menschlichkeit freigesprochen.
11.5. UA: *Die kahle Sängerin*, Anti-Theaterstück von Eugène Ionesco, in Paris.
15.5. Sechs Jahre nach seiner Fertigstellung feiert der durch das Ende des Zweiten Weltkrieges fast vergessene Film *Unter den Brücken* von Helmut Käutner seine Premiere.
24.5. In Mexiko heiraten der italienische Regisseur Roberto Rossellini und die schwedische Schauspielerin Ingrid Bergman. In ihrer Autobiographie *Mein Leben* (1980) bekennt sich die Schauspielerin zu ihrer leidenschaftlichen Liebe zu Rossellini. ▷Chronik Zitat

Ingrid Bergmans Liebe
Zitat

»Ich glaube, daß ich Roberto schon geliebt habe, nachdem ich ›Rom, offene Stadt‹ gesehen hatte, denn er ging mir einfach nicht mehr aus dem Kopf.«
Ingrid Bergman, Schauspielerin

8.6. John Huston stellt mit *Der Asphalt-Dschungel* seinen neuesten Film Noir vor.
10.6. Mit der deutschen Erstaufführung des US-Farbfilms *Robin Hood, der König der Vagabunden* wird in Westberlin das mit 22 000 Plätzen größte Freilichtkino der Welt, die Berliner Waldbühne, eröffnet.

Gesellschaft

15.1. Bei dem schwersten Blizzard-Sturm seit 50 Jahren sterben im Nordwesten der USA 26 Menschen.
12.2. Albert Einstein warnt in einer US-Fernsehsendung vor der Entwicklung der Wasserstoffbombe und den damit verbundenen Folgen radioaktiver Strahlung. ▷Chronik Zitat

Verseuchung der Atmosphäre
Zitat

»Die Wasserstoffbombe ... bringt radioaktive Verseuchung der Atmosphäre und damit die Vernichtung alles Lebendigen auf der Erde ... Das Gespenstische dieser Entwicklung liegt in ihrer scheinbaren Zwangsläufigkeit.«
Albert Einstein, Physiker

28.2. In Frankreich ergeht ein Anti-Coca-Cola-Gesetz, das den Import des koffeinhaltigen Getränks einer stärkeren Kontrolle unterwirft.
12.3. Beim Absturz einer Avro-Tudor-II-Maschine der Fairflight Ltd. kommen in Südwales 80 Menschen ums Leben.
März Die Nachricht von Goldfunden 200 km nördlich von Melbourne löst in Australien einen Goldrausch aus.
25.3. Im Prümer Kaffeeschmuggelprozeß verhängen die Richter gegen 17 Angeklagte Gefängnis- und hohe Geldstrafen.
1.4. Das 1944 geschlossene Spielkasino in Baden-Baden nimmt mit Beginn der ersten Kur- und Badesaison seinen Betrieb wieder auf.
13.4. 19 Mitglieder einer Autospringer-Bande werden in Köln zu Gefängnisstrafen verurteilt, da sie unbemerkt die Frachten von Lastwagen auf Autobahnen gestohlen haben.
1.5. In Westdeutschland endet nach elf Jahren die Ausgabe von Lebensmittelkarten.
14.5. Die Bundesbürger spenden am Muttertag für das Müttergenesungswerk 1,35 Mio. DM. Insgesamt kommen in diesem Jahr etwa 2,5 Mio. DM zusammen.

1950

Internationale Politik

9.5., Frankreich. Außenminister Robert Schuman stellt den nach ihm benannten Plan für eine Europäische Gemeinschaft vor. Die Basis von Schumans Europaplan ist die Montanindustrie. ▷Chronik Zitat

Europäische Föderation
Chronik Zitat

»Die Vereinigung der europäischen Nationen erfordert, daß der jahrhundertealte Gegensatz zwischen Frankreich und Deutschland ein Ende nimmt. Die Aktion muß sich in erster Linie an Frankreich und Deutschland wenden.«
Robert Schuman, franz. Außenminister

7.6., USA. UNO-Generalsekretär Trygve Lie legt in New York den 59 Mitgliedsstaaten ein Zehn-Punkte-Programm vor, das die politische Bedeutung der UNO stärken soll.
13.6., Südafrika. Das südafrikanische Repräsentantenhaus billigt den »Group Areas Act«, der getrennte Siedlungsgebiete für Angehörige verschiedener Rassen anordnet.
21.6., Österreich. In Österreich wird die Todesstrafe abgeschafft.
25.6., Korea. Mit dem Einmarsch nordkoreanischer Truppen in Südkorea beginnt der Koreakrieg.
27.6., USA/Korea. Die USA befehlen den in Südostasien stationierten Streitkräften, Südkorea gegen die nordkoreanischen Invasoren »Schutz und Unterstützung zu gewähren«.
7.7., Indien. Angesichts des Koreakrieges bekräftigt Indien seine strikte Neutralität.
11.8., Belgien. Prinz Baudouin tritt die Regentschaft an, nachdem sich sein Vater Leopold III. durch einen Generalstreik zum Rücktritt genötigt sah.
15.8., Indonesien. Staatschef Achmed Sukarno verkündet die Umwandlung des Landes in einen Einheitsstaat.
15.8., Österreich/Schweiz. An der österreichisch-schweizerischen Grenze wird für die Einreisenden der Sichtvermerkszwang aufgehoben.

Deutsche Politik

6.7. Die DDR und Polen schließen das »Görlitzer Abkommen«, das die Oder-Neiße-Linie als Grenze zwischen beiden Staaten festlegt.
22.7. Der SED-Parteitag verabschiedet den ersten Fünfjahresplan.
25.7. Der stellvertretende Parteivorsitzende Walter Ulbricht übernimmt das neugeschaffene Amt des SED-Generalsekretärs.
7.8. Bei der Eröffnung der neuen Sitzungsperiode des Europarates sind erstmals Vertreter der BRD anwesend.
11.8. Die Bundesrepublik und die DDR verlängern ihr Handelsabkommen bis zum 30. September.
17.8. In einem Interview mit der »New York Times« fordert Bundeskanzler Konrad Adenauer angesichts der Ereignisse in Korea eine sofortige Vergrößerung der amerikanischen Streitkräfte in der Bundesrepublik, bzw. die Schaffung einer deutschen »Verteidigungskraft«. ▷Chronik Zitat
27.8. Nach fünf Tagen endet in Essen Evangelische Kirchentag.
19.9. In New York geben die Westmächte eine formelle Sicherheitserklärung für die Bundesrepublik ab.
27.9. Der »Spiegel« veröffentlicht einen Bericht, der 100 Bundestagsabgeordneten vorwirft, bei der Wahl Bonns zur Hauptstadt bestochen worden zu sein.
29.9. Die DDR tritt dem Rat für gegenseitige Wirtschaftshilfe (RGW/COMECON) bei.
15.10. Bei den Wahlen zur DDR-Volkskammer stimmen 99,7% für die allein wählbare Einheitsliste.

»Verteidigungskraft«
Chronik Zitat

»Wir müssen die Notwendigkeit der Schaffung einer starken deutschen Verteidigungskraft erkennen. ... Diese Streitmacht muß stark genug sein, um jede mögliche, den Vorgängen in Korea ähnelnde Aggression der Sowjetzonenvolkspolizei abzuwehren.«
Bundeskanzler Konrad Adenauer

Wirtschaft und Wissenschaft

3.7., Verkehr. Nach zweijähriger Bauzeit wird die Stahlbogenbrücke über den Rhein zwischen Duisburg und Rheinhausen dem Verkehr übergeben.
17.8., Wirtschaft. Die alliierten Besatzungsmächte unterzeichnen ein Gesetz zur Aufspaltung der I.G. Farbenindustrie. 169 Fabriken des Konzerns werden an unabhängige deutsche Gesellschaften übertragen.
27.8., Medien. Auf der Düsseldorfer Funkausstellung werden die ersten UKW-Radioempfänger vorgestellt.
5.10., Wissenschaft. Die Max-Planck-Gesellschaft zur Förderung der Wissenschaften hält in Köln ihre erste Hauptversammlung ab.
6.11., Wirtschaft. In Oderbruch nimmt die größte Kunstfaserfabrik der BRD den Betrieb auf, die mit 2000 kg Perlon pro Tag ein Fünftel des Bedarfs in Westdeutschland deckt.

Wissenschaftler geehrt
Chronik Nobelpreise

Chemie: Otto Diels (D) und Kurt Adler (D)
Medizin: Edward C. Kendall (USA), Tadeus Reichstein (CH) und Philip S. Hench (USA)
Physik: Cecil F. Powell (GB)
Frieden: Ralph J. Bunche (USA)
Literatur: Betrand Russell (GB)

10.12., Nobelpreise. In Stockholm und Oslo werden die Nobelpreise verliehen. ▷Chronik Nobelpreise
1950, Medien. In Leningrad gelingt die erste Übertragung eines dreidimensionalen Fernsehbildes.
1950, Technik. Die Eastman-Kodak-Company beginnt mit der Entwicklung des »Eastman Color«-Verfahrens, das die Positivkopie von Farbfilmen vom Negativ gestattet.
1950, Medien. Erstmals kommen bei einem Computer (MARK II, USA) Magnetbänder als Datenspeicher zum Einsatz.
1950, Wirtschaft. Die durchschnittliche Wochenarbeitszeit in der Industrie beträgt 48 Stunden.

1950

Kunst, Literatur und Musik

28.7. Mit Konzertveranstaltungen wird weltweit dem 200. Todestag von Johann Sebastian Bach gedacht. In der Bundesrepublik konzentrieren sich die Feiern auf die Stadt Leipzig, in der der Komponist 27 Jahre lang lebte.
9.8. Josef Krips dirigiert bei den Salzburger Festspielen Benjamin Brittens Operette *Der Raub der Lucretia*.
Herbst Bing Crosby nimmt mit seinem Sohn Gary Crosby die Songs *Play A Simple Melody* und *Sam's Song* auf.
12.9. Mit Verdis *Othello* beginnt im Königlichen Opernhaus Covent Garden in London das 12tägige Gastspiel der Mailänder Gala.
24.9. Seit seiner Emigration 1933 gibt der Dirigent Bruno Walter in Westberlin erstmals wieder ein Konzert auf deutschem Boden.
30.9. In Kaiserslautern eröffnet das Pfalztheater mit Ludwig van Beethovens *Fidelio*.
24.10. In Rom stellt Fernando Previtali die Zwölftonoper *Morte dell'aria (Tod in der Luft)* von Goffredo Petrassi dem Publikum vor.
1950 Gottfried Benn verarbeitet in der autobiographischen Schrift *Doppelleben* seine innere Emigration während des Nationalsozialismus.
1950 Der postum erschienene Roman *Der Trinker* von Hans Fallada beschreibt den Niedergang eines Alkoholikers.
1950 Mit *Die Sanduhr* erscheint der erste Band der »Gesammelten Romane« von Otto Flake.
1950 Ein Protestwerk gegen den Totalitarismus ist der kafkaeske Roman von Walter Jens *Nein – Die Welt der Angeklagten*.
1950 Am Broadway eröffnet der Jazzkeller »Birdland«, benannt nach Charlie »Bird« Parker.
1950 In Rom eröffnet eine Internationale Ausstellung kirchlicher Kunst.
1950 Jackson Pollock fertigt sein Ölgemälde *Number 27* an. Der Kunstkritiker H. Rosenberg prägt für die Kunst des amerikanischen Malers den Begriff vom »action painting«.
1950 Der Schweizer Bildhauer Alberto Giacometti vollendet die Skulptur *Der Wald*.

Theater und Film

23.8. In Chicago, Massachusetts und Pennsylvania wird die Aufführung des antirassistischen Films *Der Haß ist blind* von Joseph L. Mankiewicz untersagt.
23.8. Der US-Senat warnt in einer offiziellen Verlautbarung die Filmgesellschaften, Filme von Kommunisten, Nazis oder Faschisten zu produzieren. Als Beispiel für einen Regisseur dieser Kategorie wird Roberto Rossellini genannt.
25.8. *Rashomon – das Lustwäldchen* bringt dem japanischen Filmemacher Akira Kurosawa den endgültigen Durchbruch. Der Film wird 1951 in Venedig mit der Goldenen Palme ausgezeichnet.
29.8. UA: *Der Reigen*, melancholisch-komödiantischer Film über Liebesbeziehungen von Max Ophüls nach dem Bühnenstück von Arthur Schnitzler, in Venedig.
7.9. *Schwarzwaldmädel* von Hans Deppe mit Sonja Ziemann und Rudolf Prack läuft in den bundesdeutschen Kinos an. Der Heimatfilm ist die erste deutsche Farbproduktion der Nachkriegszeit und findet über 16 Mio. Zuschauer.
12.9. Die argentinische Regierung untersagt die Einfuhr und Aufführung sowjetischer Filme.
28.9. *Die Glasmenagerie*, Film von Irving Rapper nach dem gleichnamigen Dramas von Tennessee Williams, läuft in den bundesdeutschen Kinos an.
11.10. Anläßlich der deutschen Erstaufführung seines Films *Orphée* trifft der französische Regisseur Jean Cocteau in Hamburg ein.
12.12. In einer Ansprache weist Papst Pius XII. auf die Gefahren hin, die von Film und Fernsehen ausgehen. Er bezeichnet die beiden Medien als Hauptgründe für die Entwicklung »intellektueller Dekadenz«.
12.12. Im Düsseldorfer »Kom(m)ödchen« hat *Was blasen die Trompeten?* Premiere. Das Stück handelt von der deutschen Wiederaufrüstung.
17.12. Sonja Ziemann und Rudolf Prack erhalten den »Bambi« für ihre Rollen in dem Heimatfilm *Schwarzwaldmädel*.

Gesellschaft

20.5. Bei einer Explosion in einem Schacht der Zeche Dahlbusch in Gelsenkirchen-Rotthausen kommen 78 Bergleute ums Leben.
27.5. 500 000 Jugendliche, darunter auch etwa 20 000 aus der BRD und ausländische Delegationen, treffen sich in Ostberlin zum Deutschlandtreffen der Freien Deutschen Jugend (FDJ).

Fußball-Landesmeister
Chronik Sport

BRDeutschland: VfB Stuttgart
Schweiz: Servette Genf
Belgien: RSC Anderlecht
England: Portsmouth
Frankreich: Girondins Bordeaux
Italien: Juventus Turin
Schweden: Malmö FF
Spanien: Atletico Madrid

3.6. In Stuttgart eröffnet die erste Deutsche Gartenschau nach Kriegsende. Bis zum 20. Oktober werden drei Millionen Besucher erwartet.
5.7. Der sizilianische Bandenchef Salvatore Giuliano, der mit seiner etwa 50 Köpfe zählenden Bande seit 1943 Überfälle und Erpressungen begangen hatte, wird während eines Schußwechsels mit Polizisten tödlich getroffen.
21.7. Bei einer Demonstrationsfahrt mit der Wuppertaler Schwebebahn stürzt ein 500 kg schwerer Zirkuselefant aus einer Höhe von 12 m in die Wupper, ohne Schaden zu nehmen.
10.8. Die US-Kommission für Atomenergie veröffentlicht ein Buch über Schutzmaßnahmen bei einem Atomschlag. Empfohlen wird u. a., sich im Gefahrenfeld unter Tische oder Betten zu legen.
3.9. Susanne Erichson, ein 24jähriges Fotomodell aus Berlin, wird in Baden-Baden zur ersten »Miss Germany« gekürt.
7.9. Trotz internationaler Proteste beginnen in Ostberlin auf Geheiß der DDR-Regierung die Sprengungsarbeiten am Berliner Schloß, der früheren Residenz der preußischen Hohenzollern.

1950

Internationale Politik	Deutsche Politik	Wirtschaft und Wissenschaft
20.10., Vietnam. Nach der Räumung der nordvietnamesischen Stadt Lang Son durch französische Truppen beherrscht die vietnamesische Untergrundbewegung Vietminh den Norden des Landes. **30.11., USA.** Präsident Harry S. Truman droht China mit dem Einsatz von Atomwaffen.	**30.11.** DDR-Ministerpräsident Otto Grotewohl schlägt Bundeskanzler Konrad Adenauer in einem Brief die Bildung eines gesamtdeutschen, paritätisch besetzten konstituierenden Rates vor. Die Initiative scheitert an der Forderung einer paritätischen Besetzung durch Ost- und Westabgeordnete.	**1950, Wirtschaft.** Die amerikanische UNIVAC-Handelsgesellschaft will programmierbare Rechner für den kaufmännischen Bereich entwickeln. **1950, Chemie.** Die BASF entwickelt den als Styropor bekanntgewordenen Hartschaum aus Polystyrol. **1950, Technik.** Erwin W. Müller entwickelt das Feldelektronenmikroskop.

1950 Geborene und Gestorbene

Geboren:
2.2. Barbara Sukowa, deutsche Schauspielerin.
13.2. Peter Gabriel, britischer Popmusiker.
12.4. David Cassidy, amerikanischer Schauspieler und Popmusiker.
22.4. Peter Frampton, britischer Popmusiker.

3.6. Suzi Quatro, amerikanische Popsängerin.
5.6. Laurie Anderson, amerikanische Mulitmedia-Künstlerin.
16.6. Klaus Lage, deutscher Rockmusiker.
20.6. Gudrun Landgrebe, deutsche Schauspielerin.

15.8. Prinzessin Anne Elizabeth Alice Louise of Edinburgh.

Gestorben:
2.1. Emil Jannings (*23.7.1884), deutscher Schauspieler.
21.1. George Orwell (*25.1.1903), britischer Schriftsteller.

1951

Internationale Politik	Deutsche Politik	Wirtschaft und Wissenschaft
4.1., Korea. Nordkoreanische Truppen erobern Seoul. **16.1., Österreich.** Der Nationalrat beschließt, den Bundespräsidenten durch das Volk wählen zu lassen. **2.2., USA.** Im Verlauf einer Woche zünden die USA vier Atombomben. **14.2., Schweiz.** Der Bundesrat genehmigt eine Botschaft über die Mitwirkung der Schweiz am technischen Hilfsprogramm der UNO. **15.2., Frankreich.** In Paris beginnt die Konferenz zur Gründung einer Europäischen Verteidigungsgemeinschaft (EVG; Pleven-Plan). **20.2., Österreich.** Der Ministerrat beschließt, ein Wirtschaftsdirektorium zu schaffen, das die Wirtschaftsordnung koordinieren soll. **15.2., Nepal.** König Tribhuwan Bir Bikram Schah kehrt nach dreimonatigem Bürgerkrieg aus dem indischen Exil nach Katmandu zurück.	**1.1.** In seiner Neujahrsansprache unterstreicht Bundespräsident Theodor Heuss seinen Optimismus bei den Verhandlungen zwischen Gewerkschaften und Industriellen über die paritätische Mitbestimmung. **9.1.** Auf dem Petersberg beginnt eine streng geheime Sitzung mit alliierten Delegierten über einen deutschen Verteidigungsbeitrag. **15.1.** Das Augsburger Schwurgericht verurteilt Ilse Koch, die »Kommandeuse von Buchenwald«, zu lebenslänglicher Haft. **15.1.** Die parlamentarischen Gremien der Bundesrepublik beschließen die Aufstellung eines 10 000-Mann starken Bundesgrenzschutzes als Gegengewicht zur Volkspolizei in der DDR. **6.3.** Die BRD erhält von den Westalliierten mehr Souveränität durch eine Lockerung des Besatzungsstatutes, was u.a. die Außenpolitik betrifft.	**21.2., Luftfahrt.** Ein britischer B2-Bomber absolviert den ersten Transatlantik-Flug ohne Nachtanken. **5.4., Medizin.** Der amerikanische Arzt Clarence Dennis stellt eine Herz-Lungen-Maschine vor, mit der er eine 6jährige Patientin am blutleeren Herzen operiert. **7.7., Medien.** In den USA strahlt Columbia Broadcasting System (CBS) die erste Farb-TV-Sendung, eine Show, aus, die den Startschuß für die regelmäßige Übertragung »bunter« Programme bildet. **1.8., Luftfahrt.** Mit einer Douglas Skyrocket erreicht der amerikanische Pilot Bill Bridgeman als erster Mensch mit rund 1193 km/h doppelte Schallgeschwindigkeit (Mach 2). **7.8., Technik.** Eine US-Rakete vom Typ »Viking« stellt mit einer Flughöhe von 200 km einen neuen Höhenweltrekord auf.

1950

Kunst, Literatur und Musik	Theater und Film	Gesellschaft
1950 Der französische Maler Alfred Manessier beendet das Gemälde *Die Dornenkrone*, mit dem er abermals ein religiöses Thema behandelt. **1950** Der amerikanische Maler und Bildhauer Robert Motherwell veröffentlicht die Anthologie *The Dada Painters and Poets*, die viele amerikanische Künstler beeinflußt.	**1950** Anthony Man gelingt mit *Winchester '73* ein Kult-Western. **1950** *Rio Grande*, letzter Teil der Western-Trilogie von John Ford mit John Wayne und Maureen O'Hara, feiert Premiere in den USA. **1950** In den letzten zwei Jahren hat sich die Zahl der sowjetischen Kinos nahezu verdoppelt.	**3.12.** In der Illustrierten »Quick« erscheint die erste Folge der Bildgeschichte über den Meisterdetektiv »Nick Knatterton« aus der Feder von Manfred Schmidt. **1950** Der amerikanische Comiczeichner Charles Monroe Schulz kreiert die »Li'l Folks«, aus denen die berühmten »Peanuts« hervorgehen.

1950 Geborene und Gestorbene

12.3. Heinrich Mann (*27.3.1871), deutscher Schriftsteller.
3.4. Kurt Weill (*2.3.1900), deutscher Komponist.
25.7. Elisabeth Langgässer (*23.2.1899), deutsche Schriftstellerin.
24.8. Ernst Wiechert (*18.5.1887), deutscher Schriftsteller.

11.9. Jan Christian Smuts (*24.5.1870), südafrikanischer Burenführer.
21.9. Arthur Milne (*14.2.1876), englischer Astrophysiker.
21.9. Anton Kippenberg (22.5.1874), deutscher Verleger und Schriftsteller.
9.10. Nicolai Hartmann (*20.2.1882), deutscher Philosoph.

29.10. Gustaf V. (*16.6.1858), König von Schweden.
2.11. George Bernard Shaw (26.7.1856), englischer Dramatiker.
26.11. Hedwig Courths-Mahler (*18.2.1867), deutsche Schriftstellerin.
27.12. Max Beckmann (*12.2.1884), deutscher Maler.

1951

Kunst, Literatur und Musik	Theater und Film	Gesellschaft
16.1. Sir Adrian Boult leitet die erste Nachkriegstournee des London Philharmonic Orchestra durch Deutschland. **11.2.** UA: *Lady Hamilton*, Oper von Robert Heger, in Nürnberg. **8.3.** Die Deutsche Akademie der Künste in Berlin zeigt eine Käthe-Kollwitz-Ausstellung. **17.3.** Die DDR-Presse kritisiert drei Tage nach der Premiere die Oper *Das Verhör des Lukullus* von Paul Dessau und Bertolt Brecht als »formalistisch« und »nicht linientreu«. **27.3.** In Berlin wird die Ruine der 1844 gebauten Krolloper gesprengt, in der der NSDAP-dominierte Reichstag ab dem März 1933 tagte. **10.7.** Zur Erinnerung an die Berliner Luftbrücke wird eine Skulptur von Eduard Ludwig eingeweiht, deren drei symbolische »Betonfinger« nach Westen weisen.	**7.1.** Der Monumentalfilm *Samson und Delilah* des bekannten amerikanischen Regisseurs Cecil B. DeMille wir in Ägypten aus politischen Gründen verboten. **18.1.** Der Spielfilm *Die Sünderin* von Willi Forst löst wegen einiger Nacktszenen von Hildegard Knef einen Skandal aus. **24.1.** Unter der Leitung von Trude Kohlmann zeigt das kabarettistische Atelier-Theater München das Stück *Die kleine Freiheit*. **2.2.** Die Uraufführung von Veit Harlans Film *Unsterbliche Geliebte* ist von Tumulten begleitet, da der Regisseur wegen seiner NS-Vergangenheit kritisiert wird. **16.2.** Mit der Begründung, der Film verletze religiöse Gefühle, wird in New York die Aufführung von *Das Wunder* des italienischen Regisseurs Roberto Rossellini verboten.	**1.1.** In einer Silvesterumfrage wünscht sich jeder dritte Deutsche vor allem eine Zukunft ohne kriegerische Konflikte. **22.1.** Schneefälle verursachen in den Alpen eine »Jahrhundertkatastrophe« mit 329 Toten. **6.2.** Wegen einer Grippeepidemie in Großbritannien, die auch unter den Unterhausabgeordneten grassiert, ist bei einer Abstimmung sogar die Regierungsmehrheit der Sozialisten gefährdet. **12.2.** In Teheran heiratet Persiens Schah Resa Pahlawi die deutschstämmige Soraya Esfandiary Bakhtiary. **26.2.** Das amerikanische Schauspielerehepaar Barbara Stanwyck und Robert Taylor läßt sich scheiden. **15.3.** Wegen Papierknappheit wird in der Bundesrepublik Verpackungsmaterial gespart. So liegt z.B. »Sunlicht«-Seife unverpackt in den Regalen.

1951

Internationale Politik

5.3., Frankreich. In Paris konferieren Delegierte der Siegermächte. Im Juni werden die Gespräche zur Nachkriegsordnung erfolglos abgebrochen.
7.3., Iran. In Teheran ermordet ein islamischer Fanatiker den iranischen Ministerpräsidenten Ali Razmara.
16.3., Schweiz. Der Bundesrat beschließt, mit der BRD diplomatische Beziehungen aufzunehmen.
23.3., Korea. In Südkorea landen 3300 Fallschirmspringer der UN-Truppen hinter den kommunistischen Linien und bringen die Zufahrtstraßen nördlich Seouls unter ihre Kontrolle.
5.4., USA. Ethel und Julius Rosenberg werden in den USA wegen Atomspionage zum Tode verurteilt. Sie werden für schuldig befunden, Informationen aus dem Atomforschungszentrum Los Alamos an die Sowjetunion weitergeleitet zu haben.
11.4., USA. Präsident Harry S. Truman entläßt den 71jährigen General Douglas MacArthur als Oberbefehlshaber der UN-Truppen in Korea.
18.4., Frankreich. Mit der Unterzeichnung des Vertrages zur »Montanunion« (Frankreich, Bundesrepublik und Benelux-Staaten) in Paris beginnt die europäische Einigung.
25.4., USA/China. Zum Schutz vor einer chinesischen Invasion entsenden die USA »Militärberater« nach Formosa (Taiwan).
18.5., USA. Die Vollversammlung der UNO in New York beschließt ein Embargo der strategisch wichtigen Güter für China.
25.5., Großbritannien/UdSSR. Mit Guy Burgess und Donald D. MacLean setzen sich zwei hochrangige britische Diplomaten in den Ostblock ab. Am 11.2.1956 geben die beiden Topagenten in Moskau eine Pressekonferenz, in der sie sich offiziell zum Kommunismus bekennen.
27.5., Österreich. In Österreich siegt der 78jährige Wiener Bürgermeister Theodor Körner (SPÖ) bei der ersten Direktwahl des Bundespräsidenten.
7.6., USA/Deutschland. Mit sieben Hinrichtungen werden die letzten Todesurteile der Nürnberger Prozesse vollstreckt.

Deutsche Politik

8.3. Das Bundeskriminalamt (BKA) wird in Wiesbaden eingerichtet.
15.3. Bundeskanzler Konrad Adenauer übernimmt zusätzlich das Amt des Außenministers. Nach eigenem Bekunden will Adenauer das Außenministerium so schnell nicht wieder verlassen. ▷Chronik Zitat

Kanzler und Außenminister
Chronik Zitat

»Ich bedaure, daß die zahlreichen Anwärter auf den Posten noch warten müssen, der Außenministerstuhl ist eben noch nicht frei, und es ist ganz gut, daß sich der Mensch manchmal in Geduld übt.«
Bundeskanzler Konrad Adenauer

10.4. Der Bundestag verabschiedet das Gesetz über die Mitbestimmung der Arbeitnehmer im Montanbereich.
2.5. Die Bundesrepublik wird als 14. vollberechtigtes Mitglied in den Europarat aufgenommen.
7.6. Der Bundestag berät die Ergebnisse des »Spiegel-Ausschusses«, die die Vorwürfe der Bestechlichkeit von Abgeordneten bei politischen Entscheidungen nicht gänzlich ausräumen.
26.6. Die Bundesregierung verbietet in Westdeutschland die KPD-nahe Organisation Freie Deutsche Jugend (FDJ).
5.7. Eine Konferenz in London berät über die Frage der Auslandsschulden der BRD, die sie als Erblast des Deutschen Reiches übernehmen soll.
9.7. Formell beendet Großbritannien den Kriegszustand mit Deutschland. Über 40 weitere Nationen folgen.
25.7. Der Ostberliner Magistrat läßt an der Sektorengrenze Straßensperren aus Schutt errichten.
1.9. Die DDR erhebt für die Benutzung ihrer Straßen durch Fahrzeuge aus der Bundesrepublik und Westberlin eine Straßennutzungsgebühr.
28.9. Das Bundesverfassungsgericht wird begründet.
1.10. Die Bundesrepublik tritt dem Handels- und Zollabkommen GATT bei.

Wirtschaft und Wissenschaft

31.8., Medien. Die Deutsche Grammophon-Gesellschaft stellt auf der Musikmesse in Düsseldorf die erste deutsche Langspielplatte mit 33,3 Umdrehungen in der Minute vor.
6.9., Medien. Der Nordwestdeutsche Rundfunk erhält seinen ersten Fernseh-Übertragungswagen.
4.10., Technik. Auf dem 38. Pariser Autosalon macht der »Le Sabre« von General Motors Furore. Die 100 000-Dollar-Einzelanfertigung besticht durch weitgehende Automatisierung sowie eine Höchstgeschwindigkeit von 300 km/h.
1.11., Technik. In der Salzwüste von Nevada erproben die USA den Einsatz von Soldaten in einem nuklearen Gefechtsfeld. Viele der 5000 Teilnehmer werden dabei weitaus stärker radioaktiv verstrahlt, als zunächst zugegeben wird.
24.11., Wirtschaft. Die Internationale Ruhrbehörde setzt nach einem Streit mit der Bundesregierung die Kohleexportquote von 6,2 Mio. t auf 6 Mio. t herunter.
5.12., Medizin. Eine Blinddarmoperation wird zu Lehrzwecken live in drei Hörsäle der chirurgischen Abteilung des Eppendorfer Krankenhauses in Hamburg übertragen.
7.12., Wirtschaft. Als erste Nachfolgeorganisation der I.G. Farbenindustrie, des ehemals weltgrößten Chemiekonzerns, wird in Frankfurt am Main die Farbwerke Hoechst AG gegründet.

Wissenschaftler geehrt
Chronik Nobelpreise

Chemie: Edwin M. McMillan (USA) und Glenn T. Seaborg (USA)
Medizin: Max Theiler (USA)
Physik: John D. Cockcroft (GB) und Ernest Th. S. Walton (IRL)
Frieden: Léon Jouhaux (F)
Literatur: Pär F. Lagerkvist (S)

10.12., Nobelpreise. In Stockholm und Oslo werden die diesjährigen Nobelpreise feierlich verliehen. ▷Chronik Nobelpreise

1951

Kunst, Literatur und Musik

September Bei den internationalen Ferienkursen für Neue Musik in Darmstadt stößt eine Vorführung der »Klangwelten der elektronischen Musik« auf großes Publikumsinteresse.

11.9. UA: *The Rake's Progress*, Oper von Igor Strawinsky, in Venedig. Die deutsche Erstaufführung findet am 11. September unter dem Titel *Der Wüstling* in Stuttgart statt.

13.9. Im wiederaufgebauten Düsseldorfer Operettenhaus eröffnet das Schauspielhaus, das auf Initiative von Gustaf Gründgens als Schauspiel-GmbH organisiert ist.

12.10. Die von Bertolt Brecht auf »Linietreue« gebrachte Fassung der Oper *Das Verhör des Lukullus* läuft an der Deutschen Staatsoper in Ostberlin an.

21.10. Gottfried Benn erhält in Darmstadt den Georg-Büchner-Preis.

1.12. Im Londoner Royal Opera House Covent Garden hat die Oper *Billy Budd* von Benjamin Britten durchschlagenden Erfolg.

1.12. Das Sinfonieorchester des Nordwestdeutschen Rundfunks wird bei der ersten Auslandstournee eines deutschen Orchesters seit 1945 in London vom Publikum gefeiert.

4.12. In Darmstadt konstituiert sich als Abspaltung des gesamtdeutschen Schriftstellerverbandes PEN ein »Deutsches PEN-Zentrum der Bundesrepublik« mit Erich Kästner als erstem Präsidenten.

23.12. Die Eröffnungsfeierlichkeiten für den Theaterneubau »Großes Haus« in Frankfurt am Main werden begleitet von den *Meistersingern von Nürnberg* von Richard Wagner.

24.12. NBC Opera Company strahlt die erste, ausschließlich für das Fernsehen produzierte Oper aus. *Amahl and the Night Visitors* von Gian Carlo Menotti wird 1952 auch in einer Bühnenfassung aufgeführt.

1951 In New York begründet der Pianist Lennie Tristano die »New School of Arts« für den Cool Jazz.

1951 Der 15jährige amerikanische Rockmusiker Little Richard (Richard Penniman) beginnt mit – allerdings noch erfolglosen – Aufnahmen bei RCA seine Karriere.

Theater und Film

21.2. Die Bundesregierung stiftet den »Deutschen Filmpreis«.

1.3. Nach einem Bühnenstück von Léon Kruczkowski hat der Film *Die Sonnenbrucks* in deutschen Kinos Premiere, der die Familiengeschichte eines Wissenschaftlers thematisiert.

8.3. Die Boulevardkomödie *Wolken sind überall* von Hugh F. Herbert hat Premiere in New York und wird weltweit ein Schlager.

12.3. In dem Film *Dr. Holl* mit Maria Schell und Dieter Borsche in den Hauptrollen heiratet ein Arzt eine unheilbar kranke Patientin.

6.6. In Berlin eröffnet die erste Berlinale im Steglitzer Titania-Palast. Gleichzeitig findet die erste Verleihung des Bundesfilmpreises statt. Als bester Spielfilm wird der Roman von Erich Kästner *Das doppelte Lottchen* in der Regie von Josef von Baky preisgekrönt.

7.6. UA: *Der Teufel und der liebe Gott*, Schauspiel von Jean-Paul Sartre, in Paris. Das Stück sorgt für Diskussionen über den »Existenzialismus«.

8.6. Zur Premiere des Folkwang-Tanztheaters werden unter der Leitung von Kurt Jooss *Der grüne Tisch* und *Großstadt 1926* gezeigt.

16.6. Argentinien hebt das Aufführverbot für amerikanische Filme auf.

21.8. Der Film *Sündige Grenze* des Regisseurs R.A. Stemmle beschreibt Kinderkriminalität und Schmuggel an der deutsch-holländischen Grenze.

31.8. Der Film *Der Untertan* von Wolfgang Staudte nach dem Roman von Heinrich Mann wird nur in der DDR uraufgeführt.

5.9. Mit *Wilhelm Tell* eröffnet das Schiller-Theater die ersten Berliner Festwochen.

7.9. Unter der Regie von Peter Lorre erzählt der Film *Der Verlorene* von einem Wissenschaftler, der während des Nationalsozialismus zum Triebtäter wird.

14.9. Eine Verwechslungs- und Verkleidungskomödie erzählt der Film *Fanfaren der Liebe* von Kurt Hoffmann, der in Deutschland anläuft.

19.9. Mit Elia Kazans *Endstation Sehnsucht* gelingt Marlon Brando der Durchbruch als Darsteller.

Gesellschaft

20.3. In Nordostbrasilien löst die Dürre eine Hungerkatastrophe aus, in deren Verlauf auch Pesterkrankungen auftreten.

11.4. Preiserhöhungen bei Brot und Margarine führen in der BRD zu Protesten unter der Bevölkerung.

1.5. Der Sender Freies Europa nimmt in München den Betrieb auf.

6.5. Ein schweres Erdbeben in San Salvador zerstört die Städte Jucuapa und Chinameca und fordert 200 Tote.

6.5. König Faruk I. von Ägypten heiratet die erst 17jährige Narriman Sadek. Das Hochzeitsfest in Kairo kostet umgerechnet drei Mio. DM.

10.5. Nach Abschaffung der Monatsfahrkarten für Studenten brechen in Hamburg schwere Krawalle aus.

6.6. Bei Lloyds steht die Wettquote gegen einen Kriegsausbruch bei 20:1.

Deutsche Meister Sport

Leichtathletik:	
100 m:	
Heinz Fütterer	10,8 sec
110 m Hürden:	
Wolfgang Troßbach	15,0 sec
Hochsprung:	
Werner Bähr	1,91 m
Weitsprung:	
Herbert Göbel	7,19 m
Speerwurf:	
Emil Sick	69,54 m

9.6. In Düsseldorf nimmt die Polizei 36 Kommunisten fest, die für eine in der Bundesrepublik verbotene Volksbefragung demonstrieren.

11.6. In Frankfurt am Main wird das Neckermann-Versandhaus eingeweiht.

Juli Eine Überschwemmungskatastrophe in Kansas City fordert 17 Tote.

13.7. In Chicago kommen 450 Polizisten und Nationalgardisten zum Einsatz, um den Umzug einer farbigen Familie in ein »weißes« Wohnviertel durchzusetzen.

17.7. Die US-amerikanische Ford-Stiftung spendet 5,5 Mio. DM für den Aufbau der Freien Universität Berlin.

1951

Internationale Politik

28.6., Ungarn. Ein Gericht verurteilt in einem Schauprozeß Erzbischof Josef Grosz wegen »Verschwörung« zu 15 Jahren Haft.
30.6., Deutschland. In Frankfurt am Main wird die Sozialistische Internationale gegründet.
18.7., Österreich. Der Nationalrat genehmigt den Beitritt Österreichs zum Allgemeinen Zoll- und Handelsabkommen »GATT«.
20.7., Jordanien. König Abd Allah Ibn Al Husain fällt einem Attentat zum Opfer.
14.8., Spanien. Das Franco-Regime erhält von den USA einen Kredit über 200 Mio. US-Dollar.
30.8., Rumänien. Presseberichte melden eine Vertreibungsaktion, von der 30 000 Banater Schwaben betroffen sein sollen.
1.9., USA/Australien/Neuseeland. Australien, Neuseeland und die USA schließen den ANZUS-Pakt.
27.9., Iran. Iranisches Militär besetzt die britische Ölraffinerie Abadan, die offiziell verstaatlicht ist.
28.9., Argentinien. In Argentinien wird ein Militärputsch gegen Präsident Juan Perón niedergeschlagen. Perón verkündet daraufhin den Kriegszustand.
25.10., Großbritannien. Der Wahlsieg der Konservativen bringt abermals Winston Churchill in das Amt des Premierministers.
6.12., Ägypten. Wegen antibritischer Ausschreitungen aufgrund des Konfliktes um die Suezzone tritt der Ausnahmezustand in Kraft.

Deutsche Politik

2.10. Bundeskanzler Konrad Adenauer berichtet im Bundestag von seiner Unterredung mit den alliierten Hochkommissaren auf Schloß Röttgen. Die Alliierten stimmen dem deutschen Wunsch nach einem Ende der Besatzungsautorität nicht zu, wollen der BRD aber weitere Souveränitätsrechte zugestehen.
4.10. In einer Note der Bundesregierung an die Westalliierten präzisiert Konrad Adenauer die Bedingungen für die Abhaltung gesamtdeutscher Wahlen.
5.10. Der Bundesrat lehnt den Vorschlag von Bundesfinanzminister Fritz Schäffer (CSU) für eine Aufwandsteuer ab und schlägt statt dessen eine Erhöhung der Mehrwertsteuer vor.
7.10. Bei den Bremer Bürgerschaftswahlen wird die konservative Deutsche Partei (DP) zweitstärkste Partei. Trotz ihres Wahlerfolgs wird die DP nicht an der Regierungsbildung beteiligt.
16.10. Im Deutschen Bundestag endet eine Debatte über die Deutsche Frage mit scharfen Auseinandersetzungen zwischen Regierung und Opposition.
14.11. Der Bundestag verabschiedet ein Sofortprogramm zur Arbeitsbeschaffung. Aus Mitteln der Arbeitslosenversicherung sollen 200 Mio. DM zur Verfügung gestellt werden.
16.11. Die Bundesregierung stellt beim Bundesverfassungsgericht einen Verbotsantrag gegen die Kommunistische Partei Deutschlands (KPD) und die Sozialistische Reichspartei (SRP).
17.11. In Hannover konstituiert sich der »Bund der vertriebenen Deutschen« (BvD).

Wirtschaft und Wissenschaft

20.12., Technik. In Arco/Idaho (USA) nimmt mit dem Brutreaktor EBR-I der erste »Schnelle Brüter« der Welt den Betrieb auf, der als erster Reaktor überhaupt elektrischen Strom liefert.
1951, Luftfahrt. Die USA bauen das Turbinenflugzeug »Bell X 5«, das über verstellbare Pfeilflügel verfügt.

Religion in Westdeutschland
Chronik Statistik

Katholische Christen	21 576 179
Evangelische Christen	24 430 815
andere Religionen	1 528 713
Juden	17 116
ohne Angaben	142 849

1951, Physik. Mit Hilfe von Tageslicht und einem »Sonnenofen« erreichen amerikanische Wissenschaftler eine Erhitzung bis auf 2000 °C.
1951, Technik. Im Auftrag der Ampex Corporation entwickelt Charles Ginsburg den Videorecorder.
1951, Wirtschaft. Die Erdöl-Pipeline zwischen dem Persischen Golf und dem Mittelmeer nimmt den Betrieb auf.
1951, Technik. Der Rechner MARK III an der Harvard-Universität in Cambridge/Massachusetts ist die erste Datenverarbeitungsanlage, die mit einem Magnetband ausgestattet ist.
1951, Physik. In Großbritannien experimentiert Alan Alfred Ware mit magnetischen Flaschen, um die Kernfusion kontrollieren zu können.

1951 Geborene und Gestorbene

Geboren:
30.1. Phil Collins, britischer Popmusiker.
4.3. Chris Rea, britischer Sänger, Gitarrist und Songschreiber.
30.3. Wolfgang Niedecken, deutscher Popmusiker.
7.4. Janis Ian, amerikanische Sängerin, Pianistin und Songschreiberin.
3.9. Simone von Zglinicki, deutsche Schauspielerin.
2.10. Sting, britischer Popmusiker.
7.10. John Mellenkamp, amerikanischer Rockmusiker.
14.12. Mike Krüger, deutscher Schlagersänger und Entertainer.

Gestorben:
10.1. Sinclair Lewis (*7.2.1885), amerikanischer Schriftsteller.

1951

Kunst, Literatur und Musik

1951 Die Four Aces landen mit *(It's No) Sin* und *Tell Me Why* erste Hits in den USA.
1951 In seinem Roman *Der Erwählte* variiert Thomas Mann in mittelhochdeutschen und altfranzösischen Wendungen die Ödipus-Legende.
1951 Jerome D. Salinger veröffentlicht *Der Fänger im Roggen*.
1951 Die Sinnlosigkeit des Krieges thematisiert Heinrich Böll in *Wo warst du, Adam?*
1951 Graham Greenes Roman *Ende einer Affäre* beschreibt den Glauben an Leben, Liebe und Gott.
1951 Mit *Die Caine war ihr Schicksal* gelingt dem amerikanischen Schriftsteller Herman Wouk ein Weltbestseller, der mit Humphrey Bogart in der Rolle des despotischen Offiziers verfilmt wird.
1951 Der desertierte, frühere Soldat James Jones feiert mit dem Roman *Verdammt in alle Ewigkeit* einen Verkaufserfolg in den USA. 1953 wird der Bestseller verfilmt.
1951 Für *Die schwarzen Schafe* erhält Heinrich Böll den Literaturpreis der »Gruppe 47«.
1951 In den USA setzt sich der Begriff »Rock'n'Roll« als musikalische Stilbezeichnung durch. Seit Jahrzehnten stand er im Blues als Synonym für den Beischlaf.
1951 Die amerikanische Gruppe Dominoes veröffentlichen ihr Album *Sixty Minute Man*.
1951 Pablo Picasso thematisiert den Korea-Konflikt in seinem Ölgemälde *Massaker in Korea*.

Theater und Film

29.9. Der Film Noir *Reporter des Satans* von Billy Wilder setzt sich mit der Sensationsgier der Medien auseinander.
4.10. Das Fimmusical *Ein Amerikaner in Paris* des amerikanischen Regisseurs Vincente Minelli nach der Musik von Georg Gerschwin avanciert nach der Uraufführung zu einem der erfolgreichsten Musicals der Filmgeschichte.
8.10. Starschauspieler aus aller Welt feiern den 50. Jahrestag der Filmmetropole Hollywood.
8.11. Der Film *Das Haus in Montevideo* thematisiert eine Komödie um eine Erbschaft, die Rache einer Schwester auf und zwölf uneheliche Kinder.
8.11. *Quo Vadis*, der mit 30 Mio. DM Produktionskosten bisher teuerste Film, feiert in New York Premiere. Regisseur Mervyn Le Roy hat an dem Epos drei Jahre gearbeitet.
14.11. Der Heimatfilm *Grün ist die Heide* von Hans Deppe wird fast so erfolgreich wie *Das Schwarzwaldmädel*.
6.12. Der kanadisch-amerikanische Regisseur Edward Dmytryk und die Filmautoren Martin Berkeley und Richard Collins verteidigen in Hollywood öffentlich die Ziele der Kommunistischen Partei.
12.12. Henry Hathaways Kriegsfilm *Rommel, der Wüstenfuchs* darf auf Anordnung des höchsten US-Gerichts nicht in Deutschland gezeigt werden, da er den deutschen Militarismus glorifiziere.
1951 Von Keisuke Kinoshita erscheint der erste japanische Farbfilm *Carmen kehrt heim*.

Gesellschaft

19.7. Ein New Yorker Schneider »erfindet« zweifarbige Herrenhosen und löst eine Nachfragelawine aus.
4.8. In München beginnt der 26. Esperanto-Weltkongreß.
5.8. Die 18jährige Gymnasiastin Vera Marks gewinnt in Baden-Baden die Wahl zur »Miß Germany«.
5.8. In Ostberlin finden die 3. Weltspiele der Jugend und Studenten statt, an denen zwei Mio. Jugendliche aus 104 Ländern teilnehmen.
19.8. Ein Tornado verwüstet Teile der Karibikinsel Jamaika und fordert 40 Menschenleben.
20.8. Österreichs Behörden führen wegen Versorgungsengpässen zwei »fleischlose« Tage in der Woche ein.
22.8. In Bayern wird ein Antrag zur Abschaffung der körperlichen Züchtigung von Schülern abgelehnt.
4.9. Bayerns Ministerpräsident Hans Ehard kritisiert das Münchner Institut für Geschichte der nationalsozialistischen Zeit für die Herausgabe von »Hitlers Tischgesprächen«.
4.10. Aufgrund von Kohleknappheit streicht die Deutsche Bundesbahn für den Winterfahrplan 1951/52 insgesamt 148 Zugverbindungen.
5.10. Im Wolfsburger Volkswagenwerk wird der 250 000ste »Käfer« unter der Belegschaft verlost.
2.11. Der frühere Reichskanzler Heinrich Brüning (1930–1932) nimmt an der Universität Köln einen Lehrstuhl für Politik an.
6.11. Marie-Gabriele von Luxemburg heiratet den dänischen Grafen Knud Holsberger Ledreborg.

Geborene und Gestorbene

30.1. Ferdinand Porsche (*3.9.1875), deutscher Automobilkonstrukteur.
8.2. Fritz Thyssen (*9.11.1873), deutscher Industrieller.
16.2. Hans Böckler (*26.2.1875), deutscher Gewerkschafter.
19.2. André Gide (*22.11.1869), französischer Schriftsteller.
29.4. Ludwig Wittgenstein (*26.4.1889), österreichischer Philosoph.
30.5. Hermann Broch (*1.11.1886), österreichischer Schriftsteller.
2.7. Ferdinand Sauerbruch (*3.7.1875), deutscher Chirurg.
14.7. Arnold Schönberg (*13.9.1874), österreichischer Komponist.
14.8. William Randolph Hearst (*29.4.1863), amerikanischer Zeitungsverleger.

1952

Internationale Politik

20.1., Großbritannien/Ägypten. Britische Truppen besetzen zur Sicherung der Suezkanalzone die ägyptische Stadt Ismailija.
6.2., Großbritannien. Der britische König Georg VI. stirbt nach 14 Thronjahren. Ihm folgt Elisabeth II. als Staatsoberhaupt.
29.2., Frankreich. Nach nur elf Amtstagen tritt Ministerpräsident Edgar Faure zurück. Damit scheitert bereits die 17. Nachkriegsregierung.
1.3., Indien. Mit einer Dreiviertelmehrheit siegt die indische Kongreßpartei von Ministerpräsident Jawaharlal Nehru bei den ersten Parlamentswahlen.
10.3., UdSSR. Die »Stalin-Note«, ein Angebot der UdSSR zur deutschen Wiedervereinigung, sorgt im Westen für Aufregung.
10.3., Kuba. Ein Putsch führt Diktator Fulgencio Batista y Zaldívar nach acht Exiljahren an die Macht zurück.
18.3., USA. Nachdem US-Senator William Benton »Kommunistenjäger« Joseph McCarthy des totalitären Auftretens bezichtigt hat, wird er von ihm wegen Verleumdung verklagt.
30.3., Schweiz. Durch Volksabstimmung wird das Landwirtschaftsgesetz angenommen.
30.3., Griechenland. In der Nähe Athens werden vier Todesurteile gegen Kommunisten vollstreckt.
3.4., Österreich. Eine außerordentliche Sitzung aller österreichischen Landtage unterstreicht den Freiheitswillen Österreichs.
9.4., Bolivien. Ein Aufstand der »Revolutionären Nationalistischen Bewegung« (MNR) entmachtet die Militärjunta unter Hugo Ballivan.
27.5., Frankreich. Frankreich, Italien, die Bundesrepublik und die Beneluxstaaten unterzeichnen in Paris den Vertrag für eine Europäische Verteidigungsgemeinschaft (EVG).
15.6., Kambodscha. König Norodom Sihanuk entläßt die Regierung und übernimmt selbst die Exekutive.
19.6., Schweiz. Der Nationalrat billigt einen Bundesbeschluß über die Gewährung technischer Hilfe an wirtschaftlich unterentwickelte Gebiete.

Deutsche Politik

2.1. Die Bereitschaftspolizei der DDR wird mit sowjetischen Waffen ausgerüstet und bildet de facto eine Armee.
24.1. Das Mutterschutzgesetz tritt in der Bundesrepublik in Kraft.
20.2. Während einer Parlamentssitzung wird der fraktionslose Abgeordnete Franz Richter festgenommen, bei dem es sich in Wirklichkeit um den NS-Gauleiter Fritz Rößler handelt.
4.3. Sämtliche Stromlieferungen von seiten der DDR an Westberlin werden »wegen technischer Probleme« eingestellt.
27.3. Ein Attentatsversuch gegen Bundeskanzler Konrad Adenauer mittels einer Briefbombe scheitert, tötet aber einen Sprengstoffexperten.
2.5. Die dritte Strophe des Deutschlandliedes wird in der Bundesrepublik Nationalhymne.
16.5. Der Bundestag verabschiedet das Lastenausgleichsgesetz, das Vertriebenen und DDR-Flüchtlingen finanzielle Hilfen zusichert.
24.5. Der Oberste Gerichtshof der DDR verurteilt Johann Burianek wegen Spionage und Sabotage zum Tode.
26.5. Die westalliierten Besatzungsmächte Frankreich, Großbritannien und die USA schließen mit der Bundesrepublik den Deutschlandvertrag.
26.5. Sämtliche Übergänge an der deutsch-deutschen Grenze werden von der DDR abgeriegelt.
27.5. Erich Honecker übernimmt die FDJ-Führung.
27.5. Aufgrund eines Druckerstreiks zur Einführung der 40-Stunden-Woche erscheinen die meisten bundesdeutschen Tageszeitungen nicht.
4.6. Als letztes Bundesland gibt sich Hamburg eine Verfassung.
8.7. Der Westberliner Rechtsanwalt Walter Linse wird in den Osten entführt. Er prangerte Menschenrechtsverletzungen in der DDR an.
8.8. Als Ergebnis der Londoner Konferenz übernimmt die BRD offene Auslandsschulden des Deutschen Reiches in Höhe von 6 Mrd. DM.
13.8. Die DDR-Regierung bedrängt Einwohner, deren Ehepartner im Westen wohnen, die Scheidung einzureichen.

Wirtschaft und Wissenschaft

22.4., Technik. Das amerikanische Fernsehen überträgt erstmals live eine Atombombenexplosion, bei der abermals Soldaten im nuklearen Gefechtsfeld stehen.
2.5., Luftfahrt. Als erste zivile Luftfahrtgesellschaft setzt die britische Oversea Airways mit der »Comet 1« ein Düsenflugzeug mit vier Triebwerken ein.
21.5., Verkehr. Der Amsterdam-Rhein-Kanal wird eröffnet.
7.7., Verkehr. In etwas mehr als 82 Stunden überquert der US-Ozeandampfer »United States« den Atlantik und gewinnt das »Blaue Band«.
12.7., Technik. Zwischen Düsseldorf und Frankfurt wird die erste Städtefernwahlverbindung in der Bundesrepublik eingerichtet.
27.7., Verkehr. In der UdSSR wird der Wolga-Don-Kanal feierlich eröffnet, der das Kaspische, Asowsche und Schwarze Meer verbindet.

Preise in Westdeutschland
Chronik Statistik

Einzelhandelspreise (DM):

Butter, 1 kg	6,38
Weizenmehl, 1 kg	0,80
Schweinefleisch, 1 kg	4,75
Rindfleisch, 1 kg	4,47
Eier, 1 Stück	0,25
Kartoffeln, 5 kg	1,08
Kaffee, 1 kg	32,50

5.8., Technik. Mit »Sabor« stellen die Schweizer Ingenieure August Huber und Peter Steuer den ersten nach Radarprinzip gesteuerten Roboter vor.
7.8., Physik. Der amerikanische Physiker Noel Scott deutet UFO-Beobachtungen als Täuschungen, die durch optische Effekte in Luftmassen hervorgerufen werden.
27.8., Medien. Auf der 16. Internationalen Rundfunk- und Fernsehausstellung in London wird das Bildtelefon vorgestellt.
30.8., Technik. Daimler Benz stellt eine Kehrmaschine mit Saugvorrichtung vor, die die Rinnsteine säubert.

1952

Kunst, Literatur und Musik

1.4. Papst Pius XII. protestiert gegen populäre Musik und die modernen Tänze, da sie ein sündiges Verhalten begünstigten.
12.4. Im Berliner Schloß Charlottenburg eröffnet eine Leonardo-da-Vinci-Ausstellung zu Ehren des 500. Geburtstags des Künstlers.
19.4. In Mannheim eröffnet eine Ausstellung mit den Werken des Expressionisten Emil Nolde.
10.5. Auf der Buchhändlertagung der DDR proklamiert Fritz Apelt, Leiter des Amtes Literatur und Verlagswesen, die »Woche des Buches«. Auf der Tagung werden die Händler angewiesen, die Literatur marxistischen Inhalts anzupreisen.
20.5. Der Beethoven-Interpretin Elly Ney wird die Konzerttätigkeit gestattet, da die 70jährige sich offiziell von der NS-Zeit distanziert hat.
1.6. Die katholische Kirche setzt die Werke des 1951 verstorbenen Literatur-Nobelpreisträgers André Gide auf den Index.
23.7. Mit *Tristan und Isolde* in der Inszenierung Wieland Wagners und dirigiert von Herbert von Karajan eröffnen die Bayreuther Festspiele.
14.8. UA: *Die Liebe der Danae*, Oper von Richard Strauss, im Rahmen der Salzburger Festspiele.
16.9. In Ostberlin läuft die Operette *Bolero* von Eberhard Schmidt im Metropol-Theater an.
23.9. In der Städtischen Oper Berlin hat das *Preußische Märchen* von Boris Blacher Premiere.
30.9. Die Frankfurter Buchmesse schließt mit einer Umsatzsteigerung von 50% im Vergleich zum Vorjahr ab.
9.10. Louis Armstrong gibt in Düsseldorf das Auftaktkonzert zu seiner Deutschland-Tournee.
28.10. In London erscheint von Alan Bullock die erste vollständige Biographie über Adolf Hitler, die über lange Zeit wegweisend bleibt.
14.11. Erstmals erscheinen in Großbritannien die UK-Top-Ten.
21.12. Arnold Zweig wird gezwungen, seine Präsidentschaft über die DDR-Literaturakademie an Johannes R. Becher abzutreten.

Theater und Film

15.1. Unter der Regie von Rudolf Jugert erscheint der Film *Nachts auf den Straßen* mit Hans Albers und Hildegard Knef in den Hauptrollen in den deutschen Kinos.
24.1. In Bombay beginnt das erste Internationale Filmfestival Indiens, das gleichzeitig das erste in Asien ist.
20.2. Mit Humphrey Bogart und Katharine Hepburn in den Hauptrollen erscheint *African Queen* von John Huston.
9.3. Im Wiener Burgtheater hat das von Carl Zuckmayer vollendete Gerhart-Hauptmann-Stück *Herbert Engelmann* Premiere.
26.3. Die Münchner Kammerspiele zeigen *Die Ehe des Herrn Mississippi* von Friedrich Dürrenmatt.
27.3. *Singin' in the Rain*, Film-Musical des Gespanns Gene Kelly und Stanley Donen, kommt in den USA auf die Leinwand.
6.4. In Bonn und anderen Städten kommt es bei der Premiere des Veit-Harlan-Films *Verwehte Spuren* zu Tumulten, da sich Kritiker gegen die Werke des im Nationalsozialismus bekannten Regisseurs wenden.
22.4. In Paris läuft das Stück *Die Stühle* des französischen Dramatikers Eugène Ionesco an.
13.6. In den USA wird der Film *Der Reigen* von Max Ophüls verboten, weil der Film zu freizügig sei.
13.6. Der Film *Frauenschicksale* von Slatan Dudow mit Sonja Sutter in der Hauptrolle erzählt von den Liebeserfahrungen von vier grundverschiedenen Ostberliner Frauen mit einem West-Lebemann.
24.7. Mit *High Noon* von Fred Zinnemann und mit Gary Cooper in der Hauptrolle erhält das Western-Genre einen neuen Kultfilm.
23.8. Nach siebenjährigem Aufführungsverbot darf der Film *Quax, der Bruchpilot* mit Heinz Rühmann wieder in den bundesdeutschen Kinos gezeigt werden.
17.9. Eine von der SED initiierte Konferenz der Filmschaffenden fordert, daß Filme den Anforderungen des Sozialistischen Realismus entsprechen müssen.

Gesellschaft

1.1. Der Münchner Tierpark Hellabrunn wird wegen Maul- und Klauenseuche geschlossen.
3.1. In der Bundesrepublik tritt das Jugendschutzgesetz in Kraft.
6.1. Werner Höfer lädt im NWDR erstmals zum »Internationalen Frühschoppen« ein.
2.2. In Dortmund wird Europas größtes Sport- und Veranstaltungszentrum, die Westfalenhalle, eingeweiht.
12.2. Von Jütland bis Syrien toben schwere Schneestürme.
16.2. Wegen Singens von »Der Wacht am Rhein« wird einer Saarbrücker Karnevalsgemeinschaft jede weitere Betätigung im laufenden Jahr untersagt.
25.2. Mit Schwerpunkt in Afrika und Saudi-Arabien tritt eine totale Sonnenfinsternis ein.
21.3. Großbritannien besteuert ab sofort lange Unterhosen, wenn sie mehr als 8,40 DM kosten.
22.3. Bei der bisher schwersten Flugzeugkatastrophe über der BRD sterben in der Nähe Frankfurts 45 Menschen.
8.4. Das Hermannsdenkmal bei Detmold wird restauriert.

Deutsche Schwimm-Meister

Chronik Sport

Freistil 100 m:
Paul Voell — 59,9 sec
Brust 100 m:
Herbert Klein — 1:08,3 min
Rücken 100 m:
Franz Kriesten — 1:11,3 min
Rücken 200 m:
Wolfgang Henschke — 2:39,5 min
Brust 4 x 200 m:
Wasserratten Berlin — 12:01,6 min

17.4. Im Mittleren Westen der USA müssen 100 000 Menschen evakuiert werden, weil der Missouri über die Ufer tritt.
20.4. Nach fünf Tagen endet in Jackson/Michigan eine Häftlingsrevolte, durch die die Inhaftierten auf ihre schlechte Behandlung aufmerksam machen wollten.

1952

Internationale Politik

1.7., USA/UdSSR. Eine US-Sonderkommission bezichtigt die UdSSR der Ermordung kriegsgefangener polnischer Offizieren bei Katyn 1940.
11.7., USA/Korea. Trotz der Waffenstillstandsverhandlungen bombardieren 900 US-Flugzeuge Gebiete in Nordkorea.
23.7., Ägypten. In Ägypten bricht unter Führung von Ali Muhammad Nagib eine Militärrevolte los, die zur Abdankung König Faruks I. führt.
20.9., Chile. General Carlos Ibáñez del Campo wird vom chilenischen Kongreß zum Präsidenten gewählt.
27.9., UdSSR/Österreich. Die Sowjetunion verweigert einen Staatsvertrag für Österreich.
20.10., Großbritannien. Großbritannien verhängt aufgrund von Anschlägen des Mau-Mau-Geheimbundes über seine Kolonie Kenia den Ausnahmezustand.
4.11., USA. Mit überwältigender Mehrheit siegt Dwight D. Eisenhower als republikanischer Kandidat bei den US-Präsidentschaftswahlen.
6.11., Indochina. In Indochina starten französisch-vietnamesische Streitkräfte eine erfolglose Entlastungsoffensive gegen die Vietminh.
16.11., Griechenland. Bei den griechischen Parlamentswahlen siegt die rechte »hellenistische Sammlung« von Alexandros Papagos.
9.12., Frankreich. Die NATO verkündet in Paris das Verteidigungsprinzip der »massiven Vergeltung«, das jeden Aggressor unabhängig von der Art des Angriffs mit einem Atomschlag bedroht.

Deutsche Politik

10.9. Israel und die BRD schließen das Wiedergutmachungsabkommen.
20.9. Nach abermals gescheiterten Gesprächen über eine Wiedervereinigung verläßt eine hochrangige SED-Kommission die Bundesrepublik.
2.10. Mit 151 zu 146 Stimmen lehnt der Deutsche Bundestag die Wiedereinführung der Todesstrafe ab.
23.10. Die neofaschistische Sozialistische Reichspartei (SRP) wird auf einen Urteilsspruch des Bundesverfassungsgerichtes hin verboten.
29.11. Ex-Innenminister Gustav Heinemann gründet die Gesamtdeutsche Volkspartei.
30.11. Aus Protest gegen den Status des Saarlandes geben bei den Landtagswahlen fast 25% der Wähler ungültige Stimmzettel ab.
1.12. Über ein Drittel des Bundeshaushaltes 1953 sollen nach Regierungsplänen für Verteidigungszwecke ausgegeben werden.
3.12. Nach Erkenntnissen des US-Foreign Office hat die DDR in der kasernierten Volkspolizei 100 000 Mann unter Waffen.
8.12. Wegen Engpässen in der Lebensmittelversorgung wird der DDR-Minister für Handel und Versorgung, Karl Hamann, entlassen.
19.12. Der bundesdeutsche Vertriebenenminister Hans Lukaschek kündigt die Aufnahme von 155 000 Umsiedlern an.
25.12. Sowjetische Soldaten erschießen an der Sektorengrenze in Berlin den Westberliner Polizisten Herbert Bauer, der die Verschleppung dreier Westberliner verhindern wollte.

Wirtschaft und Wissenschaft

6.9., Luftfahrt. Auf dem 3. Internationalen Kongreß der Weltraumforscher in Stuttgart diskutieren Wissenschaftler die Probleme bemannter Flüge ins Weltall.
12.9., Wirtschaft. In Nürnberg beginnt die 14. Deutsche Erfindermesse, bei der u.a. eine Einkaufstasche mit Trockeneiseinlage für den Nahrungsmitteltransport vorgestellt wird.

Wissenschaftler geehrt

Chronik Nobelpreise

Chemie: John P. Martin (GB) und Richard L. Millington (GB)
Medizin: Selman A. Waksman (USA)
Physik: Felix Bloch (USA) und Edward M. Purcell (USA)
Frieden: Albert Schweitzer (CH)
Literatur: François Mauriac (F)

6.10., Verkehr. Auf einem Versuchsgelände in der Nähe Kölns absolviert der geheim entwickelte Prototyp der Einschienen-Schnellbahn seine öffentliche Jungfernfahrt.
19.10., Wirtschaft. In Düsseldorf endet die erste Kunststoffmesse, die u.a. die Verwendungsmöglichkeiten synthetischer Produkte demonstrierte.
1.11., Technik. Auf dem Eniwetok-Atoll zünden die USA die erste Wasserstoffbombe, deren Zerstörungskraft alle bisherigen Atombomben übersteigt.
10.12., Nobelpreise. In Stockholm werden die diesjährigen Nobelpreise verliehen. ▷ Chronik Nobelpreise

1952 Geborene und Gestorbene

Geboren:
18.2. Randy Crawford, amerikanische Popsängerin.
19.5. Grace Jones, amerikanische-jamaikanische Sängerin und Filmschauspielerin.
17.7. David Hasselhoff, amerikanischer Filmschauspieler und Sänger.
18.8. Patrick Swayze, amerikanischer Schauspieler und Sänger.
6.9. Dominik Graf, deutscher Filmregisseur.

Gestorben:
6.2. Georg VI. (*14.12.1895), König von Großbritannien.
19.2. Knut Hamsun (*4.8.1859), norwegischer Schriftsteller.

1952

Kunst, Literatur und Musik

1952 In den USA sorgt *Lachen, um nicht zu weinen* von James Langston Hughes für Diskussionen. Das Werk des schwarzen Autors bearbeitet Probleme Farbiger und gilt als einer der wichtigsten Romane der USA.
1952 Ernest Hemingway veröffentlicht seinen Kurzroman *Der alte Mann und das Meer*.
1952 Friedrich Dürrenmatt veröffentlicht mit *Der Richter und sein Henker* einen Kriminalroman, der die NS-Vergangenheit thematisiert.
1952 In New York bringt John Steinbeck die Familiensaga *Jenseits von Eden* heraus, die ein Welterfolg wird.
1952 Der Gedichtband *Die Zeichen der Zeit* von Karl Krolow erscheint.
1952 Arthur Adamov bringt *Alle gegen alle* heraus.
1952 Hit des Jahres in den USA ist der von Kennern verachtete Song *Oh, Happy Day* von Don Howard.
1952 In der Bundesrepublik wird das 16-Mann-Orchester Kurt Edelhagen durch den Südwestfunk bekannt.
1952 Von Johan Borgen, dem norwegischen Dramatiker und Erzähler, erscheint *Novellen der Liebe*.
1952 Kritiker feiern die Welttournee eines US-Ensembles mit George Gershwins Oper *Porgy and Bess* als wichtigstes Musikereignis des Jahres.
1952 Vom norwegischen Schriftsteller Johan Petter Falkberget erscheint *Johannes* als vierter Teil einer Romantetralogie.
1952 Die Mills Brothers nehmen *The Glow Worm* auf, ein Lied aus dem ersten Jahrzehnt des Jahrhunderts, und stürmen die Hitparaden.

Theater und Film

18.9. Charlie Chaplin verläßt die USA für eine Europareise und erhält kurz darauf Einreiseverbot, da er als Kommunisten-Sympathisant verdächtigt wird. Die »Süddeutsche Zeitung« beschäftigt sich am 25. September mit den Hintergründen dieser »Hetzkampagne«. ▷ Chronik Zitat

Hetzkampagne
Chronik Zitat

»Die Untersuchung vor seiner jüngsten Abreise ergab, daß er der Kommunistischen Partei angehört hat. ... In Moskau hätte er keine Stunde verbringen können, ohne die Kommunisten zu ärgern.«
»Süddeutsche Zeitung«

10.10. Charlie Chaplins Film *Limelight* feiert in London Premiere.
12.10. In New York wird der erste dreidimensionale Farbfilm gezeigt, dessen 3D-Effekte nur mit einer Spezialbrille zu sehen sind.
20.12. Brigitte Bardot heiratet den Regisseur Roger Vadim.
24.12. Erstmals ist in der Bundesrepublik *Casablanca* von Michael Curtiz mit Humphrey Bogart und Ingrid Bergman in den Hauptrollen zu sehen.
1952 Als einer der letzten großen Piratenfilme erscheint *Der rote Korsar* von Robert Siodmak, mit Burt Lancaster in der Hauptrolle.
1952 Henry Hathaway stellt mit *Niagara* den Film vor, der Marilyn Monroe zum Durchbruch verhilft.

Gesellschaft

29.4. Das Bundespostministerium schlägt die Notrufnummern 112 bei Feuer und 110 bei Überfällen als bundesweiten Standard vor.
1.5. Testweise führen zahlreiche Internationale Fluggesellschaften eine Touristenklasse ein, bei der es 30% Preisnachlaß gibt.
8.5. In der Bundesrepublik beginnt die Ausgabe einer Fünf-Mark-Münze.
13.5. Nach UN-Berichten bedroht eine Jahrhundert-Heuschreckenplage die Ernten in Nordafrika und dem Vorderen Orient.
5.6. Der Bundesgerichtshof untersagt das Parken auf Gehwegen.
21.6. Bayerns Regierung erhöht den Bierpreis und löst damit eine Protestwelle aus.
24.6. Mit einer Startauflage von 250 000 Exemplaren erscheint erstmals die Bild-Zeitung aus dem Verlagshaus Springer.
3.7. Die Shell AG läßt an ihren deutschen Tankstellen die Öl- und Wasserwartung durch »Tankstellenmädchen« verrichten.
24.10. In Frankfurt wird die erste Agentur für Fotomodelle, Mannequins und Schauspieler der BRD gegründet.
8.11. Als erstes europäisches Land führen die Niederlande Massenimpfungen gegen Grippe durch.
15.11. In London wird die Schwedin May-Louise Flodin zur »Miss World« gekürt.
9.12. London liegt unter dem dichtesten Nebel seit 20 Jahren, der als Smog-Glocke in den folgenden Tagen wahrscheinlich mehrere tausend Menschenleben kostet.

1952 Geborene und Gestorbene

1.4. Ferenc Molnár (*12.1.1878), ungarischer Schriftsteller.
6.5. Maria Montessori (*31.8.1870), italienische Pädagogin.
1.6. John Dewey (*20.10.1859), amerikanischer Philosoph.
3.7. Friedrich Brockhaus (*27.3.1874), deutscher Verleger.
19.7. Elly Heuss-Knapp (*25.1.1881), deutsche Pädagogin.
23.7. Carl Severing (*1.6.1875), deutscher Politiker.
20.8. Kurt Schumacher (*3.10.1895), deutscher Politiker.
9.11. Chaim Weizmann (*27.11.1874), israelischer Politiker.
20.11. Benedetto Croce (*25.2.1866), italienischer Philosoph.

1953

Internationale Politik

13.1., Jugoslawien. Nach einer Verfassungsreform übernimmt Josip Tito das Amt des Staatspräsidenten.
16.1., Ägypten. Die Militärregierung verbietet politische Parteien.
20.1., USA. Dwight D. Eisenhower wird als 35. US-Präsident vereidigt.
29.1., Rhodesien. Eine Londoner Konferenz verabschiedet den Verfassungsentwurf für die Zentralafrikanische Union Rhodesien.
9.2., UdSSR. Wegen eines Anschlags auf ihre Botschaft bricht die UdSSR ihre Beziehungen zu Israel ab.
12.2., Ägypten/Großbritannien. London und Kairo unterzeichnen ein Abkommen über den Sudan.
13.2., Frankreich. In Bordeaux werden 45 frühere Mitglieder des SS-Regiments »Der Führer« wegen Beteiligung am Massaker von Oradour-sur-Glane in Frankreich 1944 von einem Militärgericht zum Tod verurteilt. Nur zwei Verurteilte sind anwesend.
15.2., Österreich. Österreich erhält von der Schweiz eine Anleihe von 213 615 000 österreichischen Schilling.
22.2., Österreich. Bei den Parlamentswahlen in Österreich erhalten die Sozialisten die meisten Stimmen. Bundeskanzler wird jedoch Julius Raab, dessen ÖVP wegen des Wahlrechts die meisten Sitze erhält.
28.2., Türkei. Griechenland, die Türkei und Jugoslawien unterzeichnen in Ankara einen Freundschaftsvertrag.
5.3., UdSSR. Nach 26 Jahren Alleinherrschaft stirbt in Moskau Staats- und Parteichef Josef W. Stalin.
12.3., Großbritannien/Deutschland. Eine Militärmaschine der britischen Air Force wird an der deutsch-deutschen Grenze von einem sowjetischen Mig-Flugzeug abgeschossen.
26.3., Kenia. Die kenianische Terrorbewegung Mau-Mau tötet 150 Bewohner eines Dorfes.
13.4., Vietnam. Einheiten der Vietminh dringen in den Norden von Laos ein.
15.4., Argentinien. Ein Bombenanschlag während einer Rede von Staatspräsident Juan Domingo Perón löst in Argentinien heftige Tumulte zwischen Peronisten und der Opposition aus.

Deutsche Politik

23.2. Mit 3200 Flüchtlingen an einem Tag erreicht die Fluchtwelle aus der DDR in die BRD ihren vorläufigen Höhepunkt. Bis Ende Mai werden 180 000 Flüchtlinge gezählt.
12.3. Nach Angaben des Bundesvertriebenenministeriums gelten 3,5 Mio. Deutsche seit dem Zweiten Weltkrieg als vermißt.
1.4. Alle Gesetzesbestimmungen, die gegen die Gleichberechtigung der Frau verstoßen, verlieren in der Bundesrepublik ihre rechtliche Wirksamkeit.
6.4. Als erster deutscher Regierungschef überhaupt, trifft Kanzler Konrad Adenauer zu einem Staatsbesuch in den USA ein. ▷ Chronik Zitat

Thriumph der Politik

Chronik Zitat

»Mit vollem Recht sieht man überall in dem fast begeisterten Willkommen, das dem Kanzler geboten wird, den Triumph einer Politik, die gerade dieser einzelne Mann mit aller Unbeirrbarkeit durchgesetzt hat und weiterführt.«
»Frankfurter Allgemeine Zeitung«

6.4. Der antikommunistische Feldzug des US-Senators Joseph Raymond McCarthy erreicht indirekt die Bundesrepublik, da die Bibliotheken der Amerikahäuser auf kommunistische Literatur überprüft werden.
8.4. Frankreich räumt nach achtjähriger Besetzung die Stadt Kehl am Rhein.
21.4. Die Evangelische Bischofskonferenz protestiert gegen Christenverfolgungen in der DDR.
28.5. Der Ministerrat der DDR ordnet eine 10%ige Normenerhöhung in allen Betrieben an.
17.6. Streiks gegen die Normenerhöhung in der DDR weiten sich zu einem flächendeckenden Aufstand aus, der sich teilweise auch gegen den ostdeutschen Staat insgesamt richtet. Er wird von sowjetischen Truppen und Einheiten der Volkspolizei brutal niedergeschlagen.

Wirtschaft und Wissenschaft

Januar, Technik. Mit dem Intoximeter übernimmt die bundesdeutsche Polizei ein in den USA schon lange gebräuchliches Meßgerät, das den Alkoholgehalt eines Autofahrers ermittelt.

Westdeutsche Großstädte
Chronik Statistik

Einwohnerzahlen:

Berlin (West)	2 198 000
Hamburg	1 722 800
München	906 500
Köln	670 300
Essen	650 900
Frankfurt a.M.	601 700
Düsseldorf	594 800
Dortmund	580 900

27.1., Medizin. 26 Tage nach seiner Nierenimplantation stirbt der 16jährige Marius Rénard in einem Pariser Krankenhaus. Die dauerhaft erfolgreiche Nierenübertragung bleibt medizinisch noch unlösbar.
4.3., Wirtschaft. Die alliierten Hochkommissare und die Führung der Firma Krupp unterzeichnen ein Abkommen, das den Krupp-Konzern verpflichtet, den Kohle-, Eisen- und Stahlzweig aufzugeben.
18.5., Luftfahrt. In einer »F-86-Sabre« der US-Luftwaffe durchbricht Jacqueline Cochran als erste Frau der Welt die Schallmauer.
Juni, Verkehr. Auf der Verkehrsausstellung in München stellt die Deutsche Bundesbahn den Gliedertriebzug aus Leichtmetall vor, der luxuriös ausgestattet ist und Clubräume, Bars und Einzelabteile vorweist.
1.7., Wirtschaft. Vertreter von zwölf europäischen Staaten beschließen die Gründung einer Europäischen Organisation für Kernforschung (CERN).
18.7., Wirtschaft. In Düsseldorf eröffnet die »Große Rationalisierungsausstellung«, eine Werkschau von Anlagen und Geräten zur Automatisierung.
25.7., Verkehr. Vor 50 000 Zuschauern läuft in Hamburg die »Tina Onassis« vom Stapel, das mit 45 000 BRT größte Tankschiff der Welt.

1953

Kunst, Literatur und Musik

1.3. In Dresden eröffnet DDR-Ministerpräsident Otto Grotewohl die Dritte Deutsche Kunstausstellung, die einen Querschnitt des sozialistischen Realismus zeigt.
7.3. Im Essener Opernhaus ruft die deutsche Premiere der Oper *Lulu* von Alban Berg Begeisterungsstürme hervor.
12.3. Das mit 1500 Polstersesseln ausgestattete modernste Kino Deutschlands, das »Aegi« in Hannover, wird feierlich eröffnet.
24.3. Der erste Europäische Literaturpreis geht zu gleichen Teilen an den in Frankreich lebenden, polnischen Schriftsteller Czeslaw Milosz und an Werner Warsinsky aus der BRD.
28.3. Die »Schlagerparade« des NWDR geht erneut auf Sendung, nachdem sie wegen Manipulationsversuchen durch Massenzuschriften kurzfristig abgesetzt worden war.
10.4. Ungeachtet des Verbots von Stücken deutscher Komponisten in Israel leitet der amerikanische Pianist Jascha Heifetz sein Konzert in Haifa mit einer Strauss-Sonate ein.
Mai Das Heinrich-Heine-Denkmal des französischen Bildhauers Aristide Maillol (1861–1944) wird in Düsseldorf, der Geburtsstadt des Dichters, aufgestellt.
4.5. Für seinen Kurzroman *Der alte Mann und das Meer* erhält Ernest Hemingway den Pulitzer-Preis.
10.5. In der Essener Villa Hügel, bis 1945 Wohnsitz der Familie Krupp, organisiert das Folkwang-Museum die erste Kunstausstellung.
September In Hamburg findet die Ausstellung »Plastik im Freien« statt, die Skulpturen verschiedenster renommierter Künstler unter freiem Himmel zugänglich macht.
24.9. Die Frankfurter Buchmesse eröffnet. 969 Verlage stellen 40 000 Bücher vor, von denen 7500 Neuerscheinungen sind.
12.11. In Westberlin eröffnet eine Ausstellung zum Werk des Malers Karl Hofer.
1953 *Das Treibhaus* von Wolfgang Koeppen gilt als einer der besten deutschen Romane des Jahres.

Theater und Film

5.1. UA: *Warten auf Godot*, Schauspiel von Samuel Beckett, im Pariser Théâtre de Babylone. Das Stück wird einer der größten Bühnenerfolge.
22.1. UA: *Hexenkessel*, Drama von Arthur Miller, in New York.
28.2. Der Filmgigant Warner Bros. Pictures wird in zwei Gesellschaften geteilt. Die eine Hälfte widmet sich ausschließlich der Filmproduktion, die andere kümmert sich ausschließlich um die Verwaltung der Lichtspielhäuser.
19.3. Im Theaterstück *Camino Real* bringt Tennessee Williams die literarischen Geistesgrößen der letzten Jahrhunderte auf die Bühne.
24.4. Mit *Bwana, der Teufel* von Arch Oboler kommt erstmals in der Bundesrepublik – und Europa – ein abendfüllender 3-D-Film in die Kinos.
5.5. UA: *Don Juan oder Die Liebe zur Geometrie*, Komödie von Max Frisch im Züricher Schauspielhaus.
7.5. Nachdem der amerikanische Regisseur Robert Rossen zugegeben hat, von 1937 bis 1947 Angehöriger der Kommunistischen Partei gewesen zu sein, wird er von der Filmgesellschaft Columbia entlassen.
17.5. UA: *Katzengraben*, Bauernschauspiel von Erwin Strittmatter, in Ostberlin.
Juni. In Göttingen schließen sich bundesdeutsche Kinos, die ein besonders anspruchsvolles Programm bestreiten, zur »Gilde Deutscher Filmkunsttheater« zusammen.
17.6. Die deutsche Erstaufführung des pazifistischen Theaterstücks *Preispokal* von Sean O'Casey im Westberliner Schiller-Theater wird ein Durchfall.
20.6. In Recklinghausen wird zur Eröffnung der Ruhrfestspiele Friedrich Schillers *Jungfrau von Orleans* in einer Inszenierung von Karlheinz Stroux dargeboten.
28.6. Auf der Bühne des Deutschen Theaters in Ostberlin hat *Shakespeare dringend gesucht* des 31jährigen Debütanten Heinar Kipphardt Premiere.
15.7. In *Blondinen bevorzugt* von Howard Hawks parodiert Marilyn Monroe ebenso wie in *Wie angelt man sich einen Millionär?* ihren Ruf als »dummes Blondinchen«.

Gesellschaft

9.1. Bei einem Fährunglück vor der südkoreanischen Küste kommen 249 Menschen ums Leben.
15.1. In Rom werden 24 Kardinäle ins Kardinalskollegium aufgenommen.
18.1. Stuttgart registriert 618 Typhus-Fälle. Einer Grippeepidemie in Großbritannien fallen 1544 Menschen zum Opfer.
24.1. Ein neues Gesetz setzt in der Bundesrepublik die Fahruntüchtigkeit bei 1,5 Promille fest.
1.2. Bei der schwersten Sturmflut seit dem 15. Jh. sterben in den Niederlanden, Belgien und Großbritannien mehr als 2000 Menschen.
17.3. Das amerikanische Fernsehen überträgt zum zweiten Mal einen Atombombenversuch.

Fußball-Landesmeister

Chronik Sport

BRDeutschland: 1. FC Kaiserslautern
Schweiz: FC Basel
Belgien: FC Lüttich
DDR: Dynamo Dresden
England: FC Arsenal London
Italien: Inter Mailand
Jugoslawien: Roter Stern Belgrad
Spanien: FC Barcelona
UdSSR: Spartak Moskau

9.4. Die Eheschließung zwischen Luxemburgs Großherzog Jean und der belgischen Prinzessin Josephine Charlotte gilt in der High Society als Hochzeit des Jahres.
24.4. Großbritanniens Premierminister Winston Churchill erhält von Königin Elisabeth II. die Insignien des »Hosenbandordens«, die ihn in den Adelsstand erheben.
29.5. Edmund Percival Hillary aus Neuseeland und der nepalesische Sherpa Tenzing Norgay bezwingen als erste Menschen den Mount Everest.
2.6. Prunkvoll wird in London die offizielle Krönungszeremonie von Elisabeth II. begangen.
9.6. Das Gesetz gegen die Verbreitung jugendgefährdender Schriften tritt in Kraft (»Schund- und Schmutzgesetz«).

1953

Internationale Politik

26.4., Nordkorea. Nordkorea und die UNO nehmen erneut Waffenstillstandsverhandlungen auf.
27.4., Großbritannien/Ägypten. Großbritannien und Ägypten nehmen Verhandlungen über den Abzug der britischen Truppen aus der Suezkanalzone auf.
1.5., Österreich. Die Lebensmittelkarten werden 13 Jahre nach ihrer Einführung abgeschafft.
19.6., USA. Trotz ihrer Unschuldsbezeugungen, werden in den USA die mutmaßlichen Atomspione Julius und Ethel Rosenberg hingerichtet.
27.6., Frankreich. Joseph Laniel bildet die 19. Nachkriegsregierung.
4.7., Ungarn. Neuer Regierungschef ist der reformfreudige Imre Nagy.
26.7., Kuba. Ein erster Umsturzversuch Fidel Castros gegen den Diktator Fulgencio Batista y Zaldívar scheitert.
27.7., Korea. Nach drei Jahren Krieg tritt in Korea ein Waffenstillstand ein, der die Kämpfe dauerhaft beendet.
8.8., UdSSR. Eine reformorientierte Rede des sowjetischen Ministerpräsidenten Georgi M. Malenkow leitet einen Kurswechsel in der UdSSR ein.
19.8., Iran. Der Militärputsch gegen Ministerpräsident Mohammed Mossadegh beendet den Machtkampf zugunsten von Schah Mohammad Resa Pahlawi.
13.9., UdSSR. Das Zentralkomitee der KPdSU in Moskau wählt Nikita S. Chruschtschow zum Ersten Sekretär.
16.11., USA. Der ehemalige Präsident Harry S. Truman warnt in einer vom Fernsehen übertragenen Rede vor den Methoden der Kommunistenverfolgung durch Joseph R. McCarthy.

Deutsche Politik

19.6. Die Sollstärke des Bundesgrenzschutzes wird von 10 000 auf 20 000 Mann angehoben.
2.7. Opfer der nationalsozialistischen Gewaltherrschaft erhalten in der Bundesrepublik einen Rechtsanspruch auf Entschädigung.
3.7. Eine vom Bundesrat verabschiedete Wahlrechtsreform führt die Zweitstimme und die 5%-Klausel bei Bundestagswahlen ein.
6.9. Die Bundestagswahl bringt der CDU die absolute Mehrheit der Abgeordnetensitze.
23.10. Die US-Truppen in der BRD erhalten erste taktische Nuklearwaffen.
17.11. Eine Neuorientierung der Parteiprogrammatik fordert der SPD-Politiker Carlo Schmid, der die Sozialdemokraten für den Mittelstand öffnen will.
25.11. Die Abschaffung der Ausweispflicht im Interzonenverkehr tritt in Kraft.
16.12. Die DDR-Regierung fordert die Bundesregierung auf, direkte Verhandlungen über eine Wiedervereinigung und den Abschluß eines Friedensvertrages aufzunehmen.
29.12. Die Bundesregierung vermeldet 100 000 Freiwilligenmeldungen für die geplante Europaarmee.
30.12. Im Heimkehrerlager Friedland kommen erneut 800 freigelassene Kriegsgefangene an. Seit September sind insgesamt 10 390 Deutsche aus sowjetischen Lagern entlassen worden.
31.12. Nach Angaben des Bundesvertriebenenministeriums sind in diesem Jahr 331 390 Personen aus der DDR in die Bundesrepublik oder nach Westberlin geflüchtet.

Wirtschaft und Wissenschaft

12.8., Technik. Die UdSSR zieht mit der Zündung einer Wasserstoffbombe nukleartechnisch mit den USA gleich.
25.8., Technik. Erstmals wird in der Bundesrepublik das US-Cinemascope-Verfahren vorgestellt, das auf einer breiteren und gewölbten Leinwand ein neues Kinogefühl vermittelt.
14.9., Psychologie. In den USA erscheint der sog. Kinsey-Report über »Das sexuelle Verhalten der Frau«, nachdem bereits 1948 die männliche Seite erschöpfend dargestellt wurde.
30.9., Technik. Auguste Picard und sein Sohn Jacques aus der Schweiz stellen mit einem selbstentwickelten Bathyscaphe einen neuen Tauchrekord auf (3150 m).
10.12., Nobelpreise. In Stockholm und Oslo werden die diesjährigen Nobelpreise feierlich verliehen. ▷ Chronik Nobelpreise.

Wissenschaftler geehrt
Chronik Nobelpreise

Chemie: Hermann Staudinger (D)
Medizin: Hans Adolf Krebs (GB) und Fritz A. Lipman (USA)
Physik: Frederik Zernike (NE)
Frieden: George C. Marshall (USA)
Literatur: Winston Churchill (GB)

1953, Technik. Einen Vorläufer der Mikrowelle stellt die US-Firma Raytheon Manufacturing Company vor.
1953, Medizin. Einen Impfstoff gegen Kinderlähmung entwickelt der amerikanische Bakteriologe Jonas Edward Salk.

1953 Geborene und Gestorbene

Geboren:
15.5. Mike Oldfield, britischer Multimusiker.
20.6. Ulrich Mühe, deutscher Schauspieler.
15.7. Jean Bertrand Aristide, haitianischer Politiker und katholischer Priester.
20.10. Tom Petty, amerikanischer Popmusiker.
23.12. Helen Schneider, amerikanische Sängerin und Songschreiberin.
28.12. Richard Clayderman, französischer Pianist.

1953

Kunst, Literatur und Musik

1953 Heinrich Bölls Roman *Und sagte kein einziges Wort* hinterfragt den bundesdeutschen Alltag hinter der glänzenden Fassade des wirtschaftlichen Wiederaufbaus.

1953 Die drei Romane *Aus dem Leben eines Fauns*, *Die Umsiedler* und *Alexander oder Was ist Wahrheit?* festigen den Ruf Arno Schmidts als sprachlicher Neuerer.

1953 In seinem Roman *Der Verdacht* verknüpft Friedrich Dürrenmatt abermals Krimi und Vergangenheitshinterfragung.

1953 Gerd Gaiser veröffentlicht *Die sterbende Jagd*.

1953 Die Österreicherin Ingeborg Bachmann veröffentlicht mit *Die gestundete Zeit* ihren ersten Gedichtband.

1953 Harry Belafonte landet mit *Mathilda* seinen ersten Top-Hit.

1953 Bill Haley avanciert mit *Crazy Man Crazy* zur Kultfigur der Jugendlichen in den USA.

1953 Die Bluessängerin Willi Mae Thronton, genannt »Big Mama«, erobert mit *Hound Dog* die Charts.

1953 Tony Burello und Tom Murray bringen in den USA eine satirisch gemeinte Platte mit dem Titel *Diese Schallplatte ist gräßlich* auf den Markt, landen damit aber einen Hit.

1953 Die Formation »Jazz at the Philharmonic« feiert bei ihrer US- und Europatournee Riesenerfolge. Ella Fitzgerald, Gene Krupa, Oscar Peterson und Charlie Shavers gelten als unbestrittene Spitzenleute im Jazz.

1953 *Die Abenteuer des Augie March* von Saul Bellow spielt in den Slums von Chicago, in denen ein jüdischer Junge aufwächst.

Theater und Film

27.8. Durch William Wylers Liebesromanze *Ein Herz und eine Krone* wird die Filmschauspielerin Audrey Hepburn weltberühmt.

16.9. Henry Kosters Monumentalfilm *Das Gewand* ist der erste abendfüllende Cinemascope-Film.

20.11. Die Innenminister der Bundesländer untersagen die Aufführung des Films *Bis fünf Minuten nach zwölf* von Wolfgang Hartwig, da er die NS-Zeit verherrliche. Kritiker sehen den dokumentarischen Film hingegen als antifaschistisches Werk.

3.12. In dem Westberliner Kino »Die Kurbel« hat der legendäre amerikanische Film *Vom Winde verweht* Premiere. In zweieinhalb Jahren sehen etwa 600 000 Besucher bei 2395 Vorstellungen das epochale Werk des amerikanischen Regisseurs Victor Fleming.

12.12. Bei den Münchner Kammerspielen hat Friedrich Dürrenmatts Komödie *Ein Engel kommt nach Babylon* Premiere.

22.12. Der Film *Königliche Hoheit* nach dem Roman von Thomas Mann erzählt die Versöhnung zweier Kulturen anhand der Beziehung zwischen dem Regenten eines deutschen Großherzogtums und einer amerikanischen Millionärstochter.

23.12. *Thomas Münzer*, das Stück des am 5. Oktober verstorbenen Friedrich Wolf, kommt auf die Bühne des Deutschen Theaters in Ostberlin.

1953 Der Vormarsch des Fernsehens verursacht in den USA ein umfangreiches Kinosterben. Von insgesamt 26 000 Kinos müssen 6000 schließen. Die Filmindustrie erleidet Verluste in Höhe von etwa sechs Mio. US-Dollar.

Gesellschaft

16.7. Im Londoner Gefängnis Pentonville wird der als »Würger von Nottingham« bezeichnete Frauenmörder John Reginald H. Christie gehenkt.

19.7. In Westberlin wird eine Gedenkstätte für die Widerstandskämpfer des 20. Juli 1944 eingerichtet.

August Hamburg führt das gebührenpflichtige Parken in der Innenstadt ein.

5.8. Beim Deutschen Turnfest in Hamburg nehmen mehr als 20 000 aktive Sportler teil.

11.8. Etwa 1000 Todesopfer kosten die Erdbeben an der griechischen Westküste und den vorgelagerten Inseln.

18.9. Trotz Baubooms fehlen in der BRD noch etwa vier Mio. Wohnungen.

21.9. Ein Pilot der nordkoreanischen Luftwaffe flieht mit seinem Mig-15-Kampfflugzeug in den Süden und erhält von den USA 100 000 US-Dollar als Belohnung, da die amerikanischen Wissenschaftler erstmals in den Besitz des Feindflugzeuges gelangen.

24.9. Eine Emnid-Umfrage ergibt, daß sich 41% der Bundesbürger besonders von Straßenlärm belästigt fühlen.

1.11. Den in der Bundesrepublik stationierten US-Soldaten wird das Tragen ziviler Kleidung außerhalb der Dienststunden gestattet.

16.11. In Hamburg wird der Deutsche Kinderschutzbund gegründet. Erster Präsident ist Fritz Lejeune.

19.11. In Westberlin erscheint die Erstausgabe der Boulevardzeitung »BZ« des Ullstein-Verlages.

1.12. Die erste Nummer des »Playboy« erscheint in den USA.

Dezember Ein Wettbewerb der deutschen Illustrierten »HÖRZU« führt zur Kreation der Mecki-Frisur.

Geborene und Gestorbene

Gestorben:
5.3. Josef W. Stalin (*21.12.1879), sowjetischer Politiker.
5.3. Sergej Prokofjew (*23.4.1891), russischer Komponist.
24.3. Mary (*26.5.1867), britische Königin.
31.7. Robert Alphonso Taft (*8.9.1889), amerikanischer Politiker.
15.9. Erich Mendelsohn (*21.3.1887), deutscher Architekt.
24.9. Jacobo Maria del Alba (*17.10.1878), spanischer Diplomat und Historiker.

1954

Internationale Politik

25.1., Israel. Nach der Abdankung von David Ben Gurion bildet Mosche Scharett eine neue Regierung.
18.2., USA/Großbritannien/UdSSR/ Frankreich. In Westberlin endet die Viermächtekonferenz ohne Ergebnis.
18.2., USA. Mit dem Verhör von General Ralph W. Zwicker bringt »Kommunistenjäger« Joseph R. McCarthy die Armee gegen sich auf und leitet seinen Niedergang ein.
1.3., Ägypten. Antiägyptische Unruhen im Sudan fordern 30 Todesopfer.
13.3., USA/Guatemala. Durch die Caracas-Resolution auf der 10. Panamerikanischen Konferenz erreichen die USA die Ausgrenzung Guatemalas, das durch eine Landreform u. a. die beherrschende US-amerikanische United Fruits Company geschädigt hat.
17.3., Israel. Elf Israelis sterben bei einem Attentat bewaffneter Araber auf einen Bus.
31.3., UdSSR. Um die Europaarmee im Rahmen der Europäischen Verteidigungsgemeinschaft (EVG) zu verhindern, bietet die UdSSR ihren NATO-Beitritt an.
13.4., USA. Wegen angeblicher Kontakte zu Kommunisten wird Robert J. Oppenheimer, der Vater der Atombombe, von allen nuklearen Projekten der USA suspendiert.
26.4., Großbritannien/Kenia. Die britischen Behörden lassen 10 000 Angehörigen des Kikuju-Stammes deportieren, da sie angeblich die Terrorbewegung Mau-Mau unterstützen.
7.5., Vietnam. Frankreich verliert in Indochina die Entscheidungsschlacht um Dien Bien Phu.
8.5., Paraguay. Alfredo Stroessner putscht sich an die Macht.
16.5., Österreich. Der österreichische Ministerrat beschließt ein 10 Mrd.-Investitionsprogramm für die nächsten zehn Jahre.
17.5., USA. Der Oberste Gerichtshof erklärt die Rassentrennung an öffentlichen Schulen für verfassungswidrig.
1.6., Uganda/Großbritannien. Die britischen Behörden im Protektorat Uganda verhängen wegen eines Boykottaufrufs gegen britische Waren den Ausnahmezustand.

Deutsche Politik

7.1. Der DDR-Ministerrat beschließt die Errichtung eines Kulturministeriums unter Leitung des Expressionisten Johannes R. Becher.
23.1. Walter Ulbricht entläßt eine Reihe reformorientierter SED-Funktionäre aus ihren Staats- und Parteiämtern.
26.2. Das »Wehrergänzungsgesetz« schafft per Verfassungsänderung die Grundlage zur Aufstellung bundesdeutscher Truppen.
7.3. Der fünfte Bundesparteitag der FDP wählt Thomas Dehler zum Vorsitzenden.
10.3. Die Bundesregierung zieht ein geplantes neues Ehegesetz zurück, das die kirchliche Trauung der standesamtlichen gleichstellen wollte.
11.3. Der Bundesminister für gesamtdeutsche Fragen, Jakob Kaiser (CDU), wendet sich in Bonn gegen die Bezeichnung »Ostzone«, da sie irreführend sei. ▷Chronik Zitat

»Ostzone« irreführend
Chronik Zitat

»Spricht man von ›deutschen Ostgebieten‹, so kann man nur an das Land jenseits der Oder und Neiße denken. Die ›sowjetische Besatzungszone‹ ist Mitteldeutschland. Deshalb ist es unrichtig, dieses Gebiet als ›Ostzone‹ zu bezeichnen.«
Jakob Kaiser, CDU-Politiker

22.3. Nach einem Brand in der DDR-Kleinstadt Wittstock spricht die SED von einem »faschistischen Anschlag« aus dem Westen.
25.3. Die UdSSR proklamiert für die DDR die volle Souveränität.
6.5. Zwei Parteifunktionäre der KPD, Horst Reichel und Herbert Beyer, werden in der Bundesrepublik wegen »hochverräterischer Unternehmen« zu langjährigen Haftstrafen verurteilt.
6.5. Aus Protest stimmen fast alle FDP-Bundestagsabgeordneten gegen den Etatentwurf des Bundesfamilienministers Franz-Josef Wuermeling, der die vier FDP-Minister zuvor als »liberale Meute« abqualifiziert hatte.

Wirtschaft und Wissenschaft

21.1., Technik. Mit der »Nautilus« stellen die USA das erste atomgetriebene Unterseeboot der Welt in Dienst.
5.2., Technik. In New York stellt Daimler-Benz den Seriensportwagen Mercedes 300 SL vor, der über Flügeltüren verfügt.

Verkehr in Westdeutschland
Chronik Statistik

Eisenbahnnetz (km)	30 684
Straßennetz (km)	128 140
davon Autobahn (km)	2 151
Pkw-Bestand	1 397 000
Lkw-Bestand	527 000
Fabrikneue Kfz	741 000

7.2., Luftfahrt. Der »Starfighter« der amerikanischen Luftfahrtfirma Lockheed bewältigt seinen Jungfernflug.
16.2., Wirtschaft. Ein Schadensersatzprozeß eines ehemaligen Zwangsarbeiters bei der I. G. Farben endet mit einem außergerichtlichen Vergleich.
21.2., Verkehr. Die französische Elektrolokomotive CC-7121 stellt mit 243 km/h einen neuen Höchstgeschwindigkeitsrekord auf.
1.3., Technik. Bei der Zündung der bisher stärksten Wasserstoffbombe der Welt durch die USA auf dem Bikini-Atoll (Marshallinseln) werden japanische Fischer in 100 km Entfernung radioaktiv verseucht.
26.4., Wirtschaft. Die Kehrseiten der Technologisierung für die Weltmeere – z.B. Ölverschmutzungen – beleuchten erstmals 200 Experten auf einer Konferenz in London.
27.4., Verkehr. Der deutsche Rennfahrer und Konstrukteur Gustav Adolf Baum erreicht mit einer stromlinienförmigen »Zigarrenkonstruktion« und einem NSU-Motorradmotor eine Geschwindigkeit von 185 km/h.
28.5., Archäologie. Beim Bau einer Autostraße werden im ägyptischen Gizeh zwei Totenschiffe aus der Pharaonenzeit geborgen.
5.7., Luftfahrt. Das modernste Flugzeug der Welt, der »B 52«, absolviert seinen Jungfernflug.

1954

Kunst, Literatur und Musik

8.1. Zur Feier seines 19. Geburtstags nimmt Elvis Presley in einem Tonstudio in Memphis seine ersten Stücke *Casual Love* und *I'll Never Stand in Your Way* auf.
Februar Die amerikanische Jazzsängerin Ella Fitzgerald gibt bei Max Greger im Münchner »Kellerklub« eine Gratisvorstellung.
7.2. Eine Ausstellung in Hannover zeigt Werke des Malers Max Liebermann.
12.3. In Hamburg wird erstmals das fragmentarische Nachlaßwerk von Arnold Schönberg, die Oper *Moses und Aaron* gespielt, die mehr einem szenischen Oratorium gleicht.
29.3. Elvis Presley veröffentlicht mit *That's All Right Mama* seine erste Single.
4.4. Dem 87jährigen, italienischen Meisterdirigenten Arturo Toscanini entfällt während eines Radiokonzertes die Partitur.
8.4. In Hamburg hat die deutschsprachige Fassung der Georg-Friedrich-Händel-Oper *Deidamia* Premiere.
12.4. In einem New Yorker Studio nimmt Bill Haley mit seiner Band The Comets den Evergreen *Rock around the Clock* auf.
3.5. Der in der Todeszelle einsitzende Amerikaner Caryl Chessman veröffentlicht sein Buch *Todeszelle 2455*, das in den USA binnen weniger Tage zum Bestseller avanciert.
18.6. Mit einer Aufführung von Henrik Ibsens *Peer Gynt* beginnen in Recklinghausen die 8. Ruhrfestspiele.
22.7. In Bayreuth beginnen mit Wieland Wagners Neuinszenierung des *Tannhäuser* die 4. Wagnerfestspiele nach 1945.
17.8. Rolf Liebermanns Oper *Penelope* hat bei den Salzburger Festspielen Premiere.
23.9. Auf der Frankfurter Buchmesse wird Thomas Manns Roman *Bekenntnisse des Hochstaplers Felix Krull. Der Memoiren erster Teil* vorgestellt.
23.9. In Moskau erscheint der Roman *Tauwetter* des sowjetischen Schriftstellers Ilja Ehrenburg.
31.10. Der Musikclown Grock (Adrian Wettach) beendet seine Karriere.

Theater und Film

31.1. Bundesfamilienminister Franz-Josef Wuermeling fordert in Düsseldorf angesichts »familienzersetzender Tendenzen« in Teilen der Filmproduktionen eine familiengerechte Filmzensur. ▷Chronik Zitat
Februar Zur Aufmunterung der GI's in Korea unternimmt die amerikanische Schauspielerin Marilyn Monroe eine Tournee durch den Süden des Landes.

Familiengerechte Filmzensur
Zitat

»Vor allem ist es der Film, den wir für die Zerstörung von Ehe und Familie mitverantwortlich machen müssen. Wir wissen, daß die Mehrheit der Durchschnittsfilme das eheliche Leben in unwürdiger Weise auf die Leinwand bringen.«
Bundesfamilienminister Josef Würmeling

1.2. Helmut Käutner stellt in Berlin seinen Antikriegsfilm *Die letzte Brücke* mit Maria Schell in der Hauptrolle vor.
2.2. UA: *Die verbotene Stadt*, Schauspiel des 1945 verstorbenen Schriftstellers Bruno Frank, in Nürnberg.
2.3. Clark Gable kündigt seinen Vertrag mit der Metro-Goldwyn-Mayer-Filmgesellschaft, weil er mit den Arrangements nicht mehr einverstanden ist, und verzichtet damit auf eine Jahresgage von 500 000 Dollar.
9.3. UA: *Ernst Thälmann – Sohn seiner Klasse*, Film des deutschen Regisseurs Kurt Maetzig, in Ostberlin. Der Besuch dieses Filmes ist für alle DDR-Bürger Pflicht.
25.3. Auf der diesjährigen Oscar-Preisverleihung werden William Holden für seine Hauptrolle in *Stalag 17* und Audrey Hepburn als beste Schauspielerin in *Ein Herz und eine Krone* ausgezeichnet. Zum besten Film wird *Verdammt in alle Ewigkeit* von Fred Zinnemann gekürt.
2.4. Als Ausdruck seiner Distanzierung verbrennt Veit Harlan öffentlich ein Negativ seines Films *Jud Süß* aus der NS-Zeit.

Gesellschaft

1.1. Die Bundesbürger müssen mit 2 DM pro Monat für ihr Autoradio das vierfache der bisherigen Rundfunkgebühr zahlen.
4.1. Duisburg stellt Parkuhren gegen »Dauerparker« in der Innenstadt auf.
23.1. In Afrika überlebt der amerikanische Schriftsteller Ernest Hemingway innerhalb von 36 Stunden zwei Flugzeugabstürze.
3.2. Beim rituellen Bad der indischen Hindus im Ganges sterben 300 Menschen, weil sie durch die Menge zu Tode getrampelt werden.
20.2. Bei Demonstrationen der Angestellten in München gegen verlängerte Ladenöffnungszeiten kommt es zu Straßenschlachten.
22.2. Christa Lehmann gesteht, drei Morde mit Hilfe des Pflanzenschutzmittels E-605 begangen zu haben. In der folgenden Zeit werden viele Selbstmorde mit E-605 bekannt.
18.3. Absatzschwierigkeiten bei Kohle erzwingen im Ruhrgebiet die ersten Feierschichten seit 22 Jahren, von denen 18 000 Bergleute betroffen sind.
22.3. Jacob Gebraeks aus Essen gewinnt im Fußballtoto die bisherige Rekordsumme von 738 115 DM.
23.3. Die Illustrierte »Revue« wird wegen eines Berichtes über Tierversuche in der Bundesrepublik beschlagnahmt.
25.3. Vor dem Münchner Landtag protestieren Ringerinnen gegen ein geplantes Verbot von Showkämpfen, die von der CSU als unmoralisch eingestuft werden.
24.4. In den österreichischen Alpen werden die Leichen von zehn Schülern und drei Lehrern geborgen, die auf einem Ausflug erfroren sind.
Mai In der europäischen Jugendkultur verbreiten sich die »Teddy-Boys«.
18.5. Die Stadt Frankfurt am Main ersteigert das Originalmanuskript des Kinderbuches »Der Struwwelpeter« von Heinrich Hoffmann.
22.5. Der amerikanische Prediger Billy Graham spricht im Londoner Wembley-Stadion vor 120 000 Menschen.
25.5. In Nordvietnam kommt Robert Capa aus den USA ums Leben, der als berühmtester Kriegsfotograf seiner Zeit gilt.

1954

Internationale Politik

23. 6., Großbritannien/Ghana. In der Kronkolonie Goldküste (Ghana) bildet Kwame Nkrumah die erste rein schwarze Regierung Britisch-Afrikas.
1. 7., Japan. In Japan werden Soldaten für eine neue Armee vereidigt.
21. 7., Schweiz. In Genf wird das Waffenstillstandsabkommen für Indochina geschlossen, das die Teilung Vietnams in einen kommunistischen Norden und einen republikanischen Süden festlegt. ▷Chronik Zitat
23. 7., China. Chinesische Jäger schießen vor der Insel Hainan eine britische Passagiermaschine ab.

Sieg der Kommunisten

Chronik Zitat

»Aufgrund des Abkommens haben die Kommunisten das ganze Land nördlich des 17. Breitengrades gewonnen ... Sie haben ihr Prestige unter den Asiaten erheblich gestärkt. All das wurde durch offene ... Aggression erreicht.«
»New York Times«

24. 7., Portugal. In Lissabon protestieren rund 100 000 Menschen gegen die Übergabe der Kolonie Goa an Indien.
31. 7., Tunesien/Frankreich. Tunesien erhält von Frankreich die innere Autonomie.
5. 8., Iran/Großbritannien. Der Iran verpflichtet sich, enteigneten britischen Ölfirmen 294 Mio. DM zu zahlen.
19. 8., USA. Ein neues Gesetz erklärt die Kommunistische Partei für illegal und schließt Kommunisten von allen wichtigen Staatsfunktionen aus.
20. 8., Griechenland. In Athen kommt es zu Tumulten, als 100 000 Demonstranten von Großbritannien die Herausgabe Zyperns verlangen.
24. 8., Brasilien. Staatspräsident Getúlio Dornelles Vargas nimmt sich, unmittelbar nachdem die Armee seinen Rückzug erzwungen hat, das Leben.
30. 8., Frankreich. Frankreich lehnt den EVG-Vertrag ab und bringt damit den Plan einer Europaarmee zu Fall.

Deutsche Politik

17. 6. In Erinnerung an den Aufstand in der DDR vom Vorjahr wird in der Bundesrepublik erstmals der »Tag der Deutschen Einheit« begangen.
24. 6. Der Bundestag debattiert die »Vulkan-Affäre«, bei der im Vorjahr 39 Personen wegen Spionageverdachtes verhaftet wurden, von denen 25 nachweislich unschuldig waren.
17. 7. Theodor Heuss wird abermals zum Bundespräsidenten gewählt.
20. 7. Otto John, der Präsident des bundesdeutschen Verfassungsschutzes, tritt nach Ostberlin über.
21. 8. Der CDU-Bundestagsabgeordnete Karlfranz Schmidt-Wittmack bittet in der DDR um Asyl.
5. 9. Der ehemalige Leiter der Gestapo-Leitstelle in Danzig, Günther Venediger, wird in Heilbronn von der Anklage der Beihilfe zum vierfachen Mord freigesprochen, da er sich auf den Befehlsnotstand berufen hatte.
7. 9. Der Bundestagsabgeordnete Rudolf Meyer-Ronnenberg tritt aufgrund von Meinungsverschiedenheiten mit seiner Partei vom Bund der Heimatvertriebenen und Entrechteten (BHE) zur CDU über. Damit verfügt die CDU/CSU-Fraktion wieder über die absolute Mehrheit im Bundestag.
25. 9. Führende Vertreter der FDP kritisieren die Äußerungen des CDU-Politikers Heinrich von Brentano, die deutsche Wiedervereinigung sei »zweitrangig«.
17. 10. Erwartungsgemäß erhält die Einheitsliste bei der Volkskammerwahl über 99% der Stimmen.
23. 10. Die NATO lädt die Bundesrepublik zum Beitritt ein. Die unterzeichneten Pariser Verträge geben der BRD die volle Gleichberechtigung.
8. 11. Äthiopiens Kaiser Haile Selassie ist der erste offizielle Staatsgast der Bundesrepublik.
5. 12. Bei den Wahlen zum Westberliner Abgeordnetenhaus erreicht die SPD mit 44,6 % die absolute Mehrheit der abgegebenen Stimmen.
12. 12. Generalfeldmarschall a. D. Albert Kesselring erklärt im britischen Fernsehen, die zukünftige deutsche Armee müsse auch Angehörigen der früheren SS offenstehen.

Wirtschaft und Wissenschaft

15. 7., Luftfahrt. In Seattle startet der Prototyp der Boeing 707. Das Flugzeug kann je nach Ausstattung bis zu 170 Passagiere befördern und kostet etwa 23 Mio. DM.
21. 9., Wirtschaft. Die Tarifpartner der Metallindustrie beschließen in Frankfurt am Main, daß die Gewerkschaft für die nächsten eineinhalb Jahre keine Lohnforderung stellt.
13. 10., Wirtschaft. Der Präsident des Schweizer Genossenschafts-Konzern »Migros« kündigt die Ausweitung des Tankstellennetzes »Migrol« auf das gesamte schweizerische Staatsgebiet an.
26. 10., Chemie. Der Chemiker Frederick Soddy macht Atomversuche für schlechtes Wetter verantwortlich.
November, Chemie. Die Bayer AG bringt die Acrylfaser »Dralon« auf den Markt, die große Bedeutung für die Textilindustrie erlangt.
10. 12., Nobelpreise. In Stockholm werden die Nobelpreise feierlich verliehen. ▷Chronik Nobelpreise

Wissenschaftler geehrt

Chronik Nobelpreise

Chemie: Linus Pauling (USA)
Medizin: John F. Enders (USA), Thomas H. Weller (USA) und Frederick C. Robbins (USA)
Physik: Max Born (D) und Walter Bothe (D)
Frieden: UNO-Flüchtlingskommissariat
Literatur: Ernest Hemingway (USA)

1954, Physik. An der Universität Kalifornien nimmt der Teilchenbeschleuniger »Bevatron« den Betrieb auf.
1954, Verkehr. Fiat entwickelt den ersten Turbinenwagen Europas.
1954, Technik. Die ersten leichten Nuklearbatterien werden hergestellt.
1954, Medizin. An der Universitätsklinik Minneapolis gelingt erstmals die Kopplung zweier Herzen für einen operativen Eingriff.
1954, Medizin. In Japan setzen Ärzte eine Farbbildsonde zur Diagnose von Magenleiden ein.

1954

Kunst, Literatur und Musik

1954 Benjamin Britten stellt in Venedig seine neue Oper *Die überdrehte Schraube* vor.

1954 Der Unterhaltungsroman *Glück für Jim* von Kingsley Amis kommt auf den Markt und wird einer der meistverkauften britischen Romane der Nachkriegszeit.

1954 *Der Mann von drüben* des amerikanischen Autors Isaac Asimov erscheint.

1954 Mit dem herzzerreißenden Stück *I've Got a Woman* begründet Ray Charles die Soulmusik.

1954 John Cage führt *Music For Prepared Pianos* bei den Darmstädter Internationalen Ferienkursen für Neue Musik auf.

1954 *Shake Rattle and Roll* sowie *Dim Dim the Lights* von Bill Haley heizen die kontroverse Rock'n'Roll-Debatte in den USA an.

1954 UA: *Der Rote Mantel*, Ballett von Luigi Nono, in Frankfurt am Main.

1954 Mit *Eine richtige Ehe* erscheint der zweite Band des Romanzyklus *Kinder der Gewalt* von der britischen Schriftstellerin Doris Lessing.

1954 *Haus ohne Hüter* von Heinrich Böll thematisiert die schwierige Situation der Familien, in denen der Mann im Krieg fiel.

1954 Max Frisch stellt mit *Stiller* seinen ersten bedeutenden Roman vor.

1954 Die Kulttrilogie *Der Herr der Ringe* um die Hobbits und den Kampf in »Mittelerde« des britischen Schriftstellers John Ronald Reuel Tolkien erlebt ihre Geburtsstunde.

1954 Die zeitlose Parabel auf die Kluft zwischen Natur und Zivilisation, *Der Herr der Fliegen* von William Golding, erscheint.

1954 Simone de Beauvoir sorgt in Frankreich mit *Die Mandarins von Paris* für Aufsehen. Das Buch handelt vom Scheitern der Resistancekämpfer im politischen Alltag.

1954 In Alter von neun Jahren gibt der israelische Geiger Itzhak Perlmann sein erstes öffentliches Konzert im israelischen Rundfunk.

1954 Die Aufnahme von *Exodus* markiert die Hinwendung von Josef Tal zur Electronic Music.

Theater und Film

8.4. Das Pariser Ensemble »Comédie Française« eröffnet mit Molières *Tartuffe* in Moskau eine Tournee durch die UdSSR.

30.4. Mit *Fluß ohne Wiederkehr* von Otto Preminger erscheint der erste Western in Cinemascope.

11.5. Bei den Filmfestspielen in Cannes wird die Filmschauspielerin Maria Schell für ihre Leistung in dem österreichisch-ungarischen Film *Die letzte Brücke* als beste Darstellerin ausgezeichnet.

24.6. Edward Dmytryks *Die Caine war ihr Schicksal*, die Verfilmung des gleichnamigen Herman Wouk-Romans mit Humphrey Bogart in der Hauptrolle, läuft an.

30.6. Die westdeutsche »Freiwillige Selbstkontrolle« (FSK) für Kinofilme lehnte seit dem 18.7.1949 von 8095 geprüften Filmen 48 ab.

28.7. Ein Klassiker der Filmgeschichte gelingt Elia Kazan mit *Die Faust im Nacken*.

4.8. Alfred Hitchcocks Thriller *Fenster zum Hof* feiert in New York seine Weltpremiere.

18.9. Federico Fellinis Film *La Strada – Das Lied der Straße* wird mit Preisen überhäuft.

1.10. Der französische Pantomime Marcel Marceau startet seine Deutschlandtournee.

7.10. Im Ostberliner Theater am Schiffbauerdamm zeigt das Berliner Ensemble das Stück *Der kaukasische Kreidekreis* von Bertolt Brecht.

5.11. Der Film *Angst* des italienischen Regisseurs Roberto Rossellini mit Ingmar Bergman zeichnet ein Bild der 50er Jahre in der Bundesrepublik Deutschland, das von Enge und Verklemmungen geprägt ist.

8.11. Das US-Fernsehen überträgt erstmals in 30 Kinos die Spielzeiteröffnung der Metropolitan Oper.

31.12. In vierzig bundesdeutschen Kinos läuft *Canaris* von Alfred Weidenmann an.

1954 Filmregisseur Anthony Mann gedenkt mit *Die Glenn Miller Story* des 1944 verschollenen, großen amerikanischen Jazzmusikers, der von James Stewart verkörpert wird.

Gesellschaft

26.5. Wegen »anstößiger Freizügigkeit« eines Jane-Russell-Titelblatts untersagt München den Verkauf der »Münchner Illustrierten«.

26.5. Ein Großbrand auf dem US-Flugzeugträger »Bennington« tötet 100 Marinesoldaten.

6.6. Mit der Übertragung des Narzissenfestes aus Montreux beginnen die »Eurovision«-Sendungen.

Deutsche Schwimm-Meister Chronik Sport

Freistil 100 m:
Paul Voell — 59,0 sec

Freistil 400 m:
Heinz Günther Lehmann — 4:50,6 min

Brust 200 m:
Norbert Rumpel — 2:47,3 min

Delphin 200 m:
Herbert Klein — 2:39,4 min

Rücken 100 m:
Bernd Strasser — 1:11,0 min

15.6. Die britische Schauspielerin Simone Silva muß die USA verlassen, weil sie sich in Cannes mit nacktem Busen fotografieren ließ.

3.7. Nach 14 Jahren werden in Großbritannien die Fleisch- und Speckrationierungen aufgehoben.

7.7. In Leipzig eröffnet der gesamtdeutsche evangelische Kirchentag mit 500 000 Besuchern.

9.7. Nach schweren Regenfällen tritt die Donau über die Ufer und verursacht Millionenschäden.

3.8. Der K 2, der zweithöchste Berg der Welt im Norden Pakistans, wird von einem italienischen Team erstmals bezwungen.

6.8. In Hiroshima wird die Memorial Cathedral of World Peace eingeweiht, die an den Atombombenabwurf 1945 erinnert.

27.8. In Bad Herzfeld untersagt ein Landrat das geplante Treffen ehemaliger SS-Angehöriger.

28.8. Ein drohender Metaller-Streik in Nordrhein-Westfalen wird durch eine Lohnerhöhung um 10 Pfennig pro Stunde verhindert.

1954

Internationale Politik	Deutsche Politik	Wirtschaft und Wissenschaft
21.9., USA. Die UN-Vollversammlung in New York lehnt die Aufnahme Chinas ab. **25.9., China.** Mao Tse-tung wird erster Präsident der VR China. **1.11., Algerien/Frankreich.** Bombenanschlägen und Brandstiftungen algerischer Unabhängigkeitskämpfer eröffnen den Algerienkrieg. **13.11., Ägypten.** Gamal Abd-el-Nasser stürzt Staatspräsident Muhammad Ali Nagib.	**14.12.** In Bayern wird Wilhelm Hoegner zum Ministerpräsidenten einer Koalition aus SPD, FDP und BHE (Bund der Heimatlosen und Entrechteten) gewählt. **21.12.** In der BRD tritt das Wohnungsbauprämiengesetz in Kraft, das den Wohnungsbau fördern soll. **22.12.** Die sozialdemokratisch geführte bayerische Landesregierung beschließt die Abschaffung der Prügelstrafe an bayerischen Volksschulen.	**1954, Technik.** Amerikanische Wissenschaftler entwickeln eine Siliziumzelle, die Licht in elektrische Energie umwandelt. **1954, Astronomie.** In Manchester entsteht ein Radioteleskop, dessen frei positionierbarer 76-m-Antennenspiegel Radiowellen aus dem Weltall erforscht. **1954, Medien.** FORTRAN von J. W. Backus (USA) ist die erste Programmiersprache für Computer, die ohne Maschinencode arbeitet.

1954 Geborene und Gestorbene

Geboren:
19.1. Katharina Thalbach, deutsche Schauspielerin.
28.4. Uwe Schrader, deutscher Filmregisseur.
8.11. Rickie Lee Jones, amerikanische Sängerin.
23.11. Bruce Hornsby, amerikanischer Sänger und Songschreiber.
14.12. Eva Mattes, deutsche Schauspielerin.
25.12. Annie Lennox, britische Sängerin und Songschreiberin.

Gestorben:
6.2. Friedrich Meinecke (*30.10.1862), deutscher Historiker.
7.3. Otto Diels (*23.1.1876), deutscher Chemiker.
13.3. Otto Gebühr (*29.5.1877), deutscher Schauspieler.

1955

Internationale Politik	Deutsche Politik	Wirtschaft und Wissenschaft
2.1., Panama. Präsident José Antonio Ramón Cantero erliegt einem Attentat linksgerichteter Rebellen. **18.1., China.** Rotchinesische Truppen besetzen die zu Nationalchina gehörende Insel Jikiangschan. **8.2., UdSSR.** Nikolai A. Bulganin löst Georgi M. Malenkow als Ministerpräsident ab. **2.3., Kambodscha.** In Phnom Penh erklärt König Norodom Sihanuk den Thronverzicht zugunsten seines Vaters Norodom Suramarit. **9.3., Österreich.** Der österreichische Bundeskanzler Julius Raab gibt bekannt, daß sein Land den Anschluß an die Weltwirtschaft erreicht hat. **30.3., Großbritannien.** Großbritannien tritt dem irakisch-türkischen Bagdad-Pakt bei. Am 23. September bzw. 11. Oktober schließen sich auch Pakistan und der Iran an.	**9.1.** Bundesdeutsche und Westberliner Bürger können DDR-Waren nur noch gegen DM kaufen. **25.1.** Die UdSSR beendet offiziell den Kriegszustand mit Deutschland. **17.2.** Die Länderkultusminister schließen ein Abkommen zur Vereinheitlichung des Schulwesens. **27.2.** Der Bundestag stimmt dem Beitritt zum westlichen Verteidigungsbündnis, der NATO, zu. **2.3.** Die DDR fordert eine gesamtdeutsche Volksbefragung über die Westintegration der Bundesrepublik. **5.3.** Dänemark und die BRD einigen sich über den Minderheitenschutz. **21.3.** Frankreich und das Saarland unterzeichnen ein Abkommen zur Wirtschaftsunion. **30.3.** Die Straßennutzungsgebühren für Westdeutsche und -berliner in der DDR werden drastisch erhöht.	**Januar, Verkehr.** Das Goggomobil-Kleinauto geht in den Dingolfinger Hans-Glas-Werken in Serie. **Preise in Westdeutschland** **Chronik Statistik** Einzelhandelspreise (DM): Butter, 1 kg — 6,75 Weizenmehl, 1 kg — 0,76 Schweinefleisch, 1 kg — 5,01 Rindfleisch, 1 kg — 4,67 Eier, 1 Stück — 0,23 Kartoffeln, 5 kg — 1,07 Kaffee, 1 kg — 21,4 **5.1., Verkehr.** Mit der Bahnverbindung zwischen Brasilien und Chile existiert eine südamerikanische Strecke, die Pazifik und Atlantik verbindet.

1954

Kunst, Literatur und Musik	Theater und Film	Gesellschaft
1954 Mongo Beti aus Kamerun stellt seinen antikolonialen Roman *Die grausame Stadt* vor. **1954** Die deutsche Übersetzung von *Der Planet des Todes* des polnischen Science-fiction-Autors Stanislaw Lem erscheint und macht ihn erstmals in Deutschland bekannt. **1954** Mit *Die Bürger* bringt der polnische Schriftsteller Kazimierz Brandys einen vielbeachteten, sozialistischen Roman heraus.	**1954** Der 3-D-Film *Das Monster vom Amazonas* von Jack Arnold erhebt den Low-Budget-Regisseur zum Kultstar. **1954** In der Pariser Filmzeitschrift »Cahiers du Cinema« fordert der französische Filmregisseur François Truffaut einen *Film der Autoren*, bei dem sich die Individualität der Regisseure frei entfalten könne. **1954** In 5640 bundesrepublikanischen Kinos sehen 736 Mio. Zuschauer 109 Spielfilme.	**30.8.** Die UNO gibt bekannt, daß in 17 Staaten der Welt Frauen noch immer ohne Wahlrecht sind. **3.9.** In den USA kommen erstmals mit Fotoapparaten gekoppelte Radargeräte gegen Verkehrssünder zum Einsatz. **13.11.** In der DDR wird für Jugendliche ab 14 Jahren die Jugendweihe eingeführt. **3.12.** In Bonn stellt die »Dienststelle Blank« die Uniformen der geplanten Bundeswehr vor.

Geborene und Gestorbene

25.3. Gertrud Bäumer (*12.9.1873), deutsche Schriftstellerin und Frauenrechtlerin. **10.4.** Ludwig Curtius (*13.12.1874), deutscher Archäologe. **10.4.** Auguste Lumière (*19.10.1862), französischer Erfinder.	**1.6.** Martin Andersen Nexø (*26.6.1869), dänischer Dichter. **19.8.** Alcide De Gasperi (*3.4.1881), italienischer Politiker und Staatsmann. **8.9.** André Derain (*17.6.1880), französischer Maler.	**3.11.** Henri Matisse (*31.12.1869), französischer Maler. **13.11.** Jacques Fath (*12.9.1912), französischer Modeschöpfer. **30.11.** Wilhelm Furtwängler (*25.1.1866), deutscher Dirigent.

1955

Kunst, Literatur und Musik	Theater und Film	Gesellschaft
Januar Die amerikanische Blues-Sängerin Billie Holiday begeistert in Hamburg das Publikum. **7.1.** Als erste farbige Sängerin in der New Yorker Metropolitan Opera tritt Marian Anderson auf. **26.1.** In Ostberlin eröffnet die Ausstellung »Zeitgenössische deutsche Graphik«. **3.3.** Während einer Tournee durch die USA wählt das Berliner Philharmonische Orchester Herbert von Karajan als Nachfolger Wilhelm Furtwänglers zum ständigen Dirigenten. **16.3.** Erich Kleiber gibt seinen Dirigentenposten für die DDR-Staatsoper aus Protest gegen die Eingriffe von Politik und Propaganda in das Kulturleben der DDR auf. **25.3.** Italiens Meistertenor Beniamino Gigli tritt im Rahmen seiner Abschiedstournee in Hamburg auf.	**1.2.** *Stadt in Angst*, ein Reißer von John Sturges mit Spencer Tracy in der Hauptrolle, wird bei seiner Uraufführung vom Publikum gefeiert. **23.2.** UA: *Des Teufels General*, Spielfilm von Helmut Käutner, mit Curd Jürgens als Ernst Udet, in München. **27.2.** Mit dem in Paris vorgestellten Schauspiel *Ping-Pong* will Arthur Adamov ein Zeichen gegen die moderne Vergnügungssucht setzen. **2.3.** Im Piccolo Teatro in Mailand kommt *Prozeß Jesu* von Diego Fabbri zur Uraufführung. **17.3.** UA: Den Zivilisationsumbruch in Folge der Entdeckung Amerikas thematisiert Peter Hacks in *Eröffnung des indischen Zeitalters* in München. **20.3.** Richard Brooks *Saat der Gewalt*, ein Film über die Zustände an amerikanischen Schulen, löst eine kontroverse Diskussion aus.	**1.1.** Im westfälischen Marl eröffnet das erste Bildungszentrum für Erwachsene in der Bundesrepublik. **15.1.** Der Filmball des Gloria-Verleihs in München ist einer der Glanzpunkte der Ballsaison. **31.1.** Nach zehn Jahren stellt die Westberliner »Neue Zeitung« ihr Erscheinen ein. **2.2.** Der bekannte französische Modeschöpfer Christian Dior stellt in Paris seine A-Linie vor. **13.2.** Die amerikanische Organisation »Freie Presse Europa« startet von Bayern aus eine Million antikommunistische Flugblätter an Ballonen in Richtung Osten. **März** In Venice in den USA eröffnet die erste Drive-in-Kirche. **5.3.** Die US-Luftwaffe hält auf Hawaii durch Bombenabwürfe einen Lavastrom von Ortschaften fern.

1955

Internationale Politik

5.4., Großbritannien. Großbritanniens Premier Winston Churchill gibt seinen Rückzug aus der Politik bekannt. Nachfolger ist Anthony Eden.

5.4., Südafrika. Wegen internationaler Proteste gegen die südafrikanische Apartheidspolitik erklärt das Land seinen Austritt aus der UNESCO.

18.4., Ungarn. Der Reformer Imre Nagy muß zugunsten des Hardliners András Hegedüs als Ministerpräsident zurücktreten.

18.4., Indonesien. In Bandung findet eine Konferenz der blockfreien Staaten Afrikas und Asiens statt.

14.5., Polen. In Warschau entsteht das östliche Militärbündnis, der »Warschauer Pakt«, dem auch die DDR angehört.

14.5., Ägypten/Algerien. In Kairo schließen sich algerische Unabhängigkeitskämpfer zur Nationalen Befreiungsfront (FNL) zusammen.

16.5., USA/Kambodscha. Die USA sichern in einem Vertrag Kambodscha Militärhilfe zu.

15.5., Österreich. In Wien unterzeichnen Vertreter der Westmächte, der UdSSR und Österreichs den Staatsvertrag für Österreich. Das Land erhält die volle Souveränität zurück, verpflichtet sich jedoch, keinem Militärbündnis beizutreten.

26.5., UdSSR. Mit Nikita S. Chruschtschow und Nikolai A. Bulganin besucht die Führungsspitze der UdSSR Jugoslawien.

22.6., UdSSR/USA. Der Abschuß eines US-Aufklärungsflugzeugs über der Beringstraße durch sowjetische Jäger löst eine schwere Krise aus.

23.7., Schweiz. Nach sechs Tagen endet in Genf die Gipfelkonferenz zwischen Frankreich, Großbritannien, den USA und der UdSSR zwar ohne konkrete Ergebnisse, aber in entspannter Atmosphäre (»Geist von Genf«).

26.7., UdSSR. Nikita S. Chruschtschow verkündet die Zwei-Staaten-Theorie, die der Westen ablehnt.

20.8., Algerien/Marokko. Binnen einer Woche sterben in Nordafrika bei einem Aufstand algerischer und marokkanischer Nationalisten gegen Frankreich 1500 Menschen.

Deutsche Politik

5.5. Mit der Ratifizierung der Pariser Verträge endet in der Bundesrepublik die Besatzungsherrschaft der Westalliierten zugunsten der – eingeschränkten – Souveränität. Berlin ist nicht Teil der Bundesrepublik.

9.5. Als 15. Mitglied tritt die Bundesrepublik der NATO bei.

7.6. Heinrich von Brentano übernimmt von Bundeskanzler Konrad Adenauer das Außenministerium.

20.6. Der »Hochverratsprozeß« gegen den bundesdeutschen Rennfahrer Manfred von Brauchitsch wird ausgesetzt, da er in die DDR geflohen ist.

16.7. Der Bundestag verabschiedet gegen die Stimmen der Sozialdemokraten das »Freiwilligengesetz« für den Aufbau der Bundeswehr.

31.7. Auf einer Kundgebung von 40000 Vertriebenen fordert Baden-Württembergs Ministerpräsident Gebhard Müller die Rückgabe der sog. Deutschen Ostgebiete.

12.8. DDR-Ministerpräsident Otto Grotewohl bietet Verhandlungen mit der Bundesrepublik an, wenn diese die DDR anerkennt.

8.9. Bundeskanzler Konrad Adenauer fliegt zu einem Staatsbesuch in die UdSSR.

20.9. Der in Moskau geschlossene »Vertrag über die Beziehungen der DDR und der UdSSR« gibt Ostdeutschland formal die Souveränität.

22.9. In einer Bundestagsrede formuliert Konrad Adenauer den Alleinvertretungsanspruch der Bundesrepublik, der in die sog. Hallsteindoktrin mündet. ▷Chronik Zitat

Alleinvertretungsanspruch

Chronik Zitat

»Ich muß unzweideutig feststellen, daß die Bundesregierung auch künftig die Aufnahme diplomatischer Beziehungen mit der DDR durch dritte Staaten ... als einen unfreundlichen Akt ansehen würde, da er geeignet wäre, die Spaltung Deutschlands zu vertiefen.«
Bundeskanzler Konrad Adenauer

Wirtschaft und Wissenschaft

4.4., Medien. In der Bundesrepublik sind rund 100 000 Fernseher angemeldet. Demgegenüber ist das Fernsehen in den USA mit 5 Mio. Empfängern schon Massenmedium.

28.4., Wirtschaft. Der Deutsche Gewerkschaftsbund (DGB) fordert die 5-Tage-Woche und den 8-Stunden-Tag.

2.6., Technik. Vor der amerikanischen Ostküste wird der Bau einer »künstlichen Insel« vollendet, die als Radarstation den US-Flugraum bewacht.

20.6., Astronomie. Auf Ceylon beobachten Wissenschaftler die mit sieben Minuten und acht Sekunden längste Sonnenfinsternis seit 1200 Jahren.

23.6., Luftfahrt. Das erste französische Düsenflugzeug für die zivile Luftfahrt, die »Caravelle« wird in Paris vorgestellt.

29.7., Raumfahrt. In Washington verkündet die US-Regierung den Start des weltweit ersten Raumfahrtprogramms.

5.8., Wirtschaft. Die Mitglieder der Organisation für europäische wirtschaftliche Zusammenarbeit (OEEC) unterzeichnen das Europäische Währungsabkommen, das die europäische Zahlungsunion ersetzt.

5.8., Wirtschaft. Mit einer Million hergestellten »Käfern« ist das VW-Auto führend in Europa.

12.8., Wirtschaft. Eine UN-Konferenz in der Schweiz zur friedlichen Nutzung der Kernenergie, betont die Notwendigkeit der Nuklearenergie.

26.8., Medien. Auf der Rundfunkausstellung in Düsseldorf werden die ersten Fernseher mit 43-cm-Bildschirm gezeigt.

31.8., Wirtschaft. Bei Hoyerswerda beginnen die Bauarbeiten zur Errichtung der »Schwarzen Pumpe«, dem größten Braunkohlekombinat Europas.

2.10., Verkehr. Auf der Frankfurter Automobilausstellung präsentiert BMW ein 3,2-l-Coupé, das einen Motor aus Leichtmetall hat. Porsche stellt den ersten serienmäßigen Wagen vor, der schneller als 200 km/h fährt.

22.10., Technik. Mit der Zündung der ersten transportablen Wasserstoffbombe übernimmt die UdSSR im nuklearen Wettrüsten die Führung.

1955

Kunst, Literatur und Musik

1.4. Die UdSSR kündigt die Rückgabe von 750 Kunstwerken an die Dresdener Gemäldegalerie an.
1.5. Elvis Presley startet startet seine erste US-Tournee.
Juli *Baby, Let's Play House* von Elvis Presley erobert die Charts.
16.7. In Kassel eröffnet die »documenta. Kunst des XX. Jahrhunderts«. Sie stellt Werke von 148 Künstlern aus.
17.8. UA: *Irische Legende*, Oper von Werner Egk, in Salzburg.
15.10. Wolfgang Amadeus Mozarts *Zauberflöte* ist das erste Konzert in der neuen Hamburger Staatsoper.
18.10. Louis Armstrong bricht in Hamburg ein Konzert ab, da es wegen seines schlechten Spiels und technischer Pannen zu Ausschreitungen gekommen war.
4.11. *Die Schule der Frauen*, eine Oper von Moritz Bombard, hat in Louisville in den USA Premiere.
1955 Caterina Valente dominiert mit *Ganz Paris träumt von der Liebe* wochenlang die europäischen Hitparaden.
1955 Bill Haleys *Rock around the Clock* steigt zur meistverkauften Schallplatte der Welt auf.
1955 *Der Augenzeuge* von Alain Robbe-Grillet verhilft dem französischen Nouveau Roman zum Durchbruch.
1955 In Frankreich löst Roger Peyrefittes Buch *Die Schlüssel von Sankt Peter* eine heftige Diskussion aus, da es den politischen Einfluß der katholischen Kirche thematisiert.
1955 Mit *Das Brot der frühen Jahre* blickt Heinrich Böll abermals auf die Schattenseiten des deutschen Wirtschaftswunders.
1955 Großen Erfolg hat Siegfried Lenz mit seiner masurischen Erzählung *So zärtlich war Suleyken*.
1955 Um das geteilte Berlin dreht sich der Roman *Am grünen Strand der Spree* von Hans Scholz.
1955 Der letzte Teil der Romanreihe *08/15* von Hans Hellmut Kirst erscheint.
1955 In der erste Ausgabe der Zeitschrift »Texte und Zeichnen« von Alfred Andersch erscheint Arno Schmidts Erzählung *Seelandschaft mit Pocahontas*.

Theater und Film

24.3. UA: *Die Katze auf dem heißen Blechdach*, Drama von Tennessee Williams unter der Regie Elia Kazans, in New York.
9.4. *Jenseits von Eden* von Elia Kazan mit James Dean in der Hauptrolle kommt in die US-Kinos.
3.6. Ein Denkmal für Marilyn Monroe wird Billy Wilders Kinofilm *Das verflixte siebte Jahr*.
5.6. In Frankreich kommt der Film *Rififi* von Jules Dassin in die Kinos.
10.6. Mit *Hamlet* in einer Inszenierung von Karlheinz Stroux eröffnen in Recklinghausen die Ruhrfestspiele.
3.9. UA: *Das kalte Licht*, Schauspiel von Carl Zuckmayer unter der Regie von Gustaf Gründgens, im Hamburger Schauspielhaus.
19.9. UA: *Pauken und Trompeten*, Frühwerk von Bertolt Brecht, in Ostberlin.
24.9. Im Düsseldorfer Schauspielhaus läuft die deutsche Erstaufführung des Theaterstücks *Tessa* von Jean Giraudoux.
29.9. Charles Laughtons einzige Regiearbeit, *Die Nacht des Jägers*, findet nach der Uraufführung wenig Resonanz, gilt in späteren Jahren aber als Meisterwerk.
30.9. Der beliebte amerikanische Filmstar James Dean stirbt bei einem Verkehrsunfall.
29.10. Nicholas Ray stellt den späteren Kultfilm *Denn sie wissen nicht, was sie tun* vor, den letzten Film mit James Dean.
3.11. Das Don-Juan-Stück *Der Herr Ornifle oder der erzürnte Himmel* des Dramatikers Jean Anouilh hat in Paris Premiere.
28.11. Die Uraufführung von *Der Sommer der siebzehnten Puppe* von Ray Lawler gilt als Geburtsstunde des modernen australischen Kinos.
23.12. In München läuft vor einem begeisterten Publikum *Sissi*, der Heimatfilm des österreichischen Regisseurs Ernst Marischka mit Romy Schneider in der Titelrolle, an.
29.12. In dem deutschen Studentenfilm *Ich denke oft an Piroschka* von Kurt Hoffmann spielt Liselotte Pulver die Hauptrolle.

Gesellschaft

1.4. Zehn Jahre nach Kriegsende nimmt die Deutsche Lufthansa den Flugbetrieb wieder auf.
8.5. In der BRD beginnen unter dem Motto »Acht geben – länger leben« die Verkehrserziehungswochen.
13.5. Die Deutsche Bundesbahn beschließt die Abschaffung der 3. Klasse.
20.5. Durch verseuchtes Wasser erkranken in Hagen 600 Menschen an Typhus.

Deutsche Meister
Chronik Sport

Leichtathletik:
100 m:
Maria Sander — 12,3 sec
200 m:
Charlotte Böhmer — 24,9 sec
80 m Hürden:
Zenta Gastl — 11,1 sec
Hochsprung:
Inge Kilian — 1,60 m
Weitsprung:
Lena Stumpf — 5,82 m

25.5. Unter Leitung von Charles Evans besteigt ein britisches Team den 8598 m hohen Kangchenjunga im Himalaja.
27.5. Im Süden der USA fordert ein Wirbelsturm 121 Todesopfer.
16.6. Nach einem Unglück bei der Torpedoübernahme sinkt das britische U-Boot »Sidon« in Portland.
12.6. Trotz massiver Proteste und Gegendemonstrationen hält der »Stahlhelm-Bund der Frontsoldaten« ein Treffen in Goslar ab.
12.7. 19 deutsche Großstädte schaffen die Getränkesteuer ab.
15.7. 18 Nobelpreisträger warnen bei einer Tagung auf der Insel Mainau vor den nuklearen Gefahren.
18.7. Der Vergnügungspark »Disneyland« öffnet im kalifornischen Anaheim seine Pforte.
23.7. James Ritter, ein schwarzer US-Student, wird verhaftet, weil er sich weigert, einen für Weiße reservierten Bus zu verlassen, erhält aber im September vom Obersten Gerichtshof der USA Recht.

1955

Internationale Politik	Deutsche Politik	Wirtschaft und Wissenschaft
6.9., Türkei. In der Türkei kommt es zu antigriechischen Ausschreitungen. **7.9., Österreich.** Österreich beschließt die Einführung der allgemeinen Wehrpflicht. **20.9., Argentinien.** Präsident Juan Domingo Perón muß vor Putschisten ins Ausland fliehen. General Eduardo Lonardi übernimmt die Macht. **20.10., Ägypten.** Die Armee des Landes erhält Waffen aus der Tschechoslowakei. **26.10., Südvietnam.** Ministerpräsident Ngô Dinh Diêm erklärt Kaiser Bao Dai für abgesetzt und proklamiert die Republik Südvietnam. **3.11., Ägypten/Israel.** Ägyptische und israelische Grenztruppen liefern sich schwere Gefechte. **15.12., USA.** Neben Österreich werden in New York noch 15 weitere Staaten in die UNO aufgenommen. **29.12., Finnland.** Finnland tritt dem Nordischen Rat, der politischen Organisation der skandinavischen Staaten, bei.	**26.9.** Der frühere Großadmiral Erich Raeder wird aus gesundheitlichen Gründen vorzeitig aus der Haft im Spandauer Kriegsverbrechergefängnis entlassen. **7.10.** Im Lager Friedland treffen die ersten »Spätheimkehrer« ein, die letzten Kriegsgefangenen aus der UdSSR. **19.10.** Der Bundestag tagt demonstrativ in dem großen Hörsaal der Westberliner Technischen Universität. **21.10.** Franz Josef Strauß, bisher Bundesminister für besondere Aufgaben, tritt 38jährig sein Amt als Bundesatomminister an. **23.10.** Mehr als zwei Drittel der Saarländer stimmen gegen die Annahme des Saarstatutes, das die Anbindung an Frankreich vorsieht. **1.11.** Die DDR gibt sich ein eigenes Staatswappen und eine Nationalflagge mit Hammer, Zirkel und Ährenkranz. **12.11.** Die ersten Bundeswehrsoldaten werden vereidigt. **16.11.** Die BRD und Österreich nehmen diplomatische Beziehungen auf.	**10.12., Nobelpreise.** In Stockholm werden die diesjährigen Nobelpreise feierlich verliehen. Ein Friedenspreis wird dieses Jahr nicht vergeben. ▷Chronik Nobelpreise **Wissenschaftler geehrt** **Chronik Nobelpreise** **Chemie:** Vincent du Vigneaud (USA) **Medizin:** Hugo Theorell (S) **Physik:** Willis E. Lamb (USA) und Polykarb Kusch (USA) **Literatur:** Halldór K. Laxness (IS) **1955, Technik.** Die britische Firma EMI stellt den ersten elektronischen Bildabtaster (»Scanner«) vor. **1955, Technik.** Erste Xerox-Normalpapierkopierer kommen auf den Markt. **1955, Technik.** Die Polaroid-Kamera wird entwickelt. **1955, Technik.** In den USA gelingt die Herstellung von Industriediamanten.

1955 Geborene und Gestorbene

Geboren:
27.2. Reinhard Fendrich, österreichischer Liedermacher, Schauspieler und Entertainer.
26.5. Doris Dörrie, deutsche Filmregisseurin.
11.8. Joe Jackson, britischer Popmusiker.
25.8. Elvis Costello, britischer Rocksänger.
10.11. Roland Emmerich, deutscher Filmregisseur.

Gestorben:
27.1. Ernst Penzoldt (*14.6.1892), deutscher Schriftsteller.
4.2. Hans Blüher (*17.2.1888), deutscher Schriftsteller.
23.2. Paul Claudel (*6.8.1868), französischer Dichter.
11.3. Alexander Fleming (*6.8.1881), englischer Biologe.
12.3. Charlie Parker (†29.8.1920), amerikanischer Jazzmusiker.

1956

Internationale Politik	Deutsche Politik	Wirtschaft und Wissenschaft
1.1., Sudan. In Khartum wird die Unabhängigkeit des Sudan erklärt. **2.1., Frankreich.** Die Wahlen zur französischen Nationalversammlung enden mit einem Sieg der Kommunisten mit über 25% der Stimmen. Neuer Premier wird der Sozialist Guy Mollet.	**7.1.** Erster Botschafter der UdSSR in Bonn ist Valerian A. Sorin. **8.1.** In der Bundesrepublik setzt eine Entlassungswelle von »Kommunisten« in Gewerkschaften ein. **14.1.** Die letzten Kriegsgefangenen aus der UdSSR treffen in der BRD ein.	**1.1., Wirtschaft.** In der Bundesrepublik ist das Bruttosozialprodukt seit 1951 um 60% gestiegen. **3.1., Verkehr.** Nach schwierigen Bauarbeiten wird die 6500 km lange Eisenbahnstrecke Peking–Moskau fertiggestellt.

1955

Kunst, Literatur und Musik	Theater und Film	Gesellschaft
1955 Paris streitet über *Lolita*, den neuen Roman von Vladimir Nabokov, der den einen als »pornographisch«, den anderen als »stilistisch brillant« gilt. **1955** In Großbritannien bringt Aldous Huxley den Roman *Das Genie und die Göttin* heraus. **1955** Im neorealistischen Stil zeichnet der italienische Autor Vasco Pratolini in *Metello, der Maurer* die gesellschaftliche Situation der Arbeiter zur Jahrhundertwende nach. **1955** In Frankfurt am Main findet eine Ausstellung zum Jugendstil statt. **1955** Die Internationale Fotoausstellung findet in New York statt. **1955** Brüssel zeigt die Ausstellung »Der europäische Humanismus von Leonardo da Vinci bis Brueghel«. **1955** Eine Chagall-Werkschau öffnet in Halle ihre Tore. **1955** Herbert Leupin macht sich mit der Pril-Ente und einem Dujardin-Plakat als führender Werbedesigner einen Namen.	**30.12.** Otto Premingers Film *Der Mann mit dem goldenen Arm* thematisiert den Rauschgiftkonsum in den USA und löst heftige Kritik aus. **1955** Humphrey Bogart spielt in *Ein Tag wie jeder andere* von William Wyler einen brillanten Part als brutaler Gangster. **1955** Nach zweijähriger Pause kehrt Cary Grant in Alfred Hitchcocks *Über den Dächern von Nizza* ins Filmgeschäft zurück. **1955** Die englischen Ealing-Studios werden werden an die BBC verkauft. Damit geht die erfolgreiche Phase der berühmten englischen Filmkomödien-Produktion zu Ende. **1955** In sowjetischen Filme werden immer mehr individuelle Schicksale der Menschen einbezogen, die z.T. sogar mit politischen oder gesellschaftlichen Zielen kollidieren dürfen. **1955** Als eines der brillantesten Werke von Max Ophüls gilt der Film *Lola Montez* mit Martine Carole in der Titelrolle.	**20.8.** Eine Hochwasserkatastrophe im Osten der USA fordert 165 Opfer. **20.8.** Erste Weltmeisterin im Maschinenschreiben ist Hanne Frieß aus Stuttgart. **10.9.** In Kalabrien findet eine Groß-Razzia der Polizei gegen das organisierte Verbrechen statt. **21.9.** Europas Presse feiert die Hochzeit von Prinzessin Ira Virginia von und zu Fürstenberg und Prinz Alfonso zu Hohenlohe-Langenburg in Venedig als gesellschaftlichen Höhepunkt der Saison 1955. **1.11.** Die britische Prinzessin Margaret muß auf ihre Hochzeit mit dem geschiedenen Fliegeroberst Peter Townsend verzichten. **20.12.** Wegen langanhaltender Trokkenheit muß die Schiffahrt auf dem Rhein eingestellt werden. **1955** Die bundesrepublikanischen Polizeiautos werden mit dem »Blaulicht« ausgestattet. **1955** Robert Lembkes Ratespiel »Was bin ich?« läuft erstmals im Fernsehen.

1955 Geborene und Gestorbene

18.4. Albert Einstein (*14.3.1879), deutscher Physiker.
24.4. Alfred Polgar (*17.10.1875), österreichischer Schriftsteller.
31.5. Ernst Heimeran (*9.6.1902), deutscher Verleger.
29.6. Max Pechstein (*31.12.1881), deutscher Maler.

12.8. Thomas Mann (*6.6.1875), deutscher Schriftsteller.
25.8. Heinrich Spoerl (*8.2.1887), deutscher Schriftsteller.
31.8. Willi Baumeister (*22.1.1889), deutscher Maler.
30.9. James Dean (*8.2.1831), amerikanischer Schauspieler.

18.10. José Ortega y Gasset (*9.5.1883), spanischer Philosoph.
5.11. Maurice Utrillo (*26.12.1883), französischer Maler.
27.11. Arthur Honegger (*10.3.1892), Schweizer Komponist.
14.12. Otto Braun (*28.1.1872), deutscher Politiker.

1956

Kunst, Literatur und Musik	Theater und Film	Gesellschaft
15.1. Der IV. Schriftstellerkongreß der DDR endet, auf dem die Grenzen künstlerischer Freiheit im Sozialismus heftig diskutiert wurden. **4.2.** Mit der *Zauberflöte* von Mozart eröffnet das Große Haus der Städtischen Bühnen Münster.	**9.1.** UA: *Philemon und Baukis*, Schauspiel von Leopold Ahlsen, in den Münchener Kammerspielen. Der Regisseur verlegt den antiken Mythos um das Ehepaar Philemon und Baucis in den Zweiten Weltkrieg. An die Stelle Gottes tritt die Kriegsmaschinerie.	**1.1.** Der Nordwestdeutsche Rundfunk (NWDR) wird in den WDR und NDR gespalten. **1.1.** Sowjetische Botschaftsangehörige behindern die Feuerwehr bei Löscharbeiten, wodurch die Botschaft der UdSSR in Ottawa ausbrennt.

1956

Internationale Politik

7.1., Kenia. In Kenia beginnt eine britische Offensive gegen die militante Unabhängigkeitsbewegung Mau-Mau.
1.2., Brasilien. Juscelino Kubitschek de Oliveira tritt sein Amt als Staatspräsident an.
15.2., Finnland. Urho Kaleva Kekkonen wird Staatspräsident.
15.2., Indonesien. Indonesien sagt sich von den Niederlanden los.
25.2., UdSSR. Eine Geheimrede von Nikita S. Chruschtschow auf dem XX. Parteitag der KPdSU leitet die Entstalinisierung in der Sowjetunion ein.
27.2., Südafrika. In Südafrika wird den »Coloureds« (Mischlingen) das Wahlrecht entzogen.
2.3., Österreich. Der Nationalrat beschließt Österreichs Beitritt zum Europarat. Österreich ist das 15. Mitglied.
9.3., Zypern. Großbritannien läßt den zypriotischen Erzbischof Makarios III. wegen angeblicher Verbindungen zu Terroristen verhaften und auf die Seychellen deportieren.
20.3., Tunesien/Frankreich. Frankreich anerkennt die volle Unabhängigkeit Tunesiens.
21.3., Großbritannien. In London beginnen Abrüstungsgespräche zwischen den USA, Großbritannien, Kanada, Frankreich und der UdSSR.
27.3., Ungarn. Ungarn rehabilitiert den 1949 hingerichteten Außenminister und Stalin-Gegner László Rajk.
18.4., UdSSR. In Moskau wird die Auflösung der Kominform bekanntgegeben.
24.4., USA. Die Rassentrennung in öffentlichen Verkehrsmitteln der USA wird für verfassungswidrig erklärt.
1.5., Nepal. Im Anschluß an seine Krönung kündigt König Mahendra Bir Bikram Reformen an.
10.5., Zypern/Großbritannien. Zwei Anhänger der zypriotischen Befreiungsfront werden auf Anordnung der britischen Behörden hingerichtet.
16.5., Ägypten/China. Gegen Waffenlieferungen erkennt Ägypten die Volksrepublik China an.
18.6., Ägypten. Nach 70 Jahren endet die britische Aufsicht über den Suezkanal. Dessen Nationalisierung am 26. Juli provoziert die Suezkrise.

Deutsche Politik

18.1. Die DDR-Volkskammer beschließt die Bildung der »Nationalen Volksarmee« (NVA).
27.1. Zwei angebliche Spione werden in Ostberlin zur Todesstrafe verurteilt. Nach zehn Tagen wird die Strafe in lebenslange Haft umgewandelt.
23.2. Die FDP kündigt die Koalition mit CDU/CSU und DP auf. Die FDP-Minister solidarisieren sich mit der Regierung, bleiben im Amt, gründen die Freie Volkspartei (FVP) und spalten die Liberalen.
25.3. Bundeskanzler Konrad Adenauer verteidigt seinen Kanzleramtsleiter Hans Globke, der wegen seiner Tätigkeit während des Nationalsozialismus scharf angegriffen wird.
1.4. Der Bundesnachrichtendienst (BND) nimmt in Pullach seine Tätigkeit auf.
22.4. In Ostberlin entdecken Angehörige der sowjetischen Armee einen Spionagestollen der USA.
21.6. Die DDR verkündet eine Amnestie für 11 800 Häftlinge.
29.6. In Bremen kommt ein erster Tarifabschluß zustande, der die 45-Stunden-Woche festlegt.
7.7. Mit den Stimmen der CDU/CSU, FVP und DP verabschiedet der Bundestag das Wehrpflichtgesetz. Gegen den Entwurf stimmen SPD und FDP. Der SPD-Abgeordnete Fritz Erler hält die »Wehrpflichtarmee« für sinnlos. ▷ Chronik Zitat

Wehrpflichtarmee sinnlos
Chronik Zitat

»Bei einem sowjetischen Angriff mit taktischen Atomwaffen wäre die Bundeswehr festgenagelt. Von der Bevölkerung bliebe nicht allzu viel übrig. Gegen einen solchen Angriff kann die Bundesrepublik ... auch mit 500 000 Mann nicht verteidigt werden.«
Fritz Erler, SPD-Politiker

31.7. Die DDR-Regierung kündigt eine Aufhebung der Lebensmittelrationierung und die 45-Stunden-Woche an.

Wirtschaft und Wissenschaft

5.1., Wirtschaft. Die ersten 50 italienischen Gastarbeiter treffen im niederrheinischen Siersdorf ein. Sie sollen den akuten Arbeitskräftemangel im Revier mildern.
17.1., Luftfahrt. In den USA wird der größte Hubschrauber der Welt, die »XH-17«, vorgestellt.

Bildung in Westdeutschland
Chronik Statistik

Volksschüler	4 574 153
Mittelschüler	314 532
Gymnasiasten	767 503
Studenten	125 045

8.2., Wirtschaft. Die Bundesregierung in Bonn beschließt die Erhöhung des Kohlepreises um 2 DM pro Tonne. Gleichzeitig verfügt sie die Einführung einer steuerfreien Prämie für Bergleute.
17.2., Technik. Lockheed führt in Kalifornien das Kampfflugzeug F-104 »Starfighter« der Öffentlichkeit vor.
6.4., Wirtschaft. Binnen eines Monats ist die Zahl der Arbeitslosen in der Bundesrepublik um 800 000 auf 1,019 Mio. gefallen.
14.4., Technik. Die US-Marine stellt den Flugzeugträger »U.S.S. Saratoga« in Dienst, der mit 100 Flugzeugen ausgerüstet ist.
Mai, Archäologie. Sensationelle Ausgrabungsergebnisse zur Maya-Kultur stellt der deutsche Archäologe Wolfgang Cordan vor.
21.5., Technik. Mit der Zündung der ersten transportablen Wasserstoffbombe ziehen die USA im Rüstungswettlauf mit der UdSSR gleich.
27.5., Luftfahrt. Das sowjetische Passagierflugzeug TU-104 ist der Star auf der Züricher Flugschau.
31.5., Wirtschaft. Die Außenminister der Mitgliedstaaten der Euopäischen Gemeinschaft für Kohle und Stahl erklären in Venedig ihre Entschlossenheit, den gemeinsamen Markt weiter auszubauen.
3.6., Wirtschaft. Auf der Dortmunder Möbelmesse wird der erste Geschirrspüler für den Haushalt vorgestellt.

1956

Kunst, Literatur und Musik

17.2. Günther Rennert inszeniert an der Wiener Staatsoper *Manon Lescaut* von Giacomo Puccini.
15.3. Am Broadway feiern Kritiker und Publikum das Musical *My Fair Lady* von Frederick Loewe, das im Mark Hellinger Theater Premiere hat.
4.4. In Kalifornien verewigt Gene Vincent seinen Hit *Be-Bob-A-Lula* auf Vinyl.
Mai *Only You* von den Platters erobert die Charts, obwohl es zunächst eine B-Aufnahme war.
23.5. In Frankfurt endet das 4. Festival der deutschen Jazzföderation.
24.5. Den ersten »Grand Prix de la Chanson« gewinnt die Schweizerin Lys Assia mit *Refrain*.
25.5. Auf der »Großen Berliner Kunstausstellung« zeigen über 500 Maler ihre Bilder und Plastiken.
13.6. Herbert von Karajan übernimmt die künstlerische Leitung der Wiener Staatsoper.
13.6. Im Wiener Akademietheater gastiert die Mailänder Scala mit der Oper *Die heimliche Ehe* von Domenico Cimarosa.
17.6. UA: *Der Sturm*, Oper von Frank Martin nach dem gleichnamigen Stück von William Shakespeare, in Wien.
24.7. Bei den Bayreuther Festspielen inszeniert Wieland Wagner *Die Meistersinger von Nürnberg* seines Großvaters Richard Wagner mit sparsamer Ausstattung.
9.9. In Ed Sullivans *Toast of the Town Show* erleben die US-Fernsehzuschauer den ersten Auftritt Elvis Presleys.
23.9. Die Uraufführung der Oper *König Hirsch* von Hans Werner Henze an der Städtischen Oper in Berlin endet in einem Fiasko.
29.9. Mit *Elektra* von Richard Strauss eröffnet in Düsseldorf das neue Haus der Deutschen Oper am Rhein.
1956 Nach dem »Buchclub« etabliert der Verlag Bertelsmann mit dem »Schallplattenring« eine ähnliche Organisation für die Musikbranche.
1956 Alfred Döblin behandelt in seinem Roman *Hamlet oder die lange Nacht nimmt ein Ende* den Umgang mit der Kriegsschuldfrage in der Nachkriegsgesellschaft.

Theater und Film

29.1. UA: Das Ensemble des Züricher Schauspielhauses zeigt Friedrich Dürrenmatts *Der Besuch der alten Dame*.
10.2. In Stockholm wird Eugene O'Neills Stück *Eines langen Tages Reise in die Nacht* uraufgeführt.
20.2. Ein Paradestück der englischen Komödie liefert Alexander Mackendrick mit *Ladykillers* ab. Alec Guiness spielt die Hauptrolle.
25.2. Renzo Rossellinis Einakter *La guerra* feiert in Neapel eine umjubelte Premiere.
8.5. Seine Weltpremiere erlebt *Blick zurück im Zorn* von John Osborne im Londoner Theater Royal Court. Das rebellische Stück thematisiert die Leere und Perspektivlosigkeit hinter der Fassade der Wohlstandsgesellschaft.
24.5. UA: *Der Spaßvogel*, Komödien-Drama von Brendan Behan, in London. Das Stück versteht sich als Plädoyer gegen die Todesstrafe.
30.5. *Der schwarze Falke*, ein Edelwestern von John Ford, zeigt John Wayne in seiner Paraderolle als einsamer Westernheld.
4.7. John Hustons Abenteuerfilm *Moby Dick* nach dem gleichnamigen Melville-Roman kommt in die Kinos.
10.10. Zu Tumulten kommt es während der Uraufführung der Komödie *Der arme Bitos oder Das Diner der Köpfe* von Jean Anouilh in Paris, die sich mit der Kollaboration von Franzosen in der Kriegszeit mit deutschen Besatzern auseinandersetzt.
13.10. Das Théâtre de l'Atelier in Paris zeigt die Uraufführung des Schauspiels *Das Ei* von Félicien Marceau.
15.10. UA: *Die Geschichte von Vasco*, Antikriegsstück des Libanesen Georges Shéhadé, in Zürich.
17.10. Eine zeitlos erfolgreiche Abenteuerkomödie stellt Michael Anderson mit *In achtzig Tagen um die Welt* nach Jules Verne vor.
1.12. Peter Hacks stellt seine Antikriegs-Komödie *Die Schlacht bei Lobositz* in Ostberlin vor.
12.12. Die »Münchner Lach- und Schießgesellschaft« kommt mit ihrem ersten Programm *Denn sie müssen nicht, was sie tun...* auf die Bühne des »Stachelschweins«.

Gesellschaft

3.1. Ein Defekt in der Sendeanlage löst auf der Spitze des Eiffelturms einen Brand aus.
7.1. In Dänemark lehnt der Bischof von Viborg die Ordination einer Hilfspastorin ab und löst eine Welle der Kritik aus.
9.2. Erstmals seit 1945 findet in Wien wieder der Opernball statt.
13.2. Der amerikanische Autohersteller Ford legt zehn Autowerke still und setzt 19 000 Arbeiter auf die Straße.
15.2. Mit 31,4°C unter Null erreicht die Kältewelle in der Bundesrepublik ihren Höhepunkt, der europaweit 200 Menschen zum Opfer fallen.
20.3. Der Bundestag reduziert die Zuckersteuer. Der Doppelzentner kostet nun statt 25 nur noch 10 DM.

Leichtathletik-Weltrekorde

Chronik Sport

100 m:	
Willie Williams (USA)	10,1 sec
400 m:	
Louis Jones (USA)	45,2 sec
110 m Hürden:	
Jack Davis (USA)	13,4 sec
Hochsprung:	
Charles Dumas (USA)	2,15 m
Kugelstoßen:	
Parry O'Brien (USA)	19,25 m

19.4. Die Filmschauspielerin Grace Kelly heiratet in der »Hochzeit des Jahres« Fürst Rainier III. von Monaco.
28.5. Fritz Luchsinger und Ernst Reiß aus der Schweiz gelingt die Erstbesteigung des 8501 m hohen Lhotse im Himalaya.
30.5. Margit Nünke wird in Stockholm vor 5000 Zuschauern zur »Miss Europa« gekürt.
29.6. Der amerikanische Dramatiker Arthur Miller heiratet das Sex-Idol Marilyn Monroe.
2.7. In der Bundesrepublik wird ein neues Nummernschildsystem für Kraftfahrzeuge eingeführt.
5.7. Zur Unterstützung des Kolonialkrieges in Algerien erhöht Frankreich die Tabaksteuer um 20%.

1956

Internationale Politik	Deutsche Politik	Wirtschaft und Wissenschaft

23.6., UdSSR. Jugoslawiens Staatschef Josip Tito besucht Moskau.
1.7., UdSSR. Erstmals wird das politische Testament Lenins veröffentlicht, in dem er vor Stalin warnte.
11.7., Österreich. Der Nationalrat beschließt die Einrichtung einer nationalen Volksarmee.
27.9., China/UdSSR. China distanziert sich von der Entstalinisierung.
21.10., Polen. Durch die Wahl von Wladyslaw Gomulka zum KP-Chef setzt in Polen die Entstalinisierung ein (»Polnischer Oktober«).
22.10. Algerien/Frankreich. Die französische Armee nimmt in Algier die gesamte Führungsspitze der algerischen Befreiungsbewegung FLN fest.
23.10., Ungarn. In Budapest bricht ein Aufstand aus. Am folgenden Tag kehrt Imre Nagy an die Macht zurück.
29./30.10., Ägypten. Der Angriff Israels, Frankreichs und Großbritanniens auf Ägypten bringt die Welt an den Rand eines Dritten Weltkriegs.
4.11., Ungarn. Wenige Tage, nachdem die Regierung Nagy das Einparteiensystem abgeschafft und den Austritt aus dem Warschauer Pakt verkündet hat, intervenieren sowjetische Truppen zur Niederschlagung des Ungarnaufstands.
6.11., Ägypten. Der Druck der USA und der UdSSR erzwingt einen Waffenstillstand im Suezkrieg.
15.12., Großbritannien. Über Nordirland wird nach Bombenanschlägen der IRA der Ausnahmezustand verhängt.

17.8. Das Verbot der KPD durch das Bundesverfassungsgericht löst eine Massenflucht der Parteifunktionäre in die DDR aus.
20.9. Willy Brandt verkündet in Berlin, daß der Millionste DDR-Flüchtling nach Westberlin übergetreten sei.
1.10. Karl Dönitz, ehemaliger Großadmiral und letzter Reichspräsident 1945, wird nach zehn Jahren aus der Haft entlassen.
8.10. Der frühere DDR-Vizeministerpräsident Hermann Kastner (LDPD) bittet in Bayern um Asyl.
16.10. Neuer Bundesverteidigungsminister wird Franz Josef Strauß.
24.10. An der Ostberliner Humboldt-Universität werden Studentenunruhen niedergeschlagen.
29.11. Mit Wolfgang Harich wird einer der führenden SED-Ideologen verhaftet, da er einen »menschlichen Sozialismus« gefordert hat.
10.12. Nach seiner Rückkehr von einer Asienreise spricht sich der SPD-Vorsitzende Erich Ollenhauer für den Austritt aus der NATO im Falle der Wiedervereinigung aus.
13.12. Der saarländische Landtag billigt den Beitritt zur BRD zum 1.1.1957.
22.12. Wegen Landesverrats wird der ehemalige Präsident des Bundesverfassungsschutzes Otto John zu vier Jahren Haft verurteilt.
28.12. Einer Einschätzung der Bundesregierung zufolge sind in der DDR rund 11 000 Menschen aus politischen Gründen inhaftiert.

17.10., Wirtschaft. Die britische Königin Elisabeth II. schaltet das Atomkraftwerk in Calder Hall ans elektrische Netz. Als erster Reaktor arbeitet er mit Gas anstelle der üblichen Wasserkühlung. Als »Moderator« kommt Graphit zum Einsatz.

Wissenschaftler geehrt
Chronik Nobelpreise

Chemie: Cyril N. Hinshelwood (GB) und Nikolai N. Semjonow (UdSSR)
Medizin: Werner Forßmann (D), André Cournand (USA) und Dickinson W. Richards (USA)
Physik: William Shockley (USA), John Bardeen (USA) und Walter H. Brattain (USA)
Literatur: Juan Ramón Jiménez (E)

10.12., Nobelpreise. In Stockholm werden die Nobelpreise feierlich verliehen. Ein Friedenspreis wird auch in diesem Jahr nicht vergeben. ▷Chronik Nobelpreise
1956, Medizin. Der Leuchtmassenzähler erlaubt die Diagnose von Schilddrüsenerkrankungen.
1956, Technik. Ein Verfahren zur automatischen Herstellung hochwertiger Gläser entwickelt die deutsche Firma Schott in Zwiesel.
1956, Medien. IBM entwickelt mit den Magnetplattenspeichern die Vorläufer der »Floppy Disc«.

1956 Geborene und Gestorbene

Geboren:
12.4. Herbert Grönemeyer, deutscher Schauspieler und Popmusiker.
26.6. Chris Isaak, amerikanischer Rock'n Roll-Musiker und Entertainer.
8.8. Lena Stolze, deutsche Schauspielerin.
30.11. Heinz Rudolf Kunze, deutscher Rockmusiker.

Gestorben:
3.1. Karl Josef Wirth (*6.9.1879), deutscher Politiker.
5.1. Mistinguett (*5.4.1873), französische Chansonette.
13.1. Lyonel Feininger (*17.7.1871), deutsch-amerikanischer Maler.
23.1. Alexander Korda (*16.9.1893), britischer Filmproduzent.

27.1. Erich Kleiber (*5.8.1890), deutscher Dirigent.
7.2. Henri Chrétien (*1.2.1879), französischer Erfinder.
18.2. Gustave Charpentier (*25.6.1860), französischer Komponist.
12.3. Boleslaw Bierut (*18.4.1892), polnischer Politiker.

1956

Kunst, Literatur und Musik	Theater und Film	Gesellschaft
1956 Mit dem Gedichtband *Anrufung des Großen Bären* wird die österreichische Schriftstellerin Ingeborg Bachmann bekannt. **1956** Der schwedische Schriftsteller Harry Edmund Martinson warnt mit dem Versepos *Aniara* vor den nuklearen Gefahren. **1956** Kritik am Zeitalter der Technik übt der US-Autor Allen Ginsberg mit der Gedichtsammlung *Das Geheul*. **1956** Die Literaturkritik zeigt sich von Albert Camus Roman *Der Fall* begeistert. **1956** Als Beispiel des Noveau Roman erscheint in Paris der Kriminalroman *Der Zeitplan* von Michel Butor. **1956** Neue sprachliche Experimente unternimmt Arno Schmidt mit *Das steinerne Herz*. **1956** Walter Höllerer gibt den Gedichtband *Transit* heraus. **1956** Bei Luchterhand veröffentlicht Günter Grass seinen Erstling *Die Vorzüge der Windhühner*. **1956** In Barcelona erscheint der Roman *Am Jarama* von Rafael Sánchez Ferlosio, den Kritiker ein Epos des Alltäglichen nennen. **1956** Ein Bild des modernen Wien entwirft Heimito von Doderer in seinem Roman *Die Dämonen*, der eine Art Fortsetzung des Wien-Romans *Die Strudlhofstiege oder Melzer und die Tiefe der Jahre* aus dem Jahre 1951 ist. **1956** Ein Verwirrspiel der Phantasie bietet William Golding mit *Der Felsen des zweiten Todes*.	**1956** Mit seinem Remake von *Die zehn Gebote* stellt Cecil B. DeMille seinen Ruf als Monumentalfilm-Regisseur unter Beweis. **1956** Schwarzen Humor bietet Alfred Hitchcock in *Immer Ärger mit Harry*. **1956** King Vidor verfilmt das Epos *Krieg und Frieden* von Leo Tolstoi. **1956** In *Der Hauptmann von Köpenick* von Helmut Käutner brilliert Heinz Rühmann in der Titelrolle. **1956** *Godzilla* von Inoshiro Honda/Tery beflügel den japanischen Science-fiction-Film. **1956** Die Anzahl der im eigenen Land produzierten Spielfilme beträgt in Italien 130, Frankreich 129, Großbritannien 93, Spanien 77, Österreich 28 und Schweden 24 Filme. **1956** In England müssen ca. 100 Kinos schließen. Die Anzahl der Kinobesuche nimmt um 7 % ab. **1956** Die amerikanische Zensurbehörde darf künftig Filmszenen über illegalen Handel, Abtreibung, Prostitution und Kindesentführung zulassen, wenn sie noch in den Grenzen des guten Geschmacks liegen. Verboten bleiben weiterhin Zugenküsse, »sexuelle Perversionen«, Gnadenschüsse, Blasphemie, doppeldeutige Worte und Geschlechtskrankheiten sowie detaillierte Brutalität. **1956** Mit Roger Vadims Film *Und immer lockt das Weib* werden die Initialen seiner Ehefrau Brigitte Bardot zum Markenprodukt BB. Ihr Sex-Appeal begeistert das Publikum.	**25.7.** Vor der US-Küste sinkt das italienische Passagierschiff »Andrea Doria«. 50 Menschen sterben. **27.7.** In den USA nehmen 650 000 Stahlarbeiter nach 25 Tagen Ausstand die Arbeit wieder auf. **8.8.** Beim schwersten Grubenunglück der Nachkriegszeit sterben im belgischen Amercoer 273 Bergleute durch einen Grubenbrand. **1.10.** Die »Tagesschau« nimmt ihre täglichen Sendungen auf. **11.10.** In Flensburg wird die Verkehrssünderkartei eingerichtet. **28.10.** Hans-Joachim Kulenkampff stellt die Quiz-Show »Zwei auf einem Pferd« vor. **3.11.** In Kanada kommen 124 Bergleute bei einer Kohlenstaubexplosion in der Schachtanlage Springhill ums Leben. **4.11.** Das erste Internationale Rock'n'Roll-Turnier in Hamburg endet mit Tumulten Jugendlicher in der Innenstadt. **9.11.** Das Ladenschlußgesetz wird verabschiedet. **30.12.** In Dortmund randalieren 4000 Jugendliche nach einer Vorführung des Bill-Haley-Films »Außer Rand und Band«. **1956** Im bundesdeutschen Fernsehen startet die Reihe »Ein Platz für Tiere« von Bernhard Grzimek. **1956** In der DDR läuft die erste Folge des Fernsehratespiels »Wir sehen uns wieder«. **1956** In der Bundesrepublik gibt es 70 607 Fernsehteilnehmer.

Geborene und Gestorbene

16.3. Irène Joliot-Curie (*12.9.1897), französische Physikerin und Nobelpreisträgerin.
18.3. Louis Bromfield (*27.12.1896), amerikanischer Schriftsteller.
20.3. Wilhelm Miklas (*15.10.1872), österreichischer Politiker.
15.4. Emil Nolde (*7.8.1867), deutscher Maler.

19.4. Ernst Robert Curtius (*14.4.1886), deutscher Romanist.
30.4. Alben William Barkley (*24.11.1877), amerikanischer Politiker.
14.8. Bertolt Brecht (*10.2.1898), deutscher Dichter.
25.8. Alfred Kinsey (*23.6.1894), amerikanischer Sozialanthropologe.

12.9. Hans Carossa (*15.12.1878), deutscher Dichter.
9.10. Lucie Höflich (*20.2.1883), deutsche Schauspielerin.
26.10. Walter Gieseking (*5.11.1895), deutscher Pianist.
14.12. Juno Kusti Paasikivi (*27.11.1870), finnischer Politiker.

1957

Internationale Politik

5. 1., USA. Präsident Dwight D. Eisenhower verkündet die sog. Eisenhower-Doktrin, die die USA verpflichten, vom Kommunismus »bedrohten« Staaten beizustehen.
20. 1., Polen. Die Wahlen zum polnischen Sejm bestätigen den Reformkurs von Parteichef Wladyslaw Gomulka.
26. 1., Indien. Die indisch besetzten Teile Kaschmirs werden entgegen einer UN-Resolution dem indischen Staatsgebiet angegliedert.
2. 2., Frankreich. Frankreich gibt seinen 13 Territorien in Schwarzafrika einen halbautonomen Status.
15. 2., UdSSR. Andrei A. Gromyko übernimmt das Außenministerium.
23. 2., Österreich. Österreich weist Vorwürfe Ungarns wegen der geleisteten Flüchtlingshilfe energisch zurück.
27. 2., China. Mao Tse-tung will die Chinesen »zur Richtigstellung der Partei« bis zum 30. September zur freien Meinungsäußerung verpflichten.
7. 3., Israel/Ägypten. Israel räumt für die UN-Truppen den Gaza-Streifen.
25. 3., Italien. Belgien, Frankreich, Luxemburg, die Niederlande, Italien und die Bundesrepublik unterzeichnen die »Römischen Verträge« zur Europäischen Wirtschafts- und Atomgemeinschaft (EWG, EURATOM).
28. 3., Zypern. Der zypriotische Erzbischof Makarios III. wird von den britischen Behörden wieder freigelassen.
28. 3., Ägypten. Sechs Monate nach dem Suezkrieg ist der Suezkanal wieder passierbar.
30. 3., Indien. Bei Parlamentswahlen erreicht die regierende Kongreßpartei des Ministerpräsidenten Jawaharlal Nehru die Zwei-Drittel-Mehrheit.
10. 5., UdSSR. Anläßlich einer Regionalisierung der Wirtschaftsstrukturen prägt Nikita S. Chruschtschow das Wort vom »Einholen und Überholen« der Westwirtschaft.
29. 5., Algerien. Im Algerienkrieg kommt es in dem Dorf Melouza durch unbekannte Täter zu einem Massaker, dem alle 303 männlichen Bewohner zum Opfer fallen.
2. 6., UdSSR. Nikita S. Chruschtschow plädiert in seinem ersten Fernsehinterview für die friedliche Koexistenz.

Deutsche Politik

1. 1. Das Saarland tritt als zehntes Bundesland der Bundesrepublik bei.
1. 1. In den Großbetrieben der DDR gilt die 45-Stunde-Woche.
6. 2. Mit nur wenigen Gegenstimmen erklärt der Bundestag Berlin zur Hauptstadt Deutschlands.
6. 2. Die I. G. Farben wird 30 Mio. DM Entschädigung an ehemalige KZ-Häftlinge zahlen, die während des Krieges für sie tätig waren.
März Die Ostberliner Regierung richtet in Berlin ein Amt für Kirchenfragen ein.
14. 3. Anläßlich der Brotpreisdebatte im Bundestag plädiert Bundeswirtschaftsminister Ludwig Erhard für das »Maßhalten«, um eine Konjunkturüberhitzung zu verhindern.
23. 3. Das Bundesarbeitsgericht in Kassel fordert für Frauen den gleichen Lohn wie für Männer.
3. 5. In Bonn endet das erste Treffen der NATO-Außenminister auf deutschem Boden.
3. 5. Der Bundestag verabschiedet den Entwurf eines Gleichberechtigungsgesetzes, nur in der Kindererziehung gilt das Wort der Männer mehr.
14. 5. Die früheren SS-Kommandanten Sepp Dietrich und Michael Lippert werden wegen des Mordes an SA-Führer Ernst Röhm 1934 verurteilt.
19. 5. Die 1952 von Gustav Heinemann gegründete Gesamtdeutsche Volkspartei (GVP) löst sich auf.
23. 5. Der SPD-Vorsitzender Erich Ollenhauer legt mit dem »Ollenhauer-Plan« ein Konzept zur Wiedervereinigung vor. ▷Chronik Zitat

Probleme Deutscher Einheit
Chronik Zitat

»Europäische Sicherheit und deutsche Einheit sind ein gemeinsamer Komplex ... Verhandlungen über die Grundlage der Wiedervereinigung, nämlich die freien, allgemeinen, geheimen und international kontrollierten Wahlen, werden von den Sowjets ... blockiert werden.«
Erich Ollenhauer, SPD-Vorsitzender

Wirtschaft und Wissenschaft

1. 1., Technik. Felix Wankel gelingt der erste Probelauf des von ihm erfundenen Verbrennungsmotors mit rotierenden Kolben (»Wankel-Motor«).
18. 1., Luftfahrt. Drei US-Düsenbomber schließen die Erdumrundung ohne Zwischenlandung in 45 Stunden und 19 Minuten ab.
19. 1., Luftfahrt. Die erste deutsche Flugzeugkonstruktion nach 1945, die »Do 27«, wird der Bundeswehr übergeben.
21. 1., Wirtschaft. Der Bundestag beschließt die dynamische, dem Bruttosozialprodukt angepaßte Rentenbemessung.
25. 1., Verkehr. Frankreich beschließt den Bau des Montblanc-Tunnels.
12. 2., Verkehr. Bei Bremen läuft der neue Seenotrettungskreuzer »Theodor Heuss« vom Stapel, der weder sinken noch kentern kann.

Preise in Westdeutschland
Chronik Statistik

Einzelhandelspreise (DM):

Butter, 1 kg	7,15
Weizenmehl, 1 kg	0,77
Schweinefleisch, 1 kg	5,65
Rindfleisch, 1 kg	4,67
Kartoffeln, 1 kg	1,09
Vollmilch, 1 l	0,43
Zucker, 1 kg	1,20

14. 2., Wirtschaft. Der mit vier Monaten bisher längste Streik in der Bundesrepublik endet mit einem Erfolg für die IG Metall in Schleswig-Holstein: Gleichstellung der Arbeiter mit Angestellten bei Lohnfortzahlung im Krankheitsfall und längerer Urlaub.
24. 2., Luftfahrt. Die schwedische Luftfahrtlinie SAS nimmt die Europa-Fernost-Route über den Nordpol in Betrieb.
11. 3., Technik. Auf der Kölner Haushaltsmesse ist erstmals in der BRD ein Mikrowellenherd zu bestaunen.
4. 10., Raumfahrt. Mit dem Start des »Sputnik«, des ersten künstlichen Erdsatelliten, eröffnet die Sowjetunion das Zeitalter der Weltraumfahrt.

1957

Kunst, Literatur und Musik

3.1. In Memphis muß sich Elvis Presley der Musterung unterziehen, die ihn tauglich befindet.
26.1. UA: *Die Dialoge der Karmelitinnen*, Oper von Francis Poulenc, in der Mailänder Scala.
21.2. Der Bundestag genehmigt die Errichtung der Stiftung Preußischer Kulturbesitz mit Sitz in Westberlin.
12.4. In Kassel wird das Oratorium *Die Seligen* von Joseph Haas uraufgeführt.
4.5. Starsopranistin Maria Callas singt nicht mehr in Wien bei *La Traviata*, da ihre Gagenwünsche unerfüllt bleiben.
5.5. Paul Hindemith dirigiert zur Eröffnung der Wiesbadener Internationalen Maifestspiele seine 1935 entstandene Oper *Mathis der Maler*.
9.5. Nach Gogol führt Werner Egk die Oper *Der Revisor* in Schwetzingen auf.
25.5. In Anwesenheit von Bundespräsident Theodor Heuss wird in Köln das Wallraff-Richartz-Museum eröffnet.
3.6. Giselher Klebes Zwölfton-Oper *Die Räuber* nach dem Schiller-Drama hat in Düsseldorf Weltpremiere.
6.6. Erstmals gelingt mit der Inszenierung von Karl Heinz Krahl in Zürich eine szenische Aufführung der unvollendeten Oper *Moses und Aron* von Arnold Schönberg.
7.6. Ein Festakt wiedereröffnet die Alte Pinakothek in München, die im Krieg zerstört worden war.
8.6. In Köln wird die Oper *Bluthochzeit* von Wolfgang Fortner nach dem gleichnamigen Drama des Spaniers Federico García Lorca uraufgeführt.
23.7. Der Enkel Richard Wagners, Wolfgang Wagner, stellt zur Eröffnung der Bayreuther Festspiele seine Neuinszenierung von *Tristan und Isolde* vor.
25.7. Im Kölner Bahnhof eröffnet Gerhard Ludwig den ersten bundesdeutschen Taschenbuchladen, der gleichzeitig der erste Selbstbedienungsladen ist.
11.8. Paul Hindemith stellt im Münchner Prinzregententheater seine Oper *Harmonie der Welt* über den Astronomen Johannes Kepler vor.
17.8. UA: *Die Schule der Frauen*, Oper von Rolf Liebermann nach einer Komödie von Molière, in Salzburg.

Theater und Film

13.1. Zur Einweihung des Mannheimer Nationaltheaters zeigt das Ensemble *Die Räuber* von Friedrich Schiller, das exakt 175 Jahre zuvor am gleichen Ort uraufgeführt wurde.
18.1. Bei der Premiere von *Katharina Knie* in München steht Hans Albers nach achtjähriger Pause wieder auf der Bühne.
31.1. Der Film *Rose Bernd* von Wolfgang Staudte kommt mit Maria Schell in der Hauptrolle in die Kinos.
25.2. Das für Erich Kästner ungewohnt harte Stück *Die Schule der Diktatoren* hat in den Münchner Kammerspielen Premiere.
27.2. Im bundesdeutschen Fernsehen verfolgen 81% aller Zuschauer eine Verfilmung der *Dreigroschenoper* von Bertolt Brecht und Kurt Weill.
8.3. Wolfgang Staudtes DEFA-Film *Der Untertan* von 1951 kommt in die bundesdeutschen Kinos.
21.3. Bereits die fünfte Neufassung seines Dramas *Schlacht der Engel* (1940) stellt Tennessee Williams mit *Orpheus steigt herab* vor.
3.4. Samuel Becketts Einakter *Endspiel* hat am Londoner Royal Court Theatre Weltpremiere.
10.4. Ein anti-illusionistisches Schauspiel zeigt die Uraufführung von John Osbornes Stück *Der Entertainer* am Londoner Royal Court Theatre.
14.4. Sidney Lumet stellt das leise Gerechtigkeitsepos *Die zwölf Geschworenen* mit Henry Fonda in der Hauptrolle vor.
22.4. Die Volksrepublik China boykottiert die Filmfestspiele in Cannes, weil auch der politische Gegner Taiwan teilnimmt.
24.4. Im Westberliner Gloria-Palast wird der Film *Bekenntnisse des Hochstaplers Felix Krull* nach einer Erzählung von Thomas Mann in der Regie von Kurt Hoffmann uraufgeführt. Die Titelrolle spielt Horst Buchholz.
5.5. In Darmstadt wehrt sich das Premierenpublikum gegen die Fortsetzung des absurden Stückes *Opfer der Pflicht* von Eugène Ionesco.
28.5. In Westberlin eröffnet der »Zoo-Palast«, ein repräsentatives Kino mit 1200 Plätzen.

Gesellschaft

1.1. Das österreichische Fernsehen nimmt den regelmäßigen Betrieb auf.
7.1. Auf dem Territorium der BRD befinden sich noch Trümmer von über 20 000 militärischen Bunkeranlagen.
11.1. Das »Institut für Selbstbedienung« in Bonn will die Einsparung von Verkäufern erreichen.
17.1. Das afrikanische Königreich Toro will gegen Heiratsunwillige mit einer Junggesellensteuer vorgehen.
20.1. In Stuttgart eröffnet das erste deutsche Raucherkino.
21.1. 100 000 junge Männer des Jahrgangs 1937 werden für die Bundeswehr gemustert.

Deutsche Rekorde
Sport

Leichtathletik:
200 m:
Manfred Germar — 20,4 sec
5000 m:
Friedrich Janke — 13:52,0 min
10 000 m:
Friedrich Janke — 29:21,2 min
110 m Hürden:
Martin Lauer — 13,7 sec
Hochsprung:
Günter Lein — 2,01 m

22.1. Nach 16 Jahren macht die amerikanische Polizei den sog. Bombenleger von New York dingfest, der die Stadt mit mindestens 32 Sprengkörpern terrorisiert hat.
28.1. Erstmals wird im bundesdeutschen Fernsehen das Politikmagazin »Panorama« ausgestrahlt.
29.1. In Berlin befindet das Landgericht, daß Anna Anderson nicht identisch mit der russischen Großfürstin Anastasia sei und keine Erbberechtigung gegenüber dem Zarenvermögen der Romanows habe.
1.2. Die Westberliner Universität führt den akademischen Grad des Magister Artium (M.A.) ein.
21.2. Das Bundesverfassungsgericht erklärt die gemeinsame Veranlagung von Eheleuten zur Einkommensteuer als verfassungswidrig.

1957

Internationale Politik

4.7., UdSSR. Durch Ausschluß einer ganzen Reihe alter, konservativer Funktionäre aus den Führungspositionen festigt Parteichef Nikita S. Chruschtschow seine Position.
25.7., Tunesien. Tunesien gibt sich eine republikanische Verfassung mit Habib Burgiba als Präsidenten.
31.8., Malaya/Großbritannien. Großbritannien entläßt die malaiische Föderation in die Unabhängigkeit.
6.9., Großbritannien. Ergebnislos geht in London die UN-Abrüstungskommission auseinander.
22.9., Haiti. François Duvalier wird neuer haitianischer Präsident.
25.9., USA. Insgesamt 1000 Soldaten setzt Präsident Dwight D. Eisenhower in Little Rock im Bundesstaat Arkansas ein, um einem Urteil des Obersten Gerichtshofes gemäß neun schwarzen Schülern den Schubesuch in einer bisher »weißen« Schule zu ermöglichen.
2.10., USA. Vor der UN-Vollversammlung in New York legt der polnische Außenminister Adam Rapacki seinen Plan für ein atomwaffenfreies Europa vor (Rapacki-Plan).
5.12., Indonesien. Indonesien will wegen territorialer Konflikte um West-Neuguinea alle Niederländer ausweisen.
20.12., Schweiz. Die Schweiz beteiligt sich an der Gründung der Europäischen Kernenergie-Agentur.
26.12., Ägypten. 40 asiatische und afrikanische Länder treffen sich in Kairo zur 1. Afro-Asiatischen Solidaritätskonferenz. Mit Unterstützung der UdSSR bilden die Teilnehmer den »Afro-Asiatischen Solidaritätsrat«.

Deutsche Politik

30.5. Konrad Adenauer betont auf einem Besuch in den USA den Willen der BRD zur Wiedervereinigung.
5.6. Mit den Verbündeten einigt sich die Bundesrepublik auf eine Beteiligung in Höhe von 1,2 Mrd. DM als Anteil an den Stationierungskosten der NATO-Truppen auf ihrem Gebiet.
18.6. Die Bonner Embargoliste gegen China wird reduziert.
7.8. Der sowjetische Staatschef Nikita S. Chruschtschow besucht die DDR.
15.9. Die CDU/CSU erhält bei den Wahlen zum 3. Bundestag die absolute Stimmenmehrheit.
3.10. Willy Brandt (SPD) wird vom Berliner Abgeordnetenhaus mit großer Mehrheit zum Regierenden Bürgermeister gewählt.
13.10. Um Währungsspekulationen zu vermeiden, ordnet die DDR überraschend den Umtausch der bisherigen Geldscheine gegen neue Banknoten binnen zehn Stunden an.
18.10. Mit der Einführung der reinen Fünf-Prozent-Klausel in das nordrhein-westfälische Wahlgesetz können Parteien, die weniger als 5 % der Stimmen erhalten, auch nicht mehr mit Direktmandat in den Landtag einziehen.
19.10. Gemäß der Hallstein-Doktrin bricht die Bundesrepublik ihre Beziehungen zu Jugoslawien ab, da das Land die DDR anerkannt hat.
27.10. In Bonn konstituiert sich der Einheitsverband Bund der Vertriebenen (BdV).
1.11. Erich Mielke übernimmt die Führung der DDR-Staatssicherheit.
11.12. »Republikflucht« wird in der DDR zum Straftatbestand erklärt.

Wirtschaft und Wissenschaft

12.4., Technik. Im »Göttinger Manifest« fordern 12 führende deutsche Wissenschaftler den Verzicht der Bundeswehr auf Atomwaffen.
14.6., Medien. Die amerikanischen Wissenschaftler Martin L. Klein und Douglas Bolitho stellen einen Computer vor, der angeblich 400 Schlager pro Stunde komponieren kann.
1.7., Geophysik. Das Geophysikalische Jahr beginnt, dessen Forschungsschwerpunkt die Antarktis ist.
3.7., Wirtschaft. Der Bundestag verabschiedet das Kartellgesetz gegen Wirtschaftstrusts.
1.8., Verkehr. Der VW-Käfer, der deutsche Trumpf der Autoindustrie, erhält eine vergrößerte Heckscheibe.
10.12., Nobelpreise. In Stockholm und Oslo werden die diesjährigen Nobelpreise verliehen. ▷Chronik Nobelpreise

Wissenschaftler geehrt
Chronik Nobelpreise

Chemie: Alexander R. Todd (GB)
Medizin: Daniel Bovet (I)
Physik: Cheng Ning Yang (RC) und Tsung-Dao Lee (RC)
Frieden: Lester B. Pearson (CDN)
Literatur: Albert Camus (F)

19.12., Architektur. In Düsseldorf wird die erste Schrägseilbrücken-Konstruktion Westdeutschlands über den Rhein eingeweiht.
1957, Verkehr. Siemens baut erste Lokomotiven mit Siliziumgleichrichtern.

1957 Geborene und Gestorbene

Geboren:
23.1. Caroline von Monaco.
27.1. Klaus Heuser, deutscher Popmusiker.
18.2. Marita Koch, deutsche Leichtathletin.
13.6. Rolf Brendel, deutscher Popmusiker.
9.7. Marc Almond, britischer Popsänger.
27.8. Bernhard Langer, deutscher Golfer.

Gestorben:
4.1. Theodor Körner (*24.4.1873), österreichischer Politiker.
14.1. Humphrey Bogart (*25.12.1899), amerikanischer Filmschauspieler.

1957

Kunst, Literatur und Musik	Theater und Film	Gesellschaft
26.9. Als Sensation wird die Premiere des Musicals *West Side Story* von Leonard Bernstein am Broadway gefeiert. **19.10.** In der Stadthalle von Donaueschingen dirigiert Igor Strawinsky die deutsche Erstaufführung seines Balletts *Agon*. **10.11.** Die Jazzgröße Joséphine Baker gibt in Hamburg ihren letzten Auftritt in der Bundesrepublik. **1957** Das Kultbuch der Beat-Generation liefert Jack Kerouac mit seinem Roman *Unterwegs*. **1957** *Cindy, oh Cindy* von Margot Eskens verkauft sich in der Bundesrepublik über eine Million mal. **1957** Elvis Presley landet Tophits mit *Tutti Frutti, Jailhouse Rock* und *Teddy Bear*. **1957** Erfolgreich bringt Caterina Valente ihren Calypso *Tipitipitipso* auf den Markt. **1957** Harry Belafonte singt seinen *Banana-Boat-Song*, der den Calypso populär macht. **1957** In *Sansibar oder der letzte Grund* experimentiert Schriftsteller Alfred Andersch erstmals mit der parallelen Figurenführung. **1957** Ein Jahr nach seinem Tod erscheint von Bertolt Brecht *Die Geschäfte des Herrn Julius Cäsar*. **1957** Hans Magnus Enzensberger veröffentlicht die Gedichtsammlung *Verteidigung der Wölfe*, in der er Kritik übt an der verplanten Welt. **1957** Satirisch zeichnet Hugo Hartungs Roman *Wir Wunderkinder* das deutsche Bürgertum **1957** Max Frisch veröffentlicht seinen Roman *Homo Faber*.	**Juni** Der englische Bühnen- und Filmschauspieler Laurence Olivier erhält für seine Shakespeare-Verfilmungen den Ehrendoktor-Titel der Universität Oxford. **23.6.** Bundesinnenminister Gerhard Schröder (CDU) überreicht die »Goldene Schale«, den Deutschen Filmpreis, an die Produzenten des Films *Der Hauptmann von Köpenick*. Mit einem Filmband in Gold werden u.a. Heinz Rühmann, Carl Zuckmayer und Helmut Käutner bedacht. **31.8.** Die Bundesrepublik und Österreich schließen ein Jahres-Filmabkommen, in dem 24 österreichische gegen 120 deutsche Spielfilme ausgetauscht werden. **11.9.** Die berühmte amerikanische Filmschauspielerin Kim Novak streikt, weil ihre wöchentliche Gage von 1250 Dollar angesichts ihrer Popularität zu niedrig ist. **12.9.** Helmut Käutners Film *Monpti* mit Romy Schneider und Horst Buchholz hat in Essen Premiere. **17.9.** In Mexiko heiraten Sophia Loren und Carlo Ponti, der die Schauspielerin 1952 bei einem Schönheitswettbewerb entdeckte. **25.12.** Nach der Premiere des Antikriegsfilms *Wege zum Ruhm* von Stanley Kubrick, verbieten zahlreiche Staaten die Aufführung. **1957** Jack Arnolds Fantasy-Film *Die unglaubliche Geschichte des Mr. C.* avanciert in den folgenden Jahren zu einem Kultfilm. **1957** In 6577 westdeutschen Kinos haben in diesem Jahr 801 Mio. Zuschauer 111 Spielfilme gesehen.	**22.2.** Die bayerische Landesmetropole München feiert den 100. Geburtstag der Weißwurst. **28.2.** Banknoten im Wert von 1 DM und 2 DM verlieren ihre Gültigkeit zugunsten der Münzen. **9.3.** In München eröffnet ein »Haus der Schönheit«, in dem u.a. ein Schönheitschirurg praktiziert. **12.3.** Ein Münchner Gericht erklärt Werbesendungen im Fernsehen für zulässig. **14.3.** Bei Plenarsitzungen in Bonn dürfen keine Fotos mehr gemacht werden. **12.4.** In der Bundesrepublik erlaubt eine neue Wahlordnung die Briefwahl. **21.4.** Der päpstliche Ostersegen »Urbi et Orbis« wird erstmals vom europäischen Fernsehen übertragen. **4.8.** Im Rahmen der Berliner Funkausstellung läuft erstmals »Der blaue Bock«, der als Serie fortgeführt wird. **6.8.** In Kopenhagen brechen nach der Vorführung des Films »Rock around the Clock« Krawalle aus. **1.9.** In der Bundesrepublik gilt in geschlossenen Ortschaften »Tempo 50«. **21.9.** Beim Untergang der »Pamir« im Atlantik ertrinken 80 von 86 Besatzungsmitgliedern. **28.10.** Die amerikanische Zeitschrift »Fortune« hält den Ölmagnaten J. Paul Getty mit einem Vermögen von 700 Mio. bis 1 Mrd. US-Dollar für den reichsten Mann der Welt. **1.11.** In Frankfurt löst die Auffindung der erwürgten Prostituierten Rosemarie Nitribitt eine der spektakulärsten Nachkriegsaffären aus, da sie in der High-Society verkehrte und der Fall nie aufgeklärt wird.

Geborene und Gestorbene

26.3. Max Ophüls (*6.5.1902), französischer Filmregisseur deutscher Herkunft.
2.5. Joseph Raymond McCarthy (*14.11.1909), amerikanischer Politiker.

26.6. Alfred Döblin (*10.8.1878), deutscher Schriftsteller.
27.6. Malcolm Lowry (*28.7.1909), britischer Schriftsteller.
30.8. Otto Suhr (*17.8.1894), deutscher Nationalökonom.

24.10. Christian Dior (*21.1.1905), französischer Modeschöpfer.
3.11. Wilhelm Reich (*24.3.1897), österreichischer Psychoanalytiker.
25.12. Käthe Dorsch (*29.12.1890), deutsche Schauspielerin.

1958

| Internationale Politik | Deutsche Politik | Wirtschaft und Wissenschaft |

10.1., UdSSR. Die UdSSR schlägt eine Gipfelkonferenz zur Beendigung des Kalten Krieges vor.
23.1., Venezuela. Ein Militärputsch beendet die Diktatur von Marcos Pérez Jiménez. Wolfgang Larrazabal übernimmt die Staatsführung.
1.2., Ägypten/Syrien. Ägypten und Syrien fusionieren zur Vereinigten Arabischen Republik (VAR).
3.2., Belgien/Niederlande/Luxemburg. Die Wirtschaftsunion der Benelux-Staaten ist perfekt.
14.2., Irak/Jordanien. Irak und Jordanien schließen sich zur »Arabischen Föderation« zusammen.
15.2., Indonesien. Auf Sumatra proklamieren oppositionelle Militärs eine Gegenregierung zu Achmed Sukarno.
4.3., Polen. Polen schränkt die staatliche Wirtschaftslenkung ein.
19.3., Frankreich. Erstmals tagt das Europaparlament in Straßburg.
27.3., UdSSR. Nikita S. Chruschtschow löst Nikolai A. Bulganin als Ministerpräsident ab.
31.3., UdSSR. Die UdSSR verkündet einen einseitigen Atomteststopp.
2.4., Indonesien. Die Zentralregierung geht militärisch gegen Rebellen auf Celebes und Sumatra vor, die im Mai kapitulieren.
3.4., Kuba. In Kuba beginnt die Rebellen-Armee unter Fidel Castro eine Offensive auf Havanna.
15.4., Frankreich. In Paris stürzt die 23. und letzte reguläre Nachkriegsregierung der Vierten Republik. Neuer Ministerpräsident wird am 29. Mai Charles de Gaulles.
28.4., Österreich. Die Weltbank gewährt Österreich eine Anleihe in Höhe von 10,76 Mio. US-Dollar.
29.4., Ägypten. Die Suezkanal-Aktionäre erhalten von Ägypten (VAR) 322 Mio. DM Entschädigung.
13.5., Algerien. In Algier putschen französische Truppen unter Führung von Jacques Massu, um eine Abtretung Algeriens zu verhindern.
1.6., Frankreich. Charles de Gaulle bildet in Paris eine Notstandsregierung mit weitreichenden Vollmachten.
30.6., Alaska. Alaska wird zum 49. Bundesstaat der USA erhoben.

12.1. Die Westberliner SPD wählt auf einem außerordentlichen Parteitag den Regierenden Bürgermeister der Stadt, Willy Brandt, mit 163 gegen 124 Stimmen zu ihrem neuen Landesvorsitzenden.
20.1. 45 Bundestagsabgeordnete, zumeist Angehörige der CSU, bringen im Bundestag den Antrag ein, bei Mord die Todesstrafe einzuführen.
7.3. In Frankfurt konstituieren Politiker, Theologen, Gewerkschafter und Wissenschaftler den Ausschuß »Kampf dem Atomtod« gegen die nukleare Aufrüstung.

Atom-Beschluß
Chronik Zitat

»Wenn ich frage, was denn die Aufgabe der Bundeswehr ist, dann kann ich nur antworten, daß die Bundeswehr sich nicht aus dem Zusammenhang des Bündnissystems herauslösen läßt, wenn die Aufgabe der Verhinderung des dritten Weltkriegs ... erfüllt werden soll.«
Verteidigungsminister Franz Josef Strauß

25.3. Der Bundestag beschließt die Ausrüstung der Bundeswehr mit Atomwaffen. Bundesverteidigungsminister Franz Josef Strauß begründet deren Notwendigkeit vor dem Bundestag. ▷Chronik Zitat
19.4. Über 100 000 Menschen demonstrieren in Hamburg gegen Atomwaffen.
25.4. Erstmals schließen die UdSSR und die Bundesrepublik Verträge miteinander (Wirtschaft, konsularische Angelegenheiten, Repatriierung deutscher Bürger aus der Sowjetunion).
3.5. Der Schiffstransit durch die DDR wird gebührenpflichtig.
28.5. In der DDR endet die Zeit der Lebensmittelkarten.
6.6. Bundespräsident Theodor Heuss beendet einen dreitägigen Staatsbesuch in den USA.
14.6. Die Ostberliner Führung intensiviert die finanziellen Hilfen für die noch immer unrentablen LPGs.

1.1., Wirtschaft. Die am 25.3.1957 in Rom unterzeichneten Verträge der Europäischen Wirtschaftsgemeinschaft (EWG) und der Europäischen Atomgemeinschaft (EURATOM) treten in Kraft.
24.1., Physik. Britische und amerikanische Atomforscher geben bekannt, daß ihnen die kontrollierte Kernfusion gelungen sei, müssen dies aber am 16. Mai widerrufen.
31.1., Raumfahrt. Die USA starten mit »Explorer 1« ihren ersten Erdsatelliten und ziehen in der Raumfahrt mit der UdSSR gleich.
6.2., Technik. In Eindhoven wird der erste DAF-Kleinwagen mit Automatikgetriebe vorgestellt.
18.2., Raumfahrt. Ein amerikanischer Versuch mit einer simulierten Mondfahrt endet für den Probanden positiv.
27.2., Ökologie. Ein Ausschuß bundesdeutscher Wissenschaftler konstatiert, daß die Strahlenbelastung der Umwelt durch Atomtests rapide angestiegen sei.
28.2., Physik. Werner Heisenberg stellt die sog. Weltformel, die Elementarteilchentheorie vor.
2.3., Geographie. Eine britische Expedition beendet die erste erfolgreiche Durchquerung der Antarktis.
9.4., Medizin. Auf einer Münchner Tagung können deutsche Ärzte erstmals die Herz-Lungen-Maschine aus den USA bewundern, die Eingriffe am offenen Herzen erlaubt.

Westdeutsche Großstädte
Chronik Statistik

Einwohnerzahlen:

Westberlin	2 223 800
Hamburg	1 796 700
München	1 016 500
Köln	749 500
Essen	719 800
Düsseldorf	679 200
Frankfurt a.M.	643 100

6.5., Technik. Grundig stellt in Hannover Stereo-Musiktruhen vor.

1958

Kunst, Literatur und Musik

2.1. Maria Callas bricht in Rom eine Vorstellung der Oper *Norma* von Vincenzo Bellini wegen einer Erkältung ab und löst einen Proteststurm des Publikums aus.
10.1. Berlin gedenkt mit Feiern und Ausstellungen dem vor 100 Jahren geborenen Maler und Zeichner Heinrich Zille, der vor allem durch Berliner Milieu-Bilder bekannt wurde.
25.1. *Jailhouse Rock* von Elvis Presley erreicht den Topplatz in den britischen Charts.
13.3. Das Münchner Haus der Kunst präsentiert eine Ausstellung zum Werk von Oskar Kokoschka.
14.4. Die Oper *Titus Feuerfuchs oder: Liebe, Tücke und Perücke* von Johann Nepomuk Nestroy hat am Baseler Staatstheater Premiere.
14.6. Auf der Kunst-Biennale in Venedig äußern sich Publikum und Kritik negativ gegenüber der Dominanz abstrakter Werke.
1.7. Die erste käufliche Stereo-Platte auf dem Musikmarkt eröffnet neue Verkaufsperspektiven.
26.7. In Salzburg eröffnen die Festspiele mit Giuseppe Verdis *Don Juan* unter der Regie Gustaf Gründgens und der musikalischen Leitung Herbert von Karajans.
19.9. Der Cellist Pablo Casals gibt im Bonner Beethovenhaus erstmals seit 1933 ein Konzert auf deutschem Boden.
26.10. Bei einem Konzert von Bill Haley and The Comets demoliert das Publikum den Saal und die Konzertanlage der amerikanischen Rock'n'Roller.
November In Paris erscheint die Autobiographie *Memoiren einer Tochter aus gutem Hause* der französischen Schriftstellerin Simone de Beauvoir.
2.11. Auf der Ostberliner Museumsinsel eröffnet eine Ausstellung mit Kunstschätzen, die die UdSSR der DDR zurückübereignet hat. Zu sehen ist u.a. der berühmte Pergamonaltar.
9.11. Edward Kennedy »Duke« Ellington gibt mit seiner Jazz-Band ein Gastspiel in Frankfurt.
19.12. In Paris gibt Maria Callas ein vielbejubeltes Konzert, dessen Erlöse an die französische Ehrenlegion gehen.

Theater und Film

6.2. In Billy Wilders Thriller *Zeugin der Anklage* brilliert Marlene Dietrich.
5.3. Das Deutsche Theater in Ostberlin stellt *Der Müller von Sanssouci – Ein bürgerliches Lustspiel* von Peter Hacks vor.
29.3. Am Züricher Schauspielhaus haben die Einakter *Herr Biedermann und die Brandstifter* und *Die große Wut des Philipp Hotz* von Max Frisch Premiere.
14.4. In Darmstadt führt Eugène Ionesco sein Theaterstück *Mörder ohne Bezahlung* erstmals auf, das anhand einer Krimihandlung den Werteverlust thematisiert.
22.4. Archibald MacLeish überführt in dem Stück *Spiel um Job*, das im Yale University Theatre uraufgeführt wird, den Hiob-Stoff in die moderne amerikanische Gesellschaft.
21.5. *Im Zeichen des Bösen* von und mit Orson Welles läuft ohne großen Erfolg an, erweist sich aber später als Klassiker des Film Noir.
27.5. Im Royal Theatre in Stratford debütiert die gerade 19jährige Shelag Delaney mit *Bitterer Honig* als Dramatikerin.
28.5. Alfred Hitchcock stellt seinen Verwirr-Thriller *Aus dem Reich der Toten* vor.
14.6. Bei den Ruhrfestspielen ruft *Der Sturm* von William Shakespeare in einer Inszenierung von Rudolf Sellner Begeisterung hervor.
27.6. Slamovir Mrozek ironisiert in seinem in Warschau uraufgeführten, politisch brisantem Schauspiel *Die Polizei* den totalitären Staat.
6.8. Der US-Regisseur Raoul Walsh sorgt mit dem Antikriegsfilm *Die Nackten und die Toten* für heftige Diskussionen in den USA.
20.8. Im Rahmen der Brüsseler Weltausstellung kommt *Maria Golovin* von Gian Carlo Menotti zur Uraufführung.
28.8. UA: *Das Mädchen Rosemarie*, Film von Rolf Thiele über die Nitribitt-Affäre von 1957.
18.9. Richard Brooks zeigt den Film *Die Katze auf dem heißen Blechdach* nach dem Theaterstück von Tennessee Williams mit Elizabeth Taylor und Paul Newman in den Hauptrollen.

Gesellschaft

1.1. 24% der 50,8 Mio. Bundesbürger sind Flüchtlinge und Vertriebene.
12.1. Die deutschen katholischen Bischöfe warnen vor konfessionellen Mischehen.
14.1. Im Großraum Stuttgart sind 50 Metzgereien in einen Lebensmittelskandal verstrickt, da sie Fleisch mit hohe Mengen Natriumnitrit versetzten.
1.3. Pietro Fiordelli, Bischof von Prato (Italien), muß eine Geldbuße wegen Verleumdung zahlen, da er die Zivilehe als »Sünde im Konkubinat« bezeichnet hat.

Fußball-Landesmeister
Chronik Sport

BR Deutschland: FC Schalke 04
Österreich: Wiener SK
Schweiz: Young Boys Bern
Belgien: Standard Lüttich
England: Wolverhampton
Italien: Juventus Turin
Spanien: Real Madrid

11.3. Ein US-Bomber wirft versehentlich eine ungeschärfte Atombombe über Mars Bluff/South Carolina ab.
14.3. Wegen Kinderlosigkeit endet die Ehe zwischen Resa Pahlawi, Schah von Persien, und seiner Frau Soraya.
14.3. Im bundesdeutschen Fernsehen läuft die Krimi-Serie »Stahlnetz« von Jürgen Roland an.
19.3. In der BRD treten 250 000 Arbeiter der Verkehrs- und Versorgungsbetriebe in den Warnstreik.
7.4. In Großbritannien findet der erste Ostermarsch als Protest gegen nukleare Aufrüstung statt.
17.4. In Brüssel eröffnet König Baudouin die erste Weltausstellung seit dem Zweiten Weltkrieg, die unter dem Motto »Bilanz der Welt – für eine menschlichere Welt« steht. U.a. wird das »Atomium«, ein 110 m hohes Modell des Alpha-Eisenkristalls eingeweiht.
20.6. Alessandria Torlonia, eine Enkelin des früheren spanischen Königs Alfons XIII., heiratet heimlich den italienischen Diplomaten Clemente Lequio.

1958

Internationale Politik

14. 7., Irak. Putschende irakische Militärs unter Abd Al Karim Kasim töten König Faisal II. und proklamieren die Republik.
15. 7., Großbritannien. Großbritannien und die USA entsenden auf Gesuch Jordaniens und Libanons Truppen in den Nahen Osten, um befürchtete nationalistische Umstürze zu verhindern.
25. 8., Frankreich. In mehreren Großstädten setzen algerische Freischärler Treibstofflager in Brand.
29. 8., China. Mao Tse-tung proklamiert den »Großen Sprung nach vorn«, ein Ökonomie- und Modernisierungsprogramm, das China zur sozialistischen Führungsmacht erheben soll.
4. 9., China. China beansprucht mehrere küstennahe, zu Taiwan gehörende Inseln und droht mit Eroberung.
6. 9., Tunesien/Marokko. Tunesien und Marokko treten der Arabischen Liga bei.
2. 10., Guinea. Guinea proklamiert unter Ministerpräsident Sékou Touré seine Unabhängigkeit von Frankreich.
4. 10., Finnland. Ministerpräsident Karl-August Fagerhorn tritt wegen der Wirtschaftskrise zurück, die auf den von der UdSSR eingeschränkten Handel zurückzuführen ist.
27. 11., UdSSR. Die UdSSR kündigt das Viermächteabkommen über Berlin und fordert Neuverhandlung über den Stadt-Status (»Berlin-Ultimatum«).
21. 12., Frankreich. Der bisherige Ministerpräsident Charles de Gaulle, Schöpfer der V. Republik, wird zu ihrem ersten Präsidenten gewählt.

Deutsche Politik

16. 7. Die SED erklärt die Erreichung des Wohlstandsniveaus der BRD zum Planziel bis zum Jahre 1961.
16. 7. In der DDR läuft die Zwangskollektivierung der Landwirtschaft an.
30. 7. Das Bundesverfassungsgericht erklärt eine Volksabstimmung über Atomwaffen für verfassungswidrig.
14. 9. Das Gelände des ehemaligen KZs Buchenwald wird Gedenkstätte.
15. 9. Bundeskanzler Konrad Adenauer besucht Frankreichs Präsidenten Charles de Gaulle. Die deutsch-französische Achse entsteht.
4. 10. Der Kauf des amerikanischen Starfighters »F 104« für die Bundeswehr wird beschlossen.
12. 10. An 60 Staaten geht ein DDR-Weißbuch »über die aggressive Politik der Regierung der Deutschen Bundesrepublik«.
27. 10. Sieben Staaten fordern von der Bundesrepublik Wiedergutmachungen für ihre Bürger, die konkret Opfer der NS-Zeit gewesen sind.
31. 10. Wegen Verletzung der Friedenspflicht verurteilt das Bundesverfassungsgericht die IG Metall zu Zahlungen an die durch einen Streik geschädigten Unternehmer.
7. 12. Bei den Wahlen zum Berliner Abgeordnetenhaus siegt die SPD unter Willy Brandt mit absoluter Mehrheit.
8. 12. Die DDR löst per Gesetz die Länderkammer auf.
27. 12. Die Deutsche Mark ist ab sofort frei konvertibel. Mit der BRD vollziehen elf andere Staaten Europas diesen Schritt zur Währungsöffnung.

Wirtschaft und Wissenschaft

29. 7., Raumfahrt. In den USA wird die zivile Luft- und Raumfahrtbehörde NASA begründet, die das nichtmilitärische Raumfahrtprogramm der USA vorantreiben soll.
August, Archäologie. In einer italienischen Braunkohlegrube wird ein nahezu vollständiges Skelett eines Orepithecus gefunden – ein Vorfahr des Menschen.
5. 8., Geologie. Das amerikanische Atom-U-Boot »Nautilus« beendet erfolgreich die erste Unterquerung des Nordpoleises.

Wissenschaftler geehrt

Chronik Nobelpreise

Chemie: Frederick Sanger (GB)
Medizin: George Wells Beadle (USA), Edward L. Tatum (USA) und Joshua Lederberg (USA)
Physik: Pawel A. Tscherenkow (UdSSR), Ilja M. Frank (UdSSR) und Igor J. Tamm (UdSSR)
Frieden: Georges Pire (B)
Literatur: Boris Pasternak (UdSSR)

6. 11., Wirtschaft. Eine Novelle des Lebensmittelgesetzes untersagt in der Bundesrepublik die Beimengung von Fremdstoffen und legt die Kennzeichnungspflicht für Zusatzstoffe fest.
10. 12., Nobelpreise. In Stockholm und Oslo werden die diesjährigen Nobelpreise feierlich verliehen. ▷Chronik Nobelpreise

1958 Geborene und Gestorbene

Geboren:
25.1. Jürgen Hinsgen, deutscher Zehnkämpfer.
1.3. Nick Kershaw, britischer Popmusiker.
14.3. Albert Alexander Louis Pierre, Prinz von Monaco.
30.5. Marie Fredriksson, schwedische Popsängerin.
7.6. Prince, amerikanischer Popmusiker.
25.7. Karlheinz Förster, deutscher Fußballspieler
30.7. Kate Bush, britische Popsängerin.
30.7. Daley Thompson, britischer Leichtathlet.
12.8. Jürgen Dehmel, deutscher Popmusiker.
16.8. Madonna, amerikanische Popsängerin.
29.8. Michael Jackson, amerikanischer Popmusiker.

1958

Kunst, Literatur und Musik	Theater und Film	Gesellschaft
1958 Mit *Sitting on the Balcony* schwingt sich Masaaki Hirao zum führenden Rock'n'Roller Japans auf. **1958** Truman Capotes Roman *Frühstück bei Tiffany* erscheint in den USA. **1958** Domenico Modugno singt den Schlager *Volare*. **1958** Der postum erschienene Roman *Ein Schmetterling flog auf* von James Agee wird mit dem Pulitzer-Preis ausgezeichnet. **1958** Seine eigenen Erlebnisse aus dem KZ Buchenwald verarbeitet Bruno Apitz in seinem Roman *Nackt unter Wölfen*. **1958** *Samstag Nacht und Sonntag Morgen*, der Erstlingsroman des britischen »jungen Wilden« Alan Silitoe, kommt heraus. **1958** Eine außerordentlichen Erfolg verzeichnet der in London erscheinende Roman *Fremdling unter Fremden* der anglo-südafrikanischen Schriftstellerin Nadine Gordimer. **1958** Als Zeugnisse der Be-Bop-Generation gelten die Werke *Be-Bop, Bars und weißes Pulver* sowie *Gammler, Zen und hohe Berge* des US-Autors Jack Kerouac. **1958** In Düsseldorf malt der französische Künstler Georges Mathieu vor geladenen Gästen binnen 70 Minuten das Gemälde *Entführung Heinrichs IV. durch Erzbischof Anno aus der Kaiserpfalz zu Kaiserswerth (1062)*. **1958** Die Glasfenster der Kathedrale in Metz gestaltet Marc Chagall. **1958** Francis Bacon malt *Zwei Menschen in einem Zimmer*.	**19.9.** Eine 117köpfige Jury wählt auf der Brüsseler Weltausstellung den 1925 entstandenen Film *Panzerkreuzer Potemkin* des sowjetischen Regisseurs Sergei Eisenstein zum »besten Film aller Zeiten«. **23.9.** Erstmals läuft in der Bundesrepublik *Der große Diktator* von und mit Charlie Chaplin, der 1940 als Warnung vor Hitler gedreht wurde. **Oktober** Nach dem gleichnamigen Roman von Hugo Hartung kommt *Wir Wunderkinder* in die deutschen Kinos. **7.10.** In der neuvorgestellten Hemingway-Verfilmung *Der alte Mann und das Meer* von John Sturges erweist sich Spencer Tracy als Idealbesetzung. **28.10.** *Das letzte Band* von Samuel Beckett hat im Londoner Royal Court Theatre Weltpremiere. **10.11.** Das Württembergische Staatstheater in Stuttgart zeigt postum die Uraufführung des Anti-Hitler-Stücks *Der aufhaltsame Aufstieg des Arturo Ui* von Bertolt Brecht aus dem Jahre 1941. **13.11.** Große Resonanz findet die Filmpremiere von *Hausboot* des Regisseurs Melville Shavelson mit Cary Grant und Sophia Loren. **14.11.** In den Münchner Kammerspielen hat das Stück *Pastorale oder Die Zeit für Kakao* von Wolfgang Hildesheimer Premiere, in dem er erstmals die Szenerie langsam verdunkelt. **17.11** Alfred Matusches antifaschistisches Drama *Nacktes Gras* wird in Ostberlin uraufgeführt. **1958** Jacques Tatis Streifen *Mein Onkel* kommt in Frankreichs Kinos.	**21.6.** Marlies Behrens ist »Miss Germany 1958«. **14.8.** Beim Absturz einer niederländischen Linienmaschine bei Irland sterben alle 99 Insassen. **20.8.** Hans Kammerer aus Österreich gewinnt die 7. Weltmeisterschaft der Damenfriseure, die in Köln ausgetragen wird. **25.8.** Im britischen Nottingham brechen Krawalle zwischen weißen und farbigen Bewohnern aus. **14.9.** Bei einem Unfall an der Drachenfelsbahn sterben 17 Menschen. **15.9.** Ein Bahnunglück bei Elisabeth Port im US-Bundesstaat New Jersey kostet 30 Menschenleben. **27.9.** Die restaurierte, 1794 von Johann Gottfried Schadow geschaffene Quadriga kehrt auf das Brandenburger Tor zurück – allerdings ohne Eisernes Kreuz und Preußenadler. **4.11.** Nach dem Ableben von Papst Pius XII. am 9. Oktober tritt Papst Johannes XXIII. sein Pontifikat an. **18.11.** Nach Angaben der Bundespost entfallen 55% aller weltweit registrierten Telefone auf die USA. **1.12.** Bei einem Brand der Chicagoer Lady-of-the-Angels-Grundschule kommen 89 Schüler und drei Lehrerinnen ums Leben. **23.12.** In Koblenz endet der Lotto-Prozeß gegen Tip-Betrüger, die 2,27 Mio. DM Gewinne ergaunert hatten, mit langjährigen Haftstrafen. **1958** Bundesbürger entdecken Italien als Urlaubsland. 10% aller Reisen führen auf die Apenninhalbinsel.

Geborene und Gestorbene

Gestorben:
11.2. Ernest Jones (*1.1.1879), britischer Psychoanalytiker.
28.2. Friedrich Forster (*11.8.1895), deutscher Dramatiker.
23.3. Florian Witold Znaniecki (*15.1.1882), polnischer Soziologe.

2.5. Alfred Weber (*30.7.1868), deutscher Soziologe.
4.6. Mechthilde Fürstin Lichnowsky (*8.3.1879), deutsche Schriftstellerin.
29.6. Karl Arnold (*21.3.1901), deutscher Politiker.
14.7. Emil Barth (*6.7.1900), deutscher Schriftsteller.

14.8. Frédéric Joliot-Curie (*19.3.1900), französischer Physiker.
18.9. Olaf Gulbransson (*26.5.1873), norwegischer Zeichner.
11.10. Johannes R. Becher (*22.5.1891), deutscher Dichter.
21.12. Lion Feuchtwanger (*7.7.1884), deutscher Schriftsteller.

1959

Internationale Politik

2.1., Kuba Die Revolutionstruppen von Fidel Castro erobern die kubanische Hauptstadt Havanna.
3.1., USA. Alaska wird 49. Bundesstaat der Vereinigten Staaten.
17.1., Senegal. Die afrikanischen Staaten Dahomey (Benin), Senegal, Sudan (Burkina Faso) und Obervolta (Mali) begründen in Dakar die Föderation von Mali, um von Frankreich unabhängig zu werden.
2.2., Großbritannien. Großbritannien hebt die maltesische Verfassung wegen der Unabhängigkeitsbestrebungen auf der strategisch wichtigen Mittelmeerinsel auf.
4.2., Frankreich. In Paris konstituieren sich Frankreich und seine überseeischen Gebiete zur Französischen Gemeinschaft.
16.2., Kuba. Revolutionsführer Fidel Castro ist neuer Ministerpräsident.
17.3., Tibet/China. Nach blutigen Aufständen in Tibet gegen die chinesischen Besatzer flieht der 14. Dalai Lama nach Indien.
24.3., Irak. Der Irak kündigt den Bagdad-Pakt.
2.4., Vatikan. Papst Johannes XXIII. untersagt Katholiken die Wahl von Kommunismus-Sympathisanten.
17.4., Kuba. Auf einer USA-Reise erklärt Fidel Castro, Kuba werde sich im Kalten Krieg neutral verhalten.
27.4., China. Li Shao-ch'i löst Mao Tse-tung als Staatsoberhaupt ab.
1.6., Singapur. Die Kronkolonie erhält im britischen Commonwealth die volle Selbstverwaltung (Autonomie).
4.7., Laos. Die Regierung verhängt über weite Landesteile den Ausnahmezustand und zwingt am 11. Mai die Partei Pathet Lao (Kommunistische Partei von Laos) zur Aufgabe.
5.7., Indonesien. Präsident Achmed Sukarno hebt die Verfassung auf und errichtet eine offene Diktatur.
18.8., Chile. Die panamerikanische Außenministerkonferenz ächtet in Santiago de Chile mit der »Deklaration von Santiago« alle Diktaturen.
21.8., USA. Präsident Dwight D. Eisenhower unterzeichnet die Proklamationsurkunde, die Hawaii zum 50. US-Bundesstaat erhebt.

Deutsche Politik

27.1. Eine Asienreise von DDR-Ministerpräsident Otto Grotewohl findet in China ihren Abschluß.
1.2. Durch Volksabstimmung wird im Kanton Waadt das Frauenstimm- und -wahlrecht eingeführt.
4.2. In Dortmund streiken 80 000 Arbeitnehmer gegen die Stationierung von Atomwaffen.
6.2. Ein bundesdeutsches Gericht verurteilt zwei ehemalige Aufseher des KZ Sachsenhausen zu lebenslänglichen Freiheitsstrafen.
20.2. Auf Antrag des Innenministeriums darf der »stern« einen Bericht über Gesetzesübertretungen des Verfassungsschutzes nicht abdrucken.
4.3. Konrad Adenauer trifft zum dritten Mal in sieben Monaten Frankreichs Staatschef Charles de Gaulle.
9.3. SPD-Chef Erich Ollenhauer besucht Nikita S. Chruschtschow.
7.4. Konrad Adenauer gibt seinen Plan bekannt, die Nachfolge von Theodor Heuss als Bundespräsident antreten zu wollen. Am 4. Juni tritt er von seiner Kandidatur zurück.
17.4. Fünf Studenten aus Dresden werden wegen »konterrevolutionärer Tätigkeit« vom Dresdner Bezirksgericht zu hohen Freiheitsstrafen verurteilt. Die 20- und 21jährigen hatten ein Sechzehn-Punkte-Programm formuliert und darin grundlegende Veränderungen der politischen Verhältnisse in der DDR gefordert.
21.4. Der »Tag der Deutschen Einheit«, der 17. Juni, wird zum »Stillen Feiertag« erklärt.
1.5. Unter Führung Willy Brandts demonstrieren in Westberlin 600 000 Menschen gegen die deutsche Teilung.
22.5. Reinhold Meier bleibt Vorsitzender der FDP.
1.7. Heinrich Lübke wird zum Bundespräsidenten gewählt.
8.8. Gegen hohe CSU-Politiker und Angehörige der Bayernpartei werden im »Spielbankenprozeß« wegen Korruption Freiheitsstrafen verhängt.
26.8. Der amerikanische Präsident Dwight D. Eisenhower besucht Bonn.
8.9. Willy Brandt bekräftigt in einer Regierungserklärung die Entschlossenheit Berlins zur deutschen Einheit.

Wirtschaft und Wissenschaft

2.1., Raumfahrt. Die sowjetische Sonde »Lunik 1« passiert den Mond in einer Entfernung von nur 5600 km.
14.1., Medizin. Im DDR-Fernsehen wird eine von Wladimir P. Demichow vorgenommene Kopftransplantation bei einem Hund gezeigt.
16.1., Technik. Den USA ist die Miniaturisierung eines Reaktors gelungen, der Raumsonden für ein Jahr mit Energie versorgen kann.
1.2., Wirtschaft. In Österreich wird die 45-Stunden-Woche eingeführt.
23.3., Verkehr. Der erste DAF 600, ein Kleinwagen mit »Variomatic« läuft in Eindhoven vom Band.
24.3., Wirtschaft. Mit der Preussag-Aktie kommen die ersten Wertpapiere speziell für Kleinsparer auf den bundesdeutschen Aktienmarkt.
10.4., Raumfahrt. Die NASA stellt sieben Kandidaten für den ersten Weltraumflug vor, der 1961 stattfinden soll.
1.5., Wirtschaft. Der Ruhrbergbau beginnt mit der Einführung der Fünf-Tage-Woche bei vollem Lohnausgleich.
2.5., Wirtschaft. Auf der deutschen Erfindermesse werden der Elektrolicht-Dämmerschalter und der Klett-Verschluß für Textilien vorgestellt.
2.5., Wirtschaft. Die drei größten Banken der Bundesrepublik nehmen das Geschäft mit Kleinkrediten auf.
28.5., Raumfahrt. Zwei Affen überleben als Passagiere einen 15minütigen Weltraumflug in einer US-Rakete.
20.6., Luftfahrt. Das sowjetische Passagierflugzeug »TU 114« legt in der Rekordzeit von viereinhalb Stunden die Strecke Moskau–Paris zurück.
26.6., Verkehr. Der St. Lorenz-Kanal, ein kanadisch-amerikanisches Gemeinschaftswerk zur Verbindung des Atlantiks mit den Großen Seen, wird eingeweiht.
26.7., Verkehr. Erstmals überquert der Hovercraft den Ärmelkanal.
28.8., Geschichte. Der Zug von drei Elefanten des Zirkus Togni über die Alpen soll den Hannibal-Zug von 218 v. Chr. belegen.
12.9., Raumfahrt. Als erster Raumfahrtkörper erreicht die sowjetische Sonde »Lunik 2« den Mond und wirft Wimpel mit der Flagge der UdSSR ab.

1959

Kunst, Literatur und Musik

3.2. Bei einem Flugzeugabsturz in den USA kommen die Rock'n'Roll-Musiker Buddy Holly, Ritchie Valens und Paul Richardson ums Leben.
6.2. Die Pariser Opéra Comique bringt die lyrische Tragödie *Die menschliche Stimme* von Francis Poulenc auf die Bühne.
26.2. Walter Menzl, ein erfolgloser deutscher Schriftsteller, verübt einen Anschlag auf das in der Alten Pinakothek in München ausgestellte Rubens-Gemälde *Höllenfahrt der Verdammten*.
22.3. In Hamburg endet eine Ausstellung mit Werken Marc Chagalls.
26.3. In Rom findet der 2. Weltkongreß schwarzer Schriftsteller und Künstler statt.
7.5. In Stuttgart schließt eine Ausstellung zum Werk Emilio Grecos.
31.5. An der Stockholmer Oper hat die Weltraum-Oper *Aniara* von Karl-Birger Blomdahl Premiere.
17.6. In Spoleto hat die Oper *Eine Bridgehand* des amerikanischen Komponisten Samuel Barber Premiere.
11.7. In Kassel eröffnet die documenta II unter dem Titel »Kunst nach 1945, Malerei – Skulptur – Druckgrafik«.
23.7. Zur Eröffnung der Wagner-Festspiele in Bayreuth zeigt Wieland Wagner eine begeisternde Neuinszenierung des *Fliegenden Holländers*.
26.7. Auf den eröffneten Salzburger Festspielen fallen die Opernpremieren *Julietta* von Heimo Erbse und *Donnerstag* von Fritz Hochwälder durch.
27.7. Das Kölner Wallraf-Richartz-Museum zeigt die Ausstellung »100 Jahre Photographie«.
12.9. Mit der Premiere der Oper *Prometheus* von Rudolf Wagner-Régeny eröffnet das Staatstheater Kassel.
10.11. Die Oper *Carmen* von George Bizet bringt Raymond Rouleau in neuer Inszenierung auf die Bühne, die u.a. auch 15 Pferde auftreten läßt.
25.11. Bei Sotheby's erzielen die Bilder *Bauer in blauer Bluse* von Paul Cézanne und *Ich erwarte einen Brief* von Paul Gauguin mit 1,6 und 1,5 Mio. DM Rekordpreise.
1959 Georges Mathieu stellt *Malerei im Stil des Abstrakten Expressionismus* fertig.

Theater und Film

5.2. Jean Anouilh stellt in der Comédie des Champs-Élysées seine Komödie *General Quixotte oder Der verliebte Reaktionär* vor.
18.3. Die ägyptische Filmzensurbehörde in Kairo gibt bekannt, keine Filme mit Elizabeth Taylor mehr zu zeigen. Als Grund für die Sperre wird die Teilnahme der Schauspielerin an Galaveranstaltungen genannt, bei denen sie sich für eine finanzielle Unterstützung Israels einsetzte.
29.3. Die Filmkomödie *Manche mögen's heiß* mit Marilyn Monroe wird zum größten Kassenerfolg des amerikanischen Regisseurs Billy Wilder.
28.4. In den deutschen Kinos läuft der Film *Freddy, die Gitarre und das Meer* mit Freddy Quinn an.
18.5. François Truffauts erster Spielfilm *Sie küßten und sie schlugen ihn* bringt den Regisseur direkt an die Spitze der Nouvelle-Vague.
23.5. Die Ruhrfestspiele werden mit der Aufführung des Theaterstücks *Der Trojanische Krieg findet nicht statt* von Jean Giraudoux eröffnet.
3.6. Das amerikanische Gesetz, das alle diejenigen Filme zensiert, die laut herrschender Moral Akte sexueller Unmoral, Perversion oder Obszönität darstellen, wird vom Obersten Gerichtshof der Vereinigten Staaten teilweise aufgehoben.
15.7. UA: *Konnex*, Schauspiel von Jack Gelber, in New York. Gelbers Bühnendebüt handelt von der Realitätsflucht in der Rauschgiftszene.
6.8. *Der unsichtbare Dritte* geht als weiteres Meisterwerk Alfred Hitchcocks in die Filmgeschichte ein.
23.9. In Paris erlebt das Stück *Die Eingeschlossenen* von Jean-Paul Sartre eine glänzende Uraufführung.
28.9. UA: *Die Zoogeschichte*, Schauspiel von Edward Albee, im Berliner Schiller-Theater. Das Stück thematisiert die Schwierigkeiten des Außenseiters in der bürgerlichen Normalwelt.
1.10. UA: *Becket oder Die Ehre Gottes*, Stück von Jean Anouilh, im Pariser Théâtre Montparnasse.
22.10. UA: *Der Tanz des Sergeanten Musgrave*, Stück von John Arden, in London.

Gesellschaft

20.2. Während der Ausstrahlung des Fernsehspiels »Bevor die Sonne untergeht« bricht in London bei den Zuschauern eine Massenpanik aus, da die erzählte, fiktive Bedrohung durch einen Zerstörungssatelliten für real gehalten wird.
21.2. Raumfahrtspielzeug ist der Renner auf der Nürnberger Spielwarenmesse.
26.2. Die Kindergeldzahlungen in der Bundesrepublik steigen von 30 DM auf 40 DM monatlich.
1.3. Auf Anweisung der Regierung verschwindet aus den Büchereien der DDR alle Belletristik, die vor 1945 entstand und nicht mehr neu aufgelegt wurde.
2.3. Karl-Heinz Köpcke, »Mr. Tagesschau«, moderiert erstmals die wichtigste deutsche Nachrichtensendung.
22.3. Als »Romanze des Jahres« gilt die Verlobung zwischen Romy Schneider und Alain Delon.
31.3. Im britischen Aberdeen werden drei Kinder radioaktiv verseucht, als sie auf einer Müllhalde mit verstrahltem Industriemüll spielten.
2.4. Eine Ausgabe des Satireblattes »Simplicissimus« wird wegen eines angeblich jugendgefährdenden Titelbildes beschlagnahmt.

Deutsche Schwimm-Rekorde
Statistik

Freistil 100 m:	
Paul Voell	57,2 sec
Freistil 400 m:	
Hans-Joachim Klein	4:33,4 min
Freistil 800 m:	
Hans Zierold	9:51,3 min
Brust 100 m:	
Hans-Joachim Tröger	1:14,1 min
Rücken 200 m:	
Ernst Küppers	2:28,6 min

21.5. Nach Übergriffen von weißen Briten gegen Farbige, entsteht das »Verteidigungskomitee« farbiger Bürger.
2.7. In Brüssel heiraten Prinz Albert und Prinzessin Paola Ruffo di Calabria.

1959

| Internationale Politik | Deutsche Politik | Wirtschaft und Wissenschaft |

15.9., USA/UdSSR. Nikita S. Chruschtschow besucht als erster Regierungschef der UdSSR die USA.
20.9., Irak. Wegen Hinrichtungen von Putschisten kommt es zu ersten Demonstrationen gegen Ministerpräsident Abd Al Karim Kasim.
26.9., Ceylon. Ministerpräsident Solomon Bandaranaike stirbt an den Folgen eines Attentats.
28.9., Indien. Die Religionsgemeinschaft der Sikhs fordert die Zentralregierung auf, der Gründung eines Sikh-Staates im Rahmen der Union im Nordwesten Indiens zuzustimmen.
7.10., USA. Per richterlicher Entscheidung müssen nach 116 Tagen 500 000 amerikanische Stahlarbeiter ihren Streik für höhere Löhne und bessere Sozialleistungen beenden.
8.10., Großbritannien. Die konservative Partei unter Premierminister Harold Macmillan kann ihren Stimmenvorsprung vor Labour verdoppeln.
27.10., Polen. Versorgungsengpässe lösen eine Regierungskrise aus.
10.11., Kenia/Großbritannien. Großbritannien erklärt, die Bekämpfung der Mau-Mau-Bewegung in Kenia nach sieben Jahren zu beenden.
20.11., Schweden. Großbritannien, Dänemark, Schweden, Norwegen, Österreich, die Schweiz und Portugal gründen in Stockholm die Europäische Freihandelszone (EFTA).
1.12., USA. Die USA, die UdSSR und zehn weitere Staaten unterzeichnen in Washington den Antarktisvertrag, der Atomversuche und Truppenstationierungen am Südpol untersagt.

15.9. Der am 1. Juli gewählte neue Bundespräsident Heinrich Lübke legt im Bundestag den Eid auf das Grundgesetz ab. In einer anschließenden Rede geht Lübke auf die Spaltung Deutschlands ein. ▷ Chronik Zitat

Gemeinsames Ziel

Chronik Zitat

»Allen Brüdern und Schwestern in Mittel- und Ostdeutschland möchte ich heute unseren Gruß entbieten und ihnen versichern, daß wir, die wir in Freiheit leben, uns im besonderen Maße dem gemeinsamen Ziel verpflichtet fühlen, ein geeintes Deutschland zu schaffen.«
Bundespräsident Heinrich Lübke

30.9. Die Bundesregierung will das »Deutschland-Fernsehen« als zweites Programm etablieren. Die Opposition in Bundestag und Bundesrat sieht die Gefahr eines »Staatsfunks«.
9.10. Planungen des Bundesinnenministers Gerhard Schröder (CDU) zur Notstandsgesetzgebung heizen die innenpolitische Diskussion an.
15.11. Ein Sonderparteitag der SPD verabschiedet das Godesberger Programm, das die SPD durch Distanzierung vom Marxismus von der Arbeiter- zur Volkspartei entwickeln soll.
2.12. Die Tschechoslowakei läßt zwei Piloten der Bundesluftwaffe, die im Oktober über tschechischem Gebiet abgestürzt waren, wieder frei.

12.9., Ökologie. Bundesarbeitsminister Theodor Blank berichtet über ein Waldsterben im Ruhrgebiet durch die Luftverschmutzung.
30.9., Wirtschaft. In der Bundesrepublik Deutschland sinkt die Arbeitslosenquote unter 1%.
6.10., Raumfahrt. Die sowjetische Sonde »Lunik 3« übermittelt die ersten Bilder von der erdabgewandten Seite des Mondes zur Erde.
10.11., Medizin. In den USA kommt mit »Syncillin« das erste künstliche Antibiotikum der Welt auf den Markt.
8.12., Luftfahrt. Eine »Phantom II« der US-Marine stellt mit 30 083 m einen neuen Höhenweltrekord für Flugzeuge auf.
10.12., Nobelpreise. In Stockholm und Oslo werden die diesjährigen Nobelpreise verliehen. ▷ Chronik Nobelpreise

Wissenschaftler geehrt

Chronik Nobelpreise

Chemie: Jaroslav Heyrovsky (ČSSR)
Medizin: Severo Ochoa (USA)
  Arthur Kornberg (USA)
Physik: Emilio Segrè (USA) und Owen Chamberlain (USA)
Frieden: Philip Noel-Baker (GB)
Literatur: Salvatore Quasimodo (I)

1959, Physik. Die Existenz eines Strahlengürtels in der Erdatmosphäre – verursacht durch Atombombenversuche – wird nachgewiesen.

1959 Geborene und Gestorbene

Geboren:
1.2. Barbara Auer, deutsche Filmschauspielerin.
25.8. Sönke Wortmann, deutscher Filmregisseur.
5.11. Bryan Adams, kanadischer Popmusiker.

Gestorben:
21.1. Cecil B. DeMille (*12.8.1881), amerikanischer Filmproduzent.
8.2. Josef Perkonig (*3.8.1890), österreichischer Schriftsteller.
15.3. Hans Baedeker (*29.7.1874), deutscher Publizist.

26.3. Raymond Chandler (*23.7.1888), amerikanischer Kriminalschriftsteller.
31.3. Peter Suhrkamp (*28.3.1891), deutscher Verleger.
14.5. Sidney Bechet (*14.5.1897), amerikanischer Jazzmusiker.

1959

Kunst, Literatur und Musik	Theater und Film	Gesellschaft
1959 Kontinuität in den herrschenden deutschen Gesellschaftsschichten seit 1900 ist das Thema von Heinrich Bölls Roman *Billard um halb zehn*. **1959** Günter Grass veröffentlicht mit *Die Blechtrommel* den ersten Teil seiner Danziger Trilogie. **1959** DDR-Autor Uwe Johnson kritisiert die Stasi in *Mutmaßungen über Jakob* und siedelt bei Erscheinen des Romans in den Westen über. **1959** Nelly Sachs setzt sich mit ihrem Gedichtband *Flucht und Verwandlung* mit der jüdischen Geschichte und dem Schicksal des jüdischen Volkes auseinander. **1959** Anna Seghers veröffentlicht in Ostberlin den Roman *Die Entscheidung*, der einen Meinungsbildungsprozeß ostdeutscher Arbeiter für ihren Staat nachzeichnet. **1959** Als Zeugnis einer Suche nach neuen Romanformen versteht Jean Cayrol sein Werk *Die Fremdkörper*. **1959** Ein Kultroman wird Alan Silitoes *Die Einsamkeit des Langstreckenläufers*. **1959** Die Wandlung vom Neofaschismus zum Kommunismus eines jungen Italieners zeichnet Pier Paolo Pasolini in *Ein wildes Leben* nach. **1959** James Purdy ironisiert in *Malcolm* den amerikanischen »Way of Live«. **1959** *Naked lunch* von William S. Burroughs heizt den Streit um den US-Schriftsteller endgültig auf. Der Roman wird von der Zensurbehörde in den USA verboten und erscheint in Frankreich.	**31.10.** In Düsseldorf kommt Eugène Ionescos Drama *Die Nashörner* auf die Bühne, das eine Absage an den Totalitarismus darstellt. **11.11.** Der erste Teil des Kinofilms *Die Buddenbrooks* nach Thomas Mann läuft an. Am 20. November stellt Regisseur Alfred Weidenmann den zweiten Teil vor. **18.11.** Der Erfolg des Historiendramas *Ben Hur* von William Wyler rettet die Produktionsgesellschaft MGM vor dem Ruin. **29.11.** Eine Galavorstellung von Marlene Dietrich im Théâtre de l'Etoile in Paris wird begeistert aufgenommen. **24.11.** Mario Adorf, Gert Fröbe und Elke Sommer spielen die Hauptrollen in dem Kriminalfilm *Am Tag, als der Regen kam* von Gerd Oswald. **22.12.** Postum zeigt das Pariser Théâtre Récamier das pessimistische Stück *Die Reichsgründer oder Das Schmürz* von Boris Vian. **1959** Prächtige Dialoge bringt Michael Gordon mit *Bettgeflüster* auf die Filmleinwand. **1959** Skandalträchtigen Ruhm erntet der italienische Regisseur Federico Fellini mit *Das süße Leben*. **1959** Kritiker bejubeln *Das Testament des Dr. Cordelier* von Jean Renoir als beste Verfilmung des Jekyll-and-Hyde-Stoffes. **1959** Bernhard Wicki widmet sich mit dem Film *Die Brücke* der Vergangenheitsbewältigung. **1959** *Der Tiger von Eschnapur* ist der erste Film von Fritz Lang nach seiner Rückkehr in die Bundesrepublik.	**19.7.** Bereits zum zweiten Mal im 20. Jahrhundert wird in Trier der »Rock Christi« gezeigt. Bis zum 20. September kommen 3,5 Mio. Gläubige. **26.7.** Reporter des »stern« finden im österreichischen Toplitzsee falsche, von der SS im Zweiten Weltkrieg hergestellte Pfundnoten. **29.7.** Das Bundesverfassungsgericht erklärt den patriarchalischen Paragraphen 1628 des Bürgerlichen Gesetzbuches für nichtig, der dem Ehemann und Vater in Familienangelegenheiten Vorrechte einräumte. **1.10.** Westberliner Schulen führen Sexualkunde als Pflichtfach ein. **10.10.** In einer Quizsendung betitelt Hans-Joachim Kulenkampff Ostdeutschland uneingeschränkt als »DDR« und löst damit massive Zuschauerproteste aus. **26.10.** In Bayern wird der Verkauf von Malzbier unter der Bezeichnung »Bier« untersagt. **29.10.** In der französischen Zeitschrift »Pilote« hat »Asterix der Gallier« seine Comic-Premiere. **2.11.** In der DDR demonstrieren Jugendliche gegen die rigide Kulturpolitik und fordern die Erlaubnis zum Import von Rock'n'Roll-Schallplatten. **2.12.** Die zehn Klassenjahrgänge umfassende Polytechnische Oberschule wird zum Bildungsstandard in der DDR erhoben. **13.12.** Bei einer Gasexplosion in einem Mietshaus in Dortmund sterben 26 Menschen. **21.12.** Resa Pahlawi, Schah von Persien, heiratet Farah Diba.

1959 Geborene und Gestorbene

6.7. George Grosz (*26.7.1893), deutscher Maler.
17.7. Billie Holiday (eigtl. Eleanora Gough Mac Kay, *7.4.1915), amerikanische Jazzsängerin.
8.8. Don Luigi Sturzo (*26.11.1871), italienischer Publizist und Politiker.
26.9. Solomon Bandaranaike (*8.1.1899), ceylonesischer Politiker.
28.9. Rudolf Caracciola (*30.1.1901), deutscher Autorennfahrer.
16.10. George C. Marshall (*31.12.1880), amerikanischer Politiker.
15.11. Charles Th. Wilson (*14.2.1869), britischer Physiker.
21.11. Max Baer (*11.2.1909), amerikanischer Boxer und Filmschauspieler.
23.12. Lord Edward Halifax (*16.4.1881), britischer Politiker.

Weltweiter Wertewandel

Die sechziger Jahre gelten als Konfliktjahre im Ost-West-Dialog und als Jahrzehnt weltweiter Umwälzungen. Sie konfrontieren die Menschheit einerseits mit spektakulären neuen Techniken, andererseits markieren sie mit gesellschaftlichen, wirtschaftlichen und politischen Krisenmomenten eine Phase revolutionären Wertewandels. Massendemonstrationen und Studentenproteste, Kommunenleben und »Love-Ins« stellen die Mentalität der Wirtschaftswunder-Gesellschaft in Frage und begehren auf gegen Gewinnsucht, Verlogenheit und Autorität. Das Emanzipationsstreben und der Protest gegen die übernommene Gesellschaftsordnung schlägt bei Teilen der Bewegung in Gewalt um; in Terrorismus.

Zwischen den beiden Supermächten kommen Ent-spannungsversuche, die in den fünfziger Jahren in Camp David eingeleitet wurden, ins Stocken, als die USA mit Aufklärungsflügen über Kuba die Grenzen des sowjetischen Einflußbereiches überschreiten. Die US-Invasion in der Schweinebucht (1961) und die Eskalation der Kuba-Krise (1962) treiben die Welt an den Abgrund eines Atomkriegs. Ein weiterer Schauplatz des Ost-West-Konfliktes wird Vietnam, wo sich die USA militärisch auf die Seite des korrupten südvietnamesischen Regimes gegen die kommunistisch orientierten, von Nordvietnam unterstützten Vietcong stellen (1964).

In Europa findet der Kalte Krieg 1961 einen monumentalen Ausdruck mit dem Bau der Mauer zwischen West- und Ostdeutschland, die den Bürgern der DDR die Flucht in den Westen unmöglich machen soll, um den drohenden wirtschaftlichen Zusammenbruch des »Arbeiter- und Bauernstaats« zu verhindern. In der Tschechoslowakei walzen sowjetische Panzer 1968 den »Prager Frühling« mit Gewalt nieder. In China leitet Mao Tse-tung 1966 die »Große Proletarische Kulturrevolution« ein. Gleichzeitig verändert der afrikanische Kontinent sein Gesicht im Zuge der Entkolonialisierung, die – beginnend mit dem »afrikanischen Jahr« 1960 – den meisten britischen und französischen Kolonialgieten die Unabhängigkeit, während Portugal bis in die siebziger Jahre auf seiner Vormachtstellung beharrt. Der Nahe Osten wird durch den »Sechs-Tage-Krieg« erschüttert (1967), in dem sich Israel den Zugang zum Roten Meer erkämpft.

Vollbeschäftigung, steigender Wohlstand und ein ausgeprägtes Leistungsdenken drängen in Westdeutschland die restlichen Schatten der Vergangenheit zurück. Ludwig Erhard, der Architekt des »Wirtschaftswunders«, löst Konrad Adenauer als Bundeskanzler ab (1962). Bei den nächsten Bundestagswahlen (1965) kann sich die CDU unter Erhards Führung noch einmal als stärkste Partei behaupten, doch zeichnet sich mit dem Bruch der Koalition mit der FDP und der »Großen Koalition« 1966 bereits die Wende ab. Die Wahl Willy Brandts (SPD) zum Bundeskanzler 1969 unter dem Motto »Mehr Demokratie wagen« veranschaulicht die Reformbedürftigkeit einer Republik, die zwei Jahrzehnte lang von der CDU/CSU geführt worden war.

Die Wirtschaft der Bundesrepublik befindet sich zu Beginn der 60er Jahre weiterhin in einer Phase der Hochkonjunktur. Das Bruttosozialprodukt hat sich gegenüber 1950 annähernd verdreifacht. Das Markenzeichen »Made in Germany« sorgt international für hohe Umsätze. 1962 beträgt die durchschnittliche Wochenarbeitszeit in der Bundesrepublik 44 Stunden. Der starke Arbeitskräftemangel stärkt die Position der Gewerkschaften, die zwischen 1961 und 1962 insgesamt 13,1 Prozent Lohnerhöhung für Industriearbeiter erzielen. Der zusätzliche Bedarf an Arbeitskräften führt seit 1962 zur Anwerbung ausländischer Arbeitnehmer. Im Zeitraum 1945–1964 hat das Volkswagenwerk rund neun Millionen »Käfer« an den Mann und die Frau gebracht. Die Sparquote der privaten Haushalte erreicht mit 10,8 Prozent des Einkommens den Höchststand seit 1948. Nach einer kurzfristigen Rezession 1966/67 erlebt die Wirtschaft zum Ende des Jahrzehnts dank anhaltender Investitionen, die die konjunkturelle Dynamik beschleunigen, einen neuen Aufwärtstrend.

1960–1969

Die wissenschaftlichen Errungenschaften des Jahrzehnts stehen ganz im Zeichen der Weltraumforschung und der Raumfahrt. Satelliten ermitteln Meßdaten über die Atmosphäre und die Ionosphäre; 1964 startet die Sowjetunion mit »Woschod 1« erstmals eine Raumkapsel mit drei Kosmonauten; 1969 verwirklichen die USA mit der Mondlandung einen der kühnsten technischen Träume des Menschen. Der »Jumbo-Jet« sowie die Überschallverkehrsflugzeuge »Tupolew Tu-144« und »Concorde« stehen am Ende des Jahrzehnts stellvertretend für die rasante Entwicklung des Luftverkehrs. Großrechner ermitteln 1965 nach demoskopischen Umfragen repräsentative Wahlprognosen. Silizium-Chips, erste LSI-Computer, Computer-Datenbanken und eine extrem präzise Atomuhr sind weitere technische Neuerungen.

Die Kunstszene zu Beginn der 60er Jahre ist gekennzeichnet von einer stärkeren Berücksichtigung der »soziologischen Realität«. So läßt der französische Künstler Yves Klein blaubemalte, nackte Frauen ihre Körperabdrücke auf eine Leinwand bringen, um den realitätsnahen Zufallscharakter der Kunst zu symbolisieren. Günther Uecker, ein Mitglied der Düsseldorfer Künstlergruppe »Zero«, realisiert 1960 seinen ersten »Lichtkasten«, der die Abkehr von der Leinwand als alleinigem Bildträger dokumentieren soll. Die Kunstszene der USA zeigt sich als Trendsetter seit der Mitte des Jahrzehnts zeitproblemorientiert. Pop-art-Künstler wie Roy Lichtenstein, Andy Warhol und Tom Wesselmann verwerten in ihren Bildern Alltagszeichen der Großstädte (1968). Autos, Werbung und Starkult werden mit grellen Farben verfremdet, um die darin enthaltenen Klischees des Denkens und Fühlens sichtbar werden zu lassen.

Der deutsche Film zeigt sich zu Beginn der 60er Jahre in einer Krise, die sich in stark rückläufigen Zuschauerzahlen manifestiert. 1965 gerät mit dem neu gegründeten »Kuratorium Junger Deutscher Film« Bewegung in die bundesdeutsche Kinolandschaft. Jungregisseure wie Volker Schlöndorff (»Der junge Törless«) und Ulrich Schamoni (»Es«) produzieren Spielfilme mit bisher tabuisierten Inhalten und einer neuen Filmsprache, die private Beziehungsprobleme in den Vordergrund der Filmhandlung stellt. Die Dürrenmatt-Verfilmung »Grieche sucht Griechin« (1966) von Rolf Thiele bleibt in der Publikumsgunst aber ebenso wie »Lieselotte von der Pfalz« (1966) von Kurt Hoffmann gegen ausländische Beiträge wie den James-Bond-Film »Feuerball« (1966) oder »Blow-up« von Michelangelo Antonioni zurück. Zu den Kino-Highlights gehören »Psycho« (1960) von Alfred Hitchcock, »Alexis Sorbas« (1964) von Michael Cacoyannis und der Road-Movie »Easy Rider« (1969) von Dennis Hopper,.

Die Literatur kritisiert schonungslos die Wohlstandsgesellschaft (Martin Walser, »Halbzeit«, 1960), nimmt aber auch das Problem der Identität auf (Max Frisch, »Mein Name sei Gantenbein«, 1964). Günter Grass und Heinrich Böll widmen sich gesamtgesellschaftlichen Zusammenhängen und thematisieren mit Vorliebe die Vergötzung des wirtschaftlichen Wachstums. Die jungen westdeutschen Autoren lassen den Verdrängungsmechanismus, der das Dritte Reich als »Verkehrsunfall« der Geschichte dem Vergessen anheim geben will, nicht zu und legen den Finger in diese Wunde.

Beat- und Rockmusik bestimmen immer stärker den Unterhaltungsmarkt und avancieren zum Freizeitspektakel erster Güteklasse. Musikgenuß zu Hause oder als live-Erlebnis vermittelt zunehmend die Botschaft einer freieren Lebensweise, die gerade in den Songs der Gruppen The Who und The Rolling Stones zum Ausdruck kommt. Die Jugend fühlt sich »Born To Be Wild« und rebelliert immer mehr gegen die althergebrachte Ordnung. »Beatniks«, »Hippies« und »Yippies« tummeln sich neben »Provos«, »Gammlern« und »Drop-outs«. Im »Underground« sammeln sich radikale Vertreter der neuen Jugendbewegung. Legendärer Höhepunkt der Hippiebewegung ist das dreitägige »Woodstock«-Festival 1969 nördlich von New York mit etwa 450 000 jugendlichen Besuchern.

1960

Internationale Politik

1.1., Kamerun. Die Unabhängigkeit Kameruns von Frankreich eröffnet das »afrikanische Jahr«, in dem insgesamt 17 Staaten Afrikas souverän werden.
4.1., Schweden. Mit der Unterschrift Schwedens unter die EFTA-Urkunde tritt die Freihandelszone in Kraft, der außerdem Norwegen, Großbritannien, Portugal, Dänemark, Österreich und die Schweiz angehören.
19.1., USA/Japan. Die USA und Japan vereinbaren einen Sicherheitsvertrag. Die USA garantieren Militärhilfe im Falle eines Angriffs, Japan gestattet den USA die Einrichtung von Militärstützpunkten.
24.1., Algerien. Französische Nationalisten zetteln in Algier den »Barrikadenaufstand« gegen Staatspräsident Charles de Gaulle und seine Unabhängigkeitspläne für Algerien an.
13.2., Frankreich. Frankreich führt in der Sahara seinen ersten Kernwaffenversuch durch und wird damit neben den USA, Großbritannien und der UdSSR zur vierten Atommacht.
18.2., Uruguay. Sieben lateinamerikanische Staaten vereinbaren in Montevideo die Bildung einer Freihandelszone.
15.3., Schweiz. Mit der Genfer Zehn-Mächte-Abrüstungskonferenz finden erstmals seit 1957 wieder Konsultationen über Rüstungskontrollen statt.
3.4., Frankreich/UdSSR. Frankreich und die UdSSR schließen ein Handelsabkommen und vereinbaren darüber hinaus die Zusammenarbeit bei der friedlichen Nutzung von Kernenergie.
27.4., Südkorea. Der autoritäre Staatspräsident Syngman Rhee tritt nach einem Wahlbetrug auf Druck der Nationalversammlung zurück.
1.5., UdSSR/USA. Ein amerikanisches Aufklärungsflugzeug wird über Sibirien abgeschossen. Der Zwischenfall verschärft die Spannungen zwischen den Supermächten.
7.5., UdSSR. Leonid I. Breschnew wird neuer Vorsitzender des Präsidiums des Obersten Sowjets.
21.3., Südafrika. Während einer Demonstration von 20 000 Schwarzen gegen die Rassendiskriminierung in Südafrika werden in Sharpeville 71 Menschen von Polizisten getötet.

Deutsche Politik

1.1. In der Bundesrepublik tritt das Gesetz zur friedlichen Nutzung von Atomenergie in Kraft, das den Bau von Atomkraftwerken vorbereitet.
1.2. Der SPD-Vorstand betont in einem Grundsatzprogramm die Abgrenzung der Sozialdemokratie vom Kommunismus und den totalitären Diktaturen in Osteuropa.
10.2. Die Volkskammer der DDR beschließt die Bildung eines Nationalen Verteidigungsrates (NVR) unter Vorsitz von Walter Ulbricht.
14.3. Im New Yorker Waldorf-Astoria-Hotel kommt es mit dem Gespräch zwischen Bundeskanzler Konrad Adenauer und dem israelischen Ministerpräsidenten Ben Gurion zu einem ersten Treffen zwischen den Regierungschefs der BRD und Israels.
17.3. Die SPD rückt von ihrem 1959 beschlossenen Deutschland-Plan ab, der Verhandlungen über die Wiedervereinigung zwischen der Bundesrepublik und der DDR vorsah.
12.4. Nachforschungen aus der DDR und der Tschechoslowakei belegen, daß in der Bundesrepublik ehemalige NS-Juristen als Richter oder Staatsanwälte übernommen worden sind.
14.4. Der zwangsweise Zusammenschluß selbständiger Bauernhöfe zu sog. Landwirtschaftlichen Produktionsgenossenschaften (LPG) in der DDR ist abgeschlossen.
1.5. In Westberlin fordern bei der größten Kundgebung der Nachkriegszeit 75 000 Menschen die Wiedervereinigung von Bundesrepublik und DDR. Wie die anderen Redner warnt auch Eugen Gerstenmaier (CDU) vor dem Abschluß eines Separatfriedens mit der UdSSR. ▷Chronik Zitat

Frieden von Herzen

Chronik Zitat

»Wir wollen den Frieden von ganzem Herzen, auch mit den Russen und ihrem Regierungschef, aber wir wollen ihr kommunistisches Gemüse nicht essen.«
Eugen Gerstenmaier, CDU-Politiker

Wirtschaft und Wissenschaft

1.1., Wirtschaft. Der französische Finanzminister Antoine Pinay verkündet die Einführung des neuen Franc.
9.1., Architektur. Der ägyptische Staatspräsident Gamal Abd el Nasser eröffnet die Bauarbeiten für den Assuan-Staudamm am Mittellauf des Nil.
9.1., Verkehr. Die letzte deutsche Viermastbark »Passat«, ein Großsegler mit einer Länge von 96,03 m und 3103 BRT, erhält im Hafen von Travemünde einen festen Ankerplatz.
11.1., Wirtschaft. Im indischen Rourkela wird das mit deutscher Unterstützung erbaute modernste Stahlwerk des Landes in Betrieb genommen.

Preise in Westdeutschland
Chronik Statistik

Einzelhandelspreise (DM):

Butter, 1 kg	6,50
Weizenmehl, 1 kg	0,40
Schweinefleisch, 1 kg	6,48
Rindfleisch, 1 kg	5,14
Kartoffeln, 5 kg	1,39
Eier, 1 Stück	0,21

21.1., Geologie. Der Tiefseeforscher Jacques Piccard taucht mit einem von seinem Vater erfundenen Bathyscaphe 10 916 m tief auf den Grund des pazifischen Marianengrabens.
1.3., Medizin. In Zürich beginnt der erste Internationale Kongreß für Lärmbekämpfung, bei dem Techniken zur Verhinderung von lärmbedingten Krankheiten vorgestellt werden.
11.3., Raumfahrt. Auf dem amerikanischen Raketenversuchsgelände Cape Canaveral startet der Satellit »Pioneer V b« zur ersten erfolgreichen Sonnenumrundung.
16.3., Wirtschaft. Der Deutsche Bundestag beschließt die Privatisierung des Volkswagenwerks in Wolfsburg. 60% des Kapitalanteils werden als Volksaktien ausgegeben.
17.3., Luftfahrt. Die deutsche Lufthansa AG eröffnet mit ihrem ersten Düsenverkehrsflugzeug, der Boeing 707/430, den Flugverkehr zwischen Frankfurt am Main und New York.

1960

Kunst, Literatur und Musik

18.1. Der spanische Künstler Salvador Dali enthüllt in New York sein Gemälde *Die Entdeckung Amerikas durch Christoph Columbus*.
22.2. In Warschau wird das Internationale Chopin-Jahr zu Ehren des vor 150 Jahren geborenen polnischen Komponisten mit einem Konzert des Pianisten Arthur Rubinstein eröffnet.
2.3. Der Brockhaus-Verlag gibt die erste ungekürzte Veröffentlichung der Lebens- und Liebeserinnerungen von Giacomo Casanova frei.
12.5. In der Bundesrepublik wird der Verkauf von neun kriegsverherrlichenden Büchern an Jugendliche verboten, u.a. der Roman *Sie fielen vom Himmel* von Heinz G. Konsalik.
16.5. Die berühmte italienische Sopranistin Renata Tebaldi startet mit einem Auftritt in München ihre 14tägige Tournee durch die Bundesrepublik.
22.5. UA: *Der Prinz von Homburg*, Oper von Hans Werner Henze, nach einem Schauspiel von Heinrich von Kleist, in der Hamburger Staatsoper.
29.5. Nach vierjähriger Bauzeit wird das Museum Folkwang in Essen wiedereröffnet.
30.5. In Berlin (Ost) erscheint der dritte Band von Ernst Blochs *Das Prinzip Hoffnung*.
11.6. UA: *Ein Sommernachtstraum*, Oper von Benjamin Britten nach der gleichnamigen Komödie von William Shakespeare, in Aldeburgh.
23.6. *Mein Großvater und ich* von James Krüss wird als bestes Kinderbuch des Jahres ausgezeichnet.
5.7. Die »Internationale Ausstellung von Nichts« von Herbert Schuldt erregt in Hamburg Aufsehen. Ausgestellt werden leere Bilderrahmen, Buchseiten und unbemalte Leinwandrechtecke.
13.7. Die Londoner Tate-Gallery eröffnet die bisher größte Ausstellung der Gemälde Pablo Picassos, die insgesamt 268 Bilder, Wandteppiche und Entwürfe zeigt.
24.7. Wieland Wagner stößt in Bayreuth mit seiner modernen Inszenierung der *Meistersinger*, einer Komposition seines Großvaters Richard Wagner, auf großen Widerstand bei den Anhängern der Festspiele.

Theater und Film

16.1. Die gewerkschaftlich organisierten Drehbuchautoren Hollywoods treten in den Streik. Sie wollen eine Gewinnbeteiligung an den Fernsehausstrahlungen ihrer Filme. Die meisten Filmgesellschaften beugen sich im Laufe des Jahres diesen Forderungen
19.1. Dem künstlerischen Leiter des Theaters am Kurfürstendamm in Berlin (West), Rudolf Noelte, wird trotz erfolgreicher Arbeit wegen Überschreitung seines Etats gekündigt.
29.1. In Köln erlebt das Drama *Ein verdienter Staatsmann* von T.S. Eliot in einer Nachdichtung von Erich Fried seine deutsche Erstaufführung.
2.2. Angesichts der zunehmenden Beliebtheit des Fernsehens beklagt der Verband deutscher Filmproduzenten einen Rückgang der Kinobesucher.
19.2. Um den extremen Honorarforderungen bundesdeutscher Kinostars Einhalt zu gebieten, legen Filmproduzenten und -verleiher eine Höchstgage von 100 000 DM pro Film fest.
7.3. In Hollywood bricht der erste Schauspieler-Streik der Geschichte aus: Der Verband der Filmschaffenden fordert eine Beteiligung der Künstler an den Verkaufserlösen ihrer Filme.
9.3. UA: *Ein Schloß in Schweden*, Theaterstück von Françoise Sagan, im Pariser Théâtre de l'Atelier.
9.3. Der Regisseur Bernhard Wicki wird für seinen Film *Die Brücke* mit dem Preis der Deutschen Filmkritik ausgezeichnet.
16.3. UA: *Außer Atem*, Film mit Jean-Paul Belmondo, in Paris.
26.3. UA: *Die Kurve*, Schauspiel von Tankred Dorst, in den Lübecker Kammerspielen.
29.3. In New York schließt eines der berühmtesten Kinos der Welt, das prunkvolle »Roxy« mit seinen 6214 Sitzen.
31.3. Mit dem Film *Der König und ich* wird in einer Waldlichtung bei Frankfurt am Main das erste Autokino Mitteleuropas eröffnet.
5.4. Der historische Monumentalfilm *Ben Hur* mit Charlton Heston in der Hauptrolle vereint mit elf Oscars die meisten Auszeichnungen auf sich, die je ein Film erhielt.

Gesellschaft

5.1. Bei einem Eisenbahnunglück in der Nähe der italienischen Stadt Monza kommen 15 Menschen ums Leben, 124 werden verletzt.
7.1. Das Bundeskriminalamt meldet, daß in der Bundesrepublik täglich um die 300 Autos gestohlen werden.
8.1. In der Pariser Kathedrale von Notre-Dame heiratet Prinzessin Françoise von Bourbon-Parma den Prinzen Eduard von Lobkowitz.
16.1. Konrad Adenauer verurteilt in einer Rede Übergriffe auf jüdische Mitbürger, die in jüngster Zeit für Schlagzeilen gesorgt hatten.
21.1. Bei einer schweren Grubenexplosion in der südafrikanischen Kohlegrube Clydesdale werden 506 Bergleute verschüttet, nur 90 können lebend geborgen werden.
25.1. In Göttingen wird der »größte Bücherdieb aller Zeiten« verhaftet. Der Buchhändler hat Bibliotheksbestände im Wert von rund 20 Mio. DM entwendet und verkauft.

Leichtathletik-Weltrekorde
Chronik Sport

100 m:
Armin Hary (D)	10,0 sec

1500 m:
Herb Elliot (AUS)	3:35,6 min

110 m Hürden:
Martin Lauer (D)	13,2 sec

Hochsprung:
John Thomas (USA)	2,22 m

Weitsprung:
Ralph Boston (USA)	8,21 m

12.2. Nach einem Beschluß der Kultusminister der BRD soll in den Schulen die Auseinandersetzung mit der NS-Herrschaft gefördert werden.
22.2 Nach einer Schlagwetterexplosion in einem Zechenschacht bei Zwickau werden 172 Bergleute verschüttet. 49 von ihnen werden lebend geborgen.
22.2. Aus einer Bilanz zur DDR-Strafjustiz geht hervor, daß seit 1945 46 000 Menschen aus politischen Gründen verhaftet worden sind. Über 146 von ihnen wurde die Todesstrafe verhängt.

1960

Internationale Politik

23.5., Israel. Israel gibt die Verhaftung von Adolf Eichmann bekannt, der maßgeblicher Verantwortung für den Holocaust des NS-Regimes trägt.

27.5., Türkei. Die Regierung unter Ministerpräsident Adnan Menderes wird vom Militär gestürzt.

23.6., China. Die Kommunistische Partei verurteilt die sowjetische These von der Möglichkeit einer »friedlichen Koexistenz« mit dem Westen.

1.7., Somalia. Somalia, ein Zusammenschluß der beiden Protektorate Britisch-Somaliland, und Italienisch-Somalia wird selbständig.

1.7., Ghana. Das seit 1957 unabhängige Königreich wird Republik, verbleibt aber im Commonwealth.

21.7., Ceylon. Sirimawo Bandaranaike wird als Ministerpräsidentin in Ceylon vereidigt. Sie ist damit die weltweit erste weibliche Regierungschefin.

27.7., Großbritannien. Lord Douglas Home wird neuer Außenminister.

7.8., Kuba. Als Antwort auf den reduzierten Zuckerimport der USA verkündet Kuba die Verstaatlichung des US-Firmeneigentums auf der Insel.

16.8., Zypern. Zyperns Erzbischof Makarios III. proklamiert die Unabhängigkeit von Großbritannien.

14.9., Irak. Irak, Iran, Kuwait, Saudi-Arabien und Venezuela bilden in Bagdad die Organisation der Erdöl exportierenden Länder (OPEC).

1.10., Nigeria. Großbritannien entläßt Nigeria in die Unabhängigkeit.

12.10., USA. Während einer UNO-Sitzung in New York klopft der sowjetische Ministerpräsident Nikita Chruschtschow spektakulär mit dem Schuh auf das Rednerpult.

31.10., USA. Die UN-Vollversammlung in New York fordert Österreich und Italien auf, in der Südtirolfrage erneut zu verhandeln.

8.11., USA. Der 43jährige Kandidat der Demokraten, John F. Kennedy, wird mit knappem Stimmenvorsprung zum Präsidenten gewählt.

10.12., Laos. Regierungschef Suvanna Phuma flieht nach Kämpfen zwischen prowestlichen Einheiten und der kommunistischen Pathet-Lao-Bewegung nach Kambodscha.

Deutsche Politik

3.5. Der umstrittene Bundesvertriebenenminister Theodor Oberländer (CDU) tritt zurück, nachdem er als überzeugter Anhänger des NS-Regimes entlarvt worden ist.

5.5. Der Bundestag beschließt einstimmig die Erhöhung der Beamtengehälter um 7% und gleicht damit die Bezüge dem Kaufkraftverlust seit der letzten Besoldungserhöhung an.

8.5. Der Sozialdemokratische Hochschulbund (SHB) löst sich aufgrund ideologischer Differenzen vom Sozialistischen Deutschen Studentenbund (SDS).

24.5. Im Bundestag scheitert ein Gesetzentwurf der SPD, die Verjährungsfristen für Totschlag in der NS-Zeit neu festzusetzen.

23.6. Die Stelle eines zweiten Staatssekretärs im Bonner Auswärtigen Amt wird mit dem 45jährigen Juristen Karl Carstens besetzt.

28.6. Wegen Falschaussage im »Spielbankenprozeß« verurteilt die Große Strafkammer des Landgerichts München den CSU-Bundestagsabgeordneten Friedrich Zimmermann zu einer Haftstrafe von vier Monaten mit Bewährung.

30.6. In einer außenpolitischen Debatte vor dem Bundestag erklärt der stellvertretende SPD-Vorsitzende Herbert Wehner, daß sich die SPD eindeutig zum Nordatlantikpakt bekenne.

1.7. Nach dem Übertritt von neun ihrer 15 Abgeordneten zur CDU verliert die Deutsche Partei (DP) im Deutschen Bundestag den Fraktionsstatus.

14.7. DDR-Verteidigungsminister Willi Stoph wird in Berlin mit der Koordinierung der Beschlüsse des SED-Politbüros und des Ministerrats der DDR beauftragt.

10.8. Die These des Philosophen Karl Jaspers, die Forderung nach Wiedervereinigung der Deutschen sei irreal, stößt auf vehementen Widerspruch aller im Deutschen Bundestag vertretenen Parteien.

12.9. Fünf Tage nach dem Tod des Präsidenten der DDR, Wilhelm Pieck, übernimmt der Erste Sekretär der SED, Walter Ulbricht, den Vorsitz im neugeschaffenen Staatsrat der DDR.

Wirtschaft und Wissenschaft

1.4., Technik. Mit einer Trägerrakete wird auf dem amerikanischen Raketenstützpunkt Cape Canaveral der erste Wettersatellit »Tiros 1« in eine Erdumlaufbahn geschossen.

5.4., Geologie. Dem amerikanischen Atom-U-Boot »Sargo« gelingt innerhalb von 14 Tagen die erste Unterquerung des Nordpols im Winter.

28.4., Psychologie. In Frankfurt am Main wird die erste staatliche Ausbildungsstätte für Psychoanalyse und psychosomatische Medizin in der Bundesrepublik eröffnet.

Mai, Wirtschaft. Der wirtschaftliche Aufschwung in der BRD läßt die Zahl der Erwerbslosen auf den niedrigsten Stand seit Kriegsende sinken.

24.5., Technik. Die USA befördern ihren ersten militärischen Anwendungssatelliten in den Weltraum. »Midas II« dient der Früherkennung feindlicher Raketen.

12.8., Technik. Die USA starten mit »Echo I« den ersten passiven Kommunikationssatelliten der Welt.

17.8., Geographie. Sowjetische Wissenschaftler messen in der Antarktis mit –88,3 Grad Celsius die niedrigste Lufttemperatur, die je ermittelt wurde.

18.8., Pharmazie. Die pharmazeutische Firma G. D. Seale Drug bringt die erste Anti-Baby-Pille auf den Markt.

23.9., Verkehr. Die »Europabrücke« über den Rhein zwischen Kehl und Straßburg wird eröffnet.

13.10., Zoologie. An Bord einer US-Rakete überstehen drei Mäuse einen Flug in 1100 km Höhe.

10.12., Nobelpreise. Die Nobelpreise werden überreicht. Der Friedensnobelpreis für 1960 wird erst im Folgejahr vergeben. ▷Chronik Nobelpreise

Wissenschaftler geehrt
Chronik Nobelpreise

Chemie: Willard F. Libby (USA)
Medizin: Peter B. Medawar (GB) und Frank M. Burnet (AUS)
Physik: Donald A. Glaser (USA)
Frieden: Albert John Luthuli (ZA)
Literatur: Saint-John Perse (F)

1960

Kunst, Literatur und Musik

26.7. Anläßlich des 40jährigen Bestehens der Salzburger Festspiele wird das neue Festspielhaus nach dreijähriger Bauzeit mit einer Aufführung von des *Rosenkavaliers* von Richard Strauss unter dem Dirigat Herbert von Karajans eingeweiht.

3.8. Im Rahmen des Newport-Jazzfestivals in Rhode Island stellen Musiker den »Free Jazz«, eine neue, von Atonalität und Improvisation geprägte Spielweise vor.

18.8. Ihren ersten Auftritt auf dem europäischen Festland absolviert die Liverpooler Band The Beatles im verrufenen Hamburger Nachtclub »Indra«.

26.9. Durch einen anonymen Anruf spürt die Münchner Polizei die wertvolle *Venus* von Lucas Cranach d.Ä. auf, die 1959 aus einem Frankfurter Museum gestohlen worden war.

21.12. Bei der Aufführung der Oper *Der Freischütz* von Carl Maria von Weber an der Deutschen Oper in Düsseldorf kommt es zu heftigen Protesten gegen die avantgardistische Inszenierung von Bohumil Herlischka.

1960 Martin Walser veröffentlicht seinen Roman *Halbzeit*, der das deutsche Wirtschaftswunder kritisch reflektiert.

1960 Der französische Existenzialist Jean-Paul Sartre veröffentlicht den ersten Band seiner *Kritik der dialektischen Vernunft*.

1960 Mit *Nexus* bringt der amerikanische Schriftsteller Henry Miller den dritten Band seiner autobiographisch gefärbten Romantrilogie *Die fruchtbare Kreuzigung* heraus.

1960 Der Düsseldorfer Künstler Günther Uecker stellt seinen ersten *Lichtkasten* aus und demonstriert damit die Abkehr der Kunst von der Leinwand als Bildträger.

1960 In Großbritannien und den USA entsteht mit dem *Selbstbildnis mit Ansteckern* von Peter Blake und den *Ballantine*-Bierdosen von Jasper Johns die neue Kunstrichtung »Pop-Art«.

1960 Der Schweizer Künstler und Architekt Max Bill stellt seine ersten *Kugelplastiken* aus, in denen er das Grundprinzip der Kugel durch Teilung und Schnitt variiert.

Theater und Film

12.4. Der bei den Internationalen Filmfestspielen in Cannes ausgezeichnete Antikriegsfilm *Hiroshima mon amour* des französischen Regisseurs Alain Resnais läuft in der Bundesrepublik an.

27.4. Das Drama *Der Hausmeister* von Harold Pinter (GB) hat im Arts Theatre Club in London Premiere. Das Stück, das sich dem ganz normalen Alltagswahnsinn widmet, wird auch in der Bundesrepublik ein großer Erfolg.

1.5. Die Filmschauspielerin Marlene Dietrich, die seit 1931 nicht mehr in Deutschland aufgetreten war, startet in Westberlin eine dreiwöchige Konzert-Tournee.

15.5. Nach der Uraufführung seines kritischen Gegenwartsstücks *Die Sorgen um die Macht* in Senftenberg (DDR) sieht sich Peter Hacks dem Druck der SED-Kulturfunktionäre ausgesetzt.

20.5. Der Film *Das süße Leben* von Federico Fellini erhält die Goldene Palme der XIII. Internationalen Filmfestspiele in Cannes.

5.7. Bei den Berliner Filmfestspielen wird die der spanische Beitrag *Der Schelm von Salamanca* von Cesar F. de Ardavin mit dem Goldenen Bären ausgezeichnet.

6.9. Luchino Viscontis Filmmelodram *Rocco und seine Brüder* wird uraufgeführt und verhilft dem 25jährigen Schauspieler Alain Delon zum internationalen Durchbruch.

5.10. UA: *Spartacus*, Antik-Epen-Film von Stanley Kubrick, in New York.

7.10. In der Bundesrepublik läuft der neueste Film des britischen Horror-Regisseurs Alfred Hitchcock, der Thriller *Psycho*, mit Anthony Perkins in der Hauptrolle an.

1960 Ähnlich wie in dem französischen Klassiker *Außer Atem* von Jean-Luc Godard zeigt der japanische Krimi *Nackte Jugend* des Regisseurs Nagisa Oshima authentische Bilder von entwurzelten Jugendlichen und vermittelt dabei auch ein politisches Stimmungsbild.

1960 In Hollywood entsteht unter der Regie von John Sturges der Western *Die glorreichen Sieben* nach dem Vorbild des japanischen Klassikers *Die sieben Samurai*.

Gesellschaft

1.3. Agadir wird durch zwei verheerende Erdstöße nahezu völlig zerstört. Von den etwa 30 000 Einwohnern werden über 12 000 getötet.

3.3. Papst Johannes XXIII. ernennt erstmals in der gesamten Kirchengeschichte einen schwarzen Geistlichen, den Bischof von Rutabo im heutigen Tansania, zum Kardinal.

20.3. Erstmals seit ihrer Befreiung 1945 treffen 700 der Überlebenden des Konzentrations- und Vernichtungslagers Auschwitz-Birkenau zu einer Begegnung in New York zusammen.

18.4. In London endet die bislang größte internationale Massendemonstration gegen Atombewaffnung mit 50 000 Menschen.

6.5. Zum Entsetzen des Hochadels heiratet Prinzessin Margaret Rose, die Schwester der britischen Königin Elisabeth II., in London den Fotografen Anthony Armstrong-Jones.

22.5. Ein schweres, sechs Tage andauerndes Erdbeben verwüstet weite Teile Südchiles. 5700 Menschen fallen der Katastrophe zum Opfer.

25.7. Bundeskanzler Konrad Adenauer gründet die »Fernseh-GmbH« mit dem Ziel, zum 1.1.1961 einen zweiten Fernsehkanal einzurichten.

1.8. In München beginnt der 37. Eucharistische Weltkongreß, bei dem der päpstliche Nuntius, Kardinal Gustavo Testa, vor 1,2 Mio. Gläubigen ein Pontifikalamt zelebriert.

26.8. Innerhalb einer Woche erkranken in den Niederlanden über 100 000 Menschen nach dem Verzehr einer mit Emulgatoren angereicherten Margarine an Nesselsucht.

5.7. Erstmals nach zehn Jahren erscheint in Moskau ein Telefonbuch, das die privaten Fernsprechteilnehmer der sowjetischen Hauptstadt erfaßt.

8.7. Die Tarifpartner der bundesdeutschen Metallindustrie einigen sich auf die schrittweise Einführung der 40-Stunden-Woche.

18.8. In den USA werden die ersten Tabletten zur Empfängnisverhütung für Frauen (Antibabypillen) verkauft.

16.12. Der Zusammenstoß zweier Flugzeuge über New York fordert 142 Todesopfer.

1960

Internationale Politik	Deutsche Politik	Wirtschaft und Wissenschaft
20.12., Vietnam. In Südvietnam vereinen sich verschiedene kommunistische Widerstandsgruppen, die »Vietcong«, zur Nationalen Befreiungsfront, FNL. **25.12., Belgien.** In Belgien rufen Gewerkschaftsvertreter zum Massenstreik auf, an dem sich 500 000 Arbeitnehmer beteiligen.	**25.11.** Auf dem SPD-Parteitag in Hamburg bestätigen die Delegierten Willy Brandt als sozialdemokratischen Kanzlerkandidaten für die Bundestagswahlen am 17.9.1961. **29.12.** Das am 30. September annullierte Interzonenabkommen zwischen DDR und BRD tritt wieder in Kraft.	**1960, Wirtschaft.** Die Automobilhersteller feiern einen neuen Produktionsrekord. Mit 2,05 Mio. Kraftfahrzeugen wird die Zwei-Millionen-Grenze deutlich überschritten. **1960, Wirtschaft.** In Westdeutschland gibt es 15 879 500 Hörfunkteilnehmer und 4 632 600 Fernsehhaushalte.

1960 Geborene und Gestorbene

Geboren:
24.3. Nena, deutsche Rock- und Popsängerin.
22.9. Joan Jett, amerikanische Gitarristin und Sängerin.
28.9. Jennifer Rush, amerikanische Popsängerin.
24.10. Christoph Schlingensief, deutscher Filmregisseur.

Gestorben:
4.1. Albert Camus (*7.11.1913), französischer Schriftsteller.
7.2. Karl Maybach (*6.7.1879), deutscher Konstrukteur.
30.3. Joseph Haas (*19.3.1879), deutscher Komponist.
18.4. Wilhelm Herzog (*12.1.1884), deutscher Schriftsteller.

24.4. Max von Laue (*9.10.1879), deutscher Physiker.
6.5. Paul Abraham (*2.11.1892), ungarischer Komponist.
30.5. Boris Pasternak (*10.2.1890), sowjetischer Schriftsteller.
24.7. Hans Albers (*22.9.1892), deutscher Filmschauspieler.

1961

Internationale Politik	Deutsche Politik	Wirtschaft und Wissenschaft
4.1., USA/Kuba. Die USA brechen ihre diplomatischen Beziehungen zum kommunistischen Kuba ab. **20.1., USA.** Der 43jährige Demokrat John F. Kennedy, tritt sein Amt als Präsident der Vereinigten Staaten an. Am 30. Januar äußert er sich in Washington über die Lage der Nation. ▷Chronik Zitat **Kennedys Ausblick** **Chronik Zitat** »Die Hoffnungen aller Menschen ruhen auf uns ... auf dem Bauern in Laos, auf dem Fischer in Nigeria, dem Flüchtling aus Kuba, auf dem Geist, aus dem heraus der Mensch und jede Nation handelt, die unsere Hoffnungen auf Freiheit und Zukunft teilen.« US-Präsident John F. Kennedy	**9.1.** Die SPD distanziert sich von der linksgerichteten Deutschen Friedensunion (DFU), die sich für ein außenpolitisch neutrales, wiedervereinigtes Deutschland einsetzt. **17.1.** Die DDR gesteht öffentlich zu, daß ihr Ziel, bis Jahresende den Lebensstandard der Bundesrepublik zu erreichen, nicht durchführbar ist. **10.2.** Der frühere SS-Obergruppenführer und General der Waffen-SS, Erich von dem Bach-Zelewski, wird in Nürnberg wegen Totschlags im Rahmen des sog. Röhm-Putsches 1938 verurteilt. **4.3.** Die Bundesregierung äußert sich besorgt über die zunehmende Zahl von DDR-Flüchtlingen. Bis Februar haben bereits über 30 000 Menschen die DDR verlassen. **18.3.** Die Landesversammlung der CSU wählt den 45jährigen Bundesverteidigungsminister Franz Josef Strauß zum Parteivorsitzenden.	**16.1., Technik.** Die im Atlantik stationierte künstliche Radarinsel »Texas-Turm 4« sinkt durch den Bruch eines der drei Stützpfeiler. **22.1., Technik.** Mit einer 67 Tage langen Unterwasserfahrt stellt das Atom-U-Boot der USA, »George Washington«, einen neuen Tauchrekord auf. **1.2., Technik.** Die USA starten erstmals eine Interkontinentalrakete vom Typ Minuteman vom Versuchsgelände Cape Canaveral aus. Sie hat eine Reichweite von 9000 km. **8.2., Wirtschaft.** Das neue Arzneimittelgesetz unterwirft die Arzneimittelhersteller in der Bundesrepublik einer schärferen Kontrolle. **24.2., Luftfahrt.** Der neue französische Flughafen Paris-Orly wird feierlich eingeweiht. Das Abfertigungsgebäude gilt als eines der modernsten der Welt. **8.3., Wirtschaft.** Die Deutsche Mark wird um 4,75% aufgewertet.

1960

Kunst, Literatur und Musik	Theater und Film	Gesellschaft
1960 Der österreichische Bildhauer Fritz Wotruba vollzieht mit seiner *Knienden Figur* die Abkehr von der gegenständlichen Darstellung. **1960** Die deutschen Hits des Jahres sind *Marina* von Rocco Granata, *Banjo-Boy* von Jan und Kjeld sowie *Unter fremden Sternen* von Freddy.	**1960** Blake Edwards (USA) dreht die turbulent-melancholische Komödie *Frühstück bei Tiffany* mit Audrey Hepburn in der Hauptrolle. **1960** Der österreichisch-amerikanische Regisseur Fritz Lang schließt seinen letzten Film, *Die tausend Augen des Dr. Mabuse*, ab.	**17.12.** Das Bundesverfassungsgericht verbietet die von Bundeskanzler Konrad Adenauer betriebene Ausstrahlung eines zweiten Fernsehprogramms ohne Einverständnis der Länder. **1960** Die 1956 gegründete Teenie-Zeitschrift »Bravo« erreicht eine Auflage von 600 000 Exemplaren.

Geborene und Gestorbene

27.7. Liesl Karlstadt (*12.12.1892), deutsche Volksschauspielerin.
10.8. Emil Strauß (*31.1.1866), deutscher Dichter.
29.8. Vicki Baum (*24.1.1888), österreichische Schriftstellerin.
12.9. Curt Goetz (*17.11.1888), deutscher Dramatiker und Schauspieler.

29.9. Paul Häberlin (*17.2.1878), schweizerischer Philosoph.
14.10. Abraham Fjodorowitsch Ioffe (*29.10.1880), sowjetischer Physiker.
15.10. Henny Porten (*7.1.1890), deutsche Filmschauspielerin.
6.11. Erich Raeder (*24.4.1876), deutscher Großadmiral.

17.11. Clark Gable (*1.2.1901), amerikanischer Filmschauspieler.
1.12. Ernst Rowohlt (*23.6.1887), deutscher Verleger.
7.12. Clara Haskil (*7.1.1895), schweizerische Pianistin ungarischer Herkunft.
14.12. Hermine Körner (*30.5.1878), deutsche Schauspielerin.

1961

Kunst, Literatur und Musik	Theater und Film	Gesellschaft
4.1. Der von ost- und westdeutschen Wissenschaftlern bearbeitete letzte Band des vor 123 Jahren begonnenen Grimmschen Wörterbuchs wird fertiggestellt. **21.3.** Die Beatles mit John Lennon, Paul McCartney, George Harrison und Pete Best treten erstmals im berühmten Liverpooler Cavern Club auf, der 1957 als Jazzclub gegründet wurde. **27.3.** In Berlin (West) wird die Ausstellung »Die Nationalgalerie und ihre Stifter« anläßlich ihres 100jährigen Bestehens eröffnet. **31.3.** In Dortmund gründen Schriftsteller und Literaturkritiker die »Gruppe 61« mit dem Ziel, realitätsnahe Werke zu fördern, in denen die Arbeitswelt thematisiert wird. **1.5.** Der irische Dichter Samuel Beckett und der argentinische Schriftsteller Juan Luis Borges werden mit dem ersten »Internationalen Literaturpreis« ausgezeichnet.	**24.1.** Marcello Mastroianni wird als Hauptdarsteller von Michelangelo Antonionis Film *Die Nacht* gefeiert. **29.1.** In den bundesdeutschen Kinos läuft der amerikanische Western *Alamo* mit John Wayne als Hauptdarsteller, Produzent und Regisseur an. **9.2.** UA: *Misfits*, Film mit Clark Gable und Marilyn Monroe, in New York. **16.2.** Im Schiller-Theater in Berlin (West) hat das Drama *Die bösen Köche* von Günter Grass Weltpremiere. **24.3.** Der Film von Roberto Rossellini, *Rom, offene Stadt*, der 1944 in der deutsch besetzten Hauptstadt Italiens spielt, wird 16 Jahre nach seiner Entstehung in der Bundesrepublik gezeigt. **18.4.** Elizabeth Taylor erhält einen Oscar für ihre Rolle in Daniel Manns Film *Telefon Butterfield 8*. Burt Lancaster wird für die Darstellung des *Elmer Gantry* im gleichnamigen Film ausgezeichnet. Als bester Film wird *Das Appartement* von Billy Wilder gefeiert.	**31.1.** Die Antibabypille ist nun auch in Großbritannien erhältlich. **31.1.** Der österreichische Presserat, ein Instrument zur journalistischen Selbstkontrolle, wird gegründet. **15.2.** Beim Absturz einer Boeing 707 in der Nähe von Brüssel kommen 73 Menschen ums Leben, darunter die gesamte Eislaufmannschaft der USA, die auf dem Weg zu den Weltmeisterschaften in Prag war. **16.2.** In der BRD bleiben 200 000 Lehrstellen unbesetzt, weil die Zahl der Schulabgänger zu gering ist. **16.2.** Reisen nach Ostberlin werden vereinfacht. Die Besucher müssen die Gründe ihrer Einreise nicht mehr angeben und können die Grenzen rascher passieren. **24.4.** Die durch Zechen und Industrie verursachte Umweltverschmutzung, durch die vor allem die Luft im Ruhrgebiet verpestet wird, soll wissenschaftlich untersucht werden.

1961

Internationale Politik

25.1., El Salvador. Die linksgerichtete Regierung wird vom antikommunistischen Militär unter Oberst Anibal Portillo gestürzt.

13.2., Kongo. Der ehemalige kongolesische Staatschef Patrice Lumumba wird in Katanga ermordet.

28.2., USA. Der Harvard-Professor Henry Kissinger wird von der Regierung zum Sonderbeauftragten für Fragen der nationalen Sicherheit ernannt.

23.3., Laos/USA. Die sowjetische Unterstützung der kommunistischen Befreiungsbewegung Pathet-Lao, die in Laos gegen prowestliche Gruppen kämpft, provoziert die USA zur Androhung einer militärischen Intervention.

April, Angola. Unruhen brechen aus, die sich gegen die diktatorische portugiesische Kolonialmacht richten.

17.4., Kuba/USA. In der kubanischen Schweinebucht scheitert eine von den USA initiierte Invasion von Exilkubanern. Der Versuch, die kommunistische Regierung unter Fidel Castro zu stürzen, löst die erste Kuba-Krise aus.

22.4., Algerien. Um die von der französischen Regierung betriebene Entlassung Algeriens in die Unabhängigkeit zu verhindern, putschen französische Generale gegen die Regierung in Paris.

21.5., USA. Schwere Rassenkrawalle erschüttern den Bundesstaat Alabama. Das Justizministerium schaltet sich mit der Entsendung von 500 Bundesbeamten ein, um die Konflikte beizulegen.

28.5., Großbritannien. In London wird die internationale Menschenrechtsorganisation »Amnesty International« gegründet.

31.5., Südafrika. In Pretoria wird die Republik proklamiert, die auf Druck der nichtweißen Mitgliedsländer aus dem Commonwealth austritt.

3.6., Österreich. Während eines Besuchs in Wien fordert der sowjetische Ministerpräsident Nikita Chruschtschow die USA auf, einem Friedensvertrag mit der Bundesrepublik und der DDR sowie einem entmilitarisierten Berlin zuzustimmen.

3.6., Südkorea. Nach einem Militärputsch im Mai übernimmt der antikommunistische General Park Chung Hee die uneingeschränkte Führung.

Deutsche Politik

16.4. Durch den Zusammenschluß der nationalkonservativen Deutschen Partei (DP) mit dem Gesamtdeutschen Block/Block der Heimatvertriebenen wird in Bonn die Gesamtdeutsche Partei (GDP) gegründet.

28.4. Angesichts der bevorstehenden Bundestagswahl beraten in Bonn die Sozialdemokraten auf einem außerordentlichen Parteikongreß ihr Regierungsprogramm.

5.5. Nach einer Debatte über die Aufgaben und Möglichkeiten der Entwicklungshilfe verabschiedet der Bundestag einstimmig das Gesetz zur Finanzierungshilfe für Entwicklungsländer. Bundeswirtschaftsminister Ludwig Erhard (CDU) erläutert das 5-Milliarden-Programm. ▷Chronik Zitat

30.6. Der Bundestag verabschiedet das Bundessozialhilfegesetz, durch das in Not Geratenen ein menschenwürdiges Leben gesichert werden soll.

Entwicklungspolitik

Chronik Zitat

»Das Fünf-Milliarden-Programm der Bundesregierung stellt natürlich nur einen Teil der gesamten Entwicklungshilfe der Bundesrepublik dar. Zu diesen Mitteln werden auch weiterhin bundesverbürgte Kredite der privaten Wirtschaft ... treten.«

Bundeswirtschaftsminister Ludwig Erhard

15.8. Nachdem DDR-Beamte am 13. August die Grenzen zwischen dem Westen und Osten Berlins sowie zwischen den drei Westsektoren und der DDR abgeriegelt haben, beginnt der Bau der Mauer quer durch Berlin.

7.9. Bei den Wahlen zum deutschen Bundestag verliert die CDU/CSU die absolute Mehrheit, bleibt aber mit 45,3% stärkste Fraktion und regiert in Koalition mit der FDP (12,8%).

20.9. Die Volkskammer der DDR verabschiedet Notstandsgesetze, die die Machtbefugnisse des Staatsrats unter Walter Ulbricht im Bedarfsfall entscheidend erweitern.

Wirtschaft und Wissenschaft

24.3., Archäologie. Die »Wasa«, das Flaggschiff des schwedischen Königs Gustav Adolf, die vor 333 Jahren vor Schwedens Küste gesunken war, wird nach zweijährigen Vorbereitungen geborgen.

5.4., Verkehr. 15 Jahre nach Kriegsende will die Reichsbahn der DDR das Streckennetz der S-Bahn um Berlin wieder zweigleisig ausbauen.

Religion in Westdeutschland
Chronik Statistik

Evangelische Christen	28 725 615
Katholisch Christen	24 786 103
Sonstige Christen	475 868
Juden	22 681
Andere Religionen	2 164 569

12.4., Raumfahrt. Der sowjetische Astronaut Juri Gagarin umkreist im Raumschiff »Wostock« als erster Mensch die Erde. Nach 108 Minuten im Weltraum kehrt er wohlbehalten zurück.

5.5., Raumfahrt. Nach der UdSSR gelingt auch den USA der erste bemannte Raumflug: Alan B. Shepard fliegt mit der Raumkapsel »Liberty 7« für 15 Minuten ins All.

9.5., Wirtschaft. Bei der Industriemesse in Hannover verzeichnen die Bereiche Maschinenbau und Elektroindustrie einen Zuwachs.

17.6., Wirtschaft. Das erste Atomkraftwerk der Bundesrepublik liefert in Kahl am Main Strom, der in das Netz der Rheinisch-Westfälischen Elektrizitätswerke eingespeist wird.

5.7., Technik. Die erste Mehrstufenrakete »Shavit 2« wird mit Erfolg gestartet. Sie ist für meteorologische Untersuchungen bestimmt.

12.7., Wirtschaft. Das »312-Mark-Gesetz« wird im Bundestag verabschiedet. Es ermöglicht einkommensschwachen Beschäftigten, Teile ihres Lohnes steuer- und abgabenfrei vermögenswirksam anzulegen.

28.7., Schiffahrt. Das größte Schiff der deutschen Handelsflotte, die »Egmont«, läuft in Bremen vom Stapel.

1961

Kunst, Literatur und Musik

20.5. UA: *Elegie für junge Liebende*, Oper von Hans Werner Henze, in Schwetzingen.
3.6. In Recklinghausen legt Bundespräsident Heinrich Lübke den Grundstein für den Bau eines Festspielhauses für die Ruhrfestspiele.
2.7. Im Ketchum (Idaho) stirbt der 62jährige amerikanische Schriftsteller Ernest Hemingway an den Folgen eines Selbstmordversuches.
25.8. Angesichts des Mauerbaus werden Stücke und Opern des Schriftstellers Bertolt Brecht von bundesdeutschen Spielplänen gestrichen.
24.9. In Berlin (West) wird mit der Aufführung der Mozart-Oper *Don Giovanni* die neue Deutsche Oper feierlich eröffnet.
25.9. Die eigenwillige Zwölfton-Oper *Alkmene* von Giselher Klebe, die in Berlin (West) uraufgeführt wird, stellt Teile des Publikums vor Rätsel.
21.10. UA: *Die Ameise*, Zwölfton-Oper von Peter Ronnefeld, in Düsseldorf.
20.11. Die höchste französische Literaturauszeichnung, der Prix Goncourt, wird an den Schriftsteller Jean Cau für den Roman *Die Barmherzigkeit Gottes* verliehen.
1961 Erstmals wird mit der Gedichtsammlung *Sarmatische Zeit* von Johannes Bobrowski das Werk eines Autors aus der DDR in beiden deutschen Staaten gleichzeitig veröffentlicht.
1961 Anna Seghers veröffentlicht in Berlin (Ost) ihre historische Erzählung *Das Licht auf dem Galgen*.
1961 Der neue Roman des ebenso beliebten wie umstrittenen Autors Graham Greene *Ein ausgebrannter Fall* wird ein großer Erfolg.
1961 In München erscheint mit *Das dreißigste Jahr* das erste Prosawerk der Österreicherin Ingeborg Bachmann.
1961 Internationales Aufsehen erregt der sowjetische Dichter Jewgeni Jewtuschenko mit seinem Gedicht *Babi Jar*, das sich gegen den Antisemitismus richtet.
1961 Frederick Kiesler, amerikanischer Architekt und Bildhauer, entwirft für die Ford Foundation ein sog. Universaltheater.

Theater und Film

5.5. Die Internationalen Filmfestspiele in Cannes werden mit dem amerikanischen Film *Exodus* von Otto Preminger eröffnet.
18.5. Die Filme *Viridiana* von Luis Buñuel (Spanien) und *Noch nach Jahr und Tag* von Henri Colpi (Frankreich) werden in Cannes mit der Goldenen Palme ausgezeichnet.
23.6. Bei den Filmfestspielen in Berlin (West) werden Heinz Rühmann (in *Das schwarze Schaf*) und Hilde Krahl (in *Das Glas Wasser*) als beste Hauptdarsteller ausgezeichnet.
12.8. Der Experimentalfilm von Alain Resnais, *Letztes Jahr in Marienbad*, erregt größtes Aufsehen und wird als Weiterentwicklung der Filmsprache des Erzählkinos gefeiert.
9.9. In seinem ersten Theaterstück *Zeit der Schuldlosen*, das in Hamburg uraufgeführt wird, appelliert der bundesdeutsche Schriftsteller Siegfried Lenz an die Pflicht zum Widerstand gegen Gewaltregime.
14.9. Die Düsseldorfer Kammerspiele zeigen die Uraufführung der grotesken Tragikomödie *Die Verspätung* von Wolfgang Hildesheimer.
26.9. Der amerikanische Schauspieler Paul Newman verkörpert in Robert Rossens neuem Film, *Haie der Großstadt*, einen Billardspieler, der an seinem Ehrgeiz zerbricht.
12.10. Victor Vicas Liebesfilm mit Berliner Maueratmosphäre, *Zwei unter Millionen*, mit Hardy Krüger, Loni von Friedl und Walter Giller in den Hauptrollen läuft in den westdeutschen Kinos an und wird von Kritikern hochgelobt.
▷Chronik Zitat

Liebe in Berlin

Chronik Zitat

»*Eine flüchtige Begegnung, aus der nach und nach Liebe wird, unprätentiös, zurückhaltend, behutsam erzählt. Der Film lebt von seinem authentischen Blick auf die Originalschauplätze des zerrissenen Berlin.*«

Norbert Grob über *Zwei unter Millionen*

Gesellschaft

25.5. Zwei königliche Hochzeiten bewegen die Welt. Während Prinzessin Brigitta von Schweden in Stockholm Prinz Johann-Georg von Sigmaringen ihr Ja-Wort gibt, ehelicht der jordanische König Hussein II. in Amman die Britin Toni Averil.
6.6. Die Länderregierungen der Bundesrepublik einigen sich auf die Gründung des Zweiten Deutschen Fernsehens (ZDF) mit Sitz in Mainz.

Deutsche Meister

Chronik Sport

Leichtathletik:
100 m:
Manfred Germar — 10,5 sec
400 m:
Johannes Kaiser — 46,7 sec
110 m Hürden:
Klaus Willimczik — 14,4 sec
Hochsprung:
Theo Püll — 2,02 m
Weitsprung:
Manfred Steinbach — 7,50 m

14.7. Papst Johannes XXIII. veröffentlicht in Rom die Sozialenzyklika »Mater et Magistra«, in der er sich für die Selbstbestimmung des Menschen in der Vergesellschaftung des modernen Lebens einsetzt.
23.7. In Westberlin nehmen 90 000 Menschen an der Abschlußkundgebung des 10. Deutschen Evangelischen Kirchentages teil.
24.7. Ursachen für die drastische Einschränkung der Einwanderungsmöglichkeit für mittellose Immigranten nach Australien sind die steigenden Arbeitslosenzahlen sowie die Unruhen auf dem fünften Kontinent.
10.8. Im Mittelpunkt des diesjährigen viertägigen Psychologen-Kongresses in Hamburg stehen Fragen der psychologischen Beratung und Behandlung. Rund 60 % der Ratsuchenden sind Kinder und Jugendliche.
17.12. In der Nähe der brasilianischen Stadt Rio de Janeiro bricht während einer Zirkusveranstaltung Feuer aus. 320 Menschen sterben.

1961

Internationale Politik

19.6., Kuwait. Das britisch kontrollierte Emirat Kuwait am Persischen Golf wird unabhängig.
9.7., Türkei. Eine Volksabstimmung nimmt eine neue Verfassung der Republik an. Staatspräsident wird am 26. Oktober General Kemal Gürsel.
25.7., USA. Präsident John F. Kennedy kündigt eine Beschleunigung der militärischen Aufrüstung an.
17.8., USA. Die USA einigen sich mit den OAS-Staaten auf ein Entwicklungshilfe-Programm, von dem nur Kuba ausgeschlossen bleibt (»Allianz für den Fortschritt«).
28.9., Ägypten/Syrien. Syrien tritt aus der Vereinigten Arabischen Republik (VAR) aus und wird Republik.
19.10., Frankreich. Paris beschließt die Ausweisung von 2000 Algeriern.
10.12., Albanien/UdSSR. Albanien und die UdSSR brechen aufgrund ideologischer Differenzen ihre diplomatischen Beziehungen ab.
12.12., USA/Südvietnam. Die USA entsenden Soldaten, Hubschrauber und Kriegsschiffe nach Saigon, um die Regierung unter Ngô Dinh Diêm im Kampf gegen die Befreiungsbewegung zu unterstützen.
15.12., Isral. Adolf Eichmann, der maßgebliche Verantwortung für den Holocaust trägt, wird in Jerusalem zum Tode verurteilt.
18.12., Indien. Indische Truppen marschieren in die portugiesischen Enklaven Daman, Diu und Goa ein und beenden dort die Kolonialherrschaft.

Deutsche Politik

30.10. Bundesaußenminister Heinrich von Brentano (CDU) kündigt auf Druck der FDP seinen Rücktritt an.
7.11. Konrad Adenauer (CDU) wird zum vierten Mal zum Bundeskanzler gewählt. Zuvor hatte er angekündigt, daß er im Laufe der Legislaturperiode zurücktreten werde.
8.11. Der 66jährige Vizeadmiral a.D. Hellmuth Heye wird vom Deutschen Bundestag einstimmig zum neuen Wehrbeauftragten gewählt.
13.11. Im Zuge der Entstalinisierung in der DDR werden Straßen und Städte umbenannt. Stalinstadt erhält den Namen Eisenhüttenstadt.
22.11. Bundeskanzler Konrad Adenauer kehrt von dreitägigen Gesprächen mit dem amerikanischen Präsidenten John F. Kennedy aus Washington zurück.
8.12. Eine Novelle zum Wehrpflichtgesetz sieht vor, daß der Grundwehrdienst in der Bundesrepublik von zwölf auf 18 Monate verlängert wird.
19.12. Der Mainzer Landtag verabschiedet ein Gesetz zur Schulgeldfreiheit gegen die Stimmen der FDP und einiger CDU-Abgeordneter. Die Sozialdemokraten begrüßen die Schulgeldfreiheit als Schritt zu mehr Chancengleichheit.
23.12. Nach einer Mitteilung des Bundesverkehrsamtes werden bis Ende des Jahres vier Millionen Verkehrsteilnehmer wegen Verkehrsdelikten in der Flensburger Verkehrssünderkartei registriert sein.

Wirtschaft und Wissenschaft

3.9., Technik. Die neueste Errungenschaft der modernen Technik wird bei der Berliner Funkausstellung vorgeführt: Plattenspieler, die im Rhythmus der Musik Wasserspiele steuern.
10.10., Verkehr. Der Ausbau der 5500 km langen Teilstrecke der Transsibirischen Eisenbahn zwischen Moskau und dem Baikal-See ist abgeschlossen.
19.11., Medizin. Der deutsche Mediziner Prof. Widukind Lenz äußert erstmals den Verdacht, daß das Schlafmittel »Contergan« Mißbildungen an ungeborenen Kindern bewirke.
20.11., Wirtschaft. Die Firma Friedrich Krupp in Essen feiert ihr 150-jähriges Jubiläum.

Wissenschaftler geehrt
Chronik Nobelpreise

Chemie: Melvin Calvin (USA)
Medizin: Georg von Békésy (USA)
Physik: Rudolf Mößbauer (D)
Frieden: Dag Hammarskjöld (S)
Literatur: Ivo Andrić (YU)

10.12., Nobelpreise. In Stockholm und Oslo werden die diesjährigen Nobelpreise feierlich verliehen. ▷Chronik Nobelpreise
1961, Wirtschaft. Die Wirtschaft in der BRD boomt weiter und sorgt für ein Überangebot von Stellen auf dem Arbeitsmarkt. Auf einen Arbeitslosen kommen sechs freie Arbeitsplätze.

1961 Geborene und Gestorbene

Geboren:
24.1. Nastassja Kinski, deutsche Filmschauspielerin.
21.3. Lothar Matthäus, deutscher Fußballspieler.
3.4. Eddy Murphy, amerikanischer Filmschauspieler.
29.5. Melissa Etheridge, amerikanische Sängerin.

18.6. Alison Moyet, britische Popsängerin.
1.7. Carl Lewis, amerikanischer Leichtathlet.
1.7. Diana, Prinzessin von Wales.

Gestorben:
4.1. Erwin Schrödinger (*12.8.1887), österreichischer Physiker.

13.1. Henry Morton Robinson (*7.9.1898), amerikanischer Schriftsteller.
8.3. Thomas Beecham (*29.4.1879), britischer Dirigent.
13.3. Ruth Fischer (*11.12.1895), deutsche Politikerin und Publizistin.
9.4. Zogu I. (*8.10.1895), ehemaliger König von Albanien.

1961

Kunst, Literatur und Musik

1961 Der französische Avantgarde-Künstler Yves Klein entwirft seine *Feuerbilder* mittels eines Flammenwerfers, mit dem er Karton bearbeitet.
1961 Der Düsseldorfer Künstler Günther Uecker, einer der Begründer der neuen Objektkunst, stellt sein Werk *Lichtscheibe* aus, das aus einer Anordnung von Nägeln auf einer rotierenden und angestrahlten Leinwand besteht.
1961 Der Roman *The Soft Machine* des Schriftstellers William S. Burroughs, kommt in den USA heraus. Die deutsche Übersetzung erscheint 1971.
1961 Der deutsch-französische Bildhauer Hans Arp stellt seine Plastik *Sinnende Flammen* aus.
1961 In der *Raumkonstruktion in dritter und vierter Dimension* erarbeitet der russische Bildhauer Antoine Pevsner ein Konzept »offener« Plastiken, durch das Raum und Licht in seine Werke einbezogen werden sollen.
1961 Die in den dreißiger Jahren entstandenen Werke des amerikanischen Schriftstellers Henry Miller, die bislang aufgrund »pornographischer Inhalte« verboten waren, erscheinen erstmals in den USA.
1961 Der französische neodadaistische Objektkünstler Arman erregt mit seinem Werk *Anhäufung von Kannen* die Gemüter der Kunstszene.
1961 Der *Babysitter-Boogie* von Ralf Bendix, *Da sprach der alte Häuptling* von Gus Backus und *Ramona* von den Blue Diamonds zählen zu den Hits des Jahres.

Theater und Film

18.10. Die Verfilmung von Leonard Bernsteins Erfolgsmusical *West Side Story* wird nach der New Yorker Uraufführung einer der großen Dauerbrenner in den USA und Europa.
25.10. Im neuen »Theater des Westens« in Berlin (West) wird das Musical *My Fair Lady* in deutscher Sprache aufgeführt und begeistert gefeiert.
2.11. Das Parabelstück des Schweizer Schriftstellers Max Frisch *Andorra*, das im Züricher Schauspielhaus uraufgeführt wird, beschäftigt sich mit der alltäglichen Rassendiskriminierung und ihren Folgen.
23.11. Bei der Premiere von Pier Paolo Pasolinis erstem Spielfilm *Accatone – wer nie sein Brot mit Tränen aß* wird das Kino in Rom von Neofaschisten verwüstet.
14.12. 1200 Gäste erleben in Berlin (West) die deutsche Erstaufführung des Films *Urteil von Nürnberg* des US-Regisseurs Stanley Kramer, der die Frage nach der Schuld an den nationalsozialistischen Verbrechen thematisiert.
23.12. UA: *Ein Schluck Erde*, Bühnenstück von Heinrich Böll, im Düsseldorfer Schauspielhaus.
28.12. UA: *Die Nacht des Leguans*, Stück von Tennessee Williams, im Royal Theatre in New York.
1961 Klaus Kinski sorgt mit seinen Deklamationsabenden in der Bundesrepublik für Aufsehen. In exzessiven und exzentrischen Auftritten trägt er Gedichte von François Villon und Arthur Rimbaud vor.

Gesellschaft

1961 Die Zahl der von Kinderlähmung Betroffenen nimmt in der Bundesrepublik drastisch zu. In der ersten Hälfte dieses Jahres wurden 1253 Fälle bekannt. Der Bundesgesundheitsrat beschließt die Einführung der Schluckimpfung gegen diese tückische Krankheit.
1961 Die zunehmenden Schülerzahlen stürzen das Bildungssystem der Bundesrepublik in eine Krise. Der Mangel an Räumen und Lehrpersonal führt zu Klassenstärken von bis zu 37 Schülern und Unterrichtsausfall von 25%.
1961 Schottischer Whisky wird trotz seines hohen Preises von etwa 24,50 DM pro Liter zum Modegetränk in der Bundesrepublik.
1961 Die ärztliche Versorgung in bundesdeutschen Kliniken ist unzureichend. Es herrscht akuter Mangel an Pflegepersonal und Betten.
1961 Fertigprodukte und Luxusgüter wie Sekt und Champagner halten immer häufiger Einzug in bundesdeutsche Kühlschränke.
1961 Die Unterhaltungssendungen des Ersten Deutschen Fernsehens nehmen 28,3% der Sendezeit in Anspruch, gefolgt von Dokumentar- und Informationssendungen mit 14,6%.
1961 Zu den beliebtesten Fernsehsendungen des Jahres gehören »Am Fuß der blauen Berge«, »Firma Hesselbach«, »Fury«, »Lassie«, »Musik aus Studio B«, »Stahlnetz« und das Quiz »Hätten Sie's gewußt?« von Heinz Maegerlein.

Geborene und Gestorbene

6.5. Lucian Blaga (*9.5.1895), rumänischer Dichter.
7.5. Jakob Kaiser (*8.2.1888), deutscher Politiker.
13.5. Gary Cooper (*7.5.1901), amerikanischer Filmschauspieler.
6.6. Carl Gustav Jung (*26.7.1875), schweizerischer Psychologe und Psychotherapeut.
22.6. Werner Gilles (*29.8.1894), deutscher Maler.
25.6. George Washington Vanderbilt (*1914), amerikanischer Industrieller.
2.7. Ernest Hemingway (*21.7.1899), amerikanischer Schriftsteller.
5.8. Hanns Seidel (*12.10.1901), deutscher Politiker.
18.8. Leonhard Frank (*4.9.1882), deutscher Schriftsteller.
18.9. Dag Hammarskjöld (*29.7.1905), schwedischer Politiker.
30.10. Luigi Einaudi (*24.3.1874), italienischer Politiker.
2.11. James Thurber (*8.12.1894), amerikanischer Schriftsteller.

1962

Internationale Politik

1.1., Westsamoa. Der Südseestaat erlangt die Souveränität von Neuseeland.
13.1., Italien. 90 Südtiroler Häftlinge, die im Rahmen des Konflikts um die Autonomie Südtirols inhaftiert wurden, treten in einen Hungerstreik.
14.1., Belgien. Die Europäische Wirtschaftsgemeinschaft beschließt in Brüssel die Integration der Landwirtschaft in den gemeinsamen Markt.
22.1., Frankreich. In Paris verüben Mitglieder der rechtsradikalen Organisation de l'Armée Secrète (OAS), die gegen die Unabhängigkeit Algeriens kämpft, ein Sprengstoffattentat auf das französische Außenministerium.
27.2., Südvietnam. Die vom kommunistischen Nordvietnam unterstützte Befreiungsbewegung FNL verübt ein Attentat auf den südvietnamesischen Staatspräsidenten Ngô Dinh Diêm.
14.3., Schweiz. In Genf beginnt die internationale Abrüstungskonferenz mit 17 Teilnehmerstaaten, die jedoch durch Spannungen zwischen den USA und der UdSSR beeinträchtigt wird.
18.3., Frankreich. In Evian schließen französische und algerische Delegierte einen Waffenstillstand, der die Unabhängigkeit Algeriens anerkennt.
15.4., Frankreich. Georges Pompidou wird als Nachfolger des Ministerpräsidenten Michel Debré nominiert.
25.4., USA. Die USA beginnen im Südpazifik mit Kernwaffenversuchen und bringen damit die Genfer Abrüstungsverhandlungen ins Stocken.
31.5., Israel. Der Organisator der nationalsozialistischen Judenvernichtung, Adolf Eichmann, wird in Tel Aviv hingerichtet.
2.6., Irak. Der Irak bricht die Beziehungen mit den USA ab, da die US-Regierung die Einsetzung eines Botschafters für Kuwait gebilligt hat, auf das der Irak Anspruch erhebt.
7.6., Ägypten. In Kairo unterzeichnen Vertreter der Vereinigten Arabischen Republik ein Abkommen über die Schaffung einer arabischen Wirtschaftseinheit ihrer Staaten.
23.6., Laos. Mit der Bildung einer Großen Koalition endet der seit 1954 tobende Bürgerkrieg zwischen Kommunisten und Royalisten.

Deutsche Politik

17.1. Die seit Oktober 1961 an Grenzübergängen zwischen West- und Ostberlin stationierten amerikanischen und sowjetischen Panzer ziehen ab.
24.1. 28 Menschen aus Ostberlin gelingt die Flucht in den Westteil der Stadt durch einen selbstgebauten 27 m langen Tunnel. Immer mehr Menschen versuchen, Fluchtwege über die Grenze ausfindig zu machen.
24.1. Die DDR verabschiedet in Berlin ein Gesetz über die Einführung der allgemeinen Wehrpflicht.
2.2. Bundesverteidigungsminister Franz Josef Strauß (CSU) gerät unter den Verdacht, der Finanzbau-Aktiengesellschaft (Fibag) Aufträge zugespielt zu haben und dafür an den Gewinnen beteiligt gewesen zu sein.
März. Die DDR-Regierung gesteht die Versorgungsnotlage bei Grundnahrungsmitteln ein und macht dafür die zwangskollektivierten Landwirtschaftsbetriebe verantwortlich.
21.3. In einer Fernseh- und Rundfunkansprache zur Wirtschaftslage fordert Bundeswirtschaftsminister Ludwig Erhard die bundesdeutsche Bevölkerung zum Maßhalten auf. Gleichzeitig warnt er vor einer Wirtschaftskrise.
▷Chronik Zitat

Erhards Warnung
Chronik Zitat

»In der weltpolitischen Ordnung, in der wir leben, gibt es keine Vollbeschäftigung ohne Leistungsbewährung. Ein Volk, das diesem Gesetz entfliehen möchte, fällt in die Primitivität zurück und kann nicht länger am Fortschritt teilhaben.«
Bundeswirtschaftsminister Ludwig Erhard

5.4. Der Bundestag beschließt, die Bonner Parteien in Zukunft in beschränktem Umfang vom Staat finanzieren zu lassen und stellt ihnen 15 Mio. DM zur Verfügung.
25.5. Das Bundeswirtschaftsministerium bestätigt, daß die DDR-Regierung bei der Bundesregierung um einen Milliarden-Kredit nachgesucht hat.

Wirtschaft und Wissenschaft

5.1., Kernenergie. Die Erforschung und der Umgang mit Strahlen haben bisher 259 Todesopfer gefordert, zumeist Physiker, Ärzte, Assistentinnen und Krankenschwestern.
26.1., Raumfahrt. Die 330 kg schwere amerikanische Instrumentenkapsel »Ranger III« startet vom Versuchsgelände Cape Canaveral zum Mond. Sie verfehlt jedoch die Kreisbahn um den Mond und kann nicht landen.
20.2., Raumfahrt. Oberstleutnant John H. Glenn umkreist im Raumschiff »Friendship 7« als erster Amerikaner die Erde.

Westdeutsche Bevölkerung
Chronik Statistik

Männliche Ledige	11 749 000
Weibliche Ledige	11 256 000
Verheiratete	28 527 000
Verwitwete/Geschiedene	5 715 000
Eheschließungen	530 640
Ehescheidungen	50 000

5.4., Verkehr. Am Großen Sankt Bernhard gelingt der Durchstich im Straßentunnel zwischen der Schweiz und Italien.
24.5., Raumfahrt. In der Raumkapsel »Aurora 7« umkreist der amerikanische Astronaut Malcolm Scott Carpenter dreimal die Erde.
14.6., Raumfahrt. In Paris gründen zwölf Staaten die Europäische Weltraumforschungs-Organisation ESRO.
10.7., Technik. Der erste aktive Funk- und Fernsehsatellit wird vom amerikanischen Versuchsgelände Cape Canaveral aus auf seine Erdumlaufbahn gebracht. Er ermöglicht den Empfang und die Ausstrahlung von Sendungen über den Atlantik.
5.8., Kernenergie. Die UdSSR nimmt mit der Zündung einer Atombombe von etwa 40 Megatonnen Stärke in der Arktis ihre Kernwaffenversuche wieder auf.
11.8., Raumfahrt. Der sowjetische Astronaut Andrian G. Nikolajew startet im Raumschiff »Wostock 3« zu Erdumkreisungen in den Weltraum.

1962

Kunst, Literatur und Musik

Februar Die Stadt Köln gibt einen Einblick in das Werk des französischen Künstlers Henri de Toulouse-Lautrec mit Bildern und Plakaten des Pariser Nachtlebens des späten 19. Jahrhunderts.
25.2. Anläßlich des 120. Geburtstages des Winnetou-Autors Karl May wird der Nachlaß des Dichters dem Karl-May-Museum in Bamberg übergeben.
12.3. Mit einem Konzert in München eröffnet die italienische Sopranistin Maria Callas ihre Konzerttournee durch die Bundesrepublik.
13.4. Die Beatles treten erstmals in neuer Besetzung im Star-Club in Hamburg auf. Ringo Starr übernimmt statt Pete Best das Schlagzeug.
11.5. Der britische Bildhauer Henry Moore erhält von der Technischen Universität in Berlin (West) die Ehrendoktorwürde verliehen.
31.5. Mit einem Konzert im Moskauer Sportpalast beginnt das amerikanische Jazzorchester Benny Goodman eine Tournee durch die UdSSR.
24.7. Mit der Aufführung der Oper *Tristan und Isolde* von Richard Wagner eröffnen in Bayreuth die diesjährigen Festspiele.
26.7. Die Salzburger Festspiele beginnen mit der Mozart-Oper *Die Hochzeit des Figaro*.
19.9. Die 14. Internationale Buchmesse in Frankfurt am Main bietet in diesem Jahr mit 100 000 Büchern – davon 20 000 Neuerscheinungen – von 2000 Verlegern ein Rekordangebot.
3.11. Die retrospektive Ausstellung »Der Expressionismus« eröffnet im Haus der Kunst in München. Es werden Bilder, Grafiken und Plastiken aller wichtigen Vertreter dieser Kunstrichtung gezeigt.
7.11. Die Charlottenburger Oper in Berlin (West) begeht die 50. Wiederkehr des Eröffnungstages mit der Beethoven-Oper *Fidelio*.
14.11. In Hamburg wird das Ernst-Barlach-Museum eröffnet.
2.12. In Moskau versammeln sich 12 000 Zuhörer zu einem »Abend der Poesie«, an dem u. a. die berühmten Lyriker Nikolai Tichonow und Andrei Wosnessenski auftreten.

Theater und Film

15.1. Elizabeth Taylor übernimmt die Hauptrolle in dem amerikanischen Film *Cleopatra* von Joseph L. Mankiewicz, der in Ägypten gedreht wird.
17.1. Über 20 Mio. Zuschauer verfolgen die letzte Folge des Fernsehkrimis *Das Halstuch* von Francis Durbridge.
23.1. Der Film *Jules und Jim* des französischen Regisseurs François Truffaut wird von der Kritik gefeiert.
28.1. Die Universum-Film-AG beschließt aufgrund negativer Bilanzen, auf die Produktion eigener Spielfilme zukünftig ganz zu verzichten.
21.2. UA: *Die Physiker*, Stück von Friedrich Dürrenmatt, unter der Regie von Kurt Horwitz in Zürich. Das Stück thematisiert die politische Verantwortung des Wissenschaftlers für seine Forschung.
24.3. Das Stück *Schweyk im Zweiten Weltkrieg* von Bertolt Brecht wird mit der 126. Vorstellung zum meistaufgeführten Bühnenstück im Piccolo Teatro in Mailand.
9.4. In den USA werden die Italienerin Sophia Loren (*Und dennoch leben sie*) und der Schweizer Maximilian Schell (*Das Urteil von Nürnberg*) mit den Oscars für die besten Darsteller ausgezeichnet.
27.4. UA: *Zu allem Kartoffelchips*, Stück von Arnold Wesker, im Royal Court Theatre in London. Thema des Stücks ist die Bewahrung der gesellschaftlichen Ordnung.
23.5. Der brasilianische Film *Derjenige, der sein Versprechen einlöst* von Robert Bresson erhält bei den internationalen Filmfestspielen in Cannes die Goldene Palme.
18.6. In London findet die Uraufführung von Harold Pinters Einakter *Die Kollektion* statt.
27.6. Der amerikanische Schauspieler Charlie Chaplin erhält den Ehrendoktor-Titel der Universität Oxford.
30.6. Nach einem Roman von Alfred Andersch und unter der Regie von Helmut Käutner läuft in den westdeutschen Kinos der Film *Die Rote* mit Ruth Leuwerik und Gert Fröbe in den Hauptrollen an. Erzählt wird das Abenteuer einer Frau, die ihren Mann verläßt und nach Venedig flieht.

Gesellschaft

1.1. Der »Deutschlandfunk«, der sich vor allem an Deutsche im Ausland richtet, nimmt in Köln seine Tätigkeit auf. Er strahlt sein Programm zunächst über Langwelle aus.
11.1. Eine Eislawine verschüttet in den peruanischen Anden sechs Bergdörfer. 3000 Menschen werden unter den Eismassen begraben.
11.1. Der Vatikan greift die Abhandlung des Jesuitenpaters Riccardo Lombardi an, der eine Reform der starren kirchlichen Strukturen fordert.
12.1. Bundesdeutsche Autofahrer können sich an Tankautomaten per Münzeinwurf selbst bedienen.
7.2. Bei einer Schlagwetterexplosion auf der bundeseigenen Zeche »Luisenthal« in Völklingen werden 299 verschüttete Bergleute getötet.
17.2. Norddeutschland wird von einer Flutkatastrophe überrascht. In Hamburg fallen 300 Menschen den Fluten zum Opfer.
3.4. Die amerikanische Schauspielerin Elizabeth Taylor und der Schlagersänger Eddie Fisher kündigen an, daß sie sich scheiden lassen wollen.
14.5. In Athen heiraten der spanische Infant Don Juan Carlos und die griechische Prinzessin Sophia.
16.5. In Salzburg wird der zweite Kongreß für Lärmbekämpfung eröffnet.
5.6. Der Hafen von Rotterdam wird von der größten Feuersbrunst seit 1945 heimgesucht, als ein Farbenwerk in Flammen gerät.

Fußball-Landesmeister

Sport

BR Deutschland: 1. FC Köln
Österreich: Austria Wien
Schweiz: Servette Genf
Belgien: RSC Anderlecht
England: Ipswich Town
Frankreich: Stade Reims
Italien: AC Mailand
Spanien: Real Madrid

19.6. Vier Düsenjäger, Starfighter vom Typ F 104, stürzen bei einem Formationsflug über Frechen bei Köln ab.

1962

Internationale Politik

5.8., Südafrika. Der Bürgerrechtler Nelson Mandela, Vorsitzender des verbotenen Afrikanischen Nationalkongresses (ANC), wird nach zweijähriger Fahndung verhaftet.
5.8., Jamaika. Die Karibikinsel wird von Großbritannien in die Unabhängigkeit entlassen.
10.9., Großbritannien. Die 15 Mitglieder des Commonwealth sprechen sich gegen einen Beitritt Großbritanniens in die EWG aus.
27.9., Jemen. Das Militär stürzt die Monarchie und ruft die freie Republik unter Oberst Abdullah as-Sallal aus.
28.9., USA. Die Regierung entsendet 100 Beamte der Bundespolizei in den Bundesstaat Mississippi, um die Immatrikulation eines farbigen Studenten an der Universität durchzusetzen.
9.10., Uganda. Uganda proklamiert die Unabhängigkeit von Großbritannien, bleibt jedoch Mitglied des Commonwealth.
11.10., Vatikan. Im Petersdom in Rom eröffnet Papst Johannes XXIII. das Zweite Vatikanische Konzil zur Reform der katholischen Kirche. Nach seinem Tod 1963 wird es von Papst Paul VI., fortgeführt.
15.10., USA/UdSSR. Die Entdeckung sowjetischer Angriffswaffen auf Kuba droht den Konflikt zwischen den beiden Supermächten zu einem atomaren Krieg zu eskalieren. Durch das Einlenken der UdSSR am 28. Oktober kann die Krise beigelegt werden.
20.10., China/Indien. An der indisch-chinesischen Grenze kommt es zu heftigen Grenzkonflikten.
14.11., Äthiopien. Kaiser Haile Selassie I. verkündet die Eingliederung des einst italienischen und bisher autonomen Eritrea als Provinz.
18.12., USA/Großbritannien. Im »Pakt von Nassau« vereinbaren die USA und Großbritannien die Belieferung der britischen Armee mit amerikanischen Polaris-Raketen.
20.12., Belgien. Die Länder der EWG und 18 afrikanische Staaten unterzeichnen in Brüssel ein Abkommen über den schrittweisen Abbau von Zollschranken beim Handel mit tropischen Produkten.

Deutsche Politik

29.5. Auf dem Parteitag der SPD wird Erich Ollenhauer mit großer Mehrheit als Parteivorsitzender wiedergewählt, Willy Brandt und Herbert Wehner werden Stellvertreter.
26.6. Um Streiks im Kohlebergbau zu vermeiden, stellt das Bundeskabinett 260 Mio. DM für Rationalisierungsvorhaben zur Verfügung.
30.6. Seit 1961 haben 143 Richter und Staatsanwälte mit nationalsozialistischer Vergangenheit die Möglichkeit wahrgenommen, die vorzeitige Pensionierung einzureichen.
8.7. Die nordrhein-westfälische CDU verliert bei den Landtagswahlen ihre absolute Mehrheit und ist gezwungen, mit der FDP eine Koalition zu bilden. Die SPD kann bei den Wahlen ihren Stimmenanteil von 39,2 % auf 43,3 % verbessern.
20.7. Bundesverteidigungsminister Franz Josef Strauß verzichtet auf seine Kandidatur zum bayerischen Ministerpräsidenten und bleibt in der Bonner Ministerriege.
8.8. Das Stadtgericht in Ostberlin verurteilt neun Ostberliner Jugendliche im Alter von 16 bis 21 Jahren zu hohen Gefängnisstrafen, weil sie in der Nacht zum 17. Juni einen »gewaltsamen Durchbruch der Staatsgrenzen« geplant hatten.
26.10. Das Bundesverteidigungsministerium veranlaßt die Durchsuchung der Redaktion des Nachrichtenmagazins »Der Spiegel« und die Festnahme des Militärexperten Conrad Ahlers, dessen letzter Artikel angeblich geheimgehaltene militärische Informationen enthalte.
19.11. Die fünf FDP-Minister der Bundesregierung legen ihre Ämter nieder, um den Rücktritt von Bundesverteidigungsminister Franz Josef Strauß nach seiner Verstrickung in die »Spiegel-Affäre« zu erzwingen.
30.11. Bundesverteidigungsminister Franz Josef Strauß beugt sich nach der »Spiegel-Affäre« den Rücktrittsforderungen und gibt sein Amt auf.
7.12. Bundeskanzler Konrad Adenauer gibt bekannt, daß er im Herbst des kommenden Jahres vom Kanzleramt zurücktreten werde.

Wirtschaft und Wissenschaft

20.8., Verkehr. Das erste atomgetriebene Handelsschiff der Welt, die 22 000 t große »Savannah«, startet ihre Jungfernfahrt in Yorktown (USA).
27.8., Raumfahrt. Die USA schicken von Cape Canaveral aus die »Mariner II« auf den fast 300 Mio. km langen Weg zum Planeten Venus.
9.9., Medizin. Das wissenschaftliche Komitee der UN warnt vor einer Verharmlosung atomarer Strahlen, die genetische Veränderungen sowie Krebs und Leukämie verursachen könnten.
15.9., Verkehr. In Chamonix wird der 11,6 km lange Mont-Blanc-Tunnel, der Italien und Frankreich miteinander verbindet, feierlich eingeweiht.
17.9., Geologie. Der französische Höhlenforscher Michel Siffre beendet seinen zweimonatigen Aufenthalt in einer Gletscherhöhle.
18.9., Technik. Die USA starten einen neuen Wettersatelliten »Tiros VI«, der Aufschluß über die Entstehung von Herbstwirbelstürmen geben soll.
27.11., Kernenergie. Im amerikanischen Idaho Falls wird der erste mit Plutonium beschickte Atomkraftreaktor erfolgreich in Betrieb genommen.
10.12., Nobelpreise. In Stockholm werden die diesjährigen Nobelpreise feierlich verliehen. Der Friedenspreis wird erst im nächsten Jahr überreicht.
▷Chronik Nobelpreise

Wissenschaftler geehrt
Chronik Nobelpreise

Chemie: Max F. Perutz (USA) und John C. Kendrew (USA)
Medizin: Francis H. Crick (GB), Maurice H. Wilkins (GB) und James D. Watson (USA)
Physik: Lew D. Landau (UdSSR)
Frieden: Linus Pauling (USA)
Literatur: John Steinbeck (USA)

1962, Wirtschaft. In diesem Jahr wird die größte Preissteigerungsrate (4,3%) seit Bestehen der BRD verzeichnet.
1962, Wirtschaft. Der durchschnittliche Bruttostundenverdienst eines Arbeiters liegt bei 3,53 DM.

1962

Kunst, Literatur und Musik

21.12. In Le Havre wird die *Mona Lisa* von Leonardo da Vinci unter strengen Sicherheitsvorkehrungen an Bord eines Schiffes gebracht und in die USA versandt.

1962 Die Uraufführung der Oper *Alkestiade* der amerikanischen Komponistin Louise Talma in Frankfurt am Main erhält von der Kritik einhellig schlechte Noten.

1962 In Hamburg erscheint der autobiographisch angelegte Gedichtband von Marie-Luise Kaschnitz *Dein Schweigen – meine Stimme*.

1962 Der Kinderbuchautor James Krüss veröffentlicht seine sozialkritische Erzählung *Timm Taler oder das verkaufte Lachen*.

1962 Der französische Schriftsteller Michel Butor entwirft in seinem Buch *Mobile* ein kritisches Bild des American »Way of Life«.

1962 Postum erscheint in Frankreich der erste Teil der *Tagebücher* des 1960 verstorbenen Schriftstellers und Philosophen Albert Camus.

1962 In seinem ersten Roman *Die Gärten der Finzi-Contini* beschäftigt sich Giorgio Bassani mit dem Antisemitismus des Nationalsozialismus.

1962 William Faulkner veröffentlicht seinen letzten Roman *Die Spitzbuben*.

1962 In seinem Roman *Einer flog über das Kuckucksnest* beschreibt Ken Kesey ein Irrenhaus als perfektes System totaler Unterdrückung.

1962 UA: *Blick in der Brücke*, Oper des italienischen Komponisten Renzo Rossellini unter der Regie seines Bruders, des Filmregisseurs Roberto Rossellini, in Frankfurt am Main.

1962 Die Oper *König Nicolo* von dem Berliner Komponisten Hans Chemin-Petit hat in Aachen Premiere.

1962 Moderne europäische Künstler wenden sich auf der Biennale in Venedig der figurativen Kunst zu.

1962 Der amerikanische Künstler Andy Warhol etabliert sich mit seinen Bildern als wichtiger Vertreter der Pop-Art.

1962 Der britische Maler Peter Blake vereint in seinem Bild *Toy Shop* reale Gegenstände mit Fotos zu einer Inszenierung der Trivialkultur.

Theater und Film

29.7. In Bad Hersfeld gehen die Theatertage mit der Aufführung von Schillers *Maria Stuart* in der Ruine der Stiftskirche zu Ende.

5.8. Die amerikanische Filmschauspielerin Marilyn Monroe wird tot in ihrer Wohnung in Los Angeles aufgefunden. Die ärztliche Diagnose ergibt, daß sie eine Überdosis Schlaftabletten eingenommen hat.

September Mit dem britischen Geheimdienstfilm *James Bond – 007 jagt Dr. No* beginnt die legendäre und bislang größte Kassenschlagerserie des Kinos.

28.9. Nach einem Roman von Edgar Wallace hat *Das Gasthaus an der Themse* in den westdeutschen Kinos Premiere. Neben Joachim Fuchsberger brillieren Richard Münch und Brigitte Grothum.

13.10. In seinem Stück *Wer hat Angst vor Virginia Woolf?* entwirft der amerikanische Dramatiker Edward Albee einen Ehekrieg aus dem US-amerikanischen College-Milieu mit bitterbösen Dialogen.

15.11. Anläßlich des 100. Geburtstages des deutschen Dichters und Dramatikers Gerhart Hauptmann zeigt das Berliner Schiller-Theater eine Neuinszenierung des 1911 entstandenen Dramas *Die Ratten*.

12.12. Lex Barker, Pierre Brice, Götz George und Karin Dor glänzen in der deutschen Karl-May-Verfilmung *Der Schatz im Silbersee*.

15.12. Zwei Stücke des französischen Dramatikers Eugène Ionesco werden gleichzeitig uraufgeführt: das Stück *Fußgänger der Luft* im Düsseldorfer Schauspielhaus und der Einakter *Der König stirbt* in Paris.

16.12. Der britische Regisseur David Lean stellt mit *Lawrence von Arabien* einen Monumentalfilm vor, der ein riesiger Kassenerfolg wird.

1962 Der nach einem Roman von Georges Simenon gedrehte Film *Die Millionen eines Gehetzten* zeigt Michèle Mercier und Jean-Paul Belmondo in Begleitung von Charles Vanel auf einer langen Reise in den Süden. Der Film avanciert zum Vorläufer des amerikanischen »Road Movie«.

Gesellschaft

24.6. In Mainz wird zu Ehren von Johannes Gutenberg, dem Erfinder des Buchdrucks, das Gutenberg-Museum feierlich eröffnet.

17.7. Bislang sind 60 Anzeigen gegen den Hersteller des Schlafmittels Contergan eingegangen, das in Verdacht steht, Mißbildungen bei ungeborenen Kindern zu verursachen.

22.8. In Hannover beginnt der 79. Deutsche Katholikentag, der in diesem Jahr unter dem Motto des tätigen Dienstes am Nächsten steht.

1.9. Die deutsche satirische Monatszeitschrift »pardon«, an der namhafte deutsche Autoren mitarbeiten, erscheint in Frankfurt am Main.

1.9. Persien wird von dem schwersten Erdbeben in seiner Geschichte heimgesucht. 2500 Menschen kommen dabei ums Leben.

8.11. Mit der Übertragung eines farbigen Diapositivs zum Hessischen Rundfunk ist der erste Schritt in Richtung Farbfernsehen geschafft.

8.12. Die seit drei Tagen über London liegende Smog-Nebeldecke fordert das 106. Todesopfer. Über 1000 Menschen werden in Krankenhäuser eingeliefert.

14.12. Die am 27. August gestartete Venus-Sonde »Mariner II« passiert den Planeten in 33 000 km Entfernung.

31.12. Fast alle Inseln und Halligen vor der deutschen Nordseeküste sind durch hohe Eisbarrieren vom Festland abgeschnitten, die durch das eingefrorene Wattenmeer entstanden sind.

1962 Das Fernsehgerät hält Einzug in deutsche Wohnzimmer. Innerhalb von fünf Jahren schnellte die Zahl der Haushalte mit Fernseher von einer Mio. auf sieben Mio. hoch.

1962 Die in den USA und Großbritannien bereits zugelassene Antibabypille kann jetzt auch in der Bundesrepublik verschrieben werden.

1962 Aus den USA schwappt ein neuer Modetanz herüber. Der Twist erfreut sich bei Jugendlichen in der Bundesrepublik größter Beliebtheit, stellt die ältere Generation jedoch vor Rätsel.

1962 In Berlin (Ost) und der angrenzenden DDR bricht eine Ruhrepidemie aus, die 27 000 Menschen erfaßt und vier Todesopfer fordert.

1962

Internationale Politik	Deutsche Politik	Wirtschaft und Wissenschaft
27.12., Pakistan. In Rawalpindi beraten Pakistan und Indien über die Beilegung des Kaschmir-Konflikts. Pakistan schlägt eine Volksabstimmung unter der Bevölkerung Kaschmirs vor, Indien will die Kontrolle über das Gebiet beibehalten. **28.12., Kongo.** UN-Truppen versuchen in Katanga, die Wiedereingliederung der Provinz in den Kongo durchzusetzen.	**14.12.** Vor dem Bundestag in Bonn wird ein neues, 20 Minister umfassendes Kabinett aus Vertretern der CDU, der CSU und der FDP unter Bundeskanzler Konrad Adenauer vereidigt. **29.12.** Der Fluchthelfer Harry Seidel aus Westberlin wird vom Ersten Strafsenat der DDR in Ostberlin wegen »schweren Verbrechens gegen das Gesetz zum Schutz des Friedens« zu einer lebenslänglichen Haftstrafe verurteilt.	**1962, Wirtschaft.** Die deutsche Wirtschaft leidet unter einem wachsenden Mangel an Arbeitskräften. Über eine halbe Million offene Stellen bleiben unbesetzt, obwohl immer mehr ausländische Arbeitnehmer in die Bundesrepublik einreisen. **1962, Wirtschaft.** Der durchschnittliche Brutto-Monatsverdienst eines Arbeiters liegt bei 855 DM, der einer Arbeiterin bei 507 DM.

1962 Geborene und Gestorbene

Geboren:
6.2. Axel Rose, amerikanischer Popmusiker.
2.3. Jon Bon Jovi, amerikanischer Popmusiker.
12.3. Andreas Köpke, deutscher Fußballspieler.
19.6. Paula Abdul, amerikanische Sängerin.

30.10. Stefan Kuntz, deutscher Fußballspieler.

Gestorben:
29.1. Fritz Kreisler (*2.2.1875), österreichisch-amerikanischer Geigenvirtuose.
29.1. Salvatore Luciano (*18.7.1896), amerikanischer Gangster.

5.2. Jacques Ibert (*15.8.1890), französischer Komponist.
17.3. Wilhelm Johann Eugen Blaschke (*13.9.1885), österreichischer Mathematiker.
25.3. Auguste Piccard (*28.1.1884), schweizerischer Tiefseeforscher.
8.4. Juan Belmonte (*14.4.1892), spanischer Stierkämpfer.

1963

Internationale Politik	Deutsche Politik	Wirtschaft und Wissenschaft
3.1., Südvietnam. Zwischen Regierungstruppen und dem Vietcong kommt es zu heftigen Kämpfen. **21.1., Kongo.** UN-Truppen beenden endgültig die Sezession Katangas vom Kongo. **22.1., Frankreich.** Im Pariser Elysée-Palast unterzeichnen der französische Staatspräsident Charles de Gaulle und Bundeskanzler Konrad Adenauer den Vertrag über die deutsch-französische Zusammenarbeit. **Februar, USA.** Die USA planen den Aufbau einer atomaren Seestreitmacht von 20 bis 25 Schiffen, die mit 200 Polaris-Raketen bestückt werden sollen. **18.3., Frankreich.** In Reggane in der Sahara lösen die Franzosen eine unterirdische Atomexplosion aus. Die Versuche sollen Frankreich dem Atomstreitmacht-Status näherbringen.	**9.1.** Kai Uwe von Hassel (CDU) wird Nachfolger des im Vorjahr zurückgetretenen Bundesverteidigungsministers Franz Josef Strauß. **21.1.** Der VI. Parteitag der SED in Ostberlin verabschiedet ein Programm, das sich auf den Marxismus-Leninismus beruft. Walter Ulbricht wird in seinem Amt bestätigt. **5.2.** Das Bonner Bundeshaus bestätigt, daß Akten, die im Fibag-Untersuchungsausschuß eine Rolle gespielt hatten, auf unerklärliche Weise verlorengegangen sind. **7.2.** Mit der Entlassung des »Spiegel«-Herausgebers Rudolf Augstein aus der Untersuchungshaft sind alle Mitarbeiter der Zeitschrift, die im Zusammenhang mit der »Spiegel-Affäre« am 27. Oktober 1962 verhaftet worden waren, wieder auf freiem Fuß.	**19.1., Technik.** Die Firma Polaroid stellt einen neuen Film vor, der eine Minute nach seiner Belichtung das fertige Bild liefert. **31.1., Kernenergie.** Das Bundesforschungsministerium berichtet über deutlich zunehmende radioaktiv verseuchte Niederschläge in der BRD. **14.2., Raumfahrt.** Vom amerikanischen Cape Canaveral aus wird der künstliche Erdtrabant »Syncom« als dritter Nachrichtensatellit der USA gestartet. **23.2., Technik.** In Hamburg läuft der größte in Deutschland gebaute Tanker »Esso Deutschland« mit einer Tragfähigkeit von 91 000 t vom Stapel. **28.4., Technik.** Auf der Industriemesse in Hannover stellen Elektrogerätehersteller die ersten Rundfunkgeräte in Stereo-Qualität vor.

1962

Kunst, Literatur und Musik	Theater und Film	Gesellschaft
1962 In seinem Werk *Five Feet of Colorful Tools* gestaltet der amerikanische Maler, Grafiker und Bildhauer Jim Dine farbige Flächen mit alltäglichen Gegenständen. **1962** *Speedy Gonzales* wird in der Version von Rex Gildo ein ähnlich heißer Jahreshit wie seine englische Version, gesungen von Pat Boone. *Zwei kleine Italiener* von Conny Froboess erklimmt die deutsche Hitparade.	**1962** Die unabhängigen, politisch engagierten amerikanischen Filmemacher in schließen sich in Vertriebsorganisationen als Alternative zum kommerziellen Filmgeschäft zusammen. **1962** In Pier Paolo Pasolinis Film *Mamma Roma* unternimmt eine Prostituierte, dargestellt von Anna Magnani, verzweifelte Versuche, mit ihrem Sohn Ettore ein anständiges Leben aufzubauen.	**1962** In der BRD existieren 6,3 Mio. Telefonanschlüsse. Jeder neunte Bundesbürger hat ein Telefon zu Hause. **1962** Der Rhein ist einer der schmutzigsten Flüsse der Welt. Der Fischbestand stirbt aufgrund von Industrieabwässer langsam aus. **1962** In der Bundesrepublik nimmt die Zahl der kinderreichen Familien immer mehr ab. Nur ca. 15% der Ehepaare haben vier oder mehr Kinder.

1962 Geborene und Gestorbene

11.5. Hans Luther (*10.3.1879), deutscher Politiker.
13.5. Franz Kline (*25.5.1910), amerikanischer Maler.
6.6. Yves Klein (*28.4.1928), französischer Maler.
8.6. Gottlieb Duttweiler (*15.8.1888), schweizerischer Sozialpolitiker und Unternehmer.

12.6. John Ireland (*13.8.1879), britischer Komponist.
20.6. Kurt Magnus (*28.3.1887), deutscher Rundfunkpionier.
6.7. William H. Faulkner (*25.9.1897), amerikanischer Schriftsteller.
27.7. Josef Hegenbarth (*15.6.1884), deutscher Maler und Grafiker.

4.8. Marilyn Monroe (*1.6.1926), amerikanische Filmschauspielerin.
9.8. Hermann Hesse (*2.7.1877), deutsch-schweizerischer Schriftsteller.
18.11. Niels Bohr (*7.10.1885), dänischer Physiker.
15.12. Charles Laughton (*1.7.1899), amerikanischer Schauspieler.

1963

Kunst, Literatur und Musik	Theater und Film	Gesellschaft
5.1. Die Münchner Stadtbibliothek kauft den literarischen Nachlaß des deutschen Dramatikers und Lyrikers Frank Wedekind. **7.1.** Der sowjetische Dichter Jewgeni A. Jewtuschenko reist für mehrere Wochen durch die Bundesrepublik und liest aus seinen Werken. **17.1.** Im Moskauer Puschkin-Museum eröffnet die mehrfach verschobene Ausstellung mit Werken des französischen Malers Fernand Léger. **27.1.** Im Landestheater Hannover werden drei Einakter des Operntryptichons von Arnold Schönberg unter Leitung von Günter Wich auf die Bühne gebracht. **5.2.** Bundespräsident Heinrich Lübke eröffnet im Kölner Wallraf-Richartz-Museum die Ausstellung »Schätze aus Thailand«.	**20.2.** In Westberlin führt die »Freie Volksbühne« das Stück *Der Stellvertreter* von Rolf Hochhuth auf, das die Rolle der katholischen Kirche während der Nationalsozialismus anklagt. **9.3.** Weil sein neuester Film *La Ricotta* angeblich die Leidensgeschichte Jesu verunglimpfe, wird der italienische Filmregisseur Pier Paolo Pasolini zu einer Gefängnisstrafe vier Monaten von verurteilt. **20.3.** UA: *Herkules und der Stall des Augias*, Stück von Friedrich Dürrenmatt, im Züricher Schauspielhaus. **29.3.** Der Thriller *Die Vögel* des amerikanischen Meisterregisseurs Alfred Hitchcock kommt in die Kinos. **4.4.** Der französische Regisseur Jean Renoir wird für sein Gesamtwerk zum Dr. hc. der Universität von Kalifornien ernannt.	**Januar** Ein »Jahrhundertwinter« bringt eisiges Klima und Temperaturen von bis zu minus 20 Grad. **26.2.** Die vom Bundesgesundheitsamt in Westberlin seit 1962 angeordneten Impfungen gegen Poliomyelitis (Kinderlähmung) zeigen erste Erfolge. Die Zahl der Erkrankungen geht deutlich zurück. **2.3.** In den USA kommt eine neue Generation von Telefonapparaten auf den Markt. Statt mit einer Wählscheibe wird die Verbindung über Drucktasten hergestellt. **17.3.** Beim Ausbruch des Vulkans Gunnung Agung im Nordosten der indonesischen Insel Bali sterben 1900 Menschen. **19.3.** In den USA findet erstmals eine Übertragung eines farbigen Fernsehprogramms über Satellit statt.

1963

Internationale Politik

27.3., Österreich. Das Europaparlament in Straßburg fordert die sofortige Aufnahme der Verhandlungen bezüglich der Assoziierung mit Österreich.
7.4., Jugoslawien. Jugoslawien wird zur Bundesrepublik mit Josip Broz Tito als Präsident auf Lebenszeit.
17.4., Ägypten. Ägypten, Syrien und der Irak schließen sich in der Vereinigten Arabischen Republik (VAR) zusammen. Sie erneuert die 1961 aufgelöste VAR zwischen Syrien und Ägypten.
6.5., Schweiz. Der Europarat in Straßburg nimmt die Schweiz als Vollmitglied auf.
16.6., Israel. Regierungschef David Ben Gurion tritt überraschend zurück und überläßt sein Amt Finanzminister Levi Eschkol.
26.6., USA/Deutschland. Während seines Besuchs in Westberlin wird der amerikanische Präsident John F. Kennedy begeistert empfangen. Vor dem Schöneberger Rathaus beschwört Kennedy das Bild Berlins als eine Insel der Freiheit. ▷ Chronik Zitat

»Ich bin ein Berliner!«

Chronik Zitat

»Alle freien Menschen, wo immer sie leben mögen, sind die Bürger dieser Stadt Westberlin, und deshalb bin ich als freier Mann stolz darauf, sagen zu können: Ich bin ein Berliner!«
US-Präsident John F. Kennedy

20.7., Kamerun. In Jaunde wird ein befristetes Assoziierungsabkommen zwischen der EWG und 18 afrikanischen Staaten unterzeichnet.
5.8., UdSSR. Im Moskauer Kreml unterzeichnen die Außenminister der USA, Großbritanniens und der UdSSR das Abkommen über die Einstellung aller Kernwaffenversuche.
27.8., USA. 200 000 Menschen demonstrieren in Washington gegen die Rassendiskriminierung und für die Durchsetzung des Bürgerrechtsprogramms der Kennedy-Regierung.

Deutsche Politik

8.2. Bundesernährungsminister Werner Schwarz (CDU) teilt mit, daß die Bundesregierung die Förderung der Landwirtschaft von 2,17 Mrd. DM um mehr als 240 Mio. DM erhöhen wird.
15.2. Bei einer studentischen Urabstimmung an der Freien Universität von Westberlin sprechen sich 64,5% gegen die Übernahme des AStA-Vorsitzes durch Eberhard Diepgen aus.
4.3. Bundeskanzler Konrad Adenauer und Bundeswirtschaftsminister Ludwig Erhard legen ihren Streit über den deutsch-französischen Vertrag bei.
18.3. Der von SPD und FDP eingeforderte Einspruch gegen das von der Regierung ausgesprochene Lieferverbot von Großröhren an die Sowjetunion scheitert.
23.4. Bundeswirtschaftsminister Ludwig Erhard wird Kanzlerkandidat. Damit setzt sich die CDU/CSU gegen Bundeskanzler Konrad Adenauer durch, der Erhards außenpolitische Fähigkeiten anzweifelt.
27.5. Der Besuch des CSU-Vorsitzenden Franz Josef Strauß in Israel wird von Massendemonstrationen begleitet.
5.6. Der Regierende Bürgermeister von Westberlin, Willy Brandt, protestiert gegen die schleppende Abfertigung an den Grenzkontrollpunkten nach Westberlin.
21.6. Die Grenzanlagen der DDR werden mit »Kontroll- und Schutzstreifen« versehen.
15.7. Der Leiter des Presse- und Informationsamtes in Westberlin, Egon Bahr (SPD), erregt mit einer Rede in Tutzing, in der er eine neue Ostpolitik fordert, großes Aufsehen. ▷ Chronik Zitat

Neue Ostpolitik

Chronik Zitat

»Heute ist klar, daß die Wiedervereinigung nicht ein einmaliger Akt ist, der durch eine historische Konferenz ins Werk gesetzt wird, sondern ein Prozeß mit vielen Schritten und vielen Stationen.«
Egon Bahr, SPD-Politiker

Wirtschaft und Wissenschaft

30.4., Verkehr. Die 963 m lange Fehmarnsundbrücke, die das holsteinische Festland mit der Insel Fehmarn verbindet, wird dem Verkehr übergeben.
5.5., Medizin. Im US-Bundesstaat Texas gelingt es, Bluthochdruck durch den Einsatz künstlicher Nierenarterien operativ zu behandeln.
17.5., Raumfahrt. Mit der Landung der »Mercury«-Kapsel »Faith 7« im Pazifik beendet Astronaut Gordon Cooper nach 34 Stunden das bislang längste Raumfahrtunternehmen der USA.

Preise in Westdeutschland

Chronik Statistik

Einzelhandelspreise (DM):

Butter, 1 kg	7,35
Weizenmehl, 1 kg	1,18
Schweinefleisch, 1 kg	7,46
Rindfleisch, 1 kg	7,80
Eier, 1 Stück	0,25
Vollmilch, 1 l	0,45
Zucker, 1 kg	1,23

8.6., Archäologie. Bei einer Ausgrabung in der Westtürkei stellen Wissenschaftler fest, daß in Konya vor 6500 Jahre eine Stadt existierte.
16.6., Raumfahrt. Die Russin Walentina W. Tereschkowa umkreist mit dem Raumschiff »Wostok VI« als erste Frau im Weltraum die Erde.
26.6., Wirtschaft. Der Bundestag verabschiedet ein Gesetz über die Bildung eines Sachverständigenrates zur jährlichen Begutachtung der gesamtwirtschaftlichen Lage in der BRD.
28.8., Medizin. Der amerikanische Chirurg Michael De Bakey berichtet in Los Angeles vom gelungenen Einsatz eines künstlichen Herzens.
September, Verkehr. Die Kieler Howaldtswerft beginnt mit dem Bau des ersten deutschen mit Kernenergie betriebenen Handelsschiffes.
September, Wissenschaft. Namhafte deutsche Forscher fordern eine intensivere finanzielle Förderung, um mit den internationalen Entwicklungen Schritt halten können.

1963

Kunst, Literatur und Musik

22.2. Der Frankfurter Musiker Albert Mangelsdorff wird von den Lesern der Zeitschrift »Twen« zum Jazzmusiker des Jahres gewählt.
20.4. Der amerikanische Pianist Arthur Rubinstein spielt im niederländischen Nimwegen Werke von Ludwig van Beethoven, Frédéric Chopin und Johannes Brahms.
24.4. UA: *Orestie*, Oper von Darius Milhaud, in Westberlin.
30.4. Die Oper *Die Sintflut* von Igor Strawinsky feiert in Hamburg ihre deutsche Premiere.
2.6. In Oslo eröffnet ein Museum für die Werke des norwegischen Künstlers Edvard Munch.
28.6. UA: *Figaro läßt sich scheiden*, Oper von Giselher Klebe nach Ödön von Horváth, in der Hamburgischen Staatsoper.
26.7. Die Inszenierung der *Meistersinger* durch den Richard-Wagner-Enkel Wieland Wagner bei den Bayreuther Festspielen wird ein Skandal.
26.7. Die Salzburger Festspiele eröffnen mit der Aufführung der Oper *Die Zauberflöte* von Wolfgang Amadeus Mozart.
13.10. Der Physiker und Philosoph Carl Friedrich Freiherr von Weizsäcker ist Preisträger des Friedenspreises des Deutschen Buchhandels.
15.10. In Westberlin wird die von Hans Scharoun entworfene Berliner Philharmonie eingeweiht.
19.10. Für seine gesellschaftskritischen und politischen Werke erhält der deutsche Schriftsteller Hans Magnus Enzensberger den Georg-Büchner-Preis.
19.10 Zur Erinnerung an den am 31. August verstorbenen französischen Maler Georges Braque wird im Münchener Haus der Kunst eine umfassende Ausstellung seiner Werke eröffnet.
16.11. Peter Weiss nimmt in Westberlin an der Uraufführung seines ersten Stückes *Nacht mit Gästen* und der Eröffnung einer Ausstellung mit seinen Collagen teil.
27.11. UA: *Die Verlobung von Santo Domingo*, Oper von Werner Egk unter der Leitung von Günther Rennert, in der Bayerischen Staatsoper.

Theater und Film

1.5. Mit dem Drama *Robespierre* von Romain Rolland eröffnet in Westberlin das neue Haus der Freien Volksbühne.
16.5. In Recklinghausen eröffnen die Ruhrfestspiele mit der Aufführung von *Kabale und Liebe* von Friedrich Schiller.
3.6. Der Intendant des Deutschen Theaters in Ostberlin tritt zurück, nachdem ihm von seiten der SED eine nonkonforme politische Haltung vorgeworfen worden war.
11.6. Die österreicherische Filmschauspielerin Romy Schneider wird von der französischen Filmakademie als beste ausländische Schauspielerin des Jahres für ihre Hauptrolle in *Der Prozeß* von Orson Welles ausgezeichnet.
12.6. Der mit 40 Mio. Dollar teuerste Film aller Zeiten, *Cleopatra* mit Liz Taylor und Richard Burton in den Hauptrollen, feiert in New York Premiere.
25.6. Die schwarze Bürgerrechtsorganisation NAACP beklagt die Diskriminierung in dem Hollywood-Streifen *Der längste Tag*. Der Film sei als authentische Dokumentation eines der wichtigsten Kriegsereignisse angekündigt worden, zeige aber keinen der 1500 damals mitkämpfenden Soldaten mit schwarzer Hautfarbe. Am 20. August wird zwischen den großen Filmstudios und dem NAACP eine Quotenregelung zur Beschäftigung von Schwarzen vereinbart.
21.7. Der italienische Regisseur Federico Fellini wird bei den Moskauer Filmfestspielen für seinen Film *8 1/2* ausgezeichnet.
24.8. Mit dem Film *Tom Jones* des britischen Regisseurs Tony Richardson, der auf einer Romanvorlage von Henry Fielding basiert, werden in Venedig die Filmfestspiele eröffnet. Delphine Seyrig wird für ihre Hauptrolle in *Muriel oder die Zeit der Wiederkehr* von Alain Resnais ausgezeichnet.
24.8. Das brasilianische »Cinema Novo« stellt mit *Vidas Secas – nach Eden ist es weit* eine neue Schule des lateinamerikanischen Filmgeschehens vor.
10.9. In New York findet erstmals ein Filmfestival mit 31 Vorführungen statt.

Gesellschaft

1.4. Die Fernsehzuschauer der Bundesrepublik können erstmals das Programm des Zweiten Deutschen Fernsehens (ZDF) aus Mainz empfangen. Inzwischen hat fast jeder zweite Haushalt ein Fernsehgerät.
11.4. Bei Tauchmanövern vor der Ostküste der USA gerät das U-Boot »Tresher« außer Kontrolle. Bei dem Unglück kommen alle 129 Besatzungsmitglieder ums Leben.
11.4. Papst Johannes XXIII. veröffentlicht eine Friedensenzyklika »Pacem in terris«, die u.a. ein Verbot von Atomwaffen, das Ende des Wettrüstens und die Aufhebung der Rassendiskriminierung fordert. ▷Chronik Zitat

Frieden auf Erden

Chronik Zitat

»Alle Zeichen der Zeit weisen darauf hin, daß ... auftauchende Kontroversen zwischen den Völkern nicht mehr mit Waffen, sondern nur noch durch Verhandlungen ausgetragen werden können.«
Papst Johannes XXIII.

26.4. In Hamburg eröffnet die bisher größte internationale Gartenschau der Bundesrepublik auf 87 ha.
4.6. Der Welternährungskongreß in Washington gibt bekannt, daß rund die Hälfte der gesamten Erdbevölkerung von Hunger und Unterernährung bedroht ist.
4.6. Nach Bekanntwerden seines Verhältnisses zum Fotomodell Christine Keeler tritt der britische Heeresminister Dennis Profumo von seinem Amt zurück. Der Skandal zieht in Großbritannien weite Kreise.
30.6. Nachfolger des am 3. Juni verstorbenen Papstes Johannes XXIII. wird der Erzbischof von Mailand, Giovanni Battista Montini als Paul VI.
6.7. Laut Statistischem Bundesamt hat sich die Zahl der Vermögensmillionäre seit 1956 auf 8855 verdoppelt.
26.7. Im jugoslawischen Skopje kommen 1070 Menschen bei einem Erdbeben ums Leben.

1963

Internationale Politik

September, China/UdSSR. China beginnt mit Zwangsumsiedlungen der in den Grenzgebieten zur UdSSR lebenden nationalen Minderheiten.
8.9., Algerien. 97,8% der Algerier sprechen sich für die neue Verfassung einer demokratischen Republik aus. Ahmed Ben Bella wird zum Staatsoberhaupt gewählt.
11.9., Österreich. Österreich unterzeichnet das Atomteststoppabkommen.
1.10., Nigeria. Nigeria wird Republik im Rahmen des Commonwealth. Erster Präsident ist der bisherige Generalgouverneur Benjamin Nnamdi Azikiwe.
23.10., Österreich/Italien. Eine österreichisch-italienische Expertenkommission verhandelt in Genf über das Südtirolproblem.
2.11., Südvietnam. Südvietnamesische Streitkräfte entmachten die Regierung unter Ngô Dinh Diêm. Der neue Ministerpräsident Nguyên Ngoc Tho schafft die Diktatur ab und sagt dem Kommunismus den Kampf an.
22.11., USA. In Dallas wird der amerikanische Präsident John F. Kennedy erschossen. Als mutmaßlicher Attentäter wird Lee Harvey Oswald festgenommen. Vizepräsident Lyndon B. Johnson übernimmt die Regierung.
Dezember, Kenia. Kenia und das Sultanat Sansibar werden von Großbritannien unabhängig.
29.12., Zypern/Griechenland. Die griechische Regierung entsendet Truppen nach Zypern, um den ausgebrochenen Bürgerkrieg zu schlichten.

Deutsche Politik

15.7. In der DDR wird das »Neue ökonomische System der Planung und Leitung« (NöSPL) eingeführt, das durch Annäherung an die »kapitalistische« Marktwirtschaft die wirtschaftliche Misere bekämpfen soll.
5.9. Nach einem Bericht der Wochenzeitung »Die Zeit« überprüft das Bundesinnenministerium den Verfassungsschutz, der in Verdacht steht, alliierte Sicherheitsdienste zu nutzen, um Telefongespräche abzuhören.
15.10. Der Deutsche Bundestag nimmt Abschied von Bundeskanzler Konrad Adenauer, der am 11. Oktober zurückgetreten ist. Nachfolger wird am 16. Oktober der bisherige Wirtschaftsminister Ludwig Erhard (CDU).
10.12. Bei einer Demonstration durch Bonn fordern 30 000 Kriegsheimkehrer eine höhere Entschädigung für ehemalige Kriegsgefangene des Zweiten Weltkrieges.
12.12. In Stuttgart stirbt im Alter von 79 Jahren der erste Präsident der Bundesrepublik, Theodor Heuss.
14.12. In einem Bonner Krankenhaus stirbt der langjährige SPD-Vorsitzende Erich Ollenhauer 62jährig an einer Lungenembolie.
17.12. Ein deutsch-deutsches Passierscheinabkommen ermöglicht Menschen aus Westberlin erstmals seit dem Mauerbau den Besuch in Ostberlin über die Weihnachtsfeiertage.
20.12. In Frankfurt am Main beginnt ein Prozeß gegen 21 ehemalige Bewacher des Konzentrations- und Vernichtungslagers Auschwitz.

Wirtschaft und Wissenschaft

22.10., Architektur. In Indien wird der 226 m hohe Bhakra-Staudamm eingeweiht, der zur Bewässerung des Pandschab und der Wüstenbezirke dienen soll.
1.11., Astronomie. Auf der Antilleninsel Puerto Rico nehmen amerikanische Wissenschaftler die größte Beobachtungsstation der Welt für Ionosphärenforschung und Radioastronomie in Betrieb.
27.11., Raumfahrt. Vom amerikanschen Cape Canaveral aus wird eine interplanetarische Beobachtungsplattform (IPM) in den Weltraum gestartet, um Gasausbrüche auf der Sonne zu untersuchen.

Wissenschaftler geehrt
Chronik Nobelpreise

Chemie: Karl Ziegler (D) und Giulio Natta (I)
Medizin: Alan L. Hodgkin (GB), Andrew F. Huxley (GB) und John C. Eccles (AUS)
Physik: Eugene Wigner (USA), Maria Goeppert-Mayer (D) und Hans D. Jensen (D)
Frieden: Internationales Komitee des Roten Kreuzes, Liga der Rotkreuzverbände
Literatur: Jeorjios Seferis (GR)

10.12., Nobelpreise. In Stockholm und Oslo werden die diesjährigen Nobelpreise feierlich überreicht. ▷ Chronik Nobelpreise

1963 Geborene und Gestorbene

Geboren:
8.4. Julian Lennon, brit. Musiker.
13.4. Garri Kasparow, sowjetischer Schachspieler.
25.6. George Michael, britischer Popsänger.
9.8. Whitney Houston, amerikanische Popsängerin.

29.8. Anne-Sophie Mutter, deutsche Geigerin.
11.12. Claudia Kohde-Kilsch, deutsche Tennisspielerin.

Gestorben:
3.1. René Morax (*11.5.1873), schweizerischer Dramatiker.

5.1. Adolf Weber (*29.12.1876), deutscher Nationalökonom.
8.3. Ernst Gläser (*29.7.1902), deutscher Schriftsteller.
11.2. Sylvia Plath (*27.10.1932), amerikanische Schriftstellerin.
13.2. Oskar Helmer (*16.11.1887), österreichischer Politiker.

1963

Kunst, Literatur und Musik

30.11. Die Beatles landen mit ihrem Song *She loves you* zum dritten Mal auf Platz eins der britischen Hitparade.
1963 Der deutsche Schriftsteller Heinrich Böll veröffentlicht seinen Roman *Ansichten eines Clowns*.
1963 Christa Wolfs Roman *Der geteilte Himmel* wird eines der erfolgreichsten Bücher der DDR-Literatur.
1963 Der Düsseldorfer Aktions- und Objektkünstler Joseph Beuys sorgt mit seinem *Fettstuhl* für Aufsehen innerhalb und außerhalb der Kunstszene.
1963 Roy Lichtenstein stellt sein Bild *Frau mit Blumenhut* aus.
1963 Der amerikanische Maler, Designer und Pädagoge Josef Albers stellt sein Hauptwerk *Wechselwirkung der Farbe* vor.
1963 Der britische Künstler Peter Blake veröffentlicht mit *Bo Diddley* sein erstes Bild im »Plakatstil«.
1963 Der Mitbegründer der niederländischen Künstlergruppe »Cobra«, Constant, thematisiert in seinem Bild *Grüße aus New Babylon* die Rücknahme der Gegenständlichkeit.
1963 Der österreichische Maler, Grafiker und Schriftsteller Oskar Kokoschka stellt einen der bedeutenden Grafik-Zyklen seines Spätwerkes *King Lear* vor.
1963 Jahreshits in Deutschland sind u.a. *Junge komm bald wieder* von Freddy Quinn, Manuela mit *Schuld war nur der Bossa Nova*, Billy Mo's *Tirolerhut*, Gitte Haennings *Cowboy* sowie der *Schatz im Silbersee*, gesungen vom Medium-Terzett.

Theater und Film

23.9. Der schwedische Film *Das Schweigen* von Ingmar Bergman löst mit seinen »pornographischen« Szenen einen Skandal aus und wird international zum Kassenschlager. Die schwedische Zensurbehörde verteidigt die Aufführung der ungekürzten Fassung. ▷Chronik Zitat

Recht des Künstlers

Chronik Zitat

»Es ist nicht unsere Aufgabe, Kunstwerke zu verstümmeln, und aus diesem Grunde zensieren wir also Ingmar Bergmans Film nicht ... Ein Filmschöpfer ist ein Künstler, wir haben kein Recht, ihn zu zensieren.«
Schwedische Zensurbehörde

1.10. Eine Dreiecksgeschichte mit dramatischem Ausgang schildert der Film *Julia lebt* von Frank Vogel.
11.12. Pierre Brice, Lex Barker und Marie Versini sind die Stars in der Karl-May-Verfilmung *Winnetou I*, der – mit der Musik Martin Böttchers – in den bundesdeutschen Kinos anläuft.
14.12. In Frankfurt am Main wird das neue Theater der städtischen Bühnen mit einer Aufführung von Goethes *Faust I* feierlich eingeweiht.
1963 Der amerikanische Pop-Art-Künstler Andy Warhol tritt mit seinen Underground-Filmen erstmals als Filmemacher an die Öffentlichkeit.

Gesellschaft

8.8. 15 bewaffnete Männer überfallen den Postzug von Glasgow nach London und erbeuten dabei 2,63 Mio. Pfund, etwa 30 Mio DM.
4.9. Über dem Kanton Aargau explodiert eine »Caravelle«-Düsenmaschine der »Swissair«. Alle 74 Passagiere und sechs Besatzungsmitglieder kommen bei dem schwersten Flugzeugunglück der Schweiz ums Leben.
9.10. Ein Bergrutsch am Monte Toc in Italien löst eine Flutwelle aus dem Vaiont-Stausee aus, durch die etwa 4000 Menschen umkommen.
9.10. Durch den seit dem 3. Oktober über Kuba und Haiti wütenden Hurrikan »Flora« kommen 6500 Menschen ums Leben.

Fußball-Landesmeister

Chronik Sport

BR Deutschland: Hamburger SV
Österreich: Austria Wien
Schweiz: FC Zürich
Belgien: Standard Lüttich
Frankreich: AS Monaco
Italien: Inter Mailand
Spanien: Real Madrid
Schottland: Glasgow Rangers

24.10. Durch den Einbruch von Wasser- und Schlammassen aus einem nahegelegenen See werden in der Erzgrube »Mathilde« in Lengede 29 Bergleute getötet, 21 können bis zum 7. November lebend geborgen werden.

Geborene und Gestorbene

27.3. Harry Piel (*12.7.1892), deutscher Filmschauspieler.
3.6. Papst Johannes XXIII. (*25.11.1881).
23.6. Gustav Gundlach (*3.4.1892), deutscher Sozialwissenschaftler.
27.8. Adolf Grimme (*31.12.1889), deutscher Pädagoge und Politiker.
4.9. Robert Schuman (*29.6.1886), französischer Politiker.
17.9. Eduard Spranger (*27.6.1882), deutscher Pädagoge und Kulturphilosoph.
7.10. Gustaf Gründgens (*22.12.1899), deutscher Schauspieler, Intendant und Regisseur.
11.10. Edith Piaf (*19.12.1915), französische Chansonsängerin.
22.11. John F. Kennedy (*29.5.1917), amerikanischer Politiker.
12.12. Theodor Heuss (*31.1.1884), deutscher Politiker.
14.12. Erich Ollenhauer (*27.3.1901), deutscher Politiker.

1964

Internationale Politik

9.1., USA/Panama. Nach antiamerikanischen Ausschreitungen in der Panama-Kanalzone bricht Panama die diplomatischen Beziehungen zu den USA ab.
27.1., Frankreich/China. Frankreich erkennt die kommunistischen Volksrepublik China an und vergrößert damit deren internationalen Einfluß.
10.2., Irak. Der dreijährige Bürgerkrieg zwischen den um Autonomie kämpfenden Kurden und dem Irak endet mit einem Waffenstillstand.
17.2., Griechenland. Bei Parlamentswahlen erhält die Zentrumsunion unter Georgios Papandreu die absolute Mehrheit der Stimmen.
14.3., Zypern. UN-Soldaten sollen die Ausweitung des türkisch-griechischen Bürgerkriegs auf der Insel verhindern.
23.3., Schweiz. Auf der Welthandelskonferenz der UN in Genf fordern die Entwicklungsländer die Ausweitung ihrer Absatzmöglichkeiten sowie größere finanzielle Unterstützung.
31.3., Brasilien. Der rechtsgerichtete General Humberto Castelo Branco löst nach einem Putsch den prosowjetischen Staatschef João Goulart ab.
2.4., Österreich. Die neue Koalitionsregierung (ÖVP/SPÖ) unter Bundeskanzler Josef Klaus wird vereidigt.
20.4., USA/UdSSR. Die USA und die Sowjetunion vereinbaren die Einschränkung der Produktion spaltbaren Materials für militärische Zwecke.
Mai, Ägypten/UdSSR. Der sowjetische Staats- und Parteichef Nikita S. Chruschtschow sagt dem nordafrikanischen Land umfangreiche Wirtschafts- und Finanzhilfe zu.
16.5., Laos. Truppen der prokommunistischen Pathet-Lao-Bewegung greifen neutralistische Streitkräfte an, die am 20. Mai kapitulieren.
1.6., Israel. Der Palästinensische Nationalrat beschließt in Jerusalem die Gründung der Palästinensischen Befreiungsorganisation (PLO). Erklärter Gegner ist der Staat Israel.
12.6., Südafrika. Im südafrikanischen Pretoria wird der Bürgerrechtler Nelson Mandela zu einer lebenslangen Zuchthausstrafe verurteilt.

Deutsche Politik

2.1. Die DDR beginnt mit der Ausgabe neuer Personalausweise, die gegenüber der Bundesrepublik die Souveränität unterstreichen sollen.
22.1. Bundesvertriebenenminister Hans Krüger tritt nach Bekanntwerden seiner Tätigkeit als Beisitzer des NS-Sondergerichts in Polen von seinem Amt zurück.
16.2. Der Regierende Bürgermeister von Westberlin, Willy Brandt, wird auf dem SPD-Parteitag in Bad Godesberg zum neuen Parteivorsitzenden und Kanzlerkandidaten gewählt. Nach seiner Wahl versichert Brandt, unter seiner Führung werde die Partei eine neue politische Offensive ansteuern.
▷Chronik Zitat
12.3. Robert Havemann, Professor für physikalische Chemie in Ostberlin, wird seines Amtes enthoben, nachdem er in seinen Vorlesungen das SED-Regime angegriffen hat.
17.3. Der 88jährige Konrad Adenauer wird auf dem Parteitag der CDU nochmals zum Vorsitzenden gewählt.

Selbstbewußte SPD
Chronik Zitat

»Die SPD wird die stärkste Partei werden, die nächste Bundesregierung wird weder gegen noch ohne die deutschen Sozialdemokraten gebildet werden.«
Willy Brandt, SPD-Vorsitzender

13.5. Eine Reihe von Zollsenkungen zur Herstellung eines besseren Außenhandelsausgleichs werden im Bundestag beschlossen.
17.5. Bundesverkehrsminister Hans Christoph Seebohm (CDU) erregt mit seinen Äußerungen über die notwendige Rückgabe des Sudetenlandes an das »sudetendeutsche Heimatvolk« heftige Proteste im In- und Ausland.
4.6. Zur Beseitigung des Bildungsnotstands einigen sich Bund und Länder in Bonn auf den Bau neuer Universitäten in Bochum, Bremen, Konstanz, Regensburg und Dortmund. Allein die Ruhr-Universität kostet 2 Mrd. DM.

Wirtschaft und Wissenschaft

Januar, Medizin. Unter Leitung von Professor Helmut Zahn gelingt einer Forschergruppe an der Technische Hochschule Aachen erstmals die Synthese des Hormons Insulin.
19.1., Raumfahrt. Vom amerikanischen Stützpunkt Cape Kennedy aus befördern die USA mit einer Zwei-Stufen-Rakete vom Typ »Saturn I« den mit 17, 2 t bislang schwersten Satelliten der Welt in eine Erdumlaufbahn.

Verkehr in Westdeutschland
Chronik Statistik

Eisenbahnnetz (km)	30 589
Beförderte Personen	1 087 000
Straßennetz (km)	154 882
davon Autobahn (km)	3 204
Pkw-Bestand	7 725 000
Lkw-Bestand	824 000

8.2., Schiffahrt. In Bremerhaven wird die »Meteor« (2500 BRT), eines der weltweit größten und modernsten Forschungsschiffe, getauft.
19.3., Verkehr. Der Autotunnel durch den Großen St. Bernhard wird nach fünfjähriger Bauzeit dem Verkehr übergeben.
15.4., Luftfahrt. Die Deutsche Lufthansa AG setzt zwei Maschinen vom neuentwickelten Typ Boeing 727 »Europa-Jet« planmäßig ein.
23.4., Luftfahrt. Auf der deutschen Luftfahrtschau wird der Senkrechtstarter »VJ 101 C/X 1« vorgestellt.
26.5., Schiffahrt. Die Großschiffahrtsstraße Mosel verbindet auf einer Strecke von 270 km den Rhein mit dem lothringischen Industriegebiet.
31.7., Raumfahrt. Die Raumsonde »Ranger 7« übermittelt Nahaufnahmen von der Mondoberfläche aus einem Abstand von nur 300 m.
28.8., Raumfahrt. Der amerikanische Wettersatellit »Nimbus I« soll erstmals ein lückenloses Bild der globalen Wetterlage liefern.
12.10., Raumfahrt. Das mit drei Kosmonauten besetzte sowjetische Raumschiff »Woschod 1« umkreist die Erde in 24 Stunden 16 mal.

1964

Kunst, Literatur und Musik

14.1. In New York eröffnet eine Ausstellung mit Werken des amerikanischen Malers Jackson Pollock, der als Begründer des »Action painting« gilt.
16.1. UA: *Hello Dolly*, Musical nach der Komödie *The Matchmaker* von Thornton Wilder in der musikalischen Bearbeitung von Jerry Herman, in New York.
Februar Die Beatles starten ihre Konzerttournee durch die USA und lösen Begeisterungsstürme aus. Ihr Song *I want to hold your hand* landet auf dem ersten Platz der US-Hitliste.
16.2. Im New Yorker »Jewish Museum« wird eine Ausstellung mit Werken des Pop-art-Künstlers Jasper Johns eröffnet.
18.2. Zum 400. Todestag des italienischen Malers, Bildhauers, Baumeisters und Dichters Michelangelo wird in Rom eine umfassende Ausstellung seiner Werke eröffnet.
26.3. UA: *Funny Girl* Musical von Isobel Lennart (Buch), Jule Styne und Bob Merrill (Musik) mit Barbara Streisand in der Hauptrolle, in New York.
8.5. Der österreichische Dirigent Herbert von Karajan beendet seine Tätigkeit als künstlerischer Direktor der Wiener Staatsoper.
30.5. In London eröffnet die Gimpel Fils Gallery eine Ausstellung mit teilweise noch nie öffentlich gezeigten Bildern des spanischen Malers, Grafikers und Bildhauers Pablo Picasso.
5.6. In Duisburg wird das Wilhelm-Lehmbruck-Museum eröffnet, das dem Werk des Bildhauers einen angemessenen Rahmen bieten soll.
5.6. Die Rolling Stones haben in den USA ihren ersten Fernsehauftritt.
16.6. Nachdem die sowjetische Regierung den von bundesdeutscher Seite gewünschten Auftritt in Westberlin abgelehnt hat, wird das weltberühmte Bolschoi-Ballett aus der Bundesrepublik ausgewiesen.
20.6. In Venedig wird die 32. Internationale Biennale für moderne Kunst eröffnet, auf der mehr als 3000 Gemälde, Radierungen und Plastiken von 500 Künstlerinnen und Künstlern zu sehen sind.

Theater und Film

23.1. UA: *Nach dem Sündenfall*, Stück von Arthur Miller, in New York. Das Stück thematisiert die gescheiterte Ehe Millers mit der Filmschauspielerin Marilyn Monroe.
29.1. UA: *Dr. Seltsam, oder wie ich lernte, die Bombe zu lieben*, Filmsatire des britischen Regisseurs Stanley Kubrick zum Thema atomare Bedrohung.
4.3. Der Film *Tagebuch einer Kammerzofe* von dem Spanier Luis Buñuel nach dem gleichnamigen Roman von Octave Mirbeau hat in Paris Premiere.
13.4. Bei der Oscarverleihung in Hollywood erhält Sidney Poitier als erster farbiger Schauspieler den Preis für seine Rolle in der US-Produktion *Lilien auf dem Felde*. Der Film *Tom Jones – Zwischen Bett und Galgen* von Tony Richardson wird als bester Film geehrt.
17.4. Der Film *100 000 Dollar in der Sonne* von Henri Verneuil mit Jean-Paul Belmondo und Lino Ventura in den Hauptrollen wird ein Kassenschlager.
23.4. UA: *Blues für Mister Charlie*, Drama von James Baldwin, in New York. Das Stück setzt sich mit der Rassendiskriminierung in den USA auseinander.
29.4. UA: *Die Verfolgung und Ermordung Jean Paul Marats, dargestellt durch die Schauspielgruppe des Hospizes zu Charenton unter Anleitung des Herrn Sade*, Stück von Peter Weiss, in Westberlin.
28.6. Der Film *Kennwort Reiher* von Rudolf Jugert wird mit dem Bundesfilmpreis ausgezeichnet. Bester deutscher Dokumentarfilm ist *Aus der Geschichte der Menschheit* von Hans-Joachim Hossfeld.
6.7. UA: *A Hard Day's Night*, erster Film der britischen Popgruppe Die Beatles, im Londoner »Pavillon«.
7.7. Der türkische Film *Trockener Sommer* von Ismail Metin erhält bei den Internationalen Filmfestspielen in Westberlin als bester Film den Goldenen Bären.
6.8. UA: *Die Tragödie von König Christoph*, Theaterstück von Aimé Césaire unter der Regie des Franzosen Jean-Marie Serreau, im Salzburger Landestheater.

Gesellschaft

4.1. Als erster Papst der Geschichte nimmt Papst Paul VI. an einer Pilgerfahrt im Heiligen Land teil.
27.3. Bei einem der schwersten bisher registrierten Erdbeben in Alaska kommen 200 Menschen ums Leben.
29.4. Prinzessin Irene der Niederlande heiratet Prinz Carlos Hugo von Bourbon-Parma, der als Thronanwärter in Spanien, dem historischen Erzfeind der Niederlande, gilt.
17.5. Schwere Krawallen zwischen rollerfahrenden Mods und motorradfahrenden Rockern in Südengland enden mit zehn Schwerverletzten.
28.5. Das Bundesgesundheitsamt weist erstmals auf die Gefahren des Rauchens hin.
4.8. Neun von 14 verschütteten Bergleuten in Kalkbergwerk von Champagnole können aus 80 m Tiefe geborgen werden.
10.9. Der millionste »Gastarbeiter« in der Bundesrepublik, der portugiesische Zimmermann Armando Rodrigues, erhält bei seiner Ankunft auf dem Köln-Deutzer Bahnhof als Willkommensgeschenk ein Moped.
18.9. In Athen heiratet König Konstantin II. von Griechenland die dänische Prinzessin Anne-Marie.

Olympia-Sieger
Sport

Leichtathletik:
100 m:
Bob Hayes (USA) — 10,0 sec
110 m Hürden:
Hayes Jones (USA) — 13,6 sec
Weitsprung:
Lynn Davies (GB) — 8,07 m
Hochsprung:
Valery Brumel (UdSSR) — 2,18 m
Speerwurf:
Pauli Nevala (FIN) — 82,66 m

22.9. Der Bayerische Rundfunk startet mit der Ausstrahlung eines Dritten Fernsehprogramms.
5.10. 57 Bürgerinnen und Bürger aus Ostberlin flüchten durch einen Tunnel in den Westteil der Stadt.

1964

Internationale Politik

2.7., USA. Das neue Bürgerrechtsgesetz zur Aufhebung der Rassentrennung gilt als wichtigster Fortschritt auf dem Weg zur Gleichberechtigung der Schwarzen in den USA seit 1865.
15.7., UdSSR. Anastas I. Mikojan wird Vorsitzender des Präsidiums des Obersten Sowjets und löst damit Leonid I. Breschnew ab.
30.7., Vietnam/USA. Nach amerikanischen Angaben werden zwei US-Zerstörer im Golf von Tongking von nordvietnamesischen Kriegsschiffen angegriffen. Der nie ganz aufgeklärte »Tonking-Zwischenfall« ist Anlaß für erste Bombardements der USA gegen Ziele im kommunistischen Nordvietnam.
August, Kongo. Angesichts von Unruhen, die bis November andauern, werden 2000 Ausländer von Einheiten aus Belgien und den USA evakuiert.
7.8., USA. Der Kongreß verabschiedet eine Resolution zur Truppenverstärkung in Vietnam. Der Amerikanische Vietnamkrieg beginnt.
14.10., UdSSR. Alexej N. Kossygin wird Nachfolger von Nikita S. Chruschtschow als Staatschef, die Parteiführung übernimmt Leonid I. Breschnew.
15.10., Großbritannien. Die Labour-Party gewinnt bei den Unterhauswahlen die absolute Mehrheit. Neuer Premierminister wird Harold Wilson.
16.10., China. Die Explosion seiner ersten Atombombe begründet China mit dem Recht auf Selbstverteidigung.
4.11., Bolivien. Nach einem Militärputsch übernimmt eine Junta unter dem rechtsgerichteten General René Barrientos Ortuño die Macht.

Deutsche Politik

12.6. Nach einer Mitteilung des Bundesjustizministeriums sind in der Bundesrepublik noch 800 Strafverfahren wegen nationalsozialistischer Verbrechen anhängig.
12.7. Die außenpolitische Kontroverse innerhalb der CDU/CSU zwischen den nach Frankreich orientierten »Gaullisten« und den »Atlantikern«, die für die Zusammenarbeit mit den USA plädieren, erreicht auf dem CSU-Parteitag in München ihren Höhepunkt.
1.9. Die Volkskammer der DDR beschließt ein Gesetz, das Kriegsverbrechen und nationalsozialistische Straftaten nicht verjähren läßt.
23.9. Das Bundeskabinett beschließt für das kommende Jahr 40 bis 50 Mio. DM zusätzliche Hilfe zur wirtschaftlichen Förderung der sog. Zonenrandgebiete.
24.9. Willi Stoph tritt die Nachfolge des verstorbenen DDR-Ministerpräsidenten Otto Grotewohl an.
24.9. Das zweite Passierscheinabkommen zwischen der DDR und der Bundesrepublik sieht vier Besuchsperioden innerhalb eines Jahres vor, in denen Bundesbürger aus Westberlin Verwandte in Ostberlin besuchen können.
2.11. Rentner aus der DDR dürfen für vier Wochen in die BRD einreisen.
28.11. Als rechtsextremes Sammelbecken für völkisch-nationalistische und neofaschistische Wähler in der Bundesrepublik gründet der Bremer Fritz Thielen die Nationaldemokratische Partei Deutschlands (NPD).
1.12. Neuer Vorsitzender der CDU-Bundestagsfraktion wird Rainer Barzel.

Wirtschaft und Wissenschaft

10.12., Nobelpreise. In Stockholm und Oslo werden die diesjährigen Nobelpreise feierlich überreicht. Der Literaturpreis kann nicht überreicht werden, da der französische Schriftsteller und Philosoph Jean-Paul Sartre dessen Annahme verweigert. ▷ Chronik Nobelpreise

Wissenschaftler geehrt
Chronik Nobelpreise

Chemie: Dorothy Crowfoot-Hodgkin (GB)
Medizin: Konrad Bloch (USA) und Feodor Lynen (D)
Physik: Charles H. Townes (USA), Nikolai Bassow (UdSSR) und Alexander Prochorow (UdSSR)
Frieden: Martin Luther King (USA)
Literatur: Jean-Paul Sartre (F)

1964, Physik. Die Atomphysiker Murray Gell-Mann und George Zweig stellen das Quark-Modell auf. Quarks bezeichnen demnach die fundamentalen Bausteine der Materie.
1964, Wirtschaft. Der Wirtschaftsboom in der Bundesrepublik hält weiter an. Das Bruttosozialprodukt liegt mit 413,8 Mrd. DM um 10 % höher als 1963.
1964, Technik. Die bundesdeutsche Firma IBM führt die erste elektrische Schreibmaschine mit integriertem Textspeicher vor.
1964, Technik. Der deutsche Ingenieur Felix Wankel baut den nach ihm benannten Drehkolbenmotor, der in Fahrzeuge der Firma NSU eingebaut wird.

1964 Geborene und Gestorbene

Geboren:
29.1. Roddy Frame, britischer Songschreiber, Sänger und Gitarrist.
10.3. Neneh Cherry, schwedisch-amerikanische Popsängerin.
21.5. Lenny Kravitz, amerikanischer Multi-Instrumentalist.
30.7. Jürgen Klinsmann, deutscher Fußballspieler.
9.12. Hape Kerkeling, niederländischer Sänger und Entertainer.

Gestorben:
13.4. Veit Harlan (*22.9.1899), deutscher Filmregisseur.
9.6. William Maxwell Aitken (*25.5.1871), britischer Politiker und Zeitungsverleger.

1964

Kunst, Literatur und Musik

27.6. 200 000 Menschen besuchen die Documenta III in Kassel mit 1500 Gemälden, Skulpturen und Zeichnungen.
30.6. Das Londoner Auktionshaus Sotheby's versteigert 50 Gemälde des russischen Malers Wassily Kandinsky für insgesamt 6 Mio. DM.
18.7. Die Bayreuther Richard-Wagner-Festspiele beginnen mit der Aufführung von *Tristan und Isolde* in der Inszenierung von Wieland Wagner.
16.8. Die musikalische Komödie von Paul Willems *Mitternachtsmarkt* hat in Salzburg Premiere.
5.9. In New York wird eine Ausstellung mit Werken von 14 Westberliner Künstlern unter dem Motto »Der Geist des neuen Berlins in der Malerei und Plastik« eröffnet.
9.9. Die »Gruppe 47«, eine Vereinigung von deutschen Autoren, bei der die »Neulinge« Erich Fried, Günter Grass, Alexander Kluge und Christa Reinig aus ihren Werken lesen, tagt in Schweden.
3.12. In Washington beginnt der Bau des »John-F.-Kennedy-Zentrums der darstellenden Künste«.
1964 Der Schriftsteller Heinrich Böll widmet sich in *Entfernung von der Truppe* dem Umgang mit der NS-Vergangenheit.
1964 Peter Bichsel gibt 21 Erzählungen unter dem Titel *Eigentlich möchte Frau Blum den Milchmann kennenlernen* heraus.
1964 Hits des Jahres sind u.a. *Liebeskummer lohnt sich nicht* von Siw Malmkvist und *Schwimmen lernt man im See* von Manuela.

Theater und Film

8.8. Der wegen seiner sexuellen Freizügigkeit heftig umstrittene Film des Schweden Vilgot Sjöman, *491*, wird in der Bundesrepublik in einer gekürzten Fassung uraufgeführt.
21.8. Der ungarische Dramatiker Gyula Háy wird in Salzburg bei der Uraufführung seiner Tyrannenkomödie *Das Pferd* stürmisch gefeiert.
10.9. Der Film *Die Rote Wüste* des italienischen Regisseurs Michelangelo Antonioni erhält bei den Internationalen Filmfestspielen in Venedig den Goldenen Bären.
11.10. UA: *In der Sache J. Robert Oppenheimer*, Dokumentarstück von Heinar Kipphardt, in Westberlin und München.
16.10. In Stuttgart hat das Schauspiel *Der schwarze Schwan* des Schriftstellers Martin Walser unter der Regie von Peter Palitzsch Premiere.
17.12. UA: *Alexis Sorbas*, Film von Michael Cacoyannis, in New York. Anthony Quinn wird für seine beeindruckende Darstellung gefeiert.
1964 Julie Andrews bezaubert als gute Fee in dem trickreichen Kinderfilm *Mary Poppins*, den der amerikanische Regisseur Robert Stevenson im Auftrag der Walt-Disney-Studios drehte.
1964 Der deutsche Regisseur Rolf Thiele verfilmt die Thomas Mann-Novelle *Tonio Kröger*.
1964 Der politisch engagierte Film *Herrenpartie* von Wolfgang Staudte muß herbe Kritiken einstecken.
1964 In 5551 bundesdeutschen Kinos genießen 320 Mio. Zuschauer 70 Spielfilme. In 1024 DDR-Kinos sehen 141 Mio. Menschen 15 Spielfilme.

Gesellschaft

Dezember Bei Überschwemmungskatastrophen in Ceylon, Indien, den USA und Algerien kommen über 7000 Menschen ums Leben.
1964 Der Verbrauch von Medikamenten in der BRD nimmt weiter zu. 39% aller Männer und 51% der Frauen nehmen regelmäßig Tabletten ein.
1964 Aufgrund des Lehrer- und Professorenmangels ist das Niveau der Ausbildung in der Bundesrepublik gefährdet.
1964 Auf bundesdeutschen Straßen droht der Verkehrskollaps. Seit 1950 hat sich die Zahl der Kraftfahrzeuge auf über 11 Mio. versechsfacht.
1964 Die sexuelle Aufklärung Jugendlicher wird öffentlich diskutiert, ausgelöst durch Jugendzeitschriften, die sich auch an Eltern und Lehrer richten.
1964 Der oberteillose Badeanzug, sorgt für Entsetzen an den bundesdeutschen Badestränden und beschäftigt sogar Pfarrer und Behörden.
1964 UN-Berichten zufolge wächst die Weltbevölkerung jährlich um 63 Mio. Menschen und hat mit 2,1% pro Jahr die höchste Wachstumsrate der Geschichte erreicht.
1964 Supermärkte und Selbstbedienungs-Warenhäusern verdrängen die traditionellen Tante-Emma-Läden. Mit 40 000 SB-Geschäften liegt die Bundesrepublik im europäischen Durchschnitt weit vorne.
1964 In Tokio entstehen vor Eröffnung der XVIII. Olympischen Sommerspiele mehrere Sporthallen nach dem Entwurf des japanischen Architekten Kenso Tange, der die japanische Bauweise in moderne Nutzbauten integriert.

Geborene und Gestorbene

18.6. Hans Moser (*1.8.1880), österreichischer Schauspieler.
12.7. Maurice Thorez (*28.4.1900), französischer Politiker.
19.7. Friedrich Sieburg (*18.5.1893), deutscher Publizist.
12.8. Ian Fleming (*28.5.1908), britischer Schriftsteller.
21.9. Otto Grotewohl (*11.3.1894), deutscher Politiker.
15.10. Cole Porter (*9.6.1893), amerikanischer Komponist.
20.10. Herbert Hoover (*10.8.1874), amerikanischer Politiker.
26.10. Agnes Miegel (*9.3.1879), deutsche Dichterin.
14.11. Heinrich von Brentano (*20.6.1904), deutscher Politiker.

1965

Internationale Politik

2.1., Vietnam. Rund 200 Angehörige der südvietnamesischen Regierungstruppen werden bei Kämpfen gegen Einheiten des Vietcong getötet. Mitte März starten die USA ihre Luftangriffe auf Nordvietnam.
14.1., Irland/Großbritannien. Irland und Nordirland, vereinbaren erstmals seit der Spaltung Irlands eine Zusammenarbeit auf wirtschaftlicher Ebene.
24.1., Großbritannien. In London stirbt 90jährig der frühere Staatsmann und Historiker Sir Winston Churchill an den Folgen eines Schlaganfalls.
18.2., Gambia. Das westafrikanische Land proklamiert seine Unabhängigkeit von Großbritannien.
21.2., USA. Der militante Schwarzenführer Malcolm X wird in Harlem (New York) ermordet. Als Tatverdächtige werden Anhänger der »Black Muslims« festgenommen.
22.3., Rumänien. Nicolae Ceausescu wird Erster Sekretär der Rumänischen Bauernpartei (RAP).
28.4., Dominikanische Republik. Nach einem Putsch gegen Diktator Donald Reid besetzen 400 US-Soldaten die Stadt Santo Domingo.
3.5., USA. Präsident Lyndon B. Johnson verkündet, daß die USA einen weiteren kommunistisch geführten Staat neben Kuba nicht zulassen werden.
14.5., China. Mit der Zündung der zweiten Atombombe ignoriert China den Vertrag über die Einstellung jeglicher Kernwaffenversuche von 1963.
23.5., Österreich. Franz Jonas wird Nachfolger des am 28. Februar verstorbenen Bundespräsidenten Adolf Schärf (SPÖ).
19.6., Algerien. Staatspräsident Ben Bella wird in einem unblutigen Staatsstreich gestürzt, ein Revolutionsrat unter Führung des früheren Verteidigungsministers Oberst Houari Boumedienne übernimmt die Macht.
21.6., China. Hanoi und Peking lehnen den Vietnam-Friedensplan der Commonwealth-Länder erneut ab.
1.7., Frankreich. Nach Streitigkeiten über die Finanzierung der gemeinsamen Agrarpolitik verläßt Frankreich die EWG. Im Oktober einigt sich der Ministerrat auf einen Agrarfonds.

Deutsche Politik

1.1. Nach der Änderung des Steuergesetzes zahlen rund ein Viertel aller bundesdeutschen Arbeitnehmerhaushalte keine Lohnsteuer mehr.
1.1. In seiner Neujahrsrede ruft Bundespräsident Heinrich Lübke die Bürger dazu auf, eine aktive Rolle im demokratischen Staat zu übernehmen.
▷Chronik Zitat

Sorge um die Demokratie
Chronik Zitat

»In Europa und in der ganzen Welt kann der Friede erst einkehren, wenn es in Deutschland keine Unterdrücker und keine Unterdrückten mehr gibt. Deshalb bleibt das Selbstbestimmungsrecht ... eine Forderung, auf die wir nie verzichten werden.«
Bundespräsident Heinrich Lübke

2.1. Die Geldbußen und Strafmaße für Delikte im Straßenverkehr werden deutlich angehoben.
27.1. Der Deutsche Bundestag beschließt ein Gesetz über Hilfsmaßnahmen für Flüchtlinge aus der DDR.
5.2. Vertreter der DDR und der Bundesrepublik verständigen sich über die Zeiträume für Verwandtenbesuche aus Westberlin in den Ostteil der Stadt.
25.3. Die Bonner Regierung hebt die Verjährungsfrist für Verbrechen mit lebenslänglicher Strafandrohung auf, damit die Verfolgung von NS-Tätern weiterhin möglich ist.
1.4. Die reformierten Strafprozeßordnung in der Bundesrepublik stärkt die Position des Angeklagten gegenüber der Justiz und der Polizei.
18.5. Die Königin Elisabeth II. von Großbritannien und ihr Mann Prinz Philip treffen zu einem Staatsbesuch in der Bundesrepublik ein.
11.6. Frankreichs Staatspräsident Chales de Gaulle trifft zu einem zweitägigen Arbeitsbesuch in der Bundesrepublik ein. Die Konsultationen sind überschattet von Meinungsverschiedenheiten über die Fortführung der europäischen Einigung.

Wirtschaft und Wissenschaft

11.2., Verkehr. Die neuen Elektrolokomotiven der Deutschen Bundesbahn vom Typ »E 03« haben 8750 PS und fahren 200 km/h.
18.3., Raumfahrt. Der sowjetische Astronaut Alexei A. Leonow verläßt während seines Raumfluges die »Woschod III« und schwebt als erster Mensch frei im Weltraum.
23.3., Raumfahrt. Beim ersten bemannten Raumflug der USA im Rahmen des »Gemini-Programms« führen die Astronauten Virgil L. Grissom und John W. Young Experimente in der Schwerelosigkeit aus.
24.3., Raumfahrt. Fernsehzuschauer in den USA können erstmals Direktbilder vom Mond betrachten, die die unbemannte Raumsonde »Ranger 9« vor dem Aufprall auf die Mondoberfläche sendet.
6.4., Raumfahrt. Der erste kommerzielle Nachrichtensatellit der USA im Weltraum, »Early Bird«, ermöglicht Fernmeldeverbindungen und Fernseh-Direktübertragungen nach Europa.

Westdeutsche Großstädte
Chronik Statistik

Einwohnerzahlen:

Berlin (West)	2 201 800
Hamburg	1 857 000
München	1 210 500
Köln	854 500
Essen	726 800
Düsseldorf	700 100
Frankfurt a.M.	690 900
Dortmund	656 000

11.5., Technik. In Obrigheim am Neckar starten die Bauarbeiten für den bisher größten Druckwasserreaktor Europas.
1.6., Wirtschaft. Im grenzüberschreitenden Verkehr innerhalb der EWG dürfen ab sofort Konsumartikel und Gebrauchsgegenstände bis 240 DM zollfrei mitgeführt werden.
1.6., Technik. Die Bundespost nimmt die erste vollautomatische und elektronisch gesteuerte Briefverteilanlage in Pforzheim in Betrieb.

1965

Kunst, Literatur und Musik

15.2. UA: *Die Soldaten*, Oper von Bernd Alois Zimmermann unter der Leitung von Michael Gielen im Opernhaus der Stadt Köln.
19.2. Die jüdische Dichterin Nelly Sachs erhält als erste Frau den Friedenspreis des Deutschen Buchhandels zuerkannt.
7.3. Die Uraufführung der Komischen Oper *Der junge Lord* des deutschen Komponisten Hans Werner Henze in Westberlin wird zu einem überwältigenden Erfolg.
13.3. Das Ballett *Onegin* unter der Choreographie von John Cranko nach einem Roman von Alexander Puschkin wird bei seiner Uraufführung in Stuttgart gefeiert.

Neue Literaturzeitschrift

Zitat

»Wo die literarische Vermittlung versagt, wird das Kursbuch den unvermittelten Niederschlag der Realien zu fassen suchen: in Protokollen, Gutachten, Reportagen, Aktenstücken, polemischen und unpolemischen Gesprächen.«
Hans Magnus Enzensberger

16.3. Für sein Hörspiel *Nachtprogramm* erhält der deutsche Dramatiker und Hörspielautor Richard Hey den begehrte Hörspielpreis der Kriegsblinden.
20.3. Der amerikanische Jazztrompeter und -sänger Louis D. Armstrong gastiert mit seiner Band in Ostberlin.
29.3. Die Akademie der Künste in Ostberlin verleiht dem Lyriker und Romancier Johannes Bobrowski und der Erzählerin Brigitte Reimann den »Heinrich-Mann-Preis«.
6.4. UA: *Das Lächeln am Fuße der Leiter*, Oper von Antonio Bibalo nach einer Erzählung von Henry Miller, in Hamburg.
Juni Erstmalig erscheint die Literaturzeitschrift »Kursbuch«, die von dem bundesdeutschen Schriftsteller Hans Magnus Enzensberger herausgegeben wird. ▷Chronik Zitat

Theater und Film

14.1. Der britische Spielfilm *Goldfinger* von Guy Hamilton mit Sean Connery als Geheimagent James Bond läuft in den bundesdeutschen Kinos an.
27.1. Der Filmemacher Glauber Rocha legt sein Manifest *Eine Ästhetik des Hungers* vor, ein wegweisendes Dokument des sozial engagierten brasilianischen »Cinema Novo«.
16.2. UA: *Die größte Geschichte aller Zeiten*, Verfilmung des Leben Jesu, mit Max von Sydow in der Hauptrolle unter der Regie von George Stevens, in New York.
4.3. In der BRD kommt der italienische Kinofilm *Hochzeit auf italienisch* von Vittorio de Sica mit Sophia Loren in der Hauptrolle auf die Leinwand.
5.3. Der italienisch-spanisch-deutsche Kinofilm *Für eine Handvoll Dollars* von Sergio Leone mit Clint Eastwood in der Hauptrolle feiert in der Bundesrepublik Premiere.
30.3. Um auf die hohen Belastungen durch Steuern und andere Unkosten aufmerksam zu machen, veranstalten die französischen Filmtheaterbetriebe eine »Kino-Umsonst«-Aktion.
5.4. Das Film-Musical *My Fair Lady* erhält in Hollywood acht Oscars, darunter einen für den Hauptdarsteller Rex Harrison. Mit dem Oscar für die beste weibliche Hauptrolle wird Julie Andrews als *Mary Poppins* geehrt.
10.5. Die populären Filmschauspieler Liselotte Pulver und Heinz Rühmann erhalten in München den »Bambi«, der vom Burda-Verlag vergeben wird.
11.6. Das neuerbauten Festspielhaus in Recklinghausen eröffnet die Ruhr-Festspiele mit Friedrich Schillers Stück *Die Räuber* in der Inszenierung von Heinrich Koch.
16.6. Der amerikanische Regisseur Ken Annakin präsentiert seine populäre Action-Komödie *Die tollkühnen Männer in ihren fliegenden Kisten*.
6.7. Der Film *Lemmy Caution gegen Alpha 60* des französischen Regisseurs Jean-Luc Godard erhält bei den Internationalen Filmfestspielen in Westberlin den »Goldenen Bären«.
5.10. UA: *Joel Brand. Die Geschichte eines Geschäftes*, Stück von Heinar Kipphardt, in München.

Gesellschaft

26.3. Vier Mitglieder des Ku-Klux-Klan werden in den USA als mutmaßliche Mörder der Bürgerrechtlerin Viola Liuzzo verhaftet.
2.4. In Westberlin wird das von den deutschen Architekten Helmut Hentrich und Hubert Petschnigg entworfene Europa-Center eingeweiht.
1.7. Die »Gruner und Jahr GmbH und Co.« wird in Hamburg gegründet.
15.7. Um Maßnahmen zur Bekämpfung des »Bildungsnotstands« an deutschen Schulen und Universitäten zu beschließen, tritt der »Deutsche Bildungsrat« zusammen.
30.8. Bei einem Lawinenunglück im schweizerischen Saas-Fee werden etwa 100 Arbeiter an einer Staudammbaustelle verschüttet.
4.9. Fernsehzuschauer in der Bundesrepublik verfolgen die erste Ziehung der Lottozahlen fünf Minuten vor der Spätausgabe der Tagesschau.
18.9. 100 000 Menschen wohnen der Eröffnung des 131. Oktoberfestes bei. Für sie stehen u.a. bereit: 3 Mio. Liter Bier, 300 000 Brathendl, 700 000 Paar Schweinswürstl, 1600 Zentner Fisch, 26 gebratene Ochsen und 72 000 Portionen Schaschlik.
28.9. Über 600 Menschen sterben auf der Philippineninsel Luzon nach einem Ausbruch des Vulkans Taal.
4.11. Die Weltgesundheitsorganisation (WHO) erklärt die oberfränkische Kleinstadt Kulmbach nach zwei Pockenfällen zum »örtlichen Infektionsherd«.

Deutsche Meister

Sport

Leichtathletik:
100 m:
Manfred Knickenberg	10,3 sec

110 m Hürden:
Hinrich John	14,4 sec

Weitsprung:
Jörg Jüttner	7,69 m

Dreisprung:
Michael Sauer	16,01 m

Speerwurf:
Rolf Herings	78,41 m

1965

Internationale Politik

4.8., USA. Nach Bürgerrechts-Protesten tritt in den USA ein Gesetz in Kraft, das die Diskriminierung schwarzer Wähler in den Südstaaten verhindern soll.

9.8., Singapur. Die frühere britische Kronkolonie verkündet ihren Austritt aus der seit 1963 bestehenden Föderation von Malaysia.

11.8., USA. In dem Schwarzenviertel von Los Angeles kommt es zu den schwersten Rassenunruhen der USA seit 1943. Es werden 35 Menschen getötet und 800 verletzt.

19.8., Israel/BRD. Die Bundesrepublik und Israel nehmen offiziell diplomatische Beziehungen auf und richten Botschaften in Tel Aviv und Bonn ein.

6.9., Indien/Pakistan. Nach dem Einmarsch indischer Truppen in die pakistanische Hauptstadt Lahore weitet sich der Konflikt um Kaschmir zum indisch-pakistanischen Krieg aus.

10.9., Frankreich. Der 48jährige französische Anwalt und linksliberale Abgeordnete François Mitterrand erklärt seine Kanidatur für die Präsidentschaftswahlen am 19. Dezember.

29.9., Großbritannien. Premierminister Harold Wilson plädiert auf dem Labour-Parteitag in Blackpool für die Schaffung einer atomwaffenfreien Zone in Europa.

1.10., Indonesien. Rechtsgerichtete Militärs unter dem Kommando von General Suharto schlagen einen Aufstand linker Armeeoffiziere nieder.

3.10., Schweiz. Die SPS fordert den Schweizer Bundesrat Paul Chaudet wegen der »Mirage«-Affäre zum Rücktritt auf.

30.10., Vietnam. Aufgrund falscher Koordinatenangaben greifen amerikanische Kampfflugzeuge 480 km nordöstlich von Saigon ein Dorf an und töten 48 Zivilisten.

9.11., Philippinen. Ferdinand Edralin Marcos, der Kandidat der Nationalistischen Partei, siegt bei den Präsidentschaftswahlen.

11.11., Rhodesien. Das ostafrikanische Land erklärt einseitig seine Unabhängigkeit, die ihm aufgrund seiner Rassentrennungspolitik von Großbritannien verwehrt wurde.

Deutsche Politik

24.6. Die von der Bundesregierung eingebrachte Notstandsverfassung scheitert an der notwendigen Zweidrittelmehrheit im Deutschen Bundestag.

6.8. Wegen Beleidigung des CSU-Vorsitzenden Franz Josef Strauß in der Hamburger Zeitschrift »konkret« wird die Journalistin Ulrike Meinhof zu einer Geldstrafe von 600 DM verurteilt.

19.8. Das Schwurgericht in Frankfurt am Main verurteilt sechs ehemalige SS-Aufseher zu lebenslänglicher Freiheitsstrafe und zehn zu Zuchthausstrafen zwischen dreieinhalb und 14 Jahren. Drei Angeklagte werden freigesprochen.

Wahlschau ohne Kampf
Chronik Zitat

»Sie haben keine Schlacht verloren, die Führer der SPD. Sie haben freilich auch keine angeboten. ... Sie haben seit fünf Jahren den perfektesten Verschleierungs- und Verkleisterungsfeldzug der deutschen Parteigeschichte geführt und sind ruhmlos steckengeblieben.«
»Der Spiegel«

19.9. Mit einem unerwartet großen Vorsprung vor der SPD (39,3%) wird die CDU/CSU bei den Bundestagswahlen mit 47,6% wiederum stärkste Partei. Als Bundeskanzler wird Ludwig Erhard am 20. Oktober bestätigt. Der »Spiegel« analysiert die Ursachen. ▷Chronik Zitat

26.10. Die Minister des zweiten Kabinetts von Bundeskanzler Ludwig Erhard werden im Bundestag vereidigt. Die Koalition aus CDU/CSU und FDP bleibt weiterhin bestehen.

27.11. Der Vorsitzende der KPdSU, Leonid Breschnew, besucht erstmals die DDR.

3.12. Ein Handelsabkommen bindet die DDR wirtschaftlich an die UdSSR. Aus Verzweiflung über die Konditionen begeht der stellvertretende Ministerpräsident der DDR, Erich Apel, eine Stunde vor Unterzeichnung des Vertrages Selbstmord.

Wirtschaft und Wissenschaft

3.6., Raumfahrt. Der amerikanische Astronaut Edward White verläßt seine Raumkapsel »Gemini IV« und schwebt zwanzig Minuten frei im Weltraum.

25.6., Verkehr. Die Ersten Internationalen Verkehrsausstellung in München stellt das Vickers VA-3 Hovercraft-Luftkissenboot der Öffentlichkeit vor, das eine Geschwindigkeit bis zu 100 km/h erreicht.

30.6., Wissenschaft. An der neuerbauten Ruhr-Universität in Bochum nehmen über 2000 Studenten das Studium auf.

15.7., Raumfahrt. Die im November 1964 gestartete amerikanische Raumsonde »Mariner IV« sendet aus 214 Mio. km Entfernung Bilder vom Mars auf die Erde.

16.7., Verkehr. Die Staatspräsidenten Frankreichs und Italiens eröffnen nach sechsjähriger Bauzeit feierlich den 11,6 km langen Montblanc-Tunnel.

27.9., Schiffahrt. Die 150 000 BRT große »Tokio Maru« ist mit 306 m Länge und 47,5 m Breite das größte Schiff der Welt.

15.10., Luftfahrt. Das amerikanische Testflugzeug »XB-70a« schafft als erste Maschine dreifache Schallgeschwindigkeit (3600 km/h).

8.12., Physik. In Hamburg gelingt deutschen Wissenschaftlern der Nachweis von Anti-Protonen in kurzwelligem Licht.

10.12., Nobelpreise. In Stockholm und Oslo werden die diesjährigen Nobelpreise feierlich überreicht. ▷Chronik Nobelpreise

Wissenschaftler geehrt
Chronik Nobelpreise

Chemie: Robert Woodward (USA)
Medizin: François Jacob (F), André Lwoff (F) und Jacques Monod (F)
Physik: Richard Feynman (USA), Julian Schwinger (USA) und Shinichiro Tomonaga (J)
Frieden: UNICEF
Literatur: Michail Scholochow (UdSSR)

1965

Kunst, Literatur und Musik

11.6. Die britische Musikgruppe The Beatles erhält im Buckingham-Palast in London durch Königin Elisabeth II. den »Empire-Orden«.

12.6. In Recklinghausen eröffnet die Kunstausstellung »Signale–Manifeste–Proteste der Kunst im 20. Jahrhundert« mit 241 Werken von 156 Künstlern, die die Entwicklung der modernen Kunst seit 1900 dokumentieren.

13.6. Zum Schlager des Jahres wird das Lied *Mit 17 hat man noch Träume*, gesungen von Peggy March, gewählt.

25.7. Höhepunkte der Bayreuther Wagner-Festspiele bilden *Der Ring des Nibelungen* in der Inszenierung von Wieland Wagner und *Der Fliegende Holländer* unter dem Dirigat André Cluytens.

5.8. Der Bildhauer, Maler und Schriftsteller Hans Arp nimmt in Hamburg den mit 25 000 DM dotierten Hansischen Goethepreis entgegen, der in diesem Jahr zum 13. Mal verliehen wird.

18.9. Der US-Jazzmusiker Count Basie und seine Band starten ihre Europatournee in Frankfurt am Main.

23.9. In Westberlin wird in Anwesenheit des deutsch-amerikanischen Architekten Ludwig Mies van der Rohe der Grundstein für das »Museum für die Kunst des 19. und 20. Jhs.« gelegt.

2.11. Die Uraufführung der Oper *Jacobowski und der Oberst* wird in Hamburg ein großer Erfolg für den Komponisten Giselher Klebe und den Regisseur Günther Rennert.

22.11. UA: *Der Mann von La Mancha*, Musical nach dem Roman *Don Quijote* von Miguel de Cervantes unter der Regie von Albert Marre, in New York.

1965 Der Roman des britischen Schriftstellers John le Carré *Der Spion, der aus der Kälte kam* erscheint weltweit in einer Gesamtauflage von 5 Mio. Exemplaren.

1965 Nach mehrjähriger Schaffenspause veröffentlicht der amerikanische Erfolgsschriftsteller Norman Mailer seinen Roman *Alptraum*.

1965 Die Rolling Stones erregen mit ihrem Stück *I can't get no satisfaction* Aufsehen. In Großbritannien werden sie zur besten Band des Jahres gewählt.

Theater und Film

26.10. Der amerikanische Regisseur George Stevens droht, die Paramount Pictures zu verklagen, falls sein Film *Ein Platz an der Sonne* für eine Fernsehausstrahlung der NBC verstümmelt wird.

3.11. Die Uraufführung des Stückes *Gerettet* von dem britischen Regisseur Edward Bond in London löst wegen der brutal-naturalistischen Szenen einen Skandal aus.

Dezember In der DDR beginnt eine Kampagne gegen gegenwartskritische Filme. Zahlreiche Werke werden verboten, öffentlich kritisiert oder gar nicht mehr produziert. In den folgenden Jahren kommt es in fast allen sozialistischen Staaten zu ähnlichen Repressionen. Am nachhaltigsten wird die Entwicklung der künstlerischen Films in der Volksrepublik China und in der ČSSR geschädigt.

17.12. In 110 bundesdeutschen Kinos läuft der James-Bond-Krimi *Feuerball* mit Sean Connery in der Hauptrolle an. Der vierte Film um den Topagenten verschlang für die Dreharbeiten rund 4,5 Mio. US-Dollar.

22.12. Der über dreistündige Film *Doktor Schiwago* des Regisseurs David Lean mit Omar Sharif, Julie Christie und Geraldine Chaplin wird zu einem überwältigenden Publikumserfolg.

1965 UA: *Das Narrenschiff*, Film von Stanley Kramer, in New York.

1965 Der Film des französischen Regisseurs Louis Malle, *Viva Maria*, mit Brigitte Bardot und Jeanne Moreau, der verschiedene gängige Filmgenres persifliert, feiert Premiere.

1965 UA: *Was gibt's Neues, Pussy?*, Film von Clive Donner und Woody Allen, in den USA. Peter Sellers, Romy Schneider und Ursula Andress brillieren neben Peter O'Toole.

1965 Die Inszenierung des Bertolt-Brecht-Stückes *Mutter Courage und ihre Kinder* durch Peter Palitzsch wird in Köln von Kritikern und Publikum gefeiert.

1965 Aufgrund seiner politisch-zeitgeschichtlichen Inszenierung von William Shakespeares *Hamlet* erregt Regisseur Harry Buckwitz in Frankfurt am Main großes Aufsehen.

Gesellschaft

7.11. Eine Gedenkstätte für die Opfer der NS-Gewaltherrschaft auf dem Gelände des ehemaligen Konzentrationslagers Neuengamme bei Hamburg wird feierlich eingeweiht.

10.11. Während eines Stromausfalls in New York nutzen Plünderer ihre Chance, als Fahrstühle bleiben stecken, U-Bahnen still stehen und der Verkehr zusammenbricht.

13.11. Auf der Fahrt von Miami zu den Bahamas sinkt ein amerikanisches Fährschiff, nachdem eine brennende Zigarette einen Brand an Bord ausgelöst hat. 82 Passagiere sterben.

29.11. Die bayerische Landeshauptstadt München bewirbt sich für die Ausrichtung der Olympischen Sommerspiele 1972.

21.12. Im amerikanischen Columbus beschlagnahmt die Polizei mit 95 kg Heroin die bislang größte sichergestellte Rauschgiftmenge in der Kriminalgeschichte der USA.

26.12. Der Ratsvorsitzende der Evangelischen Kirche in Deutschland, Präses Kurt Scharf, wendet sich über die Berliner Rundfunksender gegen jede Form von Völkerfeindschaft. ▷Chronik Zitat

Völkerverständigung
Zitat

»Wir wollen versuchen, Unrecht abzubauen, Haß zu verringern, das Recht des einen und das Recht des anderen ineinanderzufügen.«
Kurt Scharf, Präses der EKD

1965 Nach Auskunft eines Seuchenberichts der WHO sind seit 1946 weltweit 813 Mio. Menschen von der Malaria-Krankheit befreit worden.

1965 Die Gewerkschaft Erziehung und Wissenschaft fordert die Aufnahme der Sexualerziehung in die Lehrpläne der Schulen.

1965 Infolge einer Grippe-Epidemie in Osteuropa sind in Leningrad mehr als 400 000 Menschen akut erkrankt.

1965 Der deutsche Automobilclub ADAC feiert sein millionstes Mitglied.

1965

Internationale Politik	Deutsche Politik	Wirtschaft und Wissenschaft
13.12., USA/Vietnam. General Maxwell Taylor, der Sonderberater des amerikanischen Präsidenten, fordert die Intensivierung des Landkrieges gegen die Vietcong-Truppen. **19.12., Frankreich.** Staatspräsident Charles de Gaulle wird bei den Präsidentschaftswahlen für weitere sieben Jahre im Amt bestätigt. **31.12., Zentralafrikanische Republik.** Die Armee unter Führung von Oberst Jean Bedel Bokossa übernimmt die Macht.	**4.12.** Im Bayernkurier greift die CSU bekannte Autoren und Wissenschaftler wegen ihrer Kritik am Vietnamkrieg im Satiremagazin »Pardon« scharf an. **21.12.** Der CDU-Vorsitzende Konrad Adenauer erklärt seinen Verzicht auf eine erneute Kandidatur für den Parteivorsitz. **27.12.** Um den Abzug amerikanischer Truppen aus der BRD zu verhindern, sagt Bundeskanzler Ludwig Erhard den Vereinigten Staaten nichtmilitärische Hilfe im Vietnamkrieg zu.	**10.12., Wirtschaft.** Die Hauptversammlung des Bochumer Vereins für Gußstahlfabrikation genehmigt mit der erforderlichen Dreiviertelmehrheit die Fusion mit der Friedrich-Krupp-Hüttenwerke AG Rheinhausen. **1965, Wirtschaft.** Der anhaltende Arbeitskräftemangel in der Bundesrepublik hemmt das Wirtschaftswachstum. Der prophezeite Konjunkturaufschwung wird durch massive Preissteigerungen und ein wachsendes Außenhandelsdefizit gebremst.

1965 Geborene und Gestorbene

Geboren:
9.1. Haddaway, amerikanischer Popsänger.
27.2. Oliver Reck, deutscher Fußballspieler.
6.10. Jürgen Kohler, deutscher Fußballspieler.

Gestorben:
4.1. Thomas S. Eliot (*26.9.1888), amerikanischer Schriftsteller.
24.1. Sir Winston Churchill (*30.11.1874), britischer Politiker.
15.2. Nat King Cole (*17.3.1915), amerikanischer Sänger.
23.2. Stan Laurel (*16.6.1890), amerikanischer Filmschauspieler.
18.3. Faruk I. (*11.2.1920), Ex-König von Ägypten.
21.4. Edward Victor Appleton (*6.9.1892), britischer Naturwissenschaftler.

1966

Internationale Politik	Deutsche Politik	Wirtschaft und Wissenschaft
Januar, Obervolta/Nigeria. In Obervolta, der Zentralafrikanischen Republik und in Nigeria putschen sich Militärs an die Macht. **10.1., Indien/Pakistan.** Die Deklaration von Taschkent sichert die Wiederherstellung friedlicher Beziehungen zwischen Indien und Pakistan. **19.1., Indien.** Indira Gandhi, die Tochter des indischen Staatsgründers Jawaharlal Nehru, wird neue indische Premierministerin. **29.1., Luxemburg** Frankreich kehrt nach sieben Monaten in den Ministerrat der Europäischen Wirtschaftsgemeinschaft (EWG) zurück. **31.1., USA/Vietnam.** Nach gescheiterten Verhandlungen zur Beendigung des Vietnamkriegs setzen die USA die Angriffe gegen Nordvietnam planmäßig fort.	**1.1.** In seiner Neujahrsansprache ermahnt Bundespräsident Heinrich Lübke die Bundesbürger zur Sparsamkeit. ▷Chronik Zitat ### Sparsamkeit wünschenswert **Chronik Zitat** *»Ebensowenig wie der einzelne oder die Familie kann ein Volk in seiner Gesamtheit über seine Verhältnisse leben. Eine inflationäre Entwicklung vernichtet die Ersparnisse und zerrüttet die Wirtschaft.«* **Bundespräsident Heinrich Lübke** **2.1.** 823 904 Westberliner haben im Dezember Verwandte im Ostteil der Stadt besucht.	**3.2., Raumfahrt.** Mit der Landung der Ende Januar gestarteten Sonde »Luna 9« auf der östlichen Mondseite hat die sowjetische Raumforschung einen bahnbrechenden Erfolg zu verzeichnen. **1.3., Raumfahrt.** Nach sechswöchiger Flugdauer erreicht die sowjetische Raumsonde »Venus 3« den Planeten Venus. **16.3., Raumfahrt.** Bei der Mission »Gemini 8« gelingt den amerikanischen Astronauten Neil Armstrong und David Scott erstmals ein Kopplungsmanöver ihrer frei schwebenden Kapsel mit einer »Agena«-Rakete. Zuletzt müssen sie im Pazifik notlanden. **30.3., Technik.** Ein neuartiger Wetterballon, der in Neuseeland gestartet wird, sendet aus 12 km Höhe Informationen.

1965

Kunst, Literatur und Musik

1965 Der amerikanische Schriftsteller Truman Capote veröffentlicht den Tatsachenroman *Kaltblütig*.
1965 Der neugegründete Wagenbach-Verlag in Westberlin veröffentlicht die ersten Balladen und Gedichte des in der DDR scharf kritisierten Schriftstellers Wolf Biermann.
1965 Zu den beliebtesten Sängerinnen und Sängern in Deutschland gehören Drafi Deutscher, Peggy March, Peter Alexander, Petula Clark, Cliff Richard und France Gall.

Theater und Film

1965 Das Stück *Die Ermittlung. Oratorium in 11 Gesängen* des Schriftstellers und Künstlers Peter Weiss, das den Frankfurter Prozeß von 1963/64 gegen NS-Täter thematisiert, startet an 19 Bühnen gleichzeitig.
1965 Das Westberliner Schiller-Theater gastiert mit dem Schiller-Stück *Don Carlos* im Lincoln Center in New York.
1965 Jane Fonda, Lee Marvin und Nat King Cole sind die Hauptdarsteller in der erfolgreichen Westernparodie *Cat Ballou – hängen sollst du in Wyoming*.

Gesellschaft

1965 Der Trend zur Ehe in der Bundesrepublik ist nach wie vor groß. Nur 5% aller ehemündigen Bundesbürger bleiben zeitlebens Singles.
1965 Der Durchschnittsverbrauch eines Bundesbürgers liegt bei 31 kg Zucker, 64 kg Fleisch, 108 l Milch, 88 kg Frischobst, 3,5 kg Kaffee, 13,3 l Wein und Sekt, 147 l Bier und 1913 Zigaretten.
1965 »Twiggy« wird als heiß begehrtes Fotomodell die teuerste »Bohnenstange der Welt«.

1965 Geborene und Gestorbene

13.6. Martin Buber (*8.2.1878), israelischer Religionsphilosoph.
10.7. Jacques Audiberti (*25.3.1899), französischer Dichter.
7.8. Wilhelm Gimmi (*7.8.1886), schweizerischer Maler.

27.8. Le Corbusier (*6.10.1887), französischer Architekt.
5.9. Albert Schweitzer (*14.1.1875), deutscher Theologe und Missionsarzt.
3.10. Max Picard (*5.6.1888), schweizerischer Schriftsteller.

22.10. Paul Tillich (*20.8.1886), deutscher Theologe.
6.12. Walter Muschg (*21.5.1898), schweizerischer Schriftsteller.
16.12. William Somerset Maugham (*25.1.1874), britischer Schriftsteller.

1966

Kunst, Literatur und Musik

Februar Zwei Monate nach Erscheinen in den USA erreicht Truman Capotes Roman *Kaltblütig* eine Auflage von einer halben Mio. Exemplaren.
30.3. In Münster wird die Aufführung der *Lukas-Passion* des polnischen Komponisten Krzysztof Penderecki ein großer Erfolg.
1.4. In den USA wird eine Wanderausstellung mit Werken des belgischen Malers René Magritte gezeigt. Sie wird Ende November in New York beendet.
23.6. Die Beatles treffen in München zu einer Deutschlandtournee ein und werden von ihren weiblichen Fans mit hysterischem Geschrei begrüßt.
19.7. Der aus der UdSSR stammende Maler Marc Chagall überreicht dem französischen Staat 60 seiner Gemälde, die auf einen Wert von 8 Mio. DM geschätzt werden.

Theater und Film

15.1. Das Stück *Die Plebejer proben den Aufstand* des deutschen Schriftstellers Günter Grass löst bei seiner Premiere im Berliner Schiller-Theater heftige Tumulte aus.
17.1. UA: *Öffentlicher Gesang vor zwei elektrischen Stühlen*, Stück von Armand Gatti, in Frankreich.
Februar Anläßlich eines Gastspiels in Israel wird die deutsche Filmschauspielerin und Sängerin Marlene Dietrich von Präsident Salman Schasar empfangen.
3.2. UA: *Winzige Alice*, Stück des amerikanischen Autors Edward Albee, in Hamburg.
18.2. In der DDR läuft der erste Indianerfilm unter der Regie von Josef Mach, *Die Söhne der großen Bärin*, an.
20.2. UA: *Der Meteor*, Stück von Friedrich Dürrenmatt, in Zürich.

Gesellschaft

13.1. Der 13tägige Streik der amerikanischen Transportarbeiter-Gewerkschaft richtet einen Schaden von 4,8 Mrd. US-Dollar an.
25.1. Bei dem bisher schwersten Flugzeugunglück in den Alpen, bei dem eine Boeing 707 am Montblanc-Massiv zerschellt, kommen 177 Menschen ums Leben.
20.2. Ein norwegischer Tanker kollidiert mit 38 000 t Rohöl westlich von Helgoland mit einem britischen Motorfrachter.
10.3. Amsterdam feiert die Hochzeit der niederländischen Kronprinzessin Beatrix mit dem deutschen Diplomaten Claus von Amsberg.
26.3. Nach 194 Jahren wird bei Essen die älteste Anthrazitkohlenzeche des Ruhrgebiets, die Zeche Langenbrahm, stillgelegt.

1966

Internationale Politik

21. 2., Frankreich. Frankreich tritt aus der NATO mit der Begründung aus, die reduzierte Kriegsgefahr in Europa habe die Notwendigkeit des Verteidigungspaktes relativiert.

23. 2., Syrien. Ein Kommando des linken Flügels der sozialistischen Baath-Partei übernimmt die Macht in Syrien.

24. 2., Ghana. Nach einem blutigen Militärputsch übernimmt ein Nationaler Befreiungsrat unter Joseph A. Ankrah die Macht. Der bisherige Staatspräsident Kwame Nkrumah wird in Abwesenheit für abgesetzt erklärt.

1. 3., USA. In einer Rede des Senators James W. Fullbright über den »Hochmut der Macht« erreicht der Widerstand gegen die Vietnam-Politik der Regierung einen ersten Höhepunkt.

6. 3., Österreich. Bei den Wahlen zum Nationalrat erhält die Österreichische Volkspartei (ÖVP) überraschend die absolute Mehrheit. Nach dem Scheitern der Koalitionsverhandlungen mit der SPÖ, mit der sie seit 1945 koalierte, übernimmt die ÖVP unter Josef Klaus die alleinige Regierungsverantwortung.

11. 3., Indonesien. Das Militär unter General Kemusu Suharto übernimmt nach blutigen Unruhen die Macht.

21. 3., China. Das Parlament wählt zum vierten Mal Chiang Kai-shek zum Staatspräsidenten.

1. 4., Südvietnam. Demonstrationen gegen das Militärregime und die Interventionen der USA lösen einen blutigen Bürgerkrieg aus.

14. 4., Polen. Die 1000-Jahr-Feiern der Christianisierung werden durch staatlich angeordnete kommunistische Kundgebungen gestört. Papst Paul VI. erhält Einreiseverbot.

4. 5., China. Die Spitzen der KP leiten die »Große Proletarische Kulturrevolution« ein, die eine gesellschaftliche Umwälzung zur Festigung des Sozialismus vorsieht.

26. 5., Britisch-Guyana. Die einzige Kolonie Großbritanniens in Südamerika erhält ihre Unabhängigkeit.

27. 6., Argentinien. Die Armee setzt Staatspräsident Umberto Illia ab. Juan Carlos Ongania wird neuer Präsident des Landes.

Deutsche Politik

4. 1. Zu einem Eklat zwischen Bundespräsident Heinrich Lübke und Bundeskanzler Ludwig Erhard (CDU) kommt es, als Lübke sich für die Bildung einer Großen Koalition aus CDU und SPD ausspricht.

18. 3. Die SPD antwortet auf einen »Offenen Brief« der SED und eröffnet den Dialog zwischen der Bundesrepublik und der DDR durch das Angebot eines »Redneraustausch«.

23. 3. Bundeskanzler Ludwig Erhard ist neuer Parteivorsitzender der CDU. Er löst Konrad Adenauer ab, der das Amt seit 1950 innehatte.

25. 5. Drei Angehörige des Bundesverteidigungsministeriums werden der Bestechung angeklagt, da sie für hohe Schmiergelder wichtige Aufträge an Industrieunternehmen erteilten.

4. 7. Mit dem Argument ab, es könne als Anerkennung der DDR ausgelegt werden, lehnt die BRD ein neues Passierscheinabkommen mit der DDR ab. Verwandtenbesuche nach Ostberlin sind damit nicht mehr möglich.

19. 7. Das Bundesverfassungsgericht erklärt die direkte finanzielle Förderung der Parteien durch Haushaltsmittel der öffentlichen Hand für verfassungswidrig.

5. 8. Während des Jüdischen Weltkongresses in Brüssel kommt es zu einem deutsch-jüdischen Dialog.

26. 9. Der Versuch von Bundeswirtschaftsminister Ludwig Erhard, die Devisenausgleichszahlungen an die USA aufzuschieben, scheitert. Seine Position ist geschwächt, so daß in der CDU Nachfolge-Diskussionen beginnen.

1. 10. Die Kriegsverbrecher Albert Speer und Baldur von Schirach werden nach 20jähriger Haft aus dem Spandauer Militärgefängnis entlassen.

27. 10. Die vier FDP-Minister im Bonner Kabinett reichen ihren Rücktritt ein, nachdem mit dem Koalitionspartner CDU keine Einigung über die Deckung des Haushaltsdefizits erzielt werden konnte.

30. 11. Bundeskanzler Ludwig Erhard (CDU) reicht seinen Rücktritt ein, nachdem sich CDU und SPD auf die Bildung einer Großen Koalition geeinigt haben.

Wirtschaft und Wissenschaft

9. 5., Kernenergie. Das erste Atomkraftwerk der DDR wird in Rheinsberg in Betrieb genommen. Es läuft mit einer Leistung von 70 Megawatt.

2. 6., Raumfahrt. Die amerikanische Sonde »Surveyor 1« landet nach 83 Flugstunden auf dem Mond.

Bildung in Westdeutschland
Chronik Statistik

Volksschüler	5 710 923
Realschüler	590 028
Gymnasiasten	1 038 141
Studenten	327 318

19. 8., Raumfahrt. 120 km über der Mondoberfläche sendet die amerikanische Raumsonde »Luna Orbiter I« ausgezeichnete Aufnahmen der Erde an die Bodenleitstellen in Kalifornien.

1. 10., Technik. Auf der Photokina in Köln stellt die bundesdeutsche Firma Rollei die bislang kleinste Präzisionskamera vor.

15. 11., Raumfahrt. Das amerikanische Programm zur Erkundung des bemannten Raumflugs wird mit der Landung der Raumkapsel »Gemini 12« erfolgreich abgeschlossen.

5. 12., Verkehr. Die Ruhrtalbrücke ist mit 1,8 km die längste Autobahnbrücke der Bundesrepublik und soll die Verbindung zwischen Essen und Düsseldorf verbessern.

Wissenschaftler geehrt
Chronik Nobelpreise

Chemie: Robert S. Mulliken (USA)
Medizin: Peyton Rous (USA) und Charles B. Huggins (USA)
Physik: Alfred Kastler (F)
Literatur: Nelly Sachs (D) und Samuel J. Agnon (IL)

10. 12., Nobelpreise. In Stockholm überreicht König Gustav VI. Adolf die diesjährigen Nobelpreise. Ein Friedensnobelpreis wird dieses Jahr nicht verliehen. ▷Chronik Nobelpreise

1966

Kunst, Literatur und Musik

August Von einem Jazz-Quartett untermalt, rezitiert der Lyriker Peter Rühmkorf vor 2000 Zuhörern in Hamburg seine Gedichte.

16.9. Die neue Metropolitan Opera in New York eröffnet mit der Uraufführung von Samuel Barbers *Antonius und Cleopatra* in der Inszenierung von Franco Zeffirelli.

25.9. Kardinal Augustin Bea und der niederländische Theologe Willem Visser't Hooft werden für ihre Bemühungen um den Kirchendialog mit dem Friedenspreis des Deutschen Buchhandels geehrt.

11.10. Die in Hamburg uraufgeführte Oper *Die Heimsuchung* des Amerikaners Gunther Schuller wird als herausragendes Werk gefeiert.

18.11. Als Hommage für Pablo Picasso, der am 25. Oktober seinen 85. Geburtstag feierte, wird in Paris eine Ausstellung mit über 1000 Werken des spanischen Malers eröffnet.

1966 Martin Walser bringt beim Verlag Suhrkamp in Frankfurt am Main seinen Roman *Das Einhorn* heraus.

1966 Der Roman *Die Welt der Schönen Bilder* von Simone de Beauvoir erscheint in Paris.

1966 In seinem Buch *Dantes System der Hölle* schildert der Amerikaner LeRoi Jones das Leben der benachteiligten schwarzen Minderheit in den Vereinigten Staaten.

1966 Der deutsche Zeichner und Graphiker Horst Janssen wird in Hamburg mit dem Edwin-Scharff-Preis ausgezeichnet.

1966 Bei den Bayreuther Richard-Wagner-Festspielen kommt der *Ring des Nibelungen* unter Leitung von Karl Böhm und in einer Inszenierung von Wieland Wagner zur Aufführung.

1966 Die französische Künstlerin Niki de Saint-Phalle konzipiert mit dem Schweizer Jean Tinguely die grellbunten »weiblichen Plastiken«.

1966 Der amerikanische Maler und Grafiker Richard Lindner stellt sein Kunstwerk *Leoparden-Lilly* vor.

1966 Bob Dylan, das Aushängeschild der amerikanischen Protestsong-Welle, veröffentlicht sein erstes Album *Blonde in Blonde*.

Theater und Film

3.3. Nach der Premiere des Theaterstücks *Aufstand der Offiziere* von Hans Hellmut Kirst werden Proteste gegen die angeblich diffamierende Darstellung der Widerstandskämpfer um Claus von Stauffenberg laut.

3.4. In dem Film *Suzanne Simonin, die Nonne Diderots*, prangert Jacques Rivette die Doppelmoral des Klosterlebens an und ruft damit heftige Proteste bei Kirchenvertretern hervor.

10.4. In Dakar, der Hauptstadt Senegals, beginnen die ersten »Weltfestspiele der schwarzen Kunst«, in denen vorkoloniale kulturelle Traditionen wiederbelebt werden.

18.4. Die beiden Filme *Doktor Schiwago* von David Lean und *Meine Lieder – Meine Träume* von Robert Wise werden in Hollywood mit je fünf Oscars ausgezeichnet. Die britische Schauspielerin Julie Christie wird als beste Darstellerin gefeiert.

20.4. Der Fernsehfilm *Der Deutsche Bund* des Kanzlerberaters Rüdiger Altmann, der eine Fiktion über die Vereinigung beider deutschen Staaten thematisiert, erregt größtes Aufsehen in der Bundesrepublik.

8.5. In Wien wird der Film *Mohn ist auch eine Blume* gezeigt. Die Gagen der internationalen Stars kommen der UNO zur Bekämpfung des Rauschgifthandels zugute.

20.5. Bei den Internationalen Filmfestspielen von Cannes werden die Filme *Ein Mann und eine Frau* von Claude Lelouch und *Damen und Herren* von Pietro Germi mit der Goldenen Palme ausgezeichnet. Als beste Schauspieler werden Vanessa Redgrave und Per Oscarsson geehrt.

27.5. UA: *Jagdszenen aus Niederbayern*, Stück von Martin Sperr, in Bremen. Das Stück handelt von der engstirnigen Intoleranz gegenüber sog. Außenseitern.

8.6. UA: *Publikumsbeschimpfung*, Stück von Peter Handke unter der Regie von Claus Peymann, im Theater am Turm in Frankfurt am Main. Mit seinem Debütwerk durchbricht Peter Handke die Theatertraditionen. Ziel ist es, auf Sprachklischees aufmerksam zu machen und sie in Frage zu stellen.

Gesellschaft

9.4. Die Schauspielerin Sophia Loren und der Filmproduzent Carlo Ponti heiraten in Paris.

15.4. Der 45jährige amerikanische Psychologe Timothy Leary wird wegen Drogenverherrlichung festgenommen und zu einer hohen Geldstrafe verurteilt. ▷Chronik Zitat

Musik in vielen Farben
Chronik Zitat

»Wenn man unter LSD steht, sprudeln Tonwellen durch das Ohr. ... Man hört eine Note einer Bach-Sonate, und sie hängt da, funkelnd, pulsend, endlos lange, während man langsam um die Note kreist ... Man sieht die Musik in vielen Farben.«

Timothy Leary, Psychologe

27.4. Über 5000 ehemalige NSDAP- und SS-Mitglieder nehmen in Ludwigsburg an der Beisetzung des ehemaligen SS-Kommandant Joseph Dietrich teil.

11.5. Ein schweres Erdbeben mit 7,5 Punkten auf der nach oben offenen Richterskala macht in der usbekischen Hauptstadt Taschkent über 100 000 Menschen obdachlos.

21.6. Die Düsseldorfer Kriminalpolizei verhaftet den wegen vierfachen Sexualmordes an vier Jungen gesuchten Jürgen Bartsch.

22.6. In Westberlin demonstrieren Studenten der Freien Universität für eine umfassende Studienreform.

14.7. Die französische Filmschauspielerin Brigitte Bardot und der deutsche »Playboy« Gunther Sachs heiraten in Las Vegas.

19.8. 3000 Menschen sterben bei einem Erdbeben in der Osttürkei.

6.10. In Westberlin wird das neue, 20stöckige Verlagshaus des Axel-Springer-Konzerns direkt an der Berliner Mauer eingeweiht.

21.10. Eine durch Regenmassen ins Rutschen geratene Abraumhalde begräbt im wallisischen Dorf Aberfan 144 Menschen unter sich.

1966

Internationale Politik

29.6., Nordvietnam. Mit dem US-Angriff auf die Hauptstadt Hanoi und die Hafenstadt Haiphong erreicht der Vietnamkrieg einen neuen Höhepunkt.
2.7., Frankreich. Ein französischer Atomwaffenversuch auf dem Mururoa-Atoll im Südpazifik stößt auf heftige internationale Kritik.
1.8., Schweiz. Die Schweiz wird Vollmitglied des Allgemeinen Zoll- und Handelsabkommens (GATT).
6.9., Südafrika. Im Parlament in Kapstadt fällt der Premierminister Hendrik Frensch Verwoerd einem Attentat zum Opfer. Nachfolger wird am 13. September Balthazar Johannes Vorster.
30.9., Botswana. Das britische Protektorat Betschuanaland wird als Republik Botswana unabhängig.
4.10., Lesotho. Das ehemals britische Basuto wird als konstitutionelle Monarchie unabhängig.
13.11., Israel. Drei Tage nach dem Tod von drei israelischen Soldaten durch einen Sabotageakt der PLO verübt Israel einen Vergeltungsschlag gegen das jordanische Grenzdorf Samua.
26.12., Angola. In der portugiesischen Kolonie überfallen mehrere hundert Eindringlinge aus der Kongo-Provinz Katanga das Grenzdorf Teixeira de Sousa.
31.12., Jugoslawien. Staatspräsident Josip Tito amnestiert den früheren Vizepräsidenten Milovan Djilas, der 1954 wegen öffentlicher Kritik am Kommunismus in Haft gesetzt worden war.

Deutsche Politik

1.12. Der CDU-Politiker Kurt Georg Kiesinger wird vom Deutschen Bundestag zum neuen Bundeskanzler gewählt. Anschließend wird das neue Kabinett der Großen Koalition aus CDU/CSU und SPD vor dem Parlament vereidigt.
13.12. In seiner Regierungserklärung erläutert der neue Bundeskanzler Kurt Georg Kiesinger die Aufgaben, die sich die Große Koalition gestellt hat.
▷Chronik Zitat

Große Hoffnungen

Chronik Zitat

»Die deutsche Regierung tritt für eine konsequente ... Friedenspolitik ein, durch die politische Spannungen und das Wettrüsten eingedämmt werden ... Wir wollen entkrampfen und Gräben überwinden und nicht vertiefen.«
Bundeskanzler Kurt Georg Kiesinger

14.12. Bundesaußenminister Willy Brandt (SPD) erklärt in einer Rede vor der Westeuropäischen Union (WEU) in Paris, daß die neue Bundesregierung strebe keine atomare Mitbeteiligung innerhalb der NATO an.
30.12. Im Rahmen der Devisenhilfe zum Ausgleich der Stationierungskosten zahlt die Bundesregierung den USA 1,8 Mrd. DM.

Wirtschaft und Wissenschaft

22.12., Verkehr. Die fertiggstellte Autobahn Wien–Preßbaum wird dem Verkehr übergeben.
1966, Wirtschaft. Das »Wirtschaftswunder« ist vorbei. Die Konjunkturziffern der BRD sind so stark rückläufig, daß erstmals eine Rezession droht.
1966, Medien. Die Firma IBM stellt das erste Datenerfassungsgerät für die automatische Maschinen- und Handschriftenentzifferung vor.
1966, Technik. Die schweizerische Firma BBC nimmt den weltweit größten elektrisch betriebenen Induktions-Tiegelschmelzofen in Betrieb.
1966, Verkehr. Die »Europa-Lokomotive« E 410-001 kann ohne Rücksicht auf Fahrdrahtspannung und Stromart alle europäischen Strecken befahren.
1966, Physik. In den USA und der Bundesrepublik wird von Peter Sorokin und Fritz P. Schäfer der Farbstoff-Laser erfunden, der die Untersuchung von Atomstrukturen ermöglicht.
1966, Technik. Das erste Polaris-U-Boot der britischen Marine ist atomgetrieben und verfügt über 16 nukleare Raketensprengköpfe.
1966, Wirtschaft. In der BRD sind 18 232 000 Rundfunk- und 12 720 000 Fernsehteilnehmer gemeldet.
1966, Wirtschaft. Die Notwendigkeit zu wirtschaftlichen Strukturveränderungen macht sich am stärksten im Ruhrbergbau bemerkbar. Auch die Stahlindustrie leidet unter der Krise im Bergbau.

1966 Geborene und Gestorbene

Geboren:
6.2. Rick Astley, britischer Popsänger.
15.4. Samantha Fox, britische Sängerin und Filmschauspielerin.
16.5. Janet Jackson, amerikanische Popsängerin.
30.5. Thomas Häßler, deutscher Fußballspieler.

Gestorben:
1.1. Vincent Auriol (*27.8.1884), französischer Politiker.
11.1. Lal Bahadur Shastri (*2.10.1904), indischer Politiker.
27.1. Ludwig Gies (*3.9.1887), deutscher Bildhauer.
1.2. Buster Keaton (*4.10.1896), amerikanischer Filmschauspieler.
5.2. Ludwig Binswanger (*13.4.1881), schweizerischer Psychiater.
5.3. Anna Achmatowa (*23.6.1889), russische Dichterin.
30.3. Erwin Piscator (*17.12.1893), deutscher Regisseur.
6.4. Emil Brunner (*23.12.1889), schweizerischer Theologe.
13.4. Carlo Carrà (*11.2.1881), italienischer Maler und Grafiker.

1966

Kunst, Literatur und Musik

1966 Im Guggenheim Museum in New York wird eine Ausstellung der Werke des amerikanischen Malers Barnett Newman gezeigt.

1966 Der kubanische Maler Wilfredo Lam vollendet für den Präsidentenpalast von Havanna das monumentale Wandgemälde *Die dritte Welt*.

1966 Der britische Maler und Grafiker David Hockney präsentiert sein Werk *Sonnenbadender*.

1966 Der österreichische Maler und Grafiker Ernst Fuchs veröffentlicht seine programmatische Schrift *Architectura Caelestis*.

1966 Der italienische Maler und Bildhauer Lucio Fontana wird für seine künstlerische Leistung mit dem »Großen Preis der Biennale« in Venedig geehrt.

1966 Der schweizerische Künstler Jean Tinguely stellt seine *Wassermaschine* vor, die aus Schrotteilen zusammengesetzt ist und durch Wasser in Bewegung gerät.

1966 Der Roman *Mittag Mitternacht* von Jean Cayrol thematisiert die zerrissene Persönlichkeit einer Frau.

1966 Der Roman *Die Hornissen* des österreichischen Schriftstellers Peter Handke thematisiert die Erfahrung der Welt durch das Medium Sprache.

1966 *Super Girl* von Graham Bonny, *Yesterday Man* von Chris Andrews, *Barbara Ann* von den Beach Boys und *Wild Thing* von den Troggs zählen zu den Tops der deutschen Hitparade.

Theater und Film

23.6. In Mike Nichols' Verfilmung des Theaterklassikers *Wer hat Angst vor Virginia Woolf?* spielen Richard Burton und Liz Taylor die Hauptrollen.

20.9. Die Premiere des Stücks *Die Verfolgung und Ermordung Jean Paul Marats* von Peter Weiss wird in Paris zu einem riesigen Publikumserfolg.

24.9. Zur Eröffnung des Wuppertaler Schauspielhauses überrascht der Schriftsteller Heinrich Böll sein Publikum mit provokanten Thesen über das Verhältnis zwischen Kunst und Staat.

1966 In den USA hat der ungewöhnlich aufwendig produzierte und technisch innovative Zukunftsfilm *Die phantastische Reise* von Richard Fleischer Premiere.

1966 Der britische Regisseur Martin Ritt verfilmt den weltberühmten Roman von John le Carré *Der Spion, der aus der Kälte kam*.

1966 Ulrich Schamoni greift mit dem Film *Es* ein gesellschaftliches Tabu-Thema auf, indem er die Geschichte einer jungen Frau erzählt, die sich zur Abtreibung entschließt.

1966 Die Musil-Verfilmung *Der junge Törless* von Volker Schlöndorff erzählt, wie ein sensibler Junge in einem autoritären Internat der Faszination der Gewalt erliegt.

1966 In dem Hitchcock-Thriller *Der zerrissene Vorhang*, der in den USA anläuft, stehen Paul Newman, Julie Andrews, Günter Strack und Hansjörg Felmy vor der Kamera.

Gesellschaft

24.10. In Köln kommt es zu blutigen Ausschreitungen, als mehrere tausend Studenten die Gleise der Verkehrsbetriebe wegen angekündigter Fahrpreiserhöhungen besetzen.

8.12. Das griechische Fährschiff »Heraklion« kentert bei schwerem Sturm mit 281 Personen auf der Fahrt von Kreta nach Piräus. 46 Menschen werden gerettet.

Deutsche Schwimm-Meister
Sport

Freistil 100 m:
Gisela Dick — 1:04,9 min
Brust 200 m:
Martha Hoffmann — 2:54,5 min
Delphin 100 m:
Heike Kustede — 1:08,1 min
Rücken 100 m:
Jutta Olbrisch — 1:15,2 min
Lagen 4 x 100 m:
Wasserfreunde Wuppertal — 5:01,6 min

1966 Infolge des »Bildungsnotstands« fehlen den überfüllten Hochschulen finanzielle Mittel, die Schulen klagen über akuten Lehrermangel.

1966 Die Bundesregierung legt erstmals einen umfassenden Bericht über »die Situation der Frauen in Beruf, Familie und Gesellschaft« vor.

1966 80 verschiedene Antibabypillen sind in 20 Ländern auf dem Markt.

Geborene und Gestorbene

14.4. Felix Graf Luckner (*9.6.1881), deutscher Seefahrer und Schriftsteller.
30.5. Väinö Aaltonen (*8.3.1894), finnischer Bildhauer.
7.6. Hans Arp (*16.9.1887), deutsch-französischer Bildhauer.
31.7. Alexander Ernst von Falkenhausen (*29.10.1878), deutscher General.

15.8. Jan Kiepura (*16.5.1902), amerikanisch-polnischer Sänger.
31.8. Kasimir Edschmidt (*5.10.1890), deutscher Schriftsteller.
17.9. Fritz Wunderlich (*26.9.1930), deutscher Tenor.
21.9. Paul Reynaud (*15.10.1878), französischer Politiker.
17.10. Wieland Wagner (*5.1.1917), deutscher Opernregisseur.

20.10. Dimitar Talew (*14.9.1898), bulgarischer Schriftsteller.
20.10. Otto Pankok (*6.6.1893), deutscher Grafiker.
9.11. Richard Benz (*12.6.1884), deutscher Literaturhistoriker.
15.12. Walt Disney (*5.12.1901), amerikanischer Filmproduzent.
23.12 Heimito von Doderer (*5.9.1896), österreichischer Schriftsteller.

1967

Internationale Politik

7.1., China. Blutige Auseinandersetzungen zwischen Anhängern und Gegnern der Lehre des KP-Vorsitzenden Mao Tse-tung erschüttern China und führen das Land an den Rand eines Bürgerkriegs.

27.1., UdSSR. Die USA, die UdSSR und zahlreiche weitere Staaten unterzeichnen in Moskau den »Vertrag zur friedlichen Nutzung des Weltraums«.

1.2., Österreich. Bruno Kreisky wird neuer Vorsitzender der Sozialdemokratischen Partei (SPÖ).

7.2., USA/Vietnam. »Agent Orange«, eine hochgiftige Chemikalie, die die USA im Vietnamkrieg einsetzen, soll eine »Entlaubung« der entmilitarisierten Zone zwischen Nord- und Südvietnam bewirken.

13.2., Schweiz. Die Schweiz lehnt als »neutraler Staat aus prinzipiellen Erwägungen« Sanktionen gegen den Apartheids-Staat Rhodesien ab.

14.2., Mexiko. 14 Staaten unterzeichnen in Mexiko City den Vertrag über die Schaffung einer atomwaffenfreien Zone in Lateinamerika.

4.3., Österreich/Italien. Österreich und Italien einigen sich über die Bedingungen des Südtirolpaktes.

12.3., Frankreich. Die Gaullisten verlieren bei Wahlen zur Nationalversammlung 40 Sitze und können ihre Mehrheit nur knapp behaupten.

15.4., USA. In New York formieren sich Tausende von Gegnern des Vietnamkrieges zum größten Protestmarsch seit vier Jahren, bei dem der Bürgerrechtler Martin Luther King zur Beendigung des Krieges aufruft.

21.4., Griechenland. Ein Militärputsch und die Machtübernahme von Konstantin Kollias drängen die demokratischen Strukturen und Reformbestrebungen des Landes zurück.

15.5., Schweiz. In Genf werden die Verhandlungen der »Kennedy-Runde« über den weltweiten Abbau von Zöllen und Handelsbeschränkungen beendet.

5.6., Israel/Ägypten. Der israelisch-arabische Konflikt eskaliert im Sechstagekrieg. Am 10. Juni kontrollieren israelische Truppen vom Jordan bis zum Suezkanal ein Territorium, das viermal so groß ist wie Israel.

Deutsche Politik

1.1. In Westberlin schließen sich Angehörige des Sozialistischen Deutschen Studentenbundes (SDS) zur »Kommune I« als praktizierte Form der Außerparlamentarischen Opposition (APO) zusammen.

1.1. In seiner Neujahrsansprache geht Bundespräsident Heinrich Lübke auf das Verhältnis zwischen beiden deutschen Staaten ein. ▷Chronik Zitat

Innerdeutsche Beziehungen
Chronik Zitat

»Das zentrale Problem der Zukunft ist die Frage der Zukunft Deutschlands, denn die Teilung unseres Vaterlandes bedeutet die Teilung Europas. ... Ein dauerhafter Friede kann in Europa nur dann einkehren, wenn die Spannungen mit der Beseitigung ihrer Ursachen nachlassen.«

Bundespräsident Heinrich Lübke

13.1. 2800 von etwa 10 000 Landwirtschaftlichen Produktionsgenossenschaften (LPG) der DDR werden in »Volkskolchosen« umgewandelt.

31.1. Die Aufnahme diplomatischer Beziehungen zwischen der BRD und Rumänien stehen im Rahmen der Bemühungen der neuen Bundesregierung um eine Annäherung an Osteuropa.

17.2. In der BRD wird der Höchstsatz des Arbeitslosengeldes von 55% auf 62,5% des Netto-Arbeitsentgeltes vor der Arbeitslosigkeit heraufgesetzt.

20.2. Die Volkskammer beschließt eine eigenständige DDR-Staatsbürgerschaft einzuführen.

12.4. In der BRD werden parlamentarische Staatssekretäre eingesetzt, die die Bundesminister entlasten sollen.

16.4. In dem ehemaligen Konzentrationslager Auschwitz-Birkenau wird ein Mahnmal zum Gedenken an die vier Millionen Menschen enthüllt, die im größten nationalsozialistischen Vernichtungslager ermordet wurden.

19.4. In Rhöndorf stirbt Altbundeskanzler Konrad Adenauer 91jährig. Er prägte die deutsche Nachkriegspolitik.

Wirtschaft und Wissenschaft

6.1., Wirtschaft. Der neue VW 1200 des Wolfsburger Volkswagenwerks hat 1,2 l Hubraum und 34 PS und kostet nur 4485 DM.

17.1., Wirtschaft. Mit der Stillegung der Friedrich-Krupp-Hüttenwerke AG in Bochum verlieren 4300 Bergleute ihren Arbeitsplatz.

27.1., Raumfahrt. Bei einem simulierten Countdown des amerikanischen Raumschiffs »Apollo 1« bricht Feuer aus. Die drei Astronauten Edward White, Virgil Grissom und Roger Chaffee kommen dabei ums Leben.

7.3., Wirtschaft. Eine 300 Mio.-Bürgschaft der Bundesregierung verhindert den Konkurs des Krupp-Konzerns. Das Unternehmen wird in eine Aktiengesellschaft umgewandelt.

4.4., Kernenergie. Radioaktive Rückstände aus dem Kernforschungszentrum Karlsruhe werden im früheren Salzbergwerk Asse deponiert.

13.4., Verkehr. Die modernste und 2,7 Mio. DM teure Verkehrsleit- und Kontrollzentrale der Bundesrepublik geht in München ans Netz.

19.4., Raumfahrt. Die unbemannte amerikanische Sonde »Surveyor 3« untersucht auf dem Mond mit Hilfe von schwenkbaren Schaufeln den Boden.

Preise in Westdeutschland
Chronik Statistik

Einzelhandelspreise (DM):

Butter, 1 kg	7,82
Weizenmehl, 1 kg	1,10
Schweinefleisch, 1 kg	8,09
Rindfleisch, 1 kg	9,65
Eier, 1 Stück	0,22
Kartoffeln, 1 kg	0,33

26.4., Wirtschaft. Mit der Reform der Mehrwertsteuer zum 1.1.1968 wird das größte steuerpolitische Gesetzeswerk seit Bestehen der BRD verabschiedet.

30.10., Raumfahrt. Elf Tage nach der ersten Landung einer sowjetischen Sonde auf der Venus führen zwei »Kosmos«-Satelliten in 200 km Höhe ein automatisches Kopplungsmanöver durch.

1967

Kunst, Literatur und Musik

1.1. Nach über vier Jahren Haft kann der in Jugoslawien totgeschwiegene Schriftsteller Milovan Djilas nach der Amnestie durch Staatspräsident Tito das Staatsgefängnis verlassen.
2.1. Acht Bilder aus dem Dulwich-College in London, darunter Werke von Rembrandt und Peter Paul Rubens, werden dem größten Gemälderaub aller Zeiten entwendet.
20.1 UA: *Gesang vom lusitanischen Popanz,* Oratorium von Peter Weiss in Stockholm.
3.2. Im »Museum am Ostwall« in Dortmund wird die Ausstellung »Wege 1967« eröffnet, die einen Überblick über die zeitgenössische Plastik und Malerei vermitteln will.
21.2. Die National Gallery of Arts in Washington kauft für mehr als 20 Mio. DM das Bild *Ginevra dei Benci,* ein Frühwerk von Leonardo da Vinci.
29.4. Das Rockmusical *Hair* von Galt McDermont wird in New York uraufgeführt. Es richtet sich gegen den Vietnamkrieg. Freizügige Szenen empören die konservative Presse und begeistern die Hippie-Bewegung.
30.4. Mit einer Ausstellung moderner Werke aus westfälischem Privatbesitz wird in Düsseldorf die neue Kunsthalle feierlich eröffnet.
2.5. Das Rock- und Popidol Elvis Presley heiratet in Las Vegas seine Freundin Priscilla Beaulieu.
7.7. Der in Frankreich lebende russische Maler Marc Chagall begeht seinen 80. Geburtstag. Seine beiden letzten großen Werke sind Gemälde in der Eingangshalle der Metropolitan Opera in New York.
18.7. Im Züricher Kunsthaus ist die erste Gesamtausstellung des graphischen Werkes von Pablo Picasso zu sehen.
August Johannes G. Fritsch präsentiert in Darmstadt seine Komposition *Modulation II* für ein Kammerensemble und Tonband.
15.9. In Grunewald in Westberlin eröffnet das Brücke-Museum, das Werke der 1905 gegründeten Künstlergemeinschaft »Die Brücke« beherbergt.
22.10. In Darmstadt wird Heinrich Böll mit dem Georg-Büchner-Preis ausgezeichnet.

Theater und Film

15.3. UA: *Der Architekt und der Kaiser von Assyrien,* Stück des spanischen Dichters Fernando Arrabal, in Paris.
20.3. Mit Omar Khlifis Film *El Fajir* beginnt die eigenständige Filmproduktion in Tunesien. Den Markt für arabisch-sprachige Filme dominiert die ägyptische Filmindustrie, die mit Omar Sharif auch einen Weltstar hervorbringt.
10.4. Die Filmschauspielerin Elizabeth Taylor wird für ihre Rolle in *Wer hat Angst vor Virginia Woolf?* mit dem Oscar ausgezeichnet. Paul Scofield erhält die Auszeichnung für seine schauspielerische Leistung in dem Film *Ein Mann zu jeder Jahreszeit.*
12.5. UA: *August, August, August,* Stück des tschechischen Schriftstellers Pavel Kohout, in Prag.
21.6. Der in den USA lebenden griechischen Filmschauspielerin Melina Mercouri wird aufgrund ihrer scharfen Kritik an der politischen Situation in ihrem Heimatland die griechische Staatsbürgerschaft entzogen.
17.8. In Großbritannien wird der wegen seiner sexuellen Freizügigkeit im Vorfeld umstrittene Film *Yoko Ono Nr. 4* der gleichnamigen Künstlerin zur Aufführung freigegeben.
15.9. Der französische Spielfilm *Schöne des Tages* des spanischen Regisseurs Luis Buñuel kommt in die Kinos.
4.10. Die in München uraufgeführte »antikapitalistische Satire« des deutschen Autors Martin Sperr, *Landshuter Erzählungen,* versetzt Romeo und Julia in die Gegenwart.
9.10. UA: *Soldaten,* Stück von Rolf Hochhuth, an der Freien Volksbühne in Westberlin. Das Theaterstück thematisiert den amerikanischen Bombenkrieg gegen Vietnam.
25.10. Jean-Pierre Melville veröffentlicht seinen Film *Der eiskalte Engel* mit Alain Delon in der Hauptrolle.
6.11. In München wird die Hochschule für Fernsehen und Film eröffnet, die vom Land Bayern getragen wird. Ausgebildet wird in den Abteilungen Film, Dokumentarfilm und Fernsehspiel. Zu den Studenten des ersten Jahrgangs gehören u.a. Michael Schanze und Wim Wenders.

Gesellschaft

2.1. Die Sendung »Telekolleg« ermöglicht den Erwerb von Schulabschlüssen via Fernsehen.
10.1. In den Niederlanden heiratet die Prinzessin von Oranien-Nassau, Margriet der Niederlande, den Fabrikantensohn Pieter van Vollenhoven.
16.1. Eines der größten Ausstellungszentren der Welt, der McCormick Palace in der Nähe von Chicago, wird durch einen Brand völlig zerstört.
9.2. In Kolumbien fordert ein schweres Erdbeben mehr als 100 Menschenleben. 20 000 Menschen werden durch die Katastrophe obdachlos.
12.3. Die Flucht der Tochter des früheren sowjetischen Diktators Stalin, Swetlana Allilujewa, in die Schweiz, sorgt weltweit für Aufsehen. Am 22. März reist sie in die USA ein.
13.3. Gegen führende Mitarbeiter der Firma Chemie-Grünenthal, die das Schlafmittel Contergan produziert hat, wird Anklage erhoben, nachdem es als erwiesen gilt, daß das Medikament Mißbildungen bei Ungeborenen verursacht.
26.3. Papst Paul VI. läßt die Sozialenzyklika »Populorum Progressio« veröffentlichen, die zur Solidarität mit den benachteiligten Völkern aufruft. In der Sowjetunion wird die Enzyklika mit Wohlwollen aufgenommen. ▷Chronik Zitat

Papst gegen Kapitalismus
Zitat

»Die Enzyklika enthält die schärfsten Worte gegen den Kapitalismus, seit Jesus die Geldwechsler und Wucherer aus dem Tempel vertrieb. Paul VI. verurteilt den kapitalistischen Gewinn als Hauptmotiv des wirtschaftlichen Fortschritts.«
»Nowosti«, sowjetische Nachrichtenagentur

26.3. Die Kollision eines liberianischen Öltankers mit einem Riff vor der Küste Südwestenglands läßt rund 40 000 t Rohöl ins Meer gelangen, die die erste große Ölpest vor den Küsten Europas auslösen.

1967

Internationale Politik

1.7., Italien. Der Vertrag zur Fusion der EWG mit der EURATOM und der Montanunion (EGKS) zur Europäischen Gemeinschaft (EG) wird von Italien, der Bundesrepublik Deutschland, Frankreich und den Beneluxländern in Rom unterzeichnet.
6.7., Nigeria. Nach der Intervention nigerianischer Truppen in die Ostregion des Landes, die sich am 30. Mai als Republik Biafra für unabhängig erklärt hatte, beginnt ein blutiger Bürgerkrieg in Nigeria.
15.7., USA. In Newark an der amerikanischen Ostküste bilden Auseinandersetzungen zwischen Farbigen und staatlichen Sicherheitskräften den Auftakt für die bislang schwersten Rassenunruhen in allen Industriezentren der Vereinigten Staaten.
8.8., Thailand. In Bangkok gründen Thailand, Malaysia, Indonesien, Singapur und die Philippinen die Vereinigung Südostasiatischer Nationen (ASEAN).
20.9., Nigeria. Die Mittelwestregion Nigerias proklamiert ihren Austritt aus der westafrikanischen Bundesrepublik Nigeria als freie Republik Benin.
26.9., USA. Präsident Lyndon B. Johnson veranlaßt den verstärkten militärischen Einsatz im Vietnamkrieg, um an der Grenze zwischen Nord- und Südvietnam Stellungen des Vietcong zu eliminieren.
9.10., Bolivien/Kuba. Der kubanische Guerilla-Kämpfer Ernesto »Che« Guevara Serna wird in einem Gefecht zwischen bolivianischen Regierungstruppen und Rebellen getötet.
21.10., Israel/Ägypten. Ägyptische Streitkräfte versenken vor der Nordküste Sinais einen israelischen Zerstörer.
24.10., Ägypten/Israel. Als Vergeltung für das am 21. Oktober versenkte Kriegsboot zerstören israelische Einheiten die Ölraffinerien von Suez.
26.10., Iran. Der Schah von Persien Mohammad Resa Pahlawi krönt sich zum König und setzt seiner dritten Frau Farah Diba eine Krone auf.
6.11., Rhodesien. Das Parlament nimmt mit großer Mehrheit eine Gesetzesvorlage an, die die Rassentrennung vorschreibt.

Deutsche Politik

Juni Nach einer Umfrage läßt die Zustimmung der bundesdeutschen Bevölkerung zur Politik der Großen Koalition drastisch nach.
2.6. Bei einer Demonstration gegen den Staatsbesuch des Schah von Persien Mohammad Resa Pahlawi wird in Westberlin der Student Benno Ohnesorg von einem Polizisten erschossen. Das brutale Vorgehen der Polizei führt zu einer landesweiten studentischen Oppositionsbewegung.
21.6. Studenten der Freien Universität Berlin treten in einen Hungerstreik, um gegen die Untersuchungshaft von Fritz Teufel zu protestieren. Er wurde bei den Demonstrationen gegen den Schah von Persien am 2. Juni festgenommen.

Rücktritt im Rückblick
Chronik Zitat

»Warum bin ich eigentlich damals zurückgetreten? Ein Skandal, oder gar mehrere, waren es wohl nicht. ... Der Stein, auf dem ich lief, oder der mir am Halse hing, war die Berliner SPD.«
Heinrich Albertz, SPD-Politiker

11.8. Aufgrund der notwendigen Einsparungen im Verteidigungshaushalt wird der Personalbestand der Bundeswehr um 15–20 000 Mann verringert.
14.9. Bundestags-Vizepräsident Walter Scheel wird nach Erich Mende neuer Parteivorsitzenden der FDP.
26.9. Der Regierende Bürgermeister von Westberlin, Heinrich Albertz, gibt seinen Rücktritt bekannt. Seine Tagebuchaufzeichnungen schildern die Vorgänge aus seiner Sicht. ▷Chronik Zitat
17.10. Auf der Frankfurter Buchmesse werden die Stände des DDR-Staatsverlags polizeilich durchsucht und sämtliche Exemplare des »Braunbuches über Kriegs- und Naziverbrecher in der BRD« beschlagnahmt.
7.11. Der Bundestag genehmigt eine Gesetzesvorlage, die einen Gesamtsozialplan für die Opfer von Zechenstillegungen vorsieht.

Wirtschaft und Wissenschaft

7.11., Technik. Kairo erhält zum erstenmal Strom vom Assuan-Kraftwerk, das im Dezember eine Leistung von 200 000 Kilowatt erreicht.
11.11., Raumfahrt. Der geglückte »Saturn V«-Testflug und die weiche Landung der »Surveyor 6« auf dem Mond am 10. November sind zwei bedeutende Erfolge in der amerikanischen Raumforschung.
1.12., Verkehr. Der St. Bernhard-Straßentunnel mit 6,6 km Länge wird nach sechsjähriger Bauzeit offiziell dem Verkehr übergeben.
3.12., Medizin. Der südafrikanische Herzchirurg Christiaan N. Barnard setzt dem Südafrikaner Louis Washkansky ein fremdes Herz ein. Der Patient stirbt 18 Tage später.
10.12., Nobelpreise. In Stockholm werden die diesjährigen Nobelpreise feierlich überreicht. Wie schon im letzten Jahr wird kein Friedenspreis verliehen. ▷Chronik Nobelpreise
16.12., Biologie. Im amerikanischen Stanford gelingt es einem Wissenschaftlerteam unter Leitung des Nobelpreisträgers Arthur Kronberg, die genetische Grundsubstanz Desoxyribonukleinsäure (DNS) eines Virus künstlich im Reagenzglas herzustellen.
1967, Wirtschaft. Der Gesamtumsatz der Industrie fällt erstmals seit 1950 um 1,9%. Nach 20jährigem Wachstum ist die Bundesrepublik damit von einer Rezession betroffen.
1967, Architektur. Das pyramidenartig hochgetürmte Wohnprojekt »Habitat 67« des israelisch-kanadischen Architekten Moshe Safdie in Montreal gilt als zukunftsweisender Entwurf.

Wissenschaftler geehrt
Chronik Nobelpreise

Chemie: Manfred Eigen (D),
Ronald G.W. Norrish (GB) und
George Porter (GB)
Medizin: Ragnar Granit (S),
Haldan K. Hartline (USA) und
George Wald (USA)
Physik: Hans A. Bethe (USA)
Literatur: Miguel A. Asturias (GUA)

1967

Kunst, Literatur und Musik

Dezember Der österreichische Künstler Friedensreich Hundertwasser entkleidet sich vor seinem Münchner Publikum, um ein Zeichen der Natürlichkeit gegen die unmenschliche Zivilisation zu setzen.

1967 Unter Leitung des deutschen avantgardistischen Komponisten Karl-Heinz Stockhausen produzieren in Darmstadt zwölf Schüler ein rein elektronisches »Ensemble«.

1967 Alfred Andersch gibt in der Schweiz seinen neuen Roman *Efraim* heraus.

1967 Der Roman *Die Wölfe* von Hans Hellmut Kirst beschäftigt sich mit dem Nationalsozialismus.

1967 Der französische Dramatiker, Lyriker und Romancier Louis Aragon gibt seinen Roman *Blanche oder Das Vergessen* heraus.

1967 Dem kolumbianischen Schriftsteller Gabriel García Márquez gelingt mit seinem neuen Roman *Hundert Jahre Einsamkeit* den internationalen Durchbruch.

1967 Postum erscheint in Österreich der Roman *Das Spinnennetz* des 1939 verstorbenen Schriftstellers Joseph Roth.

1967 Der Schweizer Peter Bichsel veröffentlicht seinen Roman *Die Jahreszeiten*, der das Einerlei des bürgerlichen Alltags beschreibt.

1967 Tom Wesselmann und Victor Vasarély etablieren eine neue Kunstgattung, indem sie ihre Werke in Serie produzieren, um die künstlerische Tätigkeit den Bedürfnissen der Konsumgesellschaft anzupassen.

1967 UA: *Strip*, Comic-Oper von Gerhart Lamperberg, an der Deutschen Oper in Westberlin.

1967 Bei der Aufführung von *Composé für zwei Klaviere und Orchestergruppen* experimentiert der jugoslawische Komponist Milko Kelemen in Donaueschingen mit der räumlich getrennten Plazierung einzelner Musikergruppen.

1967 In seinem Werk *Queen of the Night II* akzentuiert der amerikanische Maler Barnett Newman eine monochrome Fläche durch eine das Bild durchschneidende Linie.

Theater und Film

3.12. Die Freie Volksbühne in Berlin (West) verleiht dem österreichischen Schriftsteller Peter Handke den Gerhart-Hauptmann-Preis.

4.12. Reihenweise fallen in bundesdeutschen Kinos Männer in Ohnmacht, während der Aufklärungsfilm *Helga* die Geburt eines Kindes in allen Details zeigt.

27.12. Der italienische Filmschauspieler Marcello Mastroianni wird mit dem Verdienstorden der italienischen Republik ausgezeichnet.

1967 Knapp ein Jahrhundert nach dem Erscheinen des Romans *Krieg und Frieden* von Leo N. Tolstoi verfilmt der sowjetische Regisseur und Drehbuchautor Sergei F. Bondartschuk den historischen Stoff.

1967 Mit dem Pariser »Trios Luxembourg« erscheint in Frankreich eine neue Form von Filmtheatern, die sog. Multisalles mit mehreren Vorführräumen. Diese Art von Kinos kann sich in der Folgezeit international durchsetzen.

1967 Zwei Filme des amerikanischen Regisseurs Roman Polanski, die Komödie *Tanz der Vampire* und der Satanskult-Horrorfilm *Rosemaries Baby*, kommen in den USA und in Großbritannien auf die Leinwand.

1967 In Frankreich werden zwei Filme des Regisseurs Jean-Luc Godard uraufgeführt: *Die Chinesin* widmet sich den Lehren Mao Tse-tungs, *Weekend* beschäftigt sich mit der modernen Autogesellschaft.

1967 Eine Verfilmung von Heinrich Bölls Roman *Billard um halb zehn* kommt unter dem Titel *Nicht versöhnt* von Jean-Marie Straub in die Kinos.

1967 Mit seinem fragmentarisch montierten Film *Abschied von gestern* betritt der Regisseur Alexander Kluge ästhetisches Neuland.

1967 Der Film *Blow Up* des italienischen Regisseurs Michelangelo Antonioni mit David Hemmings und Vanessa Redgrave in den Hauptrollen hat in den bundesdeutschen Kinos Premiere.

1967 Der DDR-Film *Spur der Steine* von Frank Beyer mit Manfred Krug in der Hauptrolle kritisiert unverhohlen den sozialistischen Staatsapparat.

Gesellschaft

20.4. Der Absturz einer viermotorigen Turbopropmaschine aus der Schweiz über Zypern kostet 124 Menschenleben.

21.4. Die Regierung von Bihar erklärt nach lang anhaltender Dürre Teile der indischen Provinz zu Notstandsgebieten.

10.6. Die dänische Kronprinzessin Margarethe ehelicht in Kopenhagen den französischen Grafen Henri Laborde de Montpezat.

Deutsche Meister
Chronik Sport

Leichtathletik:
100 m:	
Hartmut Wilke	10,2 sec
110 m Hürden:	
Hinrich John	13,8 sec
Weitsprung:	
Uwe Töppner	7,77 m
Dreisprung:	
Michael Sauer	16,65 m
Hammerwurf:	
Uwe Beyer	67,41 m

16.6. Ein »Love-in« von hunderten von Hippies sorgt im Londoner Hyde-Park für großes Aufsehen. Sie propagieren ein ungebundenes Leben in Liebe und Freiheit und fordern den straffreien Genuß von Drogen.

24.7. In einer Anzeige der Londoner »Times« setzen sich 64 Personen des öffentlichen Lebens für die Legalisierung von Marihuana ein.

25.8. Anläßlich der Eröffnungsfeier der Funkausstellung in Westberlin beginnt das ZDF mit der Ausstrahlung von Farbfernsehen.

31.8. Der heiße Sommer hat den bundesdeutschen Landwirte eine Rekordernte beschert. Die Erträge liegen um 27% höher als im Vorjahr.

3.9. Schweden stellt den gesamten Straßenverkehr von Links- auf Rechtsfahren um.

5.9. Das Bundeskabinett verabschiedet ein Gesetz, das die bisherige rechtliche Diskriminierung unehelicher Kinder aufhebt.

1967

Internationale Politik	Deutsche Politik	Wirtschaft und Wissenschaft
16.11., Türkei/Griechenland. Der seit vier Jahren schwelende Zypern-Konflikt wird erneut in bewaffneten griechisch-türkischen Auseinandersetzungen ausgetragen. **9.12., Rumänien.** Der Vorsitzende der rumänischen KP, Nicolae Ceausescu, übernimmt das Amt des Staatsratsvorsitzenden. **27.12., Vietnam.** Der Vietnamkrieg droht, sich auf Laos, Kambodscha und Thailand auszuweiten. Allein 1967 starben 24 000 Zivilisten in Vietnam.	**12.11.** Die SPD veranstaltet eine Arbeitskonferenz in Bad Godesberg, um über den Parteikurs zu beraten. **28.11.** Bundeskanzler Kurt Georg Kiesinger kehrt von seiner zehntägigen Asienreise zurück, wo er als erster Regierungschef der Bundesrepublik Indien, Birma, Ceylon und Pakistan offiziell besuchte. **22.12.** Die achte Große Strafkammer des Westberliner Landgerichts spricht den Studenten Fritz Teufel von der Anklage des Landfriedensbruchs frei.	**1967, Architektur.** Auf der Weltausstellung in Montreal stellen die deutschen Architekten Frei Otto und Rolf Gutbrod ein Stahlnetz-Zelt vor. **1967, Wirtschaft.** Die Zahl der Arbeitslosen in der BRD ist im Vergleich zum Vorjahr um 185,2% gestiegen. 459 489 Menschen sind erwerbslos. **1967, Wirtschaft.** Der Anteil der ausländischen Arbeitnehmer ist im Vergleich zum Vorjahr um 18,4 % zurückgegangen. In der Bundesrepublik arbeiten noch 1 013 862 Ausländer.

1967 Geborene und Gestorbene

Geboren:
21.2. Silke Knoll, deutsche Leichtathletin.
1.9. Carl-Uwe-Steeb, deutscher Tennisspieler.
2.9. Andreas Möller, deutscher Fußballspieler.
5.9. Matthias Sammer, deutscher Fußballspieler.

22.11. Boris Becker, deutscher Tennisspieler.

Gestorben:
7.1. Carl Schuricht (*3.7.1880), deutscher Dirigent.
18.2. Robert Oppenheimer (*22.4.1904), amerikanischer Kernphysiker.

22.2. Fritz Erler (*14.7.1913), deutscher Politiker.
26.2. Max Taut (*15.5.1884), deutscher Architekt.
27.3. Jaroslav Heyrovsky (*20.12.1890) tschechischer Chemiker und Physiknobelpreisträger.
19.4. Konrad Adenauer (*5.1.1876), deutscher Politiker.

1968

Internationale Politik	Deutsche Politik	Wirtschaft und Wissenschaft
5.1., Tschechoslowakei. Alexander Dubček wird Nachfolger von Antonín Novotny als Erster Sekretär des Zentralkomitees der Kommunistischen Partei. **21.1., Türkei.** Als erstes NATO-Land erkennt die Türkei das griechische Militärregime offiziell an. **30.1., USA/Vietnam.** Vietcong-Verbände starten die sog. Tet-Offensive gegen Südvietnam und die amerikanischen Truppen. **16.3., USA/Vietnam.** Eine US-Einheit überfällt das südvietnamesische Dorf My Lai und erschießt 507 Bewohner, darunter 246 Säuglinge und Kinder. **31.3., USA.** Präsident Lyndon B. Johnson verzichtet auf die Kandidatur für eine weitere Amtsperiode.	**1.1.** In Westdeutschland tritt das Mehrwertsteuersystem an die Stelle des bisherigen Umsatzsteuersystems. **1.1.** Durch die Aufhebung der Versicherungs-Pflichtgrenze in der Bundesrepublik müssen gutverdienende Angestellte in die gesetzliche Rentenversicherung oder in eine private Lebensversicherung einzahlen. **12.1.** Die Volkskammer der DDR in Ostberlin verabschiedet ein neues Strafgesetzbuch, das u.a. verschärfte Sanktionen gegen politisch eingestufte Straftaten vorsieht. **18.2.** Über 12 000 Menschen, darunter viele Angehörige des Sozialistischen Deutschen Studentenbundes (SDS), demonstrieren in Westberlin gegen das Vorgehen der USA in Vietnam.	**2.1., Medizin.** Philip Blaiberg ist der zweite Mensch, dem in Kapstadt von dem südafrikanischen Herzchirurgen Christiaan N. Barnard ein fremdes Herz eingepflanzt wird. **10.1., Raumfahrt.** Die amerikanische Raumsonde »Surveyor 7« landet planmäßig auf dem Mond. **3.2., Architektur.** In Westberlin wird dem bisher höchsten Wohnhaus der BRD die Richtkranz aufgesetzt. Es gehört zur Wohnsiedlung Britz-Buckow-Rudow und ist 80,5 m hoch. **21.2., Seefahrt.** Das 23 500 BRT große Übersee-Passagierschiff »Hamburg« läuft in Hamburg vom Stapel. **2.3., Luftfahrt.** Die Lockheed C-5A ist mit 330 t Gewicht und 75 m Länge das bislang größte Flugzeug der Welt.

1967

Kunst, Literatur und Musik	Theater und Film	Gesellschaft
1967 UA: *Die Geschichte von einem Feuer*, Oper von Dieter Schönbach, in Kiel. **1967** Der deutsche Künstler Horst Antes präsentiert seine aus einer Stahlplatte geschnittene, geschweißte Plastik *Der Kopf oder die Lust an Adam*. **1967** Der spanische Maler und Bildhauer Joan Miró wendet sich erstmals Bronzeplastiken zu. **1967** Die Filmmusik von *Doktor Schiwago* und *Puppet on a string* von Sandy Shaw führen die Hitparade an.	**1967** In dem heiteren Actionfilm *Mord und Totschlag* von Volker Schlöndorff spielen Anita Pallenberg, Hans-Peter Hallwachs und Werner Enke. Die Filmmusik komponierte der Rollings-Stone-Gitarrist Brian Jones. **1967** Der deutsche Filmregisseur Josef von Sternberg protestiert wie viele andere Regisseure öffentlich gegen das neue, in diesem Jahr verabschiedete deutsche Filmförderungsgesetz, da es vor allem die Herstellung trivialer Kommerzfilmserien unterstütze.	**20.9.** Bei einem Hurrikan, der weite Teile von Nordmexiko und Texas verwüstet kommen 30 Menschen ums Leben. **20.10.** Das ZDF strahlt die erste Folge von »Aktenzeichen XY ungelöst« aus und macht damit auf unaufgeklärte Kriminalfälle aufmerksam. **1967** Mit der Mini-Mode setzt sich in Europa und den USA als neues Schönheitsideal die knabenhaft schlanke Figur durch. Erstmals bieten Frauenzeitschriften Diätprogramme an.

Geborene und Gestorbene

28.4. Friedrich Heiler (*30.1.1892), deutscher Theologe und Religionswissenschaftler.
15.5. Edward Hopper (*22.7.1882), amerikanischer Maler.
28.6. Oskar Maria Graf (*22.7.1894), deutscher Schriftsteller.
29.6. Jayne Mansfield (*19.4.1932), amerikanische Filmschauspielerin.
8.7. Vivien Leigh (*5.11.1913), britische Schauspielerin.
17.7. John W. Coltrane (*23.9.1926), amerikanischer Jazzmusiker.
30.7. Alfried Krupp von Bohlen und Halbach (*13.8.1907), deutscher Industrieller.
18.9. John Douglas Cockcroft (*27.5.1897), britischer Physiker und Nobelpreisträger.
8.10. Clement Richard Attlee (*3.1.1883), britischer Politiker.
9.10. Ernesto »Che« Guevara Serna (*14.6.1928), kubanischer Politiker und Revolutionär.
25.11. Heinz Hilpert (*1.3.1890), deutscher Schauspieler, Regisseur und Theaterleiter.

1968

Kunst, Literatur und Musik	Theater und Film	Gesellschaft
2.1. Der irische Schriftsteller Cecil Day-Lewis tritt als »poet laureate« (britischer Hofdichter) die Nachfolge von John Masefield an. **5.1.** Das Wiener Burgtheater erlebt mit der deutschsprachigen Erstaufführung des Musicals *Der Mann von La Mancha* in der Regie von Dietrich Haugk eine gelungene Inszenierung. **6.2.** Gegen den Verleger Kurt Desch wird in München die Anklage fallengelassen, mit der Veröffentlichung des Romans *Die Memoiren der Fanny Hill* von John Cleland unzüchtige Schriften verbreitet zu haben. **13.2.** Der weltbekannte Soul-Star Wilson Pickett gibt das einzige Deutschlandkonzert seiner Europatournee in Frankfurt am Main.	**4.1.** Die Spielfilm-Komödie *Zur Sache Schätzchen* der Regisseurin May Spils mit Uschi Glas und Werner Enke in den Hauptrollen wird ein riesigen Erfolg in bundesdeutschen Kinos. **19.1.** Senta Berger und Heinz Rühmann werden als beliebteste deutsche Filmschauspieler mit dem »Bambi« ausgezeichnet, der von der Illustrierten »Bild und Funk« verliehen wird. **1.2.** Im Hamburger Opernhaus kommt das Musical *Anatevka* nach einer Erzählung des jüdischen Schriftstellers Scholem Aleichem erstmals in deutscher Sprache zur Aufführung. **1.2.** In 30 bundesdeutschen Städten startet der Sexualaufklärungsfilm *Das Wunder der Liebe* des 39jährigen Publizisten Oswald Kolle.	**21.1.** Ein US-Bomber stürzt über Grönland ab und verliert vier Wasserstoffbomben, von denen mindestens eine explodierte. **3.2.** In Dänemark heiraten der deutsche Prinz Richard-Casimir zu Sayn-Wittgenstein und die dänische Prinzessin Benedikte. **25.3.** Das Bundesgesundheitsministerium startet eine Kampagne gegen den steigenden Konsum von Zigaretten und Alkohol. **27.5.** In Alsdorf beginnt der »Contergan-Prozeß« gegen führende Mitarbeiter der Chemie-Firma Grünenthal. Bis 1962 wurden in der Bundesrepublik 4000 mißgebildete Kinder geboren, nachdem ihre Mütter das Schlafmittel »Contergan« eingenommen hatten.

1968

Internationale Politik

4.4., USA. Der schwarze Bürgerrechtler und Friedensnobelpreisträger Martin Luther King wird auf dem Balkon eines Hotels in Memphis Opfer eines Attentats. In den Industriezentren der USA kommt es erneut zu blutigen Rassenkrawallen.
5.4., Tschechoslowakei. Ein Demokratisierungsprogramm für alle gesellschaftlichen Bereiche eröffnet den »Prager Frühling«.
Mai, Frankreich. Nach Studentenrevolten wird das Land von einer Demonstrations- und Streikwelle gegen die politischen, wirtschaftlichen und sozialen Verhältnisse unter der gaullistischen Regierung erschüttert.
19.5., Nigeria. Die unabhängige Ostprovinz Biafra wird durch nigerianische Truppen von der Lebensmittelversorgung abgeschnitten. Eine Hungersnot bricht aus, die täglich 6000 Menschenleben kostet.
20.5., Österreich/UdSSR. Während eines Staatsbesuches des österreichischen Bundespräsidenten Franz Jonas in der UdSSR wird ein Abkommen über wirtschaftliche und wissenschaftliche Zusammenarbeit unterzeichnet.
5.6., USA. Der Jordanier Sirhan Bishara Sirhan verübt in Los Angeles ein Attentat auf den amerikanischen Senator Robert F. Kennedy, der am folgenden Tag stirbt.
30.6., Frankreich. Vorgezogene Parlamentswahlen in Frankreich bescheren der gaullistischen Union die absolute Mehrheit der Stimmen, obwohl sich die Mai-Streiks gegen die Union richteten.
1.7., USA. In Washington unterzeichnen die USA, Großbritannien und die UdSSR den Atomwaffensperrvertrag, der eine Nichtweiterverbreitung von Nuklearwaffen vorsieht.
1.7., Belgien. Die sechs Mitgliedstaaten der EG einigen sich in Brüssel auf die Zollunion. Für Agrarprodukte bleiben Einfuhrbeschränkungen gültig.
20.8., UdSSR/Tschechoslowakei. Gegen heftigsten Widerstand der Bevölkerung und ungeachtet internationaler Proteste besetzen Truppen des Warschauer Pakts die ČSSR. Die Reformen müssen auf Druck der UdSSR zurückgenommen werden.

Deutsche Politik

1.3. Mit einer persönlichen Erklärung weist Bundespräsident Heinrich Lübke die gegen ihn erhobenen Vorwürfe zurück, er sei während des Zweiten Weltkrieges am Bau von Konzentrationslagern beteiligt gewesen.
22.3. Mit einem Freispruch endet das Strafverfahren gegen Rainer Langhans und Fritz Teufel, die sich wegen menschengefährdender Brandstiftung vor dem Westberliner Landgericht verantworten mußten.
3.4. Aus Protest gegen die politischen und gesellschaftlichen Verhältnisse in Westdeutschland setzen vier radikale APO-Mitglieder, darunter Andreas Baader und Gudrun Ensslin, in Frankfurt am Main zwei Kaufhäuser in Brand. Die 33jährige Journalistin Ulrike Meinhof kommentiert die Kaufhausbrände in der Zeitschrift »konkret«. ▷Chronik Zitat
11.4. Nach einem Attentat auf den APO-Führer Rudi Dutschke in Westberlin demonstrieren über 10 000 Menschen gegen das Verlagshaus Axel Springer und die Diffamierung der APO in den Blättern des Verlags.

Widerstand notwendig

Chronik Zitat

»Diejenigen, die von politischen Machtpositionen aus Steinwürfe und Brandstiftung hier verurteilen, nicht aber die Hetze des Hauses Springer, nicht die Bomben auf Vietnam ... nicht Folter in Südafrika ... sie messen mit zweierlei Maß.«
Ulrike Meinhof, deutsche Journalistin

28.4. Bei den Landtagswahlen in Baden-Württemberg erzielt die Nationaldemokratische Partei Deutschlands (NPD) mit 9,8 % der Stimmen ihr bisher bestes Ergebnis. Die NPD ist derzeit in sieben Länderparlamenten vertreten.
30.5. Trotz massiver Proteste aus der Bevölkerung, die eine Einschränkung der Grundrechte befürchtet, verabschiedet der Bundestag sechs »einfache« Notstandsgesetze.

Wirtschaft und Wissenschaft

19.6., Verkehr. In Hamburg soll mit dem Elbtunnel in fünfjähriger Bauzeit mit 3,2 km Länge die größte Unterwasserstraße Europas entstehen.
23.7., Astronomie. Britischen Wissenschaftlern gelingt erstmals der Nachweis von Neutronensternen. Bis November werden 15 sog. Pulsare entdeckt.

Westdeutsche Bevölkerung

Chronik Statistik

Wohnbevölkerung	60 184 000
Einwohner je km²	242
Privathaushalte	22 021 000
Lebendgeborene	969 840
Gestorbene	734 061
Eheschließungen	444 000
Ehescheidungen	65 000

31.7., Schiffahrt. Das mit 39 m Länge und 10 m Höhe bislang größte Luftkissenboot der Welt verkehrt erstmals auf dem Ärmelkanal zwischen Boulogne und Dover.
20.8., Medien. Im internationalen Vergleich der Ausstattung mit Datenverarbeitungsanlagen nimmt die Bundesrepublik hinter den USA den zweiten Platz ein. Nach Schätzungen sind derzeit ca. 5000 Computer in Westdeutschland in Betrieb.
September, Technik. Eine japanische Minikamera kann erstmals Bilder aus dem lebenden menschlichen Herzen liefern und so zur Früherkennung von Schädigungen des Organs beitragen.
9.10., Medizin. Das neue Klinikum der Freien Universität Berlin ist die technisch modernste medizinische Einrichtung in Europa.
22.10., Raumfahrt. Die planmäßige Landung der »Apollo 7« im Atlantik beendet den ersten bemannten Raumflug des amerikanischen Mondlandeprogramms.
14.11., Verkehr. Bundesverkehrsminister Georg Leber eröffnet bei Osnabrück die letzten 78 km der Autobahnstrecke »Hansalinie«, die die norddeutschen Seehäfen mit dem Ruhrgebiet verbindet.

1968

Kunst, Literatur und Musik

28.2. Mit zwei ausverkauften Konzerten in Hamburg startet die Deutschlandtournee der Popgruppe The Bee Gees.
20.3. Nach einem Urteil des Bundesgerichtshofes darf Klaus Manns Roman *Mephisto* nicht in der Bundesrepublik erscheinen, weil er auf die Vita des Schauspielers und Intendanten Gustaf Gründgens anspiele.
24.3. UA: *Prometheus*, Oper des deutschen Komponisten Carl Orff, in Stuttgart.
2.5. Die amerikanische Folk- und Protestsängerin Judy Colins, deren Lieder sich gegen Krieg und soziale Ungerechtigkeiten wenden, startet ihre Europatournee.
4.5. Die weltbekannte Gospel- und Soulsängerin Aretha Franklin gastiert in der Frankfurter Jahrhunderthalle.
4.5. Der Architekt und Künstler Walter Gropius eröffnet in Stuttgart die Ausstellung »50 Jahre Bauhaus«.
28.5. Der Kulturpreis des Deutschen Gewerkschaftsbundes (DGB) geht in Recklinghausen an den Maler Helmut Andreas Paul (HAP) Grieshaber.
3.6. Der amerikanische Pop-Art-Künstler Andy Warhol wird bei einem Attentat in New York schwer verletzt, als die 31jährige Schauspielerin Valerie Solanas drei Schüsse auf ihn abfeuert.
20.6. In Kiel wird die erste Multimedia-Oper, *Die Geschichte von einem Feuer*, des deutschen Nachwuchskomponisten Dieter Schönbach aufgeführt.
22.6. In Venedig eröffnet die 34. Kunstbiennale unter heftigen Protesten, die sich gegen den kommerziellen Charakter der Veranstaltung richten.
27.6. In Kassel wird die »documenta IV« eröffnet, die einen Gesamtüberblick über die zeitgenössischen Tendenzen bietet und Werke von 152 Künstlern aus 17 Ländern zeigt.
8.8. Der amerikanische Künstler Christo verpackt die Berner Kunsthalle anläßlich ihres 50jährigen Bestehens.
15.9. Nach dreijähriger Bauzeit wird in Westberlin die Neue Nationalgalerie feierlich eröffnet, die vom deutschamerikanischen Architekten Ludwig Mies van der Rohe entworfen wurde.

Theater und Film

1.2. UA: *Biografie. Ein Spiel*, Stück von Max Frisch, im Züricher Schauspielhaus.
7.2. Das Drama in zwei Akten *Der Preis* des amerikanischen Dichters Arthur Miller hat in New York Premiere.
11.3. Das ZDF zeigt die erste DDR-Produktion im bundesdeutschen Fernsehen. Der Film *Wolf unter Wölfen* nach einem Roman von Hans Fallada wird in vier Teilen gesendet.
12.3. Der amerikanische Spielfilm *Kaltblütig* von Richard Brooks nach dem gleichnamigen Weltbestseller von Truman Capote hat in den bundesdeutschen Kinos Premiere.
18.3. Der Schauspieler Wolfgang Kieling siedelt von Westberlin in die DDR über. Er wirft der Bundesrepublik vor, Anteil an den Verbrechen der USA in Vietnam zu haben.
20.3. Das Agitationsstück *Vietnam-Diskurs* von Peter Weiss wird in Frankfurt am Main uraufgeführt.
6.4. In New York findet die Premiere des Science-fiction-Films *Odyssee im Weltraum* statt. Der Film des amerikanischen Regisseurs Stanley Kubrick gilt aufgrund seiner komplizierten und aufwendigen Trickaufnahmen als Sensation.
11.4. Der amerikanische Spielfilm *In der Hitze der Nacht* von Mike Nichols erhält drei Oscars. Unter anderem wird Hauptdarsteller Rod Steiger mit einen Oscar als bester männlicher Darsteller ausgezeichnet.
11.5. In seinem Stück *Kaspar*, das in Frankfurt am Main uraufgeführt wird, thematisiert der österreichische Dichter Peter Handke das Schicksal des Findelkindes Kaspar Hauser.
15.5. Das Schauspiel *Der Tod des Handlungsreisenden* von Arthur Miller wird im ZDF mit Heinz Rühmann in der Hauptrolle gesendet.
18.5. Berühmte französische Regisseure wie Jean-Luc Godard, François Truffaut und Louis Malle beenden aus Solidarität zu ihren streikenden Landsleuten die Filmfestspiele in Cannes vorzeitig.
24.6. UA: *Schmaler Weg in den tiefen Norden*, Stück des britischen Schriftstellers Edward Bond, in Coventry.

Gesellschaft

28.5. Eine Studie über die Verunreinigung des Rheins und seiner Nebenflüsse weist auf den alarmierenden Zustand des Rheinwassers hin.
1.7. Im Rahmen einer Tagung der Nobelpreisträger in Lindau am Bodensee äußern Vertreter der katholischen Kirche die Absicht, den Physiker Galileo Galilei zu rehabilitieren.
25.7. Papst Paul VI. spricht sich in seiner Enzyklika »Humanae vitae« gegen jede künstliche Geburtenregelung und gegen die Einnahme der Antibabypille aus. ▷Chronik Zitat

»Pille« verboten

Chronik Zitat

»Indem die Kirche die Menschen zur Beobachtung des von ihr in beständiger Lehre ausgelegten natürlichen Sittengesetzes anhält, lehrt sie nun, daß jeder eheliche Akt von sich aus auf die Erzeugung menschlichen Lebens hingeordnet bleiben muß.«
Papst Paul VI.

26.7. Großbritannien untersagt Mitgliedern der in den USA gegründeten »Scientology«-Sekte die Einreise.
29.7. Erstmals wird in der Bundesrepublik »Kunstfleisch« aus entfetteten Sojabohnen angeboten.
29.8. In Oslo heiraten Kronprinz Harald von Norwegen und Sonja Haraldsen. Um die Heirat mit seiner bürgerlichen Braut durchzusetzen, drohte der Prinz mit Thronverzicht.
1.9. Das bislang schwerste Erdbeben des Landes fordert im Nordosten des Iran 12 000 Tote.
17.9. Bundesdeutsche Banken räumen ihren Kunden Überziehungskredite bis zu DM 5000 ein, um mit den Sparkassen konkurrieren zu können.
4.10. Frankfurt am Main eröffnet als dritte deutsche Stadt nach Berlin und Hamburg eine Untergrundbahn. Auch in Köln ist eine U-Bahn in Bau.
7.10. Bei einer Überschwemmung in Nordostindien kommen mindestens 3000 Menschen ums Leben.

1968

Internationale Politik	Deutsche Politik	Wirtschaft und Wissenschaft

26.9., UdSSR. Die »Breschnew-Doktrin« billigt den Warschauer-Pakt-Staaten lediglich eine beschränkte Souveränität zu.
26.9., Portugal. Marcelo José das Veves Alves Caetano tritt die Nachfolge des seit 1933 amtierenden Diktators António de Oliveira Salazar an.
3.10., Peru. Die linksgerichtete Armee kommt durch einen Nordvietnam Putsch an die Macht. Staatspräsident wird General Juan Velasco Alvarado.
28.10., Schweiz/USA. Das Handelsabkommen zwischen der Schweiz und den USA von 1936 wird zum Jahresende gekündigt und durch die GATT-Bestimmungen ersetzt.
31.10., USA. Präsident Lyndon B. Johnson gibt die Einstellung des Luftkrieges gegen Nordvietnam bekannt, womit er die Niederlage der USA im Vietnamkrieg eingesteht.
5.11., USA. Der Kandidat der Republikaner, Richard Milhous Nixon, setzt sich bei den Präsidentschaftswahlen durch. Bei den Wahlen zum Repräsentantenhaus und zum Senat behaupten die Demokraten allerdings ihre Mehrheit.
13.11., Österreich. Der Nationalrat beschließt die Herabsetzung des Wahlalters auf 19 Jahre bzw. 25 Jahre für das aktive und passive Wahlrecht.
11.12., USA. Der neugewählte Präsident Richard M. Nixon stellt in Washington seine künftige Regierung vor, in der William Rogers das Außenministerium leitet und Melvin Laird das Verteidigungsressort übernimmt.

11.6. Die DDR-Volkskammer beschließt die sofortige Einführung der Paß- und Visapflicht im Transitverkehr zwischen Westberlin und der BRD.
26.9. In Frankfurt am Main wird die Gründung der Deutschen Kommunistischen Partei (DKP) bekanntgegeben.
24.10. Der Verteidigungsausschuß des Deutschen Bundestages genehmigt den Ankauf von 88 US-Aufklärungsflugzeugen vom Typ »Phantom« für einen Preis von 2,2 Mrd. DM.
30.10. Der Sonderausschuß des Bundestages für die Strafrechtsreform beschließt, den Paragraphen über die Bestrafung des Ehebruchs ersatzlos zu streichen, da Sanktionen gegen Ehebrecher nicht als ehefördernd anzusehen seien.
1.11. In Westberlin nominieren Vorstand, Parteirat und Kontrollkommission der SPD Bundesjustizminister Gustav Heinemann als Kandidaten für die Bundespräsidentenwahl.
7.11. Beate Klarsfeld ohrfeigt Bundeskanzler Kurt Georg Kiesinger (CDU) auf einem Parteitag in Westberlin, um auf dessen Vergangenheit als überzeugter Nationalsozialist aufmerksam zu machen.
6.12. Die Bundesrepublik und die DDR beschließen eine Ausweitung des zinslosen Überziehungskredits (»Swing«), um den stagnierenden innerdeutschen Handel zu beleben.
11.12. Der Bundestag beschließt Gesetze zur Finanzreform, die einen Kompetenzzuwachs für den Bund auf Kosten der Länder bedeuten.

18.11., Kernenergie. In Lingen an der oberen Ems wird ein von AEG-Telefunken errichtetes Kernkraftwerk den Vereinigten Elektrizitätswerken Westfalen (VEW) übergeben.
10.12., Nobelpreise. In Stockholm und Oslo werden die Nobelpreise feierlich überreicht. ▷Chronik Nobelpreise

Wissenschaftler geehrt
Chronik Nobelpreise

Chemie: Lars Onsager (USA)
Medizin: Robert W. Holley (USA), Marshall Nirenberg (USA) und Har Gobind Khorana (USA)
Physik: Luis W. Alvarez (USA)
Frieden: René Cassin (F)
Literatur: Jasunari Kawabata (J)

22.12., Verkehr. Die Brenner-Autobahn zwischen Innsbruck und dem Brennersee ist bis zur italienisch-österreichischen Grenze auf ganzer Strecke befahrbar.
27.12., Raumfahrt. Den US-Astronauten Frank Borman, William Anders und James A. Lovell gelingt der erste bemannte Raumflug zum Mond. Nach 147 Stunden landet die »Apollo 8« wohlbehalten im Pazifik.
1968, Wirtschaft. Im Vergleich zur Krisenstimmung der beiden vergangenen Jahre ist in der Bundesrepublik ein wirtschaftlicher Aufschwung zu verzeichnen.

1968 Geborene und Gestorbene

Geboren:
22.1. Franka Dietzsch, deutsche Leichtathletin.
4.2. Beate Gummelt, deutsche Leichtathletin.
30.3. Celine Dion, franko-kanadische Sängerin.
25.4. Thomas Strunz, deutscher Fußballspieler.
1.5. Oliver Bierhoff, deutscher Fußballspieler.
7.5. Florian Schwarthoff, deutscher Leichtathlet.
1.6. Jason Donovan, australischer Schauspieler und Sänger.
22.6. Kai Karsten, deutscher Leichtathlet.
25.6. Candyman, amerikanischer Tänzer und Rapper.
18.10. Michael Stich, deutscher Tennisspieler.
18.12 Mario Basler, deutscher Fußballspieler.

1968

Kunst, Literatur und Musik

22.9. Der SDS protestiert in Frankfurt am Main gegen die Verleihung des Friedenspreises des Deutschen Buchhandels an den Staatspräsidenten der Republik Senegal, Leopold Sédar Senghor dem die Unterdrückung seines Volkes vorgeworfen wird.
25.9. Die »1. Internationalen Essener Song-Tage« bestreiten u.a. die Folksänger Julie Felix und Tim Buckley, die Rocksängerin Julie Driscoll, der Blues-Interpret Alexis Korner und der deutsche Liedermacher Franz Josef Degenhardt.
29.9. UA: *Odysseus*, Zwölfton-Oper in der von Luigi Dallapiccola, in der Deutschen Oper Berlin.
1968 In seinen *Decollagen* mischt der deutsche Künstler Wolf Vostell Objekte und Bilder zu Objekten, die auf gesellschaftliche Widersprüche aufmerksam machen sollen.
1968 John Cage, einer der Avantgardisten der E-Musik, führt seine audiovisuelle Komposition *Reunion* auf.
1968 Der deutsche Komponist Karlheinz Stockhausen präsentiert sein Stück *Stimmung, eine Komposition für 6 Solostimmen*.
1968 Der polnische Komponist Krzysztof Penderecki glänzt mit *Capriccio per Siegfrid Palm*.
1968 Der italienische Maler Domenico Gnoli präsentiert sein Werk *Das Sofa*.
1968 The Bee Gees, The Beatles, Manfred Mann, The Small Faces und The Rollings Stones zählen zu den beliebtesten Beat-Gruppen in Deutschland.

Theater und Film

17.7. UA: *Yellow Submarine*, Zeichentrickfilm des Düsseldorfer Werbegraphikers Heinz Edelmann mit Musik von den Beatles, in London.
27.8. UA: *Hinze und Kunze*, Stück des DDR-Lyrikers Volker Braun, in Weimar.
6.9. Der amerikanische Spielfilm *Die Reifeprüfung* mit Dustin Hoffman und Anne Bancroft läuft in den bundesdeutschen Kinos an.
12.9. UA: *Magic Afternoon*, Einakter des Dramatikers Wolfgang Bauer, in Hannover.
25.10. UA: *Iphigenie auf Tauris*, Neufassung des Goethe-Schauspiels durch den deutschen Dramatiker und späteren Regisseur Rainer Werner Fassbinder, im Münchener Antitheater.
9.11. UA: *Toller*, Revue von Tankred Dorst, in Stuttgart in der Regie von Peter Palitzsch.
1968 Die Regierung der UdSSR verbietet dem, regimekritischen Schriftsteller Alexander I. Solschenizyn die Veröffentlichung seiner Romane *Krebsstation* und *Der erste Kreis der Hölle*.
1968 Der bedeutendste Schriftsteller des schwarzen Amerika, James Baldwin, gibt seinen Roman *Sag mir, wie lange ist der Zug schon fort* heraus.
1968 Der deutsche Erzähler Siegfried Lenz bringt seinen Roman *Deutschstunde* heraus.
1968 Der Roman *Nachdenken über Christa T.* von der DDR-Schriftstellerin Christa Wolf erscheint als Vorabdruck.

Gesellschaft

8.10. Die Konferenz der Kultusminister der Bundesländer verabschiedet in Frankfurt am Main »Empfehlungen zur Sexualerziehung in den Schulen«.

Fußball-Landesmeister Sport

BR Deutschland: 1. FC Nürnberg
Österreich: Rapid Wien
Schweiz: FC Zürich
Belgien: RSC Anderlecht
England: Manchester City
Frankreich: AS St. Etienne
Niederlande: Ajax Amsterdam
Italien: Inter Mailand
Jugoslawien: Roter Stern Belgrad
Spanien: FC Barcelona

20.10. Die Witwe des ermordeten US-Präsidenten John F. Kennedy, Jacqueline Kennedy, heiratet den griechischen Milliardär und Großreeder Aristoteles Onassis.
29.10. Im Pariser Hotel Drouot wird eine Haarlocke Napoleon Bonapartes, die ihm 1815 auf der Insel Elba von einem Diener abgeschnitten worden war, für rund 885 DM versteigert.
16.12. Der erste deutsche Piratensender, »Radio Nordsee«, beginnt mit der Ausstrahlung seines Rundfunkprogramms von einem Schiff außerhalb der deutschen Hoheitsgewässer.
31.12. Für die Silvesternacht geben die Bundesbürger schätzungsweise 55 Mio. DM für Feuerwerkskörper aus.

Geborene und Gestorbene

Gestorben:
31.3. Elly Ney (*27.9.1882), deutsche Pianistin.
1.4. Lew D. Landau (*22.1.1909), sowjetischer Physiker.
4.4. Martin Luther King (*15.1.1929), amerikanischer Bürgerrechtler und Baptistenpfarrer.
7.4. Jim Clark (*4.3.1936), britischer Automobilrennfahrer.
26.4. John Heartfield (*19.6.1891), deutscher Künstler.
6.6. Robert F. Kennedy (*20.11.1925), US-Politiker.
14.6. Salvatore Quasimodo (*20.8.1901), italienischer Lyriker.
27.7. Lilian Harvey (*19.1.1907), britisch-deutsche Schauspielerin.
28.7. Otto Hahn (*8.3.1879), deutscher Chemiker.
27.10. Lise Meitner (*7.11.1878), österreichische Physikerin.
20.12. John Steinbeck (*27.2.1902), amerikanischer Schriftsteller.

1969

Internationale Politik

16.1., USA/Vietnam. In Paris nimmt die vietnamesisch-amerikanische Konferenz über die Beendigung des Vietnamkrieges nach langen Vorbereitungen ihre Arbeit auf.

16.1., Frankreich. 13 Mitglieder der Bretonischen Befreiungsfront (FLB) werden angeklagt, Sprengstoffattentate begangen zu haben.

20.1., USA. In Washington tritt der Republikaner Richard M. Nixon als 37. Präsident der USA die Nachfolge von Lyndon B. Johnson an.

20.1., Österreich. Anläßlich eines Privataufenthaltes des Schahs von Persien und des Amtsantritts von US-Präsident Richard M. Nixon finden in Wien Demonstrationen statt.

3.2., Ägypten. Die Sitzung des Palästinensischen Nationalkongresses in Kairo wählt Jasir Arafat mit großer Mehrheit zum neuen Vorsitzenden der Palästinensischen Befreiungsorganisation (PLO).

2.3., UdSSR/China. Am Ussuri kommt es zu schweren Grenzzwischenfällen zwischen der UdSSR und China. Streitobjekt ist die Insel Damanski, die im Grenzfluß liegt.

17.3., Israel. Das israelische Parlament wählt die ehemalige Außenministerin Golda Meir als Nachfolgerin von Levi Eschkol zur Ministerpräsidentin.

17.4., Tschechoslowakei. Alexander Dubček muß auf Druck der UdSSR sein Amt als Erster Sekretär des Zentralkomitees der KP der ČSSR aufgeben. Nachfolger wird der bisherige Chef der slowakischen KP, Gustav Husák.

19.4., Großbritannien. In Nordirland kommt es erneut zu schweren Unruhen zwischen radikalen Katholiken und Protestanten. Die Straßenschlachten in Londonderry greifen im August auf Belfast und andere Städte über.

28.4., Frankreich. Staatspräsident Charles de Gaulle erklärt nach einer parlamentarischen Abstimmungsniederlage seinen Rücktritt. Am 15. Juni wird Georges Pompidou neuer Präsident.

5.5., Österreich. Königin Elisabeth II. von Großbritannien hält sich zu einem Staatsbesuch in Österreich auf.

Deutsche Politik

20.1. Das Auswärtige Amt in Bonn ernennt die Völkerrechtsexpertin Ellinor von Puttkamer zur Botschafterin beim Europarat in Straßburg.

8.2. Die DDR verhängt ein Durchreiseverbot für die Mitglieder der Bundesversammlung nach Westberlin. Damit erreicht die im Vorfeld der Bundespräsidentenwahl ausgebrochene Berlin-Krise ihren Höhepunkt.

16.2. Die Bundesregierung veröffentlicht das erste Weißbuch zur Verteidigungspolitik.

5.3. Die Bundesversammlung wählt in Westberlin Gustav Heinemann (SPD) zum Bundespräsidenten und Nachfolger von Heinrich Lübke (CDU). Damit hat erstmals ein Sozialdemokrat dieses Amt inne.

5.3. Bei der polizeilichen Durchsuchung der Wohnräume der »Kommune I« in Westberlin finden die Beamten einen Sprengkörper, woraufhin gegen Rainer Langhans und Dieter Kunzelmann Haftbefehl erlassen wird.

12.4. In Essen findet der zweitägige Gründungsparteitag der Deutschen Kommunistischen Partei (DKP) statt.

12.5. Der stellvertretende Vorsitzende des DDR-Staatsrats, Gerald Götting, wird Nachfolger des verstorbenen Vokskammerpräsidenten Johannes Dieckmann.

19.5. Helmut Kohl (CDU) wird vom rheinland-pfälzischen Parlament in Mainz zum neuen Ministerpräsidenten gewählt.

21.5. Heinz Oskar Vetter wird Vorsitzender des Deutschen Gewerkschaftsbundes (DGB).

30.5. Die Große Koalition in Bonn einigt sich auf eine Modifizierung der »Hallstein-Doktrin«. Danach werden künftig nicht mehr automatisch die Beziehungen zu Staaten abgebrochen, die die DDR anerkennen.

12.6. Der Bundestag verabschiedet mit großer Mehrheit das Gesetz über die Fortzahlung des Arbeitsentgelts im Krankheitsfall.

17.6. Bei einer Veranstaltung der rechtsextremen Nationaldemokratischen Partei Deutschlands (NPD) kommt es in München zu Protestkundgebungen.

Wirtschaft und Wissenschaft

16.1., Medien. Das erste deutsche Institut für Informatik wird an der Universität Karlsruhe gegründet.

16.1., Raumfahrt. Die beiden bemannten sowjetischen Raumsonden »Sojus 4« und »Sojus 5« werden in einem spektakulären Manöver auf ihrer Erdumlaufbahn zusammengekoppelt.

9.2., Luftfahrt. In den USA wird das größte Verkehrsflugzeug der Welt, die Boeing 747 »Jumbo-Jet«, vorgestellt. Der Jet kann 385 Passagiere an Bord nehmen.

15.2., Technik. Bei dem bisher längsten Tauchexperiment der Unterwasserforschung verbringen in der Karibik vier Taucher zwei Monate in einem Unterwassergehäuse.

Preise in Westdeutschland
Chronik Statistik

Einzelhandelspreise (DM):

Butter, 1 kg	7,72
Weizenmehl, 1 kg	1,04
Schweinefleisch, 1 kg	7,99
Rindfleisch, 1 kg	9,79
Eier, 1 Stück	0,22
Kartoffeln, 5 kg	2,28
Vollmilch, 1 l	0,74
Zucker, 1 kg	1,21

3.3., Raumfahrt. Mit drei amerikanischen Astronauten an Bord startet die »Apollo 9« zu einem Testflug ins All, um die technischen Voraussetzungen für eine Mondlandung zu prüfen. Nach erfolgreicher Mission landet die Raumkapsel am 13. März 580 km nördlich von Puerto Rico im Atlantik.

18.3., Wirtschaft. Angesichts der weiter anhaltenden Hochkonjunktur beschließt die Bundesregierung verschiedene konjunkturdämpfende Maßnahmen.

16.7., Raumfahrt Mit der »Apollo 11« starten die drei Astronauten Edwin E. Aldrin, Neil A. Armstrong und Michael Collins zu einem Mondflug. Am 20. Juni betreten Armstrong und Aldrin als erste Menschen den Mond. Am 24. Juli kehren sie in ihrer Raumkapsel planmäßig zur Erde zurück.

1969

Kunst, Literatur und Musik

15.1. In Stuttgart gastiert das amerikanische Rockidol Jimi Hendrix, der für seine orgiastischen Bühnenshows bekannt ist.
13.2. In Frankfurt am Main wird mit dem »Verlag der Autoren« der erste genossenschaftliche Verlag in der Bundesrepublik aus der Taufe gehoben.
27.2. In Westberlin kommt es zu Tumulten, als Studenten versuchen, ein »Fluxuskonzert« von Joseph Beuys und Henning Christiansen zur Eröffnung der Ausstellung »Blockade ´69« zu stören.
28.2. In Köln wird die Ausstellung »Kunst der sechziger Jahre« gezeigt.
25.4. Im Musée des Beaux-Arts in Lyon wird eine Ausstellung des russischen Bildhauers Alexander Archipenko eröffnet, die rund 80 Plastiken und Reliefs sowie 40 Zeichnungen und Lithographien zeigt.
22.5. Auf der in Wien beginnenden Ausstellung »Europäische Plastik Heute« sind u.a. Arbeiten von Fritz Wotruba, Alfred Hrdlicka, Henry Moore und Marino Marini zu sehen.
28.5. Auf dem Kongreß des DDR-Schriftstellerverbandes wird der Roman von Christa Wolf *Nachdenken über Christa T.* scharf verurteilt, da der pessimistische Charakter und der Individualismus der Hauptperson nicht den Dogmen des »Sozialistischen Realismus« entsprächen.
1.6. In London startet eine Ausstellung zum Gesamtwerk des deutschen Malers Ernst Ludwig Kirchner. Von den knapp 170 Werken werden einige Exponate auch zum Verkauf angeboten.
8.6. In Köln wird der Verband Deutscher Schriftsteller gegründet. Vorsitzender ist der Schriftsteller Dieter Lattmann. Dem Zusammenschluß gehören etwa 2500 Schriftsteller, Übersetzer und Kritiker an.
20.6. Die Oper *Die Teufel von Loudun* des polnischen Komponisten Krzysztow Penderecki sorgt nach ihrer Uraufführung in Hamburg für großes Aufsehen bei Kritikern und Publikum.
11.7. In München zeigt die Ausstellung »Fresken aus Florenz« die Florentiner Restaurierungskunst am Beispiel von Fresken aus dem 13. Jh.

Theater und Film

8.2. UA: *Play Strindberg. Totentanz nach August Strindberg*, Schauspiel von Friedrich Dürrenmatt, in der Komödie Basel.
14.2. Unter der Regie von Hans Lietzau hat im Westberliner Schiller-Theater das Stück *Davor* von Günter Grass Premiere.
17.3. UA: *Preparadise sorry now*, Stück von Rainer Werner Fassbinder, im Münchener Antitheater.
6.5. An der Arena Stage in Washington hat das Schauspiel *Indianer* des amerikanischen Schriftstellers Arthur L. Kopit Premiere.
24.6. Ein Gericht weist in den USA Proteste gegen das Aufführungsverbot des amerikanischen Dokumentarstreifens *Titticut Follies* zurück. Der Film wurde als nicht-kommerzielles Projekt in einer Anstalt für geistig behinderte Straftäter gedreht.
17.7. Der Low-Budget-Film *Easy Rider* des amerikanischen Regisseurs Dennis Hopper hat in den USA Premiere und entwickelt sich zu einem unerwarteten Kinoerfolg.
8.8. Die amerikanische Filmschauspielerin Sharon Tate sowie vier weitere Menschen werden in einer Villa in Los Angeles Opfer eines brutalen Ritualmordes.
5.9. Mit dem Film *Das Biest muß sterben* führt Claude Chabrol seine Serie über Gewalt unter dem Deckmantel der bürgerlichen Konventionen eindrucksvoll fort.
26.9. UA: *Change*, Stück von Wolfgang Bauer unter der Regie von Bernd Fischerauer, in Wien.
November Die Verfilmung von Erich Segals Bestseller *Love Story* durch dem amerikanischen Regisseur Arthur Hiller mit Ryan O'Neal und Ali McGraw wird ein weltweiter Sensationserfolg.
30.12. Der Film *Z* des griechischen Regisseurs Constantin Costa-Gavras wird von der New Yorker Filmkritik mit dem Titel »Bester Film des Jahres« prämiert.
1969 UA: *Jagdszenen aus Niederbayern*, Film von Peter Fleischmann nach einem Theaterstück von Martin Sperr mit Angela Winkler und Hanna Schygulla, in der Bundesrepublik.

Gesellschaft

16.1. Aus Protest gegen eine Rückkehr zu den Verhältnissen vor dem »Prager Frühling« setzt sich der Student Jan Palach auf dem Prager Wenzelsplatz selbst in Brand und erliegt drei Tage später seinen Verletzungen.
23.3. Beatle John Lennon und seine Frau Yoko Ono inszenieren in Amsterdam ein siebentägiges »Bed-in«, um für den Frieden in der Welt zu demonstrieren. ▷Chronik Zitat

Werbespot für den Frieden
Zitat

»Unser Leben ist unsere Kunst. Das war das ›Bed-in‹. Wir saßen im Bett und redeten mit den Reportern. Es war urkomisch. Im Endeffekt machten wir einen Werbespot für den Frieden.«
John Lennon, britischer Popmusiker

4.5. Papst Paul VI. stellt ein neues Meßbuch vor. Messen sollen in der jeweiligen Landessprache gehalten werden, Zeremonien werden vereinfacht, und die Predigt wird aufgewertet.
23.6. Ein bei Bingen in den Rhein eingeleitetes, von der Firma Hoechst hergestelltes Insektenvertilgungsmittel führt zur Vernichtung des gesamten Fischbestandes flußabwärts.
1.7. Im britischen Caernarvon wird der britische Thronfolger Charles von seiner Mutter Königin Elisabeth II. zum Prince of Wales gekrönt.
14.7. In München wird der Grundstein für die Bauten der Olympischen Sommerspiele 1972 gelegt.
1.9. Im Rahmen des Strafrechtsreformgesetzes wird in der Bundesrepublik u.a. die Homosexualität zwischen Erwachsenen für legal erklärt.
13.10. Die Bundeswehr verliert ihren 100. Starfighter seit 1961.
10.11. In den USA startet die Fernseh-Vorschulserie »Sesamstraße«, in der Puppen in kurzen und witzigen Spots Zahlen und Buchstaben erklären.
1969 Unter Jugendlichen, insbesondere Angehörigen der Hippie-Kultur, verbreitet sich der Drogenkonsum.

1969

Internationale Politik

6.6., Vietnam. Die Südvietnamesische Nationale Befreiungsfront (FNL) und die »Allianz der nationalen, demokratischen und Friedenskräfte« vereinbaren die Bildung einer Regierung und rufen die Republik aus.
20.6., Rhodesien. Die weiße, wahlberechtigte Minderheit des Landes beschließt die endgültige Ablösung von Großbritannien.
14.7., Mittelamerika. Ein Konflikt, der nach einem Fußballspiel ausgebrochen war, führt zu einem Krieg zwischen El Salvador und Honduras.
20.7., Israel/Ägypten. Israelische und ägyptische Einheiten liefern sich am Suezkanal Feuergefechte.
23.7., Spanien. Juan Carlos wird als Nachfolger von Diktator Francisco Franco und künftiger König vereidigt.
1.9., Libyen. Eine Offiziersgruppe unter Führung von Umar Muammar al Gaddafi stürzt König Idris I.
14.10., Schweden. In Stockholm tritt der 42jährige Olof Palme als Nachfolger von Tage Erlander sein Amt als neuer Ministerpräsident an.
November, USA. Studentenunruhen eskalieren, als das Massaker bekannt wird, das US-Soldaten 1968 im südvietnamesischen My Lai begangen haben.
12.11., Indien. Ministerpräsidentin Indira Gandhi wird wegen parteischädigenden Verhaltens und Disziplinlosigkeit aus ihrer Partei ausgeschlossen.
12.12., Griechenland. Mit ihrem Austritt kommt die Diktatur einem Ausschluß aus dem Europarat zuvor.
16.12., Österreich/Italien. Italien und Österreich einigen sich auf den Südtirol-Pakt.

Deutsche Politik

1.9. In einer Rundfunk- und Fernsehansprache zum 30. Jahrestag des Ausbruchs des Zweiten Weltkriegs fordert Bundespräsident Gustav Heinemann eine Aussöhnung mit Polen. Außerdem spricht er sich für eine verstärkte Friedens- und Konfliktforschung aus.
28.9. Bei den Bundestagswahlen erzielt die SPD leichte Stimmengewine. Die CDU/CSU verliert 1,5%, die FDP 3,7% der Stimmen.
3.10. SPD und FDP verständigen sich im Anschluß an die Bundestagswahl auf die Bildung einer sozialliberalen Koalition.
3.10. In Hessen wird der SPD-Politiker Albert Osswald zum neuen Ministerpräsidenten gewählt.
28.10. Der neue Bundeskanzler Willy Brandt gibt vor dem Deutschen Bundetag seine Regierungserklärung ab.
▷Chronik Zitat

Recht auf Selbstbestimmung
Chronik Zitat

»Aufgabe der praktischen Politik in den jetzt vor uns liegenden Jahren ist es, die Einheit der Nation dadurch zu wahren, daß das Verhältnis zwischen den Teilen Deutschlands aus der gegenwärtigen Verkrampfung gelöst wird.«
Bundeskanzler Willy Brandt

5.12. Der Bundeskongreß der Jungsozialisten in München wählt Karsten Voigt zum neuen Vorsitzenden und kritisiert die SPD-Politik hart.

Wirtschaft und Wissenschaft

23.11., Biochemie. Unter Leitung des Biochemikers Jonathan Beckwith gelingt einer amerikanischen Forschergruppe die für die Gentechnik revolutionäre Isolierung eines einzelnen Gens.

Wissenschaftler geehrt
Chronik Nobelpreise

Chemie: Derek H.R. Barton (GB) und Odd Hassel (N)
Medizin: Max Delbrück (USA), Alfred D. Hershey (USA) und Salvador E. Luria (USA)
Physik: Murray Gell-Mann (USA)
Frieden: Internationale Arbeitsorganisation ILO
Literatur: Samuel Beckett (IRL)
Wirtschaft: Ragnar Frisch (N) und Jan Tinbergen (NL)

10.12., Nobelpreise. In Stockholm und Oslo werden die diesjährigen Nobelpreise feierlich überreicht. ▷Chronik Nobelpreise.
1969, Wirtschaft. Die Unternehmen in der Bundesrepublik, in Österreich und der Schweiz erleben eine Phase der Hochkonjunktur. Gegen Ende des Jahres klettert die Inflationsrate jedoch wieder in die Höhe.
1969, Technik. In einem französischen Pyrenäendorf wird eine neuartige Solarenergie-Anlage errichtet.
1969, Technik. Die erste Quarz-Armbanduhr der Welt wird in der Schweiz entwickelt. Sie weicht pro Tag höchstens 0,3 sec von der Echtzeit ab.

1969 Geborene und Gestorbene

Geboren:
5.2. Bobby Brown, amerikanischer Popsänger und Entertainer.
28.3. Ilke Wyludda, deutsche Leichtathletin.
7.6. Alina Astafei, rumänische Leichtathletin.
27.6. Stefanie Graf, deutsche Tennisspielerin.
23.7. Marco Bode, deutscher Fußballspieler.
11.9. Birgit Wolf, deutsche Leichtathletin.
15.9. Peggy Beer, deutsche Leichtathletin
12.12. Michael Möllenbeck, deutscher Leichtathlet.

1969

Kunst, Literatur und Musik

17.8. Mit dem »Woodstock-Festival« in den USA, bei dem Superstars wie Joan Baez, Joe Cocker, Janis Joplin und Jimi Hendrix vor rund 500 000 Anhängern der »Love-and-Peace«-Bewegung gastieren, setzt sich die Hippie-Kultur ihr eigenes Denkmal.
13.9. Eine Ausstellung in Amsterdam mit Werken des niederländischen Malers, Zeichners und Radierers Rembrandt vereinigt nicht weniger als 21 Gemälde und 120 Zeichnungen.
18.9. In Washington zeigt eine Ausstellung deutscher Expressionisten Werke von Vertretern der wichtigen Gruppierungen »Brücke«, »Blauer Reiter« und »Neue Sachlichkeit«.
25.9. Der deutsche Komponist Boris Blacher präsentiert seine sozialkritische Oper *200 000 Taler* erstmals in Westberlin.
12.10. In der Frankfurter Paulskirche wird der deutsche Psychoanalytiker und Publizist Alexander Mitscherlich mit dem Friedenspreis des Deutschen Buchhandels ausgezeichnet.
19.12. UA: *Lanzelot*, Oper des Komponisten Paul Dessau, an der Deutschen Staatsoper in Ostberlin.
1969 Der deutsche Schriftsteller Ulrich Becher gibt seinen »Antikrimi einer kriminellen Epoche« unter dem Titel *Murmeljagd* heraus.
1969 Jurek Becker veröffentlicht in Weimar seinen ersten Roman, *Jakob der Lügner*, der das Warschauer Ghetto während des Zweiten Weltkrieges thematisiert.
1969 Barry Ryan's *Eloise* und Tommy Roe's *Dizzy* sind Top-Hits auf dem deutschen Musikmarkt.

Theater und Film

1969 Auf der Grundlage eines Romanfragments des antiken Dichters Titus Petronius entstand Federico Fellinis Film *Fellinis Satyricon* über die pervertierte Gesellschaft Roms.
1969 Mit seinem Filmdebüt *Liebe ist kälter als der Tod* und dem Film *Katzelmacher* überrascht Rainer Werner Fassbinder als Regietalent.
1969 UA: *Der große Irrtum*, Film von Bernardo Bertolucci mit Jean-Louis Trintignant, in Italien.
1969 In den USA kommt der Film *Alice's Restaurant* mit Arlo Guthrie und Pat Quinn in den Hauptrollen in die Lichtspielhäuser.
1969 UA: *Asphalt-Cowboy*, Film von John Schlesinger, mit Dustin Hoffman und Jon Voigt in den Hauptrollen, in den USA.
1969 Beim Filmfestival in Venedig werden erstmals seit 30 Jahren keine Preise vergeben. Der Festivaldirektor Ernest Laura unternimmt damit den Verusch, das Festival zu demokratisieren. Innerhalb weniger Jahre kommt das Festival mangels Zuspruch zum Erliegen und erlebt erst in den 80er Jahren eine Renaissance.
1969 In Frankreich kommt das Psycho-Melodram *Die Dinge des Lebens* mit Michel Piccoli und Romy Schneider unter der Regie von Claude Sautet auf die Leinwand.
1969 Der Spielfilm *Meine Nacht bei Maude* des französischen Regisseurs Eric Rohmer mit Françoise Fabian und Jean-Louis Trintignant in den Hauptrollen ist eine lebendig-ironische Geschichte über die Irrungen und Verwirrungen der Liebe.

Gesellschaft

1969 Die von der Studentenbewegung ausgehende »Sexwelle« erreicht ihren Höhepunkt. Aufklärungsfilme und Bücher, die zur Lösung von veralteten Moralvorstellungen aufrufen, haben in der Bundesrepublik Hochkonjunktur.

Europameister Chronik Sport

Leichtathletik:	
100 m:	
Petra Vogt (DDR)	11,6 sec
400 m:	
Nicole Duclos (F)	51,7 sec
100 m Hürden:	
Karin Balzer (DDR)	13,3 sec
Weitsprung:	
Miroslawa Sarna (PL)	6,49 m
Speerwurf:	
Angela Ranky (H)	59,76 m

1969 Vor dem Hintergrund der Studentenbewegungen mit ihrer Autoritätskritik gewinnt die antiautoritäre britische »Summerhill«-Schule unter Leitung des Pädagogen Alexander S. Neill internationales Ansehen.
1969 Umweltprobleme nehmen europaweit deutlich zu. Die Nordseeverseuchung wird erstmals untersucht, Smogbildung in Großstädten wird zu einem Dauerproblem.
1969 In mehreren westlichen Industrieländern brechen schwere Arbeitskämpfe aus, die mehr Mitbestimmung und höhere Löhne einfordern.
1969 Pariser Modedesigner kreieren den »Transparent-Look«.

1969 Geborene und Gestorbene

Gestorben:
23.2. Abd al-Asis Ibn Saud (*15.1.1902), ehemaliger König von Saudi-Arabien.
26.2. Karl Jaspers (*23.2.1883), deutscher Philosoph.
28.3. Dwight D. Eisenhower (*14.10.1890), amerikanischer General und Politiker.
5.7. Walter Gropius (*18.5.1883), deutsch-amerikanischer Architekt und Designer.
25.7. Otto Dix (*2.12.1891), deutscher Maler und Grafiker.
6.8. Theodor W. Adorno (*11.9.1903), deutscher Philosoph.
3.9. Ho Chi Minh (*19.5.1890), vietnamesischer Politiker.

Zweifel an der Zukunft

Gemessen an früheren Dekaden bieten die siebziger Jahre wenig Spektakuläres. Die entscheidenden Entwicklungen in der Politik sind durch Krisen geprägt. Die Ost-West-Entspannung rückt einen Schritt näher, Skandale und Affären erschüttern die Weltpolitik. Obwohl die Wissenschaft weiterhin mit technischen Superlativen für Schlagzeilen sorgt, verabschiedet sich die Gesellschaft vom Fortschrittsglauben und blickt angesichts der atomaren Bedrohung mit Furcht in die Zukunft. Politischer Machtmißbrauch, Abhängigkeit vom Rohstoff Öl, zunehmende Drogenkriminalität, Umweltvergiftungen und Angst vor Terrorkommandos gehören zu den Schattenseiten dieses Jahrzehnts.

Hoffnung auf Entspannung und Abrüstung kennzeichnen den Beginn der siebziger Jahre. Richard M. Nixon besucht als erster US-Präsident die Volksrepublik China und beendet damit die fast 23 Jahre andauernde Konfrontation zwischen Washington und Peking (1972). Nixons Moskau-Visite im selben Jahr öffnet der Verständigung zwischen den Supermächten auf der Basis der »friedlichen Koexistenz« die Tür. Die UdSSR und die USA einigen sich darauf, einen »heißen Draht« zwischen Kreml und Weißem Haus einzurichten (1971). Nach fast 30 Jahren Krieg und Bürgerkrieg kapituliert das von den USA gestützte südvietnamesische Regime vor dem kommunistischen Vietcong (1975). Das »Vietnamtrauma« beschäftigt die Amerikaner noch auf Jahre hinaus.

Den arabischen Staaten gelingt es im Jom-Kippur-Krieg 1973 erstmals, Israel an den Rand einer militärischen Niederlage zu drängen. Indem sie während des Krieges das Öl als Waffe gegen die Verbündeten des jüdischen Staates einsetzen, demonstrieren sie ihre Solidarität. Hoffnung für die Region bringt der Friedensschluß zwischen Israel und Ägpyten 1978/79 durch die Vermittlung von US-Präsident Jimmy Carter. Erste Schritte zur Rüstungsbegrenzung (1974, 1979) werden am Ende des Jahrzehnts durch die Stationierung sowjetischer Mittelstreckenraketen und den NATO-Doppelbeschluß hinfällig, die eine neue Phase der Aufrüstung und des gegenseitigen Mißtrauens eröffnen.

Die Ostpolitik Willy Brandts leitet eine grundlegende Wende im Verhältnis der Bundesrepublik zu den ost- und ostmitteleuropäischen Staaten ein. Ein erstes Ergebnis des sozialliberalen Konzepts des »Wandels durch Annäherung« ist der erste innerdeutsche Vertrag – das Transitabkommen 1971. Die Enttarnung des DDR-Agenten Günter Guillaume, des persönlichen Referenten von Bundeskanzler Willy Brandt, steht 1974 im Mittelpunkt des öffentlichen Interesses. Der Spionagefall löst in Bonn einen Führungswechsel aus: Helmut Schmidt tritt die Nachfolge von Willy Brandt an. Der politische Terror, der seit Anfang der 70er Jahre in der Bundesrepublik wie in anderen westlichen Staaten wütet, eskaliert im Herbst 1977 mit der Ermordung des Generalbundesanwalts Siegfried Buback, des Bankiers Jürgen Ponto und des Arbeitgeberpräsidenten Hanns-Martin Schleyer durch die Rote Armee Fraktion (RAF). 33 Jahre nach Ende des Zweiten Weltkriegs holt den baden-württembergischen Ministerpräsidenten Hans Filbinger (CDU) die Vergangenheit ein, als die bundesdeutsche Presse ihn als NS-Marinerichter enttarnt, der an mehreren Todesurteilen mitgewirkt hatte (1978).

Die Konjunktur befindet sich zu Beginn der siebziger Jahre auf einer Talfahrt, die Verbraucherpreise steigen gegenüber 1969 um 3,8 Prozent – die höchste Inflationsrate seit 1951. Bei den 25 größten bundesdeutschen Industrieunternehmen arbeiten 1970 rund 25 Prozent der in der gesamten Industrie beschäftigten Arbeitnehmer. Im November 1973 erschüttert die Ölkrise das europäische Wirtschaftsleben. Sonntagsfahrverbote, erhöhte Benzinpreise und ein Tempolimit auf Autobahnen und Landstraßen zwingen immer mehr Menschen, auf öffentliche Verkehrsmittel umzusteigen. Das Europäische Währungssystem macht die Wechselkurse der an ihm beteiligten Staaten kalkulierbarer (1979). Demgegenüber fällt am Ende des Jahrzehnts der US-Dollar auf

1970–1979

den tiefsten Stand seit 1948 und notiert 1979 nur noch 1,7076 DM. Trotzdem bleibt er das Hauptzahlungsmittel in der westlichen Welt.

Die Wissenschaft trumpft gleich zu Beginn der siebziger Jahre mit Fortschritten in der Datentechnik und auf dem Gebiet der Kommunikationsmittel auf. In Großbritannien wird das Videotext-Verfahren entwickelt (1970), in der Bundesrepublik kommen 1974 die ersten programmierbaren Taschenrechner auf den Markt. Das Hochgeschwindigkeitsdrucksystem IBM 3800, das 1975 vorgestellt wird, kann über 8500 DIN A4-Seiten pro Stunde bedrucken. Mit dem weltweit größten Radioteleskop auf dem Bonner Effelsberg können Signale von über 12 Mrd. Lichtjahren entfernten Objekten empfangen werden (1970). Der größte Atommeiler geht im Juli 1974 bei Biblis am Rhein ans Netz. Ein großer Fortschritt für die europäische Raumfahrt wird mit der unter französischer Leitung entwickelten Trägerrakete »Ariane« erzielt.

Das Kunstschaffen zu Beginn der 70er Jahre ist von einer verwirrenden Vielfalt unterschiedlichster Stile geprägt. Die Analytische Malerei, die als Reaktion auf den abstrakten Expressionismus entsteht, enthält Elemente der meditativen Philosophie und des Zen-Buddhismus. Barnett Newmans großformatigen einfarbigen »Bilder der Stille« (1971) vermitteln dem Betrachter das Gefühl unendlicher Weite. Rudolf Hausners Bild »Adam, warum zitterst du?« (1970) thematisiert den Menschen als Opfer seiner eigenen Weltkonstruktion, indem Adams Haupt – als Atompilz deformiert – explodiert. Der Begründer des italienischen sozialkritischen Realismus, Renato Guttuso, macht mit dem Bild »Van Gogh trägt sein abgeschnittenes Ohr ins Bordell von Arles« (1978) in drastischer Form auf soziale Mißstände aufmerksam. Jörg Immendorff stellt den Ost-West-Konflikt in den Mittelpunkt seines Gemäldes »Café Deutschland« (1978). Die Werke von Joseph Beuys aus den »armen Materialien« Erde, Haar, Fett, Wachs und Talg geben der Kunstrichtung »Arte Povera« ihren Namen. Sie entziehen sich nach seiner eigenen Aussage einer Analyse, enthielten sie etwas Verständliches, wären sie überflüssig.

Von der Sexwelle der siebziger Jahre, ein Ergebnis der weiten Verbreitung der Antibabypille seit den sechziger Jahren, bleibt auch das Kino nicht verschont. 42 Prozent der deutschen Filmproduktionen sind 1970 Sexfilme. Viele vom Aussterben bedrohte Lichtspielhäuser benutzen den »Schulmädchen-Report« (1970) und die 1969 angelaufene »Graf-Porno«-Reihe gern als Publikumsmagneten; auch Oswald Kolles erfolgreicher Aufklärungsfilm »Dein Mann – das unbekannte Wesen« (1970) ist nicht frei von pornografischen Tendenzen. Aus Hollywood schwappt die Welle der Horrorfilme nach Europa. »Flammendes Inferno« (1975), »Erdbeben« (1975) und »Der Weiße Hai« (1975) sorgen für Zuschauerrekorde. Am Ende des Jahrzehnts verzeichnet der Neue Deutsche Film einen Aufwärtstrend: Völker Schlöndorffs Verfilmung des Grass-Roman »Die Blechtrommel« (1979), Werner Herzogs »Nosferatu« (1978) und Rainer Werner Fassbinders »Die Ehe der Maria Braun« (1979) dokumentieren das gestiegene Selbstbewußtsein bundesdeutscher Filmemacher.

Die Literatur der siebziger Jahre ist nach ihrer Politisierung im Jahrzehnt zuvor vom »Rückzug ins Private« gekennzeichnet. Weltgeschehen wird allgemein mit der subjektiven Erlebniswelt der Protagonisten verknüpft. Seit Anfang der siebziger Jahre findet die Frauenbewegung auch publizistisch ihren Niederschlag. Textsammlungen und soziologische Untersuchungen zur Situation der Frauen erlauben neue Interpretationen und Definitionen der historischen und gegenwärtigen Rolle der Frau.

Auf der Ebene der Gesellschaft sind die siebziger Jahre die Dekade der Emanzipationsbewegungen: Frauen demonstrieren für Gleichberechtigung, Homosexuelle treten für ihre Rechte an die Öffentlichkeit. Das Rauschgiftproblem nimmt in fast allen Teilen der westlichen Welt immer bedrohlichere Ausmaße an. Die Abhängigen werden immer jünger, und die Sucht zwingt sie, kriminell zu werden.

1970

Internationale Politik

12.1., Nigeria. Der 1967 ausgebrochene Bürgerkrieg um die Autonomie Biafras endet mit dem Sieg der nigerianischen Truppen und der Kapitulation von General Philip Effiong.
22.1., USA. Der neue Präsident Richard M. Nixon verliest vor dem US-Kongreß seine erste Botschaft zur Lage der Nation. ▷ Chronik Zitat

Wachstum nutzen
Chronik Zitat

»An der Schwelle der 70er Jahre haben wir in unserem Land die besten Möglichkeiten für den Fortschritt ... Die kritische Frage lautet nicht, ob wir ein weiteres Wachstum verzeichnen werden, sondern wie wir dieses Wachstum nutzen.«
US-Präsident Richard M. Nixon

21.2., Vietnam. Nordvietnam und laotische Rebellen können in Laos die Ebene der Tonkrüge zurückerobern.
21.2., Schweiz. Ein Bombenanschlag arabischer Terroristen auf eine Swissair-Maschine tötet 45 Menschen.
1.3., Österreich. Bei den Nationalratswahlen wird die SPÖ stärkste Partei.
2.3., Rhodesien. Clifford Dupont proklamiert in Salisburg die Republik Rhodesien, die jedoch Großbritannien und die UNO nicht anerkennen.
5.3., USA/UdSSR/Großbritannien. Mit der Hinterlegung der letzten Ratifizierungsurkunden in Moskau, New York und London tritt der Atomwaffensperrvertrag in Kraft.
18.3., Kambodscha. General Lon Nol stürzt Kambodschas Staatsoberhaupt Prinz Norodom Sihanuk.
16.4., Österreich. In Wien tagt die amerikanisch-sowjetische Konferenz über die Begrenzung Strategischer Rüstung (SALT).
30.4., USA/Kambodscha. Südvietnamesische und amerikanische Truppen marschieren in Kambodscha ein.
4.5., USA. Bei einer Anti-Vietnamkriegs-Demonstration in Kent im US-Bundesstaat Oregon erschießen Nationalgardisten vier Menschen.

Deutsche Politik

1.1. In seiner Silvesteransprache zur Jahreswende räsoniert Bundespräsident Gustav Heinemann über die bundesdeutsche Jugend. ▷ Chronik Zitat
1.1. Das Gesetz über die Lohnfortzahlung im Krankheitsfall tritt in Kraft.
14.3. Zum neuen Präsidenten des Bundes der Vertriebenen (BdV) wird der CDU-Bundestagsabgeordnete Herbert Czaja gewählt.
19.3. Bundeskanzler Willy Brandt und DDR-Ministerpräsident Willi Stoph treffen in Erfurt zum ersten innerdeutschen Gipfelgespräch zusammen und vereinbaren ein zweites Treffen.
21.3. Nach Richtungskämpfen erklärt der Sozialistische Studentenbund Deutschlands (SDS) seine Selbstauflösung.
26.3. Die Außenminister der Siegermächte nehmen in Westberlin ihre Gespräche über den Berlin-Status auf.

Fruchtbare Anstöße
Chronik Zitat

»Die Unruhe in der jungen Generation hat viele von uns in den letzten Jahren überrascht, oft auch verärgert. Dieser Unruhe verdanken wir – das möchte ich nachdrücklich sagen – viele fruchtbare Anstöße.«
Bundespräsident Gustav Heinemann

5.4. In Guatemala wird die Leiche des am 31. März von linken Rebellen entführten deutschen Botschafters Karl Borromäus Maria Heinrich Graf von Spreti entdeckt.
20.4. Der Sachsenhausen-Prozeß in Köln endet spektakulär mit fünfmal lebenslänglich für ehemalige SS-Aufseher des Konzentrationslagers.
14.5. Ulrike Meinhof gelingt die Befreiung des wegen des Frankfurter Kaufhausbrandes inhaftierten Andreas Baader. Bei der Befreiungsaktion wird ein Mensch lebensgefährlich verletzt.
20.5. In der Bundesrepublik tritt ein neues, liberaleres Demonstrationsrecht in Kraft. Künftig muß für einen Straftatbestand eine direkte Mittäterschaft im Einzelfall nachgewiesen werden.

Wirtschaft und Wissenschaft

Januar, Technik. Im öffentlichen Telefonnetz wird weltweit die Zeitmultiplex-Vermittlung eingeführt.
12.1., Luftfahrt. Der Boeing 747-Jumbo-Jet beendet seinen ersten Transatlantikflug auf der Strecke New York–London.
2.2., Medizin. An der Neurochirurgischen Klinik der Universität München werden erstmals menschliche Nerven verpflanzt.
11.2., Raumfahrt. Mit einem erfolgreichen Satellitenstart trifft Japan in den Kreis der Weltraummächte.
März, Technik. Zwischen Europa und Amerika wird die direkte Telefonverbindung über Telesatellit hergestellt.
13.3., Technik. Ärzte aus elf europäischen Staaten und den USA konferieren via Satellit über Medizin-Fortbildung.
20.3., Raumfahrt. Der erste amerikanische Raumtransporter mit Eigenantrieb, der »X 24«, absolviert seinen Jungfernflug.
14.4., Raumfahrt. Nach der Explosion eines Sauerstofftanks der »Apollo 13« landen die Astronauten drei Tage später wohlbehalten im Pazifik.
27.4., Medizin. Am Pariser Broussais-Krankenhaus wird einem Patienten ein Herzschrittmacher eingesetzt, der mit abgeschirmtem Plutonium als Energiequelle funktioniert.
1.6., Kernenergie. Im westfälischen Hamm-Uentrop beginnen die Bauarbeiten zum ersten Thorium-Hochtemperaturreaktor.

Verkehr in Westdeutschland
Chronik Statistik

Eisenbahnnetz (km)	33 010
Straßennetz (km)	162 344
davon Autobahn	4 453
Pkw-Bestand	12 905 000
Lkw-Bestand	990 000
Fabrikneue Kfz	2 347 000
Fluggäste	21 340 000

2.6., Wirtschaft. Ein internationales Firmenkonsortium spürt in der Nordsee große Erdölvorkommen auf.

1970

Kunst, Literatur und Musik

16.1. In Düsseldorf wird das von Bernhard Pfau konstruierte Neue Schauspielhaus eingeweiht.
18.1. Mit *Kriegsanleitung für Jedermann* feiert in Bremen das erste politische Ballett von Hans Kresnik seine Uraufführung.
21.2. Mit dem Song *Bridge Over Troubled Water* landen die amerikanischen Popmusiker Simon and Garfunkel einen Evergreen in den US-Charts.
14.3. Zur Eröffnung der »Expo 70« in Osaka wird das Wahrzeichen der Weltausstellung – der Sonnenturm – eingeweiht.
21.3. Den Grand Prix de la Chanson gewinnt die Irin Dana mit *All Kinds of Everything*.
April Arno Schmidt veröffentlicht seinen experimentellen Roman *Zettels Traum* auf 1330 DIN A 3 Seiten.
10.4. Paul McCartney gibt seine Trennung von den Beatles bekannt, die sich im Juli auflösen.
29.5. Mit *Goodbye Sam, Hallo Samantha* veröffentlicht Cliff Richard seine fünfzigste Single.
27.8. Ein Pop-Festival auf der britischen Isle of Wight lockt 150 000 Menschen an.
1.9. Die im Rahmen der Hannoveraner »Aktion der Straßenkunst« präsentierten bunt-frivolen *Nanas* der französischen Künstlerin Niki de Saint-Phalle sorgen für Mißstimmung.
4.–6.9. Beim Rockfestival auf Fehmarn bestreitet Jimi Hendrix den letzten Auftritt vor seinem Tod.
16.9. Im Vorfeld des Rolling Stones-Konzerts in Westberlin brechen Straßenschlachten aus.
2.10. In Dresden wird der Kulturpalast eingeweiht, dessen Außenseite der Künstler Gerhard Bonzin mit dem Wandbild *Der Weg der Roten Fahne* geschmückt hat.
16.10. Der frühere Staats- und Parteichef der UdSSR, Nikita S. Chruschtschow, erklärt seine in den Westen gelangten Memoiren als Fälschung.
27.11. Das Porträt *Der Mulatte Juan de Pareja* des Spaniers Diego Rodriguez de Silva y Velázquez erzielt bei einer Versteigerung in London den Rekordpreis von 20 Mio. DM.

Theater und Film

20.1. UA: *Trotzki im Exil*, Stück von Peter Weiss, im neueröffneten Düsseldorfer Schauspielhaus.
23.1. Im Düsseldorfer Schauspielhaus inszeniert Alfred Radok das Stück *Der Clown* von Heinrich Böll.
26.2. Regisseur François Truffaut ist von der positiven Resonanz, die sein Film *Der Wolfsjunge* findet, selbst überrascht.
4.4. UA: *Götter der Pest*, Film von Rainer Werner Fassbinder, in Wien.
2.5. Der Antikriegsfilm *M.A.S.H.* von Robert Altman mit Donald Sutherland, Elliot Gould und Tom Skerrit in den Hauptrollen erhält die Goldene Palme von Cannes.
5.5. UA: *Maria*, Drama von Isaak J. Babel, am Ostberliner Deutschen Theater. Das Stück handelt von der Oktoberrevolution – der Autor starb 1941 infolge einer »Säuberung« in der UdSSR.
15.5. Das in Stuttgart uraufgeführte Stück *Guerillas* von Rolf Hochhuth wird ein großer Publikumserfolg.
26.6. Proteste und erhitzte Diskussionen – ausgelöst durch Pressemitteilungen zu Michael Verhoevens Film *o.k.* – führen zum vorzeitigem Abbruch der Berlinale-Wettbewerbs.
11.7. Christopher Fry präsentiert im Nottingham Playhouse das Stück *Ein Hof voll Sonne*.
1.9. In dem Film *Rote Sonne* des deutschen Regisseurs Rudolf Thome spielen Marquard Bohm, Diana Körner und Uschi Obermeier die Hauptrollen. In ihrer 1994 erschienenen Autobiographie *Das wilde Leben* erinnert sich Uschi Obermeier an die Dreharbeiten.
▷ Chronik Zitat

Rote Sonne

Zitat

»Der Film hieß ›Rote Sonne‹. Er gilt, unter Liebhabern und Kennern, heute als einer der schönsten und genauesten deutschen Filme aus jener Zeit, und ich glaube, es stört die Fans nicht einmal, daß ich darin zu sehen bin.«
Uschi Obermeier, deutsche Schauspielerin

Gesellschaft

5.1. Die niederländische katholische Kirche fordert von Papst Paul VI. die Aufhebung des Zölibats.
10.2. Bei einem Lawinenunglück im französischen Val d'Isère sterben 39 Menschen.
13.2. Der Schweizer Science-fiction-Schriftsteller Erich von Däniken wird wegen Betrugs zu dreieinhalb Jahren Zuchthaus verurteilt.
14.3. Der japanische Kaiser Hirohito eröffnet in Osaka die »Expo 70«.
28.3. Ein Erdbeben in der Westtürkei fordert über 1200 Todesopfer.
29.3. Das Empfangsgebäude des neuen Köln-Bonner Flughafens wird eingeweiht.
14.5. Japanische Bergsteiger bezwingen den Mount Everest.

Deutsche Rekorde

Sport

Leichtathletik:	
100 m:	
Renate Meißner	11,0 sec
100 m Hürden:	
Karin Balzer	12,7 sec
Hochsprung:	
Rita Schmidt	1,87 m
Weitsprung:	
Heide Rosendahl	6,84 m
Diskuswurf:	
Liesel Westermann	63,96 m

27.5. Eine Volkszählung bescheinigt der BRD 58,5 Mio. Einwohner.
31.5. Mehr als 70 000 Menschen kommen bei einem Erdbeben in Peru ums Leben.
4.6. Der Bundestag verabschiedet das 624-DM-Gesetz, das die Vermögensbildung der Arbeitnehmer erleichtern soll.
15.6. In Los Angeles beginnt der Prozeß gegen die »Manson-Family« wegen Mordes an sieben Menschen.
27.6. Bei einer Himalaya-Expedition sterben vier Teilnehmer durch eine Lawine.
1.7. Ein Bundesgesetz subventioniert den Schulbesuch für Kinder aus einkommensschwachen Familien.

1970

Internationale Politik

9.5., USA. Über 100 000 Menschen demonstrieren in Washington gegen den Vietnamkrieg.

12.5., Israel/Libanon. Israel attackiert palästinensische Stützpunkte im Libanon.

29.5., Argentinien. Eine peronistische Untergrundorganisation entführt den früheren Staatspräsidenten, Pedro Eugenio Aramburu und gibt am 2. Juni seine Erschießung bekannt.

7.6., Schweiz. Die gegen ausländische Arbeitskräfte in der Schweiz gerichtete Initiative der konservativen und nationalistischen Bewegungen gegen Überfremdung von Volk und Heimat wird verworfen.

18.6., Großbritannien. Bei den Parlamentswahlen verliert die Labour-Partei. Die Konservativen stellen mit Edward Heath den neuen Premier.

26.6., Großbritannien. Nach der Verhaftung der Bürgerrechtlerin Bernadette Devlin brechen in Nordirland Straßenschlachten aus.

4.9., Chile. Der Marxist Salvador Allende Gossens gewinnt die Präsidentschaftswahlen.

6.9., Jordanien. Palästinensische Terroristen entführen vier Passagiermaschinen, die sie am 12. September auf dem jordanischen Flugplatz Zarka sprengen.

27.9., Jordanien. Nach elf Tagen enden die Auseinandersetzungen zwischen der Armee und im Land lebenden palästinensischen Freischärlern.

7.10., Ägypten. In Nachfolge des verstorbenen Gamal Abd el Nasser wird Muhammad Anwar As Sadat neuer Staatspräsident.

7.10., Bolivien. Neuer Staatspräsident wird der linksgerichtete General Juan Torres Gonzáles.

9.10., Kambodscha. Parlamentspräsident In Tam verkündet die Abschaffung der Monarchie.

13.10., USA. Das FBI verhaftet die Bürgerrechtlerin Angela Davis, der die Beteiligung an einer Gefangenenbefreiung vorgeworfen wird.

16.10., Kanada. Nach Entführungen und Mordanschlägen der Separatistenorganisation der Provinz Quebec (FLQ) verhängt Kanada den Notstand.

Deutsche Politik

21.5. In Kassel endet ein deutsch-deutscher Gipfel ergebnislos.

18.6. Der Bundestag senkt das Wahlalter von 21 auf 18 Jahre.

1.7. Die Illustrierte »Quick« veröffentlicht das geheime »Bahr-Papier«, in dem der Staatssekretär Egon Bahr die Ergebnisse seiner Besprechungen mit der UdSSR zusammenfaßt.

1.7. Waren aus der DDR tragen ab sofort den Aufdruck »Made in GDR«, der den Anspruch der Eigenstaatlichkeit demonstriert.

12.8. Mit der Unterzeichnung des Moskauer Vertrages, der ersten Frucht der neuen sozialistischen Ostpolitik beginnt ein neues Kapitel der deutsch-sowjetischen Beziehungen.

Kleiner Haufen FDP

Chronik Zitat

»Wir sind ein kleiner Haufen, und mächtige Gruppen verzeihen uns nicht den ersten sozialdemokratischen Kanzler der Bundesrepublik.«
Walter Scheel, FDP-Vorsitzender

29.9. Die Baader-Meinhof-Gruppe raubt in Westberlin drei Geldinstitute aus. Die Beute soll der Finanzierung des bewaffneten Untergrundkampfes in der Bundesrepublik dienen.

8.10. Durch einen Hinweises aus der Bevölkerung kann die Polizei in Westberlin den zur Baader-Meinhof-Gruppe gehörenden Rechtsanwalt Horst Mahler verhaften.

9.10. Die FDP-Bundestagsabgeordneten Erich Mende und Heinz Starke treten angesichts der Bonner Ostpolitik zur CDU/CSU-Fraktion über. Der FDP-Vorsitzende Walter Scheel äußert sich über seine Partei. ▷ Chronik Zitat

14.11. Der SPD-Vorstand beschließt die Nichtzulässigkeit einer Aktionsgemeinschaft zwischen Sozialdemokraten und Kommunisten.

28.11. Aus Protest gegen eine in Westberlin tagende Fraktionssitzung der CDU/CSU behindert die DDR den Interzonenverkehr.

Wirtschaft und Wissenschaft

3.6., Medizin. Die erste künstliche Erzeugung eines Gens durch den amerikanischen Wissenschaftler Har Gobind Khorana wird gemeldet.

19.6., Raumfahrt. Mit über 17 Tagen Flugzeit stellt das UdSSR-Raumschiff »Sojus 9« einen neuen Rekord auf.

24.6., Technik. Die Bildtonplatte von AEG-Telefunken und Decca wird in Berlin als Weltneuheit präsentiert.

Juli, Technik. In Göttingen untersucht ein Analysecomputer 12 000 Blutproben im Monat auf ihren Alkoholgehalt.

30.7., Wirtschaft. Die Deutsche Bundespost soll umstrukturiert werden. Hauptziel ist die Schaffung eines Unternehmens, das auf die Bedürfnisse des Marktes flexibler reagieren kann.

21.9., Wirtschaft. Hauptthemen der Jahrestagung der Weltbank und des Internationalen Währungsfonds in Kopenhagen sind die weltweite Inflation und die Entwicklungshilfe.

24.9., Raumfahrt. Die sowjetische Sonde »Luna 16« kehrt nach zwölf Tagen Aufenthalt im All mit Mondgestein zur Erde zurück.

21.10., Verkehr. Die 1700 m lange Hängebrücke über dem dänischen Kleinen Belt bietet nach ihrer Fertigstellung sechs Fahrspuren für den Straßenverkehr.

17.11., Raumfahrt. Die sowjetische Raumsonde »Luna 17« ist das erste unbemannte Fahrzeug, das auf dem Mond abgesetzt wird.

10.12., Nobelpreise. In Stockholm und Oslo werden die Nobelpreise feierlich verliehen. ▷ Chronik Nobelpreise

Wissenschaftler geehrt

Chronik Nobelpreise

Chemie: Luis Leloir (RA)
Medizin: Bernard Katz (GB), Ulf von Euler (S) und Julius Axelrod (USA)
Physik: Louis Néel (F) und Hannes Alfvén (S)
Frieden: Norman Borlaug (USA)
Literatur: Alexander Solschenizyn (UdSSR)
Wirtschaft: Paul Samuelson (USA)

1970

Kunst, Literatur und Musik	Theater und Film	Gesellschaft

1970 Aktionskünstler Christo verhüllt in Australien ein 380 000 qm großes Terrain der Meeresküste.

1970 Jahresbestseller in der Bundesrepublik ist der Roman *Und Jimmy ging zum Regenbogen* von Johannes Mario Simmel.

1970 Die Schauspielerin Hildegard Knef veröffentlicht mit *Der geschenkte Gaul* ihre Memoiren.

1970 Günter Herburger entwirft in *Jesus in Osaka* die düstere Zukunftsvision einer seelenlosen, perfekt funktionierenden Industriegesellschaft.

1970 *Jahrestage – aus dem Leben von Gesine Cresspahl* von Uwe Johnson eröffnen eine Trilogie des Autors.

1970 Der Roman *Ernste Absicht* von Gabriele Wohmann trägt autobiografische Züge.

1970 Der wissenschaftliche Essay *Das Alter* der französischen Schriftstellerin Simone de Beauvoir zeigt zwischen der Ausgrenzung älterer Menschen und dem Kapitalismus Parallelen auf.

1970 Peter Handke gibt seine Erzählung *Die Angst des Torwarts beim Elfmeter* heraus.

1970 Tschingis Aitmatow beschreibt in *Der weiße Dampfer* die Probleme der Kirgisen beim Zusammenstoß mit der Sowjetgesellschaft.

1970 William S. Burroughs erzählt in *Die letzten Worte von Dutch Schulz* das Leben eines Gangsters.

1970 *Mr. Sammlers Planet* von Saul Bellow thematisiert die Kluft in der amerikanischen Gesellschaft zwischen religiösen Bürgern und dynamisch-lebensfreudiger Jugend.

1970 Rudolf Hausner malt *Adam, warum zitterst du?*

1970 Kinderstar Heintje erhält für zwei Mio. verkaufte Schallplatten des Titels *Mama* die Platinplatte.

1970 Die Rolling Stones veröffentlichen ihre LP *Get Yer Ya Yas Out*.

1970 Der Experimentalmusiker Frank Zappa bringt seine LP *Mothers of Invention* heraus.

1970 Ungewohnte Rhythmen spielt Carlos Santana mit seiner Band auf dem Album *Abraxas*.

1970 *Bitches Brew* von Miles Davis ist ein Meilenstein des Jazzrock.

Oktober Aus einem Gutachten geht hervor, daß die USA weltweit führend in der Produktion pornographischer Filme sind.

8.10. Mit *Die Mutter* von Bertolt Brecht stellt die kollektiv geführte Berliner Schaubühne ihr erstes Stück vor.

15.10. In dem Film *Deadlock* des deutschen Regisseurs Roland Klick mit Mario Adorf, Anthony Dawson und Marquard Bohm jagen sich in einer verlassenen mexikanischen Minenstadt drei Killer wechselseitig.

21.10. UA: *Wecken Sie Madame nicht auf*, Schauspiel von Jean Anouilh, in Paris. Das Stück handelt vom Alltagsleben der Schauspieler.

23.10. *Schulmädchenreport – Was Eltern nicht für möglich halten*, ein verkappter pornographischer Film unter dem Deckmantel der Sexualerziehung von Ernst Hofbauer wird der kommerziell erfolgreichste Film des Jahres in der Bundesrepublik.

5.12. In Mailand läßt der Dramatiker Dario Fo sein Stück *Zufälliger Tod eines Anarchisten* uraufführen.

10.12. UA: *Porträt eines Planeten*, Schauspiel von Friedrich Dürrenmatt, im Düsseldorfer Schauspielhaus. Das Stück zeichnet die Erde als gottverlassenen Platz.

15.12. In Düsseldorf feiert *Mary Stuart* von Wolfgang Hildesheimer Premiere.

1970 Alan J. Pakula stellt den Thriller *Klute* mit Donald Sutherland und Jane Fonda in den Hauptrollen vor.

1970 Luchino Visconti präsentiert seine Verfilmung der Thomas-Mann-Novelle *Der Tod in Venedig*.

1970 Angesichts des Vietnamkrieges stellt Mike Nichols seinen Antikriegsfilm *Catch 22* vor.

1970 Ebenfalls ein bitterböser Antikriegsfilm ist *Wo, bitte, geht's zur Front* des amerikanischen Komikers Jerry Lewis. Der Film erinnert an Chaplins Kriegssatire *Der große Diktator*.

1970 In *Die Katze* von Pierre Granier-Deferre brillieren die Altstars des französischen Kinos, Jean Gabin und Simone Signoret.

1970 Rainer Werner Fassbinder stellt seinen Film *Warum läuft Herr R. Amok?* vor.

1.7. Der US-Bundesstaat New York genehmigt die Abtreibung bis zur 24. Schwangerschaftswoche.

12.7. Auf einem nachgebauten altägyptischen Papyrusboot erreicht Thor Heyerdahl 57 Tage nach seinem Start aus Marokko die 6000 km entfernte Karibikinsel Barbados.

27.7. Von Java aus breitet sich eine Choleraepidemie über große Teile Asiens aus.

29.7. In New York, Baltimore und Tokio wird Smog-Alarm ausgelöst.

18.8. Die »Entsorgung« von amerikanischen Nervengas-Raketen im Atlantik löst weltweite Proteste aus.

15.9. Bei General Motors beginnt ein Lohnstreik der 350 000 Arbeiter, der am 20. November erfolgreich beendet wird.

25.9. Brandbekämpfungsspezialist Paul Adair aus den USA löscht einen Gasbrand in der Oberpfalz.

18.10. Wolfgang Menges utopisches Fernseh-Quiz »Das Millionending«, in dem eine Menschenverfolgungsjagd fingiert wird, sorgt für Aufruhr. Der Fernsehspiel-Leiter des WDR äußert sich zum pädagogischen Anliegen des Films. ▷Chronik Zitat

Utopisches Fernsehquiz
Zitat

»Wir haben die jetzigen Verhältnisse übertrieben und in die Zukunft projiziert, um die Gegenwart erkennbar zu machen.«
Peter Rohrbach, Journalist

13.11. Eine Flutwelle in Ostpakistan kostet 300 000 Menschenleben. 3 Mio. Einwohner verlieren ihr Hab und Gut.

19.11. Wegen illegalen Waffenhandels werden in Lausanne drei Mitarbeiter des Oerlikon-Konzerns zu Haftstrafen verurteilt.

29.11. Die ARD strahlt mit »Taxi nach Leipzig« ihren ersten »Tatort«-Krimi aus.

1.12. Ein italienisches Gesetz erlaubt die von der katholischen Kirche heftig bekämpfte Ehescheidung.

1970

Internationale Politik	Deutsche Politik	Wirtschaft und Wissenschaft
18.11., USA. In Fort Benning wird der Prozeß gegen Oberleutnant William L. Calley, einem der Hauptverantwortlichen für das Massaker im vietnamesischen My Lai, eröffnet. **14.12., Polen.** Bei Demonstrationen gegen Preiserhöhungen in Danzig und anderen Städten kommen 20 Menschen bei Auseinandersetzungen mit der Polizei ums Leben. **18.12., Finnland.** Die dritte Konsultationsrunde der SALT-II-Gespräche in Helsinki endet ohne Ergebnis. **20.12., Polen.** Parteichef Wladyslaw Gomulka tritt nach den blutigen Unruhen zurück. Weitere Veränderungen in der Partei- und Staatsspitze folgen.	**7.12.** In Warschau unterzeichnen Bundeskanzler Willy Brandt und Polens Ministerpräsident Józef Cyrankiewicz den »Vertrag über die Normalisierung der beiderseitigen Beziehungen« (Warschauer Vertrag). **11.12.** Auf einer ZK-Sitzung erklärt die SED-Führung das »Neue ökonomische System der Planung und Lenkung« (NöSPL) für gescheitert und leitet eine neue Phase des Zentralismus ein. **22.12.** Wegen Beteiligung an der Ermordung von 400 000 Menschen wird der 58jährige ehemalige Kommandant des Konzentrations- und Vernichtungslagers Treblinka, Franz Stangl, zu lebenslanger Haft verurteilt.	**1970, Wirtschaft.** Die zehn größten bundesdeutschen Industrieunternehmen, u.a. Volkswagen, Siemens und Daimler-Benz beschäftigen rund 25% der in der gesamten Industrie tätigen Arbeitnehmer. **1970, Medien.** In Großbritannien entwickeln Wissenschaftler den Videotext. **1970, Wirtschaft.** Die wichtigsten Handelspartner der BRD sind die westlichen Industrieländer. Rund 12,4% der Gesamtexporte gehen nach Frankreich und 10,6% in die Niederlande. **1970, Technik.** Die ersten Kleinbildkameras mit Motor und automatischer Belichtung werden hergestellt.

1970 Geborene und Gestorbene

Geboren:
17.1. Monika Steiglauf, deutsche Leichtathletin.
19.1. Steffen Freund, deutscher Fußballspieler.
5.2. Astrid Kumbernuss, deutsche Leichtathletin.
6.3. Betty Boo, britische Popsängerin.
22.3. Mariah Carey, amerikanische Popsängerin.

28.4. Howard Donald, britischer Popsänger.
29.6. Melanie Paschke, deutsche Leichtathletin.
10.7. Jason Orange, britischer Popsänger.
29.8. Wolfgang Kreissig, deutscher Leichtathlet.
31.8. Debbie Gibson, amerikanische Popsängerin.

24.9. Karen Forkel, deutsche Leichtathletin.
16.10. Mehmet Scholl, deutscher Fußballspieler.
14.11. Silvia Rieger, deutsche Leichtathletin.
20.11. Kim Bauermeister, deutscher Leichtathlet.
4.12. Kathrin Boyde, deutsche Leichtathletin.

1971

Internationale Politik	Deutsche Politik	Wirtschaft und Wissenschaft
18.1., Polen. Die Belegschaft der polnischen Lenin-Werft in Danzig erreicht durch einen Streik die Rücknahme der Preiserhöhungen vom Vorjahr und die Veröffentlichung einer Liste von Todesopfern der Dezemberunruhen 1970. **25.1., Uganda.** Idi Amin Ada kommt durch einen Militärputsch an die Macht, löst das Parlament auf und verbietet die politischen Parteien. **7.2., Schweiz.** In der Schweiz erhalten Frauen auf Bundesebene das passive und aktive Wahlrecht.	**12.1.** Neuer Botschafter der UdSSR in Bonn ist der sowjetische Diplomat Valentin M. Falin. **29.1.** Guinea bricht die Beziehungen zur Bundesrepublik ab, da sich die bundesdeutsche Regierung angeblich an Umsturzplänen beteiligen würde. **16.3.** Die DDR und Chile arrangieren die Aufnahme diplomatischer Beziehungen. Erstmals folgt darauf nicht der automatische Abruf des bundesdeutschen Gesandten. **27.4.** König Baudouin I. von Belgien stattet der BRD einen Staatsbesuch ab.	**15.1., Architektur.** Nach elf Jahren Bauzeit wird in Oberägypten der Assuan-Staudamm fertiggestellt, der den künstlichen »Nassersee« auf 550 km Länge staut. **5.2., Raumfahrt.** Die amerikanischen Astronauten Alan B. Shepard und Edgar D. Mitchell landen mit der Mondfähre »Antares« auf dem Mond. **1.3., Kernenergie.** Der Bau der Speicherringanlage der Europäischen Organisation für Kernforschung CERN ist beendet. Die Anlage soll die Protonen im Teilchenbeschleuniger aufnehmen.

1970

Kunst, Literatur und Musik	Theater und Film	Gesellschaft
1970 Naum Gabo vollendet *Lineare Raumkonstruktion Nr. 4*. **1970** Marc Chagall malt die Fenster für das Frauenmünster in Zürich. **1970** Der belgische Künstler Pierre Alechinsky nimmt die Arbeit an seiner »Vulcanologies«-Serie auf. **1970** Henri Cartier-Bresson gibt mit *Frankreich* einen weiteren seiner wegweisenden Fotobände heraus. **1970** In Hannover findet eine große Retrospektive zum Werk des englischen Malers und Grafikers David Hockney statt. **1970** Der Finne Matti Petäjää vollendet seinen Holzschnitt *Der verletzte Frieden*.	**1970** Mit dem Film *Decameron* erweist sich Pier Paolo Pasolini einmal mehr als einer der umstrittensten italienischen Regisseure. **1970** Cathérine Deneuve, Fernando Rey, Lola Gaos und Franco Nero spielen die Hauptrollen in dem spanischen Film *Tristana* des Erfolgsregisseurs Luis Buñuel. **1970** Rod Steiger, James Coburn und Maria Monti spielen in dem Film *Todesmelodie* des Italo-Western-Regisseurs Sergio Leone die tragenden Rollen. Der Film thematisiert die seltsame Freundschaft zwischen einem intellektuellen Revolutionär und dem bauernschlauen Juan.	**1.12.** Das Wiener Boulevardblatt »Express« stellt den Verkauf ein. **18.12.** Ohne Urteil endet in Aachen nach zweieinhalbjähriger Prozeßdauer der Contergan-Prozeß. **1970** Mit wachsender Tendenz reisen die Bundesdeutschen ins Ausland, wenn auch die Mehrheit Ziele in der Bundesrepublik bevorzugt. Bayern liegt an der Spitze der Beliebtheitsskala innerdeutscher Urlaubsreisen, gefolgt von Baden-Württemberg. **1970** Immer mehr Bundesbürger treten aus einer der beiden großen Kirchen aus, wobei auch finanzielle Gründe eine Rolle spielen. Besonders betroffen sind die Großstädte.

Geborene und Gestorbene

Gestorben:
5.1. Max Born (*11.12.1882), deutscher Physiker.
27.1. Erich Heckel (*31.7.1883), deutscher Maler und Grafiker.
2.2. Bertrand Russell (*18.5.1872), britischer Philosoph und Mathematiker.
30.3. Heinrich Brüning (*26.11.1885), deutscher Politiker.

11.4. John O'Hara (*31.1.1905), amerikanischer Schriftsteller.
12.5. Nelly Sachs (*10.12.1891), deutsch-schwedische Schriftstellerin.
7.6. Edwald M. Forster (*1.1.1879), britischer Schriftsteller.
21.6. Achmed Sukarno (*6.6.1901), indonesischer Politiker.
29.6. Stefan Andres (*26.6.1906), deutscher Schriftsteller.

18.9. Jimi Hendrix (*27.11.1942), amerikanischer Popmusiker.
25.9. Erich Maria Remarque (*22.6.1898), deutscher Schriftsteller.
28.9. John Dos Passos (*14.1.1896), amerikanischer Schriftsteller.
2.10. Grete Weiser (*27.2.1903), deutsche Schauspielerin.
9.11. Charles de Gaulle (*22.11.1890), französ. Politiker.

1971

Kunst, Literatur und Musik	Theater und Film	Gesellschaft
29.1. In der Staatlichen Kunsthalle Baden-Baden wird die erste große Dali-Ausstellung der BRD eröffnet. **5.2.** Tim Fogerty verläßt die Gruppe Creedence Clearwater Revival, die mit *Hey Tonight* ganz oben in den internationalen Charts stehen. **März** Led Zeppelin, britische Wegweiser des Hard Rock, geben ein epochales Konzert in Dublin. **9.3.** Am Hamburger Opernhaus feiert das Musical *Oh! Calcutta!* von Kenneth Tynan unter massiven Demonstrationen seine deutsche Premiere.	**23.1.** UA: *Der Ritt über den Bodensee*, Schauspiel von Peter Handke, in Berlin. **26.1.** Der Film *Der plötzliche Reichtum der armen Leute von Kombach* von Regisseur Volker Schlöndorff wird in der ARD uraufgeführt. **20.3.** Die Städtischen Bühnen Nürnberg präsentieren die Uraufführung des Theaterstücks *Blut am Hals der Katze* von Rainer Werner Fassbinder. **3.4.** Im Staatstheater Kassel zeigt Armand Gatti sein Stück *Rosa Kollektiv*, das die gesellschaftliche Wirkung von Rosa Luxemburg kritisch hinterfragt.	**1.1.** Infolge einer Kältewelle in Europa fallen die Temperaturen bis auf −40°C. Schneemassen behindern selbst in Spanien den Verkehr. **31.1.** Nach 19 Jahren können West- und Ostberliner wieder miteinander telefonieren. **2.2.** In den USA wird die Zigarettenwerbung in Fernsehen und Rundfunk untersagt. **4.2.** Das britische Unternehmen Rolls-Royce meldet Konkurs an und muß sich von seinen Düsentriebwerkproduktionsanlagen trennen.

1971

Internationale Politik

8.2., Vietnam/Laos. Ein südvietnamesischer Vorstoß auf den Süden von Laos mit dem Ziel, den Ho-Chi-Minh-Pfad zu sperren, scheitert im März.
10.3., Indien. Die regierende Kongreßpartei unter Indira Gandhi erhält bei Wahlen eine Zweidrittelmehrheit.
12.3., Türkei. Das Militär erzwingt den Rücktritt von Ministerpräsident Süleyman Demirel zugunsten von Nihat Erim.
23.3., Argentinien. General Alejandro A. Lanusse putscht sich an die Macht.
26.3., Pakistan. Die Unabhängigkeitserklärung von Bangladesch (Ostpakistan) löst einen Bürgerkrieg aus.
29.3., Jugoslawien/Vatikan. Als erster Staatspräsident eines kommunistischen Landes stattet Josip Tito Papst Paul VI. einen Besuch ab.
29.3., USA. Wegen des My-Lai-Massakers wird der amerikanische Oberleutnant William L. Calley zu lebenslanger Zwangsarbeit verurteilt. Nach massiven Protesten interveniert Präsident Richard M. Nixon zugunsten des Verurteilten.
22.4., Haiti. Nach dem Tod seines Vaters tritt Jean-Claude Duvalier die Präsidentschaft auf Lebenszeit an.
25.4., Österreich. Bei der Bundespräsidentenwahl wird Franz Jonas mit 52,79% der Stimmen für eine zweite Amtszeit wiedergewählt.
13.6., USA. Die »New York Times« veröffentlicht geheime Pentagonpapiere, wonach der Tonkin-Zwischenfall 1964 von den USA provoziert war, um eine militärische Intervention in Vietnam zu rechtfertigen.
1.7., Argentinien. Argentinien verzichtet auf seine Ansprüche auf die britischen Falklandinseln.
7.7., Jordanien. Die jordanische Armee startet einen massiven Angriff auf die im Norden gelegenen Palästinenserlager.
22.8., Bolivien. Der rechtsgerichtete Oberst Hugo Banzer Suárez stürzt die Linksregierung von Präsident Juan José Torres.
23.8., Pakistan/Bangladesch/Indien. Infolge des Bürgerkrieges sind über acht Millionen Menschen aus Ostpakistan nach Indien geflohen.

Deutsche Politik

29.4. In seiner Eröffnungsrede zur Bundesgartenschau in Köln ruft Bundespräsident Gustav Heinemann die Bevölkerung zu verstärkten Anstrengungen im Bereich des Umweltschutzes auf.
1.5. Auf der zentralen Mai-Kundgebung des Deutschen Gewerkschaftsbundes in Hannover nennt der DGB-Vorsitzende Heinz Oskar Vetter die Durchsetzung der paritätischen Mitbestimmung als vordringlichste Aufgabe.
3.5. Erich Honecker löst Walter Ulbricht als Ersten Sekretär des Zentralkomitees der SED ab. Damit verfügt er über die Schlüsselposition in der DDR.
▷Chronik Zitat
17.5. Gustav Heinemanns Rumänien-Besuch ist die erste Reise eines Bundespräsidenten in ein sozialistisches Land.
17.6. Der Bundestag genehmigt das Förderungsprogramm für das Zonenrandgebiet.
24.6. Als Ersatz für den Starfighter billigt der Verteidigungsausschuß des Deutschen Bundestags das Beschaffungsprogramm für die F-4F »Phantom«.

Ulbrichts Bilanz

Chronik Zitat

»Ich bin jetzt 60 Jahre in der deutschen Arbeiterbewegung tätig. ... Bei der Vorbereitung und Durchführung der Einigung der deutschen Arbeiterklasse 1945 und der ... Gründung der SED, gehörte ich zu den führenden Funktionären.«
Walter Ulbricht

15.7. In Hamburg wird die mutmaßliche Terroristin Petra Schelm von der Polizei erschossen.
9.8. Der Suchdienst des Deutschen Roten Kreuzes gibt bekannt, daß seit Jahresbeginn 10 000 deutschstämmige Aussiedler in die BRD gekommen sind.
1.9. Mit Inkrafttreten des Bundesausbildungsförderungsgesetz (BAföG) will die Bundesregierung die Chancengleichheit aller Studenten absichern.

Wirtschaft und Wissenschaft

17.3., Technik. Die größte Kläranlage Europas wird in Dormagen eröffnet. Sie soll die Abwässer der Bayer AG und Erdölchemie GmbH aufbereiten.
1.4., Technik. Mit der »James Madison« läuft in den USA das erste mit Mehrfachsprengkopf-Raketen ausgerüstete Unterseeboot vom Stapel.

Ostdeutsche Großstädte

Chronik Statistik

Einwohnerzahlen:

Ostberlin	1 086 374
Leipzig	583 885
Dresden	502 432
Chemnitz	298 411
Magdeburg	272 237
Halle/Saale	257 261
Erfurt	196 528
Gera	111 535

19.4., Raumfahrt. Die UdSSR bringt mit »Saljut 1« die erste wissenschaftliche Raumstation in eine Umlaufbahn.
6.5., Verkehr. Bei München wird die erste Magnetschnellbahn der Welt vorgestellt.
18.5., Verkehr. Ein Elektromobil von Opel erreicht auf dem Hockenheim-Ring die Rekordgeschwindigkeit von 240 km/h.
7.6., Raumfahrt. Kosmonauten des sowjetischen Raumschiffes »Sojus 7« docken an der Raumstation »Saljut 1« an, in der sie sich 23 Tage aufhalten.
30.6., Raumfahrt. Bei der Erdlandung sterben die sowjetischen Kosmonauten von »Sojus 7« durch einen plötzlichen Druckabfall.
31.7., Raumfahrt. »Apollo 15« landet auf dem Mond. Dabei setzen die USA erstmals ein bemanntes Mondmobil ein, das größere Bereiche erkundet.
15.8., Wirtschaft. Nach Aufhebung der Funktion des Dollars als internationale Leitwährung durch Präsident Richard M. Nixon schließen in Europa die westeuropäischen Währungsbörsen für zehn Tage.
27.8., Technik. AEG/Telefunken stellt auf der Berliner Funkausstellung die erste Farbbildplatte vor.

1971

Kunst, Literatur und Musik

11.3. In Stuttgart eröffnet die erste DDR-Ausstellung in der Bundesrepublik. Bis zum 18. April sind in »Fünf Städte mahnen« Bilder über die Zerstörungen während des Zweiten Weltkrieges zu sehen.
20.3. Die »Aktiva 71« in München zeigt Werke junger Künstler.
16.4. Gerhard Bohners Ballett *Die Folterungen der Beatrice Cenci* wird von der Deutschen Akademie der Künste in Ostberlin auf die Bühne gebracht.
25.4. UA: *Staatstheater*, Oper von Mauricio Kagel.
1.5. Zum 500. Geburtstag von Albrecht Dürer wird in Nürnberg eine Ausstellung eröffnet.
17.5. Die experimentelle Oper *Der langwierige Weg in die Wohnung der Natascha Ungeheuer* von Hans Werner Henze findet beim Publikum in Rom wenig Resonanz.
23.5. UA: *Der Besuch der alten Dame*, Oper von Gottfried von Einem nach einem Theaterstück von Friedrich Dürrenmatt, in der Wiener Staatsoper.
5.6. Die Ausstellung »Fünf Sammler – Kunst unserer Zeit« wird in Wuppertal gezeigt.
14.6. *August Vierzehn* heißt der in Paris erscheinende neue Roman des sowjetischen Schriftstellers und Regimekritikers Alexander Solschenizyn. Er bildet den Auftakt zu einer Trilogie.
1.8. Im New Yorker Madison Square Garden findet das erste Wohltätigkeitskonzert der Rockgeschichte statt, das Bangladesch zugute kommt. Vor 40 000 Fans spielen u.a. Eric Clapton, George Harrison und Bob Dylan.
7.9. UA: *Kettentanz*, Ballett von Gerlad Arpino, in Berkeley (Kalifornien) durch das City Center Joffrey Ballet.
8.9. Die Eröffnungsfeier des John-F.-Kennedy-Zentrums für darstellende Künste in Washington wird von der eigens für diesen Anlaß komponierten Bühnenstück *Mass* von Leonard Bernstein begleitet.
13.9. Heinrich Böll wird der erste deutsche Präsident des PEN-Clubs.
16.9. Der Verpackungskünstler Christo verschleiert in der Eifel das Monschauer Schloß, die Burgruine und Teile der alten Bürgerhäuser.

Theater und Film

14.4. Der amerikanische Filmschauspieler George C. Scott lehnt die Annahme des Oscars als bester Hauptdarsteller für seine Rolle in *Patton* ab und bezeichnet die Oscar-Preisverleihung als »unerträgliche Fleischparade«.
28.5. In Frankfurt wird die »Experimenta 4«, eine Veranstaltung zum alternativen Theater, eröffnet, die bis zum 6. Juni kleineren Ensembles und jüngeren Autoren die Gelegenheit zur Selbstdarstellung gibt.
1.6. Harold Pinter thematisiert in seinem Theaterstück *Alte Zeiten*, das in London uraufgeführt wird, eine nebulöse Dreiecksgeschichte.
3.6. Während der Uraufführung des Schauspiels *Wildwechsel* von Franz Xaver Kroetz in der Inszenierung von Manfred Neu zeigt sich das Publikum in Dortmund aufgrund der Darstellung von Sexualität schockiert.
5.6. UA: *Die bitteren Tränen der Petra von Kant*, Melodram über eine lesbische Beziehung zweier Frauen von Rainer Werner Fassbinder, in Darmstadt.
18.9. Als eine theatralische Biographie des Dichters interpretiert Peter Weiss sein in Stuttgart uraufgeführtes Stück *Hölderlin*.
24.9. Wolfgang Bauers Theaterstück *Silvester oder Das Massaker im Hotel Sacher*, das in Wien Weltpremiere hat, will sich der Sensationslust und des Zynismus annehmen.
29.9. Das Royal Court Theatre in London zeigt die Uraufführung von Edward Bonds Drama *Lear*, das den König als scheiternden Umdenker vorführt.
5.12. Mit einem täglich wechselnden Programm eröffnet in Frankfurt am Main das erste Kommunale Kino (Ko-Ki) der Bundesrepublik.
1971 Der Film *Uhrwerk Orange* von Stanley Kubrick startet in den britischen Kinos und löst eine Debatte um die Darstellung von Gewalt aus.
1971 Clint Eastwood übernimmt in *Dirty Harry* von Don Siegel erstmals die Rolle des zynischen, brutalen Inspektors Callahan.
1971 In dem tragisch-komischen Film *Trafic – Tatis Stoßverkehr* ist der unwiderstehliche Jacques Tati zum letzten Mal auf der Leinwand zu sehen.

Gesellschaft

8.2. Langhaarige Bundeswehrsoldaten müssen ab sofort ein Haarnetz tragen.
15.2. Großbritannien stellt sich in der Währung auf das Dezimalsystem ein.
20.2. Große Teile der amerikanischen Bevölkerung werden durch einen versehentlichen Atom-Alarm verunsichert.
1.3. Die Straßenverkehrsregeln der Bundesrepublik werden auf internationalen Standard gebracht.
19.4. Wegen mehrfachen Mordes (u. a. an Sharon Tate) werden die angeklagten Mitglieder der »Manson-Familie« zum Tode verurteilt (1972 in lebenslänglich umgewandelt).

Deutsche Schwimm-Meister Statistik

Freistil 100 m:	
Gerhard Schiller	54,5 sec
Brust 100 m:	
Walter Kusch	1:07,1 min
Delphin 100 m:	
Lutz Stoklasa	58,5 sec
Rücken 100 m:	
Ralf Beckmann	1:02,3 min
Lagen 200 m:	
Klaus-Uwe Becker	2:18,1 min

Mai Erstmals läuft im ZDF das Ratespiel »Dalli-Dalli« mit Hans Rosenthal als Quizmaster.
6.6. In der Schweiz wird der Umweltschutz erklärtes Verfassungsziel.
29.6. Der Pariser Stadtrat beschließt den Abriß der berühmten Markthallen (»Les Halles«) zugunsten des geplanten »Centre Pompidou«.
1.7. Bundesdeutsche Frauen ab 30 und Männer ab 45 können sich ab sofort im Rahmen der Krebsvorsorge unentgeltlich untersuchen lassen.
8.7. Homosexuelle Beziehungen zwischen Volljährigen werden in Österreich nicht länger strafrechtlich verfolgt.
30.7. Bei einer Kollision zwischen einem Düsenjäger und einer Boeing 727 bei Tokio sterben 162 Menschen.
6.8. Der Schotte Chay Blyth beendet eine Weltumsegelung von Ost nach West.

1971

Internationale Politik

22.9., Schweiz. Durch den Zusammenschluß der Bauern-, Gewerbe- und Bürgerpartei mit der Demokratischen Partei der Kantone Glarus und Graubünden wird die Schweizerische Volkspartei gegründet.

24.9., Großbritannien/UdSSR. Die britische Regierung weist 90 Sowjetdiplomaten wegen angeblicher Spionage aus dem Land. Im Gegenzug entzieht Moskau am 8. Oktober 17 britischen Diplomaten die Aufenthaltsgenehmigung für die UdSSR.

10.10., Österreich. Bei der Nationalratswahl erreicht die SPÖ erstmals mehr als 50% der Stimmen.

26.10., USA. Die UN-Vollversammlung in New York beschließt die Aufnahme der VR China und den gleichzeitigen Ausschluß Taiwans.

28.10., Großbritannien. Nach einer sechstägigen Debatte stimmen die britischen Parlamentarier für den EG-Beitritt zum 1.1.1973.

31.10., Schweiz. Bei den Nationalratswahlen dürfen erstmals auch die Frauen wählen.

8.11., Philippinen. Die oppositionelle Liberale Partei erringt bei Teilerneuerungswahlen sechs der acht zu besetzenden Senatssitze. Die Nationale Partei unter Staatspräsident Ferdinand Marcos verliert damit ihre Zweidrittelmehrheit im Senat.

17.11., Thailand. Ministerpräsident Thainom Kittikachorn verkündet das Kriegsrecht und hebt die Verfassung auf.

24.11., Großbritannien/Rhodesien. Großbritannien akzeptiert die Unabhängigkeit Rhodesiens von 1965 trotz der dort herrschenden Apartheid.

2.12., Vereinigte Arabische Emirate. Am Persischen Golf proklamieren sechs Scheichtümer ihre Unabhängigkeit von Großbritannien und schließen sich zur »Föderation der Arabischen Emirate« zusammen.

3.12., Pakistan/Indien. Über den Konflikt um Ostpakistan (Bangladesch) bricht der dritte indisch-pakistanische Krieg aus. Am 16. Dezember kapitulieren die pakistanischen Streitkräfte in Bangladesch, dessen Unabhängigkeit damit faktisch besiegelt ist.

Deutsche Politik

3.9. Die USA, Großbritannien, Frankreich und die UdSSR unterzeichnen in Berlin das neue Viermächteabkommen über den Status der geteilten Stadt.

16.9. Bundeskanzler Willy Brandt besucht den sowjetischen Staats- und Parteichef Leonid I. Breschnew auf der Krim.

5.10. Auf dem CDU-Parteitag in Saarbrücken setzt sich Rainer Barzel in einer Kampfabstimmung gegen Helmut Kohl als Parteichef durch.

11.10. Der japanische Kaiser Hirohito besucht die Bundesrepublik.

15.10. Angesichts der steigenden Zahl von Drogentoten verschärft Bonn das aus dem Jahr 1929 stammende »Opiumgesetz«.

21.10. Der DDR-Ministerrat beschließt, ab 1972 den privaten Wohnungsbau in kleinen und mittleren Städten und Dörfern wieder zu erlauben.

22.10. Bundesjustizminister Gerhard Jahn legt einen Entwurf zur Neufassung des Abtreibungsparagraphen 218 vor, der die Möglichkeit einer »sozialen Indikation« vorsieht.

27.10. Auf dem FDP-Parteitag in Freiburg im Breisgau werden die »Freiburger Thesen« verabschiedet, mit denen die der Liberalen eine Linkswende entsprechend den Maximen der sozialliberalen Koalition vollziehen.

12.11. Der CDU-Politiker Ernst Benda wird vom Bundestag zum neuen Präsidenten des Bundesverfassungsgerichtes gewählt.

4.12. Bei einer Großrazzia im Westberliner Stadtteil Schöneberg erschießt die Polizei den mutmaßlichen Terroristen Georg von Rauch.

11.12. In Ostberlin paraphieren Egon Bahr und Michael Kohl – die Staatssekretäre der BRD und der DDR das Transitabkommen als ersten deutsch-deutschen Vertrag auf Regierungsebene.

11.12. Ein Abkommen zwischen Westberlin und der DDR reduziert die Zahl der Westberliner Enklaven von zehn auf fünf.

18.12. In Bad Godesberg endet die zweite Session des IV. Außerordentlichen SPD-Parteitages, der ernste Differenzen zwischen Regierung und Basis offenlegte.

Wirtschaft und Wissenschaft

11.10., Verkehr. In München absolviert der »Transrapid 02« seine Jungfernfahrt.

5.11., Raumfahrt. Die europäische Trägerrakete »Europa II« stürzt unmittelbar nach dem Start von Französisch-Guayana ins Meer.

13.11., Raumfahrt. Die amerikanische Sonde »Mariner 9« ist nach einer etwa 400 Millionen km langen Reise der erste künstliche Satellit in einer Marsumlaufbahn.

27.11., Raumfahrt. Die UdSSR erreicht mit »Mars 2« den Roten Planeten. Am 3. Dezember folgt »Mars 3«.

10.12., Nobelpreise. In Stockholm und Oslo werden die diesjährigen Nobelpreise feierlich verliehen. ▷Chronik Nobelpreise.

Wissenschaftler geehrt
Chronik Nobelpreise

Chemie: Gerhard Herzberg (CDN)
Medizin: Earl W. Sutherland (USA)
Physik: Dennis Gábor (H)
Frieden: Willy Brandt (D)
Literatur: Pablo Neruda (RCH)
Wirtschaft: Simon Kuznets (USA)

18.12., Wirtschaft. Auf der Washingtoner Konferenz beschließen die Staaten der Zehner-Gruppe eine Abwertung des US-Dollars zur Beilegung der internationalen Währungskrise.

27.12., Medizin. Die welterste Samenbank für menschliche Spermien in New York dient u.a. sterilisierten Männern als Aufbewahrungsort ihres Spermas für einen eventuellen späteren Kinderwunsch.

1971, Medien. Die amerikanische Firma Texas Instruments stellt den ersten Mikroprozessor vor und bringt einen batteriebetriebenen Taschenrechner auf den Markt.

1971, Technik. Der schweizerische Konzern F. Hoffmann La Roche entwickelt die Flüssigkristallanzeige.

1971, Medien. Mit den ersten Telekopierern stellt Rank Xerox seine Führungsposition im High-Tech-Kommunikationsbereich unter Beweis.

1971

Kunst, Literatur und Musik

1.10. Nach Investitionen von über einer Mrd. DM eröffnet in Florida Disneyworld, das mit seinen Parks die Größe San Franciscos erreicht.

12.10. In New York feiert das Rock-Musical *Jesus Christ Superstar* mit Jeff Fenholt als Jesus Premiere. Das epochale Werk von Andrew Lloyd Webber und Tim Rice wird weltweit einer der größten Musical-Erfolge.

21.10. Die Picasso-Ausstellung im Pariser Louvre ist die erste Werkschau eines lebenden Künstlers in diesen weltberühmten Hallen.

1971 International bekannt wird die Pop-Vertonung von Beethovens *Ode an die Freude*, die Miguel Rios mit seinem *Song of Joy* vorstellt.

1971 Die englische Rockband Deep Purple veröffentlicht das Album *Fireball* mit dem sie in die vorderen Ränge der Charts vorstößt.

1971 Walter Kempowskis Roman *Tadellöser & Wolff* verhilft dem Autor zu seinem endgültigen Durchbruch.

1971 Einen erneuten Erfolg kann Johannes Mario Simmel mit seiner Spionage-Story *Der Stoff, aus dem die Träume sind* verbuchen.

1971 Die Vor- und Nachkriegsgesellschaft porträtiert Heinrich Bölls Roman *Gruppenbild mit Dame*.

1971 Der Roman *Die Fenster* des dänischen Schriftstellers Leif Panduro thematisiert den Übergang vom Zuschauen zum Handeln.

1971 Eine experimentelle Biographie über einen Alltagsmenschen schafft Dieter Kühn mit dem Roman *Ausflüge im Fesselballon*, der die verschiedenen möglichen Wendungen eines Schicksals weiterspinnt.

1971 Marguerite Duras veröffentlicht mit dem Roman *Die Liebe* eine schwer zu entschlüsselnde Geschichte über eine Dreiecksbeziehung.

1971 In Ottawa zeigt die National Gallery of Canada eine Retrospektive zum Werk des amerikanischen Künstlers Donald Judd.

1971 Douglas Huebler fertigt aus 650 Fotos, einem Brief und einer Landkarte sein *Variables Stück Nr. 48* an, ein dokumentarisches Kunstwerk über eine Autoreise.

Theater und Film

1971 Innerhalb weniger Wochen spielt Francis Ford Coppolas Mafia-Epos *Der Pate* nach einer literarischen Vorlage von Mario Puzo in den Vereinigten Staaten die Rekordsumme von 200 Mio. US-Dollar ein. Hauptdarsteller sind u.a. Marlon Brando, Al Pacino und James Caan.

1971 Die Satire auf den Italo-Western *Vier Fäuste für ein Halleluja* von E.B. Clucher bringt für Bud Spencer und Terence Hill den Durchbruch.

1971 William Friedkin produziert mit *The French Connection* einen sehr erfolgreichen Kultfilm.

1971 *Duell* ist das Erstlingswerk des US-Regisseurs Steven Spielberg, der den mörderischen Zweikampf zwischen einem Geschäftsreisenden und einem Sattelschlepper thematisiert.

1971 Ein nicht ganz jugendfreier Zeichentrickfilm ist *Fritz the Cat* von Ralph Bakshi.

1971 Ein Porträt Roms aus der ganz persönlichen Perspektive von Federico Fellini verewigt der Filmklassiker *Roma* mit Anna Magnani, Marcello Mastroianni und Fiona Florence in den Hauptrollen.

1971 Hal Ashbys unkonventionelle Liebeskomödie *Harold und Maude*, die die Beziehung zwischen dem 18jährigen Harold und der Mittsiebzigerin Maude thematisiert, wird ein riesiger Publikumserfolg.

1971 Mit Woody Allens Rolle eines mit Minderwertigkeitskomplexen überhäuften Intellektuellen in *Mach's noch einmal, Sam* gelingt Herbert Ross eine köstliche Satire auf den Humphrey-Bogart-Kult.

1971 Louis Malle beschreibt in *Herzflimmern* das Inzestverhältnis eines 15jährigen zu seiner Mutter. Die Hauptrollen in diesem psychologisch hochinteressanten Melodram spielen Lea Massari, Benoit Ferreux, Gila von Weitershausen, Michel Lousdale und Daniel Gélin.

1971 Jack Nicholson, Art Garfunkel und Candice Bergen liefern in dem Film *Die Kunst zu lieben* von Mike Nichols ein offenes und zugleich deprimierendes Bild der Gefühlswelt einer ganzen Generation.

Gesellschaft

10.8. Die vatikanische Glaubenskongregation ermittelt gegen den Schweizer Theologen Hans Küng, dem 1979 die Lehrerlaubnis an der Universität Tübingen entzogen wird.

13.9. Im Gefängnis von Attica bei New York wird eine Häftlingsrevolte gegen die Haftbedingungen blutig beendet. 39 Inhaftierte und neun als Geiseln festgehaltene Aufseher sterben.

26.9. Mit Beginn des Winterfahrplans nimmt die Deutsche Bundesbahn den Intercity-Verkehr auf.

8.10. Die Bundesprüfstelle für jugendgefährdende Schriften untersagt den Verkauf der »St. Pauli Zeitung« und des Magazins »bi«, die beide von Joachim Driessen verlegt werden.

25.10. In Kassel wird die erste Gesamthochschule der Bundesrepublik feierlich eröffnet.

3.11. Als erstes Bundesland führt Hamburg den Organspenderausweis ein.

3.11. Das priesterliche Zölibat bleibt nach einer Abstimmung der Oberhirten in Rom in Kraft.

6.11. Die Protestfahrt zu der Aleuteninsel Amchitka gegen einen amerikanischen Atomversuch wird die erste Aktion der Umweltschutzorganisation Greenpeace.

6.11. Der Rheinpegel bei Duisburg sinkt infolge der lang andauernden Trockenheit auf die absolute Tiefstmarke von 1,54 m.

16.12. Theo Albrecht, Mitbesitzer des Lebensmittelgiganten »Aldi«, kommt 18 Tage nach seiner Entführung gegen eine Zahlung von 7 Mio. DM frei.

25.12. Bei einem Hotelbrand in Seoul verlieren 160 Menschen ihr Leben.

1971 Jugendliche in aller Welt finden ein neues Lebensgefühl und einen Lebenssinn in der Besinnung auf die Religion, Gott und Jesus Christus.

1971 In der von den Wickert-Instituten im Auftrag der Illustrierten »Bunte« ermittelten »Prominenten-Börse« führt Peter Alexander die Beliebtheitsskala an. Ihm folgen Heinz Rühmann, Inge Meysel und Prof. Dr. Bernhard Grzimek.

1971 Raimund Harmstorf spielt die Titelrolle in dem vierteiligen Fernseh-Abenteuerfilm »Der Seewolf«.

1971

Internationale Politik	Deutsche Politik	Wirtschaft und Wissenschaft
23.12., Sudan. Der Sudan beschließt die Wiederaufnahme der diplomatischen Beziehungen zur BRD, die 1965 abgebrochen worden waren. **30.12., Vietnam.** Innerhalb von fünf Tagen haben 350 Kampfflugzeuge der amerikanischen Luftstreitkräfte mehr als 1000 Einsätze geflogen.	**24.12.** In seiner Weihnachtsansprache fordert Bundespräsident Gustav Heinemann die Bundesbürger zur aktiven Erhaltung des Friedens auf. **28.12.** Das Bundesinnenministerium richtet für eine »objektive, realistische Umweltpolitik« einen Sachverständigenrat ein.	**1971, Wirtschaft.** Norwegen erschließt als erstes Land mit dem Feld »Ekofisk« eine Erdöllagerstätte in der Nordsee. **1971, Wirtschaft.** Die Kreditinstitute der BRD, der Niederlande, Belgiens und Luxemburgs beschließen die Verwendung einheitlicher »eurocheques«.

1971 Geborene und Gestorbene

Geboren:
20.1. Gary Barlow, britischer Musiker.
7.3. Eric Kaiser, deutscher Leichtathlet.
5.4. Uwe Jahn, deutscher Leichtathlet.
26.8. Charles Friedek, deutscher Leichtathlet.
16.9. Karsten Kobs, deutscher Leichtathlet.
25.9. Rico Lieder, deutscher Leichtathlet.
30.10. Fredi Bobic, deutscher Fußballspieler.

Gestorben:
10.1. Gabrielle Chanel (*19.8.1883), französische Modeschöpferin.

1972

Internationale Politik	Deutsche Politik	Wirtschaft und Wissenschaft
10.1., Bangladesch. Nach der Niederlage Westpakistans gegen Indien bricht Bangladesch alle Beziehungen zur ehemaligen Zentrale in Islamabad ab. **22.1., Belgien.** In Brüssel unterzeichnen Großbritannien, Irland, Dänemark und Norwegen die Verträge über ihren EG-Beitritt zum 1.1.1973. **25.1., USA.** Präsident Richard M. Nixon berichtet in einer Fernsehansprache über geheime Friedensverhandlungen mit Nordvietnam, die seit 1969 in Paris laufen. Gleichzeitig schlägt er einen Plan zur Beendigung des Vietnamkrieges vor. **30.1., Großbritannien.** Im nordirischen Londonderry erschießen britische Fallschirmjäger am »Blutsonntag« 13 Demonstranten. **2.2., Österreich.** Ingrid Leodolter wird erste österreichische Bundesministerin für Gesundheit und Umweltschutz. **11.2., UdSSR.** Die Nachrichtenagentur TASS veröffentlicht eine Regierungserklärung, wonach Moskau den Acht-Punkte-Plan der USA zur Beendigung des Vietnamkriegs ablehnt.	**1.1.** Die DDR vereinbart mit Polen den paß- und visafreien Grenzverkehr. **6.1.** Erich Honecker nennt die Bundesrepublik erstmals »Ausland«. **24.1.** Die UNESCO nimmt die DDR auf. **28.1.** Unter Vorsitz von Bundeskanzler Willy Brandt verabschieden Bund und Länder den »Radikalenerlaß« für die Mitarbeiter im öffentlichen Dienst. **4.2.** Bundeskanzler Willy Brandt appelliert in einer Fernsehansprache an die Bevölkerung und die Sicherheitsorgane, der terroristischen Gewalttätigkeit Einhalt zu gebieten. **8.2.** Das Politbüro der DDR beschließt die Sozialisierung von Betrieben mit staatlicher Beteiligung sowie privaten Industrie- und Baubetrieben. **2.3.** Der Deutsche Bundestag verabschiedet eine Grundgesetzänderung, die dem Bund besondere Kompetenzen für den Umweltschutz einräumt. **27.4.** Im Bundestag scheitert das von der CDU/CSU-Fraktion eingebrachte Mißtrauensvotum gegen Bundeskanzler Willy Brandt.	**8.1., Kernenergie.** Das erste rein kommerzielle Atomkraftwerk in der Bundesrepublik geht in Stade ans Netz. **2.3., Raumfahrt.** Die amerikanische Raumsonde »Pioneer« soll das äußere Sonnensystem erkunden und transportiert eine symbolhaft ausgedrückte Botschaft an mögliche außerirdische Lebewesen. 1987 erreicht sie den Pluto. **11.3., Raumfahrt.** Die europäische Weltraumgesellschaft ESRO bringt erfolgreich den Satelliten »TD-1A« in eine Umlaufbahn. **14.3., Luftfahrt.** Der Frankfurter Flughafen verfügt über ein neues Terminal, dessen »Abfertigungskapazität« bei 30 Mio. Passagieren pro Jahr liegt. **Mai, Medizin.** Die geringer dosierte »Mini-Pille« zur Schwangerschaftsverhütung kommt in den Handel. **17.5., Technik.** Das »Airlift«-Konzept des Boeing-Konstrukteurs Marvin D. Taylor will als Alternative zur geplanten Alaska-Pipeline Erdgas mittels einer Luftflotte von 50 Riesenjets im Dauerflugbetrieb von Alaska in den Süden der USA bringen.

1971

Kunst, Literatur und Musik

1971 Peter Alexander hat mit *Hier ist ein Mensch* und Chris Roberts mit *Hab ich dir heute schon gesagt, daß ich dich liebe?* einen Riesenerfolg.
1971 *Chirpy Chirpy Cheep Cheep* heißt der Ohrwurm von Middle of the Road, der die europäischen Hitparaden im Sturm erobert.

Theater und Film

1971 Der Reiz von John Boormanns Film *Beim Sterben ist jeder der Erste* mit Burt Reynolds in einer der Hauptrolle liegt in seiner Ambivalenz: Über den reinen Abenteuerfilm hinaus ist der Kinostreifen ein Sinnbild für die Überheblichkeit der Stadtmenschen gegenüber der Natur.

Gesellschaft

1971 Der Moderator des neuen ZDF-Polit-Magazins »Kennzeichen D«, Hanns Werner Schwarze, will die Fernsehzuschauer im Ost-West-Verhältnis zur Toleranz erziehen.
1971 Gerhard Löwenthal zählt mit seinem »ZDF-Magazin« zu den Scharfmachern im Ost-West-Dialog.

Geborene und Gestorbene

8.3. Harald Lloyd (*20.4.1883), amerikanischer Filmschauspieler.
6.4. Igor Strawinsky (*18.6.1882), amerikanisch-russischer Komponist.
6.5. Helene Weigel (*12.5.1900), deutsche Schauspielerin.

4.6. Georg Lukács (*13.4.1885), ungarischer Philosoph.
6.7. Louis Armstrong (*4.7.1900), amerikanischer Jazztrompeter.
2.8. Ludwig Marcuse (*8.2.1894), deutscher Philosoph.

14.8. Georg von Opel (*18.5.1912), deutscher Industrieller.
11.9. Nikita S. Chruschtschow (*17.4.1894), sowjetischer Politiker.
12.10. Dean Acheson (*11.4.1893), amerikanischer Politiker.

1972

Kunst, Literatur und Musik

29.1. In Köln zeigt das Wallraf-Richartz-Museum die weltweit erste Retrospektive des amerikanischen Pop-art-Künstler James Rosenquist.
13.3. Der amerikanische Schriftsteller Clifford M. Irving gibt zu, daß die von ihm zusammengestellte Autobiographie des Milliardärs Howard Hughes eine Fälschung ist.
30.3. Das von Darmstadt nach Westberlin umgesiedelte Bauhaus-Archiv zeigt eine Werkschau des Bauhauskünstlers László Moholy-Nagy.
16.4. In Ostberlin präsentiert Peter Hacks an der Komischen Oper sein Werk *Noch ein Löffel Gift, Liebling?*
21.5. Ein geistesgestörter Attentäter verunstaltet im Petersdom die Skulptur *Pietà*.
30.6. Die »documenta 5« stellt in Kassel amerikanische realistische Künstler vor.
1.8. Die Fest-Oper für die Olympischen Spiele in München, *Sim Tjong* von Isang Yun, wird in der Bayerischen Staatsoper uraufgeführt. Das Libretto schrieb Harald Kunz.

Theater und Film

Januar. In Hamburg wird die »Arbeitsgemeinschaft Kino« als Vereinigung gewerblicher Programmkinos gegründet. Später erfolgt die Gründung eines eigenen Verleihs (FiFiGe) und eines kleinen Festivals (Hamburger Kinotage).
1.1. Nach der Neuordnung der »Freiwilligen Selbstkontrolle« der Filmwirtschaft ziehen sich die Kirchen aus der FSK zurück und stimmen künftig nur noch bei der Jugend- und der Feiertagsfreigabe mit.
16.3. Nach einer Erzählung von Eberhard Panitz kommt der Film *Der Dritte* des Regisseurs Egon Günther in die DDR- Kinos. Jutta Hoffmann spielt eine Mathematiklehrerin und Mutter zweier unehelicher Kinder, die einen heiratswilligen Mann sucht.
24.3. UA: *Trotzki in Coyoacan*, Schauspiel von Hartmut Lange unter der Regie von Heinz Engels, im Deutschen Schauspielhaus in Hamburg.
31.3. Der »Gaumont-Palace«, das berühmteste Kino Frankreichs, schließt seine Pforten.

Gesellschaft

3.1. Die 17jährige Juliane Koepcke aus der Bundesrepublik ist die einzige Überlebende eines Flugzeugabsturzes im peruanischen Urwald, der 90 Opfer fordert. Nach einem neuntägigen Dschungelmarsch wird sie von drei Holzfällern gefunden. ▷Chronik Zitat

Überall Spinnen

Zitat

»Ich stolperte über Baumstümpfe und Felsen, immer in acht vor Spinnen und gefährlichen Insekten – und sie waren überall um mich herum.«
Juliane Koepcke

9.1. In Hongkong zerstört ein Großfeuer den Luxus-Liner »Queen Elizabeth«. Das auf den Namen »Seawise University« umbenannte Schiff war von einem chinesischen Reeder erworben worden, um den Ozeanriesen zu einer schwimmenden Universität umzubauen.

1972

Internationale Politik

15.2., Ecuador. Eine Militärjunta unter Guillermo Rodríguez Lara übernimmt die Macht.
21.2., USA/China. Als erster US-Präsident überhaupt besucht Richard M. Nixon die Volksrepublik China.
24.3., Großbritannien. Großbritannien übernimmt in Nordirland direkt die Regierungsgewalt.
10.4., USA/UdSSR/Großbritannien. In Moskau, New York und London unterzeichnen 70 Staaten – darunter auch die Bundesrepublik und die DDR – eine Konvention zum Verbot biologischer und toxikologischer Waffen.
29.4., Burundi. Nach dem Scheitern eines Putschversuches der monarchistischen Hutu fallen etwa 200 000 Hutu den Massakern der Tutsi-Regierungstruppen zum Opfer.
8.5., USA/Vietnam. Aus Protest gegen eine militärische Offensive Nordvietnams verlassen die USA die Pariser Friedensverhandlungen für unbestimmte Zeit.
8.5., Italien. Parlamentswahlen führen zum Ende der Mitte-Links-Koalition. Wahlsieger sind Christdemokraten und Neofaschisten.
22.5., Ceylon. Aus der Monarchie geht die sozialistisch-demokratische Republik Sri Lanka hervor.
26.5., UdSSR/USA. Im Rahmen des ersten offiziellen Staatsbesuchs eines US-Präsidenten in der Sowjetunion unterzeichnen Richard M. Nixon und Parteichef Leonid I. Breschnew das Rüstungskontrollabkommen SALT I.
30.5., Israel. Im Auftrag der palästinensischen PFLP ermorden drei japanische Terroristen auf dem Flughafen Lod bei Tel Aviv acht Fluggäste.
1.6., Irak. Die Regierung verkündet die Verstaatlichung der Erdölquellen.
4.6., USA. In Kalifornien wird die amerikanische Bürgerrechtlerin Angela Davis von der Anklage wegen Mordes und Entführung freigesprochen.
5.6., Schweden. In Stockholm tagt die erste UN-Konferenz über Umweltfragen.
17.6., USA. Ein Einbruch in das »Watergate-Hotel« löst den Watergate-Skandal aus, der letztlich zum Sturz von Präsident Richard M. Nixon führt.

Deutsche Politik

17.5. Der Bundestag billigt – bei Stimmenthaltung der CDU – die Ostverträge mit einfacher Mehrheit. Zuvor lieferten sich Willy Brandt und Rainer Barzel ein leidenschaftliches Rededuell. ▷Chronik Zitat

Ostbeziehungen verbessern
Chronik Zitat

»Die Verträge bieten die Chance, die Beziehungen zu den unmittelbaren Vertragspartnern, aber auch zur Gesamtheit der ostdeutschen Staaten zu verbessern und die sachliche Zusammenarbeit mit ihnen auszubauen.«
Bundeskanzler Willy Brandt

24.5. Der Anschlag auf das Europa-Hauptquartier der US-Armee in Heidelberg beendet die »Maioffensive« der RAF.
1.6. Nach fast zweijähriger Fahndung nimmt die Polizei nach einem Schußwechsel in Frankfurt am Main die Terroristen Andreas Baader, Holger Meins und Jan-Carl Raspe fest. Am 7. Juni folgt die Verhaftung von Gudrun Ensslin; am 15. Juni wird Ulrike Meinhof festgenommen.
7.7. Nach längeren Streitigkeiten über die Ziele der Währungs- und Finanzpolitik tritt Bundeswirtschaftsminister Karl Schiller (SPD) zurück. Nachfolger wird der bisherige Verteidigungsminister Helmut Schmidt.
21.7. Westberlin erwirbt ein 8,5 ha großes Grundstück auf dem Potsdamer Platz im Ostteil für 31 Mio. DM. Es wird für eine neue Verbindungsstraße innerhalb Westberlins benötigt.
16.8. In Ostberlin beginnen die formellen Verhandlungen über einen Grundlagenvertrag zwischen den Delegationen der Bundesrepublik unter Leitung der Staatssekretäre Egon Bahr und Michael Kohl.
28.8. Der CDU/CSU-Oppositionsführer im Bundestag, Rainer Barzel, wirft Bundeskanzler Willy Brandt die Ausnutzung der Olympischen Spiele für parteipolitische Zwecke vor.

Wirtschaft und Wissenschaft

22.7., Wirtschaft. Die Europäische Wirtschaftsgemeinschaft (EWG) und die Europäische Gemeinschaft für Kohle und Stahl einerseits sowie die Mitglieder der EFTA Österreich, Schweden, Finnland, Island, Portugal und die Schweiz andererseits unterzeichnen in Brüssel ein Freihandelsabkommen, womit die größte Handelsmacht der Welt geschaffen wird.
30.9., Verkehr. Die Brücke zwischen Öland und dem schwedischen Festland ist mit 6,07 km die längste Brücke Europas.
28.10., Luftfahrt. Der Airbus »A 300«, eine europäische Gemeinschaftsentwicklung, absolviert in Frankreich seinen ersten Flug.
9.11., Archäologie. Der britische Anthropologe Richard Leakey präsentiert in Washington einen in Kenia gefundenen, mutmaßlich 2,5 Mio. Jahre alten Schädel eines »Urmenschen«.
10.12., Geographie. Der in eine Erdumlaufbahn gebrachte amerikanische Wettersatellit »Nimbus 5« soll Temperaturmessungen in der Erdatmosphäre vornehmen.
10.12., Nobelpreise. In Stockholm werden die diesjährigen Nobelpreise feierlich überreicht. Ein Friedenspreis wird in diesem Jahr nicht vergeben. ▷Chronik Nobelpreise

Wissenschaftler geehrt
Chronik Nobelpreise

Chemie: Christian B. Anfinsen (USA), William H. Stein (USA) und Stanford Moore (USA)
Medizin: Gerald M. Edelman (USA) und Rodney R. Porter (GB)
Physik: John Bardeen (USA), Leon Cooper (USA) und John Schrieffer (USA)
Literatur: Heinrich Böll (D)
Wirtschaft: Kenneth J. Arrow (USA) und John R. Hicks (GB)

19.12., Raumfahrt. Mit der Rückkehr von »Apollo 17« zur Erde beendet die USA ihre vorläufig letzte Mondmission.

1972

Kunst, Literatur und Musik

10.8. Der bulgarische Verpackungskünstler Christo spannt im Colorado-Tal einen Vorhang über 380 m Breite und bis zu 150 m Höhe.
7.9. In Venedig wird die Oper *Lorenzaccio* des italienischen Komponisten Sylvano Bussotti nach einem Drama von Alfred de Musset uraufgeführt.
10.10. Joseph Beuys wird als Professor an der Düsseldorfer Kunstakademie entlassen, da er das Sekretariat aus Protest gegen Nichtzulassung von 130 Studenten besetzt hatte.
23.10. *Pippin*, ein Musical von Stephen Schwartz, feiert im New Yorker Imperial Theatre Premiere. Mit zündenden Songs erzählt es die Geschichte Frankreichs im 8. Jahrhundert.
23.10. An der Deutschen Oper in Westberlin hat die Oper *Elisabeth Tudor* von Wolfgang Fortner Premiere, die auch Tonbandeinspielungen und elektronische Klangeffekte verwendet.
27.10. UA: *Helden, Helden*, Musical mit der Musik von Udo Jürgens, im Theater an der Wien.
1.12. Die britische Popgruppe Queen erhält einen Plattenvertrag bei EMI, aus dem das erste Album *Queen* hervorgeht.
31.12. Mit einer Rekordresonanz von insgesamt 1,6 Mio. Besuchern endet im Britischen Museum in London die Tutanchamun-Ausstellung.
1972 Regisseur Bob Fosse bringt das Musical *Cabaret* mit Liza Minelli vom Broadway auf die Bühne.
1972 Das Anti-Drogen-Lied *Am Tag, als Conny Kramer starb* von Juliane Werding zählt mit 650 000 verkauften Platten zu den beliebtesten Musikstücken in der Bundesrepublik.
1972 Überraschend versucht sich der amerikanische Multiinstrumentalist Frank Zappa an Orchestermusik.
1972 Die schwedische Popgruppe Abba veröffentlicht mit *She's My King of Girl* und *People Need Love* die ersten gemeinsamen Songs.
1972 David Bowie nimmt das Album *The Rise And the Fall of Ziggy Stardust And The Spiders From Mars* auf.
1972 Das legendäre Doppelalbum *Live* der Velvet Underground kommt auf den Markt.

Theater und Film

10.4. Kurz vor seinem 83. Geburtstag erhält der britische Filmschauspieler Charlie Chaplin in Hollywood den Ehren-Oscar für seine »unschätzbaren Verdienste um die Filmkunst«.
4.5. Rolf Hochhuths Komödie *Die Hebamme*, die die deutsche Wohlstandsgesellschaft parodiert, läuft an den Münchner Kammerspielen an.
17.5. Postum gelangt das Theaterstück *Wenn der Sommer wiederkäme* des 1970 verstorbenen Autors Arthur Adamov im französischen Vincennes zur Uraufführung.
18.5. Im Landestheater Halle an der Saale hat das Stück *Die neuen Leiden des jungen W.* von Ulrich Plenzdorf Premiere. Der DDR-Autor verknüpft geschickt die Werther-Geschichte Goethes mit der ostdeutschen Realität.
26.5. Im dänischen Frederiksberg stirbt 90jährig die weltberühmte Stummfilmschauspielerin Asta Nielsen, die in den 20er Jahren die deutschen Männerherzen zu verzaubern wußte.
26.6. UA: *Liebe Mutter, mir geht es gut*, Film von Christian Ziewer, bei den Berliner Festspielen. Der Film ist der erste einer Reihe von »Arbeiterfilmen«, die den westdeutschen Film der 70er Jahre mitprägen.
8.7. Die amerikanische Filmschauspielerin Jane Fonda reist nach Hanoi, um eine Kampagne gegen die Vietnampolitik der USA zu starten. Viele Amerikaner werfen der Schauspielerin daraufhin Landesverrat vor.
8.8. Im Londoner Royal Court Theatre wird Arnold Weskers *The Old Ones (Die Alten)* uraufgeführt. Regie führt John Dexter.
7.10. *Pasolinis tolldreiste Geschichten* von Pier Paolo Pasolini werden in Italien wegen der als anstößig empfundenen frivolen Inhalte beschlagnahmt.
14.10. Zwischen heftigem Beifall und schweren Anschuldigungen der Amoralität schwanken die Reaktionen auf den Film *Der letzte Tango in Paris* von Bernardo Bertolucci.
22.11. UA: *Die Hypochonder*, Schauspiel von Botho Strauß, in Hamburg. Das Stück stößt bei Publikum und Kritik wegen seines fragmentarischen Charakters auf Ablehnung.

Gesellschaft

23.1. Zum ersten Mal läuft im WDR die »Sendung mit der Maus«. Kurze Filmsequenzen sollen den kleinen Zuschauern interessante Einblicke in den Alltag verschaffen.
1.3. Bundesinnenminister Hans-Dietrich Genscher untersagt dem an die Freie Universität Berlin berufenen belgischen Ökonom Ernest Mandel wegen Linksradikalität die Einreise.
9.3. In der DDR führt ein Gesetz die Fristenlösung beim Schwangerschaftsabbruch ein.
22.3. Ein Zusatz zur amerikanischen Verfassung sichert die gesetzliche Gleichberechtigung der Frauen.
28.3. In Hannover stellen Ärzte 165 Kontaktpersonen eines jugoslawischen Arbeiters unter Quarantäne, bei dem Pocken ausgebrochen waren.
10.4. Ein Erdbeben der Stärke 9,5 auf der Richterskala fordert im Iran über 5000 Tote.

Olympia-Sieger Sport

Leichtathletik:
100 m:
Valeri Borsow (UdSSR) — 10,14 sec
800 m:
Dave Wottle (USA) — 1:45,9 min
110 m Hürden:
Rod Milburn (USA) — 13,24 sec
Hochsprung:
Juri Tarmak (UdSSR) — 2,24 m
Diskuswurf:
Ludvik Danek (ČSSR) — 64,40 m

18.4. Zwei Tschechoslowaken fliehen mit einem entführten Verkehrsflugzeug in die Bundesrepublik.
14.5. Mit seiner Selbstverbrennung protestiert in Kaunas der Arbeiter Roman Talanta gegen die Unterdrückung des Katholizismus in Litauen.
15.5. Bundeswehrsoldaten müssen lange Haare schneiden und Bärte abrasieren lassen.
4.6. Der am 28. Mai verstorbene, frühere britische König Eduard VIII., Herzog von Windsor, wird in Windsor Park feierlich beigesetzt.

1972

Internationale Politik

27.6., Frankreich. Sozialisten und Kommunisten schließen ein Wahlbündnis.
18.7., Ägypten. Die ägyptische Regierung gibt die Ausweisung aller im Land tätigen sowjetischen Militärberater bekannt.
4.8., Uganda. Diktator Idi Amin Dada geht auf Konfliktkurs zu Großbritannien und fordert 55 000 Asiaten mit britischen Pässen auf, das Land zu verlassen.
17.8., Niederlande. Der Internationale Gerichtshof in Den Haag erklärt die Ausweitung der isländischen Fischereizone auf 50 Seemeilen für völkerrechtswidrig.
29.9., Japan/China. China und Japan vereinbaren die Normalisierung ihrer Beziehungen und den Austausch von Botschaftern.
8.10., Frankreich. In Paris einigen sich der amerikanische Unterhändler Henry Kissinger und Nordvietnams Verhandlungsführer Lê Duc Tho auf ein Abkommen zur Beendigung des Vietnamkrieges. Das Abkommen wird nach weiteren Konflikten im Januar 1973 unterzeichnet.
7.11., USA. Mit erdrutschartigen 63% der Stimmen wird Richard M. Nixon für weitere vier Jahre als US-Präsident bestätigt.
1.12., Österreich/Vietnam. Österreich nimmt diplomatische Beziehungen mit der Republik Vietnam auf.
2.12., Australien. Die australische Labour Party erringt bei den Parlamentswahlen 67 Sitze im Unterhaus und löst die liberale Regierung ab.
3.12., Schweiz. Durch Volksabstimmung wird in der Schweiz der Vorschlag des Bundesrats zum Ausbau der Alters-, Hinterlassenen- und Invalidenvorsorge nach dem sog. Dreisäulenprinzip angenommen.
6.12., Chile/UdSSR. Chiles Präsident Salvador Allende Gossens trifft zu einem ersten offiziellen Besuch in Moskau ein. Hauptthema sind wirtschaftliche Fragen.
11.12., Indien/Pakistan. Nach dreimonatigen Verhandlungen einigen sich Indien und Pakistan über den umstrittenen Grenzverlauf in Kaschmir.

Deutsche Politik

5.9. Palästinensische Terroristen dringen als Sportler verkleidet in das israelische Mannschaftsquartier im olympischen Dorf ein, töten zwei der jüdischen Sportler und nehmen neun Israelis als Geiseln.
6.9. In seiner Rede auf der Trauerfeier für die Opfer der tags zuvor ermordeten israelischen Sportler ruft Bundespräsident Gustav Heinemann zur Überwindung des Hasses auf. ▷Chronik Zitat
14.9. Polen und die Bundesrepublik wandeln ihre bisherigen Handelsvertretungen in Bonn bzw. Warschau in Botschaften um.
22.9. Nachdem die sozialliberale Koalition durch Fraktionswechsel ihre klare Mehrheit eingebüßt hat, macht der Bundestag den Weg für vorgezogene Neuwahlen frei.
6.10. Die Ostberliner Führung beschließt die bisher größte Amnestie. 11 379 Personen – unter ihnen viele politische Häftlinge – kommen frei.

Überwindung des Hasses
Chronik Zitat

»Im Namen der Bundesrepublik Deutschland appelliere ich an alle Völker dieser Welt: Helft mit, den Haß zu überwinden. Helft mit, der Versöhnung den Weg zu bereiten!«
Bundespräsident Gustav Heinemann

10.10. Bei einem Staatsbesuch in China vereinbart Außenminister Walter Scheel die Aufnahme diplomatischer Beziehungen mit der Volksrepublik.
29.10. Palästinensische Terroristen entführen eine Maschine der Lufthansa mit 20 Passagieren an Bord und erzwingen die Freilassung von drei Arabern, die am Anschlag von München beteiligt waren.
19.11. Bei den Wahlen zum 7. Bundestag erreicht die SPD/FDP-Koalition 271 Sitze, die CDU/CSU-Opposition muß sich mit 225 Abgeordneten im neuen Parlament begnügen.
19.11. Die Evangelische Kirche von Berlin-Brandenburg zerfällt in einen West- und Ostteil.

Wirtschaft und Wissenschaft

1972, Medien. Der Amerikaner Bushnell präsentiert mit »Pong« das erste Computerspiel.

Preise in Westdeutschland
Chronik Statistik

Einzelhandelspreise (DM):

Butter, 1 kg	4,02
Weizenmehl, 1 kg	1,03
Schweinefleisch, 1 kg	8,75
Rindfleisch, 1 kg	7,14
Eier, 1 Stück	0,22
Kartoffeln, 5 kg	2,38
Vollmilch, 1 l	0,85
Zucker, 1 kg	1,27

1972, Technik. Schallplatten in Quadrophonie eröffnen eine neue Qualitätsdimension.
1972, Physik. Mit Hilfe zweier Überschalljets und extrem genauen Uhren weisen die Washington University und das Naval Observatory das Zwei-Uhren-Paradox nach, das Teil der Relativitätstheorie Albert Einsteins ist.
1972, Technik. Opel stellt ein Auto mit Elektromotor vor.
1972, Technik. Die Glaswerke Schott in Mainz entwickeln ein hoch brechendes optisches Spezialglas, das insbesondere bei Brillenkonstruktionen zur Korrektur extrem starker Sehfehler genutzt wird.
1972, Medien. In der Datenverarbeitung setzt sich zunehmend das »Multi-User-System« durch, bei dem mehrere Benutzer an Terminals auf die Ressourcen ein und desselben Rechners zurückgreifen können.
1972, Technik. Auf dem Elektromarkt setzt sich zunehmend die Modulbauweise durch, die mittels Steckkarten und Adaptern die Erweiterung oder Reparatur der Geräte erleichtert.
1972, Technik. Zur Präzisionssteigerung bei der Herstellung von elektronischen Geräten wird die Röntgenfertigung eingesetzt.
1972, Technik. Die deutsche Firma Krupp stellt in der Sahara ein 100 km langes Förderband zum Transport von Phosphaten vor.

1972

Kunst, Literatur und Musik

1972 14jährig veröffentlicht Michael Jackson mit *Go To Be There* seine erste Solo-Single. Die Jackson Five sind auf dem Höhepunkt ihrer Karriere.

1972 Wolf Biermann veröffentlicht in Anlehnung an Heinrich Heines Versepos *Deutschland. Ein Wintermärchen*, in dem er Kritik an Bundesrepublik und DDR mit Heimatliebe verbindet.

1972 Der Roman *Der kurze Sommer der Anarchie* von Hans Magnus Enzensberger thematisiert das Leben des spanischen Anarchisten Buenaventura Durruti.

1972 Einen kritischen Beitrag zu den Konzepten der Linken veröffentlicht Günter Grass mit seinem Roman *Aus dem Tagebuch einer Schnecke*.

1972 Stefan Heyms Romans *Der König David Bericht* benutzt den biblischen Stoff des König David als literarische Vorlage.

1972 In Hermann Kants Roman *Das Impressum* steigt ein Botengänger zum Minister auf.

1972 Walter Kempowskis dritter Teil seiner »Chronik des deutschen Bürgertums«, *Uns geht's ja noch gold*, ist der Nachkriegszeit gewidmet.

1972 Autobiographische Züge trägt der Roman *Der Mann ist tot* des nigerianischen Autors Wole Soyinka.

1972 Der Erzählband *Simultan* ist die letzte Veröffentlichung der mehrfach ausgezeichneten österreichischen Schriftstellerin Ingeborg Bachmann vor ihrem Tod 1973.

1972 Peter Handke präsentiert die Erzählung *Der kurze Brief zum langen Abschied*.

1972 In *Lieben, Verlieren, Lieben* verwertet die amerikanische Schriftstellerin Joyce Carol Oates Vorlagen u. a. von Franz Kafka und James Joyces.

1972 Dem Spanier Antoni Tàpies wird für seine Collagen über die Wegwerfgesellschaft der Rubens-Preis der Stadt Siegen verliehen.

1972 Als überdimensionales, fotorealistisches Gemälde des amerikanischen Künstlers Chuck Close entsteht *Nat*.

1972 Die *Putzfrau* von Duane Hanson symbolisiert eine der besten Beispiel-Skulpturen für den Hyperrealismus der amerikanischen Kunst.

Theater und Film

29.12. Werner Herzogs Film *Aguirre, der Zorn Gottes* mit Klaus Kinski als Konquistador auf der Suche nach dem El Dorado findet in der Bundesrepublik zurückhaltende, im Ausland aber begeisterte Aufnahme. Der Kritiker Peter Gambaccini beschreibt die Motivik des Films. ▷ Chronik Zitat

Kinski als Aguirre
Chronik Zitat

»Wir werden von Aguirre verschlungen, als würden wir von Wassern verschlungen. Herzog benutzt den Amazonas, um seinem Film einen unaufhaltsamen Fluß zu geben, und der Zuschauer treibt mitten im Strom mit.«

Peter Gambaccini, Filmkritiker

1972 In dem Film *Avanti, avanti!* von John Huston präsentiert sich Jack Lemmon als prüder Amerikaner in Italien.

1972 Ein Kultfilm der Sonderklasse wird *Was Sie schon immer über Sex wissen wollten …* von Woody Allen.

1972 Die Rockoper *Jesus Christ Superstar* wiederholt ihren Bühnenerfolg nun unter der Regie von Norman Jewison auf der Leinwand.

1972 Die Verlogenheit der Großbürger deckt Luis Buñuel mit *Der diskrete Charme der Bourgeoisie* auf.

1972 In Anlehnung an einen authentischen Kriminalfall dreht Claude Chabrol *Blutige Hochzeit* mit Stéphane Audran und Michel Piccoli.

1972 Seinen Durchbruch als Komiker erreicht Pierre Richard an der Seite von Mireille Darc in der Filmkomödie *Der große Blonde mit dem schwarzen Schuh* von Yves Robert.

1972 Dem sowjetischen Regisseur Andrej Tarkowski gelingt mit dem Science-fiction-Film *Solaris* eine vielbeachtete Verfilmung des gleichnamigen Romans von Stanislaw Lem.

1972 Peter Bogdanovich wiederbelebt mit *Is' was, Doc?* die Screwball-Komödie der 30er Jahre. Barbara Streisand und Ryan O'Neal spielen die Hauptrollen in dem Liebeskrimi.

Gesellschaft

19.6. Der Regensturm »Agnes« entwickelt sich an der Ostküste der USA zum schlimmsten Unwetter in der amerikanischen Geschichte, bei dem 110 Menschen sterben.

25.6. Eine Atomwaffenversuchsreihe Frankreichs auf dem Mururoa-Atoll löst weltweite Proteste aus.

29.6. Der Oberste Gerichtshof der USA erklärt in Washington die Todesstrafe für verfassungswidrig, deren Aufhebung aber Sache der Bundesstaaten ist. 1976 wird der Spruch zurückgezogen.

3.8. Der schwedische Automobilhersteller Volvo erklärt seinen baldigen Verzicht auf Fließbandfertigung zugunsten von Arbeitsgruppen.

14.8. Bei dem bislang schwersten Flugzeugglück in Deutschland sterben in Ostberlin 156 Menschen.

22.8. Als erste Menschen überqueren Donald Cameron und Mark Yarry die Alpen in einem Heißluftballon.

1.10. Auf bundesdeutschen Landstraßen gilt zukünftig »Tempo 100«.

20.10. Die Ministerpräsidenten der Länder schließen einen Staatsvertrag über eine bundeseinheitliche Regelung des Hochschulzugangs, der einen »Numerus Clausus« und die Errichtung einer Zentralen Vergabestelle (ZVS) vorsieht.

10.11. In der BRD tritt das »DDT-Gesetz« in Kraft, das die Produktion und den Handel mit dem hochgiftigen Pflanzenschutzmittel verbietet.

16.11. Mutter Theresa wird für ihre Verdienste um die Armen und Kranken in Indien mit dem Jawaharlal-Nehru-Preis ausgezeichnet.

5.12. Die Schweiz schafft als letztes westliches Land die Kavallerie ab.

23.12. Ein Erdbeben der Stärke 6,5 im nicaraguanischen Managua fordert 5000 Todesopfer.

1972 Die Zahl der Drogentoten ist von 74 im Vorjahr auf 104 gestiegen.

1972 Die Fernsehserie *Raumschiff Enterprise* mit Captain Kirk und Mr. Spock erobert mit spannenden Reisen durch fremde Galaxien vor allem die Herzen der Science-fiction-Fans.

1972 Wohnlandschaften aus mehrteiligen Sitzpolstern erfreuen sich immer größerer Beliebtheit.

1972

Internationale Politik	Deutsche Politik	Wirtschaft und Wissenschaft
18.12., Uganda. Die im ausländischen Besitz befindlichen Teeplantagen werden verstaatlicht. **30.12., USA.** Über 200 amerikanische Wissenschaftler appellieren an Präsident Richard M. Nixon, den Vietnamkrieg zu beenden.	**21.12.** Im Ostberliner Haus des Ministerats unterzeichnen die Staatssekretäre Egon Bahr für die Bundesrepublik und Michael Kohl für die DDR den »Grundlagenvertrag« zwischen beiden deutschen Staaten, der die Beziehungen pragmatisch regelt.	**1972, Technik.** In den USA werden die ersten 2839 Haushalte mit Kabel-TV-Empfangsanlagen ausgestattet. **1972, Technik.** Industriefirmen in Europa und den Vereinigten Staaten nehmen Entwicklungsarbeiten für Luftkissenfahrzeuge auf.

1972 Geborene und Gestorbene

Geboren:
1.2. Christian Ziege, deutscher Fußballspieler.
4.2. Beate Gummelt, deutsche Leichtathletin.
16.2. Grit Breuer, deutsche Sportlerin.

1.7. Steffi Nerius, deutsche Leichtathletin.
3.9. Tim Lobinger, deutscher Leichtathlet.
8.9. Markus Babbel, deutscher Fußballspieler.

22.12. Vanessa Paradis, französische Popsängerin.

Gestorben:
1.1. Maurice Chevalier (*12.9.1888), französischer Schauspieler.

1973

Internationale Politik	Deutsche Politik	Wirtschaft und Wissenschaft
16.1., USA. Erstmals nehmen Vertreter Österreichs an einer Sitzung des UNO-Sicherheitsrates teil. **17.1., Philippinen.** Diktator Ferdinand Edralin Marcos gewährt eine parlamentarische Verfassung, kündigt aber an, daß Wahlen nicht vor 1980 stattfinden würden. **27.1., USA/Vietnam.** Die USA, Nord- und Südvietnam unterzeichnen in Paris einen Waffenstillstand. **31.1., Syrien.** Eine neue Verfassung bezeichnet den Staat als demokratisch-sozialistisch. **7.2., USA.** Der US-Senat bildet einen Untersuchungsausschuß für den Watergate-Skandal. **21.2., Laos.** Nach 14 Jahren Bürgerkrieg soll ein Waffenstillstand zwischen Regierung und kommunistischen Rebellen geschlossen werden. **21.2., Israel.** Israelische Abfangjäger schießen über den Sinai ein verirrtes libysches Passagierflugzeug ab. 107 Passagiere werden getötet. **7.3., Bangladesch.** Bei den ersten Wahlen erhält die Awami-Liga unter Mujib Rahman 291 von 300 Mandaten.	**18.1.** In seiner Regierungserklärung für die zweite Legislaturperiode spricht Bundeskanzler Willy Brandt auch das Thema Entspannungspolitik an. ▷Chronik Zitat ### Erfolge der Ostpolitik **Chronik Zitat** *»Millionen unserer Landsleute haben in den vergangenen Wochen erfahren, daß Berlin-Abkommen, Verkehrsvertrag und Grundvertrag ... insgesamt Ergebnisse einer Politik sind, die dem Menschen dienen will und die ihm auch konkret dient.«* **Bundeskanzler Willy Brandt** **28.3.** Bei Auseinandersetzungen zwischen Hausbesetzern und Polizei werden in Frankfurt 65 Personen verletzt. **11.4.** Das Frankfurter Oberlandesgericht erklärt aufgrund von gefundenen Skelett-Teilen Martin Bormann, einen der mächtigsten Parteifunktionäre der Hitlerzeit, für tot.	**16.1., Raumfahrt.** Die sowjetische Raumsonde »Luna 21« dsetzt auf dem Mond den von der Erde aus ferngesteuerten Roboter »Lunochod 2« ab, der seine Analysen zur Erde funkt. **6.2., Technik.** Die Duisburger August-Thyssen-Hütte verfügt über den größten Hochofen der Welt mit einer Tageskapazität von 10 000 t. **11.3., Wirtschaft.** Mit dem Zusammenschluß von sechs EG-Staaten zum Wechselkursblock verliert der US-Dollar seine Attraktivität als Leitwährung. ### Preise in Westdeutschland **Chronik Statistik** Einzelhandelspreise (DM): Butter, 1 kg 3,98 Weizenmehl, 1 kg 1,07 Schweinefleisch, 1 kg 9,79 Rindfleisch, 1 kg 8,06 Eier, 1 Stück 0,24 Kartoffeln, 5 kg 3,12 Vollmilch, 1 l 0,90

1972

Kunst, Literatur und Musik

1972 Die Pop-Gruppe Middle of the Road landet mit *Sacramento* auf einem der vordersten Plätze der deutsche Hitparade.
1972 Mit *Komm, gib mir deine Hand* und *Schöne Maid* verbucht Tony Marschall gleich zwei nationale Erfolge.

Theater und Film

1972 In dem bayerischen Drama *Wildwechsel* unter der Regie von Rainer Werner Fassbinder führt eine Liebelei zwischen einem jungen Mann und einem minderjährigen Mädchen (gespielt von Eva Mattes) zu Mord, Gefängnis und Resignation.

Gesellschaft

1972 Japanische Flugesellschaften richten die ersten Nichtraucher-Abteile in ihren Jets ein.
1972 Den Unterschied zwischen »sauber« und »rein« erklärt »Frau Clementine« in der »Ariel«-Waschmittel-Werbung.

Geborene und Gestorbene

6.4. Heinrich Lübke (*14.10.1894), deutscher Politiker.
12.4. C.W. Ceram (*20.1.1915), deutscher Schriftsteller.
2.5. Edgar Hoover (*1.1.1895), amerikanischer Kriminalist.

21.5. Margaret Rutherford (*11.5.1892), britische Filmschauspielerin.
24.5. Asta Nielsen (*11.9.1881), dänische Filmschauspielerin.

20.7. Friedrich Flick (*10.7.1883), deutscher Großindustrieller.
29.8. Lale Andersen (*23.3.1905), deutsche Schlagersängerin.
1.11. Ezra Pound (*30.10.1885), amerikanischer Lyriker und Kritiker.

1973

Kunst, Literatur und Musik

15.2. Die Düsseldorfer Galerie René/Mayer eröffnet eine Ausstellung zum Werk des brasilianischen Künstlers Almit Mavignier.
21.2. Joseph Beuys erzwingt gerichtlich die Fortführung seiner Professorenstelle an der Düsseldorfer Kunstakademie.
März Die Popgruppe Emerson, Lake & Palmer starten eine Europatournee.
19.4. In der Villa Hügel beginnt die Ausstellung »Pompeji – Leben und Kunst in den Vesuvstädten«.
30.4. Auf der 3. Freien Kunstausstellung in Westberlin, die zu Ende geht, konnten neben »Berufskünstlern« auch Amateure ihre Werke präsentieren.
15.5. Die Popgruppe Roxy Music startet in Frankfurt am Main ihre Europatournee.
20.5. In Bremen eröffnet eine Retrospektive zum Werk des am 8. April verstorbenen Künstlers Pablo Picasso.
16.6. Die Oper *Der Tod in Venedig* von Benjamin Britten nach der Novelle von Thomas Mann verfaßt, wird auf dem britischen Aldeburgh-Festival uraufgeführt.

Theater und Film

26.1. Marlon Brando, Maria Schneider und der italienische Regisseur Bernardo Bertolucci – die Stars aus dem französischen Erotik-Film *Der letzte Tango in Paris* – werden in Italien wegen »Obszönität« angeklagt.
8.3. UA: *Der Mitmacher*, Komödie von Friedrich Dürrenmatt, am Züricher Schauspielhaus.
17.3. UA: *Eiszeit*, Stück von Tankred Dorst, am Bochumer Schauspielhaus. Das Drama thematisiert die Spannung zwischen Künstlerleben und den Zwängen der Zeitgeschichte.
27.3. Aus Protest gegen die Darstellung der amerikanischen Indianer in Hollywood-Filmen verzichtet Marlon Brando auf seinen Oscar für den Film *Der Pate* und läßt seine ablehnende Haltung von einer Indianerin auf dem Podium verlesen.
25.5. In dem Film *Das große Fressen* von Marco Ferreri karikiert der Regisseur die Selbstzerstörungssucht der Konsumgesellschaft am Beispiel von vier Männern, die während einer kulinarisch-erotischen Orgie zu Tode kommen.

Gesellschaft

Januar Im bundesdeutschen Fernsehen läuft die amerikanische Vorschulserie »Sesamstraße« mit »Ernie« und »Bert« in den Hauptrollen an.
23.1. Nach 5000 Jahren bricht überraschend auf der isländischen Insel Heimaey der Helgafjell-Vulkan aus.
9.2. In Brüssel beschließen 17 europäische Gewerkschaften die Gründung des Europäischen Gewerkschaftsbunds (EGB).
11.2. In einer Volksabstimmung verwehren die Männer Liechtensteins abermals den Frauen das Wahlrecht.
23.2. Durch Zusammenschluß von British European Airways (BEA) und British Overseas Airways Corp. (BOAC) entsteht mit der British Airways (BA) die zehntgrößte Luftfahrtgesellschaft der Welt.
27.2. Mit der Besetzung von Wounded Knee wollen 200 Sioux-Indianer die Wahrung ihrer Rechte bei der amerikanischen Regierung durchsetzen.
1.3. In Mülheim an der Ruhr eröffnet das Rhein-Ruhr-Zentrum (RRZ), eines der größten bundesdeutschen Einkaufszentren.

377

1973

Internationale Politik

23.4., Kambodscha. Truppen der Roten Khmer belagern die kambodschanische Hauptstadt Phnom Penh.
25.5., Schweiz/USA. Die Schweiz und die USA unterzeichnen in Bern nach fast fünfjährigen Verhandlungen ein Rechtshilfeabkommen, das u.a. die Lüftung des Bankgeheimnisses zur Bekämpfung organisierten Verbrechens ermöglicht.
1.6., Griechenland. Ministerpräsident Georgios Papadopoulos erklärt die Abschaffung der Monarchie und proklamiert die Republik. Die neue Verfassung erhebt ihn zum faktischen Alleinherrscher.
16.6., USA/UdSSR. Kremlchef Leonid Breschnew stattet der USA einen einen offiziellen Staatsbesuch ab.
3.7., Finnland. In Helsinki beginnt die Konferenz für Sicherheit und Zusammenarbeit in Europa (KSZE).
5.7., Ruanda. Ein unblutiger Putsch bringt Juvénal Habyalimana an die Macht.
10.7., Bahamas. Die Bahamas werden von Großbritannien in die Unabhängigkeit entlassen.
17.7., Afghanistan. Sardar Mohammed Daud Khan ruft die Republik Afghanistan aus, erklärt König Mohammed Sahir Schah für abgesetzt und besetzt alle Führungsämter des Staates.
8.8., Südkorea. Der südkoreanische Geheimdienst verschleppt den im japanischen Exil lebenden Regimegegner Kim Dae Jung und stellt ihn in Seoul unter Arrest.
14.8., Pakistan. Mit Inkrafttreten der neuen Verfassung wird Pakistan Bundesstaat mit parlamentarischer Regierungsform.
23.8., Schweiz. In der Schweiz sollen außenpolitisch die neuen Grundsätze »Neutralität, Solidarität und Disponibilität« gelten.
28.8., China/UdSSR. Die KP Chinas verhärtet den Konfrontationskurs gegenüber der UdSSR.
11.9., Chile. Eine rechtsgerichtete Junta unter Führung von Augusto Pinochet Ugarte entmachtet die sozialistische Regierung. Staatspräsident Salvador Allende Gossens kommt bei dem Putsch zu Tode.

Deutsche Politik

19.4. Auf seinem Staatsbesuch in Jugoslawien sichert Bundeskanzler Willy Brandt eine dauerhafte Wirtschaftshilfe als Wiedergutmachung für die NS-Verbrechen zu.
11.5. Der Deutsche Bundestag nimmt den Grundlagenvertrag mit 268 gegen 217 Stimmen an.
18.5. Der Generalsekretär der KPdSU, Leonid I. Breschnew, trifft zu einem fünftägigen Staatsbesuch in der Bundesrepublik ein.
1.6. Der ehemalige CDU-Bundestagsabgeordnete Julius Steiner beschuldigt den SPD-Geschäftsführer Karl Wienand, beim Mißtrauensvotum gegen Willy Brandt 1972 Stimmen gekauft zu haben.
3.6. Der ehemalige CDU-Bundestagsabgeordnete Julius Steiner wird als Doppelagent für den DDR-Geheimdienst und den bundesdeutschen Verfassungsschutz entlarvt.
7.6. Willy Brandt ist der erste deutsche Regierungschef, der Israel einen offiziellen Staatsbesuch abstattet.
12.6. Nach dem Rücktritt von Rainer Barzel am 15. Mai wird auf dem CDU-Parteitag in Hamburg Helmut Kohl zum neuen Vorsitzenden gewählt.
7.8. Der Präsident der Zentralafrikanischen Republik, Jean Bedel Bokassa, stattet der Bundesrepublik einen fünftägigen Staatsbesuch ab.
8.8. Bundesregierungssprecher Rüdiger von Wechmar verurteilt die gewerbliche Fluchthilfe auf den Transitwegen zwischen der Bundesrepublik und der DDR. ▷Chronik Zitat
18.9. DDR und BRD werden Mitglie- Vereinten Nationen (UNO).

Fluchthilfe verboten
Chronik Zitat

»Wo kriminelles Unrecht im Bereich der kommerziellen Fluchthilfe eine Rolle spielt, werden diese Delikte von den zuständigen Behörden wie bisher verfolgt. Dazu sind diese durch unsere Rechtsordnung verpflichtet.«
Regierungssprecher Rüdiger von Wechmar

Wirtschaft und Wissenschaft

21.3., Verkehr. Die Kattwykbrücke bei Hamburg ist mit 54 m Durchfahrtshöhe die größte Straßenhubbrücke der Welt.
14.5., Raumfahrt. »Skylab« ist die erste stationäre Raumstation der USA in einer Erdumlaufbahn.
2.7., Wirtschaft. In dem Konkurs des Bauunternehmen Kun-Bau, Homberg, sehen Wirtschaftsfachleute und -politiker den Beginn einer dramatischen Krise der Bauwirtschaft.

Wissenschaftler geehrt
Chronik Nobelpreise

Chemie: Ernst Fischer (D) und Geoffrey Wilkinson (GB)
Medizin: Karl von Frisch (A), Konrad Lorenz (A) und Nikolaas Tinbergen (NL)
Physik: Leo Esaki (J), Ivar Giaever (USA) und Brian D. Josephson (GB)
Frieden: Henry Kissinger (USA) und Lê Duc Tho (VN)
Literatur: Patrick White (AUS)
Wirtschaft: Wassily Leontief (USA)

28.7., Raumfahrt. Eine zweite Mannschaft erreicht das US-Raumlabor »Skylab«. Die Astronauten stellen mit 59 Tagen Verweildauer einen neuen Rekord auf. 77 000 Aufnahmen von Sonneneruptionen entstehen.
30.8., Architektur. Die Bosporusbrücke, das modernste Bauwerk Europas, verbindet Europa und Asien.
27.9., Raumfahrt. Die »Sojus 12« ist das erste bemannte Raumschiff der UdSSR seit der Katastrophe des Vorläuferschiffes 1971.
5.10., Wirtschaft. Zum besseren Schutz der Erfindungen wird das Patentrecht in 14 europäischen Staaten vertraglich vereinheitlicht.
26.10., Technik. In Toulouse wird der deutsch-französische »Alpha-Jet« zu seinem Jungfernflug präsentiert.
17.11., Verkehr. Großbritannien und Frankreich beschließen den Bau des Ärmelkanaltunnels.
10.12., Nobelpreise. In Stockholm und Oslo werden die Nobelpreise feierlich verliehen. ▷Chronik Nobelpreise

378

1973

Kunst, Literatur und Musik

29.6. Die Ausstellung »Die Zwanziger Jahre – Kontraste eines Jahrzehnts« zeigt in Zürich den Spannungsbogen der »Golden Twenties«.
20.8. UA: *Das Spiel vom Ende der Zeiten*, Oper des Komponisten Carl Orff unter dem Dirigat von Herbert von Karajan.
1.9. Die »Naiwi 73 – International Meeting of Naive Art«, auf der 900 Arbeiten von Künstlern im Stil der naiven Malerei waren zu sehen waren, endet in Zagreb.
6.10. Mehr als zehntausend Fans begrüßen in Frankfurt am Main die Rockgruppe Rolling Stones.
31.10. Ein Alternativ-Programm zu den Berliner Jazztagen wird von dem Free-Jazz-Duo Peter Brötzmann/Albert Mangelsdorff eröffnet.
1.11. Die Berliner Jazztage beginnen mit einem Konzert des US-Musikers Miles Davis. An den folgenden Tagen spielen u.a. B.B. King und Duke Ellington.
10.11. Bei der Hamburger Ausstellung »Kunst in Deutschland 1893–1973« vertreten die Werke von 76 Künstlern jeweils ein Jahr dieses Zeitraums.
13.11. Frederick Loewes Musical *Gigi* feiert in New York Premiere und wird wegen seiner komplexen Story und der mitreißenden Musik gelobt.
23.11. UA: *Reiter der Nacht*, Oper von Hermann Meyer, unter der Regie von Joachim Herz in Ostberlin.
17.12. Pablo Picassos Kunstsammlung geht in französischen Staatsbesitz über und befreit seine Erben im Gegenzug von der Erbschaftssteuer.
1973 Herbert Bayer entwirft die Brunnenskulptur *Double ascencion* in Los Angeles.
1973 *Zündschnüre* heißt der Erstlingsroman von Franz Josef Degenhardt.
1973 Pink Floyd veröffentlichen ihr Album *The Dark Side of the Moon*.
1973 Die britische Formation »Yes« gelangt mit dem Album *Fragile* zu Weltruhm.
1973 Rolf Liebermann übernimmt die Leitung der Pariser Oper.
1973 In Moskau widmet die Tretjakow-Galerie dem Maler Marc Chagall eine Retrospektive.

Theater und Film

22.5. UA: *Die See*, Schauspiel von Edward Bond, im Royal Court Theatre London. Das Stück handelt von zwei Schiffbrüchigen, die sich notgedrungen auf ihre Zukunft konzentrieren müssen.
1.9. Der Schwank *Das Sparschwein* des französischen Dramatikers Eugène Labiche feiert in der Inszenierung von Peter Stein mit Werner Rehm und Jutta Lampe seine Premiere in der Berliner Schaubühne am Halleschen Ufer. Das Stück wird von der Kritik hochgelobt. ▷ Chronik Zitat

Heimliches Chaos
Chronik Zitat

»Stein hat wohl als erster Regisseur konsequent beschrieben, wieviel heimliches Chaos, wieviel Anarchie und Lebensangst im scheinbar perfekten Spielwerk einer solchen Farce aus dem zweiten Kaiserreich versteckt sind.«
Benjamin Henrichs

6.10. UA: *Affabulazione oder Der Königsmord*, Theaterstück von Pier Paolo Pasoloni, in Graz. Das Stück arbeitet sich am Ödipus-Thema ab.
13.12. Das neue Filmförderungsgesetz der Bundesregierung sieht u.a. vor, Prädikatsfilme unabhängig vom Einspielergebnis finanziell zu unterstützen.
1973 UA: *Equus*, Schauspiel von Peter Shaffer, in London. Das Stück, in dem ein Psychiater die Ursachen für die Verbrechen eines jungen Menschen analysiert, wird zu einem Welterfolg.
1973 Als Film des Jahres geht *Der Clou* von George Roy Hill in die Schlagzeilen ein. Paul Newman und Robert Redford inszenieren ein brillantes Verwirrspiel um Lug und Betrug.
1973 William Friedkins *Der Exorzist* wird einer der größten Kinoerfolge. Angesichts der Gewaltdarstellungen und Schockeffekte raten Psychologen, junge Leute vor dem Film zu warnen.
1973 In dem neuen James-Bond-Film *Leben und sterben lassen* spielt Roger Moore den Part des unwiderstehlichen Geheimagenten.

Gesellschaft

15.4. Für großes Aufsehen sorgt das Fernsehspiel »Smog«, das der Westdeutsche Rundfunk ausstrahlt und das die Folgen der Luftverschmutzung im Ruhrgebiet thematisiert.
24.4. Weil 3 Mio. Japaner aus dem Beförderungswesen für drei Tage streiken, können 53 Mio. Pendler nicht ihre Arbeit aufnehmen.
21.5. Der Rücktritt des britischen Staatssekretärs Lord Anthony F. Lambton wegen einer Callgirl-Affäre und Drogenbesitzes sorgt für Aufsehen.
31.5. Ein »Bummelstreik« der bundesdeutschen Fluglotsen führt zum Ausfall von 50 000 Flügen.
3.6. Beim Absturz einer sowjetischen TU-144 auf dem Pariser Luftfahrtsalon kommen 22 Menschen ums Leben.
30.6. In Südamerika und Zentralafrika ist die mit sieben Minuten längste Sonnenfinsternis des 20. Jhs. zu bestaunen.
1.7. Die Wehrpflicht für US-Amerikaner zwischen 21 und 35 Jahren wird nach 33 Jahren abgeschafft.
5.7. Die Redakteure Carl Bernstein und Robert Woodward von der »Washington Post« werden für ihre Arbeit im Watergate-Skandal mit dem Pulitzer-Preis ausgezeichnet.

Deutsche Meister
Chronik Statistik

Leichtathletik:
100 m:
Jobst Hirscht — 10,38 sec
110 m Hürden:
Eckart Berkes — 13,97 sec
Hochsprung:
Lothar Doster — 2,14 m
Weitsprung:
Hans Baumgartner — 7,83 m
Speerwurf:
Klaus Wolfermann — 82,62 m

17.7. Durch eine Blockade erzwingen japanische Fischer die Stillegung des Chemieriesen Nippon Synthetics. Die Firma hat durch Quecksilbereinleitungen die Fischgründe verseucht, zahlreiche Japaner sind nach dem Fischverzehr erkrankt.

1973

Internationale Politik

22.9., USA. Der Deutsch-Amerikaner Henry Kissinger wird zum neuen Außenminister der USA ernannt.
23.9., Argentinien. Nach 18 Jahren spanischem Exil gewinnt Juan Domingo Perón die Präsidentschaftswahlen.
24.9., Guinea-Bissau. Gegen den Protest Portugals erkennt die UNO die Unabhängigkeit Guinea-Bissaus an.
6.10., Ägypten/Syrien/Israel. Ägyptische und syrische Truppen überfallen am jüdischen Versöhnungsfest »Jom Kippur« das Nachbarland Israel. Der Jom-Kippur-Krieg löst eine internationale Krise aus.
17.10., Kuwait. Die arabischen Erdölstaaten drosseln ihre Exporte, um Druck auf den israelfreundlichen Westen auszuüben und Israel zum Rückzug aus den besetzten Gebieten zu zwingen.
30.10., USA. Der Justizausschuß des Repräsentantenhauses eröffnet das Impeachmentverfahren gegen Präsident Richard M. Nixon aufgrund des Watergate-Skandals.
30.10., Österreich. NATO und Warschauer Pakt beginnen in Wien die »MBFR-Gespräche« zur Reduzierung der Truppen in Europa.
25.11., Griechenland. Nach schweren Unruhen verhängt die Regierung das Kriegsrecht. Militärs übernehmen erneut die Regierungsgewalt.
20.12., Spanien. In Madrid tötet die baskische Separatistenorganisation ETA mit einer Autobombe den 70jährigen spanischen Ministerpräsidenten Luis Carrera Blanco.

Deutsche Politik

1.10. Die UdSSR beginnt mit der Lieferung von Erdgas in die Bundesrepublik. Die Tatsache wird von der CDU/CSU-Opposition wegen potentieller Abhängigkeit scharf kritisiert.
2.10. DDR-Bauminister Wolfgang Junker stellt den Bau von etwa 3 Mio. neuen Wohnungen bis 1990 in Aussicht.
3.10. Die Volkskammer der DDR wählt Willi Stoph zum Nachfolger des am 1. August verstorbenen Staatsratsvorsitzenden Walter Ulbricht.
5.11. Das DDR-Finanzministerium verdoppelt den Zwangsumtausch für Reisende aus »nichtsozialistischen« Ländern in die DDR oder nach Ostberlin. Vom 15. November an müssen DDR-Besucher pro Tag 20 DM, bei einem Besuch in Ostberlin 10 DM im Verhältnis 1:1 eintauschen.
8.11. Der Bundestag befürwortet den Beitritt der Bundesrepublik zum Atomwaffensperrvertrag.
19.11. Bundeswirtschaftsminister Hans Friderichs erläßt aufgrund des arabischen Erdölboykotts für die nächsten Sonntage ein Fahrverbot.
23.11. Die Bundesregierung beschließt mit sofortiger Wirkung einen Anwerbestopp für ausländische Arbeitnehmer außerhalb der europäischen Gemeinschaft.
4.12. Mit deutlich weniger Stimmen als erwartet wird Herbert Wehner in seinem Amt als SPD-Fraktionsvorsitzender bestätigt.
21.12. Die Bundesrepublik vereinbart mit Bulgarien und Ungarn die Aufnahme diplomatischer Beziehungen.

Wirtschaft und Wissenschaft

19.12., Wirtschaft. Die Bundesregierung hebt einige der im Mai getroffenen Maßnahmen des Stabilitätsprogramms auf, da sich die Konjunktur abschwächt, u.a. die Förderung von Investitionen.
28.12., Raumfahrt. Astronauten im Weltraumlabor »Skylab« fotografieren den Kometen Kohoutek.
1973, Technik. Das »Solar one«-Haus, dessen Energiebedarf zu 80% aus Sonnenkollektoren gedeckt wird, entsteht im amerikanischen Delaware.
1973, Technik. An der kalifornischen Universität Berkeley wird der Banks-Motor erfunden, der durch die spezifischen Eigenschaften der Legierung Nitiol Wärmeenergie direkt in Bewegungsenergie umsetzt.
1973, Technik. Die weltweit größte Meerwasserentsalzungsanlage mit einer täglichen Wasseraufbereitung von 150 000 Kubikmeter wird am Persischen Golf in Betrieb genommen.
1973, Medizin. Die erste »Augenbank« Europas an der Universität Würzburg bewahrt die Hornhaut von Organspendern auf.
1973, Technik. General Motors und Chrysler entwickeln Katalysatoren zur Schadstoffreduktion von Automobilen.
1973, Wirtschaft. 273 000 Menschen sind in der Bundesrepublik arbeitslos, 11% mehr als im Vorjahr.
1973, Wirtschaft. Der Welthandelsumsatz nimmt nominal um 35% gegenüber 1972 zu und überschreitet damit erstmals die 1000 Mrd. US-Dollar-Grenze.

1973 Geborene und Gestorbene

Geboren:
1.2. René Schneider, deutscher Fußballspieler.
14.12. Boris Henry, deutscher Leichtathlet.
28.12. Marc Blume und Holger Blume, deutsche Leichtathleten.

Gestorben:
13.1. Ernst Friedländer (*4.2.1895), deutscher Publizist.
23.1. Lyndon B. Johnson (*27.8.1908), amerikanischer Politiker.
26.1. Edward G. Robinson (*12.12.1893), amerikanischer Schauspieler.
22.2. Elizabeth Bowen (*7.6.1899), britische Schriftstellerin.
6.3. Pearl S. Buck (*26.6.1892), amerikanische Schriftstellerin.
15.3. Heinz Ullstein (*13.1.1893), deutscher Verleger.
8.4. Pablo Picasso (*25.10.1881), spanischer Maler.

1973

Kunst, Literatur und Musik

1973 Gerd Fuchs rechnet in seinem Roman *Beringer und die lange Wut* mit der Neuen Linken ab.

1973 Mit den Problemen eines jungen Linksintellektuellen beschäftigt sich Peter Schneider in seiner Erzählung *Lenz*.

1973 Gore Vidal veröffentlicht mit *Burr* seinen ersten Roman zur Geschichte der USA, bei der George Washington das Ziel seiner Kritik ist.

1973 *Theophilus North* heißt der letzte Roman von Thornton Wilder, der autobiographische Rückschau hält.

1973 Angus Wilson kritisiert in *Wie durch Magie* die 60er Jahre.

1973 Mit *Die Riesen* veröffentlicht Jean-Marie Gustave Le Clézio einen beängstigenden Roman, der am Beispiel eines gigantischen Kaufhauses die Gefahr totaler Kontrolle und Gehirnwäsche verdeutlicht.

1973 Christoph Meckels Roman *Bockshorn* gibt die abenteuerliche Geschichte zweier Jungen in einer fiktiven Großstadt wieder.

1973 Der DDR-Schriftsteller Jurek Becker attakiert in seinem Roman *Irreführung der Behörden* den Sozialismus à la DDR.

1973 Eine Kampfansage gegen die durchschnittliche Arbeiterexistenz gelingt Christian Geissler mit *Das Brot mit der Feile*.

1973 Vom Literatur-Nobelpreisträger dieses Jahres, Patrick White, erscheint das Buch *Im Auge des Sturms*, dessen 86jährige Protagonistin ihr unruhiges Leben Revue passieren läßt.

Theater und Film

1973 *American Graffity*, die zweite Regiearbeit von George Lucas, erringt in den 80er Jahren den Status eines Kultfilms für die Jugendgeneration.

1973 Der Regisseur Sidney Lumet kritisiert in *Serpico* mit Al Pacino in der Hauptrolle die korrupte Polizei in den Vereinigten Staaten.

1973 Der französische Spielfilm *Die amerikanische Nacht* von François Truffaut mit Jacqueline Bisset in der Hauptrolle handelt von Dreharbeiten bei einem Film und ist eine Hommage an das Kino. 1974 erhält er einen Oscar als bester ausländischer Film.

1973 Der britische Psychothriller *Wenn die Gondeln Trauer tragen* von Nicholas Roeg zeigt Julie Christie und Donald Sutherland in einer Erzählung von Daphne du Maurier.

1973 Mit Rod Steiger als *Lucky Luciano* behandelt Francesco Rosi abermals ein Mafia-Thema.

1973 Terence Hill und Henry Fonda begeistern in der Western-Parodie *Mein Name ist Nobody* von Sergio Leone.

1973 Die Verfilmung des gleichnamigen Dumas-Romans *Die drei Musketiere* von Richard Lester mit der Starbesetzung Raquel Welch, Michael York, Geraldine Chaplin, Christopher Reed und Faye Dunaway gilt allgemein als unerreicht.

1973 Größter Kassenerfolg für die schwedischen Kinos wird der Film *Szenen einer Ehe* von Ingmar Bergman. Mit Liv Ullmann und Erland Josephson in den Hauptrollen trifft der Regisseur den Nerv der frühen 70er Jahre.

Gesellschaft

28.7. In Ostberlin beginnen die X. Weltfestspiele der Jugend und Studenten mit mehr als fünf Millionen Besuchern aus 140 Ländern.

7.8. Ein Massenmördertrio wird im amerikanischen Houston der Tötung von 27 Menschen überführt.

8.8. Einem Bericht der Liga der Rotkreuzgesellschaften zufolge sind in der Sahel-Zone 13 Mio. Menschen vom Hungertod bedroht.

9.8. Das neue Zivildienstgesetz (ZDG) stellt Wehrdienstleistende und Wehrdienstverweigerer in der Bundesrepublik rechtlich gleich.

25.8. Miesmuscheln sind die Überträger einer Cholera-Epidemie in Neapel, worauf die Muschelbänke vor der Küste gesprengt werden.

8.9. Andrei D. Sacharow, einer der bekanntesten Physiker der UdSSR, wendet sich in einer Pressekonferenz in Moskau gegen das kommunistische Regime in seiner Heimat.

27.9. Die UNESCO bürgt für einen 500-Mio.-Dollar-Kredit zur Rettung der Lagunenstadt Venedig.

14.11. Die Tochter der britischen Königin Elizabeth II., Prinzessin Anne, heiratet Hauptmann Mark Phillips. Weltweit verfolgen 500 Mio. TV-Zuschauer die Hochzeitszeremonie.

16.12. Nach fünfmonatiger Gefangenschaft und der Zahlung von 2,7 Mio. US-Dollar Lösegeld lassen die Entführer den Enkel des US-Ölmilliardärs Paul Getty III. in Süditalien frei, nachdem ihm von seinen Peinigern ein Ohr abgeschnitten worden war.

Geborene und Gestorbene

16.5. Albert Paris Gütersloh (*5.2.1887), österreichischer Schriftsteller und Schauspieler.
29.5. Karl Löwith (*9.1.1897), deutscher Philosoph.
7.7. Max Horkheimer (*12.2.1895), deutscher Philosoph und Soziologe.

13.7. Willy Fritsch (*27.1.1901), deutscher Schauspieler.
1.8. Walter Ulbricht (*30.6.1893), deutscher Politiker.
25.8. Karl-Hermann Flach (*17.10.1929), deutscher Politiker.
31.8. John Ford (*1.2.1895), amerikanischer Filmregisseur.

11.9. Salvador Allende Gossens (*26.7.1908), chilenischer Politiker.
19.9. Mary Wigman (*13.11.1886), deutsche Tänzerin.
24.9. Pablo Neruda (*12.7.1904), chilenischer Schriftsteller.
1.12. David Ben Gurion (*16.10.1886), israelischer Politiker.

1974

Internationale Politik

1.1., Großbritannien. In Nordirland wird eine Koalitionsregierung unter Brian Faulkner vereidigt. Das Land erhält die 1972 von Großbritannien ausgesetzte innere Autonomie zurück.
10.1., USA. Verteidigungsminister James R. Schlesinger formuliert eine Änderung der amerikanischen Nuklearstrategie durch interne Ausweisung strategisch wichtiger Punktziele.
18.1., Ägypten/Israel. Ägypten und Israel einigen sich durch Vermittlung der USA auf eine »Truppenentflechtung« an der Suezfront.
7.2., Grenada. Grenada wird ein von Großbritannien unabhängiger Staat.
8.2., Obervolta. Das Militär unter Staatschef Aboubakar S. Lamizana setzt abermals die Zivilregierung ab.
18.2., Australien. Australien verabschiedet sich von der »White-Australia-Politik« und öffnet sich den asiatischen Einwanderern.
21.2., Jugoslawien. Die vierte Verfassung des Landes kräftigt den föderativen Charakter und erkennt Josip Tito als Staatspräsidenten auf Lebenszeit an.
27.2., Schweden. Eine Verfassungsreform reduziert die Rolle des schwedischen Königs auf repräsentative Aufgaben.
4.3., Großbritannien. Premierminister Harold Wilson bildet nach den Wahlen, die keine klare Mehrheit auswiesen, ein Minderheitskabinett.
18.3., Saudi-Arabien. Die arabischen Staaten heben das Erdölembargo gegen die USA auf.
2.4., Frankreich. Georges Pompidou stirbt. Am 19. Mai wird Valéry Giscard d'Estaing zu seinem Nachfolger als Staatspräsident gewählt.
10.4., Israel. Golda Meier tritt zurück. Yitzhak Rabin wird am 28. Mai neuer israelischer Premierminister.
25.4., Portugal. Die Parteidiktatur der seit 1933 herrschenden »União Nacional« wird in der »Nelkenrevolution« durch oppositionelle Militärs gestürzt.
29.5., Großbritannien. Nach Streiks und Unruhen in Nordirland übernimmt London erneut die direkte Kontrolle.
18.6., Luxemburg. Die linksliberale Koalitionsregierung unter Gaston Thorn wird vereidigt.

Deutsche Politik

22.3. Die Bundesregierung beschließt, das Wahlalter von 21 auf 18 Jahre herabzusetzen.
27.3. Die »Steiner-Wienand-Bestechungsaffäre« endet nach zweijähriger Untersuchung ohne Ergebnis.
24.4. Günter Guillaume, der persönliche Referent von Bundeskanzler Willy Brandt, wird wegen Sponageverdachts für die DDR verhaftet. In seinen »Erinnerungen« schildert der SPD-Politiker seine Empfindungen. ▷ Chronik Zitat

Kanzleramtsspion

Chronik Zitat

»Die Nachricht war ein Hammer, wenn auch nicht einer, der mich hätte betäuben können. Ich wußte, daß seit nahezu einem Jahr ein – wie ich meinte: vager – Verdacht gegen den Mann bestand, der ... mich auf Reisen in die Provinz begleitete.«
Bundeskanzler Willy Brandt

2.5. Die DDR und die Bundesrepublik eröffnen in Bonn bzw. Ostberlin Ständige Vertretungen.
6.5. Bundeskanzler Willy Brandt reicht wegen der Affäre um den DDR-Kanzleramtsspion Günter Guillaume seinen Rücktritt ein.
10.5. Der parteilose Siegfried Buback wird neuer Generalbundesanwalt.
15.5. Die Bundesversammlung wählt in der Bonner Beethovenhalle den früheren Bundesaußenminister Walter Scheel (FDP) zum Nachfolger von Bundespräsident Gustav Heinemann.
16.5. Der Bundestag wählt mit 267 gegen 255 Stimmen den bisherigen Finanzminister Helmut Schmidt zum neuen Bundeskanzler.
5.6. Angehörige der Terrorgruppe »Bewegung 2. Juni« erschießen in Westberlin ihr Ex-Mitglied Ulrich Schmücker wegen »Verrats«.
9.6. Die CDU kann bei den Landtagswahlen in Niedersachsen zwar die meisten Stimmen (48,9 %) auf sich vereinigen, muß aber gegenüber der stärkeren sozialliberalen Regierungskoalition in der Opposition bleiben.

Wirtschaft und Wissenschaft

1.1., Wirtschaft. Infolge der Ölkrise steigt der Preis für Rohöl innerhalb eines Jahres um das Dreifache.
1.1., Wirtschaft. Die Preisbindung für die Markenartikelindustrie in der BRD wird aufgehoben. Ab sofort gelten die unverbindlichen Preisempfehlungen.
4.2., Wirtschaft. Österreich erhält den von der Zeitschrift »Financial Times« jährlich vergebenen »Wirtschafts-Oscar« für die »besten allgemeinen Ergebnisse«.
8.2., Raumfahrt. Nach 84 Tagen Aufenthalt im Raumlabor »Skylab« kehren die drei Astronauten Edward Gibson, Gerald Carr und William Pogue wohlbehalten zur Erde zurück.
März, Physik. Die erste holografische Aufnahme subatomarer Atome gelingt an der Ann-Arbor-Universität im amerikanischen Michigan.
26.3., Raumfahrt. »Kosmos 637« ist der erste sowjetischen Satellit in einem Synchronorbit.
28.3., Raumfahrt. Die amerikanische Sonde »Mariner 10« sendet mehr als 1000 Fotos von der Merkuroberfläche zur Erde.
18.5., Technik. Indien wird durch seinen ersten unterirdischen Atomwaffentest sechste Atommacht.

Verkehr in Westdeutschland

Chronik Statistik

Eisenbahnnetz (km)	28 885
Straßennetz (km)	167 452
Autobahn (km)	5 481
Pkw-Bestand	15 999 000
Lkw-Bestand	1 136 000
Fabrikneue Kfz	1 888 000
Fluggäste	26 647 000

14.8., Technik. Der Kampfjet MRCA Tornado – eine deutsch-britisch-italienische Gemeinschaftentwicklung – startet in Bayern zu seinem Erstflug.
30.8., Technik. Die »Nordsee«, die erste deutsche Meeresforschungsstation, nimmt Kurs auf Helgoland.
2.12., Raumfahrt. Die amerikanische Sonde »Pioneer 11« funkt 22 Farbbilder des Jupiter zur Erde.

1974

Kunst, Literatur und Musik

3.1. Bob Dylan startet nach achtjähriger Pause eine Tournee durch die USA mit einem Konzert in Chicago.
14.1. China indiziert die Werke Beethovens und Schuberts, da sie von »bourgeoiser kapitalistischer Mentalität« zeugten.
12.2. Der sowjetische Schriftsteller und Regimekritiker Alexander Solschenizyn wird verhaftet, ausgebürgert und in die Bundesrepublik abgeschoben. Er läßt sich in der Schweiz nieder.
14.2. Udo Lindenberg geht mit seinem »Panik-Orchester« auf Deutschland-Tournee.
16.2. UA: *Einstein*, Oper von Paul Dessau, in Ostberlin.
4.3. In Köln feiert das von den Architekten Heinz Röcke und Klaus Renner entworfene Römisch-Germanische Museum seine Eröffnung.
6.4. Die schwedische Popgruppe Abba gewinnt mit *Waterloo* den Grand Prix de la Chanson.
7.4. Auf den Salzburger Festspielen inszeniert und dirigiert Herbert von Karajan Richard Wagners *Meistersinger von Nürnberg*.
17.4. Auf persönlichen Wunsch von Ministerpräsident Kakuei Tanaka wird die *Mona Lisa* aus dem Louvre nach Japan geflogen und in Tokio ausgestellt.
27.4. Beim schwersten Kunstraub des Jahrhunderts werden in der irischen Hauptstadt Dublin aus einer Privatsammlung 19 Bilder mit einem Gesamtwert von etwa 50 Mio. DM entwendet.
Juni Die britische Gruppe »Yes« gibt ihr erstes Konzert in New York.
10.5. Der Schriftsteller Günter Wallraff demonstriert in Athen gegen die Militärdiktatur. Wallraff wird festgenommen und zu 14 Monaten Haft verurteilt, doch bereits im Juli entlassen.
4.6. In Bonn zeigt die Ausstellung »Kunst zu Kafka« 319 von der Buchhändlerin Anne Klug-Kirchstein gesammelte Grafiken zum Werk des Dichters.
10.7. Die Münchner Staatsgalerie »Moderne Kunst« besitzt nach einer Stiftung von 29 Bidern und Skulpturen die europaweit größte Max Beckmann-Sammlung.

Theater und Film

8.2. UA: *Die Retter*, Stück von Václav Havel, in Baden-Baden. Das Schauspiel entlarvt die Arglist von Revolutionären und vermeintlichen Heilsbringern.
22.2. Rolf Hochhuths Komödie *Lysistrate und die Nato* wird in Essen uraufgeführt. Thematisiert wird der Widerstand griechischer Frauen gegen einen Militärstützpunkt.
17.4. Entfremdung und Ausbeutung thematisiert Peter Handkes Stück *Die Unvernünftigen sterben aus*, das in Zürich Weltpremiere feiert.
4.5. UA: *Die Jagdgesellschaft*, Theaterspiel von Thomas Bernhard, in Wien.
10.6. Die Royal Shakespeare Company arrangiert in London das episodenhafte Werk *Travestien* von Tom Stoppard.
17.6. In Roman Polanskis Detektiv-Film *Chinatown* brillieren neben Jack Nicholson und Faye Dunaway auch John Huston.
28.6. Nach dem Roman von Theodor Fontane verfilmt Rainer Werner Fassbinder mit Hanna Schygulla als Protagonistin *Effi Briest*, die für den Versuch, sich aus einer erstarrten Gesellschaft zu lösen, bestraft wird.
14.9. UA: *Himmel und Erde*, Schauspiel von Gerlind Reinshagen, in Stuttgart.
3.10. Nach der Uraufführung des Dario-Fo-Stückes *Bezahlt wird nicht* kommt es in Mailand zu Plünderungen von Supermärkten.
1.11. Werner Herzogs Film *Jeder für sich und Gott gegen* alle mit Walter Ladengast und Brigitte Mira erzählt das Leben Kaspar Hausers als Leidensgeschichte. ▷Chronik Zitat

Kaspars Leidensgeschichte
Zitat

»Am Schluß, wenn er ermordet ist, sucht man verzweifelt nach irgendeiner Deformation an ihm; daß das Deformierte aber die bürgerliche Gesellschaft ist, die ihn nach ihren Maßstäben abrichten wollte, dafür sind sie alle blind.«

Werner Herzog, deutscher Filmregisseur

Gesellschaft

1.1. Neuzugelassene Wagen in der Bundesrepublik müssen ab sofort Sicherheitsgurte aufweisen.
16.1. In Kalabrien verhaftet die italienische Polizei die Entführer des Milliardärenkels Paul Getty III.
17.1. In der Unterhaltungssendung »Drei Mal Neun« verblüfft der Israeli Uri Geller durch magische Tricks.
18.1. Eine amerikanische Anti-Raucher-Organisation proklamiert in Philadelphia eine »Bill of Rights« für Nikotinfeinde.
23.1. In bundesdeutschen Städten gehen erstmals Studenten und Schüler für mehr Ausbildungsförderung auf die Straße.
31.1. Nach dreijähriger Pause bricht auf Sizilien der Ätna aus.
4.2. Im amerikanischen Berkeley entführt die linksradikale Befreiungsarmee »SLA« die Verlegertochter Patricia Hearst.
5.2. Mit József Mindszenty, dem Primas der katholischen Kirche in Ungarn und Erzbischof von Esztergom, entbindet Papst Paul VI. erstmals in der römisch-katholischen Kirchengeschichte einen Kardinal seines Amtes. Die Amtsenthebung des den ungarischen Kommunisten mißliebigen Kardinals ermöglicht die Annäherung zwischen dem Vatikan und Ungarn.
11.2. Mehr als 400 000 Angestellte des öffentlichen Dienstes der BRD treten zur Durchsetzung ihrer Lohnforderungen in einen unbefristeten Ausstand.
3.3. Beim Absturz einer türkischen Passagiermaschine bei Paris kommen alle 346 Passagiere ums Leben. Ursache der Katastrophe ist ein fehlender Bolzen.
10.3. 29 Jahre nach Kriegsende kapituliert der japanische Soldat Hiroo Onoda auf der philippinischen Insel Lubang, nachdem er durch einen Touristen vom Ende des Zweiten Weltkrieges erfuhr.
11.3. Ein Dokumentationsfilm über eine Schwangerschaftsunterbrechung wird nach angekündigter Klage seitens der Kirche aus dem ARD-Programm genommen.
13.3. Der US-Senat verabschiedet eine Gesetzesnovelle, die für schwere Kapitalverbrechen erneut die Todesstrafe vorsieht.

1974

Internationale Politik

1.7., Argentinien. Nach dem Tod von Staatspräsident Juan Domingo Perón übernimmt seine Frau Isabel Perón die Staatsführung.

15.7., Zypern. Griechisch-zyprische Militärs stürzen die Regierung von Erzbischof Makarios III. und besetzten die Insel.

20.7., Zypern. Türkische Truppen intervenieren, um eine Vereinigung mit Griechenland zu verhindern und die Türken auf der Insel zu schützen.

23.7., Griechenland. Die siebenjährige Militärdiktatur endet mit der Wiedereinsetzung des im Pariser Exil lebenden, früheren Ministerpräsidenten Konstandinos Karamanlis durch Staatspräsident Phädon Gisikis.

6.8., USA. Präsident Richard M. Nixon gesteht seine Mitschuld am Watergate-Skandal ein und kommt am 8. August durch Rücktritt der Amtsenthebung zuvor. Sein Nachfolger wird der bisherige Vizepräsident Gerald R. Ford.

10.9., Guinea-Bissau. Portugal erkennt die Unabhängigkeit des westafrikanischen Landes an.

12.9., Äthiopien. Ein Militärputsch stürzt den seit 44 Jahren regierenden Kaiser Haile Selassie I.

10.10., Großbritannien. Bei der zweiten Parlamentswahl in diesem Jahr erreicht Labour eine knappe Mehrheit, die Harold Wilson zum vierten Mal als Premierminister in die Downing Street einziehen läßt.

29.10., Marokko. Auf einer arabischen Gipfelkonferenz in Rabat erkennen die arabischen Staaten die PLO als einzig legitime Vertreterin des palästinensischen Volkes an.

6.11., Argentinien. Nach einer anhaltenden Gewaltwelle rechts- und linksextremer Gruppierungen verhängt Präsidentin Isabel Perón den Ausnahmezustand.

13.11., USA. Trotz scharfer Proteste von seiten Israels und der USA spricht PLO-Chef Jasir Arafat vor der UN-Vollversammlung in New York.

17.11., Griechenland. Bei den ersten freien Wahlen seit Ende der Militärdiktatur erreicht die neue demokratische Partei unter Konstandinos Karamanlis 55,5% der abgegebenen Stimmen.

Deutsche Politik

13.6. Da die Bundesregierung wegen Entführung zweier Entwicklungshelfer auf Bedingungen der Rebellen der Befreiungsfront einging, bricht die Regierung des Tschad die Beziehungen zur Bundesrepublik ab und verweist alle Deutschen des Landes.

19.6. Die Eröffnung des Bundesumweltamtes in Westberlin verstößt nach Ansicht von UdSSR und DDR gegen den Viermächtestatus der Stadt.

20.6. Die chrisdemokratisch geführte baden-württembergische Landesregierung legt gegen die vom Deutschen Bundestag beschlossene Fristenlösung zum Schwangerschaftsabbruch Klage beim Bundesverfassungsgericht ein, worauf die Richter am 21. Juni eine einstweilige Verfügung erlassen.

20.6. Der mit der CSSR 1973 geschlossene Normalisierungsvertrag wird vom Bundestag ratifiziert.

4.7. Wegen drastischer Kürzungen seines Ressorts reicht der Bundesminister für wirtschaftliche Zusammenarbeit, Erhard Eppler, seinen Rücktritt ein.

15.8. In der Bundesrepublik tritt das Umweltstatistikgesetz in Kraft, das ökologische, wirtschaftliche und finanzielle Daten zur Umweltbelastung künftig regelmäßig erhebt.

7.10. Anläßlich des 25jährigen Jahrestages der Gründung der DDR verabschiedet die Regierung eine neue Verfassung, die auf jegliche nationale Verbundenheit zum anderen, westlichen Deutschland verzichtet.

9.10. Der chinesische Vize-Außenminister Chiao Kuan-hua besucht die BRD, wo er mit Vertretern aus Politik und Wirtschaft zusammentrifft.

9.11. Der mutmaßliche RAF-Angehörige Holger Meins stirbt in der rheinland-pfälzischen Vollzugsanstalt Wittlich an den Folgen seines Hungerstreiks.

10.11. Linksterroristen ermorden in Westberlin den Kammergerichtspräsidenten Günter von Drenkmann in seiner Wohnung.

15.11. Nach einem Beschluß der DDR-Regierung müssen Besucher aus der Bundesrepublik und Westberlin statt bisher 20 DM nur noch 13 DM pro Tag in Ostmark eintauschen.

Wirtschaft und Wissenschaft

10.12., Raumfahrt. Die in Deutschland entwickelte Sonnensonde »Helios 1« wird vom amerikanischen Stützpunkt Cape Canaveral aus zu einem Forschungsflug gestartet.

10.12., Nobelpreise. In Stockholm und Oslo werden die diesjährigen Nobelpreise feierlich überreicht. ▷Chronik Nobelpreise

Wissenschaftler geehrt
Chronik Nobelpreise

Chemie: Paul J. Flory (USA)
Medizin: Albert Claude (B), Christian de Duve (USA) und George E. Palade (USA)
Physik: Martin Ryle (GB) und Anthony Hewish (GB)
Frieden: Séan MacBride (IRL) und Eisaku Sato (J)
Literatur: Eyvind Johnson (S) und Harry Martinson (S)
Wirtschaft: Friedrich A. von Hayek (A) und Gunnar Myrdal (S)

11.12., Physik. US-Wissenschaftler orten am Teilchenbeschleuniger SLAC bei San Francisco das subatomare Elementarteilchen »Psi«.

12.12., Wirtschaft. Der »Swing« – ein zinsloser Überziehungskredit im innerdeutschen Handel – steigt auf 850 Mio. Verrechnungseinheiten.

19.12., Medien. »Symphonie« heißt der erste westeuropäische Nachrichtensatellit, der vom amerikanischen Stützpunkt Cape Canaveral aus in den Weltraum gestartet wird.

26.12., Verkehr. Der 3,3 km lange Elbtunnel in Hamburg ist die längste Unterwasserverbindung Europas.

1974, Verkehr. Die Farbbild-Sofortkamera »SX 70« des amerikanischen Herstellers Polaroid erobert weltweit die Märkte.

1974, Technik. In den USA, Frankreich, der UdSSR und Großbritannien nehmen natriumgekühlte Brutreaktoren die Arbeit auf.

1974, Verkehr. Porsche bringt den ersten Wagen mit Turbolader, den »911 Turbo«, auf den Markt.

1974

Kunst, Literatur und Musik

26.7. Giorgio Strehlers Inszenierung von Mozarts *Zauberflöte* bei den Salzburger Festspielen löst beim Publikum überwiegend Protest aus.

16.8. Die Salzburger Festspiele zeigen *Frau ohne Schatten* von Richard Strauss in der Inszenierung von Karl Böhm und James King.

1.9. Die internationale Bruckner-Woche in Linz eröffnet mit Bruckners d-Moll-Messe anläßlich des 150. Geburtstages des Komponisten.

1.9. Mit dem »Volkseigenen Handelsbetrieb Kunst und Antiquitäten« (VEH) schafft die DDR ein Monopol im Kunsthandel.

29.9. Das Dalí-Museum in Figueras wird von Prinz Juan Carlos eingeweiht.

16.10. Mikis Theodorakis tritt nach vierjährigem Exil mit einem Konzert in Athen auf.

1.11. Der Bertelsmann Verlag veröffentlicht den Roman *Fünf Tage im Juni* des DDR-Autors Stefan Heym, der den Aufstand vom 17.6.1953 thematisiert.

3.11. In Hamburg schließt eine Caspar-David-Friedrich-Ausstellung, die insgesamt 220 000 begeisterte Besucher fand.

26.11. Das Modern Jazz Quartet gibt nach 20 Jahren Musizieren in New York ihr Abschiedskonzert.

1.12. Das Oldenburger Theater eröffnet mit Alban Bergs Oper *Wozzek*.

4.12. Der Stardirigent Herbert von Karajan kommt an die Wiener Staatsoper zurück.

14.12. Die Rolling Stones ersetzen ihren Gitaristen Mick Taylor durch Ron Wood.

1974 *Sugar Baby Love* von den Rubettes heißt die erfolgreichste Single in Westdeutschland.

1974 Vladimir Nabokov persifliert sich selbst in seinem Roman *Sieh doch die Harlekins!*.

1974 Uwe Timm stellt mit *Heißer Sommer* sein Romandebüt vor.

1974 Christa Wolf veröffentlicht den Roman *Unter den Linden*.

1974 Mit *Staatsraison* gibt der kubanische Schriftsteller Alejo Carpentier die südamerikanischen Diktatoren der Lächerlichkeit preis.

Theater und Film

2.12. Im Bochumer Theater hat das Schauspiel *Professor Unrat oder das Ende einer Tyrannei* nach der Romanvorlage von Heinrich Mann in einer Inszenierung von Peter Zadek eine bemerkenswerte Premiere.

18.12. Der Schreckensfilm *Flammendes Inferno* mit Paul Newman, Steve McQueen und Faye Dunaway in den Hauptrollen läuft in den amerikanischen Kinos an und etabliert den Katastrophenfilm.

1974 Sidney Lumet gelingt eine hervorragende Verfilmung des Agatha Christie-Krimis *Mord im Orientexpress* mit Albert Finney und Lauren Bacall. Ingrid Bergman erhält 1975 für die beste Nebenrolle in diesem Film einen Oscar.

1974 Tim Curry und Susan Sarandon tanzen sich in der Verfilmung der legendären *Rocky Horror Picture Show* unter der Regie von Jim Sharman in den Hollywood-Himmel.

1974 *Der weiße Hai* von Steven Spielberg wird der Kassenschlager der Kinosaison und bleibt drei Jahre auf Platz eins der Film-Bestenliste.

1974 Ken Russell stellt den Musikfilm *Tommy* mit der Rockgruppe The Who vor.

1974 Francis Ford Coppola setzt mit *Der Pate II* seine Historie des Mafia-Clans von 1971 fort – ein weiterer Erfolg für Al Pacino, Diane Keaton und Robert De Niro.

1974 Die britische Anarcho-Komikertruppe Monty Python suchen in ihrer bitterbösen Filmsatire *Die Ritter der Kokosnuß* den Heiligen Gral.

1974 Hohes Lob aus der internationalen Kritikerwelt und den Filmpreis der Internationalen Filmpresse bei den Filmfestspielen in Cannes erhält Rainer Werner Fassbinder für seinen Film *Angst essen Seele auf*.

1974 *Shampoo*, ein Film von Regisseur Hal Ashby integriert kritische Aspekte der sozialen Verhältnisse in den USA in eine Komödie. Der Hairstylist George bedient die Damen der besseren Gesellschaft, ist aber nicht nur als Modefriseur gefragt. Die Story mit Warren Beatty und Goldie Hawn findet großes Zuschauerinteresse.

Gesellschaft

13.3. Nach fünf Monaten »Tempo 100« gilt auf bundesdeutschen Autobahnen die unverbindliche Richtgeschwindigkeit von 130 km/h.

16.3. Die »Pille danach« kommt in den USA auf den Markt.

24.3. Sintflutartige Regenfälle in Äthiopien lösen nach sechsjähriger Dürre katastrophale Überschwemmungen aus.

25.3. Die Türkei beschließt, den Anbau von Mohn, aus dem Opium hergestellt wird, wieder zu gestatten.

18.4. In der Hamburger Innenstadt werden bei einem Banküberfall der Räuber und ein Polizist tödlich verletzt.

5.5. Anläßlich seines 25jährigen Regierungsjubiläums bewirtet Fürst Rainer III. von Monaco im Rahmen eines Volksfestes 4000 Landsleute unter freiem Himmel.

15.5. Bei einer Geiselnahme von 100 Schulkindern durch palästinensische Freischärler in Israel werden 16 Kinder, ein Polizist und die Terroristen getötet.

27.5. Ausgelöst durch Fahrpreiserhöhungen der öffentlichen Verkehrsmittel, werden in Frankfurt am Main bei viertägigen Krawallen 50 Personen verletzt.

Fußball-Landesmeister
Chronik Sport

BR Deutschland: FC Bayern München
Österreich: Linzer SK
Schweiz: FC Zürich
Belgien: RSC Anderlecht
DDR: 1. FC Magdeburg
England: Leeds United
Italien: Lazio Rom
Portugal: Sporting Lissabon
Schottland: Celtic Glasgow
Spanien: FC Barcelona

30.5. Vier Jahre nach Einstellung des Verfahrens erhalten die Contergan geschädigten Kinder in der Bundesrepublik durchschnittliche Entschädigungszahlungen in Höhe von 16 000 DM.

18.6. Die Rundfunk- und Fernsehwerbung für Tabakprodukte wird in der Bundesrepublik untersagt.

1974

Internationale Politik	Deutsche Politik	Wirtschaft und Wissenschaft
23.11., USA/UdSSR. US-Präsident Gerald R. Ford und der sowjetische Parteichef Leonid Breschnew unterzeichnen in Wladiwostok ein Abkommen zur Reduzierung der Offensivwaffen. **12.12., Japan.** Der Liberal-Demokrat Takeo Miki wird nach dem Rücktritt seines Parteifreunds Kakuei Tanaka neuer Ministerpräsident. **28.12., Bangladesch.** Die Regierung verhängt den Ausnahmezustand über das Land, der dem Ministerpräsidenten Mujib Rahman nahezu unbegrenzte politische Macht einräumt.	**9.12.** Die DDR und die USA nehmen diplomatische Beziehungen auf. Erster US-Botschafter in Ostberlin wird John S. Cooper. **12.12.** Der Bundestag verabschiedet das Hochschulrahmengesetz, das Richtlinien für die Organisation und die rechtliche Stellung der Universitäten enthält. **18.12.** Der Deutsche Bundestag beschließt die Verschärfung der Strafprozeßordnung, wonach künftig Verteidiger von Strafverfahren ausgeschlossen werden können.	**1974, Physik.** Amerikanische und sowjetische Wissenschaftler entwickeln unabhängig voneinander die Synthese des Elements 106. **1974, Technik.** Der amerikanische Hersteller Hewlett Packard produziert mit dem »HP-65« den ersten programmierbaren Taschenrechner. **1974, Technik.** Amerikanische Hotels führen den »elektronischen Zimmerschlüssel« ein – eine Magnetkarte, die mit einem Code versehen wird. **1974, Wirtschaft.** In der BRD sind 582 000 Menschen ohne Arbeit.

1974 Geborene und Gestorbene

Geboren:
27.1. Mark Owen, britischer Popmusiker.
13.2. Robbie Williams, britischer Popmusiker.
25.7. Sylvia Kühnemund, deutsche Leichtathletin.
4.12. Anke Huber, deutsche Tennisspielerin.

Gestorben:
2.4. Georges Pompidou (*5.7.1911), französischer Politiker.
14.4. Jacques Esterel (*5.6.1917), französischer Modeschöpfer.
24.4. Franz Jonas (*4.10.1899), österreichischer Politiker.
24.4. Wilhelm Goldmann (*25.2.1897), deutscher Verleger.
24.5. Duke Ellington (*29.4.1899), amerikanischer Jazzmusiker.
1.7. Juan Domingo Perón (*8.10.1895), argentinischer Politiker.
11.7. Pär Lagerkvist (*23.5.1891), schwedischer Dichter.
29.7. Erich Kästner (*23.2.1899), deutscher Schriftsteller.

1975

Internationale Politik	Deutsche Politik	Wirtschaft und Wissenschaft
2.1., USA. Außenminister Henry Kissinger schließt Militäraktionen gegenüber arabischen Staaten im Falle weiterer Ölboykotts nicht aus. **1.2., Äthiopien.** In der Provinz Eritrea schließen sich muslimische und marxistische Separatisten im Kampf gegen die Zentralregierung zusammen. **13.2., Zypern.** Im Ostteil der Insel rufen türkisch-zypriotische Bevölkerungsgruppen einen eigenen Teilstaat aus. Präsident wird Rauf Denktaş. **20.2., Großbritannien.** Margaret Thatcher übernimmt den Vorsitz der britischen Konservativen. **5.3., Israel.** Kämpfe zwischen Sicherheitskräften und El-Fatah-Anhängern, in Tel Aviv fordern 18 Todesopfer.	**1.1.** Das neue bundesdeutsche Strafrecht räumt der Resozialisierung den Vorzug vor Bestrafung ein. **1.1.** In den Westberliner Bezirken Kreuzberg, Wedding und Tiergarten wird die vom Berliner Senat beschlossene Zuzugssperre für Ausländer wirksam. **16.1.** Der CSU-Vorsitzende Franz Josef Strauß trifft auf einer 14tägigen Chinareise mit dem chinesischen Parteichef Mao Tse-tung und mit Ministerpräsident Chou En-lai zusammen. **5.2.** Ohne Erfolg brechen die inhaftierten Mitglieder der Baader-Meinhof-Gruppe nach fünf Monaten den Hunger- und zweitägigen Durststreik gegen die Isolationshaft ab.	**22.1., Medien.** Mit einem Telefongespräch zwischen Bundeskanzler Helmut Schmidt und Frankreichs Staatspräsident Valéry Giscard d'Estaing wird der Fernsehsatelliten »Symphonie« eingeweiht. **April, Wirtschaft.** Krupp und Hoechst vereinbaren mit der DDR hochdotierte Geschäfte auf dem Chemie- und Stahlsektor. **1.4., Physik.** Amerikanische Wissenschaftler veröffentlichen einen Bericht, wonach die Ozonschicht der Erde durch Fluorchlorkohlenwasserstoffe bedroht ist. **15.4., Kernenergie.** Der größte Atommeiler der Welt wird in Biblis in Betrieb genommen.

1974

Kunst, Literatur und Musik	Theater und Film	Gesellschaft
1974 Frederick Forsythe veröffentlicht den Thriller *Die Hunde des Krieges*. **1974** Joseph Beuys präsentiert *Coyote – I like America and America likes me*. **1974** Der französische Schriftsteller Alain Robbe-Grillet beschreibt in *Fortschreitend gleitendes Vergnügen*, wie ein Verfahren gegen eine Prostituierte an deren äußeren Reizen scheitert. **1974** Gegen Macht und Einfluß der Populärmedien wendet sich Heinrich Bölls Erzählung *Die verlorene Ehre der Katharina Blum oder: Wie Gewalt entstehen und wohin sie führen kann*.	**1974** Faye Dunaway und Robert Redford brillieren in dem Agenten-Thriller *Die drei Tage des Condors* von Sydney Pollack nach der Romanvorlage von James Grady. **1974** *Eine Frau unter Einfluß* spielt Gena Rowlands an der Seite von Peter Falk in einem Film von John Cassavetes. Der in dokumentarischem Stil gehaltene Film wird in San Sebastian mit der »Silbernen Muschel« für Film und Darstellerin ausgezeichnet. **1974** 3114 westdeutsche Kinos verbuchen 136 Millionen Zuschauer.	**7.7.** Im ausverkauften Münchner Olympiastadion wird die bundesdeutsche Nationalmannschaft zum zweiten Mal seit 1954 Fußballweltmeister. **9.10.** Die Schweizer Fluggesellschaft »Swiss-Air« fliegt Hunderttausende Schwalben in den Süden, um sie vor dem frühen Wintereinbruch zu retten. **4.12.** Der französische Schriftsteller Jean-Paul Sartre besucht den RAF-Terroristen Andreas Baader im Stammheimer Gefängnis. **1974** In der BRD sind 17 556 000 Fernsehteilnehmer gemeldet.

Geborene und Gestorbene

1.8. Alois Hundhammer (*25.2.1900), deutscher Politiker.
26.8. Charles Lindbergh (*4.2.1902), amerikanischer Flugpionier.
4.9. Marcel Achard (*5.7.1899), französischer Dramatiker.
8.9. Wolfgang Windgassen (*26.6.1914), deutscher Opernsänger und -direktor.

2.10. Ina Seidel (*15.9.1885), deutsche Dichterin.
10.10. Marie-Luise Kaschnitz (*31.1.1901), deutsche Dichterin.
13.11. Vittorio de Sica (*7.7.1902), italienischer Schauspieler und Filmregisseur.
17.11. Ursula Herking (*28.1.1912), deutsche Kabarettistin.

25.11. Sithu U Thant (*22.1.1909), birmanischer Diplomat und UNO-Generalsekretär.
2.12. Max Weber (*2.8.1897), schweizerischer Politiker.
14.12. Walter Lippmann (*23.9.1889), amerikanischer Publizist.
19.12. André Jolivet (*8.8.1905), französischer Komponist.

1975

Kunst, Literatur und Musik	Theater und Film	Gesellschaft
Januar Der Sänger Peter Gabriel verläßt die Popgruppe Genesis. **9.1.** Heinrich Böll nimmt den von offizieller Seite wegen seiner Polit-Plakate diffamierten deutschen Grafiker und Aktionskünstler Klaus Staeck in Schutz. **18.1.** UA: *Ein wahrer Held*, Oper von Giselher Klebe, in Zürich. **19.2.** Aus organisatorischen Gründen wird die Kasseler »documenta« auf 1977 verschoben. **6.3.** In seinem Geburtsort Caprese wird der 500. Geburtstag von Michelangelo gefeiert. **4.4.** UA: *In der Sonne Liebesbrand*, Oper mit sozialistischer Botschaft von Luigi Nono, in Mailand.	**12.1.** Den Untergang eines afrikanischen Stammes thematisiert Peter Brook in seinem Stück *Les Iks*, das in Paris uraufgeführt wird. **20.1.** UA: *Komiker*, Stück von Trevor Griffith, in Nottingham. Das Stück spiegelt die Situation des Komikers im Kapitalismus wieder. **23.1.** UA: *Auf dem Chimborasso*, Familiendrama von Tankred Dorst, im Westberliner Schloßparktheater. **30.1.** UA: *Die Schlacht*, Stück von Heiner Müller, an der Ostberliner Volksbühne. Die bundesdeutsche Premiere findet am 14. November in Hamburg statt. **5.2.** UA: *Die Betriebsschließung*, Stück von Heinrich Henkel, in Basel.	**1.1.** Infolge von Papiermangel können in der DDR sonntags keine Zeitungen mehr erscheinen. **1.1.** Unter dem Motto »Gleichberechtigung, Entwicklung, Frieden« begeht die UNO das »Jahr der Frau«. **1.1.** Polizei in Baden-Württemberg wird mit der »chemischen Keule«, einem Reizgas ausgerüstet. **10.1.** Benedicta Olowo aus Uganda wird die erste weibliche Botschafterin beim Vatikan. **23.1.** Das neue österreichische Lebensmittelgesetz sieht strengere Bestimmungen und Kontrollen vor. **28.2.** Fast 1,2 Mio. Bundesbürger sind ohne Arbeit, die Zahl der Kurzarbeiter liegt bei 956 000.

1975

Internationale Politik

17.4., Kambodscha. Truppen der Roten Khmer erobern die Hauptstadt Phnom Penh. Bei der Räumung der Stadt durch die neuen Machthaber kommen mehrere tausend Menschen ums Leben.
25.4., Portugal. Bei den ersten freien Wahlen kann die sozialistische Partei unter Mario Soares die Mehrheit der Stimmen für sich verbuchen.
30.4., Vietnam. Mit der Kapitulation der südvietnamesischen Regierung gegenüber dem Vietcong und Nordvietnam endet nach 30 Jahren der Indochinakrieg.
14.5., USA/Kambodscha. Amerikanische Verbände fliegen Vergeltungsschläge gegen Kambodscha, dessen Küstenschutz ein Handelsschiff der USA aufgebracht hat.
2.6., Dänemark. Die dänische Königin Margarethe II. beendet den ersten offiziellen Staatsbesuch einer europäischen Monarchin in der UdSSR seit der Oktoberrevolution 1917.
5.6., Ägypten. Der Suezkanal ist nach acht Jahren Sperre für die Schiffahrt wieder passierbar.
5.6., Großbritannien. In einer Volksabstimmung spricht sich die Mehrheit der Briten für den Verbleib des Landes in der EG aus.
7.6., Iran. Islamische Fundamentalisten protestieren in Teheran gegen die Verwestlichung des Landes.
25.6., Mosambik. Das Land erhält von Portugal die volle Unabhängigkeit.
5.7., Kap Verde. Portugal entläßt die Kapverdischen Inseln in die Unabhängigkeit.
10.7., Uganda. Überraschend läßt Staatschef Idi Amin Dada einen britischen Staatsbürger frei, den er zuvor zum Tode verurteilen ließ.
10.7., Frankreich. Nach einem Jahr Abstinenz kehrt Frankreich ins europäische Wechselkurssystem zurück.
1.8., Finnland. In Helsinki unterzeichnen 35 Staaten die KSZE-Schlußakte.
1.8., USA. Der amerikanische Flugzeughersteller Lockheed gesteht, seit 1970 weltweit über 22 Mio. US-Dollar Schmiergelder für Rüstungsaufträge gezahlt zu haben.

Deutsche Politik

25.2. Das Bundesverfassungsgericht lehnt die Fristenlösung beim Schwangerschaftsabbruch als verfassungswidrig ab. Die Verfassungsrichter Waltraud Rupp-von Brünneck und Helmut Simon erläutern das Votum. ▷ Chronik Zitat

Leben vor der Geburt
Chronik Zitat

»*Das Leben jedes einzelnen Menschen ist selbstverständlich ein zentraler Wert der Rechtsordnung. Unbestritten umfaßt die verfassungsrechtliche Pflicht zum Schutz dieses Lebens auch seine Vorstufe vor der Geburt.*«
Waltraud Rupp-von Brünneck und Helmut Simon, Verfassungsrichter

5.3. Der vor sechs Tagen entführte Berliner CDU-Vorsitzende Peter Lorenz wird von der »Bewegung 2. Juni« auf freien Fuß gesetzt, nachdem ihre Forderungen erfüllt wurden.
25.3. Die DDR und Österreich unterzeichnen ein Konsularvertrag, der die Existenz einer eigenen DDR-Staatsbürgerschaft anerkennt. Die Regierung der BRD protestiert dagegen.
3.4. Bundesforschungsminister Hans Matthöfer bezeichnet die chilenische Militärregierung als »Mörderbande« und verweigert der Diktatur Augusto Pinochets jegliche Kredite.
24.4. Terroristen besetzen die deutsche Botschaft in Stockholm und fordern die Freilassung von 26 Mitgliedern der Baader-Meinhof-Gruppe. Nach Ablehnung ihrer Forderungen setzen sie das Gebäude in Brand.
21.5. In Stuttgart wird der Prozeß gegen die Mitglieder der Baader-Meinhof-Gruppe eröffnet.
12.6. Der »stern« druckt ein anonym zugesandtes Abhörprotokoll von einem Telefonat Helmut Kohls mit dem CDU-Generalsekretär Kurt Biedenkopf und löst damit die »Abhör-Affäre« aus.
14.6. Der Außenminister des Vatikan, Agostino Casaroli, fordert größere Freiheiten für die Kirche in der DDR.

Wirtschaft und Wissenschaft

28.5., Luftfahrt. Zwischen Paris und Dakar befördert eine »Concorde« die ersten Passagiere mit Überschall.
11.7., Archäologie. In der Nähe von Xian wird die Grabanlage des Kaisers Shih Huang Ti († 206 v. Chr.) entdeckt. Der Kaiser ließ sich mit einer 7000köpfigen Armee aus lebensgroßen Tonfiguren beisetzen.
17.7., Raumfahrt. Der US-Astronaut Thomas Stafford und der sowjetische Kosmonaut Alexei A. Leonow reichen sich nach einem erfolgreichen Kopplungsmanöver zwischen »Apollo 18« und »Sojus 19« einander die Hände.
5.9., Wirtschaft. Bundeswirtschaftsminister Hans Friderichs eröffnet in Peking die »Technogerma«, eine Leistungsschau bundesdeutscher Industrie.
22.10., Raumfahrt. Eine unbemannte Sonde des sowjetischen Raumschiffs »Venera 9« funkt erste Bilder der Venus zur Erde.
3.11., Geologie. Die britische Königin Elisabeth II. eröffnet die erste Ölpipeline vom britischen Nordseefeld Forties zum Festland.

Wissenschaftler geehrt
Chronik Nobelpreise

Chemie: Vladimir Prelog (CH) und John Cornforth (GB)
Medizin: Renato Dulbecco (I), Howard Temin (USA) und David Baltimore (USA)
Physik: James Rainwater (USA), Aage Bohr (DK) und Ben Mottelson (DK)
Frieden: Andrei Sacharow (UdSSR)
Literatur: Eugenio Montale (I)
Wirtschaft: Tjalling Koopmans (USA) und Leonid W. Kantorowitsch (UdSSR)

14.11., Medizin. Nach der 1967 eingeleiteten, weltweiten Pockenimpfung wütet die Infektionskrankheit nur noch in Äthiopien.
10.12., Nobelpreise. In Stockholm und Oslo werden die diesjährigen Nobelpreise feierlich überreicht. ▷ Chronik Nobelpreise

1975

Kunst, Literatur und Musik

15.4. UA: *A Chorus Line*, Musical von Marvin Hamlisch, am Broadway.
15.5. UA: *Der gestiefelte Kater oder Wie man das Spiel singt*, Komische Oper von Tankred Dorst und Günter Bialas, in Schwetzingen.
26.7. Die Richard Strauss-Oper *Die Frau ohne Schatten* eröffnet die Salzburger Festspiele.
29.8. Das große Haus des Badischen Staatstheaters in Karlsruhe wird mit der Mozart-Oper *Die Zauberflöte* feierlich eingeweiht.
12.9. UA: *Feiertags-Kantate* von Ernst Krenek in Berlin.
15.9. UA: *Mare Nostrum*, szenisches Spiel für Countertenor und Instrumente von Mauricio Raul Kagel, in Berlin.
26.9. Anthony Bliss ist der neue Manager der New Yorker Metropolitan Opera.
19.12. Nach 55 Jahren kann an der New Yorker Metropolitan Opera erstmals wieder *Trittico* von Giacomo Puccini bewundert werden.
20.12. Am Züricher Opernhaus wird die 300 Jahre alte Oper *L'Orfeo* von Claudio Monteverdi in einer Inszenierung von Jean-Pierre Ponnelle dargeboten.
31.12. Mit einer *Tosca*-Aufführung begeht Dorothy Kirsten ihr 30jähriges Jubiläum an der New Yorker Metropolitan Opera.
1975 Mit *Born To Run* landet Bruce Springsteen einen Tophit.
1975 Die DDR bildet zentral geleitet Discjockeys aus.
1975 Die Selbstreflexion eines Schriftstellers thematisiert *Schönes Gehege* von Gabriele Wohmann.
1975 Die Hinwendung eines Grafikers zum Kommunismus beschreibt Roland Lang in seinem Roman *Ein Hai in der Suppe oder Das Glück des Philipp Rouge*.
1975 Gabriel García Márquez vollendet seinen Roman *Der Herbst des Patriarchen*.
1975 Satirischen Umgang mit dem Kapitalismus pflegt der amerikanische Schriftsteller William Gaddis in *JR*.
1975 Fragmentarisch-Autobiographisches präsentiert Max Frisch in der Erzählung *Montauk*.

Theater und Film

4.3. Der Filmschauspieler Charlie Chaplin wird 86jährig von der britischen Königin Elisabeth II. zum Ritter geschlagen.
12.3. In den bundesdeutschen Kinos feiert der Film *Szenen einer Ehe* des schwedischen Regisseurs Ingmar Bergman seine Premiere.
4.5. Das Theaterstück *Die Vergewaltigung von Miss Janie* des afroamerikanischen Dramatikers Ed Bullins hat in New York Premiere. Es behandelt den Rassenkonflikt in den USA.
17.5. Die Untergangsbestimmung von Diktaturen thematisiert Thomas Bernhards Stück *Der Präsident*, das am Wiener Akademietheater präsentiert wird.
28.5. Die Kafka-Bearbeitung *Der Prozeß* von Peter Weiss, die gleichzeitig in Bremen und Krefeld uraufgeführt wird, fällt bei der Kritik durch.
1.6. Das Frankfurter Theaterfestival »Experimenta« widmet sich dem Kindertheater.
6.6. Der Film *Lotte in Weimar* von Egon Günther kommt in die DDR-Kinos, findet aber auch internationale Beachtung.
2.9. UA: *Bekannte Gesichter, gemischte Gefühle*, Komödie von Botho Strauß, in Stuttgart.
30.9. Das französische Parlament verabschiedet ein Gesetz, das eine Spezialsteuer für pornographische Filme vorschreibt. Der Staat rechnet mit Mehreinnahmen von 100 Mio. Franc.
18.11. Das Royal Court Theatre in London präsentiert die Uraufführung des Stückes *Der Irre. Szenen von Brot und Liebe* von Edward Bond.
20.11. Milos Formans Film *Einer flog übers Kuckucksnest* mit Jack Nicholson nach einem Roman von Ken Kesey avanciert rasch zum Kultfilm.
22.11. Mit seinem letzten Film, *Die 120 Tage von Sodom*, schockiert Pier Paolo Pasolini einmal mehr die Kinobesucher. In vielen Ländern wird der Film verboten.
19.12. Parallelen zwischen dem Bauernkrieg des 16. Jahrhunderts und der bundesrepublikanischen Realität zeigt Martin Walser mit seinem Theaterstück *Das Sauspiel* auf, das in Hamburg uraufgeführt wird.

Gesellschaft

1.3. In den USA beginnen die offiziellen Feierlichkeiten zur 200jährigen Unabhängigkeit.
6.4. Späte Schneefälle richten in den Alpen ein Verkehrschaos an.
5.5. In Südafrika beginnt die Fernseh-Ära an, nachdem das Medium bisher wegen »Amoralität« verboten war.
16.5. Die 35jährige Japanerin Junko Tabei ist die erste Frau auf dem Mount Everest.

Deutsche Schwimm-Meister

Chronik Sport

Freistil 100 m:
Jutta Weber — 58,53 sec
Freistil 400 m:
Helga Wagner — 4:29,89 min
Brust 100 m:
Gabriele Askamp — 1:14,50 min
Rücken 100 m:
Angelika Grieser — 1:08,07 min
Delphin 100 m:
Gudrun Beckmann — 1:04,90 min

27.6. In Bochum wird der erste Ausländerkongreß in der Bundesrepublik eröffnet.
29.6. Wegen Fahrpreiserhöhungen der öffentlichen Verkehrsmittel kommt es in mehreren bundesdeutschen Großstädten zu Krawallen.
2.7. Die Weltfrauenkonferenz in Mexiko beschließt einen Aktionsplan, der u.a. Programme zur Verbesserung der Gesundheit und der Bildung von Frauen fordert.
4.7. Der ehemalige Gestapo-Chef von Warschau, Ludwig Hahn, wird in Hamburg zu lebenslänglicher Freiheitsstrafe verurteilt.
9.7. Die »New York Times« berichtet über eine Untersuchung, der zufolge Marihuana-Rauchen nicht gesundheitsschädlich sei.
15.8. Mehrere Brände in der norddeutschen Heide verwüsten über 8000 ha Wald.
1.9. Der Westberliner Flughafen Tempelhof stellt den zivilen Verkehr ein. Gleichzeitig wird der Flughafen Berlin-Tegel in Betrieb genommen.

1975

Internationale Politik	Deutsche Politik	Wirtschaft und Wissenschaft

6.8., Indien. Mit einer Wahlgesetzänderung befreit das Parlament Ministerpräsidentin Indira Gandhi von einer Korruptionsanklage.
15.8., Bangladesch. Die Regierung wird durch einen Militärputsch gestürzt, der bisherige Staats- und Regierungschef Mujib Rahman ermordet.
1.9., Südafrika. In Windhuk beginnt die Verfassungskonferenz für das von Südafrika kontrollierte Namibia.
9.9., Kambodscha. Norodom Sihanuk kehrt nach fünfjährigem Exil in sein Land zurück.
10.9., Libanon. Regierungssoldaten sollen die religiösen Auseinandersetzungen zwischen Muslimen und Christen beenden.
5.10., USA. Eine Untersuchungskommission bestätigt, daß der US-Geheimdienst CIA in den 60er Jahren mehrfach versucht hat, den kubanischen Staatschef Fidel Castro zu ermorden.
22.11., Spanien. Don Juan Carlos de Borbon y Borbon wird zwei Tage nach dem Tod von Staatschef Francisco Franco y Bahamonde als Juan Carlos I. zum spanischen König erklärt.
25.11., Surinam. Die bisherige niederländische Kolonie wird unabhängig.
21.12., Österreich. Propalästinensische Terroristen überfallen das Hauptquartier der Organisation Erdöl exportierenden Länder (OPEC) in Wien, erschießen drei Menschen und nehmen zahlreiche Geiseln.

19.6. Ein neues Zivilgesetzbuch löst in der DDR das BGB ab.
25.6. Helmut Kohl wird Kanzlerkandidat der Unionsparteien.
8.7. Yitzhak Rabin besucht als erster israelischer Regierungschef die BRD.
22.7. Das Bundesverfassungsgericht in Karlsruhe lehnt eine Verfassungsbeschwerde gegen die Mengenlehre ab, da dieser Einspruch keine »hinreichende Aussicht auf Erfolg« habe.
20.8. Der Vorsitzender der jüdischen Gemeinde in Westberlin, Heinz Galinski, entgeht einem Anschlag der RAF.
1.10. Bundesverteidigungsminister Georg Leber begrüßt die ersten weiblichen Offiziere bei den deutschen Streitkräften: Fünf Ärztinnen werden im Sanitätsdienst der Bundeswehr eingesetzt.
29.10. Bundeskanzler Helmut Schmidt trifft zu einem dreitägigen Besuch in der Volksrepublik China ein.
5.11. Nach einem Entscheid des Verfassungsgerichtes müssen Abgeordnetengehälter versteuert werden.
11.12. Gegen die Stimmen der CDU/CSU beschließt der Deutsche Bundestag die Reform des Ehe- und Familienrechts.
15.12. Kanzleramtsspion Günter Guillaume wird zu 13 Jahren Gefängnis verurteilt.
16.12. Wegen unbotmäßiger Berichterstattung wird der Ostberliner »Spiegel«-Reporter Jörg Mettke des Landes verwiesen.

1975, Medien. Der IBM-Laserdrucker 3800 kann in einer Stunde 8580 DIN-A 4-Seiten bedrucken, zehnmal soviel wie mechanische Drucker.
1975, Medien. »Betamax« von Sony ist das erste Heim-Video-System.

Betriebe in Westdeutschland
Chronik Statistik

Landwirtschaft	1 041 000
Industrie	52 756
Baugewerbe	58 468
Bergbau	409
Handwerk	570 120

1975, Wirtschaft. Wirtschaftlicher Aufschwung und Regierungsprogramme können den Anstieg der Arbeitslosen von rund 600 000 im Vorjahresdurchschnitt auf 1,07 Mio. nicht verhindern.
1975, Technik. Das weltgrößte Schiffshebewerk bei Lüneburg kann Fahrzeuge bis zu 1350 t binnen drei Minuten über 38 m Höhendifferenz transportieren.
1975, Kernenergie. Das Atomkraftwerk Hamm-Schmehausen geht mit dem ersten Trockeneisnetzkühlturm (180 m Höhe) der Welt ans Netz.
1975, Verkehr. Der Schnellzug HST nimmt den Linienverkehr zwischen London und Glasgow auf.

1975 Geborene und Gestorbene

Geboren:
26.2. Frank Busemann, deutscher Leichtathlet.

Gestorben:
3.1. Robert Neumann (*22.5.1897), österreichischer Schriftsteller.
26.1. Fritz Selbmann (*20.9.1899), DDR-Politiker.
28.1. Antonin Novotny (*10.12.1904), tschechischer Politiker.
3.2. William Coolidge (*23.10.1873), amerikanischer Physiker.
8.2. Raymond Cartier (*13.6.1904), französischer Schriftsteller.
14.2. Julian Huxley (*22.6.1887), britischer Biologe und Schriftsteller.
24.2. Nikolai Bulganin (*11.6.1895), sowjetischer Politiker.
1.3. Günther Lüders (*5.3.1905), deutscher Schauspieler.
3.3. Therese Giehse (*6.3.1898), deutsche Schauspielerin.
3.3. Otto Winzer (*3.4.1902), DDR-Politiker.
15.3. Aristoteles Onassis (*15.1.1906), griechischer Reeder.
25.3. Faisal Ibn Abd al-Asis Ibn Saud (*1906), König von Saudi-Arabien.
30.3. Peter Bamm (*20.10.1897), deutscher Schriftsteller.

1975

Kunst, Literatur und Musik

1975 Mit dem Rassismus beschäftigt sich der indische Autor V. S. Naipaul in seinem Roman *Guerillas*.

1975 Thomas Bernhard veröffentlicht den Roman *Korrektur*.

1975 Peter Handkes Erzählung *Die Stunde der wahren Empfindung* erscheint.

1975 Peter Weiss veröffentlicht den ersten Band des dreiteiligen Romans *Die Ästhetik des Widerstands*, eines Versuchs, ein Gesamtbild der faschistischen Epoche aus der Perspektive des Antifaschismus zu entwerfen.

1975 Eine proletarische Familienchronik thematisiert der Roman *Zeit zum Aufstehen* von August Kühn.

1975 Franz Gertsch vollendet sein fotorealistisches Werk *Marina schminkt Luciano*.

1975 Bern zeigt eine große Ausstellung zu A. R. Penck.

1975 Im Solomon R. Guggenheim Museum in New York eröffnet eine große Retrospektive zum Werk des Malers und Grafikers Max Ernst.

1975 Das Werk *Guten Tag II* des DDR-Malers Wolfgang Mattheuer versteht sich als Protest gegen die Umweltzerstörung.

1975 Mit *Metaphysischer Durchgang durch ein Zebra* schafft A. R. Penck ein expressives Gemälde.

1975 Sein Werk *Unternehmen Seelöwe* stellt Anselm Kiefer in mehreren Fassungen fertig.

Theater und Film

1975 Der Kinder- und Jugendfilmregisseur Hark Bohm produziert mit *Nordsee ist Mordsee* einen Erfolgsfilm.

1975 Nach der gleichnamigen Erzählung von Heinrich Böll dreht Volker Schlöndorff seinen Film *Die verlorene Ehre der Katharina Blum*, der mit Angela Winkler und Jürgen Prochnow ein Stück bundesdeutsche Wirklichkeit offenlegt.

1975 John Huston präsentiert den Kinohit mit Sean Connery *Der Mann, der König sein wollte* nach einer Erzählung von Rudyard Kipling.

1975 Mit Ryan O'Neill, Hardy Krüger und Marisa Berenson in den Hauptrollen bringt Stanley Kubrick in *Barry Lyndon* bisher außergewöhnliche Bilder auf die Leinwand.

1975 Elizabeth Taylor, Jane Fonda und Ava Gardner brillieren in der amerikanisch-sowjetischen Coproduktion *Der blaue Vogel*, die von George Cukor inszeniert wurde.

1975 Altmeister Alfred Hitchcock taucht in seinem letzten Thriller *Familiengrab* als Registrator für Geburts- und Todesfälle auf.

1975 Der neue Film von Robert Altman, *Nashville*, wirft einen Blick auf die amerikanische Gesellschaft.

1975 *Taxi Driver*, ein Film von Martin Scorsese, zeigt Robert De Niro als frustrierten Taxifahrer, der sich in die minderjährige Iris, dargestellt von Jodie Foster, verliebt.

Gesellschaft

18.9. Patricia Hearst, die Tochter des US-Medienzaren William R. Hearst, wird wegen Bankraubes und Mitgliedschaft in der radikalen »Symbiose Liberation Army« festgenommen. Sie war 1974 entführt worden hatte sich dann aber der SLA angeschlossen.

4.10. An der Universität Hagen ist ab sofort das Fernstudium möglich.

10.10. Nach 14monatiger Trennung geben sich Elizabeth Taylor und Richard Burton in Botswana zum zweiten Mal das »Ja-Wort«.

30.10. Das Meinungsforschungsinstitut EMNID hat ermittelt, daß Jugendliche heute früher heiraten, sich mehr Selbständigkeit wünschen und gegenüber der Demokratie positiver eingestellt sind als vor 20 Jahren.

10.11. Am Obersten Gerichtshof von New Jersey wird der Antrag von Eltern einer im Koma liegenden Patientin abgelehnt, die lebenserhaltenden Geräte auszuschalten.

15.11. »Lilith« in Westberlin ist der zweite Frauenbuchladen in der Bundesrepublik. Kurz zuvor hatte in München »Lillemor's« eröffnet.

1975 Die ostdeutsche Regierung führt den Ehrentitel und die Auszeichnung »Held der DDR« ein.

1975 Abermals liegt in der DDR die Sterbe- über der Geburtenrate.

1975 Alice Schwarzer gibt ihre Streitschrift »Der kleine Unterschied und seine großen Folgen« heraus.

Geborene und Gestorbene

1.4. Lorenz Jaeger (*23.9.1892), Erzbischof von Paderborn.

5.4. Chiang Kai-shek (*31.10.1887), chinesisch-taiwanischer Politiker und Militär.

12.4. Joséphine Baker (*3.6.1906), amerikanische Tänzerin.

25.4. Jacques Duclos (*2.10.1896), französischer Politiker.

2.6. Eisaku Sato (*17.3.1901), japanischer Politiker.

18.6. Samuel Bergman (*25.12.1883), israelischer Politiker.

27.6. Robert Stolz (*25.8.1880), deutscher Komponist und Dirigent.

9.8. Dmitri Schostakowitsch (*25.9.1906), sowjetischer Komponist.

27.8. Haile Selassie I. (*23.7.1892), äthiopischer Kaiser.

1.11. Pier Paolo Pasolini (*5.3.1922), italienischer Filmregisseur.

20.11. Francisco Franco y Bahamonde (*4.12.1892), spanischer General und Politiker.

29.11. Graham Hill (*15.2.1929), britischer Autorennfahrer.

4.12. Hannah Arendt (*14.10.1906), amerikanische Soziologin.

7.12. Thornton Wilder (*17.4.1897), amerikanischer Schriftsteller.

25.12. Gaston Gallimard (*18.1.1908), französischer Verleger.

1976

Internationale Politik

12.1., USA. Vertreter der Palästinensischen Befreiungsfront (PLO) nehmen erstmals an einer Sitzung des UNO-Sicherheitsrates in New York teil.
9.2., Angola/Kuba. Mit Hilfe von kubanischen Truppen kann die marxistische MPLA den angolanischen Bürgerkrieg gegen die prowestlichen Organisationen FNLA und UNITA für sich entscheiden.
15.2., Kuba. Eine Volksabstimmung bestätigt die neue Verfassung, die das Land als eine »sozialistische Republik« bezeichnet.
19.2., Island/Großbritannien. Angesichts des »Kabljau-Krieges« bricht Island die Beziehungen zu Großbritannien ab. Am 2. Juni finden beide Staaten einen Kompromiß.
28.2., Spanien. Spanien verzichtet auf die Westsahara, die nun unter Verwaltung Marokkos und Mauretaniens steht.
8.3., Spanien Unterstützt von einem Generalstreik fordern die Basken ihre Unabhängigkeit von Spanien.
15.3., Ägypten. Ägypten kündigt den Freundschaftsvertrag mit der UdSSR.
16.3., Österreich. Bundeskanzler Bruno Kreisky erklärt in Kuwait, daß Österreich die Palästinensische Befreiungsorganisation (PLO) als einzige Vertreterin der Palästinenser anerkennen will.
24.3., Argentinien. Das Militär stürzt die Präsidentin Isabel Perón und verschärft unter Generals Jorge Rafael Videla den Terror gegen linke Gruppen.
25.3., Singapur. Nach 100 Jahren verlassen die letzten britischen Soldaten die ehemalige Kolonie.
4.4., Kambodscha. Prinz Norodom Sihanuk wird vom Führer der radikalen kommunistischen Roten Khmer, Khieu Samphan, als Staatsoberhaupt abgelöst. Pol Pot übernimmt das Amt des Ministerpräsidenten.
5.4., Großbritannien. James Callaghan von der Labour Party wird neuer britischer Premierminister.
7.4., China. Ministerpräsident Deng Xiaoping tritt zugunsten von Hua Guofeng zurück.
15.4., Indien/China. Indien nimmt nach Regelung von Grenzkonflikten die Beziehungen zu China wieder auf.

Deutsche Politik

1.1. In seiner Neujahrsansprache entwirft Bundeskanzler Helmut Schmidt ein optimistisches Bild für die wirtschaftliche Entwicklung der Bundesrepublik. ▷Chronik Zitat

Optimistische Perspektive
Chronik Zitat

»Unsere gemeinsame Zuversicht für 1976 gründet sich darauf, daß es uns 1975 gelungen ist, die wichtigsten Industrieländer erfolgreich auf das gemeinsame Ziel der Sicherung der Beschäftigung zu ortientieren.«
Bundeskanzler Helmut Schmidt

15.1. Mit mindestens einer SPD- oder FDP-Stimme wird der CDU-Politiker Ernst Albrecht (CDU) vom niedersächsischen Landtag zum Ministerpräsidenten gewählt.
12.2. Der Deutsche Bundestag beschließt die Indikationsregelung für den Schwangerschaftsabbruch.
18.2. Am Kontrollpunkt Herleshausen treffen die letzten 25 von insgesamt 55 politischen Häftlingen aus der DDR in der Bundesrepublik ein. Für den Freikauf hat Bonn 610 Mio. DM gezahlt.
12.3. Der Deutsche Bundesrat verabschiedet einstimmig die polnisch-deutschen Verträge. Die Bundesrepublik gewährt Polen einen zinsgünstigen Milliarden-Kredit und zahlt pauschal 1,3 Mrd. zur Abgleichung von Rentenansprüchen aus dem Zweiten Weltkrieg. 125 000 deutschstämmige Polen dürfen in den Westen ausreisen.
15.3. Hohe Politiker der BRD boykottieren die Leipziger Messe, nachdem westlichen Rundfunkjournalisten die Berichterstattung untersagt wurde.
9.5. Ulrike Meinhof, die Mitbegründerin der Baader-Meinhof-Gruppe, nimmt sich in ihrer Zelle in Stuttgart-Stammheim das Leben.
27.5. Der französische Sozialistenchef, François Mitterrand, kritisiert den bundesdeutschen »Radikalenerlaß«.
4.6. In den letzten drei Wochen sind der westdeutschen Spionageabwehr 16 DDR-Spione ins Netz gegangen.

Wirtschaft und Wissenschaft

21.1., Luftfahrt. Überschallflugzeuge vom Typ »Concorde« nehmen zwischen London und Bahrain bzw. Paris und Rio de Janeiro den Dienst auf.
1.4., Physik. Mit dem Beschleuniger UNILAC am GSI in Darmstadt gelingt erstmals die Beschleunigung eines schweren Ions (U-238) auf 6,7 MeV.
7.4., Technik. 807 Mehrzweck-Flugzeuge der deutsch-französisch-italienische Gemeinschaftsproduktion »Tornado« sollen den veralteten »Starfighter« F-104 G ablösen.
7.4., Technik. Die 12 500 t schwere Oberkasseler Rheinbrücke in Düsseldorf wird hydraulisch um 47,50 m verschoben.
21.4., Technik. Bei Bergheim wird im Braunkohle-Tageabbau der größte Schaufelradbagger der Welt in Betrieb genommen.
23.4., Wirtschaft. Das Wolfsburger Volkswagenwerk beschließt, mit einem Kostenaufwand von rund 500 Mio. DM in den USA ein Werk für die Produktion des VW-Golf zu errichten.
10.7., Chemie. Im norditalienischen Seveso ereignet sich ein schwerer Giftgasunfall, als aus einer Fabrik eine Dioxin-Wolke entweicht. Die erst nach zehn Tagen informierte Bevölkerung ist schwer vergiftet.

Religion in Westdeutschland
Chronik Statistik

Katholische Christen	27 060 800
Evangelische Christen	29 696 500
Sonstige Christen	659 600
Juden	31 700
andere/ohne Konfession	3 201 800

18.7., Technik. Vier Wochen nach seine Fertigstellung bricht der Elbeseitenkanal bei Lüneburg.
20.7., Raumfahrt. Die amerikanische Sonde »Viking I« funkt nach ihrer Mars-Landung Bilder vom »roten Planeten« zur Erde.
18.8., Raumfahrt. Nach ihrer Landung auf dem Mond sammelt die sowjetische Sonde »Luna 24« Bodenproben ein und kehrt zur Erde zurück.

1976

Kunst, Literatur und Musik

14.1. Das Wuppertaler Landgericht verurteilt die Stadtverwaltung zur Zahlung von 180 000 DM Schadensersatz, da ein Kunstobjekt von Joseph Beuys vom SPD-Ortsverein versehentlich zum Bierkühlen zweckentfremdet wurde.
31.1. 119 Bilder von Pablo Picasso werden aus dem Papstpalast in Avignon geraubt.
29.3. Bei der Demonstration von CDU/CSU-Politikern in Bonn gegen eine Ausstellung des deutschen Aktionskünstlers Klaus Staeck werden einige der umstrittenen Polit-Plakate des Grafikers werden zerstört.
26.4. Wegen des Vorwurfs der Nazi-Propaganda wird der Popsänger David Bowie in Moskau kurzzeitig verhaftet.
28.5. Die Mitglieder der amerikanischen Musikgruppe Allman Brothers trennen sich.
31.5. In Leningrad schließt die Polizei eine Ausstellung nonkonformistischer Kunst und verhaftet die Künstler.
12.6. Am Londoner Covent Garden Opera House feiert die Oper *Wir erreichen den Fluß* von Edward Bond und Hans Werner Henze ihre Uraufführung.
16.6. In Basel beginnt die Internationale Kunstmesse »Art 76«.
16.6. Das Schweizer Nationalmuseum in Basel präsentiert mit 90 Werken die bislang größte Picasso-Ausstellung.
20.6. Mit dem Rekordergebnis von insgesamt 300 000 Besuchern schließt nach zehn Wochen in Westberlin die Nofretete-Ausstellung.
24.7. Auf den Bayreuther Wagner-Festspielen präsentiert Patrice Chéreau eine aufsehenerregende Inszenierung des *Rings des Nibelungen*.
26.7. UA: *Die Versuchung*, Oper mit elektronischen Klängen von Josef Tal, im Münchner Nationaltheater.
19.9. Der schweizerische Schriftsteller Max Frisch erhält den Friedenspreis des Börsenvereins des Deutschen Buchhandels.
19.10. Die Ausstellung »Kurfürst Max Emanuel – Bayern und Europa um 1700«, die in München ihre Tore schließt, haben 275 000 Menschen besucht.
17.12. UA: *Kabale und Liebe*, Oper von Gottfried von Einem, in Wien.

Theater und Film

21.1. UA: *Schwärmer*, Theaterstück von Frank Geerk als erster Teil seiner 68er-Trilogie, in Basel.
23.2. In Stuttgart werden Kopien des Films *Die 120 Tage von Sodom* von Pier Paolo Pasolini wegen der »Darstellung gewalttätiger Pornographie« von der Polizei beschlagnahmt.
2.3. Der italienische Dramatiker Dario Fo nimmt mit seiner Komödie *Mama hat den besten Shit* die Antihaschisch-Bewegung in Europa auf die Schippe. Der Autor inszeniert selbst die Uraufführung in Mailand.
2.3. Mit Erlaubnis von Diktator Ferdinand Marcos beginnt Francis Ford Coppola auf den Philippinen mit der Produktion der Schlachtszenen zu seinem Film *Apocalypse Now*.
11.3. UA: *Der Untergang des Egoisten Fatzer*, Stück von Bertolt Brecht, an der Schaubühne am Halleschen Ufer.
8.4. Mit dem Polit-Thriller *Die Unbestechlichen* gelingt dem Regisseur Alan J. Pakula eine filmische Aufbereitung des »Watergate-Skandals«. Robert Redford und Dustin Hoffman brillieren in den Rollen der »Washington-Post«-Reporter.
29.5. UA: *Tinka*, Schauspiel von Volker Braun, in Karl-Marx-Stadt.
29.5. UA: *Sonntagskinder*, Stück von Gerlind Reinshagen, in Stuttgart. Erzählt wird die Geschichte eines im Zweiten Weltkrieg heranwachsenden Mädchens.
30.5. Das Stück *Die Bauern* von Heiner Müller, das unter der Regie von Fritz Marquardt an der Ostberliner Volksbühne uraufgeführt wird, führt in die DDR der 50er Jahre.
8.6. UA: *Die Berühmten*, Stück des österreichischen Dramatikers Thomas Bernhard, in Wien.
4.7. Anläßlich der 200-Jahr-Feier der USA präsentiert The San Francisco Mime Troop im Dolores Park das Drama *False Promises*, das die Versprechungen der Unabhängigkeitserklärung als leere Hülsen entlarvt.
1.9. UA: *Minetti*, Stück von Thomas Bernhard, in Stuttgart.
5.10. In Potsdam wird ein Filmmuseum eingerichtet, in dem sich auch das Filmarchiv der DDR befindet.

Gesellschaft

1.1. In der Bundesrepublik gilt die Anschnallpflicht mit Sicherheitsgurten in Pkw und Kleinlastern bis 2,8 t.
9.1. Bei einem Explosionsunglück auf der Hamburger Werft Blohm und Voss kommen 26 Menschen ums Leben. Das Unglück löst eine Diskussion um Sicherheitsstandards aus.
15.1. In einer »Erklärung zu einigen Fragen der Sexualethik« bezieht der Vatikan zu wichtigen Fragen der Gesellschaft Stellung. ▷ Chronik Zitat

Schutz der Liebe
Chronik Zitat

»Die Erfahrung lehrt, daß die Liebe durch die Festigkeit der Ehe geschützt werden muß, damit die geschlechtliche Vereinigung in Wahrheit den Forderungen ihrer eigenen Finalität und der menschlichen Würde wirklich entsprechen kann.«
Erklärung des Vatikan

17.1. Das 2. Russell-Tribunal in Rom erhebt Anklage gegenüber südamerikanischen Diktaturen wegen Menschenrechtsverletzungen.
9.2. In Hannover sterben vier Patienten während einer Therapie in einer Überdruckkammer.
28.3. Nach Berechnungen des Population Reference Bureau der USA leben auf der Erde mehr als vier Milliarden Menschen.
1.4. Der ausgesprochen nüchtern-funktionale Neubau des Bundeskanzleramts hat etwa 106 Mio. DM gekostet.
5.4. Der 70jährige amerikanische Industrielle, Flugzeugkonstrukteur und Filmproduzent Howard Hughes stirbt während eines Fluges von Acapulco nach Houston an Herzversagen.
14.4. Der Friedensnobelpreisträger und Kernphysiker Andrei D. Sacharow und seine Frau Jelena Bonner werden in Omsk als Dissidenten verhaftet.
22.4. Der schwedische Filmregisseur Ingmar Bergman und die Schriftstellerin Astrid Lindgren protestieren gegen die hohen Steuersätze in ihrem Land. Bergman siedelt in die BRD um..

1976

Internationale Politik

1.6., Syrien/Libanon. Syrische Truppen fallen im Libanon ein, wo der Bürgerkrieg der religiös-ethnischen Gruppen tobt.

16.6., Südafrika. In der Schwarzensiedlung Soweto geht die südafrikanische Polizei mit großer Brutalität gegen jugendliche Demonstranten vor. Sechs von ihnen sterben.

12.7., Belgien. Die EG-Staaten vereinbaren in Brüssel die künftige Direktwahl des Europaparlamentes durch die Einwohner der Mitgliedsstaaten.

21.7., Irland. In Dublin kommt der britische Botschafter Christopher Ewart-Biggs bei einem Sprengstoffattentat der IRA ums Leben.

23.7., Portugal. Mario Soares wird als Ministerpräsident eines sozialistischen Minderheitskabinetts vereidigt.

28.7., Großbritannien. Großbritannien beendet die diplomatischen Beziehungen zu Uganda, das vom Diktator Idi Amin Dada regiert wird.

19.8., Sri Lanka. Auf ihrer Konferenz in Colombo fordern die blockfreien Staaten Ölembargos gegen Israel und Südafrika.

26.8., Niederlande. In Zusammenhang mit der Lockheed-Affäre legt Prinz Bernhard der Niederlande alle öffentlichen Ämter nieder.

1.9., Griechenland/Türkei. Griechische Marineeinheiten laufen in die Ägäis aus, um türkische Ölsucher an ihrer Arbeit zu hindern.

19.9., Schweden. Die bürgerlichen Parteien gewinnen die Parlamentswahlen. Thorbjörn Fälldin löst Olof Palme als Ministerpräsident ab.

6.10., Thailand. Ein Militärputsch beendet die dreijährige parlamentarische Demokratie. Thanin Kraivichian wird Ministerpräsident der Militärjunta.

7.10., China. Nach dem Tod von Mao Tse-tung am 9. September tritt Hua Guofeng die Nachfolge als Parteivorsitzender an.

26.10., Südafrika. Südafrika ruft für das »Homeland« Transkei die Unabhängigkeit aus, die von der UNO nicht anerkannt wird.

15.11., USA. Die amerikanische Bevölkerung wählt den Demokraten Jimmy Carter zum 39. Präsidenten.

Deutsche Politik

13.7. Anläßlich der 200-Jahr-Feier der USA reist Bundeskanzler Helmut Schmidt zu einem mehrtägigen Besuch in die Vereinigten Staaten.

17.7. Bundeskanzler Helmut Schmidt erklärt gegenüber der amerikanischen Presse, daß im Falle einer kommunistischen Regierungsbeteiligung in Italien keine Kredithilfe westlicher Staaten zu erwarten sei.

24.7. Der frühere Bundeswirtschaftsminister Karl Schiller wird von der saudi-arabischen Regierung zum Sonderberater für Währungsfragen ernannt.

13.8. DDR-Grenzsoldaten verweigern eine geplante Sternfahrt der Jungen Union nach Berlin.

18.8. Das »Anti-Terror-Gesetz« (§ 129a StGB) tritt in der BRD in Kraft.

1.10. Der Terrorist Rolf Pohle wird von Griechenland an die BRD ausgeliefert.

3.10. Nach der Bundestagswahl, bei der die CDU/CSU 48,6% der Stimmen auf sich vereinigen kann, hat der Kanzler der sozialliberalen Koalition, Helmut Schmidt, im Bundestag nur noch eine Mehrheit von zehn Sitzen.

29.10. SED-Generalsekretär Erich Honecker übernimmt zusätzlich das Amt des Staatsratsvorsitzenden.

8.11. Zwei führende Generale der Bundeswehr werden entlassen, da sie die Teilnahme des rechtsradikalen Hans-Ulrich Rudel bei einer Veranstaltung gerechtfertigt hatten.

16.11. Während einer Tournee durch die Bundesrepublik entziehen die Ostberliner Behörden dem regimekritischen DDR-Liedermacher Wolf Biermann die Staatsbürgerschaft und verweigern seine Rückkehr in die DDR.

19.11. Die CSU-Landesgruppe beschließt die Auflösung der seit 27 Jahren bestehenden Fraktionsgemeinschaft mit der CDU. Die Krise zwischen den Schwesterparteien dauert bis zum 12. Dezember an.

22.11. Der SPD-Bundesvorstand wählt den bisherigen Bundesminister für wirtschaftliche Zusammenarbeit, Egon Bahr, zum Geschäftsführer der Partei.

26.11. Der SPD-Vorsitzende Willy Brandt wird in Genf zum Vorsitzenden der Sozialistischen Internationale gewählt.

Wirtschaft und Wissenschaft

6.8., Medizin. Nach Angaben des US-Gesundheitsamtes sind in Philadelphia im US-Bundesstaat Pennsylvania 28 Menschen an der bislang unbekannten »Legionärskrankheit« verstorben.

6.9., Technik. Nach der Landung eines sowjetischen Piloten mit seiner MiG 25 in Nordjapan haben amerikanische Militärs erstmals Gelegenheit, den hochmodernen Kampfjet zu untersuchen. Der Pilot erhält politisches Asyl in den USA.

1.10., Archäologie. Wissenschaftler restaurieren in Paris die vom Pilzbefall bedrohte, über 3200 Jahre alte Mumie des ägyptischen Pharaos Ramses II.

10.10., Technik. Der amerikanische Physik-Student Peter Philipps veröffentlicht eine 34seitige Abhandlung über den Bau einer Atombombe, womit er beweisen will, wie leicht die Konstruktion für Terroristen sei.

16.10., Raumfahrt. Nach mißglücktem Kopplungsmanöver an die Raumstation »Saljut 5« muß das sowjetische Raumschiff »Sojus 23« zur Erde zurückkehren.

17.10., Wirtschaft. Die DM wird gegenüber der belgischen und der niederländischen Währung um 2%, gegenüber den norwegischen, schwedischen und dänischen Währungen um 3 bzw. 6% aufgewertet.

19.10., Wirtschaft. Der Iran kauft sich mit 25,01%-Beteiligung beim Krupp-Konzern ein.

10.12., Nobelpreise. In Stockholm werden die Nobelpreise überreicht. Der Friedenspreis wird 1977 rückwirkend vergeben. ▷Chronik Nobelpreise

Wissenschaftler geehrt
Chronik Nobelpreise

Chemie: William N. Lipscomb (USA)
Medizin: Baruch S. Blumberg (USA) und Daniel C. Gajdusek (USA)
Physik: Burton Richter (USA) und Samuel C.C. Ting (USA)
Frieden: Betty Williams (IRL) und Mairead Corrigan (IRL)
Literatur: Saul Bellow (USA)
Wirtschaft: Milton Friedman (USA)

1976

Kunst, Literatur und Musik

1976 Der Roman *Der Kuß der Spinnenfrau* von Manuel Puig erzählt von zwei politischen Gefangenen in Argentinien.
1976 Eine Synthese von Bericht, Beschreibung, Biographie und Dichtung legt Peter Härtling mit *Hölderlin* vor.
1976 Heinar Kipphardts Roman *März* kritisiert die bestehenden Gesellschaftsmaximen der Bundesrepublik.
1976 Nach der Veröffentlichung seines Romans *Die wunderbaren Jahre* wird Reiner Kunze aus dem DDR-Schriftstellerverband ausgeschlossen.
1976 In dem Roman *Die Übernahme* von Muriel Spark bereichert sich ein Sektenführer an der moralischen Schwäche seiner Mitmenschen.
1976 Die in den USA erscheinende Familienchronik einer Sklavenfamilie, *Roots*, von Alex Haley wird noch im selben Jahr als Fernsehserie verfilmt.
1976 Die Geschichte Irlands von 1840 bis 1916 schildert Leon Uris in seinem Roman *Trinity*.
1976 Joyce Carol Oates veröffentlicht *Im Dickicht der Kindheit*.
1976 Juri V. Trifonows Erzählung *Das Haus an der Moskwa* kritisiert die Gesellschaft der UdSSR.
1976 Die Memoiren *Sechzig Jahre und kein bißchen weise* von Curd Jürgens werden ein Verkaufshit.
1976 Hans Wollschlägers wegweisende Übersetzung des *Ulysses* von James Joyce kommt auf den Markt.
1976 *Kindheitsmuster* von Christa Wolf thematisiert prägende Erlebnisse im Hitler-Staat.
1976 Die Sex Pistols führen in Großbritannien den »Punk« ein. Die Formation erhält nach zahlreichen Krawallen bei ihren Konzerten in Nordengland Auftrittsverbot.
1976 Rod Stewart veröffentlicht sein Album *A Night On The Town*.
1976 Nach dem Album *A Night At The Opera* aus dem Vorjahr festigen Queen mit *A Day At The Races* ihren Status als neue Kultband.
1976 Die Rolling Stones nehmen ihr neues Album *Black Blue* auf.
1976 In Kalifornien präsentiert der Verpackungskünstler Christo seinen 38 km langen *Running Fence*.

Theater und Film

17.11. UA: *Audienz* und *Vernissage*, zwei Einakter von Václav Havel, am Wiener Burgtheater.
Dezember Der italienische Regisseur Federico Fellini verfilmt *Casanova* mit Donald Sutherland in der Titelrolle, die Fellini tragikomisch anlegt.
1976 John Schlesingers Polit-Thriller *Der Marathon-Mann* mit Dustin Hoffman und Laurence Olivier entwickelt Spannung, Komplexität und manche brutale Actionszene.
1976 Ein riesiges Staraufgebot bietet Richard Attenborough u.a. mit Dirk Bogarde, Michael Cane und Sean Connery in seinem gigantischen Kriegsepos *Die Brücke von Arnheim*.
1976 In *Trans-America-Express* von Arthur Hiller kann Gene Wilder neben Jill Clayburgh sein komödiantisches Talent voll ausspielen.
1976 In *Monsieur Klein* von Joseph Losey stellt Alain Delon einen Kunsthändler dar, der vom Beginn der Judenverfolgung profitiert.
1976 Trotz Staraufgebot und Mammutlänge wird das zweiteilige Monumentalwerk *1900* von Bernardo Bertolucci ein Flop. Wegen seiner kommunistischen Sympathien darf der Film in den USA erst nach einer Reihe von Prozessen anlaufen.
1976 Völlig überraschend wird das Boxer-Märchen *Rocky* von John G. Avildsen mit Sylvester Stallone als Autor und Hauptdarsteller nicht nur in den USA ein voller Erfolg.
1976 Nagisa Oshimas Film *Im Reich der Sinne* thematisiert mit hemmungsloser Sexualität und Entmannung des Liebhabers die erotische Besessenheit.
1976 Unter der Regie von Wolfgang Reitherman und nach Erzählungen von Margery Sharp huschen in den USA die Mäuse *Bernard und Bianca* als *Mäusepolizei* über die Leinwand.
1976 Technisch gelungen ist der Gruselthriller *King Kong* von John Guillermin mit Jeff Bridges und Jessica Lange, der im folgenden Jahr den Oscar für Spezialeffekte erhält.
1976 Mit *Carrie – Des Satans jüngste Tochter* mit Sissy Spacek und John Travolta gelangt der Horrorspezialist Brian de Palma zu Weltruhm.

Gesellschaft

23.4. Mit einem Festakt wird in Ostberlin der »Palast der Republik« eröffnet.
18.5. Der neugegründete Zirkus Roncalli gibt seine erste aufsehenerregende Aufführung in Bonn.
19.6. König Karl XVI. Gustav von Schweden heiratet die Kaufmannstochter Silvia Renate Sommerlath aus Heidelberg in Stockholm.

Deutsche Meister

Chronik Sport

Leichtathletik:
100 m:
Dieter Steinmann	10,36 sec

110 m Hürden:
Rolf Ziegler	14,08 sec

Hochsprung:
Walter Boller	2,18 m

Dreisprung:
Wolfgang Kolmsee	16,31 m

Speerwurf:
Michael Wessing	81,90 m

4.7. Eine israelische Spezialeinheit befreit im ugandischen Entebbe ein von deutschen und irakischen Terroristen entführtes Flugzeug mit 248 Passagieren an Bord. Bei der Aktion kommen 31 Menschen ums Leben.
4.7. In zahlreichen Festveranstaltungen begehen die USA das 200jährige Jubiläum ihrer Unabhängigkeit.
13.7. In Bangladesch stehen nach sintflutartigen Regenfällen rund 35 000 km^2 Land unter Wasser.
19.7. In Nizza erbeuten Bankräuber Wertsachen in Höhe von rund 50 Mio. Francs (29 Mio. DM).
27.7. Bei einem verheerenden Erdbeben im nordostchinesischen Tangschan kommen 650 000 Menschen ums Leben, mehr Opfer, als jemand bei einem Erdbeben gezählt wurden.
4.8. In der BRD wurden im ersten Halbjahr 97 Drogentote gezählt.
15.10. Der DDR-Tanker »Bohlen« gerät im Ärmelkanal in Seenot und sinkt mit 23 Mann Besatzung.
1.11. In Westberlin bietet das erste »Frauenhaus« mißhandelten Frauen Zuflucht.

1976

Internationale Politik	Deutsche Politik	Wirtschaft und Wissenschaft
15.12., Spanien. Über 94% der Spanier sprechen sich in einem Volksentscheid für den Demokratisierungskurs von König Juan Carlos I. aus. **17.12., Katar.** Bei Verhandlungen in Doha beschließt die Organisation Erdölexportierenden Länder (OPEC) eine zehnprozentige Preiserhöhung zu Januar 1977.	**14.12.** Auf seiner konstituierenden Sitzung wählt der Deutsche Bundestag mit großer Mehrheit den CDU/CSU-Fraktionsvorsitzenden Karl Carstens zum neuen Parlamentspräsidenten. **15.12.** Mit 250 gegen 243 Stimmen bei einer Enthaltung und einer ungültigen Stimme wird Bundeskanzler Helmut Schmidt in seinem Amt bestätigt.	**1976, Medizin.** Peter Kiefhaber produziert ein Lasergerät, mit dem innere Blutungen ohne operativen Eingriff gestoppt werden können. **1976, Technik.** Banken und Sparkassen installieren erste Geldautomaten. **1976, Wirtschaft.** Durch die zunehmende Automation werden immer mehr Arbeitsplätze überflüssig.

1976 Geborene und Gestorbene

Gestorben:
8.1. Chou En-lai (*1898), chinesischer Politiker.
12.1. Agatha Christie (*15.9.1890), britische Schriftstellerin.
18.1. Friedrich Hollaender (*18.10.1896), deutscher Komponist.
30.1. Arnold Gehlen (*29.1.1904), deutscher Philosoph und Soziologe.

1.2. Werner Heisenberg (*5.12.1901), deutscher Physiker.
12.2. Lee J. Cobb (*9.12.1911), amerikanischer Filmschauspieler.
17.3. Luchino Visconti (*2.11.1906), italienischer Filmregisseur.
1.4. Max Ernst (*2.4.1891), deutsch-französischer Maler.
5.4. Howard Hughes (*24.12.1905), amerikanischer Unternehmer.

25.4. Carol Reed (*30.12.1906), britischer Filmregisseur.
28.4. Eugen Roth (*24.1.1895), deutscher Schriftsteller.
9.5. Ulrike Meinhof (*7.10.1934), deutsche Journalistin.
11.5. Alvar Aalto (*3.2.1898), finnischer Architekt.
26.5. Martin Heidegger (*26.8.1889), deutscher Philosoph.

1977

Internationale Politik	Deutsche Politik	Wirtschaft und Wissenschaft
1.1., ČSSR. 242 Bürgerrechtler und Regimekritiker unterzeichnen die »Charta 77« gegen Menschenrechtsverletzungen in ihrer Heimat. **11.1., Frankreich.** Weltweite Proteste löst die Freilassung des Palästinenserführers Abu Daud durch die französischen Behörden aus, da er als mutmaßlicher Drahtzieher des Anschlags auf die israelische Olympiamannschaft 1972 in München gilt. **27.1., Österreich.** Der Verfassungsausschuß des Nationalrates beschließt das Volksanwaltschaftsgesetz, das »Ombudsmänner« einsetzen will. **28.1., Kambodscha.** Kambodschanische Soldaten dringen nach Thailand ein und terrorisieren die Bevölkerung. **13.2., Zypern.** Vertreter des griechischen und des türkischen Teils nehmen Verhandlungen über territoriale Fragen auf der geteilten Insel auf.	**14.1.** Bundespräsident Walter Scheel spricht sich auf dem Neujahrsempfang des Diplomatischen Korps in Bonn u.a. für eine verstärkte wirtschaftliche Zusammenarbeit zwischen den Industriestaaten und der Dritten Welt aus. **20.1.** Der Vorsitzende Richter im Stammheim-Prozeß gegen die Baader-Meinhof-Gruppe, Theodor Prinzing, wird wegen Befangenheit durch Eberhard Foth ersetzt. **2.2.** Das Bundeskabinett beschließt auf Vorschlag von Bundesbildungsminister Helmut Rohde (SPD) eine 16%ige Erhöhung des BAföG zum 1. April. 38% aller bundesdeutschen Hochschüler erhielten 1976 die monatlichen Zuschüsse des Staates. **8.2.** Bundesaußenminister Hans-Dietrich Genscher trifft auf einer Nahostreise zur Friedensvermittlung in Syrien ein.	**7.1., Physik.** In Genf wird ein neuer Teilchenbeschleuniger in Betrieb genommen, der in seiner Leistungsfähigkeit weltweit einzigartig ist. **25.1., Physik.** In den französischen Pyrenäen bei Odeillo geht das erste Sonnenkraftwerk der Welt ans Netz. **4.2., Wirtschaft.** Bundeskanzler Helmut Schmidt und Frankreichs Staatspräsident Valéry Giscard d'Estaing sprechen sich in Paris für die rasche Schaffung einer europäischen Wirtschafts- und Währungsunion aus. **10.3., Raumfahrt.** Der indonesische Fernmeldesatellit »Palapa 2« wird zur Kommunikationsverbesserung zwischen den 3000 Inseln Indonesiens ins All befördert. **23.4., Technik.** Paul »Red« Adair aus den USA löscht einen Brand auf der Nordsee-Bohrinsel »Bravo« – angeblich für 14 Mio. DM Honorar.

1976

Kunst, Literatur und Musik	Theater und Film	Gesellschaft
1976 Zu den beliebtesten Popgruppen in der Bundesrepublik zählen Abba, Pussycat, Santana, Smokie, die Bay City Rollers und die Beatles. **1976** Die Ohrwürmer der Saison sind u.a. *Schmidtchen Schleicher* von Nico Haak, *Fernando* von Abba, *Sailing* von Rod Stewart und *Ein Bett im Kornfeld* von Jürgen Drews.	**1976** Eric Rohmer folgt in dem Literaturfilm *Die Marquise von O...* der Kleistschen Vorlage möglichst eng. Edith Clever in der Rolle der unwissend-wissenden Marquise und Bruno Ganz als russischer Beelzebub brillieren in dem Film, der mit dem Bundesfilmpreis für Film, Ausstattung und Darsteller ausgezeichnet wird.	**18.11.** Die 22jährige Cindy Breakspeare aus Jamaika wird in London zur »Miss World« gekürt. **16.12.** Zwei Tage nach seiner Entführung wird Richard Oetker gegen 21 Mio. DM Lösegeld freigelassen. **1976** Erik Ode löst als »Kommissar Keller« im Zweiten Deutschen Fernsehen seinen 97. und letzten Fall.

1976 Geborene und Gestorbene

6.6. Jean Paul Getty (*15.12.1892), amerikanischer Unternehmer.
7.6. Gustav Heinemann (*23.7.1899), deutscher Politiker.
17.6. Luise Bachmann (*20.8.1903), österreichische Schriftstellerin.
23.6. Paul Morand (*13.3.1888), französischer Schriftsteller.
24.6. Julius Kardinal Döpfner (*26.8.1913), deutscher Erzbischof.

2.8. Fritz Lang (*5.12.1890), österreichisch-amerikanischer Filmregisseur.
10.8. Karl Schmidt-Rottluff (*1.12.1884), deutscher Maler und Grafiker.
25.8. Eyvind Johnson (*29.7.1900), schwedischer Schriftsteller.
26.8. Lotte Lehmann (*27.2.1888), deutsch-amerikanische Sängerin.

9.9. Mao Tse-tung (*26.12.1893), chinesischer Politiker.
10.10. Reinold von Thadden-Trieglaff (*13.8.1891), Gründer des Deutschen Evangelischen Kirchentages.
15.11. Jean Gabin (*17.5.1904), französischer Filmschauspieler.
23.11. André Malraux (*3.11.1901), französischer Politiker und Schriftsteller.

1977

Kunst, Literatur und Musik	Theater und Film	Gesellschaft
16.1. UA: *Blaubart*, Tanzstück von Pina Bausch nach Musik von Béla Bartók, in Wuppertal. **20.2.** In Wien feiert das Musical *Das Glas Wasser* von Bernhard Eichhorn und Roland Sonder-Mahnken Weltpremiere. **25.3.** Mit über 1000 Ausstellungsstücken wird im Alten Schloß von Stuttgart die Ausstellung »Die Zeit der Staufer« eröffnet. **13.4.** Nach jahrelanger Drangsalierung durch das DDR-Regime siedelt der Lyriker Reiner Kunze mit seiner Familie in die Bundesrepublik über. **27.4.** UA: Konzert für Violine und Orchester des polnischen Komponisten Krzysztof Penderecki in Basel. **5.5.** Dem italienischen Dirigenten Claudio Abbado wird die künstlerische Leitung der Mailänder Scala übertragen.	**14.1.** UA: *Sterntaler*, Theaterstück von Franz Xaver Kroetz, in Braunschweig. **19.2.** UA: *Winterreise*, Stück von Harald Mueller, in Braunschweig. **20.2.** Die Münchener Staatsanwaltschaft beschlagnahmt Andy Warhols Film *Bad* wegen angeblicher Gewaltverherrlichung. **1.3.** Das American Film Institute zeichnet die amerikanische Schauspielerin Bette Davis mit dem Life Achievement Award für ihr Lebenswerk aus. **23.3.** UA: *Wanderlust*, Theaterstück von Otto Mühl, am Schauspielhaus Bochum. **8.5.** UA: *Agnes Bernauer*, Stück von Franz Xaver Kroetz, in der Inszenierung von Karl Kayser am Leipziger Theater. **18.5.** UA: *Trilogie des Wiedersehens*, Stück von Botho Strauß, am Deutschen Schauspielhaus in Hamburg.	**1.1.** Papst Paul VI. untersagt Abtreibungen jeder Art und fordert ein weltweites Verbot. **10.1.** Bei einem Ausbruch des Vulkans Nyiragongo in Zaire sterben über 2000 Menschen. **15.1.** Das Weltfestival für afrikanische Kultur im nigerianischen Lagos dient der Identitätssuche der schwarzafrikanischen Völker. **17.1.** Über 50 Mio. Hindus nehmen in der Nähe des indischen Allahabad am »Kumbh Mela«, dem ältesten Religionsfest der Welt teil, das alle 12 Jahre stattfindet. **27.1.** Vor dem Bezirksgericht in Tokio beginnt der Bestechungsprozeß gegen den früheren Ministerpräsidenten Kakuei Tanaka, dem vorgeworfen wird, vom US-Flugzeugkonzern Lockheed Gelder in Höhe von umgerechnet 4,2 Mio. DM angenommen zu haben.

1977

Internationale Politik

22.2., China. Die Regierung veröffentlicht ein Programm zur strengeren Familienkontrolle.
2.3., Italien. Auf einem Treffen in Madrid grenzen sich die euro-kommunistischen Parteien Spaniens, Frankreichs und Italiens gegenüber der UdSSR ab.
2.3., Libyen. Libyen proklamiert die »Arabische sozialistische Volksrepublik« mit Muammar al Gaddhafi als Staatsoberhaupt.
12.3., Chile. Diktator Augusto Pinochet Ugarte verfügt die Auflösung aller noch legalen Parteien des Landes.
20.3., Indien. Nach einer Wahlniederlage tritt Indira Gandhi als Premierministerin zugunsten von Morarji Desai von der Janatapartei zurück.
17.5., Israel. Mit Menachem Begin als neuem Premier wird die rechtsgerichtete Likud-Block nach Parlamentswahlen stärkste Fraktion in der Knesset.
31.5., Österreich. Wegen undurchsichtiger Waffengeschäfte mit Syrien erklärt der österreichische Verteidigungsminister Karl Lütgendorf seinen Rücktritt.
15.6., Spanien. Die UCD von Ministerpräsident Adolfo Suárez González gewinnt die ersten freien Wahlen seit 41 Jahren.
18.6., USA/UdSSR. Der amerikanische Präsident Jimmy Carter und Kremlchef Leonid Breschnew unterzeichnen den SALT-II-Vertrag.
27.6., Dschibuti. Frankreich entläßt Dschibuti in die Unabhängigkeit.
5.7., Pakistan. Ein Militärputsch bringt General Mohammad Ziaul Haq an die Macht.
21.7., Ägypten/Libyen. Andauernde Grenzgefechte an der ägyptisch-libyschen Grenze lösen beinahe einen Krieg aus.
23.8., Schweiz. Im Bundeshaus wird eine mit über 90 000 Unterschriften versehene Petition gegen den Bau von Atomanlagen in der Schweiz überbracht.
31.8., Rhodesien. Aus den Wahlen zum Repräsentantenhaus geht die Partei von Premierminister Ian D. Smith mit 80% der Stimmen als Siegerin hervor.

Deutsche Politik

17.2. In einem vielbeachtetem Interview mit der »Saarbrücker Zeitung« gibt DDR-Staats- und Parteichef Erich Honecker zu, daß Zehntausende in den Westen ausreisen wollen. ▷ Chronik Zitat

Keine Reisefreiheit
Chronik Zitat

»Solange die Bundesregierung Deutschland die Staatsbürgerschaft der DDR nicht anerkennt, kann von einer ›generellen Reisefreiheit‹ ins westliche Ausland überhaupt nicht die Rede sein.«
Erich Honecker, DDR-Staatschef

26.2. Der »Spiegel« enthüllt den unzulässigen »Lauschangriff« auf den Atomwissenschaftler Klaus Traube durch den bundesdeutschen Verfassungsschutz.
7.3. Nach Spannungen zwischen Kurt Biedenkopf und dem Parteivorsitzenden Helmut Kohl wird Heiner Geißler neuer Generalsekretär der CDU.
7.4. Generalbundesanwalt Siegfried Buback wird von einem Kommando der »Roten Armee Fraktion« auf offener Straße erschossen.
28.4. Im Stammheim-Prozeß gegen die Baader-Meinhof-Gruppe verhängt das Oberlandesgericht Stuttgart gegen Andreas Baader, Gudrun Ensslin und Jan-Carl Raspe lebenslängliche Haftstrafen sowie weitere 15 Jahre Gefängnis.
3.5. In Singen verhaftet die Polizei Günter Sonnenberg, der in Besitz der Waffe ist, mit der Generalbundesanwalt Siegfried Buback im April erschossen wurde.
30.7. Ein RAF-Kommando ermordet den Vorstandssprecher der Dresdner Bank, Jürgen Ponto.
30.7. Aus Protest gegen die Rechtstendenz in der SPD durch Kanzler Helmut Schmidt verläßt Jochen Steffen die Partei.
25.8. In Karlsruhe scheitert ein Anschlag der terroristischen »Rote Armee Fraktion« auf die Bundesanwaltschaft.

Wirtschaft und Wissenschaft

Mai, Verkehr. Die »Finnjet« nimmt als schnellste Autofähre der Welt den Fahrtdienst zwischen Helsinki und Travemünde auf.
1.7., Wirtschaft. Mit Inkrafttreten der europäischen Zollunion herrschen in der gesamten Wirtschaftsgemeinschaft einheitliche Außenzölle.
26.7., Wirtschaft. Mit 2,2490 DM erreicht der Dollar den niedrigsten Stand, der jemals an der Frankfurter Börse gehandelt wurde.
12.8., Raumfahrt. Die amerikanische Raumfähre »Enterprise« kann 15 t Nutzlast tragen.
17.8., Technik. Der atomgetriebene sowjetische Eisbrecher »Arktika« erreicht als erstes Überwasserschiff den geographischen Nordpol.
5.9., Raumfahrt. Die Sonde »Voyager II« wird in das All geschossen und soll zusammen mit de»Voyager I« 1986 den Planeten Uranus erreichen.
24.11., Schiffahrt. Der norwegische Ethnologe und Altertumsforscher Thor Heyerdahl bricht vom Irak aus auf dem Schilfrohrboot »Tigris« zu einer Seereise nach Indien auf. Er will beweisen, daß bereits die Sumerer den Indischen Ozean befahren konnten. 1978 erreicht er Dschibuti.
10.12., Nobelpreise. In Stockholm und Oslo werden die diesjährigen Nobelpreise feierlich überreicht. ▷ Chronik Nobelpreise
1977, Medizin. Neue Dimensionen der medizinischen Diagnose bietet die Computertomographie.

Wissenschaftler geehrt
Chronik Nobelpreise

Chemie: Ilya Prigogine (B)
Medizin: Roger Guillemin (USA), Andrew V. Schally (USA) und Rosalyn Yalow (USA)
Physik: Philip W. Anderson (USA), John H. Van Vleck (USA) und Nevill F. Mott (GB)
Frieden: Amnesty International
Literatur: Vicente Aleixandre (E)
Wirtschaft: Bertil Ohlin (S) und James Meade (GB)

1977

Kunst, Literatur und Musik

11.6. Als Träger des Petrarca-Preises inszeniert Herbert Achternbusch einen Skandal, als er die Verleihungsfeier verläßt und den Scheck zerreißt. Zuvor stritt er sich mit Peter Handke.
24.6. In Kassel eröffnet die »documenta 6«. Besondere Aufmerksamkeit erzielt die *Honigpumpe* von Joseph Beuys.
25.6. Dresden legt den Grundstein zum Wiederaufbau der Semper-Oper. Die Aufnahme von Traditionen markiert eine Wende in der DDR-Stadtplanung.
28.6. Die britische Band Sex-Pistols feiert den Geburtstag der britischen Queen auf dem Themsedampfer »Queen Elizabeth« mit einer Punk-Fete, die mit zahlreichen Verhaftungen endet.
2.7. Zur Feier des 400. Geburtstags von Peter Paul Rubens werden in Antwerpen 109 Gemälde und 64 Zeichnungen des Künstlers gezeigt.
3.7. Münster präsentiert unter dem Motto »Skulptur im öffentlichen Raum« eine Ausstellung namhafter Bildhauer.
5.7. Mit seiner Ernennung zum Stadtschreiber des Frankfurter Vorortes Bergen-Enkheim wird Peter Härtling mit dem originellsten und höchstdotiertesten Literaturpreis in der Bundesrepublik geehrt.
8.8. In Westberlin eröffnet die Staatliche Kunsthalle.
14.8. Die Berliner 15. Europäische Kunstausstellung zeigt mit »Tendenzen der zwanziger Jahre« u.a. bedeutende Expressionisten.
16.8. Im Alter von nur 42 Jahren stirbt in Memphis der Rock'n-Roll-König Elvis Presley.
16.9. Marc Bolan, Sänger der Gruppe T-Rex kommt bei einem Autounfall ums Leben.
19.9. Nach 30 Jahren löst sich die Autorenvereinigung »Gruppe 47« auf.
16.10. Mit dem Friedenspreis des Deutschen Buchhandels wird der in Oxford lebende polnische Philosoph Leszek Kolakowski ausgezeichnet.
15.11. Schwerpunktthema der diesjährigen Biennale von Venedig ist die Kunst von Dissidenten in diktatorisch regierten Ländern.

Theater und Film

5.6. UA: *Goncourt oder Die Abschaffung des Todes*, Stück von Tankred Dorst und Horst Laube, in Frankfurt am Main.
11.8. UA: *Tod eines Jägers*, Stück von Rolf Hochhuth, in Salzburg.
6.10. UA: *Die Frist*, Komödie von Friedrich Dürrenmatt, in Zürich.
11.11. Die spanische Regierung hebt die Filmzensur auf und gestattet den freien Import von Filmen.
Dezember UA: *Nur Kinder, Küche, Kirche*, Stück von Dario Fo und Franca Rame, in Mailand. Zu sehen sind einzelne Szenen, in denen Frauen typische nicht-emanzipierte Rollen einnehmen.
1977 *Der Stadtneurotiker* präsentiert Woody Allen erstmals den neurotischen Alvy Singer – eine Rolle, die viele weitere seiner Filme kennzeichnet.
1977 In dem Film *Dieses obskure Objekt der Begierde* von Luis Buñuel raubt die schöne Tänzerin Conchita dem Lebemann Mathieu den letzten Verstand.
1977 In seinem Film *Der Mann aus Marmor* rechnet der polnische Regisseur Andrzej Wajda mit dem Stalinismus ab.
1977 Überwältigende Lichteffekte prägen den Science-fiction-Film *Unheimliche Begegnung der Dritten Art* von Steven Spielberg.
1977 *Nur Samstag Nacht* (*Saturday Night Fever*) wird zum Kultfilm der Disco-Ära von John Badham mit John Travolta in der Hauptrolle.
1977 Milos Forman dreht zehn Jahre nach dem gleichnamigen Broadway-Erfolg den Hippie-Film *Hair*.
1977 *Kentucky Fried Movie* von US-Regisseur John Landis avanciert mit Donald Sutherland und Henry Gibson rasch zum Kultfilm.
1977 Jane Birkin, Peter Ustinov und Bette Davis brillieren in der Agatha-Christie-Verfilmung *Tod auf dem Nil* von John Guillermin.
1977 Jack Gold stellt den Endzeit-Film *Der Schrecken der Medusa* vor, in dem Richard Burton und Lino Ventura die Hauptrollen spielen.
1977 Terry Gilliam von den Monty Pythons führt Regie in dem Film *Jabberwocky*, der von einem menschenfressenden Monster erzählt.

Gesellschaft

1.2. In Köln erscheint die erste Ausgabe der kritischen Frauenzeitschrift »Emma«, herausgegeben von Alice Schwarzer.
März. Das französische Männermagazin »Lui« ist auch in einer deutschen Ausgabe erhältlich.
23.3. Neben dem »Guckloch« im Ruhrgebiet ist die in Westberlin erscheinende »zitty« eine der ersten Stadt-Illustrierten der Bundesrepublik.
24.3. Der amerikanische Filmregisseur Roman Polanski muß sich vor Gericht wegen sexuellen Beziehungen zu einer 13jährigen verantworten.
27.3. Beim Zusammenstoß zweier Jumbo-Jets auf Teneriffa kommen 575 Menschen ums Leben.

Deutsche Meister
Chronik Sport

Leichtathletik:

100 m:	
Elfgard Schittenhelm	11,45 sec
1500 m:	
Ellen Tittel	4:27,45
100 m Hürden:	
Uta Nolte	13,60 sec
Hochsprung:	
Ulrike Meyfarth	1,83 m
Diskuswurf:	
Liesel Westermann	59,60 m

15.4. Mehrere bayerische Baufirmen werden vom »stern« des Millionenbetrugs überführt.
20.4. Arbeiter der Elsäßer Firma Schlumpf stoßen nach dem Konkurs des Unternehmens auf ein einzigartiges Automuseum in einer Werkshalle. Die Sammlerstücke haben einen Wert von etwa 500 Mio. DM.
20.5. Der legendäre Orient-Express nimmt nach 94 Jahren seine letzte Fahrt von Paris nach Istanbul auf.
30.5. Trotz Verbots durch die Römische Kirche zelebriert Erzbischof Marcel Lefebvre in Genf eine lateinische Messe und spendet das Sakrament der Firmung.
2.6. Die Pockenschutz-Impfung ist in der BRD nicht mehr Pflicht.

1977

Internationale Politik

7.9., USA/Panama. Die USA und Panama einigen sich auf die Übergabe der Panama-Kanalzone für das Jahr 2000.
12.9., Südafrika. Der schwarze Studentenführer Steve Biko erliegt den Folgen staatlicher Folter.
4.10., Jugoslawien. In Belgrad findet das Folgetreffen der KSZE statt.
29.10., Polen. Erstmals seit 20 Jahren trifft sich die Staatsspitze mit dem Oberhaupt der Katholischen Kirche.
4.11., USA/Südafrika. Der UNO-Sicherheitsrat in New York verkündet ein Waffenembargo gegen das Apartheidsregime in Südafrika.
19.11., Ägypten/Israel. Mit dem Besuch des ägyptischen Staatschefs Muhammad Anwar As Sadat in Israel wird ein dauerhafter Frieden zwischen den beiden Ländern vorbereitet.
4.12., Zentralafrikanische Republik. In einer pompösen Zeremonie läßt sich Diktator Bokassa (I.) zum Kaiser krönen.
31.12., Spanien. Das Baskenland erhält die »vorläufige Autonomie«.
1977, Schweiz. Aus der »Liberal-Demokratischen Union« geht die »Liberale Partei der Schweiz« mit antizentralistischer Orientierung hervor.

Deutsche Politik

5.9. In Köln entführen Angehörige der RAF den Arbeitgeberpräsidenten Hanns Martin Schleyer. Die Terroristen verlangen die Freilassung ihrer inhaftierten Mitglieder. Die Bundesregierung lehnt ab. Am 19. Oktober wird die Leiche Schleyers gefunden.
18.10. Im somalischen Mogadischu befreit die deutsche Spezialeinheit »GSG 9« Geiseln aus einer von arabischen Terroristen entführten Lufthansamaschine.
18.10. Im Stuttgarter Gefängnis Stammheim nehmen sich die mutmaßlichen RAF-Terroristen Andreas Baader, Jan-Carl Raspe und Gudrun Ensslin das Leben.
9.12. In Bonn konstituiert sich die »Nord-Süd-Kommission«, deren Vorsitzender SPD-Chef Willy Brandt ist.
15.12. Das Kanzleramt in Bonn gibt die Einrichtung eines ständigen »Krisenzentrums« bekannt, womit der Regierung in Krisensituationen ein eingespielter Stab von Spezialisten zur Verfügung stehen soll.
27.12. Bundeskanzler Helmut Schmidt trifft in Kairo zu einem Staatsbesuch ein, bei dem ihn Präsident Anwar As Sadat über den Stand der Friedensverhandlungen mit Israel informiert.

Wirtschaft und Wissenschaft

1977, Technik. Im amerikanischen New Mexico entsteht das erste Sonnenkraftwerk auf Solar-Tower-Basis.
1977, Physik. In den USA wird die erste von Laserstrahlen ausgelöste Kernfusion in einer 1973 eigens dafür gebauten Großanlage beobachtet.
1977, Medizin. In den USA gelingt die künstliche Herstellung von Insulin durch genmanipulierte Bakterien.

Westdeutsche Bevölkerung
Chronik Statistik

Ledige	24 088 500
Männliche Ledige	12 703 200
Weibliche Ledige	11 385 300
Verheiratete	30 281 700
Verwitwete/Geschiedene	6 982 400
Weibliche	5 583 800
Männliche	1 398 600

1977, Technik. In Kiel wird der Bau von zwei Flüssiggas-Tankschiffen (LNG-Carrier) für jeweils 125 000 Kubikmeter aufgenommen.
1977, Technik. Zeiss kann die Technik des Rasterelektronenmikroskops verbessern.

1977 Geborene und Gestorbene

Gestorben:
2.1. Errol Garner (*15.6.1923), amerikanischer Jazzmusiker.
14.1. Anaïs Nin (*21.2.1903), amerikanische Schriftstellerin.
14.1. Robert Anthony Eden (*12.6.1897), britischer Politiker.
18.1. Carl Zuckmayer (27.12.1896), deutscher Schriftsteller und Dramatiker.
19.1. Knut Freiherr von Kühlmann-Stumm (*17.10.1916), deutscher Politiker.
9.2. Sergei W. Iljuschin (*30.3.1894), sowjetischer Flugzeugkonstrukteur.
19.2. Anthony Raven Crosland (*29.8.1918), britischer Politiker.
16.3. Kamal Dschumblat (*1919), libanesischer Politiker.
24.3. Conrad Felixmüller (*21.5.1897), deutscher Grafiker.
27.3. Gustav Schickedanz (*1.1.1895), deutscher Unternehmer.
7.4. Siegfried Buback (*3.1.1920), deutscher Jurist.
11.4. Jacques Prévert (*4.2.1900), französischer Schriftsteller.
26.4. Sepp Herberger (*28.3.1897), deutscher Fußballtrainer.
5.5. Ludwig Erhard (*4.2.1897), deutscher Politiker.
10.5. Joan Crawford (*23.3.1908), amerikanische Schauspielerin.
1.6. Carl-Heinrich Hagenbeck (*2.4.1911), deutscher Zoologe.
2.6. Stephen Boyd (*4.7.1928), amerikanischer Schauspieler.
3.6. Roberto Rossellini (*8.5.1906), italienischer Filmregisseur.
16.6. Wernher Freiherr von Braun (*23.3.1912), deutsch-amerikanischer Physiker und Raketeningenieur.
2.7. Vladimir Nabokow (*23.4.1899), amerikanischer Schriftsteller.
20.7. Friedrich Georg Jünger (*1.9.1898), deutscher Schriftsteller.

1977

Kunst, Literatur und Musik	Theater und Film	Gesellschaft
23.11. Auf einem Dachboden in Wien werden mehrere Teile des 1530 von Tizian gemalten Werkes *Ermordung des Bischofs Petrus von Maty* entdeckt. **1977** *Die gerettete Zunge* heißt der erste Band der Autobiographie von Elias Canetti. **1977** Günter Grass gibt den Roman *Der Butt* heraus, der in Episoden die gewalttätige Geschichte der Menschheit nacherzählt. **1977** *Das Gewicht der Welt* ist der bisher radikalste Versuch des österreichischen Schriftstellers Peter Handke, beobachtend zu schreiben. **1977** Günter Wallraff gibt sein Buch *Der Aufmacher. Der Mann, der bei »Bild« Hans Esser war* heraus. Der Autor verarbeitet seine Erfahrungen, die er inkognito bei der »Bild«-Redaktion in Hannover gemacht hat. **1977** Sigmar Polke malt *Teils Diesseits/Teils Jenseits*. **1977** Zur »documenta 6« in Kassel stellt Richard Serra seine Plastik *Terminal* auf. **1977** Zu den beliebtesten Hits des Jahres zählen *Ma Baker* von Boney M., *Living next door to Alice* von Smokie, Bonnie Tyler mit *Lost in France* und *Yes Sir, I can boogie* von Baccara.	**1977** Wim Wenders verfilmt mit Dennis Hopper und Bruno Ganz den hintergründigen Patricia-Highsmith-Roman *Ein amerikanischer Freund*. **1977** Das Leben im faschistischen Italien des Jahres 1938 schildert Ettore Scola in *Ein besonderer Tag*, in dem Marcello Mastroianni und Sophia Loren die Hauptrollen spielen. Der Film bekommt bei den Filmfestspielen in Cannes den Spezialpreis der Jury. **1977** Einen unheimlichen Thriller mit mystischen Akzenten präsentiert der australische Regisseur Peter Weir mit *Die letzte Flut*. **1977** Liza Minelli und Robert De Niro brillieren in dem Nachkriegs-Melodram *New York, New York* von Martin Scorsese. **1977** Mit beispiellosem Trickaufwand erreicht der US-Regisseur George Lucas mit dem Science-fiction-Märchen *Star Wars* ein neues Niveau. **1977** Der Film *Aus einem deutsche Leben* von Theodor Kotulla mit Götz George in der Rolle des Auschwitz-Kommandanten Rudolf Höß vermittelt die Banalität des Bösen in erschreckender Deutlichkeit. **1977** Hildegard Knef und William Holden brillieren in Billy Wilders *Fedora*.	**1.7.** In der Bundesrepublik tritt das neue Scheidungsrecht nach dem »Zerrüttungsprinzip« in Kraft. **13.7.** Plünderer nutzen einen totalen Stromausfall in New York, den ein gewaltiger Blitzschlag auslöste. **21.9.** Die DDR hebt Einfuhrbeschränkungen von Genußmitteln für Besucher aus dem Westen auf. **22.11.** Bei einer Flutkatastrophe in Indien kommen 20 000 Menschen ums Leben. **1977** In Großbritannien verbreitet sich die »Punk«-Kultur, deren Markenzeichen der Protest ist. **1977** Der »Hite-Report« zum »sexuellen Erleben der Frau« kommt in der Bundesrepublik in die Buchläden. **1977** 380 Menschen in Westdeutschland sterben durch Rauschgift. Etwa 25 000 Bundesdeutsche sind abhängig. **1977** In Europa setzt sich die »Nouvelle cuisine« durch. Zu den Grundprinzipien dieser Küche zählt u.a., frisches Gemüse nur kurz zu garen, um Geschmack und Nährstoffe zu bewahren. **1977** Insbesondere junge Leute finden in der Bundesrepublik zunehmend Geschmack an kräftiger Vollwertkost. Das Körnerfrühstück verdrängt Brötchen und Wurst.

1977 Geborene und Gestorbene

21.7. Henry Vahl (*27.10.1897), deutscher Schauspieler.
30.7. Jürgen Ponto (*17.12.1923), deutscher Bankier.
3.8. Makarios III. (*13.8.1913), griechisch-orthodoxer Theologe.
4.8. Ernst Bloch (*8.7.1885), deutscher Philosoph.
7.8. Paul Chaudet (*17.11.1904), schweizerischer Politiker.
16.8. Elvis Presley (*8.1.1935), amerikanischer Rockmusiker.
19.8. Groucho Marx (*2.10.1895), amerikanischer Filmkomiker.
28.8. Peter Altmeier (*12.8.1899), deutscher Politiker.

12.9. Robert Lowell (*1.3.1917), amerikanischer Lyriker.
16.9. Maria Callas (*2.12.1923), griechisch-italienische Sängerin.
9.10. Peter Mosbacher (*17.2.1914), deutscher Schauspieler.
14.10. Bing Crosby (*2.5.1904), amerikanischer Sänger und Schauspieler.
18.10. Hanns-Martin Schleyer (*1.5.1915), deutscher Arbeitgeberpräsident.
23.10. Ludwig Rosenberg (*29.6.1903), deutscher Gewerkschaftsführer.

26.10. Elisabeth Flickenschildt (*16.3.1905), deutsche Schauspielerin.
2.11. Hans Erich Nossack (*30.1.1901), deutscher Schriftsteller.
6.11. Jean Blanzat (*6.1.1908), französischer Schriftsteller.
18.11. Wilhelm Dröscher (*7.10.1920), deutscher Politiker.
22.12. Frank Thieß (*13.3.1890), deutscher Schriftsteller.
25.12. Charlie Chaplin (*16.4.1889), britischer Schauspieler.
26.12. Howard Hawks (*30.5.1896), amerikanischer Filmregisseur.

1978

Internationale Politik

4.1., Chile. Nach einer Volksbefragung kündigt Diktator Augusto Pinochet Ugarte an, daß es innerhalb der nächsten zehn Jahre keine Wahlen geben werde.

28.1., ČSSR. Der Bürgerrechtler und Mitinitiator der »Charta 77«, Václav Havel, wird festgenommen und im März nur unter strengen Auflagen wieder freigelassen.

9.2., Somalia. Die Regierung verkündet die Generalmobilmachung gegen Äthiopien und strebt die Eroberung der Provinz Ogaden an.

17.2., Spanien. Erster Präsident der baskischen Regierung ist Ramón Rubail.

26.2., China. Zur Ausweitung der Wirtschaftskraft verabschiedet der 5. Nationale Volkskongreß in Peking einen neuen Fünfjahresplan.

3.3., Rhodesien. Premierminister Ian D. Smith unterzeichnet mit Vertretern der schwarzen Bevölkerungsmehrheit nach langwierigen Verhandlungen ein Abkommen, das die schrittweise Übergabe der Macht an die schwarze Bevölkerungsmehrheit regelt.

9.3., Jugoslawien. Die KSZE-Nachfolgekonferenz in Belgrad endet mit tiefgreifende Meinungsverschiedenheiten über den Stellenwert der Menschenrechte.

14.3., Niederlande. Bei der Erstürmung eines besetzten Verwaltungsgebäudes werden drei südmolukkische Terroristen getötet.

18.3., Pakistan. Der ehemalige pakistanische Ministerpräsident Zulfikar Ali-Khan Bhutto wird wegen angeblicher Ermordung eines Parlamentariers zum Tode verurteilt. Das Urteil wird trotz internationaler Proteste im April 1979 vollstreckt.

30.3., Österreich. Bundeskanzler Bruno Kreisky stattet der DDR einen offiziellen Besuch ab. Unter anderem wird ein Kultur-, ein wissenschaftlich-technisches und ein Veterinärabkommen unterzeichnet.

22.4., Spanien. Die kommunistische Partei besiegelt ihre ideologische Absetzung vom Ostblock durch Streichung des Begriffs »Marxismus-Leninismus« aus dem Parteistatut.

Deutsche Politik

1.1. In seiner Neujahrsansprache formuliert Bundeskanzler Helmut Schmidt seine Sorge um den Erhalt des Weltfriedens. ▷Chronik Zitat

Frieden erhalten
Chronik Zitat

»Die Bundesregierung wird auch im kommenden Jahr ... alles zur Sicherung des Friedens beitragen, was wir sinnvoller Weise leisten können. Denn der Friede ist und bleibt einer der überragenden Grundwerte, an denen sich alle unsere ... Anstrengungen orientieren.«
Bundeskanzler Helmut Schmidt

10.1. Nach der Veröffentlichung eines Manifestes von SED-Oppositionellen muß das Ostberliner Büro des »Spiegel« schließen.

14.1. Nach einem Bericht der »Süddeutschen Zeitung« wurde ein Telefongespräch des CSU-Vorsitzenden Franz Josef Strauß mit der Redaktion des »Bayernkuriers« abgehört, das die Verwicklung des Politikers in die »Lockheed-Affäre« zum Gegenstand hatte.

15.1. Die Ostberliner Behörden verweigern dem CDU-Vorsitzenden Helmut Kohl und seinem Parteifreund Philipp Jenninger die Einreise nach Ostberlin ohne Angabe von Gründen.

1.2. Wegen unzulässiger Abhöraktionen des MAD tritt Bundesverteidigungsminister Georg Leber (SPD) zurück. Nachfolger wird Hans Apel.

13.2. Der erste Bundesbeauftragte für den Datenschutz, Hans-Peter Bull, tritt sein Amt an.

16.2. Der Bundestag beschließt das umstrittene Anti-Terror-Gesetz, das u. a. die Rechte der Verteidiger bei Terroristenprozessen beschneidet.

29.3. Das III. Russell-Tribunal in Frankfurt am Main prangert die Gefährdung der Menschenrechte in der BRD durch den Radikalenerlaß an.

2.4. Der DDR-Jurist Wolfgang Seiffert nutzt einen Aufenthalt in Kiel, um in die Bundesrepublik überzusiedeln.

Wirtschaft und Wissenschaft

6.1., Medien. Der amerikanische Nachrichtensatellit »Intelsat IV/A«, der zwei Fernsehkanäle und 6000 Telefonleitungen für 40 Staaten bedient, wird von Cape Canaveral aus ins All befördert.

20.1., Wirtschaft. Im Volkswagenwerk Emden läuft der letzte in der BRD gebaute VW-Käfer vom Band.

24.1., Technik. Der mit einer Nuklearanlage ausgerüstete sowjetische Spionagesatellit »Kosmos 954« stürzt über Nordkanada ab.

1.3., Wirtschaft. Der Mittelkurs des amerikanischen Dollar wird an der Frankfurter Devisenbörse mit 1,9920 DM notiert.

10.3., Raumfahrt. Die beiden Kosmonauten Juri Romanenko und Georgi M. Gretschko beenden den Rekordaufenthalt von über 96 Tagen im All.

9.7., Verkehr. Der Prototyp der HSST-Schnellbahn stellt auf einer Versuchsstrecke in Japan mit 290 km/h einen neuen Geschwindigkeitsrekord auf.

Preise in Westdeutschland
Chronik Statistik

Einzelhandelspreise (DM):

Butter, 500 g	4,56
Weizenmehl, 1 kg	1,22
Schweinefleisch, 1 kg	11,08
Rindfleisch, 1 kg	9,50
Eier, 10 Stück	2,37
Kartoffeln, 5 kg	2,86
Vollmilch, 1 l	1,11
Zucker, 1 kg	1,66

16.7., Wirtschaft. Der 4. Weltwirtschaftsgipfel berät in Bonn über die anhaltende, weltweite Rezession.

26.7., Medizin. Louise Brown wird als erstes »Retortenbaby« in Großbritannien geboren.

26.8., Raumfahrt. Siegmund Jähn aus der DDR fliegt als erster Deutsche mit dem sowjetischen Raumschiff »Sojus 31« ins Weltall.

September, Medien. Die Computerzeitschrift »Chip« arbeitet in der Bundesrepublik die Entwicklung der Mikroelektronik auf.

1978

Kunst, Literatur und Musik

26.2. Die 9. Kunstmesse in Düsseldorf zeigt Kunstwerke vom Altertum bis zur Neuzeit.
17.3. UA: *Des Teufels Luftschloß*, Oper von Franz Schubert, im Potsdamer Hans-Otto-Theater.
5.4. Ein offenbar geistesgestörter Attentäter begeht einen Anschlag auf das Van-Gogh-Gemälde *La Berceuse* im Amsterdamer Stedeljik-Museum.
7.4. In New York ersteigert die Stadt Mainz für 3,6 Mio. DM einen der drei noch existierenden Probedrucke der Gutenberg-Bibel aus dem Jahre 1544.
8.4. In Nantes wird anläßlich des 150. Geburtstags des Abenteuerschriftstellers Jules Verne ein Museum eröffnet.
10.4. Im Pariser Théâtre de la Ville feiert das Ballett *Septentrion* von Roland Petri Premiere.
12.4. UA: *Le Grand Macabre*, Oper von György Ligeti, in Stockholm.
19.4. Madrid eröffnet anläßlich des 85. Geburtstags von Joan Miró eine umfassende Retrospektive.
30.5. Hermann Kant wird neuer Präsident des DDR-Schriftstellerverbandes.
21.6. UA: *Evita*, Rock-Oper von Andrew Lloyd Webber, in London. Thema ist die Geschichte der argentinischen Präsidentenfrau Eva Perón.
9.7. Die Opernfestspiele der Bayerischen Staatsoper in München werden mit *Lear* von Aribert Reimann eröffnet.
6.9. Das Ballett *Leda* von Maurice Béjart feiert in Moskau Premiere.
3.10. UA: *Christopherus*, Oper des Österreichers Franz Schreker, an den Städtischen Bühnen in Freiburg. 1932 war eine Premiere aus Sorge vor Störungen durch Nationalsozialisten abgesagt worden.
5.10. UA: *Dolci canti di cancro*, Oper von Peer Raben und Rainer Werner Fassbinder, in Essen.
22.10. In der Frankfurter Paulskirche wird der schwedischen Kinderbuchautorin Astrid Lindgren der Friedenspreis des Deutschen Buchhandels verliehen.
28.10. Der tschechische Schriftsteller Pavel Kohout trifft nach der Ausreisegenehmigung in Wien ein.
Dezember In der Kunsthalle Kiel wird eine Retrospektive zum Werk von Peter Nagel eröffnet.

Theater und Film

13.1. UA: *Das Bündel oder Neuer Schmaler Weg in den Tiefen Norden*, Theaterstück von Edward Bond, in London.
3.3. UA: *Deutschland im Herbst*, Film von Alexander Kluge, Volker Schlöndorff, Rainer Werner Fassbinder u.a., der die politische Situation in der Bundesrepublik angesichts des Terrorismus thematisiert. ▷ Chronik Zitat

Deutschland im Herbst
Chronik Zitat

»Einsicht nach zwei Stunden Film: Wer aus dem Verbrechen des Terrorismus politisches Kapital schlägt, zieht den Vorwurf auf sich, daß er der Demokratie Schaden zufügen will.«
Inhaltsbeschreibung der Regisseure

3.4. In Los Angeles feiern 3000 geladene Gäste das 50. Oscar-Jubiläum.
15.4. UA: *Immanuel Kant*, Theaterstück von Thomas Bernhard, in Stuttgart.
18.7. Alexander Ziegler wendet sich in dem Stück *Samstagabend – eine Liebesgeschichte*, das in Zürich uraufgeführt wird, gegen die Diskriminierung Homosexueller.
10.8. UA: *The Women*, Theaterstück von Edward Bond, in London.
13.11. Die Comic-Figur »Mickey Mouse« feiert ihren 50. Geburtstag in Hollywood.
15.11. UA: *Betrogen*, Theaterstück von Harold Pinter, in London.
25.11. UA: *Die Fische*, Stück von Peter Hacks, am Deutschen Theater in Göttingen.
6.12. UA: *Hoffmanns Geschenke*, Drama von Karl Otto Mühl, in Wuppertal.
8.12. UA: *Groß und klein*, Theaterstück von Botho Strauß, im Theater am Halleschen Ufer Berlin.
1978 Die Gefahren von Atomkraftwerken thematisiert der Film *Das China-Syndrom* von James Bridges. Hauptdarsteller Jack Lemmon wird als bester Darsteller mit der Goldenen Palme von Cannes bedacht.

Gesellschaft

Januar Erstmals werden in der ARD die »Tagesthemen« ausgestrahlt.
9.1. Nach Julius Hackethals scharfer Kritik an der Schulmedizin entzieht die bundesdeutsche Kassenärztliche Vereinigung dem Chirurgen die Krankenkassen-Zulassung.
23.1. Nach heftigen Schneestürmen wird im US-Bundesstaat Massachusetts der Notstand ausgerufen.
10.2. Die Ostberliner Führung senkt den Kaufpreis für den bundesdeutschen VW-Käfer.
8.3. Einzelne Steine der legendären »Brücke von Remagen« werden an amerikanische Kriegsveteranen zu Preisen zwischen 25 bis 50 DM veräußert. Von dem Erlös soll ein Mahnmal für deutsche und amerikanische Soldaten errichtet werden.
16.3. Eine Havarie des 230 000-t-Tankers »Amoco Cadiz« löst vor der bretonischen Küste die bisher größte Umweltkatastrophe aus.
2.4. Der DDR-Wirtschaftsexperte Wolfgang Seiffert, der einen Lehrauftrag in Kiel wahrnimmt, gibt bekannt, er wolle in der Bundesrepublik bleiben.

Fußball-Landesmeister
Chronik Sport

BR Deutschland: 1. FC Köln
Österreich: Austria Wien
Schweiz: Grasshoppers Zürich
Belgien: FC Brügge
DDR: Dynamo Dresden
England: Nottingham Forest
Frankreich: AS Monaco
Italien: Juventus Turin
Portugal: FC Porto
Schottland: Glasgow Rangers
Spanien: Real Madrid

30.4. Im bayerischen Ismaning sind 260 Menschen an einer Ruhr-Epidemie erkrankt.
1.5. Der Japaner Naomi Uemura erreicht als erste Mensch allein den Nordpol.
24.5. Die britische Prinzessin Margaret und ihr Ehemann Lord Snowdon lassen sich scheiden.

1978

Internationale Politik

27.4., Afghanistan. Durch einen Putsch kommen prokommunistische Kräfte unter Nur Mohammed Taraki an die Macht.

9.5., Italien. Die italienische Terrororganisation »Rote Brigaden« erschießen den früheren italienischen Ministerpräsidenten Aldo Moro.

14.5., Zaire. 1800 Fallschirmjäger aus Belgien und Frankreich unterstützen Präsident Mobutu gegen aufständische Rebellen.

26.6., Volksrepublik Jemen. Staatspräsident Salem Rubajj Ali wird durch einen von Abdul Fattah Ismail geleiteten Militärputsch ermordet.

18.7., Sudan. In Khartum treffen sich Delegationen aus 33 Staaten zur 15. Gipfelkonferenz der Organisation Afrikanischer Einheit (OAU).

3.8., Schweiz. Die Schweiz erläßt rückwirkend zum 1.1.1978 die Schulden der Entwicklungsländer Bangladesch, Indien, Indonesien, Kamerun, Nepal und Pakistan.

12.8., Japan/China. Japan und China beschließen einen Friedens- und Freundschaftsvertrag, der die Beziehungen der ehemals verfeindeten Staaten normalisiert.

19.8., Iran. In Abadan tötet eine Brandbombe islamischer Fundamentalisten 430 Menschen während eines Kinobesuches.

14.9., Nicaragua. Angesichts des Bürgerkrieges im Lande verhängt Diktator Anastasio Somoza Debayle das Kriegsrecht.

17.9., Israel/Ägypten. Staatschef Muhammad Anwar As Sadat und Ministerpräsident Menachem Begin unterzeichnen nach Vermittlung der USA das »Camp-David-Abkommen«, das den Kriegszustand zwischen beiden Staaten aufhebt.

24.9., Schweiz. Die Schweizer Wahlberechtigten stimmen der Schaffung des Kantons Jura zu.

10.10., Rhodesien. Die weiße Regierung schafft die bestehenden Rassengesetze ab.

6.11., Iran. Schah Resa Pahlawi kann sich infolge anhaltender Proteste der Fundamentalisten nur mit Hilfe des Militärs an der Macht halten.

Deutsche Politik

11.4. Der baden-württembergische Verwaltungsgerichtshof befindet, daß die rechtsgerichtete Nationaldemokratische Partei Deutschlands (NPD) nicht unbedingt verfassungsfeindliche Ziele verfolge.

4.5. Der sowjetische Staats- und Parteichef Leonid Breschnew trifft zu einem Staatsbesuch in der Bundesrepublik ein. Bei der Frage der Abrüstung im Mittelstreckenbereich (SS-20) kann keine Einigung erzielt werden.

6.6. Infolge der Fahndungspannen im Schleyer-Fall 1977 erklärt Bundesinnenminister Werner Maihofer (FDP) seinen Rücktritt. Sein Parteifreund Gerhart Baum tritt die Nachfolge an.

30.6. DDR-Regimekritiker Rudolf Bahro wird zu einer Haftstrafe von acht Jahren wegen angeblichen Geheimnisverrats verurteilt.

7.7. Der Kriegsdienstverweigerer Nico Hübner wird wegen »staatsfeindlicher Hetze« in Ostberlin für fünf Jahre inhaftiert.

13.7. Unter Leitung des ehemaligen CDU-Politikers Herbert Gruhl konstituiert sich in Bonn die »Grüne Aktion Zukunft« als erste ökologisch-alternative Bundespartei.

7.8. Infolge seiner früheren Tätigkeit als Marinerichter während der NS-Zeit tritt der baden-württembergische Ministerpräsident Hans Filbinger zugunsten Lothar Späths (beide CDU) zurück.

1.9. In der DDR wird der sog. Wehrunterricht für das 9. und 10. Schuljahr Pflichtfach.

6.9. Der mutmaßliche RAF-Terrorist Peter Stoll wird in Düsseldorf von der Polizei erschossen.

16.11. Die Bundesrepublik und die DDR vereinbaren den Bau einer neuen Transitautobahn nach Westberlin.

29.11. Wladimir S. Semjonow ist neuer sowjetischer Botschafter in Bonn.

1.12. Der am 8. Oktober neu gewählte Hessische Landtag bestätigt Holger Börner in der sozialliberalen Regierung als Ministerpräsident.

1.12. Das Landgericht Hagen verurteilt einen ehemaligen DDR-Grenzsoldaten wegen zweifachen Totschlags zu fünfeinhalb Jahren Haft, weil er auf seiner Flucht zwei Kollegen erschoß.

Wirtschaft und Wissenschaft

Oktober, Wirtschaft. In bundesdeutschen Supermärkten tauchen die ersten »No-Name«-Artikel auf, die aufgrund wegfallender Werbungskosten billiger als »Markenartikel« sind.

4.10., Wirtschaft. Die Bundesrepublik erläßt den Entwicklungsländern 4,3 Mrd. DM an Zins- und Tilgungsgeldern aus Krediten.

18.10., Technik. US-Präsident Jimmy Carter befiehlt die Konstruktion von Sprengköpfen mit Neutronenbomben.

2.11., Raumfahrt. Die sowjetischen Kosmonauten Alexander Iwantschenkow und Wladimir Kowaljonok absolvieren mit 140 Tagen einen neuen Rekordaufenthalt von Menschen im All.

28.11., Wirtschaft. Die IG Metall fordert die 35-Stunden-Woche.

Dezember, Raumfahrt. Zwei amerikanische und zwei sowjetische Sonden erreichen die Venus. Drei von ihnen landen auf dem Planeten und übermitteln Daten über die Atmosphäre und Oberfläche.

1.12., Verkehr. Der Arlberg-Tunnel zwischen den österreichischen Bundesländern Voralberg und Tirol ist mit beinahe 14 km der längste Straßentunnel der Welt.

Wissenschaftler geehrt
Chronik Nobelpreise

Chemie: Peter D. Mitchell (GB)
Medizin: Werner Arber (CH), Daniel Nathans (USA) und Hamilton O. Smith (USA)
Physik: Arno A. Penzias (USA), Robert W. Wilson (USA) und Pjotr L. Kapiza (UdSSR)
Frieden: Menachem Begin (IL) und Muhammad Anwar As Sadat (ET)
Literatur: Isaac B. Singer (USA)
Wirtschaft: Herbert A. Simon (USA)

10.12., Nobelpreise. In Stockholm und Oslo werden die diesjährigen Nobelpreise feierlich verliehen. ▷Chronik Nobelpreise

14.12., Kernenergie. Der Bundestag hält am Bau des umstrittenen »Schnellen Brüters« fest.

1978

Kunst, Literatur und Musik

9.12. UA: *Ex-Position*, Komposition von Mauricio Kagel, im Pariser Centre Pompidou.
1978 Die 1976 begonnene Bilderserie *Café Deutschland* von Jörg Immendorff beschäftigt sich mit der Teilung Deutschlands.
1978 Die Rolling Stones stellen ihr Album *Some Girls* vor und spielen in Philadelphia vor 250 000 Zuschauern.
1978 Johnny Rotten verläßt die Sex Pistols und begründet die Formation Public Image.
1978 Bob Dylan reist durch zahlreiche Städte in der Bundesrepublik.
1978 Die aus der DDR stammende Sängerin Nina Hagen startet im Westen eine Karriere als Punk-Rock-Sängerin.
1978 Das Album *Nightclubbing* von Grace Jones erscheint.
1978 The Clash haben mit ihrem neuen Album *Give 'Em Enough Rope* einen großen kommerziellen Erfolg.
1978 Der Begründer des italienischen sozialkritischen Realismus, Renato Guttuso, vollendet das Bild *Van Gogh trägt sein abgeschnittenes Ohr ins Bordell von Arles*.
1978 In Absetzung vom sozialistischen Realismus vollendet der DDR-Künstler Willi Sitte den sinnlichen Akt *Duschende*.
1978 James Baldwins Roman *Zum Greifen nah* will die Nähe des afroamerikanischen Autors zur schwarzen Kultur in den USA beweisen.
1978 Der Roman *Schoscha* von Isaac B. Singer handelt von einem jüdischen Schriftsteller in Warschau bei Beginn des Zweiten Weltkrieges.
1978 Der Roman *Lichte Zukunft* des sowjetischen Satirikers Alexander I. Sinowjew erscheint in der Schweiz.
1978 *Die Henkerin* von Pavel Kohout ist eine satirische Abrechnung mit dem kommunistischen Terror.
1978 Der Österreicher Gerhard Roth veröffentlicht den Roman *Winterreise*.
1978 Der seit 1977 in der BRD lebende DDR-Schriftsteller Jurek Becker gibt den Roman *Schlaflose Tage* heraus.
1978 Das Buch *Guten Morgen, du Schöne* von Maxie Wander enthält Gesprächsprotokolle mit Frauen aus der DDR.

Theater und Film

1978 Klaus Kinski spielt in Werner Herzogs Film *Nosferatu – Phantom der Nacht* an der Seite von Isabel Adjani und Bruno Ganz einen Vampir.
1978 *Manhattan* von Woody Allen ist eine Liebeserklärung des Regisseurs an »seine« Stadt.
1978 Mit *Grease – Schmiere* versetzt Regisseur Randal Kleiser die Zuschauer in die Teenagerwelt der 50er Jahre.
1978 Roger Moore kann nach 30 Mio. US-Dollar Produktionskosten und sieben Monaten Drehzeit als James Bond in *Moonraker – Streng geheim* abermals die Welt retten.
1978 In dem Film *Herbstsonate* von Ingmar Bergman steht die krebskranke Schauspielerin Ingrid Bergman das letzte Mal vor der Kamera.
1978 Nach einer literarischen Vorlage von Carlo Levi hat Regisseur Francesco Rosi den Film *Christus kam nur bis Eboli* produziert, der die Verbannung eines Antifaschisten in ein italienisches Bergdorf schildert.
1978 Für einen Überraschungserfolg in den bundesdeutschen Kinos sorgt der Film *Die Abfahrer* von Adolf Winkelmann, der aus dem Leben von drei jungen Arbeitslosen erzählt.
1978 Der Film *Girl-Friends* von der amerikanischen Regisseurin Claudia Weill ist eine Studie über Probleme und Konflikte von Frauen.
1978 Der schweizerische Film *Kleine Fluchten* von Yves Yersin erzählt von gelungenen Ausbruchversuchen eines alten Mannes.
1978 Ermanno Olmis Film *Der Holzschuhbaum*, der ausschließlich mit Laienschauspielern gedreht wurde, schildert den Alltag auf einem Gutshof um die Jahrhundertwende.
1978 In dem tragikomischen Filmmelodram *Flammende Herzen* von Walter Bockmayer und Rolf Bührmann mit Peter Kern und Barbara Valentin in den Hauptrollen gewinnt ein Oberbayer eine Reise nach Amerika.
1978 Bruno Ganz und Angela Winkler sind die Protagonisten in Reinhard Hauffs Film *Messer im Kopf*, der den Antagonismus zwischen der Gewalt des Staates und der Gewalt der Staatsgegner zu überwinden sucht.

Gesellschaft

31.5. Der in Brasilien inhaftierte ehemalige KZ-Aufseher Gustav Wagner, stirbt nach seiner Freilassung unter mysteriösen Umständen.
5.6. Australien erhöht seine Einwanderungsquote von 75 000 auf 100 000 Menschen pro Jahr.
29.6. Prinzessin Caroline von Monaco heiratet den Pariser Finanzmakler Philippe Junot.
11.7. An der spanischen Costa Blanca kommen 180 Menschen ums Leben, als ein Tankwagen auf einen Campingplatz rast und explodiert.
17.7. Nach 151 Tagen Fußmarsch erreichen 1000 Navajo-Indianer Washington, wo sie für ihre Rechte demonstrieren.
26.7. Am Hamburger Landgericht scheitert eine von Frauenrechtlerinnen initiierte »Sexismus«-Klage wegen häufiger Darstellung spärlich bekleideter Frauen gegen die bundesdeutsche Illustrierte »stern«
6.8. Papst Paul VI. erliegt einem Herzanfall. Nachfolger wird Albino Luciano als Johannes Paul I.
8.8. Die DDR-Medien protestieren gegen einen Artikel der »Bild-Zeitung« über Sextourismus in Ostberlin.
9.8. Ein Brief von Königin Elisabeth I. an Chinas Kaiser Wan Li erreicht mit 382 Jahren Verspätung das nun kommunistische Land.
13.8. Eine Regierungsverordnung gibt nach 187 Jahren die Brotpreise in Frankreich wieder frei.
17.8. Drei Amerikaner überqueren den Atlantik in einem Ballon.
16.9. Bei einem Erdbeben im Iran kommen 25 000 Menschen ums Leben.
16.10. Nachfolger des nach nur 34 Pontifikatstagen verstorbenen Papstes Johannes Paul I. wird der Pole Karol Wojtyla. Er ist der erste nicht-italienische Papst seit 1522.
5.11. In einer Volksabstimmung entscheiden sich die Österreicher gegen Energie aus Kernkraftwerken.
19.11. Über 900 Mitglieder der Sekte »Tempel des Volkes« begehen im guyanischen Dschungel Massenselbstmord.
1.12. Der »Deutsche Naturschutzbund« beginnt eine Kampagne gegen Umweltvergiftung durch Chemikalien.

1978

Internationale Politik	Deutsche Politik	Wirtschaft und Wissenschaft
5.12., Afghanistan/UdSSR. Der Freundschaftspakt zwischen Afghanistan und der UdSSR läßt im Westen Befürchtungen entstehen, daß sich hier ein »asiatisches Kuba« entwickle. **25.12., Vietnam.** Vietnam eröffnet einen Blitzkrieg gegen Kambodscha mit dem Ziel, das Terrorregime der Roten Khmer zu beenden, dem bereits über eine Million Menschen zum Opfer gefallen sind.	**3.12.** Die ersten 163 von insgesamt 1000 vietnamesischen Flüchtlingen, deren Aufnahme Niedersachsen zugesagt hatte, treffen in Hannover ein. **20.12.** Der Bundestag beschließt einen zusätzlichen viermonatigen Mutterschaftsurlaub auf Staatskosten. Gleichzeitig bestimmt ein Gesetz, daß zu lebenslänglicher Haft verurteilte Straftäter bei günstiger Sozialprognose nach 15 Jahren entlassen werden können.	**1978, Wirtschaft.** In der Bundesrepublik sind fast eine Mio. Menschen im Jahresdurchschnitt ohne feste Arbeit. **1978, Medien.** Siemens präsentiert die ersten Büro-Faxgeräte. **1978, Technik.** Bosch produziert das Anti-Blockier-System (ABS) für Automobile. **1978, Technik.** Chrysler-Simca perfektioniert den Einbau von »Bordcomputern« in Autos.

1978 Geborene und Gestorbene

Gestorben:
8.2. Hans Stuck (*27.12.1900), deutscher Automobilrennfahrer.
9.5. Aldo Moro (*23.9.1916), italienischer Politiker.
6.8. Paul VI. (*26.9.1897), Papst.
6.8. Victor Hasselblad (*1906), schwedischer Optiker.

26.8. Charles Boyer (*28.8.1899), französischer Schauspieler.
28.8. Robert Shaw (*9.8.1927), britischer Schauspieler.
9.9. Jack Warner (*27.3.1916), amerikanischer Filmproduzent.
12.9. O.E. Hasse (*11.7.1903), deutscher Schauspieler.

15.9. Willy Messerschmitt (*26.9.1898), deutscher Flugzeugkonstrukteur.
22.9. Lina Carstens (*6.12.1892), deutsche Schauspielerin.
28.9. Johannes Paul I. (*17.10.1912), Papst.

1979

Internationale Politik	Deutsche Politik	Wirtschaft und Wissenschaft
1.1., USA/China. Die Vereinigten Staaten und China nehmen diplomatische Beziehungen auf. **7.1., Vietnam/Kambodscha.** Vietnamesische Truppen erobern nach zweiwöchigem Feldzug Kambodschas Hauptstadt Phnom Penh. **16.1., Iran.** Wegen der unkontrollierbar gewordenen Lage verläßt Irans Schah Resa Pahlawi sein Land und flieht zunächst nach Ägypten. **1.2., Iran.** Schiitenführer Ajatollah Ruhollah Khomeini kehrt unter dem Jubel der Bevölkerung aus seinem Pariser Exil in den Iran zurück, um die »Islamische Revolution« zu vollenden. **17.2., China/Vietnam.** China startet einen Angriff auf Vietnam, um eine Großmachtpolitik des Landes in Indochina zu verhindern. Am 16. März wird die Intervention aufgrund internationaler Proteste beendet.	**17.1.** Der »Radikalenerlaß« wird entschärft. Vom 1. April an erfolgen Anfragen beim Verfassungsschutz nur noch bei konkretem Verdacht. **31.1.** Der SPD-Fraktionsvorsitzende Herbert Wehner hält eine Konföderation oder Wirtschaftsgemeinschaft mit der DDR für denkbar. ▷ Chronik Zitat ### Konföderation denkbar **Chronik Zitat** *»Und hier könnten irgendwann einmal wieder Kombinationen aus den fünfziger bis sechsziger Jahren auftauchen, wie sie damals ... entwickelt worden sind, nämlich über eine Konföderation oder eine Wirtschaftsgemeinschaft.«* **Herbert Wehner, SPD-Politiker**	**7.2., Medien.** Mit dem Programm »Chess 4.8« erreicht ein amerikanischer Großcomputer gegen den Mittelklasse-Schachspieler David Levy ein Unentschieden. **7.2., Wirtschaft.** Wegen verbotener Absprachen verhängt das Bundeskartellamt insgesamt 26,6 Mio. DM Strafe gegen die Verlage Springer, Burda und Bauer. **5.3., Raumfahrt.** Die amerikanische Raumsonde »Voyager 1« funkt Bilder vom Jupiter, den sie in 278 000 km Entfernung passiert. **13.3., Wirtschaft.** Das Europäische Währungssystem (EWS) tritt rückwirkend zum 1.1.1979 in Kraft. **28.3., Kernenergie.** Im amerikanischen Kernkraftwerk Three Mile Island bei Harrisburg kommt es zu einem schweren nuklearen Störfall. Ein GAU kann nur knapp vermieden werden.

1978

Kunst, Literatur und Musik

1978 Die Diskrepanzen zwischen Ideal und Alltag thematisiert Martin Walsers Novelle *Ein fliehendes Pferd*.
1978 Der Roman *Heimatmuseum* von Siegfried Lenz schildert den Versuch eines Ostpreußen den Begriff »Heimat« vor ideologischer Demagogie zu bewahren.
1978 Wolfdietrich Schnurre präsentiert die autobiografischen Aufzeichnungen *Der Schattenfotograf*.

Theater und Film

1978 Margarethe von Trottas Film *Das zweite Erwachen der Christa Klages* mit Katharina Thalbach, Tina Engel, Sylvia Reize und Marius Müller-Westernhagen setzt auf die Protagonistinnen, die sich aus der Männerwelt befreien.
1978 Rainer Werner Fassbinders Film *In einem Jahr mit 13 Monden* thematisiert die Tragödie eines Transsexuellen in Frankfurt am Main.

Gesellschaft

14.12. Die »Intershop-Läden« in der DDR haben 1978 für rund 700 Mio. DM Westwaren verkauft.
1978 Die Gründerin der Deutschen-Krebshilfe, Mildred Scheel, wirbt für die Vorsorgeuntersuchung.
1978 In vielen Betrieben geht das Schlagwort vom »Jobkiller Computer« um.
1978 In Düsseldorf präsentiert sich die erste Telefon-Sex-Agentur der BRD.

Geborene und Gestorbene

9.10. Jacques Brel (*8.4.1929), französischer Chansonnier und Schauspieler belgischer Herkunft.
16.10. Alexander Spoerl (*3.1.1917), deutscher Schriftsteller.
18.10. Jean Améry (*31.10.1912), österreichischer Schriftsteller.

10.11. Theo Lingen (*10.6.1903), deutsch-österreichischer Schauspieler.
15.11. Margaret Mead (*16.12.1901), amerikanische Anthropologin.
20.11. Giorgio de Chirico (*10.7.1888), italienischer Maler.
4.12. Albrecht Schoenhals (*7.3.1888), deutscher Schauspieler.

8.12. Golda Meir (*3.3.1898), israelische Politikerin.
14.12. Salvador de Madariaga y Rojo (*23.7.1886), spanischer Schriftsteller und Diplomat.
17.12. Josef Frings (*6.2.1887), deutscher katholischer Theologe und Kardinal.

1979

Kunst, Literatur und Musik

5.1. Im bundesdeutschen Fernsehen läuft erstmals der »Rockpalast« mit Live-Acts bekannter Spitzenmusiker.
19.1. Udo Lindenberg beginnt seine »Rock Revue 79«-Tournee in Bremen.
11.2. Die erste Independent Band in den Charts heißt Stiff Little Fingers.
17.2. Das Münchner Haus der Kunst zeigt eine Ausstellung zum Werk des Malers Max Ernst.
24.2. Die Uraufführung der von Friedrich Cerha komplettierten Oper *Lulu* von Alban Berg in der Pariser Oper gilt als das wichtigste Opernereignis des Jahres.
8.3. UA: *Jacob Lenz*, Oper von Wolfgang Rihm, an der Hamburger Opera stabile.
31.3. Den Grand Prix de la Chanson in Jerusalem kann die einheimische Gruppe Milk and Honey mit *Halleluja* für sich entscheiden.

Theater und Film

22.1. Die Fernsehserie *Holocaust* schildert das Schicksal einer jüdischen Familie zur NS-Zeit.
26.1. UA: *Leben Gundlings Friedrich von Preußen*, Theatermärchen von Heiner Müller über das Leben des Preußenkönigs Friedrichs des Großen, in Frankfurt am Main.
12.2. UA: *Death, Destruction & Detroit*, Theaterstück von Robert Wilson, in Berlin.
20.2. UA: *Die Ehe der Maria Braun*, Film von Rainer Werner Fassbinder, bei den Filmfestspielen in Berlin. Die Rolle der Maria Braun spielt Hanna Schygulla.
22.2. Wegen der Aufführung des vermeintlich rassistischen Vietnamfilms *Die durch die Hölle gehen* des amerikanischen Regisseurs Michael Cimino verlassen die sozialistischen Staaten die »Berlinale«.

Gesellschaft

1.1. In China gilt ab sofort das Hanyu Pinyin als neue Schreibweise. Peking wird nun als Beijing transkribiert.
1.1. Die UNESCO proklamiert das »Jahr des Kindes«.
17.1. Infolge zu hoher Schwefeldioxid konzentration der Luft wird im Ruhrgebiet und am Niederrhein erstmals Smog-Alarm gegeben.
25.1. Die Dominikanische Republik ist das erste Reiseziel von Papst Johannes Paul II., der sich den Beinamen »Reisepapst« erwirbt.
13.2. Orkanartige Schneestürme führen zu chaotischen Verhältnissen in Norddeutschland und Dänemark. Der Verkehr bricht teilweise zusammen.
20.3. Ein Urteil des Bundesgerichtshofes kürzt die Erstattungsansprüche von Unfallopfern, die mit dem Wagen verunglücken und nicht pflichtgemäß angeschnallt waren.

1979

Internationale Politik

12.3., Iran. Die neue Regierung erklärt den Austritt aus dem CENTO-Pakt. Pakistan und die Türkei folgen und lösen das Bündnis faktisch auf.
13.3., Grenada. Maurice Bishop von der linken »New Jewel Party« entmachtet den diktatorischen Regierungschef Eric Matthew Gairy.
26.3., USA. In Washington unterzeichnen Ägypten und Israel einen endgültigen Friedensvertrag, der die Räumung des Sinai durch Israel regelt.
11.4., Uganda. Diktator Idi Amin Dada flieht vor tansanischen Truppen und Rebellen nach Libyen.
21.4., Rhodesien. Nach den ersten gemischtrassigen Wahlen in Rhodesien bildet der schwarze Politiker Abel Tendekayi Muzorewa die Regierung.
1.5., Grönland. Nach 258 Jahren dänischer Herrschaft erhält Grönland innere Autonomie von Dänemark.
3.5., Großbritannien. Bei den Unterhauswahlen erringen die Torys die absolute Mehrheit. Margaret Thatcher wird Premierministerin.
6.5., Österreich. Bei der Nationalratswahl gewinnt die SPÖ zwei Mandate und die FPÖ ein Mandat hinzu, während die ÖVP drei Mandate verliert.
28.5., Griechenland. In Athen wird die Aufnahme Griechenlands in die EG zum 1.1.1981 besiegelt.
10.6., Belgien. In fünf europäischen Staaten werden die ersten Direktwahlen zum Europa-Parlament abgehalten.
18.6., USA/UdSSR. Das SALT II-Abkommen zur Rüstungsbegrenzung wird in Wien unterzeichnet.
16.7., Irak. Saddam Hussein wird als neuer Staatspräsident vereidigt.
17.7., Nicaragua. Die Sandinisten vertreiben nach einem 18monatigem blutigen Bürgerkrieg den Diktator Anastasio Somoza Debayle, der ins Exil nach Florida flieht.
6.8., Algerien. Algier gibt den Kampf um die Westsahara gegen die Unabhängigkeitsbewegung FPOLISARIO auf. Am 12. August gliedert Marokko die Region als 40. Provinz dem Königreich an.
27.8., Irland. Eine Bombe der IRA tötet den ehemaligen britischen Großadmiral Lord Louis Mountbatten.

Deutsche Politik

16.2. Der ehemalige RAF-Anwalt Klaus Croissant wird vom Stuttgarter Landgericht zu einer zweieinhalb jährigen Haftstrafe und vier Jahren Berufsverbot verurteilt, weil er Informationen der Häftlinge an in Freiheit agierende Terroristen weitergeleitet hat.
5.3. Die Bundesdeutsche Ursel Lorenzen, Sekretärin im NATO-Hauptquartier in Brüssel, setzt sich in die DDR ab.
14.5. Bundesinnenminister Gerhart Baum verfügt die Vernichtung einer 100 000 Personen umfassenden Kartei des Bundesgrenzschutzes, da sie dem Datenschutz widersprach.
23.5. Die Bundesversammlung wählt in Bonn den Bundestagspräsidenten Karl Carstens (CDU) zum Nachfolger von Bundespräsident Walter Scheel (FDP).
30.5. Die Bundesregierung beschließt 17 Thesen zur künftigen Entwicklungspolitik, die die Bereitschaft zur Hilfe an die Interessen der Bundesrepublik koppelt.
28.6. Zum dritten Mal seit 1968 beschießt die DDR-Volkskammer eine Verschärfung des politischen Strafrechts.
2.7. Der bayerische Ministerpräsident und CSU-Vorsitzende Franz Josef Strauß wird zum Kanzlerkandidaten der CDU/CSU für die Bundestagswahlen 1980 nominiert.
3.7. Um NS-Verbrechen weiter strafrechtlich verfolgen zu können, hebt der Bundestag die bisherige Verjährung von Mord nach 30 Jahren auf.
13.9. Der Rechtsradikale Michael Kühnen und drei weitere Neonazis werden als rechtsextreme Gewalttäter zu Freiheitsstrafen zwischen vier und elf Jahren verurteilt.
14.9. Auf der ersten Wahlkundgebung nach seiner Nominierung zum Kanzlerkandidaten der CDU/CSU wird Franz Josef Strauß auf dem Essener Burgplatz mit einem Pfeifkonzert empfangen. Unter Regenschirmen schützt sich die Politiker vor Eiern, die aus der Menge kommen.
25.9. Die Deutsche Bischofskonferenz in Fulda verdeutlicht die ablehnende Haltung der Kirchen gegenüber dem Abtreibungsparagraphen 218.

Wirtschaft und Wissenschaft

7.4., Technik. Der atomgetriebene Unterwasserkreuzer »Ohio« der US-Navy ist mit 18 700 BRT Unterwasserverdrängung das größte U-Boot der Welt.
26.4., Physik. In Hamburg wird die weltgrößte Positron-Elektron-Speicherringanlage (PETRA) von Bundespräsident Walter Scheel eröffnet.
16.5., Kernenergie. Das Land Niedersachsen lehnt den Plan einer nuklearen Wiederaufbereitungsanlage in Gorleben ab.
3.6., Technik. Die bisher schlimmste Umweltkatastrophe in Mittelamerika wird durch eine Explosion am Bohrloch »Ixtoc I« im Golf von Mexiko ausgelöst. Im August ist der durch den Ölteppich verseuchte Meeresstreifen 1600 km lang.
6.7., Kernenergie. Bei einem französischen Atomwaffenversuch auf dem Mururoa-Atoll kommt ein Kerntechniker ums Leben.
11.7., Raumfahrt. Die meisten Trümmer des amerikanischen Raumlabors »Skylab« stürzen in den Pazifischen Ozean.

Westdeutsche Bevölkerung
Chronik Statistik

Wohnbevölkerung	61 359 000
Einwohner je km²	247
Ausländer	4 144 000
Privathaushalte	24 486 000
Lebendgeborene	582 000
Gestorbene	712 000
Eheschließungen	345 000
Ehescheidungen	80 000

13.7., Wirtschaft. Die Deutsche Bundesbank hebt den Diskontsatz um 1% auf 5%, um inflationären Tendenzen zu begegnen. Der Lombardsatz steigt um 0,5% auf 6%.
19.8., Raumfahrt. Sowjetische Kosmonauten bleiben 175 Tage im All und stellen damit einen neuen Aufenthaltsrekord auf.
20.8., Wissenschaft. In Wien beginnt die UN-Konferenz über Technik und Wissenschaft im Dienst der Entwicklung ECOSOC.

1979

Kunst, Literatur und Musik

11.4. Die Kölner Kunsthalle zeigt eine Werkschau zu Paul Klee.
19.4. DDR-Schriftsteller Stefan Heym darf eine Reise in den Westen nicht antreten.
26.4. In Wien wird das »Museum moderner Kunst« im Sommerpalais Liechtenstein eröffnet.
6.5. Die Wiener Staatsoper übernimmt Herbert von Karajans Salzburger Festspielinszenierung des *Don Carlos* von Giuseppe Verdi.
12.5. UA: *Arien*, Ballett von Pina Bausch, in Wuppertal. Das Stück vermischt Sprache und Musik als Ballett fast ohne Tanz.
20.5. Die zur documenta 1977 entwickelte Schmiedestahlskulptur *Terminal* des Bildhauers Richard Serra wird in Bochum aufgestellt.
23.5. Die britische Rock-Gruppe Dire Straits gibt ein Konzert in Offenbach.
31.5. Das Centre Pompidou in Paris eröffnet die Ausstellung »Paris – Moskau 1900 bis 1930«, auf der 2500 Exponate die künstlerische Befruchtung beider Städte dokumentieren.
7.6. Der DDR-Schriftstellerverband schließt neun Autoren wegen angeblicher Verletzung der Statuten aus.
13.6. Bei den Wiener Festwochen werden vier Werke des Rockmusikers Frank Zappa für klassisches Orchester und Rock-Ensemble uraufgeführt.
25.7. In einer Neuinszenierung des *Lohengrin* von Götz Friedrich eröffnen die Salzburger Festspiele.
28.7. Höhepunkt der Salzburger Festspiele ist Karl Böhms Interpretation der Strauss-Oper *Ariadne auf Naxos*.
2.9. Ein Abguß der Plastik *Large Two Forms* von Henry Moore wird vor dem Bundeskanzleramt enthüllt.
2.9. In Linz eröffnet das 6. Internationale Bruckner-Fest.
6.9. An der Deutschen Oper in Berlin feiert *Der Untergang der Titanic* von Dieter Seibert Premiere.
6.9. Die Neue Nationalgalerie in Westberlin präsentiert die Ausstellung »Max Liebermann in seiner Zeit« mit 500 Werken des Künstlers.
4.10. In Köln zeigt die Ausstellung »Gold der Thraker« 500 Kunstgegenstände aus dem Altertum.

Theater und Film

8.3. UA: *Zwei Welten*, Stück von Edward Bond, in Newcastle. Das Stück beschreibt die Wechselwirkungen zwischen Terrorismus und den Interessen der herrschenden Klasse.
26.4. In Hamburg zeigen 24 Ensembles aus dem In- und Ausland beim Festival »Theater der Nationen« ihr darstellerisches Geschick.
4.5. *Die Blechtrommel* nach dem Roman von Günter Grass von Volker Schlöndorff mit David Bennent, Mario Adorf und Angela Winkler ist der erfolgreichste deutsche Nachkriegsfilm. 1980 erhält er den Oscar für den besten ausländischen Film.
18.5. In Cannes zeigt Francis Ford Coppola seinen noch unvollständigen Vietnamfilm *Apocalypse Now*.
29.6. UA: *Vor dem Ruhestand*, Stück von Thomas Bernhard unter der Regie von Claus Peymann, im Württembergischen Staatstheater Stuttgart. Das Stück handelt vom Umgang mit Macht.
6.10. UA: *Was geschah, nachdem Nora ihren Mann verlassen hatte oder Stützen der Gesellschaft*, Stück von Elfriede Jelinek, in Graz.
9.10. UA: *Triptychon*, drei szenische Bilder zwischen Leben, Tod und Kunst von Max Frisch, im Centre Dramatique de Lausanne.
27.11. UA: *Majakowski*, Theaterstück von Stefan Schütz, im Londoner Halfmoon Theatre. Das Stück behandelt das Leben des sowjetischen Lyrikers und Dramatikers.
1979 Der Weltraum-Schocker *Alien* von Ridley Scott, das Sigourney Weaver im Kampf mit den gnadenlosen Monster aus dem All zeigt, avanciert zu einem der wegweisenden Science-fiction-Filme.
1979 Das Leben des Boxers Jake La Motta präsentiert Martin Scorseses Actionfilm *Wie ein wilder Stier*. Die Hauptrolle spielt Robert De Niro.
1979 Großen Erfolg hat das Scheidungsdrama *Kramer gegen Kramer* von Robert Benton mit Dustin Hoffman und Meryl Streep.
1979 Irvin Kershner setzt die George-Lucas-Weltraumsaga *Krieg der Sterne* mit der 170 Mio.-Dollar-Episode *Das Imperium schlägt zurück* fort.

Gesellschaft

27.3. Bundesdeutsche Ehepaare können bei Heirat wahlweise den Familiennamen der Frau oder des Mannes annehmen.
4.4. Um den Schwarzgeldtausch einzudämmen, dürfen DDR-Bürger in Intershop-Läden nur noch gegen Warenschecks einkaufen.

Deutsche Meister
Chronik Sport

Leichtathletik:
100 m:
Annegret Richter 11,28 sec
100 m Hürden:
Doris Baum 13,02 sec
Hochsprung:
Ulrike Meyfahrt 1,90 m
Weitsprung:
Sabine Everts 6,49 m
Kugelstoßen:
Eva Wilms 18,98 m

17.4. Die alternative Tageszeitung »taz« erscheint mit 30 000 Exemplaren erstmals überregional.
25.5. Auf dem Flughafen Chicago kommen beim Absturz einer »DC 10« der American Airlines 273 Menschen ums Leben.
5.6. Der blaue Umweltengel auf Verpackungen signalisiert in der Bundesrepublik umweltschonend hergestellte oder umweltfreundliche Produkte.
12.6. Der amerikanische Radsportler Bryan Allan befördert ein von Paul MacCready konstruiertes Tretkurbel-Flugzeug, das nur mit Muskelkraft angetrieben wird, über den Ärmelkanal.
12.7. Reinhold Messner erklimmt den als schwierigsten Gipfel der Welt geltenden K 2.
23.7. In Frankfurt am Main beginnt ein einwöchiges Treffen internationaler Homosexuelleninitiativen. Das »Homolulu« getaufte Event ist das bisher größte deutsche Homosexuellen-Treffen und protestiert gegen die weltweite Repression Schwuler.
10.8. Seit Jahresbeginn sind in der BRD 355 Menschen durch Drogenmißbrauch zu Tode gekommen.

1979

Internationale Politik

3.9., Iran. Iranische Armee-Einheiten besetzen Mahabad, ein Zentrum der aufständischen Kurden im Nordiran.
21.9., Zentralafrika. Nach 14 Jahren Diktatur stürzt der frühere Regierungschef David Dacko Kaiser Bokassa I.
15.10., El Salvador. Eine Gruppe jüngerer Offiziere unter Führung von Jaime Abdul Gutierrez und Adolfo A. Majano übernimmt die Macht.
26.10., Südkorea. Der südkoreanische Diktator Park Chung Hee wird von seinem Geheimdienstchef während einer Party erschossen.
27.10., Saint Vincent. Die frühere britische Kolonie Saint Vincent und die Grenadinen werden von Großbritannien in die Unabhängig entlassen.
4.11., Iran/USA. Rund 500 Iraner stürmen die US-Botschaft in Teheran und nehmen ca. 100 Personen als Geiseln in ihre Gewalt. So wollen sie die Auslieferung des Ex-Schahs erzwingen, der sich zur Zeit in den USA aufhält.
12.12., Belgien. Der in Brüssel gefaßte NATO-Doppelbeschluß sieht die Modernisierung der atomaren Mittelstreckenwaffen vor, wenn die UdSSR ihre SS-20 Raketen nicht reduziert.
27.12., Afghanistan/UdSSR. Sowjetische Truppen besetzen die afghanische Hauptstadt Kabul. Der Kalte Krieg hat einen neuen Höhepunkt erreicht.
31.12., USA/Iran. Der Weltsicherheitsrat billigt Sanktionen gegen den Iran, falls die als Geiseln in Teheran festgehaltenen Bürger nicht bis zum 7.1.1980 freigelassen werden.

Deutsche Politik

6.10. Die UdSSR kündigt den Abzug von 20 000 Soldaten sowie 1000 Panzerfahrzeugen aus der DDR innerhalb der nächsten zwölf Monate an.
7.10. Bei den Bremer Bürgerschaftswahlen ziehen die »Grünen« mit vier Abgeordneten erstmals in das Landesparlament ein.
14.10. 70 000 Menschen demonstrieren in Bonn auf der bislang größten Veranstaltung dieser Art in der Bundesrepublik Deutschland gegen die friedliche Nutzung der Kernenergie.
17.10. Anläßlich einer Amnestie zum 30. Jahrestag der DDR siedeln der Regimegegner Rudolf Bahro und der Wehrdienstverweigerer Nico Hübner in die Bundesrepublik über.
21.10. Der chinesische Partei- und Regierungschef Hua Guofeng trifft nach einem Besuch in Frankreich zu einem Staatsbesuch in der BRD ein.
31.10. Bundesrepublik und DDR unterzeichnen in Ostberlin ein Abkommen, das den Transit erleichtert.
7.11. Klaus Gysi wird Staatssekretär für Kirchenfragen in der DDR. Er verfolgt einen Kurs der Annäherung gegenüber den Kirchen.
14.12. Der Bundestag beschließt den Haushalt für 1980 mit einem Ausgabenvolumen von 214,48 Mrd. DM.
31.12. Ein vom »Spiegel« veröffentlichtes Streitgespräch zwischen Innenminister Gerhart Baum und Ex-Terrorist Horst Mahler sorgt für neuen Zündstoff in der Debatte um die Kronzeugenregelung.

Wirtschaft und Wissenschaft

1.9., Raumfahrt. Die amerikanische Sonde »Pioneer 11« passiert in 21 400 km Entfernung den Saturn und übermittelt Daten über die Existenz eines elften Mondes.
26.10., Medizin. Die Weltgesundheitsorganisation (WHO) erklärt Afrika für »pockenfrei« und erklärt die Seuche für gebannt.
3.12., Wirtschaft. Der amerikanische Dollar fällt auf seinen tiefsten Stand seit 1948 und notiert nur noch mit 1,7076 DM.
10.12., Nobelpreise. In Stockholm und Oslo werden die Nobelpreise verliehen. ▷Chronik Nobelpreise

Wissenschaftler geehrt

Chronik Nobelpreise

Chemie: Georg Wittig (D) und Herbert C. Brown (USA)
Medizin: Allan MacLeod Cormack (USA) und Godfrey N. Hounsfield (USA)
Physik: Sheldon L. Glashow (USA), Steven Weinberg (USA) und Abdus Salam (PAK)
Frieden: Mutter Teresa (IND)
Literatur: Odysseas Elytis (GR)
Wirtschaft: Theodore W. Schultz (USA) und Arthur Lewis (GB)

24.12., Raumfahrt. Erstmals gelingt der Start der europäischen Trägerrakete »Ariane« vom Raumfahrtzentrum in Französisch-Guayana.

1979 Geborene und Gestorbene

Gestorben:
4.1. Peter Frankenfeld (*31.5.1913), deutscher Unterhaltungskünstler.
23.1. Ernst Wolf Mommsen (*12.5.1910), deutscher Industrieller.
26.1. Nelson A. Rockefeller (*8.7.1908), amerikanischer Politiker.
29.1. René Deltgen (*30.4.1909), deutscher Schauspieler.
12.2. Jean Renoir (*15.9.1894), französischer Filmregisseur.
25.2. Heinrich Focke (*8.10.1890), deutscher Flugzeugingenieur.
16.3. Jean Monnet (*9.1.1888), französischer Wirtschaftspolitiker.
4.4. Zulfikar Ali-Khan Bhutto (*5.1.1928), pakistanischer Politiker.
15.4. Harry Meyen (*31.8.1924), deutscher Schauspieler.
11.5. Felix von Eckardt (*18.6.1903), deutscher Journalist und Politiker.
29.5. Mary Pickford (*9.4.1894), amerikanische Filmschauspielerin.
3.6. Arno Schmidt (*18.1.1914), deutscher Schriftsteller.

1979

Kunst, Literatur und Musik

5.12. Das Bauhaus-Archiv in Berlin öffnet seine Pforten.
1979 Der neue Roman *Fürsorgliche Belagerung* von Heinrich Böll wird vom Lesepublikum zunächst distanziert aufgenommen.
1979 Die Erzählung *Das Treffen in Telgte* von Günter Grass beschreibt indirekt die Geschichte der »Gruppe 47«.
1979 *Kein Ort. Nirgends* von Christa Wolf erzählt ein fiktives Treffen zwischen Heinrich von Kleist und der Dichterin Karoline von Günderode. Das Buch findet nicht nur bei der Kritik große Beachtung. ▷Chronik Zitat

Kein Ort. Nirgends
Chronik Zitat

»Eine kunstvolle und dabei gelöste Form hält ein vielschichtiges Gewebe zusammen, zu dem auch, in die Ferne transportiert, die Stimme der Dichterin selbst gehört.«
»Tages-Anzeiger«, Zürich

1979 Zu den beliebtesten Songs in Westdeutschland zählen u.a. *Bright Eyes* von Art Garfunkel, *Y.M.C.A.* von den Village People, *So bist du* von Peter Maffay, *Heart of Glass* von Blondy und *Born to be alive* von Patrick Hernandez.
1979 Peter Handke veröffentlicht die Erzählung *Langsame Heimkehr* als ersten Teil einer Tetralogie.

Theater und Film

1979 Ein gigantisches Slap-Stick-Festival ist Steven Spielbergs *1941 – Wo, bitte, geht's nach Hollywood*.
1979 John Landis dreht mit den *Blues Brothers* John Belushi und Dan Aykroyd einen Kultfilm, der in Europa und den USA eine ganze Jugendkultur beeinflußt.
1979 Zum fünften Mal verkörpert Jean-Pierre Léaud in François Truffauts Film *Liebe auf der Flucht* Antoine Doinel.
1979 Roman Polanskis *Tess* ist mit 50 Mio. Franc der bisher teuerste europäischen Film ohne US-Beteiligung.
1979 In dem Horrorfilm *Shining* von Stanley Kubrick spielt Jack Nicholson einen Schriftsteller, der in einem Berghotel wahnsinnig wird.
1979 Mit *Das Leben des Brian* gelingt der britischen Komikertruppe Monty Python ein Kultfilm, der mit *Always Look on the Bright Side of Life* auch einen Evergreen hervorbringt.
1979 Andrej Tarkowski produziert mit *Stalker* abermals einen eher rätselhaften Science-fiction-Film.
1979 Hal Ashbys Film *Willkommen Mr. Chance* mit Peter Sellers und Shirley MacLaine in den Hauptrollen ist eine bissige Satire auf den Fernsehkonsum in der westlichen Welt.
1979 Rosa von Praunheims Film *Armee der Liebenden oder Aufstand der Perversen* dokumentiert die Homosexuellen-Bewegung in den USA.
1976 Klaus Kinski spielt die Titelrolle in *Woycek*, Werner Herzogs Verfilmung des Dramas von Georg Büchner.

Gesellschaft

13.8. Das von einem deutschen Ärztekomitee gecharterte Schiff »Cap Anamur« erreicht die Küste Vietnams, um Flüchtlinge – sog. Boat-People – aufzunehmen.
6.9. Die auf dem Stoltzenberg-Chemie-Gelände in Hamburg lagernden Giftgranaten lösen den bisher größten Umweltskandal der BRD aus.
3.11. Weiße US-Amerikaner töten bei einer gegen den Ku-Klux-Klan gerichtete Demonstration in Greensboro vier Menschen.
4.11. Bei einem Anschlag auf das Atomkraftwerk Gösgen wird ein 110 m hoher Stahlmast mit meteorologischen Instrumenten zerstört.
22.11. Das ZDF setzt Dieter Hildebrandts erfolgreiche Satiresendung »Notizen aus der Provinz« ab. Kritiker vermuten Einflußnahme der Unionsparteien mit Blick auf das Bundestagswahljahr 1980.
26.11. In Westberlin beginnen Mitglieder einer Bürgerinitiative mit der ersten »Instandbesetzung« eines leerstehenden Spekulationsobjektes.
1.12. Als erstes Land der Welt erschwert Schweden den Verkauf von Kriegsspielzeug.
18.12. Dem katholischen Theologen und Professor in Tübingen Hans Küng wird von der Kirche die Lehrerlaubnis entzogen.
24.12. Im Alter von 39 Jahren stirbt in Århus der frühere bundesdeutsche Studentenführer Rudi Dutschke an den Spätfolgen des Attentats von 1968.

Geborene und Gestorbene

5.6. Heinz Erhardt (*20.2.1909), deutscher Schauspieler.
11.6. John Wayne (*26.5.1907), amerikanischer Filmschauspieler.
28.6. Paul Dessau (*19.12.1894), deutscher Komponist.
29.7. Herbert Marcuse (*19.7.1898), deutsch-amerikanischer Philosoph.
2.8. Hermann Schmitt-Vockenhausen (*31.1.1923), deutscher Politiker.
7.8. Adolph Kummernuss (*23.6.1895), deutscher Gewerkschaftsführer.
27.8. Louis Earl Mountbatten (*25.6.1900), Vizekönig von Indien.
30.8. Jean Seberg (*13.11.1938), amerikanische Filmschauspielerin.
20.9. Ludvik Svoboda (*25.11.1895), tschechischer Politiker.
30.11. Arno Assmann (*30.7.1908), deutscher Schauspieler.
11.12. Carlo Schmid (*3.12.1896), deutscher Politiker.
24.12. Rudi Dutschke (*7.3.1940), deutscher Studentenführer.

Wende im Ost-West-Konflikt

Raketenhochrüstung und verschärfte Ost-West-Spannungen kennzeichnen den Beginn der achtziger Jahre. Die Gefahr eines dritten Weltkriegs und die damit verbundene Angst vor der atomaren Vernichtung führen zu einem Erstarken der Friedensbewegung, vor allem in den westlichen Ländern. Meldungen über Umwelt- und Gesundheitsschäden, hervorgerufen durch Luft-, Boden- und Gewässerverschmutzung, beunruhigen die Bevölkerung in vielen Teilen der Erde. Der Name »Tschernobyl« wird zum Symbol für die mangelnde Fähigkeit des Menschen, mit der von ihm geschaffenen Technik umzugehen. »Perestroika« und «Glasnost« avancieren am Ende des Jahrzehnts zu feststehenden Begriffen für die tiefgreifende Reform des Ostblocks.

Weder der Olympiaboykott noch das Weizenembargo oder die Nicht-Unterzeichnung von SALT-II durch die USA vermögen den Rückzug der Sowjets aus Afghanistan zu erzwingen (1980). Nach dem Tod Josip Titos verschärfen sich in Jugoslawien die Konflikte zwischen muslimischen Albanern und orthodoxen Serben (1980). In Polen wird die 1980 zugelassene unabhängige Gewerkschaft »Solidarität« mit Verhängung des Kriegsrechts 1981 wieder verboten. Der erste Golfkrieg zwischen Iran und Irak endet 1988 nach Vermittlung durch die UNO. Doch nach dem Tod der drei greisen Sowjetführer Breschnew (1982), Andropow (1984) und Tschernenko (1985) wird der 54jährige Michail Gorbatschow neuer Kremlchef. Er unterbreitet den USA Abrüstungsvorschläge und leitet in der Sowjetunion umfassende Reformen ein. Nach dem Gipfeltreffen von Reykjavik 1986 markieren die Begriffe »Perestroika« (Umgestaltung) und »Glasnost« (Offenheit) den neuen Kurs der UdSSR. In China wird eine studentische Reformbewegung auf dem Platz des Himmlischen Friedens in Peking mit einem Massaker niedergeschlagen (1989).
Die Ostblockstaaten lösen sich nach Massendemonstrationen gegen die herrschenden Regime innerhalb weniger Monate von der 40jährigen kommunistischen Nachkriegsordnung (1989): In Rumänien führt die »Weihnachtsrevolution« zur Absetzung und Hinrichtung von Nicolae Ceaucescu (1989), Polen erhält den ersten nichtkommunistischen Regierungschef seit 1945, in der Tschechoslowakei wird der Bürgerrechtler Václav Havel Staatspräsident (1989).
In der Bundesrepublik beginnt mit dem Ende der sozialliberalen Koalition unter Helmut Schmidt die Ära Helmut Kohls, der die »geistig-moralische« Wende vollziehen will (1982). Mit dem Einzug der Grünen in den Bundestag (1983) schafft sich die ökologische Bewegung erstmals ein Sprachrohr auf Bundesebene. Der Grünen-Abgeordnete Otto Schily vermag Licht in das Dunkel der Parteispenden-Affäre zu bringen (1984), in deren Folge Bundestagspräsident Rainer Barzel (CDU) und Bundeswirtschaftsminister Otto Graf Lambsdorff (FDP) zurücktreten müssen. 1987 kommt mit der »Barschel-Pfeiffer-Affäre« der größte Polit-Skandal der deutschen Nachkriegsgeschichte ans Licht. Der schleswig-holsteinische Ministerpräsident Uwe Barschel verstrickt sich in Widersprüchen und gerät unter immer stärkeren Druck. Im Oktober kommt er unter mysteriösen Umständen ums Leben. Die DDR steht bereits 1988 kurz vor dem Ruin. Unmut über Versorgungsmängel und politische Unterdrückung münden im fünfzigsten Jahr des »Arbeiter- und Bauernstaates« in eine Demokratiebewegung, der sich das SED-Regime schließlich beugen muß: Am 9. November 1989 öffnet sich die Berliner Mauer.
Die Weltwirtschaft leidet Anfang der achtziger Jahre unter der schwersten Rezession seit dem Ende des Zweiten Weltkriegs. Der ökonomische Druck löst weltweit eine Tendenz zu konservativen Regierungen aus, die sich in der Bundesrepublik im Wechsel von der sozialliberalen zur christlich-liberalen Koalition niederschlägt. Die politische Wende weckt bei der deutschen Industrie und Wirtschaft Vertrauen und Zuversicht. Trotzdem erreichen die Arbeitslosenzahlen 1984 mit über 2,5 Millionen Menschen ein beängstigendes Niveau.

1980–1989

Die Entwicklung des CD-Players zählt zu den herausragenden wissenschaftlich-technischen Ereignissen der achtziger Jahre. Überragende Wiedergabequalität und weitgehende Verschleißfreiheit zeichnen den Nachfolger des Plattenspielers aus. Zu Beginn des Jahrzehnts prophezeit man der Computertechnologie, innerhalb der nächsten 15 Jahre Einfluß auf 50 Prozent aller Arbeitsplätze zu nehmen (1982). Mit »Lisa« bietet Apple als erste Computerfirma bereits 1983 die »Maus« an. Der 32-Bit-Chip »Intel 80386« wird 1986 erstmals als zentrale Recheneinheit für Computer eingesetzt. Zu den dramatischen Warnungen vor einem unreflektierten Technikfetichismus gehören der Reaktorunfall von Tschernobyl (1986) und die Explosion der Raumfähre »Challenger« kurz nach ihrem Start von Cape Canaveral (1986). Im selben Jahr gelingt der Raumsonde »Voyager 2« der spektakuäre Vorbeiflug an dem Planeten »Uranus«.

In der Kunst vollzieht sich in den westdeutschen Großstädten ein radikaler Wechsel von den Minimalformen der Konzeptkunst zur aggressiven Formensprache der »Neuen Wilden« (1982). Mit dem Rückgriff auf bewährte Sujets wie Figur und Stilleben entstehen großflächige, unbefangene Formen, die sich den Ausdruck »heftig« gefallen lassen. Eine Variante dieser expressiv-spontanen Figuration ist die »Graffiti«-Kunst, die von New York aus ihren Siegeszug antritt. Graffiti-Künstler sprayen ihre Botschafen auf Betonwände, Toiletten und U-Bahnhöfe. In Europa erlangt Harald Nägeli als »Der Sprayer von Zürich« Berühmtheit (1984). Zugleich erobern Frauen die Kunstszene: Ulrike Rosenbach, Christa Näher, Rosemarie Trockel, Astrid Klein und Katharina Sieverding verarbeiten Visionen und Träume in expressiver Sprache, verbinden Rauminstallationen und Fototechnik mit Malerei (1988).

In der Welt des Theaters steht zu Beginn des Jahrzehnts in der Gunst der Kritiker das Schauspielhaus Bochum ganz oben, das unter Claus Peymann aufgrund der vielen Uraufführungen zu den wichtigsten Theatern mit gegenwartsbezogenem Programm gehört. Unter den zahlreichen »Faust«-Aufführungen anläßlich des 150. Todestages von Johann Wolfgang von Goethe 1982 brilliert Klaus Michael Grübers Neuinterpretation an der Freien Volksbühne Westberlin. Neben Tankred Dorsts »Merlin oder Das wüste Land« (1982) und »Kalldewey, Farce« von Botho Strauß (1982) gehört Peter Zadeks »Lulu«-Inszenierung (1988) zu den wichtigsten neuen Stücken des Theaterjahrzehnts.

Im »Jahrzehnt der Frau« sind deutsche Filmemacherinnen international erfolgreich. Neben Margarethe von Trottas preisgekröntem Film »Die bleierne Zeit« (1981) gelingt auch Jeannine Meerapfel mit »Malou« (1981) ein authentisches Bild deutscher Vergangenheit. Heike Sander thematisiert in ihrem Film »Der subjektive Faktor« (1981) die Frauenbewegung der sechziger Jahre. Die internationale Aufrüstung hinterläßt ihre Spuren in dem Horrorszenario von Nicholas Meyer »The Day After« (1983), das den Tag nach einem Atomschlag beschreibt. Weitere Highlights auf der Leinwand sind Wolfgang Petersens Verfilmung von Michael Endes Roman »Die unendliche Geschichte« (1984), Sydney Pollacks Film »Jenseits von Afrika« (1985), Jean-Jacques Annauds Klosterkrimi »Der Name der Rose« nach dem Roman von Umberto Eco (1986) und Bernardo Bertoluccis China-Epos »Der letzte Kaiser« (1987).

Freizeitvergnügen Nummer eins ist und bleibt der Urlaub. Der Ferntourismus liegt in den Achtzigern voll im Trend, besonders begehrt sind die USA und Kanada. Der Umweltaspekt gewinnt bei Urlaubsreisen zunehmend an Bedeutung: 1988 fühlen sich etwa 50 Prozent der deutschen Touristen am Urlaubsort von Umweltproblemen gestört. Bemängelt werden vor allem verschmutzte Strände und durch Hotelanlagen verschandelte Landschaften. Immer beliebter wird das aus den USA kommende Mountainbike (1989), das mit stabilem Rahmen, breiten Reifen und einer aufwendigen Gangschaltung zu Fahrten in unwegsamen Geländen einlädt – oft zum Schaden der Natur.

1980

Internationale Politik

5.1., USA/UdSSR. Die Vereinigten Staaten verhängen nach dem Einmarsch sowjetischer Truppen in Afghanistan Sanktionen gegen die UdSSR und verschieben die Ratifizierung des SALT-II-Abkommens.
6.1., Indien. Indira Gandhi wird nach drei Jahren erneut indische Ministerpräsidentin.
22.1., UdSSR. Regimekritiker Andrei Sacharow und seine Frau Jelena Bonner werden aufgrund der Kritik am Einmarsch in Afghanistan nach Gorki verbannt. Die sowjetische Zeitung »Iswestija« dokumentiert die Rechtfertigung der Verbannung. ▷Chronik Zitat

Sacharow verbannt

Chronik Zitat

»Sacharow hat den Weg eines direkten Verrates der Interessen unserer Heimat und des Sowjetvolkes beschritten ... und ging in das Lager der militanten Antikommunisten, in das Lager der krassen Verfechter des Kalten Krieges über.«
»Iswestija«

25.1., Iran. Der 47jährige Abol Hassan Banisadr, Sohn eines hohen schiitischen Geistlichen, wird erster Präsident des Iran nach dem Sturz des Schah.
27.1., Israel/Ägypten. Israel und Ägypten öffnen offiziell die Grenzen zueinander.
18.2., Kanada. Pierre Trudeaus Liberale Partei kann bei Parlamentswahlen die Mehrheit der Stimmen für sich verbuchen.
13.3., Österreich. Österreich erkennt die Palästinensische Befreiungsorganisation (PLO) an.
24.3., El Salvador. Der Erzbischof der Hauptstadt San Salvador, Oscar Arnulfo Romero, wird während eines Gottesdienstes erschossen. Der Mord verschärft den Konflikt zwischen Regierung und Guerillas.
2.4., Jugoslawien. In Belgrad unterzeichnen die Europäische Gemeinschaft und Jugoslawien ein Handels- und Kooperationsabkommen.

Deutsche Politik

1.1. Das neue Transitabkommen zwischen der Bundesrepublik und der DDR tritt in Kraft. Es bringt Erleichterungen für den innerdeutschen Reiseverkehr.
13.1. Delegierte verschiedener linker und ökologischer Gruppierungen gründen in Karlsruhe die Bundespartei der Grünen.
16.3. Bei den Landtagswahlen in Baden-Württemberg sichern sich die Grünen erstmals den Einzug in ein Landesparlament.
19.3. Die im Bundestag vertretenen Parteien unterzeichnen ein »Fairneß-Abkommen« für den Bundestagswahlkampf.
23.3. Die Grünen beenden in Saarbrücken ihren dreitägigen Programmparteitag für Ökologie, Sozialstaat, Gewaltfreiheit und Basisdemokratie.
13.4. Die Bundesregierung schließt sich den amerikanischen Boykottmaßnahmen gegen den Iran an.
3.5. Kernkraftgegner besetzen bei Gorleben das Gelände der geplanten Wiederaufbereitungsanlage und errichten die »Republik Freies Wendland«.
8.5. Bei den Beerdigungsfeiern für Josip Tito kommt es in Belgrad zum zweiten Zusammentreffen Bundeskanzler Helmut Schmidts mit dem DDR-Staatsratsvorsitzenden Erich Honecker.
11.5. Bei Landtagswahlen in Nordrhein-Westfalen kann die SPD die absolute Mehrheit der Stimmen erzielen. FDP und Grüne scheitern an der 5%-Hürde.
4.6. Polizei und Bundesgrenzschutz räumen die »Republik Freies Wendland« im niedersächsischen Landkreis Lüchow-Dannenberg.
6.6. Die FDP spricht sich auf ihrem Parteitag mit großer Mehrheit für die Fortsetzung der Bonner sozialliberalen Koalition aus.
10.6. Das Bundesarbeitsgericht stellt fest, daß Aussperrungen von Arbeitnehmern im Arbeitskampf unter bestimmten Voraussetzungen rechtmäßig sind.
1.7. Bundeskanzler Helmut Schmidt und Bundesaußenminister Hans-Dietrich Genscher beenden einen Staatsbesuch in Moskau.

Wirtschaft und Wissenschaft

15.1., Wirtschaft. In einer feierlichen Zeremonie erteilt das Europäische Patentamt in München die ersten 13 Europapatente.
17.1., Medizin. In Zürich wird das erste künstliche Interferon hergestellt, das vorwiegend in der Virus- und Tumorbekämpfung eingesetzt wird. Der Erfolg in der Krebsbehandlung ist noch gering.
6.2., Kernenergie. Das Bundesverfassungsgericht der Bundesrepublik erklärt die friedliche Nutzung der Atomenergie für verfassungskonform.
23.5., Raumfahrt. In Französisch-Guayana mißlingt der zweite Teststart der Europarakete »Ariane«.
2.6., Medien. In Düsseldorf und Berlin wird ein Feldversuch mit 5000 Teilnehmern zum Bildschirmtext durchgeführt.
6.6., Technik. Ein Computersystem löst in den Vereinigten Staaten Atomalarm aus. Eine Gegenreaktion auf den vermeintlichen sowjetischen Angriff erfolgt nicht, da der Fehler nach drei Minuten entdeckt wird.
12.6., Medien. Telebriefe im Bereich der Deutschen Bundespost können via Fernsehkabel oder Satellit als Fernkopie übermittelt werden.

Arbeit in Westdeutschland

Chronik Statistik

Erwerbstätige	25 795 000
männlich	16 116 000
weiblich	9 679 000
Fremdarbeiter	2 072 000
Arbeitslose	889 000
Arbeitslosenquote (%)	3,3

17.6., Kernenergie. Nachdem verseuchtes Kühlwasser versehentlich als Trinkwasser benutzt wurde, erkranken über 100 Beschäftigte des britischen Atomkraftwerks »Windscale«.
25.6., Technik. Auf der Nordseeinsel Pellworm werden Windkraftanlagen als alternative Energiequelle getestet.
26.6., Atomphysik. Frankreich verkündet die Entwicklung einer Neutronenbombe.

1980

Kunst, Literatur und Musik

27.1. Die Verleihung des Bremer Literaturpreises an den wegen versuchten Polizistenmords im Gefängnis sitzenden Peter Paul Zahl löst einen politischen Skandal aus.
7.2. UA: *The Wall*, Rockspektakel der britischen Popgruppe Pink Floyd, in Los Angeles.
16.2. In Westberlin präsentiert eine Tutanchamun-Ausstellung wertvolle Grabbeilagen des Pharaos.
22.2. Der Maler und Schriftsteller Friedensreich Hundertwasser wird mit dem Großen Österreichischen Staatspreis ausgezeichnet.
15.4. Dem Sarg des französischen Philosophen und Schriftstellers Jean-Paul Sartre folgen 50 000 Menschen.
25.4. Das Züricher Kunsthaus zeigt eine große Dada-Ausstellung.
18.5. Die Uraufführung der Mysterien-Oper *Jesu Hochzeit* von Gottfried von Einem sorgt für Proteste in konservativen Kirchenkreisen.
22.5. Das New Yorker Museum of Modern Art präsentiert die bisher umfassendste Ausstellung von Werken des spanischen Künstlers Pablo Picasso.
15.6. In Köln wird bei der Ausstellung »Max Ernst in Köln. Die rheinische Kunstszene bis 1923« erstmals das Frühwerk des Malers gezeigt.
17.6. Das berühmten Wandgemälde *Das Abendmahl* von Leonardo da Vinci in der Mailänder Kirche Santa Maria delle Grazie weist einen 2 m langen Riß auf und wird dem Publikumsverkehr entzogen.
2.7. Die Londoner Tate-Gallery eröffnet eine Ausstellung mit Arbeiten des Pop-art-Künstlers David Hockney.
25.7. Die Richard-Wagner-Festspiele in Bayreuth eröffnen mit einer Aufführung des *Parzifal*.
7.8. UA: *Pollicino*, Kinderoper von Hans Werner Henze, in Montepulciano.
8.8. Die 1935 zum Museum umgewandelte Hagia Sophia in Istanbul steht Gläubigen wieder zum Gebet offen.
17.8. Die Kölner begehen den 100. Geburtstag ihres Doms.
1.9. Zur Eröffnung der Theatersaison in Gelsenkirchen wird Hans Werner Henzes Orchestersuite *Apollo trionfante* uraufgeführt.

Theater und Film

8.1. Der Dokumentarfilm *Ashram in Poona* berichtet erstmals über das Zentrum der Baghwan-Sekte. Das bundesdeutsche Publikum ist begeistert.
8.2. *Hungerjahre*, ein Film von Jutta Brückner mit Britta Pohland erzählt eine authentische Kindheitsgeschichte aus den fünfziger Jahren, die als Psychodrama verarbeitet wurde. ▷Chronik Zitat

Brückners »Hungerjahre«
Chronik Zitat

»Hungerjahre zeigt mit Genauigkeit und Authentizität die drückenden Nahtstellen auf zwischen der äußeren Geschichte einer Epoche und der inneren eines einzelnen Menschen, wie es sonst selten in einem Film über diese Zeit vorkommt.«
»Frankfurter Rundschau«

9.2. UA: *Die Erschöpfung der Welt*, Musiktheaterstück von Mauricio Kagel, im Stuttgarter Staatstheater. Das Stück entwirft ein düsteres Bild der Menschheit.
14.2. UA: *Juristen*, Theaterstück von Rolf Hochhuth, am Ernst-Deutsch-Theater in Hamburg und am Deutschen Theater in Göttingen. Das Stück thematisiert die nationalsozialistische Vergangenheit deutscher Richter.
April In Hamburg findet die erste Internationale Filmbörse statt.
12.4. UA: *Memory Hotel*, Ehedrama von Wolfgang Bauer, in Graz.
14.4. In Hollywood wird der Film *Kramer gegen Kramer* mit vier Oscars ausgezeichnet. Volker Schlöndorffs Film *Die Blechtrommel* nach dem Roman von Günter Grass wird als bester ausländischer Film geehrt.
26.4. UA: *Simplex Deutsch*, Stück von Volker Braun, im Berliner Ensemble.
29.4. Mit Adolf Hitchcock stirbt der Altmeister des Kino-Thrillers.
23.5. In Cannes erhalten die Filme *Kagemusha* von Akira Kurosawa und *All that Jazz* von Bob Fosse die Goldene Palme für den besten Film.

Gesellschaft

17.1. Der Beschluß des Bundestags über die Einführung des maschinenlesbaren Ausweises ab 1981 hat Proteste der Datenschützer zur Folge.
12.2. Die Nord-Süd-Kommission fordert eine Verdopplung der Entwicklungshilfe.
7.3. Der in Madagaskar registrierte Tanker »Tanio« bricht vor der bretonischen Küste auseinander und verursacht eine schwere Ölpest.
14.3. Das schwedisches Parlament verabschiedet ein Gesetz, das den staatlich geförderten einjährigen Erziehungsurlaub nach der Geburt eines Kindes regelt.
18.3. In München wird die »Selbstmörderbrücke« abgerissen, von der sich seit 1857 mehr als 200 Menschen in den Tod stürzten.
21.3. In Westberlin stürzt das Spannbetondach der 1957 erbauten Kongreßhalle ein.
27.3. Bei schwerer See kentert in der Nordsee die norwegische Bohrinsel »Alexander Kielland«. 123 Menschen sterben.
6.4. Die Bundesrepublik führt die Sommerzeit ein. Die Uhren werden eine Stunde zurückgestellt.
17.5. Bei Rassenkrawallen in Miami (USA) kommen 16 Menschen ums Leben, 370 werden verletzt.
18.5. Beim Ausbruch des Vulkans Mount St. Helen im Nordwesten der USA sterben mindestens 24 Menschen.
Juni Das dreidimensionale Puzzlespiel »Zauberwürfel« wird »Spiel des Jahres 1980« und drei Mio. Mal in der Bundesrepublik verkauft.
4.6. In Köln startet der Circus »Roncalli« mit einem bezaubernden Programm seine Deutschland-Tournee.
16.6. Südafrika erlebt die schwersten Rassenkrawallen seit vier Jahren.
22.6. Deutschland wird unter der Regie von Jupp Derwall Fußball-Europameister.
25.6. Der Deutscher Bundestag verkündet das Gesetz zur Gleichbehandlung der Frau am Arbeitsplatz.
26.6. Die Neuregelung des Betäubungsmittelgesetzes stellt die Verstöße unter höhere Strafen. Grundsatz ist dabei: »Therapie statt Strafe«.

1980

Internationale Politik

7.4., USA/Iran. Die USA brechen wegen der Teheraner Geiselaffäre ihre diplomatischen Beziehungen zum Iran ab und verhängen einen Wirtschaftsboykott.
9.4., USA/Schweiz. Die USA ersuchen die Schweiz formell um die Wahrung der US-Interessen im Iran. Die Schweiz stellt sich dieser Aufgabe.
18.4., Rhodesien. Rhodesien erhält als Simbabwe die Unabhängigkeit. Erster Regierungschef wird Robert Mugabe (ZANU).
25.4., Iran. Ein Versuch der USA, die amerikanischen Geiseln in der Teheraner US-Botschaft zu befreien, scheitert.
4.5., Jugoslawien. Staatspräsidenten Josip Tito stirbt im Alter von fast 88 Jahren.
30.5., Belgien. Die Europäische Gemeinschaft beschließt in Brüssel die Reduzierung des britischen Beitrags zum gemeinsamen Haushalt.
20.6., Irak. Bei den ersten freien Wahlen im Irak seit 22 Jahren kann die regierende Bath-Partei Saddam Husseins 175 von 250 Parlamentssitzen für sich verbuchen.
29.6., Island. In Island wird Vigdís Finnbogadóttir zur ersten weiblichen Staatspräsidentin Europas gewählt.
16.7., Sri Lanka. Die Regierung ruft angesichts wachsender Konflikte zwischen Singhalesen und Tamilen den Notstand aus.
25.7., Israel. Die israelische Regierung erklärt das zwischen Arabern und Israelis umstrittene Jerusalem zur Hauptstadt.
27.8., Somalia/Äthiopien. Im Grenzkonflikt um den zu Äthiopien gehörende Ogaden sind seit 1977 rund 1,4 Mio. Menschen nach Somalia geflüchtet.
7.9., China. Nach dem Rücktritt Hua Guofengs als Ministerpräsident leitet China wirtschaftliche Reformen ein.
12.9., Türkei. Nach einem unblutigen Putsch übernehmen die Militärs zum dritten Mal seit 1960 die Macht. Ministerpräsident wird Generalstabschef Kenan Evren.
22.9., Irak/Iran. Mit dem Angriff irakischer Truppen auf iranische Ölanlagen wird nach monatelangen Scharmützeln der erste Golfkrieg eröffnet.

Deutsche Politik

22.8. Bundeskanzler Helmut Schmidt sagt ein Treffen mit DDR-Staatschef Erich Honecker ab.
25.8. Während einer Wahlveranstaltung des Bundeskanzlerkandidaten Franz Josef Strauß (CSU) wird in Hamburg bei Krawallen ein Demonstrant getötet. Zahlreiche Demonstranten und Polizisten werden verletzt.
26.9. Bei einem Bombenanschlag eines Rechtsextremisten auf dem Oktoberfest in München werden 13 Menschen getötet.
5.10. Die sozialliberale Regierung unter Bundeskanzler Helmut Schmidt (SPD) geht aus den Bundestagswahlen als klare Siegerin hervor. Der Koalitionspartner FDP kann erhebliche Stimmengewinne verzeichnen.

Mut zur Zukunft
Chronik Zitat

»Wir werden unsere Aufgaben mit Mut anpacken ..., denn wir haben im Laufe von Jahrzehnten ein vorbildliches soziales Gemeinwesen gestaltet. Der soziale Frieden in unserm Lande ist gefestigt.«
Bundeskanzler Helmut Schmidt

9.10. Überraschend erhöht die DDR den Umtauschkurs für Westbesucher von 13 DM auf 25 DM pro Tag.
16.10. Aus Protest gegen die geplante Startbahn West des Frankfurter Rhein-Main-Flughafens treten lokale Politiker aller Parteien in einen Hungerstreik.
5.11. Helmut Schmidt (SPD) wird vom Deutschen Bundestag als Bundeskanzler bestätigt.
10.11. Erich Honecker trifft zu einem ersten Staatsbesuch in Österreich ein.
15.11. Den »Krefelder Appell« gegen die nukleare Aufrüstung Mitteleuropas unterzeichnen mehr als eine Million Menschen.
15.11. Papst Johannes Paul II. tritt zu einem Staatsbesuch in der BRD ein.
24.11. Bundeskanzler Helmut Schmidt gibt unter dem Motto »Mut zur Zukunft« vor dem Bundestag eine Regierungserklärung ab. ▷Chronik Zitat

Wirtschaft und Wissenschaft

23.7., Wirtschaft Die vom US-Präsidenten Jimmy Carter in Auftrag gegebenen Studie »Global 2000« warnt vor Erschöpfung der natürlichen Ressourcen der Erde und prophezeit Umweltkatastrophen infolge von Industrialisierung und Überbevölkerung.
29.8., Kernenergie. Wegen technischer Mängel wird das Atomkraftwerk Brunsbüttel in Schleswig-Holstein erneut stillgelegt.
5.9., Verkehr. Der Sankt-Gotthard-Tunnel ist mit 16,3 km längster Straßentunnel der Welt.
5.9., Astronomie. Amerikanische Wissenschaftler stoßen bei der Auswertung von Photos der »Voyager«-Raumsonden auf den 16. Jupitermond.
8.9., Technik. In München beginnt die 11. Weltenergiekonferenz.
26.9., Chemie. Die Deutsche Forschungsgemeinschaft rät von der Benutzung von Formaldehyd ab, da es als krebserregend gilt.
11.10., Raumfahrt. Die Kosmonauten Leonid Popow und Waleri Rjumin stellen mit 185 Tagen einen neuen Aufenthaltsrekord im All auf.
12.10., Wirtschaft. Die IG-Metall fordert die Einführung der 35-Stunden-Woche.
12.11., Raumfahrt. Die amerikanische Raumsonde »Voyager I« übermittelt Meßdaten über den Planeten Saturn zur Erde.
10.12., Nobelpreise. In Stockholm und Oslo werden die Nobelpreise feierlich überreicht. ▷Chronik Nobelpreise

Wissenschaftler geehrt
Chronik Nobelpreise

Chemie: Paul Berg (USA), Walter Gilbert (USA) und Frederick Sanger (GB)
Medizin: Baruj Benacerraf (USA), Jean Dausset (F) und George D. Snell (USA)
Physik: James W. Cronin (USA) und Val L. Fitch (USA)
Frieden: Adolfo P. Esquivel (RA)
Literatur: Czeslaw Milosz (PL)
Wirtschaft: Lawrence R. Klein (USA)

1980

Kunst, Literatur und Musik

22.9. Michael Ende wird für seinen Roman *Die unendliche Geschichte* mit dem »Buxtehuder Bullen«, den höchstdotierten Jugendbuchpreis der Bundesrepublik, ausgezeichnet.
Oktober Hans-Magnus Enzensberger ist Herausgeber der intellektuellen Monatszeitschrift *Transatlantik*.
12.10. Den diesjährigen Friedenspreis des Deutschen Buchhandels erhält der nicaraguanische Lyriker Ernesto Cardenal.
16.10. In Darmstadt wird die DDR-Schriftstellerin Christa Wolf mit dem Büchner-Preis geehrt.
8.12. Ex-Beatle John Lennon wird in New York von einem offenbar Geisteskranken auf offener Straße erschossen.
12.12. Im Londoner Auktionshaus Christie's wird ein Skizzenbuch von Leonardo da Vinci für 5,28 Mio. US-Dollar versteigert.
18.12. Trotz eines Verbots wegen Verletzung von Persönlichkeitsrechten erscheint im Rowohlt-Verlag der Roman *Mephisto* von Klaus Mann.
1980 Der italienische Literaturwissenschaftler Umberto Eco kann mit seinem literarischen Debüt, dem historischen Roman *Im Namen der Rose*, einen Welterfolg verbuchen.
1980 Alfred Andersch autobiographisch gefärbte »Schulgeschichte« *Der Vater eines Mörders* wird im Diogenes-Verlag veröffentlicht.
1980 Botho Strauß gibt sein literarisches Psychogramm *Rumor*, eine Vater-Tochter-Geschichte, heraus.
1980 William Goldings Roman *Äquatortaufe* thematisiert anhand einer Schiffsreise von England nach Australien die englische Gesellschaft im 19. Jahrhundert.
1980 Philip Johnson, einer der herausragenden Vertreter der postmodernen Architektur vollendet in Los Angeles die *Christal Cathedral*.
1980 Bei einer Ausstellung in Aachen präsentiert Wolfgang Becker Werke der »Neuen Wilden«, die mit ihren großflächigen, expressiven Werken die Malerei dominieren.
1980 Der amerikanische Komponist Philip Glass entwickelt die »Minimal Music«.

Theater und Film

28.5. UA: *1980*, Tanztheater von Pina Bausch, in Wuppertal.
13.6. Bei der Bundesfilmpreisverleihung in Berlin wird *Die letzten Jahre der Kindheit* von Norbert Kückelmann mit dem Goldenen Filmband ausgezeichnet.
22.8. Rainer Werner Fassbinders 14 teilige Literaturverfilmung *Berlin Alexanderplatz* wird auf dem Filmfestival in Venedig vorgestellt. Der Film basiert auf der Erzählung von Alfred Döblin und wurde für den Westdeutschen Rundfunk produziert.
6.9. UA: *Der Weltverbesserer*, Stück von Thomas Bernhard, in der Inszenierung von Claus Peymann mit Bernhard Minetti in der Hauptrolle in Bochum.
8.9. Auf den Filmfestspielen in Venedig bekommen die Filme *Gloria* von John Cassavetes und *Atlantic City* von Louis Malle den Goldenen Löwen.
25.9. UA: *Theo gegen den Rest der Welt*, Film mit Marius Müller-Westernhagen, in Herne.
9.11. UA: *Die Ärztinnen*, Stück von Rolf Hochhuth, in Mannheim.
16.11. UA: *Der Auftrag. Erinnerung an eine Revolution*, Drama von Heiner Müller, an der Volksbühne in Ostberlin.
20.11. UA: *Helmer oder ein Puppenheim*, Theaterstück von Ester Vilar, in Bonn.
13.12. UA: *Unseres Gottes Bruder*, Stück von Karol Wojtyla, dem jetzigen Papst Johannes Paul II., im Krakauer Slowacki-Theater.
1980 *Die letzte Metro* von François Truffaut zählt zu den erfolgreichsten Filmen des französischen Regisseurs.
1980 Ein großer Flop wird der amerikanische Western *Heaven's Gate* von Michael Cimino.
1980 Jessica Lange und Jack Nicholson erliegen in *Wenn der Postmann zweimal klingelt* einer leidenschaftlich-erotischen Beziehung, in deren Folge ein Ehemann bei einem fingierten Autounfall sein Leben verliert.
1980 Shirley MacLaine und Bo Derek brillieren neben Anthony Hopkins und Michael Brandon in der Episode *Jahreszeiten einer Ehe*, die von Richard Lang nach einem Roman von Erich Segal in Szene gesetzt wurde.

Gesellschaft

August Die Zeitschrift »Ambiente« kommt mit neuen Einrichtungsideen auf den Markt.
2.8. Ein Bombenanschlag von Neofaschisten auf dem Bahnhof in Bologna fordert 84 Menschenleben.

Deutsche Meister Chronik Sport

Leichtathletik:
100 m:
Christian Haas — 10,25 sec
110 m Hürden:
Dieter Gebhard — 14,02 sec
Weitsprung:
Jens Knipphals — 8,01 m
Speerwurf:
Michael Wessing — 83,94 m
Diskuswurf:
Rolf Danneberg — 60,20 m

3.8. Die chinesische Hauptstadt Peking wird von der schlimmsten Dürrekatastrophe seit über 100 Jahren heimgesucht.
11.8. Eine 2000 km lange Spur der Verwüstung von Mexiko bis Texas geht auf das Konto des Hurrikans »Allen«.
4.9. Wegen der Schließung des autonomen Jugendzentrums toben in Zürich Straßenschlachten zwischen Jugendlichen und der Polizei.
6.9. Der ARD-Rundfunkrat genehmigt die Einführung von Hörfunkwerbung zum 1.1.1981.
12.9. Der ehemalige schwedischen Ministerpräsident Olof Palme initiiert die internationale Unabhängige Abrüstungskommission, die sich in Wien konstituiert.
10.10. Bei einem schweren Erdbeben in Nordalgerien kommen 22 000 Menschen ums Leben, 44 000 werden verletzt.
13.10. Die Umweltschutzorganisation »Greenpeace« protestiert durch Behinderung des Abfallschiffs »Kronos« in Nordenham gegen die Versenkung von Industriemüll in der Nordsee.
18.10. Auf Westberliner Straßen liefern sich rivalisierende Jugendgruppen, Popper und Punker, eine Schlacht.

1980

Internationale Politik	Deutsche Politik	Wirtschaft und Wissenschaft
24. 10., Polen. Der neue unabhängige Gewerkschaftsbund »Solidarität« wird gerichtlich registriert. **30. 10., El Salvador.** Ein Friedensvertrag mit Honduras beendet den elfjährigen Grenzkrieg. **4. 11., USA.** Der Republikaner Ronald Reagan gewinnt die Präsidentschaftswahl. **26. 12., Zentralafrikanische Republik.** Ex-Kaiser Bokassa I. wird in Abwesenheit zum Tode verurteilt.	**12.12.** Im Westberliner Bezirk Kreuzberg kommt es erneut zu schweren Krawallen zwischen Hausbesetzern und der Polizei. 150 Jugendliche und 70 Polizisten werden verletzt. **12.12.** Zum neuen Bundesgeschäftsführer der SPD wird der Westberliner Wissenschaftssenator Peter Glotz gewählt. **15.12.** Nachfolger von Klaus Bölling als Regierungssprecher wird der parteilose Journalist Kurt Becker.	**1980, Wirtschaft.** Die Elektronikbranche erlebt einen Boom durch die Video-Technik. In der Bundesrepublik werden 400 000 Recorder zu durchschnittlich 2500 DM verkauft. **1980, Technik.** Die ersten Taschencomputer und Homecomputer kommen auf den Markt. **1980, Medien.** Neuartige Telekommunikationssatelliten ermöglichen die Vermittlung von 13 000 Gesprächen gleichzeitig.

1980 Geborene und Gestorbene

Gestorben:
4.1. Joy Adamson (*20.1.1920), amerikanische Schriftstellerin.
23.1. Lil Dagover (*30.9.1887), deutsche Schauspielerin.
13.2. David Janssen (*27.3.1930), amerikanischer Schauspieler.
21.2. Alfred Andersch (*4.2.1914), deutscher Schriftsteller.
22.2. Oskar Kokoschka (*1.3.1886), österreichischer Maler.
9.3. Olga Tschechowa (*26.4.1897), deutsche Schauspielerin russischer Herkunft.
18.3. Erich Fromm (*23.3.1900), deutsch-amerikanischer Psychoanalytiker.
15.4. Jean-Paul Sartre (*21.6.1905), französischer Philosoph.
20.4. Heinrich Köppler (*26.11.1925), deutscher Politiker.

1981

Internationale Politik	Deutsche Politik	Wirtschaft und Wissenschaft
1. 1., Griechenland. Griechenland wird das zehnte Vollmitglied der Europäischen Gemeinschaft. **10. 1., El Salvador.** Linksgerichtete Guerilleros eröffnen eine Großoffensive in El Salvador. **17. 1., Philippinen.** Präsident Ferdinand Marcos hebt nach acht Jahren das Kriegsrecht auf. **20. 1., USA/Iran.** Nach 444 Tagen Gefangenschaft werden die 52 amerikanischen Geiseln aus der Teheraner Botschaft freigelassen. **25. 1., China.** Im Prozeß gegen die »Viererbande« wird in Peking gegen die Mao-Witwe Chiang Ch'ing das Todesurteil gesprochen, die Vollstreckung jedoch aufgeschoben. **6.2., El Salvador.** Im Bürgerkrieg startet die Regierung eine Gegenoffensive. **11. 2., Polen.** General Wojciech Jaruzelski wird neuer Ministerpräsident.	**15.1.** Infolge der Senatskrise, die durch den Skandal um den Architekten Dietrich Garski ausgelöst worden war, tritt der gesamte Berliner SPD/FDP-Senat unter Dietrich Stobbe zurück. **22.1.** In Hamburg wird der Terrorist Peter Jürgen Boock verhaftet, der u.a. an dem Mordanschlag auf Hanns Martin Schleyer beteiligt war. **23.1.** Das Berliner Abgeordnetenhaus wählt Bundesjustizminister Hans-Jochen Vogel zum Regierenden Bürgermeister. **29.1.** In Westberlin liefern sich Polizei und Mitglieder der Hausbesetzerszene erneut schwere Straßenschlachten. **19.2.** Die Landesregierung von Schleswig-Holstein erteilt die zweite Teilerrichtungsgenehmigung für das umstrittene Kernkraftwerk Brockdorf. Die Kosten für das Kernkraftwerk werden etwa 2,5 Mrd. DM betragen.	**26.1., Kernenergie.** Die Wiederaufbereitungsanlage für Kernbrennstäbe im französischen Le Hague wird nach erneuten Störfällen abgeschaltet. **27. 3., Physik.** Wissenschaftler der Darmstädter Gesellschaft für Schwerionenforschung weisen das Element 107 nach. **12. 4., Raumfahrt.** In Cape Canaveral starten die USA die Raumfähre »Columbia« mit dem wiederverwendbaren »Space-Shuttle«. **13. 4., Technik.** Auf Sizilien wird mit »Eurelios« das größte Solarkraftwerk Europas in Betrieb genommen. **7. 5., Medizin.** Der Herzchirurg Fritz Sebening führt in München die erste Herztransplantation in Deutschland durch. **15. 5., Wirtschaft.** In Mexiko rollt der zweimillionste VW-»Käfer« vom Band.

1980

Kunst, Literatur und Musik	Theater und Film	Gesellschaft
1980 Zu den beliebtesten Interpreten auf dem Popmusik-Markt zählen in der Bundesrepublik Peter Maffay, Marianne Faithfull, Pink Floyd, Abba, Mike Oldfield und Nina Hagen. **1980** Die Single-Jahres-Bestseller in bundesdeutschen Plattenländen sind u.a. *Another Brick in the Wall* von Pink Floyd, *Bobby Brown* von Frank Zappa, *Sun of Jamaica* von der Goombay Dance Band und *It's a Real Good Feeling* von Peter Kent.	**1980** Der amerikanische Film *Brubaker* mit Robert Redford als Gefängnisdirektor basiert auf den authentischen Erlebnissen des Kriminologen Thomas Morton, der Ende der 60er Jahre den Versuch unternahm, eine Gefängnisfarm in Arkansas zu reformieren. **1980** Harrison Ford spielt in *Jäger des verlorenen Schatzes* den Archäologie-Professor Indiana Jones, der sich auf der Suche nach okkulten Gegenständen auf immer neue Abenteuer einläßt.	**21.11.** Die TV-Folge »Wer erschoß J.R.?« der amerikanischen Serie »Dallas« bricht mit 83 Mio. Zuschauern alle Rekorde. **30.11.** Die Schweizer Bürger entscheiden sich in einer Volksabstimmung für die Anschnallpflicht. **1980** Weiche Nappalederhosen mit Bundfaltenschnitt, Norweger-Pullover und Karomuster dominieren die Damenmode. Die Herrenwelt ist ganz auf den »Karriere-Stil« eingestellt.

Geborene und Gestorbene

20.4. Helmut Käutner (*25.8.1908), deutscher Schauspieler und Regisseur.
29.4. Alfred Hitchcock (*13.8.1899), britischer Filmregisseur.
4.5. Josip Broz Tito (*25.5.1892), jugoslawischer Politiker.

7.6. Henry Miller (*26.12.1891), amerikanischer Schriftsteller.
24.7. Peter Sellers (*8.9.1925), britischer Filmschauspieler.
27.7. Mohammed Resa Pahlawi (*26.10.1919), persischer Schah.

7.11. Steve McQueen (*24.3.1930), amerikanischer Filmschauspieler.
22.11. Mae West (*17.8.1892), amerikanische Schauspielerin.
8.12. John Lennon (*9.10.1940), britischer Popmusiker.

1981

Kunst, Literatur und Musik	Theater und Film	Gesellschaft
5.1. Der französische Maler Jean Vername stellt sein umstrittenes *Wüstengemälde* auf einer Felsenlandschaft der Sinai-Halbinsel fertig. **20.1.** Im Rechtsstreit mit dem Springer-Verlag um sein Enthüllungs-Buch über die Bild-Zeitung *Der Aufmacher* entscheidet der Bundesgerichtshof für Günter Wallraff. **3.2.** Im Berliner Haus des Rundfunks feiert das *Te Deum* des polnischen Komponisten Krzysztof Penderecki seine deutsche Erstaufführung. **6.2.** Im ostasiatischen Museum in Westberlin beginnt die Ausstellung »Kunstschätze in China«, u.a. mit den »Tönernen Kriegern« aus dem Grab des ersten Kaisers von China. **13.2.** Pink Floyd fasziniert mit dem Rockspektakel *The Wall* an acht aufeinanderfolgenden Tagen das Dortmunder Publikum.	**9.1.** Das renovierte Schiller-Theater in Berlin präsentiert Peter Zadeks umstrittene Inszenierung von Hans Falladas *Jeder stirbt für sich allein*. **14.1.** UA: *Hohn der Angst*, Drama von Dario Fo, in Mailand. Das Stück handelt erneut von Terrorismus und Anarchismus. Die Presse bezichtigt den Autor der moralischen Unterstützung des Terrorismus. **14.1.** UA: *Lili Marleen*, Film von Rainer Werner Fassbinder, u.a. mit Hanna Schygulla, in Berlin. **1.2.** UA: *Triptychon*, Stück von Max Frisch, am Wiener Akademietheater. **8.2.** UA: *Sehnsucht*, Theaterstück des österreichischen Schriftstellers Gerhard Roth, im Berliner Schloßpark-Theater. **12.2.** UA: *Klavierspielen*, Stück von Friedericke Roth, im Schauspielhaus Hamburg.	**1.1.** ARD und ZDF übertragen ein gemeinsames Vormittagsprogramm. **22.1.** 60 000 amerikanische Frauen demonstrieren in Washington gegen Abtreibung. **7.2.** In Westberlin protestieren 100 000 Menschen gegen die Wohnungsnot in der Stadt. **13.2.** Der australische Pressezar Rupert Murdoch erwirbt die Londoner Tageszeitung »The Times«, ihre drei Beilagen und die »Sunday Times«. **6.3.** Im Lübecker Schwurgericht erschießt Marianne Bachmeier den mutmaßlichen Mörder ihrer siebenjährigen Tochter. **10.3.** In Paris wird das 150jähriges Bestehen der Fremdenlegion gefeiert. **24.3.** Das Bundesverfassungsgericht spricht in einem Urteil das Sorgerecht für nichteheliche Kinder allein der Mutter zu.

1981

Internationale Politik

30. 3., USA. Präsident Ronald Reagan wird in Washington bei einem Attentat eines offenbar Geisteskranken durch einen Schuß verletzt.

2. 4., Libanon. In Beirut und Shala beginnen schwere Gefechte zwischen syrischen Truppen und christlichen Milizen.

20. 4., Großbritannien. Anläßlich des 75. Jahrstags des Osteraufstands erlebt Nordirland schwere Kämpfe zwischen Jugendlichen und der Polizei.

23. 4., USA/UdSSR. Die USA heben das wegen der Afghanistaninvasion verhängte Getreideembargo gegen die UdSSR auf.

5. 5., Großbritannien. Nach 66tägigem Hungerstreik stirbt in einem Belfaster Gefängnis der nordirische Terrorist Robert Sands. Sein Tod löst eine Welle der Gewalt in Nordirland aus. Innerhalb der nächsten Monate sterben neun weitere hungerstreikende IRA-Häftlinge.

10. 5., Frankreich. Der Sozialist François Mitterrand gewinnt die Präsidentschaftswahlen gegen Valéry Giscard d'Estaing.

13. 5., Vatikan. Papst Johannes Paul II. wird auf dem Petersplatz bei einem Attentat schwer verletzt.

22. 5., Österreich. Auf dem SPÖ-Bundesparteitag in Graz wird Bruno Kreisky mit 98% der Stimmen als Vorsitzender bestätigt.

7. 6., Israel/Irak. Die israelische Luftwaffe zerstört eine im Bau befindliche Kernreaktoranlage bei Bagdad.

14. 6., Schweiz. Per Volksabstimmung wird ein Zusatzartikel in der Bundesverfassung über die gleichen Rechte von Mann und Frau angenommen.

21. 6., Frankreich. Sozialisten und Linksliberale gewinnen die Wahlen zur Nationalversammlung.

6. 8., USA. Präsident Ronald Reagan gibt seinen Entschluß zum Bau der Neutronenbombe bekannt.

19. 8., USA/Libyen. US-Kampfjets schießen zwei libysche Maschinen in der libyschen 200-Meilen-Zone ab.

24. 8., Südafrika/Angola. Südafrikanische Einheiten greifen Stellungen der namibischen Befreiungsbewegung SWAPO an.

Deutsche Politik

24. 2. In mehreren bundesdeutschen Städten protestieren rund 100000 Bauern gegen die Agrarpolitik der Europäischen Gemeinschaft.

28. 2. Etwa 100000 Menschen demonstrieren in Brockdorf gegen das geplante Kernkraftwerk.

9. 3. Der CDU-Bundesparteitag in Mannheim bestätigt Helmut Kohl für weitere zwei Jahre als Parteivorsitzenden.

19. 3. Die Bundesrepublik läßt im Austausch gegen Häftlinge aus der DDR u.a. den Kanzleramtsspion Günter Guillaume frei.

11. 4. Der X. Parteitag der SED in Ostberlin bestätigt Erich Honecker als Generalsekretär der Partei.

16. 4. Nach dem Tod des mutmaßlichen Terroristen Sigurd Debus brechen die übrigen Gefangenen aus dem Terrorismus-Umfeld ihren Hungerstreik für bessere Haftbedingungen ab.

19. 4. In verschiedenen bundesdeutschen Städten finden Ostermärsche gegen atomare Rüstung in Ost und West statt.

10. 5. Vorgezogene Neuwahlen zum Berliner Abgeordnetenhaus bescheren der CDU die Mehrheit. Neuer Bürgermeister wird Richard von Weizsäcker. Erstmals zieht die Alternative Liste ins Abgeordnetenhaus ein.

16. 5. Vor SPD-Funktionären in Recklinghausen verbindet Bundeskanzler Helmut Schmidt sein politisches Schicksal mit dem NATO-Doppelbeschluß von 1979.

29. 6. In Moskau plädiert der SPD-Vorsitzende Willy Brandt für die »Null-Lösung« bei den atomaren Mittelstreckenraketen.

30. 6. Die ehemalige SS-Aufseherin im KZ Majdanek Hermine Ryan-Braunsteiner wird in Düsseldorf zu lebenslanger Haft verurteilt.

14. 7. Als erste Landesregierung beschließt Bayern, die Polizei mit dem umstrittenen Reizgas CS auszustatten.

13. 8. Mit großen militärischen Zeremonien begeht Ostberlin den 20. Jahrestag des Mauerbaus.

26. 8. Im dänischen Esbjerg verliert die Bundeswehr ihr 200. Kampfflugzeug »Starfighter«.

Wirtschaft und Wissenschaft

Juni, Physik. Mit dem Raster-Tunnel-Mikroskop der Physiker Heinrich Rohrer und Gerd Binnig werden erstmals atomare Strukturen auf einer Goldoberfläche erkennbar.

7. 7., Luftfahrt. Ein durch Sonnenenergie angetriebenes Flugzeug legt die Strecke zwischen Paris und Südengland in fünfeinhalb Stunden zurück.

28. 7., Technik. Der europäische Wettersatellit »Meteosat 2«, der ab 1982 Aufnahmen für Zeitraffer-Darstellungen der Wolkenbewegung liefern wird, funkt erste Wetterberichte zur Erde.

26. 8., Raumfahrt. Die amerikanische Raumsonde »Voyager 2« erreicht den Saturn.

27. 8., Chemie. Die amerikanische Gesundheitsbehörde warnt vor krebserregendem Formaldehyd in Dämmstoffen und Plastik.

Preise in Westdeutschland
Chronik Statistik

Einzelhandelspreise (DM):

Butter, 1 kg	9,84
Weizenmehl, 1 kg	1,37
Schweinefleisch, 1 kg	11,66
Rindfleisch, 1 kg	9,50
Eier, 10 Stück	2,79
Kartoffeln, 5 kg	4,36
Vollmilch, 1 l	1,19
Zucker, 1 kg	1,81

22. 9., Verkehr. In Frankreich wird der »Train à Grande Vitesse« (TGV) – mit 380 km/h schnellsten Zug der Welt – vorgestellt, der künftig die Strecke Paris–Lyon bedienen wird.

29. 9., Wirtschaft. Der Ministerrat der EG in Brüssel einigt sich mit Kanada, den Färöer-Inseln und Schweden auf Fischerei-Verträge, die den bundesdeutschen Hochseefischern den Fang von 13 000 t Kabaljau vor der Küste Kanadas gestatten.

30. 9., Wirtschaft. Die Übernahme der amerikanischen Erdölgesellschaft Continental Oil durch die Chemiefirma Du Ponts de Nemours beschließt die umfangreichste Firmenfusion in der Geschichte der USA.

1981

Kunst, Literatur und Musik

13.3. Zum 200. Geburtstag des Architekten und Malers Karl Friedrich Schinkel präsentiert der Berliner Martin-Gropius-Bau die Ausstellung »Werke und Wirkung«.

15.3. Die Uraufführung der Oper *Donnerstag aus Licht* von Karlheinz Stockhausen muß in der Mailänder Scala aufgrund eines Streik des Chors im dritten Akt unterbrochen werden.

28.3. In München öffnet die Neue Pinakothek nach sechsjähriger Bauzeit.

4.6. Moskau präsentiert die 1979 im Centre Pompidou gezeigte Ausstellung »Paris – Moskau« mit Werken französischer, russischer und sowjetischer Avantgarde-Künstler.

25.6. In der Hamburger Staatsoper wird die Ballettversion der *Matthäuspassion* von Bach in einer Inszenierung von John Neumeier uraufgeführt.

28.6. In Klagenfurt wird dem Schweizer Schriftsteller Urs Jaeggi der Ingeborg-Bachmann-Preis zuerkannt.

29.6. Die 2000 Jahre alten griechischen Bronzestatuen *Krieger von Riace* in Rom locken einen internationalen Besucherstrom an.

9.7. Die Opernfestspiele in München eröffnen mit der Richard-Strauss-Oper *Frau ohne Schatten*.

25.7. In Bayreuth beginnen die Wagner-Festspiele mit *Tristan und Isolde* unter der Regie von Jean-Pierre Ponelle.

26.7. Herbert von Karajan dirigiert zur Eröffnung der Salzburger Festspiele Verdis *Falstaff*.

7.8. UA: *Baal*, Oper von Friedrich Cerha nach dem gleichnamigen Bühnenstück von Bertolt Brecht, in Salzburg.

20.8. 150 europäische Autoren, u.a. Anna Seghers, Heinrich Böll und Lew Kopelew, fordern in einem gemeinsamen Appell die Beendigung des Wettrüstens.

28.8. In Frankfurt am Main wird die nach den Plänen des Berliner Architekten Richard Lucae restaurierte Alte Oper als Konzert- und Kongreßhalle wiedereröffnet.

Oktober Das im Zweiten Weltkrieg zerstörte Gewandhaus in Leipzig wird mit Beethovens 9. Sinfonie unter dem Dirigat von Kurt Masur feierlich wiedereröffnet.

Theater und Film

7.3. UA: *Maria kämpft mit den Engeln*, von Pavel Kohout, am Wiener Akademietheater.

1.4. In Los Angeles wird Robert Redfords Film *Eine ganz normale Familie* mit vier Oscars, u.a. als bester Film und für die Regie, ausgezeichnet.

23.5. UA: *Berghotel*, Stück von Václav Havel, am Wiener Akademietheater.

31.5. UA: *Nicht Fisch nicht Fleisch*, Stück von Franz Xaver Kroetz, in Düsseldorf.

11.6. UA: *Jede Menge Kohle*, Film von Adolf Winkelmann, in Dortmund. Der Protagonist des Films will mit einer Motorsäge der spießigen Konsumwelt beikommen.

12.6. Der französische Regisseur Jérôme Savary stellt in Köln das »Theater der Welt« mit der Straßenrevue *Das Geheimnis der 11 000 Jungfrauen oder Tränen lügen nicht* vor.

28.6. In der ARD wird der erste *Tatort* mit Götz George alias Horst Schimanski als Kommissar gezeigt.

11.7. UA: *Tilman Riemenschneider*, Historienspiel von Joachim Tettenborn, in Würzburg.

2.9. Auf den Filmfestspielen in Venedig wird Margarethe von Trottas Film *Die bleierne Zeit*, der die Geschichte der Terroristin Gudrun Ensslin thematisiert, mit dem Goldenen Löwen ausgezeichnet.

18.9. In den bundesdeutschen Kinos läuft das Unterwasser-Spektakel *Das Boot* von Wolfgang Petersen nach dem Roman von Lothar Buchheim an.

22.9. UA: *Der Kontrabaß*, Einmannstück von Patrick Süskind, in München.

19.11. Das »Theater an der Ruhr« wird in der Mülheimer Stadthalle mit dem Stück *Lulu* von Frank Wedekind feierlich eröffnet.

22.11. UA: *Tanzabend I*, herausragenden Tanztheaterproduktion von Pina Bausch, in Wuppertal.

1981 Für viel Aufsehen sorgt Werner Herzogs aufwendiger Abenteuerfilm *Fitzgeraldo* mit Klaus Kinski und Claudia Cardinale in den Hauptrollen.

1981 Mit *Lola* entlarvt Rainer Werner Fassbinder die Doppelmoral des deutschen Kleinbürgertums in den 50er Jahren.

Gesellschaft

11.4. Ursache der schweren Straßenschlachten im Londoner Stadtteil Brixton zwischen der Polizei und meist farbigen Jugendlichen ist laut Experten die hohe Arbeitslosigkeit.

1.5. In Spanien erkranken an vergiftetem Speiseöl mehr als 10 000 Menschen, von denen über 100 sterben.

13.5. Da über 56% der Prüfungskandidaten die ärztliche Vorprüfung nicht bestanden haben, beschließen die Gesundheitsminister der Länder in Bonn eine Korrektur der Prüfungsergebnisse.

21.5. Der Bayerische Verfassungsgerichtshof in München erkärt das generelle Verbot politischer Werbung und Agitation an bayerischen Lehranstalten für verfassungswidrig.

22.5. Wegen 13fachen Mordes wird in London Peter Sutcliffe (der »Yorkshire Ripper«) zu lebenslanger Haft verurteilt.

23.5. In Bonn eröffnet das erste Frauenmuseum der Welt.

17.7. Beim Einsturz des Hotels »Hyatt Recency« in Kansas City sterben bei einem Tanzturnier 113 Menschen.

Fußball-Landesmeister
Chronik Sport

BR Deutschland: FC Bayern München
Österreich: Austria Wien
Schweiz: FC Zürich
Belgien: RSC Anderlecht
Niederlande: AZ 67 Alkmaar
Italien: Juventus Turin
Portugal: Benfica Lissabon
Schottland: Celtic Glasgow
Spanien: San Sebastian
Sowjetunion: Dynamo Kiew

28.7. Steuerforderungen des indischen Staates sind vermutlich der Anlaß für Baghwan-Guru Shree Rajneesh, den Ashram im indischen Poona zu verlassen und sich in Oregon (USA) neu zu organisieren.

29.7. 750 Mio. Fernsehzuschauer verfolgen die »Traumhochzeit« des britischen Thronfolgers Prinz Charles mit Lady Diana Spencer in der Londoner St.-Pauls Cathedral.

1981

Internationale Politik

30. 8., Iran. Bei einem Bombenanschlag auf den Regierungssitz kommen der iranische Staatspräsident und der Ministerpräsident ums Leben.
19. 9., USA. 250 000 Menschen demonstrieren in Washington gegen die Sparpolitik (»Reaganomics«) von US-Präsident Ronald Reagans.
20. 9., Iran. Eine neue Hinrichtungswelle erfaßt etwa 200 Oppositionelle.
6. 10., Ägypten. Der ägyptische Präsident Anwar As Sadat wird bei einem Attentat radikaler Muslime getötet.
16. 10., Türkei. Das türkische Militärregime unter Kenan Evren verbietet alle politischen Parteien.
19. 10., Griechenland. Die Sozialisten unter Andreas Papandreu gewinnen die Parlamentswahlen.
30. 11., USA/UdSSR. In Genf beginnen die Verhandlungen zwischen dem Warschauer Pakt und der NATO über die Abrüstung der Mittelstreckenraketen in Europa.
5.12., Schweiz. In Bern demonstrieren 30 000 Menschen für Frieden und Abrüstung.
13.12., Polen. Staatschef General Wojciech Jaruzelski verhängt das Kriegsrecht. Das Militär übernimmt die Macht, die Gewerkschaft »Solidarität« wird verboten, zahlreiche Funktionäre werden verhaftet. Jaruzelski leitet den »Militärrat der Nationalen Rettung«.
14. 12., Israel/Syrien. Die israelische Regierung beschließt die Annektion der besetzten syrischen Golan-Höhen.
15. 12., USA. Die UN-Vollversammlung wählt in New York den Peruaner Pérez de Cuéllar zum neuen UN-Generalsekretär.

Deutsche Politik

31. 8. Die Bonner Staatsanwaltschaft ermittelt in der »Spenden-Affaire« gegen acht CDU-Politiker wegen des Verdachts auf Steuerhinterziehung.
12. 9. Rund 50000 Menschen demonstrieren in Berlin gegen den Besuch des amerikanischen Außenministers Alexander Haig.
21. 9. Die Konferenz der Ministerpräsidenten der Länder beschließt in München, den »Schnellen Brüter« in Kalkar fertigzustellen.
4.10 Die Grünen verabschieden auf ihrem Bundesparteitag in Offenburg ein Friedensmanifest.
10. 10. Auf der bisher größten Friedensdemonstration der Bundesrepublik demonstrieren in Bonn 300 000 Menschen gegen den NATO-Doppelbeschluß.
14. 11. In Wiesbaden protestieren 100 000 Startbahngegner gegen den Ausbau des Frankfurter Rhein-Main-Flughafens.
22. 11. Der Staatsbesuch des sowjetischen Staats- und Parteichefs Leonid Breschnew in Bonn stellt die Frage der Abrüstung ins Zentrum.
6.12. Der Parteitag der Berliner CDU bestätigt den Regierenden Bürgermeister Richard von Weizsäcker als Landesvorsitzenden.
11.12. Bundeskanzler Helmut Schmidt trifft zu einem innerdeutschen Gipfeltreffen mit DDR-Staats- und Parteichef Erich Honecker in Ostberlin ein.
30.12. Das Lüneburger Oberverwaltungsgericht bestätigt die Genehmigung für die Erd- und Bauarbeiten am geplanten Nuklearentsorgungszentrum Gorleben.

Wirtschaft und Wissenschaft

10.12., Nobelpreise. In Stockholm und Oslo werden die diesjährigen Nobelpreise feierlich überreicht. ▷Chronik Nobelpreise

Wissenschaftler geehrt
Chronik Nobelpreise

Chemie: Kenichi Fukui (J) und
  Roald Hoffmann (USA)
Medizin: Roger W. Sperry (USA),
  David H. Hubel (USA) und
  Torsten N. Wiesel (S)
Physik: Nicolaas Bloembergen (USA),
  Arthur L. Schawlow (USA) und
  Kai M. Siegbahn (S)
Frieden: Büro des UN-Hochkommissars
  für Flüchtlinge
Literatur: Elias Canetti (BG)
Wirtschaft: James Tobin (USA)

1981, Technik. Der CD-Player kommt als digitaler Plattenträger auf den Markt.
1981, Ökologie. Das Waldsterben macht sich in der Bundesrepublik massiv bemerkbar.
1981, Verkehr. Daimler-Benz entwickelt den Airbag.
1981, Wirtschaft. Angesichts steigender Erwerbslosigkeit werden kürzere Wochenarbeitszeit, mehr Freizeit und früheres Renteneintrittsalter als potentielle Rezepte gegen die Arbeitslosigkeit diskutiert.
1981, Wirtschaft. Von den etwa 1,3 Mio. Arbeitslosen in der Bundesrepublik beziehen rund 870 000 Arbeitslosengeld oder -hilfe.

1981 Geborene und Gestorbene

Gestorben:
23.1. Samuel Barber (*9.3.1910), amerikanischer Komponist.
9.2. Bill Haley (*6.7.1927), amerikanischer Rock'n Roll-Musiker.
5.3. Paul Hörbiger (*29.4.1894), österreichischer Schauspieler.
15.3. René Clair (*11.11.1898), französischer Filmregisseur.
8.4. Adrian Hoven (*18.5.1922), österreichischer Schauspieler.
12.4. Joe Louis (*13.5.1914), amerikanischer Boxer.
20.4. Hans Söhnker (*11.10.1903), deutscher Schauspieler.
30.4. Peter Huchel (*3.4.1903), deutscher Schriftsteller.

1981

Kunst, Literatur und Musik

8.10. Im Pariser Grand Palais eröffnet die Ausstellung »Pracht der Gotik« mit 500 Exponaten aus der Zeit von 1325 bis 1400.
18.10. Dem russischen Exil-Schriftsteller Lew Kopelew wird der Friedenspreis des deutschen Buchhandels verliehen.
1981 Das Vasarely-Museum im französischen Vaucluse eröffnet mit Werken des Vertreters der Op-Art, die sich mit Phänomenen der Wahrnehmung und optischer Lichteffekte beschäftigen.
1981 Der Roman *Flugasche* der DDR-Schriftstellerin Monika Maron beschreibt die Umweltverschmutzung in ihrem Land.
1981 Mit seinem Buch *Paare, Passanten*, das die Vereinzelung des modernen Menschen thematisiert, avanciert Botho Strauß zu einem der meistdiskutierten Schriftsteller der Bundesrepublik.
1981 V.S. Naipaul veröffentlicht seinen Reisebericht *Eine islamische Reise – Unter den Gläubigen*.
1981 Der Roman des Kolumbianers Gabriel García Márquez *Chronik eines angekündigten Todes* startet mit einer Auflage von 1 Mio. Exemplaren.
1981 Joyce Carol Oates thematisiert in ihrem Politthriller *Engel des Lichts* politische Machtstrukturen und Terrorismus in den USA.
1981 Kim Wilde landet mit *Kids in America* einen großen Hit. Phil Collins feiert mit *In the Air Tonight* seinen ersten großen Soloerfolg. Zu den beliebtesten Rockgruppen des Jahres zählen Abba, Police, Barclay James Harvest, Queen und Pink Floyd.

Theater und Film

1981 Zu einem Riesenerfolg in den deutschen Kinos wird der Film *Christiane F. – Wir Kinder vom Bahnhof Zoo* von Ulrich Edel, der die Drogensucht Jugendlicher thematisiert.
1981 *Céleste* von Percy Adlon schildert die letzten Monate aus dem Leben des Dichters Marcel Proust.
1981 In Christel Buschmanns Film *Comeback* spielt Eric Burdon einen Rockmusiker, der nach einem erfolgreichen Comeback Opfer eines Killers wird.
1981 Vadim Glownas in Hamburg gedrehter Film *Desperado City* thematisiert die Unmöglichkeit, Aussteigerträume zu realisieren.
1981 Dem Journalismus widmet Volker Schlöndorff den Film *Die Fälschung*, in dem Bruno Ganz die Rolle eines Reporters spielt, der zwischen den Bürgerkriegsfronten in Beirut recherchiert, ohne die Hintergründe dieses Krieges zu verstehen.
1981 Der britische Regisseur John Landis verlagert das Werwolf-Motiv in dem Horrorstreifen *American Werewolf* mit David Naughton in der Hauptrolle in die Millionenstadt London.
1981 Klaus Maria Brandauer verkörpert in der Klaus-Mann-Verfilmung *Mephisto* von Istvan Szabo den Schauspieler und Intendanten Höffgen auf dem Weg zur Selbstverwirklichung.
1981 Der DDR-Film *Unser kurzes Leben* von Lothar Warneke schildert die Erfahrungen einer geschiedenen Architektin in der Provinz.
1981 In *Malou* von Jeanine Meerapfel recherchiert eine junge Frau das Leben ihrer verstorbenen Mutter.

Gesellschaft

1.8. Der amerikanische Fernsehsender MTV startet sein 24stündiges Musikprogramm.
27.8. Taucher finden im Wrack des 1956 vor der amerikanischen Ostküste gesunkenen Passagierschiffs »Andrea Doria« zwei Tresore.
Oktober In den USA kommt die Droge »Crack« auf den Markt.
1.10. Der Bundesgesundheitsminister warnt mit einem Aufdruck auf Zigarettenschachteln vor den Gefahren des Rauchens.
22.11. Das ZDF beginnt startet seine beliebte Unterhaltungsserie »Das Traumschiff« mit Sascha Hehn in der Hauptrolle.
26.12. Die »Kap Anamur« des deutschen Notärzte-Komitees nimmt im Golf von Thailand 48 vietnamesische Flüchtlinge an Bord.
28.12. Das erste Retorten-Baby der USA kommt in Norfolk (Virginia) zur Welt.
31.12. In den USA werden die ersten Fälle der Immunschwächekrankheit AIDS bekannt. In San Francisco sind 24 Menschen betroffen.
1981 Abenteuer- und Aktivurlaub stehen bei den bundesdeutschen Konsumenten hoch im Kurs. Rucksackreisen entwickeln sich bei Jugendlichen zu einem wahren Boom.
1981 Ein neuer Trend in Großstädten sind Edel-Imbißstuben, die dem Gourmet Hummer- oder Muschelsuppe, Austern und Kaviar anbieten.
1981 Alarmiert durch die Zunahme übergewichtiger Menschen, stellen viele Bundesbürger ihr Essen auf kalorienarme Kost um.

Geborene und Gestorbene

11.5. Bob Marley (*6.4.1945), jamaikanischer Reggae-Musiker.
23.6. Willy Bleicher (*27.10.1907), deutscher Gewerkschaftsführer.
23.6. Zarah Leander (*15.3.1907), schwedische Schauspielerin.
4.7. Michael Kohl (*28.9.1929), deutscher Politiker.
27.7. William Wilder (*1.7.1903), amerikanischer Filmregisseur.
14.8. Karl Böhm (*28.8.1894), österreichischer Dirigent.
6.10. Anwar As Sadat (*25.12.1918), ägyptischer Politiker.
16.10. Moshe Dayan (*20.5.1915), israelischer Politiker.
29.11. Natalie Wood (*20.7.1938), amerikanische Filmschauspielerin.

1982

Internationale Politik

16.1., Vatikan/Großbritannien. Der Vatikan und Großbritannien nehmen diplomatische Beziehungen auf.
28.1., Italien. NATO-General James Lee Dozier wird von der Polizei aus den Händen der terroristischen Roten Brigaden nach sechswöchiger Gefangenschaft befreit.
6.2., USA. Der von Präsident Ronald Reagan vorgelegte Haushaltsplan sieht wegen steigender Rüstungsausgaben ein Defizit von 91,5 Mrd. US-Dollar vor.
11.2., Frankreich. Der französische Verfassungsrat genehmigt Verstaatlichungspläne der Regierung François Mitterrand.
13.2., Frankreich. Auf das Konto der Nationalen Front zur Befreiung Korsikas gehen 13 Attentate.
16.2., China. Die Regierung verkündet hohe Strafen für Paare, die sich nicht an die Familienplanung des Staates halten. Ziel ist die Ein-Kind-Familie.
17.2., Simbabwe. Der sozialistische Premierminister Robert Mugabe entläßt seinen westlich orientierten Rivalen Joshua Nkomo aus dem Kabinett.
25.2., USA. Präsident Ronald Reagan verkündet Finanz- und Waffenhilfen für alle nicht-linksgerichteten Regierungen Zentralamerikas.
10.3., Österreich/Libyen. Bundeskanzler Bruno Kreisky empfängt den libysche Staatschef Muammar Al Gaddhafi zu seinem ersten Staatsbesuch in einem westlichen Land.
12.3., Spanien. Die KSZE-Folgekonferenz in Madrid wird wegen verschärfter Ost-West-Spannungen auf den 9. November verschoben.
15.3., Nicaragua. Die sandinistische Regierung verhängt den Ausnahmezustand über das Land.
22.3., Schweiz. Der Bundesrat beantragt die UN-Mitgliedschaft.
2.4., Argentinien. Argentinien besetzt die seit 1833 zu Großbritannien gehörenden Falklandinseln im Südatlantik.
17.4., Kanada. Die neue Verfassung besiegelt vollends die Unabhängigkeit von Großbritannien.
25.4., Israel. Fristgerecht übergibt Israel den letzten Teil des 1967 besetzten Sinai an Ägypten.

Deutsche Politik

22.1. Gegen die Stimmen der Opposition verabschiedet der Bundestag einen »Sparhaushalt«.
5.2. In namentlicher Abstimmung spricht im Bundestag die Mehrheit der SPD- und FDP-Abgeordneten Bundeskanzler Helmut Schmidt das Vertrauen aus.
8.2. Unter dem Titel »Die dunklen Geschäfte von Vietor und Genossen« druckt der »Spiegel« Enthüllungen über persönliche Bereicherung von Gewerkschaftsfunktionären am gewerkschaftseigenen Baukonzern »Neue Heimat« ab.
11.2. DDR-Medien berichten über Erleichterungen für Westreisende im Transitverkehr für Personen unterhalb des Rentenalters und für dringende Familienangelegenheiten.
16.2. Die Bundeswehr stellt das erste Mehrzweck-Kampfflugzeug vom Typ »Tornado« in Dienst, das den »Starfighter« ablöst.
25.2. Die Bonner Staatsanwaltschaft teilt mit, daß Ermittlungen gegen führende Politiker und Wirtschaftsmanager wegen Bestechlichkeit bzw. Bestechung aufgenommen worden sind, u.a. gegen Bundeswirtschaftsminister Otto Graf Lambsdorff (FDP) und Bundesfinanzminister Hans Matthöfer (SPD) sowie Friedrich Karl Flick und Eberhard von Brauchitsch.
6.3. Ehemalige Mitglieder der Partei »Die Grünen« gründen in Bad Honnef die Ökologisch-Demokratische Partei (ÖDP) unter dem Vorsitz des früheren CDU-Abgeordneten Herbert Gruhl.
18.3. In Ostberlin treffen zum ersten Mal offiziell Abgeordnete der Volkskammer und Bundestagsabgeordnete zusammen.
25.3. Eine Änderung des Wehrdienst- und Grenzgesetzes der DDR beabsichtigt die paramilitärische Ausbildung von Jugendlichen und die Einbeziehung von Frauen in den Wehrdienst. Der Schußwaffengebrauch gegen »Republikflüchtige« wird legalisiert.
7.4. Nach mehrmaligen Spekulationen über ihre Entlassung tritt Bundesgesundheitsministerin Antje Huber zurück. Nachfolgerin wird am 28. April Anke Fuchs.

Wirtschaft und Wissenschaft

5.2., Medien. Der »Club of Rome« wägt in Salzburg Chancen und Risiken der Mikroelektronik ab.
28.2., Medien. Das bundesdeutsche Fernsehen strahlt zum ersten Mal eine in 3-D-Technik aufgenommene Sendung aus.
20.3., Wirtschaft. Auf einer Sonderkonferenz in Wien beschließt die Organisation Erdöl exportierender Länder (OPEC), die Begrenzung der Fördermenge auf 18 Mio. Barrel pro Tag.
1.4., Architektur. Das Großklinikum in Aachen eröffnet die ersten Abteilungen. Der Bau war wegen seiner gigantischen Ausmaße und seiner technisch-kühlen Einrichtung vielfach kritisiert worden.

Westdeutsche Großstädte
Chronik Statistik

Einwohnerzahlen:

Westberlin	1 879 100
Hamburg	1 630 400
München	1 288 200
Köln	967 700
Essen	641 400
Frankfurt a.M.	622 500
Dortmund	603 000
Düsseldorf	585 900
Stuttgart	575 200
Bremen	551 000

15.4., Technik. Das größte Solarkraftwerk der Erde mit einer Leistung von 10 Megawatt wird in der kalifornischen Mohave-Wüste in Betrieb genommen.
16.4., Medizin. In Erlangen erblickt das erste deutsche Retortenbaby das Licht der Erde.
18.5., Wirtschaft. Die Europäische Gemeinschaft beschließt gegen das britische Veto höhere Agrarpreise.
7.6., Technik. Das erste Aufwindkraftwerk zur Nutzung von Sonnenenergie nimmt geht im spanischen Manzanares ans Netz.
24.6., Raumfahrt. Der französische Fliegeroberst Jean-Loup Chrétien startet als erster Westeuropäer mit zwei sowjetischen Kosmonauten an Bord der »Sojus 6« ins All.

1982

Kunst, Literatur und Musik

19.1. Der James-Joyce-Übersetzer und Autor Hans Wollschläger wird mit dem erstmals vergebenen Arno-Schmidt-Preis geehrt.
6.2. Mit dem Song *Das Model* gelangt die bundesdeutsche Popgruppe Kraftwerk auf Platz 1 der britischen Hitparade.
11.2. Die renovierte Alte Oper in Frankfurt am Main eröffnet mit dem ersten Frankfurter Opernball.
22.3. Frankfurt am Main feiert den 150. Todestag von Johann Wolfgang von Goethe. Viele deutsche Bühnen bringen Goethes *Faust* auf die Bühne, am eindrucksvollsten Klaus Michael Grüber an der Freien Volksbühne in Westberlin mit Bernhard Minetti als Faust.
29.3. In München stirbt 86jährig der Komponist der *Carmina Burana*, Carl Orff.
24.4. Mit dem Lied *Ein bißchen Frieden* gewinnt die 17jährige Bundesdeutsche Nicole Hohloh den Grand Prix Eurovision de la Chanson.
25.4. UA: *Die wundersame Schusterfrau*, Oper von Udo Zimmermann, bei den Schwetzinger Festspielen.
1.5. In Berlin feiern die Berliner Philharmoniker ihren 100. Geburtstag mit einer mehrstündigen »Philharmonischen Revue«. Der Chefdirigent Herbert von Karajan formuliert seine Verbundenheit mit dem Orchester.
▷ Chronik Zitat

100 Jahre Philharmoniker

Zitat

»Seit 27 Jahren stehe ich durch die Gnade meines Schicksals auf diesem Posten und empfinde es als unsagbares Glück, daß ich meine ganzen Kräfte lebenslänglich dem Orchester zur Verfügung stellen darf.«
Herbert von Karajan, Chefdirigent

10.5. In Stockholm stirbt der bundesdeutsche Schriftsteller Peter Weiss, der u.a. *Die Ästhetik des Widerstands* verfaßte.

Theater und Film

1.1. In Basel und München wird nach über 60 Jahren Arthur Schnitzlers Komödie *Der Reigen* wieder aufgeführt.
31.1. UA: *Kalldewey, Farce*, Theaterstück von Botho Strauß, am Deutschen Schauspielhaus in Hamburg.
1.2. UA: *Merlin oder Das wüste Land*, Stück von Tankred Dorst in der Inszenierung von Dieter Dorst, an den Münchner Kammerspielen. Die Hauptrolle spielt Peter Lühr.
12.2. UA: *Der Auftrag*, Text-Bild-Kollage mit dem Untertitel »Erinnerungen an eine Revolution« von Heiner Müller, in Bochum.
21.2. Alfred Behrens Film *Berliner Stadtbahnbilder* ist das Dokument einer geteilten Stadt.
23.2. Bei den Berliner Filmfestspielen wird Rainer Werner Fassbinder für seinen Film *Die Sehnsucht der Veronika Voß* mit den Goldenen Bären ausgezeichnet.
29.3. Als Außenseiter an den Start gegangen, wird der britische Film *Die Stunde des Siegers* von Hugh Hudson in Hollywood überraschend mit vier Oscars ausgezeichnet. Bester Regisseur ist Warren Beatty mit seinem Revolutionsepos *Reds*.
9.5. Das Mainzer Stadttheater gedenkt mit der szenischen Collage *Die verbrannte Zeit* von Hanns Dieter Hüsch der Bücherverbrennung der Nationalsozialisten.
19.5. Die italienische Schauspielerin Sophia Loren tritt eine 30tägige Haftstrafe wegen Steuerschuld an.
26.5. Bei den Filmfestspielen in Cannes erhalten der amerikanische Streifen *Missing* von Constantin Costa-Gavras und der türkische Film *Yol* von Yilmaz Güney die Goldene Palme.
11.6. In den Kinos der USA startet Steven Spielbergs *E.T. – der Außerirdische*, der sich in den folgenden Monaten zum Kassenschlager entwickelt.
25.6. Margarethe von Trottas Film *Bleierne Zeit* erhält im Rahmen des Deutschen Filmpreises das mit 400 000 DM dotierte Filmband in Gold.
25.6. UA: *Über allen Gipfeln ist Ruh*, Theaterstück von Thomas Bernhard, im Schloßtheater Ludwigsburg.

Gesellschaft

1.1. Erstmals werden Frauen in der Bundesrepublik zum Vollzugsdienst der Bundeswehr zugelassen.
14.2. Die in der Bundesrepublik lebenden Sinti und Roma gründen in Heidelberg einen Dachverband.
15.2. Mehrere bundesdeutsche Städte erhöhen die Parkgebühren. Statt 10 Pfennige kostet die halbe Stunde nun 50 Pfennige.
22.3. Einer Studie des Bundesfamilienministeriums zufolge kommt Gewalt in der Ehe in allen sozialen Schichten vor.
23.3. Die Landesregierung von Nordrhein-Westfalen spricht sich gegen die Zulassung eines Volksbegehrens über die Einrichtung getrennter Schulklassen für deutsche und ausländische Kinder aus, das die »Bürgerinitiative Ausländerstopp« gefordert hatte.
23.3. Das autonome Jugendzentrum in Zürich, das seit 1980 Ort zahlreicher Auseinandersetzungen zwischen Jugendlichen und der Polizei war, wird gegen den Protest der Jugendlichen abgerissen.

Deutsche Schwimm-Meister

Chronik Sport

Freistil 100 m:	
Karin Seick	57,44 sec
Brust 100 m:	
Angelika Knipping	1:12,46 min
Delphin 200 m:	
Doris Wiebke	2:13,24 min
Rücken 100 m:	
Marion Aizpors	1:05,19 min
Lagen 200 m:	
Petra Zindler	2:20,73 min

15.5. Angeführt von Gottlieb Wendehals, bilden auf dem Hamburger Rathausmarkt über 150 000 Menschen zu den Klängen des Schlagers »Polonaise Blankenese« die längste Polonaise der Welt.
15.5. Nach 149 Tagen wird ein am 18.12.1981 in Köln gekidnapptes Mädchen gegen eine Lösegeldzahlung von 1,5 Mio. DM an einer Autobahnraststätte freigelassen.

Internationale Politik

15.5., Österreich. In Wien nehmen etwa 70 000 Menschen an einer Friedensdemonstration teil. Außer der FPÖ sind alle politischen Parteien und die Katholische Jugend vertreten.
24.5., Iran/Irak. Die Zwangsräumung der südiranischen Hafenstadt Chorramschahar durch irakische Einheiten leitet die Wende im 1. Golfkrieg ein.
30.5., Spanien. Spanien wird 16. Mitglied der NATO.
6.6., Israel. Israelische Truppen greifen den Südlibanon an, um den Abzug der PLO zu erzwingen.
14.6., Argentinien/Großbritannien. Argentinien unterliegt Großbritannien im Falklandkrieg. Bald darauf zerbricht die argentinische Militärjunta.
16.6., Österreich. Der französische Staatspräsident François Mitterrand trifft zu einem offiziellen Besuch in Wien ein.
25.6., USA. Infolge anhaltender Meinungsverschiedenheiten mit Präsident Ronald Reagan tritt Außenminister Alexander Haig zurück. Sein Nachfolger wird George Shultz.
29.6., USA/UdSSR. In Genf werden die amerikanisch-sowjetische Verhandlungen zur Reduzierung der strategischen Waffen eröffnet.
16.9., Libanon. Nach der Ermordung des designierten libanesischen Staatspräsidenten Béchir Gemayel ermorden christliche Milizen in palästinensischen Flüchtlingslagern über 1000 Palästinenser.
19.9., Schweden. Die Sozialisten unter Olof Palme gehen als Sieger aus den Reichstagswahlen hervor.
20.10., Großbritannien. In Nordirland finden erstmals Parlamentswahlen statt.
28.10., Spanien. Die Sozialisten unter Felipe Gonzales verbuchen bei Parlamentswahlen die absolute Mehrheit.
10.11., UdSSR. Im Alter von 75 Jahren stirbt der sowjetische Staats- und Parteichef Leonid Breschnew. Zum Nachfolger wird der frühere KGB-Chef Juri W. Andropow ernannt.
12.11., Polen. Nach elfmonatiger Internierung wird der Vorsitzende der Gewerkschaft »Solidarität«, Lech Walesa, auf freien Fuß gesetzt.

Deutsche Politik

12.4. Fast eine halbe Million Menschen nehmen in der Bundesrepublik an den Ostermärschen teil.
8.5. In Nürnberg demonstrieren 300 mittelständische Betriebsinhaber auf der ersten bundesdeutschen Unternehmerdemonstration gegen die Wirtschaftspolitik der Bundesregierung.
13.7. Die Unterzeichnung eines deutsch-sowjetischen Kreditvertrages beschließt das »Erdgas-Röhren-Geschäft«.
21.8. Der FDP-Vorsitzende Hans-Dietrich Genscher signalisiert auf dem Landesparteitag der hessischen FDP die Bereitschaft für eine politische »Wende«. ▷Chronik Zitat

Wende steht bevor
Chronik Zitat

»Wir haben den Wechsel zu schaffen, wenn er zur Lösung der anstehenden Probleme erforderlich ist. Wir haben beim Wechsel Kontinuität und Berechenbarkeit zu gewährleisten. Wir haben die ›neue Mehrheit‹ zu bilden.«
Hans-Dietrich Genscher, FDP-Vorsitzender

17.9. Der Rücktritt der vier FDP-Minister beendet die sozialliberale Bonner Regierungskoalition.
1.10. Im Konstruktiven Mißtrauensvotum gegen Bundeskanzler Helmut Schmidt wählt der Deutsche Bundestag den CDU-Vorsitzenden Helmut Kohl zum neuen Regierungschef.
14.10. Der Kieler Landtag wählt den bisherigen Innenminister Uwe Barschel zum neuen Ministerpräsidenten von Schleswig-Holstein.
14.10. Bundeskanzler Helmut Kohl proklamiert ein Sofortprogramm zur Belebung der Wirtschaft.
16.12. Der Bundestag verabschiedet ein Gesetz zur Verlängerung des Zivildienstes von 16 auf 20 Monate.
17.12. Der Deutsche Bundestag verweigert Bundeskanzler Helmut Kohl verabredungsgemäß das Vertrauen und macht damit den Weg frei zu Neuwahlen, die am 6.3.1983 stattfinden sollen.

Wirtschaft und Wissenschaft

9.8., Wirtschaft. Die bundesdeutsche Pleitewelle, der u.a. schon die Unternehmen Pelikan und Bauknecht zum Opfer fielen, erfaßt den Elektrokonzern AEG, der ein Vergleichsverfahren anmeldet.
20.8., Technik. Auf der Düsseldorfer Fachmesse »hifivideo 82« zeigen Sony und Philips die ersten CD-Spieler.
10.9., Raumfahrt. Die Europarakete »Ariane« stürzt wegen technischer Fehler beim ersten kommerziellen Flug ab.
6.10., Technik. Auf der 17. Weltmesse der Fotografie »photokina« in Köln werden Spiegelreflexkameras mit automatischer Scharfeinstellung (Autofocus) präsentiert.
8.11., Technik. In München beginnt die »electronica 82«, die weltweit größte Fachmesse für Elektronikbauteile.
11.11., Raumfahrt. Die amerikanische Raumfähre »Columbia« bricht mit zwei Satelliten an Bord zu ihrem ersten kommerziellen Flug auf.
15.11., Verkehr. In Japan wird der mit 22,2 km längste Eisenbahntunnel der Welt seiner Bestimmung übergeben.
2.12., Medizin. In der University of Utah pflanzen Ärzte erstmals einem Patienten ein künstliches Herz ein.
9.12., Technik. In Bremerhaven wird das größte, modernste und teuerste Polarforschungsschiff der Bundesrepublik, die »Polarstern«, seiner Bestimmung übergeben.
10.12., Nobelpreise. In Stockholm und Oslo werden die diesjährigen Nobelpreise feierlich überreicht. ▷Chronik Nobelpreise

Wissenschaftler geehrt
Chronik Nobelpreise

Chemie: Aaron Klug (GB)
Medizin: Sune K. Bergström (S), Bengt I. Samuelsson (S) und John R. Vane (GB)
Physik: Kenneth G. Wilson (USA)
Frieden: Alva Myrdal (S) und Alfonso G. Robles (MEX)
Literatur: Gabriel García Márquez (CO)
Wirtschaft: George J. Stigler (USA)

1982

Kunst, Literatur und Musik

20.5. Die Hamburger Staatsoper bringt die vielbeachtete Neuinszenierung von Wolfgang Amadeus Mozarts *Zauberflöte* in der Regie von Achim Freyer.
4.6. Die Rolling Stones starten in Rotterdam eine Europatournee.
25.7. In Bayreuth beginnen die Festspiele mit einer Neuinszenierung von Richard Wagners *Parzifal* in der Regie von Götz Friedrich.
19.8. Die »dokumenta 7« für zeitgenössische Kunst in Kassel zeigt u.a. die überdimensionierte Spitzhacke des amerikanischen Objektkünstlers Claes Oldenburg, die *Stadtverwaldung* von Joseph Beuys, die hämmernden Riesenfiguren von Jonathan Borofsky und Andy Warhols *Oxidation*.
28.8. Die Verleihung des Goethe-Preises an den umstrittenen Schriftsteller Ernst Jünger kommt einem Eklat im Goethe-Jahr gleich.
11.9. Mehr als 100 namhafte Künstler nehmen an der Veranstaltung »Künstler für den Frieden« teil.
4.10. In Toronto stirbt der Pianist Glenn Gould, der mit seinen Neuinterpretationen von klassischen Stücken weltberühmt wurde.
5.10. Der ehemalige Bundeskanzler Helmut Schmidt eröffnet die Frankfurter Buchmesse, die unter dem Schwerpunktthema »Religion« steht.
10.10. Dem amerikanischen Diplomaten und Historiker George F. Kennan wird der Friedenspreis des Deutschen Buchhandels zuerkannt.
15.10. Die deutsche Akademie für Dichtung und Sprache verleiht dem am 10. Mai verstorbenen Schriftsteller Peter Weiss postum den Büchner-Preis.
16.10. In Westberlin präsentiert die Kunstausstellung »Zeitgeist« expressionistische Gemälde und Plastiken zeitgenössischer Künstler, die sich überwiegend zu den »Neuen Wilden« zählen.
16.11. Der Ostberliner Verlag Neues Leben startet die Neuausgabe der Erzählungen von Karl May.
19.11. Die Hamburger Kunsthalle zeigt Werke des preußischen Architekten, Städteplaners und Malers Karl Friedrich Schinkel mit ca. 700 gewöhnlich in Ostberlin ausgestellten Exponaten.

Theater und Film

8.8. Wim Wenders inszeniert bei den Salzburger Festspielen das dramatische Gedicht *Über die Dörfer* von Peter Handke, das poetisch Orientierung in einer Welt ohne verbindliche Werte und Religion sucht.
15.8. Bei den Internationalen Filmfestspielen in Locarno kommt es zu einem Skandal, als die Jury keinen der vorgestellten Filme mit dem »Leoparden« auszeichnet. Eine Gegenjury ehrt Herbert Achternbuschs Film *Das letzte Loch* mit einem Spezialpreis.
8.9. Wim Wenders Film *Der Stand der Dinge* erhält beim Filmfestival in Venedig den Goldenen Löwen.
7.10. UA: *Die Erbtöchter*, Film von Viviane Berthommier und Helma Sanders-Brahms über Frauen in der Gesellschaft, auf der internatinalen Filmwoche in Mannheim.
30.10. UA: *Nach Wien!*, Film von Friedemann Beyer, auf den Internationalen Hofer Filmtagen. Der Film erzählt die Geschichte eines arbeitslosen Kellners, der mit seinem alten VW-Käfer in die Traumstadt Wien aufbricht.
4.11. In Paris stirbt der Filmkomiker und Regisseur Jacques Tati.
1982 Richard Attenboroughs Film *Gandhi* mit Ben Kingsley in der Hauptrolle hat in den USA Premiere.
1982 Blake Edwards führte Regie in dem Nachruf auf den verstorbenen Peter Sellers *Der rosarote Panther wird gejagt*, einer Kriminalkomödie, die aus ausgemusterten Szenen zusammengeschnitten wurde.
1982 Michelangelo Antonionis Film *Identifikation einer Frau* erzählt von der Unfähigkeit eines Mannes, eine Frau zu verstehen und eine engere Beziehung zu ihr aufzubauen. Darsteller sind u.a. Thomas Milian, Daniela Silverio und Christine Boisson.
1982 Pasquale F. Campanile drehte mit *Bingo Bingo* eine italienische Komödie, in der Adriano Celentano einen Mann spielt, der unter Affen aufgewachsen ist und sich nur bei der schönen Laura in einen richtigen Mann verwandelt.
1982 In *Fanny und Alexander* schildert Ingmar Bergman mit großer Liebe zum Detail die Geschichte einer Familie in Uppsala.

Gesellschaft

18.5. Die Sondertagung der Umweltorganisation der Vereinten Nationen (UNEP) stellt in der »Erklärung von Nairobi« fest, daß sich die Umweltsituation zunehmend verschlechtert.
▷Chronik Zitat

Raubbau an der Natur
Chronik Zitat

»*Abholzung, Bodenerosion, die Verschlechterung des Wassers sowie die Ausbreitung der Wüsten erreichen alarmierende Ausmaße und stellen eine ernste Gefahr für die Lebensbedingungen in weiten Teilen der Welt dar.*«
Erklärung von Nairobi

10.6. Königin Silvia von Schweden bringt mit Madeleine Therese Amelie Josephine das dritte Kind zur Welt.
12.6. In New York demonstriert eine halbe Million Menschen gegen Atomwaffen.
21.6. William heißt das erste Kind des britischen Thronfolgerpaares Charles und Diana.
27.6. Mit einer Windjammerparade endet die Hundertjahrfeier der Kieler Woche.
1.7. In China leben einer Volkszählung zufolge über 1 Mrd. Menschen.
2.7. 2075 Brautpaare der »Vereinigungskirche« des Sektenführers Sun Myung Mun lassen sich in New York gemeinsam trauen.
10.7. Ein amerikanischer Soldat fährt mit einem Kampfpanzer durch die Mannheimer Innenstadt, verletzt vier Personen und verursacht einen Sachschaden von 1,1 Mio. DM.
26.7. Das Rettungsschiff »Cap Anamur« läuft nach drei Jahren im chinesischen Meer, wo es über 9000 vietnamesische Bootflüchtlinge gerettet hat, wieder in Hamburg ein.
14.9. Die monegassische Fürstin Gracia Patricia alias Grace Kelly stirbt an den Folgen eines Autounfalls.
3.11. Das Bundeskabinett beschließt, BAföG nur noch als Darlehen zu gewähren.

1982

Internationale Politik	Deutsche Politik	Wirtschaft und Wissenschaft
4.12., China. Die neue chinesische Verfassung schreibt u.a. grundlegende Wirtschaftsreformen fest. **12.12., Polen.** Regierungschef General Jaruzelski verkündet die Aussetzung des Kriegsrechts zum Jahresende. **15.12., Spanien/Gibraltar.** Die Grenze zwischen Spanien und Gibraltar ist nach 13 Jahren wieder passierbar.	**19.12.** Bei vorgezogenen Neuwahlen in Hamburg kann die SPD die absolute Mehrheit der Stimmen auf sich vereinigen. **21.12.** Eberhard Blum wird zum neuen Präsidenten des Bundesnachrichtendienstes berufen. Sein Vorgänger, Klaus Kinkel, wechselt als Staatssekretär ins Bundesjustizministerium.	**1982, Medizin.** Die Immunschwächekrankheit AIDS (Acquired Immune Deficiency Syndrome) erhält ihren Namen, der sich ab 1983 in der Wissenschaft durchsetzt. **1982, Wirtschaft.** In der Bundesrepublik Deutschland gab es in diesem Jahr insgesamt 15 876 Konkurse, darunter 11 916 Unternehmenspleiten.

1982 Geborene und Gestorbene

Gestorben:
9.2. Kurt Edelhagen (*5.6.1920), deutscher Jazzmusiker.
20.2. Gershom Scholem (*5.12.1897), israelischer Religionshistoriker.
29.3. Carl Orff (*10.7.1895), deutscher Komponist.

5.4. Toni Stadtler (*5.7.1888), deutscher Bildhauer.
9.4. Robert Havemann (*11.3.1910), deutscher Naturwissenschaftler und DDR-Regimekritiker.
10.4. Peter Brückner (*13.5.1922), deutscher Sozialpsychologe.

10.5. Peter Weiss (*8.11.1916), deutscher Schriftsteller.
29.5. Romy Schneider (*23.9.1938), österreichische Filmschauspielerin.
10.6. Rainer Werner Fassbinder (*31.5.1946), deutscher Filmregisseur.

1983

Internationale Politik	Deutsche Politik	Wirtschaft und Wissenschaft
5.1., ČSSR. Das Gipfeltreffen des Warschauer Pakts in Prag endet mit einem Abschlußkommuniqué, das den Regierungschefs der NATO-Staaten ein Abkommen über gegenseitigen Gewaltverzicht vorschlägt. **17.1., Nigeria.** Aufgrund der schwierigen Wirtschaftslage weist die Regierung über zwei Millionen illegale Einwanderer aus. **6.2., Iran/Irak.** Im Golfkrieg leitet der Iran seine erste große Offensive in diesem Jahr gegen den Irak ein. **17.2., UdSSR/USA.** Bei den Abrüstungsverhandlungen in Wien schlägt die Sowjetunion eine weitgehende Truppenreduzierung der Warschauer Paktstaaten vor. **18.2., Österreich.** Die »Österreich-Partei« wird gegründet von Justizminister a.D. Hans Klecatsky, Innenminister a.D. Franz Olah und Karl Steinhauser. **5.3., Australien.** Die Parlamentswahlen kann die Labor Party unter Robert J.L. Hawke für sich entscheiden.	**7.1.** Nach Auflösung des Bundestags setzt Bundespräsident Karl Carstens Neuwahlen für den 6. März fest. **11.1.** Der SPD-Fraktionsvorsitzende Herbert Wehner gibt bekannt, daß er für den kommenden Bundestag nicht mehr kandidieren wird. **13.1.** Bundeskanzler Helmut Kohl tritt einen Kurzbesuch in Wien an. **23.2.** Das Bundeskabinett verabschiedet eine Immissionsverordnung, die den Schadstoffausstoß von Kraftwerken neu regelt. **6.3.** Aus den Bundestagswahlen geht die CDU/CSU als klare Siegerin hervor. Die FDP behauptet sich mit 7%, die SPD muß starke Einbußen erleiden. Die Grünen sind erstmals im Bundestag vertreten. **4.4.** An den diesjährigen Ostermärschen in der Bundesrepublik nehmen über 700 000 Menschen teil. **13.4.** Das Bundesverfassungsgericht untersagt die für den 27. April geplante Volkszählung.	**3.1., Medien.** Die amerikanische Firma Apple stellt mit »Lisa« den ersten mit einer »Maus« ausgerüsteten Computer vor. **9.1., Astronomie.** Amerikanische Wissenschaftler entdecken außerhalb der Milchstraße ein »schwarzes Loch«, einen sehr massereichen Stern, der über extreme Schwerkraft verfügt. **15.1., Wirtschaft.** Das seit 1930 bestehende Zündholzmonopol in Deutschland geht zu Ende. Die deutschen Hersteller reagieren mit Preissenkungen und einer verbreiterten Produktpalette auf die Marktausweitung. **17.1., Wirtschaft.** Als Reaktion auf »Billig«-Zigaretten im Lebensmitteleinzelhandel senkt der Zigarettenhersteller Reemtsma drastisch die Preise und entfacht einen Preiskrieg. **25.1., Physik.** Wissenschaftler am europäischen Kernforschungsinstitut CERN entdecken die Bosonen, die Überträgerteilchen der »schwachen Kraft«.

1982

Kunst, Literatur und Musik	Theater und Film	Gesellschaft
22.11. In Rom wird der bundesdeutsche Schriftsteller Günter Grass mit dem Feltrinelli-Preis ausgezeichnet. **24.12.** In Paris stirbt der französische Schriftsteller Louis Aragon, einer der Mitbegründer des Surrealismus. **1982** Die chilenische Schriftstellerin Isabel Allende veröffentlicht den Roman *Das Geisterhaus*.	**1982** *Flashdance* von Adrian Lyne mit Jennifer Beals und Michael Nouri liefert eine Reihe von Pophits, von denen der Titelsong einen Oscar erhält. **1982** Der Zeichentrickfilm *Das letzte Einhorn* entwickelt auf anspruchsvolle Weise die Vision einer poetischen und schönen Welt und ist für Kinder und Erwachsene gleichermaßen interessant.	**11.11.** Bei Frankfurt am Main werden die mußmaßlichen Terroristinnen Adelheid Schulz und Brigitte Mohnhaupt gefaßt. Am 16. November geht den Fahndern auch Christian Klar ins Netz. **7.12.** In den USA wird erstmals eine Hinrichtung mittels einer Giftspritze vollzogen.

1982 Geborene und Gestorbene

17.6. Curd Jürgens (*13.12.1915), deutscher Schauspieler. **26.6.** Alexander Mitscherlich (*20.9.1908), deutscher Arzt und Psychologe. **5.8.** Dieter Borsche (*25.10.1909), deutscher Schauspieler.	**12.8.** Henry Fonda (*16.5.1905), amerikanischer Filmschauspieler. **29.8.** Nahum Goldmann (*10.7.1895), Präsident des Jüdischen Weltkongresses. **29.8.** Ingrid Bergman (*29.8.1915), schwedische Filmschauspielerin.	**14.9.** Gracia Patricia (*12.11.1929), Fürstin von Monaco. **5.11.** Jacques Tati (*9.10.1905), französischer Filmschauspieler. **20.12.** Arthur Rubinstein (*28.1.1887), amerikanisch-polnischer Pianist.

1983

Kunst, Literatur und Musik	Theater und Film	Gesellschaft
2.1. Das Westfälische Landesmuseum für Kunst und Kulturgeschichte in Münster zeigt die sehenswerte Ausstellung »Tunisreise« mit Bildern von Paul Klee, August Macke und Louis Moillet. **7.1.** Dem Bildhauer Günther Uecker wird der Kaiserring der Stadt Goslar verliehen. **11.1.** UA: *Konzert für Violoncello und Orchester* des polnischen Komponisten Krzysztof Penderecki, in der Berliner Philharmonie. **29.1.** Die aus Zürich kommende Henri-Matisse-Ausstellung, die sich dem Gesamtwerk des französischen Malers widmet, findet in Düsseldorf großes Interesse. **26.2.** Das New Yorker Metropolitan Museum eröffnet eine Ausstellung ausgewählter Kunstwerke aus dem Vatikan. **10.3.** In der Kölner Kunsthalle beginnt eine Ausstellung mit Werken des französischen Malers Georges Rouault.	**21.1.** UA: *Bruder Eichmann*, Theaterstück des 1982 verstorbenen Schriftstellers Heinar Kipphardt, am Münchner Residenztheater. Das Stück löst aufgrund seiner vermeintlichen Banalisierung der nationalsozialistischen Verbrechen eine heftige Kontroverse aus. **30.1.** UA: *Jubiläum*, Theaterstück von George Tabori, am Bochumer Schauspielhaus. Am 50. Jahrestag der nationalsozialistischen »Machtergreifung« erinnern sich die Toten auf einem jüdischen Friedhof am Rhein immer wieder an ihr Leben. **30.1.** Aus Anlaß des 50. Jahrestags der nationalsozialistischen Machtübernahme zeigt das ZDF in zwei Teilen die Verfilmung *Geschwister Oppermann* von Egon Monck nach dem gleichnamigen, 1933 erschienenen Roman von Lion Feuchtwanger. **1.3.** Bei den Berliner Filmfestspielen erhalten die Filme *Belfast 1920* von Edward Bennett und *Der Bienenkorb* von Mario Camus den Goldenen Bären.	**10.1.** Zur Verminderung des Risikos von Herz-Kreislauf-Erkrankungen starten bundesdeutsche Gesundheitsorganisationen unter dem Motto »Trimming 130 – Bewegung ist die beste Medizin« eine vielversprechende Aktion. **21.1.** In Westberlin erscheint die Erstausgabe des Anzeigenblattes »Zweite Hand«, das nur aus privaten Kleinanzeigen besteht. **25.1.** In Bolivien geht der ehemalige Gestapo-Chef von Lyon, Klaus Barbie, wegen Betruges der Polizei ins Netz. Dem »Schlächter von Lyon« werden Morde und Folterungen vorgeworfen. **31.1.** Mit einem festlichen Pontifikalamt im Dom zu Aachen werden die Gebeine von Kaiser Karl dem Großen umgebettet, da der Karlsschrein restauriert werden muß. **4.2.** Der Bundesrat genehmigt die Einführung des maschinenlesbaren Personalausweises. Bremen erwägt Verfassungsklage.

1983

Internationale Politik

12.3., Indien. Nach sechs Tagen endet in Neu Delhi die 7. Gipfelkonferenz der Blockfreien.
23.3., USA. Präsident Ronald Reagan verkündet die Planung eines weltraumgestützten Raketenabwehrsystems (SDI).
24.4., Österreich. Bei Parlamentswahlen verliert die seit 13 Jahren alleinregierende Sozialistische Partei (SPÖ) ihre absolute Mehrheit, worauf der Vorsitzende und Bundeskanzler Bruno Kreisky zurücktritt.
25.4., Portugal. Die Sozialistische Partei des ehemaligen Ministerpräsidenten Mário Soares siegt bei vorgezogenen Parlamentswahlen.
1.5., Polen. In mehreren Städten finden Demonstrationen für die verbotene Gewerkschaft Solidarität statt.
17.5., Libanon/Israel. Ein Abkommen sieht den Abzug der israelischen Truppen aus dem Libanon vor.
26.5., Türkei. Türkische Sondereinheiten dringen in das irakische Grenzgebiet ein, um militärische Strafaktionen gegen kurdische Freischärler durchzuführen.
9.6., Großbritannien. Die Konservative Partei Margaret Thatchers geht klar als Siegerin bei den Unterhauswahlen hervor.
23.6., Polen. Papst Johannes Paul II. trifft mit dem Führer der Gewerkschaft Solidarität, Lech Walesa, zusammen.
24.6., Syrien. PLO-Chef Jasir Arafat wird aus Syrien ausgewiesen.
23.7., Sri Lanka. Bei Ausschreitungen gegen hinduistische Tamilen kommen über 300 Personen ums Leben.
4.8., Italien. Der Sozialist Bettino Craxi wird neuer Regierungschef.
10.8., Frankreich/Tschad. Französische Truppen greifen in den Bürgerkrieg im Tschad ein.
15.8., UdSSR. Staats- und Parteichef Juri W. Andropow wirbt für eine behutsame Reform der Staatswirtschaft.
21.8., Philippinen. Der philippinischen Oppositionsführer Benigno Aquino wird auf dem Flughafen von Manila erschossen.
24.8., Schweiz. Der Bundesrat beschließt die Anschaffung von 210 deutschen Kampfpanzern »Leopard II.«.

Deutsche Politik

28.4. Nach dem Tod von zwei Transitreisenden an der DDR-Grenze läßt Erich Honecker den geplanten Besuch in der Bundesrepublik platzen.
19.5. Der ehemalige Chefredakteur der Bild-Zeitung, Peter Boenisch, wird Regierungssprecher in Bonn.
25.6. In Krefeld demonstrieren 20 000 Menschen anläßlich des Besuchs von US-Vizepräsident George Bush.
29.6. Die Bundesregierung bürgt für einen DDR-Kredit von 1 Mrd. DM.
13.7. Die Bundesregierung genehmigt den neuen Gesetzentwurf zur Verschärfung des Demonstrationsstrafrechts. Die Gesetzesnovelle wird erst am 28.6.1985 verabschiedet.
1.9. In Mutlangen versperren im Rahmen einer »Prominentenblockade« der saarländische Ministerpräsident Oskar Lafontaine, Bundestagsabgeordnete der Grünen und bekannte Schriftsteller und Künstler – unter ihnen Heinrich Böll – drei Tage lang die Zufahrten zum US-Militärdepot.
7.9. Der deutsche Schriftsteller Heinrich Böll antwortet auf den offenen Brief eines Bundeswehrobersten, der darlegte, was Blockaden militärischer Einrichtungen für die Soldaten bedeuten. ▷Chronik Zitat

Prominentenblockade

Chronik Zitat

»Ich würde – wäre ich Kommandant einer Kaserne – sogar Flüge zu Damenbesuchen bewilligen beziehungsweise willige (und natürlich freiwillige) Damen einfliegen lassen, falls der Liebesdrang und -druck dann unerträglich werden sollte.«
Heinrich Böll, deutscher Schriftsteller

15.9. Als erster Regierender Bürgermeister von Westberlin trifft Richard von Weizsäcker in Ostberlin mit dem DDR-Staatsratsvorsitzenden Erich Honecker zusammen.
22.10. Auf dem Höhepunkt des »heißen Herbstes« demonstrieren 1,3 Mio. Menschen bundesweit.

Wirtschaft und Wissenschaft

26.1., Verkehr. Die Bauarbeiten an dem längsten Eisenbahntunnel der Welt zwischen der japanischen Hauptinsel Hondo und der Nordinsel Hokaido sind nahezu abgeschlossen.
4.2., Medien. Die Ministerpräsidenten der westdeutschen Bundesländer einigen sich auf die Einführung des elektronischen Bildschirmtextes (BTX).
15.2., Physik. Japanische Forscher nähern sich dem absoluten Nullpunkt der Temperatur auf 0,00003 °C. Den bisherigen Rekord hielten Physiker der Kernforschungsanlage Jülich.

Religion in Westdeutschland

Chronik Statistik

Katholische Christen	27 060 800
Evangelische Christen	29 696 500
Sonstige Christen	659 600
Juden	31 700
Andere/ohne Konfession	3 201 800

9.3., Wirtschaft. Der französische Elektrokonzern Thomson-Brandt erwirbt 75% des Kapitals der AEG-Tochter Telefunken.
24.3., Medizin. 112 Tage nach der Operation stirbt in Salt Lake City der erste Mensch mit einem künstlichen Herzen.
25.4., Verkehr. In der nordfranzösischen Stadt Lille geht die erste vollautomatische und führerlose Untergrundbahn in Betrieb.
25.4., Raumfahrt. Die 1972 gestartete amerikanische Raumsonde »Pioneer 10« verläßt unser Sonnensystem.
26.4., Kernenergie. Die Bundesregierung beschließt die intensivere Förderung der Kernenergie durch den Schnellen Brüter in Kalkar und den Hochtemperaturreaktor in Uentrop-Schmehausen.
26.5., Raumfahrt. Die europäische Weltraumorganisation ESA bringt zur Erforschung von Röntgenstrahlen im Weltraum den ersten Satelliten in den Orbit.
26.5., Kernenergie. Australien protestiert gegen französische Atomtests auf dem Mururoa-Atoll.

1983

Kunst, Literatur und Musik

21.4. Anläßlich des 500. Luther-Geburtstags wird die Wartburg in Anwesenheit des DDR-Staatsratsvorsitzenden Erich Honecker feierlich wiedereröffnet.

22.4. Im Grand Palais in Paris eröffnet eine umfangreiche Retrospektive mit Werken des französischen Malers Édouard Manet.

29.4. Nach langer Diskussion verleiht die Stadt Köln ihrem Landeskind, dem Schriftsteller Heinrich Böll, die Ehrenbürgerwürde.

Mai 1983 Der Verpackungskünstler Christo verkleidet 14 Tage lang elf kleine Inseln vor der Küste Floridas mit irisierenden Stoffbahnen.

5.5. Der bundesdeutsche Schriftsteller Wolfdietrich Schnurre nimmt für sein literarisches Gesamtwerk den mit 20 000 DM dotierten Georg-Büchner-Preis entgegen.

16.5. Den Friedenspreis des deutschen Buchhandels erhält der französische Schriftsteller Manès Sperber für seine Romantrilogie *Wie eine Träne im Ozean*. Für den erkrankten Literaten hält der französische Politikwissenschaftler Alfred Grosser die Dankesrede.

2.6. UA: *Die englische Katze*, Oper von Hans Werner Henze mit einem Libretto von Edward Bond im Rahmen der Schwetzinger Festspiele.

12.6. UA: *Die Spieler*, Oper von Dmitri Schostakowitsch und Krzysztof Meyer, an den Wuppertaler Bühnen.

24.6. Das Germanische Museum in Nürnberg lädt anläßlich des Luther-Jahres zu der Ausstellung »Martin Luther und die Reformation in Deutschland« ein.

25.7. Die Wagner-Festspiele in Bayreuth geben eine Aufführung der *Meistersinger von Nürnberg*. Die Festspiele sind der Höhepunkt einer Reihe von Veranstaltungen zum 100. Todestag des Komponisten. Regisseur Peter Hall und Dirigent Georg Solti bringen eine Neuinszenierung von Wagners Bühnenfestspiel *Der Ring des Nibelungen* auf die Bühne.

11.8. In der Frankfurter Paulskirche erhält der Schriftsteller und Kulturphilosoph Günther Anders in Abwesenheit den Adorno-Preis.

Theater und Film

18.3. In den bundesdeutschen Kinos hat der umstrittene Film *Das Gespenst* über das Leben Jesu von Herbert Achternbusch Premiere.

12.4. Mit acht Oscars wird Richard Attenboroughs Filmepos *Gandhi* bei der 55. Preisverleihung der Amerikanischen Akademie für Filmkunst in Hollywood ausgezeichnet.

18.4. Die 29. Westdeutschen Kurzfilmtage in Oberhausen thematisieren schwerpunktmäßig die Dritte-Welt-Problematik.

11.8. Bei der Film-Biennale in Venedig wird der französische Regisseur Jean-Luc Godard mit dem Goldenen Löwen für seinen Film *Prénom Carmen* ausgezeichnet.

21.9. UA: *Hanglage Meerblick*, Theaterstück von David Mamet, am National Theatre in London.

7.10. UA: *Achterloo*, Theaterstück von Friedrich Dürrenmat, am Schauspielhaus Zürich.

9.10. UA: *Offene Zweierbeziehung*, Einakter von Dario Fo und Franca Rame, im Triester Teatro Sloveno.

26.10. Bei den Hofer Filmtagen werden als interessanteste deutsche Neuvorstellungen die Filme *Die Olympiasiegerin* von Herbert Achternbusch, *Mitten ins Herz* von Doris Dörrie, *Dorado* von Herbert Münster und *Kanakerbraut* von Uwe Schrader dem Publikum vorgestellt.

1983 Für großes Aufsehen sorgt Robert van Ackerens Film *Die flambierte Frau* mit Gudrun Landgrebe in der Hauptrolle.

1983 Der Ungar Andrzej Wajda ist Regisseur des Revolutionsepos *Danton* mit Gérard Depardieu in der Hauptrolle.

1983 Woody Allens Film *Zelig* schildert halb dokumentarisch, halb fiktiv den Lebensweg eines Mannes, der sich seiner Umwelt perfekt anpaßt.

1983 Der amerikanische Regisseur Nicholas Meyer thematisiert in seinem Film *The Day After* die Angst vor dem Atomkrieg.

1983 Claus Peymanns Neuinszenierung des Kleiststückes *Hermannsschlacht* sorgt am Bochumer Schauspielhaus für Aufsehen.

Gesellschaft

11.2. Während der Eröffnungspolonaise des Wiener Opernballs werfen Rechtsradikale Flugblätter mit der Parole »Ausländer raus« auf die Tanzfläche.

2.3. Marianne Bachmeier, die im März 1981 den mutmaßlichen Mörder ihrer Tochter im Gerichtssaal erschossen hatte, erhält eine sechsjährigen Freiheitsstrafe.

Leichtatletik-Weltmeister
Sport

100 m:
Carl Lewis (USA) — 10,07 sec
110 m Hürden:
Greg Foster (USA) — 13,42 sec
400 m:
Edwin Moses (USA) — 47,50 sec
1500 m:
Steven Cram (GB) — 3:41,59 min
Weitsprung:
Carl Lewis (USA) — 8,55 m
Speerwurf:
Detlef Michel (DDR) — 89,48 m

12.4. Die Stuttgarter Verlagsgruppe Holtzbrinck erwirbt den Rowohlt Verlag.

25.4. Die vom Hamburger Nachrichtenmagazin »Stern« präsentierten angeblichen Tagebuchhefte Adolf Hitlers erweisen sich sehr bald als grobe Fälschung.

19.5. Die seit September 1982 in verschiedenen Ländern gesuchten Giftfässer mit Dioxin-Rückständen aus dem italienischen Seveso tauchen im französischen Saint-Quentin auf.

30.5. Bei heftigen Überschwemmungen durch Hochwasser an Rhein, Neckar, Saar und Mosel kommen im Bundesgebiet mehrere Menschen ums Leben.

Juli Im bundesdeutschen »Jahrhundertsommer« klettert das Thermometer bis auf 39°C.

10.8. Die Umweltschutzgruppe Greenpeace verhindert in der Nordsee die Verklappung von Dünnsäure durch ein Frachtschiff der Firma »Kronos-Titan«.

1983

Internationale Politik

29. 8., Chile. Diktator Augusto Pinochet hebt auf Drängen der Opposition den Ausnahmezustand auf.
1. 9., UdSSR. Ein sowjetischer Abfangjäger schießt einen südkoreanischen Jumbo-Jet mit 269 Personen an Bord ab, der in den sowjetischen Luftraum eingedrungen war.
9. 9., Spanien. Nach drei Jahren endet die zweite KSZE-Folgekonferenz in Madrid, die Fortschritte in humanitären Fragen erzielen konnte.
26. 9., Libanon. Ein Waffenstillstand zwischen den Bürgerkriegsparteien tritt in Kraft.
11. 10., Österreich. Bundespräsident Rudolf Kirchschläger stattet der DDR einen Staatsbesuch ab.
23. 10., Schweiz. Bei den Nationalratswahlen können die Grünen und die ausländerfeindliche Nationale Aktion deutliche Stimmengewinne verbuchen.
25. 10., USA/Grenada. Amerikanische Truppen besetzen die Insel Grenada, wo linksradikale Armeeangehörige eine Militärjunta errichtet haben.
29. 10., Österreich. Der Bundesparteitag der SPÖ wählt Bundeskanzler Fred Sinowatz zum Vorsitzenden.
6. 11., Türkei. Die ersten Parlamentswahlen in der Türkei seit dem Putsch von 1980 bringen die Mutterlandspartei (ANAP) von Turgut Özal als klare Siegerin hervor.
23. 11., UdSSR. Die UdSSR bricht die Verhandlungen über die Reduzierung von Mittelstreckenwaffen in Europa (INF) vorzeitig ab. Am 8. Dezember unterbricht sie auch die Verhandlungen über strategische Rüstung (START).
5. 12., Venezuela. Bei Parlaments- und Präsidentschaftswahlen in Venezuela siegt die Demokratische Aktion unter Jaime Lusinchi.
10. 12., Argentinien. Der neue Präsident Raul Alfonsín tritt sein Amt an. Vor 100 000 Menschen verspricht er in Buenos Aires die Verteidigung der Demokratie und die Achtung der Menschenrechte.
17. 12., Großbritannien. Bei einem Bombenanschlag der IRA auf das Kaufhaus Harrods in London sterben fünf Personen, 91 werden zum Teil schwer verletzt.

Deutsche Politik

31. 10. DDR-Staatsratschef Erich Honecker empfängt eine Delegation der Grünen in Ostberlin.
10. 11. Der deutsche Bundestag stimmt einem Gesetz zur Förderung der Rückkehrbereitschaft von Ausländern zu.
22. 11. Der deutsche Bundestag genehmigt nach einer zweitägigen Debatte die Stationierung amerikanischer Mittelstreckenraketen. Zu Beginn der Debatte gibt Bundeskanzler Helmut Kohl eine Regierungserklärung ab. ▷Chronik Zitat

Bester Weg zum Frieden
Chronik Zitat

»Wir alle sind für den Frieden. Worüber wir streiten, das ist der beste Weg, den Frieden zu erhalten. ... Für jede Rakete, die jetzt aufgestellt wird, wird eine andere Nuklearwaffe aus Europa abgezogen.«
Bundeskanzler Helmut Kohl

27. 11. In München gründet sich die Partei »Die Republikaner«.
29. 11. Die Staatsanwaltschaft in Bonn erhebt in der Flick-Spendenaffäre Anklage u. a. gegen Bundeswirtschaftsminister Otto Graf Lambsdorff.
1. 12. Gegen die Stimmen der Grünen verabschiedet der Deutsche Bundestag ein Gesetz zur Parteienfinanzierung und eine dementsprechende Grundgesetzänderung.
2. 12. Der Bundestag hebt einstimmig die Immunität des Bundeswirtschaftsministers Otto Graf Lambsdorff auf, der wegen des Verdachts auf Bestechlichkeit angeklagt ist.
7. 12. Das Bundesinnenministerium verbietet die rechtsradikale »Aktionsfront Nationaler Sozialisten/Nationale Aktivisten« von Michael Kühnen, der sich rund 270 Neonazis angeschlossen hatten.
20. 12. Der Präsident des Bundesverfassungsgerichts Ernst Benda wird verabschiedet. Der bisherige Vizepräsident Wolfgang Zeidler wird von Bundespräsident Karl Carstens als Nachfolger in sein Amt eingeführt.

Wirtschaft und Wissenschaft

16. 6., Raumfahrt. Die europäische Trägerrakete »Ariane L-6« wird vom Raketenzentrum Kourou in Französisch-Guayana zu ihrer ersten Mission ins All befördert.
18. 6., Raumfahrt. Sally Ride ist die erste Frau an Bord der amerikanischen Raumfähre »Challenger«.
12. 7., Technik. Auf der Nordseeinsel Pellworm geht das größte europäische Sonnenkraftwerk ans Netz.
20. 7., Verkehr. Die Bundesregierung beschließt, ab 1986 Neuwagen nur noch mit Katalysatoren zuzulassen.
17. 10., Technik. Bei Brunsbüttel wird die weltweit größte Windkraftanlage, GROWIAN, ihrer Bestimmung übergeben.
18. 10., Ökologie. Ein Drittel des deutschen Waldes ist erkrankt.
27. 10., Verkehr. Die Magnetschwebebahn »Transrapid 06« unternimmt auf der 31 km langen Teststrecke im Emsland ihre erste Probefahrt.
7. 11., Verkehr. Die erste Zapfsäule mit bleifreiem Benzin wird in der Bundesrepublik in Betrieb gesetzt.
9. 12., Raumfahrt. Nach zehntägigem Flug landet die amerikanische Raumfähre »Columbia« sicher in der kalifornischen Mojave-Wüste.
Dezember, Wirtschaft. Der bundesdeutsche Einzelhandel zeigt sich mit dem Weihnachtsgeschäft zufrieden. Viele Geschäfte melden vor Geschäftsschluß »ausverkauft«.

Wissenschaftler geehrt
Chronik Nobelpreise

Chemie: Henry Taube (USA)
Medizin: Barbara McClintock (USA)
Physik: Subrahmanyan Chandrasekhar (USA) und William A. Fowler (USA)
Frieden: Lech Walesa (PL)
Literatur: William Golding (GB)
Wirtschaft: Gerard Debreu (F)

10. 12., Nobelpreise. In Stockholm und Oslo werden die diesjährigen Nobelpreise feierlich überreicht. ▷Chronik Nobelpreise

1983

Kunst, Literatur und Musik

28.8. Der als »Sprayer von Zürich« bekannte Schweizer Graffiti-Künstler Harald Nägeli wird in Puttgarden aufgrund eines internationalen Haftbefehls wegen Sachbeschädigung verhaftet.
1.10. Zu einer Attraktion bei Publikum und Kritik avanciert die Oper *Die Soldaten* von Bernd Alois Zimmermann bei den Berliner Festwochen in der Deutschen Oper.
22.10. Die Metropolitan Oper in New York feiert ihr 100jähriges Bestehen mit einem Sängerfest.
25.10. Der Rockmusiker Udo Lindenberg absolviert mit seinem Panikorchester ein aufsehenerregendes Konzert in Ostberlin.
27.11. Mit einem Publikumsrekord von 150 000 Besuchern in sieben Wochen endet in der Neuen Nationalgalerie in Westberlin die Ausstellung »Picasso – Das plastische Werk«.
6.12. Für 32,5 Mio. DM ersteigert die Bundesrepublik vom Londoner Auktionshaus Sotheby's das *Evangeliar Heinrichs des Löwen*.
25.12. Der spanische Maler und Bildhauer Joan Miró stirbt 90jährig auf Mallorca.
1983 Michael Jackson's LP *Thriller* bricht alle Verkaufsrekorde im Musikgeschäft. In den USA und in Großbritannien ist der Titelsong 37 Wochen lang Platz eins der Charts.
1983 Mit der Novelle *Drachenblut* beschreibt der Schriftsteller Christoph Hein aus der Perspektive einer Frau den Alltag in der DDR.
1983 Sten Nadolnys Roman *Die Entdeckung der Langsamkeit* wird ein großer Erfolg.
1983 Christa Wolf will in *Kassandra* das »hierarchisch-männliche Realitätsprinzip« überwinden.
1983 Der Roman *Die Klavierspielerin* der österreichischen Schriftstellerin Elfriede Jelinek stellt die Auswirkung des Kapitalismus auf den Menschen dar.
1983 In ihrem Buch *Ungehaltene Reden ungehaltener Frauen* mit dem Titel *Wenn du geredet hättest, Desdemona* überläßt Christine Brückner Frauen bedeutender Männer das Wort.

Theater und Film

1983 Peter Zadeks Inszenierung von Henrik Ibsens Drama *Baumeister Solneß* mit Barbara Sukowa und Hans Michael Rehberg wird von Publikum und Kritik hochgelobt.
1983 *Fellinis Schiff der Träume* erzählt ein Endzeitmärchen vom Begräbnis einer Gesellschaft erster Klasse.
1983 Clint Eastwood führte Regie in dem unterhaltsamen Krimi *Dirty Harry kommt zurück*.
1983 Mitreißende Flamenco-Tänze und erotisch anmutende Szenen zeigt der Carlos-Saura-Film *Carmen* mit Laura Del Sol und Antonio Gades.
1983 Wolfgang Petersen verfilmt in *Die unendliche Geschichte* die erste Hälfte des gleichnamigen Erfolgsromans von Michael Ende.
1983 In Howard Zieffs Komödie *Bitte nicht heut' nacht* spielt Nastassja Kinski die Frau eines Dirigenten.
1983 Robert M. Youngs Film *Die Ballade von Gregorio Cortez* ist ein eindrucksvolles Plädoyer gegen die Rassendiskriminierung.
1983 Eine Liebesgeschichte vor dem Hintergrund des Vietnamkriegs hat Sidney J. Furie mit dem Film *Einmal Hölle und zurück* inszeniert.
1983 Julie Andrews, Kim Basinger und Burt Reynolds sind die Stars in dem Blake-Edwards-Film *Frauen waren sein Hobby*.
1983 Christopher Walken spielt in der Stephen-King-Verfilmung *Dead Zone* einen Mann, der nach einem Verkehrsunfall aus einem fünfjährigen Koma erwacht und feststellt, daß er vergangenes und kommendes Geschehen nachund vorerleben kann.
1983 Jochen Richters Film *Am Ufer der Dämmerung* thematisiert das Geschäft mit Tod und Krankheit. Die Hauptrollen spielen Hans Peter Hallwachs und Barbara Rudnik.
1983 Dieter Hallervorden ist in dem Blödelfilm *Didi der Doppelgänger* ein vom Ruin bedrohter Kneipenwirt, der gekidnappt werden soll.
1983 Der Film *Crackers* von Louis Malle zeigt die Geschichte von fünf im Leben gescheiterten Menschen, die u.a. von Donald Sutherland, Jack Warden und Sean Penn gespielt werden.

Gesellschaft

25.8. Zum 138. Geburtstag des bayerischen Königs Ludwigs II. befestigen Mitglieder der Umweltorganisation Robin Wood zwischen zwei Türmen von Schloß Neuschwanstein ein Transparent mit der Aufschrift »Robin Wood – Rettet unsere Heimat!«
30.8. Der 23jährige türkische Asylbewerber Cemal Kemal Altun stürzt sich vor der Eröffnung des Verfahrens um seine Auslieferung aus dem sechsten Stock des Westberliner Verwaltungsgerichts zu Tode.
31.8. Mitte des Jahres gibt es nach einer Meldung des amerikanischen Amtes für Statistik etwa 4,7 Mrd. Menschen auf der Erde.
24.9. Der schweizerische Hersteller der »Swatch«-Uhren hat im ersten halben Jahr 200 000 Exemplare seiner ausgefallenen Chronometer verkauft.
21.12. Die bayerische Landesregierung ändert die Verfassung zugunsten des Naturschutzes.
31.12. Eine ungewöhnliche Kältewelle mit Temperaturen bis – 43° C fordert in den USA über 451 Todesopfer.
1983 »Verkehrsberuhigte Zonen« in bundesdeutschen Wohnvierteln erlauben nur Schrittgeschwindigkeit.
1983 Der Italiener Gianni Versace fasziniert mit Abendkleidern aus Oroton, einem Metallstrickstoff, der farbig bedruckt werden kann.
1983 Coca-Cola produziert mit »Coke Light« eine kalorienreduzierte Variante seines Erfrischungsgetränks.
1983 Der Modeschöpfer Karl Lagerfeld kreiert in Paris erstmals für das Haus Chanel die Haute Couture.
1983 Die »Aerobic-Welle«, Körperertüchtigung durch Gymnastik mit Musik, hält auch in der Bundesrepublik Einzug.
1983 Die Farben Schwarz und Grau beherrschen die Mode. Daneben dominiert im Sommer die Farbe Weiß, beeinflußt durch den Film »Gandhi«.
1983 Eine wachsende Zahl von AIDS-Fällen ruft auch in der Bundesrepublik verstärkt Besorgnis hervor. Angst vor einer mysteriösen Seuche verbreitet sich.
1983 3,6 Mio. Bundesbürger verbringen ihren Sommerurlaub im Bundesland Bayern.

1983

Internationale Politik	Deutsche Politik	Wirtschaft und Wissenschaft
18.12., Japan. Die Liberaldemokratische Partei unter Yasuhiro Nakasone verliert bei Wahlen die absolute Mehrheit. **20.12., Libanon.** PLO-Chef Jasir Arafat muß mit 4000 Anhängern den Libanon verlassen. Arafat und seine engsten Mitarbeiter kehren in das PLO-Hauptquartier nach Tunis zurück, die übrigen PLO-Kämpfer werden nach Algerien und in den Nordjemen gebracht.	**22.12.** Das Bundesverfassungsgericht in Karlsruhe lehnt mehrere Anträge auf einstweilige Verfügung gegen die Aufstellung von Pershing II-Raketen und Marschflugkörpern in der Bundesrepublik als unzulässig ab. **29.12.** Der Berliner Senat und die DDR-Reichsbahn vereinbaren die Übernahme der Betriebsrechte für die in Westberlin gelegenen S-Bahn-Strecken unter westliche Regie.	**1983, Ökologie.** Frankreich beginnt ein Forschungsprojekt zur Messung der Ozon-Konzentration. **1983, Ökologie.** Die Stadt Freiburg im Breisgau nimmt »Grüne Tonnen« in Betrieb, die dazu beitragen, den wiederverwertbaren Müll vom unbrauchbaren Restmüll zu trennen. **1983, Wirtschaft.** In der Bundesrepublik sind 2 258 000 Arbeitslose gemeldet.

1983 Geborene und Gestorbene

Gestorben:
11.1. Nikolai Podgorny (*18.2.1903), sowjetischer Politiker.
27.1. Louis de Funès (*31.7.1914), französischer Filmkomiker.
25.2. Tennessee Williams (*26.3.1911), amerikanischer Schriftsteller und Dramatiker.
18.3. Umberto II. (*15.9.1904), ehemaliger König von Italien.
4.4. Gloria Swanson (*27.3.1899), amerikanische Filmschauspielerin.
24.4. Rolf Stommelen (*11.7.1943), deutscher Automobilrennfahrer.
27.4. Georg von Holtzbrinck (*11.5.1909), deutscher Verleger.
18.5. Alfred Nau (*21.11.1906), deutscher Politiker.
21.5. Marie Schlei (*26.11.1919), deutsche Politikerin.
1.6. Anna Seghers (*19.11.1900), deutsche Schriftstellerin.
1.6. Jack Dempsey (*24.6.1895), amerikanischer Boxer.

1984

Internationale Politik	Deutsche Politik	Wirtschaft und Wissenschaft
8.1., Türkei. Staatspräsident Turgut Özal proklamiert die Aufhebung des Kriegsrechts. **8.1., Panama.** Die Außenminister von Mexiko, Venezuela, Kolumbien, Panama sowie Nicaragua, Honduras, El Salvador, Costa Rica und Guatemala verständigen sich auf einen Mittelamerika-Friedensplan. **10.1., China/USA.** Der chinesische Ministerpräsident Chao Tzu-yang besucht die USA. **14.1., Südafrika.** Südafrika beendet den Rückzug seiner letzten Truppen aus Südangola. **9.2., UdSSR.** In Moskau stirbt Parteichef Juri Andropow. Nachfolger wird Konstantin Tschernenkow. **26.2., Österreich/USA.** Der österreichische Staatspräsident Rudolf Kirchschläger trifft zu einem Staatsbesuch in die USA ein.	**5.1.** Bundesverteidigungsminister Manfred Wörner versetzt den Stellvertretenden NATO-Oberbefehlshaber und Vier-Sterne-General Günter Kießling aufgrund angeblicher Homosexualität in den vorzeitigen Ruhestand. Die Presse spricht bald von der »Affäre Wörner«. ▷Chronik Zitat ### Affäre Wörner **Chronik Zitat** *»Der Tag, an dem die Affäre Wörner so ... zum Abschluß gebracht wurde, wird eingehen in die Annalen als der Augenblick, in dem sich Kohls politischer Stil endgültig durchgesetzt hat: Arrangieren und Aussitzen.«* »Süddeutsche Zeitung«	**1.1., Medien.** Im Raum Ludwigshafen können acht Kabelkanäle empfangen werden. **27.1., Physik.** Die Einheit für den Luftdruck wird von Millibar in Hektopascal geändert. **7.2., Raumfahrt.** Der amerikanische Astronaut Bruce McCandless bewegt sich als erster Mensch ohne Sicherheitsleine durch den Weltraum. **22.2., Wirtschaft.** Im Volkswagenwerk Wolfsburg wird eine vollautomatische Fertigungsstrecke für die Produktion des »Golf« der Öffentlichkeit vorgeführt. **23.3., Physik.** Die Gesellschaft für Schwerionenforschung verkündet nach der Entdeckung der bisher schwersten Elemente 107 und 109 auch die Auffindung des fehlenden Elements 108, das durch die Fusion der Atomkerne von Blei und Eisen entsteht.

1983

Kunst, Literatur und Musik	Theater und Film	Gesellschaft

1983 Ein Welterfolg wird der Roman *Die Farbe Lila* von Alice Walker.
1983 Der Bestseller-Autor Johannes Mario Simmel erreicht mit *Bitte laßt die Blumen leben* die bestverkaufte Neuausgabe des Jahres.
1983 Zu den beliebtesten Platten auf dem Deutschen Single-Markt zählen *Major Tom* von Peter Schilling, *99 Luftballons* von Nena und *Moonlight Shadow* von Mike Oldfield.

1983 Rocksänger Sting glänzt in einer Nebenrolle des 45-Mio.-Dollar-Films *Der Wüstenplanet*, dessen Außenaufnahmen in den Wüsten Mexikos entstanden. Regie führte David Lynch. Der Film entstand nach dem Roman von Frank Herbert.
1983 Kleine pelzige Wesen mit Kulleraugen sorgen in dem Film *Gremlins – Kleine Monster* unter der Regie von Joe Dante für Spaß auf der Leinwand.

1983 Italien ist der Deutschen liebstes ausländisches Reiseziel, gefolgt von Österreich und der Schweiz.
1983 Mit seinem Stuhl »Balans Vital« entwirft der norwegische Designer Peter Opsvik das Urmodell des Gesundheitsstuhls, bei dem der Rücken durch Knieabstützung entlastet wird.
1983 Die deutsche Wohndesign-Firma »WK« prägt einen Einrichtungsstil von zeitloser Eleganz.

1983 Geborene und Gestorbene

7.6. Hermann Kahn (*15.2.1922), amerikanischer Zukunftsforscher.
12.6. Clemens Holzmeister (*27.3.1886), österreichischer Architekt.
5.7. Hennes Weisweiler (*5.12.1919), deutscher Fußballtrainer.

19.7. Erik Ode (*6.11.1910), deutscher Schauspieler.
26.7. Charlie Rivel (*28.4.1896), spanischer Clown.
28.7. David Niven (*1.3.1910), britischer Schauspieler.
29.7. Luis Buñuel (*22.2.1900), spanischer Filmregisseur.

19.9. Bruno Pittermann (*3.9.1905), österreichischer Politiker.
26.9. Leopold III. (*3.11.1901), Ex-König von Belgien.
17.10. Raymond Aron (*14.3.1905), französischer Soziologe.
25.12. Joan Miró (*20.4.1893), katalanischer Maler.

1984

Kunst, Literatur und Musik	Theater und Film	Gesellschaft

13.1. Ein Auftritt der Kölner Rockgruppe BAP auf der DDR-Veranstaltung »Rock für den Frieden« wird abgesagt, da sich die Band nicht auf Zensurmaßnahmen einlassen will.
11.3. Die Akademie der Künste in Westberlin präsentiert eine Ausstellung mit Werken des amerikanischen Künstlers Willem de Kooning.
24.3. UA: *Echnaton*, Oper von Philip Glass, am Staatstheater in Stuttgart.
4.4. In Ostberlin wird eine Ausstellung mit Werken des englischen Bildhauers Henry Moore gezeigt.
10.4. In der britischen Industriestadt Liverpool eröffnet ein Beatles-Museum mit etwa 1000 Exponaten, die an den Welterfolg der Band erinnern.
24.4. Die bundesdeutschen Behörden liefern den »Sprayer von Zürich«, Harald Nägeli, zur Verbüßung einer Haftstrafe an die Schweiz aus.

4.1. Großen Beifall spendet das Publikum der Münchener Kammerspiele für die Premiere von Samuel Becketts *Warten auf Godot* in der Inszenierung von George Tabori.
21.1. UA: *Der Schein trügt*, Stück von Thomas Bernhard, am Bochumer Schauspielhaus. In der Inszenierung von Claus Peymann spielen u.a. Bernhard Minetti und Traugott Buhre.
22.1. UA: *Guevara oder Der Sonnenstaat*, Stück von Volker Braun, in Leipzig.
27.1. UA: *Furcht und Hoffnung*, Stück von Franz Xaver Kroetz, gleichzeitig in Düsseldorf und Bochum.
4.2. Die Berliner Schaubühne feiert die Premiere des Anton-Tschechow-Stückes *Drei Schwestern*, das wegen seiner konventionellen Inszenierung durch Peter Stein zu einer vieldiskutierten Aufführung wird.

1.1. Die am 12.12.1983 festgenommenen Vertreterinnen der inoffiziellen DDR-Friedensbewegung Bärbel Bohley und Ulrike Poppe beginnen einen Hungerstreik.
14.2. In Luxemburg bestätigt der Europäische Gerichtshof die Unzulässigkeit sog. Butterfahrten.
26.2. In der Schweiz wird per Volksabstimmung die Einführung einer Autobahngebühr angenommen. Die Einführung des Rechts auf Kriegsdienstverweigerung lehnen die Eidgenossen jedoch ab.
14.3. Ein Großbrand vernichtet die deutsche Zentrale des schwedischen Möbelhauses Ikea bei Frankfurt am Main.
17.3. In Paris geben sich die griechische Großreederin Christina Onassis und der Franzose Thierry Roussel das Ja-Wort.

1984

Internationale Politik

23.3., Österreich/Indien. Bundeskanzler Fred Sinowatz besucht Indien und die Arabischen Emirate.
26.3., Iran/Irak. Unabhängige Experten bestätigen den Einsatz von Giftgas im Golfkrieg.
26.3., Guinea. Staatspräsident Sékou Touré stirbt. Kurz darauf übernehmen Militärs die Macht und kündigen eine Demokratisierung an.
9.4., Nicaragua. Die Regierung protestiert beim Internationalen Gerichtshof in Den Haag gegen die Verminung nicaraguanischer Häfen durch den amerikanischen Geheimdienst CIA.
16.4., Brasilien. 1,3 Mio. Menschen protestieren in São Paulo gegen die Militärherrschaft.
26.4., Afghanistan/UdSSR. Afghanische und sowjetische Truppen starten eine Großoffensive gegen afghanische Rebellen.
29.4., Sudan. Präsident Dschafar Muhammad An Numairi verkündet den Ausnahmezustand.
6.5., El Salvador. Der Christdemokrat José Napoleón Duarte kann sich bei Stichwahlen um das Präsidentenamt behaupten.
14.5., UdSSR. Als Folge der Stationierung amerikanischer Mittelstreckenraketen in Westeuropa verkündet die UdSSR die Aufstellung weiterer Raketen in der DDR.
14.5., Philippinen. Präsident Ferdinand Marcos erklärt den Wahlsieg seiner Partei. Die Opposition spricht von Wahlmanipulation.
5.6., Indien. Beim Sturm indischer Regierungstruppen auf den Goldenen Tempel vor Amritsar im Bundesstaat Punjab kommen über 1000 Menschen ums Leben.
26.6., Großbritannien. Die Staaten der Europäischen Gemeinschaft einigen sich auf einen Kompromiß im Streit um den EG-Beitrag Großbritanniens.
17.7., Frankreich. Nach dem Rücktritt des Ministerpräsidenten Pierre Mauroy ernennt Präsident François Mitterrand Laurent Fabius zum Regierungschef.
19.7., Belgien. Der französische Wirtschafts- und Finanzminister Jacques Delors wird Präsident der EG-Kommission in Brüssel.

Deutsche Politik

20.1. Sechs DDR-Bürger beantragen in der amerikanischen Botschaft in Ostberlin politisches Asyl; zwei Tage später reisen sie nach Westberlin aus.
13.2. Bundeskanzler Helmut Kohl und Staatsratsvorsitzender Erich Honecker kommen bei den Trauerfeierlichkeiten für den verstorbenen sowjetischen Staatschef Juri Andropow in Moskau erstmals persönlich zusammen.
7.3. 500 ausgereiste DDR-Bürger erreichen das Aufnahmelager Gießen. Seit dem 18. Februar sind insgesamt 3600 Menschen aus der DDR in die Bundesrepublik gekommen.
15.3. Der Industrielle Friedrich Karl Flick bestreitet vor dem Parteispenden-Untersuchungsausschuß des Bundestages, Einfluß auf Regierungsentscheidungen genommen zu haben.
3.4. Die Bundestagsfraktion der Grünen wählt Christa Nickels, Annemarie Borgmann, Heidi Dann, Waltraud Schoppe, Antje Vollmer und Erika Hickel in den neuen Vorstand.
23.5. Mit großer Mehrheit entscheidet sich die 8. Bundesversammlung für Richard von Weizsäcker (CDU) als neuen Bundespräsidenten.
7.6. Mit den Stimmen der Grünen wird in Hessen Manfred Börner (SPD) zum Ministerpräsidenten gekürt. Seine Wahl ist das erste Beispiel rot-grüner Zusammenarbeit.
26.6. Otto Graf Lambsdorff (FDP) tritt wegen der Parteispenden-Affäre zurück. Nachfolger als Bundeswirtschaftsminister wird Martin Bangemann (FDP).
27.6. Die Ständige Vertretung der Bundesrepublik in Ostberlin stellt den öffentlichen Besucherverkehr ein, um den Zustrom zu stoppen.
27.7. Das Bundeskabinett genehmigt den zweiten Milliardenkredit an die DDR innerhalb eines Jahres. Die DDR gewährt im Gegenzug Erleichterungen im innerdeutschen Reiseverkehr.
17.8. Als erstes Bundesland stellt Nordrhein-Westfalen Haushaltsmittel für die Unterstützung von Arbeitsloseninitiativen zur Verfügung.
4.9. Erich Honecker sagt seinen für Ende des Monats geplanten Besuch in der Bundesrepublik ab.

Wirtschaft und Wissenschaft

28.3., Kernenergie. In Geesthacht an der Elbe wird das Kernkraftwerk Krümmel in Betrieb genommen.
3.4., Wirtschaft. In der Druckindustrie beginnt einer der längsten Arbeitskämpfe in der Geschichte der Bundesrepublik.
9.4., Kernenergie. In Culham bei Oxford wird die europäische Kernfusionsanlage »Joint European Torus« eingeweiht.
10.4., Medizin. Aus dem australischen Melbourne wird die Geburt eines aus einem tiefgefrorenen Embryo stammenden Babys gemeldet.
11.6., Technik. Zum ersten Mal gelingt es den USA, ein Geschoß außerhalb der Erdatmosphäre durch ein anderes Geschoß zu eliminieren.

Preise in Westdeutschland
Statistik

Einzelhandelspreise (DM):

Butter, 1 kg	10,12
Weizenmehl, 1 kg	1,41
Schweinefleisch, 1 kg	11,90
Rindfleisch, 1 kg	17,92
Eier, 10 Stück	2,75
Kartoffeln, 5 kg	6,28
Vollmilch, 1 l	1,28
Zucker, 1 kg	1,98

6.7., Wirtschaft. Nach 13wöchigem Streik finden Arbeitgeber und Arbeitnehmer in der Druckindustrie einen Kompromiß, der ab April 1985 die 35-Stunden-Woche vorsieht und die Möglichkeit innerbetrieblicher Flexibilität einräumt.
20.8., Verkehr. Bei Fahrversuchen auf der Transrapid-Anlage im Emsland kommt die Magnetschwebebahn der Firma MBB auf eine Geschwindigkeit von 302 km/h.
22.8., Medizin. Das Bundesgesundheitsministerium in Berlin weist Berichte über die krebserregende Wirkung von Formaldehyd zurück.
30.8., Raumfahrt. Der amerikanische Raumtransporter »Discovery« startet von Cape Canaveral zu seinem ersten Flug.

1984

Kunst, Literatur und Musik

25.4. Der als Opernsänger bekannte Peter Hofmann beginnt in der Alten Oper in Frankfurt am Main seine Deutschlandtournee als Rocksänger.

27.4. In Ostberlin wird der neue Friedrichsplatzpalast eingeweiht, der mit mehr als 2000 Plätzen eines der größten Varieté- und Bühnentheater ist.

21.5. In Oberammergau eröffnen die Passionsspiele – 350 Jahre nach dem im Pestjahr 1634 abgelegten Gelübde, das die inzwischen weltberühmten Aufführungen begründete.

1.6. Am Museumsufer in Frankfurt am Main öffnet das deutsche Architekturmuseum seine Pforten, das nach Entwürfen Oswald Matthias Ungers als Haus im Haus entstand.

7.6. In Homburg erhält die deutsche Lyrikerin Sarah Kirsch den zum zweiten Mal vergebenen Hölderlin-Preis der Stadt Homburg.

10.6. Auf der Biennale in Venedig präsentieren Künstler aus 32 Ländern ihre Werke.

15.6. Anläßlich des 100. Geburtstags des Malers und Zeichners Josef Hegenbarth wird in Dresden die bislang größte Werkschau des Künstlers gezeigt.

7.7. In Westberlin verfolgen Hunderttausende André Hellers »Feuertheater«, das der Wiener Künstler im Rahmen des ersten Berliner »Sommernachtstraums« vor dem Reichstagsgebäude präsentiert.

27.7. Mit der Oper *Macbeth* von Giuseppe Verdi in der Inszenierung von Piero Faggioni eröffnen die diesjährigen Salzburger Festspiele.

25.9. UA: *Premeteo*, Operntragödie des italienischen Komponisten Luigi Nono, in Venedig.

2.10. Das Schwerpunktthema der 36. Frankfurter Buchmesse heißt »Orwell 2000«. Den Friedenspreis des Deutschen Buchhandels erhält der mexikanische Dichter Octavio Paz.

11.10. In Wien wird eine Ausstellung mit Plastiken und Zeichnungen des expressionistischen deutschen Künstlers Ernst Barlach gezeigt.

16.10. Die »Frankfurter Allgemeine Zeitung« startet den Vorabdruck des späteren Bestsellers *Das Parfüm* von Patrick Süskind.

Theater und Film

17.2. Bei den 34. Internationalen Filmfestspielen in Berlin wird der Film *Love Stream* von John Cassavetes mit dem Goldenen Bären ausgezeichnet.

20.2. UA: *Eine Liebe von Swann*, Film von Volker Schlöndorff nach dem Roman des französischen Schriftstellers Marcel Proust, in Paris.

11.3. Bei der Premiere des Schauspiels *Yerma* von García Lorca in der Inszenierung Peter Zadeks tritt besonders die Hauptdarstellerin Jutta Hoffmann hervor.

6.4. UA: *Peepshow*, Stück des englischen Schriftstellers und Regisseurs George Tabori, in Bochum.

6.4. In den bundesdeutschen Kinos feiert die Verfilmung der *Unendlichen Geschichte* von Michael Ende durch den Regisseur Wolfgang Petersen Premiere.

9.4. Bei der Oscarverleihung in Hollywood wird der Film *Zeit der Zärtlichkeit* von James L. Brooks mit fünf Auszeichnungen geehrt.

6.5. In Berlin beginnt das 21. Theatertreffen deutschsprachiger Bühnen.

13.5. Aus Anlaß des zehnjährigen Jubiläums von Pina Bauschs Wuppertaler Tanztheater und dem Jubiläum des Sekretariats für gemeinsame Kulturarbeit in Nordrhein-Westfalen eröffnet ein internationales Tanzfestival im Ruhrgebiet mit der Uraufführung von Pina Bauschs Stück *Auf dem Gebirge hat man ein Geschrei gehört*.

23.5. In Cannes werden die 37. Internationalen Filmfestspiele mit der Verleihung der Goldenen Palme für den Film *Paris, Texas* des deutschen Regisseurs Wim Wenders beendet.

10.7. Nach Streitereien um eine Aufführung des Stückes *Der Müll, die Stadt und der Tod* von Rainer Werner Fassbinder, das dem Vorwurf des Antisemitismus ausgesetzt wurde, wird der Generalmanager der Alten Oper in Frankfurt, Ulrich Schwab, entlassen.

12.7. Das Theater der Freien Volksbühne in Westberlin feiert die Premiere des von Peter Zadek inszenierten Stückes *Ghetto* von Joshua Sobol, das wegen der Darstellung des Massenmordes an den Juden in Form eines Musicals heftig umstritten ist.

Gesellschaft

18.4. Nach dem Selbstmord einer Patientin von Dr. Julius Hackethal, der Hackethal das notwendige Gift besorgt hatte, erhält die Diskussion über humanes Sterben in der Bundesrepublik neuen Zündstoff.

30.4. Aus Kostengründen verzichtet die Deutsche Bundespost auf nächtliche und vormittägliche Briefkastenleerungen.

7.5. Ein außergerichtlicher Vergleich in einem Schadenersatzverfahren gegen sieben amerikanische Hersteller des Entlaubungsmittels »Agent Orange« verschafft ehemaligen Vietnamsoldaten eine Entschädigung in Höhe von umgerechnet 495 Mio. DM.

2.6. In Essen verlangen die Vertreter einer Elterninitiative Maßnahmen gegen die Pseudo-Krupp-Erkrankungen von Kindern, die durch Belastung der Luft mit Schwefeldioxyd verursacht werden.

Olympia-Sieger
Chronik Sport

Leichtathletik:

100 m:
Carl Lewis (USA)	9,99 sec

110 m Hürden:
Roger Kingdom (USA)	13,21 sec

400 m Hürden:
Edwin Moses (USA)	47,75 sec

Weitsprung:
Carl Lewis (USA)	8,54 m

Dreisprung:
Al Joyner (USA)	17,26 m

28.6. Die Bundesregierung beschließt die Gründung der Bundesstiftung »Mutter und Kind – Schutz des ungeborenen Lebens«.

3.7. Ungeachtet weltweiter Proteste von Umweltorganisationen beginnt auf den zu Alaska gehörenden Aleuten das alljährliche Robbenschlachten.

9.7. Die EG-Kommission in Brüssel erhebt vor dem Europäischen Gerichtshof in Luxemburg Klage gegen die Bundesrepublik wegen des Importverbots für Bier, das nicht nach dem deutschen Reinheitsgebot gebraut ist.

1984

Internationale Politik

11.8., USA. Präsident Ronald Reagan kündigt »im Scherz« die Bombardierung der UdSSR an.
17.8., Israel. Nachdem im Golf von Suez das 19. Schiff durch Treibminen beschädigt wurde, beginnt eine multinationale Suchaktion nach Minen.
31.8., Libyen/Marokko. Libyen und Marokko vereinbaren im marokkanischen Rabat eine Konföderation.
6.9., Korea/Japan. Der Besuch des südkoreanischen Präsidenten Chun Doo Hwan in Japan soll die Aussöhnung der beiden Völker dokumentieren.
15.10., El Salvador. Nach fünf Jahren Bürgerkrieg sprechen Regierung und Rebellen miteinander.
19.10., Polen. Der oppositionelle polnische Priester Jerzy Popieluszko wird von Unbekannten entführt und einige Tage später tot aufgefunden.
20.10., China. Die Regierung beschließt umfangreiche Wirtschaftsreformen.
31.10., Indien. Ministerpräsidentin Indira Gandhi wird in Delhi von Soldaten ihrer Leibgarde, Angehörigen der Sikhs, erschossen.
6.11., USA. Präsident Ronald Reagan wird für eine zweite Amtszeit wiedergewählt.
25.11., Uruguay. Julio Maria Sanguinetti wird mit 39% der Stimmen erstes gewähltes Staatsoberhaupt seit 1973.
19.12., China/Großbritannien. Großbritannien und China beschließen die Rückkehr Hongkongs zu China nach Ablauf des Pachtvertrages 1997.

Deutsche Politik

9.9. Auch der bulgarische Staats- und Parteichef Todor Schiwkow verschiebt seinen für Ende des Monats geplanten Besuch in der Bundesrepublik.

Trauer und Selbstbesinnung

Chronik Zitat

»*Wir werden an diesem Tag in Trauer und Selbstbesinnung an die Opfer eines verbrecherischen, eines gottlosen Regimes erinnern. ... Wir, die Deutschen, haben aus den bitteren Erfahrungen der Geschichte gelernt.*«
Bundeskanzler Helmut Kohl

17.10. Die Regierungskoalition verlängert den Wehrdienst in der Bundesrepublik von 15 auf 18 Monaten.
25.10. Bundestagspräsident Rainer Barzel (CDU) tritt wegen der Parteispenden-Affäre zurück.
7.11. Budeskanzler Helmut Kohl erklärt, daß er mit der umstrittenen Steuerbefreiung für die Flick-Unternehmen nicht befaßt gewesen sei.
18.12. Bundesaußenminister Hans-Dietrich Genscher trifft während seines Prag-Besuchs in der bundesdeutschen Botschaft mit DDR-Flüchtlingen zusammen und fordert sie auf, in die DDR zurückzukehren.
31.12. Bundeskanzler Helmut Kohl äußert sich über den im kommenden Jahr bevorstehenden 40. Jahrestag des Kriegsendes. ▷Chronik Zitat

Wirtschaft und Wissenschaft

16.10., Ökologie. 50% der Waldfläche in der Bundesrepublik sind von sichtbaren Schäden betroffen.
25.10., Technik. Das größte Wasserkraftwerk der Welt im Südwesten Brasiliens wird seiner Bestimmung übergeben.
19.11., Medien. Dem Hamburger »Chaos Computer Club« gelingt durch Manipulationen am Bildschirmtextsystem Btx die Überweisung von 135 000 DM von der Hamburger Sparkasse auf sein eigenes Konto.
10.12., Nobelpreise. In Stockholm und Oslo werden die diesjährigen Nobelpreise feierlich verliehen. ▷Chronik Nobelpreise

Wissenschaftler geehrt

Chronik Nobelpreise

Chemie: Bruce Merrifield (USA)
Medizin: Georges J.F. Köhler (D), Cesar Milstein (RA) und Niels K. Jerne (DK)
Physik: Carlo Rubbia (I) und Simon van der Meer (NL)
Frieden: Desmond M. Tutu (ZA)
Literatur: Jaroslav Seifert (ČSSR)
Wirtschaft: Richard Stone (GB)

14.12., Technik. Bei Hamburg endet ein Versuch, bei dem acht Taucher in einer Unterwassersimulationsanlage einen Monat lang die Bedingungen in einer simulierten Wassertiefe von 450 m untersucht haben.

1984 Geborene und Gestorbene

Gestorben:
19.1. Wolfgang Staudte (*9.10.1906), deutscher Filmregisseur.
20.1. Johnny Weissmuller (*2.6.1904), amerikanischer Filmschauspieler und Sportler.
5.2. Manès Sperber (*12.12.1905), deutsch-französischer Schriftsteller.

9.2. Juri Andropow (*15.6.1914), sowjetischer Politiker.
21.2. Michail Scholochow (*24.5.1905), sowjetischer Schriftsteller.
6.3. Martin Niemöller (*14.1.1892), deutscher evangelischer Theologe.

30.3. Karl Rahner (*5.3.1904), deutscher katholischer Theologe.
10.4. Willy Semmelrogge (*15.3.1923), deutscher Schauspieler.
26.4. Count Basie (*21.8.1904), amerikanischer Jazzmusiker.
11.5. Toni Turek (*18.1.1919), deutscher Fußballer.

1984

Kunst, Literatur und Musik

24.10. Das Römisch-Germanische Museum in Köln zeigt die Sonderausstellung »Der Schatz von San Marco« mit Kunstwerken aus der venezianischen Basilika.
20.12. Nach großem Publikumserfolg endet in Ostberlin die Ausstellung »Design – Vorausdenken für den Menschen«.
1984 Erotik und Sexualität thematisiert Milan Kunderas erfolgreicher Roman *Die unerträgliche Leichtigkeit des Seins*.
1984 In Alain Robbe-Grillets Roman-Essay *Der wiederkehrende Spiegel* symbolisiert ein Spiegel Lebens-, Zeit- und Kulturgeschichte.
1984 In *Zärtliche Lüge* verbindet der italienische Maler Francesco Clemente kosmische Bezüge mit geheimnisvollen Frauenköpfen und banalen Anspielungen.
1984 Laura Branigan landet mit *Self Control* einen Hit des Jahres in den bundesdeutschen Charts.
1984 Die britische Pop-Formation Talk Talk feiert mit *Such a Shame* einen weltweiten Erfolg.
1984 Zu den beliebtesten und erfolgreichsten Sängern zählen in der BRD Herbert Grönemeyer, Peter Maffay, Paul Young und Chris de Burgh.
1984 Vor Tina Turner, Cyndi Lauper und Laura Branigan kann sich Nena als erfolgreichste Sängerin in den deutschen Charts behaupten.
1984 Queen, Depeche Mode, Talk Talk, BAP und Alphaville sind die erfolgreichsten Bands des Jahres.

Theater und Film

7.9. Die Filmfestspiele in Venedig enden mit der Verleihung des Goldenen Löwen an den polnischen Regisseur Krzysztof Zanussi für seinen Film *Das Jahr der Sonne*.
15.9. UA: *Sintflut*, Schauspiel von Herbert Achternbusch, am Theater in Bochum.
5.10. UA: *Der Park*, Stück von Botho Strauß, am Freiburger Theater.
31.10. In Stuttgart wird das renovierte Große Haus des Württembergischen Staatstheaters wiedereröffnet.
9.11. UA: *Judith*, Schauspiel von Rolf Hochhuth, am New Citizen's Theatre in Glasgow.
18.12. Peter Zadek wird Nachfolger des zurückgetretenen Niels-Peter Rudolph als Intendant des Deutschen Schauspielhauses in Hamburg.
1984 Steven Spielberg entführt das Publikum mit seinem Helden Harrison Ford in dem Film *Indiana Jones und der Tempel des Todes* in eine mythische Traumwelt.
1984 Milos Formans burleske Filmbiografie *Amadeus* begeistert Kinofans jeden Alters.
1984 In seinem Film *Abwärts* mit Götz George in einer der Hauptrollen präsentiert Carl Schenkel vier unterschiedliche Charaktere, die in einem Fahrstuhl steckenbleiben.
1984 Einen Gangster-Mythos bringt Sergio Leone mit dem Streifen *Es war einmal in Amerika* auf die Leinwand.
1984 John Huston produziert den Film *Unter dem Vulkan* nach dem Trinker-Roman von Malcolm Lowry.

Gesellschaft

13.7. In Mainz beschließen das Zweite Deutsche Fernsehen (ZDF), der Österreichische Rundfunk (ORF) und die Schweizerische Radio- und Fernsehgesellschaft (SRG) ein gemeinsames Satellitenprogramm (3-SAT).
24.7. Polizei räumt das besetzte Haus des »Kunst- und Kulturcentrums Kreuzberg« (KukuCK) in Westberlin.
31.7. Trotz des Protests von Umweltschützern genehmigt der Bundestag die Inbetriebnahme des niedersächsischen Kohlekraftwerks Buschhausen ohne Entschwefelungsanlage.
1.8. In der Bundesrepublik gilt die Anschnallpflicht für Pkw-Fahrer.
4.8. Ein Punkertreffen in Hannover entfacht gewalttätige Auseinandersetzungen mit rechtsradikalen Skinheads.
7.9. Die vatikanische Glaubenskongregation in Rom prozessiert gegen den brasilianischen Franziskanerpater und Vertreter der Befreiungstheologie Leonardo Boff.
21.9. Mit 3,17 DM hat der US-Dollar den höchsten Stand seit elfeinhalb Jahren erreicht.
23.9. In einer Volksabstimmung spricht sich die Mehrheit der Schweizer für einen Ausbau der Atomenergie aus.
16.10. Laut Waldschadensbericht sind über 50% des bundesdeutschen Waldes sichtbar geschädigt.
12.11. Auf Autobahnstrecken in Südhessen beginnt der Großversuch »Tempo 100«.
3.12. Über 3000 Menschen sterben nach einer Giftgasexplosion in der indischen Stadt Bhopal.

Geborene und Gestorbene

11.6. Enrico Berlinguer (*25.5.1922), italienischer Politiker.
27.7. James Mason (*15.5.1909), britischer Filmschauspieler.
27.7. George Gallup (*18.11.1901), amerikanischer Marktforscher.
5.8. Richard Burton (*10.11.1925), britischer Schauspieler.

5.8. Rudolf Hagelstange (*14.1.1912), deutscher Schriftsteller.
25.8. Truman Capote (*30.9.1924), amerikanischer Schriftsteller.
9.9. Yilmaz Güney (*1937), türkischer Filmregisseur.
21.10. François Truffaut (*6.2.1932), französischer Filmregisseur.

23.10. Oskar Werner (*13.11.1922), österreichischer Schauspieler.
31.10. Indira Gandhi (*19.11.1917), indische Politikerin.
18.12. Rudolf Platte (*12.2.1904), deutscher Schauspieler.
28.12. Sam Peckinpah (*21.2.1925), amerikanischer Filmregisseur.

Internationale Politik

1.1., Schweiz. Kurt Furgler löst Leon Schlumpf als Bundespräsident ab.
3.1., Äthiopien/Israel. Seit November 1984 wurden 10 000 Juden aus dem Bürgerkriegsland Äthiopien nach Israel gebracht.
12.1., Frankreich. Nach blutigen Zusammenstößen zwischen Kanaken und weißen Gegnern der Unabhängigkeit Neukaledoniens verhängt der französische Regierungsbeauftragte Edgard Pisani über das französische Überseeterritorium den Ausnahmezustand.
15.1., Brasilien. Die Wahl von Tancredo de Almeida Neves zum Präsidenten Brasiliens beendet die 21jährige Militärdiktatur.
5.2., Spanien/Gibraltar. Die Grenze zwischen Gibraltar und Spanien steht wieder offen.
7.2., Polen. Vier Offiziere des Innenministeriums werden wegen Mordes an dem Priester Jerzy Popieluszko zu bis zu 25 Jahren Haft verurteilt.
5.3., Großbritannien. Die britischen Bergarbeiter beenden ihren fast einjährigen Streik, da Premierministerin Margaret Thatcher eine Einigung mit der Nationalen Kohlebehörde verhindert.
5.3., Iran/Irak. Die Bombardierung irakischer Städte durch iranische Artillerie verschärft den Golfkrieg.
11.3., UdSSR. Michail Gorbatschow wird einen Tag nach dem Tod von Konstantin Tschernenko vom Zentralkomitee der KPdSU zum Generalsekretär der Partei gewählt. Er beginnt mit den größten Reformanstrengungen in der Geschichte der Sowjetunion.
11.3., Vietnam. Vietnamesische Truppen nehmen den letzten Stützpunkt der kambodschanischen Opposition.
26.3., USA. Die US-Regierung fordert ihre Verbündeten zur aktiven Mitarbeit am Weltraumwaffenprogramm (SDI) auf.
6.4., Sudan. Dschafar Muhammad An Numairi wird nach tagelangen Unruhen gegen die von seiner Regierung durchgesetzten Preiserhöhungen durch einen Militärputsch entmachtet.
7.4., UdSSR. Der neue Parteichef Michail S. Gorbatschow stellt ein Moratorium für die Aufstellung von Mittelstreckenraketen in Aussicht.

Deutsche Politik

15.1. Die letzten sechs von zeitweilig 168 DDR-Bürgern verlassen die bundesdeutsche Botschaft in Prag und kehren in ihre Heimat zurück
25.1. Als erstes Bundesland nimmt das Saarland den Umwelt- und Datenschutz in die Landesverfassung auf.
1.2. Der Vorstandsvorsitzende des Rüstungskonzerns MTU, Ernst Zimmermann, wird Opfer eines RAF-Anschlags.
5.2. Gert Jannsen ist der erste Grüne Bunsdestagsabgeordnete, der nach dem Rotationsprinzip sein Mandat zum 1. März niederlegt. Außer Petra Kelly und Gert Bastian folgen alle Grünen Parlamentarier seinem Beispiel.
23.2. Martin Bangemann wird als Nachfolger von Hans-Dietrich Genscher FDP-Parteivorsitzender.
27.2. Vor dem Deutschen Bundestag bekräftigt Bundeskanzler Helmut Kohl die Bereitschaft zum Dialog mit der DDR. ▷Chronik Zitat
10.3. Bei Landtagswahlen im Saarland stellt die SPD nach ihrem Wahlsieg, der ihr die absolute Mehrheit der Stimmen bescherte, mit Oskar Lafontaine den neuen Ministerpräsidenten.

Praktische Friedensarbeit

Chronik Zitat

»Unsere Deutschlandpolitik ist ein Beispiel zur Vertiefung und Verstetigung der Ost-West-Beziehungen. Sie ist langfristig angelegt, sie ist berechenbar, und sie ist ein Element praktischer Friedensarbeit in Europa.«
Bundeskanzler Helmut Kohl

23.4. Der DDR-Staatsratsvorsitzende Erich Honecker hält sich zu einem zweitägigen Besuch in Italien und im Vatikan auf.
5.5. Der Besuch von Bundeskanzler Helmut Kohl und US-Präsident Ronald Reagan auf dem Soldatenfriedhof Bitburg, auf dem auch Angehörige der Waffen-SS beerdigt sind, stößt in der bundesdeutschen Öffentlichkeit auf harte Kritik.

Wirtschaft und Wissenschaft

30.1., Medizin. Im Forschungsreaktor in Garching bei München werden oberflächennahe Tumore mit Neutronenstrahlen behandelt.
4.2., Kernenergie. Die Deutsche Gesellschaft für Wiederaufarbeitung von Kernbrennstoffen will in Wackersdorf die erste kommerzielle Wiederaufbereitungsanlage in der Bundesrepublik Deutschland errichten.

Arbeit in Westdeutschland

Chronik Zitat

Erwerbstätige	25 534 000
männlich	15 786 000
weiblich	9 748 000
Land-/Forstwirtschaft	1 360 000
Produktion	10 468 000
Handel/Verkehr	4 679 000
Sonstige	9 027 000
Fremdarbeiter	1 584 000
Arbeitslose	2 304 000
Arbeitslosenquote (%)	8,7

22.2., Medizin. In Australien werden erstmals Zwillinge aus Tiefkühl-Embryonen geboren.
21.3., Medizin. Nach 15jähriger Bauzeit wird das Großklinikum Aachen eröffnet.
1.4., Technik. In der Bundesrepublik Deutschland wird für alle Kraftfahrzeuge mit Otto- und Wankelmotor eine regelmäßige Abgassonderuntersuchung eingeführt.
3.5., Kernenergie. Hessen verfügt eine teilweise Stillegung der Hanauer Reaktor-Brennelement Union, die Bundesinnenminister Friedrich Zimmermann im Juli wieder aufhebt.
6.5., Technik. In unmittelbarer Nähe zur Universität Dortmund wird das Technologiezentrum im Ruhrgebiet seiner Bestimmung übergeben.
15.5., Verkehr. In Nürnberg feiert die Deutsche Bundesbahn ihr Jubiläum mit der Ausstellung »150 Jahre Eisenbahn«.
15.5., Wirtschaft. Der Automobilhersteller Daimler-Benz steigt mit 66% beim Luft- und Raumfahrtunternehmen Dornier ein.

1985

Kunst, Literatur und Musik

1.1. Mit dem Neujahrskonzert der Wiener Philharmoniker wird in Wien das »Europäische Jahr der Musik« eröffnet.
11.1. In Graz wird das renovierte Opernhaus wiedereröffnet.
15.2. UA: *Brennender Friede*, Oper von Udo Zimmermann, in der Semperoper Dresden
16.2. UA: *Die Weise von Liebe und Tod des Cornets Christoph Rilke*, Oper von Siegfried Matthus an der Dresdner Semperoper.
23.2. Das Charlottenburger Schloß in Westberlin präsentiert eine umfassende Ausstellung mit dem Lebenswerk des Malers Jean Antoine Watteao.
16.3. Mit »Bach nach acht« strahlt die ARD eine Livesendung zum 300. Geburtstag des Komponisten Johann Sebastian Bach am 21. März aus.
23.3. Mit Aufführungen und Festakten wird in der Bundesrepublik Deutschland und der DDR der 300. Geburtstag des Komponisten Georg Friedrich Händel begangen.
28.3. Im Alter von 97 Jahren stirbt bei Nizza der russisch-jüdische Maler und Graphiker Marc Chagall.
28.3. Das Wiener Künstlerhaus zeigt die Jugendstil-Ausstellung »Traum und Wirklichkeit. Wien zwischen 1870 und 1930«.
30.3. Zurückhaltend wird bei den Salzburger Osterfestspielen die Aufführung von Georges Bizets *Carmen* in der Inszenierung von Herbert von Karajan aufgenommen.
18.4. Bei einer Versteigerung in London kann das Gemälde *Die Anbetung der Könige* von Andrea Mantegna mit umgerechnet 31,85 Mio. DM einen Rekordpreis erzielen.
25.4. In Frankfurt am Main wird das Museum für Kunsthandwerk der Öffentlichkeit übergeben.
12.5. Im Rahmen des dritten Festivals der Weltkulturen »Horizonte 85« zeigt das Palastmuseum Peking im Martin-Gropius-Bau in Westberlin erstmals »Schätze aus der verbotenen Stadt«.
13.7. 1,5 Mio. Rockfans aus über 50 Staaten verfolgen live und am TV das vom irischen Popsänger Bob Geldof organisierte »Live-Aid-Concert« zugunsten der Hungerhilfe für Afrika.

Theater und Film

11.1. Nach Auseinandersetzungen zwischen Filmverleih und Regisseur Wim Wenders startet der Film *Paris, Texas* in den bundesdeutschen Kinos.
16.2. UA: *Nachtwache*, Stück von Lars Norén, in Stockholm.
28.2. Bei den 35. Internationalen Filmfestspielen in Westberlin wird der Goldene Bär an den Spielfilm *Wetherby* des Briten David Hare und den DDR-Beitrag *Die Frau und der Fremde* von Rainer Simon verliehen.
25.3. In Los Angeles wird der Film *Amadeus* von Milos Forman mit acht Oscars ausgezeichnet.
31.3. Mit stürmischem Beifall feiert das Publikum die Uraufführung von Pina Bauschs Stück *Two Cigarettes in the Dark* in Wuppertal.
13.4. UA: *Largo desolato*, Theaterstück von Václav Havel, im Akademietheater in Wien.
26.4. UA: *Mein Herbert*, autobiographisches Schauspiel von Herbert Achternbusch, in den Münchner Kammerspielen.
27.4. Der DDR-Dramatiker Heiner Müller wird mit dem Georg-Büchner-Preis geehrt.
20.5. Auf den 38. Filmfestspielen in Cannes wird der jugoslawische Film *Papa ist auf Dienstreise* von Emir Kusturica mit der Goldenen Palme geehrt.
31.5. Mit der Premiere des Films *Ran* von Akiro Kurosawa startet in Tokio das erste japanische Filmfestival.
9.6. UA: *Bauern sterben*, Stück von Franz Xaver Kroetz, an den Münchner Kammerspielen.
16.6. UA: *Heinrich oder Die Schmerzen der Phantasie*, Schauspiel von Tankred Dorst und Ursula Ehrler, in Düsseldorf.
13.7. Die Aufführung von Jean-Claude Carrières Schauspiel *Mahabarata* nach dem gleichnamigen indischen Epos in der Inszenierung von Peter Brooks in Avignon dauert neun Stunden.
19.7. UA: *Ein fliehendes Pferd*, dramatisierte Fassung der Novelle von Martin Walser, in Meersburg.
17.8. UA: *Die Theatermacher*, Stück von Thomas Bernhard in der Inszenierung von Claus Peymann, im Rahmen der Salzburger Festspiele.

Gesellschaft

1.1. In der Bundesrepublik nimmt das erste kommerzielle Satellitenprogramm SAT 1 den Betrieb auf.
4.1. Das künstlich gezeugte und von einer Leihmutter für 6500 Pfund Sterling ausgetragene »Baby Cotton« wird in London geboren.
18.1. Erstmals wird im westlichen Ruhrgebiet Smogalarm der Stufe III ausgelöst.
26.1. Papst Johannes Paul II. besucht während seiner 25. Auslandsreise die Länder Venezuela, Ecuador, Peru und Trinidad-Tobago.

Deutsche Meister Sport

Leichtathletik:
100 m:
Christian Haas	10,20 sec

110 m Hürden:
Michael Radzey	13,78 sec

Weitsprung:
Jürgen Wörner	7,81 m

Dreisprung:
Ralf Jaros	16,98 m

Diskuswurf:
Alwin Wagner	64,08 m

1.4. Das ZDF startet die allabendliche Ausstrahlung der Nationalhymne zum Sendeschluß.
24.4. Zivildienstleistende müssen in der BRD fünf Monate länger dienen als Wehrpflichtige bei der Bundeswehr.
8.5. Coca-Cola bietet sein Erfrischungsgetränk mit neuer Rezeptur an, die alte Mixtur kommt als »Classic« wieder auf den Markt.
9.5. Der Vatikan verhängt über den brasilianischen Theologen Leonardo Boff ein Schreib- und Redeverbot.
15.6. Ein Freiluftkonzert auf der Place de la Concorde in Frankreich eröffnet die Aktion »S.O.S. – Racisme« gegen Ausländerfeindlichkeit.
8.7. Im Prozeß um die gefälschten Hitler-Tagebücher spricht das Hamburger Landgericht gegen den ehemaligen »Stern«-Reporter Günter Heidemann und den Fälscher Konrad Kujau Freiheitsstrafen aus.

1985

| Internationale Politik | Deutsche Politik | Wirtschaft und Wissenschaft |

14.4., Albanien. Nach dem Tod Enver Hoxhas wird Staatspräsident Ramiz Alia auch Führer der Kommunistischen Partei.
27.4., Österreich. In einer Festsitzung des National- und des Bundesrates gedenkt Österreich des 40. Jahrestages der Zweiten Republik.
15.5., Österreich. In Wien beginnen die Feierlichkeiten anläßlich des 30. Jahrestages der Unterzeichnung des Staatsvertrages.
10.6., Israel/Libanon. Israel ruft seine letzten Kampftruppen aus dem Südlibanon ab.
12.6., Spanien/Portugal. In Madrid unterzeichnen Vertreter Portugals und Spaniens die Beitrittsverträge zur EG.
20.7., Südafrika. Nach Monaten blutiger Rassenunruhen wird über 36 Bezirke der Ausnahmezustand verhängt.
10.9., Südafrika. Auch die EG-Staaten verhängen Wirtschaftssanktionen gegen Südafrika, um die Aufhebung der Rassentrennung zu erreichen.
10.9., UdSSR/Afghanistan. Sowjetische Truppen beenden ihre Offensive gegen Widerstandskämpfer in Nord-Afghanistan.
1.10., Israel/Tunesien. Bei der Bombardierung des PLO-Hauptquartiers bei Tunis durch israelische Einheiten bleibt PLO-Chef Jasir Arafat unverletzt.
7.10., Israel. Palästinenser wollen mit der Entführung des Kreuzfahrtschiffes »Achille Lauro« die Freilassung von 50 Häftlingen aus israelischen Gefängnissen erzwingen.
15.10., Nicaragua. Angesichts der Bedrohung durch die vom CIA unterstützten Contras ruft die Regierung den Notstand aus.
15.11., Irland. Irland erhält von Großbritannien ein begrenztes Mitspracherecht in Nordirland.
19.11., USA/UdSSR. In Genf beginnt ein Gipfeltreffen zwischen dem sowjetischen Staatschef Michail S. Gorbatschow und US-Präsident Ronald Reagan.
2.12., Schweiz. Der Bundesrat erläßt eine restriktive Asylverordnung zur schnellen Ablehnung von unbegründeten Asylanträgen.

7.5. Aufgrund der Erhöhung des Überziehungskredits durch die Bundesrepublik stoppt die DDR im Gegenzug die Zuwanderung von Asylbewerbern aus Sri Lanka über Ostberlin.
8.5. In einer vielbeachteten Rede zum 40. Jahrestag des Kriegsendes vor dem Deutschen Bundestag umschreibt Bundespräsident Richard von Weizsäcker die historisch-politischen Lehren aus dem Zweiten Weltkrieg. ▷Chronik Zitat

Friedliche Nachbarschaft
Chronik Zitat

»Wenn wir daran denken, was unsere östlichen Nachbarn im Krieg erleiden mußten, werden wir besser verstehen, daß der Ausgleich und die friedliche Nachbarschaft mit diesen Ländern zentrale Aufgaben der deutschen Außenpolitik bleiben.«
Bundespräsident Richard von Weizsäcker

12.5. Die SPD unter Ministerpräsident Johannes Rau erringt bei den Landtagswahlen in Nordrhein-Westfalen die absolute Mehrheit der Stimmen.
14.6. Nach einer Anklage wegen Steuerhinterziehung tritt Regierungssprecher Peter Boenisch zurück. Nachfolger wird der Journalist Friedhelm Ost.
19.8. Der für die Spionageabwehr zuständige Regierungsdirektor im Bundesamt für Verfassungsschutz, Hansjoachim Tiedge, wechselt in die DDR über. Der Leiter des Bundesnachrichtendienstes Heribert Hellenbroich wird daraufhin vorzeitig pensioniert.
29.8. Vor dem Landgericht Bonn wird der Parteispenden-Prozeß gegen die früheren Bundeswirtschaftsminister Otto Graf Lambsdorff und Hans Friederichs (beide FDP) und den ehemaligen Flick-Manager Eberhard von Brauchitsch eröffnet.
26.9. Die Christdemokratin, engagierte Katholikin und Pädagogik-Professorin Rita Süßmuth löst Heiner Geißler als Bundesminister für Jugend, Familie und Gesundheit ab.

25.6., Technik. Die Schweizer Vereinigung für Sonnenenergie veranstaltet eine Rallye für Solarmobile.
17.7., Technik. 17 europäische Länder beschließen die Technologie- und Forschungskooperation EUREKA als Alternative zum US-Weltraumwaffenprogramm SDI.
29.8., Technik. Die ARD startet die Ausstrahlung von Stereo-Fernsehsendungen.
5.9., Kernenergie. Das französische Industrieministerium genehmigt den Probelauf für den Kernreaktor »Superphénix«.
Oktober, Wirtschaft. Daimler-Benz übernimmt Anteile des Elektro-Konzerns AEG.
13.10., Technik. Die Antisatellitenwaffe der USA (ASAT) vernichtet bei einem Test einen defekten Satelliten.
30.10., Raumfahrt. Die amerikanische Raumfähre »Challenger« startet zum ersten Mal mit zwei westdeutschen Wissenschaftlern an Bord.
12.10., Kernenergie. Zehntausende Atomkraftgegner demonstrieren in München gegen den Plan der Wiederaufbereitungsanlage für Brennelemente im bayerischen Wackersdorf.
25.11., Verkehr. Der Hochgeschwindigkeitszug der Deutschen Bundesbahn Intercity Experimental erreicht bei einer Probefahrt eine Spitzengeschwindigkeit von 317 km/h.

Wissenschaftler geehrt
Chronik Nobelpreise

Chemie: Herbert Hauptmann (USA) und Jerome Karle (USA)
Medizin: Michael Brown (USA) und Joseph Goldstein (USA)
Physik: Klaus von Klitzing (D)
Frieden: Bernard Lown (USA) und Jewgeni Tschasow (UdSSR)
Literatur: Claude Simon (F)
Wirtschaft: Franco Modigliani (USA)

10.12., Nobelpreise. In Stockholm und Oslo werden die diesjährigen Nobelpreise feierlich verliehen. ▷Chronik Nobelpreise

1985

Kunst, Literatur und Musik

16.7. 67jährig stirbt in Kreuzau bei Düren der deutsche Schriftsteller und Literaturnobelpreisträger Heinrich Böll. Postum wird sein Roman *Frauen vor Flußlandschaft*, eine Art Intimgeschichte der Stadt Bonn, veröffentlicht.
22.7. UA: *Le Roi Béranger*, Oper von Heinrich Sutermeister nach Texten von Eugène Ionesco, in München.
26.7. In der Josef-Haubrich-Kunsthalle Köln eröffnet die Ausstellung »Geliebt – getauscht – geraubt. Zur Rolle der Frau im Kulturvergleich«.
18.8. Den Abschluß seiner Welttournee bestreitet der amerikanische Rockstar Bruce Springsteen vor 65 000 Fans im Giants Stadium in East Rutherford im US-Bundesstaat New Jersey.

Ganz unten

Chronik Zitat

»Ich habe mitten in der Bundesrepublik Zustände erlebt, wie sie eigentlich *sonst nur* in den Geschichtsbüchern über das 19. Jahrhundert beschrieben werden.«
Günter Wallraff, deutscher Schriftsteller

7.9. In der Wiener Kegelgasse wird das von Friedensreich Hundertwasser entworfene Wohnhaus (*Hundertwasser-Haus*) fertiggestellt.
22.9. Der amerikanische Verpackungskünstler Christo realisiert die Verhüllung des Pont-Neuf in Paris.
23.9. In Paris zeigt ein neues Museum Werke von Pablo Picasso, die dem französischen Staat mit dem Erbe des 1973 verstorbenen Künstlers zugegangen waren.
28.9. UA: *Judith*, Oper von Siegfried Matthus. an der Komischen Oper in Ostberlin.
21.10. Die Veröffentlichung *Ganz unten* von Günter Wallraff über seine Erfahrungen als Türke Ali entfacht eine Debatte über die Arbeitsbedingungen ausländischer Arbeiter in der Bundesrepublik. ▷Chronik Zitat
1985 Siegfried Lenz verarbeitet in seinem Roman *Exerzierplatz* ein Stück westdeutscher Nachkriegsgeschichte.

Theater und Film

2.10. Der amerikanische Filmschauspieler Rock Hudson stirbt an der Immunschwächekrankheit AIDS.
31.10. Aus Protest gegen angebliche antisemitische Tendenzen verhindern Angehörige der jüdischen Gemeinde die Uraufführung des Rainer-Werner-Fassbinder-Stücks *Der Müll, die Stadt und der Tod* in Frankfurt am Main.
November Der Wiener Kabarettist und Unterhaltungskünstler André Heller vermittelt mit seiner Show *Begnadete Körper* auf seiner Europa-Tournee die Faszination der alten chinesischen Akrobatikkultur.
1985 Mit *Zurück in die Zukunft* bringt der amerikanische Regisseur Robert Zemecki einen großen Kassenschlager auf die Leinwand.
1985 Woody Allen produziert mit *The Purple Rose of Cairo* eine virtuose Komödie über die Traumwelt des Kinos.
1985 Otto Waalkes Blödelkomödie *Otto – Der Film* lockt 8,7 Mio. Besucher in die deutschen Kinos.
1985 Einer der erfolgreichsten Filme wird in Deutschland Doris Dörries hinreißende Komödie *Männer*.
1985 In *Schimanski – Zahn um Zahn* sind die Tatort-Kommissare Götz George und Eberhard Feik erstmals gemeinsam auf der Leinwand zu sehen.
1985 Sidney Pollacks *Jenseits von Afrika* mit Meryl Streep, Robert Redford und Klaus Maria Brandauer in den Hauptrollen liegen die Aufzeichnungen der dänischen Schriftstellerin Tania Blixen zugrunde.
1985 Mit dem Film *Die Farbe Lila* drehte Steven Spielberg das melodramatisches Emanzipationsspektakel um die Farbige Celie (Whoopy Goldberg).
1985 *Rambo II – Der Auftrag* mit Sylvester Stallone spielt in den USA 130 Mio. Dollar ein.
1985 Die Popsängerin Madonna spielt die Titelrolle in der Verwechslungskomödie *Susan ... verzweifelt gesucht* von Susan Seidelman.
1985 Barbara Sukowa spielt die Titelrolle in Margarethe von Trottas Film *Rosa Luxemburg*, der vom Leben und Sterben der polnisch-jüdischen Sozialistin erzählt.

Gesellschaft

9.7. Österreichische und deutsche Winzer »veredeln« ihre Weine mit der giftigen Chemikalie Diätyhlenglykol. Die Behörden warnen vor dem Genuß.
10.7. Agenten des französischen Geheimdienstes versenken in Auckland das Greenpeace-Schiff »Rainbow Warrior«. Im September muß der französische Verteidigungsminister Charles Hernu deshalb zurücktreten.
15.7. In Nairobi (Kenia) findet zum Abschluß des Frauenjahrzehnts der UNO die Weltfrauenkonferenz statt.
12.8. Beim Absturz eines japanischen Jumbo-Jets in Osaka kommen 520 der 524 Passagiere ums Leben.
22.8. Beim Start in Manchester fängt eine britische Chartermaschine Feuer. Bei dem Unglück kommen 55 Menschen ums Leben, 83 werden verletzt.
31.8. In Mittelfrankreich kommen bei einem Eisenbahnunglück, bei dem ein Postzug einen Schnellzug rammt, 43 Menschen ums Leben.
1.9. Französische und amerikanische Forscher orten vor Neufundland das Wrack der »Titanic«.
19.9. Bei einem schweren Erdbeben in Mexiko sterben 5200 Menschen.
24.9. Die ARD startet die zweite Staffel der TV-Serie »Dallas«, in der Donna Reed anstelle von Barbara Bel Geddes die Rolle der Miss Ellie übernimmt.
22.10. Die ZDF-Serie »Schwarzwaldklinik« empfangen wöchentlich bis zu 60% der Fernsehhaushalte.
28.10. Der Sektenführer Bhagwan wird aufgrund von Verstößen gegen die Einwanderungsbestimmungen in den USA kurzzeitig inhaftiert.
9.11. Mit einem Sieg in der 24. Partie und einem Punktestand von 13:11 wird Garri Kasparow in Moskau neuer Schachweltmeister.
13.11. Beim Ausbruch des Vulkans Nevado del Ruiz in Kolumbien kommen 23 000 Menschen ums Leben.
19.11. Nach einem Großversuch zum Tempolimit von 100 km/h spricht sich die Bundesregierung gegen eine generelle Geschwindigkeitsbegrenzung auf deutschen Autobahnen aus.
29.11. In New York kommt die künstliche Droge »Crack« auf den Schwarzmarkt.

1985

Internationale Politik	Deutsche Politik	Wirtschaft und Wissenschaft
3.12., Luxemburg. Das Gipfeltreffen der Vertreter der zehn EG-Staaten sowie der beiden künftigen Mitglieder Portugal und Spanien erzielt eine Einigung über die Schaffung eines Europäischen Binnenmarktes. **30.12., Pakistan.** Staatschef Mohammad Ziaul Haq hebt nach über achtjähriger Dauer das Kriegsrecht auf.	**16.10.** Im Bundesland Hessen einigen sich die regierende SPD und die Grünen auf die Bildung einer rot-grünen Koalition. **18.12.** Die Bundesregierung in Bonn spricht sich wie auch andere westliche Staaten gegen eine Beteiligung am US-Projekt einer weltraumgestützten Raketenabwehr (SDI) aus.	**1985, Wirtschaft.** Mit einem Aufwand von 25 Mio. DM stellt die Daimler-Benz AG in Berlin-Marienfelde einen Großsimulator für die Autoentwicklung fertig. **1985, Wirtschaft.** Friedrich Karl Flick erklärt sich bereit, seinen gesamten Unternehmensbesitz an die Deutsche Bank zu verkaufen.

1985 Geborene und Gestorbene

Gestorben:
21.1. Luise Ullrich (*31.1.1911), deutsch-österreichische Schauspielerin.
22.1. Efrem Zimbalist (*1890), russisch-amerikanischer Geiger.
10.2. Werner Hintz (*18.1.1908), deutscher Schauspieler.

10.3. Konstantin Tschernenko (*24.9.1911), sowjetischer Politiker.
12.3. Eugene Ormandy (*18.11.1899), amerikanischer Dirigent.
28.3. Marc Chagall (*7.7.1887), russisch-jüdischer Maler.
7.4. Carl Schmitt (*11.7.1888), deutscher Staatstheoretiker.

11.4. Enver Hoxha (*16.10.1908), albanischer Politiker.
13.5. Mildred Scheel (*31.12.1932), Präsidentin der Deutschen Krebshilfe.
18.5. Hermann Schridde (*3.7.1937), deutscher Springreiter.
12.6. Helmuth Plessner (*4.9.1892), deutscher Soziologe und Philosoph.

1986

Internationale Politik	Deutsche Politik	Wirtschaft und Wissenschaft
1.1., USA/UdSSR. In Neujahrsansprachen wenden sich Ronald Reagan und Michail Gorbatschow an die Bevölkerung des jeweils anderen Staates. Beide Politiker unterstreichen den Abrüstungswillen. **1.1., Spanien/Portugal.** Spanien und Portugal treten der Europäischen Gemeinschaft bei. **7.1., USA/Libyen.** Die USA sprechen ein totales Wirtschaftsembargo gegen Libyen aus. **14.1., Guatemala.** Der Christdemokrat Vinicio Cerezo Arévalo wird als ziviler Staatspräsident vereidigt **15.1., UdSSR.** Parteichef Michail Gorbatschow plädiert in einem Drei-Stufen-Plan für den Abbau aller Atomwaffen bis zum Jahr 2000. **4.2., Jugoslawien.** 212 serbische Intellektuelle demonstrieren gegen den angeblichen »Völkermord« an Serben in der mehrheitlich albanisch bewohnten Provinz Kosovo.	**7.1.** Mehrere tausend Polizeibeamte räumen das von Gegnern der atomaren Wiederaufbereitungsanlagen Wackersdorf eingerichtete Hüttendorf. **9.1.** In Bonn empfängt Bundespräsident Richard von Weizsäcker das Diplomatische Corps zum traditionellen Neujahrsempfang. **11.1.** Beim Neujahrsempfang des DGB-Kreises in Frankfurt am Main kommt es zu Krawallen durch Gewerkschaftler, in deren Verlauf Oberbürgermeister Walter Wallmann tätlich angegriffen wird. **14.1.** Das Bundesverfassungsgericht erklärt den Ausschluß der Grünen-Fraktion vom Bundestagsgremium zur Genehmigung der Wirtschaftspläne der Nachrichtendienste für zulässig. **16.1.** Mit den Stimmen der Regierungskoalition wird der Antrag der Grünen abgelehnt, den Umweltschutz als Staatsziel in das Grundgesetz aufzunehmen.	**20.1., Verkehr.** Frankreich und Großbritannien beschließen den Bau eines Eisenbahntunnels unter dem Ärmelkanal. **23.1., Raumfahrt.** Die amerikanische Raumfähre »Voyager II« funkt nach achteinhalbjähriger Flugdauer Bilder vom Uranus. **28.1., Medizin.** Eine neue, künstliche Befruchtungsmethode läßt Ei und Samenzelle im Eileiter der Frau verschmelzen. **28.1., Raumfahrt.** Kurz nach dem Start explodiert in 17 km Höhe die amerikanische Raumfähre »Challenger« mit sieben Astronauten an Bord. **Februar, Raumfahrt.** Die sowjetische Raumstation »Mir« (Frieden) ist die erste ständig bemannte Station in der Erdumlaufbahn. **13.2., Wirtschaft.** Das Bundeskartellamts genehmigt die Mehrheitsbeteiligung der Daimler-Benz AG an der AEG.

1985

Kunst, Literatur und Musik	Theater und Film	Gesellschaft
1985 Patrick Süskind veröffentlicht mit *Das Parfüm* den erfolgreichsten deutschen Roman der 80er Jahre. 1985 Die deutschen Jahresbestseller auf dem Plattenmarkt sind u.a. Falco mit *Rock Me Amadeus*, Purple Schulz mit *Sehnsucht*, Klaus & Klaus mit *An der Nordseeküste* und Paso Doble mit *Computerliebe*.	1985 Die Gefühle einer modernen, einsamen jungen Frau porträtiert der französische Regisseur Eric Rohmer in *Das grüne Leuchten*. Die Hauptrolle spielt Marie Rivière. 1985 Glenn Close und Jeff Bridges spielen in dem spannenden Gerichtsthriller *Das Messer* unter der Regie von Richard Marquand.	8.12. Die ARD beginnt mit der Ausstrahlung der Familienserie »Lindenstraße« von Hans W. Geissendörfer. 16.12. Mit Paul C. Castellano (»Big Paul«) wird einer der ranghöchsten amerikanischen Mafia-Bosse auf offener Straße erschossen. 1985 Als wichtigstes Mittel zur Vorbeugung gegen AIDS gilt das Kondom.

Geborene und Gestorbene

21.6. Tage Erlander (*13.6.1901), schwedischer Politiker.
16.7. Heinrich Böll (*21.12.1917), deutscher Schriftsteller.
2.8. Karl Heinz Stroux (*25.2.1908), deutscher Theaterregisseur.
22.9. Axel Springer (*2.5.1912), deutscher Verleger.

30.9. Simone Signoret (*25.3.1921), französische Filmschauspielerin.
2.10. Rock Hudson (*17.11.1925), amerikanischer Filmschauspieler.
10.10. Yul Brynner (*11.7.1917), amerikanischer Filmschauspieler.
10.10. Orson Welles (*6.5.1915), amerikanischer Filmregisseur.

14.10. Emil Gilels (*19.10.1916), sowjetischer Pianist.
4.11. Rudolf Fernau (*7.1.1898), deutscher Schauspieler.
17.11. Lon Nol (*13.11.1913), kambodschanischer Politiker.
14.12. Vicente Aleixandre (*26.4.1898), spanischer Dichter.

1986

Kunst, Literatur und Musik	Theater und Film	Gesellschaft
23.1. In Düsseldorf stirbt 64jährig der Zeichner, Bildhauer und Aktionskünstler Joseph Beuys. 24.1. In Stuttgart feiert die Oper *Martha* von Friedrich Flotow in der Inszenierung von Loriot (Vicco von Bülow) ihre Premiere. 4.2. Das Sprengel-Museum in Hannover zeigt eine Ausstellung mit Werken von Kurt Schwitters. 6.2. In der Worpsweder Zionskirche werden Malereien der Künstlerin Paula Modersohn-Becker entdeckt. 26.2. In New York wird der Song *We are the World*, den 45 Popkünstler zugunsten der hungernden Bevölkerung in Afrika produziert haben, mit vier Musikpreisen ausgezeichnet. 27.2. UA: *Weiße Rose*, Oper von Udo Zimmermann, in Hamburg. 28.2. Die Ausstellung »Die Maler und das Theater im 20. Jahrhundert« eröffnet die Kunsthalle »Schirn« in Frankfurt am Main.	8.2. UA: *Das Ganze ein Stück*, Theaterspiel von Friederike Roth in der Inszenierung von Günter Krämer, in Bremen. 15.2. UA: *Die Fremdenführerin*, Stück von Botho Strauß, an der Berliner Schaubühne. In den Hauptrollen sind Bruno Ganz und Corinna Kirchhoff zu sehen. 19.2. Peter Zadek inszeniert in Hamburg das Shakespeare-Stück *Wie es euch gefällt* mit Eva Mattes und Ulrich Tukur in den Hauptrollen. 25.2. Der bundesdeutsche Film *Stammheim* von Reinhard Hauff erhält den Goldenen Bären. 28.2. UA: *Einfach kompliziert*, Stück von Thomas Bernhard, im Schiller-Theater Berlin. 16.3. Dieter Dorn inszeniert an den Münchener Kammerspielen *Troilus und Cressida* von William Shakespeare in der Übersetzung von Michael Wachsmann.	10.2. Im bisher größten Mafia-Prozeß Italiens werden in Palermo insgesamt 474 Angeklagten u.a. 90 Morde zur Last gelegt. **Schwimm-Weltmeister** **Chronik Sport** **Freistil 50 m:** Tom Jager (USA) — 22,49 sec **Freistil 100 m:** Matt Biondi (USA) — 48,94 sec **Freistil 200 m:** Michael Groß (D) — 1:47,92 min **Brust 100 m:** Victor Davis (USA) — 1:02,71 min **Delphin 100 m:** Pablo Morales (USA) — 53,54 sec 17.2. Manfred Krug ermittelt als Privatdetektiv in der neuen Fernsehserie »Liebling Kreuzberg«.

1986

Internationale Politik

7.2., Haiti. Präsident Jean-Claude Duvalier wird nach monatelangen Unruhen gegen seine Diktatur des Amtes enthoben.
11.2., Iran/Irak. Der Iran erobert im Golfkrieg mit Fao den einzigen Ölhafen des Irak.
25.2., Philippinen. Nach dem unblutigen Sturz des Präsidenten Ferdinand Marcos wird Corazon Aquino neue Staatspräsidentin.
25.2., UdSSR. Michail Gorbatschow proklamiert auf dem 27. Parteitag der KPdSU radikale Wirtschaftsreformen.
28.2., Schweden. In Stockholm wird der schwedische Ministerpräsident Olof Palme ermordet.
9.3., Portugal. Mit Mario Soares wird der erste zivile Staatspräsident seit 1926 vereidigt.
12.3., Spanien. Bei einer Volksabstimmung sprechen sich 52,5% der Bürger für den Verbleib des Landes in der NATO aus.
16.3., Schweiz. Per Volksabstimmung lehnt die Schweiz den Beitritt zu den Vereinten Nationen ab.
20.3., Frankreich. Nach dem Wahlsieg der Bürgerlichen wird der Neo-Gaullist Jacques Chirac neuer Premierminister.
15.4., USA/Libyen. Bei Angriffen amerikanischer Bomber auf die libyschen Städte Tripolis und Bengasi kommen rund 100 Menschen ums Leben. Der Angriff gilt als Vergeltung für Terroranschläge auf US-Bürger.
4.5., Afghanistan. Parteichef Babrak Karmal wird von Mohammed Nadschibullah abgelöst.
27.5., USA. Die USA kündigen den nicht ratifizierten SALT-II-Vertrag mit der Sowjetunion.
8.6., Österreich. Kurt Waldheim (ÖVP) siegt bei der Stichwahl um das Staatspräsidentenamt. Waldheim ist wegen seiner Rolle als Wehrmachtsoffizier im Zweiten Weltkrieg international umstritten.
9.6., Österreich. Bundeskanzler Fred Sinowatz (SPÖ) tritt nach der Präsidentschaftswahl zurück.
12.6., Südafrika. Nach Rassenunruhen am 10. Jahrestag des Sowetoaufstands wird über das ganze Land der Ausnahmezustand verhängt.

Deutsche Politik

31.1. In einem Interview mit der Wochenzeitschrift »Die Zeit« betont der DDR-Staatsratsvorsitzende Erich Honecker die Eigenstaatlichkeit der DDR. Anlaß zu Spekulationen geben seine Worte auf die Frage nach einem möglichen Abbau der Mauer. ▷Chronik Zitat

Abbau der Mauer?

Chronik Zitat

»Die Mauern und Sperranlagen ... werden nur so lange bestehen bleiben, wie die Bedingungen existieren, die sie notwendig gemacht haben.«

Staatsratsvorsitzender Erich Honecker

28.2. Der Bundestag verabschiedet ein Gesetz zur Einführung des maschinenlesbaren Personalausweises und der »Schleppnetzfahndung«.
31.3. Bei einer Demonstration gegen die atomare Wiederaufbereitungsanlage in Wackersdorf setzt die Polizei erstmals das Reizgas CS ein, das sich nicht nur gegen die 150 militanten Demonstranten richtet.
17.4. Auf dem XI. Parteitag der SED legt der sowjetische Staatschef Michail Gorbatschow in Ostberlin Vorschläge zur Reduzierung konventioneller Waffen in Europa vor.
25.4. Der niedersächsische Ministerpräsident Ernst Albrecht bestätigt die Vortäuschung eines Sprengstoffanschlags durch den Verfassungsschutz auf die Haftanstalt Celle im Jahre 1978, um V-Männer in die Terrorszene einzuschleusen.
6.5. Das Kulturabkommen zwischen der Bundesrepublik und der DDR wird nach zwölfjährigen Verhandlungen in Ostberlin unterzeichnet.
20.5. Das Ermittlungsverfahren gegen Bundeskanzler Helmut Kohl wegen uneidlicher Falschaussage im Zusammenhang mit der Parteispendenaffäre wird mangels Beweisen eingestellt.
7.6. 100 000 Menschen protestieren an verschiedenen Orten in der Bundesrepublik gegen die Kernenergie.

Wirtschaft und Wissenschaft

21.2., Wirtschaft. Der Aufsichtsrat der Wolfsburger Volkswagen AG genehmigt die Mehrheitsbeteiligung am spanischen Automobilhersteller SEAT.
12.3., Technik. Erstmals findet in Hannover die CeBIT mit Produktangeboten aus Büro-, Informations- und Kommunikationstechnik statt.
13.3., Wissenschaft. In Paris eröffnet mit dem Museum für Wissenschaft und Industrie das größte Wissenschaftsmuseum der Welt.
26.4., Kernenergie. Im sowjetischen Tschernobyl kommt es zum größten Kernreaktorunfall in der Geschichte der Nutzung von Atomergie. Dabei wird 20–40 mal mehr Radioaktivität frei als beim Atombombenabwurf über Hiroshima. Weite Teile Europas werden verstrahlt.
6.5., Wirtschaft. Auf dem 12. Weltwirtschaftsgipfel in Tokio vereinbaren die sieben führenden westlichen Industriestaaten u.a. einen besseren Informationsaustausch bei Atomunfällen.

Preise in Westdeutschland

Chronik Statistik

Einzelhandelspreise (DM):

Butter, 250 g	2,29
Weizenmehl, 1 kg	1,30
Schweinefleisch, 1 kg	11,51
Rindfleisch, 1 kg	17,67
Eier, 10 Stück	2,53
Kartoffeln, 2,5 kg	2,34
Vollmilch, 1 l	1,21
Zucker, 1 kg	1,93

29.6., Physik. In San Diego äußern sich führende Wissenschaftler besorgt über das wachsende Ozonloch in der Erdatmosphäre.
26.9., Wirtschaft. Mit dem Kauf des zweitgrößten amerikanischen Buchverlags Doubleday & Co. wird der Bertelsmann-Konzern weltweit größter Medienkonzern.
18.9., Wirtschaft. Der Deutsche Gewerkschaftsbund (DGB) verkauft zum Symbolpreis von 1 DM die »Neue Heimat« an den Berliner Brotfabrikanten Horst Schiesser.

1986

Kunst, Literatur und Musik

1.3. Am 100. Geburtstag des österreichischen Malers und Dichters Oskar Kokoschka wird vor der Hochschule für angewandte Kunst in Wien eine Plastik von Alfred Hrdlicka enthüllt.
13.3. Das Gemälde *Der Mann mit dem Goldhelm* stammt – nach Angaben der Staatlichen Museen Preußischer Kulturbesitz in Westberlin – nicht von dem niederländischen Maler Rembrandt.
15.3. In Düsseldorf eröffnet das neue Gebäude der Kunstsammlung Nordrhein-Westfalen.
4.4. Auf dem Marx-Engels-Forum in Ostberlin wird die große Bronzeplastik »Marx und Engels« von Ludwig Engelmann augestellt.
18.4. Das Musical *Cats* des britischen Komponisten Andrew Lloyd Webber feiert in Hamburg bundesdeutsche Premiere.
30.4. UA: *Die Leiden des jungen Werthers*, Oper von Hans-Jürgen Bose nach Goethe, in Schwetzingen.
8.5. Friedrich Dürrenmatt erhält den Georg-Büchner-Preis.
11.5. Der Pianist Vladimir Horowitz gastiert erstmals seit 54 Jahren wieder in Deutschland.
7.6. In der Villa Hügel in Essen sind bei der Ausstellung »Barock in Dresden« 659 Leihgaben aus der DDR zu sehen.
22.6. In Westberlin trifft der 49. Internationale PEN-Kongreß unter dem Thema »Zeitgeschichte im Spiegel zeitgenössischer Literatur« zusammen.
29.6. In Venedig eröffnet die Kunst-Biennale mit mehr als 2500 Werken von mehr als 600 Künstlern aus 42 Ländern.
29.6. In Schlössern, Scheunen und Freiluft-Spielstätten präsentiert sich das Schleswig-Holstein-Festival.
7.7. UA: *Troadses*, Oper von Aribert Reimann, an der Bayerischen Staatsoper München.
25.7. In Bayreuth eröffnen die 75. Richard-Wagner-Festspiele.
8.8. In Stuttgart feiert eine Markuspassion, die Carl Phillip Emanuel Bach zugeschrieben wird, 233 Jahre nach ihrer Fertigstellung Weltpremiere.
15.8. UA: *Die schwarze Maske*, Oper von Krzysztof Penderecki nach Gerhart Hauptmann, bei den Salzburger Festspielen.

Theater und Film

24.3. Mit sieben Oscars wird der Film *Jenseits von Afrika* von Sidney Pollack nach dem autobiographischen Roman von Tania Blixen die Preisverleihung in Hollywood ausgezeichnet.
19.5. Die Goldene Palme von Cannes erhält der Film *Mission* des Briten Roland Joffé. Barbara Sukowa wird als beste Darstellerin für ihre Titelrolle in *Rosa Luxemburg* von Margarethe von Trotta geehrt.
17.7. Johannes Schaafs *Momo*, eine Verfilmung nach Michael Ende, feiert in den deutschen Kinos Premiere.
10.8. UA: *Prometheus, gefesselt*, Tragödie von Aischylos in der Übersetzung von Peter Handke, bei den Salzburger Festspielen. Bruno Ganz spielt den Prometheus.
1.9. Claus Peymann inszeniert am Burgtheater in Wien das Stück *Theatermacher* von Thomas Bernhard.
10.9. Eric Rohmer wird in Venedig mit dem Goldenen Löwen für seinen Film *Das grüne Leuchten* geehrt.
16.10. UA: *Totenfloß*, aktualisiertes Stück über das Leben nach einer Atomkatastrophe von Harald Mueller, in Stuttgart, Düsseldorf und Basel.
16.10. Die deutsch-italienisch-französische Koproduktion *Der Name der Rose* von Jean-Jacques Annaud nach dem Roman von Umberto Eco mit Sean Connery als William von Baskerville startet in den bundesdeutschen Kinos.
30.10. Die melancholische Schwarz-Weiß-Komödie *Down by Law* von Jim Jarmusch beweist, daß ansprechendes Kino mit niedrigem Budget möglich ist.
9.11. Erstmals seit seinem Weggang 1985 arbeitet Peter Stein wieder an der Schaubühne in Westberlin.
1986 George Millers Film *Die Hexen von Eastwick* mit Cher, Susan Sarandon, Michelle Pfeiffer und Jack Nicholson in den Hauptrollen zählt zu den besten Hollywood-Komödien des Jahres.
1986 Francis Ford Coppola zeigt in *Der steinerne Garten* die innere Zerissenheit Amerikas angesichts des Vietnamkriegs.
1986 Oliver Stones Antikriegsfilm *Platoon* führt mit eindringlichen Bildern die ganze Grausamkeit des Krieges vor Augen.

Gesellschaft

21.2. Im Alter von 120 Jahren stirbt der älteste Mensch der Welt, der Japaner Shigechiyo Izumi, an einer Lungenentzündung.
27.2. Der mutmaßliche Kriegsverbrecher John Demjanjuk wird von den USA an Israel ausgeliefert. Er soll als »Iwan der Schreckliche« für die Ermordung von 875 000 Menschen im Konzentrationslager Treblinka mitverantwortlich gewesen sein.
29.3. Die ARD startet die Ausstrahlung des Satellitenprogramms Eins Plus.
8.4. Die italienische Regierung verordnet aufgrund des Methanol-Skandals einen generellen Ausfuhrstopp für Weine.
13.4. Johannes Paul II. betritt als erster Papst ein jüdisches Gotteshaus, die Hauptsynagoge in Rom.
27.4. Die Ferneshserie »Schwarzwaldklinik« wird in die USA verkauft.
1.5. In München erscheint die Erstausgabe der Monatszeitschrift »Wiener« mit dem Untertitel »Deutschlands Zeitschrift für den Zeitgeist«.
14.5. Der sowjetische Parteichef Michail Gorbatschow wendet sich anläßlich der Reaktorkatastrophe von Tschernobyl in einer Fernsehansprache an die Bevölkerung. Er verharmlost das Ausmaß der Schäden und stellt die Maßnahmen zum Schutz der Bevölkerung positiv dar. ▷ Chronik Zitat

Das Schlimmste verhütet
Zitat

»Das Schlimmste konnte verhütet werden. ... Uns steht noch eine große und langwierige Arbeit bevor. Das Niveau der Strahlung in der Kraftwerkszone und in dem unmittelbar angrenzenden Territorium bleibt noch gefährlich für die Gesundheit der Menschen.«
Michail Gorbatschow

13.6. Am 100. Todestag des Bayernkönigs Ludwigs II. finden in ganz Bayern Gedenkfeiern statt.
26.6. 63,5% der Iren votieren gegen eine Legalisierung der Ehescheidung.

1986

Internationale Politik

6. 7., Japan. Parlamentswahlen bescheren der regierenden konservativen LDP die absolute Mehrheit.
28. 7., UdSSR/Afghanistan. Michail Gorbatschow kündigt einen Teilabzug sowjetischer Truppen aus Afghanistan an.
7. 9., Chile. Nach einem mißglückten Attentat auf Präsident Augusto Pinochet werden weitere Repressionen verhängt.
12. 9., Polen. Die Regierung beschließt die Freilassung aller politischen Gefangenen.
15. 9., Österreich. Jörg Haider wird neuer Vorsitzender der FPÖ.
2. 10., USA/Südafrika. Die von den USA gegen das Apartheid-Regime in Südafrika verhängten Sanktionen treten in Kraft.
12. 10., USA/UdSSR. Ein Gipfeltreffen zwischen US-Präsident Ronald Reagan und dem sowjetischen Parteichef Michail Gorbatschow in Reykjavik geht ohne Ergebnis zu Ende.
4. 11., USA. Die Kongreßwahlen in den USA bringen den Demokraten die Mehrheit im Senat ein und vergrößern ihre bereits bestehende Mehrheit im Repräsentantenhaus.
25. 11., USA. US-Sicherheitsberater John Poindexter tritt aufgrund der Affäre um geheime Waffengeschäfte mit dem Iran (Iran-Contra-Affäre) zurück.
14. 12., UdSSR. Radio Moskau informiert über eine neue, offene Informationspolitik in der UdSSR. In seiner Neujahrsansprache geht Michail Gorbatschow auf die grundlegenden Reformen ein. ▷Chronik Zitat

Tiefgreifende Wandlungen

Chronik Zitat

»Wir haben den Weg tiefgreifender Wandlungen eingeschlagen. ... Die Revolution, Genossen, dauert fort. Sie findet vor allem in unserem Handeln ihre Fortsetzung. Der revolutionäre Geist der in Angriff genommenen Umgestaltung ist der Atem des Oktober.«
Michail Gorbatschow

Deutsche Politik

9. 7. Bei einem Anschlag der Roten Armee Fraktion (RAF) werden in Straßlach bei München der Siemens-Manager Karl Heinz Beckurts und sein Fahrer getötet.
9. 9. Während der Umbauarbeiten am Bundestagsgebäude tagt der Bundestag provisorisch im ehemaligen Bonner Wasserwerk.
26. 9. Der Wahlparteitag der Grünen in Nürnberg verabschiedet ein Programm zum ökologischen und sozialen Umbau der Industriegesellschaft.
10. 10. Der Leiter der Politischen Abteilung des Auswärtigen Amtes Gerold von Braunmühl wird vor seinem Haus in Bonn-Ippendorf von einem RAF-Kommando ermordet.
15. 10. Ein Interview von Bundeskanzler Helmut Kohl mit dem US-Nachrichtenmagazin »Newsweek«, in dem er den sowjetischen Parteichef Gorbatschow in engen Zusammenhang mit dem NS-Propagandaminister Joseph Goebbels bringt, belastet die deutsch-sowjetischen Beziehungen.
2. 11. Ein von rund 250 000 SPD-Anhängern besuchtes Deutschlandtreffen in Dortmund ist der offizielle Auftakt der SPD für den Bundestagswahlkampf.
6. 11. Bundeskanzler Helmut Kohl distanziert sich vor dem Deutschen Bundestag von dem »Newsweek«-Interview. Kohl ist nicht bereit, sich öffentlich zu entschuldigen. Daraufhin sagen die Sowjets mehrere bereits geplante Reisen und Einladungen ab.
7. 11. Die fünf Brüder des am 10. Oktober von der Roten Armee Fraktion ermordeten Diplomaten Gerold von Braunmühl richten einen offenen Brief an die Attentäter.
9. 11. Bei den Bürgerschaftswahlen in Hamburg erleidet die SPD eine schwere Wahlniederlage.
13. 11. Der Deutsche Bundestag verabschiedet eine Novelle zum Asylrecht, die u. a. eine Beschleunigung der langwierigen Anerkennungsverfahren verspricht.
5. 12. Gegen die Stimmen der Opposition verabschiedet der Bundestag Gesetze zur schärferen Terrorismusbekämpfung.

Wirtschaft und Wissenschaft

19. 9., Wirtschaft. Der Kurs des amerikanischen Dollars unterschreitet erstmals seit Januar 1981 wieder die 2-DM-Grenze.
1. 10., Kernenergie. Der erste der drei unzerstörten Reaktorblöcke in Tschernobyl geht wieder ans Netz.
4. 10., Technik. In der Oosterschelde wird das weltweit größte bewegliche Sturmflutwehr als Teil des Delta-Projekts eröffnet. 15 000 km^2 Land sollen damit vor den Fluten der Nordsee geschützt werden.
7. 10., Kernenergie. Das bundesdeutsche Atomkraftwerk in Brockdorf wird seiner Bestimmung übergeben.
24. 10., Kernenergie. Ungeachtet der Proteste aus den Nachbarländern geht der erste Block des französischen Kernkraftwerks Cattenom ans Netz.
1. 11., Chemie. Verseuchtes Löschwasser nach einem Großbrand im Schweizer Chemiekonzern Sandoz bei Basel verursacht eine Verseuchung des Rheins.

Wissenschaftler geehrt

Chronik Nobelpreise

Chemie: Dudley R. Herschbach (USA), Yuan Tseh Lee (USA) und John C. Polany (CDN)
Medizin: Stanley Cohen (USA) und Rita Levi-Montalcini (I)
Physik: Gerd Binnig (D), Ernst Ruska (D) und Heinrich Rohrer (CH)
Frieden: Elie Wiesel (USA)
Literatur: Wole Soyinka (WAN)
Wirtschaft: James Buchanan (USA)

5. 11., Physik. In Graching bei München wird das neue Max-Planck-Institut für Quantenoptik seiner Bestimmung übergeben.
10. 12., Nobelpreise. In Stockholm und Oslo werden die diesjährigen Nobelpreise feierlich überreicht. ▷Chronik Nobelpreise
19. 12., Ökologie. Die Umweltminister der Rheinanliegerstaaten vereinbaren ein Sanierungsprogramm für den ökologisch stark belasteten Rhein.

1986

Kunst, Literatur und Musik

31.8. In England stirbt 88jährig Henry Moore, der wohl bekannteste zeitgenössische Bildhauer.
11.9. Pablo Picassos Skizzenbücher werden erstmals in Europa in der Royal Academy of Arts in London ausgestellt.
9.10. UA: *Das Phantom der Oper*, Musical von Andrew Lloyd Webber, in London.
30.10. In Ostberlin zeigt die Ausstellung »Positionen – Malerei aus der Bundesrepublik Deutschland« erstmals zeitgenössische Kunst aus dem Westen.
7.11. In der Tübinger Kunsthalle wird eine umfangreiche Toulouse-Lautrec-Retrospektive präsentiert.
20.11. Im Züricher Kunsthaus eröffnet eine Joan-Miró-Ausstellung.
1.12. Das Museum für Kunst des 19. Jahrhunderts im Pariser Gare d'Orsay, dessen Innenraum Gae Aulenti gestaltet hat, wird eröffnet.
1986 Peter Handke veröffentlicht mit *Die Wiederholung* seine bisher umfangreichste Prosaarbeit.
1986 Die Rumäniendeutsche Herta Müller schildert in *Der Mensch ist ein großer Fasan* ihre Emigration.
1986 Andrzej Szczypiorski beschreibt in *Die schöne Frau Seidenmann* das Schicksal der polnischen Juden und den Warschauer Aufstand.
1986 Feindseligkeiten gegen Familie, Staat und Kirche thematisiert Thomas Bernhards Roman *Auslöschung – Ein Zerfall*.
1986 John Updike beschreibt in seinem Roman *Das Gottesprogramm* erotische Komponenten in Beziehungen.
1986 Von später Rache dreier Juden an ihrem ehemaligen KZ-Peiniger handelt Jurek Beckers Roman *Bronsteins Kinder*.
1986 Die deutsche Übersetzung von Primo Levis Erlebnissen als Gefangener in Auschwitz *Wann, wenn nicht jetzt?* wird bei Hanser veröffentlicht.
1986 Philip Pearlstein präsentiert sein Gemälde *Akt, Blick auf die Stadt, Navajoteppich*.
1986 Frank Stella experimentiert in *Criche, Crocche e Manico d'Unico* mit geometrischen Flächengliederungen und Dreidimensionalität.

Theater und Film

1986 Die Filmkomödie *Paradies* von Doris Dörrie mit Heiner Lauterbach und Katharina Thalbach in den Hauptrollen knüpft an den Erfolg von *Männer* an.
1986 *Du mich auch* ist eine schweizerische turbulente Komödie um ein junges Paar, das in einen Kriminalfall verwickelt wird.
1986 Einen satirischen deutsch-deutschen Film drehte Peter Timm mit dem Streifen *Meier*, der das Schicksal eines »Mauerspringers« thematisiert.
1986 Der letzte Film von Andrej Tarkowski *Opfer* gilt als Vermächtnis des sowjetischen Regisseurs und erhält in Cannes den großen Spezialpreis der Jury.
1986 Paul Newman und Tom Cruise spielen in dem von Martin Scorsese inszenierten Film *Die Farbe des Geldes* zwei ehrgeizige Billardprofis.
1986 Nach einer Kurzgeschichte von Stephen King entstand der Film *Stand by Me – Das Geheimnis eines Sommers*, in dem River Phoenix einen zwölfjährigen Jungen spielt.
1986 Eine komplizierte Beziehung zwischen einem Gehörlosenlehrer und einer tauben Putzfrau schildert der amerikanische Film *Gottes vergessene Kinder*, für den die selbst hör- und sprachbehinderte Schauspielerin Karlee Matlin einen Oscar als beste Darstellerin erhält.
1986 Eine Tendenz zu albernem Klamauk hat die perfekt inszenierte Komödie *Die unglaubliche Entführung der verrückten Mrs. Stone*, in der Danny De Vito neben Bette Midler brilliert.
1986 Geistreichen Witz und gute schauspielerische Leistung zeigt Paul Mazurskys Komödie *Zoff in Beverly Hills* mit Nick Nolte, Richard Dreyfuss, Little Richard und Bette Midler in den Hauptrollen.
1986 Kim Basinger und Richard Gere sind die Protagonisten in dem spannenden Actionfilm *Gnadenlos*, die Geschichte eines Chicagoer Polizisten erzählt, der den Mord an einem Kollegen aufklären will.
1986 Drastische Effekte und Nervenkitzel ohne Ende bietet der Sciencefiction-Thriller *Aliens – Die Rückkehr*.

Gesellschaft

27.6. Der Deutsche Bundestag genehmigt Ausnahmen vom Ladenschlußgesetz an Fährbahnhöfen, Flughäfen und Bahnhofspassagen. Dort kann künftig bis 22 Uhr eingekauft werden.
1.7. Radio Schleswig Holstein sendet als erster landesweiter privater Hörfunkbetrieb.
4.7. New York feiert den 100. Geburtstag der Freiheitsstatue »Miss Liberty« mit einem Riesenvolksfest.
7.7. In Malaysia werden erstmals zwei westliche Ausländer wegen Rauschgiftschmuggels hingerichtet.
22.7. Als letztes europäisches Land schafft Großbritannien die Prügelstrafe ab.
23.7. Prinz Andrew von Großbritannien heiratet Sarah Ferguson.
28.7. Bei einem Überfall regierungsfeindlicher Contras in Nicaragua werden im Norden des Landes zwei europäische Aufbauhelfer getötet.
31.7. In Paris wird der Modeschöpfer Karl Lagerfeld mit dem Goldenen Fingerhut der Haute Couture geehrt.
12.8. Kanadische Fischer bergen vor Neufundland zwei Rettungsboote mit 155 Tamilen. Die Flüchtlinge stammen aus der Bundesrepublik Deutschland.
17.8. Westberlin zeigt die Ausstellung »Friedrich der Große« aus Anlaß des 200. Todestags des preußischen Königs.
31.8. Bei Los Angeles stößt eine mexikanische »DC-9« mit einem Sportflugzeug in der Luft zusammen. 85 Menschen sterben.
31.8. Ein sowjetischer Passagierdampfer kollidiert im Schwarzen Meer mit einem Frachter. Dabei kommen 398 Menschen ums Leben.
10.10. Bei einem Erdbeben in El Salvador kommen mehr als 1000 Menschen ums Leben. Die linke Guerillaorganisation erklärt aufgrund der Schwere der Schäden einen Waffenstillstand.
27.10. Vertreter aller Weltreligionen kommen auf Einladung des Papstes in Assisi zu einem Gebet für den Frieden zusammen.
29.11. In Frankfurt am Main billigt die IG Metall die Forderung nach der 35-Stunden-Woche als zentrales Ziel der kommenden Tarifverhandlungen.

1986

Internationale Politik

19.12., UdSSR. Die Verbannung des sowjetischen Regimekritikers Andrei Sacharow und seiner Frau Jelena Bonner wird aufgehoben.
23.12., China. Studenten fordern u.a. Demokratie, Menschenrechte und größere Pressefreiheit. Die Massendemonstrationen führen zum Rücktritt des Parteichefs Hu Yaobang.

Deutsche Politik

19.12. Der Bundesrat in Bonn bestätigt das am 5. Dezember vom Bundestag verabschiedete Gesetzespaket zur Terrorismusbekämpfung.
22.12. Jürgen Warncke, der Bundesminister für wirtschaftliche Zusammenarbeit, kündigt eine Steigerung der bundesdeutschen Entwicklungshilfe auf knapp 7 Mrd. DM pro Jahr an.

Wirtschaft und Wissenschaft

23.12., Luftfahrt. Das amerikanische Experimental-Flugzeug »Voyager« beendet in Los Angeles seinen 40 212-km-Nonstopflug rund um die Erde.
1986, Physik. Ein keramischer Supraleiter, der bereits bei −238°C Strom verlustfrei leitet, wird entdeckt.
1986, Wirtschaft. In Westdeutschland sind 2 228 000 Menschen arbeitslos.

1986 Geborene und Gestorbene

Gestorben:
19.1. Sammy Drechsel (*25.4.1925), deutscher Kabarettist.
23.1. Joseph Beuys (*12.5.1921), deutscher Bildhauer, Zeichner und Aktionskünstler.
27.1. Lilli Palmer (*24.5.1914), deutsche Filmschauspielerin.

28.2. Olof Palme (*30.1.1927), schwedischer Politiker.
8.3. Hubert Fichte (*21.3.1935), deutscher Schriftsteller.
13.3. Eugen Gerstenmaier (*25.8.1906), deutscher Politiker.
17.3. Heinz Nixdorf (*9.4.1925), deutscher Industrieller.

14.4. Simone de Beauvoir (*9.1.1908), französische Dichterin.
15.4. Jean Genet (*19.12.1910), französischer Schriftsteller.
23.4. Otto Preminger (*5.12.1906), amerikanischer Filmregisseur.
25.4. Lou van Burg (*25.8.1917), niederländischer Entertainer.

1987

Internationale Politik

1.1., UdSSR. Radio Moskau überträgt eine Neujahrsansprache des US-Präsidenten Ronald Reagan.
16.1., Österreich. Die Sozialdemokraten und die Volkspartei schließen eine Große Koalition.
16.1., China. Studentenunruhen zwingen den Generalsekretär der KP Chinas, Hu Yoabang, zum Rücktritt.
29.1., UdSSR. In Moskau endet das Plenum des Zentralkomitees der Kommunistischen Partei mit einer programmatischen Rede Michail Gotbatschows zum Reformkurs der UdSSR.
1.2., Äthiopien. Eine neue Verfassung soll das Land in eine sozialistische Volksdemokratie umwandeln.
7.2., Afghanistan. 1300 politische Häftlinge werden von der Regierung begnadigt.
10.2., Rumänien. Staatschef Nicolae Ceausescu spricht sich gegen Reformen für sein Land nach dem Muster der UdSSR aus.

Deutsche Politik

17.1. In Zusammenhang mit der Verhaftung des mutmaßlichen libanesischen Terroristen Mohammed Ali Hammadei auf dem Flughafen in Frankfurt am Main wird in Beirut der Manager der Chemiewerke Hoechst, Rudolf Cordes, entführt.
25.1. Die Regierungskoalition verfügt nach den Wahlen zum elften Deutschen Bundestag über eine klare Mehrheit.
6.2. Der DDR-Staatsratsvorsitzende Erich Honecker distanziert sich von der Reformpolitik Gorbatschows.
9.2. In Hessen zerbricht die erste Rot-Grüne-Koalition nach Meinungsverschiedenheiten über die Hanauer Plutoniumfabrik Alkem.
28.2. Die hessische CDU nominiert Bundesumweltminister Walter Wallmann zum Spitzenkandidaten bei der Landtagswahl am 5. April.
11.3. Helmut Kohl (CDU) wird wieder Kanzler einer christlich-liberalen Koalition.

Wirtschaft und Wissenschaft

14.1., Biologie. 26 von 37 Kleinvogelarten sind nach einem Bericht der Max-Planck-Gesellschaft in Europa vom Aussterben bedroht.
27.1., Wirtschaft. Die deutsche Siemens AG und die schwedische Firma Ericsson Radio Systems vereinbaren die Entwicklung eines digitalen Systems mobiler Telefone, mit dem die künftigen Mobilfunknetze Europas aufgebaut werden sollen.
30.1., Medizin. Das Bundesministerium für Wissenschaft- und Forschung in Bonn bildet einen Arbeitsschwerpunkt »Allergische Erkrankungen«.
20.2., Medizin. Deutsche und australische Wissenschaftler isolieren ein Gen, das für die noch unerforschte Alzheimer-Krankheit verantwortlich zu sein scheint.
24.2., Astronomie. Wissenschaftler in aller Welt verfolgen in der Großen Magellanschen Wolke die hellste beobachtete Supernova seit 1604.

1986

Kunst, Literatur und Musik	Theater und Film	Gesellschaft
1986 Zu den beliebtesten Interpreten des Jahres gehören in der Bundesrepublik Falco, Modern Talking, Sandra, Madonna, Level 42 und Queen. **1986** Hits des Jahres sind u.a. *Jeanny* von Falco, *Lessons in Love* von Level 42, *Wonderful World* von Sam Cooke, *Venus* von Bananarama und *West End Girls* von den Pet Shop Boys.	**1986** In *Blind Date – Verabredung mit einer Unbekannten* findet der aufstrebende Jungmanager Davis alias Bruce Willis in der attraktiven Nadia alias Kim Basinger eine repräsentative weibliche Begleitung. **1986** Ein leidenschaftliches Liebesabenteuer mit Maruschka Detmers zeigt der Film *Teufel im Leib*.	**31.12.** Bei der Ausstrahlung der Neujahrsbotschaft von Bundeskanzler Helmut Kohl kommt es in der ARD zu einer Panne: Es wird die Ansprache des Kanzlers vom Vorjahr wiederholt. **1986** Nach dem Motto »Einfach schön« reduzieren Jeans, Holzfällerhemden und grob gestrickte Pullover die Jugendmode auf das Allernotwendigste.

Geborene und Gestorbene

13.5. Elisabeth Bergner (*22.8.1897), deutsche Schauspielerin.
30.5. Boy Gobert (*5.6.1925), deutsch-österreichischer Theaterintendant.
13.6. Benny Goodman (*30.5.1909), amerikanischer Musiker.

31.8. Henry Moore (*30.7.1898), britischer Bildhauer.
29.9. Helmut Qualtinger (*8.10.1928), österreichischer Schauspieler.
30.9. Franz Burda (*24.2.1903), deutscher Verleger.
13.10. Hermann von Siemens (*9.8.1885), deutscher Physiker.

13.11. Rudolf Schock (*4.9.1915), deutscher Opernsänger.
26.11. Ingeborg Drewitz (*10.1.1923), deutsche Schriftstellerin.
30.11. Cary Grant (*18.1.1904), amerikanischer Filmschauspieler.
29.12. Andrej Tarkowski (*4.4.1932), sowjetischer Filmregisseur.

1987

Kunst, Literatur und Musik	Theater und Film	Gesellschaft
9.1. Zum 750jährigen Bestehen Berlins wird das Ostberliner Bode-Museum mit der Ausstellung »Das weltliche Ereignisbild in Berlin und Brandenburg-Preußen« wiedereröffnet. **18.1.** Einer der berühmtesten realistischen Künstler Italiens, der Maler Renato Guttuso, stirbt 75jährig in Rom. **24.1.** In Bielefeld feiert die Jazz-Oper »Transatlantik« des US-Komponisten George Antheil Premiere. **1.2.** Der amerikanische Verpackungskünstler Christo wird mit dem Kaiserring der Stadt Goslar ausgezeichnet. **3.2.** In Paris erhält der französische Chansonsänger Charles Aznavour den französischen Staatspreis für Kunst und Literatur. **3.2.** Der deutsche Schriftsteller Peter Rühmkorf wird in Kassel zum ersten »documenta-Schreiber« ernannt. **5.2.** Franco Zeffirelli führt an der Mailänder Scala Verdis Oper *Othello* mit Placido Domingo auf.	**1.2.** Die amerikanische Filmstadt Hollywood feiert ihren 100. Geburtstag. **5.2.** Bei der mehrfach verschobenen Antrittspremiere von Claus Peymann als Intendant des Wiener Burgtheaters wird William Shakespeares Drama *Richard III.* gegeben. **15.2.** Die Ostberliner Theaterregisseure Alexander Land und Einar Schleef sowie der Fernsehautor Helmut Dietl (*Kir Royal*) werden von der Akademie der Künste in Westberlin den Kritikerpreis ausgezeichnet. **31.3.** In Hollywood erhält der Film *Platoon* von Oliver Stone eine Auszeichnung als bester Film. Den Oscar für das beste Drehbuch wird Woody Allen für *Hannah und ihre Schwestern* verliehen. **16.4.** Das 1985 wegen angeblich antisemitischer Tendenzen in Frankfurt am Main abgesetzte Drama *Der Müll, die Stadt und der Tod* von Rainer Werner Fassbinder wird in New York gezeigt.	**15.1.** Bei seiner »Tagesshow« in der ARD bringt der Entertainer Rudi Carrell den iranischen Revolutionsführer Ajatollah Khomeini mit Damenunterwäsche in Verbindung und löst damit Verstimmungen im Iran aus. **20.1.** In mehreren deutschen Großstädten wird Smogalarm gegeben. **22.1.** In Leningrad eröffnet das erste private Café. **6.3.** Mehr als 200 Menschen kommen ums Leben, als die britische Autofähre »Herald of Free Enterprise« beim Auslaufen aus dem belgischen Hafen Zeebrugge untergeht. **12.3.** Der Europäische Gerichtshof in Luxemburg erklärt das deutsche Reinheitsgebot für Bierimporte für unzulässig. **1.4.** In der Bundesrepublik wird der neue maschinenlesbare Personalausweis eingeführt. **30.4.** Berlin feiert seinen 750. Geburtstag.

1987

Internationale Politik

27.3., Tschad/Libyen. Libyen wird zum Rückzug aus den besetzten Gebieten des Tschad gezwungen.
5.4., Schweiz. Die Revision des Asylgesetzes läßt dem Bundesrat die Möglichkeit, auch in Friedenszeiten das Asylrecht einzuschränken, falls die Zahl der Asylbewerber »in außerordentlichem Maße« zunimmt.
27.4., USA/Österreich. Die USA erteilen ein Einreiseverbot für den österreichischen Staatspräsidenten Kurt Waldheim.
7.5., Kambodscha. Der Präsident der Exilregierung, Prinz Norodom Sihanuk, erklärt seinen Rücktritt.
18.5., Irak/USA. Ein irakischer Raketenangriff im Persischen Golf tötet 37 amerikanische Marinesoldaten.
19.5., Österreich/USA. Bundeskanzler Franz Vranitzky hält sich zu einem Staatsbesuch in den USA auf.
29.5., Südafrika/Mosambik. Truppen der Südafrikanischen Republik werden in der Hauptstadt von Mosambik gegen Mitglieder der Befreiungsbewegung Afrikanischer Nationalkongreß (ANC) eingesetzt.
1.6., Libanon. Ministerpräsident Raschid Karami wird bei einem Sprengstoffanschlag getötet.
5.6., Argentinien. Das Parlament verabschiedet eine Amnestie für Verbrechen während der Militärdiktatur.
11.6., Großbritannien. Margaret Thatcher kann nach gewonnenen Unterhauswahlen ihre dritte Amtszeit als Premierministerin antreten.
22.6., Türkei. Die Türkei beginnt eine Großoffensive gegen aufständische Kurden.
21.8., China/UdSSR. China und die UdSSR einigen sich in Grenzstreitigkeiten.
6.9., Türkei. Mit einem Referendum über die Zulassung von Oppositionspolitikern beginnt die Liberalisierung des Landes.
15.10., Belgien. Ministerpräsident Wilfried Martens kapituliert angesichts des Sprachenstreits zwischen Wallonen und Flamen und tritt zurück.
24.10., Jugoslawien. Die jugoslawische Polizei greift bei Nationalitätenunruhen in der Provinz Kosovo ein.

Deutsche Politik

23.3. Willy Brandt erklärt seinen Rücktritt als SPD-Vorsitzender. Sein Vorschlag, die parteilose griechische Journalistin Margarita Mathiopoulos zur Parteisprecherin zu machen, war in SPD-Kreisen auf heftige Kritik gestoßen.
3.6. Bundeskanzler Helmut Kohl befürwortet – mit gewissen Einschränkungen – die sog. doppelte Nullösung beim Abbau der Mittelstreckenraketen.
13.6. Über 100 000 Menschen demonstrieren im Bonner Hofgarten für Frieden und Abrüstung und fordern die uneingeschränkte Zustimmung zur doppelten Nullösung.
14.6. Hans-Jochen Vogel wird auf dem außerordentlichen SPD-Parteitag in Bonn als Nachfolger Willy Brandts neuer Parteivorsitzender.
24.6. In Ostberlin findet erstmals seit 1961 ein evangelischer Kirchentag in der DDR statt.
17.7. Anläßlich des 38. Jahrestages der DDR wird eine allgemeine Amnestie für Straftäter verkündet. Zugleich wird die Todesstrafe abgeschafft.
10.8. Bundeskanzler Helmut Kohl versichert, alles zur Rettung von 14 zum Tode verurteilten Chilenen zu tun, die Bundesarbeitsminister Norbert Blüm auf seiner Reise nach Chile besucht hatte. Blüms Initiative, den 14 Chilenen politisches Asyl anzubieten, findet bei Franz Josef Strauß keine Zustimmung. ▷Chronik Zitat

Unfein behandelt

Chronik Zitat

»Sicherlich sind sie unfein behandelt worden, sind Geständnisse mit Gewalt erpreßt worden. Das heißt noch lange nicht, daß die Geständnisse falsch sind.«
Franz Josef Strauß, CSU-Politiker

7.9. Staatsratsvorsitzender Erich Honecker trifft zu einem fünftägigen Besuch in der Bundesrepublik ein.
13.9. Aus den Landtagswahlen in Schleswig-Holstein geht die SPD mit Björn Engholm als Siegerin hervor.

Wirtschaft und Wissenschaft

15.4., Medizin. In Paris gelingt die Entschlüsselung des genetischen Codes des zweiten entdeckten AIDS-Virus.
22.4., Kernenergie. Bundesforschungsminister Heinz Riesenhuber (CDU) vereinbart in Moskau die Zusammenarbeit bei der friedlichen Nutzung der Kernenergie.
15.5., Raumfahrt. Die Sowjetunion startet eine Trägerrakete vom Typ »Energija« für den Transport wiederwendbarer Raumschiffe und größerer Apparaturen.
2.6., Medizin. Auf der dritten Internationalen AIDS-Konferenz in Washington berichtet der Wissenschaftler Robert Gallo (USA) über einen weiteren AIDS-Virus, der in Nigeria entdeckt wurde.

Arbeit in Westdeutschland

Chronik Statistik

Erwerbstätige	27 083 000
männlich	16 578 000
weiblich	10 505 000
Fremdarbeiter	1 589 000
Arbeitslose	2 229 000
Arbeitslosenquote (%)	8,9

13.6., Technik. An der Universität Stuttgart entsteht das Forschungsprojekt Hysolar, an dem die Bundesrepublik und Saudi-Arabien an der Erzeugung und Nutzung von solarem Wasserstoff arbeiten wollen.
24.8., Technik. Im Kaiser-Wilhelm-Koog von Dithmarschen entsteht der erste deutsche Windenergiepark.
28.8., Technik. Die Internationale Funkausstellung in Berlin präsentiert u.a. den neuen digitalen Tonträger DAT.
14.9., Astronomie. In Südspanien das die bisher leistungsfähigste Radiosternwarte der Welt für Millimeter-Wellen in Betrieb genommen.
7.10., Medizin. Die Hoechst AG startet die gentechnische Herstellung von Medikamenten. In einem Großfermenter können in großindustriellem Maßstab gentechnisch veränderte Bakterien Humaninsulin produzieren.

1987

Kunst, Literatur und Musik

13.2. Auf der XI. Ostberliner Musik-Biennale bilden Kompositionen zur 750-Jahr-Feier der Stadt sowie zum 25. Todestag von Hanns Eisler den Themenschwerpunkt.

Schwarze Göttin Tina Turner

Chronik Zitat

»Wie unter Starkstrom mit fliegenden Armen und Beinen gleitet sie über die Klangwellen hin, schaumgeborene schwarze Göttin mit dem verzückten Lächeln immerwährender Wollust.«
»Die Zeit«

22.2. Der weltberühmte amerikanische Pop-art Künstler Andy Warhol stirbt 58jährig in New York.
23.2. Der Schriftsteller Boris Pasternak, der für seinen in der UdSSR verbotenen Roman *Doktor Schiwago* 1958 den Nobelpreis erhielt, wird wieder in den sowjetischen Schriftstellerverband aufgenommen.
4.3. Die amerikanische Rocksängerin Tina Turner startet in der Olympiahalle in München eine mehrwöchige Tournee durch die Bundesrepublik. ▷ Chronik Zitat
9.3. Der bundesrepublikanische Rocksänger Peter Maffay startet mit seiner Band in Ostberlin eine Gastspielreise durch die DDR.
30.3. UA: *Hamletmaschine*, Oper von Wolfgang Rihm nach dem gleichnamigen Drama von Heiner Müller, in Mannheim.
30.3. Das Van-Gogh-Gemälde *Sonnenblumen* erzielt bei einer Auktion in London einen Rekordpreis von 71,77 Mio. DM.
4.4. Im Leipziger Kunstmuseum eröffnet eine Ausstellung mit Grafiken des von Wolfgang Mattheuers.
8.4. UA: *La Forêt*, Oper des schweizerischen Komponisten Rolf Liebermann, in Genf.
11.4. Die Mozart-Oper *Entführung aus dem Serail*, inszeniert von Johannes Schaaf, bei den Salzburger Festspielen besticht durch sparsame Ausstattung.

Theater und Film

24.4. UA: *Die Übergangsgesellschaft* von Volker Braun, in Bremen. Das Theaterstück ist eine Paraphrase von Anton Tschechows Drama *Drei Schwestern*.
27.4. In Wien stirbt der Kammerschauspieler Attila Hörbiger im Alter von 91 Jahren.
30.4. Am Wiener Burgtheater inszeniert George Tabori seine Farce *Mein Kampf*, die zu den Theaterhöhepunkten des Jahres zählt.
19.5. In Cannes wird der französische Film *Die Sonne Satans* von Maurice Pialat mit der Goldenen Palme ausgezeichnet.
23.5. Die deutsche Schauspielerin und Sängerin Ute Lemper wird mit dem Molière-Preis als »weibliche Entdeckung des Jahres« im französischen Theater ausgezeichnet.
16.6. In Stuttgart eröffnet das Festival »Theater der Zeit«.
9.7. In Ostberlin geht das dreitägige Gastspiel des Humoristen Loriot (Vicco von Bülow) und seiner Partnerin Evelyn Hamann zu Ende.
3.8. Mit 3 Mio. verkauften Karten innerhalb von 15 Tagen nach der Premiere erzielt der Spielfilm *Otto – der neue Film* des ostfriesischen Komikers Otto Waalkes den deutschen Zuschauerrekord.
12.9. UA: *Parzifal*, Stück von Tankred Dorst und Robert Wilson, am Thalia-Theater in Hamburg.
8.10. Der Discofilm *Dirty Dancing* mit Patrick Swayze und Jennifer Grey versetzt Jugendliche in zahlreichen Ländern ins »Mambo«-Fieber.
28.10. Der Wim-Wenders-Film *Der Himmel über Berlin* eröffnet die 21. Internationalen Hofer Filmtage.
November UA: *Out of Rosenheim*, Film von Percy Adlon mit Marianne Sägebrecht in der Rolle einer deutschen Touristin, die in einem amerikanischen Motel landet und dort das Leben meistert.
1987 Bernardo Bertolucci drehte den Film *Der letzte Kaiser* am Originalschauplatz, der einst Verbotenen Stadt in Peking.
1987 Der Film *Radio Days* zeigt Woody Allens autobiographisch gefärbte Familiengeschichte aus dem New York der 40er Jahre.

Gesellschaft

19.5. Bayern beschließt zur Bekämpfung von AIDS Zwangstests für sog. Risikogruppen – eine Entscheidung, die bundesweit auf Kritik stößt.
25.5. In Westdeutschland startet die erste Volkszählung seit 1970.
28.5. Der 19jährige Sportpilot Mathias Rust aus Wedel bei Hamburg landet mit seiner »Cessna-172« auf dem Roten Platz in Moskau.

Fußball-Landesmeister

Chronik Sport

BR Deutschland: FC Bayern München
DDR: Dynamo Ost-Berlin
Österreich: Rapid Wien
Schweiz: Xamax Neuchatel
Belgien: RSC Anderlecht
England: FC Everton
Frankreich: Girondins Bordeaux
Italien: SSC Neapel
Portugal: Benfica Lissabon
Spanien: Real Madrid

19.6. Der katholischen Theologieprofessorin Uta Ranke-Heinemann wird die Lehrerlaubnis entzogen, weil sie Zweifel an der »biologischen Jungfräulichkeit Mariens« äußerte.
4.7. Klaus Barbie, der frühere Gestapochef von Lyon, wird von einem französischen Schwurgericht zu lebenslanger Haft verurteilt.
7.7. Ein voll beladener Tanklaster verunglückt aufgrund defekter Bremsen im hessischen Herborn, setzt neun Häuser in Brand und tötet mehrere Menschen.
11.7. Irgendwo auf der Welt wird der fünfmilliardste Mensch geboren. Symbolisch begrüßt UNO-Generalsekretär Javier Pérez de Cuéllar einen Neugeborenen in Zagreb.
13.7. 160 indische Flüchtlinge werden von einem Schiff aus den Niederlanden in Booten vor der kanadischen Küste ausgesetzt.
28.7. Nach einem Bericht des ARD-Magazins »Monitor« über lebende Fadenwürmer (Nematoden) in der Fischproduktion geht der Absatz von Fisch drastisch zurück.

1987

Internationale Politik	Deutsche Politik	Wirtschaft und Wissenschaft
7.11., Tunesien. Der 84jährige Staatschef Habib Burgiba wird seines Amtes enthoben. **11.11., UdSSR.** Boris Jelzin tritt nach Meinungsverschiedenheiten mit der konservativen KPdSU-Spitze als Parteichef von Moskau zurück. **8.12., USA/UdSSR.** Ronald Reagan und Michail Gorbatschow unterzeichnen in Washington ein Abkommen über die Verschrottung atomarer Mittelstreckenraketen. **8.12., Israel.** In den von Israel besetzten Gebieten kommt es zu einem Aufstand (Intifada) der palästinensischen Bevölkerung. **21.12., Simbabwe.** Ministerpräsident Robert Mugabe und Oppositionsführer Joshua Nkomo vereinbaren den Zusammenschluß ihrer Parteien. **30.12., Südafrika.** In dem südafrikanischen Homeland Transkei reißt Armeechef Bantu Holonsia die Macht an sich. Er setzt die Verfassung außer Kraft und bildet einen Militärrat.	**25.9.** Der schleswig-holsteinische Ministerpräsident Uwe Barschel (CDU) tritt über die von seinem Medienreferenten Reiner Pfeiffer in Umlauf gebrachten Vorwürfe, er habe seinen Gegenkandidaten Björn Engholm (SPD) bespitzelt und während des Wahlkampfes gezielt diffamiert, zurück. **11.10.** Der ehemalige schleswig-holsteinische Ministerpräsident Uwe Barschel wird von Reportern der Illustrierten »Stern« tot in der Badewanne eines Genfer Hotels aufgefunden. **25.11.** Bei der Durchsuchung der »Umweltbibliothek« der evangelischen Zionsgemeinde am Prenzlauer Berg in Ostberlin nimmt der DDR-Staatssicherheitsdienst mehr als 20 Mitglieder von Umwelt-, Friedens- und Menschenrechtsgruppen fest. **28.12.** Der bayerische Ministerpräsident Franz Josef Strauß landet in einem selbstgesteuerten Flugzeug in Moskau, wo er u.a. mit Michail Gorbatschow zusammentrifft.	**19.10., Wirtschaft.** An den internationalen Börsen kommt es durch Rekordeinbrüche am Aktienmarkt zur schwersten Börsenkrise seit 1929. Die Einbußen liegen weltweit bei rund 1000 Mrd. Dollar. **Wissenschaftler geehrt** **Chronik Nobelpreise** **Chemie:** Charles J. Pederson (USA), Donald J. Cram (USA) und Jean-Marie Lehn (F) **Medizin:** Susumu Tonegawa (J) **Physik:** Karl A. Müller (CH) und Johannes Georg Bednorz (D) **Frieden:** Oscar A. Sánchez (CR) **Literatur:** Joseph Brodsky (UdSSR) **Wirtschaft:** Robert M. Solow (USA) **10.12., Nobelpreise.** In Stockholm und Oslo werden die Nobelpreise feierlich überreicht. ▷Chronik Nobelpreise

1987 Geborene und Gestorbene

Gestorben:
18.1. Renato Guttuso (*2.1.1912), italienischer Maler.
1.2. Gustav Knuth (*7.7.1901), deutscher Schauspieler.

10.2. Hans Rosenthal (*2.4.1925), deutscher Fernsehshowmaster.
22.2. Andy Warhol (*6.8.1928), amerikanischer Künstler.

13.3. Bernhard Grzimek (24.4.1909), deutscher Zoologe.
27.4. Attila Hörbiger (*21.4.1896), österreichischer Schauspieler.

1988

Internationale Politik	Deutsche Politik	Wirtschaft und Wissenschaft
6.1., UdSSR/Afghanistan. Der sowjetische Außenminister Eduard Schewardnadse und der afghanische Regierungschef Mohammed Nadschibullah diskutieren in Kabul den geplanten Abzug der sowjetischen Truppen. **15.1., Spanien/USA.** Die USA und Spanien schließen einen Freundschaftsvertrag, der u.a. die Schließung des US-Luftwaffenstützpunktes Torrejon de Ardoz bei Madrid vorsieht.	**15.1.** Bundesaußenminister Hans-Dietrich Genscher trifft zu einem Arbeitsbesuch in Syrien ein, wo er mit führenden Politikern die Lage im gesamten Nahen Osten erörtert. **17.1.** Während der traditionellen Demonstration zum Gedenken an die Ermordung Rosa Luxemburgs und Karl Liebknechts in der DDR verhaftet der Staatssicherheitsdienst rund 120 Regimegegner.	**14.1., Kernenergie.** Bundesumweltminister Klaus Töpfer (CDU) entzieht der Hanauer Nuklearfirma Nukem die Betriebserlaubnis, nachdem erhebliche Zweifel an der Zuverlässigkeit des Betriebes entstanden sind. **11.2., Physik.** Wissenschaftler der Universität Köln weisen die Mikroelektronik in ihre Grenzen, indem sie nachweisen, daß in winzigen Metallteilchen der elektrische Widerstand zunimmt.

1987

Kunst, Literatur und Musik	Theater und Film	Gesellschaft

14.4. Zeitungsmeldungen zufolge beauftragt die Stadt Heidelberg den schweizerischen Graffiti-Künstler Harald Nägeli, unbeabsichtigt entfernte Wandbilder erneut aufzusprühen.
5.5. Anläßlich der 750-Jahr-Feier Berlins findet in Ostberlin ein zweitägiges Schriftstellertreffen mit 60 Autoren aus 25 Ländern statt.
11.9. Die Nürnberger Kunsthalle präsentiert eine Retrospektive zum Schaffen des deutschen Malers Paul Klee.
11.11. Vincent van Goghs Gemälde *Schwertlilien* wird für umgerechnet 90 Mio. DM in New York versteigert.
12.11. Die Frankfurter Oper wird durch einen Brand zerstört.
1987 Die Erzählung *Die Taube* von Patrick Süskind versucht, an den Erfolg von *Das Parfüm* anzuknüpfen.
1987 Zu den Hits des Jahres zählen *La Isla Bonita* von Madonna, *I Wanna Dance with Somebody* von Whitney Houston, *Sweet Sixteen* von Billy Idol und *Voyage, Voyage* von Desireless.

1987 In *Wall Street* verspekuliert sich der skrupellose Broker Bud Fox (Charlie Sheen).
1987 *Die unerträgliche Leichtigkeit des Seins* nach dem gleichnamigen Roman von Milan Kundera wird von Philip Kaufman mit Daniel Day Lewis und Juliette Binoche verfilmt
1987 In der Verfilmung von Reinhard Hauff wird das Musical *Linie 1* als deutsche Antwort auf die *Rocky Horror Picture Show* präsentiert.
1987 Die Hölle des Vietnamkriegs thematisiert Stanley Kubricks Film *Full Metal Jacket* mit Matthew Modine in der Hauptrolle.
1987 Faye Dunaway feiert in *Barfly* in der Rolle einer Alkoholikerin ihr Film-Comeback. Das Drehbuch zu dem Film von Barbet Schroeder schrieb Charles Bukowski.
1987 In Roman Polanskis Thriller *Frantic* brilliert Harrison Ford als Herzchirurg, der auf der Suche nach seiner Frau in ein Netz des Grauens gerät.

15.9. Die amerikanische Weltraumbehörde NASA bestätigt Berichte, wonach es Computer-Hackern des bundesdeutschen »Chaos Computer Club« mehrfach gelungen sei, in ihr Datennetz einzudringen.
23.9. Als erste deutsche Fernsehanstalt startet RTL plus ein »Frühstücksfernsehen«.
18.10. Greenpeace verhindert die Verbrennung von Industriemüll vor der holländischen Küste.
16.11. Ein aidsinfizierter US-Bürger wird in Nürnberg wegen gefährlicher Körperverletzung verurteilt, weil er ungeschützten Geschlechtsverkehr ausübte.
8.12. Das Landgericht Frankfurt am Main spricht einen der Beleidigung angeklagten Arzt frei, der Soldaten öffentlich als »potentielle Mörder« bezeichnet hatte.
1987 Die Gesellschaft für deutsche Sprache erklärt »AIDS« und »Kondom« zu den Wörtern des Jahres.

Geborene und Gestorbene

28.4. Emil Staiger (*8.2.1908), schweizerischer Literaturwissenschaftler.
15.5. Rita Hayworth (*17.10.1918), amerikanische Filmschauspielerin.

22.6. Fred Astaire (*10.5.1899), amerikanischer Filmschauspieler und Tänzer.
29.8. Lee Marvin (*19.2.1924), amerikanischer Filmschauspieler.

22.10. Lino Ventura (*14.7.1919), italienisch-französischer Schauspieler.
30.11. James Baldwin (*2.4.1924), amerikanischer Schriftsteller.

1988

Kunst, Literatur und Musik	Theater und Film	Gesellschaft

21.4. In der Münchener Pinakothek wird ein Säureattentat auf drei Bilder von Albrecht Dürer verübt.
7.5. UA: *Montag aus Licht*, Oper von Karlheinz Stockhausen, in der Mailänder Scala.
25.5. Unter dem Motto »Ein Traum von Europa« tauschen Autoren auf dem Internationalen Schriftstellerkongreß in Westberlin ihre Konzepte zur Annäherung der europäischen Nationen aus.

9.1. Nach mehrjähriger Renovierung wird das Prinzregententheater in München wiedereröffnet.
24.1. UA: *Frauen vor Flußlandschaft*, Theaterstück nach dem gleichnamigen Roman von Heinrich Böll, inszeniert von Volker Schlöndorff, in den Münchener Kammerspielen.
30.1. UA: *Transit Europa*, Stück des DDR-Dramatikers Volker Braun, in Ostberlin.

4.1. Am russischen Aralsee ist der Wasserspiegel durch Bewässerungsprojekte um mehrere Meter gesunken.
19.2. Papst Johannes Paul II. thematisiert in der Sozialenzyklika »Sollicitudo Rei Socialis« soziale Ungerechtigkeiten zwischen Erster und Dritter Welt.
23.2. 80 000 Menschen protestieren gegen die Schließung des Krupp-Stahlwerks in Duisburg-Rheinhausen.

1988

Internationale Politik

8.2., Österreich. Eine internationale Historikerkommission berichtet, daß Bundespräsident Kurt Waldheim an Kriegsverbrechen nicht beteiligt gewesen sei, und halten ihm vor, trotz Informationen über Kriegsverbrechen seinen Dienst normal weiter versehen zu haben. ▷Chronik Zitat

Waldheim-Affäre
Chronik Zitat

»Ganz allgemein kann bereits aus dem bloßen Wissen um Verletzungen der Menschenrechte am Ort des eigenen Einsatzes eine gewisse Schuld erwachsen.«
Aus dem Bericht der Kommission

18.2., UdSSR. Michail Gorbatschow fordert die Intensivierung der Perestroika gegen Widerstände.
25.2., UdSSR/DDR/ČSSR. Der Abzug sowjetischer Mittelstreckenraketen aus der DDR und der ČSSR setzt ein.
6.3., Großbritannien. Nach der Erschießung dreier mutmaßlicher IRA-Terroristen durch britische Armeeangehörige bricht über Nordirland eine neue Welle der Gewalt herein.
16.3., Irak. Ein irakischer Giftgasangriff auf Halabja im Nordirak kostet 4000 Kurden das Leben.
23.3., Nicaragua. Die sandinistische Regierung beschließt einen Waffenstillstand mit den rechtsgerichteten, von den USA unterstützten Contras.
14.4., Schweiz. In Genf vereinbaren Afghanistan, Pakistan, die USA und die UdSSR den Abzug sowjetischer Truppen aus Afghanistan.
8.5., Frankreich. Nach dem Sieg von François Mitterrand bei den Präsidentschaftswahlen tritt der Neo-Gaullist Jacques Chirac als Premierminister zurück und übergibt die Regierung an den Sozialisten Michel Rocard.
11.5., Österreich. Bundeskanzler Franz Vranitzky wird neuer SPÖ-Vorsitzender.
12.5., Indien. Die Armee stürmt den Goldenen Tempel von Amritsar, in dem sich militante Sikhs verschanzt haben.

Deutsche Politik

25.1. Die Grünen-Politiker Gert Bastian und Petra Kelly werden wegen einer Sitzblockade vor der Raketenbasis Hasselbach zu Geldstrafen verurteilt.
3.2. Der parlamentarische Untersuchungsausschuß zur Barschel-Affäre legt in Kiel seinen Abschlußbericht vor, der schwere Verfehlungen Barschels im Wahlkampf gegenüber Björn Engholm feststellt.
6.3. Für seinen Vorschlag, Arbeitszeitverkürzungen auch ohne vollen Lohnausgleich zu erwägen, wird der saarländische Ministerpräsident Oskar Lafontaine (SPD) von Teilen seiner Partei kritisiert.
8.5. Bei vorgezogenen Landtagswahlen in Schleswig-Holstein erringt die SPD die absolute Mehrheit.
11.5. Die Bundesregierung beschließt eine grundlegende Reform der Deutschen Bundespost. Die Post wird in die drei autonomen Bereiche Postdienst, Postbank und Telekom aufgeteilt und soll ihr Monopol bei der Telekommunikation aufgeben.
1.7. Der ehemalige Bundesverteidigungsminister Manfred Wörner (CDU) wird neuer NATO-Generalsekretär.
15.8. Die DDR und die Europäische Gemeinschaft nehmen diplomatische Beziehungen auf.
19.8. In der »Spielbankaffäre« wird der niedersächsische Ministerpräsident Ernst Albrecht (CDU) mit schwerwiegenden Vorwürfen konfrontiert.
31.8. Auf ihrem 33. Bundesparteitag in Münster beschließt die SPD eine sogenannte Frauenquote.
12.9. Der Hoechst-Manager Rudolf Cordes kommt nach 605tägiger Geiselhaft in Beirut frei.
3.10. 73jährig stirbt in Regensburg der bayerische Ministerpräsident und CSU-Vorsitzende Franz Josef Strauß.
5.10. Die SED-Führung feiert in Ostberlin den 39. Jahrestag der Gründung der DDR mit einer Militärparade.
9.10. Als Nachfolger Martin Bangemanns wird der ehemalige Bundeswirtschaftsminister Otto Graf Lambsdorff neuer FDP-Vorsitzender.
10.10. Sicherheitsorgane lösen in Ostberlin eine Demonstration gegen die Zensur von Kirchenzeitungen auf.

Wirtschaft und Wissenschaft

23.3., Wirtschaft Die Tarifparteien im öffentlichen Dienst einigen sich auf die Einführung der 38,5-Stunden-Woche bis 1990.
1.5., Verkehr. Der deutsche Hochgeschwindigkeitszug »Intercity Experimental« (ICE) fährt auf der Strecke Fulda–Würzburg mit 406,9 km/h einen neuen Weltrekord für Schienenfahrzeuge.

Westdeutsche Großstädte
Chronik Statistik

Einwohner:

Westberlin	2 047 500
Hamburg	1 597 500
München	1 206 400
Köln	934 400
Frankfurt a.M.	623 700
Essen	620 900
Dortmund	584 600
Düsseldorf	564 400
Stuttgart	560 100
Bremen	533 800

16.5., Technik. Die Bundesrepublik, Großbritannien und Italien vereinbaren die Entwicklung des Jagdflugzeugs »Jäger 90«, das den Starfighter und die Phantom ersetzen soll.
19.5., Technik. Die 1981 an der Küste Schleswig-Holsteins erbaute Große Windenergieanlage GROWIAN wird aufgrund technischer Probleme aufgegeben.
17.6., Ökologie. Die EG-Umweltminister beschließen in Luxemburg Maßnahmen zur Reduzierung von Fluorkohlenwasserstoffen (FCKWs).
28.6., Wirtschaft. In Hannover beschließen die Staats- und Regierungschefs der EG-Staaten die Vorbereitung der Einführung eines EG-Binnenmarktes und einer Währungsunion.
21.7., Medizin. Ein Verfahren, mit dem Cholesterin aus dem Blut ausgewaschen werden kann, soll herzinfarktgefährdeten Menschen helfen.
10.9., Biologie. Das Göttinger Max-Planck-Institut beantragt die Genehmigung für einen Freilandversuch mit gentechnisch manipulierten Pflanzen.

1988

Kunst, Literatur und Musik

11.6. Im Londoner Wembley-Stadion wird ein Rockkonzert zu Ehren des seit 20 Jahren inhaftierten südafrikanischen Schwarzenführers Nelson Mandela mit zahlreichen Stars gegeben.
11.6. UA: *Cosmopolitan Greetings*, Multimedia-Show von Rolf Liebermann, in der Hamburger Kampnagelfabrik.
12.6. Das Musical *Starlight-Express* von Andrew Lloyd Webber feiert in Bochum Premiere.
19.6. Popstar Michael Jackson brilliert vor dem Reichstagsgebäude in Westberlin in einem grandiosen Showmix.
2.7. Mit Pietro Mascagnis *Cavalleria rusticana* und Ruggiero Leoncavallos *I Pagliacci* in der Ausführung des weltberühmten Operntenors Placido Domingo wird Rolf Liebermann, der Intendant der Hamburger Staatsoper, gebührend verabschiedet.
15.7. UA: *1000 Airplanes on the Roof*, Musikdrama von Philip Glass, auf dem Wiener Flughafen.
15.7. In Köln wird die »Bauhaus-Ausstellung« mit Werken aus Architektur, Kunst und Design gezeigt.
21.7. Nach langer Krankheit feiert der spanische Tenor José Carreras in Barcelona vor 150 000 Zuhörern ein begeisterndes Comeback.
28.7. Auf und am Berliner Wannsee zeigt die Kunstreihe »Europa ´88« das multivisuelle Schauspiel *Inferno und Paradies* nach Motiven aus Dantes *Göttlicher Komödie*.
1.9. Herbert von Karajan verkündet seinen endgültigen Rücktritt aus der Leitung der Salzburger Festspiele.
11.9. Die Ausstellung »Zeitvergleich ´88« in Westberlin vermittelt einen umfassenden Überblick über das Kunstschaffen in der DDR.
25.9. Mit der Wagner-Oper *Die Meistersinger von Nürnberg* wird das Aalto-Theater in Essen eröffnet.
4.10. Die 40. Internationale Buchmesse widmet sich in diesem Jahr Italien. Der diesjährige Friedenspreis des Deutschen Buchhandels wird an Siegfried Lenz vergeben.
1988 Der neue Roman von Umberto Eco *Das Foucaultsche Pendel* wird ein Riesenerfolg.

Theater und Film

11.2. Wenig Anklang beim Publikum findet die deutsche Premiere des Stückes *Der verbotene Garten* von Tankred Dorst, die in der Freien Volksbühne Berlin gegeben wird.
20.2. UA: *Der Schweinestall*, Stück des 1975 gestorbenen italienischen Regisseurs Pier Paolo Pasolini, am Düsseldorfer Schauspielhaus.
23.2. Auf den 38. Berliner Filmfestspielen wird der chinesische Beitrag *Rotes Kornfeld* von Zhang Yimou mit dem Goldenen Bären ausgezeichnet.
9.3. UA: *Ödipussi*, Filmkomödie von und mit Loriot (Vicco von Bülow), in beiden Teilen Berlins.
11.3. UA: *Body & Soul*, Show von André Heller, in München.
19.3. UA: *Schlachten*, Stück von Rainald Goetz, am Bonner Schauspielhaus.
12.4. Der Film *Der letzte Kaiser* von Bernardo Bertolucci wird bei der Oscarverleihung mit neun Oscars ausgezeichnet. Michael Douglas erhält den Preis als bester Schauspieler für die Hauptrolle in Oliver Stones Aktiendrama *Wall Street*.
7.5. UA: *Heißes Geld*, ironische Komödie von Klaus Pohl, am Hamburger Thalia-Theater.
10.5. UA: *Frauen – Krieg – Lustspiel*, Schauspiel von Thomas Brasch in der Inszenierung von George Tabori, in Wien.
20.5. UA: *Jamais je ne retournerai ici*, Schauspiel des polnischen Dramatikers Tadeusz Kantor, an der Akademie der Künste in Westberlin.
23.5. Bei den Filmfestspiele in Cannes erhält der dänische Beitrag *Pelle der Eroberer* von Bille August die Goldene Palme.
28.9. UA: *Lenins Tod*, Stück des DDR-Dramatikers Volker Braun, am Theater am Schiffbauerdamm in Ostberlin.
8.10. UA: *Besucher*, Stück von Botho Strauß, in den Münchener Kammerspielen.
18.10. Die Freie Volksbühne in Westberlin präsentiert mit Robert Wilsons Schauspiel *The Forest* die Neufassung des ca. 5000 Jahre alten »Gilgamesch-Epos«. Den deutschen Text schrieb Heiner Müller.

Gesellschaft

1.3. Nordrhein-Westfalen startet den Versuch, Heroinabhängige unter ärztlicher Aufsicht mit der Ersatzdroge Methadon zu versorgen.
2.3. Die Bonner Regierung beschließt den Verzicht auf Fluorkohlenwasserstoffe als Treibstoff für Spraydosen.
13.3. Nach über 16jähriger Bauzeit wird der längste Eisenbahn-Tunnel der Welt zwischen den japanischen Inseln Honschu und Hokaido seiner Bestimmung übergeben.
27.3. Überschwemmungen lassen in Bayern die Donau-Dämme brechen.
23.4. Der griechische Radsportler Kanellos Kanellopoulos legt die 119 km lange Strecke von Kreta nach Santorin mit einem durch Muskelkraft angetriebenen Flugapparat zurück.
25.4. In Jerusalem wird der Exil-Ukrainer John Demjanjuk als der berüchtigte Aufseher im Vernichtungslager Treblinka wegen Mitwirkung an der Ermordung von 850 000 Menschen zum Tode verurteilt.

Deutsche Meister
Chronik Sport

Leichtathletik:
100 m:
Ulrike Savari — 11,28 sec
400 m:
Helga Arendt — 50,77 sec
Weitsprung:
Andrea Hannemann — 6,55 m
Hochsprung:
Heike Redetzky — 1,97 m
Speerwurf:
Ingrid Thyssen — 66,00 m

2.5. Die Ökobank, ein genossenschaftliches Kreditinstitut zur Förderung von umweltorientierten Projekten, nimmt ihren Betrieb in Frankfurt auf.
12.5. Ein Algenteppich vor der schwedischen Westküste löst ein massenhaftes Robbensterben aus.
17.5. Der ehemalige Vorsitzende des Zentralrats der Juden in Deutschland, Werner Nachmann, hat Wiedergutmachungsgelder in Höhe von 33 Mio. DM unterschlagen.

1988

Internationale Politik

22.5., Ungarn. Der Reformer Károly Grósz löst den langjährigen Generalsekretär der Partei, János Kádár, ab.
1.6., USA/UdSSR. Der INF-Vertrag zur Reduzierung der nuklearen Mittelstreckenraketen zwischen den USA und der UdSSR wird wirksam.
12.7., UdSSR. Das Regionalparlament der armenischen Enklave Berg-Karabach beschließt die Abtrennung von der Sowjetrepublik Aserbaidschan.
8.8., Angola. Die UNO vermittelt einen Waffenstillstand im Bürgerkrieg.
15.8., Polen. In Oberschlesien streiken Bergleute für die Zulassung der unabhängigen Gewerkschaft Solidarität.
20.8., Iran/Irak. Mit UNO-Hilfe wird der Golfkrieg zwischen dem Iran und dem Irak beendet.
23.8., UdSSR. In Estland, Lettland und Litauen demonstrieren über 100 000 Menschen für die Unabhängigkeit ihrer Republiken von der UdSSR.
1.10., UdSSR. Der KPdSU-Generalsekretär Michail Gorbatschow wird Staatspräsident der UdSSR.
5.10., Chile. In einer Volksabstimmung votieren die Chilenen gegen die Verlängerung der Amtszeit von Staatspräsident Augusto Pinochet.
8.11., USA. Der 64jährige Republikaner George Bush wird zum 41. Präsidenten der USA gewählt.
1.12., Pakistan. Benazir Bhutto gewinnt die Parlamentswahlen und wird pakistanische Ministerpräsidentin.
7.12., USA/UdSSR. Vor der Generalversammlung der UNO in New York kündigt Michail Gorbatschow einseitige Abrüstungsschritte der UdSSR an.

Deutsche Politik

19.10. Nach dem Tod von Franz Josef Strauß wird Max Streibl neuer bayerischer Ministerpräsident.
24.10. Bundeskanzler Helmut Kohl (CDU) beginnt in Moskau eine viertägigen Staatsbesuch.

Rede Jenningers

Chronik Zitat

»... völlige Verkennung dessen, was der besondere Anlaß von demjenigen an gedanklicher und sprachlicher Einfühlung und Sorgfalt erfordert, der in einer solchen Stunde für das ganze Parlament spricht.«
Hans-Jochen Vogel, SPD-Vorsitzender

9.11. Mißverständliche Formulierungen in einer Rede von Bundestagspräsident Philipp Jenninger (CDU) zum 50. Jahrestag der »Reichskristallnacht« führen zum Rücktritt Jenningers. Der SPD-Vorsitzende Hans-Jochen Vogel spricht in diesem Zusammenhang von einem »bestürzenden Mangel an Sensibilität«. ▷Chronik Zitat
25.11. Rita Süßmuth (CDU) wird als Nachfolgerin Philipp Jenningers zur Bundestagspräsidentin gewählt.
25.11. Der Deutsche Bundestag verabschiedet mit den Stimmen der Regierungsparteien das Gesetz zur Gesundheitsreform.
2.12. Der DDR-Staatsratsvorsitzende Erich Honecker lehnt die Reformpolitik des sowjetischen Staatschefs Michail Gorbatschow weiterhin ab.

Wirtschaft und Wissenschaft

3.10., Raumfahrt. Mit der »Discovery« nehmen die USA nach der Explosion der »Challenger« die bemannte Raumfahrt wieder auf.
28.10., Medizin. Das französische Gesundheitsministerium erteilt dem Arzneimittelhersteller Russel Uclaf die Genehmigung, die sog. Abtreibungspille »RU 486« auf den Markt zu bringen.
7.11., Wirtschaft. Bundessubventionen für den Airbus-Bau ermöglichen die Übernahme des MBB-Konzerns durch die Daimler-Benz AG.
10.12., Nobelpreise. In Stockholm und Oslo werden die Nobelpreise feierlich überreicht. ▷Chronik Nobelpreise

Wissenschaftler geehrt

Chronik Nobelpreise

Chemie: Johann Deisenhofer (D), Robert Huber (D) und Hartmut Michel (D)
Medizin: James Black (GB), Gertrude Elion (USA) und George Hitchings (USA)
Physik: Leon Lederman (USA), Melvin Schwartz (USA) und Jack Steinberger (USA)
Frieden: Friedenstruppe der Vereinten Nationen
Literatur: Nagib Mahfus (ET)
Wirtschaft: Maurice Allais (F)

1988, Raumfahrt. Die Sowjetunion bringt ihr neues Vielzwecktransportsystem »Energia« mit der wiederverwertbaren Raumfähre »Buran« ins All.

1988 Geborene und Gestorbene

Gestorben:
3.1. Gaston Eyskens (*1.4.1905), belgischer Politiker.
3.1. Rose Ausländer (*11.5.1901), österreichische Lyrikerin.
14.1. Georgi M. Malenkow (*8.1.1902), sowjetischer Politiker.
5.2. Willi Kollo (*28.4.1904), deutscher Komponist.
13.2. Ursula Noack (*7.4.1918), deutsche Kabarettistin.
9.3. Kurt Georg Kiesinger (*6.4.1904), deutscher Politiker.
7.4. Cesar Bresgen (*16.10.1913), österreichischer Komponist.
13.5. Chet Baker (*23.12.1929), amerikanischer Jazzmusiker.
27.7. Brigitte Horney (*29.3.1913), deutsche Schauspielerin.

1988

Kunst, Literatur und Musik

1988 Der Roman *Die letzte Welt* des Österreichers Christoph Ranzmayr behandelt das Schicksal des Dichters Ovid.

1988 Salman Rushdies Roman *Die satanischen Verse* erregt den Unmut vieler fundamentalistischer Muslime.

1988 Walter Kempowski verteilt in seinem neuen Roman *Hundstage* Seitenhiebe auf den Literaturbetrieb.

1988 Erotische Verwirrungen thematisiert Martin Walsers neuer Roman *Die Jagd*.

1988 Markus Lüpertz stellt sein Können mit dem flächigen *Denkmal der Fledermäuse* unter Beweis.

1988 Emil Schumacher, der Altmeister des »Informellen«, präsentiert seine Arbeit *G-120/1988*.

1988 Rosemarie Trockel fragt in ihrer Inszenierung *Ohne Titel* nach der gesellschaftlichen Stellung der Frau.

1988 Das Hirshhorn Museum in Washington präsentiert eine Retrospektive des italienischen Bildhauers Alberto Giacometti.

1988 Die Pet Shop Boys landen mit *Always on my Mind* einen internationalen Hit.

1988 Zu den beliebtesten Songs in den bundesdeutschen Charts gehören u. a. *Girl You Know It's True* von Milli Vanilli, *Ella elle l'a* von France Gall, *Was soll das?* von Herbert Grönemeyer und *Im Nin'Alu* von Ofra Haza.

1988 Nach den Pet Shop Boys zählen Rick Astley, Michael Jackson, Kylie Minogue und Taylor Dayne zu den erfolgreichsten Interpreten auf dem Single-Markt.

Theater und Film

20.10. UA: *Berg-Sprache*, Schauspiel des britischen Dramatikers Harold Pinter, in London.

4.11. UA: *Heldenplatz*, Stück von Thomas Bernhard, inszeniert von Claus Peymann am Wiener Burgtheater.

26.11. Mit dem erstmals vergebenen Europäischen Filmpreis »Felix« wird der polnische Regisseur Krzysztof Kieslowski für seinen *Kurzen Film über das Töten* ausgezeichnet.

1988 In dem Gangsterfilm *Falsches Spiel mit Roger Rabbit* von Robert Zemeckis treffen erstmals Schauspieler auf Zeichentrickfiguren.

1988 Die Filmkomödie *Ein Fisch namens Wanda* verbucht einen sensationellen Publikumserfolg.

1988 Martin Scorseses Film *Die letzte Versuchung Christi* zeigt Jesus in einer Traumszene beim Geschlechtsverkehr mit Maria Magdalena.

1988 Inspiriert von dem gleichnamigen Roman des italienischen Schriftstellers Alberto Moravia, verleiht die Regisseurin Doris Dörrie in dem Film *Ich und Er* dem Geschlechtsorgan des männlichen Protagonisten Verstand und Stimme.

1988 Robert van Ackerens Films *Die Venusfalle* behandelt die Beziehung eines Mannes zu einer attraktiven Frau.

1988 Um die Philosophiedozentin Marion (Gena Rowlands) dreht sich *Eine andere Frau* von Woody Allen.

1988 Gerhard Polt und Gisela Schneeberger spielen in einer bitterbösen Persiflage auf den deutschen Tourismus in Italien *Man spricht deutsch* die Familie Löffler, die auch im Urlaub deutschen Gewohnheiten treu bleibt.

Gesellschaft

4.6. Die russisch-orthodoxe Kirche in der UdSSR feiert ihr 1000jähriges Bestehen.

6.7. Bei der Explosion der Bohrinsel »Piper Alpha« vor der schottischen Küste kommen 167 Menschen ums Leben.

8.8. Nach verbotenen Hormonspritzungen bei der Mast werden in Düsseldorf 14 000 Kälber notgeschlachtet.

16.8. Eine 54stündige Jagd auf zwei Bankräuber durch die Bundesrepublik und die Niederlande endet mit dem Tod dreier Menschen.

25.8. Bei einem Großbrand in Lissabon wird die historische Altstadt zerstört.

28.8. Der Schauflug einer italienischen Kunststaffel in Ramstein endet nach einer Kollision zweier Düsenjets in der Luft für 70 Zuschauer tödlich.

8.9. Eine Überschwemmungskatastrophe in Bangladesch fordert 2600 Menschenleben, 30 Mio. werden obdachlos.

8.9. In Memmingen beginnt der Prozeß gegen einen Arzt wegen illegaler Abtreibungen.

14.9. Archäologen entdecken in Peru eine Grabanlage der Mochica-Indianer. Es handelt sich um den größten Gold- und Juwelenschatz, der je in der westlichen Welt gefunden wurde.

17.9. Der Hurrikan »Gilbert« verwüstet Teile der Karibik und des Südens der USA.

21.12. Bei einem Bombenattentat auf eine Boing 747 sterben im schottischen Lockerbie 270 Menschen.

1988 Der Business-Mann bevorzugt Glencheck-Anzüge und wagt dazu stark gemusterte Krawatten.

Geborene und Gestorbene

14.8. Enzo Ferrari (*20.2.1898), italienischer Automobilhersteller.
5.9. Gert Fröbe (*25.2.1913), deutscher Schauspieler.
6.9. Axel von Ambesser (*22.6.1910), deutscher Filmschauspieler.

3.10. Franz Josef Strauß (*6.5.1915), deutscher Politiker.
9.10. Felix Wankel (*13.8.1902), deutscher Erfinder.
19.11. Christina Onassis (*11.12.1950), griechische Großreederin.

22.11. Erich Fried (*6.5.1921), österreichisch-britischer Schriftsteller.
23.11. Wieland Herzfelde (11.4.1896), deutscher Publizist.
24.11. Joachim Fernau (*11.9.1909), deutscher Schriftsteller.

1989

Internationale Politik

4.1., USA. Die USA schießen im internationalen Luftraum über dem Mittelmeer zwei libysche Militärmaschinen ab.
11.1., Ungarn. Die Regierung genehmigt die Bildung politischer Parteien.
12.1., UdSSR. Aufgrund von Separationsbestrebungen verfügt Moskau für die armenische Enklave Berg-Karabach eine besondere Verwaltung.
20.1., USA. Der Republikaner George Bush wird als 41. Präsident der USA vereidigt.
3.2., Paraguay. Das Militär stürzt den Diktator Alfredo Stroessner.
15.2., UdSSR. Die UdSSR beendet ihren Truppenabzug aus Afghanistan.
7.3., China. Peking verhängt das Kriegsrecht über Tibet.
2.4., Palästina. Jasir Arafat wird in Tunis Präsident des im November 1988 ausgerufenen Staates Palästina.
17.4., Polen. Die Gewerkschaft Solidarität wird nach sieben Jahren wieder legalisiert.
2.5., Ungarn. Als erstes Land des Warschauer Pakts öffnet Ungarn mit dem Abbau von Stacheldraht an der Grenze zu Österreich den »Eisernen Vorhang« zum Westen.
13.5., China. Auf dem Platz des Himmlischen Friedens in Peking protestieren hunderte Studenten für mehr Demokratie und Pressefreiheit.
14.5., Argentinien. Carlos Saúl Menem erringt bei Präsidentenwahlen die Mehrheit der Stimmen.
23.5., Österreich. Die Staaten des Warschauer Paktes schlagen in Wien der NATO die Auflösung beider Militärbündnisse vor.
3.6., Iran. Der Revolutionsführer Ajatollah Ruhollah Khomeini stirbt in Teheran.
4.6., China. In Peking richtet das Militär auf dem Platz des Himmlischen Friedens ein Blutbad bei der Niederschlagung der studentischen Demokratiebewegung an.
13.6., Ungarn. Regierung und Opposition verhandeln am »runden Tisch«.
28.6., Jugoslawien. Mit nationalistischen Parolen begehen Serben den 600. Jahrestag der Schlacht auf dem Amselfeld.

Deutsche Politik

1.1. Nach Berichten der »New York Times« haben westdeutscher Firmen am Bau einer Giftgasanlage im libyschen Rabta mitgewirkt.
8.3. Das Bundeskabinett in Bonn beschließt eine strengere Handhabung des geltenden Asylrechts.
21.4. Der Bundestag einigt sich auf die Verschärfung des Demonstrationsrechts und die Kronzeugenregelung.
24.4. Nach nächtlichen Krawallen spricht die Stadt Hamburg gegenüber dem alternativen Wohnprojekt in der Hafenstraße die Kündigung aus.
7.5. Bei Kommunalwahlen in der DDR entfallen 98,85% der Stimmen auf die Kandidaten der Nationalen Front.
24.5. In Bonn wird das 40jährige Bestehen der Bundesrepublik mit einem Staatsakt begangen.
12.6. Der sowjetische Staats- und Parteichef Michail Gorbatschow erntet bei seinem Staatsbesuch in der Bundesrepublik große Sympathie.
8.8. Nach der Flucht von 131 DDR-Bürgern in die Ständige Vertretung der Bundesrepublik in Ostberlin wird diese geschlossen.
24.8. 108 DDR-Bürger, die in der Budapester Botschaft der Bundesrepublik Zuflucht gesucht hatten, dürfen in den Westen ausreisen.
11.9. Nach Ungarns Grenzöffnung zu Österreich nutzen binnen 24 Stunden etwa 10 000 DDR-Bürger die Fluchtmöglichkeit in den Westen.
11.9. Im Haus des verstorbenen DDR-Regimekritikers Robert Havemann in Grünheide bei Berlin gründet sich die Reformbewegung »Neues Forum«.
30.9. 6299 DDR-Bürger, die sich auf dem Gelände der bundesdeutschen Botschaften in Prag und Warschau aufgehalten haben, dürfen in die Bundesrepublik ausreisen.
7.10. Die DDR-Regierung feiert mit einer Militärparade den 40. Jahrestag der Staatsgründung.
9.10. In Leipzig gehen 70 000 Menschen unter dem Motto »Wir sind das Volk« auf die Straßen.
18.10. Nach dem Rücktritt Erich Honeckers »aus gesundheitlichen Gründen« wird Egon Krenz neuer Generalsekretär der SED.

Wirtschaft und Wissenschaft

10.1., Ökologie. Der durch den Treibhauseffekt bedingte Anstieg des Wasserspiegels erreicht die norddeutsche Tiefebene.
18.2., Ökologie. Einer amerikanischen Studie zufolge ist die Ozonschicht nicht nur über dem Südpol, sondern auch über dem Nordpol gefährdet.
12.4., Kernenergie. Der VEBA-Konzern leitet mit dem Verzicht auf den Bau des Kernkraftwerks Wackershausen eine Wende in der Atompolitik ein.
4.5., Ökologie. Eine Ozonkonferenz mit 79 Teilnehmerstaaten in Helsinki beschließt die Begrenzung des Ausstoßes von Fluorkohlenwasserstoffen bis zum Jahr 2000.
6.6., Technik. Der erste bundesdeutsche Fernmeldesatellit Kopernikus 1 wird in die Erdumlaufbahn befördert.

Preise in Westdeutschland
Chronik Statistik

Einzelhandelspreise:

Butter, 250 g	2,18
Weizenmehl, 1 kg	1,24
Schweinefleisch, 1 kg	11,19
Rindfleisch, 1 kg	17,68
Eier, 10 Stück	2,57
Kartoffeln, 2,5 kg	2,66
Vollmilch, 1 l	1,25
Zucker, 1 kg	1,91

24.7., Wirtschaft. Das amerikanische Medienunternehmen Time Inc. übernimmt die Warner Communications Inc. und avanciert zum weltgrößten Medienkonzern.
25.8., Technik. Die Internationale Funkausstellung in Westberlin präsentiert das hochauflösende Fernsehen HDTV.
25.8., Raumfahrt. Zwölf Jahre nach ihrem Start funkt die amerikanische Raumsonde »Voyager 2« Bilder des Planeten Neptun zur Erde. Der Planet ist von einem Ring umgeben und wird von acht Monden umkreist.
8.9., Wirtschaft. Die Bundesregierung genehmigt die Fusion zwischen der Daimler-Benz AG und dem Luftfahrtkonzern MBB.

1989

Kunst, Literatur und Musik	Theater und Film	Gesellschaft

22.1. UA: *Peer Gynt*, Ballett von John Neumeier, in Hamburg.
23.1. Salvador Dalí stirbt im Alter von 84 Jahren in Figueras.
12.2. Der österreichische Schriftsteller Thomas Bernhard stirbt 58jährig in Gmunden.
14.2. Der iranische Revolutionsführer Ajatollah Khomeini verurteilt der britischen Schriftsteller Salman Rushdie zum Tode, weil dieser in seinen *Satanischen Versen* die religiösen Gefühle der Muslime verletzt habe.
8.4. Die Kölner Messehalle präsentiert die Ausstellung »Bilderstreit« mit Werken von 1960 bis zur Gegenwart.
3.5. Die Popgruppe Bee Gees startet in Dortmund eine Welttournee.
20.5. Die Berliner Philharmoniker treten erstmals seit dem Bau der Mauer 1961 in Ostberlin auf.
10.6. Die Retrospektive »Durchsicht« des Deutschen Künstlerbundes gibt in der Kieler Kunsthalle einen Überblick über 40 Jahre bildende Kunst in der Bundesrepublik.
15.6. Das Bremer Übersee-Museum zeigt die Ausstellung »Das Gold aus dem Kreml« mit 80 Objekten russischer Goldschmiedekunst.
18.6. Paris feiert den 100. Geburtstag des Eiffelturms.
13.7. In Paris feiert die Opéra Bastille mit einem von Georges Prêtre dirigierten Orchester ihre Eröffnung.
14.7. UA: *Graf Mirabeau*, Revolutionsoper des DDR-Komponisten Siegfried Matthus, in Ostberlin und Karlsruhe.
16.7. Der weltberühmte österreichische Dirigent Herbert von Karajan stirbt 81jährig in seinem Haus in Anif bei Salzburg.
31.8. Nach achtjähriger Pause starten die Rolling Stones in Philadelphia vor 40 000 Fans eine Amerikatournee.
4.9. In Lausanne stirbt im Alter von 86 Jahren der belgische Kriminalschriftsteller Georges Simenon.
8.10. Claudio Abbado wird Nachfolger Herbert von Karajans an der Berliner Philharmonie.
10.10. Schwerpunktthema der 41. Internationalen Frankfurter Buchmesse ist in diesem Jahr Frankreich.

7.1. In Moskau werden erstmals westdeutsche Theatertage aufgeführt.
21.1. UA: *Fredegunde*, Polit-Komödie von Peter Hacks, im Staatstheater Braunschweig.
8.2. UA: *Die Zeit und das Zimmer*, Theaterstück von Botho Strauß, an der Berliner Schaubühne.
9.2. UA: *Ab heute heißt du Sara*, Schauspiel von Volker Ludwig und Detlef Michel nach 33 Bildern aus Inge Deutschkrons Bericht *Ich trug den gelben Stern*, im Berliner Grips-Theater.
5.3. UA: *Oblomow*, Schauspiel von Franz Xaver Kroetz nach dem Roman von Iwan Gontscharow, im Münchener Prinzregententheater.
16.3. UA: *Ab jetzt*, Komödie von Alan Ayckbourn, in London.
19.3. UA: *Eintagswesen*, Stück von Lars Norén unter der Regie von Heinz Kreidl, im tif-Theater in Kassel.
30.3. Der Film *Rain Man* von Barry Levinson mit Tom Cruise und Dustin Hoffman in den Hauptrollen erhält bei der Oscar-Preisverleihung in Hollywood vier Auszeichnungen.
8.4. UA: *Unbefleckte Empfängnis*, Schauspiel von Rolf Hochhuth, im Berliner Schiller-Theater. Das Stück thematisiert den Kampf einer unfruchtbaren Frau gegen Kirche, Staat und Gesellschaft.
14.4. UA: *Die Ritter der Tafelrunde*, Komödie des DDR-Dramatikers Christoph Hein, in Dresden. Das Stück zeigt den politischen Überlebenskampf einer Machtclique.
9.5. In Wien stirbt der Kammerschauspieler Heinz Moog im Alter von 81 Jahren.
12.5. Botho Strauß, einer der meistgespielten Bühnenautoren der Bundesrepublik seit Mitte der 60er Jahre, wird mit dem Georg-Büchner-Preis ausgezeichnet.
19.5. *What where*, Theaterspiel von Heinz Holliger, an der Frankfurter Städtischen Bühne.
23.5. *Sex, Lügen und Video* erzählt die Geschichte einer frustrierten jungen Ehefrau, die ihre sexuellen Probleme einem Psychiater anvertraut. Der Film von Steven Soderbergh wird in Cannes mit der Goldenen Palme ausgezeichnet.

24.2. Eine Boing 747 der amerikanischen Fluggesellschaft United Airlines verliert in 6700 m Höhe Teile ihrer Außenwand. Neun Menschen sterben.
2.3. Eine »Hackergruppe« aus Hannover soll angeblich jahrelang für den sowjetischen Geheimdienst KGB gearbeitet haben.
4.3. Polnische Schwarzmarkthändler werden von der Westberliner Polizei abgeschoben.
24.3. Zu einer verheerenden Umweltkatastrophe kommt es, als vor der Küste Alaskas der mit 206 000 t Rohöl beladene Tanker »Exon Valdez« auf ein Riff läuft.
1.4. Das Briefporto in der Bundesrepublik wird von 0,80 DM auf 1 DM erhöht; Telefonieren wird z.T. billiger.
7.4. In einem Wiener Krankenhaus sollen drei Hilfspflegerinnen und eine Krankenschwester seit 1983 mindestens 49 alte und schwerkranke Patienten getötet haben.

Deutsche Rekorde

Chronik Sport

Leichtathletik:
100 m:
Ulrike Savari — 11,25 sec
Hochsprung:
Andrea Arens — 1,98 m
Kugelstoßen:
Claudia Losch — 20,38 m
Diskuswurf:
Dagmar Galler — 60,78 m
Speerwurf:
Brigitte Graune — 63,94 m

10.4. Der Bundesgerichtshof untersagt die Einschleusung ausländischer Frauen zur Heiratsvermittlung.
14.4. Die deutschen Umweltminister vereinbaren für alle benzinbetriebenen Neuwagen ab 1.10.1991 eine Ausrüstungspflicht mit geregeltem Drei-Wege-Katalysator.
5.5. Vor dem Landgericht Memmingen wird der Frauenarzt Horst Theissen wegen illegalen Schwangerschaftsabbruchs zu zweieinhalb Jahren Haft und drei Jahren Berufsverbot verurteilt.

1989

Internationale Politik

10.7., UdSSR. Streikende Bergarbeiter im westsibirischen Kohlerevier Kusbass fordern Wirtschaftsreformen und soziale Verbesserungen.
23.8., UdSSR. In Litauen, Lettland und Estland demonstrieren über 1 Million Menschen für staatliche Souveränität.
26.9., Vietnam/Kambodscha. Vietnam beendet den Abzug seiner Truppen aus Kambodscha.
23.10., Ungarn. Ungarn streicht als erstes Ostblockland die Bezeichnung »Volksrepublik« aus dem Namen.
25.10., UdSSR. Die UdSSR erkennt Finnland als neutralen Staat an.
31.10., Türkei. Ministerpräsident Turgut Özal wird für sieben Jahre zum Staatspräsidenten gewählt.
10.11., Bulgarien. Parteichef Todor Schiwkow tritt nach 35 Jahren von seinen Parteiämtern und als Staatsratsvorsitzender zurück. Nachfolger wird Petar Mladenow.
24.11., ČSSR. Nach tagelangen Massendemonstrationen tritt die gesamte Führung der Kommunistischen Partei zurück.
14.12., Chile. Bei Präsidentschaftswahlen siegt der Oppositionskandidat Patricio Alwyn.
20.12., USA. Amerikanische Truppen besetzen Panama, um General Manuel Antonio Noriega zu stürzen.
25.12., Rumänien. Der am 22. Dezember gestürzte rumänische Staats- und Parteichef Nicolae Ceausescu und seine Frau Elena werden von einem Militärgericht zum Tode verurteilt und hingerichtet.
29.12., ČSSR. Der Dramatiker und Bürgerrechtler Václav Havel wird Staatspräsident der ČSSR.

Deutsche Politik

4.11. Rund eine Million Menschen demonstriert in Ostberlin für demokratische Reformen.
7.11. Die DDR-Regierung unter Ministerpräsident Willi Stoph erklärt ihren Rücktritt.
9.11. Die DDR läßt die Grenzen zur Bundesrepublik und nach Westberlin öffnen. Etwa 50 000 DDR-Bürger besuchen in dieser Nacht Westberlin.
▷Chronik Zitat

Maueröffnung
Chronik Zitat

»Die Mauer wurde überwunden, einfach so, weil in der logischen Folge eines von unten erzwungenen Umbaus der DDR sich die Mär vom existenzgarantierenden antifaschistischen Schutzwall in Luft aufgelöst hat ...«
»Frankfurter Rundschau«

28.11. In einem Zehnpunkteplan legt Bundeskanzler Helmut Kohl Vorschläge zur Wiedervereinigung vor.
30.11. Der Vorstandssprecher der Deutschen Bank, Alfred Herrhausen, kommt in Bad Homburg durch einen Bombenanschlag der RAF ums Leben.
4.12. DDR-Bürger versuchen in Leipzig, die Aktenvernichtung durch Stasi-Organe zu verhindern.
7.12. Oppositionsgruppen und Regierungsparteien in der DDR vereinbaren die Auflösung des Staatssicherheitsdienstes und freie Wahlen.
22.12. Das Brandenburger Tor ist für Fußgänger passierbar.

Wirtschaft und Wissenschaft

13.9., Wirtschaft. Die verschuldete Lebensmittelgroßhandelskette Coop AG stellt einen Vergleichsantrag.
13.11., Ökologie. Im Nachrichtenmagazin »Der Spiegel« erscheint ein Bericht über die Verschmutzung der Elbe durch Industriebetriebe und Kommunen der DDR.
17.10., Raumfahrt. Von Cape Canaveral startet die Raumfähre »Atlantis« mit der Forschungssonde »Galileo« für einen Flug zu den Planeten Venus und Jupiter.
19.10., Kernenergie. Bei einem Brand im spanischen Atomkraftwerk Vandellos I bei Tarragon wird keine Radioaktivität freigesetzt.

Wissenschaftler geehrt
Chronik Nobelpreise

Chemie: Sidney Altman (CDN) und Thomas R. Cech (USA)
Medizin: Michael J. Bishop (USA) und Harold E. Varmus (USA)
Physik: Hans-Georg Dehmelt (USA), Wolfgang Paul (D) und Norman F. Ramsey (USA)
Frieden: Dalai-Lama Gyatso (Tibet)
Literatur: Camilo J. Cela (E)
Wirtschaft: Trygve Haavelmo (N)

24.10., Wirtschaft. Die Bundesregierung genehmigt den Verkauf der Salzgitter AG an die Preussag zum Preis von 2,5 Mrd. DM.
10.12., Nobelpreise. In Stockholm und Oslo werden die diesjährigen Nobelpreise feierlich überreicht. ▷Chronik Nobelpreise

1989 Geborene und Gestorbene

Gestorben:
23.1. Salvador Dalí (*11.5.1904), spanischer Maler.
12.2. Thomas Bernhard (*9.2.1931), österreichischer Schriftsteller.
27.2. Konrad Lorenz (*7.11.1903), österreichischer Verhaltensforscher.
30.4. Sergio Leone (*3.1.1929), italienischer Filmregisseur.
3.6. Ajatollah Ruhollah Mussawi Khomeini (*24.9.1902), iranischer Politiker.
2.7. Andrei Gromyko (*18.7.1909), sowjetischer Politiker.

1989

Kunst, Literatur und Musik

15.10. Der tschechische Schriftsteller Václav Havel wird mit dem Friedenspreis des Deutschen Buchhandels ausgezeichnet.
17.10. Die deutsche Übersetzung von Salman Rushdies *Satanischen Versen* wird in dem von einem Verlegerkonsortium eigens gegründeten »Artikel 19 Verlag« veröffentlicht.
4.11. Der DDR-Autor Stefan Heym ist einer von 27 Rednern, die bei einer Massenveranstaltung auf dem Alexanderplatz in Ostberlin nach mehr Demokratie verlangen. ▷Chronik Zitat

Mehr Demokratie
Zitat

»Wir haben in diesen Wochen unsere Sprachlosigkeit überwunden und sind jetzt dabei, den aufrechten Gang zu lernen.«
Stefan Heym, deutscher Schriftsteller

23.12. Als »Wiedersehensfeier aller Berliner zur Öffnung der Mauer« dirigiert Leonard Bernstein Beethovens 9. Symphonie in der Kaiser-Wilhelm-Gedächtniskirche.
1989 Das Zeitalter von Glasnost und Perestroika hält mit dem Roman *Das Rußland-Haus* auch Einzug in die Spionageromane des britischen Erfolgsautors John Le Carré.
1989 Friedrich Dürrenmatts neuer Roman *Durcheinandertal* findet allgemein wenig Beachtung und wird vom Kritiker Marcel Reich-Ranicki als »Merkmal einer schriftstellerischen Katastrophe« verrissen.

Theater und Film

23.7. Der Filmklassiker *Batman*, von Tim Burton mit Jack Nicholson und Kim Basinger neu inszeniert, wird in der Bundesrepublik ein Flop.
24.9. UA: *Sanierung*, Theaterstück des tschechischen Dramatikers Václav Havel, am Züricher Schauspielhaus.
6.10. Die amerikanische Filmschauspielerin Bette Davis stirbt im Alter von 81 Jahren in Paris.
19.10. UA: *Jonas und sein Veteran*, Stück von Max Frisch, in Zürich.
5.11. UA: *Elisabeth II.*, Theaterstück von Thomas Bernhard in der Inszenierung von Niels Peter Rudolph, im Berliner Schiller-Theater.
1989 Skurriler Humor und drittklassige Musik sind die Markenzeichen der *Leningrad Cowboys* des Finnen Aki Kaurismäki.
1989 Die Filmkomödie *Harry und Sally* von Rob Reiner trägt mit pointierten Dialogen den Kampf der Geschlechter aus.
1989 Mythen des Alltags präsentiert Jim Jarmuschs Film *Mystery Train*.
1989 *Der Rosenkrieg* mit Michael Douglas und Kathleen Turner beschreibt in der Regie von Danny De Vito das tödliche Ende einer Ehe.
1989 *Herbstmilch* von Joseph Vilsmaier thematisiert die Lebenserinnerungen einer niederbayerischen Bäuerin.
1989 Peter Greenaway präsentiert mit *Der Koch, der Dieb, seine Frau und ihr Liebhaber* eine mit brutalen Schockeffekten gespickte Filmparabel über Macht, Kunst, Sexualität und Tod.
1989 Zu den bemerkenswertesten Inszenierungen gehört Anton Tschechows Drama *Platonow* am Hamburger Thalia-Theater.

Gesellschaft

13.5. Eine Regionalkonferenz über Straßenkinder und Kinderarbeit in Asien beschließt in Manila einen Plan zur Bekämpfung dieser Probleme.
7.6. Die italienische Regierung verabschiedet ein Notprogramm zur Bekämpfung der Algenpest an der adriatischen Küste.
19.6. Der sowjetische Passagierdampfer Maxim Gorki kollidiert südwestlich von Spitzbergen mit einem Eisberg. Alle Passagiere werden gerettet.
3.7. Der Oberste Gerichtshof in den USA beschneidet das Recht auf Abtreibung erheblich.
14.7. Paris feiert den 200. Jahrestag der Französischen Revolution.
23.7. Mit einer Windjammerparade von 215 historischen Schiffen auf der Elbe feiert Hamburg den 800. Geburtstag seines Hafens.
12.8. Heavy-Metal-Bands aus dem Westen sind die Stars des in Moskau stattfindenden Rock-Festivals »Moscow Music Peace Festival« mit über 200 000 Zuhörern.
18.8. In Nordrhein-Westfalen wird ein neuer Kälbermastskandal publik.
1.10. In Dänemark können homosexuelle Paare künftig ähnliche Rechte in Anspruch nehmen wie Ehepaare.
5.10. Am ersten langen Donnerstag in der Bundesrepublik haben die Verbraucher bis 20.30 Uhr Gelegenheit zum Einkauf.
31.12. Die Silvesterfeier am neu eröffneten Brandenburger Tor wird vom Einsturz einer Videowand überschattet, bei der 300 Menschen verletzt werden.
1989 Die »Leggins« halten Einzug in den Modealltag.

Geborene und Gestorbene

16.7. Herbert von Karajan (*5.4.1908), österreichischer Dirigent.
4.9. Georges Simenon (*13.2.1903), belgischer Schriftsteller.

5.11. Vladimir Horowitz (*1.10.1903), amerikanischer Pianist.
30.11. Alfred Herrhausen (*30.1.1930), deutscher Bankier.

14.12. Andrei Sacharow (*21.5.1921), sowjetischer Atomphysiker und Bürgerrechtler.
22.12. Samuel Beckett (*13.4.1906), irischer Schriftsteller.

Aufbruch ins 21. Jahrhundert

Der Zusammenbruch des Kommunismus in Ost- und Ostmitteleuropa bringt auch für die westlichen Staaten die Notwendigkeit der Umorientierung mit sich. Wirtschaftliche und politische Hilfe kann nicht darüber hinwegtäuschen, daß es Jahrzehnte dauern wird, bis die Länder des ehemaligen Warschauer Pakts westliche Standards erreichen werden. Gleichzeitig wetteifern im Vakuum nach der Auflösung der Blockkonfrontation nicht nur in Europa nationalistische, religiös-fundamentalistische und rassistische Tendenzen um die Gunst der Massen. Arbeitslosigkeit, Überbevölkerung, das Verhältnis zwischen »Erster« und »Dritter Welt« und die immer offensichtlicheren Risiken des technischen Fortschritts stehen an der Jahrtausendwende zur Lösung an.

»Meilensteine der Weltgeschichte« ereigneten sich in den neunziger Jahren: Zur Jahreswende 1990/91 löst sich mit der Sowjetunion einer der beiden Antagonisten des Kalten Krieges auf, elf von 15 ehemaligen Sowjetrepubliken schließen sich 1991 zur Gemeinschaft Unabhängiger Staaten (GUS) zusammen. In Südafrika gelingt der friedliche Übergang vom Apartheidregime zur Demokratie mit Nelson Mandela als erstem schwarzen Präsidenten (1992). Israel und die PLO besiegeln im Gaza-Jericho-Abkommen die Autonomie für die Palästinenser (1994). Im Golfkrieg um die Befreiung des vom Irak besetzten Kuwaits wird Saddam Hussein von einer multinationalen Streitmacht unter Führung der USA in die Knie gezwungen (1991). Im Krieg im ehemaligen Jugoslawien setzen die Serben im Kampf um ethnische Grenzen in Bosnien-Herzegowina Menschenrechte außer Kraft (1992). Nach UNO- und NATO-Interventionen einigen sich die Kriegsparteien im November 1995 in Dayton auf ein Friedensabkommen, ohne daß eine friedliche Koexistenz im ehemaligen Jugoslawien gesichert scheint. Weltweites Entsetzen löst 1994 ein Massaker in Ruanda aus, bei dem etwa 500 000 Menschen Opfer des ethnischen Konflikts zwischen Hutu und Tutsi werden.

Der viel bejubelten deutschen Einheit (1990) folgen bald Ernüchterung und Resignation über die wirtschaftlichen und sozialen Auswirkungen des schnellen deutsch-deutschen Zusammenschlusses. Die Diskussion um die Kosten der Einheit beginnt und führt 1991 zu Steuererhöhungen (»Solidaritätszuschlag«) für den wirtschaftlichen Aufbau in Ostdeutschland. Fehlende Konzepte zur Neugestaltung des wiedervereinigten Landes bei den etablierten Parteien erzeugen angesichts des sozialen und wirtschaftlichen Problemdrucks »Politikverdrossenheit«, ein Begriff, den die Gesellschaft für Deutsche Sprache 1992 zum Wort des Jahres wählt. Ausländerfeindlichkeit und Asylpolitik sind die beherrschenden Themen der neuen Bundesrepublik. Der rechtsextremistische Brandanschlag von Solingen, bei dem im Mai 1993 fünf türkische Frauen und Mädchen getötet werden, löst bundesweite Betroffenheit aus. Viele Menschen sehen in der von Konservativen geschürten Asyldebatte eine der Ursachen für die Ausbreitung des ausländerfeindlichen Klimas.

Wirtschaftlich gewinnt der ost- und mittelosteuropäische Raum nach dem Verzicht auf die kommunistische Ideologie und Wirtschaftspolitik an Reiz für westliche Unternehmen. Schon am 1. Juli 1990 bestehen rund 6500 »Joint-ventures« osteuropäischer Firmen mit dem westlichen Ausland. Die Produktion des VW-Polos soll im IFA-Werk Zwickau den »Trabant« ersetzen (1990). Zwei Jahre später sinkt die Produktion der ostdeutschen Industriefirmen auf unter 50 Prozent des früheren DDR-Niveaus – ganze Wirtschaftsregionen bluten industriell aus. 1993 scheint sich der Wachstumsprozeß in Ostdeutschland zu stabilisieren, doch steigt trotz positiver Gesamtentwicklung die Zahl der Arbeitslosen weiter an. Die Arbeitslosenquote erhöht sich hier auf 15,8 Prozent. Um Massenentlassungen infolge der Absatzkrise zu vermeiden, ergreift der VW-Konzern mit der Einführung der Viertagewoche eine spektakuläre Maßnahme (1993). 1994 erschüttert die Pleite

1990–1996

des Frankfurter Immobilienunternehmers Jürgen Schneider die Öffentlichkeit. Die Forderungen gegen Schneider, dem Betrug und Urkundenfälschung vorgeworfen werden, belaufen sich auf rund 6,7 Mrd. DM. Am 18. Mai 1995 wird er im US-Bundesstaat Florida verhaftet.

Höchstleistungen bringen in den neunziger Jahren einmal mehr Wissenschaft und Technik hervor. Mit Spitzentechnologien wartet die Weltraumforschung auf. 1990 arbeitet das leistungsstärkste Teleskop der Welt in 580 km Höhe. Erstmals kann der gesamte Himmel mit einem Röntgenempfänger durchmustert werden. 1991 liefert die Raumsonde »Galileo« Bilder und wissenschaftliche Daten über den Asteroiden »Gaspra«, den sie in 2000 km Entfernung passiert. 1993 werden die Weichen für das im nächsten Jahrtausend stattfindende Kometenforschungsprojekt »Rosetta« gestellt, das erstmals die 4,6 Mrd. Jahre alte Urmaterie des Sonnensystems untersuchen soll. Forschungen auf breiter Ebene gelten der Sonnenenergie. Größere Solarkraftwerke werden ab 1995 vor allem für die sonnenreichen Länder am Mittelmeer entwickelt.

Auch die Kunst setzt sich mit dem welthistorischen Umbruch auseinander. *Das* Ereignis im Bereich der bildenden Kunst ist Christos Reichstagsverhüllung in Berlin. Der bulgarisch-amerikanische Künstler und seine Frau Jeanne-Claude verbergen das historische Gebäude im Juni 1995 für zwei Wochen unter einer silbrig glänzenden Hülle. Mehr als 5 Mio. Menschen bestaunen das Kunstwerk nahe des Brandenburger Tors.

Zu den Highlights im Bereich der Musik zählt das vor 320 000 Zuschauern von der britischen Popgruppe Pink Floyd inszenierte Rockspektakel »The Wall« in Berlin, bei dem die Mauer zum zweiten Mal fällt. Eine Milliarde Fernsehzuschauer verfolgen das Spektakel live an den Fernsehbildschirmen (1990). Mit sechs Grammies wird der 47jährige britische Gitarrist und Sänger Eric Clapton 1993 in Los Angeles geehrt. Eine der Throphäen erhält der Künstler für sein Album »Unplugged«, das weltweit über 4,5 Mio. Mal verkauft wurde. 25 Jahre nach dem legendären »Woodstock-Festival« in der Nähe von New York lockt »Woodstock ´94« rund 350 000 Besucher an. Auf einem 243 Hektar großen Farmgelände in Saugerties herrscht im August 1994 drei Tage lang trotz katastrophaler sanitärer Verhältnisse und unzureichendem Nahrungsangebot gute Stimmung. Ein viertel Jahrhundert nach ihrer Auflösung und 15 Jahre nach dem Tod von John Lennon sind die Beatles 1995 mit dem Song »Free as a Bird« für vier Minuten und 24 Sekunden noch einmal vereint: Eine von John Lennon kurz vor seinem Tod aufgenommene Demo-Version des Songs wurde von dem verbliebenen Trio Paul McCartney, George Harrison und Ringo Starr weiterverarbeitet.

Die Filmentdeckung des Jahres 1990 ist Julia Roberts als »Pretty Woman« an der Seite von Richard Gere. Die moderne »Aschenputtel-Komödie« lockt 9 Mio. Zuschauer in die deutschen Kinos. 1991 wird der 18,5 Mio. Dollar teure Kevin-Costner-Film »Der mit dem Wolf tanzt« mit sieben Oscars geehrt. Steven Spielbergs Film »Jurassic Park« über wildgewordene Urzeitechsen bricht 1993 weltweit alle Rekorde und löst darüber hinaus einen regelrechten »Dino-Boom« aus. Mit schlichten Einsichten erfreut Tom Hanks als »Forrest Gump« in dem gleichnamigen Film von Robert Zemeckis 1995 weltweit ein Millionenpublikum. Der Schauspieler wird für seine Charakterrolle mit dem Oscar als bester Schauspieler geehrt.

Körperliche Betätigung wird in den neunziger Jahren bei vielen Bundesbürgern auch außerhalb des Urlaubs großgeschrieben. Neben Schwimmen, Wandern, Gymnastik und Fahrradfahren nehmen immer mehr Menschen die Dienste von Fitneßstudios in Anspruch. An Muskelgeräten werden Kreislauf und Figur getrimmt. Das »Walking« löst das »Joggen« ab. In Wintersportgebieten entwickelt sich das »Snowboarden« zur neuen Modesportart: Mit den wendigen Brettern gewinnen Abfahrten selbst im Tiefschnee an Rasanz.

1990

Internationale Politik

3.1., Panama. Ex-Diktator Manuel Antonio Noriega stellt sich den amerikanischen Invasionstruppen.
16.1., Kambodscha. Der Sicherheitsrat der UNO übernimmt die Verwaltung des Landes bis zu den kommenden freien Wahlen.
18.1., Bulgarien. Der frühere Staats- und Parteichef Todor Schiwkow wird u.a. wegen unrechtmäßiger Bereicherung am Volkseigentum verhaftet.
28.1., Polen. Die KP Polens löst sich auf, die Neugründung der »Sozialdemokratie der Republik Polen« wird beschlossen.
4.2., Jugoslawien. Mit dem Austritt der slowenischen Kommunisten aus der KP Jugoslawiens wird der Zerfall des Landes vorhersehbar.
7.2., UdSSR. Die von Michail Gorbatschow im ZK der KPdSU vorgeschlagenen radikalen Erneuerungsschritte der Partei werden von der Vollversammlung gebilligt.
11.2., Südafrika. Nach seiner Freilassung aus über 27jähriger Haft hält der Schwarzenführer Nelson Mandela in Kapstadt eine mit Spannung erwartete Rede. ▷ Chronik Zitat

Nelson Mandela frei

Chronik Zitat

»Die weiße Vorherrschaft muß beendet und das politische wie ökonomische System grundsätzlich restrukturiert werden, damit auch glaubhaft wird, daß unsere Gesellschaft sich demokratisiert.«
Nelson Mandela, ANC-Führer

18.2., China/Großbritannien. China und Großbritannien einigen sich auf ein Grundgesetz für die Kronkolonie Hongkong nach 1997.
24.2., Litauen. Erste freie Wahlen in Litauen bringen der Unabhängigkeitsbewegung »Sajudis« an die Regierung.
24.2., UdSSR. Sowjetische Truppen sollen in der aserbaidschanischen Hauptstadt Baku Pogrome an den Armeniern im Konflikt über die Enklave Berg-Karabach beenden.

Deutsche Politik

16.1. Flottillenadmiral Elmar Schmähling wird ohne Angabe von Gründen von Bundesverteidigungsminister Gerhard Stoltenberg in den einstweiligen Ruhestand versetzt.
28.1. Der SPD-Wahlerfolg bei den Landtagswahlen im Saarland ebnet Oskar Lafontaine den Weg zur Kanzlerkandidatur.
28.1. DDR-Ministerpräsident Hans Modrow bildet mit den Oppositionsparteien eine Allparteienregierung.
7.2. Oppositionsgruppierungen aus der Ex-DDR schließen sich zum »Bündnis 90« zusammen.
10.2. Bei seinem Besuch in Moskau erhält Helmut Kohl von Michail Gorbatschow grünes Licht, die deutsche Einheit voranzutreiben.
6.3. Im Einverständnis mit Michail Gorbatschow schlägt DDR-Ministerpräsident Hans Modrow den etappenweisen Zusammenschluß beider deutscher Staaten vor.
18.3. Bei den ersten und letzten freien Wahlen in der DDR siegt die konservative »Allianz für Deutschland« mit 48%. Zweitstärkste Partei wird die SPD mit 21,9%.
12.4. Lothar de Maizière (CDU) wird in der DDR Ministerpräsident einer Großen Koalition aus CDU, SPD, Bund Freier Demokraten, DSU und Demokratischem Aufbruch.
25.4. SPD-Kanzlerkandidat Oskar Lafontaine wird auf einer Wahlkampfveranstaltung in Köln schwer verletzt.
26.4. Ein neues Ausländergesetz soll die Bundesrepublik stärker gegen den Zuzug von Ausländern sichern.
6.5. Bei den ersten freien Kommunalwahlen in der DDR wird die CDU stärkste Partei.
13.5. Die SPD kann die Landtagswahlen in Niedersachsen und Nordrhein-Westfalen für sich entscheiden.
9.6. Wolfgang Thierse wird Vorsitzender der DDR-SPD.
12.6. Nach 42 Jahren tagen die beiden Stadtregierungen Ost- und Westberlins erstmals gemeinsam.
21.6. Bundestag und Volkskammer billigen den Staatsvertrag zwischen BRD und DDR über eine Wirtschafts-, Währungs- und Sozialunion.

Wirtschaft und Wissenschaft

10.1., Wirtschaft. Nach Übernahme des Computerherstellers Nixdorf AG durch die Siemens AG verlieren 5000 Beschäftigte ihren Arbeitsplatz.
11.1., Medizin. Zum ersten Mal in Europa setzen Chirurgen in Hannover einem Menschen zwei neue Lungenflügel ein.
22.2., Raumfahrt. Die Rakete »Ariane-4« explodiert kurz nach dem Start vom europäischen Raumfahrtzentrum in Französisch-Guayana.
2.3., Kernenergie. Eine Expertenkommission spricht sich für die Stillegung der noch laufenden Blöcke des Atomkraftwerks Greifswald aus.
2.3., Luftfahrt. Das neue Kurzstreckenflugzeug »A 321« soll in Hamburg produziert werden.
10.3., Technik. Die Adam Opel AG beabsichtigt, in Eisenach die modernste Autofabrik Europas zu bauen.
17.3., Ökologie. Die amerikanische Weltraumbehörde NASA teilt mit, daß der Ozongehalt über der Antarktis im Winter um 17% abgenommen habe.
24.4., Raumfahrt. Die amerikanische Raumfähre »Discovery« bringt das Weltraum-Teleskop »Hubble« ins Weltall.
8.5., Wirtschaft. Die DGB-Holding BGAG verkauft mit der »Neuen Heimat Bayern« ihre letzte Regionalgesellschaft.

Preise in Westdeutschland

Chronik Statistik

Einzelhandelspreise (DM):

Butter, 1 kg	8,48
Weizenmehl, 1 kg	1,24
Schweinefleisch, 1 kg	12,10
Rindfleisch, 1 kg	18,30
Eier, 10 Stück	2,65
Kartoffeln, 5 kg	5,96
Vollmilch, 1 l	1,29
Zucker, 1 kg	1,90

14.5., Ökologie. Die Umweltschutzkonferenz im norwegischen Bergen kann sich nur darauf einigen, den Kohlendioxidausstoß auf dem gegenwärtigen Stand zu halten.

1990

Kunst, Literatur und Musik

2.1. Der deutsche Maler Anselm Kiefer wird mit dem Kunstpreis der israelischen Wolf-Stiftung ausgezeichnet. Drei Tage später erhält der Künstler auch den Kaiserring der Stadt Goslar.

23.1. Der deutsche Komponist Hans Werner Henze wird mit dem Ernst-von-Siemens-Musikpreis geehrt.

März Der Madrider Prado zeigt das Gesamtwerk des Malers Rodriguez Velazquez (1599–1660).

6.3. In München präsentierte die Ausstellung »Von Eisenstein bis Twarkowsky – Malerei der Filmregisseure in der UdSSR« das Werk großer sowjetischer Filmemacher.

19.3. Die Jury von Bad Homburg ehrt den Schiftsteller Rolf Haufs mit dem Hölderlin-Preis.

31.3. UA: *The Black Rider*, Rock-Musical von Robert Wilson, im Hamburger Thalia-Theater.

9.4. Das Oberste Gericht in London verwirft ein von der Muslimischen Aktionsfront beantragtes Verbot von Salman Rushdies *Satanischen Versen*.

12.4. Kurt Masur übernimmt als erster Deutscher Dirigent die musikalische Leitung der New Yorker Philharmoniker.

5.5. UA: *Das verratene Meer*, Oper von Hans Werner Henze, an der Deutschen Oper in Berlin.

6.5. Die DDR-Schriftstellerin Irmtraud Morgner stirbt in Berlin.

8.5. Der italienische Komponist Luigi Nono stirbt in Venedig.

15.5. Das Van-Gogh-Gemälde *Porträt des Dr. Gachet* wird für 82,5 Mio. Dollar in New York versteigert.

30.5. Das Frankfurter Museum für Moderne Kunst wird feierlich eröffnet.

5.6. In ihrem Buch *Was bleibt* schildert Christa Wolf ihre Überwachung durch die Stasi.

21.6. Die Preisträger des begehrten »Praemium Imperiale« der Japan Art Association sind: Antoni Tàpies (Malerei), Arnaldo Pomodoro (Bildhauerei), Federico Fellini (Theater und Film) und Leonard Bernstein (Musik).

29.6. Gegen massiven Protest aus der Bevölkerung findet die Premiere des Musicals *Phantom der Oper* in Hamburg statt.

Theater und Film

10.1. Shakespeares *Othello* in der Inszenierung von George Tabori feiert am Wiener Burgtheater Premiere.

13.1. UA: *Kein runter, kein fern*, Stück von Ulrich Plenzdorf, am Deutschen Theater in Ostberlin.

20.1. UA: *Spiel von Fragen oder Die Reise zum sonoren Land*, Stück von Peter Handke in der Inszenierung von Claus Peymann, am Wiener Burgtheater.

25.1. Die amerikanische Schauspielerin Ava Gardner stirbt in London.

9.2. Die 40. Berliner Filmfestspiele werden in beiden Teilen der Stadt veranstaltet.

20.2. Bei den Filmfestspielen in Berlin wird Constantin Costa-Garvas mit dem Goldenen Bären für *Music Box* ausgezeichnet. Als bester Regisseur wird Michael Verhoeven geehrt.

3.3. UA: *Requiem für eine romantische Frau*, Stück von Hans Magnus Enzensberger, in Kassel.

17.3. UA: *Eiszeit* (1. UA 1973), Stück von Tankred Dorst in der Regie von Peter Zadek, in Zürich.

26.3. *Miss Daisy und ihr Chauffeur* von Bruce Beresford wird in Hollywood mit drei Oscars für Film, Star, und Maske ausgezeichnet. Der Preis für die beste Regie geht an Oliver Stone für seinen Film *Geboren am 4. Juli*. Der japanische Regisseur Akira Kurosawa wird mit einem »Ehren-Oscar« für sein Lebenswerk ausgezeichnet.

30.3. Hermann Treusch wird Nachfolger von Hans Neuenfels an der Freien Volksbühne Berlin.

1.4. Die Filmkomödie *Turtles* führt nicht nur in den USA zu einem wahren »Schildkröten-Fieber«.

5.4. UA: *Auf verlorenem Posten*, Wendedrama von Herbert Achternbusch, an den Münchner Kammerspielen.

12.4. Der Südtiroler Filmregisseur Luis Trenker stirbt in Bozen.

15.4. Die Filmschauspielerin Greta Garbo stirbt 84jährig in New York.

25.4. Der große Preis der Stadt Oberhausen geht an den Film *Sowjetische Elegie* des russischen Regisseurs Alexander Sukorow.

5.5. UA: *Karlos*, Theaterstück von Tankred Dorst, in München.

Gesellschaft

3.1. Mit Gregor Gysi an der Spitze demonstrieren in Ostberlin rund 250 000 Menschen gegen Rechtsradikalismus.

15.1. 2000 Menschen stürmen die Zentrale des ehemaligen Staatssicherheitsdienstes in Ostberlin.

25.1. Ein Orkan verwüstet große Teile West- und Mitteleuropas. Dabei kommen 90 Menschen ums Leben.

28.2. Dem katholischen Theologen Eugen Drewermann soll in einem Verfahren die kirchliche Lehrerlaubnis aberkannt werden.

2.3. Bayern klagt beim Bundesverfassungsgericht gegen die Erstattung von Kosten für eine Abtreibung durch die Krankenkasse.

5.3. DDR-Bürger haben die Möglichkeit, 73 bundesdeutsche Presseorgane an ihren Kiosken zum Kaufkurs 1:3 zu erwerben.

13.3. Das erste von mehreren Massengräbern mit Opfern sowjetischer Internierungslager nach dem Zweiten Weltkrieg wird nahe Neubrandenburg entdeckt.

Deutsche Meister Sport

Leichtathletik:

100 m:

Peter Klein	10,47 sec

Hochsprung:

Dietmar Mögenburg	2,33 m

Weitsprung:

Dietmar Haaf	7,90 m

Hammerwurf:

Heinz Weis	79,78 m

Speerwurf:

Peter Blank	82,82 m

15.3. Ein 21,2 t schwerer Goldschatz der Organisation »Kommerzielle Koordination« des DDR-Devisenbeschaffers Schalck-Golodkowski taucht in einem Ostberliner Kohlenkeller auf.

1.4. Manchester erlebt die schwerste Gefängnisrevolte in der Geschichte Englands. Am 24. April stürmen Polizisten das Gefängnis.

3.4. Erstmals starten 86 DDR-Bürger in einen Mallorca-Urlaub.

1990

Internationale Politik

25.2., Nicaragua. Die Sandinisten müssen gegen die von Violetta Chamorro angeführten Konservativen eine Wahlniederlage hinnehmen.
7.3., Italien. Die KP Italiens wendet sich vom Kommunismus ab und beschließt, sich in eine sozialistische Reformpartei umzuwandeln.
11.3., Chile. Als erster frei gewählter Präsident löst der Christdemokrat Patricio Aylwin Alzócar den seit 16 Jahren herrschenden Diktator Pinochet ab.
11.3., Litauen/UdSSR. Nachdem Litauen seine Unabhängigkeit erklärt hat, fordert Sowjetchef Michail Gorbatschow die »Rückkehr zur Legalität«.
14.3., UdSSR. Der Kongreß der Volksdeputierten wählt den Generalsekretär der KPdSU, Michail Gorbatschow, zum ersten Präsidenten der Sowjetunion.
21.3., Namibia. Namibia erhält von Südafrika die Unabhängigkeit.
5.5., UdSSR/USA/BRD. Die »2+4-Gespräche« über die deutsche Einheit beginnen in Bonn.
28.5., UdSSR. Boris Jelzin wird russischer Parlamentspräsident.
3.6., USA/UdSSR. Die Präsidenten der UdSSR und der USA beschließen in Washington weitreichende atomare Abrüstungsmaßnahmen.
17.6., Bulgarien. Die Sozialistische Partei gewinnt bei Parlamentswahlen die absolute Mehrheit.
20.6., Rumänien Übergangspräsident Ion Iliescu wird als Staatspräsident vereidigt.
16.7., UdSSR/Ukraine. Die sowjetische Teilrepublik Ukraine proklamiert ihre Souveränität.
2.8., Irak/Kuwait. Irakische Truppen dringen in Kuwait ein. Die Golfkrise beginnt.
6.8., USA/Irak. Der UN-Sicherheitsrat verhängt ein fast totales Handelsembargo gegen den Irak.
7.8., Estland/UdSSR. Estland erklärt seine Unabhängigkeit von der UdSSR.
8.8., USA/Saudi-Arabien. Amerikanische Truppenverbände sollen den Ölstaat gegen eine mögliche Invasion irakischer Militärs schützen.
5.9., Irak. Saddam Hussein ruft zum »Heiligen Krieg« gegen die US-Truppen in Saudi-Arabien auf.

Deutsche Politik

26.6. Der ehemalige Minister für Staatssicherheit in der DDR, Erich Mielke, wird verhaftet.
19.8. Die Große Koalition der DDR unter Lothar de Maizière zerbricht.
23.8. Die Volkskammer beschließt den Beitritt der DDR zur Bundesrepublik zum 3. Oktober.
31.8. In Berlin wird der Einigungsvertrag zwischen der Bundesrepublik und der DDR unterzeichnet.
12.9. Im »2+4-Vertrag« von Moskau verzichten die vier Siegermächte des Zweiten Weltkriegs auf ihre Rechte im vereinten Deutschland.
24.9. Die DDR ist mit sofortiger Wirkung nicht mehr Miglied des Warschauer Pakts.
27.9. Die Sozialdemokraten von Ost und West vereinigen sich auf ihrem gemeinsamen Parteitag in Berlin.
1.10. Die Ost- und die West-CDU schließen sich auf ihrem Parteitag in Hamburg zusammen.
3.10. Bundespräsident Richard von Weizsäcker spricht anläßlich des Tags der Deutschen Einheit in der Berliner Philharmonie. ▷Chronik Zitat

Dem Frieden dienen

Chronik Zitat

»*In freier Selbstbestimmung vollenden wir die Einheit und Freiheit Deutschlands. Wir wollen in einem vereinten Europa dem Frieden der Welt dienen. ...Wir erleben eine der sehr seltenen historischen Phasen, in denen wirklich etwas zum Guten verändert werden kann.*«
Bundespräsident Richard von Weizsäcker

4.10. Mit 663 Volksvertretern kommt der gesamtdeutsche Bundestag im Berliner Reichstag erstmals zusammen.
5.10. Der Deutsche Bundestag verabschiedet ein neues Wahlgesetz, das eine getrennte 5%-Klausel für Ost- und Westdeutschland vorsieht.
12.10. Bundesinnenminister Wolfgang Schäuble wird im südbadischen Oppenau bei einem Attentat lebensgefährlich verletzt.

Wirtschaft und Wissenschaft

15.5., Wirtschaft. Der Fonds »Deutsche Einheit« soll bis 1994 insgesamt 115 Mrd. DM für Ostdeutschland aufbringen.
21.5., Wirtschaft. Der erste in der DDR gefertigte VW-Polo wird im Automobilwerk Zwickau fertiggestellt.

Wissenschaftler geehrt

Chronik Nobelpreise

Chemie: Elias J. Corey (USA)
Medizin: Joseph E. Murray (USA) und E. Donnall Thomas (USA)
Physik: Richard Taylor (CDN), Jerome I. Friedman (USA) und Henry W. Kendall (USA)
Frieden: Michail Gorbatschow (UdSSR)
Literatur: Octavio Paz (MEX)
Wirtschaft: Harry Markowitz (USA), Merton Miller (USA) und William Sharpe (USA)

25.5., Kernenergie. Das 22 Jahre alte Atomkraftwerk Obrigheim in Baden-Württemberg wird per Gerichtsbeschluß abgeschaltet.
Juni, Raumfahrt. Die amerikanische Raumsonde »Voyager 1«, die seit 1977 unterwegs ist, sendet die letzten Fotos unseres Sonnensystems.
Juni, Technik. Auch in der DDR können Mobilfunktelefone für das bundesdeutsche Netz benutzt werden.
1.6., Raumfahrt. Von Cape Canaveral aus befördert eine Delta-II-Rakete den deutschen Forschungssatelliten »Rosat« ins All.
3.6., Wirtschaft. Die Industriemesse in Hannover widmet sich vorwiegend der Umwelt-, Energie- und Lasertechnik.
23.6., Medizin. Forscher und Aids-Aktivisten setzen sich auf dem 6. Aids-Kongreß in San Francisco für eine bessere AIDS-Politik in den USA ein.
29.6., Ökologie. Die Umweltminister aus 89 Nationen einigen sich in London darauf, die Produktion von FCKW bis zum Jahre 2000 zu stoppen.
Juli, Medizin. Die US-Gesundheitsbehörde NIH genehmigt gentherapeutische Versuche am Menschen.

1990

Kunst, Literatur und Musik

5.7. Bei einer Auktion in London erzielt ein Kabinettschrank aus dem 18. Jahrhundert den höchsten je für ein Möbel gezahlten Preis von umgerechnet ca. 24,8 Mio. DM.
11.7. Die mit 2000 Werken bisher größte Kollektion osteuropäischer Fotografien wird in Lausanne präsentiert.
17.7. Heiner Müller wird zum neuen Präsidenten der Akademie der Künste in der DDR ernannt.
20.7. Das Leipziger Museum der bildenden Künste zeigt 87 Bilder des expressionistischen Malers Max Beckmann.
21.7. In einer der größten Shows in der Geschichte der Rockmusik feiert die britische Band Pink Floyd in Berlin den Fall der Mauer mit *The Wall*.
25.7. Die Residenzgalerie Salzburg präsentiert 40 bedeutende Werke aus der Sammlung R. Guggenheim Foundation (u.a. von Chagall, Kandinsky und Picasso).
29.7. Die beiden Ausstellungen zum 100. Todestag des Malers Vincent van Gogh in Amsterdam und Otterlo zogen das Interesse von fast 1,3 Mio. Besuchern auf sich.
August Eine vollständige Mozart-Edition auf 180 CDs – »das größte Projekt in der Geschichte der Schallplatte« – wird von der Hamburger Firma Philips Classics publiziert.
31.8. Unter dem Titel »Endlichkeit der Freiheit« zeigt in Berlin ein Ost-West-Kunst-Spektakel 21 Installationen von elf verschiedenen Künstlern zur deutschen Geschichte.
1.9. Die Ausstellung »Zur Sache selbst; Künstlerinnen des 20. Jahrhunderts« im Museum Wiesbaden veranschaulicht die Rolle der Frau in der Kunstgeschichte.
1.9. Das erste Mahnmal für deutsche Deserteure im Zweiten Weltkrieg ist ein Granitrelief des Bildhauers Joachim Nitsch in Göttingen.
6.9. Die DDR-Gewerkschaft Kunst, Kultur und Medien beschließt den Beitritt zur IG Medien der Bundesrepublik zum 26. Oktober.
Oktober Auf der Biennale in Venedig präsentiert Reinhard Mucha seine Installation *Deutschlandgerät*.

Theater und Film

16.5. Der amerikanische Allround-Entertainer und Schauspieler Sammy Davis Jr. stirbt in Beverly Hills im Bundesstaat Kalifornien.
21.5. Beim Filmfestival in Cannes wird David Lynchs Roadmovie *Wild At Heart* mit der Goldenen Palme ausgezeichnet.
7.6. Das Filmband in Gold wird dem Regisseur Uli Edel für seinen Film *Letzte Ausfahrt Brooklyn* verliehen, das Filmband in Silber erhalten Bernhard Wicki für *Spinnennetz* und Klaus-Maria Brandauer für *Georg Elsner*.
9.6. Peter Zadeks Inszenierung von Anton Tschechows *Ivanov* feiert am Wiener Burgtheater Premiere.
15.7. Der bayerische Volksschauspieler Walter Sedlmayr wird in München ermordet.
11.8. Der Film *Zukunftswalzer* der sowjetischen Regisseurin Swelana Proskurina wird beim 43. Filmfestival in Locarno mit dem Goldenen Leoparden ausgezeichnet.
3.9. Unter den vielen Top-Budget-Filmen in den USA sind *Ghost – Nachricht von Sam* und *Pretty Woman* die Spitzenreiter in der Publikumsgunst.
15.9. Der britische Regisseur Tom Stoppard erhält den Goldenen Löwen der Biennale in Venedig. Der Preis für die beste Regie wird dem Amerikaner Martin Scorsese verliehen.
20.9. Am Wiener Burgtheater feiert Henrik Ibsens Theaterstück *Volksfeind* in der Inszenierung von Claus Peymann Premiere.
Oktober Das letzte Stück des 1989 verstorbenen Bernard-Marie Koltè, *Robert Zucco*, wird in Hamburg und in Düsseldorf gezeigt.
7.10. UA: *Auf verlorenem Posten*, Stück von Herbert Achternbusch, an der Berliner Freien Volksbühne.
14.10. Den Großen Preis der Stadt Mannheim erhält die Kanadierin Cynthia Scott für ihren Film *Company of Strangers*.
20.10. Die Städtischen Schauspielbühnen Berlin leiten die erste Theatersaison in der wiedervereinigten Stadt mit den Premieren von Johann Wolfgang von Goethes *Faust I* und Friedrich Schillers *Die Räuber* ein.

Gesellschaft

7.4. Bei einem Brand auf der dänischen Fähre »Skandinavian Star« sterben über 160 Menschen.
10.4. Der Libanon läßt nach zweieinhalb Jahren Haft zwei französisch-belgische Geiseln und am 22. und 23. April nach mehr als drei bzw. vier Jahren zwei weitere, amerikanische Geiseln frei.
11.4. Der britische Zoll beschlagnahmt für den Irak bestimmte Stahlrohrbauteile für eine riesige Superkanone.
9.5. Im indischen Bundesstaat Andhra Pradesh kommen bei einem Taifun mehr als 600 Menschen ums Leben.
14.5. In Köln protestieren Frauengruppen gegen einen Freilandversuch mit »springenden Genen«.
6.6. In Ostberlin wird mit Susanne Albrecht eine der meistgesuchten Terroristinnen der Rote Armee Fraktion (RAF) verhaftet.
21.6. Bei einem schweren Erdbeben im Nordwesten des Iran kommen mehr als 40 000 Menschen ums Leben.
22.6. Die Baracke des Kontrollpunkts »Checkpoint Charlie« in Westberlin wird abgebaut und ins Museum transportiert.
29.7. In der rheinland-pfälzischen Stadt Clausen beginnen US-Soldaten mit dem Abzug amerikanischer Chemiewaffen.
3.8. Innerhalb weniger Wochen sterben bei Unruhen in Sri Lanka mehr als 2000 Menschen.
12.8. In Südafrika fordern Zusammenstöße zwischen dem ANC und der Zulubewegung Inkatha mehr als 500 Tote.
24.8. Österreich und Italien schließen für eine Woche gegenseitig die Grenzen für den Lastverkehr.
1.9. Auf seiner Afrikareise spricht sich Papst Johannes Paul II. gegen die Bevölkerungskontrolle durch Schwangerschaftsverhütung aus.
4.9. 17 Jahre nach seinem Tod wird der beim Militärputsch 1973 vermutlich ermordete chilenische Staatspräsident Salvador Allende offiziell beigesetzt.
5.9. Der Bundesgerichtshof genehmigt den »genetischen Fingerabdruck«, d.h. Blut-, Sperma- und Hautspuren, als Beweismittel zur Aufklärung von Gewaltverbrechen.

1990

Internationale Politik	Deutsche Politik	Wirtschaft und Wissenschaft
1.10., Ruanda. Rebellierende Tutsi und herrschende Hutu zetteln einen Bürgerkrieg in Ruanda an. **8.11., USA/Irak.** Der Präsident der USA, George Bush, kündigt eine massive Verstärkung der Truppen am Golf an und droht dem Irak mit Angriff. **22.11., Großbritannien.** Die britische Regierungschefin Margaret Thatcher tritt nach elfjähriger Amtszeit zurück, John Major wird ihr Nachfolger als konservativer Parteivorsitzender und Premierminister. **29.11., USA/Irak.** Der UNO-Sicherheitsrat fordert den Irak ultimativ auf, bis zum 15.1.1991 aus Kuwait abzuziehen. **9.12., Polen.** Lech Walesa siegt bei den polnischen Präsidentschaftswahlen und wird am 23. Dezember in sein neues Amt eingeführt.	**12.10.** In Bonn wird das Abkommen über den Abzug der sowjetischen Truppen aus Deutschland unterzeichnet. **14.10.** Bei den ersten Landtagswahlen in den fünf neuen Bundesländern kann die CDU die Mehrheit der Stimmen auf sich vereinigen, nur in Brandenburg bildet die SPD unter Manfred Stolpe eine »Ampelkoalition«. **9.11.** Bundeskanzler Helmut Kohl und Staatspräsident Michail Gorbatschow vereinbaren wirtschaftliche und technische Zusammenarbeit. **30.11.** Die Staatsanwaltschaft erläßt Haftbefehl gegen Erich Honecker, der wegen Anstiftung zum Totschlag aufgrund der Todesschüsse an der Mauer angeklagt wird. **2.12.** Bei den ersten gesamtdeutschen Wahlen siegt die christlich-liberale Koalition.	**1.7., Wirtschaft.** Die Währung der Bundesrepublik (DM) wird alleiniges Zahlungsmittel in der DDR. **20.8., Raumfahrt.** Die NASA veröffentlicht erstmals Bilder von der Oberfläche des Planeten Venus. **20.8., Wirtschaft.** Der Vorstandschef der Hoesch AG Detlev Rohwedder wird Präsident der DDR-Treuhandanstalt. **6.9., Ökologie.** In Budapest wird das erste internationale Umweltzentrum für Osteuropa seiner Bestimmung übergeben. **23.9., Kernenergie.** Eine Volksabstimmung in der Schweiz spricht sich für ein Bauverbot neuer Kernkraftwerke bis in das Jahr 2000 aus. **17.10., Nobelpreise.** In Stockholm und Oslo werden die diesjährigen Nobelpreise feierlich überreicht. ▷Chronik Nobelpreise, S. 468

1990 Geborene und Gestorbene

Gestorben:
19.1. Herbert Wehner (*11.7.1906), deutscher Politiker.
19.1. Bhagwan Shree Rajneesh (*11.12.1931), indischer Guru.
20.1. Barbara Stanwyck (*16.7.1907), amerikanische Filmschaupielerin.

25.1. Ava Gardner (*24.12.1922), amerikanische Filmschaupielerin.
28.3. Kurt Scharf (*21.10.1902), deutscher evangelischer Theologe.
15.4. Greta Garbo (*18.9.1905), schwedische Filmschaupielerin.

8.5. Luigi Nono (*19.1.1924), italienischer Komponist.
16.5. Sammy Davis jr. (*8.12.1925), amerikanischer Entertainer und Schauspieler.
22.5. Rocky Graziano (*1.1.1921), amerikanischer Boxer.

1991

Internationale Politik	Deutsche Politik	Wirtschaft und Wissenschaft
9.1., USA/Irak. Die Genfer Verhandlungen zwischen den Außenministern der USA und des Iraks über eine friedliche Lösung der Golfkrise scheitern. **11.1., UdSSR/Litauen.** Sowjetische Armeeinheiten stürmen strategisch wichtige Gebäude der litauischen Hauptstadt Wilna. **17.1., Irak/USA.** 19 Stunden nach Ablauf des UNO-Ultimatums beginnt eine multinationale Streitmacht unter Führung der USA mit Luftangriffen auf den Irak.	**6.1.** Die Bundeswehr beginnt in der Türkei ihren ersten Einsatz in einem kriegsbedrohten Krisengebiet. **11.1** Das erste Gesamtberliner Abgeordnetenhaus konstituiert sich in der Nikolaikirche. **13.1.** Lothar Späth (CDU), seit 1978 baden-württembergischer Ministerpräsident, erklärt seinen Rücktritt. **17.1.** Bundeskanzler Helmut Kohl (CDU) wird vom Deutschen Bundestag erneut zum Chef einer Koalition aus CDU/CSU und FDP gewählt.	**4.1., Medizin.** Die amerikanische Arzneimittelbehörde FDA genehmigt den experimentellen Einsatz einer Blutpumpe, die das kranke Herz bis zur Transplantation eines Spenderherzens unterstützt. **16.1., Medizin.** Amerikanische Wissenschaftler praktizieren erstmals eine Gentherapie zur Krebsbekämpfung. **7.2., Raumfahrt.** Die sowjetische Raumstation »Saljut 7/Kosmos 1686« stürzt über Argentinien ab. Die Raketentrümmer richten kaum Schaden an.

1990

Kunst, Literatur und Musik	Theater und Film	Gesellschaft

2.10. Im Alten Museum in Ostberlin wird eine dem Ausgrabungswerk des Archäologen Heinrich Schliemann gewidmete Ausstellung eröffnet.
4.10. Für ihr Buch *Der Tod ist ein Meister aus Deutschland* werden die Journalistin Lea Rosh und der Historiker Eberhard Jäckel mit dem Geschwister-Scholl-Preis ausgezeichnet.
7.10. Dem Essayisten Karl Dedecius wird der Friedenspreis des Deutschen Buchhandels zuerkannt.
12.10. In Erlangen wird der Max-und-Moritz-Preis an den Szene-Cartoonisten Gerhard Seyfried verliehen.
13.10. Der Georg-Büchner-Preis geht an den deutschen Theaterregisseur Tankred Dorst.
1990 Der tschechische Schriftsteller Milan Kundera veröffentlicht seinen Liebesroman *Die Unsterblichkeit*.

2.11. Die deutsche Schauspielerin, Sängerin und Schriftstellerin Hildegard Knef begeht ihren 65. Geburtstag.
16.11. In den amerikanischen Kinos feiert der Film *Kevin – Allein zu Haus* von Chris Columbus Premiere, der mit Einnahmen von 213 Mio. Dollar die erfolgreichste Komödie aller Zeiten wird.
23.11. Der Ostberliner Dramatiker Heiner Müller erhält den Kleist-Preis.
23.11. Die Schauspielerin Helga Feddersen stirbt in Hamburg.
8.12. In den Frankfurter Stadtwerken zeigt das Theater zwischen den Ufern George Taboris Stück *Jubiläum*, das den Holocaust thematisiert.
31.12. Frank Schröter legt die erst im Oktober übernommene Leitung des Hamburger Theaters am Holstenwall nieder.

30.9. 57 Staaten beschließen auf dem »Weltkindergipfel« in New York, die Lage der Kinder zu verbessern.
27.10. Washingtons Oberbürgermeister Marion Barry wird wegen Drogenbesitzes zu sechs Monaten Haft verurteilt.
31.10. Das Bundesverfassungsgericht erklärt das kommunale Wahlrecht für Ausländer für verfassungswidrig.
5.11. Rabbi Meir Kahane, Führer der fundamentalistischen Kach-Bewegung wird in New York von einem arabischen Einwanderer ermordet.
14.11. Rund 350 Hausbesetzer und die Polizei liefern sich in Ostberlin mehrtägige schwere Straßenschlachten.
28.12. Ausgelöst durch eine Silvesterrakete, kommen in Bremen bei einem Großbrand vier Kinder und vier Erwachsene ums Leben.

Geborene und Gestorbene

2.6. Rex Harrison (*5.3.1908), britischer Schauspieler.
15.7. Walter Sedlmayr (*6.1.1926), deutscher Schauspieler.
29.7. Bruno Kreisky (*22.1.1911), österreichischer Politiker.

18.8. Burrhus F. Skinner (*20.3.1904), amerikanischer Verhaltensforscher.
26.9. Alberto Moravia (*28.11.1907), italienischer Journalist.
14.10. Leonard Bernstein (*25.8.1918), amerikanischer Komponist und Dirigent.

18.10. Heinz-Oskar Vetter (*21.10.1917), deutscher Gewerkschaftsführer.
23.11. Helga Feddersen (*14.3.1930), deutsche Schauspielerin.
14.12. Friedrich Dürrenmatt (*5.5.1921), Schweizer Dramatiker.

1991

Kunst, Literatur und Musik	Theater und Film	Gesellschaft

1.1. Das Mozarteum-Orchester gibt zum Beginn des Mozart-Jahres 1991 ein grandioses Konzert im Salzburger Festspielhaus.
14.1. Mit dem alle fünf Jahre verliehenen Wilhelm-Lehmbruck-Preis der Stadt Duisburg wird in Bochum der amerikanische Bildhauer Richard Serra ausgezeichnet.
Februar Im niederländischen Haarlem wird die Ausstellung »Entartete Bildhauerkunst« über verbotene Plastiken im Dritten Reich eröffnet.

9.1. UA: *Villa Jugend*, Drama von Klaus Seidel, am Berliner Ensemble.
17.1. Jean-Paul Rappeneaus Mantel- und Degen-Komödie *Cyrano von Bergerac* feiert in den europäischen Kinos Premiere. Als bester Film erhält er den César 1991.
20.1. UA: *Untertier*, Theaterstück von Thomas Strittmatter, in Graz.
26.1. Im Bochumer Schauspielhaus feiert Jean Genets sarkastische Papst-Farce *Sie* in der Inszenierung von Benjamin Korn Premiere.

7.1. Auch nach der fristlosen Kündigung der Bewohner der Hamburger Hafenstraße bleiben die Häuser vom »harten Kern« der Alternativszene bewohnt.
10.1. In Nürnberg wird mit 18,6° C einer der höchsten jemals gemessenen Januarwerte erreicht.
12.1. In Deutschland demonstrieren insgesamt über 200 000 Menschen gegen einen drohenden Golfkrieg.
19.1. Angesichts des Golfkriegs sagen viele Karnevalsvereine ihre Fastnachtsveranstaltungen ab.

1991

Internationale Politik

17.1., Irak. Präsident Saddam Hussein ruft über Radio Bagdad das irakische Volk zum Kampf auf. ▷Chronik Zitat

Sieg mit Gottes Hilfe

Chronik Zitat

»Und die große Konfrontation, die Mutter aller Schlachten, hat begonnen zwischen dem Recht, das mit Hilfe Gottes siegen wird, und dem Bösen, das mit Gottes Willen zerstört wird.«
Saddam Hussein, irakischer Staatschef

18.1., Irak/Israel. Der Irak greift Israel mit Raketensprengköpfen an.
20.1., UdSSR/Lettland Sowjetische Artillerie beschießt das lettische Innenministerium in Riga.
21.1., Irak/Kuwait. Der Irak droht damit, Kriegsgefangene als »Schutzschilde« einzusetzen.
22.1., Irak/Kuwait. Irakische Armeeeinheiten setzen in Kuwait Ölquellen in Brand.
24.2., Irak/USA. Die Alliierten starten ihre Bodenoffensive gegen den Irak.
25.2., UdSSR. Der Warschauer Pakt beschließt in Moskau seine Auflösung.
26.2., Irak. Der Irak leitet den Truppenabzug aus Kuwait ein und erkennt tags darauf die UNO-Resolutionen an.
28.2., Irak/USA. Nach der Einstellung aller Kampfhandlungen ist der Zweite Golfkrieg beendet.
9.4., UdSSR/Polen. Die UdSSR leitet den Abzug von 50 000 Soldaten aus Polen ein.
9.4., Georgien. Die Republik Georgien erklärt ihre Souveränität.
13.4., Italien. Der Christdemokrat Giulio Andreotti wird Ministerpräsident.
21.4., Irak/USA. Die USA richten im Norden des Irak Schutzzonen für die rund zwei Mio. kurdischen Flüchtlinge im Grenzgebiet zur Türkei ein.
21.5., Indien. Der frühere Ministerpräsident und Chef der Kongreßpartei Rajiv Gandhi kommt bei einem Bombenanschlag ums Leben.
26.5., Georgien. Swiad Gamsachurdia gewinnt die Präsidentenwahl in Tiflis.

Deutsche Politik

20.1. Bei der Landtagswahl in Hessen verzeichnen die Oppositionsparteien SPD (49,8%) und Grüne (8,8%) deutliche Stimmengewinne.
13.3. Der frühere Staats- und Parteichef Erich Honecker wird von den Sowjets aus ihrem Militärhospital Beelitz nach Moskau gebracht, um die Vollstreckung eines Haftbefehls zu verhindern.
19.3. Die SPD-Führung spricht sich für eingeschränkte Einsätze deutscher Soldaten unter UNO-Kommando aus.
1.4. Der Präsident der Treuhandanstalt Detlev Karsten Rohwedder wird Opfer eines RAF-Attentats.
5.4. Eine rot-grüne Koalition unter Hans Eichel (SPD) löst die hessische CDU/FDP-Regierung ab.
21.4. Nach dem Sieg der SPD bei den Landtagswahlen in Rheinland-Pfalz kann Rudolf Scharping mit der FDP eine Koalitionsregierung bilden.
10.5. Vor dem Stadthaus in Halle wird Bundeskanzler Helmut Kohl von einer kleinen Schar meist jugendlicher Demonstranten mit Eiern und Farbbeuteln beworfen. Der erregte Kanzler kann nur mit Mühe von Sicherheitsbeamten aus dem Handgemenge befreit werden. ▷Chronik Zitat

Fäusteschwingender Kanzler

Chronik Zitat

»Das hat es in Deutschland noch nicht gegeben: ein Kanzler, der sich fäusteschwingend auf die Menge zubewegt, offenkundig in diesen Sekunden nicht Herr seiner selbst.«
»Süddeutsche Zeitung«

14.5. Der Bundestag beschließt auf seiner ersten Arbeitssitzung im Berliner Reichstag Steuererhöhungen (u.a. Solidaritätszuschlag) zum 1. Juli.
29.5. Björn Engholm wird nach Hans-Jochen Vogel neuer Vorsitzender der SPD.
7.6. Der Bundestag verabschiedet den ersten gesamtdeutschen Haushalt, wobei Steuererhöhungen und Solidaritätszuschlag Mehreinnahmen einbringen sollen.

Wirtschaft und Wissenschaft

8.2., Biologie. Japanische Agrarforscher experimentieren mit gentechnisch veränderten Pflanzen.
21.3., Kernenergie. Bundesforschungsminister Heinz Riesenhuber (CDU) verkündet den Baustopp für den Schnellen Brüter in Kalkar.
17.4., Ökologie. Wissenschaftler diagnostizieren das fortschreitende Absterben der Ostsee durch Schadstoffe.

Verkehr in Deutschland

Chronik Statistik

Eisenbahnnetz (km)	44 094
Straßennetz (km)	221 062
Autobahn (km)	10 854
Pkw-Bestand	37 622 000
Lkw-Bestand	2 440 100
Fabrikneue Kfz	4 159 000

30.4., Ökologie. Eine Verordnung der Bundesregierung stoppt die Verwendung des Ozonkillers FCKW ab 1995.
6.5., Technik. In Brasilien wird das größte Wasserkraftwerk der Welt in Betrieb genommen.
2.6., Verkehr. Der erste Hochgeschwindigkeitszug vom Typ ICE wird zwischen Hamburg und München eingesetzt.
13.6., Medizin. Amerikanische Wissenschaftler präsentieren einen ersten Impfstoff gegen AIDS.
26.6., Medizin. Der Bundesgerichtshof gestattet Ärzten die Verschreibung der Ersatzdroge Methadon bei der Behandlung Drogenabhängiger.
2.7., Ökologie. Die Treibeisfläche in der Arktis hat von 1978 bis 1987 um 2% abgenommen.
3.7., Medien. Die Computerhersteller Siemens und IBM beschließen die gemeinsame Herstellung eines 16-Megabyte-Chips.
17.8., Biologie. In Australien gelingt es erstmals, mit Hilfe der Gentechnik blaue Rosen zu züchten.
27.8., Technik. Auf der Internationalen Funkausstellung in Berlin finden vor allem Breitbandbildschirme, Digitale Compact Cassetten und Mini-Discs das Interesse der Besucher.

1991

Kunst, Literatur und Musik

8.3. Werke von Anselm Kiefer stehen im Mittelpunkt einer vielbeachteten Ausstellung in der Neuen Nationalgalerie Berlin.
18.3. Die deutschen Akademie der Künste in Berlin zeichnet den Schweizer Autor Gerhard Meier mit dem Fontane-Preis aus.
6.4. In Frankfurt wird die 1987 durch Brandstiftung zertörte Alte Oper mit einem Festakt eingeweiht.
11.4. In Schwetzingen wird die Oper *Enrico* des Komponisten Manfred Trojahn aufgeführt, der das Drama *Heinrich IV.* von Luigi Pirandello vertonte.
11.4. Das 32 m lange Gemälde *Zug der Volksvertreter* von Johannes Grützke wird in der Frankfurter Paulskirche feierlich enthüllt.
19.4. Im Berliner Martin-Gropius-Bau zeigt die Großausstellung »Metropolis« das facettenreiche Werk von 72 zeitgenössischen Künstlern.
24.4. In Leipzig eröffnet die älteste Buchmesse der Welt.
Mai Die Ausstellung »Sieben amerikanische Maler« in der Münchener Staatsgalerie dokumentiert den Stand postmoderner Kunst in den USA.
Mai Der 9. Internationale Comic-Salon in Barcelona zeigt »Städte der Zukunft«.
5.5. Mit einem fünftägigen Konzertzyklus und internationalem Staraufgebot begeht die Carnegie Hall in New York ihren 100. Geburtstag.
26.5. Der erste gesamtdeutsche Kongreß des Verbandes deutscher Schriftsteller in Travemünde wählt Uwe Friesel zum Bundesvorsitzenden.
1.6. Das Bremer Übersee-Museum zeigt die Ausstellung »Schätze des Kreml – Peter der Große in Westeuropa«.
4.6. Der Graphiker Manfred Butzmann erhält als »Dokumentarist unserer Zeit« den Käthe-Kollwitz-Preis der Akademie der Künste.
30.6. Der diesjährige Ingeborg-Bachmann-Preis wird in Klagenfurt der in Berlin lebenden Türkin Emine Özdamar verliehen.
Juli Die große Sommerausstellung des Centre Pompidou in Paris gilt dem Surrealisten André Breton.

Theater und Film

1.2. UA: *Schlußchor*, Stück über die Wiedervereinigung von Botho Strauß, an den Münchner Kammerspielen.
26.2. Bei den 41. Internationalen Filmfestspielen von Berlin erhält der italienische Regisseur Marco Ferreri für seinen Film *Das Haus des Lächelns* den Goldenen Bären. Mit dem Silbernen Bären werden die Brite Maynard Eziashi und die Spanierin Victoria Abril als beste Darsteller ausgezeichnet.
26.3. Der Film *Der mit dem Wolf tanzt* von Kevin Costner erhält bei der Vergabe der Academy Awards in Los Angeles sieben Oscars.
13.4. UA: *Bauerntheater*, Stück von Franz Xaver Kroetz, im Kammertheater des Kölner Schauspiels.
21.4. Auf dem 1. Deutschen Kinder- und Jugendtheatertreffen in Berlin werden eine Woche lang herausragende Inszenierungen gezeigt.
1.5. Am Deutschen Theater in Ostberlin feiert das Drama *Peer Gynt* von Henrik Ibsen in der Regie von Friedo Solter seine Premiere.
16.5. UA: *Karate-Billi kehrt zurück*, Stück von Klaus Pohl über die Vergangenheitsbewältigung eines DDR-Sportlers nach der Wende, am Deutschen Schauspielhaus in Hamburg.
19.5. Steffi Kühnert vom Nationaltheater Weimar wird als Schauspielerin des Jahres mit dem Alfred-Kerr-Darstellerinnen-Preis ausgezeichnet.
20.5. Bei den Filmfestspielen in Cannes geht die Goldene Palme an die amerikanische Burleske *Barton Fink* von Joel und Ethan Coen.
22.6. UA: *Goldberg Variationen*, Stück von George Tabori, am Akademietheater in Wien.
19.7. Beim Internationalen Filmfestival in Moskau wird der sowjetische Film *Scheckiger Hund, der am Rande des Meeres läuft* des Regisseurs Karen Geworkjan ausgezeichnet.
12.9. Der Wim-Wenders-Film *Bis ans Ende der Welt* kann sich nicht mit den früheren Erfolgen des deutschen Regisseurs messen.
14.9. Auf der 48. Filmbiennale in Venedig wird der sowjetisch-französische Film *Urga* von Nikita Michalkow mit dem Goldenen Löwen ausgezeichnet.

Gesellschaft

22.1. Papst Johannes Paul II. proklamiert in einer Enzyklika die »Erneuerung des missionarischen Eifers«.
1.2. Der 1961 von Deutschen gegründeten Siedlung Colonia Dignidad wird wegen des Vorwurfs schwerer Menschenrechtsverletzungen die Gemeinnützigkeit aberkannt.
20.2. In den neuen Bundesländern gehen etwa 100 000 Menschen für den Erhalt ihrer Arbeitsplätze auf die Straße.
20.2. 100 000 Demonstranten fordern in der albanischen Hauptstadt Tirana die Abkehr vom Kommunismus.
3.3. Die auf einem Videofilm festgehaltene Mißhandlung eines Schwarzen durch vier weiße Polizisten sorgt in Los Angeles für Rassenunruhen.
7.3. 10 000 Flüchtlingen aus Albanien wird bei ihrer Ankunft im italienischen Brindisi die Einreise verweigert.

Fußball-Landesmeister

Sport

Deutschland: 1. FC Kaiserslautern
Belgien: RSC Anderlecht
ČSSR: Sparta Prag
Dänemark: Bröndby IF
England: Arsenal London
Frankreich: Olympique Marseille
Niederlande: PSV Eindhoven
Portugal: Benfica Lissabon
Schottland: Glasgow Rangers
Spanien: FC Barcelona

11.3. Der Gastronom Udo Proksch wird wegen der Versenkung des Frachters »Lukona« zu 20 Jahren Gefängnis verurteilt.
20.3. Die Ostberliner Zeitung »die andere« veröffentlicht die Lohnlisten von 100 000 Mitarbeitern des früheren Staatssicherheitsdienstes.
10.4. Vor Livorno verbrennt eine italienische Fähre nach einer Kolliosion mit einem Öltanker. 141 Menschen sterben.
2.5. Die Boulevard-Zeitung »Super!« geht in Ostdeutschland mit einer Startauflage über 500 000 Exemplaren auf den Markt.
17.6. Der 17. Juni ist kein gesetzlicher Feiertag mehr.

1991

Internationale Politik

12.6., UdSSR. Boris Jelzin wird Präsidenten der sowjetischen Teilrepublik Rußland.

27.6., Jugoslawien. Mit dem Einsatz der jugoslawischen Bundesarmee gegen die abtrünnigen Teilrepubliken Kroatien und Slowenien beginnt der jugoslawische Bürgerkrieg.

31.7., USA/UdSSR. George Bush und Michail Gorbatschow unterzeichnen in Moskau den START-Vertrag (Strategic Arms Reduction Talks), der den Abbau der strategischen Atomwaffen vorsieht.

1.8., Jugoslawien. Bosnien-Herzegowina spaltet sich von Jugoslawien ab.

19.8., UdSSR. Reformfeindliche Kräfte versuchen, Staatspräsident Michail Gorbatschow zu stürzen. Der russische Präsident Boris Jelzin ruft die Bevölkerung zum Widerstand auf. Am 21. August bricht der Putsch zusammen.

2.9., UdSSR. Die Unabhängigkeitserklärung der armenischen Enklave Berg-Karabach wird von Aserbaidschan nicht anerkannt.

12.9., Jugoslawien. In der Teilrepublik Bosnien-Herzegowina proklamieren die Serben die »Serbische autonome Region Herzegowina«.

30.9., Haiti. Präsident Bertrand Aristide wird durch einen Militärputsch gestürzt.

8.10., Jugoslawien. Slowenien und Kroatien erklären ihre Unabhängigkeit.

9.12., Niederlande. In Maastricht beschließen die zwölf Regierungschefs der EG die Gründung der Europäischen Union.

25.12., UdSSR. Michail Gorbatschow tritt als Staatspräsident zurück. Die UdSSR löst sich zum Jahresende auf.

Deutsche Politik

17.6. Bundeskanzler Helmut Kohl und Polens Ministerpräsident Jan Krzysztof Bielecki beschließen in Bonn den deutsch-polnischen Freundschaftsvertrag.

20.6. Mit 338 gegen 320 Stimmen entscheidet sich der Deutsche Bundestag für Berlin als künftigen Regierungssitz.

6.9. Der stellvertretende CDU-Vorsitzende Lothar de Maizière legt seine Parteiämter nieder, nachdem er erneut der Stasi-Mitarbeit beschuldigt wird.

24.9. Der ehemalige Spionagechef der DDR, Markus Wolf, stellt sich den deutschen Behörden.

1.10. Ein Mieterhöhungsgesetz in den neuen Bundesländern treibt die Miete auf das Fünffache in die Höhe.

3.10. Bei den Feierlichkeiten zum ersten Jahrestag der deutschen Einheit rufen Vertreter aller Parteien zum entschiedenen Widerstand gegen den anwachsenden Ausländerhaß in Deutschland auf.

10.10. Die Koalitionsparteien und die SPD beschließen in einem Allparteiengespräch die Beschleunigung und Vereinfachung von Asylverfahren.

16.10. Bundeskanzler Helmut Kohl und der französische Staatspräsident François Mitterrand präsentieren das Projekt eines deutsch-französischen Armeecorps mit 50 000 Soldaten.

13.11. Mit der Vergrößerung der Bundesrepublik steigt die Zahl deutscher Abgeordneter im Europaparlament von 81 auf 99.

14.11. Der Bundestag verabschiedet das Stasi-Unterlagengesetz, das allen bespitzelten Bürgern ab dem 1.1.1992 Einblick in die Stasi-Akten ermöglicht.

Wirtschaft und Wissenschaft

10.9., Kernenergie. Bundesumweltminister Klaus Töpfer ordnet aus Sicherheitsgründen den Abriß aller Reaktorblöcke des Atomkraftwerks Greifswald an.

13.9., Raumfahrt. Die amerikanische Raumfähre »Discovery« setzt bei einem fünftägigen Raumflug den bisher größten Satelliten zur Umweltüberwachung aus.

19.9., Archäologie. Der Fund einer im Gletscher mumifizierten Leiche aus der Jungsteinzeit im Ötztal entpuppt sich als archäologische Sensation.

20.9., Wirtschaft. Die Treuhandanstalt legt das Robotron Büromaschinenwerks in Sömmerda (Thüringen) bis Ende des Jahres still.

11.11., Wirtschaft. Die »Kohlerunde« beschließt in Bonn die Reduktion der Steinkohleförderung, die den Verlust von ca. 30 000 Arbeitsplätzen bis zum Jahr 2000 zur Folge haben wird.

Wissenschaftler geehrt
Chronik Nobelpreise

Chemie: Richard Ernst (CH)
Medizin: Erwin Neher (D) und Bernt Sakmann (D)
Physik: Pierre-Gilles de Gennes (F)
Frieden: Aung San Suu Kyi (Birma)
Literatur: Nadine Gordimer (ZA)
Wirtschaft: Ronald H. Coase (GB)

10.12., Nobelpreise. In Stockholm und Oslo werden die diesjährigen Nobelpreise feierlich überreicht. ▷Chronik Nobelpreise

1991 Geborene und Gestorbene

Gestorben:

3.4. Graham Greene (*2.10.1904), britischer Schriftsteller.
4.4. Max Frisch (*15.5.1911), schweizerischer Schriftsteller.
16.4. David Lean (*25.3.1908), britischer Filmregisseur.
21.5. Rajiv Gandhi (*20.8.1944), indischer Politiker.
6.6. Stan Getz (*2.2.1927), amerikanischer Jazzmusiker.
8.6. Heidi Brühl (*30.1.1942), deutsche Schauspielerin.
9.6. Claudio Arrau (*6.2.1903), chilenischer Pianist.
1.7. Michael Landon (*21.10.1937), amerikanischer Filmschauspieler.

1991

Kunst, Literatur und Musik

5.7. UA: *Ubu Rex*, Oper von Krzysztof Penderecki nach dem gleichnamigen Stück von Alfred Jarry, bei den Münchener Opernfestspielen.
25.7. *Lohengrin* in der Inszenierung von Werner Herzog eröffnet die 80. Richard-Wagner-Festspiele in Bayreuth.
26.7. UA: *Requiem*, Ballett von John Neumeier nach der Musik von Wolfgang Amadeus Mozart, bei den Salzburger Festspielen
August Martin Walser veröffentlicht seinen Roman *Verteidigung der Kindheit*.
26.8. In Leipzig wird der erste gesamtdeutsch redigierte Duden seit 40 Jahren vorgestellt.
25.9. Der Roman *Scarlett* von Alexandra Ripley setzt den Klassiker *Vom Winde verweht* von Margaret Mitchell eindrucksvoll fort.
8.10. Schwerpunkt der diesjährigen Frankfurter Buchmesse ist Spanien.
13.10. Der ungarische Schriftsteller György Konrad erhält in Frankfurt am Main den Friedenspreis des Deutschen Buchhandels.
19.10. Der Georg-Büchner-Preis geht in Darmstadt an den Liedermacher und Schriftsteller Wolf Biermann.
21.11. Für sein Buch *Nachrichten aus der bewohnten Welt* wird der Schriftsteller Ror Wolf mit dem Bremer Literaturpreis ausgezeichnet.
1991 Zu den meistverkauften belletristische Bücher des Jahres in Deutschland gehören Rosamunde Pilchers *Die Muschelsucher* und *September*, Benoîte Groults *Salz auf unserer Haut* und Ken Folletts *Die Säulen der Erde*.

Theater und Film

11.11. Beim multikulturellen zweiten Festival der »Europäischen Theater Konvention« führen 17 Gruppen aus 12 Ländern Theaterspiele auf.
14.11. Mit dem Film *Karniggels* avanciert der Regisseur Detlev Buck zum Shooting Star des deutschen Films.
Dezember Die Zeitschrift »Theater heute« wählt das von Thomas Langhoff geleitete Deutsche Theater in Ostberlin zum Theater des Jahres.
1.12. In Berlin wird der Film *Riff-Raff* des britischen Regisseurs Ken Loach mit dem Felix ausgezeichnet.
1991 Eine gefühlsbetonte Filmsprache zeichnet den Film *Die Liebenden von Pont-Neuf* von Léos Carax aus.
1991 Der Film *Grüne Tomaten* von Jon Avnet erzählt mit hintergründigem Witz über Frauen und ihre Freundschaften.
1991 Jim Jarmuschs Film *Night On Earth* erzählt die zeitgleichen Erlebnisse von fünf Taxifahrern in fünf verschiedenen Städten der Erde.
1991 Jodie Foster führt Regie in dem Film *Das Wunderkind Tate*, der den Leidensweg eines Hochbegabten thematisiert.
1991 *Jungle Fever* von Spike Lee ist ein Lehrstück über den Dschungel einer Großstadtmetropole, über Rassismus und über die Abgrenzung ethnischer Gruppen.
1991 Al Pacino als Koch und Michelle Pfeiffer als Kellnerin präsentieren mit *Frankie & Johnny* von Garry Marshall eine romantische Liebesgeschichte.
1991 Martin Scorseses Film *Kap der Angst* ist ein atemberaubender Horrorstreifen mit wenig Gewaltszenen.

Gesellschaft

19.6. Der Boß des kolumbianischen Drogenkartells, Pablo Escobar, stellt sich der Justiz.
1.7. Um der Schwarzarbeit Einhalt zu gebieten, gibt es künftig für jeden Arbeitnehmer einen Sozialausweis.
3.7. Der Berliner Senat beschließt den Verkauf eines 60 000 m² großen »Filetgrundstücks« am Potsdamer Platz an den Daimler-Benz-Konzern.
29.7. Die Zahl der Rauschgiftopfer in Deutschland ist im ersten Halbjahr gegenüber dem Vorjahreszeitraum um etwa 50% gestiegen.
1.8. Auf der Rütliwiese am Vierwaldstätter See feiern die Eidgenossen das 700jährige Bestehen der Schweiz.
8.8. 10 000 albanische Flüchtlinge erreichen die italienische Hafenstadt Bari. Sie müssen nach einigen Tagen in ihre Heimat zurückkehren.
17.8. Die Sarkophage der Preußenkönige Friedrich Wilhelms I. und seines Sohnes Friedrichs II. werden nach Potsdam überführt.
24.8. Rechtsradikale Jugendliche überfallen ein Asylantenheim bei Leipzig.
16.9. Die seit 1942 aus dem Schweizer Strafrecht gestrichene Todesstrafe wird auch im Militärstrafrecht abgeschafft.
17.9. Im sächsischen Hoyerswerda kommt es zu schweren Ausschreitungen Rechtsradikaler gegen ein Ausländerwohnheim.
4.12. Der letzte, 1985 verschleppte und seitdem im Libanon in Geiselhaft sitzende US-Bürger wird freigelassen.
31.12. Die alten zentralen Sender der Ex-DDR, der Deutsche Fernsehfunk (DFF) und das Funkhaus Berlin, stellen den Sendebetrieb ein.

Geborene und Gestorbene

9.8. Richard Löwenthal (*15.4.1908), deutsch-britischer Politologe.
21.8. Wolfgang Hildesheimer (*9.12.1916), deutsch-schweizerischer Schriftsteller.

28.9. Miles Davis (*25.5.1926), amerikanischer Jazzmusiker und Komponist.
28.9. Karl-Heinz Köpcke (*29.9.1922), deutscher Nachrichtensprecher.

9.10. Roy Black (*25.1.1943), deutscher Schlagersänger.
23.12. Klaus Kinski (*18.10.1926), deutscher Schauspieler.
24.12. Freddy Mercury (*5.9.1946), iranisch-britischer Popmusiker.

1992

Internationale Politik

1.1., USA. Der 69jährige Ägypter Boutros Boutros Ghali tritt sein Amt als Generalsekretär der Vereinten Nationen an.
6.1., Georgien. Oppositionelle Milizen stürzen nach zweiwöchigen Kämpfen den Präsidenten Swiad Gamsachurdia.
9.1., Jugoslawien. In Bosnien-Herzegowina ruft die serbische Minderheit einen eigenen Staat aus, die »Serbische Republik Bosnien-Herzegowina«.
11.1., Algerien. Eine Militärjunta übernimmt die Macht im Land.
14.1., Jugoslawien. Die ersten Soldaten der UN-Friedenstruppe treffen in Belgrad und Zagreb ein.
15.1., Kroatien/Slowenien. Die EG erkennt Kroatien und Slowenien als souveräne Staaten an.
14.2., Somalia. Der Bürgerkrieg in Somalia hat bisher mindestens 30 000 Tote gefordert.
28.2., Kambodscha. Der UN-Sicherheitsrat beschließt die Entsendung von 15 900 Blauhelmen nach Kambodscha.
3.3., Bosnien-Herzegowina. Die ehemalige jugoslawische Teilrepublik Bosnien-Herzegowina proklamiert ihre Souveränität.
10.3., Georgien. Der ehemalige Außenminister der UdSSR, Eduard Schewardnadse, übernimmt die Führung Georgiens.
2.4., Frankreich. Premierministerin Edith Cresson reicht nach elfmonatiger Amtszeit ihren Rücktritt ein.
16.4., Afghanistan. Die Mudschaheddin erzwingen die Flucht von Staatspräsident Mohammed Nadschibullah.
27.4., Serbien/Montenegro. Serbien und Montenegro proklamieren in Belgrad die neue »Bundesrepublik Jugoslawien«.
27.4., Italien. Die Regierung Giulio Andreotti tritt zurück, tags darauf auch Staatspräsident Francesco Cossiga.
25.5., Italien. Der Christdemokrat Luigi Scalfaro wird neuer italienischer Staatspräsident.
2.6., Dänemark. Die Bevölkerung stimmt in einem Volksentscheid gegen die Maastrichter Verträge.
10.6., Italien/Österreich. Österreich und Italien beenden formell ihren Streit um Südtirol.

Deutsche Politik

1.1. Sonderbeauftragter der Bundesregierung für die Stasi-Akten wird Joachim Gauck.
18.1. Brandenburgs Ministerpräsident Manfred Stolpe (SPD) gibt kirchenpolitisch bedingte Kontakte zum Staatssicherheitsdienst der DDR zu, wehrt sich aber gegen den Vorwurf, Stasi-Mitarbeiter gewesen zu sein.
23.1. Der thüringische Ministerpräsident Josef Duchac (CDU) erklärt wegen seiner politischen Vergangenheit im SED-Staat seinen Rücktritt.
5.2. Der frühere Ministerpräsident von Rheinland-Pfalz, Bernhard Vogel, wird neuer thüringischer Regierungschef.
10.2. Am Landgericht Berlin beginnt der Prozeß gegen den ehemaligen DDR-Minister für Staatssicherheit Erich Mielke.
27.2. Bundeskanzler Helmut Kohl und der tschechische Staatspräsident Václav Havel schließen für ihre Länder in Prag einen Freundschaftsvertrag.
19.3. Berndt Seite (CDU) wird neuer Ministerpräsident Mecklenburg-Vorpommerns.
20.3. SPD-Chef Björn Engholm erklärt seine Kanzlerkandidatur zur Bundestagswahl 1994.
31.3. Bundesverteidigungsminister Gerhard Stoltenberg (CDU) muß aufgrund nicht genehmigter Panzerlieferungen an die Türkei von seinem Amt zurücktreten.
5.4 Die CDU verliert bei den Landtagswahlen in Baden-Württemberg die absolute Mehrheit.
9.4. Bei Landtagswahlen in Schleswig-Holstein kann die regierende SPD ihre absolute Mehrheit knapp behaupten.
14.5. Gegen Erich Honecker und fünf weitere Verantwortliche der DDR wird formell Anklage erhoben.
17.5. Klaus Kinkel (FDP) übernimmt von Hans-Dietrich Genscher das Außenministerium. Neue Justizministerin wird Sabine Leutheusser-Schnarrenberger (FDP).
18.5. Horst Seehofer (CSU) wird vor dem Bundestag als neuer Bundesgesundheitsminister vereidigt.
23.5. Deutsche Sanitäter brechen im Rahmen einer UNO-Mission nach Kambodscha auf.

Wirtschaft und Wissenschaft

22.1., Raumfahrt. Der Deutsche Ulf Merbold startet mit sechs US-Astronauten an Bord der Raumfähre »Discovery« zur zweiten Mission ins All.
Februar, Medizin. Das erste Kondom für die Frau wird in der Schweiz ein Kassenschlager.
11.2., Archäologie. Handabdrücke in einer Höhle im US-Bundesstaat New Mexiko deuten darauf hin, daß bereits vor mindestens 28 000 Jahren Menschen in Amerika lebten.
14.2., Medizin. In den USA gelingt es erstmals, Herz, Niere und Bauchspeicheldrüse bei einem Menschen gleichzeitig zu verpflanzen.
21.2., Wirtschaft. Nach dem Scheitern der Tarifverhandlungen für rund 430 000 Mitarbeiter von Banken und Sparkassen treten erstmals in der westdeutschen Wirtschaftsgeschichte Bankangestellte in den Streik.
24.2., Wirtschaft. Wegen Bilanzfälschung und Betrugs stehen sieben Manager des Coop-Handelskonzerns vor Gericht.

Bevölkerung in Deutschland
Chronik Statistik

Wohnbevölkerung	80 874 632
Einwohner je km²	227
Ausländer	6 496 000
Privathaushalte	35 700 000
Lebendgeborene	809 114
Gestorbene	885 443
Eheschließungen	453 428
Ehescheidungen	135 179

1.3., Kernenergie. Die deutsche Sektion der »Ärzte gegen Atomkrieg« berichtet, daß infolge der nuklearen Strahlung seit der Zündung ersten Atombombe vor 50 Jahren mindestens 750 000 Menschen gestorben sind.
24.3., Kernenergie. In dem russischen Atomkraftwerk Sosnowi Bor kommt es bei einem schweren Zwischenfall fast zum GAU.
2.4., Biologie. In Michigan entdecken amerikanische Botaniker einen rund 100 t schweren Pilz, der etwa 150 000 m² Waldboden durchzieht.

1992

Kunst, Literatur und Musik

12.1. Der Berliner Martin-Gropius-Bau eröffnet die mit 2500 Exponaten bestückte Ausstellung »Jüdische Lebenswelten«.
19.1. In Berlin wird die erste zentrale deutsche Gedenkstätte zur Erinnerung an den Holocaust in der Villa am Wannsee eröffnet
1.2. Unter dem Motto »Frieden ist möglich« präsentieren in Bielefeld 24 palästinensische und israelische Künstler ihre Werke.
5.2. Die in Hamburg lebende Schriftstellerin Monika Maron wird mit dem Kleist-Preis ausgezeichnet.
7.2. Der Maler Johannes Grützke erhält den mit 20 000 DM dotierten Kunstpreis der Stadt Wolfsburg.
9.2. UA: *Die Eroberung von Mexiko*, Oper von Wolfgang Rihm, an der Hamburger Staatsoper.
14.2. Die französische Rockoper *Starmania* feiert im Essener Aalto-Theater deutsche Premiere.
18.2. Die Deutsche Akademie für Sprache und Dichtung verleiht den Friedrich-Gundolf-Preis an den tschechischen Germanisten Emil Skala.
5.3. Die Kinderbuchautorin Astrid Lindgren beschließt, keine neuen Bücher mehr zu schreiben.
16.3. Für ihren Roman *Stille Zeile 6* erhält die Schriftstellerin Monika Maron den Brüder-Grimm-Preis.
18.3. Im Londoner Auktionshaus Christie´s wird ein 1690 von Antonio Stradivari gebautes Cello für 1,8 Mio. DM versteigert.
23.3. Die Schirnkunsthalle in Frankfurt am Main präsentiert unter dem Titel »Die große Utopie« eine eindrucksvolle Ausstellung mit Werken der russischen Avantgarde 1915–1932.
10.4. Mit dem österreichischen Staatspreis für europäische Literatur wird der ungarische Autor Peter Nadas ausgezeichnet.
11.4. Walter Jens wird erneut zum Präsidenten der Westberliner Akademie der Künste ernannt.
14.4. Der weltbekannte Autor Mario Vargas Llosa wird vom peruanischen Schriftstellerverband ausgeschlossen, weil er internationale Sanktionen gegen Peru forderte.

Theater und Film

18.1. Bei der Verleihung des Golden Globe in Los Angeles wird als bester Film *Bugsy* von Barry Levinson ausgezeichnet, bester ausländischer Film wird die deutsch-französische Co-Produktion *Hitlerjunge Salomon* von Agnieszka Holland.
25.1. UA: *Ein Jud aus Hechingen*, Stück von Walter Jens, in Tübingen.
12.2. Richard Attenborough wird in Hamburg der Shakespeare-Preis zuerkannt.
13.2. *Der innere Kreis* von Andrej Kontschalowsky leitet die 42. Internationalen Berliner Filmfestspiele ein.
24.2. Beim Filmfestival in Berlin wird Lawrence Kasdan für seinen Film *Grand Canyon* mit dem Goldenen Bären ausgezeichnet
20.3. Das 6. Internationale Stuttgarter Trickfilmfestival wird mit dem russischen Film *Der Putsch* eröffnet und endet am 25. März mit der Vergabe des Preises der Stadt an den Filmbeitrag *Wörter, Wörter, Wörter* der Tschechin Michaela Pavlatova.
30.3. Der Psychothriller *Das Schweigen der Lämmer* von Jonathan Demmes wird in Los Angeles mit fünf Oscars ausgezeichnet. Bester ausländischer Beitrag wird der Film *Mediterraneo* der Italieners Gabriele Salvatores.
24.4. UA: *Waikiki Beach*, Drama von Marlene Steerwurtz, in der Schlosserei am Kölner Schauspielhaus.
29.4. UA: *Unruhige Träume*, Stück von George Tabori, am Wiener Burgtheater.
6.5. Die amerikanische Schauspielerin und Sängerin deutscher Herkunft, Marlene Dietrich, stirbt in Paris.
7.5. Der US-Thriller *Basic Instinct* eröffnet die 45. Internationalen Filmfestspiele in Cannes.
9.5. UA: *Die Stunde, da wir nichts voneinander wußten*, Schauspiel von Peter Handke, am Theater an der Wien.
9.5. UA: *Der Wechsler*, Stück von Gert Heidenreich, am Deutschen Theater in Göttingen.
18.5. Mit der Goldenen Palme von Cannes wird der Film *Der gute Wille* des Dänen Bille August ausgezeichnet.
18.5. Robert Altman wird in Cannes für die Regie von *The Player* mit der Goldenen Palme ausgezeichnet.

Gesellschaft

11.1. Der Kirchenkritiker Eugen Drewermann erhält nach Entzug der kirchlichen Lehrerlaubnis ein Predigtverbot. In einem Brief an Erzbischof Johannes Joachim Degenhardt nimmt Drewermann Stellung. ▷ Chronik Zitat

Priesteramt verloren

Chronik Zitat

»Des Drewermanns Art mag sein, wie sie will, sie hilft offensichtlich vielen Menschen, die wir, als Kirche, anscheinend nicht mehr erreichen. ... Was menschlich hilfreich ist, kann ja vor Gott nicht ganz verkehrt sein.«

Eugen Drewermann, deutscher Theologe

17.1. In Milwaukee wird Jeffrey L. Dahmer wegen 17fachen Menschenmordes zu fünfzehnmal lebenslänglich verurteilt.
26.1. Die Weltgesundheitsorganisation WHO teilt mit, daß weltweit zehn bis zwölf Mio. Menschen an Lepra erkrankt sind.
28.1. Das Verbot der Nachtarbeit für Frauen wird für verfassungswidrig erklärt, da es den Gleichheitsgrundsatz verletze.
31.1. »Unwort des Jahres« 1991 ist das Wort »ausländerfrei«.
28.2. 50 000 Beschäftigte des Braunkohlebergbaus und des Schiffsbaus demonstrieren in Hoyerswerda und Rostock für den Erhalt ihrer Arbeitsplätze.
19.3. Der Buckingham-Palast gibt die Trennung von Prinz Andrew und seiner Frau Sarah bekannt.
12.4. Der Freizeitpark »Euro-Disneyland« eröffnet bei Paris.
13.4. Italienische und amerikanische Soldaten versuchen den Lavastrom des Ätna durch den Abwurf von Betonblöcken zu stoppen.
22.4. Über 200 Menschen kommen bei einem Explosionsunglück in der mexikanischen Stadt Guadalajara um.
29.4. In Los Angeles brechen Rassenunruhen aus, nachdem weiße Polizisten, die 1991 einen Schwarzen mißhandelt hatten, freigesprochen werden.

477

1992

Internationale Politik

23.6., Israel. Die oppositionelle Arbeiterpartei unter Yitzhak Rabin löst bei Parlamentswahlen die Regierung Schamir ab.
29.6., Algerien. Präsident Mohammed Boudiaf fällt einem Attentat des Geheimdienstes zum Opfer.
2.7., USA. Washington bestätigt den Abzug aller taktischen Atomwaffen aus Europa.
3.7., Bosnien-Herzegowina. Die amerikanische Botschaft in Belgrad erfährt durch UNO-Blauhelme von den Massenvergewaltigungen muslimischer Frauen durch bosnische Serben.
6.7., Rußland. Der »G 7-Gipfel« der wichtigsten Industriestaaten bietet Rußland »Hilfe zur Selbsthilfe« an.
27.7., USA/Somalia. Der UN-Sicherheitsrat beschließt die Entsendung von Blauhelmen nach Somalia.
30.8., Jugoslawien. Eine vermutlich serbische Granate tötet auf einem belebten Marktplatz in Sarajevo 15 Menschen, über 100 werden verletzt.
3.9., Schweiz. Die Genfer Abrüstungskonferenz beschließt einen Vertrag über die weltweite Ächtung und Vernichtung aller chemischen Waffen.
22.9., Jugoslawien. Die UN-Vollversammlung verwirft den Antrag, die »Bundesrepublik Jugoslawien« aus Serbien und Montenegro als Nachfolgerin Jugoslawiens anzuerkennen.
23.9., Syrien/Israel. Syrien erklärt sich unter der Bedingung eines israelischen Abzugs aus den besetzten Gebieten zum Frieden mit Israel bereit.
16.10., Türkei/Irak. Türkische Truppen besetzen den Norden des Irak, um Widerstandskämpfer der kurdischen PKK zu bekämpfen.
19.10., Bosnien-Herzegowina. In Zentral-Bosnien flammen Kämpfe zwischen den zuvor verbündeten Muslimen und Kroaten auf.
25.10., Litauen. Bei den Parlaments- und Präsidentenwahlen sind die früheren Kommunisten erfolgreich.
3.11., USA. Der 46jährige Demokrat Bill Clinton wird zum neuen Präsidenten gewählt.
30.11., USA. Die UNO-Vollversammlung in New York beschließt den Vertrag zum Verbot aller Chemiewaffen.

Deutsche Politik

11.6. In Baden-Württemberg wird Erwin Teufel (CDU) erneut Regierungschef einer Großen Koalition aus CDU und SPD.
26.6. Der Bundestag vereinbart als neues Abtreibungsrecht eine Fristenlösung mit Pflichtberatung.
26.6. Der Bundesrat befürwortet das Gesetz zur Beschleunigung der Asylverfahren, das zum 1. Juli in Kraft tritt.
4.7. Transportflugzeuge der Bundeswehr beteiligen sich an der Luftbrücke für Sarajewo.
29.7. Der 80jährige ehemalige Staatschef der DDR, Erich Honecker, muß auf Druck der Moskauer Behörden die chilenische Botschaft in der russischen Hauptstadt verlassen und nach Deutschland zurückkehren.
4.8. Das neue Abtreibungsrecht wird per einstweiliger Verfügung durch das Bundesverfassungsgericht gestoppt.
8.10. Altbundeskanzler Willy Brandt stirbt 78jährig in Unkel bei Bonn.
19.10. Die Grünen-Politiker Petra Kelly und Gerd Bastian werden tot in ihrer Wohnung aufgefunden.
1.11. Die Synode der Evangelischen Kirche (EKD) stellt sich hinter den als Stasi-Mitarbeit verdächtigten Ministerpräsidenten von Brandenburg Manfred Stolpe.
23.11. Grüne und Bündnis 90 vereinbaren die Vereinigung der beiden politischen Gruppierungen.
23.11. Bei einem Brandanschlag auf ein mit Türken bewohntes Haus in Mölln kommen drei Menschen ums Leben. ▷Chronik Zitat

Morde von Mölln

Chronik Zitat

»Der Anschlag läßt den Nebel aus Beschwichtigungen und Schönfärberei zerstieben, hinter dem Politiker die Bedrohung zu verharmlosen suchten.«
»Der Spiegel«

27.11. Bundesinnenminister Rudolf Seiters verbietet die rechtsextreme »Nationalistische Front«.

Wirtschaft und Wissenschaft

3.6., Wirtschaft. Der deutsche Automobilhersteller Daimler-Benz will bis 1994 27 500 Stellen abbauen.
3.6., Ökologie. Der beginnende UNO-Umweltgipfel in Rio de Janeiro wird die größte politische Konferenz in der Geschichte der Menschheit.
23.6., Wirtschaft. Das deutsche Automobilunternehmen BMW errichtet im amerikanischen Greenville ein neues Automobilwerk für 600 Mio. DM
20.7., Medizin. Der achte Welt-AIDS-Kongreß in Amsterdam berichtet, daß 80% aller HIV-infizierten Menschen in Entwicklungsländern leben.
21.7., Geologie. Bei Bohrungen in Grönland stoßen Forscher in einer Tiefe von 3028,8 m auf felsigen Untergrund. Das an die Oberfläche geholte Eis ist etwa 200 000 Jahre alt.

Wissenschaftler geehrt
Chronik Nobelpreise

Chemie: Rudolph A. Marcus (USA)
Medizin: Edmond Fischer (USA) und Edwin Krebs (USA)
Physik: Georges Charpak (F)
Frieden: Rigoberta Menchú (GCA)
Literatur: Derek Walcott (GB)
Wirtschaft: Gary S. Becker (USA)

2.8., Raumfahrt. Der europäische Forschungssatellit »Eureca« erreicht nach der Abkoppelung von der Raumfähre »Atlantis« nicht die vorgesehene Umlaufbahn.
11.8., Medizin. In Dänemark wird der Rinderwahnsinn (BSE) registriert. Die tödliche Gehirnerkrankung betraf bislang nur Tiere in Großbritannien.
21.8., Technik. Auf der Insel Pellworm wird Europas größtes Solar-Wind-Kraftwerk in Betrieb genommen.
7.9., Medizin. Ein Amerikaner, dem eine Pavianleber eingepflanzt wurde, stirbt drei Monate nach dem Eingriff.
16.9., Wirtschaft. Das europäische Währungssystem (EWS) gerät ins Wanken, weil zwei seiner Hauptstützen, das britische Pfund und die italienische Lira, aus dem Wechselkursmechanismus ausscheiden.

1992

Kunst, Literatur und Musik

15.4. Der britische Musical-Komponist Andrew L. Webber erwirbt eine London-Ansicht des venezianischen Malers Antonio Canaletto für umgerechnet 29,4 Mio. DM.
2.5. Auf der 3. Bitterfelder Kulturkonferenz diskutieren rund 200 Künstler, Wissenschaftler und Politiker über Kunst und Gesellschaft im vereinten Deutschland.
6.5. Die Leipziger Buchmesse verzeichnet unter dem Motto »Brücken nach dem Osten schlagen« mehr als 800 Aussteller aus 19 Ländern.
12.5. UA: *Desdemona und ihre Schwestern*, Oper von Siegfried Matthus, am Schwetzinger Rokoko-Theater.
23.5. Werner Egks Oper *Peer Gynt* eröffnet das dritte Weimarer Kulturfest.
4.6. Der Friedenspreis des Deutschen Buchhandels wird dem israelischen Schriftsteller Amos Oz verliehen.
13.6. Auf der »documenta 9« in Kassel präsentieren 188 Künstler aus aller Welt rund 1000 Werke.
17.6. In Bonn wird die neue Kunst- und Ausstellungshalle der Bundesrepublik eröffnet.
28.6. Mit dem Ingeborg-Bachmann-Preis wird die Autorin Alissa Walser ausgezeichnet.
4.7. An der Ostsee-Biennale in Rostock beteiligen sich Künstler aus 13 Ländern.
8.7. Rembrandts Porträt des Predigers Johannes Uyttenbogaert wird in London für umgerechnet fast 12 Mio. DM versteigert.
8.8. Das Bremer Gerhard-Marcks-Haus zeigt die Ausstellung »Kunst im Zeitalter des Schreckens«.
11.8. Im Rahmen der »Expo '92« eröffnet in Sevilla die bisher umfangreichste Ausstellung lateinamerikanischer Malerei des 20. Jahrhunderts mit 400 Werken von 90 Künstlern.
12.8. Der Schweizer Autor Hugo Loetscher erhält den mit rd. 33 000 DM dotierten Großen Schiller-Preis der Schiller-Stiftung.
15.8. UA: *Du sollst nicht töten*, Requiem von Augustyn Bloch, im Rahmen des Schleswig-Holstein-Musikfestivals in Lübeck.

Theater und Film

19.5. Die Treuhandanstalt verkauft die DEFA-Filmstudios in Babelsberg an den französischen Konzern Générale des Eaux.
22.5. Der Dramatiker und Theaterregisseur George Tabori wird mit dem Georg-Büchner-Preis ausgezeichnet.
10.6. UA: *Dejavu*, Stück von John Osborne, im Londoner Comedy Theatre.
14.6. Helmut Dietls Film *Schtonk* mit Götz George in der Hauptrolle erhält den Deutschen Filmpreis in Gold.
15.8. Auf dem 45. Filmfestival von Locarno erhält die Regisseurin Clara Law aus Hongkong für ihren Film *Herbstmond* den Goldenen Leoparden.
September UA: *Die zweite Heimat*, Zyklus von Edgar Reitz, in München.
3.9. Der Filmautor und Regisseur Marcel Ophüls wird mit dem den Peter-Weiss-Preis der Stadt Bochum geehrt.
12.9. Zhang Yimou erhält zum Abschluß der 49. Biennale von Venedig für ihren Film *Die Geschichte von Qui Ju* den Goldenen Löwen.
12.9. Anthony Perkins, der durch seine Rolle als Norman Bates in den *Psycho*-Thrillern Alfred Hitchcocks bekannt wurde, stirbt in Los Angeles.
6.10. Der deutsche Schauspieler Gert Voss erhält den Fritz-Kortner-Preis.

Gestohlene Kinder
Zitat

»›Gestohlene Kinder‹ erinnert an das große italienische Kino vergangener Zeiten ..., weil er keinem modischen Trend folgt. Weil er Elend und Armut nicht zur bloßen Unterhaltung benutzt, sondern sie ... mit Respekt zeigt.«
»La Republica«

9.10. UA: *Doppeldeutsch*, Stück von Harald Mueller, in Rostock.
3.11. UA: *Irrlichter – Schrittmacher*, Stück von Thomas Strittmatter, im Münchner Marstall-Theater.
1992 Mit dem Film *Mann beißt Hund* gelingt dem belgischen Regisseur Rémy Belvaux eine bissige Satire auf die Verantwortungslosigkeit der Medien.

Gesellschaft

17.5. Im Erdinger Moos bei München wird der nach Franz Josef Strauß benannte neue Großflughafen in Betrieb genommen.

Deutsche Meister
Sport

Leichtathletik:
100 m:
Heike Drechsler — 11,33 sec
100 m Hürden:
Sabine Braun — 13,05 sec
Hochsprung:
Heike Henkel — 2,03 m
Weitsprung:
Heike Drechsler — 7,21 m
Speerwurf:
Silke Renk — 64,40 m

17.6. Nach 1128 Tagen werden die letzten der 92 im Libanon festgehaltenen westlichen Geiseln freigelassen.
9.7. Der Friedenspreis der UNESCO geht an die in Indien wirkenden Ordensschwester Mutter Teresa.
19.7. In Palermo ermordet die Mafia Richter Paolo Borsellino und fünf seiner Leibwächter.
22.7. Der kolumbianische Drogenboß Pablo Escobar kann aus seinem Luxusgefängnis fliehen.
9.8. In Manchnow (Ost-Brandenburg) wird mit 38,8 °C der deutsche Hitzerekord dieses Sommers erreicht.
12.8. Der »genetische Fingerabdruck« reicht nach Auffassung des Bundesgerichtshofes allein nicht aus als Grundlage für eine Verurteilung.
13.8. Nach Angaben des Verfassungsschutzes haben sich 1991 die Gewalttaten von Rechtsextremisten gegenüber 1990 verfünffacht.
22.8. Schweren Ausschreitungen gegen ein Ausländerwohnheim im Rostocker Stadtteil Lichtenhagen sieht die Polizei lange tatenlos zu.
27.8. Der Hamburger Bauer-Verlag stellt das Erscheinen der 1948 gegründeten Illustrierten »Quick« ein.
17.9. In Berlin kommen bei einem Attentat vier führende oppositionelle iranische Politiker ums Leben.

1992

Internationale Politik	Deutsche Politik	Wirtschaft und Wissenschaft
6.12., Schweiz. Bei einer Volksabstimmung votieren die Schweizer mit knapper Mehrheit gegen den Beitritt zum Europäischen Wirtschaftsraum. **8.12., Serbien/Bosnien-Herzegowina.** Serbische Truppen isolieren Sarajewo vollends von der Außenwelt. **9.12., Somalia.** Die ersten multinationalen UNO-Truppeneinheiten landen an der Küste Somalias. **16.12., Mosambik.** Der UN-Sicherheitsrat billigt die Entsendung von 7500 Blauhelmen und Zivilbeamten nach Mosambik. **29.12., USA/Rußland.** Die USA und Rußland einigen sich in Genf auf den START-II-Vertrag zur weltweiten Reduzierung der strategischen Nuklearwaffen.	**2.12.** Der Bundestag genehmigt mit 543 gegen 17 Stimmen den Vertrag von Maastricht zur Gründung der Europäischen Union. **10.12.** Bundesinnenminister Rudolf Seiters (CDU) verbietet die neonazistische »Deutsche Alternative«. **14.12.** Mit der Einreichung seines Rücktritts protestiert Bundespostminister Christian Schwarz-Schilling (CDU) gegen die Jugoslawien-Politik der Bundesregierung. **22.12.** Bundeswirtschaftsminister Jürgen Möllemann übernimmt die Verantwortung in der »Briefbogen-Affäre«, lehnt einen Rücktritt jedoch ab. **25.12.** Rund 200000 Menschen demonstrieren in Berlin gegen Ausländerfeindlichkeit.	**22.9., Astronomie.** Das Max-Planck-Institut für Astronomie in Heidelberg entdeckt in einem 300 Mio. Lichtjahre entfernten Sternensystem das Aufleuchten einer Supernova. **16.10., Kernenergie.** Das Atomkraftwerk Tschernobyl, das 1986 Schauplatz des bislang größten Unfalls in der Geschichte der friedlichen Nutzung der Kernenergie war, nimmt den dritten Block wieder in Betrieb. **Dezember, Ökologie.** Das Ozonloch über der Antarktis bildete sich 1992 früher aus und war größer und dauerhafter als je zuvor. **10.12., Nobelpreise.** In Stockholm und Oslo werden die diesjährigen Nobelpreise feierlich überreicht. ▷Chronik Nobelpreise, S. 478

1992 Geborene und Gestorbene

Gestorben:
13.1. Josef Neckermann (*5.6.1912), deutscher Unternehmer.
21.1. »Champion« Jack Dupree (*23.7.1909), amerikanischer Musiker.
27.2. Heinrich Maria Ledig-Rowohlt (*12.3.1908), deutscher Verleger.

9.3. Menachem Begin (*16.8.1913), israelischer Politiker.
12.3. Heinz Kühn (*18.2.1912), deutscher Politiker.
8.4. Käthe Hamburger (*21.9.1896), deutsche Literaturwissenschaftlerin.
28.4. Francis Bacon (*28.10.1909), britischer Maler.

6.5. Marlene Dietrich (*27.12.1901), amerikanische Schauspielerin.
30.5. Karl Carstens (*14.12.1914), deutscher Politiker.
15.6. Thomas Nipperdey (*27.10.1927), deutscher Historiker.
25.6. James Stirling (*22.4.1926), britischer Architekt.

1993

Internationale Politik	Deutsche Politik	Wirtschaft und Wissenschaft
1.1., Belgien. Der 1986 in Brüssel beschlossene europäische Binnenmarkt wird in den Staaten der Europäischen Gemeinschaft verwirklicht. **1.1., Tschechoslowakei.** Die ČSFR teilt sich in zwei souveräne Staaten: die Tschechische Republik und die Slowakei. **3.1., Rußland/USA.** Die Präsidenten Boris Jelzin und George Bush unterzeichnen in Moskau das START-II-Abkommen, das eine drastische Verringerung der Atomwaffen beider Staaten vorsieht.	**3.1.** Bundeswirtschaftsminister Jürgen Möllemann (FDP) tritt aufgrund seiner Verstrickung in die »Briefbogenaffäre« zurück. **12.1.** Das Berliner Verfassungsgericht stellt aus gesundheitlichen Gründen den Prozeß gegen Erich Honecker ein. Er wird am nächsten Tag aus der Haft entlassen und reist nach Chile aus. **17.1.** Die Parteien von Grünen und Bündnis 90 fusionieren unter dem Namen »Bündnis 90/Die Grünen«. **30.1.** Der Parteitag der PDS wählt Lothar Bisky zum neuen Vorsitzenden.	**31.1., Technik.** Das sowjetische Atom-U-Boot »Komsomolets«, das seit 1989 vor der norwegischen Küste auf Grund liegt, soll auf sein Gefährdungspotential hin untersucht werden. **1.2., Kernenergie.** Mehrere Politiker in Schleswig-Holstein fordern die endgültige Stillegung des defekten Atomkraftwerks Brunsbüttel. **4.2., Raumfahrt.** Von der russischen Raumstation »Mir« aus lenken Kosmonauten mit einem Rundspiegel einen Lichtstrahl zur Erde, der in Teilen Europas mit bloßem Auge erkennbar ist.

1992

Kunst, Literatur und Musik

20.8. Mehr als 200 Nachwuchs-Rockbands sind bei der in Köln beginnenden Pop-Musikmesse »Pop Kom '92« vertreten.
2.9. UA: *Das Schloß*, Oper von Aribert Reimann nach dem Roman von Franz Kafka, in der Deutschen Oper Berlin.
3.9. UA: *Elisabeth*, Musical von Sylvester Levay und Michael Kunze, am Theater an der Wien.
19.9. Im Pariser Grand Palais wird die Ausstellung »Die Etrusker und Europa« (650 Objekte) präsentiert.
29.9. Mit dem Schwerpunkt Mexiko beginnt die Frankfurter Buchmesse mit 8200 Verlegern aus 103 Ländern.
22.11. Im Hamburger Stadtteil St. Pauli eröffnet das neue »Museum der Erotischen Kunst«.

Theater und Film

1992 Eric Rohmers Film *Wintermärchen* aus dem Zyklus »Vier Jahreszeiten« zeichnet mit sparsamer Handlung und wenigen Charakteren ein beeindruckendes Frauenporträt.
1992 Für ihre Rolle als Margaret Schlegel in James Ivorys Film *Wiedersehen in Howard's End* erhält Emma Thompson einen Oscar.
1992 Hauptfigur in Sally Potters Film *Orlando* ist ein unsterbliches Wesen, das sowohl als Frau wie auch als Mann existieren kann.
1992 Der italienische Film *Gestohlene Kinder* von Gianni Amelio beeindruckt mit seinem melancholischen Appell für mehr Sensibilität und Solidarität gegenüber Kindern. ▷Chronik Zitat, S. 479

Gesellschaft

8.10. Eine hirntote, im vierten Monat schwangere Frau soll in der Erlanger Klinik ihr Kind austragen. Der Fötus stirbt am 16. November.
10.10. Fünf Polen und eine Deutsche werden im Frankfurter Hauptbahnhof wegen Atomschmuggels verhaftet.
23.11. Bei einem von Rechtsextremisten in Mölln verübten Brandanschlag sterben drei Türkinnen, neun Menschen werden schwer verletzt.
17.12. Die Gesellschaft für Deutsche Sprache kürt in Wiesbaden den Ausdruck »Politikverdrossenheit« zum Wort des Jahres 1992.
23.12. Ein Frankfurter Amtsgericht unterstützt erstmals die Eheschließung von Schwulen und Lesben. Die Stadt legt Berufung ein.

Geborene und Gestorbene

18.7. Heinz Galinski (*28.11.1912), Vorsitzender des Zentralrats der Juden in Deutschland.
12.8. John Cage (*5.9.1912), amerikanischer Komponist
12.9. Anthony Perkins (*4.4.1932), amerikanischer Schauspieler.

27.9. Hermann Neuberger (*12.12.1919), deutscher Sportfunktionär und DFB-Manager.
8.10. Willy Brandt (*18.12.1913), deutscher Politiker.
7.11. Alexander Dubček (*27.11.1921), tschechoslowakischer Politiker.

29.11. Emilio Pucci (*20.11.1914), italienischer Modeschöpfer.
7.12. Johannes Leppich (*16.4.1915), deutscher Theologe und Jesuitenpater.
17.12. Günther Anders (*12.7.1902), deutsch-österreichischer Schriftsteller und Philosoph.

1993

Kunst, Literatur und Musik

1.1. In Antwerpen taucht das verloren geglaubte Hector-Berlioz-Musikstück *Messe solenelle* wieder auf.
1.1. Antwerpen ist Kulturhauptstadt Europas 1993.
4.1. Das Musée-Galerie de la Seita in Paris präsentiert Werke des österreichischen Malers und Zeichners Egon Schiele.
11.1. Die Autorin Sarah Kirsch erhält den Peter-Huchel-Preis für Lyrik.
15.1. Die Kunsthalle Tübingen zeigt Werke des weltberühmten französischen Malers Paul Cézanne.

Theater und Film

19.1. UA: *Sein und Schein*, Kaleidoskop von André Heller, am Wiener Burgtheater.
21.1. UA: *The Last Yankee*, Stück des Dramatikers Arthur Miller, in New York.
30.1. UA: *Wendewut*, Tanztheater von Hans Kresnik, in Bremen. Das Stück thematisiert die Ängste und Zukunftsaussichts der Ostdeutschen angesichts der Vereinigung mit Westdeutschland.
10.2. UA: *Wessis in Weimar*, Stück von Rolf Hochhuth, am Berliner Ensemble.

Gesellschaft

5.1. Der liberianische Öltanker »Braer« läuft vor den Shetlandinseln auf ein Riff und bricht auseinander. 84 500 t Rohöl laufen aus.
6.1. Bei Rassenunruhen zwischen Hindus und Muslimen kommen im indischen Bombay mehr als 400 Menschen ums Leben.
14.1. Die polnische Fähre »Jan Heweliusz« kentert vor der Ostseeinsel Rügen. 54 Menschen sterben.
14.1. In Palermo verhaftet die italienische Polizei Salvatore Rijna, einen seit 23 Jahren gesuchten Mafia-Boß.

1993

Internationale Politik

13.1., USA/Irak. Die USA, Frankreich und Großbritannien starten einen Luftangriff auf Raketen- und Radarstellungen im Südirak.

16.1., Frankreich. Vertreter von 130 Staaten unterzeichnen in Paris die UNO-Konvention über das Verbot und die Vernichtung chemischer Waffen.

2.2., Tschechien. Václav Havel wird als erster Präsident der tschechischen Republik vereidigt.

27.3., China. Jiang Zemin wird in Peking zum Staatspräsidenten der Volksrepublik China ernannt.

29.3., Frankreich. Der Neogaullist Edouard Balladur wird neuer Ministerpräsident.

17.4., Türkei. Staatspräsident Turgut Özal stirbt 65jährig in Ankara.

27.4., USA/Jugoslawien. Der UNO-Sicherheitsrat beschließt in New York eine Verschärfung der Sanktionen gegen Rest-Jugoslawien.

6.5., USA/Jugoslawien. Der UNO-Sicherheitsrat stellt mehrere bosnische Städte unter den Schutz der UNO.

16.5., Türkei. Süleyman Demirel wird neuer türkischer Staatspräsident.

10.6., Schweiz. Der Nationalrat beschließt die Aufstellung eines Kontingents von 600 Soldaten, das ab 1995 der UNO und der KSZE zur Verfügung gestellt werden soll.

17.6., Somalia. UNO-Truppen stürmen in Mogadischu die Residenz des Warlords Mohammed Farah Aidid.

25.6., Türkei. Die Wirtschaftsexpertin Tansu Çiller wird türkische Regierungschefin.

27.6., USA/Irak. Als Vergeltung für angebliche Attentatspläne gegen den früheren US-Präsidenten George Bush starten die USA einen Raketenangriff auf Bagdad.

6.7., Georgien. Der georgische Präsident Eduard Schewardnadse verhängt über die abtrünnige Provinz Abchasien das Kriegsrecht.

3.8., Bosnien-Herzegowina. Nach der Eroberung des Berges Igman schließen die bosnischen Serben den Ring um Sarajewo.

4.8., Ruanda. Regierung und Rebellen der Patriotischen Front (RPF) unterzeichnen einen Friedensvertrag.

Deutsche Politik

13.3. Die Bundesregierung, die Oppositionspartei SPD und die Ministerpräsidenten der Länder vereinbaren einen »Solidarpakt« zur Finanzierung der deutschen Einheit.

3.5. Björn Engholm tritt als schleswig-holsteinischer Regierungschef und als SPD-Vorsitzender wegen seiner Falschaussage vor dem Barschel-Untersuchungsausschuß zurück.

13.5. Matthias Wissmann (CDU) wird als Nachfolger von Günther Krause neuer Bundesverkehrsminister.

19.5. Heide Simonis (SPD) wird Ministerpräsidentin in Schleswig-Holstein.

26.5. Der Bundestag verabschiedet den zwischen Regierung und SPD gefundenen »Asylkompromiß« mit Änderung des Grundgesetzartikels 16.

29.5. In Solingen kommen bei einem ausländerfeindlichen Brandanschlag fünf türkische Frauen und Mädchen ums Leben. Die Tat löst eine Schockwelle in Deutschland und der Türkei aus. ▷ Chronik Zitat

30.5. Edmund Stoiber (CSU) wird Nachfolger des wegen der »Amigo-Affäre« zurückgetretenen bayerischen Ministerpräsidenten Max Streibl.

11.6. Außenminister Klaus Kinkel löst Otto Graf Lambsdorff als FDP-Vorsitzender ab.

Solingen-Attentat

Chronik Zitat

»Fest steht, daß Deutschland seine Eigenschaft, ein sicheres Land für Ausländer zu sein, verloren hat. Man sieht, daß alle nach Mölln ergriffenen Maßnahmen wie Strohfeuer vorübergezogen sind.«
Die türkische Zeitung »Milliyet«

25.6. Der rheinland-pfälzische Ministerpräsident Rudolf Scharping wird neuer SPD-Parteivorsitzender.

27.6. Zahlreiche Pannen bei der in Bad Kleinen durchgeführten Festnahme mutmaßlicher RAF-Terroristen durch die Spezialeinheit GSG-9 führen am 4. Juli zum Rücktritt von Bundesinnenminister Rudolf Seiters.

Wirtschaft und Wissenschaft

7.2., Technik. In den USA entwickelten Wissenschaftler einen Computer, der Daten optisch speichert und mit Licht rechnet.

16.2., Wirtschaft. Der deutsche Glühlampen-Konzern Osram avanciert durch die Übernahme des US-Herstellers Sylvania zu einem der weltweit bedeutendsten Anbieter im Bereich der Lichttechnik.

Arbeit in Deutschland

Chronik Statistik

Erwerbstätige	40 179 000
männlich	23 088 000
weiblich	17 091 000
Land-/Forstwirtschaft	1 442 000
Produktion	16 132 000
Handel/Verkehr	7 200 000
Sonstige	15 404 000
Fremdarbeiter	3 548 000
Arbeitslose	4 567 933
Arbeitslosenquote (%)	8,2

15.3., Technik. Bei der sächsischen Foron Hausgeräte GmbH wird der »Öko-Kühlschrank« in Serie produziert.

6.4., Kernenergie. Eine Explosion in der westsibirischen Atomfabrik Tomsk-7 verseucht ein etwa 200 km² großes Gebiet.

15.4., Biologie. Das Bundesgesundheitsamt gestattet Freilandversuche mit genmanipulierten Zuckerrüben und Kartoffeln in den Bundesländern Bayern und Niedersachsen.

8.6., Medizin. Die Entwicklung eines Impfstoffes gegen das HIV-Virus wird nach Ansicht führender Wissenschaftler für die Zeit nach 2000 immer wahrscheinlicher.

7.7., Wirtschaft. In Tokio kündigt der Weltwirtschaftsgipfel der führenden sieben Industrienationen weitere Wirtschaftshilfen für die Länder des früheren Ostblocks an.

2.8., Wirtschaft. Die zum Europäischen Währungsfonds (EWS) gehörenden Länder beschließen in Brüssel eine größere Schwankungsbreite der Wechselkurse.

1993

Kunst, Literatur und Musik

20.1. Die Schriftstellerin Christa Wolf, die sich in ihrer Erzählung *Was bleibt* (1990) als Stasi-Opfer darstellte, berichtet, sie sei zeitweise als informelle Mitarbeiterin geführt worden.
23.1. Eine Ausstellung in der Kunstsammlung Nordrhein-Westfalen zeigt Werke des nachimpressionistischen französischen Malers Pierre Bonnard.
26.1. Die Autorin Kerstin Specht erhält den Else-Lasker-Schüler-Dramatikerpreis.
30.1. Das Berliner Haus der Kulturen der Welt zeigt die Ausstellung »China Avantgarde«.
1.2. Den Shakespeare-Preis der Hamburger Stiftung F.V.S. erhält der britische Schriftsteller Julian P. Barnes.
3.2. Der Chefdirigent der New Yorker Philharmoniker, Kurt Masur, wird in New York »Musiker des Jahres«.
24.2. Der britische Musiker Eric Clapton wird bei der 35. Grammy-Verleihung in Los Angeles mit sechs Grammys erfolgreichster Musiker des Jahres.
27.2. Die österreichische Lyrikerin und Schriftstellerin Friederike Mayröcker erhält den Friedrich-Hölderlin-Preis der Stadt Bad Homburg.
11.3. Das Gewandhausorchester in Leipzig begeht mit einem von Kurt Masur dirigierten Festkonzert sein 250jähriges Bestehen.
12.3. Heinrich von Kleists *Großer Bekenntnisbrief* wechselt in Berlin für 130 000 DM den Besitzer.
17.3. Die Londoner Tate Gallery zeigt eine Ausstellung mit Werken des Popkünstlers Roy Lichtenstein.
19.3. Die Hamburger Kunsthalle zeigt eine Selbstporträt-Ausstellung des Malers Max Beckmann.
23.3. Das Bundesland Mecklenburg-Vorpommern kauft für 27,5 Mio. DM den künstlerischen Nachlaß von Ernst Barlach.
16.4. Die Galerie der Stadt Stuttgart präsentiert mit »Edvard Munch und seine Modelle« 100 Werke des norwegischen Malers.
20.4. Den 100. Geburtstag von Joan Miró feiert seine Geburtsstadt Barcelona mit einer Retrospektive mit mehr als 500 Werken des Malers.

Theater und Film

17.2. UA: *Alpenglühen*, Stück von Peter Turrini, am Wiener Burgtheater.
19.2. Helmut Dietls Filmsatire *Schtonk* wird als Oscar-Anwärter für den besten ausländischen Film vorgeschlagen.
20.2. UA: *Aus deutschem Dunkel*, Drama von Ria Endres, in Bremen.
22.2. Die Filme *Die Frauen vom See der duftenden Seelen* von der Chinesin Xie Fei und *Das Hochzeitsbankett* von Ang Lee aus Taiwan werden mit dem Goldenen Bären der Berliner Filmfestspiele ausgezeichnet.
9.3. Mit dem französischen Filmpreis César wird der Regisseur Cyril Collar geehrt, der kurz zuvor, an AIDS erkrankt, verstarb.
13.3. UA: *Magda*, Groteske von Gert Heidenreich, in Chemnitz.
29.3. In Los Angeles wird der Western *Erbarmungslos* von Clint Eastwood mit vier Oscars ausgezeichnet. Die Preise als beste Hauptdarsteller erhalten Al Pacino für seine Rolle in *Der Duft der Frauen* und Emma Thompson für *Howards End*.
13.4. *Arkadien*, Komödie von Tom Stoppard, in London.
16.4. Der Berliner Theaterpreis geht an den Dramatiker Botho Strauß.
23.4. Rainald Goetz wird in Mülheim an der Ruhr für sein Einpersonenstück *Katarakt* mit dem Dramatikerpreis ausgezeichnet.
29.4. Jochen Kuhn wird für seinen Beitrag *Silvester* zu den 39. Internationalen Kurzfilmtagen mit dem Großen Preis der Stadt Oberhausen ausgezeichnet.
15.5. Der Amerikaner Steve Reich vermittelt bei den Wiener Festwochen mit dem Musik-Video-Theater *The Cave* neue Musiktheaterimpressionen.
24.5. Die Filme *Das Piano* von Jane Campion und *Lebe wohl, meine Konkubine* von Chen Kaige werden bei den Filmfestspielen in Cannes mit der Goldenen Palme ausgezeichnet. Holly Hunter erhält für ihre stumme Hauptrolle in *Das Piano* den Preis als beste Darstellerin. Mit dem Großen Preis der Jury wird Wim Wenders für seinen Film *In weiter Ferne so nah* geehrt.
17.6. UA: *Requiem für einen Spion*, Stück von George Tabori, am Wiener Akademietheater.

Gesellschaft

18.1. Die erste Ausgabe des Nachrichtenmagazins »Focus« erscheint im Burda-Verlag.

Deutsche Schwimm-Meister

Sport

Freistil 100 m:	
Franziska von Almsick	55,07 sec
Freistil 400 m:	
Dagmar Hase	4:13,19 min
Brust 100 m:	
Sylvia Gerasch	1:09,99 min
Delphin 200 m:	
Katrin Jäcke	2:16,28 min
Rücken 100 m:	
Sandra Völker	1:02,02 min

7.2. 1000 Politikerinnen und Journalistinnen aus 16 Staaten diskutieren auf dem Kongreß »Internationale Frauensolidarität« in Zagreb die Situation der Frauen im Jugoslawienkrieg.
9.2. Die Gesellschaft für deutsche Sprache erklärt den Begriff »ethnische Säuberung« zum Unwort des Jahres.
17.2. Mit einer »Nacht der 1000 Feuer« und einer Straßenblockade im Ruhrgebiet protestieren rund 27 000 Stahlwerker gegen drohende Massenentlassungen.
26.2. Die Explosion einer Autobombe in der Tiefgarage unter dem World Trade Center in New York fordert sechs Menschenleben.
27.3. Ein Bombenanschlag der Roten Armee Fraktion (RAF) zerstört den Neubau einer Justizvollzugsanstalt im hessischen Weiterstadt.
10.4. In Johannesburg wird der schwarze Generalsekretär der KP, Chris Hani ermordet. Täter sind vermutlich weiße Rechtsextremisten.
17.4. Im Folgeprozeß um die Mißhandlung eines Farbigen in Los Angeles werden zwei weiße Polizisten für schuldig befunden und am 4. August zu 30 Monaten Haft verurteilt.
19.4. Die US-Bundespolizei FBI stürmt das Hauptquartier der Davidianersekte in Waco (Texas). Als diese die Gebäude in Flammen aufgehen lassen, sterben mehr als 80 Menschen.

1993

Internationale Politik

10.8., Bosnien-Herzegowina. Die Vermittler im Bosnienkonflikt, David Owen und Thorvald Stoltenberg, präsentieren einen neuen Friedensplan, der u.a. die Teilung Bosniens in drei Republiken vorsieht.
30.8., Litauen. Nach 54 Jahren Besatzung ziehen die letzten russischen Soldaten aus Litauen ab.
13.9., Israel/Palästina. Die PLO und Israel unterzeichnen das »Gaza-Jericho-Abkommen« über eine palästinensische Teilautonomie in den israelisch besetzten Gebieten.
21.9., Rußland. Reformgegner besetzen das Parlamentsgebäude, nachdem Präsident Boris Jelzin die Auflösung des Parlaments verfügt und Neuwahlen für Dezember angekündigt hat.
10.10., Griechenland. Bei Parlamentswahlen kann die sozialistische PASOK-Partei unter Andreas Papandreou die absolute Mehrheit der Mandate auf sich vereinigen.
21.10., Burundi. Der Ermordung des den Hutu angehörenden Staatspräsidenten sowie mehrerer Minister und Massakern unter der Zivilbevölkerung folgt eine Massenflucht von Hunderttausenden in die Nachbarstaaten Zaire, Ruanda und Tansania.
12.12., Rußland. Bei den ersten demokratischen Parlamentswahlen können die reformfeindlichen Kräfte ein unerwartet gutes Ergebnis erzielen.
14.12., Schweiz. In Genf unterzeichnen Vertreter aus 117 Staaten den mühevollen Kompromiß für ein neues Welthandelsabkommen (GATT).

Deutsche Politik

9.8. Das Bundeswehrkontingent im somalischen Belet Huen hat mit 1600 Soldaten seine Sollstärke erreicht.
11.8. Das Bundeskabinett genehmigt die Sparpläne von Finanzminister Theo Waigel in Höhe von 22,6 Mrd. DM.
17.8. Das Berliner Landgericht stellt das Verfahren gegen den früheren DDR-Ministerpräsidenten Willi Stoph wegen dessen schlechtem Gesundheitszustand ein.
19.8. Bei den Hamburger Bürgerschaftswahlen müssen SPD und CDU schwere Verluste hinnehmen, die SPD bleibt jedoch stärkste Partei.
16.9. Das Berliner Landgericht verurteilt den ehemaligen DDR-Verteidigungsminister Heinz Keßler und seinen Stellvertreter wegen der Todesschüsse an der innerdeutschen Grenze zu mehrjährigen Haftstrafen.
12.10. Das Bundesverfassungsgericht billigt den Maastrichter Vertrag zur Europäischen Union.
26.10. Das Landgericht Berlin verurteilt den ehemaligen DDR-Stasi-Minister Erich Mielke wegen eines 1931 begangenen Doppelmordes an zwei Polizisten zu sechs Jahren Haft.
25.11. Wegen zunehmender Kritik an seiner Person verzichtet der sächsische Justizminister Steffen Heitmann (CDU) auf seine Kandidatur für die Bundespräsidentenwahl.
26.11. Bundesinnenminister Manfred Kanther spricht aufgrund der Gewaltbereitschaft der Organisation ein Verbot der Kurdischen Arbeiterpartei (PKK) in Deutschland aus.

Wirtschaft und Wissenschaft

6.8., Raumfahrt. Die amerikanische Weltraumbehörde NASA stellt fest, daß das Eis auf dem Planeten Pluto aus Stickstoff besteht und nicht, wie bislang angenommen, aus Methan.
9.8., Medizin. Die Weltgesundheitsorganisation teilt mit, daß derzeit weltweit etwa 14 Mio. Menschen an AIDS erkrankt sind. Bis zum Jahr 2000 wird mit einem Anstieg der Infiziertenzahl auf bis zu 40 Mio. gerechnet.
17.9., Wirtschaft. Der Daimler-Benz-Konzern plant den Abbau von weltweit 44 000 Arbeitsplätzen bis Ende 1994.
29.10., Wirtschaft. Die EG wählt Frankfurt am Main zum Sitz der künftigen Europäischen Zentralbank.

Wissenschaftler geehrt
Chronik Nobelpreise

Chemie: Kary B. Mullis (USA) und Michael Smith (CDN)
Medizin: Richard Roberts (GB) und Phillip Sharp (USA)
Physik: Russell A. Hulse (USA) und Joseph Taylor jr. (USA)
Frieden: Nelson Mandela (ZA) und Frederik Willem de Klerk (ZA)
Literatur: Toni Morrison (USA)
Wirtschaft: Robert W. Fogel (USA) und Douglass C. North (USA)

10.12., Nobelpreise. In Stockholm und Oslo werden die diesjährigen Nobelpreise feierlich überreicht. ▷Chronik Nobelpreise

1993 Geborene und Gestorbene

Gestorben:
6.1. Dizzy Gillespie (*21.10.1917), amerikanischer Jazzmusiker.
6.1. Rudolf Nurejew (*17.3.1938), österreichischer Tänzer und Choreograph sowjetischer Herkunmft.
20.1. Audrey Hepburn (*4.5.1929), amerikanische Filmschauspielerin.
25.2. Eddie Constantin (*29.10.1917), franko-amerikanischer Schauspieler.
5.3. Hans-Christian Blech (*20.2.1915), deutscher Schauspieler.
23.3. Hans Werner Richter (*12.11.1908), deutscher Schriftsteller.
24.4. Gustl Bayrhammer (*12.2.1922), deutscher Schauspieler.
1.5. Pierre Bérégovoy (*23.12.1925), französischer Politiker.
18.5. Heinrich Albertz (*22.1.1915), deutscher Theologe und Politiker.
19.6. Sir William Golding (*19.9.1911), britischer Schriftsteller.

1993

Kunst, Literatur und Musik

23.4. Die Kunstsammlung Nordrhein-Westfalen in Düsseldorf zeigt in der Ausstellung »Aboriginal Art« die Kunst australischer Ureinwohner.
30.4. Die Bonner Bundeskunsthalle stellt Werke des amerikanischen Bildhauers Alexander Calder aus.
6.5. In Lübeck wird das neue Heinrich- und-Thomas-Mann-Zentrum im Buddenbrookhaus eröffnet.
7.5. Für umgerechnet 305 000 DM wechselt das Foto *Glass Tears* von Man Ray auf einer Auktion in London den Besitzer.
9.5. Die Leipziger Oper begeht ihr 300jähriges Bestehen.
20.5. Das kalifornische Getty-Museum ersteigert in London Caspar David Friedrichs Gemälde *Spaziergang in der Abenddämmerung* für umgerechnet 5,7 Mio. DM.
13.6. Venedigs 45. Kunstbiennale vereinigt die Werke von 715 Künstlern aus 53 Ländern. Der in den USA lebende deutsche Künstler Hans Haake und der Koreaner Nam June Pak erhalten für ihre Beiträge den Goldene Löwen.
25.6. In Leipzig feiert Jörg Herchets Oper *Nachtwache* in der Regie von Ruth Berghaus Premiere.
12.7. In London stellt Andrew Lloyd Webber sein neues Musical *Sunset Boulevard* vor.
25.8. Der seit 1945 verschwundene »Schatz des Priamos« befindet sich in russischer Hand.
5.11. Der Europarat erklärt Stockholm und Weimar zu den Kulturhauptstädten Europas für die Jahre 1998 und 1999.

Theater und Film

22.6. Der Berliner Senat beschließt, das traditionelle Schiller-Theater, die Schiller-Werkstatt und das Schloßpark-Theater zum Saisonende stillzulegen. Viele bekannte Theaterregisseure protestieren. ▷Chronik Zitat

Theater muß schließen
Zitat

»Die Berliner Theaterlandschaft wird veröden, gerade zu einem Zeitpunkt, wo die größte Chance besteht, sie neu erblühen zu lassen.«
Claus Peymann, Theaterregisseur

28.7. UA: *Gleichgewicht*, Stück von Botho Strauß, in Salzburg.
15.8. Beim Internationalen Filmfestival in Locarno wird der Beitrag aus Kasachstan, *Mein Uniformhut* von Ermek Schinarbajew, mit dem Goldenen Leoparden ausgezeichnet.
2.9. Steven Spielbergs Dinosaurierfilm *Jurassic Park* feiert in deutschen Kinos Premiere.
25.10. Das Land Berlin erwirbt den Nachlaß der 1992 verstorbenen Filmschauspielerin Marlene Dietrich.
29.10. UA: *Rosa Luxemburg – Rote Rosen für Dich*, Stück von George Tabori in der Inszenierung von Hans Kresnik, an der Berliner Volksbühne.
1993 Francis Ford Coppola bringt mit *Bram Stroker's Dracula* einen beeindruckenden Rausch der Farben und Symbole auf die Kinoleinwand.

Gesellschaft

25.5. Nach Insider-Aktiengeschäften reicht der Vorsitzende der IG Metall Franz Steinkühler seinen Rücktritt ein.
9.6. In Tokio heiratet der japanische Kronprinz Naruhito die Diplomatin Masako Owada.
1.7. Fünfstelligen Postleitzahlen sorgen im Bereich der Deutschen Bundespost für vielfache Verwirrung.
12.7. In Nordjapan fordert das schwerste Erdbeben seit 45 Jahren mehr als 250 Tote.
17.7. Bombenanschläge in Touristenzentren der Türkei gehen offensichtlich auf das Konto der kurdischen PKK.
23.7. In Rio de Janeiro werden acht Straßenkinder von einem Killerkommando erschossen.
29.7. Mangels Beweisen hebt der Oberste Gerichtshof Israels das Todesurteil gegen den mutmaßlichen NS-Verbrecher John Demjanjuk auf.
29.9. In der Wüste von Arizona endet das Experiment »Biosphäre 2«, bei dem vier Männer und vier Frauen zwei Jahre lang von der Außenwelt abgeschnitten waren.
6.10. In Deutschland wurden bisher mindestens 373 Personen durch AIDS-verseuchte Blutkonserven infiziert.
24.11. In Großbritannien werden zwei elfjährige Jungen wegen Mordes an einem Zweijährigen zu einer Freiheitsstrafe von unbestimmter Dauer verurteilt.
2.12. In Kolumbien erschießt die Polizei den Drogenboß Pablo Escobar, der sich seiner Verhaftung zu entziehen versuchte.

Geborene und Gestorbene

31.7. König Baudouin I. (*7.9.1930), König von Belgien.
16.8. Stewart Granger (*6.5.1913), britischer Schauspieler.
12.9. Raymond Burr (*21.5.1917), amerikanischer Schauspieler.
16.10. Paolo Bortoluzzi (*17.5.1938), italienischer Tänzer.
18.10. Helmut Gollwitzer (*29.12.1908), deutscher Publizist und Theologe.
31.10. Federico Fellini (*20.1.1920), italienischer Filmregisseur.
25.11. Anthony Burgess (*25.2.1917), britischer Schriftsteller.
4.12. Frank Zappa (*21.12.1940), amerikanischer Rock- und Experimentalmusiker.
7.12. Félix Houphouët-Boigny (*18.10.1905), westafrikanischer Politiker.
12.12. József Antall (*8.4.1932), ungarischer Politiker.

1994

Internationale Politik

16.1., Rußland. Der Radikalreformer und Vize-Regierungschef Jegor Gaidar tritt zurück.
9.2., Bosnien-Herzegowina. Die NATO stellt den bosnischen Serben ein Ultimatum, binnen zehn Tagen ihre schweren Geschütze um die Hauptstadt Sarajewo abzuziehen.
28.2., USA/Bosnien-Herzegowina. Zwei US-Kampfflugzeuge schießen vier serbische Militärmaschinen ab.
6.3. Moldawien. Die Bevölkerung votiert in einem Referendum für die Unabhängigkeit.
24.3., Somalia. 15 somalische Bürgerkriegsparteien unterzeichnen in Nairobi ein Versöhnungsabkommen. Am folgenden Tag endet das UNO-Mandat für die Blauhelmtruppen aus den USA und Europa in Somalia.
27.3., Italien. Bei den Parlamentswahlen erzielt das Rechtsbündnis von Silvio Berlusconi die absolute Mehrheit.
30.3., Kroatien. Kroaten und Serben in der abgespaltenen Serbischen Republik Krajina einigen sich auf einen Waffenstillstand.
4.5., Israel. Der israelische Ministerpräsident Yitzhak Rabin und PLO-Chef Jasir Arafat unterzeichnen in Kairo das Autonomieabkommen für die Palästinenser in den israelisch besetzten Gebieten Gaza und Jericho.
9.5., Südafrika. Der ANC-Vorsitzende Nelson Mandela wird per Akklamation erster schwarzer Präsident Südafrikas.
11.5., Italien. Silvio Berlusconi wird neuer Ministerpräsident. Seinem Kabinett gehören fünf Mitglieder der neofaschistischen Nationalen Allianz an.
14.5., Georgien. Georgien und die abtrünnigen Abchasen vereinbaren in Moskau die Stationierung von GUS-Friedenstruppen.
12.6., Schweiz. In einer Volksabstimmung votieren die Schweizer gegen die Aufstellung einer 600 Mann starken Truppe für Friedenseinsätze der UNO.
12.6., Österreich. Die Wähler entscheiden sich mit Zweidrittel-Mehrheit für den Beitritt ihres Landes zur Europäischen Union.
22.6., Ruanda. Der UNO-Sicherheitsrat genehmigt eine humanitär begründete Militärintervention Frankreichs.

Deutsche Politik

14.1. In Bonn einigen sich die Bundestagsparteien auf den Umzug von Regierung und Parlament nach Berlin spätestens bis zum Jahr 2000.
24.1. Die Spitzen von CDU und CSU nominieren den Präsidenten des Bundesverfassungsgerichts, Roman Herzog, als Kandidaten für das Amt des Bundespräsidenten.
24.1. Aktenmaterial über die Tätigkeit Herbert Wehners als Funktionär der KPD in Moskauer zwischen 1937 und 1942 bringt keine Beweise dafür, daß der frühere SPD-Fraktionsvorsitzende für die »andere Seite« gearbeitet hat.
16.2. Der bayerische Umweltminister Peter Gauweiler (CSU) erklärt seinen Rücktritt.
13.3. Bei der Landtagswahl in Niedersachsen gewinnt die SPD unter Ministerpräsident Gerhard Schröder 44,3% der Stimmen.
22.3. Im Brandenburger Lantag verläßt die Bündnis-90-Fraktion die Ampelkoalition wegen früherer Stasi-Kontakte von Ministerpräsident Manfred Stolpe (SPD).
23.5. Die Bundesversammlung wählt Roman Herzog (CDU) zum neuen Bundespräsidenten.
29.5. 81jährig erliegt in Santiago de Chile Erich Honecker, der ehemalige Staats- und Parteichef der DDR, seinem Krebsleiden.
4.7. Der chinesische Ministerpräsident Li Peng wird während seines Deutschlandbesuchs von Protesten gegen Menschenrechtsverletzungen in China begleitet.
21.7. In Sachsen-Anhalt wird Reinhard Höppner (SPD) unter Duldung der PDS zum Chef einer rot-grünen Minderheitsregierung gewählt.
8.9. Die Streitkräfte der drei Westalliierten werden in Berlin offiziell verabschiedet.
16.10. Bei den Bundestagswahlen wird die Koalition aus CDU/CSU und FDP bestätigt.
18.10. Rudolf Scharping wird SPD-Fraktionsvorsitzender im Bundestag.
9.11. Bundesbauministerin Irmgard Schwaetzer stellt ihr Amt als stellvertretende FDP-Bundesvorsitzende zur Verfügung.

Wirtschaft und Wissenschaft

13.1., Kernenergie. Im deutschen Atommülllager Morsleben wird radioaktiver Abfall eingelagert, der aus dem stillgelegten Atomkraftwerk Greifswald bei Rostock stammt.
31.1., Astronomie. Astronomen entdecken im 6500 Lichtjahre entfernten Sternbild des Schwans einen Himmelskörper mit einer Leuchtkraft von über 1 Mio. Sonnen.

Preise in Deutschland
Statistik

Einzelhandelspreise (DM):

Butter, 1 kg	8,00
Weizenmehl, 1 kg	1,17
Schweinefleisch, 1 kg	12,66
Rindfleisch, 1 kg	19,17
Eier, 10 Stück	2,82
Kartoffeln, 5 kg	6,74
Vollmilch, 1 l	1,32
Zucker, 1 kg	1,90

31.1., Wirtschaft. Die Zahl der Arbeitslosen in der Bundesrepublik überschreitet erstmals die Vier-Millionen-Grenze.
2.3., Technik. Das Bundeskabinett genehmigt den Bau der Magnetschwebebahn »Transrapid« zwischen Hamburg und Berlin.
14.3., Medien. IBM, Apple und Motorola stellen in New York ihr Gemeinschaftsprojekt »Power-PC« vor.
21.3., Biologie. Wissenschaftler bringen 5300 Jahre alte Pilzsporen an den Schuhen der im Ötztal geborgenen Gletschermumie zum Keimen.
15.4., Wirtschaft. Im größten Immobilienskandal der Bundesrepublik wird gegen den flüchtigen Jürgen Schneider das Konkursverfahren eröffnet.
26.4., Physik. Ein amerikanisches Physikerteam hat mit großer Wahrscheinlichkeit das »Top-Quark« als den sechsten und letzten Baustein des Atomkerns nachgewiesen.
4.5., Medizin. Krebspatienten werden erstmals in Deutschland mit genetisch veränderten »Killerzellen« behandelt.
7.6., Technik. Das größte Solarkraftwerk Europas geht in Toledo ans Netz.

1994

Kunst, Literatur und Musik

2.1. 1,5 Mio. Besucher zählte die Ausstellung »Von Cézanne bis Matisse – die Schätze der Barnes-Sammlung« im Musée d'Orsay in Paris.
16.1. UA: *Trilogie M.R.*, Ballett von John Neumeier nach der Musik von Maurice Ravel, an der Hamburger Staatsoper.
26.1. Die Autorin Joan Brady wird mit dem britischen Whitbread-Preis ausgezeichnet.
29.1. Die Fotodesignerin Annet van der Voort erhält den Deutschen Photopreis.
2.2. Den mit umgerechnet 440 000 DM dotierten Polar-Musikpreis erhalten der amerikanische Jazzmusiker Quincy Jones und der österreichische Dirigent Nicolaus Harnoncourt.
26.2. Lissabon wird für das nächste halbe Jahr Kulturhauptstadt Europas.
1.3. Bei der 36. Verleihung der US-Musikpreise Grammy Award in New York wird die Sängerin Whitney Houston dreimal ausgezeichnet.
17.3. Auf der Leipziger Buchmesse präsentieren mehr als 800 Verlage aus 28 Ländern ihre Produkte.
8.4. Kurt Cobain, Leadsänger der Gruppe Nirvana, erschießt sich in Seattle mit einer Schrotflinte.
23.4. Im Grand Palais in Paris eröffnet die Ausstellung »Impressionismus – Die Ursprünge 1859 bis 1869«.
Mai Im Wiener Künstlerhaus zeigt die Ausstellung »Kunst und Diktatur« Ästhetik in totalitären Systemen.
19.5. Der Puschkin-Preis der Hamburger Stiftung F.V.S. wird der russischen Lyrikerin Bella Achmadulina verliehen.
27.5. Nach 20jährigem Exil in den USA kehrt Alexander Solschenizyn nach Rußland zurück.
27.5. Die Bundeskunsthalle in Bonn zeigt eine Ausstellung osteuropäischer Avantgarde-Kunst unter dem Titel »Europa, Europa«.
28.5. In Wolfsburg wird das neue Kunstmuseum eröffnet.
13.6. Das »Haus der Geschichte der Bundesrepublik Deutschland« wird in Bonn eröffnet. Anhand von ausgewählten Exponaten stellt es die Entwicklung in Deutschland seit dem Ende des Zweiten Weltkriegs dar.

Theater und Film

22.1. Der Film *Schindlers Liste* von Steven Spielberg wird in Los Angeles mit drei Golden Globes ausgezeichnet.
30.1. Der Film *Scheinschwangerschaft* des Schweizer Regisseurs Denis Rabaglia erhält den Max-Ophüls-Preis.
16.2. UA: *Herr Paul*, Drama von Tankred Dorst, am Deutschen Schauspielhaus in Hamburg.
20.2. Bei den Internationalen Filmfestspielen in Berlin wird der irisch-britische Film *Im Namen des Vaters* von Jim Sheridan mit dem Goldenen Bären und den Gildepreis prämiert.
9.3. UA: *Splendid's*, Stück von Jean Genet, an der Berliner Schaubühne.
21.3. Steven Spielbergs Holocaust-Film *Schindlers Liste* erhält in Los Angeles sieben Oscars.
21.3. Drei Oscars gehen an den Film *Das Piano* der Neuseeländerin Jane Campion. Als bester Hauptdarsteller wird Tom Hanks in *Philadelphia* ausgezeichnet. *Schwarzfahrer* von Pepe Danquart erhält einen Oscar als bester Kurzfilm des Jahres.
30.3. UA: *Sucht/Lust*, Stück von Christoph Marthaler, im Hamburger Schauspielhaus.
24.4. UA: *Broken Glass*, Drama von Arthur Miller, am Broadway in New York.
8.5. Tankred Dorst erhält in Berlin den Preis des Internationalen Theaterinstituts (ITI).
21.5. UA: *Der Drang*, Stück von Franz Xaver Kroetz, an den Münchner Kammerspielen.
23.5. Die Goldene Palme der Filmfestspiele in Cannes erhält der Film *Pulp Fiction* von Quentin Tarantino.
29.5. UA: *Delirium*, Gedicht-Collage von Hans Magnus Enzensberger in der Regie von George Tabori, am Hamburger Thalia-Theater.
9.6. In Berlin wird die Produktion *Kaspar Hauser* von Peter Sehr als bester deutscher Beitrag mit dem Filmband in Gold ausgezeichnet.
12.6. UA: *Schöner Toni*, Stück des israelischen Dramatikers Joshua Sobol, am Schauspielhaus Düsseldorf.
18.6. UA: *Nietzsche*, Stück von Hans Jürgen Syberberg, in der Weimarer Reithalle.

Gesellschaft

1.1. Bei Großbränden im australischen Bundesstaat Neusüdwales wird rund 1 Mio. Hektar Wald vernichtet.
17.1. Bei einem schweren Erdbeben in Südkalifornien kommen mindestens 55 Menschen ums Leben.
20.1. Zehntausende von Beuteln mit hochgiftigen Pestiziden aus über Bord gegangenen Containern werden an der Nordseeküste angeschwemmt.
22.1. Ein Geschworenengericht im US-Bundesstaat Virginia erklärt Lorena Bobbitt für nicht schuldig, die ihren Mann mit dem Küchenmesser seines Zeugungsorgans beraubt hatte.
23.2. In Hebron erschießt ein radikaler israelischer Siedler 29 Palästinenser in einer Moschee.

Fußball-Landesmeister
Sport

Deutschland: FC Bayern München
Österreich: Austria Salzburg
Schweiz: Servette Genf
Belgien: RSC Anderlecht
England: Manchester United
Georgien: Dynamo Tiflis
Italien: AC Mailand
Portugal: Benfica Lissabon
Rußland: Spartak Moskau
Spanien: FC Barcelona

28.2. Das Landgericht München erklärt einen »Polizeikessel« für rechtswidrig, in dem im Juli 1992 Demonstranten gegen den Weltwirtschaftsgipfel festgehalten wurden.
10.3. Der Bundestag streicht den Homosexuellenparagraph 175 aus dem Strafgesetzbuch.
12.3. 32 Priesterinnen werden in der Kathedrale von Bristol geweiht.
25.3. Bei einem Brandanschlag auf die Synagoge in Lübeck entsteht erheblicher Sachschaden.
22.4. Der Kaufhauserpresser Arno Funke alias »Dagobert« geht der Polizei in Berlin ins Netz.
28.4. Der Besitz geringer und zum Eigengebrauch bestimmter Mengen von Haschisch und Marihuana ist laut Bundesverfassungsgericht legal.

1994

Internationale Politik

15.7., Ungarn. Der Sozialist Gyula Horn wird Ministerpräsident.
18.7., Ruanda. Die Rebellen der Patriotischen Front (RPF) erkären den Bürgerkrieg für beendet und setzen eine provisorische Regierung ein.
31.8., Großbritannien. Nach 25 Jahren Bürgerkrieg erklärt die nordische Untergrundorganisation IRA ihren Verzicht auf Waffengewalt.
21.10., USA/Nordkorea. Die USA und Nordkorea legen in Genf ihren Streit über die Kontrolle nordkoreanischer Atomanlagen bei.
26.10., Israel/Jordanien. An der Grenze zwischen Jordanien und Israel unterzeichnen Yitzhak Rabin und Abdel Salam ed Madschali einen Friedensvertrag.
8.11., USA. Bei Kongreß- und Gouverneurswahlen verliert die demokratische Partei von Bill Clinton ihre Mehrheit in beiden Häusern des Parlaments.
28.11., Norwegen. Die Norweger votieren gegen den Beitritt des Landes zur Europäischen Union.
9.12., Großbritannien. In Belfast finden die ersten Gespräche zwischen der nordirischen Untergrundorganisation IRA und der britischen Regierung seit 1972 statt.
11.12., Rußland. Russische Truppen gehen massiv gegen die tschetschenischen Unabhängigkeitskämpfer vor.
22.12., Italien. Ministerpräsident Silvio Berlusconi tritt nach siebenmonatiger Amtszeit wegen Korruptionsverdacht zurück.
23.12., Bosnien. Der ehemalige US-Präsident Jimmy Carter vermittelt eine Feuerpause im Bosnienkonflikt.

Deutsche Politik

10.11. Der Alterspräsident des Bundestages, der PDS-Abgeordnete und Schriftsteller Stefan Heym, eröffnet in Berlin den 13. Deutschen Bundestag.
10.11. Bundesinnenminister Manfred Kanther (CDU) verbietet die neonazistische Wiking-Jugend.
10.11. Mit den Stimmen von CDU/CSU und denen ihrer eigenen Partei wird die Grünen-Abgeordnete Antje Vollmer Vizepräsidentin des Deutschen Bundestages.
15.11. Helmut Kohl (CDU) wird erneut zum Bundeskanzler gewählt. In seiner Regierungserklärung kündigt er an, »Deutschland fit zu machen fürs 21. Jahrhundert«. Oppositionsführer Rudolf Scharping wirft dem Kanzler vor, seine Versprechungen nicht umzusetzen. ▷ Chronik Zitat
3.12. Das Landgericht Berlin stellt das Verfahren gegen den früheren Stasi-Chef Erich Mielke aufgrund von Verhandlungsunfähigkeit des Angeklagten ein.

Schöne Worte
Chronik Zitat

»Sie haben in der Vergangenheit mit Ihren Taten immer widerlegt, genau das Gegenteil dessen getan, was Sie mit Ihren schönen Worten beschreiben.«
Rudolf Scharping, SPD-Politiker

5.12. Der SPD-Parteivorstand schließt eine Koalition mit der SED-Nachfolgepartei PDS aus.

Wirtschaft und Wissenschaft

16.7., Astronomie. Der Einschlag des in mehr als 20 Teile zerfallenen Kometen »Shoemaker-Levy-9« auf den Jupiter ist fünf Tage lang zu beobachten.

Wissenschaftler geehrt
Chronik Nobelpreise

Chemie: George A. Olah (USA)
Medizin: Alfred G. Gilman (USA) und Martin Rodbell (USA)
Physik: Bertram Brookhouse (CDN) und Clifford Shull (USA)
Frieden: Jasir Arafat und Yitzhak Rabin (IL)
Literatur: Kenzaburo Oe (J)
Wirtschaft: Reinhard Selten (D), John F. Nash (USA) und John C. Harsanyi (USA)

31.7., Geologie. Mit Hilfe eines Roboters können Wissenschaftler die Vorgänge im Kraterinneren eines aktiven Vulkans beobachten.
1.9., Wirtschaft. Beim Kölner Fernsehsender VOX steigt »Medienzar« Rupert Murdoch mit 49,9% ein, Bertelsmann behält seinen Anteil von rd. 450 Mio. DM seinen Anteil von 24,9%.
22.9., Archäologie. Forscher finden in Äthiopien 4,4 Mio. Jahre alte Urmenschenknochen.
9.11., Medizin. AIDS-Forscher entdecken ein vom HIV-Virus gebildetes Eiweiß.
10.12., Nobelpreise. In Stockholm und Oslo werden die diesjährigen Nobelpreise feierlich überreicht. ▷ Chronik Nobelpreise

1994 Geborene und Gestorbene

Gestorben:
22.2. Lore Lorentz (*12.9.1929), deutsche Kabarettistin.
9.3. Charles Bukowski (*16.8.1920), amerikanischer Schriftsteller.
28.3. Eugène Ionesco (*26.11.1909), rumänisch-französischer Dramatiker.
7.4. Golo Mann (*27.3.1909), deutscher Historiker und Publizist.
22.4. Richard M. Nixon (*9.1.1913), amerikanischer Politiker.
1.5. Ayrton Senna (*21.3.1960), brasilianischer Automobilsportler.
29.5. Erich Honecker (*25.8.1912), deutscher Politiker.

1994

Kunst, Literatur und Musik

14.6. Der Kunsthistoriker Ernst Gombrich erhält den Goethe-Preis der Stadt Frankfurt am Main.
1.8. Nach fünf Jahren Pause treibt es die Rolling Stones wieder auf Welttournee.
12.8. Im US-Bundesstaat New York frischt das Rockmusik-Festival »Woodstock '94« die Erinnerung an das legendäre »Woodstock«-Konzert vor 25 Jahren auf. ▷Chronik Zitat

Woodstock-Feeling
Zitat

»Sie kampierten in Autos und Zelten, kopulierten in Schlafsäcken, konsumierten Millionen Würstchen und Buletten und pafften so viel Marihuana, daß man schon vom Einatmen benebelt wurde.«
»Der Spiegel«

2.9. Die Hamburger Deichtorhallen präsentieren die Ausstellung »Das Jahrhundert des Multiplen – Von Duchamp bis zur Gegenwart«.
1.10. UA: *Narcissus*, Oper von Beat Furrer, in Graz.
11.11. Für umgerechnet 47 Mio. DM ersteigert der Microsoft-Milliardär Bill Gates in New York ein Manuskript des italienischen Malers und Bildhauers Leonardo da Vinci.
2.12. In einem eigens erbauten Erlebnis-Center in Stuttgart feiert das Musical *Miss Saigon* von Claude-Michel Schoenberg und Alain Boublil deutsche Premiere.

Theater und Film

21.7. UA: *Friedrich der Große und Oedipus Rex, eine Begegnung in Sanssouci*, Stück von Walter Jens, in Potsdam.
14.8. Auf dem Filmfestival in Locarno wird der Goldene Leopard an den iranischen Beitrag *Khomreh* von Ebrahim Foruzeh, der Spezialpreis an *Ermo* von Zhou Xiaowen vergeben.
12.9. Der Goldene Löwe der Biennale in Venedig wird zu gleichen Teilen an die Filme *Before the Rain* von Milcho Manchevski aus Mazedonien und *Vive l'amour* von Tsai Ming-Liang aus Taiwan vergeben.
25.9. UA: *Ich bin das Volk*, Stück von Franz Xaver Kroetz, im Wuppertaler Schauspielhaus.
6.10. Der Film *Der bewegte Mann* von Sönke Wortmann mit Til Schweiger und Katja Riemann in den Hauptrollen feiert in Deutschland Premiere. Mit rund 5 Mio. Besuchern wird er der erfolgreichste deutsche Film des Jahres.
22.10. Der Film *Floundering* von Peter McCarthy erhält den Rainer-Werner-Fassbinder-Preis.
5.11. UA: *Raststätte oder Sie machen's alle*, Stück von Elfriede Jelinek in der Inszenierung von Claus Peymann, am Wiener Akademietheater.
18.11. In Berlin feiert der Walt-Disney-Zeichentrickfilm *König der Löwen* Premiere.
27.11. Der italienische Regisseur Gianni Amelio erhält den Europäischen Filmpreis Felix für seinen Film *Lamerica*. Der französische Regisseur Robert Bresson wird mit einem Felix für sein Lebenswerk geehrt.
21.12. UA: *Randow*, Stück von Christoph Hein, in Dresden.

Gesellschaft

6.5. Bei Calais wird der rund 50 km lange Eurotunnel unter dem Ärmelkanal feierlich eröffnet.
20.5. Das Leugnen des deutschen Völkermords an den Juden, die sog. Auschwitz-Lüge, wird unter Strafe gestellt und mit Freiheitsentzug bis zu drei Jahren geahndet.
7.6. Nach Dänemark und Norwegen erklärt auch Schweden homosexuelle Partnerschaften für legal.
26.7. Ozonalarm in Hessen sorgt für Tempolimits auf Autobahnen und Landstraßen.
14.8. Der seit 20 Jahren international gesuchte Top-Terrorist Ramirez Sanchez (»Carlos«) wird im Sudan verhaftet und an Frankreich ausgeliefert.
23.9. Aus Angst vor der Pest fliehen aus der westindischen Industriemetropole Surat mehr als 250 000 Menschen.
28.9. 918 Menschen sterben, als die vollbesetzte estnische Fähre »Estonia« bei schwerem Seegang auf der Ostsee sinkt.
25.10. Nahe der nordrussischen Stadt Usinsk ist der Damm eines riesigen, von einer geborstenen Pipeline gespeisten Ölsees gebrochen.
1.12. Als erste deutsche Kommune eröffnet Frankfurt am Main einen sog. Gesundheitsraum, in dem sich Drogenabhängige Rauschgift spritzen können.
2.12. Vor dem Horn von Afrika sinkt der italienische Passagierdampfer »Achille Lauro«, der am 30. November in Brand geraten war.
21.12. Die Gesellschaft für Deutsche Sprache erklärt in Wiesbaden den Begriff »Superwahljahr« zum Wort des Jahres 1994.

Geborene und Gestorbene

14.7. Robert Jungk (*11.5.1913), österreichischer Zukunftsforscher.
13.8. Manfred Wörner (*24.8.1934), deutscher Politiker.
14.8. Elias Canetti (*25.7.1905), deutsch-bulgarischer Schriftsteller.

25.9. Louis Ferdinand (*9.11.1907), Enkel des letzten deutschen Kaisers.
3.10. Heinz Rühmann (*7.3.1902), deutscher Schauspieler.
18.10. Eberhard Feik (*23.11.1943), deutscher Schauspieler.

21.10. Burt Lancaster (*2.11.1913), amerikanischer Filmschauspieler.
19.11. Cab Calloway (*25.12.1907), amerikanischer Bandleader.
26.12. Karl Schiller (*24.4.1911), deutscher Politiker.

1995

Internationale Politik

1.1., Finnland/Österreich/Schweden. Durch den Beitritt Finnlands, Österreichs und Schwedens umfaßt die Europäische Union nunmehr 15 Mitgliedsstaaten.
1.1., Bosnien-Herzegowina. Der Ende 1994 durch Vermittlung der UNO vereinbarte viermonatige Waffenstillstand tritt in Kraft.
25.1., Italien. Der parteilose Politiker Lamberto Dini wird neuer Ministerpräsident.
9.2., Rußland. Russische Armee-Einheiten erobern die tschetschenische Hauptstadt Grosny. Am 16. Februar äußert sich Präsident Boris Jelzin zur in Tschetschenienfrage. ▷ Chronik Zitat

Eroberung Grosnys

Chronik Zitat

»*Rußland befreit sich von der Krebsgeschwulst des Regimes in Grosny zu einer Zeit, da der Aufbau seines neuen Staatswesens erst beginnt, die bürgerliche Gesellschaft noch unreif ist und die demokratischen Traditionen schwach.*«
Boris Jelzin, russischer Präsident

22.2., Großbritannien/Irland. Großbritannien und Irland einigen sich in Belfast auf ein Rahmenabkommen für Nordirland.
1.3., Polen. Der Parlamentspräsident Józef Oleksy wird Ministerpräsident.
8.3., Griechenland. Konstantin Stephanopoulos löst Konstantin Karamanlis als Staatspräsident an.
26.3., Belgien. Das Inkrafttreten des Schengener Abkommens hebt die Grenzkontrollen zwischen sieben EU-Staaten auf.
7.5., Frankreich. Der Neogaullist Jacques Chirac setzt sich in einer Stichwahl um das Amt des Staatspräsidenten durch. Neuer Regierungschef wird am 17. Mai Alain Juppé.
26.5., Bosnien-Herzegowina. Als Vergeltung für mehrere NATO-Luftangriffe auf serbische Munitionsdepots nehmen die Serben 284 Blauhelmsoldaten als Geiseln.

Deutsche Politik

1.1. Die Bundesbürger werden mit einem Solidaritätszuschlag von 7,5 % auf die Steuerschuld sowie einem Beitrag zur Pflegeversicherung belastet.
24.1. Die Witwe des verstorbenen SPD-Vorsitzenden und ehemaligen Bundeskanzlers Willy Brandt, Brigitte Seebacher-Brandt, tritt im Konflikt mit der SPD über den schriftlichen Nachlaß ihres Mannes aus der Partei aus.
24.2. Das Bundesinnenministerium setzt die rechtsextreme Freiheitliche Deutsche Arbeiterpartei (FAP) auf den Index.
2.3. Nach Brandanschlägen auf türkische Reisebüros, die Anhängern der PKK zur Last gelegt werden, verbietet Innenminister Manfred Kanther mehrere kurdische Einrichtungen.
14.3. Die FDP setzt den Verzicht auf eine Ersatzsteuer für den 1994 für verfassungswidrig erklärten sog. Kohlepfennig durch.
15.3. Die geplante Bundeswehrreform sieht u.a. eine Verkleinerung des Heeres auf 338 000 Mann, Wehrpflicht von zehn Monaten und die Aufgabe von 19 der 743 Bundeswehr-Standorte vor.
11.4. Ermittlungen der »Gauck-Behörde« bestätigen, daß der DDR-Staatssicherheitsdienst seit 1967 Pläne besaß, in Krisenzeiten bis zu 10 000 Regimegegner festzusetzen.
26.4. Der Deutsche Bundestag billigt die Einsetzung eines Untersuchungsausschusses zur Aufdeckung der Plutoniumaffäre.
8.5. Führende Politiker aus dem In- und Ausland gedenken in Berlin des 50. Jahrestags des Kriegsendes und der Befreiung vom Nationalsozialismus.
▷ Chronik Zitat

50 Jahre Kriegsende

Chronik Zitat

»*Die Herzen dürfen nicht erkalten, die Erinnerung darf nicht getrübt werden. Sie muß das lichte Antlitz der Gefallenen, die Bitterkeit von Niederlagen und die Freude über die Siege bewahren.*«
Boris Jelzin, russischer Präsident

Wirtschaft und Wissenschaft

26.1., Architektur. Im französischen Le Havre wird die längste Schrägseilbrücke der Welt eingeweiht.
15.2., Medien. Die Deutsche Telekom startet mit 50 Teilnehmern den ersten von sieben Multimedia-Versuchen.

Arbeitsmarkt in Deutschland

Chronik Statistik

Abgebaute Stellen:

Maschinenbau	966 745
Elektrotechnik	948 347
Fahrzeugbau	784 045
Chemie	569 998
Nahrungsmittel	531 875
Textil/Bekleidung	291 696

23.2., Kernenergie. Ungeachtet der Proteste von Umweltschützern läuft der britische Frachter »Pacific Pintail« mit 14 t Atommüll von Cherbourg aus und erreicht am 26. April den japanischen Hafen Mutsu Ogawara.
26.2., Medien. Die sieben wichtigsten Industrienationen (G7) beschließen in Brüssel elf Pilotprojekte zur »Datenautobahn«.
27.2., Wirtschaft. Der Milliardenpleite der Londoner Baring Bank folgen Kurseinbrüche an den internationalen Aktienmärkten.
2.4., Wirtschaft. In Hannover eröffnet die größte Industriemesse der Welt, bei der neue Techniken der Rationalisierung und Automatisierung im Vordergrund stehen.
7.4., Ökologie. Die UNO-Klimakonferenz in Berlin endet mit der Billigung eines »Berliner Manifests«, das den Weg zu strengeren Klimaschutzregelungen öffnen soll.
25.4., Kernenergie. Abgebrannte Brennstäbe aus dem baden-württembergischen AKW Philippsburg treffen gegen heftigen Widerstand von Umweltschützern im Zwischenlager Gorleben ein.
16.5., Archäologie. Amerikanische Archäologen entdecken 660 km südlich von Kairo im Tal der Könige die bisher größte Pharaonen-Grabstätte mit 67 Grabkammern.

1995

Kunst, Literatur und Musik

27.2. Das Moskauer Puschkin-Museum stellt 63 Kunstwerke aus, die im und nach dem Zweiten Weltkrieg als »Beutekunst« in die Sowjetunion verbracht wurden.
16.3. Der Dramatiker Harold Pinter erhält den David-Cohen-Preis für sein Gesamtwerk.
29.3. Ein Festessen ehrt den deutschen Schriftsteller Ernst Jünger an seinem 100. Geburtstag.
30.3. Mit der Bibliothèque Nationale in Paris eröffnet der scheidende französische Staatspräsident François Mitterrand das letzte der von ihm initiierten großen Bauwerke.
3.4. Das Künstlerhaus in Wien zeigt 220 Stein- und Terrakotta-Plastiken aus der frühen buddhistischen Kultur Indiens.
3.5. UA: *Schliemann*, Oper von Betsy Jolas, in der Opéra de Lyon.
5.5. Die Vergabe des Friedenspreises des Deutschen Buchhandels an die umstrittenen deutsche Orientalistin Annemarie Schimmel provoziert anhaltenden Protest.
10.5. Die Stadt Frankfurt am Main zeichnet den französischen Filmregisseur Jean-Luc Godard mit dem Theodor-Adorno-Preis aus.
12.5. In Bremen zeigt die Kunsthalle Werke des Allroundkünstlers der Beatles: »Original John Lennon«.
13.5. Die Gruppe Secret Garden aus Norwegen gewinnt den Grand Prix Eurovision de la Chanson. Das deutsche Duo Stone & Stone landet mit einem Punkt auf dem letzten Platz.
20.5. UA: *Die Wände* von Jean Genet in der Inszenierung von Adrian Hölsky, bei den Wiener Festwochen.
26.5. Der russische Lyriker Semen I. Lipkin wird für sein dichterisches Gesamtwerk mit dem Puschkin-Preis ausgezeichnet.
27.5. Gegen den Rauschgift-Konsum versammeln sich in München unter dem Motto »Music is the only drug« etwa 60 000 Fans der Techno-Musik zum »Munich Union Rave«.
31.5. Die 17 größten Skulpturen des spanischen Künstlers Salvador Dalí werden in Paris unter freiem Himmel gezeigt.

Theater und Film

7.1. UA: *Genovefa*, Theaterstück von Peter Hacks, in Chemnitz.
15.1. UA: *Ein Monat in Dachau*, Stück von Vladimir Sorokin, in Düsseldorf.
21.1. Der Walt-Disney-Zeichentrickfilm *Der König der Löwen* erhält den Golden Globe als beste Komödie/Musical und für die beste Musik.
28.1. UA: *Die Schattenlinie*, Stück von Tankred Dorst, am Wiener Burgtheater.
20.2. Der französische Film *Der Lockvogel* in der Regie von Bertrand Tavernier wird auf der 45. Berlinale mit dem Goldenen Bären ausgezeichnet.
März UA: *Central Park West*, Einakter von Woody Allen, am New Yorker Broadway.
12.3. Der mit 30 000 DM erstmals verliehene Bertolt-Brecht-Preis der Stadt Augsburg geht an den Theaterregisseur Franz Xaver Kroetz.
27.3. Der Film *Forrest Gump* von Robert Zemecki gewinnt sechs Oscars, u.a. für die beste Regie und den besten Darsteller.
1.4. UA: *Gustaf Gründgens*, biografisches Künstlerdrama von Hans Kresnik, am Deutschen Schauspielhaus in Hamburg.
22.4. UA: *Brahmsplatz*, Stück von Marlene Steerawitz, in Graz.
26.4. Das Berliner Ensemble feiert die deutsche Erstaufführung von Harold Pinters Stück *Moonlight*.
1.5. Die Ruhrfestspiele in Recklinghausen zeigen 17 Theaterproduktionen aus sieben Ländern, darunter das Stück *Arbeit macht frei* des israelischen Akko-Theaters.
8.5. Der Dramatiker Tankred Dorst wird mit dem Preis des Internationalen Theaterinstituts (ITI) in Berlin geehrt.
13.5. UA: *Die Schlacht um Wien*, Stück von Peter Turrini inszeniert von Claus Peymann, am Wiener Burgtheater.
28.5. Der bosnisch-serbische Regisseur Emir Kusturica wird beim 48. Internationalen Filmfestival von Cannes für seinen Film *Underground* mit der Goldenen Palme ausgezeichnet.
28.5. Der Film *Le Regard d'Ulysses* des Griechen Theo Angelopoulos gewinnt den Großen Preis der Jury in Cannes; der Spezialpreis der Jury geht an *Carrington* von Christopher Hampton.

Gesellschaft

1.1. Die Postreform II privatisiert in der BRD Post, Postbank und Telekom.
17.1. Ein schweres Erdbeben in Japan verwüstet die Städte Kobe und Osaka und fordert mehr als 6000 Menschenleben.
28.1. Das zweite »Jahrhundert-Hochwasser« innerhalb von 13 Monaten überflutet die Kölner Altstadt. In Holland beginnt entlang der großen Ströme die umfassendste Evakuierungsaktion des Jahrhunderts.
30.1. Ein Bombenanschlag in Algier tötet 42 Menschen. Mehr als 280 werden verletzt.
21.2. 95 Gefangene werden bei der Niederschlagung einer Gefängnisrevolte in Algier getötet.

Deutsche Meister Sport

Leichtathletik:
100 m:
Marc Blume — 10,30 sec
110 m Hürden:
Florian Schwarthoff — 13,05 sec
Hochsprung:
Hendryk Beyer — 2,30 m
Dreisprung:
Jens Schweitzer — 16,75 m
Diskuswurf:
Lars Riedel — 66,34 m

18.3. In Sevilla heiratet die spanische Königstochter Elena den Bankier Jaime de Marichalar.
20.3. Bei Giftgasanschlägen der japanischen Sekte »Aum Shiri Kyo« in der Tokioter U-Bahn, sterben 12 Menschen, mehr als 5000 werden verletzt.
28.3. Der Fernsehjournalist Hanns Joachim Friedrichs stirbt 68jährig in Hamburg an Krebs.
6.4. Sexueller Übergriffe gegenüber Minderjährigen verdächtigt, legt der Wiener Erzbischof Kardinal Hans Hermann Groer den Vorsitz der österreichischen Bischofskonferenz nieder.
19.4. Bei einem Anschlag auf ein Behördengebäude in Oklahoma City kommen mindestens 168 Menschen ums Leben.

1995

Internationale Politik

31.5., Rußland. Der russische Außenminister Andrei Kosyrew unterzeichnet in Moskau die Dokumente zur NATO-Initiative »Partnerschaft für den Frieden«.

14.6., Rußland. Um einen Waffenstillstand im Tschetschenien-Krieg zu erreichen, verbarrikadieren sich tschetschenische Rebellen im südrussischen Budjonnowsk mit 1500 Geiseln in einem Krankenhaus.

16.6., USA. Als Reaktion auf die Geiselnahme von Blauhelmsoldaten durch die bosnischen Serben beschließt der UNO-Sicherheitsrat die Bildung einer aus französischen, britischen und niederländischen Soldaten bestehenden »Schnellen Eingreiftruppe«.

11.7., Bosnien-Herzegowina. Bosnische Serben erobern die UNO-Schutzzone Srebenica und beginnen mit der Deportation von 30 000 Muslimen.

21.7., Großbritannien/Bosnien-Herzegowina. Die Londoner Krisenkonferenz befürwortet gegen den Widerstand Rußlands Luftangriffe auf Stellungen der bosnischen Serben.

4.8., Kroatien. Die kroatische Armee startet die Rückeroberung der von Serben kontrollierten Krajina.

11.8., USA. US-Präsident Bill Clinton verkündet die Einstellung aller amerikanischen Atomwaffentests.

30.8., Bosnien-Herzegowina. Kampfflugzeuge der NATO und die Schnelle Eingreiftruppe greifen Stellungen der bosnischen Serben an.

14.9., Bosnien-Herzegowina. Auf Geheiß der NATO zieht sich die Artillerie der bosnischen Serben aus der 20-km-Zone um Sarajewo zurück.

28.9., Israel. Regierungschef Yitzhak Rabin und PLO-Chef Jasir Arafat beschließen ein erweitertes Autonomieabkommen für die Palästinenser.

20.10., Belgien. Der ehemalige belgische Außenminister und derzeitige NATO-Generalsekretär Willy Claes tritt wegen einer Schmiergeldaffäre von seinem Amt zurück.

23.10., Rußland/USA. US-Präsident Bill Clinton und Rußlands Präsident Boris Jelzin einigen sich auf eine russische Beteiligung an der geplanten Bosnien-Friedenstruppe.

Deutsche Politik

14.5. Die SPD verliert bei den Landtagswahlen in Nordrhein-Westfalen ihre absolute Mehrheit und koaliert trotz mancher Differenzen mit den Grünen. Die CDU legt leicht zu, während die FDP an der 5%-Hürde scheitert.

14.5. In Bremen kommt die seit 1945 regierende SPD mit 33,4% auf ihr bisher schlechtestes Ergebnis und bildet eine Große Koalition mit der CDU.

10.6. Der hessische Landesvorsitzende Wolfgang Gerhardt wird als Nachfolger von Klaus Kinkel neuer Parteivorsitzender der FDP.

29.6. Der Deutsche Bundestag verabschiedet ein Abtreibungsrecht, das sich am Urteil des Bundesverfassungsgerichtes vom Mai 1993 orientiert.

30.6. Der Deutsche Bundestag beschließt die Unterstützung der NATO-Eingreiftruppe in Bosnien durch Bundeswehrsoldaten.

31.8. Der SPD-Vorsitzende Rudolf Scharping entläßt Niedersachsens Regierungschef Gerhard Schröder als wirtschaftspolitischen Sprecher der Partei.

21.9. Der Bundestag beschließt gegen die Stimmen von FDP, Bündnis 90/Die Grünen und der PDS die Neuregelung der Abgeordnetendiäten, die sich künftig an den Bezügen Oberster Bundesrichter ausrichten sollen.

22.10. Aus der Abgeordnetenhauswahl in Berlin geht die SPD mit 23,6% der Stimmen geschwächt hervor, während die CDU stärkste Partei bleibt.

25.10. Die SPD-Bundestagsfraktion befürwortet den Einsatz der Bundeswehr in Bosnien »ohne Kampfauftrag«.

26.10. Im Bonner Hofgarten feiert die Bundeswehr ihr 40jähriges Bestehen mit einem Großen Zapfenstreich.

27.10. Der Bundestag beschließt die Verkürzung des Grundwehrdienstes von zwölf auf zehn Monate.

8.11. Mit den Stimmen von SPD und Bündnis 90/Die Grünen setzt der niedersächsische Landtag das aktive Wahlrecht bei Kommunalwahlen auf 16 Jahre herab.

16.11. Auf dem SPD-Parteitag in Mannheim wird Rudolf Scharping gestürzt und Oskar Lafontaine zum neuen Parteichef gewählt.

Wirtschaft und Wissenschaft

20.6., Ökologie. Nach heftigen Protesten verzichtet der Ölkonzern Shell auf die Versenkung der Ölverladeplattform »Brent Spar« im Atlantik.

29.6., Raumfahrt. Die US-Raumfähre »Atlantis« dockt an die russische Raumstation »Mir« an.

5.9., Atomphysik. Ungeachtet weltweiter Proteste beginnt Frankreich eine Serie von Atomtests unter dem Mururoa-Atoll im Pazifik.

10.10., Wirtschaft. In Dresden wird eine neue, für 2,7 Mrd. DM erbaute Chipfabrik der Siemens AG in Betrieb genommen.

1.11., Wirtschaft. Die IG Metall bietet Arbeitgebern und Bundesregierung ein »Bündnis für Arbeit« an, das in drei Jahren 300 000 Arbeitsplätze schaffen soll.

2.11., Technik. Nach dem Greenpeace-Konzept einer »Solarfabrik '96« können Solarmodule so preiswert hergestellt werden, daß der durch sie erzeugte Strom marktfähig wird.

2.12., Medien. Die bedeutendsten Konkurrenten auf dem Multimediamarkt beschließen die Verwendung eines einheitlichen Fernseh-Decoders.

6.12., Medizin. Das Paul-Ehrlich-Institut verkündet die Isolierung des Botenstoffes »Interleukin 16« mit Aidsvirus-blockierenden Eigenschaften.

10.12., Nobelpreise. In Stockholm und Oslo werden die diesjährigen Nobelpreise feierlich übergeben. ▷ Chronik Nobelpreise

Wissenschaftler geehrt

Chronik Nobelpreise

Chemie: F. Sherwood Roland (USA), Mario José Molina (MEX) und Paul Crutzen (NL)
Medizin: Eric F. Wieschaus (USA), Edward B. Lewis (USA) und Christiane Nüsslein-Volhard (D)
Physik: Frederick Reines (USA) und Martin L. Perl (USA)
Frieden: Joseph Rotblat (GB) und die Pugwash-Bewegung
Literatur: Seamus Heaney (IRL)
Wirtschaft: Robert E. Lucas (USA)

1995

Kunst, Literatur und Musik

31.5. Die Schriftstellerin Monika Maron wird für ihren DDR-Roman *Stille Zeile Sechs* mit dem Evangelischen Buchpreis ausgezeichnet.
2.6. Der österreichische Schriftsteller Ernst Jandl erhält in Bad Homburg den Friedrich-Hölderlin-Preis.
11.6. Den Goldenen Löwen der Kunstbiennale in Venedig gewinnen der Amerikaner Ronald B. Kitaj in der Sparte Malerei und der amerikanische Videokünstler Gary Hill.
17.6. UA: *Dédale*, Oper von Hugues Dufourt und Myriam Tanant, an der Opéra de Lyon.
20.6. Im Köln-Müngersdorfer Stadion erleben 70 000 Zuschauer einen faszinierenden Auftritt der Rockgruppe Rolling Stones.
24.6. Die Verhüllung des Reichstags in Berlin durch Christo wird zwei Wochen lang von insgesamt etwa 5 Mio. Besuchern bewundert.
9.7. Im Kunstverein Kirchzarten präsentiert die deutsche Malerin Barbara Köhler ihre Ausstellung »Rhythmen und Sequenzen« in einer impressionistisch-meditativen all-over-Technik.
20.7. Die Oper *Die Legende von der unsichtbaren Stadt Kitesch* von Nikolai Rimski-Korsakow in der Inszenierung von Harry Kupfer eröffnet die 50. Bregenzer Festspiele.
22.7. Das Art Institute in Chicago zeigt die bislang umfangreichste Werkschau des französischen Impressionisten Claude Monet.
10.10. Bei der 47. Frankfurter Buchmesse verzeichnet die Sonderausstellung Electronic Publishing besonderes Interesse.
26.10. Das Centre Pompidou in Paris präsentiert die Ausstellung »Féminin – masculin« über das Verhältnis der Geschlechter in der Kunst des 20. Jahrhunderts.
20.11. Mit der Single *Free as a Bird* und einem neuen Album mit bisher unbekannten Aufnahmen versuchen die Beatles ein Comeback.
30.11. In Graz stellt der australische Cyber-Art-Spezialist Jeffrey Shaw sein Werk *Ort – eine Gebrauchsanweisung* und die interaktive Installation *Die lesbare Stadt* vor.

Theater und Film

11.6. UA: *Die Massenmörderin und ihre Freunde*, Stück von George Tabori, am Wiener Burgtheater.
31.7. Die Walt Disney Company erwirbt mit Capital Cities/ABC die größte amerikanische Fernsehgesellschaft und steigt damit zum weltgrößten Medienkonzern auf.
9.9. Götz George wird für seine Darstellung des Massenmörders Fritz Haarmann in dem Film *Der Totmacher* von Romuald Karmakar in Venedig als bester Hauptdarsteller ausgezeichnet.
27.10. UA: *Wartesaal Deutschland Stimmenreich*, Stück von Klaus Pohl, unter der Regie des Autors am Deutschen Theater in Berlin.
4.11. Der amerikanische Regisseur Elia Kazan wird für sein Lebenswerk mit dem Ehrenbären der 46. Internationalen Filmfestspiele Berlin geehrt.
23.11. Der französische Filmregisseur Louis Malle stirbt in Beverly Hills (Kalifornien).
19.12. Der amerikanische Schauspieler Jack Lemmon erhält für sein Lebenswerk einen Goldenen Bären der 46. Internationalen Filmfestspiele in Berlin.
20.12. Der britische Regisseur Peter Brook wird mit dem Großen Preis der Bühnenkünste der Stadt Paris ausgezeichnet.
21.12. Der Dramatiker Heiner Müller erhält den Theaterpreis Berlin der Stiftung Deutsche Seehandlung.
22.12. Die AIDS-Farce *Pterodactylus* von Nick Silvers feiert in München ihre Deutschland-Premiere.
25.12. Der US-Filmschauspieler Dean Martin stirbt im Alter von 78 Jahren.
30.12. In Berlin stirbt der Dramatiker, Regisseur und Leiter des Berliner Ensembles Heiner Müller.
1995 In dem Film *Während du schliefst* rettet Sandra Bullock als Fahrkartenverkäuferin Lucy ihrem Traummann Peter Gallagher das Leben und verlebt aufregende Weihnachtsfeiertage.
1995 Der Film *Kleine Morde unter Freunden* des Schotten Danny Boyle ist eine rabenschwarze Komödie.
1995 Sophia Loren und Marcello Mastroianni sorgen in Robert Altmans Film *Prêt-à-porter* für Aufregung in der Modebranche.

Gesellschaft

24.4. Der serbische mutmaßliche Kriegsverbrecher Dusko Tadić muß sich vor dem neugebildeten Internationalen Gerichtshof in Den Haag verantworten.
11.5. Die Weltgesundheitsorganisation (WHO) erklärt, daß eine Epidemie in der Stadt Kikwit durch das gefährliche Ebola-Virus verursacht ist.
12.5. In München gehen 20 000 Menschen für die bisherige Biergärten-Öffnungszeit bis 23 Uhr auf die Straße.
18.5. Die Polizei in Florida verhaftet den flüchtigen deutschen Immobilienunternehmer Jürgen Schneider.
25.6. Die Schweizer Bürger votieren gegen eine vom Parlament gebilligte Lockerung der Restriktionen für den Grunderwerb durch Ausländer.
6.8. Schwere Auseinandersetzungen zwischen Punks und Polizei begleiten die »Chaostage '95« in Hannover.
10.8. Das Bundesverfassungsgericht erklärt die gesetzliche Pflicht, in bayerischen Grundschulen Kruzifixe anzubringen, für verfassungswidrig und löst damit eine heftige Debatte aus.
13.8. In Kaschmir wird die Leiche des entführten norwegischen Touristen Hans Christian Ostro gefunden. Vier weitere Touristen befinden sich noch in der Hand von muslimischen Rebellen.
26.9. Dem ehemaligen italienischen Ministerpräsidenten Giulio Andreotti wird in Palermo Kooperation mit der Mafia vorgeworfen.
3.10. Im »Prozeß des Jahrhunderts« wird der farbige Football-Star O.J. Simpson in Los Angeles vom Verdacht des Doppelmordes freigesprochen.
13.10. Im Prozeß um den Brandanschlag in Solingen am 28.5.1993 werden vier Angeklagte in Düsseldorf zu langjährigen Haftstrafen verurteilt.
17.10. Der Europäische Gerichtshof erklärt die Frauenquote im öffentlichen Dienst für unzulässig.
10.11. Ungeachtet weltweiter Proteste läßt das nigerianische Regime den oppositionellen Schriftsteller Ken Saro-Wiwa hinrichten.
20.11. In einem Interview spricht Prinzessin Diana gegenüber dem britischen Fernsehsender BBC über ihre Eheprobleme.

1995

Internationale Politik

4.11., Israel. Während einer Kundgebung in Tel Aviv wird Ministerpräsident Yitzhak Rabin von einem jüdischen Extremisten ermordet.
21.11., USA/Bosnien-Herzegowina. Mit dem Friedenschluß von Dayton einigen sich die Konfliktparteien auf ein Kriegsende in Bosnien-Herzegowina.
14.12., Frankreich. In Paris unterzeichnen die Präsidenten Kroatiens, Serbiens und Bosnien-Herzegowinas das Bosnien-Abkommen.

Deutsche Politik

6.12. Der Bundestag billigt die Entsendung von deutschen Soldaten zur Beteiligung an der Internationalen Friedenstruppe für Bosnien.
14.12. Nach dem FDP-Votum für den Großen Lauschangriff tritt Bundesjustizministerin Sabine Leutheusser-Schnarrenberger (FDP) zurück.
31.12. In seiner Neujahrsansprache ruft Bundeskanzler Helmut Kohl zu gemeinsamen Anstrengungen im Kampf gegen die Arbeitslosigkeit auf.

Wirtschaft und Wissenschaft

18.12., Biologie. Mit dem 0,35 mm großen Hummer-Parasiten »Sybion pandora« entdecken dänische Zoologen eine neue Tierart, die keinem der 35 bisher bekannten Tierstämme zuzuordnen ist.
25.12., Archäologie. Der amerikanische Paläontologe Mark Norell entdeckt in der mongolischen Wüste Gobi die versteinerten Überreste eines vermutlich brütenden Oviraptor-Sauriers über einem Gelege mit 15 Eiern.

1995 Geborene und Gestorbene

Gestorben:
4.2. Patricia Highsmith (*19.1.1921), amerikanische Schriftstellerin.
9.2. Eugen Loderer (*28.5.1920), deutscher Gewerkschaftsführer.
15.3. Wolfgang Harich (*9.12.1923), deutscher Philosoph.
16.3. Heinrich Sutermeister (*12.8.1916), schweizerischer Komponist
28.3. Hanns Joachim Friedrichs (*15.3.1927), deutscher Fernsehjournalist.
25.4. Ginger Rogers (*16.7.1911), amerikanische Tänzerin.
26.4. Egon Franke (*11.4.1913), deutscher Politiker.
2.5. Werner Veigel (*9.11.1928), deutscher Nachrichtensprecher.
18.5. Sabine Sinjen (*18.8.1942), deutsche Filmschauspielerin.
24.5. Sir Harold Wilson (*11.3.1916), britischer Politiker.

1996

Internationale Politik

11.1., Italien. Ministerpräsident Lamberto Dini erklärt den Rücktritt seiner Regierung.
20.1., Israel. Jasir Arafat wird mit 88,1% der Stimmen zum Präsidenten des Palästinensischen Auronomierates gewählt.
27.1., Griechenland/Türkei. Nach einem Streit um die Felseninsel Imia entsenden beide Staaten Kriegsschiffe in die Ägäis.
29.1., Frankreich. Staatspräsident Jacques Chirac verkündet die endgültige Einstellung der französischen Atomtests.
9.2., Großbritannien. Die irische Untergrundorganisation IRA verübt nach 17 Monaten Feuerpause ein Bombenattentat auf ein Londoner Bürgerhaus, bei dem zwei Menschen getötet und etwa 100 verletzt werden.

Deutsche Politik

9.1. Der frühere DDR-Unterhändler Wolfgang Vogel wird vom Berliner Landgericht zu zwei Jahren Haft auf Bewährung sowie einer Geldbuße verurteilt.
16.1. Der israelische Präsident Ezer Weizmann mahnt in einer Rede vor dem Deutschen Bundestag zur Wachsamkeit gegenüber Rassismus und Neo-Nazismus.
17.1. Edzard Schmidt-Jortzig löst Sabine Leutheusser-Schnarrenberger als Bundesjustizminister ab.
24.1. Bundesregierung, Arbeitgeber und Gewerkschaften einigen sich auf ein »Bündnis für Arbeit und Standortsicherung«.
30.1. Die Bundesregierung beschließt ein 50 Punkte umfassendes »Aktionsprogramm für Investitionen und Arbeitsplätze«.

Wirtschaft und Wissenschaft

5.1., Physik. Wissenschaftlern des europäischen Labors für Kernforschung (CERN) gelingt erstmals die Verwirklichung des Materie-Antimaterie-Prinzips.
16.1., Astronomie. Das Weltraumteleskop »Hubble« funkt Bilder vom Licht unbekannter Sterne und Galaxien zur Erde.
17.1., Wirtschaft. Der Aufsichtsrat der AEG beschließt die Auflösung des Unternehmens und den Verkauf der Bereiche Energieverteilung und Automatisierungstechnik an den französischen Großkonzern Alcatel.
31.1., Medien. Die Deutsche Telekom AG, France Telecom und der amerikanische Konzern Sprint Corp. gründen die Firma »Global One«, die weltweit Dienstleistungen im Bereich Telekommunikation anbieten wird.

1995

Kunst, Literatur und Musik	Theater und Film	Gesellschaft
7.12. UA: *Die Rosen der Einöde*, Oper von Thomas Bernhard und Gerhard Lampersberg, in Bonn. **15.12.** Anläßlich des 225. Beethoven-Geburtstags am 16. Dezember veranstaltet die Stadt einen »Beethoven-Marathon«: Rund um die Uhr widmen sich Veranstaltungen seinem Werk. **1995** Jahresbestseller sind u.a.: Jostein Gaarders *Sofies Welt*; Susanna Tamaros *Geh, wohin dein Herz dich trägt* und Isabel Allendes *Paula*.	**1995** Joseph Vilsmaiers Film *Schlafes Bruder* nach dem gleichnamigen Roman von Robert Schneider erzählt die Geschichte eines Musikers, der als Außenseiter in einem Alpendorf aufwächst. **1995** Woody Allens Film *Bullets over Broadway* spielt im New York der 20er Jahre und erzählt die Geschichte eines unbegabten Theaterregisseurs, der sein neues Stück von einem Gangsterboß finanzieren läßt.	**4.12.** Die wegen Mordes an ihren Kindern seit neun Jahren inhaftierte Monika Weimar kommt wegen Zweifeln an ihrer Schuld bis zu einer neuen Hauptverhandlung auf freien Fuß. **20.12.** Der Hamburger Senat verkauft die umkämpften Häuser an der Hafenstraße an eine von den Bewohnern mitgetragene Genossenschaft. **21.12.** Königin Elisabeth II. fordert Prinz Charles und seine Frau, Lady Diana, zur Scheidung auf.

Geborene und Gestorbene

5.6. Ernest Bornemann (*12.4.1915), österreichischer Sexualforscher.
14.6. Rory Gallagher (*2.3.1949), irischer Rock-Musiker.
29.6. Lana Turner (*8.2.1920), amerikanische Filmschauspielerin.
28.8. Michael Ende (*12.11.1929), deutscher Schriftsteller.

31.8. Horst Janssen (*14.11.1929), deutscher Zeichner und Grafiker.
29.9. Gerd Bucerius (*19.5.1906), deutscher Politiker und Verleger.
4.11. Yitzhak Rabin (*1.3.1922), israelischer Politiker.
23.11. Louis Malle (*30.10.1932), französischer Filmregisseur.

26.11. Wim Thoelke (*9.5.1927), deutscher Fernsehmoderator.
18.12. Konrad Zuse (*22.6.1910), deutscher Ingenieur.
25.12. Dean Martin (*17.6.1917), amerikanischer Filmschauspieler.
30.12. Heiner Müller (*9.1.1929), deutscher Dramatiker.

1996

Kunst, Literatur und Musik	Theater und Film	Gesellschaft
1.1. Anläßlich des 250. Geburtstages des Künstlers Goya werden in Spanien zahlreiche Ausstellungen, Konferenzen und Reisetouren veranstaltet. **8.1.** Auf Initiative des Ex-Beatles Paul McCartney nimmt in Liverpool das »Liverpool Institute for Performing Arts (LIPA)«, die erste europäische Pop-Hochschule, den Lehrbetrieb auf. **27.1.** UA: *Les Misérables*, Musical des französischen Komponisten Claude-Michel Schönberg nach dem gleichnamigen Roman von Victor Hugo, im Duisburger Musicaltheater. **30.1.** Der Chefdirigent der Tschechischen Philharmonie in Prag, Gerd Albrecht, tritt als künstlerischer Leiter zurück. **30.1.** Das 200 Jahre alte venezianische Opernhaus »La Fenice« brennt vollständig aus.	**22.2.** Oliver Stones Film *Nixon* über das Leben des ehemaligen amerikanischen Präsidenten feiert seine Deutschland-Premiere. **26.2.** Die Literaturverfilmung *Sinn und Sinnlichkeit* der Amerikanerin Ang Lee erhält bei den 46. Internationalen Filmfestspielen in Berlin den Goldenen Bären. **28.2.** Der Iffland Ring, eine der bedeutendsten Auszeichnungen für deutschsprachige Schauspieler, geht an Bruno Ganz. **14.3.** Martin Scorseses *Casino*, ein Film über die Machtkämpfe der Spielhöllenmafia in Las Vegas der siebziger Jahre, läuft in Deutschland an. **21.3.** Der erste komplett am Computer entstandene Spielfilm, die Walt-Disney-Produktion *Toy Story*, feiert in den deutschen Kinos Premiere.	**1.1.** Der Deutschen Telekom unterläuft zum Auftakt der neuen Telefontarife ein Computerfehler: Statt des günstigen Feiertagstarifs wird der höhere Nachmittagstarif für Werktage berechnet. **7.1.** In einem Bericht prangert die amerikanische Menschenrechtsorganisation Human Rights Watch die Machenschaften in Waisenhäusern der Volksrepublik China an, in denen jährlich tausende von Kindern an Mißhandlungen sterben. **6.2.** Kurz nach dem Start stürzt eine Boeing 757 der türkischen Fluggesellschaft Birgen Air vor der Nordküste der Dominikanischen Republik ins Meer. 189 Menschen kommen ums Leben. **28.2.** Prinzessin Diana willigt in die Scheidung vom britischen Thronfolger Prinz Charles ein. Sie möchte ihren Titel »Prinzessin von Wales« behalten.

1996

| Internationale Politik | Deutsche Politik | Wirtschaft und Wissenschaft |

24.2. Kuba/USA. Die kubanische Luftwaffe schießt nördlich von Havanna zwei Privatflugzeuge von Exilkubanern aus den USA ab.
19.3., Bosnien-Herzegowina. Nach fast vier Jahren Krieg wird Sarajewo durch die Übernahme der letzten von Serben kontrollierten Vororte durch die Polizei der muslimisch-kroatischen Föderation wiedervereinigt.
11.4., Israel/Libanon. Erstmals seit 1982 greift die israelische Luftwaffe Ziele in Beirut an.
21.4., Italien. Gewinner der Parlamentswahlen ist das linke Bündnis unter Führung von Romano Prodi.
7.5. Niederlande. Gegen den mutmaßlichen serbischen Kriegsverbrecher Dusko Tadić eröffnet das UN-Tribunal in Den Haag das Hauptverfahren.
27.5., Rußland. Präsident Boris Jelzin und der tschetschenische Rebellenführer Selimchan Jandarbijew unterzeichnen ein Waffenstillstandsabkommen.
29.5., Israel. Bei den ersten Direktwahlen des Ministerpräsidenten setzt sich der Konservative Benjamin Natanjahu gegen Shimon Peres durch.
3.7., Rußland. Boris Jelzin setzt sich mit Unterstützung von General Lebed bei den Präsidentschaftswahlen durch. Wenig später nimmt die Armee die Kämpfe gegen die tschetschenischen Unabhängigkeitskämpfer wieder auf.
30.7., Schweiz. Die UNO-Abrüstungskonferenz in Genf wird von einem Atomtest Chinas überschattet. Doch kündigt Peking an, sich dem Testmemorandum anzuschließen.

29.2. Der Präsident des Bundesnachrichtendienstes Konrad Porzner (SPD) bittet wegen Unstimmigkeiten mit dem Bundeskanzleramt um die Versetzung in den einstweiligen Ruhestand.
4.3. Der Bundesgerichtshof spricht erstmals einen ehemaligen DDR-Offizier wegen Totschlags an einem Flüchtling schuldig.
5.3. Das Einlenken der Grünen beendet den Streit innerhalb der rot-grünen Koalition Nordrhein-Westfalens um den Ausbau des Dortmunder Flughafens.
13.3. Bundesfinanzminister Theo Waigel verhängt eine Haushaltssperre für die Bonner Ministerien und Behörden.
16.4. Bundesverteidigungsminister Volker Rühe (CDU) kündigt die Vernichtung der Anti-Personen-Minen der Bundeswehr an.
21.4. Der SPD-Bundesvorsitzende Oskar Lafontaine gibt nach 19 Jahren den Vorsitz der Saar-SPD ab. Zu seinem Nachfolger wird Reinhard Klimmt gewählt.
5.5. Die geplante Fusion der Bundesländer Berlin und Brandenburg scheitert. Bei der Volksabstimmung votieren in Berlin 53,4% der Bevölkerung für, in Brandenburg jedoch 67% dagegen.
26.6. Das Oberlandesgericht Düsseldorf verurteilt den ehemaligen Geschäftsführer der SPD-Bundestagsfraktion, Karl Wienand, wegen Spionage zu zweieinhalb Jahren Haft.
29.7. Im bayerischen Landtag beginnt eine mehrtägige Debatte über den Sonderweg des Freistaates im Abtreibungsrecht.

21.2., Wirtschaft. Der Werftenverbund Bremer Vulkan muß Vergleich anmelden.

Bildung in Deutschland
Chronik Statistik

Studienfächer/Studierende:
Betriebswirtschaft	127 641
Rechtswissenschaften	93 341
Allgemeinmedizin	86 998
Maschinenbau	85 889
Elektrotechnik	79 678
Wirtschaftswissenschaften	67 748
Germanistik	66 543
Informatik	45 900

14.3., Wirtschaft. Aus der Fusion der Handelsunternehmen Asko Deutsche Kaufhaus AG, Deutsche SB Kauf AG, Kaufhof Holding und Metro AG entsteht der Branchengigant Metro AG mit 185 000 Beschäftigten und einem Jahresumsatz von rund 65 Mrd. DM.
13.4., Wirtschaft. Die Finanzminister der Europäischen Union (EU) einigen sich im italienischen Verona auf die Einführung der europäischen Einheitswährung »Euro« im Jahr 1999.
4.6., Raumfahrt. Die europäische Trägerrakete »Ariane 5« wird bei ihrem Jungfernflug in 4000 m Höhe über Französisch-Guayana gesprengt, nachdem sie vom Kurs abgekommen war.
27.7., Wirtschaft. Nach Schätzungen der Gewerkschaften fehlen in Deutschland rund 120 000 Lehrstellen.

1969 Geborene und Gestorbene

Gestorben:
6.1. Duane Hanson (*17.1.1925), amerikanischer Bildhauer.
8.1. François Mitterrand (*26.10.1916), französischer Politiker.
19.1. Gerry Mulligan (*26.4.1927), amerikanischer Jazzmusiker.

25.1. Ruth Berghaus (*2.7.1927), deutsche Regisseurin.
26.1. Harold Brodkey (*25.10.1930), amerikanischer Schriftsteller.
28.1. Joseph Brodsky (*25.4.1940), russisch-amerikanischer Schriftsteller.

2.2. Gene Kelly (*23.8.1912), amerikanischer Tänzer und Choreograph.
23.2. Helmut Schön (*15.9.1915), deutscher Fußballtrainer.
3.3. Léo Malet (*7.3.1909), französischer Schriftsteller.

1996

Kunst, Literatur und Musik

18.2. Der österreichische Schriftsteller Peter Handke beginnt im Hamburger Thalia-Theater mit einer Reihe von Lesungen aus seinem umstrittenen Werk *Gerechtigkeit für Serbien*.
März Die deutsche Schriftstellerin Fanny Morweiser veröffentlicht ihren Erzählband *Der Taxitänzer*.
1.3. In Den Haag wird eine Ausstellung des niederländischen Malers Johannes Vermeer eröffnet.
14.3. Der als Filmschauspieler und Regisseur bekannte Woody Allen ist im Rahmen einer Europatournee mit seiner »Oldtime-Jazzband« in der Alten Oper in Frankfurt am Main zu Gast.
15.4. Das Moskauer Puschkin-Museum präsentiert erstmals 260 Objekte vom »Schatz des Priamos«, die der deutsche Archäologe Heinrich Schliemann 1873 in Kleinasien entdeckte.
7.5. Die Deutschlandtournee des amerikanischen Rockstars Michael Jackson wird wegen der erhöhten Steuerabgaben für ausländische Künstler abgesagt.
30.5. In der Münchner Olympiahalle feiern 12 000 Fans die amerikanische Sängerin Tina Turner. Der Rockstar steht nach sechsjähriger Pause erstmals wieder auf der Bühne.
12.6. UA: *Time-Rocker*, Musical von Robert Wilson, im Hamburger Thalia-Theater. Lou Reed schrieb die Texte und komponierte die Musik.
27.7. Die amerikanische Rocksängerin Tina Turner begeistert ihr Publikum bei einem Konzert im Köln-Müngersdorfer Stadion.

Theater und Film

25.3. Das Ritterepos *Braveheart* von Mel Gibson wird mit fünf Oscars ausgezeichnet. Als beste Schauspieler werden Susan Sarandon für ihre Rolle in *Dead Man Walking* sowie Nicolas Cage in *Leaving Las Vegas* ausgezeichnet.
2.4. Die UFA Film- und Fernseh GmbH fusioniert mit dem luxemburgischen Fernsehkonzern Compagnie Luxembourgeois de Telediffusion.
25.4. *Mary Reilly*, ein Film von Stephen Frears mit John Malkovich, Julia Roberts und Glenn Close in den Hauptrollen, hat in den deutschen Kinos Premiere. ▷Chronik Zitat

Bedrohliche Atmosphäre
Zitat

»Mit dunklen, unbehaglichen Bildern und einem brütenden Soundtrack schafft Frears eine übewältigend bedrohliche Atmosphäre, in der eine zarte Julia Roberts und ein (mord)lüsterner John Malkovich sich als Schöne und Biest gegenüberstehen.«
»Blickpunkt Film« über *Mary Reilly*

20.5. Bei den 49. Internationalen Filmfestspielen in Cannes wird der Film *Secrets and Lies* von Mike Leigh mit der Goldenen Palme ausgezeichnet.
8.8. Eine actionreiche Komödie um zwei temperamentvolle Frauen läuft mit dem Film *Weibsbilder* von Leon Boden in den deutschen Kinos an.

Gesellschaft

11.4. Bei einer Brandkatastrophe auf dem Düsseldorfer Flughafen verlieren 16 Menschen ihr Leben, etwa 60 weitere werden verletzt.

Olympia-Sieger
Sport

Leichtathletik:	
100 m:	
Donovan Bailey (USA)	9,84 sec
200 m:	
Michael Johnson (USA)	19,32 sec
20 km Gehen:	
Jefferson Perez (EC)	1:20:07 h
Hochsprung:	
Carl Austin (USA)	2,39 m
Dreisprung:	
Kenny Harrison (USA)	18,09 m

26.4. Nach 33 Tagen Geiselhaft wird der Hamburger Millionenerbe Jan Philipp Reemtsma gegen Zahlung eines Lösegeldes von 30 Mio. DM von seinen Entführern freigelassen.
11.5. Eine DC-9 der US-Billigfluggesellschaft ValuJet stürzt mit 110 Passagieren in die Everglades-Sümpfe im Süden Kaliforniens.
28.7. Ein Bombenanschlag erschüttert die 100. Olympischen Spiele in Atlanta. Eine Amerikanerin und ein türkischer Journalist kommen ums Leben, über 100 Menschen werden verletzt.
28.8. Der britische Thronfolger Prinz Charles und Lady Diana werden rechtskräftig geschieden.

Geborene und Gestorbene

3.3. Marguerite Duras (*4.4.1914), französische Schriftstellerin.
13.3. Krzysztof Kieslowski (*27.6.1941), polnischer Filmregisseur.
15.3. Wolfgang Koeppen (*23.6.1906), deutscher Schriftsteller.
26.3. Käte Strobel (*23.7.1907), deutsche Politikerin.
28.3. Hans Blumenberg (*13.7.1920), deutscher Philosoph.
21.4. Robert Hersant (*31.1.1920), französischer Verleger.
3.5. Hermann Kesten (*28.1.1900), deutscher Schriftsteller.
20.5. Willi Daume (*24.5.1913), deutscher Sportfunktionär.
11.6. Brigitte Helm (*17.3.1906), deutsche Schauspielerin.
15.6. Ella Fitzgerald (*25.4.1918), amerikanische Jazzsängerin.
23.6. Andreas Papandreou (*5.2.1919), griechischer Politiker.

Sachregister

Das Sachregister führt alle wesentlichen Sachbegriffe auf. Geographische Orte und Bezeichnungen sind nur im Zusammenhang mit geschichtlichen Ereignissen genannt. Eine Ausnahme bilden die Deutschland betreffenden Ereignisse, die unter diesem Schlagwort weiter aufgeschlüsselt werden.

Abessinienkrieg 184, 188
Abgassonderuntersuchung (ASU) 440
Abhör-Affäre 388
Abrüstung 116, 292, 298
Abrüstungsabkommen
 - Atomteststoppabkommen 326, 328
 - Atomwaffenfreie Zone 344
 - Atomwaffensperrvertrag 350, 360, 380
 - Briand-Kellogg-Pakt 146, 148, 150
 - INF-Vertrag 454, 458
 - KSZE-Schlußakte 388
 - Londoner Flottenkonferenzen 156, 186, 188
 - SALT-I-Vertrag 372
 - SALT-II-Vertrag 398, 408, 414, 446
 - START-I-Vertrag 474
 - START-II-Vertrag 480
 - Washingtoner Flottenabkommen 116
 - Weltraumnutzungsvertrag 344
Abstraction-Création 163
Abstrakte Malerei 55, 145
Abtreibungspille 458
Abtreibungsrecht 71, 136, 145, 368, 373, 384, 388, 392, 478, 492
action painting 267
ADAC → Allgemeiner Deutscher Automobilclub
AEG 22, 23, 24, 40, 60, 98, 150, 186, 442, 444, 494
AEG-Telefunken 362, 430
Afghanisch-Britischer Krieg 100
Afghanistankrieg 414, 421, 436, 442, 448
Afrikanischer Nationalkongreß (ANC) 322, 452
Afro-Asiatischer Solidaritätsrat 298
Agfa 84, 222
Aids 423, 428, 433, 452, 453, 455, 468, 472, 478, 485, 488, 492
Airbag 422
Airbus 372
Akademische Freischar 39
Alaska-Highway 222
Algerienkrieg 286, 288, 296
Alkoholverbot 104, 141, 177
Allgemeiner Deutscher Automobilclub (ADAC) 157, 337
Allgemeiner Deutscher Gewerkschaftsbund (ADGB) 99
Allgemeines Zoll- und Handelsabkommen (GATT) 250, 270, 272, 342, 352, 484

Amerikanisch-japanischer Sicherheitsvertrag 310
Amnesty International 316, 399
Amsterdam-Rhein-Kanal 274
ANC → Afrikanischer Nationalkongreß
Anrufbeantworter 254
Antarktis 298
 - Antarktisvertrag 306
 - Expeditionen 52, 60, 152, 156, 204, 244, 246, 300
 - Ozonloch 447, 460, 480
Anthroposophische Gesellschaft 67, 187
Anti-Atomkraft-Bewegung 300, 313, 410, 414, 416, 420, 442
Antibabypille 312, 313, 315, 323, 343, 370, 385
Antibiotika 146, 228, 232, 240, 306
Anti-Blockier-System (ABS) 406
Anti-Duell-Liga 15
Antimodernisteneid 54
Anti-Terror-Gesetz 394, 402
ANZUS-Pakt 272
Apartheid → Rassentrennung
APO → Außerparlamentarische Opposition
Apollo 344, 350, 352, 360, 366, 372, 388
Arabische Föderation 300
Arabische Liga 238, 302
Arbeiter- und Soldatenräte 94, 96
Arbeiterwohlfahrt 101
Arbeitgeberverbände 66
Arbeitslöhne 186, 197, 324
Arbeitslosengeld 144, 344
Arbeitslosenversicherung 16
Arbeitslosigkeit 44, 108, 136, 156, 161, 166, 171, 186, 192, 264, 272, 292, 306, 312, 348, 386, 387, 406, 422, 434, 486
Arbeitszeit 8, 38, 53, 97, 99, 115, 140, 144, 151, 234, 224, 292, 296, 304, 313, 416, 449, 456
Ariane (Europarakete) 410, 414, 426, 432, 466
Arlberg-Tunnel 404
Ärmelkanaltunnel 38, 378, 444, 489
Art déco 133
Ärzte gegen Atomkrieg 476
Aschantiaufstand 8
ASEAN → Vereinigung Südostasiatischer Nationen
Assuan-Staudamm 67, 310, 364
Asterix 307
Astonscher Dunkelraum 38

Astronomie
 - Halleyscher Komet 53
 - Radiosternwarte 452
 - Schwarzes Loch 428
 - Sonnenfinsternis 143, 275, 288
 - Teleskope 214, 254, 286
Asylpolitik 442, 448, 452, 460, 474, 478, 482
Atomenergie
 - Anti-Atomkraft-Bewegung 300, 313, 410, 414, 416, 420, 422
 - Atomkraftwerke 272, 294, 316, 322, 340, 352, 360, 386, 390, 406, 418, 436, 440, 442, 448, 468, 470, 472, 474, 476, 480
 - Atommüll 486, 490
 - Atom-U-Boot 282, 302, 312, 314, 342, 408, 480
 - Atomschmuggel 481
 - Physik 52, 58, 60, 64, 68, 70, 106, 128, 148, 166, 170, 172, 180, 204, 212, 218, 238, 252, 342, 392, 400, 434, 486
 - Störfälle 406, 462, 476, 482
 - Tschernobyl, Reaktorkatastrophe 446, 447
 - Wiederaufarbeitungsanlage 408, 422, 440, 444, 446
Atomuhr 244
Atomwaffen
 - Ärzte gegen Atomkrieg 476
 - Atombombe 224, 228, 236, 238, 246
 - Atombombenabwurf 236, 240, 246
 - Atomtests 242, 258, 268, 310, 320, 375, 408, 492
 - Atomteststoppabkommen 326, 328
 - Atomwaffenfreie Zone 344
 - Atomwaffensperrvertrag 350, 360, 380
 - Göttinger Manifest 298
 - Neutronenbombe 404, 414
 - Rapacki-Plan 298
 - Wasserstoffbombe 264, 265, 276, 280, 282, 288, 292
Auschwitz-Lüge 489
Ausdruckstanz 123
Ausländerfeindlichkeit (auch → Rechtsradikalismus) 482
Ausländergesetz 466
Außerparlamentarische Opposition (APO) 344, 350
Aussiedler 366
Autobahnen 171, 177, 178, 182, 187, 192, 198, 202, 350, 352
Autogenes Training 140
Autokino 311
Automobil
 - Automobilausstellungen 11, 21, 110, 128, 189, 270, 288
 - Elektroauto 366, 374
 - Fertigung 70, 126, 375, 434
 - Geschwindigkeitsrekorde 248
 - Goggomobil 286

498

- Leukoplastbomber 264
- Mercedes 12
- Technik 8, 18, 20, 22, 54, 58, 64, 84, 87, 110, 118, 120, 122, 148, 240, 380, 406, 422, 432
- Tropfenauto 110
- VW-Käfer 273, 288, 298, 402, 403, 418

Autonomie, staatliche ᛫ Souveränität

Baader-Meinhof-Gruppe ᛫ Rote-Armee-Fraktion
Babelsberg (Filmstadt) 221, 479
Badisches Staatstheater (Karlsruhe) 389
BAföG ᛫ Bundesausbildungs-förderungsgesetz
Bagdadbahn 16, 74, 212
Bagdad-Pakt 286, 304
Baghwan ᛫ Sekten
Bahnhöfe 34, 67
Baldeneysee 175
Balfour-Deklaration 90
Balkanbund 60, 63, 68
Balkan-Expreß 83
Balkankongreß 160
Balkankriege 64, 66, 68, 70
Balkanpakt 178, 210
Ballonflug 30, 68, 162, 178, 179, 184
Bambiverleihung 335, 349
Barrikadenaufstand (Algerien) 310
Barschel-Affäre 454, 456, 482
BASF 26, 44, 268
Baskische Separatistenorganisation (ETA) 380
Bastille-Oper (Paris) 461
Bauhaus 97, 121, 169, 351, 371, 411
Bayer 25, 26, 52, 160
Bayerische Motorenwerke (BMW) 82, 146, 478
Bayreuther Festspiele ᛫ Richard-Wagner-Festspiele
BBC ᛫ British Broadcasting Company
Bebop 219, 303
Beethoven-Preis 145
Behring-Werke 74
Beiersdorf 66
Berlin-Blockade 254, 256, 257, 258
Berliner Vertrag 134
Bertelsmann 446
Besatzungsstatut 258, 268
Besatzungszonen 238
Betäubungsmittelgesetz 415
Beutekunst 491
BGB ᛫ Bürgerliches Gesetzbuch
Bhakra-Staudamm 328
Bhopal, Giftgasunglück 439
Biennale 211, 223, 301, 323, 331, 343, 351, 399, 437, 447, 469, 484, 493
Bikini 245
Bildschirmtext (BTX) 414, 430, 438
Bild-Zeitung 277

Biosphäre 2 485
Bizone 248, 252
Bizonenabkommen 246
Blaue Reiter, Der (Künstlervereinigung) 57
Blauhelme → Vereinte Nationen
Blockfreie Staaten 288, 394, 430
Blues 61
Blutsonntag (Irland) 370
Blutsonntag, Petersburger 28
Bolschewiki 22, 90
Bosch 88, 406
Bosnienkonflikt (1992-95) 482, 484, 486, 488, 490, 494
Bosnienkrise (1909) 46
Boxeraufstand 8, 10, 14, 16
Bravo (Zeitschrift) 315
BRD
- Asylpolitik 448, 460, 474, 478, 482
- Aufrüstung 300, 302, 432, 434
- Ausländerfeindlichkeit 482
- Aussiedler 366
- Bundesgrenzschutz 280
- Bundesnachrichtendienst (BND) 292
- Bundespräsidentenwahl 284, 304, 408, 486
- Bundestagswahlen 258, 280, 298, 316, 336, 356, 374, 394, 416, 428, 450, 470, 486
- Bundeswehr 288, 290, 302, 346, 424, 470, 490, 492, 494
- Deutsch-französische Achse 302
- Deutschlandvertrag 274
- Gastarbeiter 292, 324, 331
- Große Koalition 340, 342
- Grundgesetz 258
- Hallsteindoktrin 288, 298, 354
- Innerdeutsche Beziehungen 266, 274, 328, 332, 340, 353, 368, 372, 376, 410, 415, 424, 430, 446, 466
- Kriegsheimkehrer 280, 290, 328
- Nationalhymne 274
- NATO-Beitritt 284, 286, 288
- Notstandsgesetze 306, 336, 350
- Rechtsradikalismus 416, 467, 475, 478, 481, 490
- Rote-Armee-Fraktion (RAF) 362, 372, 384, 386, 388, 392, 396, 398, 400, 418, 429, 440, 448, 462, 469, 472, 482, 483
- Rot-grüne Koalition 444, 450
- Saarstatut 290
- Solidarpakt 482
- Stalin-Note 274
- Tag der Deutschen Einheit 284
- Terrorakte 372, 374, 384, 388, 398, 400, 440, 448, 462
- Wehrpflicht 292
- Wiedergutmachung 276, 302, 378, 392
- Wiedervereinigung 466, 468

Bremer Vulkan 496
Breschnew-Doktrin 352
Brest-Litowsk, Frieden von 90, 92
Bretonische Befreiungsfront (FLB) 354
Briand-Kellogg-Pakt 146, 148, 150
British Airways (BA) 377
British Broadcasting Company (BBC) 116, 171
Brücke, Die (Künstlervereinigung) 29, 33, 63
Brücke-Museum (Berlin) 345
Brücken 76, 168, 182, 190, 192, 196, 197, 212, 266, 298, 312, 340, 372, 378, 392, 415, 490
Brüder-Grimm-Preis 477
Brühwürfel 48
Brüsseler Pakt 254
Büchergilde Gutenberg 127
Bücherverbrennung 174, 179
Buchmesse, Frankfurter 117, 127, 131, 259, 275, 278, 321, 427, 437, 461, 481, 493
Buchmesse, Leipziger 473, 479, 487
Bukarest, Friede von 70
Bund der Vertriebenen (BdV) 272, 298, 360
Bundesausbildungsförderungsgesetz (BAföG) 366, 396, 429
Bundesgrenzschutz 280
Bundeskanzleramt (Bonn) 393
Bundeskriminalamt (BKA) 270
Bundesnachrichtendienst (BND) 292
Bundessozialhilfegesetz 316
Bundestagswahlen 258, 280, 298, 316, 336, 356, 374, 394, 416, 428, 450, 470, 486
Bundesverfassungsgericht 270
Bundeswehr 288, 290, 302, 346, 424, 470, 490, 492, 494
Bündnis 90 466, 478, 480
Bündnis für Arbeit 492, 494
Burenkrieg 8, 14
Bürgerkrieg
- Angola 458
- China 136 140, 142, 144, 146, 256, 258, 260
- Dominikanische Republik 22
- El Salvador 418, 438
- Griechenland 260
- Irak 330
- Irland 120
- Jugoslawien 474, 476, 478, 480, 482, 486, 492
- Kuba 34, 62
- Laos 320, 376
- Libanon 394, 432
- Mexiko 68
- Nepal 268
- Nicaragua 140, 404
- Nigeria 346, 360
- Pakistan 366
- Ruanda 470, 482, 488

- Rußland 100, 108
- Somalia 476, 478, 482, 486
- Spanien 190, 192, 196, 198, 200, 204
- Tschad 430
- Zypern 328

Bürgerliches Gesetzbuch (BGB) 8

Camp-David-Abkommen 404
Cannes, Filmfestspiele 243
CARE-Pakete 245, 251
Carnegie Hall (New York) 473
CD-Player 422, 426
CeBIT 446
Cellophan 30
CENTO-Pakt 406
Centre Pompidou (Paris) 367
Chaborowsk, Protokoll von 150
Challenger-Unglück 444
Chaostage 493
Charleston 135
Charta 77 396, 402
Chemie
- Aceton 86
- Chromatographie 22
- Desoxyribonukleinsäure (DNS) 346
- Eiweißforschung 38
- Formaldehyd 416, 420
- Haber-Bosch-Verfahren 86
- Makromolekularchemie 118
- Plutonium 218
- Testosteron 184
- Ultrazentrifuge 124
- Vitamine 64, 96, 118, 142, 146, 184, 254

Chemieunfälle 355, 392, 411, 431,
Chemiewaffenverbot 478, 482
Chevrolet 56
Chinesisch-japanische Kriege 164, 166, 168, 172, 174, 198, 202
Cholera 31, 55, 93, 251, 363, 381
Christal Cathedral (Los Angeles) 417
Christlich-Demokratische Union (CDU) 240
Christlich-Soziale Union (CSU) 240
Chromosomentheorie 24, 30
Chrysler 128
Cinecittà 187, 195
Cinemascope 280, 281
Club Dada 93
Club of Rome 424
Cobra (Künstlervereinigung) 329
Colombo-Plan 264
COMECON 258, 266
Comicfiguren 151, 269, 307, 403
Computer
- Anwender 350
- Computerspiel 374
- Datenautobahn 490
- Floppy-Disc 294
- Hacker 455, 461
- Power-PC 486
- Programmiersprachen 286

- Technik 216, 224, 234, 240, 242, 256, 266, 272, 298, 374, 418, 428

Computertomographie 398
Concorde 388, 392
Contergan 318, 323, 345, 349, 365, 385
Coop 462, 476
Cullinan-Diamant 43

Dadaismus 83, 93, 99, 101, 104, 107, 111, 121, 415
Dagobert (Kaufhauserpresser) 487
Daily-Telegraph-Affaire 44
Daimler(-Benz) 12, 26, 282, 364, 422, 440, 442, 444, 458, 460, 478, 484
Datenautobahn → Computer
Datenschutz 402, 408, 440
Dauerwellenapparat 34
Dawesplan 138
DDR
- Biermann-Ausbürgerung 394
- Flüchtlinge 278, 280, 294, 314, 320, 331, 438, 440
- Görlitzer Abkommen 266
- Gründung 258
- Innerdeutsche Beziehungen 266, 274, 328, 332, 340, 353, 368, 372, 376, 410, 415, 424, 430, 436, 446, 466
- Jugendweihe 287
- Landwirtschaftliche Produktionsgenossenschaften (LPG) 310, 344
- Mauerbau 316
- Maueröffnung 462
- Nationale Volksarmee (NVA) 292
- Nationaler Verteidigungsrat (NVR) 310
- Nationalflagge 290
- Notstandsgesetze 316
- Staatsbürgerschaft 344, 388
- Stalin-Note 274
- Stasi 264, 474
- Volkskammerwahlen 284, 466
- Wiedervereinigung 466, 468
- Zivilgesetzbuch 390

DDT 375
De Stijl (Künstlervereinigung) 135
Dechiffriermaschine 214
DEFA 479
Deklaration von Santiago 304
Demontage 246
Desoxyribonukleinsäure (DNS) 346
Deutsche Film AG (DEFA) 243
Deutsche Kommunistische Partei (DKP) 352, 354
Deutsche Lebens-Rettungs-Gesellschaft 73
Deutsche Presseagentur (dpa) 261
Deutsche Telekom 494
Deutscher Filmpreis (Filmband in Gold) 271, 299, 331, 417, 425, 469, 479, 487
Deutscher Flottenverein 12, 48, 70

Deutscher Gewerkschaftsbund (DGB) 110, 248, 288, 354
Deutscher Kinderschutzbund 281
Deutscher Künstlerbund 23, 461
Deutscher Naturschutzbund 405
Deutscher Werkbund 41, 73
Deutsches Kaiserreich
- Daily-Telegraph-Affaire 44
- Eulenburg-Affäre 40
- Flottengesetz 8, 32, 42, 64
- Hunnenrede 8
- Kolonialpolitik 14, 22, 24, 28, 30, 34, 36, 54, 80, 92
- Ostprovinzen 10, 12, 14, 18, 26, 40, 42, 54, 68
- Regierungswechsel 48, 90, 94
- Reichstagswahlen 22, 38, 60
- Silvesterbrief 36
- Steuerpolitik 16, 34
- Zabern-Affäre 72
- Zollpolitik 12, 16, 18, 20

Deutsches Museum (München) 93, 130
Deutsches Volksliedarchiv 75
Deutschland
 → BRD
 → DDR
 → Deutsches Kaiserreich
 → Nachkriegszeit
 → NS-Regime
 → Weimarer Republik
Deutschlandfunk 321
Deutschlandvertrag 274
Dialyseapparat 224
Diogenes 417
Dioxin 392, 431
Discovery (Raumfähre) 436, 474, 476
Disneyland (auch → Euro-Disneyland) 289, 369
documenta 289, 305, 333, 350, 371, 399, 401, 427, 479
Dolchstoßlegende 100
Donaueschinger Kammermusiktage 111, 137
Dornier 440
Dralon 284
Dreibund 18, 38, 66
Drei-D-Technik 277, 279, 424
Drogen 409, 423, 443
Dürkopp 18

Eastman Kodak 15, 45
Echolot 108
EDEKA 40
EFTA → Europäische Freihandelszone
EG → Europäische Gemeinschaft
Eidgenössisches Zivilgesetzbuch 40, 60
Einkommensteuer 264
Eisenbahn
- Bagdadbahn 16, 74, 212
- Bahnhöfe 34, 67

- Bahnstrecken 16, 23, 156, 286, 290
- Balkan-Express 83
- Eisenbahntunnel 74, 416, 426, 430, 457
- ICE 442, 456, 472
- Intercity 369
- Lokomotiven 334, 342, 216
- Magnetschnellbahn 276, 366, 368, 432, 436, 486
- Mitteleuropäische Schlaf- und Speisewagen AG (MITROPA) 85
- Orient-Express 399
- Rekordfahrten 22, 108, 174, 184, 282
- Rheingold 147
- TGV 420
- Transsibirische Eisenbahn 16, 202, 318

Eisenhower-Doktrin 296
Eiserne Lunge 250
Eiserner Vorhang 242
Elbtunnel 58, 350, 384
Elektroauto 366, 374
Elektronenmikroskop 166, 210, 224, 268
Elektronenoptik 136
Elgin Marbles 189
Elsaß-Lothringen 18, 22, 46, 58, 90
Emma (Zeitschrift) 399
Empfängnisverhütung (auch → Antibabypille) 150
Engadinbahn 23
Entartete Kunst 177, 191, 195, 201, 205, 471
Entebbe (Geiselbefreiung) 395
Entente cordiale 26, 40, 42
Entnazifizierung 242, 248, 254
Entstalinisierung 292, 294, 318
Enzykliken 12, 16, 40, 42, 163, 192, 317, 327, 345, 351, 455, 473
Epidemien
- Cholera 31, 55, 93, 251, 363, 381
- Grippe 97, 337
- Pest 25, 55, 93, 135, 489
- Pocken 53, 89, 335, 388, 410
- Ruhr 323, 403
- Typhus 31, 139, 279

Erdbeben 19, 33, 35, 37, 45, 73, 79, 87, 109, 121, 123, 141, 145, 163, 179, 185, 205, 211, 213, 255, 271, 281, 313, 323, 331, 341, 345, 351, 485, 487, 491, 361, 373, 375, 395, 405, 417, 449
Erdgas-Röhren-Geschäft 426
Erfindungen → Technische Entwicklungen
Ermächtigungsgesetz 122, 124
Ernst-von Siemens-Musikpreis 467
Erster Weltkrieg → Weltkrieg, Erster
Esperanto 119, 273
ESRO → Europäische Weltraumforschungsorganisation
Eulenburg-Affäre 40

Eupen-Malmédy 106
EURATOM → Europäische Atomgemeinschaft
EUREKA → Technologie- und Forschungskooperation
Euro 496
Eurocheques 370
Euro-Disneyland 477
Europabrücke 312
Europäische Atomgemeinschaft (EURATOM) 296, 300
Europäische Freihandelszone (EFTA) 306, 310, 372
Europäische Gemeinschaft (EG) 346, 350, 370, 372, 388, 394, 408, 414, 416, 418, 424, 436, 442, 444, 490
Europäische Union (EU) (auch → Maastrichter Verträge) 474, 486, 488, 496
Europäische Verteidigungsgemeinschaft (EVG) 268, 274, 282, 284
Europäische Währungsunion 288
Europäische Weltraumforschungsorganisation (ESRO) 320
Europäische Wirtschaftsgemeinschaft (EWG) 296, 300, 320, 322, 326, 334, 338
Europäischer Binnenmarkt 444, 456, 480
Europäischer Gewerkschaftsbund (EGB) 377
Europäisches Kernforschungsinstitut (CERN) 278, 364, 428, 494
Europäisches Währungssystem (EWS) 388, 406, 478, 482
Europa-Parlament 300, 394, 408
Europarat 258, 264, 270, 292, 326
Eurotunnel → Ärmelkanaltunnel
Euthanasie 215, 216, 228
EWG → Europäische Wirtschaftsgemeinschaft
Existentialismus 225
Expo 361, 479
Expressionismus 85, 107, 357, 321

Fahrrad 21
Falklandkrieg 366, 424
Fauvismus 31
Faxgerät 406
FCKW → Fluorkohlenwasserstoff
Fernschreiber 164, 174
Fernsehen
- Farbfernsehen 16, 214, 242, 268, 323, 347
- Fernsehgeräte 148
- Fernsehgesellschaften 132
- Fernsehsatelliten 386, 402
- Fernsehsendungen 275, 295, 297, 299, 301, 319, 349, 363, 369, 371, 375, 377, 379, 397, 403, 411, 419, 423, 443, 445, 447

- Fernsehteilnehmer 295, 323, 342, 387
- Satellitenprogramm 439, 441, 447
- Fernsehsender 180, 171, 183, 204, 264, 489, 317, 327
- Technik 36, 58, 122, 134, 142, 144, 218, 228, 266
- Werbung 299, 365, 377

Fernstudium 391
Fiat 58, 84
Fichtel & Sachs 8
Film
- Autokino 311
- Babelsberg (Filmstadt) 221, 479
- Cinecittà 187, 195
- Cinemascope 280, 281
- Drei-D-Film 277, 279
- Freiwillige Selbstkontrolle (FSK) 285
- Hollywood 57, 273, 451
- Kino 17, 25, 31, 193
- Spielfilm 123
- Technicolor/Farbfilm 49, 88, 160, 185
- Technik 15, 21, 23
- Tonfilm 23, 27, 116, 123, 151
- Zeichentrickfilm 43, 197, 213

Filmgesellschaften
- Bavaria 171, 221
- Deutsche Film AG (DEFA) 243, 479
- Edison Company 17, 25
- Fox Film Corporation 79
- Gaumont 53
- Independent Motion Picture 47
- Itala Film 43
- Laemmle Film Service 35
- Metro Pictures Corporation 81
- MGM 307
- Motion Picture Patents Company 45
- Mutual Film Corporation 53
- Nordisk Film Compagni 35, 41, 45
- Pathé Frères 8, 13, 15, 27, 39
- Tobis AG 147, 195, 221
- Ufa-Film GmbH 221
- United Artists Corporation 99
- Universum Film AG (Ufa) 89
- Vitagraph 17, 35, 53, 55
- Warner Bros. Pictures 279

Filmpreise
- Deutscher Filmpreis (Filmband in Gold) 271, 299, 331, 417, 425, 469, 479, 487
- Goldene Palme 313, 317, 321, 341, 361, 403, 415, 437, 441, 447, 453, 457, 461, 469, 473, 477, 483, 487, 491, 497
- Goldener Bär 331, 335, 425, 429, 435, 441, 445, 457, 467, 473, 477, 483, 487, 491, 493, 495
- Goldener Löwe 417, 421, 427, 431, 447, 469, 479, 489
- Oscar 141, 165, 211, 221, 315, 331, 335, 341, 345, 351, 367, 373, 377,

381, 385, 403, 409, 415, 421, 425, 429, 431, 437, 447, 449, 451, 457, 461, 467, 473, 483, 487, 491, 497
Finnisch-sowjetischer Beistandspakt 254
Flick-Parteispendenaffäre 436, 438, 442, 432
Fließband 70, 126, 375
Floppy Disc 294
Flottenabkommen, deutsch-britisches 184
Flottengesetz 8, 32, 42, 64
Flughäfen 121, 212, 240, 314, 362, 389
Flugzeug → Luftfahrt
Flugzeugträger 94, 194, 226, 292
Fluorkohlenwasserstoff (FCKW) 386, 456, 457, 460, 468, 472
FNL → Nationale algerische Befreiungsfront
Focus (Zeitschrift) 483
Föderation von Mali 304
Folkwang-Museum (Essen) 279, 311
Ford 23, 42, 61, 70, 126
Formaldehyd 416, 436
Fort Knox 189
Fortschrittliche Volkspartei 52
Fotografie (auch → Polaroid-Kamera) 36, 132, 222, 266, 364
Foxtrott 77
Französisch-britischer Beistandspakt 248
Französische Gemeinschaft 304
Frauen
 - Frauenbewegung 29, 39, 42, 48, 57, 68, 75, 115, 137, 195
 - Frauenhaus 395
 - Frauenmuseum (Bonn) 421
 - Frauenquote 456, 493
 - Gleichberechtigung 9, 11, 18, 21, 23, 25, 40, 44, 45, 120, 307, 415, 420
 - Jahr der Frau 387
 - Wahlrecht 12, 17, 23, 39, 42, 57, 62, 68, 126, 146, 159, 261, 287, 304, 364
Free Jazz 313
Freie Deutsche Jugend (FDJ) 270
Freie Volkspartei (FVP) 292
Freiwillige Selbstkontrolle(FSK) 285
Fremdenlegion 419
Friedensbewegung 422, 426, 430, 452
Friedenspreis des Deutschen Buchhandels 335, 353, 393, 399, 403, 416, 423, 427, 437, 463, 471, 475, 479, 491
Friedensverträge
 - Brest-Litowsk 90, 92
 - Bukarest 70
 - Neuilly-sur-Seine 106
 - Saint-Germain-en-Laye 100, 106
 - Sèvres 106, 122
 - Trianon 104
 - Vereeniging 18

 - Versailles 98, 100, 104, 110, 136
 - Österreichischer Staatsvertrag 288
Friends Service Comittee 250
Fünf-Prozent-Klausel 298
Funkausstellung, Berliner 126, 136, 164, 174, 196, 318, 460, 472
Fußballvereine
 - 1. FC Kaiserlautern 279, 473
 - 1. FC Köln 321, 403
 - 1. FC Magdeburg 385
 - 1. FC Nürnberg 111, 133, 255, 353
 - AC Beerschot 133
 - AC Bellinzona 255
 - AC Bologna 133
 - AC Mailand 321, 487
 - AC Turin 255
 - Ajax Amsterdam 165, 353
 - Arsenal London 473
 - AS Monaco 329, 403
 - AS St. Etienne 353
 - Atletico Madrid 211, 267
 - Austria Salzburg 487
 - Austria Wien 321, 329, 403, 421
 - AZ 67 Alkmaar 421
 - Benfica Lissabon 421, 453, 473, 487
 - Blackburn Rovers 75
 - Boldklubben 93 211
 - Boldklubben Kopenhagen 133
 - Bröndby IF 473
 - Celtic Glasgow 75, 385, 421
 - Daring Brüssel 111
 - Dresdner SC 233
 - Dynamo Dresden 279, 403
 - Dynamo Kiew 421
 - Dynamo Ost-Berlin 453
 - Dynamo Tiflis 487
 - Elfsborg IF 211
 - FC Aarau 75
 - FC Antwerpen 233
 - FC Arsenal London 165, 255, 279
 - FC Barcelona 237, 255, 279, 353, 385, 473, 487
 - FC Basel 279
 - FC Bayern München 385, 421, 453, 487,
 - FC Brügge 403
 - FC Burnley 111
 - FC Everton 453
 - FC Lüttich 279
 - FC Mechelen 255
 - FC Porto 403
 - FC Rouen 237
 - FC Schalke 04 211, 301
 - FC Valencia 233
 - FC Zürich 329, 353, 385
 - Frigg Oslo 75
 - Girondins Bordeaux 267, 453
 - Glasgow Rangers 329, 403, 473
 - Grasshoppers Zürich 111, 165, 237, 403
 - Hamburger SV 329
 - Hertha BSC Berlin 165

 - Huddersfield Town 133
 - IF Norköpping 237
 - Inter Mailand 211, 279, 329, 353
 - Ipswich Town 321
 - Juventus Turin 165, 267, 304, 403, 421
 - La Spezia 233
 - Lausanne Sports 233
 - Lazio Rom 385
 - Leeds United 385
 - Linzer SK 385
 - Lynn Oslo 237
 - Malmö FF 233, 267
 - Manchester City 353
 - Manchester United 487
 - Nottingham Forrest 403
 - Olympique Marseille 473
 - Portsmouth 267
 - Pro Vercelli 111
 - PS Helsinki 111
 - PSV Eindhoven 473
 - Rapid Wien 111, 211, 255, 353, 453
 - Real Madrid 304, 321, 329, 403, 453
 - Roter Stern Belgrad 279, 353
 - Rotterdam 211
 - RSC Anderlecht 267, 321, 353, 385, 421, 453, 473, 487
 - San Sebastian 421
 - Servette Genf 133, 211, 267, 321, 487
 - Sp Vgg Fürth 75
 - Sparta Prag 473
 - Spartak Moskau 279, 487
 - Sporting Lissabon 385
 - SSC Neapel 453
 - Stade Reims 321
 - Standard Lüttich 304, 329
 - TPS Abo 237
 - VfB Stuttgart 267
 - Vienna Wien 165, 233
 - VV Den Haag 75
 - Wiener AF 75
 - Wiener SK 301
 - Wolverhampton 304
 - Xamax Neuchatel 453
 - Young Boys Bern 304
Fußballweltmeisterschaft 387

G 7-Gipfel 478
Gastarbeiter 292, 324, 331
GATT → Allgemeines Zoll- und Handelsabkommen
Gauck-Behörde 490
Gaza-Jericho-Abkommen 484, 486
Geigerzähler 146
Geiseldrama (Teheran, 1980) 416, 418
Geldwirtschaft
 - Euro 496
 - Eurocheques 370
 - Europäisches Währungsabkommen 288

- Europäisches Währungssystem (EWS) 478, 482
- Franc
- Geldautomat 396
- Giroverkehr 140
- Internationaler Währungsfonds 242, 256
- Reichsmark 126
- Schilling 128
- Währungsreform 122, 254, 255
General Electric Company 40, 150
General Motors 150
Genf, Konferenzen und Abkommen 150, 156, 172, 288, 310, 320, 344, 426, 442, 478, 496
Genfer Konvention 34, 40
Gentechnik 356, 362, 452, 456
Georg-Büchner-Preis 121, 271, 327, 345, 417, 427, 431, 441, 447, 461, 471, 475, 479
Gesamtdeutsche Partei (GDP) 316
Gesamtdeutsche Volkspartei (GVP) 276, 296
Geschirrspüler 292
Geschwister-Scholl-Preis 471
Gesellschaft für Sexualforschung 68
Gesundheitsreform 458
Gewerkschaften 80, 99
Giroverkehr 140
Gleichberechtigung → Frauen
Gleichschaltung 174, 175
Global 2000 416
Godesberger Programm 306
Goethe-Preis 143, 158, 203, 243, 255, 259, 427, 489
Goggomobil 286
Goldene Palme 313, 317, 321, 341, 361, 403, 415, 437, 441, 447, 453, 457, 461, 469, 473, 477, 483, 487, 491, 497
Goldener Bär 331, 335, 425, 429, 435, 441, 445, 457, 467, 473, 477, 483, 487, 491, 493, 495
Goldener Löwe 417, 421, 427, 431, 447, 469, 479, 489
Golden-Gate-Brücke 197
Golfkrieg, erster (1980) 416, 426, 428, 436, 440, 446, 452, 458
Golfkrieg, zweiter (1990) 468, 470, 472
Görlitzer Abkommen 266
Göttinger Manifest 298
Grammy Award 483, 487
Gran-Chaco-Krieg 170, 174, 178, 182, 200
Grand Prix de la Chanson 293, 361, 383, 407, 423, 491
Greenpeace 417, 431, 443, 455
Grenada, US-Invasion 432
Griechisch-türkischer Krieg 114, 122
Grimmsches Wörterbuch 315
Grippe 97, 337
Grönlandvertrag 128
Groß-Berlin-Gesetz 109

Große Koalition 340, 342
Großglockner-Hochalpenstraße 184
Grundgesetz 258
Grundig 300
Grundlagenvertrag 372, 376, 378
Grünen, Die 414
Gruner und Jahr 335
Gruppe 47 249, 334, 399
Gruppe 61 315
Gruppe Ulbricht 238

Haager Friedenskonferenz 40
Haager Schlußakte 156
Haber-Bosch-Verfahren 86
Habitat 346
Hafnium 122
Hagia Sophia (Istanbul) 415
Halleyscher Komet 53
Hallsteindoktrin 288, 298, 354
Handelsgesetzbuch (HGB) 8
Hartmannbund 11
Harzburger Front 164, 166
Haus der Deutschen Kunst (München) 175, 195
Haus der Geschichte der Bundesrepublik Deutschland (Bonn) 487
Hausbesetzer 411, 418, 471
Heilige Pforte 129
Heiliges Jahr 173
Heinrich-Mann-Preis 335
Herz-Lungen-Maschine 268, 300
Herztransplantation 346, 348, 418
Hindenburgdamm 141
Hippiebewegung 347, 355
Histamin 38
Hitler-Gruß 177
Hitlerjugend 136, 190, 195, 201, 205, 213
Hitlerputsch 122, 126
Hitler-Stalin-Pakt 204
Hochschulrahmengesetz 386
Hochtemperaturreaktor 430
Hoechst 270, 355, 386, 452
Hollywood 57, 273, 451
Home-Rule-Bewegung 8, 68, 108
Homosexualität 355, 367, 409, 434, 487
Hongkong 438, 466
Hörfunk → Rundfunk
Hörgerät 36
Horst-Wessel-Lied 156
Hubschrauber 38, 190, 196, 292
Hundertwasserhaus (Wien) 443
Hunnenrede 8
Hygiene-Ausstellung 59

I.G. Farben 25, 132, 160, 200, 222, 266, 270
IBM 294, 472
IC → Intercity
ICE 442, 456, 472

Impressionismus 19, 21
Indisch-pakistanischer Konflikt 254, 258, 324, 336, 368, 370
Indochinakriege (auch → Vietnamkrieg) 284, 388
INF-Vertrag 454, 458
Ingeborg-Bachmann-Preis 421, 473, 479
Insulin 110, 330, 400
Intercity 369
Interferon 414
Internationale Arbeitsorganisation (ILO) 356
Internationaler Währungsfonds 242, 256
Internationales Komitee des Roten Kreuzes 88, 234, 328
Internationales Nansen-Amt für Flüchtlinge 202
Internationales ständiges Friedensbüro (CH) 52
Intifada 454
IRA → Irisch Republikanische Armee
Iran-Contra-Affäre 448
Irisch Republikanische Armee (IRA) 96, 164, 294, 394, 408, 420, 432, 456, 488, 494
Irlandfrage
  → Sinn-Fein-Bewegung
  → Home-Rule-Bewegung
  → Irisch Republikanische Armee
Isonzoschlachten 80, 84, 90
Israelisch-arabische Kriege
- Jom-Kippur-Krieg 380
- Nahostkrieg (1948/49) 264, 256
- Sechstagekrieg 344
- Suezkrise 292, 294, 296

Jahr der Frau 387
Jangtse-Abkommen 10
Jazz 125, 141, 281
Jesuiten 26
Jesuitengesetz 20, 22, 88
Jitterbug 221
Jom-Kippur-Krieg 380
Judenverfolgung
- Rußland 18, 22, 30, 34
- Deutschland 120, 174, 186, 199, 202, 204, 214, 216, 218, 220, 222, 230, 231
Judenstern 207
Jüdischer Kulturbund 175
Jugendbewegungen
- Akademische Freischar 39
- Freideutscher Jugendtag 71
- Pfadfinder 39, 49
- Quickborn 113, 115
- Wandervogelbewegung 15, 27, 47, 57
Jugendherbergen 39, 101
Jugendschutzgesetz 275
Jugendstil 13

503

Jugendweihe 287
Jumbo-Jet 354
Jungtürken 44, 46
Junkers 94, 158, 162, 196

Kabarett
- Buntes Theater Überbrettl 13
- Cabaret Größenwahn 109
- Die Pfeffermühle 175, 179, 191
- Die Retorte 111
- Kabarett der Komiker 237
- Kom(m)ödchen 249, 267
- Münchner Lach- und Schießgesellschaft 293
- Schall und Rauch 13, 101
- Ulenspiegel 245
- Wilde Bühne 113
Kabelfernsehen 376
Kabeljau-Krieg 392
Kalter Krieg 300
Kanäle 12, 14, 56, 74, 75, 86, 96, 152, 178, 274, 304
Kapp-Lüttwitz-Putsch 104, 116
Karstadt 153
Kartellgesetz 298
Kaschmir-Krieg → Indisch-pakistanischer Konflikt
Katalysator 380, 432, 461
Käthe-Kollwitz-Preis 473
Kieler Woche 26
Kienzle 110
Kinderarbeit 20, 24, 33
Kindergeld 305
Kinderlähmung 143, 319, 325
Kinderlandverschickung 93
Kinos 17, 25, 31, 193
Kleine Entente 172
Kleist-Gesellschaft 105
Kleist-Preis 129, 137, 169, 471, 477
Klöckner 34
Knirps (Regenschirm) 148
Knossos 9
Knox-Castrillo-Konvention 58
Kölnische Volkszeitung 104
Kolonialpolitik, deutsche 14, 22, 24, 28, 30, 34, 36, 54, 80, 92
Kominform 250, 254, 292
Komintern 106, 148, 184, 226, 250
Kommune I 344, 354
Kommunistische Internationale → Komintern
Kommunistische Partei der Schweiz (KPS) 110
Kommunistische Partei Deutschlands (KPD) 108, 272, 294
Kommunistische Partei Vietnams 156
Konferenz für Sicherheit und Zusammenarbeit in Europa → KSZE
Konstruktives Mißtrauensvotum 370, 426
Konstruktivismus 107, 115, 119, 123
Konsumvereine 17, 22, 24, 86

Kontaktlinsen 198
Konzentrationslager 174, 180, 194, 200, 202, 204, 212, 214, 226, 228, 229, 232, 234, 238
Kopierer 290
Koran 75
Korea-Krieg 266, 280
Krolloper (Berlin) 125
Kronenburger Eid 158
Krupp 22, 46, 62, 77, 81, 92, 94, 138, 224, 278, 318, 338, 344, 374, 386
KSZE 378, 400, 402, 432
KSZE-Schlußakte 388
Kuba-Krise 316, 322
Kubismus 41, 65, 107, 191
Ku-Klux-Klan 335, 411
Kulturhauptstädte 481, 485
Kulturpalast (Dresden) 361
Kulturrevolution (China) 340
Kunst- und Ausstellungshalle der Bundesrepublik Deutschland (Bonn) 479
Kunsthalle (Düsseldorf) 345, 447
Künstlervereinigungen
- Abstraction-Création 193
- Blaue Reiter, Der 57
- Brücke, Die 29, 33, 63
- Club Dada 93
- Cobra 261, 329
- De Stijl 135
- Deutscher Künstlerbund 23, 461
- Deutscher Werkbund 41, 73
- Neue Künstlervereinigung 47, 57
- Novembergruppe 93, 131
- Phalanx 13, 19
- Rote Gruppe 127
- Secession, Berliner 13, 21, 69, 83, 141, 163
- Secession, Dresdener-Gruppe 1919 101
- Secession, Münchener 83
- Secession, Wiener 19, 21
- Selektion 169
- Wiener Werkstätte 41
- ZEN 49
Künstliche Befruchtung 444
Kunststoffe
- Cellophan 30
- Dralon 285
- Nylon 192
- Perlon 200, 222
- Polystyrol 160
- PVC 64, 228
- Silikone 8, 224
- Styropor 268
- Synthese-Kautschuk 52, 142, 176, 210, 216
- Teflon 246
Kuomintang 62, 70, 120, 132, 140, 142, 144, 146, 148, 150
Kurden 132, 430, 452, 456, 472
Kurdische Arbeiterpartei (PKK) 478, 484, 485

Kybernetik 256

Labour Party 8
Ladenöffnungszeiten 11, 283, 295, 463
Ladenschlußgesetz 449
Landwirtschaftliche Produktionsgenossenschaften (LPG) 310, 344
Langer Marsch 180
Langspielplatte 254, 255, 270
Lasergerät 396
Lastenausgleichsgesetz 274
Lateranverträge 150
Leica 132
Leipziger Messe 89, 92, 204, 210, 243, 246
Leitz 176
Lessing-Preis 157
Leukoplastbomber 264
Lichtpausapparat 38
Lieben-Röhre 32
Likud-Block 398
Linzer Programm 122
Literatur
- Buchmesse, Frankfurter 117, 127, 131, 259, 275, 278, 321, 427, 437, 461, 481, 493
- Buchmesse, Leipziger 473, 479, 487
- Gruppe 47 249, 334, 399
- Gruppe 61 315
- Kleist-Gesellschaft 105
- PEN-Club 113, 175, 217, 223, 249, 271, 367, 447
- Verband Deutscher Schriftsteller 355, 473
- Verlag der Autoren 355
- DDR-Schriftstellerverband 403, 409
Literaturpreise
- Brüder-Grimm-Preis 477
- Friedenspreis des Deutschen Buchhandels 335, 353, 393, 399, 403, 416, 423, 427, 437, 463, 471, 475, 479, 491
- Georg-Büchner-Preis 121, 271, 327, 345, 423, 431, 441, 447, 461, 471, 475, 479
- Geschwister-Scholl-Preis 471
- Heinrich-Mann-Preis 335
- Ingeborg-Bachmann-Preis 421, 473, 479
- Kleist-Preis 129, 137, 169, 471, 477
- Prix Fémina 31
- Prix Goncourt 21, 317
- Pulitzer-Preis 251, 379
Locarno-Vertrag 132, 134
Lockheed-Affäre 388, 394, 397, 402
Lohnfortzahlung im Krankheitsfall 354, 360
Lohnsteuertabelle 219
Londoner Deklaration 46
Londoner Flottenkonferenzen 156, 186, 188

Londoner Protokoll 182
Lötschberg-Eisenbahntunnel 74
Lotterien 205, 335
Luftfahrt
 - Ballonflug 30, 68, 162, 178, 179, 184
 - Bomber 214, 268
 - Düsenflugzeuge 216, 220, 244, 248, 274
 - Fluggesellschaften 46, 134, 296, 377
 - Flughäfen 121, 212, 240, 314, 362, 389
 - Fluglinien 121, 137, 145, 168, 174, 206, 310
 - Hubschrauber 38, 190, 196, 292
 - Luftfahrtausstellung 190
 - Luftschiffahrt 8, 32, 43, 53, 99, 136, 188, 194, 202
 - Motorflug 12, 22, 49, 52, 120, 150, 158, 162, 186, 196
 - Passagierflugzeuge 284, 292, 304, 348, 354, 372, 388
 - Rekordflüge 42, 46, 52, 96, 106, 126, 136, 140, 172, 200, 218, 220, 222, 248, 250, 258, 268, 278, 304, 306
 - Technik 84, 94, 98, 118, 214
Lufthansa 134, 178, 289, 310, 330
Lunik 304, 306
Lutetium 40

Maastrichter Verträge 474, 476, 480, 484
Machtergreifung (· NS-Regime) 172
Magensonde 170
Maggi 48
Magnetschnellbahn 276, 366, 368, 432, 436, 486
Magnettonband 148
Makromolekularchemie 118
Mandschurei-Abkommen 16
Marneschlacht 76
Marokkokrise 30, 32, 58
Marschflugkörper 250, 434
Marshall-Plan 250, 252, 256
Märzaufstand, Korea 98
Mau-Mau 276, 278, 282, 292, 306
Max-Planck-Gesellschaft 252, 266
Max-Planck-Institut 448
Maybach 92
MBB 458, 460
Medizin
 - Adrenalin 14
 - Aidsforschung 488, 492, 452
 - Antibabypille 312, 313, 315, 323, 343, 370, 385
 - Antibiotika (auch Penicillin) 146, 228, 232, 240, 306
 - Blutgruppen 8
 - Chromosomenforschung 24, 30, 100

 - Computertomographie 398
 - Dialyseapparat 224
 - Eiserne Lunge 250
 - Herz-Lungen-Maschine 268, 300
 - Herztransplantation 346, 348, 418
 - Histamin 38
 - Insulin 110, 330, 400
 - Interferon 414
 - Künstliche Befruchtung 444
 - Magensonde 170
 - Retortenbaby 402
 - Samenbank 368
 - Schluckimpfung 318
 - Thyroxin 140
 - Toxachirurgie 26
Meeresverschmutzung 457, 487
Mehrwertsteuer 344, 348
Melitta 42
Mendelsche Vererbungsregeln 8
Mercedes 12, 48
Merck 24
Methadon 457, 472
Metro (Paris) 11
Metro AG 496
Metropolitan Opera (New York) 341
Mickey Mouse 403
Mikroelektronik 454
Mikrophon 134
Mikrowellenherd 280, 296
Militärische Bündnisse
 - Amerikanisch-japanischer Sicherheitsvertrag 310
 - Antarktis-Vertrag 306
 - ANZUS-Pakt 272
 - Bagdad-Pakt 286, 304
 - Balkanpakt 178, 210
 - Chinesisch-sowjetischer Nichtangriffspakt 196
 - Deutsch-polnischer Nichtangriffspakt 178, 204
 - Dreimächtepakt 214, 216
 - EVG 268, 274, 282, 284
 - Finnisch-sowjetischer Beistandspakt 254
 - Französisch-britischer Beistandspakt 248
 - Französisch-sowjetischer Beistandspakt 182, 234
 - Französisch-sowjetischer Nichtangriffspakt 164
 - Kleine Entente 172
 - NATO 258, 276, 284, 286, 288, 296, 298, 340, 410, 422, 426, 428, 446, 460, 492
 - Organisation Amerikanischer Staaten (OAS) 254, 318
 - Russisch-polnischer Nichtangriffspakt 170
 - Viermächtepakt 174
 - Warschauer Pakt 288, 294, 422, 428, 460, 468
 - Westeuropäische Union (WEU) 342
Militärputsch · Staatsstreich

Minimal Music 417
Mir (Raumstation) 444, 480, 492
Mirage-Affäre 336
Mißwahlen 149, 169, 203, 267, 273, 277, 293, 303, 397
Mittellandkanal 12, 178
Mittelstreckenraketen 432, 434, 436, 440, 452, 456
Mobilfunk 450
Mode 15, 23, 27, 41, 45, 49, 59, 61, 67, 77, 79, 97, 101, 129, 139, 161, 167, 287, 349, 357, 419, 433, 451, 463
Mogadischu (Geiselbefreiung) 400
Möhnetalsperre 69
Mondlandung 254
Monroe-Doktrin 22, 28
Montanunion 270
Mont-Blanc-Tunnel 322, 336
Morgenthau-Plan 234
Moskauer Vertrag 362
Mossulvertrag 136
Mudschahedin 476
Münchener Abkommen 202
Münchner Lach- und Schießgesellschaft 293
Museen
 - Architekturmuseum (Frankfurt) 437
 - Brücke-Museum (Berlin) 345
 - Dalí-Museum (Figueras) 385
 - Deutsches Museum (München) 93, 130
 - Ernst-Barlach-Museum (Hamburg) 321
 - Filmmuseum (Potsdam) 393
 - Folkwang Museum (Essen) 279, 311
 - Graphische Sammlung Albertina (Wien) 107
 - Gutenberg-Museum (Mainz) 323
 - Haus der Deutschen Kunst (München) 175, 195
 - Haus der Geschichte der Bundesrepublik Deutschland (Bonn) 487
 - Karl-May-Museum (Bamberg) 321
 - Kunst- und Ausstellungshalle der Bundesrepublik Deutschland 479
 - Kunsthalle »Schirn« (Frankfurt) 445
 - Kunstsammlung Nordrhein-Westfalen (Düsseldorf) 345, 447
 - Museum für Hamburgische Geschichte (Hamburg) 117
 - Museum für Moderne Kunst (Frankfurt) 467
 - Museum moderner Kunst (Wien) 409
 - Museum of Modern Art (New York) 153
 - Nationalgalerie, Deutsche (Berlin) 351
 - Neue Pinakothek (München) 421
 - Pergamonmuseum (Berlin) 13, 159
 - Picasso-Museum (Paris) 443

- Römisch-Germanisches Museum (Köln) 383
- Staatliche Kunsthalle (Berlin) 399
- Städtische Kunsthalle (Recklinghausen) 265
- Vasarely-Museum (Vaucluse) 423
- Wallraff-Richartz-Museum (Köln) 297
- Wilhelm-Lehmbruck-Museum (Duisburg) 331

Mutterkreuz 203, 205
Mutterschutzgesetz 274
Muttertag 41, 121

Nachkriegszeit
- Berlin-Blockade 254, 256, 257, 258
- Besatzungsstatut 258, 268
- Besatzungszonen 238
- Bizone 248, 252
- Bizonenabkommen 246
- CARE-Pakete 245, 251
- Demontage 246
- Eiserner Vorhang 242
- Entnazifizierung 242, 248, 254
- Kriegsgefangene 243, 245, 252, 257, 264
- Marshall-Plan 250
- Morgenthau-Plan 234
- Nürnberger Kriegsverbrecherprozesse 240, 242, 244, 250, 252, 270
- Parteien 240, 242
- Potsdamer Abkommen 238, 240
- Saargebiet 246, 248
- Sowjetische Besatzungszone 240, 244, 246
- Währungsreform 254, 255

Nahostfrage 104, 122, 152, 176, 196, 210, 244, 426, 430
Nahostkrieg (1948/49) 254, 256
NASA 302, 304
Nassau, Pakt von 322
Nationalbibliothek (Leipzig) 82
Nationaldemokratische Partei Deutschlands (NPD) 354, 404
Nationale algerische Befreiungsfront (FNL) 288, 294
Nationale Befreiungsfront Südvietnams (FNL) 314, 356
Nationale Volksarmee (NVA) 292
Nationaler Verteidigungsrat (NVR) 310
Nationalhymne 274
Nationalsozialistische Deutsche Arbeiterpartei (NSDAP) 104, 112, 120, 130
NATO 258, 276, 284, 286, 288, 296, 298, 340, 410, 422, 426, 428, 446, 460, 492
NATO-Doppelbeschluß 410, 422
NDR 291
Neckermann 271

Nelkenrevolution 382
Nestlé 144
Neue Heimat 424, 446
Neue Künstlervereinigung 47, 57
Neue Sachlichkeit 141, 159
Neue Wilde 417
Neuilly-sur-Seine, Frieden von 106
Neutronenbombe 404, 414
Nixdorf 466
Nobelpreis, erste Verleihung 12
Nofretete 62, 393
No-Name-Artikel 404
Nordischer Rat 290
Nord-Ostsee-Kanal 74
Nordpolexpeditionen 130, 194
Nordrhein-Westfalen 244
Nord-Süd-Kommission 400, 415
Nordwestpassage 34, 222
Notstandsgesetze (BRD) 306, 336, 350
Notstandsgesetze (DDR) 316
Novembergruppe 93, 131
NPD → Nationaldemokratische Partei Deutschlands
NS-Regime
- Aus- und Umsiedlungspolitik 206, 210, 214, 218, 222, 231, 232
- Bücherverbrennung 174, 179, 227
- Entartete Kunst 177, 191, 195, 201, 205
- Euthanasie 215, 216, 229
- Expansionspolitik 196, 200, 202, 204, 212
- Gleichschaltung 174, 175
- Hitlerjugend 136, 190, 195, 201, 205, 213
- Hitler-Stalin-Pakt 204
- Judenverfolgung 174, 186, 199, 202, 204, 214, 216, 218, 220, 222, 230, 231
- Konzentrationslager 174, 180, 194, 200, 202, 204, 212, 214, 226, 228, 229, 232, 234, 238
- Machtergreifung 172
- Münchener Abkommen 202
- NSDAP 104, 112, 120, 130
- Reichskristallnacht 202
- Reichstagsbrand 174
- Reichstagswahlen 188
- Rheinlandbesetzung 188
- Röhm-Putsch 180, 314
- Vierjahresplan 188, 210
- Widerstand 210, 214, 224, 227, 232, 233, 234

Numerus Clausus 373
Nürnberger Kriegsverbrecherprozesse 240, 242, 244, 250, 252, 270
Nylon 192
Nylonstrümpfe 207, 213

OAS → Organisation Amerikanischer Staaten

OAU → Organisation Afrikanischer Staaten
Oberschlesien 110
OEEC → Organisation für europäische wirtschaftliche Zusammenarbeit und Entwicklung
Öko-Kühlschrank 482
Ölkrise 380
Ollenhauer-Plan 296
Olympische Spiele 188
One-Step 61
OPEC → Organisation Erdölexportierender Länder
Opel 150, 366, 374, 466
Opernball 293
Opiumgesetz 368
Organisation Afrikanischer Staaten (OAU) 404
Organisation Amerikanischer Staaten (OAS) 254, 318
Organisation Erdölexportierender Länder (OPEC) 312, 396, 424
Organisation für europäische wirtschaftliche Zusammenarbeit und Entwicklung (OEEC) 260, 288
Organspende 369
Orient-Express 399
Oscarverleihung 141, 165, 211, 221, 315, 331, 335, 341, 345, 351, 367, 373, 377, 381, 385, 403, 409, 415, 421, 425, 429, 431, 437, 447, 449, 451, 457, 461, 467, 473, 483, 487, 491, 497
Osram 98, 482
Ostermärsche (auch → Friedensbewegung; → Anti-Atomkraft-Bewegung) 301, 428
Ostprovinzen, deutsche 10, 12, 14, 18, 26, 40, 42, 54, 68
Ötzi (Gletschermumie) 474, 486
Ozonalarm 489
Ozonloch 447, 460, 480

Pahlawiden 132
Palast der Republik (Ostberlin) 395
Palästinenser (auch → Intifada) 362, 366, 374, 396, 442, 454, 460
Palästinensische Befreiungsorganisation (PLO) 330, 342, 354, 384, 392, 414, 426, 434, 442
Palästinensischer Autonomierat 494
Panamakanal 14, 56, 74, 86
Panama-Kanalzone 330, 400
Panamerikanische Konferenzen 144, 206, 282, 304
Panamerikanische Union 210
Paneuropakongresse 138
Panzer 216, 228, 230
Panzerfaust 234
Paragraph 218 → Abtreibungsrecht
pardon (Zeitschrift) 323
Pariser Herbstsalon 31, 39, 45, 65

Pariser Verträge 284, 288
Partito Nazionale Facista (PNF) 114
Passierscheinabkommen 328, 332, 340
Passionsspiele (Oberammergau) 265
Patentrecht 46, 244, 254, 378, 414
Pathet-Lao-Bewegung 312, 316, 330
PEN-Club 113, 175, 217, 223, 249, 271, 367, 447
Pendelkugellager 38
Penicillin · Antibiotika
Perestroika 456
Pergamonaltar 301
Pergamonmuseum (Berlin) 13, 159
Perlon 200
Persepolis 172, 190
Personalausweis, maschinenlesbarer 451
Pest 25, 55, 93, 135, 489
Pfadfinder 39, 49
Phalanx 13, 19
Photokina 340, 426
Physik
 - Astonscher Dunkelraum 38
 - Atomphysik 52, 58, 60, 64, 68, 70, 106, 128, 148, 166, 170, 172, 180, 204, 212, 218, 238, 252, 342, 392, 400, 434, 486
 - Elektronenoptik 136
 - Gammastrahlen 8
 - Mikroelektronik 454
 - Nebelkammer 64
 - Quantenphysik 8, 70, 132
 - Quecksilberdampflampe 28, 52
 - Relativitätstheorie 34, 44, 80, 106, 110, 150
 - Teilchenbeschleuniger 148, 166, 252, 284, 392, 396
 - Weltformel 300
Pioneer 310, 382, 410, 430
PKK · Kurdische Arbeiterpartei
Platz des Himmlischen Friedens, Blutbad auf dem 460
Playboy (Zeitschrift) 281
PLO · Palästinensische Befreiungsorganisation
Pluto 156
Plutonium 218
Pocken 53, 89, 335, 388, 410
Polaroid-Kamera 254, 290, 324, 384
Polnisch-deutsche Verträge (1976) 392
Polnisch-russischer Krieg 108, 112
Polystyrol 160
Pop-Art 313, 323, 415
Porsche 384
Postverkehr
 - Briefmarke 16
 - Fernschreiber 164, 174
 - Luftpost 57, 97, 111, 196
 - Postleitzahlenreform 485
 - Postscheck 47
 - Telebrief 414
Potsdamer Konferenz 238, 240

Prager Frühling 350
Prawda 62, 124
Prinzregententheater (München) 13
Prix Fémina 31
Prix Goncourt 21, 317
Prohibition · Alkoholverbot
Psychoanalyse 88
Pulitzer-Preis 251, 379
Punk 395, 401
Purismus 95
PVC 64, 228
Pyramide von Gizeh 168

Quadriga (Berlin) 303
Quarz-Uhr 356
Quelle, Versandhaus 140
Quick (Zeitschrift) 479
Quickborn 113, 115

Radar 116
Radikalenerlaß 370, 402, 406
Radio · Rundfunk
Radioaktive Umweltbelastung 300, 324, 446, 482
Radioteleskop 286
RAF · Rote-Armee-Fraktion
Raketentechnik 134, 146, 244, 222, 242, 268, 316
Rapacki-Plan 298
Rapallo, Vertrag 116, 134
Rasierapparat 14
Rassentrennung (incl. Rassenunruhen)
 - Rhodesien 346, 368
 - Südafrika 288, 310, 394, 400, 415, 442, 446, 448
 - USA 316, 322, 332, 334, 346, 415, 473, 477
Rat der Volksbeauftragten 94
Raumfahrt
 - Bemannte Raumfahrt 316, 320, 326, 330, 334, 338, 340, 344, 350, 352, 354, 360, 364, 366, 372, 378, 382, 388, 402, 408, 416, 424, 458
 - Fähren 418, 426, 432, 442, 444, 462, 474, 476, 492
 - Mondlandung 354
 - NASA 302, 304
 - Raketen 368, 410, 414, 426, 432, 452, 466, 468, 470
 - Raumfahrtprogramm 288
 - Raumstationen 366, 378, 394, 480, 492
 - Satelliten 296, 300, 310, 312, 320, 324, 330, 334, 360, 370, 372, 382, 396, 402, 420, 478
 - Sonden 304, 306, 322, 323, 330, 334, 336, 338, 340, 344, 348, 354, 362, 370, 376, 382, 388, 392, 398, 404, 406, 410, 416, 420, 430, 462, 468

 - Technik 146
 - Weltraumnutzungsvertrag 344
Ready-Mades 73
Rechtschreibung, deutsche 13
Rechtsradikalismus 416, 431, 467, 475, 478, 479, 481, 490
Reclams Universalbibliothek 223
Reichsinvalidengesetz 12
Reichskristallnacht 202
Reichsmark 126
Reichspräsidentenwahl 168
Reichstagsbrand 174
Reichstagswahlen
 Deutsches Kaiserreich
  → Weimarer Republik
  → NS-Regime
Reichsversicherungsordnung 58
Relativitätstheorie 34, 44, 80, 106, 110
Rentenpolitik 296
Rentenversicherung 198
Reparationen 104, 106, 110, 112, 118, 120, 122, 126, 150, 152, 156, 164, 166
Republikaner, Die 432
Retortenbaby 402, 423, 424
Revisionismusstreit 14
Rheingold 147
Rhein-Herne-Kanal 75
Rhein-Ruhr-Zentrum (RRZ) 377
Rhein-Weser-Hannover-Kanal 28
RIAS 245
Richard-Wagner-Festspiele 127, 163, 195, 205, 211, 217, 227, 283, 297, 305, 311, 321, 327, 334, 337, 341, 475, 415, 421, 427, 431, 447
Rifkabylen 114, 116, 132, 134
Riga, Vertrag von 112
Rinderwahnsinn (BSE) 478
Road Movie 323
Roboter 274
Rock'n Roll 273
Rockefeller Center 215
Röhm-Putsch 180, 314
Rolltreppe 10, 106
Römische Protokolle 180
Römische Verträge 296
Römisch-Germanisches Museum (Köln) 383
Roncalli 415
Röntgenstrahlungsapparat 210
Rote-Armee-Fraktion (auch · Terrorakte) 362, 372, 384, 386, 388, 392, 396, 398, 400, 418, 429, 440, 448, 462, 469, 472, 482, 483
Rote Brigaden 404, 424
Rote Khmer 378, 388, 392, 406
Roter Frontkämpferbund (RFB) 128
Rot-grüne Koalition 444, 450
Rowohlt 265, 417, 431
Ruhr (Krankheit) 323, 403
Ruhrbesetzung 118, 120, 122, 124, 132

507

Ruhrfestspiele (Recklinghausen) 265, 278, 283, 289, 301, 305, 335, 491
Ruhr-Universität (Bochum) 336
Rundfunk
 - Deutschlandfunk 321
 - Privatsender 449
 - Rundfunkgeräte 206, 266
 - Rundfunkgesellschaften 116, 126
 - Rundfunkstationen 104, 106, 122, 127, 139, 239
 - Rundfunkteilnehmer 125, 193, 342
 - Technik 34, 118, 126, 142, 146
 - UKW-Sender 187, 245, 291
 - Volksempfänger 174
 - Werbung 417
Russisch-Japanischer Krieg 24, 30, 42

Saarland 104, 182, 246, 248, 286, 290, 296
Saint-Germain-en-Laye, Frieden von 100, 106
Saljut (Raumstation) 366, 394
SALT-I-Vertrag 372
SALT-II-Vertrag 398, 408, 414, 446
Salzburger Festspiele 89, 107, 111, 133, 201, 217, 227, 235, 237, 283, 305, 313, 321, 327, 371, 383, 389, 409, 421, 437, 440, 447, 452, 457,
Salzburger Festspielhaus 133
Salzmarsch 156
Samenbank 368
Sandinisten 408, 468
Sankt-Bernhard-Straßentunnel 320
Sankt-Gottard-Tunnel 416
Satelliten 296, 300, 310, 312, 320, 324, 330, 334, 360, 370, 372, 382, 396, 402, 420, 478
Scanner 290
Schatz des Priamos 485, 497
Scheidungsrecht 401
Schengener Abkommen 490
Schering 240
Schiffahrt
 - Atom-Schiff 322
 - Echolot 108
 - Forschungsschiffe 142, 330, 426
 - Kanäle 12, 14, 56, 74, 75, 86, 96, 152, 178, 274
 - Kriegsschiffe 34, 105, 162, 172, 194, 200, 204, 218, 226, 304
 - Nordwestpassage 34, 222
 - Passagierschiffe 34, 65, 123, 150, 165, 200, 202, 212, 336, 348
 - Rekordfahrten 156, 200
 - Schiffshebewerke 176, 202, 390
 - Schiffskreisel 22
 - Segelschiffe 18
 - Tankschiffe 278, 324
 - Technik 85
Schillerpreis 43, 143
Schilling 128
Schlieffenplan 32

Schluckimpfung 319, 325
Schneller Brüter 272, 404, 422, 430, 472
Schulpflicht 203
Schutzstaffel (SS) 132, 150, 180
Schwarzer Freitag 152
Schweizer Nationalbank 38
SDI → Weltraumgestütztes Raketenabwehrsystem
Secession → Künstlervereinigungen
Sechstagekrieg 344
Sekten 351, 405, 415, 421, 427
Selbstbedienung 297, 334
Semper-Oper 399
Sesamstraße 355, 377
Seveso-Unfall 392, 431
Sèvres, Frieden von 106, 122
Siemens 23, 98, 140, 364, 406, 450, 466, 472, 492
Siemensstadt 71, 153
Sikhs 306, 438, 456
Silikon 224
Silvesterbrief 36
Sinn-Fein-Bewegung 96, 110, 116, 120
Sittlichkeitsgesetz 31
Sklaverei 52, 144
Smog 277, 323, 363, 407, 441, 451
Sojus (Raumsonden) 354, 362, 366, 378, 388, 394, 402, 424
Solarenergie 356, 478, 486, 492
Solidarität (Solidarność) 418, 422, 426, 430, 458, 460
Solidaritätszuschlag 472, 490
Solidarpakt 482
Somme-Offensive 84
Sommerzeit 83, 415
Sonnenfinsternis 143, 275, 288
Sonnenkraftwerke 396, 400, 418, 424, 432
SOS-Notsignal 37
Souveränität
 - Ägypten 190
 - Albanien 68, 72
 - Baskenland 400
 - Bosnien-Herzegowina 476
 - Georgien 472
 - Grönland 408
 - Island 216
 - Philippinen 244
 - Singapur 304
 - Tunesien 284
 - Ukraine 468
 - Westsamoa 320
Sowjetische Besatzungszone (SBZ) 240, 244, 246
Sowjetisch-finnischer Winterkrieg 206, 210
Sozialdemokratische Arbeiterpartei Rußlands (SDAPR) 22
Sozialdemokratische Partei Deutschlands (SPD) 70, 238
Sozialdemokratischer Hochschulbund (SHB) 312

Sozialistische Einheitspartei Deutschlands (SED) 242
Sozialistische Internationale 210, 272
Sozialistische Reichspartei (SRP) 272, 276
Sozialistischer Deutscher Studentenbund (SDS) 244, 312, 344, 360
Sozialpolitik, deutsche
 - Arbeitslosenversicherung 16
 - BAföG 366, 396, 429
 - Bundessozialhilfegesetz 316
 - Invalidenversicherungsgesetz 8
 - Jugendschutzgesetz 275
 - Kinderarbeit 24, 33
 - Kindergeld 305
 - Krankenversicherung 22
 - Lastenausgleichsgesetz 274
 - Lohnfortzahlung im Krankheitsfall 354, 360
 - Mutterschutzgesetz 274
 - Reichsinvalidengesetz 12
 - Reichsversicherungsordnung 58
 - Rentenversicherung 198
Spartakusaufstand 96
Spartakusbund 96
Spiegel, Der 247
Spiegel-Affäre 322
Springer (Verlag) 341, 419
Sprühdose 136
Sputnik 296
St. Bernhard-Tunnel 320, 330, 346
Staatsstreich
 - Afghanistan 404
 - Algerien 300, 316, 334
 - Argentinien 228, 272, 392
 - Äthiopien 384
 - Bangladesh 390
 - Bolivien 274, 332
 - Brasilien 196, 330
 - Burundi (gescheitert) 372
 - Chile 168
 - El Salvador 316
 - Ghana 340
 - Irak 302
 - Iran 280
 - Jemen 322
 - Nigeria 338
 - Obervolta 338
 - Osmanisches Reich 66
 - Pakistan 398
 - Panama 218
 - Paraguay 282
 - Persien 110
 - Peru 352
 - Philippinen 446
 - Polen 136
 - Portugal 136, 382
 - Spanien 122
 - Südkorea 316
 - Thailand 394
 - Türkei 416
 - UdSSR (gescheitert) 474
 - Uganda 364

508

- Venezuela 300
- Zentralafrika 410
- Zypern 384
Stahlhelm-Bund 186, 289
Stalin-Note 274
Standard Oil Company 210
Starfighter 282, 292, 302, 321, 355, 420, 424
Startbahn West 416, 422
START-I-Vertrag 474
START-II-Vertrag 480
Stasi 264, 474
Stenographie 117, 129
Stereoton 300, 301, 324
Stern (Zeitschrift) 431
Stiftung Preußischer Kulturbesitz 297
Stresa, Konferenz von 182
Studentenbewegung 346
Styropor 268
Sudetendeutsche Heimatfront 176
Sudetenland 200, 202
Südpol ・ Antarktis
Südtirolfrage 122, 328, 476
Südtirol-Pakt 344, 356
Suezkanal 388
Suezkanalzone 272, 274, 280, 300
Suezkrise 292, 294, 296
Suffragetten ・ Frauen
Summerhill-Schule 357
Super! (Zeitung) 473
Surrealismus 129, 185, 191, 245, 251
SWAPO 420
Sykes-Picot-Abkommen 82
Synchronmotor 18
Synthese-Kautschuk 52, 142, 176, 210, 216

Tag der Deutschen Einheit 284, 304
Tamilen 430
Tango 57, 61
Tankerunglücke 339, 345, 403, 409, 415, 461, 481
Tannenberg-Denkmal 142
Tarzan 151
Taschenrechner 368, 386
TASS 133
taz (Zeitung) 409
Technicolor 49, 88, 160, 185
Technische Entwicklungen (auch ・ Computer)
- CD-Spieler 422, 427
- Dauerwellenapparat 34
- Dechiffriermaschine 214
- Düsenmotor 72
- Elektrische Uhr 94
- Elektronenmikroskop 166, 210, 224, 268
- Farbbildplatte 366
- Farbfernsehen 16
- Faxgerät 406
- Geigerzähler 146
- Geschirrspüler 292

- Heizkissen 66
- Hörgerät 36
- Kopierer 290
- Lichtpausapparat 38
- Magnettonband 148
- Mikrophon 134
- Mikrowellenherd 280, 296
- Öko-Kühlschrank 482
- Polaroid-Kamera 254, 290, 384
- Quarz-Uhr 356
- Radar 116
- Radioteleskop 286
- Rasierapparat 14
- Roboter 274
- Rolltreppe 10, 106
- Röntgenstrahlungsanlage 210
- Scanner 290
- Stereoton 300, 301, 324
- Synchronmotor 18
- Taschenrechner 368, 386
- Telekopierer 368
- Toaster 48
- Transistor 250, 254, 260
- Videorekorder 272, 390, 418
- Wankelmotor 296, 332
- Waschmaschine 86
Technologie- und Forschungskooperation (EUREKA) 442
Teflon 246
Teilchenbeschleuniger 148, 166, 252, 284, 392, 396
Telefon 42, 65, 75, 78, 80
- Bildtelefon 274
- Fernsprechbuch 111
- Fernsprechgebühren 9, 495
- Fernsprechverordnung 113
- Mobilfunk 450
- Technik 144, 228
- Teilnehmer 325
Telefunken 23, 34, 37
Telegrafie 12, 18, 20, 34, 72, 156
Telekolleg 345
Telekopierer 368
Tempolimit 31, 121, 299, 375, 385, 439, 443
Terrorakte (BRD) 372, 374, 384, 388, 398, 400, 440, 448, 462
Tet-Offensive (Vietnamkrieg) 348
Theater
- Badisches Staatstheater (Karlsruhe) 389
- Bastille-Oper (Paris) 461
- Berliner Waldbühne 265
- Deutsche Oper am Rhein (Düsseldorf) 293
- Deutsches Schauspielhaus (Berlin) 63
- Deutsches Schauspielhaus (Hamburg) 9
- Großes Haus (Frankfurt) 271
- Krolloper (Berlin) 125, 269
- Metropolitan Opera (New York) 341

- Neues Schauspielhaus (Düsseldorf) 361
- Pfalztheater (Kaiserslautern) 267
- Prinzregententheater (München) 13
- Proletarisches Theater (Berlin) 107, 111
- Salzburger Festspielhaus 133
- Schauspielhaus (Wuppertal) 343
- Schauspielhaus (Frankfurt) 19
- Städtische Bühnen (Frankfurt) 329
- Ufa-Palast (Berlin) 99
Thermosflasche 10
Thyroxin 140
Thyssen 376
Titanic 65, 77
Toaster 48
Todesstrafe 55, 99, 105, 116, 266, 276, 300, 375, 383
Tonfilm 23, 27, 116, 123, 151
Tornado (Kampfflugzeug) 392, 424
Transistor 250, 254, 260
Transitabkommen 368, 410, 414
Transrapid ・ Magnetschnellbahn
Transsibirische Eisenbahn 16, 202, 318
Treuhandanstalt 472
Trianon, Frieden von 104
Tripolis-Krieg 60, 63
Tropfenauto 110
Truman-Doktrin 248
Tschechische Volkspartei 8
Tschernobyl, Reaktorkatastrophe 446, 447
Tschetschenien-Krieg 490, 492
Tuberkulose 106, 111, 247
Tunnel
  ・ Verkehr
  ・ Eisenbahn
Tutanchamun 126, 373
Twist 323
Typhus 31, 139, 278

U-Bahn 11, 16, 21, 69, 351, 430
U-Boot-Krieg 82, 86, 94
Ufa-Film GmbH (auch ・ Universum Film AG) 221
Ufa-Palast (Berlin) 99
Ullstein Verlag 23, 29
Ultrazentrifuge 124
Umwelt
- Chemieunfälle 355, 392, 411, 431,
- Dioxin 392, 431
- Greenpeace 417, 431, 443, 455
- Katalysator 380, 432, 461
- Meeresverschmutzung 457, 487
- Ozonalarm 489
- Ozonloch 447, 460, 480
- Politik 372, 440, 444
- Smog 277, 323, 363, 407, 441, 451
- Tankerunglücke 339, 345, 403, 409, 415, 461, 481
- Waldsterben 306, 422, 432, 438

509

- Radioaktive Umweltbelastung 300, 324, 446, 482
Umweltengel 409
UN → Vereinte Nationen
Unabhängige Sozialdemokratische Partei Deutschlands (USPD) 88, 108
Unabhängigkeitserklärung
  (incl. Staatengründung und -reform)
  - Abessinien 36
  - Ägypten 116, 190
  - Albanien 64, 68, 240
  - Algerien 320
  - Armenien 96
  - Bahamas 378
  - Bangladesh 366
  - Benin 346
  - Birma 252
  - Bulgarien 44, 244
  - Ceylon 252
  - China 260
  - Dschibuti 398
  - Estland 468
  - Finnland 90
  - Gambia 334
  - Grenada 382
  - Griechenland 126
  - Guinea 302
  - Guinea-Bissau 380, 384
  - Guyana 340
  - Indien 250
  - Indonsien 260
  - Irak 302
  - Irland 96, 198, 258
  - Island 232
  - Israel 254
  - Jamaika 322
  - Jugoslawien 94, 240
  - Kambodscha 238
  - Kamerun 310
  - Kap Verde 388
  - Kenia 328
  - Kroatien 474
  - Kuba 18
  - Kuwait 318
  - Lesotho 342
  - Libanon 218
  - Malaysia 298
  - Moldawien 486
  - Mongolische Volksrepublik 128
  - Mosambik 388
  - Namibia 468
  - Nigeria 312, 328
  - Nordkorea 256
  - Norwegen 30
  - Pakistan 250
  - Rhodesien 368
  - Rumänien 252
  - Saint Vincent 410
  - Sansibar 328
  - Saudi-Arabien 170
  - Simbabwe 416
  - Slowenien 474
  - Somalia 312

- Südafrika 316
- Südafrikanische Union 52
- Sudan 290
- Surinam 390
- Syrien 218, 318
- Taiwan 264
- Transjordanien 120, 146, 242
- Tschechoslowakei 94
- Tunesien 292
- Türkei 146
- Uganda 322
- Vereinigte Arabische Emirate 368
- Vietnam 258
- Vietnam-Süd 290
- Zypern 312
UNESCO → Vereinte Nationen
Ungarnaufstand 294
UNICEF → Vereinte Nationen
Union der Sozialistischen Sowjetrepubliken (UdSSR) 118
Universitäten 330
  - Fernuniversität Hagen 391
  - Hamburg 96
  - Ruhr-Universität (Bochum) 336
Universum Film AG (Ufa) 89, 141, 195, 321
UNO → Vereinte Nationen
Unternehmen
  - AEG 22, 23, 24, 40, 60, 98, 150, 186, 427, 442, 444, 494
  - AEG-Telefunken 362, 430
  - Agfa 84, 222
  - BASF 26, 44, 268
  - Bayer 25, 26, 52, 160
  - Bayerische Motorenwerke (BMW) 82, 146, 478
  - Behring-Werke 74
  - Beiersdorf 66
  - Bertelsmann 446
  - Bosch 88, 406
  - Bremer Vulkan 496
  - Chevrolet 56
  - Coop 462, 476
  - Daimler(-Benz) 12, 26, 282, 364, 422, 440, 442, 444, 458, 460, 478, 484
  - Deutsche Telekom 494, 495
  - Dornier 440
  - Dürkopp 18
  - Eastman Kodak 15, 45
  - EDEKA 40
  - Fiat 58, 84
  - Fichtel & Sachs 8
  - Ford 23, 42, 61, 70, 126
  - General Electric Company 40, 150
  - General Motors 150
  - Grundig 300
  - Hoechst AG 270, 355, 386, 452
  - IBM 294, 472
  - I.G. Farben 25, 132, 160, 200, 222, 266, 270
  - Junkers 94, 158, 162, 196
  - Karstadt 153

- Kienzle 110
- Klöckner 34
- Krupp 22, 46, 62, 77, 81, 92, 94, 138, 224, 278, 318, 338, 344, 374, 386
- Leitz 176
- Lockheed (auch → Lockheed-Affäre) 282
- Lufthansa 134, 178, 289, 310, 330
- Maggi 48
- Maybach 92
- MBB 458, 460
- Melitta 42
- Merck 24
- Metro AG 496
- Neckermann 271
- Nestlé 144
- Nixdorf 466
- Opel 150, 366, 374, 466
- Osram 98, 482
- Porsche 384
- Quelle 140
- Schering 240
- Schott 294
- Siemens 23, 98, 140, 364, 406, 450, 466, 472, 492
- Standard Oil Company 210
- Telefunken 23, 34, 37
- Thyssen 376
- US Steel Corporation 12
- Volkswagen 186, 189, 200, 242, 310, 364, 392, 434, 446, 468
- Zeiss 248
US Steel Corporation 12

V-1-Waffe 232, 250,
V-2-Waffe 218, 222, 242
Vatikanisches Konzil 322
Venus von Willendorf 42
Verband Deutscher Schriftsteller 355, 473
Vereeniging, Friedensvertrag von 18
Vereinigte Arabische Republik (VAR) 318, 320, 326
Vereinigung Südostasiatischer Nationen (ASEAN) 346
Vereinigung Volkseigener Betriebe (VEB) 254
Vereinte Nationen
 - Gründung 238
 - Mitgliedschaft 246, 258, 260, 286, 290, 368, 480, 424, 446
 - Sicherheitsrat 367, 466, 470
 - UNESCO 239, 250, 256, 288, 370, 407
 - UNICEF 336
 - UNO-Flüchtlingskommissariat 284
 - UNO-Umweltgipfel 478
 - UN-Truppen-Einsätze 270, 324, 476, 478, 480, 482, 486, 492
 - Vollversammlungen 240, 252, 256, 270, 286, 298, 312, 422, 458

510

Verfassung
- Ägypten 186
- Algerien 328
- Äthiopien 450
- China 74, 428
- DDR 384
- Deutschland 100
- Finnland 32
- Griechenland 378
- Hawaii 8
- Indien 260, 264
- Irland 118
- Israel 258
- Japan 244
- Jugoslawien 382
- Kanada 424
- Kuba 12, 392
- Monaco 56
- Nordkorea 252
- Österreich 88, 108
- Pakistan 378
- Philippinen 376
- Polen 182
- Portugal 58, 174
- Rhodesien 278
- Schweden 382
- Syrien 376
- Tunesien 298
- Türkei 44, 318
- Ungarn 260
Verkehr
- Autobahnen 171, 177, 178, 182, 187, 192, 198, 202, 350, 352
- Brücken 76, 168, 182, 190, 192, 196, 197, 212, 266, 312, 340, 372, 378, 392, 415, 490
- KFZ-Kennzeichen 33
- Straßen 184, 190, 220, 222
- Tempolimit 31, 121, 299, 375, 385, 439, 443
- Tunnel (auch → Eisenbahn) 38, 58, 320, 322, 330, 346, 350, 378, 384, 404, 489
- U-Bahn 11, 16, 21, 69, 351, 430
- Verkehrsampeln 100, 139
- Verkehrspolitik 15, 129, 221
- Verkehrssünderkartei 295, 318
Verlage
- Bertelsmann 446
- Cassirer 120, 137
- Diogenes 417
- Fischer Verlag 129, 131, 143
- Gruner und Jahr 335
- Reclam 223
- Rowohlt 245, 265, 417, 431
- Springer 341, 419
- Ullstein 29, 129, 179
- Verlag der Autoren 355
Versailler Friedensvertrag 98, 100, 104, 110, 136
Vespa 244
Video-Heim-Sytem (VHS) 390
Videorecorder 272, 418

Videotext 364
Viererbande 418
Viermächteabkommen über Berlin 302, 368
Viermächtekonferenz, Berliner 282
Viermächtepakt 174
Vierzehn-Punkte-Friedensprogramm 92
Vietcong 314, 324, 334, 338, 346, 348, 388
Vietminh 268, 276, 278
Vietnamkrieg 332, 334, 338, 341, 344, 346, 348, 354, 370, 374, 376
Vitamine 64, 96, 118, 142, 146, 184, 254
Völkerbund 98, 101, 104, 108, 134, 136, 140, 152, 158, 174, 176, 184, 194, 198, 242
Völkerschlachtdenkmal 72
Völkischer Beobachter 108, 120, 150
Volksempfänger 174
Volkshochschule 17
Volkskammerwahlen 284
Volkssturm 234, 237
Volkstrauertag 133
Volkswagen (auch → VW-Käfer) 186, 189, 200, 242, 310, 364, 392, 434, 446, 468
Volkszählung 361, 428, 453
Vossische Zeitung 73
VOX 488
Voyager 398, 406, 416, 420, 444, 450, 460
Vulkanausbrüche 17, 133, 149, 211, 257, 325, 335, 377, 397, 443
VW-Käfer 273, 288, 298, 402, 403, 418

Wafd-Partei 124, 160
Waffentechnik
- Atombombe 224, 228, 236, 238, 246, 404
- Flugzeuge 214, 224, 226, 228, 230, 282, 292, 302, 321, 355, 382, 392, 420,
- Flugzeugträger 94, 194, 226, 292
- Marschflugkörper 250, 434
- Mittelstreckenraketen 432, 434, 436, 440, 452, 456
- Panzer 216, 228, 230, 430
- Panzerfaust 234
- V-1-Waffe 232, 250,
- V-2-Waffe 218, 222, 242
Wahlrecht
- Dänemark 58
- Deutsches Reich, Länder 26, 28, 42, 32, 38, 54, 56, 62, 64
- Deutsches Reich 32
- Finnland 38
- Großbritannien 62
- Norwegen 12

- Österreich 352
- Rußland 38
- Schweiz 10
- Südafrika 292
Währungsreform 120, 122, 254, 255
Waldsterben 306, 422, 432, 438
Wallraff-Richartz-Museum (Köln) 297
Wandervogelbewegung 15, 27, 47, 57
Wankelmotor 296, 332
Warschauer Pakt 294, 422, 428, 460, 468
Washingtoner Flottenabkommen 116
Wasserkraftwerke 124, 140, 252, 438
Wasserstoffbombe 264, 265, 276, 280, 282, 288, 292
Watergate-Skandal 372, 376, 379, 380
WDR 291
Weberstreik 24, 25
Weimarer Republik
- Arbeitslosigkeit 108, 136, 156
- Berliner Vertrag 134
- Dawesplan 128
- Dolchstoßlegende 100, 122
- Ermächtigungsgesetz 122, 124
- Hitlerputsch 122, 126
- Inflation 98, 110, 114, 120, 122
- Kapp-Lüttwitz-Putsch 104, 116,
- Korridorabkommen 112
- Locarno, Vertrag 132, 134
- Rapallo, Vertrag 116, 134
- Regierungswechsel 104, 114, 120, 122, 126, 130, 134, 136, 138, 158, 170, 172
- Reichspräsidentenwahl 168
- Reichstagswahlen 106, 128, 134, 146, 160, 170, 174, 176
- Reparationen 104, 106, 110, 112, 118, 120, 122, 126, 150, 152, 156, 164, 166
- Ruhrbesetzung 118, 120, 122, 124, 132
- Schutzstaffel (SS) 132, 150, 180
- Separatismus 116, 122, 126
- Spartakusaufstand 98
- Steuerpolitik 104
- Verfassung 98
- Youngplan 152, 156
Wehrpflicht
- Großbritannien 58, 82
- Deutsches Reich 182, 188, 194
- Österreich 290
- BRD 292, 318, 381, 438
- DDR 320, 424
- USA 379
Welt, Die 243
Weltausstellungen 8, 10, 26, 27, 29, 66, 79, 133, 175, 194, 195, 205, 301, 303, 348
Weltformel 300
Weltgesundheitsorganisation (WHO) 477

511

Weltkrieg, Erster
- Brest-Litowsk, Frieden von 90, 92
- Brussilow-Offensive 84
- Isonzoschlachten 80, 84, 90
- Karpatenfront 78
- Kriegseintritt USA 88
- Kriegserklärungen 74, 76, 82, 84, 94
- Kriegsgefangene 78, 79, 92
- Luftangriffe 78
- Marneschlacht 76
- Masuren, Winterschlacht 78
- Neuilly-sur-Seine, Frieden von 106
- Nivelle-Offensive 88
- Rohstoff- und Lebensmittelknappheit 75, 78, 79, 81, 83, 85, 87, 91, 93, 95
- Saint-Germain-en-Laye, Frieden von 100, 106
- Sèvres, Frieden von 106, 122
- Skagerak, Seeschlacht 82
- Somme-Offensive 84
- Trianon, Frieden von 104
- U-Boot-Krieg 82, 86, 94
- Verdun, Schlacht 82
- Versailles, Frieden 98, 100, 136
- Vierzehn-Punkte Friedensprogramm 92, 94
- Waffenstillstand, Compiègne 94
Weltkrieg, Zweiter
- Afrika 216, 222
- Alliierte Konferenzen 218, 226, 236, 238, 240
- Angriff auf die UdSSR 216, 218
- Atombombenabwurf 236, 240, 246
- Ausbruch 204, 206
- Balkanfeldzug 216
- Frankreich 222, 224, 234
- Friedensverträge 248
- Griechenland 216, 228, 234
- Kapitulationen 212, 228, 238
- Kriegseintritt USA 220
- Kriegserklärungen 206, 230, 218, 222, 234
- Kriegsgefangene 235
- Luftkrieg 214, 222, 228, 229, 232, 233, 237
- Ostfront 222, 224, 226, 228, 230, 236
- Pazifikkrieg 222
- Skandinavien 212
- Sowjetisch-finnischer Winterkrieg 206, 210
- Stalingrad, Schlacht 224, 226
- U-Boot-Krieg 220
- Verdunkelung 207
- Vertreibung 238, 246
- Volkssturm 234, 237
- Waffentechnik 222, 224, 226, 228, 230, 232, 234
- Westfront 234, 236
- Westoffensive 212
Weltraumgestütztes Raketenabwehrsystem (SDI) 430, 440, 442, 444
Weltraumnutzungsvertrag 344
Weltwirtschaftskrise (1907) 36; (1929) 152, 156, 168, 198
Werbung 119, 299
Wesel-Datteln-Kanal 162
Westeuropäische Union (WEU) 342
Widerstand ‧ NS-Regime
Wiederaufbereitungsanlage 408, 440, 422, 444, 446
Wiedergutmachung 276, 302
Wiedervereinigung (Deutschland) 466, 468
Wiener (Zeitschrift) 447
Wiener Programm 14
Wiener Werkstätte 41
Windenergieanlagen 220, 414, 432, 452, 456
Windsor 89
Wirtschaftsbündnisse
 - ASEAN 346
 - CERN 278
 - COMECON 258, 266
 - EFTA 306, 310, 372
 - EG 346, 350, 370, 388, 394, 408, 414, 416, 418, 424, 456
 - EU 474, 476, 480, 484, 486, 488, 490, 496
 - EURATOM 296, 300
 - EWG 296, 300, 320, 322, 326, 334, 338
 - GATT 250, 270, 272, 352
 - Montanunion 270
 - OEEC 260, 288, 424
 - OPEC 312, 396
Wissenschaft
 ‧ Medizin
 ‧ Chemie
 ‧ Physik
Wochenschau 53, 75, 161, 213
Woodstock-Festival 357, 489

Youngplan 152, 156, 160

Zabern-Affäre 72
Zauberwürfel 415
Zeichentrickfilm 43, 197, 213
Zeiss 248
Zeit, Die 243
Zeitungen
 - Aachener Nachrichten 237
 - B.Z. am Mittag 29
 - Bild-Zeitung 277
 - BZ
 - Frankfurter Neueste Nachrichten 115
 - Frankfurter Rundschau 241
 - Frankfurter Zeitung 229
 - Kölnische Volkszeitung 104
 - Münchener Neueste Nachrichten 115
 - Neue Zeitung 287
 - Österreichische Zeitung 239
 - Prawda 62, 124
 - Sunday Times 419
 - Super! 473
 - taz 409
 - Times, The 419
 - Völkischer Beobachter 108, 120, 150
 - Vossische Zeitung 73
 - Welt, Die 243
 - Zeit, Die 243
Zeitschriften
 - Ambiente 417
 - Bravo 315
 - Chip 403
 - Der Ruf - unabhängige Blätter der jungen Generation 243
 - Deutsche Blätter
 - Emma 399
 - Focus 482
 - Freies Deutschland 217
 - Hör Zu 281
 - Kursbuch 335
 - L'Esprit Nouveau 109
 - Linkskurve 151
 - Lui 399
 - Melos 105
 - Merz 121
 - Pan 55
 - pardon 323
 - Phono-Gazette 31
 - Pinguin 241
 - Playboy 281
 - Quick 479
 - Reich, Das 211
 - Simplicissimus 235
 - Spiegel, Der 247
 - Stern 431
 - Sturm, Der 53, 69
 - Texte und Zeichen 289
 - Uhu 129
 - Weltbühne, Die 143, 243
 - Wiener 447
Zeppelin ‧ Luftschiffahrt
Zivildienst 182, 426, 440
Zugspitzbahn 128, 158, 162
Zuider-Damm 108, 143, 168
ZVS 373
Zwei-plus-Vier-Vertrag 468
Zweites Deutsches Fernsehen (ZDF) 317, 327
Zypernkonflikt 348
Zypriotische Befreiungsfront 292

Personenregister

Das Personenregister führt alle im »Kursbuch 20. Jahrhundert« erwähnten Personen auf. Ebenfalls aufgenommen sind die Namen von Pop-Gruppen. In der Alphabetisierung werden Umlaute (ä,ö,ü) wie Selbstlaute (a,o,u) behandelt. Bei Namensgleichheit werden Fürsten in der alphabetischen Reihenfolge ihrer Herrschaftsgebiete genannt.

Aalto, Alvar 396
Aaltonen, Väinö 343
Abba 373, 383, 397, 423
Abbado, Claudio 461
Abbe, Ernst 32
Abbot, George 203
Abd Al Asis Ibn Saud → Ibn Saud, Abd Al Asis
Abd Al Asis, marok. Sultan 20, 24, 42
Abd Al Hafis, marok. Sultan 42
Abd Al Hamid II. türk. Sultan 44, 46
Abd Al Karim Kasim → Kasim, Abd Al Karim
Abd Allah Ibn Al Husain, jord. König 272
Abd El Krim, marok. Emir 114, 134, 136
Abduh, Muhammad 33
Abdul, Paula 324
Abdullah as-Sallal 322
Abel, Othenio 247
Abelson, Philip Hauge 212
Abendroth, Hermann 69
Abraham, Henri 88
Abraham, Karl 100
Abraham, Paul 157, 314
Abril, Victoria 473
Abu Daud 396
Achard, Marcel 387
Acheson, Dean 371
Achmadulina, Bella 487
Achmatowa, Anna 342
Achternbusch, Herbert 203, 399, 427, 431, 439, 441, 467, 469
Ackeren, Robert van 246, 431, 459
Acton, John Dalberg 21
Adair, Paul »Red« 363, 396
Adamov, Arthur 277, 287, 373
Adams, Ansel Easton 245
Adams, Bryan 306
Adams, Henry 41
Adamson, Joy 418
Addams, Jane 164
Adenauer, Konrad 90, 238, 240, 250, 258, 260, 265, 268, 270, 272, 274, 278, 266, 288, 292, 298, 300, 304, 310, 311, 313, 315, 318, 322, 324, 326, 328, 330, 338, 340, 344, 348
Adjani, Isabel 405
Adler, Alfred 60, 199
Adlon, Percy 186, 423, 453
Adorf, Mario 160, 307, 363, 409
Adorno, Theodor W. 24, 357
Adrian, Edgar D. 170
Agee, James 303

Agnon, Samuel J. 340
Agote, Luis 76
Aguinaldo, Emilio 12
Ahearn, Daniel 59
Ahlers, Anny 169
Ahlers, Conrad 322
Ahlsen, Leopold 291
Ahmad Mirsa, pers. Schah 46
Aidid, Mohammed Farah 482
Aiken, Howard Hathaway 234
Aischylos 447
Aitken, William Maxwell 332
Aitmatow, Tschingis 363
Aizpors, Marion 425
Alain-Fournier 71
Alba, Jacobo Maria del 281
Albee, Edward 305, 323, 339
Alberini, Filoteo 33
Albers, Hans 91, 141, 151, 165, 171, 173, 195, 227, 235, 251, 275, 297, 314
Albers, Josef 329
Albert Alexander Louis Pierre, Prinz von Monaco 302
Albert I., belg. König 46, 180
Albert, Eduard 11
Albert, Eugen d' 23, 31, 83, 99, 149
Albert, Herzog von York 121, 137, 142
Albertini, Luigi 221
Albertz, Heinrich 346, 484
Albrecht, Ernst 392, 446, 456
Albrecht, Gerd 495
Albrecht, Susanne 469
Albrecht, Theo 369
Alcalá Zamora y Torres, Niceto 162
Alcock, William 96
Alder, Kurt 20, 266
Aldrin, Edwin E. 354
Alechinsky, Pierre 365
Aleichem, Scholem 349
Aleixandre, Vicente 398, 445
Alessandri, Goffredo 205
Alexander I. Karadjordjević, jugosl. König 150, 180, 181
Alexander I., griech. König 88
Alexander I., serb. König 22, 26
Alexander, Peter 139, 339, 369, 371
Alexandra, griech. Prinzessin 233
Alfanos, Franco 27
Alfaro, Ricardo 162
Alfons XIII., span. König 16, 54, 122, 162
Alfons, Edgar Carl 247
Alfonsín, Raul 432
Alfvén, Hannes 362

Algren, Nelson 261
Ali, Salem Rubajj 404
Allais, Maurice 458
Allan, Bryan 409
Allen, Woody 337, 369, 375, 399, 405, 431, 443, 451, 453, 459, 491, 495, 497
Allenby, Edmund Henry Hynmann 193
Allende Gossens, Salvador 44, 362, 378, 381, 374
Allende, Isabel 429, 495
Allilujewa, Swetlana 345
Allman Brothers 393
Almond, Marc 298
Almsick, Franziska von 483
Alphaville 439
Alt, Franz 202
Altig, Rudi 198
Altman, Robert 371, 391
Altman, Sidney 462
Altmann, Robert 477, 493
Altmann, Rüdiger 341
Altmeier, Peter 401
Altum, Johann Bernhard 11
Altun, Cemal Kemal 433
Alvarado, Juan Velasco 352
Alvarez, Luis W. 352
Alvarez, Meliquiades 62
Alwyn, Patricio 462
Amalrik, Andrei A. 202
Ambesser, Axel von 459
Ambler, Eric 48
Ambrosio, Arturo 25, 45
Amelio, Gianni 481, 489
Amerongen, Otto Wolff von 96
Améry, Carl 118, 407
Amin Dada, Idi 364, 374, 388, 394, 408
Amis, Kingsley 285
Ampferer, Otto 263
Amsberg, Claus von 339
Amundsen, Roald 34, 58, 130, 136, 147
Andergast, Maria 243
Anders, Günther 431, 481
Anders, Helga 256
Anders, William 352
Andersch, Alfred 233, 243, 249, 289, 299, 321, 347, 417, 418
Andersen, Lale 377
Andersen-Nexø, Martin 53, 287
Anderson, Anna 297
Anderson, David 190
Anderson, John Murray 159
Anderson, Lale 32
Anderson, Laurie 268
Anderson, Marian 287
Anderson, Maxwell 255
Anderson, Michael 293
Anderson, Orvil 184
Anderson, Philip W. 398
Andersson, Harald 179

513

Andreas-Salomé, Lou 199
Andrée, Salomon A. 159
Andrejew, Leonid N. 19, 39, 47
Andrejew, Nikolai 173
Andreotti, Giulio 472, 476, 493
Andres, Stefan 36, 193, 229, 365
Andress, Ursula 337
Andrew, brit. Prinz 449, 477
Andrews, Chris 343
Andrews, Julie 335, 343, 433
Andrić, Ivo 239, 318
Andropow, Juri 76, 426, 430, 434, 436, 438
Anfinsen, Christian B.
Ang Lee 483, 495
Angell, Norman L. 174
Angelopoulos, Theo 491
Anka, Paul 220
Ankrah, Joseph A. 340
Annakin, Ken 335
Annaud, Jean-Jacques 447
Anne Elizabeth Alice Louise of Edinburgh, brit. Prinzessin 268
Anne, brit. Prinzessin 381
Anne-Marie, dän. Prinzessin 331
Anouilh, Jean 54, 193, 203, 225, 255, 289, 293, 305, 305, 363
Anschütz, Ottomar 39, 41
Ansermet, Ernest 159
Antall, József 485
Antes, Horst 349
Antheil, George 451
Anthes, Adam 151
Anthony, Susan Brownell 37
Antonioni, Michelangelo 67, 315, 333, 347, 427
Apel, Hans 402
Apelt, Fritz 275
Apitz, Bruno 10, 303
Apollinaire, Guillaume 71, 85, 89, 95, 97
Appleton, Edward Victor 250, 338
Aquino, Benigno 172, 430
Aquino, Corazon 446
Arafat, Jasir 354, 384, 430, 434, 442, 460, 486, 488, 492, 494
Aragon, Louis 129, 235, 347, 429
Aram, Kurt 115
Aramburu, Pedro 362
Arber, Werner 404
Arbuckle, Roscoe »Fatty« 87
Arc, Jeanne d' 47, 107
Archipenko, Alexander 57, 119, 355
Arco auf Valley, Anton Graf von 105
Arden, John 305
Ardenne, Manfred Baron von 160, 210
Arendt, Hannah 36, 391
Arendt, Helga 457
Arens, Andrea 461
Arens, Moshe 134
Arévalo, Vinicio Cerezo 444
Aristide, Jean Bertrand 280, 474
Arman 319

Armando, Rodrigues 331
Armstrong, Edwin Howard 64, 94, 118
Armstrong, Henry 67
Armstrong, Louis 10, 119, 255, 275, 289, 335, 371
Armstrong, Neil A. 338, 354
Armstrong-Jones, Anthony
 › Snowdon, Anthony
Arneth, Josef 28
Arnold, Eberhard 107
Arnold, Jack 287, 299
Arnold, Karl 252, 303
Arnoldson, Klas Pontus 44
Aron, Raymond 32, 435
Arosemana, Florencio Harmodia 162
Arp, Hans 69, 79, 83, 89, 101, 107, 129, 319, 337, 343
Arpino, Gerlad 367
Arrabal, Fernando 172, 345
Arrau, Claudio 47, 474
Arrhenius, Svate 22
Arrow, Kenneth J. 372
Artaud, Antonin 185
Asch, Schalom 41
Ashby, Hal 369, 385, 411
Ashkenazy, Vladimir 198
Asimov, Isaac 108, 285
Askamp, Gabriele 389
Aspazija (Elza Rozenberga) 29
Asquith, Anthony 20
Asquith, Herbert Henry 42, 52, 84
Asser, Tobias Michel 56
Assia, Lys 293
Assisi, Franz von 137
Assmann, Arno 411
Astafei, Alina 356
Astaire, Fred 91, 191, 455
Astley, Rick 342, 459
Aston, Francis William 38, 106, 116
Astor, Mary 221
Astrid, schwed. Prinzessin 187
Asturias, Miguel A. 346
Atanasoff, John V. 224
Atasi, Haschin Al 258
Atatürk › Kemal Atatürk
Attenborough, Laurence 395
Attenborough, Richard 427, 431, 477
Attlee, Clement R. 184, 349
Aubert, Daniel F. Esprit 37
Auden, Wystan Hugh 40
Audibert, Jacques 249, 255, 339
Audran, Stéphane 375
Auer von Welsbach, Carl Freiherr von 40
Auer, Barbara 306
Auer, Leopold von 161
Augspurg, Anita 17, 231
Augstein, Rudolf 124, 324
August, Bille 457, 477
Auguste Viktoria, dt. Kaiserin 35
Aung San Suu Kyi 474
Auric, Georges 95, 109
Auriol, Vincent 246, 342

Ausländer, Rose 458
Austin, Carl 497
Avenarius, Ferdinand 125
Averil, Toni 317
Avildsen, John G. 395
Avnet, Jon 475
Avril, Hanns 203
Axelrod, Julius 362
Ayckbourn, Alan 461
Aykroyd, Dan 411
Aylwin Azócar, Patricio 468
Azaña, Manuel 186
Azikiwe, Benjamin Nnamdi 328
Aznavour, Charles 451
Azorín 27

Baader, Andreas 350, 360, 372, 387, 398, 400
Babbel, Markus 376
Babel, Isaak E. 187
Bacall, Lauren 233, 243, 251, 257, 385
Baccara 401
Bach, Carl Phillip Emanuel 447
Bach, Johann Sebastian 177, 267, 441
Bachem, Julius 34
Bachmann, Ingeborg 281, 295, 317, 375
Bachmann, Luise 396
Bachmeier, Marianne 419, 431
Bachmeister, Hans 191
Bach-Zelewski, Erich von dem 314
Backus, Gus 319
Bacon, Francis 303, 480
Baden, Max von 94
Baden-Powell, Robert Stephenson Smyth 39
Badham, John 399
Badoglio, Pietro 162, 227, 228, 230
Baedeker, Hans 306
Baer, Max 307
Baeyer, Adolf Ritter von 30, 91
Baez, Joan 220, 357
Bahr, Egon 118, 326, 362, 368, 372, 376, 394
Bahr, Hermann 49, 180
Bähr, Werner 271
Bahro, Rudolf 404, 410
Bailey, Donovan 497
Baird, John Logie 132, 134, 144
Bajer, Frederik 44
Baker, Chet 458
Baker, Janet 176
Baker, Joséphine 36, 133, 151, 197, 299, 391
Bakhtiary, Soraya Esfandiary 269
Bakshi, Ralph 369
Baky, Josef von 227, 251, 271
Balbo, Italo 215
Balch, Emily Greene 244
Baldwin, James 130, 331, 353, 405, 455
Baldwin, Stanley 128, 253

Balfour, Arthur James 18
Ball, Hugo 73, 83, 145
Balla, Giacomo 53, 65, 79
Balladur, Edouard 482
Ballinger, Richard Achilles 56
Ballivan, Hugo 274
Baltimore, David 388
Baluschek, Hans 187
Balzer, Karin 357, 361
Bananarama 451
Bancroft, Anne 353
Bandaranaike, Sirimawo 312
Bandaranaike, Solomon 306, 307
Bangemann, Martin 440, 436, 456
Banisadr, Abol Hassan 414
Banting, Frederick Grant 110, 122
Banzer Suárez, Hugo 366
Bao Dai, Kaiser von Annam 258
BAP 435, 439
Baquet, George 31
Baranowsky, Victor 105
Bárány, Robert 76
Barber, Samuel 305, 341, 422
Barbie, Klaus 429, 453
Barbusse, Henri 85, 187
Barclay James Harvest 423
Bardeen, John 250, 294, 372
Bardot, Brigitte 180, 277, 293, 337, 341
Barker, Lex 257, 323, 329
Barkla, Charles Glover 58, 88
Barkley, Alben Willam 295
Barlach, Ernst 83, 87, 97, 101,105, 107, 111, 121, 129, 132, 139,201, 205, 247, 255, 321, 437, 483
Barlow, Gary 370
Barna, Victor 60
Barnard, Christiaan N. 346, 348
Barnard, Henry 11
Barnay, Ludwig 130
Barnes, Julian P. 483
Barnes, Lee 127
Barnowski, Victor 35
Barrault, Jean-Louis 229
Barrie, James Matthew 29
Barringer, Daniel 32
Barron, Henry 226
Barry, Marion 471
Barrymore, John 169
Barrymore, Lionel 165
Barschel, Uwe 426, 454, 456
Barth, Edgar 90
Barth, Emil 303
Barth, Theodor 20
Bartholdi, Frédéric-Auguste 29
Barthou, Louis 181
Bartning, Otto 153, 247
Bartók, Bela 31, 39, 59, 89, 93, 123, 137, 397
Barton, Derek H. R. 356
Barton, Otis 158
Barzel, Rainer 130, 332, 372, 378, 438
Basie, Count 337, 438

Basinger, Kim 433, 449, 451, 463
Basler, Mario 352
Bassani, Giorgio 323
Bassermann, Albert 69
Bassow, Nikolai 332
Bastian, Adolf 33
Bastian, Gert 440, 456, 478
Bata, Tomás 173
Bateson, William 30
Batista y Zaldívar, Fulgencio 14, 274, 280
Battisti, Cesare 87
Baudouin I., belg. König 266, 301, 364, 485
Bauer, Gustav 98, 104
Bauer, Herbert 276
Bauer, James 153
Bauer, Rudolf 9
Bauer, Sybil 121
Bauer, Wolfgang 353, 355, 367, 415
Bauermeister, Kim 364
Bauersfeld, Walther 116
Baum, Doris 409
Baum, Gerhart 172, 404, 408, 410, 485
Baum, Gustav Adolf 282
Baum, Vicki 151, 169, 315
Baumeister, Willi 187, 245, 265, 291
Bäumer, Gertrud 35, 287
Bäumler, Hans-Jürgen 224
Baumgartner, Hans 379
Bausch, Pina 397, 409, 417, 421, 437, 441
Bavaud, Maurice 217
Baxter, Anne 124
Bay City Rollers 397
Bayer, Herbert 379
Bayer, Uwe 347
Bayrhammer, Gustl 484
Bea, Augustin 341
Beach Boys 343
Beadle, George Wells 302
Beals, Jennifer 429
Beard, Percy 179
Beatles 313, 315, 321, 329, 331, 337, 339, 353, 361, 493
Beatrix, niederl. Königin 199, 202, 339
Beatty, Warren 385, 425
Beaulieu, Priscilla → Presley, Priscilla
Beaumont, Harry 151
Beauvoir, Simone de 44, 229, 285, 301, 341, 363, 450
Bebel, August 8, 10, 18, 30, 72, 73
Becher, Johannes R. 77, 85, 213, 241, 275, 282, 303
Becher, Ulrich 255, 357
Bechet, Sidney 31, 306
Bechstein, Karl 11
Beck, Jeff 236
Beck, Ludwig 210
Beck, Maximilian von 231
Becker, Boris 348
Becker, Gary S. 478
Becker, Jacques 245, 261

Becker, Jurek 198, 357, 381, 449, 495
Becker, Klaus-Uwe 367
Becker, Kurt 418
Becker, Wolfgang 417
Beckett, Samuel 36, 279, 297, 356, 393, 435, 463
Beckmann, Gudrun 389
Beckmann, Max 27, 83, 89, 101, 115, 181, 191, 225, 235, 237, 243, 269, 383, 469, 483
Beckmann, Ralf 367
Beckurts, Karl Heinz 448
Beckwith, Jonathan 356
Becquerel, Antoine 22, 45
Bedarff, Emil 117
Bednorz, Johannes G. 454
Bee Gees 351, 353, 461
Beebe, William Ch. 158
Beecham, Thomas 318
Beecher-Stowe, Harriet 145
Beer, Peggy 256
Beernaert, Auguste Marie François 48
Beethoven, Ludwig van 39, 177, 239, 267, 369, 495
Begas, Reinhold 61
Begin, Menachem 73, 404, 480
Behan, Brendan 293
Behm, Alexander Karl Friedrich 108
Behrens, Alfred 425
Behrens, Marlies 303
Behrens, Peter 40, 187
Behring, Emil von 12, 74
Béjart, Maurice 403
Békésy, Georg von 318
Belafonte, Harry 144, 281, 299
Bell, Thomas 14
Belling, Rudolf 101
Bellini, Vincenzo 301
Bellow, Saul 80, 281, 363, 394
Belmondo, Jean-Paul 176, 311, 323, 331
Belmonte, Juan 324
Belushi, John 411
Belvaux, Rémy 479
Bely, Andrei 67
Ben Bella, Ahmed 328, 334
Ben Gurion, David 254, 264, 282, 310, 326, 381
Benacerraf, Baruj 416
Benavente y Martínez, Jacinto 41, 83, 116
Benda, Ernst 368, 432
Bendix, Ralf 319
Benecke, Emil 95
Benedikt XV., Papst 107, 116, 119
Benedikte, dän. Prinzessin 349
Beneš, Eduard 186
Benjamin, Walter 91, 100, 193
Benn, Gottfried 65, 147, 165, 175, 261, 267, 271
Bennent, David 409
Bennett, Edward 429
Bennett, Floyd 136

515

Bennett, Jack O. 256
Bennett, Richard Rodney 192
Bennigsen, Rudolf von 21
Benois, Alexandre 63
Benrath, Henry 199, 213
Benton, Robert 409
Benton, William 274
Bentz, Melitta 42
Benz, Carl 13, 15, 153
Benz, Richard 343
Berbuers, Karl 257
Bérégovoy, Pierre 484
Berenguer, Dámaso 156
Berenson, Marisa 391
Beresford, Bruce 467
Berg, Alban 79, 133, 187, 195, 279, 385, 407
Berg, Paul 416
Bergen, Candice 369
Bergengruen, Werner 185
Berger, Ludwig 121, 125, 215
Berger, Senta 220, 349
Berghaus, Ruth 485, 496
Bergius, Friedrich 164
Bergman, Ingmar 96, 257, 329, 381, 389, 393, 405, 427
Bergman, Ingrid 80, 193, 215, 225, 229, 259, 265, 277, 385, 405, 429
Bergman, Samuel 391
Bergner, Elisabeth 129, 151, 171, 451
Bergson, Henri 41, 140, 220
Bergström, Sune K. 426
Berkeley, Martin 273
Berkes, Eckart 379
Berlepsch, Hans Hermann Freiherr von 9
Berlin, Irving 91, 243
Berlinguer, Enrico 118, 439
Berlioz, Hector 481
Berlusconi, Silvio 486, 488
Bernanos, Georges 257
Bernard, Tristan 253
Bernhard, Georg 175
Bernhard, Prinz von Lippe-Biesterfeld 193, 199, 394
Bernhard, Thomas 166, 383, 389, 391, 393, 403, 409, 425, 435, 441, 445, 447, 449, 459, 461, 462, 463, 495
Bernhardt, Kurt 157
Bernhardt, Sarah 9, 19, 39, 63, 125, 229
Bernstein, Carl 379
Bernstein, Eduard 12, 14, 22, 173
Bernstein, Leonard 229, 233, 261, 299, 319, 367, 467, 471
Berson, Arthur 12
Berthommier, Viviane 427
Bertolucci, Bernardo 357, 373, 377, 395, 453, 457
Bertram, Hans 169
Bertrand, Joseph 11
Bertrand, Marcel Alexandre 40
Best, Charles Herbert 110

Best, Pete 315, 321
Best, Werner 228
Bethe, Hans A. 346
Bethge, Friedrich 189, 195
Bethlen, István Graf 164
Bethmann Hollweg, Theobald von 30, 46, 48, 54, 56, 60, 63, 66, 70, 82, 86, 88, 114
Beti, Mongo 287
Bettelheim, Bruno 24
Betz, Otto 141
Beumelburg, Werner 171
Beuys, Joseph 329, 355, 373, 377, 387, 393, 399, 427, 445, 450
Beyer, Frank 347
Beyer, Friedrich 427
Beyer, Hendryk 491
Beyer, Herbert 282
Bezruč, Petr 49
Bhagwan → Rajneesh, Baghwan Shree
Bhumibol Adulyadej, thail. König 264
Bhutto, Benazir 458
Bhutto, Zulfikar Ali-Khan 402, 410
Bialas, Günter 389
Bibalo, Antonio 335
Bichsel, Peter 333, 347
Bickel, Alfred 96
Bidault, Georges 260
Biebrach, Rudolf 87, 89
Biedenkopf, Kurt 160, 388, 398
Bielecki, Jan Krzysztof 474
Bieler, Manfred 180
Bierbaum, Otto Julius 15, 45
Bierbichler, Annamirl 260
Bierhoff, Oliver 352
Biermann, Wolf 192, 339, 375, 394, 475
Bierut, Boleslaw 256, 294
Biko, Steve 400
Bill, Max 313
Billinger, Richard 169
Binet, Alfred 32
Bini, Lamberto 494
Binnig, Gerd 420, 448
Binoche, Juliette 455
Binswanger, Ludwig 342
Biondi, Matt 445
Bircher-Benner, Maximilian 20
Bird, Richard Evelyn 136
Birgel, Willy 193
Birkin, Jane 399
Bishop, Maurice 408
Bishop, Michael J. 462
Bishop, William H. 248
Bisky, Lothar 480
Bismarck, Herbert Fürst von 29
Bismarck, Otto von 58
Bisset, Jacqueline 381
Bittner, Julius 83
Bizet, Georges 33, 441
Björnson, Björnstjerne 22, 47
Björnsson, Sveinn 232
Blacher, Boris 24, 357

Black, James 458
Black, Roy 230, 475
Blackett, Patrick S.M. 256
Blackton, James Stuart 17, 37
Blaga, Lucian 319
Blaiberg, Philip 348
Blake, Peter 313, 323, 329
Blank, Peter 467
Blank, Theodor 306
Blanzat, Jean 401
Blaschke, Wilhelm Johann 324
Blasetti, Alessandro 177
Blask, Erwin 201
Blaskowitz, Johannes Albrecht 210
Blech, Hans-Christian 484
Blech, Leo 17, 43
Bleibtrey, Ethelda 101
Bleicher, Willy 423
Blériot, Louis 46
Blessing, Karl 11
Bleyl, Fritz 29
Blickensderfer, George
Bliss, Anthony 389
Blixen, Tania 443, 447
Bloch, Ernst 91, 120, 311, 401
Bloch, Eugène 88
Bloch, Felix 276
Bloch, Konrad 332
Blockx, Jan 43
Bloembergen, Nicolaas 422
Blomberg, Werner von 190, 194, 198
Blomdahl, Karl-Birger 305
Blondy 411
Bloy, Léon 91
Blücher, Franz 264
Blue Diamonds 319
Blüher, Hans 98, 290
Blum, Eberhard 428
Blum, León 188, 194
Blüm, Norbert 452
Blumberg, Baruch S. 394
Blume, Holger 380
Blume, Marc 380, 491
Blumenberg, Hans 497
Blumenberg, Hans-Christoph 252
Blumenthal, Oskar 90
Blyth, Chay 367
Bobbitt, Lorena 487
Bobic, Fredi 370
Bobrikow, Nikolai I. 26
Bobrowski, Johannes 90, 317, 335
Boccioni, Umberto 53, 61, 73, 87
Böckler, Hans 273
Böcklin, Arnold 15
Bockmayer, Walter 405
Bode, Marco 356
Bode, Wilhelm von 113
Bodelschwingh, Friedrich von 55
Boden, Leon 497
Boelitz, Otto 119
Boenisch, Peter 430, 442
Boese, Carl 201
Boff, Leonardo 439, 441

Bogarde, Dirk 395
Bogart, Humphrey 217, 221, 225, 233, 243, 249, 251, 253, 257, 273, 275, 277, 285, 291, 298
Bogdanovich, Peter 375
Böhlau, Hermann 11
Bohley, Bärbel 435
Bohm, Hark 206, 391
Böhm, Karl 197, 201, 341, 385, 409, 423
Böhm, Karlheinz 148
Bohm, Marquard 361, 363
Böhme, Margarete 95
Böhmer, Charlotte 289
Bohner, Gerhard 367
Bohr, Aage 388
Bohr, Niels 68, 116, 325
Boisson, Christine 427
Bokassa I., zentralafr. Kaiser 378, 400, 410, 418
Bolan, Marc 399
Bolden, Charles »Buddy« 167
Bolitho, Douglas 298
Böll, Heinrich 90, 273, 273, 281, 285, 289, 307, 319, 329, 333, 343, 345, 347, 367, 369, 372, 387, 391, 411, 421, 430, 431, 443, 445, 455
Boller, Walter 395
Bölling, Klaus 418
Bolten-Baeckers, Heinrich 27
Boltzmann, Ludwig 37
Bolváry, Geza von 137, 181
Bombard, Moritz 289
Bon Jovi, Jon 324
Bond, Edward 337, 351, 367, 379, 389, 393, 403, 409
Bondartschuk, Sergei F. 347
Bondeson, August 37
Boney M. 401
Bonhoeffer, Dietrich 36, 215, 226, 241
Bonhoeffer, Karl 257
Bonnard, Pierre 483
Bonner, Jelena 393, 414, 450
Bonny, Graham 343
Bonomi, Ivanoe 232
Bonsels, Waldemar 65, 85, 137, 195
Bonzin, Gerhard 361
Boo, Betty 364
Boock, Peter Jürgen 418
Boone, Pat 325
Boorman, John 371
Booth, William 67
Borchardt, Ludwig 62
Borchardt, Rudolf 197, 241
Borchert, Wolfgang 114, 229, 251, 253
Borchmeyer, Erich 175
Bordet, Jules 100
Borgen, Johan 277
Borges, Jorge Luis 235
Borgmann, Annemarie 436
Borlaug, Norman 362
Borman, Frank 352

Bormann, Martin 214, 231, 233, 238, 376
Born, Max 132, 284, 365
Bornemann, Ernest 495
Börner, Holger 166, 404
Börner, Manfred 436
Bornhöfft, Werner 175
Borofski, Jonathan 427
Borsche, Dieter 271, 429
Borsellino, Paolo 479
Borsow, Valeri 373
Bortoluzzi, Paolo 485
Bosch, Carl 164
Bosch, Robert 225
Bose, Hans-Jürgen 447
Bossak, Jerzy 233
Bossi, Enrico 135
Boston, Ralph 311
Botha, Louis 36, 52, 80, 101
Bothe, Walter 284
Böttcher, Jürgen 166
Boublil, Alain 489
Boudiaf, Mohammed 478
Bouin, Jean 59
Boult, Adrian 159, 269
Boumedienne, Houari 334
Bourbon-Parma, Carlos Hugo Prinz von 331
Bourbon-Parma, Felix Prinz von 101
Bourbon-Parma, Françoise von 311
Bourbon-Parma, Ludwig Prinz von 205
Bourbon-Parma, Zita von 61, 123
Bourdet, Édouard 163
Bourgeois, Léon 104
Bourget, Paul 187
Boveri, Margret Antonie 10
Bovet, Daniel 298
Bow, Clara 163
Bowen, Elizabeth 380
Bowie, David 252, 373, 393
Boyd, Stephen 400
Boyde, Kathrin 364
Boyd-Orr, John 258
Boye, Karin Maria 10
Boyer, Charles 406
Boyle, Danny 493
Bradley, Francis 131
Brady, Joan 487
Braga, Teófilo 54
Bragg, Henry 78
Brahm, Otto 9, 23, 67
Brahms, John 251
Braith, Anton 32
Branco, Humberto Castelo 330
Brancusi, Constantin 43
Brandauer, Klaus Maria 236, 423, 443, 469
Brandenburger, J. Edwin 30
Brando, Marlon 271, 369, 377
Brandon, Michael 417
Brandt, Willy 73, 294, 298, 300, 302, 304, 319, 326, 329, 333, 343, 345, 347, 360, 364, 368, 370, 372, 376, 378, 382, 394, 400, 420, 452, 478, 481, 490
Brandys, Kazimierz 287
Branigan, Laura 439
Branting, Karl H. 110
Braque, Georges 27, 39, 43, 63, 101, 261, 327
Brasch, Thomas 457
Brasseur, Pierre 32
Brattain, Walter H. 250, 294
Brauchitsch, Eberhard von 424, 442
Brauchitsch, Manfred von 288
Braun, Hanns 53
Braun, Harald 261
Braun, Karl Ferdinand 14, 48
Braun, Otto 291
Braun, Sabine 479
Braun, Volker 393, 415, 435, 453, 455, 457
Braun, Wernher Freiherr von 66, 238, 400
Braunmühl, Gerold von 448
Braunschweig-Lüneburg, Ernst August Herzog von 157
Breakspeare, Cindy 394
Brearley, Henry 72
Brecht, Bertolt 89, 119, 121, 123, 127, 139, 141, 147, 153, 157, 163, 169, 181, 183, 185, 195, 201, 207, 211, 215, 227, 229, 253, 259, 269, 271, 285, 289, 295, 297, 299, 303, 317, 321, 337, 363, 393, 421
Bredel, Willi 181, 229
Bredow, Hans 84
Breitscheid, Rudolf 162
Breker, Arno 221
Brel, Jacques 407
Brendel, Rolf 298
Brent, George 241
Brentano, Franz 90
Brentano, Heinrich von 284, 288, 318, 333
Brentano, Ludwig J. 167
Breschnew, Leonid L. 310, 332, 336, 368, 372, 378, 386, 398, 404, 422, 426
Bresgen, Cesar 458
Bresson, Robert 321, 489
Breton, André 129, 153
Brettreich, Maximilian Friedrich Ritter von 58
Breuer, Grit 376
Breuer, Hans 47
Briand, Aristide 46, 56, 110, 134, 136, 146, 150, 152, 158, 172
Brice, Pierre 321, 329
Bridgeman, Bill 268
Bridges, James 403
Bridges, Jeff 395, 445
Bridgman, Percy W. 244
Brigitta, schwed. Prinzessin 317
Brink, Jan ten 15

Britten, Benjamin 213, 237, 243, 249, 267, 271, 285, 311, 377
Brittings, Georg 123
Broch, Hermann 241, 273
Brockdorff-Rantzau, Ulrich Graf von 64
Brockhaus, Friedrich 277
Brod, Max 85, 109, 131, 143, 167
Brodkey, Harold 496
Brodsky, Joseph 454, 496
Broglie, Louis Victor 152
Bromfield, Louis 295
Bronk, Otto von 16
Bronnen, Arnolt 117, 123, 127, 133, 135
Brook, Peter 387, 493
Brookhouse, Bertram 488
Brooks, James L. 437
Brooks, Peter 441
Brooks, Richard 287, 301, 351
Brötzmann, Peter 379
Brown, Bobby 356
Brown, Clarence 185
Brown, Herbert C. 410
Brown, Louise 402
Brown, Michael 442
Browning, Tod 167
Bruce, David 167
Bruch, Hermann 167
Bruckner, Anton 235
Brückner, Christine 433
Bruckner, Ferdinand 167
Brückner, Jutta 415
Brückner, Peter 428
Brühl, Heidi 474
Brühlmann, Hans 61
Brumel, Valery 331
Bruneau, Alfred 13
Brunemann, Elfriede 243, 259
Brüning, Heinrich 158, 160, 162, 166, 170, 273, 365
Brunner, Emil 342
Brynner, Yul 445
Buback, Siegfried 382, 398, 400
Buber, Martin 120, 183, 339
Bucerius, Gerd 495
Buchanan, James 448
Buchenberger, Adolf 29
Bucherer, Alfred Heinrich 44
Buchgeister, Heinrich 69, 89
Buchheim, Lothar 421
Buchholz, Horst 176, 297, 299
Buchnan, John 185
Buchner, Eduard 38, 91
Büchner, Georg 17, 71, 111, 211, 411
Buchowetzki, Dimitri 111, 117
Buck, Detlev 475
Buck, Pearl S. 202, 380
Buckley, Tim 353
Buckwitz, Harry 337
Budde, Hermann 22
Buffalo Bill 35
Bugatti, Ettore 55, 253

Bühler, Karl 70
Buhre, Traugott 435
Bührmann, Rolf 405
Buisson, Ferdinand 140
Bukowski, Charles 108, 455, 488
Bulganin, Nikolai A. 286, 300, 288, 390
Bull, Hans-Peter 402
Bullins, Ed 389
Bullock, Sandra 493
Bülow, Bernhard Fürst von 10, 12, 16, 20, 22, 32, 36, 38, 40, 46, 48, 153
Bülow, Vicco von 124, 445, 453, 457
Bunche, Ralph J. 266
Bunin, Iwan Alexejewitsch 67, 85, 174, 231
Bunin, Iwan Alexejewitsch 67, 85, 174, 231
Buñuel, Luis 10, 149, 161, 317, 331, 345, 365, 375, 399, 435
Burckhardt, Carl 125
Burda, Erwin 243
Burda, Franz 451
Burello, Tony 281
Buresch, Karl 164
Burg, Lou van 450
Burger, Reinhold 10
Burgess, Anthony 485
Burgess, Guy 270
Burgh, Chris de 439
Burgiba, Habib 454
Burianek, Johann 274
Burkhard, Willy 10
Burnet, Frank M. 312
Burr, Raymond 485
Burroughs, Edgar Rice 91
Burroughs, William S. 307, 319, 363
Burrows, Abe 54
Burte, Hermann 143
Burton, Richard 327, 343, 391, 399, 439
Burton, Tim 463
Burton, William 60
Busch, Ernst 133
Busch, Hans 136
Busch, Paul Vincenz 145
Busch, Wilhelm 45
Buschmann, Christel 423
Busemann, Frank 390
Bush, George 430, 458, 460, 470, 474, 480, 482
Bush, Kate 302
Busoni, Ferruccio 47, 63, 87, 131, 133
Bussotti, Sylvano 373
Butenandt, Adolf 206
Butler, Josephine 37
Butler, Nicholas M. 164
Butler, Samuel 25
Butor, Michel 295, 323
Butzmann, Manfred 473
Byrd, Richard Evelyn 152, 156, 212, 246

Caan, James 369
Cacoyannis, Michael 333
Caetano, Marcelo José das Veves Alves 352
Cage, John 67, 353, 481
Cage, Nicolas 497
Cain, James Mallahan 227
Calder, Alexander 485
Callaghan, James 66, 392
Callas, Maria 124, 297, 301, 321, 401
Calles, Elías Plutarco 136
Calley, William L. 364, 366
Calloway, Cab 489
Calmette, Albert 177
Calvin, Melvin 318
Cameron, Donald 375
Campanile, Pasquale F. 427
Campbell, Roy 20
Campbell-Bannerman, Henry 32
Campion, Jane 483, 487
Camus, Albert 225, 233, 235, 239, 249, 255, 295, 298, 314, 323
Camus, Mario 429
Canaletto, Antonio 479
Canaris, Wilhelm 232
Candyman 352
Cane, Michael 395
Canetti, Elias 401, 422, 489
Cantero, José Antonio Ramón 286
Capa, Robert 251, 283
Capone, Alphonse (Al) 157, 165, 217, 247, 253
Capote, Truman 130, 303, 339, 351, 439
Capponi, Giuseppe 187
Capra, Frank 179, 225, 233, 245
Capua, Edoardo di 9
Caracciola, Rudolf 307
Carax, Léos 475
Cardenal, Ernesto 417
Carducci, Giosuè 36
Carey, Maria 364
Carné, Marcel 207, 225, 239, 245
Carole, Martine 291
Caroline von Monaco, Prinzessin 298, 405
Carossa, Hans 165, 175, 203, 295
Carpendale, Howard 246
Carpenter, Malcolm Scott 320
Carpentier, Alejo 385
Carr, Gerald 382
Carrà, Carlo 53, 89, 91, 342
Carré, John le 337, 463
Carré, Léon 251
Carrel, Alexis 62, 184
Carrell, Luigi 223
Carrell, Rudi 451
Carrero Blanco, Luis 380
Carrière, Jean-Claude 441
Carrillon, Adam 121
Carstanjens, Wilhelm Adolf von 189
Carstens, Karl 312, 396, 408, 428, 432, 480

Carstens, Lina 406
Carstensen, Margit 214
Carter, Howard 207
Carter, Jimmy 130, 394, 398, 404, 416, 488
Cartier, Raymond 390
Cartier-Bresson, Henri 245, 251, 365
Caruso, Enrico 17, 46, 69, 115
Casal, Pablo 301
Casanova, Giacomo 311
Casaroli, Agostino 388
Casella, Alfredo 253
Caserini, Mario 49
Cassavetes, John 387, 417, 437
Cassidy, David 268
Cassin, René 352
Cassirer, Ernst 96, 149
Cassirer, Paul 19, 47, 55, 69, 87, 93
Castan, Gustav 117
Castan, Louis 117
Castellano, Paul 445
Castro, Fidel 144, 280, 300, 304, 316, 390
Catroux, Georges 218
Cau, Jean 317
Cayrol, Jean 307, 343
Ceausescu, Nicolae 334, 348, 462
Cech, Thomas R. 462
Cecil, Edgar Algernon Robert 196
Cela, Camilo J. 462
Celan, Paul 109
Celentano, Adriano 427
Celibidache, Sergiu 239
Cena, Giovanni 91
Ceram, C.W. 261, 377
Cerha, Friedrich 407, 421
Cervantes, Miguel de 121, 337
Césaire, Aimé 331
Cézanne, Paul 11, 37, 39, 247, 305, 481
Chabrol, Claude 160, 355, 375
Chadwick, James 184
Chaffee, Roger 344
Chagall, Marc 57, 91, 207, 239, 291, 303, 305, 339, 345, 365, 379, 441, 444
Chain, Ernst B. 238
Chamberlain, Arthur Neville 194, 204, 212, 215
Chamberlain, Houston Stewart 145
Chamberlain, Joseph Austen 16, 132, 134, 199
Chamberlain, Owen 306
Chamite, Octave 49
Chamorro, Violetta 468
Chamson, André 10
Chandler, Raymond 225, 233, 235, 243, 251, 306
Chandrasekhar, Subrahmanyan 432
Chanel, Coco 49, 77, 97, 101, 109, 127
Chanel, Gabrielle 370
Chanshonkow, Alexander 59
Chao Tzu-yang 434

Chaplin, Charlie 75, 77, 89, 97, 99, 111, 113, 117, 123, 133, 145, 163, 183, 187, 213, 249, 277, 303, 321, 373, 389, 401
Chaplin, Geraldine 337, 381
Charcot, Jean-Baptiste 52
Charell, Eric 129, 143, 165
Charles, Prince of Wales 256, 355, 421, 427, 495, 497
Charles, Ray 285
Charpak, Georges 478
Charpentier, Gustave 294
Chaudet, Paul 336, 401
Chautemps, Camille 178, 194
Chavillard, Camille 109
Chemin-Petit, Hans 323
Cheng Ning Yang 298
Cher 447
Chéreau, Patrice 393
Cherry, Neneh 332
Chessman, Caryl 283
Chesterton, Gilbert Keith 59
Chevalier, Maurice 376
Chevrolet, Louis 221
Chiang Ch'ing 418
Chiang Kai-shek 132, 136, 140, 146, 148, 156, 164, 180, 192, 254, 258, 264, 340, 391
Chiao Kuan-hua 384
Chirac, Jacques 172, 446, 456, 490, 494
Chirico, Giorgio de 91, 101, 251, 407
Chou En-lai 386, 396
Chrétien, Henri 294
Chrétien, Jean-Loup 424
Christian IX., dän. König 37
Christiansen, Henning 355
Christie, Agatha 385, 396, 399
Christie, John Reginald H. 281
Christie, Julie 337, 341, 381
Christo 351, 363, 367, 373, 395, 431, 443, 451, 493
Christoffel, Elwin 11
Chruschtschow, Nikita S. 280, 288, 292, 296, 298, 300, 304, 306, 312, 316, 330, 332, 361, 371
Chrysler, Walter P. 64
Chun Doo Hwan 438
Church, Samuel Harden 213
Churchill, Winston 42, 112, 140, 212, 218, 224, 226, 230, 232, 234, 236, 238, 242, 244, 253, 272, 279, 288, 334, 338
Ciardo, Guglielmo 91
Cilea, Francesco 17
Çiller, Tansu 482
Cimarosa, Domenico 293
Cimino, Michael 407, 417
Claes, Willy 492
Clair, René 161, 163, 422
Clapton, Eric 240, 367, 483
Clark, Gable 185
Clark, Jim 192, 353

Clark, Mark W. 241
Clark, Petula 339
Clarke, Arthur C. 240
Clarke, James B. 81
Clash, The 405
Clauberg, Claus 229
Claude, Albert 384
Claudel, Camille 73, 229
Claudel, Paul 9, 65, 73, 223, 290
Clay, Lucius D. 256, 258
Clayburgh, Jill 395
Clayderman, Richard 280
Cleland, John 349
Clemenceau, Georges Benjamin 46, 104, 153
Clemente, Francesco 439
Clémente, René 72
Cleveland, Steven Grover 45
Clever, Edith 397
Clinton, Bill 478, 488, 492
Close, Chuck 375
Close, Glenn 445, 497
Clouzot, Henri-Georges 229, 249
Clucher, E.B. 369
Cluytens, André 337
Coase, Ronald H. 474
Cobain, Kurt 487
Cobb, John 248
Cobb, Lee J. 396
Cobham, Alan 131
Coburn, James 365
Cockcroft, John Douglas 166, 170, 270, 349
Cocker, Joe 236, 357
Cockerell, Fritz 240
Cocteau, Jean 105, 109, 127, 133, 141, 143, 203, 215, 243, 257, 267
Coen, Ethan 473
Coen, Joel 473
Cohen, Stanley 448
Cohl, Émile 43
Colbert, Claudette 179
Cole, Nat King 338, 339
Colins, Judy 351
Collar, Cyril 483
Collingwood, Robin George 231
Collins, Michael 354
Collins, Phil 272, 423
Collins, Richard 273
Colpi, Henri 317
Coltrane, John W. 349
Columbus, Chris 471
Comandon, Jean 47
Compton, Arthur H. 140
Comtesse, Robert 52
Conan Doyle, Arthur 19, 75
Connery, Sean 335, 337, 391, 395, 447
Conrad, Joseph 19, 61, 81, 91, 131
Conrad, Michael Georg 145
Constant 329
Constantin, Eddie 484
Cook, Myrtle 147
Cooke, Sam 451

519

Coolidge, Calvin 122, 128, 132, 176
Coolidge, William 390
Cooper, Gary 14, 221, 229, 231, 275, 319
Cooper, Gordon 326
Cooper, John S. 386
Cooper, Leon 372
Cooper, Merian C. 175
Copeau, Jacques 199
Coppée François 45
Coppola, Francis Ford 369, 385, 393, 409, 447, 485
Cordalis, Costa 236
Cordan, Wolfgang 292
Cordes, Rudolf 450, 456
Corey, Elias J. 468
Cori, Carl 250
Cori, Gerty 250
Corinth, Lovis 21, 23, 87, 93, 121, 135, 205
Cormack, Allan MacLeod 410
Cornelius, Henry 261
Cornforth, John 388
Cornu, Paul 38
Correns, Carl Erich 8
Corrigan, Mairead 394
Cortellazzo, Galeazzo Ciano Graf von 224
Coryell, Charles Dubois 238
Cossiga, Francesco 476
Costa-Gavras, Constantin 355, 425, 467
Costello, Elvis 290
Coster, Dirk 122
Cotten, Joseph 217, 227, 265
Coucheron-Aamot, William 66, 68
Coudenhove-Kalergi, Richard Nicolas Graf 138
Courbet, Gustave 187
Cournand, André 294
Courths-Mahler, Hedwig 269
Cousteau, Jacques Yves 54
Coward, Noël 217
Cowell, Henry Dixon 99
Craig, John 112
Craig, Ralph Cook 65
Cram, Donald J. 454
Cram, Stephen 431
Cranach, Lucas d.Ä. 313
Cranko, John 335
Crauss, Clemens 175
Crawford, Joan 44, 169, 400
Crawford, Randy 276
Craxi, Bettino 430
Credé, Carl 159
Creedence Clearwater Revival 365
Cremer, Fritz 251
Cremer, William R. 22
Cresson, Edith 476
Cresté, René 87
Crick, Francis H. 322
Crisp, Donald 221
Croce, Benedetto 277

Croissant, Klaus 408
Cronin, James W. 416
Crosby, Gary 267
Crosby, Harry L. (Bing) 28, 235, 267, 401
Crosland, Alan 143
Crosland, Anthony Raven 400
Crowfoot-Hodgkin, Dorothy 332
Cruise, Tom 449, 461
Crutzen, Paul 492
Cukor, George 207, 215, 261, 391
Cuno, Wilhelm 120, 176
Curie, Marie 34, 56, 181
Curie, Pierre 22
Curry, Tim 385
Curtius, Ernst Robert 104, 295
Curtius, Julius 152, 160
Curtius, Ludwig 287
Curtiz, Michael 219, 225, 277
Cvetković, Dragiša 216
Cyrankiewicz, Józef 364
Czaja, Herbert 360
Czerépy, Arzen von 121
Czerny, Adalbert 44
Czinner, Paul 129, 151, 177

D'Annunzio, Gabriele 13, 27, 57, 100
D'Hérelle, Félix Hubert 84
Dacko, David 410
Dagover, Lil 101, 105, 113, 418
Dahl, Edvard 39
Dahl, Johan Siegwald 21
Dahlke, Paul 229
Dahmer, Jeffrey L. 477
Dahn, Felix 83
Daimler, Gottlieb 11
Daladier, Édouard 172, 178, 200, 212
Dalai Lama Tanchu Dhondup 211, 304
Dalai Lama Thupten Gjatso 52, 462
Dale, Henry H. 190
Dalén, Gustav 62
Dalí, Salvador 28, 129, 149, 151, 171, 185, 191, 199, 225, 245, 251, 311, 365, 461, 462, 491
Dallapiccola, Luigi 211, 261
Dallwitz, Johann von 56
Dam, Henrik 230
Damaschke, Adolf 186
Dana 361
Danek, Ludvik 373
Danielson, Ernst 18
Däniken, Erich von 186, 361
Dann, Heidi 436
Danneberg, Rolf 417
Danquart, Pepe 487
Dante, Joe 435
Darc, Mireille 375
Daríos, Rubén 33
Darius I., pers. König 190
Darlan, François 224
Darrieus, G. J. M. 142
Darrieux, Danielle 165

Dassin, Jules 289
Dato, Eduardo 76, 115
Däubler, Theodor 85, 181
Daud Khan, Sadar Mohammed 378
Daume, Willi 72, 497
Dausset, Jean 416
Daves, Delmar 249
Davies, Dave 252
Davies, Lynn 331
Dávila, Carlos 168
Davis, Angela 362, 372
Davis, Bette 217, 397, 399, 463
Davis, Jack 293
Davis, John W. 128
Davis, Miles 363, 379, 475
Davis, Sammy jr. 134, 469, 470
Davis, Victor 445
Davisson, Clinton J. 196
Dawes, Charles Gates 126, 132
Dawson, Anthony 363
Day Lewis, Daniel 455
Dayan, Moshe 80, 423
Day-Lewis, Cecil 349
Dayne, Taylor 459
De Bakey, Michael 326
De Gasperi, Alcide 287
De Niro, Robert 385, 391, 401, 409
De Vito, Danny 449, 463
Dean, James 166, 289, 291
Debré, Michel 320
Debreu, Gerard 432
Debus, Hein 169
Debus, Sigurd 420
Debussy, Claude 17, 27, 31, 57, 63, 67, 79, 97
Debye, Peter 190
Dedecius, Karl 471
Dedekind, Richard 86
Deep Purple 369
Deffeves, A. 223
Degas, Edgar 17, 91
Degenhardt, Franz Josef 166, 353, 370
Degenhardt, Johannes Joachim 477
Degner, Artur 189
Dehler, Thomas 282
Dehmel, Jürgen 302
Dehmel, Richard 89, 109
Dehmelt, Hans-Georg 462
Deisenhofer, Johann 458
Del Sol, Laura 433
Delaney, Shelag 301
Delaroche, Raymonde 53
Delaunay, Robert 69, 133
Delbrück, Clemens 76
Delbrück, Max 356
Deledda, Grazia 81, 136
Delius, Frederick 39, 181
Delmont, Joseph 69
Delon, Alain 305, 313, 345, 395
Delschaft, Mary 141
Deltgen, René 410
Delvaux, Paul 231

Demichow, Wladimir P. 304
DeMille, Cecil B. 179, 259, 269, 295, 306
Demirel, Süleyman 366, 482
Demjanjuk, John 447, 457, 485
Demmes, Jonathan 477
Dempe, Siegfriede 195
Dempsey, Jack 434
Demuth, Charles 187
Dencher, Adolf 52
Deneuve, Cathérine 365
Deng Xiaoping 392
Dengg, Michael 53
Denifle, Heinrich 33
Denktaş, Rauf 386
Dennis, Clarence 268
Depardieu, Gérard 431
Depeche Mode 439
Deppe, Hans 267, 273
Derain, André 11, 31, 41, 287
Derek, Bo 417
Dergan, Blanche 109
Dernburg, Bernhard 36, 42
Derwall, Jupp 144, 415
Desai, Moraji 398
Desch, Kurt 349
Deschanel, Paul 104, 106, 107
Desireless 455
Dessau, Paul 269, 357, 383, 411
Deterding, Henri 206
Detmers, Maruschka 451
Deutscher, Drafi 246, 339
Deutschkron, Inge 461
Devlin, Bernadette 362
Dewey, John 277
Dexter, John 373
Dhondup, Tanchu · Dalai Lama
Diaghilew, Sergei 57, 61, 63, 75, 99, 104, 107, 111, 127
Diamond, Neil 220
Diana, Princess of Wales 318, 421, 427, 493, 495, 497
Díaz, Adolfo 140
Díaz, Porfirio 52, 58, 81
Dick, Gisela 343
Dickens, Charles 251
Dieckmann, Johannes 354
Diegelmann, Wilhelm 71
Diels, Otto 266, 286
Diepgen, Eberhard 326
Diesel, Rudolf 73
Diessl, Gustav 171
Dieterle, Wilhelm (William) 113, 153, 201, 207
Dietl, Helmut 451, 479, 483
Dietrich, Joseph 341
Dietrich, Marlene 14, 123, 135, 141, 151, 157, 167, 171, 193, 213, 231, 301, 307, 313, 339, 477, 480
Dietrich, Otto 196
Dietrich, Sepp 296
Dietzsch, Franka 352
Dijlas, Milovan 342, 345

Dillinger, John 179
Dilthey, Wilhelm 61
Dimitrijević, Dragutin 22
Dimitroff, Georgi 261
Dine, Jim 325
Dini, Lamberto 490
Dion, Celine 352
Dior, Christian 249, 287, 299
Dirac, Paul A.M. 174
Dire Straits 409
Dischinger, Franz 116
Disney, Walt 14, 149, 197, 203, 211, 219, 225, 235, 265, 343, 491
Distler, Hugo 44
Dittmann, Wilhelm 82, 88, 92
Dittmar, Heini 218
Dix, Otto 101, 137, 173, 177, 191, 201, 205, 207, 239, 251, 357
Dmytryk, Edward 235, 249, 261, 273, 285
Dobermann, Rudolf 137, 141
Döblin, Alfred 71, 81, 151, 153, 165, 293, 299, 417
Doderer, Heimito von 295, 343
Dohnanyi, Ernst von 151
Dohnanyi, Hans von 226
Doisy, Edward A. 230
Doldinger, Klaus 192
Dollfuß, Engelbert 168, 170, 172, 174, 180, 181
Domagalla, Maria 243
Domagk, Gerhard 206
Domela, Harry 139
Domingo, Placido 457
Donald, Howard 364
Donen, Stanley 259, 275
Dongen, Kees van 43
Dönitz, Karl 184, 226, 228, 236, 238, 294
Donner, Clive 337
Donovan, Jason 352
Donskoi, Max 235
Döpfner, Julius Kardinal 397
Dor, Karin 192, 323
Dorn, Dieter 445
Dörpfeld, William 214
Dörr, Wilhelm 39
Dörrie, Doris 290, 431, 443, 449, 459
Dorsch, Käthe 107, 299
Dorst, Dieter 425
Dorst, Tankred 311, 353, 377, 387, 389, 399, 425, 441, 453, 457, 467, 469, 471, 487, 487, 491
Dos Passos, John 115, 135, 171, 365
Doster, Lothar 379
Dostojewski, Fjodor M. 151, 159, 255
Douglas, Donald Wills 126
Douglas, Michael 457, 463
Doumer, Paul 164, 173
Doumergue, Gaston 128, 178
Dove, Heinrich 62
Doyen, Eugène-Louis 17

Dozier, James Lee 424
Dray, Walter 39
Drechsel, Sammy 450
Drechsel, Willi 169
Drechsler, Heike 479
Dreiser, Theodore 61
Drenkmann, Günter von 384
Dresel, Ellis L. 112
Dressler, Marie 165
Drewermann, Eugen 467, 477
Drewitz, Hermann 108
Drewitz, Ingeborg 124, 451
Drews, Jürgen 252, 397
Drexler, Anton 104
Dreyer, Carl Theodor 129, 147
Dreyer, Max 21
Dreyfus, Alfred 34, 186
Dreyfus, Camille 112
Dreyfus, Henri 112
Dreyfuss, Richard 449
Driessen, Joachim 369
Dröscher, Wilhelm 401
Drosp, Erik 93
Drummond, Jack Cecil 96
Dschumblat, Kamal 400
Duarte, José Napoleón 436
Dubček, Alexander 348, 354, 481
Dubuffet, Jean 251
Duca, Ion G. 176, 177
Duchac, Josef 476
Duchamp, Marcel 27, 59, 73, 89, 97, 129
Duclos, Jacques 391
Duclos, Nicole 357
Ducommun, Élie 18, 37
Duden, Konrad 61
Dudow, Slatan 169, 255, 275
Dufourt, Hugues 493
Dufy, Raoul 199
Duhamel, Georges 91
Dühring, Karl Eugen 115
Duisberg, Carl Friedrich 186
Dukas, Paul 37
Dulbecco, Renato 388
Dumas, Charles 293
Dunant, Henri 12, 55
Dunaway, Faye 381, 383, 385, 387, 455
Duncan, Isadora 11, 13, 21, 27, 29, 145
Duncan, James 59
Dupont, Clifford 360
Dupont, Ewald André 113
Dupree, »Champion« Jack 480
Durant, William Crapo 150
Duras, Marguerite 369, 497
Durbridge, Francis 321
Durell, Lawrence 66
Dürer, Albrecht 145, 147, 367, 455
Durey, Louis 95, 109
Durieux, Tilla 105, 113
Durkheim, Emile 91
Dürrenmatt, Friedrich 114, 275, 277, 281, 293, 321, 325, 339, 355, 363, 367, 377, 399, 431, 447, 471

521

Duse, Eleonora 130
Dutschke, Rudi 350, 411
Dutton, Joseph Everett 12
Duttweiler, Gottlieb 325
Duvalier, François 298
Duvalier, Jean-Claude 366, 446
Duve, Christian de 384
Duveen, Joseph 113
Duvivier, Julien 169, 195
Dvořák, Antonín 13, 23, 29
Dyer, Reginald 98
Dyke, Woodbridge Strong van 169, 179
Dylan, Bob 341, 367, 383, 405

Eastman, George 173
Eastwood, Clint 335, 367, 433
Ebermayer, Erich 10
Ebert, Carl 165
Ebert, Friedrich 72, 86, 94, 96, 98, 104, 106, 112, 114, 116, 118, 120, 128, 130, 135
Ebinger, Blandine 113
Ebner-Eschenbach, Marie von 86
Ebstein, Katja 240
Eccles, John C. 328
Echegaray, José 28
Eckardt, Felix von 410
Eckelt, Erika 219, 243
Eckener, Hugo 153
Eco, Umberto 417, 447, 457
Eddington, Arthur Stanley 106
Edel, Ulrich 423, 469
Edelhagen, Kurt 277, 428
Edelman, Gerald M. 372
Edelmann, Heinz 353
Eden, Anthony 288, 400
Ederle, Gertrud 101, 121
Edmunds, Dave 236
Edschmidt, Kasimir 343
Edthofer, Anton 171
Eduard VII., brit. König 12, 26, 42, 44, 52, 55
Eduard VIII., brit. König 188, 191, 373
Edward auch → Eduard
Edwards, Blake 315, 427, 433
Effiong, Philip 360
Eggebrecht, Axel 205
Eggeling, Viking 129
Eggerth, Marta 66
Egk, Werner 185, 203, 211, 221, 253, 289, 297, 327
Ehard, Hans 248, 254, 273
Ehrenburg, Ilja 283
Ehrenfest, Paul 177
Ehrenstein, Albert 85
Ehrler, Ursula 441
Ehrlich, Paul 44, 46
Eibl-Eibesfeldt, Irenäus 148
Eichberg, Richard 199
Eichel, Hans 472
Eichhorn, Bernhard 397

Eichhorn, Emil 96
Eichinger, Bernd 260
Eichmann, Adolf 36, 312, 318, 320
Eiffel, Gustave 48, 125
Eigen, Manfred 346
Einaudi, Luigi 319
Einem, Gottfried von 96, 231, 249, 367, 393, 415
Einem, Karl von 34
Einhorn, Alfred 30
Einstein, Albert 28, 34, 42, 44, 74, 80, 88, 106, 110, 150, 179, 258, 265, 291, 374
Einstein, Carl 65
Einthoven, Willem 24, 40, 126
Eisenhower, Dwight D. 228, 276, 278, 296, 298, 304, 357
Eisenstein, Sergei M. 135, 137, 147, 235, 257
Eisler, Hanns 169
Eisner, Kurt 94, 101
Elena, span. Prinzessin 491
Elgar, Edward 53, 180
Elion, Gertrude 458
Eliot, Thomas S. 205, 229, 256, 311, 338
Elisabeth II., brit. Königin 137, 138, 251, 279, 274, 294, 334, 337, 354, 355, 388, 389, 495
Ellington, Edward »Duke« 99, 227, 253, 301, 379, 386
Elliot, Herb 311
Elmendorff, Karl 205
Elsner, Hannelore 236
Eluard, Paul 129
Elytis, Odysseas 410
Emanuel II., portug. König 54
Emerson, Keith 236
Emerson, Lake & Palmer 377
Emery, Walter Bryan 188
Emmerich, Roland 290
Emmerick, Anna Katharina 125
Ende, Michael 417, 433, 437, 495
Ender, Otto 164
Enders, John F. 284
Engasser, Quirin 203
Engel, Erich 121, 147, 189, 201, 239
Engel, Tina 407
Engel, Tommy 260
Engelmann, Ludwig 447
Engels, Heinz 371
Enghaus, Christine 55
Engholm, Björn 205, 452, 454, 456, 472, 476, 482
Engl, Benedict Jo 116
Enke, Werner 349, 349
Enres, Ria 483
Ensslin, Gudrun 350, 372, 398, 400
Enwer Pascha 66
Enzensberger, Hans Magnus 299, 327, 335, 375, 417, 467, 487
Epp, Franz Ritter von 170, 196

Eppler, Erhard 384
Erbse, Heimo 305
Erhard, Ludwig 296, 316, 320, 326, 328, 336, 338, 340, 400
Erhardt, Heinz 411
Erichson, Susanne 267
Erlander, Tage 445
Erlanger, Joseph 234
Erler, Fritz 72, 292, 348
Erler, Otto 85
Ermin, Nihat 366
Ernst, Carl 69
Ernst, Max 101, 107, 111, 129, 199, 213, 219, 227, 391, 396, 407, 415
Ernst, Paul 79, 176
Ernst, Richard 474
Ertl, Josef 134
Erzberger, Matthias 94, 112, 115
Esaki, Leo 378
Escherich, Georg 106
Eschkol, Levi 326, 354
Escobar, Pablo 475, 479, 485
Eskens, Margot 299
Esquivel, Adolfo P. 416
Essad Pascha 68, 82
Estaing, Valéry Giscard d' 138
Esterel, Jacques 386
Estournelles de Constant, Paul Balluat 48
Estrada, José Dolores 54
Etheridge, Melissa 318
Ettlinger, Karl 109
Eucken, Rudolf 44
Eulenberg, Herbert 95, 113
Euler, Ulf von 362
Euler-Chelpin, Hans von 152
Euringer, Richard 179, 183
Evans, Charles 289
Evans, Herbert McLean 184
Everts, Sabine 409
Evren, Kenan 416, 422
Ewart-Biggs, Christopher 394
Ewers, Hanns Heinz 59
Eyskens, Gaston 458
Eysler, Edmund 31
Eyth, Max von 37
Eziashi, Maynard 473

Fabbri, Diego 287
Fabian, Françoise 357
Fabius, Laurent 436
Fabre, Henri 52
Fagerhorn, Karl-August 300
Faggioni, Piero 437
Fairbanks, Douglas 99, 109
Faisal I., syr. König 104, 114
Faisal Ibn Abd al-Asis Ibn Saud, saudi-arab. König 390
Faithfull, Marianne 246, 419
Falco 445, 451
Falin, Valentin M. 364

Falk, Peter 387
Falkberget, Johan Petter 277
Falkenhausen, Alexander Ernst von 343
Falkenhayn, Erich von 70, 76, 84
Fall, Leo 37, 111, 119
Falla, Manuel de 31, 67, 79, 99, 121
Fallada, Hans 135, 165, 169, 181, 199, 203, 267, 351, 419
Fälldin, Thorbjörn 394
Fallières, Armand 42, 66
Fanck, Arnold 161
Fanfani, Amintore 44
Fantham, Harold Benjamin 54
Farah Diba, iran. Kaiserin 307, 346
Faruk I., ägypt. König 271, 276, 338
Fassbender, Joseph 251
Fassbinder, Rainer Werner 240, 353, 355, 357, 363, 365, 367, 377, 383, 385, 403, 407, 419, 421, 425, 428, 437, 443
Fath, Jacques 287
Faulkner, Brian 382
Faulkner, William 167, 185, 225, 258, 323, 325
Faure, Edgar 274
Fauré, Gabriel 131
Federer, Heinrich 61
Federsen, Helga 471
Fehér, Friedrich 63
Fehling, Jürgen 121, 203
Fehrenbach, Konstantin 106, 110, 112
Feik, Eberhard 443, 489
Feil, Fianna 142
Feiler, Hertha 207
Feininger, Lyonel 159, 169, 235, 294
Feistl, Walter 95
Fekete, Ladislaus Bus 211
Felix, Julie 353
Felixmüller, Conrad 400
Fellini, Federico 108, 285, 307, 313, 327, 357, 369, 395, 433, 467, 485
Felmy, Hansjörg 166, 343
Fendrich, Reinhard 290
Fenholt, Jeff 369
Ferdinand I., bulg. Fürst 10, 44
Ferdinand I., rumän. König 84, 145
Ferdinand, Louis 489
Ferguson, Sarah 449, 477
Ferlosio, Rafael Sánchez 295
Fermi, Enrico 202, 224
Fernau, Joachim 459
Fernau, Rudolf 445
Ferrari, Enzo 459
Ferreri, Marco 377, 473
Ferreux, Benoit 369
Fessenden, Reginald Aubrey 34
Feuchtwanger, Lion 85, 123, 131, 143, 161, 163, 171, 175, 179, 184, 231, 251, 303, 429
Feuillade, Louis 73, 87
Feyder, Jacques 145
Feynman, Richard 336

Fibiger, Johannes 136
Fichte, Hubert 450
Fichte, Johann Gottlieb 180
Fielding, Henry 327
Fields, W.C. 81
Filbinger, Hans 404
Filchner, Wilhelm 147
Finck, Werner 245
Finnbogadóttir, Vigdis 416
Finney, Albert 385
Finsen, Nils Ryberg 22, 29
Fischer, Edmond 478
Fischer, Emil Hermann 18, 38
Fischer, Ernst 378
Fischer, Franz 228
Fischer, Hans 158
Fischer, Heinz 249
Fischer, Karl 39
Fischer, Ruth 132, 318
Fischerauer, Bernd 355
Fisher, Eddie 321
Fisher, John 86
Fisher, Walter Lowrie 56
Fitch, Clyde 49
Fitch, Val L. 416
Fitzgerald, Ella 96, 281, 283, 497
Fitzgerald, F. Scott 135
Fitzmaurice, George 165
Flach, Karl-Hermann 381
Flake, Otto 267
Flament, Georges 167
Fleck, Jakob 79
Fleischer, Richard 343
Fleischer, Tilly 159
Fleischmann, Peter 355
Fleißer, Marieluise 14, 137, 147
Fleming, Alexander 238, 290
Fleming, Ian 333
Fleming, Victor 207, 219, 281
Flemming, Walter 33
Flex, Walter 91
Flick, Friedrich 144, 252, 377
Flick, Friedrich Karl 424, 436, 444
Flickenschildt, Elisabeth 32, 201, 401
Flodin, May-Louise 277
Florath, Albert 187, 201
Florence, Fiona 369
Florey, Howard Walter 232, 238
Flory, Paul J. 384
Flotow, Friedrich 445
Fo, Dario 363, 383, 393, 399, 419, 431
Foch, Ferdinand 94
Fock, Gorch 71, 85
Focke, Heinrich 196, 410
Fogel, Robert W. 484
Fogerty, Tim 365
Fokin, Michail M. 33, 39, 53, 57
Fokker, Anthony 207
Follett, Ken 475
Fonda, Henry 32, 219, 251, 257, 297, 381, 429
Fonda, Jane 199, 339, 363, 373, 391
Fönss, Olaf 85

Fontaine, Joan 211, 217, 221
Fontana, Lucio 343
Fontane, Theodor 205, 383
Forbat, Fred 153
Ford, Aleksander 233
Ford, Ford Madox 207
Ford, Gerald R. 384, 386
Ford, Harrison 419, 439, 455
Ford, Henry 23, 253
Ford, John 187, 205, 211, 221, 257, 261, 269, 293
Foreman, George 256
Forest, Lee de 46, 64
Forkel, Karen 364
Forman, Milos 389, 399, 439, 441
Forßmann, Werner 294
Forst, Karl 87
Forst, Willi 171, 179, 205, 269
Forster, Edwald M. 33, 365
Forster, Friedrich 171, 303
Förster, Karlheinz 302
Forster, Rudolf 171
Forsythe, Frederick 387
Fortner, Wolfgang 297, 373
Foruzeh, Ebrahim 489
Forzano, Giovaccino 211
Fosse, Bob 373, 415
Foster, Greg 431
Foster, Jodie 391, 475
Foth, Eberhard 396
Foucault, Michel 139
Fouché, Edmond 8
Fowler, William A. 432
Fox, Bud 455
Fox, Samantha 342
Fox, William 79
Fragoso Carmona, Antonio Oscar 136
Frame, Roddy 332
Frampton, Peter 268
France, Anatole 15, 65, 110, 131
Franchetti, Alberto 17
Franck, James 70, 132
Franco y Bahamonde, Francisco 190, 192, 250, 356, 390, 391
Franco, Ramón 160
Frank, Alfred Erich 58
Frank, Anne 235, 237
Frank, Bruno 241, 283
Frank, Hans 212, 242
Frank, Ilja M. 302
Frank, Leonhard 77, 151, 319
Frank, Walter 184
Franke, Egon 494
Frankenfeld, Peter 72, 410
Franklin, Aretha 251
Franklin, John 135
Franz Ferdinand, österr. Erzherzog 70, 74, 77
Franz Joseph I., österr. Kaiser 34, 70, 84, 87
Franzen, Anton 160
Frasch, Hermann 77

Fredriksson, Marie 302
Freisler, Roland 234
Frenssen, Gustav 13, 33
Fresnay, Pierre 195
Freud, Sigmund 8, 12, 30, 60, 70, 88, 120, 158, 200, 207
Freund, Steffen 364
Freundlich, Otto 191
Frick, Wilhelm 156, 158, 162, 172, 175, 178, 184, 186, 228
Friderichs, Hans 380, 388, 442
Fried, Alfred Hermann 56
Fried, Erich 311, 333, 459
Friedek, Charles 370
Friedell, Egon 165
Friedkin, William 369, 379
Friedl, Loni von 317
Friedländer, Ernst 380
Friedman, Jerome L. 468
Friedman, Milton 394
Friedrich I., Großherzog von Baden 41
Friedrich VIII., dän. König 67
Friedrich, Caspar David 385, 485
Friedrich, dän. Kronprinz 185
Friedrich, Götz 409, 427
Friedrich, Peter Nikolaus 11
Friedrich, Rudolf 250
Friedrichs, Hanns Joachim 491, 494
Friesel, Uwe 473
Frieß, Hanne 291
Frings, Josef 407
Frisch, Karl von 52, 378
Frisch, Max 60, 237, 243, 279, 285, 299, 301, 319, 351, 389, 393, 409, 419, 463, 474
Frisch, Ragnar 356
Fritsch, Johannes G. 345
Fritsch, Werner Freiherr von 198
Fritsch, Willy 14, 135, 161, 165, 171, 191, 381
Fröbe, Gert 72, 307, 321, 459
Frobenius, Ferdinand G. 91
Froboess, Cornelia 325, 230
Froelich, Carl 69, 77, 137, 181, 189, 191
Fröhlich, Gustav 151, 169, 223
Fromm, Erich 10, 418
Frost, Robert Lee 71
Fry, Christopher 253, 361
Fuad I., ägypt. König 116, 160, 186, 193
Fuchs, Anke 424
Fuchs, Ernst 160, 343
Fuchs, Gerd 381
Fuchs, Klaus 264
Fuchsberger, Joachim 144, 323
Fukui, Kenichi 422
Fulda, Ludwig 137
Funès, Louis de 434
Funk, Casimir 64
Funk, Walther 250
Funke, Arno 487

Furgler, Kurt 440
Furie, Sidney J. 433
Furrer, Beat 489
Fürstenberg, Carl 176
Fürstenberg, Ira Virginia Prinzessin von und zu 291
Furtwängler, Adolf 41
Furtwängler, Wilhelm 163, 179, 183, 235, 239, 249, 265, 287
Furtwengler, Max 47
Fütterer, Heinz 271

Gaarder, Jostein 495
Gabin, Jean 195, 207, 363, 397
Gable, Clark 14, 179, 207, 283, 315
Gabo, Naum 107, 365
Gábor, Dennis 256, 368
Gabriel, Peter 268, 387
Gad, Urban 53, 63, 71, 73, 83
Gaddhafi, Muammar al 356, 398, 424
Gaddis, William 389
Gades, Antonio 433
Gagarin, Juri 180, 316
Gagnan, Emile 228
Gaidar, Jegor 486
Gainsborough, Thomas 113
Gairy, Eric Matthew 408
Gaisberg, Fred 17
Gaiser, Gerd 281
Gajdusek, Daniel C. 394
Galeen, Henrik 79, 145
Galen, Clemens August Graf von 183, 189
Galilei, Galileo 351
Galinski, Heinz 390, 481
Gall, France 339, 459
Gallagher, Rory 495
Galler, Dagmar 461
Gallimard, Gaston 391
Gallo, Robert 452
Gallup, George 439
Galsworthy, John 47, 53, 113, 170, 176
Gambaccini, Peter 375
Gamow, George 148
Gamsachurdia, Swiad 472, 476
Gance, Abel 91, 101
Gandhi, Indira 256, 338, 366, 390, 398, 414, 438, 439
Gandhi, Mohandas Karamchand »Mahatma« 42, 70, 116, 126, 156, 166, 222, 226, 252
Gandhi, Rajiv 474
Ganghofer, Ludwig 109
Ganz, Bruno 220, 401, 405, 423, 445, 447, 495
Gaos, Lola 365
Garbo, Greta 32, 129, 135, 145, 157, 165, 169, 177, 185, 193, 467, 470
García Lorca, Federico 143, 185, 237, 297, 437
Gard, Roger Martin du 71
Gardner, Ava 391, 467, 470

Garfunkel, Art 369, 411
Garibaldi, Giuseppe 81
Garner, Errol 400
Garnett, Tay 213
Garrison, Robert 59
Garski, Dietrich 418
Gärtner, Adolf 69
Gaskell, Walter Holbrock 84
Gasser, Herbert Spencer 234
Gastl, Zenta 289
Gates, Bill 489
Gatti, Armand 339, 365
Gauck, Joachim 476
Gauguin, Paul 23, 25, 63, 305
Gaulle, Charles de 212, 228, 230, 232, 234, 240, 248, 302, 304, 300, 310, 324, 334, 338, 354, 365
Gaumont, Léon 23
Gaus, Günter 153
Gauweiler, Peter 486
Gaynor, Janet 151
Gebhard, Dieter 417
Gebraeks, Jacob 283
Gebühr, Otto 117, 145, 223, 286
Gedda, Nicolai 134
Geddes, Barbara Bel 443
Geerk, Frank 393
Geheeb, Paul 53
Gehlen, Arnold 396
Geiger, Hans 146
Geiger, Johannes 70
Geijerstam, Gustaf af 49
Geiser, Christoph 260
Geissler, Christian 381
Geißler, Heiner 398, 442
Gelber, Jack 305
Geldof, Bob 441
Gélin, Daniel 369
Gelius, Lisa 205
Geller, Uri 383
Gellert, Gerhard 83
Gell-Mann, Murray 332, 356
Gemayel, Béchir 426
Genesis 387
Genet, Jean 54, 235, 249, 259, 450, 471, 491, 498
Gennes, Pierre-Gilles de 474
Genscher, Hans-Dietrich 144, 373, 396, 414, 426, 438, 440, 454, 476
Gentner, Wolfgang 36
Georg I., griech. König 68, 73
Georg II., griech. König 184
Georg V., brit. König 52, 76, 89, 142, 188, 193
Georg VI., brit. König 253, 274, 276
George, Götz 202, 323, 401, 421, 439, 443, 479, 493
George, Heinrich 169, 211, 243, 247
George, Stefan 11, 39, 77, 143, 177
Gerasch, Sylvia 483
Gere, Richard 449
Gerhardt, Carl Christian 21
Gerhardt, Wolfgang 492

524

Gerlach, Helmut von 187
Germar, Manfred 297, 317
Germi, Pietro 341
Gershwin, George 125, 129, 149, 183, 199, 277
Gerstenmaier, Eugen 310, 450
Gert, Valeska 10
Gertsch, Franz 391
Geßler, Otto 144
Getty, Jean Paul 299, 397
Getty, Paul III. 381, 383
Getz, Stan 474
Geworkjan, Karen 473
Geyer, Karl August 57
Ghali, Boutros 52, 476
Ghasi I., irak. König 207
Ghisalberti, Mario 163
Giacometti, Alberto 267, 459
Giacosa, Giuseppe 9
Giaever, Ivar 378
Giauque, William F. 258
Gibb, Maurice (auch · Bee Gees) 260
Gibb, Robin (auch · Bee Gees) 260
Gibbs, Josiah W. 25
Gibson, Debbie 364
Gibson, Edward 382
Gibson, Henry 399
Gibson, Mel 497
Gide, André 19, 41, 47, 59, 77, 185, 250, 273, 275
Giehse, Therese 215, 390
Gielen, Michael 335
Gies, Ludwig 342
Gieseking, Walter 295
Gigli, Beniamino 287
Gilbert, Irene 121
Gilbert, Jean 53, 65, 147
Gilbert, Robert 137
Gilbert, Walter 416
Gildo, Rex 325
Gilels, Emil 445
Giller, Walter 317
Gilles, Werner 319
Gillespie, Dizzy 90, 219, 484
Gillette, King Camp 14, 173
Gilliam, Terry 399
Gilman, Alfred G. 488
Gilmour, David 246
Gilmour, John 214
Gimmi, Wilhelm 339
Ginsberg, Allen 139, 295
Ginsburg, Charles 272
Giolitti, Giovanni 12, 72, 56, 106
Giordano, Umberto 23
Giraud, Albert 65
Giraud, Henri-Honoré 228
Giraudoux, Jean 39, 147, 165, 205, 229, 237, 239, 289, 305
Giscard d'Estaing, Valéry 382, 386, 396
Gisikis, Phädon 384
Gisolf, Carolina 147
Giuliano, Salvatore 267

Gjellerup, Karl 88
Glaeser, Ernst 20, 159
Glas, Uschi 349
Glaser, Donald A. 312
Gläser, Ernst 328
Glashow, Sheldon L. 410
Glass, Philip 198, 417, 435, 457
Glauser, Friedrich 245
Glazer, Benjamin 211
Glendenin, L.E. 238
Glenn, John H. 320
Gloria, Jeanette 265
Glotz, Peter 418
Glowna, Vadim 220, 423
Gluck, Christoph Willibald 255
Glucksman, André 198
Gnoli, Domenico 176, 353
Göbel, Herbert 271
Gobert, Boy 451
Gobet, Charles Albert 18
Godard, Jean-Luc 160, 313, 335, 347, 351, 431, 491
Godefroy, Charles 99
Godse, Nathuram 252
Goebbels, Joseph 136, 146, 158, 173, 174, 182, 183, 186, 211, 213, 223, 224, 226, 229, 235, 236, 238, 253
Goeppert-Mayer, Maria 328
Goerdeler, Carl Friedrich 192
Goering, Reinhard 93
Goethe, Johann Wolfgang von 19, 63, 169, 171, 173, 185, 203, 207, 223, 259, 329, 425, 469
Goetz, Curt 87, 109, 169, 315
Goetz, Rainald 457, 483
Goga, Octavian 198
Gogh, Vincent van 13, 29, 63, 453, 455, 467, 469
Gogol, Nikolai W. 187
Gold, Heinz 229
Gold, Jack 399
Goldberg, Heinz 157
Goldberg, Whoopy 443
Goldberger, Joseph 76
Golding, William 285, 295, 417, 432, 484
Goldmann, Gerda 183
Goldmann, Nahum 429
Goldmann, Peter Carl 214
Goldmann, Wilhelm 386
Goldmark, Karl 43
Goldoni, Carlo 127, 163
Goldstein, Joseph 442
Golgi, Camillo 36
Gollwitzer, Helmut 485
Goltz, Joachim von der 115
Gombrich, Ernst 489
Gomes da Costa, Manuel de Oliveira 136
Gomulka, Wladyslaw 256, 294, 296, 364
Gontscharow, Iwan 461

Gontscharow, W. 59
Gonzales, Felipe 426
Gonzáles, Juan Torres 362
Goodman, Benny 48, 199, 221, 321, 451
Goombay Dance Band 419
Gorbatschow, Michail 440, 442, 444, 446, 447, 448, 450, 454, 456, 458, 460, 466, 468, 470, 474
Gordan, Paul 67
Gordimer, Nadine 124, 303, 474
Gordon, Michael 307
Goretti, Maria 21
Göring, Hermann 170, 172, 174, 177, 178, 192, 194, 197, 206, 210, 215, 216, 217, 237, 244
Gorion, Micha Josef Bin 85
Gorki, Maxim 9, 17, 35, 77, 171, 193
Gorky, Arshile 185
Götting, Gerald 354
Gottwald, Klement 254
Götzen, Gustav Adolf Graf von 12, 22
Goulart, João 330
Gould, Elliot 361
Gould, Glenn 427
Goulding, Edmund 169
Goya, Francisco de 495
Graaf, Robert J. van de 174
Grabbe, Christian Dietrich 97, 191
Gracia Patricia, Fürstin von Monaco 152, 293, 429
Graf, Dominik 276
Graf, Oskar Maria 165, 179, 203, 349
Graf, Stefanie 356
Graff, Sigmund 205
Graham, Billy 283
Gramsci, Antonio 199
Granados, Enrique 59
Granata, Rocco 315
Granger, Stewart 72, 485
Granier-Deferrre, Pierre 363
Granit, Ragnar 346
Grant, Cary 28, 171, 177, 201, 217, 233, 261, 291, 303, 451
Grass, Günter 144, 307, 295, 315, 333, 339, 355, 375, 401, 409, 411, 415, 429
Graubner, Gotthard 160
Graune, Brigitte 461
Gray, Frank 142
Graziano, Rocky 470
Greco, Emilio 305
Gréco, Juliette 144
Green, Julien 171
Greenaway, Peter 463
Greenbaum, Jules 17
Greene, Graham 28, 213, 255, 273, 317, 474
Greger, Max 283
Gregh, Fernand 91
Gregor, Joseph 201
Greiner, Otto 63
Greiser, Arthur 211

Grémillon, Jean 235
Gretler, Heinrich 203
Gretschko, Georgi M. 402
Gretz, Paul 87
Grey, Edward Sir 56, 177
Grey, Jennifer 453
Grieg, Edvard 41
Griem, Helmut 172
Grieser, Angelika 389
Grieshaber, Helmut Andreas Paul (HAP) 351
Griffith, David Wark 49, 79, 85, 99, 255, 257
Griffith, Trevor 387
Grignard, Victor 62
Grimm, Hans 171, 175
Grimme, Adolf 329
Gris, Juan 61
Grissom, Virgil L. 334, 344
Grob, Norbert 317
Gröber, Adolf 94
Grock 283
Groener, Wilhelm 144
Groer, Hans Hermann 491
Gromyko, Andrei A. 48, 258, 296
Grönemeyer, Herbert 294, 439, 459
Gröning, Ilka 87
Gropius, Walter 93, 121, 153, 195, 351, 357
Groß, Michael 445
Grosser, Alfred 134, 431
Grosz, George 93, 97, 101, 107, 113, 121, 127, 131, 133, 149, 175, 191, 215, 235, 307
Grosz, Josef 272
Grósz, Károly 458
Grotewohl, Otto 260, 268, 279, 288, 304, 332, 333
Grothum, Brigitte 323
Groult, Benoite 475
Gruber, Francis 257
Grüber, Klaus Michael 425
Gruhl, Herbert 404, 424
Grün, Max von der 138
Gründgens, Gustaf 165, 169, 171, 173, 185, 187, 191, 203, 205, 207, 211, 217, 221, 223, 227, 271, 289, 301, 329, 351
Grundherr, Max Freiherr von 83
Grundig, Hans 171
Grune, Karl 125, 143, 149
Grünspan, Herschel 202
Grützke, Johannes 473, 477
Grzesinski, Albert 144, 156
Grzimek, Bernhard 48, 295, 360, 454
Guardia, Ricardo Adolfo de la 218
Guareschi, Giovanni 44
Guérard, Theodor von 150
Guevara Serna, Ernesto »Che« 148, 346, 349
Guggenheim, Daniel 161
Guggenheim, Marguerite 251
Guggenheim, Peggy 223

Guggenheim, Salomon 261
Guillaume, Charles E. 104
Guillaume, Günter 382, 390, 420
Guillemin, John 395, 399
Guillemin, Roger 398
Guilloux, Louis 185
Guinness, Alec 76, 259
Gulbransson, Olaf 65, 303
Gullstrand, Allvar 56
Gummelt, Beate 352, 376
Gundlach, Gustav 329
Gundlach, Margot 259
Gundolf, Friedrich 157, 167
Güney, Yilmaz 425, 439
Günther, Agnes 71
Günther, Egon 371, 389
Gürsel, Kemal 318
Gustav V., schwed. König 43, 184, 269
Gustav VI. Adolf, schwed. König 125, 316
Gustloff, Wilhelm 186, 193
Gutbrod, Rolf 348
Gutenberg, Johannes 323
Gütersloh, Albert Paris 381
Guthrie, Arlo 357
Gutierrez, Jaime Abdul 410
Gutterson, Albert 65
Guttuso, Renato 219, 405, 451, 454
Guy-Baché, Alice 37
Gysi, Gregor 467
Gysi, Klaus 410

Haack, Käthe 131, 133
Haaf, Dietmar 467
Haak, Nico 397
Haake, Hans 485
Haakon VII., norw. König 34, 212
Haarmann, Friedrich 127, 133, 493
Haas, Christian 417, 441
Haas, Joseph 297, 314
Haase, Friedrich 61
Haase, Hugo 72, 82, 86, 88, 101
Haavelmo, Trygve 462
Hába, Alois 163
Haber, Fritz 76, 180
Haber, Heinz 72
Häberlin, Paul 315
Habyalimana, Juvénal 378
Hácha, Emil 204
Hackelberg, Gertrud 71
Hackethal, Julius 403, 437
Hacks, Peter 287, 293, 301, 313, 371, 403, 461, 491
Hadamovsky, Eugen 183
Haddaway 338
Haeckel, Ernst 101
Haenisch, Konrad 109, 111
Haenning, Gitte 246, 329
Hagelstange, Rudolf 66, 439
Hagemeister, Carl 177
Hagen, Nina 405, 419
Hagenbeck, Carl 39, 73

Hagenbeck, Carl-Heinrich 400
Hagen-Sandvoß, Walter 69
Hahn, Archie 29
Hahn, Ludwig 389
Hahn, Otto 204, 234, 353
Haid, Liane 139
Haider, Jörg 448
Haig, Alexander 422, 426
Haile Selassie I., äthiop. Kaiser 160, 284, 322, 384, 391
Halbe, Max 25
Haldane, Richard Burdon 62
Hale, George E. 18
Haley, Alex 395
Haley, Bill 281, 283, 285, 289, 295, 301, 422
Halifay, Lord Edward 307
Hall, Peter 431
Haller, Hermann 137, 143
Hallervorden, Dieter 433
Hallier, Helene 147
Hallwachs, Hans Peter 349, 433
Halm, Alfred 105
Halt, Karl 69
Hamaguchi, Juko 160
Hamann, Evelyn 453
Hamann, Karl 276
Hamburger, Käthe 480
Hamer, Robert 259
Hamilton, Guy 335
Hamlisch, Marvin 389
Hammadei, Mohammed Ali 450
Hammarskjöld, Dag 32, 318, 319
Hammer, Jan 256
Hammerstein, Hans Freiherr von 23
Hammerstein, Oscar 227, 229, 237
Hammett, Dashiell 217
Hampton, Christopher 491
Hamsun, Knut 67, 71, 81, 91, 104, 117, 125, 276
Hänchen, Hermann 141
Händel, Georg Friedrich 205, 283, 441
Handke, Peter 224, 341, 343, 347, 351, 363, 365, 375, 383, 391, 401, 411, 427, 447, 449, 467, 477, 497
Hani, Chris 483
Hanka, Erika 211
Hanks, Tom 487
Hanneken, Hermann von 228
Hannemann, Andrea 457
Hansen, Rolf 189
Hanslick, Eduard 29
Hanson, Duane 375, 496
Hansson, Per Albin 247
Hanstein, Fritz Huschke von 60
Hanstein, Ludwig Adalbert von 29
Harald V., norw. König 351
Haraldsen, Sonja 351
Harbou, Thea von 121, 147
Harden, Arthur 152
Harden, Maximilian 36, 40, 42, 116, 145

Harder, Delmar S. 246
Hardin, Glenn 54
Harding, Warren G. 108, 110, 118, 122, 125, 128
Hardinge of Penshurst, Charles Baron 56
Hardt, Ernst 43
Hardwicke, Cedric 217
Hardy, Oliver 165, 199
Hardy, Thomas 149
Hare, David 441
Hargus, Anneliese 147
Harich, Walter 167
Harich, Wolfgang 294, 494
Häring, Hugo 153
Harkins, William Draper 114
Harlan, Veit 213, 223, 237, 259, 265, 269, 275, 283, 332
Harmstorf, Raimund 369
Harnack, Adolf von 11, 161
Harnoncourt, Nicolaus 487
Harries, Carl 18
Harriman, Edward Henry 49
Harrington, Charles Robert 140
Harris, Arthur Travers 222
Harris, William Torrey 49
Harrison, George 230, 315, 367
Harrison, Kenny 497
Harrison, Rex 335, 471
Harry, Myriam 31
Harsanyi, John C. 488
Hart, Julius 161
Hartl, Karl 173, 193, 195
Hartlaub, Gustav F. 117
Hartleben, Otto Erich 9, 33
Hartline, Haldan K. 346
Härtling, Peter 395, 399
Hartmann, Gustav 147, 203
Hartmann, Nicolai 269
Hartmann, Otto 214
Hartmann, Paul 125
Hartung, Gustav 107, 159, 189
Hartung, Hugo 20, 299, 303
Hartwig, Wolfgang 281
Harvey, Lilian 135, 165, 171, 191, 353
Hary, Armin 198, 311
Hase, Dagmar 483
Hašek, Jaroslav 111, 145
Hasenclever, Walter 85, 89, 93, 115, 137, 147, 149
Haskill, Clara 315
Hassan, Selim 168
Hasse, O.E. 24, 406
Hassel, Kai Uwe von 324
Hassel, Odd 356
Hasselblad, Victor 406
Hasselhoff, David 276
Hassell, Ulrich von 210
Häßler, Thomas 342
Hathaway, Henry 273, 276
Hauer, Joseph Matthias 99
Hauff, Rolf 467
Hauff, Reinhard 405, 445, 455

Haugk, Dietrich 349
Haupt, Hans 148
Haupt, Michael 199
Hauptmann, Carl 39
Hauptmann, Elisabeth 153
Hauptmann, Gerhart 9, 11, 13, 19, 23, 31, 33, 43, 47, 55, 57, 62, 63, 65, 69, 93, 95, 105, 113, 115, 117, 133, 137, 145, 169, 205, 217, 247, 323, 447
Hauptmann, Herbert 442
Hausmann, Raoul 93, 101, 107
Hausner, Rudolf 245, 363
Haustein, Otfried von 127
Havel, Václav 192, 383, 395, 402, 421, 441, 462, 463, 482
Havemann, Robert 54, 330, 428, 460
Havenstein, Rudolf 125
Hawke, Robert J.L. 428
Hawks, Howard 201, 233, 243, 255, 261, 279, 401
Hawn, Goldie 385
Haworth, Walter N. 196
Háy, Gyula 333
Haydn, Joseph 118, 177
Hayek, Friedrich A. von 384
Hayes, Bob 331
Hayes, John J. 43
Haym, Rudolf 15
Hayworth, Rita 199, 251, 455
Haza, Ofra 459
Heaney, Seamus 492
Hearst, Patricia 383, 391
Hearst, William R. 273, 391
Heartfield, John 81, 83, 89, 93, 107, 127, 159, 185, 197, 353
Heath, Edward 86, 362
Hechy, Alice 79
Heckel, Erich 29, 61, 365
Hedin, Sven 214
Hedler, Wolfgang 264
Heer, Jakob Christoph 9
Heeringen, Josias von 70
Heesters, Johannes 191, 219, 223
Hefner-Alteneck, Friedrich von 28
Hegedüs, András 288
Hegel, Georg W.F. 180
Hegenbarth, Josef 325, 437
Heger, Robert 269
Heidegger, Martin 142, 396
Heidemann, Günter 441
Heidenreich, Gert 477, 483
Heidenstam, Verner von 82
Heifetz, Jascha 279
Heiler, Friedrich 349
Heilmann, Friedrich 135
Heimeran, Ernst 291
Hein, Christoph 433, 461, 489
Heine, Heinrich 73, 279, 375
Heine, Thomas Th. 173, 177
Heinemann, Gustav 276, 296, 352, 354, 356, 360, 366, 370, 374, 382, 397
Heinlein, Robert 254
Heintje 363

Heinz, Franz Josef 126
Heinzenburg, R. 53
Heisenberg, Karl 172
Heisenberg, Werner 14, 132, 170, 300, 396
Heitmann, Steffen 484
Held, Martin, 45
Helfferich, Karl 78, 131
Hellenbroich, Heribert 442
Heller, André 252, 437, 443, 457, 481
Helm, Brigitte 145, 171, 497
Helmer, Oskar 328
Hemingway, Ernest 139, 171, 211, 213, 233, 245, 277, 279, 283, 284, 301, 317, 319
Hemmings, David 347
Hench, Philip Shoewater 260, 266
Henderson, Arthur 180, 187
Henderson, Fletcher 101
Hendrix, Jimi 224, 355, 357, 361, 365
Henke, Alfred 200
Henkel, Heike 479
Henkel, Heinrich 387
Henkell, Carl 63
Henkell, Otto 63
Henlein, Konrad 176, 182, 200
Henning, Paul Rudolf 153
Henry, Boris 380
Henschke, Wolfgang 275
Hentrich, Helmut 335
Henze, Hans Werner 139, 257, 259, 293, 311, 317, 335, 367, 393, 415, 431, 467
Hepburn, Audrey 152, 281, 283, 315, 484
Hepburn, Katharine 48, 201, 223, 251, 261, 275
Herberger, Sepp 400
Herbert, Frank 435
Herbert, Hugh F. 219
Herbin, August 163
Herbst, Erich 83
Herburger, Günter 363
Herchet, Jörg 485
Herings, Rolf 335
Herking, Ursula 387
Herlischka, Bohumil 313
Herman, Jerry 331
Hermann, Georg 45, 95
Hermann-Neiße, Max 111
Hernandez, Patrick 411
Hernecke, Adolf 257
Herrhausen, Alfred 462, 463
Herriot, Lyon Edouard Marie 128, 132, 136
Herrmann, Gustl 147
Hersant, Robert 497
Herschbach, Dudley R. 448
Hershey, Alfred D. 356
Hertling, Georg Graf von 90, 94
Hertz, Gustav 70, 132
Hertzog, James Barry Munnik 210, 225

527

Hertzsprung, Ejnar 70
Herz, Joachim 379
Herzberg, Gerhard 368
Herzfeld, Ernst 172
Herzfelde, Wieland 89, 121, 131, 149, 184, 459
Herzl, Theodor 29
Herzog, Chaim 96
Herzog, Roman 486
Herzog, Werner 224, 375, 383, 405, 411, 421, 475
Herzog, Wilhelm 314
Herzogenberg, Heinrich von 11
Hess, Alfred Fabian 142
Heß, Rudolf 180, 216, 250
Hess, Victor Francis 58, 190
Hess, Walter 258
Hesse, Hermann 25, 35, 55, 81, 105, 119, 143, 151, 161, 185, 229, 243, 244, 325
Heston, Charlton 311
Hesterberg, Trude 75, 113, 141
Heuser, Klaus 298
Heuss, Theodor 109, 256, 258, 264, 265, 268, 284, 300, 304, 328, 329
Heuss-Knapp, Elly 277
Hevesy, George de 122, 230
Hewish, Anthony 384
Hey, Richard 335
Heydrich, Reinhard 216, 220, 222, 225
Heye, Hellmuth 318
Heyerdahl, Thor 248, 363, 398
Heyking, Elisabeth Freifrau von 23, 135
Heym, Georg 59, 67
Heym, Stefan 72, 375, 385, 409, 463, 488
Heymann, Lida Gustava 17
Heyrovsky, Jaroslav 306, 348
Heyse, Paul 52, 77
Hickel, Erika 436
Hicks, John R. 372
Hicks, Thomas 29
Highsmith, Patricia 114, 401, 494
Hildebrandt, Dieter 144, 411
Hildesheimer, Wolfgang 303, 363, 475
Hilferding, Rudolf 142
Hill, Archibald V. 116
Hill, Gary 493
Hill, George Roy 379
Hill, Graham 391
Hill, Terence 369, 381
Hillary, Edmund Percival 279
Hillebrandt, Liesel 243
Hiller, Arthur 395
Hillern, Wilhelmine von 113, 211
Hillier, J. 224
Hillman, Harry 29
Hilpert, Heinz 349
Himmler, Heinrich 150, 188, 193, 205, 214, 222, 226, 227, 228, 229, 230, 238

Hindemith, Paul 111, 117, 121, 129, 137, 151, 153, 165, 177, 179, 183, 197, 201, 297
Hindenburg, Paul von Beneckendorff und von 76, 84, 86, 96, 100, 130, 132, 142, 144, 156, 158, 160, 162, 164, 166, 168, 170, 172, 180, 181
Hinnawi, Zami Al 258
Hinsgen, Jürgen 302
Hinshelwood, Cyril N. 294
Hintz, Werner 444
Hintze, Paul von 92
Hirao, Masaaki 303
Hirobumi Ito, korean. Fürst 48
Hirohito, jap. Kaiser 138, 148, 240, 244, 250, 361, 368
Hirsch, Max 33
Hirschfeld, Magnus 99, 100
Hirscht, Jobst 379
Hitchcock, Alfred 133, 181, 185, 211, 217, 227, 245, 257, 285, 291, 295, 301, 305, 313, 325, 391, 415, 419, 479
Hitchings, George 458
Hitler, Adolf 104, 112, 114, 118, 122, 126, 130, 132, 134, 138, 140, 148, 150, 152, 162, 164, 168, 170, 172, 173, 174, 177, 178, 180, 183, 184, 185, 186, 188, 189, 190, 191, 192, 196, 198, 200, 201, 204, 206, 210, 212, 213, 214, 216, 218, 219, 220, 222, 224, 226, 228, 229, 230, 232, 234, 235, 236, 241, 275, 431
Hitomi, Kinue 147
Ho Chi Minh 156, 357
Hochbaum, Werner 189
Höcherl, Hermann 66
Hochhuth, Rolf 166, 325, 345, 361, 373, 383, 399, 415, 417, 439, 461, 481
Hochwälder, Fritz 255, 305
Hockney, David 198, 343, 365, 415
Hodgkin, Alan L. 328
Hodler, Ferdinand 43, 189
Hoegner, Wilhelm 286
Hoetger, Bernhard 167
Hoetger, Wilhelm 63
Hofbauer, Ernst 363
Hofer, Andreas 77
Hofer, Franz 79
Hofer, Karl 191, 237, 243, 279
Höfer, Werner 275
Hoff, Jacobus H. van't 12, 61
Hoffman, Dustin 198, 353, 357, 393, 395, 409, 461
Hoffmann von Fallersleben, August Heinrich 118
Hoffmann, Erich 70
Hoffmann, Hans 181
Hoffmann, Heinrich 283
Hoffmann, Jutta 371, 437
Hoffmann, Kurt 219, 271, 289, 297
Hoffmann, Martha 343
Hoffmann, Paul 193

Hoffmann, Roald 422
Höfgen, Hendrik 183
Höflich, Lucie 113, 295
Hofmann, Peter 437
Hofmannsthal, Hugo von 23, 29, 33, 47, 55, 57, 59, 65, 83, 107, 119, 121, 133, 147, 153, 159
Hofstadter, Robert 80
Hohenlohe-Langenburg, Alfonso Prinz zu 291
Hohenlohe-Schillingsfürst, Chlodwig Fürst zu 10
Hohenzollern-Sigmaringen, Leopold Fürst von 33
Hohner, Matthias 21
Holden, William 283, 401
Holiday, Billie 287, 307
Holitscher, Arthur 113
Hollaender, Felix 167
Hollaender, Friedrich 135, 396
Hollaender, Victor 17
Höllerer, Walter 295
Holley, Robert W. 352
Holliger, Heinz 461
Holly, Buddy 305
Holm, Hanya 255
Holm, Harry 147
Holm, Michael 230
Holonsia, Bantu 454
Holsberger Ledreborg, Knud 273
Hölsky, Adrian 491
Holst, Gustav 83
Holstein, Friedrich von 46, 49
Holthusen, Hans Egon 72
Holtzbrinck, Georg von 434
Holz, Arno 19, 27, 29, 137, 153
Hölz, Arthur 117
Holzmeister, Clemens 435
Home, Douglas Lord 312
Honda, Inoshiro 295
Honda, Kotaro 84
Honecker, Erich 66, 274, 366, 370, 394, 398, 414, 416, 420, 422, 430, 431, 432, 436, 440, 446, 450, 452, 458, 460, 470, 472, 476, 478, 480, 486, 488
Honegger, Arthur 95, 109, 111, 133, 143, 201, 223, 291
Hooss, Kurt 271
Hoover, Edgar 248, 377
Hoover, Herbert C. 148, 150, 168, 242, 333
Hopkins, Anthony 417
Hopkins, Frederick G. 152
Hopkins, Harry 247
Hoppe, Marianne 60, 191, 205, 207, 229
Hopper, Dennis 355, 401
Hopper, Edward 225, 349
Höppner, Reinhard 486
Hörbiger, Attila 453, 454
Hörbiger, Paul 151, 171, 422
Horkheimer, Max 381

Horn, Andreas von 79
Horn, Gyula 488
Horne, James W. 199
Horney, Brigitte 60, 159, 219, 458
Hornsby, Bruce 286
Horowitz, Vladimir 28, 447, 463
Horthy, Miklós 200
Horváth, Ödon von 161, 163, 165, 171, 191, 193, 327
Horwitz, Karl 111
Horwitz, Kurt 177, 321
Höß, Rudolf 218, 242, 248, 401
Hossfeld, Hans-Joachim 331
Hötzendorf, Franz Conrad von 88
Hounsfield, Godfrey N. 410
Houphouët-Biogny, Félix 485
Houser, Clarence 127
Houssay, Bernardo 250
Houston, Whitney 328, 455, 487
Hoven, Adrian 422
Howard, Don 277
Howard, Edwin 146
Howard, Leslie 181
Howard, Trevor 265
Hoxha, Enver 44, 442, 444
Hoyt, Harry 135
Hrdlicka, Alfred 355, 447
Hu Yaobang 450
Hua Guofeng 392, 394, 410, 416
Hubel, David H. 422
Hübener, Helmut 225
Huber, Anke 386
Huber, Antje 424
Huber, August 274
Huber, Robert 458
Hübner, Nico 401, 404
Huch, Friedrich 59
Huch, Ricarda 19, 55, 91, 105, 253
Huchel, Peter 24, 422
Hudges, William Mornes 88
Hudson, Hugh 425
Hudson, Rock 443, 445
Huebler, Douglas 369
Huelsenbeck, Richard 83
Huerta, Victoriano 68, 72, 74,
Hugenberg, Alfred 141
Huggins, Charles B. 340
Hughes, David Edward 11
Hughes, Howard 200, 227, 371, 393, 396
Hughes, James Langston 277
Hugo, Victor 495
Huizinga, Johan 98
Huldschinsky, Kurt 100
Hull, Albert Wallace 114
Hull, Cordell 238
Hulse, Russell A.484
Hülsen-Haeseler, Dietrich Graf von 43
Hülsmeyer, Christian 26
Humbert II., ital. König 232
Humperdinck, Engelbert 17, 114
Hundertwasser, Friedensreich 149, 347, 415, 443

Hundhammer, Alois 387
Hunter, Holly 483
Hunter, William 54
Husák, Gustav 72, 354
Hüsch, Hanns Dieter 425
Hussaini, Muhammad Amin Al 192
Hussein II., jord. König 317
Hussein, Saddam 408, 416, 468, 472
Husserl, Edmund 70, 203
Huston, John 217, 253, 257, 265, 275, 293, 375, 391, 439
Hutchins, Robert 134
Hutinel, Victor 64
Huxley, Aldous 123, 171, 255, 291
Huxley, Andrew F. 328
Huxley, Julian 390
Huysmans, Joris-Karl 41
Hyman, Albert S. 194
Hymmen, Friedrich W. 203

Ian, Janis 272
Ibáñez del Campo, Carlos 276
Ibánez, Vicente Blasco 85
Ibárruri, Dolores 190
Ibert, Jacques 324
Ibn Saud, Abd Al Asis, saudiarab. König 134, 170, 357
Ibsen, Henrik 9, 35, 37, 99, 131, 179, 203, 283, 433, 469, 473
Idol, Billy 455
Idris El Senussi, Mohammad (Idris I.) 258, 356
Ihering, Herbert 173
Iliescu, Ion 468
Iljuschin, Sergei W. 400
Illia, Umberto 340
Immendorff, Jörg 405
Impekoven, Sabine 75
Imperio, Pastora 79
In Tam 362
Indy, Vincent d' 167
Ingrid, schwed. Prinzessin 185
Inönü, Ismet 202
Ioffe, Abraham Fjodorowitsch 315
Ioffe, Asolf A. 120
Ionesco, Eugène 48, 67, 265, 275, 297, 301, 307, 323, 488
Iradier, Eduardo Dato 110
Ireland, John 325
Irene, niederl. Prinzessin 331
Irons, Francis 43
Irving, Clifford M. 371
Isaak, Chris 294
Isang Yun 371
Ismail, Abdul Fattah 404
Ivens, Joris 197
Ives, Herbert E. 142
Ivory, James 481
Iwantschenkow, Alexander 404
Jäcke, Katrin 483

Jäckel, Eberhard 471
Jackson, Janet 342
Jackson, Joe 290
Jackson, Michael 302, 375, 433, 459, 497
Jacob, François 336
Jacob, Max 231
Jacob, Paul Walter 211
Jacoby, Georg 191, 193, 217
Jaeger, Lorenz 391
Jaeggi, Urs 421
Jager, Tom 445
Jagger, Mick 230
Jagow, Gottlieb von 66
Jagow, Traugott von 59
Jahn, Gerhard 368
Jähn, Siegmund 402
Jahn, Uwe 370
Jahnn, Hans Henny 117, 123, 137
James, William 55
Jan und Kjeld 315
Janáćek, Leoš 25, 95, 99, 129, 139, 159
Janco, Marcel 83
Jandarbijew, Selimchan 496
Jandl, Ernst 493
Janke, Friedrich 297
Jannings, Emil 105, 113, 117, 129, 143, 151, 195, 215, 268
Jannsen, Gert 440
Janos, Georg 39
Jansen, Victor 83, 95
Jansky, Karl 172
Janson, Victor 111
Janssen, David 418
Janssen, Horst 341, 495
Jarmusch, Jim 447, 463, 475
Jaros, Ralf 441
Jarry, Alfred 19, 59, 475
Jaruzelski, Woijciech Witold 418, 422, 428
Järviluoma, Arturri 75
Järvinen, Matti 159
Jarvis, Ann 41, 121
Jarvis, Francis 9
Jaspers, Karl 166, 197, 312, 357
Jasset, Victorin 43
Jauner, Ernst von 11
Jauregg, Julius von 215
Jaurès, Jean 74
Jawlensky, Alexej von 43, 47, 49
Jean, lux. Großherzog 279
Jelinek, Elfriede 409, 433, 489
Jellinek, Georg 60
Jelzin, Boris 454, 468, 480, 484, 490, 492, 496, 474
Jenbach, Bela 79
Jenkins, Charles Francis 122
Jenninger, Philipp 402, 458
Jennings, Humphrey 239
Jens, Walter 124, 267, 477, 489
Jensen, Hans D. 328
Jensen, Johannes Vilhelm 45, 234

Jeritza, Maria 265
Jerne, Niels K. 438
Jerome, Jerome K. 145
Jerschke, Oskar 27
Jessel, Leon 87
Jessner, Leopold 105, 107, 113, 121, 133
Jessup, Paul 159
Jett, Joan 314
Jewison, Norman 375
Jewtuschenko, Jewgeni A. 317, 325
Jiménez, Juan Ramón 294
Jiménez, Marcos Pérez 300
Jobst, Hanns 131
Joel, Billy 260
Joffé, Roland 447
Joffre, Joseph 86
Johannes Paul I., Papst 405, 406
Johannes Paul II., Papst 108, 407, 416, 417, 420, 430, 441, 447, 455, 469, 473
Johannes XXIII., Papst 303, 304, 313, 317, 322, 327, 329
Johannsen, Ernst 159
Johannsen, Wilhelm 90
John, Elton 252
John, Hinrich 335, 347
John, Otto 284, 294
Johns, Jasper 313, 331
Johnson, Cornelius 189
Johnson, Eyvind 261, 384, 397
Johnson, Lyndon B. 44, 328, 334, 346, 348, 352, 354, 380
Johnson, Michael 4987
Johnson, Philip 417
Johnson, Uwe 307, 363
Johst, Hanns 137, 171, 175, 185, 189
Jolas, Betsy 491
Joliot-Curie, Frédéric 170, 180, 184, 303
Joliot-Curie, Irène 170, 180, 184, 295
Jolivet, André 387
Jolson, Al 153
Jonas, Franz 334, 350, 366, 386
Jonath, Arthur 169
Jones, Allen 198
Jones, Brian 349
Jones, Cathcart 180
Jones, Ernest 303
Jones, Grace 276, 405
Jones, Hayes 331
Jones, James 114, 273
Jones, John Paul 59
Jones, LeRoi 341
Jones, Louis 293
Jones, Paul 224
Jones, Quincy 487
Jones, Rickie Lee 286
Jonnart, Celstin Charles 88
Jooss, Kurt 169
Joplin, Janis 230, 357
Jordan, Pascual 20, 132
Jordet, Jules 12

Joschihito, jap. Kaiser 62, 138
Josephine Charlotte, belg. Prinzessin 279
Josephson, Brian D. 378
Josephson, Erland 381
Josua, äthiop. Kaiser 52, 58
Jouhaux, Léon 270
Jourdain, François 65
Jouvet, Louis 165, 205
Joyce, James 77, 85, 99, 117, 221, 375, 395, 425
Joyner, Al 437
Juan Carlos I., span. König 321, 356, 385, 390, 396
Jubal, Ernst 191
Juchacz, Marie 101
Judd, Donald 369
Jugert, Rudolf 253, 275, 331
Jukawa, Hideki 258
Juliana, niederl. Königin 48, 193, 199
Jung, Carl Gustav 62, 90, 129, 319
Jung, Franz 111, 145
Jünger, Ernst 171, 207, 225, 427, 491
Jünger, Friedrich Georg 400
Jungk, Robert 489
Junker, Wolfgang 380
Junkermann, Hans 69
Junkers, Hugo 94
Junot, Philippe 405
Juppé, Alain 490
Jürgens, Curd 189, 287, 395, 429
Jürgens, Udo 373
Jüttner, Jörg 335
Jutzi, Piel 153, 165

Kaas, Ludwig 148
Kádár, János 66, 458
Kaempf, Johannes 62, 66
Kafka, Franz 71, 131, 137, 143, 167, 375, 389, 431
Kagel, Mauricio 367, 389, 405, 415
Kahane, Meir 471
Kahn, Hermann 435
Kahnweiler, Henry-David 39
Kahr, Gustav Ritter von 112
Kaiser, Eric 370
Kaiser, Georg 87, 89, 95, 105, 107, 111, 117, 121, 127, 131, 151, 191, 213, 237
Kaiser, Jakob 282, 319
Kaiser, Johannes 317
Kallmorgen, Friedrich 131
Kálmán, Emmerich 79, 125, 135
Kamenew, Lew B. 138, 142, 144, 182
Kamerlingh-Onnes, Heike 58, 68
Kamil, Mehmet Pascha 66
Kaminski, Heinrich 145
Kammerer, Hans 303
Kandinsky, Wassily 11, 13, 41, 45, 47, 49, 55, 57, 63, 69, 93, 107, 139, 169, 201, 215, 237, 333
Kanellopoulos, Kanellos 457

Kant, Hermann 139, 375, 403
Kant, Immanuel 180
Kanther, Manfred 484, 488, 490
Kantor, Tadeusz 457
Kantorowitsch, Leonid W. 388
Kapiza, Pjotr L. 404
Kaplan, Viktor 128
Kapp, Wolfgang 116, 119
Karajan, Herbert von 44, 249, 275, 287, 293, 301, 312, 331, 379, 383, 385, 409, 421, 425, 441, 457, 461, 463
Karamanlis, Konstantin 384, 490
Karami, Raschid 452
Karl I., österr. Kaiser 61, 84, 88, 94, 119
Karl I., portug. König 38, 42, 45
Karl XIV. Gustav, schwed. König 395
Karle, Jerome 442
Karlfeldt, Erik A. 164
Karloff, Boris 167
Karlstadt, Liesl 171, 315
Karlweis, Oskar 161
Karmakar, Romuald 493
Karmal, Babrak 446
Károlyi von Nagykárolyi, Julian Graf 164
Károlyi von Nágykarolyi, Mihály Graf 94
Karrer, Paul 196
Karsten, Kai 352
Kasack, Hermann 251
Kaschnitz, Marie-Luise 14, 323, 387
Kasdan, Lawrence 477
Kasim, Abd Al Karim 302, 306
Kasparow, Garri 328, 443
Kastelic, Jakob 234
Kastler, Alfred 340
Kästner, Erich 147, 149, 165, 227, 237, 241, 271, 297, 386
Kastner, Hermann 294
Katz, Bernhard 362
Kauffmann, Gustav 12
Kaufman, Philip 455
Kaufmann, Christine 240
Kaun, Elfriede 183, 195
Kaurismäki, Aki 463
Käutner, Helmut 44, 213, 229, 235, 241, 249, 253, 265, 283, 287, 295, 299, 321, 419
Kawabata, Jasunari 352
Kayer, Heinrich 13
Kayser, Karl 397
Kayssler, Friedrich 161
Kazan, Elia 239, 251, 271, 285, 289, 493
Keaton, Buster 87, 129, 139, 342
Keaton, Diane 385
Keeler, Christine 327
Keige, Chen 483
Keislowski, Krysyto 459
Keitel, Wilhelm 198, 247
Kekkonen, Urho Kaleva 292

530

Kelemen, Milko 347
Keller, Gottfried 39, 219
Kellermann, Bernhard 71, 131
Kellogg, Frank Billings 152
Kelly, Gene 235, 247, 259, 275, 496
Kelly, Grace · Gracia Patricia
Kelly, Petra 440, 456, 478
Kemal Atatürk, Mustafa 162, 202, 203
Kemal Pascha, Mustafa 105, 118, 122
Kemp, Paul 171
Kemper, Friederike 29
Kempowski, Walter 152, 369, 375, 459
Kendall, Edward C. 266
Kendall, Henry W. 468
Kendrew, John C. 322
Kennan, George F. 427
Kennedy, Jacqueline · Onassis, Jacqueline
Kennedy, John F. 312, 314, 318, 326, 328, 329, 353, 90
Kennedy, Robert F. 134, 350, 353
Kent, Peter 419
Kent, Victoria von 189
Kentner, Else 83
Kenton, Sten 66
Kepler, Johannes 297
Kerenski, Alexandr F. 88
Kerkeling, Hape 332
Kern, Jerome 143
Kern, Peter 405
Kerouac, Jack 299, 303
Kerr, Alfred 97, 99, 175, 257
Kerrl, Hanns 196
Kershaw, Nick 302
Kershner, Irvin 409
Kesey, Ken 323
Kesselring, Albert D. 284
Keßler, Heinz 484
Keßler, Richard 79
Kesten, Hermann 153, 497
Ketteler, Clemens Freiherr von 8, 10
Ketterer, Emil 59
Keun, Irmgard 54
Key, Ellen 8
Keynes, John Maynard Baron of Tilton 226, 242
Keyserling, Eduard Graf von 25, 59, 77
Keyserling, Hermann Graf 109
Khieu Samphan 392
Khlifis, Omar 345
Khnopff, Fernand 113, 115
Khomeini, Ruhollah Mussawi 451, 460, 461, 462, 406
Khorana, Har Gobind 352, 362
Kiaulehn, Walther 10
Kiderlen-Waechter, Alfred von 66
Kiefer, Anselm 391, 467, 473
Kieling, Wolfgang 351
Kienzl, Wilhelm 57
Kiep, Walter Leisler 138
Kiepura, Jan 343
Kiesinger, Kurt Georg 28, 342, 348, 352, 458

Kiesler, Frederick 251, 317
Kieslowski, Krzysztof 497
Kießling, Günter 434
Kießling, Marie 107
Kilian, Eugen 71
Kilian, Inge 289
Kilp, Albert 151
Kim Dae Jung 378
King, B.B. 379
King, Henry 207
King, James 385
King, Martin Luther 152, 332, 344, 350, 353
King, Stephen 433, 449
Kingdom, Roger 437
Kingsley, Ben 427
Kinkel, Klaus 428, 476, 482, 492
Kinoshita, Keisuke 273
Kinsey, Alfred 295
Kinski, Klaus 139, 319, 375, 405, 411, 421, 475
Kinski, Nastassja 318, 433
Kipling, Rudyard 12, 14, 15, 21, 38, 193, 391
Kippenberg, Anton 269
Kipphardt, Heinar 118, 279, 333, 335, 395, 429
Kipping, Frederic Stanley 8
Kirchhoff, Corinna 445
Kirchner, Ernst Ludwig 29, 49, 79, 189, 203, 355
Kirchschläger, Rudolf 432, 434
Kirow, Sergei M. 180
Kirsch, Sarah 481
Kirschner, Martin 28
Kirst, Hans Hellmut 77, 289, 341, 347
Kirsten, Dorothy 389
Kisch, Egon Erwin 135, 184, 257
Kissinger, Henry 124, 316, 374, 378, 386
Kitaj, Ronald B. 493
Kittkachorn, Thainom 368
Kitzinger, Albin 66
Klabund 71, 87, 95, 131, 137, 147, 175, 217
Klages, Ludwig 88
Klante, Max 113
Klar, Christian 429
Klarsfeld, Beate 352
Klatte, Fritz 64
Klaus & Klaus 445
Klaus, Josef 330, 340
Klaußmann, Werner 569
Klebe, Giselher 297, 317, 327, 337, 387
Klecatsky, Hans 428
Klee, Paul 11, 107, 109, 111, 133, 159, 168, 175, 201, 211, 215, 227, 255, 409, 429, 455
Kleiber, Erich 133, 287, 294
Klein, César 69, 107
Klein, Felix 135
Klein, Hans-Joachim 305

Klein, Herbert 275, 285
Klein, Lawrence R. 416
Klein, Martin L. 298
Klein, Peter 467
Klein, Yves 148, 319, 325
Kleiser, Randal 405
Kleist, Heinrich von 139, 195, 215, 483
Klemperer, Victor 19
Klenau, Paul von 193
Klepper, Jochen 24
Klerk, Frederik W. de 484
Klick, Roland 363
Klimmt, Reinhard 496
Klimt, Gustav 19, 39, 43, 47, 83, 97
Kline, Franz 325
Klinger, Max 63
Klingler, Werner 231
Klinsmann, Jürgen 332
Klitzing, Klaus von 442
Kljutschewskij, Wassilij 61
Klöckner, Peter 34, 215
Klopp, Onno 25
Klose, Margarete 20
Klug, Aaron 426
Kluge, Alexander 172, 333, 347, 403
Klug-Kirchstein, Anne 383
Kluncker, Heinz 134
Knappertsbusch, Hans 163
Knaus, Hermann 150
Knef, Hildegard 134, 269, 275, 363, 401, 471
Knickenberg, Manfred 335
Knickerbocker, Hubert R. 261
Knipphals, Jens 417
Knipping, Angelika 425
Knoll, Max 166
Knoll, Silke 348
Knopfler, Mark 260
Knorr, Georg 61
Knudsen, Jakob 23
Knuth, Gustav 14, 245, 454
Kobs, Karsten 370
Koch, Heinrich 335
Koch, Ilse 268
Koch, Konrad 61
Koch, Marianne 166
Koch, Marita 298
Koch, Robert 30, 55
Kocher, Emil Th. 48
Kodály, Zoltán 31, 123
Koepcke, Juliane 371
Koeppen, Wolfgang 279, 497
Kohde-Kilsch, Claudia 328
Kohl, Helmut 160, 354, 368, 378, 388, 390, 398, 420, 426, 428, 432, 436, 438, 446, 448, 450, 451, 452, 458, 466, 470, 472, 474, 476, 488, 494
Kohl, Michael 368, 372, 376, 423
Köhler, Franz 140
Köhler, Georges J.F. 438
Kohler, Jürgen 338
Kohlmann, Trude 269

Kohout, Pavel 148, 345, 403, 405, 421
Kokoschka, Oskar 41, 75, 83, 85, 87, 89, 101, 111, 191, 205, 227, 239, 301, 329, 418, 447
Kokowzew, Wladimir N. 58
Kolakowski, Lezek 399
Kolb, Annette 71, 85
Kolbe, Georg 83, 189, 251
Kolbe, Maximilian 221
Kolbenheyer, Erwin Guido 45, 55, 171
Kolff, Willem Johan 224
Kolle, Oswald 349
Kollias, Konstantin 344
Kollo, René Viktor 199
Kollo, Walter 69, 87, 127, 133, 137, 149
Kollo, Willi 458
Kollwitz, Käthe 29, 41, 63, 87, 101, 113, 123, 177, 239, 241, 241, 269
Kolm, Anton 61
Kolm, Louise von 79
Kolmsee, Wolfgang 395
Kolowrat, Sascha Graf 61
Kolté, Bernard-Marie 469
Konduriotis, Pavlos 126, 136
Kondylis, Georgios 136
Konrad, György 475
Konsalik, Heinz G. 311
Konstantin I., griech. König 68, 78, 108, 125
Konstantin II., griech. König 331
Kontschalowsky, Andrej 477
Kooning, Willem de 435
Koopmans, Tjalling 388
Köpcke, Friedrich 117
Köpcke, Karl-Heinz 305, 475
Kopelew, Lew 66, 421, 423
Kopit, Arthur L. 355
Köpke, Andreas 324
Koppel, Walter 247
Köppler, Heinrich 418
Korda, Alexander 141, 294
Korn, Arthur 26
Korn, Benjamin 471
Kornberg, Arthur 306
Korner, Alexis 353
Körner, Diana 361
Körner, Hermine 107, 315
Körner, Theodor 270, 298
Kornfeld, Paul 105
Korngold, Erich Wolfgang 83, 109, 143
Körnig, Helmut 137, 141
Korolenko, Wladimir 115
Kortner, Fritz 105, 107, 113, 115, 177
Kossel, Albrecht 52
Kossygin, Alexej N. 28, 332
Koster, Henry 281
Kosterlitz, Hermann 181
Kosyrew, Andrej 492
Kotoku, Dendshiro 56
Kotulla, Theodor 401
Kowaljonok, Wladimir 404

Kracauer, Siegfried 159
Krach, Heinrich 89
Kraft, Zdenko von 203
Kraftwerk 425
Krahl, Hilde 211, 317
Krahl, Karl Heinz 297
Kraivichian, Thanin 394
Krämer, Günter 445
Kramer, Josef 241
Kramer, Stanley 319, 337
Kraus, Franz Xaver 15
Kraus, Karl 42, 95, 193
Kraus, Wilhelm 171
Krauss, Käthe 183, 195
Krauss, Werner 105, 129, 135, 141
Kravitz, Lenny 332
Krebs, Diether 252
Krebs, Edwin 478
Krebs, Hans Adolf 280
Kreidl, Heinz 461
Kreisky, Bruno 60, 392, 402, 420, 424, 430, 471
Kreisler, Fritz 324
Kreissig, Wolfgang 364
Krenek, Ernst 111, 127, 129, 137, 141, 157, 201, 389
Krenz, Egon 460
Kresnik, Hans 361, 481, 485, 491
Krestinski, Nikolai N. 134
Kreuder, Peter 211
Kreuger, Ivar 152, 172
Kreuzberg, Harald 20
Krieger, Arnold 203
Kriesten, Franz 275
Krips, Josef 267
Kristofferson, Kris 192
Kroetz, Franz Xaver 367, 397, 421, 435, 441, 461, 473, 487, 491
Krogh, August 104
Krolow, Karl 277
Kronberg, Arthur 346
Kropotkin, Pjotr Alexejewitsch 114
Kruczkowski, Léon 271
Krug, Manfred 198, 347, 445
Krüger, Hans 330
Krüger, Hardy 317, 391
Krüger, Mike 272
Krüger, Paulus »Ohm« 10, 29
Krukkow, August 42
Krupa, Gene 281
Krupp von Bohlen und Halbach, Alfried 40, 349
Krupp von Bohlen und Halbach, Gustav 46, 93
Krupp, Bertha 22
Krupp, Friedrich Alfred 19, 21
Krüss, James 138, 311, 323
Kubin, Alfred 19, 111, 221
Kubitschek de Oliveira, Juscelino 292
Kubrick, Stanley 148, 299, 313, 331, 351, 367, 391, 411, 455
Kückelmann, Gertrud 160

Kückelmann, Norbert 417
Kühlmann-Stumm, Knut Freiherr von 400
Kühn, August 391
Kühn, Dieter 369
Kühn, Heinz 480
Kühn, Hermann 78
Kuhn, Jochen 483
Kuhn, Richard 10, 202
Kühnel, Ida 205, 219
Kühnemund, Sylvia 386
Kühnen, Michael 408, 432
Kühnert, Steffi 473
Kujau, Konrad 441
Kulenkampff, Georg 197
Kulenkampff, Hans-Joachim 295
Kumbernuss, Astrid 364
Kummernuss, Adolph 411
Kun, Béla 100
Kundera, Milan 439, 455, 471
Küng, Hans 148, 369, 411
Kuniyoshi, Yasou 215
Künnecke, Eduard 111, 137, 147, 169, 187
Kuntz, Stefan 324
Kunz, Harald 371
Kunze, Heinz Rudolf 294
Kunze, Michael 481
Kunze, Reiner 395, 397
Kunzelmann, Dieter 354
Kupfer, Harry 493
Küppers, Ernst 305
Kurosawa, Akira 267, 415, 441, 467
Kürten, Peter 157, 163
Kurz, Isolde 237
Kusch, Polykarb 290
Kusch, Walter 367
Kußmaul, Adolf 21
Kustede, Heike 343
Kusturica, Emir 441, 491
Kuznets, Simon 368
Kwast-Hodapp, Frieda 53

La Follette, Robert Marion 56, 128
La Fontaine, Henri 68
La Motta, Jake 409
Laban, Rudolf von 135, 141
Labiche, Eugène 379
Laborde de Montpezat, Henri 347
Ladenburg, Albert 61
Ladengast, Walter 383
Laemmle, Carl 35, 47, 53, 79
Lafontaine, Oskar 430, 440, 456, 466, 492, 496
Lage, Klaus 268
Lagerfeld, Karl 202, 433, 449
Lagerkvist, Pär 270, 386
Lagerlöf, Selma 37, 48, 101, 214
Laird, Melvin 352
Lalique, René 23
Lam, Wilfredo 231, 343
Lamb, Willis E. 290

Lambsdorff, Otto Graf 139, 424, 432, 436, 442, 456, 482
Lambton, Anthony F. 379
Lamizana, Aboubakar S. 382
Lampel, Peter Martin 151
Lamperberg, Gerhart 347, 495
Lamprecht, Gerhard 123, 133, 145, 165, 247
Lancaster, Burt 73, 245, 277, 315, 489
Land, Alexander 451
Land, Robert 151
Landau, Lew D. 322, 353
Landauer, Gustav 101
Landgrebe, Gudrun 268
Landis, John 399, 411, 423
Landon, Michael 474
Landru, Henri Désiré 115, 117
Landsteiner, Karl 8, 158
Lang, Fritz 91, 101, 113, 119, 125, 141, 147, 163, 175, 177, 189, 219, 229, 307, 315, 397
Lang, Richard 417
Lang, Roland 389
Lange, Christian Louis 110
Lange, Hartmut 371
Lange, Jessica 395, 417
Lange, Konrad 13
Langer, Bernhard 298
Langgässer, Elisabeth 245, 269
Langhans, Rainer 350, 354
Langhoff, Karl-Heinz 223
Langhoff, Thomas 475
Langhoff, Wolfgang 177
Langmuir, Irving 64, 72, 170
Lania, Leo 147
Lanner, Josef 57
Lansbury, George 214
Lanusse, Alejandro A. 366
Lanz, Heinrich 33, 112
Laparra, Raoul 43
Larbaud, Valéry 59
Larionow, Michail F. 191
Laroche, Elise de 49
Larrazabal, Wolfgang 300
Larreta, Enrique Rodríguez 45
Larsen, Viggo 41
Lasker-Schüler, Else 99, 169, 229, 241
Last, James 152
Lattmann, Dieter 355
Laube, Horst 399
Laue, Max von 64, 76, 314
Lauer, Martin 297, 311
Laughton, Charles 175, 185, 207, 289, 325
Lauper, Cyndi 439
Laura, Ernest 357
Laurel, Stan 165, 199, 338
Lauritzen, Lauritz 54
Lautensack, Heinrich 105
Lauterbach, Heiner 449
Laval, Pierre 162, 168, 186, 222
Laver, Rodney 202
Laveran, Charles L. 38

Law, Andrew Bonar 125
Law, Clara 479
Lawler, Ray 289
Lawrence, David Herbert 71, 149
Lawrence, Ernest O. 206
Lawrence, Thomas Edward 84
Lawrence, William 78
Laxness, Halldór Kiljan 231, 290
Lazarus, Moritz 25
Lázló, Alexander 133
Le Carré, John 463
Le Clézio, Jean-Marie Gustave 481
Le Corbusier 95, 109, 133, 339
Lê Duc Tho 374, 378
Le Roy, Mervyn 161, 273
Leakey, Richard jr. 372
Lean, David 235, 239, 251, 257, 323, 337, 341, 474
Leander, Zarah 40, 195, 197, 423
Leandros, Vicky 256
Lear, Amanda 246
Leary, Timothy 341
Léaud, Jean-Pierre 411
Leber, Georg 108, 350, 390, 402
Ledebour, Georg 82
Lederberg, Joshua 302
Lederer, Karl 232
Lederman, Leon 458
Ledig-Rowohlt, Heinrich Maria 480
Lee, Brenda 236
Lee, Spike 475
Lefebvre, Marcel 399
Léger, Fernand 89, 133, 261, 325
Legien, Karl 99, 110
Lehár, Franz 9, 25, 31, 35, 47, 53, 57, 117, 133, 141, 151, 165, 237, 257
Lehmann, Christa 283
Lehmann, Else 57
Lehmann, Heinz Günther 229, 285
Lehmann, Lotte 397
Lehmann, Wilhelm 95, 141, 225
Lehmbruck, Wilhelm 59, 73, 97, 101, 141
Lehn, Jean-Marie 454
Leibl, Wilhelm 11
Leigh, Mike 497
Leigh, Vivien 207, 349
Lein, Günter 297
Leipart, Theodor 110
Leistikow, Walter 21
Lejeune, Fritz 281
Leloir, Luis 362
Lelouch, Claude 341
Lem, Stanislaw 287, 375
Lembke, Robert 291
Lemming, Eric 39
Lemmon, Jack 375, 403, 493
Lemper, Ute 453
Lenard, Philipp 30
Leni, Paul 89, 93, 129
Lenin, Wladimir I. 8, 16, 18, 88, 94, 120, 124, 126, 130, 294
Lenk, Timur 216

Lenkeffy, Ica von 117
Lennart, Isobel 331
Lennon, John 214, 315, 355, 419
Lennon, Julian 328
Lennox, Annie 286
Lenz, Jakob Michael Reinhard 85
Lenz, Siegfried 138, 289, 317, 353, 407, 443, 457
Lenz, Widukind 318
Leo XIII., Papst 12, 16, 22, 25, 129
Leodolter, Ingrid 370
Leoncavallo, Ruggiero 9, 27, 457
Leone, Sergio 335, 365, 381, 439, 462
Leonhard, Rudolf 184
Leonow, Alexei A. 334, 388
Leontief, Wassily 378
Leopold II., belg. König 48, 49
Leopold III., belg. König 266, 435
Leppich, Johannes 481
Lequio, Clemente 301
Lernet-Holenia, Alexander 137, 145, 161
Lerroux y García, Alejandro 176, 186
Lersch, Heinrich 193
Lessing, Doris 100, 285
Lessing, Emil 27
Lessing, Gotthold Ephraim 175, 239
Lessing, Theodor 153
Lester, Richard 381
Lettow-Vorbeck, Paul von 88
Leupin, Herbert 291
Leutheusser-Schnarrenberger, Sabine 476, 494
Leuwerik, Ruth 138, 321
Levay, Sylvester 481
Level 42 451
Levi, Carlo 20, 405
Levi, Primo 449
Levi-Montalcini, Rita 448
Levinson, Barry 461, 477
Lévi-Strauss, Claude 45
Levy, David 406
Lévy, Lucien 86
Lewin, Albert 239
Lewis, Arthur 410
Lewis, Carl 318, 431, 437
Lewis, Edward B. 492
Lewis, Gilbert Newton 84
Lewis, Jerry 138, 363
Lewis, John L. 203
Lewis, Sinclair 158, 272
Lexer, Erich 100
Ley, Robert 229
Li Peng 486
Li Shao-ch'i 304
Li Tsung-jen 258
Liabel, André 43
Libby, Willard F. 244, 312
Lichnowsky, Mechthilde Fürstin 303
Lichtenstein, Roy 124, 329, 483
Lichtwark, Alfred 13
Lie, Jonas 45
Lie, Trygve Halvdan 261, 266

533

Lieben, Robert von 32, 52
Liebeneiner, Wolfgang 195, 205
Liebermann, Max 21, 93, 105, 109, 111, 123, 129, 133, 137, 141, 145, 171, 173, 186, 189, 283, 409
Liebermann, Rolf 54, 283, 297, 379, 453, 457
Liebknecht, Karl 40, 52, 62, 68, 74, 78, 82, 84, 94, 96, 98, 100
Liebknecht, Wilhelm 11
Lieder, Rico 370
Liedke, Harry 95
Liersch, Heinrich 153
Lietzau, Hans 355
Ligeti, György 403
Liliencron, Detlev von 49
Lilienfein, Heinrich 121
Lincke, Paul 17, 27, 213, 247
Lindberg, Leopoldt 245
Lindberg, Per 205
Lindbergh, Charles A. 20, 140, 151, 169, 184, 387
Lindemann, Gustav 173
Lindenberg, Udo 246, 383, 433
Lindequist, Friedrich von 60
Linder, Max 33, 45, 61, 65
Lindgren, Astrid 40, 241, 393, 403, 477
Lindner, Richard 341
Lingen, Theo 307
Linse, Walter 274
Lion, Jean 197
Lipmann, Fritz A. 280
Lippert, Julius 194
Lippert, Michael 296
Lippmann, Gabriel 44
Lippmann, Walter 387
Lipscomb, William N. 394
Lissitzky, El 115, 123, 125
Little Richard 271, 449
Litvak, Anatole 257
Liuzzo, Viola 335
Ljadov, Anatoli 47
Lloyd George, David 84
Lloyd, Frank 185
Lloyd, Harald 371
Loach, Ken 475
Löbe, Paul 106
Lobinger, Tim 376
Lobkowitz, Eduard von 311
Loderer, Eugen 108, 494
Loetscher, Hugo 479
Loewe, Frederick 247, 293, 379
Loewi, Otto 190
Lofting, Hugh 109
Lombardi, Riccardo 321
Lombroso, Cesare 49
Lon Nol 360, 445
Lonardi, Eduardo 290
London, Jack 25, 27, 33, 71, 87
Long, Lutz 175
Löns, Hermann 35, 55
Loos, Adolf 41, 177

Lorén, Lars 461
Loren, Sophia 299, 303, 321, 341, 401, 425, 493
Lorens, Karl 15
Lorentz, Hendrik A. 18
Lorentz, Lore 249, 488
Lorenz, Konrad 24, 378, 462
Lorenz, Peter 388
Lorenzen, Ursel 408
Lorin, René 72
Loriot · Bülow, Vicco von
Lorre, Peter 28, 173, 271
Lorring, Lotte 141
Losch, Claudia 461
Losey, Joseph 395
Lossow, Otto von 126
Louis, Joe 76, 422
Lousdale, Michal 369
Lovell, James A. 352
Lowell, Robert 401
Löwenthal, Gerhard 371
Löwenthal, Richard 475
Löwith, Karl 381
Löwitsch, Klaus 192
Lown, Bernard 442
Lowry, Malcolm 48, 299, 439
Lows, Anthony M. 250
Lubbe, Marinus van der 174
Lubitsch, Ernst 75, 77, 81, 83, 89, 91, 95, 97, 99, 105, 109, 123, 177, 253
Lübke, Heinrich 304, 306, 317, 325, 334, 338, 340, 344, 350, 354, 377
Lucae, Richard 421
Lucas, George 381, 401
Lucas, Robert E. 492
Lucca, Pauline 45
Luchsinger, Fritz 293
Luciano, Albino · Johannes Paul I.
Luciano, Salvatore 324
Lücke, Paul 76
Luckner, Felix Graf 343
Ludendorff, Erich 84, 89, 126, 130, 199
Lüders, Günther 390
Ludwig III., bayr. König 94, 115
Ludwig, Eduard 269
Ludwig, Gerhard 297
Ludwig, Volker 461
Lueger, Karl 55
Lugosi, Bela 167
Lühr, Peter 425
Luitpold, bayr. Prinzregent 58
Lukács, Georg 371
Lukaschek, Hans 276
Lulu 256
Lumet, Sidney 297, 381, 385
Lumière, Auguste 36, 287
Lumière, Louis Jean 36, 257
Lumumba, Patrice 316
Lunn, Henry Sir 19
Lüpertz, Markus 459
Luria, Salvador E. 356
Lusinchi, Jamie 432

Lütgendorf, Karl 398
Luther, Gerd 249
Luther, Hans 118, 130, 134, 136, 156, 325
Luther, Martin 431
Luthuli, Albert John 312
Luxemburg, Adolf Großherzog von 33
Luxemburg, Charlotte Großherzogin von 101
Luxemburg, Marie-Gabriele von 273
Luxemburg, Rosa 24, 71, 72, 98, 100, 365
Luzzatti, Luigi 56
Lwarowski, Leonid M. 211
Lwoff, André 336
Lwow, Georgi J. Fürst 88
Lynch, David 435, 469
Lyne, Adrian 429
Lynen, Feodor 332

MacAddam, Everett 38
MacArthur, Douglas 247, 270
MacBride, Sean 384
MacCready, Paul 409
MacDonald, James Ramsey 124, 150, 164
Mach, Josef 339
Machado y Ruiz, Antonio 67
Mack, Max 69
Macke, August 55, 63, 69, 73, 429
Mackendrick, Alexander 293
Mackensen, August von 84
Mackintosh, Charles Rennie 17
MacLaine, Shirley 411, 417
MacLean, Donald D. 270
MacLeish, Archibald 301
Macleod, John 122
Macmillan, Harold 306
MacMurray, Fred 233
Madariaga y Rojo, Salvador de 219, 407
Madero, Francisco 68
Madonna 302, 443, 451, 455
Madriz, José 54
Madschali, Abdel Salam ed 488
Maeterlinck, Maurice 17, 23, 56, 261
Maetzig, Kurt 283
Maffay, Peter 411, 419, 439, 453
Magdeburg, Hellas 229
Maggi, Luigi 45
Maginot, André 172
Magnani, Anna 44, 325, 369
Magnus, Kurt 325
Magritte, René 129, 251, 339
Mahendra Bir Birkram, nepal. König 292
Mahfus, Nagib 458
Mahler, Gustav 23, 35, 39, 47, 53, 57, 61, 63, 177
Mahler, Horst 362, 410
Maihofer, Werner 404

Mailer, Norman 124, 257, 337
Maillol, Aristide 279
Maizière, Lothar de 466, 468, 474
Majakowski, Waldimir W. 95, 116, 151, 157
Majano, Adolfo A. 410
Major, John 470
Makarios III., zypr. Erzbischof 292, 296, 312, 384, 401
Mäki, Taisto 201
Malcolm X 334
Malenkow, Georgi M. 280, 286, 458
Malet, Léo 496
Malewitsch, Kasimir S. 81, 97
Malipiero, Gian Francesco 223
Malkovich, John 497
Malle, Louis 337, 351, 369, 433, 493, 495
Mallea, Eduardo 219
Malmkvist, Siw 333
Malraux, André 397
Malypetr, Johann 170
Mamet, David 431
Mamoulian, Rouben 177, 185
Man, Anthony 269
Manchevski, Milcho 489
Mandel, Ernest 373
Mandela, Nelson 322, 330, 457, 466, 484
Manessier, Alfred 269
Manet, Édouard 431
Mangelsdorff, Albert 327, 379
Maniewicz, Joseph L. 321
Manilow, Barry 246
Mankiewicz, Joseph L. 267
Mann, Anthony 285
Mann, Daniel 315
Mann, Erika 179, 183, 191
Mann, Golo 488
Mann, Heinrich 25, 33, 39, 83, 141, 157, 175, 179, 184, 269, 385
Mann, Klaus 133, 193, 261, 351, 417, 423
Mann, Manfred 353
Mann, Thomas 15, 25, 71, 95, 97, 117, 123, 129, 137, 139, 152, 157, 179, 183, 191, 201, 203, 207, 223, 229, 233, 247, 249, 259, 273, 281, 283, 291, 297, 307, 333, 337, 363
Mannesmann, Reinhard 119
Mansfield, Jayne 349
Mansfield, Katherine 109, 125
Mantegna, Andrea 441
Manuel II., portug. König 42
Manuela 329, 333
Mao Tse-tung 112, 166, 180, 182, 250, 260, 286, 296, 302, 304, 344, 347, 386, 394, 397
Marc, Franz 55, 57, 63, 69, 75
Marceau, Félicien 293
Marceau, Marcel 124, 285
Marcel, Gabriel 259
March, Peggy 337, 339

Marcks, Gerhard 251
Marconi, Guglielmo Marchese 12, 48, 68, 84, 88
Marcos, Ferdinand Edralin 36, 368, 376, 418, 436, 446
Marcovic, Demeter Zinzar 22
Marcus, Rudolph A. 478
Marcuse, Herbert 411
Marcuse, Ludwig 371
Marenbach, Leni 195, 201
Marèze, Janie 167
Margaret, brit. Prinzessin 313, 403
Margarethe II., dän. Königin 347, 388
Margriet der Niederlande, Prinzessin von Oranien-Nassau 345
Marichalar, Jaime de 491
Marinetti, Filippo Tommaso 47, 49, 75
Marini, Marino 355
Marinsky, Jacob, A. 238
Marischka, Ernst 211, 289
Markowitz, Harry 468
Marks, Vera 273
Marley, Bob 240, 423
Marlowe, Philip 225
Maron, Monika 423, 477, 493
Marquandt, Richard 445
Marquard, Fritz 393
Márquez, Gabriel García 347, 389, 423, 426
Marre, Albert 337
Marschall, Tony 377
Marschler, Willy 162
Marshall, Garry 475
Marshall, George C. 250, 280, 307
Martens, Wilfried 452
Marthaler, Christoph 487
Martin du Gard, Roger 196
Martin, Dean 493, 495
Martin, Frank 293
Martin, John P. 276
Martin, Paul 171, 191
Martineau, James 11
Martinson, Harry Edmund 295, 384
Marty, Walter 179
Marvin, Lee 339, 455
Marx Brothers (Chico, Groucho, Harpo und Zeppo) 167, 175, 197, 245
Marx, Groucho 401
Marx, Wilhelm 96, 122, 124, 126, 128, 136, 138, 140, 144, 148, 247
Mary, brit. Königin 281
Marzursky, Paul 449
Masaryk, Tomáš Garrigue 8, 96, 186
Mascagni, Pietro 13, 31, 111, 457
Masefield, John 349
Masereel, Frans 215
Maslow, Arkadi 132
Mason, James 48, 439
Massari, Lea 369
Massary, Fritzi 111
Massenet, Jules 17, 53, 61, 67
Massine, Léonide 99
Massolle, Joseph 116

Massu, Jacques 300
Mastroianni, Marcello 130, 315, 347, 369, 401, 493
Masur, Kurt 421, 467, 483
Mata Hari 91
Mataja, Heinrich 199
Mathieu, Georges 303, 305
Mathieu, Mireille 246
Mathiopoulos, Margarita 452
Matisse, Henri 23, 29, 31, 43, 47, 49, 105, 195, 287, 429
Matlin, Karlee 449
Matta, Roberto Sebastián Antonio 225
Matteotti, Giacomo 128, 131
Mattes, Eva 286, 377, 445
Matthäus, Lothar 318
Mattheuer, Wolfgang 453
Matthöfer, Hans 134, 388, 424
Matthus, Siegfried 441, 443, 461, 479
Maud, norw. Königin 203
Mauermayer, Gisela 183, 205
Maugham, William Somerset 81, 339
Maupassant, Guy de 31, 205
Mauriac, François 199, 276
Maurice, Clément 17
Maurier, Daphne du 381
Maurois, André 95
Mauroy, Pierre 436
Mauser, Paul 18
Mavignier, Almit 377
Maxfield, Joseph 134
Maxwell, General 82
May, Joe 75, 91, 113, 123, 147
May, Karl 67, 193, 321, 323, 329, 427
May, Mia 91
Maybach, Karl 84, 314
Maybach, Wilhelm 48, 153
Mayer, Helene 191
Mayer, Louis B. 81, 191
Mayr, Michael 104, 112
Mayröcker, Friederike 483
McCandless, Bruce 434
McCarey, Leo 235
McCarthy, Joseph Raymond 48, 264, 274, 278, 280, 282, 299
McCarthy, Peter 489
McCartney, Paul 224, 315, 361, 495
McClintock, Barbara 432
McClung, Clarence 30
McCullers, Carson 213
McDermont, Galt 345
McGraw, Ali 355
McGuire, Dorothy 241
McKinley, William 8, 10, 14
McLean, Don 240
McLean, Herbert 118
McLean, Jay 84
McMillan, Edwin Mattison 212, 270
McNamara, Robert 86
McQueen, Steve 385, 419
Mead, Margaret 407
Meade, James 398
Meanix, Bill 81

Meat Loaf 252
Meckel, Christoph 381
Mecklenburg-Schwerin, Cecilie Herzogin von 31
Mecklenburg-Schwerin, Heinrich Herzog von 13
Mecklenburg-Strelitz, Friedrich Wilhelm Großherzog von 29
Medawar, Peter B. 312
Meegeren, Han van 249
Meer, Simon van der 438
Meerapfel, Jeanine 423
Mehring, Franz 101, 153
Mehring, Walter 111
Meier, Gerhard 473
Meier, John 75
Meinecke, Friedrich 286
Meinert, Rudolf 75
Meinhof, Ulrike 336, 350, 360, 372, 392, 396
Meins, Holger 372, 384
Meir, Golda 354, 382, 407
Meißner, Alexander 64
Meißner, Renate 361
Meitner, Lise 353
Mejzlikova, Marie 107
Méliès, Georges 15, 19, 29, 37, 41, 59, 67
Melies, Otto 166
Mellenkamp, John 272
Mellerowicz, Harald 223
Melville, Jean-Pierre 345
Menchú, Rigoberta 478
Mende, Erich 86, 346
Mendelsohn, Erich 93, 110, 281
Mendelssohn, Arnold Ludwig 121, 145
Mendelssohn-Bartholdy, Felix 177, 192
Menderes, Adnan 312
Menem, Carlos Saùl 460
Menges, Wolfgang 363
Menilek II., äthiop. Kaiser 52, 73
Menotti, Gian Carlo 243, 247, 265, 271, 301
Menzel, Adolph von 33
Menzl, Walter 305
Merbold, Ulf 476
Mercier, Michèle 323
Mercouri, Melina 345
Mercury, Freddy 246, 475
Meredith, George 49
Merkel, Max 97
Merrifield, Bruce 438
Merrill, Bob 331
Messel, Alfred 49
Messerschmitt, Willy 406
Messner, Reinhold 409
Meßter, Otto 9, 19, 21, 23, 27, 29, 35, 55, 59, 75
Metaxas, Ioannis 190
Metin, Ismail 331
Metschnikow, Ilja I. 14, 44, 87
Mettke, Jörg 390

Meunier, Constantin 33
Mevissen, Gustav von 13
Meyen, Fritz A. 27
Meyen, Harry 410
Meyer, Eduard 66
Meyer, Hermann 379
Meyer, Krzysztof 431
Meyer, Nicholas 431
Meyerbeer, Giacomo 177
Meyerdinck, Hubert von 169
Meyer-Förster, Wilhelm 13
Meyerhof, Otto Fritz 116
Meyerhold, Karl T.K. 157
Meyer-Ronnenberg, Rudolf 284
Meyers, Sidney 261
Meyfarth, Ulrike 399, 409
Meyrink, Gustav 65, 81, 173
Meysel, Inge 369
Michael I., rumän. König 152
Michael, George 328
Michaelis, Georg 88, 90
Michaelis, Karin 55
Michalkow, Nikita 473
Michel, Detlef 431, 461
Michel, Hartmut 458
Michelangelo 331, 387
Michelson, Albert A. 38
Mickler, Georg 69
Middle of the Road 377
Midgeley, Thomas 112
Midler, Bette 449
Miegel, Agnes 175, 333
Mielke, Erich 298, 468, 476, 484, 488
Mierendorff, Carlo 233
Mihalovich, Ödön 43
Miki, Takeo 386
Miklas, Wilhelm 295
Mikojan, Anastas I. 332
Milan I., serb. König 15
Milburn, Rod 373
Miles, Harry J. 25
Miles, Herbert 25
Milhaud, Darius 79, 95, 99, 109, 143, 157, 211, 265, 327
Milian, Thomas 427
Milk and Honey 407
Milland, Ray 239
Miller, Arthur 81, 247, 259, 279, 293, 331, 351, 481, 487
Miller, George 447
Miller, Glenn 28, 221, 235, 237
Miller, Henry 179, 313, 319, 335, 419
Miller, Merton 468
Miller, Oskar von 112, 130, 181
Millerand, Alexandre 104, 106, 128
Milli Vanilli 459
Millikan, Robert A. 90, 122
Millington, Richard L. 276
Millökker, Karl 27
Milne, Alan Alexander 139
Milne, Arthur 269
Milosz, Czeslaw 279, 416
Milstein, Cesar 438

Mindszenty, József 258, 383
Minelli, Liza 373, 401
Minelli, Vincente 273
Minetti, Bernhard 417, 425, 435
Minogue, Kylie 459
Minot, George 180
Mira, Brigitte 383
Mirabeau, Octave 31, 331
Mirbach-Harff, Wilhelm Graf von 92
Miró, Joan 81, 101, 129, 199, 349, 403, 433, 435, 449, 483
Mistinguett 294
Mistral, Frédéric 28
Mistral, Gabriela 238
Mitchell, Edgar D. 364
Mitchell, Margaret 10, 191, 207, 261, 475
Mitchell, Peter D. 404
Mitchum, Robert 251, 255
Mitscherlich, Alexander 260, 357, 429
Mittelholzer, Walter 156
Mitterrand, François 86, 336, 392, 420, 426, 436, 456, 474, 491, 496
Mix, Tom 215
Mladenow, Petar 462
Mobutu, Sésé Séko 404
Modern Talking 451
Modersohn-Becker, Paula 35, 41, 63, 445
Modigliani, Amedeo 45, 89, 109
Modigliani, Franco 442
Modine, Matthew 455
Modjesko 43
Modrow, Hans 466
Modugno, Domenico 303
Mögenburg, Dietmar 467
Mohammad Alı, pers. Schah 36, 44, 46
Mohammed Sahir, afghan. König 378
Mohnhaupt, Brigitte 429
Moholy-Nagy, Lázló 123, 371
Moillet, Louis 429
Moissan, Henri 36
Molander, Gustaf 165, 193
Molina, Mario José 492
Molkenbuhr, Hermann 56
Moll, Oskar 169
Möllemann, Jürgen 480
Möllenbeck, Michael 356
Möller, Andreas 348
Möllers, Eberhard 189
Molles, Herbert 151
Mollet, Guy 290
Molnár, Ferenc (Franz) 49, 65, 113, 141, 237, 241, 277
Molo, Walter von 149
Molotow, Wjatscheslaw M. 214, 258
Moltke, Helmuth Graf von 76, 87
Moltke, Helmuth James Graf von 40, 232
Moltke, Kuno Graf von 36, 42
Mommsen, Ernst Wolf 410
Mommsen, Theodor 25
Monck, Egon 429

Mondrian, Piet 29, 47, 135, 161, 221, 237
Monet, Claude 9, 17, 43, 139
Moneta, Ernesto Teodoro 28
Monis, Ernest 56
Moniz, António Ceatano 258
Mönke, Wilhelm 164
Monnet, Jean 410
Monod, Jacques 336
Monroe, Marilyn 139, 277, 279, 283, 289, 293, 305, 315, 323, 325
Montagu, Edwin Samuel 90
Montale Eugenio 388
Montali, Rosetta 169
Montessori, Maria 37, 153, 167, 260, 277
Monteux, Pierre 69
Monteverdi, Claudio 389
Montgomery, Robert 245
Montherlant, Henry de 225, 247
Monti, Maria 365
Montini, Giovanni Battista · Paul VI.
Moody, William Vaughn 47
Moog, Heinz 461
Moore, Henry 219, 259, 321, 355, 409, 435, 449, 451
Moore, Roger 379, 405
Moore, Stanford 372
Morales, Pablo 445
Moran, »Bugs« 157
Morand, Paul 397
Moravia, Alberto 459, 471
Morax, René 328
Moreau, Jeanne 148, 337
Morena, Erna 95
Morgan, H. F. 54
Morgan, John Pierpont 12
Morgan, Thomas H. 100, 174
Morgenstern, Christian 33, 55, 59, 77
Morgenstern, Lina 49
Morgner, Irmtraud 467
Moro, Aldo 404, 406
Morrison, Jim 230
Morrison, Toni 484
Morselli, Ercole 115
Morweiser, Fanny 497
Mosbacher, Peter 401
Moser, Gustav von 25
Moser, Hans 333
Moses, Edwin 431, 437
Mossadegh, Mohammed 280
Mossafar Od Don 36
Mößbauer, Rudolf 318
Mosse, Rudolf 109
Motherwell, Robert 269
Mott, John R. 244
Mott, Nevill F. 398
Motta, Giuseppe 138
Motteler, Julius 12
Mottelson, Ben 388
Mountbatten, Louis Earl 408, 411
Mountbatten, Philip · Philip, Herzog von Edinburgh

Moyet, Alison 318
Mozart, Wolfgang Amadeus 111, 165, 177, 179, 217, 223, 259, 265, 291, 321, 327, 389, 427, 453, 469, 471, 475
Mrozek, Slamovir 301
Mubarak, Muhammed H. 148
Mucha, Reinhard 469
Mueller, Harald 397, 447, 479
Mueller, Otto 101
Mueller-Stahl, Armin 161
Mugabe, Robert 416, 424, 454
Mühe, Ulrich 280
Mühl, Otto 397, 403
Mühsam, Erich 151, 181
Müller(-Franken), Hermann 167
Müller, Albert 171
Müller, Erwin W. 268
Müller, Friedrich Max 11
Müller, Gebhard 288
Müller, Hans 83
Müller, Heiner 387, 393, 407, 417, 425, 441, 453, 457, 469, 471, 493, 495
Müller, Hermann 104, 146, 158
Muller, Hermann J. 244
Müller, Herta 449
Müller, Joseph 226, 242
Müller, Julius 169
Müller, Karl A. 454
Müller, Ludwig 179
Müller, Otto 63
Müller, Paul 256
Müller, Renate 36
Müller, Walter 146
Müller-Einigen, Hans 107
Müller-Westernhagen, Marius 256, 407, 417
Mulligan, Gerry 496
Mulliken, Robert S. 340
Mullis, Kary B. 484
Munch, Edvard 35, 49, 85, 237, 327, 483
Münch, Richard 323
München, Heinrich von 187
Münchhausen, Börries von 15, 59
Munk, Kaj 237
Münster, Herbert 431
Münter, Gabriele 47
Munthe, Axel 260
Murdoch, Rupert 419
Murnau, Friedrich Wilhelm 105, 100, 117, 123, 129, 167
Murphy, Eddy 318
Murphy, William 180
Murray, Erna 101
Murray, Joseph E. 468
Murray, Tom 281
Muschg, Walter 339
Musil, Robert 35, 125, 151, 161, 225
Mussert, Anton Adriaan 226
Musset, Alfred de 31, 373
Mussolini, Benito 98, 114, 116, 122, 128, 130, 132, 134, 140, 170, 178, 188, 195, 204, 211, 212, 214, 215, 216, 222, 224, 226, 228, 238, 241, 243
Mussorgski, Modest P. 87, 119
Mutsuhito, jap. Kaiser 56, 62, 67
Mutter Teresa 375, 410
Mutter, Anne-Sophie 328
Muzorewa, Abel Tendekayi 408
Myrdal, Alva 426
Myrdal, Gunnar 384
Myyrä, Jonni 81, 127

Nabl, Franz 61
Nabokov, Valdimir 291, 385, 400
Nachmann, Werner 457
Nadas, Peter 477
Nadschibullah, Mohammed 446, 454, 476
Nagel, Otto 113, 139
Nagel, Peter 403
Nägeli, Harald 435, 455
Nagib, Ali Muhammad 276, 286
Nagy, Imre 280, 288, 294
Naipaul, V.S. 391, 423
Nakasone, Yasuhiro 434
Nam June Pak 485
Nansen, Fridtjof 116
Nartop, Paul 131
Naruhito, jap. Kronprinz 485
Narutowicz, Gabriel 118
Nash, John F. 488
Nasser, Gamal Abd-el 96, 286, 310, 362
Natanjahu, Benjamin 496
Nathans, Daniel 404
Natta, Giulio 328
Nau, Alfred 434
Naughton, David 423
Naumann, Friedrich 101
Navarre, René 73
Neckermann, Josef 66, 480
Nedbal, Oskar 69
Néel, Louis 362
Negri, Pola 95, 97, 105, 111, 139, 183
Neher, Carola 137
Neher, Erwin 474
Nehru, Jawaharlal 222, 274, 296, 338
Neill, Alexander S. 357
Nena 314, 435, 439
Nerius, Steffi 376
Nernst, Walther 104
Nero, Franco 365
Neruda, Pablo 28, 129, 368, 381
Nessler, Ludwig 34
Nestroy, Johann Nepomuk 13, 301
Neu, Manfred 367
Neubauer, Friedrich 109
Neuberger, Hermann 481
Neuenfels, Hans 467
Neumann, Alfred 137, 235
Neumann, Robert 390

Neumann, Václav 108
Neumeier, John 421, 461, 475
Neurath, Konstantin Freiherr von 250
Nevala, Pauli 331
Neves, Tancredo de Almeida 440
Newcomb, Simon 49
Newerow, Alexandr S. 125
Newman, Barnett 343, 347
Newman, Paul 301, 317, 343, 379, 385, 449
Newton-John, Olivia 256
Ney, Elly 169, 275, 353
Ngô Dinh Diêm 290, 318, 320, 328
Nguyên Ngoc Tho 328
Nguyen Van Xuan 254
Niblo, Fred 109, 139
Nichols, Mike 251, 343, 363, 369
Nicholson, Jack 198, 369, 383, 389, 411, 417, 447, 463
Nickels, Christa 436
Nicole 425
Nicolle, Charles J.H. 146, 193
Niedecken, Wolfgang 272
Niekisch, Ernst 193
Nielsen, Arnold 35, 53, 59
Nielsen, Asta 61, 65, 69, 71, 73, 81, 83, 85, 111, 121, 131, 133, 373, 377
Niemann, J. H. 138
Niemöller, Martin 199, 438
Nietzsche, Friedrich 9, 11, 180
Nightingale, Florence 41, 55
Ni-höng, korean. Kaiser 38
Nijinski, Waslaw F. 63, 67
Nikisch, Arthur 53
Nikkanen, Yrjö 201
Nikolajew, Andrian G. 320
Nikolaus II., russ. Zar 30, 32, 34, 38, 42, 48, 54, 58, 64, 88, 97
Nin, Anaïs 24, 400
Nipkow, Paul 215
Nipperdey, Thomas 480
Nirenberg, Marshall 352
Nirvana 487
Nitribitt, Rosemarie 299
Nitschök, korean. Kaiser 38
Nitti, Francesco Saverio 105
Nivelle, George 86
Niven, David 435
Nixdorf, Heinz 450
Nixon, Richard M. 72, 352, 354, 360, 366, 370, 372, 373, 374, 376, 380, 384, 488
Nizan, Paul 32
Nkomo, Joshua 424, 454
Nkrumah, Kwame 48, 284, 340
Noack, Ursula 458
Nobel, Alfred 12, 198
Nobile, Umberto 136
Noel-Baker, Philip 306
Noelte, Rudolf 311
Nolde, Emil 101, 107, 201, 239, 275, 295
Nolte, Nick 449

Nolte, Uta 399
Nono, Luigi 130, 285, 387, 437, 470
Nord, Alexis 44
Norell, Mark 494
Norén, Lars 441
Noriega, Manuel Antonio 466
Norris, Frank 21
Norrish, Ronald F.W. 346
North, Douglass C. 484
Northcliffe, Alfred Charles W.H. 119
Northrop, John 244
Noske, Gustav 38
Nossack, Hans Erich 401
Nouguès, Jean 47
Nouri, Michael 429
Novak, Kim 299
Novotna, Jarmila 171
Novotny, Antonín 348, 390
Numairi, Dschafar Muhammad An 436, 440
Nünke, Margit 293
Nurejew, Rudolf 484
Nussbaum, Otto 26
Nüsslein-Volhard, Christiane 492

O'Brien, Parry 293
O'Casey, Sean 121, 127, 279
O'Flaherty, Liam 187
O'Hara, John 365
O'Hara, Maureen 269
O'Neill, Eugene 97, 117, 123, 127, 129, 147, 149, 157, 165, 190, 243
O'Neill, Ryan 355, 375, 391
O'Toole, Peter 337
Oates, Joyce Carol 202, 375, 395, 423
Oberländer, Theodor 312
Obermeier, Uschi 361
Oberon, Merle 175, 181
Oberth, Hermann Julius 124
Oboler, Arch 279
Obrenović, Alexander I. 25
Ochoa, Severo 306
Ode, Erik 397, 435
Oe Kenzaburo 186, 488
Oelze, Richard 10, 181, 187, 191
Oeser, Rudolf 124
Oetker, Richard 397
Offenbach, Jacques 35, 165, 177
Ogino, Kiusako 150
Ohal, Franz 428
Ohlin, Bertil 398
Ohnesorg, Benno 346
Ohnesorg, Richard 85
Olbrisch, Jutta 343
Okonkowski, Georg 121
Olah, George A. 488
Olbrich, Joseph Maria 17
Olbrisch, Jutta 343
Oldenburg, Claes 427
Oldenburg-Januschau, Elard von 52
Oldfield, Mike 280, 419, 435
Olesky, Józef 490

Olivier, Laurence 207, 211, 241, 253, 299, 395
Ollenhauer, Erich 14, 294, 296, 304, 322, 328, 329
Olmi, Ermanno 405
Olowo, Benedicta 387
Olsen, Ole 35
Onassis, Aristoteles 353, 390
Onassis, Christina 435, 459
Onassis, Jacqueline 152, 353
Ondra, Anny 175
Ongania, Juan Carlos 340
Ono, Yoko 355
Onoda, Hiroo 383
Onsager, Lars 352
Opel, Fritz von 146
Opel, Georg von 66, 371
Ophüls, Marcel 479
Ophüls, Max 20, 169, 171, 267, 275, 291, 299
Oppenheimer, Robert J. 28, 282, 348
Oppenhoff, Franz 236
Opsvik, Peter 435
Orange, Jason 364
Orff, Carl 195, 205, 227, 229, 231, 351, 379, 428
Orlik, Emil 173
Orloff, Ida 43
Ormandy, Eugene 444
Ortega y Gasset, José 291
Ortuño, René Barrientos 332
Orwell, George 24, 239, 259, 268
Osborn, Harold 127
Osborne, John 153, 293, 297
Oscarsson, Per 341
Oshima, Nagisa 313, 395
Osóbka-Morawski, Edward 238
Ossietzky, Carl von 143, 184, 190, 192, 203
Osswald, Albert 356
Ost, Friedhelm 442
Oster, Hans 212
Osthaus, Karl Ernst 23
Ostro, Hans Christian 493
Ostwald, Wilhelm 14, 48, 49, 173
Oswald, Gerd 307
Oswald, Lee Harvey 328
Oswald, Richard 85, 91, 95, 99, 139, 159
Oswalda, Ossi 83, 99
Ottenjan, Helmut 189
Ottinger, Ulrike 224
Otto, Berthold 177
Otto, Frei 348
Otto, Teo 177
Owada, Masako 485
Owen, David 484
Owen, Mark 386
Owens, Jesse 73, 189, 201
Oz, Amos 479
Özal, Turgut 432, 434, 462, 482
Özdamar, Emine 473
Ozu, Yasujiro 24

Paasche, Hermann 62
Paasikivi, Juno Kusti 295
Pabst, Georg Wilhelm 133, 137, 151, 159, 163, 165, 171, 177, 229
Pabst, Waldemar 158
Pacelli, Eugenio 205
Pacino, Al 369, 381, 385, 475, 483
Paczensky, Gert von 134
Page, Jimmy 236, 240
Pahlawi · Resa Pahlawi
Painlevé, Paul 132
Pakkala, Teuvo 135
Pakula, Alan J. 363, 393
Pál, Hugo 69
Palach, Jan 355
Palade, George E. 384
Palitzsch, Peter 333, 337, 353
Pallenberg, Anita 349
Pallenberg, Max 145
Palma, Brian de 395
Palma, Tomás Estrada 18
Palme, Olof 144, 356, 394, 417, 426, 446, 450
Palmer, Lilli 76, 450
Paludan, Jacob 171
Panduro, Leif 369
Pangalos, Theodoros 132, 134, 136
Panitz, Eberhard 371
Pankhurst, Christabel 23
Pankhurst, Emmeline 23, 149
Pankok, Otto 343
Panowski, Erwin 96
Papadopulos, Georgios 378
Papandreou, Andreas 484, 497
Papandreu, Georgios 330
Papanin, Wladimir 201
Papen, Franz von 170, 248
Papini, Giovanni 65
Pappritz, Anna 45
Paquet, Alfons 59, 113, 127, 135
Paradis, Vanessa 376
Pareto, Vilfredo 125
Park Chung Hee 316, 410
Parker, Charlie 219, 267, 290
Parseval, August von 32
Paschke, Melanie 364
Pascoli, Giovanni 67
Pasemann, Robert 47, 69
Pašić, Nicola 120
Paso Doble 445
Pasolini, Pier Paolo 225, 307, 319, 325, 365, 373, 379, 389, 391, 393, 457
Passy, Frédéric 12
Pasternak, Boris 302, 314, 453
Pastrone, Giovanni 43
Patch, Alexander M. 234
Paton, George Smith 231
Patti, Adelina 101
Paul Karadjordjevic, jugosl. Prinz 210
Paul VI., Papst 327, 331, 340, 345, 351, 355, 361, 366, 383, 397, 405, 406

Paul, Rudolf 250
Paul, Wolfgang 462
Paul-Boncour, Joseph 172
Pauli, Wolfgang 128, 238
Pauling, Linus 284, 322
Paulsen, Friedrich 45
Pavelić, Ante 216
Pavlatova, Michaela 477
Pawlow, Iwan P. 22, 28, 193
Pawlowa, Anna 33, 39, 167, 189
Paz, Octavio 76, 437, 468
Pearlstein, Philip 449
Pearson, Lester B. 298
Peary, Robert E. 46
Pechstein, Max 63, 93, 163, 237, 243, 291
Peckinpah, Sam 439
Pederson, Charles 454
Péguy, Charles 65
Pektor, Erwin 223
Peltzer, Otto 137
Pempelfort, Karl 265
Penck, A.R. 391
Penderecki, Krzysztof 339, 353, 355, 397, 419, 429, 447, 475
Penn, Sean 433
Penniman, Richard · Little Richard
Penzias, Arno A. 404
Penzoldt, Ernst 290
Pereira de Souza, Luis 160
Peres, Shimon 124, 496
Pérez de Cuéllar, Javier 422, 453
Perez, Jefferson 497
Perkin, William Henry 41
Perkins, Anthony 313, 479, 481
Perkonig, Josef 306
Perl, Martin L. 492
Perlmann, Itzhak 285
Perón, Eva 403
Perón, Isabel 384, 392
Perón, Juan Domingo 242, 272, 278, 290, 380, 384, 386
Perrin, Jean B. 136
Perse, Saint-John 312
Perugia, Vincenzo 57
Perutz, Max F. 322
Pet Shop Boys 451, 459
Pétain, Philippe 212, 222, 234, 241
Petäjää, Matti 365
Peter I. Karadjordjević, serb. König 26, 94
Peter II., jugosl. König 233, 234, 238
Peter, Liselotte 205, 219
Peters, Carl 92
Petersen, Marga 243, 259
Petersen, Michael 437
Petersen, Wolfgang 421
Peterson, Oscar 281
Petiot, Marcel 243
Petkoff, Nikola 250
Petrassi, Goffredo 267
Petri, Otto 151
Petri, Roland 403

Petronius, Titus 357
Petschnigg, Hubert 335
Pettenkofer, Max von 15
Petty, Tom 280
Petzold, Alfons 85
Pevsner, Antoine 319
Peymann, Claus 341, 409, 417, 431, 435, 441, 447, 451, 459, 467, 469, 489, 491
Peyrefitte, Roger 289
Pfau, Bernhard 361
Pfeiffer, Michelle 447
Pfeiffer, Reiner 454
Pfitzner, Hans 13, 35, 79, 81, 87, 163, 213
Pfleumer, Fritz 148
Philip, Herzog von Edinburgh 114, 251, 334
Philipps, Peter 394
Philips, Mark 381
Phuma, Suvana 312
Piaf, Edith 81, 329
Piaggio, Enrico 244
Pialat, Maurice 453
Picabia, Francis 89
Picard, Max 339
Picasso, Pablo 11, 13, 19, 29, 37, 39, 41, 47, 55, 63, 89, 99, 107, 115, 159, 173, 181, 185, 191, 195, 213, 217, 227, 245, 251, 255, 261, 273, 311, 331, 341, 345, 369, 377, 379, 380, 393, 415, 433, 443, 449
Piccard, Auguste 162, 280, 324
Piccard, Jacques 280, 310
Piccoli, Michel 357, 375
Pichon, Stéphan 40, 52, 56
Pick, Lupu 111
Pickering, Edward Charles 14
Pickett, Wilson 349
Pickford, Mary 49, 77, 81, 99, 410
Pieck, Wilhelm 73, 258, 312
Piel, Harry 83, 125, 141, 329
Piermarini, Giuseppe 229
Pilcher, Rosamunde 475
Pilet-Golaz, Marcel 176
Pilsudski, Józef Klemens 94, 106, 136, 160, 182, 186
Pinay, Antoine 310
Pink Floyd 379, 415, 419, 423, 469
Pinkava, Alois 45
Pinochet Ugarte, Augusto 378, 388, 398, 402, 432, 448, 458, 468
Pinter, Harold 313, 321, 367, 403, 459, 491
Pirandello, Luigi 111, 129, 131, 159, 180, 193, 195, 473
Pire, Georges 302
Pisani, Edgard 440
Piscator, Erwin 99, 107, 111, 113, 127, 129, 135, 143, 145, 147, 153, 159, 163, 211, 217, 342
Pittermann, Bruno 435
Pius X., Papst 22, 40, 47, 54, 67

539

Pius XI., Papst 116, 163, 173, 192, 202, 205, 206
Pius XII., Papst 205, 212, 264, 267, 275, 303
Planck, Max 8, 34, 158
Plank, Inge 219
Plant, Robert 256
Plath, Sylvia 328
Platte, Rudolf 439
Plenzdorf, Ulrich 180, 373, 467
Plessner, Helmuth 444
Plewe, Wjatscheslaw K. 26
Plievier, Theodor 153, 159
Podbielski, Victor 86
Podgorny, Nikolai 434
Poelzig, Hans 107
Pogodin, Nikolai F. 211
Pogue, William 382
Pohl, Klaus 457, 473, 493
Pohland, Britta 415
Pohle, Rolf 394
Poincaré, Raymond 62, 66, 114, 128, 150, 181
Poindexter, John 448
Poiret, Paul 45, 67
Poitier, Sidney 331
Pol Pot 392
Polanski, Roman 347, 383, 399, 411, 455
Polany, John C. 448
Polgar, Alfred 291
Police 423
Polke, Sigmar 401
Pollack, Sidney 387, 443, 447
Pollard, Harry A. 145
Pollock, Jackson 229, 251, 255, 267, 331
Polt, Gerhard 459
Pomodoro, Arnaldo 467
Pompidou, Georges 60, 354, 382, 386
Ponelle, Jean-Pierre 421
Ponge, Francis 225
Ponnelle, Jean-Pierre 389
Ponti, Carlo 299, 341
Ponto, Jürgen 398, 401
Pontoppidan, Henrik 88
Pop, Iggy 252
Popieluszko, Jerzy 438, 440
Popow, Leonid 416
Poppe, Ulrike 435
Porges, Wilhelm 170
Porsche, Ferdinand 186, 273
Porten, Franz 63
Porten, Henny 55, 59, 67, 69 , 83, 85, 87, 89, 105, 109, 113, 133, 137, 315
Porten, Rosa 55
Porter, Cole 255, 333
Porter, Edwin S. 13, 21, 25, 37
Porter, George 346
Porter, Henry 43
Porter, Rodney R. 372
Portillo, Anibal 316
Porzner, Konrad 496

Potter, Sally 481
Pottier, Richard 231, 239
Poulenc, Francis 89, 109, 297, 305
Pound, Ezra 49, 377
Powell, Cecil F. 266
Powell, Dick 235
Powell, Michael 215
Prack, Rudolf 243, 267
Prager, Willy 71
Pratolini, Vasco 291
Pregl, Fritz 122, 161
Préjean, Albert 231, 239
Prelog, Vladimir 388
Preminger, Otto 235, 285, 291, 317, 450
Presley, Elvis 186, 283, 289, 297, 299, 301, 345, 399, 401
Presley, Priscilla 345
Prêtre, Georges 461
Preuß, Hugo 135
Preußen, Heinrich Prinz von 21
Preußen, Joachim Prinz von 109
Prévert, Jacques 400
Previtali, Fernando 267
Prévost, Jean 237
Prigogine, Ilya 398
Primo de Rivera y Orbaneja, Miguel 122, 156
Prince 302
Prinstein, Myer 29
Prinzing, Theodor 396
Prittwitz und Gaffron, Max von 76
Prochnow, Jürgen 220, 391
Prochorow, Alexander 332
Prodi, Romano 496
Profumo, Dennis 327
Prokofjew, Sergei S. 39, 83, 95, 111, 115, 131, 151, 169, 211, 243, 281
Proksch, Udo 473
Proskurina, Swelana 469
Pross, Helge 144
Proust, Marcel 41, 71, 119, 437
Prudhomme, René-François-Armand Sully 12, 41
Psilander, Valdemar 83
Pu Yi, chin. Kaiser 48, 132, 168
Pucci, Emilio 481
Puccini, Giacomo 9, 27, 53, 87, 93, 135, 293, 389
Pudowkin, Wsewolod 149
Puig, Manuel 395
Pulfrich, Carl 58
Pulitzer, Joseph 61
Püll, Theo 317
Pulver, Liselotte 152, 289, 335
Purcell, Edward M. 276
Purdy, James 307
Purple Schulz 445
Puschkin, Alexander 335
Pussycat 397
Puttkamer, Ellinor von 354
Puzo, Mario 369

Quadflieg, Will 201
Qualtinger, Helmut 149, 451
Quasimodo, Salvatore 306, 353
Quatro, Suzi 268
Queen 373, 395, 439, 451
Queneau, Raymond 249
Quezón y Molina, Manuel Luis 184
Quidde, Ludwig 149
Quinn, Anthony 333
Quinn, Freddy 166, 305, 315, 329
Quinn, Pat 357

Raab, Julius 278, 286
Raab, Kurt 220
Raabe, Peter 197
Raabe, Wilhelm 55
Rabaglia, Denis 487
Raben, Peer 403
Rabi, Isidor Isaac 234
Rabin, Yitzhak 118, 382, 390, 478, 486, 488, 492, 494, 495
Rachmaninow, Sergej 231
Rademacher, Erich 95
Radok, Alfred 361
Radzey, Michael 441
Radziwill, Franz 167, 193, 245
Raeder, Erich 226, 250, 290, 315
Rahman, Mujib 376, 386, 390
Rahner, Karl 438
Rainer, Luise 201
Rainier III., Fürst von Monaco 264, 293, 385
Rains, Claude 177
Rainwater, James 388
Rajk, László 260, 292
Rajneesh, Baghwan Shree 421, 470
Rama IX. → Bhumibol Adulyadej
Raman, Chandrasekhara Venkara 158
Rame, Franca 399, 431
Ramek, Rudolf 138
Ramírez, Pedro Pablo 228
Ramón y Cajal, Santiago 36
Ramsay, William 28
Ramsey, Norman F. 462
Ranke-Heinemann, Uta 453
Ranky, Angela 357
Ranzmayr, Christoph 459
Rapacki, Adam 298
Rappeneau, Jean-Paul 471
Rapper, Irving 267
Rascher, Sigmund 212, 226
Rasmussen, Knud 135, 177
Raspe, Jan-Carl 372, 398, 400
Rasputin, Grigorij J. 87
Rath, Ernst vom 202
Rathenau, Walther 114, 116, 119, 141
Rattigan, Terence 243
Ratzel, Friedrich 29
Rau, Johannes 442
Rau, Richard 83
Rauch, Georg von 368

Ravel, Maurice 31, 45, 53, 57, 89, 109, 119, 131, 149, 159, 167, 199, 487
Ray, Man 113, 485
Ray, Nicholas 289
Rayleigh, John W.S. 28
Raymond, Fritz 195
Raynal, Paul 125
Razmara, Ali 270
Rea, Chris 272
Reagan, Ronald 60, 247, 418, 420, 422, 424, 426, 430, 438, 440, 442, 444, 448, 450, 454
Réard, Louis 245
Rebner, Adolf 113
Rebroff, Ivan 166
Reck, Oliver 338
Redetzky, Heike 457
Redford, Robert 379, 387, 393, 419, 421, 443
Redgrave, Vanessa 341, 347
Redl, Alfred 68
Redmond, John Edward 8, 24
Redol, António Alves 231
Redslob, Edwin 105, 117
Reed, Carol 36, 265, 396
Reed, Christopher 381
Reed, Donna 443
Reed, Lou 497
Reemtsma, Jan Philipp 497
Rees, Charles Th. 140
Regener, Erich 188
Reger, Erik 163
Reger, Max 53, 69, 79, 87
Rehberg, Hans 181, 201, 205
Rehberg, Hans Michael 433
Rehfisch, Hans José 125, 135
Rehm, Werner 379
Reich, Steve 192, 483
Reich, Wilhelm 299
Reichel, Achim 236
Reichel, Horst 282
Reicher, Ernst 75
Reich-Ranicki, Marcel 463
Reichstein, Tadeus 196, 266
Reid, Donald 334
Reidpoth, Charles 65
Reimann, Aribert 403, 447, 481
Reimann, Brigitte 335
Reimann, Max 240
Reiner, Rob 463
Reines, Frederick 492
Reinhardt, Arthur 89
Reinhardt, Django 253
Reinhardt, Max 13, 19, 23, 33, 35, 55, 59, 61, 65, 69, 71, 75, 81, 85, 99, 101, 107, 111, 115, 129, 149, 163, 165, 175, 185, 231
Reinig, Christa 333
Reinshagen, Gerlind 383, 393
Reiß, Ernst 293
Reitherman, Wolfgang 395
Reitz, Edgar 172, 479
Reize, Sylvia 407

Réjane 13
Remarque, Erich Maria 149, 151, 159, 161, 165, 365
Rembrandt 447, 357, 479
Rénard, Marius 278
Renault, Louis 38
Renk, Silke 479
Renner, Karl 104
Renner, Klaus 383
Rennert, Günther 239, 293, 327, 337
Reno, Jesse W. 106
Renoir, Auguste 17, 73, 101
Renoir, Jean 167, 195, 197, 237, 307, 325, 410
Resa Pahlawi (urspr. Resa Khan), pers. Schah 110, 132, 202
Resa Pahlawi, Mohammad, iran. Schah 100, 269, 280, 301, 307, 346, 404, 406, 419
Resnais, Alain 313, 317, 327
Respighi, Ottorino 89, 121, 129, 151
Reuter, Adolf von 72
Reventlow, Franziska zu 25
Reverdin, Jacques Louis 90
Rey, Fernando 365
Reymont, Wladyslaw Stanislaw 126, 135
Reynaud, Paul 212, 343
Reynold, Joshua 113
Reynolds, Burt 371, 433
Reynolds, Milton 248
Rhee, Syngman 310
Rheinbaben, Georg Freiherr von 46
Rheinberger, Joseph 15
Rhodes, Cecil 21
Ribbentrop, Joachim von 212, 226
Rice, Tim 236, 369
Richard, Cliff 339, 361
Richard, Pierre 375
Richards, Alma 65
Richards, Dickinson W. 294
Richards, Theodore William 76
Richardson, Henry Handel 91
Richardson, Owen W. 60, 146
Richardson, Paul 305
Richardson, Tony 327, 331
Richet, Charles 68
Richter, Annegret 409
Richter, Burton 394
Richter, Eugen 37
Richter, Franz 274
Richter, Hans Werner 45, 83, 243, 249, 484
Richter, Horst-Eberhard 124
Richter, Jochen 433
Richthofen, Ferdinand Freiherr von 33
Richthofen, Manfred von 132
Ride, Sally 432
Riedel, Lars 491
Riefenstahl, Leni 161, 169, 175, 179, 183, 189, 201, 203
Riegel, Hermann 11
Rieger, Silvia 364

Riemann, Katja 487
Riesenhuber, Heinz 452, 472
Rießer, Jacob 74
Rihm, Wolfgang 407, 453, 477
Rijny, Salvatore 481
Riley, Jeannie C. 240
Rilke, Rainer Maria 19, 33, 35, 55, 121, 123, 139
Rilla, Walter 153
Rimbaud, Arthur 319
Rimski-Korsakow, Nikolai 23, 37, 45, 53, 121, 493
Ringelnatz, Joachim 111, 181
Ringer, Ferdinand 162
Rinser, Luise 60, 235
Rio Mercader, Ramón del 227
Rios, Miguel 369
Ripley, Alexandra 475
Rippert, Otto 85
Ritscher, Alfred 204
Ritt, Martin 343
Rittau, Günther 241
Ritter, James 289
Rivel, Charlie 229, 435
Rivette, Jacques 341
Rivière, Marie 445
Rjumin, Waleri 416
Robbe-Grillet, Alain 118, 289, 387, 439
Robbins, Frederick C. 284
Robbins, Jerome 233
Robert, Yves 375
Roberts, Chris 371
Roberts, Frederick Sleigh 58
Roberts, Julia 497
Roberts, Richard 484
Robertson, I.H. 96
Robinson, Edward G. 219, 380
Robinson, Henry Morton 318
Robinson, Robert 250
Robison, Arthur 123
Robles, Alfonso G. 426
Rocard, Michel 457
Rocha, Glauber 335
Röcke, Heinz 383
Rockefeller, John D. 56, 199
Rockefeller, Nelson A. 410
Rod, Edouard 54
Roda Roda, Alexander 65, 95
Rodbell, Martin 488
Rodgers, Richard 203
Rodin, Auguste 41, 91, 229
Rodriguez Lara, Guillermo 372
Roe, Tommy 357
Roeder, Emy 189
Roeg, Nicholas 381
Rogers, Ginger 191, 494
Rogers, Richard 227, 237, 259
Rogers, William 352
Rogstad, Anna 57
Rohde, Helmut 396
Rohe, Ludwig Mies van der 215, 337, 351

541

Rohlfs, Christian 97, 129
Röhm, Ernst 162, 180, 296
Rohmer, Eric 357, 397, 445, 447, 481
Rohrbach, Peter 363
Rohrer, Heinrich 420, 448
Rohwedder, Detlev 470
Rökk, Marika 73, 191, 193, 243
Roland, F. Sherwood 492
Roland, Jürgen 301
Rolland, Romain 78, 81, 95, 131, 179, 237, 327
Roller, Alfred 23
Rolling Stones 331, 337, 353, 361, 363, 379, 385, 395, 405, 427, 461, 489, 493
Romanenko, Juri 402
Romaniuk, Wassili 251
Romaschkow, Wladimir 45
Römer, Beppo 225
Romero, Oscar Arnulfo 414
Romm, Michail 197
Rommel, Erwin 230, 232, 234
Ronnefeld, Peter 317
Röntgen, Conrad 12
Röntgen, Wilhelm 125
Roosevelt, Alice 17
Roosevelt, Franklin D. 170, 172, 174, 178, 184, 186, 196, 200, 210, 214, 216, 218, 226, 230, 234, 236, 238, 241
Roosevelt, Theodore 14, 22, 28, 29, 30, 31, 36, 46, 52, 100
Root, Elihu 62
Rose, Axel 324
Rose, Ralph 39
Rosegger, Peter 19
Rosen, Friedrich 112
Rosenberg, Alfred 120, 211, 230
Rosenberg, Ethel 270, 280
Rosenberg, Friedrich von 120
Rosenberg, H. 267
Rosenberg, Julius 270, 280
Rosenberg, Ludwig 401
Rosenbusch, Harry 77
Rosendahl, Heide 361
Rosenow, Emil 19, 28, 63
Rosenquist, James 371
Rosenthal, Hans 367, 454
Rosh, Ley 471
Rosi, Francesco 381, 405
Roslavec, Nikolai 79
Ross, Diana 236
Ross, Herbert 369
Ross, Ronald 18
Rossellini, Renzo 293, 323
Rossellini, Roberto 36, 239, 253, 259, 265, 267, 269, 285, 315, 323, 400
Rossen, Robert 259, 279, 317
Rossini, Gioacchino 265
Rößler, Fritz 274
Rosso di San Secondo, Pier Luigi Maria 93, 99
Rostand, Edmond 9, 53

Rotblat, Joseph 492
Roth, Eugen 396
Roth, Friederike 419, 445
Roth, Gerhard 405, 419
Roth, Joseph 207, 347
Rotheim, Erik 136
Rothermere, Lord Harold H. 215
Rotten, Johnny 406
Rouault, Georges 219, 429
Rouleau, Raymond 305
Rous, Peyton 340
Rousseau, Henri 41, 55, 63, 65
Roussel, Thierry 435
Rowland, Richard 81
Rowlands, Gena 387, 459
Rowohlt, Ernst 265, 315
Roxy Music 377
Royce, Josiah 87
Rubail, Ramón 402
Rubbia, Carlo 438
Rubens, Peter Paul 399
Rubettes 385
Rubiner, Ludwig 107
Rubinstein, Arthur 27, 311, 327, 429
Rudel, Hans-Ulrich 394
Rudnik, Barbara 433
Rudolph, Niels-Peter 439, 463
Ruff, Franz 187
Ruff, Fritz 21
Ruff, Ludwig 187
Ruggles, Wesley 165
Rühe, Volker 496
Rühle, Otto 78
Ruhlmann, François 57
Rühmann, Heinz 20, 137, 143, 161, 165, 191, 195, 201, 207, 213, 219, 227, 231, 255, 275, 295, 299, 317, 335, 349, 351, 369, 489
Rühmkorf, Peter 152, 441, 451
Rumpel, Norbert 285
Rumpler, Edmund 110, 215
Runck, Friedrich Paul 168
Runge, Carl 145
Rupp von Brünneck, Waltraud 388
Rush, Jennifer 314
Rushdie, Salman 459, 461, 463
Ruska, Ernst 166, 448
Ruskin, John 11
Russell, Bertrand 85, 266, 365
Russell, Henry Norris 70
Russell, Jane 255, 285
Russell, Ken 385
Russell, Sidney 66
Russolo, Luigi 53
Rust, Bernhard 178
Rust, Matthias 453
Rutabo, Bischof von 313
Rutherford, Ernest 18, 44, 52, 60, 68, 128, 199
Rutherford, Margaret 377
Ruttmann, Walter 115, 143, 151
Ružička, Leopold 184, 206

Ryan, Barry 357
Ryan, Cornelius 108
Ryan-Braunsteiner, Hermine 420
Rye, Stella 71
Rykow, Alexei I. 126
Ryle, Martin 384

Saar, Ferdinand von 37
Saavedra Lamas, Carlos 190
Sábato, Ernesto 257
Sacasa, Juan Bautista 140
Sacco, Nicola 112, 143
Sacharow, Andrei 114, 381, 388, 393, 414, 450, 463
Sachs, Gunther 341
Sachs, Nelly 307, 335, 340, 365
Sachsen, Luise von 39
Sachsen-Coburg und Gotha, Sibylle von 171
Sadat, Muhammad Anwar As 97, 362, 400, 404, 422, 423
Sadek, Narriman 271
Safdie, Moshe 346
Sagan, Françoise 186, 311
Sagan, Leontine 165
Sägebrecht, Marianne 240, 453
Saint Laurent, Yves 192
Saint-Exupéry, Antoine de 165, 227, 233, 237, 255
Saint-Phalle, Niki de 341, 361
Saint-Saëns, Camille 13, 45, 115
Sakmann, Bert 474
Salacrou, Armand 245, 251
Salam, Abdus 410
Salazar, António de Oliveira 170, 352
Salinger, Jerome David 100, 273
Salisbury, Lord 18
Salk, Jonas Edward 280
Salmhofer, Franz 10
Salminen, Sally 36
Salvatores, Gabriele 477
Samara, Spiro 43
Sammer, Matthias 348
Samuelson, Paul 362
Samuelsson, Bengt I. 426
Sanchez, Florencio 55
Sánchez, Oscar A. 454
Sanchez, Ramirez (»Carlos«) 489
Sander, August 153, 161
Sander, Maria 289
Sander-Brahms, Helma 214, 427
Sandino, Augusto César 142
Sandra 451
Sandrock, Adele 115
Sands, Robert 420
Sanger, Frederick 302, 416
Sanger, Margaret 115
Sanguinetti, Julio Maria 348
Santana 397
Santana, Carlos 363
Sao Shwe Thaik 252
Saracco, Giuseppe 12

Sarandon, Susan 385, 447, 497
Sardou, Victorien 19
Sarna, Miroslawa 357
SaroWiwa, Ken 493
Saroyan, William 229
Sarto, Giuseppe 22
Sartre, Jean-Paul 32, 203, 229, 230, 233, 239, 243, 245, 251, 253, 271, 305, 313, 332, 387, 415, 418
Sas, Jacobus Gijsbertus 212
Saßmann, Hans 165
Satie, Erik 89, 95, 105, 127
Sato, Eisaku 384, 391
Sauckel, Fritz 222, 232
Sauer, Michael 335, 347
Sauerbruch, Ferdinand 26, 84, 171, 273
Saura, Carlos 433
Savari, Ulrike 457, 461
Savary, Jérôme 421
Savoyen, Maria von, ital. Prinzessin 205
Sayn-Wittgenstein, Richard-Casimir Prinz zu 349
Scalfaro, Luigi 476
Schaaf, Johannes 9, 447, 453
Schacht, Hjalmar 156
Schad, Christian 159
Schadewaldt, Wolfgang 10
Schadow, Johann Gottfried 303
Schäfer, Fritz P. 342
Schäffer, Fritz 272
Schalck-Golodkowski, Alexander 467
Schaljapin, Fjodor I. 15, 53
Schally, Andrew 398
Schamir, Yitzhak 478
Schamoni, Peter 180
Schamoni, Ulrich 205, 343
Schanze, Michael 345
Schanzer, Rudolph 121
Scharett, Mosche 282
Schärf, Adolf 334
Scharf, Kurt 337, 470
Scharoun, Hans 153, 327
Scharping, Rudolf 472, 482, 486, 492
Schasar, Salman 339
Schätzle, Georg 153
Schäuble, Wolfgang 468
Schaudinn, Fritz 28
Schaumann, Eugen 26
Schawlow, Arthur L. 422
Scheel, Mildred 407, 444
Scheel, Walter 100, 362, 374, 382, 396, 408
Scheerbart, Paul 71
Scheidemann, Philipp 62, 90, 94, 98, 116, 207
Schelenz, Karl 89
Scheler, Max 149
Schell, Maria 138, 271, 283, 285, 297
Schell, Maximilian 160, 321
Schelm, Petra 366

Schelsky, Helmut 67
Schenk, Berthold Graf 32
Schenkel, Carl 439
Scherchen, Hermann 105
Schewardnadse, Eduard 454, 476, 482
Schiaparelli, Giovanni 55
Schickedanz, Gustav 140, 400
Schickler, Gebrüder 60
Schiele, Egon 89, 97, 481
Schiesser, Horst 446
Schiffer, Marcellus 147
Schiller, Friedrich von 19, 101, 195, 205, 207, 219, 279, 297, 323, 327, 335, 339
Schiller, Gerhard 367
Schiller, Karl 372, 394, 489
Schilling, Peter 435
Schillings, Max von 35, 79, 177
Schinarbajew, Ermek 385
Schinkel, Karl Friedrich 421, 427
Schirach, Baldur von 207, 214, 250, 340
Schirrmann, Richard 39
Schittenhelm, Elfgard 399
Schiwkow, Todor 438, 462, 466
Schlack, Paul 200
Schlange-Schöningen, Hans 245
Schleef, Einar 451
Schlegel, Hans 207
Schlegelberger, August 222
Schlei, Marie 434
Schleich, Carl Ludwig 119
Schleicher, Kurt von 150, 170, 172
Schlemmer, Oskar 123, 169, 173, 201, 231
Schlesinger, James F. 382
Schlesinger, John 357, 395
Schleyer, Hanns Martin 400, 401, 418
Schlick, Ernst Otto 22
Schlieffen, Alfred Graf von 32
Schliemann, Heinrich 471, 497
Schlingensief, Christoph 314
Schlöndorff, Volker 206, 343, 349, 365, 391, 403, 409, 415, 423, 437, 455
Schlumpf, Leon 440
Schmähling, Elmar 466
Schmeling, Max 175
Schmid, Carlo 280, 411
Schmidely, Valerien 219
Schmidt, Arno 76, 281, 289, 295, 361, 410
Schmidt, Auguste 21
Schmidt, Eberhard 275
Schmidt, Franz 73
Schmidt, Helmut 97, 373, 382, 386, 390, 392, 394, 396, 398, 400, 402, 414, 416, 420, 422, 424, 426, 427
Schmidt, Johannes 15
Schmidt-Jortzig, Edzard 494
Schmidt, Manfred 269
Schmidt, Otto J. 194
Schmidt, Rita 361

Schmidtbonn, Wilhelm 43, 107
Schmidt-Rottluff, Karl 29, 175, 177, 243, 397
Schmidt-Wittmack, Karlfranz 284
Schmitt, Carl 444
Schmitt, Kurt 178
Schmitt-Vockenhausen, Hermann 411
Schmoller, Ernst 163
Schmoller, Gustav 30
Schmücker, Kurt 100
Schmücker, Ulrich 382
Schneeberger, Gisela 459
Schneider, Erich 10
Schneider, Helen 280
Schneider, Jürgen 486, 493
Schneider, Maria 377
Schneider, Peter 381
Schneider, Reinhold 24, 203
Schneider, René 380
Schneider, Robert 495
Schneider, Romy 203, 289, 299, 305, 327, 337, 357, 428
Schnitzler, Arthur 9, 17, 27, 33, 55, 57, 65, 67, 97, 109, 111, 119, 129, 167, 267, 425
Schnurre, Wolfdietrich 108, 407, 431
Schober, Johannes 158, 173
Schock, Rudolf 451
Schoeck, Othmar 117, 139
Schoedsack, Ernest B. 175
Schoen, Wilhelm von 40
Schoenberg, Claude-Michel 489
Schoenhals, Albrecht 407
Schoeps, Hans-Joachim 167
Scholderer, Otto 21
Scholem, Gershom 428
Scholem, Werner 132
Scholl, Hans 96, 227, 231
Scholl, Mehmet 364
Scholl, Sophie 114, 227, 231
Scholl-Latour, Peter 130
Scholochow, Michail 219, 336, 438
Scholu, Wilhelm von 33
Scholz, Ernst 138
Scholz, Hans 289
Scholz, Karl Roman 232
Schön, Helmut 80, 496
Schönbach, Dieter 349, 351
Schönberg, Arnold 23, 27, 35, 57, 65, 117, 121, 127, 177, 201, 261, 273, 283, 297, 325
Schönberg, Claude-Michel 495
Schönfelder, Erich 147
Schönherr, Karl 43, 55, 81
Schopenhauer, Arthur 180
Schoppe, Waltraud 436
Schorm, Willy 83
Schostakowitsch, Dmitri D. 36, 151, 157, 391, 431
Schott, Otto 187
Schottky, Walter 80, 134
Schrader, Uwe 286, 431

543

Schratt, Katharina 214
Schreiner, Olive 109
Schreker, Franz 63, 93, 105, 125, 169, 403
Schreker, Maria 133
Schreyer, Henning 226
Schridde, Hermann 444
Schrieffer, John 372
Schröder, Friedrich 223
Schröder, Gerhard 54, 299, 306, 486, 492
Schröder, Hans 106
Schröder, Rudolf Alexander 213
Schröder, Ulrich 229
Schröder, Willy 137
Schrödinger, Erwin 174, 318
Schroeder, Barbet 455
Schroeter, Werner 240
Schröter, Frank 471
Schubert, Franz 403
Schuch, Carl 25
Schuh, Oscar Fritz 28
Schuldt, Herbert 311
Schulhoff, Erwin 99
Schuller, Gunther 341
Schüller, Hermann 107
Schulthess, Edmund 176
Schultz, Johann Heinrich 140
Schultz, Theodore W. 410
Schulz, Adelheid 429
Schulz, Charles Monroe 269
Schulz, Christel 205, 219
Schulze, Wolfgang · Wols
Schumacher, Emil 459
Schumacher, Kurt 238, 241, 264, 277
Schuman, Robert 264, 266, 329
Schumann, Gerhard 189, 205
Schumann, Maurice 60
Schumann, Robert 197, 211
Schuricht, Carl 348
Schuricke, Rudi 245
Schurz, Carl 37
Schuschnigg, Kurt 180, 188
Schütz, Stefan 409
Schwab, Ulrich 437
Schwaetzer, Irmgard 486
Schwarthoff, Florian 352, 491
Schwartz, Melvin 458
Schwartz, Stephen 373
Schwarz, Jewgeni L. 211
Schwarz, Werner 326
Schwarzer, Alice 391
Schwarzschild, Karl 90
Schwarz-Schilling, Christian 480
Schwechten, Franz 131
Schweiger, Til 487
Schweitzer, Albert 91, 276, 339
Schweitzer, Hans 183
Schweitzer, Jens 491
Schwenn, Günther 223
Schwerin von Krosigk, Johann Ludwig Graf 232, 238

Schwinger, Julian 96, 336
Schwitters, Kurt 97, 99, 104, 121, 445
Schygulla, Hanna 230, 355, 383, 407, 419
Scofield, Paul 345
Scola, Ettora 401
Scorsese, Martin 391, 401, 449, 459, 469, 475, 495
Scott, Cynthia 469
Scott, Evans 118
Scott, George C. 367
Scott, Katherine 118
Scott, Ridley 409
Scott, Robert Falcon 60, 67
Seaborg, Glenn Theodore 218, 270
Sebening, Fritz 418
Seberg, Jean 411
Secret Garden 491
Sedlmayr, Walter 469, 471
Seebacher-Brandt, Brigitte 490
Seeberg, Reinhold 187
Seebohm, Christoph 330
Seehofer, Horst 476
Seeler, Uwe 192
Seeliger, Hugo von 131
Sefbet, Mahmud Pascha 66
Seferis, Jeorjios 328
Segal, Erich 355, 417
Seghers, Anna 10, 149, 207, 225, 235, 307, 317, 421, 434
Segrè, Emilio 306
Sehr, Peter 487
Seibert, Dieter 409
Seick, Karin 425
Seidel, Hanns 319
Seidel, Harry 324
Seidel, Heinrich 37
Seidel, Ina 387
Seidel, Klaus 471
Seidelman, Susan 443
Seifert, Jaroslav 438
Seiffert, Wolfgang 402, 403
Seipel, Ignaz 128, 138, 142, 173
Seite, Berndt 476
Seiters, Rudolf 478, 480, 482
Seitz, Karl 98
Seitz, Theodor 80
Selbmann, Fritz 390
Sellers, Peter 337, 411, 419, 427
Sellner, Rudolf 301
Selpin, Herbert 231
Selten, Reinhard 488
Selznick, David O. 245
Semjonow, Nikolai N. 294
Semjonow, Wladimir S. 404
Semmelrogge, Willy 438
Senanayake, Don Stephen 252
Senghor, Leopold Sédar 353
Senna, Ayrton 488
Sennett, Mack 63, 77
Sergius, russ. Patriarch 229

Serra, Renato 81
Serra, Richard 401, 409, 471
Serreau, Jean-Marie 331
Severing, Carl 277
Severini, Gino 53
Sex Pistols 395, 405, 399
Seydewitz, Max 250
Seyfried, Gerhard 471
Seyrig, Delphine 327
Shackleton, Ernest 44, 118
Shaffer, Peter 138, 379
Shahn, Ben 205
Shakespeare, William 187, 201, 207, 211, 241, 293, 301, 311, 337, 445, 451, 467
Sharif, Omar 337, 345
Sharman, Jim 385
Sharp, Margery 395
Sharp, Philip 484
Sharpe, William 468
Shastri, Lal Bahadur 342
Shavelson, Melville 303
Shavers, Charlie 281
Shaw, George Bernard 17, 31, 35, 47, 62, 109, 132, 169, 203, 211, 269
Shaw, Jeffrey 493
Shaw, Robert 406
Shaw, Sandy 349
Sheen, Charles · Fox, Bud
Shéhadé, Georges 293
Sheldon, Richard 9
Shelly, Mary W. 167
Shepard, Alan B. 316, 364
Sheppard, Melvin W. 43
Sheridan, Jim 487
Sheridan, Martin 43
Sherman, Vincent 221
Sherrington, Charles 170
Shiley, Jean 159
Shockley, William 250, 260, 294
Shull, Clifford 488
Shultz, George 426
Sibelius, Jean 27, 39
Sica, Vittorio de 245, 255, 335, 387
Sick, Emil 271
Sidney, George 235
Sidney, Scott 91
Sieburg, Friedrich 333
Sieburg, Georg 69
Siedler, Wolf Jobst 138
Siegbahn, Kai M. 422
Siegbahn, Karl Manne 126
Siegel, Don 367
Siegel, Erwin von 53
Siegel, Jerome 203
Siemens, Friedrich 29
Siemens, Georg von 15
Siemens, Hermann von 451
Sienkiewicz, Henryk 15, 30, 87
Sierck, Detlef 197
Siffre, Michel 322
Sigmaringen, Johann-Georg Prinz von 317

Signac, Paul 187
Signoret, Simone 363, 445
Sigurjonsson, Johann 91
Sihanuk, Norodom 238, 274, 286, 360, 390, 392, 452
Sikorski, Wladyslaw Eugeniusz 120, 212
Silitoe, Alan 303, 307
Silja, Anja 265
Sillanpää, Frans Eemil 85, 206
Silva, Simone 285
Silverio, Daniela 427
Silvers, Nick 493
Silvia, schwed. Königin 395, 427
Sima, Oskar 193, 201
Simenon, Georges 24, 97, 323, 461, 463
Simmel, Johannes Mario 130, 363, 369
Simon and Garfunkel (auch · Garfunkel, Art) 361
Simon, Antoine 44
Simon, Claude 442
Simon, Helmut 388
Simon, Herbert A. 404
Simon, Michel 167
Simon, Rainer 441
Simonis, Heide 482
Simpson, O.J. 493
Simpson, Wallis 191
Sinatra, Frank 81, 227
Sinclair, Upton 37, 219, 227
Singer, Isaac B. 404, 405
Singer, Kurt 175
Singer, Paul 56
Sinjen, Sabine 224, 494
Sinowatz, Fred 436, 446
Sinowjew, Alexandr I. 405
Sinowjew, Grigori J. 138, 142, 144, 182
Siodmak, Robert 157, 159, 235, 241, 245, 277
Sipjagin, Dmitri 16
Sirhan, Sirhan Bishara 350
Sitte, Willi 405
Sjöman, Vilgot 333
Sjöström, Victor 91
Skala, Emil 477
Skerrit, Tom 361
Skinner, Burrhus F. 471
Skram, Amalie 33
Skubl, Michael 194
Slataper, Scipio 67
Slevogt, Max 21, 35, 63, 83, 111, 141, 151, 173
Slipher, Vesto Melvin 66
Sloane, Everett 217
Small Faces 353
Smeets, Joseph 116
Smetana, Bedřich 171, 205
Smetona, Antanas 144
Smith, George Albert 11, 15, 17, 49
Smith, Hamilton O. 404

Smith, Ian D. 398, 402
Smith, Michael 484
Smokie 397
Smuts, Jan Christian 269
Smyth, Ethel 47
Snell, George D. 416
Snowdon, Anthony 313, 403
Soares, Mario 388, 394, 430, 446
Sobol, Joshua 437, 487
Soddy, Frederick 18, 66, 110, 284
Soderbergh, Steven 461
Söderblom, Nathan 158
Sohn, Clem 190
Söhnker, Hans 193, 422
Solanas, Valerie 351
Solf, Wilhelm 60
Sölle, Dorothee 152
Solow, Robert M. 454
Solschenizyn, Alexander 97, 353, 362, 367, 383, 487
Solter, Friedo 473
Solti, Georg 431
Sombart, Werner 221
Sommer, Elke 214, 307
Sommerlath, Silvia · Silvia, schwed. Königin
Somoza Debayle, Anastasio 250, 404, 408
Sonder-Mahnken, Roland 397
Sonnenberg, Günter 398
Sonnenschein, Carl 153
Sophia, griech. Prinzessin 321
Sorel, Georges 119
Sorge, Richard 218
Sorin, Valerian A. 290
Sorma, Agnes 25
Sorokin, Peter 342
Sorokin, Vladimir 491
Soubirous, Bernadette 69, 133
Souchay, Marc-André 211
Soupault, Philippe 129
Soyinka, Wole 375, 448
Spaak, Paul Henri 255
Spacek, Sissy 395
Spahn, Peter 34, 62
Spark, Muriel 395
Späth, Lothar 199, 404, 470
Specht, Kerstin 483
Speer, Albert 191, 192, 201, 205, 215, 220, 230, 250, 340
Spemann, Hans 184, 221
Spencer, Bud 369
Spencer, Diana → Diana, Princess of Wales
Spencer, Herbert 25
Spengler, Oswald 94, 193
Sperber, Manès 32, 431, 438
Sperr, Martin 341, 345, 355
Sperry, Roger W. 422
Spethmann, Hans 188
Spielberg, Steven 252, 369, 385, 399, 411, 439, 443, 485, 487
Spielhagen, Friedrich 60

Spils, May 349
Spitteler, Carl 37, 100, 131
Spoerl, Alexander 407
Spoerl, Heinrich 191, 201, 291
Spoliansky, Mischa 147, 151
Spranger, Eduard 329
Spreti, Karl Borromäus Maria Heinrich Graf von 360
Springer, Axel 84
Springsteen, Bruce 389, 443
Stadler, Anton 91
Stadtler, Toni 428
Staeck, Klaus 202, 387, 393
Stafford, Thomas 388
Stahl, John M. 241
Staiger, Emil 455
Stalin, Josef W. 120, 124, 126, 130, 138, 148, 162, 206, 218, 226, 229, 230, 234, 236, 238, 278, 281, 294
Stallone, Sylvester 395, 443
Stamer, Fritz 146
Stampfli, Walter 232
Stanford, Charles 130
Stang, Fredrik 190
Stangl, Franz 364
Stanislawski, Konstantin S. 13, 17
Stanley, Wendell M. 244
Stanton, Elisabeth Cady 21
Stanwyck, Barbara 219, 233
Starewitsch, Ladislaus 67
Starhemberg, Ernst Rüdiger 188
Stark, Curt A. 67
Stark, Johannes 100
Stark, Traudl 205
Starling, Ernest Henry 30, 66
Starr, Ringo 214, 321
Staudinger, Hermann 118, 280
Staudte, Wolfgang 36, 229, 243, 259, 271, 297, 333, 438
Stauffenberg, Claus Graf Schenk von 234, 237, 341
Stauffer, Teddy 197
Steckel, Leonard 177
Steeb, Carl-Uwe 348
Steeg, Théodore 162
Steeruwitz, Marlene 477, 491
Steffen, Jochen 398
Stegerwald, Adam 150, 164, 240
Stehr, Hermann 95, 137, 215
Steidl, Robert 125
Steiger, Edgar 71
Steiger, Rod 351, 365, 381
Steiglauf, Monika 364
Stein, Edith 225
Stein, Gertrude 37, 77, 247
Stein, Leo 79
Stein, Peter 198, 379, 435, 447
Stein, William H. 372
Steinbach, Manfred 317
Steinbeck, John 20, 185, 197, 211, 241, 277, 322, 353
Steinberger, Jack 458
Steinbrenner, Gustav 117

Steiner, Julius 378
Steiner, Rudolf 67, 104, 135, 187
Steinhardt, Hans 141
Steinhauser, Karl 428
Steinhoff, Hans 203, 215
Steinitz, Otto 108
Steinkühler, Franz 198, 485
Steinmann, Dieter 395
Steinrück, Albert 71, 117, 131, 133
Stella, Frank 192, 449
Stemmle, R. A. 271
Stephan, Rudi 81
Stephanopoulos, Konstantin 490
Stephens, John William Watson 54
Stern, Otto 230
Stern, William 96
Sternberg, Josef von 157, 167, 171, 349
Sterne, William 203
Sternheim, Carl 57, 59, 63, 69, 73, 81, 89, 97, 113, 123, 151
Steuer, Anni 183
Steuer, Peter 274
Stevens, Alfred 37
Stevens, George 191, 223, 335, 337
Stevenson, Albert 184
Stevenson, Robert 333
Steward, Rod 240, 395, 397
Stich, Michael 352
Stiff Little Fingers 407
Stifter, Magnus 85
Stigler, George J. 426
Stiller, Mauritz 101, 129, 135, 139
Sting 272, 435
Stingl, Josef 100
Stinnes, Edmund 97
Stinnes, Hugo 104, 130
Stinnes, Hugo jr. 147
Stirling, James 480
Stobbe, Dietrich 418
Stock, Christian 246
Stöck, Gerhard 189
Stöcker, Helene 29
Stockhausen, Karlheinz 149, 347, 353, 421, 457
Stoecker, Adolf 48
Stoiber, Edmund 482
Stoker, Bram 167
Stokes, Georg Gabriel 25
Stoklasa, Lutz 367
Stoll, Peter 404
Stolle, Karl Wilhelm 22
Stolpe, Manfred 476, 478, 479, 486
Stoltenberg, Gerhard 466, 476
Stoltenberg, Thorvald 484
Stolypin, Pjotr A. 14, 58, 61
Stolz, Robert 35, 79, 113, 391
Stolze, Lena 294
Stommelen, Rolf 434
Stone, Oliver 447, 451, 457, 467, 495
Stone, Richard 438

Stoph, Willi 312, 332, 360, 380, 462, 484
Stoppard, Tom 383, 468, 483
Stössel, Anatol M. 42
Strack, Günter 343
Stradivari, Antonio 477
Stramm, August 111
Strasser, Bernd 285
Strasser, Gregor 172
Straßmann, Friedrich 204
Straub, Jean-Marie 347
Straus, Oscar 37, 45, 87, 105, 113, 151
Strauß und Torney, Lulu von 21, 41
Strauß, Botho 373, 389, 397, 403, 417, 423, 425, 439, 445, 457, 461, 473, 483, 484
Strauß, Emil 315
Strauß, Franz Josef 80, 290, 294, 300, 314, 320, 322, 324, 326, 336, 386, 402, 408, 416, 452, 454, 456, 458, 459, 479
Strauß, Johann 89
Strauss, Richard 11, 13, 31, 47, 57, 65, 75, 79, 83, 89, 99, 127, 129, 147, 169, 175, 177, 183, 201, 203, 205, 223, 235, 243, 261, 275, 293, 313, 385, 389, 409, 421
Strawinsky, Igor F. 23, 57, 69, 75, 83, 93, 95, 105, 107, 117, 121, 141, 147, 159, 211, 235, 271, 299, 327, 371
Streccius, Alfred 213
Streeruwitz, Marlene 477, 491
Streep, Meryl 409
Strehler, Giorgio 385
Streibl, Max 458, 482
Streich, Rita 109
Streicher, Julius 210
Streisand, Barbara 331, 375
Stresemann, Gustav 120, 122, 124, 126, 128, 134, 136, 138, 140, 142, 146, 148, 152
Streuvels, Stijn 39
Strindberg, August 9, 13, 31, 35, 39, 41, 43, 53, 115, 117
Strittmatter, Erwin 279
Strittmatter, Thomas 471, 479
Strobel, Käte 497
Stroessner, Alfredo 282, 460
Stroheim, Erich von 97
Stroux, Karl Heinz 279, 289, 445
Strunz, Thomas 352
Stuart, Gloria 177
Stuck, Franz von 11, 21
Stuck, Hans 406
Stucken, Eduard 95
Stuckenschmidt, Hans Heinz 141
Stücklen, Richard 86
Stumpf, Lena 289
Sturges, John 287, 303, 313
Sturges, Preston 215
Sturzo, Don Luigi 307
Styne, Jule 331
Suárez Gonzáles, Adolfo 398

Sudermann, Clara 131
Sudermann, Hermann 9, 17, 31, 91, 113, 149
Suharto, Kemusu 336, 340
Suhr, Otto 299
Suhrkamp, Peter 306
Suk, Josef 23, 27, 35
Sukarno, Achmed 266, 300, 304, 365
Sukorow, Alexander 467
Sukowa, Barbara 268, 433, 443, 447
Sullivan, Ed 293
Sumner, James 244
Sun Myung Mun 427
Sun Yat-sen 60, 62, 70, 90, 112, 120, 132, 135, 150
Suramarit, Norodom 286
Süring, Reinhard 12
Süskind, Patrick 421, 437, 445, 455
Süßmuth, Rita 442, 458
Sutcliff, Rosemary 109
Sutcliffe, Peter 421
Sutermeister, Heinrich 86, 211, 255, 443, 494
Sutherland Earl W. 368
Sutherland, Donald 361, 363, 381, 395, 399, 433
Sutherland, Graham 245
Sutter, Sonja 275
Suttner, Bertha von 30, 77
Sutton, Walter 24
Svanberg, John 39
Svedberg, Theodor 124, 136
Svoboda, Ludvik 411
Swanson, Gloria 434
Swayze, Patrick 276, 453
Swinburne, Algernon Charles 49
Syberberg, Hans Jürgen 487
Sydow, Max von 335
Synge, John Millington 23, 31, 37, 53
Syrup, Friedrich 105
Szabo, Istvan 423
Szczypiorski, Andrzej 449
Szent-Györgyi von Nagyrapolt, Albert 146, 196
Szulkin, Piotr 487
Szymanowski, Karol 53, 79

Tabei, Kunko 389
Taber, Norman 81
Tabori, George 429, 435, 437, 453, 457, 467, 471, 473, 477, 479, 483, 485, 487, 493
Tadic, Dusko 493, 496
Taeuber-Arp, Sophie 79
Taft, Robert Alphonso 281
Taft, William H. 46, 64
Tagore, Rabindranath 68, 221
Tailleferre, Germaine 95, 109
Taipale, Armas 65
Takamine, Jokichi 14
Tal, Josef 285, 393
Talanta, Roman 373

Talew, Dimitar 343
Talk Talk 439
Talma, Louise 323
Tamaro, Susanna 495
Tamm, Igor J. 302
Tanaka, Kakuei 96, 383, 386, 397
Tanant, Myriam 493
Tange, Kenzo 333
Tanguy, Yves 199
Tàpies, Antoni 124, 375, 467
Taraki, Nur Mohammed 404
Tarantino, Quentin 487
Tarkowski, Andrej 375, 411, 449, 451
Tarmak, Juri 373
Tate, Sharon 355
Tati, Jacques 44, 257, 303, 367, 427, 429
Tatum, Arthur 54
Tatum, Edward L. 302
Taube, Henry 432
Tauber, Richard 133, 141, 151
Tauschek, Gustav 166
Taut, Bruno 93
Taut, Max 348
Tavernier, Bertrand 491
Taylor, Elizabeth 172, 229, 301, 305, 315, 321, 327, 343, 345, 381
Taylor, Frank B. 54
Taylor, Frederick Winslow 10, 81
Taylor, Joseph jr. 484
Taylor, Marvin D. 370
Taylor, Maxwell 338
Taylor, Mick 385
Taylor, Richard 468
Tebaldi, Renata 118, 311
Teddy, Clark 109
Teich, Otto 9
Teller, Edward 228
Temin, Howard 388
Temple, Shirley 193, 257
Terboven, Josef 212
Teresa, Mutter 479
Tereschkowa, Walentina 198, 326
Teschner, Richard 257
Testa, Gustavo 313
Tettenborn, Joachim 421
Tetzlaff, Ted 261
Teufel, Erwin 478
Teufel, Fritz 346, 348, 350
Tewksbury, Walter B. 9
Thadden-Trieglaff, Reinold von 397
Thalbach, Katharina 286, 407, 449
Thälmann, Ernst 130, 132, 234, 337
Tharaud, Jean 21
Tharaud, Jerome 21
Thatcher, Margaret 134, 386, 408, 430, 452, 470
Theato, Michel 9
Theiler, Max 270
Theissen, Horst 461
Theodorakis, Mikis 385
Theorell, Hugo 290
Thiele, Hertha 165

Thiele, Rolf 301, 333
Thiele, Wilhelm 161, 165
Thielen, Fritz 332
Thierack, Otto Georg 222
Thierse, Wolfgang 466
Thiery, Franz 205
Thieß, Frank 219, 401
Thimig, Hermann 111
Thoelke, Wim 495
Thoma, Georg 198
Thoma, Hans 131
Thoma, Ludwig 37, 45, 53, 59, 63, 65, 115
Thomas, Donnall 468
Thomas, Dylan 76, 245
Thomas, Helga 125
Thomas, John 311
Thomas, Joseph John 36
Thome, Rudolf 361
Thompson, Daley 302
Thompson, Emma 481, 483
Thomson, George 196
Thomson, Joseph 215
Thomson, Karl 47
Thomson, William
Thorez, Maurice 197, 333
Thorn, Gaston 382
Thronton, Willi Mae 281
Thuille, Ludwig 39
Thurber, James 319
Thurner, Georges 47
Thyssen, August 86, 139
Thyssen, Fritz 273
Thyssen, Ingrid 457
Thyssen-Bornemisza, Hans Heinrich 251
Tichonow, Nikolai 321
Tiedge, Hansjoachim 442
Tierney, Gene 235
Tiffany, Louis Comfort 17
Tildy, Zoltán 242
Tiller, Nadja 152
Tillich, Paul 339
Timm, Peter 449
Timm, Uwe 385
Timmermann, Felix 95
Tinbergen, Jan 356
Tinbergen, Nikolaas 378
Ting, Samuel C.C. 394
Tinguely, Jean 341, 343
Tirpitz, Alfred von 66
Tiselius, Arne 256
Tisza, Kálmán 21
Tito, Josip Broz 220, 224, 230, 234, 238, 278, 294, 326, 342, 366, 382, 414, 416, 419
Tittel, Ellen 399
Tittoni, Tommaaso 48
Tizian 111, 401
Tizo, Jozef 204
Tobin, James 422
Todd, Alexander R. 298
Todscho, Hideki 218

Todt, Fritz 220
Tolkien, John Ronald Reuel 285
Tollen, Otz 79
Toller, Ernst 99, 109, 119, 123, 143, 159, 207
Tolstoi, Leo N. 13, 55, 57, 63, 185, 295, 347
Tomonaga, Shinichiro 336
Tonegawa, Susumu 454
Töpfer, Klaus 454, 474
Töppner, Uwe 347
Torlonia, Alessandria 301
Torrance, Jack 179
Torres, Juan José 366
Torriani, Vico 108
Toscanini, Arturo 119, 135, 163, 203, 283
Toselli, Enrico 39
Toulouse-Lautrec, Henri de 13, 15, 19, 321, 449
Touré, Sékou 302, 436
Tourjansky, Viktor von 219
Tourneur, Jacques 225, 235, 251
Towns, Charles H. 332
Towns, Forrest 189
Townsend, Peter 291
Tracy, Spencer 10, 201, 219, 223, 235, 251, 261, 287, 303
Trakl, Georg 35, 71, 75
Traube, Klaus 398
Trautmann, Ludwig 83
Traven, Bruno 139
Travolta, John 395, 399
Trebitsch, Gyula 247
Trenker, Luis 153, 173, 189, 197, 467
Treusch, Hermann 467
T. Rex 399
Tribhuwan Bir Birkram Schah, nepal. König 268
Trifonow, Juri V. 395
Trimborn, Karl 96
Trintignant, Jean-Louis 357
Tristano, Lennie 271
Trockel, Rosemarie 459
Tröger, Hans-Joachim 305
Troggs 343
Trojahn, Manfred 473
Troost, Paul Ludwig 175, 195
Troßbach, Heinrich 117, 137
Troßbach, Wolfgang 271
Trotha, Lothar von 24, 30
Trotta, Margarethe von 224, 407, 421, 443, 447
Trotzki, Leo D. 36, 88, 124, 130, 138, 142, 148, 150, 213, 215, 227
Trübner, Wilhelm 21, 91
Trudeau, Pierre
Truffaut, François 287, 305, 321, 351, 361, 381, 411, 417, 439
Truman, Harry S. 238, 240, 248, 253, 254, 256, 258, 264, 268, 270, 280
Tsai Chu-sheng 183

Tsai Ming-Lian 489
Tschasow, Jewgeni 442
Tschechow, Anton 13, 25, 29, 435, 453, 463, 469
Tschechowa, Olga 111, 115, 153, 418
Tschernenko, Konstantin 434, 440, 444
Tschernkow, Pawel A. 302
Tschirschky und Bögendorf, Heinrich Leonhard von 40
Tschudis, Otto von 43
Tschun, chin. Prinz 14, 48
Tsung-Dao Lee 298
Tucholsky, Kurt 65, 111, 143, 153, 165, 183, 187
Tukey, John W. 256
Tukur, Ulrich 445
Turek, Toni 438
Turner, Kathleen 463
Turner, Lana 495
Turner, Tina 439, 453, 497
Turrini, Peter 483, 491
Tutu, Desmond M. 438
Twain, Mark 11, 55
Twiggy 339
Twort, Frederick William 84
Tyler, Bonnie 401
Tynan, Kenneth 365
Tz'u Hsi, chin. Kaiserinwitwe 16
Tzara, Tristan 83, 105

U Thant, Sithu 387
Ucicky, Gustav 147, 173, 179, 195, 211
Uda, Shintaro 136
Udet, Ernst 161, 287
Udrzal, Franz 170
Uecker, Günther 313, 319
Uemura, Naomi 403
Uhde, Fritz von 61
Uhde, Wilhelm 41
Ulbrich, Franz 175
Ulbricht, Walter 166, 238, 310, 312, 316, 324, 366, 380, 381
Ullmann, Liv 203, 381
Ullrich, Luise 444
Ullstein, Heinz 380
Umberto I., ital. König 8, 11, 434
Umberto II., ital. König 157
Unamuno, Miguel de 72
Undset, Sigrid 109, 146, 217, 261
Unger, Oswald Matthias 437
Unruh, Fritz von 63, 93, 107, 111, 119, 121, 133, 141, 143, 159, 255
Updike, John 449
Urbain, Georges 40
Urban, Charles 19, 49
Urey, Harold C. 166, 180
Urheiluliitto, Turum 81
Uris, Leon 395
Ustinov, Peter 114, 399
Uthke, Karen 259
Utrillo, Maurice 291
Uyttenbogaert, Johannes 479

Vadim, Roger 277, 295
Vahl, Henry 401
Vaihinger, Hans 177
Vailland, Roger 40
Valens, Ritchie 305
Valente, Caterina 166, 289, 299
Valentin, Barbara 405
Valentin, Karl 127, 171, 181, 257
Valentino, Rudolph 115, 119, 139
Valera, Eamon de 96, 120, 168
Valéry, Paul 241
Valetti, Rosa 109
Vallotton, Felix 43
Van Vleck, John H. 398
Vane, John R. 426
Vanel, Charles 323
Vantongerloo, Georges 89
Vanzetti, Bartolomeo 112, 143
Vargas Llosa, Mario 477
Vargas, Getúlio Dornelles 160, 196, 284
Varmus, Harold E. 462
Vasarély, Victor 347
Vega Carpio, Lope Félix de 207
Veidt, Conrad 95, 105, 113, 131
Veigel, Werner 494
Velázquez, Diego Rodriguez 361, 467
Velde, Henry van de 17, 23, 39
Velvet Underground 373
Venediger, Günther 284
Veniselos, Eleutherios 54, 62, 78
Ventura, Lino 331, 399, 455
Verdi, Giuseppe 15, 35, 165, 243, 267, 301, 409, 421, 437
Verhaeren, Emil 87
Verhoeven, Michael 361, 467
Vermeer, Johannes 497
Vermeylen, August 35
Vername, Jean 419
Verne, Jules 19, 33, 71, 99, 403
Verneuil, Henri 331
Versace, Gianni 433
Versini, Marie 329
Verwey, Albert 199
Verwoerd, Hendrik Frensch 342
Vesper, Will 175
Vetter, Heinz Oskar 90, 354, 366, 471
Vian, Boris 245, 307
Vicas, Victor 317
Victoria, brit. Königin 15
Vidal, Gore 381
Videla, Jorge Rafael 392
Vidor, Charles 239
Vidor, King 245, 295
Viebig, Clara 9, 45
Viertel, Berthold 139
Vigneaud, Vincent du 290
Vigo, Jean 32, 181
Viktor Emanuel III., ital. König 116, 205, 228, 232
Vilar, Ester 417
Vilde, Eduard 177
Villa, Francisco »Pancho« 106

Village People 411
Villard, Paul Ulrich 8
Villon, François 19
Vilsmaier, Joseph 463, 495
Vincent, Gene 293
Vinci, Leonardo da 275, 291, 323, 345, 415, 417, 488
Virchow, Rudolf 21
Virtanen, Artturi I. 238
Visconti, Luchino 227, 233, 313, 396
Viser't Hooft, Willem 341
Viviani, René 76
Vlaminck, Maurice de 30, 35, 195, 217
Voell, Paul 275, 285, 305
Vogel, Bernhard 476
Vogel, Frank 329
Vogel, Hans-Jochen 138, 418, 452, 458, 472
Vogel, Wolfgang 494
Vogeler, Heinrich 225
Vogt, Carl de 101
Vogt, Hans 116
Vogt, Horst 249
Vogt, Petra 357
Voigt, Jon 357
Voigt, Karsten 356
Voigt, Wilhelm (»Hauptmann von Köpenick«) 37, 43
Völker, Sandra 483
Vollenhoeven, Pieter 345
Vollmer, Antje 436, 488
Voort, Annet van der 487
Vorster, Balthazar Johannes 342
Vorwerk, Anna 11
Voss, Gert 479
Vostell, Wolf 353
Vranitzky, Franz 452, 456
Vries, Hugo de 8
Vyznegradski, Iwan 95

Waalkes, Otto 256, 453
Waals, J.D. van der 52
Wachs, Albert 70
Wachsmann, Michael 445
Wacker, Alfred 95
Waelterlin, Oskar 185
Waentig, Heinrich 158
Wagemanns, Gerd 223
Wagner von Jauregg, Julius 90, 140
Wagner, Adolf 217
Wagner, Alwin 441
Wagner, Cosima 13, 161
Wagner, Gustav 405
Wagner, Helga 389
Wagner, Julius 47
Wagner, Richard 17, 23, 27, 73, 83, 113, 173, 177, 179, 195, 201, 203, 271, 293, 297, 311, 321, 327, 383, 427
Wagner, Siegfried 13, 25, 31, 161

Wagner, Wieland 90, 275, 283, 293, 305, 311, 327, 333, 337, 341, 343
Wagner, Wolfgang 297
Wagner-Régeny, Rudolf 205, 217, 305
Wahle, James 177
Waigel, Theo 484, 496
Wajda, Andrzej 224, 399, 431
Waksman, Selman A. 228, 276
Walcott, Derek 478
Wald, George 346
Walden, Herwarth 53, 69
Waldersee, Alfred Graf von 8, 29
Waldheim Kurt 97, 446, 452, 456
Waldow, Wilhelm von 87
Walesa, Lech 426, 430, 432, 470
Walken, Christopher 433
Walker, Alice 435
Walker, Reginald E. 43
Walkhoff, Otto 10
Wallace, Alfred Dussel 73
Wallace, Edgar 141, 143, 172, 323
Wallach, Otto 52
Waller, Ken 180
Wallmann, Walter 444, 450
Wallraff, Günter 383, 401, 419, 443
Walser, Alissa 479
Walser, Martin 144, 313, 333, 341, 389, 407, 441, 459, 475
Walser, Robert 41, 45, 49, 91
Walsh, Raoul 301
Walter, Bruno 63, 87, 229, 267
Walton, Ernest Th. S. 166, 170, 270
Wander, Maxie 405
Wankel, Felix 296, 332, 459
Warburg, Max 247
Warburg, Otto 164
Warden, Jack 433
Ware, Alan Alfred 272
Warhol, Andy 149, 323, 329, 351, 397, 427, 453, 454
Warncke, Jürgen 450
Warnecke, Lothar 423
Warner, Jack 406
Warren, Henry Ellis 94
Warren, Robert Penn 245
Warsinsky, Werner 279
Waschnek, Erich 193
Washington, George 319
Wassermann, Jakob 45, 180
Wassilenko, Sergei N. 23
Wassiljew, Sergej 179
Waters, Roger 236
Watson, James D. 322
Watson, John B. 98
Watson, John-Christian 26
Watteau, Jean Antoine 205, 441
Wauer, William 69
Waugh, Evelyn 255
Wayne, John 231, 255, 257, 261, 269, 293, 315, 411
Weaver, Sigourney 409
Webb, Clifton 235

Webber, Andrew Lloyd 256, 369, 403, 447, 449, 457, 479, 485
Weber, Adolf 328
Weber, Alfred 303
Weber, Carl Maria von 313
Weber, Friedrich 126
Weber, Jutta 389
Weber, Max 109, 387
Webern, Anton von 57, 177
Wechmar, Rüdiger von 378
Wedekind, Frank 13, 17, 25, 31, 61, 63, 97, 105, 121, 139, 151, 325, 421
Wedel, Karl Graf von 46
Wegener, Alfred 165
Wegener, Alfred Lothar 64
Wegener, Paul 71, 79, 85, 89, 107, 133
Wegner, Erwin 169, 175
Wegner, Gustav 151
Wegner, Reinhard 83, 89
Wehner, Herbert 36, 312, 322, 380, 406, 428, 470, 486
Weidauer, Walter 240
Weidenmann, Alfred 285
Weidling, Helmuth 238
Weigel, Helene 10, 153, 259, 371
Weil, Simone 48
Weill, Claudia 405
Weill, Kurt 10, 147, 153, 157, 167, 191, 215, 227, 253, 269, 297
Weimann, Gottfried 175
Weimer, Monika 495
Weinberg, Steven 410
Weingartner, Felix von 17, 43, 83, 107, 108
Weir, Peter 401
Weis, Heinz 467
Weisenborn, Günther 149, 241
Weiser, Grethe 24, 193, 365
Weiß, Helmut 231
Weiss, Peter 86, 327, 331, 339, 343, 345, 351, 361, 367, 389, 391, 425, 427, 428
Weissmuller, Johnny 28, 169, 219, 257, 438
Weisweiler, Hennes 435
Weitershausen, Gila von 369
Weizmann, Chaim 196, 277
Weizmann, Ezer 494
Weizsäcker, Carl Friedrich Freiherr von 66, 327
Weizsäcker, Richard von 410, 422, 430, 436, 442, 444, 468
Welch, Raquel 381
Welk, Ehm 141, 199
Weller, Thomas H. 284
Welles, Orson 80, 217, 223, 251, 265, 301, 327, 445
Welles, Sumner 210
Wellman, William A. 151, 227, 237
Wells, Herbert George 15, 49, 71, 175, 177, 247
Wels, Otto 168, 207

Welz, Emil 47
Wendehals, Gottlieb 425
Wenders, Wim 240, 345, 401, 427, 437, 441, 453, 473, 483
Wendhausen, Fritz 189
Werding, Juliane 373
Werefkin, Marianne von 47
Werfel, Franz 113, 117, 121, 129, 131, 143, 197, 219, 231, 241
Werner, Alfred 68, 101
Werner, Anton von 43
Werner, Oskar 439
Werner, Walter 187
Wesker, Arnold 321, 373
Wessel, Horst 156
Wesselmann, Tom 347
Wessing, Michael 395, 417
West, Mae 177, 419
Westarp, Kuno Graf von 140
Westermann, Liesel 361, 399
Wettach, Adrian · Grock
Weyer, Willi 90
Whale, James 167
Wharton, Edith 59
Whelon, Tim 215
Whipple, George H. 180
Whistler, James Abbott McNeill 25
White, Edward 336, 344
White, Maunsel 10
White, Patrick 66, 378, 381
Whitehead, Gustave 12
Whitten-Brown, Arthur 96
Who, The 385
Wich, Günter 325
Wichert, Ernst 207
Wickert, Erwin 80
Wicki, Bernhard 100, 307, 311, 469
Widener, Joseph E. 113
Wiebke, Doris 425
Wiechert, Ernst 269
Wieck, Dorothea 165
Wieland, Heinrich O. 140
Wieman, Mathias 20, 161
Wien, Wilhelm 56
Wienand, Karl 378, 496
Wiene, Robert 105, 107
Wiener, Norbert 256
Wieschaus, Eric F. 492
Wiesel, Elie 448
Wiesel, Torsten N. 422
Wigman, Mary 123, 381
Wigner, Eugene 328
Wilde, Kim 423
Wilde, Oscar 11, 19, 239
Wildenbruch, Ernst von 48
Wilder, Billy 273, 289, 301, 305, 233, 257, 315, 401
Wilder, Gene 395
Wilder, Thornton 145, 199, 223, 227, 239, 257, 331, 381, 391
Wilder, William 423
Wildgans, Anton 79, 97

Wilhelm II., dt. Kaiser 8, 10, 12, 14, 15, 17, 18, 26, 27, 30, 34, 40, 44, 46, 48, 54, 56, 64, 66, 70, 72, 76, 78, 80, 82, 84, 86, 88, 92, 94, 96, 104, 212, 221
Wilhelm, August 261
Wilhelmina, niederl. Königin 13, 123
Wilke, Hartmut 347
Wilkins, George H. 164
Wilkins, Maurice H. 322
Wilkinson, Geoffrey 378
Willem, Paul 333
Willenbacher, Maria 195
William, brit. Prinz 427
Williams, Archie 201
Williams, Betty 394
Williams, Esther 235
Williams, Percy 159, 179
Williams, Robbie 386
Williams, Tennessee 60, 235, 251, 267, 279, 289, 297, 301, 319, 434
Williams, Willie 293
Williamson, James 11, 15
Willimczik, Klaus 317
Willis, Bruce 451
Willstätter, Richard 78
Wilms, Eva 409
Wilshaus, Helmut 249
Wilson, Angus 381
Wilson, Brian 224
Wilson, Charles Thomson Rees 64, 307
Wilson, Harold 86, 332, 336, 382, 384, 494
Wilson, John C. 255
Wilson, Kenneth G. 426
Wilson, Robert 404, 407, 453, 457, 467, 497
Wilson, Thomas Woodrow 64, 76, 84, 86, 88, 92, 94, 98, 100, 130
Windaus, Adolf 142, 146
Windelband, Wilhelm 81
Windgassen, Wolfgang 387
Windhaus, Adolf 38
Windheim, Ludwig 17
Windischgrätz, Alfred Fürst zu 145
Windt, Herbert 169
Wingquist, Sven 38
Winkelmann, Adolf 246, 405, 421
Winkler, Angela 355, 391, 405, 409
Winsloe, Christa 165
Winter, Anthony 127
Winterstein, Eduard von 121, 131
Winzentsen, Franz 206
Winzer, Otto 390
Wirth, Joseph 112, 114, 132, 150
Wirth, Karl Josef 294
Wirth, Mizzi 83
Wischnewski, Hans-Jürgen 118
Wise, Robert 341
Wissmann, Matthias 482
Witbooi, Hendrik 26
Wittgenstein, Ludwig 273
Wittig, Georg 410

Wohl, Ludwig von 157
Wohmann, Gabriele 363, 389
Wojciechowski, Stanislaw 118
Wojtyla, Karol → Johannes Paul II.
Wolf, Birgit 356
Wolf, Christa 152, 329, 353, 355, 385, 395, 411, 433, 483
Wolf, Erik 20
Wolf, Friedrich 101, 117, 125, 141, 153, 161, 163, 185, 281
Wolf, Hugo 25
Wolf, Inge 259
Wolf, Julius 68
Wolf, Markus 474
Wolf, Ror 475
Wolfe, Thomas 10, 213
Wolfermann, Klaus 379
Wolff, Willi 133, 139, 141
Wolf-Ferrari, Ermanno 9, 25, 33, 47, 57, 131, 143, 189, 205
Wollschläger, Hans 395
Wols 251, 261
Wolzogen, Ernst von 47
Wood, Grant 161
Wood, Natalie 423
Wood, Ron 252, 385
Wood, Sam 207, 229
Woodward, Robert 336, 379
Woolf, Virginia 143, 165, 219, 221
Woringen, Paul von 71
Wörner, Jürgen 441
Wörner, Manfred 434, 456, 489
Worringer, Wilhelm 43
Wortmann, Sönke 306, 487
Wosnessenski, Andrei 321
Wotruba, Fritz 315, 355
Wottle, Dave 373
Wouk, Herman 273, 285
Wrangell, Peter N. 108
Wright, Richard 213
Wright, Teresa 227
Wright, Wilbur 22, 42, 67
Wrubel, Michail A. 19
Wuermeling, Franz-Josef 10, 282, 283
Wunderlich, Fritz 343
Wundt, Wilhelm 109
Wüst, Ida 141
Wyler, William 20, 201, 207, 213, 217, 245, 281, 307
Wyludda, Ilke 356
Wyman, Jane 239
Wyneken, Gustav 49
Wyspianski, Stanislaw 15

Xerxes I., pers. König 190
Xie Fei 483

Yagi, Hidetsugu 136
Yalow, Rosalyn 398
Yarry, Mark 375

Yeats, William Butler 83, 122, 206
Yen Hsi-schan 156
Yersin, Yves 405
Yes 379, 383
Yimou, Zhang 457, 479
York, Michael 381
Young, Harold 181
Young, John W. 334
Young, Owen D. 150
Young, Paul 439
Young, Robert M. 433
Young, W. 41, 43
Yüan Shih-k'ai 60, 70, 74, 78, 84, 87
Yuan Tseh Lee 448

Zabel, Eugen 79
Zadek, Peter 138, 385, 419, 433, 437, 439, 445, 467, 469
Zahl, Peter Paul 415
Zahn, Helmut 330
Zaim, Hsni Az 258
Zaisser, Wilhelm 264
Zamora, Niceto A. 186
Zanussi, Krzysztof 439
Zapata, Emiliano 98, 101
Zappa, Frank 363, 373, 409, 419, 485
Zarnadelli, Giuseppe 12
Zäuditu, äthiop. Kaiserin 52
Zecca, Ferdinand 15, 19, 33
Zech, Paul 137, 247
Zeeland, Paul von 198
Zeffirelli, Franco 341
Zeidler, Wolfgang 432
Zeiss, Carl 18, 122
Zeller, Eduard 45
Zemecki, Robert 443, 459, 491
Zemin, Jiang 482
Zemlinsky, Alexander von 27, 39, 53, 89, 175
Zener, Clarence M. 174
Zepernick, Hans 223, 249
Zeppelin, Ferdinand Graf von 8, 43, 48, 90
Zeppelin, Led 365
Zernicke, Frederik 280
Zetkin, Clara 71, 176
Zglinicki, Simone von 272
Zhou Xiaowen 489
Ziaul Haq, Mohammad 398, 444
Ziege, Christian 376
Ziegler, Alexander 403
Ziegler, Ernst 33
Ziegler, Karl Waldemar 142, 328
Ziegler, Rolf 395
Ziemann, Sonja 138, 267
Zierold, Hans 305
Ziewer, Christian 373
Zille, Heinrich 153, 301
Zimbalist, Efrem 444
Zimmermann, Bernd Alois 335, 433
Zimmermann, Ernst 440

Zimmermann, Friedrich 312, 440
Zimmermann, Udo 425, 441, 445
Zindler, Petra 425
Zinnemann, Fred 235, 283
Zinner, Hedda 237
Ziolkowski, Konstantin 24
Znaniecki, Florian Witold 303
Zogu I., alban. König 204, 240, 318
Zola, Émile 13, 19, 21, 145

Zsigmondy, Richard 132
Zubeil, Franz 16
Zuckmayer, Carl 143, 151, 163, 233, 245, 289, 299, 400
Zukerman, Pinchas 256
Zukor, Adolph 77
Zuse, Konrad 216, 240, 495
Zweig, Arnold 65, 143, 165, 189, 249, 265, 275

Zweig, George 332
Zweig, Stefan 59, 65, 91, 97, 183, 203, 219, 225
Zwerenz, Gerhard 134
Zwet, Michail 22
Zwicker, Ralph W. 282
Zworykin, Wladimir Kosma 58, 122, 224

Werkregister

Das Werkregister führt alle im Buch kursiv ausgezeichneten Werke aus den Bereichen Theater, Musik, Film und Literatur auf. Bei gleichlautenden Titeln ist in Klammern der Autor, Komponist bzw. Regisseur genannt. Bei der Alphabetisierung ist der bestimmte und unbestimmte Artikel nachgestellt.

Ab heute heißt du Sara 461
Ab jetzt 461
Abendliche Häuser 77
Abendmahl, Das 415
Abenteuer des Augie March, Die 281
Abenteuer des braven Soldaten Schweijk, Die 111, 145
Abfahrer, Die 405
Abgrund, Der (L. N. Andrejew) 19
Abgrund, Der (U. Gad) 53
Abraxas (W. Egk) 253
Abraxas (C. Santana) 363
Abschied (J.R. Becher) 213
Abschied (R. Siodmak) 159
Abschied von gestern 347
Abseits vom Glück 83
absolute Film, Der 131
Abstraktion und Einfühlung 43
Abuna Messias 205
Accatone – wer nie sein Brot mit Tränen aß 319
Achteinhalb 327
Achterloo 431
Achtung! Welle 505 133
Achtzehnhundertsechzig 177
Adam und Eva 97
Adam, warum zitterst du? 363
Adel verpflichtet 259
Adriana Lecouvreur 17
Affabulazione oder Der Königsmord 379
Affe und Wesen 255
African Queen 275
Agnes Bernauer 397
Agon 299
Aguirre, der Zorn Gottes 375
ägyptische Helena, Die 147, 175
Aida 243
Akrobat schö-ö-ön 229
Akt, eine Treppe hinabsteigend 59, 73
Alamo 315
Alarm im Pazifik 231
Albert Herring 249
Alcools 71

Alexander in Olympia 211
Alexander oder Was ist die Wahrheit? 281
Alexis Sorbas 333
Alice's Restaurant 357
Alien 409
Alkestiade 323
Alkmene 317
All Kinds of Everything 361
All that Jazz 415
All through the Night ⋅ Die ganze Nacht hindurch
Alle gegen alle 277
Alle Kinder Gottes haben Flügel 127
Alle meine Söhne 247
Allegro Barbaro 59
Alles Gras verdorrt 219
Alles um Geld 113
allmächtige Dollar, Der 121
Alpenglühen 483
Alpensinfonie, Eine 79
Alptraum 337
Alraune (H. Galeen) 145
Alraune. Die Geschichte eines lebendigen Wesens (H.H. Ewers) 59
Als ich noch ein Waldbauernbub war 19
alte Fritz, Der 145
alte Mann und das Meer, Der (E. Hemingway) 277, 279
alte Mann und das Meer, Der (J. Sturges) 303
Alte Zeiten 367
Alten, Die ⋅ Old Ones, The
Alter, Das 363
Alt-Heidelberg 13
Alt-Wien 57
Always On My Mind 459
Am grünen Strand der Spree 289
Am Jarama 295
Am Rande der Welt 143
Am Tag, als Conny Kramer starb 373
Am Tag, als der Regen kam 307
Amadeus 439, 441

Amahl and the Night Visitors 271
Ameise, Die 317
American Gothic 161
American Graffity 381
American Werewolf 423
Amerika 143
Amerikaner in Paris, Ein (G. Gershwin) 149
Amerikaner in Paris, Ein (V. Minelli) 273
amerikanische Nacht, Die 381
amerikanischer Freund, Ein 401
Amica 31
Amor Dei 45
An Alle 129
An der Habichtsquelle oder Wasser der Unsterblichkeit 83
An der Nordseeküste 445
An Europa 85
An und aus 137
Anarchie in Sillian 127
Anatevka 349
Anathema 47
Anatol 55
Anbetung der Könige, Die 441
andalusische Hund, Der 149
andere Frau, Eine 459
Andere, Die 69
Anders als die anderen 99
Anders Hjarmstadt 23
Andorra 319
Andromache 169
Angestellten, Die 159
Angriff auf ein Missionshaus in China 11
Angst 285
Angst des Torwarts beim Elfmeter, Die 363
Angst essen Seele auf 385
Anhäufung von Kannen 319
Aniara 295, 305
Anja und Esther 133
Anna Boleyn 109
Anna Christie (E. O'Neill) 123

551

Anna Christie (Film) 57
Anna Karenina (C. Brown) 185
Anna, Königin für tausend Tage 255
Annie Get Your Gun 243
Another Brick in the Wall 419
Anrufung des Großen Bären 295
Ansichten eines Clowns 329
Antigonae (C. Orff) 259
Antigone (J. Anouilh) 231
Antigone (W. Hasenclever) 89
Antigone (A. Honegger) 143
Antlitz der Zeit 153
Antoine et Antoinette → Zwei in Paris
Antonius und Cleopatra 341
Apocalypse Now 393, 409
apokalyptischen Reiter, Die 85
Apollo trionfante 415
Apollon Musagète 147
Appartement, Das 315
Après le Cubisme 95
Äquatortaufe 417
Arabella 175
Arbeit macht frei 491
Arbeiter, Herrschaft und Gestalt, Der 171
Archipel Lenoir, Der 251
Architectura Caelestis 343
Architekt und der Kaiser von Assyrien, Der 345
Ardèle oder das Gänseblümchen 255
Ariadne auf Naxos 83, 409
Ariane und Blaubart 37
Arien 409
Arkadien 483
arme Bitos oder Das Diner der Köpfe, Der 293
arme Heinrich, Der 19
arme Konrad, Der 125
arme Matrose, Der 143
arme Vetter, Der 97, 121
Armee der Liebenden oder Aufstand der Perversen 411
Armut 79
Arsen und Spitzenhäubchen 233
Arzt am Scheideweg, Der 35
Arzt Gion, Der 165
Arzt und Dämon 219
Ärztinnen, Die 417
Aschenbrödel 9
Ashram in Poona 415
Asmodi 199
Asphalt 151
Asphalt-Cowboy 357
Asphalt-Dschungel, Der 265
Ästhetik des Hungers, Eine 335
Ästhetik des Rundfunks 143
Ästhetik des Widerstands, Die 391, 425
At the Jazz Band Ball 99
Atalante 181
Atelier-Bilder 261
Athleten 131
Atlantic City 417

Atlantis 65
Auch Henker müssen sterben 229
Audienz und Vernissage 395
Auf dem Chimborassa 387
Auf dem Gebirge hat man ein Geschrei gehört 437
Auf den Marmorklippen 207
Auf der Suche nach der verlorenen Zeit 71
Auf verlorenem Posten 467
Auferstehung → Risurrezione
aufhaltsame Aufstieg des Arturo Ui, Der 303
Aufmacher, Der 401, 419
Aufschub, Der 239
Aufstand der Fischer von Santa Barbara 149
Aufstand der Offiziere 341
Aufstieg und Fall der Stadt Mahagonny 157
Auftrag, Der 417, 425
Augen der Mumie Ma, Die 97
Augenzeuge, Der 289
August Vierzehn 367
August, August, August 345
Aus dem bürgerlichen Heldenleben 59
Aus dem Leben eines Fauns 281
Aus dem Reich der Toten 301
Aus dem Tagebuch einer Schnecke 375
Aus der Geschichte der Menschheit 331
Aus der Triumphgasse 19
Aus deutschem Dunkel 483
Aus einem deutschen Leben 401
Aus einem Totenhaus 159
Aus tiefer Not 79
Ausflüge im Fesselballon 369
ausgebrannter Fall, Ein 317
Ausgewählte Dichtung aus der Zeit der Verbannung. 1933-1945 241
Auslöschung – Ein Zerfall 449
ausschweifender Mensch, Ein 153
Außer Atem 311, 313
Austernprinzessin, Die 99
Austreibung, Die 123
auswärtige Affäre, Eine 257
Avanti, avanti! 375

Baal 421
Babi Jar 317
Baby, Let's Play House 289
Babysitter-Boogie 319
Bachkantate 85
Bad 397
Badende Venus 235
Badener Lehrstück vom Einverständnis 153
Bal, Le 165
Baldie 43
Ball der Diebe, Der 203
Ballade von Gregorio Cortez, Die 433
Ballantine-Bierdosen 313

Ballettsuite op. 130 (M. Reger) 69
Ballspielende 61
Bambi 225
Banana-Boat-Song 299
Banjo-Boy 315
Barbara Ann 343
Barbaren (M. Gorki) 35
Barbaren, Die (C. Saint-Saëns) 13
Barbier von Sevilla 265
Barfly 455
Barmherzigkeit Gottes, Die 317
Barry Lyndon 391
Barton Fink 473
Basic Instinct 477
Batman 463
Bauer in blauer Bluse 305
Bauern, Bonzen und Bomben 165
Bauern, Die 393
Bauernkriege 41
Bauern sterben 441
Bauerntheater 473
Baum wächst in Brooklyn, Ein 239
Baumeister Solneß 433
Beate und Mareile 25
Be-Bob-A-Lula 293
Be-Bop, Bars und weißes Pulver 303
Bebuquin oder die Dilettanten des Wunders 65
Becket oder Die Ehre Gottes 305
Becky Sharp 185
Befehl des Gewissens 251
Before the Rain 489
Begegnung 239
Begnadete Körper 443
Beil von Wandsbek, Das 249
Beim Bau der Chinesischen Mauer 167
Beim Sterben ist jeder der Erste 371
Bekenntnisse des Hochstaplers Felix Krull (K. Hoffmann) 297
Bekenntnisse des Hochstaplers Felix Krull (Th. Mann) 283
Bekenntnisse eines kleinen Philosophen 27
Bel Ami 205
Belagerungszustand, Der 255
Belfagor 121
Belfast 1920 429
Ben Hur (F. Niblo) 139
Ben Hur (W. Wyler) 307, 311
Ben Hur (W. Young) 41, 43
Berceuse élégiaque 47
Berceuse, La 403
Berg ruft, Der 197
Berg Ting-Kiung, Der 33
Berghotel 421
Bergkatze, Die 111
Berg-Sprache 459
Beringer und die lange Wut 381
Berlin Alexanderplatz (A. Döblin) 151
Berlin Alexanderplatz (R.W. Fassbinder) 417
Berlin – Alexanderplatz (P. Jutzi) 165

Berlin im Omnibus 35
Berlin ist wieder da 237
Berlin – Symphonie einer Großstadt 143
Berliner Luft 27
Berliner Stadtbahnbilder 425
Bernard und Bianca 395
Bernarda Albas Haus 237
Berüchtigt 245
Berühmten, Die 393
besonderer Tag, Ein 401
besserer Herr, Ein 147
besten Jahre unseres Lebens, Die 245
Besuch der alten Dame, Der (G. v. Einem) 367
Besuch der alten Dame, Der (F. Dürrenmatt) 293
Besucher 457
Beton 203
Betrachtungen eines Unpolitischen 95
Betriebsschließung, Die 387
Betrogen 403
Bettelstudent, Der 191
Bettgeflüster 307
Bezahlt wird nicht 383
Biene Maja und ihre Abenteuer, Die (W. Bonsels) 65, 195
Biene Maja, Die (Film) 137
Bienenkorb, Der 429
Biest muß sterben, Das 355
Bilder einer Ausstellung 119
Bildnis des Dorian Gray, Das 239
Bildnis des Gärtners Vallier 37
Bildnis des Tänzers Alexander Sacharoff 49
Billard um halb zehn 307, 347
Billy Budd 271
Bingo Bingo 427
Biografie. Ein Spiel 351
Birth of a Nation, The 79
Bis ans Ende der Welt 473
Bis fünf Minuten nach zwölf 281
Bis zum letzten Mann 257
bißchen Frieden, Ein 425
Bitches Brew 363
Bitte laßt die Blumen leben 435
Bitte nicht heut' nacht 433
bitteren Tränen der Petra von Kant, Die 367
Bitterer Honig 301
Black Blue 395
Black, Brown and Beige 227
Black Rider, The 467
Blanche oder Das Vergessen 347
Blaubart 397
blaue Boll, Der 139, 161
blaue Engel, Der 157
blaue Licht, Das 169
blaue Vogel, Der 391
blaue Zug, Der 127
blaues Klavier, Mein 229
Blechschmiede, Die 19

Blechtrommel, Die (G. Grass) 307
Blechtrommel, Die (V. Schlöndorff) 409, 415
bleierne Zeit, Die 421, 425
Blick in der Brücke 323
Blick zurück im Zorn 293
Blind Date 451
Blinde Ehemänner 97
Bliss 109
Blitzreisen um die Welt 29
Blockade in London 261
Blonde in Blonde 341
Blonde Venus 171
blonder Traum, Ein 171
Blondinen bevorzugt 279
Blood and Sand 119
Blow Up 347
Blues Brothers 411
Blues für Mister Charlie 331
Blumengarten am blauen Zaun 101
Blut am Hals der Katze 365
Bluthochzeit (W. Fortner) 297
Blutige Hochzeit (C. Chabrol) 375
Blutschande 153
Bo Diddley 329
Bobby Brown 419
Bockerer, Der 255
Bocksgesang 117
Bockshorn 381
Body & Soul 457
Boeuf sur le Toit, Le 99
Bolero (M. Ravel) 149, 159
Bolero (E. Schmidt) 275
Bolívar 265
Bolwieser. Roman eines Ehemannes 165
Bomben auf Monte Carlo 165
Bonaparte 141
Boot, Das 421
Born Judas, Der 85
Born to be alive 411
Born To Run 389
böse Geist Lumpazivagabundus, Der 13
bösen Köche, Die 315
Boxer, Der 139
Boy's Will, A 71
Boys from Syracuse, The 203
Bracke 95
Brahmplatz 491
Bram Stroker's Dracula 485
Brand im Opernhaus, Der 95
Brandstätte, Die 41
Brasher-Doublone, Die 251
Brautpaar vor dem Eiffelturm 207
Brautwahl, Die 63
brennende Acker, Der 117
Brennende Erde 137
brennende Giraffe, Die 185
Brennender Friede 441
Bridge over Troubled Water 361
Bridgehand, Eine 305
Briefe einer Deutschfranzösin 85

Briefe, die ihn nicht erreichten 23
Brigadoon 247
Bright Eyes 411
Broadway Melody 151
Broken Glass 487
Bronsteins Kinder 449
Brot der frühen Jahre, Das 289
Brot mit der Feile, Das 381
Brubaker 419
Bruchpilot 275
Brücke über die Drina, Die 239
Brücke von Arnheim, Die 395
Brücke von San Luis Rey, Die 145
Brücke, Die 307
Bruder Eichmann 429
Bruder Lustig 31
Brüste des Teiresias, Die 89
Buch der Bilder, Das 19
Büchse der Pandora, Die (G. W. Pabst) 151
Büchse der Pandora, Die (F. Wedekind) 25
Buddenbrooks, Die (Film) 307
Buddenbrooks, Die (Th. Mann) 123
Bugsy 477
Bullets over Broadway 495
Bündel oder Neuer Schmaler Weg in den Tiefen Norden, Das 403
Bürger Schippel 69, 151
Bürger von Calais, Die (G. Kaiser) 87
Bürger von Calais, Die (R. Wagner-Régeny) 205
Bürger, Die 287
Bürgschaft, Die 167
Burr 381
Butcher Boy, The 87
Butt, Der 401
Bwana, der Teufel 279

Cabaret 373
Cabinet des Dr. Caligari, Das 105
Cabiria 77
Café Deutschland 405
Cagliostro 121
Caine war ihr Schicksal, Die (E. Dmytryk) 285
Caine war ihr Schicksal, Die (H. Wouk) 273
Caligula 239
Camino Real 279
Campiello, Il 189
Canaris 285
capricci di Callot, I 223
Capriccio 223
Capriccio per Siegfried Palm 353
Capri-Fischer 245
Captains Courageous 201
Carmen 433
Carmen (G. Bizet) 305, 441
Carmen (E. Lubitsch) 95
Carmen Jones 229
Carmen kehrt heim 273

Carmina Burana 195, 231, 425
Carnet de bal, Un 195
Carrie 395
Carrington 491
Casablanca 225, 277
Casanova (F. Fellini) 395
Casanovas Heimfahrt (A. Scnitzler) 97
Casino 495
Caspar Hauser oder Die Trägheit des Herzens 45
Casual Love 283
Cat Ballou – hängen sollst du in Wyoming 339
Catch 22 363
Cats 447
Catulli Carmina 229
Cavalleria rusticana 457
Cave, The 483
Cavour 211
Céleste 423
Cenerentola · Aschenbrödel
Central Park West 491
Change 355
Chantecler 53
Chienne, La · Hündin, Die
China-Syndrom, Das 403
Chinatown 383
Chinesin, Die 347
chinesische Mauer, Die 243
Chirpy Chirpy Cheep Cheep 371
Chorus Line, A 389
Christ-Elflein, Das 35, 79
Christiane F. – Wir Kinder vom Bahnhof Zoo 423
Christoph Colomb 157
Christopherus 403
Christus 117
Christus kam nur bis Eboli 405
Christus mit der Gasmaske 149
Chronik eines angekündigten Todes 423
Cid, Der 49
Cimarron 165
Cindy, oh Cindy 299
Circle of Chalk, The · Kreidekreis, Der
Circus 145
Citizen Cane 217
City, The · Stadt, Die
Cleopatra (C.B. DeMille) 179
Cleopatra (J.L. Mankiewicz) 321, 327
Clou, Der 379
Clown, Der 361
Cocktail für eine Leiche 257
Coëphores, Les 79
Cohen of Coney Island 63
Columbus 221
Comeback 423
Company of Strangers 469
Composé für zwei Klaviere und Orchestergruppen 347
Computerliebe 445
Consul, The · Konsul, Der

Cortés, Eroberer Mexikos 219
Corydon. Vier sokratische Dialoge 59
Cosmopolitan Greetings 457
Cowboy 329
Coyote – I like America and America likes me 387
Crackers 433
Crazy Man Crazy 281
Criche, Crocche e Manico d'Unico 449
Csárdásfürstin, Die 79
Cyankali 153
Cyrano von Bergerac 471

Da geh ich zu Maxim 35
Da sprach der alte Häuptling 319
Dada Painters and Poets, The 269
Dafnis. Lyrisches Portrait aus dem 17. Jahrhundert 29
Dame im See, Die 245
Dame ist nicht fürs Feuer, Die 253
Dame Kobold 83
Damen und Herren 341
Dämon, Der 129
Dämonen, Die (H. v. Doderer) 295
Danses Concertantes 235
Dantes System der Hölle 341
Danton (D. Buchowetzki) 111
Danton (A. Wajda) 431
Dantons Tod (G. Büchner) 17, 211
Dantons Tod (G. v. Einem) 249
Daphne 203
Das bis du. Ein Spiel in fünf Verwandlungen 101
Davor 355
Day After, The 431
Day at the Races, A (Marx Brothers) 197
Day At the Races (Queen) 395
Dead Man Walking 487
Dead Zone 433
Deadlock 363
Death, Destruction & Detroit 407
Decameron 365
Decollagen 353
Dédale 493
Deidamia 283
Deidre von den Schmerzen 53
Dein Schweigen – meine Stimme 323
Dejavu 479
Delirium 487
Demoiselles d'Avignon, Les 41
Denkmal der Fledermäuse 459
Denn sie müssen nicht, was sie tun ... 293
Denn sie wissen nicht, was sie tun 289
Der mit dem Wolf tanzt 473
Derjenige, der sein Versprechen einlöst 321
Desdemona und ihre Schwestern 479
Desperado City 423
Deutsche Bund, Der 341
Deutsche Mütter 79

deutsche Mutterherz, Das 137
Deutsche Passion 1933 179, 183
Deutschland im Herbst 403
Deutschland im Jahre Null 253
Deutschland, Deutschland über alles 153
Deutschland. Ein Wintermärchen 375
Deutschlandgerät 469
Diagonal Sinfonie 129
Dialoge der Karmeliterinnen, Die 297
Diane française, La 235
Dichter oder halb vier, Der 57
Dick und Doof – Schrecken der Kompanie 219
Dick und Doof im Wilden Westen 199
Dida Ibsens Geschichte 95
Didi der Doppelgänger 433
Die durch die Hölle gehen 407
Die im Schatten leben 63
Dieb von Bagdad, Der 215
Diener zweier Herren, Der 127
Dies irae ... 97
Diese Schallplatte ist gräßlich 281
Dieses obskure Objekt der Begierde 399
Dim Dim the Lights 285
Dinge des Lebens, Die 357
Dingleys Ruhm 21
Dirty Dancing 453
Dirty Harry 367
Dirty Harry kommt zurück 433
diskrete Charme der Bourgeoisie, Der 375
Divertimento für Streichorchester (B. Bartók) 211
Dizzy 357
Doktor Faust (F. Busoni) 133
Doktor Faustus (Th. Mann) 249
Doktor Schiwago (D. Lean) 337, 341, 349
Doktor Schiwago (B. Pasternak) 453
Dolci canti di cancro 403
Don Carlos 113, 195, 339, 409
Don Giovanni 217, 223, 265, 317
Don Juan (C. Sternheim) 63
Don Juan (G. Verdi) 301
Don Juan oder Die Liebe zur Geometrie 279
Don Procopio 31
Don Quichotte (J. Massenet) 53
Don Quijote (M. d. Cervantes) 337
Dona Rosita bleibt ledig oder Die Sprache der Blumen 185
donne curiose, Le · neugierigen Frauen, Die
Donnerstag 305
Donnerstag aus Licht 421
Doppeldeutsch 479
Doppelleben 267
doppelte Lottchen, Das 271
Dorado 431
Dorf, Das 213
Dorfschule 107

Dornenbäume 245
Dornenkrone, Die 269
Dornröschen (E. Humperdinck) 17
Dornröschen (P. Leni) 89
Double ascencion 379
Down by Law 447
Down to the Valley 253
Dr. Dolittle und seine Tiere 109
Dr. Holl 271
Dr. Mabuse, der Spieler 119
Dr. Seltsam, oder wie ich lernte, die Bombe zu lieben 331
Drachenblut 433
Dracula 167
Dragon's Teeth
Drang, Der 487
Draußen vor der Tür 251
Dream of a Rarebit Fiend, The 37
Drei alte Schachteln 87
Drei Caballeros 235
Drei Menschen 9
drei Musketiere, Die 381
Drei Schwestern 13, 435, 453
Drei Soldaten 115
drei Sprünge des Wang-lun, Die 81
drei Tage des Condors, Die 387
Drei von der Tankstelle, Die 161
drei Wünsche, Die 15
Dreigroschenoper (B. Brecht) 147
Dreigroschenoper (Film) 297
Dreigroschenoper, Die (G.W. Pabst)
Dreigroschenroman 181
Dreiklang 101
Dreimäderlhaus, Das 83
Dreimal sieben Gedichte 65
Dreispitz, Der 99
dreißigste Jahr, Das 317
Dreyfus 159
dritte Mann, Der 265
dritte Welt, Die 343
Dritte, Der 371
Dschungel (W. Lam) 231
Dschungel, Der (U. Sinclair) 37
Du lebst noch 105 Minuten 257
Du mich auch 449
Du sollst nicht ehebrechen 145
Du sollst nicht töten 479
Dubarry von heute, Eine 141
Dubliner 77
Duell 369
Duell am Lido 135
Duell in der Sonne 245
Duft der Frauen, Der 483
Duineser Elegien 123
Dumbo, der fliegende Elefant 219
dumme Mädchen, Das 205
Dunkle Alleen 231
Durcheinandertal 463
Duschende 405

E.T. – der Außerirdische 425
Easy Rider 355

Easy Street 89
Ecce Homo 121
Echnaton 435
echten Sedemunds, Die 105
Effi Briest (R.W. Fassbinder) 383
Effi Briest (Th. Fontane) 205
Efraim 347
Egmont 63, 185
Ehe der Luise Rohrbach, Die 87
Ehe der Maria Braun, Die 407
Ehe des Herrn Mississippi, Die 275
Ehekrieg 261
Ehen werden im Himmel geschlossen 149
ehrbare Dirne, Die 245
Ei, Das 293
Eigentlich möchte Frau Blum den Milchmann kennenlernen 333
Ein Mann Gottes 259
Ein Tag wie jeder andere 291
Eine ganz normale Familie 421
Einer flog über das Kuckucksnest (K. Kesey) 323
Einer flog übers Kuckucksnest (M. Forman) 389
Einer von den Stillen 261
Eines langes Tages Reise in die Nacht 293
Einfach kompliziert 445
einfache Leben, Das 207
Einführung Heinrichs IV. durch Erzbischof Anno aus der Kaiserpfalz zu Kaiserswerth (1062) 303
Eingeschlossenen, Die 305
Einhart der Lächler 39
Einhorn, Das 341
Einkleidung der Braut/der Ehefrau, Die 213
Einmal Hölle und zurück 433
einsame Villa, Die 49
einsame Weg, Der 27
Einsamkeit des Langstreckenläufers, Die 307
Einstein 383
Eintagswesen 461
Einwanderer, Der 89
Eisenbahnlandschaft im Regenbogen 225
eiserne Gustav, Der 203
eiskalte Engel, Der 345
Eismann kommt, Der 243
Eiszeit 377, 467
Ekel, Das 203
El Fajir 345
El Greco malt den Großinquisitor 193
Elegie für junge Liebende 317
Elektra (H. v. Hofmannsthal) 23
Elektra (R. Strauss) 47, 293
elfte Muse, Die 65
Eliána 43
Elisabeth (S. Levay) 481
Elisabeth II. (Th. Bernhard) 463
Elisabeth Tudor 373

Ella elle l'a 459
Ellen Olestjerne 25
Elmer Gantry 315
Eloise 357
Emil und die Detektive 165
Ende einer Affäre 273
Endlos ist die Prärie 251
Endspiel 297
Endstation Sehnsucht (E. Kazan) 271
Endstation Sehnsucht (T. Williams) 251
enge Pforte, Die 47
Engel des Lichts 423
Engel kommt nach Babylon, Ein 281
Engel und Narren 33
Engelein 73
Engeleins Hochzeit 85
englische Katze, Die 431
Enrico 473
Entdeckung Amerikas durch Christoph Columbus, Die 311
Entdeckung der Langsamkeit 433
Entertainer, Der 297
Entfernung von der Truppe 333
Entführung aus dem Serail 453
Entführung der Europa, Die 43
Entscheidung (G. Schumann) 205
Entscheidung, Die (A. Seghers) 307
Entwurf einer neuen Ästhetik der Tonkunst 39
Enzio 59
Equus 379
Erbarmungslos 483
Erbtöchter, Die 427
Erde 43
Erdgeist 121
Erfolg 161
Erkenntnis des Ostens 9
erledigter Mensch, Ein 65
Erloschenes Licht 21
Ermittlung, Die 339
Ermo 489
Ermordung des Bischofs Petrus von Maty 401
Ermordung des Herzogs von Guise, Die 45
Ermordung einer Butterblume und andere Erzählungen, Die 71
Ernani 35
Ernst Thälmann – Sohn seiner Klasse 283
Ernste Absicht 363
Eroberung des Pols, Die 67
Eroberung Jerusalems, Die 31
Eroberung Roms, Die 33
Eroberung von Mexiko, Die 477
Eröffnung des indischen Zeitalters 287
Erotik 145
Erschöpfung der Welt, Die 415
erste abstrakte Aquarell, Das 55
erste Kreis der Hölle, Der 353
Erste Versuche eines Schlittschuhläufers 45

555

ersten Menschen im Mond, Die 15
Erster Klasse 53
Erstes Erlebnis 59
Erwählte, Der 273
Erwartung (R. Oelze) 187
Erwartung (A. Schönberg) 127
Erzählungen einer alten Großmutter 95
Erziehung des Henry Adams von ihm selbst erzählt 41
Es führt kein Weg zurück 213
Es geschah in einer Nacht 179
Es lebe das Leben 17
Es liegt in der Luft 147
Es war einmal 243
Es war einmal in Amerika 439
Es waren ihrer sechs 235
Es werde Licht! 91
Escape to Happiness 215
Esch oder die Anarchie 1903 167
Eunuch 65
Eurydike 225
Eva 57
Evangeliar Heinrichs des Löwen 433
Evita 403
ewige Jude, Der 35
ewige Nacht, Die 83
ewige Spießer, Der 161
ewige Tag, Der 59
Exemplar, Das 71
Exerzierplatz 443
Exil 213
Exodus (O. Preminger) 317
Exodus (J. Tal) 285
Exorzist, Der 379
Ex-Position 405

F.P. 1 antwortet nicht 173
Fahnen 127
Fahrraddiebe 255
Fahrt zum Leuchtturm, Die 143
Fall, Der 295
Fall Deruga, Der 91
Fall Winslow, Der 243
Fälscher, Die 109
Falsches Spiel mit Roger Rabbit 459
Falschspielerin, Die 219
Fälschung, Die 423
False Promises 393
Falstaff 421
Familiengrab 391
Familienparade 189
Familientag, Der 205
Fancy Free 233
Fanfaren der Liebe 271
Fanga 231
Fänger im Roggen, Der 271
Fanny und Alexander 427
Fantasia 213
Fantasmagorie 43
Fantômas 73
Farbe des Geldes, Die 449
Farbe Lila, Die (S. Spielberg) 443

Farbe Lila, Die (A. Walker) 435
Farm der Tiere 239
Faust des Riesen, Die 89
Faust I 171, 217, 329, 425, 469
Faust II 173, 223, 425
Faust im Nacken, Die 285
Favorit der Kaiserin, Der 189
Fedora 401
Fée Électricité, La 199
Feen, Die 201
Fegefeuer in Ingolstadt 137
Feiertags-Kantate 389
Feigling, Der 255
Feinde 35
feinen Leute, Die 113
Felder Kastiliens, Die 67
Fellinis Satyricon 357
Felsen des zweiten Todes, Der 295
Fenster zum Hof, Das 285
Fermina Márqucz 59
Fernando 397
ferne Klang, Der 63, 133
Fest der Schönheit 189, 201
Fest der Völker 189, 201
Fest und Erinnerung 211
Feste Romane 151
Festspiel in deutschen Reimen 69
Fettstuhl 329
Feuer aus Kesseln 159
Feuer, Das 85
Feuerball 337
Feuerbilder 319
Feuersnot 13
Feuervogel, Der 53
Feuerzangenbowle, Die 231
fidele Bauer, Der 37
fidele Gefängnis, Das 89
Fidelio 39, 239, 267, 321
Figaro läßt sich scheiden 193, 327
Figaros Hochzeit 241
Fiesta 139
Fiktionen 235
Film ohne Titel 253
Film über das Töten 459
Filmprimadonna, Die 73
Firmling, Der 181
Fisch namens Wanda, Ein 459
Fische, Die 403
Fitzgeraldo 421
Five Feet of Colorful Tools 325
Flachsacker, Der 39
flambierte Frau, Die 431
Flamme (H. Müller-Einigen) 107
Flamme, Die (E. Lubitsch) 123
Flammende Herzen 405
Flammendes Inferno 385
Flashdance 429
Flauto solo 31
Fledermaus, Die 89
Fliegen, Die 229
fliegende Holländer, Der 13, 205, 217, 305, 337
fliehendes Pferd, Ein 407, 441

florentinische Tragödie, Eine 89
Floß der Medusa, Das 237
Floundering 489
Flucht nach Ägypten, Die 219
Flucht nach Venedig, Die 121
Flucht und Verwandlung 307
Flüchtlinge 179
Flugasche 423
Flügel 151
Fluß ohne Wiederkehr 285
Flußdampfer auf dem Yukon 235
Folterungen der Beatrice Cenci, Die 367
Fontäne 89
Fontane di Roma 89
Forest, The 457
Forêt, La 453
Forrest Gump 491
Försterchristl, Die 39
Fortschreitend gleitendes Vergnügen 387
Fossil, Das 123
Foucaultsche Pendel, Das 457
Fra Diavolo (O. Meßter) 35
Fra Diavolo ou L'Hôtellerie de Terracine (D.F.E. Aubert) 37
Fragile 37
Francesca da Rimini 13
Frankenstein 167
Frankie & Johnny 475
Frankreich 365
Frantic 455
Franz 211
Franziska 63
Frasquita 117
Frau in Blau 101
Frau mit Blumenhut 329
Frau mit dem Raben, Die 29
Frau ohne Gewissen 233
Frau ohne Kuß, Die 127
Frau ohne Schatten, Die 99, 385, 389, 421
Frau und der Fremde, Die 441
Frau Warrens Gewerbe 17, 203
Frau, nach der man sich sehnt, Eine 143
Frau, sitzend im Sessel 213
Frau, von der man spricht, Die 223
Frauen – Krieg – Lustspiel 457
Frauen sind doch bessere Diplomaten 217
Frauen vom See der duftenden Seelen, Die 483
Frauen vor Flußlandschaft 443, 455
Frauen waren sein Hobby 433
Frauenkopf 47, 213
Frauenschicksale 275
Fräulein Else 151
Fräulein Seifenschaum 81
Freddy, die Gitarre und das Meer 305
Fredegunde 461
Free As A Bird 493
freie Geist, Der 81

Freie Knechte 95
Freischütz, Der 313
Freistatt, Die 167
fremde Vogel, Der 59
Fremde, Der 225
Fremdenführerin, Die 445
Fremdkörper, Die 307
Fremdling unter Fremden 303
French Connection, The 369
Freu Dich Deiner Jugend 205
freudlose Gasse, Die 133
Freundinnen, Die 159
Fridericus Rex (A. v. Czerépy) 121
Fridericus Rex. Ein Königsschicksal (O. Gebühr/A. Steinrück) 117
Frieden 159
Friedenstag 201
Friedrich der Große und Oedipus Rex 489
Fritz the Cat 369
frohe Stadt des Leichtsinns, Die 83
fröhliche Stadt, Die 131
Fromme Gesänge 111
fruchtbare Kreuzigung, Die 313
Früchte des Zorns 211
Frühjahrsparade 181
Frühlings Erwachen 35
Frühstück bei Tiffany (T. Capote) 303
Frühstück bei Tiffany (B. Edwards) 315, 321
Full Metal Jacket 455
Fünf Millionen suchen einen Erben 201
Fünf Orchesterstücke (A. Schönberg) 117
Fünf Tage im Juni 385
fünfte Kolonne, Die 211
Fünftes Klavierkonzert in G-Dur op. 55 (S. Prokofjew) 169
Funny Girl 331
Für eine Handvoll Dollars 335
Furcht und Elend des Dritten Reiches 201
Furcht und Hoffnung 435
Fürsorgliche Belagerung 411
Fußgänger der Luft 323

G 120/1988 459
Galgenlieder 33, 55
Gammler, Zen und hohe Berge 303
Gandhi 427, 431
Ganz Paris träumt von der Liebe 289
Ganz unten 443
Ganze ein Stück, Das 445
ganze Nacht hindurch, Die 221
Gärten der Finzi-Contini, Die 323
Gärten und Straßen 225
Gas 95, 131
Gas II 107
Gasthaus an der Themse, Das 323
gastliche Haus, Das 141
Gatte des Fräuleins, Der 157

Geächtet 227
Geächtete, Der 255
Geboren am 4. Juli 467
Gebrochene Blüten 101
Geburt des flüssigen Verlangens, Die 171
gefährliche Alter, Das 55
Gefangene, Der 261
Gefängnis 257
Gegenpapst, Der 219
Geh, wohin dein Herz dich trägt 495
geheime Leben des Salvador Dali, Das 225
Geheimnis der 11 000 Jungfrauen, Das 421
Geheimnisse einer Seele 137
geheimnisvolle Villa, Die 75
Geheul, Das 295
Gehülfe, Der 45
Geierwally, Die (E. A. Dupont) 113
Geierwally, Die (W. v. Hillern) 211
Geist der Rose, Der 57
Geist der Zeit – Mechanischer Kopf, Der 101
Geisterhaus, Das 429
Geisterkomödie (N. Coward) 217
Geisterkomödie (D. Lean) 235
gelbe Schein, Der 95
gemordete Dichter, Der 85
General Quixotte oder Der verliebte Reaktionär 305
Genie und die Göttin, Das 291
Genoveva 491
Genuine 107
Gerechtigkeit für Serbien 497
Gerettet 337
gerettete Venedig, Das 29
gerettete Zunge, Die 401
Germania 17
Gertrud 55
Gesang der Nachtigall, Der 105
Gesang vom lusitanischen Popanz 345
Gesang zwischen den Stühlen 171
Gesänge von Leben und Hoffnung 31
Geschäfte des Herrn Julius Cäsar, Die 299
geschenkte Gaul, Der 363
Geschichte aus Casarsa 225
Geschichte der Kell-Bande, Die 35
Geschichte eines Verbrechens 15
Geschichte vom Soldaten, Die 93
Geschichte von einem Feuer, Die 349, 351
Geschichte von Qui Ju, Die 479
Geschichte von Vasco, Die 293
Geschichten aus dem Wienerwald 165
Geschlagene, Der 251
Geschlecht, Ein 93, 121
geschlossenen Türen, Bei 233
Geschwister Oppermann 429
Geschwister Tanner 41
Gespenst, Das (H. Achterbusch) 431
Gespenster (H. Ibsen) 9, 35

Gespenstersonate 43
Gestern und heute 165
gestiefelte Kater, Der 389
Gestohlene Kinder 481
gestohlene Mond, Der 255
gestundete Zeit, Die 281
Gestürzter Dämon 19
Gesundbeter, Der 47
Get Yer Ya Yas Out 363
geteilte Himmel, Der 329
Gewaltlosen, Die 107
Gewehr über! 97
Gewehre der Frau Carrar, Die 195
Gewicht der Welt, Das 401
Gewinnung des Eisens am steirischen Erzberg in Eisenerz, Die 61
Gewitter über Gotland 141
Gewitter von Süd 171
Gezeichneten, Die 93
Ghetto 437
Ghost – Nachricht von Sam 469
Gier unter Ulmen 129
Giftgas über Berlin 151
Gigi 379
Gilda 239
Gilles und Jeanne 121
Ginevra dei Benci 345
Giovinezza 163
Girl You Know It's True 459
Girl-Friends 405
Giulio Cesare 205
Give 'Em Enough Rope 405
Glanz des Hauses Amberson, Der 223
Glas Wasser, Das (B. Eichhorn) 397
Glas Wasser, Das (Film) 317
Glasmenagerie, Die (I. Rapper) 267
Glasmenagerie, Die (T. Williams) 235
Glasperlenspiel, Das 229
Glass Tears 485
Glaube und Heimat 55
Glaube, Liebe, Hoffnung 191
Gleichgewicht 485
Glenn Miller Story, Die 285
Gletscher, Der 45
Glockenspiel des Kreml, Das 211
Glöckner von Notre Dame, Der 207
Gloria 417
glorreichen Sieben, Die 313
Glück für Jim 285
Glück im Winkel, Das 113
Glückliche Reise 169
Glücksfälle Richard Mahonys, Die 91
Glückskinder 191
Gnadenlos 449
Go To Be There 375
Gobseck 115
Godzilla 295
Gold und Silber 9
Goldberg Variationen 473
goldene Hahn, Der 121
goldene Kalb, Das 133
goldene See, Der 101
goldene Stadt, Die 223

Goldenes Gift 251
Goldfinger 335
Goldrausch 133, 183
Golem, Der 79, 81
Golem, wie er in die Welt kam, Der 107
Goncourt 399
Good Earth, The 201
Goodbye Sam, Hallo Samantha 361
Gösta Berling 129
Gott der Rache, Der 41
Götter der Pest 361
Götter dürsten, Die 65
Götter von Tibet 133
Götter, Gräber und Gelehrte 261
Göttergatte, Der 25
Gottes vergessene Kinder 449
Göttinnen oder Die drei Romane der Herzogin von Assy, Die 25
göttliche Jette, Die 193
Göttliche Komödie 457
göttliche Weib, Das 145
Götz von Berlichingen 203
Götz von Berlichingen mit der eisernen Hand 169
Gouverneur, Der 245
Goyescas 59
Grab des Unbekannten Soldaten, Das 125
Graf Dohna und seine Möwe 93
Graf Mirabeau 461
Graf von Gleichen, Der 43
Graf von Luxemburg, Der 47
Gräfin Mariza 125
Grand Canyon 477
Grand Hotel 169
Grand Macabre, Le 403
grausame Stadt, Die 287
Grease – Schmiere 405
Great Train Robbery, The große Eisenbahnraub, Der
Gremlins – Kleine Monster 435
Grigia 125
Griselda 47
Groß und Klein 403
große Blonde mit dem schwarzen Schuh, Der 375
große Diktator, Der 231, 303, 363
große Eisenbahnraub, Der 25
große Familie, Die 251
Große Freiheit Nr. 7 235
große Fressen, Das 377
große Gatsby, Der 135
große Illusion, Die 195
große Irrtum, Der 357
Große Kniende 59
große König, Der 223
Große Kurfürst, Der 181
große Landstraße, Die 53
große Lüge, Die 221
große McGinty, Der 215
große Meaulnes, Der 71
große Schluck, Der 15
große Sünderin, Die 187

Große Welttheater, Das 175
große Wette, Die 83
große Wut des Philipp Hotz, Die 301
Großer liegender Akt 89
Großmutters Leselupe 11
Großstadt 1926 271
größter Bluff, Sein 141
Großtyrann und das Gericht, Der 185
Grün ist die Heide 273
grüne Gott, Der 225
grüne Leuchten, Das 445, 447
grüne Tisch, Der 169, 271
Grüne Tomaten 475
Gruppenbild mit Dame 369
Grüße aus New Babylon 329
Guerillas (R. Hochhuth) 361
Guerillas (V.S. Naipaul) 391
Guernica 195
guerra, La 293
Guevara oder Der Sonnenstaat 435
Gurre-Lieder für Soli, Chor und Orchester 23, 121
Gustaf Gründgens 491
gute Mensch von Sezuan, Der 227
gute Wille, Der 477
Guten Morgen, du Schöne 405
Guten Tag II 391

haarige Affe, Der 117
Hab ich dir heute schon gesagt, daß ich dich liebe? 371
Habanera, La (R. Laparra) 43
Habanera, La (D. Sierck) 197
Haben und Nichthaben 233
Hai in der Suppe, Ein 389
Haie der Großstadt 317
Hair (M. Forman) 399
Hair (G. McDermott) 345
Halbzeit 313
Halleluja 407
Hallo! Hallo! Hier spricht Berlin! 169
Halluzinationen des Baron Münchhausen, Die 59
Halstuch, Das 321
Hamlet (L. Olivier) 253
Hamlet (W. Shakespeare) 111, 187, 289, 337
Hamlet oder die lange Nacht nimmt ein Ende 293
Hamletmaschine 453
Handball 205
Hanglage Meerblick 431
Hannah und ihre Schwestern 451
Hannibal 97
Happy End 153
Hard Day's Night, A 331
Harmonie der Welt 297
Harold und Maude 369
Harry und Sally 463
Haß ist blind, Der 267

häßliche Herzogin Margarete Maultasch, Die 123
Hauptmann von Köpenick, Der (H. Käutner) 247, 295, 299
Hauptmann von Köpenick, Der (C. Zuckmayer) 163
Haus am Meer 65
Haus an der Moskwa, Das 395
Haus der Sehnsucht 261
Haus der sieben Sünden, Das 213
Haus des Lächelns, Das 473
Haus Herzenstod 109
Haus in Montevideo, Das 173
Haus ohne Hüter 285
Hausboot 303
Hausmeister, Der 313
Hauspostille, Die 141
Heart of Glass 411
Heaven's Gate 417
Hebamme, Die 373
Hedda Gabler 131
Heiden von Kummerow, Die 199
heilige Ambrosius, Der 113
heilige Johanna der Schlachthöfe, Die 169
Heilige und ihr Narr, Die 71
Heiligenhof, Der 95
Heimatmuseum 407
Heimkehr 147
heimliche Ehe, Die 293
Heimsuchung, Die 341
Heimweh (F. Jung) 145
Heimweh (Lassie-Film) 229
Heinrich aus Andernach 133
Heinrich IV. (L. Olivier) 241
Heinrich IV. (W. Shakespeare) 117, 207, 473
Heinrich oder Die Schmerzen der Phantasie 441
Heißer Sommer 385
Heißes Blut 61
Heißes Geld 457
Heizer, Der 71
Held der westlichen Welt, Der 37
Helden, Helden 373
Heldenleben, Ein 11
Heldenplatz 459
Helga 347
Helle Bewegung 245
Hello Dolly 331
Helmer oder ein Puppenheim 417
Henkerin, Die 405
Henriette Jacoby (G. Hermann) 45
Henriette Jacoby (R. Oswald) 95
Herbert Engelmann 275
Herbstmilch 463
Herbstmond 479
Herbstsonate 405
Here Sir Fire, Eat 225
Herkules und der Stall des Augias 325
Hermannsschlacht, Die (C. D. Grabbe) 191
Hermannsschlacht (H. v. Kleist) 43

558

Herr Arnes Schatz 101
Herr aus San Franzisko, Der 85
Herr Biedermann und die Brandstifter 301
Herr der Fliegen, Der 285
Herr der Ringe, Der 285
Herr Monsier, Der 137
Herr Ornifle oder der erzürnte Himmel, Der 289
Herr Paul 487
Herr Puntila und sein Knecht Matti 253
Herr vom anderen Stern, Der 255
Herrenpartie 333
Herrin von Atlantis, Die 171
Herrscher, Der 195
Herz aller Dinge, Das 255
Herz auf Taille 147
Herz im Harnisch, Das 59
Herz in der Trommel, Das 199
Herz ist ein einsamer Jäger, Das 213
Herz und eine Krone, Ein 281, 283
Herz, Das 163
Herzflimmern 369
Herzog Blaubarts Burg 59, 93
Herzog Wildfang 13
Herzogin von Chicago, Die 147
Heure espagnole, L' → spanische Stunde, Die
Heute abend wird aus dem Stegreif gespielt 159
Hexen von Eastwick, Die 447
Hexenkessel 279
Hexer, Der 141, 143
Hey Tonight 365
Hidalla oder Sein und Haben 31
Hier ist ein Mensch 371
High Noon 275
Hilde Warren und der Tod 91
Hilligenlei 33
Himmel über Berlin, Der 453
Himmel und Erde 383
Himmel und Hölle 105
Hinkemann 123
Hinterhalt, Der 43
Hintertreppe, Die 113
Hinze und Kunze 353
Hiob 89
Hiroshima mon amour 313
Hitlerjunge Quex 175
Hitlerjunge Salomon 477
Hochzeit auf italienisch 335
Hochzeit des Figaro, Die 165, 179, 217, 223, 321
Hochzeit, Die 201
Hochzeitsbankett, Das 483
Hochzeitsnacht im Paradies 223
Hof voll Sonne, Ein 361
Hoffmanns Erzählungen 165
Hoffmanns Geschenke 403
hohe Fenster, Das 225
Hohn der Angst 419
Hölderlin (P. Härtling) 395
Hölderlin (P. Weiss) 367

Hölle, Weg, Erde 105
Höllenfahrt der Verdammten 305
Höllenfahrt nach Santa Fé 205
Höllenkind, Das 45
Höllisch Gold 83
Holocaust 407
holzgeschnitzte Prinz, Der 89
Holzschuhbaum 405
Homo Faber 299
Homunculus 85
Honigpumpe 399
Hornissen, Die 343
Hose, Die 57
Hotel Stadt Lemberg 139
Hound Dog 281
Howards End 483
Hummerfischer 219
Hund von Baskerville, Der 19, 75
Hunde des Krieges, Die 387
Hundert Jahre Einsamkeit 347
Hundertfünfzig Millionen (150 000 000) 115
Hunderttausend Dollar in der Sonne 331
Hundertzwanzig Tage von Sodom, Die 389, 393
Hündin, Die 167
Hundstage 459
Hungerjahre 415
Hungermarsch 171
Hypochonder, Der 373

I can't get no satisfaction 337
I wanna Dance with Somebody 455
I want to hold your hand 331
I'll Never Stand in Your Way 283
I've Got a Woman 285
Ich bin das Volk 489
Ich bin kein Engel 177
Ich denke oft an Piroschka 289
Ich erwarte einen Brief 305
Ich folgte einem Zombie 235
Ich für dich – Du für mich 181
Ich klage an 101
Ich küsse Ihre Hand 151
Ich lebe für Dich 153
Ich möchte kein Mann sein 95
Ich trug den gelben Stern 461
Ich und Er 459
Ich vertraue dir meine Frau an 227
Ich war eine männliche Kriegsbraut 261
Ich werde auf eure Gräber spucken 245
Iden des März, Die 257
Identifikation einer Frau 427
Ihr bester Schuß 83
Ihre Ziehtochter → Jenufa
Iks, Les 387
Illegalen, Die 241
Illusion 219
Im Auge des Sturms 381
Im Dickicht der Kindheit 395

Im Dickicht der Städte 121
Im Grunewald ist Holzauktion 9
Im Kreuzfeuer 249
Im Namen der Dinge 225
Im Namen der Rose 417
Im Nin'Alu 459
Im Schallplattenladen 181
Im Schatten des Zweifels 227
Im weißen Rößl 139
Im Westen nichts Neues (E.M. Remarque) 149, 151, 165
Im Westen nichts Neues (Film) 159
Im Zeichen des Bösen 301
Im Zeichen des Zorro 109
Imago 37
Immanuel Kant 304
Immer Ärger mit Harry 295
Immigrant, The → Einwanderer, Der
Immoralist, Der 19
Imperium schlägt zurück, Das 409
Impressum, Das 375
Improvisation III 49
In achtzig Tagen um die Welt 293
In der Hitze der Nacht 351
In der Sache J. Robert Oppenheimer 333
In der Sonne Liebesbrand 387
In die Falle gelockt 213
In einem Jahr mit 13 Monden 407
In jenen Tagen 249
In Stahlgewittern 109
In Swanns Welt 71
In the Air Tonight 423
In weiter Ferne so nah 483
Indiana Jones und der Tempel des Todes 439
Indianer 355
Indienfahrt 85
Indipohdi 117
indische Grabmal, Das 113
Inferno und Paradies 457
Ingeborg 113
innere Kreis, Der 477
Insel der Seligen, Die 71
Intermezzo (G. Molander) 193
Intermezzo (R. Strauss) 129
Intoleranz 85
Iphigenie auf Tauris 19, 227, 353
Iphigenie in Delphi 217
Irgendwo in Berlin 247
Irische Legende 289
Irre von Chaillot, Die 239
Irre, Der 389
Irreführung der Behörden 381
Irrelohe 125
Irrgarten der Liebe 15
Irrlichter – Schrittmacher 479
Is' was, Doc? 375
Isabella von Kastilien 205
Isla Bonita, La 455
islamische Reise, Eine 423
Islandglocke 231
Isle joyeuse, L' 27

Ist das Leben nicht schön? 245
It's a Real Good Feeling 419
It's no Sin → Sin
Italienische Nacht 163
Ivanov 469
Iwan der Schreckliche 235, 243

Jabberwocky 399
Jacob Lenz 407
Jacobowski und der Oberst (G. Klebe) 337
Jacobowsky und der Oberst (F. Werfel) 231
Jagd, Die 459
Jagdgesellschaft, Die 383
Jagdszenen aus Niederbayern (P. Fleischmann) 355
Jagdszenen aus Niederbayern (M. Sperr) 341
Jäger des verlorenen Schatzes 419
Jahr der Sonne, Das 439
Jahre vergehen, Die 241
Jahrestage 363
Jahreszeiten einer Ehe 417
Jahreszeiten, Die 347
Jahrgang 1902 159
Jahrmarkt von Sorotschinzy, Der 87
Jailhouse Rock 299, 301
Jakob der Lügner 357
Jakob von Gunten 49
Jamais je ne retournerai ici 457
James Bond – 007 jagt Dr. No 323
Januskopf, Der 107
Jazzsänger, Der 143
Jean 211
Jeanny 451
Jede Menge Kohle 421
Jeder für sich und Gott gegen alle 383
Jeder stirbt für sich allein 419
Jedermann 59, 107, 159
Jegor Bulytschow und die anderen 171
Její pastorkyňa → Jenufa
Jennie Gerhardt 61
Jenseits von Afrika 443, 447
Jenseits von Eden (E. Kazan) 289
Jenseits von Eden (J. Steinbeck) 277
Jenufa 25
Jesse James, Mann ohne Gesetz 207
Jesu Hochzeit 415
Jesus Christ Superstar 369, 375
Jesus in Osaka 363
Jesuskind in Flandern, Das 95
Jettchen Gebert (W. Kollo) 149
Jettchen Gebert (R. Oswald) 95
Jettchen Geberts Geschichte (G. Hermann) 45
Jetzt geht's los 9
Jeux → Spiele
Jezebel – Die boshafte Lady 201
Joan von Zarissa 211
Joel Brand. Die Geschichte eines Geschäftes 335

Johanna auf dem Scheiterhaufen 201, 223
Johanna Balk 217
Johannes 277
Johannisfeuer 9
Jonas und sein Veteran 463
Jongleur de Notre-Dame, Der 17
Jonny spielt auf 141
Jörn Uhl 13
Joseph und seine Brüder 229
Joseph, der Ernährer 229
Josephslegende 75
JR 389
Juarez und Maximilian 131
Jubiläum 429, 471
Jud aus Hechingen, Ein 477
Jud Süß (L. Feuchtwanger) 131,
Jud Süß (V. Harlan) 213, 223, 259, 283
Judas Iskariot 73
Jude von Konstanz, Der 33
Judex 87
jüdische Krieg, Der 171
Judith (J. Giraudoux) 165
Judith (R. Hochhuth) 439
Judith (A. Honegger) 133
Judith (S. Matthus) 443
Judith II (G. Klimt) 47
Jugend 201
Jugend von heute 261
Jugendbildnis 85
Jules und Jim 321
Julia lebt 329
Julietta 305
junge Aar, Der 9
Junge Frau von 1914 165
Junge in blau 113
Junge komm bald wieder 329
junge Lord, Der 335
junge Törless, Der 343
Jungfern vom Bischofsberg 37
Jungfrau von Orleans, Die 207, 279
Jung-Heidelberg 29
Jungle Fever 475
Juno und der Pfau 127
Jurassic Parc 485
Juristen 415
Justiz 53
Juxbaron, Der 141

K. 13513 – Die Abenteuer eines Zehnmarkscheins 139
Kabale und Liebe (G. v. Einem) 393
Kabale und Liebe (F. Schiller) 327
Kaffeehaus Payer 237
Kagemucha 415
kahle Sängerin, Die 265
Kain oder der Zweite Weltkrieg 235
Kaiser Karls Geisel 43
Kaiser von Kalifornien, Der 189
Kaiserin Galla Placidia, Die 199
Kaiserin Theophano, Die 213
Kaiserreich, Das 93

Kaisers Kuli, Des 153, 159
Kalldewey 425
Kalligramme. Gedichte von Frieden und Krieg 95
Kaltblütig 339, 351
Kameliendame, Die 63
Kamerad Fleming 59
Kameradschaft 165
Kammermusik Nr. 1 (P. Hindemith) 117
Kampf 47
Kampf ums Matterhorn, Der 197
Kanaker, Die 111
Kanakerbraut 431
Kandidat, Der 81
Kanzlist Krehler 117
Kap der Angst 475
Karate-Billi kehrt zurück 473
Karl und Anna 151
Karl V. 201
Karlos 469
Karniggels 475
Kartenspielende Soldaten 89
Karussel 237
Kasimir und Karoline 171
Kaspar (P. Handke) 351
Kaspar Hauser (P. Sehr) 487
Kassandra 433
Kassette, Die 59
Katarakt 483
Kater Lampe 19
Katharina Knie 297
Katze auf dem heißen Blechdach (R. Brooks) 301
Katze auf dem heißen Blechdach, Die (T. Williams) 289
Katze, Die 363
Katzelmacher 357
Katzengraben 279
Katzenmenschen 225
Kauernde, Der 41
Kaufmann von Berlin, Der 153
kaukasische Kreidekreis, Der 253, 285
Kein Ort. Nirgends 411
Kein runter, kein ran 467
Keller des Majestic, Die 239
Kennwort Reiher 331
Kentucky Fried Movie 399
Kettentanz 367
Ketzer von Soane, Der 95
keusche Susanne, Die (Film) 135
keusche Susanne, Die (J. Gilbert) 53
Kevin – Allein zu Haus 471
Key Largo 257
Khomreh 489
Kid, The 111, 123
Kids in America 423
Killer von Alabama, Der 139
Kim 15
Kind und die Zaubereien, Das 131
Kinder der Gewalt 285
Kinder des Olymp 239, 245
Kinder ihrer Zeit 71

Kindheitsmuster 395
King Kong und die weiße Frau 175
King Lear (O. Kokoschka) 329
King of Jazz 159
Kir Royal 451
Kirche in Soest 97
Kirschen der Freiheit, Die 233
Kirschen in Nachbars Garten, Die 17
Kirschgarten, Der 25
Kiss me Kate 255
Klage Bremens, Die 245
Klavierspielen 419
Klavierspielerin, Die 433
Kleider machen Leute (H. Käutner) 213
Kleider machen Leute (A. v. Zemlinsky) 53
Kleinbürger, Die 17
Kleinbürgerhochzeit 139
kleine Caesar, Der 161
Kleine Fluchten 405
kleine Freiheit, Die 269
kleine Grenzverkehr, Der 227
Kleine Morde unter Freunden 493
kleine Prinz, Der 227
kleine Unterschied und seine großen Folgen, Der 391
kleinen Füchse, Die 217
Kleiner Mann – was nun? 169
kluge Närrin des Spaniers, Die 207
Kluge, Die 227
Klute 363
Kniende Figur 315
Kniende, Die 141
Knulp 81
Kobold, Der 25
Koch, der Dieb, seine Frau und ihr Liebhaber, Der 463
Kohlhiesels Töchter 105
Kolberg 229, 237
Kollektion, Die 321
Kolportage 127
Komiker 387
Komm, gib mir deine Hand 377
Komödie der Liebe 9
Komödie der Verführung 129
Komödie der Worte 81
Komposition mit gelbem Fleck 161
Kongreß tanzt, Der 165
König Alkohol 71
König David 111
König David Bericht, Der 375
König der Bernina, Der 9
König der Löwen, Der 489, 491
König Hirsch 293
König Lear 265
König Nicolo 323
König stirbt, Der 323
König und ich, Der 311
Königin Christine 177
Königin von Honolulu, Die 85
Königliche Hoheit 281
Königskinder 53

Konjunktur 147
Konnex 305
Konstruktion um eine Kugel 89
Konsul, Der 265
Kontrabaß, Das 421
Konzert, Das 49
Konzert für Violoncello und Orchester (K. Penderecki) 429
Kopf oder die Lust an Adam, Der 349
Korrektur 391
Kraft und die Herrlichkeit, Die 213
Kräfte 111
Kramer gegen Kramer 409, 415
Krebsstation 353
Kreidekreis, Der 131, 175, 217
Kreuzigung 219
Krieg, Der (O. Dix) 173
Krieg, Der (K. Kollwitz) 123
Krieg der Sterne 409
Krieg und Frieden (S.F. Bondartschuk) 347
Krieg und Frieden (S. Prokofjew) 243
Krieg und Frieden (E. Toller) 123
Krieg und Frieden (K. Vidor) 295
Krieger von Riace 421
Kriegsanleitung für Jedermann 361
Kriemhilds Rache 125
Kristin Lavranstocher 109
Kritik der dialektischen Vernunft 313
Kronbraut, Die 35
Krönung Richards III. 117
Kugelplastiken 313
Kuhle Wampe oder Wem gehört die Welt 169
Kuhreigen, Der 57
Kunst im Leben des Kindes, Die 13
Kunst ist in Gefahr, Die 131
Kunst zu lieben, Die 369
Kunstwerk im Zeitalter seiner technischen Reproduzierbarkeit, Das 193
Kurve, Die 311
kurze Sommer der Anarchie, Der 375
kurzes Leben, Ein 67
Kuß der Spinnenfrau, Der 395
Kuß, Der (C. Brancusi) 43
Kuß, Der (G. Klimt) 43

L'âge d'or 161
L'Ouragan 13
La Strada – Das Lied der Straße 285
La Traviata 297
Lächeln am Fuße der Leiter, Das 335
Lachen, um nicht zu weinen 277
Lachweiler Geschichten 61
Lady be good 129
Lady Chatterley 149
Lady Hamilton (R. Heger) 269
Lady Hamilton (E. Künnecke) 137
Lady von Shanghai, Die 251
Ladykillers 293
Lamerica 489
Land des Lächelns 151

Landshuter Erzählungen 345
Landstraße, Die 71
lange Reise, Die 45
Langsame Heimkehr 411
längste Tag, Der 327
langwierige Weg in die Wohnung der Natascha Ungeheuer, Der 367
Lanzelot 357
Large Two Forms 409
Largo desolato 441
Lärm der Straße dringt in das Haus, Der 61
Las Casas vor Karl V. 203
Last Yankee, The 481
Laterna magica 135
Laterne, Die 47
Lauf des Bösen, Der 249
Laura 235
Lawrence von Arabien 323
Lear (E. Bond) 367
Lear (A. Reimann) 403
Lebe wohl, meine Konkubine 483
Leben auf dem Dorfe, Das 123
Leben Christi, Das 37
Leben des Brian, Das 411
Leben des Emile Zola, Das 201
Leben des Galilei 229
Leben des Grafen Federigo Confalonieri, Das 55
Leben des Menschen, Das 39
Leben des Orest 157
Leben Eduards des Zweiten von England 17
Leben eines amerikanischen Feuerwehrmannes, Das 21
Leben Gundlings Friedrich von Preußen 407
Leben Harlekins, Das 33
Leben und sterben lassen 379
lebende Leichnam, Der 57
Lebendige Stunden 17
Leda 403
Legende eines Lebens 97
Legende vom heiligen Trinker, Die 207
Legende von der unsichtbaren Stadt Kitesch, Die 493
Leichenbegängnis 97
leichte Isabell, Die 137
Leiden des jungen Werthers, Die 447
Lemmy Caution gegen Alpha 60 333
Lenin im Oktober 197
Leningrad Cowboys 463
Lenins Tod 457
Leoparden küßt man nicht 201
Leoparden-Lilly 341
Lesabéndio 71
lesbare Stadt, Die 493
Lessons in Love 451
letze Versuchung Christi, Die 459
letzen Jahre der Kindheit, Die 417
Letzte Ausfahrt Brooklyn 469
letzte Band, Das 303
letzte Brücke, Die 283, 285

561

letzte Einhorn, Das 429
letzte Flut, Die 401
letzte Freude, Die 67
letzte Kaiser, Der 453, 457
letzte Kapitel, Das 125
letzte Kompagnie, Die 157
letzte Loch, Das 427
letzte Mann, Der 129
letzte Metro, Die 417
letzte Nacht der Titanic, Die 231
letzte Tango in Paris, Der 373, 377
letzte Walzer, Der 105, 113
letzte Welt, Die 459
letzten Tage der Menschheit, Die 95
letzten Tage von Pompeji, Die 45, 49
Letztes Jahr in Marienbad 317
Leuchtturm der sieben Künste 191
Licht auf dem Galgen, Das 317
Lichte Zukunft 405
Lichter der Großstadt 163
Lichtscheibe 319
Liebe, Die 369
Liebe auf der Flucht 411
Liebe der Danae, Die 235, 275
Liebe ist kälter als der Tod 357
Liebe Mutter, mir geht es gut 373
Liebe, Pflicht und Hoffnung 191
Liebe von Swann, Eine 437
Liebe zu den drei Orangen, Die 115, 131
Liebelei 67
Lieben, Verlieren, Lieben 375
Liebenden von Pont-Neuf, Die 475
Liebes-ABC, Das 85
Liebesband des Marchese, Das 131
Liebesglück einer Blinden 55
Liebeskummer lohnt sich nicht 333
Liebespaar 101
Liebestraum, Ein 213
Liebeszauber, Der 79
Lied der Fischer, Das 183
Lied von Bernadette, Das 219
Lied von der Erde, Das 287
Lieder des Pierrot Lunaire 65
Liegender blauer Akt mit Strohhut 49
Lieutenant Gustl 9
Light That Failed, The → Erloschenes Licht
Lili Marleen (R.W. Fassbinder) 419
Lilien auf dem Felde 331
Liliom 49, 237, 241
Limelight 277
Lineare Raumkonstruktion Nr. 4 365
Linie 1 455
listige Füchslein, Das 99
Litauische Geschichten 91
Live 373
Living next door to Alice 401
Lockvogel, Der 491
Lohengrin 83, 409, 475
Lola 421
Lola Montez 291
Lolita 291

Loplop stellt Loplop vor 161
Lorenzaccio 373
Lost in France 401
Lot und seine Töchter 207
Lotte in Weimar (E. Günther) 389
Lotte in Weimar (Th. Mann) 207
Louis Ferdinand, Prinz von Preußen 111
Love Story 355
Love Stream 437
Löwenjagd in Ellore 41
Lucifer 41
Lucky Luciano 381
Lukas-Passion 339
Lukullus vor Gericht 211
Lulu (A. Berg) 195, 279, 407
Lulu (F. Wedekind) 139, 421
lustige Witwe, Die 31, 57
lustigen Weiber von Windsor, Die 219
Lysistrata 17
Lysistrate und die Nato 383

M – Mörder unter uns 163
Ma Baker 401
Ma Mère L'Oye 53
Macbeth (G. Verdi) 165, 437
Mach's noch einmal, Sam 369
Madame Butterfly 27
Madame Dubarry 99
Madame Pompadour 119
Mädchen aus dem goldenen Westen, Das 53
Mädchen in Uniform 165
Mädchen ohne Vaterland, Das 65
Mädchen Rosemarie, Das 301
Mädchen vor einem Spiegel 173
Mädchen, über einen Balkon laufend 65
Mädchenjahre einer Königin 189
Magda 483
Magdalena 63, 65
Magic Afternoon 353
Mahabarata 441
Mahagonny 143
Majakowski 409
Majdanek 233
Major Barbara 31
Major Tom 435
Maler und das Fenster, Der 257
Malerei 305
Malou 423
Maltese Facon, The 217
Mama 363
Mama hat den besten Shit 393
Mamma Roma 325
Man spricht deutsch 459
Manche mögen's heiß 305
Mandarins von Paris, Die 285
Manhattan 405
Manhattan Transfer 135
Mania 95
Manifest der Künstler und Dichter 93

Manifest des Futurismus 47
Manifest des Surrealismus 129
Mann aus dem Süden, Der 237
Mann beißt Hund 479
Mann, der Hadleyburg verdarb, Der 11
Mann, der herrschen wollte, Der 259
Mann, der König sein wollte, Der 391
Mann, der Sherlock Holmes war, Der 195
Mann, der zuviel wußte, Der 181
Mann im Dunkel, Der 141
Mann ist Mann 139
Mann ist tot, Der 375
Mann mit dem Falken, Der 111
Mann mit dem goldenen Arm, Der (N. Algren) 261
Mann mit dem goldenen Arm, Der (O. Preminger) 291
Mann mit dem Goldhelm, Der 447
Mann mit dem Gummikopf, Der 15
Mann ohne Eigenschaften, Der 161
Mann und eine Frau, Ein 341
Mann von drüben, Der 285
Mann von La Mancha, Der 337, 349
Mann zu jeder Jahreszeit, Ein 345
Männer 443, 449
Manon Lescaut (G. Puccini) 293
Manon Lescaut (C. Sternheim) 113
Manöverliebe 35
Mantel, Schwester Angelica und Gianni Schicchi, Der 93
Marathon-Mann, Der 395
Märchen vom Wolf, Das 65
Marchesa d'Arminiani 105
Mare Nostrum 398
Maretta 151
Maria (I.J. Babel) 361
Maria Golovin 301
Maria kämpft mit den Engeln 421
Maria Stuart 323
Mariä Verkündigung 65
Mariana 143
Marianna Sirca 81
Marienleben, Das 121
Marija 187
Marina 315
Marina schminkt Luciano 391
Marionetten, welche Leidenschaft! 93, 99
Markuspassion 447
Marquis d'Eon. Der Spion der Pompadour 149
Marquis von Keith, Der 13, 105
Marquise von O..., Die 397
Marsch der Veteranen 189, 195
Martha 445
Märtyrerleben 91
Martyrium des heiligen Sebastian, Das 57
Marx Brothers im Kaufhaus, Die 219
Marx Brothers im Krieg, Die 175
Mary Poppins 333, 335
Mary Reilly 497

Mary Stuart 363
März 395
Maschinenstürmer 119
M.A.S.H. 361
Maske in Blau 195
Masken, Die (P. Mascagni) 13
Masken (E. Pound) 49
Maskerade 179
Mass 367
Massaker in Korea 273
Masse Mensch 109
Massenmörderin und ihre Freunde, Die 493
Mata Hari 165
Matchmaker, The 331
Mater Dolorosa 91
Mathilda 281
Mathis der Maler 177, 201, 297
Matrosen von Cattaro, Die 161
Matthäuspassion 421
Maulkorb, Der 201
Mavra und Renard 117
Max als Opfer der Chinarinde 61
Max als Tangolehrer 65
Medea (H. H. Jahnn) 137
Médée (D. Milhaud) 211
Mediterraneo 477
Medium, Das 243, 247
Meier 449
Mein braunes Buch 35
Mein Großvater und ich 311
Mein Herbert 441
Mein Kampf 453
Mein Karst 67
Mein Leben 265
Mein Name ist Nobody 381
Mein Onkel 303
Mein Uniformhut 485
Meine Kindheit 77
Meine Lieder – Meine Träume 341
Meine Universitäten 77
Meister Breugnon 95
Meister Joachim Pausewang 55
Meister Oelze 9
Meister Pedros Puppenspiel 121
Meistersinger von Nürnberg, Die 17, 127, 201, 227, 271, 293, 311, 327, 383, 431, 457
Melodie der Welt 151
Memoiren der Fanny Hill, Die 349
Memoiren einer Tochter aus gutem Hause 301
Memory Hotel 415
Mensch ist ein großer Fasan, Der 449
Mensch ist gut, Der 101
Mensch schreit, Der 85
Mensch und Übermensch 31
Menschen am Sonntag 157
Menschen des 20. Jahrhunderts 161
Menschen Hörigkeit, Des 81
Menschen im Hotel 151
Menschen und Masken 125
Menschenfreunde 89

Menschenjagd 219
Menschheitsdämmerung 117
Menschliche Komödie 229
menschliche Stimme, Die 305
Mephisto (K. Mann) 193, 351, 417
Mephisto (I. Szabo) 423
mer, La. Sinfonische Skizzen 31
Mercure 127
Merlin oder Das wüste Land 425
Messe solenelle 481
Messer im Kopf 405
Messer, Das 445
Metamorphosen 243
metaphysische Muse, Die 89
Metaphysischer Durchgang durch ein Zebra 391
Metello, der Maurer, 291
Meteor, Der 339
Métopes 79
Metropolis 141
Meuterei auf der Bounty 185
Michael 129
Michael Kramer 11
Mikado, Der 143
Million, Die 163
Millionen eines Gehetzten, Die 323
Minetti 393
Minister, Der
Minotauromanie 185
Mirakel, Das 65
Miroirs 31
Misérables, Les 495
Misfits 315
Miss Daisy und ihr Chauffeur 467
Miss Saigon 489
Missing 425
Mission 447
Mißverständnis, Das 233
Mit 17 hat man noch Träume 337
Mit den Augen des Westens 61
Mittag Mitternacht 343
Mitten ins Herz 431
Mitternachtsmarkt 333
Mitternachtsvögel 225
Mobile 323
Moby Dick 293
Model, Das 425
Moderne Zeiten 187
Modulation II 345
Mohn ist auch eine Blume 341
Mohnwiese 39
Moloch, Der 35
Momente des Schweigens des Oberst Bramble, Die 95
Momo 447
Mona Lisa (M.v. Schillings) 79
Mona Lisa (L. da Vinci) 57, 323, 383
Monat in Dachau, Ein 491
Mond, ein kleines Welttheater, Der 205
Monkey Business 167
Monna Vanna 17
Monpti 299
Monsieur Bergeret in Paris 15

Monsieur Klein 395
Monsieur Verdoux 249
Monsieur Vincent 251
Monster vom Amazonas, Das 287
Montag aus Licht 457
Montauk 389
Moonlight 491
Moonlight Shadow 435
Moonraker – Streng geheim 405
Moral 45
Mord im Orientexpress 385
Mord und Totschlag 349
Mord, Der 137
Mord, meine Süße 235
Mörder sind unter uns, Die 243
Mörder, Hoffnung der Frauen 87
Mordsache »Dünner Mann« 179
Moreau 87
Morgenrot 173
Morgenrot! Klabund! Die Tage dämmern! 71
Morgue und andere Gedichte 65
Morte dell'aria → Tod in der Luft
Moses und Aaron 283, 297
Mothers of Invention 363
Mr. Sammlers Planet 363
Mrs. Sidons als tragische Muse 113
müde Tod, Der 113
Mulatte Juan de Pareja, Der 361
Müll, die Stadt und der Tod, Der 437, 443, 451
Müller von Sanssouci, Der 301
Münchhausen 227
Muriel 327
Murmeljagd 357
Muschelsucher, Die 475
Music Box 467
Music For Prepared Pianos 285
Musik für Einrichtungsgegenstände 105
Musique d'ameublement 105
Mustergatte, Der (A. Hopwood) 143, 195
Mustergatte, Der (W. Liebeneiner) 195
Mutmaßungen über Jakob 307
Mutter, Die (B. Brecht) 363
Mutter, Die (A. Hába) 163
Mutter Courage und ihre Kinder 185, 215, 259, 337
Mutter Krausens Fahrt ins Glück 153
Mutter mit dem Kind auf dem Arm 87
My Fair Lady (Film) 335
My Fair Lady (F. Loewe) 293, 319
Mysterium buffo 95
Mysterium der unschuldigen Kinder, Das 65
Mystery Train 463

Nach dem Sündenfall 331
Nach Wien! 427
Nach zehn Jahren – Väter und Söhne 1924 127
Nachdenken über Christa T. 355

Nachmittag eines Fauns 63
Nachrichten aus der bewohnten Welt 475
Nacht (R. v. Laban) 141
Nacht, Die (M. Antonioni) 315
Nacht, Die (M. Beckmann) 101
Nacht, Die (F. Hodler) 43
Nacht, Eine (G. Molander) 165
Nacht bei Maude, Meine 357
Nacht des Jägers, Die 289
Nacht des Leguans, Die 319
Nacht in Casablanca, Eine 245
Nacht mit dem Teufel, Die 225
Nacht mit Gästen 327
Nacht vor der Hochzeit, Die 215
Nächte des Zorns, Die 245
Nachtflug (L. Dallapiccola) 211
Nachtflug (A. de Saint-Exupéry) 165
Nachtigall, Die 75
Nächtliche Hochzeit 161
Nachtprogramm 335
Nachts auf den Straßen 275
Nachtseite, Die 95
Nachtwache, Die (H. Braun) 261
Nachtwache (J. Herchet) 485
Nachtwache (L. Norén) 441
Nackt unter Wölfen 303
Nackte Jugend 313
Nackten und die Toten, Die (N. Mailer) 257
Nackten und die Toten, Die (R. Walsh) 301
Nacktes Gras 303
Naked lunch 307
Name der Rose, Der (J. Annaud) 447
Narcissus 489
Narr in Christo Emanuel Quint, Der 55
Narr, Der 111
Narrenreigen 123
Narrenschiff, Das 337
Narziß und Goldmund 151, 161
Nase, Die 157
Nashörner, Die 307
Nashville 391
Nat 375
Nathael Maechler 153
Nathan der Weise 175, 239
Nein, diese Eltern 203
Nein, mein Freund 487
Neue irdische Nahrung 185
Neue Sachlichkeit in der Musik 141
neue Standpunkt, Der 85
neuen Leiden des jungen W., Die 373
Neues vom Tage 151
neugierigen Frauen, Die 25
Neun – die Welt der Angeklagten 267
neununddreißig Stufen, Die 185
Neunundneunzig Luftballons 435
Neunzehnhundert (1900) 395
Neunzehnhundertdreizehn (1913) 97
Neunzehnhunderteinundvierzig (1941) – Wo, bitte, geht's nach Hollywood 411

Neunzehnhundertneunzehn (1919) 171
New Musical Resources 99
New York, New York 401
Nexus 313
Niagara 277
Nibelungen, Die 125
Nicht Fisch nicht Fleisch 421
Nicht versöhnt 347
Nietzsche 487
Night At The Opera, A 395
Night On Earth 475
Night On The Town, A 395
Nightclubbing 405
Ninon Gruschenko 203
Niobe 87
Nixon 495
Nju – Eine unverstandene Frau 129
Noces, Les 121
Noch ein Löffel Gift, Liebling? 371
Noch nach Jahr und Tag 317
Nomos 99
Nordsee ist Mordsee 391
Norma 301
Nosferatu – Eine Symphonie des Grauens 117
Nosferatu – Phantom der Nacht 405
Notkirche 247
Notre Dame 73
Notre-Dame-des-fleurs 235
Notruf 113
Novellen der Liebe 277
Novellen um Claudia, Die 65
Nullachtfünfzehn (08/15) 289
Number 27 267
Number 1 255
Nun singen sie wieder 237
Nur Kinder, Küche, Kirche 399
Nur Samstag Nacht 399

O sole mio 9
o.k. 361
Oaha – Die Satire der Satire 61
Oblomow 461
Ochse auf dem Dach, Der 105
Ode an die Freude 369
Ödhof 61
Ödipus 55
Ödipus und die Sphinx 33
Ödipussi 457
Odyssee im Weltraum 351
Odysseus 353
Oedipus Rex 141
Offene Zweierbeziehung 431
öffentliche Ankläger, Der 255
Öffentlicher Gesang vor zwei elektrischen Stühlen 339
Offiziere 61
Oh! Calcutta! 365
Oh, Happy Day 277
Ohm Krüger 215
Ohne Titel (R. Trockel) 459

Oklahoma! 227
Oktober 147
Old Ones, The 373
Oliver Twist 257
Olympiasiegerin, Die 431
On the Town 259
One Touch of Venus 227
Onegin 335
Onkel Toms Hütte 145
Only You 293
Opfer 449
Opfer, Das 117
Opfer der Pflicht 297
Opfer des Alkohols, Die 19
Opus II 115
Ordensmeister von Santiago, Der 247
Orestes 17
Orestie 327
Orfeo, L' 389
Orlando 481
Orphée 133, 267
Orpheus in der Unterwelt 35
Orpheus steigt herab 297
Orpheus und Eurydike (C.W. Gluck) 255
Orpheus und Eurydike (O. Kokoschka) 111
Orpheus und Eurydike (E. Krenek) 137
Orpheus-Zyklus 251
Ort – eine Gebrauchsanweisung 493
Ossessione 227
Ostern 13
Ostpolzug 135
Othello (D. Buchowetzki) 117
Othello (W. Shakespeare) 451, 467
Othello (G. Verdi) 267
Otto – Der Film 443
Otto – der neue Film 453
Our Town → Unsere kleine Stadt
Ouragan, L' → Sturm, Der
Out of Rosenheim 453
Ox-Bow Incident, The 227
Oxidation 427

Paare, Passanten 423
Pagliacci 457
Palestrina 81, 87
Palmström 55
Panzerkreuzer Potemkin 135, 137, 303
Papa ist auf Dienstreise 441
Paracelsus 229
Parade 89
Paradies 449
Paradies der Hölle 115
Paragraph 51 – Seelenarzt D. Laduner 245
Paragraph 218 – Frauen in Not 159
Pardon Us 165
Parfüm, Das 437, 445, 455
Paris, Texas 437, 441
Park, Der 439

Parsifal 73, 163, 173, 195, 415, 427, 453
Pasenow oder die Romantik 1888 167
Pasolinis tolldreiste Geschichten 373
Passion der Jeanne d'Arc, Die 147
Passion, Die 107
Pastor Ephraim Magnus 123
Pastorale oder Die Zeit für Kakao 303
Pate, Der 369, 377
Pate II, Der 385
Patton 367
Pauken und Trompeten 289
Paula 495
Peepshow 437
Peer Gynt (W. Egk) 203, 479
Peer Gynt (H. Ibsen) 179, 283, 473
Peer Gynt (J. Neumeier) 461
Peinture 251
Pelle der Eroberer (M. Andersen-Nexø) 53
Pelle der Eroberer (B. August) 457
Pelleas und Melisande (C. Debussy) 17
Pelléas und Mélisande (M. Maeterlinck) 23
Penelope 283
Penthesilea 139
People Need Love 373
Perleberg 89
Pest, Die 249, 255
Peter 181
Peter Brauer 115
Peter Camenzind 25
Peter Gries 237
Peter Pan 29
Petersburg 67
Petroleumsinseln, Die 143
Petruschka 57
Pfarrers Töchterlein, Des 69
Pfarrhauskomödie 105
Pferd, Das 333
Pferderennen · Day at the Races, A
Pforten der Nacht 245
Phantasie für Violine und Orchester (A. Dvořák) 23
phantastische Reise, die 343
Phantastisches Scherzo (A. Dvořák) 23
Phantom der Oper, Das 449, 467
Phea 159
Philadelphia 487
Philemon und Baukis 291
Physiker, Die 321
Piano, Das 483, 487
Picpus 231
Ping-Pong 287
Pinien von Rom, Die 129
Pinocchio 211
Pioniere in Ingolstadt 147
Pippa Passes 49
Pippi Langstrumpf 241
Pippin 373
Pittoresken 99
Planet des Todes, Der 287
Planets, The 83

Platinum Blonde · Vor Blondinen wird gewarnt
Platonow 463
Platoon 447, 451
Platz 107
Platz an der Sonne, Ein 337
Play a Simple Melody 267
Play Strindberg 355
Player, The 477
Plebejer proben den Aufstand, Die 339
plötzliche Reichtum der armen Leute, Der 365
Pohjalaisia 75
Polenblut 69
Polizei, Die 301
Pollicino 415
Porgy and Bess 277, 183
Porträt des Dr. Gachet 467
Porträt eines Planeten 363
Portugiesin, Die 125
Positiv dagegen 249
Postmeister, Der 211
Praga 27
Präsident, Der 389
Preis, Der 351
Preispokal 279
Premeteo 437
Prénom Carmen 431
Preparadise sorry now 355
Prêt-à-porter 493
Pretty Woman 469
Preußengeist 79
Preußische Märchen 275
Priester und Detektiv 59
Prinz Friedrich von Homburg 215
Prinz im Exil 83
Prinz Kuckuck 45
Prinz von Homburg, Der 311
Prinzessin Olala 147
Prinzessin und der Geiger, Die 133
Prinzip Hoffnung, Das 311
Privatleben Heinrichs VIII., Das 175
Professor Bernhardi 65
Professor Mamlock 185
Professor Unrat 33, 157, 385
Prometheus (C. Orff) 351
Prometheus (R. Wagner-Régeny) 305
Prometheus, gefesselt (Aischylos) 447
Prozeß Jesu 287
Prozeß, Der (F. Kafka) 131, 389
Prozeß, Der (O. Welles) 327
Prüfung des Meisters Tilman, Die 205
Prüfung, Die 181
Psalmensinfonie 159
Psalmus hungaricus 123
Psycho 313, 479
Pterodactylus 493
Ptolemäer, Der 261
Pu der Bär 139
Publikumsbeschimpfung 341
Pulcinella 107
Pulp Fiction 487
Punkt und Linie zu Fläche 139

Puppet on a string 349
Purple Rose of Cairo, The 443
Putsch, Der 477
Putzfrau 375
Pygmalion 71

Quasi Prélude 79
quattro rusteghi, I · vier Grobiane, Die
Quax, der Bruchpilot 219
Queen 373
Queen of the Night II 347
Quelle der Heiligen, Die 31
Quick 171
Quo Vadis (M. Le Roy) 273
Quo vadis? (J. Nouguès) 47
Quo vadis (F. Zecca) 15

Rabe, Der 229
Rächer der Unterwelt 245
Radio Days 453
Ragtime für elf Instrumente 95
Rain Man 461
Rake's Progress, The 271
Rambo II 443
Ramona 319
Randow 489
rasende Reporter, Der 135
Rashomon – das Lustwäldchen 267
Raskolnikoff oder: Schuld und Sühne 255
Rast, Die: Huldigung an David 261
Raststätte oder Sie machen's alle 489
Ratten, Die (Film) 113
Ratten, Die (G. Hauptmann) 57, 323
Raub der Lucretia, Der 243, 267
Räuber, Die 297, 335, 469
Räuberbande, Die 77
Raubritter von München, Die 127
Raumkonstruktion in dritter und vierter Dimension 319
Rausch 9
Rauschgold 91
Realistisches Manifest 107
Rebecca 211
Rebell, Der 173
Rechnung ohne den Wirt, Die 227
Recht auf Dasein, Das 69
Red River 255
Reds 425
Refrain 293
Regard d'Ulysses, Le 491
Regenbogen, Der 235
Reich der Dämonen, Das 219
Reich der Sinne, Im 395
Reichsgründer oder Das Schmürz, Die 307
Reifeprüfung, Die 353
Reigen, Der (M. Ophüls) 267, 275
Reigen, Der (A. Schnitzler) 9, 109, 111, 425

Reise um die Erde in 80 Tagen, Die 99
Reise zum Mond, Die 19
Reisender ohne Gepäck 193
reitende Paar, Das 41
Reiter der Nacht 379
Rembrandt van Rijn 193
Remember Uncle August 101
Renard 83
Reporter des Satans 273
Requiem (G. Verdi) 243
Requiem (J. Neumeier) 475
Requiem für eine romantische Frau 467
Requiem für einen Spion 483
Retter, Die 383
Reunion 353
Revisor, Der 187, 297
Revolutionshochzeit, Die 99
Revue Nègre 133
Revue Roter Rummel 129
Rhapsodie espagnole 45
Rhapsodie nègre 89
Rhapsody in blue 125
Rhea 43
Rheinische Rebellen 133
Rheinsberg. Ein Bilderbuch für Verliebte 65
Richard II. 207
Richard III. 451
Richard Wagner 69
Richter und sein Henker, Der 277
richtige Ehe, Eine 285
Ricostruzione futurista dell'universo 79
Ricotta, La 325
Riesen, Die 381
Riesen vom Berge, Die 195
Riff-Raff 475
Rififi 289
Ring des Nibelungen, Der 217, 337, 341, 393, 431
Rio Grande 269
Rise And the Fall of Ziggy Stardust, The 372
Risurrezione 27
Ritt in die Freiheit 193
Ritt über den Bodensee, Der 365
Ritter der Kokosnuß, Die 385
Ritter der Tafelrunde, Die 461
Ritter vom Mirakel, Der 207
Ritterballett 141
Robert Zucco 469
Robespierre 327
Robin Hood, der König der Vagabunden 265
Rocco und seine Brüder 313
Rock around the Clock 283, 289
Rock me Amadeus 445
Rocky 395
Rocky Horror Picture Show 385, 455
Roi Béranger, Le 443

Roland von Berlin, Der 27
Rom, offene Stadt 239, 315
Roma (F. Fellini) 369
Roma (J. Massenet) 61
Romane der Gegenwart, Die 15
Romanze in Moll 229
Romeo und Julia (S. Prokofjew) 211
Romeo und Julia (H. Sutermeister) 211
Romeo und Julia auf dem Dorfe (G. Keller) 39
Romeo und Julia auf dem Dorfe (V. Schmidely) 219
Rommel, der Wüstenfuchs 273
Roots 395
Rosa Kollektiv 365
Rosa Luxemburg – Rote Rosen für Dich 485
Rosa Luxemburg 443, 447
rosarote Panther wird gejagt, Der 427
Rose Bernd (G. Hauptmann) 23
Rose Bernd (W. Staudte) 297
Rose vom Liebesgarten 13
Rosemaries Baby 347
Rosen der Einöde, Die 495
Rosenkavalier, Der 57, 169, 201, 205, 313
Rosenkrieg, Der 463
Rosenmontag 9
Rotation 259
Rote, Die 321
rote Anrichte, Die 43
rote Hahn, Der 13
rote Korsar, Der 277
rote Mantel, Der 285
Rote Sonne 361
Rote Wüste, Die 333
Roter Baum 47
Rotes Kornfeld 457
Rothschild siegt bei Waterloo 189
Rübezahls Hochzeit 85
Rückkehr des verlorenen Sohnes, Die 41
Ruf der Wildnis, Der 25
Ruf des Lebens, Der 33
Ruf des Nordens, Der 153
Rumor 417
Rundköpfe und die Spitzköpfe, Die 191
Running Fence 395
Rußlandhaus, Das 463

Saat der Gewalt 287
Sache Makropoulos, Die 139
Sacramento 377
sacre du printemps, Le 69
Sag mir, wie lange ist der Zug schon fort 353
Sage von der großen Stadt Kitesch, Die 23

Sage von der unsichtbaren Stadt Kitesch und der Jungfrau Fevronia, Die 37
Saint Joan 211
Salome (G. Klimt) 47
Salome (R. Strauss) 31
Salome (O. Wilde) 19
Salz auf unserer Haut 475
Sam's Song 267
Samson und Delilah 259, 269
Samstag Nacht und Sonntag Morgen 303
Samstagabend – eine Liebesgeschichte 403
Sancta Susanna 117
Sanduhr, Die 267
Sanierung 463
Sansibar oder der letzte Grund 299
Sanssouci 121
Sarmatische Zeit 317
Satanas 105
satanischen Verse, Die 459, 461, 463
Saturday Night Fever → Nur Samstag Nacht
Säulen der Erde, Die 475
Sauspiel, Das 389
Scarlett 475
schalkhafte Witwe, Die 163
Schall und Rauch 101
Schampoo 385
scharlachrote Siegel, Das 181
Schatten, Der 211
Schatten – Eine nächtliche Halluzination 123
Schatten des Meeres, Der 67
Schatten eines Rebellen, Der 121
Schatten im Tal, Der 23
Schattenlinie, Die (T. Dorst) 491
Schattenlinie, Die. Eine Beichte (J. Conrad) 91
Schatz der Sierra Madre 253
Schatz im Silbersee (Medium-Terzett) 329
Schatz im Silbersee, Der (Karl-May-Verfilmung) 323
Schatzgräber 105
Scheckiger Hund, der am Rande des Meeres läuft 473
Scheherazade 53
Scheich, Der 115
Schein trügt, Der 435
Scheinschwangerschaft 487
Scheiterhaufen, Der 41
Schelm von Salamanca, Der 313
Schicksal (A. v. Czerépy) 121
Schicksal (C. Veidt) 131
Schicksal in Ketten 243
Schiff der Träume 433
Schimanski – Zahn um Zahn 443
Schinderhannes 143
Schindlers Liste 487
Schlacht, Die 387
Schlacht bei Lobositz, Die 293

Schlacht der Engel 297
Schlacht um Wien, Die 491
Schlachten 457
Schlachtgewitter am Monte Casino 237
schlafende Schöne, Die 99
Schlafes Bruder 495
Schlaflose Tage 405
Schlafwandler, Die 167
Schlagende Wetter 221
Schlagobers 127
Schlangenbeschwörerin, Die 41
Schlangenmädchen 47
schlaue Füchslein, Das 129
Schlesische Lieder 49
Schliemann 491
Schlittenfahrt, Die 59
Schloß, Das (F. Kafka) 137
Schloß, Das (A. Reimann) 481
Schloß Gripsholm 165
Schloß in Schweden, Ein 311
Schloß Vogelöd 111
Schluck Erde, Ein 319
Schluck und Jau 9
Schlußchor 473
Schlüssel von Sankt Peter, Die 289
Schmaler Weg in den tiefen Norden 351
Schmerzenskrone 91
Schmetterling flog auf, Ein 303
Schmetterlingspuppe, Die 95
Schmidtchen Schleicher 397
Schmied von Gent, Der 169
Schmuck der Madonna, Der 57
schmutzigen Hände, Die 253
Schneewittchen und die sieben Zwerge 197, 203, 265
Schön ist die Welt 165
Schöne des Tages 345
schöne Ljukanida, Die 67
Schöne Maid 377
Schöne neue Welt 171
Schöne und das Biest, Die 243
Schöner Toni 487
Schönes Gehege 389
Schönheitsfleckchen, Das 189
schöpferische Entwicklung, Die 41
Schrecken der Medusa, Der 399
schrecklichen Eltern, Die 257
Schrei, Der 49
Schreibmaschine, Die 215
Schritt vom Wege, Der 205
Schtonk 479, 483
Schuhpalast Pinkus 83
Schuhputzer 245
Schuld war nur der Bossa Nova 329
Schule der Diktatoren, Die 297
Schule der Frauen, Die 289, 297
Schulmädchenreport 363
Schuschia → Schuhputzer
Schützenfest 257
Schützenliesl, Die 31
schwache Geschlecht, Das 163

Schwalbe, Die 87
Schwan, Der 113
Schwärmer (F. Geerk) 393
Schwärmer, Der (R. Musil) 151
schwarze Buch, Das 185
schwarze Falke, Der 293
schwarze Fest, Das 255
schwarze Maske, Die 447
schwarze Orchidee, Die 149
schwarze Schaf, Das 317
schwarze Schwan, Der 333
schwarzen Schafe, Die (H. Böll) 273
Schwarzwaldmädel, Das (H. Deppe) 267, 273
Schwarzwaldmädel (L. Jessel) 87
Schweigen (F. Werfel) 121
Schweigen, Das (I. Bergman) 329
Schweigen der Lämmer, Das 477
schweigsame Frau, Die 183
Schweinestall, Der 457
Schwertlilien 455
Schweyk im Zweiten Weltkrieg 321
Schwimmen lernt man im See 333
Schwitzbad, Das 157
Scipione l'Africano 195
Sechs Personen suchen einen Autor 111, 129
Secrets and Lies 497
See, Die 379
Seefahrer, Der 129
Seefahrt 71
Seekrieg von Hawaii von Malaya, Der 225
Seelandschaft mit Pocahontas 289
Seeschlacht 93
Seewolf, Der 219
Segen der Erde 91
segreto di Susanna, Il → Susannens Geheimnis
Sehnsucht (G. Roth) 419
Sehnsucht (Purple Schulz) 445
Sehnsucht der Veronika Voß, Die 425
seidene Schuh, Der 229
Seifenkistenrennen in Venice 77
Sein und Schein 481
Sein und Zeit 142
Seine Frau, die Unbekannte 123
Selbstbildnis (O. Dix) 251
Selbstbildnis als Soldat 79
Selbstbildnis – Kopf mit Strohhut 35
Selbstbildnis mit Ansteckern 313
Selbstbildnis mit rotem Schal 89
Selbstbildnis mit schwarzer Katze 181
Selbstbildnis mit Weinglas 91
Selbstporträt Edgar Ende 247
Self Control 439
Seligen, Die 297
Seltsames Zwischenspiel 149
September 475
Septentrion 403
Sergeant York 221
Serpentine, La → Schlangenmädchen
Serpico 381

Seven Sinners → Das Haus der sieben Sünden
Sex, Lügen und Video 461
Shake Rattle and Roll 285
Shakespeare dringend gesucht 279
Shanghai Express 167
She loves you 329
She's My Kind of Girl 373
shewing up of blanco, The 47
Shining 411
Shooting Star 251
Show Boat 143
Siberia 23
Siddharta 119
Sie 471
Sie fielen vom Himmel 311
Sie kam und blieb 229
Sie küßten und sie schlugen ihn 305
sieben Samurai, Die 313
sieben Todsünden der Kleinbürger, Die 191
Siebenjährige Krieg, Der 201
siebente Ring, Der 39
siebte Kreuz, Das (A. Seghers) 207, 225,
siebte Kreuz, Das (F. Zinnemann) 235
Sieg 81
Sieg des Glaubens, Der 175
Siegel von Abukir, Das 203
Siegfried (J. Giraudoux) 147
Siegfried (F. Lang) 125
Siegfried-Idyll 203
Sieh doch die Harlekins! 385
silberne Schleier, Der 29
Silvester 483
Silvester oder Das Massaker im Hotel Sacher 367
Sim Tjong 371
simple Kunst des Mordens, Die 233
Simplex Deutsch 415
Simultan 375
Sin 273
Sinfonia da Requiem 213
Sinfonie C-Dur op. 46 für großes Orchester (H. Pfitzner) 213
Sinfonie der Tausend 35, 53
singende Narr, Der 153
singende Venus, Die 147
Singin' in the Rain 275
Sinn und Sinnlichkeit 495
Sinnende Flammen 319
Sintflut (H. Achternbusch) 439
Sintflut, Die (I. Strawinsky) 327
Sinuhe der Ägypter 241
Sissi 289
Sitting on the Balcony 303
Situationen 251
Sitzende Badende 159
Sitzende Frau (A. Archipenko) 57
Sitzende Frau (P. Picasso) 19
Sixty Minute Man 273
Sly 143
Snob, Der 73

567

So bis du 411
So ist das Leben 17
So zärtlich war Suleyken 289
Socrate 95
Sodom und Gomorrha 229
Sofa, Das 353
Sofies Welt 495
Soft Machine, The 319
Sohn, Der 85, 93
Sohn dieses Landes 213
Söhne der großen Bärin, Die 339
Söhne und Liebhaber 71
Solaris 375
Soldat Tanaka, Der 213
Soldaten (R. Hochhuth) 345
Soldaten (J. M. R. Lenz) 85
Soldaten, Die (B. A. Zimmermann) 335, 433
Some Girls 405
Sommer der siebzehnten Puppe, Der 289
Sommerabend in Murnau 43
Sommernachtstraum (M. Chagall) 207
Sommernachtstraum, Ein (B. Britten) 311
Sommernachtstraum, Ein (M. Reinhardt) 185
Song of Joy 369
Sonne des Lebens 85
Sonne Satans, Die 453
Sonnenbadender 343
Sonnenblumen 453
Sonnenbrucks, Die 271
Sonntagskinder 393
Sorge um die Macht, Die 313
Sorina, Die 87
South Pacific 259
Sowjetische Elegie 467
spanische Erde, Die 197
spanische Nachtigall, Die 111
spanische Stunde, Die 57
Sparschwein, Das 379
Spartacus 313
Spaßvogel, Der 293
Spaziergang in der Abenddämmerung 485
Spaziergang, Der 91
Spazierritt 73
Spectre de la Rose, Le → Geist der Rose, Der
Speedy Gonzales 325
Spiegelmensch, Der 113
Spiel des Lebens 117
Spiel im Schloß 141
Spiel um Job 301
Spiel vom Ende der Zeiten, Das 379
Spiel von Fragen oder Die Reise zum sonoren Land 467
Spiel von Tod und Liebe, Ein 131
Spiele 67
Spieler, Der (S. Prokofjew) 151
Spieler, Die (D. Schostakowitsch) 431
Spießer-Spiegel 133

Spinnen, Die 101
Spinnennetz (B. Wicki) 469
Spinnennetz, Das (J. Roth) 347
Spion, der aus der Kälte kam, Der (J. le Carré) 337
Spion, der aus der Kälte kam, Der (M. Ritt) 343
Spione 147
Spitzbuben, Die 323
Splendid's 487
Sprung in die Wolken 235
Sprung über den Schatten, Der 127
Spukhotel, Das 37
Spur der Steine 347
Staatsraison 385
Staatsräson. Ein Denkmal für Sacco und Vanzetti 151
Staatstheater 367
Stadt in Angst 287
Stadt in der Wüste, Die 255
Stadt Segelfoss, Die 81
Stadt, Die 49
Stadtansichten von Halle 159
Stadtneurotiker, Der 399
Stadtverwaldung 427
stählerne Schrei, Der 85
Stalag 17 283
Stalker 411
Stammheim 445
Stand by Me 449
Stand der Dinge, Der 427
Star Wars 401
Starlight-Express 457
Starmania feiert 477
Steamboat Willie 149
Stein unter Steinen 31
steinerne Garten, Der 447
steinerne Herz, Das 295
steinerne Reiter, Der 121
Stellvertreter, Der 325
Stenka Rasin 45
Stephan Fadinger 203
Steppenwolf, Der 143
sterbende Jagd, Die 281
sterbende Schwan, Der (Film) 189
sterbende Schwan, Der (M. Fokin) 39
Stern des Bundes, Der 77
Sterntaler 397
stille Don, Der 219
Stille Zeile 6 477
Stilleben auf einem Tisch 101
Stilleben mit grünen Gräsern 235
Stilleben mit Maiskolben und Bilderbuch 251
Stilleben mit Zwiebeln 11
Stiller 285
Stilübungen 249
Stimmung, eine Komposition für 6 Solostimmen 353
Stoff, aus dem die Träume sind, Der 369
Stolz der Firma, Der 75
Strandrecht 47

Strange Interlude 149
Straße, Die (Balthus) 177
Straße, Die (K. Grune) 125
Straße der Ölsardinen, Die 241
Straße in Murnau 45
Streik, Der 167
Streit um den Sergeanten Grischa, Der 143
Strip 347
Strom, Der 25
Stromboli 259
Strudlhofstiege, Die 295
Struensee 85
Stubenfliege, Die 123
Student von Prag, Der 71
Stühle, Die 275
Stunde der wahren Empfindung, Die 391
Stunde des Siegers, Die 425
Stunde, da wir nichts voneinander wußten, Die 477
Stundenbuch 31
Sturm über Asien 149
Sturm, Der (A. Bruneau) 13
Sturm, Der (F. Martin) 293
Sturm, Der (W. Shakespeare) 301
Stürme (F. v. Unruh) 119
Stürme über dem Montblanc 161
Sturmflut 135
Stürmische Höhen 207
Such A Shame 439
Suchodol 67
Sucht/Lust 487
Suffragette, Die 71
Sugar Baby Love 385
Sun of Jamaica 419
Sünden der Väter, Die 69
Sünderin, Der 269
Sündflut, Die 129
Sündige Grenze 271
Sunset Boulevard 485
Super Girl 343
Superman (Comic) 203
Supermann, Der (A. Jarry) 19
Susan ... verzweifelt gesucht 443
Susannens Geheimnis 47
süße Leben, Das 307, 313
Suzanne Simonin, die Nonne Diderots 341
Svendborger Gedichte 207
Sweet Sixteen 455
Swing Time 191
Symphonie Nr. 8 c-moll (A. Bruckner) 235
Szenen einer Ehe 381, 389

Tabula rasa 97
Tadellöser & Wolff 369
Tag bricht an, Der 207
Tag des Krieges, Ein 225
Tag Film, Ein 149
Tagebuch der Anne Frank, Das 245

Tagebuch des Dr. Hart, Das 93
Tagebuch einer Kammerzofe 331
Tagebuch einer Verlorenen, Das 95
Tagebuch für Timothy, Ein 239
Tagebücher (A. Camus) 323
tägliche Brot, Das 9
Tägliche Drangsale 181
Tai Yang erwacht 163
Tal des Lebens 21
Tamar 117
Tannhäuser 23, 27, 163, 283
Tantris der Narr 43
Tanz auf dem Vulkan 203
Tanz der Vampire 347
Tanz des Sergeanten Musgrave 305
Tanz ins Glück 113
Tanzsuite (B. Bartók) 123
tapfere Soldat, Der 45
Taras Bulba 95
Tartuffe 285
Tarzan bei den Affen 91
Tarzan, der Affenmensch 169
Tarzan in Gefahr 257
Tarzan und das blaue Tal 257
Tarzans geheimer Schatz 219
Taten und Meinungen des Pataphysikers Doktor Faustroll 59
Tatort 421
Taube, Die 455
Tausch, Der 73
tausend Augen des Dr. Mabuse, Die 315
Taxi Driver 391
Taxitänzer, Der 497
Te Deum 419
Teddy Bear 299
Teibhaus, Das 279
Teils Diesseits/Teils Jenseits 401
Telefon, Das 247
Telefon Butterfield 8 315
Telefunkenteufel, Der 127
Tell me Why 273
Tennisspieler 187
Tenor, Der 151
Teppich des Lebens oder die Lieder von Traum und Tod, Der 11
Terminal 401, 409
Tess aus dem Land der Stürme 77
Tessa 289
Testament des Dr. Cordelier, Das 307
Testament des Dr. Mabuse, Das 175
Teufel im Leib 451
Teufel und der liebe Gott, Der 271
Teufel von Loudun, Die 355
Teufels General, Des (C. Zuckmayer) 245
Teufels General, Des (H. Käutner) 247, 287
Teufels Luftschloß, Des 403
Teufelshauptmann, Der 261
That's All Right Mama 283
The Glow Worm 277

Theaterbesuch 181, 447
Theatermacher, Die 441
Theo gegen den Rest der Welt 417
Theodor Körner 63
Theophilus North 381
Thérèse Raquin 145
Thomas Münzer 281
Thomas Paine 185, 189
Thousand Airplanes on the Roof, A 457
Thriller 433
Tiger von Eschnapur, Der (R. Eichberg) 199
Tiger von Eschnapur, Der (F. Lang) 307
Tillies geplatzte Romanze 77
Tilman Riemenschneider 421
Time-Rocker 497
Timm Taler oder das verkaufte Lachen 323
Timon 167
Tinka 393
Tirol in Waffen 77
Tirolerhut 329
Titan 141
Titanic 231
Titicut Follies 355
Titus Feuerfuchs oder Liebe, Tücke und Perücke 301
Toast of the Town Show 293
Tocher des Iorio, Die 27
Tochter der Kathedrale, Die 205
Tod am Nachmittag 171
Tod auf dem Nil 399
Tod des Handlungsreisenden (A. Miller) 259, 351
Tod des Vergil, Der 241
Tod eines Jägers 399
Tod in der Luft 267
Tod in Hollywood 255
Tod in Venedig, Der (B. Britten) 377
Tod in Venedig, Der (Th. Mann) 71
Tod in Venedig, Der (L. Viconti) 363
Tod ist ein Meister aus Deutschland, Der 471
Tode und Tore 245
Todesmelodie 365
Todesmühlen 241
Todeszelle 2455 283
Todsünde 241
Toller 353
tollkühnen Männer in ihren fliegenden Kisten 335
Tom Jones 327, 331
Tombeau de Couperin, Le 89
Tommy 385
Tonio Kröger 333
Tosca 9, 389
tote Königin, Die 225
Tote ohne Begräbnis 243
Tote schlafen fest 243
tote Stadt, Die 109
tote Tag, Der 101, 121

toten Augen, Die 83
Totenfloß 447
Totenkopf und Buch 245
Totenschiff, Das 139
Totentag 35
Totentanz, Der (U. Gad) 63
Totentanz (F. Masereel) 215
Totentanz (A. Strindberg) 31
Totmacher, Der 493
Totschläger, Die 19
Tour of Inspection 247
Toy Shop 323
Toy Story 495
Trafic – Tatis Stoßverkehr 367
Tragödie der Liebe 123
Tragödie eines Streiks 59
Tragödie von König Christoph, Die 331
Trans-America-Express 395
Transatlantik 417
Transit (W. Höllerer) 295
Transit (A. Seghers) 235
Transit Europa 455
Trauer muß Elektra tragen 165
Traum, Der 49
Traum eines österreichischen Reservisten, Der 79
Traum ohne Ende 247
Träume von Rosen und Feuer 261
träumende Mund, Der 171
Träumereien an preußischen Kaminen 111
Traumspiel, Ein 39, 115
Traumulus (C. Froelich) 189
Traumulus (A. Holz) 27
Travestien 383
Treffen in Telgte, Das 411
Trilby 61
Trilogie des Wiedersehens 397
Trilogie M.R. 487
Trinity 395
Trinker, Der (H. Fallada) 267
Trinker, Der (E.L. Kirchner) 79
Triptychon 409, 419
Tristan 25
Tristan und Isolde 23, 179, 275, 297, 321, 333, 421
Tristana 365
Trittico 389
Triumph des Willens 179, 183
Troasdes 447
Trockener Sommer 331
Trödler von Amsterdam, Die 135
Troilus und Cressida 201, 445
trojanische Krieg findet nicht statt, Der 187, 305
Trommeln in der Nacht 119
Trotzki im Exil 361
Trotzki in Coyoacan 371
Troubadour, Der 35
trunkene Schiff, Das 137
Tschapajew 179, 183
Tu'm 97

569

tugendhafte Glücksritter oder Crispin als Meister seines Herrn, Der 41
Tugendprinzessin, Die 121
Tunnel, Der 71
Tunnel unter dem Kanal oder Der anglo-französische Alptraum, Der 41
Turandot (F. Busoni) 87
Turandot (G. v. Einem) 231
Turtles 467
Tutti Frutti 299
Two Cigarettes in the Dark 441
Tycho Brahes Weg zu Gott 85

U 35 93
U 35 bei der Arbeit 89
Über allen Gipfeln ist Ruh 425
Über den Dächern von Nizza 291
Über die Dörfer 427
überdrehte Schraube, Die 285
Überfall auf die Missionsstation 15
Übergangsgesellschaft, Die 452
Übernahme, Die 395
Ubu Rex 475
Ufer der Dämmerung, Am 433
Uhrwerk Orange 367
Ulysses 117, 395
Umarmung 89
Umsiedler, Die 281
Unaufhörliche, Das 165
unauslöschliche Siegel, Das 245
Unbefleckte Empfängnis 461
Unbekannte Erbschaft 251
unbekannte Gesicht, Das 249
Unbestechliche, Der (H. v. Hoffmannsthal) 121
Unbestechlichen, Die (A. J. Pakula) 393
Und das Licht scheint in der Finsternis 63
Und dennoch lebten sie 321
Und Du, mein Schatz, fährst mit 193
Und immer lockt das Weib 295
Und Jimmy ging zum Regenbogen 363
Und Lazarus lachte 147
Und Pippa tanzt! 33
Und sagte kein einziges Wort 281
Und über uns der Himmel 251
Undine 205
unendliche Geschichte, Die (J.L. Brooks) 437
unendliche Geschichte, Die (M. Ende) 417
unendliche Geschichte, Die (W. Petersen) 433
unerträgliche Leichtigkeit des Seins, Die (P. Kaufman) 455
unerträgliche Leichtigkeit des Seins, Die (M. Kundera) 439
Ungeduld des Herzens 203
unglaubliche Entführung der verrückten Mrs. Stone, Die 449

unglaubliche Geschichte des Mr. C., Die 299
Unheimliche Begegnung der Dritten Art 399
unheimliche Fenster, Das 261
Unordnung und frühes Leid 139
Unruhige Träume 477
Uns geht's ja noch gold 375
Unser kurzes Leben 423
Unsere kleine Stadt 199, 227, 239
Unseres Gottes Bruder 417
unsichtbare Dritte, Der 305
Unsichtbare, Der 177
Unsterbliche Geliebte 269
Unsterblichkeit, Die 471
Unter Aufsicht 259
Unter Ausschluß der Öffentlichkeit 141
Unter dem Vulkan 439
Unter den Brücken 241, 265
Unter den Dächern von Paris 161
Unter den Linden 385
Unter falschem Verdacht 249
Unter fremden Menschen 77
Unter fremden Sternen 315
Untergang der Titanic 409
Untergang des Egoisten Fatzer, Der 393
Unterground 491
Unterm karibischen Mond 97
Unterm Rad 35
Untertan, Der (H. Mann) 93
Untertan, Der (W. Staudte) 271
Untertier 471
Unterwegs 299
Unvernünftigen sterben aus, Die 383
unverstandene Mann, Der 47
Urform der Bewegung im Raum 73
Urga 473
Urteil, Das 71
Urteil von Nürnberg, Das 319, 321

Valse, La 109
Van Gogh trägt sein abgeschnittenes Ohr ins Bordell von Arles 405
Variables Stück Nr. 48 369
Variationen über ein Thema von Mozart op. 132 79
Vater, Der 199
Vater eines Mörders, Der 417
Vater und Sohn 115
Vatermord 117
Veland 133
venetianische Nacht, Eine 75
Venus (Bananarama) 451
Venus (L. Cranach d.Ä.) 313
Venus (O. Schoeck) 117
Venusfalle, Die 459
Verbannte 99
verbotene Garten, Der 457
verbotene Stadt, Die 283
verbrannte Zeit, Die 425

Verbrechen und Verbrechen 9
Verdacht (A. Hitchcock) 217, 221
Verdacht, Der (F. Dürrenmatt) 281
Verdammt in alle Ewigkeit (J. Jones) 273
Verdammt in alle Ewigkeit (F. Zinnemann) 283
verdienter Staatsmann, Ein 311
Vereinigung durch den Feind hindurch 197
Verfall und Triumph 77
verflixte siebte Jahr, Das 289
Verfolgung und Ermordung Jean Paul Marats, Die 331, 343
Vergewaltigung von Miss Janie, Die 389
Verhör des Lukullus, Das 269, 271
verkaufte Braut, Die (M. Ophüls) 171
verkaufte Braut, Die (B. Smetana) 205
verletzte Frieden, Der 365
verliebte Firma, Die 169
Verliese des Vatikan, Die 77
Verlobung von Santo Domingo, die 327
Verlorene, Der 271
verlorene Ehre der Katharina Blum, Die (H. Böll) 387
verlorene Ehre der Katharina Blum, Die (V. Schlöndorff) 391
verlorene Lied, Das 215
verlorene Schuh, Der 125
verlorene Welt, Die 135
verlorene Wochenende, Das 239
Vermischtes von Pathé 47
verratene Meer, Das 467
Verräter, Der 187
Verrufenen – der fünfte Stand, Die 133
Verschiedene Teile 215
Versiegelt 43
Versiegelte Dame 159
Verspätung, Die 317
Versuchung, Die 89
Versuchung des heiligen Antonius 245
Versuchungen des Don Ramiro 45
Verteidigung der Kindheit 475
Verteidigung der Wölfe 299
Verteidigung von Sewastopol, Die 59
Verwandte und Bekannte. Die Väter 229
Verwehte Spuren 275
Verwirrungen des Zöglings Törleß, Die 35
verworfene Erbe, Das 225
verzauberte See, Der 47
Verzweifelte, Der 83
Vetter aus Dingsda, Der 111
Victoria the Great 195
vida breve, La 31
Vidas Secas – nach Eden ist es weit 327
Vier Fäuste für ein Halleluja 369
vier Grobiane, Die 33
Vier Quartette 229

Vier Tondichtungen nach Arnold Böcklin op. 128 69
Vier von der Infanterie 159
Vierecke, angeordnet nach dem Gesetz des Zufalls 89
vierhundert Streiche des Teufels, Die 37
Vierhunderteinundneunzig (491) 333
Vietnam-Diskurs 351
Villa Jugend 471
Vinzenz oder die Freundin bedeuten der Männer 125
Violanta 83
Violett – Roman einer Mutter 115
Viridiana 317
Viva Maria 337
Vive l'amour 489
Vögel, Die 325
Volare 303
Volksfeind 469
Vom Kubismus und Futurismus zum Suprematismus 81
Vom neuen Stil 39
Vom Winde verweht (G. Cukor) 207
Vom Winde verweht (V. Fleming) 281
Vom Winde verweht (M. Mitchell) 191, 475
Von der Glückseligkeit des Menschen 197
Von Menschen und Mäusen 197
Von morgens bis mitternachts 87
Vor Blondinen wird gewarnt 167
Vor dem Ruhestand 169
Vor Sonnenuntergang 169
Vordertreppe und Hintertreppe 81
Vorzüge der Windhühner, Die 295
Voyage, Voyage 455

Wachsfigurenkabinettt, Das 129
Waffen für Amerika 251
Während du schliefst 493
wahrer Held, Ein 385
Waikiki Beach 477
Wald, Der 267
Wall Street 455, 457
Wall, The 415, 419, 469
Wallensteins Lager 19
Walzertraum, Ein 37
Wände, Die 491
Wanderer zwischen beiden Welten, Der 91
Wanderlust 397
wandernde Licht, Das 85
Wandlung, Die 99
Wann und Wo 143
Wann, wenn nicht jetzt! 449
Wanze, Die 151
Warren Hastings, Gouverneur von Indien 85
Warten auf Godot 279, t 435
Wartesaal, Der 213

Wartesaal Deutschland Stimmenreich 493
Warum läuft Herr R. Amok? 363
Warum wir kämpfen 225
Was blasen die Trompeten? 267
Was bleibt 467, 483
Was geschah, nachdem Nora ihren Mann verlassen hatte 409
Was gibt's Neues, Pussy? 337
Was Sie schon immer über Sex wissen wollten ... 375
Was soll das? 459
Wassermaschine 343
Waterloo 383
Way out West · Dick und Doof im Wilden Westen
We are the World 445
Wechselwirkung der Farbe 329
Wechsler, Der 477
Wecken Sie Madame nicht auf 363
Weekend 347
Weg allen Fleisches, Der (S. Butler) 25
Weg allen Fleisches, Der 143
Weg der Roten Fahne, Der 361
Weg zum Glück 235
Weg zurück, Der 161, 165
Wege der Freiheit, Die 239
Wege zu Kraft und Schönheit 131
Wege zum Ruhm 299
Wehe, wenn sie losgelassen 137
Wehrwolf, Der 55
Weiberdorf, Das 9
Weibsbilder 497
Weibsteufel, Der 81
Weiche Konstruktion mit gekochten Bohnen 191
Weihnachtsurlaub 235
Weise von Liebe und Tod des Cornets Christoph Rilke, Die (R.M. Rilke) 35
Weise von Liebe und Tod des Cornets Christoph Rilke, Die 441
weiße Dampfer, Der 363
weiße Hai, Der 385
Weiße Rose 445
weißen Götter, Die 95
Weißes Quadrat auf weißem Grund 97
weite Land, Das 57
Wellen (E. v. Keyserling) 59
Wellen, Die (V. Woolf) 165
Welt der Schönen Bilder, Die 341
weltlichen Gedichte, Die 213
Weltverbesserer, Der 417
Wem die Stunde schlägt 213, 229
Wendekreis des Krebses, Der 179
Wendeltreppe, Die 241
Wendemarke 185
Wendewut 481
Wenn der junge Wein blüht 47
Wenn der Postmann zweimal klingelt 417
Wenn der Sommer wiederkäme 373
Wenn die Gondeln Trauer tragen 381

Wenn du geredet hättest, Desdemona 433
Wenn vier dasselbe tun 91
Wenn wir alle Engel wären 191
Wer einmal aus dem Blechnapf frißt 135, 181
Wer hat Angst vor Virginia Woolf? (E. Albee) 323
Wer hat Angst vor Virginia Woolf? (M. Nichols) 343, 345
Wer weint um Juckenack 125
Wesen des Christentums, Das 11
Wessis in Weimar 481
West End Girls 451
West Side Story 299, 319
Westerner, The · In die Falle gelockt
Westfront 1918 159
Wetherby 441
Wetterleuchten 41
What where 461
Whistling Bowery Boy, The 27
Wie angelt man sich einen Millionär 279
Wie die Blätter 9
Wie durch Magie 381
Wie ein wilder Stier 409
Wie eine Träne im Ozean 431
Wie einst im Mai (W. Kollo) 69
Wie einst im Mai (W. Wolff) 139
Wie es euch gefällt 211, 445
Wie heirate ich meinen Chef? 147
Wie man Wünsche beim Schwanz packt 233
Wiederholung, Die 449
wiederkehrende Spiegel, Der 439
Wiedersehen in Howard's End 481
Wiedertäufer von Münster, Die 131
Wien wird bei Nacht erst schön 79
Wild At Heart 469
Wild Thing 343
wilde Leben, Das 361
wildes Leben, Ein 307
Wildwechsel 367, 377
Wilhelm Tell 101, 205, 219, 271
Willkommen Mr. Chance 411
Winchester '73 269
Windsbraut 75
Wings 151
Winnetou I 329
Wintermärchen (E. Rohmer) 481
Wintermärchen, Ein (K. Goldmark) 43
Winterreise (H. Müller) 397
Winterreise (G. Roth) 405
Winzige Alice 339
Wir aber sind das Korn 189
Wir erreichen den Fluß 393
Wir sind die Eingeborenen von Trizonesien 257
Wir sind noch einmal davongekommen 223
Wir sind Utopia 229
Wir versaufen unser Oma ihr klein Häuschen 125

571

Wir Wunderkinder (Film) 303
Wir Wunderkinder (H. Hartung) 299
Wittiber, Der 59
Wo, bitte, geht's zur Front 363
Wo ist Coletti? 69
Wo warst du, Adam 273
Wolf unter Wölfen 199, 351
Wölfe, Die 347
Wolfsblut 31
Wolfsjunge, Der 361
Wolken sind überall 271
Women, The 403
Wonderful World 451
Wörter, Wörter, Wörter 477
Woycek (W. Herzog) 411
Woyzeck (G. Büchner) 71
Wozzeck (A. Berg) 133
Wozzek (A. Berg) 385
Wreckers, The 47
Wunder, Das 269
Wunder der Heliane, Das 143
Wunder der Liebe, Das 349
wunderbare Mandarin, Der 137
wunderbare Reise des kleinen Nils Holgersson, Die 37
Wunderkind Tate, Der 475
wunderlichen Schelme von Tortilla Flat, Die 185
wundersame Schusterfrau, Die 425
Wundertheater, Das 259
Wupper, Die 99
Wüstengemälde 419
Wüstenplanet, Der 435
Wüstling, Der 271

Yellow Submarine 353
Yerma 437
Yes Sir, I can boogie 401
Yesterday Man 343
Y.M.C.A. 411
Yoko Ono Nr. 4 345
Yol 425

Z 355
Zahltag 117
Zarewitsch, Der 141
Zarte Knöpfe 77
Zärtliche Lüge 439
Zauberberg, Der 129
Zauberflöte, Die 217, 259, 289, 291, 327, 385, 389, 427
Zaubergeige, Die 185
Zazá 9
zehn Gebote, Die 295
Zeichen der Zeit, Die 277
Zeit der Reife 239
Zeit der Schuldlosen 317
Zeit der Zärtlichkeit 437
Zeit ist ein Fluß ohne Ufer, Die 207
Zeit und das Zimmer, Die 461
Zeit zum Aufstehen 391
Zeitalter der Angst, Das 261
Zeitplan, Der 295
Zelig 431
zerbrochene Krug, Der (G. Ucicky) 195
zerrissene Vorhang, Der 343
Zettels Traum 361
Zeugin der Anklage 301
Zigeunerliebe 53

Zirkus Aimee 169
Zirkusprinzessin, Die 135
Zofen, Die 249
Zoff in Beverly Hills 449
Zoogeschichte, Die 305
Zorn 189
Zu allem Kartoffelchips 321
Zu neuen Ufern 195, 197
Zu wahr, um schön zu sein 169
Zufälliger Tod eines Anarchisten 363
Zug der Volksvertreter 473
Zukunftswalzer 469
Zum Greifen nah 405
Zündschnüre 379
Zupfgeigenhansel, Der 47
Zur Sache Schätzchen 349
Zwanzig Liebesgedichte und ein Lied der Verzweiflung 129
Zwanzigtausend Meilen unter den Meeren 41
Zwei in Paris 245
Zwei kleine Italiener 325
Zwei Krawatten 151
Zwei Menschen in einem Zimmer 303
Zwei unter Millionen 317
Zwei Welten 409
Zweihunderttausend Taler 357
zweite Erwachen der Christa Klages, Das 407
zweite Heimat, Die 479
Zweites Manifest des Surrealismus 153
Zwingburg, Die 129
Zwischen den Akten 219
Zwischen zwei Welten 219
zwölf Geschworenen, Die 297

Abbildungen auf dem Umschlag:
Mao: Bettmann
Golfkrieg: Bettmann/Reuters
Mandela: Bettmann
Attentat auf Franz Ferdinand: Bettmann
»Luftbrücke«: Bettmann
Arafat/Rabin: Sipa/Imax
Beatles: Bettmann

Chronik Handbuch
Personen der Weltgeschichte

Große Persönlichkeiten haben den Lauf der Geschichte beeinflußt. Das Chronik Handbuch »Personen der Weltgeschichte« zeichnet in verständlicher und prägnanter Form die Biographien von rund 2300 Persönlichkeiten, die die politische Geschichte ihrer Zeit nachhaltig geprägt haben. Kaiser und Könige, Päpste und Fürsten, Politiker und Staatsdenker werden in Einzelbeiträgen gewürdigt. Ihr Lebenswerk, ihre historische Bedeutung und die wesentlichen Stationen ihres Lebens sind verständlich und anschaulich dargestellt. 150 Zitate und Dokumente, die ebenso Geschichte gemacht haben wie ihre Urheber, runden die Darstellung ab.

Das Chronik Handbuch ist das ideale Nachschlagewerk zur Geschichte für Schule, Studium, Beruf und alle, die sich für Geschichte und Zeitgeschichte interessieren.

Chronik Handbuch
Personen der Weltgeschichte

616 Seiten, ca. 2.300 Einzeleinträge,
150 Zitate und Dokumente, Register

Chronik Handbuch
Daten der Weltgeschichte

In einer Welt, die immer schwerer zu durchschauen ist, wächst der Bedarf an verläßlicher und kompakter Information. Das aktuelle Geschehen läßt sich nur mit Kenntnissen über die historischen Hintergründe einordnen und bewerten.

Das Chronik Handbuch »Daten der Weltgeschichte« verzeichnet alle wichtigen Daten der Weltgeschichte. Die großen Entwicklungslinien der Weltgeschichte verdeutlichen 29 Übersichtsartikel, über 400 historische Dokumente vermitteln das Denken und Handeln in der jeweiligen Epoche.

Das Chronik Handbuch ist das ideale Nachschlagewerk zur Geschichte für Schule, Studium, Beruf und alle, die sich für Geschichte und Zeitgeschichte interessieren.

**Chronik Handbuch
Daten der Weltgeschichte**

**616 Seiten, ca. 8.000 Einzeleinträge,
29 Übersichtsartikel mit Kurzchroniken, 400 Dokumente,
ausführliches Personen- und Sachregister**

Chronik Handbuch
Staaten der Weltgeschichte

Das aktuelle weltpolitische Geschehen ist geprägt von internationalen Kooperationen und Bündnissen und von nationalen Gegensätzen verschiedenster Art. Wer diese Konflikte und Bündnissysteme verstehen will, muß über Ursachen und Zusammenhänge informiert sein.

Das Chronik Handbuch »Staaten der Weltgeschichte« stellt kompetent und übersichtlich die Geschichte aller Staaten der Welt, gegliedert nach Kontinenten, dar. Übersichtskarten der einzelnen Kontinente machen die territorialen Entwicklungen im Laufe der Geschichte sichtbar, anschließende Beiträge stellen alle heute existierenden Staaten vor. Sonderkapitel, Dokumente, Zeittafeln und Zusatzinformationen über die demographische Entwicklung runden die Darstellung ab.

Chronik Handbuch
Staaten der Weltgeschichte

608 Seiten, 192 Staatenartikel,
39 Karten, 22 Dokumente, 6 Übersichtsartikel
sowie 23 Sonderkapitel mit Kurzchroniken,
Personen- und Sachregister

Chronik Handbuch
Reden und Dokumente des 20. Jahrhunderts

Das Chronik Handbuch »Reden und Dokumente des 20. Jahrhunderts« weist alle wichtigen und wegweisenden Dokumente auf, die den Gang der Weltgeschichte in diesem Jahrhundert geprägt haben – in chronologischer Abfolge unter Berücksichtigung entscheidender Sachzusammenhänge. Das Buch vermittelt als kompetentes Nachschlagewerk und zugleich historisches Lesebuch eindrucksvoll Zeitgefühl und Zeitgeist der jeweiligen Epoche.

Jede Quelle wird einführend durch wichtige Hinweise zum historischen Kontext sowie kurze Erklärungen zur Bedeutung des Dokuments erläutert. Biographien zu maßgebenden Persönlichkeiten geben zusätzliche Hintergrundinformationen und dienen der übergreifenden Einordnung des Dokuments. Jahrzehntübersichten stellen die großen historischen Zusammenhänge her.

**Chronik Handbuch
Reden und Dokumente des 20. Jahrhunderts**

544 Seiten, ca. 355 Dokumente,
85 Biographien, Personen- und Sachregister